FRIEDRICH NIETZSCHE
WERKE

FRIEDRICH NIETZSCHE

WERKE

Nachdruck der zweibändigen Ausgabe der Hanser Bibliothek,
auf Grund der im Carl Hanser Verlag erschienenen
dreibändigen Ausgabe von Karl Schlechta
herausgegeben von Ivo Frenzel

ISBN 3-446-19809-1
Sonderausgabe 1999

Druck und Bindung: Clausen & Bosse, Leck
Printed in Germany

ERSTER TEIL

INHALT 1. TEIL

Die Geburt der Tragödie

7

Unzeitgemäße Betrachtungen
[Zweites und viertes Stück]

111

Menschliches, Allzumenschliches
[Erster Band]

231

Die fröhliche Wissenschaft
[Vorrede zur zweiten Ausgabe,
Fünftes Buch, Lieder des Prinzen Vogelfrei]

481

Also sprach Zarathustra

545

Anhang

779

Inhaltsverzeichnis

806

DIE GEBURT DER TRAGÖDIE

oder

GRIECHENTUM UND PESSIMISMUS

VERSUCH EINER SELBSTKRITIK

1

Was auch diesem fragwürdigen Buche zugrunde liegen mag: es muß eine Frage ersten Ranges und Reizes gewesen sein, noch dazu eine tief persönliche Frage – Zeugnis dafür ist die Zeit, in der es entstand, *trotz* der es entstand, die aufregende Zeit des deutsch-französischen Krieges von 1870/71. Während die Donner der Schlacht von Wörth über Europa weggingen, saß der Grübler und Rätselfreund, dem die Vaterschaft dieses Buches zuteil ward, irgendwo in einem Winkel der Alpen, sehr vergrübelt und verrätselt, folglich sehr bekümmert und unbekümmert zugleich, und schrieb seine Gedanken über die *Griechen* nieder, – den Kern des wunderlichen und schlecht zugänglichen Buches, dem diese späte Vorrede (oder Nachrede) gewidmet sein soll. Einige Wochen darauf: und er befand sich selbst unter den Mauern von Metz, immer noch nicht losgekommen von den Fragezeichen, die er zur vorgeblichen »Heiterkeit« der Griechen und der griechischen Kunst gesetzt hatte; bis er endlich, in jenem Monat tiefster Spannung, als man in Versailles über den Frieden beriet, auch mit sich zum Frieden kam und, langsam von einer aus dem Felde heimgebrachten Krankheit genesend, die »Geburt der Tragödie aus dem Geiste der *Musik*« letztgültig bei sich feststellte. – Aus der Musik? Musik und Tragödie? Griechen und Tragödien-Musik? Griechen und das Kunstwerk des Pessimismus? Die wohlgeratenste, schönste, bestbeneidete, zum Leben verführendste Art der bisherigen Menschen, die Griechen – wie? gerade sie hatten die Tragödie *nötig?* Mehr noch – die Kunst? Wozu – griechische Kunst? ...

Man errät, an welcher Stelle hiermit das große Fragezeichen vom Werte des Daseins gesetzt war. Ist Pessimismus *notwendig* das Zeichen des Niedergangs, Verfalls, des Mißratenseins, der ermüdeten und geschwächten Instinkte? – wie er es bei den Indern war, wie er es, allem Anschein nach, bei uns, den »modernen« Menschen und Europäern ist? Gibt es einen Pessimismus der *Stärke*? Eine intellektuelle Vorneigung für das Harte, Schauerliche, Böse, Problematische des Daseins aus Wohlsein, aus überströmender Gesundheit, aus *Fülle* des Daseins? Gibt es vielleicht ein Leiden an der Überfülle selbst? Eine versucherische Tapferkeit des schärfsten Blicks, die nach dem Furchtbaren *verlangt,* als nach dem Feinde, dem würdigen Feinde, an dem sie ihre Kraft erproben kann? an dem sie lernen will, was »das Fürchten« ist? Was bedeutet, gerade bei den Griechen der besten, stärksten, tapfersten Zeit, der *tragische* Mythus? Und das ungeheure Phänomen des Dionysischen? Was, aus ihm geboren, die Tragödie? – Und wiederum: das, woran die Tragödie starb, der Sokratismus der Moral, die Dialektik, Genügsamkeit und Heiterkeit des theoretischen Menschen – wie? könnte nicht gerade dieser Sokratismus ein Zeichen des Niedergangs, der Ermüdung, Erkrankung, der anarchisch sich lösenden Instinkte sein? Und die »griechische Heiterkeit« des späteren Griechentums nur eine Abendröte? Der epikurische Wille *gegen* den Pessimismus nur eine Vorsicht des Leidenden? Und die Wissenschaft selbst, unsere Wissenschaft – ja, was bedeutet überhaupt, als Symptom des Lebens angesehn, alle Wissenschaft? Wozu, schlimmer noch, *woher* – alle Wissenschaft? Wie? Ist Wissenschaftlichkeit vielleicht nur eine Furcht und Ausflucht vor dem Pessimismus? Eine feine Notwehr gegen – die *Wahrheit*? Und, moralisch geredet, etwas wie Feig- und Falschheit? Unmoralisch geredet, eine Schlauheit? O Sokrates, Sokrates, war das vielleicht *dein* Geheimnis? O geheimnisvoller Ironiker, war dies vielleicht deine – Ironie? – –

2

Was ich damals zu fassen bekam, etwas Furchtbares und Gefährliches, ein Problem mit Hörnern, nicht notwendig gerade ein Stier, jedenfalls ein *neues* Problem: heute würde ich sagen, daß es das *Problem der Wissenschaft* selbst war – Wissenschaft zum ersten Male als problematisch, als fragwürdig gefaßt. Aber das Buch, in dem mein jugendlicher Mut und Argwohn sich damals ausließ – was für ein *unmögliches* Buch mußte aus einer so jugendwidrigen Aufgabe erwachsen! Aufgebaut aus lauter vorzeitigen übergrünen Selbsterlebnissen, welche alle hart an der Schwelle des Mitteilbaren lagen, hingestellt auf den Boden der *Kunst* – denn das Problem der Wissenschaft kann nicht auf dem Boden der Wissenschaft erkannt werden –, ein Buch vielleicht für Künstler mit dem Nebenhange analytischer und retrospektiver Fähigkeiten (das heißt für eine Ausnahme-Art von Künstlern, nach denen man suchen muß und nicht einmal suchen möchte ...), voller psychologischer Neuerungen und Artisten-Heimlichkeiten, mit einer Artisten-Metaphysik im Hintergrunde, ein Jugendwerk voller Jugendmut und Jugend-Schwermut, unabhängig, trotzig-selbstständig auch noch, wo es sich einer Autorität und eignen Verehrung zu beugen scheint, kurz ein Erstlingswerk auch in jedem schlimmen Sinne des Wortes, trotz seines greisenhaften Problems, mit jedem Fehler der Jugend behaftet, vor allem mit ihrem »Viel zu lang«, ihrem »Sturm und Drang«: andererseits, in Hinsicht auf den Erfolg, den es hatte (insonderheit bei dem großen Künstler, an den es sich wie zu einem Zwiegespräch wendete, bei Richard Wagner) ein *bewiesenes* Buch, ich meine ein solches, das jedenfalls »den Besten seiner Zeit« genuggetan hat. Daraufhin sollte es schon mit einiger Rücksicht und Schweigsamkeit behandelt werden; trotzdem will ich nicht gänzlich unterdrücken, wie unangenehm es mir jetzt erscheint, wie fremd es jetzt nach sechzehn Jahren vor mir steht, – vor einem älteren, hundertmal verwöhnteren, aber keineswegs kälter gewordenen Auge, das auch jener Aufgabe selbst nicht fremder wurde, an welche sich jenes verwegene Buch zum ersten Male herangewagt hat – *die Wissenschaft unter der Optik des Künstlers zu sehen, die Kunst aber unter der des Lebens* ...

3

Nochmals gesagt, heute ist es mir ein unmögliches Buch, – ich heiße es schlecht geschrieben, schwerfällig, peinlich, bilderwütig und bilderwirrig, gefühlsam, hier und da verzuckert bis zum Femininischen, ungleich im Tempo, ohne Willen zur logischen Sauberkeit, sehr überzeugt und deshalb des Beweisens sich überhebend, mißtrauisch selbst gegen die *Schicklichkeit* des Beweisens, als Buch für Eingeweihte, als »Musik« für solche, die auf Musik getauft, die auf gemeinsame und seltne Kunst-Erfahrungen hin von Anfang der Dinge an verbunden sind, als Erkennungszeichen für Blutsverwandte *in artibus*, – ein hochmütiges und schwärmerisches Buch, das sich gegen das *profanum vulgus* der »Gebildeten« von vornherein noch mehr als gegen das »Volk« abschließt, welches aber, wie seine Wirkung bewies und beweist, sich gut genug auch darauf verstehen muß, sich seine Mitschwärmer zu suchen und sie auf neue Schleichwege und Tanzplätze zu locken. Hier redete jedenfalls – das gestand man sich mit Neugierde ebenso als mit Abneigung ein – eine *fremde* Stimme, der Jünger eines noch »unbekannten Gottes«, der sich einstweilen unter die Kapuze des Gelehrten, unter die Schwere und dialektische Unlustigkeit des Deutschen, selbst unter die schlechten Manieren des Wagnerianers versteckt hat; hier war ein Geist mit fremden, noch namenlosen Bedürfnissen, ein Gedächtnis strotzend von Fragen, Erfahrungen, Verborgenheiten, welchen der Name Dionysos wie ein Fragezeichen mehr beigeschrieben war; hier sprach – so sagte man sich mit Argwohn – etwas wie eine mystische und beinahe mänadische Seele, die mit Mühsal und willkürlich, fast unschlüssig darüber, ob sie sich mitteilen oder verbergen wolle, gleichsam in einer fremden Zunge stammelt. Sie hätte *singen* sollen, diese »neue Seele« – und nicht reden! Wie schade, daß ich, was ich damals zu sagen hatte, es nicht als Dichter zu sagen wagte: ich hätte es vielleicht gekonnt! Oder mindestens als Philologe: – bleibt doch auch heute noch für den Philologen auf diesem Gebiete beinahe alles zu entdecken und auszugraben! Vor allem das Problem, *daß* hier ein Problem vorliegt, – und daß die Griechen, so lange wir keine

Antwort auf die Frage »was ist dionysisch?« haben, nach wie vor gänzlich unerkannt und unvorstellbar sind...

4

Ja, was ist dionysisch? – In diesem Buche steht eine Antwort darauf, – ein »Wissender« redet da, der Eingeweihte und Jünger seines Gottes. Vielleicht würde ich jetzt vorsichtiger und weniger beredt von einer so schweren psychologischen Frage reden, wie sie der Ursprung der Tragödie bei den Griechen ist. Eine Grundfrage ist das Verhältnis des Griechen zum Schmerz, sein Grad von Sensibilität, – blieb dies Verhältnis sich gleich? oder drehte es sich um? – jene Frage, ob wirklich sein immer stärkeres *Verlangen nach Schönheit,* nach Festen, Lustbarkeiten, neuen Kulten aus Mangel, aus Entbehrung, aus Melancholie, aus Schmerz erwachsen ist? Gesetzt nämlich, gerade dies wäre wahr – und Perikles (oder Thukydides) gibt es uns in der großen Leichenrede zu verstehen –: woher müßte dann das entgegengesetzte Verlangen, das der Zeit nach früher hervortrat, stammen, das *Verlangen nach dem Häßlichen,* der gute strenge Wille des älteren Hellenen zum Pessimismus, zum tragischen Mythus, zum Bilde alles Furchtbaren, Bösen, Rätselhaften, Vernichtenden, Verhängnisvollen auf dem Grunde des Daseins, – woher müßte dann die Tragödie stammen? Vielleicht aus der *Lust,* aus der Kraft, aus überströmender Gesundheit, aus übergroßer Fülle? Und welche Bedeutung hat dann, physiologisch gefragt, jener Wahnsinn, aus dem die tragische wie die komische Kunst erwuchs, der dionysische Wahnsinn? Wie? Ist Wahnsinn vielleicht nicht notwendig das Symptom der Entartung, des Niedergangs, der überspäten Kultur? Gibt es vielleicht – eine Frage für Irrenärzte – Neurosen der *Gesundheit?* der Volks-Jugend und -Jugendlichkeit? Worauf weist jene Synthesis von Gott und Bock im Satyr? Aus welchem Selbsterlebnis, auf welchen Drang hin mußte sich der Grieche den dionysischen Schwärmer und Urmenschen als Satyr denken? Und was den Ursprung des tragischen Chors betrifft: gab es in jenen Jahrhunderten, wo der griechische Leib blühte, die griechische Seele von Leben überschäumte, vielleicht endemische Entzückungen? Visionen und Halluzinationen, welche sich ganzen Gemeinden, ganzen Kultversammlungen mitteilten? Wie? wenn die Griechen, gerade im Reichtum ihrer Jugend, den Willen *zum* Tragischen hatten und Pessimisten waren? wenn es gerade der Wahnsinn war, um ein Wort Platos zu gebrauchen, der die *größten* Segnungen über Hellas gebracht hat? Und wenn, andererseits und umgekehrt, die Griechen gerade in den Zeiten ihrer Auflösung und Schwäche immer optimistischer, oberflächlicher, schauspielerischer, auch nach Logik und Logisierung der Welt brünstiger, also zugleich »heiterer« und »wissenschaftlicher« wurden? Wie? könnte vielleicht, allen »modernen Ideen« und Vorurteilen des demokratischen Geschmacks zum Trotz, der Sieg des *Optimismus*, die vorherrschend gewordene *Vernünftigkeit*, der praktische und theoretische *Utilitarismus*, gleich der Demokratie selbst, mit der er gleichzeitig ist, – ein Symptom der absinkenden Kraft, des nahenden Alters, der physiologischen Ermüdung sein? Und gerade *nicht* – der Pessimismus? War Epikur ein Optimist – gerade als *Leidender*? – – Man sieht, es ist ein ganzes Bündel schwerer Fragen, mit dem sich dieses Buch belastet hat, – fügen wir seine schwerste Frage noch hinzu! Was bedeutet, unter der Optik des *Lebens* gesehn, – die Moral? ...

5

Bereits im Vorwort an Richard Wagner wird die Kunst – und *nicht* die Moral – als die eigentlich *metaphysische* Tätigkeit des Menschen hingestellt; im Buche selbst kehrt der anzügliche Satz mehrfach wieder, daß nur als ästhetisches Phänomen das Dasein der Welt *gerechtfertigt* ist. In der Tat, das ganze Buch kennt nur einen Künstler-Sinn und -Hintersinn hinter allem Geschehen, – einen »Gott«, wenn man will, aber gewiß nur einen gänzlich unbedenklichen und unmoralischen Künstler-Gott, der im Bauen wie im Zerstören, im Guten wie im Schlimmen, seiner gleichen Lust und Selbstherrlichkeit innewerden will, der sich, Welten schaffend, von der *Not* der Fülle und *Überfülle*, vom *Leiden* der in ihm gedrängten Gegensätze löst. Die Welt, in jedem Augenblick die *erreichte* Erlösung Gottes, als die ewig wechselnde, ewig neue Vision des Leidendsten, Gegensätzlichsten, Widerspruchreichsten, der nur im *Scheine* sich zu erlösen weiß: diese ganze Artisten-Metaphysik mag man willkürlich, müßig, phantastisch nennen –, das Wesentliche daran ist, daß sie bereits einen Geist verrät, der sich einmal auf jede Gefahr hin gegen die *moralische* Ausdeutung und Bedeutsamkeit des Daseins zur Wehre setzen wird. Hier kündigt sich, vielleicht zum ersten Male, ein Pessimismus »jenseits von Gut und Böse« an, hier kommt jene »Perversität der Gesinnung« zu Wort und Formel, gegen welche Schopenhauer nicht müde geworden ist, im voraus seine zornigsten Flüche und Donnerkeile zu schleudern, – eine Philosophie, welche es wagt, die Moral selbst in die Welt der Erscheinung zu setzen, herabzusetzen und nicht nur unter die »Erscheinungen« (im Sinne des idealistischen *terminus technicus)*, sondern unter die »Täuschungen«, als Schein, Wahn, Irrtum, Ausdeutung, Zurechtmachung, Kunst. Vielleicht läßt sich die Tiefe dieses *widermoralischen* Hanges am besten aus dem behutsamen und feindseligen Schweigen ermessen, mit dem in dem ganzen Buche das Christentum behandelt ist, – das Christentum als die ausschweifendste Durchfigurierung des moralischen Themas, welche die Menschheit bisher anzuhören bekommen hat. In Wahrheit, es gibt zu der rein ästhetischen

Weltauslegung und Welt-Rechtfertigung, wie sie in diesem Buche gelehrt wird, keinen größeren Gegensatz als die christliche Lehre, welche *nur* moralisch ist und sein will und mit ihren absoluten Maßen, zum Beispiel schon mit ihrer Wahrhaftigkeit Gottes, die Kunst, *jede* Kunst ins Reich der *Lüge* verweist, – das heißt verneint, verdammt, verurteilt. Hinter einer derartigen Denk- und Wertungsweise, welche kunstfeindlich sein muß, solange sie irgendwie echt ist, empfand ich von jeher auch das *Lebensfeindliche,* den ingrimmigen rachsüchtigen Widerwillen gegen das Leben selbst: denn alles Leben ruht auf Schein, Kunst, Täuschung, Optik, Notwendigkeit des Perspektivischen und des Irrtums. Christentum war von Anfang an, wesentlich und gründlich, Ekel und Überdruß des Lebens am Leben, welcher sich unter dem Glauben an ein »anderes« oder »besseres« Leben nur verkleidete, nur versteckte, nur aufputzte. Der Haß auf die »Welt«, der Fluch auf die Affekte, die Furcht vor der Schönheit und Sinnlichkeit, ein Jenseits, erfunden, um das Diesseits besser zu verleumden, im Grunde ein Verlangen ins Nichts, ans Ende, ins Ausruhen, hin zum »Sabbat der Sabbate« – dies alles dünkte mich, ebenso wie der unbedingte Wille des Christentums, *nur* moralische Werte gelten zu lassen, immer wie die gefährlichste und unheimlichste Form aller möglichen Formen eines »Willens zum Untergang«, zum mindesten ein Zeichen tiefster Erkrankung, Müdigkeit, Mißmutigkeit, Erschöpfung, Verarmung an Leben, – denn vor der Moral (insonderheit christlichen, das heißt unbedingten Moral) *muß* das Leben beständig und unvermeidlich Unrecht bekommen, weil Leben etwas essentiell Unmoralisches *ist,* – *muß* endlich das Leben, erdrückt unter dem Gewichte der Verachtung und des ewigen Neins, als begehrens-unwürdig, als unwert an sich empfunden werden. Moral selbst – wie? sollte Moral nicht ein »Wille zur Verneinung des Lebens«, ein heimlicher Instinkt der Vernichtung, ein Verfalls-, Verkleinerungs-, Verleumdungsprinzip, ein Anfang vom Ende sein? Und, folglich, die Gefahr der Gefahren? ... *Gegen* die Moral also kehrte sich damals, mit diesem fragwürdigen Buche, mein Instinkt, als ein fürsprechender Instinkt des Lebens, und erfand sich eine grundsätzliche Gegenlehre und Gegenwertung des Lebens, eine rein artistische, eine *antichristliche.* Wie sie nennen? Als Philologe und Mensch der Worte taufte ich sie, nicht ohne einige Freiheit – denn wer wüßte den rechten Namen des Antichrist? – auf den Namen eines griechischen Gottes: ich hieß sie die *dionysische.* –

6

Man versteht, an welche Aufgaben ich bereits mit diesem Buche zu rühren wagte? ... Wie sehr bedauere ich es jetzt, daß ich damals noch nicht den Mut (oder die Unbescheidenheit?) hatte, um mir in jedem Betrachte für so eigne Anschauungen und Wagnisse auch eine *eigne Sprache* zu erlauben, – daß ich mühselig mit Schopenhauerischen und Kantischen Formeln fremde und neue Wertschätzungen auszudrücken suchte, welche dem Geiste Kantens und Schopenhauers, ebenso wie ihrem Geschmacke, von Grund aus entgegen gingen! Wie dachte doch Schopenhauer über die Tragödie? »Was allem Tragischen den eigentümlichen Schwung zur Erhebung gibt« – sagt er, Welt als Wille und Vorstellung II, 495 – »ist das Aufgehen der Erkenntnis, daß die Welt, das Leben kein rechtes Genügen geben könne, mithin unsrer Anhänglichkeit *nicht wert sei*: darin besteht der tragische Geist –, er leitet demnach zur *Resignation* hin.« O wie anders redete Dionysos zu mir! O wie ferne war mir damals gerade dieser ganze Resignationismus! – Aber es gibt etwas viel Schlimmeres an dem Buche, das ich jetzt noch mehr bedauere, als mit Schopenhauerischen Formeln dionysische Ahnungen verdunkelt und verdorben zu haben: daß ich mir nämlich überhaupt das grandiose *griechische Problem,* wie mir es aufgegangen war, durch Einmischung der modernsten Dinge *verdarb*! Daß ich Hoffnungen anknüpfte, wo nichts zu hoffen war, wo alles allzudeutlich auf ein Ende hinwies! Daß ich, auf Grund der deutschen letzten Musik, vom »deutschen Wesen« zu fabeln begann, wie als ob es eben im Begriff sei, sich selbst zu entdecken und wiederzufinden – und das zu einer Zeit, wo der deutsche Geist, der nicht vor langem noch den Willen zur Herrschaft über Europa, die Kraft zur Führung Europas gehabt hatte, eben letztwillig und endgültig *abdankte* und, unter dem pomphaften Vorwande einer Reichs-Begründung, seinen Übergang zur Vermittelmäßigung, zur Demokratie und den »modernen Ideen« machte! In der Tat, inzwischen lernte ich hoffnungslos und schonungslos genug von diesem »deutschen Wesen« denken, insgleichen von der jetzigen *deutschen Musik,* als welche Romantik durch und durch ist und die ungriechischeste aller möglichen Kunstformen: überdies aber eine Nervenverderberin ersten Ranges, doppelt gefährlich bei einem Volke, das den Trunk liebt und die Unklarheit als Tugend ehrt, nämlich in ihrer doppelten Eigenschaft als berauschendes und zugleich *benebelndes* Narkotikum. – Abseits freilich von allen übereilten Hoffnungen und fehlerhaften Nutzanwendungen auf Gegenwärtigstes, mit denen ich mir damals mein erstes Buch verdarb, bleibt das große dionysische Fragezeichen, wie es darin gesetzt ist, auch in betreff der Musik, fort und fort bestehn: wie müßte eine Musik beschaffen sein, welche nicht mehr romantischen Ursprungs wäre, gleich der deutschen, – sondern *dionysischen?* ...

7

– Aber, mein Herr, was in aller Welt ist Romantik, wenn nicht *Ihr* Buch Romantik ist? Läßt sich der tiefe Haß gegen »Jetztzeit«, »Wirklichkeit« und »moderne Ideen« weiter treiben, als es in Ihrer Artisten-Metaphysik geschehen ist? – welche lieber noch an das Nichts, lieber noch an den Teufel als an das »Jetzt« glaubt? Brummt nicht ein Grundbaß von Zorn und Vernichtungslust unter aller Ihrer kontrapunktischen Stimmen-Kunst und Ohren-Verführerei hinweg, eine wütende Entschlossenheit gegen alles, was »jetzt« ist, ein Wille, welcher nicht gar zu ferne vom praktischen Nihilismus ist und zu sagen scheint »lieber mag nichts wahr sein, als daß *ihr* Recht hättet, als daß *eure* Wahrheit Recht behielte!« Hören Sie selbst, mein Herr Pessimist und Kunstvergöttlicher, mit aufgeschloßnerem Ohre eine einzige ausgewählte Stelle Ihres Buches an, jene nicht unberedte Drachentöter-Stelle, welche für junge Ohren und Herzen verfänglich-rattenfängerisch klingen mag: wie? ist das nicht das echte rechte Romantiker-Bekenntnis von 1830, unter der Maske des Pessimismus von 1850? hinter dem auch schon das übliche Romantiker-Finale präludiert, – Bruch, Zusammenbruch, Rückkehr und Niedersturz vor einem alten Glauben, vor *dem* alten Gotte ... Wie? ist Ihr Pessimisten-Buch nicht selbst ein Stück Antigriechentum und Romantik, selbst etwas »ebenso Berauschendes als Benebelndes«, ein Narkotikum jedenfalls, ein Stück Musik sogar, *deutscher* Musik? Aber man höre:

> »Denken wir uns eine heranwachsende Generation mit dieser Unerschrockenheit des Blicks, mit diesem heroischen Zug ins Ungeheure, denken wir uns den kühnen Schritt dieser Drachentöter, die stolze Verwegenheit, mit der sie allen den Schwächlichkeitsdoktrinen des Optimismus den Rücken kehren, um im Ganzen und Vollen ›resolut zu leben‹: *sollte es nicht nötig sein,* daß der tragische Mensch dieser Kultur, bei seiner Selbsterziehung zum Ernst und zum Schrecken, eine neue Kunst, *die Kunst des metaphysischen Trostes,* die Tragödie als die ihm zugehörige Helena begehren und mit Faust ausrufen muß:
>
> Und sollt' ich nicht, sehnsüchtigster Gewalt,
> Ins Leben ziehn die einzigste Gestalt?«

»Sollte es nicht *nötig* sein?« ... Nein, dreimal nein! ihr jungen Romantiker: es sollte *nicht* nötig sein! Aber es ist sehr wahrscheinlich, daß es so *endet,* daß *ihr* so endet, nämlich »getröstet«, wie geschrieben steht, trotz aller Selbsterziehung zum Ernst und zum Schrecken, »metaphysisch getröstet«, kurz wie Romantiker enden, *christlich* ... Nein! Ihr solltet vorerst die Kunst des *diesseitigen* Trostes lernen, – ihr solltet *lachen* lernen, meine jungen Freunde, wenn anders ihr durchaus Pessimisten bleiben wollt; vielleicht daß ihr daraufhin, als Lachende, irgendwann einmal alle metaphysische Trösterei zum Teufel schickt – und die Metaphysik voran! Oder, um es in der Sprache jenes dionysischen Unholds zu sagen, der *Zarathustra* heißt:

»Erhebt eure Herzen, meine Brüder, hoch, höher! Und vergeßt mir auch die Beine nicht! Erhebt auch eure Beine, ihr guten Tänzer, und besser noch: ihr steht auch auf dem Kopf!

Diese Krone des Lachenden, diese Rosenkranz-Krone: ich selber setzte mir diese Krone auf, ich selber sprach heilig mein Gelächter. Keinen anderen fand ich heute stark genug dazu.

Zarathustra der Tänzer, Zarathustra der Leichte, der mit den Flügeln winkt, ein Flugbereiter, allen Vögeln zuwinkend, bereit und fertig, ein Selig-Leichtfertiger: –

Zarathustra der Wahrsager, Zarathustra der Wahrlacher, kein Ungeduldiger, kein Unbedingter, einer, der Sprünge und Seitensprünge liebt: ich selber setzte mir diese Krone auf!

Diese Krone des Lachenden, diese Rosenkranz-Krone: euch, meinen Brüdern, werfe ich diese Krone zu! Das Lachen sprach ich heilig: ihr höheren Menschen, *lernt* mir – lachen!«

Also sprach Zarathustra, vierter Teil

DIE GEBURT DER TRAGÖDIE AUS DEM GEISTE DER MUSIK

Vorwort an Richard Wagner

Um mir alle die möglichen Bedenklichkeiten, Aufregungen und Mißverständnisse ferne zu halten, zu denen die in dieser Schrift vereinigten Gedanken bei dem eigentümlichen Charakter unserer ästhetischen Öffentlichkeit Anlaß geben werden, und um auch die Einleitungsworte zu derselben mit der gleichen beschaulichen Wonne schreiben zu können, deren Zeichen sie selbst, als das Petrefakt guter und erhebender Stunden, auf jedem Blatte trägt, vergegenwärtige ich mir den Augenblick, in dem Sie, mein hochverehrter Freund, diese Schrift empfangen werden: wie Sie, vielleicht nach einer abendlichen Wanderung im Winterschnee, den entfesselten Prometheus auf dem Titelblatte betrachten, meinen Namen lesen und sofort überzeugt sind, daß, mag in dieser Schrift stehen, was da wolle, der Verfasser etwas Ernstes und Eindringliches zu sagen hat, ebenfalls daß er, bei allem, was er sich erdachte, mit Ihnen wie mit einem Gegenwärtigen verkehrte und nur etwas dieser Gegenwart Entsprechendes niederschreiben durfte. Sie werden dabei sich erinnern, daß ich zu gleicher Zeit, als Ihre herrliche Festschrift über Beethoven entstand, das heißt in den Schrecken und Erhabenheiten des eben ausgebrochnen Krieges, mich zu diesen Gedanken sammelte. Doch würden diejenigen irren, welche etwa bei dieser Sammlung an den Gegensatz von patriotischer Erregung und ästhetischer Schwelgerei, von tapferem Ernst und heiterem Spiel denken sollten: denen möchte vielmehr, bei einem wirklichen Lesen dieser Schrift, zu ihrem Erstaunen deutlich werden, mit welchem ernsthaft deutschen Problem wir zu tun haben, das von uns recht eigentlich in die Mitte deutscher Hoffnungen, als Wirbel und Wendepunkt, hingestellt wird. Vielleicht aber wird es für eben dieselben überhaupt anstößig sein, ein ästhetisches Problem so ernst genommen zu sehn, falls sie nämlich in der Kunst nicht mehr als ein lustiges Nebenbei, als ein auch wohl zu missendes Schellengeklingel zum »Ernst des Daseins« zu erkennen imstande sind: als ob niemand wüßte, was es bei dieser Gegenüberstellung mit einem solchen »Ernste des Daseins« auf sich habe. Diesen Ernsthaften diene zur Belehrung, daß ich von der Kunst als der höchsten Aufgabe und der eigentlich metaphysischen Tätigkeit dieses Lebens im Sinne des Mannes überzeugt bin, dem ich hier, als meinem erhabenen Vorkämpfer auf dieser Bahn, diese Schrift gewidmet haben will.

Basel, Ende des Jahres 1871

1

Wir werden viel für die ästhetische Wissenschaft gewonnen haben, wenn wir nicht nur zur logischen Einsicht, sondern zur unmittelbaren Sicherheit der Anschauung gekommen sind, daß die Fortentwickelung der Kunst an die Duplizität des *Apollinischen* und des *Dionysischen* gebunden ist: in ähnlicher Weise, wie die Generation von der Zweiheit der Geschlechter, bei fortwährendem Kampfe und nur periodisch eintretender Versöhnung, abhängt. Diese Namen entlehnen wir von den Griechen, welche die tiefsinnigen Geheimlehren ihrer Kunstanschauung zwar nicht in Begriffen, aber in den eindringlich deutlichen Gestalten ihrer Götterwelt dem Einsichtigen vernehmbar machen. An ihre beiden Kunstgottheiten, Apollo und Dionysus, knüpft sich unsere Erkenntnis, daß in der griechischen Welt ein ungeheurer Gegensatz, nach Ursprung und Zielen, zwischen der Kunst des Bildners, der apollinischen, und der unbildlichen Kunst der Musik, als der des Dionysus, besteht: beide so verschiedne Triebe gehen nebeneinander her, zumeist im offnen Zwiespalt miteinander und sich gegenseitig zu immer neuen kräftigeren Geburten reizend, um in ihnen den Kampf jenes Gegensatzes zu perpetuieren, den das gemeinsame Wort »Kunst« nur scheinbar überbrückt; bis sie endlich, durch einen metaphysischen Wunderakt des hellenischen »Willens«, miteinander gepaart erscheinen und in dieser Paarung zuletzt das ebenso dionysische als apollinische Kunstwerk der attischen Tragödie erzeugen.

Um uns jene beiden Triebe näherzubringen, denken wir sie uns zunächst als die getrennten Kunstwelten des *Traumes* und des *Rausches*; zwischen welchen physiologischen Erscheinungen ein entsprechender Gegensatz wie zwischen dem Apollinischen und dem Dionysischen zu bemerken ist. Im Traume traten zuerst, nach der Vorstellung des Lukretius, die herrlichen Göttergestalten vor die Seelen der Menschen, im Traume sah der große Bildner den entzückenden Gliederbau übermenschlicher Wesen, und der hellenische Dichter, um die Geheimnisse der poetischen Zeugung befragt, würde ebenfalls an den Traum erinnert und eine ähnliche Belehrung gegeben haben, wie sie Hans Sachs in den Meistersingern gibt:

> Mein Freund, das grad ist Dichters Werk,
> daß er sein Träumen deut' und merk'.
> Glaubt mir, des Menschen wahrster Wahn
> wird ihm im Traume aufgetan:
> all Dichtkunst und Poeterei
> ist nichts als Wahrtraum-Deuterei.

Der schöne Schein der Traumwelten, in deren Erzeugung jeder Mensch voller Künstler ist, ist die Voraussetzung aller bildenden Kunst, ja auch, wie wir sehen werden, einer wichtigen Hälfte der Poesie. Wir genießen im unmittelbaren Verständnisse der Gestalt, alle Formen sprechen zu uns, es gibt nichts Gleichgültiges und Unnötiges. Bei dem höchsten Leben dieser Traumwirklichkeit haben wir doch noch die durchschimmernde Empfindung ihres *Scheins*: wenigstens ist dies meine Erfahrung, für deren Häufigkeit, ja Normalität, ich manches Zeugnis und die Aussprüche der Dichter beizubringen hätte. Der philosophische Mensch hat sogar das Vorgefühl, daß auch unter dieser Wirklichkeit, in der wir leben und sind, eine zweite ganz andre verborgen liege, daß also auch sie ein Schein sei; und Schopenhauer bezeichnet geradezu die Gabe, daß einem zuzeiten die Menschen und alle Dinge als bloße Phantome oder Traumbilder vorkommen, als das Kennzeichen philosophischer Befähigung. Wie nun der Philosoph zur Wirklichkeit des Daseins, so verhält sich der künstlerisch erregbare Mensch zur Wirklichkeit des Traumes; er sieht genau und gern zu: denn aus diesen Bildern deutet er sich das Leben, an diesen Vorgängen übt er sich für das Leben. Nicht etwa nur die angenehmen und freundlichen Bilder sind es, die er mit jener Allverständlichkeit an sich erfährt: auch das Ernste, Trübe, Traurige, Finstere, die plötzlichen Hemmungen, die Neckereien des Zufalls, die bänglichen Erwartungen, kurz die ganze »göttliche Komödie« des Lebens, mit dem *Inferno*, zieht an ihm vorbei, nicht nur wie ein Schattenspiel – denn er lebt und leidet mit in diesen Szenen – und doch auch nicht ohne jene flüchtige Empfindung des Scheins; und vielleicht erinnert sich mancher, gleich mir, in den Gefährlichkeiten und Schrecken des Traumes sich mitunter ermutigend und mit Erfolg zugerufen zu haben: »Es ist ein Traum! Ich will ihn weiter träumen!« Wie man mir auch von Personen erzählt hat, die die Kausalität eines und desselben Traumes über drei und mehr aufeinanderfolgende Nächte hin fortzusetzen imstande waren: Tatsachen, welche deutlich Zeugnis dafür abgeben, daß unser innerstes Wesen, der gemeinsame Untergrund von uns allen, mit tiefer Lust und freudiger Notwendigkeit den Traum an sich erfährt.

Diese freudige Notwendigkeit der Traumerfahrung ist gleichfalls von den Griechen in ihrem Apollo ausgedrückt worden: Apollo, als der Gott aller bildnerischen Kräfte, ist zugleich der wahrsagende Gott. Er, der seiner Wurzel nach der »Scheinende«, die Lichtgottheit ist, beherrscht auch den schönen Schein der inneren Phantasie-Welt. Die höhere Wahrheit, die Vollkommenheit dieser Zustände im Gegensatz zu der lückenhaft verständlichen Tageswirklichkeit, sodann das tiefe Bewußtsein von der in Schlaf und Traum heilenden und helfenden Natur ist zugleich das symbolische Analogon der wahrsagenden Fähigkeit und überhaupt der Künste, durch die das Leben möglich und lebenswert gemacht wird. Aber auch jene zarte Linie, die das Traumbild nicht überschreiten darf, um nicht pathologisch zu wirken, widrigenfalls der Schein als plumpe Wirklichkeit uns betrügen würde – darf nicht im Bilde des Apollo fehlen: jene maßvolle Begrenzung, jene Freiheit von den wilderen Regungen, jene weisheitsvolle Ruhe des Bildnergottes. Sein Auge muß »sonnenhaft«, gemäß seinem Ursprunge, sein; auch wenn es zürnt und unmutig blickt, liegt die Weihe des schönen Scheines auf ihm. Und so möchte von Appollo in einem exzentrischen Sinne das gelten, was Schopenhauer von dem im Schleier der Maja befangenen Menschen sagt, Welt als Wille und Vorstellung I, S. 416: »Wie auf dem tobenden Meere, das, nach allen Seiten unbegrenzt, heulend Wellenberge erhebt und senkt, auf einem Kahn ein Schiffer sitzt, dem schwachen Fahrzeug vertrauend; so sitzt, mitten in einer Welt von Qualen, ruhig der einzelne Mensch, gestützt und vertrauend auf das *principium individuationis.*« Ja es wäre von Apollo zu sagen, daß in ihm das unerschütterte Vertrauen auf jenes *principium* und das ruhige Dasitzen des in ihm Befangenen seinen erhabensten Ausdruck bekommen habe, und man möchte selbst Apollo als das herrliche Götterbild des *principii individuationis* bezeichnen, aus dessen Gebärden und Blicken die ganze Lust und Weisheit des »Scheines« samt seiner Schönheit, zu uns spräche.

An derselben Stelle hat uns Schopenhauer das ungeheure *Grausen* geschildert, welches den Menschen ergreift, wenn er plötzlich an den Erkenntnisformen der Erscheinung irre wird, indem der Satz vom Grunde, in irgendeiner seiner Gestaltungen, eine Ausnahme zu erleiden scheint. Wenn wir zu diesem Grausen die wonnevolle Verzückung hinzunehmen, die bei demselben Zerbrechen des *principii individuationis* aus dem innersten Grunde des Menschen, ja der Natur emporsteigt, so tun wir einen Blick in das Wesen des *Dionysischen,* das uns am nächsten noch durch die Analogie des *Rausches* gebracht wird. Entweder durch den Einfluß des narkotischen Getränkes, von dem alle ursprünglichen Menschen und Völker in Hymnen sprechen, oder bei dem gewaltigen, die ganze Natur lustvoll durchdringenden Nahen des Frühlings erwachen jene dionysischen Regungen, in deren Steigerung das Subjektive zu völliger Selbstvergessenheit hinschwindet. Auch im deutschen Mittelalter wälzten sich unter der gleichen dionysischen Gewalt immer wachsende Scharen, singend und tanzend, von Ort zu Ort: in diesen Sankt-Johann- und Sankt-Veittänzern erkennen wir die bacchischen Chöre der Griechen wieder, mit ihrer Vorgeschichte in Kleinasien, bis hin zu Babylon und den orgiastischen Sakäen. Es gibt Menschen, die, aus Mangel an Erfahrung oder aus Stumpfsinn, sich von solchen Erscheinungen wie von »Volkskrankheiten«, spöttisch oder bedauernd im Gefühl der eigenen Gesundheit abwenden: die Armen ahnen freilich nicht, wie leichenfarbig und gespenstisch eben diese ihre »Gesundheit« sich ausnimmt, wenn an ihnen das glühende Leben dionysischer Schwärmer vorüberbraust.

Unter dem Zauber des Dionysischen schließt sich nicht nur der Bund zwischen Mensch und Mensch wieder zusammen: auch die entfremdete, feindliche oder unterjochte Natur feiert wieder ihr Versöhnungsfest mit ihrem verlorenen Sohne, dem Menschen. Freiwillig beut die Erde ihre Gaben, und friedfertig nahen die Raubtiere der Felsen und der Wüste. Mit Blumen und Kränzen ist der Wagen des Dionysus überschüttet: unter seinem Joche schreiten Panther und Tiger. Man verwandele das Beethovensche Jubellied der »Freude« in ein Gemälde und bleibe mit seiner Einbildungskraft nicht zurück, wenn die Millionen schauervoll in den Staub sinken: so kann man sich dem Dionysischen nähern. Jetzt ist der Sklave freier Mann, jetzt zerbrechen alle die starren, feindseligen Abgrenzungen, die Not, Willkür oder »freche Mode« zwischen den Menschen festgesetzt haben. Jetzt, bei dem Evangelium der Weltenharmonie, fühlt sich jeder mit seinem Nächsten nicht nur vereinigt, versöhnt, verschmolzen, sondern eins, als ob der Schleier der Maja zerrissen wäre und nur noch in Fetzen vor dem geheimnisvollen Ur-Einen herumflattere. Singend und tanzend äußert sich der Mensch als Mitglied einer höheren Gemeinsamkeit: er hat das Gehen und das Sprechen verlernt und ist auf dem Wege, tanzend in die Lüfte emporzufliegen. Aus seinen Gebärden spricht die Verzauberung. Wie jetzt die Tiere reden, und die Erde Milch und Honig gibt, so tönt auch aus ihm etwas Übernatürliches: als Gott fühlt er sich, er selbst wandelt jetzt so verzückt und erhoben, wie er die Götter im Traume wandeln sah. Der Mensch ist nicht mehr Künstler, er ist Kunstwerk geworden: die Kunstgewalt der ganzen Natur, zur höchsten Wonnebefriedigung des Ur-Einen, offenbart sich hier unter den Schauern des Rausches. Der edelste Ton, der kostbarste Marmor wird hier geknetet und behauen, der Mensch, und zu den Meißelschlägen des dionysischen Weltenkünstlers tönt der eleusinische Mysterienruf: »Ihr stürzt nieder, Millionen? Ahnest du den Schöpfer, Welt?« –

2

Wir haben bis jetzt das Apollinische und seinen Gegensatz, das Dionysische, als künstlerische Mächte betrachtet, die aus der Natur selbst, *ohne Vermittlung des menschlichen Künstlers*, hervorbrechen, und in denen sich ihre Kunsttriebe zunächst und auf direktem Wege befriedigen: einmal als die Bilderwelt des Traumes, deren Vollkommenheit ohne jeden Zusammenhang mit der intellektuellen Höhe oder künstlerischen Bildung des einzelnen ist, andererseits als rauschvolle Wirklichkeit, die wiederum des einzelnen nicht achtet, sondern sogar das Individuum zu vernichten und durch eine mystische Einheitsempfindung zu erlösen sucht. Diesen unmittelbaren Kunstzuständen der Natur gegenüber ist jeder Künstler »Nachahmer«, und zwar entweder apollinischer Traumkünstler oder dionysischer Rauschkünstler oder endlich – wie beispielsweise in der griechischen Tragödie – zugleich Rausch- und Traumkünstler: als welchen wir uns etwa zu denken haben, wie er, in der dionysischen Trunkenheit und mystischen Selbstentäußerung, einsam und abseits von den schwärmenden Chören niedersinkt und wie sich ihm nun, durch apollinische Traumeinwirkung, sein eigener Zustand, d. h. seine Einheit mit dem innersten Grunde der Welt *in einem gleichnisartigen Traumbilde* offenbart.

Nach diesen allgemeinen Voraussetzungen und Gegenüberstellungen nahen wir uns jetzt den *Griechen*, um zu erkennen, in welchem Grade und bis zu welcher Höhe jene *Kunsttriebe der Natur* in ihnen entwickelt gewesen sind: wodurch wir in den Stand gesetzt werden, das Verhältnis des griechischen Künstlers zu seinen Urbildern, oder, nach dem aristotelischen Ausdrucke, »die Nachahmung der Natur« tiefer zu verstehn und zu würdigen. Von den *Träumen* der Griechen ist trotz aller Traumliteratur derselben und zahlreichen Traumanekdoten nur vermutungsweise, aber doch mit ziemlicher Sicherheit zu sprechen: bei der unglaublich bestimmten und sicheren plastischen Befähigung ihres Auges, samt ihrer hellen und aufrichtigen Farbenlust, wird man sich nicht entbrechen können, zur Beschämung aller Spätergeborenen, auch für ihre Träume eine logische Kausalität der Linien und Umrisse, Farben und Gruppen, eine ihren besten Reliefs ähnelnde Folge der Szenen vorauszusetzen, deren Vollkommenheit uns, wenn eine Vergleichung möglich wäre, gewiß berechtigen würde, die träumenden Griechen als Homere und Homer als einen träumenden Griechen zu bezeichnen: in einem tieferen Sinne, als wenn der moderne Mensch sich hinsichtlich seines Traumes mit Shakespeare zu vergleichen wagt.

Dagegen brauchen wir nicht nur vermutungsweise zu sprechen, wenn die ungeheure Kluft aufgedeckt werden soll, welche die *dionysischen Griechen* von den dionysischen Barbaren trennt. Aus allen Enden der alten Welt – um die neuere hier beiseite zu lassen –, von Rom bis Babylon können wir die Existenz dionysischer Feste nachweisen, deren Typus sich, bestenfalls, zu dem Typus der griechischen verhält wie der bärtige Satyr, dem der Bock Namen und Attribute verlieh, zu Dionysus selbst. Fast überall lag das Zentrum dieser Feste in einer überschwänglichen geschlechtlichen Zuchtlosigkeit, deren Wellen über jedes Familientum und dessen ehrwürdige Satzungen hinwegfluteten; gerade die wildesten Bestien der Natur wurden hier entfesselt, bis zu jener abscheulichen Mischung von Wollust und Grausamkeit, die mir immer als der eigentliche »Hexentrank« erschienen ist. Gegen die fieberhaften Regungen jener Feste, deren Kenntnis auf allen Land- und Seewegen zu den Griechen drang, waren sie, scheint es, eine Zeit lang völlig gesichert und geschützt durch die hier in seinem ganzen Stolz sich aufrichtende Gestalt des Apollo, der das Medusenhaupt keiner gefährlicheren Macht entgegenhalten konnte als dieser fratzenhaft ungeschlachten dionysischen. Es ist die dorische Kunst, in der sich jene majestätisch-ablehnende Haltung des Apollo verewigt hat. Bedenklicher und sogar unmöglich wurde dieser Widerstand, als endlich aus der tiefsten Wurzel des Hellenischen heraus sich ähnliche Triebe Bahn brachen: jetzt beschränkte sich das Wirken des delphischen Gottes darauf, dem gewaltigen Gegner durch eine zur rechten Zeit abgeschlossene Versöhnung die vernichtenden Waffen aus der Hand zu nehmen. Diese Versöhnung ist der wichtigste Moment in der Geschichte des griechischen Kultus: wohin man blickt, sind die Umwälzungen dieses Ereignisses sichtbar. Es war die Versöhnung zweier Gegner, mit scharfer Bestimmung ihrer von jetzt ab einzuhaltenden Grenzlinien und mit periodischer Übersendung von Ehrengeschenken; im Grunde war die Kluft nicht überbrückt. Sehen wir aber, wie sich unter dem Drucke jenes Friedensschlusses die dionysische Macht offenbarte, so erkennen wir jetzt, im Vergleiche mit jenen babylonischen Sakäen und ihrem Rückschritte des Menschen zum Tiger und Affen, in den dionysischen Orgien der Griechen die Bedeutung von Welterlösungsfesten und Verklärungstagen. Erst bei ihnen erreicht die Natur ihren künstlerischen Jubel, erst bei ihnen wird die Zerreißung des *principii individuationis* ein künstlerisches Phänomen. Jener scheußliche Hexentrank aus Wollust und Grausamkeit war hier ohne Kraft: nur die wundersame Mischung und Doppelheit in den Affekten der dionysischen Schwärmer erinnert an ihn – wie Heilmittel an tödliche Gifte erinnern –, jene Erscheinung, daß Schmerzen Lust erwecken, daß der Jubel der Brust qualvolle Töne entreißt. Aus der höchsten Freude tönt der Schrei des Entsetzens oder der sehnende Klagelaut über einen unersetzlichen Verlust. In jenen griechischen Festen bricht gleichsam ein sentimentalischer Zug der Natur hervor, als ob sie über ihre Zerstückelung in Individuen zu seufzen habe. Der Gesang und die Gebärdensprache solcher zwiefach gestimmter Schwärmer war für die homerisch-griechische Welt etwas Neues und Unerhörtes: und insbesondere erregte ihr die dionysische *Musik* Schrecken und Grausen. Wenn die Musik scheinbar bereits als eine apollinische Kunst bekannt war, so war sie dies doch nur, genau genommen, als Wellenschlag des Rhythmus, dessen bildnerische Kraft zur Darstellung apollinischer Zustände entwickelt wurde. Die Musik des Apollo war dorische Architektonik in Tönen, aber in nur angedeuteten Tönen, wie sie der Kithara zu eigen sind. Behutsam ist gerade das Element, als unapollinisch, ferngehalten, das den Charakter der dionysischen Musik und damit der Musik überhaupt ausmacht, die erschütternde Gewalt des Tones, der einheitliche Strom des Melos und die durchaus unvergleichliche Welt der Harmonie. Im dionysischen Dithyrambus wird der Mensch zur höchsten Steigerung aller seiner symbolischen Fähigkeiten gereizt; etwas Nieempfundenes drängt sich zur Äußerung, die Vernichtung des Schleiers der Maja, das Einssein als Genius der Gattung, ja der Natur. Jetzt soll sich das Wesen der Natur symbolisch ausdrücken; eine neue Welt der Symbole ist nötig, einmal die ganze leibliche Symbolik, nicht nur die Symbolik des Mundes,

des Gesichts, des Wortes, sondern die volle, alle Glieder rhythmisch bewegende Tanzgebärde. Sodann wachsen die anderen symbolischen Kräfte, die der Musik, in Rhythmik, Dynamik und Harmonie plötzlich ungestüm. Um diese Gesamtentfesselung aller symbolischen Kräfte zu fassen, muß der Mensch bereits auf jener Höhe der Selbstentäußerung angelangt sein, die in jenen Kräften sich symbolisch aussprechen will: der dithyrambische Dionysusdiener wird somit nur von seinesgleichen verstanden! Mit welchem Erstaunen mußte der apollinische Grieche auf ihn blicken! Mit einem Erstaunen, das um so größer war, als sich ihm das Grausen beimischte, daß ihm jenes alles doch eigentlich so fremd nicht sei, ja, daß sein apollinisches Bewußtsein nur wie ein Schleier diese dionysische Welt vor ihm verdecke.

3

Um dies zu begreifen, müssen wir jenes kunstvolle Gebäude der *apollinischen Kultur* gleichsam Stein um Stein abtragen, bis wir die Fundamente erblicken, auf die es begründet ist. Hier gewahren wir nun zuerst die herrlichen *olympischen* Göttergestalten, die auf den Giebeln dieses Gebäudes stehen, und deren Taten, in weithin leuchtenden Reliefs dargestellt, seine Friese zieren. Wenn unter ihnen auch Apollo steht, als eine einzelne Gottheit neben anderen und ohne den Anspruch einer ersten Stellung, so dürfen wir uns dadurch nicht beirren lassen. Derselbe Trieb, der sich in Apollo versinnlichte, hat überhaupt jene ganze olympische Welt geboren, und in diesem Sinne darf uns Apollo als Vater derselben gelten. Welches war das ungeheure Bedürfnis, aus dem eine so leuchtende Gesellschaft olympischer Wesen entsprang?

Wer, mit einer anderen Religion im Herzen, an diese Olympier herantritt und nun nach sittlicher Höhe, ja Heiligkeit, nach unleiblicher Vergeistigung, nach erbarmungsvollen Liebesblicken bei ihnen sucht, der wird unmutig und enttäuscht ihnen bald den Rücken kehren müssen. Hier erinnert nichts an Askese, Geistigkeit und Pflicht: hier redet nur ein üppiges, ja triumphierendes Dasein zu uns, in dem alles Vorhandene vergöttlicht ist, gleichviel ob es gut oder böse ist. Und so mag der Beschauer recht betroffen vor diesem phantastischen Überschwang des Lebens stehn, um sich zu fragen, mit welchem Zaubertrank im Leibe diese übermütigen Menschen das Leben genossen haben mögen, daß, wohin sie sehen, Helena, das »in süßer Sinnlichkeit schwebende« Idealbild ihrer eigenen Existenz, ihnen entgegenlacht. Diesem bereits rückwärts gewandten Beschauer müssen wir aber zurufen: Geh nicht von dannen, sondern höre erst, was die griechische Volksweisheit von diesem selben Leben aussagt, das sich hier mit so unerklärlicher Heiterkeit vor dir ausbreitet. Es geht die alte Sage, daß König Midas lange Zeit nach dem weisen *Silen,* dem Begleiter des Dionysus, im Walde gejagt habe, ohne ihn zu fangen. Als er ihm endlich in die Hände gefallen ist, fragt der König, was für den Menschen das Allerbeste und Allervorzüglichste sei. Starr und unbeweglich schweigt der Dämon; bis er, durch den König gezwungen, endlich unter gellem Lachen in diese Worte ausbricht: »Elendes Eintagsgeschlecht, des Zufalls Kinder und der Mühsal, was zwingst du mich dir zu sagen, was nicht zu hören für dich das Ersprießlichste ist? Das Allerbeste ist für dich gänzlich unerreichbar: nicht geboren zu sein, nicht zu *sein, nichts* zu sein. Das Zweitbeste aber ist für dich – bald zu sterben.«

Wie verhält sich zu dieser Volksweisheit die olympische Götterwelt? Wie die entzückungsreiche Vision des gefolterten Märtyrers zu seinen Peinigungen.

Jetzt öffnet sich uns gleichsam der olympische Zauberberg und zeigt uns seine Wurzeln. Der Grieche kannte und empfand die Schrecken und Entsetzlichkeiten des Daseins: um überhaupt leben zu können, mußte er vor sie hin die glänzende Traumgeburt der Olympischen stellen. Jenes ungeheure Mißtrauen gegen die titanischen Mächte der Natur, jene über allen Erkenntnissen erbarmungslos thronende Moira, jener Geier des großen Menschenfreundes Prometheus, jenes Schreckenslos des weisen Ödipus, jener Geschlechtsfluch der Atriden, der Orest zum Muttermorde zwingt, kurz jene ganze Philosophie des Waldgottes, samt ihren mythischen Exempeln, an der die schwermütigen Etrurier zugrunde gegangen sind – wurde von den Griechen durch jene künstlerische *Mittelwelt* der Olympier fortwährend von neuem überwunden, jedenfalls verhüllt und dem Anblick entzogen. Um leben zu können, mußten die Griechen diese Götter, aus tiefster Nötigung, schaffen: welchen Hergang wir uns wohl so vorzustellen haben, daß aus der ursprünglichen titanischen Götterordnung des Schreckens durch jenen apollinischen Schönheitstrieb in langsamen Übergängen die olympische Götterordnung der Freude entwickelt wurde: wie Rosen aus dornigem Gebüsch hervorbrechen. Wie anders hätte jenes so reizbar empfindende, so ungestüm begehrende, zum *Leiden* so einzig befähigte Volk das Dasein ertragen können, wenn ihm nicht dasselbe, von einer höheren Glorie umflossen, in seinen Göttern gezeigt worden wäre. Derselbe Trieb, der die Kunst ins Leben ruft, als die zum Weiterleben verführende Ergänzung und Vollendung des Daseins, ließ auch die olympische Welt entstehen, in der sich der hellenische »Wille« einen verklärenden Spiegel vorhielt. So rechtfertigen die Götter das Menschenleben, indem sie es selbst leben – die allein genügende Theodicee! Das Dasein unter dem hellen Sonnenscheine solcher Götter wird als das an sich Erstrebenswerte empfunden, und der eigentliche *Schmerz* der homerischen Menschen bezieht sich auf das Abscheiden aus ihm, vor allem auf das baldige Abscheiden: so daß man jetzt von ihnen, mit Umkehrung der silenischen

Weisheit, sagen könnte, »das Allerschlimmste sei für sie, bald zu sterben, das Zweitschlimmste, überhaupt einmal zu sterben«. Wenn die Klage einmal ertönt, so klingt sie wieder vom kurzlebenden Achilles, von dem blättergleichen Wechsel und Wandel des Menschengeschlechts, von dem Untergang der Heroenzeit. Es ist des größten Helden nicht unwürdig, sich nach dem Weiterleben zu sehnen, sei es selbst als Tagelöhner. So ungestüm verlangt, auf der apollinischen Stufe, der »Wille« nach diesem Dasein, so eins fühlt sich der homerische Mensch mit ihm, daß selbst die Klage zu seinem Preisliede wird.

Hier muß nun ausgesprochen werden, daß diese von den neueren Menschen so sehnsüchtig angeschaute Harmonie, ja Einheit des Menschen mit der Natur, für die Schiller das Kunstwort »naiv« in Geltung gebracht hat, keinesfalls ein so einfacher, sich von selbst ergebender, gleichsam unvermeidlicher Zustand ist, dem wir an der Pforte jeder Kultur, als einem Paradies der Menschheit begegnen *müßten*: dies konnte nur eine Zeit glauben, die den Emil Rousseaus sich auch als Künstler zu denken suchte und in Homer einen solchen am Herzen der Natur erzogenen Künstler Emil gefunden zu haben wähnte. Wo uns das »Naive« in der Kunst begegnet, haben wir die höchste Wirkung der apollinischen Kultur zu erkennen: welche immer erst ein Titanenreich zu stürzen und Ungetüme zu töten hat und durch kräftige Wahnvorspiegelungen und lustvolle Illusionen über eine schreckliche Tiefe der Weltbetrachtung und reizbarste Leidensfähigkeit Sieger geworden sein muß. Aber wie selten wird das Naive, jenes völlige Verschlungensein in der Schönheit des Scheines, erreicht! Wie unaussprechbar erhaben ist deshalb *Homer*, der sich als einzelner zu jener appolinischen Volkskultur verhält wie der einzelne Traumkünstler zur Traumbefähigung des Volks und der Natur überhaupt. Die homerische »Naivität« ist nur als der vollkommene Sieg der apollinischen Illusion zu begreifen: es ist dies eine solche Illusion, wie sie die Natur, zur Erreichung ihrer Absichten, so häufig verwendet. Das wahre Ziel wird durch ein Wahnbild verdeckt: nach diesem strecken wir die Hände aus, und jenes erreicht die Natur durch unsre Täuschung. In den Griechen wollte der »Wille« sich selbst, in der Verklärung des Genius und der Kunstwelt, anschauen; um sich zu verherrlichen, mußten seine Geschöpfe sich selbst als verherrlichenswert empfinden, sie mußten sich in einer höheren Sphäre wiedersehn, ohne daß diese vollendete Welt der Anschauung als Imperativ oder als Vorwurf wirkte. Dies ist die Sphäre der Schönheit, in der sie ihre Spiegelbilder, die Olympischen, sahen. Mit dieser Schönheitsspiegelung kämpfte der hellenische »Wille« gegen das dem künstlerischen korrelative Talent zum Leiden und zur Weisheit des Leidens: und als Denkmal seines Sieges steht Homer vor uns, der naive Künstler.

4

Über diesen naiven Künstler gibt uns die Traumanalogie einige Belehrung. Wenn wir uns den Träumenden vergegenwärtigen, wie er, mitten in der Illusion der Traumwelt und ohne sie zu stören, sich zuruft: »es ist ein Traum, ich will ihn weiter träumen«, wenn wir hieraus auf eine tiefe innere Lust des Traumanschauens zu schließen haben, wenn wir andererseits, um überhaupt mit dieser inneren Lust am Schauen träumen zu können, den Tag und seine schreckliche Zudringlichkeit völlig vergessen haben müssen: so dürfen wir uns alle diese Erscheinungen etwa in folgender Weise, unter der Leitung des traumdeutenden Apollo, interpretieren. So gewiß von den beiden Hälften des Lebens, der wachen und der träumenden Hälfte, uns die erstere als die ungleich bevorzugtere, wichtigere, würdigere, lebenswertere, ja allein gelebte dünkt: so möchte ich doch, bei allem Anscheine einer Paradoxie, für jenen geheimnisvollen Grund unseres Wesens, dessen Erscheinung wir sind, gerade die entgegengesetzte Wertschätzung des Traumes behaupten. Je mehr ich nämlich in der Natur jene allgewaltigen Kunsttriebe und in ihnen eine inbrünstige Sehnsucht zum Schein, zum Erlöstwerden durch den Schein gewahr werde, um so mehr fühle ich mich zu der metaphysischen Annahme gedrängt, daß das Wahrhaft-Seiende und Ur-Eine, als das Ewig-Leidende und Widerspruchsvolle, zugleich die entzückende Vision, den lustvollen Schein zu seiner steten Erlösung braucht: welchen Schein wir, völlig in ihm befangen und aus ihm bestehend, als das Wahrhaft-Nichtseiende, d. h. als ein fortwährendes Werden in Zeit, Raum und Kausalität, mit anderen Worten, als empirische Realität zu empfinden genötigt sind. Sehen wir also einmal von unserer eignen »Realität« für einen Augenblick ab, fassen wir unser empirisches Dasein, wie das der Welt überhaupt, als eine in jedem Moment erzeugte Vorstellung des Ur-Einen, so muß uns jetzt der Traum als der *Schein des Scheins*, somit als eine noch höhere Befriedigung der Urbegierde nach dem Schein hin gelten. Aus diesem selben Grunde hat der innerste Kern der Natur jene unbeschreibliche Lust an dem naiven Künstler und dem naiven Kunstwerke, das gleichfalls nur »Schein des Scheins« ist. *Raffael*, selbst einer jener unsterblichen »Naiven«, hat uns in einem gleichnisartigen Gemälde jenes Depotenzieren des Scheins zum Schein, den Urprozeß des naiven Künstlers und zugleich der apollinischen Kultur, dargestellt. In seiner *Transfiguration* zeigt uns die untere Hälfte, mit dem besessenen Knaben, den verzweifelnden Trägern, den ratlos geängstigten Jüngern, die Widerspiegelung des ewigen Urschmerzes, des einzigen Grundes der Welt: der »Schein« ist hier Widerschein des ewigen Widerspruchs, des Vaters der Dinge. Aus diesem Schein steigt nun, wie ein ambrosischer Duft, eine visionsgleiche neue Scheinwelt empor, von der jene im ersten Schein befangenen nichts sehen – ein leuchtendes Schweben in reinster Wonne und schmerzlosem, aus weiten Augen strahlenden Anschauen. Hier haben wir, in höchster Kunstsymbolik, jene apollinische Schönheitswelt und ihren Untergrund, die schreckliche Weisheit des Silen, vor unseren Blicken und begreifen, durch Intuition, ihre gegenseitige Notwendigkeit. Apollo aber tritt uns wiederum als die Vergöttlichung des *principii individuationis* entgegen, in dem allein das ewig erreichte Ziel des Ur-Einen, seine Erlösung durch den Schein, sich vollzieht: er zeigt uns mit erhabenen Gebärden, wie die ganze Welt der Qual nötig ist, damit durch sie der einzelne zur Erzeugung der erlösenden Vision gedrängt werde und dann, ins Anschauen derselben versunken, ruhig auf seinem schwankenden Kahne, inmitten des Meeres, sitze.

Diese Vergöttlichung der Individuation kennt, wenn sie überhaupt imperativisch und Vorschriften gebend gedacht wird, nur *ein* Gesetz, das Individuum, d. h. die Einhaltung der Grenzen des Individuums, das *Maß* im hellenischen Sinne. Apollo, als ethische Gottheit, fordert von den Seinigen das Maß und, um es einhalten zu können, Selbsterkenntnis. Und so läuft neben der ästhetischen Notwendigkeit der Schönheit die Forderung des »Erkenne dich selbst« und des »Nicht zu viel!« her, während Selbstüberhebung und Übermaß als die eigentlich feindseligen Dämonen der nicht-apollinischen Sphäre, daher als Eigenschaften der vor-apollinischen Zeit, des Titanenzeitalters, und der außer-apollinischen Welt, d. h. der Barbarenwelt, erachtet wurden. Wegen seiner titanenhaften Liebe zu den Menschen mußte Prometheus von den Geiern zerrissen werden, seiner übermäßigen Weisheit halber, die das Rätsel der Sphinx löste, mußte Ödipus in einen verwirrenden Strudel von Untaten stürzen: so interpretierte der delphische Gott die griechische Vergangenheit.

»Titanenhaft« und »barbarisch« dünkte dem apollinischen Griechen auch die Wirkung, die das *Dionysische* erregte: ohne dabei sich verhehlen zu können, daß er selbst doch zugleich auch innerlich mit jenen gestürzten Titanen und Heroen verwandt sei. Ja er mußte noch mehr empfinden: sein ganzes Dasein, mit aller Schönheit und Mäßigung, ruhte auf einem verhüllten Untergrunde des Leidens und der Erkenntnis, der ihm wieder durch jenes Dionysische aufgedeckt wurde. Und siehe! Apollo konnte nicht ohne Dionysus leben! Das »Titanische« und das »Barbarische« war zuletzt eine eben solche Notwendigkeit wie das Apollinische! Und nun denken wir uns, wie in diese auf den Schein und die Mäßigung gebaute und künstlich gedämmte Welt der ekstatische Ton der Dionysusfeier in immer lokkenderen Zauberweisen hineinklang, wie in diesen das ganze *Übermaß* der Natur in Lust, Leid und Erkenntnis, bis zum durchdringenden Schrei, laut wurde: denken wir uns, was diesem dämonischen Volksgesange gegenüber der psalmodierende Künstler des Apollo, mit dem gespensterhaften Harfenklange, bedeuten konnte! Die Musen der Künste des »Scheins« verblaßten vor einer Kunst, die in ihrem Rausche die Wahrheit sprach, die Weisheit des Silen rief Wehe! Wehe! aus gegen die heiteren Olympier. Das Individuum, mit allen seinen Grenzen und Maßen, ging hier in der Selbstvergessenheit der dionysischen Zustände unter und vergaß die apollinischen Satzungen. Das *Übermaß* enthüllte sich als Wahrheit, der Widerspruch, die aus Schmerzen geborene Wonne sprach von sich aus dem Herzen der Natur heraus. Und so war, überall dort, wo das Dionysische durchdrang, das Apollinische aufgehoben und vernichtet. Aber ebenso gewiß ist, daß dort, wo der erste Ansturm ausgehalten wurde, das Ansehen und die Majestät des delphischen Gottes starrer und drohender als je sich äußerte. Ich vermag nämlich den *dorischen* Staat und die dorische Kunst mir nur als ein fortgesetztes Kriegslager des Apollinischen zu erklären: nur in einem unausgesetzten Widerstreben gegen das titanisch-barbarische Wesen des Dionysischen konnte eine so trotzig-spröde, mit Bollwerken umschlossene Kunst, eine so kriegsgemäße und herbe Erziehung, ein so grausames und rücksichtsloses Staatswesen von längerer Dauer sein.

Bis zu diesem Punkte ist des weiteren ausgeführt worden, was ich am Eingange dieser Abhandlung bemerkte: wie das Dionysische und das Apollinische, in immer neuen aufeinanderfolgenden Geburten, und sich gegenseitig steigernd, das hellenische Wesen beherrscht haben: wie aus dem »erzenen« Zeitalter, mit seinen Titanenkämpfen und seiner herben Volksphilosophie, sich unter dem Walten des apollinischen Schönheitstriebes die homerische Welt entwickelt, wie diese »naive« Herrlichkeit wieder von dem einbrechenden Strome des Dionysischen verschlungen wird, und wie dieser neuen Macht gegenüber sich das Apollinische zur starren Majestät der dorischen Kunst und Weltbetrachtung erhebt. Wenn auf diese Weise die ältere hellenische Geschichte, im Kampf jener zwei feindseligen Prinzipien, in vier große Kunststufen zerfällt: so sind wir jetzt gedrängt, weiter nach dem letzten Plane dieses Werdens und Treibens zu fragen, falls uns nicht etwa die letzterreichte Periode, die der dorischen Kunst, als die Spitze und Absicht jener Kunsttriebe gelten sollte: und hier bietet sich unseren Blicken das erhabene und hochgepriesene Kunstwerk der *attischen Tragödie* und des dramatischen Dithyrambus, als das gemeinsame Ziel beider Triebe, deren geheimnisvolles Ehebündnis, nach langem vorhergehenden Kampfe, sich in einem solchen Kinde – das zugleich Antigone und Kassandra ist – verherrlicht hat.

5

Wir nahen uns jetzt dem eigentlichen Ziele unsrer Untersuchung, die auf die Erkenntnis des dionysisch-apollinischen Genius und seines Kunstwerkes, wenigstens auf das ahnungsvolle Verständnis jenes Einleitungsmysteriums gerichtet ist. Hier fragen wir nun zunächst, wo jener neue Keim sich zuerst in der hellenischen Welt bemerkbar macht, der sich nachher bis zur Tragödie und zum dramatischen Dithyrambus entwickelt. Hierüber gibt uns das Altertum selbst bildlich Aufschluß, wenn es als die Urväter und Fackelträger der griechischen Dichtung *Homer* und *Archilochus* auf Bildwerken, Gemmen usw. nebeneinander stellt, in der sicheren Empfindung, daß nur diese beiden gleich völlig originalen Naturen, von denen aus ein Feuerstrom auf die gesamte griechische Nachwelt fortfließe, zu erachten seien. Homer, der in sich versunkene greise Träumer, der Typus des apollinischen, naiven Künstlers, sieht nun staunend den leidenschaftlichen Kopf des wild durchs Dasein getriebenen kriegerischen Musendieners Archilochus: und die neuere Ästhetik wußte nur deutend hinzuzufügen, daß hier dem »objektiven« Künstler der erste »subjektive« entgegengestellt sei. Uns ist mit dieser Deutung wenig gedient, weil wir den subjektiven Künstler nur als schlechten Künstler kennen und in jeder Art und Höhe der Kunst vor allem und zuerst Besiegung des Subjektiven, Erlösung vom »Ich« und Stillschweigen jedes individuellen Willens und Gelüstens fordern, ja ohne Objektivität, ohne reines interesseloses Anschauen nie an die geringste wahrhaft künstlerische Erzeugung glauben können. Darum muß unsre Ästhetik erst jenes Problem lösen, wie der »Lyriker« als Künstler möglich ist: er, der, nach der Erfahrung aller Zeiten, immer »ich« sagt und die ganze chromatische Tonleiter seiner Leidenschaften und Begehrungen vor uns absingt. Gerade dieser Archilochus erschreckt uns, neben Homer, durch den Schrei seines Hasses und Hohnes, durch die trunknen Ausbrüche seiner Begierde; ist er, der erste subjektiv genannte Künstler, nicht damit der eigentliche Nichtkünstler? Woher aber dann die Verehrung, die ihm, dem Dichter, gerade auch das delphische Orakel, der Herd der »objektiven« Kunst, in sehr merkwürdigen Aussprüchen erwiesen hat?

Über den Prozeß seines Dichtens hat uns *Schiller* durch eine ihm selbst unerklärliche, doch nicht bedenklich scheinende psychologische Beobachtung Licht gebracht; er gesteht nämlich, als den vorbereitenden Zustand vor dem Aktus des Dichtens nicht etwa eine Reihe von Bildern, mit geordneter Kausalität der Gedanken, vor sich und in sich gehabt zu haben, sondern vielmehr eine *musikalische Stimmung* (»Die Empfindung ist bei mir anfangs ohne bestimmten und klaren Gegenstand; dieser bildet sich erst später. Eine gewisse musikalische Gemütsstimmung geht vorher, und auf diese folgt bei mir erst die poetische Idee«). Nehmen wir jetzt das wichtigste Phänomen der ganzen antiken Lyrik hinzu, die überall als natürlich geltende Vereinigung, ja Identität *des Lyrikers* mit *dem Musiker* – der gegenüber unsre neuere Lyrik wie ein Götterbild ohne Kopf erscheint –, so können wir jetzt, auf Grund unsrer früher dargestellten ästhetischen Metaphysik, uns in folgender Weise den Lyriker erklären.

Er ist zuerst, als dionysischer Künstler, gänzlich mit dem Ur-Einen, seinem Schmerz und Widerspruch, eins geworden und produziert das Abbild dieses Ur-Einen als Musik, wenn anders diese mit Recht eine Wiederholung der Welt und ein zweiter Abguß derselben genannt worden ist; jetzt aber wird diese Musik ihm wieder, wie in einem *gleichnisartigen Traumbilde,* unter der apollinischen Traumeinwirkung sichtbar. Jener bild- und begrifflose Widerschein des Urschmerzes in der Musik, mit seiner Erlösung im Scheine, erzeugt jetzt eine zweite Spiegelung, als einzelnes Gleichnis oder Exempel. Seine Subjektivität hat der Künstler bereits in dem dionysischen Prozeß aufgegeben: das Bild, das ihm jetzt seine Einheit mit dem Herzen der Welt zeigt, ist eine Traumszene, die jenen Urwiderspruch und Urschmerz, samt der Urlust des Scheines, versinnlicht. Das »Ich« des Lyrikers tönt also aus dem Abgrunde des Seins: seine »Subjektivität« im Sinne der neueren Ästhetiker ist eine Einbildung. Wenn Archilochus, der erste Lyriker der Griechen, seine rasende Liebe und zugleich seine Verachtung den Töchtern des Lykambes kundgibt, so ist es nicht seine Leidenschaft, die vor uns in orgiastischem Taumel tanzt: wir sehen Dionysus und die Mänaden, wir sehen den berauschten Schwärmer Archilochus zum Schlafe niedergesunken – wie ihn uns Euripides in den Bacchen beschreibt, den Schlaf auf hoher Alpentrift, in der Mittagssonne –: und jetzt tritt Apollo an ihn heran und berührt ihn mit dem Lorbeer. Die dionysisch-musikalische Verzauberung des Schläfers sprüht jetzt gleichsam Bilderfunken um sich, lyrische Gedichte, die in ihrer höchsten Entfaltung Tragödien und dramatische Dithyramben heißen.

Der Plastiker und zugleich der ihm verwandte Epiker ist in das reine Anschauen der Bilder versunken. Der dionysische Musiker ist ohne jedes Bild völlig nur selbst Urschmerz und Urwiederklang desselben. Der lyrische Genius fühlt aus dem mystischen Selbstentäußerungs- und Einheitszustande eine Bilder- und Gleichniswelt hervorwachsen, die eine ganz andere Färbung, Kausalität und Schnelligkeit hat als jene Welt des Plastikers und Epikers. Während der letztgenannte in diesen Bildern und nur in ihnen mit freudigem Behagen lebt und nicht müde wird, sie bis auf die kleinsten Züge hin liebevoll anzuschauen, während selbst das Bild des zürnenden Achilles für ihn nur ein Bild ist, dessen zürnenden Ausdruck er mit jener Traumlust am Scheine genießt – so daß er, durch diesen Spiegel des Scheines, gegen das Einswerden und Zusammenschmelzen mit seinen Gedanken geschützt ist –, so sind dagegen die Bilder des Lyrikers nichts als *er* selbst und gleichsam nur verschiedene Objektivationen von ihm, weshalb er als bewegender Mittelpunkt jener Welt »ich« sagen darf: nur ist diese Ichheit nicht dieselbe, wie die des wachen, empirisch-realen Menschen, sondern die einzige überhaupt wahrhaft seiende und ewige, im Grunde der Dinge ruhende Ichheit, durch deren Abbilder der lyrische Genius bis auf den Grund der Dinge hindurchsieht. Nun denken wir uns einmal, wie er unter diesen Abbildern auch *sich selbst* als Nichtgenius erblickt, d. h. sein »Subjekt«, das ganze Gewühl subjektiver, auf ein bestimmtes, ihm real dünkendes Ding gerichteter Leidenschaften und Willensregungen; wenn es jetzt scheint, als ob der lyrische Genius und der mit ihm verbundene Nichtgenius eins wäre und als ob der erstere von sich selbst jenes Wörtchen »ich« spräche, so wird uns jetzt dieser Schein nicht mehr verführen können, wie er allerdings diejenigen verführt hat, die den Lyriker als den subjektiven Dichter bezeichnet haben. In Wahrheit ist Archilochus, der leidenschaftlich entbrannte, liebende und hassende Mensch, nur eine Vision des Genius, der bereits nicht mehr Archilochus, sondern Weltgenius ist und der seinen Urschmerz in jenem Gleichnisse vom Menschen Archilochus symbolisch ausspricht: während jener subjektiv wollende und begehrende Mensch Archilochus überhaupt nie und nimmer Dichter sein kann. Es ist aber gar nicht nötig, daß der Lyriker gerade nur das Phänomen des Menschen Archilochus vor sich sieht als Wiederschein des ewigen Seins; und die Tragödie beweist, wie weit sich die Visionswelt des Lyrikers von jenem allerdings zunächst stehenden Phänomen entfernen kann.

Schopenhauer, der sich die Schwierigkeit, die der Lyriker für die philosophische Kunstbetrachtung macht, nicht verhehlt hat, glaubt einen Ausweg gefunden zu haben, den ich nicht mit ihm gehen kann, während ihm allein, in seiner tiefsinnigen Metaphysik der Musik, das Mittel in die Hand gegeben war, mit dem jene Schwierigkeit entscheidend beseitigt werden konnte: wie ich dies, in seinem Geiste und zu seiner Ehre, hier getan zu haben glaube. Dagegen bezeichnet er als das eigentümliche Wesen des Liedes folgendes (Welt als Wille und Vorstellung I, S. 295): »Es ist das Subjekt des Willens, d. h. das eigene Wollen, was das Bewußtsein des Singenden füllt, oft als ein entbundenes, befriedigtes Wollen (Freude), wohl noch öfter aber als ein gehemmtes (Trauer), immer als Affekt, Leidenschaft, bewegter Gemütszustand. Neben diesem jedoch und zugleich damit wird durch den Anblick der umgebenden Natur der Singende sich seiner bewußt als Subjekts des reinen, willenlosen Erkennens, dessen unerschütterlich selige Ruhe nunmehr in Kontrast tritt mit dem Drange des immer beschränkten, immer noch dürftigen Wollens: die Empfindung dieses Kontrastes, dieses Wechselspieles ist eigentlich, was sich im Ganzen des Liedes ausspricht und was überhaupt den lyrischen Zustand ausmacht. In diesem tritt gleichsam das reine Erkennen zu uns heran, um uns vom Wollen und seinem Drange zu erlösen: wir folgen; doch nur auf Augenblicke: immer von neuem entreißt das Wollen, die Erinnerung an unsere persönlichen Zwecke, uns der ruhigen Beschauung; aber auch immer wieder entlockt uns dem Wollen die nächste schöne Umgebung, in welcher sich die reine willenlose Erkenntnis uns darbietet. Darum geht im Liede und der lyrischen Stimmung das Wollen (das persönliche Interesse des Zwecks) und das reine Anschauen der sich darbietenden Umgebung wundersam gemischt durcheinander: es werden Beziehungen zwischen beiden gesucht und imaginiert; die subjektive Stimmung, die Affektion des Willens, teilt der angeschauten Umgebung und diese wiederum jener ihre Farbe im Reflex mit: von diesem ganzen so gemischten und geteilten Gemütszustande ist das echte Lied der Abdruck.«

Wer vermöchte in dieser Schilderung zu verkennen, daß hier die Lyrik als eine unvollkommen erreichte, gleichsam im Sprunge und selten zum Ziel kommende Kunst charakterisiert wird, ja als eine Halbkunst, deren *Wesen* darin bestehen solle, daß das Wollen und das reine Anschauen, d. h. der unästhetische und der ästhetische Zustand, wundersam durcheinandergemischt seien? Wir behaupten vielmehr, daß der ganze Gegensatz, nach dem wie nach einem Wertmesser auch noch Schopenhauer die Künste einteilt, der des Subjektiven und des Objektiven, überhaupt in der Ästhetik ungehörig ist, da das Subjekt, das wollende und seine egoistischen Zwecke fördernde Individuum nur als Gegner, nicht als Ursprung der Kunst gedacht werden kann. Insofern aber das Subjekt Künstler ist, ist es bereits von seinem individuellen Willen erlöst und gleichsam Medium geworden, durch das hindurch das eine wahrhaft seiende Subjekt seine Erlösung im Scheine feiert. Denn dies muß uns vor allem, zu unserer Erniedrigung *und* Erhöhung, deutlich sein, daß die ganze Kunstkomödie durchaus nicht für uns, etwa unsrer Besserung und Bildung wegen, aufgeführt wird, ja daß wir ebensowenig die eigentlichen Schöpfer jener Kunstwelt sind: wohl aber dürfen wir von uns selbst annehmen, daß wir für den wahren Schöpfer derselben schon Bilder und künstlerische Projektionen sind und in der Bedeutung von Kunstwerken unsre höchste Würde haben – denn nur als *ästhetisches Phänomen* ist das Dasein und die Welt ewig *gerechtfertigt*: – während freilich unser Bewußtsein über diese unsre Bedeutung kaum ein andres ist, als es die auf Leinwand gemalten Krieger von der auf ihr dargestellten Schlacht haben. Somit ist unser ganzes Kunstwissen im Grunde ein völlig illusorisches, weil wir als Wissende mit jenem Wesen nicht eins und identisch sind, das sich, als einziger Schöpfer und Zuschauer jener Kunstkomödie, einen ewigen Genuß bereitet. Nur soweit der Genius im Aktus der künstlerischen Zeugung mit jenem Urkünstler der Welt verschmilzt, weiß er etwas über das ewige Wesen der Kunst; denn in jenem Zustande ist er, wunderbarerweise, dem unheimlichen Bild des Märchens gleich, das die Augen drehn und sich selber anschaun kann; jetzt ist er zugleich Subjekt und Objekt, zugleich Dichter, Schauspieler und Zuschauer.

6

In betreff des Archilochus hat die gelehrte Forschung entdeckt, daß er das *Volkslied* in die Literatur eingeführt habe, und daß ihm, dieser Tat halber, jene einzige Stellung neben Homer in der allgemeinen Schätzung der Griechen zukomme. Was aber ist das Volkslied im Gegensatz zu dem völlig apollinischen Epos? Was anders als das *perpetuum vestigium* einer Vereinigung des Apollinischen und des Dionysischen; seine ungeheure, über alle Völker sich erstreckende und in immer neuen Geburten sich steigernde Verbreitung ist uns ein Zeugnis dafür, wie stark jener künstlerische Doppeltrieb der Natur ist: der in analoger Weise seine Spuren im Volkslied hinterläßt, wie die orgiastischen Bewegungen eines Volkes sich in seiner Musik verewigen. Ja es müßte auch historisch nachweisbar sein, wie jede an Volksliedern reich produktive Periode zugleich auf das stärkste durch dionysische Strömungen erregt worden ist, welche wir immer als Untergrund und Voraussetzung des Volksliedes zu betrachten haben.

Das Volkslied aber gilt uns zuallernächst als musikalischer Weltspiegel, als ursprüngliche Melodie, die sich jetzt eine parallele Traumerscheinung sucht und diese in der Dichtung ausspricht. *Die Melodie ist also das Erste und Allgemeine,* das deshalb auch mehrere Objektivationen, in mehreren Texten, an sich erleiden kann. Sie ist auch das bei weitem Wichtigere und Notwendigere in der naiven Schätzung des Volkes. Die Melodie gebiert die Dichtung aus sich, und zwar immer wieder von neuem; nichts andres will uns *die Strophenform des Volksliedes* sagen: welches Phänomen ich immer mit Erstaunen betrachtet habe, bis ich endlich diese Erklärung fand. Wer eine Sammlung von Volksliedern, z. B. des Knaben Wunderhorn, auf diese Theorie hin ansieht, der wird unzählige Beispiele finden, wie die fortwährend gebärende Melodie Bilderfunken um sich aussprüht, die in ihrer Buntheit, ihrem jähen Wechsel, ja ihrem tollen Sichüberstürzen eine dem epischen Scheine und seinem ruhigen Fortströmen wildfremde Kraft offenbaren. Vom Standpunkte des Epos ist diese ungleiche und unregelmäßige Bilderwelt der Lyrik einfach zu verurteilen: und dies haben gewiß die feierlichen epischen Rhapsoden der apollinischen Feste im Zeitalter des Terpander getan.

In der Dichtung des Volksliedes sehen wir also die Sprache auf das stärkste angespannt, *die Musik nachzuahmen*: deshalb beginnt mit Archilochus eine neue Welt der Poesie, die der homerischen in ihrem tiefsten Grunde widerspricht. Hiermit haben wir das einzig mögliche Verhältnis zwischen Poesie und Musik, Wort und Ton bezeichnet: das Wort, das Bild, der Begriff sucht einen der Musik analogen Ausdruck und erleidet jetzt die Gewalt der Musik an sich. In diesem Sinne dürfen wir in der Sprachgeschichte des griechischen Volkes zwei Hauptströmungen unterscheiden, je nachdem die Sprache die Erscheinungs- und Bilderwelt oder die Musikwelt nachahmte. Man denke nur einmal tiefer über die sprachliche Differenz der Farbe, des syntaktischen Baus, des Wortmaterials bei Homer und Pindar nach, um die Bedeutung dieses Gegensatzes zu begreifen; ja es wird einem dabei handgreiflich deutlich, daß zwischen Homer und Pindar die *orgiastischen Flötenweisen des Olympus* erklungen sein müssen, die noch im Zeitalter des Aristoteles, inmitten einer unendlich entwickelteren Musik, zu trunkner Begeisterung hinrissen und gewiß in ihrer ursprünglichen Wirkung alle dichterischen Ausdrucksmittel der gleichzeitigen Menschen zur Nachahmung aufgereizt haben. Ich erinnere hier an ein bekanntes, unserer Ästhetik nur anstößig dünkendes Phänomen unserer Tage. Wir erleben es immer wieder, wie eine Beethovensche Symphonie die einzelnen Zuhörer zu einer Bilderrede nötigt, sei es auch, daß eine Zusammenstellung der verschiedenen, durch ein Tonstück erzeugten Bilderwelten sich recht phantastisch bunt, ja widersprechend ausnimmt: an solchen Zusammenstellungen ihren armen Witz zu üben und das doch wahrlich erklärenswerte Phänomen zu übersehen, ist recht in der Art jener Ästhetik. Ja selbst wenn der Tondichter in Bildern über eine Komposition geredet hat, etwa wenn er eine Symphonie als pastorale und einen Satz als »Szene am Bach«, einen anderen als »lustiges Zusammensein der Landleute« bezeichnet, so sind das ebenfalls nur gleichnisartige, aus der Musik geborne Vorstellungen – und nicht etwa die nachgeahmten Gegenstände der Musik – Vorstellungen, die über den *dionysischen* Inhalt der Musik uns nach keiner Seite hin belehren können, ja die keinen ausschließlichen Wert neben andern Bildern haben. Diesen Prozeß einer Entladung der Musik in Bildern haben wir uns nun auf eine jugendfrische, sprachlich schöpferische Volksmenge zu übertragen, um zur Ahnung zu kommen, wie das strophische Volkslied entsteht, und wie das ganze Sprachvermögen durch das neue Prinzip der Nachahmung der Musik aufgeregt wird.

Dürfen wir also die lyrische Dichtung als die nachahmende Effulguration der Musik in Bildern und Begriffen betrachten, so können wir jetzt fragen: »als was *erscheint* die Musik im Spiegel der Bildlichkeit und der Begriffe?« *Sie erscheint als Wille,* das Wort im Schopenhauerischen Sinne genommen, d. h. als Gegensatz der ästhetischen, rein beschaulichen willenlosen Stimmung. Hier unterscheide man nun so scharf als möglich den Begriff des Wesens von dem der Erscheinung: denn die Musik kann, ihrem Wesen nach, unmöglich Wille sein, weil sie als solcher gänzlich aus dem Bereich der Kunst zu bannen wäre – denn der Wille ist das an sich Unästhetische –; aber sie erscheint als Wille. Denn um ihre Erscheinung in Bildern auszudrücken, braucht der Lyriker alle Regungen der Leidenschaft, vom Flüstern der Neigung bis zum Grollen des Wahnsinns; unter dem Triebe, in apollinischen Gleichnissen von der Musik zu reden, versteht er die ganze Natur und sich in ihr nur als das ewig Wollende, Begehrende, Sehnende. Insofern er aber die Musik in Bildern deutet, ruht er selbst in der stillen Meeresruhe der apollinischen Betrachtung, so sehr auch alles, was er durch das Medium der Musik anschaut, um ihn herum in drängender und treibender Bewegung ist. Ja wenn er sich selbst durch dasselbe Medium erblickt, so zeigt sich ihm sein eignes Bild im Zustande des unbefriedigten Gefühls: sein eignes Wollen, Sehnen, Stöhnen, Jauchzen ist ihm ein Gleichnis, mit dem er die Musik sich deutet. Dies ist das Phänomen des Lyrikers: als apollinischer Genius interpretiert er die Musik durch das Bild des Willens, während er selbst, völlig losgelöst von der Gier des Willens, reines ungetrübtes Sonnenauge ist.

Diese ganze Erörterung hält daran fest, daß die Lyrik ebenso abhängig ist vom Geiste der Musik, als die Musik selbst, in ihrer völligen Unumschränktheit, das Bild und den Begriff nicht *braucht*, sondern ihn nur neben sich *erträgt*. Die Dichtung des Lyrikers kann nichts aussagen, was nicht in der ungeheuersten Allgemeinheit und Allgültigkeit bereits in der Musik lag, die ihn zur Bilderrede nötigte. Der Weltsymbolik der Musik ist eben deshalb mit der Sprache auf keine Weise erschöpfend beizukommen, weil sie sich auf den Urwiderspruch und Urschmerz im Herzen des Ur-Einen symbolisch bezieht, somit eine Sphäre symbolisiert, die über alle Erscheinung und vor aller Erscheinung ist. Ihr gegenüber ist vielmehr jede Erscheinung nur Gleichnis: daher kann die *Sprache*, als Organ und Symbol der Erscheinungen, nie und nirgends das tiefste Innere der Musik nach außen kehren, sondern bleibt immer, sobald sie sich auf Nachahmung der Musik einläßt, nur in einer äußerlichen Berührung mit der Musik, während deren tiefster Sinn, durch alle lyrische Beredsamkeit, uns auch keinen Schritt näher gebracht werden kann.

7

Alle die bisher erörterten Kunstprinzipien müssen wir jetzt zu Hilfe nehmen, um uns in dem Labyrinth zurechtzufinden, als welches wir *den Ursprung der griechischen Tragödie* bezeichnen müssen. Ich denke nichts Ungereimtes zu behaupten, wenn ich sage, daß das Problem dieses Ursprungs bis jetzt noch nicht einmal ernsthaft aufgestellt, geschweige denn gelöst ist, so oft auch die zerflatternden Fetzen der antiken Überlieferung schon kombinatorisch aneinandergenäht und wieder auseinandergerissen sind. Diese Überlieferung sagt uns mit voller Entschiedenheit, *daß die Tragödie aus dem tragischen Chore entstanden ist* und ursprünglich nur Chor und nichts als Chor war: woher wir die Verpflichtung nehmen, diesem tragischen Chore als dem eigentlichen Urdrama ins Herz zu sehen, ohne uns an den geläufigen Kunstredensarten – daß er der idealische Zuschauer sei oder das Volk gegenüber der fürstlichen Region der Szene zu vertreten habe – irgendwie genügen zu lassen. Jener zuletzt erwähnte, für manchen Politiker erhaben klingende Erläuterungsgedanke – als ob das unwandelbare Sittengesetz von den demokratischen Athenern in dem Volkschore dargestellt sei, der über die leidenschaftlichen Ausschreitungen und Ausschweifungen der Könige hinaus immer Recht behalte – mag noch so sehr durch ein Wort des Aristoteles nahegelegt sein: auf die ursprüngliche Formation der Tragödie ist er ohne Einfluß, da von jenen rein religiösen Ursprüngen der ganze Gegensatz von Volk und Fürst, überhaupt jegliche politisch-soziale Sphäre ausgeschlossen ist; aber wir möchten es auch in Hinsicht auf die uns bekannte klassische Form des Chors bei Äschylus und Sophokles für Blasphemie erachten, hier von der Ahnung einer »konstitutionellen Volksvertretung« zu reden, vor welcher Blasphemie andere nicht zurückgeschrocken sind. Eine konstitutionelle Volksvertretung kennen die antiken Staatsverfassungen *in praxi* nicht und haben sie hoffentlich auch in ihrer Tragödie nicht einmal »geahnt«.

Viel berühmter als diese politische Erklärung des Chors ist der Gedanke A. W. Schlegels, der uns den Chor gewissermaßen als den Inbegriff und Extrakt der Zuschauermenge, als den »idealischen Zuschauer« zu betrachten anempfiehlt. Diese Ansicht, zusammengehalten mit jener historischen Überlieferung, daß ursprünglich die Tragödie nur Chor war, erweist sich als das, was sie ist, als eine rohe, unwissenschaftliche, doch glänzende Behauptung, die ihren Glanz aber nur durch ihre konzentrierte Form des Ausdrucks, durch die echt germanische Voreingenommenheit für alles, was »idealisch« genannt wird, und durch unser momentanes Erstauntsein erhalten hat. Wir sind nämlich erstaunt, sobald wir das uns gut bekannte Theaterpublikum mit jenem Chore vergleichen und uns fragen, ob es wohl möglich sei, aus diesem Publikum je etwas dem tragischen Chore Analoges herauszuidealisieren. Wir leugnen dies im stillen und wundern uns jetzt ebenso über die Kühnheit der Schlegelschen Behauptung wie über die total verschiedene Natur des griechischen Publikums. Wir hatten nämlich doch immer gemeint, daß der rechte Zuschauer, er sei wer er wolle, sich immer bewußt bleiben müsse, ein Kunstwerk vor sich zu haben, nicht eine empirische Realität: während der tragische Chor der Griechen in den Gestalten der Bühne leibhafte Existenzen zu erkennen genötigt ist. Der Okeanidenchor glaubt wirklich den Titan Prometheus vor sich zu sehen und hält sich selbst für ebenso real wie den Gott der Szene. Und das sollte die höchste und reinste Art des Zuschauers sein, gleich den Okeaniden den Prometheus für leiblich vorhanden und real zu halten? Und es wäre das Zeichen des idealischen Zuschauers, auf die Bühne zu laufen und den Gott von seinen Martern zu befreien? Wir hatten an ein ästhetisches Publikum geglaubt und den einzelnen Zuschauer um so befähigter gehalten, je mehr er imstande war, das Kunstwerk als Kunst,

d. h. ästhetisch zu nehmen; und jetzt deutete uns der Schlegelsche Ausdruck an, daß der vollkommne idealische Zuschauer die Welt der Szene gar nicht ästhetisch, sondern leibhaft empirisch auf sich wirken lasse. O über diese Griechen! seufzten wir; sie werfen uns unsre Ästhetik um! Daran aber gewöhnt, wiederholten wir den Schlegelschen Spruch, so oft der Chor zur Sprache kam.

Aber jene so ausdrückliche Überlieferung redet hier gegen Schlegel: der Chor an sich, ohne Bühne, also die primitive Gestalt der Tragödie und jener Chor idealischer Zuschauer vertragen sich nicht miteinander. Was wäre das für eine Kunstgattung, die aus dem Begriff des Zuschauers herausgezogen wäre, als deren eigentliche Form der »Zuschauer an sich« zu gelten hätte. Der Zuschauer ohne Schauspiel ist ein widersinniger Begriff. Wir fürchten, daß die Geburt der Tragödie weder aus der Hochachtung vor der sittlichen Intelligenz der Masse, noch aus dem Begriff des schauspiellosen Zuschauers zu erklären sei, und halten dies Problem für zu tief, um von so flachen Betrachtungsarten auch nur berührt zu werden.

Eine unendlich wertvollere Einsicht über die Bedeutung des Chors hatte bereits Schiller in der berühmten Vorrede zur Braut von Messina verraten, der den Chor als eine lebendige Mauer betrachtete, die die Tragödie um sich herum zieht, um sich von der wirklichen Welt rein abzuschließen und sich ihren idealen Boden und ihre poetische Freiheit zu bewahren.

Schiller kämpft mit dieser seiner Hauptwaffe gegen den gemeinen Begriff des Natürlichen, gegen die bei der dramatischen Poesie gemeinhin geheischte Illusion. Während der Tag selbst auf dem Theater nur ein künstlicher, die Architektur nur eine symbolische sei und die metrische Sprache einen idealen Charakter trage, herrsche immer noch der Irrtum im ganzen: es sei nicht genug, daß man *das* nur als eine poetische Freiheit dulde, was doch das Wesen aller Poesie sei. Die Einführung des Chores sei der entscheidende Schritt, mit dem jedem Naturalismus in der Kunst offen und ehrlich der Krieg erklärt werde. – Eine solche Betrachtungsart ist es, scheint mir, für die unser sich überlegen wähnendes Zeitalter das wegwerfende Schlagwort »Pseudoidealismus« gebraucht. Ich fürchte, wir sind dagegen mit unserer jetzigen Verehrung des Natürlichen und Wirklichen am Gegenpol alles Idealismus angelangt, nämlich in der Region der Wachsfigurenkabinette. Auch in ihnen gibt es eine Kunst, wie bei gewissen beliebten Romanen der Gegenwart: nur quäle man uns nicht mit dem Anspruch, daß mit dieser Kunst der Schiller-Goethesche »Pseudoidealismus« überwunden sei.

Freilich ist es ein »idealer« Boden, auf dem, nach der richtigen Einsicht Schillers, der griechische Satyrchor, der Chor der ursprünglichen Tragödie, zu wandeln pflegt, ein Boden, hoch emporgehoben über die wirkliche Wandelbahn der Sterblichen. Der Grieche hat sich für diesen Chor die

Schwebegerüste eines fingierten *Naturzustandes* gezimmert und auf sie hin fingierte *Naturwesen* gestellt. Die Tragödie ist auf diesem Fundamente emporgewachsen und freilich schon deshalb von Anbeginn an einem peinlichen Abkonterfeien der Wirklichkeit enthoben gewesen. Dabei ist es doch keine willkürlich zwischen Himmel und Erde hineinphantasierte Welt; vielmehr eine Welt von gleicher Realität und Glaubwürdigkeit, wie sie der Olymp samt seinen Insassen für den gläubigen Hellenen besaß. Der Satyr als der dionysische Choreut lebt in einer religiös zugestandenen Wirklichkeit unter der Sanktion des Mythus und des Kultus. Daß mit ihm die Tragödie beginnt, daß aus ihm die dionysische Weisheit der Tragödie spricht, ist ein hier uns ebenso befremdendes Phänomen, wie überhaupt die Entstehung der Tragödie aus dem Chore. Vielleicht gewinnen wir einen Ausgangspunkt der Betrachtung, wenn ich die Behauptung hinstelle, daß sich der Satyr, das fingierte Naturwesen, zu dem Kulturmenschen in gleicher Weise verhält, wie die dionysische Musik zur Zivilisation. Von letzterer sagt Richard Wagner, daß sie von der Musik aufgehoben werde wie der Lampenschein vom Tageslicht. In gleicher Weise, glaube ich, fühlte sich der griechische Kulturmensch im Angesicht des Satyrchors aufgehoben: und dies ist die nächste Wirkung der dionysischen Tragödie, daß der Staat und die Gesellschaft, überhaupt die Klüfte zwischen Mensch und Mensch einem übermächtigen Einheitsgefühle weichen, welches an das Herz der Natur zurückführt. Der metaphysische Trost – mit welchem, wie ich schon hier andeute, uns jede wahre Tragödie entläßt – daß das Leben im Grunde der Dinge, trotz allem Wechsel der Erscheinungen unzerstörbar mächtig und lustvoll sei, dieser Trost erscheint in leibhafter Deutlichkeit als Satyrchor, als Chor von Naturwesen, die gleichsam hinter aller Zivilisation unvertilgbar leben und trotz allem Wechsel der Generationen und der Völkergeschichte ewig dieselben bleiben.

Mit diesem Chore tröstet sich der tiefsinnige und zum zartesten und schwersten Leiden einzig befähigte Hellene, der mit schneidigem Blicke mitten in das furchtbare Vernichtungstreiben der sogenannten Weltgeschichte, ebenso wie in die Grausamkeit der Natur geschaut hat und in Gefahr ist, sich nach einer buddhistischen Verneinung des Willens zu sehnen. Ihn rettet die Kunst, und durch die Kunst rettet ihn sich – das Leben.

Die Verzückung des dionysischen Zustandes mit seiner Vernichtung der gewöhnlichen Schranken und Grenzen des Daseins enthält nämlich während seiner Dauer ein *lethargisches* Element, in das sich alles persönlich in der Vergangenheit Erlebte eintaucht. So scheidet sich durch diese Kluft der Vergessenheit die Welt der alltäglichen und der dionysischen Wirklichkeit voneinander ab. Sobald aber jene alltägliche Wirklichkeit wieder ins Bewußtsein tritt, wird sie mit Ekel als solche empfunden; eine asketische, willenverneinende Stimmung ist die Frucht jener Zustände. In diesem Sinne hat der dionysische Mensch Ähnlichkeit mit Hamlet: beide haben einmal einen wahren Blick in das Wesen der Dinge getan, sie haben *erkannt*, und es ekelt sie zu handeln; denn ihre Handlung kann nichts am ewigen Wesen der Dinge ändern, sie empfinden es als lächerlich oder schmachvoll, daß ihnen zugemutet wird, die Welt, die aus den Fugen ist, wieder einzurichten. Die Erkenntnis tötet das Handeln, zum Handeln gehört das Umschleiertsein durch die Illusion – das ist die Hamletlehre, nicht jene wohlfeile Weisheit von Hans dem Träumer, der aus zu viel Reflexion, gleichsam aus einem Überschuß von Möglichkeiten, nicht zum Handeln kommt; nicht das Reflektieren, nein! – die wahre Erkenntnis, der Einblick in die grauenhafte Wahrheit überwiegt jedes zum Handeln antreibende Motiv, bei Hamlet sowohl als bei dem dionysischen Menschen. Jetzt verfängt kein Trost mehr, die Sehnsucht geht über eine Welt nach dem Tode, über die Götter selbst hinaus, das Dasein wird, samt seiner gleißenden Wiederspiegelung in den Göttern oder in einem unsterblichen Jenseits, verneint. In der Bewußtheit der einmal geschauten Wahrheit sieht jetzt der Mensch überall nur das Entsetzliche oder Absurde des Seins, jetzt versteht er das Symbolische im Schicksal der Ophelia, jetzt erkennt er die Weisheit des Waldgottes Silen: es ekelt ihn.

Hier, in dieser höchsten Gefahr des Willens, naht sich, als rettende, heilkundige Zauberin, die *Kunst:* sie allein vermag jene Ekelgedanken über das Entsetzliche oder Absurde des Daseins in Vorstellungen umzubiegen, mit denen sich leben läßt: diese sind das *Erhabene* als die künstlerische Bändigung des Entsetzlichen und das *Komische* als die künstlerische Entladung vom Ekel des Absurden. Der Satyrchor des Dithyrambus ist die rettende Tat der griechischen Kunst; an der Mittelwelt dieser dionysischen Begleiter erschöpften sich jene vorhin beschriebenen Anwandlungen.

8

Der Satyr wie der idyllische Schäfer unserer neueren Zeit sind beide Ausgeburten einer auf das Ursprüngliche und Natürliche gerichteten Sehnsucht; aber mit welchem festen unerschrocknen Griffe faßte der Grieche nach seinem Waldmenschen, wie verschämt und weichlich tändelt der moderne Mensch mit dem Schmeichelbild eines zärtlichen, flötenden, weichgearteten Hirten! Die Natur, an der noch keine Erkenntnis gearbeitet, in der die Riegel der Kultur noch unerbrochen sind – das sah der Grieche in seinem Satyr, der ihm deshalb noch nicht mit dem Affen zusammenfiel. Im Gegenteil: es war das Urbild des Menschen, der Ausdruck seiner höchsten und stärksten Regungen, als begeisterter Schwärmer, den die Nähe des Gottes entzückt, als mitleidender Genosse, in dem sich das Leiden des Gottes wiederholt, als Weisheitsverkünder aus der tiefsten

Brust der Natur heraus, als Sinnbild der geschlechtlichen Allgewalt der Natur, die der Grieche gewöhnt ist mit ehrfürchtigem Staunen zu betrachten. Der Satyr war etwas Erhabenes und Göttliches: so mußte er besonders dem schmerzlich gebrochnen Blick des dionysischen Menschen dünken. Ihn hätte der geputzte, erlogene Schäfer beleidigt: auf den unverhüllten und unverkümmert großartigen Schriftzügen der Natur weilte sein Auge in erhabener Befriedigung; hier war die Illusion der Kultur von dem Urbilde des Menschen weggewischt, hier enthüllte sich der wahre Mensch, der bärtige Satyr, der zu seinem Gotte aufjubelt. Vor ihm schrumpfte der Kulturmensch zur lügenhaften Karikatur zusammen. Auch für diese Anfänge der tragischen Kunst hat Schiller Recht: der Chor ist eine lebendige Mauer gegen die anstürmende Wirklichkeit, weil er – der Satyrchor – das Dasein wahrhaftiger, wirklicher, vollständiger abbildet als der gemeinhin sich als einzige Realität achtende Kulturmensch. Die Sphäre der Poesie liegt nicht außerhalb der Welt, als eine phantastische Unmöglichkeit eines Dichterhirns: sie will das gerade Gegenteil sein, der ungeschminkte Ausdruck der Wahrheit, und muß eben deshalb den lügenhaften Aufputz jener vermeinten Wirklichkeit des Kulturmenschen von sich werfen. Der Kontrast dieser eigentlichen Naturwahrheit und der sich als einzige Realität gebärdenden Kulturlüge ist ein ähnlicher wie zwischen dem ewigen Kern der Dinge, dem Ding an sich, und der gesamten Erscheinungswelt: und wie die Tragödie mit ihrem metaphysischen Troste auf das ewige Leben jenes Daseinskernes, bei dem fortwährenden Untergange der Erscheinungen, hinweist, so spricht bereits die Symbolik des Satyrchors in einem Gleichnis jenes Urverhältnis zwischen Ding an sich und Erscheinung aus. Jener idyllische Schäfer des modernen Menschen ist nur ein Konterfrei der ihm als Natur geltenden Summe von Bildungsillusionen; der dionysische Grieche will die Wahrheit und die Natur in ihrer höchsten Kraft – er sieht sich zum Satyr verzaubert.

Unter solchen Stimmungen und Erkenntnissen jubelt die schwärmende Schar der Dionysusdiener: deren Macht sie selbst vor ihren eignen Augen verwandelt, so daß sie sich als wiederhergestellte Naturgenien, als Satyrn, zu erblicken wähnen. Die spätere Konstitution des Tragödienchors ist die künstlerische Nachahmung jenes natürlichen Phänomens; bei der nun allerdings eine Scheidung von dionysischen Zuschauern und dionysischen Verzauberten nötig wurde. Nur muß man sich immer gegenwärtig halten, daß das Publikum der attischen Tragödie sich selbst in dem Chore der Orchestra wiederfand, daß es im Grunde keinen Gegensatz von Publikum und Chor gab: denn alles ist nur ein großer erhabener Chor von tanzenden und singenden Satyrn oder von solchen, welche sich durch diese Satyrn repräsentieren lassen. Das Schlegelsche Wort muß sich uns hier in einem tieferen Sinne erschließen. Der Chor ist der »idealische Zuschauer«, insofern er der einzige *Schauer* ist, der Schauer der Visionswelt der

Szene. Ein Publikum von Zuschauern, wie wir es kennen, war den Griechen unbekannt: in ihren Theatern war es jedem, bei dem in konzentrischen Bogen sich erhebenden Terrassenbau des Zuschauerraumes, möglich, die gesamte Kulturwelt um sich herum ganz eigentlich zu *übersehen* und in gesättigtem Hinschauen selbst Choreut sich zu wähnen. Nach dieser Einsicht dürfen wir den Chor, auf seiner primitiven Stufe in der Urtragödie, eine Selbstspiegelung des dionysischen Menschen nennen: welches Phänomen am deutlichsten durch den Prozeß des Schauspielers zu machen ist, der, bei wahrhafter Begabung, sein von ihm darzustellendes Rollenbild zum Greifen wahrnehmbar vor seinen Augen schweben sieht. Der Satyrchor ist zu allererst eine Vision der dionysischen Masse, wie wiederum die Welt der Bühne eine Vision dieses Satyrchors ist: die Kraft dieser Vision ist stark genug, um gegen den Eindruck der »Realität«, gegen die rings auf den Sitzreihen gelagerten Bildungsmenschen den Blick stumpf und unempfindlich zu machen. Die Form des griechischen Theaters erinnert an ein einsames Gebirgstal: die Architektur der Szene erscheint wie ein leuchtendes Wolkenbild, welches die im Gebirge herumschwärmenden Bacchen von der Höhe aus erblicken, als die herrliche Umrahmung, in deren Mitte ihnen das Bild des Dionysus offenbar wird.

Jene künstlerische Urerscheinung, die wir hier zur Erklärung des Tragödienchors zur Sprache bringen, ist, bei unserer gelehrtenhaften Anschauung über die elementaren künstlerischen Prozesse, fast anstößig; während nichts ausgemachter sein kann, als daß der Dichter nur dadurch Dichter ist, daß er von Gestalten sich umringt sieht, die vor ihm leben und handeln, und in deren innerstes Wesen er hineinblickt. Durch eine eigentümliche Schwäche der modernen Begabung sind wir geneigt, uns das ästhetische Urphänomen zu kompliziert und abstrakt vorzustellen. Die Metapher ist für den echten Dichter nicht eine rhetorische Figur, sondern ein stellvertretendes Bild, das ihm wirklich, an Stelle eines Begriffes, vorschwebt. Der Charakter ist für ihn nicht etwas aus zusammengesuchten Einzelzügen komponiertes Ganzes, sondern eine vor seinen Augen aufdringlich lebendige Person, die von der gleichen Vision des Malers sich nur durch das fortwährende Weiterleben und Weiterhandeln unterscheidet. Wodurch schildert Homer so viel anschaulicher als alle Dichter? Weil er um so viel mehr anschaut. Wir reden über Poesie so abstrakt, weil wir alle schlechte Dichter zu sein pflegen. Im Grunde ist das ästhetische Phänomen einfach; man habe nur die Fähigkeit, fortwährend ein lebendiges Spiel zu sehen und immerfort von Geisterscharen umringt zu leben, so ist man Dichter; man fühle nur den Trieb, sich selbst zu verwandeln und aus anderen Leibern und Seelen herauszureden, so ist man Dramatiker.

Die dionysische Erregung ist imstande, einer ganzen Masse diese künstlerische Begabung mitzuteilen, sich von einer solchen Geisterschar umringt zu sehen, mit der sie sich innerlich eins weiß. Dieser Prozeß des Tragödienchors ist das *dramatische* Urphänomen: sich selbst vor sich verwandelt zu sehen und jetzt zu handeln, als ob man wirklich in einen andern Leib, in einen andern Charakter eingegangen wäre. Dieser Prozeß steht an dem Anfang der Entwicklung des Dramas. Hier ist etwas anderes als der Rhapsode, der mit seinen Bildern nicht verschmilzt, sondern sie, dem Maler ähnlich, mit betrachtendem Auge außer sich sieht; hier ist bereits ein Aufgeben des Individuums durch Einkehr in eine fremde Natur. Und zwar tritt dieses Phänomen epidemisch auf: eine ganze Schar fühlt sich in dieser Weise verzaubert. Der Dithyramb ist deshalb wesentlich von jedem anderen Chorgesange unterschieden. Die Jungfrauen, die, mit Lorbeerzweigen in der Hand, feierlich zum Tempel des Apollo ziehn und dabei ein Prozessionslied singen, bleiben, wer sie sind, und behalten ihren bürgerlichen Namen: der dithyrambische Chor ist ein Chor von Verwandelten, bei denen ihre bürgerliche Vergangenheit, ihre soziale Stellung völlig vergessen ist: sie sind die zeitlosen, außerhalb aller Gesellschaftssphären lebenden Diener ihres Gottes geworden. Alle andere Chorlyrik der Hellenen ist nur eine ungeheure Steigerung des apollinischen Einzelsängers; während im Dithyramb eine Gemeinde von unbewußten Schauspielern vor uns steht, die sich selbst untereinander als verwandelt ansehen.

Die Verzauberung ist die Voraussetzung aller dramatischen Kunst. In dieser Verzauberung sieht sich der dionysische Schwärmer als Satyr *und als Satyr wiederum schaut er den Gott,* d. h. er sieht in seiner Verwandlung eine neue Vision außer sich, als apollinische Vollendung seines Zustandes. Mit dieser neuen Vision ist das Drama vollständig.

Nach dieser Erkenntnis haben wir die griechische Tragödie als den dionysischen Chor zu verstehen, der sich immer von neuem wieder in einer apollinischen Bilderwelt entladet. Jene Chorpartien, mit denen die Tragödie durchflochten ist, sind also gewissermaßen der Mutterschoß des ganzen sogenannten Dialogs, d. h. der gesamten Bühnenwelt, des eigentlichen Dramas. In mehreren aufeinanderfolgenden Entladungen strahlt dieser Urgrund der Tragödie jene Vision des Dramas aus: die durchaus Traumerscheinung und insofern epischer Natur ist, andrerseits aber, als Objektivation eines dionysischen Zustandes, nicht die apollinische Erlösung im Scheine, sondern im Gegenteil das Zerbrechen des Individuums und sein Einswerden mit dem Ursein darstellt. Somit ist das Drama die apollinische Versinnlichung dionysischer Erkenntnisse und Wirkungen und dadurch wie durch eine ungeheure Kluft vom Epos abgeschieden.

Der *Chor* der griechischen Tragödie, das Symbol der gesamten dionysisch erregten Masse, findet an dieser unserer Auffassung seine volle Erklärung. Während wir, mit der Gewöhnung an die Stellung eines Chors auf der modernen Bühne, zumal eines Opernchors, gar nicht begreifen konnten, wie jener tragische Chor der Griechen älter, ursprünglicher, ja wichtiger sein sollte, als die eigentliche »Aktion« – wie dies doch so deutlich überliefert war –, während wir wiederum mit jener überlieferten hohen Wichtigkeit und Ursprünglichkeit nicht reimen konnten, warum er doch nur aus niedrigen dienenden Wesen, ja zuerst nur aus bocksartigen Satyrn zusammengesetzt worden sei, während uns die Orchestra vor der Szene immer ein Rätsel blieb, sind wir jetzt zu der Einsicht gekommen, daß die Szene samt der Aktion im Grunde und ursprünglich nur als *Vision* gedacht wurde, daß die einzige »Realität« eben der Chor ist, der die Vision aus sich erzeugt und von ihr mit der ganzen Symbolik des Tanzes, des Tones und des Wortes redet. Dieser Chor schaut in seiner Vision seinen Herrn und Meister Dionysus und ist darum ewig der *dienende* Chor: er sieht, wie dieser, der Gott, leidet und sich verherrlicht, und *handelt* deshalb selbst nicht. Bei dieser, dem Gotte gegenüber durchaus dienenden Stellung ist er doch der höchste, nämlich dionysische Ausdruck der *Natur* und redet darum, wie diese, in der Begeisterung Orakel- und Weisheitssprüche: als der *mitleidende* ist er zugleich der *weise*, aus dem Herzen der Welt die Wahrheit verkündende. So entsteht denn jene phantastische und so anstößig scheinende Figur des weisen und begeisterten Satyrs, der zugleich »der tumbe Mensch« im Gegensatz zum Gotte ist: Abbild der Natur und ihrer stärksten Triebe, ja Symbol derselben und zugleich Verkünder ihrer Weisheit und Kunst: Musiker, Dichter, Tänzer, Geisterseher in *einer* Person.

Dionysus, der eigentliche Bühnenheld und Mittelpunkt der Vision, ist gemäß dieser Erkenntnis und gemäß der Überlieferung, zuerst, in der allerältesten Periode der Tragödie, nicht wahrhaft vorhanden, sondern wird nur als vorhanden vorgestellt: d. h. ursprünglich ist die Tragödie nur »Chor« und nicht »Drama«. Später wird nun der Versuch gemacht, den Gott als einen realen zu zeigen und die Visionsgestalt samt der verklärenden Umrahmung als jedem Auge sichtbar darzustellen: damit beginnt das »Drama« im engeren Sinne. Jetzt bekommt der dithyrambische Chor die Aufgabe, die Stimmung der Zuhörer bis zu dem Grade dionysisch anzuregen, daß sie, wenn der tragische Held auf der Bühne erscheint, nicht etwa den unförmlich maskierten Menschen sehen, sondern eine gleichsam aus ihrer eignen Verzückung geborene Visionsgestalt. Denken wir uns Admet mit tiefem Sinnen seiner jüngst abgeschiedenen Gattin Alcestis gedenkend und ganz im geistigen Anschauen derselben sich verzehrend – wie ihm nun plötzlich ein ähnlich gestaltetes, ähnlich schreitendes Frauenbild in Verhüllung entgegengeführt wird: denken wir uns seine plötzliche zitternde Unruhe, sein stürmisches Vergleichen, seine instinktive Überzeugung – so haben wir ein Analogon zu der Empfindung, mit der der dionysisch erregte Zuschauer den Gott auf der Bühne heranschreiten sah, mit dessen Leiden er bereits eins geworden ist. Unwillkürlich übertrug er das ganze magisch vor seiner Seele zitternde Bild des

Gottes auf jene maskierte Gestalt und löste ihre Realität gleichsam in eine geisterhafte Unwirklichkeit auf. Dies ist der apollinische Traumeszustand, in dem die Welt des Tages sich verschleiert und eine neue Welt, deutlicher, verständlicher, ergreifender als jene und doch schattengleicher, in fortwährendem Wechsel sich unserem Auge neu gebiert. Demgemäß erkennen wir in der Tragödie einen durchgreifenden Stilgegensatz: Sprache, Farbe, Beweglichkeit, Dynamik der Rede treten in der dionysischen Lyrik des Chors und andrerseits in der apollinischen Traumwelt der Szene als völlig gesonderte Sphären des Ausdrucks auseinander. Die apollinischen Erscheinungen, in denen sich Dionysus objektiviert, sind nicht mehr »ein ewiges Meer, ein wechselnd Weben, ein glühend Leben«, wie es die Musik des Chors ist, nicht mehr jene nur empfundenen, nicht zum Bilde verdichteten Kräfte, in denen der begeisterte Dionysusdiener die Nähe des Gottes spürt: jetzt spricht, von der Szene aus, die Deutlichkeit und Festigkeit der epischen Gestaltung zu ihm, jetzt redet Dionysus nicht mehr durch Kräfte, sondern als epischer Held, fast mit der Sprache Homers.

9

Alles, was im apollinischen Teile der griechischen Tragödie, im Dialoge, auf die Oberfläche kommt, sieht einfach, durchsichtig, schön aus. In diesem Sinne ist der Dialog ein Abbild des Hellenen, dessen Natur sich im Tanze offenbart, weil im Tanze die größte Kraft nur potenziell ist, aber sich in der Geschmeidigkeit und Üppigkeit der Bewegung verrät. So überrascht uns die Sprache der sophokleischen Helden durch ihre apollinische Bestimmtheit und Helligkeit, so daß wir sofort bis in den innersten Grund ihres Wesens zu blicken wähnen, mit einigem Erstaunen, daß der Weg bis zu diesem Grunde so kurz ist. Sehen wir aber einmal von dem auf die Oberfläche kommenden und sichtbar werdenden Charakter des Helden ab – der im Grunde nichts mehr ist als das auf eine dunkle Wand geworfene Lichtbild, d. h. Erscheinung durch und durch –, dringen wir vielmehr in den Mythus ein, der in diesen hellen Spiegelungen sich projiziert, so erleben wir plötzlich ein Phänomen, das ein umgekehrtes Verhältnis zu einem bekannten optischen hat. Wenn wir bei einem kräftigen Versuch, die Sonne ins Auge zu fassen, uns geblendet abwenden, so haben wir dunkle farbige Flecken gleichsam als Heilmittel vor den Augen: umgekehrt sind jene Lichtbildererscheinungen des sophokleischen Helden, kurz das Apollinische der Maske, notwendige Erzeugungen eines Blickes ins Innere und Schreckliche der Natur, gleichsam leuchtende Flecken zur Heilung des von grausiger Nacht versehrten Blickes. Nur in diesem Sinne dürfen wir glauben, den ernsthaften und bedeutenden Begriff der »griechischen Heiterkeit« richtig zu fassen; während wir allerdings den falsch verstandenen Begriff dieser Heiterkeit im Zustande ungefährdeten Behagens auf allen Wegen und Stegen der Gegenwart antreffen.

Die leidvollste Gestalt der griechischen Bühne, der unglückselige *Ödipus*, ist von Sophokles als der edle Mensch verstanden worden, der zum Irrtum und zum Elend trotz seiner Weisheit bestimmt ist, der aber am Ende durch sein ungeheures Leiden eine magische segensreiche Kraft um sich ausübt, die noch über sein Verscheiden hinaus wirksam ist. Der edle Mensch sündigt nicht, will uns der tiefsinnige Dichter sagen: durch sein Handeln mag jedes Gesetz, jede natürliche Ordnung, ja die sittliche Welt zugrunde gehen, eben durch dieses Handeln wird ein höherer magischer Kreis von Wirkungen gezogen, die eine neue Welt auf den Ruinen der umgestürzten alten gründen. Das will uns der Dichter, insofern er zugleich religiöser Denker ist, sagen: als Dichter zeigt er uns zuerst einen wunderbar geschürzten Prozeßknoten, den der Richter langsam, Glied für Glied, zu seinem eigenen Verderben löst; die echt hellenische Freude an dieser dialektischen Lösung ist so groß, daß hierdurch ein Zug von überlegener Heiterkeit über das ganze Werk kommt, der den schauderhaften Voraussetzungen jenes Prozesses überall die Spitze abbricht. Im »Ödipus auf Kolonos« treffen wir diese selbe Heiterkeit, aber in eine unendliche Verklärung emporgehoben; dem vom Übermaße des Elends betroffenen Greise gegenüber, der allem, was ihn betrifft, rein als *Leidender* preisgegeben ist – steht die überirdische Heiterkeit, die aus göttlicher Sphäre herniederkommt und uns andeutet, daß der Held in seinem rein passiven Verhalten seine höchste Aktivität erlangt, die weit über sein Leben hinausgreift, während sein bewußtes Dichten und Trachten im früheren Leben ihn nur zur Passivität geführt hat. So wird der für das sterbliche Auge unauflöslich verschlungene Prozeßknoten der Ödipusfabel langsam entwirrt – und die tiefste menschliche Freude überkommt uns bei diesem göttlichen Gegenstück der Dialektik. Wenn wir mit dieser Erklärung dem Dichter gerecht geworden sind, so kann doch immer noch gefragt werden, ob damit der Inhalt des Mythus erschöpft ist: und hier zeigt sich, daß die ganze Auffassung des Dichters nichts ist als eben jenes Lichtbild, welches uns, nach einem Blick in den Abgrund, die heilende Natur vorhält. Ödipus der Mörder seines Vaters, der Gatte seiner Mutter, Ödipus der Rätsellöser der Sphinx! Was sagt uns die geheimnisvolle Dreiheit dieser Schicksalstaten? Es gibt einen uralten, besonders persischen Volksglauben, daß ein weiser Magier nur aus Inzest geboren werden könne: was wir uns, im Hinblick auf den rätsellösenden und seine Mutter freienden Ödipus, sofort so zu interpretieren haben, daß dort, wo durch weissagende und magische Kräfte der Bann von Gegenwart und Zukunft, das starre Gesetz der Individuation und überhaupt der eigentliche Zauber der Natur gebrochen ist, eine ungeheure Naturwidrigkeit – wie dort der Inzest – als Ursache vorausgegangen sein muß;

denn wie könnte man die Natur zum Preisgeben ihrer Geheimnisse zwingen, wenn nicht dadurch, daß man ihr siegreich widerstrebt, d. h. durch das Unnatürliche? Diese Erkenntnis sehe ich in jener entsetzlichen Dreiheit der Ödipusschicksale ausgeprägt: derselbe, der das Rätsel der Natur – jener doppelgearteten Sphinx – löst, muß auch als Mörder des Vaters und Gatte der Mutter die heiligsten Naturordnungen zerbrechen. Ja der Mythus scheint uns zuraunen zu wollen, daß die Weisheit und gerade die dionysische Weisheit ein naturwidriger Greuel sei, daß der, welcher durch sein Wissen die Natur in den Abgrund der Vernichtung stürzt, auch an sich selbst die Auflösung der Natur zu erfahren habe. »Die Spitze der Weisheit kehrt sich gegen den Weisen; Weisheit ist ein Verbrechen an der Natur«: solche schreckliche Sätze ruft uns der Mythus zu: der hellenische Dichter aber berührt wie ein Sonnenstrahl die erhabene und furchtbare Memnonssäule des Mythus, so daß er plötzlich zu tönen beginnt – in sophokleischen Melodien!

Der Glorie der Passivität stelle ich jetzt die Glorie der Aktivität gegenüber, welche den *Prometheus* des Äschylus umleuchtet. Was uns hier der Denker Äschylus zu sagen hatte, was er aber als Dichter durch sein gleichnisartiges Bild uns nur ahnen läßt, das hat uns der jugendliche Goethe in den verwegenen Worten seines Prometheus zu enthüllen gewußt:

»Hier sitz ich, forme Menschen
Nach meinem Bilde,
Ein Geschlecht, das mir gleich sei,
Zu leiden, zu weinen,
Zu genießen und zu freuen sich,
Und dein nicht zu achten,
Wie ich!«

Der Mensch, ins Titanische sich steigernd, erkämpft sich selbst seine Kultur und zwingt die Götter, sich mit ihm zu verbinden, weil er in seiner selbsteignen Weisheit die Existenz und die Schranken derselben in seiner Hand hat. Das Wunderbarste an jenem Prometheusgedicht, das seinem Grundgedanken nach der eigentliche Hymnus der Unfrömmigkeit ist, ist aber der tiefe äschyleische Zug nach *Gerechtigkeit*: das unermeßliche Leid des kühnen »Einzelnen« auf der einen Seite, und die göttliche Not, ja Ahnung einer Götterdämmerung auf der andern, die zur Versöhnung, zum metaphysischen Einssein zwingende Macht jener beiden Leidenswelten – dies alles erinnert auf das stärkste an den Mittelpunkt und Hauptsatz der äschyleischen Weltbetrachtung, die über Göttern und Menschen die Moira als ewige Gerechtigkeit thronen sieht. Bei der erstaunlichen Kühnheit, mit der Äschylus die olympische Welt auf seine Gerechtigkeitswagschalen stellt, müssen wir uns vergegenwärtigen, daß der tiefsinnige

Grieche einen unverrückbar festen Untergrund des metaphysischen Denkens in seinen Mysterien hatte, und daß sich an den Olympiern alle seine skeptischen Anwandlungen entladen konnten. Der griechische Künstler insbesondere empfand im Hinblick auf die Gottheiten ein dunkles Gefühl wechselseitiger Abhängigkeit: und gerade im Prometheus des Äschylus ist dieses Gefühl symbolisiert. Der titanische Künstler fand in sich den trotzigen Glauben, Menschen schaffen und olympische Götter wenigstens vernichten zu können: und dies durch seine höhere Weisheit, die er freilich durch ewiges Leiden zu büßen gezwungen war. Das herrliche »Können« des großen Genius, das selbst mit ewigem Leide zu gering bezahlt ist, der herbe Stolz des *Künstlers* – das ist Inhalt und Seele der äschyleischen Dichtung, während Sophokles in seinem Ödipus das Siegeslied des *Heiligen* präludierend anstimmt. Aber auch mit jener Deutung, die Äschylus dem Mythus gegeben hat, ist dessen erstaunliche Schreckenstiefe nicht ausgemessen: vielmehr ist die Werdelust des Künstlers, die jedem Unheil trotzende Heiterkeit des künstlerischen Schaffens nur ein lichtes Wolken- und Himmelsbild, das sich auf einem schwarzen See der Traurigkeit spiegelt. Die Prometheussage ist ein ursprüngliches Eigentum der gesamten arischen Völkergemeinde und ein Dokument für deren Begabung zum Tiefsinnig-Tragischen, ja es möchte nicht ohne Wahrscheinlichkeit sein, daß diesem Mythus für das arische Wesen eben dieselbe charakteristische Bedeutung innewohnt, die der Sündenfallmythus für das semitische hat, und daß zwischen beiden Mythen ein Verwandtschaftsgrad existiert, wie zwischen Bruder und Schwester. Die Voraussetzung jenes Prometheusmythus ist der überschwängliche Wert, den eine naive Menschheit dem *Feuer* beilegt als dem wahren Palladium jeder aufsteigenden Kultur: daß aber der Mensch frei über das Feuer waltet und es nicht nur durch ein Geschenk vom Himmel, als zündenden Blitzstrahl oder wärmenden Sonnenbrand, empfängt, erschien jenen beschaulichen Ur-Menschen als ein Frevel, als ein Raub an der göttlichen Natur. Und so stellt gleich das erste philosophische Problem einen peinlichen unlösbaren Widerspruch zwischen Mensch und Gott hin und rückt ihn wie einen Felsblock an die Pforte jeder Kultur. Das Beste und Höchste, dessen die Menschheit teilhaftig werden kann, erringt sie durch einen Frevel und muß nun wieder seine Folgen dahinnehmen, nämlich die ganze Flut von Leiden und von Kümmernissen, mit denen die beleidigten Himmlischen das edel emporstrebende Menschengeschlecht heimsuchen – müssen: ein herber Gedanke, der durch die *Würde*, die er dem Frevel erteilt, seltsam gegen den semitischen Sündenfallmythus absticht, in welchem die Neugierde, die lügnerische Vorspiegelung, die Verführbarkeit, die Lüsternheit, kurz eine Reihe vornehmlich weiblicher Affektionen als der Ursprung des Übels angesehen wurde. Das, was die arische Vorstellung auszeichnet, ist die erhabene Ansicht von der *aktiven Sünde* als der eigentlich prometheischen Tugend: womit zugleich der ethische Untergrund der pessimistischen Tragödie gefunden ist, als die *Rechtfertigung* des menschlichen Übels, und zwar sowohl der menschlichen Schuld als des dadurch verwirkten Leidens. Das Unheil im Wesen der Dinge – das der beschauliche Arier nicht geneigt ist wegzudeuteln –, der Widerspruch im Herzen der Welt offenbart sich ihm als ein Durcheinander verschiedener Welten, z. B. einer göttlichen und einer menschlichen, von denen jede als Individuum im Recht ist, aber als einzelne neben einer anderen für ihre Individuation zu leiden hat. Bei dem heroischen Drange des einzelnen ins Allgemeine, bei dem Versuche, über den Bann der Individuation hinauszuschreiten und das eine Weltwesen selbst sein zu wollen, erleidet er an sich den in den Dingen verborgenen Urwiderspruch, d. h. er frevelt und leidet. So wird von den Ariern der Frevel als Mann, von den Semiten die Sünde als Weib verstanden, so wie auch der Urfrevel vom Manne, die Ursünde vom Weibe begangen wird. Übrigens sagt der Hexenchor:

»Wir nehmen das nicht so genau:
Mit tausend Schritten machts die Frau;
Doch wie sie auch sich eilen kann,
Mit einem Sprunge machts der Mann.«

Wer jenen innersten Kern der Prometheussage versteht – nämlich die dem titanisch strebenden Individuum gebotene Notwendigkeit des Frevels –, der muß auch zugleich das Unapollinische dieser pessimistischen Vorstellung empfinden; denn Apollo will die Einzelwesen gerade dadurch zur Ruhe bringen, daß er Grenzlinien zwischen ihnen zieht und daß er immer wieder an diese als an die heiligsten Weltgesetze mit seinen Forderungen der Selbsterkenntnis und des Maßes erinnert. Damit aber bei dieser apollinischen Tendenz die Form nicht zu ägyptischer Steifigkeit und Kälte erstarre, damit nicht unter dem Bemühen, der einzelnen Welle ihre Bahn und ihr Bereich vorzuschreiben, die Bewegung des ganzen Sees ersterbe, zerstörte von Zeit zu Zeit wieder die hohe Flut des Dionysischen alle jene kleinen Zirkel, in die der einseitig apollinische »Wille« das Hellenentum zu bannen suchte. Jene plötzlich anschwellende Flut des Dionysischen nimmt dann die einzelnen kleinen Wellenberge der Individuen auf ihren Rücken, wie der Bruder des Prometheus, der Titan Atlas, die Erde. Dieser titanische Drang, gleichsam der Atlas aller einzelnen zu werden und sie mit breitem Rücken höher und höher, weiter und weiter zu tragen, ist das Gemeinsame zwischen dem Prometheischen und dem Dionysischen. Der äschyleische Prometheus ist in diesem Betracht eine dionysische Maske, während in jenem vorhin erwähnten tiefen Zuge nach Gerechtigkeit Äschylus seine väterliche Abstammung von Apollo, dem Gotte der Individuation und der Gerechtigkeitsgrenzen, dem Einsichtigen verrät. Und so möchte das Doppelwesen des äschyleischen Prometheus, seine zugleich dionysische und apollinische Natur in begrifflicher Formel so ausgedrückt werden können: »Alles Vorhandene ist gerecht und ungerecht und in beidem gleich berechtigt.«

Das ist deine Welt! Das heißt eine Welt! –

10

Es ist eine unanfechtbare Überlieferung, daß die griechische Tragödie in ihrer ältesten Gestalt nur die Leiden des Dionysus zum Gegenstand hatte, und daß der längere Zeit hindurch einzig vorhandene Bühnenheld eben Dionysus war. Aber mit der gleichen Sicherheit darf behauptet werden, daß niemals bis auf Euripides Dionysus aufgehört hat, der tragische Held zu sein, sondern daß alle die berühmten Figuren der griechischen Bühne, Prometheus, Ödipus usw. nur Masken jenes ursprünglichen Helden Dionysus sind. Daß hinter allen diesen Masken eine Gottheit steckt, das ist der eine wesentliche Grund für die so oft angestaunte typische »Idealität« jener berühmten Figuren. Es hat ich weiß nicht wer behauptet, daß alle Individuen als Individuen komisch und damit untragisch seien: woraus zu entnehmen wäre, daß die Griechen überhaupt Individuen auf der tragischen Bühne nicht ertragen *konnten*. In der Tat scheinen sie so empfunden zu haben: wie überhaupt jene platonische Unterscheidung und Wertabschätzung der »Idee« im Gegensatze zum »Idol«, zum Abbild, tief im hellenischen Wesen begründet liegt. Um uns aber der Terminologie Platos zu bedienen, so wäre von den tragischen Gestalten der hellenischen Bühne etwa so zu reden: der eine wahrhaft reale Dionysus erscheint in einer Vielheit der Gestalten, in der Maske eines kämpfenden Helden und gleichsam in das Netz des Einzelwillens verstrickt. So wie jetzt der erscheinende Gott redet und handelt, ähnelt er einem irrenden strebenden leidenden Individuum: und daß er überhaupt mit dieser epischen Bestimmtheit und Deutlichkeit *erscheint*, ist die Wirkung des Traumdeuters Apollo, der dem Chore seinen dionysischen Zustand durch jene gleichnisartige Erscheinung deutet. In Wahrheit aber ist jener Held der leidende Dionysus der Mysterien, jener die Leiden der Individuation an sich erfahrende Gott, von dem wundervolle Mythen erzählen, wie er als Knabe von den Titanen zerstückelt worden sei und nun in diesem Zustande als Zagreus verehrt werde: wobei angedeutet wird, daß diese Zerstückelung, das eigentlich dionysische *Leiden*, gleich einer Umwandlung in Luft, Wasser, Erde und Feuer sei, daß wir also den Zustand der Individuation als den Quell und Urgrund alles Leidens, als etwas an sich Verwerfliches, zu betrachten hätten. Aus dem Lächeln dieses Dionysus sind die olympischen Götter, aus seinen Tränen die

Menschen entstanden. In jener Existenz als zerstückelter Gott hat Dionysus die Doppelnatur eines grausamen verwilderten Dämons und eines milden sanftmütigen Herrschers. Die Hoffnung der Epopten ging aber auf eine Wiedergeburt des Dionysus, die wir jetzt als das Ende der Individuation ahnungsvoll zu begreifen haben: diesem kommenden dritten Dionysus erscholl der brausende Jubelgesang der Epopten. Und nur in dieser Hoffnung gibt es einen Strahl von Freude auf dem Antlitze der zerrissenen, in Individuen zertrümmerten Welt: wie es der Mythus durch die in ewige Trauer versenkte Demeter verbildlicht, welche zum ersten Male wieder sich *freut,* als man ihr sagt, sie könne den Dionysus *noch einmal* gebären. In den angeführten Anschauungen haben wir bereits alle Bestandteile einer tiefsinnigen und pessimistischen Weltbetrachtung und zugleich damit *die Mysterienlehre der Tragödie* zusammen: die Grunderkenntnis von der Einheit alles Vorhandenen, die Betrachtung der Individuation als des Urgrundes des Übels, die Kunst als die freudige Hoffnung, daß der Bann der Individuation zu zerbrechen sei, als die Ahnung einer wiederhergestellten Einheit. –

Es ist früher angedeutet worden, daß das homerische Epos die Dichtung der olympischen Kultur ist, mit der sie ihr eignes Siegeslied über die Schrecken des Titanenkampfes gesungen hat. Jetzt, unter dem übermächtigen Einflusse der tragischen Dichtung, werden die homerischen Mythen von neuem umgeboren und zeigen in dieser Metempsychose, daß inzwischen auch die olympische Kultur von einer noch tieferen Weltbetrachtung besiegt worden ist. Der trotzige Titan Prometheus hat es seinem olympischen Peiniger angekündigt, daß einst seiner Herrschaft die höchste Gefahr drohe, falls er nicht zur rechten Zeit sich mit ihm verbinden werde. In Äschylus erkennen wir das Bündnis des erschreckten, vor seinem Ende bangenden Zeus mit dem Titanen. So wird das frühere Titanenzeitalter nachträglich wieder aus dem Tartarus ans Licht geholt. Die Philosophie der wilden und nackten Natur schaut die vorübertanzenden Mythen der homerischen Welt mit der unverhüllten Miene der Wahrheit an: sie erbleichen, sie zittern vor dem blitzartigen Auge dieser Göttin – bis sie die mächtige Faust des dionysischen Künstlers in den Dienst der neuen Gottheit zwingt. Die dionysische Wahrheit übernimmt das gesamte Bereich des Mythus als Symbolik *ihrer* Erkenntnisse und spricht diese teils in dem öffentlichen Kultus der Tragödie, teils in den geheimen Begehungen dramatischer Mysterienfeste, aber immer unter der alten mythischen Hülle aus. Welche Kraft war dies, die den Prometheus von seinen Geiern befreite und den Mythus zum Vehikel dionysischer Weisheit umwandelte? Dies ist die heraklesmäßige Kraft der Musik: als welche, in der Tragödie zu ihrer höchsten Erscheinung gekommen, den Mythus mit neuer tiefsinnigster Bedeutsamkeit zu interpretieren weiß; wie wir dies als das mächtigste Vermögen der Musik früher schon zu charakterisieren hatten.

Denn es ist das Los jedes Mythus, allmählich in die Enge einer angeblich historischen Wirklichkeit hineinzukriechen und von irgendeiner späteren Zeit als einmaliges Faktum mit historischen Ansprüchen behandelt zu werden: und die Griechen waren bereits völlig auf dem Wege, ihren ganzen mythischen Jugendtraum mit Scharfsinn und Willkür in eine historisch-pragmatische *Jugendgeschichte* umzustempeln. Denn dies ist die Art, wie Religionen abzusterben pflegen: wenn nämlich die mythischen Voraussetzungen einer Religion unter den strengen, verstandesmäßigen Augen eines rechtgläubigen Dogmatismus als eine fertige Summe von historischen Ereignissen systematisiert werden und man anfängt, ängstlich die Glaubwürdigkeit der Mythen zu verteidigen, aber gegen jedes natürliche Weiterleben und Weiterwuchern derselben sich zu sträuben, wenn also das Gefühl für den Mythus abstirbt und an seine Stelle der Anspruch der Religion auf historische Grundlagen tritt. Diesen absterbenden Mythus ergriff jetzt der neugeborne Genius der dionysischen Musik: und in seiner Hand blühte er noch einmal, mit Farben, wie er sie noch nie gezeigt, mit einem Duft, der eine sehnsüchtige Ahnung einer metaphysischen Welt erregte. Nach diesem letzten Aufglänzen fällt er zusammen, seine Blätter werden welk, und bald haschen die spöttischen Luciane des Altertums nach den von allen Winden fortgetragenen, entfärbten und verwüsteten Blumen. Durch die Tragödie kommt der Mythus zu seinem tiefsten Inhalt, seiner ausdrucksvollsten Form; noch einmal erhebt er sich, wie ein verwundeter Held, und der ganze Überschuß von Kraft, samt der weisheitsvollen Ruhe des Sterbenden, brennt in seinem Auge mit letztem, mächtigem Leuchten.

Was wolltest du, frevelnder Euripides, als du diesen Sterbenden noch einmal zu deinem Frondienste zu zwingen suchtest? Er starb unter deinen gewaltsamen Händen: und jetzt brauchtest du einen nachgemachten, maskierten Mythus, der sich wie der Affe des Herakles mit dem alten Prunke nur noch aufzuputzen wußte. Und wie dir der Mythus starb, so starb dir auch der Genius der Musik: mochtest du auch mit gierigem Zugreifen alle Gärten der Musik plündern, auch so brachtest du es nur zu einer nachgemachten maskierten Musik. Und weil du Dionysus verlassen, so verließ dich auch Apollo; jage alle Leidenschaften von ihrem Lager auf und banne sie in deinen Kreis, spitze und feile dir für die Reden deiner Helden eine sophistische Dialektik zurecht – auch deine Helden haben nur nachgeahmte maskierte Leidenschaften und sprechen nur nachgeahmte maskierte Reden.

11

Die griechische Tragödie ist anders zugrunde gegangen als sämtliche ältere schwesterliche Kunstgattungen: sie starb durch Selbstmord, infolge eines unlösbaren Konfliktes, also tragisch, während jene alle in hohem Alter des schönsten und ruhigsten Todes verblichen sind. Wenn es nämlich einem glücklichen Naturzustande gemäß ist, mit schöner Nachkommenschaft und ohne Krampf vom Leben zu scheiden, so zeigt uns das Ende jener älteren Kunstgattungen einen solchen glücklichen Naturzustand: sie tauchen langsam unter, und vor ihren ersterbenden Blicken steht schon ihr schönerer Nachwuchs und reckt mit mutiger Gebärde ungeduldig das Haupt. Mit dem Tode der griechischen Tragödie dagegen entstand eine ungeheure, überall tief empfundene Leere; wie einmal griechische Schiffer zu Zeiten des Tiberius an einem einsamen Eiland den erschütternden Schrei hörten »der große Pan ist tot«: so klang es jetzt wie ein schmerzlicher Klageton durch die hellenische Welt: »die Tragödie ist tot! Die Poesie selbst ist mit ihr verlorengegangen! Fort, fort mit euch verkümmerten, abgemagerten Epigonen! Fort in den Hades, damit ihr euch dort an den Brosamen der vormaligen Meister einmal sattessen könnt!«

Als aber nun doch noch eine neue Kunstgattung aufblühte, die in der Tragödie ihre Vorgängerin und Meisterin verehrte, da war mit Schrecken wahrzunehmen, daß sie allerdings die Züge ihrer Mutter trage, aber dieselben, die jene in ihrem langen Todeskampfe gezeigt hatte. Diesen Todeskampf der Tragödie kämpfte *Euripides*; jene spätere Kunstgattung ist als *neuere attische Komödie* bekannt. In ihr lebte die entartete Gestalt der Tragödie fort, zum Denkmale ihres überaus mühseligen und gewaltsamen Hinscheidens.

Bei diesem Zusammenhange ist die leidenschaftliche Zuneigung begreiflich, welche die Dichter der neueren Komödie zu Euripides empfanden; so daß der Wunsch des Philemon nicht weiter befremdet, der sich sogleich aufhängen lassen mochte, nur um den Euripides in der Unterwelt aufsuchen zu können: wenn er nur überhaupt überzeugt sein dürfte, daß der Verstorbene auch jetzt noch bei Verstande sei. Will man aber in aller Kürze und ohne den Anspruch, damit etwas Erschöpfendes zu sagen, dasjenige bezeichnen, was Euripides mit Menander und Philemon gemein hat und was für jene so aufregend vorbildlich wirkte: so genügt es zu sagen, daß *der Zuschauer* von Euripides auf die Bühne gebracht worden ist. Wer erkannt hat, aus welchem Stoffe die prometheischen Tragiker vor Euripides ihre Helden formten und wie ferne ihnen die Absicht lag, die treue Maske der Wirklichkeit auf die Bühne zu bringen, der wird auch über die gänzlich abweichende Tendenz des Euripides im klaren sein. Der Mensch des alltäglichen Lebens drang durch ihn aus den Zuschauerräumen auf die Szene, der Spiegel, in dem früher nur die großen und kühnen Züge zum Ausdruck kamen, zeigte jetzt jene peinliche Treue, die auch die mißlungenen Linien der Natur gewissenhaft wiedergibt. Odysseus, der typische Hellene der älteren Kunst, sank jetzt unter den Händen der neueren Dichter zur Figur des Graeculus herab, der von jetzt ab als gutmütig-verschmitzter Haussklave im Mittelpunkte des dramatischen Interesses steht. Was Euripides sich in den aristophanischen »Fröschen« zum Verdienst anrechnet, daß er die tragische Kunst durch seine Hausmittel von ihrer pomphaften Beleibtheit befreit habe, das ist vor allem an seinen tragischen Helden zu spüren. Im wesentlichen sah und hörte jetzt der Zuschauer seinen Doppelgänger auf der euripideischen Bühne und freute sich, daß jener so gut zu reden verstehe. Bei dieser Freude blieb es aber nicht: man lernte selbst bei Euripides sprechen, und dessen rühmt er sich selbst im Wettkampfe mit Äschylus: wie durch ihn jetzt das Volk kunstmäßig und mit den schlausten Sophistikationen zu beobachten, zu verhandeln und Folgerungen zu ziehen gelernt habe. Durch diesen Umschwung der öffentlichen Sprache hat er überhaupt die neuere Komödie möglich gemacht. Denn von jetzt ab war es kein Geheimnis mehr, wie und mit welchen Sentenzen die Alltäglichkeit sich auf der Bühne vertreten könne. Die bürgerliche Mittelmäßigkeit, auf die Euripides alle seine politischen Hoffnungen aufbaute, kam jetzt zu Wort, nachdem bis dahin in der Tragödie der Halbgott, in der Komödie der betrunkene Satyr oder der Halbmensch den Sprachcharakter bestimmt hatten. Und so hebt der aristophanische Euripides zu seinem Preise hervor, wie er das allgemeine, allbekannte, alltägliche Leben und Treiben dargestellt habe, über das ein jeder zu urteilen befähigt sei. Wenn jetzt die ganze Masse philosophiere, mit unerhörter Klugheit Land und Gut verwalte und ihre Prozesse führe, so sei dies sein Verdienst und der Erfolg der von ihm dem Volke eingeimpften Weisheit.

An eine derartig zubereitete und aufgeklärte Masse durfte sich jetzt die neuere Komödie wenden, für die Euripides gewissermaßen der Chorlehrer geworden ist; nur daß diesmal der Chor der Zuschauer eingeübt werden mußte. Sobald dieser in der euripideischen Tonart zu singen geübt war, erhob sich jene schachspielartige Gattung des Schauspiels, die neuere Komödie, mit ihrem fortwährenden Triumphe der Schlauheit und Verschlagenheit. Euripides aber – der Chorlehrer – wurde unaufhörlich gepriesen: ja man würde sich getötet haben, um noch mehr von ihm zu lernen, wenn man nicht gewußt hätte, daß die tragischen Dichter eben so tot seien wie die Tragödie. Mit ihr aber hatte der Hellene den Glauben an seine Unsterblichkeit aufgegeben, nicht nur den Glauben an eine ideale Vergangenheit, sondern auch den Glauben an eine ideale Zukunft. Das Wort aus der bekannten Grabschrift »als Greis leichtsinnig und grillig« gilt auch vom greisen Hellenentume. Der Augenblick, der Witz, der Leichtsinn, die Laune sind seine höchsten Gottheiten; der fünfte Stand, der des Sklaven, kommt, wenigstens der Gesinnung nach, jetzt zur Herrschaft: und wenn jetzt überhaupt noch von »griechischer Heiterkeit« die Rede sein darf, so ist es die Heiterkeit des Sklaven, der nichts Schweres zu verantworten, nichts Großes zu erstreben, nichts Vergangenes oder Zukünftiges höher zu schätzen weiß als das Gegenwärtige. Dieser Schein der »griechischen Heiterkeit« war es, der die tiefsinnigen und furchtbaren Naturen der vier ersten Jahrhunderte des Christentums so empörte: ihnen erschien diese weibische Flucht vor dem Ernst und dem Schrecken, dieses feige Sichgenügenlassen am bequemen Genuß – nicht nur verächtlich, sondern als die eigentlich antichristliche Gesinnung. Und ihrem Einfluß ist es zuzuschreiben, daß die durch Jahrhunderte fortlebende Anschauung des griechischen Altertums mit fast unüberwindlicher Zähigkeit jene blaßrote Heiterkeitsfarbe festhielt – als ob es nie ein sechstes Jahrhundert mit seiner Geburt der Tragödie, seinen Mysterien, seinen Pythagoras und Heraklit gegeben hätte, ja als ob die Kunstwerke der großen Zeit gar nicht vorhanden wären, die doch – jedes für sich – aus dem Boden einer solchen greisenhaften und sklavenmäßigen Daseinslust und Heiterkeit gar nicht zu erklären sind und auf eine völlig andere Weltbetrachtung als ihren Existenzgrund hinweisen.

Wenn zuletzt behauptet wurde, daß Euripides den Zuschauer auf die Bühne gebracht habe. um zugleich damit den Zuschauer zum Urteil über das Drama erst wahrhaft zu befähigen, so entsteht der Schein, als ob die ältere tragische Kunst aus einem Mißverhältnis zum Zuschauer nicht herausgekommen sei: und man möchte versucht sein, die radikale Tendenz des Euripides, ein entsprechendes Verhältnis zwischen Kunstwerk und Publikum zu erzielen, als einen Fortschritt über Sophokles hinaus zu preisen. Nun aber ist »Publikum« nur ein Wort und durchaus keine gleichartige und in sich verharrende Größe. Woher soll dem Künstler die Verpflichtung kommen, sich einer Kraft zu akkomodieren, die ihre Stärke nur in der Zahl hat? Und wenn er sich, seiner Begabung und seinen Absichten nach, über jeden einzelnen dieser Zuschauer erhaben fühlt, wie dürfte er vor dem gemeinsamen Ausdruck aller dieser ihm untergeordneten Kapazitäten mehr Achtung empfinden als vor dem relativ am höchsten begabten einzelnen Zuschauer? In Wahrheit hat kein griechischer Künstler mit größerer Verwegenheit und Selbstgenügsamkeit sein Publikum durch ein langes Leben hindurch behandelt als gerade Euripides: er, der selbst da noch, als die Masse sich ihm zu Füßen warf, in erhabenem Trotze seiner eigenen Tendenz öffentlich ins Gesicht schlug, derselben Tendenz, mit der er über die Masse gesiegt hatte. Wenn dieser Genius die geringste Ehrfurcht vor dem Pandämonium des Publikums gehabt hätte, so wäre er unter den Keulenschlägen seiner Mißerfolge längst vor der Mitte seiner Laufbahn zusammengebrochen. Wir sehen bei dieser Erwägung, daß unser Ausdruck, Euripides habe den Zuschauer auf die Bühne gebracht, um den Zuschauer wahrhaft urteilsfähig zu machen, nur ein provisorischer war, und daß wir nach einem tieferen Verständnis seiner Tendenz zu suchen haben. Umgekehrt ist es ja allerseits bekannt, wie Äschylus und Sophokles zeit ihres Lebens, ja weit über dasselbe hinaus, im Vollbesitze der Volksgunst standen, wie also bei diesen Vorgängern des Euripides keineswegs von einem Mißverhältnis zwischen Kunstwerk und Publikum die Rede sein kann. Was trieb den reichbegabten und unablässig zum Schaffen gedrängten Künstler so gewaltsam von dem Wege ab, über dem die Sonne der größten Dichternamen und der unbewölkte Himmel der Volksgunst leuchteten? Welche sonderbare Rücksicht auf den Zuschauer führte ihn dem Zuschauer entgegen? Wie konnte er aus zu hoher Achtung vor seinem Publikum – sein Publikum mißachten?

Euripides fühlte sich – das ist die Lösung des eben dargestellten Rätsels – als Dichter wohl über die Masse, nicht aber über zwei seiner Zuschauer erhaben: die Masse brachte er auf die Bühne, jene beiden Zuschauer verehrte er als die allein urteilsfähigen Richter und Meister aller seiner Kunst: ihren Weisungen und Mahnungen folgend, übertrug er die ganze Welt von Empfindungen, Leidenschaften und Erfahrungen, die bis jetzt auf den Zuschauerbänken als unsichtbarer Chor zu jeder Festvorstellung sich einstellten, in die Seelen seiner Bühnenhelden, ihren Forderungen gab er nach, als er für diese neuen Charaktere auch das neue Wort und den neuen Ton suchte, in ihren Stimmen allein hörte er die gültigen Richtersprüche seines Schaffens ebenso wie die siegverheißende Ermutigung, wenn er von der Justiz des Publikums sich wieder einmal verurteilt sah.

Von diesen beiden Zuschauern ist der eine – Euripides selbst, Euripides *als Denker*, nicht als Dichter. Von ihm könnte man sagen, daß die außerordentliche Fülle seines kritischen Talentes, ähnlich wie bei Lessing, einen produktiv künstlerischen Nebentrieb wenn nicht erzeugt, so doch fortwährend befruchtet habe. Mit dieser Begabung, mit aller Helligkeit und Behendigkeit seines kritischen Denkens hatte Euripides im Theater gesessen und sich angestrengt, an den Meisterwerken seiner großen Vorgänger wie an dunkelgewordenen Gemälden Zug um Zug, Linie um Linie wiederzuerkennen. Und hier nun war ihm begegnet, was dem in die tieferen Geheimnisse der äschyleischen Tragödie Eingeweihten nicht unerwartet sein darf: er gewahrte etwas Inkommensurables in jedem Zug und in jeder Linie, eine gewisse täuschende Bestimmtheit und zugleich eine rätselhafte Tiefe, ja Unendlichkeit des Hintergrundes. Die klarste Figur hatte immer noch einen Kometenschweif an sich, der ins Ungewisse, Unaufhellbare zu deuten schien. Dasselbe Zwielicht lag über dem Bau des Dramas, zumal über der Bedeutung des Chors. Und wie zweifelhaft blieb ihm die Lösung der ethischen Probleme! Wie fragwürdig die Behandlung der Mythen! Wie ungleichmäßig die Verteilung von Glück und Unglück! Selbst in der Sprache der älteren Tragödie war ihm vieles anstößig, mindestens rätselhaft; besonders fand er zu viel Pomp für einfache Verhältnisse, zu viel Tropen und Ungeheuerlichkeiten für die Schlichtheit der Charaktere. So saß er, unruhig grübelnd, im Theater, und er, der Zuschauer, gestand sich, daß er seine großen Vorgänger nicht verstehe. Galt ihm aber der Verstand als die eigentliche Wurzel alles Genießens und Schaffens, so mußte er fragen und um sich schauen, ob denn niemand so denke wie er und sich gleichfalls jene Inkommensurabilität eingestehe. Aber die vielen und mit ihnen die besten einzelnen hatten nur ein mißtrauisches Lächeln für ihn; erklären aber konnte ihm keiner, warum seinen Bedenken und Einwendungen gegenüber die großen Meister doch im Rechte seien. Und in diesem qualvollen Zustande fand er *den anderen Zuschauer*, der die Tragödie nicht begriff und deshalb nicht achtete. Mit diesem im Bunde durfte er es wagen, aus seiner Vereinsamung heraus den ungeheuren Kampf gegen die Kunstwerke des Äschylus und Sophokles zu beginnen – nicht mit Streitschriften, sondern als dramatischer Dichter, der *seine* Vorstellung von der Tragödie der überlieferten entgegenstellt. –

12

Bevor wir diesen anderen Zuschauer bei Namen nennen, verharren wir hier einen Augenblick, um uns jenen früher geschilderten Eindruck des Zwiespältigen und Inkommensurablen im Wesen der äschyleischen Tragödie selbst ins Gedächtnis zurückzurufen. Denken wir an unsere eigene Befremdung dem *Chore* und dem *tragischen Helden* jener Tragödie gegenüber, die wir beide mit unseren Gewohnheiten ebensowenig wie mit der Überlieferung zu reimen wußten – bis wir jene Doppelheit selbst als Ursprung und Wesen der griechischen Tragödie wiederfanden, als den Ausdruck zweier ineinandergewobenen Kunsttriebe, *des Apollinischen und des Dionysischen.*

Jenes ursprüngliche und allmächtige dionysische Element aus der Tragödie auszuscheiden und sie rein und neu auf undionysischer Kunst, Sitte und Weltbetrachtung aufzubauen – dies ist die jetzt in heller Beleuchtung sich uns enthüllende Tendenz des Euripides.

Euripides selbst hat am Abend seines Lebens die Frage nach dem Wert und der Bedeutung dieser Tendenz in einem Mythus seinen Zeitgenossen auf das nachdrücklichste vorgelegt. Darf überhaupt das Dionysische bestehn? Ist es nicht mit Gewalt aus dem hellenischen Boden auszurotten? Gewiß, sagt uns der Dichter, wenn es nur möglich wäre: aber der Gott Dionysus ist zu mächtig: der verständigste Gegner – wie Pentheus in den »Bacchen« – wird unvermutet von ihm bezaubert und läuft nachher mit dieser Verzauberung in sein Verhängnis. Das Urteil der beiden Greise

Kadmus und Tiresias scheint auch das Urteil des greisen Dichters zu sein: das Nachdenken der klügsten einzelnen werfe jene alten Volkstraditionen, jene sich ewig fortpflanzende Verehrung des Dionysus nicht um, ja es gezieme sich, solchen wunderbaren Kräften gegenüber, mindestens eine diplomatisch vorsichtige Teilnahme zu zeigen: wobei es aber immer noch möglich sei, daß der Gott an einer so lauen Beteiligung Anstoß nehme und den Diplomaten – wie hier den Kadmus – schließlich in einen Drachen verwandle. Dies sagt uns der Dichter, der mit heroischer Kraft ein langes Leben hindurch dem Dionysus widerstanden hat – um am Ende desselben mit einer Glorifikation seines Gegners und einem Selbstmorde seine Laufbahn zu schließen, einem Schwindelnden gleich, der, um nur dem entsetzlichen, nicht mehr erträglichen Wirbel zu entgehen, sich vom Turme herunterstürzt. Jene Tragödie ist ein Protest gegen die Ausführbarkeit seiner Tendenz; ach, und sie war bereits ausgeführt! Das Wunderbare war geschehn: als der Dichter widerrief, hatte bereits seine Tendenz gesiegt. Dionysus war bereits von der tragischen Bühne verscheucht und zwar durch eine aus Euripides redende dämonische Macht. Auch Euripides war in gewissem Sinne nur Maske: die Gottheit, die aus ihm redete, war nicht Dionysus, auch nicht Apollo, sondern ein ganz neugeborner Dämon, genannt *Sokrates.* Dies ist der neue Gegensatz: das Dionysische und das Sokratische, und das Kunstwerk der griechischen Tragödie ging an ihm zugrunde. Mag nun auch Euripides uns durch seinen Widerruf zu trösten suchen, es gelingt ihm nicht: der herrlichste Tempel liegt in Trümmern; was nützt uns die Wehklage des Zerstörers und sein Geständnis, daß es der schönste aller Tempel gewesen sei? Und selbst daß Euripides zur Strafe von den Kunstrichtern aller Zeiten in einen Drachen verwandelt worden ist – wen möchte diese erbärmliche Kompensation befriedigen?

Nähern wir uns jetzt jener *sokratischen* Tendenz, mit der Euripides die äschyleische Tragödie bekämpfte und besiegte.

Welches Ziel – so müssen wir uns jetzt fragen – konnte die euripideische Absicht, das Drama allein auf das Undionysische zu gründen, in der höchsten Idealität ihrer Durchführung überhaupt haben? Welche Form des Dramas blieb noch übrig, wenn es nicht aus dem Geburtsschoße der Musik, in jenem geheimnisvollen Zwielicht des Dionysischen geboren werden sollte? Allein *das dramatisierte Epos*: in welchem apollinischen Kunstgebiete nun freilich die *tragische* Wirkung unerreichbar ist. Es kommt hierbei nicht auf den Inhalt der dargestellten Ereignisse an; ja ich möchte behaupten, daß es Goethe in seiner projektierten »Nausikaa« unmöglich gewesen sein würde, den Selbstmord jenes idyllischen Wesens – der den fünften Akt ausfüllen sollte – tragisch ergreifend zu machen; so ungemein ist die Gewalt des Episch-Apollinischen, daß es die schrekkensvollsten Dinge mit jener Lust am Scheine und der Erlösung durch den Schein vor unseren Augen verzaubert. Der Dichter des dramatischen

Epos kann ebensowenig wie der epische Rhapsode mit seinen Bildern völlig verschmelzen: er ist immer noch ruhig unbewegte, aus weiten Augen blikkende Anschauung, die die Bilder *vor* sich sieht. Der Schauspieler in seinem dramatisierten Epos bleibt im tiefsten Grunde immer noch Rhapsode; die Weihe des inneren Träumens liegt auf allen seinen Aktionen, so daß er niemals ganz Schauspieler ist.

Wie verhält sich nun diesem Ideal des apollinischen Dramas gegenüber das euripideische Stück? Wie zu dem feierlichen Rhapsoden der alten Zeit jener jüngere, der sein Wesen im platonischen »Jon« also beschreibt: »Wenn ich etwas Trauriges sage, füllen sich meine Augen mit Tränen; ist aber das, was ich sage, schrecklich und entsetzlich, dann stehen die Haare meines Hauptes vor Schauder zu Berge, und mein Herz klopft.« Hier merken wir nichts mehr von jenem epischen Verlorensein im Scheine, von der affektlosen Kühle des wahren Schauspielers, der, gerade in seiner höchsten Tätigkeit, ganz Schein und Lust am Scheine ist. Euripides ist der Schauspieler mit dem klopfenden Herzen, mit den zu Berge stehenden Haaren; als sokratischer Denker entwirft er den Plan, als leidenschaftlicher Schauspieler führt er ihn aus. Reiner Künstler ist er weder im Entwerfen noch im Ausführen. So ist das euripideische Drama ein zugleich kühles und feuriges Ding, zum Erstarren und zum Verbrennen gleich befähigt; es ist ihm unmöglich, die apollinische Wirkung des Epos zu erreichen, während es andererseits sich von den dionysischen Elementen möglichst gelöst hat und jetzt, um überhaupt zu wirken, neue Erregungsmittel braucht, die nun nicht mehr innerhalb der beiden einzigen Kunsttriebe, des apollinischen und des dionysischen, liegen können. Diese Erregungsmittel sind kühle paradoxe *Gedanken* – an Stelle der apollinischen Anschauungen – und feurige *Affekte* – an Stelle der dionysischen Entzükkungen – und zwar höchst realistisch nachgemachte, keineswegs in den Äther der Kunst getauchte Gedanken und Affekte.

Haben wir demnach so viel erkannt, daß es Euripides überhaupt nicht gelungen ist, das Drama allein auf das Apollinische zu gründen, daß sich vielmehr seine undionysische Tendenz in eine naturalistische und unkünstlerische verirrt hat, so werden wir jetzt dem Wesen des *ästhetischen Sokratismus* schon näher treten dürfen, dessen oberstes Gesetz ungefähr so lautet: »Alles muß verständig sein, um schön zu sein«; als Parallelsatz zu dem sokratischen »nur der Wissende ist tugendhaft«. Mit diesem Kanon in der Hand maß Euripides alles einzelne und rektifizierte es gemäß diesem Prinzip: die Sprache, die Charaktere, den dramaturgischen Aufbau, die Chormusik. Was wir im Vergleich mit der sophokleischen Tragödie so häufig dem Euripides als dichterischen Mangel und Rückschritt anzurechnen pflegen, das ist zumeist das Produkt jenes eindringenden kritischen Prozesses, jener verwegenen Verständigkeit. Der euripideische *Prolog* diene uns als Beispiel für die Produktivität jener rationalistischen Methode. Nichts kann unserer Bühnentechnik widerstrebender sein als der Prolog im Drama des Euripides. Daß eine einzelne auftretende Person am Eingange des Stückes erzählt, wer sie sei, was der Handlung vorangehe, was bis jetzt geschehen, ja was im Verlaufe des Stückes geschehen werde, das würde ein moderner Theaterdichter als ein mutwilliges und nicht zu verzeihendes Verzichtleisten auf den Effekt der Spannung bezeichnen. Man weiß ja alles, was geschehen wird; wer wird abwarten wollen, daß dies wirklich geschieht? – da ja hier keinesfalls das aufregende Verhältnis eines wahrsagenden Traumes zu einer später eintretenden Wirklichkeit stattfindet. Ganz anders reflektierte Euripides. Die Wirkung der Tragödie beruhte niemals auf der epischen Spannung, auf der anreizenden Ungewißheit, was sich jetzt und nachher ereignen werde: vielmehr auf jenen großen rhetorisch-lyrischen Szenen, in denen die Leidenschaft und die Dialektik des Hauptihelden zu einem breiten und mächtigen Strome anschwoll. Zum Pathos, nicht zur Handlung bereitete alles vor: und was nicht zum Pathos vorbereitete, das galt als verwerflich. Das aber, was die genußvolle Hingabe an solche Szenen am stärksten erschwert, ist ein dem Zuhörer fehlendes Glied, eine Lücke im Gewebe der Vorgeschichte; solange der Zuhörer noch ausrechnen muß, was diese und jene Person bedeute, was dieser und jener Konflikt der Neigungen und Absichten für Voraussetzungen habe, ist seine volle Versenkung in das Leiden und Tun der Hauptpersonen, ist das atemlose Mitleiden und Mitfürchten noch nicht möglich. Die äschyleisch-sophokleische Tragödie verwandte die geistreichsten Kunstmittel, um dem Zuschauer in den ersten Szenen gewissermaßen zufällig alle jene zum Verständnis notwendigen Fäden in die Hand zu geben: ein Zug, in dem sich jene edle Künstlerschaft bewährt, die das *notwendige* Formelle gleichsam maskiert und als Zufälliges erscheinen läßt. Immerhin aber glaubte Euripides zu bemerken, daß während jener ersten Szenen der Zuschauer in eigentümlicher Unruhe sei, um das Rechenexempel der Vorgeschichte auszurechnen, so daß die dichterischen Schönheiten und das Pathos der Exposition für ihn verlorenginge. Deshalb stellte er den Prolog noch vor die Exposition und legte ihn einer Person in den Mund, der man Vertrauen schenken durfte: eine Gottheit mußte häufig den Verlauf der Tragödie dem Publikum gewissermaßen garantieren und jeden Zweifel an der Realität des Mythus nehmen: in ähnlicher Weise, wie Descartes die Realität der empirischen Welt nur durch die Appellation an die Wahrhaftigkeit Gottes und seine Unfähigkeit zur Lüge zu beweisen vermochte. Dieselbe göttliche Wahrhaftigkeit braucht Euripides noch einmal am Schlusse seines Dramas, um die Zukunft seiner Helden dem Publikum sicherzustellen: dies ist die Aufgabe des berüchtigten *deus ex machina.* Zwischen der epischen Vorschau und Hinausschau liegt die dramatisch-lyrische Gegenwart, das eigentliche »Drama«.

So ist Euripides vor allem als Dichter der Widerhall seiner bewußten Erkenntnisse; und gerade dies verleiht ihm eine so denkwürdige Stellung in der Geschichte der griechischen Kunst. Ihm muß im Hinblick auf sein kritisch-produktives Schaffen oft zumute gewesen sein, als sollte er den Anfang der Schrift des Anaxagoras für das Drama lebendig machen, deren erste Worte lauten: »im Anfang war alles beisammen: da kam der Verstand und schuf Ordnung«. Und wenn Anaxagoras mit seinem »Nus« unter den Philosophen wie der erste Nüchterne unter lauter Trunkenen erschien, so mag auch Euripides sein Verhältnis zu den anderen Dichtern der Tragödie unter einem ähnlichen Bilde begriffen haben. Solange der einzige Ordner und Walter des Alls, der Nus, noch vom künstlerischen Schaffen ausgeschlossen war, war noch alles in einem chaotischen Urbrei beisammen; so mußte Euripides urteilen, so mußte er die »trunkenen« Dichter als der erste »Nüchterne« verurteilen. Das, was Sophokles von Äschylus gesagt hat, er tue das Rechte, obschon unbewußt, war gewiß nicht im Sinne des Euripides gesagt: der nur soviel hätte gelten lassen, daß Äschylus, *weil* er unbewußt schaffe, das Unrechte schaffe. Auch der göttliche Plato redet vom schöpferischen Vermögen des Dichters, insofern dies nicht die bewußte Einsicht ist, zu allermeist nur ironisch und stellt es der Begabung des Wahrsagers und Traumdeuters gleich; sei doch der Dichter nicht eher fähig zu dichten, als bis er bewußtlos geworden sei, und kein Verstand mehr in ihm wohne. Euripides unternahm es, wie es auch Plato unternommen hat, das Gegenstück des »unverständigen« Dichters der Welt zu zeigen, sein ästhetischer Grundsatz »alles muß bewußt sein, um schön zu sein«, ist, wie ich sagte, der Parallelsatz zu dem sokratischen »alles muß bewußt sein, um gut zu sein«. Demgemäß darf uns Euripides als der Dichter des ästhetischen Sokratismus gelten. Sokrates aber war jener *zweite Zuschauer*, der die ältere Tragödie nicht begriff und deshalb nicht achtete; mit ihm im Bunde wagte Euripides, der Herold eines neuen Kunstschaffens zu sein. Wenn an diesem die ältere Tragödie zugrunde ging, so ist also der ästhetische Sokratismus das mörderische Prinzip: insofern aber der Kampf gegen das Dionysische der älteren Kunst gerichtet war, erkennen wir in Sokrates den Gegner des Dionysus, den neuen Orpheus, der sich gegen Dionysus erhebt und, obschon bestimmt, von den Mänaden des athenischen Gerichtshofes zerrissen zu werden, doch den übermächtigen Gott selbst zur Flucht nötigt: welcher, wie damals, als er vor dem Edonerkönig Lykurg floh, sich in die Tiefen des Meeres rettete, nämlich in die mystischen Fluten eines die ganze Welt allmählich überziehenden Geheimkultus.

13

Daß Sokrates eine enge Beziehung der Tendenz zu Euripides habe, entging dem gleichzeitigen Altertume nicht; und der beredteste Ausdruck für diesen glücklichen Spürsinn ist jene in Athen umlaufende Sage, Sokrates pflege dem Euripides im Dichten zu helfen. Beide Namen wurden von den Anhängern der »guten alten Zeit« in einem Atem genannt, wenn es galt, die Volksverführer der Gegenwart aufzuzählen: von deren Einflusse es herrühre, daß die alte marathonische vierschrötige Tüchtigkeit an Leib und Seele immer mehr einer zweifelhaften Aufklärung, bei fortschreitender Verkümmerung der leiblichen und seelischen Kräfte, zum Opfer falle. In dieser Tonart, halb mit Entrüstung, halb mit Verachtung, pflegt die aristophanische Komödie von jenen Männern zu reden, zum Schrecken der Neueren, welche zwar Euripides gerne preisgeben, aber sich nicht genug darüber wundern können, daß Sokrates als der erste und oberste *Sophist*, als der Spiegel und Inbegriff aller sophistischen Bestrebungen bei Aristophanes erscheine: wobei es einzig einen Trost gewährt, den Aristophanes selbst als einen liederlich lügenhaften Alcibiades der Poesie an den Pranger zu stellen. Ohne an dieser Stelle die tiefen Instinkte des Aristophanes gegen solche Angriffe in Schutz zu nehmen, fahre ich fort, die enge Zusammengehörigkeit des Sokrates und des Euripides aus der antiken Empfindung heraus zu erweisen; in welchem Sinne namentlich daran zu erinnern ist, daß Sokrates als Gegner der tragischen Kunst sich des Besuchs der Tragödie enthielt und nur, wenn ein neues Stück des Euripides aufgeführt wurde, sich unter den Zuschauern einstellte. Am berühmtesten ist aber die nahe Zusammenstellung beider Namen in dem delphischen Orakelspruche, welcher Sokrates als den Weisesten unter den Menschen bezeichnete, zugleich über das Urteil abgab, daß dem Euripides der zweite Preis im Wettkampfe der Weisheit gebühre.

Als der dritte in dieser Stufenleiter war Sophokles genannt; er, der sich gegen Äschylus rühmen durfte, er tue das Rechte, und zwar, weil er *wisse,* was das Rechte sei. Offenbar ist gerade der Grad der Helligkeit dieses *Wissens* dasjenige, was jene drei Männer gemeinsam als die drei »Wissenden« ihrer Zeit auszeichnet.

Das schärfste Wort aber für jene neue und unerhörte Hochschätzung des Wissens und der Einsicht sprach Sokrates, als er sich als den Einzigen vorfand, der sich eingestehe, *nichts zu wissen;* während er, auf seiner kritischen Wanderung durch Athen, bei den größten Staatsmännern, Rednern, Dichtern und Künstlern vorsprechend, überall die Einbildung des Wissens antraf. Mit Staunen erkannte er, daß alle jene Berühmtheiten selbst über ihren Beruf ohne richtige und sichere Einsicht seien und denselben nur aus Instinkt trieben. »Nur aus Instinkt«: mit diesem Ausdruck berühren wir Herz und Mittelpunkt der sokratischen Tendenz. Mit ihm verurteilt der Sokratismus ebenso die bestehende Kunst wie die bestehende Ethik: wohin er seine prüfenden Blicke richtet, sieht er den Mangel der Einsicht und die Macht des Wahns und schließt aus diesem Mangel auf die innerliche Verkehrtheit und Verwerflichkeit des Vorhandenen. Von diesem einen Punkte aus glaubte Sokrates das Dasein korrigieren zu müssen: er, der Einzelne, tritt mit der Miene der Nichtachtung und der Überlegenheit, als der Vorläufer einer ganz anders gearteten Kultur, Kunst und Moral, in eine Welt hinein, deren Zipfel mit Ehrfurcht zu erhaschen wir uns zum größten Glücke rechnen würden.

Dies ist die ungeheure Bedenklichkeit, die uns jedesmal, angesichts des Sokrates, ergreift und die uns immer und immer wieder anreizt, Sinn und Absicht dieser fragwürdigsten Erscheinung des Altertums zu erkennen. Wer ist das, der es wagen darf, als ein Einzelner das griechische Wesen zu verneinen, das als Homer, Pindar und Äschylus, als Phidias, als Perikles, als Pythia und Dionysus, als der tiefste Abgrund und die höchste Höhe unserer staunenden Anbetung gewiß ist? Welche dämonische Kraft ist es, die diesen Zaubertrank in den Staub zu schütten sich erkühnen darf? Welcher Halbgott ist es, dem der Geisterchor der Edelsten der Menschheit zurufen muß: »Weh! Weh! Du hast sie zerstört, die schöne Welt, mit mächtiger Faust; sie stürzt, sie zerfällt!«

Einen Schlüssel zu dem Wesen des Sokrates bietet uns jene wunderbare Erscheinung, die als »Dämonion des Sokrates« bezeichnet wird. In besonderen Lagen, in denen sein ungeheurer Verstand ins Schwanken geriet, gewann er einen festen Anhalt durch eine in solchen Momenten sich äußernde göttliche Stimme. Diese Stimme *mahnt*, wenn sie kommt, immer *ab*. Die instinktive Weisheit zeigt sich bei dieser gänzlich abnormen Natur nur, um dem bewußten Erkennen hier und da *hindernd* entgegenzutreten. Während doch bei allen produktiven Menschen der Instinkt gerade die schöpferisch-affirmative Kraft ist, und das Bewußtsein kritisch und abmahnend sich gebärdet: wird bei Sokrates der Instinkt zum Kritiker, das Bewußtsein zum Schöpfer – eine wahre Monstrosität *per defectum*! Und zwar nehmen wir hier einen monströsen *defectus* jeder mystischen Anlage wahr, so daß Sokrates als der spezifische *Nicht-Mystiker* zu bezeichnen wäre, in dem die logische Natur durch eine Superfötation ebenso exzessiv entwickelt ist wie im Mystiker jene instinktive Weisheit. Andrerseits aber war es jenem in Sokrates erscheinenden logischen Triebe völlig versagt, sich gegen sich selbst zu kehren; in diesem fessellosen Dahinströmen zeigt er eine Naturgewalt, wie wir sie nur bei den allergrößten instinktiven Kräften zu unsrer schaudervollen Überraschung antreffen. Wer nur einen Hauch von jener göttlichen Naivität und Sicherheit der sokratischen Lebensrichtung aus den platonischen Schriften gespürt hat, der fühlt auch, wie das ungeheure Triebrad des logischen

Sokratismus gleichsam *hinter* Sokrates in Bewegung ist, und wie dies durch Sokrates wie durch einen Schatten hindurch angeschaut werden muß. Daß er aber selbst von diesem Verhältnis eine Ahnung hatte, das drückt sich in dem würdevollen Ernste aus, mit dem er seine göttliche Berufung überall und noch vor seinen Richtern geltend machte. Ihn darin zu widerlegen war im Grunde ebenso unmöglich als seinen die Instinkte auflösenden Einfluß gutzuheißen. Bei diesem unlösbaren Konflikte war, als er einmal vor das Forum des griechischen Staates gezogen war, nur eine einzige Form der Verurteilung geboten, die Verbannung; als etwas durchaus Rätselhaftes, Unrubrizierbares, Unaufklärbares hätte man ihn über die Grenze weisen dürfen, ohne daß irgendeine Nachwelt im Recht gewesen wäre, die Athener einer schmählichen Tat zu zeihen. Daß aber der Tod und nicht nur die Verbannung über ihn ausgesprochen wurde, das scheint Sokrates selbst, mit völliger Klarheit und ohne den natürlichen Schauder vor dem Tode, durchgesetzt zu haben: er ging in den Tod, mit jener Ruhe, mit der er nach Platos Schilderung als der letzte der Zecher im frühen Tagesgrauen das Symposion verläßt, um einen neuen Tag zu beginnen; indes hinter ihm, auf den Bänken und auf der Erde, die verschlafenen Tischgenossen zurückbleiben, um von Sokrates, dem wahrhaften Erotiker, zu träumen. *Der sterbende Sokrates* wurde das neue, noch nie sonst geschaute Ideal der edlen griechischen Jugend: vor allen hat sich der typische hellenische Jüngling, Plato, mit aller inbrünstigen Hingebung seiner Schwärmerseele vor diesem Bilde niedergeworfen.

14

Denken wir uns jetzt das eine große Zyklopenauge des Sokrates auf die Tragödie gewandt, jenes Auge, in dem nie der holde Wahnsinn künstlerischer Begeisterung geglüht hat – denken wir uns, wie es jenem Auge versagt war, in die dionysischen Abgründe mit Wohlgefallen zu schauen – was eigentlich mußte es in der »erhabenen und hochgepriesenen« tragischen Kunst, wie sie Plato nennt, erblicken? Etwas recht Unvernünftiges, mit Ursachen, die ohne Wirkungen, und mit Wirkungen, die ohne Ursachen zu sein schienen; dazu das ganze so bunt und mannigfaltig, daß es einer besonnenen Gemütsart widerstreben müsse, für reizbare und empfindliche Seelen aber ein gefährlicher Zunder sei. Wir wissen, welche einzige Gattung der Dichtkunst von ihm begriffen wurde, die *äsopische Fabel*: und dies geschah gewiß mit jener lächelnden Anbequemung, mit welcher der ehrliche gute Gellert in der Fabel von der Biene und der Henne das Lob der Poesie singt:

»Du siehst an mir, wozu sie nützt,
Dem, der nicht viel Verstand besitzt,
Die Wahrheit durch ein Bild zu sagen.«

Nun aber schien Sokrates die tragische Kunst nicht einmal »die Wahrheit zu sagen«: abgesehen davon, daß sie sich an den wendet, der »nicht viel Verstand besitzt«, also nicht an den Philosophen: ein zweifacher Grund, von ihr fernzubleiben. Wie Plato, rechnete er sie zu den schmeichlerischen Künsten, die nur das Angenehme, nicht das Nützliche darstellen, und verlangte deshalb bei seinen Jüngern Enthaltsamkeit und strenge Absonderung von solchen unphilosophischen Reizungen; mit solchem Erfolge, daß der jugendliche Tragödiendichter Plato zuallererst seine Dichtungen verbrannte, um Schüler des Sokrates werden zu können. Wo aber unbesiegbare Anlagen gegen die sokratischen Maximen ankämpften, war die Kraft derselben, samt der Wucht jenes ungeheuren Charakters, immer noch groß genug, um die Poesie selbst in neue und bis dahin unbekannte Stellungen zu drängen.

Ein Beispiel dafür ist der eben genannte Plato: er, der in der Verurteilung der Tragödie und der Kunst überhaupt gewiß nicht hinter dem naiven Zynismus seines Meisters zurückgeblieben ist, hat doch aus voller künstlerischer Notwendigkeit eine Kunstform schaffen müssen, die gerade mit den vorhandenen und von ihm abgewiesenen Kunstformen innerlich verwandt ist. Der Hauptvorwurf, den Plato der älteren Kunst zu machen hatte – daß sie Nachahmung eines Scheinbildes sei, also noch einer niedrigeren Sphäre, als die empirische Welt ist, angehöre –, durfte vor allem nicht gegen das neue Kunstwerk gerichtet werden: und so sehen wir denn Plato bestrebt, über die Wirklichkeit hinauszugehn und die jener Pseudo-Wirklichkeit zugrunde liegende Idee darzustellen. Damit aber war der Denker Plato auf einem Umwege ebendahin gelangt, wo er als Dichter stets heimisch gewesen war, und von wo aus Sophokles und die ganze ältere Kunst feierlich gegen jenen Vorwurf protestierten. Wenn die Tragödie alle früheren Kunstgattungen in sich aufgesaugt hatte, so darf dasselbe wiederum in einem exzentrischen Sinne vom platonischen Dialoge gelten, der, durch Mischung aller vorhandenen Stile und Formen erzeugt, zwischen Erzählung, Lyrik, Drama, zwischen Prosa und Poesie in der Mitte schwebt und damit auch das strenge ältere Gesetz der einheitlichen sprachlichen Form durchbrochen hat; auf welchem Wege die *zynischen* Schriftsteller noch weiter gegangen sind, die in der größten Buntscheckigkeit des Stils, im Hin- und Herschwanken zwischen prosaischen und metrischen Formen, auch das literarische Bild des »rasenden Sokrates«, den sie im Leben darzustellen pflegten, erreicht haben. Der platonische Dialog war gleichsam der Kahn, auf dem sich die schiffbrüchige ältere Poesie samt allen ihren Kindern rettete: auf einem engen Raum zusammengedrängt und dem einen Steuermann Sokrates ängstlich untertänig, fuhren sie jetzt in eine neue Welt hinein, die an dem phantastischen Bilde dieses Aufzugs sich nie satt sehen konnte. Wirklich hat für die ganze Nachwelt Plato das Vorbild einer neuen Kunstform gegeben, das Vorbild des *Romans*: der als die unendlich gesteigerte äsopische Fabel zu bezeichnen ist, in der die Poesie in einer ähnlichen Rangordnung zur dialektischen Philosophie lebt, wie viele Jahrhunderte hindurch dieselbe Philosophie zur Theologie: nämlich als *ancilla*. Dies war die neue Stellung der Poesie, in die sie Plato unter dem Drucke des dämonischen Sokrates drängte.

Hier überwächst der *philosophische Gedanke* die Kunst und zwingt sie zu einem engen Sich-Anklammern an den Stamm der Dialektik. In dem logischen Schematismus hat sich die *apollinische* Tendenz verpuppt: wie wir bei Euripides etwas Entsprechendes und außerdem eine Übersetzung des *Dionysischen* in den naturalistischen Affekt wahrzunehmen hatten. Sokrates, der dialektische Held im platonischen Drama, erinnert uns an die verwandte Natur des euripideischen Helden, der durch Grund und Gegengrund seine Handlungen verteidigen muß und dadurch so oft in Gefahr gerät, unser tragisches Mitleiden einzubüßen: denn wer vermöchte das *optimistische* Element im Wesen der Dialektik zu verkennen, das in jedem Schlusse sein Jubelfest feiert und allein in kühler Helle und Bewußtsein atmen kann: das optimistische Element, das, einmal in die Tragödie eingedrungen, ihre dionysischen Regionen allmählich überwuchern und sie notwendig zur Selbstvernichtung treiben muß – bis zum Todessprunge ins bürgerliche Schauspiel. Man vergegenwärtige sich nur die Konsequenzen der sokratischen Sätze: »Tugend ist Wissen; es wird nur gesündigt aus Unwissenheit; der Tugendhafte ist der Glückliche«; in diesen drei Grundformen des Optimismus liegt der Tod der Tragödie. Denn jetzt muß der tugendhafte Held Dialektiker sein, jetzt muß zwischen Tugend und Wissen, Glaube und Moral ein notwendiger sichtbarer Verband sein, jetzt ist die transzendentale Gerechtigkeitslösung des Äschylus zu dem flachen und frechen Prinzip der »poetischen Gerechtigkeit« mit seinem üblichen *deus ex machina* erniedrigt.

Wie erscheint dieser neuen sokratisch-optimistischen Bühnenwelt gegenüber jetzt der *Chor* und überhaupt der ganze musikalisch-dionysische Untergrund der Tragödie? Als etwas Zufälliges, als eine auch wohl zu missende Reminiszenz an den Ursprung der Tragödie; während wir doch eingesehen haben, daß der Chor nur als *Ursache* der Tragödie und des Tragischen überhaupt verstanden werden kann. Schon bei Sophokles zeigt sich jene Verlegenheit in betreff des Chors – ein wichtiges Zeichen, daß schon bei ihm der dionysische Boden der Tragödie zu zerbröckeln beginnt. Er wagt es nicht mehr, dem Chor den Hauptanteil der Wirkung anzuvertrauen, sondern schränkt sein Bereich dermaßen ein, daß er jetzt fast den Schauspielern koordiniert erscheint, gleich als ob er aus der Orchestra in die Szene hineingehoben würde: womit freilich sein Wesen völlig zerstört ist, mag auch Aristoteles gerade dieser Auffassung des Chors seine Beistimmung geben. Jene Verrückung der Chorposition, welche Sophokles jedenfalls durch seine Praxis und, der Überlieferung nach, sogar durch eine Schrift anempfohlen hat, ist der erste Schritt zur *Vernichtung* des Chors, deren Phasen in Euripides, Agathon und der neueren Komödie mit erschreckender Schnelligkeit aufeinanderfolgen. Die optimistische Dialektik treibt mit der Geißel ihrer Syllogismen die *Musik* aus der Tragödie: d. h. sie zerstört das Wesen der Tragödie, welches sich einzig als eine Manifestation und Verbildlichung dionysischer Zustände, als sichtbare Symbolisierung der Musik, als die Traumwelt eines dionysischen Rausches interpretieren läßt.

Haben wir also sogar eine schon vor Sokrates wirkende antidionysische Tendenz anzunehmen, die nur in ihm einen unerhört großartigen Ausdruck gewinnt: so müssen wir nicht vor der Frage zurückschrecken, wohin denn eine solche Erscheinung wie die des Sokrates deute: die wir doch nicht imstande sind, angesichts der platonischen Dialoge, als eine nur auflösende negative Macht zu begreifen. Und so gewiß die allernächste Wirkung des sokratischen Triebes auf eine Zersetzung der dionysischen Tragödie ausging, so zwingt uns eine tiefsinnige Lebenserfahrung des Sokrates selbst zu der Frage, ob denn zwischen dem Sokratismus und der Kunst *notwendig* nur ein antipodisches Verhältnis bestehe und ob die Geburt eines »künstlerischen Sokrates« überhaupt etwas in sich Widerspruchsvolles sei.

Jener despotische Logiker hatte nämlich hier und da der Kunst gegenüber das Gefühl einer Lücke, einer Leere, eines halben Vorwurfs, einer vielleicht versäumten Pflicht. Öfters kam ihm, wie er im Gefängnis seinen Freunden erzählt, ein und dieselbe Traumerscheinung, die immer dasselbe sagte: »Sokrates, treibe Musik!« Er beruhigt sich bis zu seinen letzten Tagen mit der Meinung, sein Philosophieren sei die höchste Musenkunst, und glaubt nicht recht, daß eine Gottheit ihn an jene »gemeine, populäre Musik« erinnern werde. Endlich im Gefängnis versteht er sich, um sein Gewissen gänzlich zu entlasten, auch dazu, jene von ihm gering geachtete Musik zu treiben. Und in dieser Gesinnung dichtet er ein Proömium auf Apollo und bringt einige äsopische Fabeln in Verse. Das war etwas der dämonischen warnenden Stimme Ähnliches, was ihn zu diesen Übungen drängte, es war seine apollinische Einsicht, daß er wie ein Barbarenkönig ein edles Götterbild nicht verstehe und in der Gefahr sei, sich an seiner Gottheit zu versündigen – durch sein Nichtverstehn. Jenes Wort der sokratischen Traumerscheinung ist das einzige Zeichen einer Bedenklichkeit über die Grenzen der logischen Natur: vielleicht – so mußte er sich fragen – ist das mir Nichtverständliche doch nicht auch sofort das Unverständige? Vielleicht gibt es ein Reich der Weisheit, aus dem der Logiker verbannt ist? Vielleicht ist die Kunst sogar ein notwendiges Korrelativum und Supplement der Wissenschaft?

15

Im Sinne dieser letzten ahnungsvollen Fragen muß nun ausgesprochen werden, wie der Einfluß des Sokrates, bis auf diesen Moment hin, ja in alle Zukunft hinaus, sich, gleich einem in der Abendsonne immer größer werdenden Schatten, über die Nachwelt hin ausgebreitet hat, wie derselbe zur Neuschaffung der *Kunst* – und zwar der Kunst im bereits metaphysischen, weitesten und tiefsten Sinne – immer wieder nötigt und, bei seiner eignen Unendlichkeit, auch deren Unendlichkeit verbürgt.

Bevor dies erkannt werden konnte, bevor die innerste Abhängigkeit jeder Kunst von den Griechen, den Griechen von Homer bis auf Sokrates, überzeugend dargetan war, mußte es uns mit diesen Griechen ergehen wie den Athenern mit Sokrates. Fast jede Zeit und Bildungsstufe hat einmal sich mit tiefem Mißmute von den Griechen zu befreien gesucht, weil angesichts derselben alles Selbstgeleistete, scheinbar völlig Originelle und recht aufrichtig Bewunderte plötzlich Farbe und Leben zu verlieren schien und zur mißlungenen Kopie, ja zur Karikatur zusammenschrumpfte. Und so bricht immer von neuem einmal der herzliche Ingrimm gegen jenes anmaßliche Völkchen hervor, das sich erkühnte, alles Nichteinheimische für alle Zeiten als »barbarisch« zu bezeichnen: wer sind jene, fragt man sich, die, obschon sie nur einen ephemeren historischen Glanz, nur lächerlich engbegrenzte Institutionen, nur eine zweifelhafte Tüchtigkeit der Sitte aufzuweisen haben und sogar mit häßlichen Lastern gekennzeichnet sind, doch die Würde und Sonderstellung unter den Völkern in Anspruch nehmen, die dem Genius unter der Masse zukommt? Leider war man nicht so glücklich, den Schierlingsbecher zu finden, mit dem ein solches Wesen einfach abgetan werden konnte: denn alles Gift, das Neid, Verleumdung und Ingrimm in sich erzeugten, reichte nicht hin, jene selbstgenugsame Herrlichkeit zu vernichten. Und so schämt und fürchtet man sich vor den Griechen; es sei denn, daß einer die Wahrheit über alles achte und so sich auch diese Wahrheit einzugestehen wage, daß die Griechen unsere und jegliche Kultur als Wagenlenker in den Händen haben, daß aber fast immer Wagen und Pferde von zu geringem Stoffe und der Glorie ihrer Führer unangemessen sind, die dann es für einen Scherz erachten, ein solches Gespann in den Abgrund zu jagen: über den sie selbst, mit dem Sprunge des Achilles, hinwegsetzen.

Um die Würde einer solchen Führerstellung auch für Sokrates zu erweisen, genügt es, in ihm den Typus einer vor ihm unerhörten Daseinsform zu erkennen, den Typus des *theoretischen Menschen,* über dessen Bedeutung und Ziel zur Einsicht zu kommen, unsere nächste Aufgabe ist. Auch der theoretische Mensch hat ein unendliches Vergnügen am Vorhandenen, wie der Künstler, und ist wie jener vor der praktischen Ethik des Pessimismus und vor seinen nur im Finsteren leuchtenden Lynkeusaugen durch jenes Genügen geschützt. Wenn nämlich der Künstler bei jeder Enthüllung der Wahrheit immer nur mit verzückten Blicken an dem hängen bleibt, was auch jetzt, nach der Enthüllung, noch Hülle bleibt, genießt und befriedigt sich der theoretische Mensch an der abgeworfenen Hülle und hat sein höchstes Lustziel in dem Prozeß einer immer glücklichen, durch eigene Kraft gelingenden Enthüllung. Es gäbe keine Wissenschaft, wenn ihr nur um jene *eine* nackte Göttin und um nichts anderes zu tun wäre. Denn dann müßte es ihren Jüngern zumute sein, wie solchen, die ein Loch gerade durch die Erde graben wollten: von denen ein jeder einsieht, daß er, bei größter und lebenslänglicher Anstrengung, nur ein ganz kleines Stück der ungeheuren Tiefe zu durchgraben imstande sei, welches vor seinen Augen durch die Arbeit des nächsten wieder überschüttet wird, so daß ein dritter wohl daran zu tun scheint, wenn er auf eigne Faust eine neue Stelle für seine Bohrversuche wählt. Wenn jetzt nun einer zur Überzeugung beweist, daß auf diesem direkten Wege das Antipodenziel nicht zu erreichen sei, wer wird noch in den alten Tiefen weiterarbeiten wollen, es sei denn, daß er sich nicht inzwischen genügen lasse, edles Gestein zu finden oder Naturgesetze zu entdecken. Darum hat Lessing, der ehrlichste theoretische Mensch, es auszusprechen gewagt, daß ihm mehr am Suchen der Wahrheit als an ihr selbst gelegen sei: womit das Grundgeheimnis der Wissenschaft, zum Erstaunen, ja Ärger der Wissenschaftlichen, aufgedeckt worden ist. Nun steht freilich neben dieser vereinzelten Erkenntnis, als einem Exzeß der Ehrlichkeit, wenn nicht des Übermutes, eine tiefsinnige *Wahnvorstellung,* welche zuerst in der Person des Sokrates zur Welt kam, – jener unerschütterliche Glaube, daß das Denken, an dem Leitfaden der Kausalität, bis in die tiefsten Abgründe des Seins reiche, und daß das Denken das Sein nicht nur zu erkennen, sondern sogar zu *korrigieren* imstande sei. Dieser erhabene metaphysische Wahn ist als Instinkt der Wissenschaft beigegeben und führt sie immer und immer wieder zu ihren Grenzen, an denen sie in *Kunst* umschlagen muß: *auf welche es eigentlich, bei diesem Mechanismus, abgesehen ist.*

Schauen wir jetzt, mit der Fackel dieses Gedankens, auf Sokrates hin: so erscheint er uns als der erste, der an der Hand jenes Instinktes der Wissenschaft nicht nur leben, sondern – was bei weitem mehr ist – auch sterben konnte; und deshalb ist das Bild des *sterbenden Sokrates* als des durch Wissen und Gründe der Todesfurcht enthobenen Menschen das Wappenschild, das über dem Eingangstor der Wissenschaft einen jeden an deren Bestimmung erinnert, nämlich das Dasein als begreiflich und damit als gerechtfertigt erscheinen zu machen: wozu freilich, wenn die Gründe nicht reichen, schließlich auch der *Mythus* dienen muß, den ich sogar als notwendige Konsequenz, ja als Absicht der Wissenschaft soeben bezeichnete.

Wer sich einmal anschaulich macht, wie nach Sokrates, dem Mystagogen der Wissenschaft, eine Philosophenschule nach der anderen wie Welle auf Welle sich ablöst, wie eine nie geahnte Universalität der Wissensgier in dem weitesten Bereich der gebildeten Welt und als eigentliche Aufgabe für jeden höher Befähigten die Wissenschaft auf die hohe See führte, von der sie niemals seitdem wieder völlig vertrieben werden konnte, wie durch diese Universalität erst ein gemeinsames Netz des Gedankens über den gesamten Erdball, ja mit Ausblicken über die Gesetzlichkeit eines ganzen Sonnensystems, gespannt wurde; wer dies alles, samt der erstaunlich hohen Wissenspyramide der Gegenwart, sich vergegenwärtigt, der kann sich nicht entbrechen, in Sokrates den einen Wendepunkt und Wirbel der sogenannten Weltgeschichte zu sehen. Denn dächte man sich einmal diese ganze unbezifferbare Summe von Kraft, die für jene Welttendenz verbraucht worden ist, *nicht* im Dienste des Erkennens, sondern auf die praktischen, d. h. egoistischen Ziele der Individuen und Völker verwendet, so wäre wahrscheinlich in allgemeinen Vernichtungskämpfen und fortdauernden Völkerwanderungen die instinktive Lust zum Leben so abgeschwächt, daß, bei der Gewohnheit des Selbstmordes, der einzelne vielleicht den letzten Rest von Pflichtgefühl empfinden müßte, wenn er, wie der Bewohner der Fidschi-Inseln, als Sohn seine Eltern, als Freund seinen Freund erdrosselt: ein praktischer Pessimismus, der selbst eine grausenhafte Ethik des Völkermordes aus Mitleid erzeugen könnte – der übrigens überall in der Welt vorhanden ist und vorhanden war, wo nicht die Kunst in irgendwelchen Formen, besonders als Religion und Wissenschaft, zum Heilmittel und zur Abwehr jenes Pesthauchs erschienen ist.

Angesichts dieses praktischen Pessimismus ist Sokrates das Urbild des theoretischen Optimisten, der in dem bezeichneten Glauben an die Ergründlichkeit der Natur der Dinge dem Wissen und der Erkenntnis die Kraft einer Universalmedizin beilegt und im Irrtum das Übel an sich begreift. In jene Gründe einzudringen und die wahre Erkenntnis vom Schein und vom Irrtum zu sondern, dünkte dem sokratischen Menschen der edelste, selbst der einzige wahrhaft menschliche Beruf zu sein: so wie jener Mechanismus der Begriffe, Urteile und Schlüsse von Sokrates ab als höchste Betätigung und bewunderungswürdigste Gabe der Natur über alle anderen Fähigkeiten geschätzt wurde. Selbst die erhabensten sittlichen Taten, die Regungen des Mitleids, der Aufopferung, des Heroismus und jene schwer zu erringende Meeresstille der Seele, die der apollinische Grieche Sophrosyne nannte, wurden von Sokrates und seinen gleichgesinnten Nachfolgern bis auf die Gegenwart hin aus der Dialektik des Wissens abgeleitet und demgemäß als lehrbar bezeichnet. Wer die Lust einer sokratischen Erkenntnis an sich erfahren hat und spürt, wie diese, in immer weiteren Ringen, die ganze Welt der Erscheinungen zu umfassen sucht, der wird von da an keinen Stachel, der zum Dasein drängen könnte, heftiger empfinden als die Begierde, jene Eroberung zu vollenden und das Netz undurchdringbar fest zu spinnen. Einen so Gestimmten erscheint dann der platonische Sokrates als der Lehrer einer ganz neuen Form der »griechischen Heiterkeit« und Daseinsseligkeit, welche sich in Handlungen zu entladen sucht und diese Entladungen zumeist in mäeutischen und erziehenden Einwirkungen auf edle Jünglinge, zum Zweck der endlichen Erzeugung des Genius, finden wird.

Nun aber eilt die Wissenschaft, von ihrem kräftigen Wahne angespornt, unaufhaltsam bis zu ihren Grenzen, an denen ihr im Wesen der Logik verborgener Optimismus scheitert. Denn die Peripherie des Kreises der Wissenschaft hat unendlich viele Punkte, und während noch gar nicht abzusehen ist, wie jemals der Kreis völlig ausgemessen werden könnte, so trifft doch der edle und begabte Mensch, noch vor der Mitte seines Daseins und unvermeidlich, auf solche Grenzpunkte der Peripherie, wo er in das Unaufhellbare starrt. Wenn er hier zu seinem Schrecken sieht, wie die Logik sich an diesen Grenzen um sich selbst ringelt und endlich sich in den Schwanz beißt – da bricht die neue Form der Erkenntnis durch *die tragische Erkenntnis,* die, um nur ertragen zu werden, als Schutz und Heilmittel die Kunst braucht.

Schauen wir, mit gestärkten und an den Griechen erlabten Augen, auf die höchsten Sphären derjenigen Welt, die uns umflutet, so gewahren wir die in Sokrates vorbildlich erscheinende Gier der unersättlichen optimistischen Erkenntnis in tragische Resignation und Kunstbedürftigkeit umgeschlagen: während allerdings dieselbe Gier, auf ihren niederen Stufen, sich kunstfeindlich äußern und vornehmlich die dionysisch-tragische Kunst innerlich verabscheuen muß, wie dies an der Bekämpfung der äschyleischen Tragödie durch den Sokratismus beispielsweise dargestellt wurde.

Hier nun klopfen wir, bewegten Gemütes, an die Pforten der Gegenwart und Zukunft: wird jenes »Umschlagen« zu immer neuen Konfigurationen des Genius und gerade des *musiktreibenden Sokrates* führen? Wird das über das Dasein gebreitete Netz der Kunst, sei es auch unter dem Namen der Religion oder der Wissenschaft, immer fester und zarter geflochten werden, oder ist ihm bestimmt, unter dem ruhelos barbarischen Treiben und Wirbeln, das sich jetzt »die Gegenwart« nennt, in Fetzen zu reißen? – Besorgt, doch nicht trostlos stehen wir eine kleine Weile beiseite, als die Beschaulichen, denen es erlaubt ist, Zeugen jener ungeheuren Kämpfe und Übergänge zu sein. Ach! Es ist der Zauber dieser Kämpfe, daß, wer sie schaut, sie auch kämpfen muß!

16

An diesem ausgeführten historischen Beispiel haben wir klarzumachen gesucht, wie die Tragödie an dem Entschwinden des Geistes der Musik ebenso gewiß zugrunde geht, wie sie aus diesem Geiste allein geboren werden kann. Das Ungewöhnliche dieser Behauptung zu mildern und andererseits den Ursprung dieser unserer Erkenntnis aufzuzeigen, müssen wir uns jetzt freien Blicks den analogen Erscheinungen der Gegenwart gegenüberstellen; wir müssen mitten hinein in jene Kämpfe treten, welche, wie ich eben sagte, zwischen der unersättlichen optimistischen Erkenntnis und der tragischen Kunstbedürftigkeit in den höchsten Sphären unserer jetzigen Welt gekämpft werden. Ich will hierbei von allen den anderen gegnerischen Trieben absehen, die zu jeder Zeit der Kunst und gerade der Tragödie entgegenarbeiten und die auch in der Gegenwart in dem Maße siegesgewiß um sich greifen, daß von den theatralischen Künsten z. B. allein die Posse und das Ballett in einem einigermaßen üppigen Wuchern ihre vielleicht nicht für jedermann wohlriechenden Blüten treiben. Ich will nur von der *erlauchtesten Gegnerschaft* der tragischen Weltbetrachtung reden und meine damit die in ihrem tiefsten Wesen optimistische Wissenschaft, mit ihrem Ahnherrn Sokrates an der Spitze. Alsbald sollen auch die Mächte bei Namen genannt werden, welche mir *eine Wiedergeburt der Tragödie* – und welche andere selige Hoffnungen für das deutsche Wesen! – zu verbürgen scheinen.

Bevor wir uns mitten in jene Kämpfe hineinstürzen, hüllen wir uns in die Rüstung unserer bisher eroberten Erkenntnisse. Im Gegensatz zu allen denen, welche beflissen sind, die Künste aus einem einzigen Prinzip, als dem notwendigen Lebensquell jedes Kunstwerks, abzuleiten, halte ich den Blick auf jene beiden künstlerischen Gottheiten der Griechen, Apollo und Dionysus, geheftet und erkenne in ihnen die lebendigen und anschaulichen Repräsentanten *zweier* in ihrem tiefsten Wesen und ihren höchsten Zielen verschiedenen Kunstwelten. Apollo steht vor mir als der verklärende Genius des *principii individuationis*, durch den allein die Erlösung im Scheine wahrhaft zu erlangen ist: während unter dem mystischen Jubelruf des Dionysus der Bann der Individuation zersprengt wird und der Weg zu den Müttern des Seins, zu dem innersten Kern der Dinge offenliegt. Dieser ungeheure Gegensatz, der sich zwischen der plastischen Kunst als der apollinischen und der Musik als der dionysischen Kunst klaffend auftut, ist einem einzigen der großen Denker in dem Maße offenbar geworden, daß er, selbst ohne jene Anleitung der hellenischen Göttersymbolik, der Musik einen verschiedenen Charakter und Ursprung vor allen anderen Künsten zuerkannte, weil sie nicht, wie jene alle, Abbild der Erscheinung, sondern unmittelbar Abbild des Willens selbst sei und also zu *allem Physischen der Welt das Metaphysische*, zu aller Erscheinung das Ding an sich darstelle. (Schopenhauer, Welt als Wille und Vorstellung I, S. 310.) Auf diese wichtigste Erkenntnis aller Ästhetik, mit der, in einem ernsteren Sinne genommen, die Ästhetik erst beginnt, hat Richard Wagner, zur Bekräftigung ihrer ewigen Wahrheit seinen Stempel gedrückt, wenn er im »Beethoven« feststellt, daß die Musik nach ganz anderen ästhetischen Prinzipien als alle bildenden Künste und überhaupt nicht nach der Kategorie der Schönheit zu bemessen sei: obgleich eine irrige Ästhetik an der Hand einer mißleiteten und entarteten Kunst, von jenem in der bildnerischen Welt geltenden Begriff der Schönheit aus sich gewöhnt habe, von der Musik eine ähnliche Wirkung wie von den Werken der bildenden Kunst zu fordern, nämlich die Erregung *des Gefallens an schönen Formen.* Nach der Erkenntnis jenes ungeheuren Gegensatzes fühlte ich eine starke Nötigung, mich dem Wesen der griechischen Tragödie und damit der tiefsten Offenbarung des hellenischen Genius zu nahen: denn erst jetzt glaubte ich des Zaubers mächtig zu sein, über die Phraseologie unserer üblichen Ästhetik hinaus, das Urproblem der Tragödie mir leibhaft vor die Seele stellen zu können: wodurch mir ein so befremdlich eigentümlicher Blick in das Hellenische vergönnt war, daß es mir scheinen mußte, als ob unsre so stolz sich gebärdende klassisch-hellenische Wissenschaft in der Hauptsache bis jetzt nur an Schattenspielen und Äußerlichkeiten sich zu weiden gewußt habe.

Jenes Urproblem möchten wir vielleicht mit dieser Frage berühren: welche ästhetische Wirkung entsteht, wenn jene an sich getrennten Kunstmächte des Apollinischen und des Dionysischen nebeneinander in Tätigkeit geraten? Oder in kürzerer Form: wie verhält sich die Musik zu Bild und Begriff? – Schopenhauer, dem Richard Wagner gerade für diesen Punkt eine nicht zu überbietende Deutlichkeit und Durchsichtigkeit der Darstellung nachrühmt, äußert sich hierüber am ausführlichsten in der folgenden Stelle, die ich hier in ihrer ganzen Länge wiedergeben werde. Welt als Wille und Vorstellung I, S. 309: »Diesem allen zufolge können wir die erscheinende Welt, oder die Natur, und die Musik als zwei verschiedene Ausdrücke derselben Sache ansehen, welche selbst daher das allein Vermittelnde der Analogie beider ist, dessen Erkenntnis erfordert wird, um jene Analogie einzusehen. Die Musik ist demnach, wenn als Ausdruck der Welt angesehen, eine im höchsten Grad allgemeine Sprache, die sich sogar zur Allgemeinheit der Begriffe ungefähr verhält wie diese zu den einzelnen Dingen. Ihre Allgemeinheit ist aber keineswegs jene leere Allgemeinheit der Abstraktion, sondern ganz anderer Art, und ist verbunden mit durchgängiger deutlicher Bestimmheit. Sie gleicht hierin den geometrischen Figuren und den Zahlen, welche als die allgemeinen Formen aller möglichen Objekte der Erfahrung und auf alle *a priori* anwendbar, doch nicht abstrakt, sondern anschaulich und durchgängig bestimmt sind. Alle möglichen Bestrebungen, Erregungen und Äußerungen des Willens, alle jene Vorgänge im Innern des Menschen, welche die Vernunft in den weiten negativen Begriff Gefühl wirft, sind durch die unendlich vielen möglichen Melodien auszudrücken, aber immer in der Allgemeinheit bloßer Form, ohne den Stoff, immer nur nach dem An-sich, nicht nach der Erscheinung, gleichsam die innerste Seele derselben, ohne Körper. Aus diesem innigen Verhältnis, welches die Musik zum wahren Wesen aller Dinge hat, ist auch dies zu erklären, daß, wenn zu irgendeiner Szene, Handlung, Vorgang, Umgebung eine passende Musik ertönt, diese uns den geheimsten Sinn derselben aufzuschließen scheint und als der richtigste und deutlichste Kommentar dazu auftritt: ingleichen, daß es dem, der sich dem Eindruck einer Symphonie ganz hingibt, ist, als sähe er alle möglichen Vorgänge des Lebens und der Welt an sich vorüberziehen: dennoch kann er, wenn er sich besinnt, keine Ähnlichkeit angeben zwischen jenem Tonspiel und den Dingen, die ihm vorschwebten. Denn die Musik ist, wie gesagt, darin von allen anderen Künsten verschieden, daß sie nicht Abbild der Erscheinung, oder richtiger, der adäquaten Objektität des Willens, sondern unmittelbar Abbild des Willens selbst ist und also zu allem Physischen der Welt das Metaphysische, zu aller Erscheinung das Ding an sich darstellt. Man könnte demnach die Welt ebensowohl verkörperte Musik, als verkörperten Willen nennen: daraus also ist es erklärlich, warum Musik jedes Gemälde, ja jede Szene des wirklichen Lebens und der Welt, sogleich in erhöhter Bedeutsamkeit hervortreten läßt; freilich um so mehr, je analoger ihre Melodie dem innern Geiste der gegebenen Erscheinung ist. Hierauf beruht es, daß man ein Gedicht als Gesang, oder eine anschauliche Darstellung als Pantomime, oder beides als Oper der Musik unterlegen kann. Solche einzelne Bilder des Menschenlebens, der allgemeinen Sprache der Musik untergelegt, sind nie mit durchgängiger Notwendigkeit ihr verbunden oder entsprechend; sondern sie stehen zu ihr nur im Verhältnis eines beliebigen Beispiels zu einem allgemeinen Begriff: sie stellen in der Bestimmtheit der Wirklichkeit dasjenige dar, was die Musik in der Allgemeinheit bloßer Form aussagt. Denn die Melodien sind gewissermaßen, gleich den allgemeinen Begriffen, ein Abstraktum der Wirklichkeit. Diese nämlich, also die Welt der einzelnen Dinge, liefert das Anschauliche, das Besondere und Individuelle, den einzelnen Fall, sowohl zur Allgemeinheit der Begriffe, als zur Allgemeinheit der Melodien, welche beide Allgemeinheiten einander aber in gewisser Hinsicht entgegengesetzt sind; indem die Begriffe nur die allererst aus der Anschauung abstrahierten Formen, gleichsam die abgezogene äußere Schale der Dinge enthalten, also ganz eigentlich Abstrakta sind; die Musik hingegen den innersten aller Gestaltung vorhergängigen Kern, oder das Herz der Dinge gibt. Dies Verhältnis ließe sich recht gut in der Sprache der Scholastiker ausdrücken, indem man sagt: die Begriffe sind die *universalia post rem*, die Musik aber gibt die *universalia ante rem*, und die Wirklichkeit die *universalia in re.* – Daß aber überhaupt eine Beziehung zwischen einer Komposition und einer anschaulichen Darstellung möglich ist, beruht, wie gesagt, darauf, daß beide nur ganz verschiedene Ausdrücke des selben innern Wesens der Welt sind. Wann nun im einzelnen Fall eine solche Beziehung wirklich vorhanden ist, also der Komponist die Willensregungen, welche den Kern einer Begebenheit ausmachen, in der allgemeinen Sprache der Musik auszusprechen gewußt hat: dann ist die Melodie des Liedes, die Melodie der Oper ausdrucksvoll. Die vom Komponisten aufgefundene Analogie zwischen jenen beiden muß aber aus der unmittelbaren Erkenntnis des Wesens der Welt, seiner Vernunft unbewußt, hervorgegangen und darf nicht, mit bewußter Absichtlichkeit, durch Begriffe vermittelte Nachahmung sein: sonst spricht die Musik nicht das innere Wesen, den Willen selbst aus; sondern ahmt nur seine Erscheinung ungenügend nach; wie dies alle eigentlich nachbildende Musik tut.« –

Wir verstehen also, nach der Lehre Schopenhauers, die Musik als die Sprache des Willens unmittelbar und fühlen unsere Phantasie angeregt, jene zu uns redende, unsichtbare und doch so lebhaft bewegte Geisterwelt zu gestalten und sie in einem analogen Beispiel uns zu verkörpern. Andrerseits kommt Bild und Begriff, unter der Einwirkung einer wahrhaft entsprechenden Musik, zu einer erhöhten Bedeutsamkeit. Zweierlei Wirkungen pflegt also die dionysische Kunst auf das apollinische Kunstvermögen auszuüben: die Musik reizt zum *gleichnisartigen Anschauen* der dionysischen Allgemeinheit, die Musik läßt sodann das gleichnisartige Bild *in höchster Bedeutsamkeit* hervortreten. Aus diesen an sich verständlichen und keiner tieferen Beobachtung unzugänglichen Tatsachen erschließe ich die Befähigung der Musik, *den Mythus,* d. h. das bedeutsamste Exempel zu gebären und gerade den *tragischen* Mythus: den Mythus, der von der dionysischen Erkenntnis in Gleichnissen redet. An dem Phänomen des Lyrikers habe ich dargestellt, wie die Musik im Lyriker darnach ringt, in apollinischen Bildern über ihr Wesen sich kund zu geben: denken wir uns jetzt, daß die Musik in ihrer höchsten Steigerung auch zu einer höchsten Verbildlichung zu kommen suchen muß, so müssen wir für möglich halten, daß sie auch den symbolischen Ausdruck für ihre eigentlich dionysische Weisheit zu finden wisse; und wo anders werden wir diesen Ausdruck zu suchen haben, wenn nicht in der Tragödie und überhaupt im Begriff *des Tragischen*?

Aus dem Wesen der Kunst, wie sie gemeinhin nach der einzigen Kategorie des Scheines und der Schönheit begriffen wird, ist das Tragische in ehrlicher Weise gar nicht abzuleiten; erst aus dem Geiste der Musik heraus verstehen wir eine Freude an der Vernichtung des Individuums. Denn an den einzelnen Beispielen einer solchen Vernichtung wird uns nur das ewige Phänomen der dionysischen Kunst deutlich gemacht, die den Willen in seiner Allmacht gleichsam hinter dem *principio individuationis,* das ewige

Leben jenseits aller Erscheinung und trotz aller Vernichtung zum Ausdruck bringt. Die metaphysische Freude am Tragischen ist eine Übersetzung der instinktiv unbewußten dionysischen Weisheit in die Sprache des Bildes: der Held, die höchste Willenserscheinung, wird zu unserer Lust verneint, weil er doch nur Erscheinung ist, und das ewige Leben des Willens durch seine Vernichtung nicht berührt wird. »Wir glauben an das ewige Leben«, so ruft die Tragödie; während die Musik die unmittelbare Idee dieses Lebens ist. Ein ganz verschiedenes Ziel hat die Kunst des Plastikers: hier überwindet Apollo das Leiden des Individuums durch die leuchtende Verherrlichung der *Ewigkeit der Erscheinung*, hier siegt die Schönheit über das dem Leben inhärierende Leiden, der Schmerz wird in einem gewissen Sinne aus den Zügen der Natur hinweggelogen. In der dionysischen Kunst und in deren tragischer Symbolik redet uns dieselbe Natur mit ihrer wahren, unverstellten Stimme an: »Seid wie ich bin! Unter dem unaufhörlichen Wechsel der Erscheinungen die ewig schöpferische, ewig zum Dasein zwingende, an diesem Erscheinungswechsel sich ewig befriedigende Urmutter!«

17

Auch die dionysische Kunst will uns von der ewigen Lust des Daseins überzeugen: nur sollen wir diese Lust nicht in den Erscheinungen, sondern hinter den Erscheinungen suchen. Wir sollen erkennen, wie alles, was entsteht, zum leidvollen Untergange bereit sein muß, wir werden gezwungen, in die Schrecken der Individualexistenz hineinzublicken – und sollen doch nicht erstarren: ein metaphysischer Trost reißt uns momentan aus dem Getriebe der Wandelgestalten heraus. Wir sind wirklich in kurzen Augenblicken das Urwesen selbst und fühlen dessen unbändige Daseinsgier und Daseinslust; der Kampf, die Qual, die Vernichtung der Erscheinungen dünkt uns jetzt wie notwendig, bei dem Übermaß von unzähligen, sich ins Leben drängenden und stoßenden Daseinsformen, bei der überschwänglichen Fruchtbarkeit des Weltwillens; wir werden von dem wütenden Stachel dieser Qualen in demselben Augenblicke durchbohrt, wo wir gleichsam mit der unermeßlichen Urlust am Dasein eins geworden sind und wo wir die Unzerstörbarkeit und Ewigkeit dieser Lust in dionysischer Entzückung ahnen. Trotz Furcht und Mitleid sind wir die Glücklich-Lebendigen, nicht als Individuen, sondern als das *eine* Lebendige, mit dessen Zeugungslust wir verschmolzen sind.

Die Entstehungsgeschichte der griechischen Tragödie sagt uns jetzt mit lichtvoller Bestimmtheit, wie das tragische Kunstwerk der Griechen wirklich aus dem Geiste der Musik herausgeboren ist: durch welchen Gedanken wir zum ersten Male dem ursprünglichen und so erstaunlichen Sinne des Chors gerecht geworden zu sein glauben. Zugleich aber müssen wir zugeben, daß die vorhin aufgestellte Bedeutung des tragischen Mythus den griechischen Dichtern, geschweige den griechischen Philosophen, niemals in begrifflicher Deutlichkeit durchsichtig geworden ist; ihre Helden sprechen gewissermaßen oberflächlicher, als sie handeln; der Mythus findet in dem gesprochnen Wort durchaus nicht seine adäquate Objektivation. Das Gefüge der Szenen und die anschaulichen Bilder offenbaren eine tiefere Weisheit, als der Dichter selbst in Worte und Begriffe fassen kann: wie das gleiche auch bei Shakespeare beobachtet wird, dessen Hamlet z. B. in einem ähnlichen Sinne oberflächlicher redet, als er handelt, so daß nicht aus den Worten heraus, sondern aus dem vertieften Anschauen und Überschauen des Ganzen jene früher erwähnte Hamletlehre zu entnehmen ist. In betreff der griechischen Tragödie, die uns freilich nur als Wortdrama entgegentritt, habe ich sogar angedeutet, daß jene Inkongruenz zwischen Mythus und Wort uns leicht verführen könnte, sie für flacher und bedeutungsloser zu halten, als sie ist, und demnach auch eine oberflächlichere Wirkung für sie vorauszusetzen, als sie nach den Zeugnissen der Alten gehabt haben muß: denn wie leicht vergißt man, daß, was dem Wortdichter nicht gelungen war, die höchste Vergeistigung und Idealität des Mythus zu erreichen, ihm als schöpferischer Musiker in jedem Augenblick gelingen konnte! Wir freilich müssen uns die Übermacht der musikalischen Wirkung fast auf gelehrtem Wege rekonstruieren, um etwas von jenem unvergleichlichen Troste zu empfangen, der der wahren Tragödie zu eigen sein muß. Selbst diese musikalische Übermacht aber würden wir nur, wenn wir Griechen wären, als solche empfunden haben: während wir in der ganzen Entfaltung der griechischen Musik – der uns bekannten und vertrauten, so unendlich reicheren gegenüber – nur das in schüchternem Kraftgefühle angestimmte Jünglingslied des musikalischen Genius zu hören glauben. Die Griechen sind, wie die ägyptischen Priester sagen, die ewigen Kinder, und auch in der tragischen Kunst nur die Kinder, welche nicht wissen, welches erhabene Spielzeug unter ihren Händen entstanden ist und – zertrümmert wird.

Jenes Ringen des Geistes der Musik nach bildlicher und mythischer Offenbarung, welches von den Anfängen der Lyrik bis zur attischen Tragödie sich steigert, bricht plötzlich, nach eben erst errungener üppiger Entfaltung, ab und verschwindet gleichsam von der Oberfläche der hellenischen Kunst: während die aus diesem Ringen geborene dionysische Weltbetrachtung in den Mysterien weiterlebt und in den wunderbarsten Metamorphosen und Entartungen nicht aufhört, ernstere Naturen an sich zu ziehen. Ob sie nicht aus ihrer mystischen Tiefe einst wieder als Kunst emporsteigen wird?

Hier beschäftigt uns die Frage, ob die Macht, an deren Entgegenwirken die Tragödie sich brach, für alle Zeit genug Stärke hat, um das künstlerische Wiedererwachen der Tragödie und der tragischen Weltbetrachtung zu verhindern. Wenn die alte Tragödie durch den dialektischen Trieb zum Wissen und zum Optimismus der Wissenschaft aus ihrem Gleise gedrängt wurde, so wäre aus dieser Tatsache auf einen ewigen Kampf zwischen *der theoretischen* und *der tragischen Weltbetrachtung* zu schließen; und erst nachdem der Geist der Wissenschaft bis an seine Grenze geführt ist, und sein Anspruch auf universale Gültigkeit durch den Nachweis jener Grenzen vernichtet ist, dürfte auf eine Wiedergeburt der Tragödie zu hoffen sein: für welche Kulturform wir das Symbol *des musiktreibenden Sokrates*, in dem früher erörterten Sinne, hinzustellen hätten. Bei dieser Gegenüberstellung verstehe ich unter dem Geiste der Wissenschaft jenen zuerst in der Person des Sokrates ans Licht gekommenen Glauben an die Ergründlichkeit der Natur und an die Universalheilkraft des Wissens.

Wer sich an die nächsten Folgen dieses rastlos vorwärtsdringenden Geistes der Wissenschaft erinnert, wird sich sofort vergegenwärtigen, wie durch ihn der *Mythus* vernichtet wurde und wie durch diese Vernichtung die Poesie aus ihrem natürlichen idealen Boden als eine nunmehr heimatlose, verdrängt war. Haben wir mit Recht der Musik die Kraft zugesprochen, den Mythus wieder aus sich gebären zu können, so werden wir den Geist der Wissenschaft auch auf der Bahn zu suchen haben, wo er dieser mythenschaffenden Kraft der Musik feindlich entgegentritt. Dies geschieht in der Entfaltung des *neueren attischen Dithyrambus*, dessen Musik nicht mehr das innere Wesen, den Willen selbst aussprach, sondern nur die Erscheinung ungenügend, in einer durch Begriffe vermittelten Nachahmung wiedergab: von welcher innerlich entarteten Musik sich die wahrhaft musikalischen Naturen mit demselben Widerwillen abwandten, den sie vor der kunstmörderischen Tendenz des Sokrates hatten. Der sicher zugreifende Instinkt des Aristophanes hat gewiß das Rechte erfaßt, wenn er Sokrates selbst, die Tragödie des Euripides und die Musik der neueren Dithyrambiker in dem gleichen Gefühle des Hasses zusammenfaßte und in allen drei Phänomenen die Merkmale einer degenerierten Kultur witterte. Durch jenen neueren Dithyrambus ist die Musik in frevelhafter Weise zum imitatorischen Konterfei der Erscheinung z. B. einer Schlacht, eines Seesturmes gemacht und damit allerdings ihrer mythenschaffenden Kraft gänzlich beraubt worden. Denn wenn sie unsere Ergötzung nur dadurch zu erregen sucht, daß sie uns zwingt, äußerliche Analogien zwischen einem Vorgange des Lebens und der Natur und gewissen rhythmischen Figuren und charakteristischen Klängen der Musik zu suchen, wenn sich unser Verstand an der Erkenntnis dieser Analogien befriedigen soll, so sind wir in eine Stimmung herabgezogen, in der eine Empfängnis des Mythischen unmöglich ist; denn der Mythus will als ein einziges Exempel einer ins Unendliche hinein starrenden Allgemeinheit und Wahrheit anschaulich empfunden werden. Die wahrhaft dionysische Musik tritt uns als ein solcher allgemeiner Spiegel des Weltwillens gegenüber: jenes anschauliche Ereignis, das sich in diesem Spiegel bricht, erweitert sich sofort für unser Gefühl zum Abbilde einer ewigen Wahrheit. Umgekehrt wird ein solches anschauliches Ereignis durch die Tonmalerei des neueren Dithyrambus sofort jedes mythischen Charakters entkleidet; jetzt ist die Musik zum dürftigen Abbilde der Erscheinung geworden und darum unendlich ärmer als die Erscheinung selbst: durch welche Armut sie für unsere Empfindung die Erscheinung selbst noch herabzieht, so daß jetzt z. B. eine derartig musikalisch imitierte Schlacht sich in Marschlärm, Signalklängen usw. erschöpft, und unsere Phantasie gerade bei diesen Oberflächlichkeiten festgehalten wird. Die Tonmalerei ist also in jeder Beziehung das Gegenstück zu der mythenschaffenden Kraft der wahren Musik: durch sie wird die Erscheinung noch ärmer, als sie ist, während durch die dionysische Musik die einzelne Erscheinung sich zum Weltbilde bereichert und erweitert. Es war ein mächtiger Sieg des undionysischen Geistes, als er, in der Entfaltung des neueren Dithyrambus, die Musik sich selbst entfremdet und sie zur Sklavin der Erscheinung herabgedrückt hatte. Euripides, der in einem höheren Sinne eine durchaus unmusikalische Natur genannt werden muß, ist aus eben diesem Grunde leidenschaftlicher Anhänger der neueren dithyrambischen Musik und verwendet mit der Freigebigkeit eines Räubers alle ihre Effektstücke und Manieren.

Nach einer anderen Seite sehen wir die Kraft dieses undionysischen, gegen den Mythus gerichteten Geistes in Tätigkeit, wenn wir unsere Blicke auf das Überhandnehmen der *Charakterdarstellung* und des psychologischen Raffinements in der Tragödie von Sophokles ab richten. Der Charakter soll sich nicht mehr zum ewigen Typus erweitern lassen, sondern im Gegenteil so auch künstliche Nebenzüge und Schattierungen, durch feinste Bestimmtheit aller Linien individuell wirken, daß der Zuschauer überhaupt nicht mehr den Mythus, sondern die mächtige Naturwahrheit und die Imitationskraft des Künstlers empfindet. Auch hier gewahren wir den Sieg der Erscheinung über das Allgemeine und die Lust an dem einzelnen gleichsam anatomischen Präparat, wir atmen bereits die Luft einer theoretischen Welt, welcher die wissenschaftliche Erkenntnis höher gilt als die künstlerische Wiederspiegelung einer Weltregel. Die Bewegung auf der Linie des Charakteristischen geht schnell weiter: während noch Sophokles ganze Charaktere malt und zu ihrer raffinierten Entfaltung den Mythus ins Joch spannt, malt Euripides bereits nur noch große einzelne Charakterzüge, die sich in heftigen Leidenschaften zu äußern wissen; in der neuern attischen Komödie gibt es nur noch Masken mit *einem* Ausdruck, leichtsinnige Alte, geprellte Kuppler, verschmitzte Sklaven in unermüdlicher Wiederholung. Wohin ist jetzt der mythenbildende Geist der Musik?

Was jetzt noch von Musik übrig ist, das ist entweder Aufregungs- oder Erinnerungsmusik, d. h. entweder ein Stimulanzmittel für stumpfe und verbrauchte Nerven oder Tonmalerei. Für die erstere kommt es auf den untergelegten Text kaum noch an: schon bei Euripides geht es, wenn seine Helden oder Chöre erst zu singen anfangen, recht liederlich zu; wohin mag es bei seinen frechen Nachfolgern gekommen sein?

Am allerdeutlichsten aber offenbart sich der neue undionysische Geist in den *Schlüssen* der neueren Dramen. In der alten Tragödie war der metaphysische Trost am Ende zu spüren gewesen, ohne den die Lust an der Tragödie überhaupt nicht zu erklären ist: am reinsten tönt vielleicht im Ödipus auf Kolonos der versöhnende Klang aus einer anderen Welt. Jetzt, als der Genius der Musik aus der Tragödie entflohen war, ist, im strengen Sinne, die Tragödie tot: denn woher sollte man jetzt jenen metaphysischen Trost schöpfen können? Man suchte daher nach einer irdischen Lösung der tragischen Dissonanz; der Held, nachdem er durch das Schicksal hinreichend gemartert war, erntete in einer stattlichen Heirat, in göttlichen Ehrenbezeugungen einen wohlverdienten Lohn. Der Held war zum Gladiator geworden, dem man, nachdem er tüchtig geschunden und mit Wunden überdeckt war, gelegentlich die Freiheit schenkte. Der *deus ex machina* ist an Stelle des metaphysischen Trostes getreten. Ich will nicht sagen, daß die tragische Weltbetrachtung überall und völlig durch den andrängenden Geist des Undionysischen zerstört wurde: wir wissen nur, daß sie sich aus der Kunst gleichsam in die Unterwelt, in einer Entartung zum Geheimkult, flüchten mußte. Aber auf dem weitesten Gebiete der Oberfläche des hellenischen Wesens wütete der verzehrende Hauch jenes Geistes, welcher sich in jener Form der »griechischen Heiterkeit« kundgibt, von der bereits früher, als von einer greisenhaft unproduktiven Daseinslust, die Rede war; diese Heiterkeit ist ein Gegenstück zu der herrlichen »Naivität« der älteren Griechen, wie sie, nach der gegebenen Charakteristik, zu fassen ist als die aus einem düsteren Abgrunde hervorwachsende Blüte der apollinischen Kultur, als der Sieg, den der hellenische Wille durch seine Schönheitsspiegelung über das Leiden und die Weisheit des Leidens davonträgt. Die edelste Form jener anderen Form der »griechischen Heiterkeit«, der alexandrinischen, ist die Heiterkeit des *theoretischen Menschen*: sie zeigt dieselben charakteristischen Merkmale, die ich soeben aus dem Geiste des Undionysischen ableitete, – daß sie die dionysische Weisheit und Kunst bekämpft, daß sie den Mythus aufzulösen trachtet, daß sie an Stelle eines metaphysischen Trostes eine irdische Konsonanz, ja einen eigenen *deus ex machina* setzt, nämlich den Gott der Maschinen und Schmelztiegel, d. h. die im Dienste des höheren Egoismus erkannten und verwendeten Kräfte der Naturgeister, daß sie an eine Korrektur der Welt durch das Wissen, an ein durch die Wissenschaft geleitetes Leben glaubt und auch wirklich imstande ist, den einzelnen Menschen in einen allerengsten Kreis von lösbaren Aufgaben zu bannen, innerhalb dessen er heiter zum Leben sagt: »Ich will dich: du bist wert erkannt zu werden.«

18

Es ist ein ewiges Phänomen: immer findet der gierige Wille ein Mittel, durch eine über die Dinge gebreitete Illusion seine Geschöpfe im Leben festzuhalten und zum Weiterleben zu zwingen. Diesen fesselt die sokratische Lust des Erkennens und der Wahn, durch dasselbe die ewige Wunde des Daseins heilen zu können, jenen umstrickt der vor seinen Augen wehende verführerische Schönheitsschleier der Kunst, jenen wiederum der metaphysische Trost, daß unter dem Wirbel der Erscheinungen das ewige Leben unzerstörbar weiterfließt: um von den gemeineren und fast noch kräftigeren Illusionen, die der Wille in jedem Augenblick bereithält, zu schweigen. Jene drei Illusionsstufen sind überhaupt nur für die edler ausgestatteten Naturen, von denen die Last und Schwere des Daseins überhaupt mit tieferer Unlust empfunden wird, und die durch ausgesuchte Reizmittel über diese Unlust hinwegzutäuschen sind. Aus diesen Reizmitteln besteht alles, was wir Kultur nennen: je nach der Proportion der Mischungen haben wir eine vorzugsweise *sokratische* oder *künstlerische* oder *tragische* Kultur; oder wenn man historische Exemplifikationen erlauben will: es gibt entweder eine alexandrinische oder eine hellenische oder eine buddhaistische Kultur.

Unsere ganze moderne Welt ist in dem Netz der alexandrinischen Kultur befangen und kennt als Ideal den mit höchsten Erkenntniskräften ausgerüsteten, im Dienste der Wissenschaft arbeitenden *theoretischen Menschen*, dessen Urbild und Stammvater Sokrates ist. Alle unsere Erziehungsmittel haben ursprünglich dieses Ideal im Auge: jede andere Existenz hat sich mühsam nebenbei emporzuringen, als erlaubte, nicht als beabsichtigte Existenz. In einem fast erschreckenden Sinne ist hier eine lange Zeit der Gebildete allein in der Form des Gelehrten gefunden worden; selbst unsere dichterischen Künste haben sich aus gelehrten Imitationen entwickeln müssen, und in dem Haupteffekt des Reimes erkennen wir noch die Entstehung unserer poetischen Form aus künstlichen Experimenten mit einer nicht heimischen, recht eigentlich gelehrten Sprache. Wie unverständlich müßte einem echten Griechen der an sich verständliche moderne Kulturmensch *Faust* erscheinen, der durch alle Fakultäten unbefriedigt stürmende, aus Wissenstrieb der Magie und dem Teufel ergebene Faust, den wir nur zur Vergleichung neben Sokrates zu stellen haben, um zu erkennen, daß der moderne Mensch die Grenzen jener sokratischen Erkenntnislust zu ahnen beginnt und aus dem weiten wüsten Wissensmeere nach einer Küste verlangt. Wenn Goethe einmal zu Eckermann, mit Bezug auf Napoleon, äußert: »Ja mein Guter, es gibt auch eine Produktivität der Taten«, so hat er, in anmutig naiver Weise, daran erinnert, daß der nicht theoretische Mensch für den modernen Menschen etwas Unglaubwürdiges und Staunenerregendes ist, so daß es wieder der Weisheit eines Goethe bedarf, um auch eine so befremdende Existenzform begreiflich, ja verzeihlich zu finden.

Und nun soll man sich nicht verbergen, was im Schoße dieser sokratischen Kultur verborgen liegt! Der unumschränkt sich wähnende Optimismus! Nun soll nicht erschrecken, wenn die Früchte dieses Optimismus reifen, wenn die von einer derartigen Kultur bis in die niedrigsten Schichten hinein durchsäuerte Gesellschaft allmählich unter üppigen Wallungen und Begehrungen erzittert, wenn der Glaube an das Erdenglück aller, wenn der Glaube an die Möglichkeit einer solchen allgemeinen Wissenskultur allmählich in die drohende Forderung eines solchen alexandrinischen Erdenglückes, in die Beschwörung eines euripideischen *deus ex machina* umschlägt! Man soll es merken: die alexandrinische Kultur braucht einen Sklavenstand, um auf die Dauer existieren zu können: aber sie leugnet, in ihrer optimistischen Betrachtung des Daseins, die Notwendigkeit eines solchen Standes und geht deshalb, wenn der Effekt ihrer schönen Verführungs- und Beruhigungsworte von der »Würde des Menschen« und der »Würde der Arbeit« verbraucht ist, allmählich einer grauenvollen Vernichtung entgegen. Es gibt nichts Furchtbareres als einen barbarischen Sklavenstand, der seine Existenz als ein Unrecht zu betrachten gelernt hat und sich anschickt, nicht nur für sich, sondern für alle Generationen Rache zu nehmen. Wer wagt es, solchen drohenden Stürmen entgegen, sicheren Mutes an unsere blassen und ermüdeten Religionen zu appellieren, die selbst in ihren Fundamenten zu Gelehrtenreligionen entartet sind: so daß der Mythus, die notwendige Voraussetzung jeder Religion, bereits überall gelähmt ist, und selbst auf diesem Bereich jener optimistische Geist zur Herrschaft gekommen ist, den wir als den Vernichtungskeim unserer Gesellschaft eben bezeichnet haben.

Während das im Schoße der theoretischen Kultur schlummernde Unheil allmählich den modernen Menschen zu ängstigen beginnt, und er, unruhig, aus dem Schatze seiner Erfahrungen nach Mitteln greift, um die Gefahr abzuwenden, ohne selbst an diese Mittel recht zu glauben; während er also seine eigenen Konsequenzen zu ahnen beginnt: haben große allgemein angelegte Naturen, mit einer unglaublichen Besonnenheit, das Rüstzeug der Wissenschaft selbst zu benützen gewußt, um die Grenzen und die Bedingtheit des Erkennens überhaupt darzulegen und damit den Anspruch der Wissenschaft auf universale Geltung und universale Zwecke entscheidend zu leugnen: bei welchem Nachweise zum ersten Male jene Wahnvorstellung als solche erkannt wurde, welche, an der Hand der Kausalität, sich anmaßt, das innerste Wesen der Dinge ergründen zu können. Der ungeheuren Tapferkeit und Weisheit *Kants* und *Schopenhauers* ist der schwerste Sieg gelungen, der Sieg über den im Wesen der Logik verborgen liegenden Optimismus, der wiederum der Untergrund unserer Kultur ist. Wenn dieser an die Erkennbarkeit und Ergründlichkeit aller Welträtsel, gestützt auf die ihm unbedenklichen *aeternae veritates*, geglaubt und Raum, Zeit und Kausalität als gänzlich unbedingte Gesetze von allgemeinster Gültigkeit behandelt hatte, offenbarte Kant, wie diese eigentlich nur dazu dienten, die bloße Erscheinung, das Werk der Maja, zur einzigen und höchsten Realität zu erheben und sie an die Stelle des innersten und wahren Wesens der Dinge zu setzen und die wirkliche Erkenntnis von diesem dadurch unmöglich zu machen, d. h., nach einem Schopenhauerschen Ausspruche, den Träumer noch fester einzuschläfern (W. a. W. u. V. I, S. 498). Mit dieser Erkenntnis ist eine Kultur eingeleitet, welche ich als eine tragische zu bezeichnen wage: deren wichtigstes Merkmal ist, daß an die Stelle der Wissenschaft als höchstes Ziel die Weisheit gerückt wird, die sich, ungetäuscht durch die verführerischen Ablenkungen der Wissenschaften, mit unbewegtem Blicke dem Gesamtbilde der Welt zuwendet und in diesem das ewige Leiden mit sympathischer Liebesempfindung als das eigne Leiden zu ergreifen sucht. Denken wir uns eine heranwachsende Generation mit dieser Unerschrockenheit des Blicks, mit diesem heroischen Zug ins Ungeheure, denken wir uns den kühnen Schritt dieser Drachentöter, die stolze Verwegenheit, mit der sie allen den Schwächlichkeitsdoktrinen jenes Optimismus den Rücken kehren, um im Ganzen und Vollen »resolut zu leben«: sollte es nicht nötig sein, daß der tragische Mensch dieser Kultur, bei seiner Selbsterziehung zum Ernst und zum Schrecken, eine neue Kunst, die Kunst des metaphysischen Trostes, die Tragödie als die ihm zugehörige Helena begehren und mit Faust ausrufen muß:

> Und sollt ich nicht, sehnsüchtigster Gewalt,
> Ins Leben ziehn die einzigste Gestalt?

Nachdem aber die sokratische Kultur von zwei Seiten aus erschüttert ist und das Szepter ihrer Unfehlbarkeit nur noch mit zitternden Händen zu halten vermag, einmal aus Furcht vor ihren eigenen Konsequenzen, die sie nachgerade zu ahnen beginnt, sodann weil sie selbst von der ewigen Gültigkeit ihres Fundamentes nicht mehr mit dem früheren naiven Zutrauen überzeugt ist: so ist es ein trauriges Schauspiel, wie sich der Tanz ihres Denkens sehnsüchtig immer auf neue Gestalten stürzt, um sie zu umarmen, und sie dann plötzlich wieder, wie Mephistopheles die verführerischen Lamien, schaudernd fahren läßt. Das ist ja das Merkmal jenes »Bruches«, von dem jedermann als von dem Urleiden der modernen Kultur zu reden pflegt, daß der theoretische Mensch vor seinen Konsequenzen erschrickt und unbefriedigt es nicht mehr wagt, sich dem furchtbaren Eisstrome des Daseins anzuvertrauen: ängstlich läuft er am Ufer auf und ab. Er will nichts mehr ganz haben, ganz auch mit aller der natürlichen Grausamkeit der Dinge. Soweit hat ihn das optimistische Betrachten verzärtelt. Dazu fühlt er, wie eine Kultur, die auf dem Prinzip der Wissenschaft aufgebaut ist, zugrunde gehen muß, wenn sie anfängt, *unlogisch* zu werden, d. h. vor ihren Konsequenzen zurückzufliehen. Unsere Kunst offenbart diese allgemeine Not: umsonst, daß man sich an alle großen produktiven Perioden und Naturen imitatorisch anlehnt, umsonst, daß man die ganze »Weltliteratur« zum Troste des modernen Menschen um ihn versammelt und ihn mitten unter die Kunststile und Künstler aller Zeiten hinstellt, damit er ihnen, wie Adam den Tieren, einen Namen gebe: er bleibt doch der ewig Hungernde, der »Kritiker« ohne Lust und Kraft, der alexandrinische Mensch, der im Grunde Bibliothekar und Korrektor ist und an Bücherstaub und Druckfehlern elend erblindet.

19

Man kann den innersten Gehalt dieser sokratischen Kultur nicht schärfer bezeichnen, als wenn man sie *die Kultur der Oper* nennt: denn auf diesem Gebiete hat sich die Kultur mit eigener Naivität über ihr Wollen und Erkennen ausgesprochen, zu unserer Verwunderung, wenn wir die Genesis der Oper und die Tatsache der Opernentwicklung mit den ewigen Wahrheiten des Apollinischen und des Dionysischen zusammenhalten. Ich erinnere zunächst an die Entstehung des *stilo rappresentativo* und des Rezitativs. Ist es glaublich, daß diese gänzlich veräußerlichte, der Andacht unfähige Musik der Oper von einer Zeit mit schwärmerischer Gunst, gleichsam als die Wiedergeburt aller wahren Musik, empfangen und gehegt werden konnte, aus der sich soeben die unaussprechbar erhabene und heilige Musik Palestrinas erhoben hatte? Und wer möchte andrerseits nur die zerstreuungssüchtige Üppigkeit jener Florentiner Kreise und die Eitelkeit ihrer dramatischen Sänger für die so ungestüm sich verbreitende Lust an der Oper verantwortlich machen? Daß in derselben Zeit, ja in demselben Volke neben dem Gewölbebau Palestrinascher Harmonien, an dem das gesamte christliche Mittelalter gebaut hatte, jene Leidenschaft für eine halbmusikalische Sprechart erwachte, vermag ich mir nur aus einer im Wesen des Rezitativs mitwirkenden *außerkünstlerischen Tendenz* zu erklären.

Dem Zuhörer, der das Wort unter dem Gesange deutlich vernehmen will, entspricht der Sänger dadurch, daß er mehr spricht als singt und daß er den pathetischen Wortausdruck in diesem Halbgesange verschärft: durch diese Verschärfung des Pathos erleichtert er das Verständnis des Wortes und überwindet jene übrig gebliebene Hälfte der Musik. Die eigentliche Gefahr, die ihm jetzt droht, ist die, daß er der Musik einmal zur Unzeit das Übergewicht erteilt, wodurch sofort Pathos der Rede und Deutlichkeit des Wortes zugrunde gehen müßte: während er andrerseits immer den Trieb zu musikalischer Entladung und zu virtuosenhafter Präsentation seiner Stimme fühlt. Hier kommt ihm der »Dichter« zu Hilfe, der ihm genug Gelegenheit zu lyrischen Interjektionen, Wort- und Sentenzenwiederholungen usw. zu bieten weiß: an welchen Stellen der Sänger jetzt in dem rein musikalischen Elemente, ohne Rücksicht auf das Wort, ausruhen kann. Dieser Wechsel affektvoll eindringlicher, doch nur halb gesungener Rede und ganz gesungener Interjektion, der im Wesen des *stilo rappresentativo* liegt, dies rasch wechselnde Bemühen, bald auf den Begriff und die Vorstellung, bald auf den musikalischen Grund des Zuhörers zu wirken, ist etwas so gänzlich Unnatürliches und den Kunsttrieben des Dionysischen und des Apollinischen in gleicher Weise so innerlich Widersprechendes, daß man auf einen Ursprung des Rezitativs zu schließen hat, der außerhalb aller künstlerischen Instinkte liegt. Das Rezitativ ist nach dieser Schilderung zu definieren als die Vermischung des epischen und des lyrischen Vortrags und zwar keinesfalls die innerlich beständige Mischung, die bei so gänzlich disparaten Dingen nicht erreicht werden konnte, sondern die äußerlichste mosaikartige Konglutination, wie etwas derartiges im Bereich der Natur und der Erfahrung gänzlich vorbildlos ist. *Dies war aber nicht die Meinung jener Erfinder des Rezitativs*: vielmehr glauben sie selbst und mit ihnen ihr Zeitalter, daß durch jenen *stilo rappresentativo* das Geheimnis der antiken Musik gelöst sei, aus dem sich allein die ungeheure Wirkung eines Orpheus, Amphion, ja auch der griechischen Tragödie erklären lasse. Der neue Stil galt als die Wiedererweckung der wirkungsvollsten Musik, der altgriechischen: ja man durfte sich, bei der allgemeinen und ganz volkstümlichen Auffassung der homerischen Welt *als der Urwelt*, dem Traume überlassen, jetzt wieder in die paradiesischen Anfänge der Menschheit hinabgestiegen zu sein, in der notwendig auch die Musik jene unübertroffne Reinheit, Macht und Unschuld gehabt haben müßte, von der die Dichter in ihren Schäferspielen so rührend zu erzählen wußten. Hier sehen wir in das innerlichste Werden dieser recht eigentlich modernen Kunstgattung, der Oper: ein mächtiges Bedürfnis erzwingt sich hier eine Kunst, aber ein Bedürfnis unästhetischer Art: die Sehnsucht zum Idyll, der Glaube an eine urvorzeitliche Existenz des künstlerischen und guten Menschen. Das Rezitativ galt als die wiederentdeckte Sprache jenes Urmenschen; die Oper als das wiederaufgefundene Land jenes idyllisch oder heroisch guten Wesens, das zugleich in allen seinen Handlungen einem natürlichen Kunsttriebe folgt, das bei allem, was es zu sagen hat, wenigstens etwas singt, um, bei der leisesten Gefühlserregung, sofort mit voller Stimme zu singen. Es ist für uns jetzt gleichgültig, daß mit diesem neugeschaffenen Bilde des paradiesischen Künstlers die damaligen Humanisten gegen die alte kirchliche Vorstellung vom an sich verderbten und verlornen Menschen ankämpften: so daß die Oper als das Oppositionsdogma vom guten Menschen zu verstehen ist, mit dem aber zugleich ein Trostmittel gegen jenen Pessimismus gefunden war, zu dem gerade die Ernstgesinnten jener Zeit, bei der grauenhaften Unsicherheit aller Zustände, am stärksten gereizt waren. Genug, wenn wir erkannt haben, wie der eigentliche Zauber und damit die Genesis dieser neuen Kunstform in der Befriedigung eines gänzlich unästhetischen Bedürfnisses liegt, in der optimistischen Verherrlichung des Menschen an sich, in der Auffassung des Urmenschen als des von Natur guten und künstlerischen Menschen: welches Prinzip der Oper sich allmählich in eine drohende und entsetzliche *Forderung* umgewandelt hat, die wir, im Angesicht der sozialistischen Bewegungen der Gegenwart, nicht mehr überhören können. Der »gute Urmensch« will seine Rechte: welche paradiesischen Aussichten!

Ich stelle daneben noch eine ebenso deutliche Bestätigung meiner Ansicht, daß die Oper auf den gleichen Prinzipien mit unserer alexandrinischen Kultur aufgebaut ist. Die Oper ist die Geburt des theoretischen Menschen, des kritischen Laien, nicht des Künstlers: eine der befremdlichsten Tatsachen in der Geschichte aller Künste. Es war die Forderung recht eigentlich unmusikalischer Zuhörer, daß man vor allem das Wort verstehen müsse: so daß eine Wiedergeburt der Tonkunst nur zu erwarten sei, wenn man irgendeine Gesangsweise entdecken werde, bei welcher das Textwort über den Kontrapunkt wie der Herr über den Diener herrsche. Denn die Worte seien um so viel edler als das begleitende harmonische System, um wieviel die Seele edler als der Körper sei. Mit der laienhaft unmusikalischen Rohheit dieser Ansichten wurde in den Anfängen der Oper die Verbindung von Musik, Bild und Wort behandelt; im Sinne dieser Ästhetik kam es auch in den vornehmen Laienkreisen von Florenz, durch hier patronisierte Dichter und Sänger, zu den ersten Experimenten. Der kunstohnmächtige Mensch erzeugt sich eine Art von Kunst, gerade dadurch, daß er der unkünstlerische Mensch an sich ist. Weil er die dionysische Tiefe der Musik nicht ahnt, verwandelt er sich den Musikgenuß zur verstandesmäßigen Wort- und Tonrhetorik der Leidenschaft im *stilo rappresentativo* und zur Wollust der Gesangeskünste; weil er keine Vision zu schauen vermag, zwingt er den Maschinisten und Dekorationskünstler in seinen Dienst; weil er das wahre Wesen des Künstlers nicht zu erfassen weiß, zaubert er vor sich den »künstlerischen Urmenschen« nach seinem Geschmack hin, d. h. den Menschen, der in der Leidenschaft singt und Verse spricht. Er träumt sich in eine Zeit hinein, in der die Leidenschaft ausreicht, um Gesänge und Dichtungen zu erzeugen: als ob je der Affekt imstande gewesen sei, etwas Künstlerisches zu schaffen. Die Voraussetzung der Oper ist ein falscher Glaube über den künstlerischen Prozeß, und zwar jener idyllische Glaube, daß eigentlich jeder empfindende Mensch Künstler sei.

Im Sinne dieses Glaubens ist die Oper der Ausdruck des Laientums in der Kunst, das seine Gesetze mit dem heitern Optimismus des theoretischen Menschen diktiert.

Sollten wir wünschen, die beiden eben geschilderten, bei der Entstehung der Oper wirksamen Vorstellungen unter einen Begriff zu vereinigen, so würde uns nur übrig bleiben, von einer *idyllischen Tendenz der Oper* zu sprechen: wobei wir uns allein der Ausdrucksweise und Erklärung Schillers zu bedienen hätten. Entweder, sagt dieser, ist die Natur und das Ideal ein Gegenstand der Trauer, wenn jene als verloren, dieses als unerreicht dargestellt wird. Oder beide sind ein Gegenstand der Freude, indem sie als wirklich vorgestellt werden. Das erste gibt die Elegie in engerer, das andere die Idylle in weitester Bedeutung. Hier ist nun sofort auf das gemeinsame Merkmal jener beiden Vorstellungen in der Operngenesis aufmerksam zu machen, daß in ihnen das Ideal nicht als unerreicht, die Natur nicht als verloren empfunden wird. Es gab nach dieser Empfindung eine Urzeit des Menschen, in der er am Herzen der Natur lag und bei dieser Natürlichkeit zugleich das Ideal der Menschheit, in einer paradiesischen Güte und Künstlerschaft, erreicht hatte: von welchem vollkommnen Urmenschen wir alle abstammen sollten, ja dessen getreues Ebenbild wir noch wären: nur müßten wir einiges von uns werfen, um uns selbst wieder als diesen Urmenschen zu erkennen, vermöge einer freiwilligen Entäußerung von überflüssiger Gelehrsamkeit, von überreicher Kultur. Der Bildungsmensch der Renaissance ließ sich durch seine opernhafte Imitation der griechischen Tragödie zu einem solchen Zusammenklang von Natur und Ideal, zu einer idyllischen Wirklichkeit zurückgeleiten, er benutzte diese Tragödie, wie Dante den Virgil benutzte, um bis an die Pforten des Paradieses geführt zu werden: während er von hier aus selbständig noch weiter schritt und von einer Imitation der höchsten griechischen Kunstform zu einer »Wiederbringung aller Dinge«, zu einer Nachbildung der ursprünglichen Kunstwelt des Menschen überging. Welche zuversichtliche Gutmütigkeit dieser verwegenen Bestrebungen, mitten im Schoße der theoretischen Kultur! – einzig nur aus dem tröstenden Glauben zu erklären, daß »der Mensch an sich« der ewig tugendhafte Opernheld, der ewig flötende oder singende Schäfer sei, der sich endlich immer als solchen wiederfinden müsse, falls er sich selbst irgendwann einmal wirklich auf einige Zeit verloren habe, einzig die Frucht jenes Optimismus, der aus der Tiefe der sokratischen Weltbetrachtung hier wie eine süßlich verführerische Duftsäule emporsteigt.

Es liegt also auf den Zügen der Oper keinesfalls jener elegische Schmerz eines ewigen Verlustes, vielmehr die Heiterkeit des ewigen Wiederfindens, die bequeme Lust an einer idyllischen Wirklichkeit, die man wenigstens sich als wirklich in jedem Augenblicke vorstellen kann: wobei man vielleicht einmal ahnt, daß diese vermeinte Wirklichkeit nichts als ein phantastisch läppisches Getändel ist, dem jeder, der es an dem furchtbaren

Ernst der wahren Natur zu messen und mit den eigentlichen Urszenen der Menschheitsanfänge zu vergleichen vermöchte, mit Ekel zurufen müßte: Weg mit dem Phantom! Trotzdem würde man sich täuschen, wenn man glaubte, ein solches tändelndes Wesen, wie die Oper ist, einfach durch einen kräftigen Anruf, wie ein Gespenst, verscheuchen zu können. Wer die Oper vernichten will, muß den Kampf gegen jene alexandrinische Heiterkeit aufnehmen, die sich in ihr so naiv über ihre Lieblingsvorstellung ausspricht, ja deren eigentliche Kunstform sie ist. Was ist aber für die Kunst selbst von dem Wirken einer Kunstform zu erwarten, deren Ursprünge überhaupt nicht im ästhetischen Bereiche liegen, die sich vielmehr aus einer halb moralischen Sphäre auf das künstlerische Gebiet hinübergestohlen hat und über diese hybride Entstehung nur hier und da einmal hinwegzutäuschen vermochte? Von welchen Säften nährt sich dieses parasitische Opernwesen, wenn nicht von denen der wahren Kunst? Wird nicht zu mutmaßen sein, daß, unter seinen idyllischen Verführungen, unter seinen alexandrinischen Schmeichelkünsten, die höchste und wahrhaftig ernst zu nennende Aufgabe der Kunst – das Auge vom Blick ins Grauen der Nacht zu erlösen und das Subjekt durch den heilenden Balsam des Scheins aus dem Krampfe der Willensregungen zu retten – zu einer leeren und zerstreuenden Ergötzlichkeitstendenz entarten werde? Was wird aus den ewigen Wahrheiten des Dionysischen und des Apollinischen, bei einer solchen Stilvermischung, wie ich sie am Wesen des *stilo rappresentativo* dargelegt habe? wo die Musik als Diener, das Textwort als Herr betrachtet, die Musik mit dem Körper, das Textwort mit der Seele verglichen wird? wo das höchste Ziel bestenfalls auf eine umschreibende Tonmalerei gerichtet sein wird, ähnlich wie ehedem im neuen attischen Dithyrambus? wo der Musik ihre wahre Würde, dionysischer Weltspiegel zu sein, völlig entfremdet ist, so daß ihr nur übrig bleibt, als Sklavin der Erscheinung, das Formenwesen der Erscheinung nachzuahmen und in dem Spiele der Linien und Proportionen eine äußerliche Ergötzung zu erregen. Einer strengen Betrachtung fällt dieser verhängnisvolle Einfluß der Oper auf die Musik geradezu mit der gesamten modernen Musikentwicklung zusammen; dem in der Genesis der Oper und im Wesen der durch sie repräsentierten Kultur lauernden Optimismus ist es in beängstigender Schnelligkeit gelungen, die Musik ihrer dionysischen Weltbestimmung zu entkleiden und ihr einen formenspielerischen, vergnüglichen Charakter aufzuprägen: mit welcher Veränderung nur etwa die Metamorphose des äschyleischen Menschen in den alexandrinischen Heiterkeitsmenschen verglichen werden dürfte.

Wenn wir aber mit Recht in der hiermit angedeuteten Exemplifikation das Entschwinden des dionysischen Geistes mit einer höchstauffälligen, aber bisher unerklärten Umwandlung und Degeneration des griechischen Menschen in Zusammenhang gebracht haben – welche Hoffnungen müssen in uns aufleben, wenn uns die allersichersten Auspizien *den umgekehrten*

Prozeß, das allmähliche Erwachen des dionysischen Geistes in unserer gegenwärtigen Welt, verbürgen! Es ist nicht möglich, daß die göttliche Kraft des Herakles ewig im üppigen Frondienste der Omphale erschlafft. Aus dem dionysischen Grunde des deutschen Geistes ist eine Macht emporgestiegen, die mit den Urbedingungen der sokratischen Kultur nichts gemein hat und aus ihnen weder zu erklären noch zu entschuldigen ist, vielmehr von dieser Kultur als das Schrecklich-Unerklärliche, als das Übermächtig-Feindselige empfunden wird, *die deutsche Musik,* wie wir sie vornehmlich in ihrem mächtigen Sonnenlaufe von Bach zu Beethoven, von Beethoven zu Wagner zu verstehen haben. Was vermag die erkenntnislüsterne Sokratik unserer Tage günstigenfalls mit diesem aus unerschöpflichen Tiefen emporsteigenden Dämon zu beginnen? Weder von dem Zacken- und Arabeskenwerk der Opernmelodie aus, noch mit Hilfe des arithmetischen Rechenbretts der Fuge und der kontrapunktischen Dialektik will sich die Formel finden lassen, in deren dreimal gewaltigem Licht man jenen Dämon sich unterwürfig zu machen und zum Reden zu zwingen vermöchte. Welches Schauspiel, wenn jetzt unsere Ästhetiker, mit dem Fangnetz einer ihnen eignen »Schönheit«, nach dem vor ihnen mit unbegreiflichem Leben sich tummelnden Musikgenius schlagen und haschen, unter Bewegungen, die nach der ewigen Schönheit ebensowenig als nach dem Erhabenen beurteilt werden wollen. Man mag sich nur diese Musikgönner einmal leibhaft und in der Nähe besehen, wenn sie so unermüdlich Schönheit! Schönheit! rufen, ob sie sich dabei wie die im Schoße des Schönen gebildeten und verwöhnten Lieblingskinder der Natur ausnehmen oder ob sie nicht vielmehr für die eigne Rohheit eine lügnerisch verhüllende Form, für die eigne empfindungsarme Nüchternheit einen ästhetischen Vorwand suchen: wobei ich z. B. an Otto Jahn denke. Vor der deutschen Musik aber mag sich der Lügner und Heuchler in acht nehmen: denn gerade sie ist, inmitten aller unserer Kultur, der einzig reine, lautere und läuternde Feuergeist, von dem aus und zu dem hin, wie in der Lehre des großen Heraklit von Ephesus, sich alle Dinge in doppelter Kreisbahn bewegen: alles, was wir jetzt Kultur, Bildung, Zivilisation nennen, wird einmal vor dem untrüglichen Richter Dionysus erscheinen müssen.

Erinnern wir uns sodann, wie dem aus gleichen Quellen strömenden Geiste *der deutschen Philosophie,* durch Kant und Schopenhauer, es ermöglicht war, die zufriedne Daseinslust der wissenschaftlichen Sokratik, durch den Nachweis ihrer Grenzen, zu vernichten, wie durch diesen Nachweis eine unendlich tiefere und ernstere Betrachtung der ethischen Fragen und der Kunst eingeleitet wurde, die wir geradezu als die in Begriffe gefaßte *dionysische Weisheit* bezeichnen können: wohin weist uns das Mysterium dieser Einheit zwischen der deutschen Musik und der deutschen Philosophie, wenn nicht auf eine neue Daseinsform, über deren Inhalt wir uns nur aus hellenischen Analogien ahnend unterrichten können?

Denn diesen unausmeßbaren Wert behält für uns, die wir an der Grenzscheide zweier verschiedener Daseinsformen stehen, das hellenische Vorbild, daß in ihm auch alle jene Übergänge und Kämpfe zu einer klassisch-belehrenden Form ausgeprägt sind: nur daß wir gleichsam in *umgekehrter* Ordnung die großen Hauptepochen des hellenischen Wesens analogisch durcherleben und zum Beispiel jetzt aus dem alexandrinischen Zeitalter rückwärts zur Periode der Tragödie zu schreiten scheinen. Dabei lebt in uns die Empfindung, als ob die Geburt eines tragischen Zeitalters für den deutschen Geist nur eine Rückkehr zu sich selbst, ein seliges Sichwiederfinden zu bedeuten habe, nachdem für eine lange Zeit ungeheure von außen her eindringende Mächte den in hilfloser Barbarei der Form Dahinlebenden zu einer Knechtschaft unter ihrer Form gezwungen hatten. Jetzt endlich darf er, nach seiner Heimkehr zum Urquell seines Wesens, vor allen Völkern kühn und frei, ohne das Gängelband einer romanischen Zivilisation, einherzuschreiten wagen: wenn er nur von einem Volke unentwegt zu lernen versteht, von dem überhaupt lernen zu können schon ein hoher Ruhm und eine auszeichnende Seltenheit ist, von den Griechen. Und wann brauchten wir diese allerhöchsten Lehrmeister mehr als jetzt, wo wir *die Wiedergeburt der Tragödie* erleben und in Gefahr sind, weder zu wissen, woher sie kommt, noch uns deuten zu können, wohin sie will?

20

Es möchte einmal, unter den Augen eines unbestochenen Richters, abgewogen werden, in welcher Zeit und in welchen Männern bisher der deutsche Geist von den Griechen zu lernen am kräftigsten gerungen hat; und wenn wir mit Zuversicht annehmen, daß dem edelsten Bildungskampfe Goethes, Schillers und Winckelmanns dieses einzige Lob zugesprochen werden müßte, so wäre jedenfalls hinzuzufügen, daß seit jener Zeit und den nächsten Einwirkungen jenes Kampfes das Streben, auf einer gleichen Bahn zur Bildung und zu den Griechen zu kommen, in unbegreiflicher Weise schwächer und schwächer geworden ist. Sollten wir, um nicht ganz an dem deutschen Geist verzweifeln zu müssen, nicht daraus den Schluß ziehen dürfen, daß in irgendwelchem Hauptpunkte es auch jenen Kämpfern nicht gelungen sein möchte, in den Kern des hellenischen Wesens einzudringen und einen dauernden Liebesbund zwischen der deutschen und der griechischen Kultur herzustellen? – so daß vielleicht ein unbewußtes Erkennen jenes Mangels auch in den ernsteren Naturen den verzagten Zweifel erregte, ob sie, nach solchen Vorgängern, auf diesem Bildungswege noch weiter wie jene und überhaupt zum Ziele kommen würden. Deshalb sehen wir seit jener Zeit das Urteil über den Wert der Griechen für die Bildung in der bedenklichsten Weise entarten; der Ausdruck mitleidiger Überlegenheit ist in den verschiedensten Feldlagern des Geistes und des Ungeistes zu hören; anderwärts tändelt eine gänzlich wirkungslose Schönrednerei mit der »griechischen Harmonie«, der »griechischen Schönheit«, der »griechischen Heiterkeit«. Und gerade in den Kreisen, deren Würde es sein könnte, aus dem griechischen Strombett unermüdet, zum Heile deutscher Bildung, zu schöpfen, in den Kreisen der Lehrer an den höheren Bildungsanstalten, hat man am besten gelernt, sich mit den Griechen zeitig und in bequemer Weise abzufinden, nicht selten bis zu einem skeptischen Preisgeben des hellenischen Ideals und bis zu einer gänzlichen Verkehrung der wahren Absicht aller Altertumsstudien. Wer überhaupt in jenen Kreisen sich nicht völlig in dem Bemühen, ein zuverlässiger Korrektor von alten Texten oder ein naturhistorischer Sprachmikroskopiker zu sein, erschöpft hat, der sucht vielleicht auch das griechische Altertum, neben anderen Altertümern, sich »historisch« anzueignen, aber jedenfalls nach der Methode und mit den überlegenen Mienen unserer jetzigen gebildeten Geschichtsschreibung. Wenn demnach die eigentliche Bildungskraft der höheren Lehranstalten wohl noch niemals niedriger und schwächlicher gewesen ist wie in der Gegenwart, wenn der »Journalist«, der papierne Sklave des Tages, in jeder Rücksicht auf Bildung den Sieg über den höheren Lehrer davongetragen hat, und letzterem nur noch die bereits oft erlebte Metamorphose übrigbleibt, sich jetzt nun auch in der Sprechweise des Journalisten, mit der »leichten Eleganz« dieser Sphäre, als heiterer gebildeter Schmetterling zu bewegen – in welcher peinlichen Verwirrung müssen die derartig Gebildeten einer solchen Gegenwart jenes Phänomen anstarren, das nur etwa aus dem tiefsten Grunde des bisher unbegriffnen hellenischen Genius analogisch zu begreifen wäre, das Wiedererwachen des dionysischen Geistes und die Wiedergeburt der Tragödie? Es gibt keine andere Kunstperiode, in der sich die sogenannte Bildung und die eigentliche Kunst so befremdet und abgeneigt gegenübergestanden hätten, als wir das in der Gegenwart mit Augen sehn. Wir verstehen es, warum eine so schwächliche Bildung die wahre Kunst haßt; denn sie fürchtet durch sie ihren Untergang. Aber sollte nicht eine ganze Art der Kultur, nämlich jene sokratisch-alexandrinische, sich ausgelebt haben, nachdem sie in eine so zierlich-schmächtige Spitze, wie die gegenwärtige Bildung ist, auslaufen konnte! Wenn es solchen Helden, wie Schiller und Goethe, nicht gelingen durfte, jene verzauberte Pforte zu erbrechen, die in den hellenischen Zauberberg führt, wenn es bei ihrem mutigsten Ringen nicht weiter gekommen ist als bis zu jenem sehnsüchtigen Blick, den die Goethesche Iphigenie vom barbarischen Tauris aus nach der Heimat über das Meer hin sendet, was bliebe den Epigonen solcher Helden zu hoffen, wenn sich ihnen nicht plötzlich, an einer ganz anderen, von allen Bemühungen der bisherigen Kultur unberührten Seite die Pforte von selbst auftäte – unter dem mystischen Klange der wiedererweckten Tragödienmusik.

Möge uns niemand unsern Glauben an eine noch bevorstehende Wiedergeburt des hellenischen Altertums zu verkümmern suchen; denn in ihm finden wir allein unsere Hoffnung für eine Erneuerung und Läuterung des deutschen Geistes durch den Feuerzauber der Musik. Was wüßten wir sonst zu nennen, was in der Verödung und Ermattung der jetzigen Kultur irgendwelche tröstliche Erwartung für die Zukunft erwecken könnte? Vergebens spähen wir nach einer einzigen kräftig geästeten Wurzel, nach einem Fleck fruchtbaren und gesunden Erdbodens: überall Staub, Sand, Erstarrung, Verschmachten. Da möchte sich ein trostlos Vereinsamter kein besseres Symbol wählen können, als den Ritter mit Tod und Teufel, wie ihn uns Dürer gezeichnet hat, den geharnischten Ritter mit dem erzenen, harten Blicke, der seinen Schreckensweg, unbeirrt durch seine grausen Gefährten, und doch hoffnungslos, allein mit Roß und Hund zu nehmen weiß. Ein solcher Dürerscher Ritter war unser Schopenhauer: ihm fehlte jede Hoffnung, aber er wollte die Wahrheit. Es gibt nicht seinesgleichen. –

Aber wie verändert sich plötzlich jene eben so düster geschilderte Wildnis unserer ermüdeten Kultur, wenn sie der dionysische Zauber berührt! Ein Sturmwind packt alles Abgelebte, Morsche, Zerbrochne, Verkümmerte, hüllt es wirbelnd in eine rote Staubwolke und trägt es wie ein Geier in die Lüfte. Verwirrt suchen unsere Blicke nach dem Entschwundenen: denn was sie sehen, ist wie aus einer Versenkung ans goldne Licht gestiegen, so voll und grün, so üppig lebendig, so sehnsuchtsvoll unermeßlich. Die Tragödie sitzt inmitten dieses Überflusses an Leben, Leid und Lust, in erhabener Entzückung, sie horcht einem fernen schwermütigen Gesange – er erzählt von den Müttern des Seins, deren Namen lauten: Wahn, Wille, Wehe. – Ja, meine Freunde, glaubt mit mir an das dionysische Leben und an die Wiedergeburt der Tragödie. Die Zeit des sokratischen Menschen ist vorüber: kränzt euch mit Epheu, nehmt den Thyrsusstab zur Hand und wundert euch nicht, wenn Tiger und Panther sich schmeichelnd zu euren Knien niederlegen. Jetzt wagt es nur, tragische Menschen zu sein: denn ihr sollt erlöst werden. Ihr sollt den dionysischen Festzug von Indien nach Griechenland geleiten! Rüstet euch zu hartem Streite, aber glaubt an die Wunder eures Gottes!

21

Von diesen exhortativen Tönen in die Stimmung zurückgleitend, die dem Beschaulichen geziemt, wiederhole ich, daß nur von den Griechen gelernt werden kann, was ein solches wundergleiches plötzliches Aufwachen der Tragödie für den innersten Lebensgrund eines Volkes zu bedeuten hat. Es ist das Volk der tragischen Mysterien, das die Perserschlachten schlägt: und wiederum braucht das Volk, das jene Kriege geführt hat, die Tragödie als notwendigen Genesungstrank. Wer würde gerade bei diesem Volke, nachdem es durch mehrere Generationen von den stärksten Zuckungen des dionysischen Dämon bis ins Innerste erregt wurde, noch einen so gleichmäßig kräftigen Erguß des einfachsten politischen Gefühls, der natürlichsten Heimatsinstinkte, der ursprünglichen männlichen Kampflust vermuten? Ist es doch bei jedem bedeutenden Umsichgreifen dionysischer Erregungen immer zu spüren, wie die dionysische Lösung von den Fesseln des Individuums sich am allerersten in einer bis zur Gleichgültigkeit, ja Feindseligkeit gesteigerten Beeinträchtigung der politischen Instinkte fühlbar macht, so gewiß andererseits der staatenbildende Apollo auch der Genius des *principii individuationis* ist, und Staat und Heimatsinn nicht ohne Bejahung der individuellen Persönlichkeit leben können. Von dem Orgiasmus aus führt für ein Volk nur ein Weg, der Weg zum indischen Buddhaismus, der, um überhaupt mit seiner Sehnsucht ins Nichts ertragen zu werden, jener seltnen ekstatischen Zustände mit ihrer Erhebung über Raum, Zeit und Individuum bedarf: wie diese wiederum eine Philosophie fordern, die es lehrt, die unbeschreibliche Unlust der Zwischenzustände durch eine Vorstellung zu überwinden. Ebenso notwendig gerät ein Volk, von der unbedingten Geltung der politischen Triebe aus, in eine Bahn äußerster Verweltlichung, deren großartigster, aber auch erschrecklichster Ausdruck das römische *imperium* ist.

Zwischen Indien und Rom hingestellt und zu verführerischer Wahl gedrängt, ist es den Griechen gelungen, in klassischer Reinheit eine dritte Form hinzuzuerfinden, freilich nicht zu langem eigenen Gebrauche aber eben darum für die Unsterblichkeit. Denn daß die Lieblinge der Götter früh sterben, gilt in allen Dingen, aber ebenso gewiß, daß sie mit den Göttern dann ewig leben. Man verlange doch von dem Alleredelsten nicht, daß es die haltbare Zähigkeit des Leders habe; die derbe Dauerhaftigkeit, wie sie z. B. dem römischen Nationaltriebe zu eigen war, gehört wahrscheinlich nicht zu den notwendigen Prädikaten der Vollkommenheit. Wenn wir aber fragen, mit welchem Heilmittel es den Griechen ermöglicht war, in ihrer großen Zeit, bei der außerordentlichen Stärke ihrer dionysischen und politischen Triebe, weder durch ein ekstatisches Brüten, noch durch ein verzehrendes Haschen nach Weltmacht und Weltehre sich zu erschöpfen, sondern jene herrliche Mischung zu erreichen, wie sie ein edler, zugleich befeuernder und beschaulich stimmender Wein hat, so müssen wir der ungeheuren, das ganze Volksleben erregenden, reinigenden und entladenden Gewalt der *Tragödie* eingedenk sein; deren höchsten Wert wir erst ahnen werden, wenn sie uns, wie bei den Griechen, als Inbegriff aller prophylaktischen Heilkräfte, als die zwischen den stärksten und an sich verhängnisvollsten Eigenschaften des Volkes waltende Mittlerin entgegentritt.

Die Tragödie saugt den höchsten Musikorgiasmus in sich hinein, so daß sie geradezu die Musik, bei den Griechen wie bei uns, zur Vollendung bringt, stellt dann aber den tragischen Mythus und den tragischen Helden daneben, der dann, einem mächtigen Titanen gleich, die ganze dionysische Welt auf seinen Rücken nimmt und uns davon entlastet: während sie andrerseits durch denselben tragischen Mythus, in der Person des tragischen Helden, von dem gierigen Drange nach diesem Dasein zu erlösen weiß und mit mahnender Hand an ein anderes Sein und an eine höhere Lust erinnert, zu welcher der kämpfende Held durch seinen Untergang, nicht durch seine Siege, sich ahnungsvoll vorbereitet. Die Tragödie stellt zwischen die universale Geltung ihrer Musik und den dionysisch empfänglichen Zuhörer ein erhabenes Gleichnis, den Mythus, und erweckt bei jenem den Schein, als ob die Musik nur ein höchstes Darstellungsmittel zur Belebung der plastischen Welt des Mythus sei. Dieser edlen Täuschung vertrauend darf sie jetzt ihre Glieder zum dithyrambischen Tanze bewegen und sich unbedenklich einem orgiastischen Gefühle der Freiheit hingeben, in welchem sie als Musik an sich, ohne jene Täuschung, nicht zu schwelgen wagen dürfte. Der Mythus schützt uns vor der Musik, wie er ihr andrerseits erst die höchste Freiheit gibt. Dafür verleiht die Musik, als Gegengeschenk, dem tragischen Mythus eine so eindringliche und überzeugende metaphysische Bedeutsamkeit, wie sie Wort und Bild, ohne jene einzige Hilfe, nie zu erreichen vermögen; und insbesondere überkommt durch sie den tragischen Zuschauer gerade jenes sichere Vorgefühl einer höchsten Lust, zu der der Weg durch Untergang und Verneinung führt, so daß er zu hören meint, als ob der innerste Abgrund der Dinge zu ihm vernehmlich spräche.

Habe ich dieser schwierigen Vorstellung mit den letzten Sätzen vielleicht nur einen vorläufigen, für wenige sofort verständlichen Ausdruck zu geben vermocht, so darf ich gerade an dieser Stelle nicht ablassen, meine Freunde zu einem nochmaligen Versuche anzureizen und sie zu bitten, an einem einzelnen Beispiele unsrer gemeinsamen Erfahrung sich für die Erkenntnis des allgemeinen Satzes vorzubereiten. Bei diesem Beispiele darf ich mich nicht auf jene beziehn, welche die Bilder der szenischen Vorgänge, die Worte und Affekte der handelnden Personen benutzen, um sich mit dieser Hilfe der Musikempfindung anzunähern; denn diese alle reden nicht Musik als Muttersprache und kommen auch, trotz jener Hilfe, nicht weiter als in die Vorhallen der Musikperzeption, ohne je deren innerste Heiligtümer berühren zu dürfen; manche von diesen, wie Gervinus, gelangen auf diesem Wege nicht einmal in die Vorhallen. Sondern nur an diejenigen habe ich mich zu wenden, die unmittelbar verwandt mit der Musik, in ihr gleichsam ihren Mutterschoß haben und mit den Dingen fast nur durch unbewußte Musikrelationen in Verbindung stehen. An diese echten Musiker richte ich die Frage, ob sie sich einen Menschen denken können, der den dritten Akt von »Tristan und Isolde« ohne alle Beihilfe von Wort und Bild, rein als ungeheuren symphonischen Satz zu perzipieren imstande wäre, ohne unter einem krampfartigen Ausspannen aller Seelenflügel zu veratmen? Ein Mensch, der wie hier das Ohr gleichsam an die Herzkammer des Weltwillens gelegt hat, der das rasende Begehren zum Dasein als donnernden Strom oder als zartesten zerstäubten Bach von hier aus in alle Adern der Welt sich ergießen fühlt, er sollte nicht jählings zerbrechen? Er sollte es ertragen, in der elenden gläsernen Hülle des menschlichen Individuums, den Widerklang zahlloser Lust- und Weherufe aus dem »weiten Raum der Weltennacht« zu vernehmen, ohne bei diesem Hirtenreigen der Metaphysik sich seiner Urheimat unaufhaltsam zuzuflüchten. Wenn aber doch ein solches Werk als Ganzes perzipiert werden kann, ohne Verneinung der Individualexistenz, wenn eine solche Schöpfung geschaffen werden konnte, ohne ihren Schöpfer zu zerschmettern – woher nehmen wir die Lösung eines solchen Widerspruches?

Hier drängt sich zwischen unsre höchste Musikerregung und jene Musik der tragische Mythus und der tragische Held, im Grunde nur als Gleichnis der alleruniversalsten Tatsachen, von denen allein die Musik auf direktem Wege reden kann. Als Gleichnis würde nun aber der Mythus, wenn wir als rein dionysische Wesen empfänden, gänzlich wirkungslos und unbeachtet neben uns stehen bleiben und uns keinen Augenblick abwendig davon machen, unser Ohr dem Widerklang der *universalia ante rem* zu bieten. Hier bricht jedoch die *apollinische* Kraft, auf Wiederherstellung des fast zersprengten Individuums gerichtet, mit dem Heilbalsam einer wonnevollen Täuschung hervor: plötzlich glauben wir nur noch Tristan zu sehen, wie er bewegungslos und dumpf sich fragt: »die alte Weise; was weckt sie mich?« Und was uns früher wie ein hohles Seufzen aus dem Mittelpunkte des Seins anmutete, das will uns jetzt nur sagen, wie »öd und leer das Meer«. Und wo wir atemlos zu erlöschen wähnten, im krampfartigen Sichausrecken aller Gefühle, und nur ein weniges uns mit dieser Existenz zusammenknüpfte, hören und sehen wir jetzt nur den zum Tode verwundeten und doch nicht sterbenden Helden, mit seinem verzweiflungsvollen Rufe: »Sehnen! Sehnen! Im Sterben mich zu sehnen, vor Sehnsucht nicht zu sterben!« Und wenn früher der Jubel des Horns nach solchem Übermaß und solcher Überzahl verzehrender Qualen fast wie der Qualen höchste uns das Herz zerschnitt, so steht jetzt zwischen uns und diesem »Jubel an sich« der jauchzende Kurwenal, dem Schiffe, das Isolden trägt, zugewandt. So gewaltig auch das Mitleiden in uns hineingreift, in einem gewissen Sinne rettet uns doch das Mitleiden vor dem Urleiden der Welt, wie das Gleichnisbild des Mythus uns vor dem unmittelbaren Anschauen der höchsten Weltidee, wie der Gedanke und das Wort uns vor dem ungedämmten Ergusse des unbewußten Willens rettet. Durch jene herrliche apollinische Täuschung dünkt es uns, als ob uns selbst das Tonreich wie eine plastische Welt gegenüberträte, als ob auch in ihr nur Tristans und Isoldens Schicksal, wie in einem allerzartesten und ausdrucksfähigsten Stoffe, geformt und bildnerisch ausgeprägt worden sei.

So entreißt uns das Apollinische der dionysischen Allgemeinheit und entzückt uns für die Individuen; an diese fesselt es unsre Mitleidserregung, durch diese befriedigt es den nach großen und erhabenen Formen lechzenden Schönheitssinn; es führt an uns Lebensbilder vorbei und reizt uns zu gedankenhaftem Erfassen des in ihnen enthaltenen Lebenskernes. Mit der ungeheuren Wucht des Bildes, des Begriffs, der ethischen Lehre, der sympathischen Erregung reißt das Apollinische den Menschen aus seiner orgiastischen Selbstvernichtung empor und täuscht ihn über die Allgemeinheit des dionysischen Vorganges hinweg zu dem Wahne, daß er ein einzelnes Weltbild, z. B. Tristan und Isolde, sehe und es *durch die Musik* nur noch besser und innerlicher *sehen* solle. Was vermag nicht der heilkundige Zauber des Apollo, wenn er selbst in uns die Täuschung aufregen kann, als ob wirklich das Dionysische, im Dienste des Apollinischen, dessen Wirkungen zu steigern vermöchte, ja als ob die Musik sogar wesentlich Darstellungskunst für einen apollinischen Inhalt sei?

Bei jener prästabilierten Harmonie, die zwischen dem vollendeten Drama und seiner Musik waltet, erreicht das Drama einen höchsten, für das Wortdrama sonst unzugänglichen Grad von Schaubarkeit. Wie alle lebendigen Gestalten der Szene in den selbständig bewegten Melodienlinien sich zur Deutlichkeit der geschwungenen Linie vor uns vereinfachen, ertönt uns das Nebeneinander dieser Linien in dem mit dem bewegten Vorgange auf zarteste Weise sympathisierenden Harmonienwechsel: durch welchen uns die Relationen der Dinge in sinnlich wahrnehmbarer, keinesfalls abstrakter Weise, unmittelbar vernehmbar werden, wie wir gleichfalls durch ihn erkennen, daß erst in diesen Relationen das Wesen eines Charakters und einer Melodienlinie sich rein offenbare. Und während uns so die Musik zwingt, mehr und innerlicher als sonst zu sehen und den Vorgang der Szene wie ein zartes Gespinst vor uns auszubreiten, ist für unser vergeistigtes, ins Innere blickende Auge die Welt der Bühne ebenso unendlich erweitert als von innen heraus erleuchtet. Was vermöchte der Wortdichter Analoges zu bieten, der mit einem viel vollkommneren Mechanismus, auf indirektem Wege, vom Wort und vom Begriff aus, jene innerliche Erweiterung der schaubaren Bühnenwelt und ihre innere Erleuchtung zu erreichen sich abmüht? Nimmt nun zwar auch die musikalische Tragödie das Wort hinzu, so kann sie doch zugleich den Untergrund und die Geburtsstätte des Wortes danebenstellen und uns das Werden des Wortes, von innen heraus, verdeutlichen.

Aber von diesem geschilderten Vorgang wäre doch ebenso bestimmt zu sagen, daß er nur ein herrlicher Schein, nämlich jene vorhin erwähnte apollinische *Täuschung* sei, durch deren Wirkung wir von dem dionysischen Andrange und Übermaße entlastet werden sollen. Im Grunde ist ja das Verhältnis der Musik zum Drama gerade das umgekehrte: die Musik ist die eigentliche Idee der Welt, das Drama nur ein Abglanz dieser Idee, ein vereinzeltes Schattenbild derselben. Jene Identität zwischen der Melodienlinie und der lebendigen Gestalt, zwischen der Harmonie und den Charakterrelationen jener Gestalt ist in einem entgegengesetzten Sinne wahr, als es uns, beim Anschaun der musikalischen Tragödie, dünken möchte. Wir mögen die Gestalt uns auf das sichtbarste bewegen, beleben und von innen heraus beleuchten, sie bleibt immer nur die Erscheinung, von der es keine Brücke gibt, die in die wahre Realität, ins Herz der Welt führte. Aus diesem Herzen heraus aber redet die Musik; und zahllose Erscheinungen jener Art dürften an der gleichen Musik vorüberziehn, sie würden nie das Wesen derselben erschöpfen, sondern immer nur ihre veräußerlichten Abbilder sein. Mit dem populären und gänzlich falschen Gegensatz von Seele und Körper ist freilich für das schwierige Verhältnis von Musik und Drama nichts zu erklären und alles zu verwirren; aber die unphilosophische Rohheit jenes Gegensatzes scheint gerade bei unseren Ästhetikern, wer weiß aus welchen Gründen, zu einem gern bekannten Glaubensartikel geworden zu sein, während sie über einen Gegensatz der Erscheinung und des Dinges an sich nichts gelernt haben oder, aus ebenfalls unbekannten Gründen, nichts lernen mochten.

Sollte es sich bei unserer Analysis ergeben haben, daß das Apollinische in der Tragödie durch seine Täuschung völlig den Sieg über das dionysische Urelement der Musik davongetragen und sich diese zu ihren Absichten, nämlich zu einer höchsten Verdeutlichung des Dramas, nutzbar gemacht habe, so wäre freilich eine sehr wichtige Einschränkung hinzuzufügen: in dem allerwesentlichsten Punkte ist jene apollinische Täuschung durchbrochen und vernichtet. Das Drama, das in so innerlich erleuchteter Deutlichkeit aller Bewegungen und Gestalten, mit Hilfe der Musik, sich vor uns ausbreitet, als ob wir das Gewebe am Webstuhl im Auf- und Niederzucken entstehen sehen – erreicht als Ganzes eine Wirkung, die *jenseits aller apollinischen Kunstwirkungen* liegt. In der Gesamtwirkung der Tragödie erlangt das Dionysische wieder das Übergewicht; sie schließt mit einem Klange, der niemals von dem Reiche der apollinischen Kunst her tönen könnte. Und damit erweist sich die apollinische Täuschung als das, was sie ist, als die während der Dauer der Tragödie anhaltende Umschleierung der eigentlichen dionysischen Wirkung: die doch so mächtig ist, am Schluß das apollinische Drama selbst in eine Sphäre zu drängen, wo es mit dionysischer Weisheit zu reden beginnt und wo es sich selbst und seine apollinische Sichtbarkeit verneint. So wäre wirklich das schwierige Verhältnis des Apollinischen und des Dionysischen in der Tragödie durch einen Bruderbund beider Gottheiten zu symbolisieren: Dionysus redet die Sprache des Apollo, Apollo aber schließlich die Sprache Dionysus': womit das höchste Ziel der Tragödie und der Kunst überhaupt erreicht ist.

22

Mag der aufmerksame Freund sich die Wirkung einer wahren musikalischen Tragödie rein und unvermischt, nach seinen Erfahrungen, vergegenwärtigen. Ich denke das Phänomen dieser Wirkung nach beiden Seiten hin so beschrieben zu haben, daß er sich seine eignen Erfahrungen jetzt zu deuten wissen wird. Er wird sich nämlich erinnern, wie er, im Hinblick auf den vor ihm sich bewegenden Mythus, zu einer Art von Allwissenheit sich gesteigert fühlte, als ob jetzt die Sehkraft seiner Augen nicht nur eine Flächenkraft sei, sondern ins Innere zu dringen vermöge, und als ob er die Wallungen des Willens, den Kampf der Motive, den anschwellenden Strom der Leidenschaften, jetzt, mit Hilfe der Musik, gleichsam sinnlich sichtbar, wie eine Fülle lebendig bewegter Linien und Figuren vor sich sehe und damit bis in die zartesten Geheimnisse unbewußter Regungen hinabtauchen könne. Während er so einer höchsten Steigerung seiner auf Sichtbarkeit und Verklärung gerichteten Triebe bewußt wird, fühlt er doch ebenso bestimmt, daß diese lange Reihe apollinischer Kunstwirkungen doch *nicht* jenes beglückte Verharren in willenlosem Anschauen erzeugt, das der Plastiker und der epische Dichter, also die eigentlich apollinischen Künstler, durch ihre Kunstwerke bei ihm hervorbringen: das heißt die in jenem Anschauen erreichte Rechtfertigung der Welt der *individuatio,* als welche die Spitze und der Inbegriff der apollinischen Kunst ist. Er schaut die verklärte Welt der Bühne und verneint sie doch. Er sieht den tragischen Helden vor sich in epischer Deutlichkeit und Schönheit und erfreut sich doch an seiner Vernichtung. Er begreift bis ins Innerste den Vorgang der Szene und flüchtet sich gern ins Unbegreifliche. Er fühlt die Handlungen des Helden als gerechtfertigt und ist doch noch mehr erhoben, wenn diese Handlungen den Urheber vernichten. Er schaudert vor den Leiden, die den Helden treffen werden, und ahnt doch bei ihnen eine höhere, viel übermächtigere Lust. Er schaut mehr und tiefer als je und wünscht sich doch erblindet. Woher werden wir diese wunderbare Selbstentzweiung, dies Umbrechen der apollinischen Spitze, abzuleiten haben, wenn nicht aus dem *dionysischen* Zauber, der, zum Schein die apollinischen Regungen aufs höchste reizend, doch noch diesen Überschwang der apollinischen Kraft in seinen Dienst zu zwingen vermag. *Der tragische Mythus* ist nur zu verstehen als eine Verbildlichung dionysischer Weisheit durch apollinische Kunstmittel; er führt die Welt der Erscheinung an die Grenzen, wo sie sich selbst verneint und wieder in den Schoß der wahren und einzigen Realitäten zurückzuflüchten sucht, wo sie dann, mit Isolden, ihren metaphysischen Schwanengesang also anzustimmen scheint:

In des Wonnemeeres
wogendem Schwall,
in der Duft-Wellen
tönendem Schall,
in des Weltatems
wehendem All –
ertrinken – versinken –
unbewußt – höchste Lust!

So vergegenwärtigen wir uns, an den Erfahrungen des wahrhaft ästhetischen Zuhörers, den tragischen Künstler selbst, wie er, gleich einer üppigen Gottheit der *individuatio,* seine Gestalten schafft, in welchem Sinne sein Werk kaum als »Nachahmung der Natur« zu begreifen wäre, – wie dann aber sein ungeheurer dionysischer Trieb diese ganze Welt der Erscheinungen verschlingt, um hinter ihr und durch ihre Vernichtung eine höchste künstlerische Urfreude im Schoße des Ur-Einen ahnen zu lassen. Freilich wissen von dieser Rückkehr zur Ur-heimat, von dem Bruderbunde der beiden Kunstgottheiten in der Tragödie und von der sowohl apollinischen als dionysischen Erregung des Zuhörers unsere Ästhetiker nichts zu berichten, während sie nicht müde werden, den Kampf des Helden mit dem Schicksal, den Sieg der sittlichen Weltordnung oder eine durch die Tragödie bewirkte Entladung von Affekten als das eigentlich Tragische zu charakterisieren: welche Unverdrossenheit mich auf den Gedanken bringt, sie möchten überhaupt keine ästhetisch erregbaren Menschen sein und beim Anhören der Tragödie vielleicht nur als moralische Wesen in Betracht kommen. Noch nie, seit Aristoteles, ist eine Erklärung der tragischen Wirkung gegeben worden, aus der auf künstlerische Zustände, auf eine ästhetische Tätigkeit der Zuhörer geschlossen werden dürfte. Bald soll Mitleid und Furchtsamkeit durch die ernsten Vorgänge zu einer erleichternden Entladung gedrängt werden, bald sollen wir uns bei dem Sieg guter und edler Prinzipien, bei der Aufopferung des Helden im Sinne einer sittlichen Weltbetrachtung erhoben und begeistert fühlen; und so gewiß ich glaube, daß für zahlreiche Menschen gerade das, und nur das, die Wirkung der Tragödie ist, so deutlich ergibt sich daraus, daß diese alle, samt ihren interpretierenden Ästhetikern, von der Tragödie als einer höchsten *Kunst* nichts erfahren haben. Jene pathologische Entladung, die Katharsis des Aristoteles, von der die Philologen nicht recht wissen, ob sie unter die medizinischen oder die moralischen Phänomene zu rechnen sei, erinnert an eine merkwürdige Ahnung Goethes. »Ohne ein lebhaftes pathologisches Interesse«, sagt er, »ist es auch mir niemals gelungen, irgendeine tragische Situation zu bearbeiten, und ich habe sie daher lieber vermieden als aufgesucht. Sollte es wohl auch einer von den Vorzügen der Alten gewesen sein, daß das höchste Pathetische auch nur ästhetisches

Spiel bei ihnen gewesen wäre, da bei uns die Naturwahrheit mitwirken muß, um ein solches Werk hervorzubringen?« Diese so tiefsinnige letzte Frage dürfen wir jetzt, nach unseren herrlichen Erfahrungen, bejahen, nachdem wir gerade an der musikalischen Tragödie mit Staunen erlebt haben, wie wirklich das höchste Pathetische doch nur ein ästhetisches Spiel sein kann: weshalb wir glauben dürfen, daß erst jetzt das Urphänomen des Tragischen mit einigem Erfolg zu beschreiben ist. Wer jetzt noch nur von jenen stellvertretenden Wirkungen aus außerästhetischen Sphären zu erzählen hat und über den pathologisch-moralischen Prozeß sich nicht hinausgehoben fühlt, mag nur an seiner ästhetischen Natur verzweifeln: wogegen wir ihm die Interpretation Shakespeares nach der Manier des Gervinus und das fleißige Aufspüren der »poetischen Gerechtigkeit« als unschuldigen Ersatz anempfehlen.

So ist mit der Wiedergeburt der Tragödie auch der *ästhetische Zuhörer* wieder geboren, an dessen Stelle bisher in den Theaterräumen ein seltsames *Quidproquo,* mit halb moralischen und halb gelehrten Ansprüchen, zu sitzen pflegte, der »Kritiker«. In seiner bisherigen Sphäre war alles künstlich und nur mit einem Scheine des Lebens übertüncht. Der darstellende Künstler wußte in der Tat nicht mehr, was er mit einem solchen, kritisch sich gebärdenden Zuhörer zu beginnen habe und spähte daher, samt dem ihn inspirierenden Dramatiker oder Opernkomponisten, unruhig nach den letzten Resten des Lebens in diesem anspruchsvoll öden und zum Genießen unfähigen Wesen. Aus derartigen »Kritikern« bestand aber bisher das Publikum; der Student, der Schulknabe, ja selbst das harmloseste weibliche Geschöpf war wider sein Wissen bereits durch Erziehung und Journale zu einer gleichen Perzeption eines Kunstwerks vorbereitet. Die edleren Naturen unter den Künstlern rechneten bei einem solchen Publikum auf die Erregung moralisch-religiöser Kräfte, und der Anruf der »sittlichen Weltordnung« trat vikarierend ein, wo eigentlich ein gewaltiger Kunstzauber den echten Zuhörer entzücken sollte. Oder es wurde vom Dramatiker eine großartigere, mindestens aufregende Tendenz der politischen und sozialen Gegenwart so deutlich vorgetragen, daß der Zuhörer seine kritische Erschöpfung vergessen und sich ähnlichen Affekten überlassen konnte, wie in patriotischen oder kriegerischen Momenten, oder vor der Rednerbühne des Parlaments, oder bei der Verurteilung des Verbrechens und des Lasters: welche Entfremdung der eigentlichen Kunstabsichten hier und da geradezu zu einem Kultus der Tendenz führen mußte. Doch hier trat ein, was bei allen erkünstelten Künsten von jeher eingetreten ist, eine reißend schnelle Depravation jener Tendenzen, so daß zum Beispiel die Tendenz, das Theater als Veranstaltung zur moralischen Volksbildung zu verwenden, die zu Schillers Zeit ernsthaft genommen wurde, bereits unter die unglaubwürdigen Antiquitäten einer überwundenen Bildung gerechnet wird. Während der Kritiker in Theater und Konzert, der Journalist in der Schule, die Presse in der Gesellschaft zur Herrschaft gekommen war, entartete die Kunst zu einem Unterhaltungsobjekt der niedrigsten Art, und die ästhetische Kritik wurde als das Bindemittel einer eitlen, zerstreuten, selbstsüchtigen und überdies ärmlich-unoriginalen Geselligkeit benutzt, deren Sinn jene Schopenhauerische Parabel von den Stachelschweinen zu verstehen gibt; so daß zu keiner Zeit so viel über Kunst geschwatzt und so wenig von der Kunst gehalten worden ist. Kann man aber mit einem Menschen noch verkehren, der imstande ist, sich über Beethoven und Shakespeare zu unterhalten? Mag jeder nach seinem Gefühl diese Frage beantworten: er wird mit der Antwort jedenfalls beweisen, was er sich unter »Bildung« vorstellt, vorausgesetzt, daß er die Frage überhaupt zu beantworten sucht und nicht vor Überraschung bereits verstummt ist.

Dagegen dürfte mancher edler und zarter von der Natur Befähigte, ob er gleich in der geschilderten Weise allmählich zum kritischen Barbaren geworden war, von einer ebenso unerwarteten als gänzlich unverständlichen Wirkung zu erzählen haben, die etwa eine glücklich gelungene Lohengrinaufführung auf ihn ausübte: nur daß ihm vielleicht jede Hand fehlte, die ihn mahnend und deutend anfaßte, so daß auch jene unbegreiflich verschiedenartige und durchaus unvergleichliche Empfindung, die ihn damals erschütterte, vereinzelt blieb und wie ein rätselhaftes Gestirn nach kurzem Leuchten erlosch. Damals hatte er geahnt, was der ästhetische Zuhörer ist.

23

Wer recht genau sich selber prüfen will, wie sehr er dem wahren ästhetischen Zuhörer verwandt ist oder zur Gemeinschaft der sokratisch-kritischen Menschen gehört, der mag sich nur aufrichtig nach der Empfindung fragen, mit der er das auf der Bühne dargestellte *Wunder* empfängt: ob er etwa dabei seinen historischen, auf strenge psychologische Kausalität gerichteten Sinn beleidigt fühlt, ob er mit einer wohlwollenden Konzession gleichsam das Wunder als ein der Kindheit verständliches, ihm entfremdetes Phänomen zuläßt, oder ob er irgend etwas anderes dabei erleidet. Daran nämlich wird er messen können, wieweit er überhaupt befähigt ist, den *Mythus*, das zusammengezogene Weltbild, zu verstehen, der, als Abbreviatur der Erscheinung, das Wunder nicht entbehren kann. Das Wahrscheinliche ist aber, daß fast jeder, bei strenger Prüfung, sich so durch den kritisch-historischen Geist unserer Bildung zersetzt fühlt, um nur etwa auf gelehrtem Wege, durch vermittelnde Abstraktionen, sich die einstmalige Existenz des Mythus glaublich zu machen. Ohne Mythus aber geht jede Kultur ihrer gesunden schöpferischen Naturkraft verlustig: erst ein mit Mythen umstellter Horizont schließt eine ganze Kulturbewegung zur Einheit ab. Alle Kräfte der Phantasie und des apollinischen Traumes werden erst durch den Mythus aus ihrem wahllosen Herumschweifen gerettet. Die Bilder des Mythus müssen die unbemerkt allgegenwärtigen dämonischen Wächter sein, unter deren Hut die junge Seele heranwächst, an deren Zeichen der Mann sich sein Leben und seine Kämpfe deutet: und selbst der Staat kennt keine mächtigeren ungeschriebnen Gesetze als das mythische Fundament, das seinen Zusammenhang mit der Religion, sein Herauswachsen aus mythischen Vorstellungen verbürgt.

Man stelle jetzt daneben den abstrakten, ohne Mythen geleiteten Menschen, die abstrakte Erziehung, die abstrakte Sitte, das abstrakte Recht, den abstrakten Staat: man vergegenwärtige sich das regellose, von keinem heimischen Mythus gezügelte Schweifen der künstlerischen Phantasie: man denke sich eine Kultur, die keinen festen und heiligen Ursitz hat, sondern alle Möglichkeiten zu erschöpfen und von allen Kulturen sich kümmerlich zu nähren verurteilt ist – das ist die Gegenwart, als das Resultat jenes auf Vernichtung des Mythus gerichteten Sokratismus. Und nun steht der mythenlose Mensch, ewig hungernd, unter allen Vergangenheiten und sucht grabend und wühlend nach Wurzeln, sei es daß er auch in den entlegensten Altertümern nach ihnen graben müßte. Worauf weist das ungeheure historische Bedürfnis der unbefriedigten modernen Kultur, das Umsichsammeln zahlloser anderer Kulturen, das verzehrende Erkennenwollen, wenn nicht auf den Verlust des Mythus, auf den Verlust der mythischen Heimat, des mythischen Mutterschoßes? Man frage sich, ob das fieberhafte und so unheimliche Sichregen dieser Kultur etwas anderes ist als das gierige Zugreifen und Nach-Nahrung-Haschen des Hungernden – und wer möchte einer solchen Kultur noch etwas geben wollen, die durch alles, was sie verschlingt, nicht zu sättigen ist, und bei deren Berührung sich die kräftigste, heilsamste Nahrung in »Historie und Kritik« zu verwandeln pflegt?

Man müßte auch an unserem deutschen Wesen schmerzlich verzweifeln, wenn es bereits in gleicher Weise mit seiner Kultur unlösbar verstrickt, ja eins geworden wäre, wie wir das an dem zivilisierten Frankreich zu unserem Entsetzen beobachten können; und das, was lange Zeit der große Vorzug Frankreichs und die Ursache seines ungeheuren Übergewichts war, eben jenes Einssein von Volk und Kultur, dürfte uns, bei diesem Anblick, nötigen, darin das Glück zu preisen, daß diese unsere so fragwürdige Kultur bis jetzt mit dem edlen Kerne unseres Volkscharakters nichts gemein hat. Alle unsere Hoffnungen strecken sich vielmehr sehnsuchtsvoll nach jener Wahrnehmung aus, daß unter diesem unruhig auf und nieder zuckenden Kulturleben und Bildungskrampfe eine herrliche, innerlich gesunde, uralte Kraft verborgen liegt, die freilich nur in ungeheuren Momenten sich gewaltig einmal bewegt und dann wieder einem zukünftigen Erwachen entgegenträumt. Aus diesem Abgrunde ist die deutsche Reformation hervorgewachsen: in deren Choral die Zukunftsweise der deutschen Musik zuerst erklang. So tief, mutig und seelenvoll, so überschwänglich gut und zart tönte dieser Choral Luthers, als der erste dionysische Lockruf, der aus dichtverwachsenem Gebüsch, im Nahen des Frühlings, hervordringt. Ihm antwortete in wetteiferndem Widerhall jener weihevoll übermütige Festzug dionysischer Schwärmer, denen wir die deutsche Musik danken – und denen wir *die Wiedergeburt des deutschen Mythus* danken werden!

Ich weiß, daß ich jetzt den teilnehmend folgenden Freund auf einen hochgelegenen Ort einsamer Betrachtungen führen muß, wo er nur wenige Gefährten haben wird, und rufe ihm ermutigend zu, daß wir uns an unseren leuchtenden Führern, den Griechen, festzuhalten haben. Von ihnen haben wir bis jetzt, zur Reinigung unserer ästhetischen Erkenntnis, jene beiden Götterbilder entlehnt, von denen jedes ein gesondertes Kunstreich für sich beherrscht, und über deren gegenseitige Berührung und Steigerung wir durch die griechische Tragödie zu einer Ahnung kamen. Durch ein merkwürdiges Auseinanderreißen beider künstlerischer Urtriebe mußte uns der Untergang der griechischen Tragödie herbeigeführt erscheinen: mit welchem Vorgange eine Degeneration und Umwandlung des griechischen Volkscharakters im Einklang war, uns zu ernstem Nachdenken auffordernd, wie notwendig und eng die Kunst und das Volk, Mythus und Sitte, Tragödie und Staat, in ihren Fundamenten verwachsen sind. Jener Untergang der Tragödie war zugleich der Untergang des Mythus. Bis dahin waren die Griechen unwillkürlich genötigt, alles Erlebte sofort an ihre Mythen anzuknüpfen, ja es nur durch diese Anknüpfung zu begreifen: wodurch auch die nächste Gegenwart ihnen sofort *sub specie aeterni* und in gewissem Sinne als zeitlos erscheinen mußte. In diesen Strom des Zeitlosen aber tauchte sich ebenso der Staat wie die Kunst, um in ihm vor der Last und der Gier des Augenblicks Ruhe zu finden. Und gerade nur so viel ist ein Volk – wie übrigens auch ein Mensch – wert, als es auf seine Erlebnisse den Stempel des Ewigen zu drücken vermag: denn damit ist es gleichsam entweltlicht und zeigt seine unbewußte innerliche Überzeugung von der Relativität der Zeit und von der wahren, d. h. der metaphysischen Bedeutung des Lebens. Das Gegenteil davon tritt ein, wenn ein Volk anfängt, sich historisch zu begreifen und die mythischen Bollwerke um sich herum zu zertrümmern: womit gewöhnlich eine entschiedene Verweltlichung, ein Bruch mit der unbewußten Metaphysik seines früheren Daseins, in allen ethischen Konsequenzen, verbunden ist. Die griechische Kunst und vornehmlich die griechische Tragödie hielt vor allem die Vernichtung des Mythus auf: man mußte sie mit vernichten, um, losgelöst von dem heimischen Boden, ungezügelt in der Wildnis des Gedankens, der Sitte und der Tat leben zu können. Auch jetzt noch versucht jener metaphysische Trieb sich eine, wenngleich abgeschwächte Form der Verklärung zu schaffen, in dem zum Leben drängenden Sokratismus der Wissenschaft: aber auf den niederen Stufen führte derselbe Trieb nur zu einem fieberhaften Suchen, das sich allmählich in ein Pandämonium überallher zusammengehäufter Mythen und Superstitionen verlor: in dessen Mitte der Hellene dennoch ungestillten Herzens saß, bis er es verstand, mit griechischer Heiterkeit und griechischem Leichtsinn, als Graeculus, jenes Fieber zu maskieren oder in irgendeinem orientalisch dumpfen Aberglauben sich völlig zu betäuben.

Diesem Zustande haben wir uns, seit der Wiedererweckung des alexandrinisch-römischen Altertums im fünfzehnten Jahrhundert, nach einem langen schwer zu beschreibenden Zwischenakte, in der auffälligsten Weise angenähert. Auf den Höhen dieselbe überreiche Wissenslust, dasselbe ungesättigte Finderglück, diese ungeheure Verweltlichung, daneben ein heimatloses Herumschweifen, ein gieriges Sichdrängen an fremde Tische, eine leichtsinnige Vergötterung der Gegenwart oder stumpf betäubte Abkehr, alles *sub specie saeculi*, der »Jetztzeit«: welche gleichen Symptome auf einen gleichen Mangel im Herzen dieser Kultur zu raten geben, auf die Vernichtung des Mythus. Es scheint kaum möglich zu sein, mit dauerndem Erfolge einen fremden Mythus überzupflanzen, ohne den Baum durch dieses Überpflanzen heillos zu beschädigen: welcher vielleicht einmal stark und gesund genug ist, jenes fremde Element mit furchtbarem Kampfe wieder auszuscheiden, für gewöhnlich aber siech und verkümmert oder in krampfhaftem Wuchern sich verzehren muß. Wir halten so viel von dem reinen und kräftigen Kerne des deutschen Wesens, daß wir gerade von ihm jene Ausscheidung gewaltsam eingepflanzter fremder Elemente zu erwarten wagen und es für möglich erachten, daß der deutsche Geist sich auf sich selbst zurückbesinnt. Vielleicht wird mancher meinen, jener Geist müsse seinen Kampf mit der Ausscheidung des Romanischen beginnen: wozu er eine äußerliche Vorbereitung und Ermutigung in der siegreichen Tapferkeit und blutigen Glorie des letzten Krieges erkennen dürfte, die innerliche Nötigung aber in dem Wetteifer suchen muß, der erhabenen Vorkämpfer auf dieser Bahn, Luthers ebensowohl als unserer großen Künstler und Dichter, stets wert zu sein. Aber nie möge er glauben, ähnliche Kämpfe ohne seine Hausgötter, ohne seine mythische Heimat, ohne ein »Wiederbringen« aller deutschen Dinge, kämpfen zu können! Und wenn der Deutsche zagend sich nach einem Führer umblicken sollte, der ihn wieder in die längst verlorne Heimat zurückbringe, deren Wege und Stege er kaum mehr kennt – so mag er nur dem wonnig lockenden Rufe des dionysischen Vogels lauschen, der über ihm sich wiegt und ihm den Weg dahin deuten will.

24

Wir hatten unter den eigentümlichen Kunstwirkungen der musikalischen Tragödie eine apollinische *Täuschung* hervorzuheben, durch die wir von dem unmittelbaren Einssein mit der dionysischen Musik gerettet werden sollen, während unsre musikalische Erregung sich auf einem apollinischen Gebiete und an einer dazwischengeschobenen sichtbaren Mittelwelt entladen kann. Dabei glaubten wir beobachtet zu haben, wie eben durch diese Entladung jene Mittelwelt des szenischen Vorgangs, überhaupt das Drama, in einem Grade von innen heraus sichtbar und verständlich wurde, der in aller sonstigen apollinischen Kunst unerreichbar ist: so daß wir hier, wo diese gleichsam durch den Geist der Musik beschwingt und emporgetragen war, die höchste Steigerung ihrer Kräfte und somit in jenem Bruderbunde des Apollo und des Dionysus die Spitze ebensowohl der apollinischen als der dionysischen Kunstabsichten anerkennen mußten.

Freilich erreichte das apollinische Lichtbild gerade bei der inneren Beleuchtung durch die Musik nicht die eigentümliche Wirkung der schwächeren Grade apollinischer Kunst; was das Epos oder der beseelte Stein vermögen, das anschauende Auge zu jenem ruhigen Entzücken an der Welt der *individuatio* zu zwingen, das wollte sich hier, trotz einer höheren Beseeltheit und Deutlichkeit, nicht erreichen lassen. Wir schauten das Drama an und drangen mit bohrendem Blick in seine innere bewegte Welt der Motive – und doch war uns, als ob nur ein Gleichnisbild an uns vorüberzöge, dessen tiefsten Sinn wir fast zu erraten glaubten und das wir, wie einen Vorhang, fortzuziehen wünschten, um hinter ihm das Urbild zu erblicken. Die hellste Deutlichkeit des Bildes genügte uns nicht: denn dieses schien ebensowohl etwas zu offenbaren als zu verhüllen; und während es mit seiner gleichnisartigen Offenbarung zum Zerreißen des Schleiers, zur Enthüllung des geheimnisvollen Hintergrundes aufzufordern schien, hielt wiederum gerade jene durchleuchtete Allsichtbarkeit das Auge gebannt und wehrte ihm, tiefer zu dringen.

Wer dies nicht erlebt hat, zugleich schauen zu müssen und zugleich über das Schauen hinaus sich zu sehnen, wird sich schwerlich vorstellen, wie bestimmt und klar diese beiden Prozesse bei der Betrachtung des tragischen Mythus nebeneinander bestehen und nebeneinander empfunden werden: während die wahrhaft ästhetischen Zuschauer mir bestätigen werden, daß unter den eigentümlichen Wirkungen der Tragödie jenes Nebeneinander die merkwürdigste sei. Man übertrage sich nun dieses Phänomen des ästhetischen Zuschauers in einen analogen Prozeß im tragischen Künstler, und man wird die Genesis des *tragischen Mythus* verstanden haben. Er teilt mit der apollinischen Kunstsphäre die volle Lust am Schein und am Schauen und zugleich verneint er diese Lust und hat eine noch höhere Befriedigung an der Vernichtung der sichtbaren Scheinwelt. Der Inhalt des tragischen Mythus ist zunächst ein episches Ereignis mit der Verherrlichung des kämpfenden Helden: woher stammt aber jener an sich rätselhafte Zug, daß das Leiden im Schicksale des Helden, die schmerzlichsten Überwindungen, die qualvollsten Gegensätze der Motive, kurz die Exemplifikation jener Weisheit des Silen, oder, ästhetisch ausgedrückt, das Häßliche und Disharmonische, in so zahllosen Formen, mit solcher Vorliebe immer von neuem dargestellt wird und gerade in dem üppigsten und jugendlichsten Alter eines Volkes, wenn nicht gerade an diesem allen eine höhere Lust perzipiert wird?

Denn daß es im Leben wirklich so tragisch zugeht, würde am wenigsten die Entstehung einer Kunstform erklären; wenn anders die Kunst nicht nur Nachahmung der Naturwirklichkeit, sondern gerade ein metaphysisches Supplement der Naturwirklichkeit ist, zu deren Überwindung neben sie gestellt. Der tragische Mythus, sofern er überhaupt zur Kunst gehört, nimmt auch vollen Anteil an dieser metaphysischen Verklärungsabsicht der Kunst überhaupt: was verklärt er aber, wenn er die Erscheinungswelt unter dem Bilde des leidenden Helden vorführt? Die »Realität« dieser Erscheinungswelt am wenigsten, denn er sagt uns gerade: »Seht hin! Seht genau hin! Dies ist euer Leben! Dies ist der Stundenzeiger an eurer Daseinsuhr!«

Und dieses Leben zeigte der Mythus, um es vor uns damit zu verklären? Wenn aber nicht, worin liegt dann die ästhetische Lust, mit der wir auch jene Bilder an uns vorüberziehen lassen? Ich frage nach der ästhetischen Lust und weiß recht wohl, daß viele dieser Bilder außerdem mitunter noch eine moralische Ergötzung, etwa unter der Form des Mitleidens oder eines sittlichen Triumphes, erzeugen können. Wer die Wirkung des Tragischen aber allein aus diesen moralischen Quellen ableiten wollte, wie es freilich in der Ästhetik nur allzu lange üblich war, der mag nur nicht glauben, etwas für die Kunst damit getan zu haben: die vor allem Reinheit in ihrem Bereiche verlangen muß. Für die Erklärung des tragischen Mythus ist es gerade die erste Forderung, die ihm eigentümliche Lust in der rein ästhetischen Sphäre zu suchen, ohne in das Gebiet des Mitleids, der Furcht, des Sittlich-Erhabenen überzugreifen. Wie kann das Häßliche und das Disharmonische, der Inhalt des tragischen Mythus, eine ästhetische Lust erregen?

Hier nun wird es nötig, uns mit einem kühnen Anlauf in eine Metaphysik der Kunst hineinzuschwingen, indem ich den früheren Satz wiederhole, daß nur als ein ästhetisches Phänomen das Dasein und die Welt gerechtfertigt erscheint: in welchem Sinne uns gerade der tragische Mythus zu überzeugen hat, daß selbst das Häßliche und Disharmonische ein künstlerisches Spiel ist, welches der Wille, in der ewigen Fülle seiner Lust, mit sich selbst spielt. Dieses schwer zu fassende Urphänomen der dionysischen Kunst wird aber auf direktem Wege einzig verständlich und unmittelbar erfaßt in der wunderbaren Bedeutung der *musikalischen Dissonanz*: wie überhaupt die Musik, neben die Welt hingestellt, allein einen Begriff davon geben kann, was unter der Rechtfertigung der Welt als eines ästhetischen Phänomens zu verstehen ist. Die Lust, die der tragische Mythus erzeugt, hat eine gleiche Heimat, wie die lustvolle Empfindung der Dissonanz in der Musik. Das Dionysische, mit seiner selbst am Schmerz perzipierten Urlust, ist der gemeinsame Geburtsschoß der Musik und des tragischen Mythus.

Sollte sich nicht inzwischen dadurch, daß wir die Musikrelation der Dissonanz zu Hilfe nahmen, jenes schwierige Problem der tragischen Wirkung wesentlich erleichtert haben? Verstehen wir doch jetzt, was es heißen will, in der Tragödie zugleich schauen zu wollen und sich über das Schauen hinaus zu sehnen: welchen Zustand wir in betreff der künstlerisch verwendeten Dissonanz eben so zu charakterisieren hätten, daß wir hören wollen und über das Hören uns zugleich hinaussehnen. Jenes Streben ins Unendliche, der Flügelschlag der Sehnsucht, bei der höchsten Lust an der deutlich perzipierten Wirklichkeit, erinnern daran, daß wir in beiden Zuständen ein dionysisches Phänomen zu erkennen haben, das uns immer von neuem wieder das spielende Aufbauen und Zertrümmern der Individualwelt als den Ausfluß einer Urlust offenbart, in einer ähnlichen Weise, wie wenn von Heraklit dem Dunklen die weltbildende Kraft einem Kinde verglichen wird, das spielend Steine hin und her setzt und Sandhaufen aufbaut und wieder einwirft.

Um also die dionysische Befähigung eines Volkes richtig abzuschätzen, dürften wir nicht nur an die Musik des Volkes, sondern ebenso notwendig an den tragischen Mythus dieses Volkes als den zweiten Zeugen jener Befähigung zu denken haben. Es ist nun, bei dieser engsten Verwandtschaft zwischen Musik und Mythus, in gleicher Weise zu vermuten, daß mit einer Entartung und Depravation des einen eine Verkümmerung der anderen verbunden sein wird: wenn anders in der Schwächung des Mythus überhaupt eine Abschwächung des dionysischen Vermögens zum Ausdruck kommt. Über beides dürfte uns aber ein Blick auf die Entwicklung des deutschen Wesens nicht in Zweifel lassen: in der Oper wie in dem abstrakten Charakter unseres mythenlosen Daseins, in einer zur Ergötzlichkeit herabgesunkenen Kunst wie in einem vom Begriff geleiteten Leben, hatte sich uns jene gleich unkünstlerische, als am Leben zehrende Natur des sokratischen Optimismus enthüllt. Zu unserem Troste aber gab es Anzeichen dafür, daß trotzdem der deutsche Geist in herrlicher Gesundheit, Tiefe und dionysischer Kraft unzerstört, gleich einem zum Schlummer niedergesunknen Ritter, in einem unzugänglichen Abgrunde ruhe und träume: aus welchem Abgrunde zu uns das dionysische Lied emporsteigt, um uns zu verstehen zu geben, daß dieser deutsche

Ritter auch jetzt noch seinen uralten dionysischen Mythus in selig-ernsten Visionen träumt. Glaube niemand, daß der deutsche Geist seine mythische Heimat auf ewig verloren habe, wenn er so deutlich noch die Vogelstimmen versteht, die von jener Heimat erzählen. Eines Tages wird er sich wach finden, in aller Morgenfrische eines ungeheuren Schlafes: dann wird er Drachen töten, die tückischen Zwerge vernichten und Brünnhilde erwecken – und Wotans Speer selbst wird seinen Weg nicht hemmen können!

Meine Freunde, ihr, die ihr an die dionysische Musik glaubt, ihr wißt auch, was für uns die Tragödie bedeutet. In ihr haben wir, wiedergeboren aus der Musik, den tragischen Mythus – und in ihm dürft ihr alles hoffen und das Schmerzlichste vergessen! Das Schmerzlichste aber ist für uns alle – die lange Entwürdigung, unter der der deutsche Genius, entfremdet von Haus und Heimat, im Dienst tückischer Zwerge lebte. Ihr versteht das Wort – wie ihr auch, zum Schluß, meine Hoffnungen verstehen werdet.

25

Musik und tragischer Mythus sind in gleicher Weise Ausdruck der dionysischen Befähigung eines Volkes und voneinander untrennbar. Beide entstammen einem Kunstbereiche, das jenseits des Apollinischen liegt; beide verklären eine Region, in deren Lustakkorden die Dissonanz ebenso wie das schreckliche Weltbild reizvoll verklingt; beide spielen mit dem Stachel der Unlust, ihren überaus mächtigen Zauberkünsten vertrauend; beide rechtfertigen durch dieses Spiel die Existenz selbst der »schlechtesten Welt«. Hier zeigt sich das Dionysische, an dem Apollinischen gemessen, als die ewige und ursprüngliche Kunstgewalt, die überhaupt die ganze Welt der Erscheinung ins Dasein ruft: in deren Mitte ein neuer Verklärungsschein nötig wird, um die belebte Welt der Individuation im Leben festzuhalten. Könnten wir uns eine Menschwerdung der Dissonanz denken – und was ist sonst der Mensch? –, so würde diese Dissonanz, um leben zu können, eine herrliche Illusion brauchen, die ihr einen Schönheitsschleier über ihr eignes Wesen decke. Dies ist die wahre Kunstabsicht des Apollo: in dessen Namen wir alle jene zahllosen Illusionen des schönen Scheins zusammenfassen, die in jedem Augenblick das Dasein überhaupt lebenswert machen und zum Erleben des nächsten Augenblicks drängen.

Dabei darf von jenem Fundamente aller Existenz, von dem dionysischen Untergrunde der Welt, genau nur soviel dem menschlichen Individuum ins Bewußtsein treten, als von jener apollinischen Verklärungskraft wieder überwunden werden kann, so daß diese beiden Kunsttriebe ihre Kräfte in strenger wechselseitiger Proportion, nach dem Gesetze ewiger Gerechtigkeit, zu entfalten genötigt sind. Wo sich die dionysischen Mächte so ungestüm erheben, wie wir dies erleben, da muß auch bereits Apollo, in eine Wolke gehüllt, zu uns herniedergestiegen sein; dessen üppigste Schönheitswirkungen wohl eine nächste Generation schauen wird.

Daß diese Wirkung aber nötig sei, dies würde jeder am sichersten, durch Intuition, nachempfinden, wenn er einmal, sei es auch im Traume, in eine althellenische Existenz sich zurückversetzt fühlte: im Wandeln unter hohen ionischen Säulengängen, aufwärtsblickend zu einem Horizont, der durch reine und edle Linien abgeschnitten ist, neben sich Wiederspiegelungen seiner verklärten Gestalt in leuchtendem Marmor, rings um sich feierlich schreitende oder zart bewegte Menschen, mit harmonisch tönenden Lauten und rhythmischer Gebärdensprache – würde er nicht, bei diesem fortwährenden Einströmen der Schönheit, zu Apollo die Hand erhebend ausrufen müssen: »Seliges Volk der Hellenen! Wie groß muß unter euch Dionysus sein, wenn der delische Gott solche Zauber für nötig hält, um euren dithyrambischen Wahnsinn zu heilen!« – Einem so Gestimmten dürfte aber ein greiser Athener, mit dem erhabenen Auge des Äschylus zu ihm aufblickend, entgegnen: »Sage aber auch dies, du wunderlicher Fremdling: wieviel mußte dies Volk leiden, um so schön werden zu können! Jetzt aber folge mir zur Tragödie und opfere mit mir im Tempel beider Gottheiten!«

UNZEITGEMÄSSE BETRACHTUNGEN

ZWEITES STÜCK

VOM NUTZEN UND NACHTEIL DER HISTORIE FÜR DAS LEBEN

Vorwort

»Übrigens ist mir alles verhaßt, was mich bloß belehrt, ohne meine Tätigkeit zu vermehren oder unmittelbar zu beleben.« Dies sind Worte Goethes, mit denen, als mit einem herzhaft ausgedrückten *Ceterum censeo,* unsere Betrachtung über den Wert und den Unwert der Historie beginnen mag. In derselben soll nämlich dargestellt werden, warum Belehrung ohne Belebung, warum Wissen, bei dem die Tätigkeit erschlafft, warum Historie als kostbarer Erkenntnis-Überfluß und Luxus uns ernstlich, nach Goethes Wort, verhaßt sein muß – deshalb, weil es uns noch am Notwendigsten fehlt, und weil das Überflüssige der Feind des Notwendigen ist. Gewiß, wir brauchen Historie, aber wir brauchen sie anders, als sie der verwöhnte Müßiggänger im Garten des Wissens braucht, mag derselbe auch vornehm auf unsere derben und anmutlosen Bedürfnisse und Nöte herabsehen. Das heißt, wir brauchen sie zum Leben und zur Tat, nicht zur bequemen Abkehr vom Leben und von der Tat, oder gar zur Beschönigung des selbstsüchtigen Lebens und der feigen und schlechten Tat. Nur soweit die Historie dem Leben dient, wollen wir ihr dienen: aber es gibt einen Grad, Historie zu treiben, und eine Schätzung derselben, bei der das Leben verkümmert und entartet: ein Phänomen, welches an merkwürdigen Symptomen unserer Zeit sich zur Erfahrung zu bringen jetzt ebenso notwendig ist, als es schmerzlich sein mag.

Ich habe mich bestrebt, eine Empfindung zu schildern, die mich oft genug gequält hat; ich räche mich an ihr, indem ich sie der Öffentlichkeit preisgebe. Vielleicht wird irgend jemand durch eine solche Schilderung veranlaßt, mir zu erklären, daß er diese Empfindung zwar auch kenne, aber daß ich sie nicht rein und ursprünglich genug empfunden und durchaus nicht mit der gebührenden Sicherheit und Reife der Erfahrung ausgesprochen habe. So vielleicht der eine oder der andere; die meisten aber werden mir sagen, daß es eine ganz verkehrte, unnatürliche, abscheuliche und schlechterdings unerlaubte Empfindung sei, ja daß ich mich mit derselben der so mächtigen historischen Zeitrichtung unwürdig gezeigt habe, wie sie bekanntlich seit zwei Menschenaltern unter den Deutschen namentlich zu bemerken ist. Nun wird jedenfalls dadurch, daß ich mich mit der Naturbeschreibung meiner Empfindung hervorwage, die allgemeine Wohlanständigkeit eher gefördert als beschädigt, dadurch, daß ich vielen Gelegenheit gebe, einer solchen Zeitrichtung, wie der eben erwähnten,

Artigkeiten zu sagen. Für mich aber gewinne ich etwas, was mir noch mehr wert ist als die Wohlanständigkeit – öffentlich über unsere Zeit belehrt und zurechtgewiesen zu werden.

Unzeitgemäß ist auch diese Betrachtung, weil ich etwas, worauf die Zeit mit Recht stolz ist, ihre historische Bildung, hier einmal als Schaden, Gebreste und Mangel der Zeit zu verstehen versuche, weil ich sogar glaube, daß wir alle an einem verzehrenden historischen Fieber leiden und mindestens erkennen sollten, daß wir daran leiden. Wenn aber Goethe mit gutem Rechte gesagt hat, daß wir mit unseren Tugenden zugleich auch unsere Fehler anbauen, und wenn, wie jedermann weiß, eine hypertrophische Tugend – wie sie mir der historische Sinn unserer Zeit zu sein scheint – so gut zum Verderben eines Volkes werden kann wie ein hypertrophisches Laster: so mag man mich nur einmal gewähren lassen. Auch soll zu meiner Entlastung nicht verschwiegen werden, daß ich die Erfahrungen, die mir jene quälenden Empfindungen erregten, meistens aus mir selbst und nur zur Vergleichung aus anderen entnommen habe, und daß ich nur, sofern ich Zögling älterer Zeiten, zumal der griechischen bin, über mich als ein Kind dieser jetzigen Zeit zu so unzeitgemäßen Erfahrungen komme. So viel muß ich mir aber selbst von Berufs wegen als klassischer Philologe zugestehen dürfen: denn ich wüßte nicht, was die klassische Philologie in unserer Zeit für einen Sinn hätte, wenn nicht den, in ihr unzeitgemäß – das heißt gegen die Zeit und dadurch auf die Zeit und hoffentlich zugunsten einer kommenden Zeit – zu wirken.

I

Betrachte die Herde, die an dir vorüberweidet: sie weiß nicht, was Gestern, was Heute ist, springt umher, frißt, ruht, verdaut, springt wieder, und so vom Morgen bis zur Nacht und von Tage zu Tage, kurz angebunden mit ihrer Lust und Unlust, nämlich an den Pflock des Augenblicks, und deshalb weder schwermütig noch überdrüssig. Dies zu sehen geht dem Menschen hart ein, weil er seines Menschentums sich vor dem Tiere brüstet und doch nach seinem Glücke eifersüchtig hinblickt – denn das will er allein, gleich dem Tiere weder überdrüssig noch unter Schmerzen leben, und will es doch vergebens, weil er es nicht will wie das Tier. Der Mensch fragt wohl einmal das Tier: warum redest du mir nicht von deinem Glücke und siehst mich nur an? Das Tier will auch antworten und sagen: das kommt daher, daß ich immer gleich vergesse, was ich sagen wollte – da vergaß es aber auch schon diese Antwort und schwieg: so daß der Mensch sich darob verwunderte.

Er wunderte sich aber auch über sich selbst, das Vergessen nicht lernen zu können und immerfort am Vergangenen zu hängen: mag er noch so weit, noch so schnell laufen, die Kette läuft mit. Es ist ein Wunder: der Augenblick, im Husch da, im Husch vorüber, vorher ein Nichts, nachher ein Nichts, kommt doch noch als Gespenst wieder und stört die Ruhe eines späteren Augenblicks. Fortwährend löst sich ein Blatt aus der Rolle der Zeit, fällt heraus, flattert fort – und flattert plötzlich wieder zurück, dem Menschen in den Schoß. Dann sagt der Mensch »ich erinnere mich« und beneidet das Tier, welches sofort vergißt und jeden Augenblick wirklich sterben, in Nebel und Nacht zurücksinken und auf immer verlöschen sieht. So lebt das Tier *unhistorisch*: denn es geht auf in der Gegenwart, wie eine Zahl, ohne daß ein wunderlicher Bruch übrigbleibt, es weiß sich nicht zu verstellen, verbirgt nichts und erscheint in jedem Momente ganz und gar als das, was es ist, kann also gar nicht anders sein als ehrlich. Der Mensch hingegen stemmt sich gegen die große und immer größere Last des Vergangenen: diese drückt ihn nieder oder beugt ihn seitwärts, diese beschwert seinen Gang als eine unsichtbare und dunkle Bürde, welche er zum Scheine einmal verleugnen kann, und welche er im Umgange mit seinesgleichen gar zu gern verleugnet: um ihren Neid zu wecken. Deshalb ergreift es ihn, als ob er eines verlorenen Paradieses gedächte, die weidende Herde oder, in vertrauterer Nähe, das Kind zu sehen, das noch nichts Vergangenes zu verleugnen hat und zwischen den Zäunen der Vergangenheit und der Zukunft in überseliger Blindheit spielt. Und doch muß ihm sein Spiel gestört werden: nur zu zeitig wird es aus der Vergessenheit heraufgerufen. Dann lernt es das Wort »es war« zu verstehen, jenes Losungswort, mit dem Kampf, Leiden und Überdruß an den Menschen herankommen, ihn zu erinnern, was sein Dasein im Grunde ist – ein nie zu vollendendes Imperfektum. Bringt endlich der Tod das ersehnte Vergessen, so unterschlägt er doch zugleich dabei die Gegenwart und das Dasein und drückt damit das Siegel auf jene Erkenntnis – daß Dasein nur ein ununterbrochenes Gewesensein ist, ein Ding, das davon lebt, sich selbst zu verneinen und zu verzehren, sich selbst zu widersprechen.

Wenn ein Glück, wenn ein Haschen nach neuem Glück in irgendeinem Sinne das ist, was den Lebenden im Leben festhält und zum Leben fortdrängt, so hat vielleicht kein Philosoph mehr Recht als der Zyniker: denn das Glück des Tieres, als des vollendeten Zynikers, ist der lebendige Beweis für das Recht des Zynismus. Das kleinste Glück, wenn es nur ununterbrochen da ist und glücklich macht, ist ohne Vergleich mehr Glück als das größte, das nur als Episode, gleichsam als Laune, als toller Einfall, zwischen lauter Unlust, Begierde und Entbehrung kommt. Bei dem kleinsten aber und bei dem größten Glücke ist es immer eins, wodurch Glück zum Glücke wird: das Vergessenkönnen oder, gelehrter ausgedrückt, das Vermögen, während seiner Dauer *unhistorisch* zu empfinden. Wer sich nicht auf der Schwelle des Augenblicks, alle Vergangenheiten vergessend, niederlassen kann, wer nicht auf einem Punkte wie eine Siegesgöttin ohne Schwindel und Furcht zu stehen vermag, der wird nie wissen, was Glück ist, und noch schlimmer: er wird nie etwas tun, was andre glücklich macht. Denkt euch das äußerste Beispiel, einen Menschen, der die Kraft zu vergessen gar nicht besäße, der verurteilt wäre, überall ein Werden zu sehen: ein solcher glaubt nicht mehr an sein eigenes Sein, glaubt nicht mehr an sich, sieht alles in bewegte Punkte auseinanderfließen und verliert sich in diesem Strome des Werdens: er wird wie der rechte Schüler Heraklits zuletzt kaum mehr wagen, den Finger zu heben. Zu allem Handeln gehört Vergessen: wie zum Leben alles Organischen nicht nur Licht, sondern auch Dunkel gehört. Ein Mensch, der durch und durch nur historisch empfinden wollte, wäre dem ähnlich, der sich des Schlafens zu enthalten gezwungen würde, oder dem Tiere, das nur vom Wiederkäuen und immer wiederholtem Wiederkäuen leben sollte. Also: es ist möglich, fast ohne Erinnerung zu leben, ja glücklich zu leben, wie das Tier zeigt; es ist aber ganz und gar unmöglich, ohne Vergessen überhaupt zu *leben.* Oder, um mich noch einfacher über mein Thema zu erklären: *es gibt einen Grad von Schlaflosigkeit, von Wiederkäuen, von historischem Sinne, bei dem das Lebendige zu Schaden kommt und zuletzt zugrunde geht, sei es nun ein Mensch oder ein Volk oder eine Kultur.*

Um diesen Grad und durch ihn dann die Grenze zu bestimmen, an der das Vergangene vergessen werden muß, wenn es nicht zum Totengräber des Gegenwärtigen werden soll, müßte man genau wissen, wie groß die *plastische Kraft* eines Menschen, eines Volkes, einer Kultur ist; ich meine jene Kraft, aus sich heraus eigenartig zu wachsen, Vergangenes und Fremdes umzubilden und einzuverleiben, Wunden auszuheilen, Verlorenes zu ersetzen, zerbrochene Formen aus sich nachzuformen. Es gibt Menschen, die diese Kraft so wenig besitzen, daß sie an einem einzigen Erlebnis, an einem einzigen Schmerz, oft zumal an einem einzigen zarten Unrecht, wie an einem ganz kleinen blutigen Risse unheilbar verbluten; es gibt auf der anderen Seite solche, denen die wildesten und schauerlichsten Lebensunfälle und selbst Taten der eigenen Bosheit so wenig anhaben, daß sie es mitten darin oder kurz darauf zu einem leidlichen Wohlbefinden und zu einer Art ruhigen Gewissens bringen. Je stärkere Wurzeln die innerste Natur eines Menschen hat, um so mehr wird er auch von der Vergangenheit sich aneignen oder anzwingen; und dächte man sich die mächtigste und ungeheuerste Natur, so wäre sie daran zu erkennen, daß es für sie gar keine Grenze des historischen Sinnes geben würde, an der er überwuchernd und schädlich zu wirken vermöchte; alles Vergangene, eigenes und fremdestes, würde sie an sich heran-, in sich hineinziehen und gleichsam zu Blut umschaffen. Das, was eine solche Natur nicht bezwingt, weiß sie zu vergessen; es ist nicht mehr da, der Horizont ist geschlossen und ganz, und nichts vermag daran zu erinnern, daß es noch jenseits desselben Menschen, Leidenschaften, Lehren, Zwecke gibt. Und dies ist ein allgemeines Gesetz; jedes Lebendige kann nur innerhalb eines Horizontes gesund, stark und fruchtbar werden; ist es unvermögend, einen Horizont um sich zu ziehn, und zu selbstisch wiederum, innerhalb eines fremden den eigenen Blick einzuschließen, so siecht es matt oder überhastig zu zeitigem Untergange dahin. Die Heiterkeit, das gute Gewissen, die frohe Tat, das Vertrauen auf das Kommende – alles das hängt, bei dem einzelnen wie bei dem Volke, davon ab, daß es eine Linie gibt, die das Übersehbare, Helle von dem Unaufhellbaren und Dunkeln scheidet; davon, daß man ebenso gut zur rechten Zeit zu vergessen weiß, als man sich zur rechten Zeit erinnert; davon, daß man mit kräftigem Instinkte herausfühlt, wann es nötig ist, historisch, wann, unhistorisch zu empfinden. Dies gerade ist der Satz, zu dessen Betrachtung der Leser eingeladen ist: *das Unhistorische und das Historische ist gleichermaßen für die Gesundheit eines einzelnen, eines Volkes und einer Kultur nötig.*

Hier bringt nun jeder zunächst eine Beobachtung mit: das historische Wissen und Empfinden eines Menschen kann sehr beschränkt, sein Horizont eingeengt wie der eines Alpental-Bewohners sein, in jedes Urteil mag er eine Ungerechtigkeit, in jede Erfahrung den Irrtum legen, mit ihr der erste zu sein – und trotz aller Ungerechtigkeit und allem Irrtum steht er doch in unüberwindlicher Gesundheit und Rüstigkeit da und erfreut jedes Auge; während dicht neben ihm der bei weitem Gerechtere und Belehrtere kränkelt und zusammenfällt, weil die Linien seines Horizontes immer von neuem unruhig sich verschieben, weil er sich aus dem viel zarteren Netze seiner Gerechtigkeiten und Wahrheiten nicht wieder zum derben Wollen und Begehren herauswinden kann. Wir sahen dagegen das Tier, das ganz unhistorisch ist und beinahe innerhalb eines punktartigen Horizontes wohnt und doch in einem gewissen Glücke, wenigstens ohne Überdruß und Verstellung lebt; wir werden also die Fähigkeit, in einem bestimmten Grade unhistorisch empfinden zu können, für die wichtigere und ursprünglichere halten müssen, insofern in ihr das Fundament liegt, auf dem überhaupt erst etwas Rechtes, Gesundes und Großes, etwas wahrhaft Menschliches wachsen kann. Das Unhistorische ist einer umhüllenden Atmosphäre ähnlich, in der sich Leben allein erzeugt, um mit der Vernichtung dieser Atmosphäre wieder zu verschwinden. Es ist wahr: erst dadurch, daß der Mensch denkend, überdenkend, vergleichend, trennend, zusammenschließend jenes unhistorische Element einschränkt, erst dadurch, daß innerhalb jener umschließenden Dunstwolke ein heller blitzender Lichtschein entsteht – also erst durch die Kraft, das Vergangene zum Leben zu gebrauchen und aus dem Geschehenen wieder Geschichte zu machen, wird der Mensch zum Menschen: aber in einem Übermaße von Historie hört der Mensch wieder auf, und ohne jene Hülle des Unhistorischen würde er nie angefangen haben und anzufangen wagen. Wo finden sich Taten, die der Mensch zu tun vermöchte, ohne vorher in jene Dunstschicht des Unhistorischen eingegangen zu sein? Oder um die Bilder beiseite zu lassen und zur Illustration durch das Beispiel zu greifen: man vergegenwärtige sich doch einen Mann, den eine heftige Leidenschaft, für ein Weib oder für einen großen Gedanken, herumwirft und fortzieht: wie verändert sich ihm seine Welt! Rückwärts blickend fühlt er sich blind, seitwärts hörend vernimmt er das Fremde wie einen dumpfen bedeutungsleeren Schall; was er überhaupt wahrnimmt, das nahm er noch nie so wahr, so fühlbar nah, gefärbt, durchtönt, erleuchtet, als ob er es mit allen Sinnen zugleich ergriffe. Alle Wertschätzungen sind verändert und entwertet; so vieles vermag er nicht mehr zu schätzen, weil er es kaum mehr fühlen kann: er fragt sich, ob er so lange der Narr fremder Worte, fremder Meinungen gewesen sei; er wundert sich, daß sein Gedächtnis sich unermüdlich in einem Kreise dreht und doch zu schwach und müde ist, um nur einen einzigen Sprung aus diesem Kreise heraus zu machen. Es ist der ungerechteste Zustand von der Welt, eng, undankbar gegen das Vergangene, blind gegen Gefahren, taub gegen Warnungen, ein kleiner lebendiger Wirbel in einem toten Meere von Nacht und Vergessen: und doch ist dieser Zustand – unhistorisch, widerhistorisch durch und durch – der Geburtsschoß nicht nur einer ungerechten, sondern vielmehr jeder rechten Tat; und kein Künstler wird sein Bild, kein Feldherr seinen Sieg, kein Volk seine Freiheit erreichen, ohne sie in einem derartig unhistorischen Zustande vorher begehrt und erstrebt zu haben. Wie der Handelnde, nach Goethes Ausdruck, immer gewissenlos ist, so ist er auch immer wissenlos; er vergißt das meiste, um eins zu tun, er ist ungerecht gegen das, was hinter ihm liegt, und kennt nur ein Recht, das Recht dessen, was jetzt werden soll. So liebt jeder Handelnde seine Tat unendlich mehr, als sie geliebt zu werden verdient: und die besten Taten geschehen in einem solchen Überschwange der Liebe, daß sie jedenfalls dieser Liebe unwert sein müssen, wenn ihr Wert auch sonst unberechenbar groß wäre.

Sollte einer imstande sein, diese unhistorische Atmosphäre, in der jedes große geschichtliche Ereignis entstanden ist, in zahlreichen Fällen auszuwittern und nachzuatmen, so vermöchte ein solcher vielleicht, als erkennendes Wesen, sich auf einen *überhistorischen* Standpunkt zu erheben, wie ihn einmal Niebuhr als mögliches Resultat historischer Betrachtungen geschildert hat. »Zu einer Sache wenigstens«, sagt er, »ist die Geschichte, klar und ausführlich begriffen, nutz: daß man weiß, wie auch die größten und höchsten Geister unsres menschlichen Geschlechts nicht wissen, wie zufällig ihr Auge die Form angenommen hat, wodurch sie sehen und wodurch zu sehen sie von jedermann gewaltsam fordern, gewaltsam nämlich, weil die Intensität ihres Bewußtseins ausnehmend groß ist. Wer dies nicht ganz bestimmt und in vielen Fällen weiß und begriffen hat, den unterjocht die Erscheinung eines mächtigen Geistes, der in eine gegebne Form die höchste Leidenschaftlichkeit bringt.« Überhistorisch wäre ein solcher Standpunkt zu nennen, weil einer, der auf ihm steht, gar keine Verführung mehr zum Weiterleben und zur Mitarbeit an der Geschichte verspüren könnte, dadurch, daß er die eine Bedingung alles Geschehens, jene Blindheit und Ungerechtigkeit in der Seele des Handelnden, erkannt hätte; er wäre selbst davon geheilt, die Historie von nun an noch übermäßig ernst zu nehmen: hätte er doch gelernt, an jedem Menschen, an jedem Erlebnis, unter Griechen oder Türken, aus einer Stunde des ersten oder des neunzehnten Jahrhunderts, die Frage sich zu beantworten, wie und wozu gelebt werde. Wer seine Bekannten fragt, ob sie die letzten zehn oder zwanzig Jahre noch einmal zu durchleben wünschten, wird leicht wahrnehmen, wer von ihnen für jenen überhistorischen Standpunkt vorgebildet ist: zwar werden sie wohl alle Nein! antworten, aber sie werden jenes Nein! verschieden begründen. Die einen vielleicht damit, daß sie sich getrösten: »aber die nächsten zwanzig werden besser sein«; es sind die, von denen David Hume spöttisch sagt:

And from the dregs of life hope to receive,
What the first sprightly running could not give.

Wir wollen sie die historischen Menschen nennen; der Blick in die Vergangenheit drängt sie zur Zukunft hin, feuert ihren Mut an, es noch länger mit dem Leben aufzunehmen, entzündet die Hoffnung, daß das Rechte noch komme, daß das Glück hinter dem Berg sitze, auf den sie zuschreiten. Diese historischen Menschen glauben, daß der Sinn des Daseins im Verlaufe seines *Prozesses* immer mehr ans Licht kommen werde, sie schauen nur deshalb rückwärts, um an der Betrachtung des bisherigen Prozesses die Gegenwart zu verstehen und die Zukunft heftiger begehren zu lernen; sie wissen gar nicht, wie unhistorisch sie trotz aller ihrer Historie denken und handeln, und wie auch ihre Beschäftigung mit der Geschichte nicht im Dienste der reinen Erkenntnis, sondern des Lebens steht.

Aber jene Frage, deren erste Beantwortung wir gehört haben, kann auch einmal anders beantwortet werden. Zwar wiederum mit einem Nein! – aber mit einem anders begründeten Nein. Mit dem Nein des überhistorischen Menschen, der nicht im Prozesse das Heil sieht, für den vielmehr die Welt in jedem einzelnen Augenblicke fertig ist und ihr Ende erreicht. Was könnten zehn neue Jahre lehren, was die vergangenen zehn zu lehren nicht vermochten!

Ob nun der Sinn der Lehre Glück oder Resignation oder Tugend oder Buße ist, darin sind die überhistorischen Menschen miteinander nie einig gewesen; aber, allen historischen Betrachtungsarten des Vergangenen entgegen, kommen sie zur vollen Einmütigkeit des Satzes: das Vergangene und das Gegenwärtige ist eines und dasselbe, nämlich in aller Mannigfaltigkeit typisch gleich und als Allgegenwart unvergänglicher Typen ein stillstehendes Gebilde von unverändertem Werte und ewig gleicher Bedeutung. Wie die Hunderte verschiedener Sprachen denselben typisch festen Bedürfnissen der Menschen entsprechen, so daß einer, der diese Bedürfnisse verstände, aus allen Sprachen nichts Neues zu lernen vermöchte: so erleuchtet sich der überhistorische Denker alle Geschichte der Völker und der einzelnen von innen heraus, hellseherisch den Ursinn der verschiedenen Hieroglyphen erratend und allmählich sogar der immer neu hinzuströmenden Zeichenschrift ermüdet ausweichend: denn wie sollte er es, im unendlichen Überflusse des Geschehenden, nicht zur Sättigung, zur Übersättigung, ja zum Ekel bringen! So daß der Verwegenste zuletzt vielleicht bereit ist, mit Giacomo Leopardi zu seinem Herzen zu sagen:

»Nichts lebt, das würdig
Wär' deiner Regungen, und keinen Seufzer verdient
die Erde.
Schmerz und Langeweile ist unser Sein und Kot
die Welt – nichts andres.
Beruhige dich.«

Doch lassen wir den überhistorischen Menschen ihren Ekel und ihre Weisheit: heute wollen wir vielmehr einmal unserer Unweisheit von Herzen froh werden und uns als den Tätigen und Fortschreitenden, als den

Verehrern des Prozesses, einen guten Tag machen. Mag unsre Schätzung des Historischen nur ein okzidentalisches Vorurteil sein; wenn wir nur wenigstens innerhalb dieser Vorurteile fortschreiten und nicht stillstehn! Wenn wir nur dies gerade immer besser lernen, Historie zum Zwecke des *Lebens* zu treiben! Dann wollen wir den Überhistorischen gerne zugestehen, daß sie mehr Weisheit besitzen als wir; falls wir nämlich nur sicher sein dürfen, mehr Leben als sie zu besitzen: denn so wird jedenfalls unsre Unweisheit mehr Zukunft haben als ihre Weisheit. Und damit gar kein Zweifel über den Sinn dieses Gegensatzes von Leben und Weisheit bestehen bleibe, will ich mir durch ein von alters her wohlbewährtes Verfahren zu Hilfe kommen und geradeswegs einige Thesen aufstellen.

Ein historisches Phänomen, rein und vollständig erkannt und in ein Erkenntnisphänomen aufgelöst, ist für den, der es erkannt hat, tot: denn er hat in ihm den Wahn, die Ungerechtigkeit, die blinde Leidenschaft, und überhaupt den ganzen irdisch umdunkelten Horizont jenes Phänomens und zugleich eben darin seine geschichtliche Macht erkannt. Diese Macht ist jetzt für ihn, den Wissenden, machtlos geworden: vielleicht noch nicht für ihn, den Lebenden.

Die Geschichte als reine Wissenschaft gedacht und souverän geworden, wäre eine Art von Lebens-Abschluß und Abrechnung für die Menschheit. Die historische Bildung ist vielmehr nur im Gefolge einer mächtigen neuen Lebensströmung, einer werdenden Kultur zum Beispiel, etwas Heilsames und Zukunft-Verheißendes, also nur dann, wenn sie von einer höheren Kraft beherrscht und geführt wird und nicht selber herrscht und führt.

Die Historie, sofern sie im Dienste des Lebens steht, steht im Dienste einer unhistorischen Macht und wird deshalb nie, in dieser Unterordnung, reine Wissenschaft, etwa wie die Mathematik es ist, werden können und sollen. Die Frage aber, bis zu welchem Grade das Leben den Dienst der Historie überhaupt brauche, ist eine der höchsten Fragen und Sorgen in betreff der Gesundheit eines Menschen, eines Volkes, einer Kultur. Denn bei einem gewissen Übermaß derselben zerbröckelt und entartet das Leben, und zuletzt auch wieder, durch diese Entartung, selbst die Historie.

2

Daß das Leben aber den Dienst der Historie brauche, muß ebenso deutlich begriffen werden als der Satz, der später zu beweisen sein wird – daß ein Übermaß der Historie dem Lebendigen schade. In dreierlei Hinsicht gehört die Historie dem Lebendigen: sie gehört ihm als dem Tätigen und Strebenden, ihm als dem Bewahrenden und Verehrenden, ihm als dem Leidenden und der Befreiung Bedürftigen. Dieser Dreiheit von Beziehungen entspricht eine Dreiheit von Arten der Historie: sofern es erlaubt ist, eine *monumentalische*, eine *antiquarische* und eine *kritische* Art der Historie zu unterscheiden.

Die Geschichte gehört vor allem dem Tätigen und Mächtigen, dem, der einen großen Kampf kämpft, der Vorbilder, Lehrer, Tröster braucht und sie unter seinen Genossen und in der Gegenwart nicht zu finden vermag. So gehörte sie Schillern: denn unsre Zeit ist so schlecht, sagt Goethe, daß dem Dichter im umgebenden menschlichen Leben keine brauchbare Natur mehr begegnet. Mit der Rücksicht auf den Tätigen nennt zum Beispiel Polybius die politische Historie die rechte Vorbereitung zur Regierung eines Staates und die vorzüglichste Lehrmeisterin, als welche durch die Erinnerung an die Unfälle anderer uns ermahne, die Abwechslungen des Glücks standhaft zu ertragen. Wer hierin den Sinn der Historie zu erkennen gelernt hat, den muß es verdrießen, neugierige Reisende oder peinliche Mikrologen auf den Pyramiden großer Vergangenheiten herumklettern zu sehen; dort, wo er die Anreizungen zum Nachmachen und Bessermachen findet, wünscht er nicht dem Müßiggänger zu begegnen, der, begierig nach Zerstreuung oder Sensation, wie unter den gehäuften Bilderschätzen einer Galerie herumstreicht. Daß der Tätige mitten unter den schwächlichen und hoffnungslosen Müßiggängern, mitten unter den scheinbar tätigen, in Wahrheit nur aufgeregten und zappelnden Genossen nicht verzage und Ekel empfinde, blickt er hinter sich und unterbricht den Lauf zu seinem Ziele, um einmal aufzuatmen. Sein Ziel aber ist irgendein Glück, vielleicht nicht sein eignes, oft das eines Volkes oder das der Menschheit insgesamt; er flieht vor der Resignation zurück und gebraucht die Geschichte als Mittel gegen die Resignation. Zumeist winkt ihm kein Lohn, wenn nicht der Ruhm, das heißt die Anwartschaft auf einen Ehrenplatz im Tempel der Historie, wo er selbst wieder den Späterkommenden Lehrer, Tröster und Warner sein kann. Denn sein Gebot lautet: das, was einmal vermochte, den Begriff »Mensch« weiter auszuspannen und schöner zu erfüllen, das muß auch ewig vorhanden sein, um dies ewig zu vermögen. Daß die großen Momente im Kampfe der einzelnen eine Kette bilden, daß in ihnen ein Höhenzug der Menschheit durch Jahrtausende hin sich verbinde, daß für mich das Höchste eines solchen längstvergangenen Momentes noch lebendig, hell und groß sei – das ist der Grundgedanke im Glauben an die Humanität, der sich in der Forderung einer *monumentalischen* Historie ausspricht. Gerade aber an dieser Forderung, daß das Große ewig sein solle, entzündet sich der furchtbarste Kampf. Denn alles andere, was noch lebt, ruft nein. Das Monumentale soll nicht entstehn – das ist die Gegenlosung. Die dumpfe Gewöhnung, das Kleine und Niedrige, alle Winkel der Welt erfüllend, als schwere Erdenluft um alles Große qualmend, wirft sich hemmend, täuschend, dämpfend, erstickend in den Weg, den das Große zur Unsterblichkeit zu gehen hat. Dieser Weg aber führt durch menschliche Gehirne!

Durch die Gehirne geängstigter und kurzlebender Tiere, die immer wieder zu denselben Nöten auftauchen und mit Mühe eine geringe Zeit das Verderben von sich abwehren. Denn sie wollen zunächst nur eines: leben um jeden Preis. Wer möchte bei ihnen jenen schwierigen Fackel-Wettlauf der monumentalen Historie vermuten, durch den allein das Große weiterlebt! Und doch erwachen immer wieder einige, die sich, im Hinblick auf das vergangene Große und gestärkt durch seine Betrachtung, so beseligt fühlen, als ob das Menschenleben eine herrliche Sache sei, und als ob es gar die schönste Frucht dieses bitteren Gewächses sei, zu wissen, daß früher einmal einer stolz und stark durch dieses Dasein gegangen ist, ein andrer mit Tiefsinn, ein dritter mit Erbarmen und hilfreich – alle aber eine Lehre hinterlassend, daß der am schönsten lebt, der das Dasein nicht achtet. Wenn der gemeine Mensch diese Spanne Zeit so trübsinnig ernst und begehrlich nimmt, wußten jene, auf ihrem Wege zur Unsterblichkeit und zur monumentalen Historie, es zu einem olympischen Lachen oder mindestens zu einem erhabenen Hohne zu bringen; oft stiegen sie mit Ironie in ihr Grab – denn was war an ihnen zu begraben! Doch nur das, was sie als Schlacke, Unrat, Eitelkeit, Tierheit immer bedrückt hatte und was jetzt der Vergessenheit anheimfällt, nachdem es längst ihrer Verachtung preisgegeben war. Aber eines wird leben, das Monogramm ihres eigensten Wesens, ein Werk, eine Tat, eine seltene Erleuchtung, eine Schöpfung: es wird leben, weil keine Nachwelt es entbehren kann. In dieser verklärtesten Form ist der Ruhm doch etwas mehr als der köstlichste Bissen unserer Eigenliebe, wie ihn Schopenhauer genannt hat, es ist der Glaube an die Zusammengehörigkeit und Kontinuität des Großen aller Zeiten, es ist ein Protest gegen den Wechsel der Geschlechter und die Vergänglichkeit.

Wodurch also nützt dem Gegenwärtigen die monumentalische Betrachtung der Vergangenheit, die Beschäftigung mit dem Klassischen und Seltenen früherer Zeiten? Er entnimmt daraus, daß das Große, das einmal da war, jedenfalls einmal *möglich* war und deshalb auch wohl wieder einmal möglich sein wird; er geht mutiger seinen Gang, denn jetzt ist der Zweifel, der ihn in schwächeren Stunden anfällt, ob er nicht vielleicht das Unmögliche wolle, aus dem Felde geschlagen. Nehme man an, daß jemand glaube, es gehörten nicht mehr als hundert produktive, in einem neuen Geiste erzogene und wirkende Menschen dazu, um der in Deutschland gerade jetzt modisch gewordenen Gebildetheit den Garaus zu machen, wie müßte es ihn bestärken wahrzunehmen, daß die Kultur der Renaissance sich auf den Schultern einer solchen Hundert-Männer-Schar heraushob.

Und doch – um an dem gleichen Beispiel sofort noch etwas Neues zu lernen – wie fließend und schwebend, wie ungenau wäre jene Vergleichung! Wieviel des Verschiedenen muß, wenn sie jene kräftigende Wirkung tun soll, dabei übersehen, wie gewaltsam muß die Individualität des Vergangnen in eine allgemeine Form hineingezwängt und an allen scharfen Ecken und Linien zugunsten der Übereinstimmung zerbrochen werden! Im Grunde ja könnte das, was einmal möglich war, sich nur dann zum zweiten Male als möglich einstellen, wenn die Pythagoreer recht hätten, zu glauben, daß bei gleicher Konstellation der himmlischen Körper auch auf Erden das gleiche, und zwar bis aufs einzelne und kleine sich wiederholen müsse: so daß immer wieder, wenn die Sterne eine gewisse Stellung zueinander haben, ein Stoiker sich mit einem Epikureer verbinden und Cäsar ermorden und immer wieder bei einem anderen Stande Kolumbus Amerika entdecken wird. Nur wenn die Erde ihr Theaterstück jedesmal nach dem fünften Akt von neuem anfinge, wenn es feststünde, daß dieselbe Verknotung von Motiven, derselbe *deus ex machina,* dieselbe Katastrophe in bestimmten Zwischenräumen wiederkehrten, dürfte der Mächtige die monumentale Historie in voller ikonischer *Wahrhaftigkeit,* das heißt jedes Faktum in seiner genau geschilderten Eigentümlichkeit und Einzigkeit begehren: wahrscheinlich also nicht eher, als bis die Astronomen wieder zu Astrologen geworden sind. Bis dahin wird die monumentale Historie jene volle Wahrhaftigkeit nicht brauchen können: immer wird sie das Ungleiche annähern, verallgemeinern und endlich gleichsetzen; immer wird sie die Verschiedenheit der Motive und Anlässe abschwächen, um auf Kosten der *causae* die *effectus* monumental, nämlich vorbildlich und nachahmungswürdig, hinzustellen: so daß man sie, weil sie möglichst von den Ursachen absieht, mit geringer Übertreibung eine Sammlung der »Effekte an sich« nennen könnte, als von Ereignissen, die zu allen Zeiten Effekt machen werden. Das, was bei Volksfesten, bei religiösen oder kriegerischen Gedenktagen gefeiert wird, ist eigentlich ein solcher »Effekt an sich«: er ist es, der die Ehrgeizigen nicht schlafen läßt, der den Unternehmenden wie ein Amulett am Herzen liegt, nicht aber der wahrhaft geschichtliche *Connexus* von Ursachen und Wirkungen, der, vollständig erkannt, nur beweisen würde, daß nie wieder etwas durchaus Gleiches bei dem Würfelspiele der Zukunft und des Zufalls herauskommen könne.

Solange die Seele der Geschichtsschreibung in den großen *Antrieben* liegt, die ein Mächtiger aus ihr entnimmt, solange die Vergangenheit als nachahmungswürdig, als nachahmbar und zum zweiten Male möglich beschrieben werden muß, ist sie jedenfalls in der Gefahr, etwas verschoben, ins Schöne umgedeutet und damit der freien Erdichtung angenähert zu werden; ja es gibt Zeiten, die zwischen einer monumentalischen Vergangenheit und einer mythischen Fiktion gar nicht zu unterscheiden vermögen: weil aus der einen Welt genau dieselben Antriebe entnommen werden können wie aus der andern. *Regiert* also die monumentalische Betrachtung des Vergangenen über die anderen Betrachtungsarten, ich meine über die antiquarische und kritische, so leidet die Vergangenheit selbst *Schaden*: ganze große Teile derselben werden vergessen, verachtet, und fließen fort wie eine graue ununterbrochene Flut, und nur einzelne geschmückte Fakta heben sich als Inseln heraus: an den seltenen Personen, die überhaupt sichtbar werden, fällt etwas Unnatürliches und Wunderbares in die Augen, gleichsam die goldene Hüfte, welche die Schüler des Pythagoras an ihrem Meister erkennen wollten. Die monumentale Historie täuscht durch Analogien: sie reizt mit verführerischen Ähnlichkeiten den Mutigen zur Verwegenheit, den Begeisterten zum Fanatismus; und denkt man sich gar diese Historie in den Händen und Köpfen der begabten Egoisten und der schwärmerischen Bösewichter, so werden Reiche zerstört, Fürsten ermordet, Kriege und Revolutionen angestiftet und die Zahl der geschichtlichen »Effekte an sich«, das heißt der Wirkungen ohne zureichende Ursachen, von neuem vermehrt. Soviel zur Erinnerung an die Schäden, die die monumentale Historie unter den Mächtigen und Tätigen, seien sie nun gut oder böse, anrichten kann: was wirkt sie aber erst, wenn sich ihrer die Ohnmächtigen und Untätigen bemächtigen und bedienen!

Nehmen wir das einfachste und häufigste Beispiel. Man denke sich die unkünstlerischen und schwachkünstlerischen Naturen durch die monumentalische Künstlerhistorie geharnischt und bewehrt: gegen wen werden sie jetzt ihre Waffen richten? Gegen ihre Erbfeinde, die starken Kunstgeister, also gegen die, welche allein aus jener Historie wahrhaft, das heißt zum Leben hin, zu lernen und das Erlernte in eine erhöhte Praxis umzusetzen vermögen. Denen wird der Weg verlegt; denen wird die Luft verfinstert, wenn man ein halb begriffenes Monument irgendeiner großen Vergangenheit götzendienerisch und mit rechter Beflissenheit umtanzt, als ob man sagen wollte: »Seht, das ist die wahre und wirkliche Kunst: was gehen euch die Werdenden und Wollenden an!« Scheinbar besitzt dieser tanzende Schwarm sogar das Privilegium des »guten Geschmacks«: denn immer stand der Schaffende im Nachteil gegen den, der nur zusah und nicht selbst die Hand anlegte; wie zu allen Zeiten der politische Kannegießer klüger, gerechter und überlegsamer war als der regierende Staatsmann. Will man aber gar auf das Gebiet der Kunst den Gebrauch der Volksabstimmungen und der Zahlen-Majoritäten übertragen und den Künstler gleichsam vor das Forum der ästhetischen Nichtstuer zu seiner Selbstverteidigung nötigen, so kann man einen Eid darauf im voraus leisten, daß er verurteilt werden wird: nicht obwohl, sondern gerade *weil* seine Richter den Kanon der monumentalen Kunst (das heißt, nach der gegebenen Erklärung, der Kunst, die zu allen Zeiten »Effekt gemacht hat«) feierlich proklamiert haben: während ihnen für alle noch nicht monumentale, weil gegenwärtige Kunst erstens das Bedürfnis, zweitens die reine Neigung, drittens eben jene Auktorität der Historie abgeht.

Dagegen verrät ihnen ihr Instinkt, daß die Kunst durch die Kunst totgeschlagen werden könne: das Monumentale soll durchaus nicht wieder entstehen, und dazu nützt gerade das, was einmal die Auktorität des Monumentalen aus der Vergangenheit her hat. So sind sie Kunstkenner, weil sie die Kunst überhaupt beseitigen möchten; so gebärden sie sich als Ärzte, während sie es im Grunde auf Giftmischerei abgesehn haben; so bilden sie ihre Zunge und ihren Geschmack aus, um aus ihrer Verwöhntheit zu erklären, warum sie alles das, was ihnen von nahrhafter Kunstspeise angeboten wird, so beharrlich ablehnen. Denn sie wollen nicht, daß das Große entstehe: ihr Mittel ist, zu sagen, »seht, das Große ist schon da!« In Wahrheit geht sie dieses Große, das schon da ist, so wenig an wie das, was entsteht: davon legt ihr Leben Zeugnis ab. Die monumentalische Historie ist das Maskenkleid, in dem sich ihr Haß gegen die Mächtigen und Großen ihrer Zeit für gesättigte Bewunderung der Mächtigen und Großen vergangner Zeiten ausgibt, in welchem verkappt sie den eigentlichen Sinn jener historischen Betrachtungsart in den entgegengesetzten umkehren; ob sie es deutlich wissen oder nicht, sie handeln jedenfalls so, als ob ihr Wahlspruch wäre: laßt die Toten die Lebendigen begraben.

Jede der drei Arten von Historie, die es gibt, ist nur gerade auf einem Boden und unter einem Klima in ihrem Rechte: auf jedem anderen wächst sie zum verwüstenden Unkraut heran. Wenn der Mensch, der Großes schaffen will, überhaupt die Vergangenheit braucht, so bemächtigt er sich ihrer vermittelst der monumentalischen Historie; wer dagegen im Gewohnten und Altverehrten beharren mag, pflegt das Vergangne als antiquarischer Historiker; und nur der, dem eine gegenwärtige Not die Brust beklemmt, und der um jeden Preis die Last von sich abwerfen will, hat ein Bedürfnis zur kritischen, das heißt richtenden und verurteilenden Historie. Von dem gedankenlosen Verpflanzen der Gewächse rührt manches Unheil her: der Kritiker ohne Not, der Antiquar ohne Pietät, der Kenner des Großen ohne das Können des Großen sind solche zum Unkraut aufgeschossene, ihrem natürlichen Mutterboden entfremdete und deshalb entartete Gewächse.

3

Die Geschichte gehört also zweitens dem Bewahrenden und Verehrenden – dem, der mit Treue und Liebe dorthin zurückblickt, woher er kommt, worin er geworden ist; durch diese Pietät trägt er gleichsam den Dank für sein Dasein ab. Indem er das von alters her Bestehende mit behutsamer Hand pflegt, will er die Bedingungen, unter denen er entstanden ist, für solche bewahren, welche nach ihm entstehen sollen – und so dient er dem Leben. Der Besitz von Urväter-Hausrat verändert in einer solchen Seele seinen Begriff: denn sie wird vielmehr von ihm besessen. Das Kleine, das Beschränkte, das Morsche und Veraltete erhält seine eigne Würde und Unantastbarkeit dadurch, daß die bewahrende und verehrende Seele des antiquarischen Menschen in diese Dinge übersiedelt und sich darin ein heimisches Nest bereitet. Die Geschichte seiner Stadt wird ihm zur Geschichte seiner selbst; er versteht die Mauer, das getürmte Tor, die Ratsverordnung, das Volksfest wie ein ausgemaltes Tagebuch seiner Jugend und findet sich selbst in diesem allen, seine Kraft, seinen Fleiß, seine Lust, sein Urteil, seine Torheit und Unart wieder. Hier ließ es sich leben, sagt er sich, denn es läßt sich leben; hier wird es sich leben lassen, denn wir sind zäh und nicht über Nacht umzubrechen. So blickt er, mit diesem »Wir«, über das vergängliche wunderliche Einzelleben hinweg und fühlt sich selbst als den Haus-, Geschlechts- und Stadtgeist. Mitunter grüßt er selbst über weite verdunkelnde und verwirrende Jahrhunderte hinweg die Seele seines Volkes als seine eigne Seele; ein Hindurchfühlen und Herausahnen, ein Wittern auf fast verlöschten Spuren, ein instinktives Richtig-Lesen der noch so überschriebenen Vergangenheit, ein rasches Verstehen der Palimpseste, ja Polypseste – das sind seine Gaben und Tugenden. Mit ihnen stand Goethe vor dem Denkmale Erwins von Steinbach; in dem Sturme seiner Empfindung zerriß der historische, zwischen ihnen ausgebreitete Wolkenschleier: er sah das deutsche Werk zum ersten Male wieder, »wirkend aus starker rauher deutscher Seele«. Ein solcher Sinn und Zug führte die Italiener der Renaissance und erweckte in ihren Dichtern den antiken italischen Genius von neuem, zu einem »wundersamen Weiterklingen des uralten Saitenspiels«, wie Jakob Burckhardt sagt. Den höchsten Wert hat aber jener historisch-antiquarische Verehrungssinn, wo er über bescheidne, rauhe, selbst kümmerliche Zustände, in denen ein Mensch oder ein Volk lebt, ein einfaches rührendes Lust- und Zufriedenheits-Gefühl verbreitet; wie zum Beispiel Niebuhr mit ehrlicher Treuherzigkeit eingesteht, in Moor und Heide unter freien Bauern, die eine Geschichte haben, vergnügt zu leben und keine Kunst zu vermissen. Wie könnte die Historie dem Leben besser dienen als dadurch, daß sie auch die minder begünstigten Geschlechter und Bevölkerungen an ihre Heimat und Heimatsitte anknüpft, seßhaft macht und sie abhält, nach dem Besseren in der Fremde herumzuschweifen und um dasselbe wetteifernd zu kämpfen? Mitunter sieht es wie Eigensinn und Unverstand aus, was den einzelnen an diese Gesellen und Umgebungen, an diese mühselige Gewohnheit, an diesen kahlen Bergrücken gleichsam festschraubt – aber es ist der heilsamste und der Gesamtheit förderlichste Unverstand: wie jeder weiß, der sich die furchtbaren Wirkungen abenteuernder Auswanderungslust, etwa gar bei ganzen Völkerschwärmen, deutlich gemacht hat, oder der den Zustand eines Volkes in der Nähe sieht, das die Treue gegen seine Vorzeit verloren hat und einem rastlosen kosmopolitischen Wählen und Suchen nach Neuem und immer Neuem preisgegeben ist. Die entgegengesetzte Empfindung, das Wohlgefühl des Baumes an seinen Wurzeln, das Glück, sich nicht ganz willkürlich und zufällig zu wissen, sondern aus einer Vergangenheit als Erbe, Blüte und Frucht herauszuwachsen und dadurch in seiner Existenz entschuldigt, ja gerechtfertigt zu werden – dies ist es, was man jetzt mit Vorliebe als den eigentlich historischen Sinn bezeichnet.

Das ist nun freilich nicht der Zustand, in dem der Mensch am meisten befähigt wäre, die Vergangenheit in reines Wissen aufzulösen; so daß wir auch hier wahrnehmen, was wir bei der monumentalischen Historie wahrgenommen haben, daß die Vergangenheit selbst leidet, solange die Historie dem Leben dient und von Lebenstrieben beherrscht wird. Mit einiger Freiheit des Bildes gesprochen: der Baum fühlt seine Wurzeln mehr, als daß er sie sehen könnte; dies Gefühl aber mißt ihre Größe nach der Größe und Kraft seiner sichtbaren Äste. Mag der Baum schon darin irren: wie wird er erst über den ganzen Wald um sich herum im Irrtum sein! von dem er nur so weit etwas weiß und fühlt, als dieser ihn selbst hemmt oder selbst fördert – aber nichts außerdem. Der antiquarische Sinn eines Menschen, einer Stadtgemeinde, eines ganzen Volkes hat immer ein höchst beschränktes Gesichtsfeld; das allermeiste nimmt er gar nicht wahr, und das Wenige, was er sieht, sieht er viel zu nahe und isoliert; er kann es nicht messen und nimmt deshalb alles als gleich wichtig und deshalb jedes einzelne als zu wichtig. Dann gibt es für die Dinge der Vergangenheit keine Wertverschiedenheiten und Proportionen, die den Dingen untereinander wahrhaft gerecht würden; sondern immer nur Maße und Proportionen der Dinge zu dem antiquarisch rückwärts blikkenden einzelnen oder Volke.

Hier ist immer eine Gefahr sehr in der Nähe: endlich wird einmal alles Alte und Vergangne, das überhaupt noch in den Gesichtskreis tritt, einfach als gleich ehrwürdig hingenommen, alles aber, was diesem Alten nicht mit Ehrfurcht entgegenkommt, also das Neue und Werdende, abgelehnt und angefeindet. So duldeten selbst die Griechen den hieratischen Stil ihrer bildenden Künste neben dem freien und großen, ja sie duldeten später die spitzen Nasen und das frostige Lächeln nicht nur, sondern machten selbst eine Feinschmeckerei daraus. Wenn sich der Sinn eines Volkes derartig verhärtet, wenn die Historie dem vergangnen Leben so dient, daß sie das Weiterleben und gerade das höhere Leben untergräbt, wenn der historische Sinn das Leben nicht mehr konserviert, sondern mumisiert: so stirbt der Baum, unnatürlicherweise, von oben allmählich nach der Wurzel zu ab – und zuletzt geht gemeinhin die Wurzel selbst zugrunde. Die antiquarische Historie entartet selbst in dem Augenblicke, in dem das frische Leben der Gegenwart sie nicht mehr beseelt und begeistert. Jetzt dorrt die Pietät ab, die gelehrtenhafte Gewöhnung besteht ohne sie fort und dreht sich egoistisch-selbstgefällig um ihren eignen Mittelpunkt. Dann erblickt man wohl das widrige Schauspiel einer blinden Sammelwut, eines rastlosen Zusammenscharrens alles einmal Dagewesenen. Der Mensch hüllt sich in Moderduft; es gelingt ihm, selbst eine bedeutendere Anlage, ein edleres Bedürfnis durch die antiquarische Manier zu unersättlicher Neubegier, richtiger Alt- und Allbegier herabzustimmen; oftmals sinkt er so tief, daß er zuletzt mit jeder Kost zufrieden ist und mit Lust selbst den Staub bibliographischer Quisquilien frißt.

Aber selbst, wenn jene Entartung nicht eintritt, wenn die antiquarische Historie das Fundament, auf dem sie allein zum Heile des Lebens wurzeln kann, nicht verliert: immer bleiben doch genug Gefahren übrig, falls sie nämlich allzu mächtig wird und die andren Arten, die Vergangenheit zu betrachten, überwuchert. Sie versteht eben allein Leben zu *bewahren*, nicht zu zeugen; deshalb unterschätzt sie immer das Werdende, weil sie für dasselbe keinen erratenden Instinkt hat – wie ihn zum Beispiel die monumentalische Historie hat. So hindert jene den kräftigen Entschluß zum Neuen, so lähmt sie den Handelnden, der immer, als Handelnder, etwelche Pietäten verletzen wird und muß. Die Tatsache, daß etwas alt geworden ist, gebiert jetzt die Forderung, daß es unsterblich sein müsse; denn wenn einer nachrechnet, was alles ein solches Altertum – eine alte Sitte der Väter, ein religiöser Glaube, ein ererbtes politisches Vorrecht – während der Dauer seiner Existenz erfahren hat, welche Summe der Pietät und Verehrung seitens des einzelnen und der Generationen: so erscheint es vermessen oder selbst ruchlos, ein solches Altertum durch ein Neutum zu ersetzen und einer solchen Zahlen-Anhäufung von Pietäten und Verehrungen die Einer des Werdenden und Gegenwärtigen entgegenzustellen.

Hier wird es deutlich, wie notwendig der Mensch, neben der monumentalischen und antiquarischen Art, die Vergangenheit zu betrachten, oft genug eine *dritte* Art nötig hat, die *kritische*: und zwar auch diese wiederum im Dienste des Lebens. Er muß die Kraft haben und von Zeit zu Zeit anwenden, eine Vergangenheit zu zerbrechen und aufzulösen, um leben zu können: dies erreicht er dadurch, daß er sie vor Gericht zieht, peinlich inquiriert und endlich verurteilt; jede Vergangenheit aber ist wert, verurteilt zu werden – denn so steht es nun einmal mit den menschlichen Dingen: immer ist in ihnen die menschliche Gewalt und Schwäche mächtig gewesen. Es ist nicht die Gerechtigkeit, die hier zu Gericht sitzt; es ist noch weniger die Gnade, die hier das Urteil verkündet: sondern das Leben allein, jene dunkle, treibende, unersättlich sich selbst begehrende Macht. Sein Spruch ist immer ungnädig, immer ungerecht, weil er nie aus einem reinen Borne der Erkenntnis geflossen ist; aber in den meisten Fällen würde der Spruch ebenso ausfallen, wenn ihn die Gerechtigkeit selber spräche. »Denn alles, was entsteht, ist *wert*, daß es zugrunde geht. Drum besser wär's, daß nichts entstünde.« Es gehört sehr viel Kraft dazu, leben zu können und zu vergessen, inwiefern leben und ungerecht sein eins ist. Luther selbst hat einmal gemeint, daß die Welt nur durch eine Vergeßlichkeit Gottes entstanden sei: wenn Gott nämlich an das »schwere Geschütz« gedacht hätte, er würde die Welt nicht geschaffen haben. Mitunter aber verlangt eben dasselbe Leben, das die Vergessenheit braucht, die zeitweilige Vernichtung dieser Vergessenheit; dann soll es eben gerade klarwerden, wie ungerecht die Existenz irgendeines Dinges, eines Privilegiums, einer Kaste, einer Dynastie zum Beispiel, ist, wie sehr dieses Ding den Untergang verdient. Dann wird seine Vergangenheit kritisch betrachtet, dann greift man mit dem Messer an seine Wurzeln, dann schreitet man grausam über alle Pietäten hinweg. Es ist immer ein gefährlicher, nämlich für das Leben selbst gefährlicher Prozeß: und Menschen oder Zeiten, die auf diese Weise dem Leben dienen, daß sie eine Vergangenheit richten und vernichten, sind immer gefährliche und gefährdete Menschen und Zeiten. Denn da wir nun einmal die Resultate früherer Geschlechter sind, sind wir auch die Resultate ihrer Verirrungen, Leidenschaften und Irrtümer, ja Verbrechen; es ist nicht möglich, sich ganz von dieser Kette zu lösen. Wenn wir jene Verirrungen verurteilen und uns ihrer für enthoben erachten, so ist die Tatsache nicht beseitigt, daß wir aus ihnen herstammen. Wir bringen es im besten Falle zu einem Widerstreit der ererbten, angestammten Natur und unserer Erkenntnis, auch wohl zu einem Kampfe einer neuen strengen Zucht gegen das von alters her Angezogene und Angeborene, wir pflanzen eine neue Gewöhnung, einen neuen Instinkt, eine zweite Natur an, so daß die erste Natur abdorrt. Es ist ein Versuch, sich gleichsam *a posteriori* eine Vergangenheit zu geben, aus der man stammen möchte, im Gegensatz zu der, aus der man stammt: – immer ein gefährlicher Versuch, weil es so schwer ist, eine Grenze im Verneinen des Vergangenen zu finden, und weil die zweiten Naturen meistens schwächlicher als die ersten sind. Es bleibt zu häufig bei einem Erkennen des Guten, ohne es zu tun, weil man auch das Bessere kennt, ohne es tun zu können. Aber hier und da gelingt der Sieg doch, und es gibt sogar für die Kämpfenden, für die, welche sich der kritischen Historie zum Leben bedienen, einen merkwürdigen Trost: nämlich zu wissen, daß auch jene erste Natur irgendwann einmal eine zweite Natur war und daß jede siegende zweite Natur zu einer ersten wird. –

4

Dies sind die Dienste, welche die Historie dem Leben zu leisten vermag; jeder Mensch und jedes Volk braucht je nach seinen Zielen, Kräften und Nöten eine gewisse Kenntnis der Vergangenheit, bald als monumentalische, bald als antiquarische, bald als kritische Historie: aber nicht wie eine Schar von reinen, dem Leben nur zusehenden Denkern, nicht wie wissensgierige, durch Wissen allein zu befriedigende einzelne, denen Vermehrung der Erkenntnis das Ziel selbst ist, sondern immer nur zum Zweck des Lebens und also auch unter der Herrschaft und obersten Führung dieses Zweckes. Daß dies die natürliche Beziehung einer Zeit, einer Kultur, eines Volkes zur Historie ist – hervorgerufen durch Hunger, reguliert durch den Grad des Bedürfnisses, in Schranken gehalten durch die innewohnende plastische Kraft – daß die Kenntnis der Vergangenheit zu allen Zeiten nur im Dienste der Zukunft und Gegenwart begehrt ist, nicht zur Schwächung der Gegenwart, nicht zur Entwurzelung einer lebenskräftigen Zukunft: das alles ist einfach, wie die Wahrheit einfach ist, und überzeugt sofort auch den, der dafür nicht erst den historischen Beweis sich führen läßt.

Und nun schnell einen Blick auf unsere Zeit! Wir erschrecken, wir fliehen zurück: wohin ist alle Klarheit, alle Natürlichkeit und Reinheit jener Beziehung von Leben und Historie, wie verwirrt, wie übertrieben, wie unruhig flutet jetzt dies Problem vor unsern Augen! Liegt die Schuld an uns, den Betrachtenden? Oder hat sich wirklich die Konstellation von Leben und Historie verändert, dadurch, daß ein mächtig feindseliges Gestirn zwischen sie getreten ist? Mögen andere zeigen, daß wir falsch gesehen haben: wir wollen sagen, was wir zu sehen meinen. Es ist allerdings ein solches Gestirn, ein leuchtendes und herrliches Gestirn dazwischengetreten, die Konstellation ist wirklich verändert – *durch die Wissenschaft, durch die Forderung, daß die Historie Wissenschaft sein soll.* Jetzt regiert nicht mehr allein das Leben und bändigt das Wissen um die Vergangenheit: sondern alle Grenzpfähle sind umgerissen und alles, was einmal war, stürzt auf den Menschen zu. So weit zurück es ein Werden gab, soweit zurück, ins Unendliche hinein, sind auch alle Perspektiven verschoben. Ein solches unüberschaubares Schauspiel sah noch kein Geschlecht, wie es jetzt die Wissenschaft des universalen Werdens, die Historie, zeigt; freilich aber zeigt sie es mit der gefährlichen Kühnheit ihres Wahlspruches: *fiat veritas pereat vita.*

Machen wir uns jetzt ein Bild von dem geistigen Vorgange, der hierdurch in der Seele des modernen Menschen herbeigeführt wird. Das historische Wissen strömt aus unversieglichen Quellen immer von neuem hinzu und hinein, das Fremde und Zusammenhanglose drängt sich, das Gedächtnis öffnet alle seine Tore und ist doch nicht weit genug geöffnet, die Natur bemüht sich aufs höchste, diese fremden Gäste zu empfangen, zu ordnen und zu ehren, diese selbst aber sind im Kampfe miteinander, und es scheint nötig, sie alle zu bezwingen und zu bewältigen, um nicht selbst an ihrem Kampfe zugrunde zu gehen. Die Gewöhnung an ein solches unordentliches, stürmisches und kämpfendes Hauswesen wird allmählich zu einer zweiten Natur, ob es gleich außer Frage steht, daß diese zweite Natur viel schwächer, viel ruheloser und durch und durch ungesünder ist als die erste. Der moderne Mensch schleppt zuletzt eine ungeheuere Menge von unverdaulichen Wissenssteinen mit sich herum, die dann bei Gelegenheit auch ordentlich im Leibe rumpeln, wie es im Märchen heißt. Durch dieses Rumpeln verrät sich die eigenste Eigenschaft dieses modernen Menschen: der merkwürdige Gegensatz eines Inneren, dem kein Äußeres, eines Äußeren, dem kein Inneres entspricht, ein Gegensatz, den die alten Völker nicht kennen. Das Wissen, das im Übermaße ohne Hunger, ja wider das Bedürfnis aufgenommen wird, wirkt jetzt nicht mehr als umgestaltendes, nach außen treibendes Motiv und bleibt in einer gewissen chaotischen Innenwelt verborgen, die jener moderne Mensch mit seltsamem Stolze als die ihm eigentümliche »Innerlichkeit« bezeichnet. Man sagt dann wohl, daß man den Inhalt habe und daß es nur an der Form fehle; aber bei allem Lebendigen ist dies ein ganz ungehöriger Gegensatz. Unsere moderne Bildung ist eben deshalb nichts Lebendiges, weil sie ohne jenen Gegensatz sich gar nicht begreifen läßt, das heißt: sie ist gar keine wirkliche Bildung, sondern nur eine Art Wissen um die Bildung, es bleibt in ihr bei dem Bildungs-Gedanken, bei dem Bildungs-Gefühl, es wird kein Bildungs-Entschluß daraus. Das dagegen, was wirklich Motiv ist und was als Tat sichtbar nach außen tritt, bedeutet dann oft nicht viel mehr als eine gleichgültige Konvention, eine klägliche Nachahmung oder selbst eine rohe Fratze. In Innern ruht dann wohl die Empfindung, jener Schlange gleich, die ganze Kaninchen verschluckt hat und sich dann still gefaßt in die Sonne legt und alle Bewegungen, außer den notwendigsten, vermeidet. Der innere Prozeß, das ist jetzt die Sache selbst, das ist die eigentliche »Bildung«. Jeder, der vorübergeht, hat nur den einen Wunsch, daß eine solche Bildung nicht an Unverdaulichkeit zugrunde gehe. Denke man sich zum Beispiel einen Griechen an einer solchen Bildung vorübergehend, er würde wahrnehmen, daß für die neueren Menschen »gebildet« und »historisch gebildet« so zusammenzugehören scheinen, als ob sie eins und nur durch die Zahl der Worte verschieden wären. Spräche er nun seinen Satz aus: es kann einer sehr gebildet und doch historisch gar nicht gebildet sein, so würde man glauben, gar nicht recht gehört zu haben, und den Kopf schütteln. Jenes bekannte Völkchen einer nicht zu fernen Vergangenheit, ich meine eben die Griechen, hatte sich in der Periode seiner größten Kraft einen unhistorischen Sinn zäh bewahrt; müßte ein zeitgemäßer Mensch in jene Welt durch Verzauberung zurückkehren, er würde vemutlich die Griechen sehr »ungebildet« befinden, womit dann freilich das so peinlich verhüllte Geheimnis der modernen Bildung zu öffentlichem Gelächter aufgedeckt wäre: denn aus uns haben wir Modernen gar nichts; nur dadurch, daß wir uns mit fremden Zeiten, Sitten, Künsten, Philosophien, Religionen, Erkenntnissen anfüllen und überfüllen, werden wir zu etwas Beachtungswertem, nämlich zu wandelnden Enzyklopädien, als welche uns vielleicht ein in unsere Zeit verschlagener Alt-Hellene ansprechen würde. Bei Enzyklopädien findet man aber allen Wert nur in dem, was darinsteht, im Inhalte, nicht in dem, was daraufsteht oder was Einband und Schale ist; und so ist die ganze moderne Bildung wesentlich innerlich: auswendig hat der Buchbinder so etwas daraufgedruckt wie »Handbuch innerlicher Bildung für äußerliche Barbaren«. Ja dieser Gegensatz von innen und außen macht das Äußerliche noch barbarischer, als es sein müßte, wenn ein rohes Volk nur aus sich heraus nach seinen derben Bedürfnissen wüchse. Denn welches Mittel bleibt noch der Natur übrig, um das überreichlich sich Aufdrängende zu bewältigen? Nur das eine Mittel, es so leicht wie möglich anzunehmen, um es schnell wieder zu beseitigen und auszustoßen. Daraus entsteht eine Gewöhnung, die wirklichen Dinge nicht mehr ernst zu nehmen, daraus entsteht die »schwache Persönlichkeit«, zufolge deren das Wirkliche, das Bestehende nur einen geringen Eindruck macht; man wird im Äußerlichen zuletzt immer läßlicher und bequemer und erweitert die bedenkliche Kluft zwischen Inhalt und Form bis zur Gefühllosigkeit für die Barbarei, wenn nur das Gedächtnis immer von neuem gereizt wird, wenn nur immer neue wissenswürdige Dinge hinzuströmen, die säuberlich in den Kästen jenes Gedächtnisses aufgestellt werden können. Die Kultur eines Volkes als der Gegensatz jener Barbarei ist einmal, wie ich meine, mit einigem Rechte, als Einheit des künstlerischen Stiles in allen Lebensäußerungen eines Volkes bezeichnet worden; diese Bezeichnung darf nicht dahin mißverstanden werden, als ob es sich um den Gegensatz von Barbarei und *schönem* Stile handele; das Volk, dem man eine Kultur zuspricht, soll nur in aller Wirklichkeit etwas lebendig Eines sein und nicht so elend in Inneres und Äußeres, in Inhalt und Form auseinanderfallen. Wer die Kultur eines Volkes erstreben und fördern will, der erstrebe und fördere diese höhere Einheit und arbeite mit an der Vernichtung der modernen Gebildetheit zugunsten einer wahren Bildung, er wage es, darüber nachzudenken, wie die durch Historie gestörte Gesundheit eines Volkes wiederhergestellt werden, wie es seine Instinkte und damit seine Ehrlichkeit wiederfinden könne.

Ich will nur geradezu von uns Deutschen der Gegenwart reden, die wir mehr als ein anderes Volk an jener Schwäche der Persönlichkeit und an dem Widerspruche von Inhalt und Form zu leiden haben. Die Form gilt uns Deutschen gemeinhin als eine Konvention, als Verkleidung und Verstellung und wird deshalb, wenn nicht gehaßt, so doch jedenfalls nicht geliebt; noch richtiger würde es sein, zu sagen, daß wir eine außerordentliche Angst vor dem Worte Konvention und auch wohl vor der Sache Konvention haben. In dieser Angst verließ der Deutsche die Schule der Franzosen: denn er wollte natürlicher und dadurch deutscher werden.

Nun scheint er sich aber in diesem »Dadurch« verrechnet zu haben: aus der Schule der Konvention entlaufen, ließ er sich nun gehen, wie und wohin er eben Lust hatte, und machte im Grunde schlotterícht und beliebig in halber Vergeßlichkeit nach, was er früher peinlich und oft mit Glück nachmachte. So lebt man, gegen frühere Zeiten gerechnet, auch heute noch in einer bummelig inkorrekten französischen Konvention: wie all unser Gehen, Stehen, Unterhalten, Kleiden und Wohnen anzeigt. Indem man zum Natürlichen zurückzufliehen glaubte, erwählte man nur das Sichgehenlassen, die Bequemlichkeit und das möglichst kleine Maß von Selbstüberwindung. Man durchwandere eine deutsche Stadt – alle Konvention, verglichen mit der nationalen Eigenart ausländischer Städte, zeigt sich im Negativen, alles ist farblos, abgebraucht, schlecht kopiert, nachlässig, jeder treibt es nach seinem Belieben, aber nicht nach einem kräftigen, gedankenreichen Belieben, sondern nach den Gesetzen, die einmal die allgemeine Hast und sodann die allgemeine Bequemlichkeits-Sucht vorschreiben. Ein Kleidungsstück, dessen Erfindung kein Kopfzerbrechen macht, dessen Anlegung keine Zeit kostet, also ein aus der Fremde entlehntes und möglichst läßlich nachgemachtes Kleidungsstück gilt bei den Deutschen sofort als ein Beitrag zur deutschen Tracht. Der Formensinn wird von ihnen geradezu ironisch abgelehnt – denn man hat ja *den Sinn des Inhaltes:* sind sie doch das berühmte Volk der Innerlichkeit.

Nun gibt es aber auch eine berühmte Gefahr dieser Innerlichkeit: der Inhalt selbst, von dem es angenommen ist, daß er außen gar nicht gesehen werden kann, möchte sich gelegentlich einmal verflüchtigen; außen würde man aber weder davon noch von dem früheren Vorhandensein etwas merken. Aber denke man sich immerhin das deutsche Volk möglichst weit von dieser Gefahr entfernt: etwas recht wird der Ausländer immer behalten, wenn er uns vorwirft, daß unser Inneres zu schwach und ungeordnet ist, um nach außen zu wirken und sich eine Form zu geben. Dabei kann es sich in seltenem Grade zart empfänglich, ernst, mächtig, innig, gut erweisen und vielleicht selbst reicher als das Innere anderer Völker sein: aber als Ganzes bleibt es schwach, weil alle die schönen Fasern nicht in einen kräftigen Knoten geschlungen sind: so daß die sichtbare Tat nicht die Gesamttat und Selbstoffenbarung dieses Inneren ist, sondern nur ein schwächlicher oder roher Versuch irgendeiner Faser, zum Schein einmal für das Ganze gelten zu wollen. Deshalb ist der Deutsche nach einer Handlung gar nicht zu beurteilen und als Individuum auch nach dieser Tat noch völlig verborgen. Man muß ihn bekanntlich nach seinen Gedanken und Gefühlen messen, und die spricht er jetzt in seinen Büchern aus. Wenn nur nicht gerade diese Bücher neuerdings mehr als je einen Zweifel darüber erweckten, ob die berühmte Innerlichkeit wirklich noch in ihrem unzugänglichen Tempelchen sitze: es wäre ein schrecklicher Gedanke, daß sie eines Tages verschwunden sei und nun nur noch die Äußerlichkeit, jene hochmütig täppische und demütig bummelige Äußerlichkeit als Kennzeichen des Deutschen zurückbliebe. Fast ebenso schrecklich, als wenn jene Innerlichkeit, ohne daß man es sehen könnte, gefälscht, gefärbt, übermalt darinsäße und zur Schauspielerin, wenn nicht zu Schlimmerem geworden wäre: wie dies zum Beispiel der beiseite stehende und still betrachtende Grillparzer von seiner dramatisch-theatralischen Erfahrung aus anzunehmen scheint. »Wir empfinden mit Abstraktion«, sagt er, »wir wissen kaum mehr, wie sich die Empfindung bei unseren Zeitgenossen äußert; wir lassen sie Sprünge machen, wie sie sie heutzutage nicht mehr macht. Shakespeare hat uns Neuere alle verdorben.«

Dies ist ein einzelner, vielleicht zu schnell ins Allgemeine gedeuteter Fall: aber wie furchtbar wäre seine berechtigte Verallgemeinerung, wenn die einzelnen Fälle sich gar zu häufig dem Beobachter aufdrängen sollten, wie verzweifelt klänge der Satz: wir Deutschen empfinden mit Abstraktion; wir sind alle durch die Historie verdorben – ein Satz, der jede Hoffnung auf eine noch kommende nationale Kultur an ihren Wurzeln zerstören würde: denn jede derartige Hoffnung wächst aus dem Glauben an die Echtheit und Unmittelbarkeit der deutschen Empfindung heraus, aus dem Glauben an die unversehrte Innerlichkeit. Was soll noch gehofft, noch geglaubt werden, wenn der Quell des Glaubens und Hoffens getrübt ist, wenn die Innerlichkeit gelernt hat, Sprünge zu machen, zu tanzen, sich zu schminken, mit Abstraktion und Berechnung sich zu äußern und sich selbst allgemach zu verlieren! Und wie soll der große produktive Geist es unter einem Volke noch aushalten, das seiner einheitlichen Innerlichkeit nicht mehr sicher ist und das in Gebildete mit verbildeter und verführter Innerlichkeit und in Ungebildete mit unzugänglicher Innerlichkeit auseinanderfällt! Wie soll er es aushalten, wenn die Einheit der Volksempfindung verlorenging, wenn er überdies gerade bei dem einen Teile, der sich den gebildeten Teil des Volkes nennt und ein Recht auf die nationalen Kunstgeister für sich in Anspruch nimmt, die Empfindung gefälscht und gefärbt weiß. Mag hier und da das Urteil und der Geschmack der einzelnen selbst feiner und sublimierter geworden sein – das entschädigt ihn nicht: es peinigt ihn, gleichsam nur zu einer Sekte reden zu müssen und innerhalb seines Volkes nicht mehr notwendig zu sein. Vielleicht vergräbt er seinen Schatz jetzt lieber, weil er Ekel empfindet, von einer Sekte anspruchsvoll patronisiert zu werden, während sein Herz voll von Mitleid mit allen ist. Der Instinkt des Volkes kommt ihm nicht mehr entgegen; es ist unnütz, ihm die Arme sehnsuchtsvoll entgegenzubreiten. Was bleibt ihm jetzt noch übrig, als seinen begeisterten Haß gegen jenen hemmenden Bann, gegen die in der sogenannten Bildung seines Volkes aufgerichteten Schranken zu kehren, um als Richter wenigstens das zu verurteilen, was für ihn, den Lebenden und Lebenzeugenden, Vernichtung und Entwürdigung ist: so tauscht er die tiefe Einsicht seines Schicksals gegen die göttliche Lust des Schaffenden und Helfenden ein und endet als einsamer Wissender, als übersatter Weiser. Es ist das schmerzlichste Schauspiel: wer es überhaupt sieht, wird hier eine heilige Nötigung erkennen: er sagt sich, hier muß geholfen werden, jene höhere Einheit in der Natur und Seele eines Volkes muß sich wieder herstellen, jener Riß zwischen dem Innen und dem Außen muß unter den Hammerschlägen der Not wieder verschwinden. Nach welchen Mitteln soll er nun greifen? Was bleibt ihm nun wiederum als seine tiefe Erkenntnis: diese aussprechend, verbreitend, mit vollen Händen ausstreuend, hofft er ein Bedürfnis zu pflanzen: und aus dem starken Bedürfnis wird einmal die starke Tat entstehen. Und damit ich keinen Zweifel lasse, woher ich das Beispiel jener Not, jenes Bedürfnisses, jener Erkenntnis nehme: so soll hier ausdrücklich mein Zeugnis stehen, daß es *die deutsche Einheit* in jenem höchsten Sinne ist, die wir erstreben und heißer erstreben als die politische Wiedervereinigung, *die Einheit des deutschen Geistes und Lebens nach der Vernichtung des Gegensatzes von Form und Inhalt, von Innerlichkeit und Konvention.* –

5

In fünffacher Hinsicht scheint mir die Übersättigung einer Zeit in Historie dem Leben feindlich und gefährlich zu sein: durch ein solches Übermaß wird jener bisher besprochene Kontrast von Innerlich und Äußerlich erzeugt und dadurch die Persönlichkeit geschwächt; durch dieses Übermaß gerät eine Zeit in die Einbildung, daß sie die seltenste Tugend, die Gerechtigkeit, in höherem Grade besitze als jede andere Zeit; durch dieses Übermaß werden die Instinkte des Volkes gestört und der einzelne nicht minder als das Ganze am Reifwerden verhindert; durch dieses Übermaß wird der jederzeit schädliche Glaube an das Alter der Menschheit, der Glaube, Spätling und Epigone zu sein, gepflanzt; durch dieses Übermaß gerät eine Zeit in die gefährliche Stimmung der Ironie über sich selbst und aus ihr in die noch gefährlichere des Zynismus: in dieser aber reift sie immer mehr einer klugen egoistischen Praxis entgegen, durch welche die Lebenskräfte gelähmt und zuletzt zerstört werden.

Und nun zurück zu unserem ersten Satze: der moderne Mensch leidet an einer geschwächten Persönlichkeit. Wie der Römer der Kaiserzeit unrömisch wurde im Hinblick auf den ihm zu Diensten stehenden Erdkreis, wie er sich selbst unter dem einströmenden Fremden verlor und bei dem kosmopolitischen Götter-, Sitten- und Künste-Karneval entartete, so muß es dem modernen Menschen ergehn, der sich fortwährend das Fest einer Weltausstellung durch seine historischen Künstler bereiten läßt; er ist zum genießenden und herumwandelnden Zuschauer geworden und in einen Zustand versetzt, an dem selbst große Kriege, große Revolutionen kaum einen Augenblick lang etwas zu ändern vermögen. Noch ist der Krieg nicht beendet, und schon ist er in bedrucktes Papier hunderttausendfach umgesetzt, schon wird er als neuestes Reizmittel dem ermüdeten Gaumen der nach Historie Gierigen vorgesetzt. Es scheint fast unmöglich, daß ein starker und voller Ton selbst durch das mächtigste Hineingreifen in die Saiten erzeugt werde: sofort verhallt er wieder, im nächsten Augenblick bereits klingt er historisch zart verflüchtigt und kraftlos ab. Moralisch ausgedrückt: es gelingt euch nicht mehr, das Erhabene festzuhalten, eure Taten sind plötzliche Schläge, keine rollenden Donner. Vollbringt das Größte und Wunderbarste: es muß trotzdem sang- und klanglos zum Orkus ziehn. Denn die Kunst flieht, wenn ihr eure Taten sofort mit dem historischen Zeltdach überspannt. Wer dort im Augenblick verstehen, berechnen, begreifen will, wo er in langer Erschütterung das Unverständliche als das Erhabene festhalten sollte, mag verständig genannt werden, doch nur in dem Sinne, in dem Schiller von dem Verstand der Verständigen redet: er sieht einiges nicht, was doch das Kind sieht, er hört einiges nicht, was doch das Kind hört; dieses Einige ist gerade das Wichtigste: weil er dies nicht versteht, ist sein Verstehen kindischer als das Kind und einfältiger als die Einfalt – trotz der vielen schlauen Fältchen seiner pergamentnen Züge und der virtuosen Übung seiner Finger, das Verwickelte aufzuwickeln. Das macht: er hat seinen Instinkt vernichtet und verloren, er kann nun nicht mehr, dem »göttlichen Tiere« vertrauend, die Zügel hängen lassen, wenn sein Verstand schwankt und sein Weg durch Wüsten führt. So wird das Individuum zaghaft und unsicher und darf sich nicht mehr glauben: es versinkt in sich selbst, ins Innerliche, das heißt hier nur: in den zusammengehäuften Wust des Erlernten, das nicht nach außen wirkt, der Belehrung, die nicht Leben wird. Sieht man einmal aufs Äußerliche, so bemerkt man, wie die Austreibung der Instinkte durch Historie die Menschen fast zu lauter *abstractis* und Schatten umgeschaffen hat: keiner wagt mehr seine Person daran, sondern maskiert sich als gebildeter Mann, als Gelehrter, als Dichter, als Politiker. Greift man solche Masken an, weil man glaubt, es sei ihnen ernst und nicht bloß um ein Puppenspiel zu tun – da sie allesamt den Ernst affichieren –, so hat man plötzlich nur Lumpen und bunte Flicken in den Händen. Deshalb soll man sich nicht mehr täuschen lassen, deshalb soll man sie anherrschen: »zieht eure Jacken aus oder seid, was ihr scheint!« Es soll nicht mehr jeder Ernsthafte von Geblüt zu einem Don Quixote werden, da er Besseres zu tun hat, als sich mit solchen vermeintlichen Realitäten herumzuschlagen. Jedenfalls aber muß er scharf hinsehen, bei jeder Maske sein »Halt! Wer da?« rufen und ihr die Larve in den Nacken ziehen. Sonderbar! Man sollte denken, daß die Geschichte die Menschen vor allem ermutigte, *ehrlich* zu sein – und wäre es selbst, ein ehrlicher Narr zu sein; und immer ist dies ihre Wirkung gewesen, nur jetzt nicht mehr! Die historische Bildung und der bürgerliche Universal-Rock herrschen zu gleicher Zeit. Während noch nie so volltönend von der »freien Persönlichkeit« geredet worden ist, sieht man nicht einmal Persönlichkeiten, geschweige denn freie, sondern lauter ängstlich verhüllte Universal-Menschen. Das Individuum hat sich ins Innerliche zurückgezogen: außen merkt man nichts mehr davon; wobei man zweifeln darf, ob es überhaupt Ursachen ohne Wirkungen geben könne. Oder sollte als Wächter des großen geschichtlichen Welt-Harems ein Geschlecht von Eunuchen nötig sein? Denen steht freilich die reine Objektivität schön zu Gesichte. Scheint es doch fast, als wäre es die Aufgabe, die Geschichte zu bewachen, daß nichts aus ihr herauskomme als eben Geschichten, aber ja kein Geschehen! – zu verhüten, daß durch sie die Persönlichkeiten »frei« werden, soll heißen wahrhaftig gegen sich, wahrhaftig gegen andere, und zwar in Wort und Tat. Erst durch diese Wahrhaftigkeit wird die Not, das innere Elend des modernen Menschen an den Tag kommen, und an die Stelle jener ängstlich versteckenden Konvention und Maskerade können dann, als wahre Helferinnen, Kunst und Religion treten, um gemeinsam eine Kultur anzupflanzen, die wahren Bedürfnissen entspricht und die nicht, wie die jetzige allgemeine Bildung nur lehrt, sich über diese Bedürfnisse zu belügen und dadurch zur wandelnden Lüge zu werden.

In welche unnatürlichen, künstlichen und jedenfalls unwürdigen Lagen muß in einer Zeit, die an der allgemeinen Bildung leidet, die wahrhaftigste aller Wissenschaften, die ehrliche nackte Göttin Philosophie geraten! Sie bleibt in einer solchen Welt der erzwungenen äußerlichen Uniformität gelehrter Monolog des einsamen Spaziergängers, zufällige Jagdbeute des einzelnen, verborgenes Stubengeheimnis oder ungefährliches Geschwätz zwischen akademischen Greisen und Kindern. Niemand darf es wagen, das Gesetz der Philosophie an sich zu erfüllen, niemand lebt philosophisch, mit jener einfachen Mannestreue, die einen Alten zwang, wo er auch war, was er auch trieb, sich als Stoiker zu gebärden, falls er der Stoa einmal Treue zugesagt hatte. Alles moderne Philosophieren ist politisch und polizeilich, durch Regierungen, Kirchen, Akademien, Sitten und Feigheiten der Menschen auf den gelehrten Anschein beschränkt; es bleibt beim Seufzer »wenn doch« oder bei der Erkenntnis »es war einmal«. Die Philosophie ist innerhalb der historischen Bildung ohne Recht, falls sie mehr sein will als ein innerlich zurückgehaltenes Wissen ohne Wirken; wäre der moderne Mensch überhaupt nur mutig und entschlossen, wäre er nicht selbst in seinen Feindschaften nur ein innerliches Wesen: er würde sie verbannen; so begnügt er sich, ihre Nudität schamhaft zu verkleiden. Ja, man denkt, schreibt, druckt, spricht, lehrt philosophisch

– so weit ist ungefähr alles erlaubt; nur im Handeln, im sogenannten Leben ist es anders: da ist immer nur eins erlaubt und alles andere einfach unmöglich: so will's die historische Bildung. Sind das noch Menschen, fragt man sich dann, oder vielleicht nur Denk-, Schreib- und Redemaschinen?

Goethe sagt einmal von Shakespeare: »Niemand hat das materielle Kostüme mehr verachtet als er; er kennt recht gut das innere Menschen-Kostüme, und hier gleichen sich alle. Man sagt, er habe die Römer vortrefflich dargestellt; ich finde es nicht, es sind lauter eingefleischte Engländer, aber freilich Menschen sind es, Menschen von Grund aus, und denen paßt wohl auch die römische Toga.« Nun frage ich, ob es auch nur möglich wäre, unsre jetzigen Literaten, Volksmänner, Beamte, Politiker als Römer vorzuführen; es will durchaus nicht angehen, weil sie keine Menschen sind, sondern nur eingefleischte Kompendien und gleichsam konkrete Abstrakta. Wenn sie Charakter und eigne Art haben sollten, so steckt dies alles so tief, daß es gar nicht sich ans Tageslicht herauswinden kann: wenn sie Menschen sein sollten, so sind sie es doch nur für den, »der die Nieren prüft«. Für jeden anderen sind sie etwas anderes, nicht Menschen, nicht Götter, nicht Tiere, sondern historische Bildungsgebilde, ganz und gar Bildung, Bild, Form ohne nachweisbaren Inhalt, leider nur schlechte Form, und überdies Uniform. Und so möge mein Satz verstanden und erwogen werden: *die Geschichte wird nur von starken Persönlichkeiten ertragen, die schwachen löscht sie vollends aus.* Das liegt darin, daß sie das Gefühl und die Empfindung verwirrt, wo diese nicht kräftig genug sind, die Vergangenheit an sich zu messen. Dem, der sich nicht mehr zu trauen wagt, sondern unwillkürlich für sein Empfinden bei der Geschichte um Rat fragt »wie soll ich hier empfinden«, der wird allmählich aus Furchtsamkeit zum Schauspieler und spielt eine Rolle, meistens sogar viele Rollen und deshalb jede so schlecht und flach. Allmählich fehlt alle Kongruenz zwischen dem Mann und seinem historischen Bereiche; kleine vorlaute Burschen sehen wir mit den Römern umgehen, als wären diese ihresgleichen: und in den Überresten griechischer Dichter wühlen und graben sie, als ob auch diese *corpora* für ihre Sektion bereitlägen und *vilia* wären, was ihre eignen literarischen *corpora* sein mögen. Nehmen wir an, es beschäftige sich einer mit Demokrit, so liegt mir immer die Frage auf den Lippen: warum nicht Heraklit? Oder Philo? Oder Bacon? Oder Descartes? – und so beliebig weiter. Und dann: warum denn just ein Philosoph? Warum nicht ein Dichter, ein Redner? Und: warum überhaupt ein Grieche, warum nicht ein Engländer, ein Türke? Ist denn nicht die Vergangenheit groß genug, um etwas zu finden, wobei ihr selbst euch nicht so lächerlich beliebig ausnehmt? Aber wie gesagt, es ist ein Geschlecht von Eunuchen; dem Eunuchen ist ein Weib wie das andre, eben nur Weib, das Weib an sich, das ewig Unnahbare – und so ist es gleichgültig, was ihr treibt, wenn nur die Geschichte selbst schön »objektiv« bewahrt bleibt, nämlich von solchen, die nie selber Geschichte machen können. Und da euch das Ewig-Weibliche nie hinanziehn wird, so zieht ihr es zu euch herab und nehmt, als Neutra, auch die Geschichte als ein Neutrum. Damit man aber nicht glaube, daß ich im Ernste die Geschichte mit dem Ewig-Weiblichen vergleiche, so will ich vielmehr klärlich aussprechen, daß ich sie im Gegenteil für das Ewig-Männliche halte: nur daß es für die, welche durch und durch »historisch gebildet« sind, ziemlich gleichgültig sein muß, ob sie das eine oder das andre ist: sind sie doch selbst weder Mann noch Weib, nicht einmal Kommunia, sondern immer nur Neutra oder, gebildeter ausgedrückt, eben nur die Ewig-Objektiven.

Sind die Persönlichkeiten erst in der geschilderten Weise zu ewiger Subjektlosigkeit oder, wie man sagt, Objektivität ausgeblasen: so vermag nichts mehr auf sie zu wirken; es mag was Gutes und Rechtes geschehen, als Tat, als Dichtung, als Musik: sofort sieht der ausgehöhlte Bildungsmensch über das Werk hinweg und fragt nach der Historie des Autors. Hat dieser schon mehreres geschaffen, sofort muß er sich den bisherigen und den mutmaßlichen weiteren Gang seiner Entwicklung deuten lassen, sofort wird er neben andere zur Vergleichung gestellt, auf die Wahl seines Stoffes, auf seine Behandlung hin seziert, auseinandergerissen, weislich neu zusammengefügt und im ganzen vermahnt und zurechtgewiesen. Es mag das Erstaunlichste geschehen, immer ist die Schar der historisch Neutralen auf dem Platze, bereit, den Autor schon aus weiter Ferne zu überschauen. Augenblicklich erschallt das Echo: aber immer als »Kritik«, während kurz vorher der Kritiker von der Möglichkeit des Geschehenden sich nichts träumen ließ. Nirgends kommt es zu einer Wirkung, sondern immer nur wieder zu einer »Kritik«; und die Kritik selbst macht wieder keine Wirkung, sondern erfährt nur wieder Kritik. Dabei ist man übereingekommen, viele Kritiken als Wirkung, wenige oder keine als Mißerfolg zu betrachten. Im Grunde aber bleibt, selbst bei sotaner »Wirkung«, alles beim alten: man schwätzt zwar eine Zeitlang etwas Neues, dann aber wieder etwas Neues und tut inzwischen das, was man immer getan hat. Die historische Bildung unsrer Kritiker erlaubt gar nicht mehr, daß es zu einer Wirkung im eigentlichen Verstande, nämlich zu einer Wirkung auf Leben und Handeln komme: auf die schwärzeste Schrift drücken sie sogleich ihr Löschpapier, auf die anmutigste Zeichnung schmieren sie ihre dicken Pinselstriche, die als Korrekturen angesehn werden sollen: da war's wieder einmal vorbei. Nie aber hört ihre kritische Feder auf zu fließen, denn sie haben die Macht über sie verloren und werden mehr von ihr geführt, anstatt sie zu führen. Gerade in dieser Maßlosigkeit ihrer kritischen Ergüsse, in dem Mangel der Herrschaft über sich selbst, in dem, was die Römer *impotentia* nennen, verrät sich die Schwäche der modernen Persönlichkeit.

6

Doch lassen wir diese Schwäche. Wenden wir uns vielmehr zu einer vielgerühmten Stärke des modernen Menschen mit der allerdings peinlichen Frage, ob er ein Recht dazu hat, sich seiner bekannten historischen »Objektivität« wegen stark, nämlich *gerecht* und in höherem Grade gerecht zu nennen als der Mensch anderer Zeiten. Ist es wahr, daß jene Objektivität in einem gesteigerten Bedürfnis und Verlangen nach Gerechtigkeit ihren Ursprung hat? Oder erweckt sie als Wirkung ganz anderer Ursachen eben nur den Anschein, als ob die Gerechtigkeit die eigentliche Ursache dieser Wirkung sei? Verführt sie vielleicht zu einem schädlichen, weil allzu schmeichlerischen Vorurteil über die Tugenden des modernen Menschen? – Sokrates hielt es für ein Leiden, das dem Wahnsinn nahe komme, sich den Besitz einer Tugend einzubilden und sie nicht zu besitzen: und gewiß ist eine solche Einbildung gefährlicher als der entgegengesetzte Wahn, an einem Fehler, an einem Laster zu leiden. Denn durch diesen Wahn ist es vielleicht noch möglich, besser zu werden; jene Einbildung aber macht den Menschen oder eine Zeit täglich schlechter, also – in diesem Falle, ungerechter.

Wahrlich, niemand hat in höherem Grade einen Anspruch auf unsre Verehrung als der, welcher den Trieb und die Kraft zur Gerechtigkeit besitzt. Denn in ihr vereinigen und verbergen sich die höchsten und seltensten Tugenden wie in einem unergründlichen Meere, das von allen Seiten Ströme empfängt und in sich verschlingt. Die Hand des Gerechten, der Gericht zu halten befugt ist, erzittert nicht mehr, wenn sie die Waage hält; unerbittlich gegen sich selbst legt er Gewicht auf Gewicht, sein Auge trübt sich nicht, wenn die Waagschalen steigen und sinken, und seine Stimme klingt weder hart noch gebrochen, wenn er das Urteil verkündet. Wäre er ein kalter Dämon der Erkenntnis, so würde er um sich die eisige Atmosphäre einer übermenschlich schrecklichen Majestät ausbreiten, die wir zu fürchten, nicht zu verehren hätten: aber daß er ein Mensch ist und doch aus läßlichem Zweifel zu strenger Gewißheit, aus duldsamer Milde zum Imperativ »du mußt«, aus der seltenen Tugend der Großmut zur allerseltensten der Gerechtigkeit emporzusteigen versucht, daß er jetzt jenem Dämon ähnelt, ohne von Anbeginn etwas anderes als ein armer Mensch zu sein, und vor allem, daß er in jedem Augenblicke an sich selbst sein Menschentum zu büßen hat und sich an einer unmöglichen Tugend tragisch verzehrt – dies alles stellt ihn in eine einsame Höhe hin, als das *ehrwürdigste* Exemplar der Gattung Mensch; denn Wahrheit will er, doch nicht nur als kalte folgenlose Erkenntnis, sondern als die ordnende und strafende Richterin, Wahrheit nicht als egoistischen Besitz des einzelnen, sondern als die heilige Berechtigung, alle Grenzsteine egoistischer Besitztümer zu verrücken, Wahrheit mit einem Worte als

Weltgericht und durchaus nicht etwa als erhaschte Beute und Lust des einzelnen Jägers. Nur insofern der Wahrhafte den unbedingten Willen hat, gerecht zu sein, ist an dem überall so gedankenlos glorifizierten Streben nach Wahrheit etwas Großes: während vor dem stumpferen Auge eine ganze Anzahl der verschiedenartigsten Triebe, wie Neugier, Flucht vor der Langeweile, Mißgunst, Eitelkeit, Spieltrieb – Triebe, die gar nichts mit der Wahrheit zu tun haben – mit jenem Streben nach Wahrheit, das seine Wurzel in der Gerechtigkeit hat, zusammenfließen. So scheint zwar die Welt voll zu sein von solchen, die »der Wahrheit dienen«; und doch ist die Tugend der Gerechtigkeit so selten vorhanden, noch seltener erkannt und fast immer auf den Tod gehaßt: wohingegen die Schar der scheinbaren Tugenden zu jeder Zeit geehrt und prunkend einherzog. Der Wahrheit dienen wenige in Wahrheit, weil nur wenige den reinen Willen haben, gerecht zu sein, und selbst von diesen wieder die wenigsten die Kraft, gerecht sein zu können. Es genügt durchaus nicht, den Willen dazu allein zu haben: und die schrecklichsten Leiden sind gerade aus dem Gerechtigkeitstriebe ohne Urteilskraft über die Menschen gekommen; weshalb die allgemeine Wohlfahrt nichts mehr erheischen würde, als den Samen der Urteilskraft so breit wie möglich auszustreuen, damit der Fanatiker von dem Richter, die blinde Begierde, Richter zu sein, von der bewußten Kraft, richten zu dürfen, unterschieden bleibe. Aber wo fände sich ein Mittel, Urteilskraft zu pflanzen! – daher die Menschen, wenn ihnen von Wahrheit und Gerechtigkeit geredet wird, ewig in einem zagenden Schwanken verharren werden, ob zu ihnen der Fanatiker oder der Richter rede. Man soll es ihnen deshalb verzeihen, wenn sie immer mit besonderem Wohlwollen diejenigen »Diener der Wahrheit« begrüßt haben, die weder den Willen noch die Kraft zu richten besitzen und sich die Aufgabe stellen, die »reine, folgenlose« Erkenntnis oder, deutlicher, die Wahrheit, bei der nichts herauskommt, zu suchen. Es gibt sehr viele gleichgültige Wahrheiten; es gibt Probleme, über die richtig zu urteilen nicht einmal Überwindung, geschweige denn Aufopferung kostet. In diesem gleichgültigen und ungefährlichen Bereiche gelingt es einem Menschen wohl, zu einem kalten Dämon der Erkenntnis zu werden; und trotzdem! Wenn selbst, in besonders begünstigten Zeiten, ganze Gelehrten- und Forscher-Kohorten in solche Dämonen umgewandelt werden – immerhin bleibt es leider möglich, daß eine solche Zeit an strenger und großer Gerechtigkeit, kurz, an dem edelsten Kerne des sogenannten Wahrheitstriebes Mangel leidet.

Nun stelle man sich den historischen Virtuosen der Gegenwart vor Augen: ist er der gerechteste Mann seiner Zeit? Es ist wahr, er hat in sich eine solche Zartheit und Erregbarkeit der Empfindung ausgebildet, daß ihm gar nichts Menschliches fernbleibt; die verschiedensten Zeiten und Personen klingen sofort auf seiner Lyra in verwandten Tönen nach: er ist zum nachtönenden Passivum geworden, das durch sein Ertönen wieder auf andre derartige Passiva wirkt: bis endlich die ganze Luft einer Zeit von solchen durcheinanderschwirrenden zarten und verwandten Nachklängen erfüllt ist. Doch scheint es mir, daß man gleichsam nur die Obertöne jedes originalen geschichtlichen Haupttons vernimmt: das Derbe und Mächtige des Originals ist aus dem sphärisch-dünnen und spitzen Saitenklange nicht mehr zu erraten. Dafür weckte der Originalton meistens Taten, Nöte, Schrecken, dieser lullt uns ein und macht uns zu weichlichen Genießern; es ist, als ob man die heroische Symphonie für zwei Flöten eingerichtet und zum Gebrauch von träumerischen Opiumrauchern bestimmt habe. Daran mag man nun schon ermessen, wie es mit dem obersten Anspruche des modernen Menschen, auf höhere und reinere Gerechtigkeit, bei diesen Virtuosen stehen wird; diese Tugend hat nie etwas Gefälliges, kennt keine reizenden Wallungen, ist hart und schrecklich. Wie niedrig steht, an ihr gemessen, schon die Großmut auf der Stufenleiter der Tugenden, die Großmut, welche die Eigenschaft einiger und seltener Historiker ist! Aber viel mehrere bringen es nur zur Toleranz, zum Geltenlassen des einmal nicht Wegzuleugnenden, zum Zurechtlegen und maßvoll-wohlwollenden Beschönigen, in der klugen Annahme, daß der Unerfahrene es als Tugend der Gerechtigkeit auslege, wenn das Vergangene überhaupt ohne harte Akzente und ohne den Ausdruck des Hasses erzählt wird. Aber nur die überlegene Kraft kann richten, die Schwäche muß tolerieren, wenn sie nicht Stärke heucheln und die Gerechtigkeit auf dem Richterstuhle zur Schauspielerin machen will. Nun ist sogar noch eine fürchterliche Spezies von Historikern übrig, tüchtige, strenge und ehrliche Charaktere – aber enge Köpfe; hier ist der gute Wille, gerecht zu sein, ebenso vorhanden wie das Pathos des Richtertums: aber alle Richtersprüche sind falsch, ungefähr aus dem gleichen Grunde, aus dem die Urteilssprüche der gewöhnlichen Geschworenen-Kollegien falsch sind. Wie unwahrscheinlich ist also die Häufigkeit des historischen Talentes! Um hier ganz von den verkappten Egoisten und Parteigängern abzusehn, die zum bösen Spiele, das sie spielen, eine recht objektive Miene machen. Ebenso abgesehn von den ganz unbesonnenen Leuten, die als Historiker im naiven Glauben schreiben, daß gerade ihre Zeit in allen Popularansichten recht habe, und daß dieser Zeit gemäß zu schreiben so viel heiße, als überhaupt gerecht zu sein; ein Glaube, in dem eine jede Religion lebt, und über den, bei Religionen, nichts weiter zu sagen ist. Jene naiven Historiker nennen »Objektivität« das Messen vergangner Meinungen und Taten an den Allerwelts-Meinungen des Augenblicks: hier finden sie den Kanon aller Wahrheiten; ihre Arbeit ist, die Vergangenheit der zeitgemäßen Trivialität anzupassen. Dagegen nennen sie jede Geschichtschreibung »subjektiv«, die jene Popularmeinungen nicht als kanonisch nimmt.

Und sollte nicht selbst bei der höchsten Ausdeutung des Wortes Objektivität eine Illusion mit unterlaufen? Man versteht dann mit diesem Worte einen Zustand im Historiker, in dem er ein Ereignis in allen seinen Motiven und Folgen so rein anschaut, daß es auf sein Subjekt gar keine Wirkung tut: man meint jenes ästhetische Phänomen, jenes Losgebundensein vom persönlichen Interesse, mit dem der Maler in einer stürmischen Landschaft, unter Blitz und Donner, oder auf bewegter See sein inneres Bild schaut, man meint das völlige Versunkensein in die Dinge: ein Aberglaube jedoch ist es, daß das Bild, welches die Dinge in einem solchermaßen gestimmten Menschen zeigen, das empirische Wesen der Dinge wiedergebe. Oder sollten sich in jenen Momenten die Dinge gleichsam durch ihre eigene Tätigkeit auf einem reinen Passivum abzeichnen, abkonterfeien, abphotographieren?

Dies wäre eine Mythologie und eine schlechte obendrein: zudem vergäßte man, daß jener Moment gerade der kräftigste und selbsttätigste Zeugungsmoment im Innern des Künstlers ist, ein Kompositionsmoment allerhöchster Art, dessen Resultat wohl ein künstlerisch wahres, nicht ein historisch wahres Gemälde sein wird. In dieser Weise die Geschichte objektiv denken ist die stille Arbeit des Dramatikers; nämlich alles aneinander denken, das Vereinzelte zum Ganzen weben: überall mit der Voraussetzung, daß eine Einheit des Planes in die Dinge gelegt werden müsse, wenn sie nicht darinnen sei. So überspinnt der Mensch die Vergangenheit und bändigt sie, so äußert sich sein Kunsttrieb – nicht aber sein Wahrheits-, sein Gerechtigkeitstrieb. Objektivität und Gerechtigkeit haben nichts miteinander zu tun. Es wäre eine Geschichtsschreibung zu denken, die keinen Tropfen der gemeinen empirischen Wahrheit in sich hat und doch im höchsten Grade auf das Prädikat der Objektivität Anspruch machen dürfte. Ja, Grillparzer wagt zu erklären: »was ist denn Geschichte anders als die Art, wie der Geist des Menschen die ihm *undurchdringlichen Begebenheiten* aufnimmt; das, weiß Gott ob Zusammengehörige verbindet; das Unverständliche durch etwas Verständliches ersetzt; seine Begriffe von Zweckmäßigkeit nach außen einem Ganzen unterschiebt, das wohl nur eine nach innen kennt; und wieder Zufall annimmt, wo tausend kleine Ursachen wirkten. Jeder Mensch hat zugleich seine Separatnotwendigkeit, so daß Millionen Richtungen parallel in krummen und geraden Linien nebeneinander laufen, sich durchkreuzen, fördern, hemmen, vor- und rückwärts streben und dadurch füreinander den Charakter des Zufalls annehmen, und es so, abgerechnet die Einwirkungen der Naturereignisse, unmöglich machen, eine durchgreifende, alle umfassende Notwendigkeit des Geschehenden nachzuweisen.« Nun soll aber gerade, als Ergebnis jenes »objektiven« Blicks auf die Dinge, eine solche Notwendigkeit ans Licht gezogen werden! Dies ist eine Voraussetzung, die, wenn sie als Glaubenssatz vom Historiker ausgesprochen wird, nur wunderliche Gestalt annehmen kann; Schiller zwar ist über das recht eigentlich Subjektive dieser Annahme völlig im klaren, wenn er vom Historiker sagt: »eine Erscheinung nach der andern fängt an, sich dem blinden Ohngefähr, der gesetzlosen Freiheit zu entziehen und sich einem übereinstimmenden Ganzen – *das freilich nur in seiner Vorstellung vorhanden ist* – als ein passendes Glied einzureihen.« Was soll man aber von der so glaubensvoll eingeführten, zwischen Tautologie und Widersinn künstlich schwebenden Behauptung eines berühmten historischen Virtuosen halten: »es ist nicht anders, als daß alles menschliche Tun und Treiben dem leisen und der Bemerkung oft entzogenen, aber gewaltigen und unaufhaltsamen Gange der Dinge unterworfen ist«? In einem solchen Satze spürt man nicht mehr rätselhafte Weisheit als unrätselhafte Unweisheit; wie im Ausspruch des Goetheschen Hofgärtners, »die Natur läßt sich wohl forcieren, aber nicht zwingen«, oder in der Inschrift einer Jahrmarktsbude, von der Swift erzählt: »hier ist zu sehen der größte Elefant der Welt, mit Ausnahme seiner selbst.« Denn welches ist doch der Gegensatz zwischen dem Tun und Treiben der Menschen und dem Gange der Dinge? Überhaupt fällt mir auf, daß solche Historiker, wie jener, von dem wir einen Satz anführten, nicht mehr belehren, sobald sie allgemein werden und dann das Gefühl ihrer Schwäche in Dunkelheiten zeigen. In andern Wissenschaften sind die Allgemeinheiten das Wichtigste, insofern sie die Gesetze enthalten: sollten aber solche Sätze wie der angeführte für Gesetze gelten wollen, so wäre zu entgegnen, daß dann die Arbeit des Geschichtsschreibers verschwendet ist; denn was überhaupt an solchen Sätzen wahr bleibt, nach Abzug jenes dunklen unauflöslichen Restes, von dem wir sprachen – das ist bekannt und sogar trivial; denn es wird jedem in dem kleinsten Bereiche der Erfahrungen vor die Augen kommen. Deshalb aber ganze Völker inkommodieren und mühsame Arbeitsjahre darauf wenden hieße doch nichts anderes, als in den Naturwissenschaften Experiment auf Experiment häufen, nachdem aus dem vorhandenen Schatze der Experimente längst das Gesetz abgeleitet werden kann: an welchem sinnlosen Übermaß des Experimentierens übrigens nach Zöllner die gegenwärtige Naturwissenschaft leiden soll. Wenn der Wert eines Dramas nur in dem Schluß- und Hauptgedanken liegen sollte, so würde das Drama selbst ein möglichst weiter, ungerader und mühsamer Weg zum Ziele sein; und so hoffe ich, daß die Geschichte ihre Bedeutung nicht in den allgemeinen Gedanken, als einer Art von Blüte und Frucht, erkennen dürfe: sondern daß ihr Wert gerade der ist, ein bekanntes, vielleicht gewöhnliches Thema, eine Alltags-Melodie geistreich zu umschreiben, zu erheben, zum umfassenden Symbol zu steigern und so in dem Original-Thema eine ganze Welt von Tiefsinn, Macht und Schönheit ahnen zu lassen.

Dazu gehört aber vor allem eine große künstlerische Potenz, ein schaffendes Darüberschweben, ein liebendes Versenktsein in die empirischen

Data, ein Weiterdichten an gegebnen Typen – dazu gehört allerdings Objektivität, aber als positive Eigenschaft. So oft aber ist Objektivität nur eine Phrase. An Stelle jener innerlich blitzenden, äußerlich unbewegten und dunklen Ruhe des Künstlerauges tritt die Affektation der Ruhe; wie sich der Mangel an Pathos und moralischer Kraft als schneidende Kälte der Betrachtung zu verkleiden pflegt. In gewissen Fällen wagt sich die Banalität der Gesinnung, die Jedermanns-Weisheit, die nur durch ihre Langweiligkeit den Eindruck des Ruhigen, Unaufgeregten macht, hervor, um für jenen künstlerischen Zustand zu gelten, in welchem das Subjekt schweigt und völlig unbemerkbar wird. Dann wird alles hervorgesucht, was überhaupt nicht aufregt, und das trockenste Wort ist gerade recht. Ja man geht so weit, anzunehmen, daß der, den ein Moment der Vergangenheit *gar nichts angehe*, berufen sei, ihn darzustellen. So verhalten sich häufig Philologen und Griechen zueinander: sie gehen sich gar nichts an – das nennt man dann wohl auch »Objektivität«! Wo nun gerade das Höchste und Seltenste dargestellt werden soll, da ist das absichtliche und zur Schau getragene Unbeteiligtsein, die hervorgesuchte nüchtern-flache Motivierungskunst geradezu empörend – wenn nämlich die *Eitelkeit* des Historikers zu dieser objektiv sich gebärdenden Gleichgültigkeit treibt. Übrigens hat man bei solchen Autoren sein Urteil näher nach dem Grundsatze zu motivieren, daß jeder Mann gerade so viel Eitelkeit hat, als es ihm an Verstande fehlt. Nein, seid wenigstens ehrlich! Sucht nicht den Schein der künstlerischen Kraft, die wirklich Objektivität zu nennen ist, sucht nicht den Schein der Gerechtigkeit, wenn ihr nicht zu dem furchtbaren Berufe des Gerechten geweiht seid. Als ob es auch die Aufgabe jeder Zeit wäre, gegen alles, was einmal war, gerecht sein zu müssen! Zeiten und Generationen haben sogar niemals recht, Richter aller früheren Zeiten und Generationen zu sein: sondern immer nur einzelnen, und zwar den Seltensten fällt einmal eine so unbequeme Mission zu. Wer zwingt euch zu richten? Und dann – prüft euch nur, ob ihr gerecht sein könntet, wenn ihr es wolltet! Als Richter müßtet ihr höher stehen als der zu Richtende; während ihr nur später gekommen seid. Die Gäste, die zuletzt zur Tafel kommen, sollen mit Recht die letzten Plätze erhalten: und ihr wollt die ersten haben? Nun dann tut wenigstens das Höchste und Größte; vielleicht macht man euch dann wirklich Platz, auch wenn ihr zuletzt kommt.

Nur aus der höchsten Kraft der Gegenwart dürft ihr das Vergangne deuten: nur in der stärksten Anspannung eurer edelsten Eigenschaften werdet ihr erraten, was in dem Vergangnen wissens- und bewahrenswürdig und groß ist. Gleiches durch Gleiches! Sonst zieht ihr das Vergangne zu euch nieder. Glaubt einer Geschichtsschreibung nicht, wenn sie nicht aus dem Haupte der seltensten Geister herausspringt; immer aber werdet ihr merken, welcher Qualität ihr Geist ist, wenn sie genötigt wird, etwas Allgemeines auszusprechen oder etwas Allbekanntes noch einmal zu sagen:

der echte Historiker muß die Kraft haben, das Allbekannte zum Niegehörten umzuprägen und das Allgemeine so einfach und tief zu verkünden, daß man die Einfachheit über der Tiefe und die Tiefe über der Einfachheit übersieht. Es kann keiner zugleich ein großer Historiker, ein künstlerischer Mensch und ein Flachkopf sein: dagegen soll man nicht die karrenden, aufschüttenden, sichtenden Arbeiter geringschätzen, weil sie gewiß nicht zu großen Historikern werden können; man soll sie noch weniger mit jenen verwechseln, sondern sie als die nötigen Gesellen und Handlanger im Dienste des Meisters begreifen: so etwa wie die Franzosen, mit größerer Naivität als bei den Deutschen möglich, von den *historiens de M. Thiers* zu reden pflegten. Diese Arbeiter sollen allmählich große Gelehrte werden, können aber deshalb doch nie Meister sein. Ein großer Gelehrter und ein großer Flachkopf – das geht schon leichter miteinander unter einen Hut.

Also: Geschichte schreibt der Erfahrene und Überlegene. Wer nicht einiges größer und höher erlebt hat als alle, wird auch nichts Großes und Hohes aus der Vergangenheit zu deuten wissen. Der Spruch der Vergangenheit ist immer ein Orakelspruch: nur als Baumeister der Zukunft, als Wissende der Gegenwart werdet ihr ihn verstehn. Man erklärt jetzt die außerordentlich tiefe und weite Wirkung Delphis besonders daraus, daß die delphischen Priester genaue Kenner des Vergangnen waren; jetzt geziemt sich zu wissen, daß nur der, welcher die Zukunft baut, ein Recht hat, die Vergangenheit zu richten. Dadurch, daß ihr vorwärts seht, ein großes Ziel euch steckt, bändigt ihr zugleich jenen üppigen analytischen Trieb, der euch jetzt die Gegenwart verwüstet und alle Ruhe, alles friedfertige Wachsen und Reifwerden fast unmöglich macht. Zieht um euch den Zaun einer großen und umfänglichen Hoffnung, eines hoffenden Strebens. Formt in euch ein Bild, dem die Zukunft entsprechen soll, und vergeßt den Aberglauben, Epigonen zu sein. Ihr habt genug zu ersinnen und zu erfinden, indem ihr auf jenes zukünftige Leben sinnt; aber fragt nicht bei der Geschichte an, daß sie euch das Wie? das Womit? zeige. Wenn ihr euch dagegen in die Geschichte großer Männer hineinlebt, so werdet ihr aus ihr ein oberstes Gebot lernen, reif zu werden und jenem lähmenden Erziehungsbanne der Zeit zu entfliehen, die ihren Nutzen darin sieht, euch nicht reif werden zu lassen, um euch, die Unreifen, zu beherrschen und auszubeuten. Und wenn ihr nach Biographien verlangt, dann nicht nach jenen mit dem Refrain »Herr Soundso und seine Zeit«, sondern nach solchen, auf deren Titelblatte es heißen müßte »ein Kämpfer gegen seine Zeit«. Sättigt eure Seelen an Plutarch und wagt es, an euch selbst zu glauben, indem ihr an seine Helden glaubt. Mit einem Hundert solcher unmodern erzogener, das heißt reif gewordener und an das Heroische gewöhnter Menschen ist jetzt die ganze lärmende Afterbildung dieser Zeit zum ewigen Schweigen zu bringen. –

7

Der historische Sinn, wenn er *ungebändigt* waltet und alle seine Konsequenzen zieht, entwurzelt die Zukunft, weil er die Illusionen zerstört und den bestehenden Dingen ihre Atmosphäre nimmt, in der sie allein leben können. Die historische Gerechtigkeit, selbst wenn sie wirklich und in reiner Gesinnung geübt wird, ist deshalb eine schreckliche Tugend, weil sie immer das Lebendige untergräbt und zu Fall bringt: ihr Richten ist immer ein Vernichten. Wenn hinter dem historischen Triebe kein Bautrieb wirkt, wenn nicht zerstört und aufgeräumt wird, damit eine bereits in der Hoffnung lebendige Zukunft auf dem befreiten Boden ihr Haus baue, wenn die Gerechtigkeit allein waltet, dann wird der schaffende Instinkt entkräftet und entmutigt. Eine Religion zum Beispiel, die in historisches Wissen, unter dem Walten der reinen Gerechtigkeit, umgesetzt werden soll, eine Religion, die durch und durch wissenschaftlich erkannt werden soll, ist am Ende dieses Weges zugleich vernichtet. Der Grund liegt darin, daß bei der historischen Nachrechnung jedesmal so viel Falsches, Rohes, Unmenschliches, Absurdes, Gewaltsames zutage tritt, daß die pietätvolle Illusions-Stimmung, in der alles, was leben will, allein leben kann, notwendig zerstiebt: nur in Liebe aber, nur umschattet von der Illusion der Liebe, schafft der Mensch, nämlich nur im unbedingten Glauben an das Vollkommne und Rechte. Jedem, den man zwingt, nicht mehr unbedingt zu lieben, hat man die Wurzeln seiner Kraft abgeschnitten: er muß verdorren, nämlich unehrlich werden. In solchen Wirkungen ist der Historie die Kunst entgegengesetzt: und nur wenn die Historie es erträgt, zum Kunstwerk umgebildet, also reines Kunstgebilde zu werden, kann sie vielleicht Instinkte erhalten oder sogar wecken. Eine solche Geschichtsschreibung würde aber durchaus dem analytischen und unkünstlerischen Zuge unserer Zeit widersprechen, ja von ihr als Fälschung empfunden werden. Historie aber, die nur zerstört, ohne daß ein innrer Bautrieb sie führt, macht auf die Dauer ihre Werkzeuge blasiert und unnatürlich: denn solche Menschen zerstören Illusionen, und »wer die Illusion in sich und anderen zerstört, den straft die Natur als der strengste Tyrann«. Eine gute Zeit lang zwar kann man sich wohl mit der Historie völlig harmlos und unbedachtsam beschäftigen, als ob es eine Beschäftigung so gut wie jede andre wäre; insbesondere scheint die neuere Theologie sich rein aus Harmlosigkeit mit der Geschichte eingelassen zu haben und jezt noch will sie es kaum merken, daß sie damit, wahrscheinlich sehr wider Willen, im Dienste des Voltaireschen *écrasez* steht. Vermute niemand dahinter neue kräftige Bau-Instinkte; man müßte denn den sogenannten Protestanten-Verein als Mutterschoß einer neuen Religion und etwa den Juristen Holtzendorf (den Herausgeber und Vorredner der noch viel sogenannteren Protestanten-Bibel) als Johannes am Flusse Jordan gelten lassen. Einige Zeit hilft vielleicht die in älteren Köpfen noch qualmende Hegelsche Philosophie zur Propagation jener Harmlosigkeit, etwa dadurch, daß man die »Idee des Christentums« von ihren mannigfach unvollkommenen »Erscheinungsformen« unterscheidet und sich vorredet, es sei wohl gar die »Liebhaberei der Idee«, sich in immer reineren Formen zu offenbaren, zuletzt nämlich als die gewiß allerreinste, durchsichtigste, ja kaum sichtbare Form im Hirne des jetzigen *theologus liberalis vulgaris*. Hört man aber diese allerreinlichsten Christentümer sich über die früheren unreinlichen Christentümer aussprechen, so hat der nichtbeteiligte Zuhörer oft den Eindruck, es sei gar nicht vom Christentume die Rede, sondern von – nun woran sollen wir denken? wenn wir das Christentum von dem »größten Theologen des Jahrhunderts« als die Religion bezeichnet finden, die es verstattet, »sich in alle wirklichen und noch einige andere bloß mögliche Religionen hineinzuempfinden«, und wenn die »wahre Kirche« die sein soll, welche »zur fließenden Masse wird, wo es keine Umrisse gibt, wo jeder Teil sich bald hier, bald dort befindet und alles sich friedlich untereinander mengt«. – Nochmals, woran sollen wir denken?

Was man am Christentume lernen kann, daß es unter der Wirkung einer historisierenden Behandlung blasiert und unnatürlich geworden ist, bis endlich eine vollkommen historische, das heißt gerechte Behandlung es in reines Wissen um das Christentum auflöst und dadurch vernichtet, das kann man an allem, was Leben hat, studieren: daß es aufhört zu leben, wenn es zu Ende seziert ist und schmerzlich und krankhaft lebt, wenn man anfängt, an ihm die historischen Sezierübungen zu machen. Es gibt Menschen, die an eine umwälzende und reformierende Heilkraft der deutschen Musik unter Deutschen glauben: sie empfinden es mit Zorn und halten es für ein Unrecht, begangen am Lebendigsten unsrer Kultur, wenn solche Männer wie Mozart und Beethoven bereits jetzt mit dem ganzen gelehrten Wust des Biographischen überschüttet und mit dem Foltersystem historischer Kritik zu Antworten auf tausend zudringliche Fragen gezwungen werden. Wird nicht dadurch das in seinen lebendigen Wirkungen noch gar nicht Erschöpfte zur Unzeit abgetan oder mindestens gelähmt, daß man die Neubegierde auf zahllose Mikrologien des Lebens und der Werke richtet und Erkenntnis-Probleme dort sucht, wo man lernen sollte zu leben und alle Probleme zu vergessen? Versetzt nur ein paar solcher modernen Biographen in Gedanken an die Geburtsstätte des Christentums oder der Lutherschen Reformation; ihre nüchterne pragmatisierende Neubegier hätte gerade ausgereicht, um jede geisterhafte *actio in distans* unmöglich zu machen: wie das elendeste Tier die Entstehung der mächtigsten Eiche verhindern kann, dadurch, daß es die Eichel verschluckt. Alles Lebendige braucht um sich eine Atmosphäre, einen geheimnisvollen Dunstkreis; wenn man ihm diese Hülle nimmt, wenn man eine Religion, eine Kunst, ein Genie verurteilt, als Gestirn ohne Atmosphäre zu kreisen: so soll man sich über das schnelle Verdorren, Hart- und Unfruchtbarwerden nicht mehr wundern. So ist es nun einmal bei allen großen Dingen,

»die nie ohn' ein'gen Wahn gelingen«,

wie Hans Sachs in den Meistersingern sagt.

Aber selbst jedes Volk, ja jeder Mensch, der *reif* werden will, braucht einen solchen umhüllenden Wahn, eine solche schützende und umschleiernde Wolke; jetzt aber haßt man das Reifwerden überhaupt, weil man die Historie mehr als das Leben ehrt. Ja man triumphiert darüber, daß jetzt »die Wissenschaft anfange, über das Leben zu herrschen«: möglich, daß man das erreicht; aber gewiß ist ein derartig beherrschtes Leben nicht viel wert, weil es viel weniger *Leben* ist und viel weniger Leben für die Zukunft verbürgt als das ehemals nicht durch das Wissen, sondern durch Instinkte und kräftige Wahnbilder beherrschte Leben. Aber es soll auch gar nicht, wie gesagt, das Zeitalter der fertig und reif gewordenen, der harmonischen Persönlichkeiten sein, sondern das der gemeinsamen möglichst nutzbaren Arbeit. Das heißt eben doch nur: die Menschen sollen zu den Zwecken der Zeit abgerichtet werden, um so zeitig als möglich mit Hand anzulegen: sie sollen in der Fabrik der allgemeinen Utilitäten arbeiten, bevor sie reif sind, ja damit sie gar nicht mehr reif werden – weil dies ein Luxus wäre, der »dem Arbeitsmarkte« eine Menge von Kraft entziehen würde. Man blendet einige Vögel, damit sie schöner singen: ich glaube nicht, daß die jetzigen Menschen schöner singen als ihre Großväter, aber das weiß ich, daß man sie zeitig blendet. Das Mittel aber, das versuchte Mittel, das man anwendet, um sie zu blenden, ist *allzu helles, allzu plötzliches, allzu wechselndes Licht*. Der junge Mensch wird durch alle Jahrtausende gepeitscht: Jünglinge, die nichts von einem Kriege, einer diplomatischen Aktion, einer Handelspolitik verstehen, werden der Einführung in die politische Geschichte für würdig befunden. So aber, wie der junge Mensch durch die Geschichte läuft, so laufen wir Modernen durch die Kunstkammern, so hören wir Konzerte. Man fühlt wohl, das klingt anders als jenes, das wirkt anders als jenes: dies Gefühl der Befremdung immer mehr zu verlieren, über nichts mehr übermäßig zu erstaunen, endlich alles sich gefallen zu lassen – das nennt man dann wohl den historischen Sinn, die historische Bildung. Ohne Beschönigung des Ausdrucks gesprochen: die Masse des Einströmenden ist so groß, das Befremdende, Barbarische und Gewaltsame dringt so übermächtig, »zu scheußlichen Klumpen geballt«, auf die jugendliche Seele ein, daß sie sich nur mit einem vorsätzlichen Stumpfsinn zu retten weiß. Wo ein feineres und stärkeres Bewußtsein zugrunde lag, stellt sich wohl auch eine andre Empfindung ein: Ekel. Der junge Mensch ist so heimatlos geworden und zweifelt an allen Sitten und Begriffen. Jetzt weiß er es: in allen Zeiten war es anders, es kommt nicht darauf an, wie du bist. In schwermütiger Gefühllosigkeit läßt er Meinung auf Meinung an sich vorübergehn und begreift das Wort und die Stimmung Hölderlins beim Lesen des Laertius Diogenes über Leben und Lehren griechischer Philosophen: »ich habe auch hier wieder erfahren, was mir schon manchmal begegnet ist, daß mir nämlich das Vorübergehende und Abwechselnde der menschlichen Gedanken und Systeme fast tragischer aufgefallen ist als die Schicksale, die man gewöhnlich allein die wirklichen nennt.« Nein, ein solches überschwemmendes, betäubendes und gewaltsames Historisieren ist gewiß nicht für die Jugend nötig, wie die Alten zeigen, ja im höchsten Grade gefährlich, wie die Neueren zeigen. Nun betrachte man aber gar den historischen Studenten, den Erben einer allzufrühen, fast im Knabenalter schon sichtbar gewordenen Blasiertheit. Jetzt ist ihm die »Methode« zu eigner Arbeit, der rechte Griff und der vornehme Ton nach des Meisters Manier zu eigen geworden; ein ganz isoliertes Kapitelchen der Vergangenheit ist seinem Scharfsinn und der erlernten Methode zum Opfer gefallen; er hat bereits produziert, ja mit solzerem Worte, er hat »geschaffen«, er ist nun Diener der Wahrheit durch die Tat und Herr im historischen Weltbereiche geworden. War er schon als Knabe »fertig«, so ist er nun bereits überfertig man braucht an ihm nur zu schütteln, so fällt einem die Weisheit mit Geprassel in den Schoß; doch die Weisheit ist faul und jeder Apfel hat seinen Wurm. Glaubt es mir: wenn die Menschen in der wissenschaftlichen Fabrik arbeiten und nutzbar werden sollen, bevor sie reif sind, so ist in kurzem die Wissenschaft ebenso ruiniert wie die allzuzeitig in dieser Fabrik verwendeten Sklaven. Ich bedaure, daß man schon nötig hat, sich des sprachlichen Jargons der Sklavenhalter und Arbeitgeber zur Bezeichnung solcher Verhältnisse zu bedienen, die an sich frei von Utilitäten, enthoben der Lebensnot gedacht werden sollten; aber unwillkürlich drängen sich die Worte »Fabrik«, »Arbeitsmarkt«, »Angebot«, »Nutzbarmachung« – und wie all die Hilfszeitwörter des Egoismus lauten – auf die Lippen, wenn man die jüngste Generation der Gelehrten schildern will. Die gediegene Mittelmäßigkeit wird immer mittelmäßiger, die Wissenschaft im ökonomischen Sinne immer nutzbarer. Eigentlich sind die allerneuesten Gelehrten nur in einem Punkte weise, darin freilich weiser als alle Menschen der Vergangenheit, in allen übrigen Punkten nur unendlich anders – vorsichtig gesprochen – als alle Gelehrten alten Schlags. Trotzdem fordern sie Ehren und Vorteile für sich ein, als ob der Staat und die öffentliche Meinung verpflichtet wären, die neuen Münzen für ebenso voll zu nehmen wie die alten. Die Kärrner haben unter sich einen Arbeitsvertrag gemacht und das Genie als überflüssig dekretiert – dadurch, daß jeder Kärrner zum Genie umgestempelt wird; wahrscheinlich wird es eine spätere Zeit ihren Bauten ansehen, daß sie zusammengekarrt, nicht zusammengebaut sind. Denen, die unermüdlich den modernen Schlacht- und Opferruf

»Teilung der Arbeit! In Reih und Glied!« im Munde führen, ist einmal klärlich und rund zu sagen: wollt ihr die Wissenschaft möglichst schnell fördern, so werdet ihr sie euch möglichst schnell vernichten; wie euch die Henne zugrunde geht, die ihr künstlich zum allzuschnellen Eierlegen zwingt. Gut, die Wissenschaft ist in den letzten Jahrzehnten erstaunlich schnell gefördert worden: aber seht euch nun auch die Gelehrten, die erschöpften Hennen an. Es sind wahrhaftig keine »harmonischen« Naturen; nur gackern können sie mehr als je, weil sie öfter Eier legen: freilich sind auch die Eier immer kleiner (obzwar die Bücher immer dicker) geworden. Als letztes und natürliches Resultat ergibt sich das allgemein beliebte »Popularisieren« (nebst »Feminisieren« und »Infantisieren«) der Wissenschaft, das heißt das berüchtigte Zuschneiden des Rocks der Wissenschaft auf den Leib des »gemischten Publikums«: um uns hier einmal für eine schneidermäßige Tätigkeit auch eines schneidermäßigen Deutsches zu befleißigen. Goethe sah darin einen Mißbrauch und verlangte, daß die Wissenschaften nur durch eine *erhöhte Praxis* auf die äußere Welt wirken sollten. Den älteren Gelehrten-Generationen dünkte überdies ein solcher Mißbrauch aus guten Gründen schwer und lästig: ebenfalls aus guten Gründen fällt er den jüngeren Gelehrten leicht, weil sie selbst, von einem ganz kleinen Wissens-Winkel abgesehn, sehr gemischtes Publikum sind und dessen Bedürfnisse in sich tragen. Sie brauchen sich nur einmal bequem hinzusetzen, so gelingt es ihnen, auch ihr kleines Studienbereich jener gemischt-populären Bedürfnis-Neubegier aufzuschließen. Für diesen Bequemlichkeitsakt prätendiert man hinterdrein den Namen »bescheidene Herablassung des Gelehrten zu seinem Volke«: während im Grunde der Gelehrte nur zu sich, soweit er nicht Gelehrter, sondern Pöbel ist, herabstieg. Schafft euch den Begriff eines »Volkes«: den könnt ihr nie edel und hoch genug denken. Dächtet ihr groß vom Volke, so wäret ihr auch barmherzig gegen dasselbe und hütetet euch wohl, euer historisches Scheidewasser ihm als Lebens- und Labetrank anzubieten. Aber ihr denkt im tiefsten Grunde von ihm gering, weil ihr vor seiner Zukunft keine wahre und sicher gegründete Achtung haben dürft, und ihr handelt als praktische Pessimisten, ich meine als Menschen, welche die Ahnung eines Unterganges leitet und die dadurch gegen das fremde, ja gegen das eigne Wohl gleichgültig und läßlich werden. Wenn *uns* nur die Scholle noch trägt! Und wenn sie uns nicht mehr trägt, dann soll es auch recht sein: – so empfinden sie und leben eine *ironische* Existenz.

8

Es darf zwar befremdend, aber nicht widerspruchsvoll erscheinen, wenn ich dem Zeitalter, das so hörbar und aufdringlich in das unbekümmertste Frohlocken über seine historische Bildung auszubrechen pflegt, trotzdem eine Art von *ironischem Selbstbewußtsein* zuschreibe, ein darüberschwebendes Ahnen, daß hier nicht zu frohlocken sei, eine Furcht, daß es vielleicht bald mit aller Lustbarkeit der historischen Erkenntnis vorüber sein werde. Ein ähnliches Rätsel in betreff einzelner Persönlichkeiten hat uns Goethe, durch seine merkwürdige Charakteristik Newtons, hingestellt: er findet im Grunde (oder richtiger: in der Höhe) seines Wesens »eine trübe Ahnung seines Unrechtes«, gleichsam als den in einzelnen Augenblicken bemerkbaren Ausdruck eines überlegenen richtenden Bewußtseins, das über die notwendige ihm innewohnende Natur eine gewisse ironische Übersicht erlangt habe. So findet man gerade in den größer und höher entwickelten historischen Menschen ein oft bis zu allgemeiner Skepsis gedämpftes Bewußtsein davon, wie groß die Ungereimtheit und der Aberglaube sei, zu glauben, daß die Erziehung eines Volkes so überwiegend historisch sein müsse, wie sie es jetzt ist; haben doch gerade die kräftigsten Völker, und zwar kräftig in Taten und Werken, anders gelebt, anders ihre Jugend herangezogen. Aber uns ziemt jene Ungereimtheit, jener Aberglaube – so lautet die skeptische Einwendung – uns, den Spätgekommenen, den abgeblaßten letzten Sprossen mächtiger und frohmütiger Geschlechter, uns, auf die Hesiods Prophezeiung zu deuten ist, daß die Menschen einst sogleich graubehaart geboren würden, und daß Zeus dies Geschlecht vertilgen werde, sobald jenes Zeichen an ihm sichtbar geworden sei. Die historische Bildung ist auch wirklich eine Art angeborner Grauhaarigkeit, und die, welche ihr Zeichen von Kindheit her an sich tragen, müssen wohl zu dem instinktiven Glauben vom *Alter der Menschheit* gelangen: dem Alter aber gebührt jetzt eine greisenhafte Beschäftigung, nämlich Zurückschauen, Überrechnen, Abschließen, Trost suchen im Gewesenen, durch Erinnerungen, kurz historische Bildung. Das Menschengeschlecht ist aber ein zähes und beharrliches Ding und will nicht nach Jahrtausenden, ja kaum nach Hunderttausenden von Jahren in seinen Schritten – vorwärts und rückwärts – betrachtet werden, das heißt, es will als Ganzes von dem unendlich kleinen Atompünktchen, dem einzelnen Menschen, *gar nicht* betrachtet werden. Was wollen denn ein paar Jahrtausende besagen (oder anders ausgedrückt: der Zeitraum von 34 aufeinanderfolgenden, zu 60 Jahren gerechneten Menschenleben), um im Anfang einer solchen Zeit noch von »Jugend«, am Schlusse bereits von »Alter der Menschheit« reden zu können! Steckt nicht vielmehr in diesem lähmenden Glauben an eine bereits abwelkende Menschheit das Mißverständnis einer, vom Mittelalter her vererbten, christlich theologischen Vorstellung, der Gedanke an das nahe Weltende, an das bänglich erwartete Gericht? Umkleidet sich jene Vorstellung wohl durch das gesteigerte historische Richter-Bedürfnis, als ob unsre Zeit, die letzte der möglichen, selbst jenes Weltgericht über alles Vergangne abzuhalten befugt sei, das der christliche Glaube keineswegs vom Menschen, aber von »des Menschen Sohn« erwartete? Früher war dieses der Menschheit sowohl wie dem einzelnen zugerufene »*Memento mori*« ein immer quälender Stachel und gleichsam die Spitze des mittelalterlichen Wissens und Gewissens. Das ihm entgegengerufene Wort der neueren Zeit: »*memento vivere*« klingt, offen zu reden, noch ziemlich verschüchtert, kommt nicht aus voller Kehle und hat beinahe etwas Unehrliches. Denn die Menschheit sitzt noch fest auf dem *Memento mori* und verrät es durch ihr universales historisches Bedürfnis: das Wissen hat, trotz seinem mächtigsten Flügelschlage, sich nicht ins Freie losreißen können, ein tiefes Gefühl von Hoffnungslosigkeit ist übriggeblieben und hat jene historische Färbung angenommen, von der jetzt alle höhere Erziehung und Bildung schwermütig umdunkelt ist. Eine Religion, die von allen Stunden eines Menschenlebens die letzte für die wichtigste hält, die einen Schluß des Erdenlebens überhaupt voraussagt und alle Lebenden verurteilt, im fünften Akt der Tragödie zu leben, regt gewiß die tiefsten und edelsten Kräfte auf, aber sie ist feindlich gegen alles Neu-Anpflanzen, Kühn-Versuchen, Frei-Begehren; sie widerstrebt jedem Fluge ins Unbekannte, weil sie dort nicht liebt, nicht hofft: sie läßt das Werdende sich nur wider Willen aufdrängen, um es, zur rechten Zeit, als einen Verführer zum Dasein, als einen Lügner über den Wert des Daseins beiseite zu drängen oder hinzuopfern. Das, was die Florentiner taten, als sie unter dem Eindruck der Bußpredigten des Savonarola jene berühmten Opferbrände von Gemälden, Manuskripten, Spiegeln, Larven veranstalteten, das möchte das Christentum mit jeder Kultur tun, die zum Weiterstreben reizt und jenes *Memento vivere* als Wahlspruch führt; und wenn es nicht möglich ist, dies auf geradem Wege, ohne Umschweif, nämlich durch Übermacht zu tun, so erreicht es doch ebenfalls sein Ziel, wenn es sich mit der historischen Bildung, meistens sogar ohne deren Mitwissen, verbündet und nun, aus ihr heraus redend, alles Werdende achselzuckend ablehnt und darüber das Gefühl des gar zu Überspäten und Epigonenhaften, kurz der angebornen Grauhaarigkeit ausbreitet. Die herbe und tiefsinnig ernste Betrachtung über den Unwert alles Geschehenen, über das zum-Gericht-Reifsein der Welt, hat sich zu dem skeptischen Bewußtsein verflüchtigt, daß es jedenfalls gut sei, alles Geschehene zu wissen, weil es zu spät dafür sei, etwas Besseres zu tun. So macht der historische Sinn seine Diener passiv und retrospektiv; und beinahe nur aus augenblicklicher Vergeßlichkeit, wenn gerade jener Sinn intermittiert, wird der am historischen Fieber Erkrankte aktiv, um, sobald die Aktion vorüber ist, seine Tat zu sezieren, durch analytische Betrachtung am Weiterwirken zu hindern und sie endlich zur »Historie« abzuhäuten. In diesem Sinne leben wir noch im Mittelalter, ist Historie immer noch eine verkappte Theologie: wie ebenfalls die Ehrfurcht, mit der der unwissenschaftliche Laie die wissenschaftliche Kaste behandelt, eine vom Klerus her vererbte Ehrfurcht ist. Was man früher der Kirche gab, das gibt man jetzt, obzwar spärlicher, der Wissenschaft: daß man aber gibt, hat einstmals die Kirche ausgewirkt, nicht aber erst der moderne Geist, der vielmehr, bei seinen anderen guten Eigenschaften, bekanntlich etwas Knauseriges hat und in der vornehmen Tugend der Freigebigkeit ein Stümper ist.

Vielleicht gefällt diese Bemerkung nicht, vielleicht ebensowenig als jene Ableitung des Übermaßes von Historie aus dem mittelalterlichen *Memento mori* und aus der Hoffnungslosigkeit, die das Christentum gegen alle kommenden Zeiten des irdischen Daseins im Herzen trägt. Man soll aber immerhin diese auch von mir nur zweifelnd hingestellte Erklärung durch bessere Erklärungen ersetzen; denn der Ursprung der historischen Bildung – und ihres innerlich ganz und gar radikalen Widerspruches gegen den Geist einer »neuen Zeit«, eines »modernen Bewußtseins« – dieser Ursprung *muß* selbst wieder historisch erkannt werden, die Historie *muß* das Problem der Historie selbst auflösen, das Wissen *muß* seinen Stachel gegen sich selbst kehren – dieses dreifache *Muß* ist der Imperativ des Geistes der »neuen Zeit«, falls in ihr wirklich etwas Neues, Mächtiges, Lebensverheißendes und Ursprüngliches ist. Oder sollte es wahr sein, daß wir Deutschen – um die romanischen Völker außer dem Spiele zu lassen – in allen höheren Angelegenheiten der Kultur immer nur »Nachkommen« sein müßten, deshalb, weil wir nur dies allein sein *könnten*; wie diesen sehr zu überlegenden Satz einmal Wilhelm Wackernagel ausgesprochen hat: »Wir Deutschen sind einmal ein Volk von Nachkommen, sind mit all unserm höheren Wissen, sind selbst mit unserm Glauben immer nur Nachfolger der alten Welt; auch die es feindlich gestimmt nicht wollen, atmen nächst dem Geiste des Christentums unausgesetzt von dem unsterblichen Geiste altklassischer Bildung, und gelänge es einem, aus der Lebensluft, die den inneren Menschen umgibt, diese zwei Elemente auszuscheiden, es würde nicht viel übrigbleiben, um noch ein geistiges Leben damit zu fristen.« Selbst aber wenn wir bei diesem Berufe, Nachkommen des Altertums zu sein, uns gern beruhigen wollten, selbst wenn wir uns entschlössen, ihn recht nachdrücklich ernst und groß zu nehmen und in dieser Nachdrücklichkeit unser auszeichnendes und einziges Vorrecht anzuerkennen – so würden wir trotzdem genötigt werden zu fragen, ob es ewig unsere Bestimmung sein müsse, *Zöglinge des sinkenden Altertums* zu sein: irgendwann einmal mag es erlaubt sein, unser Ziel schrittweise höher und ferner zu stecken, irgendwann einmal sollten wir uns das Lob zusprechen dürfen, den Geist der alexandrinisch-römischen Kultur in uns – auch durch unsre universale Historie – so fruchtbringend und großartig nachgeschaffen zu haben, um nun, als den edelsten Lohn, uns die noch gewaltigere Aufgabe stellen zu dürfen, hinter diese alexandrinische Welt zurück und über sie hinauszustreben, und unsere Vorbilder mutigen Blicks in der altgriechischen Urwelt des Großen, Natürlichen und Menschlichen zu suchen. *Dort aber finden wir auch die Wirklichkeit einer wesentlich un-*

historischen Bildung und einer trotzdem oder vielmehr deswegen unsäglich reichen und lebensvollen Bildung. Wären wir Deutsche selbst nichts als Nachkommen – wir könnten, indem wir auf eine solche Bildung als eine uns anzueignende Erbschaft blicken, gar nichts Größeres und Stolzeres sein als eben Nachkommen.

Damit soll nur dies und nichts als dies gesagt sein, daß selbst der oftmals peinlich anmutende Gedanke, Epigonen zu sein, groß gedacht, große Wirkungen und ein hoffnungsreiches Begehren der Zukunft, sowohl dem einzelnen als einem Volke verbürgen kann: insofern wir uns nämlich als Erben und Nachkommen klassischer und erstaunlicher Mächte begreifen und darin unsere Ehre, unsern Sporn sehen. Nicht also wie verblaßte und verkümmerte Spätlinge kräftiger Geschlechter, die als Antiquare und Totengräber jener Geschlechter ein fröstelndes Leben fristen. Solche Spätlinge freilich leben eine ironische Existenz: die Vernichtung folgt ihrem hinkenden Lebensgange auf der Ferse; sie schaudern vor ihr, wenn sie sich des Vergangnen erfreuen, denn sie sind lebende Gedächtnisse, und doch ist ihr Gedenken ohne Erben sinnlos. So umfängt sie die trübe Ahnung, daß ihr Leben ein Unrecht sei, da ihm kein kommendes Leben Recht geben kann.

Dächten wir uns aber solche antiquarische Spätlinge plötzlich die Unverschämtheit gegen jene ironisch-schmerzliche Bescheidung eintauschen; denken wir sie uns, wie sie mit gellender Stimme verkünden: das Geschlecht ist auf seiner Höhe, denn jetzt erst hat es das Wissen über sich und ist sich selber offenbar geworden – so hätten wir ein Schauspiel, an dem als an einem Gleichnis die rätselhafte Bedeutung einer gewissen sehr berühmten Philosophie für die deutsche Bildung sich enträtseln wird. Ich glaube, daß es keine gefährliche Schwankung oder Wendung der deutschen Bildung in diesem Jahrhundert gegeben hat, die nicht durch die ungeheure, bis diesen Augenblick fortströmende Einwirkung dieser Philosophie, der Hegelschen, gefährlicher geworden ist. Wahrhaftig, lähmend und verstimmend ist der Glaube, ein Spätling der Zeiten zu sein: furchtbar und zerstörend muß es aber erscheinen, wenn ein solcher Glaube eines Tages mit kecker Umstülpung diesen Spätling als den wahren Sinn und Zweck alles früher Geschehenen vergöttert, wenn sein wissendes Elend einer Vollendung der Weltgeschichte gleichgesetzt wird. Eine solche Betrachtungsart hat die Deutschen daran gewöhnt, vom »Weltprozeß« zu reden und die eigne Zeit als das notwendige Resultat dieses Weltprozesses zu rechtfertigen; eine solche Betrachtungsart hat die Geschichte an Stelle der andern geistigen Mächte, Kunst und Religion, als einzig souverän gesetzt, insofern sie »der sich selbst realisierende Begriff«, insofern sie »die Dialektik der Völkergeister« und das »Weltgericht« ist.

Man hat diese Hegelisch verstandene Geschichte mit Hohn das Wandeln Gottes auf der Erde genannt, welcher Gott aber seinerseits erst durch die

Geschichte gemacht wird. Dieser Gott aber wurde sich selbst innerhalb der Hegelschen Hirnschalen durchsichtig und verständlich und ist bereits alle dialektisch möglichen Stufen seines Werdens, bis zu jener Selbstoffenbarung, emporgestiegen: so daß für Hegel der Höhepunkt und der Endpunkt des Weltprozesses in seiner eignen Berliner Existenz zusammenfielen. Ja er hätte sagen müssen, daß alle nach ihm kommenden Dinge eigentlich nur als eine musikalische Koda des weltgeschichtlichen Rondos, noch eigentlicher, als überflüssig zu schätzen seien. Das hat er nicht gesagt: dafür hat er in die von ihm durchsäuerten Generationen jene Bewunderung vor der »Macht der Geschichte« gepflanzt, die praktisch alle Augenblicke in nackte Bewunderung des Erfolges umschlägt und zum Götzendienste des Tatsächlichen führt: für welchen Dienst man sich jetzt die sehr mythologische und außerdem recht gut deutsche Wendung »den Tatsachen Rechnung tragen« allgemein eingeübt hat. Wer aber erst gelernt hat, vor der »Macht der Geschichte« den Rücken zu krümmen und den Kopf zu beugen, der nickt zuletzt chinesenhaft-mechanisch sein »Ja« zu jeder Macht, sei dies nun eine Regierung oder eine öffentliche Meinung oder eine Zahlen-Majorität, und bewegt seine Glieder genau in dem Takte, in dem irgendeine »Macht« am Faden zieht. Enthält jeder Erfolg in sich eine vernünftige Notwendigkeit, ist jedes Ereignis der Sieg des Logischen oder der »Idee« – dann nur hurtig nieder auf die Knie und nun die ganze Stufenleiter der »Erfolge« abgekniet! Was, es gäbe keine herrschenden Mythologien mehr? Was, die Religionen wären im Aussterben? Seht euch nur die Religion der historischen Macht an, gebt acht auf die Priester der Ideen-Mythologie und ihre zerschundenen Knie! Sind nicht sogar alle Tugenden im Gefolge dieses neuen Glaubens? Oder ist es nicht Selbstlosigkeit, wenn der historische Mensch sich zum objektiven Spiegelglas ausblasen läßt? Ist es nicht Großmut, auf alle Gewalt im Himmel und auf Erden zu verzichten, dadurch, daß man in jeder Gewalt die Gewalt an sich anbetet? Ist es nicht Gerechtigkeit, immer Waagschalen der Mächte in den Händen zu haben und fein zuzusehen, welche als die stärkere und schwerere sich neigt? Und welche Schule der Wohlanständigkeit ist eine solche Betrachtung der Geschichte! Alles objektiv nehmen, über nichts zürnen, nichts lieben, alles begreifen, wie macht das sanft und schmiegsam; und selbst wenn ein in dieser Schule Aufgezogener öffentlich einmal zürnt und sich ärgert, so freut man sich daran, denn man weiß ja, es ist nur artistisch gemeint, es ist *ira* und *studium* und doch ganz und gar *sine ira et studio*.

Was für veraltete Gedanken habe ich gegen einen solchen Komplex von Mythologie und Tugend auf dem Herzen! Aber sie sollen einmal heraus, und man soll nur immer lachen. Ich würde also sagen: die Geschichte prägt immer ein: »es war einmal«, die Moral: »ihr sollt nicht« oder »ihr hättet nicht sollen«. So wird die Geschichte zu einem Kompendium der tatsächlichen Unmoral. Wie schwer würde sich der irren, der die Geschichte zugleich als Richterin dieser tatsächlichen Unmoral ansähe! Es beleidigt zum Beispiel die Moral, daß ein Raffael sechsunddreißig Jahre alt sterben mußte: solch ein Wesen sollte nicht sterben. Wollt ihr nun der Geschichte zu Hilfe kommen, als Apologeten des Tatsächlichen, so werdet ihr sagen: er hat alles, was in ihm lag, ausgesprochen, er hätte, bei längerem Leben, immer nur das Schöne als gleiches Schönes, nicht als neues Schönes schaffen können, und dergleichen. So seid ihr die Advokaten des Teufels, und zwar dadurch, daß ihr den Erfolg, das Faktum zu eurem Götzen macht: während das Faktum immer dumm ist und zu allen Zeiten einem Kalbe ähnlicher gesehen hat als einem Gotte. Als Apologeten der Geschichte souffliert euch überdies die Ignoranz: denn nur weil ihr nicht wißt, was eine solche *natura naturans* wie Raffael ist, macht es euch nicht heiß, zu vernehmen, daß sie war und nicht mehr sein wird. Über Goethe hat uns neuerdings jemand belehren wollen, daß er mit seinen 82 Jahren sich ausgelebt habe: und doch würde ich gern ein paar Jahre des »ausgelebten« Goethe gegen ganze Wagen voll frischer hochmoderner Lebensläufte einhandeln, um noch einen Anteil an solchen Gesprächen zu haben, wie sie Goethe mit Eckermann führte, und um auf diese Weise vor allen zeitgemäßen Belehrungen durch die Legionäre des Augenblicks bewahrt zu bleiben. Wie wenige Lebende haben überhaupt, solchen Toten gegenüber, ein Recht zu leben! Daß die vielen leben und jene wenigen nicht mehr leben, ist nichts als eine brutale Wahrheit, das heißt eine unverbesserliche Dummheit, ein plumpes »es ist einmal so« gegenüber der Moral »es sollte nicht so sein«. Ja, gegenüber der Moral! Denn rede man von welcher Tugend man wolle, von der Gerechtigkeit, Großmut, Tapferkeit, von der Weisheit und dem Mitleid des Menschen – überall ist er dadurch tugendhaft, daß er sich gegen jene blinde Macht der Fakta, gegen die Tyrannei des Wirklichen empört und sich Gesetzen unterwirft, die nicht die Gesetze jener Geschichtsfluktuationen sind. Er schwimmt immer gegen die geschichtlichen Wellen, sei es, daß er seine Leidenschaften als die nächste dumme Tatsächlichkeit seiner Existenz bekämpft oder daß er sich zur Ehrlichkeit verpflichtet, während die Lüge rings um ihn herum ihre glitzernden Netze spinnt. Wäre die Geschichte überhaupt nichts weiter als »das Weltsystem von Leidenschaft und Irrtum«, so würde der Mensch so in ihr lesen müssen, wie Goethe den Werther zu lesen riet: gleich als ob sie riefe, »sei ein Mann und folge mir nicht nach!« Glücklicherweise bewahrt sie aber auch das Gedächtnis an die großen Kämpfer *gegen die Geschichte,* das heißt gegen die blinde Macht des Wirklichen, und stellt sich dadurch selbst an den Pranger, daß sie jene gerade als die eigentlich historischen Naturen heraushebt, die sich um das »so ist es« wenig kümmerten, um vielmehr mit heiterem Stolze einem »so soll es sein« zu folgen. Nicht ihr Geschlecht zu Grabe zu tragen, sondern ein neues Geschlecht zu begründen – das treibt sie unablässig vorwärts: und wenn sie selbst als Spätlinge geboren werden – es gibt eine Art zu leben, dies vergessen zu machen – die kommenden Geschlechter werden sie nur als Erstlinge kennen.

9

Ist vielleicht unsre Zeit ein solcher Erstling? – In der Tat, die Vehemenz ihres historischen Sinnes ist so groß und äußert sich in einer so universalen und schlechterdings unbegrenzten Manier, daß hierin wenigstens die kommenden Zeiten ihre Erstlingschaft preisen werden – falls es nämlich überhaupt *kommende Zeiten,* im Sinne der Kultur verstanden, geben wird. Aber gerade hierüber bleibt ein schwerer Zweifel zurück. Dicht neben dem Stolze des modernen Menschen steht seine *Ironie* über sich selbst, sein Bewußtsein, daß er in einer historisierenden und gleichsam abendlichen Stimmung leben muß, seine Furcht, gar nichts mehr von seinen Jugendhoffnungen und Jugendkräften in die Zukunft retten zu können. Hier und da geht man noch weiter, ins *Zynische,* und rechtfertigt den Gang der Geschichte, ja der gesamten Weltentwicklung ganz eigentlich für den Handgebrauch des modernen Menschen, nach dem zynischen Kanon: gerade so mußte es kommen, wie es gerade jetzt geht, so und nicht anders mußte der Mensch werden, wie jetzt die Menschen sind, gegen dieses Muß darf sich keiner auflehnen. In das Wohlgefühl eines derartigen Zynismus flüchtet sich der, welcher es nicht in der Ironie aushalten kann; ihm bietet überdies das letzte Jahrzehnt eine seiner schönsten Erfindungen zum Geschenke an, eine gerundete und volle Phrase für jenen Zynismus: sie nennt seine Art, zeitgemäß und ganz und gar unbedenklich zu leben, »die volle Hingabe der Persönlichkeit an den Weltprozeß«. Die Persönlichkeit und der Weltprozeß! Der Weltprozeß und die Persönlichkeit des Erdflohs! Wenn man nur nicht ewig die Hyperbel aller Hyperbeln, das Wort: Welt, Welt, Welt hören müßte, da doch jeder, ehrlicherweise, nur von Mensch, Mensch, Mensch reden sollte! Erben der Griechen und Römer? des Christentums? Das scheint alles jenen Zynikern nichts; aber Erben des Weltprozesses! Spitzen und Zielscheiben des Weltprozesses! Sinn und Lösung aller Werde-Rätsel überhaupt, ausgedrückt im modernen Menschen, der reifsten Frucht am Baume der Erkenntnis! – das nenne ich ein schwellendes Hochgefühl; an diesem Wahrzeichen sind die Erstlinge aller Zeiten zu erkennen, ob sie auch gleich zuletzt gekommen sind. So weit flog die Geschichtsbetrachtung noch nie, selbst nicht, wenn sie träumte; denn jetzt ist die Menschengeschichte nur die Fortsetzung der Tier- und Pflanzengeschichte; ja in den untersten Tiefen des Meeres findet der historische Universalist noch die Spuren seiner selbst, als lebenden Schleim; den ungeheuren Weg, den der Mensch bereits durchlaufen hat, wie ein Wunder anstaunend, schwindelt dem Blicke vor dem noch erstaunlicheren Wunder, vor dem modernen Menschen selbst, der diesen Weg zu übersehen vermag. Er steht hoch und stolz auf der Pyramide des Weltprozesses; indem er oben darauf den Schlußstein seiner Erkenntnis legt, scheint er der horchenden Natur rings umher zuzurufen: »wir sind am Ziele, wir sind das Ziel, wir sind die vollendete Natur«.

Überstolzer Europäer des neunzehnten Jahrhunderts, du rasest! Dein Wissen vollendet nicht die Natur, sondern tötet nur deine eigne. Miß nur einmal deine Höhe als Wissender an deiner Tiefe als Könnender. Freilich kletterst du an den Sonnenstrahlen des Wissens aufwärts zum Himmel, aber auch abwärts zum Chaos. Deine Art zu gehen, nämlich als Wissender zu klettern, ist dein Verhängnis; Grund und Boden weicht ins Ungewisse für dich zurück; für dein Leben gibt es keine Stützen mehr, nur noch Spinnefäden, die jeder neue Griff deiner Erkenntnis auseinanderreißt. – Doch darüber kein ernstes Wort mehr, da es möglich ist, ein heiteres zu sagen.

Das rasend-unbedachte Zersplittern und Zerfasern aller Fundamente, ihre Auflösung in ein immer fließendes und zerfließendes Werden, das unermüdliche Zerspinnen und Historisieren alles Gewordenen durch den modernen Menschen, die große Kreuzspinne im Knoten des Weltall-Netzes – das mag den Moralisten, den Künstler, den Frommen, auch wohl den Staatsmann beschäftigen und bekümmern; uns soll es heute einmal erheitern, dadurch, daß wir dies alles im glänzenden Zauberspiegel eines *philosophischen Parodisten* sehen, in dessen Kopfe die Zeit über sich selbst zum ironischen Bewußtsein, und zwar deutlich »bis zur Verruchtheit« (um Goethisch zu reden), gekommen ist. Hegel hat uns einmal gelehrt, »wenn der Geist einen Ruck macht, da sind wir Philosophen auch dabei«: unsere Zeit machte einen Ruck, zur Selbstironie, und siehe! da war auch E. von Hartmann dabei und hatte seine berühmte Philosophie des Unbewußten – oder um deutlicher zu reden – seine Philosophie der unbewußten Ironie geschrieben. Selten haben wir eine lustigere Erfindung und eine mehr philosophische Schelmerei gelesen als die Hartmanns; wer durch ihn nicht über das *Werden* aufgeklärt ist, ja innerlich aufgeräumt wird, ist wirklich reif zum Gewesensein. Anfang und Ziel des Weltprozesses, vom ersten Stutzen des Bewußtseins bis zum Zurückgeschleudertwerden ins Nichts, samt der genau bestimmten Aufgabe unserer Generation für den Weltprozeß, alles dargestellt aus dem so witzig erfundenen Inspirations-Born des Unbewußten und im apokalyptischen Lichte leuchtend, alles so täuschend und zu so biederem Ernste nachgemacht, als ob es wirkliche Ernst-Philosophie und nicht nur Spaß-Philosophie wäre – ein solches Ganze stellt seinen Schöpfer als einen der ersten philosophischen Parodisten aller Zeiten hin: opfern wir also auf seinem Altar, opfern wir ihm, dem Erfinder einer wahren Universal-Medizin, eine Locke – um einen Schleiermacherschen Bewunderungs-Ausdruck zu stehlen. Denn welche Medizin wäre heilsamer gegen das Übermaß historischer Bildung als Hartmanns Parodie aller Welthistorie?

Wollte man recht trocken heraussagen, was Hartmann von dem umrauchten Dreifuße der unbewußten Ironie her uns verkündet, so wäre zu sagen: er verkündet uns, daß unsre Zeit nur gerade so sein müsse, wie sie ist, wenn die Menschheit dieses Dasein einmal ernstlich sattbekommen soll: was wir von Herzen glauben. Jene erschreckende Verknöcherung der Zeit, jenes unruhige Klappern mit den Knochen – wie es uns David Strauß naiv als schönste Tatsächlichkeit geschildert hat – wird bei Hartmann nicht nur von hinten, *ex causis efficientibus*, sondern sogar von vorne, *ex causa finali*, gerechtfertigt; von dem jüngsten Tage her läßt der Schalk das Licht über unsre Zeit strahlen, und da findet sich, daß sie sehr gut ist, nämlich für den, der möglichst stark an Unverdaulichkeit des Lebens leiden will und jenen jüngsten Tag nicht rasch genug heranwünschen kann. Zwar nennt Hartmann das Lebensalter, dem die Menschheit sich jetzt nähert, das »Mannesalter«: das ist aber, nach seiner Schilderung, der beglückte Zustand, wo es nur noch »gediegene Mittelmäßigkeit« gibt und die Kunst das ist, was »dem Berliner Börsenmanne etwa abends die Posse« ist, wo »die Genies kein Bedürfnis der Zeit mehr sind, weil es hieße, die Perlen vor die Säue werfen, oder auch weil die Zeit über das Stadium, welchem Genies gebührten, zu einem wichtigeren fortgeschritten ist«, zu jenem Stadium der sozialen Entwicklung nämlich, in dem jeder Arbeiter »bei einer Arbeitszeit, die ihm für seine intellektuelle Ausbildung genügende Muße läßt, ein komfortables Dasein führe«. Schalk aller Schalke, du sprichst das Sehnen der jetzigen Menschheit aus: du weißt aber gleichfalls, was für ein Gespenst am Ende dieses Mannesalters der Menschheit, als Resultat jener intellektuellen Ausbildung zur gediegenen Mittelmäßigkeit, stehen wird – der Ekel. Sichtbar steht es ganz erbärmlich, es wird aber noch viel erbärmlicher kommen, »sichtbar greift der Antichrist weiter und weiter um sich« – aber es *muß* so stehen, es *muß* so kommen, denn mit dem allen sind wir auf dem besten Wege – zum Ekel an allem Daseienden. »Darum rüstig vorwärts im Weltprozeß als Arbeiter im Weinberge des Herrn, denn der Prozeß allein ist es, der zur Erlösung führen kann!«

Der Weinberg des Herrn! Der Prozeß! Zur Erlösung! Wer sieht und hört hier nicht die historische Bildung, die nur das Wort »werden« kennt, wie sie sich zur parodischen Mißgestalt absichtlich vermummt, wie sie durch die vorgehaltene groteske Fratze die mutwilligsten Dinge über sich selbst sagt! Denn was verlangt eigentlich dieser letzte schalkische Anruf der Arbeiter im Weinberge von diesen? In welcher Arbeit sollen sie rüstig vorwärtsstreben? Oder um anders zu fragen: was hat der historisch Gebildete, der im Flusse des Werdens schwimmende und ertrunkene moderne Fanatiker des Prozesses noch zu tun übrig, um einmal jenen Ekel, die köstliche Traube jenes Weinbergs, einzuernten? – Er hat nichts zu tun als fortzuleben, wie er gelebt hat, fortzulieben, was er geliebt hat, fortzuhassen, was er gehaßt hat, und die Zeitungen fortzulesen, die er gelesen hat; für ihn gibt es nur eine Sünde – anders zu leben, als er gelebt hat. Wie er aber gelebt hat, sagt uns in übermäßiger Steinschrift-Deutlichkeit jene berühmte Seite mit den groß gedruckten Sätzen, über die das ganze zeitgemäße Bildungs-Hefentum in blindes Entzücken und entzückte Tobsucht geraten ist, weil es in diesen Sätzen seine eigene Rechtfertigung, und zwar seine Rechtfertigung im apokalyptischen Lichte zu lesen glaubte. Denn von jedem einzelnen forderte der unbewußte Parodist »die volle Hingabe der Persönlichkeit an den Weltprozeß um seines Zieles, der Welterlösung willen«; oder noch heller und klarer: «die Bejahung des Willens zum Leben wird als das vorläufig allein Richtige proklamiert; denn nur in der vollen Hingabe an das Leben und seine Schmerzen, nicht in feiger persönlicher Entsagung und Zurückziehung ist etwas für den Weltprozeß zu leisten«, »das Streben nach individueller Willensverneinung ist ebenso töricht und nutzlos, ja noch törichter als der Selbstmord«. »Der denkende Leser wird auch ohne weitere Andeutungen verstehn, wie eine auf diesen Prinzipien errichtete praktische Philosophie sich gestalten würde, und daß eine solche nicht die Entzweiung, sondern nur die volle Versöhnung mit dem Leben enthalten kann.«

Der denkende Leser wird es verstehen: und man konnte Hartmann mißverstehen! Und wie unsäglich lustig ist es, daß man ihn mißverstand! Sollten die jetzigen Deutschen sehr fein sein? Ein wackerer Engländer vermißt an ihnen *delicacy of perception*, ja wagt zu sagen »*in the German mind there does seem to be something splay, something blunt-edged, unhandy and infelicitous*« – ob der große deutsche Parodist wohl widersprechen würde? Zwar nähern wir uns, nach seiner Erklärung, »jenem idealen Zustande, wo das Menschengeschlecht seine Geschichte mit Bewußtsein macht«: aber offenbar sind wir von jenem vielleicht noch idealeren ziemlich entfernt, wo die Menschheit Hartmanns Buch mit Bewußtsein liest. Kommt es erst dazu, dann wird kein Mensch mehr das Wort »Weltprozeß« durch seine Lippen schlüpfen lassen, ohne daß diese Lippen lächeln; denn man wird sich dabei der Zeit erinnern, wo man das parodische Evangelium Hartmanns mit der ganzen Biederkeit jenes »*german mind*«, ja mit »der Eule verzerrtem Ernste«, wie Goethe sagt, anhörte, einsog, bestritt, verehrte, ausbreitete und kanonisierte. Aber die Welt muß vorwärts, nicht erträumt werden kann jener ideale Zustand, er muß erkämpft und errungen werden, und nur durch Heiterkeit geht der Weg zur Erlösung, zur Erlösung von jenem mißverständlichen Eulen-Ernste. Es wird die Zeit sein, in der man sich aller Konstruktionen des Weltprozesses oder auch der Menschheits-Geschichte weislich enthält, eine Zeit, in der man überhaupt nicht mehr die Massen betrachtet, sondern wieder die einzelnen, die eine Art von Brücke über den wüsten Strom des Werdens bilden. Diese setzen nicht etwa einen Prozeß fort, sondern leben zeitlos-gleichzeitig, dank der Geschichte, die ein solches Zusammenwirken zuläßt, sie leben als die Genialen-Republik, von der einmal Schopenhauer erzählt; ein Riese ruft dem andern durch die öden Zwischenräume der Zeiten zu, und ungestört durch mutwilliges lärmendes Gezwerge, welches unter ihnen wegkriecht, setzt sich das hohe Geistergespräch fort. Die Aufgabe der Geschichte ist es, zwischen ihnen die Mittlerin zu sein und so immer wieder zur Erzeugung des Großen Anlaß zu geben und Kräfte zu verleihen. Nein, das *Ziel der Menschheit* kann nicht am Ende liegen, sondern nur *in ihren höchsten Exemplaren.*

Dagegen sagt freilich unsere lustige Person mit jener bewunderungswürdigen Dialektik, welche gerade so echt ist, als ihre Bewunderer bewunderungswürdig sind: »So wenig es sich mit dem Begriffe der Entwicklung vertragen würde, dem Weltprozeß eine unendliche Dauer in der Vergangenheit zuzuschreiben, weil dann jede irgend denkbare Entwicklung bereits durchlaufen sein müßte, was doch nicht der Fall ist (o Schelm!), ebensowenig können wir dem Prozesse eine unendliche Dauer für die Zukunft zugestehen; beides höbe den Begriff der Entwicklung zu einem Ziele auf (o nochmals Schelm!) und stellte den Weltprozeß dem Wasserschöpfen der Danaiden gleich. Der vollendete Sieg des Logischen über das Unlogische (o Schelm der Schelme!) muß aber mit dem zeitlichen Ende des Weltprozesses, dem jüngsten Tage, zusammenfallen.« Nein, du klarer und spöttischer Geist, so lange das Unlogische noch so waltet wie heutzutage, so lange zum Beispiel noch vom »Weltprozeß« unter allgemeiner Zustimmung so geredet werden kann, wie du redest, ist der Jüngste Tag noch fern: denn es ist noch zu heiter auf dieser Erde, noch manche Illusion blüht, zum Beispiel die Illusion deiner Zeitgenossen über dich, wir sind noch nicht reif dafür, in dein Nichts zurückgeschleudert zu werden: denn wir glauben daran, daß es hier sogar noch lustiger zugehen wird, wenn man erst angefangen hat, dich zu verstehen, du unverstandner Unbewußter. Wenn aber trotzdem der Ekel mit Macht kommen sollte, so wie du ihn deinen Lesern prophezeit hast, wenn du mit deiner Schilderung deiner Gegenwart und Zukunft recht behalten solltest – und niemand hat beide so verachtet, so mit Ekel verachtet als du – so bin ich gern bereit, in der von dir vorgeschlagnen Form mit der Majorität dafür zu stimmen, daß nächsten Samstagabend pünktlich zwölf Uhr deine Welt untergehen solle; und unser Dekret mag schließen: von morgen an wird keine Zeit mehr sein und keine Zeitung mehr erscheinen. Vielleicht aber bleibt die Wirkung aus, und wir haben umsonst dekretiert: nun, dann fehlt es uns jedenfalls nicht an der Zeit zu einem schönen Experiment. Wir nehmen eine Waage und legen in die eine der Waagschalen Hartmanns Unbewußtes, in die andre Hartmanns Weltprozeß. Es gibt Menschen, welche glauben, daß sie beide gleich viel wiegen werden: denn in jeder Schale läge ein gleich schlechtes Wort und ein gleich guter Scherz. – Wenn erst einmal Hartmanns Scherz begriffen ist, so wird niemand Hartmanns Wort vom »Weltprozeß« mehr brauchen als eben zum Scherz. In der Tat, es ist längst an der Zeit, gegen die Ausschweifungen des historischen Sinnes, gegen die übermäßige Lust am Prozesse auf Unkosten des Seins und Lebens, gegen das besinnungslose Verschieben aller Perspektiven mit dem ganzen Heerbanne satirischer Bosheiten vorzurücken; und es soll dem Verfasser der Philosophie des Unbewußten stets zum Lobe nachgesagt werden, daß es ihm zuerst gelungen ist, das Lächerliche in der Vorstellung des »Weltprozesses« scharf zu empfinden und durch den sonderlichen Ernst seiner Darstellung noch schärfer nachempfinden zu lassen. Wozu die »Welt« da ist, wozu die »Menschheit« da ist, soll uns einstweilen gar nicht kümmern, es sei denn, daß wir uns einen Scherz machen wollen: denn die Vermessenheit des kleinen Menschengewürms ist nun einmal das Scherzhafteste und Heiterste auf der Erdenbühne; aber wozu du einzelner da bist, das frage dich, und wenn es dir sonst keiner sagen kann, so versuche es nur einmal, den Sinn deines Daseins gleichsam *a posteriori* zu rechtfertigen, dadurch, daß du dir selber einen Zweck, ein Ziel, ein »Dazu« vorsetzest, ein hohes und edles »Dazu«. Gehe nur an ihm zugrunde – ich weiß keinen besseren Lebenszweck, als am Großen und Unmöglichen, *animae magnae prodigus*, zugrunde zu gehen. Wenn dagegen die Lehren vom souveränen Werden, von der Flüssigkeit aller Begriffe, Typen und Arten, von dem Mangel aller kardinalen Verschiedenheit zwischen Mensch und Tier – Lehren, die ich für wahr, aber für tödlich halte – in der jetzt üblichen Belehrungs-Wut noch ein Menschenalter hindurch in das Volk geschleudert werden, so soll es niemanden wundernehmen, wenn das Volk am egoistischen Kleinen und Elenden, an Verknöcherung und Selbstsucht zugrunde geht, zuerst nämlich auseinanderfällt und aufhört, Volk zu sein: an dessen Stelle dann vielleicht Systeme und Einzelegoismen, Verbrüderungen zum Zweck raubsüchtiger Ausbeutung der Nicht-Brüder und ähnliche Schöpfungen utilitarischer Gemeinheit auf dem Schauplatze der Zukunft auftreten werden. Man fahre nur fort, um diesen Schöpfungen vorzuarbeiten, die Geschichte vom Standpunkt der *Massen* zu schreiben und nach jenen Gesetzen in ihr zu suchen, die aus den Bedürfnissen dieser Massen abzuleiten sind, also nach den Bewegungsgesetzen der niedersten Lehm- und Tonschichten der Gesellschaft. Die Massen scheinen mir nur in dreierlei Hinsicht einen Blick zu verdienen: einmal als verschwimmende Kopien der großen Männer, auf schlechtem Papier und mit abgenutzten Platten hergestellt, sodann als Widerstand gegen die Großen, und endlich als Werkzeuge der Großen; im übrigen hole sie der Teufel und die

Statistik! Wie, die Statistik bewiese, daß es Gesetze in der Geschichte gäbe? Gesetze? Ja, sie beweist, wie gemein und ekelhaft uniform die Masse ist: soll man die Wirkung der Schwerkräfte, Dummheit, Nachäfferei, Liebe und Hunger Gesetze nennen? Nun, wir wollen es zugeben, aber damit steht dann auch der Satz fest: soweit es Gesetze in der Geschichte gibt, sind die Gesetze nichts wert und ist die Geschichte nichts wert. Gerade diejenige Art der Historie ist aber jetzt allgemein in Schätzung, welche die großen Massentriebe als das Wichtige und Hauptsächliche in der Geschichte nimmt und alle großen Männer nur als den deutlichsten Ausdruck, gleichsam als die sichtbar werdenden Bläschen auf der Wasserflut betrachtet. Da soll die Masse aus sich heraus das Große, das Chaos also aus sich heraus die Ordnung gebären; am Ende wird dann natürlich der Hymnus auf die gebärende Masse angestimmt. »Groß« wird dann alles das genannt, was eine längere Zeit eine solche Masse bewegt hat und, wie man sagt, »eine historische Macht« gewesen ist. Heißt das aber nicht recht absichtlich Quantität und Qualität verwechseln? Wenn die plumpe Masse irgendeinen Gedanken, zum Beispiel einen Religionsgedanken, recht adäquat gefunden hat, ihn zäh verteidigt und durch Jahrhunderte fortschleppt: so soll dann, und gerade dann erst, der Finder und Gründer jenes Gedankens groß sein. Warum doch! Das Edelste und Höchste wirkt gar nicht auf die Massen; der historische Erfolg des Christentums, seine historische Macht, Zähigkeit und Zeitdauer, alles das beweist glücklicherweise nichts in betreff der Größe seines Gründers, da es im Grunde gegen ihn beweisen würde: aber zwischen ihm und jenem historischen Erfolge liegt eine sehr irdische und dunkle Schicht von Leidenschaft, Irrtum, Gier nach Macht und Ehre, von fortwirkenden Kräften des *imperium romanum*, eine Schicht, aus der das Christentum jenen Erdgeschmack und Erdenrest bekommen hat, der ihm die Fortdauer in dieser Welt ermöglichte und gleichsam seine Haltbarkeit gab. Die Größe soll nicht vom Erfolg abhängen, und Demosthenes hat Größe, ob er gleich keinen Erfolg hatte. Die reinsten und wahrhaftigsten Anhänger des Christentums haben seinen weltlichen Erfolg, seine sogenannte »historische Macht« immer eher in Frage gestellt und gehemmt als gefördert; denn sie pflegten sich außerhalb der »Welt« zu stellen und kümmerten sich nicht um den »Prozeß der christlichen Idee«; weshalb sie meistens der Historie auch ganz unbekannt und ungenannt geblieben sind. Christlich ausgedrückt: so ist der Teufel der Regent der Welt und der Meister der Erfolge und des Fortschritts; er ist in allen historischen Mächten die eigentliche Macht, und dabei wird es im wesentlichen bleiben – ob es gleich einer Zeit recht peinlich in den Ohren klingen mag, die an die Vergötterung des Erfolgs und der historischen Macht gewöhnt ist. Sie hat sich nämlich gerade darin geübt, die Dinge neu zu benennen und selbst den Teufel umzutaufen. Es ist gewiß die Stunde einer großen Gefahr: die Menschen scheinen nahe daran, zu entdecken, daß der Egoismus der einzelnen, der Gruppen oder der Massen zu allen Zeiten der Hebel der geschichtlichen Bewegungen war; zugleich aber ist man durch diese Entdeckung keineswegs beunruhigt, sondern man dekretiert: der Egoismus soll unser Gott sein. Mit diesem neuen Glauben schickt man sich an, mit deutlichster Absichtlichkeit die kommende Geschichte auf dem Egoismus zu errichten: nur soll es ein kluger Egoismus sein, ein solcher, der sich einige Beschränkungen auferlegt, um sich dauerhaft zu befestigen, ein solcher, der die Geschichte deshalb gerade studiert, um den unklugen Egoismus kennenzulernen. Bei diesem Studium hat man gelernt, daß dem Staate eine ganz besondere Mission in dem zu gründenden Weltsysteme des Egoismus zukomme: er soll der Patron aller klugen Egoismen werden, um sie mit seiner militärischen und polizeilichen Gewalt gegen die schrecklichen Ausbrüche des unklugen Egoismus zu schützen. Zu dem gleichen Zwecke wird auch die Historie – und zwar als Tier- und Menschenhistorie – in die gefährlichen, weil unklugen, Volksmassen und Arbeiterschichten sorglich eingerührt, weil man weiß, daß ein Körnlein von historischer Bildung imstande ist, die rohen und dumpfen Instinkte und Begierden zu brechen oder auf die Bahn des verfeinerten Egoismus hinzuleiten. *In summa*: der Mensch nimmt jetzt, mit E. von Hartmann zu reden, »auf eine bedächtig in die Zukunft schauende praktisch wohnliche Einrichtung in der irdischen Heimat Bedacht«. Derselbe Schriftsteller nennt eine solche Periode das »Mannesalter der Menschheit« und spottet damit über das, was jetzt »Mann« genannt wird, als ob darunter allein der ernüchterte Selbstsüchtige verstanden werde; wie er ebenfalls nach einem solchen Mannesalter ein dazugehöriges Greisenalter prophezeit, ersichtlich aber auch nur damit seinen Spott an unsern zeitgemäßen Greisen auslassend: denn er redet von ihrer reifen Beschaulichkeit, mit der sie die »ganzen wüst durchstürmten Leiden ihres vergangnen Lebenslaufes überschauen und die Eitelkeit der bisherigen vermeintlichen Ziele ihres Strebens begreifen«. Nein, einem Mannesalter jenes verschlagnen und historisch gebildeten Egoismus entspricht ein mit widriger Gier und würdelos am Leben hängendes Greisenalter und sodann ein letzter Akt, mit dem

»die seltsam wechselnde Geschichte schließt,
als zweite Kindheit, gänzliches Vergessen,
ohn' Augen, ohne Zahn, Geschmack und alles«.

Ob die Gefahren unsres Lebens und unserer Kultur nun von diesen wüsten, zahn- und geschmacklosen Greisen, ob sie von jenen sogenannten »Männern« Hartmanns kommen: beiden gegenüber wollen wir das Recht unserer *Jugend* mit den Zähnen festhalten und nicht müde werden, in unserer Jugend die Zukunft gegen jene Zukunftsbilder-Stürmer zu verteidigen. Bei diesem Kampfe müssen wir aber auch eine besonders schlimme Wahrnehmung machen: *daß man die Ausschweifungen des historischen Sinnes, an denen die Gegenwart leidet, absichtlich fördert, ermutigt und – benutzt.*

Man benutzt sie aber gegen die Jugend, um diese zu jener überall erstrebten Mannesreife des Egoismus abzurichten; man benutzt sie, um den natürlichen Widerwillen der Jugend durch eine verklärende, nämlich wissenschaftlich-magische Beleuchtung jenes männlich-unmännlichen Egoismus zu brechen. Ja man weiß, was die Historie durch ein gewisses Übergewicht vermag, man weiß es nur zu genau: die stärksten Instinke der Jugend: Feuer, Trotz, Selbstvergessen und Liebe zu entwurzeln, die Hitze ihres Rechtsgefühles herabzudämpfen, die Begierde, langsam auszureifen, durch die Gegenbegierde, schnell fertig, schnell nützlich, schnell fruchtbar zu sein, zu unterdrücken oder zurückzudrängen, die Ehrlichkeit und Keckheit der Empfindung zweiflerisch anzukränkeln; ja sie vermag es selbst, die Jugend um ihr schönstes Vorrecht zu betrügen, um ihre Kraft, sich in übervoller Gläubigkeit einen großen Gedanken einzupflanzen und zu einem noch größeren aus sich heraus wachsen zu lassen. Ein gewisses Übermaß von Historie vermag das alles, wir haben es gesehen: und zwar dadurch, daß sie dem Menschen durch fortwährendes Verschieben der Horizont-Perspektiven, durch Beseitigung einer umhüllenden Atmosphäre nicht mehr erlaubt, *unhistorisch* zu empfinden und zu handeln. Er zieht sich dann aus der Unendlichkeit des Horizontes auf sich selbst, in den kleinsten egoistischen Bezirk zurück und muß darin verdorren und trocken werden: wahrscheinlich bringt er es zur Klugheit: nie zur Weisheit. Er läßt mit sich reden, rechnet und verträgt sich mit den Tatsachen, wallt nicht auf, blinzelt und versteht es, den eignen Vorteil oder den seiner Partei im fremden Vorteil und Nachteil zu suchen; er verlernt die überflüssige Scham und wird so schrittweise zum Hartmannschen »Manne« und »Greise«. Dazu aber *soll* er werden, gerade dies ist der Sinn der jetzt so zynisch geforderten »vollen Hingabe der Persönlichkeit an den Weltprozeß« – um seines Zieles, der Welterlösung willen, wie uns E. von Hartmann, der Schalk, versichert. Nun, Wille und Ziel jener Hartmannschen »Männer« und »Greise« ist wohl schwerlich gerade die Welterlösung: sicherlich aber wäre die Welt erlöster, wenn sie von diesen Männern und Greisen erlöst wäre. Denn dann käme das Reich der Jugend. –

10

An dieser Stelle der *Jugend* gedenkend, rufe ich Land! Land! Genug und übergenug der leidenschaftlich suchenden und irrenden Fahrt auf dunklen fremden Meeren! Jetzt endlich zeigt sich eine Küste: wie sie auch sei, an ihr muß gelandet werden, und der schlechteste Nothafen ist besser, als wieder in die hoffnungslose skeptische Unendlichkeit zurückzutaumeln. Halten wir nur erst das Land fest; wir werden später schon die guten Häfen finden und den Nachkommenden die Anfahrt erleichtern.

Gefährlich und aufregend war diese Fahrt. Wie fern sind wir jetzt der ruhigen Beschauung, mit der wir zuerst unser Schiff hinausschwimmen sahen. Den Gefahren der Historie nachspürend, haben wir allen diesen Gefahren uns am stärksten ausgesetzt befunden; wir selbst tragen die Spuren jener Leiden, die infolge eines Übermaßes von Historie über die Menschen der neueren Zeit gekommen sind, zur Schau, und gerade diese Abhandlung zeigt, wie ich mir nicht verbergen will, in der Unmäßigkeit ihrer Kritik, in der Unreife ihrer Menschlichkeit, in dem häufigen Übergang von Ironie zum Zynismus, von Stolz zur Skepsis, ihren modernen Charakter, den Charakter der schwachen Persönlichkeit. Und doch vertraue ich der inspirierenden Macht, die mir anstatt eines Genius das Fahrzeug lenkt, ich vertraue der *Jugend,* daß sie mich recht geführt hat, wenn sie mich jetzt zu einem *Proteste gegen die historische Jugenderziehung des modernen Menschen nötigt* und wenn der Protestierende fordert, daß der Mensch vor allem zu leben lerne, und nur *im Dienste des erlernten Lebens* die Historie gebrauche. Man muß jung sein, um diesen Protest zu verstehen, ja man kann, bei der zeitigen Grauhaarigkeit unserer jetzigen Jugend, kaum jung genug sein, um noch zu spüren, wogegen hier eigentlich protestiert wird. Ich will ein Beispiel zu Hilfe nehmen. In Deutschland ist es nicht viel länger als ein Jahrhundert her, daß in einigen jungen Menschen ein natürlicher Instinkt für das, was man Poesie nennt, erwachte. Denkt man etwa, daß die Generationen vorher und zu jener Zeit von jener ihnen innerlich fremden und unnatürlichen Kunst gar nicht geredet hätten? Man weiß das Gegenteil: daß sie mit Leibeskräften über »Poesie« nachgedacht, geschrieben, gestritten haben, mit Worten über Worte, Worte, Worte. Jene eintretende Erweckung eines Wortes zum Leben war nicht sogleich auch der Tod jener Wortmacher, in gewissem Verstande leben sie jetzt noch; denn wenn schon, wie Gibbon sagt, nichts als Zeit, aber viel Zeit dazugehört, daß eine Welt untergeht, so gehört auch nichts als Zeit, aber noch viel mehr Zeit dazu, daß in Deutschland, dem »Lande der Allmählichkeit«, ein falscher Begriff zugrunde geht. Immerhin: es gibt jetzt vielleicht hundert Menschen mehr als vor hundert Jahren, welche wissen, was Poesie ist; vielleicht gibt es hundert Jahre später wieder hundert Menschen mehr, die inzwischen auch gelernt haben, was Kultur ist, und daß die Deutschen bis jetzt keine Kultur haben, so sehr sie auch reden und stolzieren mögen. Ihnen wird das so allgemeine Behagen der Deutschen an ihrer »Bildung« ebenso unglaublich und läppisch vorkommen als uns die einstmalig anerkannte Klassizität Gottscheds oder die Geltung Ramlers als eines deutschen Pindar. Sie werden vielleicht urteilen, daß diese Bildung nur eine Art Wissen um die Bildung, und dazu ein recht falsches und oberflächliches Wissen gewesen sei. Falsch und oberflächlich nämlich, weil man den Widerspruch von Leben und Wissen ertrug, weil man das Charakteristische an der Bildung wahrer Kulturvölker gar nicht sah: daß die Kultur nur aus dem Leben hervorwachsen und herausblühen kann; während sie bei den Deutschen wie eine papierne Blume aufgesteckt oder wie eine Überzuckerung übergossen wird und deshalb immer lügnerisch und unfruchtbar bleiben muß. Die deutsche Jugenderziehung geht aber gerade von diesem falschen und unfruchtbaren Begriffe der Kultur aus: ihr Ziel, recht rein und hoch gedacht, ist gar nicht der freie Gebildete, sondern der Gelehrte, der wissenschaftliche Mensch, und zwar der möglichst früh nutzbare wissenschaftliche Mensch, der sich abseits von dem Leben stellt, um es recht deutlich zu erkennen; ihr Resultat, recht empirisch-gemein angeschaut, ist der historisch-ästhetische Bildungsphilister, der altkluge und neuweise Schwätzer über Staat, Kirche und Kunst, das Sensorium für tausenderlei Anempfindungen, der unersättliche Magen, der doch nicht weiß, was ein rechtschaffner Hunger und Durst ist. Daß eine Erziehung mit jenem Ziele und mit diesem Resultate eine widernatürliche ist, das fühlt nur der in ihr noch nicht fertig gewordene Mensch, das fühlt allein der Instinkt der Jugend, weil sie noch den Instinkt der Natur hat, der erst künstlich und gewaltsam durch jene Erziehung gebrochen wird. Wer aber diese Erziehung wiederum brechen will, der muß der Jugend zum Worte verhelfen, der muß ihrem unbewußten Widerstreben mit der Helligkeit der Begriffe voranleuchten und es zu einem bewußten und laut redenden Bewußtsein machen. Wie erreicht er wohl ein so befremdliches Ziel?

Vor allem dadurch, daß er einen Aberglauben zerstört, den Glauben an die *Notwendigkeit* jener Erziehungs-Operation. Meint man doch, es gäbe gar keine andre Möglichkeit als eben unsre jetzige höchst leidige Wirklichkeit. Prüfe nur einer die Literatur des höheren Schul- und Erziehungswesens aus den letzten Jahrzehnten gerade daraufhin: der Prüfende wird zu seinem unmutigen Erstaunen gewahr werden, wie gleichförmig bei allen Schwankungen der Vorschläge, bei aller Heftigkeit der Widersprüche die gesamte Absicht der Erziehung gedacht wird, wie unbedenklich das bisherige Ergebnis, der »gebildete Mensch«, wie er jetzt verstanden wird, als notwendiges und vernünftiges Fundament jeder weiteren Erziehung angenommen ist. So aber würde jener eintönige Kanon ungefähr lauten: der junge Mensch hat mit einem Wissen um die Bildung, nicht einmal mit einem Wissen um das Leben, noch weniger mit dem Leben und Erleben selbst zu beginnen. Und zwar wird dieses Wissen um die Bildung als historisches Wissen dem Jüngling eingeflößt oder eingerührt; das heißt, sein Kopf wird mit einer ungeheuren Anzahl von Begriffen angefüllt, die aus der höchst mittelbaren Kenntnis vergangner Zeiten und

Völker, nicht aus der unmittelbaren Anschauung des Lebens abgezogen sind. Seine Begierde, selbst etwas zu erfahren und ein zusammenhängend lebendiges System von eignen Erfahrungen in sich wachsen zu fühlen – eine solche Begierde wird betäubt und gleichsam trunken gemacht, nämlich durch die üppige Vorspiegelung, als ob es in wenig Jahren möglich sei, die höchsten und merkwürdigsten Erfahrungen alter Zeiten, und gerade der größten Zeiten, in sich zu summieren. Es ist ganz dieselbe wahnwitzige Methode, die unsre jungen bildenden Künstler in die Kunstkammern und Galerien führt, statt in die Werkstätte eines Meisters und vor allem in die einzige Werkstätte der einzigen Meisterin Natur. Ja als ob man so als flüchtiger Spaziergänger in der Historie den Vergangenheiten ihre Griffe und Künste, ihren eigentlichen Lebensertrag absehen könnte! Ja, als ob das Leben selbst nicht ein Handwerk wäre, das aus dem Grunde und stetig gelernt und ohne Schonung geübt werden muß, wenn es nicht Stümper und Schwätzer auskriechen lassen soll! –

Plato hielt es für notwendig, daß die erste Generation seiner neuen Gesellschaft (im vollkommenen Staat) mit der Hilfe einer kräftigen *Notlüge* erzogen werde; die Kinder sollten glauben lernen, daß sie alle schon eine Zeitlang träumend unter der Erde gewohnt hätten, woselbst sie von dem Werkmeister der Natur zurechtgeknetet und geformt wären. Unmöglich, sich gegen diese Vergangenheit aufzulehnen! Unmöglich, dem Werke der Götter entgegenzuwirken! Es soll als unverbrüchliches Naturgesetz gelten: wer als Philosoph geboren wird, hat Gold in seinem Leibe, wer als Wächter, nur Silber, wer als Arbeiter, Eisen und Erz. Wie es nicht möglich ist, diese Metalle zu mischen, erklärt Plato, so soll es nicht möglich sein, die Kastenordnung je um- und durcheinander zu werfen; der Glaube an die *aeterna veritas* dieser Ordnung ist das Fundament der neuen Erziehung und damit des neuen Staates. – So glaubt nun auch der moderne Deutsche an die *aeterna veritas* seiner Erziehung, seiner Art Kultur: und doch fällt dieser Glaube dahin, wie der platonische Staat dahingefallen wäre, wenn einmal der Notlüge eine *Notwahrheit* entgegengestellt wird: daß der Deutsche keine Kultur hat, weil er sie auf Grund seiner Erziehung gar nicht haben kann. Er will die Blume ohne Wurzel und Stengel: er will sie also vergebens. Das ist die einfache Wahrheit, eine unangenehme und gröbliche, eine rechte Notwahrheit.

In dieser Notwahrheit muß aber *unsere erste Generation* erzogen werden; sie leidet gewiß an ihr am schwersten, denn sie muß durch sie sich selbst erziehen, und zwar sich selbst gegen sich selbst, zu einer neuen Gewohnheit und Natur, heraus aus einer alten und ersten Natur und Gewohnheit: so daß sie mit sich altspanisch reden könnte: »*Defienda me Dios de my*«, Gott behüte mich vor mir, nämlich vor der mir bereits anerzognen Natur. Sie muß jene Wahrheit Tropfen für Tropfen kosten, als eine bittre und gewaltsame Medizin kosten, und jeder einzelne dieser Generation muß sich überwinden, von sich zu urteilen, was er als allgemeines Urteil über eine ganze Zeit schon leichter ertragen würde: wir sind ohne Bildung, noch mehr, wir sind zum Leben, zum richtigen und einfachen Sehen und Hören, zum glücklichen Ergreifen des Nächsten und Natürlichen verdorben und haben bis jetzt noch nicht einmal das Fundament einer Kultur, weil wir selbst davon nicht überzeugt sind, ein wahrhaftiges Leben in uns zu haben. Zerbröckelt und auseinandergefallen, im ganzen in ein Inneres und ein Äußeres halb mechanisch zerlegt, mit Begriffen wie mit Drachenzähnen übersät, Begriffsdrachen erzeugend, dazu an der Krankheit der Worte leidend und ohne Vertrauen zu jeder eignen Empfindung, die noch nicht mit Worten abgestempelt ist: als eine solche unlebendige und doch unheimlich regsame Begriffs- und Worte-Fabrik habe ich vielleicht noch das Recht, von mir zu sagen *cogito, ergo sum,* nicht aber *vivo, ergo cogito.* Das leere »Sein«, nicht das volle und grüne »Leben« ist mir gewährleistet; meine ursprüngliche Empfindung verbürgt mir nur, daß ich ein denkendes, nicht daß ich ein lebendiges Wesen, daß ich kein *animal,* sondern höchstens ein *cogital* bin. Schenkt mir erst Leben, dann will ich euch auch eine Kultur daraus schaffen! – so ruft jeder einzelne dieser ersten Generation, und alle diese einzelnen werden sich untereinander an diesem Rufe erkennen. Wer wird ihnen dieses Leben schenken?

Kein Gott und kein Mensch: nur ihre eigne *Jugend*: entfesselt diese und ihr werdet mit ihr das Leben befreit haben. Denn es lag nur verborgen, im Gefängnis, es ist noch nicht verdorrt und erstorben – fragt euch selbst!

Aber es ist krank, dieses entfesselte Leben, und muß geheilt werden. Es ist siech an vielen Übeln und leidet nicht nur durch die Erinnerung an seine Fesseln – es leidet, was uns hier vornehmlich angeht, an der *historischen Krankheit.* Das Übermaß von Historie hat die plastische Kraft des Lebens angegriffen, es versteht nicht mehr, sich der Vergangenheit wie einer kräftigen Nahrung zu bedienen. Das Übel ist furchtbar, und trotzdem! wenn nicht die Jugend die hellseherische Gabe der Natur hätte, so würde niemand wissen, daß es ein Übel ist und daß ein Paradies der Gesundheit verloren gegangen ist. Dieselbe Jugend errät aber auch mit dem heilkräftigen Instinkte derselben Natur, wie dieses Paradies wieder zu gewinnen ist; sie kennt die Wundsäfte und Arzneien gegen die historische Krankheit, gegen das Übermaß des Historischen: wie heißen sie doch?

Nun man wundere sich nicht, es sind die Namen von Giften: die Gegenmittel gegen das Historische heißen – *das Unhistorische und das Überhistorische.* Mit diesen Namen kehren wir zu den Anfängen unserer Betrachtung und zu ihrer Ruhe zurück.

Mit dem Worte »das Unhistorische« bezeichne ich die Kunst und Kraft *vergessen* zu können und sich in einen begrenzten *Horizont* einzuschließen; »überhistorisch« nenne ich die Mächte, die den Blick von dem Werden ablenken, hin zu dem, was dem Dasein den Charakter des Ewigen und Gleichbedeutenden gibt, zu *Kunst* und *Religion.* Die *Wissenschaft* – denn sie ist es, die von Giften reden würde – sieht in jener Kraft, in diesen Mächten gegnerische Mächte und Kräfte: denn sie hält nur die Betrachtung der Dinge für die wahre und richtige, also für die wissenschaftliche Betrachtung, welche überall ein Gewordenes, ein Historisches und nirgends ein Seiendes, Ewiges sieht; sie lebt in einem innerlichen Widerspruche ebenso gegen die äternisierenden Mächte der Kunst und Religion, als sie das Vergessen, den Tod des Wissens, haßt, als sie alle Horizont-Umschränkungen aufzuheben sucht und den Menschen in ein unendlich-unbegrenztes Lichtwellen-Meer des erkannten Werdens hineinwirft.

Wenn er nur darin leben könnte! Wie die Städte bei einem Erdbeben einstürzen und veröden und der Mensch nur zitternd und flüchtig sein Haus auf vulkanischem Grunde aufführt, so bricht das Leben selbst in sich zusammen und wird schwächlich und mutlos, wenn das *Begriffsbeben,* das die Wissenschaft erregt, dem Menschen das Fundament aller seiner Sicherheit und Ruhe, den Glauben an das Beharrliche und Ewige, nimmt. Soll nun das Leben über das Erkennen, über die Wissenschaft, soll das Erkennen über das Leben herrschen? Welche von beiden Gewalten ist die höhere und entscheidende? Niemand wird zweifeln: das Leben ist die höhere, die herrschende Gewalt, denn ein Erkennen, welches das Leben vernichtete, würde sich selbst mit vernichtet haben. Das Erkennen setzt das Leben voraus, hat also an der Erhaltung des Lebens dasselbe Interesse, welches jedes Wesen an seiner eignen Fortexistenz hat. So bedarf die Wissenschaft einer höheren Aufsicht und Überwachung; eine *Gesundheitslehre des Lebens* stellt sich dicht neben die Wissenschaft, und ein Satz dieser Gesundheitslehre würde eben lauten: das Unhistorische und das Überhistorische sind die natürlichen Gegenmittel gegen die Überwucherung des Lebens durch das Historische, gegen die historische Krankheit. Es ist wahrscheinlich, daß wir, die Historisch-Kranken, auch an den Gegenmitteln zu leiden haben. Aber daß wir an ihnen leiden, ist kein Beweis gegen die Richtigkeit des gewählten Heilverfahrens.

Und hier erkenne ich die Mission jener *Jugend,* jenes ersten Geschlechtes von Kämpfern und Schlangentötern, das einer glücklicheren und schöneren Bildung und Menschlichkeit voranzieht, ohne von diesem zukünftigen Glücke und der einstmaligen Schönheit mehr zu haben als eine verheißende Ahnung. Diese Jugend wird an dem Übel und an den Gegenmitteln zugleich leiden: und trotzdem glaubt sie einer kräftigeren Gesundheit und überhaupt einer natürlicheren Natur sich berühmen zu dürfen als ihre Vorgeschlechter, die gebildeten »Männer« und »Greise« der Gegenwart. Ihre Mission aber ist es, die Begriffe, die jene Gegenwart von »Gesundheit« und »Bildung« hat, zu erschüttern und Hohn und Haß gegen so hybride Begriffs-Ungeheuer zu erzeugen; und das gewährleistende Anzeichen ihrer eignen kräftigeren Gesundheit soll gerade dies sein, daß sie, diese Jugend nämlich, selbst keinen Begriff, kein Parteiwort aus den umlaufenden Wort- und Begriffsmünzen der Gegenwart zur Bezeichnung ihres Wesens gebrauchen kann, sondern nur von einer in ihr tätigen kämpfenden, ausscheidenden, zerteilenden Macht und von einem immer erhöhten Lebensgefühle in jeder guten Stunde überzeugt wird. Man mag bestreiten, daß diese Jugend bereits Bildung habe – aber für welche Jugend wäre dies ein Vorwurf? Man mag ihr Roheit und Unmäßigkeit nachsagen – aber sie ist noch nicht alt und weise genug, um sich zu bescheiden; vor allem braucht sie aber keine fertige Bildung zu heucheln und zu verteidigen und genießt alle die Tröstungen und Vorrechte der Jugend, zumal das Vorrecht der tapferen unbesonnenen Ehrlichkeit und den begeisternden Trost der Hoffnung.

Von diesen Hoffenden weiß ich, daß sie alle diese Allgemeinheiten aus der Nähe verstehn und mit ihrer eigensten Erfahrung in eine persönlich gemeinte Lehre sich übersetzen werden; die andern mögen einstweilen nichts als verdeckte Schüsseln wahrnehmen, die wohl auch leer sein können: bis sie einmal überrascht mit eignen Augen sehen, daß die Schüsseln gefüllt sind und daß Angriffe, Forderungen, Lebenstriebe, Leidenschaften in diesen Allgemeinheiten eingeschachtelt und zusammengedrückt lagen, die nicht lange Zeit so verdeckt liegen konnten. Diese Zweifler auf die Zeit, die alles ans Licht bringt, verweisend, wende ich mich zum Schluß an jene Gesellschaft der Hoffenden, um ihnen den Gang und Verlauf ihrer Heilung, ihrer Errettung von der historischen Krankheit und damit ihre eigne Geschichte bis zu dem Zeitpunkt durch ein Gleichnis zu erzählen, wo sie wieder gesund genug sein werden, von neuem Historie zu treiben und sich der Vergangenheit unter der Herrschaft des Lebens in jenem dreifachen Sinne, nämlich monumental oder antiquarisch oder kritisch, zu bedienen. In jenem Zeitpunkt werden sie unwissender sein als die »Gebildeten« der Gegenwart; denn sie werden viel verlernt und sogar alle Lust verloren haben, nach dem, was jene Gebildeten vor allem wissen wollen, überhaupt noch hinzublicken; ihre Kennzeichen sind, von dem Gesichtsfelde jener Gebildeten aus gesehen, gerade ihre »Unbildung«, ihre Gleichgültigkeit und Verschlossenheit gegen vieles Berühmte, selbst gegen manches Gute. Aber sie sind, an jenem Endpunkte ihrer Heilung, wieder *Menschen* geworden und haben aufgehört, menschenähnliche Aggregate zu sein – das ist etwas! Das sind noch Hoffnungen! Lacht euch nicht dabei das Herz, ihr Hoffenden?

Und wie kommen wir zu jenem Ziele? werdet ihr fragen. Der delphische Gott ruft euch, gleich am Anfange einer Wanderung nach jenem Ziele, seinen Spruch entgegen: »Erkenne dich selbst.« Es ist ein schwerer Spruch: denn jener Gott »verbirgt nicht und verkündet nicht, sondern zeigt nur hin«, wie Heraklit gesagt hat. Worauf weist er euch hin?

Es gab Jahrhunderte, in denen die Griechen in einer ähnlichen Gefahr sich befanden, in der wir uns befinden, nämlich an der Überschwemmung durch das Fremde und Vergangne, an der »Historie« zugrunde zu gehen. Niemals haben sie in stolzer Unberührbarkeit gelebt: ihre »Bildung« war vielmehr lange Zeit ein Chaos von ausländischen, semitischen, babylonischen, lydischen, ägyptischen Formen und Begriffen, und ihre Religion ein wahrer Götterkampf des ganzen Orients: ähnlich etwa, wie jetzt die »deutsche Bildung« und Religion ein in sich kämpfendes Chaos des gesamten Auslandes, der gesamten Vorzeit ist. Und trotzdem wurde die hellenische Kultur kein Aggregat, dank jenem apollinischen Spruche. Die Griechen lernten allmählich *das Chaos zu organisieren*, dadurch, daß sie sich, nach der delphischen Lehre, auf sich selbst, das heißt auf ihre echten Bedürfnisse zurückbesannen und die Schein-Bedürfnisse absterben ließen. So ergriffen sie wieder von sich Besitz; sie blieben nicht lange die überhäuften Erben und Epigonen des ganzen Orients; sie wurden selbst, nach beschwerlichem Kampfe mit sich selbst, durch die praktische Auslegung jenes Spruches, die glücklichsten Bereicherer und Mehrer des ererbten Schatzes und die Erstlinge und Vorbilder aller kommenden Kulturvölker.

Dies ist ein Gleichnis für jeden einzelnen von uns: er muß das Chaos in sich organisieren, dadurch, daß er sich auf seine echten Bedürfnisse zurückbesinnt. Seine Ehrlichkeit, sein tüchtiger und wahrhaftiger Charakter muß sich irgendwann einmal dagegen sträuben, daß immer nur nachgesprochen, nachgelernt, nachgeahmt werde; er beginnt dann zu begreifen, daß Kultur noch etwas andres sein kann als *Dekoration des Lebens*, das heißt im Grunde doch immer nur Verstellung und Verhüllung; denn aller Schmuck versteckt das Geschmückte. So entschleiert sich ihm der griechische Begriff der Kultur – im Gegensatze zu dem romanischen – der Begriff der Kultur als einer neuen und verbesserten Physis, ohne Innen und Außen, ohne Verstellung und Konvention, der Kultur als einer Einhelligkeit zwischen Leben, Denken, Scheinen und Wollen. So lernt er aus seiner eignen Erfahrung, daß es die höhere Kraft der *sittlichen* Natur war, durch die den Griechen der Sieg über alle anderen Kulturen gelungen ist, und daß jede Vermehrung der Wahrhaftigkeit auch eine vorbereitende Förderung der *wahren* Bildung sein muß: mag diese Wahrhaftigkeit auch gelegentlich der gerade in Achtung stehenden Gebildetheit ernstlich schaden, mag sie selbst einer ganzen dekorativen Kultur zum Falle verhelfen können.

VIERTES STÜCK

RICHARD WAGNER IN BAYREUTH

I

Damit ein Ereignis Größe habe, muß zweierlei zusammenkommen: der große Sinn derer, die es vollbringen, und der große Sinn derer, die es erleben. An sich hat kein Ereignis Größe, und wenn schon ganze Sternbilder verschwinden, Völker zugrunde gehen, ausgedehnte Staaten gegründet und Kriege mit ungeheuren Kräften und Verlusten geführt werden: über vieles der Art bläst der Hauch der Geschichte hinweg, als handele es sich um Flocken. Es kommt aber auch vor, daß ein gewaltiger Mensch seinen Streich führt, der an einem harten Gestein wirkungslos niedersinkt; ein kurzer scharfer Widerhall, und alles ist vorbei. Die Geschichte weiß auch von solchen gleichsam abgestumpften Ereignissen beinahe nichts zu melden. So überschleicht einen jeden, welcher ein Ereignis herankommen sieht, die Sorge, ob die, welche es erleben, seiner würdig sein werden. Auf dieses Sich-Entsprechen von Tat und Empfänglichkeit rechnet und zielt man immer, wenn man handelt, im kleinsten wie im größten; und der, welcher geben will, muß zusehen, daß er die Nehmer findet, die dem Sinne seiner Gabe genugtun. Eben deshalb hat auch die einzelne Tat eines selbst großen Menschen keine Größe, wenn sie kurz, stumpf und unfruchtbar ist; denn in dem Augenblick, wo er sie tat, muß ihm jedenfalls die tiefe Einsicht gefehlt haben, daß sie gerade jetzt notwendig sei: er hatte nicht scharf genug gezielt, die Zeit nicht bestimmt genug erkannt und gewählt: der Zufall war Herr über ihn geworden, während groß sein und den Blick für die Notwendigkeit haben streng zusammengehört.

Darüber also, ob das, was jetzt in Bayreuth vor sich geht, im rechten Augenblick vor sich geht und notwendig ist, sich Sorgen zu machen und Bedenken zu haben, überlassen wir willig wohl denen, welche über Wagners Blick für das Notwendige selbst Bedenken haben. Uns Vertrauensvolleren muß es so erscheinen, daß er ebenso an die Größe seiner Tat als an den großen Sinn derer, welche sie erleben sollen, glaubt. Darauf sollen alle jene stolz sein, welchen dieser Glaube gilt, jene vielen oder wenigen – denn daß es nicht alle sind, daß jener Glaube nicht der ganzen Zeit gilt, selbst nicht einmal dem ganzen deutschen Volke in seiner gegenwärtigen Erscheinung, hat er uns selber gesagt, in jener Weihe-Rede vom 22. Mai 1872, und es gibt keinen unter uns, welcher gerade darin ihm in tröstlicher Weise widersprechen dürfte. »Nur Sie«, sagte er damals, »die Freunde meiner besonderen Kunst, meines eigensten Wirkens und Schaffens, hatte ich, um für meine Entwürfe mich an Teilnehmende zu wenden: nur um Ihre Mithilfe für mein Werk konnte ich Sie angehen, dieses Werk rein und unentstellt denjenigen vorführen zu können, die meiner Kunst ihre ernstliche Geneigtheit bezeigten, trotzdem sie ihnen nur noch unrein und entstellt bisher vorgeführt werden konnte.«

In Bayreuth ist auch der Zuschauer anschauenswert, es ist kein Zweifel. Ein weiser betrachtender Geist, der aus einem Jahrhundert ins andre ginge, die merkwürdigen Kultur-Regungen zu vergleichen, würde dort viel zu sehen haben; er würde fühlen müssen, daß er hier plötzlich in ein warmes Gewässer gerate, wie einer, der in einem See schwimmt und der Strömung einer heißen Quelle nahe kommt: aus anderen, tieferen Gründen muß diese emporkommen, sagt er sich, das umgebende Wasser erklärt sie nicht und ist jedenfalls selber flacheren Ursprungs. So werden alle die, welche das Bayreuther Fest begehen, als unzeitgemäße Menschen empfunden werden: sie haben anderswo ihre Heimat als in der Zeit und finden anderwärts sowohl ihre Erklärung als ihre Rechtfertigung. Mir ist immer deutlicher geworden, daß der »Gebildete«, sofern er ganz und völlig die Frucht dieser Gegenwart ist, allem, was Wagner tut und denkt, nur durch die Parodie beikommen kann – wie auch alles und jedes parodiert worden ist – und daß er sich auch das Bayreuther Ereignis nur durch die sehr unmagische Laterne unsrer witzelnden Zeitungsschreiber beleuchten lassen will. Und glücklich, wenn es bei der Parodie bleibt! Es entladet sich in ihr ein Geist der Entfremdung und Feindseligkeit, welcher noch ganz andre Mittel und Wege aufsuchen könnte, auch gelegentlich aufgesucht hat. Diese ungewöhnliche Schärfe und Spannung der Gegensätze würde jener Kultur-Beobachter ebenfalls ins Auge fassen. Daß ein einzelner, im Verlaufe eines gewöhnlichen Menschenlebens, etwas durchaus Neues hinstellen könne, mag wohl alle die empören, welche auf die Allmählichkeit aller Entwicklung wie auf eine Art von Sitten-Gesetz schwören: sie sind selber langsam und fordern Langsamkeit – und da sehen sie nun einen sehr Geschwinden, wissen nicht, wie er es macht, und sind ihm böse. Von einem solchen Unternehmen wie dem Bayreuther gab es keine Vorzeichen, keine Übergänge, keine Vermittlungen; den langen Weg zum Ziele und das Ziel selber wußte keiner außer Wagner. Es ist die erste Weltumsegelung im Reiche der Kunst: wobei, wie es scheint, nicht nur eine neue Kunst, sondern die Kunst selber entdeckt wurde. Alle bisherigen modernen Künste sind dadurch, als einsiedlerisch-verkümmerte oder als Luxus-Künste, halb und halb entwertet; auch die unsicheren, übel zusammenhängenden Erinnerungen an eine wahre Kunst, die wir Neueren von den Griechen her hatten, dürfen nun ruhen, soweit sie selbst jetzt nicht in einem neuen Verständnis zu leuchten vermögen. Es ist für vieles jetzt an der Zeit, abzusterben; diese neue Kunst ist eine Seherin, welche nicht nur für Künste den Untergang herannahen sieht. Ihre mahnende Hand muß unsrer gesamten jetzigen Bildung von dem Augenblicke an sehr unheimlich vorkommen, wo das Gelächter über ihre Parodien verstummt: mag sie immerhin noch eine kurze Weile Zeit zu Lust und Lachen haben!

Dagegen werden wir, die Jünger der wiederauferstandenen Kunst, zum Ernste, zum tiefen heiligen Ernste, Zeit und Willen haben! Das Reden und Lärmen, welches die bisherige Bildung von der Kunst gemacht hat – wir müssen es jetzt als eine schamlose Zudringlichkeit empfinden; zum Schweigen verpflichtet uns alles, zum fünfjährigen pythagoreischen Schweigen. Wer von uns hätte nicht an dem widerlichen Götzendienste der modernen Bildung Hände und Gemüt besudelt! Wer bedürfte nicht des reinigenden Wassers, wer hörte nicht die Stimme, die ihn mahnt: Schweigen und Reinsein! Schweigen und Reinsein! Nur als denen, welche auf diese Stimme hören, wird uns auch der *große Blick* zuteil, mit dem wir auf das Ereignis von Bayreuth hinzusehn haben: und nur in diesem Blicke liegt die *große Zukunft* jenes Ereignisses.

Als an jenem Maitage des Jahres 1872 der Grundstein auf der Anhöhe von Bayreuth gelegt worden war, bei strömendem Regen und verfinstertem Himmel, fuhr Wagner mit einigen von uns zur Stadt zurück; er schwieg und sah dabei mit einem Blick lange in sich hinein, der mit einem Worte nicht zu bezeichnen wäre. Er begann an diesem Tage sein sechzigstes Lebensjahr: alles Bisherige war die Vorbereitung auf diesen Moment. Man weiß, daß Menschen im Augenblick einer außerordentlichen Gefahr oder überhaupt in einer wichtigen Entscheidung ihres Lebens durch ein unendlich beschleunigtes inneres Schauen alles Erlebte zusammendrängen und mit seltenster Schärfe das Nächste wie das Fernste wiedererkennen. Was mag Alexander der Große in jenem Augenblicke gesehn haben, als er Asien und Europa aus einem Mischkrug trinken ließ? Was aber Wagner an jenem Tage innerlich schaute – wie er wurde, was er ist, was er sein wird – das können wir, seine Nächsten, bis zu einem Grade nachschauen: und erst von diesem Wagnerischen Blick aus werden wir seine große Tat selber verstehen können – *um mit diesem Verständnis ihre Fruchtbarkeit zu verbürgen.*

2

Es wäre sonderbar, wenn das, was jemand am besten kann und am liebsten tut, nicht auch in der gesamten Gestaltung seines Lebens wieder sichtbar würde; vielmehr muß bei Menschen von hervorragender Befähigung das Leben nicht nur, wie bei jedermann, zum Abbild des Charakters, sondern vor allem auch zum Abbild des Intellektes und seines eigensten Vermögens werden. Das Leben des epischen Dichters wird etwas vom Epos an sich tragen – wie dies beiläufig gesagt mit Goethe der Fall ist, in welchem die Deutschen sehr mit Unrecht vornehmlich den Lyriker zu sehen gewohnt sind – das Leben des Dramatikers wird dramatisch verlaufen.

Das Dramatische im *Werden* Wagners ist gar nicht zu verkennen, von dem Augenblicke an, wo die in ihm herrschende Leidenschaft ihrer selbst bewußt wird und seine ganze Natur zusammenfaßt: damit ist dann das Tastende, Schweifende, das Wuchern der Nebenschößlinge abgetan, und in den verschlungensten Wegen und Wandlungen, in dem oft abenteuerlichen Bogenwurfe seiner Pläne waltet eine einzige innere Gesetzlichkeit, ein Wille, aus dem sie erklärbar sind, so verwunderlich auch oft diese Erklärungen klingen werden. Nun gab es aber einen vordramatischen Teil im Leben Wagners, seine Kindheit und Jugend, und über den kann man nicht hinwegkommen, ohne auf Rätsel zu stoßen. Er *selbst* scheint noch gar nicht angekündigt; und das, was man jetzt, zurückblickend, vielleicht als Ankündigungen verstehen könnte, zeigt sich doch zunächst als ein Beieinander von Eigenschaften, welche eher Bedenken als Hoffnungen erregen müssen: ein Geist der Unruhe, der Reizbarkeit, eine nervöse Hast im Erfassen von hundert Dingen, ein leidenschaftliches Behagen an beinahe krankhaften hochgespannten Stimmungen, ein unvermitteltes Umschlagen aus Augenblicken seelenvollster Gemütsstille in das Gewaltsame und Lärmende. Ihn schränkte keine strenge erb- und familienhafte Kunstübung ein: die Malerei, die Dichtkunst, die Schauspielerei, die Musik kamen ihm so nahe als die gelehrtenhafte Erziehung und Zukunft; wer oberflächlich hinblickte, mochte meinen, er sei zum Dilettantisieren geboren. Die kleine Welt, in deren Bann er aufwuchs, war nicht derart, daß man einem Künstler zu einer solchen Heimat hätte Glück wünschen können. Die gefährliche Lust an geistigem Anschmecken trat ihm nahe, ebenso der mit dem Vielerlei-Wissen verbundene Dünkel, wie er in Gelehrten-Städten zu Hause ist; die Empfindung wurde leicht erregt, ungründlich befriedigt; so weit das Auge des Knaben schweifte, sah er sich von einem wunderlich altklugen, aber rührigen Wesen umgeben, zu dem das bunte Theater in lächerlichem, der seelenbezwingende Ton der Musik in unbegreiflichem Gegensatze stand. Nun fällt es dem vergleichenden Kenner überhaupt auf, wie selten gerade der moderne Mensch, wenn er die Mitgift einer hohen Begabung bekommen hat, in seiner Jugend und Kindheit die Eigenschaft der Naivität, der schlichten Eigen- und Selbstheit hat, wie wenig er sie haben kann; vielmehr werden die Seltenen, welche, wie Goethe und Wagner, überhaupt zur Naivität kommen, diese jetzt immer noch eher als Männer haben, als im Alter der Kinder und Jünglinge. Den Künstler zumal, dem die nachahmende Kraft in besonderem Maße angeboren ist, wird die unkräftige Vielseitigkeit des modernen Lebens wie eine heftige Kinder-Krankheit befallen müssen; er wird als Knabe und Jüngling einem Alten ähnlicher sehen als seinem eigentlichen Selbst. Das wunderbar strenge Urbild des Jünglings, den Siegfried im Ring des Nibelungen, konnte nur ein Mann erzeugen, und zwar ein Mann, der seine eigne Jugend erst spät gefunden hat. Spät, wie Wagners Jugend, kam sein Mannesalter, so daß er wenigstens hierin der Gegensatz einer vorwegnehmenden Natur ist.

Sobald seine geistige und sittliche Mannbarkeit eintritt, beginnt auch das Drama seines Lebens. Und wie anders ist jetzt der Anblick! Seine Natur erscheint in furchtbarer Weise vereinfacht, in zwei Triebe oder Sphären auseinandergerissen. Zuunterst wühlt ein heftiger Wille in jäher Strömung, der gleichsam auf allen Wegen, Höhlen und Schluchten ans Licht will und nach Macht verlangt. Nur eine ganz reine und freie Kraft konnte diesem Willen einen Weg ins Gute und Hilfreiche weisen; mit einem engen Geiste verbunden, hätte ein solcher Wille bei seinem schrankenlosen tyrannischen Begehren zum Verhängnis werden können; und jedenfalls mußte bald ein Weg ins Freie sich finden und helle Luft und Sonnenschein hinzukommen. Ein mächtiges Streben, dem immer wieder ein Einblick in seine Erfolglosigkeit gegeben wird, macht böse; das Unzulängliche kann mitunter in den Umständen, im Unabänderlichen des Schicksals liegen, nicht im Mangel der Kraft: aber der, welcher vom Streben nicht lassen kann, trotz diesem Unzulänglichen, wird gleichsam unterschwürig und daher reizbar und ungerecht. Vielleicht sucht er die Gründe für sein Mißlingen in den anderen, ja er kann in leidenschaftlichem Hasse alle Welt als schuldig behandeln; vielleicht auch geht er trotzig auf Neben- und Schleichwegen oder übt Gewalt: so geschieht es wohl, daß gute Naturen verwildern, auf dem Wege zum Besten. Selbst unter denen, welche nur der eignen sittlichen Reinigung nachjagten, unter Einsiedlern und Mönchen, finden sich solche verwilderte und über und über erkrankte, durch Mißlingen ausgehöhlte und zerfressene Menschen. Es war ein liebevoller, mit Güte und Süßigkeit überschwenglich mild zuredender Geist, dem die Gewalttat und die Selbstzerstörung verhaßt ist und der niemand in Fesseln sehen will: dieser sprach zu Wagner. Er ließ sich auf ihn nieder und umhüllte ihn tröstlich mit seinen Flügeln, er zeigte ihm den Weg. Wir tun einen Blick in die andre Sphäre der Wagnerischen Natur: aber wie sollen wir sie beschreiben?

Die Gestalten, welche ein Künstler schafft, sind nicht er selbst, aber die Reihenfolge der Gestalten, an denen er ersichtlich mit innigster Liebe hängt, sagt allerdings etwas über den Künstler selber aus. Nun stelle man Rienzi, den fliegenden Holländer und Senta, Tannhäuser und Elisabeth, Lohengrin und Elsa, Tristan und Marke, Hans Sachs, Wotan und Brünnhilde sich vor die Seele: es geht ein verbindender unterirdischer Strom von sittlicher Veredelung und Vergrößerung durch alle hindurch, der immer reiner und geläuterter flutet – und hier stehen wir, wenn auch mit schamhafter Zurückhaltung, vor einem innersten Werden in Wagners eigner Seele. An welchem Künstler ist etwas Ähnliches in ähnlicher Größe wahrzunehmen? Schillers Gestalten, von den Räubern bis zu Wallenstein und Tell, durchlaufen eine solche Bahn der Veredelung und sprechen ebenfalls etwas über das Werden ihres Schöpfers aus, aber der Maßstab ist bei Wagner noch größer, der Weg länger. Alles nimmt an dieser Läuterung teil und drückt sie aus, der Mythus nicht nur, sondern auch die Musik; im Ring der Nibelungen finde ich die sittlichste Musik, die ich kenne, zum Beispiel dort, wo Brünnhilde von Siegfried erweckt wird; hier reicht er hinauf bis zu einer Höhe und Heiligkeit der Stimmung, daß wir an das Glühen der Eis- und Schneegipfel in den Alpen denken müssen: so rein, einsam, schwer zugänglich, trieblos, vom Leuchten der Liebe umflossen erhebt sich hier die Natur; Wolken und Gewitter, ja selbst das Erhabne sind unter ihr. Von da aus auf den Tannhäuser und Holländer zurückblickend, fühlen wir, wie der Mensch Wagner wurde: wie er dunkel und unruhig begann, wie er stürmisch Befriedigung suchte, Macht, berauschenden Genuß erstrebte, oft mit Ekel zurückfloh, wie er die Last von sich werfen wollte, zu vergessen, zu verneinen, zu entsagen begehrte – der gesamte Strom stürzte sich bald in dieses, bald in jenes Tal und bohrte in die dunkelsten Schluchten: – in der Nacht dieses halb unterirdischen Wühlens erschien ein Stern hoch über ihm, mit traurigem Glanze, er nannte ihn, wie er ihn erkannte: *Treue, selbstlose Treue!* Warum leuchtete sie ihm heller und reiner als alles? welches Geheimnis enthält das Wort Treue für sein ganzes Wesen? Denn in jedem, was er dachte und dichtete, hat er das Bild und Problem der Treue ausgeprägt, es ist in seinen Werken eine fast vollständige Reihe aller möglichen Arten der Treue, darunter sind die herrlichsten und selten geahnten: Treue von Bruder zu Schwester, Freund zu Freund, Diener zum Herrn, Elisabeth zu Tannhäuser, Senta zum Holländer, Elsa zu Lohengrin, Isolde, Kurwenal und Marke zu Tristan, Brünnhilde zu Wotans innerstem Wunsche – um die Reihe nur anzufangen. Es ist die eigenste Urerfahrung, welche Wagner in sich selbst erlebt und wie ein religiöses Geheimnis verehrt: diese drückt er mit dem Worte Treue aus, diese wird er nicht müde, in hundert Gestaltungen aus sich heraus zu stellen und in der Fülle seiner Dankbarkeit mit dem Herrlichsten zu beschenken, was er hat und kann – jene wundervolle Erfahrung und Erkenntnis, daß die eine Sphäre seines Wesens der anderen treu blieb, aus freier selbstlosester Liebe Treue wahrte, die schöpferische schuldlose lichtere Sphäre der dunklen unbändigen und tyrannischen.

3

Im Verhalten der beiden tiefsten Kräfte zueinander, in der Hingebung der einen an die andre lag die große Notwendigkeit, durch welche er allein ganz und er selbst bleiben konnte: zugleich das einzige, was er nicht in der Gewalt hatte, was er beobachten und hinnehmen mußte, während er die Verführung zur Untreue und ihre schrecklichen Gefahren für sich immers aufs neue an sich herankommen sah. Hier fließt eine überreiche Quelle der Leiden des Werdenden, die Ungewißheit. Jeder seiner Triebe strebte ins Ungemessne, alle daseinsfreudigen Begabungen wollten sich einzeln losreißen und für sich befriedigen; je größer ihre Fülle, um so größer war der Tumult, um so feindseliger ihre Kreuzung. Dazu reizte der Zufall und das Leben, Macht, Glanz, feurigste Lust zu gewinnen, noch öfter quälte die unbarmherzige Not, überhaupt leben zu müssen: überall waren Fesseln und Fallgruben. Wie ist es möglich, da Treue zu halten, ganz zu bleiben? – Dieser Zweifel übermannte ihn oft und sprach sich dann so aus, wie eben ein Künstler zweifelt, in künstlerischen Gestalten: Elisabeth kann für Tannhäuser eben nur leiden, beten und sterben, sie rettet den Unsteten und Unmäßigen durch ihre Treue, aber nicht für dieses Leben. Es geht gefährlich und verzweifelt zu im Lebenswege jedes wahren Künstlers, der in die modernen Zeiten geworfen ist. Auf viele Arten kann er zu Ehren und Macht kommen, Ruhe und Genügen bietet sich ihm mehrfach an, doch immer nur in der Gestalt, wie der moderne Mensch sie kennt und wie sie für den redlichen Künstler zum erstickenden Brodem werden müssen. In der Versuchung hierzu und ebenso in der Abweisung dieser Versuchung liegen seine Gefahren, in dem Ekel an den modernen Arten, Lust und Ansehn zu erwerben, in der Wut, welche sich gegen alles eigensüchtige Behagen nach Art der jetzigen Menschen wendet. Man denke ihn sich in eine Beamtung hinein – so wie Wagner das Amt eines Kapellmeisters an Stadt- und Hoftheatern zu versehen hatte; man empfinde es, wie der ernsteste Künstler mit Gewalt da den Ernst erzwingen will, wo nun einmal die modernen Einrichtungen fast mit grundsätzlicher Leichtfertigkeit aufgebaut sind und Leichtfertigkeit fordern, wie es ihm zum Teil gelingt und im ganzen immer mißlingt, wie der Ekel ihm naht und er flüchten will, wie er den Ort nicht findet, wohin er flüchten könnte, und er immer wieder zu den Zigeunern und Ausgestoßenen unsrer Kultur als einer der Ihrigen zurückkehren muß. Aus einer Lage sich losreißend, verhilft er sich selten zu einer besseren, mitunter gerät er in die tiefste Dürftigkeit. So wechselte Wagner Städte, Gefährten, Länder, und man begreift kaum, unter was für Anmutungen und Umgebungen er es doch immer eine Zeitlang ausgehalten hat. Auf der größeren Hälfte seines bisherigen Lebens liegt eine schwere Luft; es scheint, er hoffte nicht mehr ins allgemeine, sondern nur noch von heute zu morgen, und so verzweifelte er zwar nicht, ohne doch zu glauben. Wie ein Wanderer durch die Nacht geht, mit schwerer Bürde und auf das tiefste ermüdet und doch übernächtig erregt, so mag es ihm oft zumute gewesen sein; ein plötzlicher Tod erschien dann vor seinen Blicken nicht als Schrecknis, sondern als verlockendes liebreizendes Gespenst. Last, Weg und Nacht, alles mit einem Male verschwunden! – das tönte verführerisch. Hundertmal warf er sich von neuem wieder mit jener kurzatmigen Hoffnung ins Leben und ließ alle Gespenster hinter sich. Aber in der Art, wie er es tat, lag fast immer eine Maßlosigkeit, das Anzeichen dafür, daß er nicht tief und fest an jene Hoffnung glaubte, sondern sich nur an ihr berauschte. Mit dem Gegensatze seines Begehrens und seines gewöhnlichen Halb- und Unvermögens, es zu befriedigen, wurde er wie mit Stacheln gequält; durch das fortwährende Entbehren aufgereizt, verlor sich seine Vorstellung ins Ausschweifende, wenn einmal plötzlich der Mangel nachließ. Das Leben ward immer verwickelter; aber auch immer kühner, erfindungsreicher waren die Mittel und Auswege, die er, der Dramatiker, entdeckte, ob es schon lauter dramatische Notbehelfe waren, vorgeschobene Motive, welche einen Augenblick täuschen und nur für einen Augenblick erfunden sind. Er ist blitzschnell mit ihnen bei der Hand, und ebenso schnell sind sie verbraucht. Das Leben Wagners, ganz aus der Nähe und ohne Liebe gesehn, hat, um an einen Gedanken Schopenhauers zu erinnern, sehr viel von der Komödie an sich, und zwar von einer merkwürdig grotesken. Wie das Gefühl hiervon, das Eingeständnis einer grotesken Würdelosigkeit ganzer Lebensstrecken auf den Künstler wirken mußte, der mehr als irgendein anderer im Erhabenen und im Über-Erhabenen allein frei atmen kann, – das gibt dem Denkenden zu denken.

Inmitten eines solchen Treibens, welches nur durch die genaueste Schilderung den Grad von Mitleiden, Schrecken und Verwunderung einflößen kann, welchen es verdient, entfaltet sich eine *Begabung des Lernens,* wie sie selbst bei Deutschen, dem eigentlichen Lern-Volke, ganz außergewöhnlich ist; und in dieser Begabung erwuchs wieder eine neue Gefahr, die sogar größer war als die eines entwurzelt und unstet scheinenden, vom friedlosen Wahne kreuz und quer geführten Lebens. Wagner wurde aus einem versuchenden Neuling ein allseitiger Meister der Musik und der Bühne und in jeder der technischen Vorbedingungen ein Erfinder und Mehrer. Niemand wird ihm den Ruhm mehr streitig machen, das höchste Vorbild für alle Kunst des großen Vortrags gegeben zu haben. Aber er wurde noch viel mehr, und um dies und jenes zu werden, war es ihm so wenig als irgend jemandem erspart, sich lernend die höchste Kultur anzueignen. Und wie er dies tat! Es ist eine Lust dies zu sehen; von allen Seiten wächst es an ihn heran, in ihn hinein, und je größer und schwerer der Bau, um so straffer spannt sich der Bogen des ordnenden und beherrschenden Denkens. Und doch wurde es selten einem so schwer gemacht, die Zugänge zu den Wissenschaften und Fertigkeiten zu finden, und vielfach mußte er solche Zugänge improvisieren. Der Erneuerer des einfachen Dramas, der Entdecker der Stellung der Künste in der wahren menschlichen Gesellschaft, der dichtende Erklärer vergangener Lebensbetrachtungen, der Philosoph, der Historiker, der Ästhetiker und Kritiker Wagner, der Meister der Sprache, der Mytholog und Mythopoet, der zum ersten Male einen Ring um das herrliche uralte ungeheure Gebilde schloß und die Runen seines Geistes darauf eingrub – welche Fülle des Wissens hatte er zusammenzubringen und zu umspannen, um das alles werden zu können! Und doch erdrückte weder diese Summe seinen Willen zur Tat, noch leitete das Einzelne und Anziehendste ihn abseits. Um das Ungemeine eines solchen Verhaltens zu ermessen, nehme man zum Beispiel das große Gegenbild Goethes, der, als Lernender und Wissender, wie ein vielverzweigtes Stromnetz erscheint, welches aber seine ganze Kraft nicht zu Meere trägt, sondern mindestens ebensoviel auf seinen Wegen und Krümmungen verliert und verstreut, als es am Ausgange mit sich führt. Es ist wahr, ein solches Wesen, wie das Goethes, hat und macht mehr Behagen, es liegt etwas Mildes und Edel-Verschwenderisches um ihn herum, während Wagners Lauf- und Stromgewalt vielleicht erschrecken und abschrecken kann. Mag aber sich fürchten, wer will: wir anderen wollen dadurch um so mutiger werden, daß wir einen Helden mit Augen sehen dürfen, welcher auch in betreff der modernen Bildung »das Fürchten nicht gelernt hat«.

Ebensowenig hat er gelernt, sich durch Historie und Philosophie zur Ruhe zu bringen und gerade das zauberhaft Sänftigende und der Tat Widerratende ihrer Wirkungen für sich herauszunehmen. Weder der schaffende noch der kämpfende Künstler wurde durch das Lernen und die Bildung von seiner Laufbahn abgezogen. Sobald ihn seine bildende Kraft überkommt, wird ihm die Geschichte ein beweglicher Ton in seiner Hand; dann steht er mit einemmal anders zu ihr als jeder Gelehrte, vielmehr ähnlich wie der Grieche zu seinem Mythus stand, als zu einem etwas, an dem man formt und dichtet, zwar mit Liebe und einer gewissen scheuen Andacht, aber doch mit dem Hoheitsrecht des Schaffenden. Und gerade weil sie für ihn noch biegsamer und wandelbarer als jeder Traum ist, kann er in das einzelne Ereignis das Typische ganzer Zeiten hineindichten und so eine Wahrheit der Darstellung erreichen, wie sie der Historiker nie erreicht. Wo ist das ritterliche Mittelalter so mit Fleisch und Geist in ein Gebilde übergegangen, wie dies im Lohengrin geschehen ist? Und werden nicht die Meistersinger noch zu den späteren Zeiten von dem deutschen Wesen erzählen, ja mehr als erzählen, werden sie nicht vielmehr eine der reifsten Früchte jenes Wesens sein, das immer reformieren und nicht revolvieren will und das auf dem breiten Grunde seines Behagens auch das edelste Unbehagen, das der erneuernden Tat, nicht verlernt hat?

Und gerade zu dieser Art des Unbehagens wurde Wagner immer wieder durch sein Befassen mit Historie und Philosophie gedrängt: in ihnen fand er nicht nur Waffen und Rüstung, sondern hier fühlte er vor allem den begeisternden Anhauch, welcher von den Grabstätten aller großen Kämpfer, aller großen Leidenden und Denkenden her weht. Man kann sich durch nichts mehr von der ganzen gegenwärtigen Zeit abheben als durch den Gebrauch, welchen man von der Geschichte und Philosophie macht. Der ersteren scheint jetzt, so wie sie gewöhnlich verstanden wird, die Aufgabe zugefallen zu sein, den modernen Menschen, der keuchend und mühevoll zu seinen Zielen läuft, einmal aufatmen zu lassen, so daß er sich für einen Augenblick gleichsam abgeschirrt fühlen kann. Was der einzelne Montaigne in der Bewegtheit des Reformations-Geistes bedeutet, ein In-sich-zur-Ruhe-Kommen, ein friedliches Für-sich-Sein und Ausatmen – und so empfand ihn gewiß sein bester Leser, Shakespeare – das ist jetzt die Historie für den modernen Geist. Wenn die Deutschen seit einem Jahrhundert besonders den historischen Studien obgelegen haben, so zeigt dies, daß sie in der Bewegung der neueren Welt die aufhaltende, verzögernde, beruhigende Macht sind: was vielleicht einige zu einem Lobe für sie wenden dürften. Im ganzen ist es aber ein gefährliches Anzeichen, wenn das geistige Ringen eines Volkes vornehmlich der Vergangenheit gilt, ein Merkmal von Erschlaffung, von Rück- und Hinfälligkeit: so daß sie nun jedem um sich greifenden Fieber, zum Beispiel dem politischen, in gefährlichster Weise ausgesetzt sind. Einen solchen Zustand von Schwäche stellen, im Gegensatz zu allen Reformations- und Revolutions-Bewegungen, unsre Gelehrten in der Geschichte des modernen Geistes dar, sie haben sich nicht die stolzeste Aufgabe gestellt, aber eine eigne Art friedfertigen Glücks gesichert. Jeder freiere männlichere Schritt führt freilich an ihnen vorüber, – wenn auch keineswegs an der Geschichte selbst! Diese hat noch ganz andre Kräfte in sich, wie gerade solche Naturen wie Wagner ahnen: nur muß sie erst einmal in einem viel ernsteren, strengeren Sinne, aus einer mächtigen Seele heraus und überhaupt nicht mehr optimistisch, wie bisher immer, geschrieben werden, anders also, als die deutschen Gelehrten bis jetzt getan haben. Es liegt etwas Beschönigendes, Unterwürfiges und Zufriedengestelltes auf allen ihren Arbeiten, und der Gang der Dinge ist ihnen recht. Es ist schon viel, wenn es einer merken läßt, daß er gerade nur zufrieden sei, weil es noch schlimmer hätte kommen können: die meisten von ihnen glauben unwillkürlich, daß es sehr gut sei, gerade so wie es nun einmal gekommen ist. Wäre die Historie nicht immer noch eine verkappte christliche Theodizee, wäre sie mit mehr Gerechtigkeit und Inbrunst des Mitgefühls geschrieben, so würde sie wahrhaftig am wenigsten gerade als das Dienste leisten können, als was sie jetzt dient: als Opiat gegen alles Umwälzende und Erneuernde. Ähnlich steht es mit der Philosophie: aus welcher ja die meisten nichts anderes lernen wollen, als die Dinge ungefähr – sehr ungefähr! – verstehen, um sich dann in sie zu schicken. Und selbst von ihren edelsten Vertretern wird ihre stillende und tröstende Macht so stark hervorgehoben, daß die Ruhesüchtigen und Trägen meinen müssen, sie suchten dasselbe, was die Philosophie sucht. Mir scheint dagegen die wichtigste Frage aller Philosophie zu sein, wie weit die

Dinge eine unabänderliche Artung und Gestalt haben: um dann, wenn diese Frage beantwortet ist, mit der rücksichtslosesten Tapferkeit auf die *Verbesserung der als veränderlich erkannten Seite der Welt* loszugehen. Das lehren die wahren Philosophen auch selber durch die Tat, dadurch, daß sie an der Verbesserung der sehr veränderlichen Einsicht der Menschen arbeiteten und ihre Weisheit nicht für sich behielten; das lehren auch die wahren Jünger wahrer Philosophien, welche, wie Wagner, aus ihnen gerade gesteigerte Entschiedenheit und Unbeugsamkeit für ihr Wollen, aber keine Einschläferungssäfte zu saugen verstehen. Wagner ist dort am meisten Philosoph, wo er am tatkräftigsten und heldenhaftesten ist. Und gerade als Philosoph ging er nicht nur durch das Feuer verschiedener philosophischer Systeme, ohne sich zu fürchten, hindurch, sondern auch durch den Dampf des Wissens und der Gelehrsamkeit, und hielt seinem höheren Selbst Treue, welches von ihm *Gesamttaten seines vielstimmigen Wesens* verlangte und ihn leiden und lernen hieß, um jene Taten tun zu können.

4

Die Geschichte der Entwicklung der Kultur seit den Griechen ist kurz genug, wenn man den eigentlichen wirklich zurückgelegten Weg in Betracht zieht und das Stillestehn, Zurückgehen, Zaudern, Schleichen gar nicht mitrechnet. Die Hellenisierung der Welt und, diese zu ermöglichen, die Orientalisierung des Hellenischen – die Doppel-Aufgabe des großen Alexander – ist immer noch das letzte große Ereignis; die alte Frage, ob eine fremde Kultur sich überhaupt übertragen lasse, immer noch das Problem, an dem die Neueren sich abmühen. Das rhythmische Spiel jener beiden Faktoren gegeneinander ist es, was namentlich den bisherigen Gang der Geschichte bestimmt hat. Da erscheint zum Beispiel das Christentum als ein Stück orientalischen Altertums, welches von den Menschen mit ausschweifender Gründlichkeit zu Ende gedacht und gehandelt wurde. Im Schwinden seines Einflusses hat wieder die Macht des hellenischen Kulturwesens zugenommen; wir erleben Erscheinungen, welche so befremdend sind, daß sie unerklärbar in der Luft schweben würden, wenn man sie nicht, über einen mächtigen Zeitraum hinweg, an die griechischen Analogien anknüpfen könnte. So gibt es zwischen Kant und den Eleaten, zwischen Schopenhauer und Empedokles, zwischen Äschylus und Richard Wagner solche Nähen und Verwandtschaften, daß man fast handgreiflich an das sehr relative Wesen aller Zeitbegriffe gemahnt wird: beinahe scheint es, als ob manche Dinge zusammengehören und die Zeit nur eine Wolke sei, welche es unsern Augen schwer macht, diese Zusammengehörigkeit zu sehen. Besonders bringt auch die Geschichte der strengen Wissenschaften den Eindruck hervor, als ob wir uns eben jetzt in nächster Nähe der alexandrinisch-griechischen Welt befänden, und als ob der Pendel der Geschichte wieder nach dem Punkte zurückschwänge, von wo er zu schwingen begann, fort in rätselhafte Ferne und Verlorenheit. Das Bild unserer gegenwärtigen Welt ist durchaus kein neues: immer mehr muß es dem, der die Geschichte kennt, so zumute werden, als ob er alte vertraute Züge eines Gesichtes wiedererkenne. Der Geist der hellenischen Kultur liegt in unendlicher Zerstreuung auf unserer Gegenwart: während sich die Gewalten aller Art drängen und man sich die Früchte der modernen Wissenschaften und Fertigkeiten als Austauschmittel bietet, dämmert in blassen Zügen wieder das Bild des Hellenischen, aber noch ganz fern und geisterhaft, auf. Die Erde, die bisher zur Genüge orientalisiert worden ist, sehnt sich wieder nach der Hellenisierung; wer ihr hier helfen will, der hat freilich Schnelligkeit und einen geflügelten Fuß vonnöten, um die mannigfachsten und entferntesten Punkte des Wissens, die entlegensten Weltteile der Begabung zusammenzubringen, um das ganze ungeheuer ausgespannte Gefilde zu durchlaufen und zu beherrschen. So ist denn jetzt eine Reihe von *Gegen-Alexandern* nötig geworden, welche die mächtigste Kraft haben, zusammenzuziehn und zu binden, die entferntesten Fälden heranzulangen und das Gewebe vor dem Zerblasenwerden zu bewahren. Nicht den gordischen Knoten der griechischen Kultur zu lösen, wie es Alexander tat, so daß seine Enden nach allen Weltrichtungen hin flatterten, sondern *ihn zu binden, nachdem er gelöst war* – das ist jetzt die Aufgabe. In Wagner erkenne ich einen solchen Gegen-Alexander: er bannt und schließt zusammen, was vereinzelt, schwach und lässig war, er hat, wenn ein medizinischer Ausdruck erlaubt ist, eine *adstringierende* Kraft: insofern gehört er zu den ganz großen Kulturgewalten. Er waltet über den Künsten, den Religionen, den verschiedenen Völkergeschichten und ist doch der Gegensatz eines Polyhistors, eines nur zusammentragenden und ordnenden Geistes: denn er ist ein Zusammenbildner und Beseeler der Zusammengebrachten, ein *Vereinfacher der Welt.* Man wird sich an einer solchen Vorstellung nicht irre machen lassen, wenn man diese allgemeine Aufgabe, die sein Genius ihm gestellt hat, mit der viel engeren und näheren vergleicht, an welche man jetzt zuerst bei dem Namen Wagner zu denken pflegt. Man erwartet von ihm eine Reformation des Theaters: gesetzt, dieselbe gelänge ihm, was wäre denn damit für jene höhere und fernere Aufgabe getan?

Nun, damit wäre der moderne Mensch verändert und refomiert: so notwendig hängt in unserer neueren Welt eins an dem andern, daß, wer nur einen Nagel herauszieht, das Gebäude wanken und fallen macht. Auch von jeder anderen wirklichen Reform wäre dasselbe zu erwarten, was wir hier von der Wagnerschen, mit dem Anschein der Übertreibung, aussagen. Es ist gar nicht möglich, die höchste und reinste Wirkung der theatralischen Kunst herzustellen, ohne nicht überall, in Sitte und Staat, in Erziehung und Verkehr, zu neuern. Liebe und Gerechtigkeit, an einem

Punkte, nämlich hier im Bereiche der Kunst, mächtig geworden, müssen nach dem Gesetz ihrer inneren Not weiter um sich greifen und können nicht wieder in die Regungslosigkeit ihrer früheren Verpuppung zurück. Schon um zu begreifen, inwiefern die Stellung unsrer Künste zum Leben ein Symbol der Entartung dieses Lebens ist, inwiefern unsre Theater für die, welche sie bauen und besuchen, eine Schmach sind, muß man völlig umlernen und das Gewohnte und Alltägliche einmal als etwas sehr Ungewöhnliches und Verwickeltes ansehn können. Seltsame Trübung des Urteils, schlecht verhehlte Sucht nach Ergötzlichkeit, nach Unterhaltung um jeden Preis, gelehrtenhafte Rücksichten, Wichtigtun und Schauspielerei mit dem Ernst der Kunst von seiten der Ausführenden, brutale Gier nach Geldgewinn von seiten der Unternehmenden, Hohlheit und Gedankenlosigkeit einer Gesellschaft, welche an das Volk nur so weit denkt, als es ihr nützt oder gefährlich ist, und Theater und Konzerte besucht, ohne je dabei an Pflichten erinnert zu werden – dies alles zusammen bildet die dumpfe und verderbliche Luft unserer heutigen Kunstzustände: ist man aber erst so an dieselbe gewöhnt, wie es unsre Gebildeten sind, so wähnt man wohl, diese Luft zu seiner Gesundheit nötig zu haben, und befindet sich schlecht, wenn man, durch irgendeinen Zwang, ihrer zeitweilig entraten muß. Wirklich hat man nur *ein* Mittel, sich in Kürze davon zu überzeugen, wie gemein, und zwar wie absonderlich und verzwickt gemein unsre Theater-Einrichtungen sind: man halte nur die einstmalige Wirklichkeit des griechischen Theaters dagegen! Gesetzt, wie wüßten nichts von den Griechen, so wäre unsern Zuständen vielleicht gar nicht beizukommen, und man hielte solche Einwendungen, wie sie zuerst von Wagner in großem Stile gemacht worden sind, für Träumereien von Leuten, welche im Lande Nirgendsheim zu Hause sind. Wie die Menschen einmal sind, würde man vielleicht sagen, genügt und gebührt ihnen eine solche Kunst – und sie sind nie anders gewesen! – Sie sind gewiß anders gewesen, und selbst jetzt gibt es Menschen, denen die bisherigen Einrichtungen nicht genügen – eben dies beweist die Tatsache von Bayreuth. Hier findet ihr vorbereitete und geweihte Zuschauer, die Ergriffenheit von Menschen, welche sich auf dem Höhepunkte ihres Glücks befinden und gerade in ihm ihr ganzes Wesen zusammengerafft fühlen, um sich zu weiterem und höherem Wollen bestärken zu lassen; hier findet ihr die hingebendste Aufopferung der Künstler und das Schauspiel aller Schauspiele, den siegreichen Schöpfer eines Werkes, welches selber der Inbegriff einer Fülle siegreicher Kunst-Taten ist. Dünkt es nicht fast wie Zauberei, einer solchen Erscheinung in der Gegenwart begegnen zu können? Müssen nicht die, welche hier mithelfen und mitschauen dürfen, schon verwandelt und erneuert sein, um nun auch fernerhin, in andern Gebieten des Lebens, zu verwandeln und zu erneuern? Ist nicht ein Hafen nach der wüsten Weite des Meeres gefunden, liegt hier nicht Stille über den Wassern gebreitet? –

Wer aus der hier waltenden Tiefe und Einsamkeit der Stimmung zurück in die ganz andersartigen Flächen und Niederungen des Lebens kommt, muß er sich nicht immerfort wie Isolde fragen: »Wie ertrug ich's nur? Wie ertrag ich's noch?« Und wenn er es nicht aushält, sein Glück und sein Unglück eigensüchtig in sich zu bergen, so wird er von jetzt ab jede Gelegenheit ergreifen, in Taten davon Zeugnis abzulegen. Wo sind die, welche an den gegenwärtigen Einrichtungen leiden? wird er fragen. Wo sind unsre natürlichen Bundesgenossen, mit denen wir gegen das wuchernde und unterdrückende Umsichgreifen der heutigen Gebildetheit kämpfen können? Denn einstweilen haben wir nur einen Feind – einstweilen! – eben jene »Gebildeten«, für welche das Wort »Bayreuth« eine ihrer tiefsten Niederlagen bezeichnet – sie haben nicht mitgeholfen, sie waren wütend dagegen, oder zeigten jene noch wirksamere Schwerhörigkeit, welche jetzt zur gewohnten Waffe der überlegtesten Gegnerschaft geworden ist. Aber wir wissen eben dadurch, daß sie Wagners Wesen selber durch ihre Feindseligkeit und Tücke nicht zerstören, sein Werk nicht verhindern konnten, noch eins: sie haben verraten, daß sie schwach sind, und daß der Widerstand der bisherigen Machtinhaber nicht mehr viele Angriffe aushalten wird. Es ist der Augenblick für solche, welche mächtig erobern und siegen wollen, die größten Reiche stehen offen, ein Fragezeichen ist zu den Namen der Besitzer gesetzt, so weit es Besitz gibt. So ist zum Beispiel das Gebäude der Erziehung als morsch erkannt, und überall finden sich einzelne, welche in aller Stille schon das Gebäude verlassen haben. Könnte man die, welche tatsächlich schon jetzt tief mit ihm unzufrieden sind, nur einmal zur offnen Empörung und Erklärung treiben! Könnte man sie des verzagenden Unmuts berauben! Ich weiß es: wenn man gerade den stillen Beitrag dieser Naturen von dem Ertrage unseres gesamten Bildungswesens abstriche, es wäre der empfindlichste Aderlaß, durch den man dasselbe schwächen könnte. Von den Gelehrten zum Beispiel blieben unter dem alten Regimente nur die durch den politischen Wahnwitz Angesteckten und die literatenhaften Menschen aller Art zurück. Das widerliche Gebilde, welches jetzt seine Kräfte aus der Anlehnung an die Sphären der Gewalt und Ungerechtigkeit, aus Staat und Gesellschaft, nimmt und seinen Vorteil dabei hat, diese immer böser und rücksichtsloser zu machen, ist ohne diese Anlehnung etwas Schwächliches und Ermüdetes: man braucht es nur recht zu verachten, so fällt es schon über den Haufen. Wer für die Gerechtigkeit und die Liebe unter den Menschen kämpft, darf sich vor ihm am wenigsten fürchten: denn seine eigentlichen Feinde stehen erst vor ihm, wenn er seinen Kampf, den er einstweilen gegen ihre Vorhut, die heutige Kultur, führt, zu Ende gebracht hat.

Für uns bedeutet Bayreuth die Morgen-Weihe am Tage des Kampfes. Man könnte uns nicht mehr unrecht tun, als wenn man annähme, es sei uns um die Kunst allein zu tun: als ob sie wie ein Heil- und Betäubungsmittel zu gelten hätte, mit dem man alle übrigen elenden Zustände von sich abtun könnte. Wir sehen im Bilde jenes tragischen Kunstwerks von Bayreuth gerade den Kampf der einzelnen mit allem, was ihnen als scheinbar unbezwingliche Notwendigkeit entgegentritt, mit Macht, Gesetz, Herkommen, Vertrag und ganzen Ordnungen der Dinge. Die einzelnen können gar nicht schöner leben, als wenn sie sich im Kampfe um Gerechtigkeit und Liebe zum Tode reif machen und opfern. Der Blick, mit welchem uns das geheimnisvolle Auge der Tragödie anschaut, ist kein erschlaffender und gliederbindender Zauber. Obschon sie Ruhe verlangt, solange sie uns ansieht; – denn die Kunst ist nicht für den Kampf selber da, sondern für die Ruhepausen vorher und inmitten desselben, für jene Minuten, da man zurückblickend und vorahnend das Symbolische versteht, da mit dem Gefühl einer leisen Müdigkeit ein erquickender Traum uns naht. Der Tag und der Kampf bricht gleich an, die heiligen Schatten verschweben, und die Kunst ist wieder ferne von uns; aber ihre Tröstung liegt über dem Menschen von der Frühstunde her. Überall findet ja sonst der einzelne sein persönliches Ungenügen, sein Halb- und Unvermögen: mit welchem Mute sollte er kämpfen, wenn er nicht vorher zu etwas Überpersönlichem geweiht worden wäre! Die größten Leiden des einzelnen, die es gibt, die Nichtgemeinsamkeit des Wissens bei allen Menschen, die Unsicherheit der letzten Einsichten und die Ungleichheit des Könnens, das alles macht ihn kunstbedürftig. Man kann nicht glücklich sein, solange um uns herum alles leidet und sich Leiden schafft; man kann nicht sittlich sein, solange der Gang der menschlichen Dinge durch Gewalt, Trug und Ungerechtigkeit bestimmt wird; man kann nicht einmal weise sein, solange nicht die ganze Menschheit im Wetteifer um Weisheit gerungen hat und den einzelnen auf die weiseste Art ins Leben und Wissen hineinführt. Wie sollte man es nun bei diesem dreifachen Gefühle des Ungenügens aushalten, wenn man nicht schon in seinem Kämpfen, Streben und Untergehen etwas Erhabenes und Bedeutungsvolles zu erkennen vermöchte und nicht aus der Tragödie lernt, Lust am Rhythmus der großen Leidenschaft und am Opfer derselben zu haben. Die Kunst ist freilich keine Lehrerin und Erzieherin für das unmittelbare Handeln; der Künstler ist nie in diesem Verstande ein Erzieher und Ratgeber; die Objekte, welche die tragischen Helden erstreben, sind nicht ohne weiteres die erstrebenswerten Dinge an sich. Wie im Traume ist die Schätzung der Dinge, solange wir uns im Banne der Kunst festgehalten fühlen, verändert: was wir währenddem für so erstrebenswert halten, daß wir dem tragischen Helden beistimmen, wenn er lieber den Tod erwählt, als daß er darauf verzichtete – das ist für das wirkliche Leben selten von gleichem Werte und gleicher Tatkraft würdig: dafür ist eben die Kunst die Tätigkeit des Ausruhenden. Die Kämpfe, welche sie zeigt, sind Vereinfachungen der wirklichen Kämpfe des Lebens; ihre Probleme sind Abkürzungen der unendlich verwickelten Rechnung des menschlichen Handelns und Wollens. Aber gerade darin liegt die Größe und Unentbehrlichkeit der Kunst, daß sie den *Schein* einer einfacheren Welt, einer kürzeren Lösung der Lebens-Rätsel erregt. Niemand, der am Leben leidet, kann diesen Schein entbehren, wie niemand des Schlafs entbehren kann. Je schwieriger die Erkenntnis von den Gesetzen des Lebens wird, um so inbrünstiger begehren wir nach dem Scheine jener Vereinfachung, wenn auch nur für Augenblicke, um so größer wird die Spannung zwischen der allgemeinen Erkenntnis der Dinge und dem geistig-sittlichen Vermögen des einzelnen. *Damit der Bogen nicht breche,* ist die Kunst da.

Der einzelne soll zu etwas Überpersönlichem geweiht werden – das will die Tragödie; er soll die schreckliche Beängstigung, welche der Tod und die Zeit dem Individuum macht, verlernen: denn schon im kleinsten Augenblick, im kürzesten Atom seines Lebenslaufes kann ihm etwas Heiliges begegnen, das allen Kampf und alle Not überschwenglich aufwiegt – das heißt *tragisch gesinnt sein.* Und wenn die ganze Menschheit einmal sterben muß – wer dürfte daran zweifeln! – so ist ihr als höchste Aufgabe für alle kommenden Zeiten das Ziel gestellt, so ins Eine und Gemeinsame zusammenzuwachsen, daß sie *als ein Ganzes* ihrem bevorstehenden Untergange mit einer *tragischen Gesinnung* entgegengehe; in dieser höchsten Aufgabe liegt alle Veredelung der Menschen eingeschlossen; aus dem endgültigen Abweisen derselben ergäbe sich das trübste Bild, welches sich ein Menschenfreund vor die Seele stellen könnte. So empfinde ich es! Es gibt nur *eine* Hoffnung und *eine* Gewähr für die Zukunft des Menschlichen: sie liegt darin, *daß die tragische Gesinnung nicht absterbe.* Es würde ein Wehegeschrei sondergleichen über die Erde erschallen müssen, wenn die Menschen sie einmal völlig verlieren sollten; und wiederum gibt es keine beseligendere Lust, als das zu wissen, was wir wissen – wie der tragische Gedanke wieder hinein in die Welt geboren ist. Denn diese Lust ist eine völlig überpersönliche und allgemeine, ein Jubel der Menschheit über den verbürgten Zusammenhang und Fortgang des Menschlichen überhaupt.

5

Wagner rückte das gegenwärtige Leben und die Vergangenheit unter den Lichtstrahl einer Erkenntnis, der stark genug war, um auf ungewohnte Weite hin damit sehen zu können: deshalb ist er ein Vereinfacher der Welt; denn immer besteht die Vereinfachung der Welt darin, daß der Blick des Erkennenden aufs neue wieder über die ungeheure Fülle und Wüstheit eines scheinbaren Chaos Herr geworden ist und das in eins zusammendrängt, was früher als unverträglich auseinander lag. Wagner tat dies, indem er zwischen zwei Dingen, die fremd und kalt wie in getrennten Sphären zu leben schienen, ein Verhältnis fand: zwischen *Musik und Leben* und ebenfalls zwischen *Musik und Drama.* Nicht daß er diese Verhältnisse erfunden oder erst geschaffen hätte: sie sind da und liegen eigentlich vor jedermanns Füßen: so wie immer das große Problem dem edlen Gesteine gleicht, über welches Tausende wegschreiten, bis endlich einer es aufhebt. Was bedeutet es, fragt sich Wagner, daß im Leben der neueren Menschen gerade eine solche Kunst, wie die der Musik, mit so unvergleichlicher Kraft entstanden ist? Man braucht von diesem Leben nicht etwa gering zu denken, um hier ein Problem zu sehen; nein, wenn man alle diesem Leben eigenen großen Gewalten erwägt und sich das Bild eines mächtig aufstrebenden, um *bewußte Freiheit* und um *Unabhängigkeit des Gedankens* kämpfenden Daseins vor die Seele stellt – dann erst recht erscheint die Musik in dieser Welt als Rätsel. Muß man nicht sagen: aus dieser Zeit *konnte* die Musik nicht erstehn! Was ist dann aber ihre Existenz? Ein Zufall? Gewiß könnte auch ein einzelner großer Künstler ein Zufall sein, aber das Erscheinen einer solchen Reihe von großen Künstlern, wie es die neuere Geschichte der Musik zeigt, und wie es bisher nur noch einmal, in der Zeit der Griechen, seinesgleichen hatte, gibt zu denken, daß hier nicht Zufall, sondern Notwendigkeit herrscht. Diese Notwendigkeit eben ist das Problem, auf welches Wagner eine Antwort gibt.

Es ist ihm zuerst die Erkenntnis eines Notstandes aufgegangen, der so weit reicht als jetzt überhaupt die Zivilisation die Völker verknüpft: überall ist hier die *Sprache* erkrankt, und auf der ganzen menschlichen Entwicklung lastet der Druck dieser ungeheuerlichen Krankheit. Indem die Sprache fortwährend auf die letzten Sprossen des ihr Erreichbaren steigt, mußte, um, möglichst ferne von der starken Gefühlsregung, der sie ursprünglich in aller Schlichtheit zu entsprechen vermochte, das dem Gefühl Entgegengesetzte, das Reich des Gedankens zu erfassen, ist ihre Kraft durch dieses übermäßige Sichausrecken in dem kurzen Zeitraume der neueren Zivilisation erschöpft worden: so daß sie nun gerade das nicht mehr zu leisten vermag, wessentwegen sie allein da ist: um über die einfachsten Lebensnöte die Leidenden miteinander zu verständigen. Der Mensch kann sich in seiner Not vermöge der Sprache nicht mehr zu erkennen geben, also sich nicht wahrhaft mitteilen: bei diesem dunkel gefühlten Zustande ist die Sprache überall eine Gewalt für sich geworden, welche nun wie mit Gespensterarmen die Menschen faßt und schiebt, wohin sie eigentlich nicht wollen; sobald sie miteinander sich zu verständigen und zu einem Werk zu vereinigen suchen, erfaßt sie der Wahnsinn der allgemeinen Begriffe, ja der reinen Wortklänge, und infolge dieser Unfähigkeit sich mitzuteilen tragen dann wieder die Schöpfungen ihres Gemeinsinns das Zeichen des Sich-nicht-Verstehens, insofern sie nicht den wirklichen Nöten entsprechen, sondern eben nur der Hohlheit jener gewaltherrischen Worte und Begriffe: so nimmt die Menschheit zu allen ihren Leiden auch noch das

Leiden der *Konvention* hinzu, das heißt des Übereinkommens in Worten und Handlungen ohne ein Übereinkommen des Gefühls. Wie in dem abwärtslaufenden Gange jeder Kunst ein Punkt erreicht wird, wo ihre krankhaft wuchernden Mittel und Formen ein tyrannisches Übergewicht über die jungen Seelen der Künstler erlangen und sie zu ihren Sklaven machen, so ist man jetzt im Niedergange der Sprachen, der Sklave der Worte; unter diesem Zwange vermag niemand mehr sich selbst zu zeigen, naiv zu sprechen, und wenige überhaupt vermögen sich ihre Individualität zu wahren, im Kampfe mit einer Bildung, welche ihr Gelingen nicht damit zu beweisen glaubt, daß sie deutlichen Empfindungen und Bedürfnissen bildend entgegenkomme, sondern damit, daß sie das Individuum in das Netz der »deutlichen Begriffe« einspinne und richtig denken lehre: als ob es irgendeinen Wert hätte, jemanden zu einem richtig denkenden und schließenden Wesen zu machen, wenn es nicht gelungen ist, ihn vorher zu einem richtig empfindenden zu machen. Wenn nun, in einer solchermaßen verwundeten Menschheit, die Musik unsrer deutschen Meister erklingt, was kommt da eigentlich zum Erklingen? Eben nur die *richtige Empfindung*, die Feindin aller Konvention, aller künstlichen Entfremdung und Unverständlichkeit zwischen Mensch und Mensch: diese Musik ist Rückkehr zur Natur, während sie zugleich Reinigung und Umwandlung der Natur ist; denn in der Seele der liebevollsten Menschen ist die Nötigung zu jener Rückkehr entstanden, und *in ihrer Kunst ertönt die in Liebe verwandelte Natur.*

Nehmen wir dies als die eine Antwort Wagners auf die Frage, was die Musik in unserer Zeit bedeutet: er hat noch eine zweite. Das Verhältnis zwischen Musik und Leben ist nicht nur das einer Art Sprache zu einer andern Art Sprache, es ist auch das Verhältnis der vollkommnen Hörwelt zu der gesamten Schauwelt. Als Erscheinung für das Auge genommen und verglichen mit den früheren Erscheinungen des Lebens, zeigt aber die Existenz der neueren Menschen eine unsägliche Armut und Erschöpfung, trotz der unsäglichen Buntheit, durch welche nur der oberflächlichste Blick sich beglückt fühlen kann. Man sehe nur etwas schärfer hin und zerlege sich den Eindruck dieses heftig bewegten Farbenspiels: ist das Ganze nicht wie das Schimmern und Aufblitzen zahlloser Steinchen und Stückchen, welche man früheren Kulturen abgeborgt hat? Ist hier nicht alles unzugehöriger Prunk, nachgeäffte Bewegung, angemaßte Äußerlichkeit? Ein Kleid in bunten Fetzen für den Nackten und Frierenden? Ein scheinbarer Tanz der Freude, dem Leidenden zugemutet? Mienen üppigen Stolzes, von einem tief Verwundeten zur Schau getragen? Und dazwischen, nur durch die Schnelligkeit der Bewegung und des Wirbels verhüllt und verhehlt – graue Ohnmacht, nagender Unfrieden, arbeitsamste Langeweile, unehrliches Elend! Die Erscheinung des modernen Menschen ist ganz und gar Schein geworden; er wird in dem, was er jetzt vorstellt, nicht selber sichtbar, viel eher versteckt; und der Rest erfinderischer Kunsttätigkeit, der sich noch bei einem Volke, etwa bei den Franzosen und Italienern, erhalten hat, wird auf die Kunst dieses Versteckenspielens verwendet. Überall, wo man jetzt »Form« verlangt, in der Gesellschaft und der Unterhaltung, im schriftstellerischen Ausdruck, im Verkehr der Staaten miteinander, versteht man darunter unwillkürlich einen gefälligen Anschein, den Gegensatz des wahren Begriffs von Form als von einer notwendigen Gestaltung, die mit »gefällig« und »ungefällig« nichts zu tun hat, weil sie eben notwendig und nicht beliebig ist. Aber auch dort, wo man jetzt unter Völkern der Zivilisation nicht die Form ausdrücklich verlangt, besitzt man ebensowenig jene notwendige Gestaltung, sondern ist in dem Streben nach dem gefälligen Anschein nur nicht so glücklich, wenn auch mindestens ebenso eifrig. *Wie gefällig* nämlich hier und dort der Anschein ist und weshalb es jedem gefallen muß, daß der moderne Mensch sich wenigstens bemüht, zu scheinen, das fühlt jeder in dem Maße, in welchem er selber moderner Mensch ist. »Nur die Galeerensklaven kennen sich«, sagt Tasso, »doch wir *verkennen* nur die andern höflich, damit sie wieder uns verkennen sollen.«

In dieser Welt der Formen und der erwünschten Verkennung erscheinen nun die von der Musik erfüllten Seelen – zu welchem Zwecke? Sie bewegen sich nach dem Gange des großen, freien Rhythmus, in vornehmer Ehrlichkeit, in einer Leidenschaft, welche überpersönlich ist, sie erglühen von dem machtvoll ruhigen Feuer der Musik, das aus unerschöpflicher Tiefe in ihnen ans Licht quillt – dies alles zu welchem Zwecke?

Durch diese Seelen verlangt die Musik nach ihrer ebenmäßigen Schwester, der *Gymnastik*, als nach ihrer notwendigen Gestaltung im Reiche des Sichtbaren: im Suchen und Verlangen nach ihr wird sie zur Richterin über die ganze verlogene Schau- und Scheinwelt der Gegenwart. Dies ist die zweite Antwort Wagners auf die Frage, was die Musik in dieser Zeit zu bedeuten habe. Helft mir, so ruft er allen zu, die hören können, helft mir, jene Kultur zu entdecken, von der meine Musik als die wiedergefundene Sprache der richtigen Empfindung wahrsagt, denkt darüber nach, daß die Seele der Musik sich jetzt einen Leib gestalten will, daß sie durch euch alle hindurch zur Sichtbarkeit in Bewegung, Tat, Einrichtung und Sitte ihren Weg sucht! Es gibt Menschen, welche diesen Zuruf verstehen, und es werden ihrer immer mehr; diese begreifen es auch zum ersten Male wieder, was es heißen will, den Staat auf Musik zu gründen, etwas, das die älteren Hellenen nicht nur begriffen hatten, sondern auch von sich selbst forderten: während dieselben Verständnisvollen über dem jetzigen Staat ebenso unbedingt den Stab brechen werden, wie es die meisten Menschen jetzt schon über der Kirche tun. Der Weg zu einem so neuen und doch nicht allezeit unerhörten Ziele führt dazu, sich einzugestehn, worin der beschämendste Mangel an unsrer Erziehung und der eigentliche Grund ihrer Unfähigkeit, aus dem Barbarischen herauszuheben, liegt: es fehlt ihr die bewegende und gestaltende Seele der Musik, hingegen sind ihre Erfordernisse und Einrichtungen das Erzeugnis einer Zeit, in welcher jene Musik noch gar nicht geboren war, auf die wir hier ein so vielbedeutendes Vertrauen setzen. Unsere Erziehung ist das rückständigste Gebilde in der Gegenwart, und gerade rückständig in bezug auf die einzige neu hinzugekommene erzieherische Gewalt, welche die jetzigen Menschen vor denen früherer Jahrhunderte voraushaben – oder haben könnten, wenn sie nicht mehr so besinnungslos gegenwärtig unter der Geißel des Augenblicks fortleben wollten! Weil sie bis jetzt die Seele der Musik nicht in sich herbergen lassen, so haben sie auch die Gymnastik im griechischen und Wagnerschen Sinne dieses Wortes noch nicht geahnt; und dies ist wieder der Grund, warum ihre bildenden Künstler zur Hoffnungslosigkeit verurteilt sind, solange sie eben, wie jetzt immer noch, der Musik als Führerin in eine neue Schauwelt entraten wollen: es mag da an Begabung wachsen, was da wolle, es kommt zu spät oder zu früh und jedenfalls zur Unzeit, denn es ist überflüssig und wirkungslos, da ja selbst das Vollkommne und Höchste früherer Zeiten, das Vorbild der jetzigen Bildner, überflüssig und fast wirkungslos ist und kaum noch einen Stein auf den andern setzt. Sehen sie in ihrem innerlichen Schauen keine neuen Gestalten vor sich, sondern immer nur die alten hinter sich, so dienen sie der Historie, aber nicht dem Leben, und sind tot, bevor sie gestorben sind: wer aber jetzt wahres, fruchtbares Leben, das heißt gegenwärtig allein: Musik in sich fühlt, könnte der sich durch irgend etwas, das sich in Gestalten, Formen und Stilen abmüht, nur einen Augenblick zu weitertragenden Hoffnungen verführen lassen? Über alle Eitelkeiten dieser Art ist er hinaus; und er denkt ebensowenig daran, abseits von seiner idealen Hörwelt bildnerische Wunder zu finden, als er von unsern ausgelebten und verfärbten Sprachen noch große Schriftsteller erwartet. Lieber als daß er irgendwelchen eiteln Vertröstungen Gehör schenkte, erträgt er es, den tief unbefriedigten Blick auf unser modernes Wesen zu richten: mag er voll von Galle und Haß werden, wenn sein Herz nicht warm genug zum Mitleid ist! Selbst Bosheit und Hohn ist besser, als daß er sich, nach der Art unsrer »Kunstfreunde«, einem trügerischen Behagen und einer stillen Trunksucht überantwortete! Aber auch wenn er mehr kann als verneinen und höhnen, wenn er lieben, mitleiden und mitbauen kann, so *muß* er doch zunächst verneinen, um dadurch seiner hilfsbereiten Seele erst Bahn zu brechen. Damit einmal die Musik viele Menschen zur Andacht stimme und sie zu Vertrauten ihrer höchsten Absichten mache, muß erst dem ganzen genußsüchtigen Verkehre mit einer so heiligen Kunst ein Ende gemacht werden; das Fundament, worauf unsre Kunst-Unterhaltungen, Theater, Museen, Konzertgesellschaften ruhen, eben jener »Kunstfreund« ist mit Bann zu belegen; die staatliche Gunst, welche seinen Wünschen geschenkt wird, ist in Abgunst zu verwandeln; das öffentliche Urteil, welches gerade auf Abrichtung zu jener Kunstfreundschaft einen absonderlichen Wert legt, ist durch ein besseres Urteil aus dem Felde zu schlagen. Einstweilen muß uns sogar der *erklärte Kunstfeind* als ein wirklicher und nützlicher Bundesgenosse gelten, da das, wogegen er sich feindlich erklärt, eben nur die Kunst, wie sie der »Kunstfreund« versteht, ist: er kennt ja keine andere! Mag er diesem Kunstfreunde immerhin die unsinnige Vergeudung von Geld nachrechnen welche der Bau seiner Theater und öffentlichen Denkmäler, die Anstellung seiner »berühmten« Sänger und Schauspieler, die Unterhaltung seiner gänzlich unfruchtbaren Kunstschulen und Bildersammlungen verschuldet: gar nicht dessen zu gedenken, was alles an Kraft, Zeit und Geld in jedem Hauswesen, in der Erziehung für vermeintliche »Kunstinteressen« weggeworfen wird. Da ist kein Hunger und kein Sattwerden, sondern immer nur ein mattes Spiel mit dem Anscheine von beidem, zur eitelsten Schaustellung ausgedacht, um das Urteil anderer über sich irrezuführen; oder noch schlimmer: nimmt man die Kunst hier verhältnismäßig ernst, so verlangt man gar von ihr die Erzeugung einer Art von Hunger und Begehren und findet ihre Aufgabe eben in dieser künstlich erzeugten Aufregung. Als ob man sich fürchtete, an sich selber durch Ekel und Stumpfheit zugrunde zu gehen, ruft man alle bösen Dämonen auf, um sich durch diese Jäger wie ein Wild treiben zu lassen: man lechzt nach Leiden, Zorn, Haß, Erhitzung, plötzlichem Schrecken, atemloser Spannung und ruft den Künstler herbei als den Beschwörer dieser Geisterjagd. Die Kunst ist jetzt in dem Seelen-Haushalte unsrer Gebildeten ein ganz erlogenes oder ein schmähliches, entwürdigendes Bedürfnis, entweder ein Nichts oder ein böses Etwas. Der Künstler, der bessere und seltnere, ist wie von einem betäubenden Traum befangen, dies alles nicht zu sehen, und wiederholt zögernd mit unsicherer Stimme gespenstisch schöne Worte, die er von ganz fernen Orten her zu hören meint, aber nicht deutlich genug vernimmt; der Künstler dagegen von ganz modernem Schlage kommt in voller Verachtung gegen das traumselige Tasten und Reden seines edleren Genossen daher und führt die ganze kläffende Meute zusammengekoppelter Leidenschaften und Schleußlichkeiten am Strick mit sich, um sie nach Verlangen auf die modernen Menschen loszulassen: diese wollen ja lieber gejagt, verwundet und zerrissen werden, als mit sich selber in der Stille beisammenwohnen zu müssen. Mit sich selber! – dieser Gedanke schüttelt die modernen Seelen, das ist *ihre* Angst und Gespensterfurcht.

Wenn ich mir in volkreichen Städten die Tausende ansehe, wie sie mit dem Ausdrucke der Dumpfheit oder der Hast vorübergehen, so sage ich mir immer wieder, es muß ihnen schlecht zumute sein. Für diese alle aber ist die Kunst bloß deshalb da, damit ihnen noch schlechter zumute werde, noch dumpfer und sinnloser, oder noch hastiger und begehrlicher. Denn die *unrichtige Empfindung* reitet und drillt sie unablässig und läßt durchaus nicht zu, daß sie sich selber ihr Elend eingestehen dürfen; wollen sie sprechen, so flüstert ihnen die Konvention etwas ins Ohr, worüber sie vergessen, was sie eigentlich sagen wollten; wollen sie sich miteinander verständigen, so ist ihr Verstand wie durch Zaubersprüche gelähmt, so daß sie Glück nennen, was ihr Unglück ist, und sich zum eignen Unsegen noch recht geflissentlich miteinander verbinden. So sind sie ganz und gar verwandelt und zu willenlosen Sklaven der unrichtigen Empfindung herabgesetzt.

6

Nur an zwei Beispielen will ich zeigen, wie verkehrt die Empfindung in unserer Zeit geworden ist und wie die Zeit kein Bewußtsein über diese Verkehrtheit hat. Ehemals sah man mit ehrlicher Vornehmheit auf die Menschen herab, die mit Geld Handel treiben, wenn man sie auch nötig hatte; man gestand sich ein, daß jede Gesellschaft ihre Eingeweide haben müsse. Jetzt sind sie die herrschende Macht in der Seele der modernen Menschheit, als der begehrlichste Teil derselben. Ehemals warnte man vor nichts mehr, als den Tag, den Augenblick zu ernst zu nehmen, und empfahl das *nil admirari* und die Sorge für die ewigen Anliegenheiten; jetzt ist nur eine Art von Ernst in der modernen Seele übriggeblieben, er gilt den Nachrichten, welche die Zeitung oder der Telegraph bringt. Den Augenblick benutzen und, um von ihm Nutzen zu haben, ihn so schnell wie möglich beurteilen! – man könnte glauben, es sei den gegenwärtigen Menschen auch nur eine Tugend übriggeblieben, die der Geistesgegenwart. Leider ist es in Wahrheit vielmehr die Allgegenwart einer schmutzigen unersättlichen Begehrlichkeit und einer überallhin spähenden Neugierde bei jedermann. Ob überhaupt der *Geist* jetzt *gegenwärtig* sei – wir wollen die Untersuchung darüber den künftigen Richtern zuschieben, welche die modernen Menschen einmal durch ihr Sieb raiten werden. Aber gemein ist dies Zeitalter; das kann man schon jetzt sehen, weil es das ehrt, was frühere vornehme Zeitalter verachteten; wenn es nun aber noch die ganze Kostbarkeit vergangener Weisheit und Kunst sich angeeignet hat und in diesem reichsten aller Gewänder einhergeht, so zeigt es ein unheimliches Selbstbewußtsein über seine Gemeinheit darin, daß es jenen Mantel nicht braucht, um sich zu wärmen, sondern um über sich zu täuschen. Die Not, sich zu verstellen und zu verstecken, erscheint ihm dringender als die, nicht zu erfrieren. So benutzen die jetzigen Gelehrten und Philosophen die Weisheit der Inder und Griechen nicht, um in sich weise und ruhig zu werden: ihre Arbeit soll bloß dazu dienen, der Gegenwart einen täuschenden Ruf der Weisheit zu verschaffen. Die Forscher der Tiergeschichte bemühen sich, die tierischen Ausbrüche von Gewalt und List und Rachsucht im jetzigen Verkehre der Staaten und Menschen untereinander als unabänderliche Naturgesetze hinzustellen. Die Historiker sind mit ängstlicher Beflissenheit darauf aus, den Satz zu beweisen, daß jede Zeit ihr eignes Recht, ihre eignen Bedingungen habe, – um für das kommende Gerichtsverfahren, mit dem unsre Zeit heimgesucht wird, gleich den Grundgedanken der Verteidigung vorzubereiten. Die Lehre vom Staat, vom Volke, von der Wirtschaft, dem Handel, dem Rechte – alles hat jetzt jenen *vorbereitend apologetischen* Charakter; ja es scheint, was von Geist noch tätig ist, ohne bei dem Getriebe des großen Erwerb- und Macht-Mechanismus selbst verbraucht zu werden, hat seine einzige Aufgabe im Verteidigen und Entschuldigen der Gegenwart.

Vor welchem Kläger? Das fragt man da mit Befremden.

Vor dem eignen schlechten Gewissen.

Und hier wird auch mit einem Male die Aufgabe der modernen Kunst deutlich: Stumpfsinn oder Rausch! Einschläfern oder betäuben! Das Gewissen zum Nichtwissen bringen, auf diese oder die andre Weise! Der modernen Seele über das Gefühl von Schuld hinweghelfen, nicht ihr zur Unschuld zurück verhelfen! Und dies wenigstens auf Augenblicke! Den Menschen vor sich selber verteidigen, indem er in sich selber zum Schweigen-Müssen, zum Nicht-hören-Können gebracht wird! – Den wenigen, welche diese beschämendste Aufgabe, diese schreckliche Entwürdigung der Kunst nur einmal wirklich empfunden haben, wird die Seele von Jammer und Erbarmen bis zum Rande voll geworden sein und bleiben: aber auch von einer neuen übermächtigen Sehnsucht. Wer die Kunst befreien, ihre unentweihte Heiligkeit wiederherstellen wollte, der müßte sich selber erst von der modernen Seele befreit haben; nur als ein Unschuldiger dürfte er die Unschuld der Kunst finden, er hat zwei ungeheure Reinigungen und Weihungen zu vollbringen. Wäre er dabei siegreich, spräche er aus befreiter Seele mit seiner befreiten Kunst zu den Menschen, so würde er dann erst in die größte Gefahr, in den ungeheuersten Kampf geraten; die Menschen würden ihn und seine Kunst lieber zerreißen als daß sie zugestünden, wie sie aus Scham vor ihnen vergehen müssen. Es wäre möglich, daß die Erlösung der Kunst, der einzige zu erhoffende Lichtblick in der neueren Zeit, ein Ereignis für ein paar einsame Seelen bliebe, während die vielen es fort und fort aushielten, in das flackernde und qualmende Feuer ihrer Kunst zu sehen: sie *wollen* ja nicht Licht, sondern Blendung, sie *hassen* ja das Licht – über sich selbst.

So weichen sie dem neuen Lichtbringer aus; aber er geht ihnen nach, gezwungen von der Liebe, aus der er geboren ist, und will sie zwingen. »Ihr *sollt* durch meine Mysterien hindurch«, ruft er ihnen zu, »ihr braucht ihre Reinigungen und Erschütterungen. Wagt es zu eurem Heil und laßt einmal das trüb erleuchtete Stück Natur und Leben, welches ihr allein zu kennen scheint; ich führe euch in ein Reich, das ebenfalls wirklich ist, ihr selber sollt sagen, wenn ihr aus meiner Höhle in euren Tag zurückkehrt, welches Leben wirklicher und wo eigentlich der Tag, wo die Höhle ist. Die Natur ist nach innen zu viel reicher, gewaltiger, seliger, furchtbarer; ihr kennt sie nicht, so wie ihr gewöhnlich lebt: lernt es, selbst wieder Natur zu werden, und laßt euch dann mit und in ihr durch meinen Liebes- und Feuerzauber verwandeln.«

Es ist die Stimme *der Kunst Wagners*, welche so zu den Menschen spricht. Daß wir Kinder eines erbärmlichen Zeitalters ihren Ton zuerst hören durften, zeigt, wie würdig des Erbarmens gerade dies Zeitalter sein muß, und zeigt überhaupt, daß wahre Musik ein Stück Fatum und Urgesetz ist; denn es ist gar nicht möglich, ihr Erklingen gerade jetzt aus einem leeren sinnlosen Zufall abzuleiten; ein zufälliger Wagner wäre durch die Übergewalt des andern Elements, in welches er hineingeworfen wurde, zerdrückt worden. Aber über dem Werden des wirklichen Wagner liegt eine verklärende und rechtfertigende Notwendigkeit. Seine Kunst, im Entstehen betrachtet, ist das herrlichste Schauspiel, so leidvoll auch jenes Werden gewesen sein mag, denn Vernunft, Gesetz, Zweck zeigt sich überall. Der Betrachtende wird, im Glücke dieses Schauspiels, dieses leidvolle Werden selbst preisen und mit Lust erwägen, wie der ur-bestimmten Natur und Begabung jegliches zu Heil und Gewinn werden muß, so schwere Schulen sie auch durchgeführt wird, wie jede Gefährlichkeit sie beherzter, jeder Sieg sie besonnener macht, wie sie sich von Gift und Unglück nährt und gesund und stark dabei wird. Das Gespött und Widersprechen der umgebenden Welt ist ihr Reiz und Stachel; verirrt sie sich, so kommt sie mit der wunderbarsten Beute aus Irrnis und Verlorenheit heim; schläft sie, so »schläft sie nur neue Kraft sich an«. Sie stählt selber den Leib und macht ihn rüstiger; sie zehrt nicht am Leben, je mehr sie lebt; sie waltet über dem Menschen wie eine beschwingte Leidenschaft und läßt ihn gerade dann fliegen, wenn sein Fuß im Sande ermüdet, am Gestein wund geworden ist. Sie kann nicht anders als mitteilen, jedermann soll an ihrem Werke mitwirken, sie geizt nicht mit ihren Gaben. Zurückgewiesen, schenkt sie reichlicher; gemißbraucht von dem Beschenkten, gibt sie auch das kostbarste Kleinod, das sie hat, noch hinzu – und noch niemals waren die Beschenkten der Gabe ganz würdig, so lautet die älteste und jüngste Erfahrung. Dadurch ist die ur-bestimmte Natur, durch welche die Musik zur Welt der Erscheinung spricht, das rätselvollste Ding unter der Sonne, ein Abgrund, in dem Kraft und Güte gepaart ruhen, eine Brücke zwischen Selbst und Nicht-Selbst. Wer vermöchte den Zweck deutlich zu nennen, zu dem sie überhaupt da ist, wenn auch selbst die Zweckmäßigkeit in der Art, wie sie wurde, sich erraten lassen sollte? Aber aus der seligsten Ahnung heraus darf man fragen: sollte wirklich das Größere des Geringeren wegen da sein, die größte Begabung zugunsten der kleinsten, die höchste Tugend und Heiligkeit um der Gebrechlichen willen? Mußte die wahre Musik erklingen, weil die Menschen sie *am wenigsten verdienten, aber am meisten ihrer bedurften?* Man versenke sich nur einmal in das überschwengliche Wunder dieser Möglichkeit: schaut man von da auf das Leben zurück, so leuchtet es, so trübe und umnebelt es vorher auch erscheinen mochte. –

7

Es ist nicht anders möglich: der Betrachtende, vor dessen Blick eine solche Natur wie die Wagners steht, muß unwillkürlich von Zeit zu Zeit auf sich, auf seine Kleinheit und Gebrechlichkeit zurückgeworfen werden und wird sich fragen: was soll sie dir? Wozu bist denn *du* eigentlich da? – Wahrscheinlich fehlt ihm dann die Antwort, und er steht vor seinem eignen Wesen befremdet und betroffen still. Mag es ihm dann genügen, eben dies erlebt zu haben; mag er eben darin, daß er *sich seinem Wesen entfremdet fühlt,* die Antwort auf jene Frage hören. Denn gerade mit diesem Gefühl nimmt er teil an der gewaltigsten Lebensäußerung Wagners, dem Mittelpunkte seiner Kraft, jener dämonischen *Übertragbarkeit* und Selbstentäußerung seiner Natur, welche sich andern ebenso mitteilen kann, als sie andere Wesen sich selber mitteilt und im Hingeben und Annehmen ihre Größe hat. Indem der Betrachtende scheinbar der aus- und überströmenden Natur Wagners unterliegt, hat er an ihrer Kraft selber Anteil genommen und ist so gleichsam *durch ihn gegen ihn* mächtig geworden; und jeder, der sich genau prüft, weiß, daß selbst zum Betrachten eine geheimnisvolle Gegnerschaft, die des Entgegenschauens, gehört. Läßt uns seine Kunst alles das erleben, was eine Seele erfährt, die auf Wanderschaft geht, an andern Seelen und ihrem Lose teilnimmt, aus vielen Augen in die Welt blicken lernt, so vermögen wir nun auch, aus solcher Entfremdung und Entlegenheit, ihn selbst zu sehen, nachdem wir ihn selbst erlebt haben. Wir fühlen es dann auf das bestimmteste: in Wagner will alles Sichtbare der Welt zum Hörbaren sich vertiefen und verinnerlichen und sucht seine verlorne Seele; in Wagner will ebenso alles Hörbare der Welt auch als Erscheinung für das Auge ans Licht hinaus und hinauf, will gleichsam Leiblichkeit gewinnen. Seine Kunst führt ihn immer den doppelten Weg, aus einer Welt als Hörspiel in eine rätselhaft verwandte Welt als Schauspiel und umgekehrt; er ist fortwährend gezwungen – und der Betrachtende mit ihm – die sichtbare Bewegtheit in Seele und Urleben zurück zu übersetzen und wiederum das verborgenste Weben des Innern als Erscheinung zu sehen und mit einem Schein-Leib zu bekleiden. Dies alles ist das Wesen des *dithyrambischen Dramatikers,* diesen Begriff so voll genommen, daß er zugleich den Schauspieler, Dichter, Musiker umfaßt: so wie dieser Begriff aus der einzig vollkommnen

Erscheinung des dithyrambischen Dramatikers vor Wagner, aus Äschylus und seinen griechischen Kunstgenossen, mit Notwendigkeit entnommen werden muß. Wenn man versucht hat, die großartigsten Entwicklungen aus inneren Hemmungen oder Lücken herzuleiten, wenn zum Beispiel für Goethe das Dichten eine Art Auskunftsmittel für einen verfehlten Malerberuf war, wenn man von Schillers Dramen als von einer versetzten Volks-Beredsamkeit reden kann, wenn Wagner selbst die Förderung der Musik durch die Deutschen unter anderem auch so sich zu deuten sucht, daß sie, des verführerischen Antriebs einer natürlichen melodischen Stimmbegabung entbehrend, die Tonkunst etwa mit dem gleichen tiefgehenden Ernste aufzufassen genötigt waren, wie ihre Reformatoren das Christentum –: wenn man in ähnlicher Weise Wagners Entwicklung mit einer solchen inneren Hemmung in Verbindung setzen wollte, so dürfte man wohl in ihm eine schauspielerische Urbegabung annehmen, welche es sich versagen mußte, sich auf dem nächsten trivialsten Wege zu befriedigen, und welche in der Heranziehung aller Künste zu einer großen schauspielerischen Offenbarung ihre Auskunft und ihre Rettung fand. Aber ebensogut müßte man dann sagen dürfen, daß die gewaltigste Musiker-Natur, in ihrer Verzweiflung, zu den Halb- und Nicht-Musikern reden zu müssen, den Zugang zu den andern Künsten gewaltsam erbrach, um so endlich mit hundertfacher Deutlichkeit sich mitzuteilen und sich Verständnis, volkstümlichstes Verständnis zu erzwingen. Wie man sich nun auch die Entwicklung des Urdramatikers vorstellen möge, in seiner Reife und Vollendung ist er ein Gebilde ohne jede Hemmung und Lücke: der eigentlich freie Künstler, der gar nicht anders kann als in allen Künsten zugleich denken, der Mittler und Versöhner zwischen scheinbar getrennten Sphären, der Wiederhersteller einer Ein- und Gesamtheit des künstlerischen Vermögens, welche gar nicht erraten und erschlossen, sondern nur durch die Tat gezeigt werden kann. Vor wem aber diese Tat plötzlich getan wird, den wird sie wie der unheimlichste, anziehendste Zauber überwältigen: er steht mit einem Male vor einer Macht, welche den Widerstand der Vernunft aufhebt, ja alles andere, in dem man bis dahin lebte, unvernünftig und unbegreiflich erscheinen läßt: außer uns gesetzt, schwimmen wir in einem rätselhaften feurigen Elemente, verstehen uns selber nicht mehr, erkennen das Bekannteste nicht wieder; wir haben kein Maß mehr in der Hand, alles Gesetzliche, alles Starre beginnt sich zu bewegen, jedes Ding leuchtet in neuen Farben, redet in neuen Schriftzeichen zu uns: – da muß man schon Plato sein, um, bei diesem Gemisch von gewaltsamer Wonne und Furcht, sich doch so entschließen zu können, wie er tut, und zu dem Dramatiker zu sprechen: »wir wollen einen Mann, der infolge seiner Weisheit alles Mögliche werden und alle Dinge nachahmen könnte, wenn er in unser Gemeinwesen kommt, als etwas Heiliges und Wundervolles verehren, Salben über sein Haupt gießen und es mit Wolle bekränzen, aber ihn zu bewegen suchen, daß er in ein andres Gemeinwesen gehe.« Mag es sein, daß einer, der im platonischen Gemeinwesen lebt, so etwas über sich gewinnen kann und muß: wir anderen alle, die wir so gar nicht in ihm, sondern in ganz andern Gemeinwesen leben, sehnen uns und verlangen darnach, daß der Zauberer zu uns komme, ob wir uns schon vor ihm fürchten, – gerade damit unser Gemeinwesen und die böse Vernunft und Macht, deren Verkörperung es ist, einmal verneint erscheine. Ein Zustand der Menschheit, ihrer Gemeinschaft, Sitte, Lebensordnung, Gesamteinrichtung, welcher des nachahmenden Künstlers entbehren könnte, ist vielleicht keine volle Unmöglichkeit, aber doch gehört gerade dies Vielleicht zu den verwegensten, die es gibt, und wiegt einem Vielschwer ganz gleich; davon zu reden sollte nur einem freistehn, welcher den höchsten Augenblick alles Kommenden vorwegnehmend erzeugen und fühlen könnte und der dann sofort gleich Faust blind werden müßte – und dürfte: – denn *wir* haben selbst zu dieser Blindheit kein Recht, während zum Beispiel Plato gegen alles Wirklich-Hellenische mit Recht blind sein durfte, nach jenem einzigen Blick seines Auges, den er in das Ideal-Hellenische getan hatte. Wir anderen brauchen vielmehr deshalb die Kunst, weil wir gerade *angesichts des Wirklichen sehend* geworden sind; und wir brauchen gerade den All-Dramatiker, damit er uns aus der furchtbaren Spannung wenigstens auf Stunden erlöse, welche der sehende Mensch jetzt zwischen sich und den ihm aufgebürdeten Aufgaben empfindet. Mit ihm steigen wir auf die höchsten Sprossen der Empfindung und wähnen uns dort erst wieder in der freien Natur und im Reich der Freiheit; von dort aus sehen wir wie in ungeheuren Luft-Spiegelungen uns und unseresgleichen im Ringen, Siegen und Untergehen als etwas Erhabenes und Bedeutungsvolles, wir haben Lust am Rhythmus der Leidenschaft und am Opfer derselben, wir hören bei jedem gewaltigen Schritte des Helden den dumpfen Widerhall des Todes und verstehen in dessen Nähe den höchsten Reiz des Lebens: – so zu tragischen Menschen umgewandelt kehren wir in seltsam getrösteter Stimmung zum Leben zurück, mit dem neuen Gefühl der Sicherheit, als ob wir nun aus den größten Gefahren, Ausschreitungen und Ekstasen den Weg zurück ins Begrenzte und Heimische gefunden hätten: dorthin, wo man überlegen-gütig und jedenfalls vornehmer als vordem verkehren kann; denn alles, was hier als Ernst und Not, als Lauf zu einem Ziele erscheint, ähnelt, im Vergleiche mit der Bahn, die wir selber, wenn auch nur im Traume, durchlaufen haben, nur wunderlich vereinzelten Stücken jener All-Erlebnisse, deren wir uns mit Schrecken bewußt sind; ja wir werden ins Gefährliche geraten und versucht sein, das Leben zu leicht zu nehmen, gerade deshalb, weil wir es in der Kunst mit so ungemeinem Ernste erfaßt haben: um auf ein Wort hinzuweisen, welches Wagner von seinen Lebens-Schicksalen gesagt hat. Denn wenn schon uns als denen, welche eine solche Kunst der dithyrambischen Dramatik nur erfahren, aber nicht schaffen, der Traum fast für wahrer gelten will als das Wache, Wirkliche: wie muß erst der Schaffende diesen Gegensatz abschätzen! Da steht er selber inmitten aller der lärmenden Anrufe und Zudringlichkeiten von Tag, Lebensnot, Gesellschaft, Staat – als was? Vielleicht als sei er gerade der einzig Wache, einzig Wahr- und Wirklich-Gesinnte unter verworrenen und gequälten Schläfern, unter lauter Wähnenden, Leidenden; mitunter selbst fühlt er sich wohl wie von dauernder Schlaflosigkeit erfaßt, als müsse er nun sein so übernächtig helles und bewußtes Leben zusammen mit Schlafwandlern und gespensterhaft ernsttuenden Wesen verbringen: so daß eben jenes alles, was anderen alltäglich, ihm unheimlich erscheint und er sich versucht fühlt, dem Eindrucke dieser Erscheinung mit übermütiger Verspottung zu begegnen. Aber wie eigentümlich gekreuzt wird diese Empfindung, wenn gerade zu der Helle seines schaudernden Übermutes ein ganz andrer Trieb sich gesellt, die Sehnsucht aus der Höhe in die Tiefe, das liebende Verlangen zur Erde, zum Glück der Gemeinsamkeit – dann, wenn er alles dessen gedenkt, was er als Einsamer-Schaffender entbehrt, als sollte er nun sofort, wie ein zur Erde niedersteigender Gott, alles Schwache, Menschliche, Verlorne »mit feurigen Armen zum Himmel emporheben«, um endlich Liebe und nicht mehr Anbetung zu finden und sich, in der Liebe, seiner selbst völlig zu entäußern! Gerade aber die hier angenommene Kreuzung ist das tatsächliche Wunder in der Seele des dithyrambischen Dramatikers; und wenn sein Wesen irgendwo auch vom Begriff zu erfassen wäre, so müßte es an dieser Stelle sein. Denn es sind die Zeugungs-Momente seiner Kunst, wenn er in diese Kreuzung der Empfindungen gespannt ist, und sich jene unheimlich-übermütige Befremdung und Verwunderung über die Welt mit dem sehnsüchtigen Drange paart, derselben Welt als Liebender zu nahen. Was er dann auch für Blicke auf Erde und Leben wirft, es sind immer Sonnenstrahlen, die »Wasser ziehen«, Nebel ballen, Gewitterdünste umher lagern. *Hellsichtig-besonnen und liebend-selbstlos zugleich* fällt sein Blick hernieder: und alles, was er jetzt mit dieser doppelten Leuchtkraft seines Blickes sich erhellt, treibt die Natur mit furchtbarer Schnelligkeit zur Entladung aller ihrer Kräfte, zur Offenbarung ihrer verborgensten Geheimnisse: und zwar durch *Scham.* Es ist mehr als ein Bild, zu sagen, daß er mit jenem Blick die Natur überrascht habe, daß er sie nackend gesehn habe: da will sie sich nun schamhaft in ihre Gegensätze flüchten. Das bisher Unsichtbare, Innre rettet sich in die Sphäre des Sichtbaren und wird Erscheinung; das bisher nur Sichtbare flieht in das dunkle Meer des Tönenden: *so enthüllt die Natur, indem sie sich verstecken will, das Wesen ihrer Gegensätze.* In einem ungestüm rhythmischen und doch schwebenden Tanze, in verzückten Gebärden spricht der Urdramatiker von dem, was in ihm, was in der Natur sich jetzt begibt: der Dithyramb seiner Bewegungen ist ebensosehr schauderndes Verstehen, übermütiges Durchschauen, als liebendes Nahen, lustvolle Selbst-Entäußerung. Das Wort folgt berauscht dem Zuge dieses Rhythmus; mit dem Worte gepaart ertönt die Melodie; und wiederum wirft die Melodie ihre Funken weiter in das Reich der Bilder und Begriffe. Eine Traumerscheinung, dem Bilde der Natur und ihres Freiers ähnlich-unähnlich, schwebt heran, sie verdichtet sich zu menschlicheren Gestalten, sie breitet sich aus zur Abfolge eines ganzen heroisch-übermütigen Wollens, eines wonnereichen Untergehens und Nicht-mehr-Wollens: – so entsteht die Tragödie, so wird dem Leben seine herrlichste Weisheit, die des tragischen Gedankens, geschenkt, so endlich erwächst der größte Zauberer und Beglücker unter den Sterblichen, der dithyrambische Dramatiker. –

8

Das eigentliche Leben Wagners, das heißt die allmähliche Offenbarung des dithyrambischen Dramatikers, war zugleich ein unausgesetzter Kampf mit sich selbst, soweit er nicht nur dieser dithyrambische Dramatiker war: der Kampf mit der widerstrebenden Welt wurde für ihn nur deshalb so grimmig und unheimlich, weil er diese »Welt«, diese verlockende Feindin, aus sich selber reden hörte und weil er einen gewaltigen Dämon des Widerstrebens in sich beherbergte. Als der *herrschende Gedanke* seines Lebens in ihm aufstieg, daß vom Theater aus eine unvergleichliche Wirkung, die größte Wirkung aller Kunst ausgeübt werden könne, riß er sein Wesen in die heftigste Gärung. Es war damit nicht sofort eine klare, lichte Entscheidung über sein weiteres Begehren und Handeln gegeben; dieser Gedanke erschien zuerst fast nur in versucherischer Gestalt, als Ausdruck jenes finstern, nach *Macht und Glanz* unersättlich verlangenden persönlichen Willens. Wirkung, unvergleichliche Wirkung – wodurch? auf wen? – das war von da an das rastlose Fragen und Suchen seines Kopfes und Herzens. Er wollte siegen und erobern, wie noch kein Künstler, und womöglich mit einem Schlage zu jener tyrannischen Allmacht kommen, zu welcher es ihn so dunkel trieb. Mit eifersüchtigem, tief spähendem Blicke maß er alles, was Erfolg hatte, noch mehr sah er sich den an, auf welchen gewirkt werden mußte. Durch das zauberhafte Auge des Dramatikers, der in den Seelen wie in der ihm geläufigsten Schrift liest, ergründete er den Zuschauer und Zuhörer, und ob er auch oft bei diesem Verständnis unruhig wurde, griff er doch sofort nach den Mitteln, ihn zu bezwingen. Diese Mittel waren ihm zur Hand; was auf ihn stark wirkte, das wollte und konnte er auch machen; von seinen Vorbildern verstand er auf jeder Stufe ebensoviel als er auch selber bilden konnte, er zweifelte nie daran, das auch zu können, was ihm gefiel. Vielleicht ist er hierin eine noch »präsumtuösere« Natur als Goethe, der von sich sagte: »immer dachte ich, ich hätte es schon; man hätte mir eine Krone aufsetzen können, und ich hätte gedacht, das verstehe sich von selbst.« Wagners Können und sein »Geschmack« und ebenso seine Absicht – alles dies paßte zu allen Zeiten so eng ineinander, wie ein Schlüssel in ein Schloß: – es *wurde* miteinander groß und frei, – aber damals war es dies nicht. Was ging ihn die schwächliche, aber edlere und doch selbstisch-einsame Empfindung an, welche der oder jener literarisch und ästhetisch erzogene Kunstfreund abseits von der großen Menge hatte! Aber jene gewaltsamen Stürme der Seelen, welche von der großen Menge bei einzelnen Steigerungen des dramatischen Gesanges erzeugt werden, jener plötzlich um sich greifende Rausch der Gemüter, ehrlich durch und durch und selbstlos – das war der Widerhall seines eignen Erfahrens und Fühlens, dabei durchdrang ihn eine glühende Hoffnung auf höchste Macht und Wirkung! So verstand er denn die *große Oper* als sein Mittel, durch welches er seinen herrschenden Gedanken ausdrücken könnte; nach ihr drängte ihn seine Begierde, nach ihrer Heimat richtete sich sein Ausblick. Ein längerer Zeitraum seines Lebens, samt den verwegensten Wandlungen seiner Pläne, Studien, Aufenthalte, Bekanntschaften, erklärt sich allein aus dieser Begierde und den äußeren Widerständen, denen der dürftige, unruhige, leidenschaftlich-naive deutsche Künstler begegnen mußte. Wie man auf diesem Gebiete zum Herrn werde, verstand ein andrer Künstler besser; und jetzt, da es allmählich bekannt geworden ist, durch welches überaus künstlich gesponnene Gewebe von Beeinflussungen aller Art Meyerbeer jeden seiner großen Siege vorzubereiten und zu erreichen wußte, und wie ängstlich die Abfolge der »Effekte« in der Oper selbst erwogen wurde, wird man auch den Grad von beschämter Erbitterung verstehen, welche über Wagner kam, als ihm über diese beinahe notwendigen »Kunstmittel«, dem Publikum einen Erfolg abzuringen, die Augen geöffnet wurden. Ich zweifle, ob es einen großen Künstler in der Geschichte gegeben hat, der mit einem so ungeheuren Irrtume anhob und so unbedenklich und treuherzig sich mit der empörendsten Gestaltung einer Kunst einließ: und doch war die Art, wie er es tat, von Größe und deshalb von erstaunlicher Fruchtbarkeit. Denn er begriff, aus der Verzweiflung des erkannten Irrtums heraus, den modernen Erfolg, das moderne Publikum und das ganze moderne Kunst-Lügenwesen. Indem er zum Kritiker des »Effektes« wurde, durchzitterten ihn die Ahnungen einer eigenen Läuterung. Es war, als ob von jetzt ab der Geist der Musik mit einem ganz neuen seelischen Zauber zu ihm redete. Wie wenn er aus einer langen Krankheit wieder ans Licht käme, traute er kaum mehr Hand und Auge, er schlich seines Wegs dahin; und so empfand er es als eine wundervolle Entdeckung, daß er noch Musiker, noch Künstler sei, ja daß er es jetzt erst geworden sei.

Jede weitere Stufe im Werden Wagners wird dadurch bezeichnet, daß die beiden Grundkräfte seines Wesens sich immer enger zusammenschließen: die Scheu der einen vor der andern läßt nach, das höhere Selbst begnadet von da an den gewaltsamen irdischeren Bruder nicht mehr mit seinem Dienste, es *liebt* ihn und muß ihm dienen. Das Zarteste und Reinste ist endlich, am Ziele der Entwicklung, auch im Mächtigsten enthalten, der ungestüme Trieb geht seinen Lauf wie vordem, aber auf andern Bahnen, dorthin, wo das höhere Selbst heimisch ist; und wiederum steigt dieses zur Erde herab und erkennt in allem Irdischen sein Gleichnis. Wenn es möglich wäre, in dieser Art vom letzten Ziele und Ausgange jener Entwicklung zu reden und noch verständlich zu bleiben, so dürfte auch die bildhafte Wendung zu finden sein, durch welche eine lange Zwischenstufe jener Entwicklung bezeichnet werden könnte; aber ich zweifle an jenem und versuche deshalb auch dieses nicht. Diese Zwischenstufe wird historisch durch zwei Worte gegen die frühere und spätere abgegrenzt: Wagner wird zum *Revolutionär der Gesellschaft,* Wagner erkennt den einzigen bisherigen Künstler, *das dichtende Volk.* Der herrschende Gedanke, welcher nach jener großen Verzweiflung und Buße in neuer Gestalt und mächtiger als je vor ihm erschien, führte ihn zu beidem. Wirkung, unvergleichliche Wirkung vom Theater aus! – aber auf wen? Ihn schauderte bei der Erinnerung, auf wen er bisher hatte wirken wollen. Von seinem Erlebnis aus verstand er die ganze schmachvolle Stellung, in welcher die Kunst und die Künstler sich befinden: wie eine seelenlose oder seelenharte Gesellschaft, welche sich die gute nennt und die eigentlich böse ist, Kunst und Künstler zu ihrem sklavischen Gefolge zählt, zur Befriedigung von *Scheinbedürfnissen.* Die moderne Kunst ist Luxus: das begriff er ebenso wie das andre, daß sie mit dem Rechte einer Luxus-Gesellschaft stehe und falle. Nicht anders, als diese durch die hartherzigste und klügste Benutzung ihrer Macht die Unmächtigen, das Volk, immer dienstbarer, niedriger und unvolkstümlicher zu machen und aus ihm den modernen »Arbeiter« zu schaffen wußte, hat sie auch dem Volke das Größte und Reinste, was es aus tiefster Nötigung sich erzeugte und worin es als der wahre und einzige Künstler seine Seele mildherzig mitteilte: seinen Mythus, seine Liedweise, seinen Tanz, seine Spracherfindung entzogen, um daraus ein wollüstiges Mittel gegen die Erschöpfung und die Langeweile ihres Daseins zu destillieren – die modernen Künste. Wie diese Gesellschaft entstand, wie sie aus den scheinbar entgegengesetzten Machtsphären sich neue Kräfte anzusaugen wußte, wie zum Beispiel das in Heuchelei und Halbheiten verkommene Christentum sich zum Schutze gegen das Volk, als Befestigung jener Gesellschaft und ihres Besitzes, gebrauchen ließ, und wie Wissenschaft und Gelehrte sich nur zu geschmeidig in diesen Frondienst begaben, das alles verfolgte Wagner durch die Zeiten hin, um am Schlusse seiner Betrachtungen vor Ekel und Wut aufzuspringen: er war aus Mitleid mit dem Volke zum Revolutionär geworden. Von jetzt ab liebte er es und sehnte sich nach ihm, wie er sich nach seiner

Kunst sehnte, denn ach! nur in ihm, nur im entschwundenen, kaum mehr zu ahnenden, künstlich entrückten Volke sah er jetzt den einzigen Zuschauer und Zuhörer, welcher der Macht seines Kunstwerks, wie er es sich träumte, würdig und gewachsen sein möchte. So sammelte sich sein Nachdenken um die Frage: Wie entsteht das Volk? Wie ersteht es wieder?

Er fand immer nur eine Antwort: – wenn eine Vielheit dieselbe Not litte, wie er sie leidet, das wäre das Volk, sagte er sich. Und wo die gleiche Not zum gleichen Drange und Begehren führen würde, müßte auch dieselbe Art der Befriedigung gesucht, das gleiche Glück in dieser Befriedigung gefunden werden. Sah er sich nun darnach um, was ihn selber in seiner Not am tiefsten tröstete und aufrichtete, was seiner Not am seelenvollsten entgegenkäme, so war er sich mit beseligender Gewißheit bewußt, daß dies nur der Mythus und die Musik seien, der Mythus, den er als Erzeugnis und Sprache der Not des Volkes kannte, die Musik, ähnlichen obschon noch rätselvolleren Ursprungs. In diesen beiden Elementen badet und heilt er seine Seele, ihrer bedarf er am brünstigsten: – von da aus darf er zurückschließen, wie verwandt seine Not mit der des Volkes sei, als es entstand, und wie das Volk dann wieder erstehen müsse, wenn es *viele Wagner* geben werde. Wie lebten nun Mythus und Musik in unsrer modernen Gesellschaft, soweit sie derselben nicht zum Opfer gefallen waren? Ein ähnliches Los war ihnen zuteil geworden, zum Zeugnis ihrer geheimnisvollen Zusammengehörigkeit: der Mythus war tief erniedrigt und entstellt, zum »Märchen«, zum spielerisch beglückenden Besitz der Kinder und Frauen des verkümmerten Volkes umgeartet, seiner wundervollen, ernst-heiligen Mannes-Natur gänzlich entkleidet; die Musik hatte sich unter den Armen und Schlichten, unter den Einsamen erhalten, dem deutschen Musiker war es nicht gelungen, sich mit Glück in den Luxus-Betrieb der Künste einzuordnen, er war selber zum ungetümlichen verschloßnen Märchen geworden, voll der rührendsten Laute und Anzeichen, ein unbehilflicher Frager, etwas ganz Verzaubertes und Erlösungsbedürftiges. Hier hörte der Künstler deutlich den Befehl, der an ihn allein erging – den Mythus ins Männliche zurückzuschaffen und die Musik zu entzaubern, zum Reden zu bringen: er fühlte seine Kraft zum *Drama* mit einem Male entfesselt, seine Herrschaft über ein noch unentdecktes Mittelreich zwischen Mythus und Musik begründet. Sein neues Kunstwerk, in welchem er alles Mächtige, Wirkungsvolle, Beseligende, was er kannte, zusammenschloß, stellte er jetzt mit seiner großen schmerzlich einschneidenden *Frage* vor die Menschen hin: »Wo seid ihr, welche ihr gleich leidet und bedürft wie ich? Wo ist die Vielheit, welche ich als Volk ersehne? Ich will euch daran erkennen, daß ihr das gleiche Glück, den gleichen Trost mit mir gemein haben sollt: an eurer Freude soll sich mir euer Leiden offenbaren!« Mit dem Tannhäuser und dem Lohengrin fragte er also, sah er sich also nach seinesgleichen um; der Einsame dürstete nach der Vielheit.

Aber wie wurde ihm zumute? Niemand gab eine Antwort, niemand hatte die Frage verstanden. Nicht daß man überhaupt stille geblieben wäre, im Gegenteil, man antwortete auf tausend Fragen, die er gar nicht gestellt hatte, man zwitscherte über die neuen Kunstwerke, als ob sie ganz eigentlich zum Zer-redet-Werden geschaffen wären. Die ganze ästhetische Schreib- und Schwatzseligkeit brach wie ein Fieber unter den Deutschen aus, man maß und fingerte an den Kunstwerken, an der Person des Künstlers herum, mit jenem Mangel an Scham, welcher den deutschen Gelehrten nicht weniger als den deutschen Zeitungsschreibern zu eigen ist. Wagner versuchte dem Verständnis seiner Frage durch Schriften nachzuhelfen: neue Verwirrung, neues Gesumme – ein Musiker, der schreibt und denkt, war aller Welt damals ein Unding; nun schrie man, es ist ein Theoretiker, welcher aus erklügelten Begriffen die Kunst umgestalten will, steinigt ihn! – Wagner war wie betäubt; seine Frage wurde nicht verstanden, seine Not nicht empfunden, sein Kunstwerk sah einer Mitteilung an Taube und Blinde, sein – Volk einem Hirngespinste ähnlich; er taumelte und geriet ins Schwanken. Die Möglichkeit eines völligen Umsturzes aller Dinge taucht vor seinen Blicken auf, er erschrickt nicht mehr über diese Möglichkeit: vielleicht ist jenseits der Umwälzung und Verwüstung eine neue Hoffnung aufzurichten, vielleicht auch nicht – und jedenfalls ist das Nichts besser als das widerliche Etwas. In Kürze war er politischer Flüchtling und im Elend.

Und jetzt erst, gerade mit dieser furchtbaren Wendung seines äußeren und inneren Schicksals, beginnt der Abschnitt im Leben des großen Menschen, auf dem das Leuchten höchster Meisterschaft wie der Glanz flüssigen Goldes liegt! Jetzt erst wirft der Genius der dithyrambischen Dramatik die letzte Hülle von sich! Er ist vereinsamt, die Zeit erscheint ihm nichtig, er hofft nicht mehr: so steigt sein Weltblick in die Tiefe, nochmals, und jetzt hinab bis zum Grunde: dort sieht er das Leiden im Wesen der Dinge und nimmt von jetzt ab, gleichsam unpersönlicher geworden, seinen Teil von Leiden stiller hin. Das Begehren nach höchster Macht, das Erbgut früherer Zustände, tritt ganz ins künstlerische Schaffen über; er spricht durch seine Kunst nur noch mit sich, nicht mehr mit einem »Publikum« oder Volke, und ringt darnach, ihr die größte Deutlichkeit und Befähigung für ein solches mächtigstes Zwiegespräch zu geben. Es war auch im Kunstwerke der vorhergehenden Periode noch anders: auch in ihm hatte er eine, wenngleich zarte und veredelte, Rücksicht auf sofortige Wirkung genommen: als Frage war jenes Kunstwerk ja gemeint, es sollte eine sofortige Antwort hervorrufen; und wie oft wollte Wagner es denen, welche er fragte, erleichtern, ihn zu verstehen – so daß er ihnen und ihrer Ungeübtheit im Gefragtwerden entgegenkam und an ältere Formen und

Ausdrucksmittel der Kunst sich anschmiegte; wo er fürchten mußte, mit seiner eigensten Sprache nicht zu überzeugen und verständlich zu werden, hatte er versucht, zu überreden und in einer halb fremden, seinen Zuhörern aber bekannteren Zunge seine Frage kundzutun. Jetzt gab es nichts mehr, was ihn zu einer solchen Rücksicht hätte bestimmen können, er wollte jetzt nur noch eins: sich mit sich verständigen, über das Wesen der Welt in Vorgängen denken, in Tönen philosophieren; der Rest des *Absichtlichen* in ihm geht auf die letzten *Einsichten* aus. Wer würdig ist zu wissen, was damals in ihm vorging, worüber er in dem heiligsten Dunkel seiner Seele mit sich Zwiesprache pflog – es sind nicht viele dessen würdig: der höre, schaue und erlebe Tristan und Isolde, das eigentliche *opus metaphysicum* aller Kunst, ein Werk, auf dem der gebrochne Blick eines Sterbenden liegt, mit seiner unersättlichen süßesten Sehnsucht nach den Geheimnissen der Nacht und des Todes, fern weg von dem Leben, welches als das Böse, Trügerische, Trennende in einer grausenhaften gespenstischen Morgenhelle und Schärfe leuchtet: dabei ein Drama von der herbsten Strenge der Form, überwältigend in seiner schlichten Größe, und gerade nur so dem Geheimnis gemäß, von dem es redet, dem Tot-sein bei lebendigem Leibe, dem Eins-sein in der Zweiheit. Und doch ist noch etwas wunderbarer als dies Werk: der Künstler selber, der nach ihm in einer kurzen Spanne Zeit ein Weltbild der verschiedensten Färbung, die Meistersinger von Nürnberg, schaffen konnte, ja der in beiden Werken gleichsam nur ausruhte und sich erquickte, um den vor ihnen entworfenen und begonnenen vierteiligen Riesenbau mit gemeßner Eile zu Ende zu türmen, sein Sinnen und Dichten durch zwanzig Jahre hindurch, sein Bayreuther Kunstwerk, den Ring des Nibelungen! Wer sich über die Nachbarschaft des Tristan und der Meistersinger befremdet fühlen kann, hat das Leben und Wesen aller wahrhaft großen Deutschen in einem wichtigen Punkte nicht verstanden: er weiß nicht, auf welchem Grunde allein jene eigentlich und einzig *deutsche Heiterkeit* Luthers, Beethovens und Wagners erwachsen kann, die von andern Völkern gar nicht verstanden wird und den jetzigen Deutschen selber abhanden gekommen scheint – jene goldhelle durchgegorne Mischung von Einfalt, Tiefblick der Liebe, betrachtendem Sinne und Schalkhaftigkeit, wie sie Wagner als den köstlichsten Trank allen denen eingeschenkt hat, welche tief am Leben gelitten haben und sich ihm gleichsam mit dem Lächeln der Genesenden wieder zukehren. Und wie er selber so versöhnter in die Welt blickte, seltener von Grimm und Ekel erfaßt wurde, mehr in Trauer und Liebe auf Macht verzichtend als vor ihr zurückschaudernd, wie er so in Stille sein größtes Werk förderte und Partitur neben Partitur legte, geschah einiges, was ihn aufhorchen ließ: die *Freunde* kamen, eine unterirdische Bewegung vieler Gemüter ihm anzukündigen – es war noch lange nicht das »Volk«, das sich bewegte und hier ankündigte, aber vielleicht der Keim und erste

Lebensquell einer in ferner Zukunft vollendeten, wahrhaft menschlichen Gesellschaft; zunächst nur die Bürgschaft, daß sein großes Werk einmal in Hand und Hut treuer Menschen gelegt werden könne, welche über dieses herrlichste Vermächtnis an die Nachwelt zu wachen hätten und zu wachen würdig wären; in der Liebe der Freunde wurden die Farben am Tage seines Lebens leuchtender und wärmer; seine edelste Sorge, gleichsam noch vor Abend mit seinem Werke ans Ziel zu kommen und für dasselbe eine Herberge zu finden, wurde nicht mehr von ihm allein gehegt. Und da begab sich ein Ereignis, welches von ihm nur symbolisch verstanden werden konnte und für ihn einen neuen Trost, ein glückliches Wahrzeichen bedeutete. Ein großer Krieg der Deutschen ließ ihn aufblicken, derselben Deutschen, welche er so tief entartet, so abgefallen von dem hohen deutschen Sinne wußte, wie er ihn in sich und den andern großen Deutschen der Geschichte mit tiefstem Bewußtsein erforscht und erkannt hatte – er sah, daß diese Deutschen in einer ganz ungeheuren Lage zwei echte Tugenden: schlichte Tapferkeit und Besonnenheit zeigten, und begann mit innerstem Glücke zu glauben, daß er vielleicht doch nicht der letzte Deutsche sei und daß seinem Werke einmal noch eine gewaltigere Macht zur Seite stehen werde als die aufopfernde, aber geringe Kraft der wenigen Freunde, für jene lange Dauer, wo er seiner ihm vorherbestimmten Zukunft, als das Kunstwerk dieser Zukunft, entgegenharren soll. Vielleicht, daß dieser Glaube sich nicht dauernd vor dem Zweifel schützen konnte, je mehr er sich besonders zu sofortigen Hoffnungen zu steigern suchte: genug, er empfand einen mächtigen Anstoß, um sich an eine noch unerfüllte hohe *Pflicht* erinnert zu fühlen.

Sein Werk wäre nicht fertig, nicht zu Ende getan gewesen, wenn er es nur als schweigende Partitur der Nachwelt anvertraut hätte; er mußte das Unerratbarste, ihm Vorbehaltenste, den neuen Stil für seinen Vortrag, seine Darstellung, öffentlich zeigen und lehren, um das Beispiel zu geben, welches kein andrer geben konnte, und so eine *Stil-Überlieferung* zu begründen, die nicht in Zeichen auf Papier, sondern in Wirkungen auf menschliche Seelen eingeschrieben ist. Dies war um so mehr für ihn zur ernstesten Pflicht geworden, als seine andern Werke inzwischen, gerade in Beziehung auf Stil des Vortrags, das unleidlichste und absurdeste Schicksal gehabt hatten: sie waren berühmt, bewundert und wurden – gemißhandelt, und niemand schien sich zu empören. Denn so seltsam die Tatsache klingen mag: während er auf Erfolg bei seinen Zeitgenossen, in einsichtigster Schätzung derselben, immer grundsätzlicher verzichtete und dem Gedanken der Macht entsagte, kam ihm der »Erfolg« und die »Macht«; wenigstens erzählte ihm alle Welt davon. Es half nichts, daß er auf das Entschiedenste das durchaus Mißverständliche, ja für ihn Beschämende jener »Erfolge« immer wieder ans Licht stellte; man war so wenig daran gewöhnt, einen Künstler in der Art seiner Wirkungen streng unterscheiden zu sehen, daß man selbst seinen feierlichsten Verwahrungen nicht einmal recht traute. Nachdem ihm der Zusammenhang unsres heutigen Theaterwesens und Theatererfolges mit dem Charakter des heutigen Menschen aufgegangen war, hatte seine Seele nichts mehr mit diesem Theater zu schaffen; um ästhetische Schwärmerei und den Jubel aufgeregter Massen war es ihm nicht mehr zu tun, ja es mußte ihn ergrimmen, seine Kunst so unterschiedlos in den gähnenden Rachen der unersättlichen Langeweile und Zerstreuungs-Gier eingehen zu sehen. Wie flach und gedanken-bar hier jede Wirkung sein mußte, wie es hier wirklich mehr auf die Füllung eines Nimmersatten als auf die Ernährung eines Hungernden ankäme, schloß er zumal aus einer regelmäßigen Erscheinung: man nahm überall, auch von seiten der Aufführenden und Vortragenden, seine Kunst wie jede andre Bühnenmusik hin, nach dem widerlichen Rezeptier-Buche des Opernstiles, ja man schnitt und hackte sich seine Werke, dank den gebildeten Kapellmeistern, geradewegs zur Oper zurecht, wie der Sänger ihnen erst nach sorgfältiger Entgeistung beizukommen glaubte; und wenn man es recht gut machen wollte, ging man mit einer Ungeschicklichkeit und einer prüden Beklemmung auf Wagners Vorschriften ein, ungefähr so, als ob man den nächtlichen Volks-Auflauf in den Straßen Nürnbergs, wie er im zweiten Akte der Meistersinger vorgeschrieben ist, durch künstlich figurierende Ballettänzer darstellen wollte – und bei alledem schien man im guten Glauben, ohne böse Nebenabsichten zu handeln. Wagners aufopfernde Versuche, durch die Tat und das Beispiel nur wenigstens auf schlichte Korrektheit und Vollständigkeit der Aufführung hinzuweisen und einzelne Sänger in den ganz neuen Stil des Vortrags einzuführen, waren immer wieder vom Schlamm der herrschenden Gedankenlosigkeit und Gewohnheit weggeschwemmt worden; sie hatten ihn überdies immer zu einem Befassen mit eben dem Theater genötigt, dessen ganzes Wesen ihm zum Ekel geworden war. Hatte doch selbst Goethe die Lust verloren, den Aufführungen seiner Iphigenie beizuwohnen; »ich leide entsetzlich«, hatte er zur Erklärung gesagt, »wenn ich mich mit diesen Gespenstern herumschlagen muß, die nicht so zur Erscheinung kommen, wie sie sollten.« Dabei nahm der »Erfolg« an diesem ihm widerlich gewordnen Theater immer zu; endlich kam es dahin, daß gerade die großen Theater fast zumeist von den fetten Einnahmen lebten, welche die Wagnersche Kunst in ihrer Verunstaltung als Opernkunst ihnen eintrug. Die Verwirrung über diese wachsende Leidenschaft des Theater-Publikums ergriff selbst manche Freunde Wagners: er mußte das Herbste erdulden – der große Dulder! – und seine Freunde von »Erfolgen« und »Siegen« berauscht sehen, wo sein einzig-hoher Gedanke gerade mitten hindurch zerknickt und verleugnet war. Fast schien es, als ob ein in vielen Stücken ernsthaftes und schweres Volk sich in bezug auf seinen erstesten Künstler eine grundsätzliche Leichtfertigkeit nicht verkümmern lassen wollte, als ob sich gerade deshalb an ihm alles Gemeine, Gedankenlose, Ungeschickte und Boshafte des deutschen Wesens auslassen müßte. – Als sich nun während des deutschen Krieges eine großartigere, freiere Strömung der Gemüter zu bemächtigen schien, erinnerte sich Wagner seiner Pflicht der Treue, um wenigstens sein größtes Werk vor diesen mißverständlichen Erfolgen und Beschimpfungen zu retten und es in seinem eigensten Rhythmus zum Beispiel für alle Zeiten hinzustellen: so erfand er den *Gedanken von Bayreuth.* Im Gefolge jener Strömung der Gemüter glaubte er auch auf der Seite derer, welchen er seinen kostbarsten Besitz anvertrauen wollte, ein erhöhteres Gefühl von Pflicht erwachen zu sehen – aus dieser Doppelseitigkeit von Pflichten erwuchs das Ereignis, welches wie ein fremdartiger Sonnenglanz auf der letzten und nächsten Reihe von Jahren liegt; zum Heile einer fernen, einer nur möglichen, aber unbeweisbaren Zukunft ausgedacht, für die Gegenwart und die nur gegenwärtigen Menschen nicht viel mehr als ein Rätsel oder ein Greuel, für die wenigen, die an ihm helfen durften, ein Vorgenuß, ein Vorausleben der höchsten Art, durch welches sie weit über ihre Spanne Zeit sich beseligt, beseligend und fruchtbar wissen, für Wagner selbst eine Verfinsterung von Mühsal, Sorge, Nachdenken, Gram, ein erneutes Wüten der feindseligen Elemente, aber alles überstrahlt von dem Sterne der *selbstlosen Treue,* und in diesem Lichte zu einem unsäglichen Glücke umgewandelt!

Man braucht es kaum auszusprechen: es liegt der Hauch des Tragischen auf diesem Leben. Und jeder, der aus seiner eignen Seele etwas davon ahnen kann, jeder, für den der Zwang einer tragischen Täuschung über das Lebensziel, das Umbiegen und Brechen der Absichten, das Verzichten und Gereinigt-werden durch Liebe keine ganz fremden Dinge sind, muß in dem, was Wagner uns jetzt im Kunstwerke zeigt, ein traumhaftes Zurückerinnern an das eigne heldenhafte Dasein des großen Menschen fühlen. Ganz von Ferne her wird uns zumute sein, als ob Siegfried von seinen Taten erzählte: im rührendsten Glück des Gedenkens webt die tiefe Trauer des Spätsommers, und alle Natur liegt still in gelbem Abendlichte. –

9

Darüber nachzudenken, *was Wagner, der Künstler,* ist, und an dem Schauspiele eines wahrhaft frei gewordnen Könnens und Dürfens betrachtend vorüberzugehn: Das wird jeder zu seiner Heilung und Erholung nötig haben, der darüber, *wie Wagner, der Mensch, wurde,* gedacht und gelitten hat. Ist die Kunst überhaupt eben nur das Vermögen, das an andere mitzuteilen, was man erlebt hat, widerspricht jedes Kunstwerk sich selbst, wenn es sich nicht zu verstehen geben kann: so muß die Größe Wagners, des Künstlers, gerade in jener dämonischen *Mitteilbarkeit* seiner Natur bestehen, welche gleichsam in allen Sprachen von sich redet und das innere, eigenste Erlebnis mit der höchsten Deutlichkeit erkennen läßt; sein Auftreten in der Geschichte der Künste gleicht einem vulkanischen Ausbruche des gesamten ungeteilten Kunstvermögens der Natur selber, nachdem die Menschheit sich an den Anblick der Vereinzelung der Künste wie an eine Regel gewöhnt hatte. Man kann deshalb schwanken, welchen Namen man ihm beilegen solle, ob er Dichter oder Bildner oder Musiker zu nennen sei, jedes Wort in einer außerordentlichen Erweiterung seines Begriffs genommen, oder ob erst ein neues Wort für ihn geschaffen werden müsse.

Das *Dichterische* in Wagner zeigt sich darin, daß er in sichtbaren und fühlbaren Vorgängen, nicht in Begriffen denkt, das heißt, daß er mythisch denkt, so wie immer das Volk gedacht hat. Dem Mythus liegt nicht ein Gedanke zugrunde, wie die Kinder einer verkünstelten Kultur vermeinen, sondern er selber ist ein Denken; er teilt eine Vorstellung von der Welt mit, aber in der Abfolge von Vorgängen, Handlungen und Leiden. Der Ring des Nibelungen ist ein ungeheures Gedankensystem ohne die begriffliche Form des Gedankens. Vielleicht könnte ein Philosoph etwas ganz Entsprechendes ihm zur Seite stellen, das ganz ohne Bild und Handlung wäre und bloß in Begriffen zu uns spräche: dann hätte man das gleiche in zwei disparaten Sphären dargestellt, einmal für das Volk und einmal für den Gegensatz des Volkes, den theoretischen Menschen. An diesen wendet sich also Wagner nicht; denn der theoretische Mensch versteht von dem eigentlich Dichterischen, dem Mythus, gerade so viel als ein Tauber von der Musik, das heißt beide sehen eine ihnen sinnlos scheinende Bewegung. Aus der einen von jenen disparaten Sphären kann man in die andre nicht hineinblicken: solange man im Banne des Dichters ist, denkt man mit ihm, als sei man nur ein fühlendes, sehendes und hörendes Wesen; die Schlüsse, welche man macht, sind die Verknüpfungen der Vorgänge, die man sieht, also tatsächliche Kausalitäten, keine logischen.

Wenn die Helden und Götter solcher mythischen Dramen, wie Wagner sie dichtet, nun auch in Worten sich deutlich machen sollen, so liegt keine Gefahr näher, als daß diese *Wortsprache* in uns den theoretischen Menschen aufweckt und dadurch uns in eine andre, unmythische Sphäre hinüberhebt: so daß wir zuletzt durch das Wort nicht etwa deutlicher verstanden hätten, was vor uns vorging, sondern gar nichts verstanden hätten. Wagner zwang deshalb die Sprache in einen Urzustand zurück, wo sie fast noch nicht in Begriffen denkt, wo sie noch selber Dichtung, Bild und Gefühl ist; die Furchtlosigkeit, mit der Wagner an diese ganz erschreckende Aufgabe ging, zeigt, wie gewaltsam er von dem dichterischen Geiste geführt wurde, als einer, der folgen muß, wohin auch sein gespenstischer Führer den Weg nimmt. Man sollte jedes Wort dieser Dramen singen können, und Götter und Helden sollten es in den Mund nehmen:

das war die ungeheure Anforderung, welche Wagner an seine sprachliche Phantasie stellte. Jeder andre hätte dabei verzagen müssen; denn unsre Sprache scheint fast zu alt und zu verwüstet zu sein, als daß man von ihr hätte verlangen dürfen, was Wagner verlangte: und doch rief sein Schlag gegen den Felsen eine reichliche Quelle hervor. Gerade Wagner hat, weil er diese Sprache mehr liebte und mehr von ihr forderte, auch mehr als ein andrer Deutscher an ihrer Entartung und Schwächung gelitten, also an den vielfältigen Verlusten und Verstümmlungen der Formen, an dem schwerfälligen Partikelwesen unsrer Satzfügung, an den unsingbaren Hilfszeitwörtern: – alles dieses sind ja Dinge, welche durch Sünden und Verlotterungen in die Sprache hineingekommen sind. Dagegen empfand er mit tiefem Stolze die auch jetzt noch vorhandene Ursprünglichkeit und Unerschöpflichkeit dieser Sprache, die tonvolle Kraft ihrer Wurzeln, in welchen er, im Gegensatz zu den höchst abgeleiteten, künstlich rhetorischen Sprachen der romanischen Stämme, eine wunderbare Neigung und Vorbereitung zur Musik, zur wahren Musik ahnte. Es geht eine Lust an dem Deutschen durch Wagners Dichtung, eine Herzlichkeit und Freimütigkeit im Verkehre mit ihm, wie so etwas, außer bei Goethe, bei keinem Deutschen sich nachfühlen läßt. Leiblichkeit des Ausdrucks, verwegene Gedrängtheit, Gewalt und rhythmische Vielartigkeit, ein merkwürdiger Reichtum an starken und bedeutenden Wörtern, Vereinfachung der Satzgliederung, eine fast einzige Erfindsamkeit in der Sprache des wogenden Gefühls und der Ahnung, eine mitunter ganz rein sprudelnde Volkstümlichkeit und Sprichwörtlichkeit – solche Eigenschaften würden aufzuzählen sein, und doch wäre dann immer noch die mächtigste und bewunderungswürdigste vergessen. Wer hintereinander zwei solche Dichtungen wie Tristan und die Meistersinger liest, wird in Hinsicht auf die Wortsprache ein ähnliches Erstaunen und Zweifeln empfinden wie in Hinscht auf die Musik: wie es nämlich möglich war, über zwei Welten, so verschieden an Form, Farbe, Fügung als an Seele, schöpferisch zu gebieten. Dies ist das Mächtigste an der Wagnerschen Begabung, etwas, das allein dem großen Meister gelingen wird: für jedes Werk eine eigne Sprache auszuprägen und der neuen Innerlichkeit auch einen neuen Leib, einen neuen Klang zu geben. Wo eine solche allerseltenste Macht sich äußert, wird der Tadel immer nur kleinlich und unfruchtbar bleiben, welcher sich auf einzelnes Übermütige und Absonderliche oder auf die häufigeren Dunkelheiten des Ausdrucks und Umschleierungen des Gedankens bezieht. Überdies war denen, welche bisher am lautesten getadelt haben, im Grunde nicht sowohl die Sprache als die Seele, die ganze Art zu empfinden und zu leiden, anstößig und unerhört. Wir wollen warten, bis diese selber eine andre Seele haben, dann werden sie selber auch eine andre Sprache sprechen: und dann wird es, wie mir scheint, auch mit der deutschen Sprache im ganzen besser stehn, als es jetzt steht.

Vor allem aber sollte niemand, der über Wagner, den Dichter und Sprachbildner, nachdenkt, vergessen, daß keines der Wagnerschen Dramen bestimmt ist, gelesen zu werden, und also nicht mit den Forderungen behelligt werden darf, welche an das Wortdrama gestellt werden. Dieses will allein durch Begriffe und Worte auf das Gefühl wirken; mit dieser Absicht gehört es unter die Botmäßigkeit der Rhetorik. Aber die Leidenschaft im Leben ist selten beredt: im Wortdrama muß sie es sein, um überhaupt sich auf irgendeine Art mitzuteilen. Wenn aber die Sprache eines Volkes sich schon im Zustande des Verfalls und der Abnutzung befindet, so kommt der Wortdramatiker in die Versuchung, Sprache und Gedanken ungewöhnlich aufzufärben und neuzubilden; er will die Sprache heben, damit sie wieder das gehobene Gefühl hervorklingen lasse, und gerät dabei in die Gefahr, gar nicht verstanden zu werden. Ebenso sucht er der Leidenschaft durch erhabene Sinnsprüche und Einfälle etwas von Höhe mitzuteilen und verfällt dadurch wieder in eine andre Gefahr: er erscheint unwahr und künstlich. Denn die wirkliche Leidenschaft des Lebens spricht nicht in Sentenzen, und die dichterische erweckt leicht Mißtrauen gegen ihre Ehrlichkeit, wenn sie sich wesentlich von dieser Wirklichkeit unterscheidet. Dagegen gibt Wagner, der erste, welcher die inneren Mängel des Wortdramas erkannt hat, jeden dramatischen Vorgang in einer dreifachen Verdeutlichung, durch Wort, Gebärde und Musik: und zwar überträgt die Musik die Grundregungen im Innern der darstellenden Personen des Dramas unmittelbar auf die Seelen der Zuhörer, welche jetzt in den Gebärden derselben Personen die erste Sichtbarkeit jener inneren Vorgänge, und in der Wortsprache noch eine zweite abgeblaßtere Erscheinung derselben, übersetzt in das bewußtere Wollen, wahrnehmen. Alle diese Wirkungen erfolgen gleichzeitig und durchaus ohne sich zu stören, und zwingen den, welchem ein solches Drama vorgeführt wird, zu einem ganz neuen Verstehen und Miterleben, gleich als ob seine Sinne auf einmal vergeistigter und sein Geist versinnlichter geworden wären und als ob alles, was aus dem Menschen heraus will und nach Erkenntnis dürstet, sich jetzt in einem Jubel des Erkennens frei und selig befände. Weil jeder Vorgang eines Wagnerschen Dramas sich mit der höchsten Verständlichkeit dem Zuschauer mitteilt, und zwar durch die Musik von innen heraus erleuchtet und durchglüht, konnte sein Urheber aller der Mittel entraten, welche der Wortdichter nötig hat, um seinen Vorgängen Wärme und Leuchtkraft zu geben. Der ganze Haushalt des Dramas durfte einfacher sein, der rhythmische Sinn des Baumeisters konnte es wieder wagen, sich in den großen Gesamtverhältnissen des Baues zu zeigen; denn es fehlte zu jener absichtlichen Verwicklung und verwirrenden Vielgestaltigkeit des Baustils jetzt jede Veranlassung, durch welche der Wortdichter zugunsten seines Werkes das Gefühl der Verwunderung und des angespannten Interesses zu erreichen strebt, um dies dann zu dem Gefühl des beglückten Staunens zu steigern. Der Eindruck der idealisierenden Ferne und Höhe war nicht erst durch Kunstgriffe herbeizuschaffen. Die Sprache zog sich aus einer rhetorischen Breite in die Geschlossenheit und Kraft einer Gefühlsrede zurück: und trotzdem, daß der darstellende Künstler viel weniger als früher über das sprach, was er im Schauspiel tat und empfand, zwangen jetzt innerliche Vorgänge, welche die Angst des Wortdramatikers vor dem angeblich Undramatischen bisher von der Bühne ferngehalten hat, den Zuhörer zum leidenschaftlichen Miterleben, während die begleitende Gebärdensprache nur in der zartesten Modulation sich zu äußern brauchte. Nun ist überhaupt die gesungene Leidenschaft in der Zeitdauer um etwas länger als die gesprochne; die Musik streckt gleichsam die Empfindung aus: daraus folgt im allgemeinen, daß der darstellende Künstler, der zugleich Sänger ist, die allzu große unplastische Aufgeregtheit der Bewegung, an welcher das ausgeführte Wortdrama leidet, überwinden muß. Er sieht sich zu einer Veredelung der Gebärde hingezogen, um so mehr, als die Musik seine Empfindung in das Bad eines reineren Äthers eingetaucht und dadurch unwillkürlich der Schönheit näher gebracht hat.

Die außerordentlichen Aufgaben, welche Wagner den Schauspielern und Sängern gestellt hat, werden auf ganze Menschenalter hin einen Wetteifer unter ihnen entzünden, um endlich das Bild jedes Wagnerschen Helden in der leiblichsten Sichtbarkeit und Vollendung zur Darstellung zu bringen: so wie diese vollendete Leiblichkeit in der Musik des Dramas schon vorgebildet liegt. Diesem Führer folgend, wird zuletzt das Auge des plastischen Künstlers die Wunder einer neuen Schauwelt sehen, welche vor ihm allein der Schöpfer solcher Werke, wie der Ring des Nibelungen ist, zum erstenmal erblickt hat: als ein *Bildner* höchster Art, welcher wie Äschylus einer kommenden Kunst den Weg zeigt. Müssen nicht schon durch die Eifersucht große Begabungen geweckt werden, wenn die Kunst des Plastikers ihre Wirkung mit der einer Musik vergleicht, wie die Wagnersche ist: in welcher es reinstes, sonnenhelles Glück gibt; so daß dem, welcher sie hört, zumute wird, als ob fast alle frühere Musik eine veräußerlichte, befangene, unfreie Sprache geredet hätte, als ob man mit ihr bisher hätte ein Spiel spielen wollen, vor solchen, welche des Ernstes nicht würdig waren, oder als ob mit ihr gelehrt und demonstriert werden sollte, vor solchen, welche nicht einmal des Spieles würdig sind. Durch diese frühere Musik dringt nur auf kurze Stunden jenes Glück in uns ein, welches wir immer bei Wagnerscher Musik empfinden: es scheinen seltne Augenblicke der Vergessenheit, die sie gleichsam überfallen, wo sie mit sich allein redet und den Blick aufwärts richtet wie Raffaels Cäcilia, weg von den Hörern, welche Zerstreuung, Lustbarkeit oder Gelehrsamkeit von ihr fordern.

Von Wagner, dem *Musiker*, wäre im allgemeinen zu sagen, daß er allem in der Natur, was bis jetzt nicht *reden* wollte, eine Sprache gegeben hat: er glaubt nicht daran, daß es etwas Stummes geben müsse. Er taucht auch in Morgenröte, Wald, Nebel, Kluft, Bergeshöhe, Nachtschauer, Mondesglanz hinein und merkt ihnen ein heimliches Begehren ab: sie wollen auch tönen. Wenn der Philosoph sagt, es ist *éin* Wille, der in der belebten und unbelebten Natur nach Dasein dürstet, so fügt der Musiker hinzu: und dieser Wille will, auf allen Stufen, ein tönendes Dasein.

Die Musik hatte vor Wagner im ganzen enge Grenzen; sie bezog sich auf bleibende Zustände des Menschen, auf das, was die Griechen Ethos nennen, und hatte mit Beethoven eben erst begonnen, die Sprache des Pathos, des leidenschaftlichen Wollens, der dramatischen Vorgänge im Innern des Menschen zu finden. Ehedem sollte eine Stimmung, ein gefaßter oder heiterer oder andächtiger oder bußfertiger Zustand sich durch Töne zu erkennen geben, man wollte durch eine gewisse auffallende Gleichartigkeit der Form und durch die längere Andauer dieser Gleichartigkeit den Zuhörer zur Deutung dieser Musik nötigen und endlich in die gleiche Stimmung versetzen. Allen solchen Bildern von Stimmungen und Zuständen waren einzelne Formen notwendig; andre wurden durch Konvention in ihnen üblich. Über die Länge entschied die Vorsicht des Musikers, welcher den Zuhörer wohl in eine Stimmung bringen, aber nicht durch allzulange Andauer derselben langweilen wollte. Man ging einen Schritt weiter, als man die Bilder entgegengesetzter Stimmungen nacheinander entwarf und den Reiz des Kontrastes entdeckte, und noch einen Schritt, als dasselbe Tonstück in sich einen Gegensatz des Ethos, zum Beispiel durch das Widerstreben eines männlichen und eines weiblichen Themas, aufnahm. Dies alles sind noch rohe und uranfängliche Stufen der Musik. Die Furcht vor der Leidenschaft gibt die einen, die vor der Langenweile die andern Gesetze; alle Vertiefungen und Ausschreitungen des Gefühls wurden als »unethisch« empfunden. Nachdem aber die Kunst des Ethos dieselben gewöhnlichen Zustände und Stimmungen in hundertfacher Wiederholung dargestellt hatte, geriet sie, trotz der wunderbarsten Erfindsamkeit ihrer Meister, endlich in Erschöpfung. Beethoven zuerst ließ die Musik eine neue Sprache, die bisher verbotene Sprache der Leidenschaft reden: weil aber seine Kunst aus den Gesetzen und Konventionen der Kunst des Ethos herauswachsen und versuchen mußte sich gleichsam vor jener zu rechtfertigen, so hatte sein künstlerisches Werden eine eigentümliche Schwierigkeit und Undeutlichkeit an sich. Ein innerer, dramatischer Vorgang – denn jede Leidenschaft hat einen dramatischen Verlauf – wollte sich zu einer neuen Form hindurchringen, aber das überlieferte Schema der Stimmungsmusik widersetzte sich und redete beinahe mit der Miene der Moralität wider ein Aufkommen der Unmoralität. Es scheint mitunter so, als ob Beethoven sich die widerspruchsvolle Aufgabe gestellt habe, das Pathos mit den Mitteln des Ethos sich aussprechen zu lassen. Für die größten und spätesten Werke Beethovens reicht aber diese Vorstellung nicht aus. Um den großen geschwungenen Bogen einer Leidenschaft wiederzugeben, fand er wirklich ein neues Mittel: er nahm einzelne Punkte ihrer Flugbahn heraus und deutete sie mit der größten Bestimmtheit an, um aus ihnen dann die ganze Linie durch den Zuhörer *erraten* zu lassen. Äußerlich betrachtet, nahm sich die neue Form aus wie die Zusammenstellung mehrerer Tonstücke, von denen jedes einzelne scheinbar einen beharrenden Zustand, in Wahrheit aber einen Augenblick im dramatischen Verlauf der Leidenschaft darstellte. Der Zuhörer konnte meinen, die alte Musik der Stimmung zu hören, nur daß das Verhältnis der einzelnen Teile zueinander ihm unfaßlich geworden war und sich nicht mehr nach dem Kanon des Gegensatzes deuten ließ. Selbst bei Musikern stellte sich eine Geringschätzung gegen die Forderung eines künstlerischen Gesamtbaus ein, die Folge der Teile in ihren Werken wurde willkürlich. Die Erfindung der großen Form der Leidenschaft führte durch ein Mißverständnis auf den Einzelsatz mit beliebigem Inhalte zurück, und die Spannung der Teile gegeneinander hörte ganz auf. Deshalb ist die Symphonie nach Beethoven ein so wunderlich undeutliches Gebilde, namentlich wenn sie im einzelnen noch die Sprache des Beethovenschen Pathos stammelt. Die Mittel passen nicht zur Absicht, und die Absicht im ganzen wird dem Zuhörer überhaupt nicht klar, weil sie auch im Kopfe des Urhebers niemals klar gewesen ist. Gerade aber die Forderung, daß man etwas ganz Bestimmtes zu sagen habe und daß man es auf das Deutlichste sage, wird um so unerläßlicher, je höher, schwieriger und anspruchsvoller eine Gattung ist.

Deshalb war Wagners ganzes Ringen darauf aus, alle Mittel zu finden, welche der *Deutlichkeit* dienen; vor allem hatte er dazu nötig, sich von allen Befangenheiten und Ansprüchen der älteren Musik der Zustände loszubinden und seiner Musik, dem tönenden Prozesse des Gefühls und der Leidenschaft, eine gänzlich unzweideutige Rede in den Mund zu legen. Schauen wir auf das hin, was er erreicht hat, so ist uns, als ob er im Bereiche der Musik das gleiche getan habe, was im Bereiche der Plastik der Erfinder der Freigruppe tat. Alle frühere Musik scheint, an der Wagnerschen gemessen, steif oder ängstlich, als ob man sie nicht von allen Seiten ansehen dürfe und sie sich schäme. Wagner ergreift jeden Grad und jede Farbe des Gefühls mit der größten Festigkeit und Bestimmtheit; er nimmt die zarteste, entlegenste und wildeste Regung ohne Angst, sie zu verlieren, in die Hand, und hält sie wie etwas Hart- und Festgewordenes, wenn auch jedermann sonst in ihr einen unangreifbaren Schmetterling sehen sollte. Seine Musik ist niemals unbestimmt, stimmungshaft; alles, was durch sie redet, Mensch oder Natur, hat eine streng individualisierte Leidenschaft, Sturm und Feuer nehmen bei ihm die zwingende Gewalt eines persönlichen Willens an. Über allen den tönenden

Individuen und dem Kampfe ihrer Leidenschaften, über dem ganzen Strudel von Gegensätzen, schwebt, mit höchster Besonnenheit, ein übermächtiger symphonischer Verstand, welcher aus dem Kriege fortwährend die Eintracht gebiert: Wagners Musik als Ganzes ist ein Abbild der Welt, so wie diese von dem großen ephesischen Philosophen verstanden wurde, als eine Harmonie, welche der Streit aus sich zeugt, als die Einheit von Gerechtigkeit und Feindschaft. Ich bewundere die Möglichkeit, aus einer Mehrzahl von Leidenschaften, welche nach verschiedenen Richtungen hin laufen, die große Linie einer Gesamtleidenschaft zu berechnen: daß so etwas möglich ist, sehe ich durch jeden einzelnen Akt eines Wagnerschen Dramas bewiesen, welcher nebeneinander die Einzelgeschichte verschiedener Individuen und eine Gesamtgeschichte aller erzählt. Wir spüren es schon zu Anfang, daß wir widerstrebende einzelne Strömungen, aber auch, über alle mächtig, einen Strom mit einer gewaltigen Richtung vor uns haben: dieser Strom bewegt sich zuerst unruhig, über verborgene Felsenzacken hinweg, die Flut scheint mitunter auseinanderzureißen, nach verschiedenen Richtungen hinzuwollen. Allmählich bemerken wir, daß die innere Gesamtbewegung gewaltiger, fortreißender geworden ist; die zukkende Unruhe ist in die Ruhe der breiten furchtbaren Bewegung nach einem noch unbekannten Ziele übergegangen; und plötzlich, am Schluß, stürzt der Strom hinunter in die Tiefe, in seiner ganzen Breite, mit einer dämonischen Lust an Abgrund und Brandung. Nie ist Wagner mehr Wagner, als wenn die Schwierigkeiten sich verzehnfachen und er in ganz großen Verhältnissen mit der Lust des Gesetzgebers walten kann. Ungestüme widerstrebende Massen zu einfachen Rhythmen bändigen, durch eine verwirrende Mannigfaltigkeit von Ansprüchen und Begehrungen einen Willen durchführen – das sind die Aufgaben, zu welchen er sich geboren, in welchen er seine Freiheit fühlt. Nie verliert er dabei den Atem, nie kommt er keuchend an sein Ziel. Er hat ebenso unablässig darnach gestrebt, sich die schwersten Gesetze aufzuerlegen, als andre nach Erleichterung ihrer Last trachten; das Leben und die Kunst drücken ihn, wenn er nicht mit ihren schwierigsten Problemen spielen kann. Man erwäge nur einmal das Verhältnis der gesungenen Melodie zur Melodie der ungesungenen Rede – wie er die Höhe, die Stärke und das Zeitmaß des leidenschaftlich sprechenden Menschen als Naturvorbild behandelt, das er in Kunst umzuwandeln hat: – man erwäge dann wiederum die Einordnung einer solchen singenden Leidenschaft in den ganzen symphonischen Zusammenhang der Musik, um ein Wunderding von überwundenen Schwierigkeiten kennen zu lernen: seine Erfindsamkeit hierbei, im kleinen und großen, die Allgegenwart seines Geistes und seines Fleißes ist derart, daß man beim Anblick einer Wagnerschen Partitur glauben möchte, es habe vor ihm gar keine rechte Arbeit und Anstrengung gegeben. Es scheint, daß er auch in bezug auf die Mühsal der Kunst hätte sagen können, die eigentliche Tugend des Dramatikers bestehe in der Selbstentäußerung; aber er würde wahrscheinlich entgegnen: es gibt nur eine Mühsal, die des noch nicht Freigewordnen; die Tugend und das Gute sind leicht.

Als Künstler im ganzen betrachtet, so hat Wagner, um an einen bekannteren Typus zu erinnern, etwas von *Demosthenes* an sich: den furchtbaren Ernst um die Sache und die Gewalt des Griffs, so daß er jedesmal die Sache faßt; er schlägt seine Hand darum, im Augenblick, und sie hält fest, als ob sie aus Erz wäre. Er verbirgt wie jener seine Kunst oder macht sie vergessen, indem er zwingt, an die Sache zu denken; und doch ist er, gleich Demosthenes, die letzte und höchste Erscheinung hinter einer ganzen Reihe von gewaltigen Kunstgeistern und hat folglich mehr zu verbergen als die ersten der Reihe; seine Kunst wirkt als Natur, als hergestellte, wiedergefundene Natur. Er trägt nichts Epideiktisches an sich, was alle früheren Musiker haben, welche gelegentlich mit ihrer Kunst auch ein Spiel treiben und ihre Meisterschaft zur Schau stellen. Man denkt bei dem Wagnerschen Kunstwerk weder an das Interessante noch das Ergötzliche, noch an Wagner selbst, noch an die Kunst überhaupt: man fühlt allein das *Notwendige*. Welche Strenge und Gleichmäßigkeit des Willens, welche Selbstüberwindung der Künstler in der Zeit seines Werdens nötig hatte, um zuletzt, in der Reife, mit freudiger Freiheit in jedem Augenblick des Schaffens das Notwendige zu tun, das wird ihm niemals jemand nachrechnen können: genug, wenn wir es an einzelnen Fällen spüren, wie seine Musik sich mit einer gewissen Grausamkeit des Entschlusses dem Gange des Dramas, der wie das Schicksal unerbittlich ist, unterwirft, während die feurige Seele dieser Kunst darnach lechzt, einmal ohne alle Zügel in der Freiheit und Wildnis umherzuschweifen.

10

Ein Künstler, welcher diese Gewalt über sich hat, unterwirft sich, selbst ohne es zu wollen, alle anderen Künstler. Ihm allein wiederum werden die Unterworfenen, seine Freunde und Anhänger, nicht zur Gefahr, zur Schranke: während die geringeren Charaktere, weil sie sich auf die Freunde zu stützen suchen, durch sie ihre Freiheit einzubüßen pflegen. Es ist höchst wunderbar anzusehen, wie Wagner sein Leben lang jeder Gestaltung von Parteien ausgewichen ist, wie sich aber hinter jeder Phase seiner Kunst ein Kreis von Anhängern zusammenschloß, scheinbar um ihn nun auf dieser Phase festzuhalten. Er ging immer mitten durch sie hindurch und ließ sich nicht binden; sein Weg ist überdies zu lang gewesen, als daß ein einzelner so leicht ihn von Anfang an hätte mitgehen können: und so ungewöhnlich und steil, daß auch dem Treuesten wohl einmal der Atem ausging. Fast zu allen Lebenszeiten Wagners hätten ihn seine Freunde gern dogmatisieren mögen; und ebenfalls, obwohl aus andern Gründen, seine Feinde. Wäre die Reinheit seines künstlerischen Charakters nur um einen Grad weniger entschieden gewesen, so hätte er viel zeitiger zum entscheidenden Herrn der gegenwärtigen Kunst- und Musikzustände werden können: – was er jetzt endlich auch geworden ist, aber in dem viel höhern Sinne, daß alles, was auf irgendeinem Gebiete der Kunst vorgeht, sich unwillkürlich vor den Richterstuhl seiner Kunst und seines künstlerischen Charakters gestellt sieht. Er hat sich die Widerwilligsten unterjocht: es gibt keinen begabten Musiker mehr, welcher nicht innerlich auf ihn hörte und ihn hörenswerter als sich und die übrige Musik zusammen fände. Manche, welche durchaus etwas bedeuten wollen, ringen geradezu mit diesem sie überwältigenden inneren Reize, bannen sich mit ängstlicher Beflissenheit in den Kreis der älteren Meister und wollen lieber ihre »Selbständigkeit« an Schubert oder Händel anlehnen als an Wagner. Umsonst! Indem sie gegen ihr besseres Gewissen kämpfen, werden sie als Künstler selber geringer und kleinlicher, sie verderben ihren Charakter dadurch, daß sie schlechte Bundesgenossen und Freunde dulden müssen: und nach allen diesen Aufopferungen begegnet es ihnen doch, vielleicht in einem Traume, daß ihr Ohr nach Wagner hinhorcht. Diese Gegner sind bedauernswürdig: sie glauben viel zu verlieren, wenn sie sich verlieren, und irren sich dabei.

Nun liegt ersichtlich Wagner nicht viel daran, ob die Musiker von jetzt ab Wagnerisch komponieren und ob sie überhaupt komponieren; ja er tut, was er kann, um jenen unseligen Glauben zu zerstören, daß sich nun wieder an ihn eine Schule von Komponisten anschließen müsse. Soweit er unmittelbaren Einfluß auf Musiker hat, sucht er sie über die Kunst des großen Vortrags zu belehren; es scheint ihm ein Zeitpunkt in der Entwicklung der Kunst gekommen, in welchem der gute Wille, ein tüchtiger Meister der Darstellung und Ausübung zu werden, viel schätzenswerter ist als das Gelüst, um jeden Preis selber zu »schaffen«. Denn dieses Schaffen, auf der jetzt erreichten Stufe der Kunst, hat die verhängnisvolle Folge, das wahrhaft Große in seinen Wirkungen zu verflachen, dadurch, daß man es, so gut es geht, vervielfältigt und die Mittel und Kunstgriffe des Genies durch alltäglichen Gebrauch abnützt. Selbst das Gute in der Kunst ist überflüssig und schädlich, wenn es aus der Nachahmung des Besten entstand. Die Wagnerschen Zwecke und Mittel gehören zusammen: es braucht nichts weiter dazu als künstlerische Ehrlichkeit, dies zu fühlen, und es ist Unehrlichkeit, die Mittel ihm abzumerken und zu ganz andern, kleineren Zwecken zu verwenden.

Wenn also Wagner es ablehnt, in einer Schar von wagnerisch komponierenden Musikern fortzuleben, so stellt er um so eindringlicher allen Begabungen die neue Aufgabe, mit ihm zusammen die *Gesetze des Stils für den dramatischen Vortrag* zu finden. Das tiefste Bedürfnis treibt ihn, für seine Kunst die *Tradition eines Stils* zu begründen, durch welche sein Werk, in reiner Gestalt, von einer Zeit zur andern fortleben könne, bis es jene *Zukunft* erreicht, für welche es von seinem Schöpfer vorausbestimmt war.

Wagner besitzt einen unersättlichen Trieb, alles, was sich auf jene Begründung des Stils und, solchermaßen, auf die Fortdauer seiner Kunst bezieht, mitzuteilen. Sein Werk, um mit Schopenhauer zu reden, als ein heiliges Depositum und die wahre Frucht seines Daseins zum Eigentum der Menschheit zu machen, es niederlegend für eine besser urteilende Nachwelt, dies wurde ihm zum Zweck, der *allen anderen Zwecken* vorgeht und für den er die Dornenkrone trägt, welche einst zum Lorbeerkranze ausschlagen soll: auf die Sicherstellung seines Werkes konzentrierte sein Streben sich ebenso entschieden, wie das des Insekts, in seiner letzten Gestalt, auf die Sicherstellung seiner Eier und Vorsorge für die Brut, deren Dasein es nie erlebt: es deponiert die Eier da, wo sie, wie es sicher weiß, einst Leben und Nahrung finden werden, und stirbt getrost.

Dieser Zweck, der allen andern Zwecken vorgeht, treibt ihn zu immer neuen Erfindungen; er schöpft deren aus dem Borne seiner dämonischen Mitteilbarkeit immer mehr, je deutlicher er sich im Ringen mit dem abgeneigtesten Zeitalter fühlt, das zum Hören den schlechtesten Willen mitgebracht hat. Allmählich aber beginnt selbst dieses Zeitalter, seinen unermüdlichen Versuchen, seinem biegsamen Andringen nachzugeben und das Ohr hinzuhalten. Wo eine kleine oder bedeutende Gelegenheit sich von Ferne zeigte, seine Gedanken durch ein Beispiel zu erklären, war Wagner dazu bereit: er dachte seine Gedanken in die jedesmaligen Umstände hinein und brachte sie aus der dürftigsten Verkörperung heraus noch zum Reden. Wo eine halbwegs empfängliche Seele sich ihm auftat, warf er seinen Samen hinein. Er knüpft dort Hoffnungen an, wo der kalte Beobachter mit den Achseln zuckt; er täuscht sich hundertfach, um einmal gegen diesen Beobachter recht zu behalten. Wie der Weise im Grunde mit lebenden Menschen nur so weit verkehrt, als er durch sie den Schatz seiner Erkenntnis zu mehren weiß, so scheint es fast, als ob der Künstler keinen Verkehr mehr mit den Menschen seiner Zeit haben könne, durch welchen er nicht die Verewigung seiner Kunst fördert: man liebt ihn nicht anders, als wenn man diese Verewigung liebt, und ebenso empfindet er nur eine Art des gegen ihn gerichteten Hasses, den Haß nämlich, welcher die Brücken zu jener Zukunft seiner Kunst ihm abbrechen will. Die Schüler, welche Wagner sich erzog, die einzelnen Musiker und Schauspieler, denen er ein Wort sagte, eine Gebärde vormachte, die kleinen und großen Orchester, die er führte, die Städte, welche ihn im Ernste seiner Tätigkeit sahen, die Fürsten und Frauen, welche halb mit Scheu, halb mit Liebe an seinen Plänen teilnahmen, die verschiedenen europäischen Länder, denen er zeitweilig als der Richter und das böse Gewissen ihrer Künste angehörte: alles wurde allmählich zum Echo seines Gedankens, seines unersättlichen Strebens nach einer zukünftigen Fruchtbarkeit; kam dieses Echo auch oft entstellt und verwirrt zu ihm zurück, so muß doch zuletzt der Übermacht des gewaltigen Tones, welchen er hundertfältig in die Welt hineinrief, auch ein übermächtiger Nachklang entsprechen; und es wird bald nicht mehr möglich sein, ihn nicht zu hören, ihn falsch zu verstehen. Dieser Nachklang ist es schon jetzt, welcher die Kunststätten der modernen Menschen erzittern macht; jedesmal, wenn der Hauch seines Geistes in diese Gärten hineinblies, bewegte sich alles, was darin windfällig und wipfeldürr war; und in noch beredterer Weise als dieses Erzittern spricht ein überall auftauchender Zweifel: niemand weiß mehr zu sagen, wo nur immer noch die Wirkung Wagners unvermutet herausbrechen werde. Er ist ganz und gar außerstande, das Heil der Kunst losgetrennt von irgendwelchem anderen Heil und Unheil zu betrachten: wo nur immer der moderne Geist Gefahren in sich birgt, da spürt er mit dem Auge des spähendsten Mißtrauens auch die Gefahr der Kunst. Er nimmt in seiner Vorstellung das Gebäude unserer Zivilisation auseinander und läßt sich nichts Morsches, nichts leichtfertig Gezimmertes entgehen: wenn er dabei auf wetterfeste Mauern und überhaupt auf dauerhaftere Fundamente stößt, so sinnt er sofort auf ein Mittel, daraus für seine Kunst Bollwerke und schützende Dächer zu gewinnen. Er lebt wie ein Flüchtling, der nicht sich, sondern ein Geheimnis zu bewahren trachtet; wie ein unglückliches Weib, welches das Leben des Kindes, das sie im Schoße trägt, nicht ihr eignes, retten will: er lebt wie Sieglinde »um der Liebe willen«.

Denn freilich ist es ein Leben voll mannigfacher Qual und Scham in einer Welt unstet und unheimisch zu sein und doch zu ihr reden, von ihr fordern zu müssen, sie verachten und doch die Verachtete nicht entbehren zu können, – es ist die eigentliche Not des Künstlers der Zukunft; als welcher nicht, gleich dem Philosophen, in einem dunklen Winkel für sich der Erkenntnis nachjagen kann: denn er braucht menschliche Seelen als Vermittler an die Zukunft, öffentliche Einrichtungen als Gewährleistung dieser Zukunft, als Brücken zwischen jetzt und einstmals. Seine Kunst ist, auf dem Kahne der schriftlichen Aufzeichnung nicht einzuschiffen, wie dies der Philosoph vermag: die Kunst will *Könnende* als Überlieferer, nicht Buchstaben und Noten. Über ganze Strecken im Leben Wagners hinweg klingt der Ton der Angst, diesen Könnenden nicht mehr nahe zu kommen und an Stelle des Beispiels, das er ihnen zu geben hat, gewaltsam auf die schriftliche Andeutung sich eingeschränkt zu sehen, und anstatt die Tat vorzutun, den blassesten Schimmer der Tat solchen zu zeigen, welche Bücher lesen, das heißt im ganzen soviel als: welche keine Künstler sind.

Wagner als *Schriftsteller* zeigt den Zwang eines tapfern Menschen, dem man die rechte Hand zerschlagen hat und der mit der linken ficht: er ist immer ein Leidender, wenn er schreibt, weil er der rechten Mitteilung auf seine Weise, in Gestalt eines leuchtenden und siegreichen Beispiels, durch eine zeitweilig unüberwindliche Notwendigkeit beraubt ist. Seine Schriften haben gar nichts Kanonisches, Strenges: sondern der Kanon liegt in den Werken. Es sind Versuche, den Instinkt zu begreifen, welcher ihn zu seinen Werken trieb, und gleichsam sich selber ins Auge zu sehen; hat er es erst erreicht, seinen Instinkt in Erkenntnis umzuwandeln, so hofft er, daß in den Seelen seiner Leser der umgekehrte Prozeß sich einstellen werde: mit dieser Aussicht schreibt er. Wenn sich vielleicht ergeben sollte, daß hierbei irgend etwas Unmögliches versucht worden ist, so hätte Wagner doch nur dasselbe Schicksal mit allen denen gemein, welche über die Kunst nachdachten; und vor den meisten von ihnen hat er voraus, daß in ihm der gewaltigste Gesamtinstinkt der Kunst Herberge genommen hat. Ich kenne keine ästhetischen Schriften, welche so viel Licht brächten wie die Wagnerschen; was über die Geburt des Kunstwerks überhaupt zu erfahren ist, das ist aus ihnen zu erfahren. Es ist einer der ganz Großen, der hier als Zeuge auftritt und sein Zeugnis durch eine lange Reihe von Jahren immer mehr verbessert, befreit, verdeutlicht und aus dem Unbestimmten heraushebt; auch wenn er, als Erkennender, stolpert, schlägt er Feuer heraus. Gewisse Schriften, wie »Beethoven«, »über das Dirigieren«, »über Schauspieler und Sänger«, »Staat und Religion«, machen jedes Gelüst zum Widersprechen verstummen und erzwingen sich ein stilles innerliches, andächtiges Zuschauen, wie es sich beim Auftun kostbarer Schreine geziemt. Andere, namentlich die aus der früheren Zeit, »Oper und Drama« mit eingerechnet, regen auf, machen Unruhe: es ist eine Ungleichmäßigkeit des Rhythmus in ihnen, wodurch sie, als Prosa, in Verwirrung setzen. Die Dialektik in ihnen ist vielfältig gebrochen, der Gang durch Sprünge des Gefühls mehr gehemmt als beschleunigt; eine Art von Widerwilligkeit des Schreibenden liegt wie ein Schatten auf ihnen, gleich als ob der Künstler des begrifflichen Demonstrierens sich schämte. Am meisten beschwert vielleicht den nicht ganz Vertrauten ein Ausdruck von autoritativer Würde, welcher ganz ihm eigen und schwer zu beschreiben ist: mir kommt es so vor, als ob Wagner häufig wie *vor Feinden spreche* – denn alle diese Schriften sind im Sprechstil, nicht im Schreibstil geschrieben, und man wird sie viel deutlicher finden, wenn man sie gut vorgetragen hört – vor Feinden, mit denen er keine Vertraulichkeit haben mag, weshalb er sich abhaltend, zurückhaltend zeigt. Nun bricht nicht selten die fortreißende Leidenschaft seines Gefühls durch diesen absichtlichen Faltenwurf hindurch; dann verschwindet die künstliche, schwere und mit Nebenworten reich geschwellte Periode, und es entschlüpfen ihm Sätze und ganze Seiten, welche zu dem Schönsten gehören, was die deutsche Prosa hat. Aber selbst angenommen, daß er in solchen Teilen seiner Schriften zu Freunden redet, und das Gespenst seines Gegners dabei nicht mehr neben seinem Stuhle steht: alle die Freunde und Feinde, mit welchen Wagner als Schriftsteller sich einläßt, haben etwas Gemeinsames, was sie gründlich von jenem »Volke« abtrennt, für welches er als Künstler schafft. Sie sind in der Verfeinerung und Unfruchtbarkeit ihrer Bildung durchaus *unvolkstümlich*, und der, welcher von ihnen verstanden werden will, muß unvolkstümlich reden: so wie dies unsre besten Prosaschriftsteller getan haben, so wie es auch Wagner tut. Mit welchem Zwange, das läßt sich erraten. Aber die Gewalt jenes vorsorglichen, gleichsam mütterlichen Triebes, welchem er jedes Opfer bringt, zieht ihn selber in den Dunstkreis der Gelehrten und Gebildeten zurück, dem er als Schaffender auf immer Lebewohl gesagt hat. Er unterwirft sich der Sprache der Bildung und allen Gesetzen ihrer Mitteilung, ob er schon der erste gewesen ist, welcher das tiefe Ungenügen dieser Mitteilung empfunden hat.

Denn, wenn irgend etwas seine Kunst gegen alle Kunst der neueren Zeiten abhebt, so ist es dies: sie redet nicht mehr die Sprache der Bildung einer Kaste und kennt überhaupt den Gegensatz von Gebildeten und Ungebildeten nicht mehr. Damit stellt sie sich in Gegensatz zu aller Kultur der Renaissance, welche bisher uns neuere Menschen in ihr Licht und ihren Schatten eingehüllt hatte. Indem die Kunst Wagners uns auf Augenblicke aus ihr hinausträgt, vermögen wir ihren gleichartigen Charakter überhaupt erst zu überschauen: da erscheinen uns Goethe und Leopardi als die letzten großen Nachzügler der italienischen Philologen-Poeten, der Faust als die Darstellung des unvolkstümlichsten Rätsels, welches sich die neueren Zeiten, in der Gestalt des nach Leben dürstenden theoretischen Menschen, aufgegeben haben; selbst das Goethesche Lied ist dem Volksliede nachgesungen, nicht vorgesungen, und sein Dichter wußte, weshalb er mit so vielem Ernst einem Anhänger den Gedanken ans Herz legte: »Meine Sachen können nicht populär werden; wer daran denkt und dafür strebt, ist im Irrtum.«

Daß es überhaupt eine Kunst geben könnte, so sonnenhaft hell und warm, um ebenso die Niedrigen und Armen im Geiste mit ihrem Strahle zu erleuchten als den Hochmut der Wissenden zu schmelzen: das mußte erfahren werden und war nicht zu erraten. Aber im Geiste eines jeden, der es jetzt erfährt, muß es alle Begriffe über Erziehung und Kultur umwenden; ihm wird der Vorhang vor einer Zukunft aufgezogen scheinen, in welcher es keine höchsten Güter und Beglückungen mehr gibt, die nicht den Herzen aller gemein sind. Der Schimpf, welcher bisher dem Worte »gemein« anklebte, wird dann von ihm hinweggenommen sein.

Wenn sich solchermaßen die Ahnung in die Ferne wagt, wird die bewußte Einsicht die unheimliche soziale Unsicherheit unsrer Gegenwart ins

Auge fassen und sich die Gefährdung einer Kunst nicht verbergen, welche gar keine Wurzeln zu haben scheint, wenn nicht in jener Ferne und Zukunft, und die ihre blühenden Zweige uns eher zu Gesicht kommen läßt als das Fundament, aus dem sie hervorwächst. Wie retten wir diese heimatlose Kunst hindurch, bis zu jener Zukunft? Wie dämmen wir die Flut der überall unvermeidlich scheinenden Revolution so ein, daß mit dem vielen, was dem Untergange geweiht ist und ihn verdient, nicht auch die beseligende Antizipation und Bürgschaft einer besseren Zukunft, einer freieren Menschheit weggeschwemmt wird?

Wer so sich fragt und sorgt, hat an Wagners Sorge Anteil genommen; er wird mit ihm sich getrieben fühlen, nach jenen bestehenden Mächten zu suchen, welche den guten Willen haben, in den Zeiten der Erdbeben und Umstürze die Schutzgeister der edelsten Besitztümer der Menschheit zu sein. Einzig in diesem Sinne frägt Wagner durch seine Schriften bei den Gebildeten an, ob sie sein Vermächtnis, den kostbaren Ring seiner Kunst, mit in ihren Schatzhäusern bergen wollen; und selbst das großartige Vertrauen, welches Wagner dem deutschen Geiste auch in seinen politischen Zielen geschenkt hat, scheint mir darin seinen Ursprung zu haben, daß er dem Volke der Reformation jene Kraft, Milde und Tapferkeit zutraut, welche nötig ist, um »das Meer der Revolution in das Bett des ruhig fließenden Stromes der Menschheit einzudämmen«: und fast möchte ich meinen, daß er dies und nichts anderes durch die Symbolik seines Kaisermarsches ausdrücken wollte.

Im allgemeinen ist aber der hilfreiche Drang des schaffenden Künstlers zu groß, der Horizont seiner Menschenliebe zu umfänglich, als daß sein Blick an den Umzäunungen des nationalen Wesens hängen bleiben sollte. Seine Gedanken sind, wie die jedes guten und großen Deutschen, *überdeutsch*, und die Sprache seiner Kunst redet nicht zu Völkern, sondern zu Menschen.

Aber zu Menschen der Zukunft.

Das ist der ihm eigentümliche Glaube, seine Qual und seine Auszeichnung. Kein Künstler irgendwelcher Vergangenheit hat eine so merkwürdige Mitgift von seinem Genius erhalten, niemand hat außer ihm diesen Tropfen herbster Bitterkeit mit jedem nektarischen Tranke, welchen die Begeisterung ihm reichte, trinken müssen. Es ist nicht, wie man glauben möchte, der verkannte, der gemißhandelte, der in seiner Zeit gleichsam flüchtige Künstler, welcher sich diesen Glauben, zur Notwehr, gewann: Erfolg und Mißerfolg bei den Zeitgenossen konnten ihn nicht aufheben und nicht begründen. Er gehört nicht zu diesem Geschlecht, mag es ihn preisen oder verwerfen: – das ist das Urteil seines Instinktes; und ob je ein Geschlecht zu ihm gehören werde, das kann dem, welcher daran nicht glauben mag, auch nicht bewiesen werden. Aber wohl kann auch dieser Ungläubige die Frage stellen, welcher Art ein Geschlecht sein müsse, in dem Wagner sein »Volk« wiedererkennen würde, als den Inbegriff aller derjenigen, welche eine gemeinsame Not empfinden und sich von ihr durch eine gemeinsame Kunst erlösen wollen. Schiller freilich ist gläubiger und hoffnungsvoller gewesen: er hat nicht gefragt, wie wohl eine Zukunft aussehen werde, *wenn* der Instinkt des Künstlers, der von ihr wahrsagt, recht behalten sollte, vielmehr von den Künstlern *gefordert:*

Erhebet euch mit kühnem Flügel
Hoch über euren Zeitenlauf!
Fern dämmre schon in eurem Spiegel
Das kommende Jahrhundert auf!

11

Die gute Vernunft bewahre uns vor dem Glauben, daß die Menschheit irgendwann einmal endgültige ideale Ordnungen finden werde, und daß dann das Glück mit immer gleichem Strahle, gleich der Sonne der Tropenländer, auf die solchermaßen Geordneten niederbrennen müsse: mit einem solchen Glauben hat Wagner nichts zu tun, er ist kein Utopist. Wenn er des Glaubens an die Zukunft nicht entraten kann, so heißt dies gerade nur so viel, daß er an den jetzigen Menschen Eigenschaften wahrnimmt, welche nicht zum unveränderlichen Charakter und Knochenbau des menschlichen Wesens gehören, sondern wandelbar, ja vergänglich sind, und daß gerade *dieser Eigenschaften wegen* die Kunst unter ihnen ohne Heimat und er selber der vorausgesendete Bote einer andern Zeit sein müsse. Kein goldenes Zeitalter, kein unbewölkter Himmel ist diesen kommenden Geschlechtern beschieden, auf welche ihn sein Instinkt anweist, und deren ungefähre Züge aus der Geheimschrift seiner Kunst so weit zu erraten sind, als es möglich ist, von der Art der Befriedigung auf die Art der Not zu schließen. Auch die übermenschliche Güte und Gerechtigkeit wird nicht wie ein unbeweglicher Regenbogen über das Gefilde dieser Zukunft gespannt sein. Vielleicht wird jenes Geschlecht im ganzen sogar böser erscheinen als das jetzige – denn es wird, im Schlimmen wie im Guten, *offener* sein; ja es wäre möglich, daß seine Seele, wenn sie einmal in vollem, freiem Klange sich ausspräche, unsere Seelen in ähnlicher Weise erschüttern und erschrecken würde, wie wenn die Stimme irgendeines bisher versteckten bösen Naturgeistes laut geworden wäre. Oder wie klingen diese Sätze an unser Ohr: daß die Leidenschaft besser ist als der Stoizismus und die Heuchelei, daß Ehrlich-sein, selbst im Bösen, besser ist, als sich selber an die Sittlichkeit des Herkommens verlieren, daß der freie Mensch sowohl gut als böse sein kann, daß aber der unfreie Mensch eine Schande der Natur ist und an keinem himmlischen noch irdischen Troste Anteil hat; endlich, daß jeder, der frei werden will, es durch sich selber werden muß, und daß niemandem die Freiheit als ein Wundergeschenk in den Schoß fällt. Wie schrill und unheimlich dies auch klingen möge: es sind Töne aus jener zukünftigen Welt, welche *der Kunst wahrhaftig bedürftig* ist und von ihr auch wahrhafte Befriedigungen erwarten kann; es ist die Sprache der auch im Menschlichen wiederhergestellten Natur, es ist genau das, was ich früher richtige Empfindung im Gegensatz zu der jetzt herrschenden unrichtigen Empfindung nannte.

Nun aber gibt es allein für die Natur, nicht für die Unnatur und die unrichtige Empfindung, wahre Befriedigungen und Erlösungen. Der Unnatur, wenn sie einmal zum Bewußtsein über sich gekommen ist, bleibt nur die Sehnsucht ins Nichts übrig, die Natur dagegen begehrt nach Verwandlung durch Liebe: jene will *nicht* sein, diese will *anders* sein. Wer dies begriffen hat, führe sich jetzt in aller Stille der Seele die schlichten Motive der Wagnerschen Kunst vorüber, um sich zu fragen, ob mit ihnen die Natur oder die Unnatur ihre Ziele, wie diese eben bezeichnet wurden, verfolgt.

Der Unstete, Verzweifelte findet durch die erbarmende Liebe eines Weibes, das lieber sterben als ihm untreu sein will, die Erlösung von seiner Qual: das Motiv des fliegenden Holländers. – Die Liebende, allem eignen Glück entsagend, wird in einer himmlischen Wandlung von *amor* in *caritas*, zur Heiligen, und rettet die Seele des Geliebten: Motiv des Tannhäuser. – Das Herrlichste, Höchste kommt verlangend herab zu den Menschen und will nicht nach dem Woher? gefragt sein; es geht, als die unselige Frage gestellt wird, mit schmerzlichem Zwang in sein höheres Leben zurück: Motiv des Lohengrin. – Die liebende Seele des Weibes und ebenso das Volk nehmen willig den neuen beglückenden Genius auf, obschon die Pfleger des Überlieferten und Herkömmlichen ihn von sich stoßen und verlästern: Motiv der Meistersinger. – Zwei Liebende, ohne Wissen über ihr Geliebt-sein, sich vielmehr tief verwundet und verachtet glaubend, begehren voneinander den Todestrank zu trinken, scheinbar zur Sühne der Beleidigung, in Wahrheit aber aus einem unbewußten Drange: sie wollen durch den Tod von aller Trennung und Verstellung befreit sein. Die geglaubte Nähe des Todes löst ihre Seele und führt sie in ein kurzes, schauervolles Glück, wie als ob sie wirklich dem Tage, der Täuschung, ja dem Leben entronnen wären: Motiv in Tristan und Isolde.

Im Ringe des Nibelungen ist der tragische Held ein Gott, dessen Sinn nach Macht dürstet, und der, indem er alle Wege geht, sie zu gewinnen, sich durch Verträge bindet, seine Freiheit verliert und in den Fluch, welcher auf der Macht liegt, verflochten wird. Er erfährt seine Unfreiheit gerade darin, daß er kein Mittel mehr hat, sich des goldenen Ringes, des Inbegriffs aller Erdenmacht und zugleich der höchsten Gefahren für ihn selbst, solange er in dem Besitze seiner Feinde ist, zu bemächtigen: die Furcht vor dem Ende und der Dämmerung aller Götter überkommt ihn und ebenso die Verzweiflung darüber, diesem Ende nur entgegensehen, nicht entgegenwirken zu können. Er bedarf des freien furchtlosen Menschen, welcher, ohne seinen Rat und Beistand, ja im Kampfe wider die göttliche Ordnung, von sich aus die dem Gotte versagte Tat vollbringt: er sieht ihn nicht, und gerade dann, wenn eine neue Hoffnung noch erwacht, muß er dem Zwange, der ihn bindet, gehorchen: durch seine Hand muß das Liebste vernichtet, das reinste Mitleiden mit seiner Not bestraft werden. Da ekelt ihn endlich vor der Macht, welche das Böse und die Unfreiheit im Schoße trägt, sein Wille bricht sich, er selber verlangt nach dem Ende, das ihm von ferne her droht. Und jetzt erst geschieht das früher Ersehnteste: der freie furchtlose Mensch erscheint, er ist im Widerspruche gegen alles Herkommen entstanden; seine Erzeuger büßen es, daß ein Bund wider die Ordnung der Natur und Sitte sie verknüpfte: sie gehn zugrunde, aber Siegfried lebt. Im Anblick seines herrlichen Werdens und Aufblühens weicht der Ekel aus der Seele Wotans, er geht dem Geschicke des Helden mit dem Auge der väterlichsten Liebe und Angst nach. Wie er das Schwert sich schmiedet, den Drachen tötet, den Ring gewinnt, dem listigen Truge entgeht, Brünnhilde erweckt, wie der Fluch, der auf dem Ringe ruht, auch ihn nicht verschont, ihm nah und näher kommt, wie er, treu in Untreue, das Liebste aus Liebe verwundend, von den Schatten und Nebeln der Schuld umhüllt wird, aber zuletzt lauter wie die Sonne heraustaucht und untergeht, den ganzen Himmel mit seinem Feuerglanze entzündend und die Welt vom Fluche reinigend, – das alles schaut der Gott, dem der waltende Speer im Kampfe mit dem Freiesten zerbrochen ist und der seine Macht an ihn verloren hat, voller Wonne am eignen Unterliegen, voller Mitfreude und Mitleiden mit seinem Überwinder: sein Auge liegt mit dem Leuchten einer schmerzlichen Seligkeit auf den letzten Vorgängen, er ist frei geworden in Liebe, frei von sich selbst.

Und nun fragt euch selber, ihr Geschlechter jetzt lebender Menschen! Ward dies *für euch* gedichtet? Habt ihr den Mut, mit eurer Hand auf die Sterne dieses ganzen Himmelsgewölbes von Schönheit und Güte zu zeigen und zu sagen: es ist *unser* Leben, das Wagner unter die Sterne versetzt hat?

Wo sind unter euch die Menschen, welche das göttliche Bild Wotans sich nach ihrem Leben zu deuten vermögen und welche selber immer größer werden, je mehr sie, wie er, zurücktreten? Wer von euch will auf Macht verzichten, wissend und erfahrend, daß die Macht böse ist? Wo sind die, welche wie Brünnhilde aus Liebe ihr Wissen dahingeben und zuletzt doch ihrem Leben das allerhöchste Wissen entnehmen: »trauernder Liebe tiefstes Leid schloß die Augen mir auf«. Und die Freien, Furchtlosen, in unschuldiger Selbstigkeit aus sich Wachsenden und Blühenden, die Siegfriede unter euch?

Wer so fragt, und vergebens fragt, der wird sich nach der Zukunft umsehen müssen; und sollte sein Blick in irgendwelcher Ferne gerade noch jenes »Volk« entdecken, welches seine eigne Geschichte aus den Zeichen der Wagnerschen Kunst herauslesen darf, so versteht er zuletzt auch, *was Wagner diesem Volke sein wird*: – etwas, das er uns allen nicht sein kann, nämlich nicht der Seher einer Zukunft, wie er uns vielleicht erscheinen möchte, sondern der Deuter und Verklärer einer Vergangenheit.

MENSCHLICHES, ALLZUMENSCHLICHES

Ein Buch für freie Geister

Erster Band

ERSTES HAUPTSTÜCK

VON DEN ERSTEN UND LETZTEN DINGEN

1

Chemie der Begriffe und Empfindungen. – Die philosophischen Probleme nehmen jetzt wieder fast in allen Stücken dieselbe Form der Frage an wie vor zweitausend Jahren: wie kann etwas aus seinem Gegensatz entstehen, zum Beispiel Vernünftiges aus Vernunftlosem, Empfindendes aus Totem, Logik aus Unlogik, interesseloses Anschauen aus begehrlichem Wollen, Leben für andere aus Egoismus, Wahrheit aus Irrtümern? Die metaphysische Philosophie half sich bisher über diese Schwierigkeit hinweg, insofern sie die Entstehung des einen aus dem andern leugnete und für die höher gewerteten Dinge einen Wunder-Ursprung annahm, unmittelbar aus dem Kern und Wesen des »Dinges an sich« heraus. Die historische Philosophie dagegen, welche gar nicht mehr getrennt von der Naturwissenschaft zu denken ist, die allerjüngste aller philosophischen Methoden, ermittelte in einzelnen Fällen (und vermutlich wird dies in allen ihr Ergebnis sein), daß es keine Gegensätze sind, außer in der gewohnten Übertreibung der populären oder metaphysischen Auffassung, und daß ein Irrtum der Vernunft dieser Gegenüberstellung zugrunde liegt: nach ihrer Erklärung gibt es, streng gefaßt, weder ein unegoistisches Handeln, noch ein völlig interesseloses Anschauen, es sind beides nur Sublimierungen, bei denen das Grundelement fast verflüchtigt erscheint und nur noch für die feinste Beobachtung sich als vorhanden erweist. – Alles, was wir brauchen und was erst bei der gegenwärtigen Höhe der einzelnen Wissenschaften uns gegeben werden kann, ist eine *Chemie* der moralischen, religiösen, ästhetischen Vorstellungen und Empfindungen, ebenso aller jener Regungen, welche wir im Groß- und Kleinverkehr der Kultur und Gesellschaft, ja in der Einsamkeit an uns erleben: wie, wenn diese Chemie mit dem Ergebnis abschlösse, daß auch auf diesem Gebiete die herrlichsten Farben aus niedrigen, ja verachteten Stoffen gewonnen sind? Werden viele Lust haben, solchen Untersuchungen zu folgen? Die Menschheit liebt es, die Fragen über Herkunft und Anfänge sich aus dem Sinne zu schlagen: muß man nicht fast entmenscht sein, um den entgegengesetzten Hang in sich zu spüren? –

2

Erbfehler der Philosophen. – Alle Philosophen haben den gemeinsamen Fehler an sich, daß sie vom gegenwärtigen Menschen ausgehen und durch eine Analyse desselben ans Ziel zu kommen meinen. Unwillkürlich schwebt ihnen »der Mensch« als eine *aeterna veritas,* als ein Gleichbleibendes in allem Strudel, als ein sicheres Maß der Dinge vor. Alles, was der Philosoph über den Menschen aussagt, ist aber im Grunde nicht mehr als ein Zeugnis über den Menschen eines *sehr beschränkten* Zeitraumes. Mangel an historischem Sinn ist der Erbfehler aller Philosophen; manche sogar nehmen unversehens die allerjüngste Gestaltung des Menschen, wie eine solche unter dem Eindruck bestimmter Religionen, ja bestimmter politischer Ereignisse entstanden ist, als die feste Form, von der man ausgehen müsse. Sie wollen nicht lernen, daß der Mensch geworden ist, daß auch das Erkenntnisvermögen geworden ist; während einige von ihnen sogar die ganze Welt aus diesem Erkenntnisvermögen sich herausspinnen lassen. – Nun ist alles *Wesentliche* der menschlichen Entwicklung in Urzeiten vor sich gegangen, lange vor jenen 4000 Jahren, die wir ungefähr kennen; in diesen mag sich der Mensch nicht viel mehr verändert haben. Da sieht aber der Philosoph »Instinkte« am gegenwärtigen Menschen und nimmt an, daß diese zu den unveränderlichen Tatsachen des Menschen gehören und insofern einen Schlüssel zum Verständnis der Welt überhaupt abgeben können: die ganze Teleologie ist darauf gebaut, daß man vom Menschen der letzten vier Jahrtausende als von einem *ewigen* redet, zu welchem hin alle Dinge in der Welt von ihrem Anbeginne eine natürliche Richtung haben. Alles aber ist geworden; es gibt *keine ewigen Tatsachen:* so wie es keine absoluten Wahrheiten gibt. – Demnach ist das *historische Philosophieren* von jetzt ab nötig und mit ihm die Tugend der Bescheidung.

3

Schätzung der unscheinbaren Wahrheiten. – Es ist das Merkmal einer höheren Kultur, die kleinen unscheinbaren Wahrheiten, welche mit strenger Methode gefunden wurden, höher zu schätzen als die beglückenden und blendenden Irrtümer, welche metaphysischen und künstlerischen Zeitaltern und Menschen entstammen. Zunächst hat man gegen erstere den Hohn auf den Lippen, als könne hier gar nichts Gleichberechtigtes gegeneinander stehen: so bescheiden, schlicht, nüchtern, so scheinbar entmutigend stehen diese, so schön, prunkend, berauschend, ja vielleicht beseligend stehen jene da. Aber das Mühsam-Errungene, Gewisse, Dauernde und deshalb für jede weitere Erkenntnis noch Folgenreiche ist doch das Höhere; zu ihm sich zu halten ist männlich und zeigt Tapferkeit, Schlichtheit, Enthaltsamkeit an. Allmählich wird nicht nur der einzelne, sondern die gesamte Menschheit zu dieser Männlichkeit emporgehoben werden, wenn sie sich endlich an die höhere Schätzung der haltbaren, dauerhaften Erkenntnisse gewöhnt und allen Glauben an Inspiration und wundergleiche Mitteilung von Wahrheiten verloren hat. – Die Verehrer der *Formen* freilich, mit ihrem Maßstabe des Schönen und Erhabenen, werden zunächst gute Gründe zu spotten haben, sobald die Schätzung der unscheinbaren Wahrheiten und der wissenschaftliche Geist anfängt zur Herrschaft zu kommen: aber nur weil entweder ihr Auge sich noch nicht dem Reiz der *schlichtesten* Form erschlossen hat oder weil die in jenem Geiste erzogenen Menschen noch lange nicht völlig und innerlich von ihm durchdrungen sind, so daß sie immer noch gedankenlos alte Formen nachmachen (und dies schlecht genug, wie es jemand tut, dem nicht mehr viel an einer Sache liegt). Ehemals war der Geist nicht durch strenges Denken in Anspruch genommen, da lag sein Ernst im Ausspinnen von Symbolen und Formen. Das hat sich verändert; jener Ernst des Symbolischen ist zum Kennzeichen der niederen Kultur geworden. Wie unsere Künste selber immer intellektualer, unsre Sinne geistiger werden, und wie man zum Beispiel jetzt ganz anders darüber urteilt, was sinnlich wohltönend ist, als vor 100 Jahren: so werden auch die Formen unseres Lebens immer *geistiger*, für das Auge älterer Zeiten vielleicht *häßlicher*, aber nur weil es nicht zu sehen vermag, wie das Reich der inneren, geistigen Schönheit sich fortwährend vertieft und erweitert und inwiefern uns allen der geistreiche Blick jetzt mehr gelten darf als der schönste Gliederbau und das erhabenste Bauwerk.

4

Astrologie und Verwandtes. – Es ist wahrscheinlich, daß die Objekte des religiösen, moralischen und ästhetischen Empfindens ebenfalls nur zur Oberfläche der Dinge gehören, während der Mensch gerne glaubt, daß er hier wenigstens an das Herz der Welt rühre; er täuscht sich, weil jene Dinge ihn so tief beseligen und so tief unglücklich machen, und zeigt also hier denselben Stolz wie bei der Astrologie. Denn diese meint, der Sternenhimmel drehe sich um das Los des Menschen; der moralische Mensch aber setzt voraus, das, was ihm wesentlich am Herzen liege, müsse auch Wesen und Herz der Dinge sein.

5

Mißverständnis des Traumes. – Im Traum glaubte der Mensch in den Zeitaltern roher uranfänglicher Kultur eine *zweite reale Welt* kennenzulernen; hier ist der Ursprung aller Metaphysik. Ohne den Traum hätte man keinen Anlaß zu einer Scheidung der Welt gefunden. Auch die Zerlegung in Seele und Leib hängt mit der ältesten Auffassung des Traumes zusammen, ebenso die Annahme eines Seelenscheinleibes, also die Herkunft alles Geisterglaubens und wahrscheinlich auch des Götterglaubens. »Der Tote lebt fort; *denn* er erscheint dem Lebenden im Traume«: so schloß man ehedem, durch viele Jahrtausende hindurch.

6

Der Geist der Wissenschaft im Teil, nicht im Ganzen mächtig. – Die abgetrennten *kleinsten* Gebiete der Wissenschaft werden rein sachlich behandelt: die allgemeinen großen Wissenschaften dagegen legen, als Ganzes betrachtet, die Frage – eine recht unsachliche Frage freilich – auf die Lippen, wozu? zu welchem Nutzen? Wegen dieser Rücksicht auf den Nutzen werden sie, als Ganzes, weniger unpersönlich als in ihren Teilen behandelt. Bei der Philosophie nun gar, als bei der Spitze der gesamten Wissenspyramide, wird unwillkürlich die Frage nach dem Nutzen der Erkenntnis überhaupt aufgeworfen, und jede Philosophie hat unbewußt die Absicht, ihr den *höchsten* Nutzen zuzuschreiben. Deshalb gibt es in allen Philosophien so viel hochfliegende Metaphysik und eine solche Scheu vor den unbedeutend erscheinenden Lösungen der Physik; denn die Bedeutsamkeit der Erkenntnis für das Leben *soll* so groß als möglich erscheinen. Hier ist der Antagonismus zwischen den wissenschaftlichen Einzelgebieten und der Philosophie. Letztere will, was die Kunst will, dem Leben und Handeln möglichste Tiefe und Bedeutung geben; in ersteren sucht man Erkenntnis und nichts weiter – was dabei auch herauskomme. Es hat bis jetzt noch keinen Philosophen gegeben, unter dessen Händen die Philosophie nicht zu einer Apologie der Erkenntnis geworden wäre; in diesem Punkte wenigstens ist ein jeder Optimist, daß dieser die höchste Nützlichkeit zugesprochen werden müsse. Sie alle werden von der Logik tyrannisiert: und diese ist ihrem Wesen nach Optimismus.

7

Der Störenfried in der Wissenschaft. – Die Philosophie schied sich von der Wissenschaft, als sie die Frage stellte: welches ist diejenige Erkenntnis der Welt und des Lebens, bei welcher der Mensch am glücklichsten lebt? Dies geschah in den sokratischen Schulen: durch den Gesichtspunkt des *Glücks* unterband man die Blutadern der wissenschaftlichen Forschung – und tut es heute noch.

8

Pneumatische Erklärung der Natur. – Die Metaphysik erklärt die Schrift der Natur gleichsam *pneumatisch,* wie die Kirche und ihre Gelehrten es ehemals mit der Bibel taten. Es gehört sehr viel Verstand dazu, um auf die Natur dieselbe Art der strengen Erklärungskunst anzuwenden, wie jetzt die Philologen sie für alle Bücher geschaffen haben: mit der Absicht, schlicht zu verstehen, was die Schrift sagen will, aber nicht einen *doppelten* Sinn zu wittern, ja vorauszusetzen. Wie aber selbst in betreff der Bücher die schlechte Erklärungskunst keineswegs völlig überwunden ist und man in der besten gebildeten Gesellschaft noch fortwährend auf Überreste allegorischer und mystischer Ausdeutung stößt: so steht es auch in betreff der Natur – ja noch viel schlimmer.

9

Metaphysische Welt. – Es ist wahr, es könnte eine metaphysische Welt geben; die absolute Möglichkeit davon ist kaum zu bekämpfen. Wir sehen alle Dinge durch den Menschenkopf an und können diesen Kopf nicht abschneiden; während doch die Frage übrigbleibt, was von der Welt noch da wäre, wenn man ihn doch abgeschnitten hätte. Dies ist ein rein wissenschaftliches Problem und nicht sehr geeignet, den Menschen Sorge zu machen; aber alles, was ihnen bisher metaphysische Annahmen *wertvoll, schreckenvoll, lustvoll* gemacht, was sie erzeugt hat, ist Leidenschaft, Irrtum und Selbstbetrug; die allerschlechtesten Methoden der Erkenntnis, nicht die allerbesten, haben daran glauben lehren. Wenn man diese Methoden als das Fundament aller vorhandenen Religionen und Metaphysiken aufgedeckt hat, hat man sie widerlegt! Dann bleibt immer noch jene Möglichkeit übrig; aber mit ihr kann man gar nichts anfangen, geschweige denn, daß man Glück, Heil und Leben von den Spinnenfäden einer solchen Möglichkeit abhängen lassen dürfte. – Denn man könnte von der metaphysischen Welt gar nichts aussagen als ein Anderssein, ein uns unzugängliches, unbegreifliches Anderssein; es wäre ein Ding mit negativen Eigenschaften. – Wäre die Existenz einer solchen Welt noch so gut bewiesen, so stünde doch fest, daß die gleichgültigste aller Erkenntnisse eben ihre Erkenntnis wäre: noch gleichgültiger als dem Schiffer in Sturmesgefahr die Erkenntnis von der chemischen Analysis des Wassers sein muß.

10

Harmlosigkeit der Metaphysik in der Zukunft. – Sobald die Religion, Kunst und Moral in ihrer Entstehung so beschrieben sind, daß man sie vollständig sich erklären kann, ohne zur Annahme *metaphysischer Eingriffe* am Beginn und im Verlaufe der Bahn seine Zuflucht zu nehmen, hört das stärkste Interesse an dem rein theoretischen Problem vom »Ding an sich« und der »Erscheinung« auf. Denn wie es hier auch stehe: mit Religion, Kunst und Moral rühren wir nicht an das »Wesen der Welt an sich«; wir sind im Bereiche der Vorstellung, keine »Ahnung« kann uns weitertragen. Mit voller Ruhe wird man die Frage, wie unser Weltbild so stark sich von dem erschlossenen Wesen der Welt unterscheiden könne, der Physiologie und der Entwicklungsgeschichte der Organismen und Begriffe überlassen.

11

Die Sprache als vermeintliche Wissenschaft. – Die Bedeutung der Sprache für die Entwicklung der Kultur liegt darin, daß in ihr der Mensch eine eigene Welt neben die andere stellte, einen Ort, welchen er für so fest hielt, um von ihm aus die übrige Welt aus den Angeln zu heben und sich zum Herren derselben zu machen. Insofern der Mensch an die Begriffe und Namen der Dinge als an *aeternae veritates* durch lange Zeitstrecken hindurch geglaubt hat, hat er sich jenen Stolz angeeignet, mit dem es sich über das Tier erhob: er meinte wirklich in der Sprache die Erkenntnis der Welt zu haben. Der Sprachbildner war nicht so bescheiden zu glauben, daß er den Dingen eben nur Bezeichnungen gebe, er drückte vielmehr, wie er wähnte, das höchste Wissen über die Dinge mit den Worten aus; in der Tat ist die Sprache die erste Stufe der Bemühung um die Wissenschaft. *Der Glaube an die gefundene Wahrheit* ist es auch hier, aus dem die mächtigsten Kraftquellen geflossen sind. Sehr nachträglich – jetzt erst – dämmert es den Menschen auf, daß sie einen ungeheuren Irrtum in ihrem Glauben an die Sprache propagiert haben. Glücklicherweise ist es zu spät, als daß es die Entwicklung der Vernunft, die auf jenem Glauben beruht, wieder rückgängig machen könnte. – Auch die *Logik* beruht auf Voraussetzungen, denen nichts in der wirklichen Welt entspricht, zum Beispiel auf der Voraussetzung der Gleichheit von Dingen, der Identität desselben Dings in verschiedenen Punkten der Zeit: aber jene Wissenschaft entstand durch den entgegengesetzten Glauben (daß es dergleichen in der wirklichen Welt allerdings gebe). Ebenso steht es mit der *Mathematik,* welche gewiß nicht entstanden wäre, wenn man von Anfang an gewußt hätte, daß es in der Natur keine exakt gerade Linie, keinen wirklichen Kreis, kein absolutes Größenmaß gebe.

12

Traum und Kultur. – Die Gehirnfunktion, welche durch den Schlaf am meisten beeinträchtigt wird, ist das Gedächtnis: nicht daß es ganz pausierte – aber es ist auf einen Zustand der Unvollkommenheit zurückgebracht, wie es in Urzeiten der Menschheit bei jedermann am Tage und im Wachen gewesen sein mag. Willkürlich und verworren, wie es ist, verwechselt es fortwährend die Dinge auf Grund der flüchtigsten Ähnlichkeiten: aber mit derselben Willkür und Verworrenheit dichteten die Völker ihre Mythologien, und noch jetzt pflegen Reisende zu beobachten, wie sehr der Wilde zur Vergeßlichkeit neigt, wie sein Geist nach kurzer Anspannung des Gedächtnisses hin und her zu taumeln beginnt und er, aus bloßer Erschlaffung, Lügen und Unsinn hervorbringt. Aber wir alle gleichen im Traume diesem Wilden; das schlechte Wiedererkennen und irrtümliche Gleichsetzen ist der Grund des schlechten Schließens, dessen wir uns im Traume schuldig machen; so daß wir, bei deutlicher Vergegenwärtigung eines Traumes, vor uns erschrecken, weil wir so viel Narrheit in uns bergen. – Die vollkommne Deutlichkeit aller Traum-Vorstellungen, welche den unbedingten Glauben an ihre Realität zur Voraussetzung hat, erinnert uns wieder an Zustände früherer Menschheit, in der die Halluzination außerordentlich häufig war und mitunter ganze Gemeinden, ganze Völker gleichzeitig ergriff. Also: im Schlaf und Traum machen wir das Pensum früheren Menschentums noch einmal durch.

13

Logik des Traumes. – Im Schlafe ist fortwährend unser Nervensystem durch mannigfache innere Anlässe in Erregung, fast alle Organe sezernieren und sind in Tätigkeit, das Blut macht seinen ungestümen Kreislauf, die Lage des Schlafenden drückt einzelne Glieder, seine Decken beeinflussen die Empfindung verschiedenartig, der Magen verdaut und beunruhigt mit seinen Bewegungen andere Organe, die Gedärme winden sich, die Stellung des Kopfes bringt ungewöhnliche Muskellagen mit sich, die Füße, unbeschuht, nicht mit den Sohlen den Boden drückend, verursachen das Gefühl des Ungewöhnlichen ebenso wie die andersartige Bekleidung des ganzen Körpers, – alles dies, nach seinem täglichen Wechsel und Grade, erregt durch seine Außergewöhnlichkeit das gesamte System bis in die Gehirnfunktion hinein: und so gibt es hundert Anlässe für den Geist, um sich zu verwundern und nach *Gründen* dieser Erregung zu suchen: der Traum aber ist das *Suchen und Vorstellen der Ursachen* für jene erregten Empfindungen, das heißt der vermeintlichen Ursachen. Wer zum Beispiel seine Füße mit zwei Riemen umgürtet, träumt wohl, daß zwei Schlangen seine

Füße umringeln: dies ist zuerst eine Hypothese, sodann ein Glaube, mit einer begleitenden bildlichen Vorstellung und Ausdichtung: »diese Schlangen müssen die *causa* jener Empfindung sein, welche ich, der Schlafende, habe«, – so urteilt der Geist des Schlafenden. Die so erschlossene nächste Vergangenheit wird durch die erregte Phantasie ihm zur Gegenwart. So weiß jeder aus Erfahrung, wie schnell der Träumende einen starken an ihn dringenden Ton, zum Beispiel Glockenläuten, Kanonenschüsse in seinen Traum verflicht, das heißt aus ihm *hinterdrein* erklärt, so daß er zuerst die veranlassenden Umstände, dann jenen Ton zu erleben *meint*. – Wie kommt es aber, daß der Geist des Träumenden immer so fehlgreift, während derselbe Geist im Wachen so nüchtern, behutsam und in bezug auf Hypothesen so skeptisch zu sein pflegt? – so daß ihm die erste beste Hypothese zur Erklärung eines Gefühls genügt, um sofort an ihre Wahrheit zu glauben? (Denn wir glauben im Traume an den Traum, als sei er Realität, das heißt wir halten unsre Hypothese für völlig erwiesen.) – Ich meine: wie jetzt noch der Mensch im Traume schließt, so schloß die Menschheit *auch im Wachen* viele Jahrtausende hindurch: die erste *causa*, die dem Geiste einfiel, um irgend etwas, das der Erklärung bedurfte, zu erklären, genügte ihm und galt als Wahrheit. (So verfahren nach den Erzählungen der Reisenden die Wilden heute noch.) Im Traum übt sich dieses uralte Stück Menschentum in uns fort, denn es ist die Grundlage, auf der die höhere Vernunft sich entwickelte und in jedem Menschen sich noch entwickelt: der Traum bringt uns in ferne Zustände der menschlichen Kultur wieder zurück und gibt ein Mittel an die Hand, sie besser zu verstehen. Das Traumdenken wird uns jetzt so leicht, weil wir in ungeheuren Entwicklungsstrecken der Menschheit gerade auf diese Form des phantastischen und wohlfeilen Erklärens aus dem ersten beliebigen Einfalle heraus so gut eingedrillt worden sind. Insofern ist der Traum eine Erholung für das Gehirn, welches am Tage den strengeren Anforderungen an das Denken zu genügen hat, wie sie von der höheren Kultur gestellt werden. – Einen verwandten Vorgang können wir geradezu als Pforte und Vorhalle des Traumes noch bei wachem Verstande in Augenschein nehmen. Schließen wir die Augen, so produziert das Gehirn eine Menge von Lichteindrücken und Farben, wahrscheinlich als eine Art Nachspiel und Echo aller jener Lichtwirkungen, welche am Tage auf dasselbe eindringen. Nun verarbeitet aber der Verstand (mit Phantasie im Bunde) diese an sich formlosen Farbenspiele sofort zu bestimmten Figuren, Gestalten, Landschaften, belebten Gruppen. Der eigentliche Vorgang dabei ist wiederum eine Art Schluß von der Wirkung auf die Ursache; indem der Geist fragt: woher diese Lichteindrücke und Farben, supponiert er als Ursachen jene Figuren, Gestalten: sie gelten ihm als die Veranlassungen jener Farben und Lichter, weil er, am Tage, bei offenen Augen, gewohnt ist, zu jeder Farbe, jedem Lichteindruck eine veranlassende Ursache zu finden. Hier also schiebt ihm die Phantasie fortwährend Bilder vor, indem sie an die Gesichtseindrücke des Tages sich in ihrer Produktion anlehnt, und gerade so macht es die Traumphantasie: – das heißt die vermeintliche Ursache wird aus der Wirkung erschlossen und *nach* der Wirkung vorgestellt: alles dies mit außerordentlicher Schnelligkeit, so daß hier wie beim Taschenspieler eine Verwirrung des Urteils entstehen und ein Nacheinander sich wie etwas Gleichzeitiges, selbst wie ein umgedrehtes Nacheinander ausnehmen kann. – Wir können aus diesen Vorgängen entnehmen, *wie spät* das schärfere logische Denken, das Strengnehmen von Ursache und Wirkung entwickelt worden ist, wenn unsere Vernunft- und Verstandesfunktionen *jetzt noch* unwillkürlich nach jenen primitiven Formen des Schließens zurückgreifen und wir ziemlich die Hälfte unseres Lebens in diesem Zustande leben. – Auch der Dichter, der Künstler *schiebt* seinen Stimmungen und Zuständen Ursachen *unter*, welche durchaus nicht die wahren sind; er erinnert insofern an älteres Menschentum und kann uns zum Verständnisse desselben verhelfen.

14

Miterklingen. – Alle *stärkern* Stimmungen bringen ein Miterklingen verwandter Empfindungen und Stimmungen mit sich: sie wühlen gleichsam das Gedächtnis auf. Es erinnert sich bei ihnen etwas in uns und wird sich ähnlicher Zustände und deren Herkunft bewußt. So bilden sich angewöhnte rasche Verbindungen von Gefühlen und Gedanken, welche zuletzt, wenn sie blitzschnell hintereinander erfolgen, nicht einmal mehr als Komplexe, sondern als *Einheiten* empfunden werden. In diesem Sinne redet man vom moralischen Gefühle, vom religiösen Gefühle, wie als ob dies lauter Einheiten seien: in Wahrheit sind sie Ströme mit hundert Quellen und Zuflüssen. Auch hier, wie so oft, verbürgt die Einheit des Wortes nichts für die Einheit der Sache.

15

Kein Innen und Außen in der Welt. – Wie Demokrit die Begriffe Oben und Unten auf den unendlichen Raum übertrug, wo sie keinen Sinn haben, so die Philosophen überhaupt den Begriff »Innen und Außen« auf Wesen und Erscheinung der Welt; sie meinen, mit tiefen Gefühlen komme man tief ins Innere, nahe man sich dem Herzen der Natur. Aber diese Gefühle sind nur insofern tief, als mit ihnen, kaum bemerkbar, gewisse komplizierte Gedankengruppen regelmäßig erregt werden, welche wir tief nennen; ein Gefühl ist tief, weil wir den begleitenden Gedanken für tief halten. Aber der tiefe Gedanke kann dennoch der Wahrheit sehr ferne sein, wie zum Beispiel jeder metaphysische; rechnet man vom tiefen Gefühle die beigemischten Gedankenelemente ab, so bleibt das *starke* Gefühl übrig, und dieses verbürgt nichts für die Erkenntnis als sich selbst, ebenso wie der starke Glaube nur seine Stärke, nicht die Wahrheit des Geglaubten beweist.

16

Erscheinung und Ding an sich. – Die Philosophen pflegen sich vor das Leben und die Erfahrung – vor das, was sie die Welt der Erscheinung nennen – wie vor ein Gemälde hinzustellen, das ein für allemal entrollt ist und unveränderlich fest denselben Vorgang zeigt: diesen Vorgang, meinen sie, müsse man richtig ausdeuten, um damit einen Schluß auf das Wesen zu machen, welches das Gemälde hervorgebracht habe: also auf das Ding an sich, das immer als der zureichende Grund der Welt der Erscheinung angesehen zu werden pflegt. Dagegen haben strengere Logiker, nachdem sie den Begriff des Metaphysischen scharf als den des Unbedingten, folglich auch Unbedingenden festgestellt hatten, jeden Zusammenhang zwischen dem Unbedingten (der metaphysischen Welt) und der uns bekannten Welt in Abrede gestellt: so daß in der Erscheinung eben durchaus *nicht* das Ding an sich erscheine, und von jener auf dieses jeder Schluß abzulehnen sei. Von beiden Seiten ist aber die Möglichkeit übersehen, daß jenes Gemälde – das, was jetzt uns Menschen Leben und Erfahrung heißt – allmählich *geworden* ist, ja noch völlig im *Werden* ist und deshalb nicht als feste Größe betrachtet werden soll, von welcher aus man einen Schluß über den Urheber (den zureichenden Grund) machen oder auch nur ablehnen dürfte. Dadurch, daß wir seit Jahrtausenden mit moralischen, ästhetischen, religiösen Ansprüchen, mit blinder Neigung, Leidenschaft oder Furcht in die Welt geblickt und uns in den Unarten des unlogischen Denkens recht ausgeschwelgt haben, ist diese Welt allmählich so wundersam bunt, schrecklich, bedeutungstief, seelenvoll *geworden,* sie hat Farbe bekommen, – aber wir sind die Koloristen gewesen: der menschliche Intellekt hat die Erscheinung erscheinen lassen und seine irrtümlichen Grundauffassungen in die Dinge hineingetragen. Spät, sehr spät – besinnt er sich: und jetzt scheinen ihm die Welt der Erfahrung und das Ding an sich so außerordentlich verschieden und getrennt, daß er den Schluß von jener auf dieses ablehnt – oder auf eine schauerlich geheimnisvolle Weise zum *Aufgeben* unseres Intellektes, unseres persönlichen Willens auffordert: um *dadurch* zum Wesenhaften zu kommen, daß man *wesenhaft werde.* Wiederum haben andere alle charakteristischen Züge unserer Welt der Erscheinung – das heißt der aus intellektuellen Irrtümern herausgesponnen und uns angeerbten Vorstellung von der Welt – zusammengelesen und, *anstatt den Intellekt als Schuldigen anzuklagen,* das Wesen der Dinge als Ursache dieses tatsächlichen, sehr unheimlichen Weltcharakters angeschuldigt und die Erlösung vom Sein gepredigt. – Mit all diesen Auffassungen wird der stetige und mühsame Prozeß der Wissenschaft, welcher zuletzt einmal in einer *Entstehungsgeschichte des Denkens* seinen höchsten Triumph feiert, in entscheidender Weise fertig werden, dessen Resultat vielleicht auf diesen Satz hinauslaufen dürfte: Das, was wir jetzt die Welt nennen, ist das Resultat einer Menge von Irrtümern und Phantasien, welche in der gesamten Entwicklung der organischen Wesen allmählich entstanden, ineinander verwachsen sind und uns jetzt als aufgesammelter Schatz der ganzen Vergangenheit vererbt werden, – als Schatz: denn der Wert unseres Menschentums ruht darauf. Von dieser Welt der Vorstellung vermag uns die strenge Wissenschaft tatsächlich nur in geringem Maße zu lösen – wie es auch gar nicht zu wünschen ist –, insofern sie die Gewalt uralter Gewohnheiten der Empfindung nicht wesentlich zu brechen vermag: aber sie kann die Geschichte der Entstehung jener Welt als Vorstellung ganz allmählich und schrittweise aufhellen – und uns wenigstens für Augenblicke über den ganzen Vorgang hinausheben. Vielleicht erkennen wir dann, daß das Ding an sich eines homerischen Gelächters wert ist: daß es so viel, ja alles *schien* und eigentlich leer, nämlich bedeutungsleer ist.

17

Metaphysische Erklärungen. – Der junge Mensch schätzt metaphysische Erklärungen, weil sie ihm in Dingen, welche er unangenehm oder verächtlich fand, etwas höchst Bedeutungsvolles aufweisen; und ist er mit sich unzufrieden, so erleichtert sich dies Gefühl, wenn er das innerste Welträtsel oder Weltelend in dem wiedererkennt, was er so sehr an sich mißbilligt. Sich unverantwortlicher fühlen und die Dinge zugleich interessanter finden – das gilt ihm als die doppelte Wohltat, welche er der Metaphysik verdankt. Später freilich bekommt er Mißtrauen gegen die ganze metaphysische Erklärungsart; dann sieht er vielleicht ein, daß jene Wirkungen auf einem anderen Wege ebensogut und wissenschaftlicher zu erreichen sind: daß physische und historische Erklärungen mindestens ebensosehr jenes Gefühl der Unverantwortlichkeit herbeiführen, und daß jenes Interesse am Leben und seinen Problemen vielleicht noch mehr dabei entflammt wird.

18

Grundfragen der Metaphysik. – Wenn einmal die Entstehungsgeschichte des Denkens geschrieben ist, so wird auch der folgende Satz eines ausgezeichneten Logikers von einem neuen Lichte erhellt dastehen: »Das ursprüngliche allgemeine Gesetz des erkennenden Subjekts besteht in der inneren Notwendigkeit, jeden Gegenstand an sich, in seinem eigenen Wesen als einen mit sich selbst identischen, also selbstexistierenden und im Grunde stets gleichbleibenden und unwandelbaren, kurz als eine Substanz zu erkennen.« Auch dieses Gesetz, welches hier »ursprünglich« genannt wird, ist geworden: es wird einmal gezeigt werden, wie allmählich, in den niederen Organismen, dieser Hang entsteht: wie die blöden Maulwurfsaugen dieser Organisationen zuerst nichts als immer das gleiche sehen; wie dann, wenn die verschiedenen Erregungen von Lust und Unlust bemerkbarer werden, allmählich verschiedene Substanzen unterschieden werden, aber jede mit *einem* Attribut, das heißt einer einzigen Beziehung zu einem solchen Organismus. – Die erste Stufe des Logischen ist das Urteil: dessen Wesen besteht, nach der Feststellung der besten Logiker, im Glauben. Allem Glauben zugrunde liegt die *Empfindung des Angenehmen oder Schmerzhaften* in bezug auf das empfindende Subjekt. Eine neue dritte Empfindung als Resultat zweier vorangegangenen einzelnen Empfindungen ist das Urteil in seiner niedrigsten Form. – Uns organische Wesen interessiert ursprünglich nichts an jedem Dinge, als sein Verhältnis zu uns in bezug auf Lust und Schmerz. Zwischen den Momenten, wo wir uns dieser Beziehung bewußt werden, den Zuständen des Empfindens, liegen solche der Ruhe, des Nichtempfindens: da ist die Welt und jedes Ding für uns interesselos, wir bemerken keine Veränderung an ihm (wie jetzt noch ein heftig Interessierter nicht merkt, daß jemand an ihm vorbeigeht). Für die Pflanze sind gewöhnlich alle Dinge ruhig, ewig, jedes Ding sich selbst gleich. Aus der Periode der niederen Organismen her ist dem Menschen der Glaube vererbt, daß es *gleiche Dinge* gibt (erst die durch höchste Wissenschaft ausgebildete Erfahrung widerspricht diesem Satze). Der Urglaube alles Organischen von Anfang an ist vielleicht sogar, daß die ganze übrige Welt eins und unbewegt ist. – Am fernsten liegt für jene Urstufe des Logischen der Gedanke an *Kausalität*: ja jetzt noch meinen wir im Grunde, alle Empfindungen und Handlungen seien Akte des freien Willens; wenn das fühlende Individuum sich selbst betrachtet, so hält es jede Empfindung, jede Veränderung für etwas *Isoliertes*, das heißt Unbedingtes, Zusammenhangloses: es taucht aus uns auf, ohne Verbindung mit Früherem oder Späterem. Wir haben Hunger, aber meinen ursprünglich nicht, daß der Organismus erhalten werden will, sondern jenes Gefühl scheint sich *ohne Grund und Zweck* geltend zu machen, es isoliert sich und hält sich für *willkürlich*. Also: der Glaube an die Freiheit des Willens ist ein ursprünglicher Irrtum alles Organischen, so alt, als die Regungen des Logischen in ihm existieren; der Glaube an unbedingte Substanzen und an gleiche Dinge ist ebenfalls ein ursprünglicher, ebenso alter Irrtum alles Organischen. Insofern aber alle Metaphysik sich vornehmlich mit Substanz und Freiheit des Willens abgegeben hat, so darf man sie als die Wissenschaft bezeichnen, welche von den Grundirrtümern des Menschen handelt – doch so, als wären es Grundwahrheiten.

19

Die Zahl. – Die Erfindung der Gesetze der Zahlen ist auf Grund des ursprünglich schon herrschenden Irrtums gemacht, daß es mehrere gleiche Dinge gebe (aber tatsächlich gibt es nichts Gleiches), mindestens daß es Dinge gebe (aber es gibt kein »Ding«). Die Annahme der Vielheit setzt immer schon voraus, daß es *etwas* gebe, was vielfach vorkommt: aber gerade hier schon waltet der Irrtum, schon da fingieren wir Wesen, Einheiten, die es nicht gibt. – Unsere Empfindungen von Raum und Zeit sind falsch, denn sie führen, konsequent geprüft, auf logische Widersprüche. Bei allen wissenschaftlichen Feststellungen rechnen wir unvermeidlich immer mit einigen falschen Größen: aber weil diese Größen wenigstens *konstant* sind, wie zum Beispiel unsere Zeit- und Raumempfindung, so bekommen die Resultate der Wissenschaft doch eine vollkommene Strenge und Sicherheit in ihrem Zusammenhange miteinander; man kann auf ihnen fortbauen – bis an jenes letzte Ende, wo die irrtümliche Grundannahme, jene konstanten Fehler, in Widerspruch mit den Resultaten treten, zum Beispiel in der Atomenlehre. Da fühlen wir uns immer noch zur Annahme eines »Dinges« oder stofflichen »Substrats«, das bewegt wird, gezwungen, während die ganze wissenschaftliche Prozedur aber die Aufgabe verfolgt hat, alles Dingartige (Stoffliche) in Bewegungen aufzulösen: wir scheiden auch hier noch mit unserer Empfindung Bewegendes und Bewegtes und kommen aus diesem Zirkel nicht heraus, weil der Glaube an Dinge mit unserem Wesen von altersher verknotet ist. – Wenn Kant sagt »der Verstand schöpft seine Gesetze nicht aus der Natur, sondern schreibt sie dieser vor«, so ist dies in Hinsicht auf den *Begriff der Natur* völlig wahr, welchen wir genötigt sind mit ihr zu verbinden (Natur = Welt als Vorstellung, das heißt als Irrtum), welcher aber die Aufsummierung einer Menge von Irrtümern des Verstandes ist. – Auf eine Welt, welche *nicht* unsere Vorstellung ist, sind die Gesetze der Zahlen gänzlich unanwendbar: diese gelten allein in der Menschen-Welt.

20

Einige Sprossen zurück. – Die eine, gewiß sehr hohe Stufe der Bildung ist erreicht, wenn der Mensch über abergläubische und religiöse Begriffe und Ängste hinauskommt und zum Beispiel nicht mehr an die lieben Englein oder die Erbsünde glaubt, auch vom Heil der Seelen zu reden verlernt hat: ist er auf dieser Stufe der Befreiung, so hat er auch noch mit höchster Anspannung seiner Besonnenheit die Metaphysik zu überwinden. *Dann* aber ist eine *rückläufige Bewegung* nötig: er muß die historische Berechtigung, ebenso die psychologische in solchen Vorstellungen begreifen, er muß erkennen, wie die größte Förderung der Menschheit von dorther gekommen sei und wie man sich, ohne eine solche rückläufige Bewegung, der besten Ergebnisse der bisherigen Menschheit berauben würde. – In betreff der philosophischen Metaphysik sehe ich jetzt immer mehrere, welche an das negative Ziel (daß jede positive Metaphysik Irrtum ist) gelangt sind, aber noch wenige, welche einige Sprossen rückwärts steigen; man soll nämlich über die letzte Sprosse der Leiter wohl hinausschauen, aber nicht auf ihr stehen wollen. Die Aufgeklärtesten bringen es nur soweit, sich von der Metaphysik zu befreien und mit Überlegenheit auf sie zurückzusehen: während es doch auch hier, wie im Hippodrom, nottut, um das Ende der Bahn herumzubiegen.

21

Mutmaßlicher Sieg der Skepsis. – Man lasse einmal den skeptischen Ausgangspunkt gelten: gesetzt, es gäbe keine andere, metaphysische Welt und alle aus der Metaphysik genommenen Erklärungen der uns einzig bekannten Welt wären unbrauchbar für uns, mit welchem Blick würden wir dann auf Menschen und Dinge sehen? Dies kann man sich ausdenken, es ist nützlich, selbst wenn die Frage, ob etwas Metaphysisches wissenschaftlich durch Kant und Schopenhauer bewiesen sei, einmal abgelehnt würde. Denn es ist, nach historischer Wahrscheinlichkeit, sehr gut möglich, daß die Menschen einmal in dieser Beziehung im ganzen und allgemeinen *skeptisch* werden; da lautet also die Frage: wie wird sich dann die menschliche Gesellschaft, unter dem Einfluß einer solchen Gesinnung, gestalten? Vielleicht ist der *wissenschaftliche Beweis* irgendeiner metaphysischen Welt schon so *schwierig*, daß die Menschheit ein Mißtrauen gegen ihn nicht mehr los wird. Und wenn man gegen die Metaphysik Mißtrauen hat, so gibt es im ganzen und großen dieselben Folgen, wie wenn sie direkt widerlegt wäre und man nicht mehr an sie glauben *dürfte*. Die historische Frage in betreff einer unmetaphysischen Gesinnung der Menschheit bleibt in beiden Fällen dieselbe.

22

Unglaube an das »monumentum aere perennius«. – Ein wesentlicher Nachteil, welchen das Aufhören metaphysischer Ansichten mit sich bringt, liegt darin, daß das Individuum zu streng seine kurze Lebenszeit ins Auge faßt und keine stärkeren Antriebe empfängt, an dauerhaften, für

Jahrhunderte angelegten Institutionen zu bauen; es will die Frucht selbst vom Baume pflücken, den es pflanzt, und deshalb mag es jene Bäume nicht mehr pflanzen, welche eine jahrhundertlange gleichmäßige Pflege erfordern und welche lange Reihenfolgen von Geschlechtern zu überschatten bestimmt sind. Denn metaphysische Ansichten geben den Glauben, daß in ihnen das letzte endgültige Fundament gegeben sei, auf welchem sich nunmehr alle Zukunft der Menschheit niederzulassen und anzubauen genötigt sei; der einzelne fördert sein Heil, wenn er zum Beispiel eine Kirche, ein Kloster stiftet, es wird ihm, so meint er, im ewigen Fortleben der Seele angerechnet und vergolten, es ist Arbeit am ewigen Heil der Seele. – Kann die Wissenschaft auch solchen Glauben an ihre Resultate erwecken? In der Tat braucht sie den Zweifel und das Mißtrauen als treuesten Bundesgenossen; trotzdem kann mit der Zeit die Summe der unantastbaren, das heißt alle Stürme der Skepsis, alle Zersetzungen überdauernden Wahrheiten so groß werden (zum Beispiel in der Diätetik der Gesundheit), daß man sich daraufhin entschließt, »ewige« Werke zu gründen. Einstweilen wirkt der *Kontrast* unseres aufgeregten Ephemeren-Daseins gegen die langatmige Ruhe metaphysischer Zeitalter noch zu stark, weil die beiden Zeiten noch zu nahe gestellt sind; der einzelne Mensch selber durchläuft jetzt zu viele innere und äußere Entwicklungen, als daß er auch nur auf seine eigene Lebenszeit sich dauerhaft und ein für allemal einzurichten wagt. Ein ganz moderner Mensch, der sich zum Beispiel ein Haus bauen will, hat dabei ein Gefühl, als ob er bei lebendigem Leibe sich in ein Mausoleum vermauern wolle.

23

Zeitalter der Vergleichung. – Je weniger die Menschen durch das Herkommen gebunden sind, um so größer wird die innere Bewegung der Motive, um so größer wiederum, dementsprechend, die äußere Unruhe, das Durcheinanderfluten der Menschen, die Polyphonie der Bestrebungen. Für wen gibt es jetzt noch einen strengen Zwang, an einen Ort sich und seine Nachkommen anzubinden? Für wen gibt es überhaupt noch etwas streng Bindendes? Wie alle Stilarten der Künste nebeneinander nachgebildet werden, so auch alle Stufen und Arten der Moralität, der Sitten, der Kulturen. – Ein solches Zeitalter bekommt seine Bedeutung dadurch, daß in ihm die verschiedenen Weltbetrachtungen, Sitten, Kulturen verglichen und nebeneinander durchlebt werden können; was früher, bei der immer lokalisierten Herrschaft jeder Kultur, nicht möglich war, entsprechend der Gebundenheit aller künstlerischen Stilarten an Ort und Zeit. Jetzt wird eine Vermehrung des ästhetischen Gefühls endgültig unter so vielen der Vergleichung sich darbietenden Formen entscheiden: sie wird die meisten – nämlich alle, welche durch dasselbe abgewiesen werden –

absterben lassen. Ebenso findet jetzt ein Auswählen in den Formen und Gewohnheiten der höheren Sittlichkeit statt, deren Ziel kein anderes als Untergang der niedrigeren Sittlichkeiten sein kann. Es ist das Zeitalter der Vergleichung! Das ist sein Stolz – aber billigerweise auch sein Leiden. Fürchten wir uns vor diesem Leiden nicht! Vielmehr wollen wir die Aufgabe, welche das Zeitalter uns stellt, so groß verstehen, als wir nur vermögen: so wird uns die Nachwelt darob segnen – eine Nachwelt, die ebenso sich über die abgeschlossnen originalen Volks-Kulturen hinaus weiß, als über die Kultur der Vergleichung, aber auf beide Arten der Kultur als auf verehrungswürdige Altertümer mit Dankbarkeit zurückblickt.

24

Möglichkeit des Fortschritts. – Wenn ein Gelehrter der alten Kultur es verschwört, nicht mehr mit Menschen umzugehen, welche an den Fortschritt glauben, so hat er recht. Denn die alte Kultur hat ihre Größe und Güte hinter sich und die historische Bildung zwingt einen, zuzugestehen, daß sie nie wieder frisch werden kann; es ist ein unausstehlicher Stumpfsinn oder ebenso unleidliche Schwärmerei nötig, um dies zu leugnen. Aber die Menschen können mit *Bewußtsein* beschließen, sich zu einer neuen Kultur fortzuentwickeln, während sie sich früher unbewußt und zufällig entwickelten: sie können jetzt bessere Bedingungen für die Entstehung der Menschen, ihre Ernährung, Erziehung, Unterrichtung schaffen, die Erde als Ganzes ökonomisch verwalten, die Kräfte der Menschen überhaupt gegeneinander abwägen und einsetzen. Diese neue bewußte Kultur tötet die alte, welche als Ganzes angeschaut ein unbewußtes Tier- und Pflanzenleben geführt hat; sie tötet auch das Mißtrauen gegen den Fortschritt – er ist *möglich.* Ich will sagen: es ist voreilig und fast unsinnig, zu glauben, daß der Fortschritt *notwendig* erfolgen müsse; aber wie könnte man leugnen, daß er möglich sei? Dagegen ist ein Fortschritt im Sinne und auf dem Wege der alten Kultur nicht einmal denkbar. Wenn romantische Phantastik immerhin auch das Wort »Fortschritt« von ihren Zielen (z. B. abgeschlossenen originalen Volks-Kulturen), gebraucht: jedenfalls entlehnt sie das Bild davon aus der Vergangenheit; ihr Denken und Vorstellen ist auf diesem Gebiete ohne jede Originalität.

25

Privat- und Weltmoral. – Seitdem der Glaube aufgehört hat, daß ein Gott die Schicksale der Welt im großen leite und trotz aller anscheinenden Krümmungen im Pfade der Menschheit sie doch herrlich hinausführe, müssen die Menschen selber sich ökumenische, die ganze Erde umspannende Ziele stellen. Die ältere Moral, namentlich die Kants, verlangt vom einzelnen Handlungen, welche man von allen Menschen wünscht: das war eine schöne naive Sache; als ob ein jeder ohne weiteres wüßte, bei welcher Handlungsweise das Ganze der Menschheit wohlfahre, also welche Handlungen überhaupt wünschenswert seien: es ist eine Theorie wie die vom Freihandel, voraussetzend, daß die allgemeine Harmonie sich nach eingebornen Gesetzen des Besserwerdens von selbst ergeben *müsse*. Vielleicht läßt es ein zukünftiger Überblick über die Bedürfnisse der Menschheit durchaus nicht wünschenswert erscheinen, daß alle Menschen gleich handeln, vielmehr dürften im Interesse ökumenischer Ziele für ganze Strekken der Menschheit spezielle, vielleicht unter Umständen sogar böse Aufgaben zu stellen sein. – Jedenfalls muß, wenn die Menschheit sich nicht durch eine solche bewußte Gesamtregierung zugrunde richten soll, vorher eine alle bisherigen Grade übersteigende *Kenntnis der Bedingungen der Kultur*, als wissenschaftlicher Maßstab für ökumenische Ziele, gefunden sein. Hierin liegt die ungeheure Aufgabe der großen Geister des nächsten Jahrhunderts.

26

Die Reaktion als Fortschritt. – Mitunter erscheinen schroffe, gewaltsame und fortreißende, aber trotzdem zurückgebliebene Geister, welche eine vergangene Phase der Menschheit noch einmal heraufbeschwören: sie dienen zum Beweis, daß die neuen Richtungen, welchen sie entgegenwirken, noch nicht kräftig genug sind, daß etwas an ihnen fehlt: sonst würden sie jenen Beschwörern bessern Widerpart halten. So zeugt zum Beispiel Luthers Reformation dafür, daß in seinem Jahrhundert alle Regungen der Freiheit des Geistes noch unsicher, zart, jugendlich waren; die Wissenschaft konnte noch nicht ihr Haupt erheben. Ja die gesamte Renaissance erscheint wie ein erster Frühling, der fast wieder weggeschneit wird. Aber auch in unserem Jahrhundert bewies Schopenhauers Metaphysik, daß auch jetzt der wissenschaftliche Geist noch nicht kräftig genug ist: so konnte die ganze mittelalterliche christliche Weltbetrachtung und Mensch-Empfindung noch einmal in Schopenhauers Lehre trotz der längst errungenen Vernichtung aller christlichen Dogmen eine Auferstehung feiern. Viel Wissenschaft klingt in seine Lehre hinein, aber sie beherrscht dieselbe nicht, sondern das alte wohlbekannte »metaphysische Bedürfnis«. Es ist gewiß einer der größten und ganz unschätzbaren Vorteile, welche wir aus Schopenhauer gewinnen, daß er unsre Empfindung zeitweilig in ältere, mächtige Betrachtungsarten der Welt und Menschen zurückzwingt, zu welchen sonst uns so leicht kein Pfad führen würde. Der Gewinn für die Historie und die Gerechtigkeit ist sehr groß: ich glaube, daß es jetzt niemandem so leicht gelingen möchte, ohne Schopenhauers Beihilfe dem Christentum und seinen asiatischen Verwandten Gerechtigkeit widerfahren zu lassen: was namentlich vom Boden des noch vorhandenen Christentums aus unmöglich ist. Erst nach diesem *großen Erfolge der Gerechtigkeit,* erst nachdem wir die historische Betrachtungsart, welche die Zeit der Aufklärung mit sich brachte, in einem so wesentlichen Punkte korrigiert haben, dürfen wir die Fahne der Aufklärung – die Fahne mit den drei Namen: Petrarca, Erasmus, Voltaire – von neuem weiter tragen. Wir haben aus der Reaktion einen Fortschritt gemacht.

27

Ersatz der Religion. – Man glaubt einer Philosophie etwas Gutes nachzusagen, wenn man sie als Ersatz der Religion für das Volk hinstellt. In der Tat bedarf es in der geistigen Ökonomie gelegentlich überleitender Gedankenkreise; so ist der Übergang aus Religion in wissenschaftliche Betrachtung ein gewaltsamer gefährlicher Sprung, etwas, das zu widerraten ist. Insofern hat man mit jener Anempfehlung recht. Aber endlich sollte man doch auch lernen, daß die Bedürfnisse, welche die Religion befriedigt hat und nun die Philosophie befriedigen soll, nicht unwandelbar sind; diese selbst kann man *schwächen* und *ausrotten.* Man denke zum Beispiel an die christliche Seelennot, das Seufzen über die innere Verderbtheit, die Sorge um das Heil – alles Vorstellungen, welche nur aus Irrtümern der Vernunft herrühren und gar keine Befriedigung, sondern Vernichtung verdienen. Eine Philosophie kann entweder so nützen, daß sie jene Bedürfnisse auch *befriedigt* oder daß sie dieselben *beseitigt;* denn es sind angelernte, zeitlich begrenzte Bedürfnisse, welche auf Voraussetzungen beruhen, die denen der Wissenschaft widersprechen. Hier ist, um einen Übergang zu machen, die *Kunst* viel eher zu benutzen, um das mit Empfindungen überladne Gemüt zu erleichtern; denn durch sie werden jene Vorstellungen viel weniger unterhalten als durch eine metaphysische Philosophie. Von der Kunst aus kann man dann leichter in eine wirklich befreiende philosophische Wissenschaft übergehen.

28

Verrufene Worte. – Weg mit den bis zum Überdruß verbrauchten Wörtern Optimismus und Pessimismus! Denn der Anlaß, sie zu gebrauchen, fehlt von Tag zu Tag mehr; nur die Schwätzer haben sie jetzt noch so unumgänglich nötig. Denn weshalb in aller Welt sollte jemand Optimist sein wollen, wenn er nicht einen Gott zu verteidigen hat, welcher die beste der Welten geschaffen haben *muß*, falls er selber das Gute und Vollkommene ist, – welcher Denkende hat aber die Hypothese eines Gottes noch nötig? – Es fehlt aber auch jeder Anlaß zu einem pessimistischen Glaubensbekenntnis, wenn man nicht ein Interesse daran hat, den Advokaten Gottes, den Theologen oder den theologisierenden Philosophen, ärgerlich zu werden und die Gegenbehauptung kräftig aufzustellen: daß das Böse regiere, daß die Unlust größer sei als die Lust, daß die Welt ein Machwerk, die Erscheinung eines bösen Willens zum Leben sei. Wer aber kümmert sich jetzt noch um die Theologen – außer den Theologen? – Abgesehen von aller Theologie und ihrer Bekämpfung liegt es auf der Hand, daß die Welt nicht gut und nicht böse, geschweige denn die beste oder die schlechteste ist, und daß diese Begriffe »gut« und »böse« nur in bezug auf Menschen Sinn haben, ja vielleicht selbst hier, in der Weise, wie sie gewöhnlich gebraucht werden, nicht berechtigt sind: der schimpfenden und verherrlichenden Weltbetrachtung müssen wir uns in jedem Falle entschlagen.

29

Vom Dufte der Blüten berauscht. – Das Schiff der Menschheit, meint man, hat einen immer stärkeren Tiefgang, je mehr es belastet wird; man glaubt, je tiefer der Mensch denkt, je zarter er fühlt, je höher er sich schätzt, je weiter seine Entfernung von den anderen Tieren wird – je mehr er als das Genie unter den Tieren erscheint –, um so näher werde er dem wirklichen Wesen der Welt und deren Erkenntnis kommen: dies tut er auch wirklich durch die Wissenschaft, aber er *meint* dies noch mehr durch seine Religionen und Künste zu tun. Diese sind zwar eine Blüte der Welt, aber durchaus nicht *der Wurzel der Welt näher*, als der Stengel ist: man kann aus ihnen das Wesen der Dinge gerade gar nicht besser verstehen, obschon dies fast jedermann glaubt. Der *Irrtum* hat den Menschen so tief, zart, erfinderisch gemacht, eine solche Blüte, wie Religionen und Künste, herauszutreiben. Das reine Erkennen wäre dazu außerstande gewesen. Wer uns das Wesen der Welt enthüllte, würde uns allen die unangenehmste Enttäuschung machen. Nicht die Welt als Ding an sich, sondern die Welt als Vorstellung (als Irrtum) ist so bedeutungsreich, tief, wundervoll, Glück und Unglück im Schoße tragend. Dies Resultat führt zu einer Philosophie der *logischen Weltverneinung*: welche übrigens sich mit einer praktischen Weltbejahung ebensogut wie mit deren Gegenteile vereinigen läßt.

30

Schlechte Gewohnheiten im Schließen. – Die gwöhnlichsten Irrschlüsse der Menschen sind diese: eine Sache existiert, also hat sie ein Recht. Hier wird aus der Lebensfähigkeit auf die Zweckmäßigkeit, aus der Zweckmäßigkeit auf die Rechtmäßigkeit geschlossen. Sodann: eine Meinung beglückt, also ist sie die wahre, ihre Wirkung ist gut, also ist sie selber gut und wahr. Hier legt man der Wirkung das Prädikat beglückend, gut, im Sinne des Nützlichen, bei und versieht nun die Ursache mit demselben Prädikat gut, aber hier im Sinne des Logisch-Gültigen. Die Umkehrung der Sätze lautet: eine Sache kann sich nicht durchsetzen, erhalten, also ist sie unrecht; eine Meinung quält, regt auf, also ist sie falsch. Der Freigeist, der das Fehlerhafte dieser Art zu schließen nur allzu häufig kennenlernt und an ihren Folgen zu leiden hat, unterliegt oft der Verführung, die entgegengesetzten Schlüsse zu machen, welche im allgemeinen natürlich ebensosehr Irrschlüsse sind: eine Sache kann sich nicht durchsetzen, also ist sie gut; eine Meinung macht Not, beunruhigt, also ist sie wahr.

31

Das Unlogische notwendig. – Zu den Dingen, welche einen Denker in Verzweiflung bringen können, gehört die Erkenntnis, daß das Unlogische für den Menschen nötig ist, und daß aus dem Unlogischen vieles Gute entsteht. Es steckt so fest in den Leidenschaften, in der Sprache, in der Kunst, in der Religion und überhaupt in allem, was dem Leben Wert verleiht, daß man es nicht herausziehen kann, ohne damit diese schönen Dinge heillos zu beschädigen. Es sind nur die allzu naiven Menschen, welche glauben können, daß die Natur des Menschen in eine rein logische verwandelt werden könne; wenn es aber Grade der Annäherung an dieses Ziel geben sollte, was würde da nicht alles auf diesem Wege verloren gehen müssen! Auch der vernünftigste Mensch bedarf von Zeit zu Zeit wieder der Natur, das heißt seiner *unlogischen Grundstellung zu allen Dingen.*

32

Ungerechtsein notwendig. – Alle Urteile über den Wert des Lebens sind unlogisch entwickelt und deshalb ungerecht. Die Unreinheit des Urteils liegt erstens in der Art, wie das Material vorliegt, nämlich sehr unvollständig, zweitens in der Art, wie daraus die Summe gebildet wird, und drittens darin, daß jedes einzelne Stück des Materials wieder das Resultat unreinen Erkennens ist, und zwar dies mit voller Notwendigkeit. Keine

Erfahrung zum Beispiel über einen Menschen, stünde er uns auch noch so nah, kann vollständig sein, so daß wir ein logisches Recht zu einer Gesamtabschätzung desselben hätten; alle Schätzungen sind voreilig und müssen es sein. Endlich ist das Maß, womit wir messen, unser Wesen, keine unabänderliche Größe, wir haben Stimmungen und Schwankungen, und doch müßten wir uns selbst als ein festes Maß kennen, um das Verhältnis irgendeiner Sache zu uns gerecht abzuschätzen. Vielleicht wird aus alledem folgen, daß man gar nicht urteilen sollte; wenn man aber nur *leben* könnte ohne abzuschätzen, ohne Abneigung und Zuneigung zu haben! – denn alles Abgeneigtsein hängt mit einer Schätzung zusammen, ebenso alles Geneigtsein. Ein Trieb zu etwas oder von etwas weg, ohne ein Gefühl davon, daß man das Förderliche wolle, dem Schädlichen ausweiche, ein Trieb ohne eine Art von erkennender Abschätzung über den Wert des Zieles existiert beim Menschen nicht. Wir sind von vornherein unlogische und daher ungerechte Wesen *und können dies erkennen*: dies ist eine der größten und unauflösbarsten Disharmonien des Daseins.

33

Der Irrtum über das Leben zum Leben notwendig. – Jeder Glaube an Wert und Würdigkeit des Lebens beruht auf unreinem Denken; er ist allein dadurch möglich, daß das Mitgefühl für das allgemeine Leben und Leiden der Menschheit sehr schwach im Individuum entwickelt ist. Auch die selteneren Menschen, welche überhaupt über sich hinaus denken, fassen nicht dieses allgemeine Leben, sondern abgegrenzte Teile desselben ins Auge. Versteht man es, sein Augenmerk vornehmlich auf Ausnahmen, ich meine auf die hohen Begabungen und die reinen Seelen zu richten, nimmt man deren Entstehung zum Ziel der ganzen Weltentwicklung und erfreut sich an deren Wirken, so mag man an den Wert des Lebens glauben, weil man nämlich die anderen Menschen dabei *übersieht*: also unrein denkt. Und ebenso, wenn man zwar alle Menschen ins Auge faßt, aber in ihnen nur *eine* Gattung von Trieben, die weniger egoistischen, gelten läßt und sie in betreff der anderen Triebe entschuldigt: dann kann man wiederum von der Menschheit im ganzen etwas hoffen und insofern an den Wert des Lebens glauben: also auch in diesem Falle durch Unreinheit des Denkens. Mag man sich aber so oder so verhalten, man ist mit diesem Verhalten eine *Ausnahme* unter den Menschen. Nun ertragen aber gerade die allermeisten Menschen das Leben, ohne erheblich zu murren, und *glauben* somit an den Wert des Daseins, aber gerade dadurch, daß sich jeder allein will und behauptet, und nicht aus sich heraustritt wie jene Ausnahmen: alles Außerpersönliche ist ihnen gar nicht oder höchstens als ein schwacher Schatten bemerkbar. Also darauf allein beruht der Wert des

Lebens für den gewöhnlichen, alltäglichen Menschen, daß er sich wichtiger nimmt als die Welt. Der große Mangel an Phantasie, an dem er leidet, macht, daß er sich nicht in andere Wesen hineinfühlen kann und daher so wenig als möglich an ihrem Los und Leiden teilnimmt. *Wer* dagegen wirklich daran teilnehmen könnte, müßte am Werte des Lebens verzweifeln; gelänge es ihm, das Gesamtbewußtsein der Menschheit in sich zu fassen und zu empfinden, er würde mit einem Fluche gegen das Dasein zusammenbrechen, – denn die Menschheit hat im ganzen *keine* Ziele, folglich kann der Mensch, in Betrachtung des ganzen Verlaufs, nicht darin seinen Trost und Halt finden, sondern seine Verzweiflung. Sieht er bei allem, was er tut, auf die letzte Ziellosigkeit der Menschen, so bekommt sein eignes Wirken in seinen Augen den Charakter der Vergeudung. Sich aber als Menschheit (und nicht nur als Individuum) ebenso *vergeudet* zu fühlen, wie wir die einzelne Blüte von der Natur vergeudet sehen, ist ein Gefühl über alle Gefühle. – Wer ist aber desselben fähig? Gewiß nur ein Dichter: und Dichter wissen sich immer zu trösten.

34

Zur Beruhigung. – Aber wird so unsere Philosophie nicht zur Tragödie? Wird die Wahrheit nicht dem Leben, dem Besseren feindlich? Eine Frage scheint uns die Zunge zu beschweren und doch nicht laut werden zu wollen: ob man bewußt in der Unwahrheit bleiben *könne*? oder, wenn man dies *müsse*, ob da nicht der Tod vorzuziehen sei? Denn ein Sollen gibt es nicht mehr; die Moral, insofern sie ein Sollen war, ist ja durch unsere Betrachtungsart ebenso vernichtet wie die Religion. Die Erkenntnis kann als Motive nur Lust und Unlust, Nutzen und Schaden bestehen lassen: wie aber werden diese Motive sich mit dem Sinne für Wahrheit auseinandersetzen? Auch sie berühren sich ja mit Irrtümern (insofern wie gesagt Neigung und Abneigung und ihre sehr ungerechten Messungen unsere Lust und Unlust wesentlich bestimmen). Das ganze menschliche Leben ist tief in die Unwahrheit eingesenkt; der einzelne kann es nicht aus diesem Brunnen herausziehen, ohne dabei seiner Vergangenheit aus tiefstem Grunde gram zu werden, ohne seine gegenwärtigen Motive, wie die der Ehre, ungereimt zu finden und den Leidenschaften, welche zur Zukunft und zu einem Glück in derselben hindrängen, Hohn und Verachtung entgegenzustellen. Ist es wahr, bliebe einzig noch eine Denkweise übrig, welche als persönliches Ergebnis die Verzweiflung, als theoretisches eine Philosophie der Zerstörung nach sich zöge? – Ich glaube, die Entscheidung über die Nachwirkung der Erkenntnis wird durch das *Temperament* eines Menschen gegeben: ich könnte mir ebensogut wie jene geschilderte und bei einzelnen Naturen mögliche Nachwirkung eine andere denken, vermöge deren ein viel einfacheres, von Affekten reineres Leben entstünde, als das jetzige ist: so daß zuerst zwar die alten Motive des heftigeren Begehrens noch Kraft hätten, aus alter vererbter Gewöhnung her, allmählich aber unter dem Einflusse der reinigenden Erkenntnis schwächer würden. Man lebte zuletzt unter den Menschen und mit sich wie in der *Natur*, ohne Lob, Vorwürfe, Ereiferung, an vielem sich wie an einem Schauspiel weidend, vor dem man sich bisher nur zu fürchten hatte. Man wäre die Emphasis los und würde die Anstachelung des Gedankens, daß man nicht nur Natur oder mehr als Natur sei, nicht weiter empfinden. Freilich gehörte hierzu, wie gesagt, ein gutes Temperament, eine gefestete, milde und im Grunde frohsinnige Seele, eine Stimmung, welche nicht vor Tücken und plötzlichen Ausbrüchen auf der Hut zu sein brauchte und in ihren Äußerungen nichts von dem knurrenden Tone und der Verbissenheit an sich trüge – jenen bekannten lästigen Eigenschaften alter Hunde und Menschen, die lange an der Kette gelegen haben. Vielmehr muß ein Mensch, von dem in solchem Maße die gewöhnlichen Fesseln des Lebens abgefallen sind, daß er nur deshalb weiterlebt, um immer besser zu erkennen, auf vieles, ja fast auf alles, was bei den anderen Menschen Wert hat, ohne Neid und Verdruß verzichten können, ihm muß als der wünschenswerteste Zustand jenes freie, furchtlose Schweben über Menschen, Sitten, Gesetzen und den herkömmlichen Schätzungen der Dinge *genügen*. Die Freude an diesem Zustande teilt er gerne mit und er *hat* vielleicht nichts anderes mitzuteilen – worin freilich eine Entbehrung, eine Entsagung mehr liegt. Will man aber trotzdem mehr von ihm, so wird er mit wohlwollendem Kopfschütteln auf seinen Bruder hinweisen, den freien Menschen der Tat, und vielleicht ein wenig Spott nicht verhehlen: denn mit dessen »Freiheit« hat es eine eigene Bewandtnis.

ZWEITES HAUPTSTÜCK

ZUR GESCHICHTE DER MORALISCHEN EMPFINDUNGEN

35

Vorteile der psychologischen Beobachtung. – Daß das Nachdenken über Menschliches, Allzumenschliches – oder wie der gelehrtere Ausdruck lautet: die psychologische Beobachtung – zu den Mitteln gehöre, vermöge deren man sich die Last des Lebens erleichtern könne, daß die Übung in dieser Kunst Geistesgegenwart in schwierigen Lagen und Unterhaltung inmitten einer langweiligen Umgebung verleihe, ja daß man den dornenvollsten und unerfreulichsten Strichen des eigenen Lebens Sentenzen abpflücken und sich dabei ein wenig wohler fühlen könne: das glaubte man, wußte man – in früheren Jahrhunderten. Warum vergaß es dieses Jahrhundert, wo wenigstens in Deutschland, ja in Europa, die Armut an psychologischer Beobachtung durch viele Zeichen sich zu erkennen gibt? Nicht gerade in Roman, Novelle und philosophischer Betrachtung, – diese sind das Werk von Ausnahmemenschen; schon mehr in der Beurteilung öffentlicher Ereignisse und Persönlichkeiten: vor allem aber fehlt die Kunst der psychologischen Zergliederung und Zusammenrechnung in der Gesellschaft aller Stände, in der man wohl viel über Menschen, aber gar nicht *über den Menschen* spricht. Warum doch läßt man sich den reichsten und harmlosesten Stoff der Unterhaltung entgehen? Warum liest man nicht einmal die großen Meister der psychologischen Sentenz mehr? – denn, ohne jede Übertreibung gesprochen: der Gebildete in Europa, der Larochefoucauld und seine Geistes- und Kunstverwandten gelesen hat, ist selten zu finden; und noch viel seltener der, welcher sie kennt und sie nicht schmäht. Wahrscheinlich wird aber auch dieser ungewöhnliche Leser viel weniger Freude an ihnen haben, als die Form jener Künstler ihm geben sollte; denn selbst der feinste Kopf ist nicht vermögend, die Kunst der Sentenzen-Schleiferei gebührend zu würdigen, wenn er nicht selber zu ihr erzogen ist, in ihr gewetteifert hat. Man nimmt, ohne solche praktische Belehrung, dieses Schaffen und Formen für leichter als es ist, man fühlt das Gelungene und Reizvolle nicht scharf genug heraus. Deshalb haben die jetzigen Leser von Sentenzen ein verhältnismäßig unbedeutendes Vergnügen an ihnen, ja kaum einen Mund voll Annehmlichkeit, so daß es ihnen ebenso geht wie den gewöhnlichen Betrachtern von Kameen: als welche loben, weil sie nicht lieben können und schnell bereit sind zu bewundern, schneller aber noch, fortzulaufen.

36

Einwand. – Oder sollte es gegen jenen Satz, daß die psychologische Beobachtung zu den Reiz-, Heil- und Erleichterungs-Mitteln des Daseins gehöre, eine Gegenrechnung geben? Sollte man sich genug von den unangenehmen Folgen dieser Kunst überzeugt haben, um jetzt mit Absichtlichkeit den Blick der sich Bildenden von ihr abzulenken? In der Tat, ein gewisser blinder Glaube an die Güte der menschlichen Natur, ein eingepflanzter Widerwille vor der Zerlegung menschlicher Handlungen, eine Art Schamhaftigkeit in Hinsicht auf die Nacktheit der Seele mögen wirklich für das gesamte Glück eines Menschen wünschenswertere Dinge sein, als jene in einzelnen Fällen hilfreiche Eigenschaft der psychologischen Scharfsichtigkeit; und vielleicht hat der Glaube an das Gute, an tugendhafte Menschen und Handlungen, an eine Fülle des unpersönlichen Wohlwollens in der Welt die Menschen besser gemacht, insofern er dieselben weniger mißtrauisch machte. Wenn man die Helden Plutarchs mit Begeisterung nachahmt und einen Abscheu davor empfindet, den Motiven ihres Handelns anzweifelnd nachzuspüren, so hat zwar nicht die Wahrheit, aber die Wohlfahrt der menschlichen Gesellschaft ihren Nutzen dabei: der psychologische Irrtum und überhaupt die Dumpfheit auf diesem Gebiete hilft der Menschlichkeit vorwärts, während die Erkenntnis der Wahrheit vielleicht durch die anregende Kraft einer Hypothese mehr gewinnt, wie sie Larochefoucauld der ersten Ausgabe seiner »*Sentences et maximes morales*« vorangestellt hat: »*Ce que le monde nomme vertu n'est d'ordinaire qu'un fantôme formé par nos passions à qui on donne un nom honnête pour faire impunément ce qu'on veut*«. Larochefoucauld und jene anderen französischen Meister der Seelenprüfung (denen sich neuerdings auch ein Deutscher, der Verfasser der »Psychologischen Beobachtungen« zugesellt hat) gleichen scharf zielenden Schützen, welche immer und immer wieder ins Schwarze treffen, – aber ins Schwarze der menschlichen Natur. Ihr Geschick erregt Staunen, aber endlich verwünscht ein Zuschauer, der nicht vom Geiste der Wissenschaft, sondern der Menschenfreundlichkeit geleitet wird, eine Kunst, welche den Sinn der Verkleinerung und Verdächtigung in die Seelen der Menschen zu pflanzen scheint.

37

Trotzdem. – Wie es sich nun mit Rechnung und Gegenrechnung verhalte: in dem gegenwärtigen Zustande einer bestimmten einzelnen Wissenschaft ist die Auferweckung der moralischen Beobachtung nötig geworden, und der grausame Anblick des psychologischen Seziertisches und seiner Messer und Zangen kann der Menschheit nicht erspart bleiben. Denn hier gebietet jene Wissenschaft, welche nach Ursprung und Geschichte der sogenannten moralischen Empfindungen fragt und welche im Fortschreiten die verwikkelten soziologischen Probleme aufzustellen und zu lösen hat: – die ältere Philosophie kennt die letzteren gar nicht und ist der Untersuchung von Ursprung und Geschichte der moralischen Empfindungen unter dürftigen Ausflüchten immer aus dem Wege gegangen. Mit welchen Folgen: das läßt sich jetzt sehr deutlich überschauen, nachdem an vielen Beispielen nachgewiesen ist, wie die Irrtümer der größten Philosophen gewöhnlich ihren Ausgangspunkt in einer falschen Erklärung bestimmter menschlicher Handlungen und Empfindungen haben, wie auf Grund einer irrtümlichen Analysis, zum Beispiel der sogenannten unegoistischen Handlungen, eine falsche Ethik sich aufbaut, dieser zu Gefallen dann wiederum Religion und mythologisches Unwesen zu Hilfe genommen werden, und endlich die Schatten dieser trüben Geister auch in die Physik und die gesamte Weltbetrachtung hineinfallen. Steht es aber fest, daß die Oberflächlichkeit der psychologischen Beobachtung dem menschlichen Urteilen und Schließen die gefährlichsten Fallstricke gelegt hat und fortwährend von neuem legt, so bedarf es jetzt jener Ausdauer der Arbeit, welche nicht müde wird. Steine auf Steine, Steinchen auf Steinchen zu häufen, so bedarf es der enthaltsamen Tapferkeit um sich einer solchen bescheidenen Arbeit nicht zu schämen und jeder Mißachtung derselben Trotz zu bieten. Es ist wahr: zahllose einzelne Bemerkungen über Menschliches und Allzumenschliches sind in Kreisen der Gesellschaft zuerst entdeckt und ausgesprochen worden, welche gewohnt waren, nicht der wissenschaftlichen Erkenntnis, sondern einer geistreichen Gefallsucht jede Art von Opfern darzubringen; und fast unlösbar hat sich der Duft jener alten Heimat der moralistischen Sentenz – ein sehr verführerischer Duft – der ganzen Gattung angehängt: so daß seinetwegen der wissenschaftliche Mensch unwillkürlich einiges Mißtrauen gegen diese Gattung und ihre Ernsthaftigkeit merken läßt. Aber es genügt, auf die Folgen zu verweisen: denn schon jetzt beginnt sich zu zeigen, welche Ergebnisse ernsthaftester Art auf dem Boden der psychologischen Beobachtung aufwachsen. Welches ist doch der Hauptsatz, zu dem einer der kühnsten und kältesten Denker, der Verfasser des Buches »Über den Ursprung der moralischen Empfindungen« vermöge seiner ein- und durchschneidenden Analysen des menschlichen Handelns gelangt? »Der moralische Mensch«, sagt er, »steht der intelligiblen (metaphysischen) Welt nicht näher, als der physische Mensch.« Dieser Satz, hart und schneidig geworden unter dem Hammerschlag der historischen Erkenntnis, kann vielleicht einmal, in irgendwelcher Zukunft, als die Axt dienen, welche dem »metaphysischen Bedürfnis« der Menschen an die Wurzel gelegt wird, – ob *mehr* zum Segen als zum Fluche der allgemeinen Wohlfahrt, wer wüßte das zu sagen? – aber jedenfalls als ein Satz der erheblichsten Folgen, fruchtbar und furchtbar zugleich, und mit jenem Doppelgesichte in die Welt sehend, welches alle großen Erkenntnisse haben.

38

Inwiefern nützlich. – Also: ob die psychologische Beobachtung mehr Nutzen oder mehr Nachteil über die Menschen bringe, das bleibe immerhin unentschieden; aber fest steht, daß sie notwendig ist, weil die Wissenschaft ihrer nicht entraten kann. Die Wissenschaft aber kennt keine Rücksichten auf letzte Zwecke, ebensowenig als die Natur sie kennt: sondern wie diese gelegentlich Dinge von der höchsten Zweckmäßigkeit zustande bringt, ohne sie gewollt zu haben, so wird auch die echte Wissenschaft, *als die Nachahmung der Natur in Begriffen,* den Nutzen und die Wohlfahrt der Menschen gelegentlich, ja vielfach fördern und das Zweckmäßige erreichen – aber ebenfalls, *ohne es gewollt zu haben.*

Wem es aber bei dem Anhauche einer solchen Betrachtungsart gar zu winterlich zumute wird, der hat vielleicht nur zu wenig Feuer in sich: er möge sich indes umsehen und er wird Krankheiten wahrnehmen, in denen Eisumschläge nottun, und Menschen, welche so aus Glut und Geist »zusammengeknetet« sind, daß sie kaum irgendwo die Luft kalt und schneidend genug für sich finden können. Überdies: wie allzu ernste einzelne und Völker ein Bedürfnis nach Leichtfertigkeiten haben, wie andere allzu Erregbare und Bewegliche zeitweilig schwere niederdrückende Lasten zu ihrer Gesundheit nötig haben: sollten *wir,* die *geistigeren* Menschen eines Zeitalters, welches ersichtlich immer mehr in Brand gerät, nicht nach allen löschenden und kühlenden Mitteln, die es gibt, greifen müssen, damit wir wenigstens so stetig, harmlos und mäßig bleiben, als wir es noch sind, und so vielleicht einmal dazu brauchbar werden, diesem Zeitalter als Spiegel und Selbstbesinnung über sich zu dienen? –

39

Die Fabel von der intelligiblen Freiheit. – Die Geschichte der Empfindungen, vermöge deren wir jemanden verantwortlich machen, also der sogenannten moralischen Empfindungen, verläuft in folgenden Hauptphasen. Zuerst nennt man einzelne Handlungen gut oder böse ohne alle Rücksicht auf deren Motive, sondern allein der nützlichen oder schädlichen Folgen wegen. Bald aber vergißt man die Herkunft dieser Bezeichnungen und wähnt, daß den Handlungen an sich, ohne Rücksicht auf deren Folgen, die Eigenschaft »gut« oder »böse« innewohne: mit demselben Irrtume, nach welchem die Sprache den Stein selber als hart, den Baum selber als grün bezeichnet – also dadurch, daß man, was Wirkung ist, als

Ursache faßt. Sodann legt man das Gut- oder Böse-sein in die Motive hinein und betrachtet die Taten an sich als moralisch zweideutig. Man geht weiter und gibt das Prädikat gut oder böse nicht mehr dem einzelnen Motive, sondern dem ganzen Wesen eines Menschen, aus dem das Motiv, wie die Pflanze aus dem Erdreich, herauswächst. So macht man der Reihe nach den Menschen für seine Wirkungen, dann für seine Handlungen, dann für seine Motive und endlich für sein Wesen verantwortlich. Nun entdeckt man schließlich, daß auch dieses Wesen nicht verantwortlich sein kann, insofern es ganz und gar notwendige Folge ist und aus den Elementen und Einflüssen vergangener und gegenwärtiger Dinge konkresziert: also daß der Mensch für nichts verantwortlich zu machen ist, weder für sein Wesen, noch seine Motive, noch seine Handlungen, noch seine Wirkungen. Damit ist man zur Erkenntnis gelangt, daß die Geschichte der moralischen Empfindungen die Geschichte eines Irrtums, des Irrtums von der Verantwortlichkeit ist: als welcher auf dem Irrtum von der Freiheit des Willens ruht. – Schopenhauer schloß dagegen so: weil gewisse Handlungen *Unmut* (»Schuldbewußtsein«) nach sich ziehen, so muß es eine Verantwortlichkeit geben; denn zu diesem Unmut wäre *kein Grund* vorhanden, wenn nicht nur alles Handeln des Menschen mit Notwendigkeit verliefe – wie es tatsächlich, und auch nach der Einsicht dieses Philosophen, verläuft –, sondern der Mensch selber mit derselben Notwendigkeit sein ganzes *Wesen* erlangte – was Schopenhauer leugnet. Aus der Tatsache jenes Unmutes glaubt Schopenhauer eine Freiheit beweisen zu können, welche der Mensch irgendwie gehabt haben müsse, zwar nicht in bezug auf die Handlungen, aber in bezug auf das Wesen: Freiheit also, so oder so zu *sein*, nicht so oder so zu *handeln*. Aus dem *esse*, der Sphäre der Freiheit und Verantwortlichkeit, folgt nach seiner Meinung das *operari*, die Sphäre der strengen Kausalität, Notwendigkeit und Unverantwortlichkeit. Jener Unmut beziehe sich zwar scheinbar auf das *operari* – insofern sei er irrtümlich –, in Wahrheit aber auf das *esse*, welches die Tat eines freien Willens, die Grundursache der Existenz eines Individuums, sei: der Mensch werde das, was er werden *wolle*, sein Wollen sei früher als seine Existenz. – Hier wird der Fehlschluß gemacht, daß aus der Tatsache des Unmutes die Berechtigung, die vernünftige *Zulässigkeit* dieses Unmutes geschlossen wird; und von jenem Fehlschluß aus kommt Schopenhauer zu seiner phantastischen Konsequenz der sogenannten intelligiblen Freiheit. Aber der Unmut nach der Tat braucht gar nicht vernünftig zu sein: ja er ist es gewiß nicht, denn er ruht auf der irrtümlichen Voraussetzung, daß die Tat eben *nicht* notwendig hätte erfolgen müssen. Also: weil sich der Mensch für frei *hält*, nicht aber weil er frei ist, empfindet er Reue und Gewissensbisse. – Überdies ist dieser Unmut etwas, das man sich abgewöhnen kann, bei vielen Menschen ist er in bezug auf Handlungen gar nicht vorhanden, bei welchen viele andere Menschen ihn empfinden. Er ist eine sehr wandelbare, an die Entwicklung der Sitte und Kultur geknüpfte Sache und vielleicht nur in einer verhältnismäßig kurzen Zeit der Weltgeschichte vorhanden. – Niemand ist für seine Taten verantwortlich, niemand für sein Wesen; richten ist soviel als ungerecht sein. Dies gilt auch, wenn das Individuum über sich selbst richtet. Der Satz ist so hell wie Sonnenlicht, und doch geht hier jedermann lieber in den Schatten und die Unwahrheit zurück: aus Furcht vor den Folgen.

40

Das Über-Tier. – Die Bestie in uns will belogen werden; Moral ist Notlüge, damit wir von ihr nicht zerrissen werden. Ohne die Irrtümer, welche in den Annahmen der Moral liegen, wäre der Mensch Tier geblieben. So aber hat er sich als etwas Höheres genommen und sich strengere Gesetze auferlegt. Er hat deshalb einen Haß gegen die der Tierheit näher gebliebenen Stufen: woraus die ehemalige Mißachtung des Sklaven als eines Nicht-Menschen, als einer Sache, zu erklären ist.

41

Der unveränderliche Charakter. – Daß der Charakter unveränderlich sei, ist nicht im strengen Sinne wahr; vielmehr heißt dieser beliebte Satz nur soviel, daß während der kurzen Lebensdauer eines Menschen die einwirkenden Motive nicht tief genug ritzen können, um die aufgeprägten Schriftzüge vieler Jahrtausende zu zerstören. Dächte man sich aber einen Menschen von achtzigtausend Jahren, so hätte man an ihm sogar einen absolut veränderlichen Charakter: so daß eine Fülle verschiedener Individuen sich nach und nach aus ihm entwickelte. Die Kürze des menschlichen Lebens verleitet zu manchen irrtümlichen Behauptungen über die Eigenschaften des Menschen.

42

Die Ordnung der Güter und die Moral. – Die einmal angenommene Rangordnung der Güter, je nachdem ein niedriger, höherer, höchster Egoismus das eine oder das andere will, entscheidet jetzt über das Moralischsein oder Unmoralisch-sein. Ein niedriges Gut (zum Beispiel Sinnengenuß) einem höher geschätzten (zum Beispiel Gesundheit) vorziehen gilt als unmoralisch, ebenso Wohlleben der Freiheit vorziehen. Die Rangordnung der Güter ist aber keine zu allen Zeiten feste und gleiche; wenn jemand Rache der Gerechtigkeit vorzieht, so ist er nach dem Maßstabe einer früheren Kultur moralisch, nach dem der jetzigen unmoralisch. »Unmoralisch« bezeichnet also, daß einer die höheren, feineren, geistigeren Motive, welche die jeweilen neue Kultur hinzugebracht hat, noch nicht oder noch nicht stark genug empfindet: es bezeichnet einen Zurückgebliebenen, aber immer nur dem Gradunterschied nach. – Die Rangordnung der Güter selber wird nicht nach moralischen Gesichtspunkten auf- und umgestellt; wohl aber wird nach ihrer jedesmaligen Festsetzung darüber entschieden, ob eine Handlung moralisch oder unmoralisch sei.

43

Grausame Menschen als zurückgeblieben. – Die Menschen, welche jetzt grausam sind, müssen uns als Stufen *früherer Kulturen* gelten, welche übriggeblieben sind: das Gebirge der Menschheit zeigt hier einmal die tieferen Formationen, welche sonst versteckt liegen, offen. Es sind zurückgebliebene Menschen, deren Gehirn, durch alle möglichen Zufälle im Verlaufe der Vererbung, nicht so zart und vielseitig fortgebildet worden ist. Sie zeigen uns, was wir alle *waren*, und machen uns erschrecken: aber sie selber sind so wenig verantwortlich, wie ein Stück Granit dafür, daß es Granit ist. In unserem Gehirne müssen sich auch Rinnen und Windungen finden, welche jener Gesinnung entsprechen, wie sich in der Form einzelner menschlicher Organe Erinnerungen an Fischzustände finden sollen. Aber diese Rinnen und Windungen sind nicht mehr das Bett, in welchem sich jetzt der Strom unserer Empfindungen wälzt.

44

Dankbarkeit und Rache. – Der Grund, weshalb der Mächtige dankbar ist, ist dieser. Sein Wohltäter hat sich durch seine Wohltat an der Sphäre des Mächtigen gleichsam vergriffen und sich in sie eingedrängt: nun vergreift er sich zur Vergeltung wieder an der Sphäre des Wohltäters durch den Akt der Dankbarkeit. Es ist eine mildere Form der Rache. Ohne die Genugtuung der Dankbarkeit zu haben, würde der Mächtige sich unmächtig gezeigt haben und fürderhin dafür gelten. Deshalb stellt jede Gesellschaft der Guten, das heißt ursprünglich der Mächtigen, die Dankbarkeit unter die ersten Pflichten. – Swift hat den Satz hingeworfen, daß Menschen in demselben Verhältnis dankbar sind, wie sie Rache hegen.

45

Doppelte Vorgeschichte von Gut und Böse. – Der Begriff gut und böse hat eine doppelte Vorgeschichte: nämlich *einmal* in der Seele der herrschenden Stämme und Kasten. Wer die Macht zu vergelten hat, Gutes mit Gutem, Böses mit Bösem, und auch wirklich Vergeltung übt, also dankbar und rachsüchtig ist, der wird gut genannt; wer unmächtig ist und nicht vergelten kann, gilt als schlecht. Man gehört als Guter zu den »Guten«, einer Gemeinde, welche Gemeingefühl hat, weil alle einzelnen durch den Sinn der Vergeltung miteinander verflochten sind. Man gehört als Schlechter zu den »Schlechten«, zu einem Haufen unterworfener, ohnmächtiger Menschen, welche kein Gemeingefühl haben. Die Guten sind eine Kaste, die Schlechten eine Masse wie Staub. Gut und schlecht ist eine Zeitlang soviel wie vornehm und niedrig, Herr und Sklave. Dagegen sieht man den Feind nicht als böse an: er kann vergelten. Der Troer und der Grieche sind bei Homer beide gut. Nicht der, welcher uns Schädliches zufügt, sondern der, welcher verächtlich ist, gilt als schlecht. In der Gemeinde der Guten vererbt sich das Gute; es ist unmöglich, daß ein Schlechter aus so gutem Erdreiche hervorwachse. Tut trotzdem einer der Guten etwas, das der Guten unwürdig ist, so verfällt man auf Ausflüchte; man schiebt zum Beispiel einem Gott die Schuld zu, indem man sagt: er habe den Guten mit Verblendung und Wahnsinn geschlagen. – *Sodann* in der Seele der Unterdrückten, Machtlosen. Hier gilt jeder *andere* Mensch als feindlich, rücksichtslos, ausbeutend, grausam, listig, sei er vornehm oder niedrig. Böse ist das Charakterwort für Mensch, ja für jedes lebende Wesen, welches man voraussetzt, zum Beispiel für einen Gott; menschlich, göttlich gilt soviel als teuflisch, böse. Die Zeichen der Güte, Hilfsbereitschaft, Mitleid werden angstvoll als Tücke, Vorspiel eines schrecklichen Ausgangs, Betäubung und Überlistung aufgenommen, kurz als verfeinerte Bosheit. Bei einer solchen Gesinnung des einzelnen kann kaum ein Gemeinwesen entstehen, höchstens die roheste Form desselben: so daß überall, wo diese Auffassung von Gut und Böse herrscht, der Untergang der einzelnen, ihrer Stämme und Rassen nahe ist. – Unsere jetzige Sittlichkeit ist auf dem Boden der *herrschenden* Stämme und Kasten aufgewachsen.

46

Mitleiden stärker als Leiden. – Es gibt Fälle, wo das Mitleiden stärker ist als das eigentliche Leiden. Wir empfinden es zum Beispiel schmerzlicher, wenn einer unserer Freunde sich etwas Schmähliches zuschulden kommen läßt, als wenn wir selbst es tun. Einmal nämlich glauben wir mehr an die Reinheit seines Chrakters als er: sodann ist unsere Liebe zu ihm, wahrscheinlich eben dieses Glaubens wegen, stärker als seine Liebe zu sich selbst. Wenn auch wirklich sein Egoismus mehr dabei leidet als unser Egoismus, insofern er die üblen Folgen seines Vergehens stärker zu tragen hat, so wird das Unegoistische in uns – dies Wort ist nie streng zu verstehen, sondern nur eine Erleichterung des Ausdrucks – doch stärker durch seine Schuld betroffen als das Unegoistische in ihm.

47

Hypochondrie. – Es gibt Menschen, welche aus Mitgefühl und Sorge für eine andere Person hypochondrisch werden; die dabei entstehende Art des Mitleidens ist nichts anderes als eine Krankheit. So gibt es auch eine christliche Hypochondrie, welche jene einsamen, religiös bewegten Leute befällt, die sich das Leiden und Sterben Christi fortwährend vor Augen stellen.

48

Ökonomie der Güte. – Die Güte und Liebe als die heilsamsten Kräuter und Kräfte im Verkehre der Menschen sind so kostbare Funde, daß man wohl wünschen möchte, es werde in der Verwendung dieser balsamischen Mittel so ökonomisch wie möglich verfahren: doch ist dies unmöglich. Die Ökonomie der Güte ist der Traum der verwegensten Utopisten.

49

Wohlwollen. – Unter die kleinen, aber zahllos häufigen und deshalb sehr wirkungsvollen Dinge, auf welche die Wissenschaft mehr achtzugeben hat als auf die großen seltenen Dinge, ist auch das Wohlwollen zu rechnen; ich meine jene Äußerungen freundlicher Gesinnung im Verkehr, jenes Lächeln des Auges, jene Händedrücke, jenes Behagen, von welchem für gewöhnlich fast alles menschliche Tun umsponnen ist. Jeder Lehrer, jeder Beamte bringt diese Zutat zu dem, was für ihn Pflicht ist, hinzu; es ist die fortwährende Betätigung der Menschlichkeit, gleichsam die Wellen ihres Lichtes, in denen alles wächst; namentlich im engsten Kreise, innerhalb der Familie, grünt und blüht das Leben nur durch jenes Wohlwollen. Die Gutmütigkeit, die Freundlichkeit, die Höflichkeit des Herzens sind immerquellende Ausflüsse des unegoistischen Triebes und haben viel mächtiger an der Kultur gebaut, als jene viel berühmteren Äußerungen desselben, die man Mitleiden, Barmherzigkeit und Aufopferung nennt. Aber man pflegt sie geringzuschätzen, und in der Tat: es ist nicht gerade viel

Unegoistisches daran. Die *Summe* dieser geringen Dosen ist trotzdem gewaltig, ihre gesamte Kraft gehört zu den stärksten Kräften. – Ebenso findet man viel mehr Glück in der Welt, als trübe Augen sehen: wenn man nämlich richtig rechnet und nur alle jene Momente des Behagens, an welchen jeder Tag in jedem, auch dem bedrängtesten Menschenleben reich ist, nicht vergißt.

50

Mitleiden erregen wollen. – Larochefoucauld trifft in der bemerkenswertesten Stelle seines Selbst-Porträts (zuerst gedruckt 1658) gewiß das Rechte, wenn er alle die, welche Vernunft haben, vor dem Mitleiden warnt, wenn er rät, dasselbe den Leuten aus dem Volke zu überlassen, die der Leidenschaften bedürfen (weil sie nicht durch Vernunft bestimmt werden), um soweit gebracht zu werden, dem Leidenden zu helfen und bei einem Unglück kräftig einzugreifen; während das Mitleiden, nach seinem (und Platos) Urteil, die Seele entkräfte. Freilich solle man Mitleid *bezeugen,* aber sich hüten, es zu haben: denn die Unglücklichen seien nun einmal so *dumm,* daß bei ihnen das Bezeugen von Mitleid das größte Gut von der Welt ausmache. – Vielleicht kann man noch stärker vor diesem Mitleidhaben warnen, wenn man jenes Bedürfnis der Unglücklichen nicht gerade als Dummheit und intellektuellen Mangel, als eine Art Geistesstörung faßt, welche das Unglück mit sich bringt (und so scheint es ja Larochefoucauld zu fassen), sondern als etwas ganz anderes und Bedenklicheres versteht. Vielmehr beobachte man Kinder, welche weinen und schreien, *damit* sie bemitleidet werden, und deshalb den Augenblick abwarten, wo ihr Zustand in die Augen fallen kann; man lebe im Verkehr mit Kranken und geistig Gedrückten und frage sich, ob nicht das beredte Klagen und Wimmern, das Zur-Schau-Tragen des Unglücks im Grunde das Ziel verfolgt, den Anwesenden *wehzutun*: das Mitleiden, welches jene dann äußern, ist insofern eine Tröstung für die Schwachen und Leidenden, als sie daran erkennen, doch wenigstens noch eine *Macht zu haben,* trotz aller ihrer Schwäche: die *Macht, wehzutun.* Der Unglückliche gewinnt eine Art von Lust in diesem Gefühl der Überlegenheit, welches das Bezeugen des Mitleids ihm zum Bewußtsein bringt; seine Einbildung erhebt sich, er ist immer noch wichtig genug, um der Welt Schmerzen zu machen. Somit ist der Durst nach Mitleid ein Durst nach Selbstgenuß, und zwar auf Unkosten der Mitmenschen; es zeigt den Menschen in der ganzen Rücksichtslosigkeit seines eigensten lieben Selbst: nicht aber gerade in seiner »Dummheit«, wie Larochefoucauld meint. – Im Zwiegespräche der Gesellschaft werden Dreiviertel aller Fragen gestellt, aller Antworten gegeben, um dem Unterredner ein klein wenig wehzutun; deshalb dürsten viele Menschen so nach Gesellschaft: sie gibt ihnen das Gefühl ihrer Kraft.

In solchen unzähligen aber sehr kleinen Dosen, in welchen die Bosheit sich geltend macht, ist sie ein mächtiges Reizmittel des Lebens: ebenso wie das Wohlwollen, in gleicher Form durch die Menschenwelt hin verbreitet, das allezeit bereite Heilmittel ist. – Aber wird es viele Ehrliche geben, welche zugestehen, daß es Vergnügen macht, wehzutun? daß man sich nicht selten damit unterhält – und gut unterhält –, anderen Menschen wenigstens in Gedanken Kränkungen zuzufügen und die Schrotkörner der kleinen Bosheit nach ihnen zu schießen? Die meisten sind zu unehrlich und ein paar Menschen sind zu gut, um von diesem *pudendum* etwas zu wissen; diese mögen somit immerhin leugnen, daß Prosper Mérimée recht habe, wenn er sagt: »*Sachez aussi qu'il n'y a rien de plus commun que de faire le mal pour le plaisir de le faire.*«

51

Wie der Schein zum Sein wird. – Der Schauspieler kann zuletzt auch beim tiefsten Schmerz nicht aufhören, an den Eindruck seiner Person und den gesamten szenischen Effekt zu denken, zum Beispiel selbst beim Begräbnis seines Kindes; er wird über seinen eigenen Schmerz und dessen Äußerungen weinen, als sein eigener Zuschauer. Der Heuchler, welcher immer ein und dieselbe Rolle spielt, hört zuletzt auf, Heuchler zu sein; zum Beispiel Priester, welche als junge Männer gewöhnlich bewußt oder unbewußt Heuchler sind, werden zuletzt natürlich und sind dann wirklich, ohne alle Affektation, eben Priester; oder wenn es der Vater nicht soweit bringt, dann vielleicht der Sohn, der des Vaters Vorsprung benutzt, seine Gewöhnung erbt. Wenn einer sehr lange und hartnäckig etwas *scheinen* will, so wird es ihm zuletzt schwer, etwas anderes zu *sein*. Der Beruf fast jedes Menschen, sogar des Künstlers, beginnt mit Heuchelei, mit einem Nachmachen von außen her, mit einem Kopieren des Wirkungsvollen. Der, welcher immer die Maske freundlicher Mienen trägt, muß zuletzt eine Gewalt über wohlwollende Stimmungen bekommen, ohne welche der Ausdruck der Freundlichkeit nicht zu erzwingen ist, – und zuletzt wieder bekommen diese über ihn Gewalt, er *ist* wohlwollend.

52

Der Punkt der Ehrlichkeit beim Betruge. – Bei allen großen Betrügern ist ein Vorgang bemerkenswert, dem sie ihre Macht verdanken. Im eigentlichen Akte des Betrugs, unter all den Vorbereitungen, dem Schauerlichen in Stimme, Ausdruck, Gebärden, inmitten der wirkungsvollen Szenerie überkommt sie der *Glaube an sich selbst*: dieser ist es, der dann so wundergleich und bezwingend zu den Umgebenden spricht. Die Religionsstifter unterscheiden sich dadurch von jenen großen Betrügern, daß sie aus diesem Zustande der Selbsttäuschung nicht herauskommen: oder sie haben ganz selten einmal jene helleren Momente, wo der Zweifel sie überwältigt; gewöhnlich trösten sie sich aber, diese helleren Momente dem bösen Widersacher zuschiebend. Selbstbetrug muß da sein, damit diese und jene großartig *wirken*. Denn die Menschen glauben an die Wahrheit dessen, was ersichtlich stark geglaubt wird.

53

Angebliche Stufen der Wahrheit. – Einer der gewöhnlichen Fehlschlüsse ist der: weil jemand wahr und aufrichtig gegen uns ist, so sagt er die Wahrheit. So glaubt das Kind an die Urteile der Eltern, der Christ an die Behauptungen des Stifters der Kirche. Ebenso will man nicht zugeben, daß alles jenes, was die Menschen mit Opfern an Glück und Leben in früheren Jahrhunderten verteidigt haben, nichts als Irrtümer waren: vielleicht sagt man, es seien Stufen der Wahrheit gewesen. Aber im Grunde meint man, wenn jemand ehrlich an etwas geglaubt und für seinen Glauben gekämpft hat und gestorben ist, wäre es doch gar zu *unbillig*, wenn eigentlich nur ein Irrtum ihn beseelt habe. So ein Vorgang scheint der ewigen Gerechtigkeit zu widersprechen; deshalb dekretiert das Herz empfindender Menschen immer wieder gegen ihren Kopf den Satz: zwischen moralischen Handlungen und intellektuellen Einsichten muß durchaus ein notwendiges Band sein. Es ist leider anders; denn es gibt keine ewige Gerechtigkeit.

54

Die Lüge. – Weshalb sagen zu allermeist die Menschen im alltäglichen Leben die Wahrheit? – Gewiß nicht, weil ein Gott das Lügen verboten hat. Sondern erstens: weil es bequemer ist; denn die Lüge erfordert Erfindung, Verstellung und Gedächtnis. (Weshalb Swift sagt: wer eine Lüge berichtet, merkt selten die schwere Last, die er übernimmt; er muß nämlich, um eine Lüge zu behaupten, zwanzig andere erfinden.) Sodann: weil es in schlichten Verhältnissen vorteilhaft ist, direkt zu sagen: ich will dies, ich habe dies getan, und dergleichen; also weil der Weg des Zwangs und der Autorität sicherer ist als der der List. – Ist aber einmal ein Kind in verwickelten häuslichen Verhältnissen aufgezogen worden, so handhabt es ebenso natürlich die Lüge und sagt unwillkürlich immer das, was seinem Interesse entspricht; ein Sinn für Wahrheit, ein Widerwille gegen die Lüge an sich ist ihm ganz fremd und unzugänglich, und so lügt es in aller Unschuld.

55

Des Glaubens wegen die Moral verdächtigen. – Keine Macht läßt sich behaupten, wenn lauter Heuchler sie vertreten; die katholische Kirche mag noch so viele »weltliche« Elemente besitzen, ihre Kraft beruht auf jenen auch jetzt noch zahlreichen priesterlichen Naturen, welche sich das Leben schwer und bedeutungstief machen, und deren Blick und abgehärmter Leib von Nachtwachen, Hungern, glühendem Gebete, vielleicht selbst von Geißelhieben redet; diese erschüttern die Menschen und machen ihnen Angst: wie, wenn es *nötig* wäre, so zu leben? – dies ist die schauderhafte Frage, welche ihr Anblick auf die Zunge legt. Indem sie diesen Zweifel verbreiten, gründen sie immer von neuem wieder einen Pfeiler ihrer Macht; selbst die Freigesinnten wagen es nicht, dem derartig Selbstlosen mit hartem Wahrheitssinn zu widerstehen und zu sagen: »Betrogner du, betrüge nicht!« – Nur die Differenz der Einsichten trennt sie von ihm, durchaus keine Differenz der Güte oder Schlechtigkeit; aber was man nicht mag, pflegt man gewöhnlich auch ungerecht zu behandeln. So spricht man von der Schlauheit und der verruchten Kunst der Jesuiten, aber übersieht, welche Selbstüberwindung jeder einzelne Jesuit sich auferlegt und wie die erleichterte Lebenspraxis, welche die jesuitischen Lehrbücher predigen, durchaus nicht ihnen, sondern dem Laienstande zugute kommen soll. Ja man darf fragen, ob wir Aufgeklärten bei ganz gleicher Taktik und Organisation ebenso gute Werkzeuge, ebenso bewunderungswürdig durch Selbstbesiegung, Unermüdlichkeit, Hingebung sein würden.

56

Sieg der Erkenntnis über das radikale Böse. – Es trägt dem, der weise werden will, einen reichlichen Gewinn ein, eine Zeitlang einmal die Vorstellung vom gründlich bösen und verderbten Menschen gehabt zu haben: sie ist falsch, wie die entgegengesetzte; aber ganze Zeitstrecken hindurch besaß sie die Herrschaft, und ihre Wurzeln haben sich bis in uns und unsere Welt hinein verästet. Um *uns* zu begreifen, müssen wir *sie* begreifen; um aber dann höher zu steigen, müssen wir über sie hinwegsteigen. Wir erkennen dann, daß es keine Sünden im metaphysischen Sinne gibt; aber, im gleichen Sinne, auch keine Tugenden; daß dieses ganze Bereich sittlicher Vorstellungen fortwährend im Schwanken ist, daß es höhere und tiefere Begriffe von Gut und Böse, Sittlich und Unsittlich gibt. Wer nicht viel mehr von den Dingen begehrt, als Erkenntnis derselben, kommt leicht mit seiner Seele zur Ruhe und wird höchstens aus Unwissenheit, aber schwerlich aus Begehrlichkeit fehlgreifen (oder sündigen, wie die Welt es heißt). Er wird die Begierden nicht mehr verketzern und ausrotten wollen; aber sein einziges ihn völlig beherrschendes Ziel, zu aller Zeit so gut wie möglich zu *erkennen,* wird ihn kühl machen und alle Wildheit in seiner Anlage besänftigen. Überdies ist er eine Menge quälender Vorstellungen losgeworden, er empfindet nichts mehr bei dem Worte Höllenstrafen, Sündhaftigkeit, Unfähigkeit zum Guten: er erkennt darin nur die verschwebenden Schattenbilder falscher Welt- und Lebensbetrachtungen.

57

Moral als Selbstzerteilung des Menschen. – Ein guter Autor, der wirklich das Herz für seine Sache hat, wünscht, daß jemand komme und ihn selber dadurch vernichte, daß er dieselbe Sache deutlicher darstelle und die in ihr enthaltenen Fragen ohne Rest beantworte. Das liebende Mädchen wünscht, daß sie die hingebende Treue ihrer Liebe an der Untreue des Geliebten bewähren könne. Der Soldat wünscht, daß er für sein siegreiches Vaterland auf dem Schlachtfeld falle: denn in dem Siege seines Vaterlandes siegt sein höchstes Wünschen mit. Die Mutter gibt dem Kinde, was sie sich selber entzieht, Schlaf, die beste Speise, unter Umständen ihre Gesundheit, ihr Vermögen. – Sind dies alles aber unegoistische Zustände? Sind diese Taten der Moralität *Wunder,* weil sie, nach dem Ausdrucke Schopenhauers, »unmöglich und doch wirklich« sind? Ist es nicht deutlich, daß in all diesen Fällen der Mensch *etwas von sich,* einen Gedanken, ein Verlangen, ein Erzeugnis mehr liebt als *etwas anderes von sich,* daß er also sein Wesen *zerteilt* und dem einen Teil den anderen zum Opfer bringt? Ist es etwas *wesentlich* Verschiedenes, wenn ein Trotzkopf sagt: »Ich will lieber über den Haufen geschossen werden, als diesem Menschen da einen Schritt aus dem Wege gehn?« – Die *Neigung zu etwas* (Wunsch, Trieb, Verlangen) ist in allen genannten Fällen vorhanden; ihr nachzugeben, mit allen Folgen, ist jedenfalls nicht »unegoistisch«. – In der Moral behandelt sich der Mensch nicht als *individuum,* sondern als *dividuum.*

58

Was man versprechen kann. – Man kann Handlungen versprechen, aber keine Empfindungen; denn diese sind unwillkürlich. Wer jemandem verspricht, ihn immer zu lieben oder immer zu hassen oder ihm immer treu zu sein, verspricht etwas, das nicht in seiner Macht steht; wohl aber kann er solche Handlungen versprechen, welche zwar gewöhnlich die

Folgen der Liebe, des Hasses, der Treue sind, aber auch aus anderen Motiven entspringen können: denn zu einer Handlung führen mehrere Wege und Motive. Das Versprechen, jemanden immer zu lieben, heißt also: so lange ich dich liebe, werde ich dir die Handlungen der Liebe erweisen; liebe ich dich nicht mehr, so wirst du noch dieselben Handlungen, wenn auch aus anderen Motiven, immerfort von mir empfangen: so daß der Schein in den Köpfen der Mitmenschen bestehen bleibt, daß die Liebe unverändert und immer noch dieselbe sei. – Man verspricht also die Andauer des Anscheines der Liebe, wenn man ohne Selbstverblendung jemandem immerwährende Liebe gelobt.

59

Intellekt und Moral. – Man muß ein gutes Gedächtnis haben, um gegebene Versprechen halten zu können. Man muß eine starke Kraft der Einbildung haben, um Mitleid haben zu können. So eng ist die Moral an die Güte des Intellekts gebunden.

60

Sich rächen wollen und sich rächen. – Einen Rachegedanken haben und ausführen heißt einen heftigen Fieberanfall bekommen, der aber vorübergeht: einen Rachegedanken aber haben, ohne Kraft und Mut ihn auszuführen, heißt ein chronisches Leiden, eine Vergiftung an Leib und Seele mit sich herumtragen. Die Moral, welche nur auf die Absichten sieht, taxiert beide Fälle gleich; für gewöhnlich taxiert man den ersten Fall als den schlimmeren (wegen der bösen Folgen, welche die Tat der Rache vielleicht nach sich zieht). Beide Schätzungen sind kurzsichtig.

61

Warten-können. – Das Warten-können ist so schwer, daß die größten Dichter es nicht verschmäht haben, das Nicht-warten-Können zum Motiv ihrer Dichtungen zu machen. So Shakespeare im Othello, Sophokles im Ajax: dessen Selbstmord ihm, wenn er nur einen Tag noch seine Empfindung hätte abkühlen lassen, nicht mehr nötig geschienen hätte, wie der Orakelspruch andeutet; wahrscheinlich würde er den schrecklichen Einflüsterungen der verletzten Eitelkeit ein Schnippchen geschlagen und zu sich gesprochen haben: wer hat denn nicht schon, in meinem Falle, ein Schaf für einen Helden angesehen? ist es denn so etwas Ungeheures?

Im Gegenteil, es ist nur etwas allgemein Menschliches: Ajax durfte sich dergestalt Trost zusprechen. Die Leidenschaft will nicht warten; das Tragische im Leben großer Männer liegt häufig nicht in ihrem Konflikte mit der Zeit und der Niedrigkeit ihrer Mitmenschen, sondern in ihrer Unfähigkeit, ein Jahr, zwei Jahre ihr Werk zu verschieben; sie können nicht warten. – Bei allen Duellen haben die zuratenden Freunde das eine festzustellen, ob die beteiligten Personen noch warten können: ist dies nicht der Fall, so ist ein Duell vernünftig, insofern jeder von beiden sich sagt: »entweder lebe ich weiter, dann muß jener augenblicklich sterben, oder umgekehrt.« Warten hieße in solchem Falle an jener furchtbaren Marter der verletzten Ehre angesichts ihres Verletzers noch länger leiden; und dies kann eben mehr Leiden sein, als das Leben überhaupt wert ist.

62

Schwelgerei der Rache. – Grobe Menschen, welche sich beleidigt fühlen, pflegen den Grad der Beleidigung so hoch als möglich zu nehmen und erzählen die Ursache mit stark übertreibenden Worten, um nur in dem einmal erweckten Haß- und Rachegefühl sich recht ausschwelgen zu können.

63

Wert der Verkleinerung. – Nicht wenige, vielleicht die allermeisten Menschen haben, um ihre Selbstachtung und eine gewisse Tüchtigkeit im Handeln bei sich aufrecht zu erhalten, durchaus nötig, alle ihnen bekannten Menschen in ihrer Vorstellung herabzusetzen und zu verkleinern. Da aber die geringen Naturen in der Überzahl sind und es sehr viel daran liegt, ob sie jene Tüchtigkeit haben oder verlieren, so –

64

Der Aufbrausende. – Vor einem, der gegen uns aufbraust, soll man sich in acht nehmen wie vor einem, der uns einmal nach dem Leben getrachtet hat: denn *daß* wir noch leben, das liegt in der Abwesenheit der Macht zu töten; genügten Blicke, so wäre es längst um uns geschehen. Es ist ein Stück roher Kultur, durch Sichtbarwerdenlassen der physischen Wildheit, durch Furchterregen jemanden zum Schweigen zu bringen. – Ebenso ist jener kalte Blick, welchen Vornehme gegen ihre Bedienten haben, ein Überrest jener kastenmäßigen Abgrenzungen zwischen Mensch und Mensch, ein Stück rohen Altertums; die Frauen, die Bewahrerinnen des Alten, haben auch dies *survival* treuer bewahrt.

65

Wohin die Ehrlichkeit führen kann. – Jemand hatte die üble Angewohnheit, sich über die Motive, aus denen er handelte und die so gut und so schlecht waren wie die Motive aller Menschen, gelegentlich ganz ehrlich auszusprechen. Er erregte erst Anstoß, dann Verdacht, wurde allmählich geradezu verfehmt und in die Acht der Gesellschaft erklärt, bis endlich die Justiz sich eines so verworfenen Wesens erinnerte, bei Gelegenheiten, wo sie sonst kein Auge hatte, oder dasselbe zudrückte. Der Mangel an Schweigsamkeit über das allgemeine Geheimnis und der unverantwortliche Hang zu sehen, was keiner sehen will – sich selber –, brachten ihn zu Gefängnis und frühzeitigem Tod.

66

Sträflich, nie gestraft. – Unser Verbrechen gegen Verbrecher besteht darin, daß wir sie wie Schufte behandeln.

67

Sancta simplicitas der Tugend. – Jede Tugend hat Vorrechte: zum Beispiel dies, zu dem Scheiterhaufen eines Verurteilten ihr eigenes Bündchen Holz zu liefern.

68

Moralität und Erfolg. – Nicht nur die Zuschauer einer Tat bemessen häufig das Moralische oder Unmoralische an derselben nach dem Erfolge: nein, der Täter selbst tut dies. Denn die Motive und Absichten sind selten deutlich und einfach genug, und mitunter scheint selbst das Gedächtnis durch den Erfolg der Tat getrübt, so daß man seiner Tat selber falsche Motive unterschiebt oder die unwesentlichen Motive als wesentliche behandelt. Der Erfolg gibt oft einer Tat den vollen ehrlichen Glanz des guten Gewissens, ein Mißerfolg legt den Schatten von Gewissensbissen über die achtungswürdigste Handlung. Daraus ergibt sich die bekannte Praxis des Politikers, welcher denkt: »gebt mir nur den Erfolg: mit ihm habe ich auch alle ehrlichen Seelen auf meine Seite gebracht – und mich vor mir selber ehrlich gemacht.« – Auf ähnliche Weise soll der Erfolg die bessere Begründung ersetzen. Noch jetzt meinen viele Gebildete, der Sieg des Christentums über die griechische Philosophie sei ein Beweis für die größere Wahrheit des ersteren – obwohl in diesem Falle nur das Gröbere und

Gewaltsamere über das Geistigere und Zarte gesiegt hat. Wie es mit der größeren Wahrheit steht, ist daraus zu ersehen, daß die erwachenden Wissenschaften Punkt um Punkt an Epikurs Philosophie angeknüpft, das Christentum aber Punkt um Punkt zurückgewiesen haben.

69

Liebe und Gerechtigkeit. – Warum überschätzt man die Liebe zuungunsten der Gerechtigkeit und sagt die schönsten Dinge von ihr, als ob sie ein viel höheres Wesen als jene sei? Ist sie denn nicht ersichtlich dümmer als jene? – Gewiß, aber gerade deshalb um so viel *angenehmer* für alle. Sie ist dumm und besitzt ein reiches Füllhorn; aus ihm teilt sie ihre Gaben aus, an jedermann, auch wenn er sie nicht verdient, ja ihr nicht einmal dafür dankt. Sie ist unparteiisch wie der Regen, welcher, nach der Bibel und der Erfahrung, nicht nur den Ungerechten, sondern unter Umständen auch den Gerechten bis auf die Haut naß macht.

70

Hinrichtung. – Wie kommt es, daß jede Hinrichtung uns mehr beleidigt als ein Mord? Es ist die Kälte der Richter, die peinliche Vorbereitung, die Einsicht, daß hier ein Mensch als Mittel benutzt wird, um andre abzuschrecken. Denn die Schuld wird nicht bestraft, selbst wenn es eine gäbe: diese liegt in Erziehern, Eltern, Umgebungen, in uns, nicht im Mörder – ich meine die veranlassenden Umstände.

71

Die Hoffnung. – Pandora brachte das Faß mit den Übeln und öffnete es. Es war das Geschenk der Götter an die Menschen, von außen ein schönes verführerisches Geschenk und »Glücksfaß« zubenannt. Da flogen all die Übel, lebendige beschwingte Wesen heraus: von da an schweifen sie nun herum und tun den Menschen Schaden bei Tag und Nacht. Ein einziges Übel war noch nicht aus dem Faß herausgeschlüpft: da schlug Pandora nach Zeus' Willen den Deckel zu, und so blieb es darin. Für immer hat der Mensch nun das Glücksfaß im Hause und meint Wunder, was für einen Schatz er in ihm habe; es steht ihm zu Diensten, er greift darnach, wenn es ihn gelüstet; denn er weiß nicht, daß jenes Faß, welches Pandora brachte, das Faß der Übel war, und hält das zurückgebliebene Übel für das größte Glücksgut – es ist die Hoffnung. – Zeus wollte nämlich, daß der Mensch, auch noch so sehr durch die anderen Übel gequält, doch das Leben nicht wegwerfe, sondern fortfahre, sich immer von neuem quälen zu lassen. Dazu gibt er dem Menschen die Hoffnung: sie ist in Wahrheit das übelste der Übel, weil sie die Qual der Menschen verlängert.

72

Grad der moralischen Erhitzbarkeit unbekannt. – Davon, daß man gewisse erschütternde Anblicke und Eindrücke gehabt oder nicht gehabt hat, zum Beispiel eines unrecht gerichteten, getöteten oder gemarterten Vaters, einer untreuen Frau, eines grausamen feindlichen Überfalls, hängt es ab, ob unsre Leidenschaften zur Glühhitze kommen und das ganze Leben lenken oder nicht. Keiner weiß, wozu ihn die Umstände, das Mitleid, die Entrüstung treiben können, er kennt den Grad seiner Erhitzbarkeit nicht. Erbärmliche kleine Verhältnisse machen erbärmlich; es ist gewöhnlich nicht die Qualität der Erlebnisse, sondern ihre Quantität, von welcher der niedere und höhere Mensch abhängt, im Guten und Bösen.

73

Der Märtyrer wider Willen. – In einer Partei gab es einen Menschen, der zu ängstlich und feige war, um je seinen Kameraden zu widersprechen: man brauchte ihn zu jedem Dienst, man erlangte von ihm alles, weil er sich vor der schlechten Meinung bei seinen Gesellen mehr als vor dem Tode fürchtete; es war eine erbärmliche schwache Seele. Sie erkannten dies und machten auf Grund der erwähnten Eigenschaften aus ihm einen Heros und zuletzt gar einen Märtyrer. Obwohl der feige Mensch innerlich immer Nein sagte, sprach er mit den Lippen immer Ja, selbst noch auf dem Schafott, als er für die Ansichten seiner Partei starb: neben ihm stand nämlich einer seiner alten Genossen, der ihn durch Wort und Blick so tyrannisierte, daß er wirklich auf die anständigste Weise den Tod erlitt und seitdem als Märtyrer und großer Charakter gefeiert wird.

74

Alltags-Maßstab. – Man wird selten irren, wenn man extreme Handlungen auf Eitelkeit, mittelmäßige auf Gewöhnung und kleinliche auf Furcht zurückführt.

75

Mißverständnis über die Tugend. – Wer die Untugend in Verbindung mit der Lust kennengelernt hat, wie der, welcher eine genußsüchtige Jugend hinter sich hat, bildet sich ein, daß die Tugend mit der Unlust verbunden sein müsse. Wer dagegen von seinen Leidenschaften und Lastern sehr geplagt worden ist, ersehnt in der Tugend die Ruhe und das Glück der Seele. Daher ist es möglich, daß zwei Tugendhafte einander gar nicht verstehen.

76

Der Asket. – Der Asket macht aus der Tugend eine Not.

77

Die Ehre von der Person auf die Sache übertragen. – Man ehrt allgemein die Handlungen der Liebe und Aufopferung zugunsten des Nächsten, wo sie sich auch immer zeigen. Dadurch vermehrt man die *Schätzung der Dinge,* welche in jener Art geliebt werden oder für welche man sich aufopfert: obwohl sie vielleicht an sich nicht viel wert sind. Ein tapferes Heer überzeugt von der Sache, für welche es kämpft.

78

Ehrgeiz ein Surrogat des moralischen Gefühls. – Das moralische Gefühl darf in solchen Naturen nicht fehlen, welche keinen Ehrgeiz haben. Die Ehrgeizigen behelfen sich auch ohne dasselbe, mit fast gleichem Erfolge. – Deshalb werden Söhne aus bescheidenen, dem Ehrgeiz abgewandten Familien, wenn sie einmal das moralische Gefühl verlieren, gewöhnlich in schneller Steigerung zu vollkommenen Lumpen.

79

Eitelkeit bereichert. – Wie arm wäre der menschliche Geist ohne die Eitelkeit! So aber gleicht er einem wohlgefüllten und immer neu sich füllenden Warenmagazin, welches Käufer jeder Art anlockt: alles fast können sie finden, alles haben, vorausgesetzt daß sie die gültige Münzsorte (Bewunderung) mit sich bringen.

80

Greis und Tod. – Abgesehen von den Forderungen, welche die Religion stellt, darf man wohl fragen: warum sollte es für einen altgewordenen Mann, welcher die Abnahme seiner Kräfte spürt, rühmlicher sein, seine langsame Erschöpfung und Auflösung abzuwarten, als sich mit vollem Bewußtsein ein Ziel zu setzen? Die Selbsttötung ist in diesem Falle eine ganz natürliche naheliegende Handlung, welche als ein Sieg der Vernunft billigerweise Ehrfurcht erwecken sollte: und auch erweckt hat, in jenen Zeiten, als die Häupter der griechischen Philosophie und die wakkersten römischen Patrioten durch Selbsttötung zu sterben pflegten. Die Sucht dagegen, sich mit ängstlicher Beratung von Ärzten und peinlichster Lebensart von Tag zu Tage fortzufristen, ohne Kraft, dem eigentlichen Lebensziel noch näher zu kommen, ist viel weniger achtbar. – Die Religionen sind reich an Ausflüchten vor der Forderung der Selbsttötung: dadurch schmeicheln sie sich bei denen ein, welche in das Leben verliebt sind.

81

Irrtümer des Leidenden und des Täters. – Wenn der Reiche dem Armen ein Besitztum nimmt (zum Beispiel ein Fürst dem Plebejer die Geliebte), so entsteht in dem Armen ein Irrtum; er meint, jener müsse ganz verrucht sein, um ihm das wenige, was er habe, zu nehmen. Aber jener empfindet den Wert eines *einzelnen* Besitztums gar nicht so tief, weil er gewöhnt ist, viele zu haben: so kann er sich nicht in die Seele des Armen versetzen und tut lange nicht so sehr unrecht, als dieser glaubt. Beide haben voneinander eine falsche Vorstellung. Das Unrecht des Mächtigen, welches am meisten in der Geschichte empört, ist lange nicht so groß, wie es scheint. Schon die angeerbte Empfindung, ein höheres Wesen mit höheren Ansprüchen zu sein, macht ziemlich kalt und läßt das Gewissen ruhig: wir alle sogar empfinden, wenn der Unterschied zwischen uns und einem anderen Wesen sehr groß ist, gar nichts mehr von Unrecht und töten eine Mücke zum Beispiel ohne jeden Gewissensbiß. So ist es kein Zeichen von Schlechtigkeit bei Xerxes (den selbst alle Griechen als hervorragend edel schildern), wenn er dem Vater seinen Sohn nimmt und ihn zerstückeln läßt, weil dieser ein ängstliches, ominöses Mißtrauen gegen den ganzen Heerzug geäußert hatte: der einzelne wird in diesem Falle wie ein unangenehmes Insekt beseitigt: er steht zu niedrig, um länger quälende Empfindungen bei einem Weltherrscher erregen zu dürfen. Ja, jeder Grausame ist nicht in *dem* Maße grausam, als es der Mißhandelte glaubt; die Vorstellung des Schmerzes ist nicht dasselbe wie das Leiden desselben. Ebenso steht es mit dem ungerechten Richter, mit dem

Journalisten, welcher mit kleinen Unredlichkeiten die öffentliche Meinung irreführt. Ursache und Wirkung sind in allen diesen Fällen von ganz verschiedenen Empfindungs- und Gedankengruppen umgeben; während man unwillkürlich voraussetzt, daß Täter und Leidender gleich denken und empfinden, und gemäß dieser Voraussetzung die Schuld des einen nach dem Schmerz des andern mißt.

82

Haut der Seele. – Wie die Knochen, Fleischstücke, Eingeweide und Blutgefäße mit einer Haut umschlossen sind, die den Anblick des Menschen erträglich macht, so werden die Regungen und Leidenschaften der Seele durch die Eitelkeit umhüllt: sie ist die Haut der Seele.

83

Schlaf der Tugend. – Wenn die Tugend geschlafen hat, wird sie frischer aufstehen.

84

Feinheit der Scham. – Die Menschen schämen sich nicht, etwas Schmutziges zu denken, aber wohl, wenn sie sich vorstellen, daß man ihnen diese schmutzigen Gedanken zutraue.

85

Bosheit ist selten. – Die meisten Menschen sind viel zu sehr mit sich beschäftigt, um boshaft zu sein.

86

Das Zünglein an der Waage. – Man lobt oder tadelt, je nachdem das eine oder das andre mehr Gelegenheit gibt, unsere Urteilskraft leuchten zu lassen.

87

Lukas 18,14 verbessert. – Wer sich selbst erniedrigt, will erhöhet werden.

88

Verhinderung des Selbstmordes. – Es gibt ein Recht, wonach wir einem Menschen das Leben nehmen, aber keines, wonach wir ihm das Sterben nehmen: dies ist nur Grausamkeit.

89

Eitelkeit. – Uns liegt an der guten Meinung der Menschen, einmal weil sie uns nützlich ist, sodann weil wir ihnen Freude machen wollen (Kinder den Eltern, Schüler den Lehrern und wohlwollende Menschen überhaupt allen übrigen Menschen). Nur wo jemandem die gute Meinung der Menschen wichtig ist, abgesehen vom Vorteil oder von seinem Wunsche, Freude zu machen, reden wir von Eitelkeit. In diesem Falle will sich der Mensch selber eine Freude machen, aber auf Unkosten seiner Mitmenschen, indem er diese entweder zu einer falschen Meinung über sich verführt oder es gar auf einen Grad der »guten Meinung« absieht, wo diese allen anderen peinlich werden muß (durch Erregung von Neid). Der einzelne will gewöhnlich durch die Meinung anderer die Meinung, die er von sich hat, beglaubigen und vor sich selber bekräftigen; aber die mächtige Gewöhnung an Autorität – eine Gewöhnung, die so alt als der Mensch ist – bringt viele auch dazu, ihren eigenen Glauben an sich auf Autorität zu stützen, also erst aus der Hand anderer anzunehmen: sie trauen der Urteilskraft anderer mehr als der eigenen. – Das Interesse an sich selbst, der Wunsch, sich zu vergnügen, erreicht bei dem Eitlen eine solche Höhe, daß er die anderen zu einer falschen, allzu hohen Taxation seiner selbst verführt und dann doch sich an die Autorität der anderen hält: also den Irrtum herbeiführt und doch ihm Glauben schenkt. – Man muß sich also eingestehen, daß die eitlen Menschen nicht sowohl anderen gefallen wollen als sich selbst, und daß sie so weit gehen, ihren Vorteil dabei zu vernachlässigen; denn es liegt ihnen oft daran, ihre Mitmenschen ungünstig, feindlich, neidisch, also schädlich gegen sich zu stimmen, nur um die Freude an sich selber, den Selbstgenuß, zu haben.

90

Grenze der Menschenliebe. – Jeder, welcher sich dafür erklärt hat, daß der andere ein Dummkopf, ein schlechter Geselle sei, ärgert sich, wenn jener schließlich zeigt, daß er es nicht ist.

91

Moralité larmoyante. – Wieviel Vergnügen macht die Moralität! Man denke nur, was für ein Meer angenehmer Tränen schon bei Erzählungen edler, großmütiger Handlungen geflossen ist! – Dieser Reiz des Lebens würde schwinden, wenn der Glaube an die völlige Unverantwortlichkeit überhandnähme.

92

Ursprung der Gerechtigkeit. – Die Gerechtigkeit (Billigkeit) nimmt ihren Ursprung unter ungefähr *gleich Mächtigen*, wie dies Thukydides (in dem furchtbaren Gespräche der athenischen und melischen Gesandten) richtig begriffen hat: wo es keine deutlich erkennbare Übergewalt gibt und ein Kampf zum erfolglosen gegenseitigen Schädigen würde, da entsteht der Gedanke, sich zu verständigen und über die beiderseitigen Ansprüche zu verhandeln: der Charakter des *Tausches* ist der anfängliche Charakter der Gerechtigkeit. Jeder stellt den anderen zufrieden, indem jeder bekommt, was er mehr schätzt als der andere. Man gibt jedem, was er haben will, als das nunmehr Seinige, und empfängt dagegen das Gewünschte. Gerechtigkeit ist also Vergeltung und Austausch unter der Voraussetzung einer ungefähr gleichen Machtstellung: so gehört ursprünglich die Rache in den Bereich der Gerechtigkeit, sie ist ein Austausch. Ebenso die Dankbarkeit. – Gerechtigkeit geht natürlich auf den Gesichtspunkt einer einsichtigen Selbsterhaltung zurück, also auf den Egoismus jener Überlegung: »wozu sollte ich mich nutzlos schädigen und mein Ziel vielleicht doch nicht erreichen?« – Soviel vom *Ursprung* der Gerechtigkeit. Dadurch, daß die Menschen, ihrer intellektuellen Gewohnheit gemäß, den ursprünglichen Zweck sogenannter gerechter, billiger Handlungen *vergessen* haben und namentlich, weil durch Jahrtausende hindurch die Kinder angelernt worden sind, solche Handlungen zu bewundern und nachzuahmen, ist allmählich der Anschein entstanden, als sei eine gerechte Handlung eine unegoistische: auf diesem Anschein aber beruht die hohe Schätzung derselben, welche überdies, wie alle Schätzungen, fortwährend noch im Wachsen ist: denn etwas Hochgeschätztes wird mit Aufopferung erstrebt, nachgeahmt, vervielfältigt, und wächst dadurch, daß der Wert der aufgewandten Mühe und Beeiferung von jedem einzelnen noch zum Werte des geschätzten Dinges hinzugeschlagen wird. – Wie wenig moralisch sähe die Welt ohne die Vergeßlichkeit aus! Ein Dichter könnte sagen, daß Gott die Vergeßlichkeit als Türhüterin an die Tempelschwelle der Menschenwürde hingelagert habe.

93

Vom Rechte des Schwächeren. – Wenn sich jemand unter Bedingungen einem Mächtigeren unterwirft, zum Beispiel eine belagerte Stadt, so ist die Gegenbedingung die, daß man sich vernichten, die Stadt verbrennen und so dem Mächtigen eine große Einbuße machen kann. Deshalb entsteht hier eine Art *Gleichstellung,* auf Grund welcher Rechte festgesetzt werden können. Der Feind hat seinen Vorteil an der Erhaltung. – Insofern gibt es auch Rechte zwischen Sklaven und Herren, das heißt genau in dem Maße, in welchem der Besitz des Sklaven seinem Herrn nützlich und wichtig ist. Das *Recht* geht ursprünglich *so weit,* als einer dem andern wertvoll, wesentlich, unverlierbar, unbesiegbar und dergleichen *erscheint.* In dieser Hinsicht hat auch der Schwächere noch Rechte, aber geringere. Daher das berühmte *unusquisque tantum juris habet, quantum potentia valet* (oder genauer: *quantum potentia valere creditur*).

94

Die drei Phasen der bisherigen Moralität. – Es ist das erste Zeichen, daß das Tier Mensch geworden ist, wenn sein Handeln nicht mehr auf das augenblickliche Wohlbefinden, sondern auf das dauernde sich bezieht, daß der Mensch also *nützlich, zweckmäßig* wird: da bricht zuerst die freie Herrschaft der Vernunft heraus. Eine noch höhere Stufe ist erreicht, wenn er nach dem Prinzip der *Ehre* handelt; vermöge desselben ordnet er sich ein, unterwirft sich gemeinsamen Empfindungen, und das erhebt ihn hoch über die Phase, in der nur die persönlich verstandene Nützlichkeit ihn leitete: er achtet und will geachtet werden, das heißt: er begreift den Nutzen als abhängig von dem, was er über andere, was andere über ihn meinen. Endlich handelt er, auf der höchsten Stufe der *bisherigen* Moralität, nach *seinem* Maßstab über die Dinge und Menschen: er selber bestimmt für sich und andere, was ehrenvoll, was nützlich ist; er ist zum Gesetzgeber der Meinungen geworden, gemäß dem immer höher entwikkelten Begriff des Nützlichen und Ehrenhaften. Die Erkenntnis befähigt ihn, das Nützlichste, das heißt den allgemeinen dauernden Nutzen dem persönlichen, die ehrende Anerkennung von allgemeiner dauernder Geltung der momentanen voranzustellen: er lebt und handelt als Kollektiv-Individuum.

95

Moral des reifen Individuums. – Man hat bisher als das eigentliche Kennzeichen der moralischen Handlung das Unpersönliche angesehen;

und es ist nachgewiesen, daß zu Anfang die Rücksicht auf den allgemeinen Nutzen es war, derentwegen man alle unpersönlichen Handlungen lobte und auszeichnete. Sollte nicht eine bedeutende Umwandlung dieser Ansichten bevorstehen, jetzt, wo immer besser eingesehen wird, daß gerade in der möglichst *persönlichen* Rücksicht auch der Nutzen für das Allgemeine am größten ist: so daß gerade das streng persönliche Handeln dem jetzigen Begriff der Moralität (als einer allgemeinen Nützlichkeit) entspricht? Aus sich eine ganze *Person* machen und in allem, was man tut, deren *höchstes Wohl* ins Auge zu fassen – das bringt weiter als jene mitleidigen Regungen und Handlungen zugunsten anderer. Wir alle leiden freilich noch immer an der allzugeringen Beachtung des Persönlichen an uns, es ist schlecht ausgebildet – gestehen wir es uns ein: man hat vielmehr unsern Sinn gewaltsam von ihm abgezogen und dem Staate, der Wissenschaft, dem Hilfebedürftigen zum Opfer angeboten, wie als ob es das Schlechte wäre, das geopfert werden müßte. Auch jetzt wollen wir für unsere Mitmenschen arbeiten, aber nur so weit, als wir unsern eigenen höchsten Vorteil in dieser Arbeit finden, nicht mehr, nicht weniger. Es kommt nur darauf an, was man als *seinen Vorteil* versteht; gerade das unreife, unentwickelte, rohe Individuum wird ihn auch am rohesten verstehen.

96

Sitte und sittlich. – Moralisch, sittlich, ethisch sein heißt Gehorsam gegen ein altbegründetes Gesetz oder Herkommen haben. Ob man mit Mühe oder gern sich ihm unterwirft, ist dabei gleichgültig, genug, daß man es tut. »Gut« nennt man den, welcher wie von Natur, nach langer Vererbung, also leicht und gern das Sittliche tut, je nachdem dies ist (zum Beispiel Rache übt, wenn Rache-üben wie bei den älteren Griechen zur guten Sitte gehört). Er wird gut genannt, weil er »wozu« gut ist; da aber Wohlwollen, Mitleiden und dergleichen in dem Wechsel der Sitten immer als »gut wozu«, als nützlich empfunden wurde, so nennt man jetzt vornehmlich den Wohlwollenden, Hilfreichen »gut«. Böse ist »nicht sittlich« (unsittlich) sein, Unsitte üben, dem Herkommen widerstreben, wie vernünftig oder dumm dasselbe auch sei; das Schädigen des Nächsten ist aber in allen den Sittengesetzen der verschiedenen Zeiten vornehmlich als schädlich empfunden worden, so daß wir jetzt namentlich bei dem Wort »böse« an die freiwillige Schädigung des Nächsten denken. Nicht das »Egoistische« und das »Unegoistische« ist der Grundgegensatz, welcher die Menschen zur Unterscheidung von Sittlich und Unsittlich, Gut und Böse gebracht hat, sondern: Gebundensein an ein Herkommen, Gesetz, und Lösung davon. Wie das Herkommen *entstanden* ist, das ist dabei gleichgültig, jedenfalls ohne Rücksicht auf Gut und Böse oder irgendeinen immanenten kategorischen Imperativ, sondern vor allem zum Zweck der Erhaltung einer *Gemeinde*, eines Volkes; jeder abergläubische Brauch, der auf Grund eines falsch gedeuteten Zufalls entstanden ist, erzwingt ein Herkommen, welchem zu folgen sittlich ist; sich von ihm lösen ist nämlich gefährlich, für die *Gemeinschaft* noch mehr schädlich als für den einzelnen (weil die Gottheit den Frevel und jede Verletzung ihrer Vorrechte an der Gemeinde und nur insofern auch am Individuum straft). Nun wird jedes Herkommen fortwährend ehrwürdiger, je weiter der Ursprung abliegt, je mehr dieser vergessen ist; die ihm gezollte Verehrung häuft sich von Generation zu Generation auf, das Herkommen wird zuletzt heilig und erweckt Ehrfurcht; und so ist jedenfalls die Moral der Pietät eine viel ältere Moral als die, welche unegoistische Handlungen verlangt.

97

Die Lust in der Sitte. – Eine wichtige Gattung der Lust und damit der Quelle der Moralität entsteht aus der Gewohnheit. Man tut das Gewohnte leichter, besser, also lieber, man empfindet dabei eine Lust, und weiß aus der Erfahrung, daß das Gewohnte sich bewährt hat, also nützlich ist; eine Sitte, mit der sich leben läßt, ist als heilsam, förderlich bewiesen, im Gegensatz zu allen neuen, noch nicht bewährten Versuchen. Die Sitte ist demnach die Vereinigung des Angenehmen und des Nützlichen, überdies macht sie kein Nachdenken nötig. Sobald der Mensch Zwang ausüben kann, übt er ihn aus, um seine *Sitten* durchzusetzen und einzuführen, denn für ihn sind sie die bewährte Lebensweisheit. Ebenso zwingt eine Gemeinschaft von Individuen jedes einzelne zur selben Sitte. Hier ist der Fehlschluß: weil man sich mit einer Sitte wohlfühlt oder wenigstens weil man vermittelst derselben seine Existenz durchsetzt, so ist diese Sitte notwendig, denn sie gilt als die *einzige* Möglichkeit, unter der man sich wohlfühlen kann; das Wohlgefühl des Lebens scheint allein aus ihr hervorzuwachsen. Diese Auffassung des Gewohnten als einer Bedingung des Daseins wird bis auf die kleinsten Einzelheiten der Sitte durchgeführt: da die Einsicht in die wirkliche Kausalität bei den niedrig stehenden Völkern und Kulturen sehr gering ist, so sieht man mit abergläubischer Furcht darauf, daß alles seinen gleichen Gang gehe; selbst wo die Sitte schwer, hart, lästig ist, wird sie ihrer scheinbar höchsten Nützlichkeit wegen bewahrt. Man weiß nicht, daß derselbe Grad von Wohlbefinden auch bei anderen Sitten bestehen kann und daß selbst höhere Grade sich erreichen lassen. Wohl aber nimmt man wahr, daß alle Sitten, auch die härtesten, mit der Zeit angenehmer und milder werden, und daß auch die strengste Lebensweise zur Gewohnheit und damit zur Lust werden kann.

98

Lust und sozialer Instinkt. – Aus seinen Beziehungen zu anderen Menschen gewinnt der Mensch eine neue Gattung von *Lust* zu jenen Lustempfindungen hinzu, welche er aus sich selber nimmt; wodurch er das Reich der Lustempfindung überhaupt bedeutend umfänglicher macht. Vielleicht hat er mancherlei, das hierher gehört, schon von den Tieren her überkommen, welche ersichtlich Lust empfinden, wenn sie miteinander spielen, namentlich die Mütter mit den Jungen. Sodann gedenke man der geschlechtlichen Beziehungen, welche jedem Männchen ungefähr jedes Weibchen interessant in Ansehung der Lust erscheinen lassen und umgekehrt. Die Lustempfindung auf Grund menschlicher Beziehungen macht im allgemeinen den Menschen besser; die gemeinsame Freude, die Lust, mitsammen genossen, erhöht dieselbe, sie gibt dem einzelnen Sicherheit, macht ihn gutmütiger, löst das Mißtrauen, den Neid: denn man fühlt sich selber wohl und sieht den andern in gleicher Weise sich wohlfühlen. Die *gleichartigen Äußerungen der Lust* erwecken die Phantasie der Mitempfindung, das Gefühl, etwas Gleiches zu sein: dasselbe tun auch die gemeinsamen Leiden, dieselben Unwetter, Gefahren, Feinde. Darauf baut sich dann wohl das älteste Bündnis auf: dessen Sinn die gemeinsame Beseitigung und Abwehr einer drohenden Unlust zum Nutzen jedes einzelnen ist. Und so wächst der soziale Instinkt aus der Lust heraus.

99

Das Unschuldige an den sogenannten bösen Handlungen. – Alle »bösen« Handlungen sind motiviert durch den Trieb der Erhaltung oder, noch genauer, durch die Absicht auf Lust und Vermeiden der Unlust des Individuums; als solchermaßen motiviert aber nicht böse. »Schmerz bereiten an sich« *existiert nicht,* außer im Gehirn der Philosophen, ebensowenig »Lust bereiten an sich« (Mitleid im Schopenhauerschen Sinne). In dem Zustande *vor* dem Staate töten wir das Wesen, sei es Affe oder Mensch, welches uns eine Frucht des Baumes vorwegnehmen will, wenn wir gerade Hunger haben und auf den Baum zulaufen: wie wir es noch jetzt bei Wanderungen in unwirtliche Gegenden mit dem Tiere tun würden. – Die bösen Handlungen, welche uns jetzt am meisten empören, beruhen auf dem Irrtume, daß der andere, welcher sie uns zufügt, freien Willen habe, also daß es in seinem *Belieben* gelegen habe, uns dies Schlimme nicht anzutun. Dieser Glaube an das Belieben erregt den Haß, die Rachlust, die Tücke, die ganze Verschlechterung der Phantasie, während wir einem Tiere viel weniger zürnen, weil wir dies als unverantwortlich betrachten. Leid tun nicht aus Erhaltungstrieb, sondern zur Vergeltung – ist Folge eines falschen Urteils und deshalb ebenfalls unschuldig. Der einzelne kann im Zustande, welcher vor dem Staat liegt, zur *Abschreckung* andere Wesen hart und grausam behandeln: um seine Existenz durch solche abschreckende Proben seiner Macht sicherzustellen. So handelt der Gewalttätige, Mächtige, der ursprüngliche Staatengründer, welcher sich die Schwächeren unterwirft. Er hat dazu das Recht, wie es jetzt noch der Staat sich nimmt; oder vielmehr: es gibt kein Recht, welches dies hindern kann. Es kann erst dann der Boden für alle Moralität zurechtgemacht werden, wenn ein größeres Individuum oder ein Kollektiv-Individuum, zum Beispiel die Gesellschaft, der Staat, die einzelnen unterwirft, also aus ihrer Vereinzelung herauszieht und in einen Verband einordnet. Der Moralität geht der *Zwang* voraus, ja sie selber ist noch eine Zeitlang Zwang, dem man sich, zur Vermeidung der Unlust, fügt. Später wird sie Sitte, noch später freier Gehorsam, endlich beinahe Instinkt: dann ist sie wie alles lang Gewöhnte und Natürliche mit Lust verknüpft – und heißt nun *Tugend.*

100

Scham. – Die Scham existiert überall, wo es ein »Mysterium« gibt; dies ist aber ein religiöser Begriff, welcher in der älteren Zeit der menschlichen Kultur einen großen Umfang hatte. Überall gab es umgrenzte Gebiete, zu welchen das göttliche Recht den Zutritt versagte, außer unter bestimmten Bedingungen: zu allererst ganz räumlich, insofern gewisse Stätten vom Fuße der Uneingeweihten nicht zu betreten waren und in deren Nähe diese Schauder und Angst empfanden. Dies Gefühl wurde vielfach auf andere Verhältnisse übertragen, zum Beispiel auf die geschlechtlichen Verhältnisse, welche als ein Vorrecht und Adyton des reiferen Alters den Blicken der Jugend, zu deren Vorteil, entzogen werden sollten: Verhältnisse, zu deren Schutz und Heilighaltung viele Götter tätig und im ehelichen Gemache als Wächter aufgestellt gedacht wurden. (Im Türkischen heißt deshalb dies Gemach Harem, »Heiligtum«, wird also mit demselben Worte bezeichnet, welches für die Vorhöfe der Moscheen üblich ist.) So ist das Königtum als ein Zentrum, von wo Macht und Glanz ausstrahlt, dem Unterworfenen ein Mysterium voller Heimlichkeit und Scham: wovon viele Nachwirkungen noch jetzt, unter Völkern, die sonst keineswegs zu den verschämten gehören, zu fühlen sind. Ebenso ist die ganze Welt innerer Zustände, die sogenannte »Seele«, auch jetzt noch für alle Nicht-Philosophen ein Mysterium, nachdem diese, endlose Zeiten hindurch, als göttlichen Ursprungs, als göttlichen Verkehrs würdig geglaubt wurde: sie ist demnach ein Adyton und erweckt Scham.

101

Richtet nicht. – Man muß sich hüten, bei der Betrachtung früherer Perioden nicht in ein ungerechtes Schimpfen zu geraten. Die Ungerechtigkeit in der Sklaverei, die Grausamkeit in der Unterwerfung von Personen und Völkern ist nicht mit unserem Maße zu messen. Denn damals war der Instinkt der Gerechtigkeit noch nicht so weit gebildet. Wer darf dem Genfer Calvin die Verbrennung des Arztes Servet vorwerfen? Es war eine konsequente, aus seinen Überzeugungen fließende Handlung, und ebenso hatte die Inquisition ein gutes Recht; nur waren die herrschenden Ansichten falsch und ergaben eine Konsequenz, welche uns hart erscheint, weil uns jene Ansichten fremd geworden sind. Was ist übrigens Verbrennen eines einzelnen im Vergleich mit ewigen Höllenstrafen für fast alle! Und doch beherrschte diese Vorstellung damals alle Welt, ohne mit ihrer viel größeren Schrecklichkeit der Vorstellung von einem Gotte wesentlich Schaden zu tun. Auch bei uns werden politische Sektierer hart und grausam behandelt, aber weil man an die Notwendigkeit des Staates zu glauben gelernt hat, so empfindet man hier die Grausamkeit nicht so sehr wie dort, wo wir die Anschauungen verwerfen. Die Grausamkeit gegen Tiere bei Kindern und Italienern geht auf Unverständnis zurück; das Tier ist namentlich durch die Interessen der kirchlichen Lehre zu weit hinter den Menschen zurückgesetzt worden. – Auch mildert sich vieles Schreckliche und Unmenschliche in der Geschichte, an welches man kaum glauben möchte, durch die Betrachtung, daß der Befehlende und der Ausführende andere Personen sind: ersterer hat den Anblick nicht und daher nicht den starken Phantasie-Eindruck, letzterer gehorcht einem Vorgesetzten und fühlt sich unverantwortlich. Die meisten Fürsten und Militärchefs erscheinen, aus Mangel an Phantasie, leicht grausam und hart, ohne es zu sein. – *Der Egoismus ist nicht böse,* weil die Vorstellung vom »Nächsten« – das Wort ist christlichen Ursprungs und entspricht der Wahrheit nicht – in uns sehr schwach ist; und wir uns gegen ihn beinahe wie gegen Pflanze und Stein frei und unverantwortlich fühlen. Daß der andere leidet, ist zu *lernen*: und völlig kann es nie gelernt werden.

102

»Der Mensch handelt immer gut.« – Wir klagen die Natur nicht als unmoralisch an, wenn sie uns ein Donnerwetter schickt und uns naß macht: warum nennen wir den schädigenden Menschen unmoralisch? Weil wir hier einen willkürlich waltenden, freien Willen, dort Notwendigkeit annehmen. Aber diese Unterscheidung ist ein Irrtum. Sodann: selbst das absichtliche Schädigen nennen wir nicht unter allen Umständen unmora-

lisch; man tötet zum Beispiel eine Mücke unbedenklich mit Absicht, bloß weil uns ihr Singen mißfällt, man straft den Verbrecher absichtlich und tut ihm Leid an, um uns und die Gesellschaft zu schützen. Im ersten Falle ist es das Individuum, welches, um sich zu erhalten oder selbst um sich keine Unlust zu machen, absichtlich Leid tut; im zweiten der Staat. Alle Moral läßt absichtliches Schadentun gelten bei *Notwehr*: das heißt wenn es sich um die *Selbsterhaltung* handelt. Aber diese beiden Gesichtspunkte *genügen*, um alle bösen Handlungen gegen Menschen, von Menschen ausgeübt, zu erklären: man will für sich Lust oder will Unlust abwehren; in irgendeinem Sinne handelt es sich immer um Selbsterhaltung. Sokrates und Plato haben recht: was auch der Mensch tue, er tut immer das Gute, das heißt: das, was ihm gut (nützlich) scheint, je nach dem Grade seines Intellektes, dem jedesmaligen Maße seiner Vernünftigkeit.

103

Das Harmlose an der Bosheit. – Die Bosheit hat nicht das Leid des andern an sich zum Ziele, sondern unsern eigenen Genuß, zum Beispiel als Rachegefühl oder als stärkere Nervenaufregung. Schon jede Neckerei zeigt, wie es Vergnügen macht, am andern unsere Macht auszulassen und es zum lustvollen Gefühle des Übergewichts zu bringen. Ist nun das *Unmoralische* daran, *Lust auf Grund der Unlust anderer* zu haben? Ist Schadenfreude teuflisch, wie Schopenhauer sagt? Nun machen wir uns in der Natur Lust durch Zerbrechen von Zweigen, Ablösen von Steinen, Kampf mit wilden Tieren, und zwar um unsere Kraft dabei bewußt zu werden. Das *Wissen* darum, daß ein anderer durch uns leidet, soll also hier dieselbe Sache, in bezug auf welche wir uns sonst unverantwortlich fühlen, unmoralisch machen? Aber wüßte man dies nicht, so hätte man die Lust an seiner eigenen Überlegenheit auch nicht dabei, diese kann eben sich nur im Leide des anderen zu *erkennen geben*, zum Beispiel bei der Neckerei. Alle Lust an sich selber ist weder gut noch böse; woher sollte die Bestimmung kommen, daß man, um Lust an sich selber zu haben, keine Unlust anderer erregen dürfe? Allein vom Gesichtspunkte des Nutzens her, das heißt aus Rücksicht auf die *Folgen*, auf eventuelle Unlust, wenn der Geschädigte oder der stellvertretende Staat Ahndung und Rache erwarten läßt: nur dies kann ursprünglich den Grund abgegeben haben, solche Handlungen sich zu versagen. – Das Mitleid hat ebensowenig die Lust des andern zum Ziele, als, wie gesagt, die Bosheit den Schmerz des andern an sich. Denn es birgt mindestens zwei (vielleicht viel mehr) Elemente einer persönlichen Lust in sich und ist dergestalt Selbstgenuß: einmal als Lust der Emotion, welcher Art das Mitleid in der Tragödie ist, und dann, wenn es zur Tat treibt, als Lust der Befriedigung in der Ausübung der Macht. Steht uns überdies eine leidende Person sehr nahe, so nehmen wir durch Ausübung mitleidvoller Handlungen uns selbst ein Leid ab. – Abgesehen von einigen Philosophen, so haben die Menschen das Mitleid in der Rangfolge moralischer Empfindungen immer ziemlich tief gestellt: mit Recht.

104

Notwehr. – Wenn man überhaupt die Notwehr als moralisch gelten läßt, so muß man fast alle Äußerungen des sogenannten unmoralischen Egoismus auch gelten lassen: man tut Leid an, raubt oder tötet, um sich zu erhalten oder um sich zu schützen, dem persönlichen Unheil vorzubeugen; man lügt, wo List und Verstellung das richtige Mittel der Selbsterhaltung sind. *Absichtlich schädigen,* wenn es sich um unsere Existenz oder Sicherheit (Erhaltung unseres Wohlbefindens) handelt, wird als moralisch konzediert; der Staat schädigt selber unter diesem Gesichtspunkt, wenn er Strafen verhängt. Im unabsichtlichen Schädigen kann natürlich das Unmoralische nicht liegen, da regiert der Zufall. Gibt es denn eine Art des absichtlichen Schädigens, wo es sich *nicht* um unsere Existenz, um die Erhaltung unseres Wohlbefindens handelt? Gibt es ein Schädigen aus reiner *Bosheit,* zum Beispiel bei der Grausamkeit? Wenn man nicht weiß, wie weh eine Handlung tut, so ist sie keine Handlung der Bosheit; so ist das Kind gegen das Tier nicht boshaft, nicht böse: es untersucht und zerstört dasselbe wie sein Spielzeug. *Weiß* man aber je völlig, wie weh eine Handlung einem andern tut? So weit unser Nervensystem reicht, hüten wir uns vor Schmerz: reichte es weiter, nämlich bis in die Mitmenschen hinein, so würden wir niemandem ein Leides tun (außer in solchen Fällen, wo wir es uns selbst tun, also wo wir uns der Heilung halber schneiden, der Gesundheit halber uns mühen und anstrengen). Wir *schließen* aus Analogie, daß etwas jemandem weh tut, und durch die Erinnerung und die Stärke der Phantasie kann es uns dabei selber übel werden. Aber welcher Unterschied bleibt immer zwischen dem Zahnschmerz und dem Schmerze (Mitleiden), welchen der Anblick des Zahnschmerzes hervorruft? Also: bei dem Schädigen aus sogenannter Bosheit ist der *Grad* des erzeugten Schmerzes uns jedenfalls unbekannt; insofern aber eine *Lust* bei der Handlung ist (Gefühl der eignen Macht, der eignen starken Erregung), geschieht die Handlung, um das Wohlbefinden des Individuums zu erhalten, und fällt somit unter einen ähnlichen Gesichtspunkt wie die Notwehr, die Notlüge. Ohne Lust kein Leben; der Kampf um die Lust ist der Kampf um das Leben. Ob der einzelne diesen Kampf so kämpft, daß die Menschen ihn *gut,* oder so, daß sie ihn *böse* nennen, darüber entscheidet das Maß und die Beschaffenheit seines Intellekts.

105

Die belohnende Gerechtigkeit. – Wer vollständig die Lehre von der völligen Unverantwortlichkeit begriffen hat, der kann die sogenannte strafende und belohnende Gerechtigkeit gar nicht mehr unter den Begriff der Gerechtigkeit unterbringen: falls diese darin besteht, daß man jedem das Seine gibt. Denn der, welcher gestraft wird, verdient die Strafe nicht: er wird nur als Mittel benutzt, um fürderhin von gewissen Handlungen abzuschrecken; ebenso verdient der, welchen man belohnt, diesen Lohn nicht: er konnte ja nicht anders handeln, als er gehandelt hat. Also hat der Lohn nur den Sinn einer Aufmunterung für ihn und andere, um also zu späteren Handlungen ein Motiv abzugeben; das Lob wird dem Laufenden in der Rennbahn zugerufen, nicht dem, welcher am Ziele ist. Weder Strafe noch Lohn sind etwas, das einem als das *Seine* zukommt; sie werden ihm aus Nützlichkeitsgründen gegeben, ohne daß er mit Gerechtigkeit Anspruch auf sie zu erheben hätte. Man muß ebenso sagen »der Weise belohnt nicht, weil gut gehandelt worden ist«, als man gesagt hat »der Weise straft nicht, weil schlecht gehandelt worden ist, sondern damit nicht schlecht gehandelt werde«. Wenn Strafe und Lohn fortfielen, so fielen die kräftigsten Motive, welche von gewissen Handlungen weg, zu gewissen Handlungen hin treiben, fort; der Nutzen der Menschen erheischt ihre Fortdauer; und insofern Strafe und Lohn, Tadel und Lob am empfindlichsten auf die Eitelkeit wirken, so erheischt derselbe Nutzen auch die Fortdauer der Eitelkeit.

106

Am Wasserfall. – Beim Anblick eines Wasserfalls meinen wir in den zahllosen Biegungen, Schlängelungen, Brechungen der Wellen Freiheit des Willens und Belieben zu sehen; aber alles ist notwendig, jede Bewegung mathematisch auszurechnen. So ist es auch bei den menschlichen Handlungen; man müßte jede einzelne Handlung vorher ausrechnen können, wenn man allwissend wäre, ebenso jeden Fortschritt der Erkenntnis, jeden Irrtum, jede Bosheit. Der Handelnde selbst steckt freilich in der Illusion der Willkür; wenn in einem Augenblick das Rad der Welt still stände und ein allwissender, rechnender Verstand da wäre, um diese Pause zu benützen, so könnte er bis in die fernsten Zeiten die Zukunft jedes Wesens weitererzählen und jede Spur bezeichnen, auf der jenes Rad noch rollen wird. Die Täuschung des Handelnden über sich, die Annahme des freien Willens, gehört mit hinein in diesen auszurechnenden Mechanismus.

107

Unverantwortlichkeit und Unschuld. – Die völlige Unverantwortlichkeit des Menschen für sein Handeln und sein Wesen ist der bitterste Tropfen, welchen der Erkennende schlucken muß, wenn er gewohnt war, in der Verantwortlichkeit und der Pflicht den Adelsbrief seines Menschentums zu sehen. Alle seine Schätzungen, Auszeichnungen, Abneigungen sind dadurch entwertet und falsch geworden: sein tiefstes Gefühl, das er dem Dulder, dem Helden entgegenbrachte, hat einem Irrtume gegolten; er darf nicht mehr loben, nicht tadeln, denn es ist ungereimt, die Natur und die Notwendigkeit zu loben und zu tadeln. So wie er das gute Kunstwerk liebt, aber nicht lobt, weil es nichts für sich selber kann, wie er vor der Pflanze steht, so muß er vor den Handlungen der Menschen, vor seinen eignen stehen. Er kann Kraft, Schönheit, Fülle an ihnen bewundern, aber darf keine Verdienste darin finden: der chemische Prozeß und der Streit der Elemente, die Qual des Kranken, der nach Genesung lechzt, sind ebensowenig Verdienste als jene Seelenkämpfe und Notzustände, bei denen man durch verschiedene Motive hin- und hergerissen wird, bis man sich endlich für das mächtigste entscheidet – wie man sagt (in Wahrheit aber, bis das mächtigste Motiv über uns entscheidet). Alle diese Motive aber, so hohe Namen wir ihnen geben, sind aus denselben Wurzeln gewachsen, in denen wir die bösen Gifte wohnend glauben; zwischen guten und bösen Handlungen gibt es keinen Unterschied der Gattung, sondern höchstens des Grades. Gute Handlungen sind sublimierte böse; böse Handlungen sind vergröberte, verdummte gute. Das einzige Verlangen des Individuums nach Selbstgenuß (samt der Furcht, desselben verlustig zu gehen) befriedigt sich unter allen Umständen, der Mensch mag handeln, wie er kann, das heißt wie er muß: sei es in Taten der Eitelkeit, Rache, Lust, Nützlichkeit, Bosheit, List, sei es in Taten der Aufopferung, des Mitleids, der Erkenntnis. Die Grade der Urteilsfähigkeit entscheiden, wohin jemand sich durch dies Verlangen hinziehen läßt; fortwährend ist jeder Gesellschaft, jedem einzelnen eine Rangordnung der Güter gegenwärtig, wonach er seine Handlungen bestimmt und die der anderen beurteilt. Aber dieser Maßstab wandelt sich fortwährend, viele Handlungen werden böse genannt und sind nur dumm, weil der Grad der Intelligenz, welcher sich für sie entschied, sehr niedrig war. Ja, in einem bestimmten Sinne sind auch jetzt noch *alle* Handlungen dumm, denn der höchste Grad von menschlicher Intelligenz, der jetzt erreicht werden kann, wird sicherlich noch überboten werden: und dann wird, bei einem Rückblick, all *unser* Handeln und Urteilen so beschränkt und übereilt erscheinen, wie uns jetzt das Handeln und Urteilen zurückgebliebener wilder Völkerschaften beschränkt und übereilt vorkommt. – Dies alles einzusehen kann tiefe Schmerzen machen, aber darnach gibt es einen Trost: solche Schmerzen sind Geburtswehen. Der Schmetterling will seine Hülle durchbrechen, er zerrt an ihr, er zerreißt sie: da blendet und verwirrt ihn das unbekannte Licht, das Reich der Freiheit. In solchen Menschen, welche jener Traurigkeit *fähig* sind – wie wenige werden es sein! –, wird der erste Versuch gemacht, ob die Menschheit aus einer *moralischen* sich in eine *weise Menschheit umwandeln könne.* Die Sonne eines neuen Evangeliums wirft ihren ersten Strahl auf die höchsten Gipfel in der Seele jener einzelnen: da ballen sich die Nebel dichter als je, und nebeneinander lagert der hellste Schein und die trübste Dämmerung. Alles ist Notwendigkeit – so sagt die neue Erkenntnis; und diese Erkenntnis selber ist Notwendigkeit. Alles ist Unschuld: und die Erkenntnis ist der Weg zur Einsicht in diese Unschuld. Sind Lust, Egoismus, Eitelkeit *notwendig* zur Erzeugung der moralischen Phänomene und ihrer höchsten Blüte, des Sinnes für Wahrheit und Gerechtigkeit der Erkenntnis, war der Irrtum und die Verirrung der Phantasie das einzige Mittel, durch welches die Menschheit sich allmählich zu diesem Grade von Selbsterleuchtung und Selbsterlösung zu erheben vermochte – wer dürfte jene Mittel geringschätzen? Wer dürfte traurig sein, wenn er das Ziel, zu dem jene Wege führen, gewahr wird? Alles auf dem Gebiete der Moral ist geworden, wandelbar, schwankend, alles ist im Flusse, es ist wahr: – aber *alles ist auch im Strome*: nach *einem* Ziele hin. Mag in uns die vererbte Gewohnheit des irrtümlichen Schätzens, Liebens, Hassens immerhin fortwalten, aber unter dem Einfluß der wachsenden Erkenntnis wird sie schwächer werden: eine neue Gewohnheit, die des Begreifens, Nicht-Liebens, Nicht-Hassens, Überschauens, pflanzt sich allmählich in uns auf demselben Boden an und wird in Tausenden von Jahren villeicht mächtig genug sein, um der Menschheit die Kraft zu geben, den weisen, unschuldigen (unschuldbewußten) Menschen ebenso regelmäßig hervorzubringen, wie sie jetzt den unweisen, unbilligen, schuldbewußten Menschen – *das heißt die notwendige Vorstufe, nicht den Gegensatz von jenem* – hervorbringt.

DRITTES HAUPTSTÜCK

DAS RELIGIÖSE LEBEN

108

Der *doppelte Kampf gegen das Übel.* – Wenn uns ein Übel trifft, so kann man entweder so über dasselbe hinwegkommen, daß man seine Ursache hebt, oder so, daß man die Wirkung, welche es auf unsere Empfindung macht, verändert: also durch ein Umdeuten des Übels in ein Gut, dessen Nutzen vielleicht erst später ersichtlich sein wird. Religion und Kunst (auch die metaphysische Philosophie) bemühen sich, auf die Änderung der Empfindung zu wirken, teils durch Änderung unseres Urteils über die Erlebnisse (zum Beispiel mit Hilfe des Satzes: »wen Gott lieb hat, den züchtigt er«), teils durch Erweckung einer Lust am Schmerz, an der Emotion überhaupt (woher die Kunst des Tragischen ihren Ausgangspunkt nimmt). Je mehr einer dazu neigt, umzudeuten und zurechtzulegen, um so weniger wird er die Ursachen des Übels ins Auge fassen und beseitigen; die augenblickliche Milderung und Narkotisierung, wie sie zum Beispiel bei Zahnschmerz gebräuchlich ist, genügt ihm auch in ernsteren Leiden. Je mehr die Herrschaft der Religionen und aller Kunst der Narkose abnimmt, um so strenger fassen die Menschen die wirkliche Beseitigung der Übel ins Auge: was freilich schlimm für die Tragödiendichter ausfällt – denn zur Tragödie findet sich immer weniger Stoff, weil das Reich des unerbittlichen, unbezwinglichen Schicksals immer enger wird –, noch schlimmer aber für die Priester: denn diese lebten bisher von der Narkotisierung menschlicher Übel.

109

Gram ist Erkenntnis. – Wie gern möchte man die falschen Behauptungen der Priester, es gebe einen Gott, der das Gute von uns verlange, Wächter und Zeuge jeder Handlung, jedes Augenblicks, jedes Gedankens sei, der uns liebe, in allem Unglück unser Bestes wolle, – wie gern möchte man diese mit Wahrheiten vertauschen, welche ebenso heilsam, beruhigend und wohltuend wären wie jene Irrtümer! Doch solche Wahrheiten gibt es nicht; die Philosophie kann ihnen höchstens wiederum metaphysische Scheinbarkeiten (im Grunde ebenfalls Unwahrheiten) entgegensetzen. Nun ist aber die Tragödie die, daß man jene Dogmen der Religion und Metaphysik nicht *glauben* kann, wenn man die strenge Methode der Wahrheit im Herzen und Kopfe hat, andererseits durch die Entwicklung der Menschheit so zart, reizbar, leidend geworden ist, um Heil- und Trostmittel der höchsten Art nötig zu haben; woraus also die Gefahr entsteht, daß der Mensch sich an der erkannten Wahrheit verblute. Dies drückt Byron in unsterblichen Versen aus:

Sorrow is knowledge: they who know the most
Must mourn the deepest o'er the fatal truth,
The tree of knowledge is not that of life.

Gegen solche Sorgen hilft kein Mittel besser, als den feierlichen Leichtsinn Horazens, wenigstens für die schlimmsten Stunden und Sonnenfinsternisse der Seele, heraufzubeschwören und mit ihm zu sich selber zu sagen:

quid aeternis minorem
consiliis animum fatigas?
cur non sub alta vel platano vel hac
pinu jacentes –

Sicherlich aber ist Leichtsinn oder Schwermut jeden Grades besser als eine romantische Rückkehr und Fahnenflucht, eine Annäherung an das Christentum in irgendeiner Form: denn mit ihm kann man sich, nach dem gegenwärtigen Stande der Erkenntnis, schlechterdings nicht mehr einlassen, ohne sein *intellektuales Gewissen* heillos zu beschmutzen und vor sich und anderen preiszugeben. Jene Schmerzen mögen peinlich genug sein: aber man kann ohne Schmerzen nicht zu einem Führer und Erzieher der Menschheit werden; und wehe dem, welcher dies versuchen möchte und jenes reine Gewissen nicht mehr hätte!

110

Die Wahrheit in der Religion. – In der Periode der Aufklärung war man der Bedeutung der Religion nicht gerecht geworden, daran ist nicht zu zweifeln: aber ebenso steht fest, daß man, in dem darauffolgenden Widerspiel der Aufklärung, wiederum um ein gutes Stück über die Gerechtigkeit hinausging, indem man die Religionen mit Liebe, selbst mit Verliebtheit behandelte und ihnen zum Beispiel ein tieferes, ja das allertiefste Verständnis der Welt zuerkannte; welches die Wissenschaft des dogmatischen Gewandes zu entkleiden habe, um dann in mythischer Form die »Wahrheit« zu besitzen. Religionen sollen also – dies war die Behauptung aller Gegner der Aufklärung – *sensu allegorico*, mit Rücksicht auf das Verstehen der Menge, jene uralte Weisheit aussprechen, welche die Weisheit an sich sei, insofern alle wahre Wissenschaft der neueren Zeit immer zu ihr hin, anstatt von ihr weg, geführt habe: so daß zwischen den ältesten Weisen der Menschheit und allen späteren Harmonie, ja Gleichheit der Einsichten walte und ein Fortschritt der Erkenntnisse – falls man von einem solchen reden wolle – sich nicht auf das Wesen, sondern die Mitteilung desselben beziehe. Diese ganze Auffassung von Religion und Wissenschaft ist durch und durch irrtümlich; und niemand würde jetzt noch zu ihr sich zu bekennen wagen, wenn nicht Schopenhauers Beredsamkeit sie in Schutz genommen hätte: diese laut tönende und doch erst nach einem Menschenalter ihre Hörer erreichende Beredsamkeit. So gewiß man aus Schopenhauers religiös-moralischer Menschen- und Weltdeutung sehr viel für das Verständnis des Christentums und anderer Religionen gewinnen kann, so gewiß ist es auch, daß er über den *Wert der Religion für die Erkenntnis* sich geirrt hat. Er selbst war darin ein nur zu folgsamer Schüler der wissenschaftlichen Lehrer seiner Zeit, welche allesamt der Romantik huldigten und dem Geiste der Aufklärung abgeschworen hatten; in unsere jetzige Zeit hineingeboren, würde er unmöglich vom *sensus allegoricus* der Religion haben reden können; er würde vielmehr der Wahrheit die Ehre gegeben haben, wie er es pflegte, mit den Worten: *noch nie hat eine Religion, weder mittelbar noch unmittelbar, weder als Dogma noch als Gleichnis, eine Wahrheit enthalten.* Denn aus der Angst und dem Bedürfnis ist eine jede geboren, auf Irrgängen der Vernunft hat sie sich ins Dasein geschlichen; sie hat vielleicht einmal, im Zustande der Gefährdung durch die Wissenschaft, irgendeine philosophische Lehre in ihr System hineingelogen, damit man sie später darin vorfinde: aber dies ist ein Theologenkunststück, aus der Zeit, in welcher eine Religion schon an sich selber zweifelt. Diese Kunststücke der Theologie, welche freilich im Christentum, als der Religion eines gelehrten, mit Philosophie durchtränkten Zeitalters, sehr früh schon geübt wurden, haben auf jenen Aberglauben vom *sensus allegoricus* hingeleitet, noch mehr aber die Gewohnheit der Philosophen (namentlich der Halbwesen, der dichterischen Philosophen und der philosophierenden Künstler), alle die Empfindungen, welche sie in *sich* vorfanden, als Grundwesen des Menschen überhaupt zu behandeln und somit auch ihren eigenen religiösen Empfindungen einen bedeutenden Einfluß auf den Gedankenbau ihrer Systeme zu gestatten. Weil die Philosophen vielfach unter dem Herkommen religiöser Gewohnheiten, oder mindestens unter der altvererbten Macht jenes »metaphysischen Bedürfnisses«, philosophierten, so gelangten sie zu Lehrmeinungen, welche in der Tat den jüdischen oder christlichen oder indischen Religionsmeinungen sehr ähnlich sahen – ähnlich nämlich, wie Kinder den Müttern zu sehen pflegen, nur daß in diesem Falle die Väter sich nicht über jene Mutterschaft klar waren, wie dies wohl vorkommt, – sondern in der Unschuld ihrer Verwunderung von einer Familien-Ähnlichkeit aller Religion und Wissenschaft fabelten. In der Tat besteht zwischen der Religion und der wirklichen Wissenschaft nicht Verwandtschaft, noch Freundschaft, noch selbst Feindschaft: sie leben auf verschiedenen Sternen. Jede Philosophie, welche einen religiösen Kometenschweif in die Dunkelheit ihrer letzten Aussichten hinaus erglänzen läßt, macht alles an sich verdächtig, was sie als Wissenschaft vorträgt: es ist dies alles vermutlich ebenfalls Religion, wenngleich unter dem Aufputz der Wissenschaft. – Übrigens: wenn alle Völker über gewisse religiöse Dinge, zum Beispiel die Existenz eines Gottes, übereinstimmten (was beiläufig gesagt in betreff dieses Punktes nicht der Fall ist), so würde dies doch eben nur ein *Gegenargument* gegen jene behaupteten Dinge, zum Beispiel die Existenz eines Gottes, sein: der *consensus gentium* und überhaupt *hominum* kann billigerweise nur einer Narrheit gelten. Dagegen gibt es einen *consensus omnium sapientium* gar nicht, in bezug auf kein einziges Ding, mit jener Ausnahme, von welcher der Goethesche Vers spricht:

Alle die Weisesten aller der Zeiten
Lächeln und winken und stimmen mit ein:
Töricht, auf Bessrung der Toren zu harren!
Kinder der Klugheit, o habet die Narren
Eben zum Narren auch, wie sichs gehört!

Ohne Vers und Reim gesprochen und auf unseren Fall angewendet: der *consensus sapientium* besteht darin, daß der *consensus gentium* einer Narrheit gilt.

III

Ursprung des religiösen Kultus. – Versetzen wir uns in die Zeiten zurück, in welchen das religiöse Leben am kräftigsten aufblühte, so finden wir eine Grundüberzeugung vor, welche wir jetzt nicht mehr teilen und derentwegen wir ein für allemal die Tore zum religösen Leben uns verschlossen sehen: sie betrifft die Natur und den Verkehr mit ihr. Man weiß in jenen Zeiten noch nichts von Naturgesetzen; weder für die Erde noch für den Himmel gibt es ein Müssen; eine Jahreszeit, der Sonnenschein, der Regen kann kommen oder auch ausbleiben. Es fehlt überhaupt jeder Begriff der *natürlichen* Kausalität. Wenn man rudert, ist es nicht das Rudern, was das Schiff bewegt, sondern Rudern ist nur eine magische Zeremonie, durch welche man einen Dämon zwingt, das Schiff zu bewegen. Alle Erkrankungen, der Tod selbst ist Resultat magischer Einwirkungen. Es geht bei Krankwerden und Sterben nie natürlich zu; die ganze Vorstellung vom »natürlichen Hergang« fehlt, – sie dämmert erst bei den älteren Griechen, das heißt in einer sehr späten Phase der Menschheit, in der Konzeption der über den Göttern thronenden *Moira.* Wenn einer mit dem Bogen schießt, so ist immer noch eine irrationelle Hand und Kraft dabei; versiegen plötzlich die Quellen, so denkt man zuerst an unterirdische Dämonen und deren Tücken; der Pfeil eines Gottes muß es sein, unter dessen unsichtbarer Wirkung ein Mensch auf einmal niedersinkt. In Indien pflegt (nach Lubbock) ein Tischler seinem Hammer, seinem Beil und den übrigen Werkzeugen Opfer darzubringen; ein Brahmane behandelt den Stift, mit dem er schreibt, ein Soldat die Waffen, die er im Felde braucht, ein Maurer seine Kelle, ein Arbeiter seinen Pflug in gleicher Weise. Die ganze Natur ist in der Vorstellung religiöser Menschen eine Summe von Handlungen bewußter und wollender Wesen, ein ungeheurer Komplex von *Willkürlichkeiten.* Es ist in bezug auf alles, was außer uns ist, kein Schluß gestattet, daß irgend etwas so und so sein *werde,* so und so kommen *müsse;* das ungefähr Sichere, Berechenbare sind *wir:* der Mensch ist die *Regel,* die Natur der *Regellosigkeit* – dieser Satz enthält die Grundüberzeugung, welche rohe, religiös produktive Urkulturen beherrscht. Wir jetzigen Menschen empfinden gerade völlig umgekehrt: je reicher jetzt der Mensch sich innerlich fühlt, je polyphoner sein Subjekt ist, um so gewaltiger wirkt auf ihn das Gleichmaß der Natur; wir alle erkennen mit Goethe in der Natur das große Mittel der Beschwichtigung für die moderne Seele, wir hören den Pendelschlag der größten Uhr mit einer Sehnsucht nach Ruhe, nach Heimisch- und Stillewerden an, als ob wir dieses Gleichmaß in uns hineintrinken und dadurch zum Genuß unser selbst erst kommen könnten. Ehemals war es umgekehrt: denken wir an rohe, frühe Zustände von Völkern zurück oder sehen wir die jetzigen Wilden in der Nähe, so finden wir sie auf das stärkste durch das *Gesetz,* das *Herkommen* bestimmt: das Individuum ist fast automatisch an dasselbe gebunden und bewegt sich mit der Gleichförmigkeit eines Pendels. Ihm muß die Natur – die unbegriffene schreckliche geheimnisvolle Natur – als das *Reich der Freiheit,* der Willkür, der höheren Macht erscheinen, ja gleichsam als eine übermenschliche Stufe des Daseins, als Gott. Nun aber fühlt jeder einzelne solcher Zeiten und Zustände, wie von jenen Willkürlichkeiten der Natur seine Existenz, sein Glück, das der Familie, des Staates, das Gelingen aller Unternehmungen abhängen: einige Naturvorgänge müssen zur rechten Zeit eintreten, andere zur rechten Zeit ausbleiben. Wie kann man einen Einfluß auf diese furchtbaren Unbekannten ausüben, wie kann man das Reich der Freiheit binden? so fragt er sich, so forscht er ängstlich: gibt es denn keine Mittel, jene Mächte ebenso durch ein Herkommen und Gesetz regelmäßig zu machen, wie du selber regelmäßig bist? – Das Nachdenken der magie- und wundergläubigen Menschen geht dahin, *der Natur ein Gesetz aufzulegen* –: und kurz gesagt, der religiöse Kultus ist das Ergebnis dieses Nachdenkens. Das Problem, welches jene Menschen sich vorlegen, ist auf das engste verwandt mit diesem: wie kann der *schwächere* Stamm dem *stärkeren* doch Gesetze diktieren, ihn bestimmen, seine Handlungen (im Verhalten zum schwächeren) leiten? Man wird zuerst sich der harmlosesten Art eines Zwanges erinnern, jenes Zwanges, den man ausübt, wenn man jemandes *Neigung* erworben hat. Durch Flehen und Gebete, durch Unterwerfung, durch die Verpflichtung zu regelmäßigen Abgaben und Geschenken, durch schmeichelhafte Verherrlichungen ist es also auch möglich, auf die Mächte der Natur einen Zwang auszuüben, insofern man sie sich geneigt macht: Liebe bindet und wird gebunden. Dann kann man *Verträge* schließen, wobei man sich zu bestimmtem Verhalten gegenseitig verpflichtet, Pfänder stellt und Schwüre wechselt. Aber viel wichtiger ist eine Gattung gewaltsameren Zwanges, durch Magie und Zauberei. Wie der Mensch mit Hilfe des Zauberers einem stärkeren Feind doch zu schaden weiß und ihn vor sich in Angst erhält, wie der Liebeszauber in die Ferne wirkt, so glaubt der schwächere Mensch auch die mächtigeren Geister der Natur bestimmen zu können. Das Hauptmittel aller Zauberei ist, daß man etwas in Gewalt bekommt, das jemandem zu eigen ist, Haare, Nägel, etwas Speise von seinem Tisch, ja selbst sein Bild, seinen Namen. Mit solchem Apparate kann man dann zaubern; denn die Grundvoraussetzung lautet: zu allem Geistigen gehört etwas Körperliches; mit dessen Hilfe vermag man den Geist zu binden, zu schädigen, zu vernichten; das Körperliche gibt die Handhabe ab, mit der man das Geistige fassen kann. So wie nun der Mensch den Menschen bestimmt, so bestimmt er auch irgendeinen Naturgeist; denn dieser hat auch sein Körperliches, an dem er zu fassen ist. Der Baum und, verglichen mit ihm, der Keim, aus dem er entstand, – dieses rätselhafte Nebeneinander scheint zu beweisen, daß in beiden Formen sich ein und derselbe Geist eingekörpert habe, bald klein, bald groß. Ein Stein, der plötzlich rollt, ist der Leib, in welchem ein Geist wirkt; liegt auf einsamer Heide ein Block, erscheint es unmöglich, an Menschenkraft zu denken, die ihn hierher gebracht habe, so muß also der Stein sich selbst hinbewegt haben, das heißt: er muß einen Geist beherbergen. Alles, was einen Leib hat, ist der Zauberei zugänglich, also auch die Naturgeister. Ist ein Gott geradezu an sein Bild gebunden, so kann man auch ganz direkten Zwang (durch Verweigerung der Opfernahrung, Geißeln, In-Fesseln-Legen und ähnliches) gegen ihn ausüben. Die geringen Leute in China umwinden, um die fehlende Gunst ihres Gottes zu ertrotzen, das Bild desselben, der sie in Stich gelassen hat, mit Stricken, reißen es nieder, schleifen es über die Straßen durch Lehm- und Düngerhaufen; »du Hund von einem Geiste« sagen sie, »wir ließen dich in einem prächtigen Tempel wohnen, wir vergoldeten dich hübsch, wir fütterten dich gut, wir brachten die Opfer und doch bist du so undankbar.« Ähnliche Gewaltmaßregeln gegen Heiligen- und Muttergottesbilder, wenn sie etwa bei Pestilenzen oder Regenmangel ihre Schuldigkeit nicht tun wollten, sind noch während dieses Jahrhunderts in katholischen Ländern vorgekommen.

Durch alle diese zauberischen Beziehungen zur Natur sind unzählige Zeremonien ins Leben gerufen: und endlich, wenn der Wirrwarr derselben zu groß geworden ist, bemüht man sich, sie zu ordnen, zu systematisieren, so daß man den günstigen Verlauf des gesamten Ganges der Natur, namentlich des großen Jahres-Kreislaufs, sich durch einen entsprechenden

Verlauf eines Prozeduren-Systems zu verbürgen meint. Der Sinn des religiösen Kultus ist, die Natur zu menschlichem Vorteil zu bestimmen und zu bannen, also ihr eine *Gesetzlichkeit einzuprägen, die sie von vornherein nicht hat;* während in der jetzigen Zeit man die Gesetzlichkeit der Natur *erkennen* will, um sich in sie zu schicken. Kurz, der religiöse Kultus ruht auf den Vorstellungen der Zauberei zwischen Mensch und Mensch; und der Zauberer ist älter als der Priester. Aber *ebenso* ruht er auf anderen und edleren Vorstellungen; er setzt das sympathische Verhältnis von Mensch zu Mensch, das Dasein von Wohlwollen, Dankbarkeit, Erhörung Bittender, von Verträgen zwischen Feinden, von Verleihung der Unterpfänder, von Anspruch auf Schutz des Eigentums voraus. Der Mensch steht auch in sehr niederen Kulturstufen nicht der Natur als ohnmächtiger Sklave gegenüber, er ist *nicht* notwendig der willenlose Knecht derselben: auf der griechischen Stufe der Religion, besonders im Verhalten zu den olympischen Göttern, ist sogar an ein Zusammenleben von zwei Kasten, einer vornehmeren, mächtigeren und einer weniger vornehmen zu denken; aber beide gehören ihrer Herkunft nach irgendwie zusammen und sind *einer* Art, sie brauchen sich voreinander nicht zu schämen. Das ist das Vornehme in der griechischen Religiosität.

112

Beim Anblick gewisser antiker Opfergerätschaften. – Wie manche Empfindungen uns verlorengehen, ist zum Beispiel an der Vereinigung des Possenhaften, selbst des Obszönen mit dem religiösen Gefühl zu sehen: Die Empfindung für die Möglichkeit dieser Mischung schwindet, wir begreifen es nur noch historisch, daß sie existierte, bei den Demeter- und Dionysosfesten, bei den christlichen Osterspielen und Mysterien: aber auch wir kennen noch das Erhabene im Bunde mit dem Burlesken und dergleichen, das Rührende mit dem Lächerlichen verschmolzen: was vielleicht eine spätere Zeit auch nicht mehr verstehen wird.

113

Christentum als Altertum. – Wenn wir eines Sonntagmorgens die alten Glocken brummen hören, da fragen wir uns: ist es nur möglich! dies gilt einem vor zwei Jahrtausenden gekreuzigten Juden, welcher sagte, er sei Gottes Sohn. Der Beweis für eine solche Behauptung fehlt. – Sicherlich ist innerhalb unserer Zeiten die christliche Religion ein aus ferner Vorzeit hereinragendes Altertum, und daß man jene Behauptung glaubt – während man sonst so streng in der Prüfung von Ansprüchen ist –, ist vielleicht das älteste Stück dieses Erbes. Ein Gott, der mit einem sterblichen Weibe Kinder erzeugt; ein Weiser, der auffordert, nicht mehr zu arbeiten, nicht mehr Gericht zu halten, aber auf die Zeichen des bevorstehenden Weltuntergangs zu achten; eine Gerechtigkeit, die den Unschuldigen als stellvertretendes Opfer annimmt; jemand, der seine Jünger sein Blut trinken heißt; Gebete um Wundereingriffe; Sünden an einem Gott verübt, durch einen Gott gebüßt; Furcht vor einem Jenseits, zu welchem der Tod die Pforte ist; die Gestalt des Kreuzes als Symbol inmitten einer Zeit, welche die Bestimmung und die Schmach des Kreuzes nicht mehr kennt – wie schauerlich weht uns dies alles, wie aus dem Grabe uralter Vergangenheit an! Sollte man glauben, daß so etwas noch geglaubt wird?

114

Das Ungriechische im Christentum. – Die Griechen sahen über sich die homerischen Götter nicht als Herren und sich unter ihnen nicht als Knechte, wie die Juden. Sie sahen gleichsam nur das Spiegelbild der gelungensten Exemplare ihrer eignen Kaste, also ein Ideal, keinen Gegensatz des eignen Wesens. Man fühlt sich miteinander verwandt, es besteht ein gegenseitiges Interesse, eine Art Symmachie. Der Mensch denkt vornehm von sich, wenn er sich solche Götter gibt, und stellt sich in ein Verhältnis, wie das des niedrigeren Adels zum höheren ist; während die italischen Völker eine rechte Bauern-Religion haben, mit fortwährender Ängstlichkeit gegen böse und launische Machtinhaber und Quälgeister. Wo die olympischen Götter zurücktraten, da war auch das griechische Leben düsterer und ängstlicher. – Das Christentum dagegen zerdrückte und zerbrach den Menschen vollständig und versenkte ihn wie in tiefen Schlamm: in das Gefühl völliger Verworfenheit ließ es dann mit einem Male den Glanz eines göttlichen Erbarmens hineinleuchten, so daß der Überraschte, durch Gnade Betäubte, einen Schrei des Entzückens ausstieß und für einen Augenblick den ganzen Himmel in sich zu tragen glaubte. Auf diesen krankhaften Exzeß des Gefühls, auf die dazu nötige tiefe Kopf- und Herz-Korruption wirken alle psychologischen Empfindungen des Christentums hin: es will vernichten, zerbrechen, betäuben, berauschen, es will nur eins nicht: das *Maß*, und deshalb ist es im tiefsten Verstande barbarisch, asiatisch, unvornehm, ungriechisch.

115

Mit Vorteil religiös sein. – Es gibt nüchterne und gewerbstüchtige Leute, denen die Religion wie ein Saum höheren Menschentums angestickt ist: diese tun sehr wohl, religiös zu bleiben, es verschönert sie. – Alle Menschen, welche sich nicht auf irgendein Waffenhandwerk verstehen – Mund und Feder als Waffen eingerechnet –, werden servil: für solche ist die christliche Religion sehr nützlich, denn die Servilität nimmt darin den Anschein einer christlichen Tugend an und wird erstaunlich verschönert. – Leute, welchen ihr tägliches Leben zu leer und eintönig vorkommt, werden leicht religiös: dies ist begreiflich und verzeihlich; nur haben sie kein Recht, Religiosität von denen zu fordern, denen das tägliche Leben nicht leer und eintönig verfließt.

116

Der Alltags-Christ. – Wenn das Christentum mit seinen Sätzen vom rächenden Gotte, der allgemeinen Sündhaftigkeit, der Gnadenwahl und der Gefahr einer ewigen Verdammnis recht hätte, so wäre es ein Zeichen von Schwachsinn und Charakterlosigkeit, *nicht* Priester, Apostel oder Einsiedler zu werden und mit Furcht und Zittern einzig am eignen Heile zu arbeiten; es wäre unsinnig, den ewigen Vorteil gegen die zeitliche Bequemlichkeit so aus dem Auge zu lassen. Vorausgesetzt, daß überhaupt *geglaubt* wird, so ist der Alltags-Christ eine erbärmliche Figur, ein Mensch, der wirklich nicht bis drei zählen kann, und der übrigens, gerade wegen seiner geistigen Unzurechnungsfähigkeit, es nicht verdiente, so hart bestraft zu werden, wie das Christentum ihm verheißt.

117

Von der Klugheit des Christentums. – Es ist ein Kunstgriff des Christentums, die völlige Unwürdigkeit, Sündhaftigkeit und Verächtlichkeit des Menschen überhaupt so laut zu lehren, daß die Verachtung der Mitmenschen dabei nicht mehr möglich ist. »Er mag sündigen, wie er wolle, er unterscheidet sich doch nicht wesentlich von mir: ich bin es, der in jedem Grade unwürdig und verächtlich ist«, so sagt sich der Christ. Aber auch dieses Gefühl hat seinen spitzigsten Stachel verloren, weil der Christ nicht an seine individuelle Verächtlichkeit glaubt: er ist böse als Mensch überhaupt und beruhigt sich ein wenig bei dem Satze: wir alle sind *einer* Art.

118

Personenwechsel. – Sobald eine Religion herrscht, hat sie alle die zu ihren Gegnern, welche ihre ersten Jünger gewesen wären.

119

Schicksal des Christentums. – Das Christentum entstand, um das Herz zu erleichtern; aber jetzt muß es das Herz erst beschweren, um es nachher erleichtern zu können. Folglich wird es zugrunde gehen.

120

Der Beweis der Lust. – Die angenehme Meinung wird als wahr angenommen: dies ist der Beweis der Lust (oder, wie die Kirche sagt, der Beweis der Kraft), auf welchen alle Religionen so stolz sind, während sie sich dessen doch schämen sollten. Wenn der Glaube nicht selig machte, so würde er nicht geglaubt werden: wie wenig wird er also wert sein!

121

Gefährliches Spiel. – Wer jetzt der religiösen Empfindung wieder in sich Raum gibt, der muß sie dann auch wachsen lassen, er kann nicht anders. Da verändert sich allmählich sein Wesen, es bevorzugt das dem religiösen Element Anhängende, Benachbarte, der ganze Umkreis des Urteilens und Empfindens wird umwölkt, mit religiösen Schatten überflogen. Die Empfindung kann nicht stillstehen; man nehme sich also in acht.

122

Die blinden Schüler. – Solange einer sehr gut die Stärke und Schwäche seiner Lehre, seiner Kunstart, seiner Religion kennt, ist deren Kraft noch gering. Der Schüler und Apostel, welcher für die Schwäche der Lehre, der Religion und so weiter, kein Auge hat, geblendet durch das Ansehen des Meisters und durch seine Pietät gegen ihn, hat deshalb gewöhnlich mehr Macht als der Meister. Ohne die blinden Schüler ist noch nie der Einfluß eines Mannes und seines Werkes groß geworden. Einer Erkenntnis zum Siege verhelfen heißt oft nur: sie so mit der Dummheit verschwistern, daß das Schwergewicht der letzteren auch den Sieg für die erstere erzwingt.

123

Abbruch der Kirchen. – Es ist nicht genug an Religion in der Welt, um die Religionen auch nur zu vernichten.

124

Sündlosigkeit des Menschen. – Hat man begriffen, wie »die Sünde in die Welt gekommen« ist, nämlich durch Irrtümer der Vernunft, vermöge deren die Menschen untereinander, ja der einzelne Mensch sich selbst für viel schwärzer und böser nimmt, als es tatsächlich der Fall ist, so wird die ganze Empfindung sehr erleichtert, und Menschen und Welt erscheinen mitunter in einer Glorie von Harmlosigkeit, daß es einem von Grund aus wohl dabei wird. Der Mensch ist inmitten der Natur immer das Kind an sich. Dies Kind träumt wohl einmal einen schweren beängstigenden Traum, wenn es aber die Augen aufschlägt, so sieht es sich immer wieder im Paradiese.

125

Irreligiosität der Künstler. – Homer ist unter seinen Göttern so zu Hause und hat als Dichter ein solches Behagen an ihnen, daß er jedenfalls tief unreligiös gewesen sein muß; mit dem, was der Volksglaube ihm entgegenbrachte – einen dürftigen, rohen, zum Teil schauerlichen Aberglauben –, verkehrte er so frei, wie der Bildhauer mit seinem Ton, also mit derselben Unbefangenheit, welche Äschylus und Aristophanes besaßen und durch welche sich in neuerer Zeit die großen Künstler der Renaissance, sowie Shakespeare und Goethe auszeichneten.

126

Kunst und Kraft der falschen Interpretation. – Alle die Visionen, Schrecken, Ermattungen, Entzückungen des Heiligen sind bekannte Krankheits-Zustände, welche von ihm, auf Grund eingewurzelter religiöser und psychologischer Irrtümer, nur ganz anders, nämlich nicht als Krankheiten, *gedeutet* werden. – So ist vielleicht auch das Dämonion des Sokrates ein Ohrenleiden, das er sich gemäß seiner herrschenden moralischen Denkungsart nur anders, als es jetzt geschehen würde, *auslegt.* Nicht anders steht es mit dem Wahnsinn und Wahnreden der Propheten und Orakelpriester; es ist immer der Grad von Wissen, Phantasie, Bestrebung, Moralität in Kopf und Herz der *Interpreten,* welcher daraus so viel *gemacht* hat. Zu den größten Wirkungen *der* Menschen, welche man Genies und Heilige nennt, gehört es, daß sie sich Interpreten erzwingen, welche sie zum Heile der Menschheit *mißverstehen.*

127

Verehrung des Wahnsinns. – Weil man bemerkte, daß eine Erregung häufig den Kopf heller machte und glückliche Einfälle hervorrief, so meinte man, durch die höchsten Erregungen werde man der glücklichsten Einfälle und Eingebungen teilhaftig: und so verehrte man den Wahnsinnigen als den Weisen und Orakelgebenden. Hier liegt ein falscher Schluß zugrunde.

128

Verheißungen der Wissenschaft. – Die moderne Wissenschaft hat als Ziel: so wenig Schmerz wie möglich, so lange leben wie möglich – also eine Art von ewiger Seligkeit, freilich eine sehr bescheidene im Vergleich mit den Verheißungen der Religionen.

129

Verbotene Freigebigkeit. – Es ist nicht genug Liebe und Güte in der Welt, um noch davon an eingebildete Wesen wegschenken zu dürfen.

130

Fortleben des religiösen Kultus im Gemüt. – Die katholische Kirche, und vor ihr aller antike Kultus, beherrschte das ganze Bereich von Mitteln, durch welche der Mensch in ungewöhnliche Stimmungen versetzt wird und der kalten Berechnung des Vorteils oder dem reinen Vernunft-Denken entrissen wird. Eine durch tiefe Töne erzitternde Kirche, dumpfe, regelmäßige, zurückhaltende Anrufe einer priesterlichen Schar, welche ihre Spannung unwillkürlich auf die Gemeinde überträgt und sie fast angstvoll lauschen läßt, wie als wenn eben ein Wunder sich vorbereitete, der Anhauch der Architektur, welche als Wohnung einer Gottheit sich ins Unbestimmte ausreckt und in allen dunklen Räumen das Sich-Regen derselben fürchten läßt, – wer wollte solche Vorgänge den Menschen zurückbringen, wenn die Voraussetzungen dazu nicht mehr geglaubt werden? Aber die Resultate von dem allen sind trotzdem nicht verloren: die innere Welt der erhabenen, gerührten, ahnungsvollen, tiefzerknirschten, hoffnungsseligen Stimmungen ist den Menschen vornehmlich durch den Kultus eingeboren worden; was jetzt davon in der Seele existiert, wurde damals, als er keimte, wuchs und blühte, großgezüchtet.

131

Religiöse Nachwehen. – Glaubt man sich noch so sehr der Religion entwöhnt zu haben, so ist es doch nicht in dem Grade geschehen, daß man nicht Freude hätte, religiösen Empfindungen und Stimmungen ohne begrifflichen Inhalt zu begegnen, zum Beispiel in der Musik; und wenn eine Philosophie uns die Berechtigung von metaphysischen Hoffnungen, von dem dorther zu erlangenden tiefen Frieden der Seele aufzeigt und zum Beispiel von »dem ganzen sichern Evangelium im Blick der Madonnen bei Raffael« spricht, so kommen wir solchen Aussprüchen und Darlegungen mit besonders herzlicher Stimmung entgegen: der Philosoph hat es hier leichter, zu beweisen, er entspricht mit dem, was er geben will, einem Herzen, welches gern nehmen will. Daran bemerkt man, wie die weniger bedachtsamen Freigeister eigentlich nur an den Dogmen Anstoß nehmen, aber recht wohl den Zauber der religiösen Empfindung kennen; es tut ihnen wehe, letztere fahren zu lassen, um der ersteren willen. – Die wissenschaftliche Philosophie muß sehr auf der Hut sein, nicht auf Grund jenes Bedürfnisses – eines gewordenen und folglich auch vergänglichen Bedürfnisses – Irrtümer einzuschmuggeln: selbst Logiker sprechen von »Ahnungen« der Wahrheit in Moral und Kunst (zum Beispiel von der Ahnung, »daß das Wesen der Dinge eins ist«): was ihnen doch verboten sein sollte. Zwischen den sorgsam erschlossenen Wahrheiten und solchen »geahnten« Dingen bleibt unüberbrückbar die Kluft, daß jene dem Intellekt, diese dem Bedürfnis verdankt werden. Der Hunger beweist nicht, daß es zu seiner Sättigung eine Speise *gibt,* aber er wünscht die Speise. »Ahnen« bedeutet nicht das Dasein einer Sache in irgendeinem Grade erkennen, sondern dasselbe für möglich halten, insofern man sie wünscht oder fürchtet; die »Ahnung« trägt keinen Schritt weit ins Land der Gewißheit. – Man glaubt unwillkürlich, die religiös gefärbten Abschnitte einer Philosophie seien besser bewiesen als die anderen; aber es ist im Grunde umgekehrt, man hat nur den inneren Wunsch, daß es so sein *möge,* – also daß das Beseligende auch das Wahre sei. Dieser Wunsch verleitet uns, schlechte Gründe als gute einzukaufen.

132

Von dem christlichen Erlösungsbedürfnis. – Bei sorgsamer Überlegung muß es möglich sein, dem Vorgang in der Seele eines Christen, welchen man Erlösungsbedürfnis nennt, eine Erklärung abzugewinnen, die frei von Mythologie ist: also eine rein psychologische. Bis jetzt sind freilich die psychologischen Erklärungen religiöser Zustände und Vorgänge in einigem Verrufe gewesen, insoweit eine sich frei nennende Theologie auf diesem

Gebiete ihr unersprießliches Wesen trieb: denn bei ihr war es von vornherein, so wie es der Geist ihres Stifters, Schleiermachers, vermuten läßt, auf die Erhaltung der christlichen Religion und das Fortbestehen der christlichen Theologie abgesehn; als welche in der psychologischen Analysis der religiösen »Tatsachen« einen neuen Ankergrund und vor allem eine neue Beschäftigung gewinnen sollten. Unbeirrt von solchen Vorgängern wagen wir folgende Auslegung des bezeichneten Phänomens. – Der Mensch ist sich gewisser Handlungen bewußt, welche in der gebräuchlichen Rangordnung der Handlungen tief stehen, ja er entdeckt in sich einen Hang zu dergleichen Handlungen, der ihm fast so unveränderlich wie sein ganzes Wesen erscheint. Wie gern versuchte er sich in jener andern Gattung von Handlungen, welche in der allgemeinen Schätzung als die obersten und höchsten anerkannt sind, wie gern fühlte er sich voll des guten Bewußtseins, welches einer selbstlosen Denkweise folgen soll! Leider aber bleibt es eben bei diesem Wunsche: die Unzufriedenheit darüber, demselben nicht genügen zu können, kommt zu allen übrigen Arten von Unzufriedenheit hinzu, welche sein Lebenslos überhaupt oder die Folgen jener böse genannten Handlungen in ihm erregt haben; so daß eine tiefe Verstimmung entsteht, mit dem Ausblick nach einem Arzte, der diese und alle ihre Ursachen zu heben vermöchte. – Dieser Zustand würde nicht so bitter empfunden werden, wenn der Mensch sich nur mit anderen Menschen unbefangen vergliche: dann nämlich hätte er keinen Grund, mit sich in einem besondern Maße unzufrieden zu sein, er trüge eben nur an der allgemeinen Last der menschlichen Unbefriedigung und Unvolkommenheit. Aber er vergleicht sich mit einem Wesen, welches allein jener Handlungen fähig ist, die unegoistisch genannt werden, und im fortwährenden Bewußtsein einer selbstlosen Denkweise lebt, mit Gott; dadurch daß er in diesen hellen Spiegel schaut, erscheint ihm sein Wesen so trübe, so ungewöhnlich verzerrt. Sodann ängstigt ihn der Gedanke an dasselbe Wesen, insofern dieses als strafende Gerechtigkeit vor seiner Phantasie schwebt: in allen möglichen kleinen und großen Erlebnissen glaubt er seinen Zorn, seine Drohungen zu erkennen, ja die Geißelschläge seines Richter- und Henkertums schon vorzuempfinden. Wer hilft ihm in dieser Gefahr, welche durch den Hinblick auf eine unermeßliche Zeitdauer der Strafe an Gräßlichkeit alle anderen Schrecknisse der Vorstellung überbietet?

133

Bevor wir diesen Zustand in seinen weiteren Folgen uns vorlegen, wollen wir uns doch eingestehen, daß der Mensch in diesen Zustand nicht durch seine »Schuld« und »Sünde«, sondern durch eine Reihe von Irrtümern der Vernunft geraten ist, daß es der Fehler des Spiegels war, wenn ihm sein Wesen in jenem Grade dunkel und hassenswert vorkam, und daß jener Spiegel *sein* Werk, das sehr unvollkommene Werk der menschlichen Phantasie und Urteilskraft war. Erstens ist ein Wesen, welches einzig rein unegoistischer Handlungen fähig wäre, noch fabelhafter als der Vogel Phönix; es ist deutlich nicht einmal vorzustellen, schon deshalb, weil der ganze Begriff »unegoistische Handlung« bei strenger Untersuchung in die Luft zerstiebt. Nie hat ein Mensch etwas getan, das allein für andere und ohne jeden persönlichen Beweggrund getan wäre; ja wie sollte er etwas tun *können*, das ohne Bezug zu ihm wäre, also ohne innere Nötigung (welche ihren Grund doch in einem persönlichen Bedürfnis haben müßte)? Wie vermöchte das *ego* ohne *ego* zu handeln? – Ein Gott, der dagegen *ganz* Liebe ist, wie gelegentlich angenommen wird, wäre keiner einzigen unegoistischen Handlung fähig: wobei man sich an einen Gedanken Lichtenbergs, der freilich einer etwas niedrigeren Sphäre entnommen ist, erinnern sollte: »Wir können unmöglich für andere *fühlen*, wie man zu sagen pflegt; wir fühlen nur für uns. Der Satz klingt hart, er ist es aber nicht, wenn er nur recht verstanden wird. Man liebt weder Vater, noch Mutter, noch Frau, noch Kind, sondern die angenehmen Empfindungen, die sie uns machen«, oder wie Larochefoucauld sagt: *»si on croit aimer sa maîtresse pour l'amour d'elle, on est bien trompé.«* Weshalb Handlungen der Liebe höher *geschätzt* werden als andere, nämlich nicht ihres Wesens, sondern ihrer Nützlichkeit halber, darüber vergleiche man die schon vorher erwähnten Untersuchungen »über den Ursprung der moralischen Empfindungen«. Sollte aber ein Mensch wünschen, ganz wie jener Gott Liebe zu sein, alles für andere, nichts für sich zu tun, zu wollen, so ist letzteres schon deshalb unmöglich, weil er *sehr viel* für sich tun muß, um überhaupt anderen etwas zuliebe tun zu können. Sodann setzt es voraus, daß der andre Egoist genug ist, um jene Opfer, jenes Leben für ihn, immer und immer wieder anzunehmen: so daß die Menschen der Liebe und Aufopferung ein Interesse an dem Fortbestehen der liebelosen und aufopferungsunfähigen Egoisten haben, und die höchste Moralität, um bestehn zu können, förmlich die Existenz der Unmoralität *erzwingen* müßte (wodurch sie sich freilich selber aufheben würde). – Weiter: die Vorstellung eines Gottes beunruhigt und demütigt so lange, als sie geglaubt wird, aber wie sie *entstanden* ist, darüber kann bei dem jetzigen Stande der völkervergleichenden Wissenschaft kein Zweifel mehr sein; und mit der Einsicht in diese Entstehung fällt jener Glaube dahin. Es geht dem Christen, welcher sein Wesen mit dem Gottes vergleicht, so wie dem Don Quixote, der seine eigene Tapferkeit unterschätzt, weil er die Wundertaten der Helden aus den Ritterromanen im Kopfe hat: der Maßstab, mit welchem in beiden Fällen gemessen wird, gehört ins Reich der Fabel. Fällt aber die Vorstellung Gottes weg, so auch das Gefühl der »Sünde« als eines Vergehens gegen göttliche Vorschriften, als eines Flekkens an einem gottgeweihten Geschöpfe. Dann bleibt wahrscheinlich noch jener Unmut übrig, welcher mit der Furcht vor Strafen der weltlichen Gerechtigkeit oder vor der Mißachtung der Menschen sehr verwachsen und verwandt ist; der Unmut der Gewissensbisse, der schärfste Stachel im Gefühl der Schuld ist immerhin abgebrochen, wenn man einsieht, daß man sich durch seine Handlungen wohl gegen menschliches Herkommen, menschliche Satzungen und Ordnungen vergangen habe, aber damit noch nicht das »ewige Heil der Seele« und ihre Beziehung zur Gottheit gefährdet habe. Gelingt es dem Menschen zuletzt noch, die philosophische Überzeugung von der unbedingten Notwendigkeit aller Handlungen und ihrer völligen Unverantwortlichkeit zu gewinnen und in Fleisch und Blut aufzunehmen, so verschwindet auch jener Rest von Gewissensbissen.

134

Ist nun der Christ, wie gesagt, durch einige Irrtümer in das Gefühl der Selbstverachtung geraten, also durch eine falsche unwissenschaftliche Auslegung seiner Handlungen und Empfindungen, so muß er mit höchstem Erstaunen bemerken, wie jener Zustand der Verachtung, der Gewissensbisse, der Unlust überhaupt, nicht anhält, wie gelegentlich Stunden kommen, wo ihm dies alles von der Seele weggeweht ist und er sich wieder frei und mutig fühlt. In Wahrheit hat die Lust an sich selber, das Wohlbehagen an der eigenen Kraft, im Bunde mit der notwendigen Abschwächung jeder tiefen Erregung den Sieg davongetragen: der Mensch liebt sich wieder, er fühlt es, – aber gerade diese Liebe, diese neue Selbstschätzung kommt ihm unglaublich vor, er kann in ihr allein das gänzlich unverdiente Herabströmen eines Gnadenglanzes von oben sehen. Wenn er früher in allen Begebnissen Warnungen, Drohungen, Strafen und jede Art von Anzeichen des göttlichen Zornes zu erblicken glaubte, so *deutet* er jetzt in seine Erfahrungen die göttliche Güte *hinein*: dies Ereignis kommt ihm liebevoll, jenes wie ein hilfreicher Fingerzeig, ein drittes und namentlich seine ganze freudige Stimmung als Beweis vor, daß Gott gnädig sei. Wie er früher im Zustande des Unmutes namentlich seine Handlungen falsch ausdeutete, so jetzt namentlich seine Erlebnisse; die getröstete Stimmung faßt er als Wirkung einer außer ihm waltenden Macht auf, die Liebe, mit der er sich im Grunde selbst liebt, erscheint als göttliche Liebe; das, was er Gnade und Vorspiel der Erlösung nennt, ist in Wahrheit Selbstbegnadigung, Selbsterlösung.

135

Also: eine bestimmte falsche Psychologie, eine gewisse Art von Phantastik in der Ausdeutung der Motive und Erlebnisse ist die notwendige Voraussetzung davon, daß einer zum Christen werde und das Bedürfnis der Erlösung empfinde. Mit der Einsicht in diese Verirrung der Vernunft und Phantasie hört man auf, Christ zu sein.

136

Von der christlichen Askese und Heiligkeit. – So sehr einzelne Denker sich bemüht haben, in den seltenen Erscheinungen der Moralität, welche man Askese und Heiligkeit zu nennen pflegt, ein Wunderding hinzustellen, dem die Leuchte einer vernünftigen Erklärung ins Gesicht zu halten beinahe schon Frevel und Entweihung sei: so stark ist hinwiederum die Verführung zu diesem Frevel. Ein mächtiger Antrieb der *Natur* hat zu allen Zeiten dazu geführt, gegen jene Erscheinungen überhaupt zu protestieren; die Wissenschaft, insofern sie, wie früher gesagt, eine Nachahmung der Natur ist, erlaubt sich wenigstens gegen die behauptete Unerklärbarkeit, ja Unnahbarkeit derselben Einsprache zu erheben. Freilich gelang es ihr bis jetzt nicht: jene Erscheinungen sind immer noch unerklärt, zum großen Vergnügen der erwähnten Verehrer des Moralisch-Wunderbaren. Denn, allgemein gesprochen: das Unerklärte soll durchaus unerklärlich, das Unerklärliche durchaus unnatürlich, übernatürlich, wunderhaft sein – so lautet die Forderung in den Seelen aller Religiösen und Metaphysiker (auch der Künstler, falls sie zugleich Denker sind); während der wissenschaftliche Mensch in dieser Forderung das »böse Prinzip« sieht. – Die allgemeine erste Wahrscheinlichkeit, auf welche man bei Betrachtung von Heiligkeit und Askese zuerst gerät, ist diese, daß ihre Natur eine *komplizierte* ist: denn fast überall, innerhalb der physischen Welt sowohl wie in der moralischen, hat man mit Glück das angeblich Wunderbare auf das Komplizierte, mehrfach Bedingte zurückgeführt. Wagen wir es also, einzelne Antriebe in der Seele der Heiligen und Asketen zunächst zu isolieren und zum Schluß sie ineinander uns verwachsen zu denken.

137

Es gibt einen *Trotz gegen sich selbst,* zu dessen sublimiertesten Äußerungen manche Formen der Askese gehören. Gewisse Menschen haben nämlich ein so hohes Bedürfnis, ihre Gewalt und Herrschsucht auszuüben, daß sie, in Ermangelung anderer Objekte oder weil es ihnen sonst immer mißlungen ist, endlich darauf verfallen, gewisse Teile ihres eigenen Wesens, gleichsam Ausschnitte oder Stufen ihrer selbst, zu tyrannisieren. So bekennt sich mancher Denker zu Ansichten, welche ersichtlich nicht dazu dienen, seinen Ruf zu vermehren oder zu verbessern; mancher beschwört förmlich die Mißachtung anderer auf sich herab, während er es leicht hätte, durch Stillschweigen ein geachteter Mann zu bleiben; andere widerrufen frühere Meinungen und scheuen es nicht, fürderhin inkonsequent genannt zu werden: im Gegenteil, sie bemühen sich darum und benehmen sich wie übermütige Reiter, welche das Pferd, erst wenn es wild geworden, mit Schweiß bedeckt, scheu geworden ist, am liebsten mögen. So steigt der Mensch auf gefährlichen Wegen in die höchsten Gebirge, um über seine Ängstlichkeit und seine schlotternden Knie hohnzulachen; so bekennt sich der Philosoph zu Ansichten der Askese, Demut und Heiligkeit, in deren Glanze sein eigenes Bild auf das ärgste verhäßlicht wird. Dieses Zerbrechen seiner selbst, dieser Spott über die eigene Natur, dieses *spernere se sperni,* aus dem die Religionen so viel gemacht haben, ist eigentlich ein sehr hoher Grad der Eitelkeit. Die ganze Moral der Bergpredigt gehört hierher: der Mensch hat eine wahre Wollust darin, sich durch übertriebene Ansprüche zu vergewaltigen und dieses tyrannisch fordernde etwas in seiner Seele nachher zu vergöttern. In jeder asketischen Moral betet der Mensch einen Teil von sich als Gott an und hat dazu nötig, den übrigen Teil zu diabolisieren. –

138

Der Mensch ist nicht zu allen Stunden gleich moralisch, dies ist bekannt: beurteilt man seine Moralität nach der Fähigkeit zu großer aufopfernder Entschließung und Selbstverleugnung (welche, dauernd und zur Gewohnheit geworden, Heiligkeit ist), so ist er im *Affekt* am moralischsten; die höhere Erregung reicht ihm ganz neue Motive dar, welcher er, nüchtern und kalt wie sonst, vielleicht nicht einmal fähig zu sein glaubte. Wie kommt dies? Wahrscheinlich aus der Nachbarschaft alles Großen und Hocherregenden; ist der Mensch einmal in eine außerordentliche Spannung gebracht, so kann er ebensowohl zu einer furchtbaren Rache, als zu einer furchtbaren Brechung seines Rachebedürfnisses sich entschließen. Er will unter dem Einflusse der gewaltigen Emotion jedenfalls das Große, Gewaltige, Ungeheure, und wenn er zufällig merkt, daß ihm die Aufopferung seiner selbst ebenso oder noch mehr genugtut, als die Opferung des anderen, so wählt er sie. Eigentlich liegt ihm also nur an der Entladung seiner Emotion; da faßt er wohl, um seine Spannung zu erleichtern, die Speere der Feinde zusammen und begräbt sie in seine Brust. Daß in der Selbstverleugnung, und nicht nur in der Rache, etwas Großes liege, mußte der Menschheit erst in langer Gewöhnung anerzogen werden; eine Gottheit, welche sich selbst opfert, war das stärkste, wirkungsvollste Symbol dieser Art von Größe. Als die Besiegung des schwerst zu besiegenden Feindes, die plötzliche Bemeisterung eines Affektes – als dies *erscheint* diese Verleugnung; und insofern gilt sie als der Gipfel des Moralischen. In Wahrheit handelt es sich bei ihr um die Vertauschung der einen Vorstellung mit der andern, während das Gemüt seine gleiche Höhe, seinen gleichen Flutstand behält. Ernüchterte, vom Affekt ausruhende Menschen verstehen die Moralität jener Augenblicke nicht mehr, aber die Bewunderung aller, die jene miterlebten, hält sie aufrecht; der Stolz ist ihr Trost, wenn der Affekt und das Verständnis ihrer Tat weicht. Also: im Grunde sind auch jene Handlungen der Selbstverleugnung nicht moralisch, insofern sie nicht streng in Hinsicht auf andere getan sind; vielmehr gibt der andere dem hochgespannten Gemüte nur eine Gelegenheit, sich zu erleichtern, durch jene Verleugnung.

139

In mancher Hinsicht sucht sich auch der Asket das Leben leicht zu machen: und zwar gewöhnlich durch die vollkommene Unterordnung unter einen fremden Willen oder unter ein umfängliches Gesetz und Ritual; etwa in der Art, wie der Brahmane durchaus nichts seiner eigenen Bestimmung überläßt und sich in jeder Minute durch eine heilige Vorschrift bestimmt. Diese Unterordnung ist ein mächtiges Mittel, um über sich Herr zu werden; man ist beschäftigt, also ohne Langeweile, und hat doch keine Anregung des Eigenwillens und der Leidenschaft dabei; nach vollbrachter Tat fehlt das Gefühl der Verantwortung und damit die Qual der Reue. Man hat ein für allemal auf eigenen Willen verzichtet, und dies ist leichter, als nur gelegentlich einmal zu verzichten; so wie es auch leichter ist, einer Begierde ganz zu entsagen, als in ihr Maß zu halten. Wenn wir uns der jetzigen Stellung des Mannes zum Staate erinnern, so finden wir auch da, daß der unbedingte Gehorsam bequemer ist, als der bedingte. Der Heilige also erleichtert sich durch jenes völlige Aufgeben der Persönlichkeit sein Leben, und man täuscht sich, wenn man in jenem Phänomen das höchste Heldenstück der Moralität bewundert. Es ist in jedem Falle schwerer, seine Persönlichkeit ohne Schwanken und Unklarheit durchzusetzen, als sich von ihr in der erwähnten Weise zu lösen; überdies verlangt es viel mehr Geist und Nachdenken.

140

Nachdem ich in vielen der schwerer erklärbaren Handlungen Äußerungen jener Lust an der *Emotion an sich* gefunden habe, möchte ich auch in betreff der Selbstverachtung, welche zu den Merkmalen der Heiligkeit gehört, und ebenso in den Handlungen der Selbstquälerei (durch Hunger und Geißelschläge, Verrenkungen der Glieder, Erheuchelung des Wahnsinns) ein Mittel erkennen, durch welches jene Naturen gegen die allgemeine Ermüdung ihres Lebenswillens (ihrer Nerven) ankämpfen: sie bedienen sich der schmerzhaftesten Reizmittel und Grausamkeiten, um für Zeiten wenigstens aus jener Dumpfheit und Langeweile aufzutauchen, in welche ihre große geistige Indolenz und jene geschilderte Unterordnung unter einen fremden Willen sie so häufig verfallen läßt.

141

Das gewöhnlichste Mittel, welches der Asket und Heilige anwendet, um sich das Leben doch noch erträglich und unterhaltend zu machen, besteht in gelegentlichem Kriegführen und in dem Wechsel von Sieg und Niederlage. Dazu braucht er einen Gegner und findet ihn in dem sogenannten »inneren Feinde«. Namentlich nützt er seinen Hang zur Eitelkeit, Ehr- und Herrschsucht, sodann seine sinnlichen Begierden aus, um sein Leben wie eine fortgesetzte Schlacht und sich wie ein Schlachtfeld ansehen zu dürfen, auf dem gute und böse Geister mit wechselndem Erfolge ringen. Bekanntlich wird die sinnliche Phantasie durch die Regelmäßigkeit des geschlechtlichen Verkehrs gemäßigt, ja fast unterdrückt, umgekehrt durch Enthaltsamkeit oder Unordnung im Verkehre entfesselt und wüst. Die Phantasie vieler christlicher Heiligen war in ungewöhnlichem Maße schmutzig; vermöge jener Theorie, daß diese Begierden wirkliche Dämonen seien, die in ihnen wüteten, fühlten sie sich nicht allzusehr verantwortlich dabei; diesem Gefühle verdanken wir die so belehrende Aufrichtigkeit ihrer Selbstzeugnisse. Es war in ihrem Interesse, daß dieser Kampf in irgendeinem Grade immer unterhalten wurde, weil durch ihn, wie gesagt, ihr ödes Leben unterhalten wurde. Damit der Kampf aber wichtig genug erscheine, um andauernde Teilnahme und Bewunderung bei den Nicht-Heiligen zu erregen, mußte die Sinnlichkeit immer mehr verketzert und gebrandmarkt werden, ja die Gefahr ewiger Verdammnis wurde so eng an diese Dinge geknüpft, daß höchstwahrscheinlich durch ganze Zeitalter hindurch die Christen mit bösem Gewissen Kinder zeugten; wodurch gewiß der Menschheit ein großer Schade angetan worden ist. Und doch steht hier die Wahrheit ganz auf dem Kopfe: was für die Wahrheit besonders unschicklich ist. Zwar hatte das Christentum gesagt:

jeder Mensch sei in Sünden empfangen und geboren, und im unausstehlichen Superlativ-Christentum des Calderon hatte sich dieser Gedanke noch einmal zusammengeknotet und verschlungen, so daß er die verdrehteste Paradoxie wagte, die es gibt, in dem bekannten Verse:

die größte Schuld des Menschen
ist, daß er geboren ward.

In allen pessimistischen Religionen wird der Zeugungsakt als schlecht an sich empfunden, aber keineswegs ist diese Empfindung einer allgemeinmenschliche, selbst nicht einmal das Urteil aller Pessimisten ist sich hierin gleich. Empedokles zum Beispiel weiß gar nichts vom Beschämenden, Teuflischen, Sündhaften in allen erotischen Dingen; er sieht vielmehr auf der großen Wiese des Unheils eine einzige heil- und hoffnungsvolle Erscheinung, die Aphrodite; sie gilt ihm als Bürgschaft, daß der Streit nicht ewig herrschen, sondern einem milderen Dämon einmal das Szepter überreichen werde. Die christlichen Pessimisten der Praxis hatten, wie gesagt, ein Interesse daran, daß eine andere Meinung in der Herrschaft blieb; sie brauchten für die Einsamkeit und die geistige Wüstenei ihres Lebens einen immer lebendigen Feind: und einen allgemein anerkannten Feind, durch dessen Bekämpfung und Überwältigung sie dem Nicht-Heiligen sich immer von neuem wieder als halb unbegreifliche, übernatürliche Wesen darstellten. Wenn dieser Feind endlich, infolge ihrer Lebensweise und ihrer zerstörten Gesundheit, die Flucht für immer ergriff, so verstanden sie es sofort, ihr Inneres mit neuen Dämonen bevölkert zu *sehen.* Das Auf- und Niederschwanken der Waagschalen Hochmut und Demut unterhielt ihre grübelnden Köpfe so gut wie der Wechsel von Begierde und Seelenruhe. Damals diente die Psychologie dazu, alles Menschliche nicht nur zu verdächtigen, sondern zu lästern, zu geißeln, zu kreuzigen; man *wollte* sich möglichst schlecht und böse finden, man suchte die Angst um das Heil der Seele, die Verzweiflung an der eignen Kraft. Alles Natürliche, an welches der Mensch die Vorstellung des Schlechten, Sündhaften anhängt (wie er es zum Beispiel noch jetzt in betreff des Erotischen gewöhnt ist), belästigt, verdüstert die Phantasie, gibt einen scheuen Blick, läßt den Menschen mit sich selber hadern und macht ihn unsicher und vertrauenslos; selbst seine Träume bekommen einen Beigeschmack des gequälten Gewissens. Und doch ist dieses Leiden am Natürlichen in der Realität der Dinge völlig unbegründet: es ist nur die Folge von Meinungen *über* die Dinge. Man erkennt leicht, wie die Menschen dadurch schlechter werden, daß sie das Unvermeidlich-Natürliche als schlecht bezeichnen und später immer als so beschaffen empfinden. Es ist der Kunstgriff der Religion und jener Metaphysiker, welche den Menschen als böse und sündhaft von Natur wollen, ihm die Natur zu verdächtigen und so ihn selber schlecht zu *machen:* denn so lernt er sich als schlecht empfinden, da er das Kleid der Natur nicht ausziehen kann. Allmählich fühlt er sich, bei einem langen Leben im Natürlichen, von einer solchen Last von Sünden bedrückt, daß übernatürliche Mächte nötig werden, um diese Last heben zu können; und damit ist das schon besprochene Erlösungsbedürfnis auf den Schauplatz getreten, welches gar keiner wirklichen, sondern nur einer eingebildeten Sündhaftigkeit entspricht. Man gehe die einzelnen moralischen Aufstellungen der Urkunden des Christentums durch und man wird überall finden, daß die Anforderungen überspannt sind, damit der Mensch ihnen nicht genügen *könne;* die Absicht ist nicht, daß er moralischer *werde,* sondern daß er sich *möglichst sündhaft* fühle. Wenn dem Menschen dies Gefühl nicht *angenehm* gewesen wäre, – wozu hätte er eine solche Vorstellung erzeugt und sich so lange an sie gehängt? Wie in der antiken Welt eine unermeßliche Kraft von Geist und Erfindungsgabe verwendet worden ist, um die Freude am Leben durch festliche Kulte zu mehren: so ist in der Zeit des Christentums ebenfalls unermeßlich viel Geist einem anderen Streben geopfert worden: der Mensch sollte auf alle Weise sich sündhaft fühlen und dadurch überhaupt erregt, belebt, beseelt werden. Erregen, beleben, beseelen, um jeden Preis – ist das nicht das Losungswort einer erschlafften, überreifen, überkultivierten Zeit? Der Kreis aller natürlichen Empfindungen war hundertmal durchlaufen, die Seele war ihrer müde geworden: da erfanden der Heilige und der Asket eine neue Gattung von Lebensreizen. Sie stellten sich vor aller Augen hin, nicht eigentlich zur Nachahmung für viele, sondern als schauderhaftes und doch entzückendes Schauspiel, welches an jenen Grenzen zwischen Welt und Überwelt aufgeführt werde, wo jedermann damals bald himmlische Lichtblicke, bald unheimliche, aus der Tiefe lodernde Flammenzungen zu erblicken glaubte. Das Auge des Heiligen, hingerichtet auf die in jedem Betracht furchtbare Bedeutung des kurzen Erdenlebens, auf die Nähe der letzten Entscheidung über endlose neue Lebensstrecken, dies verkohlende Auge, in einem halb vernichteten Leibe, machte die Menschen der alten Welt bis in alle Tiefen erzittern; hinblicken, schaudernd wegblicken, von neuem den Reiz des Schauspiels spüren, ihm nachgeben, sich an ihm ersättigen, bis die Seele in Glut und Fieberfrost erbebt, – das war die letzte *Lust, welche das Altertum erfand,* nachdem es selbst gegen den Anblick von Tier- und Menschenkämpfen stumpf geworden war.

142

Um das Gesagte zusammenzufassen: jener Seelenzustand, dessen sich der Heilige oder Heiligwerdende erfreut, setzt sich aus Elementen zusammen, welche wir alle recht wohl kennen, nur daß sie sich unter dem Einfluß anderer als religiöser Vorstellungen anders gefärbt zeigen und dann den Tadel der Menschen ebenso stark zu erfahren pflegen, wie sie, in jener

Verbrämung mit Religion und letzter Bedeutsamkeit des Daseins, auf Bewunderung, ja Anbetung rechnen dürfen, – mindestens in früheren Zeiten rechnen durften. Bald übt der Heilige jenen Trotz gegen sich selbst, der ein naher Verwandter der Herrschsucht ist und auch dem Einsamsten noch das Gefühl der Macht gibt; bald springt seine angeschwellte Empfindung aus dem Verlangen, seine Leidenschaften dahinschießen zu lassen, über in das Verlangen, sie wie wilde Rosse zusammenstürzen zu machen, unter dem mächtigen Druck einer stolzen Seele; bald will er ein völliges Aufhören aller störenden, quälenden, reizenden Empfindungen, einen wachen Schlaf, ein dauerndes Ausruhen im Schoße einer dumpfen, tier- und pflanzenhaften Indolenz; bald sucht er den Kampf und entzündet ihn in sich, weil ihm die Langeweile ihr gähnendes Gesicht entgegenhält: er geißelt seine Selbstvergötterung mit Selbstverachtung und Grausamkeit, er freut sich an dem wilden Aufruhr seiner Begierden, an dem scharfen Schmerz der Sünde, ja an der Vorstellung des Verlorenseins, er versteht es, seinem Affekt, zum Beispiel dem der äußersten Herrschsucht, einen Fallstrick zu legen, so daß er in den der äußersten Erniedrigung übergeht und seine aufgehetzte Seele durch diesen Kontrast aus allen Fugen gerissen wird; und zuletzt wenn es ihn gar nach Visionen, Gesprächen mit Toten oder göttlichen Wesen gelüstet, so ist es im Grunde eine seltene Art von Wollust, welche er begehrt, aber vielleicht jene Wollust, in der alle anderen in einen Knoten zusammengeschlungen sind. Novalis, eine der Autoritäten in Fragen der Heiligkeit durch Erfahrung und Instinkt, spricht das ganze Geheimnis einmal mit naiver Freude aus: »Es ist wunderbar genug, daß nicht längst die Assoziation von Wollust, Religion und Grausamkeit die Menschen aufmerksam auf ihre innige Verwandtschaft und gemeinschaftliche Tendenz gemacht hat.«

143

Nicht das, was der Heilige *ist,* sondern das, was er in den Augen der Nicht-Heiligen *bedeutet,* gibt ihm seinen welthistorischen Wert. Dadurch, daß man sich über ihn irrte, daß man seine Seelenzustände falsch auslegte und ihn von sich so stark als möglich abtrennte, als etwas durchaus Unvergleichliches und Fremdartig-Übermenschliches: dadurch gewann er die außerordentliche Kraft, mit welcher er die Phantasie ganzer Völker, ganzer Zeiten beherrschen konnte. Er selbst kannte sich nicht; er selbst verstand die Schriftzüge seiner Stimmungen, Neigungen, Handlungen nach einer Kunst der Interpretation, welche ebenso überspannt und künstlich war, wie die pneumatische Interpretation der Bibel. Das Verschrobene und Kranke in seiner Natur, mit ihrer Zusammenkoppelung von geistiger Armut, schlechtem Wissen, verdorbener Gesundheit, überreizten Nerven, blieb seinem Blick ebenso wie dem seiner Beschauer verborgen. Er war kein besonders guter Mensch, noch weniger ein besonders weiser Mensch: aber er *bedeutete* etwas, das über menschliches Maß in Güte und Weisheit hinausreichte. Der Glaube an ihn unterstützte den Glauben an Göttliches und Wunderhaftes, an einen religiösen Sinn alles Daseins, an einen bevorstehenden letzten Tag des Gerichtes. In dem abendlichen Glanze einer Weltuntergangs-Sonne, welche über die christliche Völker hinleuchtete, wuchs die Schattengestalt des Heiligen ins Ungeheure: ja bis zu einer solchen Höhe, daß selbst in unserer Zeit, die nicht mehr an Gott glaubt, es noch Denker gibt, welche an den Heiligen glauben.

144

Es versteht sich von selbst, daß dieser Zeichnung des Heiligen, welche nach dem Durchschnitt der ganzen Gattung entworfen ist, manche Zeichnung entgegengestellt werden kann, welche eine angenehmere Empfindung hervorbringen möchte. Einzelne Ausnahmen jener Gattung heben sich heraus, sei es durch große Milde und Menschenfreundlichkeit, sei es durch den Zauber ungewöhnlicher Tatkraft; andere sind im höchsten Grade anziehend, weil bestimmte Wahnvorstellungen über ihr ganzes Wesen Lichtströme ausgießen: wie es zum Beispiel mit dem berühmten Stifter des Christentums der Fall ist, der sich für den eingebornen Sohn Gottes hielt und deshalb sich sündlos fühlte; so daß er durch eine Einbildung – die man nicht zu hart beurteilen möge, weil das ganze Altertum von Göttersöhnen wimmelt – dasselbe Ziel erreichte, das Gefühl völliger Sündlosigkeit, völliger Unverantwortlichkeit, welches jetzt durch die Wissenschaft jedermann sich erwerben kann. – Ebenfalls habe ich abgesehn von den indischen Heiligen, welche auf einer Zwischenstufe zwischen dem christlichen Heiligen und dem griechischen Philosophen stehen und insofern keinen reinen Typus darstellen: die Erkenntnis, die Wissenschaft – soweit es eine solche gab –, die Erhebung über die anderen Menschen durch die logische Zucht und Schulung des Denkens wurde bei den Buddhisten als ein Kennzeichen der Heiligkeit ebenso gefordert, wie dieselben Eigenschaften in der christlichen Welt, als Kennzeichen der Unheiligkeit, abgelehnt und verketzert werden.

VIERTES HAUPTSTÜCK

AUS DER SEELE DER KÜNSTLER UND SCHRIFTSTELLER

145

Das *Vollkommene soll nicht geworden sein.* – Wir sind gewöhnt, bei allem Vollkommenen die Frage nach dem Werden zu unterlassen: sondern uns des Gegenwärtigen zu freuen, wie als ob es auf einen Zauberschlag aus dem Boden aufgestiegen sei. Wahrscheinlich stehen wir hier noch unter der Nachwirkung einer uralten mythologischen Empfindung. Es ist uns *beinahe* noch so zumute (zum Beispiel in einem griechischen Tempel wie der von Pästum), als ob eines Morgens ein Gott spielend aus solchen ungeheuren Lasten sein Wohnhaus gebaut habe: andere Male, als ob eine Seele urplötzlich in einen Stein hineingezaubert sei und nun durch ihn reden wolle. Der Künstler weiß, daß sein Werk nur voll wirkt, wenn es den Glauben an eine Improvisation, an eine wundergleiche Plötzlichkeit der Entstehung erregt; und so hilft er wohl dieser Illusion nach und führt jene Elemente der begeisterten Unruhe, der blind greifenden Unordnung, des aufhorchenden Träumens beim Beginn der Schöpfung in die Kunst ein, als Trugmittel, um die Seele des Schauers oder Hörers so zu stimmen, daß sie an das plötzliche Hervorspringen des Vollkommenen glaubt. – Die Wissenschaft der Kunst hat dieser Illusion, wie es sich von selbst versteht, auf das bestimmteste zu widersprechen und die Fehlschlüsse und Verwöhnungen des Intellekts aufzuzeigen, vermöge welcher er dem Künstler in das Netz läuft.

146

Der Wahrheitssinn des Künstlers. – Der Künstler hat in Hinsicht auf das Erkennen der Wahrheiten eine schwächere Moralität als der Denker; er will sich die glänzenden, tiefsinnigen Deutungen des Lebens durchaus nicht nehmen lassen und wehrt sich gegen nüchterne, schlichte Methoden und Resultate. Scheinbar kämpft er für die höhere Würde und Bedeutung des Menschen; in Wahrheit will er die für seine Kunst *wirkungsvollsten* Voraussetzungen nicht aufgeben, also das Phantastische, Mythische, Unsichere, Extreme, den Sinn für das Symbolische, die Überschätzung der Person, den Glauben an etwas Wunderartiges im Genius: er hält also die Fortdauer seiner Art des Schaffens für wichtiger als die wissenschaftliche Hingebung an das Wahre in jeder Gestalt, erscheine diese auch noch so schlicht.

147

Die Kunst als Totenbeschwörerin. – Die Kunst versieht nebenbei die Aufgabe, zu konservieren, auch wohl erloschene, verblichene Vorstellungen ein wenig wieder aufzufärben; sie flicht, wenn sie diese Aufgabe löst, ein Band um verschiedene Zeitalter und macht deren Geister wiederkehren. Zwar ist es nur ein Scheinleben wie über Gräbern, welches hierdurch entsteht, oder wie die Wiederkehr geliebter Toten im Traume; aber wenigstens auf Augenblicke wird die alte Empfindung noch einmal rege und das Herz klopft nach einem sonst vergessenen Takte. Nun muß man wegen dieses allgemeinen Nutzens der Kunst dem Künstler selber es nachsehen, wenn er nicht in den vordersten Reihen der Aufklärung und der fortschreitenden *Vermännlichung* der Menschheit steht: er ist zeitlebens ein Kind oder ein Jüngling geblieben und auf dem Standpunkt zurückgehalten, auf welchem er von seinem Kunsttriebe überfallen wurde; Empfindungen der ersten Lebensstufen stehen aber zugestandenermaßen denen früherer Zeitläufte näher als denen des gegenwärtigen Jahrhunderts. Unwillkürlich wird es zu seiner Aufgabe, die Menschheit zu verkindlichen; dies ist sein Ruhm und seine Begrenztheit.

148

Dichter als Erleichterer des Lebens. – Die Dichter, insofern auch sie das Leben der Menschen erleichtern wollen, wenden den Blick entweder von der mühseligen Gegenwart ab oder verhelfen der Gegenwart durch ein Licht, das sie von der Vergangenheit herstrahlen machen, zu neuen Farben. Um dies zu können, müssen sie selbst in manchen Hinsichten rückwärts gewendete Wesen sein: so daß man sie als Brücken zu ganz fernen Zeiten und Vorstellungen, zu absterbenden oder abgestorbenen Religionen und Kulturen gebrauchen kann. Sie sind eigentlich immer und notwendig *Epigonen.* Es ist freilich von ihren Mitteln zur Erleichterung des Lebens einiges Ungünstige zu sagen: sie beschwichtigen und heilen nur vorläufig, nur für den Augenblick; sie halten sogar die Menschen ab, an einer wirklichen Verbesserung ihrer Zustände zu arbeiten, indem sie gerade die Leidenschaft der Unbefriedigten, welche zur Tat drängen, aufheben und palliativisch entladen.

149

Der langsame Pfeil der Schönheit. – Die edelste Art der Schönheit ist die, welche nicht auf einmal hinreißt, welche nicht stürmische und berauschende Angriffe macht (eine solche erweckt leicht Ekel), sondern jene langsam einsickernde, welche man fast unbemerkt mit sich fortträgt und die einem im Traum einmal wiederbegegnet, endlich aber, nachdem sie lange mit Bescheidenheit an unserm Herzen gelegen, von uns ganz Besitz nimmt, unser Auge mit Tränen, unser Herz mit Sehnsucht füllt. – Wonach sehnen wir uns beim Anblick der Schönheit? Darnach, schön zu sein: wir wähnen, es müsse viel Glück damit verbunden sein. – Aber das ist ein Irrtum.

150

Beseelung der Kunst. – Die Kunst erhebt ihr Haupt, wo die Religionen nachlassen. Sie übernimmt eine Menge durch die Religion erzeugter Gefühle und Stimmungen, legt sie an ihr Herz und wird jetzt selber tiefer, seelenvoller, so daß sie Erhebung und Begeisterung mitzuteilen vermag, was sie vordem noch nicht konnte. Der zum Strome angewachsene Reichtum des religiösen Gefühls bricht immer wieder aus und will sich neue Reiche erobern: aber die wachsende Aufklärung hat die Dogmen der Religion erschüttert und ein gründliches Mißtrauen eingeflößt: so wirft sich das Gefühl, durch die Aufklärung aus der religiösen Sphäre hinausgedrängt, in die Kunst; in einzelnen Fällen auch auf das politische Leben, ja selbst direkt auf die Wissenschaft. Überall, wo man an menschlichen Bestrebungen eine höhere düstere Färbung wahrnimmt, darf man vermuten, daß Geistergrauen, Weihrauchduft und Kirchenschatten daran hängengeblieben sind.

151

Wodurch das Metrum verschönert. – Das Metrum legt Flor über die Realität; es veranlaßt einige Künstlichkeit des Geredes und Unreinheit des Denkens; durch den Schatten, den es auf den Gedanken wirft, verdeckt es bald, bald hebt es hervor. Wie Schatten nötig ist, um zu verschönern, so ist das »Dumpfe« nötig, um zu verdeutlichen. – Die Kunst macht den Anblick des Lebens erträglich, dadurch daß sie den Flor des unreinen Denkens über dasselbe legt.

152

Kunst der häßlichen Seele. – Man zieht der Kunst viel zu enge Schranken, wenn man verlangt, daß nur die geordnete, sittlich im Gleichgewicht schwebende Seele sich in ihr aussprechen dürfe. Wie in den bildenden Künsten so auch gibt es in der Musik und Dichtung eine Kunst der häßlichen Seele, neben der Kunst der schönen Seele; und die mächtigsten Wirkungen der Kunst, das Seelen-Brechen, Steine-Bewegen und Tiere-Vermenschlichen ist vielleicht gerade jener Kunst am meisten gelungen.

153

Die Kunst macht dem Denker das Herz schwer. – Wie stark das metaphysische Bedürfnis ist, und wie sich noch zuletzt die Natur den Abschied von ihm schwer macht, kann man daraus entnehmen, daß noch im Freigeiste, wenn er sich alles Metaphysischen entschlagen hat, die höchsten Wirkungen der Kunst leicht ein Miterklingen der lange verstummten, ja zerrissenen metaphysischen Saite hervorbringen, sei es zum Beispiel, daß er bei einer Stelle der neunten Sinfonie Beethovens sich über der Erde in einem Sternendome schweben fühlt, mit dem Traume der *Unsterblichkeit* im Herzen: alle Sterne scheinen um ihn zu flimmern und die Erde immer tiefer hinabzusinken. – Wird er sich dieses Zustandes bewußt, so fühlt er wohl einen tiefen Stich im Herzen und seufzt nach dem Menschen, welcher ihm die verlorene Geliebte, nenne man sie nun Religion oder Metaphysik, zurückführe. In solchen Augenblicken wird sein intellektualer Charakter auf die Probe gestellt.

154

Mit dem Leben spielen. – Die Leichtigkeit und Leichtfertigkeit der homerischen Phantasie war nötig, um das übermäßig leidenschaftliche Gemüt und den überscharfen Verstand der Griechen zu beschwichtigen und zeitweilig aufzuheben. Spricht bei ihnen der Verstand: wie herbe und grausam erscheint dann das Leben! Sie täuschen sich nicht, aber sie umspielen absichtlich das Leben mit Lügen. Simonides riet seinen Landsleuten, das Leben wie ein Spiel zu nehmen; der Ernst war ihnen als Schmerz allzubekannt (das Elend der Menschen ist ja das Thema, über welches die Götter so gern singen hören), und sie wußten, daß einzig durch die Kunst selbst das Elend zum Genusse werden könne. Zur Strafe für diese Einsicht waren sie aber von der Lust zu fabulieren so geplagt, daß es ihnen im Alltagsleben schwer wurde, sich von Lug und Trug freizuhalten, wie alles Poetenvolk eine solche Lust an der Lüge hat und obendrein noch die Unschuld dabei. Die benachbarten Völker fanden das wohl mitunter zum Verzweifeln.

155

Glaube an Inspiration. – Die Künstler haben ein Interesse daran, daß man an die plötzlichen Eingebungen, die sogenannten Inspirationen glaubt; als ob die Idee des Kunstwerks, der Dichtung, der Grundgedanke einer Philosophie wie ein Gnadenschein vom Himmel herableuchte. In Wahrheit produziert die Phantasie des guten Künstlers oder Denkers fortwährend, Gutes, Mittelmäßiges und Schlechtes, aber seine *Urteilskraft*, höchst geschärft und geübt, verwirft, wählt aus, knüpft zusammen; wie man jetzt aus den Notizbüchern Beethovens ersieht, daß er die herrlichsten Melodien allmählich zusammengetragen und aus vielfachen Ansätzen gewissermaßen ausgelesen hat. Wer weniger streng scheidet und sich der nachbildenden Erinnerung gern überläßt, der wird unter Umständen ein großer Improvisator werden können; aber die künstlerische Improvisation steht tief im Verhältnis zum ernst und mühevoll erlesenen Kunstgedanken. Alle Großen waren große Arbeiter, unermüdlich nicht nur im Erfinden, sondern auch im Verwerfen, Sichten, Umgestalten, Ordnen.

156

Nochmals die Inspiration. – Wenn sich die Produktionskraft eine Zeitlang angestaut hat und am Ausfließen durch ein Hemmnis gehindert worden ist, dann gibt es endlich einen so plötzlichen Erguß, als ob eine unmittelbare Inspiration, ohne vorhergegangenes innres Arbeiten, also ein Wunder sich vollziehe. Dies macht die bekannte Täuschung aus, an deren Fortbestehen, wie gesagt, das Interesse aller Künstler ein wenig zu sehr hängt. Das Kapital hat sich eben nur *angehäuft,* es ist nicht auf einmal vom Himmel gefallen. Es gibt übrigens auch anderwärts solche scheinbare Inspiration, zum Beispiel im Bereiche der Güte, der Tugend, des Lasters.

157

Die Leiden des Genius und ihr Wert. – Der künstlerische Genius will Freude machen, aber wenn er auf einer sehr hohen Stufe steht, so fehlen ihm leicht die Genießenden; er bietet Speisen, aber man will sie nicht. Das gibt ihm ein unter Umständen lächerlich-rührendes Pathos; denn im Grunde hat er kein Recht, die Menschen zum Vergnügen zu zwingen. Seine Pfeife tönt, aber niemand will tanzen: kann das tragisch sein? – Vielleicht doch. Zuletzt hat er als Kompensation für diese Entbehrung mehr Vergnügen beim Schaffen, als die übrigen Menschen bei allen andern Gattungen der Tätigkeit haben. Man empfindet seine Leiden übertrieben, weil der Ton seiner Klage lauter, sein Mund beredter ist; und *mitunter* sind seine Leiden wirklich sehr groß, aber nur deshalb, weil sein Ehrgeiz, sein Neid so groß ist. Der wissende Genius, wie Kepler und Spinoza, ist für gewöhnlich nicht so begehrlich und macht von seinen wirklich größeren Leiden und Entbehrungen kein solches Aufheben. Er darf mit größerer Sicherheit auf die Nachwelt rechnen und sich der Gegenwart entschlagen; während ein Künstler, der dies tut, immer ein verzweifeltes Spiel spielt, bei dem ihm wehe ums Herz werden muß. In ganz seltenen Fällen – dann, wenn im selben Individuum der Genius des Könnens und des Erkennens und der moralische Genius sich verschmelzen – kommt zu den erwähnten Schmerzen noch die Gattung von Schmerzen hinzu, welche als die absonderlichsten Ausnahmen in der Welt zu nehmen sind: die außer- und überpersönlichen, einem Volke, der Menschheit, der gesamten Kultur, allem leidenden Dasein zugewandten Empfindungen: welche ihren Wert durch die Verbindung mit besonders schwierigen und entlegenen Erkenntnissen erlangen (Mitleid an sich ist wenig wert). – Aber welchen Maßstab, welche Goldwage gibt es für deren Echtheit? Ist es nicht fast geboten, mißtrauisch gegen alle zu sein, welche von Empfindungen dieser Art bei sich *reden*?

158

Verhängnis der Größe. – Jeder großen Erscheinung folgt die Entartung nach, namentlich im Bereiche der Kunst. Das Vorbild des Großen reizt die eitleren Naturen zum äußerlichen Nachmachen oder zum Überbieten; dazu haben alle großen Begabungen das Verhängnisvolle an sich, viel schwächere Kräfte und Keime zu erdrücken und um sich herum gleichsam die Natur zu veröden. Der glücklichste Fall in der Entwicklung einer Kunst ist der, daß mehrere Genies sich gegenseitig in Schranken halten; bei diesem Kampfe wird gewöhnlich den schwächeren und zarteren Naturen auch Luft und Licht gegönnt.

159

Die Kunst dem Künstler gefährlich. – Wenn die Kunst ein Individuum gewaltig ergreift, dann zieht es dasselbe zu Anschauungen solcher Zeiten zurück, wo die Kunst am kräftigsten blühte, sie wirkt dann zurückbildend. Der Künstler kommt immer mehr in eine Verehrung der plötzlichen Erregungen, glaubt an Götter und Dämonen, durchseelt die Natur, haßt die Wissenschaft, wird wechselnd in seinen Stimmungen wie die Menschen des Altertums und begehrt einen Umsturz aller Verhältnisse, welche der Kunst nicht günstig sind, und zwar dies mit der Heftigkeit und Unbilligkeit eines Kindes. An sich ist nun der Künstler schon ein zurückbleibendes Wesen, weil er beim Spiel stehen bleibt, welches zur Jugend und Kindheit gehört: dazu kommt noch, daß er allmählich in andere Zeiten zurückgebildet wird. So entsteht zuletzt ein heftiger Antagonismus zwischen ihm und den gleichaltrigen Menschen seiner Periode und ein trübes Ende; so wie, nach den Erzählungen der Alten, Homer und Äschylus in Melancholie zuletzt lebten und starben.

160

Geschaffene Menschen. – Wenn man sagt, der Dramatiker (und der Künstler überhaupt) *schaffe* wirklich Charaktere, so ist dies eine schöne Täuschung und Übertreibung, in deren Dasein und Verbreitung die Kunst einen ihrer ungewollten, gleichsam überschüssigen Triumphe feiert. In der Tat verstehen wir von einem wirklichen lebendigen Menschen nicht viel und generalisieren sehr oberflächlich, wenn wir ihm diesen und jenen Charakter zuschreiben: dieser unserer *sehr unvollkommenen* Stellung zum Menschen entspricht nun der Dichter, indem er ebenso *oberflächliche* Entwürfe zu Menschen macht (in diesem Sinne »schafft«), als unsere Erkenntnis der Menschen oberflächlich ist. Es ist viel Blendwerk bei diesen geschaffenen Charakteren der Künstler; es sind durchaus keine leibhaftigen Naturprodukte, sondern ähnlich wie die gemalten Menschen ein wenig allzu dünn, sie vertragen den Anblick aus der Nähe nicht. Gar wenn man sagt, der Charakter des gewöhnlichen lebendigen Menschen widerspreche sich häufig, der vom Dramatiker geschaffene sei das Urbild, welches der Natur vorgeschwebt habe, so ist dies ganz falsch. Ein wirklicher Mensch ist etwas ganz und gar *Notwendiges* (selbst in jenen sogenannten Widersprüchen), aber wir erkennen diese Notwendigkeit nicht immer. Der erdichtete Mensch, das Phantasma, will etwas Notwendiges bedeuten, doch nur vor solchen, welche auch einen wirklichen Menschen nur in einer rohen, unnatürlichen Simplifikation verstehen: so daß ein paar starke, oft wiederholte Züge, mit sehr viel Licht darauf und sehr viel Schatten und Halbdunkel herum, ihren Ansprüchen vollständig genügen. Sie sind also leicht bereit, das Phantasma als wirklichen, notwendigen Menschen zu behandeln, weil sie gewöhnt sind, beim wirklichen Menschen ein Phantasma, einen Schattenriß, eine willkürliche Abbreviatur für das Ganze zu nehmen. – Daß gar der Maler und der Bildhauer die »Idee« des Menschen ausdrücke, ist eitel Phantasterei und Sinnentrug: man wird vom Auge tyrannisiert, wenn man so etwas sagt, da dieses vom menschlichen Leibe selbst nur die Oberfläche, die Haut sieht; der innere Leib gehört aber ebensosehr zur Idee. Die bildende Kunst will Charaktere auf der Haut sichtbar werden lassen; die redende Kunst nimmt das Wort zu demselben Zwecke, sie bildet den Charakter im Laute ab. Die Kunst geht von der natürlichen *Unwissenheit* des Menschen über sein Inneres (in Leib und Charakter) aus: sie ist nicht für Physiker und Philosophen da.

161

Selbstüberschätzung im Glauben an Künstler und Philosophen. – Wir alle meinen, es sei die Güte eines Kunstwerks, eines Künstlers bewiesen, wenn er uns ergreift, erschüttert. Aber da müßte doch erst *unsere eigene Güte* in Urteil und Empfindung bewiesen sein: was nicht der Fall ist. Wer hat mehr im Reiche der bildenden Kunst ergriffen und entzückt als Bernini wer mächtiger gewirkt als jener nachdemosthenische Rhetor, welcher den asianischen Stil einführte und durch zwei Jahrhunderte zur Herrschaft brachte? Diese Herrschaft über ganze Jahrhunderte beweist nichts für die Güte und dauernde Gültigkeit eines Stils; deshalb soll man nicht zu sicher in seinem guten Glauben an irgendeinen Künstler sein: ein solcher ist ja nicht nur der Glaube an die Wahrhaftigkeit unserer Empfindung, sondern auch an die Unfehlbarkeit unseres Urteils, während Urteil oder Empfindung oder beides selber zu grob oder zu fein geartet, überspannt oder roh sein können. Auch die Segnungen und Beseligungen einer Philosophie, einer Religion beweisen für ihre Wahrheit nichts: ebensowenig als das Glück, welches der Irrsinnige von seiner fixen Idee her genießt, etwas für die Vernünftigkeit dieser Idee beweist.

162

Kultus des Genius aus Eitelkeit. – Weil wir gut von uns denken, aber doch durchaus nicht von uns erwarten, daß wir je den Entwurf eines Raffaelischen Gemäldes oder eine solche Szene wie die eines Shakespeareschen Dramas machen könnten, reden wir uns ein, das Vermögen dazu sei ganz übermäßig wunderbar, ein ganz seltner Zufall, oder, wenn wir noch religiös empfinden, eine Begnadigung von oben. So fördert unsere Eitelkeit, unsere Selbstliebe den Kultus des Genius: denn nur wenn dieser ganz fern von uns gedacht ist, als ein *miraculum,* verletzt er nicht (selbst Goethe, der Neidlose, nannte Shakespeare seinen Stern der fernsten Höhe; wobei man sich jenes Verses erinnern mag: »die Sterne, die begehrt man nicht«). Aber von jenen Einflüsterungen unserer Eitelkeit abgesehen, so erscheint die Tätigkeit des Genies durchaus nicht als etwas Grundverschiedenes von der Tätigkeit des mechanischen Erfinders, des astronomischen oder historischen Gelehrten, des Meisters der Taktik. Alle diese Tätigkeiten erklären sich, wenn man sich Menschen vergegenwärtigt, deren Denken in *einer* Richtung tätig ist, die alles als Stoff benützen, die immer ihrem inneren Leben und dem anderer mit Eifer zusehen, die überall Vorbilder, Anreizungen erblicken, die in der Kombination ihrer Mittel nicht müde werden. Das Genie tut auch nichts, als daß es erst Steine setzen, dann bauen lernt, daß es immer nach Stoff sucht und immer an ihm herumformt. Jede Tätigkeit des Menschen ist zum Verwundern kompliziert, nicht nur die des Genies: aber keine ist ein »Wunder«. – Woher nun der Glaube, daß es allein beim Künstler, Redner und Philosophen Genie gebe? daß nur sie »Intuition« haben? (womit man ihnen eine Art von Wunder-Augenglas zuschreibt, mit dem sie direkt ins »Wesen« sehen!) Die Menschen sprechen ersichtlich dort allein von Genius, wo ihnen die Wirkungen des großen Intellekts am angenehmsten sind und sie wiederum nicht Neid empfinden wollen. Jemanden »göttlich« nennen heißt: »hier brauchen wir nicht zu wetteifern«. Sodann: alles Fertige, Vollkommene wird angestaunt, alles Werdende unterschätzt. Nun kann niemand beim Werk des Künstlers zusehen, wie es *geworden* ist; das ist sein Vorteil, denn überall, wo man das Werden sehen kann, wird man etwas abgekühlt. Die vollendete Kunst der Darstellung weist alles Denken an das Werden ab; es tyrannisiert als gegenwärtige Vollkommenheit. Deshalb gelten die Künstler der Darstellung vornehmlich als genial, nicht aber die wissenschaftlichen Menschen. In Wahrheit ist jene Schätzung und diese Unterschätzung nur eine Kinderei der Vernunft.

163

Der Ernst des Handwerks. – Redet nur nicht von Begabung, angeborenen Talenten! Es sind große Männer aller Art zu nennen, welche wenig begabt waren. Aber sie *bekamen* Größe, wurden »Genies« (wie man sagt), durch Eigenschaften, von deren Mangel niemand gern redet, der sich ihrer bewußt ist: sie hatten alle jenen tüchtigen Handwerker-Ernst, welcher erst lernt, die Teile vollkommen zu bilden, bis er es wagt, ein großes Ganzes zu machen; sie gaben sich Zeit dazu, weil sie mehr Lust am Gutmachen des Kleinen, Nebensächlichen hatten als an dem Effekte eines blendenden Ganzen. Das Rezept zum Beispiel, wie einer ein guter Novellist werden kann, ist leicht zu geben, aber die Ausführung setzt Eigenschaften voraus, über die man hinwegzusehen pflegt, wenn man sagt »ich habe nicht genug Talent«. Man mache nur hundert und mehr Entwürfe zu Novellen, keinen länger als zwei Seiten, doch von solcher Deutlichkeit, daß jedes Wort darin notwendig ist; man schreibe täglich Anekdoten nieder, bis man es lernt, ihre prägnanteste, wirkungsvollste Form zu finden; man sei unermüdlich im Sammeln und Ausmalen menschlicher Typen und Charaktere; man erzähle vor allem so oft es möglich ist und höre erzählen, mit scharfem Auge und Ohr für die Wirkung auf die anderen Anwesenden, man reise wie ein Landschaftsmaler und Kostümzeichner; man exzerpiere sich aus einzelnen Wissenschaften alles das, was künstlerische Wirkungen macht, wenn es gut dargestellt wird, man denke endlich über die Motive der menschlichen Handlungen nach, verschmähe keinen Fingerzeig der Belehrung hierüber und sei ein Sammler von dergleichen Dingen bei Tag und Nacht. In dieser mannigfachen Übung lasse man einige zehn Jahre vorübergehen: was dann aber in der Werkstätte geschaffen wird, darf auch hinaus in das Licht der Straße. – Wie machen es aber die meisten? Sie fangen nicht mit dem Teile, sondern mit dem Ganzen an. Sie tun vielleicht einmal einen guten Griff, erregen Aufmerksamkeit und tun von da an immer schlechtere Griffe, aus guten, natürlichen Gründen. – Mitunter, wenn Vernunft und Charakter fehlen, um einen solchen künstlerischen Lebensplan zu gestalten, übernimmt das Schicksal und die Not die Stelle derselben und führt den zukünftigen Meister schrittweise durch alle Bedingungen seines Handwerks.

164

Gefahr und Gewinn im Kultus des Genius. – Der Glaube an große, überlegene, fruchtbare Geister ist nicht notwendig, aber sehr häufig noch mit jenem ganz- oder halbreligiösen Aberglauben verbunden, daß jene Geister übermenschlichen Ursprungs seien und gewisse wunderbare Vermögen besäßen, vermittelst deren sie ihrer Erkenntnisse auf ganz anderem Wege teilhaftig würden als die übrigen Menschen. Man schreibt ihnen wohl einen unmittelbaren Blick in das Wesen der Welt, gleichsam durch ein Loch im Mantel der Erscheinung, zu und glaubt, daß sie ohne die Mühsal und Strenge der Wissenschaft, vermöge dieses wunderbaren Seherblickes, etwas Endgültiges und Entscheidendes über Mensch und Welt mitteilen könnten. So lange das Wunder im Bereiche der Erkenntnis noch Gläubige findet, kann man vielleicht zugeben, daß dabei für die Gläubigen selber ein Nutzen herauskomme, insofern diese durch ihre unbedingte Unterordnung unter die großen Geister, ihrem eigenen Geiste für die Zeit der Entwicklung die beste Disziplin und Schule verschaffen. Dagegen ist mindestens fraglich, ob der Aberglaube vom Genie, von seinen Vorrechten und Sondervermögen für das Genie selber von Nutzen sei, wenn er in ihm sich einwurzelt. Es ist jedenfalls ein gefährliches Anzeichen, wenn den Menschen jener Schauder vor sich selbst überfällt, sei es nun jener berühmte Cäsaren-Schauder oder der hier in Betracht kommende Genie-Schauder; wenn der Opferduft, welchen man billigerweise allein einem Gotte bringt, dem Genie ins Gehirn dringt, so daß er zu schwanken und sich für etwas Übermenschliches zu halten beginnt. Die langsamen Folgen sind: das Gefühl der Unverantwortlichkeit, der exzeptionellen Rechte, der Glaube, schon durch seinen Umgang zu begnadigen, wahnsinnige Wut bei dem Versuche, ihn mit anderen zu vergleichen oder gar ihn niedriger zu taxieren und das Verfehlte seines Werkes ins Licht zu setzen. Dadurch, daß er aufhört, Kritik gegen sich selbst zu üben, fällt zuletzt aus seinem Gefieder eine der Schwungfedern nach der anderen aus: jener Aberglaube gräbt die Wurzeln seiner Kraft an und macht ihn vielleicht gar zum Heuchler, nachdem seine Kraft von ihm gewichen ist. Für große Geister selbst ist es also wahrscheinlich nützlicher, wenn sie über ihre Kraft und deren Herkunft zur Einsicht kommen, wenn sie also begreifen, welche rein menschlichen Eigenschaften in ihnen zusammengeflossen sind, welche Glücksumstände hinzutraten: also einmal anhaltende Energie, entschlossene Hinwendung zu einzelnen Zielen, großer persönlicher Mut, sodann das Glück einer Erziehung, welche die besten Lehrer, Vorbilder, Methoden frühzeitig darbot. Freilich, wenn ihr Ziel ist, die größtmögliche *Wirkung* zu machen, so hat die Unklarheit, über sich selbst und jene Beigabe eines halben Wahnsinns immer viel getan; denn bewundert und beneidet hat man zu allen Zeiten gerade jene Kraft an ihnen, vermöge deren sie die Menschen willenlos machen und zum Wahne fortreißen, daß übernatürliche Führer vor ihnen her gingen. Ja, es erhebt und begeistert die Menschen, jemanden im Besitz übernatürlicher Kräfte zu glauben: insofern hat der Wahnsinn, wie Plato sagt, die größten Segnungen über die Menschen gebracht. – In einzelnen seltenen Fällen mag dieses Stück Wahnsinn wohl auch das Mittel gewesen sein, durch welches eine solche nach allen Seiten hin exzessive Natur fest zusammengehalten wurde: auch im Leben der Individuen haben die Wahnvorstellungen häufig den Wert von Heilmitteln, welche an sich Gifte sind; doch zeigt sich endlich, bei jedem »Genie«, das an seine Göttlichkeit glaubt, das Gift in dem Grade, als das »Genie« alt wird: man möge sich zum Beispiel Napoleons erinnern, dessen Wesen sicherlich gerade durch seinen Glauben an sich und seinen Stern und durch die aus ihm fließende Verachtung der Menschen zu der mächtigen Einheit zusammenwuchs, welche ihn aus allen modernen Menschen heraushebt, bis endlich aber dieser selbe Glaube in einen fast wahnsinnigen Fatalismus überging, ihn seines Schnell- und Scharfblicks beraubte und die Ursache seines Unterganges wurde.

165

Das Genie und das Nichtige. – Gerade die originellen, aus sich schöpfenden Köpfe unter den Künstlern können unter Umständen das ganz Leere und Schale hervorbringen, während die abhängigeren Naturen, die sogenannten Talente, voller Erinnerungen an alles mögliche Gute stecken und auch im Zustand der Schwäche etwas Leidliches produzieren. Sind die Originellen aber von sich selber verlassen, so gibt die Erinnerung ihnen keine Hilfe: sie werden leer.

166

Das Publikum. – Von der Tragödie begehrt das Volk eigentlich nicht mehr, als recht gerührt zu werden, um sich einmal ausweinen zu können; der Artist dagegen, der die neue Tragödie sieht, hat seine Freude an den geistreichen technischen Erfindungen und Kunstgriffen, an der Handhabung und Verteilung des Stoffes, an der neuen Wendung alter Motive, alter Gedanken. – Seine Stellung ist die ästhetische Stellung zum Kunstwerk, die des Schaffenden; die erstbeschriebene, mit alleiniger Rücksicht auf den Stoff, die des Volkes. Von dem Menschen dazwischen ist nicht zu reden, er ist weder Volk nocht Artist und weiß nicht, was er will: so ist auch seine Freude unklar und gering.

167

Artistische Erziehung des Publikums. – Wenn dasselbe Motiv nicht hundertfältig durch verschiedene Meister behandelt wird, lernt das Publikum nicht über das Interesse des Stoffes hinauskommen; aber zuletzt wird es selbst die Nuancen, die zarten, neuen Erfindungen in der Behandlung dieses Motivs fassen und genießen, wenn es also das Motiv längst aus zahlreichen Bearbeitungen kennt und dabei keinen Reiz der Neuheit, der Spannung mehr empfindet.

168

Künstler und sein Gefolge müssen Schritt halten. – Der Fortgang von einer Stufe des Stils zur andern muß so langsam sein, daß nicht nur die Künstler, sondern auch die Zuhörer und Zuschauer diesen Fortgang mitmachen und genau wissen, was vorgeht. Sonst entsteht auf einmal jene große Kluft zwischen dem Künstler, der auf abgelegener Höhe seine Werke schafft, und dem Publikum, welches nicht mehr zu jener Höhe hinaufkann und endlich mißmutig wieder tiefer hinabsteigt. Denn wenn der Künstler sein Publikum nicht mehr hebt, so sinkt es schnell abwärts, und zwar stürzt es um so tiefer und gefährlicher, je höher es ein Genius getragen hat, dem Adler vergleichbar, aus dessen Fängen die in den Wolken hinaufgetragene Schildkröte zu ihrem Unheil hinabfällt.

169

Herkunft des Komischen. – Wenn man erwägt, daß der Mensch manche hunderttausend Jahre lang ein im höchsten Grade der Furcht zugängliches Tier war, und daß alles Plötzliche, Unerwartete ihn kampfbereit, vielleicht todesbereit sein hieß, ja daß selbst später, in sozialen Verhältnissen, alle Sicherheit auf dem Erwarteten, auf dem Herkommen in Meinung und Tätigkeit beruhte, so darf man sich nicht wundern, daß bei allem Plötzlichen, Unerwarteten, in Wort und Tat, wenn es ohne Gefahr und Schaden hereinbricht, der Mensch ausgelassen wird, ins Gegenteil der Furcht übergeht: das vor Angst zitternde zusammengekrümmte Wesen schnellt empor, entfaltet sich weit – der Mensch lacht. Diesen Übergang aus momentaner Angst in kurzdauernden Übermut nennt man das *Komische.* Dagegen geht im Phänomen des Tragischen der Mensch schnell aus großem, dauerndem Übermut in große Angst über; da aber unter Sterblichen der große dauernde Übermut viel seltener als der Anlaß zur Angst ist, so gibt es viel mehr des Komischen als des Tragischen in der Welt; man lacht viel öfter, als daß man erschüttert ist.

170

Künstler-Ehrgeiz. – Die griechischen Künstler, zum Beispiel die Tragiker, dichteten, um zu siegen; ihre ganze Kunst ist nicht ohne Wettkampf zu denken: die hesiodische gute Eris, der Ehrgeiz, gab ihrem Genius die Flügel. Nun verlangte dieser Ehrgeiz vor allem, daß ihr Werk die höchste Vortrefflichkeit vor *ihren eigenen Augen* erhalte, so wie *sie* also die Vortrefflichkeit verstanden, ohne Rücksicht auf einen herrschenden Geschmack und die allgemeine Meinung über das Vortreffliche an einem Kunstwerk; und so blieben Äschylus und Euripides lange Zeit ohne Erfolg, bis sie sich endlich Kunstrichter *erzogen* hatten, welche ihr Werk nach den Maßstäben würdigten, welche sie selber anlegten. Somit erstreben sie den Sieg über Nebenbuhler nach ihrer eigenen Schätzung, vor ihrem eigenen Richterstuhl, sie wollen wirklich vortrefflicher *sein;* dann fordern sie von außen her Zustimmung zu dieser eignen Schätzung, Bestätigung ihres Urteils. Ehre erstreben heißt hier »sich überlegen machen und wünschen, daß es auch öffentlich so erscheine«. Fehlt das erstere und wird das zweite trotzdem begehrt, so spricht man von *Eitelkeit.* Fehlt das letztere und wird es nicht vermißt, so redet man von *Stolz.*

171

Das Notwendige am Kunstwerk. – Die, welche so viel von dem Notwendigen an einem Kunstwerke reden, übertreiben, wenn sie Künstler sind, *in majorem artis gloriam,* oder wenn sie Laien sind, aus Unkenntnis. Die Formen eines Kunstwerks, welche seine Gedanken zum Reden bringen, also seine Art zu sprechen sind, haben immer etwas Läßliches, wie alle Art Sprache. Der Bildhauer kann viele kleine Züge hinzutun oder weglassen: ebenso der Darsteller, sei es ein Schauspieler oder, in betreff der Musik, ein Virtuos oder Dirigent. Diese vielen kleinen Züge und Ausfeilungen machen ihm heut Vergnügen, morgen nicht, sie sind mehr des Künstlers als der Kunst wegen da, denn auch er bedarf, bei der Strenge und Selbstbezwingung, welche die Darstellung des Hauptgedankens von ihm fordert, gelegentlich des Zuckerbrots und der Spielsachen, um nicht mürrisch zu werden.

172

Den Meister vergessen machen. – Der Klavierspieler, der das Werk eines Meisters zum Vortrag bringt, wird am besten gespielt haben, wenn er den Meister vergessen ließ und wenn es so erschien, als ob er eine Geschichte seines Lebens erzähle oder jetzt eben etwas erlebe. Freilich: wenn er nichts Bedeutendes *ist,* wird jedermann seine Geschwätzigkeit verwünschen, mit der er uns aus seinem Leben erzählt. Also muß er verstehen, die Phantasie des Hörers für sich einzunehmen. Daraus wiederum erklären sich alle Schwächen und Narrheiten des »Virtuosentums«.

173

Corriger la fortune. – Es gibt schlimme Zufälligkeiten im Leben großer Künstler, welche zum Beispiel den Maler zwingen, sein bedeutendstes Bild nur als flüchtigen Gedanken zu skizzieren oder zum Beispiel Beethoven zwangen, uns in manchen großen Sonaten (wie in der großen *B-dur*) nur den ungenügenden Klavierauszug einer Sinfonie zu hinterlassen. Hier soll der späterkommende Künstler das Leben der Großen nachträglich zu korrigieren suchen: was zum Beispiel der tun würde, welcher, als ein Meister aller Orchesterwirkungen, uns jene, dem Klavier-Scheintode verfallene Sinfonie zum Leben erweckte.

174

Verkleinern. – Manche Dinge, Ereignisse oder Personen, vertragen es nicht, im kleinen Maßstabe behandelt zu werden. Man kann die Laokoon-Gruppe nicht zu einer Nippesfigur verkleinern; sie hat Größe notwendig. Aber viel seltener ist es, daß etwas von Natur Kleines die Vergrößerung verträgt; weshalb es Biographen immer noch eher gelingen wird, einen großen Mann klein darzustellen, als einen kleinen groß.

175

Sinnlichkeit in der Kunst der Gegenwart. – Die Künstler verrechnen sich jetzt häufig, wenn sie auf eine sinnliche Wirkung ihrer Kunstwerke hinarbeiten; denn ihre Zuschauer oder Zuhörer haben nicht mehr ihre vollen Sinne und geraten, ganz wider die Absicht des Künstlers, durch sein Kunstwerk in eine »Helligkeit« der Empfindung, welche der Langweiligkeit nahe verwandt ist. – Ihre Sinnlichkeit fängt vielleicht dort an, wo die des Künstlers gerade aufhört, sie begegnen sich also höchstens an *einem* Punkte.

176

Shakespeare als Moralist. – Shakespeare hat über die Leidenschaften viel nachgedacht und wohl von seinem Temperament her zu vielen einen sehr nahen Zugang gehabt (Dramatiker sind im allgemeinen ziemlich böse Menschen). Aber er vermochte nicht, wie Montaigne, darüber zu reden, sondern legte die Beobachtungen *über* die Passionen den passionierten Figuren in den Mund: was zwar wider die Natur ist, aber seine Dramen so gedankenvoll macht, daß sie alle anderen leer erscheinen lassen und leicht einen allgemeinen Widerwillen gegen sie erwecken. – Die Sentenzen Schillers (welchen fast immer falsche oder unbedeutende Einfälle zugrunde liegen) sind eben Theatersentenzen und wirken als solche sehr stark: während die Sentenzen Shakespeares seinem Vorbilde Montaigne Ehre machen und ganz ernsthafte Gedanken in geschliffener Form enthalten, deshalb aber für die Augen des Theaterpublikums zu fern und zu fein, also unwirksam sind.

177

Sich gut zu Gehör bringen. – Man muß nicht nur verstehen, gut zu spielen, sondern auch sich gut zu Gehör zu bringen. Die Geige in der Hand des größten Meisters gibt nur ein Gezirp von sich, wenn der Raum zu groß ist; man kann da den Meister mit jedem Stümper verwechseln.

178

Das Unvollständige als das Wirksame. – Wie Relieffiguren dadurch so stark auf die Phantasie wirken, daß sie gleichsam auf dem Wege sind, aus der Wand herauszutreten und plötzlich, irgenwodurch gehemmt, haltmachen: so ist mitunter die reliefartig unvollständige Darstellung eines Gedankens, einer ganzen Philosophie wirksamer als die erschöpfende Ausführung: man überläßt der Arbeit des Beschauers mehr, er wird aufgeregt, das, was in so starkem Licht und Dunkel vor ihm sich abhebt, fortzubilden, zu Ende zu denken und jenes Hemmnis selber zu überwinden, welches ihrem völligen Heraustreten bis dahin hinderlich war.

179

Gegen die Originalen. – Wenn die Kunst sich in den abgetragensten Stoff kleidet, erkennt man sie am besten als Kunst.

180

Kollektivgeist. – Ein guter Schriftsteller hat nicht nur seinen eigenen Geist, sondern auch noch den Geist seiner Freunde.

181

Zweierlei Verkennung. – Das Unglück scharfsinniger und klarer Schriftsteller ist, daß man sie für flach nimmt und deshalb ihnen keine Mühe zuwendet: und das Glück der unklaren, daß der Leser sich an ihnen abmüht und die Freude über seinen Eifer ihnen zugute schreibt.

182

Verhältnis zur Wissenschaft. – Alle die haben kein wirkliches Interesse an einer Wissenschaft, welche erst dann anfangen, für sie warm zu werden, wenn sie selbst Entdeckungen in ihr gemacht haben.

183

Der Schlüssel. – Der eine Gedanke, auf den ein bedeutender Mensch, zum Gelächter und Spott der Unbedeutenden, großen Wert legt, ist für ihn ein Schlüssel zu verborgenen Schatzkammern, für jene nicht mehr als ein Stück alten Eisens.

184

Unübersetzbar. – Es ist weder das Beste, noch das Schlechteste an einem Buche, was an ihm unübersetzbar ist.

185

Paradoxien des Autors. – Die sogenannten Paradoxien des Autors, an welchen ein Leser Anstoß nimmt, stehen häufig gar nicht im Buche des Autors, sondern im Kopfe des Lesers.

186

Witz. – Die witzigsten Autoren erzeugen das kaum bemerkbarste Lächeln.

187

Die Antithese. – Die Antithese ist die enge Pforte, durch welche sich am liebsten der Irrtum zur Wahrheit schleicht.

188

Denker als Stilisten. – Die meisten Denker schreiben schlecht, weil sie uns nicht nur ihre Gedanken, sondern auch das Denken der Gedanken mitteilen.

189

Gedanken im Gedicht. – Der Dichter führt seine Gedanken festlich daher, auf dem Wagen des Rhythmus: gewöhlich deshalb, weil diese zu Fuß nicht gehen können.

190

Sünde wider den Geist des Lesers. – Wenn der Autor sein Talent verleugnet, bloß um sich dem Leser gleichzustellen, so begeht er die einzige Todsünde, welche ihm jener nie verzeiht: im Fall er nämlich etwas davon merkt. Man darf dem Menschen sonst alles Böse nachsagen: aber in der Art, *wie* man es sagt, muß man seine Eitelkeit wieder aufzurichten wissen.

191

Grenze der Ehrlichkeit. – Auch dem ehrlichsten Schriftsteller entfällt ein Wort zuviel, wenn er eine Periode abrunden will.

192

Der beste Autor. – Der beste Autor wird der sein, welcher sich schämt, Schriftsteller zu werden.

193

Drakonisches Gesetz gegen Schriftsteller. – Man sollte einen Schriftsteller als einen Missetäter ansehen, der nur in den seltensten Fällen Freisprechung oder Begnadigung verdient: das wäre ein Mittel gegen das Überhandnehmen der Bücher.

194

Die Narren der modernen Kultur. – Die Narren der mittelalterlichen Höfe entsprechen unseren Feuilletonisten; es ist dieselbe Gattung Menschen, halbvernünftig, witzig, übertrieben, albern, mitunter nur dazu da, das Pathos der Stimmung durch Einfälle, durch Geschwätz zu mildern und den allzu schweren, feierlichen Glockenklang großer Ereignisse durch Geschrei zu übertäuben; ehemals im Dienste der Fürsten und Adligen, jetzt im Dienste von Parteien (wie in Partei-Sinn und Partei-Zucht ein guter Teil der alten Untertänigkeit im Verkehr des Volks mit dem Fürsten jetzt noch fortlebt). Der ganze moderne Literatenstand steht aber den Feuilletonisten sehr nahe, es sind die »Narren der modernen Kultur«, welche man milder beurteilt, wenn man sie als nicht ganz zurechnungsfähig nimmt. Schriftstellerei als Lebensberuf zu betrachten, sollte billigerweise als eine Art Tollheit gelten.

195

Den Griechen nach. – Der Erkenntnis steht es gegenwärtig sehr im Wege, daß alle Worte durch hundertjährige Übertreibung des Gefühls dunstig und aufgeblasen geworden sind. Die höher Stufe der Kultur, welche sich unter die Herrschaft (wenn auch nicht unter die Tyrannei) der Erkenntnis stellt, hat eine große Ernüchterung des Gefühls und eine starke Konzentration aller Worte vonnöten; worin uns die Griechen im Zeitalter des Demosthenes vorangegangen sind. Das Überspannte bezeichnet alle modernen Schriften; und selbst wenn sie einfach geschrieben sind, so werden die Worte in denselben noch zu exzentrisch *gefühlt*. Strenge Überlegung, Gedrängtheit, Kälte, Schlichtheit, selbst absichtlich bis an die Grenze hinab, überhaupt An-sich-Halten des Gefühls und Schweigsamkeit – das kann allein helfen. – Übrigens ist diese kalte Schreib- und Gefühlsart, als Gegensatz, jetzt sehr reizvoll: und darin liegt freilich eine neue Gefahr. Denn die scharfe Kälte ist so gut ein Reizmittel als ein hoher Wärmegrad.

196

Gute Erzähler schlechte Erklärer. – Bei guten Erzählern steht oft eine bewunderungswürdige psychologische Sicherheit und Konsequenz, soweit diese in den Handlungen ihrer Personen hervortreten kann, in einem geradezu lächerlichen Gegensatz zu der Ungeübtheit ihres psychologischen Denkens: so daß ihre Kultur in dem einen Augenblicke ebenso ausgezeichnet hoch als im nächsten bedauerlich tief erscheint. Es kommt gar zu häufig vor, daß sie ihre eigenen Helden und deren Handlungen ersichtlich *falsch* erklären, – es ist daran kein Zweifel, so unwahrscheinlich die Sache klingt. Vielleicht hat der größte Klavierspieler nur wenig über die technischen Bedingungen und die spezielle Tugend, Untugend, Nutzbarkeit und Erziehbarkeit jedes Fingers (daktylische Ethik) nachgedacht und macht grobe Fehler, wenn er von solchen Dingen redet.

197

Die Schriften von Bekannten und ihre Leser. – Wir lesen Schriften von Bekannten (Freunden und Feinden) doppelt, insofern fortwährend unsere Erkenntnis daneben flüstert: »das ist von ihm, ein Merkmal seines inneren Wesens, seiner Erlebnisse, seiner Begabung«, und wiederum eine andere Art Erkenntnis dabei festzustellen sucht, was der Ertrag jenes Werkes an sich ist, welche Schätzung es überhaupt, abgesehen von seinem Verfasser, verdient, welche Bereicherung des Wissens es mit sich bringt. Diese beiden Arten des Lesens und Erwägens stören sich, wie das sich von selbst versteht, gegenseitig. Auch eine Unterhaltung mit einem Freunde wird dann erst gute Früchte der Erkenntnis zeitigen, wenn beide endlich nur noch an die Sache denken und vergessen, daß sie Freunde sind.

198

Rhythmische Opfer. – Gute Schriftsteller verändern den Rhythmus mancher Periode bloß deshalb, weil sie den gewöhnlichen Lesern nicht die Fähigkeit zuerkennen, den Takt, welchem die Periode in ihrer ersten Fassung folgte, zu begreifen: deshalb erleichtern sie es ihnen, indem sie bekannteren Rhythmen den Vorzug geben. – Diese Rücksicht auf das rhythmische Unvermögen der jetzigen Leser hat schon manche Seufzer entlockt, denn ihr ist viel schon zum Opfer gefallen. – Ob es guten Musikern nicht ähnlich ergeht?

199

Das Unvollständige als künstlerisches Reizmittel. – Das Unvollständige ist oft wirksamer als die Vollständigkeit, so namentlich in der Lobrede: für ihre Zwecke braucht man gerade eine anreizende Unvollständigkeit, als ein irrationales Element, welches der Phantasie des Hörers ein Meer vorspiegelt und gleich einem Nebel die gegenüberliegende Küste, also die Begrenztheit des zu lobenden Gegenstandes, verdeckt. Wenn man die bekannten Verdienste eines Menschen erwähnt und dabei ausführlich und breit ist, so läßt dies immer den Argwohn aufkommen, es seien die einzigen Verdienste. Der vollständig Lobende stellt sich über den Gelobten, er scheint ihn zu *übersehen*. Deshalb wirkt das Vollständige abschwächend.

200

Vorsicht im Schreiben und Lehren. – Wer erst geschrieben hat und die Leidenschaft des Schreibens in sich fühlt, lernt fast aus allem, was er treibt und erlebt, nur das noch heraus, was schriftstellerisch mitteilbar ist. Er denkt nicht mehr an sich, sondern an den Schriftsteller und sein Publikum: er will die Einsicht, aber nicht zum eigenen Gebrauche. Wer Lehrer ist, ist meistens unfähig, etwas eigenes noch für sein eigenes Wohl zu treiben, er denkt immer an das Wohl seiner Schüler, und jede Erkenntnis erfreut ihn nur, so weit er sie lehren kann. Er betrachtet sich zuletzt als einen Durchweg des Wissens und überhaupt als Mittel, so daß er den Ernst für sich verloren hat.

201

Schlechte Schriftsteller notwendig. – Es wird immer schlechte Schriftsteller geben müssen, denn sie entsprechen dem Geschmack der unentwickelten, unreifen Altersklassen; diese haben so gut ihr Bedürfnis wie die reifen. Wäre das menschliche Leben länger, so würde die Zahl der reif gewordenen Individuen überwiegend oder mindestens gleich groß mit der der unreifen sein; so aber sterben bei weitem die meisten zu jung, das heißt es gibt immer viel mehr unentwickelte Intellekte mit schlechtem Geschmack. Diese begehren überdies mit der größeren Heftigkeit der Jugend nach Befriedigung ihres Bedürfnisses, und sie *erzwingen sich* schlechte Autoren.

202

Zu nah und zu fern. – Der Leser und der Autor verstehen sich häufig deshalb nicht, weil der Autor sein Thema zu gut kennt und es beinahe langweilig findet, so daß er sich die Beispiele erläßt, die er zu Hunderten weiß; der Leser aber ist der Sache fremd und findet sie leicht schlecht begründet, wenn ihm die Beispiele vorenthalten werden.

203

Eine verschwundene Vorbereitung zur Kunst. – An allem, was das Gymnasium trieb, war das Wertvollste die Übung im lateinischen Stil: diese war eben eine *Kunstübung,* während alle andren Beschäftigungen nur das Wissen zum Zweck hatten. Den deutschen Aufsatz voranzustellen ist Barbarei, denn wir haben keinen mustergültigen, an öffentlicher Beredsamkeit emporgewachsenen deutschen Stil; will man aber durch den deutschen Aufsatz die Übung im Denken fördern, so ist es gewiß besser, wenn man einstweilen von Stil dabei überhaupt absieht, also zwischen der Übung im Denken und der im Darstellen scheidet. Letztere sollte sich auf mannigfache Fassung eines gegebenen Inhalts beziehen und nicht auf selbständiges Erfinden eines Inhalts. Die bloße Darstellung bei gegebenem Inhalte war die Aufgabe des lateinischen Stils, für welchen die alten Lehrer eine längst verlorengegangene Feinheit des Gehörs besaßen. Wer ehemals gut in einer modernen Sprache schreiben lernte, verdankte es dieser Übung (jetzt muß man sich notgedrungen zu den älteren Franzosen in die Schule schicken); aber noch mehr: er bekam einen Begriff von der Hoheit und Schwierigkeit der Form und wurde für die Kunst überhaupt auf dem einzig richtigen Wege vorbereitet, durch Praxis.

204

Dunkles und Überhelles nebeneinander. – Schriftsteller, welche im allgemeinen ihren Gedanken keine Deutlichkeit zu geben verstehen, werden im einzelnen mit Vorliebe die stärksten, übertriebensten Bezeichnungen und Superlative wählen: dadurch entsteht eine Lichtwirkung, wie bei Fackelbeleuchtung auf verworrenen Waldwegen.

205

Schriftstellerisches Malertum. – Einen bedeutenden Gegenstand wird man am besten darstellen, wenn man die Farben zum Gemälde aus dem Gegenstande selber, wie ein Chemiker, nimmt und sie dann wie ein Artist verbraucht: so daß man die Zeichnung aus den Grenzen und Übergängen der Farben erwachsen läßt. So bekommt das Gemälde etwas von dem hinreißenden Naturelement, welches den Gegenstand selber bedeutend macht.

206

Bücher, welche tanzen lehren. – Es gibt Schriftsteller, welche dadurch, daß sie Unmögliches als möglich darstellen und vom Sittlichen und Genialen so reden, als ob beides nur eine Laune, ein Belieben sei, ein Gefühl von übermütiger Freiheit hervorbringen, wie wenn der Mensch sich auf die Fußspitzen stellte und vor innerer Lust durchaus tanzen müßte.

207

Nicht fertig gewordene Gedanken. – Ebenso wie nicht nur das Mannesalter, sondern auch Jugend und Kindheit einen Wert *an sich* haben und gar nicht nur als Durchgänge und Brücken zu schätzen sind, so haben auch die nicht fertig gewordenen Gedanken ihren Wert. Man muß deshalb einen Dichter nicht mit subtiler Auslegung quälen und sich an der Unsicherheit seines Horizontes vergnügen, wie als ob der Weg zu mehreren Gedanken noch offen sei. Man steht an der Schwelle; man wartet wie bei der Ausgrabung eines Schatzes: es ist, als ob ein Glücksfund von Tiefsinn eben gemacht werden sollte. Der Dichter nimmt etwas von der Lust des Denkers beim Finden eines Hauptgedankens vorweg und macht uns damit begehrlich, so daß wir nach diesem haschen; der aber gaukelt an unserem Kopfe vorüber und zeigt die schönsten Schmetterlingsflügel – und doch entschlüpft er uns.

208

Das Buch fast zum Menschen geworden. – Jeden Schriftsteller überrascht es von neuem, wie das Buch, sobald es sich von ihm gelöst hat, ein eigenes Leben für sich weiterlebt; es ist ihm zumute, als wäre der eine Teil eines Insektes losgetrennt und ginge nun seinen eigenen Weg weiter. Vielleicht vergißt er es fast ganz, vielleicht erhebt er sich über die darin niedergelegten Ansichten, vielleicht selbst versteht er es nicht mehr und hat jene Schwingen verloren, auf denen er damals flog, als er jenes Buch aussann: währenddem sucht es sich seine Leser, entzündet Leben, beglückt, erschreckt, erzeugt neue Werke, wird die Seele von Vorsätzen und Handlungen – kurz: es lebt wie ein mit Geist und Seele ausgestattetes Wesen und ist doch kein Mensch. – Das glücklichste Los hat der Autor gezogen, welcher, als alter Mann, sagen kann, daß alles, was von lebenzeugenden, kräftigenden, erhebenden, aufklärenden Gedanken und Gefühlen in ihm war, in seinen Schriften noch fortlebe, und daß er selber nur noch die graue Asche bedeute, während das Feuer überallhin gerettet und weitergetragen sei. – Erwägt man nun gar, daß jede Handlung eines

Menschen, nicht nur ein Buch, auf irgendeine Art Anlaß zu anderen Handlungen, Entschlüssen, Gedanken wird, daß alles, was geschieht, unlösbar fest sich mit allem, was geschehen wird, verknotet, so erkennt man die wirkliche *Unsterblichkeit*, die es gibt, die der Bewegung: was einmal bewegt hat, ist in dem Gesamtverbande alles Seienden, wie in einem Bernsteine ein Insekt, eingeschlossen und verewigt.

209

Freude im Alter. – Der Denker und ebenso der Künstler, welcher sein besseres Selbst in Werke geflüchtet hat, empfindet eine fast boshafte Freude, wenn er sieht, wie sein Leib und Geist langsam von der Zeit angebrochen und zerstört werden, als ob er aus einem Winkel einen Dieb an seinem Geldschranke arbeiten sähe, während er weiß, daß dieser leer ist und alle Schätze gerettet sind.

210

Ruhige Fruchtbarkeit. – Die geborenen Aristokraten des Geistes sind nicht zu eifrig; ihre Schöpfungen erscheinen und fallen an einem ruhigen Herbstabend vom Baume, ohne hastig begehrt, gefördert, durch Neues verdrängt zu werden. Das unablässige Schaffenwollen ist gemein und zeigt Eifersucht, Neid, Ehrgeiz an. Wenn man etwas ist, so braucht man eigentlich nichts zu machen – und tut doch sehr viel. Es gibt über dem »produktiven« Menschen noch eine höhere Gattung.

211

Achilles und Homer. – Es ist immer wie zwischen Achilles und Homer: der eine *hat* das Erlebnis, die Empfindung, der andre *beschreibt* sie. Ein wirklicher Schriftsteller gibt dem Affekt und der Erfahrung anderer nur Worte, er ist Künstler, um aus dem wenigen, was er empfunden hat, viel zu erraten. Künstler sind keineswegs die Menschen der großen Leidenschaft, aber häufig *geben* sie sich als solche, in der unbewußten Empfindung, daß man ihrer gemalten Leidenschaft mehr traut, wenn ihr eigenes Leben für ihre Erfahrung auf diesem Gebiete spricht. Man braucht sich ja nur gehen zu lassen, sich nicht zu beherrschen, seinem Zorn, seiner Begierde offenen Spielraum zu gönnen: sofort schreit alle Welt: wie leidenschaftlich ist er! Aber mit der tiefwühlenden, das Individuum anzehrenden und oft verschlingenden Leidenschaft hat es etwas auf sich: wer sie erlebt, beschreibt sie gewiß nicht in Dramen, Tönen oder Romanen. Künstler sind häufig *zügellose* Individuen, soweit sie eben nicht Künstler sind: aber das ist etwas anderes.

212

Alte Zweifel über die Wirkung der Kunst. – Sollten Mitleid und Furcht wirklich, wie Aristoteles will, durch die Tragödie entladen werden, so daß der Zuhörer kälter und ruhiger nach Hause zurückkehre? Sollten Geistergeschichten weniger furchtsam und abergläubisch machen? Es ist bei einigen physischen Vorgängen, zum Beispiel bei dem Liebesgenuß, wahr, daß mit der Befriedigung eines Bedürfnisses eine Linderung und zeitweilige Herabstimmung des Triebes eintritt. Aber die Furcht und das Mitleid sind nicht in diesem Sinne Bedürfnisse bestimmter Organe, welche erleichtert werden wollen. Und auf die Dauer wird selbst jeder Trieb durch Übung in seiner Befriedigung *gestärkt,* trotz jener periodischen Linderungen. Es wäre möglich, daß Mitleid und Furcht in jedem einzelnen Falle durch die Tragödie gemildert und entladen würden: trotzdem könnten sie im ganzen durch die tragische Einwirkung überhaupt größer werden, und Plato behielte doch Recht, wenn er meint, daß man durch die Tragödie insgesamt ängstlicher und rührseliger werde. Der tragische Dichter selbst würde dann notwendig eine düstere, furchtvolle Weltbetrachtung und eine weiche, reizbare, tränensüchtige Seele bekommen, desgleichen würde es zu Platos Meinung stimmen, wenn die tragischen Dichter und ebenso die ganzen Stadtgemeinden, welche sich besonders an ihnen ergötzen, zu immer größerer Maß- und Zügellosigkeit ausarten. – Aber welches Recht hat unsre Zeit überhaupt, auf die große Frage. Platos nach dem moralischen Einfluß der Kunst eine Antwort zu geben? Hätten wir selbst die Kunst – wo haben wir den Einfluß, *irgendeinen* Einfluß der Kunst?

213

Freude am Unsinn. – Wie kann der Mensch Freude am Unsinn haben? So weit nämlich auf der Welt gelacht wird, ist dies der Fall; ja man kann sagen, fast überall wo es Glück gibt, gibt es Freude am Unsinn. Das Umwerfen der Erfahrung ins Gegenteil, des Zweckmäßigen ins Zwecklose, des Notwendigen ins Beliebige, doch so, daß dieser Vorgang keinen Schaden macht und nur einmal aus Übermut vorgestellt wird, ergötzt, denn es befreit uns momentan von dem Zwange des Notwendigen, Zweckmäßigen und Erfahrungsgemäßen, in denen wir für gewöhnlich unsere unerbittlichen Herren sehen; wir spielen und lachen dann, wenn das

Erwartete (das gewöhnlich bange macht und spannt) sich ohne zu schädigen entladet. Es ist die Freude des Sklaven am Saturnalienfeste.

214

Veredelung der Wirklichkeit. – Dadurch, daß die Menschen in dem aphrodisischen Triebe eine Gottheit sahen und ihn mit anbetender Dankbarkeit in sich wirkend fühlten, ist im Verlaufe der Zeit jener Affekt mit höheren Vorstellungsreihen durchzogen und dadurch tatsächlich sehr veredelt worden. So haben sich einige Völker, vermöge dieser Kunst des Idealisierens, aus Krankheiten große Hilfsmächte der Kultur geschaffen: zum Beispiel die Griechen, welche in früheren Jahrhunderten an großen Nerven-Epidemien (in der Art der Epilepsie und des Veitstanzes) litten und daraus den herrlichen Typus der Bacchantin herausgebildet haben. – Die Griechen besaßen nämlich nichts weniger als eine vierschrötige Gesundheit; – ihr Geheimnis war, auch die Krankheit, wenn sie nur *Macht* hatte, als Gott zu verehren.

215

Musik. – Die Musik ist nicht an und für sich so bedeutungsvoll für unser Inneres, so tief erregend, daß sie als *unmittelbare* Sprache des Gefühls gelten dürfte; sondern ihre uralte Verbindung mit der Poesie hat so viel Symbolik in die rhythmische Bewegung, in Stärke und Schwäche des Tones gelegt, daß wir jetzt *wähnen,* sie spräche direkt *zum* Inneren und käme *aus* dem Inneren. Die dramatische Musik ist erst möglich, wenn sich die Tonkunst ein ungeheures Bereich symbolischer Mittel erobert hat, durch Lied, Oper und hundertfältige Versuche der Tonmalerei. Die »absolute Musik« ist entweder Form an sich, im rohen Zustand der Musik, wo das Erklingen in Zeitmaß und verschiedener Stärke überhaupt Freude macht, oder die ohne Poesie schon zum Verständnis redende Symbolik der Formen, nachdem in langer Entwicklung beide Künste verbunden waren und endlich die musikalische Form ganz mit Begriffs- und Gefühlsfäden durchsponnen ist. Menschen, welche in der Entwicklung der Musik zurückgeblieben sind, können dasselbe Tonstück rein formalistisch empfinden, wo die Fortgeschrittenen alles symbolisch verstehen. An sich ist keine Musik tief und bedeutungsvoll, sie spricht nicht vom »Willen«, vom »Dinge an sich«; das konnte der Intellekt erst in einem Zeitalter wähnen, welches den ganzen Umfang des inneren Lebens für die musikalische Symbolik erobert hatte. Der Intellekt selber hat diese Bedeutsamkeit erst in den Klang *hineingelegt*: wie er in die Verhältnisse von

Linien und Massen bei der Architektur ebenfalls Bedeutsamkeit gelegt hat, welche aber an sich den mechanischen Gesetzen ganz fremd ist.

216

Gebärde und Sprache. – Älter als die Sprache ist das Nachahmen von Gebärden, welches unwillkürlich vor sich geht und jetzt noch, bei einer allgemeinen Zurückdrängung der Gebärdensprache und gebildeten Beherrschung der Muskeln, so stark ist, daß wir ein bewegtes Gesicht nicht ohne Innervation unseres Gesichtes ansehen können (man kann beobachten, daß fingiertes Gähnen bei einem, der es sieht, natürliches Gähnen hervorruft). Die nachgeahmte Gebärde leitete den, der nachahmte, zu der Empfindung zurück, welche sie im Gesicht oder Körper des Nachgeahmten ausdrückte. So lernte man sich verstehn: so lernt noch das Kind die Mutter verstehen. Im allgemeinen mögen schmerzhafte Empfindungen wohl auch durch Gebärden ausgedrückt worden sein, welche Schmerz ihrerseits verursachen (zum Beispiel durch Haarausraufen, Die-Brust-Schlagen, gewaltsame Verzerrungen und Anspannungen der Gesichtsmuskeln). Umgekehrt: Gebärden der Lust waren selber lustvoll und eigneten sich dadurch leicht zum Mitteilen des Verständnisses (Lachen als Äußerung des Gekitzeltwerdens, welches lustvoll ist, diente wiederum zum Ausdruck anderer lustvoller Empfindungen). – Sobald man sich in Gebärden verstand, konnte wiederum eine *Symbolik* der Gebärde entstehen: ich meine, man konnte über eine Tonzeichensprache sich verständigen, so zwar, daß man zuerst Ton *und* Gebärde (zu der er symbolisch hinzutrat), später nur den Ton hervorbrachte. – Es scheint sich da in früher Zeit dasselbe oftmals ereignet zu haben, was jetzt vor unseren Augen und Ohren in der Entwicklung der Musik, namentlich der dramatischen Musik, vor sich geht: während zuerst die Musik, ohne erklärenden Tanz und Mimus (Gebärdensprache), leeres Geräusch ist, wird durch lange Gewöhnung an jenes Nebeneinander von Musik und Bewegung das Ohr zur sofortigen Ausdeutung der Tonfiguren eingeschult und kommt endlich auf eine Höhe des schnellen Verständnisses, wo es der sichtbaren Bewegung gar nicht mehr bedarf und den Tondichter ohne dieselbe *versteht.* Man redet dann von absoluter Musik, das heißt von Musik, in der alles ohne weitere Beihilfe sofort symbolisch verstanden wird.

217

Die Entsinnlichung der höheren Kunst. – Unsere Ohren sind, vermöge der außerordentlichen Übung des Intellekts durch die Kunstentwicklung der neuen Musik, immer intellektualer geworden. Deshalb ertragen wir jetzt viel größere Tonstärke, viel mehr »Lärm«, weil wir viel besser eingeübt sind, auf die *Vernunft in ihm* hinzuhorchen, als unsere Vorfahren. Tatsächlich sind nun alle unsere Sinne eben dadurch, daß sie sogleich nach der Vernunft, also nach dem »es bedeutet« und nicht mehr nach dem »es ist« fragen, etwas abgestumpft worden: wie sich eine solche Abstumpfung zum Beispiel in der unbedingten Herrschaft der Temperatur der Töne verrät; denn jetzt gehören Ohren, welche die feineren Unterscheidungen, zum Beispiel zwischen *cis* und *des*, noch machen, zu den Ausnahmen. In dieser Hinsicht ist unser Ohr vergröbert worden. Sodann ist die häßliche, den Sinnen ursprünglich feindselige Seite der Welt für die Musik erobert worden; ihr Machtbereich namentlich zum Ausdruck des Erhabenen, Furchtbaren, Geheimnisvollen hat sich damit erstaunlich erweitert: unsere Musik bringt jetzt Dinge zum Reden, welche früher keine Zunge hatten. In ähnlicher Weise haben einige Maler das Auge intellektualer gemacht und sind weit über das hinausgegangen, was man früher Farben- und Formenfreude nannte. Auch hier ist die ursprünglich als häßlich geltende Seite der Welt vom künstlerischen Verstande erobert worden. – Was ist von alledem die Konsequenz? Je gedankenfähiger Auge und Ohr werden, um so mehr kommen sie an die Grenze, wo sie unsinnlich werden: die Freude wird ins Gehirn verlegt, die Sinnesorgane selbst werden stumpf und schwach, das Symbolische tritt immer mehr an Stelle des Seienden – und so gelangen wir auf diesem Wege so sicher zur Barbarei, wie auf irgendeinem anderen. Einstweilen heißt es noch: die Welt ist häßlicher als je, aber sie *bedeutet* eine schönere Welt als je gewesen. Aber je mehr der Ambraduft der Bedeutung sich zerstreut und verflüchtigt, um so seltener werden die, welche ihn noch wahrnehmen: und die übrigen bleiben endlich bei dem Häßlichen stehen und suchen es direkt zu genießen, was ihnen aber immer mißlingen muß. So gibt es in Deutschland eine doppelte Strömung der musikalischen Entwicklung: hier eine Schar von Zehntausend mit immer höheren, zarteren Ansprüchen und immer mehr nach dem »es bedeutet« hinhörend, und dort die ungeheure Überzahl, welche alljährlich immer unfähiger wird, das Bedeutende auch in der Form der sinnlichen Häßlichkeit zu verstehen und deshalb nach dem an sich Häßlichen und Ekelhaften, das heißt dem niedrig Sinnlichen in der Musik mit immer mehr Behagen greifen lernt.

218

Der Stein ist mehr Stein als früher. – Wir verstehen im allgemeinen Architektur nicht mehr, wenigstens lange nicht in der Weise, wie wir Musik verstehen. Wir sind aus der Symbolik der Linien und Figuren herausgewachsen, wie wir der Klangwirkungen der Rhetorik entwöhnt sind, und haben diese Art von Muttermilch der Bildung nicht mehr vom ersten Augenblick unseres Lebens an eingesogen. An einem griechischen oder christlichen Gebäude bedeutete ursprünglich alles etwas, und zwar in Hinsicht auf eine höhere Ordnung der Dinge: diese Stimmung einer unausschöpflichen Bedeutsamkeit lag um das Gebäude gleich einem zauberhaften Schleier. Schönheit kam nur nebenbei in das System hinein, ohne die Grundempfindung des Unheimlich-Erhabenen, des durch Götternähe und Magie Geweihten wesentlich zu beeinträchtigen; Schönheit *milderte* höchstens das *Grauen* – aber dieses Grauen war überall die Voraussetzung. – Was ist uns jetzt die Schönheit eines Gebäudes? Dasselbe wie das schöne Gesicht einer geistlosen Frau: etwas Maskenhaftes.

219

Religiöse Herkunft der neueren Musik. – Die seelenvolle Musik entsteht in dem wiederhergestellten Katholizismus nach dem Tridentiner Konzil, durch Palestrina, welcher dem neu erwachten innigen und tief bewegten Geist zum Klange verhalf; später, mit Bach, auch im Protestantismus, soweit dieser durch die Pietisten vertieft und von seinem ursprünglichen dogmatischen Grundcharakter losgebunden worden war. Voraussetzung und notwendige Vorstufe für beide Entstehungen ist die Befassung mit Musik, wie sie dem Zeitalter der Renaissance und Vor-Renaissance zu eigen war, namentlich jene gelehrte Beschäftigung mit Musik, jene im Grunde wissenschaftliche Lust an den Kunststücken der Harmonik und Stimmführung. Andererseits mußte auch die Oper vorhergegangen sein: in welcher der Laie seinen Protest gegen eine zu gelehrt gewordene kalte Musik zu erkennen gab und der Polyhymnia wieder eine Seele schenken wollte. – Ohne jene tiefreligiöse Umstimmung, ohne das Ausklingen des innerlichst – erregten Gemütes wäre die Musik gelehrt oder opernhaft geblieben; der Geist der Gegenreformation ist der Geist der modernen Musik (denn jener Pietismus in Bachs Musik ist auch eine Art Gegenreformation). So tief sind wir dem religiösen Leben verschuldet. – Die Musik war die *Gegenrenaissance* im Gebiete der Kunst; zu ihr gehört die spätere Malerei des Murillo, zu ihr vielleicht auch der Barockstil: mehr jedenfalls als die Architektur der Renaissance oder des Altertums. Und noch jetzt dürfte man fragen: wenn unsre neuere Musik die Steine bewegen könnte, würde sie diese zu einer antiken Architektur zusammensetzen? Ich zweifle sehr. Denn das, was in der Musik regiert, der Affekt, die Lust an erhöhten, weitgespannten Stimmungen, das Lebendig-werden-Wollen um jeden Preis, der rasche Wechsel der Empfindung, die starke Reliefwirkung in Licht und Schatten, die Nebeneinanderstellung der Ekstase und des Naiven, – das hat alles schon einmal in den bildenden Künsten regiert und neue Stilgesetze geschaffen: – es war aber weder im Altertum noch in der Zeit der Renaissance.

220

Das Jenseits in der Kunst. – Nicht ohne tiefen Schmerz gesteht man sich ein, daß die Künstler aller Zeiten in ihrem höchsten Aufschwunge gerade jene Vorstellungen zu einer himmlischen Verklärung hinaufgetragen haben, welche wir jetzt als falsch erkennen: sie sind die Verherrlicher der religiösen und philosophischen Irrtümer der Menschheit, und sie hätten dies nicht sein können ohne den Glauben an die absolute Wahrheit derselben. Nimmt nun der Glaube an eine solche Wahrheit überhaupt ab, verblassen die Regenbogenfarben um die äußersten Enden des menschlichen Erkennens und Wähnens: so kann jene Gattung von Kunst nie wieder aufblühen, welche, wie die *divina commedia*, die Bilder Raffaels, die Fresken Michelangelos, die gotischen Münster, nicht nur eine kosmische, sondern auch eine metaphysische Bedeutung der Kunstobjekte voraussetzt. Es wird eine rührende Sage daraus werden, daß es eine solche Kunst, einen solchen Künstlerglauben gegeben habe.

221

Die Revolution in der Poesie. – Der strenge Zwang, welchen sich die französischen Dramatiker auferlegten, in Hinsicht auf Einheit der Handlung, des Ortes und der Zeit, auf Stil, Vers- und Satzbau, Auswahl der Worte und Gedanken, war eine so wichtige Schule, wie die des Kontrapunkts und der Fuge in der Entwicklung der modernen Musik oder wie die Gorgianischen Figuren in der griechischen Beredsamkeit. Sich so zu binden kann absurd erscheinen; trotzdem gibt es kein anderes Mittel, um aus dem Naturalisieren herauszukommen, als sich zuerst auf das Allerstärkste (vielleicht Allerwillkürlichste) zu beschränken. Man lernt so allmählich mit Grazie selbst auf den schmalen Stegen schreiten, welche schwindelnde Abgründe überbrücken, und bringt die höchste Geschmeidigkeit der Bewegung als Ausbeute mit heim: wie die Geschichte der Musik vor den Augen aller Jetztlebenden beweist. Hier sieht man, wie Schritt vor Schritt die Fesseln lockerer werden, bis sie endlich ganz abgeworfen scheinen können: dieser *Schein* ist das höchste Ergebnis einer notwendigen Entwicklung in der Kunst. In der modernen Dichtkunst gab es keine so glückliche allmähliche Herauswicklung aus den selbstgelegten Fesseln. Lessing machte die französische Form, das heißt die einzige moderne Kunstform, zum Gespött in Deutschland und verwies auf Shakespeare, und so verlor man die Stetigkeit jener Entfesselung und machte einen Sprung in den Naturalismus – das heißt in die Anfänge der Kunst zurück. Aus ihm versuchte sich Goethe zu retten, indem er sich immer von neuem wieder auf verschiedene Art zu binden wußte; aber auch der Begabteste bringt es nur zu einem fortwährenden Experimentieren, wenn der Faden der Entwicklung einmal abgerissen ist. Schiller verdankt die ungefähre Sicherheit seiner Form dem unwillkürlich verehrten, wenn auch verleugneten Vorbilde der französischen Tragödie und hielt sich ziemlich unabhängig von Lessing (dessen dramatische Versuche er bekanntlich ablehnte). Den Franzosen selber fehlten nach Voltaire auf einmal die großen Talente, welche die Entwicklung der Tragödie aus dem Zwange zu jenem Scheine der Freiheit fortgeführt hätten; sie machten später nach deutschem Vorbilde auch den Sprung in eine Art von Rousseauschem Naturzustand der Kunst und experimentierten. Man lese nur von Zeit zu Zeit Voltaires Mahomet, um sich klar vor die Seele zu stellen, was durch jenen Abbruch der Tradition ein für allemal der europäischen Kultur verlorengegangen ist. Voltaire war der letzte der großen Dramatiker, welcher seine vielgestaltige, auch den größten tragischen Gewitterstürmen gewachsene Seele durch griechisches Maß bändigte –, er vermochte das, was noch kein Deutscher vermochte, weil die Natur des Franzosen der griechischen viel verwandter ist als die Natur des Deutschen –; wie er auch der letzte große Schriftsteller war, der in der Behandlung der Prosa-Rede griechisches Ohr, griechische Künstler-Gewissenhaftigkeit, griechische Schlichtheit und Anmut hatte; ja wie er einer der letzten Menschen gewesen ist, welche die höchste Freiheit des Geistes und eine schlechterdings unrevolutionäre Gesinnung in sich vereinigen können, ohne inkonsequent und feige zu sein. Seitdem ist der moderne Geist mit seiner Unruhe, seinem Haß gegen Maß und Schranke, auf allen Gebieten zur Herrschaft gekommen, zuerst entzügelt durch das Fieber der Revolution und dann wieder sich Zügel anlegend, wenn ihn Angst und Grauen vor sich selber anwandelte, – aber die Zügel der Logik, nicht mehr des künstlerischen Maßes. Zwar genießen wir durch jene Entfesselung eine Zeitlang die Poesien aller Völker, alles an verborgenen Stellen Aufgewachsene, Urwüchsige, Wildblühende, Wunderlich-Schöne und Riesenhaft-Unregelmäßige, vom Volksliede an bis zum »großen Barbaren« Shakespeare hinauf; wir schmecken die Freuden der Lokalfarbe und des Zeitkostüms, die allen künstlerischen Völkern bisher fremd waren; wir benutzen reichlich die »barbarischen Avantagen« unserer Zeit, welche Goethe gegen Schiller geltend machte, um die Formlosigkeit seines Faust in das günstigste Licht zu stellen. Aber auf wie lange noch? Die hereinbrechende Flut von Poesien aller Stile aller Völker *muß* ja allmählich das Erdreich hinwegschwemmen, auf dem ein stilles verborgenes

Wachstum noch möglich gewesen wäre; alle Dichter *müssen* ja experimentierende Nachahmer, waghalsige Kopisten werden, mag ihre Kraft von Anbeginn noch so groß sein; das Publikum endlich, welches verlernt hat, in der *Bändigung* der darstellenden Kraft, in der organisierenden Bewältigung aller Kunstmittel die eigentliche künstlerische Tat zu sehn, *muß* immer mehr die Kraft um der Kraft willen, ja die Farbe um der Farbe willen, den Gedanken um des Gedankens willen, die Inspiration um der Inspiration willen schätzen, es wird demgemäß die Elemente und Bedingungen des Kunstwerks gar nicht, wenn nicht *isoliert*, genießen und zu guter Letzt die natürliche Forderung stellen, daß der Künstler isoliert sie ihm auch darreichen *müsse*. Ja, man hat die »unvernünftigen« Fesseln der französisch-griechischen Kunst abgeworfen, aber unvermerkt sich daran gewöhnt, alle Fesseln, alle Beschränkung unvernünftig zu finden; – und so bewegt sich die Kunst ihrer *Auflösung* entgegen und streift dabei – was freilich höchst belehrend ist – alle Phasen ihrer Anfänge, ihrer Kindheit, ihrer Unvollkommenheit, ihrer einstmaligen Wagnisse und Ausschreitungen: sie interpretiert, im Zu-Grunde-Gehen, ihre Entstehung, ihr Werden. Einer der Großen, auf dessen Instinkt man sich wohl verlassen kann und dessen Theorie nichts weiter als ein dreißig Jahre *Mehr* von Praxis fehlte, – Lord Byron hat einmal ausgesprochen: »Was die Poesie im allgemeinen anlangt, so bin ich, je mehr ich darüber nachdenke, immer fester der Überzeugung, daß wir allesamt auf dem falschen Wege sind, einer wie der andere. Wir folgen alle einem innerlich falschen revolutionären System – unsere oder die nächste Generation wird noch zu derselben Überzeugung gelangen.« Es ist dies derselbe Byron, welcher sagt: »Ich betrachte Shakespeare als das schlechteste Vorbild, wenn auch als den außerordentlichsten Dichter.« Und sagt im Grunde Goethes gereifte künstlerische Einsicht aus der zweiten Hälfte seines Lebens nicht genau dasselbe? – jene Einsicht, mit welcher er einen solchen Vorsprung über eine Reihe von Generationen gewann, daß man im großen ganzen behaupten kann, Goethe habe noch gar nicht gewirkt und seine Zeit werde erst kommen? Gerade weil seine Natur ihn lange Zeit in der Bahn der poetischen Revolution festhielt, gerade weil er am gründlichsten auskostete, was alles indirekt durch jenen Abbruch der Tradition an neuen Funden, Aussichten, Hilfsmitteln entdeckt und gleichsam unter den Ruinen der Kunst ausgegraben worden war, so wiegt seine spätere Umwandlung und Bekehrung so viel: sie bedeutet, daß er das tiefste Verlangen empfand, die Tradition der Kunst wiederzugewinnen und den stehengebliebenen Trümmern und Säulengängen des Tempels mit der Phantasie des Auges wenigstens die alte Vollkommenheit und Ganzheit anzudichten, wenn die Kraft des Arms sich viel zu schwach erweisen sollte, zu bauen, wo so ungeheure Gewalten schon zum Zerstören nötig waren. So lebte er in der Kunst als in der Erinnerung an die wahre Kunst:

sein Dichten war zum Hilfsmittel der Erinnerung, des Verständnisses alter, längst entrückter Kunstzeiten geworden. Seine Forderungen waren zwar in Hinsicht auf die Kraft des neuen Zeitalters unerfüllbar; der Schmerz darüber wurde aber reichlich durch die Freude aufgewogen, daß sie einmal erfüllt *gewesen* sind und daß auch wir noch an dieser Erfüllung teilnehmen können. Nicht Individuen, sondern mehr oder weniger idealische Masken; keine Wirklichkeit, sondern eine allegorische Allgemeinheit; Zeitcharaktere, Lokalfarben zum fast Unsichtbaren abgedämpft und mythisch gemacht; das gegenwärtige Empfinden und die Probleme der gegenwärtigen Gesellschaft auf die einfachsten Formen zusammengedrängt, ihrer reizenden, spannenden, pathologischen Eigenschaften entkleidet, in jedem andern als dem artistischen Sinn *wirkungslos* gemacht; keine neuen Stoffe und Charaktere, sondern die alten, längst gewohnten in immerfort währender Neubeseelung und Umbildung: das ist die Kunst, so wie sie Goethe später *verstand*, so wie sie die Griechen, ja auch die Franzosen *übten*.

222

Was von der Kunst übrigbleibt. – Es ist wahr, bei gewissen metaphysischen Voraussetzungen hat die Kunst viel größeren Wert, zum Beispiel wenn der Glaube gilt, daß der Charakter unveränderlich sei und das Wesen der Welt sich in allen Charakteren und Handlungen fortwährend ausspreche: da wird das Werk des Künstlers zum Bild des *ewig Beharrenden*, während für unsere Auffassung der Künstler seinem Bilde immer nur Gültigkeit für eine Zeit geben kann, weil der Mensch im ganzen geworden und wandelbar und selbst der einzelne Mensch nichts Festes und Beharrendes ist. – Ebenso steht es bei einer andern metaphysischen Voraussetzung: gesetzt, daß unsere sichtbare Welt nur Erscheinung wäre, wie es die Metaphysiker annehmen, so käme die Kunst der wirklichen Welt ziemlich nahe zu stehen: denn zwischen der Erscheinungswelt und der Traumbild-Welt des Künstlers gäbe es dann gar zuviel Ähnliches; und die übrigbleibende Verschiedenheit stellte sogar die Bedeutung der Kunst höher als die Bedeutung der Natur, weil die Kunst das Gleichförmige, die Typen und Vorbilder der Natur darstellte. – Jene Voraussetzungen sind aber falsch: welche Stellung bleibt nach dieser Erkenntnis jetzt noch der Kunst? Vor allem hat sie durch Jahrtausende hindurch gelehrt, mit Interesse und Lust auf das Leben in jeder Gestalt zu sehen und unsere Empfindung so weit zu bringen, daß wir endlich rufen: »wie es auch sei, das Leben, es ist gut!« Diese Lehre der Kunst, Lust am Dasein zu haben und das Menschenleben wie ein Stück Natur, ohne zu heftige Mitbewegung, als Gegenstand gesetzmäßiger Entwicklung anzusehen, – diese Lehre ist in uns hineingewachsen, sie kommt jetzt als allgewaltiges Bedürfnis des Erkennens wieder ans Licht. Man könnte die Kunst aufgeben, würde aber damit nicht die von ihr gelernte Fähigkeit einbüßen: ebenso wie man die Religion aufgegeben hat, nicht aber die durch sie erworbenen Gemüts-Steigerungen und Erhebungen. Wie die bildende Kunst und die Musik der Maßstab des durch die Religion wirklich erworbenen und hinzugewonnenen Gefühls-Reichtums ist, so würde nach einem Verschwinden der Kunst die von ihr gepflanzte Intensität und Vielartigkeit der Lebensfreude immer noch Befriedigung fordern. Der wissenschaftliche Mensch ist die Weiterentwicklung des künstlerischen.

223

Abendröte der Kunst. – Wie man sich im Alter der Jugend erinnert und Gedächtnisfeste feiert, so steht bald die Menschheit zur Kunst im Verhältnis einer rührenden Erinnerung an die Freuden der Jugend. Vielleicht daß niemals früher die Kunst so tief und seelenvoll erfaßt wurde wie jetzt, wo die Magie des Todes dieselbe zu umspielen scheint. Man denke an jene griechische Stadt in Unteritalien, welche an *einem* Tage des Jahres noch ihre griechischen Feste feierte, unter Wehmut und Tränen darüber, daß immer mehr die ausländische Barbarei über ihre mitgebrachten Sitten triumphiere; niemals hat man wohl das Hellenische so genossen, nirgendswo diesen goldenen Nektar mit solcher Wollust geschlürft als unter diesen absterbenden Hellenen. Den Künstler wird man bald als ein herrliches Überbleibsel ansehen und ihm, wie einem wunderbaren Fremden, an dessen Kraft und Schönheit das Glück früherer Zeiten hing, Ehren erweisen, wie wir sie nicht gleich unseresgleichen gönnen. Das Beste an uns ist vielleicht aus Empfindungen früherer Zeiten vererbt, zu denen wir jetzt auf unmittelbarem Wege kaum mehr kommen können; die Sonne ist schon hinuntergegangen, aber der Himmel unseres Lebens glüht und leuchtet noch von ihr her, ob wir sie schon nicht mehr sehen.

FÜNFTES HAUPTSTÜCK

ANZEICHEN HÖHERER UND NIEDERER KULTUR

224

Veredelung durch Entartung. – Aus der Geschichte ist zu lernen, daß *der* Stamm eines Volkes sich am besten erhält, in dem die meisten Menschen lebendigen Gemeinsinn infolge der Gleichheit ihrer gewohnten und undiskutierbaren Grundsätze, also infolge ihres gemeinsamen Glaubens haben. Hier erstarkt die gute, tüchtige Sitte, hier wird die Unterordnung des Individuums gelernt und dem Charakter Festigkeit schon als Angebinde gegeben und nachher noch anerzogen. Die Gefahr dieser starken, auf gleichartige, charaktervolle Individuen gegründeten Gemeinwesen ist die allmählich durch Vererbung gesteigerte Verdummung, welche nun einmal aller Stabilität wie ihr Schatten folgt. Es sind die ungebundeneren, viel unsichereren und moralisch-schwächeren Individuen, an denen das *geistige Fortschreiten* in solchen Gemeinwesen hängt: es sind die Menschen, die Neues und überhaupt vielerlei versuchen. Unzählige dieser Art gehen, ihrer Schwäche wegen, ohne sehr ersichtliche Wirkung zugrunde; aber im allgemeinen, zumal wenn sie Nachkommen haben, lokkern sie auf und bringen von Zeit zu Zeit dem stabilen Elemente eines Gemeinwesens eine Wunde bei. Gerade an dieser wunden und schwach gewordenen Stelle wird dem gesamten Wesen etwas Neues gleichsam *inokuliert;* seine Kraft im ganzen muß aber stark genug sein, um dieses Neue in sein Blut aufzunehmen und sich zu assimilieren. Die abartenden Naturen sind überall da von höchster Bedeutung, wo ein Fortschritt erfolgen soll. Jedem Fortschritt im großen muß eine teilweise Schwächung vorhergehen. Die stärksten Naturen *halten* den Typus *fest,* die schwächeren helfen ihn *fortbilden.* – Etwas Ähnliches ergibt sich für den einzelnen Menschen; selten ist eine Entartung, eine Verstümmelung, selbst ein Laster und überhaupt eine körperliche oder sittliche Einbuße ohne einen Vorteil auf einer andern Seite. Der kränkere Mensch zum Beispiel wird vielleicht, inmitten eines kriegerischen und unruhigen Stammes, mehr Veranlassung haben, für sich zu sein und dadurch ruhiger und weiser zu werden, der Einäugige wird *ein* stärkeres Auge haben, der Blinde wird tiefer ins Innere schauen und jedenfalls schärfer hören. Insofern scheint mir der berühmte Kampf ums Dasein nicht der einzige Gesichtspunkt zu sein, aus dem das Fortschreiten oder Stärkerwerden eines Menschen, einer Rasse erklärt werden kann. Vielmehr muß zweierlei zusammenkommen: einmal die Mehrung der stabilen Kraft durch

Bindung der Geister im Glauben und Gemeingefühl; sodann die Möglichkeit, zu höheren Zielen zu gelangen, dadurch, daß entartende Naturen und, infolge derselben, teilweise Schwächungen und Verwundungen der stabilen Kraft vorkommen; gerade die schwächere Natur, als die zartere und feinere, macht alles Fortschreiten überhaupt möglich. Ein Volk, das irgendwo anbröckelt und schwach wird, aber im ganzen noch stark und gesund ist, vermag die Infektion des Neuen aufzunehmen und sich zum Vorteil einzuverleiben. Bei dem einzelnen Menschen lautet die Aufgabe der Erziehung so: ihn so fest und sicher hinzustellen, daß er als Ganzes gar nicht mehr aus seiner Bahn abgelenkt werden kann. Dann aber hat der Erzieher ihm Wunden beizubringen oder die Wunden, welche das Schicksal ihm schlägt, zu benutzen, und wenn so der Schmerz und das Bedürfnis entstanden sind, so kann auch in die verwundeten Stellen etwas Neues und Edles inokuliert werden. Seine gesamte Natur wird es in sich hineinnehmen und später, in ihren Früchten, die Veredelung spüren lassen. – Was den Staat betrifft, so sagt Macchiavelli, daß »die Form der Regierungen von sehr geringer Bedeutung ist, obgleich halbgebildete Leute anders denken. Das große Ziel der Staatskunst sollte *Dauer* sein, welche alles andere aufwiegt, indem sie weit wertvoller ist als Freiheit«. Nur bei sicher begründeter und verbürgter größter Dauer ist stetige Entwicklung und veredelnde Inokulation überhaupt möglich. Freilich wird gewöhnlich die gefährliche Genossin aller Dauer, die Autorität, sich dagegen wehren.

225

Freigeist ein relativer Begriff. – Man nennt *den* einen Freigeist, welcher anders denkt, als man von ihm auf Grund seiner Herkunft, Umgebung, seines Standes und Amtes oder auf Grund der herrschenden Zeitansichten erwartet. Er ist die Ausnahme, die gebundenen Geister sind die Regel; diese werfen ihm vor, daß seine freien Grundsätze ihren Ursprung entweder in der Sucht aufzufallen haben, oder gar auf freie Handlungen, das heißt auf solche, welche mit der gebundenen Moral unvereinbar sind, schließen lassen. Bisweilen sagt man auch, diese oder jene freien Grundsätze seien aus Verschrobenheit und Überspanntheit des Kopfes herzuleiten; doch spricht so nur die Bosheit, welche selber an das nicht glaubt, was sie sagt, aber damit schaden will: denn das Zeugnis für die größere Güte und Schärfe seines Intellekts ist dem Freigeist gewöhnlich ins Gesicht geschrieben, so lesbar, daß es die gebundenen Geister gut genug verstehen. Aber die beiden andern Ableitungen der Freigeisterei sind redlich gemeint; in der Tat entstehen auch viele Freigeister auf die eine oder die andere Art. Deshalb könnten aber die Sätze, zu denen sie auf jenen

Wegen gelangten, doch wahrer und zuverlässiger sein als die der gebundenen Geister. Bei der Erkenntnis der Wahrheit kommt es darauf an, daß man sie *hat*, nicht darauf, aus welchem Antriebe man sie gesucht, auf welchem Wege man sie gefunden hat. Haben die Freigeister recht, so haben die gebundenen Geister unrecht, gleichgültig, ob die ersteren aus Unmoralität zur Wahrheit gekommen sind, die anderen aus Moralität bisher an der Unwahrheit festgehalten haben. – Übrigens gehört es nicht zum Wesen des Freigeistes, daß er richtigere Ansichten hat, sondern vielmehr, daß er sich von dem Herkömmlichen gelöst hat, sei es mit Glück oder mit einem Mißerfolg. Für gewöhnlich wird er aber doch die Wahrheit oder mindestens den Geist der Wahrheitsforschung auf seiner Seite haben: er fordert Gründe, die anderen Glauben.

226

Herkunft des Glaubens. – Der gebundene Geist nimmt seine Stellung nicht aus Gründen ein, sondern aus Gewöhnung; er ist zum Beispiel Christ, nicht weil er die Einsicht in die verschiedenen Religionen und die Wahl zwischen ihnen gehabt hätte; er ist Engländer, nicht weil er sich für England entschieden hat, sondern er fand das Christentum und das Engländertum vor und nahm sie an ohne Gründe, wie jemand, der in einem Weinlande geboren wurde, ein Weintrinker wird. Später, als er Christ und Engländer war, hat er vielleicht auch einige Gründe zugunsten seiner Gewöhnung ausfindig gemacht; man mag diese Gründe umwerfen, damit wirft man ihn in seiner ganzen Stellung nicht um. Man nötige zum Beispiel einen gebundenen Geist, seine Gründe gegen die Bigamie vorzubringen, dann wird man erfahren, ob sein heiliger Eifer für die Monogamie auf Gründen oder auf Angewöhnung beruht. Angewöhnung geistiger Grundsätze ohne Gründe nennt man Glauben.

227

Aus den Folgen auf Grund und Ungrund zurückgeschlossen. – Alle Staaten und Ordnungen der Gesellschaft: die Stände, die Ehe, die Erziehung, das Recht, alles dies hat seine Kraft und Dauer allein in dem Glauben der gebundenen Geister an sie – also in der Abwesenheit der Gründe, mindestens in der Abwehr des Fragens nach Gründen. Das wollen die gebundenen Geister nicht gern zugeben und sie fühlen wohl, daß es ein *pudendum* ist. Das Christentum, das sehr unschuldig in seinen intellektuellen Einfällen war, merkte von diesem *pudendum* nichts, forderte Glauben und nichts als Glauben und wies das Verlangen nach Gründen mit Leidenschaft ab; es zeigte auf den Erfolg des Glaubens hin: ihr werdet den Vorteil des Glaubens schon spüren, deutete es an, ihr sollt durch ihn selig werden. Tatsächlich verfährt der Staat ebenso, und jeder Vater erzieht in gleicher Weise seinen Sohn: halte dies nur für wahr, sagt er, du wirst spüren, wie gut dies tut. Dies bedeutet aber, daß aus dem persönlichen *Nutzen*, den eine Meinung einträgt, ihre *Wahrheit* erwiesen werden soll, die Zuträglichkeit einer Lehre soll für die intellektuelle Sicherheit und Begründetheit Gewähr leisten. Es ist dies so, wie wenn der Angeklagte vor Gericht spräche: mein Verteidiger sagt die ganze Wahrheit, denn seht nur zu, was aus seiner Rede folgt: ich werde freigesprochen. – Weil die gebundenen Geister ihre Grundsätze ihres Nutzens wegen haben, so vermuten sie auch beim Freigeist, daß er mit seinen Ansichten ebenfalls seinen Nutzen suche und nur das für wahr halte, was ihm gerade frommt. Da ihm aber das Entgegengesetzte von dem zu nützen scheint, was seinen Landes- oder Standesgenossen nützt, so nehmen diese an, daß seine Grundsätze ihnen gefährlich sind; sie sagen oder fühlen: er darf nicht recht haben, denn er ist uns schädlich.

228

Der starke, gute Charakter. – Die Gebundenheit der Ansichten, durch Gewöhnung zum Instinkt geworden, führt zu dem, was man Charakterstärke nennt. Wenn jemand aus wenigen, aber immer aus den gleichen Motiven handelt, so erlangen seine Handlungen eine große Energie; stehen diese Handlungen im Einklange mit den Grundsätzen der gebundenen Geister, so werden sie anerkannt und erzeugen nebenbei in dem, der sie tut, die Empfindung des guten Gewissens. Wenige Motive, energisches Handeln und gutes Gewissen machen das aus, was man Charakterstärke nennt. Dem Charakterstarken fehlt die Kenntnis der vielen Möglichkeiten und Richtungen des Handelns; sein Intellekt ist unfrei, gebunden, weil er ihm in einem gegebenen Falle vielleicht nur zwei Möglichkeiten zeigt; zwischen diesen muß er jetzt, gemäß seiner ganzen Natur, mit Notwendigkeit wählen, und er tut dies leicht und schnell, weil er nicht zwischen fünfzig Möglichkeiten zu wählen hat. Die erziehende Umgebung will jeden Menschen unfrei machen, indem sie ihm die geringste Zahl von Möglichkeiten vor Augen stellt. Das Individuum wird von seinen Erziehern behandelt, als ob es zwar etwas Neues sei, aber eine *Wiederholung* werden solle. Erscheint der Mensch zunächst als etwas Unbekanntes, nie Dagewesenes, so soll er zu etwas Bekanntem, Dagewesenem gemacht werden. Einen guten Charakter nennt man an einem Kinde das Sichtbarwerden der Gebundenheit durch das Dagewesene; indem das Kind sich auf die Seite der gebundenen Geister stellt, bekundet es zuerst seinen erwachenden Gemeinsinn; auf der Grundlage dieses Gemeinsinns aber wird es später seinem Staate oder Stande nützlich.

229

Maß der Dinge bei den gebundenen Geistern. – Von vier Gattungen der Dinge sagen die gebundenen Geister, sie seien im Rechte. Erstens: alle Dinge, welche Dauer haben, sind im Recht; zweitens: alle Dinge, welche uns nicht lästig fallen, sind im Recht; drittens: alle Dinge, welche uns Vorteil bringen, sind im Recht; viertens: alle Dinge, für welche wir Opfer gebracht haben, sind im Recht. Letzteres erklärt zum Beispiel, weshalb ein Krieg, der wider Willen des Volkes begonnen wurde, mit Begeisterung fortgeführt wird, sobald erst Opfer gebracht sind. – Die Freigeister, welche ihre Sache vor dem Forum der gebundenen Geister führen, haben nachzuweisen, daß es immer Freigeister gegeben hat, also daß die Freigeisterei Dauer hat, sodann, daß sie nicht lästig fallen wollen, und endlich, daß sie den gebundenen Geistern im ganzen Vorteil bringen; aber weil sie von diesem letzten die gebundenen Geister nicht überzeugen können, nützt es ihnen nichts, den ersten und zweiten Punkt bewiesen zu haben.

230

Ersprit fort. – Verglichen mit dem, welcher das Herkommen auf seiner Seite hat und keine Gründe für sein Handeln braucht, ist der Freigeist immer schwach, namentlich im Handeln; denn er kennt zu viele Motive und Gesichtspunkte und hat deshalb eine unsichere, ungeübte Hand. Welche Mittel gibt es nun, um ihn doch *verhältnismäßig stark* zu machen, so daß er sich wenigstens durchsetzt und nicht wirkungslos zugrunde geht? Wie entsteht der starke Geist *(esprit fort)*? Es ist dies in einem einzelnen Falle die Frage nach der Erzeugung des Genius. Woher kommt die Energie, die unbeugsame Kraft, die Ausdauer, mit welcher der einzelne, dem Herkommen entgegen, eine ganz individuelle Erkenntnis der Welt zu erwerben trachtet?

231

Die Entstehung des Genies. – Der Witz des Gefangenen, mit welchem er nach Mitteln zu seiner Befreiung sucht, die kaltblütigste und langwierigste Benützung jedes kleinsten Vorteils kann lehren, welcher Handhabe sich mitunter die Natur bedient, um das Genie – ein Wort, das ich bitte, ohne allen mythologischen und religiösen Beigeschmack zu verstehen –

zustande zu bringen: sie fängt es in einen Kerker ein und reizt seine Begierde, sich zu befreien, auf das äußerste. – Oder mit einem anderen Bilde: jemand, der sich auf seinem Wege im Walde völlig verirrt hat, aber mit ungemeiner Energie nach irgendeiner Richtung hin ins Freie strebt, entdeckt mitunter einen neuen Weg, welchen niemand kennt: so entstehen die Genies, denen man Originalität nachrühmt. – Es wurde schon erwähnt, daß eine Verstümmelung, Verkrüppelung, ein erheblicher Mangel eines Organs häufig die Veranlassung dazu gibt, daß ein anderes Organ sich ungewöhnlich gut entwickelt, weil es seine eigene Funktion und noch eine andere zu versehen hat. Hieraus ist der Ursprung mancher glänzenden Begabung zu erraten. – Aus diesen allgemeinen Andeutungen über die Entstehung des Genius mache man die Anwendung auf den speziellen Fall, die Entstehung des vollkommenen Freigeistes.

232

Vermutung über den Ursprung der Freigeisterei. – Ebenso wie die Gletscher zunehmen, wenn in den Äquatorialgegenden die Sonne mit größerer Glut als früher auf die Meere niederbrennt, so mag auch wohl eine sehr starke, um sich greifende Freigeisterei Zeugnis dafür sein, daß irgendwo die Glut der Empfindung außerordentlich gewachsen ist.

233

Die Stimme der Geschichte. – Im allgemeinen *scheint* die Geschichte über die Erzeugung des Genius folgende Belehrung zu geben: Mißhandelt und quält die Menschen – so ruft sie den Leidenschaften Neid, Haß und Wetteifer zu – treibt sie zum Äußersten, den einen wider den andern, das Volk gegen das Volk, und zwar durch Jahrhunderte hindurch, dann flammt vielleicht, gleichsam aus einem beiseite fliegenden Funken der dadurch entzündeten furchtbaren Energie, auf einmal das Licht des Genius empor; der Wille, wie ein Roß durch den Sporn des Reiters wild gemacht, bricht dann aus und springt auf ein anderes Gebiet über. – Wer zum Bewußtsein über die Erzeugung des Genius käme und die Art, wie die Natur gewöhnlich dabei verfährt, auch praktisch durchführen wollte, würde gerade so böse und rücksichtslos wie die Natur sein müssen. – Aber vielleicht haben wir uns verhört.

234

Wert der Mitte des Wegs. – Vielleicht ist die Erzeugung des Genius nur einem begrenzten Zeitraume der Menschheit vorbehalten. Denn man darf von der Zukunft der Menschheit nicht zugleich alles das erwarten, was ganz bestimmte Bedingungen irgendwelcher Vergangenheit allein hervorzubringen vermochten; zum Beispiel nicht die erstaunlichen Wirkungen des religiösen Gefühls. Dieses selbst hat seine Zeit gehabt und vieles sehr Gute kann nie wieder wachsen, weil es allein aus ihm wachsen konnte. So wird es nie wieder einen religiös umgrenzten Horizont des Lebens und der Kultur geben. Vielleicht ist selbst der Typus des Heiligen nur bei einer gewissen Befangenheit des Intellektes möglich, mit der es, wie es scheint, für alle Zukunft vorbei ist. Und so ist die Höhe der Intelligenz vielleicht einem einzelnen Zeitalter der Menschheit aufgespart gewesen: sie trat hervor – und tritt hervor, denn wir leben noch in diesem Zeitalter, – als eine außerordentliche, lang angesammelte Energie des Willens sich ausnahmsweise auf *geistige* Ziele durch Vererbung übertrug. Es wird mit jener Höhe vorbei sein, wenn diese Wildheit und Energie nicht mehr großgezüchtet werden. Die Menschheit kommt vielleicht auf der Mitte ihres Weges, in der mittleren Zeit ihrer Existenz, ihrem eigentlichen Ziele näher als am Ende. Es könnten Kräfte, durch welche zum Beispiel die Kunst bedingt ist, geradezu aussterben; die Lust am Lügen, am Ungenauen, am Symbolischen, am Rausche, an der Ekstase könnte in Mißachtung kommen. Ja, ist das Leben erst im vollkommenen Staate geordnet, so ist aus der Gegenwart gar kein Motiv zur Dichtung mehr zu entnehmen, und es würden allein die zurückgebliebenen Menschen sein, welche nach dichterischer Unwirklichkeit verlangten. Diese würden dann jedenfalls mit Sehnsucht rückwärts schauen, nach den Zeiten des unvollkommenen Staates, der halb-barbarischen Gesellschaft, nach *unseren* Zeiten.

235

Genius und idealer Staat in Widerspruch. – Die Sozialisten begehren für möglichst viele ein Wohlleben herzustellen. Wenn die dauernde Heimat dieses Wohllebens, der vollkommene Staat, wirklich erreicht wäre, so würde durch dieses Wohlleben der Erdboden, aus dem der große Intellekt und überhaupt das mächtige Individuum wächst, zerstört sein: ich meine die starke Energie. Die Menschheit würde zu matt geworden sein, wenn dieser Staat erreicht ist, um den Genius noch erzeugen zu können. Müßte man somit nicht wünschen, daß das Leben seinen gewaltsamen Charakter behalte und daß immer von neuem wieder wilde Kräfte und Energien hervorgerufen werden? Nun will das warme, mitfühlende

Herz gerade die *Beseitigung* jenes gewaltsamen und wilden Charakters, und das wärmste Herz, das man sich denken kann, würde eben darnach am leidenschaftlichsten verlangen: während doch gerade seine Leidenschaft aus jenem wilden und gewaltsamen Charakter des Lebens ihr Feuer, ihre Wärme, ja ihre Existenz genommen hat; das wärmste Herz will also Beseitigung seines Fundamentes, Vernichtung seiner selbst, das heißt doch: es will etwas Unlogisches, es ist nicht intelligent. Die höchste Intelligenz und das wärmste Herz können nicht in einer Person beisammen sein, und der Weise, welcher über das Leben das Urteil spricht, stellt sich auch über die Güte und betrachtet diese nur als etwas, das bei der Gesamtrechnung des Lebens mit abzuschätzen ist. Der Weise muß jenen ausschweifenden Wünschen der unintelligenten Güte widerstreben, weil ihm an dem Fortleben seines Typus und an dem endlichen Entstehen des höchsten Intellektes gelegen ist; mindestens wird er der Begründung des »vollkommenen Staates« nicht förderlich sein, insofern in ihm nur ermattete Individuen Platz haben. Christus dagegen, den wir uns einmal als das wärmste Herz denken wollen, förderte die Verdummung der Menschen, stellte sich auf die Seite der geistig Armen und hielt die Erzeugung des größten Intellektes auf: und dies war konsequent. Sein Gegenbild, der vollkommene Weise – dies darf man wohl vorhersagen – wird ebenso notwendig der Erzeugung eines Christus hinderlich sein. – Der Staat ist eine kluge Veranstaltung zum Schutz der Individuen gegeneinander: übertreibt man seine Veredelung, so wird zuletzt das Individuum durch ihn geschwächt, ja aufgelöst – also der ursprüngliche Zweck des Staates am gründlichsten vereitelt.

236

Die Zonen der Kultur. – Man kann gleichnisweise sagen, daß die Zeitalter der Kultur den Gürteln der verschiedenen Klimata entsprechen, nur daß diese hintereinander und nicht wie die geographischen Zonen nebeneinander liegen. Im Vergleich mit der gemäßigten Zone der Kultur, in welche überzugehen unsere Aufgabe ist, macht die vergangene im ganzen und großen den Eindruck eines *tropischen* Klimas. Gewaltsame Gegensätze, schroffer Wechsel von Tag und Nacht, Glut und Farbenpracht, die Verehrung alles Plötzlichen, Geheimnisvollen, Schrecklichen, die Schnelligkeit der hereinbrechenden Unwetter, überall das verschwenderische Überströmen der Füllhörner der Natur: und dagegen, in unserer Kultur, ein heller, doch nicht leuchtender Himmel, reine, ziemlich gleich verbleibende Luft, Schärfe, ja Kälte gelegentlich: so heben sich beide Zonen gegeneinander ab. Wenn wir dort sehen, wie die wütendsten Leidenschaften durch metaphysische Vorstellungen mit unheimlicher Gewalt niedergerungen und zerbrochen werden, so ist es uns zumute, als ob vor unseren Augen in den Tropen wilde Tiger unter den Windungen ungeheurer Schlangen zerdrückt würden; unserem geistigen Klima fehlen solche Vorkommnisse, unsere Phantasie ist gemäßigt; selbst im Traume kommt uns das nicht bei, was frühere Völker im Wachen sahen. Aber sollten wir über diese Veränderung nicht glücklich sein dürfen, selbst zugegeben, daß die Künstler durch das Verschwinden der tropischen Kultur wesentlich beeinträchtigt sind und uns Nicht-Künstler ein wenig zu nüchtern finden? Insofern haben Künstler wohl das Recht, den »Fortschritt« zu leugnen, denn in der Tat: ob die letzten drei Jahrtausende in den Künsten einen fortschreitenden Verlauf zeigen, das läßt sich mindestens bezweifeln; ebenso wird ein metaphysischer Philosoph wie Schopenhauer keinen Anlaß haben, den Fortschritt zu erkennen, wenn er die letzten vier Jahrtausende in bezug auf metaphysische Philosophie und Religion überblickt. – Uns gilt aber die *Existenz* der gemäßigten Zone der Kultur selbst als Fortschritt.

237

Renaissance und Reformation. – Die italienische Renaissance barg in sich alle die positiven Gewalten, welchen man die moderne Kultur verdankt: also Befreiung des Gedankens, Mißachtung der Autoritäten, Sieg der Bildung über den Dünkel der Abkunft, Begeisterung für die Wissenschaft und die wissenschaftliche Vergangenheit der Menschen, Entfesselung des Individuums, eine Glut der Wahrhaftigkeit und Abneigung gegen Schein und bloßen Effekt (welche Glut in einer ganzen Fülle künstlerischer Charaktere hervorloderte, die Vollkommenheit in ihren Werken und nichts als Vollkommenheit mit höchster sittlicher Reinheit von sich forderten); ja die Renaissance hatte positive Kräfte, welche in unserer *bisherigen* modernen Kultur noch nicht wieder so mächtig geworden sind. Es war das goldene Zeitalter dieses Jahrtausends, trotz aller Flekken und Laster. Dagegen hebt sich nun die deutsche Reformation ab als ein energischer Protest zurückgebliebener Geister, welche die Weltanschauung des Mittelalters noch keineswegs satt hatten und die Zeichen seiner Auflösung, die außerordentliche Verflachung und Veräußerlichung des religiösen Lebens, anstatt mit Frohlocken, wie sich gebührt, mit tiefem Unmute empfanden. Sie warfen mit ihrer nordischen Kraft und Halsstarrigkeit die Menschen wieder zurück, erzwangen die Gegenreformation, das heißt ein katholisches Christentum der Notwehr, mit den Gewaltsamkeiten eines Belagerungszustandes, und verzögerten um zwei bis drei Jahrhunderte ebenso das völlige Erwachen und Herrschen der Wissenschaften, als sie das völlige In-Eins-Verwachsen des antiken und des modernen Geistes vielleicht für immer unmöglich machten. Die große Aufgabe der Renaissance konnte nicht zu Ende gebracht werden, der Protest des inzwischen zurückgebliebenen deutschen Wesens (welches im Mittelalter Vernunft genug gehabt hatte, um immer und immer wieder zu seinem Heile über die Alpen zu steigen) verhinderte dies. Es lag in dem Zufall einer außerordentlichen Konstellation der Politik, daß damals Luther erhalten blieb und jener Protest Kraft gewann: denn der Kaiser schützte ihn, um seine Neuerung gegen den Papst als Werkzeug des Druckes zu verwenden, und ebenfalls begünstigte ihn im stillen der Papst, um die protestantischen Reichsfürsten als Gegengewicht gegen den Kaiser zu benutzen. Ohne dies seltsame Zusammenspiel der Absichten wäre Luther verbrannt worden wie Huß – und die Morgenröte der Aufklärung vielleicht etwas früher und mit schönerem Glanze, als wir jetzt ahnen können, aufgegangen.

238

Gerechtigkeit gegen den werdenden Gott. – Wenn sich die ganze Geschichte der Kultur vor den Blicken auftut, als ein Gewirr von bösen und edlen, wahren und falschen Vorstellungen, und es einem beim Anblick dieses Wellenschlags fast seekrank zumute wird, so begreift man, was für ein Trost in der Vorstellung eines *werdenden Gottes* liegt: dieser enthüllt sich immer mehr in den Verwandlungen und Schicksalen der Menschheit, es ist nicht alles blinde Mechanik, sinn- und zweckloses Durcheinanderspielen von Kräften. Die Vergottung des Werdens ist ein metaphysischer Ausblick – gleichsam von einem Leuchtturm am Meere der Geschichte herab –, an welchem eine allzuviel historisierende Gelehrtengeneration ihren Trost fand; darüber darf man nicht böse werden, so irrtümlich jene Vorstellung auch sein mag. Nur wer wie Schopenhauer die Entwicklung leugnet, fühlt auch nichts von dem Elend dieses historischen Wellenschlags und darf deshalb, weil er von jenem werdenden Gotte und dem Bedürfnis seiner Annahme nichts weiß, nichts fühlt, billigerweise seinen Spott auslassen.

239

Die Früchte nach der Jahreszeit. – Jede bessere Zukunft, welche man der Menschheit anwünscht, ist notwendigerweise auch in manchem Betracht eine schlechtere Zukunft: denn es ist Schwärmerei zu glauben, daß eine höhere neue Stufe der Menschheit alle die Vorzüge früherer Stufen in sich vereinigen werde und zum Beispiel auch die höchste Gestaltung der Kunst erzeugen müsse. Vielmehr hat jede Jahreszeit ihre Vorzüge und Reize für sich und schließt die der anderen aus. Das, was aus der Religion und in ihrer Nachbarschaft gewachsen ist, kann nicht wieder wachsen, wenn diese zerstört ist; höchstens können verirrte, spätkommende Absenker zur Täuschung darüber verleiten, ebenso wie die zeitweilig ausbrechende Erinnerung an die alte Kunst: ein Zustand, der wohl das Gefühl der Verlustes, der Entbehrung verrät, aber kein Beweis für die Kraft ist, aus der eine neue Kunst geboren werden könnte.

240

Zunehmende Severität der Welt. – Je höher die Kultur eines Menschen steigt, um so mehr Gebiete entziehen sich dem Scherz, dem Spotte. Voltaire war für die Erfindung der Ehe und der Kirche von Herzen dem Himmel dankbar: als welcher damit so gut für unsere Aufheiterung gesorgt habe. Aber er und seine Zeit, und vor ihm das sechzehnte Jahrhundert, haben diese Themen zu Ende gespottet; es ist alles, was jetzt einer auf diesem Gebiete noch witzelt, verspätet und vor allem gar zu wohlfeil, als daß es die Käufer begehrlich machen könnte. Jetzt fragt man nach den Ursachen; es ist das Zeitalter des Ernstes. Wem liegt jetzt noch daran, die Differenzen zwischen Wirklichkeit und anspruchsvollem Schein, zwischen dem, was der Mensch ist und was er vorstellen will, in scherzhaftem Lichte zu sehen; das Gefühl dieser Kontraste wirkt alsbald ganz anders, wenn man nach den Gründen sucht. Je gründlicher jemand das Leben versteht, desto weniger wird er spotten, nur daß er zuletzt vielleicht noch über die »Gründlichkeit seines Verstehens« spottet.

241

Genius der Kultur. – Wenn jemand einen Genius der Kultur imaginieren wollte, wie würde dieser beschaffen sein? Er handhabt die Lüge, die Gewalt, den rücksichtslosesten Eigennutz so sicher als seine Werkzeuge, daß er nur ein böses dämonisches Wesen zu nennen wäre; aber seine Ziele, welche hier und da durchleuchten, sind groß und gut. Es ist ein Zentaur, halb Tier, halb Mensch, und hat noch Engelsflügel dazu am Haupte.

242

Wunder-Erziehung. – Das Interesse an der Erziehung wird erst von dem Augenblick an große Stärke bekommen, wo man den Glauben an einen Gott und seine Fürsorge aufgibt: ebenso wie die Heilkunst erst erblühen konnte, als der Glaube an Wunderkuren aufhörte. Bis jetzt glaubt aber alle Welt noch an die Wunder-Erziehung: aus der größten Unordnung, Verworrenheit der Ziele, Ungunst der Verhältnisse sah man ja die fruchtbarsten mächtigsten Menschen erwachsen: wie konnte dies doch mit rechten Dingen zugehen? – Jetzt wird man bald auch in diesen Fällen näher zusehen, sorgsamer prüfen: Wunder wird man dabei niemals entdecken. Unter gleichen Verhältnissen gehen fortwährend zahlreiche Menschen zugrunde, das einzelne gerettete Individuum ist dafür gewöhnlich stärker geworden, weil es diese schlimmen Umstände vermöge unverwüstlicher eingeborener Kraft ertrug und diese Kraft noch geübt und vermehrt hat: so erklärt sich das Wunder. Eine Erziehung, welche an kein Wunder mehr glaubt, wird auf dreierlei zu achten haben: erstens, wie viel Energie ist vererbt? zweitens, wodurch kann noch neue Energie entzündet werden? drittens, wie kann das Individuum jenen so überaus vielartigen Ansprüchen der Kultur angepaßt werden, ohne daß diese es beunruhigen und seine Eigenartigkeit zersplittern – kurz, wie kann das Individuum in den Kontrapunkt der privaten und öffentlichen Kultur eingereiht werden, wie kann es zugleich die Melodie führen und als Melodie begleiten?

243

Die Zukunft des Arztes. – Es gibt jetzt keinen Beruf, der eine so hohe Steigerung zuließe, wie der des Arztes; namentlich nachdem die geistlichen Ärzte, die sogenannten Seelsorger, ihre Beschwörungskünste nicht mehr unter öffentlichem Beifalle treiben dürfen und ein Gebildeter ihnen aus dem Wege geht. Die höchste geistige Ausbildung eines Arztes ist jetzt nicht erreicht, wenn er die besten neuesten Methoden kennt und auf sie eingeübt ist und jene fliegenden Schlüsse von Wirkungen auf Ursachen zu machen versteht, derentwegen die Diagnostiker berühmt sind: er muß außerdem eine Beredsamkeit haben, die sich jedem Individuum anpaßt und ihm das Herz aus dem Leibe zieht, eine Männlichkeit, deren Anblick schon den Kleinmut (den Wurmfraß aller Kranken) verscheucht, eine Diplomaten-Geschmeidigkeit im Vermitteln zwischen solchen, welche Freude zu ihrer Genesung nötig haben, und solchen, die aus Gesundheitsgründen Freude machen müssen (und können), die Feinheit eines Polizeiagenten und Advokaten, die Geheimnisse einer Seele zu verstehen, ohne sie zu verraten, – kurz, ein guter Arzt bedarf jetzt der Kunstgriffe und Kunstvorrechte aller andern Berufsklassen: so ausgerüstet ist er dann imstande, der ganzen Gesellschaft ein Wohltäter zu werden, durch Vermehrung guter Werke, geistiger Freude und Fruchtbarkeit, durch Verhütung von bösen Gedanken, Vorsätzen, Schurkereien (deren ekler Quell so häufig der Unterleib ist), durch Herstellung einer geistig-leiblichen

Aristokratie (als Ehestifter und Eheverhinderer), durch wohlwollende Abschneidung aller sogenannten Seelenqualen und Gewissensbisse: so erst wird er aus einem »Medizinmann« ein Heiland und braucht doch keine Wunder zu tun, hat auch nicht nötig, sich kreuzigen zu lassen.

244

In der Nachbarschaft des Wahnsinns. – Die Summe der Empfindungen, Kenntnisse, Erfahrungen, also die ganze Last der Kultur, ist so groß geworden, daß eine Überreizung der Nerven- und Denkkräfte die allgemeine Gefahr ist, ja daß die kultivierten Klassen der europäischen Länder durchweg neurotisch sind und fast jede ihrer größeren Familien in einem Glied dem Irrsinn nahegerückt ist. Nun kommt man zwar der Gesundheit jetzt auf alle Weise entgegen; aber in der Hauptsache bleibt eine Verminderung jener Spannung des Gefühls, jener niederdrückenden Kultur-Last vonnöten, welche, wenn sie selbst mit schweren Einbußen erkauft werden sollte, uns doch zu der großen Hoffnung einer *neuen Renaissance* Spielraum gibt. Man hat dem Christentum, den Philosophen, Dichtern, Musikern eine Überfülle tief erregter Empfindungen zu danken: damit diese uns nicht überwuchern, müssen wir den Geist der Wissenschaft beschwören, welcher im ganzen etwas kälter und skeptischer macht und namentlich den Glutstrom des Glaubens an letzte endgültige Wahrheiten abkühlt; er ist vornehmlich durch das Christentum so wild geworden.

245

Glockenguß der Kultur. – Die Kultur ist entstanden wie eine Glocke, innerhalb eines Mantels von gröberem, gemeinerem Stoffe: Unwahrheit, Gewaltsamkeit, unbegrenzte Ausdehnung aller einzelnen Ichs, aller einzelnen Völker, waren dieser Mantel. Ist es an der Zeit, ihn jetzt abzunehmen? Ist das Flüssige erstarrt, sind die guten, nützlichen Triebe, die Gewohnheiten des edleren Gemütes so sicher und allgemein geworden, daß es keiner Anlehnung an Metaphysik und die Irrtümer der Religionen mehr bedarf, keiner Härten und Gewaltsamkeiten als mächtigster Bindemittel zwischen Mensch und Mensch, Volk und Volk? – Zur Beantwortung dieser Frage ist kein Wink eines Gottes uns mehr hilfreich: unsere eigne Einsicht muß da entscheiden. Die Erdregierung des Menschen im großen hat der Mensch selber in die Hand zu nehmen, seine »Allwissenheit« muß über dem weiteren Schicksal der Kultur mit scharfem Auge wachen.

246

Die Zyklopen der Kultur. – Wer jene zerfurchten Kessel sieht, in denen Gletscher gelagert haben, hält es kaum für möglich, daß eine Zeit kommt, wo an derselben Stelle ein Wiesen- und Waldtal mit Bächen darin sich hinzieht. So ist es auch in der Geschichte der Menschheit; die wildesten Kräfte brechen Bahn, zunächst zerstörend, aber trotzdem war ihre Tätigkeit nötig, damit später eine mildere Gesittung hier ihr Haus aufschlage. Die schrecklichen Energien – das, was man das Böse nennt – sind die zyklopischen Architekten und Wegebauer der Humanität.

247

Kreislauf des Menschentums. – Vielleicht ist das ganze Menschentum nur eine Entwicklungsphase einer bestimmten Tierart von begrenzter Dauer: so daß der Mensch aus dem Affen geworden ist und wieder zum Affen werden wird, während niemand da ist, der an diesem verwunderlichen Komödien-Ausgang irgendein Interesse nehme. So wie mit dem Verfalle der römischen Kultur und seiner wichtigsten Ursache, der Ausbreitung des Christentums, eine allgemeine Verhäßlichung des Menschen innerhalb des römischen Reiches überhandnahm, so könnte auch durch den einstmaligen Verfall der allgemeinen Erdkultur eine viel höher gesteigerte Verhäßlichung und endlich Vertierung des Menschen, bis ins Affenhafte, herbeigeführt werden. – Gerade weil wir diese Perspektive ins Auge fassen können, sind wir vielleicht imstande, einem solchen Ende der Zukunft vorzubeugen.

248

Trostrede eines desperaten Fortschritts. – Unsere Zeit macht den Eindruck eines Interim-Zustandes; die alten Weltbetrachtungen, die alten Kulturen sind noch teilweise vorhanden, die neuen noch nicht sicher und gewohnheitsmäßig und daher ohne Geschlossenheit und Konsequenz. Es sieht aus, als ob alles chaotisch würde, das Alte verlorenginge, das Neue nichts tauge und immer schwächlicher werde. Aber so geht es dem Soldaten, welcher marschieren lernt: er ist eine Zeitlang unsicherer und unbeholfener als je, weil die Muskeln bald nach dem alten System, bald nach dem neuen bewegt werden und noch keins entschieden den Sieg behauptet. Wir schwanken, aber es ist nötig, dadurch nicht ängstlich zu werden und das Neu-Errungene etwa preiszugeben. Überdies *können* wir ins Alte nicht zurück, wir *haben* die Schiffe verbrannt; es bleibt nur übrig, tapfer zu sein, mag nun dabei dies oder jenes herauskommen. – *Schreiten* wir nur *zu*, kommen wir nur von der Stelle! Vielleicht sieht sich unser Gebaren doch einmal wie *Fortschritt* an; wenn aber nicht, so mag Friedrichs des Großen Wort auch zu uns gesagt sein, und zwar zum Troste: »*Ah, mon cher Sulzer, vous ne connaissez pas assez cette race maudite, à laquelle nous appartenons.*«

249

An der Vergangenheit der Kultur leiden. – Wer sich das Problem der Kultur klargemacht hat, leidet dann an einem ähnlichen Gefühle wie der, welcher einen durch unrechtmäßige Mittel erworbenen Reichtum ererbt hat, oder wie der Fürst, der durch Gewalttat seiner Vorfahren regiert. Er denkt mit Trauer an seinen Ursprung und ist oft beschämt, oft reizbar. Die ganze Summe von Kraft, Lebenswillen, Freude, welche er seinem Besitze zuwendet, balanciert sich oft mit einer tiefen Müdigkeit: er kann seinen Ursprung nicht vergessen. Die Zukunft sieht er wehmütig an, seine Nachkommen, er weiß es voraus, werden an der Vergangenheit leiden wie er.

250

Manieren. – Die guten Manieren verschwinden in dem Maße, in welchem der Einfluß des Hofes und einer abgeschlossenen Aristokratie nachläßt: man kann diese Abnahme von Jahrzehnt zu Jahrzehnt deutlich beobachten, wenn man ein Auge für die öffentlichen Akte hat: als welche ersichtlich immer pöbelhafter werden. Niemand versteht mehr, auf geistreiche Art zu huldigen und zu schmeicheln; daraus ergibt sich die lächerliche Tatsache, daß man in Fällen, wo man gegenwärtig Huldigungen darbringen *muß* (zum Beispiel einem großen Staatsmanne oder Künstler), die Sprache des tiefsten Gefühls, der treuherzigen, ehrenfesten Biederkeit borgt – aus Verlegenheit und Mangel an Geist und Grazie. So scheint die öffentliche festliche Begegnung der Menschen immer ungeschickter, aber gefühlvoller und biederer, ohne dies zu sein. – Sollte es aber mit den Manieren immerfort bergab gehen? Es scheint mir vielmehr, daß die Manieren eine tiefe Kurve machen und wir uns ihrem niedrigsten Stande nähern. Wenn erst die Gesellschaft ihrer Absichten und Prinzipien sicherer geworden ist, so daß diese formbildend wirken (während jetzt die angelernten Manieren früherer formen-bildender Zustände immer schwächer vererbt und angelernt werden), so wird es Manieren des Umgangs, Gebärden und Ausdrücke des Verkehrs geben, welche so notwendig und schlicht natürlich erscheinen müssen, als es diese Absichten und Prinzipien sind. Die bessere Verteilung der Zeit und Arbeit, die zur Begleiterin jener schönen Mußezeit umgewandelte gymnastische Übung, das vermehrte und strenger gewordene Nachdenken, welches selbst dem Körper Klugheit und Geschmeidigkeit gibt, bringt dies alles mit sich. – Hier könnte man nun freilich mit einigem Spotte unserer Gelehrten gedenken, ob denn sie, die doch Vorläufer jener neuen Kultur sein wollen, sich in der Tat durch bessere Manieren auszeichnen? Es ist dies wohl nicht der Fall, obgleich ihr Geist willig genug dazu sein mag: aber ihr Fleisch ist schwach. Die Vergangenheit ist noch zu mächtig in ihren Muskeln: sie stehen noch in einer unfreien Stellung und sind zur Hälfte weltliche Geistliche, zur Hälfte abhängige Erzieher vornehmer Leute und Stände, und überdies durch Pedanterie der Wissenschaft, durch veraltete geistlose Methoden verkrüppelt und unlebendig gemacht. Sie sind also, jedenfalls ihrem Körper nach und oft auch zu Dreiviertel ihres Geistes, immer noch die Höflinge einer alten, ja greisenhaften Kultur und als solche selber greisenhaft; der neue Geist, der gelegentlich in diesen alten Gehäusen rumort, dient einstweilen nur dazu, sie unsicherer und ängstlicher zu machen. In ihnen gehen sowohl die Gespenster der Vergangenheit als die Gespenster der Zukunft um: was Wunder, wenn sie dabei nicht die beste Miene machen, nicht die gefälligste Haltung haben?

251

Zukunft der Wissenschaft. – Die Wissenschaft gibt dem, welcher in ihr arbeitet und sucht, viel Vergnügen, dem, welcher ihre Ergebnisse *lernt*, sehr wenig. Da allmählich aber alle wichtigen Wahrheiten der Wissenschaft alltäglich und gemein werden müssen, so hört auch dieses wenige Vergnügen auf: so wie wir beim Lernen des so bewundernswürdigen Einmaleins längst aufgehört haben, uns zu freuen. Wenn nun die Wissenschaft immer weniger Freude durch sich macht und immer mehr Freude durch Verdächtigung der tröstlichen Metaphysik, Religion und Kunst, nimmt: so verarmt jene größte Quelle der Lust, welcher die Menschheit fast ihr gesamtes Menschentum verdankt. Deshalb muß eine höhere Kultur dem Menschen ein Doppelgehirn, gleichsam zwei Hirnkammern geben, einmal um Wissenschaft, sodann um Nicht-Wissenschaft zu empfinden: nebeneinander liegend, ohne Verwirrung, trennbar, abschließbar; es ist dies eine Forderung der Gesundheit. Im einen Bereiche liegt die Kraftquelle, im anderen der Regulator: mit Illusionen, Einseitigkeiten, Leidenschaften muß geheizt werden, mit Hilfe der erkennenden Wissenschaft muß den bösartigen und gefährlichen Folgen einer Überheizung vorgebeugt werden. – Wird dieser Forderung der höheren Kultur nicht genügt, so ist der weitere Verlauf der menschlichen Entwicklung fast mit Sicherheit vorherzusagen: das Interesse am Wahren hört auf, je weniger es Lust gewährt; die Illusion, der Irrtum, die Phantastik erkämpfen sich Schritt um Schritt, weil sie mit Lust verbunden sind, ihren ehemals behaupteten Boden: der Ruin der Wissenschaften, das Zurücksinken in Barbarei ist die nächste Folge; von neuem muß die Menschheit wieder anfangen, ihr Gewebe zu weben, nachdem sie es, gleich Penelope, des nachts zerstört hat. Aber wer bürgt uns dafür, daß sie immer wieder die Kraft dazu findet?

252

Die Lust am Erkennen. – Weshalb ist das Erkennen, das Element des Forschers und Philosophen, mit Lust verknüpft? Erstens und vor allem, weil man sich dabei seiner Kraft bewußt wird, also aus demselben Grunde, aus dem gymnastische Übungen auch ohne Zuschauer lustvoll sind. Zweitens, weil man, im Verlauf der Erkenntnis, über ältere Vorstellungen und deren Vertreter hinauskommt, Sieger wird oder wenigstens es zu sein glaubt. Drittens, weil wir uns durch eine noch so kleine neue Erkenntnis über *alle* erhaben und uns als die einzigen fühlen, welche hierin das Richtige wissen. Diese drei Gründe zur Lust sind die wichtigsten, doch gibt es, je nach der Natur des Erkennenden, noch viele Nebengründe. – Ein nicht unbeträchtliches Verzeichnis von solchen gibt, an einer Stelle, wo man es nicht suchen würde, meine paränetische Schrift über Schopenhauer: mit deren Aufstellungen sich jeder erfahrene Diener der Erkenntnis zufrieden geben kann, sei es auch, daß er den ironischen Anflug, der auf jenen Seiten zu liegen scheint, wegwünschen wird. Denn wenn es wahr ist, daß zum Entstehen des Gelehrten »eine Menge sehr menschlicher Triebe und Triebchen zusammengegossen werden muß«, daß der Gelehrte zwar ein sehr edles, aber kein reines Metall ist und »aus einem verwickelten Geflecht sehr verschiedener Antriebe und Reize besteht«: so gilt doch dasselbe ebenfalls von Entstehung und Wesen des Künstlers, Philosophen, moralischen Genies – und wie die in jener Schrift glorifizierten großen Namen lauten. *Alles* Menschliche verdient in Hinsicht auf seine *Entstehung* die ironische Betrachtung: deshalb ist die Ironie in der Welt so *überflüssig.*

253

Treue als Beweis der Stichhaltigkeit. – Es ist ein vollkommenes Zeichen für die Güte einer Theorie, wenn ihr Urheber *vierzig Jahre* lang kein Mißtrauen gegen sie bekommt; aber ich behaupte, daß es noch keinen Philosophen gegeben hat, welcher auf die Philosophie, die seine Jugend erfand, nicht endlich mit Geringschätzung – mindestens mit Argwohn – herabgesehen hätte. – Vielleicht hat er aber nicht öffentlich von dieser Umstimmung gesprochen, aus Ehrsucht oder – wie es bei edlen Naturen wahrscheinlicher ist – aus zarter Schonung seiner Anhänger.

254

Zunahme des Interessanten. – Im Verlaufe der höheren Bildung wird dem Menschen alles interessant, er weiß die belehrende Seite einer Sache rasch zu finden und den Punkt anzugeben, wo eine Lücke seines Denkens mit ihr ausgefülllt oder ein Gedanke durch sie bestätigt werden kann. Dabei verschwindet immer mehr die Langeweile, dabei auch die übermäßige Erregbarkeit des Gemüts. Er geht zuletzt, wie ein Naturforscher unter Pflanzen, so unter Menschen herum und nimmt sich selber als ein Phänomen wahr, welches nur seinen erkennenden Trieb stark anregt.

255

Aberglaube im Gleichzeitigen. – Etwas Gleichzeitiges hängt zusammen, meint man. Ein Verwandter stirbt in der Ferne, zu gleicher Zeit träumen wir von ihm – also! Aber zahllose Verwandte sterben, und wir träumen nicht von ihnen. Es ist wie bei den Schiffbrüchigen, welche Gelübde tun: man sieht später im Tempel die Votivtafeln derer, welche zugrunde gingen, nicht. – Ein Mensch stirbt, eine Eule krächzt, eine Uhr steht still, alles in *einer* Nachtstunde: sollte da nicht ein Zusammenhang sein? Eine solche Vertraulichkeit mit der Natur, wie diese Ahnung sie annimmt, schmeichelt den Menschen. – Diese Gattung des Aberglaubens findet sich in verfeinerter Form bei Historikern und Kulturmalern wieder, welche vor allem sinnlosen Nebeneinander, an dem doch das Leben der einzelnen und der Völker so reich ist, eine Art Wasserscheu zu haben pflegen.

256

Das Können, nicht das Wissen, durch die Wissenschaft geübt. – Der Wert davon, daß man zeitweilig eine *strenge Wissenschaft* streng betrieben hat, beruht nicht gerade auf deren Ergebnissen: denn diese werden, im Verhältnis zum Meere des Wissenswerten, ein verschwindend kleiner Tropfen sein. Aber es ergibt einen Zuwachs an Energie, an Schlußvermögen, an Zähigkeit der Ausdauer; man hat gelernt, einen *Zweck zweckmäßig* zu erreichen. Insofern ist es sehr schätzbar, in Hinsicht auf alles, was man später treibt, einmal ein wissenschaftlicher Mensch gewesen zu sein.

257

Jugendreiz der Wissenschaft. – Das Forschen nach Wahrheit hat jetzt noch den Reiz, daß sie sich überall stark gegen den grau und langweilig gewordenen Irrtum abhebt; dieser Reiz verliert sich immer mehr. Jetzt zwar leben wir noch im Jugendzeitalter der Wissenschaft und pflegen der Wahrheit wie einem schönen Mädchen nachzugehen; wie aber, wenn sie eines Tages zum ältlichen, mürrisch blickenden Weibe geworden ist? Fast in allen Wissenschaften ist die Grundeinsicht entweder erst in jüngster Zeit gefunden oder wird noch gesucht; wie anders reizt dies an, als wenn alles Wesentliche gefunden ist und nur noch eine kümmerliche Herbstnachlese dem Forscher übrigbleibt (welche Empfindung man in einigen historischen Disziplinen kennenlernen kann).

258

Die Statue der Menschheit. – Der Genius der Kultur verfährt wie Cellini, als dieser den Guß seiner Perseus-Statue machte: die flüssige Masse drohte nicht auszureichen, aber sie *sollte* es: so warf er Schüsseln und Teller und was ihm sonst in die Hände kam, hinein. Und ebenso wirft jener Genius Irrtümer, Laster, Hoffnungen, Wahnbilder und andere Dinge von schlechterem wie von edlerem Metalle hinein, denn die Statue der Menschheit muß herauskommen und fertig werden; was liegt daran, daß hier und da geringerer Stoff verwendet wurde?

259

Eine Kultur der Männer. – Die griechische Kultur der klassischen Zeit ist eine Kultur der Männer. Was die Frauen anlangt, so sagt Perikles in der Grabrede alles mit den Worten: sie seien am besten, wenn unter Männern so wenig als möglich von ihnen gesprochen werde. – Die erotische Beziehung der Männer zu den Jünglingen war in einem unserem Verständnis unzugänglichen Grade die notwendige, einzige Voraussetzung aller männlichen Erziehung (ungefähr wie lange Zeit alle höhere Erziehung der Frauen bei uns erst durch die Liebschaft und Ehe herbeigeführt wurde); aller Idealismus der Kraft der griechischen Natur warf sich auf jenes Verhältnis, und wahrscheinlich sind junge Leute niemals wieder so aufmerksam, so liebevoll, so durchaus in Hinsicht auf ihr Bestes (*virtus*) behandelt worden wie im sechsten und fünften Jahrhundert – also gemäß dem schönen Spruche Hölderlins »denn liebend gibt der Sterbliche vom Besten«. Je höher dieses Verhältnis genommen wurde, um so tiefer sank der Verkehr mit der Frau: der Gesichtspunkt der Kindererzeugung und der Wollust – nichts weiter kam hier in Betracht; es gab keinen geistigen Verkehr, nicht einmal eine eigentliche Liebschaft. Erwägt man ferner, daß sie selbst vom Wettkampfe und Schauspiele jeder Art ausgeschlossen waren, so bleiben nur die religiösen Kulte als einzige höhere Unterhaltung der Weiber. – Wenn man nun allerdings in der Tragödie Elektra und Antigone vorführte, so *ertrug* man dies eben in der Kunst, obschon man es im Leben nicht mochte: so wie wir jetzt alles Pathetische im *Leben* nicht vertragen, aber in der Kunst gern sehen. – Die Weiber hatten weiter keine Aufgabe, als schöne, machtvolle Leiber hervorzubringen, in denen der Charakter des Vaters möglichst ungebrochen weiterlebte, und damit der überhandnehmenden Nervenüberreizung einer so hoch entwickelten Kultur entgegenzuwirken. Dies hielt die griechische Kultur verhältnismäßig so lange jung; denn in den griechischen Müttern kehrte immer wieder der griechische Genius zur Natur zurück.

260

Das Vorurteil zugunsten der Größe. – Die Menschen überschätzen ersichtlich alles Große und Hervorstechende. Dies kommt aus der bewußten oder unbewußten Einsicht her, daß sie es sehr nützlich finden, wenn einer alle Kraft auf *ein* Gebiet wirft und aus sich gleichsam *ein* monströses Organ macht. Sicherlich ist dem Menschen selber eine *gleichmäßige* Ausbildung seiner Kräfte nützlicher und glückbringender; denn jedes Talent ist ein Vampir, welcher den übrigen Kräften Blut und Kraft aussaugt, und eine übertriebene Produktion kann den begabtesten Menschen fast zur Tollheit bringen. Auch innerhalb der Künste erregen die extremen Naturen viel zu sehr die Aufmerksamkeit; aber es ist auch eine viel geringere Kultur nötig, um von ihnen sich fesseln zu lassen. Die Menschen unterwerfen sich aus Gewohnheit allem, was Macht haben will.

261

Die Tyrannen des Geistes. – Nur wohin der Strahl des Mythus fällt, da leuchtet das Leben der Griechen; sonst ist es düster. Nun berauben sich die griechischen Philosophen eben dieses Mythus: ist es nicht, als ob sie aus dem Sonnenschein sich in den Schatten, in die Düsterkeit setzen wollten? Aber keine Pflanze geht dem Lichte aus dem Wege; im Grunde suchten jene Philosophen nur eine *hellere* Sonne, der Mythus war ihnen nicht rein, nicht leuchtend genug. Sie fanden dies Licht in ihrer Erkenntnis, in dem, was jeder von ihnen seine »Wahrheit« nannte. Damals aber hatte die Erkenntnis noch einen größeren Glanz; sie war noch jung und wußte noch wenig von allen Schwierigkeiten und Gefahren ihrer Pfade; sie konnte damals noch hoffen, mit einem einzigen Sprung an den Mittelpunkt alles Seins zu kommen und von dort aus das Rätsel der Welt zu lösen. Diese Philosophen hatten einen handfesten Glauben an sich und ihre »Wahrheit« und warfen mit ihr alle ihre Nachbarn und Vorgänger nieder; jeder von ihnen war ein streitbarer gewalttätiger *Tyrann.* Vielleicht war das Glück im Glauben an den Besitz der Wahrheit nie größer in der Welt, aber auch nie die Härte, der Übermut, das Tyrannische und Böse eines solchen Glaubens. Sie waren Tyrannen, also das, was jeder Grieche sein wollte und was jeder war, wenn er es sein *konnte.* Vielleicht macht nur Solon eine Ausnahme; in seinen Gedichten sagt er es, wie er die persönliche Tyrannis verschmäht habe. Aber er tat es aus Liebe zu seinem Werke, zu seiner Gesetzgebung; und Gesetzgeber sein ist eine sublimiertere Form des Tyrannentums. Auch Parmenides gab Gesetze, wohl auch Pythagoras und Empedokles; Anaximander gründete eine Stadt. Plato war der fleischgewordene Wunsch, der höchste philosophische Gesetzgeber und Staatengründer zu werden; er scheint schrecklich an der Nichterfüllung seines Wesens gelitten zu haben, und seine Seele wurde gegen sein Ende hin voll der schwärzesten Galle. Je mehr das griechische Philosophentum an Macht verlor, um so mehr litt es innerlich durch diese Galligkeit und Schmähsucht; als erst die verschiedenen Sekten ihre Wahrheiten auf den Straßen verfochten, da waren die Seelen aller dieser Freier der Wahrheit durch Eifer- und Geifersucht völlig verschlammt, das tyrannische Element wütete jetzt als Gift in ihrem eigenen Körper. Diese vielen kleinen Tyrannen hätten sich roh fressen mögen; es war kein Funke mehr von Liebe und allzuwenig Freude an ihrer eigenen Erkenntnis in ihnen übriggeblieben. – Überhaupt gilt der Satz, daß Tyrannen meistens ermordet werden und daß ihre Nachkommenschaft kurz lebt, auch von den Tyrannen des Geistes. Ihre Geschichte ist kurz, gewaltsam, ihre Nachwirkung bricht plötzlich ab. Fast von allen großen Hellenen kann man sagen, daß sie zu spät gekommen scheinen, so von Äschylus, von Pindar, von Demosthenes, von Thukydides; ein Geschlecht nach ihnen – und dann ist es immer völlig vorbei. Das ist das Stürmische und Unheimliche in der griechischen Geschichte. Jetzt zwar bewundert man das Evangelium der Schildkröte. Geschichtlich denken heißt jetzt fast soviel, als ob zu allen Zeiten nach dem Satze Geschichte gemacht worden wäre: »möglichst wenig in möglichst langer Zeit!« Ach, die griechische Geschichte läuft so rasch! Es ist nie wieder so verschwenderisch, so maßlos gelebt worden. Ich kann mich nicht überzeugen, daß die Geschichte der Griechen jenen *natürlichen* Verlauf genommen habe, der so an ihr gerühmt wird. Sie waren viel zu mannigfach begabt dazu, um in jener schrittweisen Manier *allmählich* zu sein, wie es die Schildkröte im Wettlauf mit Achilles ist: und das nennt man ja natürliche Entwicklung. Bei den Griechen geht es schnell vorwärts, aber ebenso schnell abwärts; die Bewegung der ganzen Maschine ist so gesteigert, daß ein einziger Stein, in ihre Räder geworfen, sie zerspringen macht. Ein solcher Stein war zum Beispiel Sokrates; in einer Nacht war die bis dahin so wunderbar regelmäßige, aber freilich allzu schleunige Entwicklung der philosophischen Wissenschaft zerstört. Es ist keine müßige Frage, ob nicht Plato, von der sokratischen Verzauberung freigeblieben, einen noch höheren Typus des philosophischen Menschen gefunden hätte, der uns auf immer verloren ist. Man sieht in die Zeiten vor ihm wie in eine Bildner-Werkstätte solcher Typen hinein. Das sechste und fünfte Jahrhundert scheint aber doch noch mehr und Höheres zu verheißen, als es selber hervorgebracht hat; aber es blieb bei dem Verheißen und Ankündigen. Und doch gibt es kaum einen schwereren Verlust als den Verlust eines Typus, einer neuen, bis dahin unentdeckt gebliebenen höchsten *Möglichkeit des philosophischen Lebens.* Selbst von den älteren Typen sind die meisten schlecht überliefert; es scheinen mir alle Philosophen von Thales bis Demokrit außerordentlich schwer erkennbar; wem es aber gelingt, diese Gestalten nachzuschaffen, der wandelt unter Gebilden von mächtigstem und reinstem Typus. Diese Fähigkeit ist freilich selten, sie fehlte selbst den späteren Griechen, welche sich mit der Kunde der älteren Philosophie befaßten; Aristoteles zumal scheint seine Augen nicht im Kopfe zu haben, wenn er vor den Bezeichneten steht. Und so scheint es, als ob diese herrlichen Philosophen umsonst gelebt hätten, oder als ob sie gar nur die streit- und redelustigen Scharen der sokratischen Schulen hätten vorbereiten sollen. Es ist hier wie gesagt eine Lücke, ein Bruch in der Entwicklung; irgendein großes Unglück muß geschehen sein, und die einzige Statue, an welcher man Sinn und Zweck jener großen bildnerischen Vorübung erkannt haben würde, zerbrach oder mißlang: was eigentlich geschehen ist, ist für immer ein Geheimnis der Werkstätte geblieben. – Das, was bei den Griechen sich ereignete – daß jeder große Denker im Glauben daran, Besitzer der absoluten Wahrheit zu sein, zum Tyrannen wurde, so daß auch die Geschichte des Geistes bei den Griechen jenen gewaltsamen, übereilten und gefährlichen Charakter bekommen hat, den ihre politische Geschichte zeigt –, diese Art von Ereignissen war damit nicht erschöpft: es hat sich vieles Gleiche bis in die neueste Zeit hinein begeben, obwohl allmählich seltener und jetzt schwerlich mehr mit dem reinen naiven Gewissen der griechischen Philosophen. Denn im ganzen redet jetzt die Gegenlehre und die Skepsis zu mächtig, zu laut. Die Periode der Tyrannen des Geistes ist vorbei. In den Sphären der höheren Kultur wird es freilich immer eine Herrschaft geben müssen – aber diese Herrschaft liegt von jetzt ab in den Händen der *Oligarchen des Geistes.* Sie bilden, trotz aller räumlichen und politischen Trennung, eine zusammengehörige Gesellschaft, deren Mitglieder sich *erkennen* und *anerkennen*, was auch die öffentliche Meinung und die Urteile der auf die Masse wirkenden Tages- und Zeitschriftsteller für Schätzungen der Gunst und Abgunst in Umlauf bringen mögen. Die geistige Überlegenheit, welche früher trennte und verfeindete, pflegt jetzt zu *binden*: wie könnten die einzelnen sich selbst behaupten und auf eigener Bahn, allen Strömungen entgegen, durch das Leben schwimmen, wenn sie nicht ihresgleichen hier und dort unter gleichen Bedingungen leben sähen und deren Hand ergriffen, im Kampfe ebensosehr gegen den ochlokratischen Charakter des Halbgeistes und der Halbbildung, als gegen die gelegentlichen Versuche mit Hilfe der Massenwirkung eine Tyrannei aufzurichten? Die Oligarchen sind einander nötig, sie haben aneinander ihre beste Freude, sie verstehen ihre Abzeichen – aber trotzdem ist ein jeder von ihnen frei, er kämpft und siegt an *seiner* Stelle und geht lieber unter, als sich zu unterwerfen.

262

Homer. – Die größte Tatsache in der griechischen Bildung bleibt doch die, daß Homer so frühzeitig panhellenisch wurde. Alle geistige und menschliche Freiheit, die die Griechen erreichten, geht auf diese Tatsache zurück. Aber zugleich ist es das eigentliche Verhängnis der griechischen Bildung gewesen, denn Homer verflachte, indem er zentralisierte, und löste die ernsteren Instinkte der Unabhängigkeit auf. Von Zeit zu Zeit erhob sich aus dem tiefsten Grunde des Hellenischen der Widerspruch gegen Homer; aber *er* blieb immer siegreich. Alle großen geistigen Mächte üben neben ihrer befreienden Wirkung auch eine unterdrückende aus; aber freilich ist es ein Unterschied, ob Homer oder die Bibel oder die Wissenschaft die Menschen tyrannisieren.

263

Begabung. – In einer so hoch entwickelten Menschheit, wie die jetzige ist, bekommt von Natur jeder den Zugang zu vielen Talenten mit. Jeder *hat angeborenes Talent*, aber nur wenigen ist der Grad von Zähigkeit, Ausdauer, Energie angeboren und anerzogen, so daß er wirklich ein Talent wird, also *wird*, was er *ist*, das heißt: es in Werken und Handlungen entladet.

264

Der Geistreiche entweder überschätzt oder unterschätzt. – Unwissenschaftliche, aber begabte Menschen schätzen jedes Anzeichen von Geist, sei es nun, daß er auf wahrer oder falscher Fährte ist; sie wollen vor allem, daß der Mensch, der mit ihnen verkehrt, sie gut mit seinem Geist unterhalte, sie ansporne, entflamme, zu Ernst und Scherz fortreiße und jedenfalls vor der Langeweile als kräftigstes Amulett schütze. Die wissenschaftlichen Naturen wissen dagegen, daß die Begabung, allerhand Einfälle zu haben, auf das strengste durch den Geist der Wissenschaft gezügelt werden müsse; nicht das, was glänzt, scheint, erregt, sondern die oft unscheinbare Wahrheit ist die Frucht, welche er vom Baume der Erkenntnis zu schütteln wünscht. Er darf, wie Aristoteles, zwischen »Langweiligen« und »Geistreichen« keinen Unterschied machen, sein Dämon führt ihn durch die Wüste ebenso wie durch tropische Vegetation, damit er überall nur an dem Wirklichen, Haltbaren, Echten seine Freude habe. – Daraus ergibt sich, bei unbedeutenden Gelehrten, eine Mißachtung und Verdächtigung des Geistreichen überhaupt, und wiederum haben geistreiche Leute häufig eine Abneigung gegen die Wissenschaft: wie zum Beispiel fast alle Künstler.

265

Die Vernunft in der Schule. – Die Schule hat keine wichtigere Aufgabe, als strenges Denken, vorsichtiges Urteilen, konsequentes Schließen zu lehren; deshalb hat sie von allen Dingen abzusehen, die nicht für diese Operationen tauglich sind, zum Beispiel von der Religion. Sie kann ja darauf rechnen, daß menschliche Unklarheit, Gewöhnung und Bedürfnis später doch wieder den Bogen des allzu straffen Denkens abspannen. Aber so lange ihr Einfluß reicht, soll sie das erzwingen, was das Wesentliche und Auszeichnende am Menschen ist: »Vernunft und Wissenschaft, des Menschen *allerhöchste* Kraft« – wie wenigstens Goethe urteilt. – Der große Naturforscher von Baer findet die Überlegenheit aller Europäer im Vergleich zu Asiaten in der eingeschulten Fähigkeit, daß sie Gründe für das, was sie glauben, angeben können, wozu diese aber völlig unfähig sind. Europa ist in die Schule des konsequenten und kritischen Denkens gegangen, Asien weiß immer noch nicht zwischen Wahrheit und Dichtung zu unterscheiden und ist sich nicht bewußt, ob seine Überzeugungen aus eigener Beobachtung und regelrechtem Denken oder aus Phantasien stammen. – Die Vernunft in der Schule hat Europa zu Europa gemacht: im Mittelalter war es auf dem Wege, wieder zu einem Stück und Anhängsel Asiens zu werden – also den wissenschaftlichen Sinn, welchen es den Griechen verdankte, einzubüßen.

266

Unterschätzte Wirkung des gymnasialen Unterrichts. – Man sucht den Wert des Gymnasiums selten in den Dingen, welche wirklich dort gelernt und von ihm unverlierbar heimgebracht werden, sondern in denen, welche man lehrt, welche der Schüler sich aber nur mit Widerwillen aneignet, um sie so schnell er darf von sich abzuschütteln. Das Lesen der Klassiker – das gibt jeder Gebildete zu – ist so, wie es überall getrieben wird, eine monströse Prozedur: vor jungen Menschen, welche in keiner Beziehung dazu reif sind, von Lehrern, welche durch jedes Wort, oft durch ihr Erscheinen schon einen Mehltau über einen guten Autor legen. Aber darin liegt der Wert, der gewöhnlich verkannt wird – daß diese Lehrer die *abstrakte Sprache der höhern Kultur* reden, schwerfällig und schwer zum Verstehen, wie sie ist, aber eine hohe Gymnastik des Kopfes; daß Begriffe, Kunstausdrücke, Methoden, Anspielungen in ihrer Sprache fortwährend vorkommen, welche die jungen Leute im Gespräche ihrer Angehörigen und auf der Gasse fast nie hören. Wenn die Schüler nur *hören*, so wird ihr Intellekt zu einer wissenschaftlichen Betrachtungsweise unwillkürlich präformiert. Es ist nicht möglich, aus dieser Zucht völlig unberührt von der Abstraktion als reines Naturkind herauszukommen.

267

Viele Sprachen lernen. – Viele Sprachen lernen füllt das Gedächtnis mit Worten statt mit Tatsachen und Gedanken aus, während dies ein Behältnis ist, welches bei jedem Menschen nur eine bestimmte begrenzte Masse von Inhalt aufnehmen kann. Sodann schadet das Lernen vieler Sprachen, insofern es den Glauben, Fertigkeiten zu haben, erweckt und tatsächlich auch ein gewisses verführerisches Ansehen im Verkehr verleiht; es schadet sodann auch indirekt dadurch, daß es dem Erwerben gründlicher Kenntnisse und der Absicht, auf redliche Weise die Achtung der Menschen zu verdienen, entgegenwirkt. Endlich ist es die Axt, welche dem feineren Sprachgefühl innerhalb der Muttersprache an die Wurzel gelegt wird: die wird dadurch unheilbar beschädigt und zugrunde gerichtet. Die beiden Völker, welche die größten Stilisten erzeugten, Griechen und Franzosen, lernten keine fremden Sprachen. – Weil aber der Verkehr der Menschen immer kosmopolitischer werden muß und zum Beispiel ein rechter Kaufmann in London jetzt schon sich in acht Sprachen schriftlich und mündlich verständlich zu machen hat, so ist freilich das Viele-Sprachen-lernen ein notwendiges *Übel;* welches aber, zuletzt zum äußersten kommend, die Menschheit zwingen wird, ein Heilmittel zu finden: und in irgendeiner fernen Zukunft wird es eine neue Sprache, zuerst als Handelssprache, dann als Sprache des geistigen Verkehrs überhaupt, für alle geben, so gewiß als es einmal Luft-Schiffahrt gibt. Wozu hätte auch die Sprachwissenschaft ein Jahrhundert lang die Gesetze der Sprache studiert und das Notwendige, Wertvolle, Gelungene an jeder einzelnen Sprache abgeschätzt!

268

Zur Kriegsgeschichte des Individuums. – Wir finden in ein einzelnes Menschenleben, welches durch mehrere Kulturen geht, den Kampf zusammengedrängt, welcher sich sonst zwischen zwei Generationen, zwischen Vater und Sohn, abspielt: die Nähe der Verwandtschaft *verschärft* diesen Kampf, weil jede Partei schonungslos das ihr so gut bekannte Innre der anderen Partei mit hineinzieht; und so wird dieser Kampf im einzelnen Individuum am erbittertsten sein; hier schreitet jede neue Phase über die früheren mit grausamer Ungerechtigkeit und Verkennung von deren Mitteln und Zielen hinweg.

269

Um eine Viertelstunde früher. – Man findet gelegentlich einen, der mit seinen Ansichten über seiner Zeit steht, aber doch nur um so viel, daß er die Vulgäransichten des nächsten Jahrzehnts vorwegnimmt. Er hat die öffentliche Meinung eher, als sie öffentlich ist, das heißt: er ist einer Ansicht, die es verdient trivial zu werden, eine Viertelstunde eher in die Arme gefallen als andere. Sein Ruhm pflegt aber viel lauter zu sein als der Ruhm der wirklich Großen und Überlegenen.

270

Die Kunst zu lesen. – Jede starke Richtung ist einseitig; sie nähert sich der Richtung der geraden Linie und ist wie diese ausschließend; das heißt sie berührt nicht viele andere Richtungen, wie dies schwache Parteien und Naturen in ihrem wellenhaften Hin- und Hergehen tun: das muß man also auch den Philologen nachsehen, daß sie einseitig sind. Herstellung und Reinhaltung der Texte, nebst der Erklärung derselben, in einer Zunft jahrhundertelang fortgetrieben, hat endlich jetzt die richtigen Methoden finden lassen; das ganze Mittelalter war tief unfähig zu einer streng philologischen Erklärung, das heißt zum einfachen Verstehenwollen dessen, was der Autor sagt, – es war etwas, diese Methoden zu finden, man unterschätze es nicht! Alle Wissenschaft hat dadurch erst Kontinuität und Stetigkeit gewonnen, daß die Kunst des richtigen Lesens, das heißt die Philologie, auf ihre Höhe kam.

271

Die Kunst zu schließen. – Der größte Fortschritt, den die Menschen gemacht haben, liegt darin, daß sie *richtig schließen* lernen. Das ist gar nicht so etwas Natürliches, wie Schopenhauer annimmt, wenn er sagt: »zu schließen sind alle, zu urteilen wenige fähig«, sondern ist spät erlernt und jetzt noch nicht zur Herrschaft gelangt. Das falsche Schließen ist in älteren Zeiten die Regel: und die Mythologien aller Völker, ihre Magie und ihr Aberglaube, ihr religiöser Kultus, ihr Recht sind die unerschöpflichen Beweis-Fundstätten für diesen Satz.

272

Jahresringe der individuellen Kultur. – Die Stärke und Schwäche der geistigen Produktivität hängt lange nicht so an der angeerbten Begabung, als an dem mitgegebenen Maße von *Spannkraft*. Die meisten jungen Gebildeten von dreißig Jahren gehen um diese Frühsonnenwende ihres Lebens zurück und sind für neue geistige Wendungen von da an unlustig. Deshalb ist dann gleich wieder zum Heile einer fort und fort wachsenden Kultur eine neue Generation nötig, die es nun aber ebenfalls nicht weit bringt: denn um die Kultur des Vaters *nachzuholen*, muß der Sohn die angeerbte Energie, welche der Vater auf jener Lebensstufe, als er den Sohn zeugte, selber besaß, fast aufbrauchen; mit dem kleinen Überschuß kommt er weiter (denn weil hier der Weg zum zweiten Male gemacht wird, geht es ein wenig schneller vorwärts; der Sohn verbraucht, um dasselbe zu lernen, was der Vater wußte, nicht ganz so viel Kraft). Sehr spannkräftige Männer wie zum Beispiel Goethe durchmessen so viel, als kaum vier Generationen hintereinander vermögen; deshalb kommen sie aber zu schnell voraus, so daß die anderen Menschen sie erst in dem nächsten Jahrhundert einholen, vielleicht nicht einmal völlig, weil durch die häufigen Unterbrechungen die Geschlossenheit der Kultur, die Konsequenz der Entwicklung geschwächt worden ist. – Die gewöhnlichen Phasen der geistigen Kultur, welche im Verlauf der Geschichte errungen ist, holen die Menschen immer schneller nach. Sie beginnen gegenwärtig in die Kultur als religiös bewegte Kinder einzutreten und bringen es vielleicht im zehnten Lebensjahr zur höchsten Lebhaftigkeit dieser Empfindungen, gehen dann in abgeschwächtere Formen (Pantheismus) über, während sie sich der Wissenschaft nähern; kommen über Gott, Unsterblichkeit und dergleichen ganz hinaus, aber verfallen den Zaubern einer metaphysischen Philosophie. Auch diese wird ihnen endlich unglaubwürdig; die Kunst scheint dagegen immer mehr zu gewähren, so daß eine Zeitlang die Metaphysik kaum noch in einer Umwandlung zur Kunst oder als künstlerisch verklärende Stimmung übrigbleibt und fortlebt. Aber der wissenschaftliche Sinn wird immer gebieterischer und führt den Mann hin zur Naturwissenschaft und Historie und namentlich zu den strengsten Methoden des Erkennens, während der Kunst eine immer mildere und anspruchslosere Bedeutung zufällt. Dies alles pflegt sich jetzt innerhalb der ersten dreißig Jahre eines Mannes zu ereignen. Es ist die Rekapitulation eines Pensums, an welchem die Menschheit vielleicht dreißigtausend Jahre sich abgearbeitet hat.

273

Zurückgegangen, nicht zurückgeblieben. – Wer gegenwärtig seine Entwicklung noch aus religiösen Empfindungen heraus anhebt und vielleicht längere Zeit nachher in Metaphysik und Kunst weiterlebt, der hat sich allerdings ein gutes Stück zurückbegeben und beginnt sein Wettrennen mit anderen modernen Menschen unter ungünstigen Voraussetzungen: er verliert scheinbar Raum und Zeit. Aber dadurch, daß er sich in jenen Bereichen aufhielt, wo Glut und Energie entfesselt werden und fortwährend Macht als vulkanischer Strom aus unversiegbarer Quelle strömt, kommt er dann, sobald er sich nur zur rechten Zeit von jenen Gebieten getrennt hat, um so schneller vorwärts, sein Fuß ist beflügelt, seine Brust hat ruhiger, länger, ausdauernder atmen gelernt. – Er hat sich nur zurückgezogen, um zu seinem Sprunge genügenden Raum zu haben: so kann selbst etwas Fürchterliches, Drohendes in diesem Rückgange liegen.

274

Ein Ausschnitt unseres Selbst als künstlerisches Objekt. – Es ist ein Zeichen überlegener Kultur, gewisse Phasen der Entwicklung, welche die geringeren Menschen fast gedankenlos durchleben und von der Tafel ihrer Seele dann wegwischen, mit Bewußtsein festzuhalten und ein getreues Bild davon zu entwerfen: denn dies ist die höhere Gattung der Malerkunst, welche nur wenige verstehen. Dazu wird es nötig, jene Phasen künstlich zu isolieren. Die historischen Studien bilden die Befähigung zu diesem Malertum aus, denn sie fordern uns fortwährend auf, bei Anlaß eines Stückes Geschichte, eines Volkes – oder Menschenlebens uns einen ganz bestimmten Horizont von Gedanken, eine bestimmte Stärke von

Empfindungen, das Vorwalten dieser, das Zurücktreten jener vorzustellen. Darin, daß man solche Gedanken- und Gefühlssysteme aus gegebenen Anlässen schnell rekonstruieren kann, wie den Eindruck eines Tempels aus einigen zufällig stehengebliebenen Säulen und Mauerresten, besteht der historische Sinn. Das nächste Ergebnis desselben ist, daß wir unsere Mitmenschen als ganz bestimmte solche Systeme und Vertreter verschiedener Kulturen verstehen, das heißt als notwendig, aber als veränderlich. Und wiederum: daß wir in unserer eigenen Entwicklung Stücke heraustrennen und selbständig hinstellen können.

275

Zyniker und Epikureer. – Der Zyniker erkennt den Zusammenhang zwischen den vermehrten und stärkeren Schmerzen des höher kultivierten Menschen und der Fülle von Bedürfnissen; er begreift also, daß die Menge von Meinungen über das Schöne, Schickliche, Geziemende, Erfreuende ebensosehr reiche Genuß-, aber auch Unlustquellen entspringen lassen mußten. Gemäß dieser Einsicht bildet er sich zurück, indem er viele dieser Meinungen aufgibt und sich gewissen Anforderungen der Kultur entzieht; damit gewinnt er ein Gefühl der Freiheit und der Kräftigung, und allmählich, wenn die Gewohnheit ihm seine Lebensweise erträglich macht, hat er in der Tat seltnere und schwächere Unlustempfindungen als die kultivierten Menschen und nähert sich dem Haustier an; überdies empfindet er alles im Reiz des Kontrastes und – schimpfen kann er ebenfalls nach Herzenslust: so daß er dadurch wieder hoch über die Empfindungswelt des Tieres hinauskommt. – Der Epikureer hat denselben Gesichtspunkt wie der Zyniker; zwischen ihm und jenem ist gewöhnlich nur ein Unterschied des Temperamentes. Sodann benutzt der Epikureer seine höhere Kultur, um sich von den herrschenden Meinungen unabhängig zu machen; er erhebt sich über dieselben, während der Zyniker nur in der Negation bleibt. Er wandelt gleichsam in windstillen, wohlgeschützten, halbdunklen Gängen, während über ihm, im Winde, die Wipfel der Bäume brausen und ihm verraten, wie heftig bewegt da draußen die Welt ist. Der Zyniker dagegen geht gleichsam nackt draußen im Windeswehen umher und härtet sich bis zur Gefühllosigkeit ab.

276

Mikrokosmus und Makrokosmus der Kultur. – Die besten Entdeckungen über die Kultur macht der Mensch in sich selbst, wenn er darin zwei heterogene Mächte waltend findet. Gesetzt, es lebe einer ebensosehr in der

Liebe zur bildenden Kunst oder zur Musik, als er vom Geiste der Wissenschaft fortgerissen werde, und er sehe es als unmöglich an, diesen Widerspruch durch Vernichtung der einen und volle Entfesselung der anderen Macht aufzuheben: so bleibt ihm nur übrig, ein so großes Gebäude der Kultur aus sich zu gestalten, daß jene beiden Mächte, wenn auch an verschiedenen Enden desselben, in ihm wohnen können, während zwischen ihnen versöhnende Mittelmächte, mit überwiegender Kraft, um nötigenfalls den ausbrechenden Streit zu schlichten, ihre Herberge haben. Ein solches Gebäude der Kultur im einzelnen Individuum wird aber die größte Ähnlichkeit mit dem Kulturbau in ganzen Zeitperioden haben und eine fortgesetzte analogische Belehrung über denselben abgeben. Denn überall, wo sich die große Architektur der Kultur entfaltet hat, war ihre Aufgabe, die einander widerstrebenden Mächte zur Eintracht vermöge einer übermächtigen Ansammlung der weniger unverträglichen übrigen Mächte zu zwingen, ohne sie deshalb zu unterdrücken und in Fesseln zu schlagen.

277

Glück und Kultur. – Der Anblick der Umgebungen unserer Kindheit erschüttert uns: das Gartenhaus, die Kirche mit den Gräbern, der Teich und der Wald – dies sehen wir immer als Leidende wieder. Mitleid mit uns selbst ergreift uns, denn was haben wir seitdem alles durchgelitten! Und hier steht jegliches noch so still, so ewig da: nur wir sind so anders, so bewegt; selbst etliche Menschen finden wir wieder, an welchen die Zeit nicht *mehr* ihren Zahn gewetzt hat als an einem Eichbaume: Bauern, Fischer, Waldbewohner – sie sind dieselben. – Erschütterung, Selbstmitleid im Angesichte der niederen Kultur ist das Zeichen der höheren Kultur; woraus sich ergibt, daß durch diese das Glück jedenfalls nicht gemehrt worden ist. Wer eben Glück und Behagen vom Leben ernten will, der mag nur immer der höheren Kultur aus dem Wege gehen.

278

Gleichnis vom Tanze. – Jetzt ist es als das entscheidende Zeichen großer Kultur zu betrachten, wenn jemand jene Kraft und Biegsamkeit besitzt, um ebenso rein und streng im Erkennen zu sein als, in andern Momenten, auch befähigt, der Poesie, Religion und Metaphysik gleichsam hundert Schritt vorzugeben und ihre Gewalt und Schönheit nachzuempfinden. Eine solche Stellung zwischen zwei so verschiedenen Ansprüchen ist sehr schwierig, denn die Wissenschaft drängt zur absoluten Herrschaft ihrer Methode, und wird diesem Drängen nicht nachgegeben, so entsteht die andere Gefahr eines schwächlichen Auf- und Niederschwankens zwischen verschiedenen Antrieben. Indessen: um wenigstens mit einem Gleichnis einen Blick auf die Lösung dieser Schwierigkeit zu eröffnen, möge man sich doch daran erinnern, daß der *Tanz* nicht dasselbe wie ein mattes Hin- und Hertaumeln zwischen verschiedenen Antrieben ist. Die hohe Kultur wird einem kühnen Tanze ähnlich sehen: weshalb, wie gesagt, viel Kraft und Geschmeidigkeit nottut.

279

Von der Erleichterung des Lebens. – Ein Hauptmittel, um sich das Leben zu erleichtern, ist das Idealisieren aller Vorgänge desselben; man soll sich aber aus der Malerei recht deutlich machen, was idealisieren heißt. Der Maler verlangt, daß der Zuschauer nicht zu genau, zu scharf zusehe, er zwingt ihn in eine gewisse Ferne zurück, damit er von dort aus betrachte; er ist genötigt, eine ganz bestimmte Entfernung des Betrachters vom Bilde vorauszusetzen; ja er muß sogar ein ebenso bestimmtes Maß von Schärfe des Auges bei seinem Betrachter annehmen! in solchen Dingen darf er durchaus nicht schwanken. Jeder also, der sein Leben idealisieren will, muß es nicht zu genau sehen wollen und seinen Blick immer in eine gewisse Entfernung zurückbannen. Dieses Kunststück verstand zum Beispiel Goethe.

280

Erschwerung als Erleichterung und umgekehrt. – Vieles, was auf gewissen Stufen des Menschen Erschwerung des Lebens ist, dient einer höheren Stufe als Erleichterung, weil solche Menschen stärkere Erschwerungen des Lebens kennengelernt haben. Ebenso kommt das Umgekehrte vor: so hat zum Beispiel die Religion ein doppeltes Gesicht, je nachdem ein Mensch zu ihr hinaufblickt, um von ihr sich seine Last und Not abnehmen zu lassen, oder auf sie hinabsieht, wie auf die Fessel, welche ihm angelegt ist, damit er nicht zu hoch in die Lüfte steige.

281

Die höhere Kultur wird notwendig mißverstanden. – Wer sein Instrument nur mit zwei Saiten bespannt hat, wie die Gelehrten, welche außer dem *Wissenstriebe* nur noch einen anerzogenen *religiösen* haben, der versteht solche Menschen nicht, welche auf mehr Saiten spielen könnn. Es liegt im Wesen der höheren *vielsaitigeren* Kultur, daß sie von der niederen immer falsch gedeutet wird; wie dies zum Beispiel geschieht, wenn die Kunst als eine verkappte Form des Religiösen gilt. Ja, Leute, die nur religiös sind, verstehen selbst die Wissenschaft als Suchen des religiösen Gefühls, so wie Taubstumme nicht wissen, was Musik ist, wenn nicht sichtbare Bewegung.

282

Klagelied. – Es sind vielleicht die Vorzüge unserer Zeiten, welche ein Zurücktreten und eine gelegentliche Unterschätzung der *vita contemplativa* mit sich bringen. Aber eingestehen muß man es sich, daß unsere Zeit arm ist an großen Moralisten, daß Pascal, Epiktet, Seneca, Plutarch wenig noch gelesen werden, daß Arbeit und Fleiß – sonst im Gefolge der großen Göttin Gesundheit – mitunter wie eine Krankheit zu wüten scheinen. Weil Zeit zum Denken und Ruhe im Denken fehlt, so erwägt man abweichende Ansichten nicht mehr: man begnügt sich, sie zu hassen. Bei der ungeheuren Beschleunigung des Lebens wird Geist und Auge an ein halbes oder falsches Sehen und Urteilen gewöhnt, und jedermann gleicht den Reisenden, welche Land und Volk von der Eisenbahn aus kennenlernen. Selbständige und vorsichtige Haltung der Erkenntnis schätzt man beinahe als eine Art Verrücktheit ab, der Freigeist ist in Verruf gebracht, namentlich durch Gelehrte, welche an seiner Kunst, die Dinge zu betrachten, ihre Gründlichkeit und ihren Ameisenfleiß vermissen und ihn gern in einen einzelnen Winkel der Wissenschaft bannen möchten: während er die ganz andere und höhere Aufgabe hat, von einem einsam gelegenen Standorte aus den ganzen Heerbann der wissenschaftlichen und gelehrten Menschen zu befehligen und ihnen die Wege und Ziele der Kultur zu zeigen. – Eine solche Klage, wie die eben abgesungene, wird wahrscheinlich ihre Zeit haben und von selber einmal, bei einer gewaltigen Rückkehr des Genius der Meditation verstummen.

283

Hauptmangel der tätigen Menschen. – Den Tätigen fehlt gewöhnlich die höhere Tätigkeit: ich meine die individuelle. Sie sind als Beamte, Kaufleute, Gelehrte, das heißt als Gattungswesen tätig, aber nicht als ganz bestimmte einzelne und einzige Menschen; in dieser Hinsicht sind sie faul. – Es ist das Unglück der Tätigen, daß ihre Tätigkeit fast immer ein wenig unvernünftig ist. Man darf zum Beispiel bei dem geldsammelnden Bankier nach dem Zweck seiner rastlosen Tätigkeit nicht fragen: sie ist unvernünftig. Die Tätigen rollen, wie der Stein rollt, gemäß der

Dummheit der Mechanik. – Alle Menschen zerfallen, wie zu allen Zeiten, so auch jetzt noch, in Sklaven und Freie; denn wer von seinem Tage nicht zwei Drittel für sich hat, ist ein Sklave, er sei übrigens wer er wolle: Staatsmann, Kaufmann, Beamter, Gelehrter.

284

Zugunsten der Müßigen. – Zum Zeichen dafür, daß die Schätzung des beschaulichen Lebens abgenommen hat, wetteifern die Gelehrten jetzt mit den tätigen Menschen in einer Art von hastigem Genusse, so daß sie also diese Art, zu genießen, höherzuschätzen scheinen als die, welche ihnen eigentlich zukommt und welche in der Tat viel mehr Genuß ist. Die Gelehrten schämen sich des *otium.* Es ist aber ein edel Ding um Muße und Müßiggehen. – Wenn Müßiggang wirklich der *Anfang* aller Laster ist, so befindet er sich also wenigstens in der nächsten Nähe aller Tugenden; der müßige Mensch ist immer noch ein besserer Mensch als der tätige. – Ihr meint doch nicht, daß ich mit Muße und Müßiggehen auf euch ziele, ihr Faultiere? –

285

Die moderne Unruhe. – Nach dem Westen zu wird die moderne Bewegtheit immer größer, so daß den Amerikanern die Bewohner Europas insgesamt sich als ruheliebende und genießende Wesen darstellen, während diese doch selbst wie Bienen und Wespen durcheinanderfliegen. Diese Bewegtheit wird so groß, daß die höhere Kultur ihre Früchte nicht mehr zeitigen kann; es ist, als ob die Jahreszeiten zu rasch aufeinanderfolgten. Aus Mangel an Ruhe läuft unsere Zivilisation in eine neue Barbarei aus. Zu keiner Zeit haben die Tätigen, das heißt die Ruhelosen, mehr gegolten. Es gehört deshalb zu den notwendigen Korrekturen, welche man am Charakter der Menschheit vornehmen muß, das beschauliche Element in großem Maße zu verstärken. Doch hat schon jeder einzelne, welcher in Herz und Kopf ruhig und stetig ist, das Recht zu glauben, daß er nicht nur ein gutes Temperament, sondern eine allgemein nützliche Tugend besitze und durch die Bewahrung dieser Tugend sogar eine höhere Aufgabe erfülle.

286

Inwiefern der Tätige faul ist. – Ich glaube, daß jeder über jedes Ding, über welches Meinungen möglich sind, eine eigene Meinung haben muß, weil er selber ein eigenes, nur einmaliges Ding ist, das zu allen anderen Dingen eine neue, nie dagewesene Stellung einnimmt. Aber die Faulheit, welche im Grunde der Seele des Tätigen liegt, verhindert den Menschen, das Wasser aus seinem eigenen Brunnen zu schöpfen. – Mit der Freiheit der Meinungen steht es wie mit der Gesundheit: beide sind individuell, von beiden kann kein allgemeingültiger Begriff aufgestellt werden. Das, was das eine Individuum zu seiner Gesundheit nötig hat, ist für ein anderes schon Grund zur Erkrankung, und manche Mittel und Wege zur Freiheit des Geistes dürfen höher entwickelten Naturen als Wege und Mittel zur Unfreiheit gelten.

287

Censor vitae. – Der Wechsel von Liebe und Haß bezeichnet für eine lange Zeit den inneren Zustand eines Menschen, welcher frei in seinem Urteil über das Leben werden will; er vergißt nicht und trägt den Dingen alles nach, Gutes und Böses. Zuletzt, wenn die ganze Tafel seiner Seele mit Erfahrungen vollgeschrieben ist, wird er das Dasein nicht verachten und hassen, aber es auch nicht lieben, sondern über ihm liegen bald mit dem Auge der Freude, bald mit dem der Trauer, und wie die Natur bald sommerlich, bald herbstlich gesinnt sein.

288

Nebenerfolg. – Wer ernstlich frei werden will, wird dabei ohne allen Zwang die Neigung zu Fehlern und Lastern mit verlieren; auch Ärger und Verdruß werden ihn immer seltener anfallen. Sein Wille nämlich will nichts angelegentlicher als Erkennen und das Mittel dazu, das heißt: den andauernden Zustand, in dem er am tüchtigsten zum Erkennen ist.

289

Wert der Krankheit. – Der Mensch, der krank zu Bette liegt, kommt mitunter dahinter, daß er für gewöhnlich an seinem Amte, Geschäfte oder an seiner Gesellschaft krank ist und durch sie jede Besonnenheit über sich verloren hat: er gewinnt diese Weisheit aus der Muße, zu welcher ihn seine Krankheit zwingt.

290

Empfindung auf dem Lande. – Wenn man nicht feste, ruhige Linien am Horizonte seines Lebens hat, Gebirgs- und Waldlinien gleichsam, so wird der innerste Wille des Menschen selber unruhig, zerstreut und begehrlich wie das Wesen des Städters: er hat kein Glück und gibt kein Glück.

291

Vorsicht der freien Geister. – Freigesinnte, der Erkenntnis allein lebende Menschen werden ihr äußerliches Lebensziel, ihre endgültige Stellung zu Gesellschaft und Staat bald erreicht finden und zum Beispiel mit einem kleinen Amte oder einem Vermögen, das gerade zum Leben ausreicht, gerne sich zufrieden geben; denn sie werden sich einrichten, so zu leben, daß eine große Verwandlung der äußeren Güter, ja ein Umsturz der politischen Ordnungen ihr Leben nicht mit umwirft. Auf alle diese Dinge verwenden sie so wenig wie möglich an Energie, damit sie mit der ganzen angesammelten Kraft und gleichsam mit einem langen Atem in das Element des Erkennens hinabtauchen. So können sie hoffen, tief zu tauchen und auch wohl auf den Grund zu sehen. – Von einem Ereignis wird ein solcher Geist gerne nur einen Zipfel nehmen, er liebt die Dinge in der ganzen Breite und Weitschweifigkeit ihrer Falten nicht: denn er will sich nicht in diese verwickeln. – Auch er kennt die Wochentage der Unfreiheit, der Abhängigkeit, der Dienstbarkeit. Aber von Zeit zu Zeit muß ihm ein Sonntag der Freiheit kommen, sonst wird er das Leben nicht aushalten. – Es ist wahrscheinlich, daß selbst seine Liebe zu den Menschen vorsichtig und etwas kurzatmig sein wird, denn er will sich nur, soweit es zum Zweck der Erkenntnis nötig ist, mit der Welt der Neigungen und der Blindheit einlassen. Er muß darauf vertrauen, daß der Genius der Gerechtigkeit etwas für seinen Jünger und Schützling sagen wird, wenn anschuldigende Stimmen ihn arm an Liebe nennen sollten. – Es gibt in seiner Lebens- und Denkweise einen *verfeinerten Heroismus*, welcher es verschmäht, sich der großen Massen-Verehrung, wie sein gröberer Bruder es tut, anzubieten, und still durch die Welt und aus der Welt zu gehen pflegt. Was für Labyrinthe er auch durchwandert, unter welchen Felsen sich auch sein Strom zeitweilig durchgequält hat – kommt er ans Licht, so geht er hell, leicht und fast geräuschlos seinen Gang und läßt den Sonnenschein bis in seinen Grund hinab spielen.

292

Vorwärts. – Und damit vorwärts auf der Bahn der Weisheit, guten Schrittes, guten Vertrauens! Wie du auch bist, so diene dir selber als Quell der Erfahrung! Wirf das Mißvergnügen über dein Wesen ab, verzeihe dir dein eignes Ich, denn in jedem Falle hast du an dir eine Leiter mit hundert Sprossen, auf welchen du zur Erkenntnis steigen kannst. Das Zeitalter, in welches du dich mit Leidwesen geworfen fühlst, preist dich selig dieses Glückes wegen; es ruft dir zu, daß dir jetzt noch an Erfahrungen zuteil werde, was Menschen späterer Zeit vielleicht entbehren müssen. Mißachte es nicht, noch religiös gewesen zu sein; ergründe es völlig, wie du noch einen echten Zugang zur Kunst gehabt hast. Kannst du nicht gerade mit Hilfe dieser Erfahrungen ungeheuren Wegstrecken der früheren Menschheit verständnisvoller nachgehen? Sind nicht gerade auf *dem* Boden, welcher dir mitunter so mißfällt, auf dem Boden des unreinen Denkens, viele der herrlichsten Früchte älterer Kultur aufgewachsen? Man muß Religion und Kunst wie Mutter und Amme geliebt haben – sonst kann man nicht weise werden. Aber man muß über sie hinaussehen, ihnen entwachsen können; bleibt man in ihrem Banne, so versteht man sie nicht. Ebenso muß dir die Historie vertraut sein und das vorsichtige Spiel mit den Waagschalen »einerseits – andererseits«. Wandle zurück, in die Fußstapfen tretend, in welchen die Menschheit ihren leidvollen großen Gang durch die Wüste der Vergangenheit machte: so bist du am gewissesten belehrt, wohin alle spätere Menschheit nicht wieder gehen kann oder darf. Und indem du mit aller Kraft vorauserspähen willst, wie der Knoten der Zukunft noch geknüpft wird, bekommt dein eigenes Leben den Wert eines Werkzeuges und Mittels zur Erkenntnis. Du hast es in der Hand zu erreichen, daß all dein Erlebtes: die Versuche, Irrwege, Fehler, Täuschungen, Leidenschaften, deine Liebe und deine Hoffnung, in deinem Ziele ohne Rest aufgehn. Dieses Ziel ist, selber eine notwendige Kette von Kultur-Ringen zu werden und von dieser Notwendigkeit aus auf die Notwendigkeit im Gange der allgemeinen Kultur zu schließen. Wenn dein Blick stark genug geworden ist, den Grund in dem dunklen Brunnen deines Wesens und deiner Erkenntnisse zu sehen, so werden dir vielleicht auch in seinem Spiegel die fernen Sternbilder zukünftiger Kulturen sichtbar werden. Glaubst du, ein solches Leben mit einem solchen Ziele sei zu mühevoll, zu ledig aller Annehmlichkeiten? So hast du noch nicht gelernt, daß kein Honig süßer als der der Erkenntnis ist, und daß die hängenden Wolken der Trübsal dir noch zum Euter dienen müssen, aus dem du die Milch zu deiner Labung melken wirst. Kommt das Alter, so merkst du erst recht wie du der Stimme der Natur Gehör gegeben, jener Natur, welche die ganze Welt durch Lust beherrscht: dasselbe Leben, welches seine Spitze im Alter hat, hat auch seine Spitze in der Weisheit, in jenem milden Sonnenglanz einer beständigen geistigen Freudigkeit; beiden, dem Alter und der Weisheit, begegnest du auf *einem* Bergrücken des Lebens, so wollte es die Natur. Dann ist es Zeit und kein Anlaß zum Zürnen, daß der Nebel des Todes naht. Dem Lichte zu – deine letzte Bewegung; ein Jauchzen der Erkenntnis – dein letzter Laut.

SECHSTES HAUPTSTÜCK

DER MENSCH IM VERKEHR

293

Wohlwollende Verstellung. – Es ist häufig im Verkehre mit Menschen eine wohlwollende Verstellung nötig, als ob wir die Motive ihres Handelns nicht durchschauten.

294

Kopien. – Nicht selten begegnet man Kopien bedeutender Menschen; und den meisten gefallen, wie bei Gemälden so auch hier, die Kopien besser als die Originale.

295

Der Redner. – Man kann höchst passend reden und doch so, daß alle Welt über das Gegenteil schreit: nämlich dann, wenn man nicht zu aller Welt redet.

296

Mangel an Vertraulichkeit. – Mangel an Vertraulichkeit unter Freunden ist ein Fehler, der nicht gerügt werden kann, ohne unheilbar zu werden.

297

Zur Kunst des Schenkens. – Eine Gabe ausschlagen zu müssen, bloß weil sie nicht auf die rechte Weise angeboten wurde, erbittert gegen den Geber.

298

Der gefährlichste Parteimann. – In jeder Partei ist einer, der durch sein gar zu gläubiges Aussprechen der Parteigrundsätze die übrigen zum Abfall reizt.

299

Ratgeber des Kranken. – Wer einem Kranken seine Ratschläge gibt, erwirbt sich ein Gefühl von Überlegenheit über ihn, sei es, daß sie angenommen oder daß sie verworfen werden. Deshalb hassen reizbare und stolze Kranke die Ratgeber noch mehr als ihre Krankheit.

300

Doppelte Art der Gleichheit. – Die Sucht nach Gleichheit kann sich so äußern, daß man entweder alle anderen zu sich hinunterziehen möchte (durch Verkleinern, Sekretieren, Beinstellen) oder sich mit allen hinauf (durch Anerkennen, Helfen, Freude an fremdem Gelingen).

301

Gegen Verlegenheit. – Das beste Mittel, sehr verlegenen Leuten zu Hilfe zu kommen und sie zu beruhigen, besteht darin, daß man sie entschieden lobt.

302

Vorliebe für einzelne Tugenden. – Wir legen nicht eher besonderen Wert auf den Besitz einer Tugend, bis wir deren völlige Abwesenheit an unserem Gegner wahrnehmen.

303

Warum man widerspricht. – Man widerspricht oft einer Meinung, während uns eigentlich nur der Ton, mit dem sie vorgetragen wurde, unsympathisch ist.

304

Vertrauen und Vertraulichkeit. – Wer die Vertraulichkeit mit einer anderen Person geflissentlich zu erzwingen sucht, ist gewöhnlich nicht sicher darüber, ob er ihr Vertrauen besitzt. Wer des Vertrauens sicher ist, legt auf Vertraulichkeit wenig Wert.

305

Gleichgewicht der Freundschaft. – Manchmal kehrt, im Verhältnis von uns zu einem andern Menschen, das rechte Gleichgewicht der Freundschaft zurück, wenn wir in unsre eigne Waagschale einige Gran Unrecht legen.

306

Die gefährlichsten Ärzte. – Die gefährlichsten Ärzte sind die, welche es dem geborenen Arzte als geborene Schauspieler mit vollkommener Kunst der Täuschung nachmachen.

307

Wann Paradoxien am Platze sind. – Geistreichen Personen braucht man mitunter, um sie für einen Satz zu gewinnen, denselben nur in der Form einer ungeheuerlichen Paradoxie vorzulegen.

308

Wie mutige Leute gewonnen werden. – Mutige Leute überredet man dadurch zu einer Handlung, daß man dieselbe gefährlicher darstellt als sie ist.

309

Artigkeiten. – Unbeliebten Personen rechnen wir die Artigkeiten, welche sie uns erweisen, zum Vergehen an.

310

Warten lassen. – Ein sicheres Mittel, die Leute aufzubringen und ihnen böse Gedanken in den Kopf zu setzen, ist, sie lange warten zu lassen. Dies macht unmoralisch.

311

Gegen die Vertraulichen. – Leute, welche uns ihr volles Vertrauen schenken, glauben dadurch ein Recht auf das unsrige zu haben. Dies ist ein Fehlschluß; durch Geschenke erwirbt man keine Rechte.

312

Ausgleichsmittel. – Es genügt oft, einem andern, dem man einen Nachteil zugefügt hat, Gelegenheit zu einem Witz über uns zu geben, um ihm persönlich Genugtuung zu schaffen, ja um ihn für uns gut zu stimmen.

313

Eitelkeit der Zunge. – Ob der Mensch seine schlechten Eigenschaften und Laster verbirgt oder mit Offenheit sie eingesteht, so wünscht doch in beiden Fällen seine Eitelkeit einen Vorteil dabei zu haben: man beachte nur, wie fein er unterscheidet, vor wem er jene Eigenschaften verbirgt, vor wem er ehrlich und offenherzig wird.

314

Rücksichtsvoll. – Niemanden kränken, niemanden beeinträchtigen wollen kann ebensowohl das Kennzeichen einer gerechten als einer ängstlichen Sinnesart sein.

315

Zum Disputieren erforderlich. – Wer seine Gedanken nicht auf Eis zu legen versteht, der soll sich nicht in die Hitze des Streites begeben.

316

Umgang und Anmaßung. – Man verlernt die Anmaßung, wenn man sich immer unter verdienten Menschen weiß; Allein-sein pflanzt Übermut. Junge Leute sind anmaßend, denn sie gehen mit ihresgleichen um, welche alle nichts sind, aber gerne viel bedeuten.

317

Motiv des Angriffs. – Man greift nicht nur an, um jemandem wehzutun, ihn zu besiegen, sondern vielleicht auch nur, um sich seiner Kraft bewußt zu werden.

318

Schmeichelei. – Personen, welche unsere Vorsicht im Verkehr mit ihnen durch Schmeicheleien betäuben wollen, wenden ein gefährliches Mittel an, gleichsam einen Schlaftrunk, welcher, wenn er nicht einschläfert, nur um so mehr wach erhält.

319

Guter Briefschreiber. – Der, welcher keine Bücher schreibt, viel denkt und in unzureichender Gesellschaft lebt, wird gewöhnlich ein guter Briefschreiber sein.

320

Am häßlichsten. – Es ist zu bezweifeln, ob ein Vielgereister irgendwo in der Welt häßlichere Gegenden gefunden hat als im menschlichen Gesichte.

321

Die Mitleidigen. – Die mitleidigen, im Unglück jederzeit hilfreichen Naturen sind selten zugleich die sich mitfreuenden: beim Glück der anderen haben sie nichts zu tun, sind überflüssig, fühlen sich nicht im Besitz ihrer Überlegenheit und zeigen deshalb leicht Mißvergnügen.

322

Verwandte eines Selbstmörders. – Verwandte eines Selbstmörders rechnen es ihm übel an, daß er nicht aus Rücksicht auf ihren Ruf am Leben geblieben ist.

323

Undank vorauszusehen. – Der, welcher etwas Großes schenkt, findet keine Dankbarkeit; denn der Beschenkte hat schon durch das Annehmen zuviel Last.

324

In geistloser Gesellschaft. – Niemand dankt dem geistreichen Menschen die Höflichkeit, wenn er sich einer Gesellschaft gleichstellt, in der es nicht höflich ist, Geist zu zeigen.

325

Gegenwart von Zeugen. – Man springt einem Menschen, der ins Wasser fällt, noch einmal so gern nach, wenn Leute zugegen sind, die es nicht wagen.

326

Schweigen. – Die für beide Parteien unangenehmste Art, eine Polemik zu erwidern, ist, sich ärgern und schweigen: denn der Angreifende erklärt sich das Schweigen gewöhnlich als Zeichen der Verachtung.

327

Das Geheimnis des Freundes. – Es wird wenige geben, welche, wenn sie um Stoff zur Unterhaltung verlegen sind, nicht die geheimeren Angelegenheiten ihrer Freunde preisgeben.

328

Humanität. – Die Humanität der Berühmtheiten des Geistes besteht darin, im Verkehre mit Unberühmten auf eine verbindliche Art Unrecht zu behalten.

329

Der Befangene. – Menschen, die sich in der Gesellschaft nicht sicher fühlen, benutzen jede Gelegenheit, um an einem Nahegestellten, dem sie überlegen sind, diese Überlegenheit öffentlich, vor der Gesellschaft, zu zeigen, zum Beispiel durch Neckereien.

330

Dank. – Eine feine Seele bedrückt es, sich jemanden zum Dank verpflichtet zu wissen; eine grobe, sich jemandem.

331

Merkmale der Entfremdung. – Das stärkste Anzeichen der Entfremdung der Ansichten bei zwei Menschen ist dies, daß beide sich gegenseitig einiges Ironische sagen, aber keiner von beiden das Ironische daran fühlt.

332

Anmaßung bei Verdiensten. – Anmaßung bei Verdiensten beleidigt noch mehr als Anmaßung von Menschen ohne Verdienst: denn schon das Verdienst beleidigt.

333

Gefahr in der Stimme. – Mitunter macht uns im Gespräche der Klang der eignen Stimme verlegen und verleitet uns zu Behauptungen, welche gar nicht unserer Meinung entsprechen.

334

Im Gespräche. – Ob man im Gespräche dem andern vornehmlich Recht gibt oder Unrecht, ist durchaus die Sache der Angewöhnung: das eine wie das andre hat Sinn.

335

Furcht vor dem Nächsten. – Wir fürchten die feindselige Stimmung des Nächsten, weil wir befürchten, daß er durch diese Stimmung hinter unsere Heimlichkeiten kommt.

336

Durch Tadel auszeichnen. – Sehr angesehene Personen erteilen selbst ihren Tadel so, daß sie uns damit auszeichnen wollen. Es soll uns aufmerksam machen, wie angelegentlich sie sich mit uns beschäftigen. Wir verstehen sie ganz falsch, wenn wir ihren Tadel sachlich nehmen und uns gegen ihn verteidigen; wir ärgern sie dadurch und entfremden uns ihnen.

337

Verdruß am Wohlwollen anderer. – Wir irren uns über den Grad, in welchem wir uns gehaßt, gefürchtet glauben: weil wir selber zwar gut den Grad unserer Abweichung von einer Person, Richtung, Partei kennen, jene andern aber uns sehr oberflächlich kennen und deshalb auch nur oberflächlich hassen. Wir begegnen oft einem Wohlwollen, welches uns unerklärlich ist; verstehen wir es aber, so beleidigt es uns, weil es zeigt, daß man uns nicht ernst, nicht wichtig genug nimmt.

338

Sich kreuzende Eitelkeiten. – Zwei sich begegnende Personen, deren Eitelkeit gleich groß ist, behalten hinterdrein voneinander einen schlechten Eindruck, weil jede so mit dem Eindruck beschäftigt war, den sie bei der andern hervorbringen wollte, daß die andere auf sie keinen Eindruck machte; beide merken endlich, daß ihr Bemühen verfehlt ist, und schieben je der andern die Schuld zu.

339

Unarten als gute Anzeichen. – Der überlegene Geist hat an den Taktlosigkeiten, Anmaßungen, ja Feindseligkeiten ehrgeiziger Jünglinge gegen ihn sein Vergnügen; es sind die Unarten feuriger Pferde, welche noch keinen Reiter getragen haben und doch in kurzem so stolz sein werden, ihn zu tragen.

340

Wann es ratsam ist, Unrecht zu behalten. – Man tut gut, gemachte Anschuldigungen, selbst wenn sie uns Unrecht tun, ohne Widerlegung hinzunehmen, im Fall der Anschuldigende darin ein noch größeres Unrecht unsererseits sehen würde, wenn wir ihm widersprächen und etwa gar ihn widerlegten. Freilich kann einer auf diese Weise immer Unrecht haben und immer Recht behalten und zuletzt mit dem besten Gewissen von der Welt der unerträglichste Tyrann und Quälgeist werden; und was vom einzelnen gilt, kann auch bei ganzen Klassen der Gesellschaft vorkommen.

341

Zu wenig geehrt. – Sehr eingebildete Personen, denen man Zeichen von geringerer Beachtung gegeben hat, als sie erwarteten, versuchen lange sich selbst und andere darüber irrezuführen und werden spitzfindige Psychologiker, um herauszubekommen, daß der andere sie doch genügend geehrt hat: erreichen sie ihr Ziel nicht, reißt der Schleier der Täuschung, so geben sie sich nun um so größerem Unmute hin.

342

Urzustände in der Rede nachklingend. – In der Art, wie jetzt die Männer im Verkehre Behauptungen aufstellen, erkennt man oft einen Nachklang der Zeiten, wo dieselben sich besser auf Waffen als auf irgend etwas verstanden: sie handhaben ihre Behauptungen bald wie zielende Schützen ihr Gewehr, bald glaubt man das Sausen und Klirren der Klingen zu hören; und bei einigen Männern poltert eine Behauptung herab wie ein derber Knüttel. – Frauen dagegen sprechen so wie Wesen, welche Jahrtausende lang am Webstuhl saßen oder die Nadel führten oder mit Kindern kindisch waren.

343

Der Erzähler. – Wer etwas erzählt, läßt leicht merken, ob er erzählt, weil ihn das Faktum interessiert, oder weil er durch die Erzählung interessieren will. Im letzteren Falle wird er übertreiben, Superlative gebrauchen und ähnliches tun. Er erzählt dann gewöhnlich schlechter, weil er nicht so sehr an die Sache als an sich denkt.

344

Der Vorleser. – Wer dramatische Dichtungen vorliest, macht Entdekkungen über seinen Charakter: er findet für gewisse Stimmungen und Szenen seine Stimme natürlicher als für andere, etwa für alles Pathetische oder für das Skurrile, während er vielleicht im gewöhnlichen Leben nur nicht Gelegenheit hatte, Pathos oder Skurrilität zu zeigen.

345

Eine Lustspiel-Szene, welche im Leben vorkommt. – Jemand denkt sich eine geistreiche Meinung über ein Thema aus, um sie in einer Gesellschaft vorzutragen. Nun würde man im Lustspiel anhören und ansehen, wie er mit allen Segeln an den Punkt zu kommen und die Gesellschaft dort einzuschiffen sucht, wo er seine Bemerkung machen kann: wie er fortwährend die Unterhaltung nach *einem* Ziele schiebt, gelegentlich die Richtung verliert, sie wiedergewinnt, endlich den Augenblick erreicht: fast versagt ihm der Atem – und da nimmt ihm einer aus der Gesellschaft die Bemerkung vom Munde weg. Was wird er tun? Seiner eigenen Meinung opponieren?

346

Wider Willen unhöflich. – Wenn jemand wider Willen einen andern unhöflich behandelt, zum Beispiel nicht grüßt, weil er ihn nicht erkennt, so wurmt ihn dies, obschon er nicht seiner Gesinnung einen Vorwurf machen kann; ihn kränkt die schlechte Meinung, welche er bei dem andern erregt hat, oder er fürchtet die Folgen einer Verstimmung, oder ihn schmerzt es, den andern verletzt zu haben – also Eitelkeit, Furcht oder Mitleid können rege werden, vielleicht auch alles zusammen.

347

Verräter-Meisterstück. – Gegen den Mitverschworenen den kränkenden Argwohn zu äußern, ob man nicht von ihm verraten werde, und dies gerade in dem Augenblick, wo man selbst Verrat übt, ist ein Meisterstück der Bosheit, weil es den andern persönlich okkupiert und ihn zwingt, eine Zeitlang sich sehr unverdächtig und offen zu benehmen, so daß der wirkliche Verräter sich freie Hand gemacht hat.

348

Beleidigen und beleidigt werden. – Es ist weit angenehmer, zu beleidigen und später um Verzeihung zu bitten, als beleidigt zu werden und Verzeihung zu gewähren. Der, welcher das erste tut, gibt ein Zeichen von Macht und nachher von Güte des Charakters. Der andre, wenn er nicht als inhuman gelten will, *muß* schon verzeihen; der Genuß an der Demütigung des andern ist dieser Nötigung wegen gering.

349

Im Disput. – Wenn man zugleich einer anderen Meinung widerspricht und dabei seine eigene entwickelt, so verrückt gewöhnlich die fortwährende Rücksicht auf die andere Meinung die natürliche Haltung der eigenen: sie erscheint absichtlicher, schärfer, vielleicht etwas übertrieben.

350

Kunstgriff. – Wer etwas Schwieriges von einem anderen verlangen will, muß die Sache überhaupt nicht als Problem fassen, sondern schlicht seinen Plan hinlegen, als sei er die einzige Möglichkeit; er muß es verstehen, wenn im Auge des Gegners der Einwand, der Widerspruch dämmert, schnell abzubrechen und ihm keine Zeit zu geben.

351

Gewissensbisse nach Gesellschaften. – Warum haben wir nach gewöhnlichen Gesellschaften Gewissensbisse? Weil wir wichtige Dinge leicht genommen haben, weil wir bei der Besprechung von Personen nicht mit voller Treue gesprochen oder weil wir geschwiegen haben, wo wir reden sollten, weil wir gelegentlich nicht aufgesprungen und fortgelaufen sind, kurz, weil wir uns in der Gesellschaft benahmen, als ob wir zu ihr gehörten.

352

Man wird falsch beurteilt. – Wer immer darnach hinhorcht, wie er beurteilt wird, hat immer Ärger. Denn wir werden schon von denen, welche uns am nächsten stehen (»am besten kennen«), falsch beurteilt. Selbst gute Freunde lassen ihre Verstimmung mitunter in einem mißgünstigen Worte aus; und würden sie unsere Freunde sein, wenn sie uns genau kennten? – Die Urteile der Gleichgültigen tun sehr weh, weil sie so unbefangen, fast sachlich klingen. Merken wir aber gar, daß jemand, der uns feind ist, uns in einem geheim gehaltenen Punkte so gut kennt, wie wir uns, wie groß ist dann erst der Verdruß!

353

Tyrannei des Porträts. – Künstler und Staatsmänner, die schnell aus einzelnen Zügen das ganze Bild eines Menschen oder Ereignisses kombinieren, sind am meisten dadurch ungerecht, daß sie hinterdrein verlangen, das Ereignis oder der Mensch müsse wirklich so sein, wie sie es malten; sie verlangen geradezu, daß einer so begabt, so verschlagen, so ungerecht sei, wie er in ihrer Vorstellung lebt.

354

Der Verwandte als der beste Freund. – Die Griechen, die so gut wußten, was ein Freund sei – sie allein von allen Völkern haben eine tiefe, vielfache philosophische Erörterung der Freundschaft; so daß ihnen zuerst und bis jetzt zuletzt, der Freund als ein lösenswertes Problem erschienen ist – diese selben Griechen haben die *Verwandten* mit einem Ausdrucke bezeichnet, welcher der Superlativ des Wortes »Freund« ist. Dies bleibt mir unerklärlich.

355

Verkannte Ehrlichkeit. – Wenn jemand im Gespräche sich selber zitiert (»ich sagte damals«, »ich pflege zu sagen«), so macht dies den Eindruck der Anmaßung, während es häufig gerade aus der entgegengesetzten Quelle hervorgeht, mindestens aus Ehrlichkeit, welche den Augenblick nicht mit den Einfällen schmücken und herausputzen will, welche einem früheren Augenblicke angehören.

356

Der Parasit. – Es bezeichnet einen völligen Mangel an vornehmer Gesinnung, wenn jemand lieber in Abhängigkeit, auf anderer Kosten leben will, um nur nicht arbeiten zu müssen, gewöhnlich mit einer heimlichen Erbitterung gegen die, von denen er abhängt. – Eine solche Gesinnung ist viel häufiger bei Frauen als bei Männern, auch viel verzeihlicher (aus historischen Gründen).

357

Auf dem Altar der Versöhnung. – Es gibt Umstände, wo man eine Sache von einem Menschen nur so erlangt, daß man ihn beleidigt und sich verfeindet: dieses Gefühl, einen Feind zu haben, quält ihn so, daß er gern das erste Anzeichen einer milderen Stimmung zur Versöhnung benützt und jene Sache auf dem Altar dieser Versöhnung opfert, an der ihm früher so viel gelegen war, daß er sie um keinen Preis geben wollte.

358

Mitleid fordern als Zeichen der Anmaßung. – Es gibt Menschen, welche, wenn sie in Zorn geraten und die anderen beleidigen, dabei erstens verlangen, daß man ihnen nichts übelnehme, und zweitens, daß man mit ihnen Mitleid habe, weil sie so heftigen Paroxysmen unterworfen sind. So weit geht die menschliche Anmaßung.

359

Köder. – »Jeder Mensch hat seinen Preis« – das ist nicht wahr. Aber es findet sich wohl für jeden ein Köder, an den er anbeißen muß. So braucht man, um manche Personen für eine Sache zu gewinnen, dieser Sache nur den Glanz des Menschenfreundlichen, Edlen, Mildtätigen, Aufopfernden zu geben – und welcher Sache könnte man ihn nicht geben? –: es ist das Zuckerwerk und die Näscherei *ihrer* Seele; andere haben anderes.

360

Verhalten beim Lobe. – Wenn gute Freunde die begabte Natur loben, so wird sie sich öfters aus Höflichkeit und Wohlwollen darüber erfreut zeigen, aber in Wahrheit ist es ihr gleichgültig. Ihr eigentliches Wesen ist ganz träge dagegen und um keinen Schritt dadurch aus der Sonne oder dem Schatten, in dem sie liegt, herauszuwälzen; aber die Menschen wollen durch Lob eine Freude machen und man würde sie betrüben, wenn man sich über ihr Lob nicht freute.

361

Die Erfahrung des Sokrates. – Ist man in einer Sache Meister geworden, so ist man gewöhnlich eben dadurch in den meisten anderen Sachen ein völliger Stümper geblieben; aber man urteilt gerade umgekehrt, wie dies schon Sokrates erfuhr. Dies ist der Übelstand, welcher den Umgang mit Meistern unangenehm macht.

362

Mittel der Vertierung. – Im Kampf mit der Dummheit werden die billigsten und sanftesten Menschen zuletzt brutal. Sie sind damit vielleicht auf dem rechten Wege der Verteidigung; denn an die dumme Stirn gehört, als Argument, von Rechts wegen die geballte Faust. Aber weil, wie gesagt, ihr Charakter sanft und billig ist, so leiden sie durch diese Mittel der Notwehr mehr, als sie Leid zufügen.

363

Neugierde. – Wenn die Neugierde nicht wäre, würde wenig für das Wohl des Nächsten getan werden. Aber die Neugierde schleicht sich unter dem Namen der Pflicht oder des Mitleidens in das Haus des Unglücklichen und Bedürftigen. – Vielleicht ist selbst an der vielgerühmten Mutterliebe ein gut Stück Neugierde.

364

Verrechnung in der Gesellschaft. – Dieser wünscht interessant zu sein durch seine Urteile, jener durch seine Neigungen und Abneigungen, der dritte durch seine Bekanntschaften, ein vierter durch seine Vereinsamung – und sie verrechnen sich alle. Denn der, vor dem das Schauspiel aufgeführt wird, meint selber dabei das einzig in Betracht kommende Schauspiel zu sein.

365

Duell. – Zugunsten aller Ehrenhändel und Duelle ist zu sagen, daß, wenn einer ein so reizbares Gefühl hat, nicht leben zu wollen, wenn der und der das und das über ihn sagt oder denkt, er ein Recht hat, die Sache auf den Tod des einen oder des anderen ankommen zu lassen. Darüber, daß er so reizbar ist, ist gar nicht zu rechten, damit sind wir die Erben der Vergangenheit, ihrer Größe sowohl wie ihrer Übertreibungen, ohne welche es nie eine Größe gab. Existiert nun ein Ehrenkanon, welcher Blut an Stelle des Todes gelten läßt, so daß nach einem regelmäßigen Duell das Gemüt erleichtert ist, so ist dies eine große Wohltat, weil sonst viele Menschenleben in Gefahr wären. – So eine Institution erzieht übrigens die Menschen in Vorsicht auf ihre Äußerungen und macht den Umgang mit ihnen möglich.

366

Vornehmheit und Dankbarkeit. – Eine vornehme Seele wird sich gern zur Dankbarkeit verpflichtet fühlen und den Gelegenheiten, bei denen sie sich verpflichtet, nicht ängstlich aus dem Wege gehen; ebenso wird sie nachher gelassen in den Äußerungen der Dankbarkeit sein; während niedere Seelen sich gegen alles Verpflichtetwerden sträuben oder nachher in den Äußerungen ihrer Dankbarkeit übertrieben und allzusehr beflissen sind. Letzteres kommt übrigens auch bei Personen von niederer Herkunft oder gedrückter Stellung vor: eine Gunst, *ihnen* erwiesen, deucht ihnen ein Wunder von Gnade.

367

Die Stunden der Beredsamkeit. – Der eine hat, um gut zu sprechen, jemanden nötig, der ihm entschieden und anerkannt überlegen ist, der andere kann nur vor einem, den er überragt, völlige Freiheit der Rede und glückliche Wendungen der Beredsamkeit finden: in beiden Fällen ist es derselbe Grund; jeder von ihnen redet nur gut, wenn er *sans géne* redet, der eine, weil er vor dem Höheren den Antrieb der Konkurrenz, des Wettbewerbs nicht fühlt, der andere ebenfalls deshalb, angesichts des Niederen. – Nun gibt es eine ganz andere Gattung von Menschen, die nur gut reden, wenn sie im Wetteifer, mit der Absicht zu siegen, reden. Welche von beiden Gattungen ist die ehrgeizigere: die, welche aus erregter Ehrsucht gut, oder die, welche aus eben diesem Motive schlecht oder gar nicht spricht?

368

Das Talent zur Freundschaft. – Unter den Menschen, welche eine besondere Begabung zur Freundschaft haben, treten zwei Typen hervor. Der eine ist in einem fortwährenden Aufsteigen und findet für jede Phase seiner Entwicklung einen genau zugehörigen Freund. Die Reihe von Freunden, welche er auf diese Weise erwirbt, ist unter sich selten im Zusammenhang, mitunter in Mißhelligkeit und Widerspruch: ganz dem entsprechend, daß die späteren Phasen in seiner Entwicklung die früheren Phasen aufheben oder beeinträchtigen. Ein solcher Mensch mag im Scherz eine Leiter *heißen.* – Den anderen Typus vertritt der, welcher eine Anziehungskraft auf sehr verschiedene Charaktere und Begabungen ausübt, so daß er einen ganzen Kreis von Freunden gewinnt; diese aber kommen dadurch selber untereinander in freundschaftliche Beziehung, trotz aller Verschiedenheit. Einen solchen Menschen nenne man einen *Kreis*: denn in ihm muß jene Zusammengehörigkeit so verschiedener Anlagen und Naturen irgendwie vorgebildet sein. – Übrigens ist die Gabe, gute Freunde zu haben, in manchem Menschen viel größer als die Gabe, ein guter Freund zu sein.

369

Taktik im Gespräch. – Nach einem Gespräch mit jemandem ist man am besten auf den Mitunterredner zu sprechen, wenn man Gelegenheit hatte, seinen Geist, seine Liebenswürdigkeit vor ihm im ganzen Glanze zu zeigen. Dies benutzen kluge Menschen, welche jemanden sich günstig stimmen wollen, indem sie bei der Unterredung ihm die besten Gelegenheiten zu einem guten Witz und dergleichen zuschieben. Es wäre ein lustiges Gespräch zwischen zwei sehr Klugen zu denken, welche sich gegenseitig günstig stimmen wollen und sich deshalb die schönen Gelegenheiten im Gespräch hin und her zuwerfen, während keiner sie annimmt: so daß das Gespräch im ganzen geistlos und unliebenswürdig verliefe, weil jeder dem anderen die Gelegenheit zu Geist und Liebenswürdigkeit zuwiese.

370

Entladung des Unmutes. – Der Mensch, dem etwas mißlingt, führt dies Mißlingen lieber auf den bösen Willen eines anderen als auf den Zufall zurück. Seine gereizte Empfindung wird dadurch erleichtert, eine Person und nicht eine Sache sich als Grund seines Mißlingens zu denken; denn an Personen kann man sich rächen, die Unbilden des Zufalls aber muß man hinunterwürgen. Die Umgebung eines Fürsten pflegt deshalb, wenn diesem etwas mißlungen ist, einen einzelnen Menschen als angebliche Ursache ihm zu bezeichnen und im Interesse aller Höflinge aufzuopfern; denn der Mißmut des Fürsten würde sich sonst an ihnen allen auslassen, da er ja an der Schicksalsgöttin selber keine Rache nehmen kann.

371

Die Farbe der Umgebung annehmen. – Warum ist Neigung und Abneigung so ansteckend, daß man kaum in der Nähe einer stark empfindenden Person leben kann, ohne wie ein Gefäß mit ihrem Für und Wider angefüllt zu werden? Erstens ist die völlige Enthaltung des Urteils sehr schwer, mitunter für unsere Eitelkeit geradezu unerträglich; sie trägt da gleiche Farbe mit der Gedanken- und Empfindungsarmut oder mit der Ängstlichkeit, der Unmännlichkeit: und so werden wir wenigstens dazu fortgerissen, Partei zu nehmen, vielleicht gegen die Richtung unserer Umgebung, wenn diese Stellung unserm Stolze mehr Vergnügen macht. Gewöhnlich aber – das ist das zweite – bringen wir uns den Übergang von Gleichgültigkeit zu Neigung oder Abneigung gar nicht zum Bewußtsein, sondern allmählich gewöhnen wir uns an die Empfindungsweise unserer Umgebung, und weil sympathisches Zustimmen und Sichverstehen so angenehm ist, tragen wir bald alle Zeichen und Parteifarben dieser Umgebung.

372

Ironie. – Die Ironie ist nur als pädagogisches Mittel am Platze, von seiten eines Lehrers im Verkehr mit Schülern irgendwelcher Art: ihr Zweck ist Demütigung, Beschämung, aber von jener heilsamen Art, welche gute Vorsätze erwachen läßt und dem, welcher uns so behandelte, Verehrung, Dankbarkeit als einem Arzte entgegenbringen heißt. Der Ironische stellt sich unwissend und zwar so gut, daß die sich mit ihm unterredenden Schüler getäuscht sind und in ihrem guten Glauben an ihr eigenes Besserwissen dreist werden und sich Blößen aller Art geben; sie verlieren die Behutsamkeit und zeigen sich, wie sie sind, – bis in einem Augenblick die Leuchte, die sie dem Lehrer ins Gesicht hielten, ihre Strahlen sehr demütigend auf sie selbst zurückfallen läßt. – Wo ein solches Verhältnis, wie zwischen Lehrer und Schüler, nicht stattfindet, ist sie eine Unart, ein gemeiner Affekt. Alle ironischen Schriftsteller rechnen auf die alberne Gattung von Menschen, welche sich gerne allen anderen mit dem Autor zusammen überlegen fühlen wollen, als welchen sie für das Mundstück ihrer Anmaßung ansehen. – Die Gewöhnung an Ironie, ebenso wie die an Sarkasmus verdirbt übrigens den Charakter, sie verleiht allmählich die Eigenschaft einer schadenfrohen Überlegenheit: man ist zuletzt einem bissigen Hunde gleich, der noch das Lachen gelernt hat, außer dem Beißen.

373

Anmaßung. – Vor nichts soll man sich so hüten als vor dem Aufwachsen jenes Unkrauts, welches Anmaßung heißt und in uns jede gute Ernte verdirbt; denn es gibt Anmaßung in der Herzlichkeit, in der Ehrenbezeigung, in der wohlwollenden Vertraulichkeit, in der Liebkosung, im freundschaftlichen Rate, im Eingestehen von Fehlern, in dem Mitleid für andere, und alle diese schönen Dinge erregen Widerwillen, wenn jenes Kraut dazwischen wächst. Der Anmaßende, das heißt der, welcher mehr bedeuten will, als er ist *oder gilt*, macht immer eine falsche Berechnung. Zwar hat er den augenblicklichen Erfolg für sich, insofern die Menschen, vor denen er anmaßend ist, ihm gewöhnlich das Maß von Ehre zollen, welches er fordert, aus Angst oder Bequemlichkeit; aber sie nehmen eine schlimme Rache dafür, insofern sie ebensoviel, als er über das Maß forderte, von dem Werte subtrahieren, den sie ihm bis jetzt beilegten. Es ist nichts, was die Menschen sich teurer bezahlen lassen, als Demütigung. Der Anmaßende kann sein wirkliches großes Verdienst so in den Augen der andern verdächtigen und klein machen, daß man mit staubigen Füßen darauf tritt. – Selbst ein stolzes Benehmen sollte man sich nur dort erlauben, wo man ganz sicher sein kann, nicht mißverstanden und als anmaßend betrachtet zu werden, zum Beispiel vor Freunden und Gattinnen. Denn es gibt im Verkehre mit Menschen keine größere Torheit, als sich den Ruf der Anmaßung zuzuziehen; es ist noch schlimmer, als wenn man nicht gelernt hat, höflich zu lügen.

374

Zwiegespräch. – Das Zwiegespräch ist das vollkommene Gespräch, weil alles, was der eine sagt, seine bestimmte Farbe, seinen Klang, seine begleitende Gebärde in *strenger Rücksicht auf den anderen,* mit dem gesprochen wird, erhält, also dem entsprechend, was beim Briefverkehr geschieht, daß ein und derselbe zehn Arten des seelischen Ausdrucks zeigt, je nachdem er bald an diesen, bald an jenen schreibt. Beim Zwiegespräch gibt es nur eine einzige Strahlenbrechung des Gedankens: diese bringt der Mitunterredner hervor, als der Spiegel, in welchem wir unsere Gedanken möglichst schön wiedererblicken wollen. Wie aber ist es bei zweien, bei dreien und mehr Mitunterrednern? Da verliert notwendig das Gespräch an individualisierender Feinheit, die verschiedenen Rücksichten kreuzen sich, heben sich auf; die Wendung, welche dem einen wohltut, ist nicht der Sinnesart des andern gemäß. Deshalb wird der Mensch im Verkehr mit mehreren gezwungen, sich auf sich zurückzuziehen, die Tatsachen hinzustellen, wie sie sind, aber jenen spielenden Äther der Humanität den Gegenständen zu nehmen, welcher ein Gespräch zu den angenehmsten Dingen der Welt macht. Man höre nur den Ton, in welchem Männer im Verkehre mit ganzen Gruppen von Männern zu reden pflegen, es ist als ob der Grundbaß aller Rede der sei: »das bin *ich,* das sage *ich,* nun haltet davon, was ihr wollt!« Dies ist der Grund, weshalb geistreiche Frauen bei dem, welcher sie in der Gesellschaft kennenlernte, meistens einen befremdenden, peinlichen, abschreckenden Eindruck hinterlassen: es ist das Reden zu vielen, vor vielen, welches sie aller geistigen Liebenswürdigkeit beraubt und nur das bewußte Beruhen auf sich selbst, ihre Taktik und die Absicht auf öffentlichen Sieg in grellem Lichte zeigt: während dieselben Frauen im Zwiegespräche wieder zu Weibern werden und ihre geistige Anmut wiederfinden.

375

Nachruhm. – Auf die Anerkennung einer fernen Zukunft hoffen hat nur Sinn, wenn man die Annahme macht, daß die Menschheit wesentlich unverändert bleibe und daß alles Große nicht für eine, sondern für alle Zeiten als groß empfunden werden müsse. Dies ist aber ein Irrtum; die Menschheit, in allem Empfinden und Urteilen über das, was schön und gut ist, verwandelt sich sehr stark; es ist Phantasterei, von sich zu glauben, daß man eine Meile Wegs voraus sei und daß die gesamte Menschheit *unsere* Straße ziehe. Zudem: ein Gelehrter, der verkannt wird, darf jetzt bestimmt darauf rechnen, daß seine Entdeckung von anderen auch gemacht wird und daß ihm bestenfalls einmal später von einem Historiker zuerkannt wird, er habe dies und jenes auch schon gewußt, sei aber nicht imstande gewesen, seiner Sache Glauben zu verschaffen. Nicht-anerkanntwerden wird von der Nachwelt immer als Mangel an Kraft ausgelegt. – Kurz, man soll der hochmütigen Vereinsamung nicht so leicht das Wort reden. Es gibt übrigens Ausnahmefälle; aber zumeist sind es unsere Fehler, Schwächen und Narrheiten, welche die Anerkennung unserer großen Eigenschaften verhindern.

376

Von den Freunden. – Überlege nur mit dir selber einmal, wie verschieden die Empfindungen, wie geteilt die Meinungen, selbst unter den nächsten Bekannten sind; wie selbst gleiche Meinungen in dem Kopf deiner Freunde eine ganz andere Stellung oder Stärke haben als in deinem; wie hundertfältig der Anlaß kommt zum Mißverstehen, zum feindseligen Auseinanderfliehen. Nach alledem wirst du dir sagen: wie unsicher ist der Boden, auf dem alle unsere Bündnisse und Freundschaften ruhen, wie nahe sind kalte Regengüsse oder böse Wetter, wie vereinsamt ist jeder Mensch! Sieht einer dies ein und noch dazu, daß alle Meinungen und deren Art und Stärke bei seinen Mitmenschen ebenso notwendig und unverantwortlich sind wie ihre Handlungen, gewinnt er das Auge für diese innere Notwendigkeit der Meinungen aus der unlösbaren Verflechtung von Charakter, Beschäftigung, Talent, Umgebung – so wird er vielleicht die Bitterkeit jener Schärfe der Empfindung los, mit der jener Weise rief: »Freunde, es gibt keine Freunde!« Er wird sich vielmehr eingestehen: ja es gibt Freunde, aber der Irrtum, die Täuschung über dich führte sie dir zu; und Schweigen müssen sie gelernt haben, um dir Freund zu bleiben; denn fast immer beruhen solche menschliche Beziehungen darauf, daß irgend ein paar Dinge nie gesagt werden, ja daß an sie nie gerührt wird: kommen diese Steinchen aber ins Rollen, so folgt die Freundschaft hinterdrein und zerbricht. Gibt es Menschen, welche nicht tödlich zu verletzen sind, wenn sie erführen, was ihre vertrautesten Freunde im Grunde von ihnen wissen? – Indem wir uns selbst erkennen und unser Wesen selber als eine wandelnde Sphäre der Meinungen und Stimmungen ansehen, und somit ein wenig geringschätzen lernen, bringen wir uns wieder ins Gleichgewicht mit den übrigen. Es ist wahr, wir haben gute Gründe, jeden unserer Bekannten, und seien es die Größten, gering zu achten; aber ebenso gute, diese Empfindung gegen uns selber zu kehren. – Und so wollen wir es miteinander aushalten, da wir es ja mit uns aushalten; und vielleicht kommt jedem auch einmal die freudigere Stunde, wo er sagt

»Freunde, es gibt keine Freunde!« so rief der sterbende Weise;
»Feinde, es gibt keinen Feind!« – ruf ich, der lebende Tor.

WEIB UND KIND

377

Das vollkommene Weib. – Das vollkommene Weib ist ein höherer Typus des Menschen als der vollkommene Mann: auch etwas viel Selteneres. – Die Naturwissenschaft der Tiere bietet ein Mittel, diesen Satz wahrscheinlich zu machen.

378

Freundschaft und Ehe. – Der beste Freund wird wahrscheinlich die beste Gattin bekommen, weil die gute Ehe auf dem Talent zur Freundschaft beruht.

379

Fortleben der Eltern. – Die unaufgelösten Dissonanzen im Verhältnis von Charakter und Gesinnung der Eltern klingen in dem Wesen des Kindes fort und machen seine innere Leidensgeschichte aus.

380

Von der Mutter her. – Jedermann trägt ein Bild des Weibes von der Mutter her in sich: davon wird er bestimmt, die Weiber überhaupt zu verehren oder sie geringzuschätzen oder gegen sie im allgemeinen gleichgültig zu sein.

381

Die Natur korrigieren. – Wenn man keinen guten Vater hat, so soll man sich einen anschaffen.

382

Väter und Söhne. – Väter haben viel zu tun, um es wieder gutzumachen, daß sie Söhne haben.

383

Irrtum vornehmer Frauen. – Die vornehmen Frauen denken, daß eine Sache gar nicht da ist, wenn es nicht möglich ist, von ihr in der Gesellschaft zu sprechen.

384

Eine Männer-Krankheit. – Gegen die Männer-Krankheit der Selbstverachtung hilft es am sichersten, von einem klugen Weibe geliebt zu werden.

385

Eine Art der Eifersucht. – Mütter sind leicht eifersüchtig auf die Freunde ihrer Söhne, wenn diese besondere Erfolge haben. Gewöhnlich liebt eine Mutter *sich* mehr in ihrem Sohne als den Sohn selber.

386

Vernünftige Unvernunft. – In der Reife des Lebens und des Verstandes überkommt den Menschen das Gefühl, daß sein Vater Unrecht hatte, ihn zu zeugen.

387

Mütterliche Güte. – Manche Mutter braucht glückliche, geehrte Kinder, manche unglückliche: sonst kann sich ihre Güte als Mutter nicht zeigen.

388

Verschiedene Seufzer. – Einige Männer haben über die Entführung ihrer Frauen geseufzt, die meisten darüber, daß niemand sie ihnen entführen wollte.

389

Liebesheiraten. – Die Ehen, welche aus Liebe geschlossen werden (die sogenannten Liebesheiraten), haben den Irrtum zum Vater und die Not (das Bedürfnis) zur Mutter

390

Frauenfreundschaft. – Frauen können recht gut mit einem Manne Freundschaft schließen; aber um diese aufrecht zu erhalten – dazu muß wohl eine kleine physische Antipathie mithelfen.

391

Langeweile. – Viele Menschen, namentlich Frauen, empfinden die Langeweile nicht, weil sie niemals ordentlich arbeiten gelernt haben.

392

Ein Element der Liebe. – In jeder Art der weiblichen Liebe kommt auch etwas von der mütterlichen Liebe zum Vorschein.

393

Die Einheit des Orts und das Drama. – Wenn die Ehegatten nicht beisammen lebten, würden die guten Ehen häufiger sein.

394

Gewöhnliche Folgen der Ehe. – Jeder Umgang, der nicht hebt, zieht nieder und umgekehrt; deshalb sinken gewöhnlich die Männer etwas, wenn sie Frauen nehmen, während die Frauen etwas gehoben werden. Allzu geistige Männer bedürfen ebensosehr der Ehe als sie ihr wie einer widrigen Medizin widerstreben.

395

Befehlen lehren. – Kinder aus bescheidnen Familien muß man ebensosehr das Befehlen durch Erziehung lehren wie andere Kinder das Gehorchen.

396

Verliebt werden wollen. – Verlobte, welche die Konvenienz zusammengefügt hat, bemühen sich häufig, verliebt zu *werden,* um über den Vorwurf der kalten, berechnenden Nützlichkeit hinwegzukommen. Ebenso bemühen sich solche, die ihres Vorteils wegen zum Christentum umlenken, wirklich fromm zu werden; denn so wird das religiöse Mienenspiel ihnen leichter.

397

Kein Stillstand in der Liebe. – Ein Musiker, der das langsame Tempo *liebt*, wird dieselben Tonstücke immer langsamer nehmen. So gibt es in keiner Liebe ein Stillstehen.

398

Schamhaftigkeit. – Mit der Schönheit der Frauen nimmt im allgemeinen ihre Schamhaftigkeit zu.

399

Ehe von gutem Bestand. – Eine Ehe, in der jedes durch das andere ein individuelles Ziel erreichen will, hält gut zusammen, zum Beispiel wenn die Frau durch den Mann berühmt, der Mann durch die Frau beliebt werden will.

400

Proteus-Natur. – Weiber werden aus Liebe ganz zu dem, als was sie in der Vorstellung der Männer, von denen sie geliebt werden, leben.

401

Lieben und besitzen. – Frauen lieben meistens einen bedeutenden Mann so, daß sie ihn allein haben wollen. Sie würden ihn gern in Verschluß legen, wenn nicht ihre Eitelkeit widerriete: diese will, daß er auch vor anderen bedeutend erscheine.

402

Probe einer guten Ehe. – Die Güte einer Ehe bewährt sich dadurch, daß sie einmal eine »Ausnahme« verträgt.

403

Mittel, alle zu allem zu bringen. – Man kann jedermann so durch Unruhen, Ängste, Überhäufungen von Arbeit und Gedanken abmatten und schwach machen, daß er einer Sache, die den Schein des Komplizierten hat, nicht mehr widersteht, sondern ihr nachgibt, – das wissen die Diplomaten und die Weiber.

404

Ehrbarkeit und Ehrlichkeit. – Jene Mädchen, welche allein ihrem Jugendreize die Versorgung fürs ganze Leben verdanken wollen und deren Schlauheit die gewitzigten Mütter noch soufflieren, wollen ganz dasselbe wie die Hetären, nur daß sie klüger und unehrlicher als diese sind.

405

Masken. – Es gibt Frauen, die, wo man bei ihnen auch nachsucht, kein Inneres haben, sondern reine Masken sind. Der Mann ist zu beklagen, der sich mit solchen fast gespenstischen, notwendig unbefriedigenden Wesen einläßt, aber gerade sie vermögen das Verlangen des Mannes auf das stärkste zu erregen: er sucht nach ihrer Seele – und sucht immerfort.

406

Die Ehe als langes Gespräch. – Man soll sich beim Eingehen einer Ehe die Frage vorlegen: glaubst du, dich mit dieser Frau bis ins Alter hinein gut zu unterhalten? Alles andere in der Ehe ist transitorisch, aber die meiste Zeit des Verkehrs gehört dem Gespräche an.

407

Mädchenträume. – Unerfahrene Mädchen schmeicheln sich mit der Vorstellung, daß es in ihrer Macht stehe, einen Mann glücklich zu machen; später lernen sie, daß es soviel heißt als: einen Mann geringschätzen, wenn man annimmt, daß es nur eines Mädchens bedürfe, um ihn glücklich zu machen. – Die Eitelkeit der Frauen verlangt, daß ein Mann mehr sei als ein glücklicher Gatte.

408

Aussterben von Faust und Gretchen. – Nach der sehr einsichtigen Bemerkung eines Gelehrten ähneln die gebildeten Männer des gegenwärtigen Deutschland einer Mischung von Mephistopheles und Wagner, aber durchaus nicht Fausten, welchen die Großväter (in ihrer Jugend wenigstens) in sich rumoren fühlten. Zu ihnen passen also – um jenen Satz fortzusetzen – aus zwei Gründen die *Gretchen* nicht. Und weil sie nicht mehr begehrt werden, so sterben sie, scheint es, aus.

409

Mädchen als Gymnasiasten. – Um alles in der Welt nicht noch unsere Gymnasialbildung auf die Mädchen übertragen! Sie, die häufig aus geistreichen, wißbegierigen, feurigen Jungen – Abbilder ihrer Lehrer macht!

410

Ohne Nebenbuhlerinnen. – Frauen merken es einem Manne leicht an, ob seine Seele schon in Besitz genommen ist; sie wollen ohne Nebenbuhlerinnen geliebt sein und verargen ihm die Ziele seines Ehrgeizes, seine politischen Aufgaben, seine Wissenschaften und Künste, wenn er eine Leidenschaft zu solchen Sachen hat. Es sei denn, daß er durch diese glänze, – dann erhoffen sie, im Falle einer Liebesverbindung mit ihm, zugleich einen Zuwachs *ihres* Glanzes; wenn es so steht, begünstigen sie den Liebhaber.

411

Der weibliche Intellekt. – Der Intellekt der Weiber zeigt sich als vollkommene Beherrschung, Gegenwärtigkeit des Geistes, Benutzung aller Vorteile. Sie vererben ihn als ihre Grundeigenschaft auf ihre Kinder, und der Vater gibt den dunkleren Hintergrund des Willens dazu. Sein Einfluß bestimmt gleichsam Rhythmus und Harmonie, mit denen das neue Leben abgespielt werden soll; aber die Melodie desselben stammt vom Weibe. – Für solche gesagt, welche etwas sich zurechtzulegen wissen: die Weiber haben den Verstand, die Männer das Gemüt und die Leidenschaft. Dem widerspricht nicht, daß die Männer tatsächlich es mit ihrem Verstande so viel weiter bringen: sie haben die tieferen, gewaltigeren Antriebe; diese tragen ihren Verstand, der an sich etwas Passives ist, so weit. Die Weiber wundern sich im stillen oft über die große Verehrung, welche die Männer ihrem Gemüte zollen. Wenn die Männer vor allem nach einem tiefen, gemütvollen Wesen, die Weiber aber nach einem klugen, geistesgegenwärtigen und glänzenden Wesen bei der Wahl ihres Ehegenossen suchen, so sieht man im Grunde deutlich, wie der Mann nach dem idealisierten Manne, das Weib nach dem idealisierten Weibe sucht, also nicht nach Ergänzung, sondern nach Vollendung der eigenen Vorzüge.

412

Ein Urteil Hesiods bekräftigt. – Ein Zeichen für die Klugheit der Weiber ist es, daß sie es fast überall verstanden haben, sich ernähren zu lassen, wie Drohnen im Bienenkorbe. Man erwäge doch aber, was das ursprünglich bedeuten will und warum die Männer sich nicht von den Frauen ernähren lassen. Gewiß weil die männliche Eitelkeit und Ehrfurcht größer als die weibliche Klugheit ist; denn die Frauen haben es verstanden, sich durch Unterordnung doch den überwiegenden Vorteil, ja die Herrschaft zu sichern. Selbst das Pflegen der Kinder könnte ursprünglich von der Klugheit der Weiber als Vorwand benutzt sein, um sich der Arbeit möglichst zu entziehen. Auch jetzt noch verstehen sie, wenn sie wirklich tätig sind, zum Beispiel als Haushälterinnen, davon ein sinneverwirrendes Aufheben zu machen, so daß von den Männern das Verdienst ihrer Tätigkeit zehnfach überschätzt zu werden pflegt.

413

Die Kurzsichtigen sind verliebt. – Mitunter genügt schon eine stärkere Brille, um den Verliebten zu heilen; und wer die Kraft der Einbildung hätte, um ein Gesicht, eine Gestalt sich zwanzig Jahre älter vorzustellen, ginge vielleicht sehr ungestört durch das Leben.

414

Frauen im Haß. – Im Zustande des Hasses sind Frauen gefährlicher als Männer; zuvörderst weil sie durch keine Rücksicht auf Billigkeit in ihrer einmal erregten feindseligen Empfindung gehemmt werden, sondern ungestört ihren Haß bis zu den letzten Konsequenzen anwachsen lassen, sodann weil sie darauf eingeübt sind, wunde Stellen (die jeder Mensch, jede Partei hat) zu finden und dorthinein zu stechen: wozu ihnen ihr dolchspitzer Verstand treffliche Dienste leistet (während die Männer beim Anblick von Wunden zurückhaltend, oft großmütig und versöhnlich gestimmt werden).

415

Liebe. – Die Abgötterei, welche die Frauen mit der Liebe treiben, ist im Grund und ursprünglich eine Erfindung der Klugheit, insofern sie ihre Macht durch alle jene Idealisierungen der Liebe erhöhen und sich in den Augen der Männer als immer begehrenswerter darstellen. Aber durch die jahrhundertlange Gewöhnung an diese übertriebene Schätzung der Liebe ist es geschehen, daß sie in ihr eigenes Netz gelaufen sind und jenen Ursprung vergessen haben. Sie selber sind jetzt noch mehr die Getäuschten als die Männer und leiden deshalb auch mehr an der Enttäuschung, welche fast notwendig im Leben jeder Frau eintreten wird – sofern sie überhaupt Phantasie und Verstand genug hat, um getäuscht und enttäuscht werden zu können.

416

Zur Emanzipation der Frauen. – Können die Frauen überhaupt gerecht sein, wenn sie so gewohnt sind zu lieben, gleich für oder wider zu empfinden? Daher sind sie auch seltener für Sachen, mehr für Personen eingenommen: sind sie es aber für Sachen, so werden sie sofort deren Parteigänger und verderben damit die reine unschuldige Wirkung derselben. So entsteht eine nicht geringe Gefahr, wenn ihnen die Politik und einzelne Teile der Wissenschaft anvertraut werden (zum Beispiel Geschichte). Denn was wäre seltener als eine Frau, welche wirklich wüßte, was Wissenschaft ist? Die besten nähren sogar im Busen gegen sie eine heimliche Geringschätzung, als ob sie irgendwodurch ihr überlegen wären. Vielleicht kann dies alles anders werden, einstweilen ist es so.

417

Die Inspiration im Urteile der Frauen. – Jene plötzlichen Entscheidungen über das Für und Wider, welche Frauen zu geben pflegen, die blitzschnellen Erhellungen persönlicher Beziehungen durch ihre hervorbrechenden Neigungen und Abneigungen, kurz die Beweise der weiblichen Ungerechtigkeit sind von liebenden Männern mit einem Glanz umgeben worden, als ob alle Frauen Inspirationen von Weisheit hätten, auch ohne den delphischen Kessel und die Lorbeerbinde: und ihre Aussprüche werden noch lange nachher wie sibyllinische Orakel interpretiert und zurechtgelegt. Wenn man aber erwägt, daß für jede Person, für jede Sache sich etwas geltend machen läßt, aber ebenso gut auch etwas gegen sie, daß alle Dinge nicht nur zwei-, sondern drei- und vierseitig sind, so ist es beinahe schwer, mit solchen plötzlichen Entscheidungen gänzlich fehlzugreifen; ja man könnte sagen: die Natur der Dinge ist so eingerichtet, daß die Frauen immer rechtbehalten.

418

Sich lieben lassen. – Weil die eine von zwei liebenden Personen gewöhnlich die liebende, die andere die geliebte Person ist, so ist der Glaube entstanden, es gäbe in jedem Liebeshandel ein gleichbleibendes Maß von Liebe: je mehr eine davon an sich reiße, um so weniger bleibe für die andere Person übrig. Ausnahmsweise kommt es vor, daß die Eitelkeit jede der beiden Personen überredet, *sie* sei die, welche geliebt werden müsse; so daß sich beide lieben lassen wollen: woraus sich namentlich in der Ehe mancherlei halb drollige, halb absurde Szenen ergeben.

419

Widersprüche in weiblichen Köpfen. – Weil die Weiber so viel mehr persönlich als sachlich sind, vertragen sich in ihrem Gedankenkreise Richtungen, die logisch mit sich im Widerspruche sind: sie pflegen sich eben für die Vertreter dieser Richtungen der Reihe nach zu begeistern und nehmen deren Systeme in Bausch und Bogen an; doch so, daß überall dort eine tote Stelle entsteht, wo eine neue Persönlichkeit später das Übergewicht bekommt. Es kommt vielleicht vor, daß die ganze Philosophie im Kopf einer alten Frau aus lauter solchen toten Stellen besteht.

420

Wer leidet mehr? – Nach einem persönlichen Zwiespalt und Zanke zwischen einer Frau und einem Manne leidet der eine Teil am meisten bei der Vorstellung, dem anderen wehgetan zu haben; während jener am meisten bei der Vorstellung leidet, dem anderen nicht genug wehgetan zu haben, weshalb er sich bemüht, durch Tränen, Schluchzen und verstörte Mienen ihm noch hinterdrein das Herz schwer zu machen.

421

Gelegenheit zu weiblicher Großmut. – Wenn man sich über die Ansprüche der Sitte einmal in Gedanken hinwegsetzt, so könnte man wohl erwägen, ob nicht Natur und Vernunft den Mann auf mehrfache Verheiratung nacheinander anweist, etwa in der Gestalt, daß er zuerst im Alter von zweiundzwanzig Jahren ein älteres Mädchen heiratet, das ihm geistig und sittlich überlegen ist und seine Führerin durch die Gefahren der zwanziger Jahre (Ehrgeiz, Haß, Selbstverachtung, Leidenschaften aller Art) werden kann. Die Liebe dieser würde später ganz in das Mütterliche übertreten, und sie ertrüge es nicht nur, sondern förderte es auf die heilsamste Weise, wenn der Mann in den dreißiger Jahren mit einem ganz jungen Mädchen eine Verbindung einginge, dessen Erziehung er selber in die Hand nähme. – Die Ehe ist für die zwanziger Jahre ein nötiges, für die dreißiger ein nützliches, aber nicht nötiges Institut: für das spätere Leben wird sie oft schädlich und befördert die geistige Rückbildung des Mannes.

422

Tragödie der Kindheit. – Es kommt vielleicht nicht selten vor, daß edel- und hochstrebende Menschen ihren härtesten Kampf in der Kindheit zu bestehen haben: etwa dadurch, daß sie ihre Gesinnung gegen einen niedrig denkenden, dem Schein und der Lügnerei ergebenen Vater durchsetzen müssen oder fortwährend, wie Lord Byron, im Kampfe mit einer kindischen und zornwütigen Mutter leben. Hat man so etwas erlebt, so wird man sein Leben lang es nicht verschmerzen, zu wissen, wer einem eigentlich der größte, der gefährlichste Feind gewesen ist.

423

Eltern-Torheit. – Die größten Irrtümer in der Beurteilung eines Menschen werden von dessen Eltern gemacht: dies ist eine Tatsache, aber wie soll man sie erklären? Haben die Eltern zu viele Erfahrung von dem Kinde und können sie diese nicht mehr zu einer Einheit zusammenbringen? Man bemerkt, daß Reisende unter fremden Völkern nur in der ersten Zeit ihres Aufenthaltes die allgemeinen unterscheidenden Züge eines Volkes richtig erfassen; je mehr sie das Volk kennenlernen, desto mehr verlernen sie, das Typische und Unterscheidende an ihm zu sehen. Sobald sie nah-sichtig werden, hören ihre Augen auf, fernsichtig zu sein. Sollten die Eltern deshalb falsch über das Kind urteilen, weil sie ihm nie fern genug gestanden haben? – Eine ganz andere Erklärung wäre folgende: die Menschen pflegen über das Nächste, was sie umgibt, nicht mehr nachzudenken, sondern es nur hinzunehmen. Vielleicht ist die gewohnheitsmäßige Gedankenlosigkeit der Eltern der Grund, weshalb sie, einmal genötigt über ihre Kinder zu urteilen, so schief urteilen.

424

Aus der Zukunft der Ehe. – Jene edlen, freigesinnten Frauen, welche die Erziehung und Erhebung des weiblichen Geschlechts sich zur Aufgabe stellen, sollen *einen* Gesichtspunkt nicht übersehen: die Ehe in ihrer höheren Auffassung gedacht, als Seelenfreundschaft zweier Menschen verschiedenen Geschlechts, also so, wie sie von der Zukunft erhofft wird, zum Zweck der Erzeugung und Erziehung einer neuen Generation geschlossen, – eine solche Ehe, welche das Sinnliche gleichsam nur als ein seltnes gelegentliches Mittel für einen größern Zweck gebraucht, bedarf wahrscheinlich, wie man besorgen muß, einer natürlichen Beihilfe, des *Konkubinats.* Denn wenn aus Gründen der Gesundheit des Mannes das Eheweib auch zur alleinigen Befriedigung des geschlechtlichen Bedürfnisses dienen soll, so wird bei der Wahl einer Gattin schon ein falscher, den angedeuteten Zielen entgegengesetzter Gesichtspunkt maßgebend sein: die Erzielung der Nachkommenschaft wird zufällig, die glückliche Erziehung höchst unwahrscheinlich. Eine gute Gattin, welche Freundin, Gehilfin, Gebärerin, Mutter, Familienhaupt, Verwalterin sein soll, ja vielleicht abgesondert von dem Manne ihrem eigenen Geschäft und Amt vorzustehen hat, – kann nicht zugleich Konkubine sein: es hieße im allgemeinen zuviel von ihr verlangen. Somit könnte in Zukunft das Umgekehrte dessen eintreten, was zu Perikles' Zeiten sich in Athen begab: die Männer, welche damals an ihren Eheweibern nicht viel mehr als Konkubinen hatten, wandten sich nebenbei zu den Aspasien, weil sie nach den Reizen einer kopf- und herzbefreienden Geselligkeit verlangten, wie eine solche nur die Anmut und geistige Biegsamkeit der Frauen zu schaffen vermag. Alle menschlichen Institutionen, wie die Ehe, gestatten nur einen mäßigen Grad von praktischer Idealisierung, widrigenfalls sofort grobe Remeduren nötig werden.

425

Sturm- und Drangperiode der Frauen. – Man kann in den drei oder vier zivilisierten Ländern Europas aus den Frauen durch einige Jahrhunderte von Erziehung alles machen, was man will, selbst Männer, freilich nicht in geschlechtlichem Sinne, aber doch in jedem anderen Sinne. Sie werden unter einer solchen Einwirkung einmal alle männlichen Tugenden und Stärken angenommen haben, dabei allerdings auch deren Schwächen und Laster mit in den Kauf nehmen müssen: so viel, wie gesagt, kann man erzwingen. Aber wie werden wir den dadurch herbeigeführten Zwischenzustand aushalten, welcher vielleicht selber ein paar Jahrhunderte dauern kann, während denen die weiblichen Narrheiten und Ungerechtigkeiten, ihr uraltes Angebinde, noch die Übermacht über alles Hinzugewonnene,

Angelernte behaupten? Diese Zeit wird es sein, in welcher der Zorn den eigentlich männlichen Affekt ausmacht, der Zorn darüber, daß alle Künste und Wissenschaften durch einen unerhörten Dilettantismus überschwemmt und verschlammt sind, die Philosophie durch sinnverwirrendes Geschwätz zu Tode geredet, die Politik phantastischer und parteiischer als je, die Gesellschaft in voller Auflösung ist, weil die Bewahrerinnen der alten Sitte sich selber lächerlich geworden und in jeder Beziehung außer der Sitte zu stehen bestrebt sind. Hatten nämlich die Frauen ihre größte Macht *in* der Sitte, wonach werden sie greifen müssen, um eine ähnliche Fülle der Macht wiederzugewinnen, nachdem sie die Sitte aufgegeben haben?

426

Freigeist und Ehe. – Ob die Freigeister mit Frauen leben werden? Im allgemeinen glaube ich, daß sie, gleich den wahrsagenden Vögeln des Altertums, als die Wahrdenkenden, Wahrheit-Redenden der Gegenwart es vorziehen müssen, *allein zu fliegen.*

427

Glück der Ehe. – Alles Gewohnte zieht ein immer fester werdendes Netz von Spinneweben um uns zusammen; und alsobald merken wir, daß die Fäden zu Stricken geworden sind und daß wir selber als Spinne in der Mitte sitzen, die sich hier gefangen hat und von ihrem eignen Blute zehren muß. Deshalb haßt der Freigeist alle Gewöhnungen und Regeln, alles Dauernde und Definitive, deshalb reißt er, mit Schmerz, das Netz um sich immer wieder auseinander: wiewohl er infolgedessen an zahlreichen kleinen und großen Wunden leiden wird – denn jene Fäden muß er *von sich,* von seinem Leibe, seiner Seele abreißen. Er muß dort lieben lernen, wo er bisher haßte, und umgekehrt. Ja es darf für ihn nichts Unmögliches sein, auf dasselbe Feld Drachenzähne auszusäen, auf welches er vorher die Füllhörner seiner Güte ausströmen ließ. – Daraus läßt sich abnehmen, ob er für das Glück der Ehe geschaffen ist.

428

Zu nahe. – Leben wir zu nahe mit einem Menschen zusammen, so geht es uns so, wie wenn wir einen guten Kupferstich immer wieder mit bloßen Fingern anfassen: eines Tages haben wir schlechtes beschmutztes Papier und nichts weiter mehr in den Händen. Auch die Seele eines Menschen wird durch beständiges Angreifen endlich abgegriffen; mindestens *erscheint* sie uns endlich so – wir sehen ihre ursprüngliche Zeichnung und Schönheit nie wieder. – Man verliert immer durch den allzu vertraulichen Umgang mit Frauen und Freunden; und mitunter verliert man die Perle seines Lebens dabei.

429

Die goldene Wiege. – Der Freigeist wird immer aufatmen, wenn er sich endlich entschlossen hat, jenes mutterhafte Sorgen und Bewachen, mit welchem die Frauen um ihn walten, von sich abzuschütteln. Was schadet ihm denn ein rauherer Luftzug, den man so ängstlich von ihm wehrte, was bedeutet ein wirklicher Nachteil, Verlust, Unfall, eine Erkrankung, Verschuldung, Betörung mehr oder weniger in seinem Leben, verglichen mit der Unfreiheit der goldnen Wiege, des Pfauenschweif-Wedels und der drückenden Empfindung, noch dazu dankbar sein zu müssen, weil er wie ein Säugling gewartet und verwöhnt wird? Deshalb kann sich ihm die Milch, welche die mütterliche Gesinnung der ihn umgebenden Frauen reicht, so leicht in Galle verwandeln.

430

Freiwilliges Opfertier. – Durch nichts erleichtern bedeutende Frauen ihren Männern, falls diese berühmt und groß sind, das Leben so sehr, als dadurch, daß sie gleichsam das Gefäß der allgemeinen Ungunst und gelegentlichen Verstimmung der übrigen Menschen werden. Die Zeitgenossen pflegen ihren großen Männern viel Fehlgriffe und Narrheiten, ja Handlungen grober Ungerechtigkeit nachzusehen, wenn sie nur jemanden finden, den sie als eigentliches Opfertier zur Erleichterung ihres Gemütes mißhandeln und schlachten dürfen. Nicht selten findet eine Frau den Ehrgeiz in sich, sich zu dieser Opferung anzubieten, und dann kann freilich der Mann sehr zufrieden sein, – falls er nämlich Egoist genug ist, um sich einen solchen freiwilligen Blitz-, Sturm- und Regenableiter in seiner Nähe gefallen zu lassen.

431

Angenehme Widersacher. – Die naturgemäße Neigung der Frauen zu ruhigem, gleichmäßigem, glücklich zusammenstimmendem Dasein und Verkehren, das Ölgleiche und Beschwichtigende ihrer Wirkungen auf dem Meere des Lebens arbeitet unwillkürlich dem heroischeren inneren Drange des Freigeistes entgegen. Ohne daß sie es merken, handeln die Frauen so, als wenn man dem wandernden Mineralogen die Steine vom Wege nimmt, damit sein Fuß nicht daran stoße – während er gerade ausgezogen ist, *um* daran zu stoßen.

432

Mißklang zweier Konsonanzen. – Die Frauen wollen dienen und haben darin ihr Glück: und der Freigeist will nicht bedient sein und hat darin sein Glück.

433

Xanthippe. – Sokrates fand eine Frau, wie er sie brauchte – aber auch er hätte sie nicht gesucht, falls er sie gut genug gekannt hätte: so weit wäre auch der Heroismus dieses freien Geistes nicht gegangen. Tatsächlich trieb ihn Xanthippe in seinen eigentümlichen Beruf immer mehr hinein, indem sie ihm Haus und Heim unhäuslich und unheimlich machte: sie lehrte ihn, auf den Gassen und überall dort zu leben, wo man schwätzen und müßig sein konnte, und bildete ihn damit zum größten athenischen Gassen-Dialektiker aus: der sich zuletzt selber mit einer zudringlichen Bremse vergleichen mußte, welche dem schönen Pferde Athen von einem Gotte auf den Nacken gesetzt sei, um es nicht zur Ruhe kommen zu lassen.

434

Für die Ferne blind. – Ebenso wie die Mütter eigentlich nur Sinn und Auge für die augen- und sinnfälligen Schmerzen ihrer Kinder haben, so vermögen die Gattinnen hochstrebender Männer es nicht über sich zu gewinnen, ihre Ehegenossen leidend, darbend und gemißachtet zu sehen, – während vielleicht alles dies nicht nur die Wahrzeichen einer richtigen Wahl ihrer Lebenshaltung, sondern schon die Bürgschaften dafür sind, daß ihre großen Ziele irgendwann einmal erreicht werden *müssen.* Die Frauen intrigieren im stillen immer gegen die höhere Seele ihrer Männer; sie wollen dieselbe um ihre Zukunft, zugunsten einer schmerzlosen, behaglichen Gegenwart, betrügen.

435

Macht und Freiheit. – So hoch Frauen ihre Männer ehren, so ehren sie doch die von der Gesellschaft anerkannten Gewalten und Vorstellungen noch mehr: sie sind seit Jahrtausenden gewohnt, vor allem Herrschenden gebückt, die Hände auf die Brust gefaltet, einherzugehen und mißbilligen alle Auflehnung gegen die öffentliche Macht. Deshalb hängen sie sich, ohne es auch nur zu beabsichtigen, vielmehr wie aus Instinkt, als Hemmschuh in die Räder eines freigeisterischen unabhängigen Strebens und machen unter Umständen ihre Gatten aufs höchste ungeduldig, zumal wenn diese sich noch vorreden, daß Liebe es sei, was die Frauen im Grunde dabei antreibe. Die Mittel der Frauen mißbilligen und großmütig die Motive dieser Mittel ehren – das ist Männer-Art und oft genug Männer-Verzweiflung.

436

Ceterum censeo. – Es ist zum Lachen, wenn eine Gesellschaft von Habenichtsen die Abschaffung des Erbrechts dekretiert, und nicht minder zum Lachen ist es, wenn Kinderlose an der praktischen Gesetzgebung eines Landes arbeiten: – sie haben ja nicht genug Schwergewicht in ihrem Schiffe, um sicher in den Ozean der Zukunft hineinsegeln zu können. Aber ebenso ungereimt erscheint es, wenn der, welcher die allgemeinste Erkenntnis und die Abschätzung des gesamten Daseins zu seiner Aufgabe erkoren hat, sich mit persönlichen Rücksichten auf eine Familie, auf Ernährung, Sicherung, Achtung von Weib und Kind belastet und vor sein Teleskop jenen trüben Schleier aufspannt, durch welchen kaum einige Strahlen der fernen Gestirnwelt hindurchzudringen vermögen. So komme auch ich zu dem Satze, daß in den Angelegenheiten der höchsten philosophischen Art alle Verheirateten verdächtig sind.

437

Zuletzt. – Es gibt mancherlei Arten von Schierling, und gewöhnlich findet das Schicksal eine Gelegenheit, dem Freigeiste einen Becher dieses Gifttränkes an die Lippen zu setzen – um ihn zu »strafen«, wie dann alle Welt sagt. Was tun dann die Frauen um ihn? Sie werden schreien und wehklagen und vielleicht die Sonnenuntergangs-Ruhe des Denkers stören: wie sie es im Gefängnis von Athen taten. »O Kriton, heiße doch jemanden diese Weiber da fortführen!« sagte endlich Sokrates. –

ACHTES HAUPTSTÜCK

EIN BLICK AUF DEN STAAT

438

Um *das Wort bitten.* – Der demagogische Charakter und die Absicht, auf die Massen zu wirken, ist gegenwärtig allen politischen Parteien gemeinsam: sie alle sind genötigt, der genannten Absicht wegen, ihre Prinzipien zu großen *Al-fresco*-Dummheiten umzuwandeln und sie so an die Wand zu malen. Daran ist nichts mehr zu ändern, ja es ist überflüssig, auch nur einen Finger dagegen aufzuheben; denn auf diesem Gebiete gilt, was Voltaire sagt: *quand la populace se mêle de raisonner, tout est perdu.* Seitdem dies geschehen ist, muß man sich den neuen Bedingungen fügen, wie man sich fügt, wenn ein Erdbeben die alten Grenzen und Umrisse der Bodengestalt verrückt und den Wert des Besitzes verändert hat. Überdies: wenn es sich nun einmal bei aller Politik darum handelt, möglichst vielen das Leben erträglich zu machen, so mögen immerhin diese Möglichst-Vielen auch bestimmen, was sie unter einem erträglichen Leben verstehen; trauen sie sich den Intellekt zu, auch die richtigen Mittel zu diesem Ziele zu finden, was hülfe es daran zu zweifeln? Sie *wollen* nun einmal ihres Glücks und Unglücks eigene Schmiede sein; und wenn dieses Gefühl der Selbstbestimmung, der Stolz auf die fünf, sechs Begriffe, welche ihr Kopf birgt und zutage bringt, ihnen in der Tat das Leben so angenehm macht, daß sie die fatalen Folgen ihrer Beschränktheit gern ertragen: so ist wenig einzuwenden, vorausgesetzt, daß die Beschränktheit nicht so weit geht, zu verlangen, es solle *alles* in diesem Sinne zur Politik werden, es solle *jeder* nach solchem Maßstabe leben und wirken. Zuerst nämlich muß es einigen mehr als je erlaubt sein, sich der Politik zu enthalten und ein wenig beiseitezutreten: dazu treibt auch sie die Lust an der Selbstbestimmung; und auch ein kleiner Stolz mag damit verbunden sein, zu schweigen, wenn zu viele oder überhaupt nur viele reden. Sodann muß man es diesen Wenigen nachsehen, wenn sie das Glück der Vielen, verstehe man nun darunter Völker oder Bevölkerungsschichten, nicht so wichtig nehmen und sich hier und da eine ironische Miene zuschulden kommen lassen; denn ihr Ernst liegt anderswo, ihr Glück ist ein anderer Begriff, ihr Ziel ist nicht von jeder plumpen Hand, welche eben nur fünf Finger hat, zu umspannen. Endlich kommt – was ihnen gewiß am schwersten zugestanden wird, aber ebenfalls zugestanden werden muß – von Zeit zu Zeit ein Augenblick, wo sie aus ihrer schweigsamen Vereinsamung heraustreten und die Kraft ihrer Lungen wieder einmal versuchen: dann rufen sie nämlich einander zu wie Verirrte in einem Walde, um sich einander zu erkennen zu geben und zu ermutigen; wobei freilich mancherlei laut wird, was den Ohren, für welche es nicht bestimmt ist, übel klingt. – Nun, bald darauf ist es wieder stille im Walde, so stille, daß man das Schwirren, Summen und Flattern der zahllosen Insekten, welche in, über und unter ihm leben, wieder deutlich vernimmt. –

439

Kultur und Kaste. – Eine höhere Kultur kann allein dort entstehen, wo es zwei unterschiedene Kasten der Gesellschaft gibt: die der Arbeitenden und die der Müßigen, zu wahrer Muße Befähigten; oder mit stärkerem Ausdruck: die Kaste der Zwangs-Arbeit und die Kaste der Frei-Arbeit. Der Gesichtspunkt der Verteilung des Glücks ist nicht wesentlich, wenn es sich um die Erzeugung einer höheren Kultur handelt; jedenfalls aber ist die Kaste der Müßigen die leidensfähigere, leidendere, ihr Behagen am Dasein ist geringer, ihre Aufgabe größer. Findet nun gar ein Austausch der beiden Kasten statt, so, daß die stumpferen, ungeistigeren Familien und einzelnen aus der oberen Kaste in die niedere herabgesetzt werden und wiederum die freieren Menschen aus dieser den Zutritt zur höheren erlangen: so ist ein Zustand erreicht, über den hinaus man nur noch das offene Meer unbestimmter Wünsche sieht. – So redet die verklingende Stimme der alten Zeit zu uns; aber wo sind noch Ohren, sie zu hören?

440

Von Geblüt. – Das, was Männer und Frauen von Geblüt vor anderen voraushaben und was ihnen unzweifelhaftes Anrecht auf höhere Schätzung gibt, sind zwei durch Vererbung immer mehr gesteigerte Künste: die Kunst, befehlen zu können, und die Kunst des stolzen Gehorsams. – Nun entsteht überall, wo das Befehlen zum Tagesgeschäft gehört (wie in der großen Kaufmanns- und Industrie-Welt), etwas ähnliches wie jene Geschlechter »von Geblüt«, aber ihnen fehlt die vornehme Haltung im Gehorsam, welche bei jenen eine Erbschaft feudaler Zustände ist und die in unserem Kultur-Klima nicht mehr wachsen will.

441

Subordination. – Die Subordination, welche im Militär- und Beamtenstaat so hoch geschätzt wird, wird uns bald ebenso unglaublich werden, wie die geschlossene Taktik der Jesuiten es bereits geworden ist; und wenn diese Subordination nicht mehr möglich ist, läßt sich eine Menge der erstaunlichsten Wirkungen nicht mehr erreichen, und die Welt wird ärmer sein. Sie muß schwinden, denn ihr Fundament schwindet: der Glaube an die unbedingte Autorität, an die endgültige Wahrheit; selbst in Militärstaaten ist der physische Zwang nicht ausreichend, sie hervorzubringen, sondern die angeerbte Adoration vor dem Fürstlichen wie vor etwas Übermenschlichem. – In *freieren* Verhältnissen ordnet man sich nur auf Bedingungen unter, infolge gegenseitigen Vertrages, also mit allen Vorbehalten des Eigennutzes.

442

Volksheere. – Der größte Nachteil der jetzt so verherrlichten Volksheere besteht in der Vergeudung von Menschen der höchsten Zivilisation; nur durch die Gunst aller Verhältnisse gibt es deren überhaupt, – wie sparsam und ängstlich sollte man mit ihnen umgehen, da es großer Zeiträume bedarf, um die zufälligen Bedingungen zur Erzeugung so zart organisierter Gehirne zu schaffen! Aber wie die Griechen in Griechenblut wüteten, so die Europäer jetzt in Europäerblut: und zwar werden relativ am meisten immer die Höchstgebildeten zum Opfer gebracht, die, welche eine reichliche und gute Nachkommenschaft verbürgen: solche nämlich stehen im Kampfe voran, als Befehlende, und setzen sich überdies, ihres höheren Ehrgeizes wegen, den Gefahren am meisten aus. – Der grobe Römer-Patriotismus ist jetzt, wo ganz andere und höhere Aufgaben gestellt sind als *patria* und *honor,* entweder etwas Unehrliches oder ein Zeichen der Zurückgebliebenheit.

443

Hoffnung und Anmaßung. – Unsere gesellschaftliche Ordnung wird langsam wegschmelzen, wie es alle früheren Ordnungen getan haben, sobald die Sonnen neuer Meinungen mit neuer Glut über die Menschen hinleuchteten. *Wünschen* kann man dies Wegschmelzen nur, indem man hofft: und hoffen darf man vernünftigerweise nur, wenn man sich und seinesgleichen mehr Kraft in Kopf und Herz zutraut als den Vertretern des Bestehenden. Gewöhnlich also wird diese Hoffnung eine *Anmaßung,* eine *Überschätzung* sein.

444

Krieg. – Zuungunsten des Krieges kann man sagen: er macht den Sieger dumm, den Besiegten boshaft. Zugunsten des Krieges: er barbarisiert in beiden ebengenannten Wirkungen und macht dadurch natürlicher; er ist für die Kultur Schlaf- oder Winterszeit, der Mensch kommt kräftiger zum Guten und Bösen aus ihm heraus.

445

Im Dienste des Fürsten. – Ein Staatsmann wird, um völlig rücksichtslos handeln zu können, am besten tun, nicht für sich, sondern für einen Fürsten sein Werk auszuführen. Von dem Glanze dieser allgemeinen Uneigennützigkeit wird das Auge des Beschauers geblendet, so daß er jene Tücken und Härten, welche das Werk des Staatsmannes mit sich bringt, nicht sieht.

446

Eine Frage der Macht, nicht des Rechtes. – Für Menschen, welche bei jeder Sache den höheren Nutzen ins Auge fassen, gibt es bei dem Sozialismus, falls er *wirklich* die Erhebung der jahrtausendelang Gedrückten, Niedergehaltenen gegen ihre Unterdrücker ist, kein Problem des *Rechtes* (mit der lächerlichen, weiblichen Frage: »wie weit *soll* man seinen Forderungen nachgeben?«), sondern nur ein Problem der *Macht* (»wie weit *kann* man seine Forderungen benutzen?«); also wie bei einer Naturmacht, zum Beispiel dem Dampfe, welcher entweder von dem Menschen in seine Dienste, als Maschinengott, gezwungen wird oder, bei Fehlern der Maschine, das heißt Fehlern der menschlichen Berechnung im Bau derselben, sie und den Menschen mit zertrümmert. Um jene Machtfrage zu lösen, muß man wissen, wie stark der Sozialismus ist, in welcher Modifikation er noch als mächtiger Hebel innerhalb des jetzigen politischen Kräftespiels benutzt werden kann; unter Umständen müßte man selbst alles tun, ihn zu kräftigen. Die Menschheit muß bei jeder großen Kraft – und sei es die gefährlichste – daran denken, aus ihr ein Werkzeug ihrer Absichten zu machen. – Ein Recht gewinnt sich der Sozialismus erst dann, wenn es zwischen den beiden Mächten, den Vertretern des Alten und Neuen, zum Kriege gekommen zu sein scheint, wenn aber dann das kluge Rechnen auf möglichste Erhaltung und Zuträglichkeit auf seiten beider Parteien das Verlangen nach einem Vertrag entstehen läßt. Ohne Vertrag kein Recht. Bis jetzt gibt es aber auf dem bezeichneten Gebiete weder Krieg noch Verträge, also auch keine Rechte, kein »Sollen«.

447

Benutzung der kleinsten Unredlichkeit. – Die Macht der Presse besteht darin, daß jeder einzelne, der ihr dient, sich nur ganz wenig verpflichtet und verbunden fühlt. Er sagt für gewöhnlich *seine* Meinung, aber sagt sie einmal auch *nicht*, um seiner Partei oder der Politik seines Landes oder endlich sich selbst zu nützen. Solche kleine Vergehen der Unredlichkeit oder vielleicht nur einer unredlichen Verschwiegenheit sind von dem einzelnen nicht schwer zu tragen, doch sind die Folgen außerordentlich, weil diese kleinen Vergehen von vielen zu gleicher Zeit begangen werden. Jeder von diesen sagt sich: »für so geringe Dienste lebe ich besser, kann ich mein Auskommen finden; durch den Mangel solcher kleinen Rücksichten mache ich mich unmöglich«. Weil es beinahe sittlich gleichgültig erscheint, eine Zeile, noch dazu vielleicht ohne Namensunterschrift, mehr zu schreiben oder nicht zu schreiben, so kann einer, der Geld und Einfluß hat, jede Meinung zur öffentlichen machen. Wer da weiß, daß die meisten Menschen in Kleinigkeiten schwach sind, und seine eigenen Zwecke durch sie erreichen will, ist immer ein gefährlicher Mensch.

448

Allzu lauter Ton bei Beschwerden. – Dadurch, daß ein Notstand (zum Beispiel die Gebrechen einer Verwaltung, Bestechlichkeit und Gunstwillkür in politischen oder gelehrten Körperschaften) stark übertrieben dargestellt wird, verliert zwar die Darstellung bei den Einsichtigen ihre Wirkung, aber wirkt um so stärker auf die Nichteinsichtigen (welche bei einer sorgsamen, maßvollen Darlegung gleichgültig geblieben wären). Da diese aber bedeutend in der Mehrzahl sind und stärkere Willenskräfte, ungestümere Lust zum Handeln in sich beherbergen, so wird jene Übertreibung zum Anlaß von Untersuchungen, Bestrafungen, Versprechen, Reorganisationen. – Insofern ist es nützlich, Notstände übertrieben darzustellen.

449

Die anscheinenden Wettermacher der Politik. – Wie das Volk bei dem, welcher sich auf das Wetter versteht und es um einen Tag voraussagt, im stillen annimmt, daß er das Wetter mache, so legen selbst Gebildete und Gelehrte mit einem Aufwand von abergläubischem Glauben großen Staatsmännern alle die wichtigen Veränderungen und Konjunkturen, welche während ihrer Regierung eintraten, als deren eigenstes Werk bei, wenn es nur ersichtlich ist, daß jene etwas davon eher wußten als andere und ihre Berechnung darnach machten: sie werden also ebenfalls als Wettermacher genommen – und dieser Glaube ist nicht das geringste Werkzeug ihrer Macht.

450

Neuer und alter Begriff der Regierung. – Zwischen Regierung und Volk so zu scheiden, als ob hier zwei getrennte Machtsphären, eine stärkere, höhere mit einer schwächeren, niederen, verhandelten und sich vereinbarten, ist ein Stück vererbter politischer Empfindung, welches der historischen Feststellung der Machtverhältnisse in den *meisten* Staaten noch jetzt genau entspricht. Wenn zum Beispiel Bismarck die konstitutionelle Form als einen Kompromiß zwischen Regierung und Volk bezeichnet, so redet er gemäß einem Prinzip, welches seine Vernunft in der Geschichte hat (ebendaher freilich auch den Beisatz von Unvernunft, ohne den nichts Menschliches existieren kann). Dagegen soll man nun lernen – gemäß einem Prinzip, welches rein aus dem *Kopfe* entsprungen ist und erst Geschichte *machen* soll –, daß Regierung nichts als ein Organ des Volkes sei, nicht ein vorsorgliches, verehrungswürdiges »Oben« im Verhältnis zu einem an Bescheidenheit gewöhnten »Unten«. Bevor man diese bis jetzt unhistorische und willkürliche, wenn auch logischere Aufstellung des Begriffs Regierung annimmt, möge man doch ja die Folgen erwägen: denn das Verhältnis zwischen Volk und Regierung ist das stärkste vorbildliche Verhältnis, nach dessen Muster sich unwillkürlich der Verkehr zwischen Lehrer und Schüler, Hausherrn und Dienerschaft, Vater und Familie, Heerführer und Soldat, Meister und Lehrling bildet. Alle diese Verhältnisse gestalten sich jetzt, unter dem Einflusse der herrschenden konstitutionellen Regierungsform, ein wenig um: sie *werden* Kompromisse. Aber wie müssen sie sich verkehren und verschieben, Namen und Wesen wechseln, wenn jener allerneuste Begriff überall sich der Köpfe bemeistert hat! – wozu es aber wohl ein Jahrhundert noch brauchen dürfte. Hierbei ist nichts *mehr* zu wünschen als Vorsicht und langsame Entwicklung.

451

Gerechtigkeit als Parteien-Lockruf. – Wohl können edle (wenn auch nicht gerade sehr einsichtsvolle) Vertreter der herrschenden Klasse sich geloben: wir wollen die Menschen als gleich behandeln, ihnen gleiche Rechte zugestehen. Insofern ist eine sozialistische Denkungsweise, welche auf *Gerechtigkeit* ruht, möglich; aber wie gesagt nur innerhalb der herrschenden Klasse, welche in diesem Falle die Gerechtigkeit mit Opfern und Verleugnungen *übt.* Dagegen Gleichheit der Rechte *fordern,* wie es die Sozialisten der unterworfenen Kaste tun, ist nimmermehr der Ausfluß der Gerechtigkeit, sondern der Begehrlichkeit. – Wenn man der Bestie blutige Fleischstücke aus der Nähe zeigt und wieder wegzieht, bis sie endlich brüllt: meint ihr, daß dies Gebrüll Gerechtigkeit bedeute?

452

Besitz und Gerechtigkeit. – Wenn die Sozialisten nachweisen, daß die Eigentums-Verteilung in der gegenwärtigen Menschheit die Konsequenz zahlloser Ungerechtigkeiten und Gewaltsamkeiten ist, und *in summa* die Verpflichtung gegen etwas so unrecht Begründetes ablehnen: so sehen sie nur etwas einzelnes. Die ganze Vergangenheit der alten Kultur ist auf Gewalt, Sklaverei, Betrug, Irrtum aufgebaut; wir können aber uns selbst, die Erben aller dieser Zustände, ja die Konkreszenzen aller jener Vergangenheit, nicht wegdekretieren und dürfen nicht ein einzelnes Stück herausziehn wollen. Die ungerechte Gesinnung steckt in den Seelen der Nicht-Besitzenden auch, sie sind nicht besser als die Besitzenden und haben kein moralisches Vorrecht, denn irgendwann sind ihre Vorfahren Besitzende gewesen. Nicht gewaltsame neue Verteilungen sondern allmähliche Umschaffungen des Sinnes tun not, die Gerechtigkeit muß in allen größer werden, der gewalttätige Instinkt schwächer.

453

Der Steuermann der Leidenschaften. – Der Staatsmann erzeugt öffentliche Leidenschaften, um den Gewinn von der dadurch erweckten Gegenleidenschaft zu haben. Um ein Beispiel zu nehmen: so weiß ein deutscher Staatsmann wohl, daß die katholische Kirche niemals mit Rußland gleiche Pläne haben wird, ja sich viel lieber mit den Türken verbünden würde als mit ihm; ebenso weiß er, daß Deutschland alle Gefahr von einem Bündnisse Frankreichs mit Rußland droht. Kann er es nun dazu bringen, Frankreich zum Herd und Hort der katholischen Kirche zu machen, so hat er diese Gefahr auf eine lange Zeit beseitigt. Er hat demnach ein Interesse daran, Haß gegen die Katholiken zu zeigen und durch Feindseligkeiten aller Art die Bekenner der Autorität des Papstes in eine leidenschaftliche politische Macht zu verwandeln, welche der deutschen Politik feindlich ist und sich naturgemäß mit Frankreich als dem Widersacher Deutschlands verschmelzen muß: sein Ziel ist ebenso notwendig die Katholisierung Frankreichs, als Mirabeau in der Dekatholisierung das Heil seines Vaterlandes sah. – Der eine Staat will also die Verdunkelung von Millionen Köpfen eines anderen Staates, um seinen Vorteil aus dieser Verdunkelung zu ziehen. Es ist dies dieselbe Gesinnung, welche die republikanische Regierungsform des nachbarlichen Staates, *le désordre organisé,* wie Mérimée sagt – aus dem alleinigen Grunde unterstützt, weil sie von dieser annimmt, daß sie das Volk schwächer, zerrissener und kriegsunfähiger mache.

454

Die Gefährlichen unter den Umsturz-Geistern. – Man teile die, welche auf einen Umsturz der Gesellschaft bedacht sind, in solche ein, welche für sich selbst, und in solche, welche für ihre Kinder und Enkel etwas erreichen wollen. Die letzteren sind die Gefährlicheren; denn sie haben den Glauben und das gute Gewissen der Uneigennützigkeit. Die anderen kann man abspeisen: dazu ist die herrschende Gesellschaft immer noch reich und klug genug. Die Gefahr beginnt, sobald die Ziele unpersönlich werden; die Revolutionäre aus unpersönlichem Interesse dürfen alle Verteidiger des Bestehenden als persönlich interessiert ansehen und sich deshalb ihnen überlegen fühlen.

455

Politischer Wert der Vaterschaft. – Wenn der Mensch keine Söhne hat, so hat er kein volles Recht, über die Bedürfnisse eines einzelnen Staatswesens mitzureden. Man muß selber mit den anderen sein Liebstes daran gewagt haben: das erst bindet an den Staat fest; man muß das Glück seiner Nachkommen ins Auge fassen, also vor allem Nachkommen haben, um an allen Institutionen und deren Veränderung rechten, natürlichen Anteil zu nehmen. Die Entwicklung der höheren Moral hängt daran, daß einer Söhne hat; dies stimmt ihn unegoistisch, oder richtiger: es erweitert seinen Egoismus der Zeitdauer nach und läßt ihn Ziele über seine individuelle Lebenslänge hinaus mit Ernst verfolgen.

456

Ahnenstolz. – Auf eine ununterbrochene Reihe *guter* Ahnen bis zum Vater herauf darf man mit Recht stolz sein – nicht aber auf die Reihe; denn diese hat jeder. Die Herkunft von guten Ahnen macht den echten Geburtsadel aus; eine einzige Unterbrechung in jener Kette, *ein* böser Vorfahr also, hebt den Geburtsadel auf. Man soll jeden, welcher von seinem Adel redet, fragen: hast du keinen gewalttätigen, habsüchtigen, ausschweifenden, boshaften, grausamen Menschen unter deinen Vorfahren? Kann er darauf in gutem Wissen und Gewissen mit Nein antworten, so bewerbe man sich um seine Freundschaft.

457

Sklaven und Arbeiter. – Daß wir mehr Wert auf Befriedigung der Eitelkeit als auf alles übrige Wohlbefinden (Sicherheit, Unterkommen, Vergnügen aller Art) legen, zeigt sich in einem lächerlichen Grade daran, daß jedermann (abgesehen von politischen Gründen) die Aufhebung der Sklaverei wünscht und es aufs ärgste verabscheut, Menschen in diese Lage zu bringen: während jeder sich sagen muß, daß die Sklaven in allen Beziehungen sicherer und glücklicher leben als der moderne Arbeiter, daß Sklavenarbeit sehr wenig Arbeit im Verhältnis zu der des »Arbeiters« ist. Man protestiert im Namen der »Menschenwürde«: das ist aber, schlichter ausgedrückt, jene liebe Eitelkeit, welche das Nicht-gleichgestellt-sein, das Öffentlich-niedriger-geschätzt-werden als das härteste Los empfindet. – Der Zyniker denkt anders darüber, weil er die Ehre verachtet: – und so war Diogenes eine Zeitlang Sklave und Hauslehrer.

458

Leitende Geister und ihre Werkzeuge. – Wir sehen große Staatsmänner und überhaupt alle die, welche sich vieler Menschen zur Durchführung ihrer Pläne bedienen müssen, bald so, bald so verfahren: entweder wählen sie sehr fein und sorgsam die zu ihren Plänen passenden Menschen aus und lassen ihnen dann verhältnismäßige große Freiheit, weil sie wissen, daß die Natur dieser Ausgewählten sie eben dahin treibt, wohin sie selber jene haben wollen; oder sie wählen schlecht, ja nehmen, was ihnen unter die Hand kommt, formen aber aus jedem Tone etwas für ihre Zwecke Taugliches. Diese letzte Art ist die gewaltsamere, sie begehrt auch unterwürfigere Werkzeuge; ihre Menschenkenntnis ist gewöhnlich viel geringer, ihre Menschenverachtung größer als bei den erstgenannten Geistern, aber die Maschine, welche sie konstruieren, arbeitet gemeinhin besser als die Maschine aus der Werkstätte jener.

459

Willkürliches Recht notwendig. – Die Juristen streiten, ob das am vollständigsten durchgedachte Recht oder das am leichtesten zu verstehende in einem Volke zum Siege kommen solle. Das erste, dessen höchstes Muster das römische ist, erscheint dem Laien als unverständlich und deshalb nicht als Ausdruck seiner Rechtsempfindung. Die Volksrechte, zum Beispiel die germanischen, waren grob, abergläubisch, unlogisch, zum Teil albern, aber sie entsprachen ganz bestimmten vererbten heimischen Sitten und Empfindungen. – Wo aber Recht nicht mehr, wie bei uns, Herkommen ist, da kann es nur *befohlen*, Zwang sein; wir haben alle kein herkömmliches Rechtsgefühl mehr, deshalb müssen wir uns *Willkürsrechte* gefallen lassen, die der Ausdruck der Notwendigkeit sind, daß es ein Recht *geben müsse*. Das Logischste ist dann jedenfalls das Annehmbarste, weil es das *Unparteilichste* ist: zugegeben selbst, daß in jedem Falle die kleinste Maßeinheit im Verhältnis von Vergehen und Strafe willkürlich angesetzt ist.

460

Der große Mann der Masse. – Das Rezept zu dem, was die Masse einen großen Mann nennt, ist leicht gegeben. Unter allen Umständen verschaffe man ihr etwas, das ihr sehr angenehm ist, oder setze ihr erst in den Kopf, daß dies und jenes sehr angenehm wäre, und gebe es ihr dann. Doch um keinen Preis sofort: sondern man erkämpfe es mit größter Anstrengung oder scheine es zu erkämpfen. Die Masse muß den Eindruck haben, daß eine mächtige, ja unbezwingliche Willenskraft da sei; mindesten muß sie da zu sein scheinen. Den starken Willen bewundert jedermann, weil niemand ihn hat und jedermann sich sagt, daß, wenn er ihn hätte, es für ihn und seinen Egoismus keine Grenze mehr gäbe. Zeigt sich nun, daß ein solcher starker Wille etwas der Masse sehr Angenehmes bewirkt, statt auf die Wünsche seiner Begehrlichkeit zu hören, so bewundert man noch einmal und wünscht sich selber Glück. Im übrigen habe er alle Eigenschaften der Masse: um so weniger schämt sie sich vor ihm, um so mehr ist er populär. Also: er sei gewalttätig, neidisch, ausbeuterisch, intrigant, schmeichlerisch, kriechend, aufgeblasen, je nach Umständen alles.

461

Fürst und Gott. – Die Menschen verkehren mit ihren Fürsten vielfach in ähnlicher Weise wie mit ihrem Gotte, wie ja vielfach auch der Fürst der Repräsentant des Gottes, mindestens sein Oberpriester war. Diese fast unheimliche Stimmung von Verehrung und Angst und Scham war und ist viel schwächer geworden, aber mitunter lodert sie auf und heftet sich an mächtige Personen überhaupt. Der Kultus des Genius ist ein Nachklang dieser Götter-Fürsten-Verehrung. Überall, wo man sich bestrebt, einzelne Menschen in das Übermenschliche hinaufzuheben, entsteht auch die Neigung, ganze Schichten des Volkes sich roher und niedriger vorzustellen, als sie wirklich sind.

462

Meine Utopie. – In einer besseren Ordnung der Gesellschaft wird die schwere Arbeit und Not des Lebens dem zuzumessen sein, welcher am wenigsten durch sie leidet, also dem Stumpfsten, und so schrittweise aufwärts bis zu dem, welcher für die höchsten sublimiertesten Gattungen des Leidens am empfindlichsten ist und deshalb selbst noch bei der größten Erleichterung des Lebens leidet.

463

Ein Wahn in der Lehre vom Umsturz. – Es gibt politische und soziale Phantasten, welche feurig und beredt zu einem Umsturz aller Ordnungen auffordern, in dem Glauben, daß dann sofort das stolzeste Tempelhaus schönen Menschentums gleichsam von selbst sich erheben werde. In diesen gefährlichen Träumen klingt noch der Aberglaube Rousseaus nach, welcher an eine wundergleiche ursprüngliche, aber gleichsam *verschüttete* Güte der menschlichen Natur glaubt und den Institutionen der Kultur, in Gesellschaft, Staat, Erziehung, alle Schuld jener Verschüttung beimißt. Leider weiß man aus historischen Erfahrungen, daß jeder solche Umsturz die wildesten Energien als die längst begrabenen Furchtbarkeiten und Maßlosigkeiten fernster Zeitalter von neuem zur Auferstehung bringt: daß also ein Umsturz wohl eine Kraftquelle in einer matt gewordenen Menschheit sein kann, nimmermehr aber ein Ordner, Baumeister, Künstler, Vollender der menschlichen Natur. – Nicht *Voltaires* maßvolle, dem Ordnen, Reinigen und Umbauen zugeneigte Natur, sondern *Rousseaus* leidenschaftliche Torheiten und Halblügen haben den optimistischen Geist der Revolution wachgerufen, gegen den ich rufe: »*Écrasez l'infâme!*« Durch ihn ist *der Geist der Aufklärung und der fortschreitenden Entwicklung* auf lange verscheucht worden: sehen wir zu – ein jeder bei sich selber – ob es möglich ist, ihn wieder zurückzurufen!

464

Maß. – Die volle Entschiedenheit des Denkens und Forschens, also die Freigeisterei zur Eigenschaft des Charakters geworden, macht im Handeln mäßig: denn sie schwächt die Begehrlichkeit, zieht viel von der vorhandenen Energie an sich, zur Förderung geistiger Zwecke, und zeigt das Halbnützliche oder Unnütze und Gefährliche aller plötzlichen Veränderungen.

465

Auferstehung des Geistes. – Auf dem politischen Krankenbette verjüngt ein Volk gewöhnlich sich selbst und findet seinen Geist wieder, den es im Suchen und Behaupten der Macht allmählich verlor. Die Kultur verdankt das allerhöchste den politisch geschwächten Zeiten.

466

Neue Meinungen im alten Hause. – Dem Umsturz der Meinungen folgt der Umsturz der Institutionen nicht sofort nach, vielmehr wohnen die neuen Meinungen lange Zeit im verödeten und unheimlich gewordenen Hause ihrer Vorgängerinnen und konservieren es selbst, aus Wohnungsnot.

467

Schulwesen. – Das Schulwesen wird in großen Staaten immer höchstens mittelmäßig sein, aus demselben Grunde, aus dem in großen Küchen bestenfalls mittelmäßig gekocht wird.

468

Unschuldige Korruption. – In allen Instituten, in welche nicht die scharfe Luft der öffentlichen Kritik hineinweht, wächst eine unschuldige Korruption auf, wie ein Pilz (also zum Beispiel in gelehrten Körperschaften und Senaten).

469

Gelehrte als Politiker. – Gelehrten, welche Politiker werden, wird gewöhnlich die komische Rolle zugeteilt, das gute Gewissen einer Politik sein zu müssen.

470

Der Wolf hinter dem Schafe versteckt. – Fast jeder Politiker hat unter gewissen Umständen einmal einen ehrlichen Mann so nötig, daß er gleich einem heißhungrigen Wolfe in einen Schafstall bricht: nicht aber, um dann den geraubten Widder zu fressen, sondern um sich hinter seinen wolligen Rücken zu verstecken.

471

Glückszeiten. – Ein glückliches Zeitalter ist deshalb gar nicht möglich, weil die Menschen es nur wünschen wollen, aber nicht haben wollen, und jeder einzelne, wenn ihm gute Tage kommen, förmlich um Unruhe und Elend beten lernt. Das Schicksal der Menschen ist auf *glückliche Augenblicke* eingerichtet – jedes Leben hat solche –, aber nicht auf glückliche Zeiten. Trotzdem werden diese als »das Jenseits der Berge« in der Phantasie des Menschen bestehen bleiben, als Erbstück der Vorzeiten; denn man hat wohl den Begriff des Glückszeitalters seit uralten Zeiten her jenem Zustande entnommen, in dem der Mensch, nach gewaltiger Anstrengung durch Jagd und Krieg, sich der Ruhe übergibt, die Glieder streckt und die Fittiche des Schlafes um sich rauschen hört. Es ist ein falscher Schluß, wenn der Mensch jener alten Gewöhnung gemäß sich vorstellt, daß er nun auch *nach ganzen Zeiträumen* der Not und Mühsal jenes Zustandes des Glücks in *entsprechender Steigerung und Dauer* teilhaftig werden könne.

472

Religion und Regierung. – Solange der Staat oder, deutlicher, die Regierung sich als Vormund zugunsten einer unmündigen Menge bestellt weiß und um ihretwillen die Frage erwägt, ob die Religion zu erhalten oder zu beseitigen sei: wird sie höchstwahrscheinlich sich immer für die Erhaltung der Religion entscheiden. Denn die Religion befriedigt das einzelne Gemüt in Zeiten des Verlustes, der Entbehrung, des Schreckens, des Mißtrauens, also da, wo die Regierung sich außerstande fühlt, direkt etwas zur Linderung der seelischen Leiden des Privatmanns zu tun: ja selbst bei allgemeinen, unvermeidlichen und zunächst unabwendbaren Übeln (Hungersnöten, Geldkrisen, Kriegen) gewährt die Religion eine beruhigte, abwartende, vertrauende Haltung der Menge. Überall, wo die notwendigen oder zufälligen Mängel der Staatsregierung oder die gefährlichen Konsequenzen dynastischer Interessen dem Einsichtigen sich bemerklich machen und ihn widerspenstig stimmen, werden die Nicht-Einsichtigen den Finger Gottes zu sehen meinen und sich in Geduld den Anordnungen von *Oben* (in welchem Begriff göttliche und menschliche Regierungsweise gewöhnlich verschmelzen) unterwerfen: so wird der innere bürgerliche Friede und die Kontinuität der Entwicklung gewahrt. Die Macht, welche in der Einheit der Volksempfindung, in gleichen Meinungen und Zielen für alle liegt, wird durch die Religion beschützt und besiegelt, jene seltnen Fälle abgerechnet, wo eine Priesterschaft mit der Staatsgewalt sich über den Preis nicht einigen kann und in Kampf tritt. Für gewöhnlich wird der Staat sich die Priester zu gewinnen wissen, weil er ihrer allerprivatesten, verborgenen Erziehung der Seelen benötigt ist und Diener zu schätzen weiß, welche scheinbar und äußerlich ein ganz anderes Interesse vertreten. Ohne Beihilfe der Priester kann auch jetzt noch keine Macht »legitim« werden: wie Napoleon begriff. – So gehen absolute vormundschaftliche Regierung und sorgsame Erhaltung der Religion notwendig miteinander. Dabei ist vorauszusetzen, daß die regierenden Personen und Klassen über den Nutzen, welchen ihnen die Religion gewährt, aufgeklärt werden und somit bis zu einem Grade sich ihr überlegen fühlen, insofern sie dieselbe als Mittel gebrauchen; weshalb hier die Freigeisterei ihren Ursprung hat. – Wie aber, wenn jene ganz verschiedene Auffassung des Begriffes der Regierung, wie sie in *demokratischen* Staaten gelehrt wird, durchzudringen anfängt? Wenn man in ihr nichts als das Werkzeug des Volkswillens sieht, kein Oben im Vergleich zu einem Unten, sondern lediglich eine Funktion des alleinigen Souveräns, des Volkes? Hier kann auch nur dieselbe Stellung, welche das Volk zur Religion einnimmt, von der Regierung eingenommen werden; jede Verbreitung von Aufklärung wird bis in ihre Vertreter hineinklingen müssen, eine Benutzung und Ausbeutung der religiösen Triebkräfte und Tröstungen zu staatlichen Zwecken wird nicht so leicht möglich sein (es sei denn, daß mächtige Parteiführer zeitweilig einen Einfluß üben, welcher dem des aufgeklärten Despotismus ähnlich sieht). Wenn aber der Staat keinen Nutzen mehr aus der Religion selber ziehen darf oder das Volk viel zu mannigfach über religiöse Dinge denkt, als daß es der Regierung ein gleichartiges, einheitliches Vorgehen bei religiösen Maßregeln gestatten dürfte, – so wird notwendig sich der Ausweg zeigen, die Religion als Privatsache zu behandeln und dem Gewissen und der Gewohnheit eines jeden einzelnen zu überantworten. Die Folge ist zu allererst diese, daß das religiöse Empfinden verstärkt erscheint, insofern versteckte und unterdrückte Regungen desselben, welchen der Staat unwillkürlich oder absichtlich keine Lebensluft gönnte, jetzt hervorbrechen und bis ins Extreme ausschweifen; später erweist sich, daß die Religion von Sekten überwuchert wird und daß eine Fülle von Drachenzähnen in dem Augenblick gesät worden ist, als man die Religion zur Privatsache machte. Der Anblick des Streites, die feindselige Bloßlegung aller Schwächen religiöser Bekenntnisse läßt endlich keinen Ausweg mehr zu, als daß jeder Bessere und Begabtere die Irreligiosität zu seiner Privatsache macht: als welche Gesinnung nun auch in dem Geiste der regierenden Personen die Überhand bekommt und, fast wider ihren Willen, ihren Maßregeln einen religionsfeindlichen Charakter gibt. Sobald dies eintritt, wandelt sich die Stimmung der noch religiös bewegten Menschen, welche früher den Staat als etwas halb oder ganz Heiliges adorierten, in eine entschieden *staatfeindliche* um; sie lauern den Maßregeln der Regierung auf, suchen zu hemmen, zu kreuzen, zu beunruhigen, soviel sie können, und treiben dadurch die Gegenpartei, die irreligiöse, durch die Hitze ihres Widerspruchs in eine fast fanatische Begeisterung *für* den Staat hinein; wobei im stillen noch mitwirkt, daß in diesen Kreisen die Gemüter seit der Trennung von der Religion eine Leere spüren und sich vorläufig durch die Hingebung an den Staat einen Ersatz, eine Art von Ausfüllung zu schaffen suchen. Nach diesen vielleicht lange dauernden Übergangskämpfen entscheidet es sich endlich, ob die religiösen Parteien noch stark genug sind, um einen alten Zustand heraufzubringen und das Rad zurückzudrehen: in welchem Falle unvermeidlich der aufgeklärte Despotismus (vielleicht weniger aufgeklärt und ängstlicher als früher) den Staat in die Hände bekommt, – oder ob die religionslosen Parteien sich durchsetzen und die Fortpflanzung ihrer Gegnerschaft, einige Generationen hindurch, etwa durch Schule und Erziehung, untergraben und endlich unmöglich machen. Dann aber läßt auch bei ihnen jede Begeisterung für den Staat nach: immer deutlicher tritt hervor, daß mit jener religiösen Adoration, für welche er ein Mysterium, eine überweltliche Stiftung ist, auch das ehrfürchtige und pietätvolle Verhältnis zu ihm erschüttert ist. Fürderhin sehen die einzelnen immer nur die Seite an ihm, wo er ihnen nützlich oder schädlich werden kann, und drängen sich mit allen Mitteln heran, um Einfluß auf ihn zu bekommen. Aber diese Konkurrenz wird bald zu groß, die Menschen und Parteien wechseln zu schnell, stürzen sich gegenseitig zu wild vom Berge wieder herab, nachdem sie kaum oben angelangt sind. Es fehlt allen Maßregeln, welche von einer Regierung durchgesetzt werden, die Bürgschaft ihrer Dauer; man scheut vor Unternehmungen zurück, welche auf Jahrzehnte, Jahrhunderte hinaus ein stilles Wachstum haben müßten, um reife Früchte zu zeitigen. Niemand fühlt eine andere Verpflichtung gegen ein Gesetz mehr als die, sich augenblicklich der Gewalt, welche ein Gesetz einbrachte, zu beugen: sofort geht man aber daran, es durch eine neue Gewalt, eine neu zu bildende Majorität zu unterminieren. Zuletzt – man kann es mit Sicherheit aussprechen – muß das Mißtrauen gegen alles Regierende, die Einsicht in das Nutzlose und Aufreibende dieser kurzatmigen Kämpfe die Menschen zu einem ganz neuen Entschlusse drängen: zur Abschaffung des Staatsbegriffs, zur Aufhebung des Gegensatzes »privat und öffentlich«. Die Privatgesellschaften ziehen Schritt vor Schritt die Staatsgeschäfte in sich hinein: selbst der zäheste Rest, welcher von der alten Arbeit des Regierens übrigbleibt (jene Tätigkeit zum Beispiel, welche die Privaten gegen die Privaten sicherstellen soll), wird zu allerletzt einmal durch Privatunternehmer besorgt werden. Die Mißachtung, der Verfall und *der Tod des Staates*, die Entfesselung der Privatperson (ich hüte mich zu sagen: des Individuums) ist die Konsequenz des demokratischen Staatsbegriffs; hier liegt seine Mission. Hat er seine Aufgabe erfüllt – die wie alles Menschliche viel Vernunft und Unvernunft im Schoße trägt –, sind alle Rückfälle der alten Krankheit überwunden, so wird ein neues Blatt im Fabelbuche der Menschheit entrollt, auf dem man allerlei seltsame Historien und vielleicht auch einiges Gute lesen wird. –

Um das Gesagte noch einmal kurz zu sagen: das Interesse der vormundschaftlichen Regierung und das Interesse der Religion gehen miteinander Hand in Hand, so daß, wenn letztere abzusterben beginnt, auch die Grundlage des Staates erschüttert wird. Der Glaube an eine göttliche Ordnung der politischen Dinge, an ein Mysterium in der Existenz des Staates ist religiösen Ursprungs: schwindet die Religion, so wird der Staat unvermeidlich seinen alten Isisschleier verlieren und keine Ehrfurcht mehr erwecken. Die Souveränität des Volkes, in der Nähe gesehen, dient dazu, auch den letzten Zauber und Aberglauben auf dem Gebiete dieser Empfindungen zu verscheuchen; die moderne Demokratie ist die historische Form vom *Verfall des Staates*. – Die Aussicht, welche sich durch diesen sichern Verfall ergibt, ist aber nicht in jedem Betracht eine unglückselige: die Klugheit und der Eigennutz der Menschen sind von allen ihren Eigenschaften am besten ausgebildet; wenn den Anforderungen dieser Kräfte der Staat nicht mehr entspricht, so wird am wenigsten das Chaos eintreten, sondern eine noch zweckmäßigere Erfindung, als der Staat es war, zum Siege über den Staat kommen. Wie manche organisierende Gewalt hat die Menschheit schon absterben sehen: – zum Beispiel die der Geschlechtsgenossenschaft, als welche Jahrtausende lang viel mächtiger war als die Gewalt der Familie, ja längst, bevor diese bestand, schon waltete und ordnete. Wir selber sehen den bedeutenden Rechts- und Machtgedanken der Familie, welcher einmal, so weit wie römisches Wesen reichte, die Herrschaft besaß, immer blasser und ohnmächtiger werden. So wird ein späteres Geschlecht auch den Staat in einzelnen Strecken der Erde bedeutungslos werden sehen – eine Vorstellung, an welche viele Menschen der Gegenwart kaum ohne Angst und Abscheu denken können. An der Verbreitung und Verwirklichung dieser Vorstellung zu *arbeiten*, ist freilich ein ander Ding: man muß sehr anmaßend von seiner Vernunft denken und die Geschichte kaum halb verstehen, um schon jetzt die Hand an den Pflug zu legen, – während noch niemand die Samenkörner aufzeigen kann, welche auf das zerrissene Erdreich nachher gestreut werden sollen. Vertrauen wir also »der Klugheit und dem Eigennutz der Menschen«, daß *jetzt noch* der Staat eine gute Weile bestehen bleibt und zerstörerische Versuche übereifriger und voreiliger Halbwisser abgewiesen werden!

473

Der Sozialismus in Hinsicht auf seine Mittel. – Der Sozialismus ist der phantastische jüngere Bruder des fast abgelebten Despotismus, den er beerben will; seine Bestrebungen sind also im tiefsten Verstande reaktionär. Denn er begehrt eine Fülle der Staatsgewalt, wie sie nur je der Despotismus gehabt hat, ja er überbietet alles Vergangene dadurch, daß er die förmliche Vernichtung des Individuums anstrebt: als welches ihm wie ein unberechtigter Luxus der Natur vorkommt und durch ihn in ein zweckmäßiges *Organ des Gemeinwesens* umgebessert werden soll. Seiner Verwandtschaft wegen erscheint er immer in der Nähe aller exzessiven Machtentfaltungen, wie der alte typische Sozialist Plato am Hofe des sizilischen Tyrannen; er wünscht (und befördert unter Umständen) den cäsarischen Gewaltstaat dieses Jahrhunderts, weil er, wie gesagt, sein Erbe werden möchte. Aber selbst diese Erbschaft würde für seine Zwecke nicht ausreichen, er braucht die alleruntertänigste Niederwerfung aller Bürger vor dem unbedingten Staat, wie niemals etwas Gleiches existiert hat; und da er nicht einmal auf die alte religiöse Pietät gegen den Staat mehr rechnen darf, vielmehr an deren Beseitigung unwillkürlich fortwährend arbeiten muß – nämlich weil er an der Beseitigung aller bestehenden *Staaten* arbeitet –, so kann er sich nur auf kurze Zeiten, durch den äußersten Terrorismus, hier und da einmal auf Existenz Hoffnung machen. Deshalb bereitet er sich im stillen zu Schreckensherrschaften vor und treibt den halbgebildeten Massen das Wort »Gerechtigkeit« wie einen Nagel in den Kopf, um sie ihres Verstandes völlig zu berauben (nachdem dieser Verstand schon durch die Halbbildung sehr gelitten hat) und ihnen für das böse Spiel, das sie spielen sollen, ein gutes Gewissen zu schaffen. – Der Sozialismus kann dazu dienen, die Gefahr aller Anhäufungen von Staatsgewalt recht brutal und eindringlich zu lehren und insofern vor dem Staate selbst Mißtrauen einzuflößen. Wenn seine rauhe Stimme in das Feldgeschrei: »*so viel Staat wie möglich*« einfällt, so wird dieses zunächst dadurch lärmender als je: aber bald dringt auch das entgegengesetzte mit um so größerer Kraft hervor: »*so wenig Staat wie möglich*«.

474

Die Entwicklung des Geistes vom Staate gefürchtet. – Die griechische Polis war, wie jede organisierende politische Macht, ausschließend und mißtrauisch gegen das Wachstum der Bildung; ihr gewaltiger Grundtrieb zeigte sich fast nur lähmend und hemmend für dieselbe. Sie wollte keine Geschichte, kein Werden in der Bildung gelten lassen; die in dem Staatsgesetz festgestellte Erziehung sollte alle Generationen verpflichten und auf *einer* Stufe festhalten. Nicht anders wollte es später auch noch Plato für seinen idealen Staat. *Trotz* der Polis entwickelte sich also die Bildung: indirekt freilich und wider Willen half sie mit, weil die Ehrsucht des einzelnen in der Polis aufs höchste angereizt wurde, so daß er, einmal auf die Bahn geistiger Ausbildung geraten, auch in ihr bis ins letzte Extrem fortging. Dagegen soll man sich nicht auf die Verherrlichungsrede des Perikles berufen: denn sie ist nur ein großes optimistisches Trugbild über den angeblich notwendigen Zusammenhang von Polis und athenischer Kultur; Thukydides läßt sie, unmittelbar bevor die Nacht über Athen kommt (die Pest und der Abbruch der Tradition), noch einmal wie eine verklärende Abendröte aufleuchten, bei der man den schlimmen Tag vergessen soll, der ihr voranging.

475

Der europäische Mensch und die Vernichtung der Nationen. – Der Handel und die Industrie, der Bücher- und Briefverkehr, die Gemeinsamkeit aller höheren Kultur, das schnelle Wechseln von Haus und Landschaft, das jetzige Nomadenleben aller Nicht-Landbesitzer – diese Umstände bringen notwendig eine Schwächung und zuletzt eine Vernichtung der Nationen, mindestens der europäischen, mit sich: so daß aus ihnen allen, infolge fortwährender Kreuzungen, eine Mischrasse, die des europäischen Menschen, entstehen muß. Diesem Ziele wirkt jetzt, bewußt oder unbewußt, die Abschließung der Nationen durch Erzeugung *nationaler* Feindseligkeiten entgegen, aber langsam geht der Gang jener Mischung dennoch vorwärts, trotz jenen zeitweiligen Gegenströmungen: dieser künstliche Nationalismus ist übrigens so gefährlich, wie der künstliche Katholizismus es gewesen ist, denn er ist in seinem Wesen ein gewaltsamer Not- und Belagerungszustand, welcher von wenigen über viele verhängt ist, und braucht List, Lüge und Gewalt, um sich in Ansehen zu halten. Nicht das Interesse der Vielen (der Völker), wie man wohl sagt, sondern vor allem das Interesse bestimmter Fürstendynastien, sodann das bestimmter Klassen des Handels und der Gesellschaft, treibt zu diesem Nationalismus; hat man dies einmal erkannt, so soll man sich nur ungescheut als *guten Europäer* ausgeben und durch die Tat an der Verschmelzung der Nationen arbeiten: wobei die Deutschen durch ihre alte bewährte Eigenschaft, *Dolmetscher und Vermittler der Völker* zu sein, mitzuhelfen vermögen. – Beiläufig: das ganze Problem der *Juden* ist nur innerhalb der nationalen Staaten vorhanden, insofern hier überall ihre Tatkräftigkeit und höhere Intelligenz, ihr in langer Leidensschule von Geschlecht zu Geschlecht angehäuftes Geist- und Willens-Kapital in einem neid- und haßerweckenden Maße zum Übergewicht kommen muß, so daß die literarische Unart fast in allen jetzigen Nationen überhand nimmt – und zwar je mehr diese sich wieder national gebärden –, die Juden als Sündenböcke aller möglichen öffentlichen und inneren Übelstände zur Schlachtbank zu führen. Sobald es sich nicht mehr um Konservierung von Nationen, sondern um die Erzeugung einer möglichst kräftigen europäischen Mischrasse handelt, ist der Jude als Ingredienz ebenso brauchbar und erwünscht als irgendein anderer nationaler Rest. Unangenehme, ja gefährliche Eigenschaften hat jede Nation, jeder Mensch: es ist grausam zu verlangen, daß der Jude eine Ausnahme machen solle. Jene Eigenschaften mögen sogar bei ihm in besonderem Maße gefährlich und abschreckend sein; und vielleicht ist der jugendliche Börsen-Jude die widerlichste Erfindung des Menschengeschlechtes überhaupt. Trotzdem möchte ich wissen, wie viel man bei einer Gesamtabrechnung einem Volke nachsehen muß, welches, nicht ohne unser aller Schuld, die leidvollste Geschichte unter allen Völkern gehabt hat, und dem man den edelsten Menschen (Christus), den reinsten Weisen (Spinoza), das mächtigste Buch und das wirkungsvollste Sittengesetz der Welt verdankt. Überdies: in den dunkelsten Zeiten des Mittelalters, als sich die asiatische Wolkenschicht schwer über Europa gelagert hatte, waren es jüdische Freidenker, Gelehrte und Ärzte, welche das Banner der Aufklärung und der geistigen Unabhängigkeit unter dem härtesten persönlichen Zwange festhielten und Europa gegen Asien verteidigten; ihren Bemühungen ist es nicht am wenigsten zu danken, daß eine natürlichere, vernunftgemäßere und jedenfalls unmythische Erklärung der Welt endlich wieder zum Siege kommen konnte und daß der Ring der Kultur, welcher uns jetzt mit der Aufklärung des griechisch-römischen Altertums zusammenknüpft, unzerbrochen blieb. Wenn das Christentum alles getan hat, um den Okzident zu orientalisieren, so hat das Judentum wesentlich mit dabei geholfen, ihn immer wieder zu okzidentalisieren: was in einem bestimmten Sinne so viel heißt, als Europas Aufgabe und Geschichte zu einer *Fortsetzung der griechischen* zu machen.

476

Scheinbare Überlegenheit des Mittelalters. – Das Mittelalter zeigt in der Kirche ein Institut mit einem ganz universalen, die gesamte Menschheit in sich begreifenden Ziele, noch dazu einem solchen, welches den – vermeintlich – höchsten Interessen derselben galt: dagegen gesehen machen die Ziele der Staaten und Nationen, welche die neuere Geschichte zeigt, einen beklemmenden Eindruck; sie erscheinen kleinlich, niedrig, materiell, räumlich beschränkt. Aber dieser verschiedne Eindruck auf die Phantasie soll unser Urteil ja nicht bestimmen; denn jenes universale Institut entsprach erkünstelten, auf Fiktionen beruhenden Bedürfnissen, welche es, wo sie noch nicht vorhanden waren, erst erzeugen mußte (Bedürfnis der Erlösung); die neuen Institute helfen wirklichen Notzuständen ab; und die Zeit kommt, wo Institute entstehen, um den gemeinsamen wahren Bedürfnissen aller Menschen zu dienen und das phantastische Urbild, die katholische Kirche, in Schatten und Vergessenheit zu stellen.

477

Der Krieg unentbehrlich. – Es ist eitel Schwärmerei und Schönseelentum, von der Menschheit noch viel (oder gar: erst recht viel) zu erwarten, wenn sie verlernt hat, Kriege zu führen. Einstweilen kennen wir keine anderen Mittel, wodurch mattwerdenden Völkern jene rauhe Energie des Feldlagers, jener tiefe unpersönliche Haß, jene Mörder-Kaltblütigkeit mit gutem Gewissen, jene gemeinsame organisierende Glut in der Vernichtung des Feindes, jene stolze Gleichgültigkeit gegen große Verluste, gegen das eigene Dasein und das der Befreundeten, jenes dumpfe erdbebenhafte Erschüttern der Seele ebenso stark und sicher mitgeteilt werden könnte, wie dies jeder große Krieg tut: von den hier hervorbrechenden Bächen und Strömen, welche freilich Steine und Unrat aller Art mit sich wälzen und die Wiesen zarter Kulturen zugrunde richten, werden nachher unter günstigen Umständen die Räderwerke in den Werkstätten des Geistes mit neuer Kraft umgedreht. Die Kultur kann die Leidenschaften, Laster und Bosheiten durchaus nicht entbehren. – Als die kaiserlich gewordenen Römer der Kriege etwas müde wurden, versuchten sie aus Tierhetzen, Gladiatorenkämpfen und Christenverfolgungen sich neue Kraft zu gewinnen. Die jetzigen Engländer, welche im ganzen auch dem Kriege abgesagt zu haben scheinen, ergreifen ein anderes Mittel, um jene entschwindenden Kräfte neu zu erzeugen: jene gefährlichen Entdeckungsreisen, Durchschiffungen, Erkletterungen, zu wissenschaftlichen Zwecken, wie es heißt, unternommen, in Wahrheit, um überschüssige Kraft aus Abenteuern und Gefahren aller Art mit nach Hause zu bringen. Man wird noch vielerlei solche Surrogate des Krieges ausfindig machen, aber vielleicht durch sie immer mehr einsehen, daß eine solche hochkultivierte und daher notwendig matte Menschheit, wie die der jetzigen Europäer, nicht nur der Kriege, sondern der größten und furchtbarsten Kriege – also zeitweiliger Rückfälle in die Barbarei – bedarf, um nicht an den Mitteln der Kultur ihre Kultur und ihr Dasein selber einzubüßen.

478

Fleiß im Süden und Norden. – Der Fleiß entsteht auf zwei ganz verschiedene Arten. Die Handwerker im Süden werden fleißig, nicht aus Erwerbstrieb, sondern aus der beständigen Bedürftigkeit der anderen. Weil immer einer kommt, der ein Pferd beschlagen, einen Wagen ausbessern lassen will, so ist der Schmied fleißig. Käme niemand, so würde er auf dem Markte herumlungern. Sich zu ernähren, das hat in einem fruchtbaren Lande wenig Not, dazu brauchte er nur ein sehr geringes Maß von Arbeit, jedenfalls keinen Fleiß; schließlich würde er betteln und zufrieden sein. –

Der Fleiß englischer Arbeiter hat dagegen den Erwerbssinn hinter sich: er ist sich seiner selbst und seiner Ziele bewußt und will mit dem Besitz die Macht, mit der Macht die größtmögliche Freiheit und individuelle Vornehmheit.

479

Reichtum als Ursprung eines Geblütsadels. – Der Reichtum erzeugt notwendig eine Aristokratie der Rasse, denn er gestattet die schönsten Weiber zu wählen, die besten Lehrer zu besolden, er gönnt dem Menschen Reinlichkeit, Zeit zu körperlichen Übungen, und vor allem Abwendung von verdumpfender körperlicher Arbeit. Soweit verschafft er alle Bedingungen, um, in einigen Generationen, die Menschen vornehm und schön sich bewegen, ja selbst handeln zu machen: die größere Freiheit des Gemüts, die Abwesenheit des Erbärmlich-Kleinen, der Erniedrigung vor Brotgebern, der Pfennig-Sparsamkeit. – Gerade diese negativen Eigenschaften sind das reichste Angebinde des Glücks für einen jungen Menschen; ein ganz Armer richtet sich gewöhnlich durch Vornehmheit der Gesinnung zugrunde, er kommt nicht vorwärts und erwirbt nichts, seine Rasse ist nicht lebensfähig. – Dabei ist aber zu bedenken, daß der Reichtum fast die gleichen Wirkungen ausübt, wenn einer 300 Taler oder 30000 jährlich verbrauchen darf: es gibt nachher keine wesentliche Progression der begünstigenden Umstände mehr. Aber weniger zu haben, als Knabe zu betteln und sich zu erniedrigen, ist furchtbar: obwohl für solche, welche ihr Glück im Glanze der Höfe, in der Unterordnung unter Mächtige und Einflußreiche suchen oder welche Kirchenhäupter werden wollen, es der rechte Ausgangspunkt sein mag. (– Es lehrt, gebückt sich in die Höhlengänge der Gunst einzuschleichen.)

480

Neid und Trägheit in verschiedener Richtung. – Die beiden gegnerischen Parteien, die sozialistische und die nationale – oder wie die Namen in den verschiedenen Ländern Europas lauten mögen –, sind einander würdig: Neid und Faulheit sind die bewegenden Mächte in ihnen beiden. In jenem Heerlager will man so wenig als möglich mit den Händen arbeiten, in diesem so wenig als möglich mit dem Kopf; in letzterem haßt und neidet man die hervorragenden, aus sich wachsenden einzelnen, welche sich nicht gutwillig in Reih und Glied zum Zwecke einer Massenwirkung stellen lassen; in ersterem die bessere, äußerlich günstiger gestellte Kaste der Gesellschaft, deren eigentliche Aufgabe, die Erzeugung der höchsten Kulturgüter, das Leben innerlich um so viel schwerer und schmerzensreicher macht. Gelingt es freilich, jenen Geist der Massenwirkung zum Geiste der höheren Klassen der Gesellschaft zu machen, so sind die sozialistischen Scharen ganz im Rechte, wenn sie auch äußerlich zwischen sich und jenen zu nivellieren suchen, da sie ja innerlich, in Kopf und Herz, schon miteinander nivelliert sind. – Lebt als höhere Menschen und tut immerfort die Taten der höheren Kultur, – so gesteht euch alles, was da lebt, euer Recht zu, und die Ordnung der Gesellschaft, deren Spitze ihr seid, ist gegen jeden bösen Blick und Griff gefeit!

481

Große Politik und ihre Einbußen. – Ebenso wie ein Volk die größten Einbußen, welche Krieg und Kriegsbereitschaft mit sich bringen, nicht durch die Unkosten des Kriegs, die Stauungen in Handel und Wandel erleidet, ebenso nicht durch die Unterhaltung der stehenden Heere – so groß diese Einbußen auch jetzt sein mögen, wo acht Staaten Europas jährlich die Summe von zwei bis drei Milliarden darauf verwenden –, sondern dadurch, daß jahraus jahrein die tüchtigsten, kräftigsten, arbeitsamsten Männer in außerordentlicher Anzahl ihren eigentlichen Beschäftigungen und Berufen entzogen werden, um Soldaten zu sein: ebenso erleidet ein Volk, welches sich anschickt, große Politik zu treiben und unter den mächtigsten Staaten sich eine entscheidende Stimme zu sichern, seine größten Einbußen nicht darin, worin man sie gewöhnlich findet. Es ist wahr, daß es von diesem Zeitpunkte ab fortwährend eine Menge der hervorragendsten Talente auf dem »Altar des Vaterlandes« oder der nationalen Ehrsucht opfert, während früher diesen Talenten, welche jetzt die Politik verschlingt, andere Wirkungskreise offenstanden. Aber abseits von diesen öffentlichen Hekatomben, und im Grunde viel grauenhafter als diese, begibt sich ein Schauspiel, welches fortwährend in hunderttausend Akten gleichzeitig sich abspielt: jeder tüchtige, arbeitsame, geistvolle, strebende Mensch eines solchen nach politischen Ruhmeskränzen lüsternen Volkes wird von dieser Lüsternheit beherrscht und gehört seiner eigenen Sache nicht mehr wie früher völlig an: die täglich neuen Fragen und Sorgen des öffentlichen Wohls verschlingen eine tägliche Abgabe von dem Kopf- und Herz-Kapitale jedes Bürgers: die Summe aller dieser Opfer und Einbußen an individueller Energie und Arbeit ist so ungeheuer, daß das politische Aufblühen eines Volkes eine geistige Verarmung und Ermattung, eine geringere Leistungsfähigkeit zu Werken, welche große Konzentration und Einseitigkeit verlangen, fast mit Notwendigkeit nach sich zieht. Zuletzt darf man fragen: *lohnt* sich denn alle diese Blüte und Pracht des Ganzen (welche ja doch nur aus Furcht der anderen Staaten vor dem neuen Koloß und als dem Auslande abgerungene Begünstigung der nationalen Handels- und Verkehrs-Wohlfahrt zutage tritt), wenn dieser groben und buntschillernden Blume der Nation alle die edleren, zarteren, geistigeren Pflanzen und Gewächse, an welchen ihr Boden bisher so reich war, zum Opfer gebracht werden müssen?

482

Und nochmals gesagt. – Öffentliche Meinungen – private Faulheiten.

NEUNTES HAUPTSTÜCK

DER MENSCH MIT SICH ALLEIN

483

Feinde der Wahrheit. – Überzeugungen sind gefährlichere Feinde der Wahrheit als Lügen.

484

Verkehrte Welt. – Man kritisiert einen Denker schärfer, wenn er einen uns unangenehmen Satz hinstellt; und doch wäre es vernünftiger, dies zu tun, wenn sein Satz uns angenehm ist.

485

Charaktervoll. – Charaktervoll erscheint ein Mensch weit häufiger, weil er immer seinem Temperament, als weil er immer seinen Prinzipien folgt.

486

Das eine, was nottut. – Eins muß man haben: entweder einen von Natur leichten Sinn oder einen durch Kunst und Wissen *erleichterten Sinn.*

487

Die Leidenschaft für Sachen. – Wer seine Leidenschaft auf Sachen (Wissenschaften, Staatswohl, Kulturinteressen, Künste) richtet, entzieht seiner Leidenschaft für Personen viel Feuer (selbst wenn sie Vertreter jener Sachen sind, wie Staatsmänner, Philosophen, Künstler Vertreter ihrer Schöpfungen sind).

488

Die Ruhe in der Tat. – Wie ein Wasserfall im Sturz langsamer und schwebender wird, so pflegt der große Mensch der Tat mit *mehr* Ruhe zu handeln, als seine stürmische Begierde vor der Tat es erwarten ließ.

489

Nicht zu tief. – Personen, welche eine Sache in aller Tiefe erfassen, bleiben ihr selten auf immer treu. Sie haben eben die Tiefe ans Licht gebracht: da gibt es immer viel Schlimmes zu sehen.

490

Wahn der Idealisten. – Alle Idealisten bilden sich ein, die Sachen, welchen sie dienen, seien wesentlich besser als die anderen Sachen in der Welt, und wollen nicht glauben, daß, wenn ihre Sache überhaupt gedeihen soll, sie genau desselben übelriechenden Düngers bedarf, welchen alle anderen menschlichen Unternehmungen nötig haben.

491

Selbstbeobachtung. – Der Mensch ist gegen sich selbst, gegen Auskundschaftung und Belagerung durch sich selber sehr gut verteidigt, er vermag gewöhnlich nicht mehr von sich als seine Außenwerke wahrzunehmen. Die eigentliche Festung ist ihm unzugänglich, selbst unsichtbar, es sei denn, daß Freunde und Feinde die Verräter machen und ihn selber auf geheimem Wege hineinführen.

492

Der richtige Beruf. – Männer halten selten einen Beruf aus, von dem sie nicht glauben oder sich einreden, er sei im Grunde wichtiger als alle anderen. Ebenso geht es Frauen mit ihren Liebhabern.

493

Adel der Gesinnung. – Der Adel der Gesinnung besteht zu einem großen Teil aus Gutmütigkeit und Mangel an Mißtrauen, und enthält also gerade das, worüber sich die gewinnsüchtigen und erfolgreichen Menschen so gerne mit Überlegenheit und Spott ergehen.

494

Ziel und Wege. – Viele sind hartnäckig in bezug auf den einmal eingeschlagnen Weg, wenige in bezug auf das Ziel.

495

Das Empörende an einer individuellen Lebensart. – Alle sehr individuellen Maßregeln des Lebens bringen die Menschen gegen den, der sie ergreift, auf; sie fühlen sich durch die außergewöhnliche Behandlung, welche jener sich angedeihen läßt, erniedrigt, als gewöhnliche Wesen.

496

Vorrecht der Größe. – Es ist das Vorrecht der Größe, mit geringen Gaben hoch zu beglücken.

497

Unwillkürlich vornehm. – Der Mensch beträgt sich unwillkürlich vornehm, wenn er sich gewöhnt hat, von den Menschen nichts zu wollen und ihnen immer zu geben.

498

Bedingung des Heroentums. – Wenn einer zum Helden werden will, so muß die Schlange vorher zum Drachen geworden sein, sonst fehlt ihm sein rechter Feind.

499

Freund. – Mitfreude, nicht Mitleiden, macht den Freund.

500

Ebbe und Flut zu benutzen. – Man muß zum Zwecke der Erkenntnis jene innere Strömung zu benutzen wissen, welche uns zu einer Sache hinzieht, und wiederum jene, welche uns, nach einer Zeit, von der Sache fortzieht.

501

Freude an sich. – »Freude an der Sache« so sagt man: aber in Wahrheit ist es Freude an sich vermittelst einer Sache.

502

Der Bescheidene. – Wer gegen Personen bescheiden ist, zeigt gegen Sachen (Stadt, Staat, Gesellschaft, Zeit, Menschheit) um so stärker seine Anmaßung. Das ist seine Rache.

503

Neid und Eifersucht. – Neid und Eifersucht sind die Schamteile der menschlichen Seele. Die Vergleichung kann vielleicht fortgesetzt werden.

504

Der vornehmste Heuchler. – Gar nicht von sich zu reden, ist eine sehr vornehme Heuchelei.

505

Verdruß. – Der Verdruß ist eine körperliche Krankheit, welche keineswegs dadurch schon gehoben ist, daß die Veranlassung zum Verdrusse hinterdrein beseitigt wird.

506

Vertreter der Wahrheit. – Nicht wenn es gefährlich ist, die Wahrheit zu sagen, findet sie am seltensten Vertreter, sondern wenn es langweilig ist.

507

Beschwerlicher noch als Feinde. – Die Personen, von deren sympathischem Verhalten wir nicht unter allen Umständen überzeugt sind, während uns irgendein Grund (z. B. Dankbarkeit) verpflichtet, den Anschein der unbedingten Sympathie unsererseits aufrecht zu erhalten, quälen unsere Phantasie viel mehr als unsere Feinde.

508

Die freie Natur. – Wir sind so gerne in der freien Natur, weil diese keine Meinung über uns hat.

509

Jeder in einer Sache überlegen. – In zivilisierten Verhältnissen fühlt sich jeder jedem andern in *einer* Sache wenigstens überlegen: darauf beruht das allgemeine Wohlwollen, insofern jeder einer ist, der unter Umständen helfen kann und deshalb sich ohne Scham helfen lassen darf.

510

Trostgründe. – Bei einem Todesfall braucht man zumeist Trostgründe, nicht sowohl um die Gewalt des Schmerzes zu lindern, als um zu entschuldigen, daß man sich so leicht getröstet fühlt.

511

Die Überzeugungstreuen. – Wer viel zu tun hat, behält seine allgemeinen Ansichten und Standpunkte fast unverändert bei. Ebenso jeder, der im Dienst einer Idee arbeitet: er wird die Idee selber nie mehr prüfen, dazu hat er keine Zeit mehr; ja es geht gegen sein Interesse, sie überhaupt noch für diskutierbar zu halten.

512

Moralität und Quantität. – Die höhere Moralität des einen Menschen im Vergleich zu der eines anderen liegt oft nur darin, daß die Ziele quantitativ größer sind. Jenen zieht die Beschäftigung mit dem Kleinen, im engen Kreise, nieder.

513

Das Leben als Ertrag des Lebens. – Der Mensch mag sich noch so weit mit seiner Erkenntnis ausrecken, sich selber noch so objektiv vorkommen: zuletzt trägt er doch nichts davon als seine eigene Biographie.

514

Die eherne Notwendigkeit. – Die eherne Notwendigkeit ist ein Ding, von dem die Menschen im Verlauf der Geschichte einsehen, daß es weder ehern noch notwendig ist.

515

Aus der Erfahrung. – Die Unvernunft einer Sache ist kein Grund gegen ihr Dasein, vielmehr eine Bedingung desselben.

516

Wahrheit. – Niemand stirbt jetzt an tödlichen Wahrheiten: es gibt zu viele Gegengifte.

517

Grundeinsicht. – Es gibt keine prästabilierte Harmonie zwischen der Förderung der Wahrheit und dem Wohle der Menschheit.

518

Menschenlos. – Wer tiefer denkt, weiß, daß er immer unrecht hat, er mag handeln und urteilen, wie er will.

519

Wahrheit als Circe. – Der Irrtum hat aus Tieren Menschen gemacht; sollte die Wahrheit imstande sein, aus dem Menschen wieder ein Tier zu machen?

520

Gefahr unserer Kultur. – Wir gehören einer Zeit an, deren Kultur in Gefahr ist, an den Mitteln der Kultur zugrunde zu gehen.

521

Größe heißt: Richtung-geben. – Kein Strom ist durch sich selber groß und reich: sondern daß er so viele Nebenflüsse aufnimmt und fortführt, das macht ihn dazu. So steht es auch mit allen Größen des Geistes. Nur darauf kommt es an, daß einer die Richtung angibt, welcher dann so viele Zuflüsse folgen müssen; nicht darauf, ob er von Anbeginn arm oder reich begabt ist.

522

Schwaches Gewissen. – Menschen, welche von ihrer Bedeutung für die Menschheit sprechen, haben in bezug auf gemeine bürgerliche Rechtlichkeit, im Halten von Verträgen, Versprechungen, ein schwaches Gewissen.

523

Geliebt sein wollen. – Die Forderung, geliebt zu werden, ist die größte der Anmaßungen.

524

Menschenverachtung. – Das unzweideutigste Anzeichen von einer Geringschätzung der Menschen ist dies, daß man jedermann nur als Mittel zu *seinem* Zwecke oder gar nicht gelten läßt.

525

Anhänger aus Widerspruch. – Wer die Menschen zur Raserei gegen sich gebracht hat, hat sich immer auch eine Partei zu seinen Gunsten erworben.

526

Erlebnisse vergessen. – Wer viel denkt, und zwar sachlich denkt, vergißt leicht seine eigenen Erlebnisse, aber nicht so die Gedanken, welche durch jene hervorgerufen wurden.

527

Festhalten einer Meinung. – Der eine hält eine Meinung fest, weil er sich etwas darauf einbildet, von selbst auf sie gekommen zu sein, der andere, weil er sie mit Mühe gelernt hat und stolz darauf ist, sie begriffen zu haben: beide also aus Eitelkeit.

528

Das Licht scheuen. – Die gute Tat scheut ebenso ängstlich das Licht als die böse Tat: diese fürchtet, durch das Bekanntwerden komme der Schmerz

542

Gefahren der geistigen Befreiung. – Bei der ernstlich gemeinten geistigen Befreiung eines Menschen hoffen im stillen auch seine Leidenschaften und Begierden ihren Vorteil sich zu ersehen.

543

Verkörperung des Geistes. – Wenn einer viel und klug denkt, so bekommt nicht nur sein Gesicht, sondern auch sein Körper ein kluges Aussehen.

544

Schlecht sehen und schlecht hören. – Wer wenig sieht, sieht immer weniger; wer schlecht hört, hört immer einiges noch dazu.

545

Selbstgenuß in der Eitelkeit. – Der Eitle will nicht sowohl hervorragen, als sich hervorragend fühlen; deshalb verschmäht er kein Mittel des Selbstbetrugs und der Selbstüberlistung. Nicht die Meinung der anderen, sondern seine Meinung von deren Meinung liegt ihm am Herzen.

546

Ausnahmsweise eitel. – Der für gewöhnlich Selbstgenügsame ist ausnahmsweise eitel und für Ruhm und Lobsprüche empfänglich, wenn er körperlich krank ist. In dem Maße, in welchem er sich verliert, muß er sich aus fremder Meinung, von außen her, wieder zu gewinnen suchen.

547

Die »Geistreichen«. – Der hat keinen Geist, welcher den Geist sucht.

548

Wink für Parteihäupter. – Wenn man die Leute dazu treiben kann, sich öffentlich für etwas zu erklären, so hat man sie meistens auch dazu gebracht, sich innerlich dafür zu erklären; sie wollen fürderhin als konsequent erfunden werden.

549

Verachtung. – Die Verachtung durch andere ist dem Menschen empfindlicher als die durch sich selbst.

550

Schnur der Dankbarkeit. – Es gibt sklavische Seelen, welche die Erkenntlichkeit für erwiesene Wohltaten so weit treiben, daß sie sich mit der Schnur der Dankbarkeit selbst erdrosseln.

551

Kunstgriff des Propheten. – Um die Handlungsweise gewöhnlicher Menschen im voraus zu erraten, muß man annehmen, daß sie immer den mindesten Aufwand an Geist machen, um sich aus einer unangenehmen Lage zu befreien.

552

Das einzige Menschenrecht. – Wer vom Herkömmlichen abweicht, ist das Opfer des Außergewöhnlichen; wer im Herkömmlichen bleibt, ist der Sklave desselben. Zugrunde gerichtet wird man auf jeden Fall.

553

Unter das Tier hinab. – Wenn der Mensch vor Lachen wiehert, übertrifft er alle Tiere durch seine Gemeinheit.

554

Halbwissen. – Der, welcher eine fremde Sprache wenig spricht, hat mehr Freude daran als der, welcher sie gut spricht. Das Vergnügen ist bei den Halbwissenden.

555

Gefährliche Hilfsbereitschaft. – Es gibt Leute, welche das Leben den Menschen erschweren wollen, aus keinem andern Grunde, als um ihnen hinterdrein ihre Rezepte zur Erleichterung des Lebens, zum Beispiel ihr Christentum, anzubieten.

556

Fleiß und Gewissenhaftigkeit. – Fleiß und Gewissenhaftigkeit sind oftmals dadurch Antagonisten, daß der Fleiß die Früchte sauer vom Baume nehmen will, die Gewissenhaftigkeit sie aber zu lange hängen läßt, bis sie herabfallen und sich zerschlagen.

557

Verdächtigen. – Menschen, welche man nicht leiden kann, sucht man sich zu verdächtigen.

558

Die Umstände fehlen. – Viele Menschen warten ihr Leben lang auf die Gelegenheit, auf *ihre* Art gut zu sein.

559

Mangel an Freunden. – Der Mangel an Freunden läßt auf Neid oder Anmaßung schließen. Mancher verdankt seine Freunde nur dem glücklichen Umstande, daß er keinen Anlaß zum Neide hat.

560

Gefahr in der Vielheit. – Mit einem Talente mehr steht man oft unsicherer, als mit einem weniger: wie der Tisch besser auf drei als auf vier Füßen steht.

561

Den andern zum Vorbild. – Wer ein gutes Beispiel geben will, muß seiner Tugend ein Gran Narrheit zusetzen; dann ahmt man nach und erhebt sich zugleich über den Nachgeahmten, – was die Menschen lieben.

562

Zielscheibe sein. – Die bösen Reden anderer über uns gelten oft nicht eigentlich uns, sondern sind die Äußerungen eines Ärgers, einer Verstimmung aus ganz anderen Gründen.

563

Leicht resigniert. – Man leidet wenig an versagten Wünschen, wenn man seine Phantasie geübt hat, die Vergangenheit zu verhäßlichen.

564

In Gefahr. – Man ist am meisten in Gefahr, überfahren zu werden, wenn man eben einem Wagen ausgewichen ist.

565

Je nach der Stimme die Rolle. – Wer gezwungen ist lauter zu reden, als er gewohnt ist (etwa vor einem Halb-Tauben oder vor einem großen Auditorium), übertreibt gewöhnlich die Dinge, welche er mitzuteilen hat. – Mancher wird zum Verschwörer, böswilligen Nachredner, Intriganten, bloß weil seine Stimme sich am besten zu einem Geflüster eignet.

566

Liebe und Haß. – Liebe und Haß sind nicht blind, aber geblendet vom Feuer, das sie selber mit sich tragen.

567

Mit Vorteil angefeindet. – Menschen, welche der Welt ihre Verdienste nicht völlig deutlich machen können, suchen sich eine starke Feindschaft zu erwecken. Sie haben dann den Trost, zu denken, daß diese zwischen ihren Verdiensten und deren Anerkennung stehe – und daß mancher andere dasselbe vermute: was sehr vorteilhaft für ihre Geltung ist.

568

Beichte. – Man vergißt seine Schuld, wenn man sie einem andern gebeichtet hat, aber gewöhnlich vergißt der andere sie nicht.

569

Selbstgenügsamkeit. – Das goldene Vlies der Selbstgenügsamkeit schützt gegen Prügel, aber nicht gegen Nadelstiche.

570

Schatten in der Flamme. – Die Flamme ist sich selber nicht so hell als den andern, denen sie leuchtet: so auch der Weise.

571

Eigene Meinungen. – Die erste Meinung, welche uns einfällt, wenn wir plötzlich über eine Sache befragt werden, ist gewöhnlich nicht unsere eigene, sondern nur die landläufige, unsrer Kaste, Stellung, Abkunft zugehörige; die eignen Meinungen schwimmen selten obenauf.

572

Herkunft des Mutes. – Der gewöhnliche Mensch ist mutig und unverwundbar, wie ein Held, wenn er die Gefahr nicht sieht, für sie keine Augen hat. Umgekehrt: der Held hat die einzig verwundbare Stelle auf dem Rükken, also dort wo er keine Augen hat.

573

Gefahr im Arzte. – Man muß für seinen Arzt geboren sein, sonst geht man an seinem Arzt zugrunde.

574

Wunderliche Eitelkeit. – Wer dreimal mit Dreistigkeit das Wetter prophezeit hat und Erfolg hatte, der glaubt im Grunde seiner Seele ein wenig an seine Prophetengabe. Wir lassen das Wunderliche, Irrationelle gelten, wenn es unserer Selbstschätzung schmeichelt.

575

Beruf. – Ein Beruf ist das Rückgrat des Lebens.

576

Gefahr persönlichen Einflusses. – Wer fühlt, daß er auf einen andern einen großen innerlichen Einfluß ausübt, muß ihm ganz freie Zügel lassen, ja gelegentliches Widerstreben gern sehen und selbst herbeiführen: sonst wird er unvermeidlich sich einen Feind machen.

577

Den Erben gelten lassen. – Wer etwas Großes in selbstloser Gesinnung begründet hat, sorgt dafür, sich Erben zu erziehen. Es ist das Zeichen einer tyrannischen und unedlen Natur, in allen möglichen Erben seines Werks seine Gegner zu sehen und gegen sie im Stande der Notwehr zu leben.

578

Halbwissen. – Das Halbwissen ist siegreicher als das Ganzwissen: es kennt die Dinge einfacher, als sie sind, und macht daher seine Meinung faßlicher und überzeugender.

579

Nicht geeignet zum Parteimann. – Wer viel denkt, eignet sich nicht zum Parteimann: er denkt sich zu bald durch die Partei hindurch.

580

Schlechtes Gedächtnis. – Der Vorteil des schlechten Gedächtnisses ist, daß man dieselben guten Dinge mehrere Male zum *ersten* Male genießt.

581

Sich Schmerzen machen. – Rücksichtslosigkeit des Denkens ist oft das Zeichen einer unfriedlichen inneren Gesinnung, welche Betäubung begehrt.

582

Märtyrer. – Der Jünger eines Märtyrers leidet mehr als der Märtyrer

583

Rückständige Eitelkeit. – Die Eitelkeit mancher Menschen, die es nicht nötig hätten, eitel zu sein, ist die übriggebliebene und großgewachsene Gewohnheit aus der Zeit her, wo sie noch kein Recht hatten, an sich zu glauben, und diesen Glauben erst von anderen in kleiner Münze einbettelten.

584

Punctum saliens der Leidenschaft. – Wer im Begriff ist, in Zorn oder in einen heftigen Liebesaffekt zu geraten, erreicht einen Punkt, wo die Seele voll ist wie ein Gefäß: aber doch muß ein Wassertropfen noch hinzukommen, der gute Wille zur Leidenschaft (den man gewöhnlich auch den bösen nennt). Es ist nur dies Pünktchen nötig, dann läuft das Gefäß über.

585

Gedanke des Unmuts. – Es ist mit den Menschen wie mit den Kohlenmeilern im Walde. Erst wenn die jungen Menschen ausgeglüht haben und verkohlt sind gleich jenen, dann werden sie *nützlich*. Solange sie dampfen und rauchen, sind sie vielleicht interessanter, aber unnütz und gar zu häufig unbequem. – Die Menschheit verwendet schonungslos jeden einzelnen als Material zum Heizen ihrer großen Maschinen: aber wozu dann die Maschinen, wenn alle einzelnen (das heißt die Menschheit) nur dazu nützen, sie zu unterhalten? Maschinen, die sich selbst Zweck sind – ist das die *umana commedia*?

586

Vom Stundenzeiger des Lebens. – Das Leben besteht aus seltenen einzelnen Momenten von höchster Bedeutsamkeit und unzählig vielen Intervallen, in denen uns bestenfalls die Schattenbilder jener Momente umschweben. Die Liebe, der Frühling, jede schöne Melodie, das Gebirge, der Mond, das Meer – alles redet nur einmal ganz zum Herzen: wenn es überhaupt je ganz zu Worte kommt. Denn viele Menschen haben jene Momente gar nicht und sind selber Intervalle und Pausen in der Symphonie des wirklichen Lebens.

587

Angreifen oder eingreifen. – Wir machen häufig den Fehler, eine Richtung oder Partei oder Zeit lebhaft anzufeinden, weil wir zufällig nur ihre veräußerlichte Seite, ihre Verkümmerung oder die ihnen notwendig anhaftenden »Fehler ihrer Tugenden« zu sehen bekommen, – vielleicht weil wir selbst an diesen vornehmlich teilgenommen haben. Dann wenden wir ihnen den Rücken und suchen eine entgegengesetzte Richtung; aber das Bessere wäre, die starken guten Seiten aufzusuchen oder an sich selber auszubilden. Freilich gehört ein kräftigerer Blick und besserer Wille dazu, das Werdende und Unvollkommene zu fördern, als es in seiner Unvollkommenheit zu durchschauen und zu verleugnen.

588

Bescheidenheit. – Es gibt wahre Bescheidenheit (das heißt die Erkenntnis, daß wir nicht unsere eigenen Werke sind); und recht wohl geziemt sie dem großen Geiste, weil gerade er den Gedanken der völligen Unverantwortlichkeit (auch für das Gute, das er schafft) fassen kann. Die Unbescheidenheit des Großen haßt man nicht, insofern er seine Kraft fühlt, sondern weil er seine Kraft dadurch erst erfahren will, daß er die anderen verletzt, herrisch behandelt und zusieht, wie weit sie es aushalten. Gewöhnlich beweist dies sogar den Mangel an sicherem Gefühl der Kraft und macht somit die Menschen an seiner Größe zweifeln. Insofern ist Unbescheidenheit vom Gesichtspunkte der Klugheit aus sehr zu widerraten.

589

Des Tages erster Gedanke. – Das beste Mittel, jeden Tag gut zu beginnen, ist: beim Erwachen daran zu denken, ob man nicht wenigstens *einem* Menschen an diesem Tag eine Freude machen könne. Wenn dies als ein Ersatz für die religiöse Gewöhnung des Gebetes gelten dürfte, so hätten die Mitmenschen einen Vorteil bei dieser Änderung.

590

Anmaßung als letztes Trostmittel. – Wenn man ein Mißgeschick, seinen intellektuellen Mangel, seine Krankheit sich so zurechtlegt, daß man hierin sein vorgezeichnetes Schicksal, seine Prüfung oder die geheimnisvolle Strafe für früher Begangenes sieht, so macht man sich sein eigenes Wesen dadurch interessant und erhebt sich in der Vorstellung über seine Mitmenschen. Der stolze Sünder ist eine bekannte Figur in allen kirchlichen Sekten.

591

Vegetation des Glücks. – Dicht neben dem Wehe der Welt, und oft auf seinem vulkanischen Boden, hat der Mensch seine kleinen Gärten des Glücks angelegt. Ob man das Leben mit dem Blicke dessen betrachtet, der vom Dasein Erkenntnis allein will, oder dessen, der sich ergibt und resigniert, oder dessen, der an der überwundenen Schwierigkeit sich freut, – überall wird er etwas Glück neben dem Unheil aufgesproßt finden – und zwar um so mehr Glück, je vulkanischer der Boden war –, nur wäre es lächerlich, zu sagen, daß mit diesem Glück das Leiden selbst gerechtfertigt sei.

592

Die Straße der Vorfahren. – Es ist vernünftig, wenn jemand das *Talent,* auf welches sein Vater oder Großvater Mühe verwendet hat, an sich selbst weiter ausbildet und nicht zu etwas ganz Neuem umschlägt; er nimmt sich sonst die Möglichkeit, zum Vollkommenen in irgendeinem Handwerk zu gelangen. Deshalb sagt das Sprichwort: »Welche Straße sollst du reiten? – die deiner Vorfahren.«

593

Eitelkeit und Ehrgeiz als Erzieher. – Solange einer noch nicht zum Werkzeug des allgemeinen menschlichen Nutzens geworden ist, mag ihn der Ehrgeiz peinigen; ist jenes Ziel aber erreicht, arbeitet er mit Notwendigkeit wie eine Maschine zum besten aller, so mag dann die Eitelkeit kommen; sie wird ihn im kleinen vermenschlichen, geselliger, erträglicher, nachsichtiger machen, dann, wenn der Ehrgeiz die grobe Arbeit (ihn nützlich zu machen) an ihm vollendet hat.

594

Philosophische Neulinge. – Hat man die Weisheit eines Philosophen eben eingenommen, so geht man durch die Straßen mit dem Gefühle, als sei man umgeschaffen und ein großer Mann geworden; denn man findet lauter solche, welche diese Weisheit nicht kennen, hat also über alles eine neue unbekannte Entscheidung vorzutragen: weil man ein Gesetzbuch anerkennt, meint man jetzt auch sich als Richter gebärden zu müssen.

595

Durch Mißfallen gefallen. – Die Menschen, welche lieber auffallen und dabei mißfallen wollen, begehren dasselbe wie die, welche nicht auffallen und gefallen wollen, nur in einem viel höheren Grade und indirekt, vermittelst einer Stufe, durch welche sie sich scheinbar von ihrem Ziele entfernen. Sie wollen Einfluß und Macht, und zeigen deshalb ihre Überlegenheit, selbst so, daß sie unangenehm empfunden wird; denn sie wissen, daß der, welcher endlich zur Macht gelangt ist, fast in allem, was er tut und sagt, gefällt und daß selbst, wo er mißfällt, er doch noch zu gefallen scheint. – Auch der Freigeist, und ebenso der Gläubige, wollen Macht, um durch sie einmal zu gefallen; wenn ihnen ihrer Lehre wegen ein übles Schicksal, Verfolgung, Kerker, Hinrichtung droht, so freuen sie sich des Gedankens, daß ihre Lehre auf diese Weise der Menschheit eingeritzt und eingebrannt wird; sie nehmen es hin als ein schmerzhaftes aber kräftiges, wenngleich spät wirkendes Mittel, um doch noch zur Macht zu gelangen.

596

Casus belli und ähnliches. – Der Fürst, welcher zu dem gefaßten Entschlusse, Krieg mit dem Nachbar zu führen, einen *casus belli* ausfindig macht, gleicht dem Vater, der seinem Kinde eine Mutter unterschiebt, welche fürderhin als solche gelten soll. Und sind nicht fast alle öffentlich bekanntgemachten Motive unserer Handlungen solche untergeschobene Mütter?

597

Leidenschaft und Recht. – Niemand spricht leidenschaftlicher von seinem Rechte als der, welcher im Grunde seiner Seele einen Zweifel an seinem Rechte hat. Indem er die Leidenschaft auf seine Seite zieht, will er den Verstand und dessen Zweifel betäuben: so gewinnt er das gute Gewissen und mit ihm den Erfolg bei den Mitmenschen.

598

Kunstgriff des Entsagenden. – Wer gegen die Ehe protestiert, nach Art der katholischen Priester, wird diese nach ihrer niedrigsten gemeinsten Auffassung zu verstehen suchen. Ebenso wer die Ehre bei den Zeitgenossen von sich abweist, wird deren Begriff niedrig fassen; so erleichtert er sich die Entbehrung und den Kampf dagegen. Übrigens wird der, welcher sich im ganzen viel versagt, sich im kleinen leicht Indulgenz geben. Es wäre möglich, daß der, welcher über den Beifall der Zeitgenossen erhaben ist, doch die Befriedigung kleiner Eitelkeiten sich nicht versagen kann.

599

Lebensalter der Anmaßung. – Zwischen dem 26. und dem 30. Jahre liegt bei begabten Menschen die eigentliche Periode der Anmaßung; es ist die Zeit der ersten Reife, mit einem starken Rest von Säuerlichkeit. Man fordert auf Grund dessen, was man in sich fühlt, von Menschen, welche nichts oder wenig davon sehen, Ehre und Demütigung, und rächt sich, weil diese zunächst ausbleiben, durch jenen Blick, jene Gebärde der Anmaßung, jenen Ton der Stimme, die ein feines Ohr und Auge an allen Produktionen jenes Alters, seien es Gedichte, Philosophien oder Bilder und Musik, wiedererkennt. Ältere erfahrene Männer lächeln dazu, und mit Rührung gedenken sie dieses schönen Lebensalters, in dem man böse über das Geschick ist, so viel zu *sein* und so wenig zu *scheinen*. Später *scheint* man wirklich *mehr* – aber man hat den guten Glauben verloren, viel zu *sein*: man bleibe denn zeitlebens ein unverbesserlicher Narr der Eitelkeit.

600

Trügerisch und doch haltbar. – Wie man, um an einem Abgrund vorbeizugehen oder einen tiefen Bach auf einem Balken zu überschreiten, eines Geländers bedarf, nicht um sich daran festzuhalten – denn es würde sofort mit einem zusammenbrechen – sondern um die Vorstellung der Sicherheit für das Auge zu erwecken, so bedarf man als Jüngling solcher Personen, welche uns unbewußt den Dienst jenes Geländers erweisen. Es ist wahr, sie würden uns nicht helfen, wenn wir uns wirklich in großer Gefahr auf sie stützen wollten, aber sie geben die beruhigende Empfindung des Schutzes in der Nähe (zum Beispiel Väter, Lehrer, Freunde, wie sie, alle drei, gewöhnlich sind).

601

Lieben lernen. – Man muß lieben lernen, gütig sein lernen, und dies von Jugend auf; wenn Erziehung und Zufall uns keine Gelegenheit zur Übung dieser Empfindungen geben, so wird unsere Seele trocken und selbst zu einem Verständnis jener zarten Erfindungen liebevoller Menschen ungeeignet. Ebenso muß der Haß gelernt und genährt werden, wenn einer ein tüchtiger Hasser werden will: sonst wird auch der Keim dazu allmählich absterben.

602

Die Ruine als Schmuck. – Solche, die viele geistige Wandlungen durchmachen, behalten einige Ansichten und Gewohnheiten früherer Zustände bei, welche dann wie ein Stück unerklärlichen Altertums und grauen Mauerwerks in ihr neues Denken und Handeln hineinragen: oft zur Zierde der ganzen Gegend.

603

Liebe und Ehre. – Die Liebe begehrt, die Furcht meidet. Daran liegt es, daß man nicht zugleich von derselben Person, wenigstens in demselben Zeitraume, geliebt und geehrt werden kann. Denn der Ehrende erkennt die Macht an, das heißt er fürchtet sie: sein Zustand ist Ehr-furcht. Die Liebe aber erkennt keine Macht an, nichts, was trennt, abhebt, über- und unterordnet. Weil sie nicht ehrt, so sind ehrsüchtige Menschen insgeheim oder öffentlich gegen das Geliebtwerden widerspenstig.

604

Vorurteil für die kalten Menschen. – Menschen, welche rasch Feuer fangen, werden schnell kalt und sind daher im ganzen unzuverlässig. Deshalb gibt es für alle die, welche immer kalt sind oder so sich stellen, das günstige Vorurteil, daß es besonders vertrauenswerte, zuverlässige Menschen seien: man verwechselt sie mit denen, welche langsam Feuer fangen und es lange festhalten.

605

Das Gefährliche in freien Meinungen. – Das leichte Befassen mit freien Meinungen gibt einen Reiz, wie ein Art Jucken; gibt man ihm mehr nach, so fängt man an, die Stellen zu reiben; bis zuletzt eine offene schmerzende Wunde entsteht, das heißt: bis die freie Meinung uns in unserer Lebensstellung, unsern menschlichen Beziehungen zu stören, zu quälen beginnt.

606

Begierde nach tiefem Schmerz. – Die Leidenschaft läßt, wenn sie vorüber ist, eine dunkle Sehnsucht nach sich selber zurück und wirft, im Verschwinden noch, einen verführerischen Blick zu. Es muß doch eine Art von Lust gewährt haben, mit ihrer Geißel geschlagen worden zu sein. Die mäßigeren Empfindungen erscheinen dagegen schal; man will, wie es scheint, die heftigere Unlust immer noch lieber als die matte Lust.

607

Unmut über andere und die Welt. – Wenn wir, wie so häufig, unsern Unmut an anderen auslassen, während wir ihn eigentlich über uns empfinden, erstreben wir im Grunde eine Umnebelung und Täuschung unseres Urteils: wir wollen diesen Unmut *a posteriori* motivieren, durch die Versehen, Mängel der anderen, und uns selber so aus den Augen verlieren. – Die religiös strengen Menschen, welche gegen sich selber unerbittliche Richter sind, haben zugleich am meisten Übles der Menschheit überhaupt nachgesagt: ein Heiliger, welcher sich die Sünden und den anderen die Tugenden vorbehält, hat nie gelebt: ebenso wenig wie jener, welcher nach Buddhas Vorschrift sein Gutes vor den Leuten verbirgt und sie sein Böses allein sehen läßt.

608

Ursache und Wirkung verwechselt. – Wir suchen unbewußt die Grundsätze und Lehrmeinungen, welche unserem Temperamente angemessen sind, so daß es zuletzt so aussieht, als ob die Grundsätze und Lehrmeinungen unseren Charakter geschaffen, ihm Halt und Sicherheit gegeben hätten: während es gerade umgekehrt zugegangen ist. Unser Denken und Urteilen soll nachträglich, so scheint es, zur Ursache unseres Wesens gemacht werden: aber tatsächlich ist *unser* Wesen die Ursache, daß wir so und so denken und urteilen. Und was bestimmt uns zu dieser fast unbewußten Komödie? Die Trägheit und Bequemlichkeit und nicht am wenigsten der Wunsch der Eitelkeit, durch und durch als konsistent, in Wesen und Denken einartig erfunden zu werden: denn dies erwirbt Achtung, gibt Vertrauen und Macht.

609

Lebensalter und Wahrheit. – Junge Leute lieben das Interessanteste und Absonderliche, gleichgültig wie wahr oder falsch es ist. Reifere Geister lieben das an der Wahrheit, was an ihr interessant und absonderlich ist. Ausgereifte Köpfe endlich lieben die Wahrheit auch in dem, wo sie schlicht und einfältig erscheint und dem gewöhnlichen Menschen Langeweile macht, weil sie gemerkt haben, daß die Wahrheit das Höchste an Geist, was sie besitzt, mit der Miene der Einfalt zu sagen pflegt.

610

Die Menschen als schlechte Dichter. – So wie schlechte Dichter im zweiten Teil des Verses zum Reime den Gedanken suchen, so pflegen die Menschen in der zweiten Hälfte des Lebens, ängstlicher geworden, die Handlungen, Stellungen, Verhältnisse zu suchen, welche zu denen ihres früheren Lebens passen, so daß äußerlich alles wohl zusammenklingt: aber ihr Leben ist nicht mehr von einem starken Gedanken beherrscht und immer wieder neu bestimmt, sondern an die Stelle desselben tritt die Absicht, einen Reim zu finden.

611

Langeweile und Spiel. – Das Bedürfnis zwingt uns zur Arbeit, mit deren Ertrage das Bedürfnis gestillt wird; das immer neue Erwachen der Bedürfnisse gewöhnt uns an die Arbeit. In den Pausen aber, in welchen die Bedürfnisse gestillt sind und gleichsam schlafen, überfällt uns die

Langeweile. Was ist diese? Es ist die Gewöhnung an Arbeit überhaupt, welche sich jetzt als neues, hinzukommendes Bedürfnis geltend macht; sie wird um so stärker sein, je stärker jemand gewöhnt ist zu arbeiten, vielleicht sogar, je stärker jemand an Bedürfnissen gelitten hat. Um der Langeweile zu entgehen, arbeitet der Mensch entweder über das Maß seiner sonstigen Bedürfnisse hinaus oder er erfindet das Spiel, das heißt die Arbeit, welche kein anderes Bedürfnis stillen soll als das nach Arbeit überhaupt. Wer des Spieles überdrüssig geworden ist und durch neue Bedürfnisse keinen Grund zur Arbeit hat, den überfällt mitunter das Verlangen nach einem dritten Zustand, welcher sich zum Spiel verhält wie Schweben zum Tanzen, wie Tanzen zum Gehen – nach einer seligen ruhigen Bewegtheit: es ist die Vision der Künstler und Philosophen von dem Glück.

612

Lehre aus Bildern. – Betrachtet man eine Reihe Bilder von sich selber, von den Zeiten der letzten Kindheit bis zu der der Mannesreife, so findet man mit einer angenehmen Verwunderung, daß der Mann dem Kinde ähnlicher sieht als der Mann dem Jünglinge: daß also wahrscheinlich, diesem Vorgange entsprechend, inzwischen eine zeitweilige Alienation vom Grundcharakter eingetreten ist, über welche die gesammelte, geballte Kraft des Mannes wieder Herr wurde. Dieser Wahrnehmung entspricht die andre, daß alle die starken Einwirkungen von Leidenschaften, Lehrern, politischen Ereignissen, welche in dem Jünglingsalter uns herumziehen, später wieder auf ein festes Maß zurückgeführt erscheinen: gewiß, sie leben und wirken in uns fort, aber das Grundempfinden und Grundmeinen hat doch die Übermacht und benutzt sie wohl als Kraftquellen, nicht aber mehr als Regulatoren, wie dies wohl in den zwanziger Jahren geschieht. So erscheint auch das Denken und Empfinden des Mannes dem seines kindlichen Lebnsalters wieder gemäßer, – und diese innere Tatsache spricht sich in der erwähnten äußeren aus.

613

Stimmklang der Lebensalter. – Der Ton, in dem Jünglinge reden, loben tadeln, dichten, mißfällt dem Ältergewordenen, weil er zu laut ist, und zwar zugleich dumpf und undeutlich wie der Ton in einem Gewölbe, der durch die Leerheit eine solche Schallkraft bekommt; denn das meiste, was Jünglinge denken, ist nicht aus der Fülle ihrer eigenen Natur herausgeströmt, sondern ist Anklang, Nachklang von dem, was in ihrer Nähe gedacht, geredet, gelobt, getadelt worden ist. Weil aber die Empfindungen (der Neigung und Abneigung) viel stärker als die Gründe für jene in ihnen nachklingen, so entsteht, wenn sie ihre Empfindungen wieder laut werden lassen, jener dumpfe, hallende Ton, welcher für die Abwesenheit oder die Spärlichkeit von Gründen das Kennzeichen abgibt. Der Ton des reiferen Alters ist streng, kurz abgebrochen, mäßig laut, aber, wie alles deutlich Artikulierte, sehr weittragend. Das Alter endlich bringt häufig eine gewisse Milde und Nachsicht in den Klang und verzuckert ihn gleichsam: in manchen Fällen freilich versäuert sie ihn auch.

614

Zurückgebliebene und vorwegnehmende Menschen. – Der unangenehme Charakter, welcher voller Mißtrauen ist, alles glückliche Gelingen der Mitbewerbenden und Nächsten mit Neid fühlt, gegen abweichende Meinungen gewalttätig und aufbrausend ist, zeigt, daß er einer frühen Stufe der Kultur zugehört, also ein Überbleibsel ist: denn die Art, in welcher er mit den Menschen verkehrt, war die rechte und zutreffende für die Zustände eines Faustrecht-Zeitalters; es ist ein *zurückgebliebener* Mensch. Ein anderer Charakter, welcher reich an Mitfreude ist, überall Freunde gewinnt, alles Wachsende und Werdende liebevoll empfindet, alle Ehren und Erfolge anderer mitgenießt und kein Vorrecht, das Wahre allein zu erkennen, in Anspruch nimmt, sondern voll eines bescheidenen Mißtrauens ist, – das ist ein vorwegnehmender Mensch, welcher einer höheren Kultur der Menschen entgegenstrebt. Der unangenehme Charakter stammt aus den Zeiten, wo die rohen Fundamente des menschlichen Verkehrs erst zu bauen waren, der andere lebt auf deren höchsten Stockwerken, möglichst entfernt von dem wilden Tier, welches in den Kellern, unter den Fundamenten der Kultur eingeschlossen, wütet und heult.

615

Trost für Hypochonder. – Wenn ein großer Denker zeitweilig hypochondrischen Selbstquälereien unterworfen ist, so mag er sich zum Troste sagen: »es ist deine eigene große Kraft, von der dieser Parasit sich nährt und wächst; wäre sie geringer, so würdest du weniger zu leiden haben.« Ebenso mag der Staatsmann sprechen, wenn Eifersucht und Rachegefühl, überhaupt die Stimmung des *bellum omnium contra omnes*, zu der er als Vertreter einer Nation notwendig eine starke Begabung haben muß, sich gelegentlich auch in seine persönlichen Beziehungen eindrängt und ihm das Leben schwer macht.

616

Der Gegenwart entfremdet. – Es hat große Vorteile, seiner Zeit sich einmal in stärkerem Maße zu entfremden und gleichsam von ihrem Ufer zurück in den Ozean der vergangnen Weltbetrachtungen getrieben zu werden. Von dort aus nach der Küste zu blickend, überschaut man wohl zum ersten Male ihre gesamte Gestaltung und hat, wenn man sich ihr wieder nähert, den Vorteil, sie besser im ganzen zu verstehen als die, welche sie nie verlassen haben.

617

Auf persönlichen Mängeln säen und ernten. – Menschen wie Rousseau verstehen es, ihre Schwächen, Lücken, Laster gleichsam als Dünger ihres Talentes zu benutzen. Wenn jener die Verdorbenheit und Entartung der Gesellschaft als leidige Folge der Kultur beklagt, so liegt hier eine persönliche Erfahrung zugrunde; deren Bitterkeit gibt ihm die Schärfe seiner allgemeinen Verurteilung und vergiftet die Pfeile, mit denen er schießt; er entlastet sich zunächst als Individuum und denkt ein Heilmittel zu suchen, das direkt der Gesellschaft, aber indirekt und vermittelst jener, auch ihm zunutze ist.

618

Philosophisch gesinnt sein. – Gewöhnlich strebt man darnach, für alle Lebenslagen und Ereignisse *eine* Haltung des Gemüts, *eine* Gattung von Ansichten zu erwerben, – das nennt man vornehmlich philosophisch gesinnt sein. Aber für die Bereicherung der Erkenntnis mag es höheren Wert haben, nicht in dieser Weise sich zu uniformieren, sondern auf die leise Stimme der verschiedenen Lebenslagen zu hören; diese bringen ihre eigenen Ansichten mit sich. So nimmt man erkennenden Anteil am Leben und Wesen vieler, indem man sich selber nicht als starres beständiges *eines* Individuum behandelt.

619

Im Feuer der Verachtung. – Es ist ein neuer Schritt zum Selbständigwerden, wenn man erst Ansichten zu äußern wagt, die als schmählich für den gelten, welcher sie hegt; da pflegen auch die Freunde und Bekannten ängstlich zu werden. Auch durch dieses Feuer muß die begabte Natur hindurch; sie gehört sich hinterdrein noch viel mehr selber an.

620

Aufopferung. – Die große Aufopferung wird, im Falle der Wahl, einer kleinen Aufopferung vorgezogen: weil wir für die große uns durch Selbstbewunderung entschädigen, was uns bei der kleinen nicht möglich ist.

621

Liebe als Kunstgriff. – Wer etwas Neues wirklich *kennen* lernen will (sei es ein Mensch, ein Ereignis, ein Buch), der tut gut, dieses Neue mit aller möglichen Liebe aufzunehmen, von allem, was ihm daran feindlich, anstößig, falsch vorkommt, schnell das Auge abzuwenden, ja es zu vergessen: so daß man zum Beispiel dem Autor eines Buches den größten Vorsprung gibt und geradezu, wie bei einem Wettrennen, mit klopfendem Herzen danach begehrt, daß er sein Ziel erreiche. Mit diesem Verfahren dringt man nämlich der neuen Sache bis an ihr Herz, bis an ihren bewegenden Punkt: und dies heißt eben sie kennen lernen. Ist man so weit, so macht der Verstand hinterdrein seine Restriktionen; jene Überschätzung, jenes zeitweilige Aushängen des kritischen Pendels war eben nur der Kunstgriff, die Seele einer Sache herauszulocken.

622

Zu gut und zu schlecht von der Welt denken. – Ob man zu gut oder zu schlecht von den Dingen denkt, man hat immer den Vorteil dabei, eine höhere Lust einzuernten: denn bei einer vorgefaßten zu guten Meinung legen wir gewöhnlich mehr Süßigkeit in die Dinge (Erlebnisse) hinein, als sie eigentlich enthalten. Eine vorgefaßte zu schlechte Meinung verursacht eine angenehme Enttäuschung: das Angenehme, das an sich in den Dingen lag, bekommt einen Zuwachs durch das Angenehme der Überraschung. – Ein finsteres Temperament wird übrigens in beiden Fällen die umgekehrte Erfahrung machen.

623

Tiefe Menschen. – Diejenigen, welche ihre Stärke in der Vertiefung der Eindrücke haben – man nennt sie gewöhnlich tiefe Menschen –, sind bei allem Plötzlichen verhältnismäßig gefaßt und entschlossen: denn im ersten Augenblick war der Eindruck noch flach, er *wird* dann erst tief. Lange vorhergesehene, erwartete Dinge oder Personen regen aber solche Naturen am meisten auf und machen sie fast unfähig, bei der endlichen Ankunft derselben noch Gegenwärtigkeit des Geistes zu haben.

624

Verkehr mit dem höheren Selbst. – Ein jeder hat seinen guten Tag, wo er sein höheres Selbst findet; und die wahre Humanität verlangt, jemanden nur nach diesem Zustande und nicht nach den Werktagen der Unfreiheit und Knechtung zu schätzen. Man soll zum Beispiel einen Maler nach seiner höchsten Vision, die er zu sehen und darzustellen vermochte, taxieren und verehren. Aber die Menschen selber verkehren sehr verschieden mit diesem ihrem höheren Selbst und sind häufig ihre eigenen Schauspieler, insofern sie das, was sie in jenen Augenblicken sind, später immer wieder nachmachen. Manche leben in Scheu und Demut vor ihrem Ideale und möchten es verleugnen: sie fürchten ihr höheres Selbst, weil es, wenn es redet, anspruchsvoll redet. Dazu hat es eine geisterhafte Freiheit, zu kommen und fortzubleiben, wie es will; es wird deswegen häufig eine Gabe der Götter genannt, während eigentlich alles andere Gabe der Götter (des Zufalls) ist: jenes aber ist der Mensch selber.

625

Einsame Menschen. – Manche Menschen sind so sehr an das Alleinsein mit sich selber gewöhnt, daß sie sich gar nicht mit anderen vergleichen, sondern in einer ruhigen, freudigen Stimmung, unter guten Gesprächen mit sich, ja mit Lachen ihr monologisches Leben fortspinnen. Bringt man sie aber dazu, sich mit anderen zu vergleichen, so neigen sie zu einer grübelnden Unterschätzung ihrer selbst: so daß sie gezwungen werden müssen, eine gute, gerechte Meinung über sich erst von andern wieder zu *lernen:* und auch von dieser erlernten Meinung werden sie immer wieder etwas abziehen und abhandeln wollen. – Man muß also gewissen Menschen ihr Alleinsein gönnen und nicht so albern sein, wie es häufig geschieht, sie deswegen zu bedauern.

626

Ohne Melodie. – Es gibt Menschen, denen ein stetiges Beruhen in sich selbst und ein harmonisches Sich-zurecht-Legen aller ihrer Fähigkeiten so zueigen ist, daß ihnen jede Ziele-setzende Tätigkeit widerstrebt. Sie gleichen einer Musik, welche aus lauter langgezogenen harmonischen Akkorden besteht, ohne daß je auch nur der Ansatz zu einer gegliederten bewegten Melodie sich zeigte. Alle Bewegung von außen her dient nur, dem Kahne sofort wieder sein neues Gleichgewicht auf dem See harmonischen Wohlklangs zu geben. Moderne Menschen werden gewöhnlich aufs äußerste ungeduldig, wenn sie solchen Naturen begegnen, aus denen nichts *wird,* ohne daß man von ihnen sagen dürfte, daß sie nichts *sind*. Aber in einzelnen Stimmungen erregt ihr Anblick jene ungewöhnliche Frage: wozu überhaupt Melodie? Warum genügt es uns nicht, wenn das Leben sich ruhevoll in einem tiefen See spiegelt? – Das Mittelalter war reicher an solchen Naturen als unsere Zeit. Wie selten trifft man noch auf einen, der so recht friedlich und froh mit sich auch im Gedränge fortleben kann, zu sich redend wie Goethe: »das Beste ist die tiefe Stille, in der ich gegen die Welt lebe und wachse, und gewinne, was sie mir mit Feuer und Schwert nicht nehmen können.«

627

Leben und Erleben. – Sieht man zu, wie einzelne mit ihren Erlebnissen – ihren unbedeutenden alltäglichen Erlebnissen – umzugehen wissen, so daß diese zu einem Ackerland werden, das dreimal des Jahres Frucht trägt; während andere – und wie viele! – durch den Wogenschlag der aufregendsten Schicksale, der mannigfaltigsten Zeit- und Volksströmungen hindurchgetrieben werden und doch immer leicht, immer obenauf, wie Kork, bleiben: so ist man endlich versucht, die Menschheit in eine Minorität (Minimalität) solcher einzuteilen, welche aus wenigem viel zu machen verstehen, und in eine Majorität derer, welche aus vielem wenig zu machen verstehen; ja man trifft auf jene umgekehrten Hexenmeister, welche, anstatt die Welt aus nichts, aus der Welt ein Nichts schaffen.

628

Ernst im Spiele. – In Genua hörte ich zur Zeit der Abenddämmerung von einem Turme her ein langes Glockenspiel: das wollte nicht enden und klang wie unersättlich an sich selber, über das Geräusch der Gassen in den Abendhimmel und die Meerluft hinaus, so schauerlich, so kindisch zugleich, so wehmutsvoll. Da gedachte ich der Worte Platos und fühlte sie auf einmal im Herzen: *Alles Menschliche insgesamt ist des großen Ernstes nicht wert; trotzdem* – –

629

Von der Überzeugung und der Gerechtigkeit. – Das, was der Mensch in der Leidenschaft sagt, verspricht, beschließt, nachher in Kälte und Nüchternheit zu vertreten – diese Forderung gehört zu den schwersten Lasten, welche die Menschheit drücken. Die Folgen des Zornes, der aufflammenden Rache, der begeisterten Hingebung in alle Zukunft hin anerkennen zu müssen – das kann zu einer um so größeren Erbitterung gegen diese Empfindungen reizen, je mehr gerade mit ihnen allerwärts und namentlich von den Künstlern ein Götzendienst getrieben wird. Diese züchten die *Schätzung der Leidenschaften* groß und haben es immer getan; freilich verherrlichen sie auch die furchtbaren Genugtuungen der Leidenschaft, welche einer an sich selber nimmt, jene Racheausbrüche mit Tod, Verstümmelung, freiwilliger Verbannung im Gefolge, und jene Resignation des zerbrochenen Herzens. Jedenfalls halten sie die Neugierde nach den Leidenschaften wach, es ist, als ob sie sagen wollten: »ihr habt ohne Leidenschaften gar nichts erlebt«. – Weil man Treue geschworen, vielleicht gar einem rein fingierten Wesen wie einem Gotte, weil man sein Herz hingegeben hat, einem Fürsten, einer Partei, einem Weibe, einem priesterlichen Orden, einem Künstler, einem Denker, im Zustande eines verblendeten Wahnes, welcher Entzückung über uns legte und jene Wesen als jeder Verehrung, jedes Opfers würdig erscheinen ließ – ist man nun unentrinnbar fest gebunden? Ja, haben wir uns denn damals nicht selbst betrogen? War es nicht ein hypothetisches Versprechen, unter der freilich nicht laut gewordnen Voraussetzung, daß jene Wesen, denen wir uns weihten, wirklich die Wesen sind, als welche sie in unserer Vorstellung erschienen? Sind wir verpflichtet, unsern Irrtümern treu zu sein, selbst mit der Einsicht, daß wir durch diese Treue an unserm höheren Selbst Schaden stiften? – Nein, es gibt kein Gesetz, keine Verpflichtung der Art; wir *müssen* Verräter werden, Untreue üben, unsere Ideale immer wieder preisgeben. Aus einer Periode des Lebens in die andere schreiten wir nicht, ohne diese Schmerzen des Verrates zu machen und auch daran wieder zu leiden. Wäre es nötig, daß wir uns, um diesen Schmerzen zu entgehen, vor den Aufwallungen unserer Empfindung hüten müßten? Würde dann die Welt nicht zu öde, zu gespenstisch für uns werden? Vielmehr wollen wir uns fragen, ob diese Schmerzen bei einem Wechsel der Überzeugung *notwendig* sind oder ob sie nicht von einer *irrtümlichen* Meinung und Schätzung abhängen. – Warum bewundert man den, welcher seiner Überzeugung treu bleibt, und verachtet den, welcher sie wechselt? Ich fürchte, die Antwort muß sein: weil jedermann voraussetzt, daß nur Motive gemeineren Vorteils oder persönlicher Angst einen solchen Wechsel veranlassen. Das heißt: man glaubt im Grunde, daß niemand seine Meinungen verändert, solange sie ihm vorteilhaft sind, oder wenigstens solange sie ihm keinen Schaden bringen. Steht es aber so, so liegt darin ein schlimmes Zeugnis über die *intellektuelle* Bedeutung aller Überzeugungen. Prüfen wir einmal, wie Überzeugungen entstehen, und sehen wir zu, ob sie nicht bei weitem überschätzt werden: dabei wird sich ergeben, daß auch der *Wechsel* von Überzeugungen unter allen Umständen nach falschem Maße bemessen wird und daß wir bisher zu viel an diesem Wechsel zu leiden pflegten.

630

Überzeugung ist der Glaube, in irgendeinem Punkte der Erkenntnis im Besitze der unbedingten Wahrheit zu sein. Dieser Glaube setzt also voraus, daß es unbedingte Wahrheiten gebe; ebenfalls, daß jene vollkommenen Methoden gefunden seien, um zu ihnen zu gelangen; endlich, daß jeder, der Überzeugungen habe, sich dieser vollkommenen Methoden bediene. Alle drei Aufstellungen beweisen sofort, daß der Mensch der Überzeugung nicht der Mensch des wissenschaftlichen Denkens ist; er steht im Alter der theoretischen Unschuld vor uns und ist ein Kind, wie erwachsen er auch sonst sein möge. Ganze Jahrtausende aber haben in jenen kindlichen Voraussetzungen gelebt, und aus ihnen sind die mächtigsten Kraftquellen der Menschheit herausgeströmt. Jene zahllosen Menschen, welche sich für ihre Überzeugungen opferten, meinten es für die unbedingte Wahrheit zu tun. Sie alle hatten Unrecht darin: wahrscheinlich hat noch nie ein Mensch sich für die Wahrheit geopfert; mindestens wird der dogmatische Ausdruck seines Glaubens unwissenschaftlich oder halbwissenschaftlich gewesen sein. Aber eigentlich wollte man recht behalten, weil man meinte, recht haben zu *müssen*. Seinen Glauben sich entreißen lassen, das bedeutete vielleicht seine ewige Seligkeit in Frage stellen. Bei einer Angelegenheit von dieser äußersten Wichtigkeit war der »Wille« gar zu hörbar der Souffleur des Intellekts. Die Voraussetzung jedes Gläubigen jeder Richtung war, nicht widerlegt werden zu *können*; erwiesen sich die Gegengründe als sehr stark, so blieb ihm immer noch übrig, die Vernunft überhaupt zu verlästern und vielleicht gar das »*credo quia absurdum est*« als Fahne des äußersten Fanatismus aufzupflanzen. Es ist nicht der Kampf der Meinungen, welcher die Geschichte so gewalttätig gemacht hat, sondern der Kampf des Glaubens an die Meinungen, das heißt der Überzeugungen. Wenn doch alle die, welche so groß von ihrer Überzeugung dachten, Opfer aller Art ihr brachten und Ehre, Leib und Leben in ihrem Dienst nicht schonten, nur die Hälfte ihrer Kraft der Untersuchung gewidmet hätten, mit welchem Rechte sie an dieser oder jener Überzeugung hingen, auf welchem Wege sie zu ihr gekommen seien: wie friedfertig sähe die Geschichte der Menschheit aus! Wieviel mehr des Erkannten würde es geben! Alle die grausamen Szenen bei der Verfolgung der Ketzer jeder Art wären uns aus zwei Gründen erspart geblieben: einmal weil die Inquisitoren vor allem in sich selbst inquiriert hätten und über die Anmaßung, die unbedingte Wahrheit zu verteidigen, hinausgekommen wären; sodann weil die Ketzer selber so schlecht begründeten Sätzen, wie die Sätze aller religiösen Sektierer und »Rechtgläubigen« sind, keine weitere Teilnahme geschenkt haben würden, nachdem sie dieselben untersucht hätten.

631

Aus den Zeiten her, in welchen die Menschen daran gewöhnt waren, an den Besitz der unbedingten Wahrheit zu glauben, stammt ein tiefes *Mißbehagen* an allen skeptischen und relativistischen Stellungen zu irgendwelchen Fragen der Erkenntnis; man zieht meistens vor, sich einer Überzeugung, welche Personen von Autorität haben (Väter, Freunde, Lehrer, Fürsten), auf Gnade oder Ungnade zu ergeben, und hat, wenn man dies nicht tut, eine Art von Gewissensbissen. Dieser Hang ist ganz begreiflich, und seine Folgen geben kein Recht zu heftigen Vorwürfen gegen die Entwicklung der menschlichen Vernunft. Allmählich muß aber der wissenschaftliche Geist im Menschen jene Tugend der *vorsichtigen Enthaltung* zeitigen, jene weise Mäßigung, welche im Gebiet des praktischen Lebens bekannter ist, als im Gebiet des theoretischen Lebens, und welche zum Beispiel Goethe im Antonio dargestellt hat, als ein Gegenstand der Erbitterung für alle Tassos, das heißt für die unwissenschaftlichen und zugleich tatlosen Naturen. Der Mensch der Überzeugung hat in sich ein Recht, jenen Menschen des vorsichtigen Denkens, den theoretischen Antonio, nicht zu begreifen; der wissenschaftliche Mensch hinwiederum hat kein Recht, jenen deshalb zu tadeln: er übersieht ihn und weiß außerdem, im bestimmten Falle, daß jener sich an ihn noch anklammern wird, so wie es Tasso zuletzt mit Antonio tut.

632

Wer nicht durch verschiedene Überzeugungen hindurchgegangen ist, sondern in dem Glauben hängenbleibt, in dessen Netz er sich zuerst verfing, ist unter allen Umständen, eben wegen dieser Unwandelbarkeit, ein Vertreter *zurückgebliebener* Kulturen; er ist gemäß diesem Mangel an Bildung (welche immer Bildbarkeit voraussetzt) hart, unverständig, unbelehrbar, ohne Milde, ein ewiger Verdächtiger, ein Unbedenklicher, der zu allen Mitteln greift, seine Meinung durchzusetzen, weil er gar nicht begreifen kann, daß es andere Meinungen geben müsse; er ist, in solchem Betracht, vielleicht eine Kraftquelle und in allzu frei und schlaff gewordenen Kulturen sogar heilsam, aber doch nur, weil er kräftig anreizt, ihm Widerpart zu halten: denn dabei wird das zartere Gebild der neuen Kultur, welche zum Kampf mit ihm gezwungen ist, selber stark.

633

Wir sind im wesentlichen noch dieselben Menschen, wie die des Reformations-Zeitalters: wie sollte es auch anders sein? Aber daß wir uns einige

Mittel nicht mehr erlauben, um mit ihnen unserer Meinung zum Siege zu verhelfen, das hebt uns gegen jene Zeit ab und beweist, daß wir einer höheren Kultur angehören. Wer jetzt noch, in der Art der Reformations-Menschen, Meinungen mit Verdächtigungen, mit Wutausbrüchen bekämpft und niederwirft, verrät deutlich, daß er seine Gegner verbrannt haben würde, falls er in anderen Zeiten gelebt hätte, und daß er zu allen Mitteln der Inquisition seine Zuflucht genommen haben würde, wenn er als Gegner der Reformation gelebt hätte. Diese Inquisition war damals vernünftig, denn sie bedeutete nichts anderes als den allgemeinen Belagerungszustand, welcher über den ganzen Bereich der Kirche verhängt werden mußte und der, wie jeder Belagerungszustand, zu den äußersten Mitteln berechtigte, unter der Voraussetzung nämlich (welche wir jetzt nicht mehr mit jenen Menschen teilen), daß man die Wahrheit, in der Kirche, *habe* und um jeden Preis mit jedem Opfer zum Heile der Menschheit bewahren *müsse*. Jetzt aber gibt man niemandem so leicht mehr zu, daß er die Wahrheit habe: die strengen Methoden der Forschung haben genug Mißtrauen und Vorsicht verbreitet, so daß jeder, welcher gewalttätig in Wort und Werk Meinungen vertritt, als ein Feind unserer jetzigen Kultur, mindestens als ein Zurückgebliebener empfunden wird. In der Tat: das Pathos, daß man die Wahrheit *habe*, gilt jetzt sehr wenig im Verhältnis zu jenem freilich milderen und klangloseren Pathos des Wahrheit-Suchens, welches nicht müde wird, umzulernen und neu zu prüfen.

634

Übrigens ist das methodische Suchen der Wahrheit selber das Resultat jener Zeiten, in denen die Überzeugungen miteinander in Fehde lagen. Wenn nicht dem einzelnen an *seiner* »Wahrheit«, das heißt an seinem Rechtbehalten gelegen hätte, so gäbe es überhaupt keine Methode der Forschung; so aber, bei dem ewigen Kampf der Ansprüche verschiedener einzelner auf unbedingte Wahrheit, ging man Schritt für Schritt weiter, um unumstößliche Prinzipien zu finden, nach denen das Recht der Ansprüche geprüft und der Streit geschlichtet werden könne. Zuerst entschied man nach Autoritäten, später kritisierte man sich gegenseitig die Wege und Mittel, mit denen die angebliche Wahrheit gefunden worden war; dazwischen gab es eine Periode, wo man die Konsequenzen des gegnerischen Satzes zog und vielleicht sie als schädlich und unglücklich machend erfand: woraus dann sich für jedermanns Urteil ergeben sollte, daß die Überzeugung des Gegners einen Irrtum enthalte. *Der persönliche Kampf der Denker* hat schließlich die Methoden so verschärft, daß wirklich Wahrheiten entdeckt werden konnten und daß die Irrgänge früherer Methoden vor jedermanns Blicken bloßgelegt sind.

635

Im ganzen sind die wissenschaftlichen Methoden mindestens ein ebenso wichtiges Ergebnis der Forschung als irgendein sonstiges Resultat: denn auf der Einsicht in die Methode beruht der wissenschaftliche Geist, und alle Resultate der Wissenschaft könnten, wenn jene Methoden verlorengingen, ein erneutes Überhandnehmen des Aberglaubens und des Unsinns nicht verhindern. Es mögen geistreiche Leute von den Ergebnissen der Wissenschaft *lernen,* so viel sie wollen: man merkt es immer noch ihrem Gespräche und namentlich den Hypothesen in demselben an, daß ihnen der wissenschaftliche Geist fehlt: sie haben nicht jenes instinktive Mißtrauen gegen die Abwege des Denkens, welches in der Seele jedes wissenschaftlichen Menschen infolge langer Übung seine Wurzeln eingeschlagen hat. Ihnen genügt es, über eine Sache überhaupt irgendeine Hypothese zu finden, dann sind sie Feuer und Flamme für dieselbe und meinen, damit sei es getan. Eine Meinung haben heißt bei ihnen schon: dafür sich fanatisieren und sie als Überzeugung fürderhin sich ans Herz legen. Sie erhitzen sich bei einer unerklärten Sache für den ersten Einfall ihres Kopfes, der einer Erklärung derselben ähnlich sieht: woraus sich, namentlich auf dem Gebiete der Politik, fortwährend die schlimmsten Folgen ergeben. – Deshalb sollte jetzt jedermann mindestens *eine* Wissenschaft von Grund aus kennengelernt haben: dann wüßte er doch, was Methode heißt und wie nötig die äußerste Besonnenheit ist. Namentlich ist den Frauen dieser Rat zu geben: als welche jetzt rettungslos die Opfer aller Hypothesen sind, zumal wenn diese den Eindruck des Geistreichen, Hinreißenden, Belebenden, Kräftigenden machen. Ja bei genauerem Zusehen bemerkt man, daß der allergrößte Teil aller Gebildeten noch jetzt von einem Denker Überzeugungen und nichts als Überzeugungen begehrt, und daß allein eine geringe Minderheit *Gewißheit* will. Jene wollen stark fortgerissen werden, um dadurch selber einen Kraftzuwachs zu erlangen; diese wenigen haben dieses sachliche Interesse, welches von persönlichen Vorteilen, auch von dem des erwähnten Kraftzuwachses, absieht. Auf jene bei weitem überwiegende Klasse wird überall dort gerechnet, wo der Denker sich als *Genie* benimmt und bezeichnet, also wie ein höheres Wesen dreinschaut, welchem Autorität zukommt. Insofern das Genie jener Art die Glut der Überzeugungen unterhält und Mißtrauen gegen den vorsichtigen und bescheidenen Sinn der Wissenschaft weckt, ist es ein Feind der Wahrheit, und wenn es sich auch noch so sehr als deren Freier glauben sollte.

636

Es gibt freilich auch eine ganz andere Gattung der Genialität, die der Gerechtigkeit; und ich kann mich durchaus nicht entschließen, dieselbe niedriger zu schätzen als irgendeine philosophische, politische oder künstlerische Genialität. Ihre Art ist es, mit herzlichem Unwillen allem aus dem Wege zu gehen, was das Urteil über die Dinge blendet und verwirrt; sie ist folglich eine *Gegnerin der Überzeugungen*, denn sie will jedem, sei es ein Belebtes oder Totes, Wirkliches oder Gedachtes, das Seine geben – und dazu muß sie es rein erkennen; sie stellt daher jedes Ding in das beste Licht und geht um dasselbe mit sorgsamem Auge herum. Zuletzt wird sie selbst ihrer Gegnerin, der blinden oder kurzsichtigen »Überzeugung« (wie Männer sie nennen: – bei Weibern heißt sie »Glaube«), geben, was der Überzeugung ist – um der Wahrheit willen.

637

Aus den *Leidenschaften* wachsen die Meinungen; die *Trägheit des Geistes* läßt diese zu *Überzeugungen* erstarren. – Wer sich aber *freien*, rastlos lebendigen Geistes fühlt, kann durch beständigen Wechsel diese Erstarrung verhindern; und ist er gar insgesamt ein denkender Schneeballen, so wird er überhaupt nicht Meinungen, sondern nur Gewißheiten und genau bemessene Wahrscheinlichkeiten in seinem Kopfe haben. – Aber wir, die wir gemischten Wesens sind und bald vom Feuer durchglüht, bald vom Geiste durchkältet sind, wollen vor der Gerechtigkeit knien, als der einzigen Göttin, welche wir über uns anerkennen. *Das Feuer* in uns macht uns für gewöhnlich ungerecht und, im Sinne jener Göttin, unrein; nie dürfen wir in diesem Zustande ihre Hand fassen, nie liegt dann das ernste Lächeln ihres Wohlgefallens auf uns. Wir verehren sie als die verhüllte Isis unseres Lebens; beschämt bringen wir ihr unsern Schmerz als Buße und Opfer dar, wenn das Feuer uns brennt und verzehren will. *Der Geist* ist es, der uns rettet, daß wir nicht ganz verglühen und verkohlen; er reißt uns hier und da fort von dem Opferaltare der Gerechtigkeit oder hüllt uns in ein Gespinst aus Asbest. Vom Feuer erlöst, schreiten wir dann, durch den Geist getrieben, von Meinung zu Meinung, durch den Wechsel der Parteien, als edle *Verräter* aller Dinge, die überhaupt verraten werden können, – und dennoch ohne ein Gefühl von Schuld.

638

Der Wanderer. – Wer nur einigermaßen zur Freiheit der Vernunft gekommen ist, kann sich auf Erden nicht anders fühlen denn als Wanderer, – wenn auch nicht als Reisender *nach* einem letzten Ziele: denn dieses gibt es nicht. Wohl aber will er zusehen und die Augen dafür offen haben, was alles in der Welt eigentlich vorgeht; deshalb darf er sein Herz nicht allzufest an alles einzelne anhängen; es muß in ihm selber etwas Wanderndes sein, das seine Freude an dem Wechsel und der Vergänglichkeit habe. Freilich werden einem solchen Menschen böse Nächte kommen, wo er müde ist und das Tor der Stadt, welche ihm Rast bieten sollte, verschlossen findet; vielleicht, daß noch dazu, wie im Orient, die Wüste bis an das Tor reicht, daß die Raubtiere bald ferner, bald näher her heulen, daß ein starker Wind sich erhebt, daß Räuber ihm seine Zugtiere wegführen. Dann sinkt für ihn wohl die schreckliche Nacht wie eine zweite Wüste auf die Wüste, und sein Herz wird des Wanderns müde. Geht ihm dann die Morgensonne auf, glühend wie eine Gottheit des Zorns, öffnet sich die Stadt, so sieht er in den Gesichtern der hier Hausenden vielleicht noch mehr Wüste, Schmutz, Trug, Unsicherheit als vor den Toren – und der Tag ist fast schlimmer als die Nacht. So mag es wohl einmal dem Wanderer ergehen; aber dann kommen, als Entgelt, die wonnevollen Morgen anderer Gegenden und Tage, wo er schon im Grauen des Lichtes die Musenschwärme im Nebel des Gebirges nahe an sich vorübertanzen sieht, wo ihm nachher, wenn er still, in dem Gleichmaß der Vormittagsseele, unter Bäumen sich ergeht, aus deren Wipfeln und Laubverstecken heraus lauter gute und helle Dinge zugeworfen werden, die Geschenke aller jener freien Geister, die in Berg, Wald und Einsamkeit zu Hause sind und welche, gleich ihm, in ihrer bald fröhlichen bald nachdenklichen Weise, Wanderer und Philosophen sind. Geboren aus den Geheimnissen der Frühe, sinnen sie darüber nach, wie der Tag zwischen dem zehnten und zwölften Glockenschlage ein so reines, durchleuchtetes, verklärt-heiteres Gesicht haben könne: – sie suchen die *Philosophie des Vormittages.*

UNTER FREUNDEN

Ein Nachspiel

1

Schön ists, miteinander schweigen,
Schöner, miteinander lachen, –
Unter seidenem Himmels-Tuche
Hingelehnt zu Moos und Buche
Lieblich laut mit Freunden lachen
Und sich weiße Zähne zeigen.

Macht' ich's gut, so wolln wir schweigen;
Macht' ich's schlimm –, so wolln wir lachen
Und es immer schlimmer machen,
Schlimmer machen, schlimmer lachen,
Bis wir in die Grube steigen.

Freunde! Ja! So solls geschehn?
Amen! Und auf Wiedersehn!

2

Kein Entschuldgen! Kein Verzeihen!
Gönnt ihr Frohen, Herzens-Freien
Diesem unvernünftgen Buche
Ohr und Herz und Unterkunft!
Glaubt mir, Freunde, nicht zum Fluche
Ward mir meine Unvernunft!

Was *ich* finde, was *ich* suche –,
Stand das je in einem Buche?
Ehrt in mir die Narren-Zunft!
Lernt aus diesem Narrenbuche,
Wie Vernunft kommt – »zur Vernunft«!

Also, Freunde, solls geschehn? –
Amen! Und auf Wiedersehn!

DIE
FRÖHLICHE WISSENSCHAFT

(»la gaya scienza«)

Ich wohne in meinem eignen Haus,
Hab niemandem nie nichts nachgemacht
Und – lachte noch jeden Meister aus,
Der nicht sich selbst ausgelacht.

Über meiner Haustür

VORREDE ZUR ZWEITEN AUSGABE

Diesem Buche tut vielleicht nicht nur *eine* Vorrede not; und zuletzt bliebe immer noch der Zweifel bestehn, ob jemand, ohne etwas Ähnliches erlebt zu haben, dem *Erlebnisse* dieses Buches durch Vorreden nähergebracht werden kann. Es scheint in der Sprache des Tauwinds geschrieben: es ist Übermut, Unruhe, Widerspruch, Aprilwetter darin, so daß man beständig ebenso an die Nähe des Winters als an den *Sieg* über den Winter gemahnt wird, der kommt, kommen muß, vielleicht schon gekommen ist... Die Dankbarkeit strömt fortwährend aus, als ob eben das Unerwartetste geschehn sei, die Dankbarkeit eines Genesenden – denn die *Genesung* war dieses Unerwartetste. »Fröhliche Wissenschaft«: das bedeutet die Saturnalien eines Geistes, der einem furchtbaren langen Drucke geduldig widerstanden hat – geduldig, streng, kalt, ohne sich zu unterwerfen, aber ohne Hoffnung – und der jetzt mit einem Male von der Hoffnung angefallen wird, von der Hoffnung auf Gesundheit, von der *Trunkenheit* der Genesung. Was Wunders, daß dabei viel Unvernünftiges und Närrisches ans Licht kommt, viel mutwillige Zärtlichkeit, selbst auf Probleme verschwendet, die ein stachlichtes Fell haben und nicht danach angetan sind, geliebkost und gelockt zu werden. Dies ganze Buch ist eben nichts als eine Lustbarkeit nach langer Entbehrung und Ohnmacht, das Frohlocken der wiederkehrenden Kraft, des neu erwachten Glaubens an ein Morgen und Übermorgen, des plötzlichen Gefühls und Vorgefühls von Zukunft, von nahen Abenteuern, von wieder offnen Meeren, von wieder erlaubten, wieder geglaubten Zielen. Und was lag nunmehr alles hinter mir! Dieses Stück Wüste, Erschöpfung, Unglaube, Vereisung mitten in der Jugend, dieses eingeschaltete Greisentum an unrechter Stelle, diese Tyrannei des Schmerzes überboten noch durch die Tyrannei des Stolzes, der die *Folgerungen* des Schmerzes ablehnte – und Folgerungen sind Tröstungen –, diese radikale Vereinsamung als Notwehr gegen eine krankhaft hellseherisch gewordene Menschenverachtung, diese grundsätzliche Einschränkung auf das Bittere, Herbe, Wehtuende der Erkenntnis, wie sie der *Ekel* verordnete, der aus einer unvorsichtigen geistigen Diät und Verwöhnung – man heißt sie Romantik – allmählich gewachsen war –, oh wer mir das alles nachfühlen könnte! Wer es aber könnte, würde mir sicher noch mehr zugute halten als etwas Torheit, Ausgelassenheit, »fröhliche Wissenschaft« – zum Beispiel die Handvoll

Lieder, welche dem Buche diesmal beigegeben sind – Lieder, in denen sich ein Dichter auf eine schwer verzeihliche Weise über alle Dichter lustig macht. – Ach, es sind nicht nur die Dichter und ihre schönen »lyrischen Gefühle«, an denen dieser Wieder-Erstandene seine Bosheit auslassen muß: wer weiß, was für ein Opfer er sich sucht, was für ein Untier von parodischem Stoff ihn in Kürze reizen wird? »*Incipit tragoedia*« – heißt es am Schlusse dieses bedenklich-unbedenklichen Buchs: man sei auf seiner Hut! Irgend etwas ausbündig Schlimmes und Boshaftes kündigt sich an: *incipit parodia*, es ist kein Zweifel . . .

2

– Aber lassen wir Herrn Nietzsche: was geht es uns an, daß Herr Nietzsche wieder gesund wurde? . . . Ein Psychologe kennt wenig so anziehende Fragen, wie die nach dem Verhältnis von Gesundheit und Philosophie, und für den Fall, daß er selber krank wird, bringt er seine ganze wissenschaftliche Neugierde mit in seine Krankheit. Man hat nämlich, vorausgesetzt, daß man eine Person ist, notwendig auch die Philosophie seiner Person: doch gibt es da einen erheblichen Unterschied. Bei dem einen sind es seine Mängel, welche philosophieren, bei dem andren seine Reichtümer und Kräfte. Ersterer hat seine Philosophie *nötig*, sei es als Halt, Beruhigung, Arznei, Erlösung, Erhebung, Selbstentfremdung; bei letzterem ist sie nur ein schöner Luxus, im besten Falle die Wollust einer triumphierenden Dankbarkeit, welche sich zuletzt noch in kosmischen Majuskeln an den Himmel der Begriffe schreiben muß. Im andren, gewöhnlicheren Falle aber, wenn die Notstände Philosophie treiben, wie bei allen kranken Denkern – und vielleicht überwiegen die kranken Denker in der Geschichte der Philosophie –: was wird aus dem Gedanken selbst werden, der unter den *Druck* der Krankheit gebracht wird? Dies ist die Frage, die den Psychologen angeht: und hier ist das Experiment möglich. Nicht anders als es ein Reisender macht, der sich vorsetzt, zu einer bestimmten Stunde aufzuwachen, und sich dann ruhig dem Schlafe überläßt: so ergeben wir Philosophen, gesetzt daß wir krank werden, uns zeitweilig mit Leib und Seele der Krankheit – wir machen gleichsam vor uns die Augen zu. Und wie jener weiß, daß irgend etwas *nicht* schläft, irgend etwas die Stunden abzählt und ihn aufwecken wird, so wissen auch wir, daß der entscheidende Augenblick uns wach finden wird – daß dann etwas hervorspringt, und den Geist *auf der Tat* ertappt, ich meine auf der Schwäche oder Umkehr oder Ergebung oder Verhärtung oder Verdüsterung und wie alle die krankhaften Zustände des Geistes heißen, welche in gesunden Tagen den *Stolz* des Geistes wider sich haben (denn es bleibt bei dem alten Reime: »der stolze Geist, der Pfau, das

Pferd sind die drei stölzesten Tier auf der Erd« –). Man lernt nach einer derartigen Selbst-Befragung, Selbst-Versuchung, mit einem feineren Auge nach allem, was überhaupt bisher philosophiert worden ist, hinsehn; man errät besser als vorher die unwillkürlichen Abwege, Seitengassen, Ruhestellen, *Sonnen*stellen des Gedankens, auf die leidende Denker gerade als Leidende geführt und verführt werden, man weiß nunmehr, wohin unbewußt der kranke *Leib* und sein Bedürfnis den Geist drängt, stößt, lockt – nach Sonne, Stille, Milde, Geduld, Arznei, Labsal in irgendeinem Sinne. Jede Philosophie, welche den Frieden höher stellt als den Krieg, jede Ethik mit einer negativen Fassung des Begriffs Glück, jede Metaphysik und Physik, welche ein Finale kennt, einen Endzustand irgendwelcher Art, jedes vorwiegend ästhetische oder religiöse Verlangen nach einem Abseits, Jenseits, Außerhalb, Oberhalb erlaubt zu fragen, ob nicht die Krankheit das gewesen ist, was den Philosophen inspiriert hat. Die unbewußte Verkleidung physiologischer Bedürfnisse unter die Mäntel des Objektiven, Ideellen, Rein-Geistigen geht bis zum Erschrecken weit – und oft genug habe ich mich gefragt, ob nicht, im großen gerechnet, Philosophie bisher überhaupt nur eine Auslegung des Leibes und ein *Mißverständnis des Leibes* gewesen ist. Hinter den höchsten Werturteilen, von denen bisher die Geschichte des Gedankens geleitet wurde, liegen Mißverständnisse der leiblichen Beschaffenheit verborgen, sei es von einzelnen, sei es von Ständen oder ganzen Rassen. Man darf alle jene kühnen Tollheiten der Metaphysik, sonderlich deren Antworten auf die Frage nach dem *Wert* des Daseins, zunächst immer als Symptome bestimmter Leiber ansehn; und wenn derartigen Welt-Bejahungen oder Welt-Verneinungen in Bausch und Bogen, wissenschaftlich gemessen, nicht ein Korn von Bedeutung innewohnt, so geben sie doch dem Historiker und Psychologen um so wertvollere Winke, als Symptome, wie gesagt, des Leibes, seines Geratens und Mißratens, seiner Fülle, Mächtigkeit, Selbstherrlichkeit in der Geschichte, oder aber seiner Hemmungen, Ermüdungen, Verarmungen, seines Vorgefühls vom Ende, seines Willens zum Ende. Ich erwarte immer noch, daß ein philosophischer *Arzt* im ausnahmsweisen Sinne des Wortes – ein solcher, der dem Problem der Gesamt-Gesundheit von Volk, Zeit, Rasse, Menschheit nachzugehn hat – einmal den Mut haben wird, meinen Verdacht auf die Spitze zu bringen und den Satz zu wagen: bei allem Philosophieren handelte es sich bisher gar nicht um »Wahrheit«, sondern um etwas anderes, sagen wir um Gesundheit, Zukunft, Wachstum, Macht, Leben ...

3

– Man errät, daß ich nicht mit Undankbarkeit von jener Zeit schweren Siechtums Abschied nehmen möchte, deren Gewinn auch heute noch nicht für mich ausgeschöpft ist: so wie ich mir gut genug bewußt bin, was ich überhaupt in meiner wechselreichen Gesundheit vor allen Vierschrötigen des Geistes voraushabe. Ein Philosoph, der den Gang durch viele Gesundheiten gemacht hat und immer wieder macht, ist auch durch ebenso viele Philosophien hindurchgegangen: er *kann* eben nicht anders, als seinen Zustand jedesmal in die geistigste Form und Ferne umzusetzen – diese Kunst der Transfiguration *ist* eben Philosophie. Es steht uns Philosophen nicht frei, zwischen Seele und Leib zu trennen, wie das Volk trennt, es steht uns noch weniger frei, zwischen Seele und Geist zu trennen. Wir sind keine denkenden Frösche, keine Objektivier- und Registrier-Apparate mit kaltgestellten Eingeweiden – wir müssen beständig unsre Gedanken aus unsrem Schmerz gebären und mütterlich ihnen alles mitgeben, was wir von Blut, Herz, Feuer, Lust, Leidenschaft, Qual, Gewissen, Schicksal, Verhängnis in uns haben. Leben – das heißt für uns Philosophen alles, was wir sind, beständig in Licht und Flamme verwandeln; auch alles, was uns trifft, wir *können* gar nicht anders. Und was die Krankheit angeht: würden wir nicht fast zu fragen versucht sein, ob sie uns überhaupt entbehrlich ist? Erst der große Schmerz ist der letzte Befreier des Geistes, als der Lehrmeister des *großen Verdachtes*, der aus jedem U ein X macht, ein echtes rechtes X, das heißt den vorletzten Buchstaben vor dem letzten... Erst der große Schmerz, jener lange langsame Schmerz, der sich Zeit nimmt, in dem wir gleichsam wie mit grünem Holze verbrannt werden, zwingt uns Philosophen, in unsre letzte Tiefe zu steigen und alles Vertrauen, alles Gutmütige, Verschleiernde, Milde, Mittlere, wohinein wir vielleicht vordem unsre Menschlichkeit gesetzt haben, von uns zu tun. Ich zweifle, ob ein solcher Schmerz »verbessert« –; aber ich weiß, daß er uns *vertieft*. Sei es nun, daß wir ihm unsern Stolz, unsern Hohn, unsre Willenskraft entgegenstellen lernen und es dem Indianer gleichtun, der, wie schlimm auch gepeinigt, sich an seinem Peiniger durch die Bosheit seiner Zunge schadlos hält; sei es, daß wir uns vor dem Schmerz in jenes orientalische Nichts zurückziehen – man heißt es Nirwana –, in das stumme, starre, taube Sich-Ergeben, Sich-Vergessen, Sich-Auslöschen: man kommt aus solchen langen gefährlichen Übungen der Herrschaft über sich als ein andrer Mensch heraus, mit einigen Fragezeichen mehr, vor allem mit dem *Willen*, fürderhin mehr, tiefer, strenger, härter, böser, stiller zu fragen, als man bis dahin gefragt hatte. Das Vertrauen zum Leben ist dahin: das Leben selbst wurde zum *Problem*. – Möge man ja nicht glauben, daß einer damit notwendig zum Düsterling geworden sei! Selbst die Liebe zum Leben ist noch möglich – nur liebt man anders. Es ist die Liebe zu einem Weibe, das uns Zweifel macht... Der Reiz alles Problematischen, die Freude am X ist aber bei solchen geistigeren, vergeistigteren Menschen zu groß, als daß diese Freude nicht immer wieder wie eine helle Glut über alle Not des Problematischen, über alle Gefahr der Unsicherheit, selbst über die Eifersucht des Liebenden zusammenschlüge. Wir kennen ein neues Glück...

4

Zuletzt, daß das Wesentlichste nicht ungesagt bleibe: man kommt aus solchen Abgründen, aus solchem schweren Siechtum, auch aus dem Siechtum des schweren Verdachts, *neugeboren* zurück, gehäutet, kitzliger, boshafter, mit einem feineren Geschmacke für die Freude, mit einer zarteren Zunge für alle guten Dinge, mit lustigeren Sinnen, mit einer zweiten gefährlicheren Unschuld in der Freude, kindlicher zugleich und hundertmal raffinierter, als man jemals vorher gewesen war. Oh wie einem nunmehr der Genuß zuwider ist, der grobe, dumpfe, braune Genuß, wie ihn sonst die Genießenden, unsre »Gebildeten«, unsre Reichen und Regierenden verstehn! Wie boshaft wir nunmehr dem großen Jahrmarkts-Bumbum zuhören, mit dem sich der »gebildete Mensch« und Großstädter heute durch Kunst, Buch und Musik zu »geistigen Genüssen«, unter Mithilfe geistiger Getränke, notzüchtigen läßt! Wie uns jetzt der Theater-Schrei der Leidenschaft in den Ohren wehtut, wie unsrem Geschmacke der ganze romantische Aufruhr und Sinnen-Wirrwarr, den der gebildete Pöbel liebt, samt seinen Aspirationen nach dem Erhabenen, Gehobenen, Verschrobenen fremd geworden ist! Nein, wenn wir Genesenden überhaupt eine Kunst noch brauchen, so ist es eine *andre* Kunst – eine spöttische, leichte, flüchtige, göttlich unbehelligte, göttlich künstliche Kunst, welche wie eine helle Flamme in einen unbewölkten Himmel hineinlodert! Vor allem: eine Kunst für Künstler, nur für Künstler! Wir verstehn uns hinterdrein besser auf das, was *dazu* zuerst nottut, die Heiterkeit, *jede* Heiterkeit, meine Freunde! auch als Künstler –: ich möchte es beweisen. Wir wissen einiges jetzt zu gut, wir Wissenden: oh wie wir nunmehr lernen, gut zu vergessen, gut *nicht*-zu-wissen, als Künstler! Und was unsre Zukunft betrifft: man wird uns schwerlich wieder auf den Pfaden jener ägyptischen Jünglinge finden, welche nachts Tempel unsicher machen, Bildsäulen umarmen und durchaus alles, was mit guten Gründen verdeckt gehalten wird, entschleiern, aufdecken, in helles Licht stellen wollen. Nein, dieser schlechte Geschmack, dieser Wille zur Wahrheit, zur »Wahrheit um jeden Preis«, dieser Jünglings-Wahnsinn in der Liebe zur Wahrheit – ist uns verleidet: dazu sind wir zu erfahren, zu ernst, zu lustig, zu gebrannt, zu tief... Wir glauben nicht mehr daran, daß Wahrheit noch Wahrheit bleibt, wenn man ihr die Schleier abzieht; wir haben genug gelebt, um dies zu glauben. Heute gilt es uns als eine Sache der Schicklichkeit, daß man nicht alles nackt sehn, nicht bei allem dabei sein, nicht alles verstehn und »wissen« wolle. »Ist es wahr, daß der liebe Gott überall zugegen ist?« fragte ein kleines Mädchen seine Mutter: »aber ich finde das unanständig« – ein Wink für Philosophen! Man sollte die *Scham* besser in Ehren halten, mit der sich die Natur hinter Rätsel und bunte Ungewißtheiten versteckt hat. Vielleicht ist die Wahrheit ein Weib, das Gründe hat, ihre Gründe nicht sehen zu lassen? Vielleicht ist ihr Name, griechisch zu reden, Baubo? . . . Oh diese Griechen! Sie verstanden sich darauf, zu *leben*: dazu tut not, tapfer bei der Oberfläche, der Falte, der Haut stehenzubleiben, den Schein anzubeten, an Formen, an Töne, an Worte, an den ganzen Olymp des Scheins zu glauben! Diese Griechen waren oberflächlich – *aus Tiefe*! Und kommen wir nicht eben darauf zurück, wir Wagehalse des Geistes, die wir die höchste und gefährlichste Spitze des gegenwärtigen Gedankens erklettert und uns von da aus umgesehn haben, die wir von da aus *hinabgesehn* haben? Sind wir nicht eben darin – Griechen? Anbeter der Formen, der Töne, der Worte? Eben darum – Künstler?

Ruta bei Genua,
im Herbst 1886

FÜNFTES BUCH

WIR FURCHTLOSEN

Carcasse, tu trembles? Tu tremblerais bien davantage, si tu savais, où je te mène.

Turenne

343

Was es mit unsrer Heiterkeit auf sich hat. – Das größte neuere Ereignis – daß »Gott tot ist«, daß der Glaube an den christlichen Gott unglaubwürdig geworden ist – beginnt bereits seine ersten Schatten über Europa zu werfen. Für die wenigen wenigstens, deren Augen, deren *Argwohn* in den Augen stark und fein genug für dies Schauspiel ist, scheint eben irgendeine Sonne untergegangen, irgendein altes tiefes Vertrauen in Zweifel umgedreht: ihnen muß unsre alte Welt täglich abendlicher, mißtrauischer, fremder, »älter« scheinen. In der Hauptsache aber darf man sagen; das Ereignis selbst ist viel zu groß, zu fern, zu abseits vom Fassungsvermögen vieler, als daß auch nur seine Kunde schon *angelangt* heißen dürfte; geschweige denn, daß viele bereits wüßten, *was* eigentlich sich damit begeben hat – und was alles, nachdem dieser Glaube untergraben ist, nunmehr einfallen muß, weil es auf ihm gebaut, an ihn gelehnt, in ihn hineingewachsen war: zum Beispiel unsre ganze europäische Moral. Diese lange Fülle und Folge von Abbruch, Zerstörung, Untergang, Umsturz, die nun bevorsteht: wer erriete heute schon genug davon, um den Lehrer und Vorausverkünder dieser ungeheuren Logik von Schrecken abgeben zu müssen, den Propheten einer Verdüsterung und Sonnenfinsternis, derengleichen es wahrscheinlich noch nicht auf Erden gegeben hat? ... Selbst wir geborenen Rätselrater, die wir gleichsam auf den Bergen warten, zwischen Heute und Morgen hingestellt und in den Widerspruch zwischen Heute und Morgen hineingespannt, wir Erstlinge und Frühgeburten des kommenden Jahrhunderts, denen eigentlich die Schatten, welche Europa alsbald einwickeln müssen, jetzt schon zu Gesicht gekommen sein *sollten*: woran liegt es doch, daß selbst wir ohne rechte Teilnahme für diese Verdüsterung, vor allem ohne Sorge und Furcht für *uns* ihrem Heraufkommen entgegensehn? Stehen wir vielleicht zu sehr noch unter den *nächsten Folgen* dieses Ereignisses – und diese nächsten Folgen, seine Folgen für *uns* sind, umgekehrt als man vielleicht erwarten könnte, durchaus nicht traurig und verdüsternd, vielmehr wie eine neue schwer zu beschreibende Art von Licht, Glück, Erleichterung, Erheiterung, Ermutigung, Morgenröte ... In der Tat, wir Philosophen und »freien Geister« fühlen uns bei der Nachricht, daß der »alte Gott tot« ist, wie von einer neuen Morgenröte angestrahlt; unser Herz strömt dabei über von Dankbarkeit, Erstaunen, Ahnung, Erwartung – endlich erscheint uns der Horizont wieder frei, gesetzt selbst, daß er nicht hell ist, endlich dürfen unsre Schiffe wieder auslaufen, auf jede Gefahr hin auslaufen, jedes Wagnis des Erkennenden ist wieder erlaubt, das Meer, *unser* Meer liegt wieder offen da, vielleicht gab es noch niemals ein so »offnes Meer«.

344

Inwiefern auch wir noch fromm sind. – In der Wissenschaft haben die Überzeugungen kein Bürgerrecht, so sagt man mit gutem Grunde: erst wenn sie sich entschließen, zur Bescheidenheit einer Hypothese, eines vorläufigen Versuchs-Standpunktes, einer regulativen Fiktion herabzusteigen, darf ihnen der Zutritt und sogar ein gewisser Wert innerhalb des Reichs der Erkenntnis zugestanden werden – immerhin mit der Beschränkung, unter polizeiliche Aufsicht gestellt zu bleiben, unter die Polizei des Mißtrauens. – Heißt das aber nicht, genauer besehen: erst wenn die Überzeugung *aufhört*, Überzeugung zu sein, darf sie Eintritt in die Wissenschaft erlangen? Finge nicht die Zucht des wissenschaftlichen Geistes damit an, sich keine Überzeugungen mehr zu gestatten?... So steht es wahrscheinlich: nur bleibt übrig zu fragen, ob nicht, *damit diese Zucht anfangen könne*, schon eine Überzeugung da sein müsse, und zwar eine so gebieterische und bedingungslose, daß sie alle andern Überzeugungen sich zum Opfer bringt. Man sieht, auch die Wissenschaft ruht auf einem Glauben, es gibt gar keine »voraussetzungslose« Wissenschaft. Die Frage, ob *Wahrheit* not tue, muß nicht nur schon vorher bejaht, sondern in dem Grade bejaht sein, daß der Satz, der Glaube, die Überzeugung darin zum Ausdruck kommt, »es tut *nichts mehr* not als Wahrheit, und im Verhältnis zu ihr hat alles Übrige nur einen Wert zweiten Rangs«. – Dieser unbedingte Wille zur Wahrheit: was ist er? Ist es der Wille, *sich nicht täuschen zu lassen*? Ist es der Wille, *nicht zu täuschen*? Nämlich auch auf diese letzte Weise könnte der Wille zur Wahrheit interpretiert werden: vorausgesetzt, daß man unter der Verallgemeinerung »ich will nicht täuschen« auch den einzelnen Fall »ich will *mich* nicht täuschen« einbegreift. Aber warum nicht täuschen? Aber warum nicht sich täuschen lassen? – Man bemerke, daß die Gründe für das erstere auf einem ganz andern Bereiche liegen als die für das zweite: man will sich nicht täuschen lassen, unter der Annahme, daß es schädlich, gefährlich, verhängnisvoll ist, getäuscht zu werden – in diesem Sinne wäre Wissenschaft eine lange Klugheit, eine Vorsicht, eine Nützlichkeit, gegen die man aber billigerweise einwenden dürfte: wie? ist wirklich das Sich-nicht-täuschen-lassen-wollen weniger schädlich, weniger gefährlich, weniger verhängnisvoll? Was wißt ihr von vornherein vom Charakter des Daseins, um entscheiden zu können, ob der größere Vorteil auf seiten des Unbedingt-Mißtrauischen oder des Unbedingt-Zutraulichen ist? Falls aber beides nötig sein sollte, viel Zutrauen *und* viel Mißtrauen: woher dürfte dann die Wissenschaft ihren unbedingten Glauben, ihre Überzeugung nehmen, auf dem sie ruht, daß Wahrheit wichtiger sei als irgendein andres Ding, auch als jede andre Überzeugung? Eben diese Überzeugung könnte nicht entstanden sein, wenn Wahrheit *und* Unwahrheit sich beide fortwährend als nützlich bezeigten, wie es der Fall ist. Also – kann der Glaube an die Wissenschaft, der nun einmal unbestreitbar da ist, nicht aus einem solchen Nützlichkeits-Kalkül seinen Ursprung genommen haben, sondern vielmehr *trotzdem*, daß ihm die Unnützlichkeit und Gefährlichkeit des »Willens zur Wahrheit«, der »Wahrheit um jeden Preis« fortwährend bewiesen wird. »Um jeden Preis«: oh wir verstehen das gut genug, wenn wir erst einen Glauben nach dem andern auf diesem Altare dargebracht und abgeschlachtet haben! – Folglich bedeutet »Wille zur Wahrheit« *nicht* »ich will mich nicht täuschen lassen«, sondern – es bleibt keine Wahl – »ich will nicht täuschen, auch mich selbst nicht«: – *und hiermit sind wir auf dem Boden der Moral.* Denn man frage sich nur gründlich: »warum willst du nicht täuschen?« namentlich wenn es den Anschein haben sollte – und es hat den Anschein! – als wenn das Leben auf Anschein, ich meine auf Irrtum, Betrug, Verstellung, Blendung, Selbstverblendung angelegt wäre, und wenn andrerseits tatsächlich die große Form des Lebens sich immer auf der Seite der unbedenklichsten πολύτροποι gezeigt hat. Es könnte ein solcher Vorsatz vielleicht, mild ausgelegt, eine Don-Quixoterie, ein kleiner schwärmerischer Aberwitz sein; er könnte aber auch noch etwas Schlimmeres sein, nämlich ein lebensfeindliches zerstörerisches Prinzip ... »Wille zur Wahrheit« – das könnte ein versteckter Wille zum Tode sein. – Dergestalt führt die Frage: warum Wissenschaft? zurück auf das moralische Problem: *wozu überhaupt Moral,* wenn Leben, Natur, Geschichte »unmoralisch« sind? Es ist kein Zweifel, der Wahrhaftige, in jenem verwegenen und letzten Sinne, wie ihn der Glaube an die Wissenschaft voraussetzt, *bejaht damit eine andre Welt* als die des Lebens, der Natur und der Geschichte; und insofern er diese »andre Welt« bejaht, wie? muß er nicht ebendamit ihr Gegenstück, diese Welt, *unsre* Welt – verneinen? ... Doch man wird es begriffen haben, worauf ich hinaus will, nämlich daß es immer noch ein *metaphysischer Glaube* ist, auf dem unser Glaube an die Wissenschaft ruht – daß auch wir Erkennenden von heute, wir Gottlosen und Antimetaphysiker, auch *unser* Feuer noch von dem Brande nehmen, den ein jahrtausendealter Glaube entzündet hat, jener Christen-Glaube, der auch der Glaube Platos war, daß Gott die Wahrheit ist, daß die Wahrheit göttlich ist ... Aber wie, wenn dies gerade immer mehr unglaubwürdig wird, wenn nichts sich mehr als göttlich erweist, es sei denn der Irrtum, die Blindheit, die Lüge – wenn Gott selbst sich als unsre längste Lüge erweist?

345

Moral als Problem. – Der Mangel an Person rächt sich überall; eine geschwächte, dünne, ausgelöschte, sich selbst leugnende und verleugnende Persönlichkeit taugt zu keinem guten Dinge mehr – sie taugt am wenigsten zur Philosophie. Die »Selbstlosigkeit« hat keinen Wert im Himmel und auf Erden; die großen Probleme verlangen alle die *große Liebe*, und dieser sind nur die starken, runden, sicheren Geister fähig, die fest auf sich selber sitzen. Es macht den erheblichsten Unterschied, ob ein Denker zu seinen Problemen persönlich steht, so daß er in ihnen sein Schicksal, seine Not und auch sein bestes Glück hat, oder aber »unpersönlich«: nämlich sie nur mit den Fühlhörnern des kalten, neugierigen Gedankens anzutasten und zu fassen versteht. Im letzteren Falle kommt nichts dabei heraus, so viel läßt sich versprechen: denn die großen Probleme, gesetzt selbst, daß sie sich fassen lassen, lassen sich von Fröschen und Schwächlingen nicht *halten*, das ist ihr Geschmack seit Ewigkeit – ein Geschmack übrigens, den sie mit allen wackeren Weiblein teilen. – Wie kommt es nun, daß ich noch niemandem begegnet bin, auch in Büchern nicht, der zur Moral in dieser Stellung als Person stünde, der die Moral als Problem und dies Problem als *seine* persönliche Not, Qual, Wollust, Leidenschaft kennte? Ersichtlich war bisher die Moral gar kein Problem; vielmehr das gerade, worin man, nach allem Mißtrauen, Zwiespalt, Widerspruch, miteinander überein kam, der geheiligte Ort des Friedens, wo die Denker auch von sich selbst ausruhten, aufatmeten, auflebten. Ich sehe niemanden, der eine *Kritik* der moralischen Werturteile gewagt hätte; ich vermisse hierfür selbst die Versuche der wissenschaftlichen Neugierde, der verwöhnten versucherischen Psychologen- und Historiker-Einbildungskraft, welche leicht ein Problem vorwegnimmt und im Fluge erhascht, ohne recht zu wissen, was da erhascht ist. Kaum daß ich einige spärliche Ansätze ausfindig gemacht habe, es zu einer *Entstehungsgeschichte* dieser Gefühle und Wertschätzungen zu bringen (was etwas anderes ist als eine Kritik derselben und noch einmal etwas anderes als die Geschichte der ethischen Systeme): in einem einzelnen Falle habe ich alles getan, um eine Neigung und Begabung für diese Art Historie zu ermutigen – umsonst, wie mir heute scheinen will. Mit diesen Moral-Historikern (namentlich Engländern) hat es wenig auf sich: sie stehen gewöhnlich selbst noch arglos unter dem Kommando einer bestimmten Moral und geben, ohne es zu wissen, deren Schildträger und Gefolge ab; etwa mit jenem noch immer so treuherzig nachgeredeten Volks-Aberglauben des christlichen Europa, daß das Charakteristikum der moralischen Handlung im Selbstlosen, Selbstverleugnenden, Sich-Selbst-Opfernden, oder im Mitgefühle, im Mitleiden gelegen sei. Ihr gewöhnlicher Fehler in der Voraussetzung ist, daß sie irgendeinen *consensus* der Völker, mindestens der zahmen Völker über gewisse Sätze der Moral behaupten und daraus deren unbedingte Verbindlichkeit, auch für dich und mich, schließen; oder daß sie umgekehrt, nachdem ihnen die Wahrheit aufgegangen ist, daß bei verschiedenen Völkern die moralischen Schätzungen *notwendig* verschieden sind, einen Schluß auf Unverbindlichkeit *aller* Moral machen: was beides gleich große Kindereien sind. Der Fehler der Feineren unter ihnen ist, daß sie die vielleicht törichten Meinungen eines Volks über seine Moral oder der Menschen über alle menschliche Moral aufdecken und kritisieren, also über deren Herkunft, religiöse Sanktion, den Aberglauben des freien Willens und dergleichen, und ebendamit vermeinen, diese Moral selbst kritisiert zu haben. Aber der Wert einer Vorschrift »du sollst« ist noch gründlich verschieden und unabhängig von solcherlei Meinungen über dieselbe und von dem Unkraut des Irrtums, mit dem sie vielleicht überwachsen ist: so gewiß der Wert eines Medikaments für den Kranken noch vollkommen unabhängig davon ist, ob der Kranke wissenschaftlich oder wie ein altes Weib über Medizin denkt. Eine Moral könnte selbst *aus* einem Irrtume gewachsen sein: auch mit dieser Einsicht wäre das Problem ihres Wertes noch nicht einmal berührt. – Niemand also hat bisher den *Wert* jener berühmtesten aller Medizinen, genannt Moral, geprüft: wozu zuallererst gehört, daß man ihn einmal – *in Frage stellt.* Wohlan! Dies eben ist unser Werk. –

346

Unser Fragezeichen. – Aber ihr versteht das nicht? In der Tat, man wird Mühe haben, uns zu verstehn. Wir suchen nach Worten, wir suchen vielleicht auch nach Ohren. Wer sind wir doch? Wollten wir uns einfach mit einem älteren Ausdruck Gottlose oder Ungläubige oder auch Immoralisten nennen, wir würden uns damit noch lange nicht bezeichnet glauben: wir sind alles dreies in einem zu späten Stadium, als daß man begriffe, als daß *ihr* begreifen könntet, meine Herren Neugierigen, wie es einem dabei zumute ist. Nein! nicht mehr mit der Bitterkeit und Leidenschaft des Losgerissenen, der sich aus seinem Unglauben noch einen Glauben, einen Zweck, ein Martyrium selbst zurechtmachen muß! Wir sind abgesotten in der Einsicht und in ihr kalt und hart geworden, daß es in der Welt durchaus nicht göttlich zugeht, ja noch nicht einmal nach menschlichem Maße vernünftig, barmherzig oder gerecht: wir wissen es, die Welt, in der wir leben, ist ungöttlich, unmoralisch, »unmenschlich« – wir haben sie uns allzulange falsch und lügnerisch, aber nach Wunsch und Willen unsrer Verehrung, das heißt nach einem *Bedürfnisse* ausgelegt. Denn der Mensch ist ein verehrendes Tier! Aber er ist auch ein mißtrauisches: und daß die Welt *nicht* das wert ist, was wir geglaubt haben, das ist ungefähr das Sicherste, dessen unser Mißtrauen endlich habhaft geworden ist. So viel

Mißtrauen, so viel Philosophie. Wir hüten uns wohl zu sagen, daß sie *weniger* wert ist: es erscheint uns heute selbst zum Lachen, wenn der Mensch in Anspruch nehmen wollte, Werte zu erfinden, welche den Wert der wirklichen Welt *überragen* sollten – gerade davon sind wir zurückgekommen als von einer ausschweifenden Verirrung der menschlichen Eitelkeit und Unvernunft, die lange nicht als solche erkannt worden ist. Sie hat ihren letzten Ausdruck im modernen Pessimismus gehabt, einen älteren, stärkeren in der Lehre des Buddha; aber auch das Christentum enthält sie, zweifelhafter freilich und zweideutiger, aber darum nicht weniger verführerisch. Die ganze Attitüde »Mensch *gegen* Welt«, der Mensch als »Welt-verneinendes« Prinzip, der Mensch als Wertmaß der Dinge, als Welten-Richter, der zuletzt das Dasein selbst auf seine Waagschalen legt und zu leicht befindet – die ungeheuerliche Abgeschmacktheit dieser Attitüde ist uns als solche zum Bewußtsein gekommen und verleidet – wir lachen schon, wenn wir »Mensch *und* Welt« nebeneinandergestellt finden, getrennt durch die sublime Anmaßung des Wörtchens »und«! Wie aber? Haben wir nicht eben damit, als Lachende, nur einen Schritt weiter in der Verachtung des Menschen gemacht? Und also auch im Pessimismus, in der Verachtung des *uns* erkennbaren Daseins? Sind wir nicht eben damit dem Argwohne eines Gegensatzes verfallen, eines Gegensatzes der Welt, in der wir bisher mit unsren Verehrungen zu Hause waren – um deren willen wir vielleicht zu leben *aushielten* –, und einer andren Welt, *die wir selber sind*: einem unerbittlichen, gründlichen, untersten Argwohn über uns selbst, der uns Europäer immer mehr, immer schlimmer in Gewalt bekommt und leicht die kommenden Geschlechter vor das furchtbare Entweder-Oder stellen könnte: »entweder schafft eure Verehrungen ab oder – *euch selbst*!« Das letztere wäre der Nihilismus; aber wäre nicht auch das erstere – der Nihilismus? – Dies ist *unser* Fragezeichen.

347

Die Gläubigen und ihr Bedürfnis nach Glauben. – Wieviel einer *Glauben* nötig hat, um zu gedeihen, wieviel »Festes«, an dem er nicht gerüttelt haben will, weil er sich daran *hält* – ist ein Gradmesser seiner Kraft (oder deutlicher geredet, seine Schwäche). Christentum haben, wie mir scheint, im alten Europa auch heute noch die meisten nötig: deshalb findet es auch immer noch Glauben. Denn so ist der Mensch: ein Glaubenssatz könnte ihm tausendfach widerlegt sein – gesetzt, er hätte ihn nötig, so würde er ihn auch immer wieder für »wahr« halten, – gemäß jenem berühmten »Beweise der Kraft«, von dem die Bibel redet. Metaphysik haben einige noch nötig; aber auch jenes ungestüme *Verlangen nach Gewißheit,* welches sich heute in breiten Massen wissenschaftlich-positivistisch entladet, das Verlangen, durchaus etwas fest haben zu *wollen* (während man es wegen der Hitze dieses Verlangens mit der Begründung der Sicherheit leichter und läßlicher nimmt): auch das ist noch das Verlangen nach Halt, Stütze, kurz jener *Instinkt der Schwäche,* welcher Religionen, Metaphysiken, Überzeugungen aller Art zwar nicht schafft, aber – konserviert. In der Tat dampft um alle diese positivistischen Systeme der Qualm einer gewissen pessimistischen Verdüsterung, etwas von Müdigkeit, Fatalismus, Enttäuschung, Furcht vor neuer Enttäuschung – oder aber zur Schau getragener Ingrimm, schlechte Laune, Entrüstungs-Anarchismus und was es alles für Symptome oder Maskeraden des Schwächegefühls gibt. Selbst die Heftigkeit, mit der sich unsre gescheitesten Zeitgenossen in ärmliche Ecken und Engen verlieren, zum Beispiel in die Vaterländerei (so heiße ich das, was man in Frankreich *chauvinisme,* in Deutschland »deutsch« nennt) oder in ästhetische Winkel-Bekenntnisse nach Art des Pariser *naturalisme* (der von der Natur nur den Teil hervorzieht und entblößt, welcher Ekel zugleich und Erstaunen macht – man heißt diesen Teil heute gern *la vérité vraie* –) oder in Nihilismus nach Petersburger Muster (das heißt in den *Glauben an den Unglauben,* bis zum Martyrium dafür), zeigt immer vorerst das *Bedürfnis* nach Glauben, Halt, Rückgrat, Rückhalt ... Der Glaube ist immer dort am meisten begehrt, am dringlichsten nötig, wo es an Willen fehlt: denn der Wille ist, als Affekt des Befehls, das entscheidende Abzeichen der Selbstherrlichkeit und Kraft. Das heißt, je weniger einer zu befehlen weiß, um so dringlicher begehrt er nach einem, der befiehlt, streng befiehlt, nach einem Gott, Fürsten, Stand, Arzt, Beichtvater, Dogma, Partei-Gewissen. Woraus vielleicht abzunehmen wäre, daß die beiden Weltreligionen, der Buddhismus und das Christentum, ihren Entstehungsgrund, ihr plötzliches Um-sich-greifen zumal, in einer ungeheuren *Erkrankung des Willens* gehabt haben möchten. Und so ist es in Wahrheit gewesen: beide Religionen fanden ein durch Willens-Erkrankung ins Unsinnige aufgetürmtes, bis zur Verzweiflung gehendes Verlangen nach einem »du sollst« vor, beide Religionen waren Lehrerinnen das Fanatismus in Zeiten der Willens-Erschlaffung und boten damit Unzähligen einen Halt, eine neue Möglichkeit zu wollen, einen Genuß am Wollen. Der Fanatismus ist nämlich die einzige »Willensstärke«, zu der auch die Schwachen und Unsichern gebracht werden können, als eine Art Hypnotisierung des ganzen sinnlich-intellektuellen Systems zugunsten der überreichlichen Ernährung (Hypertrophie) eines einzelnen Gesichts- und Gefühlspunktes, der nunmehr dominiert – der Christ heißt ihn seinen *Glauben.* Wo ein Mensch zu der Grundüberzeugung kommt, daß ihm befohlen werden *muß,* wird er »gläubig«; umgekehrt wäre eine Lust und Kraft der Selbstbestimmung, eine *Freiheit* des Willens denkbar, bei der ein Geist jedem Glauben, jedem Wunsch nach Gewißheit den Abschied gibt, geübt, wie er ist, auf leichten Seilen und Möglichkeiten sich halten zu können und selbst an Abgründen noch zu tanzen. Ein solcher Geist wäre der *freie Geist par excellence.*

348

Von der Herkunft der Gelehrten. – Der Gelehrte wächst in Europa aus aller Art Stand und gesellschaftlicher Bedingung heraus, als eine Pflanze, die keines spezifischen Erdreichs bedarf; darum gehört er, wesentlich und unfreiwillig, zu den Trägern des demokratischen Gedankens. Aber diese Herkunft verrät sich. Hat man seinen Blick etwas dafür eingeschult, an einem gelehrten Buche, einer wissenschaftlichen Abhandlung, die intellektuelle *Idiosynkrasie* des Gelehrten – jeder Gelehrte hat eine solche – herauszuerkennen und auf der Tat zu ertappen, so wird man fast immer hinter ihr die »Vorgeschichte« des Gelehrten, seine Familie, in Sonderheit deren Berufsarten und Handwerke zu Gesicht bekommen. Wo das Gefühl zum Ausdruck kommt »das ist nunmehr bewiesen, hiermit bin ich fertig«, da ist es gemeinhin der Vorfahr im Blute und Instinkte des Gelehrten, welcher von seinem Gesichtswinkel aus die »gemachte Arbeit« gutheißt – der Glaube an den Beweis ist nur ein Symptom davon, was in einem arbeitsamen Geschlechte von alters her als »gute Arbeit« angesehn worden ist. Ein Beispiel: die Söhne von Registratoren und Büroschreibern jeder Art, deren Hauptaufgabe immer war, ein vielfältiges Material zu ordnen, in Schubfächer zu verteilen, überhaupt zu schematisieren, zeigen, falls sie Gelehrte werden, eine Vorneigung dafür, ein Problem beinahe damit für gelöst zu halten, daß sie es schematisiert haben. Es gibt Philosophen, welche im Grunde nur schematische Köpfe sind – ihnen ist das Formale des väterlichen Handwerks zum Inhalte geworden. Das Talent zu Klassifikationen, zu Kategorientafeln verrät etwas; man ist nicht ungestraft das Kind seiner Eltern. Der Sohn eines Advokaten wird auch als Forscher ein Advokat sein müssen: er will mit seiner Sache in erster Rücksicht recht behalten, in zweiter, vielleicht, recht haben. Die Söhne von protestantischen Geistlichen und Schullehrern erkennt man an der naiven Sicherheit, mit der sie als Gelehrte ihre Sache schon als bewiesen nehmen, wenn sie von ihnen eben erst nur herzhaft und mit Wärme vorgebracht worden ist: sie sind eben gründlich daran gewöhnt, daß man ihnen *glaubt* – das gehörte bei ihren Vätern zum »Handwerk«! Ein Jude umgekehrt ist, gemäß dem Geschäftskreis und der Vergangenheit seines Volkes, gerade daran – daß man ihm glaubt – am wenigsten gewöhnt: man sehe sich darauf die jüdischen Gelehrten an – sie alle halten große Stücke auf die Logik, das heißt auf das *Erzwingen* der Zustimmung durch Gründe; sie wissen, daß sie mit ihr siegen müssen, selbst wo Rassen- und Klassen-Widerwille gegen sie vorhanden ist, wo man ihnen ungern glaubt. Nichts nämlich ist demokratischer als die Logik: sie kennt kein Ansehn der Person und nimmt auch die krummen Nasen für gerade. (Nebenbei bemerkt: Europa ist gerade in Hinsicht auf Logisierung, auf *reinlichere* Kopf-Gewohnheiten den Juden nicht wenig Dank schuldig; voran die Deutschen, als eine beklagenswert deraisonnable Rasse, der man auch heute immer noch zuerst »den Kopf zu waschen« hat. Überall, wo Juden zu Einfluß gekommen sind, haben sie feiner zu scheiden, schärfer zu folgern, heller und sauberer zu schreiben gelehrt: ihre Aufgabe war es immer, ein Volk »zur Raison« zu bringen.)

349

Noch einmal die Herkunft der Gelehrten. – Sich selbst erhalten wollen ist der Ausdruck einer Notlage, einer Einschränkung des eigentlichen Lebens-Grundtriebes, der auf *Machterweiterung* hinausgeht und in diesem Willen oft genug die Selbsterhaltung in Frage stellt und opfert. Man nehme es als symptomatisch, wenn einzelne Philosophen, wie zum Beispiel der schwindsüchtige Spinoza, gerade im sogenannten Selbsterhaltungs-Trieb das Entscheidende sahen, sehen mußten – es waren eben Menschen in Notlagen. Daß unsre modernen Naturwissenschaften sich dermaßen mit dem Spinozistischen Dogma verwickelt haben (zuletzt noch und am gröbsten im Darwinismus mit seiner unbegreiflich einseitigen Lehre vom »Kampf ums Dasein« –), das liegt wahrscheinlich an der Herkunft der meisten Naturforscher: sie gehören in dieser Hinsicht zum »Volk«, ihre Vorfahren waren arme und geringe Leute, welche die Schwierigkeit, sich durchzubringen, allzusehr aus der Nähe kannten. Um den ganzen englischen Darwinismus herum haucht etwas wie englische Übervölkerungs-Stickluft, wie Kleiner-Leute-Geruch von Not und Enge. Aber man sollte, als Naturforscher, aus seinem menschlichen Winkel herauskommen: und in der Natur *herrscht* nicht die Notlage, sondern der Überfluß, die Verschwendung, sogar bis ins Unsinnige. Der Kampf ums Dasein ist nur eine *Ausnahme*, eine zeitweilige Restriktion des Lebenswillens; der große und kleine Kampf dreht sich allenthalben ums Übergewicht, um Wachstum und Ausbreitung, um Macht, gemäß dem Willen zur Macht, der eben der Wille des Lebens ist.

350

Zu Ehren der homines religiosi. – Der Kampf gegen die Kirche ist ganz gewiß unter anderem – denn er bedeutet vielerlei – auch der Kampf der gemeineren, vergnügteren, vertraulicheren, oberflächlicheren Naturen gegen die Herrschaft der schwereren, tieferen, beschaulicheren, das heißt böseren und argwöhnerischen Menschen, welche mit einem langen Verdachte über den Wert des Daseins, auch über den eigenen Wert brüteten – der gemeine Instinkt des Volkes, seine Sinnen-Lustigkeit sein »gutes Herz« empörte sich gegen sie. Die ganze römische Kirche ruht auf einem südländischen Argwohne über die Natur des Menschen, der vom Norden aus immer falsch verstanden wird: in welchem Argwohne der europäische Süden die Erbschaft des tiefen Orients, des uralten, geheimnisreichen Asien und seiner Kontemplation gemacht hat. Schon der Protestantismus ist ein Volksaufstand zugunsten der Biederen, Treuherzigen, Oberflächlichen (der Norden war immer gutmütiger und flacher als der Süden); aber erst die französische Revolution hat dem »guten Menschen« das Szepter vollends und feierlich in die Hand gegeben (dem Schaf, dem Esel, der Gans und allem, was unheilbar flach und Schreihals und reif für das Narrenhaus der »modernen Ideen« ist).

351

Zu Ehren der priesterlichen Naturen. – Ich denke, von dem, was das Volk unter Weisheit versteht (und wer ist heute nicht »Volk«? –), von jener klugen kuhmäßigen Gemütsstille, Frömmigkeit und Landpfarrer-Sanftmut, welche auf der Wiese liegt und dem Leben ernst und wiederkäuend *zuschaut* – davon haben gerade die Philosophen sich immer am fernsten gefühlt, wahrscheinlich weil sie dazu nicht »Volk« genug, nicht Landpfarrer genug waren. Auch werden wohl sie gerade am spätesten daran glauben lernen, daß das Volk etwas von dem verstehen *dürfte,* was ihm am fernsten liegt, von der großen *Leidenschaft* des Erkennenden, der beständig in der Gewitterwolke der höchsten Probleme und der schwersten Verantwortlichkeiten lebt, leben muß (also ganz und gar nicht zuschauend, außerhalb, gleichgültig, sicher, objektiv . . .). Das Volk verehrt eine ganz andere Art Mensch, wenn es seinerseits sich ein Ideal des »Weisen« macht, und hat tausendfach Recht dazu, gerade dieser Art Mensch mit den besten Worten und Ehren zu huldigen: das sind die milden, ernsteinfältigen und keuschen Priester-Naturen und was ihnen verwandt ist – denen gilt das Lob in jener Volks-Ehrfurcht vor der Weisheit. Und wem hätte das Volk auch Grund, dankbarer sich zu erweisen als diesen Männern, die zu ihm gehören und aus ihm kommen, aber wie Geweihte, Ausgelesene, seinem Wohl *Geopferte* – sie selber glauben sich Gott geopfert –, vor denen es ungestraft sein Herz ausschütten, an die es seine Heimlichkeiten, seine Sorgen und Schlimmeres *loswerden* kann (– denn der Mensch, der »sich mitteilt«, wird sich selber los; und wer »bekannt« hat, vergißt). Hier gebietet eine große Notdurft: es bedarf nämlich auch für den seelischen Unrat der Abzugsgräben und der reinlichen, reinigenden Gewässer drin, es bedarf rascher Ströme der Liebe und starker, demütiger, reiner Herzen, die zu einem solchen Dienste der nicht-öffentlichen Gesundheitspflege sich bereitmachen und opfern – denn es *ist* eine Opferung, ein Priester ist und bleibt ein Menschenopfer... Das Volk empfindet solche geopferte, stillgewordne, ernste Menschen des »Glaubens« als *weise*, das heißt als Wissend-Gewordene, als »Sichere« im Verhältnis zur eignen Unsicherheit: wer würde ihm das Wort und diese Ehrfurcht nehmen mögen? – Aber, wie es umgekehrt billig ist, unter Philosophen gilt auch ein Priester immer noch als »Volk« und *nicht* als Wissender, vor allem, weil sie selbst nicht an »Wissende« glauben und eben in diesem Glauben und Aberglauben schon »Volk« riechen. Die *Bescheidenheit* war es, welche in Griechenland das Wort »Philosoph« erfunden hat und den prachtvollen Übermut, sich weise zu nennen, den Schauspielern des Geistes überließ – die Bescheidenheit solcher Ungetüme von Stolz und Selbstherrlichkeit, wie Pythagoras, wie Plato –.

352

Inwiefern Moral kaum entbehrlich ist. – Der nackte Mensch ist im allgemeinen ein schändlicher Anblick – ich rede von uns Europäern (und nicht einmal von den Europäerinnen!). Angenommen, die froheste Tischgesellschaft sähe sich plötzlich durch die Tücke eines Zauberers enthüllt und ausgekleidet, ich glaube, daß nicht nur der Frohsinn dahin und der stärkste Appetit entmutigt wäre, – es scheint, wir Europäer können jener Maskerade durchaus nicht entbehren, die Kleidung heißt. Sollte aber die Verkleidung der »moralischen Menschen«, ihre Verhüllung unter moralische Formeln und Anstandsbegriffe, das ganze wohlwollende Verstecken unsrer Handlungen unter die Begriffe Pflicht, Tugend, Gemeinsinn, Ehrenhaftigkeit, Selbstverleugnung nicht seine ebenso guten Gründe haben? Nicht daß ich vermeinte, hierbei sollte etwa die menschliche Bosheit und Niederträchtigkeit, kurz das schlimme wilde Tier in uns vermummt werden; mein Gedanke ist umgekehrt, daß wir gerade als *zahme Tiere* ein schändlicher Anblick sind und die Moral-Verkleidung brauchen – daß der »inwendige Mensch« in Europa eben lange nicht schlimm genug ist, um sich damit »sehen lassen« zu können (um damit *schön* zu sein –). Der Europäer verkleidet sich *in die Moral*, weil er ein krankes, kränkliches, krüppelhaftes Tier geworden ist, das gute Gründe hat, »zahm« zu sein, weil er beinahe eine Mißgeburt, etwas Halbes, Schwaches, Linkisches ist... Nicht die Furchtbarkeit des Raubtieres findet eine moralische Verkleidung nötig, sondern das Herdentier mit seiner tiefen Mittelmäßigkeit, Angst und Langeweile an sich selbst. *Moral putzt den Europäer auf* – gestehen wir es ein! – ins Vornehmere, Bedeutendere, Ansehnlichere, ins »Göttliche« –

353

Vom Ursprung der Religionen. – Die eigentliche Erfindung der Religionsstifter ist einmal: eine bestimmte Art Leben und Alltag der Sitte anzusetzen, welche als *disciplina voluntatis* wirkt und zugleich die Langeweile wegschafft; sodann: gerade diesem Leben eine *Interpretation* zu geben, vermöge deren es vom höchsten Werte umleuchtet scheint, so daß es nunmehr zu einem Gute wird, für das man kämpft und, unter Umständen, sein Leben läßt. In Wahrheit ist von diesen zwei Erfindungen die zweite die wesentlichere: die erste, die Lebensart, war gewöhnlich schon da, aber neben andren Lebensarten und ohne Bewußtsein davon, was für ein Wert ihr innewohne. Die Bedeutung, die Originalität des Religionsstifters kommt gewöhnlich darin zutage, daß er sie *sieht,* daß er sie *auswählt,* daß er zum ersten Male *errät,* wozu sie gebraucht, wie sie interpretiert werden kann. Jesus (oder Paulus) zum Beispiel fand das Leben der kleinen Leute in der römischen Provinz vor, ein bescheidnes, tugendhaftes, gedrücktes Leben: er legte es aus, er legte den höchsten Sinn und Wert hinein – und damit den Mut, jede andre Art Leben zu verachten, den stillen Herrenhuter-Fanatismus, das heimliche unterirdische Selbstvertrauen, welches wächst und wächst und endlich bereit ist, »die Welt zu überwinden« (das heißt Rom und die höheren Stände im ganzen Reiche). Buddha insgleichen fand jene Art Menschen vor, und zwar zerstreut unter alle Stände und gesellschaftliche Stufen seines Volks, welche aus Trägheit gut und gütig (vor allem inoffensiv) sind, die, ebenfalls aus Trägheit, abstinent, beinahe bedürfnislos leben: er verstand, wie eine solche Art Menschen mit Unvermeidlichkeit, mit der ganzen *vis inertiae,* in einen Glauben hineinrollen müsse, der die Wiederkehr der irdischen Mühsal (das heißt der Arbeit, des Handelns überhaupt) zu *verhüten* verspricht – dies »Verstehen« war sein Genie. Zum Religionsstifter gehört psychologische Unfehlbarkeit im Wissen um eine bestimmte Durchschnitts-Art von Seelen, die sich noch nicht als zusammengehörig *erkannt* haben. Er ist es, der sie zusammenbringt; die Gründung einer Religion wird insofern immer zu einem langen Erkennungs-Feste.

354

Vom »Genius der Gattung«. – Das Problem des Bewußtseins (richtiger: des Sich-Bewußt-Werdens) tritt erst dann vor uns hin, wenn wir zu begreifen anfangen, inwiefern wir seiner entraten könnten: und an diesen Anfang des Begreifens stellt uns jetzt Physiologie und Tiergeschichte (welche also zwei Jahrhunderte nötig gehabt haben, um den vorausfliegenden Argwohn *Leibniz'* einzuholen). Wir könnten nämlich denken, fühlen, wollen, uns erinnern, wir könnten ebenfalls »handeln« in jedem Sinne des Wortes: und trotzdem brauchte das alles nicht uns »ins Bewußtsein zu treten« (wie man im Bilde sagt). Das ganze Leben wäre möglich, ohne daß es sich gleichsam im Spiegel sähe: wie ja tatsächlich auch jetzt noch bei uns der bei weitem überwiegende Teil dieses Lebens sich ohne diese Spiegelung abspielt – und zwar auch unsres denkenden, fühlenden, wollenden Lebens, so beleidigend dies einem älteren Philosophen klingen mag. *Wozu* überhaupt Bewußtsein, wenn es in der Hauptsache *überflüssig* ist? – Nun scheint mir, wenn man meiner Antwort auf diese Frage und ihrer vielleicht ausschweifenden Vermutung Gehör geben will, die Feinheit und Stärke des Bewußtseins immer im Verhältnis zur *Mitteilungs-Fähigkeit* eines Menschen (oder Tiers) zu stehn, die Mitteilungs-Fähigkeit wiederum im Verhältnis zur *Mitteilungs-Bedürftigkeit:* letzteres nicht so verstanden, als ob gerade der einzelne Mensch selbst, welcher gerade Meister in der Mitteilung und Verständlichmachung seiner Bedürfnisse ist, zugleich auch mit seinen Bedürfnissen am meisten auf die andern angewiesen sein müßte. Wohl aber scheint es mir so in bezug auf ganze Rassen und Geschlechter-Ketten zu stehn: wo das Bedürfnis, die Not die Menschen lange gezwungen hat, sich mitzuteilen, sich gegenseitig rasch und fein zu verstehen, da ist endlich ein Überschuß dieser Kraft und Kunst der Mitteilung da, gleichsam ein Vermögen, das sich allmählich aufgehäuft hat und nun eines Erben wartet, der es verschwenderisch ausgibt (– die sogenannten Künstler sind diese Erben, insgleichen die Redner, Prediger, Schriftsteller, alles Menschen, welche immer am Ende einer langen Kette kommen, »Spätgeborne« jedesmal, im besten Verstande des Wortes, und, wie gesagt, ihrem Wesen nach *Verschwender*). Gesetzt, diese Beobachtung ist richtig, so darf ich zu der Vermutung weitergehn, daß *Bewußtsein überhaupt sich unter dem Drucke des Mitteilungs-Bedürfnisses entwickelt hat* – daß es von vornherein nur zwischen Mensch und Mensch (zwischen Befehlenden und Gehorchenden insonderheit) nötig war, nützlich war, und auch nur im Verhältnis zum Grade dieser Nützlichkeit sich entwickelt hat. Bewußtsein ist eigentlich nur ein Verbindungsnetz zwischen Mensch und Mensch – nur als solches hat es sich entwickeln müssen: der einsiedlerische und raubtierhafte Mensch hätte seiner nicht bedurft. Daß uns unsre Handlungen, Gedanken, Gefühle, Bewegungen selbst ins Bewußtsein kommen – wenigstens ein Teil derselben –, das ist die Folge eines furchtbaren langen über dem Menschen waltenden »Muß«: er *brauchte*, als das gefährdetste Tier, Hilfe, Schutz, er brauchte seinesgleichen, er mußte seine Not auszudrücken, sich verständlich zu machen wissen – und zu dem allen hatte er zuerst »Bewußtsein« nötig, also selbst zu »wissen«, was ihm fehlt, zu »wissen«, wie es ihm zumute ist, zu »wissen«, was er denkt. Denn nochmals gesagt: der Mensch, wie jedes lebende Geschöpf, denkt immerfort, aber weiß es nicht; das *bewußt* werdende Denken ist nur der kleinste

Teil davon, sagen wir: der oberflächlichste, der schlechteste Teil – denn allein dieses bewußte Denken *geschieht in Worten, das heißt in Mitteilungszeichen,* womit sich die Herkunft des Bewußtseins selber aufdeckt. Kurz gesagt, die Entwicklung der Sprache und die Entwicklung des Bewußtseins (*nicht* der Vernunft, sondern allein des Sich-bewußt-werdens der Vernunft) gehen Hand in Hand. Man nehme hinzu, daß nicht nur die Sprache zur Brücke zwischen Mensch und Mensch dient, sondern auch der Blick, der Druck, die Gebärde; das Bewußtwerden unsrer Sinneseindrücke bei uns selbst, die Kraft, sie fixieren zu können und gleichsam außer uns zu stellen, hat in dem Maße zugenommen, als die Nötigung wuchs, sie *andern* durch Zeichen zu übermitteln. Der Zeichen-erfindende Mensch ist zugleich der immer schärfer seiner selbst bewußte Mensch; erst als soziales Tier lernte der Mensch seiner selbst bewußt werden – er tut es nocht, er tut es immer mehr. – Mein Gedanke ist, wie man sieht: daß das Bewußtsein nicht eigentlich zur Individual-Existenz des Menschen gehört, vielmehr zu dem, was an ihm Gemeinschafts- und Herden-Natur ist; daß es, wie daraus folgt, auch nur in bezug auf Gemeinschafts -und Herden-Nützlichkeit fein entwickelt ist, und daß folglich jeder von uns, beim besten Willen, sich selbst so individuell wie möglich zu *verstehen,* »sich selbst zu kennen«, doch immer nur gerade das Nicht-Individuelle an sich zum Bewußtsein bringen wird, sein »Durchschnittliches«, – das unser Gedanke selbst fortwährend durch den Charakter des Bewußtseins – durch den in ihm gebietenden »Genius der Gattung« – gleichsam *majorisiert* und in die Herden-Perspektive zurück-übersetzt wird. Unsre Handlungen sind im Grunde allesamt auf eine unvergleichliche Weise persönlich, einzig, unbegrenzt-individuell, es ist kein Zweifel; aber sobald wir sie ins Bewußtsein übersetzen, *scheinen sie es nicht mehr* ... Dies ist der eigentliche Phänomenalismus und Perspektivismus, wie *ich* ihn verstehe: die Natur des *tierischen Bewußtseins* bringt es mit sich, daß die Welt, deren wir bewußt werden können, nur eine Oberflächen- und Zeichenwelt ist, eine verallgemeinerte, eine vergemeinerte Welt – daß alles, was bewußt wird, ebendamit flach, dünn, relativ-dumm, generell, Zeichen, Herden-Merkzeichen *wird,* daß mit allem Bewußtwerden eine große gründliche Verderbnis, Fälschung, Veroberflächlichung und Generalisation verbunden ist. Zuletzt ist das wachsende Bewußtsein eine Gefahr; und wer unter den bewußtesten Europäern lebt, weiß sogar, daß es eine Krankheit ist. Es ist, wie man errät, nicht der Gegensatz von Subjekt und Objekt, der mich hier angeht: diese Unterscheidung überlasse ich den Erkenntnistheoretikern, welche in den Schlingen der Grammatik (der Volks-Metaphysik) hängengeblieben sind. Es ist erst recht nicht der Gegensatz von »Ding an sich« und Erscheinung: denn wir »erkennen« bei weitem nicht genug, um auch nur so *scheiden* zu dürfen. Wir haben eben gar kein Organ für das *Erkennen,* für die »Wahrheit«: wir »wissen« (oder glauben oder bilden uns ein) gerade soviel, als es im Interesse der Menschen-Herde, der Gattung, *nützlich* sein mag: und selbst, was hier »Nützlichkeit« genannt wird, ist zuletzt auch nur ein Glaube, eine Einbildung und vielleicht gerade jene verhängnisvollste Dummheit, an der wir einst zugrunde gehn.

355

Der Ursprung unsres Begriffs »Erkenntnis«. – Ich nehme diese Erklärung von der Gasse; ich hörte jemanden aus dem Volke sagen »er hat mich erkannt« –: dabei fragte ich mich: was versteht eigentlich das Volk unter Erkenntnis? was will es, wenn es »Erkenntnis« will? Nichts weiter als dies: etwas Fremdes soll auf etwas *Bekanntes* zurückgeführt werden. Und wir Philosophen – haben wir unter Erkenntnis eigentlich *mehr* verstanden? Das Bekannte, das heißt: das woran wir gewöhnt sind, so daß wir uns nicht mehr darüber wundern, unser Alltag, irgendeine Regel, in der wir stecken, alles und jedes, in dem wir uns zu Hause wissen – wie? ist unser Bedürfnis nach Erkennen nicht eben dies Bedürfnis nach Bekanntem, der Wille, unter allem Fremden, Ungewöhnlichen, Fragwürdigen etwas aufzudecken, das uns nicht mehr beunruhigt? Sollte es nicht der *Instinkt der Furcht* sein, der uns erkennen heißt? Sollte das Frohlocken des Erkennenden nicht eben das Frohlocken des wiedererlangten Sicherheitsgefühls sein?... Dieser Philosoph wähnte die Welt »erkannt«, als er sie auf die »Idee« zurückgeführt hatte: ach, war es nicht deshalb, weil ihm die »Idee« so bekannt, so gewohnt war? weil er sich so wenig mehr vor der »Idee« fürchtete? – Oh über diese Genügsamkeit der Erkennenden! man sehe sich doch ihre Prinzipien und Welträtsel-Lösungen darauf an! Wenn sie etwas an den Dingen, unter den Dingen, hinter den Dingen wiederfinden, das uns leider sehr bekannt ist, zum Beispiel unser Einmaleins oder unsre Logik oder unser Wollen und Begehren, wie glücklich sind sie sofort! Denn »was bekannt ist, ist erkannt«: darin stimmen sie überein. Auch die Vorsichtigsten unter ihnen meinen, zum mindesten sei das Bekannte *leichter erkennbar* als das Fremde; es sei zum Beispiel methodisch geboten, von der »inneren Welt«, von den »Tatsachen des Bewußtseins« auszugehen, weil sie die *uns bekanntere* Welt sei! Irrtum der Irrtümer! Das Bekannte ist das Gewohnte; und das Gewohnte ist am schwersten zu »erkennen«, das heißt als Problem zu sehen, das heißt als fremd, als fern, als »außer uns« zu sehn... Die große Sicherheit der natürlichen Wissenschaften im Verhältnis zur Psychologie und Kritik der Bewußtseins-Elemente – *unnatürlichen* Wissenschaften, wie man beinahe sagen dürfte – ruht gerade darauf, daß sie das *Fremde* als Objekt nehmen: während es fast etwas Widerspruchsvolles und Widersinniges ist, das Nicht-Fremde überhaupt als Objekt nehmen zu *wollen*...

356

Inwiefern es in Europa immer »künstlerischer« zugehn wird. – Die Lebens-Fürsorge zwingt auch heute noch – in unsrer Übergangszeit, wo so vieles aufhört zu zwingen – fast allen männlichen Europäern eine bestimmte *Rolle* auf, ihren sogenannten Beruf; einigen bleibt dabei die Freiheit, eine anscheinende Freiheit, diese Rolle selbst zu wählen, den meisten wird sie gewählt. Das Ergebnis ist seltsam genug: fast alle Europäer verwechseln sich in einem vorgerückteren Alter mit ihrer Rolle, sie selbst sind die Opfer ihres »guten Spiels«, sie selbst haben vergessen, wie sehr Zufall, Laune, Willkür damals über sie verfügt haben, als sich ihr »Beruf« entschied – und wie viele andre Rollen sie vielleicht hätten spielen *können*: denn es ist nunmehr zu spät! Tiefer angesehn, ist aus der Rolle wirklich Charakter *geworden*, aus der Kunst Natur. Es gab Zeitalter, in denen man mit steifer Zuversichtlichkeit, ja mit Frömmigkeit an seine Vorherbestimmung für gerade dies Geschäft, gerade diesen Broterwerb glaubte und den Zufall darin, die Rolle, das Willkürliche schlechterdings nicht anerkennen wollte: Stände, Zünfte, erbliche Gewerbs-Vorrechte haben mit Hilfe dieses Glaubens es zustande gebracht, jene Ungeheuer von breiten Gesellschafts-Türmen aufzurichten, welche das Mittelalter auszeichnen und denen jedenfalls eins nachzurühmen bleibt: Dauerfähigkeit (– und Dauer ist auf Erden ein Wert ersten Ranges!). Aber es gibt umgekehrte Zeitalter, die eigentlich demokratischen, wo man diesen Glauben mehr und mehr verlernt und ein gewisser kecker Glaube und Gesichtspunkt des Gegenteils in den Vordergrund tritt, jener Athener-Glaube, der in der Epoche des Perikles zuerst bemerkt wird, jener Amerikaner-Glaube von heute, der immer mehr auch Europäer-Glaube werden will: wo der einzelne überzeugt ist, ungefähr alles zu können, ungefähr *jeder Rolle gewachsen* zu sein, wo jeder mit sich versucht, improvisiert, neu versucht, mit Lust versucht, wo alle Natur aufhört und Kunst wird ... Die Griechen, erst in diesen *Rollen-Glauben* – einen Artisten-Glauben, wenn man will – eingetreten, machten, wie bekannt, Schritt für Schritt eine wunderliche und nicht in jedem Betracht nachahmenswerte Verwandlung durch: *sie wurden wirklich Schauspieler*; als solche bezauberten sie, überwanden sie alle Welt und zuletzt selbst die »Weltüberwinderin« (denn der *Graeculus histrio* hat Rom besiegt, und *nicht*, wie die Unschuldigen zu sagen pflegen, die griechische Kultur ...). Aber was ich fürchte, was man heute schon mit Händen greift, falls man Lust hätte, danach zu greifen, wir modernen Menschen sind ganz schon auf dem gleichen Wege; und jedesmal, wenn der Mensch anfängt zu entdecken, inwiefern er eine Rolle spielt und inwieweit er Schauspieler sein *kann*, *wird* er Schauspieler ... Damit kommt dann eine neue Flora und Fauna von Menschen herauf, die in festeren, beschränkteren Zeitaltern nicht wachsen können – oder »unten«

gelassen werden, unter dem Banne und Verdachte der Ehrlosigkeit –, es kommen damit jedesmal die interessantesten und tollsten Zeitalter der Geschichte herauf, in denen die »Schauspieler«, *alle* Arten Schauspieler, die eigentlichen Herren sind. Eben dadurch wird eine andre Gattung Mensch immer tiefer benachteiligt, endlich unmöglich gemacht, vor allem die großen »Baumeister«; jetzt erlahmt die bauende Kraft; der Mut, auf lange Fernen hin Pläne zu machen, wird entmutigt; die organisatorischen Genies fangen an zu fehlen – wer wagt es nunmehr noch, Werke zu unternehmen, zu deren Vollendung man auf Jahrtausende *rechnen* müßte? Es stirbt eben jener Grundglaube aus, auf welchen hin einer dergestalt rechnen, versprechen, die Zukunft im Plane vorwegnehmen, seinem Plane zum Opfer bringen kann, daß nämlich der Mensch nur insofern Wert hat, Sinn hat, als er *ein Stein in einem großen Baue* ist: wozu er zuallererst *fest* sein muß, »Stein« sein muß ... Vor allem nicht – Schauspieler! Kurz gesagt – ach, es wird lang genug verschwiegen werden! – was von nun an nicht mehr gebaut wird, nicht mehr gebaut werden *kann*, das ist – eine Gesellschaft im alten Verstande des Wortes; um diesen Bau zu bauen, fehlt alles, voran das Material. *Wir alle sind kein Material mehr für eine Gesellschaft*: das ist eine Wahrheit, die an der Zeit ist! Es dünkt mich gleichgültig, daß einstweilen noch die kurzsichtigste, vielleicht ehrlichste, jedenfalls lärmendste Art Mensch, die es heute gibt, unsre Herrn Sozialisten, ungefähr das Gegenteil glaubt, hofft, träumt, vor allem schreit und schreibt; man liest ja ihr Zukunftswort »freie Gesellschaft« bereits auf allen Tischen und Wänden. Freie Gesellschaft? Ja! Ja! Aber ihr wißt doch, ihr Herren, woraus man die baut? Aus hölzernem Eisen! Aus dem berühmten hölzernen Eisen! Und noch nicht einmal aus hölzernem ...

357

Zum alten Problem: »was ist deutsch?« – Man rechne bei sich die eigentlichen Errungenschaften des philosophischen Gedankens nach, welche deutschen Köpfen verdankt werden: sind sie in irgendeinem erlaubten Sinne auch noch der ganzen Rasse zugute zu rechnen? Dürfen wir sagen: sie sind zugleich das Werk der »deutschen Seele«, mindestens deren Symptom, in dem Sinne, in welchem wir etwa Platos Ideomanie, seinen fast religiösen Formen-Wahnsinn zugleich als ein Ereignis und Zeugnis der »griechischen Seele« zu nehmen gewohnt sind? Oder wäre das Umgekehrte wahr? wären sie gerade so individuell, so sehr *Ausnahme* vom Geiste der Rasse, wie es zum Beispiel Goethes Heidentum mit gutem Gewissen war? Oder wie es Bismarcks Macchiavellismus mit gutem Gewissen, seine sogenannte »Realpolitik«, unter Deutschen ist? Widersprächen unsre Philosophen vielleicht sogar dem *Bedürfnis* der »deutschen Seele«? Kurz, waren die deutschen Philosophen wirklich – philosophische *Deutsche*? – Ich erinnere an drei Fälle. Zuerst an *Leibniz'* unvergleichliche Einsicht, mit der er nicht nur gegen Descartes, sondern gegen alles, was bis zu ihm philosophiert hatte, Recht bekam – daß die Bewußtheit nur ein *accidens* der Vorstellung ist, *nicht* deren notwendiges und wesentliches Attribut, daß also das, was wir Bewußtsein nennen, nur einen Zustand unsrer geistigen und seelischen Welt ausmacht (vielleicht einen krankhaften Zustand) und *bei weitem nicht sie selbst* – ist an diesem Gedanken, dessen Tiefe auch heute noch nicht ausgeschöpft ist, etwas Deutsches? Gibt es einen Grund zu mutmaßen, daß nicht leicht ein Lateiner auf diese Umdrehung des Augenscheins verfallen sein würde? – denn es ist eine Umdrehung. Erinnern wir uns zweitens an *Kants* ungeheures Fragezeichen, welches er an den Begriff »Kausalität« schrieb – nicht daß er wie Hume dessen Recht überhaupt bezweifelt hätte: er begann vielmehr vorsichtig das Reich abzugrenzen, innerhalb dessen dieser Begriff überhaupt Sinn hat (man ist auch jetzt noch nicht mit dieser Grenzabsteckung fertig geworden). Nehmen wir drittens den erstaunlichen Griff *Hegels*, der damit durch alle logischen Gewohnheiten und Verwöhnungen durchgriff, als er zu lehren wagte, daß die Artbegriffe sich *auseinander* entwickeln: mit welchem Satze die Geister in Europa zur letzten großen wissenschaftlichen Bewegung präformiert wurden, zum Darwinismus – denn ohne Hegel kein Darwin. Ist an dieser Hegelschen Neuerung, die erst den entscheidenden Begriff »Entwicklung« in die Wissenschaft gebracht hat, etwas Deutsches? – Ja, ohne allen Zweifel: in allen drei Fällen fühlen wir etwas von uns selbst »aufgedeckt« und erraten und sind dankbar dafür und überrascht zugleich, jeder dieser drei Sätze ist ein nachdenkliches Stück deutscher Selbsterkenntnis, Selbsterfahrung, Selbsterfassung. »Unsre innre Welt ist viel reicher, umfänglicher, verborgener«, so empfinden wir mit Leibniz; als Deutsche zweifeln wir mit Kant an der Letztgültigkeit naturwissenschaftlicher Erkenntnisse und überhaupt an allem, was sich *causaliter* erkennen *läßt:* das Erkenn*bare* scheint uns als solches schon *geringeren* Wertes. Wir Deutsche sind Hegelianer, auch wenn es nie einen Hegel gegeben hätte, insofern wir (im Gegensatz zu allen Lateinern) dem Werden, der Entwicklung instinktiv einen tieferen Sinn und reicheren Wert zumessen als dem, was »ist« – wir glauben kaum an die Berechtigung des Begriffs »Sein« –; ebenfalls insofern wir unsrer menschlichen Logik nicht geneigt sind einzuräumen, daß sie die Logik an sich, die einzige Art Logik sei (wir möchten vielmehr uns überreden, daß sie nur ein Spezialfall sei, und vielleicht einer der wunderlichsten und dümmsten –). Eine vierte Frage wäre, ob auch *Schopenhauer* mit seinem Pessimismus, das heißt dem Problem vom *Wert des Daseins,* gerade ein Deutscher gewesen sein müßte. Ich glaube nicht. Das Ereignis, *nach* welchem dies Problem mit Sicherheit zu erwarten stand, so daß ein Astronom der Seele Tag und Stunde dafür hätte ausrechnen können, der Niedergang des Glaubens an den christlichen Gott, der Sieg des wissenschaftlichen Atheismus, ist ein gesamteuropäisches Ereignis, an dem alle Rassen ihren Anteil von Verdienst und Ehre haben sollen. Umgekehrt wäre gerade den Deutschen zuzurechnen – jenen Deutschen, mit welchen Schopenhauer gleichzeitig lebte –, diesen Sieg des Atheismus am längsten und gefährlichsten *verzögert* zu haben; Hegel namentlich war sein Verzögerer *par excellence,* gemäß dem grandiosen Versuche, den er machte, uns zur Göttlichkeit des Daseins zu allerletzt noch mit Hilfe unsres sechsten Sinnes, des »historischen Sinnes«, zu überreden. Schopenhauer war als Philosoph der *erste* eingeständliche und unbeugsame Atheist, den wir Deutschen gehabt haben: seine Feindschaft gegen Hegel hatte hier ihren Hintergrund. Die Ungöttlichkeit des Daseins galt ihm als etwas Gegebenes, Greifliches, Undiskutierbares; er verlor jedesmal seine Philosophen-Besonnenheit und geriet in Entrüstung, wenn er jemanden hier zögern und Umschweife machen sah. An dieser Stelle liegt seine ganze Rechtschaffenheit: der unbedingte redliche Atheismus ist eben die *Voraussetzung* seiner Problemstellung, als ein endlich und schwer errungener Sieg des europäischen Gewissens, als der folgenreichste Akt einer zweitausendjährigen Zucht zur Wahrheit, welche am Schlusse sich die *Lüge* im Glauben an Gott verbietet … Man sieht, *was* eigentlich über den christlichen Gott gesiegt hat: die christliche Moralität selbst, der immer strenger genommene Begriff der Wahrhaftigkeit, die Beichtväter-Feinheit des christlichen Gewissens, übersetzt und sublimiert zum wissenschaftlichen Gewissen, zur intellektuellen Sauberkeit um jeden Preis. Die Natur ansehn, als ob sie ein Beweis für die Güte und Obhut eines Gottes sei; die Geschichte interpretieren zu Ehren einer göttlichen Vernunft, als beständiges Zeugnis einer sittlichen Weltordnung und sittlicher Schlußabsichten; die eignen Erlebnisse auslegen, wie sie fromme Menschen lange genug ausgelegt haben, wie als ob alles Fügung, alles Wink, alles dem Heil der Seele zuliebe ausgedacht und geschickt sei: das ist nunmehr *vorbei,* das hat das Gewissen *gegen* sich, das gilt allen feineren Gewissen als unanständig, unehrlich, als Lügnerei, Feminismus, Schwachheit, Feigheit – mit dieser Strenge, wenn irgendwomit, sind wir eben *gute* Europäer und Erben von Europas längster und tapferster Selbstüberwindung. Indem wir die christlichen Interpretation dergestalt von uns stoßen und ihren »Sinn« wie eine Falschmünzerei verurteilen, kommt nun sofort auf eine furchtbare Weise die *Schopenhauersche* Frage zu uns: *hat denn das Dasein überhaupt einen Sinn?* – jene Frage, die ein paar Jahrhunderte brauchen wird, um auch nur vollständig und in alle ihre Tiefe hinein gehört zu werden. Was Schopenhauer selbst auf diese Frage geantwortet hat, war – man vergebe es mir – etwas Voreiliges, Jugendliches, nur eine Abfindung, ein Stehen- und Steckenbleiben in eben den christlich-asketischen Moral-Perspektiven, welchen mit dem Glauben an Gott *der Glaube gekün-*

digt war ... Aber er hat die Frage *gestellt* – als ein guter Europäer, wie gesagt, und *nicht* als ein Deutscher. – Oder hätten etwa die Deutschen wenigstens mit der Art, in welcher sie sich der Schopenhauerschen Frage bemächtigten, ihre innere Zugehörigkeit und Verwandtschaft, ihre Vorbereitung, ihr *Bedürfnis* nach seinem Problem bewiesen? Daß nach Schopenhauer auch in Deutschland – übrigens spät genug! – über das von ihm aufgestellte Problem gedacht und gedruckt worden ist, reicht gewiß nicht aus, zugunsten dieser engeren Zugehörigkeit zu entscheiden; man könnte selbst die eigentümliche *Ungeschicktheit* dieses Nach-Schopenhauerschen Pessimismus dagegen geltend machen – die Deutschen benahmen sich ersichtlich nicht dabei wie in ihrem Elemente. Hiermit spiele ich ganz und gar nicht auf Eduard von Hartmann an; im Gegenteil, mein alter Verdacht ist auch heute noch nicht gehoben, daß er für uns *zu geschickt* ist, ich will sagen, daß er als arger Schalk von Anbeginn sich vielleicht nicht nur über den deutschen Pessimismus lustig gemacht hat – daß er am Ende etwa gar es den Deutschen testamentarisch »vermachen« könnte, wie weit man sie selbst, im Zeitalter der Gründungen, hat zum Narren haben können. Aber ich frage: soll man vielleicht den alten Brummkreisel Bahnsen den Deutschen zu Ehren rechnen, der sich mit Wollust sein Leben lang um sein realdialektisches Elend und »persönliches Pech« gedreht hat – wäre etwa das gerade deutsch? (ich empfehle anbei seine Schriften, wozu ich sie selbst gebraucht habe, als antipessimistische Kost, namentlich um seiner *elegantiae psychologicae* willen, mit denen, wie mich dünkt, auch dem verstopftesten Leibe und Gemüte beizukommen ist). Oder dürfte man solche Dilettanten und alte Jungfern, wie den süßlichen Virginitäts-Apostel Mainländer unter die rechten Deutschen zählen? Zuletzt wird es ein Jude gewesen sein (– alle Juden werden süßlich, wenn sie moralisieren). Weder Bahnsen, noch Mainländer, noch gar Eduard von Hartmann geben eine sichere Handhabe für die Frage ab, ob der Pessimismus Schopenhauers, sein entsetzter Blick in eine entgöttlichte, dumm, blind, verrückt und fragwürdig gewordene Welt, sein *ehrliches* Entsetzen ... nicht nur ein Ausnahme-Fall unter Deutschen, sondern ein *deutsches* Ereignis gewesen ist: während alles, was sonst im Vordergrunde steht, unsre tapfre Politik, unsre fröhliche Vaterländerei, welche entschlossen genug alle Dinge auf ein wenig philosophisches Prinzip hin (»Deutschland, Deutschland über alles«) betrachtet, also *sub specie speciei*, nämlich der deutschen *species*, mit großer Deutlichkeit das Gegenteil bezeugt. Nein! die Deutschen von heute sind *keine* Pessimisten! Und Schopenhauer war Pessimist, nochmals gesagt, als guter Europäer und *nicht* als Deutscher.

358

Der Bauernaufstand des Geistes. – Wir Europäer befinden uns im Anblick einer ungeheuren Trümmerwelt, wo einiges noch hoch ragt, wo vieles morsch und unheimlich dasteht, das meiste aber schon am Boden liegt, malerisch genug – wo gab es je schönere Ruinen? – und überwachsen mit großem und kleinem Unkraute. Die Kirche ist diese Stadt des Untergangs: wir sehen die religiöse Gesellschaft des Christentums bis in die untersten Fundamente erschüttert – der Glaube an Gott ist umgestürzt, der Glaube an das christlich-asketische Ideal kämpft eben noch seinen letzten Kampf. Ein solches lang und gründlich gebautes Werk wie das Christentum – es war der letzte Römerbau! – konnte freilich nicht mit einem Male zerstört werden; alle Art Erdbeben hat da rütteln, alle Art Geist, die anbohrt, gräbt, nagt, feuchtet, hat da helfen müssen. Aber was das Wunderlichste ist: die, welche sich am meisten darum bemüht haben, das Christentum zu halten, zu erhalten, sind gerade seine besten Zerstörer geworden – die Deutschen. Es scheint, die Deutschen verstehen das Wesen einer Kirche nicht. Sind sie dazu nicht geistig genug? nicht mißtrauisch genug? Der Bau der Kirche ruht jedenfalls auf einer *südländischen* Freiheit und Freisinnigkeit des Geistes und ebenso auf einem südländischen Verdachte gegen Natur, Mensch und Geist – er ruht auf einer ganz andren Kenntnis des Menschen, Erfahrung vom Menschen, als der Norden gehabt hat. Die Luthersche Reformation war in ihrer ganzen Breite die Entrüstung der Einfalt gegen etwas »Vielfältiges«, um vorsichtig zu reden, ein grobes, biederes Mißverständnis, an dem viel zu verzeihen ist – man begriff den Ausdruck einer *siegreichen* Kirche nicht und sah nur Korruption, man mißverstand die vornehme Skepsis, jenen *Luxus* von Skepsis und Toleranz, welchen sich jede siegreiche, selbstgewisse Macht gestattet ... Man übersieht heute gut genug, wie Luther in allen kardinalen Fragen der Macht verhängnisvoll kurz, oberflächlich, unvorsichtig angelegt war, vor allem als Mann aus dem Volke, dem alle Erbschaft einer herrschenden Kaste, aller Instinkt für Macht abging: so daß sein Werk, sein Wille zur Wiederherstellung jenes Römer-Werks, ohne daß er es wollte und wußte, nur der Anfang eines Zerstörungswerkes wurde. Er dröselte auf, er riß zusammen, mit ehrlichem Ingrimme, wo die alte Spinne am sorgsamsten und längsten gewoben hatte. Er lieferte die heiligen Bücher an jedermann aus – damit gerieten sie endlich in die Hände der Philologen, das heißt der Vernichter jeden Glaubens, der auf Büchern ruht. Er zerstört den Begriff »Kirche« indem er den Glauben an die Inspiration der Konzilien wegwarf: denn nur unter der Voraussetzung, daß der inspirierende Geist, der die Kirche gegründet hat, in ihr noch lebe, noch baue, noch fortfahre, sein Haus zu bauen, behält der Begriff »Kirche« Kraft. Er gab dem Priester den Geschlechtsverkehr mit dem Weibe zurück: aber drei

Viertel der Ehrfurcht, deren das Volk, vor allem das Weib aus dem Volke fähig ist, ruht auf dem Glauben, daß ein Ausnahme-Mensch in diesem Punkte auch in andren Punkten eine Ausnahme sein wird – hier gerade hat der Volksglaube an etwas Übermenschliches im Menschen, an das Wunder, an den erlösenden Gott im Menschen, seinen feinsten und verfänglichsten Anwalt. Luther mußte dem Priester, nachdem er ihm das Weib gegeben hatte, die Ohrenbeichte *nehmen*, das war psychologisch richtig: aber damit war im Grunde der christliche Priester selbst abgeschafft, dessen tiefste Nützlichkeit immer die gewesen ist, ein heiliges Ohr, ein verschwiegener Brunnen, ein Grab für Geheimnisse zu sein. »Jedermann sein eigner Priester« – hinter solchen Formeln und ihrer bäuerischen Verschlagenheit versteckte sich bei Luther der abgründliche Haß auf den »höheren Menschen« und die Herrschaft des »höheren Menschen«, wie ihn die Kirche konzipiert hatte – er zerschlug ein Ideal, das er nicht zu erreichen wußte, während er die Entartung dieses Ideals zu bekämpfen und zu verabscheuen schien. Tatsächlich stieß er, der unmögliche Mönch, die *Herrschaft* der *homines religiosi* von sich; er machte also gerade das selber innerhalb der kirchlichen Gesellschafts-Ordnung, was er in Hinsicht auf die bürgerliche Ordnung so unduldsam bekämpfte – einen »Bauernaufstand«. – Was hinterdrein alles aus seiner Reformation gewachsen ist, Gutes und Schlimmes, und heute ungefähr überrechnet werden kann – wer wäre wohl naiv genug, Luther um dieser Folgen willen einfach zu loben oder zu tadeln? Er ist an allem unschuldig, er wußte nicht was er tat. Die Verflachung des europäischen Geistes, namentlich im Norden, seine *Vergutmütigung*, wenn mans lieber mit einem moralischen Worte bezeichnet hört, tat mit der Lutherschen Reformation einen tüchtigen Schritt vorwärts, es ist kein Zweifel; und ebenso wuchs durch sie die Beweglichkeit und Unruhe des Geistes, sein Durst nach Unabhängigkeit, sein Glaube an ein Recht auf Freiheit, seine »Natürlichkeit«. Will man ihr in letzterer Hinsicht den Wert zugestehn, das vorbereitet und begünstigt zu haben, was wir heute als »moderne Wissenschaft« verehren, so muß man freilich hinzufügen, daß sie auch an der Entartung des modernen Gelehrten mitschuldig ist, an seinem Mangel an Ehrfurcht, Scham und Tiefe, an der ganzen naiven Treuherzigkeit und Biedermännerei in Dingen der Erkenntnis, kurz an jenem *Plebejismus des Geistes*, der den letzten beiden Jahrhunderten eigentümlich ist und von dem uns auch der bisherige Pessimismus noch keineswegs erlöst hat, – auch die »modernen Ideen« gehören noch zu diesem Bauernaufstand des Nordens gegen den kälteren, zweideutigeren, mißtrauischeren Geist des Südens, der sich in der christlichen Kirche sein größtes Denkmal gebaut hat. Vergessen wir es zuletzt nicht, was eine Kirche ist, und zwar im Gegensatz zu jedem »Staate«: eine Kirche ist vor allem ein Herrschafts-Gebilde, das den *geistigeren* Menschen den obersten Rang sichert und an die Macht der Geistigkeit soweit *glaubt*, um sich alle gröberen Gewaltmittel zu verbieten – damit allein ist die Kirche unter allen Umständen eine *vornehmere* Institution als der Staat.

359

Die Rache am Geist und andre Hintergründe der Moral. – Die Moral – wo glaubt ihr wohl, daß sie ihre gefährlichsten und tückischsten Anwälte hat? ... Da ist ein mißratener Mensch, der nicht genug Geist besitzt, um sich dessen freuen zu können, und gerade Bildung genug, um das zu wissen; gelangweilt, überdrüssig, ein Selbstverächter; durch etwas ererbtes Vermögen leider noch um den letzten Trost betrogen, den »Segen der Arbeit«, die Selbstvergessenheit im »Tagewerk«; ein solcher, der sich seines Daseins im Grunde schämt – vielleicht herbergt er dazu ein paar kleine Laster – und andrerseits nicht umhin kann, durch Bücher, auf die er kein Recht hat, oder geistigere Gesellschaft, als er verdauen kann, sich immer schlimmer zu verwöhnen und eitel-reizbar zu machen: ein solcher durch und durch vergifteter Mensch – denn Geist wird Gift, Bildung wird Gift, Besitz wird Gift, Einsamkeit wird Gift bei dergestalt Mißratenen – gerät schließlich in einen habituellen Zustand der Rache, des Willens zur Rache ... *was* glaubt ihr wohl, daß er nötig, unbedingt nötig hat, um sich bei sich selbst den Anschein von Überlegenheit über geistigere Menschen, um sich die Lust der *vollzogenen Rache,* wenigstens für seine Einbildung, zu schaffen? Immer *die Moralität,* darauf darf man wetten, immer die großen Moral-Worte, immer das Bumbum von Gerechtigkeit, Weisheit, Heiligkeit, Tugend, immer den Stoizismus der Gebärde (– wie gut versteckt der Stoizismus, was einer *nicht* hat! ...), immer den Mantel des klugen Schweigens, der Leutseligkeit, der Milde, und wie alle die Idealisten-Mäntel heißen, unter denen die unheilbaren Selbstverächter, auch die unheilbar Eitlen, herumgehn. Man verstehe mich nicht falsch: aus solchen geborenen *Feinden des Geistes* entsteht mitunter jenes seltene Stück Menschentum, das vom Volke unter dem Namen des Heiligen, des Weisen verehrt wird; aus solchen Menschen kommen jene Untiere der Moral her, welche Lärm machen, Geschichte machen – der heilige Augustin gehört zu ihnen. Die Furcht vor dem Geist, die Rache am Geist – oh wie oft wurden dies triebkräftigen Laster schon zur Wurzel von Tugenden! Ja *zur* Tugend! – Und, unter uns gefragt, selbst jener Philosophen-Anspruch auf *Weisheit,* der hier und da einmal auf Erden gemacht worden ist, der tollste und unbescheidenste aller Ansprüche – war er nicht immer bisher, in Indien wie in Griechenland, *vor allem ein Versteck*? Mitunter vielleicht im Gesichtspunkte der Erziehung, der so viele Lügen heiligt, als zarte Rücksicht auf Werdende, Wachsende, auf Jünger, welche oft durch den Glauben an die Person (durch einen Irrtum) gegen sich selbst verteidigt werden müssen ... In den häufigeren Fällen aber ein Versteck des Philosophen, hinter welches er sich aus Ermüdung, Alter, Erkaltung, Verhärtung rettet, als Gefühl vom nahen Ende, als Klugheit jenes Instinkts, den die Tiere vor dem Tode haben – sie gehen beiseite, werden still, wählen die Einsamkeit, verkriechen sich in Höhlen, werden *weise* ... Wie? Weisheit ein Versteck des Philosophen vor – dem Geiste?

360

Zwei Arten Ursache, die man verwechselt. – Das erscheint mir als einer meiner wesentlichsten Schritte und Fortschritte: ich lernte die Ursache des Handelns unterscheiden von der Ursache des So- und So-Handelns, des In-dieser-Richtung-, Auf-dieses-Ziel-hin-Handelns. Die erste Art Ursache ist ein Quantum von aufgestauter Kraft, welches darauf wartet, irgendwie, irgendwozu verbraucht zu werden; die zweite Art ist dagegen etwas, an dieser Kraft gemessen, ganz Unbedeutendes, ein kleiner Zufall zumeist, gemäß dem jenes Quantum sich nunmehr auf eine und bestimmte Weise »auslöst«: das Streichholz im Verhältnis zur Pulvertonne. Unter diese kleinen Zufälle und Streichhölzer rechne ich alle sogenannten »Zwecke«, ebenso die noch viel sogenannteren »Lebensberufe«: sie sind relativ beliebig, willkürlich, fast gleichgültig im Verhältnis zu dem ungeheuren Quantum Kraft, welches danach drängt, wie gesagt, irgendwie aufgebraucht zu werden. Man sieht es gemeinhin anders an: man ist gewohnt, gerade in dem Ziele (Zwecke, Berufe usw.) die *treibende* Kraft zu sehen, gemäß einem uralten Irrtume – aber er ist nur die *dirigierende* Kraft, man hat dabei den Steuermann und den Dampf verwechselt. Und noch nicht einmal immer den Steuermann, die dirigierende Kraft ... Ist das »Ziel«, der »Zweck« nicht oft genug nur ein beschönigender Vorwand, eine nachträgliche Selbstverblendung der Eitelkeit, die es nicht Wort haben will, daß das Schiff der Strömung *folgt*, in die es zufällig geraten ist? Daß es dorthin »will«, *weil* es dorthin – *muß*? Daß es wohl eine Richtung hat, aber ganz und gar – keinen Steuermann? – Man bedarf noch einer Kritik des Begriffs »Zweck«.

361

Vom Probleme des Schauspielers. – Das Problem des Schauspielers hat mich am längsten beunruhigt; ich war im Ungewissen darüber (und bin es mitunter jetzt noch), ob man nicht erst von da aus dem gefährlichen Begriff »Künstler« – einem mit unverzeihlicher Gutmütigkeit bisher behandelten Begriff – beikommen wird. Die Falschheit mit gutem Gewissen; die Lust an der Verstellung als Macht herausbrechend, den sogenannten »Charakter« beiseite schiebend, überflutend, mitunter auslöschend; das innere Verlangen in eine Rolle und Maske, in einen *Schein* hinein; ein Überschuß von Anpassungs-Fähigkeiten aller Art, welche sich nicht mehr im Dienste des nächsten engsten Nutzens zu befriedigen wissen: alles das ist vielleicht nicht *nur* der Schauspieler an sich? ... Ein solcher Instinkt wird sich am leichtesten bei Familien des niederen Volks ausgebildet haben, die unter wechselndem Druck und Zwang, in tiefer Abhängigkeit ihr Leben durchsetzen mußten, welche sich geschmeidig nach ihrer Decke zu strecken, auf neue Umstände immer neu einzurichten, immer wieder anders zu geben und zu stellen hatten, befähigt allmählich, den Mantel nach *jedem* Winde zu hängen und dadurch fast zum Mantel werdend, als Meister jener einverleibten und eingefleischten Kunst des ewigen Versteckens-Spielens, das man bei Tieren *mimicry* nennt: bis zum Schluß dieses ganze von Geschlecht zu Geschlecht aufgespeicherte Vermögen herrisch, unvernünftig, unbändig wird, als Instinkt andre Instinkte kommandieren lernt und den Schauspieler, den »Künstler« erzeugt (den Possenreißer, Lügenerzähler, Hanswurst, Narren, Clown zunächst, auch den klassischen Bedienten, den Gil Blas: denn in solchen Typen hat man die Vorgeschichte des Künstlers und oft genug sogar des »Genies«). Auch in höheren gesellschaftlichen Bedingungen erwächst unter ähnlichem Drucke eine ähnliche Art Mensch: nur wird dann meistens der schauspielerische Instinkt durch einen andren Instinkt gerade noch im Zaume gehalten, zum Beispiel bei dem »Diplomaten« – ich würde übrigens glauben, daß es einem guten Diplomaten jederzeit noch freistünde, auch einen guten Bühnen-Schauspieler abzugeben, gesetzt daß es ihm eben »freistünde«. Was aber die *Juden* betrifft, jenes Volk der Anpassungskunst *par excellence*, so möchte man in ihnen, diesem Gedankengange nach, von vornherein gleichsam eine welthistorische Veranstaltung zur Züchtung von Schauspielern sehn, eine eigentliche Schauspiel-Brutstätte; und in der Tat ist die Frage reichlich an der Zeit: welcher gute Schauspieler ist heute *nicht* – Jude? Auch der Jude als geborener Literat, als der tatsächliche Beherrscher der europäischen Presse übt diese seine Macht auf Grund seiner schauspielerischen Fähigkeit aus: denn der Literat ist wesentlich Schauspieler – er spielt nämlich den »Sachkundigen«, den »Fachmann«. – Endlich die *Frauen*: man denke über die ganze Geschichte der Frauen nach – *müssen* sie nicht zu allererst und -oberst Schauspielerinnen sein? Man höre die Ärzte, welche Frauenzimmer hypnotisiert haben; zuletzt, man liebe sie – man lasse sich von ihnen »hypnotisieren«! Was kommt immer dabei heraus? Daß sie »sich geben«, selbst noch, wenn sie – sich geben ... Das Weib ist so artistisch ...

362

Unser Glaube an eine Vermännlichung Europas. – Napoleon verdankt man's (und ganz und gar nicht der Französischen Revolution, welche auf »Brüderlichkeit« von Volk zu Volk und allgemeinen blumichten Herzens-Austausch ausgewesen ist), daß sich jetzt ein paar kriegerische Jahrhunderte aufeinander folgen dürfen, die in der Geschichte nicht ihresgleichen haben, kurz daß wir ins *klassische Zeitalter des Kriegs* getreten sind, des gelehrten und zugleich volkstümlichen Kriegs im größten Maßstabe (der Mittel, der Begabungen, der Disziplin), auf den alle kommenden Jahrtausende als auf ein Stück Vollkommenheit mit Neid und Ehrfurcht zurückblicken werden – denn die nationale Bewegung, aus der diese Kriegs-Glorie herauswächst, ist nur der Gegenschock gegen Napoleon und wäre ohne Napoleon nicht vorhanden. Ihm also wird man einmal es zurechnen dürfen, daß der *Mann* in Europa wieder Herr über den Kaufmann und Philister geworden ist; vielleicht sogar über »das Weib«, das durch das Christentum und den schwärmerischen Geist des achtzehnten Jahrhunderts, noch mehr durch die »modernen Ideen« verhätschelt worden ist. Napoleon, der in den modernen Ideen und geradewegs in der Zivilisation etwas wie eine persönliche Feindin sah, hat mit dieser Feindschaft sich als einer der größten Fortsetzer der Renaissance bewährt: er hat ein ganzes Stück antiken Wesens, das entscheidende vielleicht, das Stück Granit wieder heraufgebracht. Und wer weiß, ob nicht dies Stück antiken Wesens auch endlich wieder über die nationale Bewegung Herr werden wird und sich im *bejahenden* Sinne zum Erben und Fortsetzer Napoleons machen muß – der das *eine* Europa wollte, wie man weiß, und dies als *Herrin der Erde.*

363

Wie jedes Geschlecht über die Liebe sein Vorurteil hat. – Bei allem Zugeständnisse, welches ich dem monogamischen Vorurteile zu machen willens bin, werde ich doch niemals zulassen, daß man bei Mann und Weib von *gleichen* Rechten in der Liebe rede: diese gibt es nicht. Das macht, Mann und Weib verstehen unter Liebe jeder etwas anderes – und es gehört mit unter die Bedingungen der Liebe bei beiden Geschlechtern, daß das eine Geschlecht beim andren Geschlecht *nicht* das gleiche Gefühl, den gleichen Begriff »Liebe« voraussetzt. Was das Weib unter Liebe versteht, ist klar genug: vollkommne Hingabe (nicht nur Hingebung) mit Seele und Leib, ohne jede Rücksicht, jeden Vorbehalt, mit Scham und Schrecken vielmehr vor dem Gedanken einer verklausulierten, an Bedingungen geknüpften Hingabe. In dieser Abwesenheit von Bedingungen ist eben seine Liebe ein *Glaube:* das Weib hat keinen anderen. – Der Mann, wenn er ein Weib liebt, *will* von ihm eben diese Liebe, ist folglich für seine Person selbst am entferntesten von der Voraussetzung der weiblichen Liebe; gesetzt aber, daß es auch Männer geben sollte, denen ihrerseits das Verlangen nach vollkommner Hingebung nicht fremd ist, nun, so sind das eben – keine Männer. Ein Mann, der liebt wie ein Weib, wird damit Sklave; ein Weib aber, das liebt wie ein Weib, wird damit ein *vollkommeneres* Weib ... Die Leidenschaft des Weibes, in ihrem unbedingten Verzichtleisten auf eigne Rechte, hat gerade zur Voraussetzung, daß auf der andren Seite *nicht* ein gleiches Pathos, ein gleiches Verzichtleisten-Wollen besteht: denn wenn beide aus Liebe auf sich selbst verzichteten, so entstünde daraus – nun, ich weiß nicht was, vielleicht ein leerer Raum? – Das Weib will genommen, angenommen werden als Besitz, will aufgehn in den Begriff »Besitz«, »besessen«; folglich will es einen, der *nimmt*, der sich nicht selbst gibt und weggibt, der umgekehrt vielmehr gerade reicher an »sich« gemacht werden soll – durch den Zuwachs an Kraft, Glück, Glaube, als welchen ihm das Weib sich selbst gibt. Das Weib gibt sich weg, der Mann nimmt hinzu – ich denke, über diesen Natur-Gegensatz wird man durch keine sozialen Verträge, auch nicht durch den allerbesten Willen zur Gerechtigkeit hinwegkommen: so wünschenswert es sein mag, daß man das Harte, Schreckliche, Rätselhafte, Unmoralische dieses Antagonismus sich nicht beständig vor Augen stellt. Denn die Liebe, ganz, groß, voll gedacht, ist Natur und als Natur in alle Ewigkeit etwas »Unmoralisches«. – Die *Treue* ist demgemäß in die Liebe des Weibes eingeschlossen, sie folgt aus deren Definition; bei dem Manne *kann* sie leicht im Gefolge seiner Liebe entstehn, etwa als Dankbarkeit oder als Idiosynkrasie des Geschmacks und sogenannte Wahlverwandtschaft, aber sie gehört nicht ins *Wesen* seiner Liebe – und zwar so wenig, daß man beinahe mit einigem Rechte von einem natürlichen Widerspiel zwischen Liebe und Treue beim Manne reden dürfte: welche Liebe eben ein Haben-Wollen ist und *nicht* ein Verzichtleisten und Weggeben; das Haben-Wollen geht aber jedesmal mit dem *Haben* zu Ende ... Tatsächlich ist es der feinere und argwöhnischere Besitzdurst des Mannes, der dies »Haben« sich selten und spät eingesteht, was seine Liebe fortbestehn macht; insofern ist es selbst möglich, daß sie noch nach der Hingebung wächst – er gibt nicht leicht zu, daß ein Weib für ihn nichts mehr »hinzugeben« hätte.

364

Der Einsiedler redet. – Die Kunst, mit Menschen umzugehn, beruht wesentlich auf der Geschicklichkeit (die eine lange Übung voraussetzt), eine Mahlzeit anzunehmen, einzunehmen, zu deren Küche man kein Vertrauen hat. Gesetzt, daß man mit einem Wolfshunger zu Tisch kommt, geht alles leicht (»die schlechteste Gesellschaft läßt dich *fühlen* –«, wie Mephistopheles sagt); aber man hat ihn nicht, diesen Wolfshunger, wenn man ihn braucht! Ah, wie schwer sind die Mitmenschen zu verdauen! Erstes Prinzip: wie bei einem Unglücke seinen Mut einsetzen, tapfer zugreifen, sich selbst dabei bewundern, seinen Widerwillen zwischen die Zähne nehmen, seinen Ekel hinunterstopfen. Zweites Prinzip: seinen Mitmenschen »verbessern«, zum Beispiel durch ein Lob, so daß er sein Glück über sich selbst auszuschwitzen beginnt; oder einen Zipfel von seinen guten oder »interessanten« Eigenschaften fassen und daran ziehn, bis man die ganze Tugend heraus hat und den Mitmenschen in deren Falten unterstecken kann. Drittes Prinzip: Selbsthypnotisierung. Sein Verkehrs-Objekt wie einen gläsernen Knopf fixieren, bis man aufhört, Lust und Unlust dabei zu empfinden, und unbemerkt einschläft, starr wird, Haltung bekommt: ein Hausmittel aus der Ehe und Freundschaft, reichlich erprobt, als unentbehrlich gepriesen, aber wissenschaftlich noch nicht formuliert. Sein populärer Name ist – Geduld.

365

Der Einsiedler spricht noch einmal. – Auch wir gehn mit »Menschen« um, auch wir ziehn bescheiden das Kleid an, in dem (*als* das) man uns kennt, achtet, sucht, und begeben uns damit in Gesellschaft, das heißt unter Verkleidete, die es nicht heißen wollen; auch wir machen es wie alle klugen Masken und setzen jeder Neugierde, die nicht unser »Kleid« betrifft, auf eine höfliche Weise den Stuhl vor die Türe. Es gibt aber auch andre Arten und Kunststücke, um unter Menschen, mit Menschen »umzugehn«: zum Beispiel als Gespenst – was sehr ratsam ist, wenn man sie bald los sein und fürchten machen will. Probe: man greift nach uns und bekommt uns nicht zu fassen. Das erschreckt. Oder: wir kommen durch eine geschlossne Tür. Oder: wenn alle Lichter ausgelöscht sind. Oder: nachdem wir bereits gestorben sind. Letzteres ist das Kunststück der *posthumen* Menschen *par excellence.* (»Was denkt ihr auch?« sagte ein solcher einmal ungeduldig, »würden wir diese Fremde, Kälte, Grabesstille um uns auszuhalten Lust haben, diese ganze unterirdische, verborgne, stumme, unentdeckte Einsamkeit, die bei uns Leben heißt und ebensogut Tod heißen könnte, wenn wir nicht wüßten, was aus uns *wird* – und daß wir nach dem Tode erst zu *unserm* Leben kommen und lebendig werden, ah! sehr lebendig! wir posthumen Menschen!«–)

366

Angesichts eines gelehrten Buches. – Wir gehören nicht zu denen, die erst zwischen Büchern, auf den Anstoß von Büchern zu Gedanken kommen – unsre Gewohnheit ist, im Freien zu denken, gehend, springend, steigend, tanzend, am liebsten auf einsamen Bergen oder dicht am Meere, da wo selbst die Wege nachdenklich werden. Unsre ersten Wertfragen, in bezug auf Buch, Mensch und Musik, lauten: »kann er gehen? mehr noch, kann er tanzen?« ... Wir lesen selten, wir lesen darum nicht schlechter – oh wie rasch erraten wir's, wie einer auf seine Gedanken gekommen ist, ob sitzend, vor dem Tintenfaß, mit zusammengedrücktem Bauche, den Kopf über das Papier gebeugt: oh wie rasch sind wir auch mit seinem Buche fertig! Das geklemmte Eingeweide verrät sich, darauf darf man wetten, ebenso wie sich Stubenluft, Stubendecke, Stubenenge verrät. – Das waren meine Gefühle, als ich eben ein rechtschaffenes, gelehrtes Buch zuschlug, dankbar, sehr dankbar, aber auch erleichtert ... An dem Buche eines Gelehrten ist fast immer auch etwas Drückendes, Gedrücktes: der »Spezialist« kommt irgendwo zum Vorschein, sein Eifer, sein Ernst, sein Ingrimm, seine Überschätzung des Winkels, in dem er sitzt und spinnt, sein Buckel – jeder Spezialist hat seinen Buckel. Ein Gelehrten-Buch spiegelt immer auch eine krummgezogne Seele: jedes Handwerk zieht krumm. Man sehe seine Freunde wieder, mit denen man jung war, nachdem sie Besitz von ihrer Wissenschaft ergriffen haben: ach, wie auch immer das Umgekehrte geschehen ist. Ach, wie sie selbst auf immer nunmehr von ihr besetzt und besessen sind! In ihre Ecke eingewachsen, verdrückt bis zur Unkenntlichkeit, unfrei, um ihr Gleichgewicht gebracht, abgemagert und eckig überall, nur an *einer* Stelle ausbündig rund, – man ist bewegt und schweigt, wenn man sie so wiederfindet. Jedes Handwerk, gesetzt selbst, daß es einen goldenen Boden hat, hat über sich auch eine bleierne Decke, die auf die Seele drückt und drückt, bis sie wunderlich und krumm gedrückt ist. Daran ist nichts zu ändern. Man glaube ja nicht, daß es möglich sei, um diese Verunstaltung durch irgendwelche Künste der Erziehung herumzukommen. Jede Art *Meisterschaft* zahlt sich teuer auf Erden, wo vielleicht alles sich zu teuer zahlt; man ist Mann seines Fachs um den Preis, auch das Opfer seines Fachs zu sein. Aber ihr wollt es anders haben – »billiger«, vor allem bequemer – nicht wahr, meine Herren Zeitgenossen? Nun wohlan! Aber da bekommt ihr sofort auch etwas anderes, nämlich statt des Handwerkers und Meisters den Literaten, den gewandten, »vielgewendeten« Literaten, dem freilich der Buckel fehlt – jenen abgerechnet, den er vor euch macht, als der Ladendiener des Geistes und »Träger« der Bildung –, den Literaten, der eigentlich nichts *ist*, aber fast alles »repräsentiert«, der den Sachkenner spielt und »vertritt«, der es auch in aller Bescheidenheit auf sich nimmt, sich an dessen Stelle bezahlt, geehrt, gefeiert zu *machen*. – Nein, meine gelehrten Freunde! Ich segne euch auch noch um eures Buckels willen! Und dafür, daß ihr gleich mir die Literaten und Bildungs-Schmarotzer verachtet! Und daß ihr nicht mit dem Geiste Handel zu treiben wißt! Und lauter Meinungen habt, die nicht in Geldeswert auszudrücken sind! Und daß ihr nichts vertretet, was ihr nicht *seid*! Daß euer einziger Wille ist, Meister eures Handwerks zu werden, in Ehrfurcht vor jeder Art Meisterschaft und Tüchtigkeit und mit rücksichtslosester Ablehnung alles Scheinbaren, Halbechten, Aufgeputzten, Virtuosenhaften, Demagogischen, Schauspielerischen *in litteris et artibus* – alles dessen, was in Hinsicht auf unbedingte *Probität* von Zucht und Vorschulung sich nicht vor euch ausweisen kann! (Selbst Genie hilft über einen solchen Mangel nicht hinweg, so sehr es auch über ihn hinwegzutäuschen versteht: das begreift man, wenn man einmal unsern begabtesten Malern und Musikern aus der Nähe zugesehen hat – als welche alle, fast ausnahmslos, sich durch eine listige Erfindsamkeit von Manieren, von Notbehelfen, selbst von Prinzipien künstlich und nachträglich den *Anschein* jener Probität, jener Solidität von Schulung und Kultur anzueignen wissen, freilich ohne damit sich selbst zu betrügen, ohne damit ihr eignes schlechtes Gewissen dauernd mundtot zu machen. Denn, ihr wißt es doch? alle großen modernen Künstler leiden am schlechten Gewissen ...)

367

Wie man zuerst bei Kunstwerken zu unterscheiden hat. – Alles, was gedacht, gedichtet, gemalt, komponiert, selbst gebaut und gebildet wird, gehört entweder zur monologischen Kunst oder zur Kunst vor Zeugen. Unter letztere ist auch noch jene scheinbare Monolog-Kunst einzurechnen, welche den Glauben an Gott in sich schließt, die ganze Lyrik des Gebets: denn für einen Frommen gibt es noch keine Einsamkeit – diese Erfindung haben erst wir gemacht, wir Gottlosen. Ich kenne keinen tieferen Unterschied der gesamten Optik eines Künstlers als diesen: ob er vom Auge des Zeugen aus nach seinem werdenden Kunstwerke (nach »sich«–) hinblickt oder aber »die Welt vergessen hat«: wie es das Wesentliche jeder monologischen Kunst ist – sie ruht *auf dem Vergessen*, sie ist die Musik des Vergessens.

368

Der Zyniker redet. – Meine Einwände gegen die Musik Wagners sind physiologische Einwände: wozu dieselben erst noch unter ästhetische Formeln verkleiden? Meine »Tatsache« ist, daß ich nicht mehr leicht atme, wenn diese Musik erst auf mich wirkt; daß alsbald mein *Fuß* gegen sie böse wird und revoltiert – er hat das Bedürfnis nach Takt, Tanz, Marsch, er verlangt von der Musik vorerst die Entzückungen, welche in *gutem* Gehen, Schreiten, Springen, Tanzen liegen. – Protestiert aber nicht auch mein Magen? mein Herz? mein Blutlauf? mein Eingeweide? Werde ich nicht unvermerkt heiser dabei? – Und so frage ich mich: was *will* eigentlich mein ganzer Leib von der Musik überhaupt? Ich glaube, seine *Erleichterung*: wie als ob alle animalischen Funktionen durch leichte kühne ausgelassne selbstgewisse Rhythmen beschleunigt werden sollten; wie als ob das eherne, das bleierne Leben durch goldene, gute, zärtliche Harmonien vergoldet werden sollte. Meine Schwermut will in den Verstecken und Abgründen der *Vollkommenheit* ausruhn: dazu brauche ich Musik. Was geht mich das Drama an! Was die Krämpfe seiner sittlichen Ekstasen, an denen das »Volk« seine Genugtuung hat! Was der ganze Gebärden-Hokuspokus des Schauspielers! ... Man errät, ich bin wesentlich antitheatralisch geartet – aber Wagner war umgekehrt wesentlich Theatermensch und Schauspieler, der begeistertste Mimomane, den es gegeben hat, auch noch als Musiker! ... Und, beiläufig gesagt: wenn es Wagners Theorie gewesen ist »das Drama ist der Zweck, die Musik ist immer nur dessen Mittel« – seine *Praxis* dagegen war, von Anfang bis zu Ende, »die Attitüde ist der Zweck, das Drama, auch die Musik ist immer nur *ihr* Mittel«. Die Musik als Mittel zur Verdeutlichung, Verstärkung, Verinnerlichung der dramatischen Gebärde und Schauspieler-Sinnenfälligkeit; und das Wagnersche Drama nur eine Gelegenheit zu vielen dramatischen Attitüden! Er hatte, neben allen anderen Instinkten, die kommandierenden Instinkte eines großen Schauspielers, in allem und jedem: und, wie gesagt, auch als Musiker. – Dies machte ich einstmals einem rechtschaffnen Wagnerianer klar, mit einiger Mühe; und ich hatte Gründe, noch hinzuzufügen »seien Sie doch ein wenig ehrlicher gegen sich selbst: wir sind ja nicht im Theater! Im Theater ist man nur als Masse ehrlich; als einzelner lügt man, belügt man sich. Man läßt sich selbst zu Hause, wenn man ins Theater geht, man verzichtet auf das Recht der eignen Zunge und Wahl, auf seinen Geschmack, selbst auf seine Tapferkeit, wie man sie zwischen den eigenen vier Wänden gegen Gott und Mensch hat und übt. In das Theater bringt niemand die feinsten Sinne seiner Kunst mit, auch der Künstler nicht, der für das Theater arbeitet: da ist man Volk, Publikum, Herde, Weib, Pharisäer, Stimmvieh, Demokrat, Nächster, Mitmensch, da unterliegt noch das persönlichste Gewissen dem nivellierenden Zauber der ›größten Zahl‹, da wirkt die Dummheit als Lüsternheit und Kontagion, da regiert der ›Nachbar‹, da *wird* man Nachbar ...« (Ich vergaß zu erzählen, was mir mein aufgeklärter Wagnerianer auf die physiologischen Einwände entgegnete: »Sie sind also eigentlich nur nicht gesund genug für unsere Musik?« –)

369

Unser Nebeneinander. – Müssen wir es uns nicht eingestehn, wir Künstler, daß es eine unheimliche Verschiedenheit in uns gibt, daß unser Geschmack und andrerseits unsre schöpferische Kraft auf eine wunderliche Weise für sich stehn, für sich stehn bleiben und ein Wachstum für sich haben – ich will sagen ganz verschiedne Grade und *tempi* von alt, jung, reif, mürbe, faul? So daß zum Beispiel ein Musiker zeitlebens Dinge schaffen könnte, die dem, was sein verwöhntes Zuhörer-Ohr, Zuhörer-Herz schätzt, schmeckt, vorzieht, *widersprechen* – er brauchte noch nicht einmal um diesen Widerspruch zu wissen! Man kann, wie eine fast peinlich-regelmäßige Erfahrung zeigt, leicht mit seinem Geschmack über den Geschmack seiner Kraft hinauswachsen, selbst ohne daß letztere dadurch gelähmt und am Hervorbringen gehindert würde; es kann aber auch etwas Umgekehrtes geschehn – und dies gerade ist es, worauf ich die Aufmerksamkeit der Künstler lenken möchte. Ein Beständig-Schaffender, eine »Mutter« von Mensch, im großen Sinne des Wortes, ein solcher, der von nichts als von Schwangerschaften und Kindsbetten seines Geistes mehr weiß und hört, der gar keine Zeit hat, sich und sein Werk zu bedenken, zu vergleichen, der auch nicht mehr willens ist, seinen Geschmack noch zu üben, und ihn einfach vergißt, nämlich stehn, liegen oder fallen läßt – vielleicht bringt ein solcher endlich Werke hervor, *denen er mit seinem Urteile längst nicht mehr gewachsen ist*: so daß er über sie und sich Dummheiten sagt – sagt und denkt. Dies scheint mir bei fruchtbaren Künstlern beinahe das normale Verhältnis – niemand kennt ein Kind schlechter als seine Eltern – und es gilt sogar, um ein ungeheures Beispiel zu nehmen, in bezug auf die ganze griechische Dichter- und Künstler-Welt: sie hat niemals »gewußt«, was sie getan hat ...

370

Was ist Romantik? – Man erinnert sich vielleicht, zum mindesten unter meinen Freunden, daß ich anfangs mit einigen dicken Irrtümern und Überschätzungen und jedenfalls als *Hoffender* auf diese moderne Welt losgegangen bin. Ich verstand – wer weiß, auf welche persönlichen Erfahrungen hin? – den philosophischen Pessimismus des neunzehnten Jahrhunderts, wie als ob er das Symptom von höherer Kraft des Gedankens, von verwegenerer Tapferkeit, von siegreicherer *Fülle* des Lebens sei, als diese dem achtzehnten Jahrhundert, dem Zeitalter Humes, Kants, Condillacs und der Sensualisten, zu eigen gewesen sind: so daß mir die tragische Erkenntnis wie der eigentliche *Luxus* unsrer Kultur erschien, als deren kostbarste, vornehmste, gefährlichste Art Verschwendung, aber immerhin, auf Grund ihres Überreichtums, als ihr *erlaubter* Luxus. Desgleichen deutete ich mir die deutsche Musik zurecht zum Ausdruck einer dionysischen Mächtigkeit der deutschen Seele: in ihr glaubte ich das Erdbeben zu hören, mit dem eine von alters her aufgestaute Urkraft sich endlich Luft macht – gleichgültig dagegen, ob alles, was sonst Kultur heißt, dabei ins Zittern gerät. Man sieht, ich verkannte damals, sowohl am philosophischen Pessimismus wie an der deutschen Musik, das was ihren eigentlichen Charakter ausmacht – ihre *Romantik*. Was ist Romantik? Jede Kunst, jede Philosophie darf als Heil- und Hilfsmittel im Dienste des wachsenden, kämpfenden Lebens angesehen werden: sie setzen immer Leiden und Leidende voraus. Aber es gibt zweierlei Leidende, einmal die an der *Überfülle des Lebens* Leidenden, welche eine dionysische Kunst wollen und ebenso eine tragische Ansicht und Einsicht in das Leben – und sodann die an der *Verarmung des Lebens* Leidenden, die Ruhe, Stille, glattes Meer, Erlösung von sich durch die Kunst und Erkenntnis suchen, oder aber den Rausch, den Krampf, die Betäubung, den Wahnsinn. Dem Doppel-Bedürfnisse der *letzteren* entspricht alle Romantik in Künsten und Erkenntnissen, ihnen entsprach (und entspricht) ebenso Schopenhauer als Richard Wagner, um jene berühmtesten und ausdrücklichsten Romantiker zu nennen, welche damals von mir *mißverstanden* wurden – übrigens *nicht* zu ihrem Nachteile, wie man mir in aller Billigkeit zugestehen darf. Der Reichste an Lebensfülle, der dionysische Gott und Mensch, kann sich nicht nur den Anblick des Fürchterlichen und Fragwürdigen gönnen, sondern selbst die fürchterliche Tat und jeden Luxus von Zerstörung, Zersetzung, Verneinung; bei ihm erscheint das Böse, Unsinnige und Häßliche gleichsam erlaubt, infolge eines Überschusses von zeugenden, befruchtenden Kräften, welcher aus jeder Wüste noch ein üppiges Fruchtland zu schaffen imstande ist. Umgekehrt würde der Leidendste, Lebensärmste am meisten die Milde, Friedlichkeit, Güte nötig haben, im Denken und im Handeln, womöglich einen Gott, der ganz eigentlich ein Gott für Kranke, ein »Heiland« wäre; ebenso auch die Logik, die begriffliche Verständlichkeit des Daseins – denn die Logik beruhigt, gibt Vertrauen –, kurz eine gewisse warme, furchtabwehrende Enge und Einschließung in optimistische Horizonte. Dergestalt lernte ich allmählich Epikur begreifen, den Gegensatz eines dionysischen Pessimisten, ebenfalls den »Christen«, der in der Tat nur eine Art Epikureer und, gleich jenem, wesentlich Romantiker ist, – und mein Blick schärfte sich immer mehr für jene schwierigste und verfänglichste Form des *Rückschlusses*, in der die meisten Fehler gemacht werden – des Rückschlusses vom Werk auf den Urheber, von der Tat auf den Täter, vom Ideal auf den, der es *nötig hat*, von jeder Denk- und Wertungsweise auf das dahinter kommandierende *Bedürfnis*. – In Hinsicht auf alle ästhetischen Werte bediene ich mich jetzt dieser Hauptunterscheidung: ich frage in jedem einzelnen Falle »ist hier der Hunger oder der Überfluß schöpferisch geworden?« Von vornherein möchte sich eine andre Unterscheidung mehr zu empfehlen scheinen – sie ist bei weitem augenscheinlicher – nämlich das Augenmerk darauf, ob das Verlangen nach Starrmachen, Verewigen, nach *Sein* die Ursache des Schaffens ist oder aber das Verlangen nach Zerstörung, nach Wechsel, nach Neuem, nach Zukunft, nach *Werden.* Aber beide Arten des Verlangens erweisen sich, tiefer angesehen, noch als zweideutig, und zwar deutbar eben nach jenem vorangestellten und mit Recht, wie mich dünkt, vorgezogenen Schema. Das Verlangen nach *Zerstörung,* Wechsel, Werden kann der Ausdruck der übervollen, zukunftsschwangeren Kraft sein (mein *terminus* ist dafür, wie man weiß, das Wort »dionysisch«), aber es kann auch der Haß des Mißratenen, Entbehrenden, Schlechtweggekommenen sein, der zerstört, zerstören *muß,* weil ihn das Bestehende, ja alles Bestehn, alles Sein selbst empört und aufreizt – man sehe sich, um diesen Affekt zu verstehn, unsre Anarchisten aus der Nähe an. Der Wille zum *Verewigen* bedarf gleichfalls einer zwiefachen Interpretation. Er kann einmal aus Dankbarkeit und Liebe kommen – eine Kunst dieses Ursprungs wird immer eine Apotheosenkunst sein, dithyrambisch vielleicht mit Rubens, selig-spöttisch mit Hafis, hell und gütig mit Goethe, und einen Homerischen Licht- und Glorienschein über alle Dinge breitend. Er kann aber auch jener tyrannische Wille eines Schwerleidenden, Kämpfenden, Torturierten sein, welcher das Persönlichste, Einzelnste, Engste, die eigentliche Idiosynkrasie seines Leidens noch zum verbindlichen Gesetz und Zwang stempeln möchte und der an allen Dingen gleichsam Rache nimmt, dadurch, daß er ihnen *sein* Bild, das Bild *seiner* Tortur, aufdrückt, einzwängt, einbrennt. Letzteres ist der *romantische Pessimismus* in seiner ausdrucksvollsten Form, sei es als Schopenhauersche Willens-Philosophie, sei es als Wagnerische Musik – der romantische Pessimismus, das letzte *große* Ereignis im Schicksal unsrer Kultur. (Daß es noch einen ganz anderen Pessimismus geben *könne,* einen klassischen – diese Ahnung und Vision gehört zu mir, als unablöslich von mir, als mein *proprium* und *ipsissimum*: nur daß meinen Ohren das Wort »klassisch« widersteht, es ist bei weitem zu abgebraucht, zu rund und unkenntlich geworden. Ich nenne jenen Pessimismus der Zukunft – denn er kommt! ich sehe ihn kommen! – den *dionysischen* Pessimismus.)

371

Wir Unverständlichen. – Haben wir uns je darüber beklagt, mißverstanden, verkannt, verwechselt, verleumdet, verhört und überhört zu werden? Eben das ist unser Los – oh für lange noch! sagen wir, um bescheiden zu sein, bis 1901 – es ist auch unsre Auszeichnung; wir würden uns selbst nicht genug in Ehren halten, wenn wir's anders wünschten. Man verwechselt uns – das macht, wir selbst wachsen, wir wechseln fortwährend, wir stoßen alte Rinden ab, wir häuten uns mit jedem Frühjahre noch, wir werden immer jünger, zukünftiger, höher, stärker, wir treiben unsre Wurzeln immer mächtiger in die Tiefe – ins Böse, – während wir zugleich den Himmel immer liebevoller, immer breiter umarmen und sein Licht immer durstiger mit allen unsren Zweigen und Blättern in uns hineinsaugen. Wir wachsen wie Bäume – das ist schwer zu verstehen, wie alles Leben! – nicht an *einer* Stelle, sondern überall, nicht in *einer* Richtung, sondern ebenso hinauf, hinaus wie hinein und hinunter – unsre Kraft treibt zugleich in Stamm, Ästen und Wurzeln, es steht uns gar nicht mehr frei, irgend etwas einzeln zu tun, irgend etwas Einzelnes noch zu *sein* . . . So ist es unser Los, wie gesagt; wir wachsen in die *Höhe*; und gesetzt, es wäre selbst unser Verhängnis – denn wir wohnen den Blitzen immer näher! – wohlan, wir halten es darum nicht weniger in Ehren, es bleibt das, was wir nicht teilen, nicht mitteilen wollen, das Verhängnis der Höhe, *unser* Verhängnis . . .

372

Warum wir keine Idealisten sind. – Ehemals hatten die Philosophen Furcht vor den Sinnen: haben wir – diese Furcht vielleicht allzusehr verlernt? Wir sind heute allesamt Sensualisten, wir Gegenwärtigen und Zukünftigen in der Philosophie, *nicht* der Theorie nach, aber der Praxis, der Praktik . . . Jene hingegen meinten, durch die Sinne aus *ihrer* Welt, dem kalten Reiche der »Ideen«, auf ein gefährliches südlicheres Eiland weggelockt zu werden: woselbst, wie sie fürchteten, ihre Philosophen-Tugenden wie Schnee in der Sonne wegschmelzen würden. »Wachs in den Ohren« war damals beinahe Bedingung des Philosophierens; ein echter Philosoph hörte das Leben nicht mehr, insofern Leben Musik ist, er *leugnete* die Musik des Lebens – es ist ein alter Philosophen-Aberglaube, daß alle Musik Sirenen-Musik ist. – Nun möchten wir heute geneigt sein, gerade umgekehrt zu urteilen (was an sich noch ebenso falsch sein könnte): nämlich daß die *Ideen* schlimmere Verführerinnen seien als die Sinne, mit allem ihrem kalten anämischen Anscheine und nicht einmal trotz diesem Anscheine – sie lebten immer vom »Blute« des Philosophen, sie zehrten immer seine Sinne aus, ja, wenn man uns glauben will, auch sein »Herz«. Diese alten Philosophen waren herzlos: Philosophieren war immer eine Art Vampyrismus. Fühlt ihr nicht an solchen Gestalten, wie noch der Spinozas, etwas tief Änigmatisches und Unheimliches? Seht ihr das Schauspiel nicht, das sich hier abspielt, das beständige *Blässer-werden* –, die immer idealischer ausgelegte Entsinnlichung? Ahnt ihr nicht im Hintergrunde irgendeine lange verborgene Blutaussaugerin, welche mit den Sinnen ihren Anfang macht und zuletzt Knochen und Geklapper übrig behält, übrig läßt? – ich meine Kategorien, Formeln, *Worte* (denn, man

bekannte eingerechnet, zu viel Teufelei, Dummheit, Narrheit der Interpretation – unsre eigne menschliche, allzumenschliche selbst, die wir kennen ...

375

Warum wir Epikureer scheinen. – Wir sind vorsichtig, wir modernen Menschen, gegen letzte Überzeugungen; unser Mißtrauen liegt auf der Lauer gegen die Bezauberungen und Gewissens-Überlistungen, welche in jedem starken Glauben, jedem unbedingten Ja und Nein liegen: wie erklärt sich das? Vielleicht, daß man darin zu einem guten Teil die Behutsamkeit des »gebrannten Kindes«, des enttäuschten Idealisten sehn darf, zu einem andern und bessern Teile aber auch die frohlockende Neugierde eines ehemaligen Eckenstehers, der durch seine Ecke in Verzweiflung gebracht worden ist und nunmehr im Gegensatz der Ecke schwelgt und schwärmt, im Unbegrenzten, im »Freien an sich«. Damit bildet sich ein nahezu epikurischer Erkenntnis-Hang aus, welcher den Fragezeichen-Charakter der Dinge nicht leichten Kaufs fahren lassen will; insgleichen ein Widerwille gegen die großen Moral-Worte und -Gebärden, ein Geschmack, der alle plumpen vierschrötigen Gegensätze ablehnt und sich seiner Übung in Vorbehalten mit Stolz bewußt ist. Denn *das* macht unsern Stolz aus, dieses leichte Zügel-Straffziehn bei unsrem vorwärtsstürmenden Drange nach Gewißheit, diese Selbstbeherrschung des Reiters auf seinen wildesten Ritten: nach wie vor nämlich haben wir tolle feurige Tiere unter uns, und wenn wir zögern, so ist es am wenigsten wohl die Gefahr, die uns zögern macht ...

376

Unsre langsamen Zeiten. – So empfinden alle Künstler und Menschen der »Werke«, die mütterliche Art Mensch: immer glauben sie, bei jedem Abschnitte ihres Lebens – den ein Werk jedesmal abschneidet –, schon am Ziele selbst zu sein, immer würden sie den Tod geduldig entgegennehmen, mit dem Gefühl: »dazu sind wir reif.« Dies ist nicht der Ausdruck der Ermüdung – vielmehr der einer gewissen herbstlichen Sonnigkeit und Milde, welche jedesmal das Werk selbst, das Reifgewordensein eines Werks, bei seinem Urheber hinterläßt. Da verlangsamt sich das *tempo* des Lebens und wird dick und honigflüssig – bis zu langen Fermaten, bis zum Glauben an *die* lange Fermate ...

377

Wir Heimatlosen. – Es fehlt unter den Europäern von heute nicht an solchen, die ein Recht haben, sich in einem abhebenden und ehrenden Sinne Heimatlose zu nennen – ihnen gerade sei meine geheime Weisheit und *gaya scienza* ausdrücklich ans Herz gelegt! Denn ihr Los ist hart, ihre Hoffnung ungewiß, es ist ein Kunststück, ihnen einen Trost zu erfinden – aber was hilft es! Wir Kinder der Zukunft, wie *vermöchten* wir in diesem Heute zu Hause zu sein! Wir sind allen Idealen abgünstig, auf welche hin einer sich sogar in dieser zerbrechlichen, zerbrochenen Übergangszeit noch heimisch fühlen könnte; was aber deren »Realitäten« betrifft, so glauben wir nicht daran, daß sie *Dauer* haben. Das Eis, das heute noch trägt, ist schon sehr dünn geworden: der Tauwind weht, wir selbst, wir Heimatlosen, sind etwas, das Eis und andre allzudünne »Realitäten« aufbricht ... Wir »konservieren« nichts, wir wollen auch in keine Vergangenheit zurück, wir sind durchaus nicht »liberal«, wir arbeiten nicht für den »Fortschritt«, wir brauchen unser Ohr nicht erst gegen die Zukunfts-Sirenen des Marktes zu verstopfen – das, was sie singen, »gleiche Rechte«, »freie Gesellschaft«, »keine Herren mehr und keine Knechte«, das lockt uns nicht! – wir halten es schlechterdings nicht für wünschenswert, daß das Reich der Gerechtigkeit und Eintracht auf Erden gegründet werde (weil es unter allen Umständen das Reich der tiefsten Vermittelmäßigung und Chineserei sein würde), wir freuen uns an allen, die gleich uns die Gefahr, den Krieg, das Abenteuer lieben, die sich nicht abfinden, einfangen, versöhnen und verschneiden lassen, wir rechnen uns selbst unter die Eroberer, wir denken über die Notwendigkeit neuer Ordnungen nach, auch einer neuen Sklaverei – denn zu jeder Verstärkung und Erhöhung des Typus »Mensch« gehört auch eine neue Art Versklavung hinzu – nicht wahr? mit alledem müssen wir schlecht in einem Zeitalter zu Hause sein, welches die Ehre in Anspruch zu nehmen liebt, das menschlichste, mildeste, rechtlichste Zeitalter zu heißen, das die Sonne bisher gesehen hat? Schlimm genug, daß wir gerade bei diesen schönen Worten um so häßlichere Hintergedanken haben! Daß wir darin nur den Ausdruck – auch die Maskerade – der tiefen Schwächung, der Ermüdung, des Alters, der absinkenden Kraft sehen! Was kann uns daran gelegen sein, mit was für Flittern ein Kranker seine Schwäche aufputzt! Mag er sie als seine *Tugend* zur Schau tragen – es unterliegt ja keinem Zweifel, daß die Schwäche mild, ach so mild, so rechtlich, so unoffensiv, so »menschlich« macht! – Die »Religion des Mitleidens«, zu der man uns überreden möchte – oh wir kennen die hysterischen Männlein und Weiblein genug, welche heute gerade diese Religion zum Schleier und Aufputz nötig haben! Wir sind keine Humanitarier; wir würden uns nie zu erlauben wagen, von unsrer »Liebe zur Menschheit« zu reden – dazu ist unsereins nicht Schauspieler genug! Oder nicht Saint-Simonist genug, nicht Franzose genug. Man muß schon mit einem *gallischen* Übermaß erotischer Reizbarkeit und verliebter Ungeduld behaftet sein, um sich in ehrlicher Weise sogar noch der Menschheit mit seiner Brunst zu nähern ... Der Menschheit! Gab es je noch ein scheußlicheres altes Weib unter allen alten Weibern? (– es müßte denn etwa »die Wahrheit« sein: eine Frage für Philosophen). Nein, wir lieben die Menschheit nicht; andererseits sind wir aber auch lange nicht »deutsch« genug, wie heute das Wort »deutsch« gang und gäbe ist, um dem Nationalismus und dem Rassenhaß das Wort zu reden, um an der nationalen Herzenskrätze und Blutvergiftung Freude haben zu können, derenthalben sich jetzt in Europa Volk gegen Volk wie mit Quarantänen abgrenzt, absperrt. Dazu sind wir zu unbefangen, zu boshaft, zu verwöhnt, auch zu gut unterrichtet, zu »gereist«: wir ziehen es bei weitem vor, auf Bergen zu leben, abseits, »unzeitgemäß«, in vergangnen oder kommenden Jahrhunderten, nur damit wir uns die stille Wut ersparen, zu der wir uns verurteilt wüßten als Augenzeugen einer Politik, die den deutschen Geist öde macht, indem sie ihn eitel macht, und *kleine* Politik außerdem ist – hat sie nicht nötig, damit ihre eigene Schöpfung nicht sofort wieder auseinanderfällt, sie zwischen zwei Todhasse zu pflanzen? *muß* sie nicht die Verewigung der Kleinstaaterei Europas wollen? ... Wir Heimatlosen, wir sind der Rasse und Abkunft nach zu vielfach und gemischt, als »moderne Menschen«, und folglich wenig versucht, an jener verlognen Rassen-Selbstbewunderung und Unzucht teilzunehmen, welche sich heute in Deutschland als Zeichen deutscher Gesinnung zur Schau trägt und die bei dem Volke des »historischen Sinns« zwiefach falsch und unanständig anmutet. Wir sind, mit einem Worte – und es soll unser Ehrenwort sein! – *gute Europäer*, die Erben Europas, die reichen, überhäuften, aber auch überreich verpflichteten Erben von Jahrtausenden des europäischen Geistes: als solche auch dem Christentum entwachsen und abhold, und gerade, weil wir *aus* ihm gewachsen sind, weil unsre Vorfahren Christen von rücksichtsloser Rechtschaffenheit des Christentums waren, die ihrem Glauben willig Gut und Blut, Stand und Vaterland zum Opfer gebracht haben. Wir – tun desgleichen. Wofür doch? Für unsern Unglauben? Für jede Art Unglauben? Nein, das wißt ihr besser, meine Freunde! Das verborgne *Ja* in euch ist stärker als alle Neins und Vielleichts, an denen ihr mit eurer Zeit krank seid; und wenn ihr aufs Meer müßt, ihr Auswanderer, zwingt dazu auch euch – ein *Glaube*! ...

378

»Und werden wieder hell.« – Wir Freigebigen und Reichen des Geistes, die wir gleich offnen Brunnen an der Straße stehn und es niemandem

wehren mögen, daß er aus uns schöpft: wir wissen uns leider nicht zu wehren, wo wir es möchten, wir können durch nichts verhindern, daß man uns *trübt*, finster macht – daß die Zeit, in der wir leben, ihr »Zeitlichstes«, daß deren schmutzige Vögel ihren Unrat, die Knaben ihren Krimskrams und erschöpfte, an uns ausruhende Wandrer ihr kleines und großes Elend *in* uns werfen. Aber wir werden es machen, wie wir es immer gemacht haben: wir nehmen, was man auch in uns wirft, hinab in unsre Tiefe – denn wir sind tief, wir vergessen nicht – *und werden wieder hell* ...

379

Zwischenrede des Narren. – Das ist kein Misanthrop, der dies Buch geschrieben hat: der Menschenhaß bezahlt sich heute zu teuer. Um zu hassen, wie man ehemals *den* Menschen gehaßt hat, timonisch, im ganzen, ohne Abzug, aus vollem Herzen, aus der ganzen *Liebe* des Hasses – dazu müßte man aufs Verachten Verzicht leisten – und wieviel feine Freude, wieviel Geduld, wieviel Gütigkeit selbst verdanken wir gerade unsrem Verachten! Zudem sind wir damit die »Auserwählten Gottes«: das feine Verachten ist unser Geschmack und Vorrecht, unsre Kunst, unsere Tugend vielleicht, wir Modernsten unter den Modernen!... Der Haß dagegen stellt gleich, stellt gegenüber, im Haß ist Ehre, endlich: im Haß ist *Furcht*, ein großer, guter Teil Furcht. Wir Furchtlosen aber, wir geistigeren Menschen dieses Zeitalters, wir kennen unsern Vorteil gut genug, um gerade als die Geistigeren in Hinsicht auf diese Zeit ohne Furcht zu leben. Man wird uns schwerlich köpfen, einsperren, verbannen; man wird nicht einmal unsre Bücher verbieten und verbrennen. Das Zeitalter liebt den Geist, es liebt uns und hat uns nötig, selbst wenn wir es ihm zu verstehn geben müßten, daß wir in der Verachtung Künstler sind; daß uns jeder Umgang mit Menschen einen leichten Schauder macht; daß wir mit aller unsrer Milde, Geduld, Menschenfreundlichkeit, Höflichkeit unsre Nase nicht überreden können, von ihrem Vorurteile abzustehn, welches sie gegen die Nähe eines Menschen hat; daß wir die Natur lieben, je weniger menschlich es in ihr zugeht, und die Kunst, *wenn* sie die Flucht des Künstlers vor dem Menschen oder der Spott des Künstlers über den Menschen oder der Spott des Künstlers über sich selber ist ...

380

»Der Wanderer« redet. – Um unsrer europäischen Moralität einmal aus der Ferne ansichtig zu werden, um sie an anderen, früheren oder kommenden, Moralitäten zu messen, dazu muß man es machen, wie es ein Wan-

derer macht, der wissen will, wie hoch die Türme einer Stadt sind: dazu *verläßt* er die Stadt. »Gedanken über moralische Vorurteile«, falls sie nicht Vorurteile über Vorurteile sein sollen, setzen eine Stellung *außerhalb* der Moral voraus, irgendein Jenseits von Gut und Böse, zu dem man steigen, klettern, fliegen muß – und, im gegebnen Falle, jedenfalls ein Jenseits von *unsrem* Gut und Böse, eine Freiheit von allem »Europa«, letzteres als eine Summe von kommandierenden Werturteilen verstanden, welche uns in Fleisch und Blut übergegangen sind. Daß man gerade dorthinaus, dorthinauf *will*, ist vielleicht eine kleine Tollheit, ein absonderliches, unvernünftiges »du mußt« – denn auch wir Erkennenden haben unsre Idiosynkrasien des »unfreien Willens« –: die Frage ist, ob man wirklich dorthinauf *kann*. Dies mag an vielfachen Bedingungen hängen; in der Hauptsache ist es die Frage danach, wie leicht oder wie schwer wir sind, das Problem unsrer »spezifischen Schwere«. Man muß *sehr leicht* sein, um seinen Willen zur Erkenntnis bis in eine solche Ferne und gleichsam über seine Zeit hinaus zu treiben, um sich zum Überblick über Jahrtausende Augen zu schaffen und noch dazu reinen Himmel in diesen Augen! Man muß sich von vielem losgebunden haben, was gerade uns Europäer von heute drückt, hemmt, niederhält, schwer macht. Der Mensch eines solchen Jenseits, der die obersten Wertmaße seiner Zeit selbst in Sicht bekommen will, hat dazu vorerst nötig, diese Zeit in sich selbst zu »überwinden« – es ist die Probe seiner Kraft – und folglich nicht nur seine Zeit, sondern auch seinen bisherigen Widerwillen und Widerspruch *gegen* diese Zeit, sein Leiden *an* dieser Zeit, seine Zeit-Ungemäßheit, seine *Romantik* ...

381

Zur Frage der Verständlichkeit. – Man will nicht nur verstanden werden, wenn man schreibt, sondern ebenso gewiß auch *nicht* verstanden werden. Es ist noch ganz und gar kein Einwand gegen ein Buch, wenn irgend jemand es unverständlich findet: vielleicht gehörte eben dies zur Absicht seines Schreibers – er *wollte* nicht von »irgend jemand« verstanden werden. Jeder vornehmere Geist und Geschmack wählt sich, wenn er sich mitteilen will, auch seine Zuhörer; indem er sie wählt, zieht er zugleich gegen »die anderen« seine Schranken. Alle feineren Gesetze eines Stils haben da ihren Ursprung: sie halten zugleich ferne, sie schaffen Distanz, sie verbieten »den Eingang«, das Verständnis, wie gesagt– während sie denen die Ohren aufmachen, die uns mit den Ohren verwandt sind. Und daß ich es unter uns sage und in meinem Falle – ich will mich weder durch meine Unwissenheit, noch durch die Munterkeit meines Temperaments verhindern lassen, *euch* verständlich zu sein, meine Freunde: durch die Munterkeit nicht, wie sehr sie auch mich zwingt, einer Sache geschwind beizukommen, um ihr überhaupt beizukommen. Denn ich halte es mit tiefen Problemen wie mit einem kalten Bade – schnell hinein, schnell hinaus. Daß man damit nicht in die Tiefe, nicht tief genug *hinunter* komme, ist der Aberglaube der Wasserscheuen, der Feinde des kalten Wassers; sie reden ohne Erfahrung. Oh! Die große Kälte macht geschwind! – Und nebenbei gefragt: bleibt wirklich eine Sache dadurch allein schon unverstanden und unerkannt, daß sie nur im Fluge berührt, angeblickt, angeblitzt wird? Muß man durchaus erst auf ihr festsitzen? auf ihr wie auf einem Ei gebrütet haben? *Diu noctuque incubando,* wie Newton von sich selbst sagte? Zum mindesten gibt es Wahrheiten von einer besonderen Scheu und Kitzlichkeit, deren man nicht anders habhaft wird als plötzlich – die man *überraschen* oder lassen muß ... Endlich hat meine Kürze noch einen andren Wert: innerhalb solcher Fragen, wie sie mich beschäftigen, muß ich vieles kurz sagen, damit es noch kürzer gehört wird. Man hat nämlich als Immoralist zu verhüten, daß man die Unschuld verdirbt, ich meine die Esel und die alten Jungfern beiderlei Geschlechts, die nichts vom Leben haben als ihre Unschuld; mehr noch, meine Schriften sollen sie begeistern, erheben, zur Tugend ermutigen. Ich wüßte nichts auf Erden, was lustiger wäre als begeisterte alte Esel zu sehn und Jungfern, welche durch die süßen Gefühle der Tugend erregt werden: und »das habe ich gesehn« – also sprach Zarathustra. So viel in Absicht der Kürze; schlimmer steht es mit meiner Unwissenheit, deren ich selbst vor mir selber kein Hehl habe. Es gibt Stunden, wo ich mich ihrer schäme; freilich ebenfalls Stunden, wo ich mich dieser Scham schäme. Vielleicht sind wir Philosophen allesamt heute zum Wissen schlimm gestellt: die Wissenschaft wächst, die Gelehrtesten von uns sind nahe daran zu entdecken, daß sie zu wenig wissen. Aber schlimmer wäre es immer noch, wenn es anders stünde – wenn wir *zu viel* wüßten; unsre Aufgabe ist und bleibt zuerst, uns nicht selber zu verwechseln. Wir *sind* etwas anderes als Gelehrte: obwohl es nicht zu umgehn ist, daß wir auch, unter anderem, gelehrt sind. Wir haben andre Bedürfnisse, ein anderes Wachstum, eine andre Verdauung: wir brauchen mehr, wir brauchen auch weniger. Wieviel ein Geist zu seiner Ernährung nötig hat, dafür gibt es keine Formel; ist aber sein Geschmack auf Unabhängigkeit gerichtet, auf schnelles Kommen und Gehn, auf Wanderung, auf Abenteuer vielleicht, denen nur die Geschwindesten gewachsen sind, so lebt er lieber frei mit schmaler Kost als unfrei und gestopft. Nicht Fett, sondern die größte Geschmeidigkeit und Kraft ist das, was ein guter Tänzer von seiner Nahrung will – und ich wüßte nicht, was der Geist eines Philosophen mehr zu sein wünschte, als ein guter Tänzer. Der Tanz nämlich ist sein Ideal, auch seine Kunst, zuletzt auch seine einzige Frömmigkeit, sein »Gottesdienst« ...

382

Die große Gesundheit. – Wir Neuen, Namenlosen, Schlechtverständlichen, wir Frühgeburten einer noch unbewiesenen Zukunft – wir bedürfen zu einem neuen Zweck auch eines neuen Mittels, nämlich einer neuen Gesundheit, einer stärkeren, gewitzteren, zäheren, verwegneren, lustigeren, als alle Gesundheiten bisher waren. Wessen Seele danach dürstet, den ganzen Umfang der bisherigen Werte und Wünschbarkeiten erlebt und alle Küsten dieses idealischen »Mittelmeers« umschifft zu haben, wer aus den Abenteuern der eigensten Erfahrung wissen will, wie es einem Eroberer und Entdecker des Ideals zumute ist, insgleichen einem Künstler, einem Heiligen, einem Gesetzgeber, einem Weisen, einem Gelehrten, einem Frommen, einem Wahrsager, einem Göttlich-Abseitigen alten Stils: der hat dazu zuallererst eins nötig, *die große Gesundheit* – eine solche, welche man nicht nur hat, sondern auch beständig noch erwirbt und erwerben muß, weil man sie immer wieder preisgibt, preisgeben muß! ... Und nun, nachdem wir lange dergestalt unterwegs waren, wir Argonauten des Ideals, mutiger vielleicht als klug ist, und oft genug schiffbrüchig und zu Schaden gekommen, aber wie gesagt gesünder, als man es uns erlauben möchte, gefährlich-gesund, immer wieder gesund – will es uns scheinen, als ob wir, zum Lohn dafür, ein noch unentdecktes Land vor uns haben, dessen Grenzen noch niemand abgesehn hat, ein Jenseits aller bisherigen Länder und Winkel des Ideals, eine Welt so überreich an Schönem, Fremdem, Fragwürdigem, Furchtbarem und Göttlichem, daß unsre Neugierde ebensowohl wie unser Besitzdurst außer sich geraten sind – ach, daß wir nunmehr durch nichts mehr zu ersättigen sind! Wie könnten wir uns, nach solchen Ausblicken und mit einem solchen Heißhunger in Gewissen und Wissen, noch *am gegenwärtigen Menschen* genügen lassen? Schlimm genug: aber es ist unvermeidlich, daß wir seinen würdigsten Zielen und Hoffnungen nur mit einem übel aufrecht erhaltenen Ernste zusehn und vielleicht nicht einmal mehr zusehn. Ein andres Ideal läuft vor uns her, ein wunderliches, versucherisches, gefahrenreiches Ideal, zu dem wir niemanden überreden möchten, weil wir niemandem so leicht das *Recht darauf* zugestehn: das Ideal eines Geistes, der naiv, das heißt ungewollt und aus überströmender Fülle und Mächtigkeit mit allem spielt, was bisher heilig, gut, unberührbar, göttlich hieß; für den das Höchste, woran das Volk billigerweise sein Wertmaß hat, bereits so viel wie Gefahr, Verfall, Erniedrigung oder, mindestens, wie Erholung, Blindheit, zeitweiliges Selbstvergessen bedeuten würde; das Ideal eines menschlich-übermenschlichen Wohlseins und Wohlwollens, das oft genug *unmenschlich* erscheinen wird, zum Beispiel wenn es sich neben den ganzen bisherigen Erden-Ernst, neben alle Art Feierlichkeit in Gebärde, Wort, Klang, Blick, Moral und Aufgabe wie deren leibhafteste, unfreiwillige Parodie hinstellt – und mit dem, trotzalledem, vielleicht *der große Ernst* erst anhebt, das eigentliche Fragezeichen erst gesetzt wird, das Schicksal der Seele sich wendet, der Zeiger rückt, die Tragödie *beginnt* . . .

383

Epilog. – Aber indem ich zum Schluß dieses düstere Fragezeichen langsam, langsam hinmale und eben noch willens bin, meinen Lesern die Tugenden des rechten Lesers – oh was für vergessene und unbekannte Tugenden! – ins Gedächtnis zu rufen, begegnet mir's, daß um mich das boshafteste, munterste, koboldigste Lachen laut wird: die Geister meines Buches selber fallen über mich her, ziehn mich an den Ohren und rufen mich zur Ordnung. »Wir halten es nicht mehr aus« – rufen sie mir zu –; »fort, fort mit dieser rabenschwarzen Musik. Ist es nicht rings heller Vormittag um uns? Und grüner weicher Grund und Rasen, das Königreich des Tanzes? Gab es je eine bessere Stunde, um fröhlich zu sein? Wer singt uns ein Lied, ein Vormittagslied, so sonnig, so leicht, so flügge, daß es die Grillen *nicht* verscheucht – daß es die Grillen vielmehr einlädt, mit zu singen, mit zu tanzen? Und lieber noch einen einfältigen bäurischen Dudelsack als solche geheimnisvolle Laute, solche Unkenrufe, Grabesstimmen und Murmeltierpfiffe, mit denen Sie uns in ihrer Wildnis bisher regaliert haben, mein Herr Einsiedler und Zukunftsmusikant! Nein! Nicht solche Töne! Sondern laßt uns angenehmere anstimmen und freudenvollere!« – Gefällt es euch *so*, meine ungeduldigen Freunde? Wohlan! Wer wäre euch nicht gern zu Willen? Mein Dudelsack wartet schon, meine Kehle auch – sie mag ein wenig rauh klingen, nehmt fürlieb! dafür sind wir im Gebirge. Aber was ihr zu hören bekommt, ist wenigstens neu; und wenn ihrs nicht versteht, wenn ihr den *Sänger* mißversteht, was liegt daran! Das ist nun einmal »des Sängers Fluch«. Um so deutlicher könnt ihr seine Musik und Weise hören, um so besser auch nach seiner Pfeife – tanzen. *Wollt* ihr das? . . .

ANHANG

LIEDER DES PRINZEN VOGELFREI

An Goethe

Das Unvergängliche
Ist nur dein Gleichnis!
Gott, der Verfängliche,
Ist Dichter-Erschleichnis ...

Welt-Rad, das rollende,
Streift Ziel auf Ziel:
Not – nennts der Grollende,
Der Narr nennts – Spiel ...

Welt-Spiel, das herrische,
Mischt Sein und Schein: –
Das Ewig-Närrische
Mischt *uns* – hinein! ...

Dichters Berufung

Als ich jüngst, mich zu erquicken,
Unter dunklen Bäumen saß,
Hört ich ticken, leise ticken,
Zierlich, wie nach Takt und Maß.
Böse wurd ich, zog Gesichter, –
Endlich aber gab ich nach,
Bis ich gar, gleich einem Dichter,
Selber mit im Ticktack sprach.

Wie mir so im Verse-Machen
Silb um Silb ihr Hopsa sprang,
Mußt ich plötzlich lachen, lachen
Eine Viertelstunde lang.
Du ein Dichter? Du ein Dichter?
Stehts mit deinem Kopf so schlecht?
–»Ja, mein Herr, Sie sind ein Dichter«
Achselzuckt der Vogel Specht.

Wessen harr ich hier im Busche?
Wem doch laur ich Räuber auf?
Ists ein Spruch? Ein Bild? Im Husche
Sitzt mein Reim ihm hintendrauf.
Was nur schlüpft und hüpft, gleich sticht der
Dichter sichs zum Vers zurecht.
–»Ja, mein Herr, Sie sind ein Dichter«
Achselzuckt der Vogel Specht.

Reime, mein ich, sind wie Pfeile?
Wie das zappelt, zittert, springt,
Wenn der Pfeil in edle Teile
Des Lazerten-Leibchens dringt!
Ach, ihr sterbt dran, arme Wichter,
Oder taumelt wie bezecht!
–»Ja, mein Herr, Sie sind ein Dichter«
Achselzuckt der Vogel Specht.

Schiefe Sprüchlein voller Eile,
Trunkne Wörtlein, wie sichs drängt!
Bis ihr alle, Zeil an Zeile,
An der Ticktack-Kette hängt.
Und es gibt grausam Gelichter,
Das dies – freut? Sind Dichter – schlecht?
–»Ja, mein Herr, Sie sind ein Dichter«
Achselzuckt der Vogel Specht.

Höhnst du, Vogel? Willst du scherzen?
Stehts mit meinem Kopf schon schlimm,
Schlimmer stünds mit meinem Herzen?
Fürchte, fürchte meinen Grimm! –
Doch der Dichter – Reime flicht er
Selbst im Grimm noch schlecht und recht.
–»Ja, mein Herr, Sie sind ein Dichter«
Achselzuckt der Vogel Specht.

Im Süden

So häng ich denn auf krummem Aste
Und schaukle meine Müdigkeit.
Ein Vogel lud mich her zu Gaste,
Ein Vogelnest ists, drin ich raste.
Wo bin ich doch? Ach, weit! Ach, weit!

Das weiße Meer liegt eingeschlafen,
Und purpurn steht ein Segel drauf.
Fels, Feigenbäume, Turm und Hafen,
Idylle rings, Geblök von Schafen, –
Unschuld des Südens, nimm mich auf!

Nur Schritt für Schritt – das ist kein Leben,
Stets Bein vor Bein macht deutsch und schwer.
Ich hieß den Wind mich aufwärts heben,
Ich lernte mit den Vögeln schweben, –
Nach Süden flog ich übers Meer.

Vernunft! Verdrießliches Geschäfte!
Das bringt uns allzubald ans Ziel!
Im Fliegen lernt ich, was mich äffte, –
Schon fühl ich Mut und Blut und Säfte
Zu neuem Leben, neuem Spiel . . .

Einsam zu denken nenn ich weise,
Doch einsam singen – wäre dumm!
So hört ein Lied zu eurem Preise
Und setzt euch still um mich im Kreise,
Ihr schlimmen Vögelchen, herum!

So jung, so falsch, so umgetrieben
Scheint ganz ihr mir gemacht zum Lieben
Und jedem schönen Zeitvertreib?
Im Norden – ich gestehs mit Zaudern –
Liebt ich ein Weibchen, alt zum Schaudern:
»Die Wahrheit« hieß dies alte Weib . . .

Die fromme Beppa

Solang noch hübsch mein Leibchen,
Lohnt sichs schon, fromm zu sein.
Man weiß, Gott liebt die Weibchen,
Die hübschen obendrein.
Er wirds dem armen Mönchlein
Gewißlich gern verzeihn,
Daß er, gleich manchem Mönchlein,
So gern will bei mir sein.

Kein grauer Kirchenvater!
Nein, jung noch und oft rot,
Oft trotz dem grausten Kater
Voll Eifersucht und Not.
Ich liebe nicht die Greise,
Er liebt die Alten nicht:
Wie wunderlich und weise
Hat Gott dies eingericht!

Die Kirche weiß zu leben,
Sie prüft Herz und Gesicht.
Stets will sie mir vergeben, –
Ja, wer vergibt mir nicht!
Man lispelt mit dem Mündchen,
Man knixt und geht hinaus,
Und mit dem neuen Sündchen
Löscht man das alte aus.

Gelobt sei Gott auf Erden,
Der hübsche Mädchen liebt
Und derlei Herzbeschwerden
Sich selber gern vergibt.
Solang noch hübsch mein Leibchen,
Lohnt sichs schon fromm zu sein:
Als altes Wackelweibchen
Mag mich der Teufel frein!

Der geheimnisvolle Nachen

Gestern nachts, als alles schlief,
Kaum der Wind mit ungewissen
Seufzern durch die Gassen lief,
Gab mir Ruhe nicht das Kissen,
Noch der Mohn, noch, was sonst tief
Schlafen macht, – ein gut Gewissen.

Endlich schlug ich mir den Schlaf
Aus dem Sinn und lief zum Strande.
Mondhell wars und mild, ich traf
Mann und Kahn auf warmem Sande,
Schläfrig beide, Hirt und Schaf: –
Schläfrig stieß der Kahn vom Lande.

Eine Stunde, leicht auch zwei,
Oder wars ein Jahr? – da sanken
Plötzlich mir Sinn und Gedanken
In ein ewges Einerlei,
Und ein Abgrund ohne Schranken
Tat sich auf: – da wars vorbei!

– Morgen kam: auf schwarzen Tiefen
steht ein Kahn und ruht und ruht . . .
Was geschah? so riefs, so riefen
Hundert bald: was gab es? Blut? – –
Nichts geschah! Wir schliefen, schliefen
Alle – ach, so gut! so gut!

Liebeserklärung
(bei der aber der Dichter in eine Grube fiel –)

Oh Wunder! Fliegt er noch?
Er steigt empor, und seine Flügel ruhn?
Was hebt und trägt ihn doch?
Was ist ihm Ziel und Zug und Zügel nun?

Gleich Stern und Ewigkeit
Lebt er in Höhn jetzt, die das Leben flieht,
Mitleidig selbst dem Neid –:
Und hoch flog, wer ihn auch nur schweben sieht!

Oh Vogel Albatroß!
Zur Höhe treibts mit ewgem Triebe mich.
Ich dachte dein: da floß
Mir Trän um Träne, – ja, ich liebe dich!

Lied
eines theokritischen Ziegenhirten

Da lieg ich, krank im Gedärm, –
Mich fressen die Wanzen.
Und drüben noch Licht und Lärm!
Ich hörs, sie tanzen . . .

Sie wollte um diese Stund
Zu mir sich schleichen.
Ich warte wie ein Hund, –
Es kommt kein Zeichen.

Das Kreuz, als sies versprach?
Wie konnte sie lügen?
– Oder läuft sie jedem nach,
Wie meine Ziegen?

Woher ihr seidner Rock? –
Ah, meine Stolze?
Es wohnt noch mancher Bock
An diesem Holze?

– Wie kraus und giftig macht
Verliebtes Warten!
So wächst bei schwüler Nacht
Giftpilz im Garten.

Die Liebe zehrt an mir
Gleich sieben Übeln, –
Nichts mag ich essen schier.
Lebt wohl, ihr Zwiebeln!

Der Mond ging schon ins Meer,
Müd sind alle Sterne,
Grau kommt der Tag daher, –
Ich stürbe gerne.

»Diesen ungewissen Seelen«

Diesen ungewissen Seelen
Bin ich grimmig gram.
All ihr Ehren ist ein Quälen,
All ihr Lob ist Selbstverdruß und Scham.

Daß ich nicht an *ihrem* Stricke
Ziehe durch die Zeit,
Dafür grüßt mich ihrer Blicke
Giftig-süßer, hoffnungsloser Neid.

Möchten sie mir herzhaft fluchen
Und die Nase drehn!
Dieser Augen hilflos Suchen
Soll bei mir auf ewig irregehn.

Narr in Verzweiflung

Ach! Was ich schrieb auf Tisch und Wand
Mit Narrenherz und Narrenhand,
Das sollte Tisch und Wand mir zieren? . . .

Doch *ihr* sagt: »Narrenhände schmieren, –
Und Tisch und Wand soll man purgieren,
Bis auch die letzte Spur verschwand!«

Erlaubt! Ich lege Hand mit an –,
Ich lernte Schwamm und Besen führen,
Als Kritiker, als Wassermann.

Doch wenn die Arbeit abgetan,
Säh gern ich euch, ihr Überweisen,
Mit Weisheit Tisch und Wand besch . .

Rimus remedium

Oder: Wie kranke Dichter sich trösten

Aus deinem Munde,
Du speichelflüssige Hexe Zeit,
Tropft langsam Stund auf Stunde.
Umsonst, daß all mein Ekel schreit:
»Fluch, Fluch dem Schlunde
Der Ewigkeit!«

»Welt – ist von Erz:
Ein glühender Stier, – der hört kein Schrein.
Mit fliegenden Dolchen schreibt der Schmerz
Mir ins Gebein:
»Welt hat kein Herz,
Und Dummheit wärs, ihr gram drum sein!«

Gieß alle Mohne,
Gieß Fieber! Gift mir ins Gehirn!
Zu lang schon prüfst du mir Hand und Stirn.
Was frägst du? Was? »Zu welchem – Lohne?«
– Ha! Fluch der Dirn
Und ihrem Hohne!

Nein! Komm zurück!
Draußen ists kalt, ich höre regnen –
Ich sollte dir zärtlicher begegnen?
– Nimm! Hier ist Gold: wie glänzt das Stück! –
Dich heißen »Glück«?
Dich, Fieber, segnen? –

Die Tür springt auf!
Der Regen sprüht nach meinem Bette!
Wind löscht das Licht, – Unheil in Hauf!
– Wer jetzt nicht hundert *Reime* hätte,
Ich wette, wette,
Der ginge drauf!

»Mein Glück!«

Die Tauben von San Marco seh ich wieder:
Still ist der Platz, Vormittag ruht darauf.
In sanfter Kühle schick ich müßig Lieder
Gleich Taubenschwärmen in das Blau hinauf –
Und locke sie zurück,
Noch einen Reim zu hängen ins Gefieder
– mein Glück! Mein Glück!

Du stilles Himmels-Dach, blau-licht, von Seide,
Wie schwebst du schirmend ob des bunten Baus,
Den ich – was sag ich? – liebe, fürchte, *neide* . . .
Die Seele wahrlich tränk ich gern ihm aus!
Gäb ich sie je zurück? –
Nein, still davon, du Augen-Wunderweide!
– mein Glück! Mein Glück!

Du strenger Turm, mit welchem Löwendrange
Stiegst du empor hier, siegreich, sonder Müh!
Du überklingst den Platz mit tiefem Klange –:

Französisch wärst du sein *accent aigu*?
  Blieb ich gleich dir zurück,
Ich wüßte, aus welch seidenweichem Zwange ...
– mein Glück! Mein Glück!

Fort, fort Musik! Laß erst die Schatten dunkeln
Und wachsen bis zur braunen lauen Nacht!
Zum Tone ists zu früh am Tag, noch funkeln
Die Gold-Zieraten nicht in Rosen-Pracht,
  Noch blieb viel Tag zurück,
Viel Tag für Dichten, Schleichen, Einsam-Munkeln
– mein Glück! Mein Glück!

Nach neuen Meeren

Dorthin – *will* ich; und ich traue
Mir fortan und meinem Griff.
Offen liegt das Meer, ins Blaue
Treibt mein Genueser Schiff.

Alles glänzt mir neu und neuer,
Mittag schläft auf Raum und Zeit –:
Nur *dein* Auge – ungeheuer
Blickt michs an, Unendlichkeit!

Sils-Maria

Hier saß ich, wartend, wartend, – doch auf nichts,
Jenseits von Gut und Böse, bald des Lichts
Genießend, bald des Schattens, ganz nur Spiel,
Ganz See, ganz Mittag, ganz Zeit ohne Ziel.
 Da, plötzlich, Freundin! wurde eins zu zwei –
 – Und Zarathustra ging an mir vorbei ...

An den Mistral
Ein Tanzlied

Mistral-Wind, du Wolken-Jäger,
Trübsal-Mörder, Himmels-Feger,
Brausender, wie lieb ich dich!

Sind wir zwei nicht eines Schoßes
Erstlingsgabe, eines Loses
Vorbestimmte ewiglich?

Hier auf glatten Felsenwegen
Lauf ich tanzend dir entgegen,
Tanzend, wie du pfeifst und singst:
Der du ohne Schiff und Ruder
Als der Freiheit freister Bruder
Über wilde Meere springst.

Kaum erwacht, hört ich dein Rufen,
Stürmte zu den Felsenstufen,
Hin zur gelben Wand am Meer.
Heil! Da kamst du schon gleich hellen
Diamantnen Stromesschnellen
Sieghaft von den Bergen her.

Auf den ebnen Himmels-Tennen
Sah ich deine Rosse rennen,
Sah den Wagen, der dich trägt,
Sah die Hand dir selber zücken,
Wenn sie auf der Rosse Rücken
Blitzesgleich die Geißel schlägt, –

Sah dich aus dem Wagen springen,
Schneller dich hinabzuschwingen,
Sah dich wie zum Pfeil verkürzt
Senkrecht in die Tiefe stoßen, –
Wie ein Goldstrahl durch die Rosen
Erster Morgenröten stürzt.

Tanze nun auf tausend Rücken,
Wellen-Rücken, Wellen-Tücken –
Heil, wer *neue* Tänze schafft!
Tanzen wir in tausend Weisen,
Frei – sei *unsre* Kunst geheißen,
Fröhlich – *unsre* Wissenschaft!

Raffen wir von jeder Blume
Eine Blüte uns zum Ruhme
Und zwei Blätter noch zum Kranz!
Tanzen wir gleich Troubadouren

Zwischen Heiligen und Huren,
Zwischen Gott und Welt den Tanz!

Wer nicht tanzen kann mit Winden,
Wer sich wickeln muß mit Binden,
Angebunden, Krüppel-Greis,
Wer da gleicht den Heuchel-Hänsen,
Ehren-Tölpeln, Tugend-Gänsen,
Fort aus unsrem Paradeis!

Wirbeln wir den Staub der Straßen
Allen Kranken in die Nasen,
Scheuchen wir die Kranken-Brut!
Lösen wir die ganze Küste
Von dem Odem dürrer Brüste,
Von den Augen ohne Mut!

Jagen wir die Himmels-Trüber,
Welten-Schwärzer, Wolken-Schieber,
Hellen wir das Himmelreich!
Brausen wir ... oh aller freien
Geister Geist, mit dir zu zweien
Braust mein Glück dem Sturme gleich. –

– Und daß ewig das Gedächtnis
Solchen Glücks, nimm sein Vermächtnis,
Nimm den *Kranz* hier mit hinauf!
Wirf ihn höher, ferner, weiter,
Stürm empor die Himmelsleiter,
Häng ihn – an den Sternen auf!

ALSO SPRACH ZARATHUSTRA

Ein Buch für Alle und Keinen

ZARATHUSTRAS VORREDE

1

Als Zarathustra dreißig Jahre alt war, verließ er seine Heimat und den See seiner Heimat und ging in das Gebirge. Hier genoß er seines Geistes und seiner Einsamkeit und wurde dessen zehn Jahre nicht müde. Endlich aber verwandelte sich sein Herz, – und eines Morgens stand er mit der Morgenröte auf, trat vor die Sonne hin und sprach zu ihr also:

»Du großes Gestirn! Was wäre dein Glück, wenn du nicht die hättest, welchen du leuchtest!

Zehn Jahre kamst du hier herauf zu meiner Höhle: du würdest deines Lichtes und dieses Weges satt geworden sein, ohne mich, meinen Adler und meine Schlange.

Aber wir warteten deiner an jedem Morgen, nahmen dir deinen Überfluß ab und segneten dich dafür.

Siehe! Ich bin meiner Weisheit überdrüssig, wie die Biene, die des Honigs zuviel gesammelt hat, ich bedarf der Hände, die sich ausstrecken.

Ich möchte verschenken und austeilen, bis die Weisen unter den Menschen wieder einmal ihrer Torheit und die Armen wieder einmal ihres Reichtums froh geworden sind.

Dazu muß ich in die Tiefe steigen: wie du des Abends tust, wenn du hinter das Meer gehst und noch der Unterwelt Licht bringst, du überreiches Gestirn!

Ich muß, gleich dir, *untergehen*, wie die Menschen es nennen, zu denen ich hinab will.

So segne mich denn, du ruhiges Auge, das ohne Neid auch ein allzugroßes Glück sehen kann!

Segne den Becher, welcher überfließen will, daß das Wasser golden aus ihm fließe und überallhin den Abglanz deiner Wonne trage!

Siehe! Dieser Becher will wieder leer werden, und Zarathustra will wieder Mensch werden.«

– Also begann Zarathustras Untergang.

2

Zarathustra stieg allein das Gebirge abwärts und niemand begegnete ihm. Als er aber in die Wälder kam, stand auf einmal ein Greis vor ihm, der seine heilige Hütte verlassen hatte, um Wurzeln im Walde zu suchen. Und also sprach der Greis zu Zarathustra:

»Nicht fremd ist mir dieser Wanderer: vor manchem Jahre ging er hier vorbei. Zarathustra hieß er; aber er hat sich verwandelt.

Damals trugst du deine Asche zu Berge: willst du heute dein Feuer in die Täler tragen? Fürchtest du nicht des Brandstifters Strafen?

Ja, ich erkenne Zarathustra. Rein ist sein Auge, und an seinem Munde birgt sich kein Ekel. Geht er nicht daher wie ein Tänzer?

Verwandelt ist Zarathustra, zum Kind ward Zarathustra, ein Erwachter ist Zarathustra: was willst du nun bei den Schlafenden?

Wie im Meere lebtest du in der Einsamkeit, und das Meer trug dich. Wehe, du willst ans Land steigen? Wehe, du willst deinen Leib wieder selber schleppen?«

Zarathustra antwortete: »Ich liebe die Menschen.«

»Warum«, sagte der Heilige, »ging ich doch in den Wald und in die Einöde? War es nicht, weil ich die Menschen allzusehr liebte?

Jetzt liebe ich Gott: die Menschen liebe ich nicht. Der Mensch ist mir eine zu unvollkommene Sache. Liebe zum Menschen würde mich umbringen.«

Zarathustra antwortete: »Was sprach ich von Liebe! Ich bringe den Menschen ein Geschenk!«

»Gib ihnen nichts«, sagte der Heilige. »Nimm ihnen lieber etwas ab und trage es mit ihnen – das wird ihnen am wohlsten tun: wenn es dir nur wohltut!

Und willst du ihnen geben, so gib nicht mehr als ein Almosen, und laß sie noch darum betteln!«

»Nein«, antwortete Zarathustra, »ich gebe kein Almosen. Dazu bin ich nicht arm genug.«

Der Heilige lachte über Zarathustra und sprach also: »So sieh zu, daß sie deine Schätze annehmen! Sie sind mißtrauisch gegen die Einsiedler und glauben nicht, daß wir kommen, um zu schenken.

Unsre Schritte klingen ihnen zu einsam durch die Gassen. Und wie wenn sie nachts in ihren Betten einen Mann gehen hören, lange bevor die Sonne aufsteht, so fragen sie sich wohl: wohin will der Dieb?

Gehe nicht zu den Menschen und bleibe im Walde! Gehe lieber noch zu den Tieren! Warum willst du nicht sein wie ich – ein Bär unter Bären, ein Vogel unter Vögeln?«

»Und was macht der Heilige im Walde?« fragte Zarathustra.

Der Heilige antwortete: »Ich mache Lieder und singe sie, und wenn ich Lieder mache, lache, weine und brumme ich: also lobe ich Gott.

Mit Singen, Weinen, Lachen und Brummen lobe ich den Gott, der mein Gott ist. Doch was bringst du uns zum Geschenke?«

Als Zarathustra diese Worte gehört hatte, grüßte er den Heiligen und sprach: »Was hätte ich euch zu geben! Aber laßt mich schnell davon, daß ich euch nichts nehme!« – Und so trennten sie sich voneinander, der Greis und der Mann, lachend, gleichwie zwei Knaben lachen.

Als Zarathustra aber allein war, sprach er also zu seinem Herzen: »Sollte es denn möglich sein! Dieser alte Heilige hat in seinem Walde noch nichts davon gehört, daß *Gott tot* ist!« –

3

Als Zarathustra in die nächste Stadt kam, die an den Wäldern liegt, fand er daselbst viel Volk versammelt auf dem Markte: denn es war verheißen worden, daß man einen Seiltänzer sehen solle. Und Zarathustra sprach also zum Volke:

Ich lehre euch den Übermenschen. Der Mensch ist etwas, das überwunden werden soll. Was habt ihr getan, ihn zu überwinden?

Alle Wesen bisher schufen etwas über sich hinaus: und ihr wollt die Ebbe dieser großen Flut sein und lieber noch zum Tiere zurückgehn, als den Menschen überwinden?

Was ist der Affe für den Menschen? Ein Gelächter oder eine schmerzliche Scham. Und ebendas soll der Mensch für den Übermenschen sein: ein Gelächter oder eine schmerzliche Scham.

Ihr habt den Weg vom Wurme zum Menschen gemacht, und vieles ist in euch noch Wurm. Einst wart ihr Affen, und auch jetzt noch ist der Mensch mehr Affe, als irgendein Affe.

Wer aber der Weiseste von euch ist, der ist auch nur ein Zwiespalt und Zwitter von Pflanze und von Gespenst. Aber heiße ich euch zu Gespenstern oder Pflanzen werden?

Seht, ich lehre euch den Übermenschen!

Der Übermensch ist der Sinn der Erde. Euer Wille sage: der Übermensch *sei* der Sinn der Erde!

Ich beschwöre euch, meine Brüder, *bleibt der Erde treu* und glaubt denen nicht, welche euch von überirdischen Hoffnungen reden! Giftmischer sind es, ob sie es wissen oder nicht.

Verächter des Lebens sind es, Absterbende und selber Vergiftete, deren die Erde müde ist: so mögen sie dahinfahren!

Einst war der Frevel an Gott der größte Frevel, aber Gott starb, und damit starben auch diese Frevelhaften. An der Erde zu freveln ist jetzt das Furchtbarste und die Eingeweide des Unerforschlichen höher zu achten, als den Sinn der Erde!

Einst blickte die Seele verächtlich auf den Leib: und damals war diese Verachtung das Höchste – sie wollte ihn mager, gräßlich, verhungert. So dachte sie ihm und der Erde zu entschlüpfen.

Oh diese Seele war selber noch mager, gräßlich und verhungert: und Grausamkeit war die Wollust dieser Seele!

Aber auch ihr noch, meine Brüder, sprecht mir: was kündet euer Leib von eurer Seele? Ist eure Seele nicht Armut und Schmutz und ein erbärmliches Behagen?

Wahrlich, ein schmutziger Strom ist der Mensch. Man muß schon ein Meer sein, um einen schmutzigen Strom aufnehmen zu können, ohne unrein zu werden.

Seht, ich lehre euch den Übermenschen: der ist dies Meer, in ihm kann eure große Verachtung untergehn.

Was ist das Größte, das ihr erleben könnt? Das ist die Stunde der großen Verachtung. Die Stunde, in der euch auch euer Glück zum Ekel wird und ebenso eure Vernunft und eure Tugend.

Die Stunde, wo ihr sagt: »Was liegt an meinem Glücke! Es ist Armut und Schmutz und ein erbärmliches Behagen. Aber mein Glück sollte das Dasein selber rechtfertigen!«

Die Stunde, wo ihr sagt: »Was liegt an meiner Vernunft! Begehrt sie nach Wissen wie der Löwe nach seiner Nahrung? Sie ist Armut und Schmutz und ein erbärmliches Behagen!«

Die Stunde, wo ihr sagt: »Was liegt an meiner Tugend! Noch hat sie mich nicht rasen gemacht. Wie müde bin ich meines Guten und meines Bösen! Alles das ist Armut und Schmutz und ein erbärmliches Behagen!«

Die Stunde, wo ihr sagt: »Was liegt an meiner Gerechtigkeit! Ich sehe nicht, daß ich Glut und Kohle wäre. Aber der Gerechte ist Glut und Kohle!«

Die Stunde, wo ihr sagt: »Was liegt an meinem Mitleiden! Ist nicht Mitleid das Kreuz, an das der genagelt wird, der die Menschen liebt? Aber mein Mitleiden ist keine Kreuzigung.«

Spracht ihr schon so? Schriet ihr schon so? Ach, daß ich euch schon so schreien gehört hätte!

Nicht eure Sünde – eure Genügsamkeit schreit gen Himmel, euer Geiz selbst in eurer Sünde schreit gen Himmel!

Wo ist doch der Blitz, der euch mit seiner Zunge lecke? Wo ist der Wahnsinn, mit dem ihr geimpft werden müßtet?

Seht, ich lehre euch den Übermenschen: der ist dieser Blitz, der ist dieser Wahnsinn! –

Als Zarathustra so gesprochen hatte, schrie einer aus dem Volke: »Wir hörten nun genug von dem Seiltänzer; nun laßt uns ihn auch sehen!« Und alles Volk lachte über Zarathustra. Der Seiltänzer aber, welcher glaubte, daß das Wort ihm gälte, machte sich an sein Werk.

4

Zarathustra aber sahe das Volk an und wunderte sich. Dann sprach er also:

Der Mensch ist ein Seil, geknüpft zwischen Tier und Übermensch – ein Seil über einem Abgrunde.

Ein gefährliches Hinüber, ein gefährliches Auf-dem-Wege, ein gefährliches Zurückblicken, ein gefährliches Schaudern und Stehenbleiben.

Was groß ist am Menschen, das ist, daß er eine Brücke und kein Zweck ist: was geliebt werden kann am Menschen, das ist, daß er ein *Übergang* und ein *Untergang* ist.

Ich liebe die, welche nicht zu leben wissen, es sei denn als Untergehende, denn es sind die Hinübergehenden.

Ich liebe die großen Verachtenden, weil sie die großen Verehrenden sind und Pfeile der Sehnsucht nach dem andern Ufer.

Ich liebe die, welche nicht erst hinter den Sternen einen Grund suchen, unterzugehen und Opfer zu sein: sondern die sich der Erde opfern, daß die Erde einst des Übermenschen werde.

Ich liebe den, welcher lebt, damit er erkenne, und welcher erkennen will, damit einst der Übermensch lebe. Und so will er seinen Untergang.

Ich liebe den, welcher arbeitet und erfindet, daß er dem Übermenschen das Haus baue und zu ihm Erde, Tier und Pflanze vorbereite: denn so will er seinen Untergang.

Ich liebe den, welcher seine Tugend liebt: denn Tugend ist Wille zum Untergang und ein Pfeil der Sehnsucht.

Ich liebe den, welcher nicht einen Tropfen Geist für sich zurückbehält, sondern ganz der Geist seiner Tugend sein will: so schreitet er als Geist über die Brücke.

Ich liebe den, welcher aus seiner Tugend seinen Hang und sein Verhängnis macht: so will er um seiner Tugend willen noch leben und nicht mehr leben.

Ich liebe den, welcher nicht zu viele Tugenden haben will. Eine Tugend ist mehr Tugend als zwei, weil sie mehr Knoten ist, an den sich das Verhängnis hängt.

Ich liebe den, dessen Seele sich verschwendet, der nicht Dank haben will und nicht zurückgibt: denn er schenkt immer und will sich nicht bewahren.

Ich liebe den, welcher sich schämt, wenn der Würfel zu seinem Glücke fällt und der dann fragt: bin ich denn ein falscher Spieler? – denn er will zugrunde gehen.

Ich liebe den, welcher goldne Worte seinen Taten vorauswirft und immer noch mehr hält, als er verspricht: denn er will seinen Untergang.

Ich liebe den, welcher die Zukünftigen rechtfertigt und die Vergangenen erlöst: denn er will an den Gegenwärtigen zugrunde gehen.

Ich liebe den, welcher seinen Gott züchtigt, weil er seinen Gott liebt: denn er muß am Zorne seines Gottes zugrunde gehen.

Ich liebe den, dessen Seele tief ist auch in der Verwundung, und der an einem kleinen Erlebnisse zugrunde gehen kann: so geht er gerne über die Brücke.

Ich liebe den, dessen Seele übervoll ist, so daß er sich selber vergißt, und alle Dinge in ihm sind: so werden alle Dinge sein Untergang.

Ich liebe den, der freien Geistes und freien Herzens ist: so ist sein Kopf nur das Eingeweide seines Herzens, sein Herz aber treibt ihn zum Untergang.

Ich liebe alle die, welche wie schwere Tropfen sind, einzeln fallend aus der dunklen Wolke, die über den Menschen hängt: sie verkündigen, daß der Blitz kommt, und gehn als Verkündiger zugrunde.

Seht, ich bin ein Verkündiger des Blitzes, und ein schwerer Tropfen aus der Wolke: dieser Blitz aber heißt Übermensch –

5

Als Zarathustra diese Worte gesprochen hatte, sahe er wieder das Volk an und schwieg. »Da stehen sie«, sprach er zu seinem Herzen, »da lachen sie: sie verstehen mich nicht, ich bin nicht der Mund für diese Ohren.

Muß man ihnen erst die Ohren zerschlagen, daß sie lernen, mit den Augen hören? Muß man rasseln gleich Pauken und Bußpredigern? Oder glauben sie nur dem Stammelnden?

Sie haben etwas, worauf sie stolz sind. Wie nennen sie es doch, was sie stolz macht? Bildung nennen sie's, es zeichnet sie aus vor den Ziegenhirten.

Drum hören sie ungern von sich das Wort ›Verachtung‹. So will ich denn zu ihrem Stolze reden.

So will ich ihnen vom Verächtlichsten sprechen: das aber ist *der letzte Mensch.*«

Und also sprach Zarathustra zum Volke:

Es ist an der Zeit, daß der Mensch sich sein Ziel stecke. Es ist an der Zeit, daß der Mensch den Keim seiner höchsten Hoffnung pflanze.

Noch ist sein Boden dazu reich genug. Aber dieser Boden wird einst arm und zahm sein, und kein hoher Baum wird mehr aus ihm wachsen können.

Wehe! Es kommt die Zeit, wo der Mensch nicht mehr den Pfeil seiner Sehnsucht über den Menschen hinaus wirft, und die Sehne seines Bogens verlernt hat, zu schwirren!

Ich sage euch: man muß noch Chaos in sich haben, um einen tanzenden Stern gebären zu können. Ich sage euch: ihr habt noch Chaos in euch.

Wehe! Es kommt die Zeit, wo der Mensch keinen Stern mehr gebären wird. Wehe! Es kommt die Zeit des verächtlichsten Menschen, der sich selber nicht mehr verachten kann.

Seht! Ich zeige euch *den letzten Menschen.*

»Was ist Liebe? Was ist Schöpfung? Was ist Sehnsucht? Was ist Stern?« – so fragt der letzte Mensch und blinzelt.

Die Erde ist dann klein geworden, und auf ihr hüpft der letzte Mensch, der alles klein macht. Sein Geschlecht ist unaustilgbar wie der Erdfloh; der letzte Mensch lebt am längsten.

»Wir haben das Glück erfunden« – sagen die letzten Menschen und blinzeln.

Sie haben die Gegenden verlassen, wo es hart war zu leben: denn man braucht Wärme. Man liebt noch den Nachbar und reibt sich an ihm: denn man braucht Wärme.

Krankwerden und Mißtrauen-haben gilt ihnen sündhaft: man geht achtsam einher. Ein Tor, der noch über Steine oder Menschen stolpert!

Ein wenig Gift ab und zu: das macht angenehme Träume. Und viel Gift zuletzt, zu einem angenehmen Sterben.

Man arbeitet noch, denn Arbeit ist eine Unterhaltung. Aber man sorgt, daß die Unterhaltung nicht angreife.

Man wird nicht mehr arm und reich: beides ist zu beschwerlich. Wer will noch regieren? Wer noch gehorchen? Beides ist zu beschwerlich.

Kein Hirt und *eine* Herde! Jeder will das Gleiche, jeder ist gleich: wer anders fühlt, geht freiwillig ins Irrenhaus.

»Ehemals war alle Welt irre« – sagen die Feinsten und blinzeln.

Man ist klug und weiß alles, was geschehn ist: so hat man kein Ende zu spotten. Man zankt sich noch, aber man versöhnt sich bald – sonst verdirbt es den Magen.

Man hat sein Lüstchen für den Tag und sein Lüstchen für die Nacht: aber man ehrt die Gesundheit.

»Wir haben das Glück erfunden« – sagen die letzten Menschen und blinzeln. –

Und hier endete die erste Rede Zarathustras, welche man auch »die Vorrede« heißt: denn an dieser Stelle unterbrach ihn das Geschrei und die Lust der Menge. »Gib uns diesen letzten Menschen, oh Zarathustra«, – so riefen sie – »mache uns zu diesen letzten Menschen! So schenken wir dir den Übermenschen!« Und alles Volk jubelte und schnalzte mit der Zunge. Zarathustra aber wurde traurig und sagte zu seinem Herzen:

»Sie verstehen mich nicht: ich bin nicht der Mund für diese Ohren.

Zu lange wohl lebte ich im Gebirge, zu viel horchte ich auf Bäche und Bäume: nun rede ich ihnen gleich den Ziegenhirten.

Unbewegt ist meine Seele und hell wie das Gebirge am Vormittag. Aber sie meinen, ich sei kalt und ein Spötter in furchtbaren Späßen.

Und nun blicken sie mich an und lachen: und indem sie lachen, hassen sie mich noch. Es ist Eis in ihrem Lachen.«

6

Da aber geschah etwas, das jeden Mund stumm und jedes Auge starr machte. Inzwischen nämlich hatte der Seiltänzer sein Werk begonnen: er war aus einer kleinen Tür hinausgetreten und ging über das Seil, welches zwischen zwei Türmen gespannt war, also, daß es über dem Markte und dem Volke hing. Als er eben in der Mitte seines Weges war, öffnete sich die kleine Tür noch einmal, und ein bunter Gesell, einem Possenreißer gleich, sprang heraus und ging mit schnellen Schritten dem ersten nach. »Vorwärts, Lahmfuß«, rief seine fürchterliche Stimme, »vorwärts Faultier, Schleichhändler, Bleichgesicht! Daß ich dich nicht mit meiner Ferse kitzle! Was treibst du hier zwischen Türmen? In den Turm gehörst du, einsperren sollte man dich, einem Bessern, als du bist, sperrst du die freie Bahn!« – Und mit jedem Worte kam er ihm näher und näher: als er aber nur noch einen Schritt hinter ihm war, da geschah das Erschreckliche, das jeden Mund stumm und jedes Auge starr machte – er stieß ein Geschrei aus wie ein Teufel und sprang über den hinweg, der ihm im Wege war. Dieser aber, als er so seinen Nebenbuhler siegen sah, verlor dabei den Kopf und das Seil; er warf seine Stange weg und schoß schneller als diese, wie ein Wirbel von Armen und Beinen, in die Tiefe. Der Markt und das Volk glich dem Meere, wenn der Sturm hineinfährt: alles floh auseinander und übereinander, und am meisten dort, wo der Körper niederschlagen mußte.

Zarathustra aber blieb stehen, und gerade neben ihn fiel der Körper hin, übel zugerichtet und zerbrochen, aber noch nicht tot. Nach einer Weile kam dem Zerschmetterten das Bewußtsein zurück, und er sah Zarathustra neben sich knien. »Was machst du da?« sagte er endlich, »ich wußte es lange, daß mir der Teufel ein Bein stellen werde. Nun schleppt er mich zur Hölle: willst du's ihm wehren?«

»Bei meiner Ehre, Freund«, antwortete Zarathustra, »das gibt es alles nicht, wovon du sprichst: es gibt keinen Teufel und keine Hölle. Deine Seele wird noch schneller tot sein als dein Leib: fürchte nun nichts mehr!«

Der Mann blickte mißtrauisch auf. »Wenn du die Wahrheit sprichst«, sagte er dann, »so verliere ich nichts, wenn ich das Leben verliere. Ich bin nicht viel mehr als ein Tier, das man tanzen gelehrt hat, durch Schläge und schmale Bissen.«

»Nicht doch«, sprach Zarathustra; »du hast aus der Gefahr deinen Beruf gemacht, daran ist nichts zu verachten. Nun gehst du an deinem Beruf zugrunde: dafür will ich dich mit meinen Händen begraben.«

Als Zarathustra dies gesagt hatte, antwortete der Sterbende nicht mehr; aber er bewegte die Hand, wie als ob er die Hand Zarathustras zum Danke suche. –

7

Inzwischen kam der Abend, und der Markt barg sich in Dunkelheit: da verlief sich das Volk, denn selbst Neugierde und Schrecken werden müde. Zarathustra aber saß neben dem Toten auf der Erde und war in Gedanken versunken: so vergaß er die Zeit. Endlich aber wurde es Nacht, und ein kalter Wind blies über den Einsamen. Da erhob sich Zarathustra und sagte zu seinem Herzen:

»Wahrlich, einen schönen Fischfang tat heute Zarathustra! Keinen Menschen fing er, wohl aber einen Leichnam.

Unheimlich ist das menschliche Dasein und immer noch ohne Sinn: ein Possenreißer kann ihm zum Verhängnis werden.

Ich will die Menschen den Sinn ihres Seins lehren: welcher ist der Übermensch, der Blitz aus der dunklen Wolke Mensch.

Aber noch bin ich ihnen ferne, und mein Sinn redet nicht zu ihren Sinnen. Eine Mitte bin ich noch den Menschen zwischen einem Narren und einem Leichnam.

Dunkel ist die Nacht, dunkel sind die Wege Zarathustras. Komm, du kalter und steifer Gefährte! Ich trage dich dorthin, wo ich dich mit meinen Händen begrabe.«

8

Als Zarathustra dies zu seinem Herzen gesagt hatte, lud er den Leichnam auf seinen Rücken und machte sich auf den Weg. Und noch nicht war er hundert Schritte gegangen, da schlich ein Mensch an ihn heran und flüsterte ihm ins Ohr – und siehe! Der, welcher redete, war der Possenreißer vom Turme. »Geh weg von dieser Stadt, oh Zarathustra«, sprach er; »es hassen dich hier zu viele. Es hassen dich die Guten und Gerechten, und sie nennen dich ihren Feind und Verächter; es hassen dich die Gläubigen des rechten Glaubens, und sie nennen dich die Gefahr der Menge. Dein Glück war es, daß man über dich lachte: und wahrlich, du redetest gleich einem Possenreißer. Dein Glück war es, daß du dich dem toten Hunde geselltest; als du dich so erniedrigtest, hast du dich selber für heute errettet. Geh aber fort aus dieser Stadt – oder morgen springe ich über dich hinweg, ein Lebendiger über einen Toten.« Und als er dies gesagt hatte, verschwand der Mensch; Zarathustra aber ging weiter durch die dunklen Gassen.

Am Tore der Stadt begegneten ihm die Totengräber: sie leuchteten ihm mit der Fackel ins Gesicht, erkannten Zarathustra und spotteten sehr über ihn. »Zarathustra trägt den toten Hund davon: brav, daß Zarathustra zum Totengräber wurde! Denn unsere Hände sind zu reinlich für diesen Braten. Will Zarathustra wohl dem Teufel seinen Bissen stehlen? Nun wohlan! Und gut Glück zur Mahlzeit! Wenn nur nicht der Teufel ein besserer Dieb ist, als Zarathustra! – er stiehlt sie beide, er frißt sie beide!« Und sie lachten miteinander und steckten die Köpfe zusammen.

Zarathustra sagte dazu kein Wort und ging seines Weges. Als er zwei Stunden gegangen war, an Wäldern und Sümpfen vorbei, da hatte er zu viel das hungrige Geheul der Wölfe gehört, und ihm selber kam der Hunger. So blieb er an einem einsamen Hause stehn, in dem ein Licht brannte.

»Der Hunger überfällt mich«, sagte Zarathustra, »wie ein Räuber. In Wäldern und Sümpfen überfällt mich mein Hunger, und in tiefer Nacht.

Wunderliche Launen hat mein Hunger. Oft kommt er mir erst nach der Mahlzeit, und heute kam er den ganzen Tag nicht: wo weilte er doch?«

Und damit schlug Zarathustra an das Tor des Hauses. Ein alter Mann erschien; er trug das Licht und fragte: »Wer kommt zu mir und zu meinem schlimmen Schlafe?«

»Ein Lebendiger und ein Toter«, sagte Zarathustra. »Gebt mir zu essen und zu trinken, ich vergaß es am Tage. Der, welcher den Hungrigen speiset, erquickt seine eigene Seele: so spricht die Weisheit.«

Der Alte ging fort, kam aber gleich zurück und bot Zarathustra Brot und Wein. »Eine böse Gegend ist's für Hungernde«, sagte er; »darum wohne ich hier. Tier und Mensch kommen zu mir, dem Einsiedler. Aber heiße auch deinen Gefährten essen und trinken, er ist müder als du.« Zarathustra antwortete: »Tot ist mein Gefährte, ich werde ihn schwerlich dazu überreden.« »Das geht mich nichts an«, sagte der Alte mürrisch: »wer an meinem Hause anklopft, muß auch nehmen, was ich ihm biete. Eßt und gehabt euch wohl!« –

Darauf ging Zarathustra wieder zwei Stunden und vertraute dem Wege und dem Lichte der Sterne: denn er war ein gewohnter Nachtgänger und liebte es, allem Schlafenden ins Gesicht zu sehn. Als aber der Morgen graute, fand sich Zarathustra in einem tiefen Walde, und kein Weg zeigte sich ihm mehr. Da legte er den Toten in einen hohlen Baum sich zu Häupten – denn er wollte ihn vor den Wölfen schützen – und sich selber auf den Boden und das Moos. Und alsbald schlief er ein, müden Leibes, aber mit einer unbewegten Seele.

9

Lange schlief Zarathustra, und nicht nur die Morgenröte ging über sein Antlitz, sondern auch der Vormittag. Endlich aber tat sein Auge sich auf: verwundert sah Zarathustra in den Wald und die Stille, verwundert sah er in sich hinein. Dann erhob er sich schnell, wie ein Seefahrer, der mit einem Male Land sieht, und jauchzte: denn er sah eine neue Wahrheit. Und also redete er dann zu seinem Herzen:

»Ein Licht ging mir auf: Gefährten brauche ich, und lebendige – nicht tote Gefährten und Leichname, die ich mit mir trage, wohin ich will.

Sondern lebendige Gefährten brauche ich, die mir folgen, weil sie sich selber folgen wollen – und dorthin, wohin ich will.

Ein Licht ging mir auf: nicht zum Volke rede Zarathustra, sondern zu Gefährten! Nicht soll Zarathustra einer Herde Hirt und Hund werden!

Viele wegzulocken von der Herde – dazu kam ich. Zürnen soll mir Volk und Herde: Räuber will Zarathustra den Hirten heißen.

Hirten sage ich, aber sie nennen sich die Guten und Gerechten. Hirten sage ich: aber sie nennen sich die Gläubigen des rechten Glaubens.

Siehe die Guten und Gerechten! Wen hassen sie am meisten? Den, der zerbricht ihre Tafeln der Werte, den Brecher, den Verbrecher – das aber ist der Schaffende.

Siehe die Gläubigen aller Glauben! Wen hassen sie am meisten? Den, der zerbricht ihre Tafeln der Werte, den Brecher, den Verbrecher – das aber ist der Schaffende.

Gefährten sucht der Schaffende und nicht Leichname, und auch nicht Herden und Gläubige. Die Mitschaffenden sucht der Schaffende, die, welche neue Werte auf neue Tafeln schreiben.

Gefährten sucht der Schaffende, und Miterntende: denn alles steht bei ihm reif zur Ernte. Aber ihm fehlen die hundert Sicheln: so rauft er Ähren aus und ist ärgerlich.

Gefährten sucht der Schaffende, und solche, die ihre Sicheln zu wetzen wissen. Vernichter wird man sie heißen und Verächter des Guten und Bösen. Aber die Erntenden sind es und die Feiernden.

Mitschaffende sucht Zarathustra, Miterntende und Mitfeiernde sucht Zarathustra: was hat er mit Herden und Hirten und Leichnamen zu schaffen!

Und du, mein erster Gefährte, gehab dich wohl! Gut begrub ich dich in deinem hohlen Baume, gut barg ich dich vor den Wölfen.

Aber ich scheide von dir, die Zeit ist um. Zwischen Morgenröte und Morgenröte kam mir eine neue Wahrheit.

Nicht Hirt soll ich sein, nicht Totengräber. Nicht reden einmal will ich wieder mit dem Volke; zum letzten Male sprach ich zu einem Toten.

Den Schaffenden, den Erntenden, den Feiernden will ich mich zugesellen: den Regenbogen will ich ihnen zeigen und alle die Treppen des Übermenschen.

Den Einsiedlern werde ich mein Lied singen und den Zweisiedlern; und wer noch Ohren hat für Unerhörtes, dem will ich sein Herz schwer machen mit meinem Glücke.

Zu meinem Ziele will ich, ich gehe meinen Gang; über die Zögernden und Saumseligen werde ich hinwegspringen. Also sei mein Gang ihr Untergang!«

10

Dies hatte Zarathustra zu seinem Herzen gesprochen, als die Sonne im Mittag stand: da blickte er fragend in die Höhe – denn er hörte über sich den scharfen Ruf eines Vogels. Und siehe! Ein Adler zog in weiten Kreisen durch die Luft, und an ihm hing eine Schlange, nicht einer Beute gleich, sondern einer Freundin: denn sie hielt sich um seinen Hals geringelt.

»Es sind meine Tiere!« sagte Zarathustra und freute sich von Herzen.

»Das stolzeste Tier unter der Sonne und das klügste Tier unter der Sonne – sie sind ausgezogen auf Kundschaft.

Erkunden wollen sie, ob Zarathustra noch lebe. Wahrlich, lebe ich noch?

Gefährlicher fand ich's unter Menschen als unter Tieren, gefährliche Wege geht Zarathustra. Mögen mich meine Tiere führen!«

Als Zarathustra dies gesagt hatte, gedachte er der Worte des Heiligen im Walde, seufzte und sprach also zu seinem Herzen:

»Möchte ich klüger sein! Möchte ich klug von Grund aus sein, gleich meiner Schlange!

Aber Unmögliches bitte ich da: so bitte ich denn meinen Stolz, daß er immer mit meiner Klugheit gehe!

Und wenn mich einst meine Klugheit verläßt – ach, sie liebt es, davonzufliegen! – möge mein Stolz dann noch mit meiner Torheit fliegen!« –

– Also begann Zarathustras Untergang.

DIE REDEN ZARATHUSTRAS

Von den drei Verwandlungen

Drei Verwandlungen nenne ich euch des Geistes: wie der Geist zum Kamele wird, und zum Löwen das Kamel, und zum Kinde zuletzt der Löwe.

Vieles Schwere gibt es dem Geiste, dem starken, tragsamen Geiste, dem Ehrfurcht innewohnt: nach dem Schweren und Schwersten verlangt seine Stärke.

Was ist schwer? so fragt der tragsame Geist, so kniet er nieder, dem Kamele gleich, und will gut beladen sein.

Was ist das Schwerste, ihr Helden? so fragt der tragsame Geist, daß ich es auf mich nehme und meiner Stärke froh werde.

Ist es nicht das: sich erniedrigen, um seinem Hochmut wehe zu tun? Seine Torheit leuchten lassen, um seiner Weisheit zu spotten?

Oder ist es das: von unserer Sache scheiden, wenn sie ihren Sieg feiert? Auf hohe Berge steigen, um den Versucher zu versuchen?

Oder ist es das: sich von Eicheln und Gras der Erkenntnis nähren und um der Wahrheit willen an der Seele Hunger leiden?

Oder ist es das: krank sein und die Tröster heimschicken und mit Tauben Freundschaft schließen, die niemals hören, was du willst?

Oder ist es das: in schmutziges Wasser steigen, wenn es das Wasser der Wahrheit ist, und kalte Frösche und heiße Kröten nicht von sich weisen?

Oder ist es das: die lieben, die uns verachten, und dem Gespenste die Hand reichen, wenn es uns fürchten machen will?

Alles dies Schwerste nimmt der tragsame Geist auf sich: dem Kamele gleich, das beladen in die Wüste eilt, also eilt er in seine Wüste.

Aber in der einsamsten Wüste geschieht die zweite Verwandlung: zum Löwen wird hier der Geist, Freiheit will er sich erbeuten und Herr sein in seiner eignen Wüste.

Seinen letzten Herrn sucht er sich hier: feind will er ihm werden und seinem letzten Gotte, um Sieg will er mit dem großen Drachen ringen.

Welches ist der große Drache, den der Geist nicht mehr Herr und Gott heißen mag? »Du-sollst« heißt der große Drache. Aber der Geist des Löwen sagt »ich will«.

»Du-sollst« liegt ihm am Wege, goldfunkelnd, ein Schuppentier, und auf jeder Schuppe glänzt golden »Du sollst!«

Tausendjährige Werte glänzen an diesen Schuppen, und also spricht der mächtigste aller Drachen: »Aller Wert der Dinge – der glänzt an mir.«

»Aller Wert ward schon geschaffen, und aller geschaffene Wert – das bin ich. Wahrlich, es soll kein ›Ich will‹ mehr geben!« Also spricht der Drache.

Meine Brüder, wozu bedarf es des Löwen im Geiste? Was genügt nicht das lastbare Tier, das entsagt und ehrfürchtig ist?

Neue Werte schaffen – das vermag auch der Löwe noch nicht: aber Freiheit sich schaffen zu neuem Schaffen – das vermag die Macht des Löwen.

Freiheit sich schaffen und ein heiliges Nein auch vor der Pflicht: dazu, meine Brüder, bedarf es des Löwen.

Recht sich nehmen zu neuen Werten – das ist das furchtbarste Nehmen für einen tragsamen und ehrfürchtigen Geist. Wahrlich, ein Rauben ist es ihm und eines raubenden Tieres Sache.

Als sein Heiligstes liebte er einst das »Du-sollst«: nun muß er Wahn und Willkür auch noch im Heiligsten finden, daß er sich Freiheit raube von seiner Liebe: des Löwen bedarf es zu diesem Raube.

Aber sagt, meine Brüder, was vermag noch das Kind, das auch der Löwe nicht vermochte? Was muß der raubende Löwe auch noch zum Kinde werden?

Unschuld ist das Kind und Vergessen, ein Neubeginnen, ein Spiel, ein aus sich rollendes Rad, eine erste Bewegung, ein heiliges Ja-sagen.

Ja, zum Spiele des Schaffens, meine Brüder, bedarf es eines heiligen Ja-sagens: *seinen* Willen will nun der Geist, *seine* Welt gewinnt sich der Weltverlorene.

Drei Verwandlungen nannte ich euch des Geistes: wie der Geist zum Kamele ward, und zum Löwen das Kamel, und der Löwe zuletzt zum Kinde. –

Also sprach Zarathustra. Und damals weilte er in der Stadt, welche genannt wird: die bunte Kuh.

Von den Lehrstühlen der Tugend

Man rühmte Zarathustra einen Weisen, der gut vom Schlafe und von der Tugend zu reden wisse: sehr werde er geehrt und gelohnt dafür, und alle Jünglinge säßen vor seinem Lehrstuhle. Zu ihm ging Zarathustra, und mit allen Jünglingen saß er vor seinem Lehrstuhle. Und also sprach der Weise:

Ehre und Scham vor dem Schlafe! Das ist das erste! Und allen aus dem Wege gehn, die schlecht schlafen und nachts wachen!

Schamhaft ist noch der Dieb vor dem Schlafe: stets stiehlt er sich leise durch die Nacht. Schamlos aber ist der Wächter der Nacht, schamlos trägt er sein Horn.

Keine geringe Kunst ist schlafen: es tut schon not, den ganzen Tag daraufhin zu wachen.

Zehnmal mußt du des Tages dich selber überwinden: das macht eine gute Müdigkeit und ist Mohn der Seele.

Zehnmal mußt du dich wieder mit dir selber versöhnen; denn Überwindung ist Bitternis, und schlecht schläft der Unversöhnte.

Zehn Wahrheiten mußt du des Tages finden; sonst suchst du noch des Nachts nach Wahrheit, und deine Seele blieb hungrig.

Zehnmal mußt du lachen am Tage und heiter sein: sonst stört dich der Magen in der Nacht, dieser Vater der Trübsal.

Wenige wissen das: aber man muß alle Tugenden haben, um gut zu schlafen. Werde ich falsch Zeugnis reden? Werde ich ehebrechen?

Werde ich mich gelüsten lassen meines Nächsten Magd? Das alles vertrüge sich schlecht mit gutem Schlafe.

Und selbst wenn man alle Tugenden hat, muß man sich noch auf eins verstehen: selber die Tugenden zur rechten Zeit schlafen schicken.

Daß sie sich nicht miteinander zanken, die artigen Weiblein! Und über dich, du Unglückseliger!

Friede mit Gott und dem Nachbar: so will es der gute Schlaf. Und Friede auch noch mit des Nachbars Teufel! Sonst geht er bei dir des Nachts um.

Ehre der Obrigkeit und Gehorsam, und auch der krummen Obrigkeit! So will es der gute Schlaf. Was kann ich dafür, daß die Macht gerne auf krummen Beinen wandelt?

Der soll mir immer der beste Hirt heißen, der sein Schaf auf die grünste Aue führt: so verträgt es sich mit gutem Schlafe.

Viel Ehren will ich nicht, noch große Schätze: das entzündet die Milz. Aber schlecht schläft es sich ohne einen guten Namen und einen kleinen Schatz.

Eine kleine Gesellschaft ist mir willkommener als eine böse: doch muß sie gehn und kommen zur rechten Zeit. So verträgt es sich mit guten Schlafe.

Sehr gefallen mir auch die Geistig-Armen: sie fördern den Schlaf. Selig sind die, sonderlich wenn man ihnen immer Recht gibt.

Also läuft der Tag dem Tugendsamen. Kommt nun die Nacht, so hüte ich mich wohl, den Schlaf zu rufen! Nicht will er gerufen sein, der Schlaf, der der Herr der Tugenden ist!

Sondern ich denke, was ich des Tages getan und gedacht. Wiederkäuend frage ich mich, geduldsam gleich einer Kuh: welches waren doch deine zehn Überwindungen?

Und welches waren die zehn Versöhnungen und die zehn Wahrheiten und die zehn Gelächter, mit denen sich mein Herz gütlich tat?

Solcherlei erwägend und gewiegt von vierzig Gedanken, überfällt mich auf einmal der Schlaf, der Ungerufene, der Herr der Tugenden.

Der Schlaf klopft mir auf mein Auge: da wird es schwer. Der Schlaf berührt mir den Mund: da bleibt er offen.

Wahrlich, auf weichen Sohlen kommt er mir, der liebste der Diebe, und stiehlt mir meine Gedanken: dumm stehe ich da wie dieser Lehrstuhl.

Aber nicht lange mehr stehe ich dann: da liege ich schon. –

Als Zarathustra den Weisen also sprechen hörte, lachte er bei sich im Herzen: denn ihm war dabei ein Licht aufgegangen. Und also sprach er zu seinem Herzen:

Ein Narr ist mir dieser Weise da mit seinen vierzig Gedanken: aber ich glaube, daß er sich wohl auf das Schlafen versteht.

Glücklich schon, wer in der Nähe dieses Weisen wohnt! Solch ein Schlaf steckt an, noch durch eine dicke Wand hindurch steckt er an.

Ein Zauber wohnt selbst in seinem Lehrstuhle. Und nicht vergebens saßen die Jünglinge vor dem Prediger der Tugend.

Seine Weisheit heißt: wachen, um gut zu schlafen. Und wahrlich, hätte das Leben keinen Sinn und müßte ich Unsinn wählen, so wäre auch mir dies der wählenswürdigste Unsinn.

Jetzo verstehe ich klar, was einst man vor allem suchte, wenn man Lehrer der Tugend suchte. Guten Schlaf suchte man sich und mohnblumige Tugenden dazu!

Allen diesen gelobten Weisen der Lehrstühle war Weisheit der Schlaf ohne Träume: sie kannten keinen bessern Sinn des Lebens.

Auch noch heute wohl gibt es einige, wie diesen Prediger der Tugend, und nicht immer so Ehrliche: aber ihre Zeit ist um. Und nicht mehr lange stehen sie noch: da liegen sie schon.

Selig sind diese Schläfrigen: denn sie sollen bald einnicken. –

Also sprach Zarathustra.

Von den Hinterweltlern

Einst warf auch Zarathustra seinen Wahn jenseits des Menschen, gleich allen Hinterweltlern. Eines leidenden und zerquälten Gottes Werk schien mir da die Welt.

Traum schien mir da die Welt, und Dichtung eines Gottes; farbiger Rauch vor den Augen eines göttlich Unzufriednen.

Gut und Böse und Lust und Leid und Ich und Du – farbiger Rauch dünkte mich's vor schöpferischen Augen. Wegsehn wollte der Schöpfer von sich – da schuf er die Welt.

Trunkne Lust ist's dem Leidenden, wegzusehn von seinem Leiden und sich zu verlieren. Trunkne Lust und Selbst-sich-Verlieren dünkte mich einst die Welt.

Diese Welt, die ewig unvollkommene, eines ewigen Widerspruches Abbild und unvollkommnes Abbild – eine trunkne Lust ihrem unvollkommnen Schöpfer – also dünkte mich einst die Welt.

Also warf auch ich einst meinen Wahn jenseits des Menschen, gleich allen Hinterweltlern. Jenseits des Menschen in Wahrheit?

Ach, ihr Brüder, dieser Gott, den ich schuf, war Menschen-Werk und -Wahnsinn, gleich allen Göttern!

Mensch war er, und nur ein armes Stück Mensch und Ich: aus der eigenen Asche und Glut kam es mir, dieses Gespenst, und wahrlich! Nicht kam es mir von Jenseits!

Was geschah, meine Brüder? Ich überwand mich, den Leidenden, ich trug meine eigne Asche zu Berge, eine hellere Flamme erfand ich mir. Und siehe! Da *wich* das Gespenst von mir!

Leiden wäre es mir jetzt und Qual dem Genesenen, solche Gespenster zu glauben: Leiden wäre es mir jetzt und Erniedrigung. Also rede ich zu den Hinterweltlern.

Leiden war's und Unvermögen – das schuf alle Hinterwelten; und jener kurze Wahnsinn des Glücks, den nur der Leidendste erfährt.

Müdigkeit, die mit *einem* Sprunge zum Letzten will, mit einem Todessprunge, eine arme unwissende Müdigkeit, die nicht einmal mehr wollen will: die schuf alle Götter und Hinterwelten.

Glaubt es mir, meine Brüder! Der Leib war's, der am Leibe verzweifelte – der tastete mit den Fingern des betörten Geistes an die letzten Wände.

Glaubt es mir, meine Brüder! Der Leib war's, der an der Erde verzweifelte – der hörte den Bauch des Seins zu sich reden.

Und da wollte er mit dem Kopfe durch die letzten Wände, und nicht nur mit dem Kopfe – hinüber zu »jener Welt«.

Aber »jene Welt« ist gut verborgen vor dem Menschen, jene entmenschte unmenschliche Welt, die ein himmlisches Nichts ist; und der Bauch des Seins redet gar nicht zum Menschen, es sei denn als Mensch.

Wahrlich, schwer zu beweisen ist alles Sein und schwer zum Reden zu bringen. Sagt mir, ihr Brüder, ist nicht das Wunderlichste aller Dinge noch am besten bewiesen?

Ja, dies Ich und des Ichs Widerspruch und Wirrsal redet noch am redlichsten von seinem Sein, dieses schaffende, wollende, wertende Ich, welches das Maß und der Wert der Dinge ist.

Und dies redlichste Sein, das Ich – das redet vom Leibe, und es will noch den Leib, selbst wenn es dichtet und schwärmt und mit zerbrochnen Flügeln flattert.

Immer redlicher lernt es reden, das Ich: und je mehr es lernt, um so mehr findet es Worte und Ehren für Leib und Erde.

Einen neuen Stolz lehrte mich mein Ich, den lehre ich die Menschen: nicht mehr den Kopf in den Sand der himmlischen Dinge zu stecken, sondern frei ihn zu tragen, einen Erden-Kopf, der der Erde Sinn schafft!

Einen neuen Willen lehre ich die Menschen: diesen Weg wollen, den blindlings der Mensch gegangen, und gut ihn heißen und nicht mehr von ihm beiseite schleichen, gleich den Kranken und Absterbenden!

Kranke und Absterbende waren es, die verachteten Leib und Erde und erfanden das Himmlische und die erlösenden Blutstropfen: aber auch noch diese süßen und düstern Gifte nahmen sie von Leib und Erde!

Ihrem Elende wollten sie entlaufen, und die Sterne waren ihnen zu weit. Da seufzten sie: »O daß es doch himmlische Wege gäbe, sich in ein andres Sein und Glück zu schleichen!« – da erfanden sie sich ihre Schliche und blutigen Tränklein!

Ihrem Leibe und dieser Erde nun entrückt wähnten sie sich, diese Undankbaren. Doch wem dankten sie ihrer Entrückung Krampf und Wonne? Ihrem Leibe und dieser Erde.

Milde ist Zarathustra den Kranken. Wahrlich, er zürnt nicht ihren Arten des Trostes und Undanks. Mögen sie Genesende werden und Überwindende und einen höheren Leib sich schaffen!

Nicht auch zürnt Zarathustra dem Genesenden, wenn er zärtlich nach seinem Wahne blickt und mitternachts um das Grab seines Gottes schleicht: aber Krankheit und kranker Leib bleiben mir auch seine Tränen noch.

Vieles krankhafte Volk gab es immer unter denen, welche dichten und gottsüchtig sind; wütend hassen sie den Erkennenden und jene jüngste der Tugenden, welche heißt: Redlichkeit.

Rückwärts blicken sie immer nach dunklen Zeiten: da freilich war Wahn und Glaube ein ander Ding; Raserei der Vernunft war Gottähnlichkeit, und Zweifel Sünde.

Allzugut kenne ich diese Gottähnlichen: sie wollen, daß an sie geglaubt werde, und Zweifel Sünde sei. Allzugut weiß ich auch, woran sie selber am besten glauben.

Wahrlich nicht an Hinterwelten und erlösende Blutstropfen: sondern an den Leib glauben auch sie am besten, und ihr eigener Leib ist ihnen ihr Ding an sich.

Aber ein krankhaftes Ding ist er ihnen: und gerne möchten sie aus der Haut fahren. Darum horchen sie nach den Predigern des Todes und predigen selber Hinterwelten.

Hört mir lieber, meine Brüder, auf die Stimme des gesunden Leibes: eine redlichere und reinere Stimme ist dies.

Redlicher redet und reiner der gesunde Leib, der vollkommene und rechtwinklige: und er redet vom Sinn der Erde.

Also sprach Zarathustra.

Von den Verächtern des Leibes

Den Verächtern des Leibes will ich mein Wort sagen. Nicht umlernen und umlehren sollen sie mir, sondern nur ihrem eignen Leibe Lebewohl sagen – und also stumm werden.

»Leib bin ich und Seele« – so redet das Kind. Und warum sollte man nicht wie die Kinder reden?

Aber der Erwachte, der Wissende sagt: Leib bin ich ganz und gar, und nichts außerdem; und Seele ist nur ein Wort für ein Etwas am Leibe.

Der Leib ist eine große Vernunft, eine Vielheit mit *einem* Sinne, ein Krieg und ein Frieden, eine Herde und ein Hirt.

Werkzeug deines Leibes ist auch deine kleine Vernunft, mein Bruder, die du »Geist« nennst, ein kleines Werk- und Spielzeug deiner großen Vernunft.

»Ich« sagst du und bist stolz auf dies Wort. Aber das Größere ist, woran du nicht glauben willst – dein Leib und seine große Vernunft: die sagt nicht Ich, aber tut Ich.

Was der Sinn fühlt, was der Geist erkennt, das hat niemals in sich sein Ende. Aber Sinn und Geist möchten dich überreden, sie seien aller Dinge Ende: so eitel sind sie.

Werk- und Spielzeuge sind Sinn und Geist: hinter ihnen liegt noch das Selbst. Das Selbst sucht auch mit den Augen der Sinne, es horcht auch mit den Ohren des Geistes.

Immer horcht das Selbst und sucht: es vergleicht, bezwingt, erobert, zerstört. Es herrscht und ist auch des Ichs Beherrscher.

Hinter deinen Gedanken und Gefühlen, mein Bruder, steht ein mächtiger Gebieter, ein unbekannter Weiser – der heißt Selbst. In deinem Leibe wohnt er, dein Leib ist er.

Es ist mehr Vernunft in deinem Leibe, als in deiner besten Weisheit. Und wer weiß denn, wozu dein Leib gerade deine beste Weisheit nötig hat?

Dein Selbst lacht über dein Ich und seine stolzen Sprünge. »Was sind mir diese Sprünge und Flüge des Gedankens?« sagt es sich. »Ein Umweg zu meinem Zwecke. Ich bin das Gängelband des Ichs und der Einbläser seiner Begriffe.«

Das Selbst sagt zum Ich: »hier fühle Schmerz!« Und da leidet es und denkt nach, wie es nicht mehr leide – und dazu eben *soll* es denken.

Das Selbst sagt zum Ich: »hier fühle Lust!« Da freut es sich und denkt nach, wie es noch oft sich freue – und dazu eben *soll* es denken.

Den Verächtern des Leibes will ich ein Wort sagen. Daß sie verachten, das macht ihr Achten. Was ist es, das Achten und Verachten und Wert und Willen schuf?

Das schaffende Selbst schuf sich Achten und Verachten, es schuf sich Lust und Weh. Der schaffende Leib schuf sich den Geist als eine Hand seines Willens.

Noch in eurer Torheit und Verachtung, ihr Verächter des Leibes, dient ihr eurem Selbst. Ich sage euch: euer Selbst selber will sterben und kehrt sich vom Leben ab.

Nicht mehr vermag es das, was es am liebsten will – über sich hinaus zu schaffen. Das will es am liebsten, das ist seine ganze Inbrunst.

Aber zu spät ward es ihm jetzt dafür – so will euer Selbst untergehn, ihr Verächter des Leibes.

Untergehn will euer Selbst, und darum wurdet ihr zu Verächtern des Leibes! Denn nicht mehr vermögt ihr über euch hinaus zu schaffen.

Und darum zürnt ihr nun dem Leben und der Erde. Ein ungewußter Neid ist im scheelen Blick eurer Verachtung.

Ich gehe nicht euren Weg, ihr Verächter des Leibes! Ihr seid mir keine Brücken zum Übermenschen! –

Also sprach Zarathustra.

Von den Freuden- und Leidenschaften

Mein Bruder, wenn du eine Tugend hast, und es deine Tugend ist, so hast du sie mit niemandem gemeinsam.

Freilich, du willst sie bei Namen nennen und liebkosen; du willst sie am Ohre zupfen und Kurzweil mit ihr treiben.

Und siehe! Nun hast du ihren Namen mit dem Volke gemeinsam und bist Volk und Herde geworden mit deiner Tugend!

Besser tätest du, zu sagen: »Unaussprechbar ist und namenlos, was meiner Seele Qual und Süße macht und auch noch der Hunger meiner Eingeweide ist.«

Deine Tugend sei zu hoch für die Vertraulichkeit der Namen: und mußt du von ihr reden, so schäme dich nicht, von ihr zu stammeln.

So sprich und stammle: »Das ist *mein* Gutes, das liebe ich, so gefällt es mir ganz, so allein will *ich* das Gute.

Nicht will ich es als eines Gottes Gesetz, nicht will ich es als eine Menschen-Satzung und -Notdurft: kein Wegweiser sei es mir für Über-Erden und Paradiese.

Eine irdische Tugend ist es, die ich liebe: wenig Klugheit ist darin, und am wenigsten die Vernunft aller.

Aber dieser Vogel baute bei mir sich das Nest: darum liebe und herze ich ihn, – nun sitzt er bei mir auf seinen goldnen Eiern.«

So sollst du stammeln und deine Tugend loben.

Einst hattest du Leidenschaften und nanntest sie böse. Aber jetzt hast du nur noch deine Tugenden: die wuchsen aus deinen Leidenschaften.

Du legtest dein höchstes Ziel diesen Leidenschaften ans Herz: da wurden sie deine Tugenden und Freudenschaften.

Und ob du aus dem Geschlechte der Jähzornigen wärest oder aus dem der Wollüstigen oder der Glaubens-Wütigen oder der Rachsüchtigen:

Am Ende wurden alle deine Leidenschaften zu Tugenden und alle deine Teufel zu Engeln.

Einst hattest du wilde Hunde in deinem Keller: aber am Ende verwandelten sie sich zu Vögeln und lieblichen Sängerinnen.

Aus deinen Giften brautest du dir deinen Balsam; deine Kuh Trübsal melktest du – nun trinkst du die süße Milch ihres Euters.

Und nichts Böses wächst mehr fürderhin aus dir, es sei denn das Böse, das aus dem Kampfe deiner Tugenden wächst.

Mein Bruder, wenn du Glück hast, so hast du *eine* Tugend und nicht mehr: so gehst du leichter über die Brücke.

Auszeichnend ist es, viele Tugenden zu haben, aber ein schweres Los; und mancher ging in die Wüste und tötete sich, weil er müde war, Schlacht und Schlachtfeld von Tugenden zu sein.

Mein Bruder, ist Krieg und Schlacht böse? Aber notwendig ist dies Böse, notwendig ist der Neid und das Mißtrauen und die Verleumdung unter deinen Tugenden.

Siehe, wie jede deiner Tugenden begehrlich ist nach dem Höchsten: sie will deinen ganzen Geist, daß er *ihr* Herold sei, sie will deine ganze Kraft in Zorn, Haß und Liebe.

Eifersüchtig ist jede Tugend auf die andre, und ein furchtbares Ding ist Eifersucht. Auch Tugenden können an der Eifersucht zugrunde gehn.

Wen die Flamme der Eifersucht umringt, der wendet zuletzt, gleich dem Skorpione, gegen sich selber den vergifteten Stachel.

Ach, mein Bruder, sahst du noch nie eine Tugend sich selber verleumden und erstechen?

Der Mensch ist etwas, das überwunden werden muß: und darum sollst du deine Tugenden lieben – denn du wirst an ihnen zugrunde gehn. –

Also sprach Zarathustra.

Vom bleichen Verbrecher

Ihr wollt nicht töten, ihr Richter und Opferer, bevor das Tier nicht genickt hat? Seht, der bleiche Verbrecher hat genickt: aus seinem Auge redet die große Verachtung.

»Mein Ich ist etwas, das überwunden werden soll: mein Ich ist mir die große Verachtung des Menschen«: so redet es aus diesem Auge.

Daß er sich selber richtete, war sein höchster Augenblick: laßt den Erhabenen nicht wieder zurück in sein Niederes!

Es gibt keine Erlösung für den, der so an sich selber leidet, es sei denn der schnelle Tod.

Euer Töten, ihr Richter, soll ein Mitleid sein und keine Rache. Und indem ihr tötet, seht zu, daß ihr selber das Leben rechtfertiget!

Es ist nicht genug, daß ihr euch mit dem versöhnt, den ihr tötet. Eure Traurigkeit sei Liebe zum Übermenschen: so rechtfertigt ihr euer Noch-Leben!

»Feind« sollt ihr sagen, aber nicht »Bösewicht«; »Kranker« sollt ihr sagen, aber nicht »Schuft«; »Tor« sollt ihr sagen, aber nicht »Sünder«.

Und du, roter Richter, wenn du laut sagen wolltest, was du alles schon in Gedanken getan hast: so würde jedermann schreien: »Weg mit diesem Unflat und Giftwurm!«

Aber ein anderes ist der Gedanke, ein anderes die Tat, ein anderes das Bild der Tat. Das Rad des Grundes rollt nicht zwischen ihnen.

Ein Bild machte diesen bleichen Menschen bleich. Gleichwüchsig war er seiner Tat, als er sie tat: aber ihr Bild ertrug er nicht, als sie getan war.

Immer sah er sich nun als *einer* Tat Täter. Wahnsinn heiße ich dies: die Ausnahme verkehrte sich ihm zum Wesen.

Der Strich bannt die Henne; der Streich, den er führte, bannte seine arme Vernunft – den Wahnsinn *nach* der Tat heiße ich dies.

Hört, ihr Richter! Einen anderen Wahnsinn gibt es noch: und der ist *vor* der Tat. Ach, ihr krocht mir nicht tief genug in diese Seele!

So spricht der rote Richter: »Was mordete doch dieser Verbrecher? Er wollte rauben.« Aber ich sage euch: seine Seele wollte Blut, nicht Raub: er dürstete nach dem Glück des Messers!

Seine arme Vernunft aber begriff diesen Wahnsinn nicht und überredete ihn. »Was liegt an Blut!« sprach sie; »willst du nicht zum mindesten einen Raub dabei machen? Eine Rache nehmen?«

Und er horchte auf seine arme Vernunft: wie Blei lag ihre Rede auf ihm, – da raubte er, als er mordete. Er wollte sich nicht seines Wahnsinns schämen.

Und nun wieder liegt das Blei seiner Schuld auf ihm, und wieder ist seine arme Vernunft so steif, so gelähmt, so schwer.

Wenn er nur den Kopf schütteln könnte, so würde seine Last herabrollen: aber wer schüttelt diesen Kopf?

Was ist dieser Mensch? Ein Haufen von Krankheiten, welche durch den Geist in die Welt hinausgreifen: da wollen sie ihre Beute machen.

Was ist dieser Mensch? Ein Knäuel wilder Schlangen, welche selten beieinander Ruhe haben, – da gehen sie für sich fort und suchen Beute in der Welt.

Seht diesen armen Leib! Was er litt und begehrte, das deutete sich diese arme Seele, – sie deutete es als mörderische Lust und Gier nach dem Glück des Messers.

Wer jetzt krank wird, den überfällt das Böse, das jetzt böse ist: wehe will er tun, mit dem, was ihm wehe tut. Aber es gab andre Zeiten und ein andres Böses und Gutes.

Einst war der Zweifel böse und der Wille zum Selbst. Damals wurde der Kranke zum Ketzer und zur Hexe: als Ketzer und Hexe litt er und wollte leiden machen.

Aber dies will nicht in eure Ohren: euren Guten schade es, sagt ihr mir. Aber was liegt mir an euren Guten!

Vieles an euren Guten macht mir Ekel, und wahrlich nicht ihr Böses. Wollte ich doch, sie hätten einen Wahnsinn, an dem sie zugrunde gingen, gleich diesem bleichen Verbrecher!

Wahrlich, ich wollte, ihr Wahnsinn hieße Wahrheit oder Treue oder Gerechtigkeit: aber sie haben ihre Tugend, um lange zu leben, und in einem erbärmlichen Behagen.

Ich bin ein Geländer am Strome: fasse mich, wer mich fassen kann! Eure Krücke aber bin ich nicht. –

Also sprach Zarathustra.

Vom Lesen und Schreiben

Von allem Geschriebenen liebe ich nur das, was einer mit seinem Blute schreibt. Schreibe mit Blut: und du wirst erfahren, daß Blut Geist ist.

Es ist nicht leicht möglich, fremdes Blut zu verstehen: ich hasse die lesenden Müßiggänger.

Wer den Leser kennt, der tut nichts mehr für den Leser. Noch ein Jahrhundert Leser – und der Geist selber wird stinken.

Daß jedermann lesen lernen darf, verdirbt auf die Dauer nicht allein das Schreiben, sondern auch das Denken.

Einst war der Geist Gott, dann wurde er zum Menschen, und jetzt wird er gar noch Pöbel.

Wer in Blut und Sprüchen schreibt, der will nicht gelesen, sondern auswendig gelernt werden.

Im Gebirge ist der nächste Weg von Gipfel zu Gipfel: aber dazu mußt du lange Beine haben. Sprüche sollen Gipfel sein: und die, zu denen gesprochen wird, Große und Hochwüchsige.

Die Luft dünn und rein, die Gefahr nahe und der Geist voll einer fröhlichen Bosheit: so paßt es gut zueinander.

Ich will Kobolde um mich haben, denn ich bin mutig. Mut, der die Gespenster verscheucht, schafft sich selber Kobolde, – der Mut will lachen.

Ich empfinde nicht mehr mit euch: diese Wolke, die ich unter mir sehe, diese Schwärze und Schwere, über die ich lache – gerade das ist eure Gewitterwolke.

Ihr seht nach oben, wenn ihr nach Erhebung verlangt. Und ich sehe hinab, weil ich erhoben bin.

Wer von euch kann zugleich lachen und erhoben sein?

Wer auf den höchsten Bergen steigt, der lacht über alle Trauer-Spiele und Trauer-Ernste.

Mutig, unbekümmert, spöttisch, gewalttätig – so will uns die Weisheit: sie ist ein Weib und liebt immer nur einen Kriegsmann.

Ihr sagt mir: »das Leben ist schwer zu tragen.« Aber wozu hättet ihr vormittags euren Stolz und abends eure Ergebung?

Das Leben ist schwer zu tragen: aber so tut mir doch nicht so zärtlich! wir sind allesamt hübsche lastbare Esel und Eselinnen.

Was haben wir gemein mit der Rosenknospe, welche zittert, weil ihr ein Tropfen Tau auf dem Leibe liegt?

Es ist wahr: wir lieben das Leben, nicht, weil wir ans Leben, sondern weil wir ans Lieben gewöhnt sind.

Es ist immer etwas Wahnsinn in der Liebe. Es ist aber immer auch etwas Vernunft im Wahnsinn.

Und auch mir, der ich dem Leben gut bin, scheinen Schmetterlinge und Seifenblasen und was ihrer Art unter Menschen ist, am meisten vom Glücke zu wissen.

Diese leichten törichten zierlichen beweglichen Seelchen flattern zu sehen – das verführt Zarathustra zu Tränen und Liedern.

Ich würde nur an einen Gott glauben, der zu tanzen verstünde.

Und als ich meinen Teufel sah, da fand ich ihn ernst, gründlich, tief, feierlich; es war der Geist der Schwere – durch ihn fallen alle Dinge.

Nicht durch Zorn, sondern durch Lachen tötet man. Auf, laßt uns den Geist der Schwere töten!

Ich habe gehen gelernt: seitdem lasse ich mich laufen. Ich habe fliegen gelernt: seitdem will ich nicht erst gestoßen sein, um von der Stelle zu kommen.

Jetzt bin ich leicht, jetzt fliege ich, jetzt sehe ich mich unter mir, jetzt tanzt ein Gott durch mich.

Also sprach Zarathustra.

Vom Baum am Berge

Zarathustras Auge hatte gesehn, daß ein Jüngling ihm auswich. Und als er eines Abends allein durch die Berge ging, welche die Stadt umschließen, die genannt wird »die bunte Kuh«: siehe, da fand er im Gehen diesen

Jüngling, wie er an einen Baum gelehnt saß und müden Blickes in das Tal schaute. Zarathustra faßte den Baum an, bei welchem der Jüngling saß, und sprach also:

»Wenn ich diesen Baum da mit meinen Händen schütteln wollte, ich würde es nicht vermögen.

Aber der Wind, den wir nicht sehen, der quält und biegt ihn, wohin er will. Wir werden am schlimmsten von unsichtbaren Händen gebogen und gequält.«

Da erhob sich der Jüngling bestürzt und sagte: »Ich höre Zarathustra und eben dachte ich an ihn.« Zarathustra entgegnete:

»Was erschrickst du deshalb? – Aber es ist mit dem Menschen wie mit dem Baume.

Je mehr er hinauf in die Höhe und Helle will, um so stärker streben seine Wurzeln erdwärts, abwärts, ins Dunkle, Tiefe – ins Böse.«

»Ja, ins Böse!« rief der Jüngling. »Wie ist es möglich, daß du meine Seele entdecktest?«

Zarathustra lächelte und sprach: »Manche Seele wird man nie entdecken, es sei denn, daß man sie zuerst erfindet.«

»Ja, ins Böse!« rief der Jüngling nochmals.

»Du sagtest die Wahrheit, Zarathustra. Ich traue mir selber nicht mehr, seitdem ich in die Höhe will, und niemand traut mir mehr, – wie geschieht dies doch?

Ich verwandele mich zu schnell: mein Heute widerlegt mein Gestern. Ich überspringe oft die Stufen, wenn ich steige, – das verzeiht mir keine Stufe.

Bin ich oben, so finde ich mich immer allein. Niemand redet mit mir, der Frost der Einsamkeit macht mich zittern. Was will ich doch in der Höhe?

Meine Verachtung und meine Sehnsucht wachsen miteinander; je höher ich steige, um so mehr verachte ich den, der steigt. Was will er doch in der Höhe?

Wie schäme ich mich meines Steigens und Stolperns! Wie spotte ich meines heftigen Schnaubens! Wie hasse ich den Fliegenden! Wie müde bin ich in der Höhe!«

Hier schwieg der Jüngling. Und Zarathustra betrachtete den Baum, an dem sie standen, und sprach also:

»Dieser Baum steht einsam hier am Gebirge; er wuchs hoch hinweg über Mensch und Tier.

Und wenn er reden wollte, er würde niemanden haben, der ihn verstünde: so hoch wuchs er.

Nun wartet er und wartet – worauf wartet er doch? Er wohnt dem Sitze der Wolken zu nahe: er wartet wohl auf den ersten Blitz?«

Als Zarathustra dies gesagt hatte, rief der Jüngling mit heftigen Gebärden: »Ja, Zarathustra, du sprichst die Wahrheit. Nach meinem Untergange verlangte ich, als ich in die Höhe wollte, und du bist der Blitz, auf den ich wartete! Siehe, was bin ich noch, seitdem du uns erschienen bist? Der *Neid* auf dich ist's, der mich zerstört hat!« – So sprach der Jüngling und weinte bitterlich. Zarathustra aber legte seinen Arm um ihn und führte ihn mit sich fort.

Und als sie eine Weile miteinander gegangen waren, hob Zarathustra also an zu sprechen:

Es zerreißt mir das Herz. Besser als deine Worte es sagen, sagt mir dein Auge alle deine Gefahr.

Noch bist du nicht frei, du *suchst* noch nach Freiheit. Übernächtig machte dich dein Suchen und überwach.

In die freie Höhe willst du, nach Sternen dürstet deine Seele. Aber auch deine schlimmen Triebe dürsten nach Freiheit.

Deine wilden Hunde wollen in die Freiheit; sie bellen vor Lust in ihrem Keller, wenn dein Geist alle Gefängnisse zu lösen trachtet.

Noch bist du mir ein Gefangener, der sich Freiheit ersinnt: ach, klug wird solchen Gefangenen die Seele, aber auch arglistig und schlecht.

Reinigen muß sich noch der Befreite des Geistes. Viel Gefängnis und Moder ist noch in ihm zurück: rein muß noch sein Auge werden.

Ja, ich kenne deine Gefahr. Aber bei meiner Liebe und Hoffnung beschwöre ich dich: wirf deine Liebe und Hoffnung nicht weg!

Edel fühlst du dich noch, und edel fühlen dich auch die andern noch, die dir gram sind und böse Blicke senden. Wisse, daß allen ein Edler im Wege steht.

Auch den Guten steht ein Edler im Wege: und selbst wenn sie ihn einen Guten nennen, so wollen sie ihn damit beiseite bringen.

Neues will der Edle schaffen und eine neue Tugend. Altes will der Gute, und daß Altes erhalten bleibe.

Aber nicht das ist die Gefahr des Edlen, daß er ein Guter werde, sondern ein Frecher, ein Höhnender, ein Vernichter.

Ach, ich kannte Edle, die verloren ihre höchste Hoffnung. Und nun verleumdeten sie alle hohen Hoffnungen.

Nun lebten sie frech in kurzen Lüsten, und über den Tag hin warfen sie kaum noch Ziele.

»Geist ist auch Wollust« – so sagten sie. Da zerbrachen ihrem Geiste die Flügel: nun kriecht er herum und beschmutzt im Nagen.

Einst dachten sie Helden zu werden: Lüstlinge sind es jetzt. Ein Gram und ein Grauen ist ihnen der Held.

Aber bei meiner Liebe und Hoffnung beschwöre ich dich: wirf den Helden in deiner Seele nicht weg! Halte heilig deine höchste Hoffnung! –

Also sprach Zarathustra.

Von den Predigern des Todes

Es gibt Prediger des Todes: und die Erde ist voll von solchen, denen Abkehr gepredigt werden muß vom Leben.

Voll ist die Erde von Überflüssigen, verdorben ist das Leben durch die Viel-zu-Vielen. Möge man sie mit dem »ewigen Leben« aus diesem Leben weglocken!

»Gelbe«: so nennt man die Prediger des Todes, oder »Schwarze«. Aber ich will sie euch noch in andern Farben zeigen.

Da sind die Fürchterlichen, welche in sich das Raubtier herumtragen und keine Wahl haben, es sei denn Lüste oder Selbstzerfleischung. Und auch ihre Lüste sind noch Selbstzerfleischung.

Sie sind noch nicht einmal Menschen geworden, diese Fürchterlichen: mögen sie Abkehr predigen vom Leben und selber dahinfahren!

Da sind die Schwindsüchtigen der Seele: kaum sind sie geboren, so fangen sie schon an zu sterben und sehnen sich nach Lehren der Müdigkeit und Entsagung.

Sie wollen gerne tot sein, und wir sollten ihren Willen gut heißen! Hüten wir uns, diese Toten zu erwecken und diese lebendigen Särge zu versehren!

Ihnen begegnet ein Kranker oder ein Greis oder ein Leichnam; und gleich sagen sie: »das Leben ist widerlegt!«

Aber nur sie sind widerlegt und ihr Auge, welches nur das eine Gesicht sieht am Dasein.

Eingehüllt in dicke Schwermut und begierig auf die kleinen Zufälle, welche den Tod bringen: so warten sie und beißen die Zähne aufeinander.

Oder aber: sie greifen nach Zuckerwerk und spotten ihrer Kinderei dabei: sie hängen an ihrem Strohhalm Leben und spotten, daß sie noch an einem Strohhalm hängen.

Ihre Weisheit lautet: »Ein Tor, der leben bleibt, aber so sehr sind wir Toren! Und das eben ist das Törichtste am Leben!« –

»Das Leben ist nur Leiden« – so sagen andre und lügen nicht: so sorgt doch, daß *ihr* aufhört! So sorgt doch, daß das Leben aufhört, welches nur Leiden ist!

Und also laute die Lehre eurer Tugend: »Du sollst dich selber töten! Du sollst dich selber davonstehlen!« –

»Wollust ist Sünde« – so sagen die einen, welche den Tod predigen – »laßt uns beiseite gehn und keine Kinder zeugen!«

»Gebären ist mühsam« – sagen die andern – »wozu noch gebären? Man gebiert nur Unglückliche!« Und auch sie sind Prediger des Todes.

»Mitleid tut not« – so sagen die dritten. »Nehmt hin, was ich habe! Nehmt hin, was ich bin! Um so weniger bindet mich das Leben!«

Wären sie Mitleidige von Grund aus, so würden sie ihren Nächsten das Leben verleiden. Böse sein – das wäre ihre rechte Güte.

Aber sie wollen loskommen vom Leben: was schiert es sie, daß sie andre mit ihren Ketten und Geschenken noch fester binden! –

Und auch ihr, denen das Leben wilde Arbeit und Unruhe ist: seid ihr nicht sehr müde des Lebens? Seid ihr nicht sehr reif für die Predigt des Todes?

Ihr alle, denen die wilde Arbeit lieb ist und das Schnelle, Neue, Fremde – ihr ertragt euch schlecht, euer Fleiß ist Fluch und Wille, sich selber zu vergessen.

Wenn ihr mehr an das Leben glaubtet, würdet ihr weniger euch dem Augenblicke hinwerfen. Aber ihr habt zum Warten nicht Inhalt genug in euch – und selbst zur Faulheit nicht!

Überall ertönt die Stimme derer, welche den Tod predigen: und die Erde ist voll von solchen, welchen der Tod gepredigt werden muß.

Oder »das ewige Leben«: das gilt mir gleich, – wofern sie nur schnell dahinfahren!

Also sprach Zarathustra.

Vom Krieg und Kriegsvolke

Von unsern besten Feinden wollen wir nicht geschont sein, und auch von denen nicht, welche wir von Grund aus lieben. So laßt mich denn euch die Wahrheit sagen!

Meine Brüder im Kriege! Ich liebe euch von Grund aus, ich bin und war euresgleichen. Und ich bin auch euer bester Feind. So laßt mich denn euch die Wahrheit sagen!

Ich weiß um den Haß und Neid eures Herzens. Ihr seid nicht groß genug, um Haß und Neid nicht zu kennen. So seid denn groß genug, euch ihrer nicht zu schämen!

Und wenn ihr nicht Heilige der Erkenntnis sein könnt, so seid mir wenigstens deren Kriegsmänner. Das sind die Gefährten und Vorläufer solcher Heiligkeit.

Ich sehe viel Soldaten: möchte ich viel Kriegsmänner sehn! »Einform« nennt man's, was sie tragen: möge es nicht Ein-form sein, was sie damit verstecken!

Ihr sollt mir solche sein, deren Auge immer nach einem Feinde sucht – nach *eurem* Feinde. Und bei einigen von euch gibt es einen Haß auf den ersten Blick.

Euren Feind sollt ihr suchen, euren Krieg sollt ihr führen, und für eure Gedanken! Und wenn euer Gedanke unterliegt, so soll eure Redlichkeit darüber noch Triumph rufen!

Ihr sollt den Frieden lieben als Mittel zu neuen Kriegen. Und den kurzen Frieden mehr als den langen.

Euch rate ich nicht zur Arbeit, sondern zum Kampfe. Euch rate ich nicht zum Frieden, sondern zum Siege. Eure Arbeit sei ein Kampf, euer Friede sei ein Sieg!

Man kann nur schweigen und stillsitzen, wenn man Pfeil und Bogen hat: sonst schwätzt und zankt man. Euer Friede sei ein Sieg!

Ihr sagt, die gute Sache sei es, die sogar den Krieg heilige? Ich sage euch: der gute Krieg ist es, der jede Sache heiligt.

Der Krieg und der Mut haben mehr große Dinge getan, als die Nächstenliebe. Nicht euer Mitleiden, sondern eure Tapferkeit rettete bisher die Verunglückten.

»Was ist gut?« fragt ihr. Tapfer sein ist gut. Laßt die kleinen Mädchen reden: »gut sein ist, was hübsch zugleich und rührend ist.«

Man nennt euch herzlos: aber euer Herz ist echt, und ich liebe die Scham eurer Herzlichkeit. Ihr schämt euch eurer Flut, und andre schämen sich ihrer Ebbe.

Ihr seid häßlich? Nun wohlan, meine Brüder! So nehmt das Erhabne um euch, den Mantel des Häßlichen!

Und wenn eure Seele groß wird, so wird sie übermütig, und in eurer Erhabenheit ist Bosheit. Ich kenne euch.

In der Bosheit begegnet sich der Übermütige mit dem Schwächlinge. Aber sie mißverstehen einander. Ich kenne euch.

Ihr dürft nur Feinde haben, die zu hassen sind, aber nicht Feinde zum Verachten. Ihr müßt stolz auf euern Feind sein: dann sind die Erfolge eures Feindes auch eure Erfolge.

Auflehnung – das ist die Vornehmheit am Sklaven. Eure Vornehmheit sei Gehorsam! Euer Befehlen selber sei ein Gehorchen!

Einem guten Kriegsmanne klingt »du sollst« angenehmer als »ich will«. Und alles, was euch lieb ist, sollt ihr euch erst noch befehlen lassen.

Eure Liebe zum Leben sei Liebe zu eurer höchsten Hoffnung: und eure höchste Hoffnung sei der höchste Gedanke des Lebens!

Euren höchsten Gedanken aber sollt ihr euch von mir befehlen lassen – und er lautet: der Mensch ist etwas, das überwunden werden soll.

So lebt euer Leben des Gehorsams und des Krieges! Was liegt am Lang-Leben! Welcher Krieger will geschont sein!

Ich schone euch nicht, ich liebe euch von Grund aus, meine Brüder im Kriege! –

Also sprach Zarathustra.

Von neuen Götzen

Irgendwo gibt es noch Völker und Herden, doch nicht bei uns, meine Brüder: da gibt es Staaten.

Staat? Was ist das? Wohlan! Jetzt tut mir die Ohren auf, denn jetzt sage ich euch mein Wort vom Tode der Völker.

Staat heißt das kälteste aller kalten Ungeheuer. Kalt lügt es auch; und diese Lüge kriecht aus seinem Munde: »Ich, der Staat, bin das Volk.«

Lüge ist's! Schaffende waren es, die schufen die Völker und hängten einen Glauben und eine Liebe über sie hin: also dienten sie dem Leben.

Vernichter sind es, die stellen Fallen auf für viele und heißen sie Staat: sie hängen ein Schwert und hundert Begierden über sie hin.

Wo es noch Volk gibt, da versteht es den Staat nicht und haßt ihn als bösen Blick und Sünde an Sitten und Rechten.

Dieses Zeichen gebe ich euch: jedes Volk spricht seine Zunge des Guten und Bösen: die versteht der Nachbar nicht. Seine Sprache erfand es sich in Sitten und Rechten.

Aber der Staat lügt in allen Zungen des Guten und Bösen; und was er auch redet, er lügt – und was er auch hat, gestohlen hat er's.

Falsch ist alles an ihm; mit gestohlenen Zähnen beißt er, der Bissige. Falsch sind selbst seine Eingeweide.

Sprachverwirrung des Guten und Bösen: dieses Zeichen gebe ich euch als Zeichen des Staates. Wahrlich, den Willen zum Tode deutet dieses Zeichen! Wahrlich, es winkt den Predigern des Todes!

Viel zu viele werden geboren: für die Überflüssigen ward der Staat erfunden!

Seht mir doch, wie er sie an sich lockt, die Viel-zu-Vielen! Wie er sie schlingt und kaut und wiederkäut!

»Auf der Erde ist nichts Größeres als ich: der ordnende Finger bin ich Gottes« – also brüllt das Untier. Und nicht nur Langgeohrte und Kurzgeäugte sinken auf die Knie!

Ach, auch in euch, ihr großen Seelen, raunt er seine düsteren Lügen! Ach, er errät die reichen Herzen, die gerne sich verschwenden!

Ja, auch euch errät er, ihr Besieger des alten Gottes! Müde wurdet ihr im Kampfe, und nun dient eure Müdigkeit noch dem neuen Götzen!

Helden und Ehrenhafte möchte er um sich aufstellen, der neue Götze! Gerne sonnt er sich im Sonnenschein guter Gewissen – das kalte Untier!

Alles will er *euch* geben, wenn *ihr* ihn anbetet, der neue Götze: also kauft er sich den Glanz eurer Tugenden und den Blick eurer stolzen Augen.

Ködern will er mit euch die Viel-zu-Vielen! Ja, ein Höllenkunststück ward da erfunden, ein Pferd des Todes, klirrend im Putz göttlicher Ehren!

Ja, ein Sterben für viele ward da erfunden, das sich selber als Leben preist: wahrlich, ein Herzensdienst allen Predigern des Todes!

Staat nenne ich's, wo alle Gifttrinker sind, Gute und Schlimme: Staat, wo alle sich selber verlieren, Gute und Schlimme: Staat, wo der langsame Selbstmord aller – »das Leben« heißt.

Seht mir doch diese Überflüssigen! Sie stehlen sich die Werke der Erfinder und die Schätze der Weisen: Bildung nennen sie ihren Diebstahl – und alles wird ihnen zu Krankheit und Ungemach!

Seht mir doch diese Überflüssigen! Krank sind sie immer, sie erbrechen ihre Galle und nennen es Zeitung. Sie verschlingen einander und können sich nicht einmal verdauen.

Seht mir doch diese Überflüssigen! Reichtümer erwerben sie und werden ärmer damit. Macht wollen sie und zuerst das Brecheisen der Macht, viel Geld – diese Unvermögenden!

Seht sie klettern, diese geschwinden Affen! Sie klettern übereinander hinweg und zerren sich also in den Schlamm und die Tiefe.

Hin zum Throne wollen sie alle: ihr Wahnsinn ist es – als ob das Glück auf dem Throne säße! Oft sitzt der Schlamm auf dem Thron – und oft auch der Thron auf dem Schlamme.

Wahnsinnige sind sie mir alle und kletternde Affen und Überheiße. Übel riecht mir ihr Götze, das kalte Untier: übel riechen sie mir alle zusammen, diese Götzendiener.

Meine Brüder, wollt ihr denn ersticken im Dunste ihrer Mäuler und Begierden? Lieber zerbrecht doch die Fenster und springt ins Freie!

Geht doch dem schlechten Geruche aus dem Wege! Geht fort von der Götzendienerei der Überflüssigen!

Geht doch dem schlechten Geruche aus dem Wege! Geht fort von dem Dampfe dieser Menschenopfer!

Frei steht großen Seelen auch jetzt noch die Erde. Leer sind noch viele Sitze für Einsame und Zweisame, um die der Geruch stiller Meere weht.

Frei steht noch großen Seelen ein freies Leben. Wahrlich, wer wenig besitzt, wird um so weniger besessen: gelobt sei die kleine Armut!

Dort, wo der Staat aufhört, da beginnt erst der Mensch, der nicht überflüssig ist: da beginnt das Lied des Notwendigen, die einmalige und unersetzliche Weise.

Dort, wo der Staat *aufhört* – so seht mir doch hin, meine Brüder! Seht ihr ihn nicht, den Regenbogen und die Brücken des Übermenschen? –

Also sprach Zarathustra.

Von den Fliegen des Marktes

Fliehe, mein Freund, in deine Einsamkeit! Ich sehe dich betäubt vom Lärme der großen Männer und zerstochen von den Stacheln der kleinen.

Würdig wissen Wald und Fels mit dir zu schweigen. Gleiche wieder dem Baume, den du liebst, dem breitästigen: still und aufhorchend hängt er über dem Meere.

Wo die Einsamkeit aufhört, da beginnt der Markt; und wo der Markt beginnt, da beginnt auch der Lärm der großen Schauspieler und das Geschwirr der giftigen Fliegen.

In der Welt taugen die besten Dinge noch nichts, ohne einen, der sie erst aufführt: große Männer heißt das Volk diese Aufführer.

Wenig begreift das Volk das Große, das ist: das Schaffende. Aber Sinne hat es für alle Aufführer und Schauspieler großer Sachen.

Um die Erfinder von neuen Werten dreht sich die Welt – unsichtbar dreht sie sich. Doch um die Schauspieler dreht sich das Volk und der Ruhm: so ist es der Welt Lauf.

Geist hat der Schauspieler, doch wenig Gewissen des Geistes. Er glaubt immer an das, womit er am stärksten glauben macht – glauben an *sich* macht!

Morgen hat er einen neuen Glauben und übermorgen einen neueren. Rasche Sinne hat er, gleich dem Volke, und veränderliche Witterungen.

Umwerfen – das heißt ihm: beweisen. Toll machen – das heißt ihm: überzeugen. Und Blut gilt ihm als aller Gründe bester.

Eine Wahrheit, die nur in feine Ohren schlüpft, nennt er Lüge und Nichts. Wahrlich, er glaubt nur an Götter, die großen Lärm in der Welt machen!

Voll von feierlichen Possenreißern ist der Markt – und das Volk rühmt sich seiner großen Männer! das sind ihm die Herrn der Stunde.

Aber die Stunde drängt sie: so drängen sie dich: und auch von dir wollen sie Ja oder Nein. Wehe, du willst zwischen Für und Wider deinen Stuhl setzen?

Dieser Unbedingten und Drängenden halber sei ohne Eifersucht, du Liebhaber der Wahrheit! Niemals noch hängte sich die Wahrheit an den Arm eines Unbedingten.

Dieser Plötzlichen halber gehe zurück in deine Sicherheit: nur auf dem Markt wird man mit Ja? oder Nein? überfallen.

Langsam ist das Erleben allen tiefen Brunnen: lange müssen sie warten, bis sie wissen, *was* in ihre Tiefe fiel.

Abseits vom Markte und Ruhme begibt sich alles Große: abseits vom Markte und Ruhme wohnten von je die Erfinder neuer Werte.

Fliehe, mein Freund, in deine Einsamkeit: ich sehe dich von giftigen Fliegen zerstochen. Fliehe dorthin, wo rauhe, starke Luft weht!

Fliehe in deine Einsamkeit! Du lebtest den Kleinen und Erbärmlichen zu nahe. Fliehe vor ihrer unsichtbaren Rache! Gegen dich sind sie nichts als Rache.

Hebe nicht mehr den Arm gegen sie! Unzählbar sind sie, und es ist nicht dein Los, Fliegenwedel zu sein.

Unzählbar sind diese Kleinen und Erbärmlichen; und manchem stolzen Baue gereichten schon Regentropfen und Unkraut zum Untergange.

Du bist kein Stein, aber schon wurdest du hohl von vielen Tropfen. Zerbrechen und zerbersten wirst du mir noch von vielen Tropfen.

Ermüdet sehe ich dich durch giftige Fliegen, blutig geritzt sehe ich dich an hundert Stellen; und dein Stolz will nicht einmal zürnen.

Blut möchten sie von dir in aller Unschuld, Blut begehren ihre blutlosen Seelen – und sie stechen daher in aller Unschuld.

Aber du Tiefer, du leidest zu tief auch an kleinen Wunden; und ehe du dich noch geheilt hast, kroch dir der gleiche Giftwurm über die Hand.

Zu stolz bist du mir dafür, diese Naschhaften zu töten. Hüte dich aber, daß es nicht dein Verhängnis werde, all ihr giftiges Unrecht zu tragen!

Sie summen um dich auch mit ihrem Lobe: Zudringlichkeit ist ihr Loben. Sie wollen die Nähe deiner Haut und deines Blutes.

Sie schmeicheln dir wie einem Gotte oder Teufel; sie winseln vor dir wie vor einem Gotte oder Teufel. Was macht es! Schmeichler sind es und Winsler, und nicht mehr.

Auch geben sie sich dir oft als Liebenswürdige. Aber das war immer die Klugheit der Feigen. Ja, die Feigen sind klug!

Sie denken viel über dich mit ihrer engen Seele – bedenklich bist du ihnen stets! Alles, was viel bedacht wird, wird bedenklich.

Sie bestrafen dich für alle deine Tugenden. Sie verzeihen dir von Grund aus nur – deine Fehlgriffe.

Weil du milde bist und gerechten Sinnes, sagst du: »unschuldig sind sie an ihrem kleinen Dasein.« Aber ihre enge Seele denkt: »Schuld ist alles große Dasein.«

Auch wenn du ihnen milde bist, fühlen sie sich noch von dir verachtet; und sie geben dir deine Wohltat zurück mit versteckten Wehtaten.

Dein wortloser Stolz geht immer wider ihren Geschmack; sie frohlocken, wenn du einmal bescheiden genug bist, eitel zu sein.

Das, was wir an einem Menschen erkennen, das entzünden wir an ihm auch. Also hüte dich vor den Kleinen!

Vor dir fühlen sie sich klein, und ihre Niedrigkeit glimmt und glüht gegen dich in unsichtbarer Rache.

Merktest du nicht, wie oft sie stumm wurden, wenn du zu ihnen tratest, und wie ihre Kraft von ihnen ging wie der Rauch von einem erlöschenden Feuer?

Ja, mein Freund, das böse Gewissen bist du deinen Nächsten: denn sie sind deiner unwert. Also hassen sie dich und möchten gerne an deinem Blute saugen.

Deine Nächsten werden immer giftige Fliegen sein; das, was groß an dir ist – das selber muß sie giftiger machen und immer fliegenhafter.

Fliehe, mein Freund, in deine Einsamkeit und dorthin, wo eine rauhe, starke Luft weht. Nicht ist es dein Los, Fliegenwedel zu sein. –

Also sprach Zarathustra.

Von der Keuschheit

Ich liebe den Wald. In den Städten ist schlecht zu leben: da gibt es zu viele der Brünstigen.

Ist es nicht besser, in die Hände eines Mörders zu geraten, als in die Träume eines brünstigen Weibes?

Und seht mir doch diese Männer an: ihr Auge sagt es – sie wissen nichts Besseres auf Erden, als bei einem Weibe zu liegen.

Schlamm ist auf dem Grunde ihrer Seele; und wehe, wenn ihr Schlamm gar noch Geist hat!

Daß ihr doch wenigstens als Tiere vollkommen wäret! Aber zum Tiere gehört die Unschuld.

Rate ich euch, eure Sinne zu töten? Ich rate euch zur Unschuld der Sinne.

Rate ich euch zur Keuschheit? Die Keuschheit ist bei einigen eine Tugend, aber bei vielen beinahe ein Laster.

Diese enthalten sich wohl: aber die Hündin Sinnlichkeit blickt mit Neid aus allem, was sie tun.

Noch in die Höhen ihrer Tugend und bis in den kalten Geist hinein folgt ihnen dies Getier und sein Unfrieden.

Und wie artig weiß die Hündin Sinnlichkeit um ein Stück Geist zu betteln, wenn ihr ein Stück Fleisch versagt wird.

Ihr liebt Trauerspiele und alles, was das Herz zerbricht? Aber ich bin mißtrauisch gegen eure Hündin.

Ihr habt mir zu grausame Augen und blickt lüstern nach Leidenden. Hat sich nicht nur eure Wollust verkleidet und heißt sich Mitleiden?

Und auch dies Gleichnis gebe ich euch: nicht wenige, die ihren Teufel austreiben wollten, fuhren dabei selber in die Säue.

Wem die Keuschheit schwer fällt, dem ist sie zu widerraten: daß sie nicht der Weg zur Hölle werde – das ist zu Schlamm und Brunst der Seele.

Rede ich von schmutzigen Dingen? Das ist mir nicht das Schlimmste.

Nicht, wenn die Wahrheit schmutzig ist, sondern wenn sie seicht ist, steigt der Erkennende ungern in ihr Wasser.

Wahrlich, es gibt Keusche von Grund aus: sie sind milder von Herzen, sie lachen lieber und reichlicher als ihr.

Sie lachen auch über die Keuschheit und fragen: »was ist Keuschheit!

Ist Keuschheit nicht Torheit? Aber diese Torheit kam zu uns, und nicht wir zu ihr.

Wir boten diesem Gaste Herberge und Herz: nun wohnt er bei uns – mag er bleiben, wie lange er will!«

Also sprach Zarathustra.

Vom Freunde

»Einer ist immer zu viel um mich« – also denkt der Einsiedler. »Immer einmal eins – das gibt auf die Dauer zwei!«

Ich und Mich sind immer zu eifrig im Gespräche: wie wäre es auszuhalten, wenn es nicht einen Freund gäbe?

Immer ist für den Einsiedler der Freund der Dritte: der Dritte ist der Kork, der verhindert, daß das Gespräch der Zweie in die Tiefe sinkt.

Ach, es gibt zu viele Tiefen für alle Einsiedler. Darum sehnen sie sich so nach einem Freunde und nach seiner Höhe.

Unser Glaube an andre verrät, worin wir gerne an uns selber glauben möchten. Unsre Sehnsucht nach einem Freunde ist unser Verräter.

Und oft will man mit der Liebe nur den Neid überspringen. Und oft greift man an und macht sich einen Feind, um zu verbergen, daß man angreifbar ist.

»Sei wenigstens mein Feind!« – so spricht die wahre Ehrfurcht, die nicht um Freundschaft zu bitten wagt.

Will man einen Freund haben, so muß man auch für ihn Krieg führen wollen: und um Krieg zu führen, muß man Feind sein *können*.

Man soll in seinem Freunde noch den Feind ehren. Kannst du an deinen Freund dicht herantreten, ohne zu ihm überzutreten?

In seinem Freunde soll man seinen besten Feind haben. Du sollst ihm am nächsten mit dem Herzen sein, wenn du ihm widerstrebst.

Du willst vor deinem Freunde kein Kleid tragen? Es soll deines Freundes Ehre sein, daß du dich ihm gibst, wie du bist? Aber er wünscht dich darum zum Teufel!

Wer aus sich kein Hehl macht, empört: so sehr habt ihr Grund, die Nacktheit zu fürchten! Ja, wenn ihr Götter wäret, da dürftet ihr euch eurer Kleider schämen!

Du kannst dich für deinen Freund nicht schön genug putzen: denn du sollst ihm ein Pfeil und eine Sehnsucht nach dem Übermenschen sein.

Sahst du deinen Freund schon schlafen – damit du erfahrest, wie er aussieht? Was ist doch sonst das Gesicht deines Freundes? Es ist dein eignes Gesicht, auf einem rauhen und unvollkommnen Spiegel.

Sahst du deinen Freund schon schlafen? Erschrakst du nicht, daß dein Freund so aussieht? Oh, mein Freund, der Mensch ist etwas, das überwunden werden muß.

Im Erraten und Stillschweigen soll der Freund Meister sein: nicht alles mußt du sehn wollen. Dein Traum soll dir verraten, was dein Freund im Wachen tut.

Ein Erraten sei dein Mitleiden: daß du erst wissest, ob dein Freund Mitleiden wolle. Vielleicht liebt er an dir das ungebrochene Auge und den Blick der Ewigkeit.

Das Mitleiden mit dem Freunde berge sich unter einer harten Schale, an ihm sollst du dir einen Zahn ausbeißen. So wird es seine Feinheit und Süße haben.

Bist du reine Luft und Einsamkeit und Brot und Arznei deinem Freunde? Mancher kann seine eignen Ketten nicht lösen und doch ist er dem Freunde ein Erlöser.

Bist du ein Sklave? So kannst du nicht Freund sein. Bist du ein Tyrann? So kannst du nicht Freunde haben.

Allzulange war im Weibe ein Sklave und ein Tyrann versteckt. Deshalb ist das Weib noch nicht der Freundschaft fähig: es kennt nur die Liebe.

In der Liebe des Weibes ist Ungerechtigkeit und Blindheit gegen alles, was es nicht liebt. Und auch in der wissenden Liebe des Weibes ist immer noch Überfall und Blitz und Nacht neben dem Lichte.

Noch ist das Weib nicht der Freundschaft fähig: Katzen sind immer noch die Weiber, und Vögel. Oder, besten Falles, Kühe.

Noch ist das Weib nicht der Freundschaft fähig. Aber sagt mir, ihr Männer, wer von euch ist denn fähig der Freundschaft?

Oh über eure Armut, ihr Männer, und euren Geiz der Seele! Wie viel ihr dem Freunde gebt, das will ich noch meinem Feinde geben, und will auch nicht ärmer damit geworden sein.

Es gibt Kameradschaft: möge es Freundschaft geben!

Also sprach Zarathustra.

Von tausend und einem Ziele

Viele Länder sah Zarathustra und viele Völker: so entdeckte er vieler Völker Gutes und Böses. Keine größere Macht fand Zarathustra auf Erden als Gut und Böse.

Leben könnte kein Volk, das nicht erst schätzte; will es sich aber erhalten, so darf es nicht schätzen, wie der Nachbar schätzt.

Vieles, das diesem Volke gut hieß, hieß einem andern Hohn und Schmach: also fand ich's. Vieles fand ich hier böse genannt und dort mit purpurnen Ehren geputzt.

Nie verstand ein Nachbar den andern: stets verwunderte sich seine Seele ob des Nachbarn Wahn und Bosheit.

Eine Tafel der Güter hängt über jedem Volke. Siehe, es ist seiner Überwindungen Tafel; siehe, es ist die Stimme seines Willens zur Macht.

Löblich ist, was ihm schwer gilt; was unerläßlich und schwer, heißt gut; und was aus der höchsten Not noch befreit, das Seltene, Schwerste – das preist es heilig.

Was da macht, daß es herrscht und siegt und glänzt, seinem Nachbarn zu Grauen und Neide: das gilt ihm das Hohe, das Erste, das Messende, der Sinn aller Dinge.

Wahrlich, mein Bruder, erkanntest du erst eines Volkes Not und Land und Himmel und Nachbar: so errätst du wohl das Gesetz seiner Überwindungen, und warum es auf dieser Leiter zu seiner Hoffnung steigt.

»Immer sollst du der erste sein und den andern vorragen: niemanden soll deine eifersüchtige Seele lieben, es sei denn den Freund« – dies machte einem Griechen die Seele zittern: dabei ging er seinen Pfad der Größe.

»Wahrheit reden und gut mit Bogen und Pfeil verkehren« – so dünkte es jenem Volke zugleich lieb und schwer, aus dem mein Name kommt – der Name, welcher mir zugleich lieb und schwer ist.

»Vater und Mutter ehren und bis in die Wurzel der Seele hinein ihnen zu Willen sein«: diese Tafel der Überwindung hängte ein andres Volk über sich auf und wurde mächtig und ewig damit.

»Treue üben und um der Treue willen Ehre und Blut auch an böse und gefährliche Sachen setzen«: also sich lehrend bezwang sich ein anderes Volk, und also sich bezwingend wurde es schwanger und schwer von großen Hoffnungen.

Wahrlich, die Menschen gaben sich alles ihr Gutes und Böses. Wahrlich, sie nahmen es nicht, sie fanden es nicht, nicht fiel es ihnen als Stimme vom Himmel.

Werte legte erst der Mensch in die Dinge, sich zu erhalten, – er schuf erst den Dingen Sinn, einen Menschen-Sinn! Darum nennt er sich »Mensch«, das ist: der Schätzende.

Schätzen ist Schaffen: hört es, ihr Schaffenden! Schätzen selber ist aller geschätzten Dinge Schatz und Kleinod.

Durch das Schätzen erst gibt es Wert: und ohne das Schätzen wäre die Nuß des Daseins hohl. Hört es, ihr Schaffenden!

Wandel der Werte – das ist Wandel der Schaffenden. Immer vernichtet, wer ein Schöpfer sein muß.

Schaffende waren erst Völker, und spät erst Einzelne; wahrlich, der Einzelne selber ist noch die jüngste Schöpfung.

Völker hängten sich einst eine Tafel des Guten über sich. Liebe, die herrschen will, und Liebe, die gehorchen will, erschufen sich zusammen solche Tafeln.

Älter ist an der Herde die Lust, als die Lust am Ich: und so lange das gute Gewissen Herde heißt, sagt nur das schlechte Gewissen: Ich.

Wahrlich, das schlaue Ich, das lieblose, das seinen Nutzen im Nutzen vieler will: das ist nicht der Herde Ursprung, sondern ihr Untergang.

Liebende waren es stets und Schaffende, die schufen Gut und Böse. Feuer der Liebe glüht in aller Tugenden Namen und Feuer des Zorns.

Viele Länder sah Zarathustra und viele Völker: keine größere Macht fand Zarathustra auf Erden, als die Werke der Liebenden: »gut« und »böse« ist ihr Name.

Wahrlich, ein Ungetüm ist die Macht dieses Lobens und Tadelns. Sagt, wer bezwingt es mir, ihr Brüder? Sagt, wer wirft diesem Tier die Fessel über die tausend Nacken?

Tausend Ziele gab es bisher, denn tausend Völker gab es. Nur die Fessel der tausend Nacken fehlt noch, es fehlt das *eine* Ziel. Noch hat die Menschheit kein Ziel.

Aber sagt mir doch, meine Brüder: wenn der Menschheit das Ziel noch fehlt, fehlt da nicht auch – sie selber noch? –

Also sprach Zarathustra.

Von der Nächstenliebe

Ihr drängt euch um den Nächsten und habt schöne Worte dafür. Aber ich sage euch: eure Nächstenliebe ist eure schlechte Liebe zu euch selber.

Ihr flüchtet zum Nächsten vor euch selber und möchtet euch daraus eine Tugend machen: aber ich durchschaue euer »Selbstloses«.

Das Du ist älter als das Ich; das Du ist heilig gesprochen, aber noch nicht das Ich: so drängt sich der Mensch hin zum Nächsten.

Rate ich euch zur Nächstenliebe? Lieber noch rate ich euch zur Nächsten-Flucht und zur Fernsten-Liebe!

Höher als die Liebe zum Nächsten ist die Liebe zum Fernsten und Künftigen; höher noch als die Liebe zu Menschen ist die Liebe zu Sachen und Gespenstern.

Dies Gespenst, das vor dir herläuft, mein Bruder, ist schöner als du; warum gibst du ihm nicht dein Fleisch und deine Knochen? Aber du fürchtest dich und läufst zu deinem Nächsten.

Ihr haltet es mit euch selber nicht aus und liebt euch nicht genug: nun wollt ihr den Nächsten zur Liebe verführen und euch mit seinem Irrtum vergolden.

Ich wollte, ihr hieltet es nicht aus mit allerlei Nächsten und deren Nachbarn; so müßtet ihr aus euch selber euren Freund und sein überwallendes Herz schaffen.

Ihr ladet euch einen Zeugen ein, wenn ihr von euch gut reden wollt;

und wenn ihr ihn verführt habt, gut von euch zu denken, denkt ihr selber gut von euch.

Nicht nur der lügt, welcher wider sein Wissen redet, sondern erst recht der, welcher wider sein Nichtwissen redet. Und so redet ihr von euch im Verkehre und belügt mit euch den Nachbar.

Also spricht der Narr: »Der Umgang mit Menschen verdirbt den Charakter, sonderlich wenn man keinen hat.«

Der eine geht zum Nächsten, weil er sich sucht, und der andre, weil er sich verlieren möchte. Eure schlechte Liebe zu euch selber macht euch aus der Einsamkeit ein Gefängnis.

Die Ferneren sind es, welche eure Liebe zum Nächsten bezahlen; und schon wenn ihr zu fünfen miteinander seid, muß immer ein sechster sterben.

Ich liebe auch eure Feste nicht: zu viel Schauspieler fand ich dabei, und auch die Zuschauer gebärdeten sich oft gleich Schauspielern.

Nicht den Nächsten lehre ich euch, sondern den Freund. Der Freund sei euch das Fest der Erde und ein Vorgefühl des Übermenschen.

Ich lehre euch den Freund und sein übervolles Herz. Aber man muß verstehn, ein Schwamm zu sein, wenn man von übervollen Herzen geliebt sein will.

Ich lehre euch den Freund, in dem die Welt fertig dasteht, eine Schale des Guten – den schaffenden Freund, der immer eine fertige Welt zu verschenken hat.

Und wie ihm die Welt auseinanderrollte, so rollt sie ihm wieder in Ringen zusammen, als das Werden des Guten durch das Böse, als das Werden der Zwecke aus dem Zufalle.

Die Zukunft und das Fernste sei dir die Ursache deines Heute: in deinem Freunde sollst du den Übermenschen als deine Ursache lieben.

Meine Brüder, zur Nächstenliebe rate ich euch nicht: ich rate euch zur Fernsten-Liebe.

Also sprach Zarathustra.

Vom Wege des Schaffenden

Willst du, mein Bruder, in die Vereinsamung gehen? Willst du den Weg zu dir selber suchen? Zaudere noch ein wenig und höre mich.

»Wer sucht, der geht leicht selber verloren. Alle Vereinsamung ist Schuld«: also spricht die Herde. Und du gehörtest lange zur Herde.

Die Stimme der Herde wird auch in dir noch tönen. Und wenn du sagen wirst: »ich habe nicht mehr *ein* Gewissen mit euch«, so wird es eine Klage und ein Schmerz sein.

Siehe, diesen Schmerz selber gebar noch das *eine* Gewissen: und dieses Gewissens letzter Schimmer glüht noch auf deiner Trübsal.

Aber du willst den Weg deiner Trübsal gehen, welches ist der Weg zu dir selber? So zeige mir dein Recht und deine Kraft dazu!

Bist du eine neue Kraft und ein neues Recht? Eine erste Bewegung? Ein aus sich rollendes Rad? Kannst du auch Sterne zwingen, daß sie um dich sich drehen?

Ach, es gibt so viel Lüsternheit nach Höhe! Es gibt so viel Krämpfe der Ehrgeizigen! Zeige mir, daß du keiner der Lüsternen und Ehrgeizigen bist!

Ach, es gibt so viel große Gedanken, die tun nicht mehr als ein Blasebalg: sie blasen auf und machen leerer.

Frei nennst du dich? Deinen herrschenden Gedanken will ich hören und nicht, daß du einem Joche entronnen bist.

Bist du ein solcher, der einem Joche entrinnen *durfte*? Es gibt manchen, der seinen letzten Wert wegwarf, als er seine Dienstbarkeit wegwarf.

Frei wovon? Was schiert das Zarathustra? Hell aber soll mir dein Auge künden: frei *wozu*?

Kannst du dir selber dein Böses und dein Gutes geben und deinen Willen über dich aufhängen wie ein Gesetz?. Kannst du dir selber Richter sein und Rächer deines Gesetzes?

Furchtbar ist das Alleinsein mit dem Richter und Rächer des eignen Gesetzes. Also wird ein Stern hinausgeworfen in den öden Raum und in den eisigen Atem des Alleinseins.

Heute noch leidest du an den Vielen, du Einer: heute noch hast du deinen Mut ganz und deine Hoffnungen.

Aber einst wird dich die Einsamkeit müde machen, einst wird dein Stolz sich krümmen und dein Mut knirschen. Schreien wirst du einst »ich bin allein!«

Einst wirst du dein Hohes nicht mehr sehn und dein Niedriges allzunahe; dein Erhabnes selbst wird dich fürchten machen wie ein Gespenst. Schreien wirst du einst: »Alles ist falsch!«

Es gibt Gefühle, die den Einsamen töten wollen; gelingt es ihnen nicht, nun, so müssen sie selber sterben! Aber vermagst du das, Mörder zu sein?

Kennst du, mein Bruder, schon das Wort »Verachtung«? Und die Qual deiner Gerechtigkeit, solchen gerecht zu sein, die dich verachten?

Du zwingst viele, über dich umzulernen; das rechnen sie dir hart an. Du kamst ihnen nahe und gingst doch vorüber: das verzeihen sie dir niemals.

Du gehst über sie hinaus: aber je höher du steigst, um so kleiner sieht dich das Auge des Neides. Am meisten aber wird der Fliegende gehaßt.

»Wie wolltet ihr gegen mich gerecht sein!« – mußt du sprechen – »ich erwähle mir eure Ungerechtigkeit als den mir zugemessnen Teil.«

Ungerechtigkeit und Schmutz werfen sie nach dem Einsamen: aber mein

Bruder, wenn du ein Stern sein willst, so mußt du ihnen deshalb nicht weniger leuchten!

Und hüte dich vor den Guten und Gerechten! Sie kreuzigen gerne die, welche sich ihre eigne Tugend erfinden – sie hassen den Einsamen.

Hüte dich auch vor der heiligen Einfalt! Alles ist ihr unheilig, was nicht einfältig ist; sie spielt auch gerne mit dem Feuer – der Scheiterhaufen.

Und hüte dich auch vor den Anfällen deiner Liebe! Zu schnell streckt der Einsame dem die Hand entgegen, der ihm begegnet.

Manchem Menschen darfst du nicht die Hand geben, sondern nur die Tatze: und ich will, daß deine Tatze auch Krallen habe.

Aber der schlimmste Feind, dem du begegnen kannst, wirst du immer dir selber sein; du selber lauerst dir auf in Höhlen und Wäldern.

Einsamer, du gehst den Weg zu dir selber! Und an dir selber führt dein Weg vorbei, und an deinen sieben Teufeln!

Ketzer wirst du dir selber sein und Hexe und Wahrsager und Narr und Zweifler und Unheiliger und Bösewicht.

Verbrennen mußt du dich wollen in deiner eignen Flamme: wie wolltest du neu werden, wenn du nicht erst Asche geworden bist!

Einsamer, du gehst den Weg des Schaffenden: einen Gott willst du dir schaffen aus deinen sieben Teufeln!

Einsamer, du gehst den Weg des Liebenden: dich selber liebst du und deshalb verachtest du dich, wie nur Liebende verachten.

Schaffen will der Liebende, weil er verachtet! Was weiß der von Liebe, der nicht gerade verachten mußte, was er liebte!

Mit deiner Liebe gehe in deine Vereinsamung und mit deinem Schaffen, mein Bruder; und spät erst wird die Gerechtigkeit dir nachhinken.

Mit meinen Tränen gehe in deine Vereinsamung, mein Bruder. Ich liebe den, der über sich selber hinaus schaffen will und so zugrunde geht. –

Also sprach Zarathustra.

Von alten und jungen Weiblein

»Was schleichst du so scheu durch die Dämmerung, Zarathustra? Und was birgst du behutsam unter deinem Mantel?

Ist es ein Schatz, der dir geschenkt? Oder ein Kind, das dir geboren wurde? Oder gehst du jetzt selber auf den Wegen der Diebe, du Freund der Bösen?« –

Wahrlich, mein Bruder! sprach Zarathustra, es ist ein Schatz, der mir geschenkt wurde: eine kleine Wahrheit ist's, die ich trage.

Aber sie ist ungebärdig wie ein junges Kind; und wenn ich ihr nicht den Mund halte, so schreit sie überlaut.

Als ich heute allein meines Weges ging, zur Stunde, wo die Sonne sinkt, begegnete mir ein altes Weiblein und redete also zu meiner Seele:

»Vieles sprach Zarathustra auch zu uns Weibern, doch nie sprach er uns über das Weib.«

Und ich entgegnete ihr: »über das Weib soll man nur zu Männern reden.«

»Rede auch zu mir vom Weibe«, sprach sie; »ich bin alt genug, um es gleich wieder zu vergessen.«

Und ich willfahrte dem alten Weiblein und sprach also zu ihm:

Alles am Weibe ist ein Rätsel, und alles am Weibe hat *eine* Lösung: sie heißt Schwangerschaft.

Der Mann ist für das Weib ein Mittel: der Zweck ist immer das Kind. Aber was ist das Weib für den Mann?

Zweierlei will der echte Mann: Gefahr und Spiel. Deshalb will er das Weib, als das gefährlichste Spielzeug.

Der Mann soll zum Kriege erzogen werden und das Weib zur Erholung des Kriegers: alles andre ist Torheit.

Allzusüße Früchte – die mag der Krieger nicht. Darum mag er das Weib; bitter ist auch noch das süßeste Weib.

Besser als ein Mann versteht das Weib die Kinder, aber der Mann ist kindlicher als das Weib.

Im echten Manne ist ein Kind versteckt: das will spielen. Auf, ihr Frauen, so entdeckt mir doch das Kind im Manne!

Ein Spielzeug sei das Weib, rein und fein, dem Edelsteine gleich, bestrahlt von den Tugenden einer Welt, welche noch nicht da ist.

Der Strahl eines Sternes glänze in eurer Liebe! Eure Hoffnung heiße: »Möge ich den Übermenschen gebären!«

In eurer Liebe sei Tapferkeit! Mit eurer Liebe sollt ihr auf den losgehn, der euch Furcht einflößt.

In eurer Liebe sei eure Ehre! Wenig versteht sich sonst das Weib auf Ehre. Aber dies sei eure Ehre, immer mehr zu lieben, als ihr geliebt werdet, und nie die zweiten zu sein.

Der Mann fürchte sich vor dem Weibe, wenn es liebt: da bringt es jedes Opfer, und jedes andre Ding gilt ihm ohne Wert.

Der Mann fürchte sich vor dem Weibe, wenn es haßt: denn der Mann ist im Grunde der Seele nur böse, das Weib aber ist dort schlecht.

Wen haßt das Weib am meisten? – Also sprach das Eisen zum Magneten: »Ich hasse dich am meisten, weil du anziehst, aber nicht stark genug bist, an dich zu ziehen.«

Das Glück des Mannes heißt: ich will. Das Glück des Weibes heißt: er will.

»Siehe, jetzt eben ward die Welt vollkommen!« – also denkt ein jedes Weib, wenn es aus ganzer Liebe gehorcht.

Und gehorchen muß das Weib und eine Tiefe finden zu seiner Oberfläche. Oberfläche ist des Weibes Gemüt, eine bewegliche stürmische Haut auf einem seichten Gewässer.

Des Mannes Gemüt aber ist tief, sein Strom rauscht in unterirdischen Höhlen: das Weib ahnt seine Kraft, aber begreift sie nicht. –

Da entgegnete mir das alte Weiblein: »Vieles Artige sagte Zarathustra und sonderlich für die, welche jung genug dazu sind.

Seltsam ist's, Zarathustra kennt wenig die Weiber, und doch hat er über sie recht! Geschieht dies deshalb, weil beim Weibe kein Ding unmöglich ist?

Und nun nimm zum Danke eine kleine Wahrheit! Bin ich doch alt genug für sie!

Wickle sie ein und halte ihr den Mund: sonst schreit sie überlaut, diese kleine Wahrheit.«

»Gib mir, Weib, deine kleine Wahrheit!« sagte ich. Und also sprach das alte Weiblein:

»Du gehst zu Frauen? Vergiß die Peitsche nicht!« –

Also sprach Zarathustra.

Vom Biß der Natter

Eines Tages war Zarathustra unter einem Feigenbaume eingeschlafen, da es heiß war, und hatte seine Arme über das Gesicht gelegt. Da kam eine Natter und biß ihn in den Hals, so daß Zarathustra vor Schmerz aufschrie. Als er den Arm vom Gesicht genommen hatte, sah er die Schlange an: da erkannte sie die Augen Zarathustras, wand sich ungeschickt und wollte davon. »Nicht doch«, sprach Zarathustra, »noch nahmst du meinen Dank nicht an! Du wecktest mich zur Zeit, mein Weg ist noch lang.« »Dein Weg ist noch kurz«, sagte die Natter traurig; »mein Gift tötet.« Zarathustra lächelte. »Wann starb wohl je ein Drache am Gift einer Schlange?« – sagte er. »Aber nimm dein Gift zurück! Du bist nicht reich genug, es mir zu schenken.« Da fiel ihm die Natter von neuem um den Hals und leckte ihm seine Wunde.

Als Zarathustra dies einmal seinen Jüngern erzählte, fragten sie: »Und was, o Zarathustra, ist die Moral deiner Geschichte?« Zarathustra antwortete darauf also:

Den Vernichter der Moral heißen mich die Guten und Gerechten: meine Geschichte ist unmoralisch.

So ihr aber einen Feind habt, so vergeltet ihm nicht Böses mit Gutem: denn das würde beschämen. Sondern beweist, daß er euch etwas Gutes angetan hat.

Und lieber zürnt noch, als daß ihr beschämt! Und wenn euch geflucht wird, so gefällt es mir nicht, daß ihr dann segnen wollt. Lieber ein wenig mitfluchen!

Und geschah euch ein großes Unrecht, so tut mir geschwind fünf kleine dazu! Gräßlich ist der anzusehn, den allein das Unrecht drückt.

Wußtet ihr dies schon? Geteiltes Unrecht ist halbes Recht. Und der soll das Unrecht auf sich nehmen, der es tragen kann!

Eine kleine Rache ist menschlicher als gar keine Rache. Und wenn die Strafe nicht auch ein Recht und eine Ehre ist für den Übertretenden, so mag ich auch euer Strafen nicht.

Vornehmer ist's, sich unrecht zu geben als recht zu behalten, sonderlich, wenn man recht hat. Nur muß man reich genug dazu sein.

Ich mag eure kalte Gerechtigkeit nicht; und aus dem Auge eurer Richter blickt mir immer der Henker und sein kaltes Eisen.

Sagt, wo findet sich die Gerechtigkeit, welche Liebe mit sehenden Augen ist?

So erfindet mir doch die Liebe, welche nicht nur alle Strafe, sondern auch alle Schuld trägt!

So erfindet mir doch die Gerechtigkeit, die jeden freispricht, ausgenommen den Richtenden!

Wollt ihr auch dies noch hören? An dem, der von Grund aus gerecht sein will, wird auch noch die Lüge zur Menschen-Freundlichkeit.

Aber wie wollte ich gerecht sein von Grund aus! Wie kann ich jedem das Seine geben! Dies sei mir genug: ich gebe jedem das Meine.

Endlich, meine Brüder, hütet euch, Unrecht zu tun allen Einsiedlern! Wie könnte ein Einsiedler vergessen! Wie könnte er vergelten!

Wie ein tiefer Brunnen ist ein Einsiedler. Leicht ist es, einen Stein hineinzuwerfen; sank er aber bis zum Grunde, sagt, wer will ihn wieder herausbringen?

Hütet euch, den Einsiedler zu beleidigen! Tatet ihr's aber, nun, so tötet ihn auch noch!

Also sprach Zarathustra.

Von Kind und Ehe

Ich habe eine Frage für dich allein, mein Bruder: wie ein Senkblei werfe ich diese Frage in deine Seele, daß ich wisse, wie tief sie sei.

Du bist jung und wünschest dir Kind und Ehe. Aber ich frage dich: bist du ein Mensch, der ein Kind sich wünschen *darf*?

Bist du der Siegreiche, der Selbstbezwinger, der Gebieter der Sinne, der Herr deiner Tugenden? Also frage ich dich.

Oder redet aus deinem Wunsche das Tier und die Notdurft? Oder Vereinsamung? Oder Unfriede mit dir?

Ich will, daß dein Sieg und deine Freiheit sich nach einem Kinde sehne. Lebendige Denkmale sollst du bauen deinem Siege und deiner Befreiung.

Über dich sollst du hinausbauen. Aber erst mußt du mir selber gebaut sein, rechtwinklig an Leib und Seele.

Nicht nur fort sollst du dich pflanzen, sondern hinauf! Dazu helfe dir der Garten der Ehe!

Einen höheren Leib sollst du schaffen, eine erste Bewegung, ein aus sich rollendes Rad – einen Schaffenden sollst du schaffen.

Ehe: so heiße ich den Willen zu zweien, das Eine zu schaffen, das mehr ist, als die es schufen. Ehrfurcht voreinander nenne ich Ehe als vor den Wollenden eines solchen Willens.

Dies sei der Sinn und die Wahrheit deiner Ehe. Aber das, was die Viel-zu-Vielen Ehe nennen, diese Überflüssigen – ach, wie nenne ich das?

Ach, diese Armut der Seele zu zweien! Ach, dieser Schmutz der Seele zu zweien! Ach, dies erbärmliche Behagen zu zweien!

Ehe nennen sie dies alles; und sie sagen, ihre Ehen seien im Himmel geschlossen.

Nun, ich mag ihn nicht, diesen Himmel der Überflüssigen! Nein, ich mag sie nicht, diese im himmlischen Netz verschlungenen Tiere!

Ferne bleibe mir auch der Gott, der heranhinkt, zu segnen, was er nicht zusammenfügte!

Lacht mir nicht über solche Ehen! Welches Kind hätte nicht Grund, über seine Eltern zu weinen?

Würdig schien mir dieser Mann und reif für den Sinn der Erde: aber als ich sein Weib sah, schien mir die Erde ein Haus für Unsinnige.

Ja, ich wollte, daß die Erde in Krämpfen bebte, wenn sich ein Heiliger und eine Gans miteinander paaren.

Dieser ging wie ein Held auf Wahrheiten aus, und endlich erbeutete er sich eine kleine geputzte Lüge. Seine Ehe nennt er's.

Jener war spröde im Verkehre und wählte wählerisch. Aber mit einem Male verdarb er für alle Male seine Gesellschaft: seine Ehe nennt er's.

Jener suchte eine Magd mit den Tugenden eines Engels. Aber mit einem Male wurde er die Magd eines Weibes, und nun täte es not, daß er darüber noch zum Engel werde.

Sorgsam fand ich jetzt alle Käufer, und alle haben listige Augen. Aber seine Frau kauft auch der Listigste noch im Sack.

Viele kurze Torheiten – das heißt bei euch Liebe. Und eure Ehe macht vielen kurzen Torheiten ein Ende, als *eine* lange Dummheit.

Eure Liebe zum Weibe und des Weibes Liebe zum Manne: ach, möchte sie doch Mitleiden sein mit leidenden und verhüllten Göttern! Aber zumeist erraten zwei Tiere einander.

Aber auch noch eure beste Liebe ist nur ein verzücktes Gleichnis und eine schmerzhafte Glut. Eine Fackel ist sie, die euch zu höheren Wegen leuchten soll.

Über euch hinaus sollt ihr einst lieben! So *lernt* erst lieben! Und darum mußtet ihr den bittern Kelch eurer Liebe trinken.

Bitternis ist im Kelch auch der besten Liebe: so macht sie Sehnsucht zum Übermenschen, so macht sie Durst dir, dem Schaffenden!

Durst dem Schaffenden, Pfeil und Sehnsucht dem Übermenschen: sprich, mein Bruder, ist dies dein Wille zur Ehe?

Heilig heißt mir solch ein Wille und solche Ehe. –

Also sprach Zarathustra.

Vom freien Tode

Viele sterben zu spät, und einige sterben zu früh. Noch klingt fremd die Lehre: »stirb zur rechten Zeit!«

Stirb zur rechten Zeit; also lehrt es Zarathustra.

Freilich, wer nie zur rechten Zeit lebt, wie sollte der je zur rechten Zeit sterben? Möchte er doch nie geboren sein! – Also rate ich den Überflüssigen.

Aber auch die Überflüssigen tun noch wichtig mit ihrem Sterben, und auch die hohlste Nuß will noch geknackt sein.

Wichtig nehmen alle das Sterben: aber noch ist der Tod kein Fest. Noch erlernten die Menschen nicht, wie man die schönsten Feste weiht.

Den vollbringenden Tod zeige ich euch, der den Lebenden ein Stachel und ein Gelöbnis wird.

Seinen Tod stirbt der Vollbringende, siegreich, umringt von Hoffenden und Gelobenden.

Also sollte man sterben lernen; und es sollte kein Fest geben, wo ein solcher Sterbender nicht der Lebenden Schwüre weihte!

Also zu sterben ist das Beste; das zweite aber ist: im Kampfe zu sterben und eine große Seele zu verschwenden.

Aber dem Kämpfenden gleich verhaßt wie dem Sieger ist euer grinsender Tod, der heranschleicht wie ein Dieb – und doch als Herr kommt.

Meinen Tod lobe ich euch, den freien Tod, der mir kommt, weil *ich* will.

Und wann werde ich wollen? – Wer ein Ziel hat und einen Erben, der will den Tod zur rechten Zeit für Ziel und Erben.

Und aus Ehrfurcht vor Ziel und Erben wird er keine dürren Kränze mehr im Heiligtum des Lebens aufhängen.

Wahrlich, nicht will ich den Seildrehern gleichen: sie ziehen ihren Faden in die Länge und gehen dabei selber immer rückwärts.

Mancher wird auch für seine Wahrheiten und Siege zu alt; ein zahnloser Mund hat nicht mehr das Recht zu jeder Wahrheit.

Und jeder, der Ruhm haben will, muß sich beizeiten von der Ehre verabschieden und die schwere Kunst üben, zur rechten Zeit zu – gehn.

Man muß aufhören, sich essen zu lassen, wenn man am besten schmeckt: das wissen die, welche lange geliebt werden wollen.

Saure Äpfel gibt es freilich, deren Los will, daß sie bis auf den letzten Tag des Herbstes warten: und zugleich werden sie reif, gelb und runzelig.

Andern altert das Herz zuerst und andern der Geist. Und einige sind greis in der Jugend: aber spät jung erhält lang jung.

Manchem mißrät das Leben: ein Giftwurm frißt sich ihm ans Herz. So möge er zusehn, daß ihm das Sterben um so mehr gerate.

Mancher wird nie süß, er fault im Sommer schon. Feigheit ist es, die ihn an seinem Aste festhält.

Viel zu viele leben und viel zu lange hängen sie an ihren Ästen. Möchte ein Sturm kommen, der all dies Faule und Wurmfressne vom Baume schüttelt!

Möchten Prediger kommen des *schnellen* Todes! Das wären mir die rechten Stürme und Schüttler an Lebensbäumen! Aber ich höre nur den langsamen Tod predigen und Geduld mit allem »Irdischen«.

Ach, ihr predigt Geduld mit dem Irdischen? Dieses Irdische ist es, das zu viel Geduld mit euch hat, ihr Lästermäuler!

Wahrlich, zu früh starb jener Hebräer, den die Prediger des langsamen Todes ehren: und vielen ward es seitdem zum Verhängnis, daß er zu früh starb.

Noch kannte er nur Tränen und die Schwermut des Hebräers, samt dem Hasse der Guten und Gerechten – der Hebräer Jesus: da überfiel ihn die Sehnsucht zum Tode.

Wäre er doch in der Wüste geblieben und ferne von den Guten und Gerechten! Vielleicht hätte er leben gelernt und die Erde lieben gelernt – und das Lachen dazu!

Glaubt es mir, meine Brüder! Er starb zu früh; er selber hätte seine Lehre widerrufen, wäre er bis zu meinem Alter gekommen! Edel genug war er zum Widerrufen!

Aber ungereift war er noch. Unreif liebt der Jüngling, und unreif haßt er auch Mensch und Erde. Angebunden und schwer ist ihm noch Gemüt und Geistesflügel.

Aber im Manne ist mehr Kind als im Jünglinge, und weniger Schwermut: besser versteht er sich auf Tod und Leben.

Frei zum Tode und frei im Tode, ein heiliger Nein-Sager, wenn es nicht Zeit mehr ist zum Ja: also versteht er sich auf Tod und Leben.

Daß euer Sterben keine Lästerung sei auf Mensch und Erde, meine Freunde: das erbitte ich mir von dem Honig eurer Seele.

In eurem Sterben soll noch euer Geist und eure Tugend glühn, gleich einem Abendrot um die Erde: oder aber das Sterben ist euch schlecht geraten.

Also will ich selber sterben, daß ihr Freunde um meinetwillen die Erde mehr liebt; und zur Erde will ich wieder werden, daß ich in der Ruhe habe, die mich gebar.

Wahrlich, ein Ziel hatte Zarathustra, er warf seinen Ball: nun seid ihr Freunde meines Zieles Erbe, euch werfe ich den goldenen Ball zu.

Lieber als alles sehe ich euch, meine Freunde, den goldenen Ball werfen! Und so verziehe ich noch ein wenig auf Erden: verzeiht es mir!

Also sprach Zarathustra.

Von der schenkenden Tugend

1

Als Zarathustra von der Stadt Abschied genommen hatte, welcher sein Herz zugetan war und deren Name lautet: »die bunte Kuh« – folgten ihm viele, die sich seine Jünger nannten, und gaben ihm das Geleit. Also kamen sie an einen Kreuzweg: da sagte ihnen Zarathustra, daß er nunmehr allein gehen wolle; denn er war ein Freund des Alleingehens. Seine Jünger aber reichten ihm zum Abschiede einen Stab, an dessen goldnem Griffe sich eine Schlange um die Sonne ringelte. Zarathustra freute sich des Stabes und stütze sich darauf; dann sprach er also zu seinen Jüngern:

Sagt mir doch: wie kam Gold zum höchsten Werte? Darum, daß es ungemein ist und unnützlich und leuchtend und mild im Glanze; es schenkt sich immer.

Nur als Abbild der höchsten Tugend kam Gold zum höchsten Werte. Goldgleich leuchtet der Blick dem Schenkenden. Goldes-Glanz schließt Friede zwischen Mond und Sonne.

Ungemein ist die höchste Tugend und unnützlich, leuchtend ist sie und mild im Glanze: eine schenkende Tugend ist die höchste Tugend.

Wahrlich, ich errate euch wohl, meine Jünger, ihr trachtet, gleich mir, nach der schenkenden Tugend. Was hättet ihr mit Katzen und Wölfen gemeinsam?

Das ist euer Durst, selber zu Opfern und Geschenken zu werden: und darum habt ihr den Durst, alle Reichtümer in eure Seele zu häufen.

Unersättlich trachtet eure Seele nach Schätzen und Kleinodien, weil eure Tugend unersättlich ist im Verschenken-Wollen.

Ihr zwingt alle Dinge zu euch und in euch, daß sie aus eurem Borne zurückströmen sollen als die Gaben eurer Liebe.

Wahrlich, zum Räuber an allen Werten muß solche schenkende Liebe werden; aber heil und heilig heiße ich diese Selbstsucht. –

Eine andre Selbstsucht gibt es, eine allzuarme, eine hungernde, die immer stehlen will, jene Selbstsucht der Kranken, die kranke Selbstsucht.

Mit dem Auge des Diebes blickt sie auf alles Glänzende; mit der Gier des Hungers mißt sie den, der reich zu essen hat; und immer schleicht sie um den Tisch der Schenkenden.

Krankheit redet aus solcher Begierde und unsichtbare Entartung; von siechem Leibe redet die diebische Gier dieser Selbstsucht.

Sagt mir, meine Brüder: was gilt uns als Schlechtes und Schlechtestes? Ist es nicht *Entartung*? – Und auf Entartung raten wir immer, wo die schenkende Seele fehlt.

Aufwärts geht unser Weg, von der Art hinüber zur Über-Art. Aber ein Grauen ist uns der entartende Sinn, welcher spricht: »Alles für mich.«

Aufwärts fliegt unser Sinn: so ist er ein Gleichnis unsres Leibes, einer Erhöhung Gleichnis. Solcher Erhöhungen Gleichnisse sind die Namen der Tugenden.

Also geht der Leib durch die Geschichte, ein Werdender und ein Kämpfender. Und der Geist – was ist er ihm? Seiner Kämpfe und Siege Herold, Genoß und Widerhall.

Gleichnisse sind alle Namen von Gut und Böse: sie sprechen nicht aus, sie winken nur. Ein Tor, welcher von ihnen Wissen will.

Achtet mir, meine Brüder, auf jede Stunde, wo euer Geist in Gleichnissen reden will: da ist der Ursprung eurer Tugend.

Erhöht ist da euer Leib und auferstanden; mit seiner Wonne entzückt er den Geist, daß er Schöpfer wird und Schätzer und Liebender und aller Dinge Wohltäter.

Wenn euer Herz breit und voll wallt, dem Strome gleich, ein Segen und eine Gefahr den Anwohnenden: da ist der Ursprung eurer Tugend.

Wenn ihr erhaben seid über Lob und Tadel, und euer Wille allen Dingen befehlen will, als eines Liebenden Wille: da ist der Ursprung eurer Tugend.

Wenn ihr das Angenehme verachtet und das weiche Bett, und von den Weichlichen euch nicht weit genug betten könnt: da ist der Ursprung eurer Tugend.

Wenn ihr *eines* Willens Wollende seid, und diese Wende aller Not euch Notwendigkeit heißt: da ist der Ursprung eurer Tugend.

Wahrlich, ein neues Gutes und Böses ist sie! Wahrlich, ein neues tiefes Rauschen und eines neuen Quelles Stimme!

Macht ist sie, diese neue Tugend; ein herrschender Gedanke ist sie, und um ihn eine kluge Seele: eine goldene Sonne, und um sie die Schlange der Erkenntnis.

2

Hier schwieg Zarathustra eine Weile und sah mit Liebe auf seine Jünger. Dann fuhr er also fort zu reden – und seine Stimme hatte sich verwandelt.

Bleibt mir der Erde treu, meine Brüder, mit der Macht eurer Tugend! Eure schenkende Liebe und eure Erkenntnis diene dem Sinne der Erde! Also bitte und beschwöre ich euch.

Laßt sie nicht davonfliegen vom Irdischen und mit den Flügeln gegen ewige Wände schlagen! Ach, es gab immer so viel verflogene Tugend!

Führt, gleich mir, die verflogene Tugend zur Erde zurück – ja, zurück zu Leib und Leben: daß sie der Erde ihren Sinn gebe, einen Menschen-Sinn!

Hundertfältig verflog und vergriff sich bisher so Geist wie Tugend. Ach, in unserm Leibe wohnt jetzt noch all dieser Wahn und Fehlgriff: Leib und Wille ist er da geworden.

Hundertfältig versuchte und verirrte sich bisher so Geist wie Tugend. Ja, ein Versuch war der Mensch. Ach, viel Unwissen und Irrtum ist an uns Leib geworden!

Nicht nur die Vernunft von Jahrtausenden – auch ihr Wahnsinn bricht an uns aus. Gefährlich ist es, Erbe zu sein.

Noch kämpfen wir Schitt um Schritt mit dem Riesen Zufall, und über der ganzen Menschheit waltete bisher noch der Unsinn, der Ohne-Sinn.

Euer Geist und eure Tugend diene dem Sinn der Erde, meine Brüder: und aller Dinge Wert werde neu von euch gesetzt! Darum sollt ihr Kämpfende sein! Darum sollt ihr Schaffende sein!

Wissend reinigt sich der Leib; mit Wissen versuchend erhöht er sich; dem Erkennenden heiligen sich alle Triebe; dem Erhöhten wird die Seele fröhlich.

Arzt, hilf dir selber: so hilfst du auch deinem Kranken noch. Das sei seine beste Hilfe, daß er den mit Augen sehe, der sich selber heil macht.

Tausend Pfade gibt es, die noch nie gegangen sind, tausend Gesundheiten und verborgene Eilande des Lebens. Unerschöpft und unentdeckt ist immer noch Mensch und Menschen-Erde.

Wachet und horcht, ihr Einsamen! Von der Zukunft her kommen Winde mit heimlichem Flügelschlagen; und an feine Ohren ergeht gute Botschaft.

Ihr Einsamen von heute, ihr Ausscheidenden, ihr sollt einst ein Volk sein: aus euch, die ihr euch selber auswähltet, soll ein auserwähltes Volk erwachsen – und aus ihm der Übermensch.

Wahrlich, eine Stätte der Genesung soll noch die Erde werden! Und schon liegt ein neuer Geruch um sie, ein Heil bringender – und eine neue Hoffnung!

3

Als Zarathustra diese Worte gesagt hatte, schwieg er, wie einer, der nicht sein letztes Wort gesagt hat; lange wog er den Stab zweifelnd in seiner Hand. Endlich sprach er also: – und seine Stimme hatte sich verwandelt.

Allein gehe ich nun, meine Jünger! Auch ihr geht nun davon und allein! So will ich es.

Wahrlich, ich rate euch: geht fort von mir und wehrt euch gegen Zarathustra! Und besser noch: schämt euch seiner! Vielleicht betrog er euch.

Der Mensch der Erkenntnis muß nicht nur seine Feinde lieben, sondern auch seine Freunde hassen können.

Man vergilt einem Lehrer schlecht, wenn man immer nur der Schüler bleibt. Und warum wollt ihr nicht an meinem Kranze rupfen?

Ihr verehrt mich; aber wie, wenn eure Verehrung eines Tages umfällt? Hütet euch, daß euch nicht eine Bildsäule erschlage!

Ihr sagt, ihr glaubt an Zarathustra? Aber was liegt an Zarathustra? Ihr seid meine Gläubigen: aber was liegt an allen Gläubigen!

Ihr hattet euch noch nicht gesucht: da fandet ihr mich. So tun alle Gläubigen; darum ist es so wenig mit allem Glauben.

Nun heiße ich euch, mich verlieren und euch finden; und erst, wenn ihr mich alle verleugnet habt, will ich euch wiederkehren.

Wahrlich, mit andern Augen, meine Brüder, werde ich mir dann meine Verlorenen suchen; mit einer andern Liebe werde ich euch dann lieben.

Und einst noch sollt ihr mir Freunde geworden sein und Kinder *einer* Hoffnung: dann will ich zum dritten Male bei euch sein, daß ich den großen Mittag mit euch feiere.

Und das ist der große Mittag, da der Mensch auf der Mitte seiner Bahn steht zwischen Tier und Übermensch und seinen Weg zum Abende als seine höchste Hoffnung feiert: denn es ist der Weg zu einem neuen Morgen.

Alsda wird sich der Untergehende selber segnen, daß er ein Hinübergehender sei; und die Sonne seiner Erkenntnis wird ihm im Mittage stehn.

»Tot sind alle Götter: nun wollen wir, daß der Übermensch lebe« – dies sei einst am großen Mittage unser letzter Wille! –

Also sprach Zarathustra.

ALSO SPRACH ZARATHUSTRA

»– und erst wenn ihr mich alle verleugnet habt, will ich euch wiederkehren.
Wahrlich, mit andern Augen, meine Brüder, werde ich mir dann meine Verlorenen suchen; mit einer andern Liebe werde ich euch dann lieben.«

Zarathustra,
von der schenkenden Tugend *(S. 597)*

Das Kind mit dem Spiegel

Hierauf ging Zarathustra wieder zurück in das Gebirge und in die Einsamkeit seiner Höhle und entzog sich den Menschen: wartend gleich einem Sämann, der seinen Samen ausgeworfen hat. Seine Seele aber wurde voll von Ungeduld und Begierde nach denen, welche er liebte: denn er hatte ihnen noch viel zu geben. Dies nämlich ist das Schwerste, aus Liebe die offne Hand schließen und als Schenkender die Scham bewahren.

Also vergingen dem Einsamen Monde und Jahre; seine Weisheit aber wuchs und machte ihm Schmerzen durch ihre Fülle.

Eines Morgens aber wachte er schon vor der Morgenröte auf, besann sich lange auf seinem Lager und sprach endlich zu seinem Herzen:

»Was erschrak ich doch so in meinem Traume, daß ich aufwachte? Trat nicht ein Kind zu mir, das einen Spiegel trug?

›O Zarathustra‹ – sprach das Kind zu mir – ›schaue dich an im Spiegel!‹

Aber als ich in den Spiegel schaute, da schrie ich auf, und mein Herz war erschüttert: denn nicht mich sahe ich darin, sondern eines Teufels Fratze und Hohnlachen.

Wahrlich, allzugut verstehe ich des Traumes Zeichen und Mahnung: meine *Lehre* ist in Gefahr, Unkraut will Weizen heißen!

Meine Feinde sind mächtig worden und haben meiner Lehre Bildnis entstellt, also, daß meine Liebsten sich der Gaben schämen müssen, die ich ihnen gab.

Verloren gingen mir meine Freunde; die Stunde kam mir, meine Verlornen zu suchen!« –

Mit diesen Worten sprang Zarathustra auf, aber nicht wie ein Geängstigter, der nach Luft sucht, sondern eher wie ein Seher und Sänger, welchen der Geist anfällt. Verwundert sahen sein Adler und seine Schlange auf ihn hin: denn gleich dem Morgenrote lag ein kommendes Glück auf seinem Antlitze.

Was geschah mir doch, meine Tiere? – sagte Zarathustra. Bin ich nicht verwandelt? Kam mir nicht die Seligkeit wie ein Sturmwind?

Töricht ist mein Glück und Törichtes wird es reden: zu jung noch ist es – so habt Geduld mit ihm!

Verwundet bin ich von meinem Glücke: alle Leidenden sollen mir Ärzte sein!

Zu meinen Freunden darf ich wieder hinab und auch zu meinen Feinden! Zarathustra darf wieder reden und schenken und Lieben das Liebste tun!

Meine ungeduldige Liebe fließt über in Strömen, abwärts, nach Aufgang und Niedergang. Aus schweigsamem Gebirge und Gewitter des Schmerzes rauscht meine Seele in die Täler.

Zu lange sehnte ich mich und schaute in die Ferne. Zu lange gehörte ich der Einsamkeit: so verlernte ich das Schweigen.

Mund bin ich worden ganz und gar, und Brausen eines Bachs aus hohen Felsen: hinab will ich meine Reden stürzen in die Täler.

Und mag mein Strom der Liebe in Unwegsames stürzen! Wie sollte ein Strom nicht endlich den Weg zum Meere finden!

Wohl ist ein See in mir, ein einsiedlerischer, selbstgenugsamer; aber mein Strom der Liebe reißt ihn mit sich hinab – zum Meere!

Neue Wege gehe ich, eine neue Rede kommt mir; müde wurde ich, gleich allen Schaffenden, der alten Zungen. Nicht will mein Geist mehr auf abgelaufnen Sohlen wandeln.

Zu langsam läuft mir alles Reden – in deinen Wagen springe ich, Sturm! Und auch dich will ich noch peitschen mit meiner Bosheit!

Wie ein Schrei und ein Jauchzen will ich über weite Meere hinfahren, bis ich die glückseligen Inseln finde, wo meine Freunde weilen: –

Und meine Feinde unter ihnen! Wie liebe ich nun jeden, zu dem ich nur reden darf! Auch meine Feinde gehören zu meiner Seligkeit.

Und wenn ich auf mein wildestes Pferd steigen will, so hilft mir mein Speer immer am besten hinauf: der ist meines Fußes allzeit bereiter Diener: –

Der Speer, den ich gegen meine Feinde schleudere! Wie danke ich es meinen Feinden, daß ich endlich ihn schleudern darf!

Zu groß war die Spannung meiner Wolke: zwischen Gelächtern der Blitze will ich Hagelschauer in die Tiefe werfen.

Gewaltig wird sich da meine Brust heben, gewaltig wird sie ihren Sturm über die Berge hinblasen: so kommt ihr Erleichterung.

Wahrlich, einem Sturm gleich kommt mein Glück und meine Freiheit! Aber meine Feinde sollen glauben, *der Böse* rase über ihren Häuptern.

Ja, auch ihr werdet erschreckt sein, meine Freunde, ob meiner wilden Weisheit; und vielleicht flieht ihr davon samt meinen Feinden.

Ach, daß ich's verstünde, euch mit Hirtenflöten zurückzulocken! Ach, daß meine Löwin Weisheit zärtlich brüllen lernte! Und vieles lernten wir schon miteinander!

Meine wilde Weisheit wurde trächtig auf einsamen Bergen; auf rauhen Steinen gebar sie ihr Junges, Jüngstes.

Nun läuft sie närrisch durch die harte Wüste und sucht und sucht nach sanftem Rasen – meine alte wilde Weisheit!

Auf eurer Herzen sanften Rasen, meine Freunde! – auf eure Liebe möchte sie ihr Liebstes betten! –

Also sprach Zarathustra.

Auf den glückseligen Inseln

Die Feigen fallen von den Bäumen, sie sind gut und süß; und indem sie fallen, reißt ihnen die rote Haut. Ein Nordwind bin ich reifen Feigen.

Also, gleich Feigen, fallen euch diese Lehren zu, meine Freunde: nun trinkt ihren Saft und ihr süßes Fleisch! Herbst ist es umher und reiner Himmel und Nachmittag.

Seht, welche Fülle ist um uns! Und aus dem Überflusse heraus ist es schön hinaus zu blicken auf ferne Meere.

Einst sagte man Gott, wenn man auf ferne Meere blickte; nun aber lehrte ich euch sagen: Übermensch.

Gott ist eine Mutmaßung; aber ich will, daß euer Mutmaßen nicht weiter reiche, als euer schaffender Wille.

Könntet ihr einen Gott *schaffen*? – So schweigt mir doch von allen Göttern! Wohl aber könntet ihr den Übermenschen schaffen.

Nicht ihr vielleicht selber, meine Brüder! Aber zu Vätern und Vorfahren könntet ihr euch umschaffen des Übermenschen: und dies sei euer bestes Schaffen! –

Gott ist eine Mutmaßung: aber ich will, daß euer Mutmaßen begrenzt sei in der Denkbarkeit.

Könntet ihr einen Gott *denken*? – Aber dies bedeute euch Wille zur Wahrheit, daß alles verwandelt werde in Menschen-Denkbares, Menschen-Sichtbares, Menschen-Fühlbares! Eure eignen Sinne sollt ihr zu Ende denken!

Und was ihr Welt nanntet, das soll erst von euch geschaffen werden: eure Vernunft, euer Bild, euer Wille, eure Liebe soll es selber werden! Und wahrlich, zu eurer Seligkeit, ihr Erkennenden!

Und wie wolltet ihr das Leben ertragen ohne diese Hoffnung, ihr Erkennenden? Weder ins Unbegreifliche dürftet ihr eingeboren sein, noch ins Unvernünftige.

Aber daß ich euch ganz mein Herz offenbare, ihr Freunde: *wenn* es Götter gäbe, wie hielte ich's aus, kein Gott zu sein! *Also* gibt es keine Götter.

Wohl zog ich den Schluß; nun aber zieht er mich. –

Gott ist eine Mutmaßung: aber wer tränke alle Qual dieser Mutmaßung, ohne zu sterben? Soll dem Schaffenden sein Glaube genommen sein und dem Adler sein Schweben in Adler-Fernen?

Gott ist ein Gedanke, der macht alles Gerade krumm, und alles, was steht, drehend. Wie? Die Zeit wäre hinweg, und alles Vergängliche nur Lüge?

Dies zu denken ist Wirbel und Schwindel menschlichen Gebeinen, und noch dem Magen ein Erbrechen: wahrlich, die drehende Krankheit heiße ich's, solches zu mutmaßen.

Böse heiße ich's und menschenfeindlich: all dies Lehren vom Einen und Vollen und Unbewegten und Satten und Unvergänglichen!

Alles Unvergängliche – das ist nur ein Gleichnis! Und die Dichter lügen zuviel. –

Aber von Zeit und Werden sollen die besten Gleichnisse reden: ein Lob sollen sie sein und eine Rechtfertigung aller Vergänglichkeit!

Schaffen – das ist die große Erlösung vom Leiden, und des Lebens Leichtwerden. Aber daß der Schaffende sei, dazu selber tut Leid not und viel Verwandelung.

Ja, viel bitteres Sterben muß in eurem Leben sein, ihr Schaffenden! Also seid ihr Fürsprecher und Rechtfertiger aller Vergänglichkeit.

Daß der Schaffende selber das Kind sei, das neu geboren werde, dazu muß er auch die Gebärerin sein wollen und der Schmerz der Gebärerin.

Wahrlich, durch hundert Seelen ging ich meinen Weg und durch hundert Wiegen und Geburtswehen. Manchen Abschied nahm ich schon, ich kenne die herzbrechenden letzten Stunden.

Aber so will's mein schaffender Wille, mein Schicksal. Oder, daß ich's euch redlicher sage: solches Schicksal gerade – will mein Wille.

Alles Fühlende leidet an mir und ist in Gefängnissen: aber mein Wollen kommt mir stets als mein Befreier und Freudebringer.

Wollen befreit: das ist die wahre Lehre von Wille und Freiheit – so lehrt sie euch Zarathustra.

Nicht-mehr-wollen und Nicht-mehr-schätzen und Nicht-mehr-schaffen! ach, daß diese große Müdigkeit mir stets fern bleibe!

Auch im Erkennen fühle ich nur meines Willens Zeuge- und Werde-Lust; und wenn Unschuld in meiner Erkenntnis ist, so geschieht dies, weil Wille zur Zeugung in ihr ist.

Hinweg von Gott und Göttern lockte mich dieser Wille; was wäre denn zu schaffen, wenn Götter – da wären!

Aber zum Menschen treibt er mich stets von neuem, mein inbrünstiger Schaffens-Wille; so treibt's den Hammer hin zum Steine.

Ach, ihr Menschen, im Steine schläft mir ein Bild, das Bild meiner Bilder! Ach, daß es im härtesten, häßlichsten Steine schlafen muß!

Nun wütet mein Hammer grausam gegen sein Gefängnis. Vom Steine stäuben Stücke: was schiert mich das?

Vollenden will ich's: denn ein Schatten kam zu mir – aller Dinge Stillstes und Leichtestes kam einst zu mir!

Des Übermenschen Schönheit kam zu mir als Schatten. Ach, meine Brüder! Was gehen mich noch – die Götter an! –

Also sprach Zarathustra.

Von den Mitleidigen

Meine Freunde, es kam eine Spottrede zu eurem Freunde: »seht nur Zarathustra! Wandelt er nicht unter uns wie unter Tieren?«

Aber so ist es besser geredet: »der Erkennende wandelt unter Menschen *als* unter Tieren.«

Der Mensch selber aber heißt dem Erkennenden: das Tier, das rote Backen hat.

Wie geschah ihm das? Ist es nicht, weil er sich zu oft hat schämen müssen?

Oh, meine Freunde! So spricht der Erkennende: Scham, Scham, Scham – das ist die Geschichte des Menschen!

Und darum gebeut sich der Edle, nicht zu beschämen: Scham gebeut er sich vor allem Leidenden.

Wahrlich, ich mag sie nicht, die Barmherzigen, die selig sind in ihrem Mitleiden: zu sehr gebricht es ihnen an Scham.

Muß ich mitleidig sein, so will ich's doch nicht heißen; und wenn ich's bin, dann gern aus der Ferne.

Gerne verhülle ich auch das Haupt und fliehe davon, bevor ich noch erkannt bin: und also heiße ich euch tun, meine Freunde!

Möge mein Schicksal mir immer Leidlose, gleich euch, über den Weg führen, und solche, mit denen mir Hoffnung und Mahl und Honig gemein sein *darf*!

Wahrlich, ich tat wohl das und jenes an Leidenden: aber Besseres schien ich mir stets zu tun, wenn ich lernte, mich besser freuen.

Seit es Menschen gibt, hat der Mensch sich zu wenig gefreut: das allein, meine Brüder, ist unsre Erbsünde!

Und lernen wir besser uns freuen, so verlernen wir am besten, andern wehe zu tun und Wehes auszudenken.

Darum wasche ich mir die Hand, die dem Leidenden half, darum wische ich mir auch noch die Seele ab.

Denn daß ich den Leidenden leidend sah, dessen schämte ich mich um seiner Scham willen; und als ich ihm half, da verging ich mich hart an seinem Stolze.

Große Verbindlichkeiten machen nicht dankbar, sondern rachsüchtig; und wenn die kleine Wohltat nicht vergessen wird, so wird noch ein Nage-Wurm daraus.

»Seid spröde im Annehmen! Zeichnet aus damit, daß ihr annehmt!« – also rate ich denen, die nichts zu verschenken haben.

Ich aber bin ein Schenkender: gerne schenke ich, als Freund den Freunden. Fremde aber und Arme mögen sich die Frucht selber von meinem Baume pflücken: so beschämt es weniger.

Bettler aber sollte man ganz abschaffen! Wahrlich, man ärgert sich, ihnen zu geben und ärgert sich, ihnen nicht zu geben.

Und insgleichen die Sünder und bösen Gewissen! Glaubt mir, meine Freunde: Gewissensbisse erziehn zum Beißen.

Das Schlimmste aber sind die kleinen Gedanken. Wahrlich, besser noch bös getan, als klein gedacht!

Zwar ihr sagt: »die Lust an kleinen Bosheiten erspart uns manche große böse Tat.« Aber hier sollte man nicht sparen wollen.

Wie ein Geschwür ist die böse Tat: sie juckt und kratzt und bricht heraus – sie redet ehrlich.

«Siehe, ich bin Krankheit« – so redet die böse Tat; das ist ihre Ehrlichkeit.

Aber dem Pilze gleich ist der kleine Gedanke: er kriecht und duckt sich und will nirgendswo sein – bis der ganze Leib morsch und welk ist vor kleinen Pilzen.

Dem aber, der vom Teufel besessen ist, sage ich dies Wort ins Ohr: »besser noch, du ziehest deinen Teufel groß! Auch für dich gibt es noch einen Weg der Größe!« –

Ach, meine Brüder! Man weiß von jedermann etwas zu viel! Und mancher wird uns durchsichtig, aber deshalb können wir noch lange nicht durch ihn hindurch.

Es ist schwer mit Menschen zu leben, weil Schweigen so schwer ist.

Und nicht gegen den, der uns zuwider ist, sind wir am unbilligsten, sondern gegen den, welcher uns gar nichts angeht.

Hast du aber einen leidenden Freund, so sei seinem Leiden eine Ruhestätte, doch gleichsam ein hartes Bett, ein Feldbett: so wirst du ihm am besten nützen.

Und tut dir ein Freund Übles, so sprich: »ich vergebe dir, was du mir tatest; daß du es aber *dir* tatest – wie könnte ich das vergeben!«

Also redet alle große Liebe: die überwindet auch noch Vergebung und Mitleiden.

Man soll sein Herz festhalten; denn läßt man es gehn, wie bald geht einem da der Kopf durch!

Ach, wo in der Welt geschahen größere Torheiten, als bei den Mitleidigen? Und was in der Welt stiftete mehr Leid als die Torheiten der Mitleidigen?

Wehe allen Liebenden, die nicht noch eine Höhe haben, welche über ihrem Mitleiden ist!

Also sprach der Teufel einst zu mir: »auch Gott hat seine Hölle: das ist seine Liebe zu den Menschen.«

Und jüngst hörte ich ihn dies Wort sagen: »Gott ist tot; an seinem Mitleiden mit den Menschen ist Gott gestorben.« –

So seid mir gewarnt vor dem Mitleiden: *daher* kommt noch den Menschen eine schwere Wolke! Wahrlich, ich verstehe mich auf Wetterzeichen!

Merket aber auch dies Wort: alle große Liebe ist noch über all ihrem Mitleiden: denn sie will das Geliebte noch – schaffen!

»Mich selber bringe ich meiner Liebe dar, *und meinen Nächsten gleich mir*« – so geht die Rede allen Schaffenden.

Alle Schaffenden aber sind hart. –

Also sprach Zarathustra.

Von den Priestern

Und einstmals gab Zarathustra seinen Jüngern ein Zeichen und sprach diese Worte zu ihnen:

»Hier sind Priester: und wenn es auch meine Feinde sind, geht mir still an ihnen vorüber und mit schlafendem Schwerte!

Auch unter ihnen sind Helden; viele von ihnen litten zuviel –: so wollen sie andre leiden machen.

Böse Feinde sind sie: nichts ist rachsüchtiger als ihre Demut. Und leicht besudelt sich der, welcher sie angreift.

Aber mein Blut ist mit dem ihren verwandt; und ich will mein Blut auch noch in dem ihren geehrt wissen.« –

Und als sie vorübergegangen waren, fiel Zarathustra der Schmerz an; und nicht lange hatte er mit seinem Schmerze gerungen, da hub er also an zu reden:

Es jammert mich dieser Priester. Sie gehen mir auch wider den Geschmack; aber das ist mir das Geringste, seit ich unter Menschen bin.

Aber ich leide und litt mit ihnen: Gefangene sind es mir und Abgezeichnete. Der, welchen sie Erlöser nennen, schlug sie in Banden: –

In Banden falscher Werte und Wahn-Worte! Ach, daß einer sie noch von ihrem Erlöser erlöste!

Auf einem Eilande glaubten sie einst zu landen, als das Meer sie herumriß; aber siehe, es war ein schlafendes Ungeheuer!

Falsche Werte und Wahn-Worte: das sind die schlimmsten Ungeheuer für Sterbliche, – lange schläft und wartet in ihnen das Verhängnis.

Aber endlich kommt es und wacht und frißt und schlingt, was auf ihm sich Hütten baute.

O seht mir doch diese Hütten an, die sich diese Priester bauten! Kirchen heißen sie ihre süßduftenden Höhlen.

O über dies verfälschte Licht, diese verdumpfte Luft! Hier, wo die Seele zu ihrer Höhe hinauf – nicht fliegen darf!

Sondern also gebietet ihr Glaube: »auf den Knien die Treppe hinan, ihr Sünder!«

Wahrlich, lieber sehe ich noch den Schamlosen, als die verrenkten Augen ihrer Scham und Andacht!

Wer schuf sich solche Höhlen und Buß-Treppen? Waren es nicht solche, die sich verbergen wollten und sich vor dem reinen Himmel schämten?

Und erst wenn der reine Himmel wieder durch zerbrochne Decken blickt, und hinab auf Gras und roten Mohn an zerbrochnen Mauern – will ich den Stätten dieses Gottes wieder mein Herz zuwenden.

Sie nannten Gott, was ihnen widersprach und wehe tat: und wahrlich, es war viel Helden-Art in ihrer Anbetung!

Und nicht anders wußten sie ihren Gott zu lieben, als indem sie den Menschen ans Kreuz schlugen!

Als Leichname gedachten sie zu leben, schwarz schlugen sie ihren Leichnam aus; auch aus ihren Reden rieche ich noch die üble Würze von Totenkammern.

Und wer ihnen nahe lebt, der lebt schwarzen Teichen nahe, aus denen heraus die Unke ihr Lied mit süßem Tiefsinne singt.

Bessere Lieder müßten sie mir singen, daß ich an ihren Erlöser glauben lerne: erlöster müßten mir seine Jünger aussehen!

Nackt möchte ich sie sehn: denn allein die Schönheit sollte Buße predigen. Aber wen überredet wohl diese vermummte Trübsal!

Wahrlich, ihre Erlöser selber kamen nicht aus der Freiheit und der Freiheit siebentem Himmel! Wahrlich, sie selber wandelten niemals auf den Teppichen der Erkenntnis!

Aus Lücken bestand der Geist dieser Erlöser; aber in jede Lücke hatten sie ihren Wahn gestellt, ihren Lückenbüßer, den sie Gott nannten.

In ihrem Mitleiden war ihr Geist ertrunken, und wenn sie schwollen und überschwollen von Mitleiden, schwamm immer obenauf eine große Torheit.

Eifrig trieben sie und mit Geschrei ihre Herde über ihren Sieg: wie als ob es zur Zukunft nur *einen* Steg gäbe! Wahrlich, auch diese Hirten gehörten noch zu den Schafen!

Kleine Geister und umfängliche Seelen hatten diese Hirten: aber, meine Brüder, was für kleine Länder waren bisher auch die umfänglichsten Seelen!

Blutzeichen schrieben sie auf den Weg, den sie gingen, und ihre Torheit lehrte, daß man mit Blut die Wahrheit beweise.

Aber Blut ist der schlechteste Zeuge der Wahrheit; Blut vergiftet die reinste Lehre noch zu Wahn und Haß der Herzen.

Und wenn einer durchs Feuer geht für seine Lehre – was beweist dies! Mehr ist's wahrlich, daß aus eignem Brande die eigne Lehre kommt!

Schwüles Herz und kalter Kopf: wo dies zusammen trifft, da entsteht der Brausewind, der »Erlöser«.

Größere gab es wahrlich und Höher-Geborene, als die, welche das Volk Erlöser nennt, diese hinreißenden Brausewinde!

Und noch von Größeren, als alle Erlöser waren, müßt ihr, meine Brüder, erlöst werden, wollt ihr zur Freiheit den Weg finden!

Niemals noch gab es einen Übermenschen. Nackt sah ich beide, den größten und den kleinsten Menschen: –

Allzuähnlich sind sie noch einander. Wahrlich, auch den Größten fand ich – allzumenschlich!

Also sprach Zarathustra.

Von den Tugenhaften

Mit Donnern und himmlischen Feuerwerken muß man zu schlaffen und schlafenden Sinnen reden.

Aber der Schönheit Stimme redet leise: sie schleicht sich nur in die aufgewecktesten Seelen.

Leise erbebte und lachte mir heut mein Schild; das ist der Schönheit heiliges Lachen und Beben.

Über euch, ihr Tugendhaften, lachte heut meine Schönheit. Und also kam ihre Stimme zu mir: »sie wollen noch – bezahlt sein!«

Ihr wollt noch bezahlt sein, ihr Tugendhaften! Wollt Lohn für Tugend und Himmel für Erden und Ewiges für euer Heute haben?

Und nun zürnt ihr mir, daß ich lehre, es gibt keinen Lohn- und Zahlmeister? Und wahrlich, ich lehre nicht einmal, daß Tugend ihr eigner Lohn ist.

Ach, das ist meine Trauer: in den Grund der Dinge hat man Lohn und Strafe hineingelogen – und nun auch noch in den Grund eurer Seelen, ihr Tugendhaften!

Aber dem Rüssel des Ebers gleich soll mein Wort den Grund eurer Seelen aufreißen; Pflugschar will ich euch heißen.

Alle Heimlichkeiten eures Grundes sollen ans Licht; und wenn ihr aufgewühlt und zerbrochen in der Sonne liegt, wird auch eure Lüge von eurer Wahrheit ausgeschieden sein.

Denn dies ist eure Wahrheit: ihr seid *zu reinlich* für den Schmutz der Worte: Rache, Strafe, Lohn, Vergeltung.

Ihr liebt eure Tugend, wie die Mutter ihr Kind; aber wann hörte man, daß eine Mutter bezahlt sein wollte für ihre Liebe?

Es ist euer liebstes Selbst, eure Tugend. Des Ringes Durst ist in euch; sich selber wieder zu erreichen, dazu ringt und dreht sich jeder Ring.

Und dem Sterne gleich, der erlischt, ist jedes Werk eurer Tugend: immer ist sein Licht noch unterwegs und wandert – und wann wird es nicht mehr unterwegs sein?

Also ist das Licht eurer Tugend noch unterwegs, auch wenn das Werk getan ist. Mag es nun vergessen und tot sein: sein Strahl von Licht lebt noch und wandert.

Daß eure Tugend euer Selbst sei, und nicht ein Fremdes, eine Haut, eine Bemäntelung: das ist die Wahrheit aus dem Grunde eurer Seele, ihr Tugendhaften! –

Aber wohl gibt es solche, denen Tugend der Krampf unter einer Peitsche heißt: und ihr habt mir zuviel auf deren Geschrei gehört!

Und andre gibt es, die heißen Tugend das Faulwerden ihrer Laster; und wenn ihr Haß und ihre Eifersucht einmal die Glieder strecken, wird ihre »Gerechtigkeit« munter und reibt sich die verschlafenen Augen.

Und andre gibt es, die werden abwärts gezogen: ihre Teufel ziehn sie. Aber je mehr sie sinken, um so glühender leuchtet ihr Auge und die Begierde nach ihrem Gotte.

Ach, auch deren Geschrei drang zu euren Ohren, ihr Tugendhaften: »was ich *nicht* bin, das, das ist mir Gott und Tugend!«

Und andre gibt es, die kommen schwer und knarrend daher, gleich Wägen, die Steine abwärts fahren: die reden viel von Würde und Tugend – ihren Hemmschuh heißen sie Tugend!

Und andre gibt es, die sind gleich Alltags-Uhren, die aufgezogen wurden; sie machen ihr Ticktack und wollen, daß man Ticktack – Tugend heiße.

Wahrlich, an diesen habe ich meine Lust: wo ich solche Uhren finde, werde ich sie mit meinem Spotte aufziehn; und sie sollen mir dabei noch schnurren!

Und andre sind stolz über ihre Handvoll Gerechtigkeit und begehen um ihrerwillen Frevel an allen Dingen: also daß die Welt in ihrer Ungerechtigkeit ertränkt wird.

Ach, wie übel ihnen das Wort »Tugend« aus dem Munde läuft! Und wenn sie sagen: »ich bin gerecht«, so klingt es immer gleich wie: »ich bin gerächt!«

Mit ihrer Tugend wollen sie ihren Feinden die Augen auskratzen; und sie erheben sich nur, um andre zu erniedrigen.

Und wiederum gibt es solche, die sitzen in ihrem Sumpfe und reden also heraus aus dem Schilfrohr: »Tugend – das ist still im Sumpfe sitzen.

Wir beißen niemanden und gehen dem aus dem Wege, der beißen will; und in allem haben wir die Meinung, die man uns gibt.«

Und wiederum gibt es solche, die lieben Gebärden und denken: Tugend ist eine Art Gebärde.

Ihre Knie beten immer an, und ihre Hände sind Lobpreisungen der Tugend, aber ihr Herz weiß nichts davon.

Und wiederum gibt es solche, die halten es für Tugend, zu sagen: »Tugend ist notwendig«; aber sie glauben im Grunde nur daran, daß Polizei notwendig ist.

Und mancher, der das Hohe an den Menschen nicht sehen kann, nennt es Tugend, daß er ihr Niedriges allzunahe sieht: also heißt er seinen bösen Blick Tugend.

Und einige wollen erbaut und aufgerichtet sein und heißen es Tugend; und andre wollen umgeworfen sein – und heißen es auch Tugend.

Und derart glauben fast alle daran, Anteil zu haben an der Tugend; und zum mindesten will ein jeder Kenner sein über »Gut« und »Böse«.

Aber nicht dazu kam Zarathustra, allen diesen Lügnern und Narren zu sagen: »was wißt *ihr* von Tugend! Was *könntet* ihr von Tugend wissen!« –

Sondern, daß ihr, meine Freunde, der alten Worte müde würdet, welche ihr von den Narren und Lügnern gelernt habt:

Müde würdet der Worte »Lohn«, »Vergeltung«, »Strafe«, »Rache in der Gerechtigkeit« –

Müde würdet zu sagen: »daß eine Handlung gut ist, das macht, sie ist selbstlos.«

Ach, meine Freunde! Daß *euer* Selbst in der Handlung sei, wie die Mutter im Kinde ist: das sei mir *euer* Wort von Tugend!

Wahrlich, ich nahm euch wohl hundert Worte und eurer Tugend liebste Spielwerke; und nun zürnt ihr mir, wie Kinder zürnen.

Sie spielten am Meere – da kam die Welle und riß ihnen ihr Spielwerk in die Tiefe: nun weinen sie.

Aber dieselbe Welle soll ihnen neue Spielwerke bringen und neue bunte Muscheln vor sie hin ausschütten!

So werden sie getröstet sein; und gleich ihnen sollt auch ihr, meine Freunde, eure Tröstungen haben – und neue bunte Muscheln! –

Also sprach Zarathustra.

Vom Gesindel

Das Leben ist ein Born der Lust; aber wo das Gesindel mit trinkt, da sind alle Brunnen vergiftet.

Allem Reinlichen bin ich hold; aber ich mag die grinsenden Mäuler nicht sehn und den Durst der Unreinen.

Sie warfen ihr Auge hinab in den Brunnen: nun glänzt mir ihr widriges Lächeln herauf aus dem Brunnen.

Das heilige Wasser haben sie vergiftet mit ihrer Lüsternheit; und als sie ihre schmutzigen Träume Lust nannten, vergifteten sie auch noch die Worte.

Unwillig wird die Flamme, wenn sie ihre feuchten Herzen ans Feuer legen; der Geist selber brodelt und raucht, wo das Gesindel ans Feuer tritt.

Süßlich und übermürbe wird in ihrer Hand die Frucht: windfällig und wipfeldürr macht ihr Blick den Fruchtbaum.

Und mancher, der sich vom Leben abkehrte, kehrte sich nur vom Gesindel ab: er wollte nicht Brunnen und Flamme und Frucht mit dem Gesindel teilen.

Und mancher, der in die Wüste ging und mit Raubtieren Durst litt, wollte nur nicht mit schmutzigen Kameltreibern um die Zisterne sitzen.

Und mancher, der wie ein Vernichter daher kam und wie ein Hagelschlag allen Fruchtfeldern, wollte nur seinen Fuß dem Gesindel in den Rachen setzen und also seinen Schlund stopfen.

Und nicht das ist der Bissen, an dem ich am meisten würgte, zu wissen, daß das Leben selber Feindschaft nötig hat und Sterben und Marterkreuze: –

Sondern ich fragte einst und erstickte fast an meiner Frage: wie? hat das Leben auch das Gesindel *nötig*?

Sind vergiftete Brunnen nötig und stinkende Feuer und beschmutzte Träume und Maden im Lebensbrode?

Nicht mein Haß, sondern mein Ekel fraß mir hungrig am Leben! Ach, des Geistes wurde ich oft müde, als ich auch das Gesindel geistreich fand!

Und den Herrschenden wandt ich den Rücken, als ich sah, was sie jetzt Herrschen nennen: Schachern und Markten um Macht – mit dem Gesindel!

Unter Völkern wohnte ich fremder Zunge, mit verschlossenen Ohren: daß mir ihres Schacherns Zunge fremd bliebe und ihr Markten um Macht.

Und die Nase mir haltend, ging ich unmutig durch alles Gestern und Heute: wahrlich übel riecht alles Gestern und Heute nach dem schreibenden Gesindel!

Einem Krüppel gleich, der taub und blind und stumm wurde: also lebte ich lange, daß ich nicht mit Macht- und Schreib- und Lust-Gesindel lebte.

Mühsam stieg mein Geist Treppen, und vorsichtig; Almosen der Lust waren sein Labsal; am Stabe schlich dem Blinden das Leben.

Was geschah mir doch? Wie erlöste ich mich vom Ekel? Wer verjüngte mein Auge? Wie erflog ich die Höhe, wo kein Gesindel mehr am Brunnen sitzt?

Schuf mein Ekel selber mir Flügel und quellenahnende Kräfte? Wahrlich, ins Höchste mußte ich fliegen, daß ich den Born der Lust wiederfände!

Oh, ich fand ihn, meine Brüder! Hier im Höchsten quillt mir der Born der Lust! Und es gibt ein Leben, an dem kein Gesindel mit trinkt!

Fast zu heftig strömst du mir, Quell der Lust! Und oft leerst du den Becher wieder, dadurch, daß du ihn füllen willst!

Und noch muß ich lernen, bescheidener dir zu nahen: allzuheftig strömt dir noch mein Herz entgegen –

Mein Herz, auf dem mein Sommer brennt, der kurze, heiße, schwermütige, überselige: wie verlangt mein Sommer-Herz nach deiner Kühle!

Vorbei die zögernde Trübsal meines Frühlings! Vorüber die Bosheit meiner Schneeflocken im Juni! Sommer wurde ich ganz und Sommer-Mittag!

Ein Sommer im Höchsten mit kalten Quellen und seliger Stille: oh kommt, meine Freunde, daß die Stille noch seliger werde!

Denn dies ist *unsre* Höhe und unsre Heimat: zu hoch und steil wohnen wir hier allen Unreinen und ihrem Durste.

Werft nur eure reinen Augen in den Born meiner Lust, ihr Freunde! Wie sollte er darob trübe werden! Entgegenlachen soll er euch mit *seiner* Reinheit.

Auf dem Baume Zukunft bauen wir unser Nest; Adler sollen uns Einsamen Speise bringen in ihren Schnäbeln!

Wahrlich, keine Speise, an der Unsaubere mitessen dürften! Feuer würden sie zu fressen wähnen und sich die Mäuler verbrennen!

Wahrlich, keine Heimstätten halten wir hier bereit für Unsaubere! Eishöhle würde ihren Leibern unser Glück heißen und ihren Geistern!

Und wie starke Winde wollen wir über ihnen leben, Nachbarn den Adlern, Nachbarn dem Schnee, Nachbarn der Sonne: also leben starke Winde.

Und einem Winde gleich will ich einst noch zwischen sie blasen und mit meinem Geiste ihrem Geiste den Atem nehmen: so will es meine Zukunft.

Wahrlich, ein starker Wind ist Zarathustra allen Niederungen; und solchen Rat rät er seinen Feinden und allem, was spuckt und speit: »hütet euch, *gegen* den Wind zu speien!«

Also sprach Zarathustra.

Von den Taranteln

Siehe, das ist der Tarantel Höhle! Willst du sie selber sehn? Hier hängt ihr Netz: rühre daran, daß es erzittert.

Da kommt sie willig: willkommen, Tarantel! Schwarz sitzt auf deinem Rücken dein Dreieck und Wahrzeichen; und ich weiß auch, was in deiner Seele sitzt.

Rache sitzt in deiner Seele: wohin du beißest, da wächst schwarzer Schorf; mit Rache macht dein Gift die Seele drehend!

Also rede ich zu euch im Gleichnis, die ihr die Seelen drehend macht, ihr Prediger der *Gleichheit*! Taranteln seid ihr mir und versteckte Rachsüchtige!

Aber ich will eure Verstecke schon ans Licht bringen: darum lache ich euch ins Antlitz mein Gelächter der Höhe.

Darum reiße ich an eurem Netze, daß eure Wut euch aus eurer Lügen-Höhle locke, und eure Rache hervorspringe hinter eurem Wort »Gerechtigkeit«.

Denn *daß der Mensch erlöst werde von der Rache*: das ist mir die Brücke zur höchsten Hoffnung und ein Regenbogen nach langen Unwettern.

Aber anders wollen es freilich die Taranteln. »Das gerade heiße uns Gerechtigkeit, daß die Welt voll werde von den Unwettern unsrer Rache« – also reden sie miteinander.

»Rache wollen wir üben und Beschimpfung an allen, die uns nicht gleich sind« – so geloben sich die Tarantel-Herzen.

»Und ›Wille zur Gleichheit‹ – das selber soll fürderhin der Name für Tugend werden; und gegen alles, was Macht hat, wollen wir unser Geschrei erheben!«

Ihr Prediger der Gleichheit, der Tyrannen-Wahnsinn der Ohnmacht schreit also aus euch nach »Gleichheit«: eure heimlichsten Tyrannen-Gelüste vermummen sich also in Tugend-Worte!

Vergrämter Dünkel, verhaltener Neid, vielleicht eurer Väter Dünkel und Neid: aus euch bricht's als Flamme heraus und Wahnsinn der Rache.

Was der Vater schwieg, das kommt im Sohne zum Reden; und oft fand ich den Sohn als des Vaters entblößtes Geheimnis.

Den Begeisterten gleichen sie: aber nicht das Herz ist es, was sie begeistert – sondern die Rache. Und wenn sie fein und kalt werden, ist's nicht der Geist, sondern der Neid, der sie fein und kalt macht.

Ihre Eifersucht führt sie auch auf der Denker Pfade; und dies ist das Merkmal ihrer Eifersucht – immer gehn sie zu weit: daß ihre Müdigkeit sich zuletzt noch auf Schnee schlafen legen muß.

Aus jeder ihrer Klagen tönt Rache, in jedem ihrer Lobsprüche ist ein Wehetun; und Richter-sein scheint ihnen Seligkeit.

Also aber rate ich euch, meine Freunde: mißtraut allen, in welchen der Trieb, zu strafen, mächtig ist!

Das ist Volk schlechter Art und Abkunft; aus ihren Gesichtern blickt der Henker und der Spürhund.

Mißtraut allen denen, die viel von ihrer Gerechtigkeit reden! Wahrlich, ihren Seelen fehlt es nicht nur an Honig.

Und wenn sie sich selber »die Guten und Gerechten« nennen, so vergeßt nicht, daß ihnen zum Pharisäer nichts fehlt als – Macht!

Meine Freunde, ich will nicht vermischt und verwechselt werden.

Es gibt solche, die predigen meine Lehre vom Leben: und zugleich sind sie Prediger der Gleichheit und Taranteln.

Daß sie dem Leben zu Willen reden, ob sie gleich in ihrer Höhle sitzen, diese Gift-Spinnen, und abgekehrt vom Leben: das macht, sie wollen damit wehetun.

Solchen wollen sie damit wehetun, die jetzt die Macht haben: denn bei diesen ist noch die Predigt vom Tode am besten zu Hause.

Wäre es anders, so würden die Taranteln anders lehren: und gerade sie waren ehemals die besten Welt-Verleumder und Ketzer-Brenner.

Mit diesen Predigern der Gleichheit will ich nicht vermischt und verwechselt sein. Denn so redet *mir* die Gerechtigkeit: »die Menschen sind nicht gleich«.

Und sie sollen es auch nicht werden! Was wäre denn meine Liebe zum Übermenschen, wenn ich anders spräche?

Auf tausend Brücken und Stegen sollen sie sich drängen zur Zukunft, und immer mehr Krieg und Ungleichheit soll zwischen sie gesetzt sein: so läßt mich meine große Liebe reden!

Erfinder von Bildern und Gespenstern sollen sie werden in ihren Feindschaften, und mit ihren Bildern und Gespenstern sollen sie noch gegeneinander den höchsten Kampf kämpfen!

Gut und böse, und reich und arm, und hoch und gering, und alle Namen der Werte: Waffen sollen es sein und klirrende Merkmale davon, daß das Leben sich immer wieder selber überwinden muß!

In die Höhe will es sich bauen mit Pfeilern und Stufen, das Leben selber: in weite Fernen will es blicken und hinaus nach seligen Schönheiten – *darum* braucht es Höhe!

Und weil es Höhe braucht, braucht es Stufen und Widerspruch der Stufen und Steigenden! Steigen will das Leben und steigend sich überwinden.

Und seht mir doch, meine Freunde! Hier, wo der Tarantel Höhle ist, heben sich eines alten Tempels Trümmer aufwärts – seht mir doch mit erleuchteten Augen hin!

Wahrlich, wer hier einst seine Gedanken in Stein nach oben türmte, um das Geheimnis alles Lebens wußte er gleich dem Weisesten!

Daß Kampf und Ungleiches auch noch in der Schönheit sei, und Krieg um Macht und Übermacht: das lehrt er uns hier im deutlichsten Gleichnis.

Wie sich göttlich hier Gewölbe und Bogen brechen, im Ringkampfe: wie mit Licht und Schatten sie wider einander streben, die göttlich-Strebenden –

Also sicher und schön laßt uns auch Feinde sein, meine Freunde! Göttlich wollen wir *wider* einander streben! –

Weh! Da biß mich selber die Tarantel, meine alte Feindin! Göttlich sicher und schön biß sie mich in den Finger!

»Strafe muß sein und Gerechtigkeit« – so denkt sie: »nicht umsonst soll er hier der Feindschaft zu Ehren Lieder singen!«

Ja, sie hat sich gerächt! Und wehe! nun wird sie mit Rache auch noch meine Seele drehend machen!

Daß ich mich aber *nicht* drehe, meine Freunde, bindet mich fest hier an diese Säule! Lieber noch Säulen-Heiliger will ich sein, als Wirbel der Rachsucht!

Wahrlich, kein Dreh- und Wirbelwind ist Zarathustra; und wenn er ein Tänzer ist, nimmermehr doch ein Tarantel-Tänzer! –

Also sprach Zarathustra.

Von den berühmten Weisen

Dem Volke habt ihr gedient und des Volkes Aberglauben, ihr berühmten Weisen alle! – und *nicht* der Wahrheit! Und gerade darum zollte man euch Ehrfurcht.

Und darum auch ertrug man euren Unglauben, weil er ein Witz und Umweg war zum Volke. So läßt der Herr seine Sklaven gewähren und ergötzt sich noch an ihrem Übermute.

Aber wer dem Volke verhaßt ist wie ein Wolf den Hunden: das ist der freie Geist, der Fessel-Feind, der Nicht-Anbeter, der in Wäldern Hausende.

Ihn zu jagen aus seinem Schlupfe – das hieß immer dem Volke »Sinn für das Rechte«: gegen ihn hetzt es noch immer seine scharfzahnigsten Hunde.

»Denn die Wahrheit ist da: ist das Volk doch da! Wehe, wehe den Suchenden!« also scholl es von jeher.

Eurem Volke wolltet ihr Recht schaffen in seiner Verehrung: das hießet ihr »Wille zur Wahrheit«, ihr berühmten Weisen!

Und euer Herz sprach immer zu sich: »vom Volke kam ich: von dort her kam mir auch Gottes Stimme«.

Hart-nackig und klug, dem Esel gleich, wart ihr immer als des Volkes Fürsprecher.

Und mancher Mächtige, der gut fahren wollte mit dem Volke, spannte vor seine Rosse noch – ein Eselein, einen berühmten Weisen.

Und nun wollte ich, ihr berühmten Weisen, ihr würfet endlich das Fell des Löwen ganz von euch!

Das Fell des Raubtiers, das buntgefleckte, und die Zotten des Forschenden, Suchenden, Erobernden!

Ach, daß ich an eure »Wahrhaftigkeit« glauben lerne, dazu müßtet ihr mir erst euren verehrenden Willen zerbrechen.

Wahrhaftig – so heiße ich den, der in götterlose Wüsten geht und sein verehrendes Herz zerbrochen hat.

Im gelben Sande und verbrannt von der Sonne schielt er wohl durstig nach den quellenreichen Eilanden, wo Lebendiges unter dunkeln Bäumen ruht.

Aber sein Durst überredet ihn nicht, diesen Behaglichen gleich zu werden: denn wo Oasen sind, da sind auch Götzenbilder.

Hungernd, gewalttätig, einsam, gottlos: so will sich selber der Löwen-Wille.

Frei von dem Glück der Knechte, erlöst von Göttern und Anbetungen, furchtlos und fürchterlich, groß und einsam: so ist der Wille des Wahrhaftigen.

In der Wüste wohnten von je die Wahrhaftigen, die freien Geister, als der Wüste Herren; aber in den Städten wohnen die gutgefütterten, berühmten Weisen – die Zugtiere.

Immer nämlich ziehen sie, als Esel – des *Volkes* Karren!

Nicht daß ich ihnen darob zürne: aber Dienende bleiben sie mir und Angeschirrte, auch wenn sie von goldnem Geschirre glänzen.

Und oft waren sie gute Diener und preiswürdige. Denn so spricht die Tugend: »Mußt du Diener sein, so suche den, welchem dein Dienst am besten nützt!

Der Geist und die Tugend deines Herrn sollen wachsen, dadurch, daß *du* sein Diener bist: so wächsest du selber mit seinem Geiste und seiner Tugend!«

Und wahrlich, ihr berühmten Weisen, ihr Diener des Volkes! Ihr selber wuchset mit des Volkes Geist und Tugend – und das Volk durch euch! Zu euren Ehren sage ich das!

Aber Volk bleibt ihr mir auch noch in euren Tugenden, Volk mit blöden Augen, – Volk, das nicht weiß, was *Geist* ist!

Geist ist das Leben, das selber ins Leben schneidet; an der eignen Qual mehrt es sich das eigne Wissen, – wußtet ihr das schon?

Und des Geistes Glück ist dies: gesalbt zu sein und durch Tränen geweiht zum Opfertier, – wußtet ihr das schon?

Und die Blindheit des Blinden und sein Suchen und Tappen soll noch von der Macht der Sonne zeugen, in die er schaute, – wußtet ihr das schon?

Und mit Bergen soll der Erkennende *bauen* lernen! Wenig ist es, daß der Geist Berge versetzt, – wußtet ihr das schon?

Ihr kennt nur des Geistes Funken: aber ihr seht den Amboß nicht, der er ist, und nicht die Grausamkeit seines Hammers!

Wahrlich, ihr kennt des Geistes Stolz nicht! Aber noch weniger würdet ihr des Geistes Bescheidenheit ertragen, wenn sie einmal reden wollte!

Und niemals noch durftet ihr euren Geist in eine Grube von Schnee werfen: ihr seid nicht heiß genug dazu! So kennt ihr auch die Entzückungen seiner Kälte nicht.

In allem aber tut ihr mir zu vertraulich mit dem Geiste; und aus der Weisheit machtet ihr oft ein Armen- und Krankenhaus für schlechte Dichter.

Ihr seid keine Adler: so erfuhrt ihr auch das Glück im Schrecken des Geistes nicht. Und wer kein Vogel ist, soll sich nicht über Abgründen lagern.

Ihr seid mir Laue: aber kalt strömt jede tiefe Erkenntnis. Eiskalt sind die innersten Brunnen des Geistes: ein Labsal heißen Händen und Handelnden.

Ehrbar steht ihr mir da und steif und mit geradem Rücken, ihr berühmten Weisen! – euch treibt kein starker Wind und Wille.

Saht ihr nie ein Segel über das Meer gehn, geründet und gebläht und zitternd vor dem Ungestüm des Windes?

Dem Segel gleich, zitternd vor dem Ungestüm des Geistes, geht meine Weisheit über das Meer – meine wilde Weisheit!

Aber ihr Diener des Volkes, ihr berühmten Weisen – wie *könntet* ihr mit mir gehn! –

Also sprach Zarathustra.

Das Nachtlied

Nacht ist es: nun reden lauter alle springenden Brunnen. Und auch meine Seele ist ein springender Brunnen.

Nacht ist es: nun erst erwachen alle Lieder der Liebenden. Und auch meine Seele ist das Lied eines Liebenden.

Ein Ungestilltes, Unstillbares ist in mir; das will laut werden. Eine Begierde nach Liebe ist in mir, die redet selber die Sprache der Liebe.

Licht bin ich: ach, daß ich Nacht wäre! Aber dies ist meine Einsamkeit, daß ich von Licht umgürtet bin.

Ach, daß ich dunkel wäre und nächtig! Wie wollte ich an den Brüsten des Lichts saugen!

Und euch selber wollte ich noch segnen, ihr kleinen Funkelsterne und Leuchtwürmer droben! – und selig sein ob eurer Licht-Geschenke.

Aber ich lebe in meinem eignen Lichte, ich trinke die Flammen in mich zurück, die aus mir brechen.

Ich kenne das Glück des Nehmenden nicht; und oft träumte mir davon, daß Stehlen noch seliger sein müsse als Nehmen.

Das ist meine Armut, daß meine Hand niemals ausruht vom Schenken; das ist mein Neid, daß ich wartende Augen sehe und die erhellten Nächte der Sehnsucht.

O Unseligkeit aller Schenkenden! O Verfinsterung meiner Sonne! O Begierde nach Begehren! O Heißhunger in der Sättigung!

Sie nehmen von mir: aber rühre ich noch an ihre Seele? Eine Kluft ist zwischen Geben und Nehmen; und die kleinste Kluft ist am letzten zu überbrücken.

Ein Hunger wächst aus meiner Schönheit: wehetun möchte ich denen, welchen ich leuchte, berauben möchte ich meine Beschenkten – also hungere ich nach Bosheit.

Die Hand zurückziehend, wenn sich schon ihr die Hand entgegenstreckt; dem Wasserfalle gleich zögernd, der noch im Sturze zögert – also hungere ich nach Bosheit.

Solche Rache sinnt meine Fülle aus: solche Tücke quillt aus meiner Einsamkeit.

Mein Glück im Schenken erstarb im Schenken, meine Tugend wurde ihrer selber müde an ihrem Überflusse!

Wer immer schenkt, dessen Gefahr ist, daß er die Scham verliere; wer immer austeilt, dessen Hand und Herz hat Schwielen vor lauter Austeilen.

Mein Auge quillt nicht mehr über vor der Scham der Bittenden; meine Hand wurde zu hart für das Zittern gefüllter Hände.

Wohin kam die Träne meinem Auge und der Flaum meinem Herzen? O Einsamkeit aller Schenkenden! O Schweigsamkeit aller Leuchtenden!

Viel Sonnen kreisen im öden Raume: zu allem, was dunkel ist, reden sie mit ihrem Lichte – mir schweigen sie.

O dies ist die Feindschaft des Lichts gegen Leuchtendes, erbarmungslos wandelt es seine Bahnen.

Unbillig gegen Leuchtendes im tiefsten Herzen, kalt gegen Sonnen – also wandelt jede Sonne.

Einem Sturme gleich fliegen die Sonnen ihre Bahnen, das ist ihr Wandeln. Ihrem unerbittlichen Willen folgten sie, das ist ihre Kälte.

Oh, ihr erst seid es, ihr Dunklen, ihr Nächtigen, die ihr Wärme schafft aus Leuchtendem! Oh, ihr erst trinkt euch Milch und Labsal aus des Lichtes Eutern!

Ach, Eis ist um mich, meine Hand verbrennt sich an Eisigem! Ach, Durst ist in mir, der schmachtet nach eurem Durste!

Nacht ist es: ach daß ich Licht sein muß! Und Durst nach Nächtigem! Und Einsamkeit!

Nacht ist es: nun bricht wie ein Born aus mir mein Verlangen – – nach Rede verlangt mich.

Nacht ist es: nun reden lauter alle springenden Brunnen. Und auch meine Seele ist ein springender Brunnen.

Nacht ist es: nun erwachen alle Lieder der Liebenden. Und auch meine Seele ist das Lied eines Liebenden. –

Also sang Zarathustra.

Das Tanzlied

Eines Abends ging Zarathustra mit seinen Jüngern durch den Wald; und als er nach einem Brunnen suchte, siehe, da kam er auf eine grüne Wiese, die von Bäumen und Gebüsch still umstanden war: auf der tanzten Mädchen miteinander. Sobald die Mädchen Zarathustra erkannten, ließen sie vom Tanze ab; Zarathustra aber trat mit freundlicher Gebärde zu ihnen und sprach diese Worte:

»Laßt vom Tanze nicht ab, ihr lieblichen Mädchen! Kein Spielverderber kam zu euch mit bösem Blick, kein Mädchen-Feind.

Gottes Fürsprecher bin ich vor dem Teufel: der aber ist der Geist der Schwere. Wie sollte ich, ihr Leichten, göttlichen Tänzen feind sein? Oder Mädchen-Füßen mit schönen Knöcheln?

Wohl bin ich ein Wald und eine Nacht dunkler Bäume: doch wer sich vor meinem Dunkel nicht scheut, der findet auch Rosenhänge unter meinen Zypressen.

Und auch den kleinen Gott findet er wohl, der den Mädchen der liebste ist: neben dem Brunnen liegt er, still, mit geschlossenen Augen.

Wahrlich, am hellen Tage schlief er mir ein, der Tagedieb! Haschte er wohl zuviel nach Schmetterlingen?

Zürnt mir nicht, ihr schönen Tanzenden, wenn ich den kleinen Gott ein wenig züchtige! Schreien wird er wohl und weinen – aber zum Lachen ist er noch im Weinen!

Und mit Tränen im Auge soll er euch um einen Tanz bitten; und ich selber will ein Lied zu seinem Tanze singen:

Ein Tanz- und Spottlied auf den Geist der Schwere, meinen allerhöchsten großmächtigsten Teufel, von dem sie sagen, daß er ›der Herr der Welt‹ sei.« –

Und dies ist das Lied, welches Zarathustra sang, als Kupido und die Mädchen zusammen tanzten:

ein Nachen weiter schwimmt: und im Nachen sitzen feierlich und vermummt die Wertschätzungen.

Euren Willen und eure Werte setztet ihr auf den Fluß des Werdens; einen alten Willen zur Macht verrät mir, was vom Volke als gut und böse geglaubt wird.

Ihr wart es, ihr Weisesten, die solche Gäste in diesen Nachen setzten und ihnen Prunk und stolze Namen gaben – ihr und euer herrschender Wille!

Weiter trägt nun der Fluß euren Nachen: er *muß* ihn tragen. Wenig tut's, ob die gebrochene Welle schäumt und zornig dem Kiele widerspricht!

Nicht der Fluß ist eure Gefahr und das Ende eures Guten und Bösen, ihr Weisesten: sondern jener Wille selber, der Wille zur Macht – der unerschöpfte zeugende Lebens-Wille.

Aber damit ihr mein Wort versteht vom Guten und Bösen: dazu will ich euch noch mein Wort vom Leben sagen und von der Art alles Lebendigen.

Dem Lebendigen ging ich nach, ich ging die größten und die kleinsten Wege, daß ich seine Art erkenne.

Mit hundertfachem Spiegel fing ich noch seinen Blick auf, wenn ihm der Mund geschlossen war: daß sein Auge mir rede. Und sein Auge redete mir.

Aber, wo ich nur Lebendiges fand, da hörte ich auch die Rede vom Gehorsame. Alles Lebendige ist ein Gehorchendes.

Und dies ist das zweite: dem wird befohlen, der sich nicht selber gehorchen kann. So ist es des Lebendigen Art.

Dies aber ist das dritte, was ich hörte: daß Befehlen schwerer ist, als Gehorchen. Und nicht nur, daß der Befehlende die Last aller Gehorchenden trägt, und daß leicht ihn diese Last zerdrückt: –

Ein Versuch und Wagnis erschien mir in allem Befehlen; und stets, wenn es befiehlt, wagt das Lebendige sich selber dran.

Ja noch, wenn es sich selber befiehlt auch da noch muß es sein Befehlen büßen. Seinem eignen Gesetze muß es Richter und Rächer und Opfer werden.

Wie geschieht dies doch! so fragte ich mich. Was überredet das Lebendige, daß es gehorcht und befiehlt und befehlend noch Gehorsam übt?

Hört mir nun mein Wort, ihr Weisesten! Prüft es ernstlich, ob ich dem Leben selber ins Herz kroch, und bis in die Wurzeln seines Herzens!

Wo ich Lebendiges fand, da fand ich Willen zur Macht; und noch im Willen des Dienenden fand ich den Willen, Herr zu sein.

Daß dem Stärkeren diene das Schwächere, dazu überredet es sein Wille, der über noch Schwächeres Herr sein will: dieser Lust allein mag es nicht entraten.

Und wie das Kleinere sich dem Größeren hingibt, daß es Lust und

Macht am Kleinsten habe: also gibt sich auch das Größte noch hin und setzt um der Macht willen – das Leben dran.

Das ist die Hingebung des Größten, daß es Wagnis ist und Gefahr, und um den Tod ein Würfelspielen.

Und wo Opferung und Dienste und Liebesblicke sind: auch da ist Wille, Herr zu sein. Auf Schleichwegen schleicht sich da der Schwächere in die Burg und bis ins Herz dem Mächtigeren – und stiehlt da Macht.

Und dies Geheimnis redete das Leben selber zu mir: »Siehe«, sprach es, »ich bin das, *was sich immer selber überwinden muß*.

Freilich, ihr heißt es Wille zur Zeugung oder Trieb zum Zwecke, zum Höheren, Ferneren, Vielfacheren: aber all dies ist eins und *ein* Geheimnis.

Lieber noch gehe ich unter, als daß ich diesem Einen absagte; und wahrlich, wo es Untergang gibt und Blätterfallen, siehe, da opfert sich Leben – um Macht!

Daß ich Kampf sein muß und Werden und Zweck und der Zwecke Widerspruch: ach, wer meinen Willen errät, errät wohl auch, auf welchen *krummen* Wegen er gehen muß!

Was ich auch schaffe und wie ich's auch liebe, – bald muß ich Gegner ihm sein und meiner Liebe: so will es mein Wille.

Und auch du, Erkennender, bist nur ein Pfad und Fußtapfen meines Willens: wahrlich, mein Wille zur Macht wandelt auch auf den Füßen deines Willens zur Wahrheit!

Der traf freilich die Wahrheit nicht, der das Wort nach ihr schoß vom ›Willen zum Dasein‹: diesen Willen – gibt es nicht!

Denn: was nicht ist, das kann nicht wollen; was aber im Dasein ist, wie könnte das noch zum Dasein wollen!

Nur, wo Leben ist, da ist auch Wille: aber nicht Wille zum Leben, sondern – so lehre ich's dich – Wille zur Macht!

Vieles ist dem Lebenden höher geschätzt, als Leben selber; doch aus dem Schätzen selber heraus redet – der Wille zur Macht!« –

Also lehrte mich einst das Leben: und daraus löse ich euch, ihr Weisesten, noch das Rätsel eures Herzens.

Wahrlich, ich sage euch: Gutes und Böses, das unvergänglich wäre – das gibt es nicht! Aus sich selber muß es sich immer wieder überwinden.

Mit euren Werten und Worten von Gut und Böse übt ihr Gewalt, ihr Wertschätzenden; und dies ist eure verborgene Liebe und eurer Seele Glänzen, Zittern und Überwallen.

Aber eine stärkere Gewalt wächst aus euren Werten und eine neue Überwindung: an der zerbricht Ei und Eierschale.

Und wer ein Schöpfer sein muß im Guten und Bösen: wahrlich, der muß ein Vernichter erst sein und Werte zerbrechen.

Also gehört das höchste Böse zur höchsten Güte: diese aber ist die schöpferische. –

Reden wir nur davon, ihr Weisesten, ob es gleich schlimm ist. Schweigen ist schlimmer; alle verschwiegenen Wahrheiten werden giftig.

Und mag doch alles zerbrechen, was an unseren Wahrheiten zerbrechen – kann! Manches Haus gibt es noch zu bauen!

Also sprach Zarathustra.

Von den Erhabenen

Still ist der Grund meines Meeres: wer erriete wohl, daß er scherzhafte Ungeheuer birgt!

Unerschütterlich ist meine Tiefe: aber sie glänzt von schwimmenden Rätseln und Gelächtern.

Einen Erhabenen sah ich heute, einen Feierlichen, einen Büßer des Geistes: oh wie lachte meine Seele ob seiner Häßlichkeit!

Mit erhobener Brust und denen gleich, welche den Atem an sich ziehn: also stand er da, der Erhabene, und schweigsam:

Behängt mit häßlichen Wahrheiten, seiner Jagdbeute, und reich an zerrissenen Kleidern; auch viele Dornen hingen an ihm – aber noch sah ich keine Rose.

Noch lernte er das Lachen nicht und die Schönheit. Finster kam dieser Jäger zurück aus dem Walde der Erkenntnis.

Vom Kampfe kehrte er heim mit wilden Tieren: aber aus seinem Ernste blickt auch noch ein wildes Tier – ein unüberwundenes!

Wie ein Tiger steht er immer noch da, der springen will; aber ich mag diese gespannten Seelen nicht, unhold ist mein Geschmack allen diesen Zurückgezognen.

Und ihr sagt mir, Freunde, daß nicht zu streiten sei über Geschmack und Schmecken? Aber alles Leben ist Streit um Geschmack und Schmecken!

Geschmack: das ist Gewicht zugleich und Waagschale und Wägender; und wehe allem Lebendigen, das ohne Streit um Gewicht und Waagschale und Wägende leben wollte!

Wenn er seiner Erhabenheit müde würde, dieser Erhabene: dann erst würde seine Schönheit anheben, – und dann erst will ich ihn schmecken und schmackhaft finden.

Und erst, wenn er sich von sich selber abwendet, wird er über seinen eignen Schatten springen – und, wahrlich! hinein in *seine* Sonne.

Allzulange saß er im Schatten, die Wangen bleichten dem Büßer des Geistes; fast verhungerte er an seinen Erwartungen.

Verachtung ist noch in seinem Auge; und Ekel birgt sich an seinem Munde. Zwar ruht er jetzt, aber seine Ruhe hat sich noch nicht in die Sonne gelegt.

Dem Stiere gleich sollte er tun; und sein Glück sollte nach Erde riechen, und nicht nach Verachtung der Erde.

Als weißen Stier möchte ich ihn sehn, wie er schnaubend und brüllend der Pflugschar vorangeht: und sein Gebrüll sollte noch alles Irdische preisen!

Dunkel noch ist sein Antlitz; der Hand Schatten spielt auf ihm. Verschattet ist noch der Sinn seines Auges.

Seine Tat selber ist noch der Schatten auf ihm: die Hand verdunkelt den Handelnden. Noch hat er seine Tat nicht überwunden.

Wohl liebe ich an ihm den Nacken des Stiers: aber nun will ich auch noch das Auge des Engels sehn.

Auch seinen Helden-Willen muß er noch verlernen: ein Gehobener soll er mir sein und nicht nur ein Erhabener – der Äther selber sollte ihn heben, den Willenlosen!

Er bezwang Untiere, er löste Rätsel: aber erlösen sollte er auch noch seine Untiere und Rätsel, zu himmlischen Kindern sollte er sie noch verwandeln.

Noch hat seine Erkenntnis nicht lächeln gelernt und ohne Eifersucht sein; noch ist seine strömende Leidenschaft nicht stille geworden in der Schönheit.

Wahrlich, nicht in der Sattheit soll sein Verlangen schweigen und untertauchen, sondern in der Schönheit! Die Anmut gehört zur Großmut des Großgesinnten.

Den Arm über das Haupt gelegt: so sollte der Held ausruhn, so sollte er auch noch sein Ausruhen überwinden.

Aber gerade dem Helden ist das *Schöne* aller Dinge Schwerstes. Unerringbar ist das Schöne allem heftigen Willen.

Ein wenig mehr, ein wenig weniger: das gerade ist hier viel, das ist hier das meiste.

Mit lässigen Muskeln stehn und mit abgeschirrtem Willen: das ist das Schwerste euch allen, ihr Erhabenen!

Wenn die Macht gnädig wird und herabkommt ins Sichtbare: Schönheit heiße ich solches Herabkommen.

Und von niemandem will ich so als von dir gerade Schönheit, du Gewaltiger: deine Güte sei deine letzte Selbst-Überwältigung.

Alles Böse traue ich dir zu: darum will ich von dir das Gute.

Wahrlich, ich lachte oft der Schwächlinge, welche sich gut glauben, weil sie lahme Tatzen haben!

Der Säule Tugend sollst du nachstreben: schöner wird sie immer und zarter, aber inwendig härter und tragsamer, je mehr sie aufsteigt.

Ja, du Erhabener, einst sollst du noch schön sein und deiner eignen Schönheit den Spiegel vorhalten.

Dann wird deine Seele vor göttlichen Begierden schaudern; und Anbetung wird noch in deiner Eitelkeit sein!

Dies nämlich ist das Geheimnis der Seele: erst, wenn sie der Held verlassen hat, naht ihr, im Traume – der Über-Held.

Also sprach Zarathustra.

Vom Lande der Bildung

Zu weit hinein flog ich in die Zukunft: ein Grauen überfiel mich.

Und als ich um mich sah, siehe! da war die Zeit mein einziger Zeitgenosse.

Da floh ich rückwärts, heimwärts – und immer eilender: so kam ich zu euch, ihr Gegenwärtigen, und ins Land der Bildung.

Zum ersten Male brachte ich ein Auge mit für euch, und gute Begierde: wahrlich, mit Sehnsucht im Herzen kam ich.

Aber wie geschah mir? So angst mir auch war – ich mußte lachen! Nie sah mein Auge etwas so Buntgesprenkeltes!

Ich lachte und lachte, während der Fuß mir noch zitterte und das Herz dazu: »hier ist ja die Heimat aller Farbentöpfe!« – sagte ich.

Mit fünfzig Klexen bemalt an Gesicht und Gliedern: so saßet ihr da zu meinem Staunen, ihr Gegenwärtigen!

Und mit fünfzig Spiegeln um euch, die eurem Farbenspiele schmeichelten und nachredeten!

Wahrlich, ihr könntet gar keine bessere Maske tragen, ihr Gegenwärtigen, als euer eignes Gesicht ist! Wer könnte euch – *erkennen*!

Vollgeschrieben mit den Zeichen der Vergangenheit, und auch diese Zeichen überpinselt mit neuen Zeichen: also habt ihr euch gut versteckt vor allen Zeichendeutern!

Und wenn man auch Nierenprüfer ist: wer glaubt wohl noch, daß ihr Nieren habt! Aus Farben scheint ihr gebacken und aus geleimten Zetteln.

Alle Zeiten und Völker blicken bunt aus euren Schleiern; alle Sitten und Glauben reden bunt aus euren Gebärden.

Wer von euch Schleier und Überwürfe und Farben und Gebärden abzöge: gerade genug würde er übrig behalten, um die Vögel damit zu erschrecken.

Wahrlich, ich selber bin der erschreckte Vogel, der euch einmal nackt sah und ohne Farbe; und ich flog davon, als das Gerippe mir Liebe zuwinkte.

Lieber wollte ich doch noch Tagelöhner sein in der Unterwelt und bei den Schatten des Ehemals! – feister und voller als ihr sind ja noch die Unterweltlichen!

Dies, ja dies ist Bitternis meinen Gedärmen, daß ich euch weder nackt noch bekleidet aushalte, ihr Gegenwärtigen!

Alles Unheimliche der Zukunft, und was je verflogenen Vögeln Schauder machte, ist wahrlich heimlicher noch und traulicher als eure »Wirklichkeit«.

Denn so sprecht ihr: »Wirkliche sind wir ganz, und ohne Glauben und Aberglauben«: also brüstet ihr euch – ach, auch noch ohne Brüste!

Ja, wie solltet ihr glauben *können*, ihr Buntgesprenkelten! – die ihr Gemälde seid von allem, was je geglaubt wurde!

Wandelnde Widerlegungen seid ihr des Glaubens selber, und aller Gedanken Gliederbrechen. *Unglaubwürdige*: also heiße *ich* euch, ihr Wirklichen.

Alle Zeiten schwätzen widereinander in euren Geistern; und aller Zeiten Träume und Geschwätz waren wirklicher noch, als euer Wachsein ist!

Unfruchtbare seid ihr: *darum* fehlt es euch an Glauben. Aber wer schaffen mußte, der hatte auch immer seine Wahr-Träume und Sternzeichen – und glaubte an Glauben! –

Halboffne Tore seid ihr, an denen Totengräber warten. Und das ist *eure* Wirklichkeit: »Alles ist wert, daß es zugrunde geht.«

Ach, wie ihr mir dasteht, ihr Unfruchtbaren, wie mager in den Rippen! Und mancher von euch hatte wohl dessen selber ein Einsehen.

Und er sprach: »es hat wohl da ein Gott, als ich schlief, mir heimlich etwas entwendet? Wahrlich, genug, sich ein Weibchen daraus zu bilden!

Wundersam ist die Armut meiner Rippen!« also sprach schon mancher Gegenwärtige.

Ja, zum Lachen seid ihr mir, ihr Gegenwärtigen! Und sonderlich, wenn ihr euch über euch selber wundert!

Und wehe mir, wenn ich nicht lachen könnte über eure Verwunderung, und alles Widrige aus euren Näpfen hinunter trinken müßte!

So aber will ich's mit euch leichter nehmen, da ich *Schweres* zu tragen habe; und was tut's mir, wenn sich Käfer und Flügelwürmer noch auf mein Bündel setzen!

Wahrlich, es soll mir darob nicht schwerer werden! Und nicht aus euch, ihr Gegenwärtigen, soll mir die große Müdigkeit kommen. –

Ach, wohin soll ich nun noch steigen mit meiner Sehnsucht! Von allen Bergen schaue ich aus nach Vater- und Mutterländern.

Aber Heimat fand ich nirgends; unstät bin ich in allen Städten und ein Aufbruch an allen Toren.

Fremd sind mir und ein Spott die Gegenwärtigen, zu denen mich jüngst das Herz trieb; und vertrieben bin ich aus Vater- und Mutterländern.

So liebe ich allein noch meiner *Kinder Land*, das unentdeckte, im fernsten Meere: nach ihm heiße ich meine Segel suchen und suchen.

An meinen Kindern will ich es gutmachen, daß ich meiner Väter Kind bin: und an aller Zukunft – *diese* Gegenwart!

Also sprach Zarathustra.

Von der unbefleckten Erkenntnis

Als gestern der Mond aufging, wähnte ich, daß er eine Sonne gebären wolle: so breit und trächtig lag er am Horizonte.

Aber ein Lügner war er mir mit seiner Schwangerschaft; und eher noch will ich an den Mann im Monde glauben als an das Weib.

Freilich, wenig Mann ist er auch, dieser schüchterne Nachtschwärmer. Wahrlich, mit schlechtem Gewissen wandelt er über die Dächer.

Denn er ist lüstern und eifersüchtig, der Mönch im Monde, lüstern nach der Erde und nach allen Freuden der Liebenden.

Nein, ich mag ihn nicht, diesen Kater auf den Dächern! Widerlich sind mir alle, die um halbverschlossne Fenster schleichen!

Fromm und schweigsam wandelt er hin auf Sternen-Teppichen – aber ich mag alle leisetretenden Mannesfüße nicht, an denen auch nicht ein Sporen klirrt.

Jedes Redlichen Schritt redet; die Katze aber stiehlt sich über den Boden weg. Siehe, katzenhaft kommt der Mond daher und unredlich. –

Dieses Gleichnis gebe ich euch empfindsamen Heuchlern, euch, den »Rein-Erkennenden«! Euch heiße *ich* – Lüsterne!

Auch ihr liebt die Erde und das Irdische: ich erriet euch wohl! – aber Scham ist in eurer Liebe und schlechtes Gewissen – dem Monde gleicht ihr!

Zur Verachtung des Irdischen hat man euren Geist überredet, aber nicht eure Eingeweide: *die* aber sind das Stärkste an euch!

Und nun schämt sich euer Geist, daß er euren Eingeweiden zu Willen ist, und geht vor seiner eignen Scham Schleich- und Lügenwege.

»Das wäre mir das Höchste« – also redet euer verlogner Geist zu sich – »auf das Leben ohne Begierde zu schaun und nicht, gleich dem Hunde, mit hängender Zunge:

Glücklich zu sein im Schauen, mit erstorbenem Willen, ohne Griff und Gier der Selbstsucht – kalt und aschgrau am ganzen Leibe, aber mit trunkenen Mondesaugen!

Das wäre mir das Liebste«, – also verführt sich selber der Verführte – »die Erde zu lieben, wie der Mond sie liebt, und nur mit dem Auge allein ihre Schönheit zu betasten.

Und das heiße mir aller Dinge *unbefleckte* Erkenntnis, daß ich von den Dingen nichts will: außer daß ich vor ihnen daliegen darf wie ein Spiegel mit hundert Augen.« –

Oh, ihr empfindsamen Heuchler, ihr Lüsternen! Euch fehlt die Unschuld in der Begierde: und nun verleumdet ihr drum das Begehren!

Wahrlich, nicht als Schaffende, Zeugende, Werdelustige liebt ihr die Erde!

Wo ist Unschuld? Wo der Wille zur Zeugung ist. Und wer über sich hinaus schaffen will, der hat mir den reinsten Willen.

Wo ist Schönheit? Wo ich mit allem Willen *wollen muß*; wo ich lieben und untergehn will, daß ein Bild nicht nur Bild bleibe.

Lieben und Untergehn: das reimt sich seit Ewigkeiten. Wille zur Liebe: das ist, willig auch sein zum Tode. Also rede ich zu euch Feiglingen!

Aber nun will euer entmanntes Schielen »Beschaulichkeit« heißen! Und was mit feigen Augen sich tasten läßt, soll »schön« getauft werden! Oh ihr Beschmutzer edler Namen!

Aber das soll euer Fluch sein, ihr Unbefleckten, ihr Rein-Erkennenden, daß ihr nie gebären werdet: und wenn ihr auch breit und trächtig am Horizonte liegt!

Wahrlich, ihr nehmt den Mund voll mit edlen Worten: und wir sollen glauben, daß euch das Herz übergehe, ihr Lügenbolde?

Aber *meine* Worte sind geringe, verachtete, krumme Worte: gerne nehme ich auf, was bei eurer Mahlzeit unter den Tisch fällt.

Immer noch kann ich mit ihnen – Heuchlern die Wahrheit sagen! Ja, meine Gräten, Muscheln und Stachelblätter sollen – Heuchlern die Nase kitzeln!

Schlechte Luft ist immer um euch und eure Mahlzeiten: eure lüsternen Gedanken, eure Lügen und Heimlichkeiten sind ja in der Luft!

Wagt es doch erst, euch selber zu glauben – euch und euren Eingeweiden! Wer sich selber nicht glaubt, lügt immer.

Eines Gottes Larve hängtet ihr um vor euch selber, ihr »Reinen«: in eines Gottes Larve verkroch sich euer greulicher Ringelwurm.

Wahrlich, ihr täuscht, ihr »Beschaulichen«! Auch Zarathustra war einst der Narr eurer göttlichen Häute; nicht erriet er das Schlangengeringel, mit dem sie gestopft waren.

Eines Gottes Seele wähnte ich einst spielen zu sehn in euren Spielen, ihr Rein-Erkennenden! Keine bessere Kunst wähnte ich einst als eure Künste!

Schlangen-Unflat und schlimmen Geruch verhehlte mir die Ferne: und daß einer Eidechse List lüstern hier herumschlich.

Aber ich kam euch *nah*: da kam mir der Tag – und nun kommt er euch, – zu Ende ging des Mondes Liebschaft!

Seht doch hin! Ertappt und bleich steht er da – vor der Morgenröte!

Denn schon kommt sie, die Glühende – *ihre* Liebe zur Erde kommt! Unschuld und Schöpfer-Begier ist alle Sonnen-Liebe!

Seht doch hin, wie sie ungeduldig über das Meer kommt! Fühlt ihr den Durst und den heißen Atem ihrer Liebe nicht?

Am Meere will sie saugen und seine Tiefe zu sich in die Höhe trinken: da hebt sich die Begierde des Meeres mit tausend Brüsten.

Geküßt und gesaugt *will* es sein vom Durste der Sonne; Luft *will* es werden und Höhe und Fußpfad des Lichts und selber Licht!

Wahrlich, der Sonne gleich liebe ich das Leben und alle tiefen Meere.

Und dies heißt *mir* Erkenntnis: alles Tiefe soll hinauf – zu meiner Höhe!

Also sprach Zarathustra.

Von den Gelehrten

Als ich im Schlafe lag, da fraß ein Schaf am Epheukranze meines Hauptes – fraß und sprach dazu: »Zarathustra ist kein Gelehrter mehr.«

Sprach's und ging stotzig davon und stolz. Ein Kind erzählte mir's.

Gerne liege ich hier, wo die Kinder spielen, an der zerbrochnen Mauer, unter Disteln und roten Mohnblumen.

Ein Gelehrter bin ich den Kindern noch und auch den Disteln und roten Mohnblumen. Unschuldig sind sie, selbst noch in ihrer Bosheit.

Aber den Schafen bin ich's nicht mehr: so will es mein Los – gesegnet sei es!

Denn dies ist die Wahrheit: ausgezogen bin ich aus dem Hause der Gelehrten, und die Tür habe ich noch hinter mir zugeworfen.

Zu lange saß meine Seele hungrig an ihrem Tische; nicht, gleich ihnen, bin ich auf das Erkennen abgerichtet wie auf das Nüsseknacken.

Freiheit liebe ich und die Luft über frischer Erde; lieber noch will ich auf Ochsenhäuten schlafen, als auf ihren Würden und Achtbarkeiten.

Ich bin zu heiß und verbrannt von eigenen Gedanken: oft will es mir den Atem nehmen. Da muß ich ins Freie und weg aus allen verstaubten Stuben.

Aber sie sitzen kühl in kühlem Schatten: sie wollen in allem nur Zuschauer sein und hüten sich, dort zu sitzen, wo die Sonne auf die Stufen brennt.

Gleich solchen, die auf der Straße stehn und die Leute angaffen, welche vorübergehn: also warten sie auch und gaffen Gedanken an, die andre gedacht haben.

Greift man sie mit Händen, so stäuben sie um sich gleich Mehlsäcken, und unfreiwillig; aber wer erriete wohl, daß ihr Staub vom Korne stammt und von der gelben Wonne der Sommerfelder?

Geben sie sich weise, so fröstelt mich ihrer kleinen Sprüche und Wahrheiten: ein Geruch ist oft an ihrer Weisheit, als ob sie aus dem Sumpfe stamme: und wahrlich, ich hörte auch schon den Frosch aus ihr quaken!

Geschickt sind sie, sie haben kluge Finger: was will *meine* Einfalt bei ihrer Vielfalt! Alles Fädeln und Knüpfen und Weben verstehn ihre Finger: also wirken sie die Strümpfe des Geistes!

Gute Uhrwerke sind sie: nur sorge man, sie richtig aufzuziehn! Dann zeigen sie ohne Falsch die Stunde an und machen einen bescheidnen Lärm dabei.

Gleich Mühlwerken arbeiten sie und Stampfen: man werfe ihnen nur seine Fruchtkörner zu! – sie wissen schon, Korn klein zu mahlen und weißen Staub daraus zu machen.

Sie sehen einander gut auf die Finger und trauen sich nicht zum Besten. Erfinderisch in kleinen Schlauheiten, warten sie auf solche, deren Wissen auf lahmen Füßen geht – gleich Spinnen warten sie.

Ich sah sie immer mit Vorsicht Gift bereiten; und immer zogen sie gläserne Handschuhe dabei an ihre Finger.

Auch mit falschen Würfeln wissen sie zu spielen; und so eifrig fand ich sie spielen, daß sie dabei schwitzten.

Wir sind einander fremd, und ihre Tugenden gehn mir noch mehr wider den Geschmack, als ihre Falschheiten und falschen Würfel.

Und als ich bei ihnen wohnte, da wohnte ich über ihnen. Darüber wurden sie mir gram.

Sie wollen nichts davon hören, daß einer über ihren Köpfen wandelt; und so legten sie Holz und Erde und Unrat zwischen mich und ihre Köpfe.

Also dämpften sie den Schall meiner Schritte: und am schlechtesten wurde ich bisher von den Gelehrtesten gehört.

Aller Menschen Fehl und Schwäche legten sie zwischen sich und mich – »Fehlboden« heißen sie das in ihren Häusern.

Aber trotzdem wandle ich mit meinen Gedanken *über* ihren Köpfen; und selbst, wenn ich auf meinen eignen Fehlern wandeln wollte, würde ich noch über ihnen sein und ihren Köpfen.

Denn die Menschen sind *nicht* gleich: so spricht die Gerechtigkeit. Und was ich will, dürften *sie* nicht wollen!

Also sprach Zarathustra.

Von den Dichtern

»Seit ich den Leib besser kenne«, – sagte Zarathustra zu einem seiner Jünger –»ist mir der Geist nur noch gleichsam Geist; und alles das ›Unvergängliche‹ – das ist auch nur ein Gleichnis.«

»So hörte ich dich schon einmal sagen«, antwortete der Jünger; »und damals fügtest du hinzu: ›aber die Dichter lügen zu viel‹. Warum sagtest du doch, daß die Dichter zu viel lügen?«

»Warum?« sagte Zarathustra. »Du fragst warum? Ich gehöre nicht zu denen, welche man nach ihrem Warum fragen darf.

Ist denn mein Erleben von gestern? Das ist lange her, daß ich die Gründe meiner Meinungen erlebte.

Müßte ich nicht ein Faß sein von Gedächtnis, wenn ich auch meine Gründe bei mir haben wollte?

Schon zu viel ist mir's, meine Meinungen selber zu behalten; und mancher Vogel fliegt davon.

Und mitunter finde ich auch ein zugeflogenes Tier in meinem Taubenschlage, das mir fremd ist, und das zittert, wenn ich meine Hand darauf lege.

Doch was sagte dir einst Zarathustra? Daß die Dichter zu viel lügen? – Aber auch Zarathustra ist ein Dichter.

Glaubst du nun, daß er hier die Wahrheit redete? Warum glaubst du das?«

Der Jünger antwortete: »Ich glaube an Zarathustra.« Aber Zarathustra schüttelte den Kopf und lächelte.

Der Glaube macht mich nicht selig, sagte er, zumal nicht der Glaube an mich.

Aber gesetzt, daß jemand allen Ernstes sagte, die Dichter lügen zu viel: so hat er Recht, – *wir* lügen zu viel.

Wir wissen auch zu wenig und sind schlechte Lerner: so müssen wir schon lügen.

Und wer von uns Dichtern hätte nicht seinen Wein verfälscht? Manch giftiger Mischmasch geschah in unsern Kellern, manches Unbeschreibliche ward da getan.

Und weil wir wenig wissen, so gefallen uns von Herzen die geistig Armen, sonderlich wenn es junge Weibchen sind.

Und selbst nach den Dingen sind wir noch begehrlich, die sich die alten Weibchen abends erzählen. Das heißen wir selber an uns das Ewig-Weibliche.

Und als ob es einen besondren geheimen Zugang zum Wissen gäbe, der sich denen *verschütte,* welche etwas lernen: so glauben wir an das Volk und seine »Weisheit«.

Das aber glauben alle Dichter: daß wer im Grase oder an einsamen Gehängen liegend die Ohren spitze, etwas von den Dingen erfahre, die zwischen Himmel und Erde sind.

Und kommen ihnen zärtliche Regungen, so meinen die Dichter immer, die Natur selber sei in sie verliebt:

Und sie schleiche zu ihrem Ohre, Heimliches hineinzusagen und verliebte Schmeichelreden: dessen brüsten und blähen sie sich vor allen Sterblichen!

Ach, es gibt so viel Dinge zwischen Himmel und Erde, von denen sich nur die Dichter etwas haben träumen lassen!

Und zumal *über* dem Himmel: denn alle Götter sind Dichter-Gleichnis, Dichter-Erschleichnis!

Wahrlich, immer zieht es uns hinan – nämlich zum Reich der Wolken: auf diese setzen wir unsre bunten Bälge und heißen sie dann Götter und Übermenschen: –

Sind sie doch gerade leicht genug für diese Stühle! – alle diese Götter und Übermenschen.

Ach, wie bin ich all des Unzulänglichen müde, das durchaus Ereignis sein soll! Ach, wie bin ich der Dichter müde!

Als Zarathustra so sprach, zürnte ihm sein Jünger, aber er schwieg. Und auch Zarathustra schwieg; und sein Auge hatte sich nach innen gekehrt, gleich als ob es in weite Fernen sähe. Endlich seufzte er und holte Atem.

Ich bin von heute und ehedem, sagte er dann; aber etwas ist in mir, das ist von morgen und übermorgen und einstmals.

Ich wurde der Dichter müde, der alten und der neuen: Oberflächliche sind sie mir alle und seichte Meere.

Sie dachten nicht genug in die Tiefe: darum sank ihr Gefühl nicht bis zu den Gründen.

Etwas Wollust und etwas Langeweile: das ist noch ihr bestes Nachdenken gewesen.

Gespenster-Hauch und -Huschen gilt mir all ihr Harfen-Klingklang; was wußten sie bisher von der Inbrunst der Töne! –

Sie sind mir auch nicht reinlich genug: sie trüben alle ihr Gewässer, daß es tief scheine.

Und gerne geben sie sich damit als Versöhner: aber Mittler und Mischer bleiben sie mir, und Halb-und-Halbe und Unreinliche! –

Ach, ich warf wohl mein Netz in ihre Meere und wollte gute Fische fangen; aber immer zog ich eines alten Gottes Kopf herauf.

So gab dem Hungrigen das Meer einen Stein. Und sie selber mögen wohl aus dem Meere stammen.

Gewiß, man findet Perlen in ihnen: um so ähnlicher sind sie selber harten Schaltieren. Und statt der Seele fand ich oft bei ihnen gesalzenen Schleim.

Sie lernten vom Meere auch noch seine Eitelkeit: ist nicht das Meer der Pfau der Pfauen?

Noch vor dem Häßlichsten aller Büffel rollt es seinen Schweif hin, nimmer wird es seines Spitzenfächers von Silber und Seide müde.

Trutzig blickt der Büffel dazu, dem Sand nahe in seiner Seele, näher noch dem Dickicht, am nächsten aber dem Sumpfe.

Was ist ihm Schönheit und Meer und Pfauen-Zierat! Dieses Gleichnis sage ich den Dichtern.

Wahrlich, ihr Geist selber ist der Pfau der Pfauen und ein Meer von Eitelkeit!

Zuschauer will der Geist des Dichters: sollten's auch Büffel sein! –

Aber dieses Geistes wurde ich müde: und ich sehe kommen, daß er seiner selber müde wird.

Verwandelt sah ich schon die Dichter und gegen sich selber den Blick gerichtet.

Büßer des Geistes sah ich kommen: die wuchsen aus ihnen.

Also sprach Zarathustra.

Von großen Ereignissen

Es gibt eine Insel im Meere – unweit den glückseligen Inseln Zarathustras – auf welcher beständig ein Feuerberg raucht; von der sagt das Volk, und sonderlich sagen es die alten Weibchen aus dem Volke, daß sie wie ein Felsblock vor das Tor der Unterwelt gestellt sei: durch den Feuerberg selber aber führe der schmale Weg abwärts, der zu diesem Tore der Unterwelt geleite.

Um jene Zeit nun, als Zarathustra auf den glückseligen Inseln weilte, geschah es, daß ein Schiff an der Insel Anker warf, auf welcher der rauchende Berg steht; und seine Mannschaft ging ans Land, um Kaninchen zu schießen. Gegen die Stunde des Mittags aber, da der Kapitän und seine Leute wieder beisammen waren, sahen sie plötzlich durch die Luft einen Mann auf sich zukommen, und eine Stimme sagte deutlich: »Es ist Zeit! Es ist die höchste Zeit!« Wie die Gestalt ihnen aber am nächsten war – sie flog aber schnell gleich einem Schatten vorbei, in der Richtung, wo der Feuerberg lag – da erkannten sie mit größter Bestürzung, daß es Zarathustra sei; denn sie hatten ihn alle schon gesehn, ausgenommen der Kapitän selber, und sie liebten ihn, wie das Volk liebt: also daß zu gleichen Teilen Liebe und Scheu beisammen sind.

»Seht mir an!« sagte der alte Steuermann, »da fährt Zarathustra zur Hölle!« –

Um die gleiche Zeit, als diese Schiffer an der Feuerinsel landeten, lief das Gerücht umher, daß Zarathustra verschwunden sei; und als man seine Freunde fragte, erzählten sie, er sei bei Nacht zu Schiff gegangen, ohne zu sagen, wohin er reisen wolle.

Also entstand eine Unruhe; nach drei Tagen aber kam zu dieser Unruhe die Geschichte der Schiffsleute hinzu – und nun sagte alles Volk, daß der Teufel Zarathustra geholt habe. Seine Jünger lachten zwar ob dieses Geredes; und einer von ihnen sagte sogar: »eher glaube ich noch, daß Zarathustra sich den Teufel geholt hat.« Aber im Grunde der Seele waren sie alle voll Besorgnis und Sehnsucht: so war ihre Freude groß, als am fünften Tage Zarathustra unter ihnen erschien.

Und dies ist die Erzählung von Zarathustras Gespräch mit dem Feuerhunde:

Die Erde, sagte er, hat eine Haut; und diese Haut hat Krankheiten. Eine dieser Krankheiten heißt zum Beispiel: »Mensch«.

Und eine andere dieser Krankheiten heißt »Feuerhund«: über *den* haben sich die Menschen viel vorgelogen und vorlügen lassen.

Dies Geheimnis zu ergründen ging ich über das Meer: und ich habe die Wahrheit nackt gesehn, wahrlich! barfuß bis zum Halse.

Was es mit dem Feuerhund auf sich hat, weiß ich nun; und insgleichen mit all den Auswurf- und Umsturz-Teufeln, vor denen sich nicht nur alte Weibchen fürchten.

»Heraus mit dir, Feuerhund, aus deiner Tiefe!« rief ich, »und bekenne, wie tief diese Tiefe ist! Woher ist das, was du da heraufschnaubst?

Du trinkst reichlich am Meere: das verrät deine versalzte Beredsamkeit! Fürwahr, für einen Hund der Tiefe nimmst du deine Nahrung zu sehr von der Oberfläche!

Höchstens für den Bauchredner der Erde halt' ich dich: und immer, wenn ich Umsturz- und Auswurf-Teufel reden hörte, fand ich sie gleich dir: gesalzen, lügnerisch und flach.

Ihr versteht zu brüllen und mit Asche zu verdunkeln! Ihr seid die besten Großmäuler und lerntet sattsam die Kunst, Schlamm heiß zu sieden.

Wo ihr seid, da muß stets Schlamm in der Nähe sein, und viel Schwammichtes, Höhlichtes, Eingezwängtes: das will in die Freiheit.

»Freiheit« brüllt ihr alle am liebsten: aber ich verlernte den Glauben an »große Ereignisse«, sobald viel Gebrüll und Rauch um sie herum ist.

Und glaube mir nur, Freund Höllenlärm! Die größten Ereignisse – das sind nicht unsre lautesten, sondern unsre stillsten Stunden.

Nicht um die Erfinder von neuem Lärme: um die Erfinder von neuen Werten dreht sich die Welt; *unhörbar* dreht sie sich.

Und gesteh es nur! Wenig war immer nur geschehn, wenn dein Lärm und Rauch sich verzog. Was liegt daran, daß eine Stadt zur Mumie wurde, und eine Bildsäule im Schlamme liegt!

Und dies Wort sage ich noch den Umstürzern von Bildsäulen. Das ist wohl die größte Torheit, Salz ins Meer und Bildsäulen in den Schlamm zu werfen.

Im Schlamme eurer Verachtung lag die Bildsäule: aber das ist gerade ihr Gesetz, daß ihr aus der Verachtung wieder Leben und lebende Schönheit wächst!

Mit göttlicheren Zügen steht sie nun auf, und leidendverführerisch; und wahrlich! sie wird euch noch Dank sagen, daß ihr sie umstürztet, ihr Umstürzer!

Diesen Rat aber rate ich Königen und Kirchen und allem, was alters- und tugendschwach ist – laßt euch nur umstürzen! Daß ihr wieder zum Leben kommt, und zu euch – die Tugend! –«

Also redete ich vor dem Feuerhunde: da unterbrach er mich mürrisch und fragte: »Kirche? Was ist denn das?«

»Kirche?« antwortete ich, »das ist eine Art von Staat, und zwar die verlogenste. Doch schweig still, du Heuchelhund! Du kennst deine Art wohl am besten schon!

Gleich dir selber ist der Staat ein Heuchelhund; gleich dir redet er gern mit Rauch und Gebrülle – daß er glauben mache, gleich dir, er rede aus dem Bauch der Dinge.

Denn er will durchaus das wichtigste Tier auf Erden sein, der Staat; und man glaubt's ihm auch.« –

Als ich das gesagt hatte, gebärdete sich der Feuerhund wie unsinnig vor Neid. »Wie?« schrie er, »das wichtigste Tier auf Erden? Und man glaubt's ihm auch?« Und so viel Dampf und gräßliche Stimmen kamen ihm aus dem Schlunde, daß ich meinte, er werde vor Ärger und Neid ersticken.

Endlich wurde er stiller, und sein Keuchen ließ nach; sobald er aber stille war, sagte ich lachend:

»Du ärgerst dich, Feuerhund: also habe ich über dich Recht!

Und daß ich auch noch recht behalte, so höre von einem andern Feuerhunde: der spricht wirklich aus dem Herzen der Erde.

Gold haucht sein Atem und goldigen Regen: so will's das Herz ihm. Was ist ihm Asche und Rauch und heißer Schleim noch?

Lachen flattert aus ihm wie ein buntes Gewölke; abgünstig ist er deinem Gurgeln und Speien und Grimmen der Eingeweide!

Das Gold aber und das Lachen – das nimmt er aus dem Herzen der Erde: denn daß du's nur weißt – *das Herz der Erde ist von Gold.*«

Als dies der Feuerhund vernahm, hielt er's nicht mehr aus, mir zuzuhören. Beschämt zog er seinen Schwanz ein, sagte auf eine kleinlaute Weise Wau! Wau! und kroch hinab in seine Höhle. –

Also erzählte Zarathustra. Seine Jünger aber hörten ihm kaum zu: so groß war ihre Begierde, ihm von den Schiffsleuten, den Kaninchen und dem fliegenden Manne zu erzählen.

»Was soll ich davon denken!« sagte Zarathustra. »Bin ich denn ein Gespenst?

Aber es wird mein Schatten gewesen sein. Ihr hörtet wohl schon einiges vom Wanderer und seinem Schatten?

Sicher aber ist das: ich muß ihn kürzer halten – er verdirbt mir sonst noch den Ruf.«

Und nochmals schüttelte Zarathustra den Kopf und wunderte sich. »Was soll ich davon denken!« sagte er nochmals.

»Warum schrie denn das Gespenst: ›Es ist Zeit! Es ist die höchste Zeit!‹ *Wozu* ist es denn – höchste Zeit?«

Also sprach Zarathustra.

Der Wahrsager

»– und ich sahe eine große Traurigkeit über die Menschen kommen. Die Besten wurden ihrer Werke müde.

Eine Lehre erging, ein Glaube lief neben ihr: ›alles ist leer, alles ist gleich, alles war!‹

Und von allen Hügeln klang es wieder: ›alles ist leer, alles ist gleich, alles war!‹

Wohl haben wir geerntet: aber warum wurden alle Früchte uns faul und braun? Was fiel vom bösen Monde bei der letzten Nacht hernieder?

Umsonst war alle Arbeit, Gift ist unser Wein geworden, böser Blick sengte unsre Felder und Herzen gelb.

Trocken wurden wir alle; und fällt Feuer auf uns, so stäuben wir der Asche gleich – ja das Feuer selber machten wir müde.

Alle Brunnen versiegten uns, auch das Meer wich zurück. Aller Grund will reißen, aber die Tiefe will nicht schlingen!

›Ach, wo ist noch ein Meer, in dem man ertrinken könnte‹: so klingt unsre Klage – hinweg über flache Sümpfe.

Wahrlich, zum Sterben wurden wir schon zu müde; nun wachen wir noch und leben fort – in Grabkammern!« –

Also hörte Zarathustra einen Wahrsager reden; und seine Weissagung ging ihm zu Herzen und verwandelte ihn. Traurig ging er umher und müde; und er wurde denen gleich, von welchen der Wahrsager geredet hatte.

Wahrlich, so sagte er zu seinen Jüngern, es ist um ein Kleines, so kommt diese lange Dämmerung. Ach, wie soll ich mein Licht hinüber retten!

Daß es mir nicht ersticke in dieser Traurigkeit! Ferneren Welten soll es ja Licht sein, und noch fernsten Nächten!

Dergestalt im Herzen bekümmert ging Zarathustra umher; und drei Tage lang nahm er nicht Trank und Speise zu sich, hatte keine Ruhe und verlor die Rede. Endlich geschah es, daß er in einen tiefen Schlaf verfiel. Seine Jünger aber saßen um ihn in langen Nachtwachen und warteten mit Sorge, ob er wach werde und wieder rede und genesen sei von seiner Trübsal.

Dies aber ist die Rede, welche Zarathustra sprach, als er aufwachte; seine Stimme aber kam zu seinen Jüngern wie aus weiter Ferne.

»Hört mir doch den Traum, den ich träumte, ihr Freunde, und helft mir seinen Sinn raten!

Ein Rätsel ist er mir noch, dieser Traum; sein Sinn ist verborgen in ihm und eingefangen und fliegt noch nicht über ihn hin mit freien Flügeln.

Allem Leben hatte ich abgesagt, so träumte mir. Zum Nacht- und Grabwächter war ich worden, dort auf der einsamen Berg-Burg des Todes.

Droben hütete ich seine Särge: voll standen die dumpfen Gewölbe von solchen Siegeszeichen. Aus gläsernen Särgen blickte mich überwundenes Leben an.

Den Geruch verstaubter Ewigkeiten atmete ich: schwül und verstaubt lag meine Seele. Und wer hätte dort auch seine Seele lüften können!

Helle der Mitternacht war immer um mich, Einsamkeit kauerte neben ihr; und, zudritt, röchelnde Todesstille, die schlimmste meiner Freundinnen.

Schlüssel führte ich, die rostigsten aller Schlüssel; und ich verstand es, damit das knarrendste aller Tore zu öffnen.

Einem bitterbösen Gekrächze gleich lief der Ton durch die langen Gänge, wenn sich des Tores Flügel hoben: unhold schrie dieser Vogel, ungern wollte er geweckt sein.

Aber furchbarer noch und herzzuschnürender war es, wenn es wieder schwieg und rings stille ward, und ich allein saß in diesem tückischen Schweigen.

So ging mir und schlich die Zeit, wenn Zeit es noch gab; was weiß ich davon! Aber endlich geschah das, was mich weckte.

Dreimal schlugen Schläge ans Tor, gleich Donnern, es hallten und heulten die Gewölbe dreimal wider: da ging ich zum Tore.

Alpa! rief ich, wer trägt seine Asche zu Berge? Alpa! Alpa! Wer trägt seine Asche zu Berge?

Und ich drückte den Schlüssel und hob am Tore und mühte mich. Aber noch keinen Fingerbreit stand es offen:

Da riß ein brausender Wind seine Flügel auseinander: pfeifend, schrillend und schneidend warf er mir einen schwarzen Sarg zu:

Und im Brausen und Pfeifen und Schrillen zerbarst der Sarg und spie tausendfältiges Gelächter aus.

Und aus tausend Fratzen von Kindern, Engeln, Eulen, Narren und kindergroßen Schmetterlingen lachte und höhnte und brauste es wider mich.

Gräßlich erschrak ich darob: es warf mich nieder. Und ich schrie vor Grausen, wie nie ich schrie.

Aber der eigne Schrei weckte mich auf – und ich kam zu mir. –«

Also erzählte Zarathustra seinen Traum und schwieg dann: denn er wußte noch nicht die Deutung seines Traumes. Aber der Jünger, den er am meisten lieb hatte, erhob sich schnell, faßte die Hand Zarathustras und sprach:

»Dein Leben selber deutet uns diesen Traum, o Zarathustra!

Bist du nicht selber der Wind mit schrillem Pfeifen, der den Burgen des Todes die Tore aufreißt?

Bist du nicht selber der Sarg voll bunter Bosheiten und Engelsfratzen des Lebens?

Wahrlich, gleich tausendfältigem Kindsgelächter kommt Zarathustra in alle Totenkammern, lachend über diese Nacht- und Grabwächter, und wer sonst mit düstern Schlüsseln rasselt.

Schrecken und umwerfen wirst du sie mit deinem Gelächter; Ohnmacht und Wachwerden wird deine Macht über sie beweisen.

Und auch, wenn die lange Dämmerung kommt und die Todesmüdigkeit, wirst du an unserm Himmel nicht untergehn, du Fürsprecher des Lebens!

Neue Sterne ließest du uns sehen und neue Nachtherrlichkeiten; wahrlich, das Leben selber spanntest du wie ein buntes Gezelt über uns.

Nun wird immer Kindes-Lachen aus Särgen quellen; nun wird immer siegreich ein starker Wind kommen aller Todesmüdigkeit: dessen bist du uns selber Bürge und Wahrsager!

Wahrlich, *sie selber träumtest du,* deine Feinde: das war dein schwerster Traum!

Aber wie du von ihnen aufwachtest und zu dir kamst, also sollen sie selber von sich aufwachen – und zu dir kommen!« –

So sprach der Jünger; und alle anderen drängten sich nun um Zarathustra und ergriffen ihn bei den Händen und wollten ihn bereden, daß er vom Bette und von der Traurigkeit lasse und zu ihnen zurückkehre. Zarathustra aber saß aufgerichtet auf seinem Lager, und mit fremdem Blicke. Gleichwie einer, der aus langer Fremde heimkehrt, sah er auf seine Jünger und prüfte ihre Gesichter; und noch erkannte er sie nicht. Als sie aber ihn hoben und auf die Füße stellten, siehe, da verwandelte sich mit einem Male sein Auge; er begriff alles, was geschehn war, strich sich den Bart und sagte mit starker Stimme:

»Wohlan! Dies nun hat seine Zeit; sorgt mir aber dafür, meine Jünger, daß wir eine gute Mahlzeit machen, und in Kürze! Also gedenke ich Buße zu tun für schlimme Träume!

Der Wahrsager aber soll an meiner Seite essen und trinken: und wahrlich, ich will ihm noch ein Meer zeigen, in dem er ertrinken kann!«

Also sprach Zarathustra. Darauf aber blickte er dem Jünger, welcher den Traumdeuter abgegeben hatte, lange ins Gesicht und schüttelte dabei den Kopf. –

Von der Erlösung

Als Zarathustra eines Tages über die große Brücke ging, umringten ihn die Krüppel und Bettler, und ein Bucklichter redete also zu ihm:

»Siehe, Zarathustra! Auch das Volk lernt von dir und gewinnt Glauben an deine Lehre: aber, daß es ganz dir glauben soll, dazu bedarf es noch eines – du mußt erst noch uns Krüppel überreden! Hier hast du nun eine schöne Auswahl und wahrlich, eine Gelegenheit mit mehr als einem

Schopfe! Blinde kannst du heilen und Lahme laufen machen; und dem, der zuviel hinter sich hat, könntest du wohl auch ein wenig abnehmen – das, meine ich, wäre die rechte Art, die Krüppel an Zarathustra glauben zu machen!«

Zarathustra aber erwiderte dem, der da redete, also: »Wenn man dem Bucklichten seinen Buckel nimmt, so nimmt man ihm seinen Geist – also lehrt das Volk. Und wenn man dem Blinden seine Augen gibt, so sieht er zuviel schlimme Dinge auf Erden: also daß er den verflucht, der ihn heilte. Der aber, welcher den Lahmen laufen macht, der tut ihm den größten Schaden an: denn kaum kann er laufen, so gehn seine Laster mit ihm durch – also lehrt das Volk über Krüppel. Und warum sollte Zarathustra nicht auch vom Volke lernen, wenn das Volk von Zarathustra lernt?

Das ist mir aber das Geringste, seit ich unter Menschen bin, daß ich sehe: ›Diesem fehlt ein Auge und jenem ein Ohr und einem dritten das Bein, und andre gibt es, die verloren die Zunge oder die Nase oder den Kopf.‹

Ich sehe und sah Schlimmeres und mancherlei so Abscheuliches, daß ich nicht von jeglichem reden und von einigem nicht einmal schweigen möchte: nämlich Menschen, denen es an allem fehlt, außer, daß sie eins zuviel haben – Menschen, welche nichts weiter sind, als ein großes Auge oder ein großes Maul oder ein großer Bauch oder irgend etwas Großes – umgekehrte Krüppel heiße ich solche.

Und als ich aus meiner Einsamkeit kam und zum ersten Male über diese Brücke ging: da traute ich meinen Augen nicht und sah hin, und wieder hin, und sagte endlich: »Das ist ein Ohr! Ein Ohr, so groß wie ein Mensch!« Ich sah noch besser hin: und wirklich, unter dem Ohre bewegte sich noch etwas, das zum Erbarmen klein und ärmlich und schmächtig war. Und wahrhaftig, das ungeheure Ohr saß auf einem kleinen dünnen Stiele – der Stiel aber war ein Mensch! Wer ein Glas vor das Auge nahm, konnte sogar noch ein kleines neidisches Gesichtchen erkennen; auch, daß ein gedunsenes Seelchen am Stiele baumelte. Das Volk sagte mir aber, das große Ohr sei nicht nur ein Mensch, sondern ein großer Mensch, ein Genie. Aber ich glaubte dem Volke niemals, wenn es von großen Menschen redete – und behielt meinen Glauben bei, daß es ein umgekehrter Krüppel sei, der an allem zu wenig und an einem zu viel habe.«

Als Zarathustra so zu dem Bucklichten geredet hatte und zu denen, welchen er Mundstück und Fürsprecher war, wandte er sich mit tiefem Unmute zu seinen Jüngern und sagte:

»Wahrlich, meine Freunde, ich wandle unter den Menschen wie unter den Bruchstücken und Gliedmaßen von Menschen!

Dies ist meinem Auge das Fürchterliche, daß ich den Menschen zertrümmert finde und zerstreuet wie über ein Schlacht- und Schlächterfeld hin.

Und flüchtet mein Auge vom Jetzt zum Ehemals: es findet immer das Gleiche: Bruchstücke und Gliedmaßen und grause Zufälle – aber keine Menschen!

Das Jetzt und das Ehemals auf Erden – ach! meine Freunde – das ist *mein* Unerträglichstes; und ich wüßte nicht zu leben, wenn ich nicht noch ein Seher wäre, dessen, was kommen muß.

Ein Seher, ein Wollender, ein Schaffender, eine Zukunft selber und eine Brücke zur Zukunft – und ach, auch noch gleichsam ein Krüppel an dieser Brücke: das alles ist Zarathustra.

Und auch ihr fragtet euch oft »wer ist uns Zarathustra? Wie soll er uns heißen?« Und gleich mir selber gabt ihr euch Fragen zur Antwort.

Ist er ein Versprechender? Oder ein Erfüllter? Ein Erobernder? Oder ein Erbender? Ein Herbst? Oder eine Pflugschar? Ein Arzt? Oder ein Genesener?

Ist er ein Dichter? Oder ein Wahrhaftiger? Ein Befreier? Oder ein Bändiger? Ein Guter? Oder ein Böser?

Ich wandle unter Menschen als den Bruchstücken der Zukunft: jener Zukunft, die ich schaue.

Und das ist all mein Dichten und Trachten, daß ich in Eins dichte und zusammentrage, was Bruchstück ist und Rätsel und grauser Zufall.

Und wie ertrüge ich es, Mensch zu sein, wenn der Mensch nicht auch Dichter und Rätselrater und der Erlöser des Zufalls wäre!

Die Vergangnen zu erlösen und alles »Es war« umzuschaffen in ein »So wollte ich es!« – das hieße mir erst Erlösung!

Wille – so heißt der Befreier und Freudebringer: also lehrte ich euch, meine Freunde! Aber nun lernt dies hinzu: der Wille selber ist noch ein Gefangener.

Wollen befreit: aber wie heißt das, was auch den Befreier noch in Ketten schlägt?

»Es war«: also heißt des Willens Zähneknirschen und einsamste Trübsal. Ohnmächtig gegen das, was getan ist – ist er allem Vergangenen ein böser Zuschauer.

Nicht zurück kann der Wille wollen; daß er die Zeit nicht brechen kann und der Zeit Begierde – das ist des Willens einsamste Trübsal.

Wollen befreit: was ersinnt sich das Wollen selber, daß es los seiner Trübsal werde und seines Kerkers spotte?

Ach, ein Narr wird jeder Gefangene! Närrisch erlöst sich auch der gefangene Wille.

Daß die Zeit nicht zurückläuft, das ist sein Ingrimm; »das, was war« – so heißt der Stein, den er nicht wälzen kann.

Und so wälzt er Steine aus Ingrimm und Unmut und übt Rache an dem, was nicht gleich ihm Grimm und Unmut fühlt.

Also wurde der Wille, der Befreier, ein Wehetäter: und an allem, was leiden kann, nimmt er Rache dafür, daß er nicht zurück kann.

Dies, ja dies allein ist *Rache* selber: des Willens Widerwille gegen die Zeit und ihr »Es war«.

Wahrlich, eine große Narrheit wohnt in unserm Willen; und zum Fluche wurde es allem Menschlichen, daß diese Narrheit Geist lernte!

Der Geist der Rache: meine Freunde, das war bisher der Menschen bestes Nachdenken; und wo Leid war, da sollte immer Strafe sein.

»Strafe« nämlich, so heißt sich die Rache selber: mit einem Lügenwort heuchelt sie sich ein gutes Gewissen.

Und weil im Wollenden selber Leid ist, darob, daß er nicht zurück wollen kann – also sollte Wollen selber und alles Leben – Strafe sein!

Und nun wälzte sich Wolke auf Wolke über den Geist: bis endlich der Wahnsinn predigte: »Alles vergeht, darum ist alles wert zu vergehn!«

»Und dies ist selber Gerechtigkeit, jenes Gesetz der Zeit, daß sie ihre Kinder fressen muß«: also predigte der Wahnsinn.

»Sittlich sind die Dinge geordnet nach Recht und Strafe. O wo ist die Erlösung vom Fluß der Dinge und der Strafe ›Dasein‹?« Also predigte der Wahnsinn.

»Kann es Erlösung geben, wenn es ein ewiges Recht gibt? Ach, unwälzbar ist der Stein ›Es war‹: ewig müssen auch alle Strafen sein!« Also predigte der Wahnsinn.

»Keine Tat kann vernichtet werden: wie könnte sie durch die Strafe ungetan werden! Dies, dies ist das Ewige an der Strafe ›Dasein‹, daß das Dasein auch ewig wieder Tat und Schuld sein muß!

Es sei denn, daß der Wille endlich sich selber erlöste und Wollen zu Nicht-Wollen würde –«: doch ihr kennt, meine Brüder, dies Fabellied des Wahnsinns!

Weg führte ich euch von diesen Fabelliedern, als ich euch lehrte: »der Wille ist ein Schaffender«.

Alles »Es war« ist ein Bruchstück, ein Rätsel, ein grauser Zufall – bis der schaffende Wille dazu sagt: »aber so wollte ich es!«

– Bis der schaffende Wille dazu sagt: »Aber so will ich es! So werde ich's wollen!«

Aber sprach er schon so? Und wann geschieht dies? Ist der Wille schon abgeschirrt von seiner eignen Torheit?

Wurde der Wille sich selber schon Erlöser und Freudebringer? Verlernte er den Geist der Rache und alles Zähneknirschen?

Und wer lehrte ihn Versöhnung mit der Zeit, und Höheres, als alle Versöhnung ist?

Höheres als alle Versöhnung muß der Wille wollen, welcher der Wille zur Macht ist –: doch wie geschieht ihm das? Wer lehrte ihn auch noch das Zurückwollen?«

– Aber an dieser Stelle seiner Rede geschah es, daß Zarathustra plötzlich innehielt und ganz einem solchen gleich sah, der auf das äußerste erschrickt. Mit erschrecktem Auge blickte er auf seine Jünger, sein Auge durchbohrte wie mit Pfeilen ihre Gedanken und Hintergedanken. Aber nach einer kleinen Weile lachte er schon wieder und sagte begütigt:

»Es ist schwer, mit Menschen zu leben, weil Schweigen so schwer ist. Sonderlich für einen Geschwätzigen.« –

Also sprach Zarathustra. Der Bucklichte aber hatte dem Gespräche zugehört und sein Gesicht dabei bedeckt; als er aber Zarathustra lachen hörte, blickte er neugierig auf und sagte langsam:

»Aber warum redet Zarathustra anders zu uns, als zu seinen Jüngern?«

Zarathustra antwortete: »Was ist das zum Verwundern! Mit Bucklichten darf man schon bucklicht reden!«

»Gut«, sagte der Bucklichte; »und mit Schülern darf man schon aus der Schule schwätzen.

Aber warum redet Zarathustra anders zu seinen Schülern – als zu sich selber?« –

Von der Menschen-Klugheit

Nicht die Höhe: der Abhang ist das Furchtbare!

Der Abhang, wo der Blick *hinunter* stürzt und die Hand *hinauf* greift. Da schwindelt dem Herzen vor seinem doppelten Willen.

Ach Freunde, erratet ihr wohl auch meines Herzens doppelten Willen.

Das, das ist *mein* Abhang und meine Gefahr, daß mein Blick in die Höhe stürzt, und daß meine Hand sich halten und stützen möchte – an der Tiefe!

An den Menschen klammert sich mein Wille, mit Ketten binde ich mich an den Menschen, weil es mich hinaufreißt zum Übermenschen: denn dahin will mein andrer Wille.

Und *dazu* lebe ich blind unter den Menschen; gleich als ob ich sie nicht kennte: daß meine Hand ihren Glauben an Festes nicht ganz verliere.

Ich kenne euch Menschen nicht: diese Finsternis und Tröstung ist oft um mich gebreitet.

Ich sitze am Torwege für jeden Schelm und frage: wer will mich betrügen?

Das ist meine erste Menschen-Klugheit, daß ich mich betrügen lasse, um nicht auf der Hut zu sein vor Betrügern.

Ach, wenn ich auf der Hut wäre vor dem Menschen: wie könnte meinem Balle der Mensch ein Anker sein! Zu leicht risse es mich hinauf und hinweg!

Diese Vorsehung ist über meinem Schicksal, daß ich ohne Vorsicht sein muß.

Dieses sage ich euch zum Gleichnis. Gestern, zur stillsten Stunde, wich mir der Boden: der Traum begann.

Der Zeiger rückte, die Uhr meines Lebens holte Atem –, nie hörte ich solche Stille um mich: also daß mein Herz erschrak.

Da sprach es ohne Stimme zu mir: »*Du weißt es, Zarathustra?*«

Und ich schrie vor Schrecken bei diesem Flüstern, und das Blut wich aus meinem Gesichte: aber ich schwieg.

Da sprach es abermals ohne Stimme zu mir: »Du weißt es, Zarathustra, aber du redest es nicht!« –

Und ich antwortete endlich gleich einem Trotzigen: »Ja, ich weiß es, aber ich will es nicht reden!«

Da sprach es wieder ohne Stimme zu mir: »Du *willst* nicht, Zarathustra? Ist dies auch wahr? Verstecke dich nicht in deinen Trotz!« –

Und ich weinte und zitterte wie ein Kind und sprach: »Ach, ich wollte schon, aber wie kann ich es! Erlaß mir dies nur! Es ist über meine Kraft!«

Da sprach es wieder ohne Stimme zu mir: »Was liegt an dir, Zarathustra! Sprich dein Wort und zerbrich!« –

Und ich antwortete: »Ach, es ist *mein* Wort? Wer bin *ich*? Ich warte des Würdigeren; ich bin nicht wert, an ihm auch nur zu zerbrechen.«

Da sprach es wieder ohne Stimme zu mir: »Was liegt an dir? Du bist mir noch nicht demütig genug. Die Demut hat das härteste Fell.« –

Und ich antwortete: »Was trug nicht schon das Fell meiner Demut! Am Fuße wohne ich meiner Höhe: wie hoch meine Gipfel sind? Niemand sagte es mir noch. Aber gut kenne ich meine Täler.«

Da sprach es wieder ohne Stimme zu mir: »O Zarathustra, wer Berge zu versetzen hat, der versetzt auch Täler und Niederungen.« –

Und ich antwortete: »Noch versetzte mein Wort keine Berge, und was ich redete, erreichte die Menschen nicht. Ich ging wohl zu den Menschen, aber noch langte ich nicht bei ihnen an.«

Da sprach es wieder ohne Stimme zu mir: »Was weißt du *davon*! Der Tau fällt auf das Gras, wenn die Nacht am verschwiegensten ist.« –

Und ich antwortete: »Sie verspotteten mich, als ich meinen eigenen Weg fand und ging; und in Wahrheit zitterten damals meine Füße.

Und so sprachen sie zu mir: du verlerntest den Weg, nun verlernst du auch das Gehen!«

Da sprach es wieder ohne Stimme zu mir: »Was liegt an ihrem Spotte! Du bist einer, der das Gehorchen verlernt hat: nun sollst du befehlen!

Weißt du nicht, wer allen am nötigsten tut? Der Großes befiehlt.

Großes vollführen ist schwer: aber das Schwerere ist, Großes befehlen.

Das ist dein Unverzeihlichstes: du hast die Macht, und du willst nicht herrschen.« –

Und ich antwortete: »Mir fehlt des Löwen Stimme zu allem Befehlen.«

Da sprach es wieder wie ein Flüstern zu mir: »Die stillsten Worte sind es, welche den Sturm bringen. Gedanken, die mit Taubenfüßen kommen, lenken die Welt.

O Zarathustra, du sollst gehen als ein Schatten dessen, was kommen muß: so wirst du befehlen und befehlend vorangehen.« –

Und ich antwortete: »Ich schäme mich.«

Da sprach es wieder ohne Stimme zu mir: »Du mußt noch Kind werden und ohne Scham.

Der Stolz der Jugend ist noch auf dir, spät bist du jung geworden: aber wer zum Kinde werden will, muß auch noch seine Jugend überwinden.« –

Und ich besann mich lange und zitterte. Endlich aber sagte ich, was ich zuerst sagte: »Ich will nicht.«

Da geschah ein Lachen um mich. Wehe, wie dies Lachen mir die Eingeweide zerriß und das Herz aufschlitzte!

Und es sprach zum letzten Male zu mir: »O Zarathustra, deine Früchte sind reif, aber du bist nicht reif für deine Früchte!

So mußt du wieder in die Einsamkeit: denn du sollst noch mürbe werden.« –

Und wieder lachte es und floh: dann wurde es stille um mich wie mit einer zwiefachen Stille. Ich aber lag am Boden, und der Schweiß floß mir von den Gliedern.

– Nun hörtet ihr alles, und warum ich in meine Einsamkeit zurück muß. Nichts verschwieg ich euch, meine Freunde.

Aber auch dies hörtet ihr von mir, *wer* immer noch aller Menschen Verschwiegenster ist – und es sein will!

Ach, meine Freunde! Ich hätte euch noch etwas zu sagen, ich hätte euch noch etwas zu geben! Warum gebe ich es nicht? Bin ich denn geizig?« –

Als Zarathustra aber diese Worte gesprochen hatte, überfiel ihn die Gewalt des Schmerzes und die Nähe des Abschieds von seinen Freunden, also daß er laut weinte; und niemand wußte ihn zu trösten. Des Nachts aber ging er allein fort und verließ seine Freunde.

DRITTER TEIL

ALSO SPRACH ZARATHUSTRA

»Ihr seht nach oben, wenn ihr nach Erhebung verlangt. Und ich sehe hinab, weil ich erhoben bin.

Wer von euch kann zugleich lachen und erhoben sein?

Wer auf den höchsten Bergen steigt, der lacht über alle Trauer-Spiele und Trauer-Ernste.«

Zarathustra,
vom Lesen und Schreiben *(S. 570)*

Der Wanderer

Um Mitternacht war es, da nahm Zarathustra seinen Weg über den Rükken der Insel, daß er mit dem frühen Morgen an das andre Gestade käme: denn dort wollte er zu Schiff steigen. Es gab nämlich allda eine gute Reede, an der auch fremde Schiffe gern vor Anker gingen; die nahmen manchen mit sich, der von den glückseligen Inseln über das Meer wollte. Als nun Zarathustra so den Berg hinanstieg, gedachte er unterwegs des vielen einsamen Wanderns von Jugend an, und wie viele Berge und Rükken und Gipfel er schon gestiegen sei.

Ich bin ein Wanderer und ein Bergsteiger, sagte er zu seinem Herzen, ich liebe die Ebenen nicht, und es scheint, ich kann nicht lange still sitzen.

Und was mir nun auch noch als Schicksal und Erlebnis komme – ein Wandern wird darin sein und ein Bergsteigen: man erlebt endlich nur noch sich selber.

Die Zeit ist abgeflossen, wo mir noch Zufälle begegnen durften; und was *könnte* jetzt noch zu mir fallen, was nicht schon mein Eigen wäre!

Es kehrt nur zurück, es kommt mir endlich heim – mein eigen Selbst, und was von ihm lange in der Fremde war und zerstreut unter alle Dinge und Zufälle.

Und noch eins weiß ich: ich stehe jetzt vor meinem letzten Gipfel und vor dem, was mir am längsten aufgespart war. Ach, meinen härtesten Weg muß ich hinan! Ach, ich begann meine einsamste Wanderung!

Wer aber meiner Art ist, der entgeht einer solchen Stunde nicht: der Stunde, die zu ihm redet: »Jetzo erst gehst du deinen Weg der Größe! Gipfel und Abgrund – das ist jetzt in eins beschlossen!

Du gehst deinen Weg der Größe: nun ist deine letzte Zuflucht worden, was bisher deine letzte Gefahr hieß!

Du gehst deinen Weg der Größe: das muß nun dein bester Mut sein, daß es hinter dir keinen Weg mehr gibt!

Du gehst deinen Weg der Größe; hier soll dir keiner nachschleichen! Dein Fuß selber löschte hinter dir den Weg aus, und über ihm steht geschrieben: Unmöglichkeit.

Und wenn dir nunmehr alle Leitern fehlen, so mußt du verstehen, noch auf deinen eigenen Kopf zu steigen: wie wolltest du anders aufwärts steigen?

Auf deinen eigenen Kopf und hinweg über dein eigenes Herz! Jetzt muß das Mildeste an dir noch zum Härtesten werden.

Wer sich stets viel geschont hat, der kränkelt zuletzt an seiner vielen Schonung. Gelobt sei, was hart macht! Ich lobe das Land nicht, wo Butter und Honig – fließt!

Von sich *absehn* lernen ist nötig, um *viel* zu sehn – diese Härte tut jedem Berge-Steigenden not.

Wer aber mit den Augen zudringlich ist als Erkennender, wie sollte der von allen Dingen mehr als ihre vorderen Gründe sehn!

Du aber, o Zarathustra, wolltest aller Dinge Grund schaun und Hintergrund: so mußt du schon über dich selber steigen – hinan, hinauf, bis du auch deine Sterne noch *unter* dir hast!

Ja! Hinab auf mich selber sehn und noch auf meine Sterne: das erst hieße mir mein *Gipfel*, das blieb mir noch zurück als mein *letzter* Gipfel! –«

Also sprach Zarathustra im Steigen zu sich, mit harten Sprüchlein sein Herz tröstend: denn er ward wund am Herzen wie noch niemals zuvor. Und als er auf die Höhe des Bergrückens kam, siehe, da lag das andere Meer vor ihm ausgebreitet: und er stand still und schwieg lange. Die Nacht aber war kalt in dieser Höhe und klar und hellgestirnt.

Ich erkenne mein Los, sagte er endlich mit Trauer. Wohlan! Ich bin bereit. Eben begann meine letzte Einsamkeit.

Ach, diese schwarze traurige See unter mir! Ach, diese schwangere nächtliche Verdrossenheit! Ach, Schicksal und See! Zu euch muß ich nun *hinab*steigen!

Vor meinem höchsten Berge stehe ich und vor meiner längsten Wanderung: darum muß ich erst tiefer hinab, als ich jemals stieg:

– tiefer hinab in den Schmerz, als ich jemals stieg, bis hinein in seine schwärzeste Flut! So will es mein Schicksal: Wohlan! Ich bin bereit.

Woher kommen die höchsten Berge? so fragte ich einst. Da lernte ich, daß sie aus dem Meere kommen.

Dies Zeugnis ist in ihr Gestein geschrieben und in die Wände ihrer Gipfel. Aus dem Tiefsten muß das Höchste zu seiner Höhe kommen. –

Also sprach Zarathustra auf der Spitze des Berges, wo es kalt war; als er aber in die Nähe des Meeres kam und zuletzt allein unter den Klippen stand, da war er unterwegs müde geworden und sehnsüchtiger als noch zuvor.

Es schläft jetzt alles noch, sprach er; auch das Meer schläft. Schlaftrunken und fremd blickt sein Auge nach mir.

Aber es atmet warm, das fühle ich. Und ich fühle auch, daß es träumt. Es windet sich träumend auf harten Kissen.

Horch! Horch! Wie es stöhnt von bösen Erinnerungen! Oder bösen Erwartungen?

Ach, ich bin traurig mit dir, du dunkles Ungeheuer, und mir selber noch gram um deinetwillen.

Ach, daß meine Hand nicht Stärke genug hat! Gerne, wahrlich möchte ich dich von bösen Träumen erlösen! –

Und indem Zarathustra so sprach, lachte er mit Schwermut und Bitterkeit über sich selber. Wie! Zarathustra! sagte er, willst du noch dem Meere Trost singen?

Ach, du liebreicher Narr Zarathustra, du Vertrauens-Überseliger! Aber so warst du immer: immer kamst du vertraulich zu allem Furchtbaren.

Jedes Ungetüm wolltest du noch streicheln. Ein Hauch warmen Atems, ein wenig weiches Gezottel an der Tatze –: und gleich warst du bereit, es zu lieben und zu locken.

Die *Liebe* ist die Gefahr des Einsamsten, die Liebe zu allem, *wenn es nur lebt!* Zum Lachen ist wahrlich meine Narrheit und meine Bescheidenheit in der Liebe! –

Also sprach Zarathustra und lachte dabei zum andern Male: da aber gedachte er seiner verlassenen Freunde –, und wie als ob er sich mit seinen Gedanken an ihnen vergangen habe, zürnte er sich ob seiner Gedanken. Und alsbald geschah es, daß der Lachende weinte – vor Zorn und Sehnsucht weinte Zarathustra bitterlich.

Vom Gesicht und Rätsel

I

Als es unter den Schiffsleuten ruchbar wurde, daß Zarathustra auf dem Schiffe sei – denn es war ein Mann zugleich mit ihm an Bord gegangen, der von den glückseligen Inseln kam –, da enstand eine große Neugierde und Erwartung. Aber Zarathustra schwieg zwei Tage und war kalt und taub vor Traurigkeit, also, daß er weder auf Blicke noch auf Fragen antwortete. Am Abende aber des zweiten Tages tat er seine Ohren wieder auf, ob er gleich noch schwieg: denn es gab viel Seltsames und Gefährliches auf diesem Schiffe anzuhören, welches weither kam und noch weiterhin wollte. Zarathustra aber war ein Freund aller solchen, die weite Reisen tun und nicht ohne Gefahr leben mögen. Und siehe! zuletzt wurde ihm im Zuhören die eigne Zunge gelöst, und das Eis seines Herzens brach: – da begann er also zu reden:

Euch, den kühnen Suchern, Versuchern, und wer je sich mit listigen Segeln auf furchtbare Meere einschiffte, –

euch, den Rätsel-Trunkenen, den Zwielicht-Frohen, deren Seele mit Flöten zu jedem Irr-Schlunde gelockt wird:

– denn nicht wollt ihr mit feiger Hand einem Faden nachtasten; und, wo ihr *erraten* könnt, da haßt ihr es, zu *erschließen* –

euch allein erzähle ich das Rätsel, das ich *sah,* – der Gesicht des Einsamsten. –

Düster ging ich jüngst durch leichenfarbne Dämmerung, – düster und hart, mit gepreßten Lippen. Nicht nur *eine* Sonne war mir untergegangen.

Ein Pfad, der trotzig durch Geröll stieg, ein boshafter, einsamer, dem nicht Kraut, nicht Strauch mehr zusprach: ein Berg-Pfad knirschte unter dem Trotz meines Fußes.

Stumm über höhnischem Geklirr von Kieseln schreitend, den Stein zertretend, der ihn gleiten ließ: also zwang mein Fuß sich aufwärts.

Aufwärts – dem Geiste zum Trotz, der ihn abwärts zog, abgrundwärts zog, dem Geiste der Schwere, meinem Teufel und Erzfeinde.

Aufwärts – obwohl er auf mir saß, halb Zwerg, halb Maulwurf; lahm; lähmend; Blei durch mein Ohr, Bleitropfen-Gedanken in mein Hirn träufelnd.

»O Zarathustra«, raunte er höhnisch Silb' um Silbe, »du Stein der Weisheit! Du warfst dich hoch, aber jeder geworfene Stein muß – fallen!

O Zarathustra, du Stein der Weisheit, du Schleuderstein, du Stern-Zertrümmerer! Dich selber warfst du so hoch, – aber jeder geworfene Stein – muß fallen!

Verurteilt zu dir selber und zur eignen Steinigung: o Zarathustra, weit warfst du ja den Stein, – aber auf *dich* wird er zurückfallen!«

Drauf schwieg der Zwerg; und das währte lange. Sein Schweigen aber drückte mich; und solchermaßen zu zwein ist man wahrlich einsamer als zu einem!

Ich stieg, ich stieg, ich träumte, ich dachte – aber alles drückte mich. Einem Kranken glich ich, den seine schlimme Marter müde macht, und den wieder ein schlimmerer Traum aus dem Einschlafen weckt. –

Aber es gibt etwas in mir, das ich Mut heiße: das schlug bisher mir jeden Unmut tot. Dieser Mut hieß mich endlich stille stehn und sprechen: »Zwerg! Du! Oder ich!« –

Mut nämlich ist der beste Totschläger – Mut, welcher *angreift*: denn in jedem Angriffe ist klingendes Spiel.

Der Mensch aber ist das mutigste Tier: damit überwand er jedes Tier. Mit klingendem Spiele überwand er noch jeden Schmerz; Menschen-Schmerz aber ist der tiefste Schmerz.

Der Mut schlägt auch den Schwindel tot an Abgründen: und wo stünde der Mensch nicht an Abgründen! Ist Sehen nicht selber – Abgründe sehen?

Mut ist der beste Totschläger: der Mut schlägt auch das Mitleiden tot. Mitleiden aber ist der tiefste Abgrund: so tief der Mensch in das Leben sieht, so tief sieht er auch in das Leiden.

Mut aber ist der beste Totschläger, Mut, der angreift: der schlägt noch den Tod tot, denn er spricht: »War *das* das Leben? Wohlan! Noch einmal!«

In solchem Spruche aber ist viel klingendes Spiel. Wer Ohren hat, der höre. –

2

»Halt! Zwerg!« sprach ich. »Ich! Oder du! Ich aber bin der Stärkere von uns beiden –: du kennst meinen abgründlichen Gedanken nicht! *Den* – könntest du nicht tragen!« –

Da geschah, was mich leichter machte: denn der Zwerg sprang mir von der Schulter, der Neugierige! Und er hockte sich auf einen Stein vor mich hin. Es war aber gerade da ein Torweg, wo wir hielten.

»Siehe diesen Torweg! Zwerg!« sprach ich weiter: »der hat zwei Gesichter. Zwei Wege kommen hier zusammen: die ging noch niemand zu Ende.

Diese lange Gasse zurück: die währt eine Ewigkeit. Und jene lange Gasse hinaus – das ist eine andre Ewigkeit.

Sie widersprechen sich, diese Wege; sie stoßen sich gerade vor den Kopf – und hier, an diesem Torwege, ist es, wo sie zusammenkommen. Der Name des Torwegs steht oben geschrieben: ›Augenblick‹.

Aber wer einen von ihnen weiter ginge – und immer weiter und immer ferner: glaubst du, Zwerg, daß diese Wege sich ewig widersprechen?« –

»Alles Gerade lügt«, murmelte verächtlich der Zwerg. »Alle Wahrheit ist krumm, die Zeit selber ist ein Kreis.«

»Du Geist der Schwere!« sprach ich zürnend, »mache dir es nicht zu leicht! Oder ich lasse dich hocken, wo du hockst, Lahmfuß, – und ich trug dich *hoch*!

Siehe, sprach ich weiter, diesen Augenblick! Von diesem Torwege Augenblick läuft eine lange ewige Gasse *rückwärts*: hinter uns liegt eine Ewigkeit.

Muß nicht was laufen *kann* von allen Dingen, schon einmal diese Gasse gelaufen sein? Muß nicht, was geschehn *kann* von allen Dingen, schon einmal geschehn, getan, vorübergelaufen sein?

Und wenn alles schon dagewesen ist: was hältst du Zwerg von diesem Augenblick? Muß auch dieser Torweg nicht schon – dagewesen sein?

Und sind nicht solchermaßen fest alle Dinge verknotet, daß dieser

Augenblick *alle* kommenden Dinge nach sich zieht? *Also* – – sich selber noch?

Denn, was laufen *kann* von allen Dingen: auch in dieser langen Gasse *hinaus* – *muß* es einmal noch laufen! –

Und diese langsame Spinne, die im Mondscheine kriecht, und dieser Mondschein selber, und ich und du im Torwege, zusammen flüsternd, von ewigen Dingen flüsternd – müssen wir nicht alle schon dagewesen sein?

– und wiederkommen und in jener anderen Gasse laufen, hinaus, vor uns, in dieser langen schaurigen Gasse – müssen wir nicht ewig wiederkommen? –«

Also redete ich, und immer leiser: denn ich fürchtete mich vor meinen eignen Gedanken und Hintergedanken. Da, plötzlich, hörte ich einen Hund nahe *heulen*.

Hörte ich jemals einen Hund so heulen? Mein Gedanke lief zurück. Ja! Als ich Kind war, in fernster Kindheit:

– da hörte ich einen Hund so heulen. Und sah ihn auch, gesträubt, den Kopf nach oben, zitternd, in stillster Mitternacht, wo auch Hunde an Gespenster glauben:

– also daß es mich erbarmte. Eben nämlich ging der volle Mond, totschweigsam, über das Haus, eben stand er still, eine runde Glut, – still auf flachem Dache, gleich als auf fremdem Eigentume: –

darob entsetzte sich damals der Hund: denn Hunde glauben an Diebe und Gespenster. Und als ich wieder so heulen hörte, da erbarmte es mich abermals.

Wohin war jetzt Zwerg? Und Torweg? Und Spinne? Und alles Flüstern? Träumte ich denn? Wachte ich auf? Zwischen wilden Klippen stand ich mit einem Male, allein, öde, im ödesten Mondscheine.

Aber da lag ein Mensch! Und da! Der Hund, springend, gesträubt, winselnd – jetzt sah er mich kommen – da heulte er wieder, da *schrie* er – hörte ich je einen Hund so Hilfe schrein?

Und, wahrlich, was ich sah, desgleichen sah ich nie. Einen jungen Hirten sah ich, sich windend, würgend, zuckend, verzerrten Antlitzes, dem eine schwarze schwere Schlange aus dem Munde hing.

Sah ich je so viel Ekel und bleiches Grauen auf *einem* Antlitze? Er hatte wohl geschlafen? Da kroch ihm die Schlange in den Schlund – da biß sie sich fest.

Meine Hand riß die Schlange und riß – umsonst! sie riß die Schlange nicht aus dem Schlunde. Da schrie es aus mir: »Beiß zu! Beiß zu!

Den Kopf ab! Beiß zu!« – so schrie es aus mir, mein Grauen, mein Haß, mein Ekel, mein Erbarmen, all mein Gutes und Schlimmes schrie mit *einem* Schrei aus mir. –

Ihr Kühnen um mich! Ihr Sucher, Versucher, und wer von euch mit listigen Segeln sich in unerforschte Meere einschiffte! Ihr Rätsel-Frohen!

So ratet mir doch das Rätsel, das ich damals schaute, so deutet mir doch das Gesicht des Einsamsten!

Denn ein Gesicht war's und ein Vorhersehn: – *was* sah ich damals im Gleichnisse? Und *wer* ist, der einst noch kommen muß?

Wer ist der Hirt, dem also die Schlange in den Schlund kroch? *Wer* ist der Mensch, dem also alles Schwerste, Schwärzeste in den Schlund kriechen wird?

– Der Hirt aber biß, wie mein Schrei ihm riet; er biß mit gutem Bisse! Weit weg spie er den Kopf der Schlange –: und sprang empor. –

Nicht mehr Hirt, nicht mehr Mensch – ein Verwandelter, ein Umleuchteter, welcher *lachte*! Niemals noch auf Erden lachte je ein Mensch, wie *er* lachte!

O meine Brüder, ich hörte ein Lachen, das keines Menschen Lachen war, – – und nun frißt ein Durst an mir, eine Sehnsucht, die nimmer stille wird.

Meine Sehnsucht nach diesem Lachen frißt an mir: o wie ertrage ich's noch zu leben! Und wie ertrüge ich's, jetzt zu sterben! –

Also sprach Zarathustra.

Von der Seligkeit wider Willen

Mit solchen Rätseln und Bitternissen im Herzen fuhr Zarathustra über das Meer. Als er aber vier Tagereisen fern war von den glückseligen Inseln und von seinen Freunden, da hatte er allen seinen Schmerz überwunden –: siegreich und mit festen Füßen stand er wieder auf seinem Schicksal. Und damals redete Zarathustra also zu seinem frohlockenden Gewissen:

Allein bin ich wieder und will es sein, allein mit reinem Himmel und freiem Meere; und wieder ist Nachmittag um mich.

Des Nachmittags fand ich zum ersten Male einst meine Freunde, des Nachmittags auch zum anderen Male – zur Stunde, da alles Licht stiller wird.

Denn was von Glück noch unterwegs ist zwischen Himmel und Erde, das sucht sich nun zur Herberge noch eine lichte Seele: *vor* Glück ist alles Licht jetzt stiller worden.

O Nachmittag meines Lebens! Einst stieg auch *mein* Glück zu Tale, daß es sich eine Herberge suche: da fand es diese offnen gastfreundlichen Seelen.

O Nachmittag meines Lebens! Was gab ich nicht hin, daß ich eins hätte: diese lebendige Pflanzung meiner Gedanken und dies Morgenlicht meiner höchsten Hoffnung!

Gefährten suchte einst der Schaffende und Kinder *seiner* Hoffnung: und siehe, es fand sich, daß er sie nicht finden könne, es sei denn, er schaffe sie selber erst.

Also bin ich mitten in meinem Werke, zu meinen Kindern gehend und von ihnen kehrend: um seiner Kinder willen muß Zarathustra sich selbst vollenden.

Denn von Grund aus liebt man nur sein Kind und Werk; und wo große Liebe zu sich selber ist, da ist sie der Schwangerschaft Wahrzeichen: so fand ich's.

Noch grünen mir meine Kinder in ihrem ersten Frühlinge, nahe beieinander stehend und gemeinsam von Winden geschüttelt, die Bäume meines Gartens und besten Erdreichs.

Und wahrlich! Wo solche Bäume beieinander stehn, da *sind* glückselige Inseln!

Aber einstmals will ich sie ausheben und einen jeden für sich allein stellen: daß er Einsamkeit lerne und Trotz und Vorsicht.

Knorrig und gekrümmt und mit biegsamer Härte soll er mir dann am Meere dastehn, ein lebendiger Leuchtturm unbesiegbaren Lebens.

Dort, wo die Stürme hinab ins Meer stürzen, und des Gebirgs Rüssel Wasser trinkt, da soll ein jeder einmal seine Tag- und Nachtwachen haben, zu *seiner* Prüfung und Erkenntnis.

Erkannt und geprüft soll er werden, darauf, ob er meiner Art und Abkunft ist – ob er eines langen Willens Herr sei, schweigsam, auch wenn er redet, und nachgebend also, daß er im Geben *nimmt*: –

– daß er einst mein Gefährte werde und ein Mitschaffender und Mitfeiernder Zarathustras –: ein solcher, der mir meinen Willen auf meine Tafeln schreibt: zu aller Dinge vollerer Vollendung.

Und um seinetwillen und seinesgleichen muß ich selber *mich* vollenden: darum weiche ich jetzt meinen Glücke aus und biete mich allem Unglücke an – zu *meiner* letzten Prüfung und Erkenntnis.

Und wahrlich, Zeit war's, daß ich ging; und des Wanderers Schatten und die längste Weile und die stillste Stunde – alle redeten mir zu: »Es ist höchste Zeit!«

Der Wind blies mir durchs Schlüsselloch und sagte »Komm!« Die Tür sprang mir listig auf und sagte »Geh!«

Aber ich lag angekettet an die Liebe zu meinen Kindern: das Begehren legte mir diese Schlinge, das Begehren nach Liebe, daß ich meiner Kinder Beute würde und mich an sie verlöre.

Begehren – das heißt mir schon: mich verloren haben. *Ich habe euch, meine Kinder!* In diesem Haben soll alles Sicherheit und nichts Begehren sein.

Aber brütend lag die Sonne meiner Liebe auf mir, im eignen Safte kochte Zarathustra, – da flogen Schatten und Zweifel über mich weg.

Nach Frost und Winter gelüstete mich schon: »o daß Frost und Winter mich wieder knacken und knirschen machten!« seufzte ich: – da stiegen eisige Nebel aus mir auf.

Meine Vergangenheit brach ihre Gräber, manch lebendig begrabner Schmerz wachte auf –: ausgeschlafen hatte er sich nur, versteckt in Leichen-Gewänder.

Also rief mir alles in Zeichen zu: »es ist Zeit!« Aber ich – hörte nicht: bis endlich mein Abgrund sich rührte und mein Gedanke mich biß.

Ach, abgründlicher Gedanke, der du *mein* Gedanke bist! Wann finde ich die Stärke, dich graben zu hören und nicht mehr zu zittern?

Bis zur Kehle hinauf klopft mir das Herz, wenn ich dich graben höre! Dein Schweigen noch will mich würgen, du abgründlich Schweigender!

Noch wagte ich niemals, dich *herauf* zu rufen: genug schon, daß ich dich mit mir – trug! Noch war ich nicht stark genug zum letzten Löwen-Übermute und -Mutwillen.

Genug des Furchtbaren war mir immer schon deine Schwere: aber einst soll ich noch die Stärke finden und die Löwen-Stimme, die dich heraufruft!

Wenn ich mich dessen erst überwunden habe, dann will ich mich auch des Größeren noch überwinden; und ein *Sieg* soll meiner Vollendung Siegel sein! –

Inzwischen treibe ich noch auf ungewissen Meeren; der Zufall schmeichelt mir, der glattzüngige; vorwärts und rückwärts schaue ich – noch schaue ich kein Ende.

Noch kam mir die Stunde meines letzten Kampfes nicht – oder kommt sie mir wohl eben? Wahrlich, mit tückischer Schönheit schaut mich rings Meer und Leben an!

O Nachmittag meines Lebens! O Glück vor Abend! O Hafen auf hoher See! O Friede im Ungewissen! Wie mißtraue ich euch allen!

Wahrlich, mißtrauisch bin ich gegen eure tückische Schönheit! Dem Liebenden gleiche ich, der allzusamtenem Lächeln mißtraut.

Wie er die Geliebteste vor sich her stößt, zärtlich noch in seiner Härte, der Eifersüchtige –, also stoße ich diese selige Stunde vor mir her.

Hinweg mit dir, du selige Stunde! Mit dir kam mir eine Seligkeit wider Willen! Willig zu meinem tiefsten Schmerze stehe ich hier – zur Unzeit kamst du!

Hinweg mit dir, du selige Stunde! Lieber nimm Herberge dort – bei meinen Kindern! Eile! und segne sie vor Abend noch mit *meinem* Glücke!

Da naht schon der Abend: die Sonne sinkt. Dahin – mein Glück! –

Also sprach Zarathustra. Und er wartete auf sein Unglück die ganze Nacht: aber er wartete umsonst. Die Nacht blieb hell und still, und das Glück selber kam ihm immer näher und näher. Gegen Morgen aber lachte

Zarathustra zu seinem Herzen und sagte spöttisch: »das Glück läuft mir nach. Das kommt davon, daß ich nicht den Weibern nachlaufe. Das Glück aber ist ein Weib.«

Vor Sonnen-Aufgang

O Himmel über mir, du Reiner! Tiefer! Du Licht-Abgrund! Dich schauend schaudere ich vor göttlichen Begierden.

In deine Höhe mich zu werfen – das ist *meine* Tiefe! In deine Reinheit mich zu bergen – das ist *meine* Unschuld!

Den Gott verhüllt seine Schönheit: so verbirgst du deine Sterne. Du redest nicht: *so* kündest du mir deine Weisheit.

Stumm über brausendem Meere bist du heut mir aufgegangen, deine Liebe und deine Scham redet Offenbarung zu meiner brausenden Seele.

Daß du schön zu mir kamst, verhüllt in deine Schönheit, daß du stumm zu mir sprichst, offenbar in deiner Weisheit:

O wie erriete ich nicht alles Schamhafte deiner Seele! *Vor* der Sonne kamst du zu mir, dem Einsamsten.

Wir sind Freunde von Anbeginn: uns ist Gram und Grauen und Grund gemeinsam; noch die Sonne ist uns gemeinsam.

Wir reden nicht zueinander, weil wir zu vieles wissen –: wir schweigen uns an, wir lächeln uns unser Wissen zu.

Bist du nicht das Licht zu meinem Feuer? Hast du nicht die Schwester-Seele zu meiner Einsicht?

Zusammen lernten wir alles; zusammen lernten wir über uns zu uns selber aufsteigen und wolkenlos lächeln: –

– wolkenlos hinab lächeln aus lichten Augen und aus meilenweiter Ferne, wenn unter uns Zwang und Zweck und Schuld wie Regen dampfen.

Und wanderte ich allein: *wes* hungerte meine Seele in Nächten und Irr-Pfaden? Und stieg ich Berge, *wen* suchte ich je, wenn nicht dich, auf Bergen?

Und all mein Wandern und Bergsteigen: eine Not war's nur und ein Behelf des Unbeholfenen – *fliegen* allein will mein ganzer Wille, in *dich* hinein fliegen!

Und wen haßte ich mehr, als ziehende Wolken und alles, was dich befleckt? Und meinen eignen Haß hackte ich noch, weil er dich befleckte!

Den ziehenden Wolken bin ich gram, diesen schleichenden Raub-Katzen: sie nehmen dir und mir, was uns gemein ist – das ungeheure unbegrenzte Ja- und Amen-sagen.

Diesen Mittlern und Mischern sind wir gram, den ziehenden Wolken: diesen Halb- und Halben, welche weder segnen lernten, noch von Grund aus fluchen.

Lieber will ich noch unter verschlossenem Himmel in der Tonne sitzen, lieber ohne Himmel im Abgrund sitzen, als dich, Licht-Himmel, mit Zieh-Wolken befleckt sehn!

Und oft gelüstete mich, sie mit zackichten Blitz-Golddrähten festzuheften, daß ich, gleich dem Donner, auf ihrem Kessel-Bauche die Pauke schlüge: –

– ein zorniger Paukenschläger, weil sie mir dein Ja! und Amen! rauben, du Himmel über mir, du Reiner! Lichter! Du Licht-Abgrund! – weil sie dir *mein* Ja! und Amen! rauben.

Denn lieber noch will ich Lärm und Donner und Wetter-Flüche, als diese bedächtige zweifelnde Katzen-Ruhe; und auch unter Menschen hasse ich am besten alle Leisetreter und Halb- und Halben und zweifelnde, zögernde Zieh-Wolken.

Und »wer nicht segnen kann, der soll fluchen *lernen*!« – diese helle Lehre fiel mir aus hellem Himmel, dieser Stern steht auch noch in schwarzen Nächten an meinem Himmel.

Ich aber bin ein Segnender und ein Ja-Sager, wenn du nur um mich bist, du Reiner! Lichter! Du Licht-Abgrund! – in alle Abgründe trage ich da noch mein segnendes Ja-sagen.

Zum Segnenden bin ich worden und zum Ja-Sagenden: und dazu rang ich lange und war ein Ringer, daß ich einst die Hände frei bekäme zum Segnen.

Das aber ist mein Segnen: über jedwedem Ding als sein eigener Himmel stehn, als sein rundes Dach, seine azurne Glocke und ewige Sicherheit: und selig ist, wer also segnet!

Denn alle Dinge sind getauft am Borne der Ewigkeit und jenseits von Gut und Böse; Gut und Böse selber aber sind nur Zwischen-Schatten und feuchte Trübsale und Zieh-Wolken.

Wahrlich, ein Segnen ist es und kein Lästern, wenn ich lehre: »Über allen Dingen steht der Himmel Zufall, der Himmel Unschuld, der Himmel Ohngefähr, der Himmel Übermut.«

»Von Ohngefähr« – das ist der älteste Adel der Welt, den gab ich allen Dingen zurück, ich erlöste sie von der Knechtschaft unter dem Zwecke.

Diese Freiheit und Himmels-Heiterkeit stellte ich gleich azurner Glocke über alle Dinge, als ich lehrte, daß über ihnen und durch sie kein »ewiger Wille« – will.

Diesen Übermut und diese Narrheit stellte ich an die Stelle jenes Willens, als ich lehrte: »bei allem ist eins unmöglich – Vernünftigkeit!«

Ein *wenig* Vernunft zwar, ein Same der Weisheit zerstreut von Stern zu Stern – dieser Sauerteig ist allen Dingen eingemischt: um der Narrheit willen ist Weisheit allen Dingen eingemischt!

Ein wenig Weisheit ist schon möglich; aber diese selige Sicherheit fand ich an allen Dingen: daß sie lieber noch auf den Füßen des Zufalls – *tanzen.*

O Himmel über mir, du Reiner! Hoher! Das ist mir nun deine Reinheit, daß es keine ewige Vernunft-Spinne und -Spinnennetze gibt –

– daß du mir ein Tanzboden bist für göttliche Zufälle, daß du mir ein Göttertisch bist für göttliche Würfel und Würfelspieler! –

Doch du errötest? Sprach ich Unaussprechbares? Lästerte ich, indem ich dich segnen wollte?

Oder ist es die Scham zu zweien, welche dich erröten machte? – Heißest du mich gehn und schweigen, weil nun – der *Tag* kommt?

Die Welt ist tief –: und tiefer, als je der Tag gedacht hat. Nicht alles darf vor dem Tage Worte haben. Aber der Tag kommt: so scheiden wir nun!

O Himmel über mir, du Schamhafter! Glühender! O du mein Glück vor Sonnen-Aufgang! Der Tag kommt: so scheiden wir nun! –

Also sprach Zarathustra.

Von der verkleinernden Tugend

1

Als Zarathustra wieder auf dem festen Lande war, ging er nicht stracks auf sein Gebirge und seine Höhle los, sondern tat viele Wege und Fragen und erkundete dies und das, also, daß er von sich selber im Scherze sagte: »siehe einen Fluß, der in vielen Windungen zurück zur Quelle fließt!« Denn er wollte in Erfahrung bringen, was sich inzwischen *mit dem Menschen* zugetragen habe: ob er größer oder kleiner geworden sei. Und einmal sah er eine Reihe neuer Häuser; da wunderte er sich und sagte:

»Was bedeuten diese Häuser? Wahrlich, keine große Seele stellte sie hin, sich zum Gleichnisse!

Nahm wohl ein blödes Kind sie aus seiner Spielschachtel? Daß doch ein anderes Kind sie wieder in seine Schachtel täte.

Und diese Stuben und Kammern: können *Männer* da aus- und eingehen? Gemacht dünken sie mich für Seiden-Puppen, oder für Naschkatzen, die auch wohl an sich naschen lassen.«

Und Zarathustra blieb stehn und dachte nach. Endlich sagte er betrübt: »Es ist *alles* kleiner geworden!

Überall sehe ich niedrigere Tore: wer *meiner* Art ist, geht da wohl noch hindurch, aber – er muß sich bücken!

O wann komme ich wieder in meine Heimat, wo ich mich nicht mehr bücken muß – nicht mehr bücken muß *vor den Kleinen*!« – Und Zarathustra seufzte und blickte in die Ferne. –

Desselbigen Tages aber redete er seine Rede über die verkleinernde Tugend.

2

Ich gehe durch dies Volk und halte meine Augen offen: sie vergeben mir es nicht, daß ich auf ihre Tugenden nicht neidisch bin.

Sie beißen nach mir, weil ich zu ihnen sage: für kleine Leute sind kleine Tugenden nötig – und weil es mir hart eingeht, daß kleine Leute *nötig* sind!

Noch gleiche ich dem Hahn hier auf fremdem Gehöfte, nach dem auch die Hennen beißen; doch darob bin ich diesen Hennen nicht ungut.

Ich bin höflich gegen sie, wie gegen alles kleine Ärgernis; gegen das Kleine stachlicht zu sein, dünkt mich eine Weisheit für Igel.

Sie reden alle von mir, wenn sie abends ums Feuer sitzen – sie reden von mir, aber niemand denkt – an mich!

Dies ist die neue Stille, die ich lernte: ihr Lärm um mich breitet einen Mantel über meine Gedanken.

Sie lärmen untereinander: »was will uns diese düstere Wolke? sehen wir zu, daß sie uns nicht eine Seuche bringe!«

Und jüngst riß ein Weib sein Kind an sich, das zu mir wollte: »Nehmt die Kinder weg!« schrie es; »solche Augen versengen Kinder-Seelen.«

Sie husten, wenn ich rede: sie meinen, Husten sei ein Einwand gegen starke Winde – sie erraten nichts vom Brausen meines Glückes!

»Wir haben noch keine Zeit für Zarathustra« – so wenden sie ein; aber was liegt an einer Zeit, die für Zarathustra »keine Zeit hat«?

Und wenn sie gar mich rühmen: wie könnte ich wohl auf *ihrem* Ruhme einschlafen? Ein Stachel-Gürtel ist mir ihr Lob: es kratzt mich noch, wenn ich es von mir tue.

Und auch das lernte ich unter ihnen: der Lobende stellt sich, als gebe er zurück, in Wahrheit aber will er mehr beschenkt sein!

Fragt meinen Fuß, ob ihm ihre Lob- und Lock-Weise gefällt! Wahrlich, nach solchem Takt und Ticktack mag er weder tanzen, noch stille stehn.

Zur kleinen Tugend möchten sie mich locken und loben; zum Ticktack des kleinen Glücks möchten sie meinen Fuß überreden.

Ich gehe durch dies Volk und halte die Augen offen: sie sind *kleiner* geworden und werden immer kleiner – *das aber macht ihre Lehre von Glück und Tugend.*

Sie sind nämlich auch in der Tugend bescheiden – denn sie wollen Behagen. Mit Behagen aber verträgt sich nur die bescheidene Tugend.

Wohl lernen auch sie auf ihre Art Schreiten und Vorwärts-Schreiten:

das heiße ich ihr *Humpeln* –. Damit werden sie jedem zum Anstoß, der Eile hat.

Und mancher von ihnen geht vorwärts und blickt dabei zurück, mit versteiftem Nacken: Dem renne ich gern wider den Leib.

Fuß und Augen sollen nicht lügen, noch sich einander Lügen strafen. Aber es ist viel Lügnerei bei den kleinen Leuten.

Einige von ihnen wollen, aber die meisten werden nur gewollt. Einige von ihnen sind echt, aber die meisten sind schlechte Schauspieler.

Es gibt Schauspieler wider Wissen unter ihnen und Schauspieler wider Willen –, die Echten sind immer selten, sonderlich die echten Schauspieler.

Des Mannes ist hier wenig: darum vermännlichen sich ihre Weiber. Denn nur wer Mannes genug ist, wird im Weibe *das Weib – erlösen.*

Und diese Heuchelei fand ich unter ihnen am schlimmsten: daß auch die, welche befehlen, die Tugenden derer heucheln, welche dienen.

»Ich diene, du dienst, wir dienen« – so betet hier auch die Heuchelei der Herrschenden – und wehe, wenn der erste Herr *nur* der erste Diener ist!

Ach, auch in ihre Heucheleien verflog sich wohl meines Auges Neugier; und gut erriet ich all ihr Fliegen-Glück und ihr Summen um besonnte Fensterscheiben.

Soviel Güte, soviel Schwäche sehe ich. Soviel Gerechtigkeit und Mitleiden, soviel Schwäche.

Rund, rechtlich und gütig sind sie miteinander, wie Sandkörnchen rund, rechtlich und gütig mit Sandkörnchen sind.

Bescheiden ein kleines Glück umarmen – das heißen sie »Ergebung!« und dabei schielen sie bescheiden schon nach einem neuen kleinen Glücke aus.

Sie wollen im Grunde einfältiglich eins am meisten: daß ihnen niemand wehe tue. So kommen sie jedermann zuvor und tun ihm wohl.

Dies aber ist *Feigheit*: ob es schon »Tugend« heißt. –

Und wenn sie einmal rauh reden, diese kleinen Leute: *ich* höre darin nur ihre Heiserkeit – jeder Windzug nämlich macht sie heiser.

Klug sind sie, ihre Tugenden haben kluge Finger. Aber ihnen fehlen die Fäuste, ihre Finger wissen nicht, sich hinter Fäuste zu verkriechen.

Tugend ist ihnen das, was bescheiden und zahm macht: damit machten sie den Wolf zum Hunde und den Menschen selber zu des Menschen bestem Haustiere.

»Wir setzten unsern Stuhl in die *Mitte*« – das sagt mir ihr Schmunzeln – »und ebenso weit weg von sterbenden Fechtern wie von vergnügten Säuen.«

Dies aber ist – *Mittelmäßigkeit*: ob es schon Mäßigkeit heißt. –

3

Ich gehe durch dies Volk und lasse manches Wort fallen: aber sie wissen weder zu nehmen noch zu behalten.

Sie wundern sich, daß ich nicht kam, auf Lüste und Laster zu lästern; und wahrlich, ich kam auch nicht, daß ich vor Taschendieben warnte!

Sie wundern sich, daß ich nicht bereit bin, ihre Klugheit noch zu witzigen und zu spitzigen: als ob sie noch nicht genug der Klüglinge hätten, deren Stimme mir gleich Schieferstiften kritzelt!

Und wenn ich rufe: »Flucht allen feigen Teufeln in euch, die gerne winseln und Hände falten und anbeten möchten«: so rufen sie: »Zarathustra ist gottlos.«

Und sonderlich rufen es ihre Lehrer der Ergebung –; aber gerade ihnen liebe ich's, in das Ohr zu schrein: Ja! Ich *bin* Zarathustra, der Gottlose!

Diese Lehrer der Ergebung! Überallhin, wo es klein und krank und grindig ist, kriechen sie, gleich Läusen; und nur mein Ekel hindert mich, sie zu knacken.

Wohlan! Dies ist meine Predigt für *ihre* Ohren: ich bin Zarathustra, der Gottlose, der da spricht »wer ist gottloser denn ich, daß ich mich seiner Unterweisung freue?«

Ich bin Zarathustra, der Gottlose: wo finde ich meinesgleichen? Und alle die sind meinesgleichen, die sich selber ihren Willen geben und alle Ergebung von sich abtun.

Ich bin Zarathustra, der Gottlose: ich koche mir noch jeden Zufall in *meinem* Topfe. Und erst, wenn er da gargekocht ist, heiße ich ihn willkommen, als *meine* Speise.

Und wahrlich, mancher Zufall kam herrisch zu mir: aber herrischer noch sprach zu ihm mein *Wille,* – da lag er schon bittend auf den Knien –

– bittend, daß er Herberge finde und Herz bei mir, und schmeichlerisch zuredend: »sieh doch, o Zarathustra, wie nur Freund zum Freunde kommt!« –

Doch was rede ich, wo niemand *meine* Ohren hat! Und so will ich es hinaus in alle Winde rufen:

Ihr werdet immer kleiner, ihr kleinen Leute! Ihr bröckelt ab, ihr Behaglichen! Ihr geht mir noch zugrunde –

– an euren vielen kleinen Tugenden, an eurem vielen kleinen Unterlassen, an eurer vielen kleinen Ergebung!

Zu viel schonend, zu viel nachgebend: so ist euer Erdreich! Aber daß ein Baum *groß* werde, dazu will er um harte Felsen harte Wurzeln schlagen!

Auch was ihr unterlaßt, webt am Gewebe aller Menschen-Zukunft; auch euer Nichts ist ein Spinnennetz und eine Spinne, die von der Zukunft Blute lebt.

Und wenn ihr nehmt, so ist es wie stehlen, ihr kleinen Tugendhaften;

aber noch unter Schelmen spricht die *Ehre*: »man soll nur stehlen, wo man nicht rauben kann.«

»Es gibt sich« – das ist auch eine Lehre der Ergebung. Aber ich sage euch, ihr Behaglichen: *es nimmt sich* und wird immer mehr noch von euch nehmen!

Ach, daß ihr alles *halbe* Wollen von euch abtätet und entschlossen würdet zur Trägheit wie zur Tat!

Ach, daß ihr mein Wort verstündet: »Tut immerhin, was ihr wollt – aber seid erst solche, die *wollen können*!«

»Liebt immerhin euren Nächsten gleich euch, – aber seid mir erst solche, die *sich selber lieben* –

– mit der großen Liebe lieben, mit der großen Verachtung lieben!« Also spricht Zarathustra, der Gottlose. –

Doch was rede ich, wo niemand *meine* Ohren hat! Es ist hier noch eine Stunde zu früh für mich.

Mein eigner Vorläufer bin ich unter diesem Volke, mein eigner Hahnen-Ruf durch dunkle Gassen.

Aber *ihre* Stunde kommt! Und es kommt auch die meine! Stündlich werden sie kleiner, ärmer, unfruchtbarer – armes Kraut! armes Erdreich! Und *bald* sollen sie mir dastehn wie dürres Gras und Steppe, und wahrlich! ihrer selber müde – und mehr, als nach Wasser, nach *Feuer* lechzend!

O gesegnete Stunde des Blitzes! O Geheimnis vor Mittag! – Laufende Feuer will ich einst noch aus ihnen machen und Verkünder mit Flammen-Zungen: –

– verkünden sollen sie einst noch mit Flammen-Zungen: Er kommt, er ist nahe, *der große Mittag*!

Also sprach Zarathustra.

Auf dem Ölberge

Der Winter, ein schlimmer Gast, sitzt bei mir zu Hause, blau sind meine Hände von seiner Freundschaft Händedruck.

Ich ehre ihn, diesen schlimmen Gast, aber lasse gerne ihn allein sitzen. Gerne laufe ich ihm davon; und, läuft man *gut*, so entläuft man ihm!

Mit warmen Füßen und warmen Gedanken laufe ich dorthin, wo der Wind stille steht, zum Sonnen-Winkel meines Ölbergs.

Da lache ich meines gestrengen Gastes und bin ihm noch gut, daß er zu Hause mir die Fliegen wegfängt und vielen kleinen Lärm stille macht.

Er leidet es nämlich nicht, wenn eine Mücke singen will, oder gar zwei; noch die Gasse macht er einsam, daß der Mondschein drin nachts sich fürchtet.

Ein harter Gast ist er – aber ich ehre ihn, und nicht bete ich, gleich den Zärtlingen, zum dickbäuchichten Feuer-Götzen.

Lieber noch ein wenig zähneklappern, als Götzen anbeten! – so will's meine Art. Und sonderlich bin ich allen brünstigen dampfenden dumpfigen Feuer-Götzen gram.

Wen ich liebe, den liebe ich winters besser als sommers; besser spotte ich jetzt meiner Feinde und herzhafter, seit der Winter mir im Hause sitzt.

Herzhaft wahrlich, selbst dann noch, wenn ich zu Bett *krieche* –: da lacht und mutwillt noch mein verkrochenes Glück; es lacht noch mein Lügen-Traum.

Ich ein – Kriecher? Niemals kroch ich im Leben vor Mächtigen; und log ich je, so log ich aus Liebe. Deshalb bin ich froh auch im Winter-Bette.

Ein geringes Bett wärmt mich mehr als ein reiches, denn ich bin eifersüchtig auf meine Armut. Und im Winter ist sie mir am treusten.

Mit einer Bosheit beginne ich jeden Tag, ich spotte des Winters mit einem kalten Bade: darob brummt mein gestrenger Hausfreund.

Auch kitzle ich ihn gerne mit einem Wachskerzlein: daß er mir endlich den Himmel herauslasse aus aschgrauer Dämmerung.

Sonderlich boshaft bin ich nämlich des Morgens: zur frühen Stunde, da der Eimer am Brunnen klirrt und die Rosse warm durch graue Gassen wiehern: –

Ungeduldig warte ich da, daß mir endlich der lichte Himmel aufgehe, der schneebärtige Winter-Himmel, der Greis und Weißkopf – – der Winter-Himmel, der schweigsame, der oft noch seine Sonne verschweigt!

Lernte ich wohl von ihm das lange lichte Schweigen? Oder lernte er's von mir? Oder hat ein jeder von uns es selbst erfunden?

Aller guten Dinge Ursprung ist tausendfältig – alle guten mutwilligen Dinge springen vor Lust ins Dasein: wie sollten sie das immer nur – einmal tun!

Ein gutes mutwilliges Ding ist auch das lange Schweigen und gleich dem Winter-Himmel blicken aus lichtem rundäugichtem Antlitze: –

– gleich ihm seine Sonne verschweigen und seinen unbeugsamen Sonnen-Willen: wahrlich, diese Kunst und diesen Winter-Mutwillen lernte ich *gut*!

Meine liebste Bosheit und Kunst ist es, daß mein Schweigen lernte, sich nicht durch Schweigen zu verraten.

Mit Worten und Würfeln klappernd überliste ich mir die feierlichen Warter: allen diesen gestrengen Aufpassern soll mein Wille und Zweck entschlüpfen.

Daß mir niemand in meinen Grund und letzten Willen hinab sehe – dazu erfand ich mir das lange lichte Schweigen.

So manchen Klugen fand ich: der verschleierte sein Antlitz und trübte sein Wasser, daß niemand ihm hindurch und hinunter sehe.

Aber zu ihm gerade kamen die klügeren Mißtrauer und Nußknacker: ihm gerade fischte man seinen verborgensten Fisch heraus!

Sondern die Hellen, die Wackern, die Durchsichtigen – das sind mir die klügsten Schweiger: denen so *tief* ihr Grund ist, daß auch das hellste Wasser ihn nicht – verrät. –

Du schneebärtiger schweigender Winter-Himmel, du rundäugichter Weißkopf über mir! Oh, du himmlisches Gleichnis meiner Seele und ihres Mutwillens!

Und *muß* ich mich nicht verbergen, gleich einem, der Gold verschluckt hat – daß man mir nicht die Seele aufschlitze?

Muß ich nicht Stelzen tragen, daß meine langen Beine *übersehen* – alle diese Neidbolde und Leidholde, die um mich sind?

Diese räucherigen, stubenwarmen, verbrauchten, vergrünten, vergrämelten Seelen – wie *könnte* ihr Neid mein Glück ertragen!

So zeige ich ihnen nur das Eis und den Winter auf meinen Gipfeln – und *nicht*, daß mein Berg noch alle Sonnengürtel um sich schlingt!

Sie hören nur meine Winter-Stürme pfeifen: und *nicht*, daß ich auch über warme Meere fahre, gleich sehnsüchtigen, schweren, heißen Südwinden.

Sie erbarmen sich noch meiner Unfälle und Zufälle – aber *mein* Wort heißt: »Laßt den Zufall zu mir kommen: unschuldig ist er, wie ein Kindlein!«

Wie *könnten* sie mein Glück ertragen, wenn ich nicht Unfälle und Winter-Nöte und Eisbären-Mützen und Schneehimmel-Hüllen um mein Glück legte!

– wenn ich mich nicht selbst ihres *Mitleids* erbarmte: des Mitleids dieser Neidbolde und Leidholde!

– wenn ich nicht selber vor ihnen seufzte und frostklapperte, und mich geduldsam in ihr Mitleid wickeln *ließe*!

Dies ist der weise Mutwille und Wohlwille meiner Seele, daß sie ihren Winter und ihre Froststürme *nicht verbirgt;* sie verbirgt auch ihre Frostbeulen nicht.

Des einen Einsamkeit ist die Flucht des Kranken; des andern Einsamkeit die Flucht *vor* den Kranken.

Mögen sie mich klappern und seufzen *hören* vor Winterkälte, alle diese armen scheelen Schelme um mich! Mit solchem Geseufz und Geklapper flüchte ich noch vor ihren geheizten Stuben.

Mögen sie mich bemitleiden und bemitseufzen ob meiner Frostbeulen: »am Eis der Erkenntnis *erfriert* er uns noch!« – so klagen sie.

Inzwischen laufe ich mit warmen Füßen kreuz und quer auf meinem Ölberge: im Sonnen-Winkel meines Ölberges singe und spotte ich alles Mitleids. –

Also sang Zarathustra.

Vom Vorübergehen

Also, durch viel Volk und vielerlei Städte langsam hindurchschreitend, ging Zarathustra auf Umwegen zurück zu seinem Gebirge und seiner Höhle. Und siehe, dabei kam er unversehens auch an das Stadttor der *großen Stadt:* hier aber sprang ein schäumender Narr mit ausgebreiteten Händen auf ihn zu und trat ihm in den Weg. Dies aber war der selbige Narr, welchen das Volk »den Affen Zarathustras« hieß: denn er hatte ihm etwas vom Satz und Fall der Rede abgemerkt und borgte wohl auch gerne vom Schatze seiner Weisheit. Der Narr aber redete also zu Zarathustra:

»O Zarathustra, hier ist die große Stadt: hier hast du nichts zu suchen und alles zu verlieren.

Warum wolltest du durch diesen Schlamm waten? Habe doch Mitleiden mit deinem Fuße! Speie lieber auf das Stadttor und – kehre um!

Hier ist die Hölle für Einsiedler-Gedanken: hier werden große Gedanken lebendig gesotten und klein gekocht.

Hier verwesen alle großen Gefühle: hier dürfen nur klapperdürre Gefühlchen klappern!

Riechst du nicht schon die Schlachthäuser und Garküchen des Geistes? Dampft nicht diese Stadt vom Dunst geschlachteten Geistes?

Siehst du nicht die Seele hängen wie schlaffe schmutzige Lumpen? – Und sie machen noch Zeitungen aus diesen Lumpen!

Hörst du nicht, wie der Geist hier zum Wortspiel wurde? Widriges Wort-Spülicht bricht er heraus! – Und sie machen noch Zeitungen aus diesem Wort-Spülicht.

Sie hetzen einander und wissen nicht, wohin? Sie erhitzen einander und wissen nicht, warum? Sie klimpern mit ihrem Bleche, sie klingeln mit ihrem Golde.

Sie sind kalt und suchen sich Wärme bei gebrannten Wassern; sie sind erhitzt und suchen Kühle bei gefrorenen Geistern; sie sind alle siech und süchtig an öffentlichen Meinungen.

Alle Lüste und Laster sind hier zu Hause; aber es gibt hier auch Tugendhafte, es gibt viel anstellige angestellte Tugend: –

Viel anstellige Tugend mit Schreibfiguren und hartem Sitz- und Warte-Fleische, gesegnet mit kleinen Bruststernen und ausgestopften steißlosen Töchtern.

Es gibt hier auch viel Frömmigkeit und viel gläubige Speichel-Leckerei, Schmeichel-Bäckerei vor dem Gott der Heerscharen.

»Von oben« her träufelt ja der Stern und der gnädige Speichel; nach oben hin sehnt sich jeder sternenlose Busen.

Der Mond hat seinen Hof, und der Hof hat seine Mondkälber: zu allem aber, was vom Hofe kommt, betet das Bettel-Volk und alle anstellige Bettel-Tugend.

»Ich diene, du dienst, wir dienen« – so betet alle anstellige Tugend hinauf zum Fürsten: daß der verdiente Stern sich endlich an den schmalen Busen hefte!

Aber der Mond dreht sich noch um alles Irdische: so dreht sich auch der Fürst noch um das Aller-Irdischste –: das aber ist das Gold der Krämer.

Der Gott der Herrscharen ist kein Gott der Goldbarren; der Fürst denkt, aber der Krämer – lenkt!

Bei allem, was licht und stark und gut in dir ist, o Zarathustra! Speie auf diese Stadt der Krämer und kehre um!

Hier fließt alles Blut faulicht und lauicht und schaumicht durch alle Adern: speie auf die große Stadt, welche der große Abraum ist, wo aller Abschaum zusammenschäumt!

Speie auf die Stadt der eingedrückten Seelen und schmalen Brüste, der spitzen Augen, der klebrigen Finger –

– auf die Stadt der Aufdringlinge, der Unverschämten, der Schreib- und Schreihälse, der überheizten Ehrgeizigen: –

– wo alles Anbrüchige, Anrüchige, Lüsterne, Düstere, Übermürbe, Geschwürige, Verschwörerische zusammenschwärt: –

– speie auf die große Stadt und kehre um!« – –

Hier aber unterbrach Zarathustra den schäumenden Narren und hielt ihm den Mund zu.

»Höre endlich auf!« rief Zarathustra, »mich ekelt lange schon deiner Rede und deiner Art!

Warum wohntest du so lange am Sumpfe, daß du selber zum Frosch und zur Kröte werden mußtest?

Fließt dir nicht selber nun ein faulichtes schaumichtes Sumpf-Blut durch die Adern, daß du also quaken und lästern lerntest?

Warum gingst du nicht in den Wald? Oder pflügtest die Erde? Ist das Meer nicht voll von grünen Eilanden?

Ich verachte dein Verachten; und wenn du mich warntest, – warum warntest du dich nicht selber?

Aus der Liebe allein soll mir mein Verachten und mein warnender Vogel auffliegen: aber nicht aus dem Sumpfe! –

Man heißt dich meinen Affen, du schäumender Narr: aber ich heiße dich mein Grunze-Schwein – durch Grunzen verdirbst du mir noch mein Lob der Narrheit.

Was war es denn, was dich zuerst grunzen machte? Daß niemand dir genug *geschmeichelt* hat – darum setztest du dich hin zu diesem Unrate, daß du Grund hättest viel zu grunzen, –

– daß du Grund hättest zu vieler *Rache*! Rache nämlich, du eitler Narr, ist all dein Schäumen, ich erriet dich wohl!

Aber dein Narren-Wort tut *mir* Schaden, selbst wo du Recht hast! Und wenn Zarathustras Wort sogar hundertmal recht *hätte: du* würdest mit meinem Wort immer – unrecht *tun*!«

Also sprach Zarathustra; und er blickte die große Stadt an, seufzte und schwieg lange. Endlich redete er also:

Mich ekelt auch dieser großen Stadt und nicht nur dieses Narren. Hier und dort ist nichts zu bessern, nichts zu bösern.

Wehe dieser großen Stadt! – Und ich wollte, ich sähe schon die Feuersäule, in der sie verbrannt wird!

Denn solche Feuersäulen müssen dem großen Mittage vorangehn. Doch dies hat seine Zeit und sein eigenes Schicksal. –

Diese Lehre aber gebe ich dir, du Narr, zum Abschiede: wo man nicht mehr lieben kann, da soll man – *vorübergehn*! –

Also sprach Zarathustra und ging an dem Narren und der großen Stadt vorüber.

Von den Abtrünnigen

1

Ach, liegt alles schon welk und grau, was noch jüngst auf dieser Wiese grün und bunt stand! Und wie vielen Honig der Hoffnung trug ich von hier in meine Bienenkörbe!

Diese jungen Herzen sind alle schon alt geworden – und nicht alt einmal! nur müde, gemein, bequem – sie heißen es »wir sind wieder fromm geworden«.

Noch jüngst sah ich sie in der Frühe auf tapferen Füßen hinauslaufen: aber ihre Füße der Erkenntnis wurden müde, und nun verleumden sie auch noch ihre Morgen-Tapferkeit!

Wahrlich, mancher von ihnen hob einst die Beine wie ein Tänzer, ihm winkte das Lachen in meiner Weisheit: – da besann er sich. Eben sah ich ihn krumm – zum Kreuze kriechen.

Um Licht und Freiheit flatterten sie einst gleich Mücken und jungen Dichtern. Ein wenig älter, ein wenig kälter: und schon sind sie Dunkler und Munkler und Ofenhocker.

Verzagte ihnen wohl das Herz darob, daß mich die Einsamkeit verschlang gleich einem Walfische? Lauschte ihr Ohr wohl sehnsüchtig-lange *umsonst* nach mir und meinen Trompeten- und Herolds-Rufen?

– Ach! Immer sind ihrer nur wenige, deren Herz einen langen Mut und Übermut hat; und solchen bleibt auch der Geist geduldsam. Der Rest aber ist *feige*.

Der Rest: das sind immer die Allermeisten, der Alltag, der Überfluß, die Viel-zuVielen – diese alle sind feige! –

Wer meiner Art ist, dem werden auch die Erlebnisse meiner Art über den Weg laufen: also, daß seine ersten Gesellen Leichname und Possenreißer sein müssen.

Seine zweiten Gesellen aber – die werden sich seine *Gläubigen* heißen: ein lebendiger Schwarm, viel Liebe, viel Torheit, viel unbärtige Verehrung.

An diese Gläubigen soll der nicht sein Herz binden, wer meiner Art unter Menschen ist; an diese Lenze und bunten Wiesen soll der nicht glauben, wer die flüchtig-feige Menschenart kennt!

Könnten sie anders, so würden sie auch anders *wollen*. Halb- und Halbe verderben alles Ganze. Daß Blätter welk werden – was ist da zu klagen!

Laß sie fahren und fallen, o Zarathustra, und klage nicht! Lieber noch blase mit raschelnden Winden unter sie, –

– blase unter diese Blätter, o Zarathustra, daß alles *Welke* schneller noch von dir davonlaufe! –

2

»Wir sind wieder fromm geworden« – so bekennen diese Abtrünnigen; und manche von ihnen sind noch zu feige, also zu bekennen.

Denen sehe ich ins Auge – denen sage ich es ins Gesicht und in die Röte ihrer Wangen: ihr seid solche, welche wieder *beten*!

Es ist aber eine Schmach, zu beten! Nicht für alle, aber für dich und mich, und wer auch im Kopfe sein Gewissen hat. Für *dich* ist es eine Schmach, zu beten!

Du weißt es wohl: dein feiger Teufel in dir, der gerne Hände-falten und Hände-in-den-Schoß-legen und es bequemer haben möchte – dieser feige Teufel redet dir zu »es *gibt* einen Gott!«

Damit aber gehörst du zur lichtscheuen Art, denen Licht nimmer Ruhe läßt, nun mußt du täglich deinen Kopf tiefer in Nacht und Dunst stecken!

Und wahrlich, du wähltest die Stunde gut: denn eben wieder fliegen die Nachtvögel aus. Die Stunde kam allem lichtscheuen Volke, die Abend- und Feierstunde, wo es nicht »feiert«.

Ich höre und rieche es: es kam ihre Stunde für Jagd und Umzug, nicht zwar für eine wilde Jagd, sondern für eine zahme lahme schnüffelnde Leisetreter- und Leisebeter-Jagd, –

– für eine Jagd auf seelenvolle Duckmäuser: alle Herzens-Mausefallen sind jetzt wieder aufgestellt! Und wo ich einen Vorhang aufhebe, da kommt ein Nachtfalterchen herausgestürzt.

Hockte es da wohl zusammen mit einem andern Nachtfalterchen? Denn überall rieche ich kleine verkrochne Gemeinden; und wo es Kämmerlein gibt, da gibt es neue Bet-Brüder drin und den Dunst von Bet-Brüdern.

Sie sitzen lange Abende beieinander und sprechen: »lasset uns wieder werden wie die Kindlein und ›lieber Gott‹ sagen!« – an Mund und Magen verdorben durch die frommen Zuckerbäcker.

Oder sie sehen lange Abende einer listigen lauernden Kreuzspinne zu, welche den Spinnen selber Klugheit predigt und also lehrt: »unter Kreuzen ist gut spinnen!«

Oder sie sitzen tagsüber mit Angelruten an Sümpfen und glauben sich *tief* damit; aber wer dort fischt, wo es keine Fische gibt, den heiße ich noch nicht einmal oberflächlich!

Oder sie lernen fromm-froh die Harfe schlagen bei einem Lieder-Dichter, der sich gern jungen Weibchen ins Herz harfnen möchte – denn er wurde der alten Weibchen müde und ihres Lobpreisens.

Oder sie lernen gruseln bei einem gelahrten Halb-Tollen, der in dunklen Zimmern wartet, daß ihm die Geister kommen – und der Geist ganz davonläuft!

Oder sie horchen einem alten umgetriebnen Schnurr- und Knurrpfeifer zu, der trüben Winden die Trübsal der Töne ablernte; nun pfeift er nach dem Winde und predigt in trüben Tönen Trübsal.

Und einige von ihnen sind sogar Nachtwächter geworden: die verstehen jetzt in Hörner zu blasen und nachts umherzugehn und alte Sachen aufzuwecken, die lange schon eingeschlafen sind.

Fünf Worte von alten Sachen hörte ich gestern nachts an der Garten-Mauer: die kamen von solchen alten betrübten trocknen Nachtwächtern.

»Für einen Vater sorgt er nicht genug um seine Kinder: Menschen-Väter tun dies besser!« –

»Er ist zu alt! Er sorgt schon gar nicht mehr um seine Kinder« – also antwortete der andre Nachtwächter.

»*Hat* er denn Kinder? Niemand kann's beweisen, wenn er's selber nicht beweist! Ich wollte längst, er bewiese es einmal gründlich.«

»Beweisen? Als ob *der* je etwas bewiesen hätte! Beweisen fällt ihm schwer; er hält große Stücke darauf, daß man ihm *glaubt*.«

»Ja! Ja! Der Glaube macht ihn selig, der Glaube an ihn. Das ist so die Art alter Leute! So geht's uns auch!« –

Also sprachen zueinander die zwei alten Nachtwächter und Lichtscheuchen, und tuteten darauf betrübt in ihre Hörner: so geschah's gestern nachts an der Garten-Mauer.

Mir aber wand sich das Herz vor Lachen und wollte brechen und wußte nicht, wohin? und sank ins Zwerchfell.

Wahrlich, das wird noch mein Tod sein, daß ich vor Lachen ersticke, wenn ich Esel betrunken sehe und Nachtwächter also an Gott zweifeln höre.

Ist es denn nicht *lange* vorbei auch für alle solche Zweifel? Wer darf noch solche alte eingeschlafne lichtscheue Sachen aufwecken!

Mit den alten Göttern ging es ja lange schon zu Ende: – und wahrlich, ein gutes fröhliches Götter-Ende hatten sie!

Sie »dämmerten« sich nicht zu Tode – das lügt man wohl! Vielmehr: sie haben sich selber einmal zu Tode – *gelacht*!

Das geschah, als das gottloseste Wort von einem Gotte selber ausging – das Wort: »Es ist *ein* Gott! Du sollst keinen andern Gott haben neben mir!« –

– ein alter Grimm-Bart von Gott, ein eifersüchtiger, vergaß sich also: –

Und alle Götter lachten damals und wackelten auf ihren Stühlen und riefen: »Ist das nicht eben Göttlichkeit, daß es Götter, aber keinen Gott gibt?«

Wer Ohren hat, der höre. –

Also redete Zarathustra in der Stadt, die er liebte und welche zubenannt ist »die bunte Kuh«. Von hier nämlich hatte er nur noch zwei Tage zu gehen, daß er wieder in seine Höhle käme und zu seinen Tieren; seine Seele aber frohlockte beständig ob der Nähe seiner Heimkehr. –

Die Heimkehr

O Einsamkeit! Du meine *Heimat* Einsamkeit! Zu lange lebte ich wild in wilder Fremde, als daß ich nicht mit Tränen zu dir heimkehrte!

Nun drohe mir nur mit dem Finger, wie Mütter drohn, nun lächle mir zu, wie Mütter lächeln, nun sprich nur: »Und wer war das, der wie ein Sturmwind einst von mir davonstürmte? –

– der scheidend rief: zu lange saß ich bei der Einsamkeit, da verlernte ich das Schweigen! *Das* – lerntest du nun wohl?

O Zarathustra, alles weiß ich: und daß du unter den Vielen *verlassener* warst, du Einer, als je bei mir!

Ein anderes ist Verlassenheit, ein anderes Einsamkeit: *das* – lerntest du nun! Und daß du unter Menschen immer wild und fremd sein wirst:

– wild und fremd auch noch, wenn sie dich lieben: denn zuerst von allem wollen sie *geschont* sein!

Hier aber bist du bei dir zu Heim und Hause; hier kannst du alles hinausreden und alle Gründe ausschütten, nichts schämt sich hier versteckter, verstockter Gefühle.

Hier kommen alle Dinge liebkosend zu deiner Rede und schmeicheln dir: denn sie wollen auf deinem Rücken reiten. Auf jedem Gleichnis reitest du hier zu jeder Wahrheit.

Aufrecht und aufrichtig darfst du hier zu allen Dingen reden: und wahrlich, wie Lob klingt es ihren Ohren, daß einer mit allen Dingen – gerade redet!

Ein anderes aber ist Verlassensein. Denn, weißt du noch, o Zarathustra? Als damals dein Vogel über dir schrie, als du im Walde standest, unschlüssig, wohin? unkundig, einem Leichnam nahe: –

– als du sprachst: mögen mich meine Tiere führen! Gefährlicher fand ich's unter Menschen, als unter Tieren: – *Das* war Verlassenheit!

Und weißt du noch, o Zarathustra? Als du auf deiner Insel saßest, unter leeren Eimern ein Brunnen Weins, gebend und ausgebend, unter Durstigen schenkend und ausschenkend:

– bis du endlich durstig allein unter Trunkenen saßest und nächtlich klagtest ›ist Nehmen nicht seliger als Geben? Und Stehlen noch seliger als Nehmen?‹ – *Das* war Verlassenheit!

Und weißt du noch, o Zarathustra? Als deine stillste Stunde kam und dich von dir selber forttrieb, als sie mit bösem Flüstern sprach: ›Sprich und zerbrich!‹ –

– als sie dir all dein Warten und Schweigen leid machte und deinen demütigen Mut entmutigte: *Das* war Verlassenheit!« –

O Einsamkeit! Du meine Heimat Einsamkeit! Wie selig und zärtlich redet deine Stimme zu mir!

Wir fragen einander nicht, wir klagen einander nicht, wir gehen offen miteinander durch offne Türen.

Denn offen ist es bei dir und hell; und auch die Stunden laufen hier auf leichteren Füßen. Im Dunklen nämlich trägt man schwerer an der Zeit, als im Lichte.

Hier springen mir alles Seins Worte und Wort-Schreine auf: alles Sein will hier Wort werden, alles Werden will hier von mir reden lernen.

Da unten aber – da ist alles Reden umsonst! Da ist Vergessen und Vorübergehn die beste Weisheit: *Das* – lernte ich nun!

Wer alles bei den Menschen begreifen wollte, der müßte alles angreifen. Aber dazu habe ich zu reinliche Hände.

Ich mag schon ihren Atem nicht einatmen; ach, daß ich so lange unter ihrem Lärm und üblen Atem lebte!

O selige Stille um mich! O reine Gerüche um mich! O wie aus tiefer Brust diese Stille reinen Atem holt! O wie sie horcht, diese selige Stille!

Aber da unten – da redet alles, da wird alles überhört. Man mag seine Weisheit mit Glocken einläuten: die Krämer auf dem Markte werden sie mit Pfennigen überklingeln!

Alles bei ihnen redet, niemand weiß mehr zu verstehn. Alles fällt ins Wasser, nichts fällt mehr in tiefe Brunnen.

Alles bei ihnen redet, nichts gerät mehr und kommt zu Ende. Alles gakkert, aber wer will noch still auf dem Neste sitzen und Eier brüten?

Alles bei ihnen redet, alles wird zerredet. Und was gestern noch zu hart war für die Zeit selber und ihren Zahn: heute hängt es zerschabt und zernagt aus den Mäulern der Heutigen.

Alles bei ihnen redet, alles wird verraten. Und was einst Geheimnis hieß und Heimlichkeit tiefer Seelen, heute gehört es den Gassen-Trompetern und andern Schmetterlingen.

O Menschenwesen, du wunderliches! Du Lärm auf dunklen Gassen! Nun liegst du wieder hinter mir – meine größte Gefahr liegt hinter mir!

Im Schonen und Mitleiden lag immer meine größte Gefahr; und alles Menschenwesen will geschont und gelitten sein.

Mit verhaltenen Wahrheiten, mit Narrenhand und vernarrtem Herzen und reich an kleinen Lügen des Mitleidens – also lebte ich immer unter Menschen.

Verkleidet saß ich unter ihnen, bereit, *mich* zu verkennen, daß ich *sie* ertrüge, und gern mir zuredend »du Narr, du kennst die Menschen nicht!«

Man verlernt die Menschen, wenn man unter Menschen lebt: zu viel Vordergrund ist an allen Menschen – was sollen *da* weitsichtige, weitsüchtige Augen!

Und wenn sie mich verkannten: ich Narr schonte sie darob mehr als mich: gewohnt zur Härte gegen mich und oft noch an mir selber mich rächend für diese Schonung.

Zerstochen von giftigen Fliegen und ausgehöhlt, dem Steine gleich, von vielen Tropfen Bosheit, so saß ich unter ihnen und redete mir noch zu: »unschuldig ist alles Kleine an seiner Kleinheit!«

Sonderlich die, welche sich »die Guten« heißen, fand ich als die giftigsten Fliegen: sie stechen in aller Unschuld, sie lügen in aller Unschuld; wie *vermöchten* sie gegen mich – gerecht zu sein!

Wer unter den Guten lebt, den lehrt Mitleid lügen, Mitleid macht dumpfe Luft allen freien Seelen. Die Dummheit der Guten nämlich ist unergründlich.

Mich selber verbergen und meinen Reichtum – *das* lernte ich da unten: denn jeden fand ich noch arm am Geiste. Das war der Lug meines Mitleidens, daß ich bei jedem wußte,

– daß ich jedem es ansah und anroch, was ihm Geistes *genug* und was ihm schon Geistes *zuviel* war!

Ihre steifen Weisen: ich hieß sie weise, nicht steif – so lernte ich Worte verschlucken. Ihre Totengräber: ich hieß sie Forscher und Prüfer – so lernte ich Worte vertauschen.

Die Totengräber graben sich Krankheiten an. Unter altem Schutte ruhn schlimme Dünste. Man soll den Morast nicht aufrühren. Man soll auf Bergen leben.

Mit seligen Nüstern atme ich wieder Berges-Freiheit! Erlöst ist endlich meine Nase vom Geruch alles Menschenwesens!

Von scharfen Lüften gekitzelt, wie von schäumenden Weinen, *niest* meine Seele – niest und jubelt sich zu: Gesundheit!

Also sprach Zarathustra.

Von den drei Bösen

1

Im Traum, im letzten Morgentraume stand ich heut auf einem Vorgebirge – jenseits der Welt, hielt eine Waage und *wog* die Welt.

O daß zu früh mir die Morgenröte kam: die glühte mich wach, die Eifersüchtige! Eifersüchtig ist sie immer auf meine Morgentraum-Gluten.

Meßbar für den, der Zeit hat, wägbar für einen guten Wäger, erfliegbar für starke Fittiche, erratbar für göttliche Nüsseknacker: also fand mein Traum die Welt: –

Mein Traum, ein kühner Segler, halb Schiff, halb Windsbraut, gleich Schmetterlingen schweigsam, ungeduldig gleich Edelfalken: wie hatte er doch zum Welt-Wägen heute Geduld und Weile!

Sprach ihm heimlich wohl meine Weisheit zu, meine lachende wache Tags-Weisheit, welche über alle »unendliche Welten« spottet? Denn sie spricht: »wo Kraft ist, wird auch die *Zahl* Meisterin: die hat mehr Kraft.«

Wie sicher schaute mein Traum auf diese endliche Welt, nicht neugierig, nicht altgierig, nicht fürchtend, nicht bittend: –

– als ob ein voller Apfel sich meiner Hand böte, ein reifer Goldapfel, mit kühl-sanfter samtener Haut – so bot sich mir die Welt: –

– als ob ein Baum mir winke, ein breitästiger, starkwilliger, gekrümmt zur Lehne und noch zum Fußbrett für den Wegmüden: so stand die Welt auf meinem Vorgebirge: –

– als ob zierliche Hände mir einen Schrein entgegentrügen – einen Schrein, offen für das Entzücken schamhafter verehrender Augen: also bot sich mir heute die Welt entgegen: –

– nicht Rätsel genug, um Menschen-Liebe davon zu scheuchen, nicht Lösung genug, um Menschen-Weisheit einzuschläfern – ein menschlich gutes Ding war mir heut die Welt, der man so Böses nachredet!

Wie danke ich es meinem Morgentraum, daß ich also in der Frühe heut die Welt wog! Als ein menschlich gutes Ding kam er zu mir, dieser Traum und Herzenströster!

Und daß ich's ihm gleichtue am Tage und sein Bestes ihm nach- und ablerne: will ich jetzt die drei bösesten Dinge auf die Waage tun und menschlich gut abwägen. –

Wer da segnen lehrte, der lehrte auch fluchen: welches sind in der Welt die drei bestverfluchten Dinge? Diese will ich auf die Waage tun.

Wollust, Herrschsucht, Selbstsucht: diese drei wurden bisher am besten verflucht und am schlimmsten beleu- und belügenmundet – diese drei will ich menschlich gut abwägen.

Wohlauf! Hier ist mein Vorgebirg, und da das Meer: *das* wälzt sich zu mir heran, zottelig, schmeichlerisch, das getreue alte hundertköpfige Hunds-Ungetüm, das ich liebe.

Wohlauf! Hier will ich die Waage halten über gewälztem Meere: und auch einen Zeugen wähle ich, daß er zusehe – dich, du Einsiedler-Baum, dich starkduftigen, breitgewölbten, den ich liebe! –

Auf welcher Brücke geht zum Dereinst das Jetzt? Nach welchem Zwange zwingt das Hohe sich zum Niederen? Und was heißt auch das Höchste noch – hinaufwachsen? –

Nun steht die Waage gleich und still: drei schwere Fragen warf ich hinein, drei schwere Antworten trägt die andre Waagschale.

2

Wollust: allen bußhemdigen Leib-Verächtern ihr Stachel und Pfahl, und als »Welt« verflucht bei allen Hinterweltlern: denn sie höhnt und narrt alle Wirr- und Irr-Lehrer.

Wollust: dem Gesindel das langsame Feuer, auf dem es verbrannt wird; allem wurmichten Holze, allen stinkenden Lumpen der bereite Brunst- und Brodel-Ofen.

Wollust: für die freien Herzen unschuldig und frei, das Garten-Glück der Erde, aller Zukunft Dankes-Überschwang an das Jetzt.

Wollust: nur dem Welken ein süßlich Gift, für die Löwen-Willigen aber die große Herzstärkung, und der ehrfürchtig geschonte Wein der Weine.

Wollust: das große Gleichnis-Glück für höheres Glück und höchste Hoffnung. Vielem nämlich ist Ehe verheißen und mehr als Ehe, –

– vielem, das fremder sich ist, als Mann und Weib: – und wer begriff es ganz, *wie fremd* sich Mann und Weib sind!

Wollust: – doch ich will Zäune um meine Gedanken haben und auch noch um meine Worte: daß mir nicht in meine Gärten die Schweine und Schwärmer brechen! –

Herrschsucht: die Glüh-Geißel der härtesten Herzensharten; die grause Marter, die sich dem Grausamsten selber aufspart; die düstre Flamme lebendiger Scheiterhaufen.

Herrschsucht: die boshafte Bremse, die den eitelsten Völkern aufgesetzt wird; die Verhöhnerin aller ungewissen Tugend; die auf jedem Rosse und jedem Stolze reitet.

Herrschsucht: das Erdbeben, das alles Morsche und Höhlichte bricht und aufbricht; die rollende grollende strafende Zerbrecherin übertünchter Gräber; das blitzende Fragezeichen neben vorzeitigen Antworten.

Herrschsucht: vor deren Blick der Mensch kriecht und duckt und fröhnt und niedriger wird als Schlange und Schwein – bis endlich die große Verachtung aus ihm aufschreit –,

Herrschsucht: die furchtbare Lehrerin der großen Verachtung, welche Städten und Reichen ins Antlitz predigt »hinweg mit dir!« – bis es aus ihnen selber aufschreit »hinweg mit *mir*!«

Herrschsucht: die aber lockend auch zu Reinen und Einsamen und hinauf zu selbstgenugsamen Höhen steigt, glühend gleich einer Liebe, welche purpurne Seligkeiten lockend an Erdenhimmel malt.

Herrschsucht: doch wer hieße es *Sucht,* wenn das Hohe hinab nach Macht gelüstet! Wahrlich, nichts Sieches und Süchtiges ist an solchem Gelüsten und Niedersteigen!

Daß die einsame Höhe sich nicht ewig vereinsame und selbst begnüge; daß der Berg zu Tal komme, und die Winde der Höhe zu den Niederungen: –

O wer fände den rechten Tauf- und Tugendnamen für solche Sehnsucht! »Schenkende Tugend« – so nannte das Unnennbare einst Zarathustra.

Und damals geschah es auch – und wahrlich, es geschah zum ersten Male! – daß sein Wort die *Selbstsucht* selig pries, die heile, gesunde Selbstsucht, die aus mächtiger Seele quillt: –

– aus mächtiger Seele, zu welcher der hohe Leib gehört, der schöne, sieghafte, erquickliche, um den herum jedwedes Ding Spiegel wird:

– der geschmeidige überredende Leib, der Tänzer, dessen Gleichnis und Auszug die selbst-lustige Seele ist. Solcher Leiber und Seelen Selbst-Lust heißt sich selber: »Tugend«.

Mit ihren Worten von Gut und Schlecht schirmt sich solche Selbst-Lust wie mit heiligen Hainen; mit den Namen ihres Glücks bannt sie von sich alles Verächtliche.

Von sich weg bannt sie alles Feige; sie spricht: schlecht – *das ist* feige! Verächtlich dünkt ihr der immer Sorgende, Seufzende, Klägliche und wer auch die kleinsten Vorteile aufliest.

Sie verachtet auch alle wehselige Weisheit: denn wahrlich, es gibt auch Weisheit, die im Dunklen blüht, eine Nachtschatten-Weisheit: als welche immer seufzt: »Alles ist eitel!«

Das scheue Mißtrauen gilt ihr gering, und jeder, wer Schwüre statt Blicke und Hände will: auch alle allzu mißtrauische Weisheit, denn solche ist feiger Seelen Art.

Geringer noch gilt ihr der Schnell-Gefällige, der Hündische, der gleich auf dem Rücken liegt, der Demütige; und auch Weisheit gibt es, die demütig und hündisch und fromm und schnell-gefällig ist.

Verhaßt ist ihr gar und ein Ekel, wer nie sich wehren will, wer giftigen Speichel und böse Blicke hinunterschluckt, der Allzu-Geduldige, Alles-Dulder, Allgenügsame: das nämlich ist die knechtische Art.

Ob einer vor Göttern und göttlichen Fußtritten knechtisch ist, ob vor Menschen und blöden Menschen-Meinungen: *alle* Knechts-Art speit sie an, diese selige Selbstsucht!

Schlecht: so heißt sie alles, was geknickt und knickerisch-knechtisch ist, unfreie Zwinker-Augen, gedrückte Herzen, und jene falsche nachgebende Art, welche mit breiten feigen Lippen küßt.

Und After-Weisheit: so heißt sie alles, was Knechte und Greise und Müde witzeln; und sonderlich die ganze schlimme aberwitzige, überwitzige Priester-Narrheit!

Die After-Weisen aber, alle die Priester, Weltmüden, und wessen Seele von Weibs- und Knechtsart ist – o wie hat ihr Spiel von jeher der Selbstsucht übel mitgespielt!

Und das gerade sollte Tugend sein und Tugend heißen, *daß* man der Selbstsucht übel mitspiele! Und »selbstlos« – so wünschten sich selber mit gutem Grunde alle diese weltmüden Feiglinge und Kreuzspinnen!

Aber denen allen kommt nun der Tag, die Wandlung, das Richtschwert, *der große Mittag*: da soll vieles offenbar werden!

Und wer das Ich heil und heilig spricht und die Selbstsucht selig, wahrlich, der spricht auch, was er weiß, ein Weissager: »*Siehe, er kommt, er ist nahe, der große Mittag!*«

Also sprach Zarathustra.

Vom Geist der Schwere

I

Mein Mundwerk – ist des Volks: zu grob und herzlich rede ich für die Seidenhasen. Und noch fremder klingt mein Wort allen Tinten-Fischen und Feder-Füchsen.

Meine Hand – ist eine Narrenhand: wehe allen Tischen und Wänden, und was noch Platz hat für Narren-Zierat, Narren-Schmierat!

Mein Fuß – ist ein Pferdefuß; damit trapple und trabe ich über Stock und Stein, kreuz- und quer-feld-ein, und bin des Teufels vor Lust bei allem schnellen Laufen.

Mein Magen – ist wohl eines Adlers Magen? Denn er liebt am liebsten Lammfleisch. Gewißlich aber ist er eines Vogels Magen.

Von unschuldigen Dingen genährt und von wenigem, bereit und ungeduldig zu fliegen, davonzufliegen – das ist nun meine Art: wie sollte nicht etwas daran von Vogel-Art sein!

Und zumal, daß ich dem Geist der Schwere feind bin, das ist Vogel-Art: und wahrlich, totfeind, erzfeind, urfeind! O wohin flog und verflog sich nicht schon meine Feindschaft!

Davon könnte ich schon ein Lied singen – und *will* es singen: ob ich gleich allein in leerem Hause bin und es meinen eignen Ohren singen muß.

Andre Sänger gibt es freilich, denen macht das volle Haus erst ihre Kehle weich, ihre Hand gesprächig, ihr Auge ausdrücklich, ihr Herz wach – denen gleiche ich nicht. –

2

Wer die Menschen einst fliegen lehrt, der hat alle Grenzsteine verrückt; alle Grenzsteine selber werden ihm in die Luft fliegen, die Erde wird er neu taufen – als »die Leichte«.

Der Vogel Strauß läuft schneller als das schnellste Pferd, aber auch er steckt noch den Kopf schwer in schwere Erde: also der Mensch, der noch nicht fliegen kann.

Schwer heißt ihm Erde und Leben; und so *will* es der Geist der Schwere! Wer aber leicht werden will und ein Vogel, der muß sich selber lieben – also lehre *ich*.

Nicht freilich mit der Liebe der Siechen und Süchtigen: denn bei denen stinkt auch die Eigenliebe!

Man muß sich selber lieben lernen – also lehre ich – mit einer heilen und gesunden Liebe: daß man es bei sich selber aushalte und nicht umherschweife.

Solches Umherschweifen tauft sich »Nächstenliebe«: mit diesem Worte ist bisher am besten gelogen und geheuchelt worden, und sonderlich von solchen, die aller Welt schwer fielen.

Und wahrlich, das ist kein Gebot für heute und morgen, sich lieben *lernen*. Vielmehr ist von allen Künsten diese die feinste, listigste, letzte und geduldsamste.

Für seinen Eigener ist nämlich alles Eigene gut versteckt; und von allen Schatzgruben wird die eigne am spätesten ausgegraben – also schafft es der Geist der Schwere.

Fast in der Wiege gibt man uns schon schwere Worte und Werte mit: »Gut« und »Böse« – so heißt sich diese Mitgift. Um derentwillen vergibt man uns, daß wir leben.

Und dazu läßt man die Kindlein zu sich kommen, daß man ihnen beizeiten wehre, sich selber zu lieben: also schafft es der Geist der Schwere.

Und wir – wir schleppen treulich, was man uns mitgibt, auf harten

Schultern und über rauhe Berge! Und schwitzen wir, so sagt man uns: »Ja, das Leben ist schwer zu tragen!«

Aber der Mensch nur ist sich schwer zu tragen! Das macht, er schleppt zu vieles Fremde auf seinen Schultern. Dem Kamele gleich kniet er nieder und läßt sich gut aufladen.

Sonderlich der starke, tragsame Mensch, dem Ehrfurcht innewohnt: zu viele *fremde* schwere Worte und Werte lädt er auf sich – nun dünkt das Leben ihm eine Wüste!

Und wahrlich! Auch manches *Eigene* ist schwer zu tragen! Und viel Inwendiges am Menschen ist der Auster gleich, nämlich ekel und schlüpfrig und schwer erfaßlich –,

– also daß eine edle Schale mit edler Zierat fürbitten muß. Aber auch diese Kunst muß man lernen: Schale *haben* und schönen Schein und kluge Blindheit!

Abermals trügt über manches am Menschen, daß manche Schale gering und traurig und zu sehr Schale ist. Viel verborgene Güte und Kraft wird nie erraten; die köstlichsten Leckerbissen finden keine Schmecker!

Die Frauen wissen das, die köstlichsten: ein wenig fetter, ein wenig magerer – o wie viel Schicksal liegt in so wenigem!

Der Mensch ist schwer zu entdecken und sich selber noch am schwersten; oft lügt der Geist über die Seele. Also schafft es der Geist der Schwere.

Der aber hat sich selber entdeckt, welcher spricht: Das ist *mein* Gutes und Böses: damit hat er den Maulwurf und Zwerg stumm gemacht, welcher spricht: »Allen gut, allen bös«.

Wahrlich, ich mag auch solche nicht, denen jegliches Ding gut und diese Welt gar die beste heißt. Solche nenne ich die Allgenügsamen.

Allgenügsamkeit, die alles zu schmecken weiß: das ist nicht der beste Geschmack! Ich ehre die widerspenstigen wählerischen Zungen und Mägen, welche »Ich« und »Ja« und »Nein« sagen lernten.

Alles aber kauen und verdauen – das ist eine rechte Schweine-Art! Immer I-A sagen – das lernte allein der Esel, und wer seines Geistes ist! –

Das tiefe Gelb und das heiße Rot: so will es *mein* Geschmack – der mischt Blut zu allen Farben. Wer aber sein Haus weiß tüncht, der verrät mir eine weißgetünchte Seele.

In Mumien verliebt die einen, die andern in Gespenster; und beide gleich feind allem Fleisch und Blute – o wie gehen beide mir wider den Geschmack! Denn ich liebe Blut.

Und dort will ich nicht wohnen und weilen, wo jedermann spuckt und speit: das ist nun *mein* Geschmack – lieber noch lebte ich unter Dieben und Meineidigen. Niemand trägt Gold im Munde.

Widriger aber sind mir noch alle Speichellecker; und das widrigste Tier von Mensch, das ich fand, das taufte ich Schmarotzer: das wollte nicht lieben und doch von Liebe leben.

Unselig heiße ich alle, die nur eine Wahl haben: böse Tiere zu werden oder böse Tierbändiger: bei solchen würde ich mir keine Hütten bauen.

Unselig heiße ich auch die, welche immer *warten* müssen – die gehen mir wider den Geschmack: alle die Zöllner und Krämer und Könige und andren Länder- und Ladenhüter.

Wahrlich, ich lernte das Warten auch und von Grund aus – aber nur das Warten auf *mich*. Und über allem lernte ich stehn und gehn und laufen und springen und klettern und tanzen.

Das ist aber meine Lehre: wer einst fliegen lernen will, der muß erst stehn und gehn und laufen und klettern und tanzen lernen – man erfliegt das Fliegen nicht!

Mit Strickleitern lernte ich manches Fenster erklettern, mit hurtigen Beinen klomm ich auf hohe Masten: auf hohen Masten der Erkenntnis sitzen dünkte mich keine geringe Seligkeit, –

– gleich kleinen Flammen flackern auf hohen Masten: ein kleines Licht zwar, aber doch ein großer Trost für verschlagene Schiffer und Schiffbrüchige! –

Auf vielerlei Weg und Weise kam ich zu meiner Wahrheit: nicht auf *einer* Leiter stieg ich zur Höhe, wo mein Auge in meine Ferne schweift.

Und ungern nur fragte ich stets nach Wegen – das ging mir immer wider den Geschmack! Lieber fragte und versuchte ich die Wege selber.

Ein Versuchen und Fragen war all mein Gehen – und wahrlich, auch antworten muß man *lernen* auf solches Fragen! Das aber – ist mein Geschmack:

– kein guter, kein schlechter, aber *mein* Geschmack, dessen ich weder Scham noch Hehl mehr habe.

»Das – ist nun *mein* Weg – wo ist der eure?« so antwortete ich denen, welche mich »nach dem Wege« fragten. *Den* Weg nämlich – den gibt es nicht!

Also sprach Zarathustra.

Von alten und neuen Tafeln

1

Hier sitze ich und warte, alte zerbrochene Tafeln um mich und auch neue halb beschriebene Tafeln. Wann kommt meine Stunde?

– die Stunde meines Niederganges, Unterganges: denn noch *ein* mal will ich zu den Menschen gehn.

Des warte ich nun: denn erst müssen mir die Zeichen kommen, daß es *meine* Stunde sei – nämlich der lachende Löwe mit dem Taubenschwarme.

Inzwischen rede ich als einer, der Zeit hat, zu mir selber. Niemand erzählt mir Neues: so erzähle ich mir mich selber. –

2

Als ich zu den Menschen kam, da fand ich sie sitzen auf einem alten Dünkel: alle dünkten sich lange schon zu wissen, was dem Menschen gut und böse sei.

Eine alte müde Sache dünkte ihnen alles Reden von Tugend; und wer gut schlafen wollte, der sprach vor Schlafengehen noch von »Gut« und »Böse«.

Diese Schläferei störte ich auf, als ich lehrte: was gut und böse ist, *das weiß noch niemand* – es sei denn der Schaffende!

– Das aber ist der, welcher des Menschen Ziel schafft und der Erde ihren Sinn gibt und ihre Zukunft: dieser erst *schafft* es, *daß* etwas gut und böse ist.

Und ich hieß sie ihre alten Lehr-Stühle umwerfen, und wo nur jener alte Dünkel gesessen hatte; ich hieß sie lachen über ihre großen Tugend-Meister und Heiligen und Dichter und Welt-Erlöser.

Über ihre düsteren Weisen hieß ich sie lachen, und wer je als schwarze Vogelscheuche warnend auf dem Baume des Lebens gesessen hatte.

An ihre große Gräberstraße setzte ich mich und selber zu Aas und Geiern – und ich lachte über all ihr Einst und seine mürbe verfallende Herrlichkeit.

Wahrlich, gleich Bußpredigern und Narren schrie ich Zorn und Zeter über all ihr Großes und Kleines – daß ihr Bestes so gar klein ist! Daß ihr Bösestes so gar klein ist! – also lachte ich.

Meine weise Sehnsucht schrie und lachte also aus mir, die auf Bergen geboren ist, eine wilde Weisheit wahrlich! – meine große flügelbrausende Sehnsucht.

Und oft riß sie mich fort und hinauf und hinweg und mitten im Lachen: da flog ich wohl schaudernd, ein Pfeil, durch sonnentrunkenes Entzücken:

– hinaus in ferne Zukünfte, die kein Traum noch sah, in heißere Süden, als je sich Bildner träumten: dorthin, wo Götter tanzend sich aller Kleider schämen: –

– daß ich nämlich in Gleichnissen rede, und gleich Dichtern hinke und stammle: und wahrlich, ich schäme mich, daß ich noch Dichter sein muß! –

Wo alles Werden mich Götter-Tanz und Götter-Mutwillen dünkte, und die Welt los- und ausgelassen und zu sich selber zurückfliehend: –

– als ein ewiges Sich-Fliehn und -Wiedersuchen vieler Götter, als das selige Sich-Widersprechen, Sich-Wieder-hören, Sich-Wieder-Zugehören vieler Götter: –

Wo alle Zeit mich ein seliger Hohn auf Augenblicke dünkte, wo die Notwendigkeit die Freiheit selber war, die selig mit dem Stachel der Freiheit spielte: –

Wo ich auch meinen alten Teufel und Erzfeind wiederfand, den Geist der Schwere, und alles, was er schuf: Zwang, Satzung, Not und Folge und Zweck und Wille und Gut und Böse: –

Denn muß nicht dasein, *über* das getanzt, hinweggetanzt werde? Müssen nicht um der Leichten, Leichtesten willen – Maulwürfe und schwere Zwerge dasein? –

3

Dort war's auch, wo ich das Wort »Übermensch« vom Wege auflas, und daß der Mensch etwas sei, das überwunden werden müsse,

– daß der Mensch eine Brücke sei und kein Zweck: sich selig preisend ob seines Mittags und Abends, als Weg zu neuen Morgenröten:

– das Zarathustra-Wort vom großen Mittage, und was sonst ich über den Menschen aufhängte, gleich purpurnen zweiten Abendröten.

Wahrlich, auch neue Sterne ließ ich sie sehn samt neuen Nächten; und über Wolken und Tag und Nacht spannte ich noch das Lachen aus wie ein buntes Gezelt.

Ich lehrte sie all *mein* Dichten und Trachten: in eins zu dichten und zusammenzutragen, was Bruchstück ist am Menschen und Rätsel und grauser Zufall, –

– als Dichter, Rätselrater und Erlöser des Zufalls lehrte ich sie an der Zukunft schaffen, und alles, das *war* –, schaffend zu erlösen.

Das Vergangne am Menschen zu erlösen und alles »Es war« umzuschaffen, bis der Wille spricht: »Aber so wollte ich es! So werde ich's wollen –«

– dies hieß ich ihnen Erlösung, dies allein lehrte ich sie Erlösung heißen. – –

Nun warte ich *meiner* Erlösung –, daß ich zum letzten Male zu ihnen gehe.

Denn noch *ein* mal will ich zu den Menschen: *unter* ihnen will ich untergehen, sterbend will ich ihnen meine reichste Gabe geben!

Der Sonne lernte ich das ab, wenn sie hinabgeht, die Überreiche: Gold schüttet sie da ins Meer aus unerschöpflichem Reichtume, –

– also, daß der ärmste Fischer noch mit *goldenem* Ruder rudert! Dies nämlich sah ich einst und wurde der Tränen nicht satt im Zuschauen – –

Der Sonne gleich will auch Zarathustra untergehn: nun sitzt er hier und wartet, alte zerbrochene Tafeln um sich und auch neue Tafeln – halbbeschriebene.

4

Siehe, hier ist eine neue Tafel: aber wo sind meine Brüder, die sie mit mir zu Tale und in fleischerne Herzen tragen? –

Also heischt es meine große Liebe zu den Fernsten: *schone deinen Nächsten nicht!* Der Mensch ist etwas, das überwunden werden muß.

Es gibt vielerlei Weg und Weise der Überwindung: da siehe *du* zu! Aber nur ein Possenreißer denkt: »der Mensch kann auch *übersprungen* werden.«

Überwinde dich selber noch in deinem Nächsten: und ein Recht, das du dir rauben kannst, sollst du dir nicht geben lassen!

Was du tust, das kann dir keiner wieder tun. Siehe, es gibt keine Vergeltung.

Wer sich nicht befehlen kann, der soll gehorchen. Und mancher *kann* sich befehlen, aber da fehlt noch viel, daß er sich auch gehorche!

5

Also will es die Art edler Seelen: sie wollen nichts *umsonst* haben, am wenigsten das Leben.

Wer vom Pöbel ist, der will umsonst leben; wir anderen aber, denen das Leben sich gab – wir sinnen immer darüber, *was* wir am besten *dagegen* geben!

Und wahrlich, dies ist eine vornehme Rede, welche spricht: »Was *uns* das Leben verspricht, das wollen *wir* – dem Leben halten!«

Man soll nicht genießen wollen, wo man nicht zu genießen gibt. Und – man soll nicht genießen *wollen!*

Genuß und Unschuld nämlich sind die schamhaftesten Dinge: Beide wollen nicht gesucht sein. Man soll sie *haben* –, aber man soll eher noch nach Schuld und Schmerzen *suchen*! –

6

O meine Brüder, wer ein Erstling ist, der wird immer geopfert. Nun aber sind wir Erstlinge.

Wir bluten alle an geheimen Opfertischen, wir brennen und braten alle zu Ehren alter Götzenbilder.

Unser Bestes ist noch jung: das reizt alte Gaumen. Unser Fleisch ist zart, unser Fell ist nur ein Lamm-Fell – wie sollten wir nicht alte Götzenpriester reizen!

In uns selber wohnt er noch, der alte Götzenpriester, der unser Bestes sich zum Schmause brät. Ach, meine Brüder, wie sollten Erstlinge nicht Opfer sein!

Aber so will es unsre Art; und ich liebe die, welche sich nicht bewahren wollen. Die Untergehenden liebe ich mit meiner ganzen Liebe: denn sie gehn hinüber. –

7

Wahr sein – das *können* wenige! Und wer es kann, der will es noch nicht! Am wenigsten aber können es die Guten.

O diese Guten! *Gute Menschen reden nie die Wahrheit*; für den Geist ist solchermaßen gut sein eine Krankheit.

Sie geben nach, diese Guten, sie ergeben sich, ihr Herz spricht nach, ihr Grund gehorcht: wer aber gehorcht, *der hört sich selber nicht!*

Alles, was den Guten böse heißt, muß zusammenkommen, daß *eine* Wahrheit geboren werde: o meine Brüder, seid ihr auch böse genug zu *dieser* Wahrheit?

Das verwegene Wagen, das lange Mißtrauen, das grausame Nein, der Überdruß, das Schneiden ins Lebendige – wie selten kommt *das* zusammen! Aus solchem Samen aber wird – Wahrheit gezeugt!

Neben dem bösen Gewissen wuchs bisher alles *Wissen*! Zerbrecht, zerbrecht mir, ihr Erkennenden, die alten Tafeln!

8

Wenn das Wasser Balken hat, wenn Stege und Geländer über den Fluß springen: wahrlich, da findet keiner Glauben, der da spricht: »Alles ist im Fluß.«

Sondern selber die Tölpel widersprechen ihm. »Wie?« sagen die Tölpel, »alles wäre im Flusse? Balken und Geländer sind doch *über* dem Flusse!«

»*Über* dem Flusse ist alles fest, alle die Werte der Dinge, die Brücken, Begriffe, alles ›Gut‹ und ›Böse‹: das ist alles *fest*!« –

Kommt gar der harte Winter, der Fluß-Tierbändiger: dann lernen auch die Witzigsten Mißtrauen; und, wahrlich, nicht nur die Tölpel sprechen dann: »Sollte nicht alles – *stille stehn*?«

»Im Grunde steht alles stille« –, das ist eine rechte Winter-Lehre, ein gut Ding für unfruchtbare Zeit, ein guter Trost für Winterschläfer und Ofenhocker.

»Im Grund steht alles still« –: *dagegen* aber predigt der Tauwind!

Der Tauwind, ein Stier, der kein pflügender Stier ist – ein wütender Stier, ein Zerstörer, der mit zornigen Hörnern Eis bricht! Eis aber – – *bricht Stege!*

O meine Brüder, ist *jetzt* nicht alles *im Flusse*? Sind nicht alle Geländer und Stege ins Wasser gefallen? Wer *hielte* sich noch an »Gut« und »Böse«?

»Wehe uns! Heil uns! Der Tauwind weht!« – Also predigt mir, o meine Brüder, durch alle Gassen!

9

Es gibt einen alten Wahn, der heißt Gut und Böse. Um Wahrsager und Sterndeuter drehte sich bisher das Rad dieses Wahns.

Einst *glaubte* man an Wahrsager und Sterndeuter: und *darum* glaubte man »alles ist Schicksal: du sollst, denn du mußt!«

Dann wieder mißtraute man allen Wahrsagern und Sterndeutern: und *darum* glaubte man »alles ist Freiheit: du kannst, denn du willst!«

O meine Brüder, über Sterne und Zukunft ist bisher nur gewähnt, nicht gewußt worden: und *darum* ist über Gut und Böse bisher nur gewähnt, nicht gewußt worden!

10

»Du sollst nicht rauben! Du sollst nicht totschlagen!« – solche Worte hieß man einst heilig; vor ihnen beugte man Knie und Köpfe und zog die Schuhe aus.

Aber ich frage euch: wo gab es je bessere Räuber und Totschläger in der Welt, als es solche heilige Worte waren?

Ist in allem Leben selber nicht – Rauben und Totschlagen? Und daß solche Worte heilig hießen, wurde damit die *Wahrheit* selber nicht – totgeschlagen?

Oder war es eine Predigt des Todes, daß heilig hieß, was allem Leben widersprach und widerriet? – O meine Brüder, zerbrecht, zerbrecht mir die alten Tafeln!

11

Dies ist mein Mitleid mit allem Vergangenen, daß ich sehe: es ist preisgegeben, –

– der Gnade, dem Geiste, dem Wahnsinne jedes Geschlechtes preisgegeben, das kommt und alles, was war, zu seiner Brücke umdeutet!

Ein großer Gewalt – Herr könnte kommen, ein gewitzter Unhold, der mit seiner Gnade und Ungnade alles Vergangene zwänge und zwängte: bis es ihm Brücke würde und Vorzeichen und Herold und Hahnenschrei.

Dies aber ist die andre Gefahr und mein andres Mitleiden – wer vom Pöbel ist, dessen Gedenken geht zurück bis zum Großvater – mit dem Großvater aber hört die Zeit auf.

Also ist alles Vergangene preisgegeben: denn es könnte einmal kommen, daß der Pöbel Herr würde, und in seichten Gewässern alle Zeit ertränke.

Darum, o meine Brüder, bedarf es eines *neuen Adels*, der allem Pöbel und allem Gewalt-Herrischen Widersacher ist und auf neue Tafeln neu das Wort schreibt »edel«.

Vieler Edlen nämlich bedarf es und vielerlei Edlen, *daß es Adel gebe*! Oder, wie ich einst im Gleichnis sprach: »Das eben ist Göttlichkeit, daß es Götter, aber keinen Gott gibt!«

12

O meine Brüder, ich weihe und weise euch zu einem neuen Adel: ihr sollt mir Zeuger und Züchter werden und Sämänner der Zukunft –

– wahrlich, nicht zu einem Adel, den ihr kaufen könntet gleich den Krämern und mit Krämer-Golde: denn wenig Wert hat alles, was seinen Preis hat.

Nicht, woher ihr kommt, mache euch fürderhin eure Ehre, sondern wohin ihr geht! Euer Wille und euer Fuß, der über euch selber hinaus will – das mache eure neue Ehre!

Wahrlich nicht, daß ihr einem Fürsten gedient habt – was liegt noch an Fürsten! – oder dem, was steht, zum Bollwerk wurdet, daß es fester stünde!

Nicht, daß euer Geschlecht an Höfen höfisch wurde, und ihr lerntet, bunt, einem Flamingo ähnlich, lange Stunden in flachen Teichen stehn.

– Denn Stehen-*können* ist ein Verdienst bei Höflingen; und alle Höflinge glauben, zur Seligkeit nach dem Tode gehöre – Sitzen-*dürfen*! –

Nicht auch, daß ein Geist, den sie heilig nennen, eure Vorfahren in gelobte Länder führte, die *ich* nicht lobe: denn wo der schlimmste aller Bäume wuchs, das Kreuz, – an dem Lande ist nichts zu loben! –

– und wahrlich, wohin dieser »heilige Geist« auch seine Ritter führte, immer liefen bei solchen Zügen – Ziegen und Gänse und Kreuz- und Querköpfe *voran*! –

O meine Brüder, nicht zurück soll euer Adel schauen, sondern *hinaus*! Vertriebene sollt ihr sein aus allen Vater- und Urväterländern!

Eurer *Kinder Land* sollt ihr lieben: diese Liebe sei euer neuer Adel – das unentdeckte, im fernsten Meere! Nach ihm heiße ich eure Segel suchen und suchen!

An euren Kindern sollt ihr *gut machen*, daß ihr eurer Väter Kinder seid: Alles Vergangene sollt ihr *so* erlösen! Diese neue Tafel stelle ich über euch!

13

»Wozu leben? Alles ist eitel! Leben – das ist Stroh dreschen; Leben – das ist sich verbrennen und doch nicht warm werden.« –

Solch altertümliches Geschwätz gilt immer noch als »Weisheit«; daß es aber alt ist und dumpfig riecht, *darum* wird es besser geehrt. Auch der Moder adelt. –

Kinder durften so reden: die *scheuen* das Feuer, weil es sie brannte! Es ist viel Kinderei in den alten Büchern der Weisheit.

Und wer immer »Stroh drischt«, wie sollte der auf das Dreschen lästern dürfen! Solchem Narren müßte man doch das Maul verbinden!

Solche setzen sich zu Tisch und bringen nichts mit, selbst den guten Hunger nicht – und nun lästern sie »alles ist eitel!«

Aber gut essen und trinken, o meine Brüder, ist wahrlich keine eitle Kunst! Zerbrecht, zerbrecht mir die Tafeln der Nimmer-Frohen!

14

»Dem Reinen ist alles rein« – so spricht das Volk. Ich aber sage euch: den Schweinen wird alles Schwein!

Darum predigen die Schwärmer und Kopfhänger, denen auch das Herz niederhängt: »Die Welt selber ist ein kotiges Ungeheuer.«

Denn diese alle sind unsäuberlichen Geistes; sonderlich aber jene, welche nicht Ruhe noch Rast haben, es sei denn, sie sehen die Welt *von hinten* – die Hinterweltler!

Denen sage ich ins Gesicht, ob es gleich nicht lieblich klingt: die Welt gleicht darin dem Menschen, daß sie einen Hintern hat – *so viel* ist wahr!

Es gibt in der Welt viel Kot: *so viel* ist wahr! Aber darum ist die Welt selber noch kein kotiges Ungeheuer!

Es ist Weisheit darin, daß vieles in der Welt übel riecht: der Ekel selber schafft Flügel und quellenahnende Kräfte!

An dem Besten ist noch etwas zum Ekeln; und der Beste ist noch etwas, das überwunden werden muß! –

O meine Brüder, es ist viel Weisheit darin, daß viel Kot in der Welt ist! –

15

Solche Sprüche hörte ich fromme Hinterweltler zu ihrem Gewissen reden; und wahrlich, ohne Arg und Falsch – ob es schon nichts Falscheres in der Welt gibt, noch Ärgeres.

»Laß doch die Welt der Welt sein! Hebe dawider auch nicht *einen* Finger auf!«

»Laß, wer da wolle, die Leute würgen und stechen und schneiden und schaben: hebe dawider auch nicht *einen* Finger auf! Darob lernen sie noch der Welt absagen.«

»Und deine eigne Vernunft – die sollst du selber görgeln und würgen; denn es ist eine Vernunft von dieser Welt, – darob lernst du selber der Welt absagen.« –

– Zerbrecht, zerbrecht mir, o meine Brüder, diese alten Tafeln der Frommen! Zersprecht mir die Sprüche der Welt-Verleumder!

16

»Wer viel lernt, der verlernt alles heftige Begehren« – das flüstert man heute sich zu auf allen dunklen Gassen.

»Weisheit macht müde, es lohnt sich – nichts; du sollst nicht begehren!« – diese neue Tafel fand ich hängen selbst auf offnen Märkten.

Zerbrecht mir, o meine Brüder, zerbrecht mir auch diese *neue* Tafel! Die Welt-Müden hängten sie hin und die Prediger des Todes, und auch die Stockmeister: denn seht, es ist auch eine Predigt zur Knechtschaft! –

Daß sie schlecht lernten und das Beste nicht, und alles zu früh und alles zu geschwind: daß sie schlecht *aßen*, daher kam ihnen jener verdorbene Magen, –

– ein verdorbener Magen ist nämlich ihr Geist: *der* rät zum Tode! Denn wahrlich, meine Brüder, der Geist *ist* ein Magen!

Das Leben ist ein Born der Lust: aber aus wem der verdorbene Magen redet, der Vater der Trübsal, dem sind alle Quellen vergiftet.

Erkennen: das ist *Lust* dem Löwen-willigen! Aber wer müde wurde, der wird selber nur »gewollt«, mit dem spielen alle Wellen.

Und so ist es immer schwacher Menschen Art: sie verlieren sich auf ihren Wegen. Und zuletzt fragt noch ihre Müdigkeit: »wozu gingen wir jemals Wege! Es ist alles gleich!«

Denen klingt es lieblich zu Ohren, daß gepredigt wird: »Es verlohnt sich nichts! Ihr sollt nicht wollen!« Dies aber ist eine Predigt zur Knechtschaft.

O meine Brüder, ein frischer Brause-Wind kommt Zarathustra allen Weg-Müden; viele Nasen wird er noch niesen machen!

Auch durch Mauern bläst mein freier Atem, und hinein in Gefängnisse und eingefangne Geister!

Wollen befreit: denn Wollen ist Schaffen: *so* lehre ich. Und *nur* zum Schaffen sollt ihr lernen!

Und auch das Lernen sollt ihr erst von mir *lernen*, das Gut-Lernen! – Wer Ohren hat, der höre!

17

Da steht der Nachen – dort hinüber geht es vielleicht ins große Nichts. – Aber wer will in dies »Vielleicht« einsteigen?

Niemand von euch will in den Todes-Nachen einsteigen? Wieso wollt ihr dann *Welt-Müde* sein!

Weltmüde! Und noch nicht einmal Erd-Entrückte wurdet ihr! Lüstern fand ich euch immer noch nach Erde, verliebt noch in die eigne Erd-Müdigkeit!

Nicht umsonst hängt euch die Lippe herab – ein kleiner Erden-Wunsch sitzt noch darauf! Und im Auge – schwimmt da nicht ein Wölkchen unvergessner Erden-Lust?

Es gibt auf Erden viel gute Erfindungen, die einen nützlich, die andern angenehm: derentwegen ist die Erde zu lieben.

Und mancherlei so gut Erfundenes gibt es da, daß es ist wie des Weibes Busen: nützlich zugleich und angenehm.

Ihr Welt-Müden aber! Ihr Erden-Faulen! Euch soll man mit Ruten streichen! Mit Rutenstreichen soll man euch wieder muntre Beine machen.

Denn: seid ihr nicht Kranke und verlebte Wichte, deren die Erde müde ist, so seid ihr schlaue Faultiere oder naschhafte verkrochene Lust-Katzen. Und wollt ihr nicht wieder lustig *laufen*, so sollt ihr – dahinfahren!

An Unheilbaren soll man nicht Arzt sein wollen: also lehrt es Zarathustra – so sollt ihr dahinfahren!

Aber es gehört mehr *Mut* dazu, ein Ende zu machen, als einen neuen Vers: das wissen alle Ärzte und Dichter. –

18

O meine Brüder, es gibt Tafeln, welche die Ermüdung, und Tafeln, welche die Faulheit schuf, die faulige: ob sie schon gleich reden, so wollen sie doch ungleich gehört sein. –

Seht hier diesen Verschmachtenden! Nur eine Spanne weit ist er noch von seinem Ziele, aber vor Müdigkeit hat er sich trotzig hier in den Staub gelegt: dieser Tapfere!

Vor Müdigkeit gähnt er Weg und Erde und Ziel und sich selber an: keinen Schritt will er noch weiter tun, – dieser Tapfere!

Nun glüht die Sonne auf ihn, und Hunde lecken nach seinem Schweiße: aber er liegt da in seinem Trotze und will lieber verschmachten: –

– eine Spanne weit von seinem Ziele verschmachten! Wahrlich, ihr werdet ihn noch an den Haaren in seinen Himmel ziehen müssen – diesen Helden!

Besser noch, ihr laßt ihn liegen, wohin er sich gelegt hat, daß der Schlaf ihm komme, der Tröster, mit kühlendem Rausche-Regen:

Laßt ihn liegen, bis er von selber wach wird – bis er von selber alle Müdigkeit widerruft und was Müdigkeit aus ihm lehrte!

Nur, meine Brüder, daß ihr die Hunde von ihm scheucht, die faulen Schleicher, und all das schwärmende Geschmeiß: –

– all das schwärmende Geschmeiß der »Gebildeten«, das sich am Schweiße jedes Helden – gütlich tut! –

19

Ich schließe Kreise um mich und heilige Grenzen; immer wenigere steigen mit mir auf immer höhere Berge: ich baue ein Gebirge aus immer heiligeren Bergen. –

Wohin ihr aber auch mit mir steigen mögt, o meine Brüder: seht zu, daß nicht ein *Schmarotzer* mit euch steige!

Schmarotzer: das ist ein Gewürm, ein kriechendes, geschmiegtes, das fett werden will an euren kranken wunden Winkeln.

Und *das* ist seine Kunst, daß er steigende Seelen errät, wo sie müde sind: in euren Gram und Unmut, in eure zarte Scham baut er sein ekles Nest.

Wo der Starke schwach, der Edle allzumild ist – dahinein baut er sein ekles Nest: der Schmarotzer wohnt, wo der Große kleine wunde Winkel hat.

Was ist die höchste Art alles Seienden und was die geringste? Der Schmarotzer ist die geringste Art; wer aber höchster Art ist, der ernährt die meisten Schmarotzer.

Die Seele nämlich, welche die längste Leiter hat und am tiefsten hinunter kann: wie sollten nicht an der die meisten Schmarotzer sitzen?

– die umfänglichste Seele, welche am weitesten in sich laufen und irren und schweifen kann; die notwendigste, welche sich aus Lust in den Zufall stürzt: –

– die seiende Seele, welche ins Werden taucht; die habende, welche ins Wollen und Verlangen *will*: –

– die sich selber fliehende, die sich selber im weitesten Kreise einholt; die weiseste Seele, welcher die Narrheit am süßesten zuredet: –

– die sich selber liebendste, in der alle Dinge ihr Strömen und Widerströmen und Ebbe und Flut haben: – o wie sollte *die höchste Seele* nicht die schlimmsten Schmarotzer haben?

20

O meine Brüder, bin ich denn grausam? Aber ich sage: was fällt, das soll man auch noch stoßen!

Das Alles von heute – das fällt, das verfällt: wer wollte es halten! Aber ich – ich *will* es noch stoßen!

Kennt ihr die Wollust, die Steine in steile Tiefen rollt? – Diese Menschen von heute: seht sie doch, wie sie in meine Tiefe rollen!

Ein Vorspiel bin ich besserer Spieler, o meine Brüder! Ein Beispiel! *Tut* nach meinem Beispiele!

Und wen ihr nicht fliegen lehrt, den lehrt mir – *schneller fallen*! –

21

Ich liebe die Tapferen: aber es ist nicht genug, Hau-Degen sein – man muß auch wissen Hau-schau-*wen*!

Und oft ist mehr Tapferkeit darin, daß einer an sich hält und vorübergeht: *damit* er sich dem würdigeren Feinde aufspare!

Ihr sollt nur Feinde haben, die zu hassen sind, aber nicht Feinde zum Verachten: ihr müßt stolz auf euren Feind sein: also lehrte ich schon einmal.

Dem würdigeren Feinde, o meine Freunde, sollt ihr euch aufsparen: darum müßt ihr an vielem vorübergehn, –

– sonderlich an vielem Gesindel, das euch in die Ohren lärmt von Volk und Völkern.

Haltet euer Auge rein von ihrem Für und Wider! Da gibt es viel Recht, viel Unrecht: wer da zusieht, wird zornig.

Dreinschaun, dreinhaun – das ist da eins: darum geht weg in die Wälder und legt euer Schwert schlafen!

Geht *eure* Wege! Und laßt Volk und Völker die ihren gehn! – dunkle Wege wahrlich, auf denen auch nicht *eine* Hoffnung mehr wetterleuchtet!

Mag da der Krämer herrschen, wo alles, was noch glänzt – Krämer-Gold ist! Es ist die Zeit der Könige nicht mehr: was sich heute Volk heißt, verdient keine Könige.

Seht doch, wie diese Völker jetzt selber den Krämern gleich tun: sie lesen sich die kleinsten Vorteile noch aus jedem Kehricht!

Sie lauern einander auf, sie lauern einander etwas ab – das heißen sie »gute Nachbarschaft«. O selige ferne Zeit, wo ein Volk sich sagte: »ich will über Völker – *Herr* sein!«

Denn, meine Brüder: das Beste soll herrschen, das Beste *will* auch herrschen! Und wo die Lehre anders lautet, da – *fehlt* es am Besten.

22

Wenn *die* – Brot umsonst hätten, wehe! Wonach würden *die* schrein! Ihr Unterhalt – das ist ihre rechte Unterhaltung; und sie sollen es schwer haben!

Raubtiere sind es: in ihrem »Arbeiten« – da ist auch noch Rauben, in ihrem »Verdienen« – da ist auch noch Überlisten! Darum sollen sie es schwer haben!

Bessere Raubtiere sollen sie also werden, feinere, klügere, *menschenähnlichere*: der Mensch nämlich ist das beste Raubtier.

Allen Tieren hat der Mensch schon ihre Tugenden abgeraubt: das macht, von allen Tieren hat es der Mensch am schwersten gehabt.

Nur noch die Vögel sind über ihm. Und wenn der Mensch noch fliegen lernte, wehe! *wohinauf* – würde seine Raublust fliegen!

23

So will ich Mann und Weib: kriegstüchtig den einen, gebärtüchtig das andere, beide aber tanztüchtig mit Kopf und Beinen.

Und verloren sei uns der Tag, wo nicht *einmal* getanzt wurde! Und falsch heiße uns jede Wahrheit, bei der es nicht *ein* Gelächter gab!

24

Euer Eheschließen: seht zu, daß es nicht ein schlechtes *Schließen* sei! Ihr schlosset zu schnell: so *folgt* daraus – Ehebrechen!

Und besser noch Ehebrechen als Ehe-biegen, Ehe-lügen! – So sprach mir ein Weib: »wohl brach ich die Ehe, aber zuerst brach die Ehe – mich!«

Schlimm-Gepaarte fand ich immer als die schlimmsten Rachsüchtigen: sie lassen es aller Welt entgelten, daß sie nicht mehr einzeln laufen.

Deswillen will ich, daß Redliche zueinander reden: »wir lieben uns: laßt uns *zusehn*, daß wir uns lieb behalten! Oder soll unser Versprechen ein Versehen sein?

– Gebt uns eine Frist und kleine Ehe, daß wir zusehn, ob wir zur großen Ehe taugen! Es ist ein großes Ding, immer zu zweien sein!«

Also rate ich allen Redlichen; und was wäre denn meine Liebe zum Übermenschen und zu allem, was kommen soll, wenn ich anders riete und redete!

Nicht nur fort euch zu pflanzen, sondern *hinauf* – dazu, o meine Brüder, helfe euch der Garten der Ehe!

25

Wer über alte Ursprünge weise wurde, siehe, der wird zuletzt nach Quellen der Zukunft suchen und nach neuen Ursprüngen. –

O meine Brüder, es ist nicht über lange, da werden *neue Völker* entspringen und neue Quellen hinab in neue Tiefen rauschen.

Das Erdbeben nämlich – das verschüttet viel Brunnen, das schafft viel Verschmachten: das hebt auch innre Kräfte und Heimlichkeiten ans Licht.

Das Erdbeben macht neue Quellen offenbar. Im Erdbeben alter Völker brechen neue Quellen aus.

Und wer da ruft: »Siehe hier ein Brunnen für viele Durstige, *ein* Herz für viele Sehnsüchtige, *ein* Wille für viele Werkzeuge«: – um den sammelt sich ein *Volk*, das ist: viel Versuchende.

Wer befehlen kann, wer gehorchen muß – *das wird da versucht*! Ach, mit welch langem Suchen und Raten und Mißraten und Lernen und Neu-Versuchen!

Die Menschen-Gesellschaft: die ist ein Versuch, so lehre ich's – ein langes Suchen: sie sucht aber den Befehlenden! –

– ein Versuch, o meine Brüder! Und *kein* »Vertrag«! Zerbrecht, zerbrecht mir solch Wort der Weich-Herzen und Halb- und Halben!

26

O meine Brüder! Bei welchen liegt doch die größte Gefahr aller Menschen-Zukunft? Ist es nicht bei den Guten und Gerechten? –

– als bei denen, die sprechen und im Herzen fühlen: »Wir wissen schon, was gut ist und gerecht, wir haben es auch; wehe denen, die hier noch suchen!«

Und was für Schaden auch die Bösen tun mögen: der Schaden der Guten ist der schädlichste Schaden!

Und was für Schaden auch die Welt-Verleumder tun mögen: der Schaden der Guten ist der schädlichste Schaden.

O meine Brüder, den Guten und Gerechten sah einer einmal ins Herz, der da sprach: »es sind die Pharisäer«. Aber man verstand ihn nicht.

Die Guten und Gerechten selber durften ihn nicht verstehen: ihr Geist ist eingefangen in ihr gutes Gewissen. Die Dummheit der Guten ist unergründlich klug.

Das aber ist die Wahrheit: die Guten *müssen* Pharisäer sein – sie haben keine Wahl!

Die Guten *müssen* den kreuzigen, der sich seine eigne Tugend erfindet! Das *ist* die Wahrheit!

Der zweite aber, der ihr Land entdeckte, Land, Herz und Erdreich der

Guten und Gerechten: das war, der da fragte: »wen hassen sie am meisten?«

Den *Schaffenden* hassen sie am meisten: den, der Tafeln bricht und alte Werte, den Brecher – den heißen sie Verbrecher.

Die Guten nämlich – die *können* nicht schaffen: die sind immer der Anfang vom Ende: –

– sie kreuzigen den, der neue Werte auf neue Tafeln schreibt, sie opfern *sich* die Zukunft – sie kreuzigen alle Menschen-Zukunft!

Die Guten – die waren immer der Anfang vom Ende. –

27

O meine Brüder, verstandet ihr auch dies Wort? Und was ich einst sagte vom »letzten Menschen«? – –

Bei welchen liegt die größte Gefahr aller Menschen-Zukunft? Ist es nicht bei den Guten und Gerechten?

Zerbrecht, zerbrecht mir die Guten und Gerechten! – O meine Brüder, verstandet ihr auch dies Wort?

28

Ihr flieht von mir? Ihr seid erschreckt? Ihr zittert vor diesem Worte?

O meine Brüder, als ich euch die Guten zerbrechen hieß und die Tafeln der Guten: da erst schiffte ich den Menschen ein auf seine hohe See.

Und nun erst kommt ihm der große Schrecken, das große Um-sich-sehn, die große Krankheit, der große Ekel, die große See-Krankheit.

Falsche Küsten und falsche Sicherheiten lehrten euch die Guten; in Lügen der Guten wart ihr geboren und geborgen. Alles ist in den Grund hinein verlogen und verbogen durch die Guten.

Aber wer das Land »Mensch« entdeckte, entdeckte auch das Land »Menschen-Zukunft«. Nun sollt ihr mir Seefahrer sein, wackere, geduldsame!

Aufrecht geht mir beizeiten, o meine Brüder, lernt aufrecht gehn! Das Meer stürmt: viele wollen an euch sich wieder aufrichten.

Das Meer stürmt: alles ist im Meere. Wohlan! Wohlauf! Ihr alten Seemanns-Herzen!

Was Vaterland! *Dorthin* will unser Steuer, wo unser *Kinder-Land* ist! Dorthinaus, stürmischer als das Meer, stürmt unsre große Sehnsucht! –

29

»Warum so hart!« – sprach zum Diamanten einst die Küchen-Kohle; »sind wir denn nicht Nah-Verwandte?« –

Warum so weich? O meine Brüder, also frage *ich* euch: seid ihr denn nicht – meine Brüder?

Warum so weich, so weichend und nachgebend? Warum ist so viel Leugnung, Verleugnung in eurem Herzen? So wenig Schicksal in eurem Blicke?

Und wollt ihr nicht Schicksale sein und Unerbittliche: wie könntet ihr mit mir – siegen?

Und wenn eure Härte nicht blitzen und scheiden und zerschneiden will: wie könntet ihr einst mit mir – schaffen?

Die Schaffenden nämlich sind hart. Und Seligkeit muß es euch dünken, eure Hand auf Jahrtausende zu drücken wie auf Wachs, –

– Seligkeit, auf dem Willen von Jahrtausenden zu schreiben wie auf Erz, – härter als Erz, edler als Erz. Ganz hart ist allein das Edelste.

Diese neue Tafel, o meine Brüder, stelle ich über euch: *werdet hart!* –

30

O du mein Wille! Du Wende aller Not, du *meine* Notwendigkeit! Bewahre mich vor allen kleinen Siegen!

Du Schickung meiner Seele, die ich Schicksal heiße! Du In-mir! Über-mir! Bewahre und spare mich auf zu *einem* großen Schicksale!

Und deine letzte Größe, mein Wille, spare dir für dein letztes auf – daß du unerbittlich bist *in* deinem Siege! Ach, wer unterlag nicht seinem Siege!

Ach, wessen Auge dunkelte nicht in dieser trunkenen Dämmerung! Ach, wessen Fuß taumelte nicht und verlernte im Siege – stehen! –

– Daß ich einst bereit und reif sei im großen Mittage: bereit und reif gleich glühendem Erze, blitzschwangrer Wolke und schwellendem Milch-Euter: –

– bereit zu mir selber und zu meinem verborgensten Willen: ein Bogen brünstig nach seinem Pfeile, ein Pfeil brünstig nach seinem Sterne: –

– ein Stern, bereit und reif in seinem Mittage, glühend, durchbohrt, selig vor vernichtenden Sonnen-Pfeilen: –

– eine Sonne selber und ein unerbittlicher Sonnen-Wille, zum Vernichten bereit im Siegen!

O Wille, Wende aller Not, du *meine* Notwendigkeit! Spare mich auf zu *einem* großen Siege! – –

Also sprach Zarathustra.

Der Genesende

1

Eines Morgens, nicht lange nach seiner Rückkehr zur Höhle, sprang Zarathustra von seinem Lager auf wie ein Toller, schrie mit furchtbarer Stimme und gebärdete sich, als ob noch einer auf dem Lager läge, der nicht davon aufstehn wollte; und also tönte Zarathustras Stimme, daß seine Tiere erschreckt hinzukamen, und daß aus allen Höhlen und Schlupfwinkeln, die Zarathustras Höhle benachbart waren, alles Getier davonhuschte – fliegend, flatternd, kriechend, springend, wie ihm nur die Art von Fuß und Flügel gegeben war. Zarathustra aber redete diese Worte:

Herauf, abgründlicher Gedanke, aus meiner Tiefe! Ich bin dein Hahn und Morgen-Grauen, verschlafener Wurm: auf! auf! Meine Stimme soll dich schon wach krähen!

Knüpfe die Fessel deiner Ohren los: horche! Denn ich will dich hören! Auf! Auf! Hier ist Donners genug, daß auch Gräber horchen lernen!

Und wische den Schlaf und alles Blöde, Blinde aus deinen Augen! Höre mich auch mit deinen Augen: meine Stimme ist ein Heilmittel noch für Blindgeborne.

Und bist du erst wach, sollst du mir ewig wach bleiben. Nicht ist das *meine* Art, Urgroßmütter aus dem Schlafe wecken, daß ich sie heiße – weiterschlafen!

Du regst dich, dehnst dich, röchelst? Auf! Auf! Nicht röcheln – reden sollst du mir! Zarathustra ruft dich, der Gottlose!

Ich, Zarathustra, der Fürsprecher des Lebens, der Fürsprecher des Leidens, der Fürsprecher des Kreises – dich rufe ich, meinen abgründlichsten Gedanken!

Heil mir! Du kommst – ich höre dich! Mein Abgrund *redet,* meine letzte Tiefe habe ich ans Licht gestülpt!

Heil mir! Heran! Gib die Hand – – ha! laß! Haha! – – Ekel, Ekel, Ekel – – – wehe mir!

2

Kaum aber hatte Zarathustra diese Worte gesprochen, da stürzte er nieder gleich einem Toten und blieb lange wie ein Toter. Als er aber wieder zu sich kam, da war er bleich und zitterte und blieb liegen und wollte lange nicht essen noch trinken. Solches Wesen dauerte an ihm sieben Tage; seine Tiere verließen ihn aber nicht bei Tag und Nacht, es sei denn, daß der Adler ausflog, Speise zu holen. Und was er holte und zusammenraubte, das legte er auf Zarathustras Lager: also daß Zarathustra endlich unter gelben und roten Beeren, Trauben, Rosenäpfeln, wohlriechendem Krautwerke und Pinien-Zapfen lag. Zu seinen Füßen aber waren zwei Lämmer gebreitet, welche der Adler mit Mühe ihren Hirten abgeraubt hatte.

Endlich, nach sieben Tagen, richtete sich Zarathustra auf seinem Lager auf, nahm einen Rosenapfel in die Hand, roch daran und fand seinen Geruch lieblich. Da glaubten seine Tiere, die Zeit sei gekommen, mit ihm zu reden.

»O Zarathustra«, sagten sie, »nun liegst du schon sieben Tage so, mit schweren Augen: willst du dich nicht endlich wieder auf deine Füße stellen?

Tritt hinaus aus deiner Höhle: die Welt wartet dein wie ein Garten. Der Wind spielt mit schweren Wohlgerüchen, die zu dir wollen; und alle Bäche möchten dir nachlaufen.

Alle Dinge sehnen sich nach dir, dieweil du sieben Tage allein bliebst, – tritt hinaus aus deiner Höhle! Alle Dinge wollen deine Ärzte sein!

Kam wohl eine neue Erkenntnis zu dir, eine saure, schwere? Gleich angesäuertem Teige lagst du, deine Seele ging auf und schwoll über alle ihre Ränder. –«

O meine Tiere, antwortete Zarathustra, schwätzt also weiter und laßt mich zuhören! Es erquickt mich so, daß ihr schwätzt: wo geschwätzt wird, da liegt mir schon die Welt wie ein Garten.

Wie lieblich ist es, daß Worte und Töne da sind: sind nicht Worte und Töne Regenbogen und Schein-Brücken zwischen Ewig-Geschiedenem?

Zu jeder Seele gehört eine andre Welt; für jede Seele ist jede andre Seele eine Hinterwelt.

Zwischen dem Ähnlichsten gerade lügt der Schein am schönsten; denn die kleinste Kluft ist am schwersten zu überbrücken.

Für mich – wie gäbe es ein Außer-mir? Es gibt kein Außen! Aber das vergessen wir bei allen Tönen; wie lieblich ist es, daß wir vergessen!

Sind nicht den Dingen Namen und Töne geschenkt, daß der Mensch sich an den Dingen erquicke? Es ist eine schöne Narretei, das Sprechen: damit tanzt der Mensch über alle Dinge.

Wie lieblich ist alles Reden und alle Lüge der Töne! Mit Tönen tanzt unsre Liebe auf bunten Regenbögen. –

– »O Zarathustra«, sagten darauf die Tiere, »solchen, die denken wie wir, tanzen alle Dinge selber: das kommt und reicht sich die Hand und lacht und flieht – und kommt zurück.

Alles geht, alles kommt zurück; ewig rollt das Rad des Seins. Alles stirbt, alles blüht wieder auf, ewig läuft das Jahr des Seins.

Alles bricht, alles wird neu gefügt; ewig baut sich das gleiche Haus des

Seins. Alles scheidet, alles grüßt sich wieder; ewig bleibt sich treu der Ring des Seins.

In jedem Nu beginnt das Sein; um jedes Hier rollt sich die Kugel Dort. Die Mitte ist überall. Krumm ist der Pfad der Ewigkeit.« –

– O ihr Schalks-Narren und Drehorgeln! antwortete Zarathustra und lächelte wieder, wie gut wißt ihr, was sich in sieben Tagen erfüllen mußte: –

– und wie jenes Untier mir in den Schlund kroch und mich würgte! Aber ich biß ihm den Kopf ab und spie ihn weg von mir.

Und ihr – ihr machtet schon ein Leier-Lied daraus? Nun aber liege ich da, müde noch von diesem Beißen und Wegspein, krank noch von der eigenen Erlösung.

Und ihr schautet dem allen zu? O meine Tiere, seid auch ihr grausam? Habt ihr meinem großen Schmerze zuschaun wollen, wie Menschen tun? Der Mensch nämlich ist das grausamste Tier.

Bei Trauerspielen, Stierkämpfen und Kreuzigungen ist es ihm bisher am wohlsten geworden auf Erden; und als er sich die Hölle erfand, siehe, da war das sein Himmel auf Erden.

Wenn der große Mensch schreit –: flugs läuft der kleine hinzu; und die Zunge hängt ihm aus dem Halse vor Lüsternheit. Er aber heißt es sein »Mitleiden«.

Der kleine Mensch, sonderlich der Dichter – wie eifrig klagt er das Leben in Worten an! Hört hin, aber überhört mir die Lust nicht, die in allem Anklagen ist!

Solche Ankläger des Lebens: die überwindet das Leben mit einem Augenblinzeln. »Du liebst mich?« sagt die Freche; »warte noch ein wenig, noch habe ich für dich nicht Zeit.«

Der Mensch ist gegen sich selber das grausamste Tier; und bei allem, was sich »Sünder« und »Kreuzträger« und »Büßer« heißt, überhört mir die Wollust nicht, die in diesem Klagen und Anklagen ist!

Und ich selber – will ich damit des Menschen Ankläger sein? Ach, meine Tiere, das allein lernte ich bisher, daß dem Menschen sein Bösestes nötig ist zu seinem Besten, –

– daß alles Böseste seine beste *Kraft* ist und der härteste Stein dem höchsten Schaffenden; und daß der Mensch besser *und* böser werden muß: –

Nicht an *dies* Marterholz war ich geheftet, daß ich weiß: der Mensch ist böse – sondern ich schrie, wie noch niemand geschrien hat:

»Ach, daß sein Bösestes so gar klein ist! Ach, daß sein Bestes so gar klein ist!«

Der große Überdruß am Menschen – *der* würgte mich und war mir in den Schlund gekrochen: und was der Wahrsager wahrsagte: »Alles ist gleich, es lohnt sich nichts, Wissen würgt.«

Eine lange Dämmerung hinkte vor mir her, eine todesmüde, todestrunkene Traurigkeit, welche mit gähnendem Munde redete.

»Ewig kehrt er wieder, der Mensch, des du müde bist, der kleine Mensch« so gähnte meine Traurigkeit und schleppte den Fuß und konnte nicht einschlafen.

Zur Höhle wandelte sich mir die Menschen-Erde, ihre Brust sank hinein, alles Lebendige ward mir Menschen-Moder und Knochen und morsche Vergangenheit.

Mein Seufzen saß auf allen Menschen-Gräbern und konnte nicht mehr aufstehn; mein Seufzen und Fragen unkte und würgte und nagte und klagte bei Tag und Nacht:

– »ach, der Mensch kehrt ewig wieder! Der kleine Mensch kehrt ewig wieder!«

Nackt hatte ich einst beide gesehn, den größten Menschen und den kleinsten Menschen: allzuähnlich einander – allzumenschlich auch den Größten noch!

Allzuklein der Größte! – das war mein Überdruß am Menschen! Und ewige Wiederkunft auch des Kleinsten! – das war mein Überdruß an allem Dasein!

Ach, Ekel, Ekel! Ekel! – – Also sprach Zarathustra und seufzte und schauderte; denn er erinnerte sich seiner Krankheit. Da ließen ihn aber seine Tiere nicht weiterreden.

»Sprich nicht weiter, du Genesender!« – so antworteten ihm seine Tiere, »sondern geh hinaus, wo die Welt auf dich wartet gleich einem Garten.

Geh hinaus zu den Rosen und Bienen und Taubenschwärmen! Sonderlich aber zu den Singe-Vögeln: daß du ihnen das *Singen* ablernst.

Singen nämlich ist für Genesende; der Gesunde mag reden. Und wenn auch der Gesunde Lieder will, will er andre Lieder doch als der Genesende.«

– »O ihr Schalks-Narren und Drehorgeln, so schweigt doch!« – antwortete Zarathustra und lächelte über seine Tiere. »Wie gut ihr wißt, welchen Trost ich mir selber in sieben Tagen erfand!

Daß ich wieder singen müsse – *den* Trost erfand ich mir und *diese* Genesung: wollt ihr auch daraus gleich wieder ein Leier-Lied machen?«

– »Sprich nicht weiter«, antworteten ihm abermals seine Tiere; »lieber noch, du Genesender, mache dir erst eine Leier zurecht, eine neue Leier!

Denn siehe doch, o Zarathustra! Zu deinen neuen Liedern bedarf es neuer Leiern.

Singe und brause über, o Zarathustra, heile mit neuen Liedern deine Seele: daß du dein großes Schicksal tragest, das noch keines Menschen Schicksal war!

Denn deine Tiere wissen es wohl, o Zarathustra, wer du bist und werden mußt: siehe, *du bist der Lehrer der ewigen Wiederkunft* –, das ist nun *dein* Schicksal!

Daß du als der erste diese Lehre lehren mußt – wie sollte dies große Schicksal nicht auch deine größte Gefahr und Krankheit sein!

Siehe, wir wissen, was du lehrst: daß alle Dinge ewig wiederkehren und wir selber mit, und daß wir schon ewige Male dagewesen sind, und alle Dinge mit uns.

Du lehrst, daß es ein großes Jahr des Werdens gibt, ein Ungeheuer von großem Jahre: das muß sich, einer Sanduhr gleich, immer wieder von neuem umdrehn, damit es von neuem ablaufe und auslaufe: –

– so daß alle diese Jahre sich selber gleich sind, im Größten und auch im Kleinsten, so daß wir selber in jedem großen Jahre uns selber gleich sind, im Größten und auch im Kleinsten.

Und wenn du jetzt sterben wolltest, o Zarathustra: siehe, wir wissen auch, wie du da zu dir sprechen würdest – aber deine Tiere bitten dich, daß du noch nicht sterbest!

Du würdest sprechen und ohne Zittern, vielmehr aufatmend vor Seligkeit: denn eine große Schwere und Schwüle wäre von dir genommen, du Geduldigster! –

›Nun sterbe und schwinde ich‹, würdest du sprechen, ›und im Nu bin ich ein Nichts. Die Seelen sind so sterblich wie die Leiber.

Aber der Knoten von Ursachen kehrt wieder, in den ich verschlungen bin – der wird mich wieder schaffen! Ich selber gehöre zu den Ursachen der ewigen Wiederkunft.

Ich komme wieder, mit dieser Sonne, mit dieser Erde, mit diesem Adler, mit dieser Schlange – *nicht* zu einem neuen Leben oder besseren Leben oder ähnlichen Leben:

– ich komme ewig wieder zu diesem gleichen und selbigen Leben, im Größten und auch im Kleinsten, daß ich wieder aller Dinge ewige Wiederkunft lehre, –

– daß ich wieder das Wort spreche vom großen Erden- und Menschen-Mittage, daß ich wieder den Menschen den Übermenschen künde.

Ich sprach mein Wort, ich zerbreche an meinem Wort: so will es mein ewiges Los –, als Verkündiger gehe ich zugrunde!

Die Stunde kam nun, daß der Untergehende sich selber segnet. Also – *endet* Zarathustras Untergang.‹« – –

Als die Tiere diese Worte gesprochen hatten, schwiegen sie und warteten, daß Zarathustra etwas zu ihnen sagen werde: aber Zarathustra hörte nicht, daß sie schwiegen. Vielmehr lag er still, mit geschlossenen Augen, einem Schlafenden ähnlich, ob er schon nicht schlief: denn er unterredete sich eben mit seiner Seele. Die Schlange aber und der Adler, als sie ihn solchermaßen schweigsam fanden, ehrten die große Stille um ihn und machten sich behutsam davon.

Von der großen Sehnsucht

O meine Seele, ich lehrte dich »Heute« sagen wie »Einst« und »Ehemals« und über alles Hier und Da und Dort deinen Reigen hinwegtanzen.

O meine Seele, ich erlöste dich von allen Winkeln, ich kehrte Staub, Spinnen und Zwielicht von dir ab.

O meine Seele, ich wusch die kleine Scham und die Winkel-Tugend von dir ab und überredete dich, nackt vor den Augen der Sonne zu stehn.

Mit dem Sturme, welcher »Geist« heißt, blies ich über deine wogende See; alle Wolken blies ich davon, ich erwürgte selbst die Würgerin, die »Sünde« heißt.

O meine Seele, ich gab dir das Recht, nein zu sagen wie der Sturm, und ja zu sagen, wie offner Himmel ja sagt: still wie Licht stehst du und gehst du nun durch verneinende Stürme.

O meine Seele, ich gab dir die Freiheit zurück über Erschaffnes und Unerschaffnes: und wer kennt, wie du sie kennst, die Wollust des Zukünftigen?

O meine Seele, ich lehrte dich das Verachten, das nicht wie ein Wurmfraß kommt, das große, das liebende Verachten, welches am meisten liebt, wo es am meisten verachtet.

O meine Seele, ich lehrte dich so überreden, daß du zu dir die Gründe selber überredest: der Sonne gleich, die das Meer noch zu ihrer Höhe überredet.

O meine Seele, ich nahm von dir alles Gehorchen, Kniebeugen und Herr-Sagen; ich gab dir selber den Namen »Wende der Not« und »Schicksal«.

O meine Seele, ich gab dir neue Namen und bunte Spielwerke, ich hieß dich »Schicksal« und »Umfang der Umfänge« und »Nabelschnur der Zeit« und »azurne Glocke«.

O meine Seele, deinem Erdreich gab ich alle Weisheit zu trinken, alle neuen Weine und auch alle unvordenklich alten starken Weine der Weisheit.

O meine Seele, jede Sonne goß ich auf dich und jede Nacht und jedes Schweigen und jede Sehnsucht – da wuchsest du mir auf wie ein Weinstock.

O meine Seele, überreich und schwer stehst du nun da, ein Weinstock mit schwellenden Eutern und gedrängten braunen Gold-Weintrauben: –

– gedrängt und gedrückt von deinem Glücke, wartend vor Überflusse und schamhaft noch ob deines Wartens.

O meine Seele, es gibt nun nirgends eine Seele, die liebender wäre und umfangender und umfänglicher! Wo wäre Zukunft und Vergangenes näher beisammen als bei dir?

O meine Seele, ich gab dir alles, und alle meine Hände sind an dich leer geworden – und nun! Nun sagst du mir lächelnd und voll Schwermut: »Wer von uns hat zu danken? –

– hat der Geber nicht zu danken, daß der Nehmende nahm? Ist Schenken nicht eine Notdurft? Ist Nehmen nicht – Erbarmen?«

O meine Seele, ich verstehe das Lächeln deiner Schwermut: dein Über-Reichtum selber streckt nun sehnende Hände aus!

Deine Fülle blickt über brausende Meere hin und sucht und wartet; die Sehnsucht der Über-Fülle blickt aus deinem lächelnden Augen-Himmel!

Und wahrlich, o meine Seele! Wer sähe dein Lächeln und schmölze nicht vor Tränen? Die Engel selber schmelzen vor Tränen ob der Über-Güte deines Lächelns.

Deine Güte und Über-Güte ist es, die nicht klagen und weinen will: und doch sehnt sich, o meine Seele, dein Lächeln nach Tränen und dein zitternder Mund nach Schluchzen.

»Ist alles Weinen nicht ein Klagen? Und alles Klagen nicht ein Anklagen?« Also redest du zu dir selber, und darum willst du, o meine Seele, lieber lächeln, als dein Leid ausschütten

– in stürzende Tränen ausschütten all dein Leid über deine Fülle und über all die Drängnis des Weinstocks nach Winzer und Winzermesser!

Aber willst du nicht weinen, nicht ausweinen deine purpurne Schwermut, so wirst du *singen* müssen, o meine Seele! – Siehe, ich lächle selber, der ich dir solches vorhersage:

– singen, mit brausendem Gesange, bis alle Meere still werden, daß sie deiner Sehnsucht zuhorchen, –

– bis über stille sehnsüchtige Meere der Nachen schwebt, das güldene Wunder, um dessen Gold alle guten schlimmen wunderlichen Dinge hüpfen: –

– auch vieles große und kleine Getier und alles, was leichte wunderliche Füße hat, daß es auf veilchenblauen Pfaden laufen kann, –

– hin zu dem güldenen Wunder, dem freiwilligen Nachen und zu seinem Herrn: das aber ist der Winzer, der mit diamantenem Winzermesser wartet, –

– dein großer Löser, o meine Seele, der Namenlose – – dem zukünftige Gesänge erst Namen finden! Und wahrlich, schon duftet dein Atem nach zukünftigen Gesängen, –

– schon glühst du und träumst, schon trinkst du durstig an allen tiefen klingenden Trost-Brunnen, schon ruht deine Schwermut in der Seligkeit zukünftiger Gesänge! – –

O meine Seele, nun gab ich dir alles und auch mein letztes, und alle meine Hände sind an dich leer geworden: – *daß ich dich singen hieß*, siehe, das war mein letztes!

Daß ich dich singen hieß, sprich nun, sprich *wer* von uns hat jetzt – zu danken? – Besser aber noch: singe mir, singe, o meine Seele! Und mich laß danken! –

Also sprach Zarathustra.

Das andere Tanzlied

1

»In dein Auge schaute ich jüngst, o Leben: Gold sah ich in deinem Nacht-Auge blinken, – mein Herz stand still vor dieser Wollust:

– einen goldenen Kahn sah ich blinken auf nächtigen Gewässern, einen sinkenden, trinkenden, wieder winkenden goldenen Schaukel-Kahn!

Nach meinem Fuße, dem tanzwütigen, warfst du einen Blick, einen lachenden fragenden schmelzenden Schaukel-Blick:

Zweimal nur regtest du deine Klapper mit kleinen Händen – da schaukelte schon mein Fuß vor Tanz-Wut. –

Meine Fersen bäumten sich, meine Zehen horchten, dich zu verstehen: trägt doch der Tänzer sein Ohr – in seinen Zehen!

Zu dir hin sprang ich: da flohst du zurück vor meinem Sprunge; und gegen mich züngelte deines fliehenden fliegenden Haars Zunge!

Von dir weg sprang ich und von deinen Schlangen: da standst du schon, halbgewandt, das Auge voll Verlangen.

Mit krummen Blicken – lehrst du mich krumme Bahnen; auf krummen Bahnen lernt mein Fuß – Tücken!

Ich fürchte dich nahe, ich liebe dich ferne; deine Flucht lockt mich, dein Suchen stockt mich – ich leide, aber was litt ich um dich nicht gerne!

Deren Kälte zündet, deren Haß verführt, deren Flucht bindet, deren Spott – rührt:

– wer haßte dich nicht, dich große Binderin, Umwinderin, Versucherin, Sucherin, Finderin! Wer liebte dich nicht, dich unschuldige, ungeduldige, windseilige, kindsäugige Sünderin!

Wohin ziehst du mich jetzt, du Ausbund und Unband? Und jetzt fliehst du mich wieder, du süßer Wildfang und Undank!

Ich tanze dir nach, ich folge dir auch auf geringer Spur. Wo bist du? Gib mir die Hand! Oder einen Finger nur!

Hier sind Höhlen und Dickichte: wir werden uns verirren! – Halt! Steh still! Siehst du nicht Eulen und Fledermäuse schwirren?

Du Eule! Du Fledermaus! Du willst mich äffen? Wo sind wir? Von den Hunden lerntest du dies Heulen und Kläffen.

Du fletschest mich lieblich an mit weißen Zähnlein, deine bösen Augen springen gegen mich aus lockichtem Mähnlein!

Das ist ein Tanz über Stock und Stein: ich bin der Jäger – willst du mein Hund oder meine Gemse sein?

Jetzt neben mir! Und geschwind, du boshafte Springerin! Jetzt hinauf! Und hinüber! – Wehe! Da fiel ich selber im Springen hin!

O sieh mich liegen, du Übermut, und um Gnade flehn! Gerne möchte ich mir dir – lieblichere Pfade gehn!

– der Liebe Pfade durch stille bunte Büsche! Oder dort den See entlang: da schwimmen und tanzen Goldfische!

Du bist jetzt müde? Da drüben sind Schafe und Abendröten: ist es nicht schön, zu schlafen, wenn Schäfer flöten?

Du bist so arg müde? Ich trage dich hin, laß nur die Arme sinken! Und hast du Durst – ich hätte wohl etwas, aber dein Mund will es nicht trinken! –

– O diese verfluchte flinke gelenke Schlange und Schlupf-Hexe! Wo bist du hin? Aber im Gesicht fühle ich von deiner Hand zwei Tupfen und rote Klexe!

Ich bin es wahrlich müde, immer dein schafichter Schäfer zu sein! Du Hexe, habe ich dir bisher gesungen, nun sollst *du* mir – schrein! –

Nach dem Takt meiner Peitsche sollst du mir tanzen und schrein! Ich vergaß doch die Peitsche nicht? – Nein!«

2

Da antwortete mir das Leben also und hielt sich dabei die zierlichen Ohren zu:

»O Zarathustra! Klatsche doch nicht so fürchterlich mit deiner Peitsche! Du weißt es ja: Lärm mordet Gedanken – und eben kommen mir so zärtliche Gedanken.

Wir sind beide zwei rechte Tunichtgute und Tunichtböse. Jenseits von Gut und Böse fanden wie unser Eiland und unsre grüne Wiese – wir zwei allein! Darum müssen wir schon einander gut sein!

Und lieben wir uns auch nicht von Grund aus –, muß man sich denn gram sein, wenn man sich nicht von Grund aus liebt?

Und daß ich dir gut bin und oft zu gut, das weißt du: und der Grund ist, daß ich auf deine Weisheit eifersüchtig bin. Ah, diese tolle alte Närrin von Weisheit!

Wenn dir deine Weisheit einmal davonliefe, ach! da liefe dir schnell auch meine Liebe noch davon.« –

Darauf blickte das Leben nachdenklich hinter sich und um sich und sagte leise: »O Zarathustra, du bist mir nicht treu genug!

Du liebst mich lange nicht so sehr wie du redest; ich weiß, du denkst daran, daß du mich bald verlassen willst.

Es gibt eine alte schwere schwere Brumm-Glocke: die brummt nachts bis zu deiner Höhle hinauf: –

– hörst du diese Glocke mitternachts die Stunde schlagen, so denkst du zwischen eins und zwölf daran –

– du denkst daran, o Zarathustra, ich weiß es, daß du mich bald verlassen willst!« –

»Ja«, antwortete ich zögernd, »aber du weißt es auch –« Und ich sagte ihr etwas ins Ohr, mitten hinein zwischen ihre verwirrten gelben törichten Haar-Zotteln.

»Du *weißt* das, o Zarathustra? Das weiß niemand. – –«

Und wir sahen uns an und blickten auf die grüne Wiese, über welche eben der kühle Abend lief, und weinten miteinander. – Damals aber war mir das Leben lieber, als je alle meine Weisheit. –

Also sprach Zarathustra.

3

Eins!

O Mensch! Gib acht!

Zwei!

Was spricht die tiefe Mitternacht?

Drei!

»Ich schlief, ich schlief –,

Vier!

Aus tiefem Traum bin ich erwacht: –

Fünf!

Die Welt ist tief,

Sechs!

Und tiefer als der Tag gedacht.

Sieben!

Tief ist ihr Weh –,

Acht!

Lust – tiefer noch als Herzeleid:

Neun!

Weh spricht: Vergeh!

Zehn!

Doch alle Lust will Ewigkeit –,

Elf!

– will tiefe, tiefe Ewigkeit!«

Zwölf!

Die sieben Siegel
(Oder: das Ja- und Amen-Lied)

1

Wenn ich ein Wahrsager bin und voll jenes wahrsagerischen Geistes, der auf hohem Joche zwischen zwei Meeren wandelt, –

zwischen Vergangenem und Zukünftigem als schwere Wolke wandelt, – schwülen Niederungen feind und allem, was müde ist und nicht sterben noch leben kann:

zum Blitze bereit im dunklen Busen und zum erlösenden Lichtstrahle, schwanger von Blitzen, die ja! sagen, ja! lachen, zu wahrsagerischen Blitzstrahlen: –

– selig aber ist der also Schwangere! Und wahrlich, lange muß als schweres Wetter am Berge hängen, wer einst das Licht der Zukunft zünden soll! –

o wie sollte ich nicht nach der Ewigkeit brünstig sein und nach dem hochzeitlichen Ring der Ringe – dem Ring der Wiederkunft!

Nie noch fand ich das Weib, von dem ich Kinder mochte, es sei denn dieses Weib, das ich liebe: denn ich liebe dich, o Ewigkeit!

Denn ich liebe dich, o Ewigkeit!

2

Wenn mein Zorn je Gräber brach, Grenzsteine rückte und alte Tafeln zerbrochen in steile Tiefen rollte:

Wenn mein Hohn je vermoderte Worte zerblies, und ich wie ein Besen kam den Kreuzspinnen und als Fegewind alten verdampften Grabkammern:

Wenn ich je frohlockend saß, wo alte Götter begraben liegen, weltsegnend, weltliebend neben den Denkmalen alter Welt-Verleumder: –

– denn selbst Kirchen und Gottes-Gräber liebe ich, wenn der Himmel erst reinen Auges durch ihre zerbrochenen Decken blickt; gern sitze ich gleich Gras und rotem Mohne auf zerbrochnen Kirchen –

o wie sollte ich nicht nach der Ewigkeit brünstig sein und nach dem hochzeitlichen Ring der Ringe, – dem Ring der Wiederkunft?

Nie noch fand ich das Weib, von dem ich Kinder mochte, es sei denn dieses Weib, das ich liebe: denn ich liebe dich, o Ewigkeit!

Denn ich liebe dich, o Ewigkeit!

3

Wenn je ein Hauch zu mir kam vom schöpferischen Hauche und von jener himmlischen Not, die noch Zufälle zwingt, Sternen-Reigen zu tanzen:

Wenn ich je mit dem Lachen des schöpferischen Blitzes lachte, dem der lange Donner der Tat grollend, aber gehorsam nachfolgt:

Wenn ich je am Göttertisch der Erde mit Göttern Würfel spielte, daß die Erde bebte und brach und Feuerflüsse heraufschnob: –

– denn ein Göttertisch ist die Erde, und zitternd von schöpferischen neuen Worten und Götter-Würfen: –

o wie sollte ich nicht nach der Ewigkeit brünstig sein und nach dem hochzeitlichen Ring der Ringe – dem Ring der Wiederkunft?

Nie noch fand ich das Weib, von dem ich Kinder mochte, es sei denn dieses Weib, das ich liebe: denn ich liebe dich, o Ewigkeit!

Denn ich liebe dich, o Ewigkeit!

4

Wenn ich je vollen Zuges trank aus jenem schäumenden Würz- und Mischkruge, in dem alle Dinge gut gemischt sind:

Wenn meine Hand je Fernstes zum Nächsten goß und Feuer zu Geist und Lust zu Leid und Schlimmstes zum Gütigsten:

Wenn ich selber ein Korn bin von jenem erlösenden Salze, welches macht, daß alle Dinge im Mischkruge gut sich mischen: –

– denn es gibt ein Salz, das Gutes mit Bösem bindet; und auch das Böseste ist zum Würzen würdig und zum letzten Überschäumen: –

O wie sollte ich nicht nach der Ewigkeit brünstig sein und nach dem hochzeitlichen Ring der Ringe – dem Ring der Wiederkunft?

Nie noch fand ich das Weib, von dem ich Kinder mochte, es sei denn dieses Weib, das ich liebe: denn ich liebe dich, o Ewigkeit!

Denn ich liebe dich, o Ewigkeit!

5

Wenn ich dem Meere hold bin und allem, was Meeres-Art ist, und am holdesten noch, wenn es mir zornig widerspricht:

Wenn jene suchende Lust in mir ist, die nach Unentdecktem die Segel treibt, wenn eine Seefahrer-Lust in meiner Lust ist:

Wenn je mein Frohlocken rief: »die Küste schwand – nun fiel mir die letzte Kette ab –

– das Grenzenlose braust um mich, weit hinaus glänzt mir Raum und Zeit, wohlan! wohlauf! altes Herz!« –

O wie sollte ich nicht nach der Ewigkeit brünstig sein und nach dem hochzeitlichen Ring der Ringe, – dem Ring der Widerkunft?

Nie noch fand ich das Weib, von dem ich Kinder mochte, es sei denn dieses Weib, das ich liebe: denn ich liebe dich, o Ewigkeit!

Denn ich liebe dich, o Ewigkeit!

6

Wenn meine Tugend eines Tänzers Tugend ist, und ich oft mit beiden Füßen in gold-smaragdenes Entzücken sprang:

Wenn meine Bosheit eine lachende Bosheit ist, heimisch unter Rosenhängen und Lilien-Hecken:

– im Lachen nämlich ist alles Böse beieinander, aber heilig- und losgesprochen durch seine eigne Seligkeit: –

Und wenn das mein A und O ist, daß alles Schwere leicht, aller Leib Tänzer, aller Geist Vogel werde: und wahrlich, das ist mein A und O! –

O wie sollte ich nicht nach der Ewigkeit brünstig sein und nach dem hochzeitlichen Rind der Ringe – dem Ring der Wiederkunft!

Nie noch fand ich das Weib, von dem ich Kinder mochte, es sei denn dieses Weib, das ich liebe: denn ich liebe dich, o Ewigkeit!

Denn ich liebe dich, o Ewigkeit!

7

Wenn ich je stille Himmel über mir ausspannte und mit eignen Flügeln in eigne Himmel flog:

Wenn ich spielend in tiefen Licht-Fernen schwamm, und meiner Freiheit Vogel-Weisheit kam: –

– so aber spricht Vogel-Weisheit: »Siehe, es gibt kein Oben, kein Unten! Wirf dich umher, hinaus, zurück, du Leichter! Singe! sprich nicht mehr!

– sind alle Worte nicht für die Schweren gemacht? Lügen dem Leichten nicht alle Worte! Singe! sprich nicht mehr!«

O wie sollte ich nicht nach der Ewigkeit brünstig sein und nach dem hochzeitlichen Ring der Ringe – dem Ring der Wiederkunft?

Nie noch fand ich das Weib, von dem ich Kinder mochte, es sei denn dieses Weib, das ich liebe: denn ich liebe dich, o Ewigkeit!

Denn ich liebe dich, o Ewigkeit!

VIERTER UND LETZTER TEIL

ALSO SPRACH ZARATHUSTRA

Ach, wo in der Welt geschahen größere Torheiten, als bei den Mitleidigen? Und was in der Welt stiftete mehr Leid, als die Torheiten der Mitleidigen?

Wehe allen Liebenden, die nicht noch eine Höhe haben, welche über ihrem Mitleiden ist!

Also sprach der Teufel einst zu mir: »auch Gott hat seine Hölle: das ist seine Liebe zu den Menschen.«

Und jüngst hörte ich ihn dies Wort sagen: »Gott ist tot, an seinem Mitleiden mit den Menschen ist Gott gestorben.«

Also sprach Zarathustra (S. 604)

Das Honig-Opfer

– Und wieder liefen Monde und Jahre über Zarathustras Seele, und er achtete dessen nicht; sein Haar aber wurde weiß. Eines Tages, als er auf einem Steine vor seiner Höhle saß und still hinausschaute, – man schaut aber dort auf das Meer hinaus, und hinweg über gewundene Abgründe –, da gingen seine Tiere nachdenklich um ihn herum und stellten sich endlich vor ihn hin.

»O Zarathustra«, sagten sie, »schaust du wohl aus nach deinem Glücke?« – »Was liegt am Glücke!« antwortete er, »ich trachte lange nicht mehr nach Glücke, ich trachte nach meinem Werke.« – »O Zarathustra«, redeten die Tiere abermals, »das sagst du als einer, der des Guten übergenug hat. Liegst du nicht in einem himmelblauen See von Glück?« – »Ihr Schalks-Narren«, antwortete Zarathustra und lächelte, »wie gut wähltet ihr das Gleichnis! Aber ihr wißt auch, daß mein Glück schwer ist, und nicht wie eine flüssige Wasserquelle: es drängt mich, und will nicht von mir, und tut gleich geschmolzenem Peche.« –

Da gingen die Tiere wieder nachdenklich um ihn herum und stellten sich dann abermals vor ihn hin. »O Zarathustra«, sagten sie, »*daher* also kommt es, daß du selber immer gelber und dunkler wirst, obschon dein Haar weiß und flächsern aussehen will? Siehe doch, du sitzest in deinem Peche!« – »Was sagt ihr da, meine Tiere«, sagte Zarathustra und lachte dazu, »wahrlich, ich lästerte, als ich von Peche sprach. Wie mir geschieht, so geht es allen Früchten, die reif werden. Es ist der *Honig* in meinen

Adern, der mein Blut dicker und auch meine Seele stiller macht.« – »So wird es sein, o Zarathustra«, antworteten die Tiere und drängten sich an ihn; »willst du aber nicht heute auf einen hohen Berg steigen? Die Luft ist rein, und man sieht heute mehr von der Welt als jemals.« – »Ja, meine Tiere«, antwortete er, »ihr ratet trefflich und mir nach dem Herzen: ich will heute auf einen hohen Berg steigen! Aber sorgt, daß dort Honig mir zur Hand sei, gelber, weißer, guter, eisfrischer Waben-Goldhonig. Denn wisset, ich will droben das Honig-Opfer bringen.« –

Als Zarathustra aber oben auf der Höhe war, sandte er die Tiere heim, die ihn geleitet hatten, und fand, daß er nunmehr allein sei – da lachte er aus ganzem Herzen, sah sich um und sprach also:

Daß ich von Opfern sprach und Honig-Opfern, eine List war's nur meiner Rede und, wahrlich, eine nützliche Torheit! Hier oben darf ich schon freier reden, als vor Einsiedler-Höhlen und Einsiedler-Haustieren.

Was opfern! Ich verschwende, was mir geschenkt wird, ich Verschwender mit tausend Händen: wie dürfte ich das noch – opfern heißen!

Und als ich nach Honig begehrte, begehrte ich nur nach Köder und süßem Seime und Schleime, nach dem auch Brummbären und wunderliche mürrische böse Vögel die Zunge lecken:

– nach dem besten Köder, wie er Jägern und Fischfängern nottut. Denn wenn die Welt wie ein dunkler Tierwald ist und aller wilden Jäger Lustgarten, so dünkt sie mich noch mehr und lieber ein abgründliches reiches Meer,

– ein Meer voll bunter Fische und Krebse, nach dem es auch Götter gelüsten möchte, daß sie an ihm zu Fischern würden und zu Netz-Auswerfern: so reich ist die Welt an Wunderlichem, großem und kleinem!

Sonderlich die Menschen-Welt, das Menschen-Meer – nach *dem* werfe ich nun meine goldene Angelrute aus und spreche: tue dich auf, du Menschen-Abgrund!

Tue dich auf und wirf mir deine Fische und Glitzer-Krebse zu! Mit meinem besten Köder ködere ich mir heute die wunderlichsten Menschen-Fische!

– mein Glück selber werfe ich hinaus in alle Weiten und Fernen, zwischen Aufgang, Mittag und Niedergang, ob nicht an meinem Glücke viele Menschen-Fische zerrn und zappeln lernen.

Bis sie, anbeißend an meine spitzen verborgenen Haken, hinauf müssen in *meine* Höhe, die buntesten Abgrund-Gründlinge zu dem boshaftigsten aller Menschen-Fischfänger.

Der nämlich bin ich von Grund und Anbeginn, ziehend, heranziehend, hinaufziehend, aufziehend, ein Zieher, Züchter und Zuchtmeister, der sich nicht umsonst einstmals zusprach: »Werde, der du bist!«

Also mögen nunmehr die Menschen zu mir *hinauf* kommen: denn noch warte ich der Zeichen, daß es Zeit sei zu meinem Niedergange; noch gehe ich selber nicht unter, wie ich muß, unter Menschen.

Dazu warte ich hier, listig und spöttisch auf hohen Bergen, kein Ungeduldiger, kein Geduldiger, vielmehr einer, der auch die Geduld verlernt hat – weil er nicht mehr »duldet«.

Mein Schicksal nämlich läßt mir Zeit: es vergaß mich wohl? Oder sitzt es hinter einem großen Steine im Schatten und fängt Fliegen?

Und wahrlich, ich bin ihm gut darob, meinem ewigen Schicksale, daß es mich nicht hetzt und drängt und mir Zeit zu Possen läßt und Bosheiten: also daß ich heute zu einem Fischfange auf diesen hohen Berg stieg.

Fing wohl je ein Mensch auf hohen Bergen Fische? Und wenn es auch eine Torheit ist, was ich hier oben will und treibe: besser noch dies, als daß ich da unten feierlich würde vor Warten und grün und gelb –

– ein gespreizter Zornschnauber vor Warten, ein heiliger Heule-Sturm aus Bergen, ein Ungeduldiger, der in die Täler hinab ruft: »Hört, oder ich peitsche euch mit der Geißel Gottes!«

Nicht daß ich solchen Zürnern darob gram würde: zum Lachen sind sie mir gut genug! Ungeduldig müssen sie schon sein, diese großen Lärmtrommeln, welche heute oder niemals zu Worte kommen!

Ich aber und mein Schicksal – wir reden nicht zum Heute, wir reden auch nicht zum Niemals: wir haben zum Reden schon Geduld und Zeit und Überzeit. Denn einst muß er doch kommen und darf nicht vorübergehn.

Wer muß einst kommen und darf nicht vorübergehn? Unser großer Hazar, das ist unser großes fernes Menschen-Reich, das Zarathustra-Reich von tausend Jahren – –

Wie ferne mag solches »Ferne« sein? was geht's mich an! Aber darum steht es mir doch nicht minder fest –, mit beiden Füßen stehe ich sicher auf diesem Grunde,

– auf einem ewigen Grunde, auf hartem Urgesteine, auf diesem höchsten härtesten Urgebirge, zu dem alle Winde kommen als zur Wetterscheide, fragend nach wo? und woher? und wohinaus?

Hier lache, lache, meine helle heile Bosheit! Von hohen Bergen wirf hinab dein glitzerndes Spott-Gelächter! Ködere mit deinem Glitzern mir die schönsten Menschen-Fische!

Und was in allen Meere *mir* zugehört, mein An-und-für-mich in allen Dingen – *das* fische mir heraus, *das* führe zu mir herauf: des warte ich, der boshaftigste aller Fischfänger.

Hinaus, hinaus, meine Angel! Hinein, hinab, Köder meines Glücks! Träufle deinen süßesten Tau, mein Herzens-Honig! Beiße, meine Angel, in den Bauch aller schwarzen Trübsal!

Hinaus, hinaus, mein Auge! O welche vielen Meere rings um mich, welch dämmernde Menschen-Zukünfte! Und über mir – welch rosenrote Stille! Welch entwölktes Schweigen!

Der Notschrei

Des nächsten Tages saß Zarathustra wieder auf seinem Steine vor der Höhle, während die Tiere draußen in der Welt herumschweiften, daß sie neue Nahrung heimbrächten – auch neuen Honig: denn Zarathustra hatte den alten Honig bis auf das letzte Korn vertan und verschwendet. Als er aber dermaßen dasaß, mit einem Stecken in der Hand, und den Schatten seiner Gestalt auf der Erde abzeichnete, nachdenkend, und wahrlich! nicht über sich und seinen Schatten – da erschrak er mit einemmale und fuhr zusammen: denn er sahe neben seinem Schatten noch einen andern Schatten. Und wie er schnell um sich blickte und aufstand, siehe, da stand der Wahrsager neben ihm, derselbe, den er einstmals an seinem Tische gespeist und getränkt hatte, der Verkündiger der großen Müdigkeit, welcher lehrte: »Alles ist gleich, es lohnt sich nichts, Welt ist ohne Sinn, Wissen würgt.« Aber sein Antlitz hatte sich inzwischen verwandelt; und als ihm Zarathustra in die Augen blickte, wurde sein Herz abermals erschreckt: so viel schlimme Verkündigungen und aschgraue Blitze liefen über dies Gesicht.

Der Wahrsager, der es wahrgenommen, was sich in Zarathustras Seele zutrug, wischte mit der Hand über sein Antlitz hin, wie als ob er dasselbe wegwischen wollte; desgleichen tat auch Zarathustra. Und als beide dergestalt sich schweigend gefaßt und gekräftigt hatten, gaben sie sich die Hände, zum Zeichen, daß sie sich wiedererkennen wollten.

»Sei mir willkommen«, sagte Zarathustra, »du Wahrsager der großen Müdigkeit, du sollst nicht umsonst einstmals mein Tisch- und Gastfreund gewesen sein. Iß und trink auch heute bei mir und vergib es, daß ein vergnügter alter Mann mit dir zu Tische sitzt!« – »Ein vergnügter alter Mann?« antwortete der Wahrsager, den Kopf schüttelnd: »wer du aber auch bist oder sein willst, o Zarathustra, du bist es zum längsten hier oben gewesen – dein Nachen soll über kurzem nicht mehr im Trocknen sitzen!« – »Sitze ich denn im Trocknen?« – fragte Zarathustra lachend. – »Die Wellen um deinen Berg«, antwortete der Wahrsager, »steigen und steigen, die Wellen großer Not und Trübsal: die werden bald auch deinen Nachen heben und dich davontragen.« – Zarathustra schwieg hierauf und wunderte sich. – »Hörst du noch nichts?« fuhr der Wahrsager fort: »rauscht und braust es nicht herauf aus der Tiefe?« – Zarathustra schwieg abermals und horchte: da hörte er einen langen, langen Schrei, welchen die Abgründe sich zuwarfen und weitergaben, denn keiner wollte ihn behalten: so böse klang er.

»Du schlimmer Verkündiger«, sprach endlich Zarathustra, »das ist ein Notschrei und der Schrei eines Menschen; der mag wohl aus einem schwarzen Meere kommen. Aber was geht mich Menschen-Not an! Meine letzte Sünde, die mir aufgespart blieb, weißt du wohl, wie sie heißt?«

– »*Mitleiden!*« antwortete der Wahrsager aus einem überströmenden

Herzen und hob beide Hände empor – »o Zarathustra, ich komme, daß ich dich zu deiner letzten Sünde verführe!« –

Und kaum waren diese Worte gesprochen, da erscholl der Schrei abermals, und länger und ängstlicher als vorher, auch schon viel näher. »Hörst du? Hörst du, o Zarathustra?« rief der Wahrsager, »dir gilt der Schrei, dich ruft er: komm, komm, komm, es ist Zeit, es ist höchste Zeit!« –

Zarathustra schwieg hierauf, verwirrt und erschüttert; endlich fragte er, wie einer, der bei sich selber zögert: »Und wer ist das, der dort mich ruft?«

»Aber du weißt es ja«, antwortete der Wahrsager heftig, »was verbirgst du dich? *Der höhere Mensch* ist es, der nach dir schreit!«

»Der höhere Mensch?« schrie Zarathustra von Grausen erfaßt: »was will *der*? Was will *der*? Der höhere Mensch! Was will der hier?« – und seine Haut bedeckte sich mit Schweiß.

Der Wahrsager aber antwortete nicht auf die Angst Zarathustras, sondern horchte und horchte nach der Tiefe zu. Als es jedoch lange Zeit dort stille blieb, wandte er seinen Blick zurück und sahe Zarathustra stehn und zittern.

»O Zarathustra«, hob er mit trauriger Stimme an, »du stehst nicht da wie einer, den sein Glück drehend macht: du wirst tanzen müssen, daß du mir nicht umfällst!

Aber wenn du auch vor mir tanzen wolltest und alle deine Seitensprünge springen: niemand soll mir doch sagen dürfen: ›Siehe, hier tanzt der letzte frohe Mensch!‹

Umsonst käme einer auf diese Höhe, der *den* hier suchte: Höhlen fände er wohl und Hinter-Höhlen, Verstecke für Versteckte, aber nicht Glücks-Schachte und Schatzkammer und neue Glücks-Goldadern.

Glück – wie fände man wohl das Glück bei solchen Vergrabenen und Einsiedlern! Muß ich das letzte Glück noch auf glückseligen Inseln suchen und ferne zwischen vergessenen Meeren?

Aber alles ist gleich, es lohnt sich nichts, es hilft kein Suchen, es gibt auch keine glückseligen Inseln mehr!« – –

Also seufzte der Wahrsager; bei seinem letzten Seufzer aber wurde Zarathustra wieder hell und sicher, gleich einem, der aus einem tiefen Schlunde ans Licht kommt. »Nein! Nein! Dreimal nein!« rief er mit starker Stimme und strich den Bart, »*das* weiß ich besser! Es gibt noch glückselige Inseln. Stille *davon*, du seufzender Trauersack!

Höre *davon* auf zu plätschern, du Regenwolke am Vormittag! Stehe ich denn nicht schon da, naß von deiner Trübsal und begossen wie ein Hund?

Nun schüttle ich mich und laufe dir davon, daß ich wieder trocken werde: des darfst du nicht wunder haben! Dünke ich dir unhöflich? Aber hier ist *mein* Hof.

Was aber deinen höheren Menschen angeht: wohlan! ich suche ihn flugs in jenen Wäldern: *daher* kam sein Schrei. Vielleicht bedrängt ihn da ein böses Tier.

Er ist in *meinem* Bereiche: darin soll er mir nicht zu Schaden kommen! Und wahrlich, es gibt viele böse Tiere bei mir.« –

Mit diesen Worten wandte sich Zarathustra zum Gehen. Da sprach der Wahrsager: »O Zarathustra, du bist ein Schelm!

Ich weiß es schon: du willst mich los sein! Lieber noch läufst du in die Wälder und stellst bösen Tieren nach!

Aber was hilft es dir? Des Abends wirst du doch mich wiederhaben; in deiner eignen Höhle werde ich dasitzen, geduldig und schwer wie ein Klotz – und auf dich warten!«

»So sei's!« rief Zarathustra zurück im Fortgehn: »und was mein ist in meiner Höhle, gehört auch dir, meinem Gastfreunde!

Solltest du aber drin noch Honig finden, wohlan! so lecke ihn nur auf, du Brummbär, und versüße deine Seele! Am Abende nämlich wollen wir beide guter Dinge sein,

– guter Dinge und froh darob, daß dieser Tag zu Ende ging! Und du selber sollst zu meinen Liedern als mein Tanzbär tanzen.

Du glaubst nicht daran? Du schüttelst den Kopf? Wohlan! Wohlauf! Alter Bär! Aber auch ich – bin ein Wahrsager.«

Also sprach Zarathustra.

Gespräch mit den Königen

1

Zarathustra war noch keine Stunde in seinen Bergen und Wäldern unterwegs, da sahe er mit einem Male einen seltsamen Aufzug. Gerade auf dem Wege, den er hinabwollte, kamen zwei Könige gegangen, mit Kronen und Purpurgürteln geschmückt und bunt wie Flamingo-Vögel: die trieben einen beladenen Esel vor sich her. »Was wollen diese Könige in meinem Reiche?« sprach Zarathustra erstaunt zu seinem Herzen und versteckte sich geschwind hinter einem Busche. Als aber die Könige bis zu ihm herankamen, sagte er, halblaut, wie einer, der zu sich allein redet: »Seltsam! Seltsam! Wie reimt sich das zusammen? Zwei Könige sehe ich – und nur einen Esel!«

Da machten die beiden Könige halt, lächelten, sahen nach der Stelle hin, woher die Stimme kam, und sahen sich nachher selber ins Gesicht. »Solcherlei denkt man wohl auch unter uns«, sagte der König zur Rechten, »aber man spricht es nicht aus.«

Der König zur Linken aber zuckte mit den Achseln und antwortete: »Das mag wohl ein Ziegenhirt sein. Oder ein Einsiedler, der zu lange unter Felsen und Bäumen lebte. Gar keine Gesellschaft nämlich verdirbt auch die guten Sitten.«

»Die guten Sitten?« entgegnete unwillig und bitter der andre König: »wem laufen wir denn aus dem Wege? Ist es nicht den ›guten Sitten‹? Unsrer ›guten Gesellschaft‹?

Lieber, wahrlich, unter Einsiedlern und Ziegenhirten als mit unserm vergoldeten falschen überschminkten Pöbel leben – ob er sich schon ›gute Gesellschaft‹ heißt,

– ob er sich schon ›Adel‹ heißt. Aber da ist alles falsch und faul, voran das Blut, dank alten schlechten Krankheiten und schlechteren Heil-Künstlern.

Das Beste und Liebste ist mir heute noch ein gesunder Bauer, grob, listig, hartnäckig, langhaltig: das ist heute die vornehmste Art.

Der Bauer ist heute der Beste; und Bauern-Art sollte Herr sein! Aber es ist das Reich des Pöbels – ich lasse mir nichts mehr vormachen. Pöbel aber, das heißt: Mischmasch.

Pöbel-Mischmasch: darin ist alles in allem durcheinander, Heiliger und Halunke und Junker und Jude und jeglich Vieh aus der Arche Noäh.

Gute Sitten! Alles ist bei uns falsch und faul. Niemand weiß mehr zu verehren: *dem* gerade laufen wir davon. Es sind süßliche zudringliche Hunde, sie vergolden Palmenblätter.

Dieser Ekel würgt mich, daß wir Könige selber falsch wurden, überhängt und verkleidet durch alten vergilbten Großväter-Prunk, Schaumünzen für die Dümmsten und die Schlauesten und wer heute alles mit der Macht Schacher treibt!

Wir *sind* nicht die Ersten – und müssen es doch *bedeuten*: dieser Betrügerei sind wir endlich satt und ekel geworden.

Dem Gesindel gingen wir aus dem Wege, allen diesen Schreihälsen und Schreib-Schmeißfliegen, dem Krämer-Gestank, dem Ehrgeiz-Gezappel, dem üblen Atem –: pfui, unter dem Gesindel leben,

– pfui, unter dem Gesindel die Ersten zu bedeuten! Ach, Ekel! Ekel! Ekel! Was liegt noch an uns Königen!« –

»Deine alte Krankheit fällt dich an«, sagte hier der König zur Linken, »der Ekel fällt dich an, mein armer Bruder. Aber du weißt es doch, es hört uns einer zu.«

Sofort erhob sich Zarathustra, der zu diesen Reden Ohren und Augen aufgesperrt hatte, aus seinem Schlupfwinkel, trat auf die Könige zu und begann:

»Der Euch zuhört, der Euch gerne zuhört, ihr Könige, der heißt Zarathustra.

Ich bin Zarathustra, der einst sprach: ›Was liegt noch an Königen!‹ Vergebt mir, ich freute mich, als Ihr zueinander sagtet: ›Was liegt an uns Königen!‹

Hier aber ist *mein* Reich und meine Herrschaft: was mögt Ihr wohl in meinem Reiche suchen? Vielleicht aber *fandet* Ihr unterwegs, was *ich* suche: nämlich den höheren Menschen.«

Als dies die Könige hörten, schlugen sie sich an die Brust und sprachen mit einem Munde: »Wir sind erkannt!

Mit dem Schwerte dieses Wortes zerhaust du unsres Herzens dickste Finsternis. Du entdecktest unsre Not, denn siehe! wir sind unterwegs, daß wir den höheren Menschen fänden –

– den Menschen, der höher ist als wir: ob wir gleich Könige sind. Ihm führen wir diesen Esel zu. Der höchste Mensch nämlich soll auf Erden auch der höchste Herr sein.

Es gibt kein härteres Unglück in allem Menschen-Schicksale, als wenn die Mächtigen der Erde nicht auch die ersten Menschen sind. Da wird alles falsch und schief und ungeheuer.

Und wenn sie gar die letzten sind und mehr Vieh als Mensch: da steigt und steigt der Pöbel im Preise, und endlich spricht gar die Pöbel-Tugend: ›siehe, ich allein bin Tugend!‹« –

»Was hörte ich eben?« antwortete Zarathustra; »welche Weisheit bei Königen! Ich bin entzückt, und, wahrlich, schon gelüstet's mich, einen Reim darauf zu machen: –

– mag es auch ein Reim werden, der nicht für jedermanns Ohren taugt. Ich verlernte seit langem schon die Rücksicht auf lange Ohren. Wohlan! Wohlauf!

(Hier aber geschah es, daß auch der Esel zu Worte kam: er sagte aber deutlich und mit bösem Willen I-A.)

Einstmals – ich glaub, im Jahr des Heiles Eins –
Sprach die Sibylle, trunken sonder Weins:
»Weh, nun geht's schief!
Verfall! Verfall! Nie sank die Welt so tief!
Rom sank zur Hure und zur Huren-Bude,
Roms Cäsar sank zum Vieh, Gott selbst – ward Jude!«

2

An diesen Reimen Zarathustras weideten sich die Könige; der König zur Rechten aber sprach: »O Zarathustra, wie gut taten wir, daß wir auszogen, dich zu sehn!

Deine Feinde nämlich zeigten uns dein Bild in ihrem Spiegel: da blicktest du mit der Fratze eines Teufels und hohnlachend: also daß wir uns vor dir fürchteten.

Aber was half's! Immer wieder stachst du uns in Ohr und Herz mit deinen Sprüchen. Da sprachen wir endlich: was liegt daran, wie er aussieht!

Wir müssen ihn *hören*, ihn, der lehrt: ›ihr sollt den Frieden lieben als Mittel zu neuen Kriegen, und den kurzen Frieden mehr als den langen!‹

Niemand sprach je so kriegerische Worte: ›Was ist gut? Tapfer sein ist gut. Der gute Krieg ist's, der jede Sache heiligt.‹

O Zarathustra, unserer Väter Blut rührte sich bei solchen Worten in unserm Leibe: das war wie die Rede des Frühlings zu alten Weinfässern.

Wenn die Schwerter durcheinander liefen gleich rotgefleckten Schlangen, da wurden unsre Väter dem Leben gut; alles Friedens Sonne dünkte sie flau und lau, der lange Frieden aber machte Scham.

Wie sie seufzten, unsre Väter, wenn sie an der Wand blitzblanke ausgedorrte Schwerter sahen! Denen gleich dürsteten sie nach Krieg. Ein Schwert nämlich will Blut trinken und funkelt vor Begierde.« – –

– Als die Könige dergestalt mit Eifer von dem Glück ihrer Väter redeten und schwätzten, überkam Zarathustra keine kleine Lust, ihres Eifers zu spotten: denn ersichtlich waren es sehr friedfertige Könige, welche er vor sich sah, solche mit alten und feinen Gesichtern. Aber er bezwang sich. »Wohlan!« sprach er, »dorthin führt der Weg, da liegt die Höhle Zarathustras; und dieser Tag soll einen langen Abend haben! Jetzt aber ruft mich eilig ein Notschrei fort von Euch.

Es ehrt meine Höhle, wenn Könige in ihr sitzen und warten wollen: aber, freilich, Ihr werdet lange warten müssen!

Je nun! Was tut's! Wo lernt man heute besser warten als an Höfen? Und der Könige ganze Tugend, die ihnen übrigblieb – heißt sie heute nicht: Warten-*können*?«

Also sprach Zarathustra.

Der Blutegel

Und Zarathustra ging nachdenklich weiter und tiefer, durch Wälder und vorbei an moorigen Gründen; wie es aber jedem ergeht, der über schwere Dinge nachdenkt, so trat er unversehens dabei auf einen Menschen. Und siehe, da spritzten ihm mit einem Male ein Weheschrei und zwei Flüche und zwanzig schlimme Schimpfworte ins Gesicht: also daß er in seinem Schrecken den Stock erhob und auch auf den Getretenen noch zuschlug. Gleich darauf aber kam ihm die Besinnung; und sein Herz lachte über die Torheit, die er eben getan hatte.

»Vergib«, sagte er zu dem Getretenen, der sich grimmig erhoben und gesetzt hatte, »vergib und vernimm vor allem erst ein Gleichnis.

Wie ein Wanderer, der von fernen Dingen träumt, unversehens auf einsamer Straße einen schlafenden Hund anstößt, einen Hund, der in der Sonne liegt:

– wie da beide auffahren, sich anfahren, Todfeinden gleich, diese zwei zu Tod Erschrockenen: also erging er uns.

Und doch! Und doch – wie wenig hat gefehlt, daß sie einander liebkosten, dieser Hund und dieser Einsame! Sind sie doch beide – Einsame!«

– »Wer du auch sein magst«, sagte immer noch grimmig der Getretene, »du trittst mir auch mit deinem Gleichnis zu nahe, und nicht nur mit deinem Fuße!

Siehe doch, bin ich denn ein Hund?« – und dabei erhob sich der Sitzende und zog seinen nackten Arm aus dem Sumpfe. Zuerst nämlich hatte er ausgestreckt am Boden gelegen, verborgen und unkenntlich gleich solchen, die einem Sumpf-Wilde auflauern.

»Aber was treibst du doch!« rief Zarathustra erschreckt, denn er sahe, daß über den nackten Arm weg viel Bluß floß – »was ist dir zugestoßen? Biß dich, du Unseliger, ein schlimmes Tier?«

Der Blutende lachte, immer noch erzürnt. »Was geht's dich an!« sagte er und wollte weitergehn. »Hier bin ich heim und in meinem Bereiche. Mag mich fragen, wer da will: einem Tölpel aber werde ich schwerlich antworten.«

»Du irrst«, sagte Zarathustra mitleidig und hielt ihn fest, »du irrst: hier bist du nicht bei dir, sondern in meinem Reiche, und darin soll mir keiner zu Schaden kommen.

Nenne mich aber immerhin, wie du willst – ich bin, der ich sein muß. Ich selber heiße mich Zarathustra.

Wohlan! Dort hinauf geht der Weg zu Zarathustras Höhle: die ist nicht fern, – willst du nicht bei mir deiner Wunden warten?

Es ging dir schlimm, du Unseliger, in diesem Leben: erst biß dich das Tier, und dann – trat dich der Mensch!« –

Als aber der Getretene den Namen Zarathustras hörte, verwandelte er sich. »Was geschieht mir doch!« rief er aus, »*wer* kümmert mich denn noch in diesem Leben, als dieser eine Mensch, nämlich Zarathustra, und jenes eine Tier, das vom Blute lebt, der Blutegel?

Des Blutegels halber lag ich hier an diesem Sumpfe wie ein Fischer, und schon war mein ausgehängter Arm zehnmal angebissen, da beißt noch ein schönerer Igel nach meinen Blute, Zarathustra selber!

O Glück! O Wunder! Gelobt sei dieser Tag, der mich in diesen Sumpf lockte! Gelobt sei der beste lebendigste Schröpfkopf, der heut lebt, gelobt sei der große Gewissens-Blutegel Zarathustra!« –

Also sprach der Getretene; und Zarathustra freute sich über seine Worte und ihre feine ehrfürchtige Art. »Wer bist du?« fragte er und reichte ihm die Hand, »zwischen uns bleibt viel aufzuklären und aufzuheitern: aber schon, dünkt mich, wird es reiner heller Tag.«

»Ich bin *der Gewissenhafte des Geistes*«, antwortete der Gefragte, »und in Dingen des Geistes nimmt es nicht leicht einer strenger, enger und härter als ich, ausgenommen der, von dem ich's lernte, Zarathustra selber.

Lieber nichts wissen, als vieles halb wissen! Lieber ein Narr sein auf eigne Faust, als ein Weiser nach fremdem Gutdünken! Ich – gehe auf den Grund:

– was liegt daran, ob er groß oder klein ist? Ob er Sumpf oder Himmel heißt? Eine Handbreit Grund ist mir genug: wenn er nur wirklich Grund und Boden ist!

– eine Handbreit Grund: darauf kann man stehn. In der rechten Wissen-Gewissenschaft gibt es nichts Großes und nichts Kleines.«

»So bist du vielleicht der Erkenner des Blutegels?« fragte Zarathustra; »und du gehst dem Blutegel nach bis auf die letzten Gründe, du Gewissenhafter?«

»O Zarathustra«, antwortete der Getretene, »das wäre ein Ungeheures, wie dürfte ich mich dessen unterfangen!

Wes ich aber Meister und Kenner bin, das ist des Blutegels *Hirn*: – das ist *meine* Welt!

Und es ist auch eine Welt! Vergib aber, daß hier mein Stolz zu Worte kommt, denn ich habe hier nicht meinesgleichen. Darum sprach ich ›hier bin ich heim‹.

Wie lange gehe ich schon diesem einen nach, dem Hirn des Blutegels, daß die schlüpfrige Wahrheit mir hier nicht mehr entschlüpfe! Hier ist *mein* Reich!

– darob warf ich alles andere fort, darob wurde mir alles andre gleich; und dicht neben meinem Wissen lagert mein schwarzes Unwissen.

Mein Gewissen des Geistes will es so von mir, daß ich eins weiß und sonst alles nicht weiß: es ekelt mich aller Halben des Geistes, aller Dunstigen, Schwebenden, Schwärmerischen.

Wo meine Redlichkeit aufhört, bin ich blind und will auch blind sein. Wo ich aber wissen will, will ich auch redlich sein, nämlich hart, streng, eng, grausam, unerbittlich.

Daß *du* einst sprachst, o Zarathustra: ›Geist ist das Leben, das selber ins Leben schneidet‹, das führte und verführte mich zu deiner Lehre. Und, wahrlich, mit eignem Blute mehrte ich mir das eigne Wissen!«

– »Wie der Augenschein lehrt«, fiel Zarathustra ein; denn immer noch floß das Blut an dem nackten Arme des Gewissenhaften herab. Es hatten nämlich zehn Blutegel sich in denselben eingebissen.

»O du wunderlicher Gesell, wie viel lehrt mich dieser Augenschein da, nämlich du selber! Und nicht alles dürfte ich vielleicht in deine strengen Ohren gießen!

Wohlan! So scheiden wir hier! Doch möchte ich gerne dich wiederfinden. Dort hinauf führt der Weg zu meiner Höhle: heute Nacht sollst du dort mein lieber Gast sein!

Gerne möchte ich's auch an deinem Leibe wieder gutmachen, daß Zarathustra dich mit Füßen trat: darüber denke ich nach. Jetzt aber ruft mich ein Notschrei eilig fort von dir.«

Also sprach Zarathustra.

Der Zauberer

I

Als aber Zarathustra um einen Felsen herumbog, da sahe er, nicht weit unter sich, auf dem gleichen Wege, einen Menschen, der die Glieder warf wie ein Tobsüchtiger und endlich bäuchlings zur Erde niederstürzte. »Halt!« sprach da Zarathustra zu seinem Herzen, »der dort muß wohl der höhere Mensch sein, von ihm kam jener schlimme Notschrei, – ich will sehn, ob da zu helfen ist.« Als er aber hinzulief, an die Stelle, wo der Mensch auf dem Boden lag, fand er einen zitternden alten Mann mit stieren Augen; und wie sehr sich Zarathustra mühte, daß er ihn aufrichte und wieder auf seine Beine stelle, es war umsonst. Auch schien der Unglückliche nicht zu merken, daß jemand um ihn sei; vielmehr sah er sich immer mit rührenden Gebärden um, wie ein von aller Welt Verlassener und Vereinsamter. Zuletzt aber, nach vielem Zittern, Zucken und Sich-Zusammenkrümmen, begann er also zu jammern:

Wer wärmt mich, wer liebt mich noch?
    Gebt heiße Hände!
    Gebt Herzens-Kohlenbecken!
Hingestreckt, schaudernd,
Halbtotem gleich, dem man die Füße wärmt –
Geschüttelt, ach! von unbekannten Fiebern,
Zitternd vor spitzen eisigen Frost-Pfeilen,
Von dir gejagt, Gedanke!
Unnennbarer! Verhüllter! Entsetzlicher!
Du Jäger hinter Wolken!
Darniedergeblitzt von dir,
Du höhnisch Auge, das mich aus Dunklem anblickt:
                                        – so liege ich,
Biege mich, winde mich, gequält
Von allen ewigen Martern,
Getroffen
Von dir, grausamster Jäger,
Du unbekannter – Gott!

Triff tiefer!
Triff *ein*mal noch!
Zerstich, zerbrich dies Herz!
Was soll dies Martern
Mit zähnestumpfen Pfeilen?
Was blickst du wieder,
Der Menschen-Qual nicht müde,
Mit schadenfrohen Götter-Blitz-Augen?
Nicht töten willst du,
Nur martern, martern?
Wozu – *mich* martern,
Du schadenfroher unbekannter Gott? –
Haha! Du schleichst heran?
Bei solcher Mitternacht
Was willst du? Sprich!
Du drängst mich, drückst mich –
Ha! schon viel zu nahe!
Weg! Weg!
Du hörst mich atmen,
Du behorchst mein Herz,
Du Eifersüchtiger –
Worauf doch eifersüchtig?
Weg! Weg! Wozu die Leiter?
Willst du *hinein*,
Ins Herz,
Einsteigen, in meine heimlichsten
Gedanken einsteigen?
Schamloser! Unbekannter – Dieb!
Was willst du dir erstehlen?
Was willst du dir erhorchen?
Was willst du dir erfoltern,
Du Folterer!
Du – Henker-Gott!
Oder soll ich, dem Hunde gleich,
Vor dir mich wälzen?
Hingebend, begeistert-außer-mir,
Dir – Liebe zuwedeln?

Umsonst! Stich weiter,
Grausamster Stachel! Nein,
Kein Hund – dein Wild nur bin ich,
Grausamster Jäger!
Dein stolzester Gefangner,

Du Räuber hinter Wolken!
Sprich endlich!
Was willst du, Wegelagerer, von *mir*?
Du Blitz-Verhüllter! Unbekannter! Sprich,
Was *willst* du, unbekannter – Gott? – –

Wie? Lösegeld?
Was willst du Lösegelds?
Verlange viel – das rät mein Stolz!
Und rede kurz – das rät mein andrer Stolz!

Haha!
Mich – willst du? Mich?
Mich – ganz? . . .

Haha!
Und marterst mich, Narr, der du bist,
Zermarterst meinen Stolz?
Gib *Liebe* mir – wer wärmt mich noch?
Wer liebt mich noch? – gib heiße Hände,
Gib Herzens-Kohlenbecken,
Gib mir, dem Einsamsten,
Den Eis, ach! siebenfaches Eis
Nach Feinden selber,
Nach Feinden schmachten lehrt,
Gib, ja ergib
Grausamster Feind,
Mir – *dich*! – –

Davon!
Da floh er selber,
Mein letzter einziger Genoß,
Mein großer Feind,
Mein Unbekannter,
Mein Henker-Gott! –

– Nein! Komm zurück,
Mit allen deinen Martern!
Zum Letzten aller Einsamen
O komm zurück!
All meine Tränen-Bäche laufen
Zu dir den Lauf!
Und meine letzte Herzens-Flamme –

Dir Glüht sie auf!
O komm zurück,
Mein unbekannter Gott! Mein Schmerz!
Mein letztes – Glück!

2

– Hier aber konnte sich Zarathustra nicht länger halten, nahm seinen Stock und schlug mit allen Kräften auf den Jammernden los. »Halt ein!« schrie er ihm zu, mit ingrimmigem Lachen, »halt ein, du Schauspieler! Du Falschmünzer! Du Lügner aus dem Grunde! Ich erkenne dich wohl!

Ich will dir schon warme Beine machen, du schlimmer Zauberer, ich verstehe mich gut darauf, solchen wie du bist – einzuheizen!«

– »Laß ab«, sagte der alte Mann und sprang vom Boden auf, »schlage nicht mehr, o Zarathustra! Ich trieb's also nur zum Spiele!

Solcherlei gehört zu meiner Kunst; dich selber wollte ich auf die Probe stellen, als ich dir diese Probe gab! Und, wahrlich, du hast mich gut durchschaut!

Aber auch du – gabst mir von dir keine kleine Probe: du bist *hart*, du weiser Zarathustra! Hart schlägst du zu mit deinen ›Wahrheiten‹, dein Knüttel erzwingt von mir – *diese* Wahrheit!«

– »Schmeichle nicht«, antwortete Zarathustra, immer noch erregt und finsterblickend, »du Schauspieler aus dem Grunde! Du bist falsch: was redest du – von Wahrheit!

Du Pfau der Pfauen, du Meer der Eitelkeit, *was* spieltest du vor mir, du schlimmer Zauberer, an *wen* sollte ich glauben, als du in solcher Gestalt jammertest?«

»*Den Büßer des Geistes*«, sagte der alte Mann, »*den* – spielte ich: du selber erfandest einst dies Wort –

– den Dichter und Zauberer, der gegen sich selber endlich seinen Geist wendet, den Verwandelten, der an seinem bösen Wissen und Gewissen erfriert.

Und gesteh es nur ein: es währte lange, o Zarathustra, bis du hinter meine Kunst und Lüge kamst! Du *glaubtest* an meine Not, als du mir den Kopf mit beiden Händen hieltest, –

– ich hörte dich jammern ›man hat ihn zu wenig geliebt, zu wenig geliebt!‹ Daß ich dich soweit betrog, darüber frohlockte inwendig meine Bosheit.«

»Du magst Feinere betrogen haben als mich«, sagte Zarathustra hart. »Ich bin nicht auf der Hut vor Betrügern, ich *muß* ohne Vorsicht sein: so will es mein Los.

Du aber – *mußt* betrügen: so weit kenne ich dich! Du mußt immer zweidrei- vier- fünfdeutig sein! Auch was du jetzt bekanntest, war mir lange nicht wahr und nicht falsch genug!

Du schlimmer Falschmünzer, wie könntest du anders! Deine Krankheit würdest du noch schminken, wenn du dich deinem Arzte nackt zeigtest.

So schminktest du eben vor mir deine Lüge, als du sprachst: ›ich trieb's also *nur* zum Spiele!‹ Es war auch *Ernst* darin, du *bist* etwas von einem Büßer des Geistes!

Ich errate dich wohl: du wurdest der Bezauberer aller, aber gegen dich hast du keine Lüge und List mehr übrig – du selber bist dir entzaubert!

Du erntetest den Ekel ein, als deine eine Wahrheit. Kein Wort ist mehr an dir echt, aber dein Mund: nämlich der Ekel, der an deinem Munde klebt.« – –

– »Wer bist du doch!« schrie hier der alte Zauberer mit einer trotzigen Stimme, »wer darf also zu *mir* reden, dem Größten, der heute lebt?« – und ein grüner Blitz schoß aus seinem Auge nach Zarathustra. Aber gleich darauf verwandelte er sich und sagte traurig:

»O Zarathustra, ich bin's müde, es ekelt mich meiner Künste, ich bin nicht *groß*, was verstelle ich mich! Aber, du weißt es wohl – ich suchte nach Größe!

Einen großen Menschen wollte ich vorstellen und überredete viele: aber diese Lüge ging über meine Kraft. An ihr zerbreche ich.

O Zarathustra, alles ist Lüge an mir; aber daß ich zerbreche – dies mein Zerbrechen ist *echt*!« –

»Es ehrt dich«, sprach Zarathustra düster und zur Seite niederblickend, »es ehrt dich, daß du nach Größe suchtest, aber es verrät dich auch. Du bist nicht groß.

Du schlimmer alter Zauberer, *das* ist dein Bestes und Redlichstes, was ich an dir ehre, daß du deiner müde wurdest und es aussprachst: ›ich bin nicht groß‹.

Darin ehre ich dich als einen Büßer des Geistes: und wenn auch nur für einen Hauch und Husch, diesen einen Augenblick warst du – echt.

Aber sprich, was suchst du hier in *meinen* Wäldern und Felsen? Und wenn du *mir* dich in den Weg legtest, welche Probe wolltest du von mir? – – wes versuchtest du *mich*?« –

Also sprach Zarathustra, und seine Augen funkelten. Der alte Zauberer schwieg eine Weile, dann sagte er: »Versuchte ich dich? Ich – suche nur.

O Zarathustra, ich suche einen Echten, Rechten, Einfachen, Eindeutigen, einen Menschen aller Redlichkeit, ein Gefäß der Weisheit, einen Heiligen der Erkenntnis, einen großen Menschen!

Weißt du es denn nicht, o Zarathustra? *Ich suche Zarathustra.*«

– Und hier entstand ein langes Stillschweigen zwischen beiden; Zarathustra aber versank tief hinein in sich selber, also daß er die Augen schloß.

Dann aber, zu seinem Unterredner zurückkehrend, ergriff er die Hand des Zauberers und sprach, voller Artigkeit und Arglist:

»Wohlan! Dort hinauf führt der Weg, da liegt die Höhle Zarathustras. In ihr darfst du suchen, wen du finden möchtest.

Und frage meine Tiere um Rat, meinen Adler und meine Schlange: die sollen dir suchen helfen. Meine Höhle aber ist groß.

Ich selber freilich – ich sah noch keinen großen Menschen. Was groß ist, dafür ist das Auge der Feinsten heute grob. Es ist das Reich des Pöbels.

So manchen fand ich schon, der streckte und blähte sich, und das Volk schrie: »Seht da, einen großen Menschen!« Aber was helfen alle Blasebälge! Zuletzt fährt der Wind heraus.

Zuletzt platzt ein Frosch, der sich zu lange aufblies: da fährt der Wind heraus. Einem Geschwollnen in den Bauch stechen, das heiße ich eine brave Kurzweil. Hört das, ihr Knaben!

Dies Heute ist des Pöbels: wer *weiß* da noch, was groß, was klein ist! Wer suchte da mit Glück nach Größe! Ein Narr allein: den Narren glückt's.

Du suchst nach großen Menschen, du wunderlicher Narr? Wer *lehrte's* dich? Ist heute dazu die Zeit? O du schlimmer Sucher, was – versuchst du mich?« – –

Also sprach Zarathustra, getrösteten Herzens, und ging lachend seines Wegs fürbaß.

Außer Dienst

Nicht lange aber, nachdem Zarathustra sich von dem Zauberer losgemacht hatte, sahe er wiederum jemanden am Wege sitzen, den er ging, nämlich einen schwarzen langen Mann mit einem hageren Bleichgesicht: *der* verdroß ihn gewaltig. »Wehe«, sprach er zu seinem Herzen, »da sitzt vermummte Trübsal, das dünkt mich von der Art der Priester: was wollen *die* in meinem Reiche?

Wie! Kaum bin ich jenem Zauberer entronnen: muß mir da wieder ein anderer Schwarzkünstler über den Weg laufen, –

– irgendein Hexenmeister mit Handauflegen, ein dunkler Wundertäter von Gottes Gnaden, ein gesalbter Welt-Verleumder, den der Teufel holen möge!

Aber der Teufel ist nie am Platze, wo er am Platze wäre: immer kommt er zu spät, dieser vermaledeite Zwerg und Klumpfuß!« –

Also fluchte Zarathustra ungeduldig in seinem Herzen und gedachte, wie er abgewandten Blicks an dem schwarzen Manne vorüberschlüpfe: aber siehe, es kam anders. Im gleichen Augenblicke nämlich hatte ihn schon der Sitzende erblickt; und nicht unähnlich einem solchen, dem ein unvermutetes Glück zustößt, sprang er auf und ging auf Zarathustra los.

»Wer du auch bist, du Wandersmann«, sprach er, »hilf einem Verirrten, einem Suchenden, einem alten Manne, der hier leicht zu Schaden kommt!

Diese Welt hier ist mir fremd und fern, auch hörte ich wilde Tiere heulen; und der, welcher mir hätte Schutz bieten können, der ist selber nicht mehr.

Ich suchte den letzten frommen Menschen, einen Heiligen und Einsiedler, der allein in seinem Walde noch nichts davon gehört hatte, was alle Welt heute weiß.«

»*Was* weiß heute alle Welt?« fragte Zarathustra. »Etwa dies, daß der alte Gott nicht mehr lebt, an den alle Welt einst geglaubt hat?«

»Du sagst es«, antwortete der alte Mann betrübt. »Und ich diente diesem alten Gotte bis zu seiner letzten Stunde.

Nun aber bin ich außer Dienst, ohne Herrn, und doch nicht frei, auch keine Stunde mehr lustig, es sei denn in Erinnerungen.

Dazu stieg ich in diese Berge, daß ich endlich wieder ein Fest mir machte, wie es einem alten Papste und Kirchen-Vater zukommt: denn wisse, ich bin der letzte Papst! – ein Fest frommer Erinnerungen und Gottesdienste.

Nun aber ist er selber tot, der frömmste Mensch, jener Heilige im Walde, der seinen Gott beständig mit Singen und Brummen lobte.

Ihn selber fand ich nicht mehr, als ich seine Hütte fand – wohl aber zwei Wölfe darin, welche um seinen Tod heulten – denn alle Tiere liebten ihn. Da lief ich davon.

Kam ich also umsonst in diese Wälder und Berge? Da entschloß sich mein Herz, daß ich einen anderen suchte, den Frömmsten aller derer, die nicht an Gott glauben –, daß ich Zarathustra suchte!«

Also sprach der Greis und blickte scharfen Auges den an, welcher vor ihm stand; Zarathustra aber ergriff die Hand des alten Papstes und betrachtete sie lange mit Bewunderung.

»Siehe da, du Ehrwürdiger«, sagte er dann, »welche schöne und lange Hand! Das ist die Hand eines solchen, der immer Segen ausgeteilt hat. Nun aber hält sie den fest, welchen du suchst, mich, Zarathustra.

Ich bin's, der gottlose Zarathustra, der da spricht: wer ist gottloser als ich, daß ich mich seiner Unterweisung freue?« –

Also sprach Zarathustra und durchbohrte mit seinen Blicken die Gedanken und Hintergedanken des alten Papstes. Endlich begann dieser:

»Wer ihn am meisten liebte und besaß, der hat ihn nun am meisten auch verloren –:

– siehe, ich selber bin wohl von uns beiden jetzt der Gottlosere? Aber wer könnte daran sich freuen!« –

– »Du dientest ihm bis zuletzt«, fragte Zarathustra nachdenklich, nach einem tiefen Schweigen, »du weißt, *wie* er starb! Ist es wahr, was man spricht, daß ihn das Mitleiden erwürgte,

– daß er es sah, wie *der Mensch* am Kreuze hing, und es nicht ertrug, daß die Liebe zum Menschen seine Hölle und zuletzt sein Tod wurde?« –

Der alte Papst aber antwortete nicht, sondern blickte scheu und mit einem schmerzlichen und düsteren Ausdrucke zur Seite.

»Laß ihn fahren«, sagte Zarathustra nach einem langen Nachdenken, indem er immer noch dem alten Manne gerade ins Auge blickte.

»Laß ihn fahren, er ist dahin. Und ob es dich auch ehrt, daß du diesem Toten nur Gutes nachredest, so weißt du so gut als ich, *wer* er war; und daß er wunderliche Wege ging.«

»Unter drei Augen gesprochen«, sagte erheitert der alte Papst (denn er war auf einem Auge blind), »in Dingen Gottes bin ich aufgeklärter als Zarathustra selber – und darf es sein.

Meine Liebe diente ihm lange Jahre, mein Wille ging allem seinem Willen nach. Ein guter Diener aber weiß alles, und mancherlei auch, was sein Herr sich selbst verbirgt.

Es war ein verborgener Gott, voller Heimlichkeit. Wahrlich zu einem Sohne sogar kam er nicht anders als auf Schleichwegen. An der Tür seines Glaubens steht der Ehebruch.

Wer ihn als einen Gott der Liebe preist, denkt nicht hoch genug von der Liebe selber. Wollte dieser Gott nicht auch Richter sein? Aber der Liebende liebt jenseits von Lohn und Vergeltung.

Als er jung war, dieser Gott aus dem Morgenlande, da war er hart und rachsüchtig und erbaute sich eine Hölle zum Ergötzen seiner Lieblinge.

Endlich aber wurde er alt und weich und mürbe und mitleidig, einem Großvater ähnlicher als einem Vater, am ähnlichsten aber einer wackeligen alten Großmutter.

Da saß er, welk, in seinem Ofenwinkel, härmte sich ob seiner schwachen Beine, weltmüde, willensmüde, und erstickte eines Tages an seinem allzugroßen Mitleiden.« –

»Du alter Papst«, sagte hier Zarathustra dazwischen, »hast du *das* mit Augen angesehn? Es könnte wohl so abgegangen sein: so, *und* auch anders. Wenn Götter sterben, sterben sie immer viele Arten Todes.

Aber wohlan! So oder so, so und so – er ist dahin! Er ging meinen Ohren und Augen wider den Geschmack, Schlimmeres möchte ich ihm nicht nachsagen.

Ich liebe alles, was hell blickt und redlich redet. Aber er – du weißt es ja, du alter Priester, es war etwas von deiner Art an ihm, von Priester-Art – er war vieldeutig.

Er war auch undeutlich. Was hat er uns darob gezürnt, dieser Zornschnauber, daß wir ihn schlecht verstünden! Aber warum sprach er nicht reinlicher?

Und lag es an unsern Ohren, warum gab er uns Ohren, die ihn schlecht hörten? War Schlamm in unsern Ohren, wohlan! wer legte ihn hinein?

Zu vieles mißriet ihm, diesem Töpfer, der nicht ausgelernt hatte! Daß er aber Rache an seinen Töpfen und Geschöpfen nahm, dafür daß sie ihm schlecht gerieten – das war eine Sünde wider den *guten Geschmack.*

Es gibt auch in der Frömmigkeit guten Geschmack: der sprach endlich: »Fort mit einem *solchen* Gotte! Lieber keinen Gott, lieber auf eigne Faust Schicksal machen, lieber Narr sein, lieber selber Gott sein!«

– »Was höre ich!« sprach hier der alte Papst mit gespitzten Ohren; »o Zarathustra, du bist frömmer als du glaubst, mit einem solchen Unglauben! Irgendein Gott in dir bekehrte dich zu deiner Gottlosigkeit.

Ist es nicht deine Frömmigkeit selber, die dich nicht mehr an einen Gott glauben läßt? Und deine übergroße Redlichkeit wird dich auch noch jenseits von Gut und Böse wegführen!

Siehe doch, was blieb dir aufgespart? Du hast Augen und Hand und Mund, die sind zum Segnen vorherbestimmt seit Ewigkeit. Man segnet nicht mit der Hand allein.

In deiner Nähe, ob du schon der Gottloseste sein willst, wittere ich einen heimlichen Weih- und Wohlgeruch von langen Segnungen: mir wird wohl und wehe dabei.

Laß mich dein Gast sein, o Zarathustra, für eine einzige Nacht! Nirgends auf Erden wird es mir jetzt wohler als bei dir!« –

»Amen! So soll es sein!« sprach Zarathustra mit großer Verwunderung, »dort hinauf führt der Weg, da liegt die Höhle Zarathustras.

Gerne, fürwahr, würde ich dich selber dahin geleiten, du Ehrwürdiger, denn ich liebe alle frommen Menschen. Aber jetzt ruft mich eilig ein Notschrei weg von dir.

In meinem Bereiche soll mir niemand zu Schaden kommen; meine Höhle ist ein guter Hafen. Und am liebsten möchte ich jedweden Traurigen wieder auf festes Land und feste Beine stellen.

Wer aber nähme dir *deine* Schwermut von der Schulter? Dazu bin ich zu schwach. Lange, wahrlich, möchten wir warten, bis dir einer deinen Gott wieder aufweckt.

Dieser alte Gott lebt nämlich nicht mehr: der ist gründlich tot.« –

Also sprach Zarathustra.

Der häßlichste Mensch

– Und wieder liefen Zarathustras Füße durch Berge und Wälder, und seine Augen suchten und suchten, aber nirgends war der zu sehen, welchen sie sehn wollten, der große Notleidende und Notschreiende. Auf dem ganzen Wege aber frohlockte er in seinem Herzen und war dankbar. »Welche guten Dinge«, sprach er, »schenkte mir doch dieser Tag, zum Entgelt, daß er schlimm begann! Welche seltsamen Unterredner fand ich!

An deren Worten will ich lange nun kauen gleich als an guten Körnern; klein soll mein Zahn sie mahlen und malmen, bis sie mir wie Milch in die Seele fließen!« –

Als aber der Weg wieder um einen Felsen bog, veränderte sich mit einem Male die Landschaft, und Zarathustra trat in ein Reich des Todes. Hier starrten schwarze und rote Klippen empor: kein Gras, kein Baum, keine Vogelstimme. Es war nämlich ein Tal, welches alle Tiere mieden, auch die Raubtiere; nur daß eine Art häßlicher, dicker, grüner Schlangen, wenn sie alt wurden, hierher kamen, um zu sterben. Darum nannten dies Tal die Hirten: Schlangen-Tod.

Zarathustra aber versank in eine schwarze Erinnerung, denn ihm war, als habe er schon einmal in diesem Tal gestanden. Und vieles Schwere legte sich ihm über den Sinn: also, daß er langsam ging und immer langsamer und endlich still stand. Da aber sahe er, als er die Augen auftat, etwas, das am Wege saß, gestaltet wie ein Mensch, und kaum wie ein Mensch, etwas Unaussprechliches. Und mit einem Schlage überfiel Zarathustra die große Scham darob, daß er so etwas mit den Augen angesehen habe: errötend bis hinauf an sein weißes Haar, wandte er den Blick ab und hob den Fuß, daß er diese schlimme Stelle verlasse. Da aber wurde die tote Öde laut: vom Boden auf nämlich quoll es gurgelnd und röchelnd, wie Wasser nachts durch verstopfte Wasser-Röhren gurgelt und röchelt; und zuletzt wurde daraus eine Menschen-Stimme und Menschen-Rede – die lautete also:

»Zarathustra! Zarathustra! Rate mein Rätsel! Sprich, sprich! Was ist *die Rache am Zeugen*?

Ich locke dich zurück, hier ist glattes Eis! Sieh zu, sieh zu, ob dein Stolz sich hier nicht die Beine bricht!

Du dünkst dich weise, du stolzer Zarathustra! So rate doch das Rätsel, du harter Nüsseknacker – das Rätsel, das ich bin! So sprich doch: wer bin *ich*!«

– Als aber Zarathustra diese Worte gehört hatte – was glaubt ihr wohl, daß sich da mit seiner Seele zutrug? *Das Mitleiden fiel ihn an;* und er sank mit einem Male nieder, wie ein Eichbaum, der lange vielen Holzschlägen widerstanden hat – schwer, plötzlich, zum Schrecken selber für die, welche ihn fällen wollten. Aber schon stand er wieder vom Boden auf, und sein Antlitz wurde hart.

»Ich erkenne dich wohl«, sprach er mit einer erzenen Stimme: *»du bist der Mörder Gottes!* Laß mich gehn.

Du *ertrugst* den nicht, der *dich* sah – der dich immer und durch und durch sah, du häßlichster Mensch! Du nahmst Rache an diesem Zeugen!«

Also sprach Zarathustra und wollte davon; aber der Unaussprechliche faßte nach einem Zipfel seines Gewandes und begann von neuem zu gurgeln und nach Worten zu suchen, »Bleib!« sagte er endlich –

»– bleib! Geh nicht vorüber! Ich erriet, welche Axt dich zu Boden schlug: Heil dir, o Zarathustra, daß du wieder stehst!

Du errietest, ich weiß es gut, wie dem zumute ist, der ihn tötete – dem Mörder Gottes. Bleib! Setze dich her zu mir, es ist nicht umsonst.

Zu wem wollte ich, wenn nicht zu dir? Bleib, setze dich! Blicke mich aber nicht an! Ehre also – meine Häßlichkeit!

Sie verfolgen mich: nun bist *du* meine letzte Zuflucht. *Nicht* mit ihrem Hasse, *nicht* mit ihren Häschern – o solcher Verfolgung würde ich spotten und stolz und froh sein!

War nicht aller Erfolg bisher bei den Gut-Verfolgten? Und wer gut verfolgt, lernt leicht *folgen* – ist er doch einmal – hinterher! Aber ihr *Mitleid* ist's –

– ihr Mitleid ist's, vor dem ich flüchte und dir zuflüchte. O Zarathustra, schütze mich, du meine letzte Zuflucht, du einziger, der mich erriet:

– du errietest, wie dem zumute ist, welcher *ihn* tötete. Bleib! Und willst du gehn, du Ungeduldiger: geh nicht den Weg, den ich kam. *Der* Weg ist schlecht.

Zürnst du mir, daß ich zu lange schon rede-radebreche? Daß ich schon dir rate? Aber wisse, ich bin's, der häßlichste Mensch,

– der auch die größten schwersten Füße hat. Wo *ich* ging, ist der Weg schlecht. Ich trete alle Wege tot und zuschanden.

Daß du aber an mir vorübergingst, schweigend; daß du errötetest, ich sah es wohl: daran erkannte ich dich als Zarathustra.

Jedweder andere hätte mir sein Almosen zugeworfen, sein Mitleiden, mit Blick und Rede. Aber dazu – bin ich nicht Bettler genug, das errietest du –

– dazu bin ich zu *reich*, reich an Großem, an Furchtbarem, am Häßlichsten, am Unaussprechlichsten! Deine Scham, o Zarathustra, *ehrte* mich!

Mit Not kam ich heraus aus dem Gedräng der Mitleidigen – daß ich den einzigen fände, der heute lehrt ›Mitleiden ist zudringlich‹ – dich, o Zarathustra!

– sei es eines Gottes, sei es der Menschen Mitleiden: Mitleiden geht gegen die Scham. Und Nicht-helfen-wollen kann vornehmer sein als jene Tugend, die zuspringt.

Das aber heißt heute Tugend selber bei allen kleinen Leuten, das Mitleiden – die haben keine Ehrfurcht vor großem Unglück, vor großer Häßlichkeit, vor großem Mißraten.

Über diese alle blicke ich hinweg, wie ein Hund über die Rücken wimmelnder Schafherden wegblickt. Es sind kleine wohlwollige wohlwillige graue Leute.

Wie ein Reiher verachtend über flache Teiche wegblickt, mit zurückgelegtem Kopfe: so blicke ich über das Gewimmel grauer kleiner Wellen und Willen und Seelen weg.

Zu lange hat man ihnen recht gegeben, diesen kleinen Leuten: so gab man ihnen endlich auch die Macht – nun lehren sie: ›gut ist nur, was kleine Leute gut heißen‹.

Und ›Wahrheit‹ heißt heute, was der Prediger sprach, der selber aus ihnen herkam, jener wunderliche Heilige und Fürsprecher der kleinen Leute, welcher von sich zeugt ›ich – bin die Wahrheit‹.

Dieser Unbescheidne macht nun lange schon den kleinen Leuten den Kamm hoch schwellen – er, der keinen kleinen Irrtum lehrte, als er lehrte ›ich – bin die Wahrheit‹.

Ward einem Unbescheidnen jemals höflicher geantwortet? – Du aber, o Zarathustra, gingst an ihm vorüber und sprachst: ›Nein! Nein! Dreimal nein!‹

Du warntest vor seinem Irrtum, du warntest als der erste vor dem Mitleiden – nicht alle, nicht keinen, sondern dich und deine Art.

Du schämst dich an der Scham des großen Leidenden; und wahrlich, wenn du sprichst ›von dem Mitleiden her kommt eine große Wolke, habt acht, ihr Menschen!‹

– wenn du lehrst ›alle Schaffenden sind hart, alle große Liebe ist über ihrem Mitleiden‹: o Zarathustra, wie gut dünkst du mich eingelernt auf Wetter-Zeichen!

Du selber aber – warne dich selber auch vor *deinem* Mitleiden! Denn viele sind zu dir unterwegs, viele Leidende, Zweifelnde, Verzweifelnde, Ertrinkende, Frierende –

Ich warne dich auch vor mir. Du errietest mein bestes, schlimmstes Rätsel, mich selber und was ich tat. Ich kenne die Axt, die dich fällt.

Aber er – *mußte* sterben: er sah mit Augen, welche *alles* sahn – er sah des Menschen Tiefen und Gründe, alle seine verhehlte Schmach und Häßlichkeit.

Sein Mitleiden kannte keine Scham: er kroch in meine schmutzigsten Winkel. Dieser Neugierigste, Über-Zudringliche, Über-Mitleidige mußte sterben.

Er sah immer *mich*: an einem solchen Zeugen wollte ich Rache haben – oder selber nicht leben.

Der Gott, der alles sah, *auch den Menschen*: dieser Gott mußte sterben! Der Mensch *erträgt* es nicht, daß solch ein Zeuge lebt.«

Also sprach der häßlichste Mensch. Zarathustra aber erhob sich und schickte sich an fortzugehn: denn ihn fröstelte bis in seine Eingeweide.

»Du Unaussprechlicher«, sagte er, »du warntest mich vor deinem Wege. Zum Danke dafür lobe ich dir den meinen. Siehe, dort hinauf liegt die Höhle Zarathustras.

Meine Höhle ist groß und tief und hat viele Winkel; da findet der Versteckteste sein Versteck.

Und dicht bei ihr sind hundert Schlüpfe und Schliche für kriechendes, flatterndes und springendes Getier.

Du Ausgestoßener, der du dich selber ausstießest, du willst nicht unter Menschen und Menschen-Mitleid wohnen? Wohlan, so tu's mir gleich! So lernst du auch von mir; nur der Täter lernt.

Und rede zuerst und -nächst mit meinen Tieren! Das stolzeste Tier und das klügste Tier – die möchten uns beiden wohl die rechten Ratgeber sein!« ––

Also sprach Zarathustra und ging seiner Wege, nachdenklicher und langsamer noch als zuvor: denn er fragte sich vieles und wußte sich nicht leicht zu antworten.

»Wie arm ist doch der Mensch!« dachte er in seinem Herzen, »wie häßlich, wie röchelnd, wie voll verborgener Scham!

Man sagt mir, daß der Mensch sich selber liebe: ach, wie groß muß diese Selber-Liebe sein! Wie viel Verachtung hat sie wider sich!

Auch dieser da liebte sich, wie er sich verachtete – ein großer Liebender ist er mir und ein großer Verächter.

Keinen fand ich noch, der sich tiefer verachtet hätte: auch *das* ist Höhe. Wehe, war *der* vielleicht der höhere Mensch, dessen Schrei ich hörte?

Ich liebe die großen Verachtenden. Der Mensch aber ist etwas, das überwunden werden muß.« ––

Der freiwillige Bettler

Als Zarathustra den häßlichsten Menschen verlassen hatte, fror ihn, und er fühlte sich einsam: es ging ihm nämlich vieles Kalte und Einsame durch die Sinne, also, daß darob auch seine Glieder kälter wurden. Indem er aber weiter und weiter stieg, hinauf, hinab, bald an grünen Weiden vorbei, aber auch über wilde steinichte Lager, wo ehedem wohl ein ungeduldiger Bach sich zu Bett gelegt hatte: da wurde ihm mit einem Male wieder wärmer und herzlicher zu Sinne.

»Was geschah mir doch?« fragte er sich, »etwas Warmes und Lebendiges erquickt mich, das muß in meiner Nähe sein.

Schon bin ich weniger allein; unbewußte Gefährten und Brüder schweifen um mich, ihr warmer Atem rührt an meine Seele.«

Als er aber um sich spähte und nach den Tröstern seiner Einsamkeit suchte: siehe, da waren es Kühe, welche auf einer Anhöhe beieinanderstanden; deren Nähe und Geruch hatten sein Herz erwärmt. Diese Kühe aber schienen mit Eifer einem Redenden zuzuhören und gaben nicht auf den acht, der herankam. Wie aber Zarathustra ganz in ihrer Nähe war, hörte er deutlich, daß eine Menschen-Stimme aus der Mitte der Kühe heraus redete; und ersichtlich hatten sie allesamt ihre Köpfe dem Redenden zugedreht.

Da sprang Zarathustra mit Eifer hinauf und drängte die Tiere auseinander, denn er fürchtete, daß hier jemandem ein Leids geschehn sei, welchem schwerlich das Mitleid von Kühen abhelfen mochte. Aber darin hatte er sich getäuscht; denn siehe, da saß ein Mensch auf der Erde und schien den Tieren zuzureden, daß sie keine Scheu vor ihm haben sollten, ein friedfertiger Mensch und Berg-Prediger, aus dessen Augen die Güte selber predigte. »Was suchst du hier?« rief Zarathustra mit Befremden.

»Was ich hier suche?« antwortete er: »dasselbe, was du suchst, du Störenfried! nämlich das Glück auf Erden.

Dazu aber möchte ich von diesen Kühen lernen. Denn, weißt du wohl, einen halben Morgen schon rede ich ihnen zu, und eben wollten sie mir Bescheid geben. Warum doch störst du sie?

So wir nicht umkehren und werden wie die Kühe, so kommen wir nicht in das Himmelreich. Wir sollten ihnen nämlich eins ablernen: das Wiederkäuen.

Und wahrlich, wenn der Mensch auch die ganze Welt gewönne und lernte das eine nicht, das Wiederkäuen: was hülfe es! Er würde nicht seine Trübsal los.

– seine große Trübsal: die aber heißt heute *Ekel.* Wer hat heute von Ekel nicht Herz, Mund und Augen voll? Auch du! Auch du! Aber siehe doch diese Kühe an!« –

Also sprach der Berg-Prediger und wandte dann seinen eignen Blick Zarathustra zu – denn bisher hing er mit Liebe an den Kühen –: da aber verwandelte er sich. »Wer ist das, mit dem ich rede?« rief er erschreckt und sprang vom Boden empor.

»Dies ist der Mensch ohne Ekel, dies ist Zarathustra selber, der Überwinder des großen Ekels, dies ist das Auge, dies ist der Mund, dies ist das Herz Zarathustras selber.«

Und indem er also sprach, küßte er dem, zu welchem er redete, die Hände, mit überströmenden Augen, und gebärdete sich ganz als einer, dem ein kostbares Geschenk und Kleinod unversehens vom Himmel fällt. Die Kühe aber schauten dem allen zu und wunderten sich.

»Sprich nicht von mir, du Wunderlicher! Lieblicher!« sagte Zarathustra und wehrte seiner Zärtlichkeit, »sprich mir erst von dir! Bist du nicht der freiwillige Bettler, der einst einen großen Reichtum von sich warf, –

– der sich seines Reichtums schämte und der Reichen, und zu den Ärmsten floh, daß er ihnen seine Fülle und sein Herz schenke? Aber sie nahmen ihn nicht an.«

»Aber sie nahmen mich nicht an«, sagte der freiwillige Bettler, »du weißt es ja. So ging ich endlich zu den Tieren und zu diesen Kühen.«

»Da lerntest du«, unterbrach Zarathustra den Redenden, »wie es schwerer ist, recht geben als recht nehmen, und daß gut schenken eine *Kunst* ist und die letzte listigste Meister-Kunst der Güte.«

»Sonderlich heutzutage«, antwortete der freiwillige Bettler: »heute nämlich, wo alles Niedrige aufständisch ward und scheu und auf seine Art hoffärtig: nämlich auf Pöbel-Art.

Denn es kam die Stunde, du weißt es ja, für den großen schlimmen langen langsamen Pöbel- und Sklaven-Aufstand: der wächst und wächst!

Nun empört die Niedrigen alles Wohltun und kleine Weggeben; und die Überreichen mögen auf der Hut sein!

Wer heute gleich bauchichten Flaschen tröpfelt aus allzuschmalen Hälsen – solchen Flaschen bricht man heute gern den Hals.

Lüsterne Gier, gallichter Neid, vergrämte Rachsucht, Pöbel-Stolz: das sprang mir alles ins Gesicht. Es ist nicht mehr wahr, daß die Armen selig sind. Das Himmelreich aber ist bei den Kühen.«

»Und warum ist es nicht bei den Reichen?« fragte Zarathustra versuchchend, während er den Kühen wehrte, die den Friedfertigen zutraulich anschnauften.

»Was versuchst du mich?« antwortete dieser. »Du weißt es selber besser noch als ich. Was trieb mich doch zu den Ärmsten, o Zarathustra? War es nicht der Ekel vor unsern Reichsten?

– vor den Sträflingen des Reichtums, welche sich ihren Vorteil aus jedem Kehricht auflesen, mit kalten Augen, geilen Gedanken, vor diesem Gesindel, das gen Himmel stinkt,

– vor diesem vergüldeten, verfälschten Pöbel, dessen Väter Langfinger oder Aasvögel oder Lumpensammler waren, mit Weibern willfährig, lüstern, vergeßlich – sie haben's nämlich alle nicht weit zur Hure –

Pöbel oben, Pöbel unten! Was ist heute noch ›arm‹ und ›reich‹! Diesen Unterschied verlernte ich – da floh ich davon, weiter, immer weiter, bis ich zu diesen Kühen kam.«

Also sprach der Friedfertige und schnaufte selber und schwitzte bei seinen Worten: also daß die Kühe sich von neuem wunderten. Zarathustra aber sah ihm immer mit Lächeln ins Gesicht, als er so hart redete, und schüttelte dazu schweigend den Kopf.

»Du tust dir Gewalt an, du Berg-Prediger, wenn du solche harte Worte brauchst. Für solche Härte wuchs dir nicht der Mund, nicht das Auge.

Auch, wie mich dünkt, dein Magen selber nicht: *dem* widersteht all solches Zürnen und Hassen und Überschäumen. Dein Magen will sanftere Dinge: du bist kein Fleischer.

Vielmehr dünkst du mich ein Pflanzler und Wurzelmann. Vielleicht malmst du Körner. Sicherlich aber bist du fleischlichen Freuden abhold und liebst den Honig.«

»Du errietest mich gut«, antwortete der freiwillige Bettler mit erleichtertem Herzen. »Ich liebe den Honig, ich malme auch Körner, denn ich suchte, was lieblich mundet und reinen Atem macht:

– auch was lange Zeit braucht, ein Tag- und Maul-Werk für sanfte Müßiggänger und Tagediebe.

Am weitesten freilich brachten es diese Kühe: die erfanden sich das Wiederkäuen und In-der-Sonne-Liegen. Auch enthalten sie sich aller schweren Gedanken, welche das Herz blähn.«

– »Wohlan!« sagte Zarathustra, »du solltest auch *meine* Tiere sehn, meinen Adler und meine Schlange – ihresgleichen gibt es heute nicht auf Erden.

Siehe, dorthin führt der Weg zu meiner Höhle: sei diese Nacht ihr Gast. Und rede mit meinen Tieren vom Glück der Tiere, –

– bis ich selber heimkomme. Denn jetzt ruft ein Notschrei mich eilig weg von dir. Auch findest du neuen Honig bei mir, eisfrischen Waben-Goldhonig: den iß!

Jetzt aber nimm flugs Abschied von deinen Kühen, du Wunderlicher! Lieblicher! ob es dir schon schwer werden mag. Denn es sind deine wärmsten Freunde und Lehrmeister!« –

»– Einen ausgenommen, den ich noch lieber habe«, antwortete der freiwillige Bettler. »Du selber bist gut, und besser noch als eine Kuh, o Zarathustra!«

»Fort, fort mit dir! du arger Schmeichler!« schrie Zarathustra mit Bosheit, »was verdirbst du mich mit solchem Lob- und Schmeichel-Honig?«

»Fort, fort von mir!« schrie er noch einmal und schwang seinen Stock nach dem zärtlichen Bettler: der aber lief hurtig davon.

Der Schatten

Kaum aber war der freiwillige Bettler davongelaufen und Zarathustra wieder mit sich allein, da hörte er hinter sich eine neue Stimme, die rief: »Halt! Zarathustra! So warte doch! ich bin's ja, o Zarathustra, ich, dein Schatten!« Aber Zarathustra wartete nicht, denn ein plötzlicher Verdruß überkam ihn ob des vielen Zudrangs und Gedrängs in seinen Bergen. »Wo ist meine Einsamkeit hin?« sprach er.

»Es wird mir wahrlich zu viel; dies Gebirge wimmelt, mein Reich ist nicht mehr von *dieser* Welt, ich brauche neue Berge.

Mein Schatten ruft mich? Was liegt an meinem Schatten! Mag er mir nachlaufen! ich – laufe ihm davon.«

Also sprach Zarathustra zu seinem Herzen und lief davon. Aber der, welcher hinter ihm war, folgte ihm nach: so daß alsbald drei Laufende hintereinander her waren, nämlich voran der freiwillige Bettler, dann Zarathustra und zudritt und -hinterst sein Schatten. Nicht lange liefen sie so, da kam Zarathustra zur Besinnung über seine Torheit und schüttelte mit *einem* Rucke allen Verdruß und Überdruß von sich.

»Wie!« sprach er, »geschahen nicht von je die lächerlichsten Dinge bei uns alten Einsiedlern und Heiligen?

Wahrlich, meine Torheit wuchs hoch in den Bergen! Nun höre ich sechs alte Narren-Beine hintereinander her klappern!

Darf aber Zarathustra sich wohl vor einem Schatten fürchten? Auch dünkt mich zu guter Letzt, daß er längere Beine hat als ich.«

Also sprach Zarathustra, lachend mit Augen und Eingeweiden, blieb stehen und drehte sich schnell herum – und siehe, fast warf er dabei seinen Nachfolger und Schatten zu Boden: so dicht schon fogte ihm derselbe auf den Fersen, und so schwach war er auch. Als er ihn nämlich mit Augen prüfte, erschrak er wie vor einem plötzlichen Gespenste: so dünn, schwärzlich, hohl und überlebt sah dieser Nachfolger aus.

»Wer bist du?« fragte Zarathustra heftig, »was treibst du hier? Und weshalb heißest du dich meinen Schatten? Du gefällst mir nicht.«

»Vergib mir«, antwortete der Schatten, »daß ich's bin; und wenn ich dir nicht gefalle, wohlan, o Zarathustra! darin lobe ich dich und deinen guten Geschmack.

Ein Wanderer bin ich, der viel schon hinter deinen Fersen herging: immer unterwegs, aber ohne Ziel, auch ohne Heim: also daß mir wahrlich wenig zum Ewigen Juden fehlt, es sei denn, daß ich nicht ewig und auch nicht Jude bin.

Wie? Muß ich immerdar unterwegs sein? Von jedem Winde gewirbelt, unstet, fortgetrieben? O Erde, du wardst mir zu rund!

Auf jeder Oberfläche saß ich schon, gleich müdem Staube schlief ich ein auf Spiegeln und Fensterscheiben: alles nimmt von mir, nichts gibt, ich werde dünn – fast gleiche ich einem Schatten.

Dir aber, o Zarathustra, flog und zog ich am längsten nach, und, verbarg ich mich schon vor dir, so war ich doch dein bester Schatten: wo du nur gesessen hast, saß ich auch.

Mit dir bin ich in fernsten, kältesten Welten umgegangen, einem Gespenste gleich, das freiwillig über Winterdächer und Schnee läuft.

Mit dir strebte ich in jedes Verbotene, Schlimmste, Fernste: und wenn irgend etwas an mir Tugend ist, so ist es, daß ich vor keinem Verbote Furcht hatte.

Mit dir zerbrach ich, was je mein Herz verehrte, alle Grenzsteine und Bilder warf ich um, den gefährlichsten Wünschen lief ich nach – wahrlich, über jedwedes Verbrechen lief ich einmal hinweg.

Mit dir verlernte ich den Glauben an Worte und Werte und große Namen. Wenn der Teufel sich häutet, fällt da nicht auch sein Name ab? Der ist nämlich auch Haut. Der Teufel selber ist vielleicht – Haut.

›Nichts ist wahr, alles ist erlaubt‹: so sprach ich mir zu. In die kältesten Wasser stürzte ich mich, mit Kopf und Herzen. Ach, wie oft stand ich darob nackt als roter Krebs da!

Ach, wohin kam mir alles Gute und alle Scham und aller Glaube an die Guten! Ach, wohin ist jene verlogne Unschuld, die ich einst besaß, die Unschuld der Guten und ihrer edlen Lügen!

Zu oft, wahrlich, folgte ich der Wahrheit dicht auf dem Fuße: da trat sie mir vor den Kopf. Manchmal meinte ich zu lügen, und siehe! da erst traf ich – die Wahrheit.

Zu viel klärte sich mir auf: nun geht es mich nichts mehr an. Nichts lebt mehr, das ich liebe – wie sollte ich noch mich selber lieben?

›Leben, wie ich Lust habe, oder gar nicht leben‹: so will ich's, so will's auch der Heiligste. Aber, wehe! wie habe *ich* noch – Lust?

Habe *ich* noch ein Ziel? Einen Hafen, nach dem *mein* Segel läuft?

Einen guten Wind? Ach, nur wer weiß, *wohin* er fährt, weiß auch, welcher Wind gut und sein Fahrwind ist.

Was blieb mir noch zurück? Ein Herz, müde und frech; ein unsteter Wille; Flatter-Flügel; ein zerbrochnes Rückgrat.

Dieses Suchen nach *meinem* Heim: o Zarathustra, weißt du wohl, dies Suchen war *meine* Heimsuchung, es frißt mich auf.

Wo ist – *mein* Heim? Darnach frage und suche und suchte ich, das fand ich nicht. O ewiges Überall, o ewiges Nirgendwo, o ewiges – Umsonst!«

Also sprach der Schatten, und Zarathustras Gesicht verlängerte sich bei seinen Worten. »Du bist mein Schatten!« sagte er endlich, mit Traurigkeit.

»Deine Gefahr ist keine kleine, du freier Geist und Wanderer! Du hast einen schlimmen Tag gehabt: sieh zu, daß dir nicht noch ein schlimmerer Abend kommt!

Solchen Unsteten, wie du, dünkt zuletzt auch ein Gefängnis selig. Sahst du je, wie eingefangne Verbrecher schlafen? Sie schlafen ruhig, sie genießen ihre neue Sicherheit.

Hüte dich, daß dich nicht am Ende noch ein enger Glaube einfängt, ein harter, strenger Wahn! Dich nämlich verführt und versucht nunmehr jegliches, das eng und fest ist.

Du hast das Ziel verloren: wehe, wie wirst du diesen Verlust verscherzen und verschmerzen? Damit – hast du auch den Weg verloren!

Du armer Schweifender, Schwärmender, du müder Schmetterling! willst du diesen Abend eine Rast und Heimstätte haben? So gehe hinauf zu meiner Höhle!

Dorthin führt der Weg zu meiner Höhle. Und jetzo will ich schnell wieder von dir davonlaufen. Schon liegt es wie ein Schatten auf mir.

Ich will allein laufen, daß es wieder hell um mich werde. Dazu muß ich noch lange lustig auf den Beinen sein. Des Abends aber wird bei mir – getanzt!« – –

Also sprach Zarathustra.

Mittags

– Und Zarathustra lief und lief und fand niemanden mehr und war allein und fand immer wieder sich und genoß und schlürfte seine Einsamkeit und dachte an gute Dinge, – stundenlang. Um die Stunde des Mittags aber, als die Sonne gerade über Zarathustras Haupte stand, kam er an einem alten krummen und knorrichten Baume vorbei, der von der reichen Liebe eines Weinstocks rings umarmt und vor sich selber verborgen war: von dem hingen gelbe Trauben in Fülle dem Wandernden entgegen. Da gelüstete ihn, einen kleinen Durst zu löschen und sich eine Traube abzubrechen; als er aber schon den Arm dazu ausstreckte, da gelüstete ihn etwas anderes noch mehr: nämlich sich neben den Baum niederzulegen, um die Stunde des vollkommenen Mittags, und zu schlafen.

Dies tat Zarathustra; und sobald er auf dem Boden lag, in der Stille und Heimlichkeit des bunten Grases, hatte er auch schon seinen kleinen Durst vergessen und schlief ein. Denn, wie das Sprichwort Zarathustras sagt: eins ist notwendiger als das andre. Nur daß seine Augen offen blieben – sie wurden nämlich nicht satt, den Baum und die Liebe des Weinstocks zu sehn und zu preisen. Im Einschlafen aber sprach Zarathustra also zu seinem Herzen:

»Still! Still! Ward die Welt nicht eben vollkommen? Was geschieht mir doch?

Wie ein zierlicher Wind, ungesehn, auf getäfeltem Meere tanzt, leicht, federleicht: so – tanzt der Schlaf auf mir.

Kein Auge drückt er mir zu, die Seele läßt er mir wach. Leicht ist er, wahrlich! federleicht.

Er überredet mich, ich weiß nicht wie? er betupft mich inwendig mit schmeichelnder Hand, er zwingt mich. Ja, er zwingt mich, daß meine Seele sich ausstreckt: –

– wie sie mir lang und müde wird, meine wunderliche Seele! Kam ihr eines siebenten Tages Abend gerade am Mittage? Wandelte sie zu lange schon selig zwischen guten und reifen Dingen?

Sie streckt sich lang aus, lang – länger! sie liegt stille, meine wunderliche Seele. Zu viel Gutes hat sie schon geschmeckt, diese goldene Traurigkeit drückt sie, sie verzieht den Mund.

– Wie ein Schiff, das in seine stillste Bucht einlief – nun lehnt es sich an die Erde, der langen Reisen müde und der ungewissen Meere. Ist die Erde nicht treuer?

Wie solch ein Schiff sich dem Lande anlegt, anschmiegt – da genügt's, daß eine Spinne vom Lande her zu ihm ihren Faden spinnt. Keiner stärkeren Taue bedarf es da.

Wie solch ein müdes Schiff in der stillsten Buch: so ruhe auch ich nun der

Erde nahe, treu, zutrauend, wartend, mit den leisesten Fäden ihr angebunden.

O Glück! O Glück! Willst du wohl singen, o meine Seele? Du liegst im Grase. Aber das ist die heimliche feierliche Stunde, wo kein Hirt seine Flöte bläst.

Scheue dich! Heißer Mittag schläft auf den Fluren. Singe nicht! Still! Die Welt ist vollkommen.

Singe nicht, du Gras-Geflügel, o meine Seele! Flüstere nicht einmal! Sieh doch – still! der alte Mittag schläft, er bewegt den Mund: trinkt er nicht eben einen Tropfen Glücks –

– einen alten braunen Tropfen goldenen Glücks, goldenen Weins? Es huscht über ihn hin, sein Glück lacht. So – lacht ein Gott. Still! –

– ›Zum Glück, wie wenig genügt schon zum Glücke!‹ So sprach ich einst und dünkte mich klug. Aber es war eine Lästerung: *das* lernte ich nun. Kluge Narrn reden besser.

Das wenigste gerade, das Leiseste, Leichteste, einer Eidechse Rascheln, ein Hauch, ein Husch, ein Augen-Blick – *wenig* macht die Art des *besten* Glücks. Still!

– Was geschah mir: Horch! Flog die Zeit wohl davon? Falle ich nicht? Fiel ich nicht – horch! in den Brunnen der Ewigkeit?

– Was geschieht mir? Still! Es sticht mich – wehe – ins Herz? Ins Herz! O zerbrich, zerbrich, Herz, nach solchem Glücke, nach solchem Stiche!

– Wie? Ward die Welt nicht eben vollkommen? Rund und reif? O des goldenen runden Reifs – wohin fliegt er wohl? Laufe ich ihm nach! Husch!

Still – –« (und hier dehnte sich Zarathustra und fühlte, daß er schlafe).

»Auf!« sprach er zu sich selber, »du Schläfer! Du Mittagsschläfer! Wohlan, wohlauf, ihr alten Beine! Zeit ist's und Überzeit, manch gut Stück Wegs blieb euch noch zurück –

Nun schlieft ihr euch aus, wie lange doch? Eine halbe Ewigkeit! Wohlan, wohlauf nun, mein altes Herz! Wie lange erst darfst du nach solchem Schlaf – dich auswachen?«

(Aber da schlief er schon von neuem ein, und seine Seele sprach gegen ihn und wehrte sich und legte sich wieder hin) – »Laß mich doch! Still! Ward nicht die Welt eben vollkommen? O des goldnen runden Balls!« –

»Steh auf«, sprach Zarathustra, »du kleine Diebin, du Tagediebin! Wie? Immer noch sich strecken, gähnen, seufzen, hinunterfallen in tiefe Brunnen?

Wer bist du doch! O meine Seele!« (und hier erschrak er, denn ein Sonnenstrahl fiel vom Himmel herunter auf sein Gesicht.)

»O Himmel über mir«, sprach er seufzend und setzte sich aufrecht, »du schaust mir zu? Du horchst meiner wunderlichen Seele zu?

Wann trinkst du diesen Tropfen Taus, der auf alle Erden-Dinge niederfiel – wann trinkst du diese wunderliche Seele –

– wann, Brunnen der Ewigkeit! du heiterer schauerlicher Mittags-Abgrund! wann trinkst du meine Seele in dich zurück?«

Also sprach Zarathustra und erhob sich von seinem Lager am Baume wie aus einer fremden Trunkenheit: und siehe, da stand die Sonne immer noch gerade über seinem Haupte. Es möchte aber einer daraus mit Recht abnehmen, daß Zarathustra damals nicht lange geschlafen habe.

Die Begrüßung

Am späten Nachmittage war es erst, daß Zarathustra, nach langem, umsonstigen Suchen und Umherstreifen, wieder zu seiner Höhle heimkam. Als er aber derselben gegenüberstand, nicht zwanzig Schritt mehr von ihr ferne, da geschah das, was er jetzt am wenigsten erwartete: von neuem hörte er den großen *Notschrei.* Und, erstaunlich! diesmal kam derselbige aus seiner eignen Höhle. Es war aber ein langer vielfältiger seltsamer Schrei, und Zarathustra unterschied deutlich, daß er sich aus vielen Stimmen zusammensetze: mochte er schon, aus der Ferne gehört, gleich dem Schrei aus einem einzigen Munde klingen.

Da sprang Zarathustra auf seine Höhle zu, und siehe! welches Schauspiel erwartete ihn erst nach diesem Hörspiele! Dann da saßen sie allesamt beieinander, an denen er des Tags vorübergegangen war: der König zur Rechten und der König zur Linken, der alte Zauberer, der Papst, der freiwillige Bettler, der Schatten, der Gewissenhafte des Geistes, der traurige Wahrsager und der Esel; der häßlichste Mensch aber hatte sich eine Krone aufgesetzt und zwei Purpurgürtel umgeschlungen – denn er liebte es, gleich allen Häßlichen, sich zu verkleiden und schön zu tun. Inmitten aber dieser betrübten Gesellschaft stand der Adler Zarathustras, gesträubt und unruhig, denn er sollte auf zu vieles antworten, wofür sein Stolz keine Antwort hatte; die kluge Schlange aber hing um seinen Hals.

Dies alles schaute Zarathustra mit großer Verwunderung; dann aber prüfte er jeden einzelnen seiner Gäste mit leutseliger Neugierde, las ihre Seelen ab und wunderte sich von neuem. Inzwischen hatten sich die Versammelten von ihren Sitzen erhoben und warteten mit Ehrfurcht, daß Zarathustra reden werde. Zarathustra aber sprach also:

»Ihr Verzweifelnden! Ihr Wunderlichen! Ich hörte also *euren* Notschrei? Und nun weiß ich auch, wo der zu suchen ist, den ich umsonst heute suchte: *der höhere Mensch* –:

– in meiner eignen Höhle sitzt er, der höhere Mensch! Aber was wundere ich mich! Habe ich ihn nicht selber zu mir gelockt, durch Honig-Opfer und listige Lockrufe meines Glücks?

Doch dünkt mir, ihr taugt euch schlecht zur Gesellschaft, ihr macht einander das Herz unwirsch, ihr Notschreienden, wenn ihr hier beisammen sitzt? Es muß erst einer kommen,

– einer, der euch wieder lachen macht, ein guter fröhlicher Hanswurst, ein Tänzer und Wind und Wildfang, irgendein alter Narr: – was dünket euch?

Vergebt mir doch, ihr Verzweifelnden, daß ich vor euch mit solch kleinen Worten rede, unwürdig, wahrlich, solcher Gäste! Aber ihr erratet nicht, *was* mein Herz mutwillig macht: –

– ihr selber tut es und euer Anblick, vergebt es mir! Jeder nämlich wird mutig, der einem Verzweifelnden zuschaut. Einem Verzweifelnden zuzusprechen – dazu dünkt sich jeder stark genug.

Mir selber gabt ihr diese Kraft – eine gute Gabe, meine hohen Gäste! Ein rechtschaffnes Gastgeschenk! Wohlan, so zürnt nun nicht, daß ich euch auch vom Meinigen anbiete.

Dies hier ist mein Reich und meine Herrschaft: was aber mein ist, für diesen Abend und diese Nacht soll euer sein. Meine Tiere sollen euch dienen: meine Höhle sei eure Ruhestatt!

Bei mir zu Heim und Hause soll keiner verzweifeln, in meinem Reviere schütze ich jeden vor seinen wilden Tieren. Und das ist das erste, was ich euch anbiete: Sicherheit!

Das zweite aber ist: mein kleiner Finger. Und habt ihr *den* erst, so nehmt nur noch die ganze Hand, wohlan! und das Herz dazu! Willkommen hier, willkommen, meine Gastfreunde!«

Also sprach Zarathustra und lachte vor Liebe und Bosheit. Nach dieser Begrüßung verneigten sich seine Gäste abermals und schwiegen ehrfürchtig; der König zur Rechten aber antwortete ihm in ihrem Namen.

»Daran, o Zarathustra, wie du uns Hand und Gruß botest, erkennen wir dich als Zarathustra. Du erniedrigtest dich vor uns; fast tatest du unserer Ehrfurcht wehe –:

– wer aber vermöchte gleich dir sich mit solchem Stolze zu erniedrigen? *Das* richtet uns selber auf, ein Labsal ist es unsern Augen und Herzen.

Dies allein nur zu schaun, stiegen gern wir auf höhere Berge, als dieser Berg ist. Als Schaulustige nämlich kamen wir, wir wollten sehn, was trübe Augen hell macht.

Und siehe, schon ist es vorbei mit allem unsern Notschrein. Schon steht Sinn und Herz uns offen und ist entzückt. Wenig fehlt: und unser Mut wird mutwillig.

Nichts, o Zarathustra, wächst Erfreulicheres auf Erden als ein hoher starker Wille: der ist ihr schönstes Gewächs. Eine ganze Landschaft erquickt sich an *einem* solchen Baume.

Der Pinie vergleiche ich, wer gleich dir, o Zarathustra, aufwächst: lang, schweigend, hart, allein, besten biegsamsten Holzes, herrlich, –

– zuletzt aber hinausgreifend mit starken grünen Ästen nach *seiner* Herrschaft, starke Fragen fragend vor Winden und Wettern und was immer auf Höhen heimisch ist,

– stärker antwortend, ein Befehlender, ein Siegreicher: o wer sollte nicht, solche Gewächse zu schaun, auf hohe Berge steigen?

Deines Baumes hier, o Zarathustra, erlabt sich auch der Düstere, der Mißratene, an deinem Anblicke wird auch der Unstete sicher und heilt sein Herz.

Und wahrlich, zu deinem Berge und Baume richten sich heute viele Augen; eine große Sehnsucht hat sich aufgemacht, und manche lernten fragen: wer ist Zarathustra?

Und wem du jemals dein Lied und deinen Honig ins Ohr geträufelt: alle die Versteckten, die Einsiedler, die Zweisiedler sprachen mit einem Male zu ihrem Herzen:

›Lebt Zarathustra noch? Es lohnt sich nicht mehr zu leben, alles ist gleich, alles ist umsonst: oder – wir müssen mit Zarathustra leben!‹

›Warum kommt er nicht, der sich solange ankündigte?‹ also fragen viele; ›verschlang ihn die Einsamkeit? Oder sollen wir wohl zu ihm kommen?‹

Nun geschieht's, daß die Einsamkeit selber mürbe wird und zerbricht, einem Grabe gleich, das zerbricht und seine Toten nicht mehr halten kann. Überall sieht man Auferstandene.

Nun steigen und steigen die Wellen um deinen Berg, o Zarathustra. Und wie hoch auch deine Höhe ist, viele müssen zu dir hinauf; dein Nachen soll nicht lange mehr im Trocknen sitzen.

Und daß wir Verzweifelnde jetzt in deine Höhle kamen und schon nicht mehr verzweifeln: ein Wahr- und Vorzeichen ist es nur, davon, daß Bessere zu dir unterwegs sind, –

– denn er selber ist zu dir unterwegs, der letzte Rest Gottes unter Menschen, das ist: alle die Menschen der großen Sehnsucht, des großen Ekels, des großen Überdrusses,

– alle, die nicht leben wollen, oder sie lernen wieder *hoffen* – oder sie lernen von dir, o Zarathustra, die *große* Hoffnung!«

Also sprach der König zur Rechten und ergriff die Hand Zarathustras, um sie zu küssen; aber Zarathustra wehrte seiner Verehrung und trat erschreckt zurück, schweigend und plötzlich wie in weite Fernen entfliehend. Nach einer kleinen Weile aber war er schon wieder bei seinen Gästen, blickte sie mit hellen, prüfenden Augen an und sprach:

»Meine Gäste, ihr höheren Menschen, ich will deutsch und deutlich mit euch reden. Nicht auf *euch* wartete ich hier in diesen Bergen.«

(»Deutsch und deutlich? Daß Gott erbarm!« sagte hier der König zur

Linken, beiseite; »man merkt, er kennt die lieben Deutschen nicht, dieser Weise aus dem Morgenlande!

Aber er meint ›deutsch und derb‹ – wohlan! Das ist heutzutage noch nicht der schlimmste Geschmack!«)

»Ihr mögt wahrlich insgesamt höhere Menschen sein«, fuhr Zarathustra fort, »aber für mich – seid ihr nicht hoch und stark genug.

Für mich, das heißt: für das Unerbittliche, das in mir schweigt, aber nicht immer schweigen wird. Und gehört ihr zu mir, so doch nicht als mein rechter Arm.

Wer nämlich selber auf kranken und zarten Beinen steht, gleich euch, der will vor allem, ob er's weiß oder sich verbirgt: daß er *geschont* werde.

Meine Arme und meine Beine aber schone ich nicht, *ich schone meine Krieger nicht*: wieso könntet ihr zu *meinem* Kriege taugen?

Mit euch verdürbe ich mir jeden Sieg noch. Und mancher von euch fiele schon um, wenn er nur den lauten Schall meiner Trommeln hörte.

Auch seid ihr mir nicht schön genug und wohlgeboren. Ich brauche reine glatte Spiegel für meine Lehren; auf eurer Oberfläche verzerrt sich noch mein eignes Bildnis.

Eure Schultern drückt manche Last, manche Erinnerung; manch schlimmer Zwerg hockt in euren Winkeln. Es gibt verborgenen Pöbel auch in euch.

Und seid ihr auch hoch und höherer Art: vieles an euch ist krumm und mißgestaltet. Da ist kein Schmied in der Welt, der euch mir zurecht und gerade schlüge.

Ihr seid nur Brücken: mögen Höhere auf euch hinüberschreiten! Ihr bedeutet Stufen: so zürnt dem nicht, der über euch hinweg in *seine* Höhe steigt!

Aus eurem Samen mag auch mir einst ein echter Sohn und vollkommener Erbe wachsen: aber das ist ferne. Ihr selber seid die nicht, welchen mein Erbgut und Name zugehört.

Nicht auf euch warte ich hier in diesen Bergen, nicht mit euch darf ich zum letzten Male niedersteigen. Als Vorzeichen kamt ihr mir nur, daß schon Höhere zu mir unterwegs sind, –

– *nicht* die Menschen der großen Sehnsucht, des großen Ekels, des großen Überdrusses und das, was ihr den Überrest Gottes nanntet.

– Nein! Nein! Dreimal nein! Auf *andere* warte ich hier in diesen Bergen und will meinen Fuß nicht ohne sie von dannen heben,

– auf Höhere, Stärkere, Sieghaftere, Wohlgemutere, solche, die rechtwinklig gebaut sind an Leib und Seele: *lachende Löwen* müssen kommen!

O, meine Gastfreunde, ihr Wunderlichen – hörtet ihr noch nichts von meinen Kindern? Und daß sie zu mir unterwegs sind?

Sprecht mir doch von meinen Gärten, von meinen glückseligen Inseln, von meiner neuen schönen Art – warum sprecht ihr mir nicht davon?

Dies Gastgeschenk erbitte ich mir von eurer Liebe, daß ihr mir von meinen Kindern sprecht. Hierzu bin ich reich, hierzu ward ich arm: was gab ich nicht hin,

– was gäbe ich nicht hin, daß ich eins hätte: *diese* Kinder, *diese* lebendige Pflanzung, *diese* Lebensbäume meines Willens und meiner höchsten Hoffnung!«

Also sprach Zarathustra und hielt plötzlich inne in seiner Rede: denn ihn überfiel seine Sehnsucht, und er schloß Augen und Mund vor der Bewegung seines Herzens. Und auch alle seine Gäste schwiegen und standen still und bestürzt: nur daß der alte Wahrsager mit Händen und Gebärden Zeichen gab.

Das Abendmahl

An dieser Stelle nämlich unterbrach der Wahrsager die Begrüßung Zarathustras und seiner Gäste: er drängte sich vor, wie einer, der keine Zeit zu verlieren hat, faßte die Hand Zarathustras und rief: »Aber Zarathustra!

Eins ist notwendiger als das andre, so redest du selber: wohlan, eins ist *mir* jetzt notwendiger als alles andere.

Ein Wort zur rechten Zeit: hast du mich nicht zum *Mahle* eingeladen? Und hier sind viele, die lange Wege machten. Du willst uns doch nicht mit Reden abspeisen?

Auch gedachtet ihr alle mir schon zu viel des Erfrierens, Ertrinkens, Erstickens und anderer Leibes-Notstände: keiner aber gedachte *meines* Notstandes, nämlich des Verhungerns –«

(Also sprach der Wahrsager; wie die Tiere Zarathustras aber diese Worte hörten, liefen sie vor Schrecken davon. Denn sie sahen, daß, was sie auch am Tage heimgebracht hatten, nicht genug sein werde, den einen Wahrsager zu stopfen.)

»Eingerechnet das Verdursten«, fuhr der Wahrsager fort. »Und ob ich schon Wasser hier plätschern höre, gleich Reden der Weisheit, nämlich reichlich und unermüdlich: ich – will *Wein*!

Nicht jeder ist gleich Zarathustra ein geborner Wassertrinker. Wasser taugt auch nicht für Müde und Verwelkte: *uns* gebührt Wein – *der* erst gibt plötzliches Genesen und stegreife Gesundheit!«

Bei dieser Gelegenheit, da der Wahrsager nach Wein begehrte, geschah es, daß auch der König zur Linken, der Schweigsame, einmal zu Worte kam. »Für Wein«, sprach er, »trugen *wir* Sorge, ich samt meinem Bruder, dem Könige zur Rechten: wir haben Weins genug – einen ganzen Esel voll. So fehlt nichts als Brot.«

»Brot?« entgegnete Zarathustra und lachte dazu. »Nur gerade Brot haben Einsiedler nicht. Aber der Mensch lebt nicht vom Brot allein, sondern auch vom Fleische guter Lämmer, deren ich zwei habe:

– *Die* soll man geschwinde schlachten und würzig, mit Salbei, zubereiten: so liebe ich's. Und auch an Wurzeln und Früchten fehlt es nicht, gut genug selbst für Lecker- und Schmeckerlinge; noch an Nüssen und andern Rätseln zum Knacken.

Also wollen wir in Kürze eine gute Mahlzeit machen. Wer aber mit essen will, muß auch mit Hand anlegen, auch die Könige. Bei Zarathustra nämlich darf auch ein König Koch sein.«

Mit diesem Vorschlage war allen nach dem Herzen geredet: nur daß der freiwillige Bettler sich gegen Fleisch und Wein und Würzen sträubte.

»Nun hört mir doch diesen Schlemmer Zarathustra!« sagte er scherzhaft, »geht man dazu in Höhlen und Hoch-Gebirge, daß man solche Mahlzeiten macht?

Nun freilich verstehe ich, was er einst uns lehrte: ›Gelobt sei die kleine Armut!‹ und warum er die Bettler abschaffen will.«

»Sei guter Dinge«, antwortete ihm Zarathustra, »wie ich es bin. Bleibe bei deiner Sitte, du Trefflicher, malme deine Körner, trink dein Wasser, lobe deine Küche: wenn sie dich nur fröhlich macht!

Ich bin ein Gesetz nur für die Meinen, ich bin kein Gesetz für alle. Wer aber zu mir gehört, der muß von starken Knochen sein, auch von leichten Füßen, –

– lustig zu Kriegen und Festen, kein Düsterling, kein Traum-Hans, bereit zum Schwersten wie zu seinem Feste, gesund und heil.

Das Beste gehört den Meinen und mir; und gibt man's uns nicht, so nehmen wir's: die beste Nahrung, den reinsten Himmel, die stärksten Gedanken, die schönsten Fraun!« –

Also sprach Zarathustra; der König zur Rechten aber entgegnete: »Seltsam! Vernahm man je solche kluge Dinge aus dem Munde eines Weisen?

Und wahrlich, das ist das Seltsamste an einem Weisen, wenn er zu alledem auch noch klug und kein Esel ist.«

Also sprach der König zur Rechten und wunderte sich; der Esel aber sagte zu seiner Rede mit bösem Willen I-A. Dies aber war der Anfang von jener langen Mahlzeit, welche »das Abendmahl« in den Historien-Büchern genannt wird. Bei derselben wurde von nichts anderem geredet als *vom höheren Menschen.*

Vom höheren Menschen

1

Als ich zum ersten Male zu den Menschen kam, da tat ich die Einsiedler-Torheit, die große Torheit: ich stellte mich auf den Markt.

Und als ich zu allen redete, redete ich zu keinem. Des Abends aber waren Seiltänzer meine Genossen, und Leichname; und ich selber fast ein Leichnam.

Mit dem neuen Morgen aber kam mir eine neue Wahrheit: da lernte ich sprechen »Was geht mich Markt und Pöbel und Pöbel-Lärm und lange Pöbel-Ohren an!«

Ihr höheren Menschen, dies lernt von mir: auf dem Markt glaubt niemand an höhere Menschen. Und wollt ihr dort reden, wohlan! Der Pöbel aber blinzelt »wir sind alle gleich«.

»Ihr höheren Menschen« – so blinzelt der Pöbel – »es gibt keine höheren Menschen, wir sind alle gleich, Mensch ist Mensch, vor Gott – sind wir alle gleich!«

Vor Gott! – Nun aber starb dieser Gott. Vor dem Pöbel aber wollen wir nicht gleich sein. Ihr höheren Menschen, geht weg vom Markt!

2

Vor Gott! – Nun aber starb dieser Gott! Ihr höheren Menschen, dieser Gott war eure größte Gefahr.

Seit er im Grabe liegt, seid ihr erst wieder auferstanden. Nun erst kommt der große Mittag, nun erst wird der höhere Mensch – Herr!

Verstandet ihr dies Wort, o meine Brüder? Ihr seid erschreckt: wird euren Herzen schwindlig? Klafft euch hier der Abgrund: Kläfft euch hier der Höllenhund?

Wohlan! Wohlauf! Ihr höheren Menschen! Nun erst kreißt der Berg der Menschen-Zukunft. Gott starb: nun wollen *wir* – daß der Übermensch lebe.

3

Die Sorglichsten fragen heute: »wie bleibt der Mensch erhalten?« Zarathustra aber fragt als der einzige und erste: »wie wird der Mensch *überwunden*?«

Der Übermensch liegt mir am Herzen, *der* ist mein erstes und einziges – und *nicht* der Mensch: nicht der Nächste, nicht der Ärmste, nicht der Leidendste, nicht der Beste. –

O meine Brüder, was ich lieben kann am Menschen, das ist, daß er ein Übergang ist und ein Untergang. Und auch an euch ist vieles, das mich lieben und hoffen macht.

Daß ihr verachtetet, ihr höheren Menschen, das macht mich hoffen. Die großen Verachtenden nämlich sind die großen Verehrenden.

Daß ihr verzweifeltet, daran ist viel zu ehren. Denn ihr lerntet nicht, wie ihr euch ergäbet, ihr lernet die kleinen Klugheiten nicht.

Heute nämlich wurden die kleinen Leute Herr: die predigen alle Ergebung und Bescheidung und Klugheit und Fleiß und Rücksicht und das lange Und-so-weiter der kleinen Tugenden.

Was von Weibsart ist, was von Knechtsart stammt und sonderlich der Pöbel-Mischmasch: *Das* will nun Herr werden alles Menschen-Schicksals – o Ekel! Ekel! Ekel!

Das frägt und frägt und wird nicht müde: »wie erhält sich der Mensch, am besten, am längsten, am angenehmsten?« Damit – sind sie die Herren von heute.

Diese Herren von heute überwindet mir, o meine Brüder – diese kleinen Leute: *die* sind des Übermenschen größte Gefahr!

Überwindet mir, ihr höheren Menschen, die kleinen Tugenden, die kleinen Klugheiten, die Sandkorn-Rücksichten, den Ameisen-Kribbelkram, das erbärmliche Behagen, das »Glück der meisten« –!

Und lieber verzweifelt, als daß ihr euch ergebt. Und, wahrlich, ich liebe euch dafür, daß ihr heute nicht zu leben wißt, ihr höheren Menschen! So nämlich lebt *ihr* – am besten!

4

Habt ihr Mut, o meine Brüder? Seid ihr herzhaft? *Nicht* Mut vor Zeugen, sondern Einsiedler- und Adler-Mut, dem auch kein Gott mehr zusieht?

Kalte Seelen, Maultiere, Blinde, Trunkene heißen mir nicht herzhaft. Herz hat, wer Furcht kennt, aber Furcht *zwingt*; wer den Abgrund sieht, aber mit *Stolz*.

Wer den Abgrund sieht, aber mit Adlers-Augen, – wer mit Adlers-Krallen den Abgrund *faßt*: der hat Mut. – –

5

»Der Mensch ist böse« – so sprachen mir zum Troste alle Weisesten. Ach, wenn es heute nur noch wahr ist! Denn das Böse ist des Menschen beste Kraft.

»Der Mensch muß besser und böser werden« – so lehre *ich*. Das Böseste ist nötig zu des Übermenschen Bestem.

Das mochte gut sein für jenen Prediger der kleinen Leute, daß er litt und trug an des Menschen Sünde. Ich aber erfreue mich der großen Sünde als meines großen *Trostes*. –

Solches ist aber nicht für lange Ohren gesagt. Jedwedes Wort gehört auch nicht in jedes Maul. Das sind feine ferne Dinge: nach denen sollen nicht Schafs-Klauen greifen!

6

Ihr höheren Menschen, meint ihr, ich sei da, gut zu machen, was ihr schlecht machtet?

Oder ich wollte fürderhin euch Leidende bequemer betten? Oder euch Unsteten, Verirrten, Verkletterten neue leichtere Fußsteige zeigen?

Nein! Nein! Dreimal nein! Immer mehr, immer Bessere eurer Art sollen zugrunde gehn – denn ihr sollt es immer schlimmer und härter haben. So allein –

– so allein wächst der Mensch in die Höhe, wo der Blitz ihn trifft und zerbricht: hoch genug für den Blitz!

Auf Weniges, auf Langes, auf Fernes geht mein Sinn und meine Sehnsucht: was ginge mich euer kleines, vieles, kurzes Elend an!

Ihr leidet mir noch nicht genug! Denn ihr leidet an euch, ihr littet noch nicht *am Menschen*. Ihr würdet lügen, wenn ihr's anders sagtet! Ihr leidet alle nicht, woran *ich* litt. – –

7

Es ist mir nicht genug, daß der Blitz nicht mehr schadet. Nicht ableiten will ich ihn: er soll lernen für *mich* – arbeiten. –

Meine Weisheit sammelt sich lange schon gleich einer Wolke, sie wird stiller und dunkler. So tut jede Weisheit, welche einst *Blitze* gebären soll. –

Diesen Menschen von heute will ich nicht *Licht* sein, nicht Licht heißen. *Die* – will ich blenden. Blitz meiner Weisheit! stich ihnen die Augen aus!

8

Wollt nichts über euer Vermögen: es gibt eine schlimme Falschheit bei solchen, die über ihr Vermögen wollen.

Sonderlich, wenn sie große Dinge wollen! Denn sie wecken Mißtrauen gegen große Dinge, diese feinen Falschmünzer und Schauspieler: –

– bis sie endlich falsch vor sich selber sind, schieläugig, übertünchter Wurmfraß, bemäntelt durch starke Worte, durch Aushänge-Tugenden, durch glänzende falsche Werke.

Habt da eine gute Vorsicht, ihr höheren Menschen! Nichts nämlich gilt mir heute kostbarer und seltner als Redlichkeit.

Ist dies Heute nicht des Pöbels? Pöbel aber weiß nicht, was groß, was klein, was gerade und redlich ist: der ist unschuldig krumm, der lügt immer.

9

Habt heute ein gutes Mißtrauen, ihr höheren Menschen, ihr Beherzten! Ihr Offenherzigen! Und haltet eure Gründe geheim! Dies Heute nämlich ist des Pöbels.

Was der Pöbel ohne Gründe einst glauben lernte, wer könnte ihm durch Gründe das – umwerfen?

Und auf dem Markte überzeugt man mit Gebärden. Aber Gründe machen den Pöbel mißtrauisch.

Und wenn da einmal die Wahrheit zum Siege kam, so fragt euch mit gutem Mißtrauen: »welch starker Irrtum hat für sie gekämpft?«

Hütet euch auch vor den Gelehrten! Die hassen euch: denn sie sind unfruchtbar! Sie haben kalte vertrocknete Augen, vor ihnen liegt jeder Vogel entfedert.

Solche brüsten sich damit, daß sie nicht lügen: aber Ohnmacht zur Lüge ist lange noch nicht Liebe zur Wahrheit. Hütet euch!

Freiheit von Fieber ist lange noch nicht Erkenntnis! Ausgekälteten Geistern glaube ich nicht. Wer nicht lügen kann, weiß nicht, was Wahrheit ist.

10

Wollt ihr hoch hinaus, so braucht die eignen Beine! Laßt euch nicht empor *tragen*, setzt euch nicht auf fremde Rücken und Köpfe!

Du aber stiegst zu Pferde? Du reitest nun hurtig hinauf zu deinem Ziele? Wohlan, mein Freund! Aber dein lahmer Fuß sitzt auch mit zu Pferde!

Wenn du an deinem Ziele bist, wenn du von deinem Pferde springst: auf deiner *Höhe* gerade, du höherer Mensch – wirst du stolpern!

11

Ihr Schaffenden, ihr höheren Menschen! Man ist nur für das eigne Kind schwanger.

Laßt euch nichts vorreden, einreden! Wer ist denn *euer* Nächster? Und handelt ihr auch »für den Nächsten« – ihr schafft doch nicht für ihn!

Verlernt mir doch dies »Für«, ihr Schaffenden: eure Tugend gerade will es, daß ihr kein Ding mit »für« und »um« und »weil« tut. Gegen diese falschen kleinen Worte sollt ihr euer Ohr zukleben.

Das »für den Nächsten« ist die Tugend nur der kleinen Leute: da heißt es »gleich und gleich« und »Hand wäscht Hand« – sie haben nicht Recht nocht Kraft zu *eurem* Eigennutz!

In eurem Eigennutz, ihr Schaffenden, ist der Schwangeren Vorsicht und Vorsehung! Was niemand noch mit Augen sah, die Frucht: die schirmt und schont und nährt eure ganze Liebe.

Wo eure ganze Liebe ist, bei eurem Kinde, da ist auch eure ganze Tugend! Euer Werk, euer Wille ist *euer* »Nächster«: laßt euch keine falschen Werte einreden!

12

Ihr Schaffenden, ihr höheren Menschen! Wer gebären muß, der ist krank; wer aber geboren hat, ist unrein.

Fragt die Weiber: man gebiert nicht, weil es Vergnügen macht. Der Schmerz macht Hühner und Dichter gackern.

Ihr Schaffenden, an euch ist viel Unreines. Das macht, ihr mußtet Mütter sein.

Ein neues Kind: o, wie viel neuer Schmutz kam auch zur Welt! Geht beiseite! Und wer geboren hat, soll seine Seele rein waschen!

13

Seid nicht tugendhaft über eure Kräfte! Und wollt nichts von euch wider die Wahrscheinlichkeit!

Geht in die Fußstapfen, wo schon eurer Väter Tugend ging! Wie wolltet ihr hoch steigen, wenn nicht eurer Väter Wille mit euch steigt?

Wer aber Erstling sein will, sehe zu, daß er nicht auch Letztling werde! Und wo die Laster eurer Väter sind, darin sollt ihr nicht Heilige bedeuten wollen!

Wessen Väter es mit Weibern hielten und mit starken Weinen und Wildschweinen: was wäre es, wenn der von sich Keuschheit wollte?

Eine Narrheit wäre es! Viel, wahrlich, dünkt es mich für einen solchen, wenn er *eines* oder zweier oder dreier Weiber Mann ist.

Und stiftete er Klöster und schriebe über die Tür: »der Weg zum Heiligen« – ich spräche doch: wozu! es ist eine neue Narrheit!

Er stiftete sich selber ein Zucht- und Fluchthaus: wohl bekomm's! Aber ich glaube nicht daran.

In der Einsamkeit wächst, was einer in sie bringt, auch das innere Vieh. Solchergestalt widerrät sich vielen die Einsamkeit.

Gab es Schmutzigeres bisher auf Erden als Wüsten-Heilige? Um *die* herum war nicht nur der Teufel los – sondern auch das Schwein.

14

Scheu, beschämt, ungeschickt, einem Tiger gleich, dem der Sprung mißriet: also, ihr höheren Menschen, sah ich oft euch beiseite schleichen. Ein *Wurf* mißriet euch.

Aber, ihr Würfelspieler, was liegt daran! Ihr lerntet nicht spielen und spotten, wie man spielen und spotten muß! Sitzen wir nicht immer an einem großen Spott- und Spieltische?

Und wenn euch Großes mißriet, seid ihr selber darum – mißraten? Und mißrietet ihr selber, mißriet darum – der Mensch? Mißriet aber der Mensch: wohlan! wohlauf!

15

Je höher von Art, je seltener gerät ein Ding. Ihr höheren Menschen hier, seid ihr nicht alle – mißgeraten?

Seid guten Muts, was liegt daran! Wie vieles ist noch möglich! Lernt über euch selber lachen, wie man lachen muß!

Was Wunders auch, daß ihr mißrietet und halb gerietet, ihr Halbzerbrochenen! Drängt und stößt sich nicht in euch – des Menschen *Zukunft*?

Des Menschen Fernstes, Tiefstes, Sternen-Höchstes, seine ungeheure Kraft: schäumt das nicht alles gegeneinander in eurem Topfe?

Was Wunders, daß mancher Topf zerbricht! Lernt über euch lachen, wie man lachen muß! Ihr höheren Menschen, o wie vieles ist noch möglich!

Und wahrlich, wie viel geriet schon! Wie reich ist diese Erde an kleinen guten vollkommenen Dingen, an Wohlgeratenem!

Stellt kleine gute vollkommene Dinge um euch, ihr höheren Menschen! Deren goldene Reife heilt das Herz. Vollkommnes lehrt hoffen.

16

Welches war hier auf Erden bisher die größte Sünde? War es nicht das Wort dessen, der sprach: »Wehe denen, die hier lachen!«

Fand er zum Lachen auf der Erde selber keine Gründe? So suchte er nur schlecht. Ein Kind findet hier noch Gründe.

Der – liebte nicht genug: sonst hätte er auch uns geliebt, die Lachenden! Aber er haßte und höhnte uns, Heulen und Zähneklappern verhieß er uns.

Muß man denn gleich fluchen, wo man nicht liebt? Das – dünkt mich ein schlechter Geschmack. Aber so tat er, dieser Unbedingte. Er kam vom Pöbel.

Und er selber liebte nur nicht genug: sonst hätte er weniger gezürnt, daß man ihn nicht liebe. Alle große Liebe *will* nicht Liebe – die will mehr.

Geht aus dem Wege allen solchen Unbedingten! Das ist eine arme kranke Art, eine Pöbel-Art: die sehn schlimm diesem Leben zu, sie haben den bösen Blick für diese Erde.

Geht aus dem Wege allen solchen Unbedingten! Sie haben schwere Füße und schwüle Herzen – sie wissen nicht zu tanzen. Wie möchte solchen wohl die Erde leicht sein!

17

Krumm kommen alle guten Dinge ihrem Ziele nahe. Gleich Katzen machen sie Buckel, sie schnurren innewendig vor ihrem nahen Glücke – alle guten Dinge lachen.

Der Schritt verrät, ob einer schon auf *seiner* Bahn schreitet: so seht mich gehn! Wer aber seinem Ziele nahe kommt, der tanzt.

Und, wahrlich, zum Standbild ward ich nicht, noch stehe ich nicht da, starr, stumpf, steinern, eine Säule; ich liebe geschwindes Laufen.

Und wenn es auf Erden auch Moor und dicke Trübsal gibt: wer leichte Füße hat, läuft über Schlamm noch hinweg und tanzt wie auf gefegtem Eise.

Erhebt eure Herzen, meine Brüder, hoch! höher! Und vergeßt mir auch die Beine nicht! Erhebt auch eure Beine, ihr guten Tänzer, und besser noch: ihr steht auch auf dem Kopf!

18

Diese Krone des Lachenden, diese Rosenkranz-Krone: ich selber setzte mir diese Krone auf, ich selber sprach heilig mein Gelächter. Keinen anderen fand ich heute stark genug dazu.

Zarathustra der Tänzer, Zarathustra der Leichte, der mit den Flügeln winkt, ein Flugbereiter, allen Vögeln zuwinkend, bereit und fertig, ein Selig-Leichtfertiger: –

Zarathustra der Wahrsager, Zarathustra der Wahrlacher, kein Ungeduldiger, kein Unbedingter, einer, der Sprünge und Seitensprünge liebt; ich selber setzte mir diese Krone auf!

19

Erhebt eure Herzen, meine Brüder, hoch! höher! Und vergeßt mir auch die Beine nicht! Erhebt auch eure Beine, ihr guten Tänzer, und besser noch: ihr steht auch auf dem Kopf!

Es gibt auch im Glück schweres Getier, es gibt Plumpfüßler von Anbeginn. Wunderlich mühn sie sich ab, einem Elefanten gleich, der sich müht auf dem Kopf zu stehn.

Besser aber noch närrisch sein vor Glücke als närrisch vor Unglücke, besser plump tanzen, als lahm gehn. So lernt mir doch meine Weisheit ab: auch das schlimmste Ding hat zwei gute Kehrseiten, –

– auch das schlimmste Ding hat gute Tanzbeine: so lernt mir doch euch selbst, ihr höheren Menschen, auf eure rechten Beine stellen!

So verlernt mir doch Trübsal-Blasen und alle Pöbel-Traurigkeit! O wie traurig dünken mich heute des Pöbels Hanswürste noch! Dies Heute aber ist des Pöbels.

20

Dem Winde tut mir gleich, wenn er aus seinen Berghöhlen stürzt: nach seiner eignen Pfeife will er tanzen, die Meere zittern und hüpfen unter seinen Fußtapfen.

Der den Eseln Flügel gibt, der Löwinnen melkt, gelobt sei dieser gute unbändige Geist, der allem Heute und allem Pöbel wie ein Sturmwind kommt, –

– der Distel- und Tiftelköpfen feind ist und allen welken Blättern und Unkräutern: gelobt sei dieser wilde gute freie Sturmgeist, welcher auf Mooren und Trübsalen wie auf Wiesen tanzt!

Der die Pöbel-Schwindhunde haßt und alles mißratene düstere Gezücht: gelobt sei dieser Geist aller freien Geister, der lachende Sturm, welcher allen Schwarzsichtigen, Schwärsüchtigen Staub in die Augen bläst!

Ihr höheren Menschen, euer Schlimmstes ist: ihr lerntet alle nicht tanzen, wie man tanzen muß – über euch hinweg tanzen! Was liegt daran, daß ihr mißrietet!

Wie vieles ist noch möglich! So *lernt* doch über euch hinweg lachen!

Erhebt eure Herzen, ihr guten Tänzer, hoch! höher! Und vergeßt mir auch das gute Lachen nicht!

Diese Krone des Lachenden, diese Rosenkranz-Krone: euch, meinen Brüdern, werfe ich diese Krone zu! Das Lachen sprach ich heilig; ihr höheren Menschen, *lernt* mir – lachen!

Das Lied der Schwermut

1

Als Zarathustra diese Reden sprach, stand er nahe dem Eingange seiner Höhle; mit den letzten Worten aber entschlüpfte er seinen Gästen und floh für eine kurze Weile ins Freie.

»O reine Gerüche um mich«, rief er aus, »o selige Stille um mich! Aber wo sind meine Tiere? Heran, heran, mein Adler und meine Schlange!

Sagt mir doch, meine Tiere: diese höheren Menschen insgesamt – *riechen* sie vielleicht nicht gut? O reine Gerüche um mich! Jetzo weiß und fühle ich erst, wie ich euch, meine Tiere, liebe.«

– Und Zarathustra sprach nochmals: »ich liebe euch, meine Tiere!« Der Adler aber und die Schlange drängten sich an ihn, als er diese Worte sprach, und sahen zu ihm hinauf. Solchergestalt waren sie zu drei still beisammen und schnüffelten und schlürften miteinander die gute Luft. Denn die Luft war hier draußen besser als bei den höheren Menschen.

2

Kaum aber hatte Zarathustra seine Höhle verlassen, da erhob sich der alte Zauberer, sah listig umher und sprach: »Er ist hinaus!

Und schon, ihr höheren Menschen – daß ich euch mit diesem Lob- und Schmeichel-Namen kitzle, gleich ihm selber – schon fällt mich mein schlimmer Trug- und Zaubergeist an, mein schwermütiger Teufel,

– welcher diesem Zarathustra ein Widersacher ist aus dem Grunde: vergebt es ihm! Nun *will* er vor euch zaubern, er hat gerade *seine* Stunde; umsonst ringe ich mit diesem bösen Geiste.

Euch allen, welche Ehren ihr euch mit Worten geben mögt, ob ihr euch ›die freien Geister‹ nennt oder ›die Wahrhaftigen‹ oder ›die Büßer des Geistes‹ oder ›die Entfesselten‹ oder ›die großen Sehnsüchtigen‹ –

– euch allen, die ihr *am großen Ekel* leidet gleich mir, denen der alte Gott starb und noch kein neuer Gott in Wiegen und Windeln liegt, – euch allen ist mein böser Geist und Zauber-Teufel hold.

Ich kenne euch, ihr höheren Menschen, ich kenne ihn – ich kenne auch diesen Unhold, den ich wider Willen liebe, diesen Zarathustra: er selber dünkt mich öfter gleich einer schönen Heiligen-Larve,

– gleich einem neuen wunderlichen Mummenschanze, in dem sich mein böser Geist, der schwermütige Teufel, gefällt – ich liebe Zarathustra, so dünkt mich oft, um meines bösen Geistes willen. –

Aber schon fällt *der* mich an und zwingt mich, dieser Geist der Schwermut, dieser Abend-Dämmerungs-Teufel: und, wahrlich, ihr höheren Menschen, es gelüstet ihn –

– macht nur die Augen auf! – es gelüstet ihn, *nackt* zu kommen, ob männlich, ob weiblich, noch weiß ich's nicht: aber er kommt, er zwingt mich, wehe! macht eure Sinne auf!

Der Tag klingt ab, allen Dingen kommt nun der Abend, auch den besten Dingen; hört nun und seht, ihr höheren Menschen, welcher Teufel, ob Mann, ob Weib, dieser Geist der Abend-Schwermut ist!«

Also sprach der alte Zauberer, sah listig umher und griff dann zu seiner Harfe.

3

Bei abgehellter Luft,
Wenn schon des Taus Tröstung
Zur Erde niederquillt,
Unsichtbar, auch ungehört –
Denn zartes Schuhwerk trägt
Der Tröster Tau gleich allen Trost-Milden –:
Gedenkst du da, gedenkst du, heißes Herz,
Wie einst du durstetest,
Nach himmlischen Tränen und Tau-Geträufel
Versengt und müde durstetest,
Dieweil auf gelben Gras-Pfaden
Boshaft abendliche Sonnenblicke
Durch schwarze Bäume um dich liefen,
Blendende Sonnen-Glutblicke, schadenfrohe?

»Der *Wahrheit* Freier? Du?« – so höhnten sie –
»Nein! Nur ein Dichter!
Ein Tier, ein listiges, raubendes, schleichendes,
Das lügen muß,
Das wissentlich, willentlich lügen muß:
Nach Beute lüstern,
Bunt verlarvt,
Sich selber Larve,
Sich selbst zur Beute –

Das – der Wahrheit Freier?
Nein! Nur Narr! Nur Dichter!
Nur Buntes redend,
Aus Narren-Larven bunt herausschreiend,
Herumsteigend auf lügnerischen Wort-Brücken,
Auf bunten Regenbogen,
Zwischen falschen Himmeln
Und falschen Erden,
Herumschweifend, herumschwebend, –
Nur Narr! *Nur* Dichter!

Das – der Wahrheit Freier?
Nicht still, starr, glatt, kalt,
Zum Bilde worden,
Zur Gottes-Säule,
Nicht aufgestellt vor Tempeln,
Eines Gottes Türwart:
Nein! feindselig solchen Wahrheits-Standbildern,
In jeder Wildnis heimischer als vor Tempeln,
Voll Katzen-Mutwillens,
Durch jedes Fenster springend
Husch! in jeden Zufall,
Jedem Urwalde zuschnüffelnd,
Süchtig-sehnsüchtig zuschnüffelnd,
Daß du in Urwäldern
Unter buntgefleckten Raubtieren
Sündlich-gesund und bunt und schön liefest,
Mit lüsternen Lefzen,
Selig-höhnisch, selig-höllisch, selig-blutgierig,
Raubend, schleichend, lugend liefest: –

Oder dem Adler gleich, der lange,
Lange starr in Abgründe blickt,
In *seine* Abgründe: – –
O wie sie sich hier hinab,
Hinunter, hinein,
In immer tiefere Tiefen ringeln! –
Dann,
Plötzlich, geraden Zugs,
Gezückten Flugs,
Auf *Lämmer* stoßen,
Jach hinab, heißhungrig,
Nach Lämmern lüstern,

Gram allen Lamms-Seelen,
Grimmig-gram allem, was blickt
Schafmäßig, lammäugig, krauswollig,
Grau, mit Lamms-Schaf-Wohlwollen!

Also
Adlerhaft, pantherhaft
Sind des Dichters Sehnsüchte,
Sind *deine* Sehnsüchte unter tausend Larven,
Du Narr! Du Dichter!

Der du den Menschen schautest
So Gott als Schaf –:
Den Gott *zerreißen* im Menschen
Wie das Schaf im Menschen,
Und zerreißend *lachen* –

Das, das ist deine Seligkeit!
Eines Panthers und Adlers Seligkeit!
Eines Dichters und Narren Seligkeit!« – –

Bei abgehellter Luft,
Wenn schon des Monds Sichel
Grün zwischen Purpurröten
Und neidisch hinschleicht:
– dem Tage feind,
Mit jedem Schritte heimlich
An Rosen-Hängematten
Hinsichelnd, bis sie sinken,
Nacht-abwärts blaß hinabsinken: –

So sank ich selber einstmals
Aus meinem Wahrheits-Wahnsinne,
Aus meinen Tages-Sehnsüchten,
Des Tages müde, krank vom Lichte,
– sank abwärts, abendwärts, schattenwärts:
Von einer Wahrheit
Verbrannt und durstig:
– gedenkst du noch, gedenkst du, heißes Herz,
Wie da du durstetest? –
Daß ich verbannt sei
Von aller Wahrheit,
Nur Narr!
Nur Dichter!

Von der Wissenschaft

Also sang der Zauberer; und alle, die beisammen waren, gingen gleich Vögeln unvermerkt in das Netz seiner listigen und schwermütigen Wollust. Nur der Gewissenhafte des Geistes war nicht eingefangen: er nahm flugs dem Zauberer die Harfe weg und rief: »Luft! Laßt gute Luft herein! Laßt Zarathustra herein! Du machst diese Höhle schwül und giftig, du schlimmer alter Zauberer!

Du verführst, du Falscher, Feiner, zu unbekannten Begierden und Wildnissen. Und wehe, wenn solche wie du von der *Wahrheit* Redens und Wesens machen!

Wehe allen freien Geistern, welche nicht vor *solchen* Zauberern auf der Hut sind! Dahin ist es mit ihrer Freiheit: du lehrst und lockst zurück in Gefängnisse, –

– du alter schwermütiger Teufel, aus deiner Klage klingt eine Lockpfeife, du gleichst solchen, welche mit ihrem Lobe der Keuschheit heimlich zu Wollüsten laden!«

Also sprach der Gewissenhafte; der alte Zauberer aber blickte um sich, genoß seines Sieges und verschluckte darüber den Verdruß, welchen ihm der Gewissenhafte machte. »Sei still!« sagte er mit bescheidener Stimme, »gute Lieder wollen gut widerhallen; nach guten Liedern soll man lange schweigen.

So tun es diese alle, die höheren Menschen. Du aber hast wohl wenig von meinem Lied verstanden? In dir ist wenig von einem Zaubergeiste.«

»Du lobst mich«, entgegnete der Gewissenhafte, »indem du mich von dir abtrennst, wohlan! Aber ihr anderen, was sehe ich? Ihr sitzt alle noch mit lüsternen Augen da –:

Ihr freien Seelen, wohin ist eure Freiheit! Fast, dünkt mich's, gleicht ihr solchen, die lange schlimmen tanzenden nackten Mädchen zusahn: eure Seelen tanzen selber!

In euch, ihr höheren Menschen, muß mehr von dem sein, was der Zauberer seinen bösen Zauber- und Truggeist nennt – wir müssen wohl verschieden sein.

Und wahrlich, wir sprachen und dachten genug mitsammen, ehe Zarathustra heimkam zu seiner Höhle, als daß ich nicht wüßte: wir *sind* verschieden.

Wir *suchen* Verschiednes auch hier oben, ihr und ich. Ich nämlich suche mehr *Sicherheit,* deshalb kam ich zu Zarathustra. Der nämlich ist noch der festeste Turm und Wille –

– heute, wo alles wackelt, wo alle Erde bebt. Ihr aber, wenn ich eure Augen sehe, die ihr macht, fast dünkt mich's, ihr sucht *mehr Unsicherheit,*

– mehr Schauder, mehr Gefahr, mehr Erdbeben. Euch gelüstet, fast dünkt mich's so, vergebt meinem Dünkel, ihr höheren Menschen –

– euch gelüstet nach dem schlimmsten gefährlichsten Leben, das *mir* am meisten Furcht macht, nach dem Leben wilder Tiere, nach Wäldern, Höhlen, steilen Bergen und Irr-Schlünden.

Und nicht die Führer *aus* der Gefahr gefallen euch am besten, sondern die euch von allen Wegen abführen, die Verführer. Aber, wenn solch Gelüsten an euch *wirklich* ist, so dünkt es mich trotzdem *unmöglich.*

Furcht nämlich – das ist des Menschen Erb- und Grundgefühl; aus der Furcht erklärt sich jegliches, Erbsünde und Erbtugend. Aus der Furcht wuchs auch *meine* Tugend, die heißt: Wissenschaft.

Die Furcht nämlich vor wildem Getier – die wurde dem Menschen am längsten angezüchtet, einschließlich das Tier, das er in sich selber birgt und fürchtet – Zarathustra heißt es ›das innere Vieh‹.

Solche lange alte Furcht, endlich fein geworden, geistlich, geistig – heute, dünkt mich, heißt sie: *Wissenschaft.*« –

Also sprach der Gewissenhafte; aber Zarathustra, der eben in seine Höhle zurückkam und die letzte Rede gehört und erraten hatte, warf dem Gewissenhaften eine Handvoll Rosen zu und lachte ob seiner »Wahrheiten«. »Wie!« rief er, »was hörte ich da eben? Wahrlich, mich dünkt, du bist ein Narr oder ich selber bin's: und deine ›Wahrheit‹ stelle ich rucks und flugs auf den Kopf.

Furcht nämlich – ist unsre Ausnahme. Mut aber und Abenteuer und Lust am Ungewissen, am Ungewagten – *Mut* dünkt mich des Menschen ganze Vorgeschichte.

Den wildesten mutigsten Tieren hat er alle ihre Tugenden abgeneidet und abgeraubt: so erst wurde er – zum Menschen.

Dieser Mut, endlich fein geworden, geistlich, geistig, dieser Menschen-Mut mit Adler-Flügeln und Schlangen-Klugheit: *der,* dünkt mich, heißt heute –«

»*Zarathustra!*« schrien alle, die beisammen saßen, wie aus einem Munde und machten dazu ein großes Gelächter; es hob sich aber von ihnen wie eine schwere Wolke. Auch der Zauberer lachte und sprach mit Klugheit: »Wohlan! Er ist davon, mein böser Geist!

Und habe ich euch nicht selber vor ihm gewarnt, als ich sagte, daß er ein Betrüger sei, ein Lug- und Truggeist?

Sonderlich nämlich, wenn er sich nackend zeigt. Aber was kann *ich* für seine Tücken! Habe *ich* ihn und die Welt geschaffen?

Wohlan! Seien wir wieder gut und guter Dinge! Und ob schon Zarathustra böse blickt – seht ihn doch! er ist mir gram –:

– bevor die Nacht kommt, lernt er wieder mich lieben und loben, er kann nicht lange leben, ohne solche Torheiten zu tun.

Der – liebt seine Feinde: diese Kunst versteht er am besten von allen, die ich sah. Aber er nimmt Rache dafür – an seinen Freunden!«

Also sprach der alte Zauberer, und die höheren Menschen zollten ihm

Beifall: so daß Zarathustra herumging und mit Bosheit und Liebe seinen Freunden die Hände schüttelte – gleichsam als einer, der an allen etwas gutzumachen und abzubitten hat. Als er aber dabei an die Tür seiner Höhle kam, siehe, da gelüstete ihn schon wieder nach der guten Luft da draußen und nach seinen Tieren – und er wollte hinausschlüpfen.

Unter Töchtern der Wüste

1

»Gehe nicht davon!« sagte der Wanderer, der sich den Schatten Zarathustras nannte, »bleibe bei uns, es möchte uns sonst die alte dumpfe Trübsal wieder anfallen.

Schon gab uns jener alte Zauberer von seinem Schlimmsten zum besten, und siehe doch, der gute fromme Papst da hat Tränen in den Augen und sich ganz wieder aufs Meer der Schwermut eingeschifft.

Diese Könige mögen wohl vor uns noch gute Miene machen: das lernten *die* nämlich von uns allen heute am besten! Hätten sie aber keine Zeugen, ich wette, auch bei ihnen finge das böse Spiel wieder an –

– das böse Spiel der ziehenden Wolken, der feuchten Schwermut, der verhängten Himmel, der gestohlenen Sonnen der heulenden Herbst-Winde!

– das böse Spiel unsres Heulens und Notschreiens: bleibe bei uns, o Zarathustra! Hier ist viel verborgenes Elend, das reden will, viel Abend, viel Wolke, viel dumpfe Luft!

Du nährtest uns mit starker Manns-Kost und kräftigen Sprüchen: laß es nicht zu, daß uns zum Nachtisch die weichlichen weiblichen Geister wieder anfallen!

Du allein machst die Luft um dich herum stark und klar! Fand ich je auf Erden so gute Luft als bei dir in deiner Höhle?

Viele Länder sah ich doch, meine Nase lernte vielerlei Luft prüfen und abschätzen: aber bei dir schmecken meine Nüstern ihre größte Lust!

Es sei denn, – es sei denn –, o vergib eine alte Erinnerung! Vergib mir ein altes Nachtisch-Lied, das ich einst unter Töchtern der Wüste dichtete: –

– bei denen nämlich gab es gleich gute helle morgenländische Luft; dort war ich am fernsten vom wolkigen feuchten schwermütigen Alt-Europa!

Damals liebte ich solcherlei Morgenland-Mädchen und andres blaues Himmelreich, über dem keine Wolken und keine Gedanken hängen.

Ihr glaubt es nicht, wie artig sie dasaßen, wenn sie nicht tanzten, tief, aber ohne Gedanken, wie kleine Geheimnisse, wie bebänderte Rätsel, wie Nachtisch-Nüsse –

bunt und fremd fürwahr! aber ohne Wolken: Rätsel, die sich raten lassen; solchen Mädchen zu Liebe erdachte ich damals einen Nachtisch-Psalm.«

Also sprach der Wanderer und Schatten; und ehe jemand ihm antwortete, hatte er schon die Harfe des alten Zauberers ergriffen, die Beine gekreuzt und blickte gelassen und weise um sich: – mit den Nüstern aber zog er langsam und fragend die Luft ein, wie einer, der in neuen Ländern neue fremde Luft kostet. Darauf hob er mit einer Art Gebrüll zu singen an.

2

Die Wüste wächst: weh Dem, der Wüsten birgt!

– Ha! Feierlich!
In der Tat feierlich!
Ein würdiger Anfang!
Afrikanisch feierlich!
Eines Löwen würdig
Oder eines moralischen Brüllaffen –
– aber nichts für euch,
Ihr allerliebsten Freundinnen,
Zu deren Füßen mir
Zum ersten Male,
Einem Europäer unter Palmen,
Zu sitzen vergönnt ist. Sela.

Wunderbar wahrlich!
Da sitze ich nun,
Der Wüste nahe, und bereits
So ferne wieder der Wüste,
Auch in nichts noch verwüstet:
Nämlich hinabgeschluckt
Von dieser kleinsten Oasis –:
– sie sperrte gerade gähnend
Ihr liebliches Maul auf,
Das wohlriechendste aller Mäulchen:
Da fiel ich hinein,
Hinab, hindurch – unter euch,
Ihr allerliebsten Freundinnen! Sela.

Heil, Heil jenem Walfische,
Wenn er also es seinem Gaste
Wohl sein ließ! – ihr versteht
Meine gelehrte Anspielung?
Heil seinem Bauche,

Wenn er also
Ein so lieblicher Oasis-Bauch war
Gleich diesem: was ich aber in Zweifel ziehe,
– dafür komme ich aus Europa,
Das zweifelsüchtiger ist als alle
Ältlichen Eheweibchen.
Möge Gott es bessern!
Amen!

Da sitze ich nun,
In dieser kleinsten Oasis,
Einer Dattel gleich,
Braun, durchsüßt, goldschwürig, lüstern
Nach einem runden Mädchenmunde,
Mehr noch aber nach mädchenhaften
Eiskalten schneeweißen schneidigen
Beißzähnen: nach denen nämlich
Lechzt das Herz allen heißen Datteln. Sela.

Den genannten Südfrüchten
Ähnlich, allzuähnlich
Liege ich hier, von kleinen
Flügelkäfern
Umschnüffelt und umspielt,
Insgleichen von noch kleineren
Törichteren sündhafteren
Wünschen und Einfällen, –
Umlagert von euch,
Ihr stummen, ihr ahnungsvollen
Mädchen-Katzen,
Dudu und Suleika,
– *umsphinxt,* daß ich in *ein* Wort
Viel Gefühle stopfe:
(Vergebe mir Gott
Diese Sprach-Sünde!)
– sitze hier, die beste Luft schnüffelnd,
Paradieses-Luft wahrlich,
Lichte leichte Luft, goldgestreifte,
So gute Luft nur je
Vom Monde herabfiel –
Sei es aus Zufall,
Oder geschah es aus Übermute?
Wie die alten Dichter erzählen.

Ich Zweifler aber ziehe es
In Zweifel, dafür aber komme ich
Aus Europa,
Das zweifelsüchtiger ist als alle
Ältlichen Eheweibchen.
Möge Gott es bessern!
Amen!

Diese schönste Luft trinkend,
Mit Nüstern geschwellt gleich Bechern,
Ohne Zukunft, ohne Erinnerungen,
So sitze ich hier, ihr
Allerliebsten Freundinnen,
Und sehe der Palme zu,
Wie sie, einer Tänzerin gleich,
Sich biegt und schmiegt und in der Hüfte wiegt,
– man tut es mit, sieht man lange zu!
Einer Tänzerin gleich, die, wie mir scheinen will,
Zu lange schon, gefährlich lange
Immer, immer nur auf *einem* Beine stand?
– da vergaß sie darob, wie mir scheinen will,
Das andre Bein?
Vergebens wenigstens
Suchte ich das vermißte
Zwillings-Kleinod
– nämlich das andre Bein –
In der heiligen Nähe
Ihres allerliebsten, allerzierlichsten
Fächer- und Flatter- und Flitterröckchens.
Ja, wenn ihr mir, ihr schönen Freundinnen,
Ganz glauben wollt:
Sie hat es verloren!
Es ist dahin!
Auf ewig dahin!
Das andre Bein!
O schade um das liebliche andere Bein!
Wo – mag es wohl weilen und verlassen trauern?
Das einsame Bein?
In Furcht vielleicht vor einem
Grimmen blondgelockten
Löwen-Untiere? Oder gar schon
Abgenagt, abgeknabbert –
Erbärmlich, wehe! wehe!, abgeknabbert! Sela.

O weint mir nicht,
Weiche Herzen!
Weint mir nicht, ihr
Dattel-Herzen! Milch-Busen!
Ihr Süßholz-Herz-
Beutelchen!
Weine nicht mehr,
Bleiche Dudu!
Sei ein Mann, Suleika! Mut! Mut!
– Oder sollte vielleicht
Etwas Stärkendes, Herz-Stärkendes
Hier am Platze sein?
Ein gesalbter Spruch?
Ein feierlicher Zuspruch? –

Ha! Herauf, Würde!
Tugend-Würde! Europäer-Würde!
Blase, blase wieder,
Blasebalg der Tugend!
Ha!
Noch einmal brüllen,
Moralisch brüllen!
Als moralischer Löwe
Vor den Töchtern der Wüste brüllen!
– Denn Tugend-Geheul,
Ihr allerliebsten Mädchen,
Ist mehr als alles
Europäer-Inbrunst, Europäer-Heißhunger!
Und da stehe ich schon,
Als Europäer,
Ich kann nicht anders, Gott helfe mir!
Amen!

Die Wüste wächst: weh Dem, der Wüsten birgt!

Die Erweckung

1

Nach dem Liede des Wanderers und Schattens wurde die Höhle mit einem Male voll Lärmens und Lachens; und da die versammelten Gäste alle zugleich redeten, und auch der Esel, bei einer solchen Ermutigung, nicht mehr still blieb, überkam Zarathustra ein kleiner Widerwille und Spott gegen seinen Besuch: ob er sich gleich ihrer Fröhlichkeit erfreute. Denn sie dünkte ihm ein Zeichen der Genesung. So schlüpfte er hinaus ins Freie und sprach zu seinen Tieren.

»Wo ist nun ihre Not hin?« sprach er, und schon atmete er selber von seinem kleinen Überdrusse auf – »bei mir verlernten sie, wie mich dünkt, das Notschrein!

– wenn auch, leider, noch nicht das Schrein.« Und Zarathustra hielt sich die Ohren zu, denn eben mischte sich das I-A des Esels wunderlich mit dem Jubel-Lärm dieser höheren Menschen.

»Sie sind lustig«, begann er wieder, »und wer weiß? vielleicht auf ihre Wirtes Unkosten; und lernten sie von mir lachen, so ist es doch nicht *mein* Lachen, das sie lernten.

Aber was liegt daran! Es sind alte Leute: sie genesen auf ihre Art, sie lachen auf ihre Art; meine Ohren haben schon Schlimmeres erduldet und wurden nicht unwirsch.

Dieser Tag ist ein Sieg: er weicht schon, er flieht, *der Geist der Schwere,* mein alter Erzfeind! Wie gut will dieser Tag enden, der so schlimm und schwer begann!

Und enden *will* er. Schon kommt der Abend: über das Meer her reitet er, der gute Reiter! Wie er sich wiegt, der Selige, Heimkehrende, in seinen purpurnen Sätteln!

Der Himmel blickt klar dazu, die Welt liegt tief: o all ihr Wunderlichen, die ihr zu mir kamt, es lohnt sich schon, bei mir zu leben!«

Also sprach Zarathustra. Und wieder kam da das Geschrei und Gelächter der höheren Menschen aus der Höhle: da begann er von neuem.

»Sie beißen an, mein Köder wirkt, es weicht auch ihnen ihr Feind, der Geist der Schwere. Schon lernen sie über sich selber lachen: höre ich recht?

Meine Manns-Kost wirkt, mein Saft- und Kraft-Spruch: und wahrlich, ich nährte sie nicht mit Bläh-Gemüsen! Sondern mit Krieger-Kost, mit Eroberer-Kost: neue Begierden weckte ich.

Neue Hoffnungen sind in ihren Armen und Beinen, ihr Herz streckt sich aus. Sie finden neue Worte, bald wird ihr Geist Mutwillen atmen.

Solche Kost mag freilich nicht für Kinder sein, noch auch für sehnsüchtige alte und junge Weibchen. Denen überredet man anders die Eingeweide; deren Arzt und Lehrer bin ich nicht.

Der *Ekel* weicht diesen höheren Menschen: wohlan! das ist mein Sieg. In meinem Reiche werden sie sicher, alle dumme Scham läuft davon, sie schütten sich aus.

Sie schütten ihr Herz aus, gute Stunden kehren ihnen zurück, sie feiern und käuen wieder – sie werden *dankbar.*

Das nehme ich als das beste Zeichen: sie werden dankbar. Nicht lange noch, und sie denken sich Feste aus und stellen Denksteine ihren alten Freuden auf.

Es sind *Genesende*!« Also sprach Zarathustra fröhlich zu seinem Herzen und schaute hinaus; seine Tiere aber drängten sich an ihn und ehrten sein Glück und sein Stillschweigen.

2

Plötzlich aber erschrak das Ohr Zarathustras: die Höhle nämlich, welche bisher voller Lärmens und Gelächters war, wurde mit einem Male totenstill; – seine Nase aber roch einen wohlriechenden Qualm und Weihrauch, wie von brennenden Pinien-Zapfen.

»Was geschieht? Was treiben sie?« fragte er sich und schlich zum Eingange heran, daß er seinen Gästen, unvermerkt, zusehen könne. Aber, Wunder über Wunder! was mußte er da mit seinen eignen Augen sehn!

»Sie sind alle wieder *fromm* geworden, sie *beten*, sie sind toll!« – sprach er und verwunderte sich über die Maßen. Und, fürwahr! alle diese höheren Menschen, die zwei Könige, der Papst außer Dienst, der schlimme Zauberer, der freiwillige Bettler, der Wanderer und Schatten, der alte Wahrsager, der Gewissenhafte des Geistes und der häßlichste Mensch: sie lagen alle gleich Kindern und gläubigen alten Weibchen auf den Knien und beteten den Esel an. Und eben begann der häßlichste Mensch zu gurgeln und zu schnauben, wie als ob etwas Unaussprechliches aus ihm herauswolle; als er es aber wirklich bis zu Worten gebracht hatte, siehe, da war es eine fromme seltsame Litanei zur Lobpreisung des angebeteten und angeräucherten Esels. Diese Litanei aber klang also:

Amen! Und Lob und Ehre und Weisheit und Dank und Preis und Stärke sei unserm Gott, von Ewigkeit zu Ewigkeit!

– Der Esel aber schrie dazu I-A.

Er trägt unsre Last, er nahm Knechtsgestalt an, er ist geduldsam von Herzen und redet niemals nein; und wer seinen Gott liebt, der züchtigt ihn.

– Der Esel aber schrie dazu I-A.

Er redet nicht: es sei denn, daß er zur Welt, die er schuf, immer ja sagt: also preist er seine Welt. Seine Schlauheit ist es, die nicht redet: so bekömmt er selten Unrecht.

– Der Esel aber schrie dazu I-A.

Unscheinbar geht er durch die Welt. Grau ist die Leib-Farbe, in welche er seine Tugend hüllt. Hat er Geist, so verbirgt er ihn; jedermann aber glaubt an seine langen Ohren.

– Der Esel aber schrie dazu I-A.

Welche verborgene Weisheit ist das, daß er lange Ohren trägt und allein ja und nimmer nein sagt! Hat er nicht die Welt erschaffen nach seinem Bilde, nämlich so dumm als möglich?

– Der Esel aber schrie dazu I-A.

Du gehst gerade und krumme Wege; es kümmert dich wenig, was uns Menschen gerade oder krumm dünkt. Jenseits von Gut und Böse ist dein Reich. Es ist deine Unschuld, nicht zu wissen, was Unschuld ist.

– Der Esel aber schrie dazu I-A.

Siehe doch, wie du niemanden von dir stößest, die Bettler nicht, noch die Könige. Die Kindlein lässest du zu dir kommen, und wenn dich die bösen Buben locken, so sprichst du einfältiglich I-A.

– Der Esel aber schrie dazu I-A.

Du liebst Eselinnen und frische Feigen, du bist kein Kostverächter. Eine Distel kitzelt dir das Herz, wenn du gerade Hunger hast. Darin liegt eines Gottes Weisheit.

– Der Esel aber schrie dazu I-A.

Das Eselsfest

1

An dieser Stelle der Litanei aber konnte Zarathustra sich nicht länger bemeistern, schrie selber I-A, lauter noch als der Esel, und sprang mitten unter seine toll gewordenen Gäste. »Aber was treibt ihr da, ihr Menschenkinder?« rief er, indem er die Betenden vom Boden emporriß. »Wehe, wenn euch jemand anderes zusähe als Zarathustra:

Jeder würde urteilen, ihr wäret mit eurem neuen Glauben die ärgsten Gotteslästerer oder die törichtsten aller alten Weiblein!

Und du selber, du alter Papst, wie stimmt das mit dir selber zusammen, daß du solchergestalt einen Esel hier als Gott anbetest?« –

»O Zarathustra«, antwortete der Papst, »vergib mir, aber in Dingen Gottes bin ich aufgeklärter noch als du. Und so ist's billig.

Lieber Gott also anbeten, in dieser Gestalt, als in gar keiner Gestalt! Denke über diesen Spruch nach, mein hoher Freund: du errätst geschwind, in solchem Spruch steckt Weisheit.

Der, welcher sprach ›Gott ist ein Geist‹ – der machte bisher auf Erden den größten Schritt und Sprung zum Unglauben: solch Wort ist auf Erden nicht leicht wieder gutzumachen!

Mein altes Herz springt und hüpft darob, daß es auf Erden noch etwas anzubeten gibt. Vergib das, o Zarathustra, einem alten frommen Papst-Herzen!« –

– »Und du«, sagte Zarathustra zu dem Wanderer und Schatten, »du nennst und wähnst dich einen freien Geist? Und treibst hier solchen Götzen- und Pfaffendienst?

Schlimmer, wahrlich, treibst du's hier noch als bei deinen schlimmen braunen Mädchen, du schlimmer neuer Gläubiger!«

»Schlimm genug«, antwortete der Wanderer und Schatten, »du hast recht: aber was kann ich dafür! Der alte Gott lebt wieder, o Zarathustra, du magst reden, was du willst.

Der häßlichste Mensch ist an allem schuld: der hat ihn wieder auferweckt. Und wenn er sagt, daß er ihn einst getötet habe: *Tod* ist bei Göttern immer nur ein Vorurteil.«

– »Und du«, sprach Zarathustra, »du schlimmer alter Zauberer, was tatest du! Wer soll, in dieser freien Zeit, fürderhin an dich glauben, wenn *du* an solche Götter-Eseleien glaubst?

Es war eine Dummheit, was du tatest; wie konntest du, du Kluger, eine solche Dummheit tun!«

»O Zarathustra«, antwortete der kluge Zauberer, »du hast recht, es war eine Dummheit – es ist mir auch schwer genug geworden.«

– »Und du gar«, sagte Zarathustra zu dem Gewissenhaften des Geistes, »erwäge doch und lege den Finger an deine Nase! Geht hier denn nichts wider dein Gewissen? Ist dein Geist nicht zu reinlich für dies Beten und den Dunst dieser Betbrüder?«

»Es ist etwas daran«, antwortete der Gewissenhafte und legte den Finger an die Nase, »es ist etwas an diesem Schauspiele, das meinem Gewissen sogar wohltut.

Vielleicht, daß ich an Gott nicht glauben darf: gewiß aber ist, daß Gott mir in dieser Gestalt noch am glaubwürdigsten dünkt.

Gott soll ewig sein, nach dem Zeugnisse der Frömmsten: wer so viel Zeit hat, läßt sich Zeit. So langsam und so dumm als möglich: *damit* kann ein solcher es doch sehr weit bringen.

Und wer des Geistes zu viel hat, der möchte sich wohl in die Dumm- und Narrheit selber vernarren. Denke über dich selber nach, o Zarathustra!

Du selber – wahrlich! auch du könntest wohl aus Überfluß und Weisheit zu einem Esel werden.

Geht nicht ein vollkommner Weiser gern auf den krümmsten Wegen? Der Augenschein lehrt es, o Zarathustra – *dein* Augenschein!«

– »Und du selber zuletzt«, sprach Zarathustra und wandte sich gegen den häßlichsten Menschen, der immer noch auf dem Boden lag, den Arm zu dem Esel emporhebend (er gab ihm nämlich Wein zu trinken). »Sprich, du Unaussprechlicher, was hast du da gemacht!

Du dünkst mich verwandelt, dein Auge glüht, der Mantel des Erhabenen liegt um deine Häßlichkeit: *was* tatest du?

Ist es denn wahr, was jene sagen, daß du ihn wieder auferwecktest? Und wozu? War er nicht mit Grund abgetötet und abgetan?

Du selber dünkst mich aufgeweckt: was tatest du? was kehrtest *du* um? Was bekehrtest *du* dich? Sprich, du Unaussprechlicher!«

»O Zarathustra«, antwortete der häßlichste Mensch, »du bist ein Schelm!

Ob *der* noch lebt oder wieder lebt oder gründlich tot ist, – wer von uns beiden weiß das am besten? Ich frage dich.

Eins aber weiß ich, – von dir selber lernte ich's einst, o Zarathustra: wer am gründlichsten töten will, der *lacht.*

›Nicht durch Zorn, sondern durch Lachen tötet man‹ – so sprachst **du** einst. O Zarathustra, du Verborgener, du Vernichter ohne Zorn, du gefährlicher Heiliger, – du bist ein Schelm!«

2

Da aber geschah es, daß Zarathustra, verwundert über lauter solche Schelmen-Antworten, zur Tür seiner Höhle zurück sprang und, gegen alle seine Gäste gewendet, mit starker Stimme schrie:

»O ihr Schalks-Narren allesamt, ihr Possenreißer! Was verstellt und versteckt ihr euch vor mir!

Wie doch einem jeden von euch das Herz zappelte vor Lust und Bosheit, darob, daß ihr endlich einmal wieder wurdet wie die Kindlein, nämlich fromm, –

– daß ihr endlich wieder tatet wie Kinder tun, nämlich betetet, händefaltetet und ›lieber Gott‹ sagtet!

Aber nun laßt mir *diese* Kinderstube, meine eigne Höhle, wo heute alle Kinderei zu Hause ist. Kühlt hier draußen euren heißen Kinder-Übermut und Herzenslärm ab!

Freilich: so ihr nicht werdet wie die Kindlein, so kommt ihr nicht in *das* Himmelreich.« (Und Zarathustra zeigte mit den Händen nach oben.)

»Aber wir wollen auch gar nicht ins Himmelreich: Männer sind wir worden, – *so wollen wir das Erdenreich.*«

3

Und noch einmal hob Zarathustra an zu reden. »O meine neuen Freunde«, sprach er – »ihr Wunderlichen, ihr höheren Menschen, wie gut gefallt ihr mir nun, –

– seit ihr wieder fröhlich wurdet! Ihr seid wahrlich alle aufgeblüht: mich dünkt, solchen Blumen, wie ihr seid, tun *neue Feste* not,

– ein kleiner tapferer Unsinn, irgendein Gottesdienst und Eselsfest, irgendein alter fröhlicher Zarathustra-Narr, ein Brausewind, der euch die Seelen hell bläst.

Vergeßt diese Nacht und dies Eselsfest nicht, ihr höheren Menschen! *Das* erfandet ihr bei mir, das nehme ich als gutes Wahrzeichen, – solcherlei erfinden nur Genesende!

Und feiert ihr es abermals, dieses Eselsfest, tut's euch zuliebe, tut's auch mir zuliebe! Und zu *meinem* Gedächtnis!«

Also sprach Zarathustra.

Das trunkne Lied

1

Inzwischen aber war einer nach dem andern hinausgetreten ins Freie und in die kühle nachdenkliche Nacht; Zarathustra selber aber führte den häßlichsten Menschen an der Hand, daß er ihm seine Nacht-Welt und den großen runden Mond und die silbernen Wasserstürze bei seiner Höhle zeige. Da standen sie endlich still beieinander, lauter alte Leute, aber mit einem getrösteten tapferen Herzen und verwundert bei sich, daß es ihnen auf Erden so wohl war; die Heimlichkeit der Nacht aber kam ihnen näher und näher ans Herz. Und von neuem dachte Zarathustra bei sich: »O wie gut sie mir nun gefallen, diese höheren Menschen!« – aber er sprach es nicht aus, denn er ehrte ihr Glück und ihr Stillschweigen. –

Da aber geschah das, was an jenem erstaunlichen langen Tage das Erstaunlichste war: der häßlichste Mensch begann noch einmal und zum letztenmal zu gurgeln und zu schnauben, und als er es bis zu Worten gebracht hatte, siehe, da sprang eine Frage rund und reinlich aus seinem Munde, eine gute tiefe klare Frage, welche allen, die ihm zuhörten, das Herz im Leibe bewegte.

»Meine Freunde insgesamt«, sprach der häßlichste Mensch, »was dünket euch? Um dieses Tages willen – *ich* bin's zum ersten Male zufrieden, daß ich das ganze Leben lebte.

Und daß ich so viel bezeuge, ist mir noch nicht genug. Es lohnt sich auf der Erde zu leben: *ein* Tag, *ein* Fest mit Zarathustra lehrte mich die Erde lieben.

›War *das* – das Leben‹ will ich zum Tode sprechen. ›Wohlan! Noch einmal!‹

Meine Freunde, was dünket euch? Wollt ihr nicht gleich mir zum Tode sprechen: War *das* – das Leben? Um Zarathustras willen, wohlan! Noch einmal!« – –

Also sprach der häßlichste Mensch; es war aber nicht lange vor Mitternacht. Und was glaubt ihr wohl, daß damals sich zutrug? Sobald die höheren Menschen seine Frage hörten, wurden sie sich mit einem Male ihrer Verwandlung und Genesung bewußt, und wer ihnen dieselbe gegeben habe: da sprangen sie auf Zarathustra zu, dankend, verehrend, liebkosend, ihm die Hände küssend, so wie es der Art eines jeden eigen war: also, daß einige lachten, einige weinten. Der alte Wahrsager aber tanzte vor Vergnügen; und wenn er auch, wie manche Erzähler meinen, damals voll süßen Weines war, so war er gewißlich noch voller des süßen Lebens und hatte aller Müdigkeit abgesagt. Es gibt sogar solche, die erzählen, daß damals der Esel getanzt habe: nicht umsonst nämlich habe ihm der häßlichste Mensch vorher Wein zu trinken gegeben. Dies mag sich nun so verhalten oder auch anders; und wenn in Wahrheit an jenem Abende der Esel nicht getanzt hat, so geschahen doch damals größere und seltsamere Wunderdinge, als es das Tanzen eines Esels wäre. Kurz, wie das Sprichwort Zarathustras lautet: »was liegt daran!«

2

Zarathustra aber, als sich dies mit dem häßlichsten Menschen zutrug, stand da wie ein Trunkener: sein Blick erlosch, seine Zunge lallte, seine Füße schwankten. Und wer möchte auch erraten, welche Gedanken dabei über Zarathustras Seele liefen? Ersichtlich aber wich sein Geist zurück und floh voraus und war in weiten Fernen und gleichsam »auf hohem Joche«, wie geschrieben steht, »zwischen zwei Meeren,

– zwischen Vergangenem und Zukünftigem als schwere Wolke wandelnd«. Allgemach aber, während ihn die höheren Menschen in den Armen hielten, kam er ein wenig zu sich selber zurück und wehrte mit den Händen dem Gedränge der Verehrenden und Besorgten; doch sprach er nicht. Mit einem Male aber wandte er schnell den Kopf, denn er schien etwas zu hören: da legte er den Finger in den Mund und sprach: »*Kommt!*«

Und alsbald wurde es rings still und heimlich; aus der Tiefe aber kam langsam der Klang einer Glocke herauf. Zarathustra horchte danach, gleich den höheren Menschen; dann aber legte er zum andern Male den Finger an den Mund und sprach wiederum: »*Kommt! Kommt! Es geht gen Mitternacht!*« – und seine Stimme hatte sich verwandelt. Aber immer noch rührte er sich nicht von der Stelle: da wurde es noch stiller und heimlicher, und alles horchte, auch der Esel, und Zarathustras Ehrentiere, der Adler und die Schlange, insgleichen die Höhle Zarathustras und der große kühle Mond und die Nacht selber. Zarathustra aber legte zum dritten Male die Hand an den Mund und sprach:

Kommt! Kommt! Kommt! Laßt uns jetzo wandeln! Es ist die Stunde: laßt uns in die Nacht wandeln!

3

Ihr höheren Menschen, es geht gen Mitternacht: da will ich euch etwas in die Ohren sagen, wie jene alte Glocke es mir ins Ohr sagt, –

– so heimlich, so schrecklich, so herzlich, wie jene Mitternachts-Glocke zu mir es redet, die mehr erlebt hat als ein Mensch:

– welche schon eurer Väter Herzens-Schmerzens-Schläge abzählte – ach! ach! wie sie seufzt! wie sie im Traume lacht! die alte tiefe tiefe Mitternacht!

Still! Still! Da hört sich manches, das am Tage nicht laut werden darf; nun aber, bei kühler Luft, da auch aller Lärm eurer Herzen stille ward, –

– nun redet es, nun hört es sich, nun schleicht es sich in nächtliche überwache Seelen: ach! ach! wie sie seufzt! wie sie im Traume lacht!

– hörst du's nicht, wie sie heimlich, schrecklich, herzlich zu *dir* redet, die alte tiefe tiefe Mitternacht?

O Mensch, gib acht!

4

Wehe mir! Wo ist die Zeit hin? Sank ich nicht in tiefe Brunnen? Die Welt schläft –

Ach! Ach! Der Hund heult, der Mond scheint. Lieber will ich sterben, sterben, als euch sagen, was mein Mitternachts-Herz eben denkt.

Nun starb ich schon. Es ist dahin. Spinne, was spinnst du um mich? Willst du Blut? Ach! Ach! der Tau fällt, die Stunde kommt –

– die Stunde, wo mich fröstelt und friert, die fragt und fragt und fragt: »wer hat Herz genug dazu?

– wer soll der Erde Herr sein? Wer will sagen: *so* sollt ihr laufen, ihr großen und kleinen Ströme!«

– die Stunde naht: o Mensch, du höherer Mensch, gib acht! diese Rede ist für feine Ohren, für deine Ohren – *was spricht die tiefe Mitternacht?*

5

Es trägt mich dahin, meine Seele tanzt. Tagewerk! Tagewerk! Wer soll der Erde Herr sein?

Der Mond ist kühl, der Wind schweigt. Ach! Ach! Flogt ihr schon hoch genug? Ihr tanztet: aber ein Bein ist doch kein Flügel.

Ihr guten Tänzer, nun ist alle Lust vorbei: Wein ward Hefe, jeder Becher ward mürbe, die Gräber stammeln.

Ihr flogt nicht hoch genug: nun stammeln die Gräber »erlöst doch die Toten! Warum ist solange Nacht? Macht uns nicht der Mond trunken?«

Ihr höheren Menschen, erlöst doch die Gräber, weckt die Leichname auf! Ach, was gräbt noch der Wurm? Es naht, es naht die Stunde, –

– es brummt die Glocke, es schnarrt noch das Herz, es gräbt noch der Holzwurm, der Herzenswurm. Ach! Ach! *Die Welt ist tief!*

6

Süße Leier! Süße Leier! Ich liebe deinen Ton, deinen trunkenen Unken-Ton! – wie lang her, wie fern her kommt mir dein Ton, weit her, von den Teichen der Liebe!

Du alte Glocke, du süße Leier! Jeder Schmerz riß dir ins Herz, Vaterschmerz, Väterschmerz, Urväterschmerz; deine Rede wurde reif, –

– reif gleich goldenem Herbste und Nachmittage, gleich meinem Einsiedlerherzen – nun redest du: die Welt selber ward reif, die Traube bräunt,

– nun will sie sterben, vor Glück sterben. Ihr höheren Menschen, riecht ihr's nicht? Es quillt heimlich ein Geruch herauf,

– ein Duft und Geruch der Ewigkeit, ein rosenseliger brauner Gold-Wein-Geruch von altem Glücke,

– von trunkenem Mitternachts-Sterbeglücke, welches singt: die Welt ist tief, *und tiefer als der Tag gedacht!*

7

Laß mich! Laß mich! Ich bin zu rein für dich. Rühre mich nicht an! Ward meine Welt nicht eben vollkommen?

Meine Haut ist zu rein für deine Hände. Laß mich, du dummer tölpischer dumpfer Tag! Ist die Mitternacht nicht heller?

Die Reinsten sollen der Erde Herr sein, die Unerkanntesten, Stärksten, die Mitternachts-Seelen, die heller und tiefer sind als jeder Tag.

O Tag, du tappst nach mir? Du tastest nach meinem Glücke? Ich bin dir reich, einsam, eine Schatzgrube, eine Goldkammer?

O Welt, du willst *mich*? Bin ich dir weltlich? Bin ich dir geistlich? Bin ich dir göttlich? Aber Tag und Welt, ihr seid zu plump, –

habt klügere Hände, greift nach tieferem Glücke, nach tieferem Unglücke, greift nach irgendeinem Gotte, greift nicht nach mir:

– mein Unglück, mein Glück ist tief, du wunderlicher Tag, aber doch bin ich kein Gott, keine Gottes-Hölle: *tief ist ihr Weh.*

8

Gottes Weh ist tiefer, du wunderliche Welt! Greife nach Gottes Weh, nicht nach mir! Was bin ich! Eine trunkene süße Leier, –

– eine Mitternachts-Leier, eine Glocken-Unke, die niemand versteht, aber welche reden *muß*, vor Tauben, ihr höheren Menschen! Denn ihr versteht mich nicht!

Dahin! Dahin! O Jugend! O Mittag! O Nachmittag! Nun kam Abend und Nacht und Mitternacht, – der Hund heult, der Wind:

– ist der Wind nicht ein Hund? Er winselt, er kläfft, er heult. Ach! Ach! wie sie seufzt! wie sie lacht, wie sie röchelt und keucht, die Mitternacht!

Wie sie eben nüchtern spricht, diese trunkene Dichterin! sie übertrank wohl ihre Trunkenheit? sie wurde überwach? sie käut zurück?

– ihr Weh käut sie zurück, im Traume, die alte tiefe Mitternacht, und mehr noch ihre Lust. Lust nämlich, wenn schon Weh tief ist: *Lust ist tiefer noch als Herzeleid.*

9

Du Weinstock! Was preisest du mich! Ich schnitt dich doch! Ich bin grausam, du blutest –: was will dein Lob meiner trunkenen Grausamkeit?

»Was vollkommen ward, alles Reife – will sterben!« so redest du. Gesegnet, gesegnet sei das Winzermesser! Aber alles Unreife will leben: wehe!

Weh spricht: »Vergeh! Weg, du Wehe!« Aber alles, was leidet, will leben, daß es reif werde und lustig und sehnsüchtig,

– sehnsüchtig nach Fernerem, Höherem, Hellerem. »Ich will Erben, so spricht alles, was leidet, ich will Kinder, ich will nicht *mich*«, –

Lust aber will nicht Erben, nicht Kinder – Lust will sich selber, will Ewigkeit, will Wiederkunft, will Alles-sich-ewig-gleich.

Weh spricht: »Brich, blute, Herz! Wandle, Bein! Flügel, flieg! Hinan! Hinauf! Schmerz!« Wohlan! Wohlauf! O mein altes Herz: *Weh spricht: »vergeh!«*

10

Ihr höheren Menschen, was dünket euch? Bin ich ein Wahrsager? Ein Träumender? Trunkener? Ein Traumdeuter? Eine Mitternachts-Glocke?

Ein Tropfen Taus? Ein Dunst und Duft der Ewigkeit? Hört ihr's nicht? Riecht ihr's nicht? Eben ward meine Welt vollkommen, Mitternacht ist auch Mittag, –

Schmerz ist auch eine Lust, Fluch ist auch ein Segen, Nacht ist auch eine Sonne – geht davon oder ihr lernt: ein Weiser ist auch ein Narr.

Sagtet ihr jemals ja zu einer Lust? Oh, meine Freunde, so sagtet ihr ja auch zu *allem* Wehe. Alle Dinge sind verkettet, verfädelt, verliebt, –

– wolltet ihr jemals einmal zweimal, spracht ihr jemals »du gefällst mir, Glück! Husch! Augenblick!« so wolltet ihr *alles* zurück!

– Alles von neuem, alles ewig, alles verkettet, verfädelt, verliebt, o, so *liebtet* ihr die Welt, –

– ihr Ewigen, liebt sie ewig und allezeit: und auch zum Weh sprecht ihr: vergeh, aber komm zurück! *Denn alle Lust will – Ewigkeit!*

11

Alle Lust will aller Dinge Ewigkeit, will Honig, will Hefe, will trunkene Mitternacht, will Gräber, will Gräber-Tränen-Trost, will vergüldetes Abendrot –

– *was* will nicht Lust! sie ist durstiger, herzlicher, hungriger, schrecklicher, heimlicher als alles Weh, sie will *sich*, sie beißt in *sich*, des Ringes Wille ringt in ihr, –

– sie will Liebe, sie will Haß, sie ist überreich, schenkt, wirft weg, bettelt, daß einer sie nimmt, dankt dem Nehmenden, sie möchte gern gehaßt sein, –

– so reich ist Lust, daß sie nach Wehe durstet, nach Hölle, nach Haß, nach Schmach, nach dem Krüppel, nach *Welt*, – denn diese Welt, o ihr kennt sie ja!

Ihr höheren Menschen, nach euch sehnt sie sich, die Lust, die unbändige, selige – nach eurem Weh, ihr Mißratenen! Nach Mißratenem sehnt sich alle ewige Lust.

Denn alle Lust will sich selber, drum will sie auch Herzeleid! O Glück, o Schmerz! Oh brich, Herz! Ihr höheren Menschen, lernt es doch, Lust will Ewigkeit,

– Lust will *aller* Dinge Ewigkeit, *will tiefe, tiefe Ewigkeit!*

12

Lerntet ihr nun mein Lied? Errietet ihr, was es will? Wohlan! Wohlauf! Ihr höheren Menschen, so singt mir nun meinen Rundgesang!

Singt mir nun selber das Lied, des Name ist ›Noch einmal‹, des Sinn ist ›in alle Ewigkeit!‹ – singt, ihr höheren Menschen, Zarathustras Rundgesang!

O Mensch! Gib acht!
Was spricht die tiefe Mitternacht?
»Ich schlief, ich schlief –,
Aus tiefem Traum bin ich erwacht: –
Die Welt ist tief,
Und tiefer als der Tag gedacht.
Tief ist ihr Weh –,
Lust – tiefer noch als Herzeleid:
Weh spricht: Vergeh!

Doch alle Lust will Ewigkeit –,
– will tiefe, tiefe Ewigkeit!«

Das Zeichen

Des Morgens aber nach dieser Nacht sprang Zarathustra von seinem Lager auf, gürtete sich die Lenden und kam heraus aus seiner Höhle, glühend und stark, wie eine Morgensonne, die aus dunklen Bergen kommt.

»Du großes Gestirn«, sprach er, wie er einstmals gesprochen hatte, »du tiefes Glücks-Auge, was wäre all dein Glück, wenn du nicht *die* hättest, welchen du leuchtest!

Und wenn sie in ihren Kammern blieben, während du schon wach bist und kommst und schenkst und austeilst: wie würde darob deine stolze Scham zürnen!

Wohlan! sie schlafen noch, diese höheren Menschen, während *ich* wach bin: *das* sind nicht meine rechten Gefährten! Nicht auf sie warte ich hier in meinen Bergen.

Zu meinem Werke will ich, zu meinem Tage: aber sie verstehen nicht, was die Zeichen meines Morgens sind, mein Schritt – ist für sie kein Weckruf.

Sie schlafen noch in meiner Höhle, ihr Traum trinkt noch an meinen trunkenen Liedern. Das Ohr doch, das nach *mir* horcht, – das *gehorchende* Ohr fehlt in ihren Gliedern.«

– Dies hatte Zarathustra zu seinem Herzen gesprochen, als die Sonne aufging: da blickte er fragend in die Höhe, denn er hörte über sich den scharfen Ruf seines Adlers. »Wohlan!« rief er hinauf, »so gefällt und gebührt es mir. Meine Tiere sind wach, denn ich bin wach.

Mein Adler ist wach und ehrt gleich mir die Sonne. Mit Adlers-Klauen greift er nach dem neuen Lichte. Ihr seid meine rechten Tiere; ich liebe euch.

Aber noch fehlen mir meine rechten Menschen!« –

Also sprach Zarathustra; da aber geschah es, daß er sich plötzlich wie von unzähligen Vögeln umschwärmt und umflattert hörte – das Geschwirr so vieler Flügel aber und das Gedräng um sein Haupt war so groß, daß er die Augen schloß. Und wahrlich, einer Wolke gleich fiel es über ihn her, einer Wolke von Pfeilen gleich, welche sich über einen neuen Feind ausschüttet. Aber siehe, hier war es eine Wolke der Liebe, und über einen neuen Freund.

»Was geschieht mir?« dachte Zarathustra in seinem erstaunten Herzen und ließ sich langsam auf dem großen Steine nieder, der neben dem Ausgange seiner Höhle lag. Aber, indem er mit den Händen um sich und über sich und unter sich griff und den zärtlichen Vögeln wehrte, siehe, da geschah ihm etwas noch Seltsameres: er griff nämlich dabei unvermerkt in ein dichtes warmes Haar-Gezottel hinein; zugleich aber erscholl vor ihm ein Gebrüll – ein sanftes langes Löwen-Brüllen.

»*Das Zeichen kommt*«, sprach Zarathustra, und sein Herz verwandelte sich. Und in Wahrheit, als es helle vor ihm wurde, da lag ihm ein gelbes mächtiges Getier zu Füßen und schmiegte das Haupt an seine Knie und wollte nicht von ihm lassen vor Liebe, und tat einem Hunde gleich, welcher seinen alten Herrn wiederfindet. Die Tauben aber waren mit ihrer Liebe nicht minder eifrig als der Löwe; und jedes Mal, wenn eine Taube über die Nase des Löwen huschte, schüttelte der Löwe das Haupt und wunderte sich und lachte dazu.

Zu dem allen sprach Zarathustra nur ein Wort: »*meine Kinder sind nahe, meine Kinder*« –, dann wurde er ganz stumm. Sein Herz aber war gelöst, und aus seinen Augen tropften Tränen herab und fielen auf seine Hände. Und er achtete keines Dings mehr und saß da, unbeweglich und ohne daß er sich noch gegen die Tiere wehrte. Da flogen die Tauben ab und zu und setzten sich ihm auf die Schulter und liebkosten sein weißes Haar und wurden nicht müde mit Zärtlichkeit und Frohlocken. Der starke Löwe aber leckte immer die Tränen, welche auf die Hände Zarathustras herabfielen, und brüllte und brummte schüchtern dazu. Also trieben es diese Tiere. –

Dies alles dauerte eine lange Zeit, oder eine kurze Zeit: denn, recht gesprochen, gibt es für dergleichen Dinge auf Erden *keine* Zeit –. Inzwischen aber waren die höheren Menschen in der Höhle Zarathustras wach geworden und ordneten sich miteinander zu einem Zuge an, daß sie Zarathustra entgegengingen und ihm den Morgengruß böten: denn sie hatten gefunden, als sie erwachten, daß er schon nicht mehr unter ihnen weilte. Als sie aber zur Tür der Höhle gelangten und das Geräusch ihrer Schritte ihnen voranlief, da stutzte der Löwe gewaltig, kehrte sich mit einem Male von Zarathustra ab und sprang, wild brüllend, auf die Höhle los; die höheren Menschen aber, als sie ihn brüllen hörten, schrien alle auf, wie mit *einem* Munde, und flohen zurück und waren im Nu verschwunden.

Zarathustra selber aber, betäubt und fremd, erhob sich von seinem Sitze, sah um sich, stand staunend da, fragte sein Herz, besann sich und war allein. »Was hörte ich doch?« sprach er endlich langsam, »was geschah mir eben?«

Und schon kam ihm die Erinnerung, und er begriff mit *einem* Blicke alles, was zwischen gestern und heute sich begeben hatte. »Hier ist ja der Stein«, sprach er und strich sich den Bart, »auf *dem* saß ich gestern am Morgen; und hier trat der Wahrsager zu mir, und hier hörte ich zuerst den Schrei, den ich eben hörte, den großen Notschrei.

O ihr höheren Menschen, von *eurer* Not war's ja, daß gestern am Morgen jener alte Wahrsager mir wahrsagte, –

– zu eurer Not wollte er mich verführen und versuchen: o Zarathustra, sprach er zu mir, ich komme, daß ich dich zu deiner letzten Sünde verführe.

Zu meiner letzten Sünde? rief Zarathustra und lachte zornig über sein eigenes Wort: *was* blieb mir doch aufgespart als meine letzte Sünde?«

– Und noch einmal versank Zarathustra in sich und setzte sich wieder auf den großen Stein nieder und sann nach. Plötzlich sprang er empor, –

»*Mitleiden! Das Mitleiden mit dem höheren Menschen!*« schrie er auf, und sein Antlitz verwandelte sich in Erz. »Wohlan! *Das* – hatte seine Zeit!

Mein Leid und mein Mitleiden – was liegt daran! Trachte ich denn nach *Glücke*? Ich trachte nach meinem *Werke*!

Wohlan! Der Löwe kam, meine Kinder sind nahe, Zarathustra ward reif, meine Stunde kam: –

Dies ist *mein* Morgen, *mein* Tag hebt an: *herauf nun, herauf, du großer Mittag!*« – –

Also sprach Zarathustra und verließ seine Höhle, glühend und stark, wie eine Morgensonne, die aus dunklen Bergen kommt.

ANHANG

ANMERKUNGEN

DIE GEBURT DER TRAGÖDIE (S. 7)

Zur Werkgeschichte: Noch nicht fünfundzwanzigjährig, hatte Nietzsche am 28. Mai 1869 seine Antrittsvorlesung in Basel über »Homer und die klassische Philologie« gehalten. 1871 veröffentlichte der junge Ordinarius für Altphilologie als Privatdruck eine Arbeit mit dem Titel »Sokrates und die griechische Tragödie«, deren Inhalt wenig später in der Schrift »Die Geburt der Tragödie aus dem Geiste der Musik« aufgehen sollte, die Anfang 1872 erschien, zwei Jahre später in einer zweiten, teilweise veränderten Auflage vorgelegt wurde und der Nietzsche in der letzten von ihm autorisierten Ausgabe von 1886 ein neues Vorwort unter der Überschrift »Versuch einer Selbstkritik« beifügte. Diese Umstände zeigen, für wie wichtig Nietzsche selbst diese Schrift hielt. Bei aller späteren Distanz von den Anschauungen der Frühzeit seines Schaffens war ihm stets bewußt, daß mit dieser Veröffentlichung eine entscheidende Wende in seinem Leben besiegelt wurde.

Der junge Gelehrte, der sich früh auszeichnete und dem sein Lehrer Ritschl den Weg für eine glänzende akademische Karriere geebnet hatte, schockierte mit seinem ersten Buch alle, die auf dem Gebiet der Altphilologie noch Großes von ihm erhofften. Die »Geburt der Tragödie« bricht nicht nur mit traditionellen altphilologischen Vorstellungen, sondern hier formuliert Nietzsche auch erstmals Gedanken, die für seine ganze spätere Philosophie wesentlich werden sollen.

Das Werk wirkt äußerlich uneinheitlich, in der Tat vereinigt es sehr disparate Zielsetzungen. Zunächst wollte Nietzsche die Entwicklung der griechischen Tragödie aus dem rituellen Chortanz des Dionysuskults darstellen und dabei zeigen, wie zwei entgegengesetzte Lebensanschauungen in der Kunstform der klassischen Tragödie miteinander verschmelzen. Das Werk geht jedoch weit über diesen Ausgangspunkt hinaus: Nietzsche unternimmt den Versuch, das griechische Altertum überhaupt umzudeuten. Dabei formuliert er seine erste scharfe Polemik gegen den »sokratischen Geist«. Das hat einen Angriff auf die Wissenschaft des 19. Jahrhunderts und auf den akademischen Betrieb seiner Zeit zur Folge. Ganz allgemein ist es eine Kritik an der Verwissenschaftlichung aufklärerischen Denkens seit Sokrates. Diese Kritik richtet sich auch gegen den Kunstbetrieb am Beispiel der modernen Oper. Dadurch wird die »Geburt der Tragödie« gleichzeitig zu einer Propagandaschrift für Richard Wagner, mit dem Nietzsche in den ersten Basler Jahren eine enge Freundschaft verband und dessen Kunsttheorien er schon als Schüler und Student bedingungslos bejahte.

Die Aufnahme des Werkes war recht unterschiedlich. Wagner äußerte sich spontan und begeistert: »Schöneres als Ihr Buch habe ich noch nichts gelesen!« Und am 18. Januar 1872, zwei Wochen nach dem Erscheinen, schrieb Cosima Wagner: »Sie haben in diesem Buch Geister gebannt, von denen ich glaubte, daß sie einzig unserem Meister dienstpflichtig seien.« Auch Cosimas erster Gatte, der Dirigent Hans von Bülow, Nietzsches Jugendfreunde Rohde, von Gersdorff, Overbeck und der Basler Historiker Jacob Burckhardt hielten mit Lob nicht zurück. Die Altphilologen jedoch waren entrüstet. Nietzsches Lehrer, der Leipziger Professor Friedrich Wilhelm Ritschl, notierte in sein Tagebuch: »Buch von Nietzsche Geburt der Tragödie (= geistreiche Schmiemelei)«. Das »Litterarische Centralblatt« lehnte die Veröffentlichung einer von Rohde angebotenen Rezension ab. Nietzsches Schrift wurde zunächst totgeschwiegen. Im Mai 1872 erschien schließlich eine 32 Seiten lange Streitschrift von Ulrich von Wilamowitz-Moellendorff mit dem Titel: »Zukunftsphilologie! Eine Erwiderung auf Friedrich Nietzsches Geburt der Tragödie«. Wilamowitz, der später einer der bedeutendsten deutschen Philologen werden sollte, war damals 24 Jahre alt, hatte wie Nietzsche das Gymnasium zu Schulpforta besucht, dann Altphilologie studiert. In seiner Streitschrift verteidigt er nicht nur die Altertumswissenschaft gegen Nietzsches Vorwürfe, er greift auch Nietzsches wissenschaftliche Leistungen an und betont, Nietzsche sei mit bahnbrechenden Forschungen seines Faches nicht genügend vertraut, er habe in seiner Abhandlung geschichtliche Daten mißachtet und fälschlich Texte aus nachhomerischer Zeit der vorhomerischen Epoche zugeschrieben.

Mit diesem Pamphlet war Nietzsches Ruf als Altphilologe ruiniert. Ein Aufsatz von Richard Wagner, der in Fragen des griechischen Altertums ja Laie war, konnte die Fachwelt ebensowenig beeindrucken wie eine gelehrte Erwiderung aus der Feder von Rohde, bei der man nur Rohdes Eintreten für den Freund respektierte. Im folgenden Wintersemester blieben Studenten der Altphilologie der Universität Basel fern, und Nietzsche hatte Mühe, überhaupt ein Kolleg zustande zu bekommen. Er las vor zwei Zuhörern, einem Germanisten und einem Juristen. Als Wissenschaftler war Nietzsche gescheitert. Er hat das schließlich auch selbst gewußt. Ein Jahrzehnt später schrieb er: »Zarathustra ist kein Gelehrter mehr.« Ohne den in der »Geburt der Tragödie« vollzogenen Bruch mit akademischen Konventionen wäre Nietzsche freilich auch nie jener prophetische Philosoph geworden, der alle Generationen nach ihm in seinen Bann zog.

Druckvorlage: Die Geburt der Tragödie, Oder: Griechenthum und Pessimismus, Neue Ausgabe mit Versuch einer Selbstkritik, E. W. Fritzsch, Leipzig 1886.

S. 9 *Die Schlacht von Wörth*: genannt nach der unterelsässischen Stadt Wörth an der Sauer, fand am 6. 8. 1870 statt.

S. 10 *Der epikurische Wille*: im Gegensatz zum Pessimismus ein lebensbejahender Wille, Ausdruck einer positiven Weltansicht, wie sie in der Philosophie Epikurs (341–271 v. Chr.) geprägt wurde.

S. 15 *Schopenhauerische Formeln*: Arthur Schopenhauers (1788–1860) romantischer Pessimismus galt dem jungen Nietzsche als möglicher Ausdruck einer zeitgemäßen Weltanschauung. Schon als Student hatte sich Nietzsche eingehend, aber aus sehr subjektiven Gründen mit Schopenhauers Werken beschäftigt. Nietzsche, der schon als Kind etwas Außenseiterisches hatte und früh zwischen wissenschaftlichen und musischen Neigungen hin- und hergerissen war, mochte in Schopenhauers Schriften eine Bestätigung seiner eigenen Existenz finden. Schopenhauer betont die Unfähigkeit der Vernunft, das Wesen der Dinge zu erkennen, nach ihm ist Mitleid eine Form der Selbstsucht. Glückseligkeit ist nur zu erreichen, wenn es gelingt, den ewig wiederkehrenden Bedürfnissen des unersättlichen eigenen Willens zu entfliehen. Zeitweilige Erlösung ist möglich durch das Erlebnis des Schönen, in der Begegnung mit der Kunst. Moral, obwohl wünschenswert, erscheint langweilig, weil sie, wenigstens theoretisch, für viele erreichbar ist. Ungewöhnlich aber ist die Fähigkeit des genialen Menschen, das Schöne zu schaffen. Im Gegensatz zum Genie bezeichnet Schopenhauer den gewöhnlichen Alltagsmenschen mit einem Ausdruck des Studentenjargons als Philister.

Dieser romantische Pessimismus und der in ihm steckende Hochmut werden vom jungen Nietzsche angeeignet. Die Wissenschaftsfeindlichkeit, die Verachtung des Bürgertums, aber auch die Einsicht in die bedeutende Rolle des menschlichen Willens wurden Nietzsche von Schopenhauer vorgegeben.

S. 16 *Romantik*: Nietzsche setzt sich im letzten Abschnitt seines Vorwortes von 1886 mit seiner romantischen Herkunft auseinander. In der Tat ist der Jünger Wagners und Schopenhauers nicht nur ein Kind der spätromantischen Epoche. Schon der Gymnasiast Nietzsche erklärte Friedrich Hölderlin zu seinem Lieblingsdichter (vergl. dazu »Brief an meinen Freund« vom 19. Oktober 1861, Band II dieser Ausgabe, S. 643). Dem romantischen Erbe sollte Nietzsche ungeachtet seiner späteren Distanzierung von Schopenhauer und ungeachtet seines Bruches mit Richard Wagner verpflichtet bleiben.

S. 18 *Prometheus*: Titan der griechischen Mythologie, der den Menschen das Feuer auf die Erde brachte. Hesiod und Äschylus gestalteten die Sage in ihren Dichtungen; das Motiv des prometheischen Titanenstolzes fand jedoch auch Eingang in die europäische Literatur, u. a. bei Goethe, Herder, Shelley, D'Annunzio, Spitteler. (Vgl. auch Nietzsches Interpretation S. 48.)

S. 19 *apollinisch und dionysisch*: von Nietzsche gewählte Begriffe, die in dieser Schrift, aber auch in Teilen der späteren Philosophie eine zentrale Rolle spielen. Es handelt sich um ein Gegensatzpaar, – um Fundamentalprinzipien, die aus der ästhetischen Erfahrung gewonnen sind und künstlerische Mächte bezeichnen sollen. Mächte jedoch, die aus der Natur selbst, ohne Vermittlung des menschlichen Künstlers hervorbrechen, irrational sind und sich durch nichts weiter begründen lassen. – *Apollo*: Sohn des Zeus und der Leto, Bruder der Artemis. – *Dionysus*: Sohn des Zeus und der Semele, der Gott der Ekstase und der große Gegenspieler des Apollo. Er soll aus Thrakien, Phrygien oder Lydien stammen. Der lydische Name ist Bakchos. In Delphi mußte sich Apollo mit Dionysus verbinden. Platon bezeugt, daß nach griechischer Auffassung »das Gefühl für Rhythmus und Harmonie« den Menschen durch diese beiden Götter geschenkt wurde. Die Entstehung der griechischen Tragödie bleibt in ihrem Ursprung umstritten, weshalb das von Nietzsche gewählte Thema leicht zu spekulativen Interpretationen verleitet. Zweifellos besteht aber zwischen dem Dionysuskult und dem Ursprung der griechischen Tragödie ein enger Zusammenhang.

S. 21 *principium individuationis*: Vereinzelung, Grund der Ursache der Einzeldinge.

S. 23 *Meduse*: ein weibliches Ungeheuer (Gorgo) der griechischen Sage, der Perseus das schreckenerregende Haupt abschlug. Das Motiv des *Medusenhauptes* findet sich an griechischen Tempeln als Ausdruck göttlichen Schreckens, aber auch als Abwehrzauber.

S. 24 *dorische Architektur* (dorischer Stil): genannt nach den Dorern, einem griechischen Volksstamm, der ursprünglich im Norden ansässig war, sich aber im Verlauf der dorischen Wanderung seit etwa 1150 v. Chr. auf dem Peloponnes, im südwestlichen Kleinasien und auf Rhodos, Kreta und einigen anderen Inseln ausbreitete. Das dorische Ideal einer strengen, herben und kraftvollen Ordnung wurde am reinsten von den Spartanern verkörpert. – *Kithara*: altgriechisches Saiteninstrument mit kastenförmigem Korpus und geschwungenen Jocharmen. Sie hatte sieben, später sogar 18 Saiten.

S. 25 *dithyrambisch*: begeistert, schwungvoll. Abgeleitet von Dithyrambos, einem altgriechischen Kultlied auf Dionysus. Dithyramben: Loblieder, feierliche Gedichte.

S. 26 *König Midas*: phrygischer Königsname. Die Sage berichtet, daß Dionysus Midas den Wunsch erfüllte, alles, was er berühre, solle sich in Gold verwandeln. Nach einer anderen Sage besiegte Apollo Midas im musikalischen Wettstreit und ließ ihm Eselsohren wachsen. – *Moira*: griechische Schicksalsgöttin. – *Theodicee*: Rechtfertigung Gottes.

S. 31 *Archilochus*: der älteste lyrische Dichter der Griechen. Er lebte um 650 v. Chr.

S. 35 *perpetuum vestigium*: immerwährende Spur.

S. 36 *Effulguration*: hier etwa »ein leuchtendes Sich-Versprühen«.

S. 41 *Satyr*: griechischer Waldgott, Fruchtbarkeitsdämon, spätestens seit dem Ende des 7. Jahrh. v. Chr. als zum Gefolge des Dionysus zugehörig betrachtet. Im griechischen Satyrspiel bildeten Satyrn und Silene (Mischgestalten aus Mensch und Bock) den Chor.

S. 54 *Euripides* war der jüngste der drei großen Dichter der attischen Tragödie. Geboren um 480, gestorben 407 v. Chr. 92 Dramen, von denen 19 erhalten sind, darunter Alkestis, Medea, die Troerinnen, Elektra, Iphigenie bei den Tauriern, Iphigenie in Aulis. Sein letztes Stück, die Bakchen, bringt die rasenden Begleiterinnen des Dionysus auf die Bühne. Aber nicht nur deshalb wirft Nietzsche Euripides vor, das große Erbe des Äschylus und des Sophokles verspielt zu haben. Euripides vollzieht in der Tat (wie Sokrates in der Philosophie) eine vom Mythos wegführende Wendung zugunsten einer anthropologischen Aussage. Mit dieser aufklärerischen Tendenz verlor die attische Tragödie etwas von ihrer ursprünglichen religiösen Weihe. Diesen als »Selbstmord« bezeichneten Vorgang, der durch Euripides eingeleitet wurde, sucht Nietzsche im 11. und 12. Abschnitt zu erklären.

S. 63 *Sokrates*: geboren 470 v. Chr. zu Athen, Lehrer Xenophons und Platons. Wegen angeblicher Gottlosigkeit zum Tode verurteilt, trank er den Schierlingsbecher und starb 399 in seiner Heimatstadt. Nietzsche bezeichnet Sokrates im Gegensatz zur landläufigen Meinung als den ersten und obersten Sophisten. Tatsächlich hat jedoch Sokrates den Subjektivismus der Sophisten überwunden, jener aufklärerischen Philosophen, die zur Zeit des Perikles gegen Entgelt praktische Lebensweisheiten lehrten und die bisweilen die dialektische Methode für Scheinbeweise und Scheinschlüsse mißbrauchten. Sokrates bediente sich zweifellos bei seiner Methode des ruhelosen Fragens sophistischer Mittel, wollte aber mit der Infragestellung herkömmlicher Vorstellungen jedes nur scheinbare Wissen zerstören, um zu einem Wissen zu gelangen, das den Menschen einer aufgeklärten Zeit einsichtiges Denken, sittliches Handeln und die Erfassung wahrer, dauernder Werte ermöglichte. So wurde er Wegbereiter von Platons Ideenlehre. Der kritische, aufklärerische Zug seines Denkens, gegen den Nietzsche sich wendet, hat neben anderen Ursachen (peloponnesischer Krieg) den Untergang altgriechischer mythischer Weltanschauung mitbewirkt oder zumindest bewußt gemacht, so daß man heute mit Recht die griechische Philosophie in Vorsokratiker und Nachsokratiker einteilt. Die hohe Wertschätzung der vorsokratischen Philosophie durch Nietzsche hat sich auch in unserem Jahrhundert erhalten, etwa in den Schriften Walter F. Ottos und in der Philosophie Martin Heideggers.

S. 65 *Das Zyklopenauge des Sokrates*: Die Zyklopen waren in der griechischen Sage einäugige Riesen. Nietzsches Bosheit wählt dieses verachtungsvolle Bild für Sokrates, den er (S. 71) unter dem Einfluß Schopenhauers auch als Urbild des theoretischen Optimisten kritisiert.

Der Kampf gegen Sokrates, gegen das Sokratische, den ästhetischen, moralischen und logischen Sokratismus zieht sich wie ein roter Faden durch Nietzsches Gesamtwerk. Das Phänomen Sokrates war für Nietzsche Symbol eines Verfalls des Lebens, das sich maßvoller Vernunft verschrieben hat. Wann immer er darauf zu sprechen kommt, kann sich seine Diktion zum Haß steigern. Typische Wendungen: »die Falschheit jenes großen, geheimnisvollen Ironikers«, »der boshafte Sokrates«, »Sokrates war Pöbel«, »ein typischer Verbrecher«, »der Hanswurst«.

S. 71 *Mystagoge*: der Lehrer, der in die Mysterien einführt, allgemein derjenige, der in eine Geheimlehre einführt. – *Sophrosyne*: Klugheit, Anstand, Selbstbeherrschung, die von den Griechen angestrebte Eigenschaft des rechten Mittelweges.

S. 74 *Die Welt als Wille und Vorstellung*: Schopenhauers Hauptwerk (1819).

S. 75 *universalia*: Grundbegriff (vgl. Anm. zu S. 96).

S. 79 *attischer Dithyrambus*: Vgl. Anm. zu S. 25.

S. 81 *deus ex machina*: Vgl. Anm. zu S. 124.

S. 85 *der alexandrinische Mensch*: Die sog. alexandrinische Philosophie herrschte um die Zeitwende und hatte in Alexandrien ihr Zentrum. In ihr mischten sich griechische und orientalische, aber auch jüdische Gedanken. Sie war ein epigonales Ereignis ohne eigene Kraft. Von Nietzsche hier in übertragener Bedeutung benutzter Ausdruck. – *Genesis der Oper*: Um die Wende vom 16. zum 17. Jahrhundert entstand in Florenz in einem Kreise von Dichtern, Gelehrten, Komponisten und Mäzenen um den Grafen Bardi bei dem Versuch, das antike Drama zu erneuern, die italienische Oper mit ihrem markanten Aufführungsstil – *stilo rappresentativo* – und dem nur vom Generalbaß begleiteten *Rezitativ*.

S. 93 *exhortativ*: nach Art einer Schulpredigt.

S. 96 *universalia ante rem*: ontologischer Grundsatz. Die Universalien (Grundbegriffe des Seins) sind vor den Dingen in der Welt.

S. 97 *prästabilierte Harmonie*: ein Ausdruck von Leibniz, der sich vornehmlich auf das von Gott gewollte Verhältnis von Leib und Seele bezieht. Hier übertragen auf das Verhältnis von Wort und Musik; gemeint ist ein nicht ursprüngliches, sondern paralleles Geschehen zweier Prozesse, die sich zueinander harmonisch verhalten. Hier also der Ablauf der dramatischen Entwicklung im Text der Dichtung und in der Musik.

S. 100 *In des Wonnemeeres . . .*: aus Wagners Oper »Tristan und Isolde«.

S. 101 *Quidproquo*: Verwechslung, Ersatz.

S. 104 *sub specie aeterni*: unter dem Blickpunkt des Ewigen.

S. 105 *sub specie saeculi*: unter dem Blickpunkt des Jahrhunderts, der Gegenwart.

S. 106 Der 24. und 25. Abschnitt ist ein Hymnus auf Richard Wagner, dessen Musik- und Kunsttheorie. Wagners Amoralität entspricht Nietzsches dionysischem Weltbild: Das Dasein hat keine moralische Rechtfertigung sondern nur eine ästhetische, es ist Ausdruck der Macht des Dionysus. Erste Hoffnung auf ein neues dionysisches Zeitalter ist eine neue dionysische Musik. Hier zeigen sich auch Differenzierungen gegenüber Schopenhauers Pessimismus. Während Schopenhauer von der Idee des Tragischen zur Entsagung geführt wurde, löst bei Nietzsche das tragische Bewußtsein Freude und Jubel aus: Lust an der Macht der Triebe, am dionysischen Urtaumel, am ungestalteten Chaos, dem Grund, aus dem alles Schöpferische wächst.

S. 109 *tückische Zwerge*: Damit sind Priester und Theologen gemeint, – Nietzsches erster, noch versteckter Angriff auf das Christentum.

UNZEITGEMÄSSE BETRACHTUNGEN (S. 111)

Zur Werkgeschichte: Die vier Stücke dieses Buches entstanden zwischen 1873 und 1876. Sie erschienen nacheinander in Einzelveröffentlichungen. Eine zweibändige zweite Auflage kam erst 1893 heraus, wurde also nicht mehr von Nietzsche selbst verantwortet. Die Tatsache, daß Nietzsche die »Unzeitgemäßen Betrachtungen« nicht wie andere Werke seiner Frühzeit 1886/87 neu ediert hat, läßt erkennen, daß ihr Autor diese Arbeiten selbst nicht zu seinen stärksten Äußerungen zählte. Die Traktate sind hauptsächlich Ausdruck einer Übergangszeit. Die geistesgeschichtliche Bedeutung, insbesondere des ersten und dritten Stückes, ist gering, weshalb diese Teile hier fortgelassen sind. Biographisch sind die »Unzeitgemäßen Betrachtungen« aufschlußreich. Bald nach der Niederschrift des vierten Stückes sollte der Bruch mit Wagner erfolgen.

Nietzsche arbeitete an einem Manuskript mit dem Titel »Die Philosophie im tragischen Zeitalter der Griechen«, als er zwischen dem 6. und 12. April 1873 Wagner in Bayreuth besuchte. Dieser hatte damals große Sorgen wegen der Finanzierung des im Bau befindlichen Festspielhauses und zeigte wohl wenig Neigung, mit Nietzsche über dessen halbfertiges Manuskript zu diskutieren. Nietzsche fühlte sich enttäuscht, er erlitt eine Depression. In einem Brief an seinen Freund Erwin Rohde vom 5. Mai 1873 heißt es: »Ich kam von Bayreuth in einer solchen anhaltenden Melancholie zurück, daß ich mich endlich nirgendswo anders hin retten konnte, als in die heilige Wut.« Der Zorn des Enttäuschten hatte zur Folge, daß die Arbeit über die griechischen Philosophen beiseitegelegt wurde und Nietzsche mit der Niederschrift der ersten »Unzeitgemäßen Betrachtung« begann. Sie trägt den Titel »David Strauß, der Bekenner und der Schriftsteller«. Nach der Niederlage, die Nietzsche mit der Veröffentlichung der »Geburt der Tragödie« erlitten hatte, wurde er zum Kritiker seiner Zeit. David Strauß (1808–1874) hatte im Alter von 27 Jahren ein Werk über das Leben Jesu verfaßt, in dem er die Evangelienberichte als unbewußte Mythenbildung in den urchristlichen Gemeinden erklärte. Die Lektüre hatte den jungen Nietzsche einst außerordentlich begeistert und zweifellos die Abkehr des gläubigen Pastorensohnes von der christlichen Lehre beeinflußt. Im Alter von 64 Jahren milderte Strauß seine einstigen Thesen jedoch außerordentlich ab; es erschien eine neue Version seines Buches unter dem Titel »Das Leben Jesu für das deutsche Volk bearbeitet«. Die teilweise Preisgabe der ursprünglichen Position war ein willkommener Anlaß für Nietzsche, um seiner »heiligen Wut« Ausdruck zu geben.

Das Pamphlet hat wenig Bedeutung, beginnt jedoch mit einem Abschnitt, der Nietzsche als Kritiker der deutschen Kultur zeigt und bis heute nichts von seiner Frische verloren hat:

»Die öffentliche Meinung in Deutschland scheint es fast zu verbieten, von den schlimmen und gefährlichen Folgen des Krieges, zumal eines siegreich beendeten Krieges zu reden: um so williger werden aber diejenigen Schriftsteller angehört, welche keine wichtigere Meinung als jene öffentliche kennen und deshalb wetteifernd beflissen sind, den Krieg zu preisen und den mächtigen Phänomenen seiner Einwirkung auf Sittlichkeit, Kultur und Kunst jubilierend nachzugehen. Trotzdem sei es gesagt: ein großer Sieg ist eine große Gefahr. Die menschliche Natur erträgt ihn schwerer als eine Niederlage; ja es scheint selbst leichter zu sein, einen solchen Sieg zu erringen, als ihn so zu ertragen, daß daraus keine schwerere Niederlage entsteht. Von allen schlimmen Folgen aber, die der letzte mit Frankreich geführte Krieg hinter sich dreinzieht, ist vielleicht die schlimmste ein weitverbreiteter, ja allgemeiner Irrtum: der Irrtum der öffentlichen Meinung und aller öffentlich Meinenden, daß auch die deutsche Kultur in jenem Kampf gesiegt habe und deshalb jetzt mit Kränzen geschmückt werden müsse, die so außerordentlichen Begebnissen und Erfolgen gemäß seien. Dieser Wahn ist höchst verderblich: nicht etwa weil er ein Wahn ist – denn es gibt die heilsamsten und segensreichsten Irrtümer – sondern weil er imstande ist, unseren Sieg in eine völlige Niederlage zu verwandeln: *in die Niederlage, ja Exstirpation des deutschen Geistes zugunsten des ›deutschen Reiches‹*.«

Das zweite Stück »Vom Nutzen und Nachteil der Historie für das Leben« ging Nietzsche rasch von der Hand. Es erschien im Februar 1874. Nietzsche setzt sich darin mit Hegels Geschichtsauffassung und der Philosophie Eduard von Hartmanns (1842–1906) auseinander. Drei Arten der Historie werden unterschieden: die monumentalische, die antiquarische und die kritische. Im ganzen ist die Schrift ein Protest gegen die historische Erziehung des modernen Menschen, gegen den Zwang, die gesamte Tradition historisierend zu zerlegen.

Druckvorlagen: Unzeitgemäße Betrachtungen, Zweites Stück: Vom Nutzen und Nachtheil der Historie für das Leben, E. W. Fritzsch, Leipzig 1874. – Unzeitgemäße Betrachtungen, Viertes Stück: Richard Wagner in Bayreuth, E. Schmeitzner, Schloß-Chemnitz 1876.

S. 119 *David Hume* (1711–1776): schottischer Staatsmann, bedeutendster Philosoph der englischen Aufklärung. – *And from the dregs* . . .: »Und vom Bodensatz des Lebens hoffe zu empfangen, Was der kecke erste Anlauf nicht geben konnte«.

S. 120 *Giacomo Leopardi* (1798–1837): italienischer Dichter, dessen Werke vom Weltschmerz und von der Hoffnungslosigkeit geprägt sind. Der Verlust des christlichen Glaubens äußerte sich bei Leopardi in einem radikalen Pessimismus.

S. 124 *deus ex machina*: das plötzliche Eingreifen eines rettenden Gottes, der in der antiken Tragödie mit Hilfe einer Maschine auf die Bühne gelassen wurde. Der Terminus wird in übertragener Bedeutung für unvermutete und unbeweisbare Erklärungen von Sachverhalten benutzt.

S. 130 *a posteriori*: philosophischer Fachausdruck, um eine Erkenntnis zu bezeichnen, die aus der Erfahrung stammt.

S. 131 *fiat veritas pereat vita*: Es werde Wahrheit, – möge das Leben vergehen!

S. 147 Anspielung auf *Adolphe Thiers* (1797–1877), französischer Staatsmann und Geschichtsschreiber, erster Präsident der 3. Republik, Antimonarchist. Als Historiker förderte er die liberale Idealisierung der Revolution von 1789 und die nationale Napoleonlegende.

S. 154 *memento vivere*: Denke ans Leben! Gegensatz zum christlichen »memento mori« = Sei eingedenk deines Todes!

S. 158 *natura naturans*: Terminus der scholastischen Philosophie, der bei Spinoza besondere Bedeutung gewinnt. Er meint die Natur als lebendige Einheit, die in schöpferischer Tätigkeit die natura naturata, die Einzeldinge, aus sich hervorgehen läßt. Für die Scholastiker war Gott die natura naturans.

S. 161 *ex causis efficientibus* und *ex causa finali*: scholastische Ausdrücke für Ursache und Wirkung.

S. 162 *delicacy of perception*: Feinheit der Wahrnehmung. – »*in the German mind* . . .«: »Im deutschen Geist scheint etwas schief, stumpf, ungeschickt und unpassend zu sein.«

S. 164 *animae magnae prodigus*: an der großen Seele verschwenderisch (zugrunde zu gehen).

S. 171 *cogito, ergo sum, nicht aber vivo, ergo cogito*: ich denke, also bin ich, nicht aber ich lebe, also denke ich. (Gedankenspiel mit dem Satz des Descartes.)

Das dritte Stück der »Unzeitgemäßen Betrachtungen«, der Traktat über »Schopenhauer als Erzieher«, entstand im Frühling und Sommer 1874. Obwohl sich Nietzsche inzwischen weitgehend von der Schopenhauerschen Philosophie gelöst hatte, zeichnet er ein Porträt Schopenhauers, welches voller Verehrung ist. Gegen den naiven Optimismus eines David Strauß wird die schopenhauersche Heiterkeit ausgespielt, die Gelassenheit eines Menschen, der die Nichtigkeit der Welt erkannt und zu sich selbst gefunden hat.

S. 175 Die ersten acht Abschnitte der vierten »Unzeitgemäßen Betrachtung«, »Richard Wagner in Bayreuth«, hatte Nietzsche bereits im Sommer 1850 geschrieben. Ab Oktober blieb die Arbeit jedoch liegen: sein damals bereits bisweilen persönlich gespanntes Verhältnis zu Wagner hatte zur Folge, daß Nietzsche nun auch Wagners Kunsttheorie und seine Musik kritischer als bisher beurteilte. Da die ersten Bayreuther Festspiele 1876 jedoch tatsächlich zustande kamen, fühlte Nietzsche sich veranlaßt, die Schrift im Frühjahr rasch zu beenden. Die letzten Absätze verraten, wenn auch noch in versteckter Form, die neue kritische Einstellung zu Wagner. Nietzsche kannte Wagners Empfindlichkeit. Er schickte die beiden ersten Exemplare nach Bayreuth und schrieb dazu: »Wie Sie selber diese Bekenntnisse aufnehmen werden, kann ich diesmal gar nicht erraten.« Die Aufnahme des Werkes war jedoch positiv. Wagner antwortete: »Freund! Ihr Buch ist ungeheuer! – Wo haben Sie nur die Erfahrung von mir her?«

S. 177 Die Grundsteinlegung des Bayreuther Festspielhauses fand am 22. Mai 1872 statt und wurde mit einer Aufführung der Neunten Symphonie Beethovens festlich begangen. Nietzsche hatte zusammen mit seinen Freunden von Gersdorff und Rohde daran teilgenommen, bei dieser Gelegenheit lernte er auch Malwida von Meysenbug kennen. Später schrieb er darüber an Gersdorff: »Ich glaube doch, es waren die glücklichsten Tage, die ich gehabt habe.«

S. 223 Nietzsches Ausführungen über Wagner als Schriftsteller verraten deutlich, bei aller noch vorhandenen Verehrung für den Bayreuther Meister, die wachsende Kritik.

S. 229 Die Schrift, die als Festgabe zur Eröffnung des Bayreuther Unternehmens gedacht war, endet mit einer kritischen Einschränkung der Bedeutung Richard Wagners.

MENSCHLICHES, ALLZUMENSCHLICHES (S. 231)

Zur Werkgeschichte: Mit den unter diesem Titel gesammelten Aufzeichnungen begann Nietzsche 1876, kurz nachdem er in einem recht deprimierten Zustand Bayreuth fluchtartig verlassen hatte. Das Werk erschien 1878 in dem Umfang, der hier abgedruckt ist. 1879/80 folgten jedoch Nachträge unter den Titeln »Vermischte Meinungen und Sprüche« und »Der Wanderer und sein Schatten«.

In jenen Jahren verschlechterte sich Nietzsches Gesundheitszustand unaufhörlich. Gleichzeitig wurde seine Lebensweise zunehmend unsteter. Soweit es seine Basler Lehrverpflichtungen irgend erlaubten, war er auf Reisen. Hauptsächliche Stationen dieser Jahre: Basel, Naumburg, Sorrent, Bad Ragáz, Bad Bex (im Kanton Waadt), Chur, Riva am Gardasee und Venedig, das er im Frühjahr 1880 mit seinem Freunde Peter Gast zum erstenmal besuchte. Die Reisen waren beschwerlich und die Unruhe, die sie mit sich brachten, beträchtlich. Dem hatte sich die Arbeitstechnik anzupassen, und zweifellos ist auch in diesen äußeren Lebensumständen ein Grund dafür zu suchen, daß Nietzsche nun zunehmend mehr die aphoristische Darstellungsweise bevorzugt, wie sie besonders von den französischen Moralisten und Epigrammatikern, von Montaigne, La Rochefoucauld, La Bruyère, Chamfort und Stendhal zu höchster Vollkommenheit ausgebildet wurde. Mit »Menschliches, Allzumenschliches« reiht sich Nietzsche in diese Tradition ein.

Druckvorlage: Menschliches, Allzumenschliches, Ein Buch für freie Geister, Erster Band, Neue Ausgabe, E. W. Fritzsch, Leipzig 1886.

S. 234 *aeterna veritas*: ewige Wahrheit. – *Schätzung der unscheinbaren Wahrheiten*: Hier nimmt Nietzsche Gedanken auf, die er bereits im Jahre 1873 in der kleinen Abhandlung »Über Wahrheit und Lüge im außermoralischen Sinne« formuliert hatte und die für sein ganzes Denken entscheidend werden sollten. Nietzsche erkannte damals für sich die Standpunktbezogenheit allen Wissens. Alle Wahrheit ist relativ. Im Grunde ist sie eine täuschende Konvention, die im moralischen Sinne den Charakter der verbindlichen Lüge hat. Diese Wahrheitstheorie ist auch ein Ausdruck von Nietzsches wachsender Wissenschaftsfeindlichkeit. Unparteiliche Objektivität des Gelehrten ist Kennzeichen des Philistertums.

S. 237 Die Ablehnung der Methaphysik, das heißt, der nicht auf Erfahrung, sondern auf unbeweisbaren Glaubensgehalten beruhenden Lehre von den ersten und letzten Prinzipien allen Seins, wird eines der zentralen Themen in Nietzsches Philosophie. Christliche Jenseitsvorstellungen, aber auch aristotelische Metaphysik und platonische Ideenlehre, also die gesamte auf Sokrates folgende Entwicklung des abendländischen Denkens, soll destruiert werden. Dieser Ansatz in Nietzsches Denken wird in der auf ihn folgenden Philosophie besonders durch Martin Heidegger aufgenommen. – *pneumatisch*: geistig.

S. 239 *Traum und Kultur*: Nietzsche bedient sich von nun an häufig psychologischer Interpretationen, zu denen er wohl auch durch einen

Freund, den positivistischen Philosophen Paul Rée (1849–1901), ermutigt wurde. Über die Art dieses Argumentationsstiles bemerkt Eugen Fink: »Nietzsches psychologische Interpretationen haben eine raffinierte Struktur: indem er demaskiert, Verhüllungen und Verkleidungen anprangert, kann er jeweils alles, was gegen seine Deutung spricht, als ein nur scheinbares Gegenphänomen entlarven, etwa so: der Altruismus ist nur eine maskierte, sich selbst nicht mehr durchsichtige Form des Egoismus. Der Psychologe der Hintergründe zieht auch das Versteckte ans Licht. Gegen diese Art des Vorgehens gibt es keine Argumentation, die Erfolg haben könnte, – weil alles Gegensprechende ja ›entlarvt‹ und so bewältigt werden kann. Man kann nur den ganzen Stil einer solchen hintergründigen Psychologie in Frage stellen. Die psychologische Destruktion der Metaphysik, die Nietzsche in ›Menschliches-Allzumenschliches‹ vorwiegend betreibt, richtet sich gegen die von Schopenhauer fixierte Scheidung von Ding an sich und Erscheinung, die selbst eine massive Vergröberung kantischer Gedanken ist.« (E. Fink, »Nietzsches Philosophie«, Stuttgart 1960, S. 47)

S. 246 *Unglaube an das ›monumentum aere perennius‹*: Zweifel an der ehernen Dauerhaftigkeit menschlichen Andenkens (und hier: menschlicher Einrichtungen überhaupt); Zitat nach Horaz, Oden III, 30, 1.

S. 248 Der 24. Abschnitt, wie auch die beiden folgenden, bringt mit seiner dialektischen Interpretation des Fortschritts (Fortschritt ist möglich, aber niemals als Fortschritt einer alten Kultur) Gedanken, an die später Oswald Spengler mit seiner Kulturphilosophie im »Untergang des Abendlandes« (1918–1922) direkt anknüpfen sollte.

S. 256 *Vorteile der psychologischen Beobachtung*: Vgl. die Anmerkung zu S. 239.

S. 257 *Larochefoucauld*: 1613–1680, Herzog de Laroche, wurde durch sein hier von Nietzsche zitiertes Werk »Réflexions ou Sentences et maximes morales« (1665) berühmt, in denen er das Verhalten der Menschen aus ihrer Eigenliebe erklärt. – »*Ce que le monde*«: »Was die Welt als Tugend bezeichnet, ist für gewöhnlich nichts weiter als ein Phantom unserer Leidenschaften, dem man einen ehrenwerten Namen gegeben hat, um das für straffrei zu erklären, was man selbst wünscht.«

S. 259 *intelligibel*: nach Kant etwas, das dem Verstand allein und nicht den Sinnen gegeben ist. Das Intelligible ist nicht zur Erklärung von Erscheinungen zu gebrauchen. Die intelligible Welt ist der Inbegriff der reinen Gedankendinge, eine bloß gedachte Welt der Ideen und Ideale, die von manchen Philosophen als objektiv und als außerhalb unseres Verstandes liegend angenommen wurde.

S. 263 *Gut und Böse*: Diese ethischen Grundberiffe werden genauso wie Wahrheit und Lüge im Gesamtwerk Nietzsches zu einem Hauptangriffspunkt seiner destruktiven Moralphilosophie. Der landläufige Begriff ist für Nietzsche reine Ideologie, da die herrschenden moralischen Konventionen stets standpunktbedingt sind.

S. 266 *»Sachez aussi* ...«: »Wissen Sie auch, daß es nichts Alltäglicheres gibt als Böses anzurichten, um des Vergnügens willen, es zu tun!« (*Prosper Mérimée*, franz. Schriftsteller, 1803–1870.)

S. 268 Die nun folgenden Aphorismen des zweiten Hauptstückes bringen wesentliche Gedanken von Nietzsches Anthropologie. Nietzsche gibt ein Bild der menschlichen Natur aus der Perspektive des Immoralismus, wie er zuerst in der »Geburt der Tragödie« von ihm projektiert wurde.

S. 280 *unusquisque* ...: »Ein jeder hat soviel recht, wie seine Macht wert ist (oder genauer: wie man glaubt, daß sie wert sei).«

S. 291 Das dritte Hauptstück umreißt völlig unverhüllt die Motive für Nietzsches Absage an das Christentum. Der Angriff erscheint umso schärfer, als es in Nietzsches Leben keinen sichtbaren Anlaß für einen Bruch mit der christlichen Weltanschauung, in der er erzogen wurde, keine plötzliche Enttäuschung und nicht die Erfahrung einer religiösen Katastrophe gegeben hat. Die Loslösung von einer ursprünglich frommen protestantischen Haltung zu einem immer rigoroseren aufgeklärten Denken vollzog sich seit der Gymnasialzeit in Schulpforta schmerzlos, aber fortwährend und unwiderruflich.

S. 292 Lord *Byron*: engl. Dichter, 1788–1824. – *Sorrow is knowledge* ...: »Sorge ist Wissen: die am meisten wissen, Müssen am tiefsten die tödliche Wahrheit betrauern, Der Baum der Erkenntnis ist nicht der des Lebens.« – *Horaz*: römischer Dichter, 65–8 v. Chr. – *quid aeternis* ...: »Was plagst du die kleinere Seele durch ewige Ratschlüsse? Warum sich nicht tummeln unter dem Himmel oder der Platane oder jener Pinie ...«

S. 294 *consensus sapientium* und *consensus gentium*: Übereinstimmung der Weisen und Übereinstimmung der gewöhnlichen Leute.

S. 305 *»si on croit* ...«: »Wenn man seine Maitresse um ihrer Liebe willen zu lieben glaubt, ist man wohl getäuscht.«

S. 315 Mit dem vierten Hauptstück ist der Bruch mit Richard Wagner offen und endgültig besiegelt. Wagners Name bleibt ausgespart, stattdessen wird der einstige Freund in diesem Werk nur als »der Künstler« bezeichnet. Über den Vorgang schreibt Nietzsche 1889 in der Schrift »Nietzsche contra Wagner«: »Schon im Sommer 1876, mitten in der Zeit der ersten Festspiele, nahm ich bei mir von Wagner Abschied. Ich vertrage nichts Zweideutiges; seitdem Wagner in Deutschland war, kondeszendierte er Schritt für Schritt zu allem, was ich verachte – selbst zum Antisemitismus ... Es war damals in der Tat die höchste Zeit, Abschied zu nehmen: alsbald schon bekam ich den Beweis dafür. Richard Wagner, scheinbar der Siegreichste, in Wahrheit ein morsch gewordener verzweifelnder décadent, sank plötzlich, hilflos und zerbrochen, vor dem christlichen Kreuze nieder ...« Nietzsche hatte in Bayreuth nur die erste Aufführung des

»Rheingold« am 12. August 1876 besucht und war dann allen anderen Veranstaltungen fern geblieben. Aber noch am 27. September schrieb er Wagner einen Brief, der herzliche Freundschaft bekundet. Wenige Wochen später kam es zum Bruch. Nietzsche war nach Sorrent gereist, wo er im Hause Malwida von Meysenbugs den Winter verbringen wollte. Auch Richard und Cosima Wagner waren von Oktober bis Anfang November 1876 in Sorrent. Dort kam es zur letzten Begegnung zwischen Wagner und Nietzsche. Auf einem Spaziergang erzählte der Bayreuther Meister dem Freunde vom »Parsifal«, mit dessen Ausführung er gerade begonnen hatte. Nietzsche verstummte und trennte sich grußlos von Wagner. Daß auf die »Götterdämmerung« ein christlicher Stoff folgen sollte, muß er als ungeheuer und unverzeihlich empfunden haben.

Im Januar 1878 schickte Wagner nichtsahnend und ohne persönlichen Groll ein Exemplar des »Parsifal« an Nietzsche. Als Antwort sandte Nietzsche im Mai 1878 das gerade fertig gewordene Buch »Menschliches, Allzumenschliches«. Die Absage an Wagner wurde verstanden und die Bayreuther Freunde fühlten sich nun mit Recht verletzt. Der Bruch war endgültig.

Über den Konflikt mit Wagner hinaus deutet sich aber im vierten Hauptstück eine Wandlung von Nietzsches Ansichten an: Die ästhetische Existenz ist für ihn nicht mehr das Ideal menschlicher Größe.

S. 327 *in majorem artis gloriam*: für den höheren Ruhm der Kunst.

S. 328 *corriger la fortune*: das Schicksal berichtigen.

S. 358 *Severität*: Ernsthaftigkeit.

S. 370 *Oligarchie*: Herrschaft weniger.

S. 379 *vita contemplativa*: beschauliches Leben.

S. 405 *Weib und Kind*: Nietzsches Freundschaften zu Frauen waren sporadisch. Die positiven Möglichkeiten einer Ehe hatte er in der wohl glücklichsten Zeit seines Lebens, in seinen ersten Basler Jahren, erkennen dürfen: Damals lebten Richard und Cosima Wagner noch in Tribschen bei Luzern, wo Nietzsche häufig zu Gast war. Es war die Zeit, da seine Freundschaft zu den Wagners ihren Höhepunkt erreicht hatte. Er erlebte das Glück der unkonventionellen Verbindung zwischen Cosima von Bülow und Richard Wagner. Im übrigen war sein Verhältnis zu Frauen eher scheu und gehemmt. Sein sich zunehmend verschlechternder Gesundheitszustand, der ihn schließlich zur Aufgabe seiner Professur zwang (2. Mai 1879), legte ihm aber gelegentlich sogar den Gedanken an eine Heirat nahe. Darüber in einem Brief an die Schwester am 25. April 1877: »Der Plan nun, welchen Frl. v. M. als unverrückbar im Auge zu behalten bezeichnet und an dessen Ausführung Du mithelfen mußt, ist der: Wir überzeugen uns, daß es mit meiner Baseler Universitätsexistenz auf die Dauer nicht gehen kann, daß ich sie höchstens auf Unkosten aller meiner wichtigeren Vorhaben und doch mit totaler Preisgebung meiner Gesundheit durchsetzen könnte. Freilich werde ich den nächsten Winter in diesen Verhältnissen dort noch zubringen müssen, aber Ostern 1878 soll es zu Ende sein, falls die andre Kombination gelingt, d. h. die Verheiratung mit einer zu mir passenden, aber notwendig vermöglichen Frau. ›Gut, aber reich‹ wie Frl. v. M. sagte, über welches ›Aber‹ wir sehr lachten. Mit dieser würde ich dann die nächsten Jahre in Rom leben; welcher Ort für Gesundheit, Gesellschaft und meine Studien gleich geeignet ist. In diesem Sommer nun soll das Projekt gefördert werden, in der Schweiz, so daß ich im Herbst verheiratet nach Basel käme. Verschiedene ›Wesen‹ sind eingeladen, in die Schweiz zu kommen, mehrere Dir ganz fremde Namen darunter, z. B. Elise Bülow aus Berlin, Elsbeth Brandes aus Hannover. Den geistigen Qualitäten nach finde ich immer Nat. Herzen am besten geeignet. Mit der Idealisierung der kl. Köckert in Genf hast Du viel geleistet! Lob, Ehr und Preis! Aber es ist doch bedenklich; und Vermögen? –« Der »Plan« kommt jedoch nicht zur Ausführung. Bereits im Juni des gleichen Jahres heißt es: »Die Verheiratung, sehr wünschenswert zwar, – ist doch die unwahrscheinlichste Sache, das weiß ich sehr deutlich!«

S. 412 *Zur Emanzipation der Frauen*: Vgl. die Anmerkungen zu S. 405 und zu S. 589.

S. 420 *quand la populace ...*: »Wenn der Pöbel sich anschickt (selber) zu urteilen, ist alles verloren.«

S. 437 Der 475. Abschnitt belegt wie zahlreiche andere Stellen in Nietzsches Werk sein kluges und differenziertes Verhältnis zum Judentum, vor allem aber, daß Nietzsche alles andere als ein Antisemit war. Karl Schlechta hat darauf hingewiesen, daß antisemitische Äußerungen in den Briefen Nietzsches durchweg auf späteren Fälschungen seiner Schwester Elisabeth Förster-Nietzsche beruhen.

S. 443 *»Der Mensch mit sich allein«*: Neu ist bei Nietzsche ein Zug zu skeptischer Rationalität. Die Antwort auf den dionysischen Irrationalismus und die Leugnung jeden Jenseitsglaubens liegt in der Berufung auf die Freiheit der Vernunft. Der Mensch, der seine Illusionen verloren hat, ist mit sich allein. Er ist der sich immer wieder distanzierende Wanderer in der Wüste.

S. 473 *»credo quia absurdum est«*: »Ich glaube, weil es sinnlos ist.«

S. 478 Das Wanderermotiv, wie es im Paragraphen 638 aufklingt, ist wie ein Präludium zum Zarathustra. Nietzsches Sprache erreicht ihre unvergleichliche Schönheit. Auf die »Abendröte der Kunst« folgt die »Morgenröte der Philosophie«. Die nun folgenden Werke sind voll heimlicher Gedanken, die die Botschaft, die Zarathustra zu verkünden hat, bereits in sich bergen.

DIE FRÖHLICHE WISSENSCHAFT (S. 481)

Zur Werkgeschichte: Im Sommer 1881 entdeckte Nietzsche Sils-Maria im Engadin, einen Ort, der ihm ein besonderes Hochgefühl schenkte und den er fortan als Sommerresidenz wählte. Hier hatte Nietzsche im August zum erstenmal den Gedanken der »ewigen Wiederkunft«. Den darauffolgenden Winter 1881/82 verbrachte er, wie schon im Jahre zuvor, in Genua. Dort hörte er im November zum erstenmal Bizets Oper »Carmen«. Die in Sils-Maria entstandene Hochstimmung hält, wenn auch unter Schwankungen, an. Eine positivere Einstellung zum Leben gewinnt zeitweise die Überhand. Der erste Abschnitt des vierten Buches der »Fröhlichen Wissenschaft« legt davon zu Neujahr 1882 beredtes Zeugnis ab: »Ich will immer mehr lernen, das Notwendige an den Dingen als das Schöne sehen – so werde ich einer von denen sein, welche die Dinge schön machen. Amor fati: das sei von nun an meine Liebe! Ich will keinen Krieg gegen das Häßliche führen. Ich will nicht anklagen, ich will nicht einmal die Ankläger anklagen. Wegsehen sei meine einzige Verneinung! Und, alles in allem und großen: ich will irgendwann einmal nur noch ein Jasagender sein!«

Das hier abgedruckte fünfte Buch der »Fröhlichen Wissenschaft« und der Anhang »Lieder des Prinzen Vogelfrei« wurden erst der zweiten Ausgabe 1887 beigefügt. Die Gedichte entstanden im Frühjahr 1882, gleich nach der Vollendung des vierten Buches, das fünfte Buch wurde jedoch erst im Herbst 1886 in der Nähe von Genua niedergeschrieben. Die chronologische Anordnung unserer Ausgabe ist in diesem Falle durchbrochen. Da aber Nietzsche diese Arbeit bewußt an das vor dem Zarathustra liegende Manuskript der »Fröhlichen Wissenschaft« angeschlossen hat, ist es als, wenn auch nachträglich verfaßte, Propädeutik zum Zarathustra an dieser Stelle gerechtfertigt.

Druckvorlage: Die fröhliche Wissenschaft (»la gaya scienza«), Neue Ausgabe mit einem Anhange: Lieder des Prinzen Vogelfrei, E. W. Fritzsch, Leipzig 1887.

S. 481 *»Fröhliche Wissenschaft«*: Der Titel ist eine Huldigung an die Troubadours der Provence, also an Männer, die die »Einheit von Sänger, Ritter und Freigeist« repräsentierten. Solche Wahlverwandtschaft kommt auch in der Anlage des Buches zum Ausdruck: Es ist eine Verbindung von Aphorismen, gereimten Sinnsprüchen und Liedern. Das Ideal der ästhetischen Existenz der »Geburt der Tragödie« ist endgültig durch das des heroischen Menschen ersetzt, was freilich so zu verstehen ist, daß Nietzsche auf eine neue Epoche hofft, die »den Heroismus in die Erkenntnis trägt«. Nach der Destruktion des Heiligen, des Weisen und des Künstlers hat der große Mensch für Nietzsche jetzt das Gepräge des erkennenden Freigeistes. Die Grundgedanken der Philosophie des reifen Nietzsche werden sichtbar: Die Thesen vom Tod Gottes, vom Willen zur Macht, von der ewigen Wiederkunft des Gleichen und die Vision vom kommenden Menschen als dem Übermenschen. Der Charakter der Aussage ist Verkündigung, frohe Botschaft. Die Losung heißt: gefährlich leben. Mit diesem positiven Leitwort wird die Wissenschaft »fröhlich« und die Kritik der Moral und der modernen Kultur fortgesetzt.

S. 484 *»Incipit tragoedia«*: »Die Tragödie beginnt.«

S. 491 πολύτροποι(polytropoi): die Vielgewandten, Vielbewanderten (verschlagener Abenteurer; homerische Bezeichnung für Odysseus).

S. 500 *disciplina voluntatis*: Zucht des Willens. – *vis inertiae*: die Kraft der Trägheit.

S. 508 *Brummkreisel Bahnsen*: Verhöhnung des Philosophen Julius Bahnsen (1830–1881), der eine pessimstische, von Schopenhauer und Hegel beeinflußte Philosophie entwickelte und auch eine Charakterologie begründete.

S. 509 Zentraler Aphorismus über Martin Luther.

S. 527 Der Aphorismus 377 über die Rolle des »guten Europäers« bringt ein konkretes Beispiel für Nietzsches Hoffnungen auf den kommenden Menschen und seine Funktion als künftige Elite. Zu diesem Thema, das auch schon in »Menschliches, Allzumenschliches« angesprochen wird, gehört auch der Aphorismus 362 (S. 514), der ein Hymnus auf Napoleon ist und mit dem Europa eine Führungsrolle als Herrin der Erde zugewiesen wird.

S. 534 *»Lieder des Prinzen Vogelfrei«*: Diese Gedichte sind zusammen mit den hier nicht mitgeteilten, am Anfang der »Fröhlichen Wissenschaft« stehenden, die einzige Lyrik, die Nietzsche in gesammelter Form jemals veröffentlicht hat. Alle anderen Gedichte fanden sich erst im Nachlaß, sofern sie nicht von Nietzsche vereinzelt in die Werke aufgenommen wurden.

S. 542 *»An den Mistral«*: Dieses Tanzlied, das die Gedichte beschließt und das Nietzsche besonders liebte, zeigt die prometheische Hochstimmung, aus der heraus die »Fröhliche Wissenschaft« im ganzen gedacht und konzipiert wurde.

ALSO SPRACH ZARATHUSTRA (S. 545)

Zur Werkgeschichte: Über die Entstehung des »Zarathustra« hat Nietzsche 1888 in »Ecce Homo« folgendes mitgeteilt: »Die Grundkonzeption des Werkes, der *Ewige-Wiederkunfts-Gedanke*, die höchste Formel der Bejahung, die überhaupt erreicht werden kann –, gehört in den August des Jahres 1881: er ist auf ein Blatt hingeworfen, mit der Unterschrift:

›6000 Fuß jenseits von Mensch und Zeit‹. Ich ging an jenem Tage am See von Silvaplana durch die Wälder; bei einem mächtigen pyramidal aufgetürmten Block unweit Surlei machte ich halt. Da kam mir dieser Gedanke. – Rechne ich von diesem Tage ein paar Monate zurück, so finde ich, als Vorzeichen, eine plötzliche und im Tiefsten entscheidende Veränderung meines Geschmacks, vor allem in der Musik. Man darf vielleicht den ganzen Zarathustra unter die Musik rechnen; – sicherlich war eine Wiedergeburt in der Kunst zu *hören*, eine Vorausbedingung dazu. In einem kleinen Gebirgsbade unweit Vicenca, Recoaro, wo ich den Frühling des Jahrs 1881 verbrachte, entdeckte ich, zusammen mit meinem *maëstro* und Freunde Peter Gast, einem gleichfalls ›Wiedergebornen‹, daß der Phönix Musik mit leichterem und leuchtenderem Gefieder, als er je gezeigt, an uns vorüberflog. Rechne ich dagegen von jenem Tage an vorwärts, bis zur plötzlichen und unter den unwahrscheinlichsten Verhältnissen eintretenden Niederkunft im Februar 1883 – die Schlußpartie, dieselbe, aus der ich im *Vorwort* ein paar Sätze zitiert habe, wurde genau in der heiligen Stunde fertig gemacht, in der Richard Wagner in Venedig starb – so ergeben sich achtzehn Monate für die Schwangerschaft.«

»Also sprach Zarathustra« ist zweifellos ein Hauptwerk Nietzsches, für viele das klassische Werk dieses Denkers schlechthin. Sprachlich auf allerhöchstem Niveau, hebt es sich schon in der Form von allen übrigen Werken Nietzsches ab. Die philosophische und wissenschaftliche Terminologie ist ebenso vermieden wie die direkte zeitkritische Aussage. Obwohl in philosophischer Absicht konzipiert, ist das Werk ganz und gar als Dichtung geschrieben. Der Text ist durch Gleichnisse verschlüsselt und wirkt wie ein religiöser Traktat. Nietzsche hat ihn einmal als »Fünftes Evangelium« und sich selbst als »Dichter des Zarathustra« bezeichnet.

Über die Stellung des Buches im Rahmen des Gesamtwerkes bemerkt E. Fink (a. a. O. S. 59) folgendes: »Der ›Zarathustra‹ eröffnet die dritte, definitive Phase der Philosophie Nietzsches. Mit ihm beginnt der Mittag seines Denkens, wo die Kraft dieses Geistes im Zenith steht. Nach dem romantischen Ansatz seiner Frühschriften, nach der wissenschaftlich-aufklärerischen Gegenwendung ereignet sich jetzt die Selbstfindung seines Wesens.«

Wie hoch Nietzsche selbst dieses Werk einschätzte, geht aus vielen seiner Äußerungen hervor, von denen drei Briefstellen aus der Zeit der Entstehung des »Zarathustra« hier mitgeteilt seien:

An Carl von Gersdorff aus Sils-Maria, 28. Juni 1883: »Die Zeit des Schweigens ist *vorbei*: mein ›Zarathustra‹, der Dir in diesen Wochen übersandt sein wird, möge Dir verraten, *wie* hoch mein Wille seinen Flug genommen hat. Laß Dich durch die legendenhafte Art dieses Büchleins nicht täuschen: hinter all den schlichten und seltsamen Worten steht mein *tiefster Ernst* und meine *ganze Philosophie*. Es ist ein Anfang, mich zu erkennen zu geben – nicht mehr! – Ich weiß ganz *gut*, daß niemand lebt, der so etwas machen könnte, wie dieser Zarathustra ist –«

An Erwin Rohde aus Nizza, 22. Februar 1884: »– ich bilde mir ein, mit diesem Z. die deutsche Sprache zu ihrer Vollendung gebracht zu haben. Es war, nach *Luther* und Goethe noch ein dritter Schritt zu tun –; sieh zu, alter Herzens-Kamerad, ob Kraft, Geschmeidigkeit und Wohllaut je schon in unserer Sprache so beieinander gewesen sind.«

An Peter Gast aus Sils-Maria, 2. September 1884: »Ich bin überdies mit der Haupt-Aufgabe dieses Sommers, wie ich sie mir gestellt hatte, im ganzen *fertig* geworden, – die nächsten 6 Jahre gehören der Ausarbeitung eines Schemas an, mit welchem ich meine ›Philosophie‹ umrissen habe. Es steht gut und hoffnungsvoll damit. Zarathustra hat einstweilen nur den ganz persönlichen Sinn, daß es mein ›Erbauungs- und Ermutigungs-Buch‹ ist – im übrigen dunkel und verborgen und lächerlich für jedermann.«

Die letzte der zitierten Briefstellen stammt aus der Zeit nach der Vollendung des dritten Teils des »Zarathustra«. Die ersten drei Teile waren jeweils in wenigen Tagen oder Wochen niedergeschrieben worden. Nietzsche hat behauptet, dabei unter dem Zwang intuitiver Eingebungen gestanden zu haben. Eigentlich sollte das Werk mit dem dritten Teil abgeschlossen sein. Aber bald unterbrach Nietzsche seine Vorarbeiten und Aufzeichnungen für jenes Werk, welches er in dem Brief an Peter Gast als seine »Philosophie« bezeichnete und das in der von ihm skizzierten Absicht auch nie zustande gekommen ist. Stattdessen machte sich Nietzsche an die Ausarbeitung des vierten Teils. Er ging mühsamer vonstatten und erschien 1885 als Privatdruck in wenigen Exemplaren. Der Öffentlichkeit wurde der vierte Teil erst mit der zweiten Auflage des Werkes im Jahre 1893 bekannt, vier Jahre nach Nietzsches geistigem Zusammenbruch. Nach der Vollendung des vierten Teils faßte Nietzsche weitere Teile ins Auge, die jedoch zugunsten anderer Werke nicht ausgeführt wurden. Insofern kann man den »Zarathustra«, Nietzsches in sich einheitlichstes Werk, als unabgeschlossen bezeichnen.

Druckvorlagen: Also sprach Zarathustra, Ein Buch für Alle und Keinen, In drei Theilen, E. W. Fritzsch, Leipzig 1887. – Also sprach Zarathustra, Ein Buch für Alle und Keinen, Vierter und letzter Theil, Privatdruck, C.G. Naumann, Leipzig 1885 (unter Benutzung der gleichfalls bei Naumann erschienenen Ausgabe von 1891).

S. 547 Die zehnjährige Einsamkeit Zarathustras ist eine Anspielung auf Jesus, der nur 40 Tage in der Wüste war. Zarathustra ist im Vergleich zu Jesus der Weisere.

Adler und *Schlange* begleiten Zarathustra als Symbole der Klugheit.

S. 548 *Damals trugst du deine Asche zu Berge*: Als Zarathustra ins

Gebirge ging, waren seine bisherigen Überzeugungen zu Asche geworden. Nun entzündet sich das Feuer seines neuen Glaubens.

S. 549 *Gott ist tot*: Vgl. S. 489, Aphorismus 343 der »Fröhlichen Wissenschaft«. Der dort diagnostizierte Tod Gottes wird hier proklamiert. Atheismus ist die Voraussetzung der Lehre Zarathustras. – *Alle Wesen bisher schufen etwas über sich hinaus*: Der ganze Abschnitt ist darwinistischen Gedanken verpflichtet. Anstelle metaphysischer Jenseitshoffnungen tritt innerweltliche Evolution: Affe-Mensch-Übermensch.

S.550 *Einst blickte die Seele verächtlich auf den Leib*: Ablehnung der christlichen Askese. – *Ach, daß ich euch schon so schreien gehört hätte!*: Aufruf zur dionysischen Ekstase. – *Die Stunde der großen Verachtung*: der Zeitpunkt, da der jetzige Mensch seine Unfähigkeit einsieht und sich selbst überwindet.

S. 551 In Zarathustras zweiter Rede wird der heutige Mensch als Übergangstypus beschrieben. Die größten Menschen sind die, die sich als Unter- und Hinübergehende begreifen, die das irdische Dasein bejahen und nicht bei den Sternen im Jenseits ihre Ziele suchen.

S. 553 Zarathustras gespenstische Schilderung des letzten Menschen hat auf seine Zuhörer eine unbeabsichtigte Wirkung. Das Volk fühlt sich nicht zur Überwindung des letzten Menschen aufgerufen, es schreckt nicht vor dem Bilde seiner eigenen Entartung zurück, sondern verlangt nach dem Glück, das dieser Mensch genießt. Zarathustra wiederholt die Erfahrung, die Moses bei der Verkündung der Gebote hatte.

S. 554 Der Seiltänzer und der Possenreißer sind symbolische Figuren. Der Seiltänzer ist der Mensch, der den riskanten Weg zum Übermenschen gehen will, der Possenreißer aber der falsche Jenseitsapostel, der den Menschen »überspringen« will und auf diese Weise den Seiltänzer in die Tiefe reißt.

S. 557 »*Gefährten brauche ich!*«: Zarathustra kann mit dem toten Seiltänzer nichts anfangen, und er hat eingesehen, daß seine Botschaft von der Menge nicht verstanden wird; deshalb will er sich in Zukunft an wenige Auserwählte wenden (eine Anspielung auf Jesus und seine Jünger). Die Gefährten sollen ihm folgen, »weil sie sich selber folgen wollen«: Nietzsche stellt sich die künftige Elite als Auswahl starker, zur Freiheit berufener Menschen vor, die imstande sind, den Übergang zum Übermenschen vorzubereiten oder sogar zu vollziehen.

S. 559 *Drei Verwandlungen des Geistes*: Erste Stufe: Symbol »das Kamel«, Wahlspruch »du sollst«. Zweite Stufe: Symbol »der Löwe« (Herrschertum, Umsturz des Alten), Wahlspruch »ich will«. Dritte Stufe: Symbol »das Kind«, Wahlspruch »ich bin« (Stufe der Vollendung, des heiligen Jasagens, der Unschuld und der Lebensgewißheit).

S. 560 *Von den Lehrstühlen der Tugend*: Diese Rede ist eine Satire auf die überkommenen Moralvorstellungen, die Nietzsche auch schon in allen früheren Werken kritisiert und mit Verachtung gestraft hat. Der Begriff des Guten und Gerechten gehört zur Glücksmoral des Herdenmenschen, – er taugt nicht für den tragischen Heroismus, den Zarathustra von den Menschen, die den Übergang zu einem höheren Typus wollen, fordert.

S. 562 *Hinterweltler*: jene, die an den jenseitigen Gott glauben. Auch Zarathustra (Nietzsche) hatte einst an diesen Gott geglaubt.

S. 565 Zarathustra kämpft gegen die Verachtung des Leibes, die nur von einem krank gewordenen Leibe ausgeht. Er verkündet die leib-seelische Einheit. Der Abschnitt richtet sich auch gegen die klassische, von Descartes begründete Zweisubstanzenlehre und den aus ihr folgenden erkenntnistheoretischen Subjekt-Objekt-Dualismus der europäischen Philosophie. Nietzsches Forderung, diesen Dualismus aufzugeben, hat sich in der Anthropologie wie auch in der Lebens- und Existenzphilosophie unseres Jahrhunderts allgemein durchgesetzt.

S. 567 Die Rede richtet sich gegen die moralistische Interpretation menschlicher Taten am Beispiel ihres Extremfalles, des Verbrechens. Nietzsche wendet sich gegen Begriffe wie Sünde, Schuld, Untat. Verbrechen ist für ihn in erster Linie Krankheit. Der Verbrecher ist ein Irregeleiteter und Leidender. – Gedanken, die heute in der Diskussion um ein neues Strafrecht und bei den Bemühungen, das alte Schuldstrafrecht zu reformieren, von großer Aktualität sind.

S. 569 *Vom Lesen und Schreiben*: Das Kapitel bringt unter anderem eine Grundforderung Nietzsches zum Ausdruck. Bücher müssen mit Blut, das heißt mit leidenschaftlichem Engagement geschrieben sein, dennoch soll der Autor mit tänzerischer Leichtigkeit über dem Ernst der Sache stehen (was diese Leichtigkeit betrifft, so gehört sie in den Bereich von Nietzsches persönlichen Sehnsüchten).

S. 573 Zarathustras Rede über die Prediger des Todes markiert Nietzsches Kritik an Schopenhauers Pessimismus. Er wirft Schopenhauer vor, nie die wirkliche Konsequenz aus seiner Lehre der Verneinung des Lebenswillens gezogen zu haben.

S. 574 Die vielleicht bedenklichste Rede Zarathustras. Sie zeigt, daß Nietzsche mit dem Phänomen des Kriegers und Soldaten nicht fertig geworden ist. Einerseits feiert er die Kriegsleute als unerläßliche, tapfere und gehorsame Kampfgefährten, andererseits deklassiert er sie. Soldaten können nach ihm nicht Heilige der Erkenntnis sein, sondern bestenfalls Vorläufer solcher Heiligkeit. Nietzsche-Zarathustra verwickelt sich in Widersprüche: Positiv fordert er die Soldaten auf, in der Uniform nicht ihre Individualität preiszugeben. Wenig später heißt es, daß die Formel »du sollst« für einen Kriegsmann angenehmer klingt als »ich will«. Damit ist der zunächst hymnisch gefeierte Kriegsmann, wenn man der ersten Rede (vgl. S. 559) folgt, noch niedriger eingestuft. »Du sollst« bezeichnete die tiefste Stufe der drei Verwandlungen des Geistes.

S. 577 Den idealen Gesellschaftszustand dort erreicht zu sehen, wo der Staat aufhört, ist ein Gedankengang, der als Reaktion auf Hegels Staatsphilosophie im 19. Jahrhundert nicht nur bei Nietzsche, sondern z. B. auch im Marxismus eine Rolle spielt.

S. 580 *Von der Keuschheit*: Zarathustra haßt die Wollust der Städte und empfiehlt denen, die von Natur aus keusch sind, es auch zu bleiben. Aber er behandelt das Thema völlig vorurteilsfrei und weiß, daß Keuschheit bei vielen beinahe ein Laster sein kann. Freudsche Gedanken sind hier zum Greifen nahe. Nietzsche will auch den sexuellen Bereich aus der moralistischen Verklammerung von Gut und Böse befreien. Worum es ihm geht, ist die Unschuld der Sinne.

S. 584 Die Entlarvung der Nächstenliebe als Egoismus und Schwäche ist eines von Nietzsches Lieblingsthemen. Wer selbst keine starke Persönlichkeit ist, flüchtet zum Nächsten. Die neue Tugend heißt Fernstenliebe: Hinwendung zum Kommenden, zu neuen Ideen und zum Übermenschen.

S. 585 (Vgl. auch S. 577 f.): Hier kommt Nietzsches aus seinen persönlichen Lebenserfahrungen mitbedingte Vorliebe für die tragische Einsamkeit des schöpferischen Menschen zum Ausdruck.

S. 589 Der berühmte Abschluß dieser Rede: *»Du gehst zu Frauen? Vergiß die Peitsche nicht!«* ist nicht als Aufforderung zur körperlichen Züchtigung gemeint. Nietzsche möchte das Zusammenleben der Geschlechter vorurteilslos und unbefangen sehen. Für ihn zeichnet sich der Mann durch Stärke im praktischen Lebenskampf aus, die Frau durch ihre größere Fähigkeit zur Liebe, aber auch zum Haß. Dennoch vermag der revolutionäre Zarathustra in diesem Kapitel die Fesseln traditioneller Ansichten nicht zu sprengen. Nietzsche ist gegen die Emanzipationsbewegung: Das Weib bedeutet Erholung für den Mann. Die Rolle der Frau erschöpft sich im Gebären von Kindern und in gehorsamer Unterwerfung.

S. 590 Nietzsche kritisiert das Gebot der Bergpredigt, seinen Feind zu lieben.

S. 591 In der Rede über Kind und Ehe werden erstmals Gedanken ausgedrückt, die Nietzsche in den letzten Jahren seines Schaffens unter dem Thema »Zucht und Züchtung« ausführlich behandeln wird.

S. 592 Die Lehre, daß der Mensch seinen Tod frei wählen soll, hat Nietzsche später auch in der »Götzendämmerung« ausgeführt.

S. 594 Zarathustra verabschiedet sich von seinen Gefährten mit drei Mahnungen. 1. Forderung der schenkenden Tugend als der höchsten Tugend, – ein Verschenken dessen, was man selbst an Fähigkeiten und Einsichten besitzt, aus Großzügigkeit und aus der Überfülle des Lebens heraus; nicht zu verwechseln mit Nächstenliebe. 2. Dem irdischen Dasein treu zu bleiben. 3. Die eigene Individualität, das heißt innere Freiheit und Selbständigkeit zu verwirklichen.

S. 600 Erneute Kritik am Gottesgedanken. Gott ist eine Mutmaßung.

S. 601 Die menschliche Aufgabe ist auf Erden zu leisten: die Hervorbringung des Übermenschen. Die Aufgabe wird mit dem Gleichnis des michelangelesken Bildhauers, der mit dem Hammer die Gestalt aus dem Marmor schlägt, beschrieben.

S. 602–614 In diesen Kapiteln drückt sich wieder Nietzsches schon bekannter Immoralismus aus, seine Verachtung des Mitleids, der Priester, des Jenseitsglaubens, der modernen Massengesellschaft und der traditionellen Metaphysik.

S. 615 Das in Rom entstandene »*Nachtlied*« ist von unvergleichlicher sprachlicher Schönheit und gehört zum Größten dessen, was in deutscher Sprache geschrieben wurde.

S. 619 Das »*Grablied*« ist eine beinahe romantische Klage über die verlorenen Ideale der Jugend.

S. 620 *Eulen-Untier*: Möglicherweise ist Wilamowitz-Moellendorff gemeint. – *meinen liebsten Sänger*: Richard Wagner.

S. 621 *eine schaurige dumpfe Weise*: Parsifal.

S. 622 Das Grundprinzip des Lebens beruht auf dem ewigen Machtwillen. Dieser Gedanke wird im Spätwerk Nietzsches dominierend.

S. 637 Ein geheimnisvolles Kapitel. Der Wahrsager erzählt Zarathustra von der Todesmüdigkeit der Menschen. Zarathustra ist über diesen (Schopenhauerschen) Gedanken deprimiert und verfällt in eine dreitägige Krankheit. Die Heilung geschieht durch einen Traum, der durch einen Jünger Zarathustras gedeutet wird: Nietzsche-Zarathustra selber ist der Besieger der Todesmüdigkeit. Aber die Deutung wird nicht akzeptiert; Zarathustra schüttelt den Kopf.

S. 641 *wer ist uns Zarathustra?* Die folgenden Zeilen sind ein Selbstporträt Nietzsches, Zeugnis seines Selbstverständnisses als eines Menschen, der viele Gegensätze in sich vereint.

S. 648 Das Erlebnis der einsamsten Wanderung: der Weg zum Übermenschen. Dieser Weg ist im Gegensatz zum ersten Teil hier nicht mehr darwinistisch verstanden, sondern als Weg zur menschlichen Größe, die es immer gegeben hat und die immer wiederkehren soll.

S. 650 In dem Abschnitt *Vom Gesicht und Rätsel* wird der Gedanke der ewigen Wiederkunft zunächst in grausigen Bildern entwickelt, ein Hinweis, wie schwer es Nietzsche selbst gefallen sein mag, die Lehre von der ewigen Wiederkunft des Gleichen zu ertragen. Denn auch der kleine Mensch kehrt ewig wieder.

S. 659 Die Welt ist nicht determiniert und nicht von einer göttlichen Vorsehung gelenkt, sondern »ein Tanzboden für göttliche Zufälle«.

S. 663 f. Zarathustras Gesang zeichnet ein Gegenbild zum Ölberg des Evangeliums.

S. 675 Drei negative Eigenschaften der herkömmlichen Moral, Wollust,

Herrschsucht und Selbstsucht, werden neu gewogen und für positiv befunden. Umwertung der Werte: Wollust, die ihr Ziel kennt, ist unschuldig und frei, Herrschsucht eine Eigenschaft des großen Menschen, Ausdruck des Willens zur Macht, der nach höheren Zielen strebt, gesunde Selbstsucht ist die Tugend des freien Menschen.

S. 706 Das letzte Kapitel des dritten Teils, das ursprünglich den Schluß des ganzen Werkes bilden sollte, kann mit einem Rondo verglichen werden. Mit tänzerischer Leichtigkeit drückt es selige Lebensbejahung aus. Die quälenden Konsequenzen des Wiederkunftsgedankens sind bewältigt. Zarathustra hat erkannt, daß die Polarität von Größe und Schwäche, Lust und Leid, Individuum und Masse unaufhebbar ist, ja daß in diesem dialektischen Spannungsverhältnis das Leben selbst besteht. Im dritten Teil des »Zarathustra« hat Nietzsche zu zeigen versucht, wie sich die beiden Grundthesen der Philosophie, das Prinzip der Wiederkehr und die Forderung nach dem höheren Menschen, im Widerstreit vereinigen: In der Wiederkehr liegt die Möglichkeit der Steigerung und Vollendung des Lebens. Wenn auch gerade in dieser Lehre Nietzsche zu größter Originalität kommt, so erweckt doch die Lösung des von ihm aufgezeigten Problems Assoziationen an Hegels Philosophie. Auch der Zarathustra zeigt Nietzsche als Erben der romantischen Epoche.

S. 712 *Der Wahrsager*: Wiederum ist Schopenhauer gemeint.

S. 714–737 In den nächsten sieben Kapiteln begegnet Zarathustra verschiedenen Typen des höheren Menschen. Personen treten auf, die beginnen, sich mit Zarathustras Botschaft auseinanderzusetzen, aber noch nicht die Stärke und geforderte Lebenshärte haben, um die Lehre zu verwirklichen.

S. 739 Die Stunde des großen Mittags ist die des vollendeten Glückes. Zarathustra hat die Vision der vollkommenen Welt. Das Symbol ist der *goldene runde Reif*.

S. 744 Das Kapitel parodiert die christliche Lehre.

S. 746 ff. Die zwanzig Abschnitte dieses Kapitels bringen eine Zusammenfassung der Lehre Zarathustras aus den ersten drei Teilen.

S. 755 *Das Lied der Schwermut*, das der alte Zauberer anstimmt, der selbst schon zu den höheren, aber noch wankelmütigen Menschen gehört, ist eine erneute Auseinandersetzung mit dem Pessimismus der Schopenhauerschen Philosophie, von der Nietzsches Denken seinen Ausgang nahm. Wieder geht es um die Nietzsche schon seit Jahren bewegende Frage nach Wahrheit und Lüge in dieser Welt.

S. 760 Zarathustra sitzt unter den Töchtern der Wüste. Gemeint sind die Gebildeten der Zeit, die geistig haltlos Nietzsches Lehre nur nachäffen.

S. 761 Das Gedicht »*Die Wüste wächst: weh Dem, der Wüsten birgt!*« ist mehr als nur eine Burleske. Die Chiffre »die Wüste wächst« steht für die prophetische Ahnung der sich immer mehr ausbreitenden Pseudophilosophie, des hohlen Geredes und des entseelten Kulturbetriebes.

S. 764 Erneute scharfe Parodie des christlichen Glaubens.

S. 767 Die Parodie des Evangeliums steigert sich zum Hohn: Dem Abendmahl als einer Gedächtnisfeier setzt Zarathustra das *Eselsfest* entgegen.

S. 770 ff. Im *trunknen Lied,* das sich zum Mitternachtslied steigert, umschreibt Nietzsche (wie am Schluß des dritten Teils des »Zarathustra«) sein tiefstes Geheimnis, die Zusammengehörigkeit der Gegensätze, die mit der ewigen Wiederkunft unauflöslich verknüpft sind.

S. 778 Das Mitleid, für Nietzsche stets Zeichen einer prinzipiellen Schwäche, muß Zarathustra auch noch gegenüber den höheren Menschen überwinden, gegenüber denen also, die den Übergangstypus darstellen und deshalb dem Untergang preisgegeben sind. Mit diesem Bekenntnis zur harten Konsequenz seiner Lehre schließt das Werk.

INHALT

Die Geburt der Tragödie oder Griechentum und Pessimismus . . . 7

Versuch einer Selbstkritik 9
Die Geburt der Tragödie aus dem Geiste der Musik 18

Unzeitgemäße Betrachtungen 111

Zweites Stück: Vom Nutzen und Nachteil der Historie für das Leben . 113
Viertes Stück: Richard Wagner in Bayreuth 175

Menschliches, Allzumenschliches. Ein Buch für freie Geister 231

(Erster Band)

Von den ersten und letzten Dingen 233
Zur Geschichte der moralischen Empfindungen 256
Das religiöse Leben 291
Aus der Seele der Künstler und Schriftsteller 315
Anzeichen höherer und niederer Kultur 348
Der Mensch im Verkehr 385
Weib und Kind 405
Ein Blick auf den Staat 420
Der Mensch mit sich allein 443
Unter Freunden. Ein Nachspiel 479

Die fröhliche Wissenschaft (»la gaya scienza«) 481

Vorrede zur zweiten Ausgabe 483
Fünftes Buch: Wir Furchtlosen 489
Anhang: Lieder des Prinzen Vogelfrei 534

Also sprach Zarathustra. Ein Buch für Alle und Keinen 545

Zarathustras Vorrede 548

Die Reden Zarathustras

Von den drei Verwandlungen 559
Von den Lehrstühlen der Tugend 560
Von den Hinterweltlern 562
Von den Verächtern des Leibes 565
Von den Freuden- und Leidenschaften 566
Vom bleichen Verbrecher 567
Vom Lesen und Schreiben 569
Vom Baum am Berge 570
Von den Predigern des Todes 573
Vom Krieg und Kriegsvolke 574
Von neuen Götzen 576
Von den Fliegen des Marktes 577
Von der Keuschheit 580
Vom Freunde 581
Von tausend und einem Ziele 582
Von der Nächstenliebe 584
Vom Wege des Schaffenden 585
Von alten und jungen Weiblein 587
Vom Biß der Natter 589
Von Kind und Ehe 590
Vom freien Tode 592
Von der schenkenden Tugend 594

Zweiter Teil

Das Kind mit dem Spiegel 598
Auf den glückseligen Inseln 600
Von den Mitleidigen 602
Von den Priestern 604
Von den Tugendhaften 606
Vom Gesindel 609
Von den Taranteln 611
Von den berühmten Weisen 613
Das Nachtlied 615
Das Tanzlied 617
Das Grablied 619
Von der Selbst-Überwindung 621
Von den Erhabenen 624

Vom Lande der Bildung 626
Von der unbefleckten Erkenntnis 628
Von den Gelehrten 630
Von den Dichtern 631
Von großen Ereignissen 634
Der Wahrsager 637
Von der Erlösung 639
Von der Menschen-Klugheit 643
Die stillste Stunde 645

Dritter Teil

Der Wanderer 648
Vom Gesicht und Rätsel 650
Von der Seligkeit wider Willen 654
Vor Sonnen-Aufgang 657
Von der verkleinernden Tugend 659
Auf dem Ölberge 663
Vom Vorübergehen 666
Von den Abtrünnigen 668
Die Heimkehr 671
Von den drei Bösen 674
Vom Geist der Schwere 677
Von alten und neuen Tafeln 680
Der Genesende 696
Von der großen Sehnsucht 701
Das andere Tanzlied 703
Die sieben Siegel 706

Vierter und letzter Teil

Das Honig-Opfer 709
Der Notschrei 712
Gespräch mit den Königen 714
Der Blutegel 717
Der Zauberer 720
Außer Dienst 725
Der häßlichste Mensch 728
Der freiwillige Bettler 732
Der Schatten 735
Mittags 738
Die Begrüßung 740
Das Abendmahl 744
Vom höheren Menschen 746

Das Lied der Schwermut 754
Von der Wissenschaft 758
Unter Töchtern der Wüste 760
Die Erweckung 764
Das Eselsfest 767
Das trunkne Lied 770
Das Zeichen 776

Anhang 779

Anmerkungen:
Die Geburt der Tragödie 781
Unzeitgemäße Betrachtungen 787
Menschliches, Allzumenschliches 790
Die fröhliche Wissenschaft 796
Also sprach Zarathustra 797

ZWEITER TEIL

INHALT 2. TEIL

Jenseits von Gut und Böse

9

Zur Genealogie der Moral

175

Der Fall Wagner

289

Götzen – Dämmerung

323

Ecce homo

399

Der Antichrist

483

Dionysos – Dithyramben

547

Autobiographisches aus den Jahren 1856–1869

573

Anhang

693

Nachwort

726

Inhaltsverzeichnis

742

JENSEITS VON GUT UND BÖSE

Vorspiel einer Philosophie der Zukunft

VORREDE

Vorausgesetzt, daß die Wahrheit ein Weib ist –, wie? ist der Verdacht nicht gegründet, daß alle Philosophen, sofern sie Dogmatiker waren, sich schlecht auf Weiber verstanden? daß der schauerliche Ernst, die linkische Zudringlichkeit, mit der sie bisher auf die Wahrheit zuzugehen pflegten, ungeschickte und unschickliche Mittel waren, um gerade ein Frauenzimmer für sich einzunehmen? Gewiß ist, daß sie sich nicht hat einnehmen lassen – und jede Art Dogmatik steht heute mit betrübter und mutloser Haltung da. *Wenn* sie überhaupt noch steht! Denn es gibt Spötter, welche behaupten, sie sei gefallen, alle Dogmatik liege zu Boden, mehr noch, alle Dogmatik liege in den letzten Zügen. Ernstlich geredet, es gibt gute Gründe zu der Hoffnung, daß alles Dogmatisieren in der Philosophie, so feierlich, so end- und letztgültig es sich auch gebärdet hat, doch nur eine edle Kinderei und Anfängerei gewesen sein möge; und die Zeit ist vielleicht sehr nahe, wo man wieder und wieder begreifen wird, *was* eigentlich schon ausgereicht hat, um den Grundstein zu solchen erhabenen und unbedingten Philosophen-Bauwerken abzugeben, welche die Dogmatiker bisher aufbauten, – irgendein Volks-Aberglaube aus unvordenklicher Zeit (wie der Seelen-Aberglaube, der als Subjekt- und Ich-Aberglaube auch heute noch nicht aufgehört hat, Unfug zu stiften), irgendein Wortspiel vielleicht, eine Verführung von seiten der Grammatik her oder eine verwegne Verallgemeinerung von sehr engen, sehr persönlichen, sehr menschlich-allzumenschlichen Tatsachen. Die Philosophie der Dogmatiker war hoffentlich nur ein Versprechen über Jahrtausende hinweg: wie es in noch früherer Zeit die Astrologie war, für deren Dienst vielleicht mehr Arbeit, Geld, Scharfsinn, Geduld aufgewendet worden ist als bisher für irgendeine wirkliche Wissenschaft – man verdankt ihr und ihren »überirdischen« Ansprüchen in Asien und Ägypten den großen Stil der Baukunst. Es scheint, daß alle großen Dinge, um der Menschheit sich mit ewigen Forderungen in das Herz einzuschreiben, erst als ungeheure und furchteinflößende Fratzen über die Erde hinwandeln müssen: eine solche Fratze war die dogmatische Philosophie, zum Beispiel die Vedanta-Lehre in Asien, der Platonismus in Europa. Seien wir nicht undankbar gegen sie, so gewiß es auch zugestanden werden muß, daß der schlimmste, langwierigste und gefährlichste aller Irrtümer bisher ein Dogmatiker-Irrtum gewesen ist, nämlich Platos Erfindung vom reinen Geiste und vom Guten an sich. Aber nunmehr, wo er überwunden ist, wo Europa von diesem Alpdrucke aufatmet und zum mindesten eines gesunderen – Schlafs genießen darf, sind wir, *deren Aufgabe das Wachsein selbst ist,* die Erben von all der Kraft, welche der Kampf gegen diesen Irrtum großgezüchtet hat. Es hieß allerdings die Wahrheit auf den Kopf stellen und das *Perspektivische,* die Grundbedingung alles Lebens, selber verleugnen, so vom Geiste und vom Guten zu reden, wie Plato getan hat; ja man darf, als Arzt, fragen: »woher eine solche Krankheit am schönsten Gewächse des Altertums, an Plato? hat ihn doch der böse Sokrates verdorben? wäre Sokrates doch der Verderber der Jugend gewesen? und hätte seinen Schierling verdient?‹ – Aber der Kampf gegen Plato, oder, um es verständlicher und fürs »Volk« zu sagen, der Kampf gegen den christlich-kirchlichen Druck von Jahrtausenden – denn Christentum ist Platonismus fürs »Volk« – hat in Europa eine prachtvolle Spannung des Geistes geschaffen, wie sie auf Erden noch nicht da war: mit einem so gespannten Bogen kann man nunmehr nach den fernsten Zielen schießen. Freilich, der europäische Mensch empfindet diese Spannung als Notstand; und es ist schon zweimal im großen Stile versucht worden, den Bogen abzuspannen, einmal durch den Jesuitismus, zum zweiten Male durch die demokratische Aufklärung – als welche mit Hilfe der Preßfreiheit und des Zeitungslesens es in der Tat erreichen dürfte, daß der Geist sich selbst nicht mehr so leicht als »Not« empfindet! (Die Deutschen haben das Pulver erfunden – alle Achtung! aber sie haben es wieder quitt gemacht – sie erfanden die Presse.) Aber wir, die wir weder Jesuiten noch Demokraten, noch selbst Deutsche genug sind, wir *guten Europäer* und freien, *sehr* freien Geister – wir haben sie noch, die ganze Not des Geistes und die ganze Spannung seines Bogens! Und vielleicht auch den Pfeil, die Aufgabe, wer weiß? das *Ziel* . . .

Sils-Maria, Oberengadin im Juni 1885

ERSTES HAUPTSTÜCK

VON DEN VORURTEILEN DER PHILOSOPHEN

1

Der Wille zur Wahrheit, der uns noch zu manchem Wagnisse verführen wird, jene berühmte Wahrhaftigkeit, von der alle Philosophen bisher mit Ehrerbietung geredet haben: was für Fragen hat dieser Wille zur Wahrheit uns schon vorgelegt! Welche wunderlichen schlimmen fragwürdigen Fragen! Das ist bereits eine lange Geschichte – und doch scheint es, daß sie kaum eben angefangen hat? Was Wunder, wenn wir endlich einmal mißtrauisch werden, die Geduld verlieren, uns ungeduldig umdrehn? Daß wir von dieser Sphinx auch unsrerseits das Fragen lernen? *Wer* ist das eigentlich, der uns hier Fragen stellt? *Was* in uns will eigentlich »zur Wahrheit«? – In der Tat, wir machten lange halt vor der Frage nach der Ursache dieses Willens – bis wir, zuletzt, vor einer noch gründlicheren Frage ganz und gar stehenblieben. Wir fragten nach dem *Werte* dieses Willens. Gesetzt, wir wollen Wahrheit: *warum nicht lieber* Unwahrheit? Und Ungewißheit? Selbst Unwissenheit? – Das Problem vom Werte der Wahrheit trat vor uns hin – oder waren wirs, die vor das Problem hintraten? Wer von uns ist hier Ödipus? Wer Sphinx? Es ist ein Stelldichein, wie es scheint, von Fragen und Fragezeichen. – Und sollte mans glauben, daß es uns schließlich bedünken will, als sei das Problem noch nie bisher gestellt – als sei es von uns zum ersten Male gesehn, ins Auge gefaßt, *gewagt*? Denn es ist ein Wagnis dabei und vielleicht gibt es kein größeres.

2

»Wie *könnte* etwas aus seinem Gegensatz entstehn? Zum Beispiel die Wahrheit aus dem Irrtum? Oder der Wille zur Wahrheit aus dem Willen zur Täuschung? Oder die selbstlose Handlung aus dem Eigennutze? Oder das reine sonnenhafte Schauen des Weisen aus der Begehrlichkeit? Solcherlei Entstehung ist unmöglich; wer davon träumt, ein Narr, ja Schlimmeres; die Dinge höchsten Wertes müssen einen andern, *eignen* Ursprung haben – aus dieser vergänglichen verführerischen täuschenden geringen Welt, aus diesem Wirrsal von Wahn und Begierde sind sie unableitbar! Vielmehr im Schoße des Seins, im Unvergänglichen, im verborgnen Gotte, im ›Ding an sich‹ – *da* muß ihr Grund liegen, und sonst nirgendswo!« – Diese Art zu urteilen macht das typische Vorurteil aus, an dem sich die

Metaphysiker aller Zeiten wiedererkennen lassen; diese Art von Wertschätzungen steht im Hintergrunde aller ihrer logischen Prozeduren; aus diesem ihrem »Glauben« heraus bemühn sie sich um ihr »Wissen«, um etwas, das feierlich am Ende als »die Wahrheit« getauft wird. Der Grundglaube der Metaphysiker ist *der Glaube an die Gegensätze der Werte.* Es ist auch den Vorsichtigsten unter ihnen nicht eingefallen, hier an der Schwelle bereits zu zweifeln, wo es doch am nötigsten war: selbst wenn sie sich gelobt hatten *»de omnibus dubitandum«.* Man darf nämlich zweifeln, erstens, ob es Gegensätze überhaupt gibt, und zweitens, ob jene volkstümlichen Wertschätzungen und Wert-Gegensätze, auf welche die Metaphysiker ihr Siegel gedrückt haben, nicht vielleicht nur Vordergrunds-Schätzungen sind, nur vorläufige Perspektiven, vielleicht noch dazu aus einem Winkel heraus, vielleicht von unten hinauf, Frosch-Perspektiven gleichsam, um einen Ausdruck zu borgen, der den Malern geläufig ist? Bei allem Werte, der dem Wahren, dem Wahrhaftigen, dem Selbstlosen zukommen mag: es wäre möglich, daß dem Scheine, dem Willen zur Täuschung, dem Eigennutz und der Begierde ein für alles Leben höherer und grundsätzlicherer Wert zugeschrieben werden müßte. Es wäre sogar noch möglich, daß *was* den Wert jener guten und verehrten Dinge ausmacht, gerade darin bestünde, mit jenen schlimmen, scheinbar entgegengesetzten Dingen auf verfängliche Weise verwandt, verknüpft, verhäkelt, vielleicht gar wesensgleich zu sein. Vielleicht! – Aber wer ist willens, sich um solche gefährliche Vielleichts zu kümmern! Man muß dazu schon die Ankunft einer neuen Gattung von Philosophen abwarten, solcher, die irgendwelchen andern, umgekehrten Geschmack und Hang haben als die bisherigen – Philosophen des gefährlichen Vielleicht in jedem Verstande. – Und allen Ernstes gesprochen: ich sehe solche neue Philosophen heraufkommen.

3

Nachdem ich lange genug den Philosophen zwischen die Zeilen und auf die Finger gesehn habe, sage ich mir: man muß noch den größten Teil des bewußten Denkens unter die Instinkt-Tätigkeiten rechnen, und sogar im Falle des philosophischen Denkens; man muß hier umlernen, wie man in betreff der Vererbung und des »Angeborenen« umgelernt hat. So wenig der Akt der Geburt in dem ganzen Vor- und Fortgange der Vererbung in Betracht kommt: ebensowenig ist »Bewußt-sein« in irgendeinem entscheidenden Sinne dem Instinktiven *entgegengesetzt,* – das meiste bewußte Denken eines Philosophen ist durch seine Instinkte heimlich geführt und in bestimmte Bahnen gezwungen. Auch hinter aller Logik und ihrer anscheinenden Selbstherrlichkeit der Bewegung stehen Wertschätzungen, deutlicher gesprochen, physiologische Forderungen zur Erhaltung einer bestimmten Art von Leben. Zum Beispiel, daß das Bestimmte mehr wert sei als das Unbestimmte, der Schein weniger wert als die »Wahrheit«: dergleichen Schätzungen könnten, bei aller ihrer regulativen Wichtigkeit für *uns*, doch nur Vordergrunds-Schätzungen sein, eine bestimmte Art von *niaiserie*, wie sie gerade zur Erhaltung von Wesen, wie wir sind, nottun mag. Gesetzt nämlich, daß nicht gerade der Mensch das »Maß der Dinge« ist ...

4

Die Falschheit eines Urteils ist uns noch kein Einwand gegen ein Urteil; darin klingt unsre neue Sprache vielleicht am fremdesten. Die Frage ist, wie weit es lebenfördernd, lebenerhaltend, Art-erhaltend, vielleicht gar Art-züchtend ist; und wir sind grundsätzlich geneigt zu behaupten, daß die falschesten Urteile (zu denen die synthetischen Urteile *a priori* gehören) uns die unentbehrlichsten sind, daß ohne ein Geltenlassen der logischen Fiktionen, ohne ein Messen der Wirklichkeit an der rein erfundenen Welt des Unbedingten, Sich-selbst-Gleichen, ohne eine beständige Fälschung der Welt durch die Zahl der Mensch nicht leben könnte – daß Verzichtleisten auf falsche Urteile ein Verzichtleisten auf Leben, eine Verneinung des Lebens wäre. Die Unwahrheit als Lebensbedingung zugestehn: das heißt freilich auf eine gefährliche Weise den gewohnten Wertgefühlen Widerstand leisten; und eine Philosophie, die das wagt, stellt sich damit allein schon jenseits von Gut und Böse.

5

Was dazu reizt, auf alle Philosophen halb mißtrauisch, halb spöttisch zu blicken, ist nicht, daß man wieder und wieder dahinter kommt, wie unschuldig sie sind – wie oft und wie leicht sie sich vergreifen und verirren, kurz ihre Kinderei und Kindlichkeit – sondern daß es bei ihnen nicht redlich genug zugeht; während sie allesamt einen großen und tugendhaften Lärm machen, sobald das Problem der Wahrhaftigkeit auch nur von ferne angerührt wird. Sie stellen sich sämtlich, als ob sie ihre eigentlichen Meinungen durch die Selbstentwicklung einer kalten, reinen, göttlich unbekümmerten Dialektik entdeckt und erreicht hätten (zum Unterschiede von den Mystikern jeden Rangs, die ehrlicher als sie und tölpelhafter sind – diese reden von »Inspiration« –): während im Grunde ein vorweggenommener Satz, ein Einfall, eine »Eingebung«, zumeist ein abstrakt gemachter und durchgesiebter Herzenswunsch von ihnen mit hinterher gesuchten Gründen verteidigt wird – sie sind allesamt Advokaten, welche es nicht heißen wollen, und zwar zumeist sogar verschmitzte Fürsprecher ihrer Vorurteile, die sie »Wahrheiten« taufen – und *sehr* ferne von der Tapferkeit des Gewissens, das sich dies, eben dies eingesteht, sehr ferne von dem guten Geschmack der Tapferkeit, welche dies auch zu verstehen gibt, sei es um einen Feind oder Freund zu warnen, sei es aus Übermut und um ihrer selbst zu spotten. Die ebenso steife als sittsame Tartüfferie des alten Kant, mit der er uns auf die dialektischen Schleichwege lockt, welche zu seinem »kategorischen Imperativ« führen, richtiger verführen – dies Schauspiel macht uns Verwöhnte lächeln, die wir keine kleine Belustigung darin finden, den feinen Tücken alter Moralisten und Moralprediger auf die Finger zu sehn. Oder gar jener Hokuspokus von mathematischer Form, mit der Spinoza seine Philosophie – »die Liebe zu *seiner* Weisheit« zuletzt, das Wort richtig und billig ausgelegt – wie in Erz panzerte und maskierte, um damit von vornherein den Mut des Angreifenden einzuschüchtern, der auf diese unüberwindliche Jungfrau und Pallas Athene den Blick zu werfen wagen würde – wieviel eigne Schüchternheit und Angreifbarkeit verrät diese Maskerade eines einsiedlerischen Kranken!

6

Allmählich hat sich mir herausgestellt, was jede große Philosophie bisher war: nämlich das Selbstbekenntnis ihres Urhebers und eine Art ungewollter und unvermerkter *mémoires*; insgleichen, daß die moralischen (oder unmoralischen) Absichten in jeder Philosophie den eigentlichen Lebenskeim ausmachten, aus dem jedesmal die ganze Pflanze gewachsen ist. In der Tat, man tut gut (und klug), zur Erklärung davon, wie eigentlich die entlegensten metaphysischen Behauptungen eines Philosophen zustande gekommen sind, sich immer erst zu fragen: auf welche Moral will es (will *er* –) hinaus? Ich glaube demgemäß nicht, daß ein »Trieb zur Erkenntnis« der Vater der Philosophie ist, sondern daß sich ein andrer Trieb, hier wie sonst, der Erkenntnis (und der Verkenntnis!) nur wie eines Werkzeugs bedient hat. Wer aber die Grundtriebe des Menschen daraufhin ansieht, wieweit sie gerade hier als *inspirierende* Genien (oder Dämonen und Kobolde –) ihr Spiel getrieben haben mögen, wird finden, daß sie alle schon einmal Philosophie getrieben haben – und daß jeder einzelne von ihnen gerade *sich* gar zu gerne als letzten Zweck des Daseins und als berechtigten *Herrn* aller übrigen Triebe darstellen möchte. Denn jeder Trieb ist herrschsüchtig: und als *solcher* versucht er zu philosophieren. – Freilich: bei den Gelehrten, den eigentlich wissenschaftlichen Menschen, mag es anders stehn – »besser«, wenn man will –, da mag es wirklich so etwas wie einen Erkenntnistrieb geben, irgendein kleines unabhängiges Uhrwerk, welches, gut aufgezogen, tapfer darauflos arbeitet, *ohne* daß die gesamten übrigen Triebe des Gelehrten wesentlich dabei beteiligt sind. Die eigentlichen »Interessen« des Gelehrten liegen deshalb gewöhnlich ganz woanders, etwa in der Familie oder im Gelderwerb oder in der Politik; ja es ist beinahe gleichgültig, ob seine kleine Maschine an diese oder jene Stelle der Wissenschaft gestellt wird, und ob der »hoffnungsvolle« junge Arbeiter aus sich einen guten Philologen oder Pilzekenner oder Chemiker macht – es *bezeichnet* ihn nicht, daß er dies oder jenes wird. Umgekehrt ist an dem Philosophen ganz und gar nichts Unpersönliches; und insbesondere gibt seine Moral ein entschiedenes und entscheidendes Zeugnis dafür ab, *wer er ist* – das heißt, in welcher Rangordnung die innersten Triebe seiner Natur zueinander gestellt sind.

7

Wie boshaft Philosophen sein können! Ich kenne nichts Giftigeres als den Scherz, den sich Epikur gegen Plato und die Platoniker erlaubte: er nannte sie Dionysiokolakes. Das bedeutet dem Wortlaut nach und im Vordergrunde »Schmeichler des Dionysios«, also Tyrannen-Zubehör und Speichellecker; zu alledem will es aber noch sagen »das sind alles *Schauspieler*, daran ist nichts Echtes« (denn Dionysokolax war eine populäre Bezeichnung des Schauspielers). Und das letztere ist eigentlich die Bosheit, welche Epikur gegen Plato abschoß: ihn verdroß die großartige Manier, das Sich-in-Szene-Setzen, worauf sich Plato samt seinen Schülern verstand – worauf sich Epikur nicht verstand! er, der alte Schulmeister von Samos, der in seinem Gärtchen zu Athen versteckt saß und dreihundert Bücher schrieb, wer weiß? vielleicht aus Wut und Ehrgeiz gegen Plato? – Es brauchte hundert Jahre, bis Griechenland dahinterkam, wer dieser Gartengott Epikur gewesen war. – Kam es dahinter? –

8

In jeder Philosophie gibt es einen Punkt, wo die »Überzeugung« des Philosophen auf die Bühne tritt: oder, um es in der Sprache eines alten Mysteriums zu sagen:

adventavit asinus
pulcher et fortissimus.

9

»Gemäß der Natur« wollt ihr *leben*? O ihr edlen Stoiker, welche Betrügerei der Worte! Denkt euch ein Wesen, wie es die Natur ist, verschwenderisch ohne Maß, gleichgültig ohne Maß, ohne Absichten und Rücksichten, ohne Erbarmen und Gerechtigkeit, fruchtbar und öde und ungewiß zugleich, denkt euch die Indifferenz selbst als Macht – wie *könntet* ihr gemäß dieser Indifferenz leben? Leben – ist das nicht gerade ein Anders-sein-wollen, als diese Natur ist? Ist Leben nicht Abschätzen, Vorziehn, Ungerecht-sein, Begrenzt-sein, Different-sein-wollen? Und gesetzt, euer Imperativ »gemäß der Natur leben« bedeute im Grunde so viel als »gemäß dem Leben leben« – wie könntet ihr's denn *nicht*? Wozu ein Prinzip aus dem machen, was ihr selbst seid und sein müßt? – In Wahrheit steht es ganz anders: indem ihr entzückt den Kanon eures Gesetzes aus der Natur zu lesen vorgebt, wollt ihr etwas Umgekehrtes, ihr wunderlichen Schauspieler und Selbst-Betrüger! Euer Stolz will der Natur, sogar der Natur, eure Moral, euer Ideal vorschreiben und einverleiben, ihr verlangt, daß sie »der Stoa gemäß« Natur sei, und möchtet alles Dasein nur nach eurem eignen Bilde dasein machen – als eine ungeheure ewige Verherrlichung und Verallgemeinerung des Stoizismus! Mit aller eurer Liebe zur Wahrheit zwingt ihr euch so lange, so beharrlich, so hypnotisch-starr, die Natur *falsch*, nämlich stoisch zu sehn, bis ihr sie nicht mehr anders zu sehn vermögt – und irgendein abgründlicher Hochmut gibt euch zuletzt noch die Tollhäusler-Hoffnung ein, daß, *weil* ihr euch selbst zu tyrannisieren versteht – Stoizismus ist Selbst-Tyrannei –, auch die Natur sich tyrannisieren läßt: ist denn der Stoiker nicht ein *Stück* Natur? ... Aber dies ist eine alte ewige Geschichte: was sich damals mit den Stoikern begab, begibt sich heute noch, sobald nur eine Philosophie anfängt, an sich selbst zu glauben. Sie schafft immer die Welt nach ihrem Bilde, sie kann nicht anders; Philosophie ist dieser tyrannische Trieb selbst, der geistigste Wille zur Macht, zur »Schaffung der Welt«, zur *causa prima*.

10

Der Eifer und die Feinheit, ich möchte sogar sagen: Schlauheit, mit denen man heute überall in Europa dem Probleme »von der wirklichen und der scheinbaren Welt« auf den Leib rückt, gibt zu denken und zu horchen; und wer hier im Hintergrunde nur einen »Willen zur Wahrheit« und nichts weiter hört, erfreut sich gewiß nicht der schärfsten Ohren In einzelnen und seltnen Fällen mag wirklich ein solcher Wille zur Wahrheit, irgendein ausschweifender und abenteuernder Mut, ein Metaphysiker-Ehrgeiz des verlornen Postens dabei beteiligt sein, der zuletzt eine Handvoll »Gewißheit« immer noch einem ganzen Wagen voll schöner Möglichkeiten vorzieht; es mag sogar puritanische Fanatiker des Gewissens geben, welche lieber noch sich auf ein sicheres Nichts als auf ein ungewisses Etwas sterben legen. Aber dies ist Nihilismus und Anzeichen einer verzweifelnden sterbensmüden Seele: wie tapfer auch die Gebärden einer solchen Tugend sich ausnehmen mögen. Bei den stärkeren, lebensvolleren, nach Leben noch durstigen Denkern scheint es aber anders zu stehen: indem sie Partei *gegen* den Schein nehmen und das Wort »perspektivisch« bereits mit Hochmut aussprechen, indem sie die Glaubwürdigkeit ihres eignen Leibes ungefähr so gering anschlagen wie die Glaubwürdigkeit des Augenscheins, welcher sagt »die Erde steht still«, und dermaßen anscheinend gutgelaunt den sichersten Besitz aus den Händen lassen (denn was glaubt man jetzt sicherer als seinen Leib?) – wer weiß, ob sie nicht im Grunde etwas zurückerobern wollen, das man ehemals noch *sicherer* besessen hat, irgend etwas vom alten Grundbesitz des Glaubens von ehedem, vielleicht »die unsterbliche Seele«, vielleicht »den alten Gott«, kurz, Ideen, auf welchen sich besser, nämlich kräftiger und heiterer, leben ließ als auf den »modernen Ideen«? Es ist *Mißtrauen* gegen diese modernen Ideen darin, es ist Unglauben an alles das, was gestern und heute gebaut worden ist; es ist vielleicht ein leichter Überdruß und Hohn eingemischt, der das *bric-à-brac* von Begriffen verschiedenster Abkunft nicht mehr aushält, als welches sich heute der sogenannte Positivismus auf den Markt bringt, ein Ekel des verwöhnteren Geschmacks vor der Jahrmarkts-Buntheit und Lappenhaftigkeit aller dieser Wirklichkeits-Philosophaster, an denen nichts neu und echt ist als diese Buntheit Man soll darin, wie mich dünkt, diesen skeptischen Anti-Wirklichen und Erkenntnis-Mikroskopikern von heute recht geben: ihr Instinkt, welcher sie aus der *modernen* Wirklichkeit hinwegtreibt, ist unwiderlegt, – was gehen uns ihre rückläufigen Schleichwege an! Das Wesentliche an ihnen ist *nicht*, daß sie »zurück«wollen: sondern, daß sie – *weg*wollen. Etwas Kraft, Flug, Mut, Künstlerschaft *mehr*: und sie würden *hinaus*wollen – und nicht zurück! –

II

Es scheint mir, daß man jetzt überall bemüht ist, von dem eigentlichen Einflusse, den Kant auf die deutsche Philosophie ausgeübt hat, den Blick abzulenken und namentlich über den Wert, den er sich selbst zugestand, klüglich hinwegzuschlüpfen. Kant war vor allem und zuerst stolz auf seine Kategorientafel, er sagte mit dieser Tafel in den Händen: »das ist das Schwerste, was jemals zum Behufe der Metaphysik unternommen werden konnte.« – Man verstehe doch dies »werden konnte«! er war stolz darauf, im Menschen ein neues Vermögen, das Vermögen zu synthetischen Urteilen *a priori, entdeckt* zu haben. Gesetzt, daß er sich hierin selbst betrog: aber die Entwicklung und rasche Blüte der deutschen Philosophie hängt an diesem Stolze und an dem Wetteifer aller Jüngeren, womöglich noch Stolzeres zu entdecken – und jedenfalls »neue Vermögen«! – Aber besinnen wir uns: es ist an der Zeit. Wie sind synthetische Urteile *a priori möglich*? fragte sich Kant, – und was antwortete er eigentlich? *Vermöge eines Vermögens*: leider aber nicht mit drei Worten, sondern so umständlich, ehrwürdig und mit einem solchen Aufwande von deutschem Tief- und Schnörkelsinne, daß man die lustige *niaiserie allemande* überhörte, welche in einer solchen Antwort steckt. Man war sogar außer sich über dieses neue Vermögen, und der Jubel kam auf seine Höhe, als Kant auch noch ein moralisches Vermögen im Menschen hinzuentdeckte – denn damals waren die Deutschen noch moralisch, und ganz und gar noch nicht »realpolitisch«. – Es kam der Honigmond der deutschen Philosophie; alle jungen Theologen des Tübinger Stifts gingen alsbald in die Büsche – alle suchten nach »Vermögen«. Und was fand man nicht alles – in jener unschuldigen, reichen, noch jugendlichen Zeit des deutschen Geistes, in welche die Romantik, die boshafte Fee, hineinblies, hineinsang, damals, als man »finden« und »erfinden« noch nicht auseinanderzuhalten wußte! Vor allem ein Vermögen fürs »Übersinnliche«: Schelling taufte es die intellektuale Anschauung und kam damit den herzlichsten Gelüsten seiner im Grunde frommgelüsteten Deutschen entgegen. Man kann dieser ganzen übermütigen und schwärmerischen Bewegung, welche Jugend war, so kühn sie sich auch in graue und greisenhafte Begriffe verkleidete, gar nicht mehr unrecht tun, als wenn man sie ernst nimmt und gar etwa mit moralischer Entrüstung behandelt; genug, man wurde älter – der Traum verflog. Es kam eine Zeit, wo man sich die Stirne rieb: man reibt sie sich heute noch. Man hatte geträumt: voran und zuerst – der alte Kant. »Vermöge eines Vermögens« – hatte er gesagt, mindestens gemeint. Aber ist denn das – eine Antwort? Eine Erklärung? Oder nicht vielmehr nur eine Wiederholung der Frage? Wie macht doch das Opium schlafen? »Vermöge eines Vermögens«, nämlich der *virtus dormitiva* – antwortet jener Arzt bei Molière

quia est in eo virtus dormitiva,
cujus est natura sensus assoupire.

Aber dergleichen Antworten gehören in die Komödie, und es ist endlich an der Zeit, die Kantische Frage »wie sind synthetische Urteile *a priori* möglich?« durch eine andre Frage zu ersetzen »warum ist der Glaube an solche Urteile *nötig*?« – nämlich zu begreifen, daß zum Zweck der Erhaltung von Wesen unsrer Art solche Urteile als wahr *geglaubt* werden müssen: weshalb sie natürlich noch *falsche* Urteile sein könnten! Oder, deutlicher geredet und grob und gründlich: synthetische Urteile *a priori* sollten gar nicht »möglich sein«: wir haben kein Recht auf sie, in unserm Munde sind es lauter falsche Urteile. Nur ist allerdings der Glaube an ihre Wahrheit nötig, als ein Vordergrunds-Glaube und Augenschein, der in die Perspektiven-Optik des Lebens gehört. – Um zuletzt noch der ungeheuren Wirkung zu gedenken, welche »die deutsche Philosophie« – man versteht, wie ich hoffe, ihr Anrecht auf Gänsefüßchen? – in ganz Europa ausgeübt hat, so zweifle man nicht, daß eine gewisse *virtus dormitiva* dabei beteiligt war: man war entzückt, unter edlen Müßiggängern, Tugendhaften, Mystikern, Künstlern, Dreiviertels-Christen und politischen Dunkelmännern aller Nationen, dank der deutschen Philosophie, ein Gegengift gegen den noch übermächtigen Sensualismus zu haben, der vom vorigen Jahrhundert in dieses hinüberströmte, kurz – *»sensus assoupire«* ...

12

Was die materialistische Atomistik betrifft: so gehört dieselbe zu den bestwiderlegten Dingen, die es gibt; und vielleicht ist heute in Europa niemand unter den Gelehrten mehr so ungelehrt, ihr außer zum bequemen Hand- und Hausgebrauch (nämlich als einer Abkürzung der Ausdrucksmittel) noch eine ernstliche Bedeutung zuzumessen – dank vorerst jenem Polen Boscovich, der, mitsamt dem Polen Kopernikus, bisher der größte und siegreichste Gegner des Augenscheins war. Während nämlich Kopernikus uns überredet hat zu glauben, wider alle Sinne, daß die Erde *nicht* feststeht, lehrte Boscovich dem Glauben an das letzte, was von der Erde »feststand«, abschwören, dem Glauben an den »Stoff«, an die »Materie«, an das Erdenrest- und Klümpchen-Atom: es war der größte Triumph über die Sinne, der bisher auf Erden errungen worden ist. – Man muß aber noch weiter gehn und auch dem »atomistischen Bedürfnisse«, das immer noch ein gefährliches Nachleben führt, auf Gebieten, wo es niemand ahnt, gleich jenem berühmteren »metaphysischen Bedürfnisse« – den Krieg erklären, einen schonungslosen Krieg aufs Messer – man muß zunächst auch jener andern und verhängnisvolleren Atomistik den Garaus machen, welche das Christentum am besten und längsten gelehrt hat, der *Seelen-Atomistik*. Mit diesem Wort sei es erlaubt, jenen Glauben zu bezeichnen, der die Seele als etwas Unvertilgbares, Ewiges, Unteilbares, als eine Monade, als ein *Atomon* nimmt: *diesen* Glauben soll man aus der Wissenschaft hinausschaffen! Es ist, unter uns gesagt, ganz und gar nicht nötig, »die Seele« selbst dabei loszuwerden und auf eine der ältesten und ehrwürdigsten Hypothesen Verzicht zu leisten: wie es dem Ungeschick der Naturalisten zu begegnen pflegt, welche, kaum daß sie an »die Seele« rühren, sie auch verlieren. Aber der Weg zu neuen Fassungen und Verfeinerungen der Seelen-Hypothese steht offen: und Begriffe wie »sterbliche Seele« und

»Seele als Subjekts-Vielheit« und »Seele als Gesellschaftsbau der Triebe und Affekte« wollen fürderhin in der Wissenschaft Bürgerrecht haben. Indem der *neue* Psycholog dem Aberglauben ein Ende bereitet, der bisher um die Seelen-Vorstellung mit einer fast tropischen Üppigkeit wucherte, hat er sich freilich selbst gleichsam in eine neue Öde und ein neues Mißtrauen hinausgestoßen – es mag sein, daß die älteren Psychologen es bequemer und lustiger hatten –: zuletzt aber weiß er sich eben damit auch zum *Erfinden* verurteilt – und, wer weiß? vielleicht zum *Finden*. –

13

Die Physiologen sollten sich besinnen, den Selbsterhaltungstrieb als kardinalen Trieb eines organischen Wesens anzusetzen. Vor allem will etwas Lebendiges seine Kraft *auslassen* – Leben selbst ist Wille zur Macht –: die Selbsterhaltung ist nur eine der indirekten und häufigsten *Folgen* davon. – Kurz, hier wie überall, Vorsicht vor *überflüssigen* teleologischen Prinzipien! – wie ein solches der Selbsterhaltungstrieb ist (man dankt ihn der Inkonsequenz Spinozas –). So nämlich gebietet es die Methode, die wesentlich Prinzipien-Sparsamkeit sein muß.

14

Es dämmert jetzt vielleicht in fünf, sechs Köpfen, daß Physik auch nur eine Welt-Auslegung und -Zurechtlegung (nach uns! mit Verlaub gesagt) und *nicht* eine Welt-Erklärung ist: aber, insofern sie sich auf den Glauben an die Sinne stellt, gilt sie als mehr und muß auf lange hinaus noch als mehr, nämlich als Erklärung gelten. Sie hat Augen und Finger für sich, sie hat den Augenschein und die Handgreiflichkeit für sich: das wirkt auf ein Zeitalter mit plebejischem Grundgeschmack bezaubernd, überredend, *überzeugend* – es folgt ja instinktiv dem Wahrheits-Kanon des ewig volkstümlichen Sensualismus. Was ist klar, was »erklärt«? Erst das, was sich sehen und tasten läßt – bis so weit muß man jedes Problem treiben. Umgekehrt: genau im Widerstreben *gegen* die Sinnenfälligkeit bestand der Zauber der platonischen Denkweise, welche eine *vornehme* Denkweise war – vielleicht unter Menschen, die sich sogar stärkerer und anspruchsvollerer Sinne erfreuten, als unsre Zeitgenossen sie haben, aber welche einen höheren Triumph darin zu finden wußten, über diese Sinne Herr zu bleiben: und dies mittelst blasser kalter grauer Begriffs-Netze, die sie über den bunten Sinnen-Wirbel – den Sinnen-Pöbel, wie Plato sagte – warfen. Es war eine andre Art *Genuß* in dieser Welt-Überwältigung und Welt-Auslegung nach der Manier des Plato, als der es ist, welchen uns die Physiker von heute anbieten, insgleichen die Darwinisten und Antiteleologen unter den physiologischen Arbeitern, mit ihrem Prinzip der »kleinstmöglichen Kraft« und der größtmöglichen Dummheit. »Wo der Mensch nichts mehr zu sehen und zu greifen hat, da hat er auch nichts mehr zu suchen« – das ist freilich ein andrer Imperativ als der Platonische, welcher aber doch für ein derbes arbeitsames Geschlecht von Maschinisten und Brückenbauern der Zukunft, die lauter *grobe* Arbeit abzutun haben, gerade der rechte Imperativ sein mag.

15

Um Physiologie mit gutem Gewissen zu treiben, muß man darauf halten, daß die Sinnesorgane *nicht* Erscheinungen sind im Sinne der idealistischen Philosophie: als solche könnten sie ja keine Ursachen sein! Sensualismus mindestens somit als regulative Hypothese, um nicht zu sagen als heuristisches Prinzip. – Wie? und andre sagen gar, die Außenwelt wäre das Werk unsrer Organe? Aber dann wäre ja unser Leib, als ein Stück dieser Außenwelt, das Werk unsrer Organe! Aber dann wären ja unsere Organe selbst – das Werk unsrer Organe! Dies ist, wie mir scheint, eine gündliche *reductio ad absurdum*: gesetzt, daß der Begriff *causa sui* etwas gründlich Absurdes ist. Folglich ist die Außenwelt *nicht* das Werk unsrer Organe –?

16

Es gibt immer noch harmlose Selbst-Beobachter, welche glauben, daß es »unmittelbare Gewißheiten« gebe, zum Beispiel »ich denke«, oder, wie es der Aberglaube Schopenhauers war, »ich will«: gleichsam als ob hier das Erkennen rein und nackt seinen Gegenstand zu fassen bekäme, als »Ding an sich«, und weder von seiten des Subjekts, noch von seiten des Objekts eine Fälschung stattfände. Daß aber »unmittelbare Gewißheit«, ebenso wie »absolute Erkenntnis« und »Ding an sich«, eine *contradictio in adjecto* in sich schließt, werde ich hundertmal wiederholen: man sollte sich doch endlich von der Verführung der Worte losmachen! Mag das Volk glauben, daß Erkennen ein zu Ende-Kennen sei, der Philosoph muß sich sagen: wenn ich den Vorgang zerlege, der in dem Satz »ich denke« ausgedrückt ist, so bekomme ich eine Reihe von verwegnen Behauptungen, deren Begründung schwer, vielleicht unmöglich ist, – zum Beispiel, daß *ich* es bin, der denkt, daß überhaupt ein Etwas es sein muß, das denkt, daß Denken eine Tätigkeit und Wirkung seitens eines Wesens ist, welches als Ursache gedacht wird, daß es ein »Ich« gibt, endlich, daß es bereits feststeht, was mit Denken zu bezeichnen ist – daß ich *weiß*, was Denken ist. Denn wenn ich nicht darüber mich schon bei mir entschieden hätte, wonach sollte ich abmessen, daß, was eben geschieht, nicht vielleicht »Wollen« oder »Fühlen« sei? Genug, jenes »ich denke« setzt voraus, daß ich meinen augenblicklichen Zustand mit andern Zuständen, die ich an mir kenne, *vergleiche*, um so festzusetzen, was er ist: wegen dieser Rückbeziehung auf anderweitiges »Wissen« hat er für mich jedenfalls keine unmittelbare Gewißheit. – An Stelle jener »unmittelbaren Gewißheit«, an welche das Volk im gegebnen Falle glauben mag, bekommt dergestalt der Philosoph eine Reihe von Fragen der Metaphysik in die Hand, recht eigentliche Gewissensfragen des Intellekts, welche heißen: »Woher nehme ich den Begriff Denken? Warum glaube ich an Ursache und Wirkung? Was gibt mir das Recht, von einem Ich, und gar von einem Ich als Ursache, und endlich noch von einem Ich als Gedanken-Ursache zu reden?« Wer sich mit der Berufung auf eine Art *Intuition* der Erkenntnis getraut, jene metaphysischen Fragen sofort zu beantworten, wie es der tut, welcher sagt: »ich denke und weiß, daß dies wenigstens wahr, wirklich, gewiß ist« – der wird bei einem Philosophen heute ein Lächeln und zwei Fragezeichen bereitfinden. »Mein Herr«, wird der Philosoph vielleicht ihm zu verstehen geben, »es ist unwahrscheinlich, daß Sie sich nicht irren: aber warum auch durchaus Wahrheit?« –

17

Was den Aberglauben der Logiker betrifft: so will ich nicht müde werden, eine kleine kurze Tatsache immer wieder zu unterstreichen, welche von diesen Abergläubischen ungern zugestanden wird – nämlich, daß ein Gedanke kommt, wenn »er« will, und nicht wenn »ich« will; so daß es eine *Fälschung* des Tatbestandes ist zu sagen: das Subjekt »ich« ist die Bedingung des Prädikats »denke«. *Es* denkt: aber daß dies »es« gerade jenes alte berühmte »Ich« sei, ist, milde geredet, nur eine Annahme, eine Behauptung, vor allem keine »unmittelbare Gewißheit«. Zuletzt ist schon mit diesem »es denkt« zuviel getan: schon dies »es« enthält eine *Auslegung* des Vorgangs und gehört nicht zum Vorgange selbst. Man schließt hier nach der grammatischen Gewohnheit »Denken ist eine Tätigkeit, zu jeder Tätigkeit gehört einer, der tätig ist, folglich –«. Ungefähr nach dem gleichen Schema suchte die ältere Atomistik zu der »Kraft«, die wirkt, noch jenes Klümpchen Materie, worin sie sitzt, aus der heraus sie wirkt, das Atom; strengere Köpfe lernten endlich ohne diesen »Erdenrest« auskommen, und vielleicht gewöhnt man sich eines Tages noch daran, auch seitens der Logiker ohne jenes kleine »es« (zu dem sich das ehrliche alte Ich verflüchtigt hat) auszukommen.

18

An einer Theorie ist es wahrhaftig nicht ihr geringster Reiz, daß sie widerlegbar ist: gerade damit zieht sie feinere Köpfe an. Es scheint, daß die hundertfach widerlegte Theorie vom »freien Willen« ihre Fortdauer nur noch diesem Reize verdankt –: immer wieder kommt jemand und fühlt sich stark genug, sie zu widerlegen.

19

Die Philosophen pflegen vom Willen zu reden, wie als ob er die bekannteste Sache von der Welt sei; ja Schopenhauer gab zu verstehn, der Wille allein sei uns eigentlich bekannt, ganz und gar bekannt, ohne Abzug und Zutat bekannt. Aber es dünkt mich immer wieder, daß Schopenhauer auch in diesem Falle nur getan hat, was Philosophen eben zu tun pflegen: daß er ein *Volks-Vorurteil* übernommen und übertrieben hat. Wollen scheint mir vor allem etwas *Kompliziertes*, etwas, das nur als Wort eine Einheit ist, – und eben im *einen* Worte steckt das Volks-Vorurteil, das über die allzeit nur geringe Vorsicht der Philosophen Herr geworden ist. Seien wir also einmal vorsichtiger, seien wir »unphilosophisch« –, sagen wir: in jedem Wollen ist erstens eine Mehrheit von Gefühlen, nämlich das Gefühl des Zustandes, von dem *weg*, das Gefühl des Zustandes, zu dem *hin*, das Gefühl von diesem »weg« und »hin« selbst, dann noch ein begleitendes Muskelgefühl, welches, auch ohne daß wir »Arme und Beine« in Bewegung setzen, durch eine Art Gewohnheit, sobald wir »wollen«, sein Spiel beginnt. Wie also Fühlen und zwar vielerlei Fühlen als Ingredienz des Willens anzuerkennen ist, so zweitens auch noch Denken: in jedem Willensakte gibt es einen kommandierenden Gedanken – und man soll ja nicht glauben, diesen Gedanken von dem »Wollen« abscheiden zu können, wie als ob dann noch Wille übrig bliebe! Drittens ist der Wille nicht nur ein Komplex von Fühlen und Denken, sondern vor allem noch ein *Affekt*: und zwar jener Affekt des Kommandos. Das, was »Freiheit des Willens« genannt wird, ist wesentlich der Überlegenheits-Affekt in Hinsicht auf den, der gehorchen muß: »ich bin frei, ›er‹ muß gehorchen« – dies Bewußtsein steckt in jedem Willen, und ebenso jene Spannung der Aufmerksamkeit, jener gerade Blick, der ausschließlich *eins* fixiert, jene unbedingte Wertschätzung »jetzt tut dies und nichts andres not«, jene innere Gewißheit darüber, daß gehorcht werden wird, und was alles noch zum Zustande des Befehlenden gehört. Ein Mensch, der *will* –, befiehlt einem Etwas in sich, das gehorcht oder von dem er glaubt, daß es gehorcht. Nun aber beachte man, was das Wunderlichste am Willen ist – an diesem so vielfachen Dinge, für welches das Volk nur *ein* Wort hat: insofern wir im gegebnen Falle zugleich die Befehlenden *und* Gehorchenden sind, und als Gehorchende die Gefühle des Zwingens, Drängens, Drückens, Widerstehens, Bewegens kennen, welche sofort nach dem Akte des Willens zu beginnen pflegen; insofern wir andrerseits die Gewohnheit haben, uns über diese Zweiheit vermöge des synthetischen Begriffs »ich« hinwegzusetzen, hinwegzutäuschen, hat sich an das Wollen noch eine ganze Kette von irrtümlichen Schlüssen und folglich von falschen Wertschätzungen des Willens selbst angehängt – dergestalt, daß der Wollende mit gutem Glauben glaubt, Wollen *genüge* zur Aktion. Weil in den allermeisten Fällen nur gewollt worden ist, wo auch die Wirkung des Befehls, also der Gehorsam, also die Aktion *erwartet* werden durfte, so hat sich der *Anschein* in das Gefühl übersetzt, als ob es da eine *Notwendigkeit von Wirkung* gäbe; genug, der Wollende glaubt, mit einem ziemlichen Grad von Sicherheit, daß Wille und Aktion irgendwie eins seien –, er rechnet das Gelingen, die Ausführung des Wollens noch dem Willen selbst zu und genießt dabei einen Zuwachs jenes Machtgefühls, welches alles Gelingen mit sich bringt. »Freiheit des Willens« – das ist das Wort für jenen vielfachen Lust-Zustand des Wollenden, der befiehlt und sich zugleich mit dem Ausführenden als eins setzt – der als solcher den Triumph über Widerstände mit genießt, aber bei sich urteilt, sein Wille selbst sei es, der eigentlich die Widerstände überwinde. Der Wollende nimmt dergestalt die Lustgefühle der ausführenden, erfolgreichen Werkzeuge, der dienstbaren »Unterwillen« oder Unter-Seelen – unser Leib ist ja nur ein Gesellschaftsbau vieler Seelen – zu seinem Lustgefühle als Befehlender hinzu. *L'effet c'est moi*: es begibt sich hier, was sich in jedem gut gebauten und glücklichen Gemeinwesen begibt, daß die regierende Klasse sich mit den Erfolgen des Gemeinwesens identifiziert. Bei allem Wollen handelt es sich schlechterdings um Befehlen und Gehorchen, auf der Grundlage, wie gesagt, eines Gesellschaftsbaus vieler »Seelen«: weshalb ein Philosoph sich das Recht nehmen sollte, Wollen an sich schon unter den Gesichtskreis der Moral zu fassen: Moral nämlich als Lehre von den Herrschafts-Verhältnissen verstanden, unter denen das Phänomen »Leben« entsteht. –

20

Daß die einzelnen philosophischen Begriffe nichts Beliebiges, nichts Für-sich-Wachsendes sind, sondern in Beziehung und Verwandtschaft zueinander emporwachsen, daß sie, so plötzlich und willkürlich sie auch in der Geschichte des Denkens anscheinend heraustreten, doch ebensogut einem Systeme angehören als die sämtlichen Glieder der Fauna eines Erdteils: das verrät sich zuletzt noch darin, wie sicher die verschiedensten Philosophen ein gewisses Grundschema von *möglichen* Philosophen immer wieder ausfüllen. Unter einem unsichtbaren Banne laufen sie immer von neuem noch einmal dieselbe Kreisbahn: sie mögen sich noch so unabhängig voneinander mit ihrem kritischen oder systematischen Willen fühlen: irgend etwas in ihnen führt sie, irgend etwas treibt sie in bestimmter Ordnung hintereinander her, eben jene eingeborne Systematik und Verwandtschaft der Begriffe. Ihr Denken ist in der Tat viel weniger ein Entdecken als ein Wiedererkennen, Wiedererinnern, eine Rück- und Heimkehr in einen fernen uralten Gesamt-Haushalt der Seele, aus dem jene Begriffe einstmals herausgewachsen sind – Philosophieren ist insofern eine Art von Atavismus höchsten Ranges. Die wunderliche Familien-Ähnlichkeit alles indischen, griechischen, deutschen Philosophierens erklärt sich einfach genug. Gerade, wo Sprach-Verwandtschaft vorliegt, ist es gar nicht zu vermeiden, daß, dank der gemeinsamen Philosophie der Grammatik – ich meine dank der unbewußten Herrschaft und Führung durch gleiche grammatische Funktionen – von vornherein alles für eine gleichartige Entwicklung und Reihenfolge der philosophischen Systeme vorbereitet liegt: ebenso wie zu gewissen anderen Möglichkeiten der Welt-Ausdeutung der Weg wie abgesperrt erscheint. Philosophen des ural-altaischen Sprachbereichs (in dem der Subjekt-Begriff am schlechtesten entwickelt ist) werden mit großer Wahrscheinlichkeit anders »in die Welt« blicken und auf andern Pfaden zu finden sein als Indogermanen oder Muselmänner: der Bann bestimmter grammatischer Funktionen ist im letzten Grunde der Bann *physiologischer* Werturteile und Rasse-Bedingungen. – So viel zur Zurückweisung von Lockes Oberflächlichkeit in bezug auf die Herkunft der Ideen.

21

Die *causa sui* ist der beste Selbst-Widerspruch, der bisher ausgedacht worden ist, eine Art logischer Notzucht und Unnatur: aber der ausschweifende Stolz des Menschen hat es dahin gebracht, sich tief und schrecklich gerade mit diesem Unsinn zu verstricken. Das Verlangen nach »Freiheit des Willens«, in jenem metaphysischen Superlativ-Verstande, wie er leider noch immer in den Köpfen der Halb-Unterrichteten herrscht, das Verlangen, die ganze und letzte Verantwortlichkeit für seine Handlungen selbst zu tragen und Gott, Welt, Vorfahren, Zufall, Gesellschaft davon zu entlasten, ist nämlich nichts Geringeres, als eben jene *causa sui* zu sein und, mit einer mehr als Münchhausenschen Verwegenheit, sich selbst aus dem Sumpf des Nichts an den Haaren ins Dasein zu ziehn. Gesetzt, jemand kommt dergestalt hinter die bäurische Einfalt dieses berühmten Begriffs »freier Wille« und streicht ihn aus seinem Kopfe, so bitte ich ihn nunmehr, seine »Aufklärung« noch um einen Schritt weiterzutreiben und auch die Umkehrung jenes Unbegriffs »freier Wille« aus seinem Kopfe zu streichen: ich meine den »unfreien Willen«, der auf einen Mißbrauch von

Ursache und Wirkung hinausläuft. Man soll nicht »Ursache« und »Wirkung« fehlerhaft *verdinglichen,* wie es die Naturforscher tun (und wer gleich ihnen heute im Denken naturalisiert –) gemäß der herrschenden mechanistischen Tölpelei, welche die Ursache drücken und stoßen läßt, bis sie »wirkt«; man soll sich der »Ursache«, der »Wirkung« eben nur als reiner *Begriffe* bedienen, das heißt als konventioneller Fiktionen zum Zweck der Bezeichnung, der Verständigung, *nicht* der Erklärung Im »An-sich« gibt es nichts von »Kausal-Verbänden«, von »Notwendigkeit«, von »psychologischer Unfreiheit«, da folgt *nicht* »die Wirkung auf die Ursache«, da regiert kein »Gesetz«. *Wir* sind es, die allein die Ursachen, das Nacheinander, das Für-einander, die Relativität, den Zwang, die Zahl, das Gesetz, die Freiheit, den Grund, den Zweck erdichtet haben; und wenn wir diese Zeichen-Welt als »an sich« in die Dinge hineindichten, hineinmischen, so treiben wir es noch einmal, wie wir es immer getrieben haben, nämlich *mythologisch.* Der »unfreie Wille« ist Mythologie: im wirklichen Leben handelt es sich nur um *starken* und *schwachen* Willen. – Es ist fast immer schon ein Symptom davon, wo es bei ihm selber mangelt, wenn ein Denker bereits in aller »Kausal-Verknüpfung« und »psychologischen Notwendigkeit« etwas von Zwang, Not, Folgen-Müssen, Druck, Unfreiheit herausfühlt: es ist verräterisch, gerade so zu fühlen – die Person verrät sich. Und überhaupt wird, wenn ich recht beobachtet habe, von zwei ganz entgegengesetzten Seiten aus, aber immer auf eine tief *persönliche* Weise die »Unfreiheit des Willens« als Problem gefaßt: die einen wollen um keinen Preis ihre »Verantwortlichkeit«, den Glauben an *sich,* das persönliche Anrecht auf *ihr* Verdienst fahren lassen (die eitlen Rassen gehören dahin–); die andern wollen umgekehrt nichts verantworten, an nichts schuld sein und verlangen, aus einer innerlichen Selbst-Verachtung heraus, sich selbst irgendwohin *abwälzen* zu können. Diese letztern pflegen sich, wenn sie Bücher schreiben, heute der Verbrecher anzunehmen; eine Art von sozialistischem Mitleiden ist ihre gefälligste Verkleidung. Und in der Tat, der Fatalismus der Willensschwachen verschönert sich erstaunlich, wenn er sich als *»la religion de la souffrance humaine«* einzuführen versteht: es ist *sein* »guter Geschmack«.

22

Man vergebe es mir als einem alten Philologen, der von der Bosheit nicht lassen kann, auf schlechte Interpretations-Künste den Finger zu legen: aber jene »Gesetzmäßigkeit der Natur«, von der ihr Physiker so stolz redet, wie als ob – – besteht nur dank eurer Ausdeutung und schlechten »Philologie« – sie ist kein Tatbestand, kein »Text«, vielmehr nur eine naiv-humanitäre Zurechtmachung und Sinnverdrehung, mit der ihr den demokratischen Instinkten der modernen Seele sattsam entgegenkommt!

»Überall Gleichheit vor dem Gesetz – die Natur hat es darin nicht anders und nicht besser als wir«: ein artiger Hintergedanke, in dem noch einmal die pöbelmännische Feindschaft gegen alles Bevorrechtete und Selbstherrliche, insgleichen ein zweiter und feinerer Atheismus verkleidet liegt. »*Ni dieu, ni maître*« – so wollt auch ihr's: und darum »hoch das Naturgesetz!« – nicht wahr? Aber, wie gesagt, das ist Interpretation, nicht Text; und es könnte jemand kommen, der, mit der entgegengesetzten Absicht und Interpretationskunst, aus der gleichen Natur und im Hinblick auf die gleichen Erscheinungen, gerade die tyrannisch-rücksichtenlose und unerbittliche Durchsetzung von Machtansprüchen herauszulesen verstünde – ein Interpret, der die Ausnahmslosigkeit und Unbedingtheit in allem »Willen zur Macht« dermaßen euch vor Augen stellte, daß fast jedes Wort und selbst das Wort »Tyrannei« schließlich unbrauchbar oder schon als schwächende und mildernde Metapher – als zu menschlich – erschiene; und der dennoch damit endete, das gleiche von dieser Welt zu behaupten, was ihr behauptet, nämlich daß sie einen »notwendigen« und »berechenbaren« Verlauf habe, aber *nicht*, weil Gesetze in ihr herrschen, sondern weil absolut die Gesetze *fehlen*, und jede Macht in jedem Augenblick ihre letzte Konsequenz zieht. Gesetzt, daß auch dies nur Interpretation ist – und ihr werdet eifrig genug sein, dies einzuwenden? – nun, um so besser. –

23

Die gesamte Psychologie ist bisher an moralischen Vorurteilen und Befürchtungen hängen geblieben: sie hat sich nicht in die Tiefe gewagt. Dieselbe als Morphologie und *Entwicklungslehre des Willens zur Macht* zu fassen, wie ich sie fasse – daran hat noch niemand in seinen Gedanken selbst gestreift: sofern es nämlich erlaubt ist, in dem, was bisher geschrieben wurde, ein Symptom von dem, was bisher verschwiegen wurde, zu erkennen. Die Gewalt der moralischen Vorurteile ist tief in die geistigste, in die anscheinend kälteste und voraussetzungsloseste Welt gedrungen – und, wie es sich von selbst versteht, schädigend, hemmend, blendend, verdrehend. Eine eigentliche Physio-Psychologie hat mit unbewußten Widerständen im Herzen des Forschers zu kämpfen, sie hat »das Herz« gegen sich: schon eine Lehre von der gegenseitigen Bedingtheit der »guten« und der »schlimmen« Triebe macht, als feinere Immoralität, einem noch kräftigen und herzhaften Gewissen Not und Überdruß –, noch mehr eine Lehre von der Ableitbarkeit aller guten Triebe aus den schlimmen. Gesetzt aber, jemand nimmt gar die Affekte Haß, Neid, Habsucht, Herrschsucht als lebenbedingende Affekte, als etwas, das im Gesamt-Haushalte des Lebens grundsätzlich und grundwesentlich vorhanden sein muß, folglich noch gesteigert werden muß, falls das Leben noch gesteigert werden soll –, der leidet an einer solchen Richtung seines Urteils wie an einer Seekrankheit. Und doch ist auch diese Hypothese bei weitem nicht die peinlichste und fremdeste in diesem ungeheuren fast noch neuen Reiche gefährlicher Erkenntnisse – und es gibt in der Tat hundert gute Gründe dafür, daß jeder von ihm fernbleibt, der es – *kann*! Andrerseits: ist man einmal mit seinem Schiffe hierhin verschlagen, nun! wohlan! jetzt tüchtig die Zähne zusammengebissen! die Augen aufgemacht! die Hand fest am Steuer! – wir fahren geradewegs über die Moral *weg*, wir erdrücken, wir zermalmen vielleicht dabei unsern eignen Rest Moralität, indem wir dorthin unsre Fahrt machen und wagen – aber was liegt an *uns*! Niemals noch hat sich verwegnen Reisenden und Abenteurern eine *tiefere* Welt der Einsicht eröffnet: und der Psychologe, welcher dergestalt »Opfer bringt« – es ist *nicht* das *sacrifizio dell' intelletto*, im Gegenteil! – wird zum mindesten dafür verlangen dürfen, daß die Psychologie wieder als Herrin der Wissenschaften anerkannt werde, zu deren Dienste und Vorbereitung die übrigen Wissenschaften da sind. Denn Psychologie ist nunmehr wieder der Weg zu den Grundproblemen.

ZWEITES HAUPTSTÜCK

DER FREIE GEIST

24

O *sancta simplicitas!* In welcher seltsamen Vereinfachung und Fälschung lebt der Mensch! Man kann sich nicht zu Ende wundern, wenn man sich erst einmal die Augen für dies Wunder eingesetzt hat! Wie haben wir alles um uns hell und frei und leicht und einfach gemacht! wie wußten wir unsern Sinnen einen Freipaß für alles Oberflächliche, unserm Denken eine göttliche Begierde nach mutwilligen Sprüngen und Fehlschlüssen zu geben! – wie haben wir es von Anfang an verstanden, uns unsre Unwissenheit zu erhalten, um eine kaum begreifliche Freiheit, Unbedenklichkeit, Unvorsichtigkeit, Herzhaftigkeit, Heiterkeit des Lebens, um das Leben zu genießen! Und erst auf diesem nunmehr festen und granitnen Grunde von Unwissenheit durfte sich bisher die Wissenschaft erheben, der Wille zum Wissen auf dem Grunde eines viel gewaltigeren Willens, des Willens zum Nichtwissen, zum Ungewissen, zum Unwahren! Nicht als sein Gegensatz, sondern – als seine Verfeinerung! Mag nämlich auch die *Sprache,* hier wie anderwärts, nicht über ihre Plumpheit hinauskönnen und fortfahren, von Gegensätzen zu reden, wo es nur Grade und mancherlei Feinheit der Stufen gibt, mag ebenfalls die eingefleischte Tartüfferie der Moral, welche jetzt zu unserm unüberwindlichen »Fleisch und Blut« gehört, uns Wissenden selbst die Worte im Munde umdrehen: hier und da begreifen wir es und lachen darüber, wie gerade noch die beste Wissenschaft uns am besten in dieser *vereinfachten,* durch und durch künstlichen, zurechtgedichteten, zurechtgefälschten Welt festhalten will, wie sie unfreiwillig-willig den Irrtum liebt, weil sie, die Lebendige – das Leben liebt!

25

Nach einem so fröhlichen Eingang möchte ein ernstes Wort nicht überhört werden: es wendet sich an die Ernstesten. Seht euch vor, ihr Philosophen und Freunde der Erkenntnis, und hütet euch vor dem Martyrium! Vor dem Leiden »um der Wahrheit willen«! Selbst vor der eignen Verteidigung! Es verdirbt eurem Gewissen alle Unschuld und feine Neutralität, es macht euch halsstarrig gegen Einwände und rote Tücher, es verdummt, vertiert, verstiert, wenn ihr im Kampfe mit Gefahr, Verlästerung, Verdächtigung, Ausstoßung und noch gröberen Folgen der Feindschaft, zuletzt euch gar als Verteidiger der Wahrheit auf Erden ausspielen müßt – als ob »die Wahrheit« eine so harmlose und täppische Person wäre, daß sie Verteidiger nötig hätte! und gerade euch, ihr Ritter von der traurigsten Gestalt, meine Herrn Eckensteher und Spinneweber des Geistes! Zuletzt wißt ihr gut genug, daß nichts daran liegen darf, ob gerade *ihr* Recht behaltet, ebenfalls daß bisher noch kein Philosoph Recht behalten hat, und daß eine preiswürdigere Wahrhaftigkeit in jedem kleinen Fragezeichen liegen dürfte, welches ihr hinter eure Leibworte und Lieblingslehren (und gelegentlich hinter euch selbst) setzt, als in allen feierlichen Gebärden und Trümpfen vor Anklägern und Gerichtshöfen! Geht lieber beiseite! Flieht ins Verborgene! Und habt eure Maske und Feinheit, daß man euch verwechsele! Oder ein wenig fürchte! Und vergeßt mir den Garten nicht, den Garten mit goldnem Gitterwerk! Und habt Menschen um euch, die wie ein Garten sind – oder wie Musik über Wassern, zur Zeit des Abends, wo der Tag schon zur Erinnerung wird; – wählt die *gute* Einsamkeit, die freie mutwillige leichte Einsamkeit, welche euch auch ein Recht gibt, selbst in irgendeinem Sinne noch gut zu bleiben! Wie giftig, wie listig, wie schlecht macht jeder lange Krieg, der sich nicht mit offener Gewalt führen läßt! Wie *persönlich* macht eine lange Furcht, ein langes Augenmerk auf Feinde, auf mögliche Feinde! Diese Ausgestoßnen der Gesellschaft, diese Lang-Verfolgten, Schlimm-Gehetzten – auch die Zwangs-Einsiedler, die Spinozas oder Giordano Brunos – werden zuletzt immer, und sei es unter der geistigsten Maskerade, und vielleicht ohne daß sie selbst es wissen, zu raffinierten Rachsüchtigen und Giftmischern (man grabe doch einmal den Grund der Ethik und Theologie Spinozas auf!) – gar nicht zu reden von der Tölpelei der moralischen Entrüstung, welche an einem Philosophen das unfehlbare Zeichen dafür ist, daß ihm der philosophische Humor davonlief. Das Martyrium des Philosophen, seine »Aufopferung für die Wahrheit« zwingt ans Licht heraus, was vom Agitator und vom Schauspieler in ihm steckte; und gesetzt, daß man ihm nur mit einer artistischen Neugierde bisher zugeschaut hat, so kann in bezug auf manchen Philosophen der gefährliche Wunsch freilich begreiflich sein, ihn auch einmal in seiner Entartung zu sehn (entartet zum »Märtyrer«, zum Bühnen- und Tribünen-Schreihals). Nur daß man sich, mit einem solchen Wunsche, darüber klar sein muß, *was* man jedenfalls dabei zu sehn bekommen wird – nur ein Satyrspiel, nur eine Nachspiel-Farce, nur den fortwährenden Beweis dafür, daß die lange eigentliche Tragödie *zu Ende ist*: vorausgesetzt, daß jede Philosophie im Entstehen eine lange Tragödie war. –

26

Jeder auserlesene Mensch trachtet instinktiv nach seiner Burg und Heimlichkeit, wo er von der Menge, den Vielen, den Allermeisten *erlöst* ist, wo er die Regel »Mensch« vergessen darf, als deren Ausnahme – den einen Fall ausgenommen, daß er von einem noch stärkeren Instinkte geradewegs auf diese Regel gestoßen wird, als Erkennender im großen und ausnahmsweisen Sinne. Wer nicht im Verkehr mit Menschen gelegentlich in allen Farben der Not, grün und grau vor Ekel, Überdruß, Mitgefühl, Verdüsterung, Vereinsamung schillert, der ist gewiß kein Mensch höheren Geschmacks; gesetzt aber, er nimmt alle diese Last und Unlust nicht freiwillig auf sich, er weicht ihr immerdar aus und bleibt, wie gesagt, still und stolz auf seiner Burg versteckt, nun, so ist eins gewiß: er ist zur Erkenntnis nicht gemacht, nicht vorherbestimmt. Denn als solcher würde er eines Tags sich sagen müssen »hole der Teufel meinen guten Geschmack! aber die Regel ist interessanter als die Ausnahme – als ich, die Ausnahme!« – und würde sich *hinab* begeben, vor allem »hinein«. Das Studium des *durchschnittlichen* Menschen, lang, ernsthaft, und zu diesem Zwecke viel Verkleidung, Selbstüberwindung, Vertraulichkeit, schlechter Umgang – jeder Umgang ist schlechter Umgang außer dem mit seinesgleichen –: das macht ein notwendiges Stück der Lebensgeschichte jedes Philosophen aus, vielleicht das unangenehmste, übelriechendste, an Enttäuschungen reichste Stück. Hat er aber Glück, wie es einem Glückskinde der Erkenntnis geziemt, so begegnet er eigentlichen Abkürzern und Erleichterern seiner Aufgabe – ich meine sogenannten Zynikern, also solchen, welche das Tier, die Gemeinheit, die »Regel« an sich einfach anerkennen und dabei noch jenen Grad von Geistigkeit und Kitzel haben, um über sich und ihresgleichen *vor Zeugen* reden zu müssen – mitunter wälzen sie sich sogar in Büchern wie auf ihrem eigenen Miste. Zynismus ist die einzige Form, in der gemeine Seelen an das streifen, was Redlichkeit ist; und der höhere Mensch hat bei jedem gröberen und feineren Zynismus die Ohren aufzumachen und sich jedesmal Glück zu wünschen, wenn gerade vor ihm der Possenreißer ohne Scham oder der wissenschaftliche Satyr laut werden. Es gibt sogar Fälle, wo zum Ekel sich die Bezauberung mischt: da nämlich, wo an einen solchen indiskreten Bock und Affen, durch eine Laune der Natur, das Genie gebunden ist, wie bei dem Abbé Galiani, dem tiefsten, scharfsichtigsten und vielleicht auch schmutzigsten Menschen seines Jahrhunderts – er war viel tiefer als Voltaire und folglich auch ein gut Teil schweigsamer. Häufiger schon geschieht es, daß, wie angedeutet, der wissenschaftliche Kopf auf einen Affenleib, ein feiner Ausnahme-Verstand auf eine gemeine Seele gesetzt ist – unter Ärzten und Moral-Physiologen namentlich kein seltenes Vorkommnis. Und wo nur einer ohne Erbitterung, vielmehr harmlos vom Menschen redet als von einem Bauche mit zweierlei

Bedürfnissen und einem Kopfe mit einem; überall wo jemand immer nur Hunger, Geschlechts-Begierde und Eitelkeit sieht, sucht und sehn *will*, als seien es die eigentlichen und einzigen Triebfedern der menschlichen Handlungen; kurz, wo man »schlecht« vom Menschen redet – und nicht einmal *schlimm* –, da soll der Liebhaber der Erkenntnis fein und fleißig hinhorchen, er soll seine Ohren überhaupt dort haben, wo ohne Entrüstung geredet wird. Denn der entrüstete Mensch, und wer immer mit seinen eignen Zähnen sich selbst (oder, zum Ersatz dafür, die Welt, oder Gott, oder die Gesellschaft) zerreißt und zerfleischt, mag zwar, moralisch gerechnet, höher stehn als der lachende und selbstzufriedene Satyr, in jedem andern Sinne aber ist er der gewöhnlichere, gleichgültigere, unbelehrendere Fall. Und niemand *lügt* soviel als der Entrüstete. –

27

Es ist schwer, verstanden zu werden: besonders wenn man *gangasrotogati* denkt und lebt, unter lauter Menschen, welche anders denken und leben, nämlich *kurmagati* oder bestenfalls »nach der Gangart des Frosches« *mandeikagati* – ich tue eben alles, um selbst schwer verstanden zu werden! – und man soll schon für den guten Willen zu einiger Feinheit der Interpretation von Herzen erkenntlich sein. Was aber »die guten Freunde« anbetrifft, welche immer zu bequem sind und gerade als Freunde ein Recht auf Bequemlichkeit zu haben glauben: so tut man gut, ihnen von vornherein einen Spielraum und Tummelplatz des Mißverständnisses zuzugestehn – so hat man noch zu lachen; – oder sie ganz abzuschaffen, diese guten Freunde – und auch zu lachen!

28

Was sich am schlechtesten aus einer Sprache in die andre übersetzen läßt, ist das Tempo ihres Stils: als welcher im Charakter der Rasse seinen Grund hat, physiologischer gesprochen, im Durchschnitts-Tempo ihres »Stoffwechsels«. Es gibt ehrlich gemeinte Übersetzungen, die beinahe Fälschungen sind, als unfreiwillige Vergemeinerungen des Originals, bloß weil sein tapfres und lustiges Tempo nicht mit übersetzt werden konnte, welches über alles Gefährliche in Dingen und Worten wegspringt, weghilft. Der Deutsche ist beinahe des *presto* in seiner Sprache unfähig: also, wie man billig schließen darf, auch vieler der ergötzlichsten und verwegensten *nuances* des freien, freigeisterischen Gedankens. So gut ihm der Buffo und der Satyr fremd ist, in Leib und Gewissen, so gut ist ihm Aristophanes und Petronius unübersetzbar. Alles Gravitätische, Schwerflüssige, Feierlich-

Plumpe, alle langwierigen und langweiligen Gattungen des Stils sind bei den Deutschen in überreicher Mannigfaltigkeit entwickelt, – man vergebe mir die Tatsache, daß selbst Goethes Prosa, in ihrer Mischung von Steifheit und Zierlichkeit, keine Ausnahme macht, als ein Spiegelbild der »alten guten Zeit«, zu der sie gehört, und als Ausdruck des deutschen Geschmacks, zur Zeit, wo es noch einen »deutschen Geschmack« gab: der ein Rokoko-Geschmack war, *in moribus et artibus.* Lessing macht eine Ausnahme, dank seiner Schauspieler-Natur, die vieles verstand und sich auf vieles verstand: er, der nicht umsonst der Übersetzer Bayles war und sich gerne in die Nähe Diderots und Voltaires, noch lieber unter die römischen Lustspieldichter flüchtete – Lessing liebte auch im Tempo die Freigeisterei, die Flucht aus Deutschland. Aber wie vermöchte die deutsche Sprache, und sei es selbst in der Prosa eines Lessing, das Tempo Macchiavells nachzuahmen, der, in seinem *principe,* die trockne, feine Luft von Florenz atmen läßt und nicht umhin kann, die ernsteste Angelegenheit in einem unbändigen *allegrissimo* vorzutragen: vielleicht nicht ohne ein boshaftes Artisten-Gefühl davon, welchen Gegensatz er wagt – Gedanken, lang, schwer, hart, gefährlich, und ein Tempo des Galopps und der allerbesten mutwilligsten Laune. Wer endlich dürfte gar eine deutsche Übersetzung des Petronius wagen, der, mehr als irgendein großer Musiker bisher, der Meister des *presto* gewesen ist, in Erfindungen, Einfällen, Worten – was liegt zuletzt an allen Sümpfen der kranken, schlimmen Welt, auch der »alten Welt«, wenn man, wie er, die Füße eines Windes hat, den Zug und Atem, den befreienden Hohn eines Windes, der alles gesund macht, indem er alles *laufen* macht! Und was Aristophanes angeht, jenen verklärenden, komplementären Geist, um dessentwillen man dem ganzen Griechentum *verzeiht,* daß es da war, gesetzt, daß man in aller Tiefe begriffen hat, *was* da alles der Verzeihung, der Verklärung bedarf – so wüßte ich nichts, was mich über *Platos* Verborgenheit und Sphinx-Natur mehr hat träumen lassen als jenes glücklich erhaltene *petit fait*: daß man unter dem Kopfkissen seines Sterbelagers keine »Bibel« vorfand, nichts Ägyptisches, Pythagoreisches, Platonisches – sondern den Aristophanes. Wie hätte auch ein Plato das Leben ausgehalten – ein griechisches Leben, zu dem er Nein sagte – ohne einen Aristophanes! –

29

Es ist die Sache der Wenigsten, unabhängig zu sein – es ist ein Vorrecht der Starken. Und wer es versucht, auch mit dem besten Rechte dazu, aber ohne es zu *müssen,* beweist damit, daß er wahrscheinlich nicht nur stark, sondern bis zur Ausgelassenheit verwegen ist. Er begibt sich in ein Labyrinth, er vertausendfältigt die Gefahren, welche das Leben an sich schon mit sich bringt; von denen es nicht die kleinste ist, daß keiner mit Augen sieht, wie und wo er sich verirrt, vereinsamt und stückweise von irgendeinem Höhlen-Minotaurus des Gewissens zerrissen wird. Gesetzt, ein solcher geht zugrunde, so geschieht es so ferne vom Verständnis der Menschen, daß sie es nicht fühlen und mitfühlen – und er kann nicht mehr zurück! er kann auch zum Mitleiden der Menschen nicht mehr zurück! – –

30

Unsere höchsten Einsichten müssen – und sollen! – wie Torheiten, unter Umständen wie Verbrechen klingen, wenn sie unerlaubterweise denen zu Ohren kommen, welche nicht dafür geartet und vorbestimmt sind. Das Exoterische und das Esoterische, wie man ehedem unter Philosophen unterschied, bei Indern, wie bei Griechen, Persern und Muselmännern, kurz überall, wo man eine Rangordnung und *nicht* an Gleichheit und gleiche Rechte glaubte – das hebt sich nicht sowohl dadurch voneinander ab, daß der Exoteriker draußen steht und von außen her, nicht von innen her, sieht, schätzt, mißt, urteilt: das Wesentlichere ist, daß er von unten hinauf die Dinge sieht – der Esoteriker aber *von oben herab*! Es gibt Höhen der Seele, von wo aus gesehn selbst die Tragödie aufhört, tragisch zu wirken; und, alles Weh der Welt in eins genommen, wer dürfte zu entscheiden wagen, ob sein Anblick *notwendig* gerade zum Mitleiden und dergestalt zur Verdopplung des Wehs verführen und zwingen werde? ... Was der höhern Art von Menschen zur Nahrung oder zum Labsal dient, muß einer sehr unterschiedlichen und geringern Art beinahe Gift sein. Die Tugenden des gemeinen Manns würden vielleicht an einem Philosophen Laster und Schwächen bedeuten; es wäre möglich, daß ein hochgearteter Mensch, gesetzt, daß er entartete und zugrunde ginge, erst dadurch in den Besitz von Eigenschaften käme, derentwegen man nötig hätte, ihn in der niedern Welt, in welche er hinabsank, nunmehr wie einen Heiligen zu verehren. Es gibt Bücher, welche für Seele und Gesundheit einen umgekehrten Wert haben, je nachdem die niedere Seele, die niedrigere Lebenskraft oder aber die höhere und gewaltigere sich ihrer bedienen: im ersten Falle sind es gefährliche, anbröckelnde, auflösende Bücher, im andern Heroldsrufe, welche die Tapfersten zu *ihrer* Tapferkeit herausfordern. Allerwelts-Bücher sind immer übelriechende Bücher: der Kleine-Leute-Geruch klebt daran. Wo das Volk ißt und trinkt, selbst wo es verehrt, da pflegt es zu stinken. Man soll nicht in Kirchen gehn, wenn man *reine* Luft atmen will. – –

31

Man verehrt und verachtet in jungen Jahren noch ohne jene Kunst der Nuance, welche den besten Gewinn des Lebens ausmacht, und muß es billigerweise hart büßen, solchergestalt Menschen und Dinge mit Ja und Nein überfallen zu haben. Es ist alles darauf eingerichtet, daß der schlechteste aller Geschmäcker, der Geschmack für das Unbedingte, grausam genarrt und gemißbraucht werde, bis der Mensch lernt, etwas Kunst in seine Gefühle zu legen und lieber noch mit dem Künstlichen den Versuch zu wagen: wie es die rechten Artisten des Lebens tun. Das Zornige und Ehrfürchtige, das der Jugend eignet, scheint sich keine Ruhe zu geben, bevor es nicht Menschen und Dinge so zurechtgefälscht hat, daß es sich an ihnen auslassen kann – Jugend ist an sich schon etwas Fälschendes und Betrügerisches. Später, wenn die junge Seele, durch lauter Enttäuschungen gemartert, sich endlich argwöhnisch gegen sich selbst zurückwendet, immer noch heiß und wild, auch in ihrem Argwohne und Gewissensbisse: wie zürnt sie sich nunmehr, wie zerreißt sie sich ungeduldig, wie nimmt sie Rache für ihre lange Selbst-Verblendung, wie als ob sie eine willkürliche Blindheit gewesen sei! In diesem Übergange bestraft man sich selber, durch Mißtrauen gegen sein Gefühl; man foltert seine Begeisterung durch den Zweifel, ja man fühlt schon das gute Gewissen als eine Gefahr, gleichsam als Selbst-Verschleierung und Ermüdung der feineren Redlichkeit; und vor allem, man nimmt Partei, grundsätzlich Partei *gegen* »die Jugend«. – Ein Jahrzehnt später: und man begreift, daß auch dies alles noch – Jugend war!

32

Die längste Zeit der menschlichen Geschichte hindurch – man nennt sie die prähistorische Zeit – wurde der Wert oder der Unwert einer Handlung aus ihren Folgen abgeleitet: die Handlung an sich kam dabei ebensowenig als ihre Herkunft in Betracht, sondern ungefähr so, wie heute noch in China eine Auszeichnung oder Schande vom Kinde auf die Eltern zurückgreift, so war es die rückwirkende Kraft des Erfolgs oder Mißerfolgs, welche den Menschen anleitete, gut oder schlecht von einer Handlung zu denken. Nennen wir diese Periode die *vormoralische* Periode der Menschheit: der Imperativ »erkenne dich selbst!« war damals noch unbekannt. In den letzten zehn Jahrtausenden ist man hingegen auf einigen großen Flächen der Erde Schritt für Schritt so weit gekommen, nicht mehr die Folgen, sondern die Herkunft der Handlung über ihren Wert entscheiden zu lassen: ein großes Ereignis als Ganzes, eine erhebliche Verfeinerung des Blicks und Maßstabs, die unbewußte Nachwirkung von der Herrschaft aristokratischer Werte und des Glaubens an »Herkunft«, das Abzeichen einer Periode, welche man im engern Sinne als die *moralische* bezeichnen darf: der erste Versuch zur Selbst-Erkenntnis ist damit gemacht. Statt der Folgen die Herkunft: welche Umkehrung der Perspektive! Und sicherlich eine erst nach langen Kämpfen und Schwankungen erreichte Umkehrung! Freilich: ein verhängnisvoller neuer Aberglaube, eine eigentümliche Engigkeit der Interpretation kam eben damit zur Herrschaft: man interpretierte die Herkunft einer Handlung im allerbestimmtesten Sinne als Herkunft aus einer *Absicht*; man wurde *eins* im Glauben daran, daß der Wert einer Handlung im Werte ihrer Absicht gelegen sei. Die Absicht als die ganze Herkunft und Vorgeschichte einer Handlung: unter diesem Vorurteile ist fast bis auf die neuste Zeit auf Erden moralisch gelobt, getadelt, gerichtet, auch philosophiert worden. – Sollten wir aber heute nicht bei der Notwendigkeit angelangt sein, uns nochmals über eine Umkehrung und Grundverschiebung der Werte schlüssig zu machen, dank einer nochmaligen Selbstbesinnung und Vertiefung des Menschen, – sollten wir nicht an der Schwelle einer Periode stehn, welche, negativ, zunächst als die *außermoralische* zu bezeichnen wäre: heute, wo wenigstens unter uns Immoralisten der Verdacht sich regt, daß gerade in dem, was *nichtabsichtlich* an einer Handlung ist, ihr entscheidender Wert belegen sei, und daß alle ihre Absichtlichkeit, alles, was von ihr gesehn, gewußt, »bewußt« werden kann, noch zu ihrer Oberfläche und Haut gehöre – welche, wie jede Haut, etwas verrät, aber noch mehr *verbirgt*? Kurz, wir glauben, daß die Absicht nur ein Zeichen und Symptom ist, das erst der Auslegung bedarf, dazu ein Zeichen, das zu vielerlei und folglich für sich allein fast nichts bedeutet – daß Moral, im bisherigen Sinne, also Absichten-Moral, ein Vorurteil gewesen ist, eine Voreiligkeit, eine Vorläufigkeit vielleicht, ein Ding etwa vom Range der Astrologie und Alchimie, aber jedenfalls etwas, das überwunden werden muß. Die Überwindung der Moral, in einem gewissen Verstande sogar die Selbstüberwindung der Moral: mag das der Name für jene lange geheime Arbeit sein, welche den feinsten und redlichsten, auch den boshaftesten Gewissen von heute, als lebendigen Probiersteinen der Seele, vorbehalten blieb. –

33

Es hilft nichts: man muß die Gefühle der Hingebung, der Aufopferung für den Nächsten, die ganze Selbstentäußerungs-Moral erbarmungslos zur Rede stellen und vor Gericht führen: ebenso wie die Ästhetik der »interesselosen Anschauung«, unter welcher sich die Entmännlichung der Kunst verführerisch genug heute ein gutes Gewissen zu schaffen sucht. Es ist viel zu viel Zauber und Zucker in jenen Gefühlen des »für andere«, des »*nicht* für mich«, als daß man nicht nötig hätte, hier doppelt mißtrauisch zu werden und zu fragen: »sind es nicht vielleicht – *Verführungen*?« –

Daß sie *gefallen* – dem, der sie hat, und dem, der ihre Früchte genießt, auch dem bloßen Zuschauer – dies gibt noch kein Argument *für* sie ab, sondern fordert gerade zur Vorsicht auf. Seien wir also vorsichtig!

34

Auf welchen Standpunkt der Philosophie man sich heute auch stellen mag: von jeder Stelle aus gesehn ist die *Irrtümlichkeit* der Welt, in der wir zu leben glauben, das Sicherste und Festeste, dessen unser Auge noch habhaft werden kann – wir finden Gründe über Gründe dafür, die uns zu Mutmaßungen über ein betrügerisches Prinzip im »Wesen der Dinge« verlocken möchten. Wer aber unser Denken selbst, also »den Geist« für die Falschheit der Welt verantwortlich macht – ein ehrenhafter Ausweg, den jeder bewußte oder unbewußte *advocatus dei* geht –: wer diese Welt samt Raum, Zeit, Gestalt, Bewegung, als falsch *erschlossen* nimmt: ein solcher hätte mindestens guten Anlaß, gegen alles Denken selbst endlich Mißtrauen zu lernen: hätte es uns nicht bisher den allergrößten Schabernack gespielt? und welche Bürgschaft dafür gäbe es, daß es nicht fortführe, zu tun, was es immer getan hat? In allem Ernste: die Unschuld der Denker hat etwas Rührendes und Ehrfurcht Einflößendes, welche ihnen erlaubt, sich auch heute noch vor das Bewußtsein hinzustellen, mit der Bitte, daß es ihnen *ehrliche* Antworten gebe: zum Beispiel ob es »real« sei, und warum es eigentlich die äußere Welt sich so entschlossen vom Halse halte, und was dergleichen Fragen mehr sind. Der Glaube an »unmittelbare Gewißheiten« ist eine *moralische* Naivität, welche uns Philosophen Ehre macht: aber – wir sollen nun einmal nicht »*nur* moralische« Menschen sein! Von der Moral abgesehn, ist jener Glaube eine Dummheit, die uns wenig Ehre macht! Mag im bürgerlichen Leben das allzeit bereite Mißtrauen als Zeichen des »schlechten Charakters« gelten und folglich unter die Unklugheiten gehören: hier unter uns, jenseits der bürgerlichen Welt und ihres Jas und Neins – was sollte uns hindern, unklug zu sein und zu sagen: der Philosoph hat nachgerade ein *Recht* auf »schlechten Charakter«, als das Wesen, welches bisher auf Erden immer am besten genarrt worden ist – er hat heute die *Pflicht* zum Mißtrauen, zum boshaftesten Schielen aus jedem Abgrunde des Verdachts heraus. – Man vergebe mir den Scherz dieser düsteren Fratze und Wendung: denn ich selbst gerade habe längst über Betrügen und Betrogenwerden anders denken, anders schätzen gelernt und halte mindestens ein paar Rippenstöße für die blinde Wut bereit, mit der die Philosophen sich dagegen sträuben, betrogen zu werden. Warum *nicht*? Es ist nicht mehr als ein moralisches Vorurteil, daß Wahrheit mehr wert ist als Schein; es ist sogar die schlechtest bewiesene Annahme, die es in der Welt gibt. Man gestehe sich doch so viel ein: es bestünde gar kein

Leben, wenn nicht auf dem Grunde perspektivischer Schätzungen und Scheinbarkeiten; und wollte man, mit der tugendhaften Begeisterung und Tölpelei mancher Philosophen, die »scheinbare Welt« ganz abschaffen, nun, gesetzt *ihr* könntet das – so bliebe mindestens dabei auch von eurer »Wahrheit« nichts mehr übrig! Ja, was zwingt uns überhaupt zur Annahme, daß es einen wesenhaften Gegensatz von »wahr« und »falsch« gibt? Genügt es nicht, Stufen der Scheinbarkeit anzunehmen und gleichsam hellere und dunklere Schatten und Gesamttöne des Scheins – verschiedene *valeurs*, um die Sprache der Maler zu reden? Warum dürfte die Welt, *die uns etwas angeht* – nicht eine Fiktion sein? Und wer da fragt: »aber zur Fiktion gehört ein Urheber?« – dürfte dem nicht rund geantwortet werden: *Warum*? Gehört dieses »Gehört« nicht vielleicht mit zur Fiktion? Ist es denn nicht erlaubt, gegen Subjekt, wie gegen Prädikat und Objekt, nachgerade ein wenig ironisch zu sein? Dürfte sich der Philosoph nicht über die Gläubigkeit an die Grammatik erheben? Alle Achtung vor den Gouvernanten: aber wäre es nicht an der Zeit, daß die Philosophie dem Gouvernanten-Glauben absagte? –

35

O Voltaire! O Humanität! O Blödsinn! Mit der »Wahrheit«, mit dem *Suchen* der Wahrheit hat es etwas auf sich; und wenn der Mensch es dabei gar zu menschlich treibt – *»il ne cherche le vrai que pour faire le bien«* – ich wette, er findet nichts!

36

Gesetzt, daß nichts anderes als real »gegeben« ist als unsre Welt der Begierden und Leidenschaften, daß wir zu keiner andern »Realität« hinab oder hinauf können als gerade zur Realität unsrer Triebe – denn Denken ist nur ein Verhalten dieser Triebe zueinander –: ist es nicht erlaubt, den Versuch zu machen und die Frage zu fragen, ob dies Gegebene nicht *ausreicht*, um aus seinesgleichen auch die sogenannte mechanistische (oder »materielle«) Welt zu verstehn? Ich meine nicht als eine Täuschung, einen »Schein«, eine »Vorstellung« (im Berkeleyschen und Schopenhauerschen Sinne), sondern als vom gleichen Realitäts-Range, welchen unser Affekt selbst hat – als eine primitivere Form der Welt der Affekte, in der noch alles in mächtiger Einheit beschlossen liegt, was sich dann im organischen Prozesse abzweigt und ausgestaltet (auch, wie billig, verzärtelt und abschwächt –), als eine Art von Triebleben, in dem noch sämtliche organische Funktionen, mit Selbst-Regulierung, Assimilation, Ernährung, Ausscheidung, Stoffwechsel, synthetisch gebunden ineinander sind – als eine *Vorform* des Lebens? – Zuletzt ist es nicht nur erlaubt, diesen Versuch zu machen: es ist, vom Gewissen der *Methode* aus, geboten. Nicht mehrere Arten von Kausalität annehmen, solange nicht der Versuch, mit einer einzigen auszureichen, bis an seine äußerste Grenze getrieben ist (– bis zum Unsinn, mit Verlaub zu sagen): das ist eine Moral der Methode, der man sich heute nicht entziehen darf – es folgt »aus ihrer Definition«, wie ein Mathematiker sagen würde. Die Frage ist zuletzt, ob wir den Willen wirklich als *wirkend* anerkennen, ob wir an die Kausalität des Willens glauben: tun wir das – und im Grunde ist der Glaube *daran* eben unser Glaube an Kausalität selbst –, so *müssen* wir den Versuch machen, die Willens-Kausalität hypothetisch als die einzige zu setzen. »Wille« kann natürlich nur auf »Wille« wirken – und nicht auf »Stoffe« (nicht auf »Nerven« zum Beispiel –): genug, man muß die Hypothese wagen, ob nicht überall, wo »Wirkungen« anerkannt werden, Wille auf Wille wirkt – und ob nicht alles mechanische Geschehen, insofern eine Kraft darin tätig wird, eben Willenskraft, Willens-Wirkung ist. – Gesetzt endlich, daß es gelänge, unser gesamtes Triebleben als die Ausgestaltung und Verzweigung *einer* Grundform des Willens zu erklären – nämlich des Willens zur Macht, wie es *mein* Satz ist –; gesetzt, daß man alle organischen Funktionen auf diesen Willen zur Macht zurückführen könnte und in ihm auch die Lösung des Problems der Zeugung und Ernährung – es ist *ein* Problem – fände, so hätte man damit sich das Recht verschafft, *alle* wirkende Kraft eindeutig zu bestimmen als: *Wille zur Macht.* Die Welt von innen gesehen, die Welt auf ihren »intelligiblen Charakter« hin bestimmt und bezeichnet – sie wäre eben »Wille zur Macht« und nichts außerdem. –

37

»Wie? Heißt das nicht, populär geredet: Gott ist widerlegt, der Teufel aber nicht –?« Im Gegenteil! Im Gegenteil, meine Freunde! Und, zum Teufel auch, wer zwingt euch, populär zu reden! –

38

Wie es zuletzt noch, in aller Helligkeit der neueren Zeiten, mit der französischen Revolution gegangen ist, jener schauerlichen und, aus der Nähe beurteilt, überflüssigen Posse, in welche aber die edlen und schwärmerischen Zuschauer von ganz Europa aus der Ferne her so lange und so leidenschaftlich ihre eignen Empörungen und Begeisterungen hineininterpretiert haben, *bis der Text unter der Interpretation verschwand*: so könnte eine edle Nachwelt noch einmal die ganze Vergangenheit mißverstehn und dadurch vielleicht erst ihren Anblick erträglich machen. – Oder vielmehr: ist dies nicht bereits geschehn? waren wir nicht selbst – diese »edle Nachwelt«? Und ist es nicht gerade jetzt, insofern wir dies begreifen – damit vorbei?

39

Niemand wird so leicht eine Lehre, bloß weil sie glücklich macht oder tugendhaft macht, deshalb für wahr halten: die lieblichen »Idealisten« etwa ausgenommen, welche für das Gute, Wahre, Schöne schwärmen und in ihrem Teiche alle Arten von bunten plumpen und gutmütigen Wünschbarkeiten durcheinanderschwimmen lassen. Glück und Tugend sind keine Argumente. Man vergißt aber gerne, auch auf seiten besonnener Geister, daß Unglücklich-machen und Böse-machen ebensowenig Gegenargumente sind. Etwas dürfte wahr sein: ob es gleich im höchsten Grade schädlich und gefährlich wäre; ja es könnte selbst zur Grundbeschaffenheit des Daseins gehören, daß man an seiner völligen Erkenntnis zugrunde ginge – so daß sich die Stärke eines Geistes danach bemäße, wieviel er von der »Wahrheit« gerade noch aushielte, deutlicher, bis zu welchem Grade er sie verdünnt, verhüllt, versüßt, verdumpft, verfälscht *nötig hätte.* Aber keinem Zweifel unterliegt es, daß für die Entdeckung gewisser *Teile* der Wahrheit die Bösen und Unglücklichen begünstigter sind und eine größere Wahrscheinlichkeit des Gelingens haben; nicht zu reden von den Bösen, die glücklich sind – eine Spezies, welche von den Moralisten verschwiegen wird. Vielleicht, daß Härte und List günstigere Bedingungen zur Entstehung des starken, unabhängigen Geistes und Philosophen abgeben als jene sanfte feine nachgebende Gutartigkeit und Kunst des Leicht-nehmens, welche man an einem Gelehrten schätzt und mit Recht schätzt. Vorausgesetzt, was voransteht, daß man den Begriff »Philosoph« nicht auf den Philosophen einengt, der Bücher schreibt – oder gar *seine* Philosophie in Bücher bringt! – Einen letzten Zug zum Bilde des freigeisterischen Philosophen bringt Stendhal bei, den ich um des deutschen Geschmacks willen nicht unterlassen will zu unterstreichen – denn er geht *wider* den deutschen Geschmack. »*Pour être bon philosophe*«, sagt dieser letzte große Psycholog, »*il faut être sec, clair, sans illusion. Un banquier, qui a fait fortune, a une partie du caractère requis pour faire des découvertes en philosophie, c'est-à-dire pour voir clair dans ce qui est.*«

40

Alles, was tief ist, liebt die Maske; die allertiefsten Dinge haben sogar einen Haß auf Bild und Gleichnis. Sollte nicht erst der *Gegensatz* die rechte Verkleidung sein, in der die Scham eines Gottes einherginge? Eine fragwürdige Frage: es wäre wunderlich, wenn nicht irgendein Mystiker schon dergleichen bei sich gewagt hätte. Es gibt Vorgänge so zarter Art, daß man gut tut, sie durch eine Grobheit zu verschütten und unkenntlich zu machen; es gibt Handlungen der Liebe und einer ausschweifenden Großmut, hinter denen nichts rätlicher ist, als einen Stock zu nehmen und den Augenzeugen durchzuprügeln, damit trübt man dessen Gedächtnis. Mancher versteht sich darauf, das eigne Gedächtnis zu trüben und zu mißhandeln, um wenigstens an diesem einzigen Mitwisser seine Rache zu haben – die Scham ist erfinderisch. Es sind nicht die schlimmsten Dinge, deren man sich am schlimmsten schämt: es ist nicht nur Arglist hinter einer Maske – es gibt so viel Güte in der List. Ich könnte mir denken, daß ein Mensch, der etwas Kostbares und Verletzliches zu bergen hätte, grob und rund wie ein grünes altes schwerbeschlagenes Weinfaß durchs Leben rollte: die Feinheit seiner Scham will es so. Einem Menschen, der Tiefe in der Scham hat, begegnen auch seine Schicksale und zarten Entscheidungen auf Wegen, zu denen wenige je gelangen und um deren Vorhandensein seine Nächsten und Vertrautesten nicht wissen dürfen: seine Lebensgefahr verbirgt sich ihren Augen und ebenso seine wiedereroberte Lebens-Sicherheit. Ein solcher Verborgner, der aus Instinkt das Reden zum Schweigen und Verschweigen braucht und unerschöpflich ist in der Ausflucht vor Mitteilung, *will* es und fördert es, daß eine Maske von ihm an seiner Statt in den Herzen und Köpfen seiner Freunde herumwandelt; und gesetzt, er will es nicht, so werden ihm eines Tages die Augen darüber aufgehn, daß es trotzdem dort eine Maske von ihm gibt – und daß es gut so ist. Jeder tiefe Geist braucht eine Maske: mehr noch, um jeden tiefen Geist wächst fortwährend eine Maske, dank der beständig falschen, nämlich *flachen* Auslegung jedes Wortes, jedes Schrittes, jedes Lebens-Zeichens, das er gibt. –

41

Man muß sich selbst seine Proben geben, dafür daß man zur Unabhängigkeit und zum Befehlen bestimmt ist; und dies zur rechten Zeit. Man soll seinen Proben nicht aus dem Wege gehn, obgleich sie vielleicht das gefährlichste Spiel sind, das man spielen kann, und zuletzt nur Proben, die vor uns selber als Zeugen und vor keinem andern Richter abgelegt werden. Nicht an einer Person hängen bleiben: und sei sie die geliebteste –

jede Person ist ein Gefängnis, auch ein Winkel. Nicht an einem Vaterlande hängen bleiben: und sei es das leidendste und hilfsbedürftigste – es ist schon weniger schwer, sein Herz von einem siegreichen Vaterlande loszubinden. Nicht an einem Mitleiden hängen bleiben: und gälte es höheren Menschen, in deren seltne Marter und Hilflosigkeit uns ein Zufall hat blicken lassen. Nicht an einer Wissenschaft hängen bleiben: und locke sie einen mit den kostbarsten, anscheinend gerade *uns* aufgesparten Funden. Nicht an seiner eignen Loslösung hängen bleiben, an jener wollüstigen Ferne und Fremde des Vogels, der immer weiter in die Höhe flieht, um immer mehr unter sich zu sehn – die Gefahr des Fliegenden. Nicht an unsern eignen Tugenden hängen bleiben und als Ganzes das Opfer irgendeiner Einzelheit an uns werden, zum Beispiel unsrer »Gastfreundschaft«: wie es die Gefahr der Gefahren bei hochgearteten und reichen Seelen ist, welche verschwenderisch, fast gleichgültig mit sich selbst umgehn und die Tugend der Liberalität bis zum Laster treiben. Man muß wissen, *sich zu bewahren*: stärkste Probe der Unabhängigkeit.

42

Eine neue Gattung von Philosophen kommt herauf: ich wage es, sie auf einen nicht ungefährlichen Namen zu taufen. So wie ich sie errate, so wie sie sich erraten lassen – denn es gehört zu ihrer Art, irgendworin Rätsel bleiben zu *wollen* –, möchten diese Philosophen der Zukunft ein Recht, vielleicht auch ein Unrecht darauf haben, als *Versucher* bezeichnet zu werden. Dieser Name selbst ist zuletzt nur ein Versuch, und, wenn man will, eine Versuchung.

43

Sind es neue Freunde der »Wahrheit«, diese kommenden Philosophen? Wahrscheinlich genug: denn alle Philosophen liebten bisher ihre Wahrheiten. Sicherlich aber werden es keine Dogmatiker sein. Es muß ihnen wider den Stolz gehn, auch wider den Geschmack, wenn ihre Wahrheit gar noch eine Wahrheit für jedermann sein soll: was bisher der geheime Wunsch und Hintersinn aller dogmatischen Bestrebungen war. »Mein Urteil ist *mein* Urteil: dazu hat nicht leicht auch ein andrer das Recht« – sagt vielleicht solch ein Philosoph der Zukunft. Man muß den schlechten Geschmack von sich abtun, mit vielen übereinstimmen zu wollen. »Gut« ist nicht mehr gut, wenn der Nachbar es in den Mund nimmt. Und wie könnte es gar ein »Gemeingut« geben! Das Wort widerspricht sich selbst: was gemein sein kann, hat immer nur wenig Wert. Zuletzt muß es so stehn, wie es steht und immer stand: die großen Dinge bleiben für die Großen übrig, die Abgründe für die Tiefen, die Zartheiten und Schauder für die Feinen, und, im ganzen und kurzen, alles Seltne für die Seltnen. –

44

Brauche ich nach alledem noch eigens zu sagen, daß auch sie freie, *sehr* freie Geister sein werden, diese Philosophen der Zukunft – so gewiß sie auch nicht bloß freie Geister sein werden, sondern etwas Mehreres, Höheres, Größeres und Gründlich-Anderes, das nicht verkannt und verwechselt werden will? Aber, indem ich dies sage, fühle ich fast ebensosehr gegen sie selbst, als gegen uns, die wir ihre Herolde und Vorläufer sind, wir freien Geister! – die *Schuldigkeit*, ein altes dummes Vorurteil und Mißverständnis von uns gemeinsam fortzublasen, welches allzulange wie ein Nebel den Begriff »freier Geist« undurchsichtig gemacht hat. In allen Ländern Europas und ebenso in Amerika gibt es jetzt etwas, das Mißbrauch mit diesem Namen treibt, eine sehr enge, eingefangene, an Ketten gelegte Art von Geistern, welche ungefähr das Gegenteil von dem wollen, was in unsern Absichten und Instinkten liegt – nicht zu reden davon, daß sie in Hinsicht auf jene heraufkommenden *neuen* Philosophen erst recht zugemachte Fenster und verriegelte Türen sein müssen. Sie gehören, kurz und schlimm, unter die *Nivellierer*, diese fälschlich genannten »freien Geister« – als beredte und schreibfingrige Sklaven des demokratischen Geschmacks und seiner »modernen Ideen«; allesamt Menschen ohne Einsamkeit, ohne eigne Einsamkeit, plumpe brave Burschen, welchen weder Mut noch achtbare Sitte abgesprochen werden soll, nur daß sie eben unfrei und zum Lachen oberflächlich sind, vor allem mit ihrem Grundhange, in den Formen der bisherigen alten Gesellschaft ungefähr die Ursache für *alles* menschliche Elend und Mißraten zu sehn: wobei die Wahrheit glücklich auf den Kopf zu stehn kommt! Was sie mit allen Kräften erstreben möchten, ist das allgemeine grüne Weide-Glück der Herde, mit Sicherheit, Ungefährlichkeit, Behagen, Erleichterung des Lebens für jedermann; ihre beiden am reichlichsten abgesungnen Lieder und Lehren heißen »Gleichheit der Rechte« und »Mitgefühl für alles Leidende« – und das Leiden selbst wird von ihnen als etwas genommen, das man *abschaffen* muß. Wir Umgekehrten, die wir uns ein Auge und ein Gewissen für die Frage aufgemacht haben, wo und wie bisher die Pflanze »Mensch« am kräftigsten in die Höhe gewachsen ist, vermeinen, daß dies jedesmal unter den umgekehrten Bedingungen geschehn ist, daß dazu die Gefährlichkeit seiner Lage erst ins Ungeheure wachsen, seine Erfindungs- und Verstellungskraft (sein »Geist« –) unter langem Druck und Zwang sich ins Feine und Verwegne entwickeln, sein Lebens-Wille bis zum unbedingten Macht-Willen gesteigert werden mußte – wir vermeinen, daß Härte, Gewaltsamkeit, Sklaverei, Gefahr auf der Gasse und im Herzen, Verborgenheit, Stoizismus, Versucherkunst und Teufelei jeder Art, daß alles Böse, Furchtbare, Tyrannische, Raubtier- und Schlangenhafte am Menschen so gut zur Erhöhung der Spezies »Mensch« dient, als sein Gegensatz – wir sagen sogar nicht einmal genug, wenn wir nur so viel sagen, und befinden uns jedenfalls, mit unserm Reden und Schweigen an dieser Stelle, am *andern* Ende aller modernen Ideologie und Herden-Wünschbarkeit: als deren Antipoden vielleicht? Was Wunder, daß wir »freien Geister« nicht gerade die mitteilsamsten Geister sind? daß wir nicht in jedem Betrachte zu verraten wünschen, *wovon* ein Geist sich freimachen kann und *wohin* er dann vielleicht getrieben wird? Und was es mit der gefährlichen Formel »jenseits von Gut und Böse« auf sich hat, mit der wir uns zum mindesten vor Verwechslung behüten: wir *sind* etwas andres als *»libres-penseurs«, »liberi pensatori«,* »Freidenker« und wie alle diese braven Fürsprecher der »modernen Ideen« sich zu benennen lieben. In vielen Ländern des Geistes zu Hause, mindestens zu Gaste gewesen; den dumpfen angenehmen Winkeln immer wieder entschlüpft, in die uns Vorliebe und Vorhaß, Jugend, Abkunft, der Zufall von Menschen und Büchern, oder selbst die Ermüdungen der Wanderschaft zu bannen schienen; voller Bosheit gegen die Lockmittel der Abhängigkeit, welche in Ehren, oder Geld, oder Ämtern, oder Begeisterungen der Sinne versteckt liegen; dankbar sogar gegen Not und wechselreiche Krankheit, weil sie uns immer von irgendeiner Regel und ihrem »Vorurteil« losmachte, dankbar gegen Gott, Teufel, Schaf und Wurm in uns, neugierig bis zum Laster, Forscher bis zur Grausamkeit, mit unbedenklichen Fingern für Unfaßbares, mit Zähnen und Mägen für das Unverdaulichste, bereit zu jedem Handwerk, das Scharfsinn und scharfe Sinne verlangt, bereit zu jedem Wagnis, dank einem Überschusse von »freiem Willen«, mit Vorder- und Hinterseelen, denen keiner leicht in die letzten Absichten sieht, mit Vorder- und Hintergründen, welche kein Fuß zu Ende laufen dürfte, Verborgne unter den Mänteln des Lichts, Erobernde, ob wir gleich Erben und Verschwendern gleichsehn, Ordner und Sammler von früh bis abend, Geizhälse unsres Reichtums und unsrer vollgestopften Schubfächer, haushälterisch im Lernen und Vergessen, erfinderisch in Schematen, mitunter stolz auf Kategorien-Tafeln, mitunter Pedanten, mitunter Nachteulen der Arbeit auch am hellen Tage; ja wenn es nottut, selbst Vogelscheuchen – und heute tut es not: nämlich insofern wir die gebornen geschwornen eifersüchtigen Freunde der *Einsamkeit* sind, unsrer eignen tiefsten mitternächtlichsten, mittäglichsten Einsamkeit – eine solche Art Menschen sind wir, wir freien Geister! und vielleicht seid auch *ihr* etwas davon, ihr Kommenden? ihr *neuen* Philosophen? –

DRITTES HAUPTSTÜCK

DAS RELIGIÖSE WESEN

45

Die menschliche Seele und ihre Grenzen, der bisher überhaupt erreichte Umfang menschlicher innerer Erfahrungen, die Höhen, Tiefen und Fernen dieser Erfahrungen, die ganze *bisherige* Geschichte der Seele und ihre noch unausgetrunkenen Möglichkeiten: das ist für einen gebornen Psychologen und Freund der »großen Jagd« das vorbestimmte Jagdbereich. Aber wie oft muß er sich verzweifelt sagen: »ein einzelner! ach, nur ein einzelner! und dieser große Wald und Urwald!« Und so wünscht er sich einige hundert Jagdgehilfen und feine gelehrte Spürhunde, welche er in die Geschichte der menschlichen Seele treiben könnte, um dort *sein* Wild zusammenzutreiben. Umsonst: er erprobt es immer wieder, gründlich und bitterlich, wie schlecht zu allen Dingen, die gerade seine Neugierde reizen, Gehilfen und Hunde zu finden sind. Der Übelstand, den es hat, Gelehrte auf neue und gefährliche Jagdbereiche auszuschicken, wo Mut, Klugheit, Feinheit in jedem Sinne nottun, liegt darin, daß sie gerade dort nicht mehr brauchbar sind, wo die *»große* Jagd«, aber auch die große Gefahr beginnt – gerade dort verlieren sie ihr Spürauge und ihre Spürnase. Um zum Beispiel zu erraten und festzustellen, was für eine Geschichte bisher das Problem von *Wissen und Gewissen* in der Seele der *homines religiosi* gehabt hat, dazu müßte einer vielleicht selbst so tief, so verwundet, so ungeheuer sein, wie es das intellektuelle Gewissen Pascals war – und dann bedürfte es immer noch jenes ausgespannten Himmels von heller, boshafter Geistigkeit, welcher von oben herab dies Gewimmel von gefährlichen und schmerzlichen Erlebnissen zu übersehn, zu ordnen, in Formeln zu zwingen vermöchte. – Aber wer täte mir diesen Dienst! Aber wer hätte Zeit, auf solche Diener zu warten! – sie wachsen ersichtlich zu selten, sie sind zu allen Zeiten so unwahrscheinlich! Zuletzt muß man alles *selber* tun, um selber einiges zu wissen: das heißt, man hat *viel* zu tun! – Aber eine Neugierde meiner Art bleibt nun einmal das angenehmste aller Laster – Verzeihung! ich wollte sagen: die Liebe zur Wahrheit hat ihren Lohn im Himmel und schon auf Erden. –

46

Der Glaube, wie ihn das erste Christentum verlangt und nicht selten erreicht hat, inmitten einer skeptischen und südlich-freigeisterischen Welt, die einen jahrhundertelangen Kampf von Philosophenschulen hinter sich und in sich hatte, hinzugerechnet die Erziehung zur Toleranz, welche das *imperium Romanum* gab – dieser Glaube ist *nicht* jener treuherzige und bärbeißige Untertanen-Glaube, mit dem etwa ein Luther oder ein Cromwell oder sonst ein nordischer Barbar des Geistes an ihrem Gotte und Christentum gehangen haben; viel eher schon jener Glaube Pascals, der auf schreckliche Weise einem dauernden Selbstmorde der Vernunft ähnlich sieht – einer zähen langlebigen wurmhaften Vernunft, die nicht mit einem Male und einem Streiche totzumachen ist. Der christliche Glaube ist von Anbeginn Opferung: Opferung aller Freiheit, alles Stolzes, aller Selbstgewißheit des Geistes zugleich Verknechtung und Selbst-Verhöhung, Selbst-Verstümmelung. Es ist Grausamkeit und religiöser Phönizismus in diesem Glauben, der einem mürben, vielfachen und vielverwöhnten Gewissen zugemutet wird: seine Voraussetzung ist, daß die Unterwerfung des Geistes unbeschreiblich *wehetut*, daß die ganze Vergangenheit und Gewohnheit eines solchen Geistes sich gegen das *absurdissimum* wehrt, als welches ihm der »Glaube« entgegentritt Die modernen Menschen, mit ihrer Abstumpfung gegen alle christliche Nomenklatur, fühlen das Schauerlich-Superlativische nicht mehr nach, das für einen antiken Geschmack in der Paradoxie der Formel »Gott am Kreuze« lag. Es hat bisher noch niemals und nirgendswo eine gleiche Kühnheit im Umkehren, etwas gleich Furchtbares, Fragendes und Fragwürdiges gegeben wie diese Formel: sie verhieß eine Umwertung aller antiken Werte. – Es ist der Orient, der *tiefe* Orient, es ist der orientalische Sklave, der auf diese Weise an Rom und seiner vornehmen und frivolen Toleranz, am römischen »Katholizismus« des Glaubens Rache nahm – und immer war es nicht der Glaube, sondern die Freiheit vom Glauben, jene halb stoische und lächelnde Unbekümmertheit um den Ernst des Glaubens, was die Sklaven an ihren Herrn, gegen ihre Herrn empört hat. Die »Aufklärung« empört: der Sklave nämlich will Unbedingtes, er versteht nur das Tyrannische, auch in der Moral, er liebt wie er haßt, ohne Nuance bis in die Tiefe, bis zum Schmerz, bis zur Krankheit, – sein vieles *verborgenes* Leiden empört sich gegen den vornehmen Geschmack, der das Leiden zu *leugnen* scheint. Die Skepsis gegen das Leiden, im Grunde nur eine Attitude der aristokratischen Moral, ist nicht am wenigsten auch an der Entstehung des letzten großen Sklaven-Aufstandes beteiligt, welcher mit der französischen Revolution begonnen hat.

47

Wo nur auf Erden bisher die religiöse Neurose aufgetreten ist, finden wir sie verknüpft mit drei gefährlichen Diät-Verordnungen: Einsamkeit, Fasten und geschlechtlicher Enthaltsamkeit – doch ohne daß hier mit Sicherheit zu entscheiden wäre, was da Ursache, was Wirkung sei, und *ob* hier überhaupt ein Verhältnis von Ursache und Wirkung vorliege. Zum letzten Zweifel berechtigt, daß gerade zu ihren regelmäßigsten Symptomen, bei wilden wie bei zahmen Völkern, auch die plötzlichste ausschweifendste Wollüstigkeit gehört, welche dann, ebenso plötzlich, in Bußkrampf und Welt- und Willens-Verneinung umschlägt, beides vielleicht als maskierte Epilepsie deutbar? Aber nirgendswo sollte man sich der Deutungen mehr entschlagen: um keinen Typus herum ist bisher eine solche Fülle von Unsinn und Aberglauben aufgewachsen, keiner scheint bisher die Menschen, selbst die Philosophen, mehr interessiert zu haben – es wäre an der Zeit, hier gerade ein wenig kalt zu werden, Vorsicht zu lernen, besser noch: wegzusehn, *wegzugehn.* – Noch im Hintergrunde der letztgekommnen Philosophie, der Schopenhauerschen, steht, beinahe als das Problem an sich, dieses schauerliche Fragezeichen der religiösen Krisis und Erweckung. Wie ist Willensverneinung *möglich?* wie ist der Heilige möglich? – das scheint wirklich die Frage gewesen zu sein, bei der Schopenhauer zum Philosophen wurde und anfing. Und so war es eine echt Schopenhauersche Konsequenz, daß sein überzeugtester Anhänger (vielleicht auch sein letzter, was Deutschland betrifft –), nämlich Richard Wagner, das eigne Lebenswerk gerade hier zu Ende brachte und zuletzt noch jenen furchtbaren und ewigen Typus als Kundry auf der Bühne vorführte, *type vécu,* wie er leibt und lebt; zu gleicher Zeit, wo die Irrenärzte fast aller Länder Europas einen Anlaß hatten, ihn aus der Nähe zu studieren, überall, wo die religiöse Neurose – oder, wie ich es nenne, »das religiöse Wesen« – als »Heilsarmee« ihren letzten epidemischen Ausbruch und Aufzug gemacht hat. – Fragt man sich aber, was eigentlich am ganzen Phänomen des Heiligen den Menschen aller Art und Zeit, auch den Philosophen, so unbändig interessant gewesen ist: so ist es ohne allen Zweifel der ihm anhaftende Anschein des Wunders, nämlich der unmittelbaren *Aufeinanderfolge von Gegensätzen,* von moralisch entgegengesetzt gewerteten Zuständen der Seele: man glaubte hier mit Händen zu greifen, daß aus einem »schlechten Menschen« mit einem Male ein »Heiliger«, ein guter Mensch werde Die bisherige Psychologie litt an dieser Stelle Schiffbruch: sollte es nicht vornehmlich darum geschehen sein, weil sie sich unter die Herrschaft der Moral gestellt hatte, weil sie an die moralischen Wert-Gegensätze selbst *glaubte,* und diese Gegensätze in den Text *und* Tatbestand hineinsah, hineinlas, hinein*deutete*? – Wie? Das »Wunder« nur ein Fehler der Interpretation? Ein Mangel an Philologie? –

48

Es scheint, daß den lateinischen Rassen ihr Katholizismus viel innerlicher zugehört, als uns Nordländern das ganze Christentum überhaupt; und daß folglich der Unglaube in katholischen Ländern etwas ganz andres zu bedeuten hat als in protestantischen – nämlich eine Art Empörung gegen den Geist der Rasse, während er bei uns eher eine Rückkehr zum Geist (oder Ungeist –) der Rasse ist. Wir Nordländer stammen unzweifelhaft aus Barbaren-Rassen, auch in Hinsicht auf unsre Begabung zur Religion: wir sind *schlecht* für sie begabt. Man darf die Kelten ausnehmen, welche deshalb auch den besten Boden für die Aufnahme der christlichen Infektion im Norden abgegeben haben – in Frankreich kam das christliche Ideal, soweit es nur die blasse Sonne des Nordens erlaubt hat, zum Ausblühen. Wie fremdartig fromm sind unserm Geschmack selbst diese letzten französischen Skeptiker noch, sofern etwas keltisches Blut in ihrer Abkunft ist! Wie katholisch, wie undeutsch riecht uns Auguste Comtes Soziologie mit ihrer römischen Logik der Instinkte! Wie jesuitisch jener liebenswürdige und kluge Cicerone von Port-Royal, Sainte-Beuve, trotz all seiner Jesuiten-Feindschaft! Und gar Ernest Renan: wie unzugänglich klingt uns Nordländern die Sprache solch eines Renan, in dem alle Augenblicke irgendein Nichts von religiöser Spannung seine in feinerem Sinne wollüstige und bequem sich bettende Seele um ihr Gleichgewicht bringt! Man spreche ihm einmal diese schönen Sätze nach – und was für Bosheit und Übermut regt sich sofort in unsrer wahrscheinlich weniger schönen und härteren, nämlich deutscheren Seele als Antwort – »*disons donc hardiment que la religion est un produit de l'homme normal, que l'homme est le plus dans le vrai quand il est le plus religieux et le plus assuré d'une destinée infinie ... C'est quand il est bon qu'il veut que la vertu corresponde à un ordre éternel, c'est quand il contemple les choses d'une manière désintéressée qu'il trouve la mort révoltante et absurde. Comment ne pas supposer que c'est dans ces moments-là, que l'homme voit le mieux? ...*« Diese Sätze sind meinen Ohren und Gewohnheiten so sehr *antipodisch*, daß, als ich sie fand, mein erster Ingrimm daneben schrieb »*la niaiserie religieuse par excellence!*« – bis mein letzter Ingrimm sie gar noch liebgewann, diese Sätze mit ihrer auf den Kopf gestellten Wahrheit! Es ist so artig, so auszeichnend, seine eignen Antipoden zu haben!

49

Das, was an der Religiosität der alten Griechen staunen macht, ist die unbändige Fülle von Dankbarkeit, welche sie ausströmt – es ist eine sehr vornehme Art Mensch, welche *so* vor der Natur und vor dem Leben steht!

– Später, als der Pöbel in Griechenland zum Übergewicht kommt, überwuchert die *Furcht* auch in der Religion; und das Christentum bereitete sich vor. –

50

Die Leidenschaft für Gott: es gibt bäurische, treuherzige und zudringliche Arten, wie die Luthers – der ganze Protestantismus entbehrt der südlichen *delicatezza*. Es gibt ein orientalisches Außersichsein darin, wie bei einem unverdient begnadeten oder erhobnen Sklaven, zum Beispiel bei Augustin, der auf eine beleidigende Weise aller Vornehmheit der Gebärden und Begierden ermangelt. Es gibt frauenhafte Zärtlichkeit und Begehrlichkeit darin, welche schamhaft und unwissend nach einer *unio mystica et physica* drängt: wie bei Madame de Guyon. In vielen Fällen erscheint sie wunderlich genug als Verkleidung der Pubertät eines Mädchens oder Jünglings; hier und da selbst als Hysterie einer alten Jungfer, auch als deren letzter Ehrgeiz – die Kirche hat das Weib schon mehrfach in einem solchen Falle heiliggesprochen.

51

Bisher haben sich die mächtigsten Menschen immer noch verehrend vor dem Heiligen gebeugt, als dem Rätsel der Selbstbezwingung und absichtlichen letzten Entbehrung: warum beugten sie sich? Sie ahnten in ihm – und gleichsam hinter dem Fragezeichen seines gebrechlichen und kläglichen Anscheins – die überlegne Kraft, welche sich an einer solchen Bezwingung erproben wollte, die Stärke des Willens, in der sie die eigne Stärke und herrschaftliche Lust wiedererkannten und zu ehren wußten: sie ehrten etwas an sich, wenn sie den Heiligen ehrten. Es kam hinzu, daß der Anblick des Heiligen ihnen einen Argwohn eingab: ein solches Ungeheures von Verneinung, von Wider-Natur wird nicht umsonst begehrt worden sein, so sagten und fragten sie sich. Es gibt vielleicht einen Grund dazu, eine ganz große Gefahr, über welche der Asket, dank seinen geheimen Zusprechern und Besuchern, näher unterrichtet sein möchte? Genug, die Mächtigen der Welt lernten vor ihm eine neue Furcht, sie ahnten eine neue Macht, einen fremden, noch unbezwungenen Feind – der »Wille zur Macht« war es, der sie nötigte, vor dem Heiligen stehnzubleiben. Sie mußten ihn fragen – –

52

Im jüdischen »Alten Testament«, dem Buche von der göttlichen Gerechtigkeit, gibt es Menschen, Dinge und Reden in einem so großen Stile, daß das griechische und indische Schrifttum ihm nichts zur Seite zu stellen hat. Man steht mit Schrecken und Ehrfurcht vor diesen ungeheuren Überbleibseln dessen, was der Mensch einstmals war, und wird dabei über das alte Asien und sein vorgeschobnes Halbinselchen Europa, das durchaus gegen Asien den »Fortschritt des Menschen« bedeuten möchte, seine traurigen Gedanken haben. Freilich: wer selbst nur ein dünnes zahmes Haustier ist und nur Haustier-Bedürfnisse kennt (gleich unsern Gebildeten von heute, die Christen des »gebildeten« Christentums hinzugenommen –), der hat unter jenen Ruinen weder sich zu verwundern, noch gar sich zu betrüben – der Geschmack am Alten Testament ist ein Prüfstein in Hinsicht auf »groß« und »klein« –: vielleicht, daß er das Neue Testament, das Buch von der Gnade, immer noch eher nach seinem Herzen findet (in ihm ist viel von dem rechten zärtlichen dumpfen Betbrüder- und Kleinen-Seelen-Geruch). Dieses Neue Testament, eine Art Rokoko des Geschmacks in jedem Betrachte, mit dem Alten Testament zu *einem* Buche zusammengeleimt zu haben, als »Bibel«, als »das Buch an sich«: das ist vielleicht die größte Verwegenheit und »Sünde wider den Geist«, welche das literarische Europa auf dem Gewissen hat.

53

Warum heute Atheismus? – »Der Vater« in Gott ist gründlich widerlegt; ebenso »der Richter«, »der Belohner« Insgleichen sein »freier Wille«: er hört nicht – und wenn er hörte, wüßte er trotzdem nicht zu helfen. Das Schlimmste ist: er scheint unfähig, sich deutlich mitzuteilen: ist er unklar? – Dies ist es, was ich, als Ursachen für den Niedergang des europäischen Theismus, aus vielerlei Gesprächen, fragend, hinhorchend, ausfindig gemacht habe; es scheint mir, daß zwar der religiöse Instinkt mächtig im Wachsen ist – daß er aber gerade die theistische Befriedigung mit tiefem Mißtrauen ablehnt.

54

Was tut denn im Grunde die ganze neuere Philosophie? Seit Descartes – und zwar mehr aus Trotz gegen ihn als auf Grund seines Vorgangs – macht man seitens aller Philosophen ein Attentat auf den alten Seelen-Begriff, unter dem Anschein einer Kritik des Subjekt- und Prädikat-Begriffs – das heißt: ein Attentat auf die Grundvoraussetzung der christlichen Lehre. Die neuere Philosophie, als eine erkenntnis-theoretische

Skepsis, ist, versteckt oder offen, *antichristlich*: obschon, für feinere Ohren gesagt, keineswegs antireligiös. Ehemals nämlich glaubte man an »die Seele«, wie man an die Grammatik und das grammatische Subjekt glaubte: man sagte, »Ich« ist Bedingung, »denke« ist Prädikat und bedingt – Denken ist eine Tätigkeit, zu der ein Subjekt als Ursache gedacht werden *muß* Nun versuchte man, mit einer bewunderungswürdigen Zähigkeit und List, ob man nicht aus diesem Netze herauskönne – ob nicht vielleicht das Umgekehrte wahr sei: »denke« Bedingung, »ich« bedingt; »ich« also erst eine Synthese, welche durch das Denken selbst *gemacht* wird *Kant* wollte im Grunde beweisen, daß vom Subjekt aus das Subjekt nicht bewiesen werden könne – das Objekt auch nicht: die Möglichkeit einer *Scheinexistenz* des Subjekts, also »der Seele«, mag ihm nicht immer fremd gewesen sein, jener Gedanke, welcher als Vedanta-Philosophie schon einmal und in ungeheurer Macht auf Erden dagewesen ist.

55

Es gibt eine große Leiter der religiösen Grausamkeit, mit vielen Sprossen; aber drei davon sind die wichtigsten. Einst opferte man seinem Gotte Menschen, vielleicht gerade solche, welche man am besten liebte – dahin gehören die Erstlings-Opfer aller Vorzeit-Religionen, dahin auch das Opfer des Kaisers Tiberius in der Mithrasgrotte der Insel Capri, jener schauerlichste aller römischen Anachronismen. Dann, in der moralischen Epoche der Menschheit, opferte man seinem Gotte die stärksten Instinkte, die man besaß, seine »Natur«; *diese* Festfreude glänzt im grausamen Blicke des Asketen, des begeisterten »Wider-Natürlichen«. Endlich: was blieb noch übrig zu opfern? Mußte man nicht endlich einmal alles Tröstliche, Heilige, Heilende, alle Hoffnung, allen Glauben an verborgne Harmonie, an zukünftige Seligkeiten und Gerechtigkeiten opfern? mußte man nicht Gott selber opfern und, aus Grausamkeit gegen sich, den Stein, die Dummheit, die Schwere, das Schicksal, das Nichts anbeten? Für das Nichts Gott opfern – dieses paradoxe Mysterium der letzten Grausamkeit blieb dem Geschlechte, welches jetzt eben heraufkommt, aufgespart: wir alle kennen schon etwas davon. –

56

Wer, gleich mir, mit irgendeiner rätselhaften Begierde sich lange darum bemüht hat, den Pessimismus in die Tiefe zu denken und aus der halb christlichen, halb deutschen Enge und Einfalt zu erlösen, mit der er sich diesem Jahrhundert zuletzt dargestellt hat, nämlich in Gestalt der Schopenhauerschen Philosophie; wer wirklich einmal mit einem asiatischen und überasiatischen Auge in die weltverneinendste aller möglichen Denkweisen hinein- und hinuntergeblickt hat – jenseits von Gut und Böse, und nicht mehr, wie Buddha und Schopenhauer, im Bann und Wahne der Moral –, der hat vielleicht ebendamit, ohne daß er es eigentlich wollte, sich die Augen für das umgekehrte Ideal aufgemacht: für das Ideal des übermütigsten, lebendigsten und weltbejahendsten Menschen, der sich nicht nur mit dem, was war und ist, abgefunden und vertragen gelernt hat, sondern es, *so wie es war und ist,* wiederhaben will, in alle Ewigkeit hinaus, unersättlich *da capo* rufend, nicht nur zu sich, sondern zum ganzen Stücke und Schauspiele, und nicht nur zu einem Schauspiele, sondern im Grunde zu dem, der gerade dies Schauspiel nötig hat – und nötig macht: weil er immer wieder sich nötig hat – und nötig macht – – Wie? Und dies wäre nicht – *circulus vitiosus deus*?

57

Mit der Kraft seines geistigen Blicks und Einblicks wächst die Ferne und gleichsam der Raum um den Menschen: seine Welt wird tiefer, immer neue Sterne, immer neue Rätsel und Bilder kommen ihm in Sicht. Vielleicht war alles, woran das Auge des Geistes seinen Scharfsinn und Tiefsinn geübt hat, eben nur ein Anlaß zu seiner Übung, eine Sache des Spiels, etwas für Kinder und Kindsköpfe. Vielleicht erscheinen uns einst die feierlichsten Begriffe, um die am meisten gekämpft und gelitten worden ist, die Begriffe »Gott« und »Sünde«, nicht wichtiger, als dem alten Manne ein Kinder-Spielzeug und Kinder-Schmerz erscheint – und vielleicht hat dann »der alte Mensch« wieder ein andres Spielzeug und einen andren Schmerz nötig – immer noch Kinds genug, ein ewiges Kind!

58

Hat man wohl beachtet, inwiefern zu einem eigentlich religiösen Leben (und sowohl zu seiner mikroskopischen Lieblings-Arbeit der Selbstprüfung als zu jener zarten Gelassenheit, welche sich »Gebet« nennt und eine beständige Bereitschaft für das »Kommen Gottes« ist –) der äußere Müßiggang oder Halb-Müßiggang nottut, ich meine der Müßiggang mit gutem Gewissen, von alters her, von Geblüt, dem das Aristokraten-Gefühl nicht ganz fremd ist, daß Arbeit *schändet* – nämlich Seele und Leib gemein macht? Und daß folglich die moderne, lärmende, Zeit-auskaufende, auf sich stolze, dumm-stolze Arbeitsamkeit, mehr als alles übrige, gerade zum »Unglauben« erzieht und vorbereitet? Unter denen, welche zum Beispiel jetzt in Deutschland abseits von der Religion leben, finde ich Menschen von vielerlei Art und Abkunft der »Freidenkerei«, vor allem aber eine Mehrzahl solcher, denen Arbeitsamkeit, von Geschlecht zu Geschlecht, die religiösen Instinkte aufgelöst hat: so daß sie gar nicht mehr wissen, wozu Religionen nütze sind, und nur mit einer Art stumpfen Erstaunens ihr Vorhandensein in der Welt gleichsam registrieren. Sie fühlen sich schon reichlich in Anspruch genommen, diese braven Leute, sei es von ihren Geschäften, sei es von ihren Vergnügungen, gar nicht zu reden vom »Vaterlande« und den Zeitungen und den »Pflichten der Familie«: es scheint, daß sie gar keine Zeit für die Religion übrig haben, zumal es ihnen unklar bleibt, ob es sich dabei um ein neues Geschäft oder ein neues Vergnügen handelt – denn unmöglich, sagen sie, geht man in die Kirche, rein um sich die gute Laune zu verderben. Sie sind keine Feinde der religiösen Gebräuche; verlangt man in gewissen Fällen, etwa von seiten des Staates, die Beteiligung an solchen Gebräuchen, so tun sie, was man verlangt, wie man so vieles tut –, mit einem geduldigen und bescheidnen Ernste und ohne viel Neugierde und Unbehagen – sie leben eben zu sehr abseits und außerhalb, um selbst nur ein Für und Wider in solchen Dingen bei sich nötig zu finden. Zu diesen Gleichgültigen gehört heute die Überzahl der deutschen Protestanten in den mittlern Ständen, sonderlich in den arbeitsamen großen Handels- und Verkehrszentren; ebenfalls die Überzahl der arbeitsamen Gelehrten und der ganze Universitäts-Zubehör (die Theologen ausgenommen, deren Dasein und Möglichkeit daselbst dem Psychologen immer mehr und immer feinere Rätsel zu raten gibt). Man macht sich selten von seiten frommer oder auch nur kirchlicher Menschen eine Vorstellung davon, *wie viel* guter Wille, man könnte sagen willkürlicher Wille, jetzt dazu gehört, daß ein deutscher Gelehrter das Problem der Religion ernst nimmt; von seinem ganzen Handwerk her (und, wie gesagt, von der handwerkerhaften Arbeitsamkeit her, zu welcher ihn sein modernes Gewissen verpflichtet) neigt er zu einer überlegnen, beinahe gütigen Heiterkeit gegen die Religion, zu der sich bisweilen eine leichte Geringschätzung mischt, gerichtet gegen die »Unsauberkeit« des Geistes, welche er überall dort voraussetzt, wo man sich noch zur Kirche bekennt. Es gelingt dem Gelehrten erst mit Hilfe der Geschichte (also *nicht* von seiner persönlichen Erfahrung aus), es gegenüber den Religionen zu einem ehrfurchtsvollen Ernste und zu einer gewissen scheuen Rücksicht zu bringen; aber wenn er sein Gefühl sogar bis zur Dankbarkeit gegen sie gehoben hat, so ist er mit seiner Person auch noch keinen Schritt weit dem, was noch als Kirche oder Frömmigkeit besteht, nähergekommen: vielleicht umgekehrt. Die praktische Gleichgültigkeit gegen religiöse Dinge, in welche hinein er geboren und erzogen ist, pflegt sich bei ihm zur Behutsamkeit und Reinlichkeit zu sublimieren, welche die Berührung mit religiösen Menschen und Dingen scheut; und es kann gerade die Tiefe seiner Toleranz und Menschlichkeit sein, die ihn vor dem feinen Notstande ausweichen heißt, welchen das Tolerieren selbst mit sich bringt. – Jede Zeit hat ihre eigne göttliche Art von Naivität, um deren Erfindung sie andre Zeitalter beneiden dürfen – und wie viel Naivität, verehrungswürdige, kindliche und unbegrenzt tölpelhafte Naivität liegt in diesem Überlegenheits-Glauben des Gelehrten, im guten Gewissen seiner Toleranz, in der ahnungslosen schlichten Sicherheit, mit der sein Instinkt den religiösen Menschen als einen minderwertigen und niedrigeren Typus behandelt, über den er selbst hinaus, hinweg, *hinauf* gewachsen ist – er, der kleine anmaßliche Zwerg und Pöbelmann, der fleißig-flinke Kopf- und Handarbeiter der »Ideen«, der »modernen Ideen«!

59

Wer tief in die Welt gesehn hat, errät wohl, welche Weisheit darin liegt, daß die Menschen oberflächlich sind. Es ist ihr erhaltender Instinkt, der sie lehrt, flüchtig, leicht und falsch zu sein. Man findet hier und da eine leidenschaftliche und übertreibende Anbetung der »reinen Formen«, bei Philosophen wie bei Künstlern: möge niemand zweifeln, daß wer dergestalt den Kultus der Oberfläche *nötig* hat, irgendwann einmal einen unglückseligen Griff *unter* sie getan hat. Vielleicht gibt es sogar hinsichtlich dieser verbrannten Kinder, der gebornen Künstler, welche den Genuß des Lebens nur noch in der Absicht finden, sein Bild zu *fälschen* (gleichsam in einer langwierigen Rache am Leben –), auch noch eine Ordnung des Ranges: man könnte den Grad, in dem ihnen das Leben verleidet ist, daraus abnehmen, bis wie weit sie sein Bild verfälscht, verdünnt, verjenseitigt, vergöttlicht zu sehn wünschen, – man könnte die *homines religiosi* mit unter die Künstler rechnen, als ihren *höchsten* Rang. Es ist die tiefe argwöhnische Furcht vor einem unheilbaren Pessimismus, der ganze Jahrtausende zwingt, sich mit den Zähnen in eine religiöse Interpretation des Daseins zu verbeißen: die Furcht jenes Instinktes, welcher ahnt, daß man der Wahrheit *zu früh* habhaft werden könnte, ehe der Mensch stark genug, hart genug, Künstler genug geworden ist ... Die Frömmigkeit, das »Leben in Gott«, mit diesem Blicke betrachtet, erschiene dabei als die feinste und letzte Ausgeburt der *Furcht* vor der Wahrheit, als Künstler-Anbetung und -Trunkenheit vor der konsequentesten aller Fälschungen, als der Wille zur Umkehrung der Wahrheit, zur Unwahrheit um jeden Preis. Vielleicht, daß es bis jetzt kein stärkeres Mittel gab, den Menschen selbst zu verschönern, als eben Frömmigkeit: durch sie kann der Mensch so sehr Kunst, Oberfläche, Farbenspiel, Güte werden, daß man an seinem Anblicke nicht mehr leidet. –

60

Den Menschen zu lieben *um Gottes willen* – das war bis jetzt das vornehmste und entlegenste Gefühl, das unter Menschen erreicht worden ist. Daß die Liebe zum Menschen ohne irgendeine heiligende Hinterabsicht eine Dummheit und Tierheit *mehr* ist, daß der Hang zu dieser Menschenliebe erst von einem höheren Hange sein Maß, seine Feinheit, wie Körnchen Salz und Stäubchen Ambra zu bekommen hat – welcher Mensch es auch war, der dies zuerst empfunden und »erlebt« hat, wie sehr auch seine Zunge gestolpert haben mag, als sie versuchte, solch eine Zartheit auszudrücken, er bleibe uns in alle Zeiten heilig und verehrenswert, als der Mensch, der am höchsten bisher geflogen und am schönsten sich verirrt hat!

61

Der Philosoph, wie *wir* ihn verstehen, wir freien Geister –, als der Mensch der umfänglichsten Verantwortlichkeit, der das Gewissen für die Gesamt-Entwicklung des Menschen hat: dieser Philosoph wird sich der Religionen zu seinem Züchtigungs- und Erziehungswerke bedienen, wie er sich der jeweiligen politischen und wirtschaftlichen Zustände bedienen wird. Der auslesende, züchtende, das heißt immer ebensowohl der zerstörende als der schöpferische und gestaltende Einfluß, welcher mit Hilfe der Religionen ausgeübt werden kann, ist je nach der Art Menschen, die unter ihren Bann und Schutz gestellt werden, ein vielfacher und verschiedner. Für die Starken, Unabhängigen, zum Befehlen Vorbereiteten und Vorbestimmten, in denen die Vernunft und Kunst einer regierenden Rasse leibhaft wird, ist Religion ein Mittel mehr, um Widerstände zu überwinden, um herrschen zu können: als ein Band, das Herrscher und Untertanen gemeinsam bindet und die Gewissen der letzteren, ihr Verborgnes und Innerlichstes, das sich gerne dem Gehorsam entziehn möchte, den ersteren verrät und überantwortet; und falls einzelne Naturen einer solchen vornehmen Herkunft, durch hohe Geistigkeit, einem abgezogneren und beschaulicheren Leben sich zuneigen und nur die feinste Artung des Herrschens (über ausgesuchte Jünger oder Ordensbrüder) sich vorbehalten, so kann Religion selbst als Mittel benutzt werden, sich Ruhe vor dem Lärm und der Mühsal des *gröberen* Regierens und Reinheit vor dem *notwendigen* Schmutz alles Politik-Machens zu schaffen. So verstanden es zum Beispiel die Brahmanen: mit Hilfe einer religiösen Organisation gaben sie sich die Macht, dem Volke seine Könige zu ernennen, während sie sich selber abseits und außerhalb hielten und fühlten, als die Menschen höherer und überköniglicher Aufgaben. Inzwischen gibt die Religion auch einem Teile der Beherrschten Anleitung und Gelegenheit, sich auf einstmaliges

Herrschen und Befehlen vorzubereiten, jenen langsam heraufkommenden Klassen und Ständen nämlich, in denen, durch glückliche Ehesitten, die Kraft und Lust des Willens, der Wille zur Selbstbeherrschung, immer im Steigen ist – ihnen bietet die Religion Anstöße und Versuchungen genug, die Wege zur höheren Geistigkeit zu gehn, die Gefühle der großen Selbstüberwindung, des Schweigens und der Einsamkeit zu erproben – Asketismus und Puritanismus sind fast unentbehrliche Erziehungs- und Veredlungsmittel, wenn eine Rasse über ihre Herkunft aus dem Pöbel Herr werden will und sich zur einstmaligen Herrschaft emporarbeitet. Den gewöhnlichen Menschen endlich, den allermeisten, welche zum Dienen und zum allgemeinen Nutzen da sind und nur insofern dasein *dürfen*, gibt die Religion eine unschätzbare Genügsamkeit mit ihrer Lage und Art, vielfachen Frieden des Herzens, eine Veredlung des Gehorsams, ein Glück und Leid mehr mit ihresgleichen und etwas von Verklärung und Verschönerung, etwas von Rechtfertigung des ganzen Alltags, der ganzen Niedrigkeit, der ganzen Halbtier-Armut ihrer Seele. Religion und religiöse Bedeutsamkeit des Lebens legt Sonnenglanz auf solche immer geplagte Menschen und macht ihnen selbst den eignen Anblick erträglich, sie wirkt, wie eine epikurische Philosophie auf Leidende höheren Ranges zu wirken pflegt, erquickend, verfeinernd, das Leiden gleichsam *ausnützend*, zuletzt gar heiligend und rechtfertigend. Vielleicht ist am Christentum und Buddhismus nichts so ehrwürdig als ihre Kunst, noch den Niedrigsten anzulehren, sich durch Frömmigkeit in eine höhere Schein-Ordnung der Dinge zu stellen und damit das Genügen an der wirklichen Ordnung, innerhalb deren sie hart genug leben – und gerade diese Härte tut not! – bei sich festzuhalten.

62

Zuletzt freilich, um solchen Religionen auch die schlimme Gegenrechnung zu machen und ihre unheimliche Gefährlichkeit ans Licht zu stellen – es bezahlt sich immer teuer und fürchterlich, wenn Religionen *nicht* als Züchtungs- und Erziehungsmittel in der Hand des Philosophen, sondern von sich aus und *souverän* walten, wenn sie selber letzte Zwecke und nicht Mittel neben andern Mitteln sein wollen. Es gibt bei dem Menschen wie bei jeder andern Tierart einen Überschuß von Mißratnen, Kranken, Entartenden, Gebrechlichen, notwendig Leidenden; die gelungnen Fälle sind auch beim Menschen immer die Ausnahme und sogar in Hinsicht darauf, daß der Mensch das *noch nicht festgestellte Tier* ist, die spärliche Ausnahme. Aber noch schlimmer: je höher geartet der Typus eines Menschen ist, der durch ihn dargestellt wird, um so mehr steigt noch die Unwahrscheinlichkeit, daß er *gerät*: das Zufällige, das Gesetz des Unsinns im gesamten Haushalte der Menschheit zeigt sich am erschrecklichsten in seiner zerstörerischen Wirkung auf die höheren Menschen, deren Lebensbedingungen fein, vielfach und schwer auszurechnen sind. Wie verhalten sich nun die genannten beiden größten Religionen zu diesem *Überschuß* der mißlungenen Fälle? Sie suchen zu erhalten, im Leben festzuhalten, was sich nur irgend halten läßt, ja sie nehmen grundsätzlich für sie Partei, als Religionen *für Leidende*, sie geben allen denen recht, welche am Leben wie an einer Krankheit leiden, und möchten es durchsetzen, daß jede andre Empfindung des Lebens als falsch gelte und unmöglich werde. Möchte man diese schonende und erhaltende Fürsorge, insofern sie neben allen andern auch dem höchsten, bisher fast immer auch leidendsten Typus des Menschen gilt und galt, noch so hoch anschlagen: in der Gesamt-Abrechnung gehören die bisherigen, nämlich *souveränen* Religionen zu den Hauptursachen, welche den Typus »Mensch« auf einer niedrigeren Stufe festhielten – sie erhielten zu viel von dem, *was zugrunde gehn sollte*. Man hat ihnen Unschätzbares zu danken; und wer ist reich genug an Dankbarkeit, um nicht vor alledem arm zu werden, was zum Beispiel die »geistlichen Menschen« des Christentums bisher für Europa getan haben! Und doch, wenn sie den Leidenden Trost, den Unterdrückten und Verzweifelnden Mut, den Unselbständigen einen Stab und Halt gaben und die Innerlich-Zerstörten und Wild-Gewordnen von der Gesellschaft weg in Klöster und seelische Zuchthäuser lockten: was mußten sie außerdem tun, um mit gutem Gewissen dergestalt grundsätzlich an der Erhaltung alles Kranken und Leidenden, das heißt in Tat und Wahrheit an der *Verschlechterung der europäischen Rasse* zu arbeiten? Alle Wertschätzungen *auf den Kopf* stellen – *das* mußten sie! Und die Starken zerbrechen, die großen Hoffnungen ankränkeln, das Glück in der Schönheit verdächtigen, alles Selbstherrliche, Männliche, Erobernde, Herrschsüchtige, alle Instinkte, welche dem höchsten und wohlgeratensten Typus »Mensch« zu eigen sind, in Unsicherheit, Gewissens-Not, Selbstzerstörung umknicken, ja die ganze Liebe zum Irdischen und zur Herrschaft über die Erde in Haß gegen die Erde und das Irdische verkehren – *das* stellte sich die Kirche zur Aufgabe und mußte es sich stellen, bis für ihre Schätzung endlich »Entweltlichung«, »Entsinnlichung« und »höherer Mensch« in *ein* Gefühl zusammenschmolzen. Gesetzt, daß man mit dem spöttischen und unbeteiligten Auge eines epikurischen Gottes die wunderlich schmerzliche und ebenso grobe wie feine Komödie des europäischen Christentums zu überschauen vermöchte, ich glaube, man fände kein Ende mehr, zu staunen und zu lachen: scheint es denn nicht, daß *ein* Wille über Europa durch achtzehn Jahrhunderte geherrscht hat, aus dem Menschen eine *sublime Mißgeburt* zu machen? Wer aber mit umgekehrten Bedürfnissen, nicht epikurisch mehr, sondern mit irgendeinem göttlichen Hammer in der Hand auf diese fast willkürliche Entartung und Verkümmerung des Menschen zuträte, wie sie der christliche Europäer ist (Pascal zum Beispiel), müßte er da nicht mit Grimm, mit Mitleid, mit Entsetzen schreien: »O ihr Tölpel, ihr anmaßenden mitleidigen Tölpel, was habt ihr da gemacht! War das eine Arbeit für eure Hände! Wie habt ihr mir meinen schönsten Stein verhauen und verhunzt! Was nahmt *ihr* euch heraus!« – Ich wollte sagen: das Christentum war bisher die verhängnisvollste Art von Selbst-Überhebung. Menschen, nicht hoch und hart genug, um *am Menschen* als Künstler gestalten zu dürfen; Menschen, nicht stark und fernsichtig genug, um, mit einer erhabenen Selbst-Bezwingung, das Vordergrund-Gesetz des tausendfältigen Mißratens und Zugrundegehns walten zu *lassen*; Menschen, nicht vornehm genug, um die abgründlich verschiedne Rangordnung und Rangkluft zwischen Mensch und Mensch zu sehn – *solche* Menschen haben, mit ihrem »Gleich vor Gott«, bisher über dem Schicksal Europas gewaltet, bis endlich eine verkleinerte, fast lächerliche Art, ein Herdentier, etwas Gutwilliges, Kränkliches und Mittelmäßiges herangezüchtet ist, der heutige Europäer ...

VIERTES HAUPTSTÜCK

SPRÜCHE UND ZWISCHENSPIELE

63

Wer von Grund aus Lehrer ist, nimmt alle Dinge nur in bezug auf seine Schüler ernst – sogar sich selbst.

64

»Die Erkenntnis um ihrer selbst willen« – das ist der letzte Fallstrick, den die Moral legt: damit verwickelt man sich noch einmal völlig in sie.

65

Der Reiz der Erkenntnis wäre gering, wenn nicht auf dem Wege zu ihr so viel Scham zu überwinden wäre.

65 a

Man ist am unehrlichsten gegen seinen Gott: er *darf* nicht sündigen!

66

Die Neigung, sich herabzusetzen, sich bestehlen, belügen und ausbeuten zu lassen, könnte die Scham eines Gottes unter Menschen sein.

67

Die Liebe zu *einem* ist eine Barbarei: denn sie wird auf Unkosten aller übrigen ausgeübt. Auch die Liebe zu Gott.

68

»Das habe ich getan«, sagt mein Gedächtnis. »Das kann ich nicht getan haben« – sagt mein Stolz und bleibt unerbittlich. Endlich – gibt das Gedächtnis nach.

69

Man hat schlecht dem Leben zugeschaut, wenn man nicht auch die Hand gesehn hat, die auf eine schonende Weise – tötet.

70

Hat man Charakter, so hat man auch sein typisches Erlebnis, das immer wiederkommt.

71

Der Weise als Astronom. – Solange du noch die Sterne fühlst als ein »Über-dir«, fehlt dir noch der Blick des Erkennenden.

72

Nicht die Stärke, sondern die Dauer der hohen Empfindung macht die hohen Menschen.

73

Wer sein Ideal erreicht, kommt eben damit über dasselbe hinaus.

73a

Mancher Pfau verdeckt vor aller Augen seinen Pfauenschweif – und heißt es seinen Stolz.

74

Ein Mensch mit Genie ist unausstehlich, wenn er nicht mindestens noch zweierlei dazu besitzt: Dankbarkeit und Reinlichkeit.

75

Grad und Art der Geschlechtlichkeit eines Menschen reicht bis in den letzten Gipfel seines Geistes hinauf.

76

Unter friedlichen Umständen fällt der kriegerische Mensch über sich selber her.

77

Mit seinen Grundsätzen will man seine Gewohnheiten tyrannisieren oder rechtfertigen oder ehren oder beschimpfen oder verbergen – zwei Menschen mit gleichen Grundsätzen wollen damit wahrscheinlich noch etwas Grund-Verschiednes.

78

Wer sich selbst verachtet, achtet sich doch immer noch dabei als Verächter.

79

Eine Seele, die sich geliebt weiß, aber selbst nicht liebt, verrät ihren Bodensatz – ihr Unterstes kommt herauf.

80

Eine Sache, die sich aufklärt, hört auf, uns etwas anzugehn. – Was meinte jener Gott, welcher anriet: »Erkenne dich selbst!« Hieß es vielleicht: »Höre auf, dich etwas anzugehn! werde objektiv!« – Und Sokrates? – Und der »wissenschaftliche Mensch«? –

81

Es ist furchtbar, im Meere vor Durst zu sterben. Müßt ihr denn gleich eure Wahrheit so salzen, daß sie nicht einmal mehr – den Durst löscht?

82

»Mitleiden mit allen« – wäre Härte und Tyrannei mit *dir*, mein Herr Nachbar! –

83

Der Instinkt. – Wenn das Haus brennt, vergißt man sogar das Mittagsessen. – Ja: aber man holt es auf der Asche nach.

84

Das Weib lernt hassen, in dem Maße, in dem es zu bezaubern – verlernt.

85

Die gleichen Affekte sind bei Mann und Weib doch im Tempo verschieden: deshalb hören Mann und Weib nicht auf, sich mißzuverstehn.

86

Die Weiber selber haben im Hintergrunde aller persönlichen Eitelkeit immer noch ihre unpersönliche Verachtung – für »das Weib«. –

87

Gebunden Herz, freier Geist. – Wenn man sein Herz hart bindet und gefangenlegt, kann man seinem Geist viele Freiheiten geben: ich sagte das schon einmal. Aber man glaubt mir's nicht, gesetzt, daß man's nicht schon weiß ...

88

Sehr klugen Personen fängt man an zu mißtrauen, wenn sie verlegen werden.

89

Fürchterliche Erlebnisse geben zu raten, ob der, welcher sie erlebt, nicht etwas Fürchterliches ist.

90

Schwere, schwermütige Menschen werden gerade durch das, was andre schwer macht, durch Haß und Liebe, leichter und kommen zeitweilig an ihre Oberfläche.

91

So kalt, so eisig, daß man sich an ihm die Finger verbrennt! Jede Hand erschrickt, die ihn anfaßt! – Und gerade darum halten manche ihn für glühend.

92

Wer hat nicht für seinen guten Ruf schon einmal – sich selbst geopfert? –

93

In der Leutseligkeit ist nichts von Menschenhaß, aber eben darum allzuviel von Menschenverachtung.

94

Reife des Mannes: das heißt den Ernst wiedergefunden haben, den man als Kind hatte, beim Spiel.

95

Sich seiner Unmoralität schämen: das ist eine Stufe auf der Treppe, an deren Ende man sich auch seiner Moralität schämt.

96

Man soll vom Leben scheiden wie Odysseus von Nausikaa schied – mehr segnend als verliebt.

97

Wie? Ein großer Mann? Ich sehe immer nur den Schauspieler seines eignen Ideals.

98

Wenn man sein Gewissen dressiert, so küßt es uns zugleich, indem es beißt.

99

Der Enttäuschte spricht. – »Ich horchte auf Widerhall, und ich hörte nur Lob –«

100

Vor uns selbst stellen wir uns alle einfältiger, als wir sind: wir ruhen uns so von unsern Mitmenschen aus.

101

Heute möchte sich ein Erkennender leicht als Tierwerdung Gottes fühlen.

102

Gegenliebe entdecken sollte eigentlich den Liebenden über das geliebte Wesen ernüchtern. »Wie? *es* ist bescheiden genug, sogar dich zu lieben? Oder dumm genug? Oder – oder –«

103

Die Gefahr im Glücke. – »Nun gereicht mir alles zum besten, nunmehr liebe ich jedes Schicksal – wer hat Lust, mein Schicksal zu sein?«

104

Nicht ihre Menschenliebe, sondern die Ohnmacht ihrer Menschenliebe hindert die Christen von heute, uns – zu verbrennen.

105

Dem freien Geiste, dem »Frommen der Erkenntnis« – geht die *pia fraus* noch mehr wider den Geschmack (wider *seine* »Frömmigkeit«) als die *impia fraus*. Daher sein tiefer Unverstand gegen die Kirche, wie er zum Typus »freier Geist« gehört – als *seine* Unfreiheit.

106

Vermöge der Musik genießen sich die Leidenschaften selbst.

107

Wenn der Entschluß einmal gefaßt ist, das Ohr auch für den besten Gegengrund zuzuschließen: Zeichen des starken Charakters. Also ein gelegentlicher Wille zur Dummheit.

108

Es gibt gar keine moralischen Phänomene, sondern nur eine moralische Ausdeutung von Phänomenen ...

109

Der Verbrecher ist häufig genug seiner Tat nicht gewachsen: er verkleinert und verleumdet sie.

110

Die Advokaten eines Verbrechers sind selten Artisten genug, um das schöne Schreckliche der Tat zugunsten ihres Täters zu wenden.

111

Unsre Eitelkeit ist gerade dann am schwersten zu verletzen, wenn eben unser Stolz verletzt wurde.

112

Wer sich zum Schauen und nicht zum Glauben vorherbestimmt fühlt, dem sind alle Gläubigen zu lärmend und zudringlich: er erwehrt sich ihrer.

113

»Du willst ihn für dich einnehmen? So stelle dich vor ihm verlegen –«

114

Die ungeheure Erwartung in betreff der Geschlechtsliebe und die Scham in dieser Erwartung, verdirbt den Frauen von vornherein alle Perspektiven.

115

Wo nicht Liebe oder Haß mitspielt, spielt das Weib mittelmäßig.

116

Die großen Epochen unsres Lebens liegen dort, wo wir den Mut gewinnen, unser Böses als unser Bestes umzutaufen.

117

Der Wille, einen Affekt zu überwinden, ist zuletzt doch nur der Wille eines andern oder mehrerer andrer Affekte.

118

Es gibt eine Unschuld der Bewunderung: der hat sie, dem es noch nicht in den Sinn gekommen ist, auch er könne einmal bewundert werden.

119

Der Ekel vor dem Schmutze kann so groß sein, daß er uns hindert, uns zu reinigen – uns zu »rechtfertigen«.

120

Die Sinnlichkeit übereilt oft das Wachstum der Liebe, so daß die Wurzel schwach bleibt und leicht auszureißen ist.

121

Es ist eine Feinheit, daß Gott griechisch lernte, als er Schriftsteller werden wollte – und daß er es nicht besser lernte.

122

Sich über ein Lob freuen ist bei manchem nur eine Höflichkeit des Herzens – und gerade das Gegenstück einer Eitelkeit des Geistes.

123

Auch das Konkubinat ist korrumpiert worden: – durch die Ehe.

124

Wer auf dem Scheiterhaufen noch frohlockt, triumphiert nicht über den Schmerz, sondern darüber, keinen Schmerz zu fühlen, wo er ihn erwartete. Ein Gleichnis.

125

Wenn wir über jemanden umlernen müssen, so rechnen wir ihm die Unbequemlichkeit hart an, die er uns damit macht.

126

Ein Volk ist der Umschweif der Natur, um zu sechs, sieben großen Männern zu kommen. – Ja: und um dann um sie herumzukommen.

127

Allen rechten Frauen geht Wissenschaft wider die Scham. Es ist ihnen dabei zumute, als ob man damit ihnen unter die Haut – schlimmer noch! unter Kleid und Putz gucken wolle.

142

Das züchtigste Wort, das ich gehört habe: »*Dans le véritable amour c'est l'âme, qui enveloppe le corps.*«

143

Was wir am besten tun, von dem möchte unsre Eitelkeit, daß es gerade als das gelte, was uns am schwersten werde. Zum Ursprung mancher Moral.

144

Wenn ein Weib gelehrte Neigungen hat, so ist gewöhnlich etwas an ihrer Geschlechtlichkeit nicht in Ordnung. Schon Unfruchtbarkeit disponiert zu einer gewissen Männlichkeit des Geschmacks; der Mann ist nämlich, mit Verlaub, »das unfruchtbare Tier«.

145

Mann und Weib im ganzen verglichen, darf man sagen: das Weib hätte nicht das Genie des Putzes, wenn es nicht den Instinkt der *zweiten* Rolle hätte.

146

Wer mit Ungeheuern kämpft, mag zusehn, daß er nicht dabei zum Ungeheuer wird. Und wenn du lange in einen Abgrund blickst, blickt der Abgrund auch in dich hinein.

147

Aus alten florentinischen Novellen, überdies – aus dem Leben: *buona femmina e mala femmina vuol bastone.* Sacchetti Nov. 86.

148

Den Nächsten zu einer guten Meinung verführen und hinterdrein an diese Meinung des Nächsten gläubig glauben: wer tut es in diesem Kunststück den Weibern gleich? –

149

Was eine Zeit als böse empfindet, ist gewöhnlich ein unzeitgemäßer Nachschlag dessen, was ehemals als gut empfunden wurde – der Atavismus eines älteren Ideals.

150

Um den Helden herum wird alles zur Tragödie, um den Halbgott herum alles zum Satyrspiel; und um Gott herum wird alles – wie? vielleicht zur »Welt«? –

151

Ein Talent haben ist nicht genug: man muß auch eure Erlaubnis dazu haben – wie? meine Freunde?

152

»Wo der Baum der Erkenntnis steht, ist immer das Paradies«: so reden die ältesten und die jüngsten Schlangen.

153

Was aus Liebe getan wird, geschieht immer jenseits von Gut und Böse.

154

Der Einwand, der Seitensprung, das fröhliche Mißtrauen, die Spottlust sind Anzeichen der Gesundheit: alles Unbedingte gehört in die Pathologie.

155

Der Sinn für das Tragische nimmt mit der Sinnlichkeit ab und zu.

156

Der Irrsinn ist bei einzelnen etwas Seltenes – aber bei Gruppen, Parteien, Völkern, Zeiten die Regel.

157

Der Gedanke an den Selbstmord ist ein starkes Trostmittel: mit ihm kommt man gut über manche böse Nacht hinweg.

158

Unserm stärksten Triebe, dem Tyrannen in uns, unterwirft sich nicht nur unsre Vernunft, sondern auch unser Gewissen.

159

Man *muß* vergelten, Gutes und Schlimmes: aber warum gerade an der Person, die uns Gutes oder Schlimmes tat?

160

Man liebt seine Erkenntnis nicht genug mehr, sobald man sie mitteilt.

161

Die Dichter sind gegen ihre Erlebnisse schamlos: sie beuten sie aus.

162

»Unser Nächster ist nicht unser Nachbar, sondern dessen Nachbar« – so denkt jedes Volk.

163

Die Liebe bringt die hohen und verborgnen Eigenschaften eines Liebenden ans Licht – sein Seltnes, Ausnahmsweises: insofern täuscht sie leicht über das, was Regel an ihm ist.

164

Jesus sagte zu seinen Juden: »das Gesetz war für Knechte – liebt Gott, wie ich ihn liebe, als sein Sohn! Was geht uns Söhne Gottes die Moral an!« –

165

Angesichts jeder Partei. – Ein Hirt hat immer auch noch einen Leithammel nötig – oder er muß selbst gelegentlich Hammel sein.

166

Man lügt wohl mit dem Munde, aber mit dem Maule, das man dabei macht, sagt man doch noch die Wahrheit.

167

Bei harten Menschen ist die Innigkeit eine Sache der Scham – und etwas Kostbares.

168

Das Christentum gab dem Eros Gift zu trinken – er starb zwar nicht daran, aber entartete, zum Laster.

169

Viel von sich reden kann auch ein Mittel sein, sich zu verbergen.

170

Im Lobe ist mehr Zudringlichkeit als im Tadel.

171

Mitleiden wirkt an einem Menschen der Erkenntnis beinahe zum Lachen, wie zarte Hände an einem Zyklopen.

172

Man umarmt aus Menschenliebe bisweilen einen Beliebigen (weil man nicht alle umarmen kann): aber gerade das darf man dem Beliebigen nicht verraten ...

173

Man haßt nicht, solange man noch gering schätzt, sondern erst, wenn man gleich oder höher schätzt.

174

Ihr Utilitarier, auch ihr liebt alles *utile* nur als ein *Fuhrwerk* eurer Neigungen – auch ihr findet eigentlich den Lärm seiner Räder unausstehlich?

175

Man liebt zuletzt seine Begierde, und nicht das Begehrte.

176

Die Eitelkeit andrer geht uns nur dann wider den Geschmack, wenn sie wider unsre Eitelkeit geht.

177

Über das, was »Wahrhaftigkeit« ist, war vielleicht noch niemand wahrhaftig genug.

178

Klugen Menschen glaubt man ihre Torheiten nicht: welche Einbuße an Menschenrechten!

179

Die Folgen unsrer Handlungen fassen uns am Schopfe, sehr gleichgültig dagegen, daß wir uns inzwischen »gebessert« haben.

180

Es gibt eine Unschuld in der Lüge, welche das Zeichen des guten Glaubens an eine Sache ist.

181

Es ist unmenschlich, da zu segnen, wo einem geflucht wird.

182

Die Vertraulichkeit des Überlegnen erbittert, weil sie nicht zurückgegeben werden darf. –

183

»Nicht daß du mich belogst, sondern daß ich dir nicht mehr glaube, hat mich erschüttert« –

184

Es gibt einen Übermut der Güte, welcher sich wie Bosheit ausnimmt.

185

»Es mißfällt mir.« – Warum? – »Ich bin ihm nicht gewachsen.« – Hat je ein Mensch so geantwortet?

FÜNFTES HAUPTSTÜCK

ZUR NATURGESCHICHTE DER MORAL

186

Die moralische Empfindung ist jetzt in Europa ebenso fein, spät, vielfach, reizbar, raffiniert, als die dazugehörige »Wissenschaft der Moral« noch jung, anfängerhaft, plump und grobfingrig ist – ein anziehender Gegensatz, der bisweilen in der Person eines Moralisten selbst sichtbar und leibhaft wird. Schon das Wort »Wissenschaft der Moral« ist in Hinsicht auf das, was damit bezeichnet wird, viel zu hochmütig und wider den *guten* Geschmack: welcher immer ein Vorgeschmack für die bescheidneren Worte zu sein pflegt. Man sollte, in aller Strenge, sich eingestehn, *was* hier auf lange hinaus noch nottut, *was* vorläufig allein Recht hat: nämlich Sammlung des Materials, begriffliche Fassung und Zusammenordnung eines ungeheuren Reichs zarter Wertgefühle und Wertunterschiede, welche leben, wachsen, zeugen und zugrunde gehn – und, vielleicht, Versuche, die wiederkehrenden und häufigeren Gestaltungen dieser lebenden Kristallisation anschaulich zu machen – als Vorbereitung zu einer *Typenlehre* der Moral. Freilich: man war bisher nicht so bescheiden. Die Philosophen allesamt forderten, mit einem steifen Ernste, der lachen macht, von sich etwas sehr viel Höheres, Anspruchsvolleres, Feierlicheres, sobald sie sich mit der Moral als Wissenschaft befaßten: sie wollten die *Begründung* der Moral – und jeder Philosoph hat bisher geglaubt, die Moral begründet zu haben; die Moral selbst aber galt als »gegeben«. Wie ferne lag ihrem plumpen Stolze jene unscheinbar dünkende und in Staub und Moder belassene Aufgabe einer Beschreibung, obwohl für sie kaum die feinsten Hände und Sinne fein genug sein könnten! Gerade dadurch, daß die Moral-Philosophen die moralischen Fakta nur gröblich, in einem willkürlichen Auszuge oder als zufällige Abkürzung kannten, etwa als Moralität ihrer Umgebung, ihres Standes, ihrer Kirche, ihres Zeitgeistes, ihres Klimas und Erdstriches – gerade dadurch, daß sie in Hinsicht auf Völker, Zeiten, Vergangenheiten schlecht unterrichtet und selbst wenig wißbegierig waren, bekamen sie die eigentlichen Probleme der Moral gar nicht zu Gesichte – als welche alle erst bei einer Vergleichung *vieler* Moralen auftauchen. In aller bisherigen »Wissenschaft der Moral« *fehlte*, so wunderlich es klingen mag, noch das Problem der Moral selbst: es fehlte der Argwohn dafür, daß es hier etwas Problematisches gebe. Was die Philosophen »Begründung der Moral« nannten und von sich forderten, war, im rechten Lichte gesehn, nur eine gelehrte Form des guten *Glaubens* an die herrschende

Moral, ein neues Mittel ihres *Ausdrucks*, also ein Tatbestand selbst innerhalb einer bestimmten Moralität, ja sogar, im letzten Grunde, eine Art Leugnung, daß diese Moral als Problem gefaßt werden *dürfe* – und jedenfalls das Gegenstück einer Prüfung, Zerlegung, Anzweiflung, Vivisektion eben dieses Glaubens. Man höre zum Beispiel, mit welcher beinahe verehrenswürdigen Unschuld noch Schopenhauer seine eigene Aufgabe hinstellt, und man mache seine Schlüsse über die Wissenschaftlichkeit einer »Wissenschaft«, deren letzte Meister noch wie die Kinder und die alten Weibchen reden: – »das Prinzip« sagt er (S. *137* der Grundprobleme der Ethik), »der Grundsatz, über dessen Inhalt alle Ethiker *eigentlich* einig sind: *neminem laede, immo omnes, quantum potes, juva* – das ist *eigentlich* der Satz, welchen zu begründen alle Sittenlehrer sich abmühen ... das *eigentliche* Fundament der Ethik, welches man wie den Stein der Weisen seit Jahrtausenden sucht.« – Die Schwierigkeit, den angeführten Satz zu begründen, mag freilich groß sein – bekanntlich ist es auch Schopenhauern damit nicht geglückt –; und wer einmal gründlich nachgefühlt hat, wie abgeschmackt – falsch und sentimental dieser Satz ist, in einer Welt, deren Essenz Wille zur Macht ist –, der mag sich daran erinnern lassen, daß Schopenhauer, obschon Pessimist, *eigentlich* – die Flöte blies ... Täglich, nach Tisch: man lese hierüber seinen Biographen. Und beiläufig gefragt: ein Pessimist, ein Gott- und Welt-Verneiner, der vor der Moral *haltmacht* – der zur Moral ja sagt und Flöte bläst, zur *laede-neminem*-Moral: wie? ist das eigentlich – ein Pessimist?

187

Abgesehen noch vom Werte solcher Behauptungen wie »es gibt in uns einen kategorischen Imperativ«, kann man immer noch fragen: was sagt eine solche Behauptung von dem sie Behauptenden aus? Es gibt Moralen, welche ihren Urheber vor andern rechtfertigen sollen; andre Moralen sollen ihn beruhigen und mit sich zufrieden stimmen; mit andern will er sich selbst ans Kreuz schlagen und demütigen; mit andern will er Rache üben, mit andern sich verstecken, mit andern sich verklären und hinaus, in die Höhe und Ferne setzen; diese Moral dient ihrem Urheber, um zu vergessen, jene, um sich oder etwas von sich vergessen zu machen; mancher Moralist möchte an der Menschheit Macht und schöpferische Laune ausüben; manch andrer, vielleicht gerade auch Kant, gibt mit seiner Moral zu verstehn: »was an mir achtbar ist, das ist, daß ich gehorchen kann – und bei euch *soll* es nicht anders stehn als bei mir!« – kurz, die Moralen sind auch nur eine *Zeichensprache der Affekte*.

188

Jede Moral ist, im Gegensatz zum *laisser aller*, ein Stück Tyrannei gegen die »Natur«, auch gegen die »Vernunft«: das ist aber noch kein Einwand gegen sie, man müßte denn selbst schon wieder von irgendeiner Moral aus dekretieren, daß alle Art Tyrannei und Unvernunft unerlaubt sei. Das Wesentliche und Unschätzbare an jeder Moral ist, daß sie ein langer Zwang ist: um den Stoizismus oder Port-Royal oder das Puritanertum zu verstehn, mag man sich des Zwangs erinnern, unter dem bisher jede Sprache es zur Stärke und Freiheit gebracht – des metrischen Zwangs, der Tyrannei von Reim und Rhythmus. Wieviel Not haben sich in jedem Volke die Dichter und die Redner gemacht! – einige Prosaschreiber von heute nicht ausgenommen, in deren Ohr ein unerbittliches Gewissen wohnt – »um einer Torheit willen«, wie utilitarische Tölpel sagen, welche sich damit klug dünken, – »aus Unterwürfigkeit gegen Willkür-Gesetze«, wie die Anarchisten sagen, die sich damit »frei«, selbst freigeistisch wähnen. Der wunderliche Tatbestand ist aber, daß alles, was es von Freiheit, Feinheit, Kühnheit, Tanz und meisterlicher Sicherheit auf Erden gibt oder gegeben hat, sei es nun in dem Denken selbst, oder im Regieren, oder im Reden und Überreden, in den Künsten ebenso wie in den Sittlichkeiten, sich erst vermöge der »Tyrannei solcher Willkür-Gesetze« entwickelt hat; und allen Ernstes, die Wahrscheinlichkeit dafür ist nicht gering, daß gerade dies »Natur« und »natürlich« sei – und *nicht* jenes *laisser aller!* Jeder Künstler weiß, wie fern vom Gefühl des Sich-gehen-lassens sein »natürlichster« Zustand ist, das freie Ordnen, Setzen, Verfügen, Gestalten in den Augenblicken der »Inspiration« – und wie streng und fein er gerade da tausendfältigen Gesetzen gehorcht, die aller Formulierung durch Begriffe gerade auf Grund ihrer Härte und Bestimmtheit spotten (auch der festeste Begriff hat, dagegen gehalten, etwas Schwimmendes, Vielfaches, Vieldeutiges –). Das Wesentliche, »im Himmel und auf Erden«, wie es scheint, ist, nochmals gesagt, daß lange und in *einer* Richtung *gehorcht* werde: dabei kommt und kam auf die Dauer immer etwas heraus, dessentwillen es sich lohnt, auf Erden zu leben, zum Beispiel Tugend, Kunst, Musik, Tanz, Vernunft, Geistigkeit – irgend etwas Verklärendes, Raffiniertes, Tolles und Göttliches. Die lange Unfreiheit des Geistes, der mißtrauische Zwang in der Mitteilbarkeit der Gedanken, die Zucht, welche sich der Denker auferlegte, innerhalb einer kirchlichen und höfischen Richtschnur oder unter aristotelischen Voraussetzungen zu denken, der lange geistige Wille, alles, was geschieht, nach einem christlichen Schema auszulegen und den christlichen Gott noch in jedem Zufalle wiederzuentdecken und zu rechtfertigen – all dies Gewaltsame, Willkürliche, Harte, Schauerliche, Widervernünftige hat sich als das Mittel herausgestellt, durch welches dem europäischen Geiste seine Stärke, seine rücksichtslose

Neugierde und feine Beweglichkeit angezüchtet wurde: zugegeben, daß dabei ebenfalls unersetzbar viel an Kraft und Geist erdrückt, erstickt und verdorben werden mußte (denn hier wie überall zeigt sich »die Natur«, wie sie ist, in ihrer ganzen verschwenderischen und *gleichgültigen* Großartigkeit, welche empört, aber vornehm ist). Daß jahrtausendelang die europäischen Denker nur dachten, um etwas zu beweisen – heute ist uns umgekehrt jeder Denker verdächtig, der »etwas beweisen will« –, daß ihnen bereits immer feststand, was als Resultat ihres strengsten Nachdenkens herauskommen *sollte*, etwa wie ehemals bei der asiatischen Astrologie oder wie heute noch bei der harmlosen christlich-moralischen Auslegung der nächsten persönlichen Ereignisse »zu Ehren Gottes« und »zum Heil der Seele« – diese Tyrannei, diese Willkür, diese strenge und grandiose Dummheit hat den Geist *erzogen*; die Sklaverei ist, wie es scheint, im gröberen und feineren Verstande das unentbehrliche Mittel auch der geistigen Zucht und Züchtung. Man mag jede Moral daraufhin ansehn: die »Natur« in ihr ist es, welche das *laisser aller*, die allzugroße Freiheit hassen lehrt und das Bedürfnis nach beschränkten Horizonten, nach nächsten Aufgaben pflanzt – welche die *Verengerung der Perspektive*, und also in gewissem Sinne die Dummheit, als eine Lebens- und Wachstums-Bedingung lehrt. »Du sollst gehorchen, irgendwem, und auf lange: *sonst* gehst du zugrunde und verlierst die letzte Achtung vor dir selbst« – dies scheint mir der moralische Imperativ der Natur zu sein, welcher freilich weder »kategorisch« ist, wie es der alte Kant von ihm verlangt (daher das »sonst« –), noch an den einzelnen sich wendet (was liegt ihr am einzelnen!), wohl aber an Völker, Rassen, Zeitalter, Stände, vor allem aber an das ganze Tier »Mensch«, an *den* Menschen.

189

Die arbeitsamen Rassen finden eine große Beschwerde darin, den Müßiggang zu ertragen: es war ein Meisterstück des *englischen* Instinktes, den Sonntag in dem Maße zu heiligen und zu langweiligen, daß der Engländer dabei wieder unvermerkt nach seinem Wochen- und Werktage lüstern wird – als eine Art klug erfundenen, klug eingeschalteten *Fastens*, wie dergleichen auch in der antiken Welt reichlich wahrzunehmen ist (wenn auch, wie billig bei südländischen Völkern, nicht gerade in Hinsicht auf Arbeit –). Es muß Fasten von vielerlei Art geben; und überall, wo mächtige Triebe und Gewohnheiten herrschen, haben die Gesetzgeber dafür zu sorgen, Schalttage einzuschieben, an denen solch ein Trieb in Ketten gelegt wird und wieder einmal hungern lernt. Von einem höheren Orte aus gesehn, erscheinen ganze Geschlechter und Zeitalter, wenn sie mit irgendeinem moralischen Fanatismus behaftet auftreten, als solche eingelegte

Zwangs- und Fastenzeiten, während welchen ein Trieb sich ducken und niederwerfen, aber auch sich *reinigen* und *schärfen* lernt; auch einzelne philosophische Sekten (zum Beispiel die Stoa inmitten der hellenistischen Kultur und ihrer mit aphrodisischen Düften überladenen und geil gewordenen Luft) erlauben eine derartige Auslegung. – Hiermit ist auch ein Wink zur Erklärung jenes Paradoxons gegeben, warum gerade in der christlichen Periode Europas und überhaupt erst unter dem Druck christlicher Werturteile der Geschlechtstrieb sich bis zur Liebe (*amour-passion*) sublimiert hat.

190

Es gibt etwas in der Moral Platos, das nicht eigentlich zu Plato gehört, sondern sich nur an seiner Philosophie vorfindet, man könnte sagen, trotz Plato: nämlich der Sokratismus, für den er eigentlich zu vornehm war. »Keiner will sich selbst Schaden tun, daher geschieht alles Schlechte unfreiwillig. Denn der Schlechte fügt sich selbst Schaden zu: das würde er nicht tun, falls er wüßte, daß das Schlechte schlecht ist. Demgemäß ist der Schlechte nur aus einem Irrtum schlecht; nimmt man ihm seinen Irrtum, so macht man ihn notwendig – gut.« – Diese Art zu schließen riecht nach dem *Pöbel*, der am Schlechthandeln nur die leidigen Folgen ins Auge faßt und eigentlich urteilt »es ist *dumm*, schlecht zu handeln«; während er »gut« mit »nützlich und angenehm« ohne weiteres als identisch nimmt. Man darf bei jedem Utilitarismus der Moral von vornherein auf diesen gleichen Ursprung raten und seiner Nase folgen: man wird selten irre gehn. – Plato hat alles getan, um etwas Feines und Vornehmes in den Satz seines Lehrers hineinzuinterpretieren, vor allem sich selbst – er, der verwegenste aller Interpreten, der den ganzen Sokrates nur wie ein populäres Thema und Volkslied von der Gasse nahm, um es ins Unendliche und Unmögliche zu variieren: nämlich in alle seine eignen Masken und Vielfältigkeiten. Im Scherz gesprochen, und noch dazu homerisch: was ist denn der platonische Sokrates, wenn nicht

πρόσθε Πλάτων ὄπιθέν τε Πλάτων μέσση τε Χίμαιρα.

191

Das alte theologische Problem von »Glauben« und »Wissen« – oder, deutlicher, von Instinkt und Vernunft – also die Frage, ob in Hinsicht auf Wertschätzung der Dinge der Instinkt mehr Autorität verdiene als die Vernünftigkeit, welche nach Gründen, nach einem »Warum?«, also nach Zweckmäßigkeit und Nützlichkeit geschätzt und gehandelt wissen will – es ist immer noch jenes alte moralische Problem, wie es zuerst in der Person des Sokrates auftrat und lange vor dem Christentum schon die Geister gespaltet hat. Sokrates selbst hatte sich zwar mit dem Geschmack seines Talentes – dem eines überlegenen Dialektikers – zunächst auf Seiten der Vernunft gestellt; und in Wahrheit, was hat er sein Leben lang getan, als über die linkische Unfähigkeit seiner vornehmen Athener zu lachen, welche Menschen des Instinktes waren gleich allen vornehmen Menschen und niemals genügend über die Gründe ihres Handelns Auskunft geben konnten? Zuletzt aber, im stillen und geheimen, lachte er auch über sich selbst: er fand bei sich, vor seinem feineren Gewissen und Selbstverhör, die gleiche Schwierigkeit und Unfähigkeit. Wozu aber, redete er sich zu, sich deshalb von den Instinkten lösen! Man muß ihnen und *auch* der Vernunft zum Recht verhelfen – man muß den Instinkten folgen, aber die Vernunft überreden, ihnen dabei mit guten Gründen nachzuhelfen. Dies war die eigentliche *Falschheit* jenes großen geheimnisreichen Ironikers; er brachte sein Gewissen dahin, sich mit einer Art Selbstüberlistung zufriedenzugeben: im Grunde hatte er das Irrationale im moralischen Urteile durchschaut. – Plato, in solchen Dingen unschuldiger und ohne die Verschmitztheit des Plebejers, wollte mit Aufwand aller Kraft – der größten Kraft, die bisher ein Philosoph aufzuwenden hatte! – sich beweisen, daß Vernunft und Instinkt von selbst auf *ein* Ziel zugehen, auf das Gute, auf »Gott«; und seit Plato sind alle Theologen und Philosophen auf der gleichen Bahn – das heißt, in Dingen der Moral hat bisher der Instinkt, oder wie die Christen es nennen »der Glaube«, oder wie ich es nenne »die Herde« gesiegt. Man müßte denn Descartes ausnehmen, den Vater des Rationalismus (und folglich Großvater der Revolution), welcher der Vernunft allein Autorität zuerkannte: aber die Vernunft ist nur ein Werkzeug, und Descartes war oberflächlich.

192

Wer der Geschichte einer einzelnen Wissenschaft nachgegangen ist, der findet in ihrer Entwicklung einen Leitfaden zum Verständnis der ältesten und gemeinsten Vorgänge alles »Wissens und Erkennens«: dort wie hier sind die voreiligen Hypothesen, die Erdichtungen, der gute dumme Wille zum »Glauben«, der Mangel an Mißtrauen und Geduld zuerst entwickelt – unsre Sinne lernen es spät, und lernen es nie ganz, feine treue vorsichtige Organe der Erkenntnis zu sein. Unserm Auge fällt es bequemer, auf einen gegebnen Anlaß hin ein schon öfter erzeugtes Bild wieder zu erzeugen, als das Abweichende und Neue eines Eindrucks bei sich festzuhalten: letzteres braucht mehr Kraft, mehr »Moralität«. Etwas Neues hören ist dem Ohre peinlich und schwierig; fremde Musik hören wir schlecht.

Unwillkürlich versuchen wir, beim Hören einer andren Sprache, die gehörten Laute in Worte einzuformen, welche uns vertrauter und heimischer klingen: so machte sich zum Beispiel der Deutsche ehemals aus dem gehörten *arcubalista* das Wort Armbrust zurecht. Das Neue findet auch unsre Sinne feindlich und widerwillig; und überhaupt *herrschen* schon bei den »einfachsten« Vorgängen der Sinnlichkeit die Affekte, wie Furcht, Liebe, Haß, eingeschlossen die passiven Affekte der Faulheit. – So wenig ein Leser heute die einzelnen Worte (oder gar Silben) einer Seite sämtlich abliest – er nimmt vielmehr aus zwanzig Worten ungefähr fünf nach Zufall heraus und »errät« den zu diesen fünf Worten mutmaßlich zugehörigen Sinn –, ebensowenig sehen wir einen Baum genau und vollständig, in Hinsicht auf Blätter, Zweige, Farbe, Gestalt; es fällt uns so sehr viel leichter, ein Ungefähr von Baum hinzuphantasieren. Selbst inmitten der seltsamsten Erlebnisse machen wir es noch ebenso: wir erdichten uns den größten Teil des Erlebnisses und sind kaum dazu zu zwingen, *nicht* als »Erfinder« irgendeinem Vorgange zuzuschauen. Dies alles will sagen: wir sind von Grund aus, von alters her – *ans Lügen gewöhnt.* Oder, um es tugendhafter und heuchlerischer, kurz angenehmer auszudrücken: man ist viel mehr Künstler, als man weiß. – In einem lebhaften Gespräch sehe ich oftmals das Gesicht der Person, mit der ich rede, je nach dem Gedanken, den sie äußert, oder den ich bei ihr hervorgerufen glaube, so deutlich und feinbestimmt vor mir, daß dieser Grad von Deutlichkeit weit über die *Kraft* meines Sehvermögens hinausgeht – die Feinheit des Muskelspiels und des Augen-Ausdrucks *muß* also von mir hinzugedichtet sein. Wahrscheinlich machte die Person ein ganz andres Gesicht oder gar keins.

193

Quidquid luce fuit, tenebris agit: aber auch umgekehrt. Was wir im Traume erleben, vorausgesetzt, daß wir es oftmals erleben, gehört zuletzt so gut zum Gesamt-Haushalt unsrer Seele, wie irgend etwas »wirklich« Erlebtes: wir sind vermöge desselben reicher oder ärmer, haben ein Bedürfnis mehr oder weniger und werden schließlich am hellen lichten Tage, und selbst in den heitersten Augenblicken unsres wachen Geistes, ein wenig von den Gewöhnungen unsrer Träume gegängelt. Gesetzt, daß einer in seinen Träumen oftmals geflogen ist und endlich, sobald er träumt, sich einer Kraft und Kunst des Fliegens wie seines Vorrechtes bewußt wird, auch wie seines eigensten beneidenswerten Glücks: ein solcher, der jede Art von Bogen und Winkeln mit dem leisesten Impulse verwirklichen zu können glaubt, der das Gefühl einer gewissen göttlichen Leichtfertigkeit kennt, ein »nach Oben« ohne Spannung und Zwang, ein »nach Unten« ohne Herablassung und Erniedrigung – ohne *Schwere!* – wie sollte der Mensch solcher Traum-Erfahrungen und Traum-Gewohnheiten nicht endlich auch für seinen wachen Tag das Wort »Glück« anders gefärbt und bestimmt finden! wie sollte er nicht *anders* nach Glück – verlangen? »Aufschwung«, so wie dies von Dichtern beschrieben wird, muß ihm, gegen jenes »Fliegen« gehalten, schon zu erdenhaft, muskelhaft, gewaltsam, schon zu »schwer« sein.

194

Die Verschiedenheit der Menschen zeigt sich nicht nur in der Verschiedenheit ihrer Gütertafeln, also darin, daß sie verschiedne Güter für erstrebenswert halten und auch über das Mehr und Weniger des Wertes, über die Rangordnung der gemeinsam anerkannten Güter miteinander uneins sind – sie zeigt sich noch mehr in dem, was ihnen als wirkliches *Haben* und *Besitzen* eines Gutes gilt. In betreff eines Weibes zum Beispiel gilt dem Bescheideneren schon die Verfügung über den Leib und der Geschlechtsgenuß als ausreichendes und genugtuendes Anzeichen des Habens, des Besitzens; ein anderer, mit seinem argwöhnischeren und anspruchsvolleren Durste nach Besitz, sieht das »Fragezeichen«, das nur Scheinbare eines solchen Habens, und will feinere Proben, vor allem, um zu wissen, ob das Weib nicht nur ihm sich gibt, sondern auch für ihn läßt, was sie hat oder gerne hätte –: *so* erst gilt es ihm als »besessen«. Ein Dritter aber ist auch hier noch nicht am Ende seines Mißtrauens und Habenwollens, er fragt sich, ob das Weib, wenn es alles für ihn läßt, dies nicht etwa für ein Phantom von ihm tut: er will erst gründlich, ja abgründlich gut gekannt sein, um überhaupt geliebt werden zu können, er wagt es, sich erraten zu lassen –. Erst dann fühlt er die Geliebte völlig in seinem Besitze, wenn sie sich nicht mehr über ihn betrügt, wenn sie ihn um seiner Teufelei und versteckten Unersättlichkeit willen ebensosehr liebt als um seiner Güte, Geduld und Geistigkeit willen. Jener möchte ein Volk besitzen: und alle höheren Cagliostro- und Catilina-Künste sind ihm zu diesem Zwecke recht. Ein anderer, mit einem feineren Besitzdurste, sagt sich »man darf nicht betrügen, wo man besitzen will« –, er ist gereizt und ungeduldig bei der Vorstellung, daß eine Maske von ihm über das Herz des Volks gebietet: »also muß ich mich kennen *lassen* und, vorerst, mich selbst kennen!« Unter hilfreichen und wohltätigen Menschen findet man jene plumpe Arglist fast regelmäßig vor, welche sich den, dem geholfen werden soll, erst zurechtmacht: als ob er zum Beispiel Hilfe »verdiene«, gerade nach *ihrer* Hilfe verlange, und für alle Hilfe sich ihnen tief dankbar, anhänglich, unterwürfig beweisen werde – mit diesen Einbildungen verfügen sie über den Bedürftigen wie über ein Eigentum, wie sie aus einem Verlangen nach Eigentum überhaupt wohltätige und hilfreiche Menschen sind. Man findet sie eifersüchtig, wenn man sie beim Helfen kreuzt oder ihnen zuvorkommt. Die Eltern machen unwillkürlich aus dem Kinde etwas ihnen Ähnliches – sie nennen das »Erziehung« –, keine Mutter zweifelt im Grunde ihres Herzens daran, am Kinde sich ein Eigentum geboren zu haben, kein Vater bestreitet sich das Recht, es *seinen* Begriffen und Wertschätzungen unterwerfen zu dürfen. Ja, ehemals schien es den Vätern billig, über Leben und Tod des Neugebornen (wie unter den alten Deutschen) nach Gutdünken zu verfügen. Und wie der Vater, so sehen auch jetzt noch der Lehrer, der Stand, der Priester, der Fürst in jedem neuen Menschen eine unbedenkliche Gelegenheit zu neuem Besitze. Woraus folgt ...

195

Die Juden – ein Volk, »geboren zur Sklaverei«, wie Tacitus und die ganze antike Welt sagt, »das auserwählte Volk unter den Völkern«, wie sie selbst sagen und glauben – die Juden haben jenes Wunderstück von Umkehrung der Werte zustande gebracht, dank welchem das Leben auf der Erde für ein paar Jahrtausende einen neuen und gefährlichen Reiz erhalten hat – ihre Propheten haben »reich«, »gottlos«, »böse«, »gewalttätig«, »sinnlich« in eins geschmolzen und zum ersten Male das Wort »Welt« zum Schandwort gemünzt. In dieser Umkehrung der Werte (zu der es gehört, das Wort für »Arm« als synonym mit »Heilig« und »Freund« zu brauchen) liegt die Bedeutung des jüdischen Volks: mit *ihm* beginnt der *Sklaven-Aufstand in der Moral.*

196

Es gibt unzählige dunkle Körper neben der Sonne zu *erschließen* – solche, die wir nie sehen werden. Das ist, unter uns gesagt, ein Gleichnis; und ein Moral-Psycholog liest die gesamte Sternenschrift nur als eine Gleichnis- und Zeichensprache, mit der sich vieles verschweigen läßt.

197

Man mißversteht das Raubtier und den Raubmenschen (zum Beispiele Cesare Borgia) gründlich, man mißversteht die »Natur«, solange man noch nach einer »Krankhaftigkeit« im Grunde dieser gesündesten aller tropischen Untiere und Gewächse sucht, oder gar nach einer ihnen eingebornen »Hölle« –: wie es bisher fast alle Moralisten getan haben. Es scheint, daß es bei den Moralisten einen Haß gegen den Urwald und gegen die Tropen gibt? Und daß der »tropische Mensch« um jeden Preis diskreditiert werden muß, sei es als Krankheit und Entartung des Menschen, sei es als eigne Hölle und Selbst-Marterung? Warum doch? Zugunsten der »gemäßigten Zonen«? Zugunsten der gemäßigten Menschen? Der »Moralischen«? Der Mittelmäßigen? – Dies zum Kapitel »Moral als Furchtsamkeit«.

198

Alle diese Moralen, die sich an die einzelne Person wenden, zum Zwecke ihres »Glückes«, wie es heißt – was sind sie anderes als Verhaltungs-Vorschläge im Verhältnis zum Grade der *Gefährlichkeit*, in welcher die einzelne Person mit sich selbst lebt; Rezepte gegen ihre Leidenschaften, ihre guten und schlimmen Hänge, sofern sie den Willen zur Macht haben und den Herrn spielen möchten; kleine und große Klugheiten und Künsteleien, behaftet mit dem Winkelgeruch alter Hausmittel und Altweiber-Weisheit; allesamt in der Form barock und unvernünftig – weil sie sich an »Alle« wenden, weil sie generalisieren, wo nicht generalisiert werden darf –, allesamt unbedingt redend, sich unbedingt nehmend, allesamt nicht nur mit *einem* Korne Salz gewürzt, vielmehr erst erträglich, und bisweilen sogar verführerisch, wenn sie überwürzt und gefährlich zu riechen lernen, vor allem »nach der anderen Welt«: das ist alles, intellektuell gemessen, wenig wert und noch lange nicht »Wissenschaft«, geschweige denn »Weisheit«, sondern, nochmals gesagt und dreimal gesagt, Klugheit, Klugheit, Klugheit, gemischt mit Dummheit, Dummheit, Dummheit – sei es nun jene Gleichgültigkeit und Bildsäulenkälte gegen die hitzige Narrheit der Affekte, welche die Stoiker anrieten und ankurierten; oder auch jenes Nicht-mehr-Lachen und Nicht-mehr-Weinen des Spinoza, seine so naiv befürwortete Zerstörung der Affekte durch Analysis und Vivisektion derselben; oder jene Herabstimmung der Affekte auf ein unschädliches Mittelmaß, bei welchem sie befriedigt werden dürfen, der Aristotelismus der Moral; selbst Moral als Genuß der Affekte in einer absichtlichen Verdünnung und Vergeistigung durch die Symbolik der Kunst, etwa als Musik, oder als Liebe zu Gott und zum Menschen um Gotteswillen – denn in der Religion haben die Leidenschaften wieder Bürgerrecht, vorausgesetzt daß ...; zuletzt selbst jene entgegenkommende und mutwillige Hingebung an die Affekte, wie sie Hafis und Goethe gelehrt haben, jenes kühne Fallen-lassen der Zügel, jene geistig-leibliche *licentia morum* in dem Ausnahmefalle alter weiser Käuze und Trunkenbolde, bei denen es »wenig Gefahr mehr hat«. Auch dies zum Kapitel »Moral als Furchtsamkeit«.

199

Insofern es zu allen Zeiten, solange es Menschen gibt, auch Menschenherden gegeben hat (Geschlechts-Verbände, Gemeinden, Stämme, Völker, Staaten, Kirchen) und immer sehr viel Gehorchende im Verhältnis zu der kleinen Zahl Befehlender – in Anbetracht also, daß Gehorsam bisher am besten und längsten unter Menschen geübt und gezüchtet worden ist, darf man billig voraussetzen, daß durchschnittlich jetzt einem jeden das Bedürfnis darnach angeboren ist, als eine Art *formalen Gewissens*, welches gebietet: »du sollst irgend etwas unbedingt tun, irgend etwas unbedingt lassen«, kurz »du sollst«. Dies Bedürfnis sucht sich zu sättigen und seine Form mit einem Inhalte zu füllen; es greift dabei, gemäß seiner Stärke, Ungeduld und Spannung, wenig wählerisch, als ein grober Appetit, zu und nimmt an, was ihm nur von irgendwelchen Befehlenden – Eltern, Lehrern, Gesetzen, Standesvorurteilen, öffentlichen Meinungen – ins Ohr gerufen wird. Die seltsame Beschränktheit der menschlichen Entwicklung, das Zögernde, Langwierige, oft Zurücklaufende und Sich-Drehende derselben beruht darauf, daß der Herden-Instinkt des Gehorsams am besten und auf Kosten der Kunst des Befehlens vererbt wird. Denkt man sich diesen Instinkt einmal bis zu seinen letzten Ausschweifungen schreitend, so fehlen endlich geradezu die Befehlshaber und Unabhängigen; oder sie leiden innerlich am schlechten Gewissen und haben nötig, sich selbst erst eine Täuschung vorzumachen, um befehlen zu können: nämlich als ob auch sie nur gehorchten. Dieser Zustand besteht heute tatsächlich in Europa: ich nenne ihn die moralische Heuchelei der Befehlenden. Sie wissen sich nicht anders vor ihrem schlechten Gewissen zu schützen als dadurch, daß sie sich als Ausführer älterer oder höherer Befehle gebärden (der Vorfahren, der Verfassung, des Rechts, der Gesetze oder gar Gottes) oder selbst von der Herden-Denkweise her sich Herden-Maximen borgen, zum Beispiel als »erste Diener ihres Volks« oder als »Werkzeuge des gemeinen Wohls«. Auf der andern Seite gibt sich heute der Herdenmensch in Europa das Ansehn, als sei er die einzig erlaubte Art Mensch, und verherrlicht seine Eigenschaften, vermöge deren er zahm, verträglich und der Herde nützlich ist, als die eigentlich menschlichen Tugenden: also Gemeinsinn, Wohlwollen, Rücksicht, Fleiß, Mäßigkeit, Bescheidenheit, Nachsicht, Mitleiden. Für die Fälle aber, wo man der Führer und Leithammel nicht entraten zu können glaubt, macht man heute Versuche über Versuche, durch Zusammen-Addieren kluger Herdenmenschen die Befehlshaber zu ersetzen: dieses Ursprungs sind zum Beispiel alle repräsentativen Verfassungen. Welche Wohltat, welche Erlösung von einem unerträglich werdenden Druck trotz alledem das Erscheinen eines unbedingt Befehlenden für diese Herdentier-Europäer ist, dafür gab die Wirkung, welche das Erscheinen Napoleons machte, das letzte große Zeugnis – die Geschichte der Wirkung Napoleons ist beinahe die Geschichte des höheren Glücks, zu dem es dieses ganze Jahrhundert in seinen wertvollsten Menschen und Augenblicken gebracht hat.

200

Der Mensch aus einem Auflösungs-Zeitalter, welches die Rassen durcheinander wirft, der als solcher die Erbschaft einer vielfältigen Herkunft im Leibe hat, das heißt gegensätzliche und oft nicht einmal nur gegensätzliche Triebe und Wertmaße, welche miteinander kämpfen und sich selten Ruhe geben – ein solcher Mensch der späten Kulturen und gebrochnen Lichter wird durchschnittlich ein schwächerer Mensch sein: sein gründlichstes Verlangen geht darnach, daß der Krieg, der er *ist*, einmal ein Ende habe; das Glück erscheint ihm, in Übereinstimmung mit einer beruhigenden (zum Beispiel epikurischen oder christlichen) Medizin und Denkweise, vornehmlich als das Glück des Ausruhens, der Ungestörtheit, der Sattheit, der endlichen Einheit, als »Sabbat der Sabbate«, um mit dem heiligen Rhetor Augustin zu reden, der selbst ein solcher Mensch war. – Wirkt aber der Gegensatz und Krieg in einer solchen Natur wie ein Lebensreiz und -kitzel *mehr* –, und ist andrerseits zu ihren mächtigen und unversöhnlichen Trieben auch die eigentliche Meisterschaft und Feinheit im Kriegführen mit sich, also Selbst-Beherrschung, Selbst-Überlistung hinzuvererbt und angezüchtet: so entstehn jene zauberhaften Unfaßbaren und Unausdenklichen, jene zum Siege und zur Verführung vorherbestimmten Rätselmenschen, deren schönster Ausdruck Alcibiades und Cäsar (– denen ich gerne jenen *ersten* Europäer nach meinem Geschmack, den Hohenstaufen Friedrich den Zweiten, zugesellen möchte), unter Künstlern vielleicht Lionardo da Vinci ist. Sie erscheinen genau in denselben Zeiten, wo jener schwächere Typus, mit seinem Verlangen nach Ruhe, in den Vordergrund tritt: beide Typen gehören zueinander und entspringen den gleichen Ursachen.

201

Solange die Nützlichkeit, die in den moralischen Werturteilen herrscht, allein die Herden-Nützlichkeit ist, solange der Blick einzig der Erhaltung der Gemeinde zugewendet ist, und das Unmoralische genau und ausschließlich in dem gesucht wird, was dem Gemeinde-Bestand gefährlich scheint: so lange kann es noch keine »Moral der Nächstenliebe« geben. Gesetzt, es findet sich auch da bereits eine beständige kleine Übung von Rücksicht, Mitleiden, Billigkeit, Milde, Gegenseitigkeit der Hilfeleistung, gesetzt, es sind auch auf diesem Zustande der Gesellschaft schon alle jene Triebe tätig, welche später mit Ehrennamen, als »Tugenden« bezeichnet werden und schließlich fast mit dem Begriff »Moralität« in eins zusammenfallen: in jener Zeit gehören sie noch gar nicht in das Reich der moralischen Wertschätzungen – sie sind noch *außermoralisch.* Eine mitleidige Handlung zum Beispiel heißt in der besten Römerzeit weder gut noch böse, weder moralisch noch unmoralisch; und wird sie selbst gelobt, so verträgt sich mit diesem Lobe noch auf das Beste eine Art unwilliger Geringschätzung, sobald sie nämlich mit irgendeiner Handlung zusammengehalten wird, welche der Förderung des Ganzen, der *res publica,* dient. Zuletzt ist die »Liebe zum Nächsten« immer etwas Nebensächliches, zum Teil Konventionelles und Willkürlich-Scheinbares im Verhältnis zur *Furcht vor dem Nächsten.* Nachdem das Gefüge der Gesellschaft im ganzen festgestellt und gegen äußere Gefahren gesichert erscheint, ist es diese Furcht vor dem Nächsten, welche wieder neue Perspektiven der moralischen Wertschätzung schafft. Gewisse starke und gefährliche Triebe, wie Unternehmungslust, Tollkühnheit, Rachsucht, Verschlagenheit, Raubgier, Herrschsucht, die bisher in einem gemeinnützigen Sinne nicht nur geehrt – unter andern Namen, wie billig, als den eben gewählten –, sondern groß-gezogen und -gezüchtet werden mußten (weil man ihrer in der Gefahr des Ganzen gegen die Feinde des Ganzen beständig bedurfte), werden nunmehr in ihrer Gefährlichkeit doppelt stark empfunden – jetzt, wo die Abzugskanäle für sie fehlen – und schrittweise, als unmoralisch, gebrandmarkt und der Verleumdung preisgegeben. Jetzt kommen die gegensätzlichen Triebe und Neigungen zu moralischen Ehren; der Herden-Instinkt zieht, Schritt für Schritt, seine Folgerung. Wie viel oder wie wenig Gemein-Gefährliches, der Gleichheit Gefährliches in einer Meinung, in einem Zustand und Affekte, in einem Willen, in einer Begabung liegt, das ist jetzt die moralische Perspektive: die Furcht ist auch hier wieder die Mutter der Moral. An den höchsten und stärksten Trieben, wenn sie, leidenschaftlich ausbrechend, den einzelnen weit über den Durchschnitt und die Niederung des Herdengewissens hinaus- und hinauftreiben, geht das Selbstgefühl der Gemeinde zugrunde, ihr Glaube an sich, ihr Rückgrat gleichsam, zerbricht: folglich wird man gerade diese Triebe am besten brandmarken und verleumden. Die hohe unabhängige Geistigkeit, der Wille zum Alleinstehn, die große Vernunft schon werden als Gefahr empfunden; alles, was den einzelnen über die Herde hinaushebt und dem Nächsten Furcht macht, heißt von nun an *böse;* die billige, bescheidene, sich einordnende, gleichsetzende Gesinnung, das *Mittelmaß* der Begierden kommt zu moralischen Namen und Ehren. Endlich, unter sehr friedfertigen Zuständen, fehlt die Gelegenheit und Nötigung immer mehr, sein Gefühl zur Strenge und Härte zu erziehn; und jetzt beginnt jede Strenge, selbst in der Gerechtigkeit, die Gewissen zu stören; eine hohe und harte Vornehmheit und Selbst-Verantwortlichkeit beleidigt beinahe und erweckt Mißtrauen, »das Lamm«, noch mehr »das

Schaf« gewinnt an Achtung. Es gibt einen Punkt von krankhafter Vermürbung und Verzärtlichung in der Geschichte der Gesellschaft, wo sie selbst für ihren Schädiger, den *Verbrecher* Partei nimmt, und zwar ernsthaft und ehrlich. Strafen: das scheint ihr irgendworin unbillig – gewiß ist, daß die Vorstellung »Strafe« und »Strafen-Sollen« ihr wehtut, ihr Furcht macht. »Genügt es nicht, ihn *ungefährlich* machen? Wozu noch strafen? Strafen selbst ist fürchterlich!« – mit dieser Frage zieht die Herden-Moral, die Moral der Furchtsamkeit, ihre letzte Konsequenz. Gesetzt, man könnte überhaupt die Gefahr, den Grund zum Fürchten abschaffen, so hätte man diese Moral mit abgeschafft: sie wäre nicht mehr nötig, sie *hielte sich selbst* nicht mehr für nötig! – Wer das Gewissen des heutigen Europäers prüft, wird aus tausend moralischen Falten und Verstecken immer den gleichen Imperativ herauszuziehen haben, den Imperativ der Herden-Furchtsamkeit: »wir wollen, daß es irgendwann einmal *nichts mehr zu fürchten* gibt!« Irgendwann einmal – der Wille und Weg *dorthin* heißt heute in Europa überall der »Fortschritt«.

202

Sagen wir es sofort noch einmal, was wir schon hundertmal gesagt haben: denn die Ohren sind für solche Wahrheiten – für *unsre* Wahrheiten – heute nicht gutwillig. Wir wissen es schon genug, wie beleidigend es klingt, wenn einer überhaupt den Menschen ungeschminkt und ohne Gleichnis zu den Tieren rechnet; aber es wird beinahe als *Schuld* uns angerechnet werden, daß wir gerade in bezug auf die Menschen der »modernen Ideen« beständig die Ausdrücke »Herde«, »Herden-Instinkte« und dergleichen gebrauchen. Was hilft es! Wir können nicht anders: denn gerade hier liegt unsre neue Einsicht. Wir fanden, daß in allen moralischen Hauptturteilen Europa einmütig geworden ist, die Länder noch hinzugerechnet, wo Europas Einfluß herrscht: man *weiß* ersichtlich in Europa, was Sokrates nicht zu wissen meinte, und was jene alte berühmte Schlange einst zu lehren verhieß – man »weiß« heute, was Gut und Böse ist. Nun muß es hart klingen und schlecht zu Ohren gehn, wenn wir immer von neuem darauf bestehn: was hier zu wissen glaubt, was hier mit seinem Loben und Tadeln sich selbst verherrlicht, sich selbst gut heißt, ist der Instinkt des Herdentiers Mensch: als welcher zum Durchbruch, zum Übergewicht, zur Vorherrschaft über andre Instinkte gekommen ist und immer mehr kommt, gemäß der wachsenden physiologischen Annäherung und Anähnlichung, deren Symptom er ist. *Moral ist heute in Europa Herdentier-Moral* – also nur, wie wir die Dinge verstehn, *eine* Art von menschlicher Moral, neben der, vor der, nach der viele andere, vor allem *höhere* Moralen möglich sind oder sein sollten. Gegen eine solche »Möglichkeit«, gegen ein solches »Sollte« wehrt sich aber diese Moral mit allen Kräften: sie sagt hartnäckig und unerbittlich »ich bin die Moral selbst, und nichts außerdem ist Moral!« – ja mit Hilfe einer Religion, welche den sublimsten Herdentier-Begierden zu willen war und schmeichelte, ist es dahin gekommen, daß wir selbst in den politischen und gesellschaftlichen Einrichtungen einen immer sichtbareren Ausdruck dieser Moral finden: die *demokratische* Bewegung macht die Erbschaft der christlichen. Daß aber deren Tempo für die Ungeduldigeren, für die Kranken und Süchtigen des genannten Instinktes noch viel zu langsam und schläfrig ist, dafür spricht das immer rasender werdende Geheul, das immer unverhülltere Zähnefletschen der Anarchisten-Hunde, welche jetzt durch die Gassen der europäischen Kultur schweifen: anscheinend im Gegensatz zu den friedlich-arbeitsamen Demokraten und Revolutions-Ideologen, noch mehr zu den tölpelhaften Philosophastern und Bruderschafts-Schwärmern, welche sich Sozialisten nennen und die »freie Gesellschaft« wollen, in Wahrheit aber eins mit ihnen allen in der gründlichen und instinktiven Feindseligkeit gegen jede andre Gesellschaftsform als die der *autonomen* Herde (bis hinauf zur Ablehnung selbst der Begriffe »Herr« und »Knecht« – *ni dieu ni maître* heißt eine sozialistische Formel –); eins im zähen Widerstande gegen jeden Sonder-Anspruch, jedes Sonder-Recht und Vorrecht (das heißt im letzten Grunde gegen *jedes* Recht: denn dann, wenn alle gleich sind, braucht niemand mehr »Rechte« –); eins im Mißtrauen gegen die strafende Gerechtigkeit (wie als ob sie eine Vergewaltigung an Schwächeren, ein Unrecht an der *notwendigen* Folge aller früheren Gesellschaft wäre –); aber ebenso eins in der Religion des Mitleidens, im Mitgefühl, soweit nur gefühlt, gelebt, gelitten wird (bis hinab zum Tier, bis hinauf zu »Gott« – die Ausschweifung eines »Mitleidens mit Gott« gehört in ein demokratisches Zeitalter –); eins allesamt im Schrei und der Ungeduld des Mitleidens, im Todhaß gegen das Leiden überhaupt, in der fast weiblichen Unfähigkeit, Zuschauer dabei bleiben zu können, leiden *lassen* zu können; eins in der unfreiwilligen Verdüsterung und Verzärtlichung, unter deren Bann Europa von einem neuen Buddhismus bedroht scheint; eins im Glauben an die Moral des *gemeinsamen* Mitleidens, wie als ob sie die Moral an sich sei, als die Höhe, die *erreichte* Höhe des Menschen, die alleinige Hoffnung der Zukunft, das Trostmittel der Gegenwärtigen, die große Ablösung aller Schuld von ehedem – eins allesamt im Glauben an die Gemeinschaft als die *Erlöserin*, an die Herde also, an »sich« ...

203

Wir, die wir eines andren Glaubens sind – wir, denen die demokratische Bewegung nicht bloß als eine Verfalls-Form der politischen Organisation, sondern als Verfalls-, nämlich Verkleinerungs-Form des Menschen gilt, als seine Vermittelmäßigung und Wert-Erniedrigung: wohin müssen *wir* mit unsren Hoffnungen greifen? – Nach *neuen Philosophen,* es bleibt keine Wahl; nach Geistern, stark und ursprünglich genug, um die Anstöße zu entgegengesetzten Wertschätzungen zu geben und »ewige Werte« umzuwerten, umzukehren; nach Vorausgesandten, nach Menschen der Zukunft, welche in der Gegenwart den Zwang und Knoten anknüpfen, der den Willen von Jahrtausenden auf *neue* Bahnen zwingt. Dem Menschen die Zukunft des Menschen als seinen *Willen,* als abhängig von einem Menschenwillen zu lehren und große Wagnisse und Gesamt-Versuche von Zucht und Züchtung vorzubereiten, um damit jener schauerlichen Herrschaft des Unsinns und Zufalls, die bisher »Geschichte« hieß, ein Ende zu machen – der Unsinn der »größten Zahl« ist nur seine letzte Form –: dazu wird irgendwann einmal eine neue Art von Philosophen und Befehlshabern nötig sein, an deren Bilde sich alles, was auf Erden an verborgenen, furchtbaren und wohlwollenden Geistern dagewesen ist, blaß und verzwergt ausnehmen möchte. Das Bild solcher Führer ist es, das vor *unsern* Augen schwebt – darf ich es laut sagen, ihr freien Geister? Die Umstände, welche man zu ihrer Entstehung teils schaffen, teils ausnützen müßte; die mutmaßlichen Wege und Proben, vermöge deren eine Seele zu einer solchen Höhe und Gewalt aufwüchse, um den *Zwang* zu diesen Aufgaben zu empfinden; eine Umwertung der Werte, unter deren neuem Druck und Hammer ein Gewissen gestählt, ein Herz in Erz verwandelt würde, daß es das Gewicht einer solchen Verantwortlichkeit ertrüge; andrerseits die Notwendigkeit solcher Führer, die erschreckliche Gefahr, daß sie ausbleiben oder mißraten oder entarten könnten – das sind *unsre* eigentlichen Sorgen und Verdüsterungen, ihr wißt es, ihr freien Geister? das sind die schweren fernen Gedanken und Gewitter, welche über den Himmel *unsres* Lebens hingehn. Es gibt wenig so empfindliche Schmerzen, als einmal gesehn, erraten, mitgefühlt zu haben, wie ein außerordentlicher Mensch aus seiner Bahn geriet und entartete: wer aber das seltne Auge für die Gesamt-Gefahr hat, daß »der Mensch« selbst *entartet,* wer, gleich uns, die ungeheuerliche Zufälligkeit erkannt hat, welche bisher in Hinsicht auf die Zukunft des Menschen ihr Spiel spielte – ein Spiel, an dem keine Hand und nicht einmal ein »Finger Gottes« mitspielte! – wer das Verhängnis errät, das in der blödsinnigen Arglosigkeit und Vertrauensseligkeit der »modernen Ideen«, noch mehr in der ganzen christlich-europäischen Moral verborgen liegt: der leidet an einer Beängstigung, mit der sich keine andre vergleichen läßt – er faßt es ja mit *einem* Blicke, was alles noch, bei einer günstigen Ansammlung und Steigerung von Kräften und Aufgaben, *aus dem Menschen zu züchten* wäre, er weiß es mit allem Wissen seines Gewissens, wie der Mensch noch unausgeschöpft für die größten Möglichkeiten ist, und wie oft schon der Typus Mensch an geheimnisvollen Entscheidungen und neuen Wegen gestanden hat – er weiß es noch besser, aus seiner schmerzlichsten Erinnerung, an was für erbärmlichen Dingen ein Werdendes höchsten Ranges bisher gewöhnlich zerbrach, abbrach, absank, erbärmlich ward. Die *Gesamt-Entartung des Menschen,* hinab bis zu dem, was heute den sozialistischen Tölpeln und Flachköpfen als ihr »Mensch der Zukunft« erscheint, – als ihr Ideal! – diese Entartung und Verkleinerung des Menschen zum vollkommnen Herdentiere (oder, wie sie sagen, zum Menschen der »freien Gesellschaft«), diese Vertierung des Menschen zum Zwergtiere der gleichen Rechte und Ansprüche ist *möglich,* es ist kein Zweifel! Wer diese Möglichkeit einmal bis zu Ende gedacht hat, kennt einen Ekel mehr als die übrigen Menschen – und vielleicht auch eine neue *Aufgabe*! . . . .

SECHSTES HAUPTSTÜCK

WIR GELEHRTEN

204

Auf die Gefahr hin, daß Moralisieren sich auch hier als das herausstellt, was es immer war – nämlich als ein unverzagtes *montrer ses plaies*, nach Balzac –, möchte ich wagen, einer ungebührlichen und schädlichen Rangverschiebung entgegenzutreten, welche sich heute, ganz unvermerkt und wie mit dem besten Gewissen, zwischen Wissenschaft und Philosophie herzustellen droht. Ich meine, man muß von seiner *Erfahrung* aus – Erfahrung bedeutet, wie mich dünkt, immer schlimme Erfahrung? – ein Recht haben, über eine solche höhere Frage des Rangs mitzureden: um nicht wie die Blinden von der Farbe oder wie Frauen und Künstler *gegen* die Wissenschaft zu reden (»ach, diese schlimme Wissenschaft!« seufzt deren Instinkt und Scham, »sie kommt immer *dahinter*!« –). Die Unabhängigkeits-Erklärung des wissenschaftlichen Menschen, seine Emanzipation von der Philosophie, ist eine der feineren Nachwirkungen des demokratischen Wesens und Unwesens: die Selbstverherrlichung und Selbstüberhebung des Gelehrten steht heute überall in voller Blüte und in ihrem besten Frühlinge – womit noch nicht geesagt sein soll, daß in diesem Falle Eigenlob lieblich röche. »Los von allen Herren!« – so will es auch hier der pöbelmännische Instinkt; und nachdem sich die Wissenschaft mit glücklichstem Erfolge der Theologie erwehrt hat, deren »Magd« sie zu lange war, ist sie nun in vollem Übermute und Unverstande daraufhin aus, der Philosophie Gesetze zu machen und ihrerseits einmal den »Herrn« – was sage ich! den *Philosophen* zu spielen. Mein Gedächtnis – das Gedächtnis eines wissenschaftlichen Menschen, mit Verlaub! – strotzt von Naivitäten des Hochmuts, die ich seitens junger Naturforscher und alter Ärzte über Philosophie und Philosophen gehört habe (nicht zu reden von den gebildetsten und eingebildetsten aller Gelehrten, den Philologen und Schulmännern, welche beides von Berufs wegen sind –). Bald war es der Spezialist und Eckensteher, der sich instinktiv überhaupt gegen alle synthetischen Aufgaben und Fähigkeiten zur Wehr setzte; bald der fleißige Arbeiter, der einen Geruch vom *otium* und der vornehmen Üppigkeit im Seelen-Haushalte des Philosophen bekommen hatte und sich dabei beeinträchtigt und verkleinert fühlte. Bald war es jene Farben-Blindheit des Nützlichkeits-Menschen, der in der Philosophie nichts sieht als eine Reihe *widerlegter* Systeme und einen verschwenderischen Aufwand, der niemandem »zugute kommt«. Bald sprang die Furcht vor verkappter Mystik und Grenzberichtigung des Erkennens hervor; bald die Mißachtung einzelner Philosophen, welche sich unwillkürlich zur Mißachtung der Philosophie verallgemeinert hatte. Am häufigsten endlich fand ich bei jungen Gelehrten hinter der hochmütigen Geringschätzung der Philosophie die schlimme Nachwirkung eines Philosophen selbst, dem man zwar im ganzen den Gehorsam gekündigt hatte, ohne doch aus dem Banne seiner wegwerfenden Wertschätzungen anderer Philosophen herausgetreten zu sein – mit dem Ergebnis einer Gesamt-Verstimmung gegen alle Philosophie. (Dergestalt scheint mir zum Beispiel die Nachwirkung Schopenhauers auf das neueste Deutschland zu sein – er hat es mit seiner unintelligenten Wut auf Hegel dahin gebracht, die ganze letzte Generation von Deutschen aus dem Zusammenhang mit der deutschen Kultur herauszubrechen, welche Kultur, alles wohl erwogen, eine Höhe und divinatorische Feinheit des *historischen Sinns* gewesen ist: aber Schopenhauer selbst war gerade an dieser Stelle bis zur Genialität arm, unempfänglich, undeutsch.) Überhaupt, ins große gerechnet, mag es vor allem das Menschliche, Allzumenschliche, kurz die Armseligkeit der neueren Philosophen selbst gewesen sein, was am gründlichsten der Ehrfurcht vor der Philosophie Abbruch getan und dem pöbelmännischen Instinkte die Tore aufgemacht hat. Man gestehe es sich doch ein, bis zu welchem Grade unsrer modernen Welt die ganze Art der Heraklite, Plato's, Empedokles', und wie alle diese königlichen und prachtvollen Einsiedler des Geistes geheißen haben, abgeht; und mit wie gutem Rechte angesichts solcher Vertreter der Philosophie, die heute, dank der Mode, ebenso obenauf als unten-durch sind – in Deutschland zum Beispiel die beiden Löwen von Berlin, der Anarchist Eugen Dühring und der Amalgamist Eduard v. Hartmann – ein braver Mensch der Wissenschaft sich besserer Art und Abkunft fühlen *darf*. Es ist insonderheit der Anblick jener Mischmasch-Philosophen, die sich »Wirklichkeits-Philosophen« oder »Positivisten« nennen, welcher ein gefährliches Mißtrauen in die Seele eines jungen ehrgeizigen Gelehrten zu werfen imstande ist: das sind ja bestenfalls selbst Gelehrte und Spezialisten, man greift es mit Händen! – das sind ja allesamt Überwundene und unter die Botmäßigkeit der Wissenschaft *Zurückgebrachte*, welche irgendwann einmal *mehr* von sich gewollt haben, ohne ein Recht zu diesem »mehr« und seiner Verantwortlichkeit zu haben – und die jetzt, ehrsam, ingrimmig, rachsüchtig, den *Unglauben* an die Herren-Aufgabe und Herrschaftlichkeit der Philosophie mit Wort und Tat repräsentieren. Zuletzt: wie könnte es auch anders sein! Die Wissenschaft blüht heute und hat das gute Gewissen reichlich im Gesichte, während das, wozu die ganze neuere Philosophie allmählich gesunken ist, dieser Rest Philosophie von heute, Mißtrauen und Mißmut, wenn nicht Spott und Mitleiden gegen sich rege macht. Philosophie auf »Erkenntnistheorie« reduziert, tatsächlich nicht mehr als eine schüchterne Epochistik und Enthaltsamkeitslehre: eine Philosophie, die gar nicht über die Schwelle hinwegkommt und sich peinlich das Recht zum Eintritt *verweigert* – das ist Philosophie in den letzten Zügen, ein Ende, eine Agonie, etwas, das Mitleiden macht. Wie könnte eine solche Philosophie – *herrschen*!

205

Die Gefahren für die Entwicklung des Philosophen sind heute in Wahrheit so vielfach, daß man zweifeln möchte, ob diese Frucht überhaupt noch reif werden kann. Der Umfang und der Turmbau der Wissenschaften ist ins Ungeheure gewachsen, und damit auch die Wahrscheinlichkeit, daß der Philosoph schon als Lernender müde wird oder sich irgendwo festhalten und »spezialisieren« läßt: so daß er gar nicht mehr auf seine Höhe, nämlich zum Überblick, Umblick, *Niederblick* kommt. Oder er gelangt zu spät hinauf, dann, wenn seine beste Zeit und Kraft schon vorüber ist; oder beschädigt, vergröbert, entartet, so daß sein Blick, sein Gesamt-Werturteil wenig mehr bedeutet. Gerade die Feinheit seines intellektuellen Gewissens läßt ihn vielleicht unterwegs zögern und sich verzögern; er fürchtet die Verführung zum Dilettanten, zum Tausendfuß und Tausend-Fühlhorn, er weiß es zu gut, daß einer, der vor sich selbst die Ehrfurcht verloren hat, auch als Erkennender nicht mehr befiehlt, nicht mehr *führt*: er müßte denn schon zum großen Schauspieler werden wollen, zum philosophischen Cagliostro und Rattenfänger der Geister, kurz zum Verführer. Dies ist zuletzt eine Frage des Geschmacks: wenn es selbst nicht eine Frage des Gewissens wäre. Es kommt hinzu, um die Schwierigkeit des Philosophen noch einmal zu verdoppeln, daß er von sich ein Urteil, ein Ja oder Nein nicht über die Wissenschaften, sondern über das Leben und den Wert des Lebens verlangt – daß er ungern daran glauben lernt, ein Recht oder gar eine Pflicht zu diesem Urteile zu haben, und sich nur aus den umfänglichsten – vielleicht störendsten, zerstörendsten – Erlebnissen heraus und oft zögernd, zweifelnd, verstummend seinen Weg zu jenem Rechte und jenem Glauben suchen muß. In der Tat, die Menge hat den Philosophen lange Zeit verwechselt und verkannt, sei es mit dem wissenschaftlichen Menschen und idealen Gelehrten, sei es mit dem religiös-gehobenen entsinnlichten »entweltlichten« Schwärmer und Trunkenbold Gottes; und hört man gar heute jemanden loben dafür, daß er »weise« lebe oder »als ein Philosoph«, so bedeutet es beinahe nicht mehr als »klug und abseits«. Weisheit: das scheint dem Pöbel eine Art Flucht zu sein, ein Mittel und Kunststück, sich gut aus einem schlimmen Spiele herauszuziehn; aber der rechte Philosoph – so scheint es *uns*, meine Freunde? – lebt »unphilosophisch« und »unweise«, vor allem *unklug*, und fühlt die Last und Pflicht zu hundert Versuchen und Versuchungen des Lebens – er riskiert *sich* beständig, er spielt *das* schlimme Spiel …

206

Im Verhältnisse zu einem Genie, das heißt zu einem Wesen, welches entweder *zeugt* oder *gebiert*, beide Worte in ihrem höchsten Umfange genommen –, hat der Gelehrte, der wissenschaftliche Durchschnittsmensch immer etwas von der alten Jungfer: denn er versteht sich gleich dieser nicht auf die zwei wertvollsten Verrichtungen des Menschen. In der Tat, man gesteht ihnen beiden, den Gelehrten und den alten Jungfern, gleichsam zur Entschädigung die Achtbarkeit zu – man unterstreicht in diesen Fällen die Achtbarkeit – und hat noch an dem Zwange dieses Zugeständnisses den gleichen Beisatz von Verdruß. Sehen wir genauer zu: was ist der wissenschaftliche Mensch? Zunächst eine unvornehme Art Mensch, mit den Tugenden einer unvornehmen, das heißt nicht herrschenden, nicht autoritativen und auch nicht selbstgenugsamen Art Mensch: er hat Arbeitsamkeit, geduldige Einordnung in Reih und Glied, Gleichmäßigkeit und Maß im Können und Bedürfen, er hat den Instinkt für seinesgleichen und für das, was seinesgleichen nötig hat, zum Beispiel jenes Stück Unabhängigkeit und grüner Weide, ohne welches es keine Ruhe der Arbeit gibt, jenen Anspruch auf Ehre und Anerkennung (die zuerst und zuoberst Erkennung, Erkennbarkeit voraussetzt –), jenen Sonnenschein des guten Namens, jene beständige Besiegelung seines Wertes und seiner Nützlichkeit, mit der das innerliche *Mißtrauen*, der Grund im Herzen aller abhängigen Menschen und Herdentiere, immer wieder überwunden werden muß. Der Gelehrte hat, wie billig, auch die Krankheiten und Unarten einer unvornehmen Art: er ist reich am kleinen Neide und hat ein Luchsauge für das Niedrige solcher Naturen, zu deren Höhen er nicht hinauf kann. Er ist zutraulich, doch nur wie einer, der sich gehen, aber nicht *strömen* läßt; und gerade vor dem Menschen des großen Stroms steht er um so kälter und verschlossener da – sein Auge ist dann wie ein glatter widerwilliger See, in dem sich kein Entzücken, kein Mitgefühl mehr kräuselt. Das Schlimmste und Gefährlichste, dessen ein Gelehrter fähig ist, kommt ihm vom Instinkte der Mittelmäßigkeit seiner Art: von jenem Jesuitismus der Mittelmäßigkeit, welcher an der Vernichtung des ungewöhnlichen Menschen instinktiv arbeitet und jeden gespannten Bogen zu brechen oder – noch lieber! – abzuspannen sucht. Abspannen nämlich, mit Rücksicht, mit schonender Hand natürlich –, mit zutraulichem Mitleiden *abspannen*: das ist die eigentliche Kunst des Jesuitismus, der es immer verstanden hat, sich als Religion des Mitleidens einzuführen. –

207

Wie dankbar man auch immer dem *objektiven* Geiste entgegenkommen mag – und wer wäre nicht schon einmal alles Subjektiven und seiner verfluchten Ipsissimosität bis zum Sterben satt gewesen! – zuletzt muß man aber auch gegen seine Dankbarkeit Vorsicht lernen und der Übertreibung Einhalt tun, mit der die Entselbstung und Entpersönlichung des Geistes gleichsam als Ziel an sich, als Erlösung und Verklärung neuerdings gefeiert wird: wie es namentlich innerhalb der Pessimisten-Schule zu geschehn pflegt, die auch gute Gründe hat, dem »interesselosen Erkennen« ihrerseits die höchsten Ehren zu geben. Der objektive Mensch, der nicht mehr flucht und schimpft, gleich dem Pessimisten, der *ideale* Gelehrte, in dem der wissenschaftliche Instinkt nach tausendfachem Ganz- und Halb-Mißraten einmal zum Auf- und Ausblühen kommt, ist sicherlich eins der kostbarsten Werkzeuge, die es gibt: aber er gehört in die Hand eines Mächtigeren. Er ist nur ein Werkzeug, sagen wir: er ist ein *Spiegel* – er ist kein »Selbstzweck«. Der objektive Mensch ist in der Tat ein Spiegel: vor allem, was erkannt werden will, zur Unterwerfung gewohnt, ohne eine andre Lust, als wie sie das Erkennen, das »Abspiegeln« gibt – er wartet, bis etwas kommt, und breitet sich dann zart hin, daß auch leichte Fußtapfen und das Vorüberschlüpfen geisterhafter Wesen nicht auf seiner Fläche und Haut verlorengehn. Was von »Person« an ihm noch übrig ist, dünkt ihm zufällig, oft willkürlich, noch öfter störend: so sehr ist er sich selbst zum Durchgang und Widerschein fremder Gestalten und Ereignisse geworden. Er besinnt sich auf »sich« zurück, mit Anstrengung, nicht selten falsch; er verwechselt sich leicht, er vergreift sich in bezug auf die eignen Notdürfte und ist hier allein unfein und nachlässig. Vielleicht quält ihn die Gesundheit oder die Kleinlichkeit und Stubenluft von Weib und Freund, oder der Mangel an Gesellen und Gesellschaft – ja, er zwingt sich, über seine Qual nachzudenken: umsonst! Schon schweift sein Gedanke weg, zum *allgemeineren* Falle, und morgen weiß er so wenig, als er es gestern wußte, wie ihm zu helfen ist. Er hat den Ernst für sich verloren, auch die Zeit: er ist heiter, *nicht* aus Mangel an Not, sondern aus Mangel an Fingern und Handhaben für *seine Not.* Das gewohnte Entgegenkommen gegen jedes Ding und Erlebnis, die sonnige und unbefangene Gastfreundschaft, mit der er alles annimmt, was auf ihn stößt, seine Art von rücksichtslosem Wohlwollen, von gefährlicher Unbekümmertheit um Ja und Nein: ach, es gibt genug Fälle, wo er diese seine Tugenden büßen muß! – und als Mensch überhaupt wird er gar zu leicht das *caput mortuum* dieser Tugenden. Will man Liebe und Haß von ihm, ich meine Liebe und Haß, wie Gott, Weib und Tier sie verstehn –: er wird tun, was er kann, und geben, was er kann. Aber man soll sich nicht wundern, wenn es nicht viel ist – wenn er da gerade sich unecht, zerbrechlich, fragwürdig und morsch zeigt. Seine Liebe ist gewollt, sein Haß künstlich und mehr *un tour de force,* eine kleine Eitelkeit und Übertreibung. Er ist eben nur echt, soweit er objektiv sein darf: allein in seinem heitern Totalismus ist er noch »Natur« und »natürlich«. Seine spiegelnde und ewig sich glättende Seele weiß nicht mehr zu bejahen, nicht mehr zu verneinen; er befiehlt nicht, er zerstört auch nicht. »*Je ne méprise presque rien*« – sagt er mit Leibniz: man überhöre und unterschätze das *presque* nicht! Er ist auch kein Mustermensch; er geht niemandem voran, noch nach; er stellt sich überhaupt zu ferne, als daß er Grund hätte, zwischen Gut und Böse Partei zu ergreifen. Wenn man ihn so lange mit dem *Philosophen* verwechselt hat, mit dem cäsarischen Züchter und Gewaltmenschen der Kultur: so hat man ihm viel zu hohe Ehren gegeben und das Wesentlichste an ihm übersehen – er ist ein Werkzeug, ein Stück Sklave, wenn gewiß auch die sublimste Art des Sklaven, an sich aber nichts – *presque rien!* Der objektive Mensch ist ein Werkzeug, ein kostbares, leicht verletzliches und getrübtes Meß-Werkzeug und Spiegel-Kunstwerk, das man schonen und ehren soll; aber er ist kein Ziel, kein Ausgang und Aufgang, kein komplementärer Mensch, in dem das *übrige* Dasein sich rechtfertigt, kein Schluß – und noch weniger ein Anfang, eine Zeugung und erste Ursache, nichts Derbes, Mächtiges, Auf-sich-Gestelltes, das Herr sein will: vielmehr nur ein zarter ausgeblasener feiner beweglicher Formen-Topf, der auf irgendeinen Inhalt und Gehalt erst warten muß, um sich nach ihm »zu gestalten« – für gewöhnlich ein Mensch ohne Gehalt und Inhalt, ein »selbstloser« Mensch. Folglich auch nichts für Weiber, *in parenthesi.* –

208

Wenn heute ein Philosoph zu verstehen gibt, er sei kein Skeptiker – ich hoffe, man hat das aus der eben gegebenen Abschilderung des objektiven Geistes herausgehört? – so hört alle Welt das ungern; man sieht ihn darauf an, mit einiger Scheu, man möchte so vieles fragen, fragen ... ja, unter furchtsamen Horchern, wie es deren jetzt in Menge gibt, heißt er von da an gefährlich. Es ist ihnen, als ob sie, bei seiner Ablehnung der Skepsis, von ferne her irgendein böses bedrohliches Geräusch hörten, als ob irgendwo ein neuer Sprengstoff versucht werde, ein Dynamit des Geistes, vielleicht ein neuentdecktes russisches Nihilin, ein Pessimismus *bonae voluntatis,* der nicht bloß Nein sagt, Nein will, sondern – schrecklich zu denken! Nein *tut.* Gegen diese Art von »gutem Willen« – einem Willen zur wirklichen tätlichen Verneinung des Lebens – gibt es anerkanntermaßen heute kein besseres Schlaf- und Beruhigungsmittel als Skepsis, den sanften holden einlullenden Mohn Skepsis; und Hamlet selbst wird heute von den Ärzten der Zeit gegen den »Geist« und sein Rumoren unter dem Boden verordnet. »Hat man denn nicht alle Ohren schon voll von schlimmen Geräuschen?« sagt der Skeptiker, als ein Freund der Ruhe und beinahe als eine Art von Sicherheits-Polizei: »dies unterirdische Nein ist fürchterlich! Stille endlich, ihr pessimistischen Maulwürfe!« Der Skeptiker nämlich, dieses zärtliche Geschöpf, erschrickt allzuleicht; sein Gewissen ist darauf eingeschult, bei jedem Nein, ja schon bei einem entschlossenen harten Ja zu zucken und etwas wie einen Biß zu spüren. Ja! und Nein! – das geht ihm wider die Moral; umgekehrt liebt er es, seiner Tugend mit der edlen Enthaltung ein Fest zu machen, etwa indem er mit Montaigne spricht: »was weiß ich?« Oder mit Sokrates: »ich weiß, daß ich nichts weiß.« Oder: »hier traue ich mir nicht, hier steht mir keine Tür offen.« Oder: »gesetzt sie stünde offen, wozu gleich eintreten?« Oder: »wozu nützen alle vorschnellen Hypothesen? Gar keine Hypothesen machen könnte leicht zum guten Geschmack gehören. Müßt ihr denn durchaus etwas Krummes gleich geradebiegen? Durchaus jedes Loch mit irgendwelchem Werge ausstopfen? Hat das nicht Zeit? Hat die Zeit nicht Zeit? O ihr Teufelskerle, könnt ihr denn gar nicht *warten*? Auch das Ungewisse hat seine Reize, auch die Sphinx ist eine Circe, auch die Circe war eine Philosophin.« – Also tröstet sich ein Skeptiker; und es ist wahr, daß er einigen Trost nötig hat. Skepsis nämlich ist der geistigste Ausdruck einer gewissen vielfachen physiologischen Beschaffenheit, welche man in gemeiner Sprache Nervenschwäche und Kränklichkeit nennt; sie entsteht jedesmal, wenn sich in entscheidender und plötzlicher Weise lang voneinander abgetrennte Rassen oder Stände kreuzen. In dem neuen Geschlechte, das gleichsam verschiedne Maße und Werte ins Blut vererbt bekommt, ist alles Unruhe, Störung, Zweifel, Versuch; die besten Kräfte wirken hemmend, die Tugenden selbst lassen einander nicht wachsen und stark werden, in Leib und Seele fehlt Gleichgewicht, Schwergewicht, perpendikuläre Sicherheit. Was aber in solchen Mischlingen am tiefsten krank wird und entartet, das ist der *Wille*: sie kennen das Unabhängige im Entschlusse, das tapfre Lustgefühl im Wollen gar nicht mehr – sie zweifeln an der »Freiheit des Willens« auch noch in ihren Träumen. Unser Europa von heute, der Schauplatz eines unsinnig plötzlichen Versuchs von radikaler Stände- und *folglich* Rassenmischung, ist deshalb skeptisch in allen Höhen und Tiefen, bald mit jener beweglichen Skepsis, welche ungeduldig und lüstern von einem Ast zum andern springt, bald trübe wie eine mit Fragezeichen überladne Wolke – und seines Willens oft bis zum Sterben satt! Willenslähmung: wo findet man nicht heute diesen Krüppel sitzen! Und oft noch wie geputzt! Wie verführerisch herausgeputzt! Es gibt die schönsten Prunk- und Lügenkleider für diese Krankheit; und daß zum Beispiel das meiste von dem, was sich heute als »Objektivität«, »Wissenschaftlichkeit«, »*l'art pour l'art*«, »reines willensfreies Erkennen« in die Schauläden stellt, nur aufgeputzte Skepsis und Willenslähmung ist – für diese Diagnose der europäischen Krankheit will ich einstehn. – Die Krankheit des Willens ist ungleichmäßig über Europa verbreitet: sie zeigt sich dort am größten und vielfältigsten, wo die Kultur schon am längsten heimisch ist, sie verschwindet in dem Maße, als »der Barbar« noch – oder wieder – unter dem schlotterichten Gewande von westländischer Bildung sein Recht geltend macht. Im jetzigen Frankreich ist demnach, wie man es ebenso leicht erschließen als mit Händen greifen kann, der Wille am schlimmsten erkrankt; und Frankreich, welches immer eine meisterhafte Geschicklichkeit gehabt hat, auch die verhängnisvollen Wendungen seines Geistes ins Reizende und Verführerische umzukehren, zeigt heute recht eigentlich als Schule und Schaustellung aller Zauber der Skepsis sein Kultur-Übergewicht über Europa. Die Kraft zu wollen, und zwar einen Willen lang zu wollen, ist etwas stärker schon in Deutschland, und im deutschen Norden wiederum stärker als in der deutschen Mitte; erheblich stärker in England, Spanien und Korsika, dort an das Phlegma, hier an harte Schädel gebunden – um nicht von Italien zu reden, welches zu jung ist, als daß es schon wüßte, was es wollte, und das erst beweisen muß, ob es wollen kann –, aber am allerstärksten und erstaunlichsten in jenem ungeheuren Zwischenreiche, wo Europa gleichsam nach Asien zurückfließt, in Rußland. Da ist die Kraft zu wollen seit langem zurückgelegt und aufgespeichert, da wartet der Wille – ungewiß, ob als Wille der Verneinung oder der Bejahung – in bedrohlicher Weise darauf, ausgelöst zu werden, um den Physikern von heute ihr Leibwort abzuborgen. Es dürften nicht nur indische Kriege und Verwicklungen in Asien dazu nötig sein, damit Europa von seiner größten Gefahr entlastet werde, sondern innere Umstürze, die Zersprengung des Reichs in kleine Körper und vor allem die Einführung des parlamentarischen Blödsinns, hinzugerechnet die Verpflichtung für jedermann, zum Frühstück seine Zeitung zu lesen. Ich sage dies nicht als Wünschender: mir würde das Entgegengesetzte eher nach dem Herzen sein – ich meine eine solche Zunahme der Bedrohlichkeit Rußlands, daß Europa sich entschließen müßte, gleichermaßen bedrohlich zu werden, nämlich *einen Willen zu bekommen,* durch das Mittel einer neuen über Europa herrschenden Kaste, einen langen, furchtbaren eignen Willen, der sich über Jahrtausende hin Ziele setzen könnte – damit endlich die langgesponnene Komödie seiner Kleinstaaterei und ebenso seine dynastische wie demokratische Vielwollerei zu einem Abschluß käme. Die Zeit für kleine Politik ist vorbei: schon das nächste Jahrhundert bringt den Kampf um die Erd-Herrschaft – den *Zwang* zur großen Politik.

209

Inwiefern das neue kriegerische Zeitalter, in welches wir Europäer ersichtlich eingetreten sind, vielleicht auch der Entwicklung einer andern und stärkern Art von Skepsis günstig sein mag, darüber möchte ich mich vorläufig nur durch ein Gleichnis ausdrücken, welches die Freunde der deutschen Geschichte schon verstehn werden. Jener unbedenkliche Enthusiast für schöne großgewachsene Grenadiere, welcher, als König von Preußen, einem militärischen und skeptischen Genie – und damit im Grunde jenem neuen, jetzt eben siegreich heraufgekommnen Typus des Deutschen – das Dasein gab, der fragwürdige tolle Vater Friedrichs des Großen, hatte in *einem* Punkte selbst den Griff und die Glücks-Kralle des Genies: er wußte, woran es damals in Deutschland fehlte, und welcher Mangel hundertmal ängstlicher und dringender war als etwa der Mangel an Bildung und gesellschaftlicher Form – sein Widerwille gegen den jungen Friedrich kam aus der Angst eines tiefen Instinktes. *Männer fehlten;* und er argwöhnte zu seinem bittersten Verdrusse, daß sein eigner Sohn nicht Manns genug sei. Darin betrog er sich: aber wer hätte an seiner Stelle sich nicht betrogen? Er sah seinen Sohn dem Atheismus, dem *esprit*, der genüßlichen Leichtlebigkeit geistreicher Franzosen verfallen – er sah im Hintergrunde die große Blutaussaugerin, die Spinne Skepsis, er argwöhnte das unheilbare Elend eines Herzens, das zum Bösen wie zum Guten nicht mehr hart genug ist, eines zerbrochnen Willens, der nicht mehr befiehlt, nicht mehr befehlen *kann*. Aber inzwischen wuchs in seinem Sohne jene gefährlichere und härtere neue Art der Skepsis empor – wer weiß, *wie sehr* gerade durch den Haß des Vaters und durch die eisige Melancholie eines einsam gemachten Willens begünstigt? – die Skepsis der verwegnen Männlichkeit, welche dem Genie zum Kriege und zur Eroberung nächst verwandt ist und in der Gestalt des großen Friedrich ihren ersten Einzug in Deutschland hielt. Diese Skepsis verachtet und reißt trotzdem an sich; sie untergräbt und nimmt in Besitz; sie glaubt nicht, aber sie verliert sich nicht dabei; sie gibt dem Geiste gefährliche Freiheit, aber sie hält das Herz streng; es ist die *deutsche* Form der Skepsis, welche, als ein fortgesetzter und ins Geistigste gesteigerter Friderizianismus, Europa eine gute Zeit unter die Botmäßigkeit des deutschen Geistes und seines kritischen und historischen Mißtrauens gebracht hat. Dank dem unbezwinglich starken und zähen Manns-Charakter der großen deutschen Philologen und Geschichts-Kritiker (welche, richtig angesehn, allesamt auch Artisten der Zerstörung und Zersetzung waren) stellte sich allmählich und trotz aller Romantik in Musik und Philosophie ein *neuer* Begriff vom deutschen Geiste fest, in dem der Zug zur männlichen Skepsis entscheidend hervortrat: sei es zum Beispiel als Unerschrockenheit des Blicks, als Tapferkeit und Härte der zerlegenden Hand, als zäher Wille zu gefährlichen Entdeckungsreisen, zu vergeistigten Nordpol-Expeditionen unter öden und gefährlichen Himmeln. Es mag seine guten Gründe haben, wenn sich warmblütige und oberflächliche Menschlichkeits-Menschen gerade vor diesem Geiste bekreuzigen: *cet esprit fataliste, ironique, méphistophélique* nennt ihn, nicht ohne Schauder, Michelet. Aber will man nachfühlen, wie auszeichnend diese Furcht vor dem »Mann« im deutschen Geiste ist, durch den Europa aus seinem »dogmatischen Schlummer« geweckt wurde, so möge man sich des ehemaligen Begriffs erinnern, der mit ihm überwunden werden mußte – und wie es noch nicht zu lange her ist, daß ein vermännlichtes Weib es in zügelloser Anmaßung wagen durfte, die Deutschen als sanfte herzensgute willensschwache und dichterische Tölpel der Teilnahme Europas zu empfehlen. Man verstehe doch endlich das Erstaunen Napoleons tief genug, als er Goethe zu sehen bekam: es verrät, was man sich jahrhundertelang unter dem »deutschen Geiste« gedacht hatte. »*Voilà un homme*!« – das wollte sagen: »das ist ja ein *Mann*! Und ich hatte nur einen Deutschen erwartet!« –

210

Gesetzt also, daß im Bilde der Philosophen der Zukunft irgendein Zug zu raten gibt, ob sie nicht vielleicht, in dem zuletzt angedeuteten Sinne, Skeptiker sein müssen, so wäre damit doch nur ein Etwas an ihnen bezeichnet – und *nicht* sie selbst. Mit dem gleichen Rechte dürften sie sich Kritiker nennen lassen; und sicherlich werden es Menschen der Experimente sein. Durch den Namen, auf welchen ich sie zu taufen wagte, habe ich das Versuchen und die Lust am Versuchen schon ausdrücklich unterstrichen: geschah dies deshalb, weil sie, als Kritiker an Leib und Seele, sich des Experiments in einem neuen, vielleicht weitern, vielleicht gefährlichern Sinne zu bedienen lieben? Müssen sie, in ihrer Leidenschaft der Erkenntnis, mit verwegnen und schmerzhaften Versuchen weiter gehn, als es der weichmütige und verzärtelte Geschmack eines demokratischen Jahrhunderts gutheißen kann? – Es ist kein Zweifel: diese Kommenden werden am wenigsten jener ernsten und nicht unbedenklichen Eigenschaften entraten dürfen, welche den Kritiker vom Skeptiker abheben, ich meine die Sicherheit der Wertmaße, die bewußte Handhabung einer Einheit von Methode, den gewitzten Mut, das Alleinstehn und Sich-verantworten-können; ja, sie gestehn bei sich eine *Lust* am Nein-sagen und Zergliedern und eine gewisse besonnene Grausamkeit zu, welche das Messer sicher und fein zu führen weiß, auch noch, wenn das Herz blutet. Sie werden *härter* sein (und vielleicht nicht immer nur gegen sich), als humane Menschen wünschen mögen, sie werden sich nicht mit der »Wahrheit« einlassen, damit sie ihnen »gefalle« oder sie »erhebe« und »begeistere« – ihr Glaube wird vielmehr gering sein, daß gerade die *Wahrheit* solche Lustbarkeiten für das Gefühl mit sich bringe. Sie werden lächeln, diese strengen Geister, wenn einer vor ihnen sagte: »jener Gedanke erhebt mich: wie sollte er nicht wahr sein?« Oder: »jenes Werk entzückt mich: wie sollte es nicht schön sein?« Oder: »jener Künstler vergrößert mich: wie sollte er nicht groß sein?« – sie haben vielleicht nicht nur ein Lächeln, sondern einen echten Ekel vor allem derartig Schwärmerischen, Idealistischen, Femininischen, Hermaphroditischen bereit, und wer ihnen bis in ihre geheimen Herzenskammern zu folgen wüßte, würde schwerlich dort die Absicht vorfinden, »christliche Gefühle« mit dem »antiken Geschmacke« und etwa gar noch mit dem »modernen Parlamentarismus« zu versöhnen (wie dergleichen Versöhnlichkeit in unserm sehr unsichern, folglich sehr versöhnlichen Jahrhundert sogar bei Philosophen vorkommen soll). Kritische Zucht und jede Gewöhnung, welche zur Reinlichkeit und Strenge in Dingen des Geistes führt, werden diese Philosophen der Zukunft nicht nur von sich verlangen: sie dürften sie wie ihre Art Schmuck selbst zur Schau tragen – trotzdem wollen sie deshalb noch nicht Kritiker heißen. Es scheint ihnen keine kleine Schmach, die der Philosophie angetan wird, wenn man dekretiert, wie es heute so gern geschieht: »Philosophie selbst ist Kritik und kritische Wissenschaft – und gar nichts außerdem!« Mag diese Wertschätzung der Philosophie sich des Beifalls aller Positivisten Frankreichs und Deutschlands erfreuen (– und es wäre möglich, daß sie sogar dem Herzen und Geschmacke *Kants* geschmeichelt hätte: man erinnere sich der Titel seiner Hauptwerke –): unsre neuen Philosophen werden trotzdem sagen: Kritiker sind Werkzeuge des Philosophen und eben darum, als Werkzeuge, noch lange nicht selbst Philosophen! Auch der große Chinese von Königsberg war nur ein großer Kritiker. –

211

Ich bestehe darauf, daß man endlich aufhöre, die philosophischen Arbeiter und überhaupt die wissenschaftlichen Menschen mit den Philosophen zu verwechseln – daß man gerade hier mit Strenge »jedem das Seine« und jenen nicht viel zu viel, diesen nicht viel zu wenig gebe. Es mag zur Erziehung des wirklichen Philosophen nötig sein, daß er selbst auch auf allen diesen Stufen einmal gestanden hat, auf welchen seine Diener, die wissenschaftlichen Arbeiter der Philosophie, stehen bleiben – stehen bleiben *müssen*; er muß selbst vielleicht Kritiker und Skeptiker und Dogmatiker und Historiker und überdies Dichter und Sammler und Reisender und Rätselrater und Moralist und Seher und »freier Geist« und beinahe alles gewesen sein, um den Umkreis menschlicher Werte und Wert-Gefühle zu durchlaufen und mit vielerlei Augen und Gewissen, von der Höhe in jede Ferne, von der Tiefe in jede Höhe, von der Ecke in jede Weite blicken zu *können*. Aber dies alles sind nur Vorbedingungen seiner Aufgabe: diese Aufgabe selbst will etwas anderes – sie verlangt, daß er *Werte schaffe*. Jene philosophischen Arbeiter nach dem edlen Muster Kants und Hegels haben irgendeinen großen Tatbestand von Wertschätzungen – das heißt ehemaliger Wert*setzungen*, Wertschöpfungen, welche herrschend geworden sind und eine Zeitlang »Wahrheiten« genannt werden – festzustellen und in Formeln zu drängen, sei es im Reiche des *Logischen* oder des *Politischen* (Moralischen) oder des *Künstlerischen*. Diesen Forschern liegt es ob, alles bisher Geschehene und Geschätzte übersichtlich, überdenkbar, faßlich, handlich zu machen, alles Lange, ja »die Zeit« selbst abzukürzen und die ganze Vergangenheit zu *überwältigen*: eine ungeheure und wundervolle Aufgabe, in deren Dienst sich sicherlich jeder feine Stolz, jeder zähe Wille befriedigen kann. *Die eigentlichen Philosophen aber sind Befehlende und Gesetzgeber*: sie sagen »*so soll* es sein!«, sie bestimmen erst das Wohin? und Wozu? des Menschen und verfügen dabei über die Vorarbeit aller philosophischen Arbeiter, aller Überwältiger der Vergangenheit – sie greifen mit schöpferischer Hand nach der Zukunft, und alles, was ist und war, wird ihnen dabei zum Mittel, zum Werkzeug, zum Hammer. Ihr »Erkennen« ist *Schaffen*, ihr Schaffen ist eine Gesetzgebung, ihr Wille zur Wahrheit ist – *Wille zur Macht*. – Gibt es heute solche Philosophen? Gab es schon solche Philosophen? *Muß* es nicht solche Philosophen geben? . . .

212

Es will mir immer mehr so scheinen, daß der Philosoph als ein *notwendiger* Mensch des Morgen und Übermorgen sich jederzeit mit seinem Heute in Widerspruch befunden hat und befinden *mußte*: sein Feind war jedesmal das Ideal von heute. Bisher haben alle diese außerordentlichen Förderer des Menschen, welche man Philosophen nennt, und die sich selbst selten als Freunde der Weisheit, sondern eher als unangenehme Narren und gefährliche Fragezeichen fühlten –, ihre Aufgabe, ihre harte, ungewollte, unabweisliche Aufgabe, endlich aber die Größe ihrer Aufgabe darin gefunden, das böse Gewissen ihrer Zeit zu sein. Indem sie gerade den *Tugenden der Zeit* das Messer vivisektorisch auf die Brust setzten, verrieten sie, was ihr eigenes Geheimnis war: um eine *neue* Größe des Menschen zu wissen, um einen neuen ungegangenen Weg zu seiner Vergrößerung. Jedesmal deckten sie auf, wieviel Heuchelei, Bequemlichkeit, Sich-gehen-lassen und Sich-fallen-lassen, wie viel Lüge unter dem bestgeehrten Typus ihrer zeitgenössischen Moralität versteckt, wie viel Tugend *überlebt* sei; jedesmal sagten sie: »wir müssen dorthin, dorthinaus, wo *ihr* heute am wenigsten zu Hause seid.« Angesichts einer Welt der »modernen Ideen«, welche jedermann in eine Ecke und »Spezialität« bannen möchte, würde ein Philosoph, falls es heute Philosophen geben könnte, gezwungen sein, die Größe des Menschen, den Begriff »Größe« gerade in seine Umfänglichkeit und Vielfältigkeit, in seine Ganzheit im Vielen zu setzen: er würde sogar den Wert und Rang danach bestimmen, wie viel und vielerlei einer tragen und auf sich nehmen, wie *weit* einer seine Verantwortlichkeit spannen könnte. Heute schwächt und verdünnt der Zeitgeschmack und die Zeittugend den Willen, nichts ist so sehr zeitgemäß als Willensschwäche: also muß, im Ideale des Philosophen, gerade Stärke des Willens, Härte und Fähigkeit zu langen Entschließungen in den Begriff »Größe« hineingehören; mit so gutem Rechte als die umgekehrte Lehre und das Ideal einer blöden entsagenden demütigen selbstlosen Menschlichkeit einem umgekehrten Zeitalter angemessen war, einem solchen, das gleich dem sechzehnten Jahrhundert an seiner aufgestauten Energie des Willens und den wildesten Wässern und Sturmfluten der Selbstsucht litt. Zur Zeit des Sokrates, unter lauter Menschen des ermüdeten Instinktes, unter konservativen Altathenern, welche sich gehen ließen – »zum Glücke«, wie sie sagten, zum Vergnügen, wie sie taten – und die dabei immer noch die alten prunkvollen Worte in den Mund nahmen, auf die ihnen ihr Leben längst kein Recht mehr gab, war vielleicht *Ironie* zur Größe der Seele nötig, jene sokratische boshafte Sicherheit des alten Arztes und Pöbelmanns, welcher schonungslos ins eigne Fleisch schnitt, wie ins Fleisch und Herz des »Vornehmen«, mit einem Blick, welcher verständlich genug sprach: »verstellt euch vor mir nicht! Hier – sind wir gleich!« Heute umgekehrt, wo in Europa das Herdentier allein zu Ehren kommt und Ehren verteilt, wo die »Gleichheit der Rechte« allzuleicht sich in die Gleichheit im Unrechte umwandeln könnte: ich will sagen in gemeinsame Bekriegung alles Seltenen, Fremden, Bevorrechtigten, des höheren Menschen, der höheren Seele, der höheren Pflicht, der höheren Verantwortlichkeit, der schöpferischen Machtfülle und Herrschaftlichkeit – heute gehört das Vornehm-sein, das Für-sich-sein-wollen, das Anders-sein-können, das Allein-stehn und Auf-eigne-Faust-leben-müssen zum Begriff »Größe«; und der Philosoph wird etwas von seinem eignen Ideal verraten, wenn er aufstellt: »der soll der Größte sein, der der Einsamste sein kann, der Verborgenste, der Abweichendste, der Mensch jenseits von Gut und Böse, der Herr seiner Tugenden, der Überreiche des Willens; dies eben soll *Größe* heißen: ebenso vielfach als ganz, ebenso weit als voll sein können.« Und nochmals gefragt: ist heute – Größe *möglich*?

213

Was ein Philosoph ist, das ist deshalb schlecht zu lernen, weil es nicht zu lehren ist: man muß es »wissen«, aus Erfahrung – oder man soll den Stolz haben, es *nicht* zu wissen. Daß aber heutzutage alle Welt von Dingen redet, in bezug auf welche sie keine Erfahrung haben *kann*, gilt am meisten und schlimmsten von Philosophen und den philosophischen Zuständen – die wenigsten kennen sie, dürfen sie kennen, und alle populären Meinungen über sie sind falsch. So ist zum Beispiel jenes echt philosophische Beieinander einer kühnen ausgelassenen Geistigkeit, welche *presto* läuft, und einer dialektischen Strenge und Notwendigkeit, die keinen Fehltritt tut, den meisten Denkern und Gelehrten von ihrer Erfahrung her unbekannt und darum, falls jemand davon vor ihnen reden wollte, unglaubwürdig. Sie stellen sich jede Notwendigkeit als Not, als peinliches Folgen-müssen und Gezwungen-werden vor; und das Denken selbst gilt ihnen als etwas Langsames, Zögerndes, beinahe als eine Mühsal und oft genug als »des *Schweißes* der Edlen wert« – aber ganz und gar nicht als etwas Leichtes, Göttliches und dem Tanze, dem Übermute Nächst-Verwandtes! »Denken« und eine Sache »ernst nehmen«, »schwer nehmen« – das gehört bei ihnen zueinander: so allein haben sie es »erlebt«. Die Künstler mögen hier schon eine feinere Witterung haben: sie, die nur zu gut wissen, daß gerade dann, wo sie nichts mehr »willkürlich« und alles notwendig machen, ihr Gefühl von Freiheit, Feinheit, Vollmacht, von schöpferischem Setzen, Verfügen, Gestalten auf seine Höhe kommt – kurz, daß Notwendigkeit und »Freiheit des Willens« dann bei ihnen eins sind. Es gibt zuletzt eine Rangordnung seelischer Zustände, welcher die Rangordnung der Probleme gemäß ist; und die höchsten Probleme stoßen ohne Gnade jeden zurück, der ihnen zu nahen wagt, ohne durch Höhe und Macht seiner Geistigkeit zu ihrer Lösung vorherbestimmt zu sein. Was hilft es, wenn gelenkige Allerwelts-Köpfe oder ungelenke brave Mechaniker und Empiriker sich, wie es heute so vielfach geschieht, mit ihrem Plebejer-Ehrgeize in ihre Nähe und gleichsam an diesen »Hof der Höfe« drängen! Aber auf solche Teppiche dürfen grobe Füße nimmermehr treten: dafür ist im Urgesetz der Dinge schon gesorgt; die Türen bleiben diesen Zudringlichen geschlossen, mögen sie sich auch die Köpfe daran stoßen und zerstoßen! Für jede hohe Welt muß man geboren sein; deutlicher gesagt, man muß für sie *gezüchtet* sein: ein Recht auf Philosophie – das Wort im großen Sinne genommen – hat man nur dank seiner Abkunft, die Vorfahren, das »Geblüt« entscheidet auch hier. Viele Geschlechter müssen der Entstehung des Philosophen vorgearbeitet haben; jede seiner Tugenden muß einzeln erworben, gepflegt, fortgeerbt, einverleibt worden sein, und nicht nur der kühne leichte zarte Gang und Lauf seiner Gedanken, sondern vor allem die

Bereitwilligkeit zu großen Verantwortungen, die Hoheit herrschender Blicke und Niederblicke, das Sich-Abgetrennt-Fühlen von der Menge und ihren Pflichten und Tugenden, das leutselige Beschützen und Verteidigen dessen, was mißverstanden und verleumdet wird, sei es Gott, sei es Teufel, die Lust und Übung in der großen Gerechtigkeit, die Kunst des Befehlens, die Weite des Willens, das langsame Auge, welches selten bewundert, selten hinaufblickt, selten liebt . . .

unter allen Arten von Intelligenz, welche bisher entdeckt wurden, die intelligenteste ist. Kurz, studiert, ihr Psychologen, die Philosophie der »Regel« im Kampfe mit der »Ausnahme«: da habt ihr ein Schauspiel, gut genug für Götter und göttliche Boshaftigkeit! Oder, noch deutlicher: treibt Vivisektion am »guten Menschen«, am *»homo bonae voluntatis«*... an *euch*!

219

Das moralische Urteilen und Verurteilen ist die Lieblings-Rache der Geistig-Beschränkten an denen, die es weniger sind, auch eine Art Schadenersatz dafür, daß sie von der Natur schlecht bedacht wurden, endlich eine Gelegenheit, Geist zu bekommen und fein zu *werden* – Bosheit vergeistigt. Es tut ihnen im Grunde ihres Herzens wohl, daß es einen Maßstab gibt, vor dem auch die mit Gütern und Vorrechten des Geistes Überhäuften ihnen gleichstehn – sie kämpfen für die »Gleichheit aller vor Gott« und *brauchen* beinahe dazu schon den Glauben an Gott. Unter ihnen sind die kräftigsten Gegner des Atheismus. Wer ihnen sagte »eine hohe Geistigkeit ist außer Vergleich mit irgendwelcher Bravheit und Achtbarkeit eines eben nur moralischen Menschen«, würde sie rasend machen – ich werde mich hüten, es zu tun. Vielmehr möchte ich ihnen mit meinem Satze schmeicheln, daß eine hohe Geistigkeit selber nur als letzte Ausgeburt moralischer Qualitäten besteht; daß sie eine Synthesis aller jener Zustände ist, welche den »nur moralischen« Menschen nachgesagt werden, nachdem sie, einzeln, durch lange Zucht und Übung, vielleicht in ganzen Ketten von Geschlechtern erworben sind; daß die hohe Geistigkeit eben die Vergeistigung der Gerechtigkeit und jener gütigen Strenge ist, welche sich beauftragt weiß, die *Ordnung des Ranges* in der Welt aufrechtzuerhalten, unter den Dingen selbst – und nicht nur unter Menschen.

220

Bei dem jetzt so volkstümlichen Lobe des »Uninteressierten« muß man sich, vielleicht nicht ohne einige Gefahr, zum Bewußtsein bringen, *woran* eigentlich das Volk Interesse nimmt, und was überhaupt die Dinge sind, um die sich der gemeine Mann gründlich und tief kümmert: die Gebildeten eingerechnet, sogar die Gelehrten, und wenn nicht alles trügt, beinahe auch die Philosophen. Die Tatsache kommt dabei heraus, daß das allermeiste von dem, was feinere und verwöhntere Geschmäcker, was jede höhere Natur interessiert und reizt, dem durchschnittlichen Menschen gänzlich »uninteressant« scheint – bemerkt er trotzdem eine Hingebung daran, so nennt er sie *»désintéressé«* und wundert sich, wie es möglich ist,

»uninteressiert« zu handeln. Es hat Philosophen gegeben, welche dieser Volks-Verwunderung noch einen verführerischen und mystisch-jenseitigen Ausdruck zu verleihen wußten (– vielleicht weil sie die höhere Natur nicht aus Erfahrung kannten?) – statt die nackte und herzlich billige Wahrheit hinzustellen, daß die »uninteressierte« Handlung eine *sehr* interessante und interessierte Handlung ist, vorausgesetzt... »Und die Liebe?« – Wie! Sogar eine Handlung aus Liebe soll »unegoistisch« sein? Aber ihr Tölpel –! »Und das Lob des Aufopfernden?« – Aber wer wirklich Opfer gebracht hat, weiß, daß er etwas dafür wollte und bekam – vielleicht etwas von sich für etwas von sich – daß er hier hingab, um dort mehr zu haben, vielleicht um überhaupt mehr zu sein oder sich doch als »mehr« zu fühlen. Aber dies ist ein Reich von Fragen und Antworten, in dem ein verwöhnterer Geist sich ungern aufhält: so sehr hat hier bereits die Wahrheit nötig, das Gähnen zu unterdrücken, wenn sie antworten muß. Zuletzt ist sie ein Weib: man soll ihr nicht Gewalt antun.

221

Es kommt vor, sagte ein moralistischer Pedant und Kleinigkeitskrämer, daß ich einen uneigennützigen Menschen ehre und auszeichne: nicht aber, weil er uneigennützig ist, sondern weil er mir ein Recht darauf zu haben scheint, einem andern Menschen auf seine eignen Unkosten zu nützen. Genug, es fragt sich immer, wer *er* ist und wer *jener* ist. An einem zum Beispiele, der zum Befehlen bestimmt und gemacht wäre, würde Selbst-Verleugnung und bescheidenes Zurücktreten nicht eine Tugend, sondern die Vergeudung einer Tugend sein: so scheint es mir. Jede unegoistische Moral, welche sich unbedingt nimmt und an jedermann wendet, sündigt nicht nur gegen den Geschmack: sie ist eine Aufreizung zu Unterlassungs-Sünden, eine Verführung *mehr* unter der Maske der Menschenfreundlichkeit – und gerade eine Verführung und Schädigung der Höheren, Selteneren, Bevorrechteten. Man muß die Moralen zwingen, sich zuallererst vor der *Rangordnung* zu beugen, man muß ihnen ihre Anmaßung ins Gewissen schieben – bis sie endlich miteinander darüber ins Klare kommen, daß es *unmoralisch* ist zu sagen: »was dem einen recht ist, ist dem andern billig«. – Also mein moralistischer Pedant und *bonhomme*: verdiente er es wohl, daß man ihn auslachte, als er die Moralen dergestalt zur Moralität ermahnte? Aber man soll nicht zu viel Recht haben, wenn man die Lacher auf *seiner* Seite haben will; ein Körnchen Unrecht gehört sogar zum guten Geschmack.

222

Wo heute Mitleiden gepredigt wird – und, recht gehört, wird jetzt keine andre Religion mehr gepredigt – möge der Psycholog seine Ohren aufmachen: durch alle Eitelkeit, durch allen Lärm hindurch, der diesen Predigern (wie allen Predigern) zu eigen ist, wird er einen heiseren, stöhnenden, echten Laut von *Selbst-Verachtung* hören. Sie gehört zu jener Verdüsterung und Verhäßlichung Europas, welche jetzt ein Jahrhundert lang im Wachsen ist (und deren erste Symptome schon in einem nachdenklichen Briefe Galianis an Madame d'Epinay urkundlich verzeichnet sind): *wenn sie nicht deren Ursache ist!* Der Mensch der »modernen Ideen«, dieser stolze Affe, ist unbändig mit sich selbst unzufrieden: dies steht fest. Er leidet: und seine Eitelkeit will, daß er nur »mit leidet«...

223

Der europäische Mischmensch – ein leidlich häßlicher Plebejer, alles in allem – braucht schlechterdings ein Kostüm: er hat die Historie nötig als die Vorratskammer der Kostüme. Freilich bemerkt er dabei, daß ihm keines recht auf den Leib paßt – er wechselt und wechselt. Man sehe sich das neunzehnte Jahrhundert auf diese schnellen Vorlieben und Wechsel der Stil-Maskeraden an; auch auf die Augenblicke der Verzweiflung darüber, daß uns »nichts steht« –. Unnütz, sich romantisch oder klassisch oder christlich oder florentinisch oder barokko oder »national« vorzuführen, *in moribus et artibus*: es »kleidet nicht«! Aber der »Geist«, insbesondere der »historische Geist« ersieht sich auch noch an dieser Verzweiflung seinen Vorteil: immer wieder wird ein neues Stück Vorzeit und Ausland versucht, umgelegt, abgelegt, eingepackt, vor allem *studiert* – wir sind das erste studierte Zeitalter *in puncto* der »Kostüme«, ich meine der Moralen, Glaubensartikel, Kunstgeschmäcker und Religionen, vorbereitet, wie noch keine Zeit es war, zum Karneval großen Stils, zum geistigsten Fasching-Gelächter und Übermut, zur transzendentalen Höhe des höchsten Blödsinns und der aristophanischen Welt-Verspottung. Vielleicht, daß wir hier gerade das Reich unsrer *Erfindung* noch entdecken, jenes Reich, wo auch wir noch original sein können, etwa als Parodisten der Weltgeschichte und Hanswürste Gottes – vielleicht daß, wenn auch nichts von heute sonst Zukunft hat, doch gerade unser *Lachen* noch Zukunft hat!

224

Der *historische Sinn* (oder die Fähigkeit, die Rangordnung von Wertschätzungen schnell zu erraten, nach welchen ein Volk, eine Gesellschaft, ein Mensch gelebt hat, der »divinatorische Instinkt« für die Beziehungen dieser Wertschätzungen, für das Verhältnis der Autorität der Werte zur Autorität der wirkenden Kräfte): dieser historische Sinn, auf welchen wir Europäer als auf unsre Besonderheit Anspruch machen, ist uns im Gefolge der bezaubernden und tollen *Halbbarbarei* gekommen, in welche Europa durch die demokratische Vermengung der Stände und Rassen gestürzt worden ist – erst das neunzehnte Jahrhundert kennt diesen Sinn, als seinen sechsten Sinn. Die Vergangenheit von jeder Form und Lebensweise, von Kulturen, die früher hart nebeneinander, übereinander lagen, strömt dank jener Mischung in uns »moderne Seelen« aus, unsre Instinkte laufen nunmehr überallhin zurück, wir selbst sind eine Art Chaos –: schließlich ersieht sich »der Geist«, wie gesagt, seinen Vorteil dabei. Durch unsre Halbbarbarei in Leib und Begierde haben wir geheime Zugänge überallhin, wie sie ein vornehmes Zeitalter nie besessen hat, vor allem die Zugänge zum Labyrinthe der unvollendeten Kulturen und zu jeder Halbbarbarei, die nur jemals auf Erden dagewesen ist; und insofern der beträchtlichste Teil der menschlichen Kultur bisher eben Halbbarbarei war, bedeutet »historischer Sinn« beinahe den Sinn und Instinkt für alles, den Geschmack und die Zunge für alles: womit er sich sofort als ein *unvornehmer* Sinn ausweist. Wir genießen zum Beispiel Homer wieder: vielleicht ist es unser glücklichster Vorsprung, daß wir Homer zu schmecken verstehn, welchen die Menschen einer vornehmen Kultur (etwa die Franzosen des siebzehnten Jahrhunderts, wie Saint-Evremond, der ihm den *esprit vaste* vorwirft, selbst noch ihr Ausklang Voltaire) nicht so leicht sich anzueignen wissen und wußten – welchen zu genießen sie sich kaum erlaubten. Das sehr bestimmte Ja und Nein ihres Gaumens, ihr leicht bereiter Ekel, ihre zögernde Zurückhaltung in bezug auf alles Fremdartige, ihre Scheu vor dem Ungeschmack selbst der lebhaften Neugierde, und überhaupt jener schlechte Wille jeder vornehmen und selbstgenügsamen Kultur, sich eine neue Begehrlichkeit, eine Unbefriedigung am Eignen, eine Bewunderung des Fremden einzugestehn: alles dies stellt und stimmt sie ungünstig selbst gegen die besten Dinge der Welt, welche nicht ihr Eigentum sind oder ihre Beute werden *könnten* – und kein Sinn ist solchen Menschen unverständlicher als gerade der historische Sinn und seine unterwürfige Plebejer-Neugierde. Nicht anders steht es mit Shakespeare, dieser erstaunlichen spanisch-maurisch-sächsischen Geschmacks-Synthesis, über welchen sich ein Altathener aus der Freundschaft des Äschylos halbtot gelacht oder geärgert haben würde: aber wir – nehmen gerade diese wilde Buntheit, dies Durcheinander des Zartesten, Gröbsten und Künstlichsten, mit einer geheimen Vertraulichkeit und Herzlichkeit an, wir genießen ihn als das gerade uns aufgesparte Raffinement der Kunst und lassen uns dabei von den widrigen Dämpfen und der Nähe des englischen Pöbels, in welcher Shakespeares Kunst und Geschmack lebt, so wenig stören als etwa auf der Chiaja Neapels: wo wir mit allen unsren Sinnen, bezaubert und willig, unsres Wegs gehn, wie sehr auch die Kloaken der Pöbel-Quartiere in der Luft sind Wir Menschen des »historischen Sinns«: wir haben als solche unsre Tugenden, es ist nicht zu bestreiten – wir sind anspruchslos, selbstlos, bescheiden, tapfer, voller Selbstüberwindung, voller Hingebung, sehr dankbar, sehr geduldig, sehr entgegenkommend – wir sind mit alledem vielleicht nicht sehr »geschmackvoll« Gestehen wir es uns schließlich zu: was uns Menschen des »historischen Sinns« am schwersten zu fassen, zu fühlen, nachzuschmecken, nachzulieben ist, was uns im Grunde voreingenommen und fast feindlich findet, das ist gerade das Vollkommne und Letzthin-Reife in jeder Kultur und Kunst, das eigentlich Vornehme an Werken und Menschen, ihr Augenblick glatten Meers und halkyonischer Selbstgenugsamkeit, das Goldne und Kalte, welches alle Dinge zeigen, die sich vollendet haben. Vielleicht steht unsre große Tugend des historischen Sinns in einem notwendigen Gegensatz zum *guten* Geschmacke, mindestens zum allerbesten Geschmacke, und wir vermögen gerade die kleinen kurzen und höchsten Glücksfälle und Verklärungen des menschlichen Lebens, wie sie hier und da einmal aufglänzen, nur schlecht, nur zögernd, nur mit Zwang in uns nachzubilden: jene Augenblicke und Wunder, wo eine große Kraft freiwillig vor dem Maßlosen und Unbegrenzten stehn blieb –, wo ein Überfluß von feiner Lust in der plötzlichen Bändigung und Versteinerung, im Feststehn und Sich-fest-stellen auf einem noch zitternden Boden genossen wurde. Das *Maß* ist uns fremd, gestehn wir es uns; unser Kitzel ist gerade der Kitzel des Unendlichen, Ungemeßnen. Gleich dem Reiter auf vorwärtsschnaubendem Rosse lassen wir vor dem Unendlichen die Zügel fallen, wir modernen Menschen, wie Halbbarbaren – und sind erst dort in *unsrer* Seligkeit, wo wir auch am meisten – *in Gefahr sind.*

225

Ob Hedonismus, ob Pessimismus, ob Utilitarismus, ob Eudämonismus: alle diese Denkweisen, welche nach *Lust* und *Leid*, das heißt nach Begleitzuständen und Nebensachen den Wert der Dinge messen, sind Vordergrunds-Denkweisen und Naivitäten, auf welche ein jeder, der sich *gestaltender* Kräfte und eines Künstler-Gewissens bewußt ist, nicht ohne Spott, auch nicht ohne Mitleid herabblicken wird. Mitleiden mit *euch*! das ist freilich nicht das Mitleiden, wie ihr es meint: das ist nicht Mitleiden mit der sozialen »Not«, mit der »Gesellschaft« und ihren Kranken und Verunglückten, mit Lasterhaften und Zerbrochnen von Anbeginn, wie sie rings um uns zu Boden liegen; das ist noch weniger Mitleiden mit murrenden, gedrückten, aufrührerischen Sklaven-Schichten, welche nach Herrschaft – sie nennen's »Freiheit« – trachten. *Unser* Mitleiden ist ein höheres fernsichtigeres Mitleiden – wir sehen, wie *der Mensch* sich verkleinert, wie *ihr* ihn verkleinert! – und es gibt Augenblicke, wo wir gerade *eurem* Mitleiden mit einer unbeschreiblichen Beängstigung zusehn, wo wir uns gegen dies Mitleiden wehren – wo wir euren Ernst gefährlicher als irgendwelche Leichtfertigkeit finden. Ihr wollt womöglich – und es gibt kein tolleres »womöglich« – *das Leiden abschaffen*; und wir? – es scheint gerade, *wir* wollen es lieber noch höher und schlimmer haben, als je es war! Wohlbefinden, wie ihr es versteht – das ist ja kein Ziel, das scheint uns ein *Ende*! Ein Zustand, welcher den Menschen alsbald lächerlich und verächtlich macht – der seinen Untergang *wünschen* macht! Die Zucht des Leidens, des *großen* Leidens – wißt ihr nicht, daß nur *diese* Zucht alle Erhöhungen des Menschen bisher geschaffen hat? Jene Spannung der Seele im Unglück, welche ihr die Stärke anzüchtet, ihre Schauer im Anblick des großen Zugrundegehens, ihre Erfindsamkeit und Tapferkeit im Tragen, Ausharren, Ausdeuten, Ausnützen des Unglücks, und was ihr nur je von Tiefe, Geheimnis, Maske, Geist, List, Größe geschenkt worden ist – ist es nicht ihr unter Leiden, unter der Zucht des großen Leidens geschenkt worden? Im Menschen ist *Geschöpf* und *Schöpfer* vereint: im Menschen ist Stoff, Bruchstück, Überfluß, Lehm, Kot, Unsinn, Chaos; aber im Menschen ist auch Schöpfer, Bildner, Hammer-Härte, Zuschauer-Göttlichkeit und siebenter Tag – versteht ihr diesen Gegensatz? Und daß *euer* Mitleid dem »Geschöpf im Menschen« gilt, dem, was geformt, gebrochen, geschmiedet, gerissen, gebrannt, geglüht, geläutert werden muß – dem, was notwendig *leiden* muß und leiden *soll*? Und *unser* Mitleid – begreift ihr's nicht, wem unser *umgekehrtes* Mitleid gilt, wenn es sich gegen euer Mitleid wehrt, als gegen die schlimmste aller Verzärtelungen und Schwächen? – Mitleid also *gegen* Mitleid! – Aber, nochmals gesagt, es gibt höhere Probleme als alle Lust- und Leid- und Mitleid-Probleme; und jede Philosophie, die nur auf diese hinausläuft, ist eine Naivität. –

226

Wir Immoralisten! – Diese Welt, die *uns* angeht, in der *wir* zu fürchten und zu lieben haben, diese beinahe unsichtbare unhörbare Welt feinen Befehlens, feinen Gehorchens, eine Welt des »Beinahe« in jedem Betrachte, häklig, verfänglich, spitzig, zärtlich: ja, sie ist gut verteidigt gegen plumpe Zuschauer und vertrauliche Neugierde! Wir sind in ein strenges Garn und

Hemd von Pflichten eingesponnen und *können* da nicht heraus –, darin eben sind wir »Menschen der Pflicht«, auch wir! Bisweilen, es ist wahr, tanzen wir wohl in unsern »Ketten« und zwischen unsern »Schwertern«; öfter, es ist nicht minder wahr, knirschen wir darunter und sind ungeduldig über all die heimliche Härte unsres Geschicks. Aber wir mögen tun, was wir wollen: die Tölpel und der Augenschein sagen gegen uns »das sind Menschen *ohne* Pflicht« – wir haben immer die Tölpel und den Augenschein gegen uns!

227

Redlichkeit – gesetzt, daß dies unsre Tugend ist, von der wir nicht loskönnen, wir freien Geister – nun, wir wollen mit aller Bosheit und Liebe an ihr arbeiten und nicht müde werden, uns in *unsrer* Tugend, die allein uns übrigblieb, zu »vervollkommnen«: mag ihr Glanz einmal wie ein vergoldetes blaues spöttisches Abendlicht über dieser alternden Kultur und ihrem dumpfen düstern Ernst liegenbleiben! Und wenn dennoch unsre Redlichkeit eines Tages müde wird und seufzt und die Glieder streckt und uns zu hart findet und es besser, leichter, zärtlicher haben möchte, gleich einem angenehmen Laster: bleiben wir *hart*, wir letzten Stoiker! und schicken wir ihr zu Hilfe, was wir nur an Teufelei in uns haben – unsern Ekel am Plumpen und Ungefähren, unser *»nitimur in vetitum«*, unsern Abenteurer-Mut, unsre gewitzte und verwöhnte Neugierde, unsern feinsten verkapptesten geistigsten Willen zur Macht und Welt-Überwindung, der begehrlich um alle Reiche der Zukunft schweift und schwärmt – kommen wir unserm »Gotte« mit allen unsern »Teufeln« zuhilfe! Es ist wahrscheinlich, daß man uns darob verkennt und verwechselt: was liegt daran! Man wird sagen: »ihre ›Redlichkeit‹ – das ist ihre Teufelei, und gar nichts mehr!« was liegt daran! Und selbst wenn man Recht hätte! Waren nicht alle Götter bisher dergleichen heilig gewordne umgetaufte Teufel? Und was wissen wir zuletzt von uns? Und wie der Geist *heißen* will, der uns führt (es ist eine Sache der Namen)? Und wie viele Geister wir bergen? Unsre Redlichkeit, wir freien Geister – sorgen wir dafür, daß sie nicht unsre Eitelkeit, unser Putz und Prunk, unsre Grenze, unsre Dummheit werde! Jede Tugend neigt zur Dummheit, jede Dummheit zur Tugend; »dumm bis zur Heiligkeit« sagt man in Rußland, – sorgen wir dafür, daß wir nicht aus Redlichkeit zuletzt noch zu Heiligen und Langweiligen werden! Ist das Leben nicht hundertmal zu kurz, sich in ihm – zu langweilen? Man müßte schon ans ewige Leben glauben, um . . .

228

Man vergebe mir die Entdeckung, daß alle Moral-Philosophie bisher langweilig war und zu den Schlafmitteln gehörte – und daß »die Tugend« durch nichts mehr in meinen Augen beeinträchtigt worden ist als durch diese *Langweiligkeit* ihrer Fürsprecher; womit ich noch nicht deren allgemeine Nützlichkeit verkannt haben möchte. Es liegt viel daran, daß so wenig Menschen als möglich über Moral nachdenken – es liegt folglich *sehr* viel daran, daß die Moral nicht etwa eines Tages interessant werde! Aber man sei unbesorgt! Es steht auch heute noch so, wie es immer stand: ich sehe niemanden in Europa, der einen Begriff davon hätte (oder *gäbe*), daß das Nachdenken über Moral gefährlich, verfänglich, verführerisch getrieben werden könnte – daß *Verhängnis* darin liegen könnte! Man sehe sich zum Beispiel die unermüdlichen unvermeidlichen englischen Utilitarier an, wie sie plump und ehrenwert in den Fußtapfen Benthams daherwandeln. dahinwandeln (ein homerisches Gleichnis sagt es deutlicher), so wie er selbst schon in den Fußtapfen des ehrenwerten Helvétius wandelte (nein, das war kein gefährlicher Mensch, dieser Helvétius, *ce sénateur Pococurante,* mit Galiani zu reden –). Kein neuer Gedanke, nichts von feinerer Wendung und Faltung eines alten Gedankens, nicht einmal eine wirkliche Historie des früher Gedachten: eine *unmögliche* Literatur im ganzen, gesetzt, daß man sie nicht mit einiger Bosheit sich einzusäuern versteht. Es hat sich nämlich auch in diese Moralisten (welche man durchaus mit Nebengedanken lesen muß, falls man sie lesen *muß* –) jenes alte englische Laster eingeschlichen, das *cant* heißt und *moralische Tartüfferie* ist, diesmal unter die neue Form der Wissenschaftlichkeit versteckt; es fehlt auch nicht an geheimer Abwehr von Gewissensbissen, an denen billigerweise eine Rasse von ehemaligen Puritanern bei aller wissenschaftlichen Befassung mit Moral leiden wird. (Ist ein Moralist nicht das Gegenstück eines Puritaners? Nämlich als ein Denker, der die Moral als fragwürdig, fragezeichenwürdig, kurz als Problem nimmt? Sollte Moralisieren nicht – unmoralisch sein?) Zuletzt wollen sie alle, daß die *englische* Moralität recht bekomme: insofern gerade damit der Menschheit, oder dem »allgemeinen Nutzen« oder »dem Glück der Meisten«, nein! dem Glücke *Englands* am besten gedient wird; sie möchten mit allen Kräften sich beweisen, daß das Streben nach *englischem* Glück, ich meine nach *comfort* und *fashion* (und, an höchster Stelle, einem Sitz im Parlament), zugleich auch der rechte Pfad der Tugend sei, ja daß, so viel Tugend es bisher in der Welt gegeben hat, es eben in einem solchen Streben bestanden habe Keins von allen diesen schwerfälligen, im Gewissen beunruhigten Herdentieren (die die Sache des Egoismus als Sache der allgemeinen Wohlfahrt zu führen unternehmen –) will etwas davon wissen und riechen, daß die »allgemeine Wohlfahrt« kein Ideal, kein Ziel, kein irgendwie faßbarer Begriff, sondern nur ein Brechmittel ist – daß, was dem einen billig ist, durchaus noch nicht dem andern billig sein *kann*, daß die Forderung *einer* Moral für alle die Beeinträchtigung gerade der höheren Menschen ist, kurz, daß es eine *Rangordnung* zwischen Mensch und Mensch, folglich auch zwischen Moral und Moral gibt. Es ist eine bescheidene und gründlich mittelmäßige Art Mensch, diese utilitarischen Engländer, und, wie gesagt: insofern sie langweilig sind, kann man nicht hoch genug von ihrer Utilität denken. Man sollte sie noch *ermutigen:* wie es, zum Teil, mit nachfolgenden Reimen versucht worden ist.

Heil euch, brave Karrenschieber,
Stets »je länger, desto lieber«,
Steifer stets an Kopf und Knie,
Unbegeistert, ungespäßig,
Unverwüstlich-mittelmäßig,
Sans génie et sans esprit!

229

Es bleibt in jenen späten Zeitaltern, die auf Menschlichkeit stolz sein dürfen, so viel Furcht, so viel *Aberglaube* der Furcht vor dem »wilden grausamen Tiere« zurück, über welches Herr geworden zu sein eben den Stolz jener menschlicheren Zeitalter ausmacht, daß selbst handgreifliche Wahrheiten wie auf Verabredung jahrhundertelang unausgesprochen bleiben, weil sie den Anschein haben, jenem wilden, endlich abgetöteten Tiere wieder zum Leben zu verhelfen. Ich wage vielleicht etwas, wenn ich eine solche Wahrheit mir entschlüpfen lasse: mögen andre sie wieder einfangen und ihr so viel »Milch der frommen Denkungsart« zu trinken geben, bis sie still und vergessen in ihrer alten Ecke liegt. – Man soll über die Grausamkeit umlernen und die Augen aufmachen; man soll endlich Ungeduld lernen, damit nicht länger solche unbescheidne dicke Irrtümer tugendhaft und dreist herumwandeln, wie sie zum Beispiel in betreff der Tragödie von alten und neuen Philosophen aufgefüttert worden sind. Fast alles, was wir »höhere Kultur« nennen, beruht auf der Vergeistigung und Vertiefung der *Grausamkeit* – dies ist mein Satz; jenes »wilde Tier« ist gar nicht abgetötet worden, es lebt, es blüht, es hat sich nur – vergöttlicht. Was die schmerzliche Wollust der Tragödie ausmacht, ist Grausamkeit; was im sogenannten tragischen Mitleiden, im Grunde sogar in allem Erhabnen bis hinauf zu den höchsten und zartesten Schaudern der Metaphysik, angenehm wirkt, bekommt seine Süßigkeit allein von der eingemischten Ingredienz der Grausamkeit. Was der Römer in der Arena, der Christ in den Entzückungen des Kreuzes, der Spanier angesichts von Scheiterhaufen oder Stierkämpfen, der Japanese von heute, der sich zur Tragödie drängt, der Pariser Vorstadt-Arbeiter, der ein Heimweh nach blutigen Revolutionen hat, die Wagnerianerin, welche mit ausgehängtem Willen Tristan und Isolde über sich »ergehen läßt« – was diese alle genießen und mit geheimnisvoller Brunst in sich hineinzutrinken trachten, das sind die Würztränke der großen Circe »Grausamkeit«. Dabei muß man freilich die tölpelhafte Psychologie von ehedem davonjagen, welche von der Grausamkeit nur zu lehren wußte, daß sie beim Anblicke *fremden* Leides entstünde: es gibt einen reichlichen, überreichlichen Genuß auch am eignen Leiden, am eignen Sich-leiden-machen – und wo nur der Mensch zur Selbst-Verleugnung im *religiösen* Sinne oder zur Selbst-Verstümmlung, wie bei Phöniziern und Asketen, oder überhaupt zur Entsinnlichung, Entfleischung, Zerknirschung, zum puritanischen Bußkrampfe, zur Gewissens-Vivisektion und zum Pascalschen *sacrifizio dell'intelletto* sich überreden läßt, da wird er heimlich durch seine Grausamkeit gelockt und vorwärtsgedrängt, durch jene gefährlichen Schauder der *gegen sich selbst* gewendeten Grausamkeit. Zuletzt erwäge man, daß selbst der Erkennende, indem er seinen Geist zwingt, *wider* den Hang des Geistes und oft genug auch wider die Wünsche seines Herzens zu erkennen – nämlich Nein zu sagen, wo er bejahen, lieben, anbeten möchte –, als Künstler und Verklärer der Grausamkeit waltet; schon jedes Tief- und Gründlich-Nehmen ist eine Vergewaltigung, ein Wehetun-Wollen am Grundwillen des Geistes, welcher unablässig zum Scheine und zu den Oberflächen hin will – schon in jedem Erkennenwollen ist ein Tropfen Grausamkeit.

230

Vielleicht versteht man nicht ohne weiteres, was ich hier von einem »Grundwillen des Geistes« gesagt habe: man gestatte mir eine Erläuterung. – Das befehlerische Etwas, das vom Volke der »Geist« genannt wird, will in sich und um sich herum Herr sein und sich als Herrn fühlen: es hat den Willen aus der Vielheit zur Einfachheit, einen zusammenschnürenden, bändigenden, herrschsüchtigen und wirklich herrschaftlichen Willen. Seine Bedürfnisse und Vermögen sind hierin dieselben, wie sie die Physiologen für alles, was lebt, wächst und sich vermehrt, aufstellen. Die Kraft des Geistes, Fremdes sich anzueignen, offenbart sich in einem starken Hange, das Neue dem Alten anzuähnlichen, das Mannigfaltige zu vereinfachen, das gänzlich Widersprechende zu übersehen oder wegzustoßen: ebenso wie er bestimmte Züge und Linien am Fremden, an jedem Stück »Außenwelt« willkürlich stärker unterstreicht, heraushebt, sich zurechtfälscht. Seine Absicht geht dabei auf Einverleibung neuer »Erfahrungen«, auf Einreihung neuer Dinge unter alte Reihen – auf Wachstum also; bestimmter noch, auf das *Gefühl* des Wachstums, auf das Gefühl der vermehrten Kraft. Diesem selben Willen dient ein scheinbar entgegengesetzter Trieb des Geistes, ein plötzlich herausbrechender Entschluß zur Unwissenheit, zur willkürlichen Abschließung, ein Zumachen seiner Fenster, ein inneres Neinsagen zu diesem oder jenem Dinge, ein Nicht-herankommen-lassen, eine Art Verteidigungs-Zustand gegen vieles Wißbare, eine Zufriedenheit mit dem Dunkel, mit dem abschließenden Horizonte, ein Ja-sagen und Gut-heißen der Unwissenheit: wie dies alles nötig ist je nach dem Grade seiner aneignenden Kraft, seiner »Verdauungskraft«, im Bilde geredet – und wirklich gleicht »der Geist« am meisten noch einem Magen. Insgleichen gehört hierher der gelegentliche Wille des Geistes, sich täuschen zu lassen, vielleicht mit einer mutwilligen Ahnung davon, daß es so und so *nicht* steht, daß man es so und so eben nur gelten läßt, eine Lust an aller Unsicherheit und Mehrdeutigkeit, ein frohlockender Selbstgenuß an der willkürlichen Enge und Heimlichkeit eines Winkels, am Allzunahen, am Vordergrunde, am Vergrößerten, Verkleinerten, Verschobenen, Verschönerten, ein Selbstgenuß an der Willkürlichkeit aller dieser Machtäußerungen. Endlich gehört hierher jene nicht unbedenkliche Bereitwilligkeit des Geistes, andre Geister zu täuschen und sich vor ihnen zu verstellen, jener beständige Druck und Drang einer schaffenden, bildenden, wandelfähigen Kraft: der Geist genießt darin seine Masken-Vielfältigkeit und Verschlagenheit, er genießt auch das Gefühl seiner Sicherheit darin – gerade durch seine Proteuskünste ist er ja am besten verteidigt und versteckt! – *Diesem* Willen zum Schein, zur Vereinfachung, zur Maske, zum Mantel, kurz zur Oberfläche – denn jede Oberfläche ist ein Mantel – wirkt jener sublime Hang des Erkennenden *entgegen*, der die Dinge tief, vielfach, gründlich nimmt und nehmen *will*: als eine Art Grausamkeit des intellektuellen Gewissens und Geschmacks, welche jeder tapfere Denker bei sich anerkennen wird, gesetzt daß er, wie sich gebührt, sein Auge für sich selbst lange genug gehärtet und gespitzt hat und an strenge Zucht, auch an strenge Worte gewöhnt ist. Er wird sagen »es ist etwas Grausames im Hange meines Geistes« – mögen die Tugendhaften und Liebenswürdigen es ihm auszureden suchen! In der Tat, es klänge artiger, wenn man uns, statt der Grausamkeit, etwa eine »ausschweifende Redlichkeit« nachsagte, nachraunte, nachrühmte – uns freien, *sehr* freien Geistern – und *so* klingt vielleicht wirklich einmal unser – Nachruhm? Einstweilen – denn es hat Zeit bis dahin – möchten wir selbst wohl am wenigsten geneigt sein, uns mit dergleichen moralischen Wort-Flittern und -Fransen aufzuputzen: unsre ganze bisherige Arbeit verleidet uns gerade diesen Geschmack und seine muntere Üppigkeit. Es sind schöne glitzernde klirrende festliche Worte: Redlichkeit, Liebe zur Wahrheit, Liebe zur Weisheit, Aufopferung für die Erkenntnis, Heroismus des Wahrhaftigen – es ist etwas daran, das einem den

Stolz schwellen macht. Aber wir Einsiedler und Murmeltiere, wir haben uns längst in aller Heimlichkeit eines Einsiedler-Gewissens überredet, daß auch dieser würdige Wort-Prunk zu dem alten Lügen-Putz, -Plunder und -Goldstaub der unbewußten menschlichen Eitelkeit gehört, und daß auch unter solcher schmeichlerischen Farbe und Übermalung der schreckliche Grundtext *homo natura* wieder herauserkannt werden muß. Den Menschen nämlich zurückübersetzen in die Natur; über die vielen eitlen und schwärmerischen Deutungen und Nebensinne Herr werden, welche bisher über jenen ewigen Grundtext *homo natura* gekritzelt und gemalt wurden; machen, daß der Mensch fürderhin vor dem Menschen steht, wie er heute schon, hart geworden in der Zucht der Wissenschaft, vor der *anderen* Natur steht, mit unerschrocknen Ödipus-Augen und verklebten Odysseus-Ohren, taub gegen die Lockweisen alter metaphysischer Vogelfänger, welche ihm allzulange zugeflötet haben: »du bist mehr! du bist höher! du bist anderer Herkunft!« – das mag eine seltsame und tolle Aufgabe sein, aber es ist eine *Aufgabe* – wer wollte das leugnen! Warum wir sie wählten, diese tolle Aufgabe? Oder anders gefragt: »warum überhaupt Erkenntnis?« – Jedermann wird uns danach fragen. Und wir, solchermaßen gedrängt, wir, die wir uns hunderte Male selbst schon ebenso gefragt haben, wir fanden und finden keine bessere Antwort ...

231

Das Lernen verwandelt uns, es tut das, was alle Ernährung tut, die auch nicht bloß »erhält« –: wie der Physiologe weiß. Aber im Grunde von uns, ganz »da unten«, gibt es freilich etwas Unbelehrbares, einen Granit von geistigem Fatum, von vorherbestimmter Entscheidung und Antwort auf vorherbestimmte ausgelesene Fragen. Bei jedem kardinalen Problem redet ein unwandelbares »das bin ich«; über Mann und Weib zum Beispiel kann ein Denker nicht umlernen, sondern nur auslernen – nur zu Ende entdecken, was darüber bei ihm »feststeht«. Man findet beizeiten gewisse Lösungen von Problemen, die gerade *uns* starken Glauben machen; vielleicht nennt man sie fürderhin seine »Überzeugungen«. Später – sieht man in ihnen nur Fußtapfen zur Selbsterkenntnis, Wegweiser zum Probleme, das wir *sind* – richtiger, zur großen Dummheit, die wir sind, zu unserm geistigen Fatum, zum *Unbelehrbaren* ganz »da unten«. – Auf diese reichliche Artigkeit hin, wie ich sie eben gegen mich selbst begangen habe, wird es mir vielleicht eher schon gestattet sein, über das »Weib an sich« einige Wahrheiten herauszusagen: gesetzt, daß man es von vornherein nunmehr weiß, wie sehr es eben nur – *meine* Wahrheiten sind. –

232

Das Weib will selbständig werden: und dazu fängt es an, die Männer über das »Weib an sich« aufzuklären – *das* gehört zu den schlimmsten Fortschritten der allgemeinen *Verhäßlichung* Europas. Denn was müssen diese plumpen Versuche der weiblichen Wissenschaftlichkeit und Selbst-Entblößung alles ans Licht bringen! Das Weib hat so viel Grund zur Scham; im Weibe ist so viel Pedantisches, Oberflächliches, Schulmeisterliches, Klein-Anmaßliches, Kleinlich-Zügelloses und -Unbescheidnes versteckt – man studiere nur seinen Verkehr mit Kindern! –, das im Grunde bisher durch die *Furcht* vor dem Manne am besten zurückgedrängt und gebändigt wurde. Wehe, wenn erst das »Ewig-Langweilige am Weibe« – es ist reich daran! – sich hervorwagen darf! Wenn es seine Klugheit und Kunst, die der Anmut, des Spielens, Sorgen-Wegscheuchens, Erleichterns und Leicht-Nehmens, wenn es seine feine Anstelligkeit zu angenehmen Begierden gründlich und grundsätzlich zu verlernen beginnt! Es werden schon jetzt weibliche Stimmen laut, welche, beim heiligen Aristophanes! Schrecken machen, es wird mit medizinischer Deutlichkeit gedroht, was zuerst und zuletzt das Weib vom Manne *will*. Ist es nicht vom schlechtesten Geschmacke, wenn das Weib sich dergestalt anschickt, wissenschaftlich zu werden? Bisher war glücklicherweise das Aufklären Männer-Sache, Männer-Gabe – man blieb damit »unter sich«; und man darf sich zuletzt, bei allem, was Weiber über »das Weib« schreiben, ein gutes Mißtrauen vorbehalten, ob das Weib über sich selbst eigentlich Aufklärung *will* – und wollen *kann* ... Wenn ein Weib damit nicht einen neuen *Putz* für sich sucht – ich denke doch, das Sich-Putzen gehört zum Ewig-Weiblichen? – nun, so will es vor sich Furcht erregen – es will damit vielleicht Herrschaft. Aber es *will* nicht Wahrheit: was liegt dem Weibe an Wahrheit! Nichts ist von Anbeginn an dem Weibe fremder, widriger, feindlicher als Wahrheit – seine große Kunst ist die Lüge, seine höchste Angelegenheit ist der Schein und die Schönheit. Gestehen wir es, wir Männer: wir ehren und lieben gerade *diese* Kunst und *diesen* Instinkt am Weibe: wir, die wir es schwer haben und uns gerne zu unsrer Erleichterung zu Wesen gesellen, unter deren Händen, Blicken und zarten Torheiten uns unser Ernst, unsre Schwere und Tiefe beinahe wie eine Torheit erscheint. Zuletzt stelle ich die Frage: hat jemals ein Weib selber schon einem Weibskopfe Tiefe, einem Weibsherzen Gerechtigkeit zugestanden? Und ist es nicht wahr, daß, im großen gerechnet, »das Weib« bisher vom Weibe selbst am meisten mißachtet wurde – und ganz und gar nicht von uns? – Wir Männer wünschen, daß das Weib nicht fortfahre, sich durch Aufklärung zu kompromittieren: wie es Manns-Fürsorge und Schonung des Weibes war, als die Kirche dekretierte: *mulier taceat in ecclesia!* Es geschah zum Nutzen des Weibes, als Napoleon der allzu beredten Madame de Staël zu verstehen gab: *mulier taceat in politicis!* – und ich denke, daß es ein rechter Weiberfreund ist, der den Frauen heute zuruft: *mulier taceat de muliere!*

233

Es verrät Korruption der Instinkte – noch abgesehn davon, daß es schlechten Geschmack verrät –, wenn ein Weib sich gerade auf Madame Roland oder Madame de Staël oder Monsieur George Sand beruft, wie als ob damit etwas *zugunsten* des »Weibs an sich« bewiesen wäre. Unter Männern sind die Genannten die drei *komischen* Weiber an sich – nichts mehr! – und gerade die besten unfreiwilligen *Gegen-Argumente* gegen Emanzipation und weibliche Selbstherrlichkeit.

234

Die Dummheit in der Küche; das Weib als Köchin; die schauerliche Gedankenlosigkeit, mit der die Ernährung der Familie und des Hausherrn besorgt wird! Das Weib versteht nicht, was die Speise *bedeutet*: und will Köchin sein! Wenn das Weib ein denkendes Geschöpf wäre, so hätte es ja, als Köchin seit Jahrtausenden, die größten physiologischen Tatsachen finden, insgleichen die Heilkunst in seinen Besitz bringen müssen! Durch schlechte Köchinnen – durch den vollkommnen Mangel an Vernunft in der Küche ist die Entwicklung des Menschen am längsten aufgehalten, am schlimmsten beeinträchtigt worden: es steht heute selbst noch wenig besser. Eine Rede an höhere Töchter.

235

Es gibt Wendungen und Würfe des Geistes, es gibt Sentenzen, eine kleine Handvoll Worte, in denen eine ganze Kultur, eine ganze Gesellschaft sich plötzlich kristallisiert. Dahin gehört jenes gelegentliche Wort der Madame de Lambert an ihren Sohn: *»mon ami, ne vous permettez jamais que de folies, qui vous feront grand plaisir«* – beiläufig das mütterlichste und klügste Wort, das je an einen Sohn gerichtet worden ist.

236

Das, was Dante und Goethe vom Weibe geglaubt haben – jener, indem er sang *»ella guardava suso, ed io in lei«*, dieser, indem er es übersetzte »das Ewig-Weibliche zieht uns *hinan*« –: ich zweifle nicht, daß jedes edlere Weib sich gegen diesen Glauben wehren wird, denn es glaubt eben *das* vom Ewig-Männlichen …

237

Sieben Weibs-Sprüchlein

Wie die längste Weile fleucht, kommt ein Mann zu uns gekreucht!

Alter, ach! und Wissenschaft gibt auch schwacher Tugend Kraft.

Schwarz Gewand und Schweigsamkeit kleidet jeglich Weib – gescheit.

Wem im Glück ich dankbar bin? Gott! – und meiner Schneiderin.

Jung: beblümtes Höhlenhaus. Alt: ein Drache fährt heraus.

Edler Name, hübsches Bein, Mann dazu: o wär *er* mein!

Kurze Rede, langer Sinn – Glatteis für die Eselin!

Die Frauen sind von den Männern bisher wie Vögel behandelt worden, die von irgendwelcher Höhe sich hinab zu ihnen verirrt haben: als etwas Feineres, Verletzlicheres, Wilderes, Wunderlicheres, Süßeres, Seelenvolleres – aber als etwas, das man einsperren muß, damit es nicht davonfliegt.

238

Sich im Grundprobleme »Mann und Weib« zu vergreifen, hier den abgründlichsten Antagonismus und die Notwendigkeit einer ewig-feindseligen Spannung zu leugnen, hier vielleicht von gleichen Rechten, gleicher Erziehung, gleichen Ansprüchen und Verpflichtungen zu träumen: dies ist ein *typisches* Zeichen von Flachköpfigkeit, und ein Denker, der an dieser gefährlichen Stelle sich flach erwiesen hat – flach im Instinkte! –, darf überhaupt als verdächtig, mehr noch, als verraten, als aufgedeckt gelten: wahrscheinlich wird er für alle Grundfragen des Lebens, auch des zukünftigen Lebens, zu »kurz« sein und in *keine* Tiefe hinunterkönnen. Ein Mann hingegen, der Tiefe hat, in seinem Geiste wie in seinen Begierden, auch jene Tiefe des Wohlwollens, welche der Strenge und Härte fähig ist und leicht mit ihnen verwechselt wird, kann über das Weib immer nur *orientalisch* denken – er muß das Weib als Besitz, als verschließbares Eigentum, als etwas zur Dienstbarkeit Vorbestimmtes und in ihr sich Vollendendes fassen – er muß sich hierin auf die ungeheure Vernunft Asiens, auf Asiens Instinkt-Überlegenheit stellen, wie dies ehemals die Griechen getan haben, diese besten Erben und Schüler Asiens, welche, wie bekannt, von Homer bis zu den Zeiten des Perikles, mit *zunehmender* Kultur und Umfänglichkeit an Kraft, Schritt für Schritt auch *strenger* gegen das Weib, kurz, orientalischer geworden sind. *Wie* notwendig, *wie* logisch, *wie* selbst menschlich-wünschbar dies war: möge man darüber bei sich nachdenken!

239

Das schwache Geschlecht ist in keinem Zeitalter mit solcher Achtung von seiten der Männer behandelt worden als in unserm Zeitalter – das gehört zum demokratischen Hang und Grundgeschmack, ebenso wie die Unehrerbietigkeit vor dem Alter –: was wunder, daß sofort wieder mit dieser Achtung Mißbrauch getrieben wird? Man will mehr, man lernt fordern, man findet zuletzt jenen Achtungszoll beinahe schon kränkend, man würde den Wettbewerb um Rechte, ja ganz eigentlich den Kampf vorziehn: genug, das Weib verliert an Scham. Setzen wir sofort hinzu, daß es auch an Geschmack verliert. Es verlernt den Mann zu *fürchten*: aber das Weib, das »das Fürchten verlernt«, gibt seine weiblichsten Instinkte preis. Daß das Weib sich hervorwagt, wenn das Furcht-Einflößende am Manne, sagen wir bestimmter, wenn der *Mann* im Manne nicht mehr gewollt und großgezüchtet wird, ist billig genug, auch begreiflich genug; was sich schwerer begreift, ist, daß ebendamit – das Weib entartet. Dies geschieht heute: täuschen wir uns nicht darüber! Wo nur der industrielle Geist über den militärischen und aristokratischen Geist gesiegt hat, strebt jetzt das Weib nach der wirtschaftlichen und rechtlichen Selbständigkeit eines Kommis: »das Weib als Kommis« steht an der Pforte der sich bildenden modernen Gesellschaft. Indem es sich dergestalt neuer Rechte bemächtigt, »Herr« zu werden trachtet und den »Fortschritt« des Weibes auf seine Fahnen und Fähnchen schreibt, vollzieht sich mit schrecklicher Deutlichkeit das Umgekehrte: *das Weib geht zurück.* Seit der Französischen Revolution ist in Europa der Einfluß des Weibes in dem Maße *geringer* geworden, als es an Rechten und Ansprüchen zugenommen hat; und die »Emanzipation des Weibes«, insofern sie von den Frauen selbst (und nicht nur von männlichen Flachköpfen) verlangt und gefördert wird, ergibt sich dergestalt als ein merkwürdiges Symptom von der zunehmenden Schwächung und Abstumpfung der allerweiblichsten Instinkte. Es ist *Dummheit* in dieser Bewegung, eine beinahe maskulinische Dummheit, deren sich ein wohlgeratenes Weib – das immer ein kluges Weib ist – von Grund aus zu schämen hätte. Die Witterung dafür verlieren, auf welchem Boden man am sichersten zum Siege kommt; die Übung in seiner eigentlichen Waffenkunst vernachlässigen; sich vor dem Manne gehen lassen, vielleicht sogar »bis zum Buche«, wo man sich früher in Zucht und feine listige Demut nahm; dem Glauben des Mannes an ein im Weibe *verhülltes* grundverschiedenes Ideal, an irgendein Ewig- und Notwendig-Weibliches mit tugendhafter Dreistigkeit entgegenarbeiten; dem Manne es nachdrücklich und geschwätzig ausreden, daß das Weib gleich einem zarteren, wunderlich wilden und oft angenehmen Haustiere erhalten, versorgt, geschützt, geschont werden müsse; das täppische und entrüstete Zusammensuchen all des Sklavenhaften und Leibeigenen, das die Stellung des Weibes in der bisherigen Ordnung der Gesellschaft an sich gehabt hat und noch hat (als ob Sklaverei ein Gegenargument und nicht vielmehr eine Bedingung jeder höheren Kultur, jeder Erhöhung der Kultur sei) – was bedeutet dies alles, wenn nicht eine Anbröckelung der weiblichen Instinkte, eine Entweiblichung? Freilich, es gibt genug blödsinnige Frauen-Freunde und Weibs-Verderber unter den gelehrten Eseln männlichen Geschlechts, die dem Weibe anraten, sich dergestalt zu entweiblichen und alle die Dummheiten nachzumachen, an denen der »Mann« in Europa, die europäische »Mannhaftigkeit« krankt – welche das Weib bis zur »allgemeinen Bildung«, wohl gar zum Zeitunglesen und Politisieren herunterbringen möchten. Man will hier und da selbst Freigeister und Literaten aus den Frauen machen: als ob ein Weib ohne Frömmigkeit für einen tiefen und gottlosen Mann nicht etwas vollkommen Widriges oder Lächerliches wäre –; man verdirbt fast überall ihre Nerven mit der krankhaftesten und gefährlichsten aller Arten Musik (unsrer deutschen neuesten Musik) und macht sie täglich hysterischer und zu ihrem ersten und letzten Berufe, kräftige Kinder zu gebären, unbefähigter. Man will sie überhaupt noch mehr »kultivieren« und, wie man sagt, das »schwache Geschlecht« durch Kultur *stark* machen: als ob nicht die Geschichte so eindringlich wie möglich lehrte, daß »Kultivierung« des Menschen und Schwächung – nämlich Schwächung, Zersplitterung, Ankränkelung der *Willlenskraft*, immer miteinander Schritt gegangen sind, und daß die mächtigsten und einflußreichsten Frauen der Welt (zuletzt noch die Mutter Napoleons) gerade ihrer Willenskraft – und nicht den Schulmeistern! – ihre Macht und ihr Übergewicht über die Männer verdankten. Das, was am Weibe Respekt und oft genug Furcht einflößt, ist seine *Natur*, die »natürlicher« ist als die des Mannes, seine echte raubtierhafte listige Geschmeidigkeit, seine Tigerkralle unter dem Handschuh, seine Naivität im Egoismus, seine Unerziehbarkeit und innerliche Wildheit, das Unfaßliche, Weite, Schweifende seiner Begierden und Tugenden ... Was, bei aller Furcht, für diese gefährliche und schöne Katze »Weib« Mitleiden macht, ist, daß es leidender, verletzbarer, liebebedürftiger und zur Enttäuschung verurteilter erscheint als irgendein Tier. Furcht und Mitleiden: mit diesen Gefühlen stand bisher der Mann vor dem Weibe, immer mit einem Fuße schon in der Tragödie, welche zerreißt, indem sie entzückt. – Wie? Und damit soll es nun zu Ende sein? Und die *Entzauberung* des Weibes ist im Werke? Die Verlangweiligung des Weibes kommt langsam herauf? O Europa! Europa! Man kennt das Tier mit Hörnern, welches für dich immer am anziehendsten war, von dem dir immer wieder Gefahr droht! Deine alte Fabel könnte noch einmal zur »Geschichte« werden – noch einmal könnte eine ungeheure Dummheit über dich Herr werden und dich davontragen! Und unter ihr kein Gott versteckt, nein! nur eine »Idee«, eine »moderne Idee«! ...

ACHTES HAUPTSTÜCK

VÖLKER UND VATERLÄNDER

240

Ich hörte, wieder einmal zum ersten Male – Richard Wagners Ouvertüre zu den *Meistersingern*: das ist eine prachtvolle, überladne, schwere und späte Kunst, welche den Stolz hat, zu ihrem Verständnisse zwei Jahrhunderte Musik als noch lebendig vorauszusetzen – es ehrt die Deutschen, daß sich ein solcher Stolz nicht verrechnete! Was für Säfte und Kräfte, was für Jahreszeiten und Himmelsstriche sind hier nicht gemischt! Das mutet uns bald altertümlich, bald fremd, herb und überjung an, das ist ebenso willkürlich als pomphaft-herkömmlich, das ist nicht selten schelmisch, noch öfter derb und grob – das hat Feuer und Mut und zugleich die schlaffe falbe Haut von Früchten, welche zu spät reif werden. Das strömt breit und voll: und plötzlich ein Augenblick unerklärlichen Zögerns, gleichsam eine Lücke, die zwischen Ursache und Wirkung aufspringt, ein Druck, der uns träumen macht, beinahe ein Alpdruck –, aber schon breitet und weitet sich wieder der alte Strom von Behagen aus, von vielfältigstem Behagen, von altem und neuem Glück, *sehr* eingerechnet das Glück des Künstlers an sich selber, dessen er nicht Hehl haben will, sein erstauntes glückliches Mitwissen um die Meisterschaft seiner hier verwendeten Mittel, neuer neuerworbener unausgeprobter Kunstmittel, wie er uns zu verraten scheint. Alles in allem keine Schönheit, kein Süden, nichts von südlicher feiner Helligkeit des Himmels, nichts von Grazie, kein Tanz, kaum ein Wille zur Logik; eine gewisse Plumpheit sogar, die noch unterstrichen wird, wie als ob der Künstler uns sagen wollte: »sie gehört zu meiner Absicht«; eine schwerfällige Gewandung, etwas Willkürlich-Barbarisches und Feierliches, ein Geflirr von gelehrten und ehrwürdigen Kostbarkeiten und Spitzen; etwas Deutsches, im besten und schlimmsten Sinn des Wortes, etwas auf deutsche Art Vielfaches, Unförmliches und Unausschöpfliches; eine gewisse deutsche Mächtigkeit und Überfülle der Seele, welche keine Furcht hat, sich unter die Raffinements des Verfalls zu verstecken – die sich dort vielleicht erst am wohlsten fühlt; ein rechtes echtes Wahrzeichen der deutschen Seele, die zugleich jung und veraltet, übermürbe und überreich noch an Zukunft ist. Diese Art Musik drückt am besten aus, was ich von den Deutschen halte: sie sind von vorgestern und von übermorgen – *sie haben noch kein Heute.*

241

Wir »guten Europäer«: auch wir haben Stunden, wo wir uns eine herzhafte Vaterländerei, einen Plumps und Rückfall in alte Lieben und Engen gestatten – ich gab eben eine Probe davon –, Stunden nationaler Wallungen, patriotischer Beklemmungen und allerhand anderer altertümlicher Gefühls-Überschwemmungen. Schwerfälligere Geister, als wir sind, mögen mit dem, was sich bei uns auf Stunden beschränkt und in Stunden zu Ende spielt, erst in längeren Zeiträumen fertig werden, in halben Jahren die einen, in halben Menschenleben die andern, je nach der Schnelligkeit und Kraft, mit der sie verdauen und ihre »Stoffe wechseln«. Ja, ich könnte mir dumpfe zögernde Rassen denken, welche auch in unserm geschwinden Europa halbe Jahrhunderte nötig hätten, um solche atavistische Anfälle von Vaterländerei und Schollenkleberei zu überwinden und wieder zur Vernunft, will sagen zum »guten Europäertum« zurückzukehren. Und indem ich über diese Möglichkeit ausschweife, begegnet mir's, daß ich Ohrenzeuge eines Gesprächs von zwei alten »Patrioten« werde – sie hörten beide offenbar schlecht und sprachen darum um so lauter. »*Der* hält und weiß von Philosophie so viel als ein Bauer oder Korpsstudent« – sagte der eine –: »der ist noch unschuldig. Aber was liegt heute daran! Es ist das Zeitalter der Massen: die liegen vor allem Massenhaften auf dem Bauche. Und so auch *in politicis.* Ein Staatsmann, der ihnen einen neuen Turm von Babel, irgendein Ungeheuer von Reich und Macht auftürmt, heißt ihnen ›groß‹ – was liegt daran, daß wir Vorsichtigeren und Zurückhaltenderen einstweilen noch nicht vom alten Glauben lassen, es sei allein der große Gedanke, der einer Tat und Sache Größe gibt. Gesetzt, ein Staatsmann brächte sein Volk in die Lage, fürderhin ›große Politik‹ treiben zu müssen, für welche es von Natur schlecht angelegt und vorbereitet ist: so daß es nötig hätte, einer neuen zweifelhaften Mittelmäßigkeit zuliebe seine alten und sicheren Tugenden zu opfern – gesetzt, ein Staatsmann verurteilte sein Volk zum ›Politisieren‹ überhaupt, während dasselbe bisher Besseres zu tun und zu denken hatte und im Grunde seiner Seele einen vorsichtigen Ekel vor der Unruhe, Leere und lärmenden Zankteufelei der eigentlich politisierenden Völker nicht los wurde – gesetzt, ein solcher Staatsmann stachle die eingeschlafnen Leidenschaften und Begehrlichkeiten seines Volkes auf, mache ihm aus seiner bisherigen Schüchternheit und Lust am Danebenstehn einen Flecken, aus seiner Ausländerei und heimlichen Unendlichkeit eine Verschuldung, entwerte ihm seine herzlichsten Hänge, drehe sein Gewissen um, mache seinen Geist eng, seinen Geschmack ›national‹, – wie! ein Staatsmann, der dies alles täte, den sein Volk in alle Zukunft hinein, falls es Zukunft hat, abbüßen müßte, ein solcher Staatsmann wäre *groß?*« »Unzweifelhaft!« antwortete ihm der andre alte Patriot heftig: »sonst hätte er es nicht *gekonnt*!

Es war toll vielleicht, so etwas zu wollen? Aber vielleicht war alles Große im Anfang nur toll!« – »Mißbrauch der Worte!« schrie sein Unterredner dagegen: – »stark! stark! stark und toll! *Nicht* groß!« – Die alten Männer hatten sich ersichtlich erhitzt, als sie sich dergestalt ihre »Wahrheiten« ins Gesicht schrien; ich aber, in meinem Glück und Jenseits, erwog, wie bald über den Starken ein Stärkerer Herr werden wird; auch daß es für die geistige Verflachung eines Volkes eine Ausgleichung gibt, nämlich durch die Vertiefung eines andern. –

242

Nenne man es nun »Zivilisation« oder »Vermenschlichung« oder »Fortschritt«, worin jetzt die Auszeichnung der Europäer gesucht wird; nenne man es einfach, ohne zu loben und zu tadeln, mit einer politischen Formel die *demokratische* Bewegung Europas: hinter all den moralischen und politischen Vordergründen, auf welche mit solchen Formeln hingewiesen wird, vollzieht sich ein ungeheurer *physiologischer* Prozeß, der immer mehr in Fluß gerät – der Prozeß einer Anähnlichung der Europäer, ihre wachsende Loslösung von den Bedingungen, unter denen klimatisch und ständisch gebundene Rassen entstehen, ihre zunehmende Unabhängigkeit von jedem *bestimmten* Milieu, das jahrhundertelang sich mit gleichen Forderungen in Seele und Leib einschreiben möchte – also die langsame Heraufkunft einer wesentlich übernationalen und nomadischen Art Mensch, welche, physiologisch geredet, ein Maximum von Anpassungskunst und -kraft als ihre typische Auszeichnung besitzt. Dieser Prozeß des *werdenden Europäers,* welcher durch große Rückfälle im Tempo verzögert werden kann, aber vielleicht gerade damit an Vehemenz und Tiefe gewinnt und wächst – der jetzt noch wütende Sturm und Drang des »National-Gefühls« gehört hierher, insgleichen der eben heraufkommende Anarchismus –: dieser Prozeß läuft wahrscheinlich auf Resultate hinaus, auf welche seine naiven Beförderer und Lobredner, die Apostel der »modernen Ideen«, am wenigsten rechnen möchten. Dieselben neuen Bedingungen, unter denen im Durchschnitt eine Ausgleichung und Vermittelmäßigung des Menschen sich herausbilden wird – ein nützliches, arbeitsames, vielfach brauchbares und anstelliges Herdentier Mensch –, sind im höchsten Grade dazu angetan, Ausnahme-Menschen der gefährlichsten und anziehendsten Qualität den Ursprung zu geben. Während nämlich jene Anpassungskraft, welche immer wechselnde Bedingungen durchprobiert und mit jedem Geschlecht, fast mit jedem Jahrzehnt, eine neue Arbeit beginnt, die *Mächtigkeit* des Typus gar nicht möglich macht; während der Gesamt-Eindruck solcher zukünftigen Europäer wahrscheinlich der von vielfachen geschwätzigen willensarmen und äußerst anstellbaren Arbeitern sein wird, die des Herrn, des Befehlenden *bedürfen* wie des täglichen Brotes; während also die Demokratisierung Europas auf die Erzeugung eines zur *Sklaverei* im feinsten Sinne vorbereiteten Typus hinausläuft: wird, im Einzel- und Ausnahmefall, der *starke* Mensch stärker und reicher geraten müssen, als er vielleicht jemals bisher geraten ist – dank der Vorurteilslosigkeit seiner Schulung, dank der ungeheuren Vielfältigkeit von Übung, Kunst und Maske. Ich wollte sagen: die Demokratisierung Europas ist zugleich eine unfreiwillige Veranstaltung zur Züchtung von *Tyrannen* – das Wort in jedem Sinne verstanden, auch im geistigen.

243

Ich höre mit Vergnügen, daß unsre Sonne in rascher Bewegung gegen das Sternbild des *Herkules* hin begriffen ist: und ich hoffe, daß der Mensch auf dieser Erde es darin der Sonne gleichtut. Und wir voran, wir guten Europäer! –

244

Es gab eine Zeit, wo man gewohnt war, die Deutschen mit Auszeichnung »tief« zu nennen: jetzt, wo der erfolgreichste Typus des neuen Deutschtums nach ganz andern Ehren geizt und an allem, was Tiefe hat, vielleicht die »Schneidigkeit« vermißt, ist der Zweifel beinahe zeitgemäß und patriotisch, ob man sich ehemals mit jenem Lobe nicht betrogen hat: genug, ob die deutsche Tiefe nicht im Grunde etwas anderes und Schlimmeres ist – und etwas, das man, Gott sei Dank, mit Erfolg loszuwerden im Begriff steht. Machen wir also den Versuch, über die deutsche Tiefe umzulernen: man hat nichts dazu nötig als ein wenig Vivisektion der deutschen Seele. – Die deutsche Seele ist vor allem vielfach, verschiedenen Ursprungs, mehr zusammen- und übereinandergesetzt als wirklich gebaut: das liegt an ihrer Herkunft. Ein Deutscher, der sich erdreisten wollte, zu behaupten »zwei Seelen wohnen, ach! in meiner Brust« würde sich an der Wahrheit arg vergreifen, richtiger, hinter der Wahrheit um viele Seelen zurückbleiben. Als ein Volk der ungeheuerlichsten Mischung und Zusammenrührung von Rassen, vielleicht sogar mit einem Übergewicht des vor-arischen Elementes, als »Volk der Mitte« in jedem Verstande, sind die Deutschen unfaßbarer, umfänglicher, widerspruchsvoller, unbekannter, unberechenbarer, überraschender, selbst erschrecklicher, als es andre Völker sich selber sind – sie entschlüpfen der *Definition* und sind damit schon die Verzweiflung der Franzosen. Es kennzeichnet die Deutschen, daß bei ihnen die Frage »was ist deutsch?« niemals ausstirbt. Kotzebue kannte seine Deutschen gewiß gut genug: »wir sind erkannt«

jubelten sie ihm zu – aber auch *Sand* glaubte sie zu kennen. Jean Paul wußte, was er tat, als er sich ergrimmt gegen Fichtes verlogne, aber patriotische Schmeicheleien und Übertreibungen erklärte – aber es ist wahrscheinlich, daß Goethe anders über die Deutschen dachte als Jean Paul, wenn er ihm auch in betreff Fichtes recht gab. Was Goethe eigentlich über die Deutschen gedacht hat? – Aber er hat über viele Dinge um sich herum nie deutlich geredet und verstand sich zeitlebens auf das feine Schweigen – wahrscheinlich hatte er gute Gründe dazu. Gewiß ist, daß es nicht »die Freiheitskriege« waren, die ihn freudiger aufblicken ließen, so wenig als die Französische Revolution – das Ereignis, um dessentwillen er seinen Faust, ja das ganze Problem »Mensch« *umgedacht* hat, war das Erscheinen Napoleons. Es gibt Worte Goethes, in denen er, wie vom Auslande her, mit einer ungeduldigen Härte über das abspricht, was die Deutschen, sich zu ihrem Stolze rechnen: das berühmte deutsche Gemüt definiert er einmal als »Nachsicht mit fremden und eignen Schwächen«. Hat er damit unrecht? – es kennzeichnet die Deutschen, daß man über sie selten völlig unrecht hat. Die deutsche Seele hat Gänge und Zwischengänge in sich, es gibt in ihr Höhlen, Verstecke, Burgverliese; ihre Unordnung hat viel vom Reize des Geheimnisvollen; der Deutsche versteht sich auf die Schleichwege zum Chaos. Und wie jeglich Ding sein Gleichnis liebt, so liebt der Deutsche die Wolken und alles, was unklar, werdend, dämmernd, feucht und verhängt ist: das Ungewisse, Unausgestaltete, Sich-Verschiebende, Wachsende jeder Art fühlt er als »tief«. Der Deutsche selbst *ist* nicht, er *wird*, er »entwickelt sich«. »Entwicklung« ist deshalb der eigentlich deutsche Fund und Wurf im großen Reich philosophischer Formeln – ein regierender Begriff, der, im Bunde mit deutschem Bier und deutscher Musik, daran arbeitet, ganz Europa zu verdeutschen. Die Ausländer stehen erstaunt und angezogen vor den Rätseln, die ihnen die Widerspruchs-Natur im Grunde der deutschen Seele aufgibt (welche Hegel in System gebracht, Richard Wagner zuletzt noch in Musik gesetzt hat). »Gutmütig und tückisch« – ein solches Nebeneinander, widersinnig in bezug auf jedes andre Volk, rechtfertigt sich leider zu oft in Deutschland: man lebe nur eine Zeitlang unter Schwaben! Die Schwerfälligkeit des deutschen Gelehrten, seine gesellschaftliche Abgeschmacktheit verträgt sich zum Erschrecken gut mit einer innewendigen Seiltänzerei und leichten Kühnheit, vor der bereits alle Götter das Fürchten gelernt haben. Will man die »deutsche Seele« *ad oculos* demonstriert, so sehe man nur in den deutschen Geschmack, in deutsche Künste und Sitten hinein: welche bäurische Gleichgültigkeit gegen »Geschmack«! Wie steht da das Edelste und Gemeinste nebeneinander! Wie unordentlich und reich ist dieser ganze Seelen-Haushalt! Der Deutsche *schleppt* an seiner Seele; er schleppt an allem, was er erlebt. Er verdaut seine Ereignisse schlecht, er wird nie damit »fertig«; die deutsche Tiefe ist oft nur eine schwere zögernde »Verdauung«. Und wie alle Gewohnheits-Kranken, alle Dyspeptiker den Hang zum Bequemen haben, so liebt der Deutsche die »Offenheit« und »Biederkeit«: wie *bequem* ist es, offen und bieder zu sein! – Es ist heute vielleicht die gefährlichste und glücklichste Verkleidung, auf die sich der Deutsche versteht, dies Zutrauliche, Entgegenkommende, die-Karten-Aufdeckende der deutschen *Redlichkeit*: sie ist seine eigentliche Mephistopheles-Kunst, mit ihr kann er es »noch weit bringen«! Der Deutsche läßt sich gehen, blickt dazu mit treuen blauen leeren deutschen Augen – und sofort verwechselt das Ausland ihn mit seinem Schlafrocke! – Ich wollte sagen: mag die »deutsche Tiefe« sein, was sie will, ganz unter uns erlauben wir uns vielleicht über sie zu lachen? – wir tun gut, ihren Anschein und guten Namen auch fürderhin in Ehren zu halten und unsern alten Ruf, als Volk der Tiefe, nicht zu billig gegen preußische »Schneidigkeit« und Berliner Witz und Sand zu veräußern. Es ist für ein Volk klug, sich für tief, für ungeschickt, für gutmütig, für redlich, für unklug gelten zu machen, gelten zu *lassen*: es könnte sogar – tief sein! Zuletzt: man soll seinem Namen Ehre machen – man heißt nicht umsonst das »tiusche« Volk, das Täusche-Volk ...

245

Die »gute alte« Zeit ist dahin, in Mozart hat sie sich ausgesungen – wie glücklich *wir*, daß zu uns sein Rokoko noch redet, daß seine »gute Gesellschaft«, sein zärtliches Schwärmen, seine Kinderlust am Chinesischen und Geschnörkelten, seine Höflichkeit des Herzens, sein Verlangen nach Zierlichen, Verliebten, Tanzenden, Tränenseligen, sein Glaube an den Süden noch an irgendeinen *Rest* in uns appellieren darf! Ach, irgendwann wird es einmal damit vorbei sein – aber wer darf zweifeln, daß es noch früher mit dem Verstehen und Schmecken Beethovens vorbei sein wird! – der ja nur der Ausklang eines Stil-Übergangs und Stil-Bruchs war und *nicht*, wie Mozart, der Ausklang eines großen jahrhundertelangen europäischen Geschmacks. Beethoven ist das Zwischen-Begebnis einer alten mürben Seele, die beständig zerbricht, und einer zukünftigen überjungen Seele, welche beständig *kommt*; auf seiner Musik liegt jenes Zwielicht von ewigem Verlieren und ewigem ausschweifendem Hoffen – dasselbe Licht, in welchem Europa gebadet lag, als es mit Rousseau geträumt, als es um den Freiheitsbaum der Revolution getanzt und endlich vor Napoleon beinahe angebetet hatte. Aber wie schnell verbleicht jetzt gerade *dies* Gefühl, wie schwer ist heute schon das *Wissen* um dies Gefühl – wie fremd klingt die Sprache jener Rousseau, Schiller, Shelley, Byron an unser Ohr, in denen *zusammen* dasselbe Schicksal Europas den Weg zum Wort gefunden hat, das in Beethoven zu singen wußte! – Was von deutscher Musik nachher gekommen ist, gehört in die Romantik, das heißt in eine, historisch gerechnet, noch kürzere, noch flüchtigere, noch oberflächlichere Bewegung, als es jener große Zwischenakt, jener Übergang Europas von Rousseau zu Napoleon und zur Heraufkunft der Demokratie war. Weber: aber was ist *uns* heute Freischütz und Oberon! Oder Marschners Hans Heiling und Vampyr! Oder selbst noch Wagners Tannhäuser! Das ist verklungene, wenn auch noch nicht vergessene Musik. Diese ganze Musik der Romantik war überdies nicht vornehm genug, nicht Musik genug, um auch anderswo recht zu behalten, als im Theater und vor der Menge; sie war von vornherein Musik zweiten Ranges, die unter wirklichen Musikern wenig in Betracht kam. Anders stand es mit Felix Mendelssohn, jenem halkyonischen Meister, der um seiner leichteren reineren beglückteren Seele willen schnell verehrt und ebenso schnell vergessen wurde: als der schöne *Zwischenfall* der deutschen Musik. Was aber Robert Schumann angeht, der es schwer nahm und von Anfang an auch schwergenommen worden ist – es ist der letzte, der eine Schule gegründet hat –: gilt es heute unter uns nicht als ein Glück, als ein Aufatmen, als eine Befreiung, daß gerade diese Schumannsche Romantik überwunden ist? Schumann, in die »Sächsische Schweiz« seiner Seele flüchtend, halb Wertherisch, halb Jean-Paulisch geartet, gewiß nicht Beethovenisch! gewiß nicht Byronisch! – seine Manfred-Musik ist ein Mißgriff und Mißverständnis bis zum Unrechte –, Schumann mit seinem Geschmack, der im Grunde ein *kleiner* Geschmack war (nämlich ein gefährlicher, unter Deutschen doppelt gefährlicher Hang zur stillen Lyrik und Trunkenboldigkeit des Gefühls), beständig beiseite gehend, sich scheu verziehend und zurückziehend, ein edler Zärtling, der in lauter anonymem Glück und Weh schwelgte, eine Art Mädchen und *noli me tangere* von Anbeginn: dieser Schumann war bereits nur noch ein *deutsches* Ereignis in der Musik, kein europäisches mehr, wie Beethoven es war, wie, in noch umfänglicherem Maße, Mozart es gewesen ist – mit ihm drohte der deutschen Musik ihre größte Gefahr, *die Stimme für die Seele Europas* zu verlieren und zu einer bloßen Vaterländerei herabzusinken.

246

– Welche Marter sind deutsch geschriebene Bücher für den, der das *dritte* Ohr hat! Wie unwillig steht er neben dem langsam sich drehenden Sumpfe von Klängen ohne Klang, von Rhythmen ohne Tanz, welcher bei Deutschen ein »Buch« genannt wird! Und gar der Deutsche, der Bücher *liest!* Wie faul, wie widerwillig, wie schlecht liest er! Wie viele Deutsche wissen es und fordern es von sich zu wissen, daß *Kunst* in jedem guten Satze steckt – Kunst, die erraten sein will, sofern der Satz verstanden sein will! Ein Mißverständnis über sein Tempo zum Beispiel:

und der Satz selbst ist mißverstanden! Daß man über die rhythmisch entscheidenden Silben nicht im Zweifel sein darf, daß man die Brechung der allzu strengen Symmetrie als gewollt und als Reiz fühlt, daß man jedem *staccato*, jedem *rubato* ein feines geduldiges Ohr hinhält, daß man den Sinn in der Folge der Vokale und Diphthongen rät, und wie zart und reich sie in ihrem Hintereinander sich färben und umfärben können: wer unter bücherlesenden Deutschen ist gutwillig genug, solchergestalt Pflichten und Forderungen anzuerkennen und auf so viel Kunst und Absicht in der Sprache hinzuhorchen? Man hat zuletzt eben »das Ohr nicht dafür«: und so werden die stärksten Gegensätze des Stils nicht gehört, und die feinste Künstlerschaft ist wie vor Tauben *verschwendet*. – Dies waren meine Gedanken, als ich merkte, wie man plump und ahnungslos zwei Meister in der Kunst der Prosa miteinander verwechselte, einen, dem die Worte zögernd und kalt herabtropfen, wie von der Decke einer feuchten Höhle – er rechnet auf ihren dumpfen Klang und Widerklang –, und einen andern, der seine Sprache wie einen biegsamen Degen handhabt und vom Arme bis zur Zehe hinab das gefährliche Glück der zitternden überscharfen Klinge fühlt, welche beißen, zischen, schneiden will. –

247

Wie wenig der deutsche Stil mit dem Klange und mit den Ohren zu tun hat, zeigt die Tatsache, daß gerade unsre guten Musiker schlecht schreiben. Der Deutsche liest nicht laut, nicht fürs Ohr, sondern bloß mit den Augen: er hat seine Ohren dabei ins Schubfach gelegt. Der antike Mensch las, wenn er las – es geschah selten genug – sich selbst etwas vor, und zwar mit lauter Stimme; man wunderte sich, wenn jemand leise las, und fragte sich insgeheim nach Gründen. Mit lauter Stimme: das will sagen, mit all den Schwellungen, Biegungen, Umschlägen des Tons und Wechseln des Tempos, an denen die antike *öffentliche* Welt ihre Freude hatte Damals waren die Gesetze des Schrift-Stils dieselben wie die des Rede-Stils: und dessen Gesetze hingen zum Teil von der erstaunlichen Ausbildung, den raffinierten Bedürfnissen des Ohrs und Kehlkopfs ab, zum andern Teil von der Stärke, Dauer und Macht der antiken Lunge. Eine Periode ist, im Sinne der Alten, vor allem ein physiologisches Ganzes, insofern sie von *einem* Atem zusammengefaßt wird. Solche Perioden, wie sie bei Demosthenes, bei Cicero vorkommen, zweimal schwellend und zweimal absinkend und alles innerhalb *eines* Atemzugs: das sind Genüsse für *antike* Menschen, welche die Tugend daran, das Seltene und Schwierige im Vortrag einer solchen Periode, aus ihrer eignen Schulung zu schätzen wußten – *wir* haben eigentlich kein Recht auf die *große* Periode, wir Modernen, wir Kurzatmigen in jedem Sinne! Diese Alten waren ja insgesamt in der Rede selbst Dilettanten, folglich Kenner, folglich Kritiker – damit trieben sie ihre Redner zum Äußersten; in gleicher Weise, wie im vorigen Jahrhundert, als alle Italiener und Italienerinnen zu singen verstanden, bei ihnen das Gesangs-Virtuosentum (und damit auch die Kunst der Melodik –) auf die Höhe kam. In Deutschland aber gab es (bis auf die jüngste Zeit, wo eine Art Tribünen-Beredsamkeit schüchtern und plump genug ihre jungen Schwingen regt) eigentlich nur *eine* Gattung öffentlicher und *ungefähr* kunstmäßiger Rede: das ist die von der Kanzel herab. Der Prediger allein wußte in Deutschland, was eine Silbe, was ein Wort wiegt, inwiefern ein Satz schlägt, springt, stürzt, läuft, ausläuft, er allein hatte Gewissen in seinen Ohren, oft genug ein böses Gewissen: denn es fehlt nicht an Gründen dafür, daß gerade von einem Deutschen Tüchtigkeit in der Rede selten, fast immer zu spät erreicht wird. Das Meisterstück der deutschen Prosa ist deshalb billigerweise das Meisterstück ihres größten Predigers: die *Bibel* war bisher das beste deutsche Buch. Gegen Luthers Bibel gehalten ist fast alles übrige nur »Literatur« – ein Ding, das nicht in Deutschland gewachsen ist und darum auch nicht in deutsche Herzen hineinwuchs und -wächst: wie es die Bibel getan hat.

248

Es gibt zwei Arten des Genies: eins, welches vor allem zeugt und zeugen will, und ein andres, welches sich gern befruchten läßt und gebiert. Und ebenso gibt es unter den genialen Völkern solche, denen das Weibsproblem der Schwangerschaft und die geheime Aufgabe des Gestaltens, Ausreifens, Vollendens zugefallen ist – die Griechen zum Beispiel waren ein Volk dieser Art, insgleichen die Franzosen –; und andre, welche befruchten müssen und die Ursache neuer Ordnungen des Lebens werden – gleich den Juden, den Römern und, in aller Bescheidenheit gefragt, den Deutschen? –, Völker, gequält und entzückt von unbekannten Fiebern und unwiderstehlich aus sich herausgedrängt, verliebt und lüstern nach fremden Rassen (nach solchen, welche sich »befruchten lassen« –) und dabei herrschsüchtig wie alles, was sich voller Zeugekräfte und folglich »von Gottes Gnaden« weiß. Diese zwei Arten des Genies suchen sich, wie Mann und Weib; aber sie mißverstehn auch einander – wie Mann und Weib.

249

Jedes Volk hat seine eigne Tartüfferie und heißt sie seine Tugenden. – Das Beste, was man ist, kennt man nicht – kann man nicht kennen.

250

Was Europa den Juden verdankt? – Vielerlei, Gutes und Schlimmes, und vor allem eins, das vom Besten und Schlimmsten zugleich ist: den großen Stil in der Moral, die Furchtbarkeit und Majestät unendlicher Forderungen, unendlicher Bedeutungen, die ganze Romantik und Erhabenheit der moralischen Fragwürdigkeiten – und folglich gerade den anziehendsten, verfänglichsten und ausgesuchtesten Teil jener Farbenspiele und Verführungen zum Leben, in deren Nachschimmer heute der Himmel unsrer europäischen Kultur, ihr Abend-Himmel, glüht – vielleicht verglüht. Wir Artisten unter den Zuschauern und Philosophen sind dafür den Juden – dankbar.

251

Man muß es in den Kauf nehmen, wenn einem Volke, das am nationalen Nervenfieber und politischen Ehrgeize leidet, leiden *will* –, mancherlei Wolken und Störungen über den Geist ziehn, kurz, kleine Anfälle von Verdummung: zum Beispiel bei den Deutschen von heute bald die antifranzösische Dummheit, bald die antijüdische, bald die antipolnische, bald die christlich-romantische, bald die Wagnerianische, bald die teutonische, bald die preußische (man sehe sich doch diese armen Historiker, diese Sybel und Treitschke und ihre dick verbundenen Köpfe an –), und wie sie alle heißen mögen, diese kleinen Benebelungen des deutschen Geistes und Gewissens. Möge man mir verzeihn, daß auch ich, bei einem kurzen gewagten Aufenthalt auf sehr infiziertem Gebiete, nicht völlig von der Krankheit verschont blieb und mir, wie alle Welt, bereits Gedanken über Dinge zu machen anfing, die mich nichts angehn: erstes Zeichen der politischen Infektion. Zum Beispiel über die Juden: man höre. – Ich bin noch keinem Deutschen begegnet, der den Juden gewogen gewesen wäre; und so unbedingt auch die Ablehnung der eigentlichen Antisemiterei von seiten aller Vorsichtigen und Politischen sein mag, so richtet sich doch auch diese Vorsicht und Politik nicht etwa gegen die Gattung des Gefühls selber, sondern nur gegen seine gefährliche Unmäßigkeit, insbesondere gegen den abgeschmackten und schandbaren Ausdruck dieses unmäßigen Gefühls – darüber darf man sich nicht täuschen. Daß Deutschland reichlich *genug* Juden hat, daß der deutsche Magen, das deutsche Blut Not hat (und noch auf lange Not haben wird), um auch nur mit diesem Quantum »Jude« fertig zu werden – so wie der Italiener, der Franzose, der Engländer fertig geworden sind infolge einer kräftigeren Verdauung –: das ist die deutliche Aussage und Sprache eines allgemeinen Instinktes, auf welchen man hören, nach welchem man handeln muß. »Keine neuen Juden mehr hineinlassen!

Und namentlich nach dem Osten (auch nach Österreich) zu die Tore zusperren!« also gebietet der Instinkt eines Volkes, dessen Art noch schwach und unbestimmt ist, so daß sie leicht verwischt, leicht durch eine stärkere Rasse ausgelöscht werden könnte. Die Juden sind aber ohne allen Zweifel die stärkste, zäheste und reinste Rasse, die jetzt in Europa lebt; sie verstehen es, selbst noch unter den schlimmsten Bedingungen sich durchzusetzen (besser sogar als unter günstigen), vermöge irgendwelcher Tugenden, die man heute gerne zu Lastern stempeln möchte – dank vor allem einem resoluten Glauben, der sich vor den »modernen Ideen« nicht zu schämen braucht; sie verändern sich, *wenn* sie sich verändern, immer nur so, wie das russische Reich seine Eroberungen macht – als ein Reich, das Zeit hat und nicht von gestern ist –: nämlich nach dem Grundsatze »so langsam als möglich!« Ein Denker, der die Zukunft Europas auf seinem Gewissen hat, wird, bei allen Entwürfen, welche er bei sich über diese Zukunft macht, mit den Juden rechnen wie mit den Russen, als den zunächst sichersten und wahrscheinlichsten Faktoren im großen Spiel und Kampf der Kräfte. Das, was heute in Europa »Nation« genannt wird und eigentlich mehr eine *res facta* als *nata* ist (ja mitunter einer *res ficta et picta* zum Verwechseln ähnlich sieht –), ist in jedem Falle etwas Werdendes, Junges, Leicht-Verschiebbares, noch keine Rasse, geschweige denn ein solches *aere perennius*, wie es die Juden-Art ist: diese »Nationen« sollten sich doch vor jeder hitzköpfigen Konkurrenz und Feindseligkeit sorgfältig in acht nehmen! Daß die Juden, wenn sie wollten – oder, wenn man sie dazu zwänge, wie es die Antisemiten zu wollen scheinen –, jetzt schon das Übergewicht, ja ganz wörtlich die Herrschaft über Europa haben *könnten*, steht fest; daß sie *nicht* darauf hinarbeiten und Pläne machen, ebenfalls. Einstweilen wollen und wünschen sie vielmehr, sogar mit einiger Zudringlichkeit, in Europa, von Europa ein- und aufgesaugt zu werden, sie dürsten darnach, endlich irgendwo fest, erlaubt, geachtet zu sein und dem Nomadenleben, dem »ewigen Juden« ein Ziel zu setzen –; und man sollte diesen Zug und Drang (der vielleicht selbst schon eine Milderung der jüdischen Instinkte ausdrückt) wohl beachten und ihm entgegenkommen: wozu es vielleicht nützlich und billig wäre, die antisemitischen Schreihälse des Landes zu verweisen. Mit aller Vorsicht entgegenkommen, mit Auswahl; ungefähr so, wie der englische Adel es tut. Es liegt auf der Hand, daß am unbedenklichsten noch sich die stärkeren und bereits fester geprägten Typen des neuen Deutschtums mit ihnen einlassen könnten, zum Beispiel der adelige Offizier aus der Mark: es wäre von vielfachem Interesse, zu sehen, ob sich nicht zu der erblichen Kunst des Befehlens und Gehorchens – in beidem ist das bezeichnete Land heute klassisch – das Genie des Geldes und der Geduld (und vor allem etwas Geist und Geistigkeit, woran es reichlich an der bezeichneten Stelle fehlt –) hinzutun, hinzuzüchten ließe. Doch hier ziemt es sich, meine heitere Deutschtümelei und

Festrede abzubrechen: denn ich rühre bereits an meinen *Ernst*, an das »europäische Problem«, wie ich es verstehe, an die Züchtung einer neuen über Europa regierenden Kaste. –

252

Das ist keine philosophische Rasse – diese Engländer: Bacon bedeutet einen *Angriff* auf den philosophischen Geist überhaupt, Hobbes, Hume und Locke eine Erniedrigung und Wert-Minderung des Begriffs »Philosoph« für mehr als ein Jahrhundert. *Gegen* Hume erhob und hob sich Kant; Locke war es, von dem Schelling sagen *durfte*: *»je méprise Locke«*; im Kampfe mit der englisch-mechanistischen Welt-Vertölpelung waren Hegel und Schopenhauer (mit Goethe) einmütig, jene beiden feindlichen Brüder-Genies in der Philosophie, welche nach den entgegengesetzten Polen des deutschen Geistes auseinanderstrebten und sich dabei unrecht taten, wie sich eben nur Brüder unrecht tun. – Woran es in England fehlt und immer gefehlt hat, das wußte jener Halb-Schauspieler und Rhetor gut genug, der abgeschmackte Wirrkopf Carlyle, welcher es unter leidenschaftlichen Fratzen zu verbergen suchte, was er von sich selbst wußte: nämlich woran es in Carlyle *fehlte* – an eigentlicher *Macht* der Geistigkeit, an eigentlicher *Tiefe* des geistigen Blicks, kurz an Philosophie. – Es kennzeichnet eine solche unphilosophische Rasse, daß sie streng zum Christentume hält: sie *braucht* seine Zucht zur »Moralisierung« und Vermenschlichung: Der Engländer, düsterer, sinnlicher, willensstärker und brutaler als der Deutsche – ist eben deshalb, als der Gemeinere von beiden, auch frömmer als der Deutsche: er hat das Christentum eben noch *nötiger*. Für feinere Nüstern hat selbst dieses englische Christentum noch einen echt englischen Nebengeruch von *spleen* und alkoholischer Ausschweifung, gegen welche es aus guten Gründen als Heilmittel gebraucht wird – das feinere Gift nämlich gegen das gröbere: eine feinere Vergiftung ist in der Tat bei plumpen Völkern schon ein Fortschritt, eine Stufe zur Vergeistigung. Die englische Plumpheit und Bauern-Ernsthaftigkeit wird durch die christliche Gebärdensprache und durch Beten und Psalmensingen noch am erträglichsten verkleidet, richtiger: ausgelegt und umgedeutet; und für jenes Vieh von Trunkenbolden und Ausschweifenden, welches ehemals unter der Gewalt des Methodismus und neuerdings wieder als »Heilsarmee« moralisch grunzen lernt, mag wirklich ein Bußkrampf die verhältnismäßig höchste Leistung von »Humanität« sein, zu der es gesteigert werden kann: so viel darf man billig zugestehn. Was aber auch noch am humansten Engländer beleidigt, das ist sein Mangel an Musik, im Gleichnis (und ohne Gleichnis –) zu reden: er hat in den Bewegungen seiner Seele und seines Leibes keinen Takt und Tanz, ja noch nicht einmal die Begierde nach Takt und Tanz, nach »Musik«. Man höre ihn sprechen; man sehe die schönsten Engländerinnen *gehn* – es gibt in keinem Lande der Erde schönere Tauben und Schwäne – endlich: man höre sie singen! Aber ich verlange zu viel ...

253

Es gibt Wahrheiten, die am besten von mittelmäßigen Köpfen erkannt werden, weil sie ihnen am gemäßesten sind, es gibt Wahrheiten, die nur für mittelmäßige Geister Reize und Verführungskräfte besitzen – auf diesen vielleicht unangenehmen Satz wird man gerade jetzt hingestoßen, seitdem der Geist achtbarer, aber mittelmäßiger Engländer – ich nenne Darwin, John Stuart Mill und Herbert Spencer – in der mittleren Region des europäischen Geschmacks zum Übergewicht zu gelangen anhebt. In der Tat, wer möchte die Nützlichkeit davon anzweifeln, daß zeitweilig *solche* Geister herrschen? Es wäre ein Irrtum, gerade die hochgearteten und abseits fliegenden Geister für besonders geschickt zu halten, viele kleine gemeine Tatsachen festzustellen, zu sammeln und in Schlüsse zu drängen – sie sind vielmehr, als Ausnahmen, von vornherein in keiner günstigen Stellung zu den »Regeln«. Zuletzt haben sie mehr zu tun als nur zu erkennen – nämlich etwas Neues zu *sein,* etwas Neues zu *bedeuten,* neue Werte *darzustellen*! Die Kluft zwischen Wissen und Können ist vielleicht größer, auch unheimlicher, als man denkt: der Könnende im großen Stil, der Schaffende wird möglicherweise ein Unwissender sein müssen – während andrerseits zu wissenschaftlichen Entdeckungen nach der Art Darwins eine gewisse Enge, Dürre und fleißige Sorglichkeit, kurz etwas Englisches nicht übel disponieren mag. – Vergesse man es zuletzt den Engländern nicht, daß sie schon einmal mit ihrer tiefen Durchschnittlichkeit eine Gesamt-Depression des europäischen Geistes verursacht haben: das, was man »die modernen Ideen« oder »die Ideen des achtzehnten Jahrhunderts« oder auch »die französischen Ideen« nennt – das also, wogegen sich der *deutsche* Geist mit tiefem Ekel erhoben hat –, war englischen Ursprungs, daran ist nicht zu zweifeln. Die Franzosen sind nur die Affen und Schauspieler dieser Ideen gewesen, auch ihre besten Soldaten, insgleichen leider ihre ersten und gründlichsten *Opfer*: denn an der verdammlichen Anglomanie der »modernen Ideen« ist zuletzt die *âme française* so dünn geworden und abgemagert, daß man sich ihres sechzehnten und siebzehnten Jahrhunderts, ihrer tiefen leidenschaftlichen Kraft, ihrer erfinderischen Vornehmheit heute fast mit Unglauben erinnert. Man muß aber diesen Satz historischer Billigkeit mit den Zähnen festhalten und gegen den Augenblick und Augenschein verteidigen: die europäische Noblesse – des Gefühls, des Geschmacks, der Sitte, kurz das Wort in jedem hohen Sinne genommen – ist *Frankreichs* Werk und Erfindung, die europäische Gemeinheit, der Plebejismus der modernen Ideen – *Englands.* –

254

Auch jetzt noch ist Frankreich der Sitz der geistigsten und raffiniertesten Kultur Europas und die hohe Schule des Geschmacks: aber man muß dies »Frankreich des Geschmacks« zu finden wissen. Wer zu ihm gehört, hält sich gut verborgen – es mag eine kleine Zahl sein, in denen es leibt und lebt, dazu vielleicht Menschen, welche nicht auf den kräftigsten Beinen stehn, zum Teil Fatalisten, Verdüsterte, Kranke, zum Teil Verzärtelte und Verkünstelte, solche, welche den *Ehrgeiz* haben, sich zu verbergen. Etwas ist allen gemein: sie halten sich die Ohren zu vor der rasenden Dummheit und dem lärmenden Maulwerk des demokratischen Bourgeois. In der Tat wälzt sich heute im Vordergrunde ein verdummtes und vergröbertes Frankreich – es hat neuerdings, bei dem Leichenbegängnisse Victor Hugos, eine wahre Orgie des Ungeschmacks und zugleich der Selbstbewunderung gefeiert. Auch etwas anderes ist ihnen gemeinsam: ein guter Wille, sich der geistigen Germanisierung zu erwehren – und ein noch besseres Unvermögen dazu! Vielleicht ist jetzt schon Schopenhauer in diesem Frankreich des Geistes, welches auch ein Frankreich des Pessimismus ist, mehr zu Hause und heimischer geworden, als er es je in Deutschland war; nicht zu reden von Heinrich Heine, der den feineren und anspruchsvolleren Lyrikern von Paris lange schon in Fleisch und Blut übergegangen ist, oder von Hegel, der heute in Gestalt Taines – das heißt des *ersten* lebenden Historikers – einen beinahe tyrannischen Einfluß ausübt. Was aber Richard Wagner betrifft: je mehr sich die französische Musik nach den wirklichen Bedürfnissen der *âme moderne* gestalten lernt, um so mehr wird sie »wagnerisieren«, das darf man vorhersagen – sie tut es jetzt schon genug! Es ist dennoch dreierlei, was auch heute noch die Franzosen mit Stolz als ihr Erb und Eigen und als unverlornes Merkmal einer alten Kultur-Überlegenheit über Europa aufweisen können, trotz aller freiwilligen und unfreiwilligen Germanisierung und Verpöbelung des Geschmacks: einmal die Fähigkeit zu artistischen Leidenschaften, zu Hingebungen an die »Form«, für welche das Wort *l'art pour l'art*, neben tausend anderen, erfunden ist – dergleichen hat in Frankreich seit drei Jahrhunderten nicht gefehlt und immer wieder, dank der Ehrfurcht vor der »kleinen Zahl«, eine Art Kammermusik der Literatur ermöglicht, welche im übrigen Europa sich suchen läßt –. Das zweite, worauf die Franzosen eine Überlegenheit über Europa begründen können, ist ihre alte vielfache *moralistische* Kultur, welche macht, daß man im Durchschnitt selbst bei kleinen *romanciers* der Zeitungen und zufälligen *boulevardiers de Paris* eine psychologische Reizbarkeit und Neugierde findet, von der man zum Beispiel in Deutschland keinen Begriff (geschweige denn die Sache!) hat. Den Deutschen fehlen dazu ein paar Jahrhunderte moralistischer Arbeit, welche, wie gesagt, Frankreich sich nicht erspart hat; wer die Deutschen darum »naiv« nennt, macht ihnen aus einem Mangel ein Lob zurecht. (Als Gegensatz zu der deutschen Unerfahrenheit und Unschuld *in voluptate psychologica*, die mit der Langweiligkeit des deutschen Verkehrs nicht gar zu fern verwandt ist – und als gelungenster Ausdruck einer echt französischen Neugierde und Erfindungsgabe für dieses Reich zarter Schauder mag Henri Beyle gelten, jener merkwürdige vorwegnehmende und vorauslaufende Mensch, der mit einem napoleonischen Tempo durch *sein* Europa, durch mehrere Jahrhunderte der europäischen Seele lief, als ein Ausspürer und Entdecker dieser Seele – es hat zweier Geschlechter bedurft, um ihn irgendwie *einzuholen*, um einige der Rätsel nachzuraten, die ihn quälten und entzückten, diesen wunderlichen Epikureer und Fragezeichen-Menschen, der Frankreichs letzter großer Psycholog war –.) Es gibt noch einen dritten Anspruch auf Überlegenheit: im Wesen der Franzosen ist eine halbwegs gelungene Synthesis des Nordens und Südens gegeben, welche sie viele Dinge begreifen macht und andre Dinge tun heißt, die ein Engländer nie begreifen wird; ihr dem Süden periodisch zugewandtes und abgewandtes Temperament, in dem von Zeit zu Zeit das provençalische und ligurische Blut überschäumt, bewahrt sie vor dem schauerlichen nordischen Grau in Grau und der sonnenlosen Begriffs-Gespensterei und Blutarmut – unsrer *deutschen* Krankheit des Geschmacks, gegen deren Übermaß man sich augenblicklich mit großer Entschlossenheit Blut und Eisen, will sagen: die »große Politik« verordnet hat (gemäß einer gefährlichen Heilkunst, welche mich warten und warten, aber bis jetzt noch nicht hoffen lehrt –). Auch jetzt noch gibt es in Frankreich ein Vorverständnis und ein Entgegenkommen für jene seltneren und selten befriedigten Menschen, welche zu umfänglich sind, um in irgendeiner Vaterländerei ihr Genüge zu finden, und im Norden den Süden, im Süden den Norden zu lieben wissen – für die geborenen Mittelländler, die »guten Europäer«. – Für sie hat *Bizet* Musik gemacht, dieses letzte Genie, welches eine neue Schönheit und Verführung gesehn – der ein Stück *Süden der Musik* entdeckt hat.

255

Gegen die deutsche Musik halte ich mancherlei Vorsicht für geboten. Gesetzt, daß einer den Süden liebt, wie ich ihn liebe, als eine große Schule der Genesung, im Geistigsten und Sinnlichsten, als eine unbändige Sonnenfülle und Sonnen-Verklärung, welche sich über ein selbstherrliches, an sich glaubendes Dasein breitet: nun, ein solcher wird sich etwas vor der deutschen Musik in acht nehmen lernen, weil sie, indem sie seinen Geschmack zurückverdirbt, ihm die Gesundheit mit zurückverdirbt. Ein solcher Südländer, nicht der Abkunft, sondern dem *Glauben* nach, muß, falls er von der Zukunft der Musik träumt, auch von einer Erlösung der Musik vom Norden träumen und das Vorspiel einer tieferen, mächtigeren, vielleicht böseren und geheimnisvolleren Musik in seinen Ohren haben, einer überdeutschen Musik, welche vor dem Anblick des blauen wollüstigen Meers und der mittelländischen Himmels-Helle nicht verklingt, vergilbt, verblaßt, wie es alle deutsche Musik tut, einer übereuropäischen Musik, die noch vor den braunen Sonnen-Untergängen der Wüste recht behält, deren Seele mit der Palme verwandt ist und unter großen schönen einsamen Raubtieren heimisch zu sein und zu schweifen versteht ... Ich könnte mir eine Musik denken, deren seltenster Zauber darin bestünde, daß sie von Gut und Böse nichts mehr wüßte, nur daß vielleicht irgendein Schiffer-Heimweh, irgendwelche goldne Schatten und zärtliche Schwächen hier und da über sie hinwegliefen: eine Kunst, welche von großer Ferne her die Farben einer untergehenden, fast unverständlich gewordenen *moralischen* Welt zu sich flüchten sähe, und die gastfreundlich und tief genug zum Empfang solcher späten Flüchtlinge wäre. –

256

Dank der krankhaften Entfremdung, welche der Nationalitäts-Wahnsinn zwischen die Völker Europas gelegt hat und noch legt, dank ebenfalls den Politikern des kurzen Blicks und der raschen Hand, die heute mit seiner Hilfe obenauf sind und gar nicht ahnen, wie sehr die auseinanderlösende Politik, welche sie treiben, notwendig nur Zwischenakts-Politik sein kann – dank alledem und manchem heute ganz Unaussprechbaren werden jetzt die unzweideutigsten Anzeichen übersehn oder willkürlich und lügenhaft umgedeutet, in denen sich ausspricht, daß *Europa eins werden will.* Bei allen tieferen und umfänglicheren Menschen dieses Jahrhunderts war es die eigentliche Gesamt-Richtung in der geheimnisvollen Arbeit ihrer Seele, den Weg zu jener neuen *Synthesis* vorzubereiten und versuchsweise den Europäer der Zukunft vorwegzunehmen: nur mit ihren Vordergründen, oder in schwächeren Stunden, etwa im Alter, gehörten sie zu den »Vaterländern« – sie ruhten sich nur von sich selber aus, wenn sie »Patrioten« wurden. Ich denke an Menschen wie Napoleon, Goethe, Beethoven, Stendhal, Heinrich Heine, Schopenhauer; man verarge mir es nicht, wenn ich auch Richard Wagner zu ihnen rechne, über den man sich nicht durch seine eignen Mißverständnisse verführen lassen darf – Genies seiner Art haben selten das Recht, sich selbst zu verstehen. Noch weniger freilich durch den ungesitteten Lärm, mit dem man sich jetzt in Frankreich gegen Richard Wagner sperrt und wehrt – die Tatsache bleibt nichtsdestoweniger bestehn, daß die *französische Spät-Romantik* der vierziger Jahre und Richard Wagner auf das engste und innigste zueinandergehören. Sie sind sich in allen Höhen und Tiefen ihrer Bedürfnisse verwandt, grundverwandt: Europa ist es, das *eine* Europa, dessen Seele sich durch ihre vielfältige und ungestüme Kunst hinaus-, hinaufdrängt und -sehnt – wohin? in ein neues Licht? nach einer neuen Sonne? Aber wer möchte genau aussprechen, was alle diese Meister neuer Sprachmittel nicht deutlich auszusprechen wußten? Gewiß ist, daß der gleiche Sturm und Drang sie quälte, daß sie auf gleiche Weise *suchten*, diese letzten großen Suchenden! Allesamt beherrscht von der Literatur bis in ihre Augen und Ohren – die ersten Künstler von weltliterarischer Bildung –, meistens sogar selber Schreibende, Dichtende, Vermittler und Vermischer der Künste und der Sinne (Wagner gehört als Musiker unter die Maler, als Dichter unter die Musiker, als Künstler überhaupt unter die Schauspieler); allesamt Fanatiker des *Ausdrucks* »um jeden Preis« – ich hebe Delacroix hervor, den Nächstverwandten Wagners –, allesamt große Entdecker im Reiche des Erhabenen, auch des Häßlichen und Gräßlichen, noch größere Entdecker im Effekte, in der Schaustellung, in der Kunst der Schauläden, allesamt Talente weit über ihr Genie hinaus –, Virtuosen durch und durch, mit unheimlichen Zugängen zu allem, was verführt, lockt, zwingt, umwirft, geborene Feinde der Logik und der geraden Linien, begehrlich nach dem Fremden, dem Exotischen, dem Ungeheuren, dem Krummen, dem Sich-Widersprechenden; als Menschen Tantalusse des Willens, heraufgekommene Plebejer, welche sich im Leben und Schaffen eines vornehmen Tempo, eines *lento* unfähig wußten – man denke zum Beispiel an Balzac –, zügellose Arbeiter, beinahe Selbst-Zerstörer durch Arbeit; Antinomisten und Aufrührer in den Sitten, Ehrgeizige und Unersättliche ohne Gleichgewicht und Genuß; allesamt zuletzt an dem christlichen Kreuze zerbrechend und niedersinkend (und das mit Fug und Recht: denn wer von ihnen wäre tief und ursprünglich genug zu einer Philosophie des *Antichrist* gewesen?) – im ganzen eine verwegen-wagende, prachtvoll-gewaltsame, hochfliegende und hochemporreißende Art höherer Menschen, welche ihrem Jahrhundert – und es ist das Jahrhundert der *Menge*! – den Begriff »höherer Mensch« erst zu lehren hatte ... Mögen die deutschen Freunde Richard Wagners darüber mit sich zu Rate gehn, ob es in der Wagnerschen Kunst etwas schlechthin Deutsches gibt, oder ob nicht gerade deren Auszeichnung ist, aus *überdeutschen* Quellen und Antrieben zu kommen: wobei nicht unterschätzt werden mag, wie zur Ausbildung seines Typus gerade Paris unentbehrlich war, nach dem ihn in der entscheidendsten Zeit die Tiefe seiner Instinkte verlangen hieß, und wie die ganze Art seines Auftretens, seines Selbst-Apostolats erst angesichts des französischen Sozialisten-Vorbilds sich vollenden konnte. Vielleicht wird man, bei einer feineren Vergleichung, zu Ehren der deutschen Natur Richard Wagners finden, daß er es in allem stärker, verwegener, härter, höher getrieben hat, als es ein Franzose des neunzehnten Jahrhunderts treiben könnte – dank dem Umstande, daß wir Deutschen der Barbarei noch näherstehen als die Franzosen –; vielleicht ist sogar das Merkwürdigste, was Richard Wagner geschaffen hat, der ganzen so späten lateinischen Rasse für immer und nicht nur für heute unzugänglich, unnachfühlbar, unnachahmbar: die Gestalt des Siegfried, jenes *sehr freien* Menschen, der in der Tat bei weitem zu frei, zu hart, zu wohlgemut, zu gesund, zu *antikatholisch* für den Geschmack alter und mürber Kulturvölker sein mag. Er mag sogar eine Sünde wider die Romantik gewesen sein, dieser antiromanische Siegfried: nun, Wagner hat diese Sünde reichlich quittgemacht, in seinen alten trüben Tagen, als er – einen Geschmack vorwegnehmend, der inzwischen Politik geworden ist – mit der ihm eignen religiösen Vehemenz *den Weg nach Rom*, wenn nicht zu gehn, so doch zu predigen anfing. – Damit man mich, mit diesen letzten Worten, nicht mißverstehe, will ich einige kräftige Reime zu Hilfe nehmen, welche auch weniger feinen Ohren es verraten werden, was ich will – was ich *gegen* den »letzten Wagner« und seine Parsifal-Musik will:

– Ist das noch deutsch? –
Aus deutschem Herzen kam dies schwüle Kreischen?
Und deutschen Leibs ist dies Sich-selbst-Entfleischen?
Deutsch ist dies Priester-Händespreizen,
Dies weihrauch-düftelnde Sinne-Reizen?
Und deutsch dies Stocken, Stürzen, Taumeln,
Dies ungewisse Bimbambaumeln?
Dies Nonnen-Äuglein, Ave-Glocken-Bimmeln,
Dies ganze falsch verzückte Himmel-Überhimmeln?
– Ist das noch deutsch? –
Erwägt! Noch steht ihr an der Pforte: –
Denn, was ihr hört, ist *Rom – Roms Glaube ohne Worte*!

NEUNTES HAUPTSTÜCK

WAS IST VORNEHM?

257

Jede Erhöhung des Typus »Mensch« war bisher das Werk einer aristokratischen Gesellschaft – und so wird es immer wieder sein: als einer Gesellschaft, welche an eine lange Leiter der Rangordnung und Wertverschiedenheit von Mensch und Mensch glaubt und Sklaverei in irgendeinem Sinne nötig hat. Ohne das *Pathos der Distanz*, wie es aus dem eingefleischten Unterschied der Stände, aus dem beständigen Ausblick und Herabblick der herrschenden Kaste auf Untertänige und Werkzeuge und aus ihrer ebenso beständigen Übung im Gehorchen und Befehlen, Nieder- und Fernhalten erwächst, könnte auch jenes andre geheimnisvollere Pathos gar nicht erwachsen, jenes Verlangen nach immer neuer Distanz-Erweiterung innerhalb der Seele selbst, die Herausbildung immer höherer, seltenerer, fernerer, weitgespannterer, umfänglicherer Zustände, kurz eben die Erhöhung des Typus »Mensch«, die fortgesetzte »Selbst-Überwindung des Menschen«, um eine moralische Formel in einem übermoralischen Sinne zu nehmen. Freilich: man darf sich über die Entstehungsgeschichte einer aristokratischen Gesellschaft (also der Voraussetzung jener Erhöhung des Typus »Mensch« –) keinen humanitären Täuschungen hingeben: die Wahrheit ist hart. Sagen wir es uns ohne Schonung, wie bisher jede höhere Kultur auf Erden *angefangen* hat! Menschen mit einer noch natürlichen Natur, Barbaren in jedem furchtbaren Verstande des Wortes, Raubmenschen, noch im Besitz ungebrochner Willenskräfte und Macht-Begierden, warfen sich auf schwächere, gesittetere, friedlichere, vielleicht handeltreibende oder viehzüchtende Rassen, oder auf alte mürbe Kulturen, in denen eben die letzte Lebenskraft in glänzenden Feuerwerken von Geist und Verderbnis verflackerte. Die vornehme Kaste war im Anfang immer die Barbaren-Kaste: ihr Übergewicht lag nicht vorerst in der physischen Kraft, sondern in der seelischen – es waren die *ganzeren* Menschen (was auf jeder Stufe auch so viel mit bedeutet als »die ganzeren Bestien« –).

258

Korruption, als der Ausdruck davon, daß innerhalb der Instinkte Anarchie droht, und daß der Grundbau der Affekte, der »Leben« heißt, erschüttert ist: Korruption ist, je nach dem Lebensgebilde, an dem sie sich zeigt, etwas Grundverschiedenes. Wenn zum Beispiel eine Aristokratie, wie die Frankreichs am Anfange der Revolution, mit einem sublimen Ekel ihre Privilegien wegwirft und sich selbst einer Ausschweifung ihres moralischen Gefühls zum Opfer bringt, so ist dies Korruption – es war eigentlich nur der Abschlußakt jener Jahrhunderte dauernden Korruption, vermöge deren sie Schritt für Schritt ihre herrschaftlichen Befugnisse abgegeben und sich zur *Funktion* des Königtums (zuletzt gar zu dessen Putz und Prunkstück) herabgesetzt hatte. Das Wesentliche an einer guten und gesunden Aristokratie ist aber, daß sie sich *nicht* als Funktion (sei es des Königtums, sei es des Gemeinwesens), sondern als dessen *Sinn* und die höchste Rechtfertigung fühlt – daß sie deshalb mit gutem Gewissen das Opfer einer Unzahl Menschen hinnimmt, welche *um ihretwillen* zu unvollständigen Menschen, zu Sklaven, zu Werkzeugen herabgedrückt und vermindert werden müssen. Ihr Grundglaube muß eben sein, daß die Gesellschaft *nicht* um der Gesellschaft willen da sein dürfe, sondern nur als Unterbau und Gerüst, an dem sich eine ausgesuchte Art Wesen zu ihrer höheren Aufgabe und überhaupt zu einem höheren *Sein* emporzuheben vermag: vergleichbar jenen sonnensüchtigen Kletterpflanzen auf Java – man nennt sie *Sipo Matador* –, welche mit ihren Armen einen Eichbaum so lange und oft umklammern, bis sie endlich, hoch über ihm, aber auf ihn gestützt, in freiem Lichte ihre Krone entfalten und ihr Glück zur Schau tragen können. –

259

Sich gegenseitig der Verletzung, der Gewalt, der Ausbeutung enthalten, seinen Willen dem des andern gleichsetzen: dies kann in einem gewissen groben Sinne zwischen Individuen zur guten Sitte werden, wenn die Bedingungen dazu gegeben sind (nämlich deren tatsächliche Ähnlichkeit in Kraftmengen und Wertmaßen und ihre Zusammengehörigkeit innerhalb *eines* Körpers). Sobald man aber dies Prinzip weiter nehmen wollte und womöglich gar als *Grundprinzip der Gesellschaft*, so würde es sich sofort erweisen als das, was es ist: als Wille zur *Verneinung* des Lebens, als Auflösungs- und Verfalls-Prinzip. Hier muß man gründlich auf den Grund denken und sich aller empfindsamen Schwächlichkeit erwehren: Leben selbst ist *wesentlich* Aneignung, Verletzung, Überwältigung des Fremden und Schwächeren, Unterdrückung, Härte, Aufzwängung eigner Formen, Einverleibung und mindestens, mildestens, Ausbeutung – aber wozu sollte man immer gerade solche Worte gebrauchen, denen von alters her eine verleumderische Absicht eingeprägt ist? Auch jener Körper, innerhalb dessen, wie vorher angenommen wurde, die einzelnen sich als gleich behandeln – es geschieht in jeder gesunden Aristokratie –, muß selber, falls er ein lebendiger und nicht ein absterbender Körper ist, alles das gegen andre

Körper tun, wessen sich die einzelnen in ihm gegeneinander enthalten: er wird der leibhafte Wille zur Macht sein müssen, er wird wachsen, um sich greifen, an sich ziehn, Übergewicht gewinnen wollen – nicht aus irgendeiner Moralität oder Immoralität heraus, sondern weil er *lebt*, und weil Leben eben Wille zur Macht *ist*. In keinem Punkte ist aber das gemeine Bewußtsein der Europäer widerwilliger gegen Belehrung als hier; man schwärmt jetzt überall, unter wissenschaftlichen Verkleidungen sogar, von kommenden Zuständen der Gesellschaft, denen »der ausbeuterische Charakter« abgehn soll – das klingt in meinen Ohren, als ob man ein Leben zu erfinden verspräche, welches sich aller organischen Funktionen enthielte. Die »Ausbeutung« gehört nicht einer verderbten oder unvollkommnen und primitiven Gesellschaft an: sie gehört ins *Wesen* des Lebendigen, als organische Grundfunktion, sie ist eine Folge des eigentlichen Willens zur Macht, der eben der Wille des Lebens ist. – Gesetzt, dies ist als Theorie eine Neuerung – als Realität ist es das *Ur-Faktum* aller Geschichte: man sei doch so weit gegen sich ehrlich! –

260

Bei einer Wanderung durch die vielen feineren und gröberen Moralen, welche bisher auf Erden geherrscht haben oder noch herrschen, fand ich gewisse Züge regelmäßig miteinander wiederkehrend und aneinander geknüpft: bis sich mir endlich zwei Grundtypen verrieten, und ein Grundunterschied heraussprang. Es gibt *Herren-Moral* und *Sklaven-Moral* – ich füge sofort hinzu, daß in allen höheren und gemischteren Kulturen auch Versuche der Vermittlung beider Moralen zum Vorschein kommen, noch öfter das Durcheinander derselben und gegenseitige Mißverstehen, ja bisweilen ihr hartes Nebeneinander – sogar im selben Menschen, innerhalb *einer* Seele. Die moralischen Wertunterscheidungen sind entweder unter einer herrschenden Art entstanden, welche sich ihres Unterschieds gegen die beherrschte mit Wohlgefühl bewußt wurde – oder unter den Beherrschten, den Sklaven und Abhängigen jeden Grades. Im ersten Falle, wenn die Herrschenden es sind, die den Begriff »gut« bestimmen, sind es die erhobenen stolzen Zustände der Seele, welche als das Auszeichnende und die Rangordnung Bestimmende empfunden werden. Der vornehme Mensch trennt die Wesen von sich ab, an denen das Gegenteil solcher gehobener stolzer Zustände zum Ausdruck kommt: er verachtet sie. Man bemerke sofort, daß in dieser ersten Art Moral der Gegensatz »gut« und »schlecht« so viel bedeutet wie »vornehm« und »verächtlich« – der Gegensatz »gut« und *»böse«* ist andrer Herkunft. Verachtet wird der Feige, der Ängstliche, der Kleinliche, der an die enge Nützlichkeit Denkende; ebenso der Mißtrauische mit seinem unfreien Blicke, der Sich-Erniedrigende, die Hunde-Art von Mensch, welche sich mißhandeln läßt, der bettelnde Schmeichler, vor allem der Lügner – es ist ein Grundglaube aller Aristokraten, daß das gemeine Volk lügnerisch ist. »Wir Wahrhaftigen« – so nannten sich im alten Griechenland die Adeligen. Es liegt auf der Hand, daß die moralischen Wertbezeichnungen überall zuerst auf *Menschen* und erst abgeleitet und spät auf *Handlungen* gelegt worden sind: weshalb es ein arger Fehlgriff ist, wenn Moral-Historiker von Fragen den Ausgang nehmen wie »warum ist die mitleidige Handlung gelobt worden?« Die vornehme Art Mensch fühlt *sich* als wertbestimmend, sie hat nicht nötig, sich gutheißen zu lassen, sie urteilt »was mir schädlich ist, das ist an sich schädlich«, sie weiß sich als das, was überhaupt erst Ehre den Dingen verleiht, sie ist *werteschaffend.* Alles, was sie an sich kennt, ehrt sie: eine solche Moral ist Selbstverherrlichung. Im Vordergrunde steht das Gefühl der Fülle, der Macht, die überströmen will, das Glück der hohen Spannung, das Bewußtsein eines Reichtums, der schenken und abgeben möchte – auch der vornehme Mensch hilft dem Unglücklichen, aber nicht oder fast nicht aus Mitleid, sondern mehr aus einem Drang, den der Überfluß von Macht erzeugt. Der vornehme Mensch ehrt in sich den Mächtigen, auch den, welcher Macht über sich selbst hat, der zu reden und zu schweigen versteht, der mit Lust Strenge und Härte gegen sich übt und Ehrerbietung vor allem Strengen und Harten hat. »Ein hartes Herz legte Wotan mir in die Brust«, heißt es in einer alten skandinavischen Saga: so ist es aus der Seele eines stolzen Wikingers heraus mit Recht gedichtet. Eine solche Art Mensch ist eben stolz darauf, *nicht* zum Mitleiden gemacht zu sein: weshalb der Held der Saga warnend hinzufügt »wer jung schon kein hartes Herz hat, dem wird es niemals hart«. Vornehme und Tapfere, welche so denken, sind am entferntesten von jener Moral, welche gerade im Mitleiden oder im Handeln für andere oder im *désintéressement* das Abzeichen des Moralischen sieht; der Glaube an sich selbst, der Stolz auf sich selbst, eine Grundfeindschaft und Ironie gegen »Selbstlosigkeit« gehört ebenso bestimmt zur vornehmen Moral wie eine leichte Geringschätzung und Vorsicht vor den Mitgefühlen und dem »warmen Herzen«. – Die Mächtigen sind es, welche zu ehren *verstehn,* es ist ihre Kunst, ihr Reich der Erfindung. Die tiefe Ehrfurcht vor dem Alter und vor dem Herkommen – das ganze Recht steht auf dieser doppelten Ehrfurcht –, der Glaube und das Vorurteil zugunsten der Vorfahren und zuungunsten der Kommenden ist typisch in der Moral der Mächtigen; und wenn umgekehrt die Menschen der »modernen Ideen« beinahe instinktiv an den »Fortschritt« und »die Zukunft« glauben und der Achtung vor dem Alter immer mehr ermangeln, so verrät sich damit genugsam schon die unvornehme Herkunft dieser »Ideen«. Am meisten ist aber eine Moral der Herrschenden dem gegenwärtigen Geschmacke fremd und peinlich in der Strenge ihres Grundsatzes, daß man nur gegen seinesgleichen Pflichten habe; daß man gegen die Wesen niedrigeren Ranges, gegen alles Fremde nach Gutdünken oder »wie es das Herz will« handeln dürfe und jedenfalls »jenseits von Gut und Böse« –: hierhin mag Mitleiden und dergleichen gehören. Die Fähigkeit und Pflicht zu langer Dankbarkeit und langer Rache – beides nur innerhalb seinesgleichen –, die Feinheit in der Wiedervergeltung, das Begriffs-Raffinement in der Freundschaft, eine gewisse Notwendigkeit, Feinde zu haben (gleichsam als Abzugsgräben für die Affekte Neid Streitsucht, Übermut – im Grunde, um gut *freund* sein zu können): alles das sind typische Merkmale der vornehmen Moral, welche, wie angedeutet, nicht die Moral der »modernen Ideen« ist und deshalb heute schwer nachzufühlen, auch schwer auszugraben und aufzudecken ist. – Es steht anders mit dem zweiten Typus der Moral, der *Sklaven-Moral.* Gesetzt, daß die Vergewaltigten, Gedrückten, Leidenden, Unfreien, ihrer selbst Ungewissen und Müden moralisieren: was wird das Gleichartige ihrer moralischen Wertschätzungen sein? Wahrscheinlich wird ein pessimistischer Argwohn gegen die ganze Lage des Menschen zum Ausdruck kommen, vielleicht eine Verurteilung des Menschen mitsamt seiner Lage. Der Blick des Sklaven ist abgünstig für die Tugenden des Mächtigen: er hat Skepsis und Mißtrauen, er hat *Feinheit* des Mißtrauens gegen alles »Gute«, was dort geehrt wird –, er möchte sich überreden, daß das Glück selbst dort nicht echt sei. Umgekehrt werden die Eigenschaften hervorgezogen und mit Licht übergossen, welche dazu dienen, Leidenden das Dasein zu erleichtern: hier kommt das Mitleiden, die gefällige hilfsbereite Hand, das warme Herz, die Geduld, der Fleiß, die Demut, die Freundlichkeit zu Ehren –, denn das sind hier die nützlichsten Eigenschaften und beinahe die einzigen Mittel, den Druck des Daseins auszuhalten. Die Sklaven-Moral ist wesentlich Nützlichkeitsmoral. Hier ist der Herd für die Entstehung jenes berühmten Gegensatzes »gut« und »*böse*« – ins Böse wird die Macht und Gefährlichkeit hineinempfunden, eine gewisse Furchtbarkeit, Feinheit und Stärke, welche die Verachtung nicht aufkommen läßt. Nach der Sklaven-Moral erregt also der »Böse« Furcht; nach der Herren-Moral ist es gerade der »Gute«, der Furcht erregt und erregen will, während der »schlechte« Mensch als der verächtliche empfunden wird. Der Gegensatz kommt auf seine Spitze, wenn sich, gemäß der Sklavenmoral-Konsequenz, zuletzt nun auch an den »Guten« dieser Moral ein Hauch von Geringschätzung hängt – sie mag leicht und wohlwollend sein –, weil der Gute innerhalb der Sklaven-Denkweise jedenfalls der *ungefährliche* Mensch sein muß: er ist gutmütig, leicht zu betrügen, ein bißchen dumm vielleicht, *un bonhomme.* Überall, wo die Sklaven-Moral zum Übergewicht kommt, zeigt die Sprache eine Neigung, die Worte »gut« und »dumm« einander anzunähern. – Ein letzter Grundunterschied: das Verlangen nach *Freiheit,* der Instinkt für das Glück und die Feinheiten des Freiheits-Gefühls gehört ebenso notwendig zur Sklaven-Moral und -Moralität, als die Kunst und Schwärmerei in der Ehrfurcht, in der Hingebung das regelmäßige Symptom einer aristokratischen Denk- und Wertungsweise ist. – Hieraus läßt sich ohne weiteres verstehn, warum die Liebe *als Passion* – es ist unsre europäische Spezialität – schlechterdings vornehmer Abkunft sein muß: bekanntlich gehört ihre Erfindung den provençalischen Ritter-Dichtern zu, jenen prachtvoll erfinderischen Menschen des *»gai saber«*, denen Europa so vieles und beinahe sich selbst verdankt. –

261

Zu den Dingen, welche einem vornehmen Menschen vielleicht am schwersten zu begreifen sind, gehört die Eitelkeit: er wird versucht sein, sie noch dort zu leugnen, wo eine andre Art Mensch sie mit beiden Händen zu fassen meint. Das Problem ist für ihn, sich Wesen vorzustellen, die eine gute Meinung über sich zu erwecken suchen, welche sie selbst von sich nicht haben – und also auch nicht »verdienen« –, und die doch hinterdrein an diese gute Meinung selber *glauben*. Das erscheint ihm zur Hälfte so geschmacklos und unehrerbietig vor sich selbst, zur andren Hälfte so barockunvernünftig, daß er die Eitelkeit gern als Ausnahme fassen möchte und sie in den meisten Fällen, wo man von ihr redet, anzweifelt. Er wird zum Beispiel sagen: »ich kann mich über meinen Wert irren und andrerseits doch verlangen, daß mein Wert gerade so, wie ich ihn ansetze, auch von andern anerkannt werde – aber das ist keine Eitelkeit (sondern Dünkel oder, in den häufigeren Fällen, das was ›Demut‹, auch ›Bescheidenheit‹ genannt wird).« Oder auch: »ich kann mich aus vielen Gründen über die gute Meinung anderer freuen, vielleicht weil ich sie ehre und liebe und mich an jeder ihrer Freuden erfreue, vielleicht auch weil ihre gute Meinung den Glauben an meine eigne gute Meinung bei mir unterschreibt und kräftigt, vielleicht weil die gute Meinung anderer, selbst in Fällen, wo ich sie nicht teile, mir doch nützt oder Nutzen verspricht – aber das ist alles nicht Eitelkeit.« Der vornehme Mensch muß es sich erst mit Zwang, namentlich mit Hilfe der Historie, vorstellig machen, daß seit unvordenklichen Zeiten, in allen irgendwie abhängigen Volksschichten der gemeine Mensch nur das *war*, was er *galt* – gar nicht daran gewöhnt, Werte selbst anzusetzen, maß er auch sich keinen andern Wert bei, als seine Herren ihm beimaßen (es ist das eigentliche *Herrenrecht*, Werte zu schaffen.) Mag man es als die Folge eines ungeheuren Atavismus begreifen, daß der gewöhnliche Mensch auch jetzt noch immer erst auf eine Meinung über sich *wartet* und sich dann derselben instinktiv unterwirft: aber durchaus nicht bloß einer »guten« Meinung, sondern auch einer schlechten und unbilligen (man denke zum Beispiel an den größten Teil der Selbstschätzungen und Selbstunterschätzungen, welche gläubige Frauen ihren Beichtvätern ablernen, und überhaupt der gläubige Christ seiner Kirche ablernt). Tatsächlich wird nun, gemäß dem langsamen Heraufkommen der demokratischen Ordnung der Dinge (und seiner Ursache, der Blutvermischung von Herren und Sklaven), der ursprünglich vornehme und seltne Drang, sich selbst von sich aus einen Wert zuzuschreiben und von sich »gut zu denken«, mehr und mehr ermutigt und ausgebreitet werden: aber er hat jeder Zeit einen älteren, breiteren und gründlicher einverleibten Hang gegen sich – und im Phänomene der »Eitelkeit« wird dieser ältere Hang Herr über den jüngeren. Der Eitle freut sich über *jede* gute Meinung, die er über sich hört (ganz abseits von allen Gesichtspunkten ihrer Nützlichkeit, und ebenso abgesehn von wahr und falsch), ebenso wie er an jeder schlechten Meinung leidet: denn er unterwirft sich beiden, er *fühlt* sich ihnen unterworfen, aus jenem ältesten Instinkte der Unterwerfung, der an ihm ausbricht. – Es ist »der Sklave« im Blute des Eitlen, ein Rest von der Verschmitztheit des Sklaven – und wie viel »Sklave« ist zum Beispiel jetzt noch im Weibe rückständig! –, welcher zu guten Meinungen über sich zu *verführen* sucht; es ist ebenfalls der Sklave, der vor diesen Meinungen nachher sofort selbst niederfällt, wie als ob er sie nicht hervorgerufen hätte. – Und nochmals gesagt: Eitelkeit ist ein Atavismus.

262

Eine *Art* entsteht, ein Typus wird fest und stark unter dem langen Kampfe mit wesentlich gleichen *ungünstigen* Bedingungen. Umgekehrt weiß man aus den Erfahrungen der Züchter, daß Arten, denen eine überreichliche Ernährung und überhaupt ein Mehr von Schutz und Sorgfalt zuteil wird, alsbald in der stärksten Weise zur Variation des Typus neigen und reich an Wundern und Monstrositäten (auch an monströsen Lastern) sind. Nun sehe man einmal ein aristokratisches Gemeinwesen, etwas eine alte griechische Polis, oder Venedig, als eine, sei es freiwillige, sei es unfreiwillige Veranstaltung zum Zweck der *Züchtung* an: es sind da Menschen beieinander und auf sich angewiesen, welche ihre Art durchsetzen wollen, meistens, weil sie sich durchsetzen *müssen* oder in furchtbarer Weise Gefahr laufen, ausgerottet zu werden. Hier fehlt jene Gunst, jenes Übermaß, jener Schutz, unter denen die Variation begünstigt ist; die Art hat sich als Art nötig, als etwas, das sich gerade vermöge seiner Härte, Gleichförmigkeit, Einfachheit der Form überhaupt durchsetzen und dauerhaft machen kann, im beständigen Kampfe mit den Nachbarn oder mit den aufständischen oder Aufstand drohenden Unterdrückten. Die mannigfaltigste Erfahrung lehrt sie, welchen Eigenschaften vornehmlich sie es verdankt, daß sie, allen Göttern und Menschen zum Trotz, noch da ist, daß sie noch immer obgesiegt hat: diese Eigenschaften nennt sie Tugenden, diese Tugenden allein züchtet sie groß. Sie tut es mit Härte, ja sie will die Härte; jede aristokratische Moral ist unduldsam, in der Erziehung der Jugend, in der Verfügung über die Weiber, in den Ehesitten, im Verhältnisse von alt und jung, in den Strafgesetzen (welche allein die Abartenden ins Auge fassen) – sie rechnet die Unduldsamkeit selbst unter die Tugenden, unter dem Namen »Gerechtigkeit«. Ein Typus mit wenigen, aber sehr starken Zügen, eine Art strenger kriegerischer klug-schweigsamer, geschlossener und verschlossener Menschen (und als solche vom feinsten Gefühle für die Zauber und *nuances* der Sozietät) wird auf diese Weise über den Wechsel der Geschlechter hinaus festgestellt; der beständige Kampf mit immer gleichen *ungünstigen* Bedingungen ist, wie gesagt, die Ursache davon, daß ein Typus fest und hart wird. Endlich aber entsteht einmal eine Glückslage, die ungeheure Spannung läßt nach; es gibt vielleicht keine Feinde mehr unter den Nachbarn, und die Mittel zum Leben, selbst zum Genusse des Lebens, sind überreichlich da. Mit einem Schlage reißt das Band und der Zwang der alten Zucht: sie fühlt sich nicht mehr als notwendig, als Dasein-bedingend – wollte sie fortbestehn, so könnte sie es nur als eine Form des *Luxus*, als archaisierender *Geschmack*. Die Variation, sei es als Abartung (ins Höhere, Feinere, Seltnere), sei es als Entartung und Monstrosität, ist plötzlich in der größten Fülle und Pracht auf dem Schauplatze, der einzelne wagt einzeln zu sein und sich abzuheben. An diesen Wendepunkten der Geschichte zeigt sich nebeneinander und oft ineinander verwickelt und verstrickt ein herrliches vielfaches urwaldhaftes Heraufwachsen und Emporstreben, eine Art *tropisches* Tempo im Wetteifer des Wachstums und ein ungeheures Zugrundegehn und Sichzugrunderichten, dank den wild gegeneinander gewendeten, gleichsam explodierenden Egoismen, welche »um Sonne und Licht« miteinander ringen und keine Grenze, keine Zügelung, keine Schonung mehr aus der bisherigen Moral zu entnehmen wissen. Diese Moral selbst war es, welche die Kraft ins Ungeheure aufgehäuft, die den Bogen auf so bedrohliche Weise gespannt hat – jetzt ist, jetzt wird sie »überlebt«. Der gefährliche und unheimliche Punkt ist erreicht, wo das größere, vielfachere, umfänglichere Leben über die alte Moral *hinweglebt*; das »Individuum« steht da, genötigt zu einer eigenen Gesetzgebung, zu eigenen Künsten und Listen der Selbst-Erhaltung, Selbst-Erhöhung, Selbst-Erlösung. Lauter neue Wozus, lauter neue Womits, keine gemeinsamen Formeln mehr, Mißverständnis und Mißachtung miteinander im Bunde, der Verfall, Verderb und die höchsten Begierden schauerlich verknotet, das Genie der Rasse aus allen Füllhörnern des Guten und Schlimmen überquellend, ein verhängnisvolles Zugleich von Frühling und Herbst, voll neuer Reize und Schleier, die der jungen, noch unausgeschöpften, noch unermüdeten Verderbnis zu eigen sind. Wieder ist die Gefahr da, die Mutter der Moral, die große Gefahr, diesmal ins Individuum verlegt, in den Nächsten und Freund, auf die Gasse, ins eigne Kind, ins eigne Herz, in alles Eigenste und Geheimste von Wunsch und Wille: was werden jetzt die Moral-Philosophen zu predigen haben, die um diese Zeit heraufkommen?

Sie entdecken, diese scharfen Beobachter und Eckensteher, daß es schnell zum Ende geht, daß alles um sie verdirbt und verderben macht, daß nichts bis übermorgen steht, *eine* Art Mensch ausgenommen, die unheilbar *Mittelmäßigen*. Die Mittelmäßigen allein haben Aussicht, sich fortzusetzen, sich fortzupflanzen – sie sind die Menschen der Zukunft, die einzig Überlebenden; »seid wie sie! werdet mittelmäßig!« heißt nunmehr die alleinige Moral, die noch Sinn hat, die noch Ohren findet. – Aber sie ist schwer zu predigen, diese Moral der Mittelmäßigkeit! – sie darf es ja niemals eingestehn, was sie ist und was sie will! sie muß von Maß und Würde und Pflicht und Nächstenliebe reden – sie wird Not haben, *die Ironie zu verbergen*! –

263

Es gibt einen *Instinkt für den Rang*, welcher, mehr als alles, schon das Anzeichen eines *hohen* Ranges ist; es gibt eine *Lust* an den Nuancen der Ehrfurcht, die auf vornehme Abkunft und Gewohnheiten raten läßt. Die Feinheit, Güte und Höhe einer Seele wird gefährlich auf die Probe gestellt, wenn etwas an ihr vorübergeht, das ersten Ranges ist, aber noch nicht von den Schaudern der Autorität vor zudringlichen Griffen und Plumpheiten gehütet wird: etwas, das unabgezeichnet, unentdeckt, versuchend, vielleicht willkürlich verhüllt und verkleidet, wie ein lebendiger Prüfstein seines Weges geht. Zu wessen Aufgabe und Übung es gehört, Seelen auszuforschen, der wird sich in mancherlei Formen gerade dieser Kunst bedienen, um den letzten Wert einer Seele, die unverrückbare eingeborne Rangordnung, zu der sie gehört, festzustellen: er wird sie auf ihren *Instinkt der Ehrfurcht* hin auf die Probe stellen. *Différence engendre haine*: die Gemeinheit mancher Natur spritzt plötzlich wie schmutziges Wasser hervor, wenn irgendein heiliges Gefäß, irgendeine Kostbarkeit aus verschlossenen Schreinen, irgendein Buch mit den Zeichen des großen Schicksals vorübergetragen wird; und andrerseits gibt es ein unwillkürliches Verstummen, ein Zögern des Auges, ein Stillewerden aller Gebärden, woran sich ausspricht, daß eine Seele die Nähe des Verehrungswürdigsten *fühlt*. Die Art, mit der im ganzen bisher die Ehrfurcht vor der *Bibel* in Europa aufrechterhalten wird, ist vielleicht das beste Stück Zucht und Verfeinerung der Sitte, das Europa dem Christentume verdankt: solche Bücher der Tiefe und der letzten Bedeutsamkeit brauchen zu ihrem Schutz eine von außen kommende Tyrannei von Autorität, um jene Jahrtausende von *Dauer* zu gewinnen, welche nötig sind, sie auszuschöpfen und auszuraten. Es ist viel erreicht, wenn der großen Menge (den Flachen und Geschwind-Därmen aller Art) jenes Gefühl endlich angezüchtet ist, daß sie nicht an alles rühren dürfe; daß es heilige Erlebnisse gibt, vor denen sie die Schuhe auszuziehn und die unsaubre Hand fernzuhalten hat – es ist beinahe ihre höchste Steigerung zur Menschlichkeit. Umgekehrt wirkt an den sogenannten Gebildeten, den Gläubigen der »modernen Ideen«, vielleicht nichts so ekelerregend als ihr Mangel an Scham, ihre bequeme Frechheit des Auges und der Hand, mit der von ihnen an alles gerührt, geleckt, getastet wird; und es ist möglich, daß sich heute im Volke, im niedern Volke, namentlich unter Bauern, immer noch mehr *relative* Vornehmheit des Geschmacks und Takt der Ehrfurcht vorfindet als bei der zeitunglesenden Halbwelt des Geistes, den Gebildeten.

264

Es ist aus der Seele eines Menschen nicht wegzuwischen, was seine Vorfahren am liebsten und beständigsten getan haben: ob sie etwa emsige Sparer waren und Zubehör eines Schreibtisches und Geldkastens, bescheiden und bürgerlich in ihren Begierden, bescheiden auch in ihren Tugenden; oder ob sie ans Befehlen von früh bis spät gewöhnt lebten, rauhen Vergnügungen hold und daneben vielleicht noch rauheren Pflichten und Verantwortungen; oder ob sie endlich alte Vorrechte der Geburt und des Besitzes irgendwann einmal geopfert haben, um ganz ihrem Glauben – ihrem »Gotte« – zu leben, als die Menschen eines unerbittlichen und zarten Gewissens, welches vor jeder Vermittlung errötet. Es ist gar nicht möglich, daß ein Mensch *nicht* die Eigenschaften und Vorlieben seiner Eltern und Altvordern im Leibe habe: was auch der Augenschein dagegen sagen mag. Dies ist das Problem der Rasse. Gesetzt, man kennt einiges von den Eltern, so ist ein Schluß auf das Kind erlaubt: irgendeine widrige Unenthaltsamkeit, irgendein Winkel-Neid, eine plumpe Sich-Rechtgeberei – wie diese drei zusammen zu allen Zeiten den eigentlichen Pöbel-Typus ausgemacht haben –, dergleichen muß auf das Kind so sicher übergehn wie verderbtes Blut; und mit Hilfe der besten Erziehung und Bildung wird man eben nur erreichen, über eine solche Vererbung zu *täuschen*. – Und was will heute Erziehung und Bildung anderes! In unsrem sehr volkstümlichen, will sagen pöbelhaften Zeitalter *muß* »Erziehung« und »Bildung« wesentlich die Kunst zu täuschen sein – über die Herkunft, den vererbten Pöbel in Leib und Seele hinwegzutäuschen. Ein Erzieher, der heute vor allem Wahrhaftigkeit predigte und seinen Züchtlingen beständig zuriefe »seid wahr! seid natürlich! gebt euch, wie ihr seid!« – selbst ein solcher tugendhafter und treuherziger Esel würde nach einiger Zeit zu jener *furca* des Horaz greifen lernen, um *naturam expellere*: mit welchem Erfolge? »Pöbel« *usque recurret*. –

265

Auf die Gefahr hin, unschuldige Ohren mißvergnügt zu machen, stelle ich hin: der Egoismus gehört zum Wesen der vornehmen Seele, ich meine jenen unverrückbaren Glauben, daß einem Wesen, wie »wir sind«, andre Wesen von Natur untertan sein müssen und sich ihm zu opfern haben. Die vornehme Seele nimmt diesen Tatbestand ihres Egoismus ohne jedes Fragezeichen hin, auch ohne ein Gefühl von Härte, Zwang, Willkür darin, vielmehr wie etwas, das im Urgesetz der Dinge begründet sein mag: – suchte sie nach einem Namen dafür, so würde sie sagen »es ist die Gerechtigkeit selbst«. Sie gesteht sich, unter Umständen, die sie anfangs zögern lassen, zu, daß es mit ihr Gleichberechtigte gibt; sobald sie über diese Frage des Rangs im Reinen ist, bewegt sie sich unter diesen Gleichen und Gleichberechtigten mit der gleichen Sicherheit in Scham und zarter Ehrfurcht, welche sie im Verkehr mit sich selbst hat – gemäß einer eingebornen himmlischen Mechanik, auf welche sich alle Sterne verstehn. Es ist ein Stück ihres Egoismus *mehr*, diese Feinheit und Selbstbeschränkung im Verkehre mit ihresgleichen – jeder Stern ist ein solcher Egoist –: sie ehrt *sich* in ihnen und in den Rechten, welche sie an dieselben abgibt, sie zweifelt nicht, daß der Austausch von Ehren und Rechten als *Wesen* alles Verkehrs ebenfalls zum naturgemäßen Zustand der Dinge gehört. Die vornehme Seele gibt, wie sie nimmt, aus dem leidenschaftlichen und reizbaren Instinkte der Vergeltung heraus, welcher auf ihrem Grunde liegt. Der Begriff »Gnade« hat *inter pares* keinen Sinn und Wohlgeruch; es mag eine sublime Art geben, Geschenke von oben her gleichsam über sich ergehn zu lassen und wie Tropfen durstig aufzutrinken: aber für diese Kunst und Gebärde hat die vornehme Seele kein Geschick. Ihr Egoismus hindert sie hier: sie blickt ungern überhaupt nach »oben« – sondern entweder *vor* sich, horizontal und langsam, oder hinab – *sie weiß sich in der Höhe*. –

266

»Wahrhaft hochachten kann man nur, wer sich nicht selbst *sucht*.« – Goethe an Rat Schlosser.

267

Es gibt ein Sprichwort bei den Chinesen, das die Mütter schon ihre Kinder lehren: *siao-sin* »mache dein Herz *klein*!« Dies ist der eigentliche Grundhang in späten Zivilisationen: ich zweifle nicht, daß ein antiker Grieche auch an uns Europäern von heute zuerst die Selbstverkleinerung herauserkennen würde – damit allein schon gingen wir ihm »wider den Geschmack«. –

268

Was ist zuletzt die Gemeinheit? – Worte sind Tonzeichen für Begriffe; Begriffe aber sind mehr oder weniger bestimmte Bildzeichen für oft wiederkehrende und zusammenkommende Empfindungen, für Empfindungs-Gruppen. Es genügt noch nicht, um sich einander zu verstehen, daß man dieselben Worte gebraucht; man muß dieselben Worte auch für dieselbe Gattung innerer Erlebnisse gebrauchen, man muß zuletzt seine Erfahrung miteinander *gemein* haben. Deshalb verstehen sich die Menschen *eines* Volkes besser untereinander als Zugehörige verschiedner Völker, selbst wenn sie sich der gleichen Sprache bedienen; oder vielmehr, wenn Menschen lange unter ähnlichen Bedingungen (des Klimas, des Bodens, der Gefahr, der Bedürfnisse, der Arbeit) zusammengelebt haben, so *entsteht* daraus etwas, das »sich versteht«, ein Volk. In allen Seelen hat eine gleiche Anzahl oft wiederkehrender Erlebnisse die Oberhand gewonnen über seltner kommende: auf sie hin versteht man sich, schnell und immer schneller – die Geschichte der Sprache ist die Geschichte eines Abkürzungs-Prozesses –; auf dies schnelle Verstehen hin verbindet man sich, enger und immer enger. Je größer die Gefährlichkeit, um so größer ist das Bedürfnis, schnell und leicht über das, was nottut, übereinzukommen; sich in der Gefahr nicht mißzuverstehen, das ist es, was die Menschen zum Verkehre schlechterdings nicht entbehren können. Noch bei jeder Freundschaft oder Liebschaft macht man diese Probe: nichts derart hat Dauer, sobald man dahinterkommt, daß einer von beiden bei gleichen Worten anders fühlt, meint, wittert, wünscht, fürchtet als der andere. (Die Furcht vor dem »ewigen Mißverständnis«: das ist jener wohlwollende Genius, der Personen verschiedenen Geschlechts so oft von übereilten Verbindungen abhält, zu denen Sinne und Herz raten – und *nicht* irgendein Schopenhauerscher »Genius der Gattung« –!) Welche Gruppen von Empfindungen innerhalb einer Seele am schnellsten wach werden, das Wort ergreifen, den Befehl geben, das entscheidet über die gesamte Rangordnung ihrer Werte, das bestimmt zuletzt ihre Gütertafel. Die Wertschätzungen eines Menschen verraten etwas vom *Aufbau* seiner Seele, und worin sie ihre Lebensbedingungen, ihre eigentliche Not sieht. Gesetzt nun, daß die Not von jeher nur solche Menschen einander angenähert hat, welche mit ähnlichen Zeichen ähnliche Bedürfnisse, ähnliche Erlebnisse andeuten konnten, so ergibt sich im ganzen, daß die leichte *Mitteilbarkeit* der Not, das heißt im letzten Grunde das Erleben von nur durchschnittlichen und *gemeinen* Erlebnissen, unter allen Gewalten, welche über den Menschen bisher verfügt haben, die gewaltigste gewesen sein muß. Die ähnlicheren, die gewöhnlicheren Menschen waren und sind immer im Vorteile, die Ausgesuchteren, Feineren, Seltsameren, schwerer Verständlichen bleiben leicht allein, unterliegen bei ihrer Vereinzelung den Unfällen und pflanzen sich selten fort. Man muß ungeheure Gegenkräfte anrufen, um diesen natürlichen, allzunatürlichen *progressus in simile*, die Fortbildung des Menschen ins Ähnliche, Gewöhnliche, Durchschnittliche, Herdenhafte – ins *Gemeine*! – zu kreuzen.

269

Je mehr ein Psycholog – ein geborener, ein unvermeidlicher Psycholog und Seelen-Errater – sich den ausgesuchteren Fällen und Menschen zukehrt, um so größer wird seine Gefahr, am Mitleiden zu ersticken: er hat Härte und Heiterkeit *nötig*, mehr als ein andrer Mensch. Die Verderbnis, das Zugrundegehen der höheren Menschen, der fremder gearteten Seelen ist nämlich die Regel: es ist schrecklich, eine solche Regel immer vor Augen zu haben. Die vielfache Marter des Psychologen, der dieses Zugrundegehen entdeckt hat, der diese gesamte innere »Heillosigkeit« des höheren Menschen, dieses ewige »Zu spät!« in jedem Sinne, erst einmal und dann *fast* immer wieder entdeckt, durch die ganze Geschichte hindurch – kann vielleicht eines Tags zur Ursache davon werden, daß er mit Erbitterung sich gegen sein eignes Los wendet und einen Versuch der Selbst-Zerstörung macht – daß er selbst »verdirbt«. Man wird fast bei jedem Psychologen eine verräterische Vorneigung und Lust am Umgange mit alltäglichen und wohlgeordneten Menschen wahrnehmen: daran verrät sich, daß er immer einer Heilung bedarf, daß er eine Art Flucht und Vergessen braucht, weg von dem, was ihm seine Einblicke und Einschnitte, was ihm sein »Handwerk« aufs Gewissen gelegt hat. Die Furcht vor seinem Gedächtnis ist ihm eigen. Er kommt vor dem Urteile anderer leicht zum Verstummen: er hört mit einem unbewegten Gesichte zu, wie dort verehrt, bewundert, geliebt, verklärt wird, wo er *gesehn* hat – oder er verbirgt noch sein Verstummen, indem er irgendeiner Vordergrunds-Meinung ausdrücklich zustimmt. Vielleicht geht die Paradoxie seiner Lage so weit ins Schauerliche, daß die Menge, die Gebildeten, die Schwärmer gerade dort, wo er das große Mitleiden neben der großen Verachtung gelernt hat, ihrerseits die große Verehrung lernen – die Verehrung für »große Männer« und Wundertiere, um derentwillen man das Vaterland, die Erde, die Würde der Menschheit, sich selber segnet und in Ehren hält, auf welche man die Jugend hinweist, hinerzieht ... Und wer weiß, ob sich nicht bisher in allen großen Fällen eben das gleiche begab: daß die Menge einen Gott anbetete – und daß der »Gott« nur ein armes Opfertier war! Der Erfolg war immer der größte Lügner – und das »Werk« selbst ist ein Erfolg; der große Staatsmann, der Eroberer, der Entdecker ist in seine Schöpfungen verkleidet, bis ins Unerkennbare; das »Werk«, das des Künstlers, des Philosophen, erfindet erst den, welcher es geschaffen hat, geschaffen haben soll; die »großen Männer«, wie sie verehrt werden, sind kleine schlechte Dichtungen hinterdrein; in der Welt der geschichtlichen Werte *herrscht* die Falschmünzerei. Diese großen Dichter zum Beispiel, diese Byron, Musset, Poe, Leopardi, Kleist, Gogol (ich wage es nicht, größere Namen zu nennen, aber ich meine sie), – so wie sie nun einmal sind, vielleicht sein müssen: Menschen der Augenblicke, begeistert, sinnlich, kindsköpfisch, im Mißtrauen und Vertrauen leichtfertig und plötzlich; mit Seelen, an denen gewöhnlich irgendein Bruch verhehlt werden soll; oft mit ihren Werken Rache nehmend für eine innere Besudelung, oft mit ihren Aufflügen Vergessenheit suchend vor einem allzu treuen Gedächtnis, oft in den Schlamm verirrt und beinahe verliebt, bis sie den Irrlichtern um die Sümpfe herum gleich werden und sich zu Sternen *verstellen* – das Volk nennt sie dann wohl Idealisten –, oft mit einem langen Ekel kämpfend, mit einem wiederkehrenden Gespenst von Unglauben, der kalt macht und sie zwingt, nach *gloria* zu schmachten und den »Glauben an sich« aus den Händen berauschter Schmeichler zu fressen – welche *Marter* sind diese großen Künstler und überhaupt die höheren Menschen für den, der sie einmal erraten hat! Es ist so begreiflich, daß *sie* gerade vom Weibe – welches hellseherisch ist in der Welt des Leidens und leider auch weit über seine Kräfte hinaus hilf- und rettungssüchtig – so leicht jene Ausbrüche unbegrenzten hingebendsten *Mitleids* erfahren, welche die Menge, vor allem die verehrende Menge, nicht versteht und mit neugierigen und selbstgefälligen Deutungen überhäuft Dieses Mitleiden täuscht sich regelmäßig über seine Kraft; das Weib möchte glauben, daß Liebe *alles* vermag – es ist sein eigentlicher *Glaube*. Ach, der Wissende des Herzens errät, wie arm, dumm, hilflos, anmaßlich, fehlgreifend, leichter zerstörend als rettend auch die beste tiefste Liebe ist! – Es ist möglich, daß unter der heiligen Fabel und Verkleidung von Jesu Leben einer der schmerzlichsten Fälle vom Martyrium des *Wissens um die Liebe* verborgen liegt: das Martyrium des unschuldigsten und begehrendsten Herzens, das an keiner Menschen-Liebe je genug hatte, das Liebe, Geliebt-werden und nichts außerdem *verlangte*, mit Härte, mit Wahnsinn, mit furchtbaren Ausbrüchen gegen die, welche ihm Liebe verweigerten; die Geschichte eines armen Ungesättigten und Unersättlichen in der Liebe, der die Hölle erfinden mußte, um die dorthin zu schicken, welche ihn nicht lieben *wollten* – und der endlich, wissend geworden über menschliche Liebe, einen Gott erfinden mußte, der ganz Liebe, ganz Lieben-*können* ist – der sich der Menschen-Liebe erbarmt, weil sie gar so armselig, so unwissend ist! Wer so fühlt, wer dergestalt um die Liebe *weiß* – *sucht* den Tod. – Aber warum solchen schmerzlichen Dingen nachhängen? Gesetzt, daß man es nicht muß. –

270

Der geistige Hochmut und Ekel jedes Menschen, der tief gelitten hat – es bestimmt beinahe die Rangordnung, *wie* tief Menschen leiden können –, seine schaudernde Gewißheit, von der er ganz durchtränkt und gefärbt ist, vermöge seines Leidens *mehr zu wissen,* als die Klügsten und Weisesten wissen können, in vielen fernen entsetzlichen Welten bekannt und einmal »zu Hause« gewesen zu sein, von denen »*ihr* nichts wißt!« ... dieser geistige schweigende Hochmut des Leidenden, dieser Stolz des Auserwählten der Erkenntnis, des »Eingeweihten«, des beinahe Geopferten findet alle Formen von Verkleidung nötig, um sich vor der Berührung mit zudringlichen und mitleidigen Händen und überhaupt vor allem, was nicht seinesgleichen im Schmerz ist, zu schützen. Das tiefe Leiden macht vornehm; es trennt. Eine der feinsten Verkleidungs-Formen ist der Epikureismus und eine gewisse fürderhin zur Schau getragene Tapferkeit des Geschmacks, welche das Leiden leichtfertig nimmt und sich gegen alles Traurige und Tiefe zur Wehr setzt. Es gibt »heitere Menschen«, welche sich der Heiterkeit bedienen, weil sie um ihretwillen mißverstanden werden – sie *wollen* mißverstanden sein. Es gibt »wissenschaftliche Menschen«, welche sich der Wissenschaft bedienen, weil dieselbe einen heiteren Anschein gibt, und weil Wissenschaftlichkeit darauf schließen läßt, daß der Mensch oberflächlich ist – sie *wollen* zu einem falschen Schlusse verführen. Es gibt freie freche Geister, welche verbergen und verleugnen möchten, daß sie zerbrochene stolze unheilbare Herzen sind (der Zynismus Hamlets – der Fall Galiani); und bisweilen ist die Narrheit selbst die Maske für ein unseliges allzugewisses Wissen. – Woraus sich ergibt, daß es zur feineren Menschlichkeit gehört, Ehrfurcht »vor der Maske« zu haben und nicht an falscher Stelle Psychologie und Neugierde zu treiben.

271

Was am tiefsten zwei Menschen trennt, das ist ein verschiedener Sinn und Grad der Reinlichkeit. Was hilft alle Bravheit und gegenseitige Nützlichkeit, was hilft aller guter Wille füreinander: zuletzt bleibt es dabei – sie »können sich nicht riechen!« Der höchste Instinkt der Reinlichkeit stellt den mit ihm Behafteten in die wunderlichste und gefährlichste Vereinsamung, als einen Heiligen: denn eben das ist Heiligkeit – die höchste Vergeistigung des genannten Instinktes. Irgendein Mitwissen um eine unbeschreibliche Fülle im Glück des Bades, irgendeine Brunst und Durstigkeit, welche die Seele beständig aus der Nacht in den Morgen und aus dem Trüben, der »Trübsal«, ins Helle, Glänzende, Tiefe, Feine treibt –: ebensosehr als ein solcher Hang *auszeichnet* – es ist ein vornehmer Hang –, *trennt* er auch. – Das Mitleiden des Heiligen ist das Mitleiden mit dem *Schmutz* des Menschlichen, Allzumenschlichen. Und es gibt Grade und Höhen, wo das Mitleiden selbst von ihm als Verunreinigung, als Schmutz gefühlt wird . . .

272

Zeichen der Vornehmheit: nie daran denken, unsre Pflichten zu Pflichten für jedermann herabzusetzen; die eigene Verantwortlichkeit nicht abgeben wollen, nicht teilen wollen; seine Vorrechte und deren Ausübung unter seine *Pflichten* rechnen.

273

Ein Mensch, der nach Großem strebt, betrachtet jedermann, dem er auf seiner Bahn begegnet, entweder als Mittel oder als Verzögerung und Hemmnis – oder als zeitweiliges Ruhebett. Seine ihm eigentümliche hochgeartete *Güte* gegen Mitmenschen ist erst möglich, wenn er auf seiner Höhe ist und herrscht. Die Ungeduld und sein Bewußtsein, bis dahin immer zur Komödie verurteilt zu sein – denn selbst der Krieg ist eine Komödie und verbirgt, wie jedes Mittel den Zweck verbirgt –, verdirbt ihm jeden Umgang: diese Art Mensch kennt die Einsamkeit und was sie vom Giftigsten an sich hat.

274

Das Problem der Wartenden. – Es sind Glücksfälle dazu nötig und vielerlei Unberechenbares, daß ein höherer Mensch, in dem die Lösung eines Problems schläft, noch zur rechten Zeit zum Handeln kommt – »zum Ausbruch«, wie man sagen könnte. Es geschieht durchschnittlich *nicht*, und in allen Winkeln der Erde sitzen Wartende, die es kaum wissen, inwiefern sie warten, noch weniger aber, daß sie umsonst warten. Mitunter auch kommt der Weckruf zu spät, jener Zufall, der die »Erlaubnis« zum Handeln gibt – dann, wenn bereits die beste Jugend und Kraft zum Handeln durch Stillsitzen verbraucht ist; und wie mancher fand, eben als er »aufsprang«, mit Schrecken seine Glieder eingeschlafen und seinen Geist schon zu schwer! »Es ist zu spät« – sagte er sich, ungläubig über sich geworden und nunmehr für immer unnütz. – Sollte, im Reiche des Genies, der »Raffael ohne Hände«, das Wort im weitesten Sinn verstanden, vielleicht nicht die Ausnahme, sondern die Regel sein? – Das Genie ist vielleicht gar nicht so selten: aber die fünfhundert *Hände*, die es nötig hat, um den καιρός, »die rechte Zeit« – zu tyrannisieren, um den Zufall am Schopf zu fassen!

275

Wer das Hohe eines Menschen nicht sehn *will*, blickt um so schärfer nach dem, was niedrig und Vordergrund an ihm ist – und verrät sich selbst damit.

276

Bei aller Art von Verletzung und Verlust ist die niedere und gröbere Seele besser daran als die vornehmere: die Gefahren der letzteren müssen größer sein, ihre Wahrscheinlichkeit, daß sie verunglückt und zugrunde geht, ist sogar, bei der Vielfachheit ihrer Lebensbedingungen, ungeheuer. – Bei einer Eidechse wächst ein Finger nach, der ihr verlorenging: nicht so beim Menschen. –

277

– Schlimm genug! Wieder die alte Geschichte! Wenn man sich sein Haus fertiggebaut hat, merkt man, unversehens etwas dabei gelernt zu haben, das man schlechterdings hätte wissen *müssen*, bevor man zu bauen – anfing. Das ewige leidige »Zu spät!« – Die Melancholie alles *Fertigen*! ...

278

– Wanderer, wer bist du? Ich sehe dich deines Weges gehn, ohne Hohn, ohne Liebe, mit unerratbaren Augen; feucht und traurig wie ein Senkblei, das ungesättigt aus jeder Tiefe wieder ans Licht gekommen – was suchte es da unten? – mit einer Brust, die nicht seufzt, mit einer Lippe, die ihren Ekel verbirgt, mit einer Hand, die nur noch langsam greift: wer bist du? was tatest du? Ruhe dich hier aus: diese Stelle ist gastfreundlich für jedermann – erhole dich! Und wer du auch sein magst: was gefällt dir jetzt? Was dient dir zur Erholung? Nenne es nur: was ich habe, biete ich dir an! – »Zur Erholung? Zur Erholung? O du Neugieriger, was sprichst du da! Aber gib mir, ich bitte – –« Was? Was? sprich es aus! – »Eine Maske mehr! Eine zweite Maske!« ...

279

Die Menschen der tiefen Traurigkeit verraten sich, wenn sie glücklich sind: sie haben eine Art, das Glück zu fassen, wie als ob sie es erdrücken und ersticken möchten, aus Eifersucht – ach, sie wissen zu gut, daß es ihnen davonläuft!

280

»Schlimm! Schlimm! Wie? geht er nicht – zurück?« – Ja! Aber ihr versteht ihn schlecht, wenn ihr darüber klagt. Er geht zurück, wie jeder, der einen großen Sprung tun will. – –

281

»Wird man es mir glauben? aber ich verlange, daß man es mir glaubt: ich habe immer nur schlecht an mich, über mich gedacht, nur in ganz seltnen Fällen, nur gezwungen, immer ohne Lust ›zur Sache‹, bereit, von ›mir‹ abzuschweifen, immer ohne Glauben an das Ergebnis, dank einem unbezwinglichen Mißtrauen gegen die *Möglichkeit* der Selbst-Erkenntnis, das mich so weit geführt hat, selbst am Begriff ›unmittelbare Erkenntnis‹, welchen sich die Theoretiker erlauben, eine *contradictio in adjecto* zu empfinden – diese ganze Tatsache ist beinahe das Sicherste, was ich über mich weiß. Es muß eine Art Widerwille in mir geben, etwas Bestimmtes über mich zu *glauben*. – Steckt darin vielleicht ein Rätsel? Wahrscheinlich; aber glücklicherweise keins für meine eigenen Zähne. – Vielleicht verrät es die Spezies, zu der ich gehöre? – Aber nicht mir: wie es mir selbst erwünscht genug ist. –«

282

»Aber was ist dir begegnet?« – »Ich weiß es nicht«, sagte er zögernd; »vielleicht sind mir die Harpyien über den Tisch geflogen.« – Es kommt heute bisweilen vor, daß ein milder mäßiger zurückhaltender Mensch plötzlich rasend wird, die Teller zerschlägt, den Tisch umwirft, schreit, tobt, alle Welt beleidigt – und endlich beiseite geht, beschämt, wütend über sich – wohin? wozu? Um abseits zu verhungern? Um an seiner Erinnerung zu ersticken? – Wer die Begierden einer hohen wählerischen Seele hat und nur selten seinen Tisch gedeckt, seine Nahrung bereit findet, dessen Gefahr wird zu allen Zeiten groß sein: heute aber ist sie außerordentlich. In ein lärmendes und pöbelhaftes Zeitalter hineingeworfen, mit dem er nicht aus *einer* Schüssel essen mag, kann er leicht vor Hunger und Durst, oder, falls er endlich dennoch »zugreift« – vor plötzlichem Ekel zugrunde gehn. – Wir haben wahrscheinlich alle schon an Tischen gesessen, wo wir nicht hingehörten; und gerade die Geistigsten von uns, die am schwersten zu ernähren sind, kennen jene gefährliche *dyspepsia*, welche aus einer plötzlichen Einsicht und Enttäuschung über unsre Kost und Tischnachbarschaft entsteht – den *Nachtisch-Ekel*.

283

Es ist eine feine und zugleich vornehme Selbstbeherrschung, gesetzt, daß man überhaupt loben will, immer nur da zu loben, wo man *nicht* übereinstimmt – im andern Falle würde man ja sich selbst loben, was wider den guten Geschmack geht – freilich eine Selbstbeherrschung, die einen artigen Anlaß und Anstoß bietet, um beständig *mißverstanden* zu werden. Man muß, um sich diesen wirklichen Luxus von Geschmack und Moralität gestatten zu dürfen, nicht unter Tölpeln des Geistes leben, vielmehr unter Menschen, bei denen Mißverständnisse und Fehlgriffe noch durch ihre Feinheit belustigen – oder man wird es teuer büßen müssen! – »Er lobt mich: *also* gibt er mir recht« – diese Eselei von Schlußfolgerung verdirbt uns Einsiedlern das halbe Leben, denn es bringt die Esel in unsre Nachbarschaft und Freundschaft.

284

Mit einer ungeheuren und stolzen Gelassenheit leben; immer jenseits –. Seine Affekte, sein Für und Wider willkürlich haben und nicht haben, sich auf sie herablassen, für Stunden; sich auf sie *setzen*, wie auf Pferde, oft wie auf Esel – man muß nämlich ihre Dummheit so gut wie ihr Feuer zu nützen wissen. Seine dreihundert Vordergründe sich bewahren; auch die schwarze Brille: denn es gibt Fälle, wo uns niemand in die Augen, noch weniger in unsre »Gründe« sehn darf. Und jenes spitzbübische und heitre Laster sich zur Gesellschaft wählen, die Höflichkeit. Und Herr seiner vier Tugenden bleiben, des Mutes, der Einsicht, des Mitgefühls, der Einsamkeit. Denn die Einsamkeit ist bei uns eine Tugend, als ein sublimer Hang und Drang der Reinlichkeit, welcher errät, wie es bei Berührung von Mensch und Mensch – »in Gesellschaft« – unvermeidlich-unreinlich zugehn muß. Jede Gemeinschaft macht, irgendwie, irgendwo, irgendwann – »gemein«.

285

Die größten Ereignisse und Gedanken – aber die größten Gedanken sind die größten Ereignisse – werden am spätesten begriffen: die Geschlechter, welche mit ihnen gleichzeitig sind, *erleben* solche Ereignisse nicht – sie leben daran vorbei. Es geschieht da etwas wie im Reiche der Sterne. Das Licht der fernsten Sterne kommt am spätesten zu den Menschen; und bevor es nicht angekommen ist, *leugnet* der Mensche, daß es dort – Sterne gibt. »Wieviel Jahrhunderte braucht ein Geist, um begriffen zu werden?« – das ist auch ein Maßstab, damit schafft man auch eine Rangordnung und Etikette, wie sie nottut: für Geist und Stern. –

286

»Hier ist die Aussicht frei, der Geist erhoben.« – Es gibt aber eine umgekehrte Art von Menschen, welche auch auf der Höhe ist und auch die Aussicht frei hat – aber *hinab*blickt.

287

– Was ist vornehm? Was bedeutet uns heute noch das Wort »vornehm«? Woran verrät sich, woran erkennt man, unter diesem schweren verhängten Himmel der beginnenden Pöbelherrschaft, durch den alles undurchsichtig und bleiern wird, den vornehmen Menschen? – Es sind nicht die Handlungen, die ihn beweisen – Handlungen sind immer vieldeutig, immer unergründlich –; es sind auch die »Werke« nicht. Man findet heute unter Künstlern und Gelehrten genug von solchen, welche durch ihre Werke verraten, wie eine tiefe Begierde nach dem Vornehmen hin sie treibt: aber gerade dies Bedürfnis *nach* dem Vornehmen ist von Grund aus verschieden von den Bedürfnissen der vornehmen Seele selbst, und geradezu das beredte und gefährliche Merkmal ihres Mangels. Es sind nicht die Werke, es ist der *Glaube*, der hier entscheidet, der hier die Rangordnung feststellt, um eine alte religiöse Formel in einem neuen und tieferen Verstande wieder aufzunehmen: irgendeine Grundgewißheit, welche eine vornehme Seele über sich selbst hat, etwas, das sich nicht suchen, nicht finden und vielleicht auch nicht verlieren läßt. – *Die vornehme Seele hat Ehrfurcht vor sich.* –

288

Es gibt Menschen, welche auf eine unvermeidliche Weise Geist haben, sie mögen sich drehen und wenden, wie sie wollen, und die Hände vor die verräterischen Augen halten (– als ob die Hand kein Verräter wäre! –): schließlich kommt es immer heraus, daß sie etwas haben, das sie verbergen, nämlich Geist. Eins der feinsten Mittel, um wenigstens so lange als möglich zu täuschen und sich mit Erfolg dümmer zu stellen, als man ist – was im gemeinen Leben oft so wünschenswert ist wie ein Regenschirm –, heißt *Begeisterung*: hinzugerechnet, was hinzu gehört, zum Beispiel Tugend. Denn, wie Galiani sagt, der es wissen mußte –: *vertu est enthousiasme.*

289

Man hört den Schriften eines Einsiedlers immer auch etwas von dem Widerhall der Öde, etwas von dem Flüstertone und dem scheuen Umsichblicken der Einsamkeit an; aus seinen stärksten Worten, aus seinem Schrei selbst klingt noch eine neue und gefährlichere Art des Schweigens, Verschweigens heraus. Wer jahraus, jahrein und tags und nachts allein mit seiner Seele im vertraulichen Zwiste und Zwiegespräche zusammengesessen hat, wer in seiner Höhle, sie kann ein Labyrinth, aber auch ein Goldschacht sein – zum Höhlenbär oder Schatzgräber oder Schatzwächter und Drachen wurde: dessen Begriffe selber erhalten zuletzt eine eigne Zwielicht-Farbe, einen Geruch ebensosehr der Tiefe als des Moders, etwas Unmitteilsames und Widerwilliges, das jeden Vorübergehenden kalt anbläst. Der Einsiedler glaubt nicht daran, daß jemals ein Philosoph – gesetzt, daß ein Philosoph immer vorerst ein Einsiedler war – seine eigentlichen und letzten Meinungen in Büchern ausgedrückt habe: schreibt man nicht gerade Bücher, um zu verbergen, was man bei sich birgt? – ja er wird zweifeln, ob ein Philosoph »letzte und eigentliche« Meinungen überhaupt haben *könne*, ob bei ihm nicht hinter jeder Höhle noch eine tiefere Höhle liege, liegen müsse – eine umfänglichere fremdere reichere Welt über einer Oberfläche, ein Abgrund hinter jedem Grunde, unter jeder »Begründung«. Jede Philosophie ist eine Vordergrunds-Philosophie – das ist ein Einsiedler-Urteil: »es ist etwas Willkürliches daran, daß *er* hier stehnblieb, zurückblickte, sich umblickte, daß er *hier* nicht mehr tiefer grub und den Spaten weglegte – es ist auch etwas Mißtrauisches daran.« Jede Philosophie *verbirgt* auch eine Philosophie; jede Meinung ist auch ein Versteck, jedes Wort auch eine Maske.

290

Jeder tiefe Denker fürchtet mehr das Verstandenwerden als das Mißverstanden-werden. Am letzteren leidet vielleicht seine Eitelkeit; am ersteren aber sein Herz, sein Mitgefühl, welches immer spricht: »ach, warum wollt *ihr* es auch so schwer haben wie ich?«

291

Der Mensch, ein vielfaches, verlogenes, künstliches und undurchsichtiges Tier, den anderen Tieren weniger durch Kraft als durch List und Klugheit unheimlich, hat das gute Gewissen erfunden, um seine Seele einmal als *einfach* zu genießen; und die ganze Moral ist eine beherzte lange Fälschung, vermöge deren überhaupt ein Genuß im Anblick der Seele möglich wird. Unter diesem Gesichtspunkte gehört vielleicht viel mehr in den Begriff »Kunst« hinein, als man gemeinhin glaubt.

292

Ein Philosoph: das ist ein Mensch, der beständig außerordentliche Dinge erlebt, sieht, hört, argwöhnt, hofft, träumt; der von seinen eignen Gedanken wie von außen her, wie von oben und unten her, als von *seiner* Art Ereignissen und Blitzschlägen getroffen wird; der selbst vielleicht ein Gewitter ist, welches mit neuen Blitzen schwanger geht; ein verhängnisvoller Mensch, um den herum es immer grollt und brummt und klafft und unheimlich zugeht. Ein Philosoph: ach, ein Wesen, das oft von sich davonläuft, oft vor sich Furcht hat – aber zu neugierig ist, um nicht immer wieder »zu sich zu kommen« ...

293

Ein Mann, der sagt: »das gefällt mir, das nehme ich zu eigen und will es schützen und gegen jedermann verteidigen«; ein Mann, der eine Sache führen, einen Entschluß durchführen, einem Gedanken Treue wahren, ein Weib festhalten, einen Verwegenen strafen und niederwerfen kann; ein Mann, der seinen Zorn und sein Schwert hat, und dem die Schwachen, Leidenden, Bedrängten, auch die Tiere gern zufallen und von Natur zugehören, kurz ein Mann, der von Natur *Herr* ist – wenn ein solcher Mann Mitleiden hat, nun! *dies* Mitleiden hat Wert! Aber was liegt am Mitleiden derer, welche leiden! Oder derer, welche gar Mitleiden *predigen*! Es gibt heute fast überall in Europa eine krankhafte Empfindlichkeit und Reizbarkeit für Schmerz, insgleichen eine widrige Unenthaltsamkeit in der Klage, eine Verzärtlichung, welche sich mit Religion und philosophischem Krimskrams zu etwas Höherem aufputzen möchte – es gibt einen förmlichen Kultus des Leidens. Die *Unmännlichkeit* dessen, was in solchen Schwärmerkreisen »Mitleid« getauft wird, springt, wie ich meine, immer zuerst in die Augen. – Man muß diese neueste Art des schlechten Geschmacks kräftig und gründlich in den Bann tun; und ich wünsche endlich, daß man das gute Amulett *»gai saber«* sich dagegen um Herz und Hals lege – »fröhliche Wissenschaft«, um es den Deutschen zu verdeutlichen.

294

Das olympische Laster. – Jenem Philosophen zum Trotz, der als echter Engländer dem Lachen bei allen denkenden Köpfen eine üble Nachrede zu schaffen suchte – »das Lachen ist ein arges Gebreste der menschlichen Natur, welches jeder denkende Kopf zu überwinden bestrebt sein wird« (Hobbes) – würde ich mir sogar eine Rangordnung der Philosophen erlauben, je nach dem Range ihres Lachens – bis hinauf zu denen, die des *goldnen* Gelächters fähig sind. Und gesetzt, daß auch Götter philosophieren, wozu mich mancher Schluß schon gedrängt hat –, so zweifle ich nicht, daß sie dabei auch auf eine übermenschliche und neue Weise zu lachen wissen – und auf Unkosten aller ernsten Dinge! Götter sind spottlustig: es scheint, sie können selbst bei heiligen Handlungen das Lachen nicht lassen.

295

Das Genie des Herzens, wie es jener große Verborgene hat, der Versucher-Gott und geborene Rattenfänger der Gewissen, dessen Stimme bis in die Unterwelt jeder Seele hinabzusteigen weiß, welcher nicht ein Wort sagt, nicht einen Blick blickt, in dem nicht eine Rücksicht und Falte der Lockung läge, zu dessen Meisterschaft es gehört, daß er zu scheinen versteht – und nicht das, was er ist, sondern was denen, die ihm folgen, ein Zwang *mehr* ist, um sich immer näher an ihn zu drängen, um ihm immer innerlicher und gründlicher zu folgen – das Genie des Herzens, das alles Laute und Selbstgefällige verstummen macht und horchen lehrt, das die rauhen Seelen glättet und ihnen ein neues Verlangen zu kosten gibt – stillzuliegen wie ein Spiegel, daß sich der tiefe Himmel auf ihnen spiegele –; das Genie des Herzens, das die tölpische und überrasche Hand zögern und zierlicher greifen lehrt; das den verborgenen und vergessenen Schatz, den Tropfen Güte und süßer Geistigkeit unter trübem dickem Eise errät und eine Wünschelrute für jedes Korn Goldes ist, welches lange im Kerker vielen Schlamms und Sandes begraben lag; das Genie des Herzens, von dessen Berührung jeder reicher fortgeht, nicht begnadet und überrascht, nicht wie von fremdem Gute beglückt und bedrückt, sondern reicher an sich selber, sich neuer als zuvor, aufgebrochen, von einem Tauwinde angeweht und ausgehorcht, unsicherer vielleicht, zärtlicher zerbrechlicher zerbrochener, aber voll Hoffnungen, die noch keinen Namen haben, voll neuen Willens und Strömens, voll neuen Unwillens und Zurückströmens ... aber was tue ich, meine Freunde? Von wem rede ich zu euch? Vergaß ich mich so weit, daß ich euch nicht einmal seinen Namen nannte? Es sei denn, daß ihr nicht schon von selbst errietet, wer dieser fragwürdige Geist und Gott ist, der in solcher Weise *gelobt* sein will. Wie es nämlich einem jeden ergeht, der von Kindesbeinen an immer unterwegs und in der Fremde war, so sind auch mir manche seltsame und nicht ungefährliche Geister über den Weg gelaufen, vor allem aber der, von dem ich eben sprach, und dieser immer wieder, kein Geringerer nämlich als der Gott *Dionysos*, jener große Zweideutige und Versucher-Gott, dem ich einstmals, wie ihr wißt, in aller Heimlichkeit und Ehrfurcht meine Erstlinge dargebracht habe – als der Letzte, wie mir scheint, der ihm ein *Opfer* dargebracht hat: denn ich fand keinen, der es verstanden hätte, was ich damals tat. Inzwischen lernte ich vieles, allzuvieles über die Philosophie dieses Gottes hinzu, und, wie gesagt, von Mund zu Mund – ich, der letzte Jünger und Eingeweihte des Gottes Dionysos: und ich dürfte wohl endlich einmal damit anfangen, euch, meinen Freunden, ein wenig, soweit es mir erlaubt ist, von dieser Philosophie zu kosten zu geben? Mit halber Stimme, wie billig: denn es handelt sich dabei um mancherlei Heimliches, Neues, Fremdes, Wunderliches, Unheimliches. Schon daß Dionysos ein Philosoph ist, und daß also auch Götter philosophieren, scheint mir eine Neuigkeit, welche nicht unverfänglich ist und die vielleicht gerade unter Philosophen Mißtrauen erregen möchte – unter euch, meine Freunde, hat sie schon weniger gegen sich, es sei denn, daß sie zu spät und nicht zur rechten Stunde kommt: denn ihr glaubt heute ungern, wie man mir verraten hat, an Gott und Götter. Vielleicht auch, daß ich in der Freimütigkeit meiner Erzählung weitergehn muß, als den strengen Gewohnheiten eurer Ohren immer liebsam ist? Gewißlich ging der genannte Gott bei dergleichen Zwiegesprächen weiter, sehr viel weiter, und war immer um viele Schritte mir voraus ... Ja ich würde, falls es erlaubt wäre, ihm nach Menschenbrauch schöne feierliche Prunk- und Tugendnamen beizulegen, viel Rühmens von seinem Forscher- und Entdecker-Mute, von seiner gewagten Redlichkeit, Wahrhaftigkeit und Liebe zur Weisheit zu machen haben. Aber mit all diesem ehrwürdigen Plunder und Prunk weiß ein solcher Gott nichts anzufangen. »Behalte dies«, würde er sagen, »für dich und deinesgleichen und wer sonst es nötig hat! Ich – habe keinen Grund, meine Blöße zu decken!« – Man errät: es fehlt dieser Art von Gottheit und Philosophen vielleicht an Scham? – So sagte er einmal: »unter Umständen liebe ich den Menschen« – und dabei spielte er auf Ariadne an, die zugegen war –: »der Mensch ist mir ein angenehmes, tapferes, erfinderisches Tier, das auf Erden nicht seinesgleichen hat, es findet sich in allen Labyrinthen noch zurecht. Ich bin ihm gut: ich denke oft darüber nach, wie ich ihn noch vorwärts bringe und ihn stärker, böser und tiefer mache, als er ist.« – »Stärker, böser und tiefer?« fragte ich erschreckt. »Ja«, sagte er noch einmal, »stärker, böser und tiefer; auch schöner« – und dazu lächelte der Versucher-Gott mit seinem halkyonischen Lächeln, wie als ob er eben eine bezaubernde Artigkeit gesagt habe. Man sieht hier zugleich: es fehlt dieser Gottheit nicht nur an Scham –; und es gibt überhaupt gute Gründe dafür, zu mutmaßen, daß in einigen Stücken die Götter insgesamt bei uns Menschen in die Schule gehen könnten. Wir Menschen sind – menschlicher ...

296

Ach, was seid ihr doch, ihre meine geschriebenen und gemalten Gedanken! Es ist nicht lange her, da wart ihr noch so bunt, jung und boshaft, voller Stacheln und geheimer Würzen, daß ihr mich niesen und lachen machtet – und jetzt? Schon habt ihr eure Neuheit ausgezogen, und einige von euch sind, ich fürchte es, bereit, zu Wahrheiten zu werden: so unsterblich sehn sie bereits aus, so herzbrechend rechtschaffen, so langweilig! Und war es jemals anders? Welche Sachen schreiben und malen wir denn ab, wir Mandarinen mit chinesischem Pinsel, wir Verewiger der Dinge, welche sich schreiben *lassen,* was vermögen wir denn allein abzumalen? Ach, immer nur das, was eben welk werden will und anfängt, sich zu verriechen! Ach, immer nur abziehende und erschöpfte Gewitter und gelbe späte Gefühle! Ach, immer nur Vögel, die sich müde flogen und verflogen und sich nun mit der Hand haschen lassen – mit *unserer* Hand! Wir verewigen, was nicht mehr lange leben und fliegen kann, müde und mürbe Dinge allein! Und nur euer *Nachmittag* ist es, ihr meine geschriebenen und gemalten Gedanken, für den allein ich Farben habe, viel Farben vielleicht, viel bunte Zärtlichkeiten und fünfzig Gelbs und Brauns und Grüns und Rots: – aber niemand errät mir daraus, wie ihr in eurem Morgen aussahet, ihr plötzlichen Funken und Wunder meiner Einsamkeit, ihr meine alten geliebten – – *schlimmen* Gedanken!

AUS HOHEN BERGEN

Nachgesang

O Lebens Mittag! Feierliche Zeit!
O Sommergarten!
Unruhig Glück im Stehn und Spähn und Warten: –
Der Freunde harr ich, Tag und Nacht bereit,
Wo bleibt ihr, Freunde? Kommt! 's ist Zeit! 's ist Zeit!

Wars nicht für euch, daß sich des Gletschers Grau
Heut schmückt mit Rosen?
Euch sucht der Bach, sehnsüchtig drängen, stoßen
Sich Wind und Wolke höher heut ins Blau,
Nach euch zu spähn aus fernster Vogel-Schau.

Im Höchsten ward für euch mein Tisch gedeckt –
Wer wohnt den Sternen
So nahe, wer des Abgrunds grausten Fernen?
Mein Reich – welch Reich hat weiter sich gereckt?
Und meinen Honig – wer hat ihn geschmeckt? . . .

– Da *seid* ihr, Freunde! – Weh, doch *ich* bins nicht,
Zu dem ihr wolltet?
Ihr zögert, staunt – ach, daß ihr lieber grolltet!
Ich – bins nicht mehr? Vertauscht Hand, Schritt, Gesicht?
Und *was* ich bin, euch Freunden – bin ichs nicht?

Ein andrer ward ich? Und mir selber fremd?
Mir selbst entsprungen?
Ein Ringer, der zu oft sich selbst bezwungen?
Zu oft sich gegen eigne Kraft gestemmt,
Durch eignen Sieg verwundet und gehemmt?

Ich suchte, wo der Wind am schärfsten weht?
Ich lernte wohnen,
Wo niemand wohnt, in öden Eisbär-Zonen,
Verlernte Mensch und Gott, Fluch und Gebet?
Ward zum Gespenst, das über Gletscher geht?

– Ihr alten Freunde! Seht! Nun blickt ihr bleich,
Voll Lieb und Grausen!
Nein, geht! Zürnt nicht! Hier – könntet *ihr* nicht hausen:
Hier zwischen fernstem Eis- und Felsenreich –
Hier muß man Jäger sein und gemsengleich.

Ein *schlimmer* Jäger ward ich! – Seht, wie steil
Gespannt mein Bogen!
Der Stärkste wars, der solchen Zug gezogen – –:
Doch wehe nun! Gefährlich ist *der* Pfeil,
Wie *kein* Pfeil, – fort von hier! Zu eurem Heil! ...

Ihr wendet euch? – O Herz, du trugst genung,
Stark blieb dein Hoffen:
Halt *neuen* Freunden deine Türen offen!
Die alten laß! Laß die Erinnerung!
Warst einst du jung, jetzt – bist du besser jung!

Was je uns knüpfte, *einer* Hoffnung Band –
Wer liest die Zeichen,
Die Liebe einst hineinschrieb, noch, die bleichen?
Dem Pergament vergleich ichs, das die Hand
Zu fassen *scheut* – ihm gleich verbräunt, verbrannt.

Nicht Freunde mehr, das sind – wie nenn ichs doch? –
Nur Freunds-Gespenster!
Das klopft mir wohl noch nachts an Herz und Fenster,
Das sieht mich an und spricht: »wir *warens* doch?«
– O welkes Wort, das einst wie Rosen roch!

O Jugend-Sehnen, das sich mißverstand!
Die *ich* ersehnte,
Die ich mir selbst verwandt-verwandelt wähnte,
Daß *alt* sie wurden, hat sie weggebannt:
Nur wer sich wandelt, bleibt mit mir verwandt.

O Lebens Mittag! Zweite Jugendzeit!
O Sommergarten!
Unruhig Glück im Stehn und Spähn und Warten!
Der Freunde harr ich, Tag und Nacht bereit,
Der *neuen* Freunde! Kommt! 's ist Zeit! 's ist Zeit!

Dies Lied ist aus – der Sehnsucht süßer Schrei
Erstarb im Munde:
Ein Zaubrer tats, der Freund zur rechten Stunde,
Der Mittags-Freund – nein! fragt nicht, wer es sei –
Um Mittag wars, da wurde Eins zu Zwei . . .

Nun feiern wir, vereinten Siegs gewiß,
Das Fest der Feste:
Freund *Zarathustra* kam, der Gast der Gäste!
Nun lacht die Welt, der grause Vorhang riß,
Die Hochzeit kam für Licht und Finsternis . . .

ZUR GENEALOGIE DER MORAL

Eine Streitschrift

Dem letztveröffentlichten

»Jenseits von Gut und Böse«

zur Ergänzung und Verdeutlichung beigegeben

VORREDE

1

Wir sind uns unbekannt, wir Erkennenden, wir selbst uns selbst: das hat seinen guten Grund. Wir haben nie nach uns gesucht – wie sollte es geschehn, daß wir eines Tages uns *fänden*? Mit Recht hat man gesagt: »wo euer Schatz ist, da ist auch euer Herz«; *unser* Schatz ist, wo die Bienenkörbe unsrer Erkenntnis stehn. Wir sind immer dazu unterwegs, als geborne Flügeltiere und Honigsammler des Geistes, wir kümmern uns von Herzen eigentlich nur um eins – etwas »heimzubringen«. Was das Leben sonst, die sogenannten »Erlebnisse« angeht – wer von uns hat dafür auch nur Ernst genug? Oder Zeit genug? Bei solchen Sachen waren wir, fürchte ich, nie recht »bei der Sache«: wir haben eben unser Herz nicht dort – und nicht einmal unser Ohr! Vielmehr wie ein Göttlich-Zerstreuter und In-sich-Versenkter, dem die Glocke eben mit aller Macht ihre zwölf Schläge des Mittags ins Ohr gedröhnt hat, mit einem Male aufwacht und sich fragt »was hat es da eigentlich geschlagen?« so reiben auch wir uns mitunter *hinterdrein* die Ohren und fragen, ganz erstaunt, ganz betreten, »was haben wir da eigentlich erlebt?« mehr noch: »wer *sind* wir eigentlich?« und zählen nach, hinterdrein, wie gesagt, alle die zitternden zwölf Glockenschläge unsres Erlebnisses, unsres Lebens, unsres *Seins* – ach! und verzählen uns dabei ... Wir bleiben uns eben notwendig fremd, wir verstehn uns nicht, wir *müssen* uns verwechseln, für uns heißt der Satz in alle Ewigkeit »Jeder ist sich selbst der Fernste« – für uns sind wir keine »Erkennenden« ...

2

– Meine Gedanken über die *Herkunft* unsrer moralischen Vorurteile – denn um sie handelt es sich in dieser Streitschrift – haben ihren ersten, sparsamen und vorläufigen Ausdruck in jener Aphorismen-Sammlung erhalten, die den Titel trägt »Menschliches, Allzumenschliches. Ein Buch für freie Geister«, und deren Niederschrift in Sorrent begonnen wurde, während eines Winters, welcher es mir erlaubte, haltzumachen, wie ein Wandrer haltmacht, und das weite und gefährliche Land zu überschauen, durch das mein Geist bis dahin gewandert war. Dies geschah im Winter 1876–77; die Gedanken selbst sind älter. Es waren in der Hauptsache schon die gleichen Gedanken, die ich in den vorliegenden Abhandlungen wieder aufnehme – hoffen wir, daß die lange Zwischenzeit ihnen gutgetan hat, daß sie reifer, heller, stärker, vollkommner geworden sind! *Daß* ich aber heute noch an ihnen festhalte, daß sie sich selber inzwischen immer fester aneinander gehalten haben, ja ineinander gewachsen und verwachsen sind, das stärkt in mir die frohe Zuversichtlichkeit, sie möchten von Anfang an in mir nicht einzeln, nicht beliebig, nicht sporadisch entstanden sein, sondern aus einer gemeinsamen Wurzel heraus, aus einem in der Tiefe gebietenden, immer bestimmter redenden, immer Bestimmteres verlangenden *Grundwillen* der Erkenntnis. So allein nämlich geziemt es sich bei einem Philosophen. Wir haben kein Recht darauf, irgendworin *einzeln* zu sein: wir dürfen weder einzeln irren noch einzeln die Wahrheit treffen. Vielmehr mit der Notwendigkeit, mit der ein Baum seine Früchte trägt, wachsen aus uns unsre Gedanken, unsre Werte, unsre Jas und Neins und Wenns und Obs – verwandt und bezüglich allesamt untereinander und Zeugnisse *eines* Willens, *einer* Gesundheit, *eines* Erdreichs, *einer* Sonne. – Ob sie *euch* schmecken, diese unsre Früchte? – Aber was geht das die Bäume an! Was geht das *uns* an, uns Philosophen! . . .

3

Bei einer mir eignen Bedenklichkeit, die ich ungern eingestehe – sie bezieht sich nämlich auf die *Moral*, auf alles, was bisher auf Erden als Moral gefeiert worden ist –, einer Bedenklichkeit, welche in meinem Leben so früh, so unaufgefordert, so unaufhaltsam, so in Widerspruch gegen Umgebung, Alter, Beispiel, Herkunft auftrat, daß ich beinahe das Recht hätte, sie mein »*A priori*« zu nennen – mußte meine Neugierde ebenso wie mein Verdacht beizeiten an der Frage haltmachen, *welchen Ursprung* eigentlich unser Gut und Böse habe. In der Tat ging mir bereits als dreizehnjährigem Knaben das Problem vom Ursprung des Bösen nach: ihm widmete ich, in einem Alter, wo man »halb Kinderspiele, halb Gott im Herzen« hat, mein erstes literarisches Kinderspiel, meine erste philosophische Schreibübung – und was meine damalige »Lösung« des Problems anbetrifft, nun, so gab ich, wie es billig ist, Gott die Ehre und machte ihn zum *Vater* des Bösen. Wollte es gerade *so* mein »*A priori*« von mir? jenes neue unmoralische, mindestens immoralistische »*A priori*« und der aus ihm redende ach! so anti-Kantische, so rätselhafte »kategorische Imperativ«, dem ich inzwischen immer mehr Gehör und nicht nur Gehör geschenkt habe? . . . Glücklicherweise lernte ich beizeiten das theologische Vorurteil von dem moralischen abscheiden und suchte nicht mehr den Ursprung des Bösen *hinter* der Welt. Etwas historische und philologische Schulung, eingerechnet ein angeborner wählerischer Sinn in Hinsicht auf psychologische Fragen überhaupt, verwandelte in Kürze mein Problem in das andre: unter welchen Bedingungen erfand sich der Mensch jene Werturteile gut und böse? *und welchen Wert haben sie selbst?* Hemmten oder förderten sie bisher das menschliche Gedeihen? Sind sie ein Zeichen von Notstand, von Verarmung, von Entartung des Lebens? Oder umgekehrt, verrät sich in ihnen die Fülle, die Kraft, der Wille des Lebens, sein Mut, seine Zuversicht, seine Zukunft? – Darauf fand und wagte ich bei mir mancherlei Antworten, ich unterschied Zeiten, Völker, Ranggrade der Individuen, ich spezialisierte mein Problem, aus den Antworten wurden neue Fragen, Forschungen, Vermutungen, Wahrscheinlichkeiten: bis ich endlich ein eignes Land, einen eignen Boden hatte, eine ganze verschwiegene wachsende blühende Welt, heimliche Gärten gleichsam, von denen niemand etwas ahnen durfte ... O wie wir *glücklich* sind, wir Erkennenden, vorausgesetzt, daß wir nur lange genug zu schweigen wissen! ...

4

Den ersten Anstoß, von meinen Hypothesen über den Ursprung der Moral etwas zu verlautbaren, gab mir ein klares, sauberes und kluges, auch altkluges Büchlein, in welchem mir eine umgekehrte und perverse Art von genealogischen Hypothesen, ihre eigentlich *englische* Art, zum ersten Male deutlich entgegentrat, und das mich anzog – mit jener Anziehungskraft, die alles Entgegengesetzte, alles Antipodische hat. Der Titel des Büchleins war »Der Ursprung der moralischen Empfindungen«; sein Verfasser Dr. Paul Rée; das Jahr seines Erscheinens 1877. Vielleicht habe ich niemals etwas gelesen, zu dem ich dermaßen, Satz für Satz, Schluß für Schluß, bei mir nein gesagt hätte wie zu diesem Buche: doch ganz ohne Verdruß und Ungeduld. In dem vorher bezeichneten Werke, an dem ich damals arbeitete, nahm ich gelegentlich und ungelegentlich auf die Sätze jenes Buches Bezug, nicht indem ich sie widerlegte – was habe ich mit Widerlegungen zu schaffen! – sondern, wie es einem positiven Geiste zukommt, an Stelle des Unwahrscheinlichen das Wahrscheinlichere setzend, unter Umständen an Stelle eines Irrtums einen andern. Damals brachte ich, wie gesagt, zum ersten Male jene Herkunfts-Hypothesen ans Tageslicht, denen diese Abhandlungen gewidmet sind, mit Ungeschick, wie ich mir selbst am letzten verbergen möchte, noch unfrei, noch ohne eine eigne Sprache für diese eignen Dinge und mit mancherlei Rückfälligkeit und Schwankung. Im einzelnen vergleiche man, was ich »Menschliches, Allzumenschliches« (I, S. 263) über die doppelte Vorgeschichte von Gut und Böse sage (nämlich aus der Sphäre der Vornehmen und der der Sklaven); insgleichen (I, S. 307 ff.) über Wert und Herkunft der asketischen Moral; insgleichen (I, S. 281 ff.) über die »Sittlichkeit der Sitte«, jene viel ältere und ursprünglichere Art Moral, welche *toto coelo* von der altruistischen Wertungsweise abliegt (in der Dr.

Rée, gleich allen englischen Moralgenealogen, die moralische Wertungsweise *an sich* sieht); insgleichen I, S. 279 f., »Wanderer«, »Morgenröte« über die Herkunft der Gerechtigkeit als eines Ausgleichs zwischen ungefähr Gleich-Mächtigen (Gleichgewicht als Voraussetzung aller Verträge, folglich alles Rechts); insgleichen über die Herkunft der Strafe »Wanderer«, für die der terroristische Zweck weder essentiell noch ursprünglich ist (wie Dr. Rée meint – er ist ihr vielmehr erst eingelegt, unter bestimmten Umständen, und immer als ein Nebenbei, als etwas Hinzukommendes).

5

Im Grunde lag mir gerade damals etwas viel Wichtigeres am Herzen als eigenes oder fremdes Hypothesenwesen über den Ursprung der Moral (oder, genauer: letzteres allein um eines Zweckes willen, zu dem es eins unter vielen Mitteln ist). Es handelte sich für mich um den *Wert* der Moral – und darüber hatte ich mich fast allein mit meinem großen Lehrer Schopenhauer auseinanderzusetzen, an den wie an einen Gegenwärtigen jenes Buch, die Leidenschaft und der geheime Widerspruch jenes Buchs sich wendet (– denn auch jenes Buch war eine »Streitschrift«). Es handelte sich insonderheit um den Wert des »Unegoistischen«, der Mitleids-, Selbstverleugnungs-, Selbstopferungs-Instinkte, welche gerade Schopenhauer so lange vergoldet, vergöttlicht und verjenseitigt hatte, bis sie ihm schließlich als die »Werte an sich« übrigblieben, auf Grund deren er zum Leben, auch zu sich selbst, *nein sagte*. Aber gerade gegen *diese* Instinkte redete aus mir ein immer grundsätzlicherer Argwohn, eine immer tiefer grabende Skepsis! Gerade hier sah ich die *große* Gefahr der Menschheit, ihre sublimste Lockung und Verführung – wohin doch? ins Nichts? –, gerade hier sah ich den Anfang vom Ende, das Stehenbleiben, die zurückblickende Müdigkeit, den Willen *gegen* das Leben sich wendend, die letzte Krankheit sich zärtlich und schwermütig ankündigend: ich verstand die immer mehr um sich greifende Mitleids-Moral, welche selbst die Philosophen ergriff und krank machte, als das unheimlichste Symptom unsrer unheimlich gewordnen europäischen Kultur, als ihren Umweg zu einem neuen Buddhismus? zu einem Europäer-Buddhismus? zum – *Nihilismus*? ... Diese moderne Philosophen-Bevorzugung und Überschätzung des Mitleidens ist nämlich etwas Neues: gerade über den *Unwert* des Mitleidens waren bisher die Philosophen übereingekommen. Ich nenne nur Plato, Spinoza, Larochefoucauld und Kant, vier Geister so verschieden voneinander als möglich, aber in einem eins: in der Geringschätzung des Mitleidens. –

6

Dies Problem vom *Werte* des Mitleids und der Mitleids-Moral (– ich bin ein Gegner der schändlichen modernen Gefühlsverweichlichung –) scheint zunächst nur etwas Vereinzeltes, ein Fragezeichen für sich; wer aber einmal hier hängenbleibt, hier fragen *lernt*, dem wird es gehn, wie es mir ergangen ist – eine ungeheure neue Aussicht tut sich ihm auf, eine Möglichkeit faßt ihn wie ein Schwindel, jede Art Mißtrauen, Argwohn, Furcht springt hervor, der Glaube an die Moral, an alle Moral wankt – endlich wird eine neue Forderung laut. Sprechen wir sie aus, diese *neue Forderung*: wir haben eine *Kritik* der moralischen Werte nötig, *der Wert dieser Werte ist selbst erst einmal in Frage zu stellen* – und dazu tut eine Kenntnis der Bedingungen und Umstände not, aus denen sie gewachsen, unter denen sie sich entwickelt und verschoben haben (Moral als Folge, als Symptom, als Maske, als Tartüfferie, als Krankheit, als Mißverständnis; aber auch Moral als Ursache, als Heilmittel, als Stimulans, als Hemmung, als Gift), wie eine solche Kenntnis weder bis jetzt da war, noch auch nur begehrt worden ist. Man nahm den *Wert* dieser »Werte« als gegeben, als tatsächlich, als jenseits aller In-Frage-Stellung; man hat bisher auch nicht im entferntesten daran gezweifelt und geschwankt, »den Guten« für höherwertig als »den Bösen« anzusetzen, höherwertig im Sinne der Förderung, Nützlichkeit, Gedeihlichkeit in Hinsicht auf *den* Menschen überhaupt (die Zukunft des Menschen eingerechnet). Wie? wenn das Umgekehrte die Wahrheit wäre? Wie? wenn im »Guten« auch ein Rückgangssymptom läge, insgleichen eine Gefahr, eine Verführung, ein Gift, ein Narkotikum, durch das etwa die Gegenwart *auf Kosten der Zukunft* lebte? Vielleicht behaglicher, ungefährlicher, aber auch in kleinerem Stile, niedriger? ... So daß gerade die Moral daran schuld wäre, wenn eine an sich mögliche *höchste Mächtigkeit und Pracht* des Typus Mensch niemals erreicht würde? So daß gerade die Moral die Gefahr der Gefahren wäre? ...

7

Genug, daß ich selbst, seitdem mir dieser Ausblick sich öffnete, Gründe hatte, mich nach gelehrten, kühnen und arbeitsamen Genossen umzusehn (ich tue es heute noch). Es gilt, das ungeheure, ferne und so versteckte Land der Moral – der wirklich dagewesenen, wirklich gelebten Moral – mit lauter neuen Fragen und gleichsam mit neuen Augen zu bereisen: und heißt dies nicht beinahe soviel als dieses Land erst *entdecken*? ... Wenn ich dabei, unter anderen, auch an den genannten Dr. Rée dachte, so geschah es, weil ich gar nicht zweifelte, daß er von der Natur seiner Fragen selbst auf eine richtigere Methodik, um zu Antworten zu gelangen, gedrängt werden würde. Habe ich mich darin betrogen? Mein Wunsch war es jedenfalls, einem so scharfen und unbeteiligten Auge eine bessere Richtung, die Richtung zur wirklichen *Historie der Moral* zu geben und ihn vor solchem englischen Hypothesenwesen *ins Blaue* noch zur rechten Zeit zu warnen. Es liegt ja auf der Hand, welche Farbe für einen Moral-Genealogen hundertmal wichtiger sein muß als gerade das Blaue: nämlich *das Graue,* will sagen, das Urkundliche, das Wirklich-Feststellbare, das Wirklich-Dagewesene, kurz die ganze lange, schwer zu entziffernde Hieroglyphenschrift der menschlichen Moral-Vergangenheit! – *Diese* war dem Dr. Rée unbekannt; aber er hatte Darwin gelesen – und so reichen sich in seinen Hypothesen auf eine Weise, die zum mindesten unterhaltend ist, die Darwinsche Bestie und der allermodernste bescheidne Moral-Zärtling, der »nicht mehr beißt«, artig die Hand, letzterer mit dem Ausdruck einer gewissen gutmütigen und feinen Indolenz im Gesicht, in die selbst ein Gran von Pessimismus, von Ermüdung eingemischt ist: als ob es sich eigentlich gar nicht lohne, alle diese Dinge – die Probleme der Moral – so ernst zu nehmen. Mir nun scheint es umgekehrt gar keine Dinge zu geben, die es mehr *lohnten,* daß man sie ernst nimmt; zu welchem Lohne es zum Beispiel gehört, daß man eines Tags vielleicht die Erlaubnis erhält, sie *heiter* zu nehmen. Die Heiterkeit nämlich oder, um es in meiner Sprache zu sagen, *die fröhliche Wissenschaft* – ist ein Lohn: ein Lohn für einen langen, tapferen, arbeitsamen und unterirdischen Ernst, der freilich nicht jedermanns Sache ist. An dem Tage aber, wo wir aus vollem Herzen sagen: »vorwärts! auch unsre alte Moral gehört *in die Komödie*!« haben wir für das dionysische Drama vom »Schicksal der Seele« eine neue Verwicklung der Möglichkeit entdeckt –: und er wird sie sich schon zunutze machen, darauf darf man wetten, er, der große alte ewige Komödiendichter unsres Daseins! . . .

8

– Wenn diese Schrift irgend jemandem unverständlich ist und schlecht zu Ohren geht, so liegt die Schuld, wie mich dünkt, nicht notwendig an mir. Sie ist deutlich genug, vorausgesetzt, was ich voraussetze, daß man zuerst meine früheren Schriften gelesen und einige Mühe dabei nicht gespart hat: diese sind in der Tat nicht leicht zugänglich. Was zum Beispiel meinen »Zarathustra« anbetrifft, so lasse ich niemanden als dessen Kenner gelten, den nicht jedes seiner Worte irgendwann einmal tief verwundet und irgendwann einmal tief entzückt hat: erst dann nämlich darf er des Vorrechts genießen, an dem halkyonischen Element, aus dem jenes Werk geboren ist, an seiner sonnigen Helle, Ferne, Weite und Gewißheit ehrfürchtig Anteil zu haben. In andern Fällen macht die aphoristische Form Schwierigkeit: sie liegt darin, daß man diese Form heute *nicht schwer genug* nimmt. Ein Aphorismus, rechtschaffen geprägt und ausgegossen, ist damit, daß er abgelesen ist, noch nicht »entziffert«; vielmehr hat nun erst dessen *Auslegung* zu beginnen, zu der es einer Kunst der Auslegung bedarf. Ich habe in der dritten Abhandlung dieses Buchs ein Muster von dem dargeboten, was ich in einem solchen Falle »Auslegung« nenne – dieser Abhandlung ist ein Aphorismus vorangestellt, sie selbst ist dessen Kommentar. Freilich tut, um dergestalt das Lesen als *Kunst* zu üben, eins vor allem not, was heutzutage gerade am besten verlernt worden ist – und darum hat es noch Zeit bis zur »Lesbarkeit« meiner Schriften –, zu dem man beinahe Kuh und jedenfalls *nicht* »moderner Mensch« sein muß: *das Wiederkäuen* ...

Sils-Maria, Oberengadin, im Juli 1887

ERSTE ABHANDLUNG

»GUT UND BÖSE«, »GUT UND SCHLECHT«

1

– Diese englischen Psychologen, denen man bisher auch die einzigen Versuche zu danken hat, es zu einer Entstehungsgeschichte der Moral zu bringen – sie geben uns mit sich selbst kein kleines Rätsel auf; sie haben sogar, daß ich es gestehe, eben damit, als leibhaftige Rätsel, etwas Wesentliches vor ihren Büchern voraus – *sie selbst sind interessant*! Diese englischen Psychologen – was wollen sie eigentlich? Man findet sie, sei es nun freiwillig oder unfreiwillig, immer am gleichen Werke, nämlich die *partie honteuse* unsrer inneren Welt in den Vordergrund zu drängen und gerade dort das eigentlich Wirksame, Leitende, für die Entwicklung Entscheidende zu suchen, wo der intellektuelle Stolz des Menschen es am letzten zu finden *wünschte* (zum Beispiel in der *vis inertiae* der Gewohnheit oder in der Vergeßlichkeit oder in einer blinden und zufälligen Ideen-Verhäkelung und -Mechanik oder in irgend etwas Rein-Passivem, Automatischem, Reflexmäßigem, Molekularem und Gründlich-Stupidem) – was treibt diese Psychologen eigentlich immer gerade in *diese* Richtung? Ist es ein heimlicher, hämischer, gemeiner, seiner selbst vielleicht uneingeständlicher Instinkt der Verkleinerung des Menschen? Oder etwa ein pessimistischer Argwohn, das Mißtrauen von enttäuschten, verdüsterten, giftig und grün gewordenen Idealisten? Oder eine kleine unterirdische Feindschaft und Rancune gegen das Christentum (und Plato), die vielleicht nicht einmal über die Schwelle des Bewußtseins gelangt ist? Oder gar ein lüsterner Geschmack am Befremdlichen, am Schmerzhaft-Paradoxen, am Fragwürdigen und Unsinnigen des Daseins? Oder endlich – von allem etwas, ein wenig Gemeinheit, ein wenig Verdüsterung, ein wenig Antichristlichkeit, ein wenig Kitzel und Bedürfnis nach Pfeffer? ... Aber man sagt mir, daß es einfach alte, kalte, langweilige Frösche seien, die am Menschen herum, in den Menschen hinein kriechen und hüpfen, wie als ob sie da so recht in ihrem Elemente wären, nämlich in einem *Sumpfe*. Ich höre das mit Widerstand, mehr noch, ich glaube nicht daran; und wenn man wünschen darf, wo man nicht wissen kann, so wünsche ich von Herzen, daß es umgekehrt mit ihnen stehen möge – daß diese Forscher und Mikroskoptiker der Seele im Grunde tapfere, großmütige und stolze Tiere seien, welche ihr Herz wie ihren Schmerz im Zaum zu halten wissen und sich dazu erzogen haben, der Wahrheit alle Wünschbarkeit zu opfern, *jeder* Wahrheit, sogar der schlichten, herben, häßlichen, widrigen, unchristlichen, unmoralischen Wahrheit ... Denn es gibt solche Wahrheiten. –

2

Alle Achtung also vor den guten Geistern, die in diesen Historikern der Moral walten mögen! Aber gewiß ist leider, daß ihnen der *historische Geist* selber abgeht, daß sie gerade von allen guten Geistern der Historie selbst im Stich gelassen worden sind! Sie denken allesamt, wie es nun einmal alter Philosophen-Brauch ist, *wesentlich* unhistorisch; daran ist kein Zweifel. Die Stümperei ihrer Moral-Genealogie kommt gleich am Anfang zutage, da, wo es sich darum handelt, die Herkunft des Begriffs und Urteils »gut« zu ermitteln. »Man hat ursprünglich« – so dekretieren sie – »unegoistische Handlungen von seiten derer gelobt und gut genannt, denen sie erwiesen wurden, also denen sie *nützlich* waren; später hat man diesen Ursprung des Lobes *vergessen* und die unegoistischen Handlungen einfach, weil sie *gewohnheitsmäßig* immer als gut gelobt wurden, auch als gut empfunden – wie als ob sie an sich etwas Gutes wären.« Man sieht sofort: diese erste Ableitung enthält bereits alle typischen Züge der englischen Psychologen-Idiosynkrasie – wir haben »die Nützlichkeit«, »das Vergessen«, »die Gewohnheit« und am Schluß »den Irrtum«, alles als Unterlage einer Wertschätzung, auf welche der höhere Mensch bisher wie auf eine Art Vorrecht des Menschen überhaupt stolz gewesen ist. Dieser Stolz *soll* gedemütigt, diese Wertschätzung entwertet werden: ist das erreicht? ... Nun liegt für mich erstens auf der Hand, daß von dieser Theorie der eigentliche Entstehungsherd des Begriffs »gut« an falscher Stelle gesucht und angesetzt wird: das Urteil »gut« rührt *nicht* von denen her, welchen »Güte« erwiesen wird! Vielmehr sind es »die Guten« selber gewesen, das heißt die Vornehmen, Mächtigen, Höhergestellten und Hochgesinnten, welche sich selbst und ihr Tun als gut, nämlich als ersten Ranges empfanden und ansetzten, im Gegensatz zu allem Niedrigen, Niedrig-Gesinnten, Gemeinen und Pöbelhaften. Aus diesem *Pathos der Distanz* heraus haben sie sich das Recht, Werte zu schaffen, Namen der Werte auszuprägen, erst genommen: was ging sie die Nützlichkeit an! Der Gesichtspunkt der Nützlichkeit ist gerade in bezug auf ein solches heißes Herausquellen oberster rang-ordnender, rang-abhebender Werturteile so fremd und unangemessen wie möglich: hier ist eben das Gefühl bei einem Gegensatze jenes niedrigen Wärmegrades angelangt, den jede berechnende Klugheit, jeder Nützlichkeits-Kalkul voraussetzt – und nicht für einmal, nicht für eine Stunde der Ausnahme, sondern für die Dauer. Das Pathos der Vornehmheit und Distanz, wie gesagt, das dauernde und dominierende Gesamt- und Grundgefühl einer höheren herrschenden Art im Verhältnis zu einer niederen Art, zu einem »Unten« – *das* ist der Ursprung des Gegensatzes »gut« und »schlecht«. (Das Herrenrecht, Namen zu geben, geht so weit, daß man sich erlauben sollte, den Ursprung der Sprache selbst als Machtäußerung der Herrschenden zu fassen: sie sagen »das *ist* das und das«, sie siegeln jegliches Ding und Geschehen mit einem Laute ab und nehmen es dadurch gleichsam in Besitz.) Es liegt an diesem Ursprunge, daß das Wort »gut« sich von vornherein durchaus *nicht* notwendig an »unegoistische« Handlungen anknüpft: wie es der Aberglaube jener Moralgenealogen ist. Vielmehr geschieht es erst bei einem *Niedergange* aristokratischer Werturteile, daß sich dieser ganze Gegensatz »egostisch« »unegoistisch« dem menschlichen Gewissen mehr und mehr aufdrängt – es ist, um mich meiner Sprache zu bedienen, *der Herdeninstinkt,* der mit ihm endlich zu Worte (auch zu *Worten*) kommt. Und auch dann dauert es noch lange, bis dieser Instinkt in dem Maße Herr wird, daß die moralische Wertschätzung bei jenem Gegensatze geradezu hängen und stecken bleibt (wie dies zum Beispiel im gegenwärtigen Europa der Fall ist: heute herrscht das Vorurteil, welches »moralisch«, »unegoistisch«, »*désintéressé*« als gleichwertige Begriffe nimmt, bereits mit der Gewalt einer »fixen Idee« und Kopfkrankheit).

3

Zweitens aber: ganz abgesehn von der historischen Unhaltbarkeit jener Hypothese über die Herkunft des Werturteils »gut«, krankt sie an einem psychologischen Widersinn in sich selbst. Die Nützlichkeit der unegoistischen Handlung soll der Ursprung ihres Lobes sein, und dieser Ursprung soll *vergessen* worden sein – wie ist dies Vergessen auch nur *möglich*? Hat vielleicht die Nützlichkeit solcher Handlungen irgendwann einmal aufgehört? Das Gegenteil ist der Fall: diese Nützlichkeit ist vielmehr die Alltagserfahrung zu allen Zeiten gewesen, etwas also, das fortwährend immer neu unterstrichen wurde; folglich, statt aus dem Bewußtsein zu verschwinden, statt vergeßbar zu werden, sich dem Bewußtsein mit immer größerer Deutlichkeit eindrücken mußte. Um wieviel vernünftiger ist jene entgegengesetzte Theorie (sie ist deshalb nicht wahrer –), welche zum Beispiel von Herbert Spencer vertreten wird: der den Begriff »gut« als wesensgleich mit dem Begriff »nützlich«, »zweckmäßig« ansetzt, so daß in den Urteilen »gut« und »schlecht« die Menschheit gerade ihre *unvergeßnen* und *unvergeßbaren* Erfahrungen über nützlich-zweckmäßig, über schädlich-unzweckmäßig aufsummiert und sanktioniert habe. Gut ist, nach dieser Theorie, was sich von jeher als nützlich bewiesen hat: damit darf es als »wertvoll im höchsten Grade«, als »wertvoll an sich« Geltung behaupten. Auch dieser Weg der Erklärung ist, wie gesagt, falsch, aber wenigstens ist die Erklärung selbst in sich vernünftig und psychologisch haltbar.

4

– Den Fingerzeig zum *rechten* Wege gab mir die Frage, was eigentlich die von den verschiedenen Sprachen ausgeprägten Bezeichnungen des »Guten« in etymologischer Hinsicht zu bedeuten haben: da fand ich, daß sie allesamt auf die *gleiche Begriffs-Verwandlung* zurückleiten – daß überall »vornehm«, »edel« im ständischen Sinne der Grundbegriff ist, aus dem sich »gut« im Sinne von »seelisch-vornehm«, »edel«, von »seelisch-hochgeartet«, »seelisch-privilegiert« mit Notwendigkeit herausentwickelt: eine Entwicklung, die immer parallel mit jener anderen läuft, welche »gemein«, »pöbelhaft«, »niedrig« schließlich in den Begriff »schlecht« übergehn macht. Das beredteste Beispiel für das letztere ist das deutsche Wort »schlecht« selber: als welches mit »schlicht« identisch ist – vergleiche »schlechtweg«, »schlechterdings« – und ursprünglich den schlichten, den gemeinen Mann, noch ohne einen verdächtigenden Seitenblick, einfach im Gegensatz zum Vornehmen bezeichnete. Um die Zeit des Dreißigjährigen Kriegs ungefähr, also spät genug, verschiebt sich dieser Sinn in den jetzt gebräuchlichen. – Dies scheint mir in betreff der Moral-Genealogie eine *wesentliche* Einsicht; daß sie so spät erst gefunden wird, liegt an dem hemmenden Einfluß, den das demokratische Vorurteil innerhalb der modernen Welt in Hinsicht auf alle Fragen der Herkunft ausübt. Und dies bis in das anscheinend objektivste Gebiet der Naturwissenschaft und Physiologie hinein, wie hier nur angedeutet werden soll. Welchen Unfug aber dieses Vorurteil, einmal bis zum Haß entzügelt, insonderheit für Moral und Historie anrichten kann, zeigt der berüchtigte Fall Buckles; der *Plebejismus* des modernen Geistes, der englischer Abkunft ist, brach da einmal wieder auf seinem heimischen Boden heraus, heftig wie ein schlammichter Vulkan und mit jener versalzten, überlauten, gemeinen Beredsamkeit, mit der bisher alle Vulkane geredet haben. –

5

In Hinsicht auf *unser* Problem, das aus guten Gründen ein *stilles* Problem genannt werden kann und sich wählerisch nur an wenige Ohren wendet, ist es von keinem kleinen Interesse, festzustellen, daß vielfach noch in jenen Worten und Wurzeln, die »gut« bezeichnen, die Hauptnuance durchschimmert, auf welche hin die Vornehmen sich eben als Menschen höheren Ranges fühlten. Zwar benennen sie sich vielleicht in den häufigsten Fällen einfach nach ihrer Überlegenheit an Macht (als »die Mächtigen«, »die Herren«, »die Gebietenden«) oder nach dem sichtbarsten Abzeichen dieser Überlegenheit, zum Beispiel als »die Reichen«, »die Besitzenden« (das ist der Sinn von *arya*; und entsprechend im Eranischen und Slavischen). Aber auch nach einem *typischen Charakterzuge*: und dies ist der Fall, der uns hier angeht. Sie heißen sich zum Beispiel »die Wahrhaftigen«; voran der griechische Adel, dessen Mundstück der megarische Dichter Theognis ist. Das dafür ausgeprägte Wort ἐσθλός bedeutet der Wurzel nach einen, der *ist*, der Realität hat, der wirklich ist, der wahr ist; dann, mit einer subjektiven Wendung, den Wahren als den Wahrhaftigen: in dieser Phase der Begriffs-Verwandlung wird es zum Schlag- und Stichwort des Adels und geht ganz und gar in den Sinn »adelig« über, zur Abgrenzung vom *lügenhaften* gemeinen Manne, so wie Theognis ihn nimmt und schildert – bis endlich das Wort, nach dem Niedergange des Adels, zur Bezeichnung der seelischen Noblesse übrigbleibt und gleichsam reif und süß wird. Im Worte κακός wie in δειλός (der Plebejer im Gegensatz zum ἀγαθός) ist die Feigheit unterstrichen: dies gibt vielleicht einen Wink, in welcher Richtung man die etymologische Herkunft des mehrfach deutbaren ἀγαθός zu suchen hat. Im lateinischen *malus* (dem ich μέλας zur Seite stelle) könnte der gemeine Mann als der Dunkelfarbige, vor allem als der Schwarzhaarige (»*hic niger est* –«) gekennzeichnet sein, als der vorarische Insasse des italischen Bodens, der sich von der herrschend gewordnen blonden, nämlich arischen Eroberer-Rasse durch die Farbe am deutlichsten abhob; wenigstens bot mir das Gälische den genau entsprechenden Fall – *fin* (zum Beispiel im Namen *Fin-Gal*) das abzeichnende Wort des Adels, zuletzt der Gute, Edle, Reine, ursprünglich der Blondkopf, im Gegensatz zu den dunklen schwarzhaarigen Ureinwohnern. Die Kelten, beiläufig gesagt, waren durchaus eine blonde Rasse; man tut Unrecht, wenn man jene Streifen einer wesentlich dunkelhaarigen Bevölkerung, die sich auf sorgfältigeren ethnographischen Karten Deutschlands bemerkbar machen, mit irgendwelcher keltischen Herkunft und Blutmischung in Zusammenhang bringt, wie dies noch Virchow tut: vielmehr schlägt an diesen Stellen die *vorarische* Bevölkerung Deutschlands vor. (Das gleiche gilt beinahe für ganz Europa: im wesentlichen hat die unterworfne Rasse schließlich daselbst wieder die Oberhand bekommen, in Farbe, Kürze des Schädels, vielleicht sogar in den intellektuellen und sozialen Instinkten: wer steht uns dafür, ob nicht die moderne Demokratie, der noch modernere Anarchismus und namentlich jener Hang zur »*commune*«, zur primitivsten Gesellschafts-Form, der allen Sozialisten Europas jetzt gemeinsam ist, in der Hauptsache einen ungeheuren *Nachschlag* zu bedeuten hat – und daß die Eroberer- und *Herren-Rasse*, die der Arier, auch physiologisch im Unterliegen ist? ...) Das lateinische *bonus* glaube ich als »den Krieger« auslegen zu dürfen: vorausgesetzt, daß ich mit Recht *bonus* auf ein älteres *duonus* zurückführe (vergleiche *bellum* = *duellum* = *duenlum* worin mir jenes *duonus* erhalten scheint). *Bonus* somit als Mann des Zwistes, der Entzweiung (*duo*), als Kriegsmann: man sieht, was im alten Rom an einem Manne seine »Güte« ausmachte. Unser deutsches »Gut« selbst: sollte es nicht »den Göttlichen«, den Mann »göttlichen Geschlechts«

bedeuten? Und mit dem Volks-(ursprünglich Adels-)Namen der Goten identisch sein? Die Gründe zu dieser Vermutung gehören nicht hierher. –

6

Von dieser Regel, daß der politische Vorrangs-Begriff sich immer in einen seelischen Vorrangs-Begriff auslöst, macht es zunächst noch keine Ausnahme (obgleich es Anlaß zu Ausnahmen gibt), wenn die höchste Kaste zugleich die *priesterliche* Kaste ist und folglich zu ihrer Gesamt-Bezeichnung ein Prädikat bevorzugt, das an ihre priesterliche Funktion erinnert. Da tritt zum Beispiel »rein« und »unrein« sich zum ersten Male als Ständeabzeichen gegenüber; und auch hier kommt später ein »gut« und ein »schlecht« in einem nicht mehr ständischen Sinne zur Entwicklung. Im übrigen sei man davor gewarnt, diese Begriffe »rein« und »unrein« nicht von vornherein zu schwer, zu weit oder gar symbolisch zu nehmen: alle Begriffe der älteren Menschheit sind vielmehr anfänglich in einem uns kaum ausdenkbaren Maße grob, plump, äußerlich, eng, geradezu und insbesondere *unsymbolisch* verstanden worden. Der »Reine« ist von Anfang an bloß ein Mensch, der sich wäscht, der sich gewisse Speisen verbietet, die Hautkrankheiten nach sich ziehn, der nicht mit den schmutzigen Weibern des niederen Volkes schläft, der einen Abscheu vor Blut hat – nicht mehr, nicht viel mehr! Andrerseits erhellt es freilich aus der ganzen Art einer wesentlich priesterlichen Aristokratie, warum hier gerade frühzeitig sich die Wertungs-Gegensätze auf eine gefährliche Weise verinnerlichen und verschärfen konnten; und in der Tat sind durch sie schließlich Klüfte zwischen Mensch und Mensch aufgerissen worden, über die selbst ein Achill der Freigeisterei nicht ohne Schauder hinwegsetzen wird. Es ist von Anfang an etwas *Ungesundes* in solchen priesterlichen Aristokratien und in den daselbst herrschenden, dem Handeln abgewendeten, teils brütenden, teils gefühls-explosiven Gewohnheiten, als deren Folge jene den Priestern aller Zeiten fast unvermeidlich anhaftende intestinale Krankhaftigkeit und Neurasthenie erscheint; was aber von ihnen selbst gegen diese ihre Krankhaftigkeit als Heilmittel erfunden worden ist – muß man nicht sagen, daß es sich zuletzt in seinen Nachwirkungen noch hundertmal gefährlicher erwiesen hat als die Krankheit, von der es erlösen sollte? Die Menschheit selbst krankt noch an den Nachwirkungen dieser priesterlichen Kur-Naivitäten! Denken wir zum Beispiel an gewisse Diätformen (Vermeidung des Fleisches), an das Fasten, an die geschlechtliche Enthaltsamkeit, an die Flucht »in die Wüste« (Weis-Mitchellsche Isolierung, freilich ohne die darauffolgende Mastkur und Überernährung, in der das wirksamste Gegenmittel gegen alle Hysterie des asketischen Ideals besteht): hinzugerechnet die ganze sinnenfeindliche faul- und raffiniertmachende Metaphysik der

Priester, ihre Selbst-Hypnotisierung nach Art des Fakirs und Brahmanen – Brahman als gläserner Knopf und fixe Idee benutzt – und das schließliche nur zu begreifliche allgemeine Satthaben mit seiner Radikalkur, dem *Nichts* (oder Gott – das Verlangen nach einer *unio mystica* mit Gott ist das Verlangen des Buddhisten ins Nichts, Nirvâna – und nicht mehr!). Bei den Priestern wird eben *alles* gefährlicher, nicht nur Kurmittel und Heilkünste, sondern auch Hochmut, Rache, Scharfsinn, Ausschweifung, Liebe, Herrschsucht, Tugend, Krankheit – mit einiger Billigkeit ließe sich allerdings auch hinzufügen, daß erst auf dem Boden dieser *wesentlich gefährlichen* Daseinsform des Menschen, der priesterlichen, der Mensch überhaupt *ein interessantes Tier* geworden ist, daß erst hier die menschliche Seele in einem höheren Sinne *Tiefe* bekommen hat und *böse* geworden ist – und das sind ja die beiden Grundformen der bisherigen Überlegenheit des Menschen über sonstiges Getier! ...

7

– Man wird bereits erraten haben, wie leicht sich die priesterliche Wertungs-Weise von der ritterlich-aristokratischen abzweigen und dann zu deren Gegensatz fortentwickeln kann; wozu es insonderheit jedesmal einen Anstoß gibt, wenn die Priesterkaste und die Kriegerkaste einander eifersüchtig entgegentreten und über den Preis miteinander nicht einig werden wollen. Die ritterlich-aristokratischen Werturteile haben zu ihrer Voraussetzung eine mächtige Leiblichkeit, eine blühende, reiche, selbst überschäumende Gesundheit, samt dem, was deren Erhaltung bedingt, Krieg, Abenteuer, Jagd, Tanz, Kampfspiele und alles überhaupt, was starkes, freies, frohgemutes Handeln in sich schließt. Die priesterlich-vornehme Wertungs-Weise hat – wir sahen es – andre Voraussetzungen: schlimm genug für sie, wenn es sich um Krieg handelt! Die Priester sind, wie bekannt, die *bösesten Feinde* – weshalb doch? Weil sie die ohnmächtigsten sind. Aus der Ohnmacht wächst bei ihnen der Haß ins Ungeheure und Unheimliche, ins Geistigste und Giftigste. Die ganz großen Hasser in der Weltgeschichte sind immer Priester gewesen, auch die geistreichsten Hasser – gegen den Geist der priesterlichen Rache kommt überhaupt aller übrige Geist kaum in Betracht. Die menschliche Geschichte wäre eine gar zu dumme Sache ohne den Geist, der von den Ohnmächtigen her in sie gekommen ist – nehmen wir sofort das größte Beispiel. Alles, was auf Erden gegen »die Vornehmen«, »die Gewaltigen«, »die Herren«, »die Machthaber« getan worden ist, ist nicht der Rede wert im Vergleich mit dem, was die *Juden* gegen sie getan haben; die Juden, jenes priesterliche Volk, das sich an seinen Feinden und Überwältigern zuletzt nur durch eine radikale Umwertung von deren Werten, also durch einen Akt der *geistigsten Rache* Genugtuung zu schaffen wußte. So allein war es eben einem priesterlichen Volke gemäß, dem Volke der zurückgetretensten priesterlichen Rachsucht. Die Juden sind es gewesen, die gegen die aristokratische Wertgleichung (gut = vornehm = mächtig = schön = glücklich = gottgeliebt) mit einer furchteinflößenden Folgerichtigkeit die Umkehrung gewagt und mit den Zähnen des abgründlichsten Hasses (des Hasses der Ohnmacht) festgehalten haben, nämlich »die Elenden sind allein die Guten, die Armen, Ohnmächtigen, Niedrigen sind allein die Guten, die Leidenden, Entbehrenden, Kranken, Häßlichen sind auch die einzig Frommen, die einzig Gottseligen, für sie allein gibt es Seligkeit – dagegen ihr, ihr Vornehmen und Gewaltigen, ihr seid in alle Ewigkeit die Bösen, die Grausamen, die Lüsternen, die Unersättlichen, die Gottlosen, ihr werdet auch ewig die Unseligen, Verfluchten und Verdammten sein!« ... Man weiß, *wer* die Erbschaft dieser jüdischen Umwertung gemacht hat ... Ich erinnere in betreff der ungeheuren und über alle Maßen verhängnisvollen Initiative, welche die Juden mit dieser grundsätzlichsten aller Kriegserklärungen gegeben haben, an den Satz, auf den ich bei einer andren Gelegenheit gekommen bin (»Jenseits von Gut und Böse«: II, S. 84 – daß nämlich mit den Juden *der Sklavenaufstand in der Moral* beginnt: jener Aufstand, welcher eine zweitausendjährige Geschichte hinter sich hat und der uns heute nur deshalb aus den Augen gerückt ist, weil er – siegreich gewesen ist ...

8

– Aber ihr versteht das nicht? Ihr habt keine Augen für etwas, das zwei Jahrtausende gebraucht hat, um zum Siege zu kommen? ... Daran ist nichts zum Verwundern: alle *langen* Dinge sind schwer zu sehn, zu übersehn. *Das* aber ist das Ereignis: aus dem Stamme jenes Baums der Rache und des Hasses, des jüdischen Hasses – des tiefsten und sublimsten, nämlich Ideale schaffenden, Werte umschaffenden Hasses, dessengleichen nie auf Erden dagewesen ist – wuchs etwas ebenso Unvergleichliches heraus, eine *neue Liebe,* die tiefste und sublimste aller Arten Liebe – und aus welchem andren Stamme hätte sie auch wachsen können? ... Daß man aber ja nicht vermeine, sie sei etwa als die eigentliche Verneinung jenes Durstes nach Rache, als der Gegensatz des jüdischen Hasses emporgewachsen! Nein, das Umgekehrte ist die Wahrheit! Die Liebe wuchs aus ihm heraus, als seine Krone, als die triumphierende, in der reinsten Helle und Sonnenfülle sich breit und breiter entfaltende Krone, welche mit demselben Drange gleichsam im Reiche des Lichts und der Höhe auf die Ziele jenes Hasses, auf Sieg, auf Beute, auf Verführung aus war, mit dem die Wurzeln jenes Hasses sich immer gründlicher und begehrlicher in alles, was Tiefe hatte und böse war, hinuntersenkten. Dieser Jesus von Nazareth, als das leibhafte

Evangelium der Liebe, dieser den Armen, den Kranken, den Sündern die Seligkeit und den Sieg bringende »Erlöser« – war er nicht gerade die Verführung in ihrer unheimlichsten und unwiderstehlichsten Form, die Verführung und der Umweg zu eben jenen *jüdischen* Werten und Neuerungen des Ideals? Hat Israel nicht gerade auf dem Umwege dieses »Erlösers«, dieses scheinbaren Widersachers und Auflösers Israels, das letzte Ziel seiner sublimen Rachsucht erreicht? Gehört es nicht in die geheime schwarze Kunst einer wahrhaft *großen* Politik der Rache, einer weitsichtigen, unterirdischen, langsam-greifenden und vorausrechnenden Rache, daß Israel selber das eigentliche Werkzeug seiner Rache vor aller Welt wie etwas Todfeindliches verleugnen und ans Kreuz schlagen mußte, damit »alle Welt«, nämlich alle Gegner Israels unbedenklich gerade an diesem Köder anbeißen konnten? Und wüßte man sich andrerseits, aus allem Raffinement des Geistes heraus, überhaupt noch einen *gefährlicheren* Köder auszudenken? Etwas, das an verlockender, berauschender, betäubender, verderbender Kraft jenem Symbol des »heiligen Kreuzes« gleichkäme, jener schauerlichen Paradoxie eines »Gottes am Kreuze«, jenem Mysterium einer unausdenkbaren letzten äußersten Grausamkeit und Selbstkreuzigung Gottes *zum Heile des Menschen*? . . . Gewiß ist wenigstens, daß *sub hoc signo* Israel mit seiner Rache und Umwertung aller Werte bisher über alle anderen Ideale, über alle *vornehmeren* Ideale immer wieder triumphiert hat. – –

9

– »Aber was reden Sie noch von *vornehmeren* Idealen! Fügen wir uns in die Tatsachen: das Volk hat gesiegt – oder ›die Sklaven‹ oder ›der Pöbel‹ oder ›die Herde‹ oder wie Sie es zu nennen belieben – wenn dies durch die Juden geschehn ist, wohlan! so hatte nie ein Volk eine welthistorischere Mission. ›Die Herren‹ sind abgetan; die Moral des gemeinen Mannes hat gesiegt. Man mag diesen Sieg zugleich als eine Blutvergiftung nehmen (er hat die Rassen durcheinandergemengt) – ich widerspreche nicht; unzweifelhaft ist aber diese Intoxikation *gelungen*. Die ›Erlösung‹ des Menschengeschlechts (nämlich von ›den Herren‹) ist auf dem besten Wege; alles verjüdelt oder verchristlicht oder verpöbelt sich zusehends (was liegt an Worten!). Der Gang dieser Vergiftung, durch den ganzen Leib der Menschheit hindurch, scheint unaufhaltsam, ihr Tempo und Schritt darf sogar von nun an immer langsamer, feiner, unhörbarer, besonnener sein – man hat ja Zeit . . . Kommt der Kirche in dieser Absicht heute noch eine *notwendige* Aufgabe, überhaupt noch ein Recht auf Dasein zu? Oder könnte man ihrer entraten? *Quaeritur*. Es scheint, daß sie jenen Gang eher hemmt und zurückhält, statt ihn zu beschleunigen? Nun, eben das könnte ihre Nützlichkeit sein . . . Sicherlich ist sie nachgerade etwas Gröbliches und

Bäurisches, das einer zarteren Intelligenz, einem eigentlich modernen Geschmacke widersteht. Sollte sie sich zum mindesten nicht etwas raffinieren? ... Sie entfremdet heute mehr, als daß sie verführte ... Wer von uns würde wohl Freigeist sein, wenn es nicht die Kirche gäbe? Die Kirche widersteht uns, *nicht* ihr Gift .. Von der Kirche abgesehn lieben auch wir das Gift ...« – Dies ist der Epilog eines »Freigeistes« zu meiner Rede, eines ehrlichen Tiers, wie er reichlich verraten hat, überdies eines Demokraten; er hatte mir bis dahin zugehört und hielt es nicht aus, mich schweigen zu hören. Für mich nämlich gibt es an dieser Stelle viel zu schweigen. –

10

– Der Sklavenaufstand in der Moral beginnt damit, daß das *Ressentiment* selbst schöpferisch wird und Werte gebiert: das Ressentiment solcher Wesen, denen die eigentliche Reaktion, die der Tat, versagt ist, die sich nur durch eine imaginäre Rache schadlos halten. Während alle vornehme Moral aus einem triumphierenden Ja-sagen zu sich selber herauswächst, sagt die Sklaven-Moral von vornherein Nein zu einem »Außerhalb«, zu einem »Anders«, zu einem »Nicht-selbst«: und *dies* Nein ist ihre schöpferische Tat. Diese Umkehrung des werte-setzenden Blicks – diese *notwendige* Richtung nach außen statt zurück auf sich selber – gehört eben zum Ressentiment: die Sklaven-Moral bedarf, um zu entstehn, immer zuerst einer Gegen- und Außenwelt, sie bedarf, physiologisch gesprochen, äußerer Reize, um überhaupt zu agieren – ihre Aktion ist von Grund aus Reaktion. Das Umgekehrte ist bei der vornehmen Wertungsweise der Fall: sie agiert und wächst spontan, sie sucht ihren Gegensatz nur auf, um zu sich selber noch dankbarer, noch frohlockender ja zu sagen – ihr negativer Begriff »niedrig«, »gemein«, »schlecht« ist nur ein nachgebornes blasses Kontrastbild im Verhältnis zu ihrem positiven, durch und durch mit Leben und Leidenschaft durchtränkten Grundbegriff »wir Vornehmen, wir Guten, wir Schönen, wir Glücklichen!« Wenn die vornehme Wertungsweise sich vergreift und an der Realität versündigt, so geschieht dies in bezug auf die Sphäre, welche ihr *nicht* genügend bekannt ist, ja gegen deren wirkliches Kennen sie sich spröde zur Wehr setzt: sie verkennt unter Umständen die von ihr verachtete Sphäre, die des gemeinen Mannes, des niedren Volks; andrerseits erwäge man, daß jedenfalls der Affekt der Verachtung, des Herabblickens, des Überlegen-Blickens, gesetzt daß er das Bild des Verachteten *fälscht,* bei weitem hinter der Fälschung zurückbleiben wird, mit der der zurückgetretene Haß, die Rache des Ohnmächtigen, sich an seinem Gegner – *in effigie* natürlich – vergreifen wird. In der Tat ist in der Verachtung zu viel Nachlässigkeit, zu viel Leicht-Nehmen, zu viel Wegblicken und Ungeduld mit eingemischt, selbst zu viel eignes Frohgefühl, als daß sie imstande wäre, ihr Objekt zum eigentlichen Zerrbild und Scheusal umzuwandeln. Man überhöre doch die beinahe wohlwollenden *nuances* nicht, welche zum Beispiel der griechische Adel in alle Worte legt, mit denen er das niedere Volk von sich abhebt; wie sich fortwährend eine Art Bedauern, Rücksicht, Nachsicht einmischt und anzuckert, bis zu dem Ende, daß fast alle Worte, die dem gemeinen Manne zukommen, schließlich als Ausdrücke für »unglücklich«, »bedauernswürdig« übriggeblieben sind (vergleiche δειλός, δείλαιος, πονηρός, μοχθηρός, letztere zwei eigentlich den gemeinen Mann als Arbeitssklaven und Lasttier kennzeichnend) – und wie andrerseits »schlecht«, »niedrig«, »unglücklich« nie wieder aufgehört haben, für das griechische Ohr in *einen* Ton auszuklingen, mit einer Klangfarbe, in der »unglücklich« überwiegt: dies als Erbstück der alten edleren aristokratischen Wertungsweise, die sich auch im Verachten nicht verleugnet (– Philologen seien daran erinnert, in welchem Sinne ὀϊζυρός, ἄνολβος, τλήμων, δυστυχεῖν, ξυμφορά gebraucht werden). Die »Wohlgeborenen« *fühlten* sich eben als die »Glücklichen«; sie hatten ihr Glück nicht erst durch einen Blick auf ihre Feinde künstlich zu konstruieren, unter Umständen einzureden, *einzulügen* (wie es alle Menschen des Ressentiment zu tun pflegen); und ebenfalls wußten sie, als volle, mit Kraft überladene, folglich *notwendig* aktive Menschen, von dem Glück das Handeln nicht abzutrennen – das Tätigsein wird bei ihnen mit Notwendigkeit ins Glück hineingerechnet (woher εὖ πράττειν seine Herkunft nimmt) – alles sehr im Gegensatz zu dem »Glück« auf der Stufe der Ohnmächtigen, Gedrückten, an giftigen und feindseligen Gefühlen Schwärenden, bei denen es wesentlich als Narkose, Betäubung, Ruhe, Frieden, »Sabbat«, Gemüts-Ausspannung und Gliederstrecken, kurz *passivisch* auftritt. Während der vornehme Mensch vor sich selbst mit Vertrauen und Offenheit lebt (γενναῖος »edelbürtig« unterstreicht die *nuance* »aufrichtig« und auch wohl »naiv«), so ist der Mensch des Ressentiment weder aufrichtig, noch naiv, noch mit sich selber ehrlich und geradezu. Seine Seele *schielt*; sein Geist liebt Schlupfwinkel, Schleichwege und Hintertüren, alles Verrückte mutet ihn an als *seine* Welt, *seine* Sicherheit, *sein* Labsal; er versteht sich auf das Schweigen, das Nicht-Vergessen, das Warten, das vorläufige Sich-verkleinern, Sich-demütigen. Eine Rasse solcher Menschen des Ressentiment wird notwendig endlich *klüger* sein als irgendeine vornehme Rasse, sie wird die Klugheit auch in ganz andrem Maße ehren: nämlich als eine Existenzbedingung ersten Ranges, während die Klugheit bei vornehmen Menschen leicht einen feinen Beigeschmack von Luxus und Raffinement an sich hat – sie ist eben hier lange nicht so wesentlich als die vollkommne Funktions-Sicherheit der regulierenden *unbewußten* Instinkte oder selbst eine gewisse Unklugheit, etwa das tapfre Drauflosgehn, sei es auf die Gefahr, sei es auf den Feind, oder jene schwärmerische Plötzlichkeit von Zorn, Liebe, Ehrfurcht, Dankbarkeit und Rache, an der sich zu allen Zeiten die vornehmen Seelen wiedererkannt haben. Das Ressentiment des vornehmen Menschen selbst, wenn es an ihm auftritt, vollzieht und erschöpft sich nämlich in einer sofortigen Reaktion, es *vergiftet* darum nicht: andrerseits tritt es in unzähligen Fällen gar nicht auf, wo es bei allen Schwachen und Ohnmächtigen unvermeidlich ist. Seine Feinde, seine Unfälle, seine *Untaten* selbst nicht lange ernst nehmen können – das ist das Zeichen starker voller Naturen, in denen ein Überschuß plastischer, nachbildender, ausheilender, auch vergessenmachender Kraft ist (ein gutes Beispiel dafür aus der modernen Welt ist Mirabeau, welcher kein Gedächtnis für Insulte und Niederträchtigkeiten hatte, die man an ihm beging, und der nur deshalb nicht vergeben konnte, weil er – vergaß). Ein solcher Mensch schüttelt eben viel Gewürm mit *einem* Ruck von sich, das sich bei anderen eingräbt; hier allein ist auch das möglich, gesetzt daß es überhaupt auf Erden möglich ist – die eigentliche *»Liebe* zu seinen Feinden«. Wieviel Ehrfurcht vor seinen Feinden hat schon ein vornehmer Mensch! – und eine solche Ehrfurcht ist schon eine Brücke zur Liebe ... Er verlangt ja seinen Feind für sich, als seine Auszeichnung, er hält ja keinen andren Feind aus, als einen solchen, an dem nichts zu verachten und *sehr viel* zu ehren ist! Dagegen stelle man sich »den Feind« vor, wie ihn der Mensch des Ressentiment konzipiert – und hier gerade ist seine Tat, seine Schöpfung: er hat »den bösen Feind« konzipiert, *»den Bösen«*, und zwar als Grundbegriff, von dem aus er sich als Nachbild und Gegenstück nun auch noch einen »Guten« ausdenkt – sich selbst! ...

II

Gerade umgekehrt also wie bei dem Vornehmen, der den Grundbegriff »gut« voraus und spontan, nämlich von sich aus konzipiert und von da aus erst eine Vorstellung von »schlecht« sich schafft! Dies »schlecht« vornehmen Ursprungs und jenes »böse« aus dem Braukessel des ungesättigten Hasses – das erste eine Nachschöpfung, ein Nebenher, eine Komplementärfarbe, das zweite dagegen das Original, der Anfang, die eigentliche *Tat* in der Konzeption einer Sklaven-Moral – wie verschieden stehn die beiden scheinbar demselben Begriff »gut« entgegengestellten Worte »schlecht« und »böse« da! Aber es ist *nicht* derselbe Begriff »gut«: vielmehr frage man sich doch, *wer* eigentlich »böse« ist, im Sinne der Moral des Ressentiment. In aller Strenge geantwortet: *eben* der »Gute« der andren Moral, eben der Vornehme, der Mächtige, der Herrschende, nur umgefärbt, nur umgedeutet, nur umgesehn durch das Giftauge des Ressentiment. Hier wollen wir eins am wenigsten leugnen: wer jene »Guten« nur als Feinde kennen lernte, lernte auch nichts als *böse Feinde* kennen, und dieselben Menschen, welche so streng durch Sitte, Verehrung, Brauch, Dankbarkeit, noch mehr durch gegenseitige Bewachung, durch Eifersucht *inter pares* in

Schranken gehalten sind, die andrerseits im Verhalten zueinander so erfinderisch in Rücksicht, Selbstbeherrschung, Zartsinn, Treue, Stolz und Freundschaft sich beweisen – sie sind nach außen hin, dort wo das Fremde, *die* Fremde beginnt, nicht viel besser als losgelassene Raubtiere. Sie genießen da die Freiheit von allem sozialen Zwang, sie halten sich in der Wildnis schadlos für die Spannung, welche eine lange Einschließung und Einfriedung in den Frieden der Gemeinschaft gibt, sie treten in die Unschuld des Raubtier-Gewissens *zurück*, als frohlockende Ungeheuer, welche vielleicht von einer scheußlichen Abfolge von Mord, Niederbrennung, Schändung, Folterung mit einem Übermute und seelischen Gleichgewichte davongehen, wie als ob nur ein Studentenstreich vollbracht sei, überzeugt davon, daß die Dichter für lange nun wieder etwas zu singen und zu rühmen haben. Auf dem Grunde aller dieser vornehmen Rassen ist das Raubtier, die prachtvolle nach Beute und Sieg lüstern schweifende *blonde Bestie* nicht zu verkennen; es bedarf für diesen verborgenen Grund von Zeit zu Zeit der Entladung, das Tier muß wieder heraus, muß wieder in die Wildnis zurück – römischer, arabischer, germanischer, japanesischer Adel, homerische Helden, skandinavische Wikinger – in diesem Bedürfnis sind sie sich alle gleich. Die vornehmen Rassen sind es, welche den Begriff »Barbar« auf all den Spuren hinterlassen haben, wo sie gegangen sind; noch aus ihrer höchsten Kultur heraus verrät sich ein Bewußtsein davon und ein Stolz selbst darauf (zum Beispiel wenn Perikles seinen Athenern sagt, in jener berühmten Leichenrede, »zu allem Land und Meer hat unsre Kühnheit sich den Weg gebrochen, unvergängliche Denkmale sich überall im Guten *und Schlimmen* aufrichtend«). Diese »Kühnheit« vornehmer Rassen, toll, absurd, plötzlich, wie sie sich äußert, das Unberechenbare, das Unwahrscheinliche selbst ihrer Unternehmungen – Perikles hebt die ῥαθυμία der Athener mit Auszeichnung hervor –, ihre Gleichgültigkeit und Verachtung gegen Sicherheit, Leib, Leben, Behagen, ihre entsetzliche Heiterkeit und Tiefe der Lust in allem Zerstören, in allen Wollüsten des Siegs und der Grausamkeit – alles faßte sich für die, welche daran litten, in das Bild des »Barbaren«, des »bösen Feindes«, etwa des »Goten«, des »Vandalen« zusammen. Das tiefe, eisige Mißtrauen, das der Deutsche erregt, sobald er zur Macht kommt, auch jetzt wieder – ist immer noch ein Nachschlag jenes unauslöschlichen Entsetzens, mit dem jahrhundertelang Europa dem Wüten der blonden germanischen Bestie zugesehn hat (obwohl zwischen alten Germanen und uns Deutschen kaum eine Begriffs-, geschweige eine Blutsverwandtschaft besteht). Ich habe einmal auf die Verlegenheit Hesiods aufmerksam gemacht, als er die Abfolge der Kultur-Zeitalter aussann und sie in Gold, Silber, Erz auszudrücken suchte: er wußte mit dem Widerspruch, den ihm die herrliche, aber ebenfalls so schauerliche, so gewalttätige Welt Homers bot, nicht anders fertig zu werden, als indem er aus einem Zeitalter zwei machte, die er nunmehr hintereinanderstellte –

einmal das Zeitalter der Helden und Halbgötter von Troja und Theben, so wie jene Welt im Gedächtnis der vornehmen Geschlechter zurückgeblieben war, die in ihr die eignen Ahnherrn hatten; sodann das eherne Zeitalter, so wie jene gleiche Welt den Nachkommen der Niedergetretenen, Beraubten, Mißhandelten, Weggeschleppten, Verkauften erschien: als ein Zeitalter von Erz, wie gesagt, hart, kalt, grausam, gefühl- und gewissenlos, alles zermalmend und mit Blut übertünchend. Gesetzt daß es wahr wäre, was jetzt jedenfalls als »Wahrheit« geglaubt wird, daß es eben der *Sinn aller Kultur* sei, aus dem Raubtiere »Mensch« ein zahmes und zivilisiertes Tier, ein *Haustier* herauszuzüchten, so müßte man unzweifelhaft alle jene Reaktions- und Ressentiment-Instinkte, mit deren Hilfe die vornehmen Geschlechter samt ihren Idealen schließlich zuschanden gemacht und überwältigt worden sind, als die eigentlichen *Werkzeuge der Kultur* betrachten; womit allerdings noch nicht gesagt wäre, daß deren *Träger* zugleich auch selber die Kultur darstellten. Vielmehr wäre das Gegenteil nicht nur wahrscheinlich – nein! es ist heute *augenscheinlich*! Diese Träger der niederdrückenden und vergeltungslüsternen Instinkte, die Nachkommen alles europäischen und nichteuropäischen Sklaventums, aller vorarischen Bevölkerung insonderheit – sie stellen den Rückgang der Menschheit dar! Diese »Werkzeuge der Kultur« sind eine Schande des Menschen, und eher ein Verdacht, ein Gegenargument gegen »Kultur« überhaupt! Man mag im besten Rechte sein, wenn man vor der blonden Bestie auf dem Grunde aller vornehmen Rassen die Furcht nicht los wird und auf der Hut ist: aber wer möchte nicht hundertmal lieber sich fürchten, wenn er zugleich bewundern darf, als sich *nicht* fürchten, aber dabei den ekelhaften Anblick des Mißratenen, Verkleinerten, Verkümmerten, Vergifteten nicht mehr loswerden können? Und ist das nicht *unser* Verhängnis? Was macht heute *unsern* Widerwillen gegen »den Menschen«? – denn wir *leiden* am Menschen, es ist kein Zweifel. – *Nicht* die Furcht; eher, daß wir nichts mehr am Menschen zu fürchten haben; daß das Gewürm »Mensch« im Vordergrunde ist und wimmelt; daß der »zahme Mensch«, der Heillos-Mittelmäßige und Unerquickliche bereits sich als Ziel und Spitze, als Sinn der Geschichte, als »höheren Menschen« zu fühlen gelernt hat – ja daß er ein gewisses Recht darauf hat, sich so zu fühlen, insofern er sich im Abstande von der Überfülle des Mißratenen, Kränklichen, Müden, Verlebten fühlt, nach dem heute Europa zu stinken beginnt, somit als etwas wenigstens relativ Geratenes, wenigstens noch Lebensfähiges, wenigstens zum Leben Ja-sagendes ...

12

– Ich unterdrücke an dieser Stelle einen Seufzer und eine letzte Zuversicht nicht. Was ist das gerade mir ganz Unerträgliche? Das, womit ich allein nicht fertig werde, was mich ersticken und verschmachten macht? Schlechte Luft! Schlechte Luft! Daß etwas Mißratenes in meine Nähe kommt; daß ich die Eingeweide einer mißratenen Seele riechen muß! ... Was hält man sonst nicht aus von Not, Entbehrung, bösem Wetter, Siechtum, Mühsal, Vereinsamung? Im Grunde wird man mit allem übrigen fertig, geboren wie man ist zu einem unterirdischen und kämpfenden Dasein; man kommt immer wieder einmal ans Licht, man erlebt immer wieder seine goldene Stunde des Siegs – und dann steht man da, wie man geboren ist, unzerbrechbar, gespannt, zu Neuem, zu noch Schwererem, Fernerem bereit, wie ein Bogen, den alle Not immer nur noch straffer zieht. – Aber von Zeit zu Zeit gönnt mir – gesetzt, daß es himmlische Gönnerinnen gibt, jenseits von Gut und Böse – einen Blick, gönnt mir *einen* Blick nur auf etwas Vollkommnes, zu-Ende-Geratenes, Glückliches, Mächtiges, Triumphierendes, an dem es noch etwas zu fürchten gibt! Auf einen Menschen, der *den* Menschen rechtfertigt, auf einen komplementären und erlösenden Glücksfall des Menschen, um deswillen man *den Glauben an den Menschen* festhalten darf! ... Denn so steht es: die Verkleinerung und Ausgleichung des europäischen Menschen birgt *unsre* größte Gefahr, denn dieser Anblick macht müde ... Wir sehen heute nichts, das größer werden will, wir ahnen, daß es immer noch abwärts, abwärts geht, ins Dünnere, Gutmütigere, Klügere, Behaglichere, Mittelmäßigere, Gleichgültigere, Chinesischere, Christlichere – der Mensch, es ist kein Zweifel, wird immer »besser« ... Hier eben liegt das Verhängnis Europas – mit der Furcht vor dem Menschen haben wir auch die Liebe zu ihm, die Ehrfurcht vor ihm, die Hoffnung auf ihn, ja den Willen zu ihm eingebüßt. Der Anblick des Menschen macht nunmehr müde – was ist heute Nihilismus, wenn er nicht *das* ist? ... Wir sind *des Menschen* müde ...

13

– Doch kommen wir zurück: das Problem vom *andren* Ursprung des »Guten«, vom Guten, wie ihn der Mensch des Ressentiment sich ausgedacht hat, verlangt nach seinem Abschluß. – Daß die Lämmer den großen Raubvögeln gram sind, das befremdet nicht: nur liegt darin kein Grund, es den großen Raubvögeln zu verargen, daß sie sich kleine Lämmer holen. Und wenn die Lämmer unter sich sagen »diese Raubvögel sind böse; und wer so wenig als möglich ein Raubvogel ist, vielmehr deren Gegenstück, ein Lamm – sollte der nicht gut sein?« so ist an dieser Aufrichtung eines

Ideals nichts auszusetzen, sei es auch, daß die Raubvögel dazu ein wenig spöttisch blicken werden und vielleicht sich sagen: »*wir* sind ihnen gar nicht gram, diesen guten Lämmern, wir lieben sie sogar: nichts ist schmackhafter als ein zartes Lamm.« – Von der Stärke verlangen, daß sie sich *nicht* als Stärke äußere, daß sie *nicht* ein Überwältigen-Wollen, ein Niederwerfen-Wollen, ein Herrwerden-Wollen, ein Durst nach Feinden und Widerständen und Triumphen sei, ist gerade so widersinnig als von der Schwäche verlangen, daß sie sich als Stärke äußere. Ein Quantum Kraft ist ein ebensolches Quantum Trieb, Wille, Wirken – vielmehr, es ist gar nichts anderes als ebendieses Treiben, Wollen, Wirken selbst, und nur unter der Verführung der Sprache (und der in ihr versteinerten Grundirrtümer der Vernunft), welche alles Wirken als bedingt durch ein Wirkendes, durch ein »Subjekt« versteht und mißversteht, kann es anders erscheinen. Ebenso nämlich, wie das Volk den Blitz von seinem Leuchten trennt und letzteres als *Tun,* als Wirkung eines Subjekts nimmt, das Blitz heißt, so trennt die Volks-Moral auch die Stärke von den Äußerungen der Stärke ab, wie als ob es hinter dem Starken ein indifferentes Substrat gäbe, dem es *freistünde,* Stärke zu äußern oder auch nicht. Aber es gibt kein solches Substrat; es gibt kein »Sein« hinter dem Tun, Wirken, Werden; »der Täter« ist zum Tun bloß hinzugedichtet – das Tun ist alles. Das Volk verdoppelt im Grunde das Tun, wenn es den Blitz leuchten läßt, das ist ein Tun-Tun: es setzt dasselbe Geschehen einmal als Ursache und dann noch einmal als deren Wirkung. Die Naturforscher machen es nicht besser, wenn sie sagen »die Kraft bewegt, die Kraft verursacht« und dergleichen – unsre ganze Wissenschaft steht noch, trotz aller ihrer Kühle, ihrer Freiheit vom Affekt, unter der Verführung der Sprache und ist die untergeschobnen Wechselbälge, die »Subjekte« nicht losgeworden (das Atom ist zum Beispiel ein solcher Wechselbalg, insgleichen das Kantische »Ding an sich«): was Wunder, wenn die zurückgetretenen, versteckt glimmenden Affekte Rache und Haß diesen Glauben für sich ausnützen und im Grunde sogar keinen Glauben inbrünstiger aufrechterhalten als den, *es stehe dem Starken frei,* schwach, und dem Raubvogel, Lamm zu sein – damit gewinnen sie ja bei sich das Recht, dem Raubvogel es *zuzurechnen,* Raubvogel zu sein ... Wenn die Unterdrückten, Niedergetretenen, Vergewaltigten aus der rachsüchtigen List der Ohnmacht heraus sich zureden: »laßt uns anders sein als die Bösen, nämlich gut! Und gut ist jeder, der nicht vergewaltigt, der niemanden verletzt, der nicht angreift, der nicht vergilt, der die Rache Gott übergibt, der sich wie wir im Verborgnen hält, der allem Bösen aus dem Wege geht und wenig überhaupt vom Leben verlangt, gleich uns, den Geduldigen, Demütigen, Gerechten« – so heißt das, kalt und ohne Voreingenommenheit angehört, eigentlich nichts weiter als: »wir Schwachen sind nun einmal schwach; es ist gut, wenn wir nichts tun, *wozu wir nicht stark genug sind*«; aber dieser herbe Tatbestand, diese Klugheit niedrigsten

Ranges, welche selbst Insekten haben (die sich wohl totstellen, um nicht »zu viel« zu tun, bei großer Gefahr), hat sich dank jener Falschmünzerei und Selbstverlogenheit der Ohnmacht in den Prunk der entsagenden stillen abwartenden Tugend gekleidet, gleich als ob die Schwäche des Schwachen selbst – das heißt doch sein *Wesen*, sein Wirken, seine ganze einzige unvermeidliche, unablösbare Wirklichkeit – eine freiwillige Leistung, etwas Gewolltes, Gewähltes, eine *Tat*, ein *Verdienst* sei. Diese Art Mensch hat den Glauben an das indifferente wahlfreie »Subjekt« *nötig* aus einem Instinkte der Selbsterhaltung, Selbstbejahung heraus, in dem jede Lüge sich zu heiligen pflegt. Das Subjekt (oder, daß wir populärer reden, die *Seele*) ist vielleicht deshalb bis jetzt auf Erden der beste Glaubenssatz gewesen, weil er der Überzahl der Sterblichen, den Schwachen und Niedergedrückten jeder Art, jene sublime Selbstbetrügerei ermöglichte, die Schwäche selbst als Freiheit, ihr So- und So-sein als *Verdienst* auszulegen.

14

– Will jemand ein wenig in das Geheimnis hinab- und hinuntersehn, wie man auf Erden *Ideale fabriziert*? Wer hat den Mut dazu? ... Wohlan! Hier ist der Blick offen in diese dunkle Werkstätte. Warten Sie noch einen Augenblick, mein Herr Vorwitz und Wagehals: Ihr Auge muß sich erst an dieses falsche schillernde Licht gewöhnen ... So! Genug! Reden Sie jetzt! Was geht da unten vor? Sprechen Sie aus, was Sie sehen, Mann der gefährlichsten Neugierde – jetzt bin *ich* der, welcher zuhört. –

– »Ich sehe nichts, ich höre um so mehr. Es ist ein vorsichtiges tückisches leises Munkeln und Zusammenflüstern aus allen Ecken und Winkeln. Es scheint mir, daß man lügt; eine zuckrige Milde klebt an jedem Klange. Die Schwäche soll zum *Verdienste* umgelogen werden, es ist kein Zweifel – es steht damit so, wie Sie es sagten« –

– Weiter!

– »und die Ohnmacht, die nicht vergilt, zur ›Güte‹; die ängstliche Niedrigkeit zur ›Demut‹; die Unterwerfung vor denen, die man haßt, zum ›Gehorsam‹ (nämlich gegen einen, von dem sie sagen, er befehle diese Unterwerfung – sie heißen ihn Gott). Das Unoffensive des Schwachen, die Feigheit selbst, an der er reich ist, sein An-der-Tür-stehn, sein unvermeidliches Warten-müssen kommt hier zu guten Namen, als ›Geduld‹, es heißt auch wohl *die* Tugend; das Sich-nicht-rächen-Können heißt Sich-nicht-rächen-Wollen, vielleicht selbst Verzeihung (›denn *sie* wissen nicht, was sie tun – wir allein wissen es, was *sie* tun!‹). Auch redet man von der ›Liebe zu seinen Feinden‹ – und schwitzt dabei.«

– Weiter!

– »Sie sind elend, es ist kein Zweifel, alle diese Munkler und Winkel-

Falschmünzer, ob sie schon warm beieinander hocken – aber sie sagen mir, ihr Elend sei eine Auswahl und Auszeichnung Gottes, man prügele die Hunde, die man am liebsten habe; vielleicht sei dies Elend auch eine Vorbereitung, eine Prüfung, eine Schulung, vielleicht sei es noch mehr – etwas, das einst ausgeglichen und mit ungeheuren Zinsen in Gold, nein! in Glück ausgezahlt werde. Das heißen sie ›die Seligkeit‹.«

– Weiter!

– »Jetzt geben sie mir zu verstehen, daß sie nicht nur besser seien als die Mächtigen, die Herrn der Erde, deren Speichel sie lecken müssen (*nicht* aus Furcht, ganz und gar nicht aus Furcht! sondern weil es Gott gebietet, alle Obrigkeit zu ehren) – daß sie nicht nur besser seien, sondern es auch ›besser hätten‹, jedenfalls einmal besser haben würden. Aber genug! genug! Ich halte es nicht mehr aus. Schlechte Luft! Schlechte Luft! Diese Werkstätte, wo man *Ideale fabriziert* – mich dünkt, sie stinkt vor lauter Lügen.«

– Nein! Noch einen Augenblick! Sie sagten noch nichts von dem Meisterstücke dieser Schwarzkünstler, welche Weiß, Milch und Unschuld aus jedem Schwarz herstellen – haben Sie nicht bemerkt, was ihre Vollendung im Raffinement ist, ihr kühnster, feinster, geistreichster, lügenreichster Artisten-Griff? Geben Sie acht! Diese Kellertiere voll Rache und Haß – was machen sie doch gerade aus Rache und Haß? Hörten Sie je diese Worte? Würden Sie ahnen, wenn Sie nur ihren Worten trauten, daß Sie unter lauter Menschen des Ressentiment sind? . . .

– »Ich verstehe, ich mache nochmals die Ohren auf (ach! ach! ach! und die Nase *zu*). Jetzt höre ich erst, was sie so oft schon sagten: ›Wir Guten – *wir sind die Gerechten*‹ – was sie verlangen, daß heißen sie nicht Vergeltung, sondern ›den Triumph der *Gerechtigkeit*‹; was sie hassen, das ist nicht ihr Feind, nein! sie hassen das ›*Unrecht*‹, die ›Gottlosigkeit‹; was sie glauben und hoffen, ist nicht die Hoffnung auf Rache, die Trunkenheit der süßen Rache (– ›süßer als Honig‹ nannte sie schon Homer), sondern der Sieg Gottes, des *gerechten* Gottes über die Gottlosen; was ihnen zu lieben auf Erden übrigbleibt, sind nicht ihre Brüder im Hasse, sondern ihre ›Brüder in der Liebe‹, wie sie sagen, alle Guten und Gerechten auf der Erde.«

– Und wie nennen sie das, was ihnen als Trost wider alle Leiden des Lebens dient – ihre Phantasmagorie der vorweggenommenen zukünftigen Seligkeit?

– »Wie? Höre ich recht? Sie heißen das ›das jüngste Gericht‹, das Kommen *ihres* Reichs, des ›Reichs Gottes‹ – *einstweilen* aber leben sie ›im Glauben‹, ›in der Liebe‹, ›in der Hoffnung‹.«

– Genug! Genug!

15

Im Glauben woran? In der Liebe wozu? In der Hoffnung worauf? – Diese Schwachen – irgendwann einmal nämlich wollen auch *sie* die Starken sein, es ist kein Zweifel, irgendwann soll auch *ihr* »Reich« kommen – »das Reich Gottes« heißt es schlechtweg bei ihnen, wie gesagt: man ist ja in allem so demütig! Schon um *das* zu erleben, hat man nötig, lange zu leben, über den Tod hinaus – ja man hat das ewige Leben nötig, damit man sich auch ewig im »Reiche Gottes« schadlos halten kann für jenes Erden-Leben »im Glauben, in der Liebe, in der Hoffnung«. Schadlos wofür? Schadlos wodurch? ... Dante hat sich, wie mich dünkt, gröblich vergriffen, als er, mit einer schreckeneinflößenden Ingenuität, jene Inschrift über das Tor zu seiner Hölle setzte »auch mich schuf die ewige Liebe« – über dem Tore des christlichen Paradieses und seiner »ewigen Seligkeit« würde jedenfalls mit besserem Rechte die Inschrift stehen dürfen »auch mich schuf der ewige *Haß*« – gesetzt, daß eine Wahrheit über dem Tor zu einer Lüge stehen dürfte! Denn *was* ist die Seligkeit jenes Paradieses? ... Wir würden es vielleicht schon erraten; aber besser ist es, daß es uns eine in solchen Dingen nicht zu unterschätzende Autorität ausdrücklich bezeugt, Thomas von Aquino, der große Lehrer und Heilige. *»Beati in regno coelesti«*, sagt er sanft wie ein Lamm, *»videbunt poenas damnatorum, ut beatitudo illis magis complaceat.«* Oder will man es in einer stärkeren Tonart hören, etwa aus dem Munde eines triumphierenden Kirchenvaters, der seinen Christen die grausamen Wollüste der öffentlichen Schauspiele widerriet – warum doch? »Der Glaube bietet uns ja viel mehr« – sagt er, *de spectac. c. 29 ss.* – »*viel Stärkeres*; dank der Erlösung stehen uns ja ganz andre Freuden zu Gebote; an Stelle der Athleten haben wir unsre Märtyrer; wollen wir Blut, nun, so haben wir das Blut Christi ... Aber was erwartet uns erst am Tage seiner Wiederkunft, seines Triumphes!« – und nun fährt er fort, der entzückte Visionär: *»At enim supersunt alia spectacula, ille ultimus et perpetuus judicii dies, ille nationibus insperatus, ille derisus, cum tanta saeculi vetustas et tot ejus nativitates uno igne haurientur. Quae tunc spectaculi latitudo! Quid admirer! Quid rideam! Ubi gaudeam! Ubi exultem, spectans tot et tantos reges, qui in coelum recepti nuntiabantur, cum ipso Jove et ipsis suis testibus in imis tenebris congemescentes! Item praesides«* (die Provinzialstatthalter) *»persecutores dominici nominis saevioribus quam ipsi flammis saevierunt insultantibus contra Christianos liquescentes! Quos praeterea sapientes illos philosophos coram discipulis suis una conflagrantibus erubescentes, quibus nihil ad deum pertinere suadebant, quibus animas aut nullas aut non in pristina corpora redituras affirmabant! Etiam poëtas non ad Rhadamanti nec ad Minois, sed ad inopinati Christi tribunal palpitantes! Tunc magis tragoedi audiendi, magis scilicet vocales«* (besser bei Stimme, noch ärgere Schreier) *»in sua propria* *calamitate; tunc histriones cognoscendi, solutiores multo per ignem; tunc spectandus auriga in flammea rota totus rubens, tunc xystici contemplandi non in gymnasiis, sed in igne jaculati, nisi quod ne tunc quidem illos velim vivos, ut qui malim ad eos potius conspectum insatiabilem conferre, qui in dominum desaevierunt. ›Hic est ille‹, dicam, ›fabri aut quaestuariae filius‹«* (wie alles Folgende und insbesondere auch diese aus dem Talmud bekannte Bezeichnung der Mutter Jesu zeigt, meint Tertullian von hier ab die Juden), *»›sabbati destructor, Samarites et daemonium habens. Hic est, quem a Juda redemistis, hic est ille arundine et colaphis diverberatus, sputamentis dedecoratus, felle et aceto potatus. Hic est, quem clam discentes subripuerunt, ut resurrexisse dicatur vel hortulanus detraxit, ne lactucae suae frequentia commeantium laederentur.‹ Ut talia spectes, ut talibus exultes, quis tibi praetor aut consul aut quaestor aut sacerdos de sua liberalitate praestabit? Et tamen haec jam habemus quodammodo per fidem spiritu imaginante repraesentata. Ceterum qualia illa sunt, quae nec oculus vidit nec auris audivit nec in cor hominis ascenderunt?«* (1. Kor. 2, 9.) *»Credo circo et utraque cavea«* (erster und vierter Rang oder, nach anderen, komische und tragische Bühne) *»et omni stadio gratiora.«* – *Per fidem:* so steht's geschrieben.

16

Kommen wir zum Schluß. Die beiden *entgegengesetzten* Werte »gut und schlecht«, »gut und böse« haben einen furchtbaren, jahrtausendelangen Kampf auf Erden gekämpft; und so gewiß auch der zweite Wert seit langem im Übergewichte ist, so fehlt es doch auch jetzt noch nicht an Stellen, wo der Kampf unentschieden fortgekämpft wird. Man könnte selbst sagen, daß er inzwischen immer höher hinaufgetragen und eben damit immer tiefer, immer geistiger geworden sei: so daß es heute vielleicht kein entscheidenderes Abzeichen der *»höheren Natur«*, der geistigeren Natur gibt, als zwiespältig in jenem Sinne und wirklich noch ein Kampfplatz für jene Gegensätze zu sein. Das Symbol dieses Kampfes, in einer Schrift geschrieben, die über alle Menschengeschichte hinweg bisher lesbar blieb, heißt »Rom gegen Judäa, Judäa gegen Rom«: – es gab bisher kein größeres Ereignis als *diesen* Kampf, *diese* Fragestellung, *diesen* todfeindlichen Widerspruch. Rom empfand im Juden etwas wie die Widernatur selbst, gleichsam sein antipodisches Monstrum; in Rom galt der Jude »des Hasses gegen das ganze Menschengeschlecht *überführt*«: mit Recht, sofern man ein Recht hat, das Heil und die Zukunft des Menschengeschlechts an die unbedingte Herrschaft der aristokratischen Werte, der römischen Werte anzuknüpfen. Was dagegen die Juden gegen Rom empfunden haben? Man errät es aus tausend Anzeichen; aber es genügt, sich einmal wieder die Johanneische

Apokalypse zu Gemüte zu führen, jenen wüstesten aller geschriebenen Ausbrüche, welche die Rache auf dem Gewissen hat. (Unterschätze man übrigens die tiefe Folgerichtigkeit des christlichen Instinktes nicht, als er gerade dieses Buch des Hasses mit dem Namen des Jüngers der Liebe überschrieb, desselben, dem er jenes verliebt-schwärmerische Evangelium zu eigen gab –: darin steckt ein Stück Wahrheit, wieviel literarische Falschmünzerei auch zu diesem Zwecke nötig gewesen sein mag.) Die Römer waren ja die Starken und Vornehmen, wie sie stärker und vornehmer bisher auf Erden nie dagewesen, selbst niemals geträumt worden sind; jeder Überrest von ihnen, jede Inschrift entzückt, gesetzt daß man errät, *was* da schreibt. Die Juden umgekehrt waren jenes priesterliche Volk des Ressentiment *par excellence*, dem eine volkstümlich-moralische Genialität sondergleichen innewohnte: man vergleiche nur die verwandt-begabten Völker, etwa die Chinesen oder die Deutschen, mit den Juden, um nachzufühlen, was ersten und was fünften Ranges ist. Wer von ihnen einstweilen *gesiegt* hat, Rom oder Judäa? Aber es ist ja gar kein Zweifel: man erwäge doch, vor wem man sich heute in Rom selber als vor dem Inbegriff aller höchsten Werte beugt – und nicht nur in Rom, sondern fast auf der halben Erde, überall wo nur der Mensch zahm geworden ist oder zahm werden will –, vor *drei Juden*, wie man weiß, und *einer Jüdin* (vor Jesus von Nazareth, dem Fischer Petrus, dem Teppichwirker Paulus und der Mutter des anfangs genannten Jesus, genannt Maria). Dies ist sehr merkwürdig: Rom ist ohne allen Zweifel unterlegen. Allerdings gab es in der Renaissance ein glanzvoll-unheimliches Wiederaufwachen des klassischen Ideals, der vornehmen Wertungsweise aller Dinge: Rom selber bewegte sich wie ein aufgeweckter Scheintoter unter dem Druck des neuen, darüber gebauten judaisierten Rom, das den Aspekt einer ökumenischen Synagoge darbot und »Kirche« hieß: aber sofort triumphierte wieder Judäa, dank jener gründlich pöbelhaften (deutschen und englischen) Ressentiment-Bewegung, welche man die Reformation nennt, hinzugerechnet, was aus ihr folgen mußte, die Wiederherstellung der Kirche – die Wiederherstellung auch der alten Grabesruhe des klassischen Rom. In einem sogar entscheidenderen und tieferen Sinne als damals kam Judäa noch einmal mit der französischen Revolution zum Siege über das klassische Ideal: die letzte politische Vornehmheit, die es in Europa gab, die des siebzehnten und achtzehnten *französischen* Jahrhunderts, brach unter den volkstümlichen Ressentiment-Instinkten zusammen – es wurde niemals auf Erden ein größerer Jubel, eine lärmendere Begeisterung gehört! Zwar geschah mitten darin das Ungeheuerste, das Unerwartetste: das antike Ideal selbst trat *leibhaft* und mit unerhörter Pracht vor Auge und Gewissen der Menschheit – und noch einmal, stärker, einfacher, eindringlicher als je, erscholl, gegenüber der alten Lügen-Losung des Ressentiment vom *Vorrecht der Meisten*, gegenüber dem Willen zur Niederung, zur Erniedrigung, zur Ausgleichung, zum Abwärts und Abendwärts des Menschen, die furchtbare und entzückende Gegenlosung vom *Vorrecht der Wenigsten*! Wie ein letzter Fingerzeig zum *andren* Wege erschien Napoleon, jener einzelnste und spätestgeborne Mensch, den es jemals gab, und in ihm das fleichgewordne Problem des *vornehmen Ideals an sich* – man überlege wohl, *was* es für ein Problem ist: Napoleon, diese Synthesis von *Unmensch* und *Übermensch* ...

17

– War es damit vorbei? Wurde jener größte aller Ideal-Gegensätze damit für alle Zeiten *ad acta* gelegt? Oder nur vertagt, auf lange vertagt? ... Sollte es nicht irgendwann einmal ein noch viel furchtbareres, viel länger vorbereitetes Auflodern des alten Brandes geben müssen? Mehr noch: wäre nicht gerade *das* aus allen Kräften zu wünschen? selbst zu wollen? selbst zu fördern? ... Wer an dieser Stelle anfängt, gleich meinen Lesern, nachzudenken, weiterzudenken, der wird schwerlich bald damit zu Ende kommen – Grund genug für mich, selbst zu Ende zu kommen, vorausgesetzt daß es längst zur Genüge klar geworden ist, was ich *will*, was ich gerade mit jener gefährlichen Losung will, welche meinem letzten Buche auf den Leib geschrieben ist: »*Jenseits von Gut und Böse*« ... Dies heißt zum mindesten *nicht* »Jenseits von Gut und Schlecht«. – –

Anmerkung. Ich nehme die Gelegenheit wahr, welche diese Abhandlung mir gibt, um einen Wunsch öffentlich und förmlich auszudrücken, der von mir bisher nur in gelegentlichem Gespräche mit Gelehrten geäußert worden ist: daß nämlich irgendeine philosophische Fakultät sich durch eine Reihe akademischer Preisausschreiben um die Förderung *moralhistorischer* Studien verdient machen möge – vielleicht dient dies Buch dazu, einen kräftigen Anstoß gerade in solcher Richtung zu geben. In Hinsicht auf eine Möglichkeit dieser Art sei die nachstehende Frage in Vorschlag gebracht: sie verdient ebensosehr die Aufmerksamkeit der Philologen und Historiker als die der eigentlichen Philosophie-Gelehrten von Beruf.

»Welche Fingerzeige gibt die Sprachwissenschaft, insbesondere die etymologische Forschung, für die Entwicklungsgeschichte der moralischen Begriffe ab?«

– Andrerseits ist es freilich ebenso nötig, die Teilnahme der Physiologen und Mediziner für diese Probleme (vom *Werte* der bisherigen Wertschätzung) zu gewinnen: wobei es den Fach-Philosophen überlassen sein mag, auch in diesem einzelnen Falle die Fürsprecher und Vermittler zu machen, nachdem es ihnen im ganzen gelungen ist, das ursprünglich so spröde, so mißtrauische Verhältnis zwischen Philosophie, Physiologie und Medizin in den freundschaftlichsten und fruchtbringendsten Austausch umzugestalten. In der Tat bedürfen alle Gütertafeln, alle »du sollst«, von denen die Geschichte oder die ethnologische Forschung weiß, zunächst der *physiologischen* Beleuchtung und Ausdeutung, eher jedenfalls noch als der psychologischen; alle insgleichen warten auf eine Kritik von seiten der medizinischen Wissenschaft. Die Frage: was ist diese oder jene Gütertafel und »Moral« *wert*? will unter die verschiedensten Perspektiven gestellt sein, man kann namentlich das »wert *wozu?*« nicht fein genug auseinanderlegen. Etwas zum Beispiel, das ersichtlich Wert hätte in Hinsicht auf möglichste Dauerfähigkeit einer Rasse (oder auf Steigerung ihrer Anpassungskräfte an ein bestimmtes Klima oder auf Erhaltung der größten Zahl) hätte durchaus nicht den gleichen Wert, wenn es sich etwa darum handelte, einen stärkeren Typus herauszubilden Das Wohl der Meisten und das Wohl der Wenigsten sind entgegengesetzte Wert-Gesichtspunkte: *an sich* schon den ersteren für den höherwertigen zu halten, wollen wir der Naivität englischer Biologen überlassen .. *Alle* Wissenschaften haben nunmehr der Zukunfts-Aufgabe des Philosophen vorzuarbeiten: diese Aufgabe dahin verstanden, daß der Philosoph das *Problem vom Werte* zu lösen hat, daß er die *Rangordnung der Werte* zu bestimmen hat. –

ZWEITE ABHANDLUNG

»SCHULD«, »SCHLECHTES GEWISSEN« UND VERWANDTES

1

Ein Tier heranzüchten, das *versprechen darf* – ist das nicht gerade jene paradoxe Aufgabe selbst, welche sich die Natur in Hinsicht auf den Menschen gestellt hat? ist es nicht das eigentliche Problem *vom* Menschen? ... Daß dies Problem bis zu einem hohen Grad gelöst ist, muß dem um so erstaunlicher erscheinen, der die entgegenwirkende Kraft, die der *Vergeßlichkeit*, vollauf zu würdigen weiß. Vergeßlichkeit ist keine bloße *vis inertiae*, wie die Oberflächlichen glauben, sie ist vielmehr ein aktives, im strengsten Sinne positives Hemmungsvermögen, dem es zuzuschreiben ist, daß was nur von uns erlebt, erfahren, in uns hineingenommen wird, uns im Zustande der Verdauung (man dürfte ihn »Einverseelung« nennen) ebensowenig ins Bewußtsein tritt, als der ganze tausendfältige Prozeß, mit dem sich unsre leibliche Ernährung, die sogenannte »Einverleibung« abspielt Die Türen und Fenster des Bewußtseins zeitweilig schließen; von dem Lärm und Kampf, mit dem unsre Unterwelt von dienstbaren Organen für- und gegeneinander arbeitet, unbehelligt bleiben; ein wenig Stille, ein wenig *tabula rasa* des Bewußtseins, damit wieder Platz wird für Neues, vor allem für die vornehmeren Funktionen und Funktionäre, für Regieren, Voraussehn, Vorausbestimmen (denn unser Organismus ist oligarchisch eingerichtet) – das ist der Nutzen der, wie gesagt, aktiven Vergeßlichkeit, einer Türwärterin gleichsam, einer Aufrechterhalterin der seelischen Ordnung, der Ruhe, der Etikette: womit sofort abzusehn ist, inwiefern es kein Glück, keine Heiterkeit, keine Hoffnung, keinen Stolz, keine *Gegenwart* geben könnte ohne Vergeßlichkeit. Der Mensch, in dem dieser Hemmungsapparat beschädigt wird und aussetzt, ist einem Dyspeptiker zu vergleichen (und nicht nur zu vergleichen) – er wird mit nichts »fertig« ... Eben dieses notwendig vergeßliche Tier, an dem das Vergessen eine Kraft, eine Form der *starken* Gesundheit darstellt, hat sich nun ein Gegenvermögen angezüchtet, ein Gedächtnis, mit Hilfe dessen für gewisse Fälle die Vergeßlichkeit ausgehängt wird – für die Fälle nämlich, daß versprochen werden soll: somit keineswegs bloß ein passivisches Nicht-wieder-los-werden-können des einmal eingeritzten Eindrucks, nicht bloß die Indigestion an einem einmal verpfändeten Wort, mit dem man nicht wieder fertig wird, sondern ein aktives Nicht-wieder-los-werden-*wollen*, ein Fort-und-fort-wollen des einmal Gewollten, ein eigentliches *Gedächtnis des Willens*: so daß zwischen das ursprüngliche »ich will«, »ich werde tun«

und die eigentliche Entladung des Willens, seinen *Akt*, unbedenklich eine Welt von neuen fremden Dingen, Umständen, selbst Willensakten dazwischengelegt werden darf, ohne daß diese lange Kette des Willens springt. Was setzt das aber alles voraus! Wie muß der Mensch, um dermaßen über die Zukunft voraus zu verfügen, erst gelernt haben, das notwendige vom zufälligen Geschehen scheiden, kausal denken, das Ferne wie gegenwärtig sehn und vorwegnehmen, was Zweck ist, was Mittel dazu ist, mit Sicherheit ansetzen, überhaupt rechnen, berechnen können – wie muß dazu der Mensch selbst vorerst *berechenbar, regelmäßig, notwendig* geworden sein, auch sich selbst für seine eigne Vorstellung, um endlich dergestalt, wie es ein Versprechender tut, für sich *als Zukunft* gutsagen zu können!

2

Eben das ist die lange Geschichte von der Herkunft der *Verantwortlichkeit.* Jene Aufgabe, ein Tier heranzuzüchten, das versprechen darf, schließt, wie wir bereits begriffen haben, als Bedingung und Vorbereitung die nähere Aufgabe in sich, den Menschen zuerst bis zu einem gewissen Grade notwendig, einförmig, gleich unter Gleichen, regelmäßig und folglich berechenbar zu *machen.* Die ungeheure Arbeit dessen, was von mir »Sittlichkeit der Sitte« genannt worden ist (vgl. »Morgenröte«) – die eigentliche Arbeit des Menschen an sich selber in der längsten Zeitdauer des Menschengeschlechts, seine ganze *vorhistorische* Arbeit hat hierin ihren Sinn, ihre große Rechtfertigung, wieviel ihr auch von Härte, Tyrannei, Stumpfsinn und Idiotismus innewohnt: der Mensch wurde mit Hilfe der Sittlichkeit der Sitte und der sozialen Zwangsjacke wirklich berechenbar *gemacht.* Stellen wir uns dagegen ans Ende des ungeheuren Prozesses, dorthin, wo der Baum endlich seine Früchte zeitigt, wo die Sozietät und ihre Sittlichkeit der Sitte endlich zutage bringt, *wozu* sie nur das Mittel war: so finden wir als reifste Frucht an ihrem Baum das *souveräne Individuum,* das nur sich selbst gleiche, das von der Sittlichkeit der Sitte wieder losgekommene, das autonome übersittliche Individuum (denn »autonom« und »sittlich« schließt sich aus), kurz den Menschen des eignen unabhängigen langen Willens, der *versprechen darf* – und in ihm ein stolzes, in allen Muskeln zuckendes Bewußtsein davon, *was* da endlich errungen und in ihm leibhaft geworden ist, ein eigentliches Macht- und Freiheits-Bewußtsein, ein Vollendungs-Gefühl des Menschen überhaupt. Dieser Freigewordne, der wirklich versprechen *darf,* dieser Herr des *freien* Willens, dieser Souverän – wie sollte er es nicht wissen, welche Überlegenheit er damit vor allem voraushat, was nicht versprechen und für sich selbst gutsagen darf, wie viel Vertrauen, wie viel Furcht, wie viel Ehrfurcht er erweckt – er *»verdient«* alles dreies – und wie ihm, mit dieser Herrschaft über sich, auch die Herrschaft über die Umstände, über die Natur und alle willenskürzeren und unzuverlässigeren Kreaturen notwendig in die Hand gegeben ist? Der »freie« Mensch, der Inhaber eines langen unzerbrechlichen Willens, hat in diesem Besitz auch sein *Wertmaß*: von sich aus nach den andern hinblickend, ehrt er oder verachtet er; und ebenso notwendig als er die ihm Gleichen, die Starken und Zuverlässigen (die welche versprechen *dürfen*) ehrt, – also jedermann, der wie ein Souverän verspricht, schwer, selten, langsam, der mit seinem Vertrauen geizt, der *auszeichnet*, wenn er vertraut, der sein Wort gibt als etwas, auf das Verlaß ist, weil er sich stark genug weiß, es selbst gegen Unfälle, selbst »gegen das Schicksal« aufrechtzuhalten –: ebenso notwendig wird er seinen Fußtritt für die schmächtigen Windhunde bereithalten, welche versprechen, ohne es zu dürfen, und seine Zuchtrute für den Lügner, der sein Wort bricht, im Augenblick schon, wo er es im Munde hat. Das stolze Wissen um das außerordentliche Privilegium der *Verantwortlichkeit*, das Bewußtsein dieser seltenen Freiheit, dieser Macht über sich und das Geschick hat sich bei ihm bis in seine unterste Tiefe hinabgesenkt und ist zum Instinkt geworden, zum dominierenden Instinkt – wie wird er ihn heißen, diesen dominierenden Instinkt, gesetzt, daß er ein Wort dafür bei sich nötig hat? Aber es ist kein Zweifel: dieser souveräne Mensch heißt ihn sein *Gewissen* ...

3

Sein Gewissen? ... Es läßt sich vorauserraten, daß der Begriff »Gewissen«, dem wir hier in seiner höchsten, fast befremdlichen Ausgestaltung begegnen, bereits eine lange Geschichte und Form-Verwandlung hinter sich hat. Für sich gutsagen dürfen und mit Stolz, also auch zu sich *Ja sagen dürfen* – das ist, wie gesagt, eine reife Frucht, aber auch eine *späte* Frucht – wie lange mußte diese Frucht herb und sauer am Baume hängen! Und eine noch viel längere Zeit war von einer solchen Frucht gar nichts zu sehn – niemand hätte sie versprechen dürfen, so gewiß auch alles am Baume vorbereitet und gerade auf sie hin im Wachsen war! – »Wie macht man dem Menschen-Tiere ein Gedächtnis? Wie prägt man diesem teils stumpfen, teils faseligen Augenblicks-Verstande, dieser leibhaften Vergeßlichkeit etwas so ein, daß es gegenwärtig bleibt?« ... Dieses uralte Problem ist, wie man denken kann, nicht gerade mit zarten Antworten und Mitteln gelöst worden; vielleicht ist sogar nichts furchtbarer und unheimlicher an der ganzen Vorgeschichte des Menschen, als seine *Mnemotechnik*. »Man brennt etwas ein, damit es im Gedächtnis bleibt: nur was nicht aufhört, *wehzutun*, bleibt im Gedächtnis« – das ist ein Hauptsatz aus der alleraltesten (leider auch allerlängsten) Psychologie auf Erden. Man möchte selbst sagen, daß es überall, wo es jetzt noch auf

Erden Feierlichkeit, Ernst, Geheimnis, düstere Farben im Leben von Mensch und Volk gibt, etwas von der Schrecklichkeit *nachwirkt*, mit der ehemals überall auf Erden versprochen, verpfändet, gelobt worden ist: die Vergangenheit, die längste tiefste härteste Vergangenheit, haucht uns an und quillt in uns herauf, wenn wir »ernst« werden. Es ging niemals ohne Blut, Martern, Opfer ab, wenn der Mensch es nötig hielt, sich ein Gedächtnis zu machen; die schauerlichsten Opfer und Pfänder (wohin die Erstlingsopfer gehören), die widerlichsten Verstümmelungen (zum Beispiel die Kastrationen), die grausamsten Ritualformen aller religiösen Kulte (und alle Religionen sind auf dem untersten Grunde Systeme von Grausamkeiten) – alles das hat in jenem Instinkte seinen Ursprung, welcher im Schmerz das mächtigste Hilfsmittel der Mnemonik erriet. In einem gewissen Sinne gehört die ganze Asketik hierher: ein paar Ideen sollen unauslöschlich, allgegenwärtig, unvergeßbar, »fix« gemacht werden, zum Zweck der Hypnotisierung des ganzen nervösen und intellektuellen Systems durch diese »fixen Ideen« – und die asketischen Prozeduren und Lebensformen sind Mittel dazu, um jene Ideen aus der Konkurrenz mit allen übrigen Ideen zu lösen, um sie »unvergeßlich« zu machen. Je schlechter die Menschheit »bei Gedächtnis« war, um so furchtbarer ist immer der Aspekt ihrer Bräuche; die Härte der Strafgesetze gibt insonderheit einen Maßstab dafür ab, wieviel Mühe sie hatte, gegen die Vergeßlichkeit zum Sieg zu kommen und ein paar primitive Erfordernisse des sozialen Zusammenlebens diesen Augenblicks-Sklaven des Affektes und der Begierde *gegenwärtig* zu erhalten. Wir Deutschen betrachten uns gewiß nicht als ein besonders grausames und hartherziges Volk, noch weniger als besonders leichtfertig und in-den-Tag-hineinleberisch; aber man sehe nur unsre alten Strafordnungen an, um dahinterzukommen, was es auf Erden für Mühe hat, ein »Volk von Denkern« heranzuzüchten (will sagen: *das* Volk Europas, unter dem auch heute noch das Maximum von Zutrauen, Ernst, Geschmacklosigkeit und Sachlichkeit zu finden ist, und das mit diesen Eigenschaften ein Anrecht darauf hat, alle Art von Mandarinen Europas heranzuzüchten). Diese Deutschen haben sich mit furchtbaren Mitteln ein Gedächtnis gemacht, um über ihre pöbelhaften Grund-Instinkte und deren brutale Plumpheit Herr zu werden: man denke an die alten deutschen Strafen, zum Beispiel an das Steinigen (– schon die Sage läßt den Mühlstein auf das Haupt des Schuldigen fallen), das Rädern (die eigenste Erfindung und Spezialität des deutschen Genius im Reich der Strafe!), das Werfen mit dem Pfahle, das Zerreißen- oder Zertretenlassen durch Pferde (das »Vierteilen«), das Sieden des Verbrechers in Öl oder Wein (noch im vierzehnten und fünfzehnten Jahrhundert), das beliebte Schinden (»Riemenschneiden«), das Herausschneiden des Fleisches aus der Brust; auch wohl daß man den Übeltäter mit Honig bestrich und bei brennender Sonne den Fliegen überließ. Mit Hilfe solcher Bilder und

Vorgänge behält man endlich fünf, sechs »ich will nicht« im Gedächtnisse, in bezug auf welche man sein *Versprechen* gegeben hat, um unter den Vorteilen der Sozietät zu leben – und wirklich! mit Hilfe dieser Art von Gedächtnis kam man endlich »zur Vernunft«! – Ah, die Vernunft, der Ernst, die Herrschaft über die Affekte, diese ganze düstere Sache, welche Nachdenken heißt, alle diese Vorrechte und Prunkstücke des Menschen: wie teuer haben sie sich bezahlt gemacht! wieviel Blut und Grausen ist auf dem Grunde aller »guten Dinge«! ...

4

Aber wie ist denn jene andre »düstre Sache«, das Bewußtsein der Schuld, das ganze »schlechte Gewissen« auf die Welt gekommen? – Und hiermit kehren wir zu unsern Genealogen der Moral zurück. Nochmals gesagt – oder habe ich's noch gar nicht gesagt? – sie taugen nichts. Eine fünf Spannen lange eigne, bloß »moderne« Erfahrung; kein Wissen, kein Wille zum Wissen des Vergangnen; noch weniger ein historischer Instinkt, ein hier gerade nötiges »zweites Gesicht« – und dennoch Geschichte der Moral treiben: das muß billigerweise mit Ergebnissen enden, die zur Wahrheit in einem nicht bloß spröden Verhältnisse stehn. Haben sich diese bisherigen Genealogen der Moral auch nur von ferne etwas davon träumen lassen, daß zum Beispiel jener moralische Hauptbegriff »Schuld« seine Herkunft aus dem sehr materiellen Begriff »Schulden« genommen hat? Oder daß die Strafe als eine *Vergeltung* sich vollkommen abseits von jeder Voraussetzung über Freiheit oder Unfreiheit des Willens entwickelt hat? – und dies bis zu dem Grade, daß es vielmehr immer erst einer *hohen* Stufe der Vermenschlichung bedarf, damit das Tier »Mensch« anfängt, jene viel primitiveren Unterscheidungen »absichtlich«, »fahrlässig«, »zufällig«, »zurechnungsfähig« und deren Gegensätze zu machen und bei der Zumessung der Strafe in Anschlag zu bringen. Jener jetzt so wohlfeile und scheinbar so natürliche, so unvermeidliche Gedanke, der wohl gar zur Erklärung, wie überhaupt das Gerechtigkeitsgefühl auf Erden zustande gekommen ist, hat herhalten müssen, »der Verbrecher verdient Strafe, *weil* er hätte anders handeln können«, ist tatsächlich eine überaus spät erreichte, ja raffinierte Form des menschlichen Urteilens und Schließens; wer sie in die Anfänge verlegt, vergreift sich mit groben Fingern an der Psychologie der älteren Menschheit. Es ist die längste Zeit der menschlichen Geschichte hindurch durchaus *nicht* gestraft worden, *weil* man den Übelanstifter für seine Tat verantwortlich machte, also *nicht* unter der Voraussetzung, daß nur der Schuldige zu strafen sei – vielmehr, so wie jetzt noch Eltern ihre Kinder strafen, aus Zorn über einen erlittenen Schaden, der sich am Schädiger ausläßt – dieser Zorn aber in

Schranken gehalten und modifiziert durch die Idee, daß jeder Schaden irgendworin sein *Äquivalent* habe und wirklich abgezahlt werden könne, sei es selbst durch einen *Schmerz* des Schädigers. Woher diese uralte, tiefgewurzelte, vielleicht jetzt nicht mehr ausrottbare Idee ihre Macht genommen hat, die Idee einer Äquivalenz von Schaden und Schmerz? Ich habe es bereits verraten: in dem Vertragsverhältnis zwischen *Gläubiger* und *Schuldner*, das so alt ist, als es überhaupt »Rechtssubjekte« gibt, und seinerseits wieder auf die Grundformen von Kauf, Verkauf, Tausch, Handel und Wandel zurückweist.

5

Die Vergegenwärtigung dieser Vertragsverhältnisse weckt allerdings, wie es nach dem Voraus-Bemerkten von vornherein zu erwarten steht, gegen die ältere Menschheit, die sie schuf oder gestattete, mancherlei Verdacht und Widerstand. Hier gerade wird *versprochen*; hier gerade handelt es sich darum, dem, der verspricht, ein Gedächtnis zu *machen*; hier gerade, so darf man argwöhnen, wird eine Fundstätte für Hartes, Grausames, Peinliches sein. Der Schuldner, um Vertrauen für sein Versprechen der Zurückbezahlung einzuflößen, um eine Bürgschaft für den Ernst und die Heiligkeit seines Versprechens zu geben, um bei sich selbst die Zurückbezahlung als Pflicht, Verpflichtung seinem Gewissen einzuschärfen, verpfändet kraft eines Vertrags dem Gläubiger für den Fall, daß er nicht zahlt, etwas, das er sonst noch »besitzt«, über das er sonst noch Gewalt hat, zum Beispiel seinen Leib oder sein Weib oder seine Freiheit oder auch sein Leben (oder, unter bestimmten religiösen Voraussetzungen, selbst seine Seligkeit, sein Seelen-Heil, zuletzt gar den Frieden im Grabe: so in Ägypten, wo der Leichnam des Schuldners auch im Grabe vor dem Gläubiger keine Ruhe fand – es hatte allerdings gerade bei den Ägyptern auch etwas auf sich mit dieser Ruhe). Namentlich aber konnte der Gläubiger dem Leibe des Schuldners alle Arten Schmach und Folter antun, zum Beispiel so viel davon herunterschneiden, als der Größe der Schuld angemessen schien – und es gab frühzeitig und überall von diesem Gesichtspunkte aus genaue, zum Teil entsetzlich ins kleine und kleinste gehende Abschätzungen, *zurecht* bestehende Abschätzungen der einzelnen Glieder und Körperstellen. Ich nehme es bereits als Fortschritt, als Beweis freierer, größer rechnender, *römischerer* Rechtsauffassung, wenn die Zwölftafel-Gesetzgebung Roms dekretierte, es sei gleichgültig, wieviel oder wie wenig die Gläubiger in einem solchen Falle herunterschnitten *»si plus minusve secuerunt, ne fraude esto«*. Machen wir uns die Logik dieser ganzen Ausgleichsform klar: sie ist fremdartig genug. Die Äquivalenz ist damit gegeben, daß an Stelle eines gegen den Schaden direkt aufkommenden Vorteils (also an Stelle eines Ausgleichs in Geld, Land, Besitz irgendwelcher Art) dem Gläubiger eine Art *Wohlgefühl* als Rückzahlung und Ausgleich zugestanden wird – das Wohlgefühl, seine Macht an einem Machtlosen unbedenklich auslassen zu dürfen, die Wollust *»de faire le mal pour le plaisir de le faire«*, der Genuß in der Vergewaltigung: als welcher Genuß um so höher geschätzt wird, je tiefer und niedriger der Gläubiger in der Ordnung der Gesellschaft steht, und leicht ihm als köstlichster Bissen, ja als Vorgeschmack eines höheren Rangs erscheinen kann. Vermittelst der »Strafe« am Schuldner nimmt der Gläubiger an einem *Herren-Rechte* teil: endlich kommt auch er einmal zu dem erhebenden Gefühle, ein Wesen als ein »Unter-sich« verachten und mißhandeln zu dürfen – oder wenigstens, im Falle die eigentliche Strafgewalt, der Strafvollzug schon an die »Obrigkeit« übergegangen ist, es verachtet und mißhandelt zu *sehen.* Der Ausgleich besteht also in einem Anweis und Anrecht auf Grausamkeit. –

6

In *dieser* Sphäre, im Obligationen-Rechte also, hat die moralische Begriffswelt »Schuld«, »Gewissen«, »Pflicht«, »Heiligkeit der Pflicht« ihren Entstehungsherd – ihr Anfang ist, wie der Anfang alles Großen auf Erden, gründlich und lange mit Blut begossen worden. Und dürfte man nicht hinzufügen, daß jene Welt im Grunde einen gewissen Geruch von Blut und Folter niemals wieder ganz eingebüßt habe? (selbst beim alten Kant nicht: der kategorische Imperativ riecht nach Grausamkeit...) Hier ebenfalls ist jene unheimliche und vielleicht unlösbar gewordne Ideen-Verhäkelung »Schuld und Leid« zuerst eingehäkelt worden. Nochmals gefragt: inwiefern kann Leiden eine Ausgleichung von »Schulden« sein? Insofern Leiden-*machen* im höchsten Grade wohltat, insofern der Geschädigte für den Nachteil, hinzugerechnet die Unlust über den Nachteil, einen außerordentlichen Gegen-Genuß eintauschte: das Leiden-*machen* – ein eigentliches *Fest*, etwas, das wie gesagt um so höher im Preise stand, je mehr es dem Range und der gesellschaftlichen Stellung des Gläubigers widersprach. Dies vermutungsweise gesprochen: denn solchen unterirdischen Dingen ist schwer auf den Grund zu sehn, abgesehn davon, daß es peinlich ist; und wer hier den Begriff der »Rache« plump dazwischenwirft, hat sich den Einblick eher noch verdeckt und verdunkelt als leichter gemacht (– Rache selbst führt ja eben auf das gleiche Problem zurück: »wie kann Leiden-machen eine Genugtuung sein?«). Es widersteht, wie mir scheint, der Delikatesse, noch mehr der Tartüfferie zahmer Haustiere (will sagen moderner Menschen, will sagen uns), es sich in aller Kraft vorstellig zu machen, bis zu welchem Grade die *Grausamkeit* die große Festfreude der älteren Menschheit ausmacht, ja als Ingredienz fast jeder ihrer Freuden zugemischt ist; wie naiv andrerseits, wie unschuldig ihr Bedürfnis nach Grausamkeit auftritt, wie grundsätzlich gerade die »uninteressierte Bosheit« (oder, mit Spinoza zu reden, die *sympathia malevolens*) von ihr als *normale* Eigenschaft des Menschen angesetzt wird –: somit als etwas, zu dem das Gewissen herzhaft *Ja sagt*! Für ein tieferes Auge wäre vielleicht auch jetzt noch genug von dieser ältesten und gründlichsten Festfreude des Menschen wahrzunehmen; im »Jenseits von Gut und Böse«: II, S. 83 ff. (früher schon in der »Morgenröte«) habe ich mit vorsichtigem Finger auf die immer wachsende Vergeistigung und »Vergöttlichung« der Grausamkeit hingezeigt, welche sich durch die ganze Geschichte der höheren Kultur hindurchzieht (und, in einem bedeutenden Sinne genommen, sie sogar ausmacht). Jedenfalls ist es noch nicht zu lange her, daß man sich fürstliche Hochzeiten und Volksfeste größten Stils ohne Hinrichtungen, Folterungen oder etwa ein Autodafé nicht zu denken wußte, insgleichen keinen vornehmen Haushalt ohne Wesen, an denen man unbedenklich seine Bosheit und grausame Neckerei auslassen konnte (– man erinnere sich etwa Don Quixotes am Hofe der Herzogin: wir lesen heute den ganzen Don Quixote mit einem bittren Geschmack auf der Zunge, fast mit einer Tortur, und würden damit seinem Urheber und dessen Zeitgenossen sehr fremd, sehr dunkel sein – sie lasen ihn mit allerbestem Gewissen als das heiterste der Bücher, sie lachten sich an ihm fast zu Tode). Leiden-sehn tut wohl, Leiden-machen noch wohler – das ist ein harter Satz, aber ein alter mächtiger menschlich-allzumenschlicher Hauptsatz, den übrigens vielleicht auch schon die Affen unterschreiben würden: denn man erzählt, daß sie im Ausdenken von bizarren Grausamkeiten den Menschen bereits reichlich ankündigen und gleichsam »vorspielen«. Ohne Grausamkeit kein Fest: so lehrt es die älteste, längste Geschichte des Menschen – und auch an der Strafe ist so viel *Festliches*! –

7

– Mit diesen Gedanken, nebenbei gesagt, bin ich durchaus nicht willens, unsren Pessimisten zu neuem Wasser auf ihre mißtönigen und knarrenden Mühlen des Lebensüberdrusses zu verhelfen; im Gegenteil soll ausdrücklich bezeugt sein, daß damals, als die Menschheit sich ihrer Grausamkeit noch nicht schämte, das Leben heiterer auf Erden war als jetzt, wo es Pessimisten gibt. Die Verdüsterung des Himmels über dem Menschen hat immer im Verhältnis dazu überhand genommen, als die Scham des Menschen *vor dem Menschen* gewachsen ist. Der müde pessimistische Blick, das Mißtrauen zum Rätsel des Lebens, das eisige Nein des Ekels am Leben – das sind nicht die Abzeichen der *bösesten* Zeitalter des Menschengeschlechts: sie treten vielmehr erst an das Tageslicht als die Sumpfpflanzen, die sie sind, wenn der Sumpf da ist, zu dem sie gehören – ich meine die krankhafte Verzärtlichung und Vermoralisierung, vermöge deren das Getier »Mensch« sich schließlich aller seiner Instinkte schämen lernt. Auf dem Wege zum »Engel« (um hier nicht ein härteres Wort zu gebrauchen) hat sich der Mensch jenen verdorbenen Magen und jene belegte Zunge angezüchtet, durch die ihm nicht nur die Freude und Unschuld des Tiers widerlich, sondern das Leben selbst unschmackhaft geworden ist – so daß er mitunter vor sich selbst mit zugehaltener Nase dasteht und mit Papst Innozenz dem Dritten mißbilligend den Katalog seiner Widerwärtigkeiten macht (»unreine Erzeugung, ekelhafte Ernährung im Mutterleibe, Schlechtigkeit des Stoffs, aus dem der Mensch sich entwickelt, scheußlicher Gestank, Absonderung von Speichel, Urin und Kot«). Jetzt, wo das Leiden immer als erstes unter den Argumenten *gegen* das Dasein aufmarschieren muß, als dessen schlimmstes Fragezeichen, tut man gut, sich der Zeiten zu erinnern, wo man umgekehrt urteilte, weil man das Leiden-*machen* nicht entbehren mochte und in ihm einen Zauber ersten Rangs, einen eigentlichen Verführungs-Köder *zum* Leben sah. Vielleicht tat damals – den Zärtlingen zum Trost gesagt – der Schmerz noch nicht so weh wie heute; wenigstens wird ein Arzt so schließen dürfen, der Neger (diese als Repräsentanten des vorgeschichtlichen Menschen genommen –) bei schweren inneren Entzündungsfällen behandelt hat, welche auch den bestorganisierten Europäer fast zur Verzweiflung bringen – bei Negern tun sie dies *nicht*. (Die Kurve der menschlichen Schmerzfähigkeit scheint in der Tat außerordentlich und fast plötzlich zu sinken, sobald man erst die oberen Zehn-Tausend oder Zehn-Millionen der Überkultur hinter sich hat; und ich für meine Person zweifle nicht, daß, gegen *eine* schmerzhafte Nacht eines einzigen hysterischen Bildungs-Weibchens gehalten, die Leiden aller Tiere insgesamt, welche bis jetzt zum Zweck wissenschaftlicher Antworten mit dem Messer befragt worden sind, einfach nicht in Betracht kommen.) Vielleicht ist es sogar erlaubt, die Möglichkeit zuzulassen, daß auch jene Lust an der Grausamkeit eigentlich nicht ausgestorben zu sein brauchte: nur bedürfte sie, im Verhältnis dazu, wie heute der Schmerz mehr wehtut, einer gewissen Sublimierung und Subtilisierung, sie müßte namentlich ins Imaginative und Seelische übersetzt auftreten und geschmückt mit lauter so unbedenklichen Namen, daß von ihnen her auch dem zartesten hypokritischen Gewissen kein Verdacht kommt (das »tragische Mitleiden« ist ein solcher Name; ein andrer ist *»les nostalgies de la croix«*). Was eigentlich gegen das Leiden empört, ist nicht das Leiden an sich, sondern das Sinnlose des Leidens: aber weder für den Christen, der in das Leiden eine ganze geheime Heils-Maschinerie hineininterpretiert hat, noch für den naiven Menschen älterer Zeiten, der alles Leiden sich in Hinsicht auf Zuschauer oder auf Leiden-Macher auszulegen verstand, gab es überhaupt ein solches *sinnloses* Leiden. Damit das verborgne, unentdeckte, zeugenlose Leiden aus der Welt geschafft und ehrlich negiert werden konnte, war man damals beinahe dazu genötigt, Götter zu erfinden und Zwischenwesen aller Höhe und Tiefe, kurz etwas, das auch im Verborgnen schweift, das auch im Dunklen sieht und das sich nicht leicht ein interessantes schmerzhaftes Schauspiel entgehen läßt. Mit Hilfe solcher Erfindungen nämlich verstand sich damals das Leben auf das Kunststück, auf das es sich immer verstanden hat, sich selbst zu rechtfertigen, sein »Übel« zu rechtfertigen; jetzt bedürfte es vielleicht dazu andrer Hilfs-Erfindungen (zum Beispiel Leben als Rätsel, Leben als Erkenntnisproblem). »Jedes Übel ist gerechtfertigt, an dessen Anblick ein Gott sich erbaut«: so klang die vorzeitliche Logik des Gefühls – und wirklich, war es nur die vorzeitliche? Die Götter als Freunde *grausamer* Schauspiele gedacht – o wie weit ragt diese uralte Vorstellung selbst noch in unsre europäische Vermenschlichung hinein! man mag hierüber etwa mit Calvin und Luther zu Rate gehn. Gewiß ist jedenfalls, daß noch die *Griechen* ihren Göttern keine angenehmere Zukost zu ihrem Glücke zu bieten wußten, als die Freuden der Grausamkeit. Mit welchen Augen glaubt ihr denn, daß Homer seine Götter auf die Schicksale der Menschen niederblicken ließ? Welchen letzten Sinn hatten im Grunde trojanische Kriege und ähnliche tragische Furchtbarkeiten? Man kann gar nicht daran zweifeln: sie waren als *Festspiele* für die Götter gemeint: und, insofern der Dichter darin mehr als die übrigen Menschen »göttlich« geartet ist, wohl auch als Festspiele für die Dichter ... Nicht anders dachten sich später die Moral-Philosophen Griechenlands die Augen Gottes noch auf das moralische Ringen, auf den Heroismus und die Selbstquälerei des Tugendhaften herabblicken: der »Herakles der Pflicht« war auf einer Bühne, er wußte sich auch darauf; die Tugend ohne Zeugen war für dies Schauspieler-Volk etwas ganz Undenkbares. Sollte nicht jene so verwegene, so verhängnisvolle Philosophen-Erfindung, welche damals zuerst für Europa gemacht wurde, die vom »freien Willen«, von der absoluten Spontaneität des Menschen im Guten und im Bösen, nicht vor allem gemacht sein, um sich ein Recht zu der Vorstellung zu schaffen, daß das Interesse der Götter am Menschen, an der menschlichen Tugend *sich nie erschöpfen könne*? Auf dieser Erden-Bühne sollte es niemals an wirklich Neuem, an wirklich unerhörten Spannungen, Verwicklungen, Katastrophen gebrechen: eine vollkommen deterministisch gedachte Welt würde für Götter erratbar und folglich in Kürze auch ermüdend gewesen sein – Grund genug für diese *Freunde der Götter*, die Philosophen, ihren Göttern eine solche deterministische Welt nicht zuzumuten! Die ganze antike Menschheit ist voll von zarten Rücksichten auf »den Zuschauer«, als eine wesentlich öffentliche, wesentlich augenfällige Welt, die sich das Glück nicht ohne Schauspiele und Feste zu denken wußte. – Und, wie schon gesagt, auch an der großen *Strafe* ist so viel Festliches! ...

8

Das Gefühl der Schuld, der persönlichen Verpflichtung, um den Gang unsrer Untersuchung wieder aufzunehmen, hat, wie wir sahen, seinen Ursprung in dem ältesten und ursprünglichsten Personen-Verhältnis, das es gibt, gehabt, in dem Verhältnis zwischen Käufer und Verkäufer, Gläubiger und Schuldner: hier trat zuerst Person gegen Person, hier *maß sich* zuerst Person an Person. Man hat keinen noch so niedren Grad von Zivilisation aufgefunden, in dem nicht schon etwas von diesem Verhältnisse bemerkbar würde. Preise machen, Werte abmessen, Äquivalente ausdenken, tauschen – das hat in einem solchen Maße das allererste Denken des Menschen präokkupiert, daß es in einem gewissen Sinne *das* Denken ist: hier ist die älteste Art Scharfsinn herangezüchtet worden, hier möchte ebenfalls der erste Ansatz des menschlichen Stolzes, seines Vorrangs-Gefühls in Hinsicht auf anderes Getier zu vermuten sein. Vielleicht drückt noch unser Wort »Mensch« (*manas*) gerade etwas von *diesem* Selbstgefühl aus: der Mensch bezeichnete sich als das Wesen, welches Werte mißt, wertet und mißt als das »abschätzende Tier an sich«. Kauf und Verkauf, samt ihrem psychologischen Zubehör, sind älter als selbst die Anfänge irgendwelcher gesellschaftlichen Organisationsformen und Verbände: aus der rudimentärsten Form des Personen-Rechts hat sich vielmehr das keimende Gefühl von Tausch, Vertrag, Schuld, Recht, Verpflichtung, Ausgleich erst auf die gröbsten und anfänglichsten Gemeinschafts-Komplexe (in deren Verhältnis zu ähnlichen Komplexen) *übertragen*, zugleich mit der Gewohnheit, Macht an Macht zu vergleichen, zu messen, zu berechnen. Das Auge war nun einmal für diese Perspektive eingestellt: und mit jener plumpen Konsequenz, die dem schwerbeweglichen, aber dann unerbittlich in gleicher Richtung weitergehenden Denken der älteren Menschheit eigentümlich ist, langte man alsbald bei der großen Verallgemeinerung an »jedes Ding hat seinen Preis; *alles* kann abgezahlt werden« – dem ältesten und naivsten Moral-Kanon der *Gerechtigkeit*, dem Anfange aller »Gutmütigkeit«, aller »Billigkeit«, alles »guten Willens«, aller »Objektivität« auf Erden. Gerechtigkeit auf dieser ersten Stufe ist der gute Wille unter ungefähr Gleichmächtigen, sich miteinander abzufinden, sich durch einen Ausgleich wieder zu »verständigen« – und, in bezug auf weniger Mächtige, diese unter sich zu einem Ausgleich zu *zwingen*. –

9

Immer mit dem Maße der Vorzeit gemessen (welche Vorzeit übrigens zu allen Zeiten da ist oder wieder möglich ist): so steht auch das Gemeinwesen zu seinen Gliedern in jenem wichtigen Grundverhältnisse, dem des

Gläubigers zu seinen Schuldnern. Man lebt in einem Gemeinwesen, man genießt die Vorteile eines Gemeinwesens (o was für Vorteile! wir unterschätzen es heute mitunter), man wohnt geschützt, geschont, im Frieden und Vertrauen, sorglos in Hinsicht auf gewisse Schädigungen und Feindseligkeiten, denen der Mensch *außerhalb*, der »Friedlose«, ausgesetzt ist – ein Deutscher versteht, was »Elend«, *êlend* ursprünglich besagen will –, wie man sich gerade in Hinsicht auf diese Schädigungen und Feindseligkeiten der Gemeinde verpfändet und verpflichtet hat. Was wird *im andren Fall* geschehn? Die Gemeinschaft, der getäuschte Gläubiger, wird sich bezahlt machen, so gut er kann, darauf darf man rechnen. Es handelt sich hier am wenigsten um den unmittelbaren Schaden, den der Schädiger angestiftet hat: von ihm noch abgesehn, ist der Verbrecher vor allem ein »Brecher«, ein Vertrags- und Wortbrüchiger *gegen das Ganze*, in bezug auf alle Güter und Annehmlichkeiten des Gemeinlebens, an denen er bis dahin Anteil gehabt hat. Der Verbrecher ist ein Schuldner, der die ihm erwiesenen Vorteile und Vorschüsse nicht nur nicht zurückzahlt, sondern sich sogar an seinem Gläubiger vergreift: daher geht er von nun an, wie billig, nicht nur aller dieser Güter und Vorteile verlustig – er wird vielmehr jetzt daran erinnert, *was es mit diesen Gütern auf sich hat.* Der Zorn des geschädigten Gläubigers, des Gemeinwesens, gibt ihn dem wilden und vogelfreien Zustande wieder zurück, vor dem er bisher behütet war: es stößt ihn von sich – und nun darf sich jede Art Feindseligkeit an ihm auslassen. Die »Strafe« ist auf dieser Stufe der Gesittung einfach das Abbild, der *Mimus* des normalen Verhaltens gegen den gehaßten, wehrlos gemachten, niedergeworfnen Feind, der nicht nur jedes Rechtes und Schutzes, sondern auch jeder Gnade verlustig gegangen ist; also das Kriegsrecht und Siegesfest des *Vae victis!* in aller Schonungslosigkeit und Grausamkeit – woraus es sich erklärt, daß der Krieg selbst (eingerechnet der kriegerische Opferkult) alle die *Formen* hergegeben hat, unter denen die Strafe in der Geschichte auftritt.

10

Mit erstarkender Macht nimmt ein Gemeinwesen die Vergehungen des einzelnen nicht mehr so wichtig, weil sie ihm nicht mehr in gleichem Maße wie früher für das Bestehn des Ganzen als gefährlich und umstürzend gelten dürfen: der Übeltäter wird nicht mehr »friedlos gelegt« und ausgestoßen, der allgemeine Zorn darf sich nicht mehr wie früher dermaßen zügellos an ihm auslassen – vielmehr wird von nun an der Übeltäter gegen diesen Zorn, sonderlich den der unmittelbar Geschädigten, vorsichtig von seiten des Ganzen verteidigt und in Schutz genommen. Der Kompromiß mit dem Zorn der zunächst durch die Übeltat Betroffenen; ein

Bemühen darum, den Fall zu lokalisieren und einer weiteren oder gar allgemeinen Beteiligung und Beunruhigung vorzubeugen; Versuche, Äquivalente zu finden und den ganzen Handel beizulegen (die *compositio*); vor allem der immer bestimmter auftretende Wille, jedes Vergehn als in irgendeinem Sinne *abzahlbar* zu nehmen, also, wenigstens bis zu einem gewissen Maße, den Verbrecher und seine Tat voneinander zu *isolieren* – das sind die Züge, die der ferneren Entwicklung des Strafrechts immer deutlicher aufgeprägt sind. Wächst die Macht und das Selbstbewußtsein eines Gemeinwesens, so mildert sich immer auch das Strafrecht; jede Schwächung und tiefere Gefährdung von jenem bringt dessen härtere Formen wieder ans Licht. Der »Gläubiger« ist immer in dem Grade menschlicher geworden, als er reicher geworden ist; zuletzt ist es selbst das *Maß* seines Reichtums, wieviel Beeinträchtigung er aushalten kann, ohne daran zu leiden. Es wäre ein *Machtbewußtsein* der Gesellschaft nicht undenkbar, bei dem sie sich den vornehmsten Luxus gönnen dürfte, den es für sie gibt – ihren Schädiger *straflos* zu lassen. »Was gehen mich eigentlich meine Schmarotzer an?« dürfte sie dann sprechen. »Mögen sie leben und gedeihen: dazu bin ich noch stark genug!« ... Die Gerechtigkeit, welche damit anhob »alles ist abzahlbar, alles muß abgezahlt werden«, endet damit, durch die Finger zu sehn und den Zahlungsunfähigen laufen zu lassen – sie endet wie jedes gute Ding auf Erden, *sich selbst aufhebend*. Diese Selbstaufhebung der Gerechtigkeit: man weiß, mit welch schönem Namen sie sich nennt – *Gnade*; sie bleibt, wie sich von selbst versteht, das Vorrecht des Mächtigsten, besser noch, sein Jenseits des Rechts.

11

– Hier ein ablehnendes Wort gegen neuerdings hervorgetretene Versuche, den Ursprung der Gerechtigkeit auf einem ganz andren Boden zu suchen – nämlich auf dem des Ressentiment. Den Psychologen voran ins Ohr gesagt, gesetzt daß sie Lust haben sollten, das Ressentiment selbst einmal aus der Nähe zu studieren: diese Pflanze blüht jetzt am schönsten unter Anarchisten und Antisemiten, übrigens so wie sie immer geblüht hat, im Verborgnen, dem Veilchen gleich, wenn schon mit andrem Duft. Und wie aus Gleichem notwendig immer Gleiches hervorgehn muß, so wird es nicht überraschen, gerade wieder aus solchen Kreisen Versuche hervorgehen zu sehn, wie sie schon öfter dagewesen sind – vergleiche oben Seite 201 –, die *Rache* unter dem Namen der *Gerechtigkeit* zu heiligen – wie als ob Gerechtigkeit im Grunde nur eine Fortentwicklung vom Gefühle des Verletzt-seins wäre – und mit der Rache die *reaktiven* Affekte überhaupt und allesamt nachträglich zu Ehren zu bringen. An letzterem selbst würde ich am wenigsten Anstoß nehmen: es schiene mir sogar in

Hinsicht auf das ganze biologische Problem (in bezug auf welches der Wert jener Affekte bisher unterschätzt worden ist) ein *Verdienst.* Worauf ich allein aufmerksam mache, ist der Umstand, daß es der Geist des Ressentiment selbst ist, aus dem diese neue Nuance von wissenschaftlicher Billigkeit (zugunsten von Haß, Neid, Mißgunst, Argwohn, Ranküne, Rache) herauswächst. Diese »wissenschaftliche Billigkeit« nämlich pausiert sofort und macht Akzenten tödlicher Feindschaft und Voreingenommenheit Platz, sobald es sich um eine andre Gruppe von Affekten handelt, die, wie mich dünkt, von einem noch viel höheren biologischen Werte sind als jene reaktiven und folglich erst recht verdienten, *wissenschaftlich* abgeschätzt und hochgeschätzt zu werden: nämlich die eigentlich *aktiven* Affekte, wie Herrschsucht, Habsucht und dergleichen. (E. Dühring, »Wert des Lebens«; »Kursus der Philosophie«; im Grunde überall.) So viel gegen diese Tendenz im allgemeinen: was aber gar den einzelnen Satz Dührings angeht, daß die Heimat der Gerechtigkeit auf dem Boden des reaktiven Gefühls zu suchen sei, so muß man ihm, der Wahrheit zuliebe, mit schroffer Umkehrung diesen andren Satz entgegenstellen: der *letzte* Boden, der vom Geiste der Gerechtigkeit erobert wird, ist der Boden des reaktiven Gefühls! Wenn es wirklich vorkommt, daß der gerechte Mensch gerecht sogar gegen seine Schädiger bleibt (und nicht nur kalt, maßvoll, fremd, gleichgültig: Gerecht-sein ist immer ein *positives* Verhalten), wenn sich selbst unter dem Ansturz persönlicher Verletzung, Verhöhnung, Verdächtigung die hohe, klare, ebenso tief als mildblickende Objektivität des gerechten, des *richtenden* Auges nicht trübt, nun, so ist das ein Stück Vollendung und höchster Meisterschaft auf Erden – sogar etwas, das man hier klugerweise nicht erwarten, woran man jedenfalls nicht gar zu leicht *glauben* soll. Gewiß ist durchschnittlich, daß selbst bei den rechtschaffensten Personen schon eine kleine Dosis von Angriff, Bosheit, Insinuation genügt, um ihnen das Blut in die Augen und die Billigkeit *aus* den Augen zu jagen. Der aktive, der angreifende, übergreifende Mensch ist immer noch der Gerechtigkeit hundert Schritte näher gestellt als der reaktive; es ist eben für ihn durchaus nicht nötig, in der Art, wie es der reaktive Mensch tut, tun muß, sein Objekt falsch und voreingenommen abzuschätzen. Tatsächlich hat deshalb zu allen Zeiten der aggressive Mensch, als der Stärkere, Mutigere, Vornehmere, auch das *freiere* Auge, das *bessere* Gewissen auf seiner Seite gehabt: umgekehrt errät man schon, wer überhaupt die Erfindung des »schlechten Gewissens« auf dem Gewissen hat – der Mensch des Ressentiment! Zuletzt sehe man sich doch in der Geschichte um: in welcher Sphäre ist denn bisher überhaupt die ganze Handhabung des Rechts, auch das eigentliche Bedürfnis nach Recht auf Erden heimisch gewesen? Etwa in der Sphäre der reaktiven Menschen? Ganz und gar nicht: vielmehr in der der Aktiven, Starken, Spontanen, Aggressiven. Historisch betrachtet, stellt das Recht auf Erden – zum Verdruß des genannten Agitators sei es gesagt (der selber einmal über sich das Bekenntnis ablegt: »die Rachelehre hat sich als der rote Gerechtigkeitsfaden durch alle meine Arbeiten und Anstrengungen hindurchgezogen«) – den Kampf gerade *wider* die reaktiven Gefühle vor, den Krieg mit denselben seitens aktiver und aggressiver Mächte, welche ihre Stärke zum Teil dazu verwendeten, der Ausschweifung des reaktiven Pathos Halt und Maß zu gebieten und einen Vergleich zu erzwingen. Überall, wo Gerechtigkeit geübt, Gerechtigkeit aufrechterhalten wird, sieht man eine stärkere Macht in bezug auf ihr unterstehende Schwächere (seien es Gruppen, seien es einzelne) nach Mitteln suchen, unter diesen dem unsinnigen Wüten des Ressentiment ein Ende zu machen, indem sie teils das Objekt des Ressentiment aus den Händen der Rache herauszieht, teils an Stelle der Rache ihrerseits den Kampf gegen die Feinde des Friedens und der Ordnung setzt, teils Ausgleiche erfindet, vorschlägt, unter Umständen aufnötigt, teils gewisse Äquivalente von Schädigungen zur Norm erhebt, an welche von nun an das Ressentiment ein für allemal gewiesen ist. Das Entscheidendste aber, was die oberste Gewalt gegen die Übermacht der Gegen- und Nachgefühle tut und durchsetzt – sie tut es immer, sobald sie irgendwie stark genug dazu ist –, ist die Aufrichtung des *Gesetzes*, die imperativische Erklärung darüber, was überhaupt unter ihren Augen als erlaubt, als recht, was als verboten, als unrecht zu gelten habe: indem sie nach Aufrichtung des Gesetzes Übergriffe und Willkür-Akte einzelner oder ganzer Gruppen als Frevel am Gesetz, als Auflehnung gegen die oberste Gewalt selbst behandelt, lenkt sie das Gefühl ihrer Untergebenen von dem nächsten durch solche Frevel angerichteten Schaden ab und erreicht damit auf die Dauer das Umgekehrte von dem, was alle Rache will, welche den Gesichtspunkt des Geschädigten allein sieht, allein gelten läßt –: von nun an wird das Auge für eine immer *unpersönlichere* Abschätzung der Tat eingeübt, sogar das Auge des Geschädigten selbst (obschon dies am allerletzten, wie voran bemerkt wurde). – Demgemäß gibt es erst von der Aufrichtung des Gesetzes an »Recht« und »Unrecht« (und *nicht*, wie Dühring will, von dem Akte der Verletzung an). *An sich* von Recht und Unrecht reden entbehrt alles Sinns; *an sich* kann natürlich ein Verletzen, Vergewaltigen, Ausbeuten, Vernichten nichts »Unrechtes« sein, insofern das Leben *essentiell*, nämlich in seinen Grundfunktionen verletzend, vergewaltigend, ausbeutend, vernichtend fungiert und gar nicht gedacht werden kann ohne diesen Charakter. Man muß sich sogar noch etwas Bedenklicheres eingestehn: daß, vom höchsten biologischen Standpunkte aus, Rechtszustände immer nur *Ausnahme-Zustände* sein dürfen, als teilweise Restriktionen des eigentlichen Lebenswillens, der auf Macht aus ist, und sich dessen Gesamtzwecke als Einzelmittel unterordnend: nämlich als Mittel, *größere* Macht-Einheiten zu schaffen. Eine Rechtsordnung souverän und allgemein gedacht, nicht als Mittel im Kampf von Macht-Komplexen, sondern als Mittel *gegen* allen Kampf überhaupt, etwa gemäß der Kommunisten-Schablone Dührings, daß jeder Wille jeden Willen als gleich zu nehmen habe, wäre ein *lebensfeindliches* Prinzip, eine Zerstörerin und Auflöserin des Menschen, ein Attentat auf die Zukunft des Menschen, ein Zeichen von Ermüdung, ein Schleichweg zum Nichts. –

12

Hier noch ein Wort über Ursprung und Zweck der Strafe – zwei Probleme, die auseinanderfallen oder -fallen sollten: leider wirft man sie gewöhnlich in eins. Wie treiben es doch die bisherigen Moral-Genealogen in diesem Falle? Naiv, wie sie es immer getrieben haben –: sie machen irgendeinen »Zweck« in der Strafe ausfindig, zum Beispiel Rache oder Abschreckung, setzen dann arglos diesen Zweck an den Anfang, als *causa fiendi* der Strafe, und – sind fertig. Der »Zweck im Rechte« ist aber zuallerletzt für die Entstehungsgeschichte des Rechts zu verwenden: vielmehr gibt es für alle Art Historie gar keinen wichtigeren Satz als jenen, der mit solcher Mühe errungen ist, aber auch wirklich errungen *sein sollte* – daß nämlich die Ursache der Entstehung eines Dings und dessen schließliche Nützlichkeit, dessen tatsächliche Verwendung und Einordnung in ein System von Zwecken *toto coelo* auseinander liegen; daß etwas Vorhandenes, irgendwie Zustande-Gekommenes immer wieder von einer ihm überlegnen Macht auf neue Absichten ausgelegt, neu in Beschlag genommen, zu einem neuen Nutzen umgebildet und umgerichtet wird; daß alles Geschehen in der organischen Welt ein *Überwältigen, Herrwerden* und daß wiederum alles Überwältigen und Herr-werden ein Neu-Interpretieren, ein Zurechtmachen ist, bei dem der bisherige »Sinn« und »Zweck« notwendig verdunkelt oder ganz ausgelöscht werden muß. Wenn man die *Nützlichkeit* von irgendwelchem physiologischen Organ (oder auch einer Rechts-Institution, einer gesellschaftlichen Sitte, eines politischen Brauchs, einer Form in den Künsten oder im religiösen Kultus) noch so gut begriffen hat, so hat man damit noch nichts in betreff seiner Entstehung begriffen: so unbequem und unangenehm dies älteren Ohren klingen mag – denn von alters her hatte man in dem nachweisbaren Zwecke, in der Nützlichkeit eines Dings, einer Form, einer Einrichtung auch deren Entstehungsgrund zu begreifen geglaubt, das Auge als gemacht zum Sehen, die Hand als gemacht zum Greifen. So hat man sich auch die Strafe vorgestellt als erfunden zum Strafen Aber alle Zwecke, alle Nützlichkeiten sind nur *Anzeichen* davon, daß ein Wille zur Macht über etwas weniger Mächtiges Herr geworden ist und ihm von sich aus den Sinn einer Funktion aufgeprägt hat; und die ganze Geschichte eines »Dings«, eines Organs, eines Brauchs kann dergestalt eine fortgesetzte

Zeichen-Kette von immer neuen Interpretationen und Zurechtmachungen sein, deren Ursachen selbst unter sich nicht im Zusammenhange zu sein brauchen, vielmehr unter Umständen sich bloß zufällig hintereinander folgen und ablösen. »Entwicklung« eines Dings, eines Brauchs, eines Organs ist demgemäß nichts weniger als sein *progressus* auf ein Ziel hin, noch weniger ein logischer und kürzester, mit dem kleinsten Aufwand von Kraft und Kosten erreichter *progressus* – sondern die Aufeinanderfolge von mehr oder minder tiefgehenden, mehr oder minder voneinander unabhängigen, an ihm sich abspielenden Überwältigungsprozessen, hinzugerechnet die dagegen jedesmal aufgewendeten Widerstände, die versuchten Form-Verwandlungen zum Zweck der Verteidigung und Reaktion, auch die Resultate gelungener Gegenaktionen. Die Form ist flüssig, der »Sinn« ist es aber noch mehr ... Selbst innerhalb jedes einzelnen Organismus steht es nicht anders: mit jedem wesentlichen Wachstum des Ganzen verschiebt sich auch der »Sinn« der einzelnen Organe – unter Umständen kann deren teilweises Zu-Grunde-gehn, deren Zahl-Verminderung (zum Beispiel durch Vernichtung der Mittelglieder) ein Zeichen wachsender Kraft und Vollkommenheit sein. Ich wollte sagen: auch das teilweise *Unnützlich-werden*, das Verkümmern und Entarten, das Verlustig-gehn von Sinn und Zweckmäßigkeit, kurz der Tod gehört zu den Bedingungen des wirklichen *progressus*: als welcher immer in Gestalt eines Willens und Wegs zu *größerer Macht* erscheint und immer auf Unkosten zahlreicher kleinerer Mächte durchgesetzt wird. Die Größe eines »Fortschritts« *bemißt* sich sogar nach der Masse dessen, was ihm alles geopfert werden mußte; die Menschheit als Masse dem Gedeihen einer einzelnen *stärkeren* Spezies Mensch geopfert – das *wäre* ein Fortschritt ... Ich hebe diesen Haupt-Gesichtspunkt der historischen Methodik hervor, um so mehr als er im Grunde dem gerade herrschenden Instinkte und Zeitgeschmack entgegengeht, welcher lieber sich noch mit der absoluten Zufälligkeit, ja mechanistischen Unsinnigkeit alles Geschehens vertragen würde, als mit der Theorie eines in allem Geschehen sich abspielenden *Macht-Willens*. Die demokratische Idiosynkrasie gegen alles, was herrscht und herrschen will, der moderne *Misarchismus* (um ein schlechtes Wort für eine schlechte Sache zu bilden) hat sich allmählich dermaßen ins Geistige, Geistigste umgesetzt und verkleidet, daß er heute Schritt für Schritt bereits in die strengsten, anscheinend objektivsten Wissenschaften eindringt, eindringen *darf*; ja er scheint mir schon über die ganze Physiologie und Lehre vom Leben Herr geworden zu sein, zu ihrem Schaden, wie sich von selbst versteht, indem er ihr einen Grundbegriff, den der eigentlichen *Aktivität*, eskamotiert hat. Man stellt dagegen unter dem Druck jener Idiosynkrasie die »Anpassung« in den Vordergrund, das heißt eine Aktivität zweiten Ranges, eine bloße Reaktivität, ja man hat das Leben selbst als eine immer zweckmäßigere innere Anpassung an äußere Umstände definiert (Herbert Spencer). Damit ist aber das Wesen des Lebens verkannt, sein *Wille zur Macht*; damit ist der prinzipielle Vorrang übersehn, den die spontanen, angreifenden, übergreifenden, neuauslegenden, neu-richtenden und gestaltenden Kräfte haben, auf deren Wirkung erst die »Anpassung« folgt; damit ist im Organismus selbst die herrschaftliche Rolle der höchsten Funktionäre abgeleugnet, in denen der Lebenswille aktiv und formgebend erscheint. Man erinnert sich, was Huxley Spencer zum Vorwurf gemacht hat – seinen »administrativen Nihilismus«: aber es handelt sich noch um *mehr* als ums »Administrieren« ...

13

– Man hat also, um zur Sache, nämlich zur *Strafe* zurückzukehren, zweierlei an ihr zu unterscheiden: einmal das relativ *Dauerhafte* an ihr, den Brauch, den Akt, das »Drama«, eine gewisse strenge Abfolge von Prozeduren, andrerseits das *Flüssige* an ihr, den Sinn, den Zweck, die Erwartung, welche sich an die Ausführung solcher Prozeduren knüpft. Hierbei wird ohne weiteres vorausgesetzt, *per analogiam*, gemäß dem eben entwickelten Hauptgesichtspunkte der historischen Methodik, daß die Prozedur selbst etwas Älteres, Früheres als ihre Benützung zur Strafe sein wird, daß letztere erst in die (längst vorhandene, aber in einem anderen Sinne übliche) Prozedur *hineingelegt*, hineingedeutet worden ist, kurz, daß es *nicht* so steht, wie unsre naiven Moral- und Rechtsgenealogen bisher annahmen, welche sich allesamt die Prozedur *erfunden* dachten zum Zweck der Strafe, so wie man sich ehemals die Hand erfunden dachte zum Zweck des Greifens. Was nun jenes andre Element an der Strafe betrifft, das flüssige, ihren »Sinn«, so stellt in einem sehr späten Zustande der Kultur (zum Beispiel im heutigen Europa) der Begriff »Strafe« in der Tat gar nicht mehr *einen* Sinn vor, sondern eine ganze Synthesis von »Sinnen«: die bisherige Geschichte der Strafe überhaupt, die Geschichte ihrer Ausnützung zu den verschiedensten Zwecken, kristallisiert sich zuletzt in eine Art von Einheit, welche schwer löslich, schwer zu analysieren und, was man hervorheben muß, ganz und gar *undefinierbar* ist. (Es ist heute unmöglich, bestimmt zu sagen, *warum* eigentlich gestraft wird: alle Begriffe, in denen sich ein ganzer Prozeß semiotisch zusammenfaßt, entziehn sich der Definition; definierbar ist nur das, was keine Geschichte hat.) In einem früheren Stadium erscheint dagegen jene Synthesis von »Sinnen« noch löslicher, auch noch verschiebbarer; man kann noch wahrnehmen, wie für jeden einzelnen Fall die Elemente der Synthesis ihre Wertigkeit verändern und sich demgemäß umordnen, so daß bald dies, bald jenes Element auf Kosten der übrigen hervortritt und dominiert, ja unter Umständen ein Element (etwa der Zweck der Abschreckung) den ganzen Rest von Elementen aufzuheben scheint. Um wenigstens eine Vorstellung davon zu geben, wie unsicher, wie nachträglich, wie akzidentiell »der Sinn« der Strafe ist, und wie ein und dieselbe Prozedur auf grundverschiedne Absichten hin benützt, gedeutet, zurechtgemacht werden kann: so stehe hier das Schema, das sich mir selbst auf Grund eines verhältnismäßig kleinen und zufälligen Materials ergeben hat. Strafe als Unschädlichmachen, als Verhinderung weiteren Schädigens. Strafe als Abzahlung des Schadens an den Geschädigten, in irgendeiner Form (auch in der einer Affekt-Kompensation). Strafe als Isolierung einer Gleichgewichts-Störung, um ein Weitergreifen der Störung zu verhüten. Strafe als Furcht-einflößen vor denen, welche die Strafe bestimmen und exekutieren. Strafe als eine Art Ausgleich für die Vorteile, welche der Verbrecher bis dahin genossen hat (zum Beispiel wenn er als Bergwerkssklave nutzbar gemacht wird). Strafe als Ausscheidung eines entartenden Elementes (unter Umständen eines ganzen Zweigs, wie nach chinesischem Rechte: somit als Mittel zur Reinerhaltung der Rasse oder zur Festhaltung eines sozialen Typus). Strafe als Fest, nämlich als Vergewaltigung und Verhöhnung eines endlich niedergeworfnen Feindes. Strafe als ein Gedächtnis-machen, sei es für den, der die Strafe erleidet – die sogenannte »Besserung«, sei es für die Zeugen der Exekution. Strafe als Zahlung eines Honorars, ausbedungen seitens der Macht, welche den Übeltäter vor den Ausschweifungen der Rache schützt. Strafe als Kompromiß mit dem Naturzustand der Rache, sofern letzterer durch mächtige Geschlechter noch aufrechterhalten und als Privilegium in Anspruch genommen wird. Strafe als Kriegserklärung und Kriegsmaßregel gegen einen Feind des Friedens, des Gesetzes, der Ordnung, der Obrigkeit, den man als gefährlich für das Gemeinwesen, als vertragsbrüchig in Hinsicht auf dessen Voraussetzungen, als einen Empörer, Verräter und Friedensbrecher bekämpft, mit Mitteln, wie sie eben der Krieg an die Hand gibt. –

14

Diese Liste ist gewiß nicht vollständig; ersichtlich ist die Strafe mit Nützlichkeiten aller Art überladen. Um so eher darf man von ihr eine *vermeintliche* Nützlichkeit in Abzug bringen, die allerdings im populären Bewußtsein als ihre wesentlichste gilt – der Glaube an die Strafe, der heute aus mehreren Gründen wackelt, findet gerade an ihr immer noch seine kräftigste Stütze. Die Strafe soll den Wert haben, das *Gefühl der Schuld* im Schuldigen aufzuwecken, man sucht in ihr das eigentliche *instrumentum* jener seelischen Reaktion, welche »schlechtes Gewissen«, »Gewissensbiß« genannt wird. Aber damit vergreift man sich selbst für heute noch an der Wirklichkeit und der Psychologie: und wieviel mehr für die längste Geschichte des Menschen, seine Vorgeschichte! Der echte Gewissensbiß ist gerade unter Verbrechern und Sträflingen etwas äußerst Seltnes, die Gefängnisse, die Zuchthäuser sind *nicht* die Brutstätten, an denen diese Spezies von Nagewurm mit Vorliebe gedeiht – darin kommen alle gewissenhaften Beobachter überein, die in vielen Fällen ein derartiges Urteil ungern genug und wider die eigensten Wünsche abgeben. Ins große gerechnet, härtet und kältet die Strafe ab; sie konzentriert; sie verschärft das Gefühl der Entfremdung; sie stärkt die Widerstandskraft. Wenn es vorkommt, daß sie die Energie zerbricht und eine erbärmliche Prostration und Selbsterniedrigung zuwege bringt, so ist ein solches Ergebnis sicherlich noch weniger erquicklich als die durchschnittliche Wirkung der Strafe: als welche sich durch einen trocknen düsteren Ernst charakterisiert. Denken wir aber gar an jene Jahrtausende *vor* der Geschichte des Menschen, so darf man unbedenklich urteilen, daß gerade durch die Strafe die Entwicklung des Schuldgefühls am kräftigsten *aufgehalten* worden ist – wenigstens in Hinsicht auf die Opfer, an denen sich die strafende Gewalt ausließ Unterschätzen wir nämlich nicht, inwiefern der Verbrecher gerade durch den Anblick der gerichtlichen und vollziehenden Prozeduren selbst verhindert wird, seine Tat, die Art seiner Handlung *an sich* als verwerflich zu empfinden: denn er sieht genau die gleiche Art von Handlungen im Dienst der Gerechtigkeit verübt und dann gutgeheißen, mit gutem Gewissen verübt: also Spionage, Überlistung, Bestechung, Fallenstellen, die ganze kniffliche und durchtriebene Polizisten- und Anklägerkunst, sodann das grundsätzliche, selbst nicht durch den Affekt entschuldigte Berauben, Überwältigen, Beschimpfen, Gefangennehmen, Foltern, Morden, wie es in den verschiednen Arten der Strafe sich ausprägt – alles somit von seinen Richtern keineswegs *an sich* verworfene und verurteilte Handlungen, sondern nur in einer gewissen Hinsicht und Nutzanwendung. Das »schlechte Gewissen«, diese unheimlichste und interessanteste Pflanze unsrer irdischen Vegetation, ist *nicht* auf diesem Boden gewachsen – in der Tat drückte sich im Bewußtsein der Richtenden, der Strafenden selbst die längste Zeit hindurch *nichts* davon aus, daß man mit einem »Schuldigen« zu tun habe. Sondern mit einem Schaden-Anstifter, mit einem unverantwortlichen Stück Verhängnis. Und der selber, über den nachher die Strafe, wiederum wie ein Stück Verhängnis, herfiel, hatte dabei keine andre »innere Pein«, als wie beim plötzlichen Eintreten von etwas Unberechnetem, eines schrecklichen Naturereignisses, eines herabstürzenden, zermalmenden Felsblocks, gegen den es keinen Kampf mehr gibt.

15

Dies kam einmal auf eine verfängliche Weise Spinoza zum Bewußtsein (zum Verdruß seiner Ausleger, welche sich ordentlich darum *bemühen*, ihn an dieser Stelle mißzuverstehn, zum Beispiel Kuno Fischer), als er eines Nachmittags, wer weiß, an was für einer Erinnerung sich reibend, der Frage nachhing, was eigentlich für ihn selbst von dem berühmten *morsus conscientiae* übriggeblieben sei – er, der Gut und Böse unter die menschlichen Einbildungen verwiesen und mit Ingrimm die Ehre seines »freien« Gottes gegen jene Lästerer verteidigt hatte, deren Behauptung dahin ging, Gott wirke alles *sub ratione boni* (»das aber hieße Gott dem Schicksale unterwerfen und wäre fürwahr die größte aller Ungereimtheiten« –). Die Welt war für Spinoza wieder in jene Unschuld zurückgetreten, in der sie vor der Erfindung des schlechten Gewissens dalag: was war damit aus dem *morsus conscientiae* geworden? »Der Gegensatz des *gaudium*«, sagte er sich endlich – »eine Traurigkeit, begleitet von der Vorstellung einer vergangnen Sache, die gegen alles Erwarten ausgefallen ist.« *Eth. III propos. XVIII schol. I. II. Nicht anders als Spinoza* haben die von der Strafe ereilten Übel-Anstifter jahrtausendelang in betreff ihres »Vergehens« empfunden: »hier ist etwas unvermutet schiefgegangen«, *nicht*: »das hätte ich nicht tun sollen« –, sie unterwarfen sich der Strafe, wie man sich einer Krankheit oder einem Unglücke oder dem Tode unterwirft, mit jenem beherzten Fatalismus ohne Revolte, durch den zum Beispiel heute noch die Russen in der Handhabung des Lebens gegen uns Westländer im Vorteil sind. Wenn es damals eine Kritik der Tat gab, so war es die Klugheit, die an der Tat Kritik übte: ohne Frage müssen wir die eigentliche *Wirkung* der Strafe vor allem in einer Verschärfung der Klugheit suchen, in einer Verlängerung des Gedächtnisses, in einem Willen fürderhin vorsichtiger, mißtrauischer, heimlicher zu Werke zu gehn, in der Einsicht, daß man für vieles ein für allemal zu schwach sei, in einer Art Verbesserung der Selbstbeurteilung. Das, was durch die Strafe im großen erreicht werden kann, bei Mensch und Tier, ist die Vermehrung der Furcht, die Verschärfung der Klugheit, die Bemeisterung der Begierden: damit *zähmt* die Strafe den Menschen, aber sie macht ihn nicht »besser« – man dürfte mit mehr Recht noch das Gegenteil behaupten. (»Schaden macht klug«, sagt das Volk: soweit er klug macht, machte er auch schlecht. Glücklicherweise macht er oft genug dumm.)

16

An dieser Stelle ist es nun nicht mehr zu umgehn, meiner eignen Hypothese über den Ursprung des »schlechten Gewissens« zu einem ersten vorläufigen Ausdrucke zu verhelfen: sie ist nicht leicht zu Gehör zu bringen und will lange bedacht, bewacht und beschlafen sein. Ich nehme das schlechte Gewissen als die tiefe Erkrankung, welcher der Mensch unter dem Druck jener gründlichsten aller Veränderungen verfallen mußte, die er überhaupt erlebt hat – jener Veränderung, als er sich endgültig in den Bann der Gesellschaft und des Friedens eingeschlossen fand. Nicht anders als es den Wassertieren ergangen sein muß, als sie gezwungen wurden, entweder Landtiere zu werden oder zugrunde zu gehn, so ging es diesen der Wildnis, dem Kriege, dem Herumschweifen, dem Abenteuer glücklich angepaßten Halbtieren – mit einem Male waren alle ihre Instinkte entwertet und »ausgehängt«. Sie sollten nunmehr auf den Füßen gehn und »sich selber tragen«, wo sie bisher vom Wasser getragen wurden: eine entsetzliche Schwere lag auf ihnen. Zu den einfachsten Verrichtungen fühlten sie sich ungelenk, sie hatten für diese neue unbekannte Welt ihre alten Führer nicht mehr, die regulierenden unbewußt-sicherführenden Triebe – sie waren auf Denken, Schließen, Berechnen, Kombinieren von Ursachen und Wirkungen reduziert, diese Unglücklichen, auf ihr »Bewußtsein«, auf ihr ärmlichstes und fehlgreifendstes Organ! Ich glaube, daß niemals auf Erden ein solches Elends-Gefühl, ein solches bleiernes Mißbehagen dagewesen ist – und dabei hatten jene alten Instinkte nicht mit einem Male aufgehört, ihre Forderungen zu stellen! Nur war es schwer und selten möglich, ihnen zu Willen zu sein: in der Hauptsache mußten sie sich neue und gleichsam unterirdische Befriedigungen suchen. Alle Instinkte, welche sich nicht nach außen entladen, *wenden sich nach innen* – dies ist das, was ich die *Verinnerlichung* des Menschen nenne: damit wächst erst das an den Menschen heran, was man später seine »Seele« nennt. Die ganze innere Welt, ursprünglich dünn wie zwischen zwei Häute eingespannt, ist in dem Maße auseinander- und aufgegangen, hat Tiefe, Breite, Höhe bekommen, als die Entladung des Menschen nach außen *gehemmt* worden ist. Jene furchtbaren Bollwerke, mit denen sich die staatliche Organisation gegen die alten Instinkte der Freiheit schützte – die Strafen gehören vor allem zu diesen Bollwerken –, brachten zuwege, daß alle jene Instinkte des wilden freien schweifenden Menschen sich rückwärts, sich *gegen den Menschen selbst* wandten. Die Feindschaft, die Grausamkeit, die Lust an der Verfolgung, am Überfall, am Wechsel, an der Zerstörung – alles das gegen die Inhaber solcher Instinkte sich wendend: *das* ist der Ursprung des »schlechten Gewissens«. Der Mensch, der sich, aus Mangel an äußeren Feinden und Widerständen, eingezwängt in eine drückende Enge und Regelmäßigkeit der Sitte, ungeduldig selbst zerriß, verfolgte, annagte, aufstörte, mißhandelte, dies an den Gitterstangen seines Käfigs sich wundstoßende Tier, das man »zähmen« will, dieser Entbehrende und vom Heimweh der Wüste Verzehrte, der aus sich selbst ein Abenteuer, eine Folterstätte, eine unsichere und gefährliche Wildnis schaffen mußte – dieser Narr, dieser sehnsüchtige und verzweifelte Gefangne wurde der Erfinder des »schlechten Gewissens«. Mit ihm aber war die größte und unheimlichste Erkrankung eingeleitet, von welcher die Menschheit bis heute nicht genesen ist, das Leiden des Menschen *am Menschen, an sich*: als die Folge einer gewaltsamen Abtrennung von der tierischen Vergangenheit, eines Sprunges und Sturzes gleichsam in neue Lagen und Daseins-Bedingungen, einer Kriegserklärung gegen die alten Instinkte, auf denen bis dahin seine Kraft, Lust und Furchtbarkeit beruhte. Fügen wir sofort hinzu, daß andrerseits mit der Tatsache einer gegen sich selbst gekehrten, gegen sich selbst Partei nehmenden Tierseele auf Erden etwas so Neues, Tiefes, Unerhörtes, Rätselhaftes, Widerspruchsvolles *und Zukunftsvolles* gegeben war, daß der Aspekt der Erde sich damit wesentlich veränderte. In der Tat, es brauchte göttlicher Zuschauer, um das Schauspiel zu würdigen, das damit anfing und dessen Ende durchaus noch nicht abzusehn ist – ein Schauspiel zu fein, zu wundervoll, zu paradox, als daß es sich sinnlos-unvermerkt auf irgendeinem lächerlichen Gestirn abspielen dürfte! Der Mensch zählt seitdem *mit* unter den unerwartetsten und aufregendsten Glückswürfen, die das »große Kind« des Heraklit, heiße es Zeus oder Zufall, spielt – er erweckt für sich ein Interesse, eine Spannung, eine Hoffnung, beinahe eine Gewißheit, als ob mit ihm sich etwas ankündige, etwas vorbereite, als ob der Mensch kein Ziel, sondern nur ein Weg, ein Zwischenfall, eine Brücke, ein großes Versprechen sei ...

17

Zur Voraussetzung dieser Hypothese über den Ursprung des schlechten Gewissens gehört erstens, daß jene Veränderung keine allmähliche, keine freiwillige war und sich nicht als ein organisches Hineinwachsen in neue Bedingungen darstellte, sondern als ein Bruch, ein Sprung, ein Zwang, ein unabweisbares Verhängnis, gegen das es keinen Kampf und nicht einmal ein Ressentiment gab. Zweitens aber, daß die Einfügung einer bisher ungehemmten und ungestalteten Bevölkerung in eine feste Form, wie sie mit einem Gewaltakt ihren Anfang nahm, nur mit lauter Gewaltakten zu Ende geführt wurde – daß der älteste »Staat« demgemäß als eine furchtbare Tyrannei, als eine zerdrückende und rücksichtslose Maschinerie auftrat und fortarbeitete, bis ein solcher Rohstoff von Volk und Halbtier endlich nicht nur durchgeknetet und gefügig, sondern auch *geformt* war. Ich gebrauchte das Wort »Staat«: es versteht sich von selbst, wer damit gemeint ist – irgendein Rudel blonder Raubtiere, eine Erober- und Herren-Rasse, welche, kriegerisch organisiert und mit der Kraft, zu organisieren, unbedenklich ihre furchtbaren Tatzen auf eine der Zahl nach vielleicht ungeheuer überlegene, aber noch gestaltlose, noch schweifende

Bevölkerung legt. Dergestalt beginnt ja der »Staat« auf Erden: ich denke, jene Schwärmerei ist abgetan, welche ihn mit einem »Vertrage« beginnen ließ. Wer befehlen kann, wer von Natur »Herr« ist, wer gewalttätig in Werk und Gebärde auftritt – was hat der mit Verträgen zu schaffen! Mit solchen Wesen rechnet man nicht, sie kommen wie das Schicksal, ohne Grund, Vernunft, Rücksicht, Vorwand, sie sind da, wie der Blitz da ist, zu furchtbar, zu plötzlich, zu überzeugend, zu »anders«, um selbst auch nur gehaßt zu werden. Ihr Werk ist ein instinktives Formen-schaffen, Formen-aufdrücken, es sind die unfreiwilligsten, unbewußtesten Künstler, die es gibt – in Kürze steht etwas Neues da, wo sie erscheinen, ein Herrschafts-Gebilde, das *lebt*, in dem Teile und Funktionen abgegrenzt und bezüglich gemacht sind, in dem nichts überhaupt Platz findet, dem nicht erst ein »Sinn« in Hinsicht auf das Ganze eingelegt ist. Sie wissen nicht, was Schuld, was Verantwortlichkeit, was Rücksicht ist, diese geborenen Organisatoren; in ihnen waltet jener furchtbare Künstler-Egoismus, der wie Erz blickt und sich im »Werke«, wie die Mutter in ihrem Kinde, in alle Ewigkeit voraus gerechtfertigt weiß. *Sie* sind es nicht, bei denen das »schlechte Gewissen« gewachsen ist, das versteht sich von vornherein – aber es würde nicht *ohne sie* gewachsen sein, dieses häßliche Gewächs, es würde fehlen, wenn nicht unter dem Druck ihrer Hammerschläge, ihrer Künstler-Gewaltsamkeit ein ungeheures Quantum Freiheit aus der Welt, mindestens aus der Sichtbarkeit geschafft und gleichsam *latent* gemacht worden wäre. Dieser gewaltsam latent gemachte *Instinkt der Freiheit* – wir begriffen es schon –, dieser zurückgedrängte, zurückgetretene, ins Innere eingekerkerte und zuletzt nur an sich selbst noch sich entladende und auslassende Instinkt der Freiheit: das, nur das ist in seinem Anbeginn das *schlechte Gewissen.*

18

Man hüte sich, von diesem ganzen Phänomen deshalb schon gering zu denken, weil es von vornherein häßlich und schmerzhaft ist. Im Grunde ist es ja dieselbe aktive Kraft, die in jenen Gewalt-Künstlern und Organisatoren großartiger am Werke ist und Staaten baut, welche hier, innerlich, kleiner, kleinlicher, in der Richtung nach rückwärts, im »Labyrinth der Brust«, um mit Goethe zu reden, sich das schlechte Gewissen schafft und negative Ideale baut, eben jener *Instinkt der Freiheit* (in meiner Sprache geredet: der Wille zur Macht): nur daß der Stoff, an dem sich die formbildende und vergewaltigende Natur dieser Kraft ausläßt, hier eben der Mensch selbst, sein ganzes tierisches altes Selbst ist – und *nicht*, wie in jenem größeren und augenfälligeren Phänomen, der *andre* Mensch, die *andren* Menschen. Diese heimliche Selbst-Vergewaltigung, diese Künstler-

Grausamkeit, diese Lust, sich selbst als einem schweren widerstrebenden leidenden Stoffe eine Form zu geben, einen Willen, eine Kritik, einen Widerspruch, eine Verachtung, ein Nein einzubrennen, diese unheimliche und entsetzlich-lustvolle Arbeit einer mit sich selbst willig-zwiespältigen Seele, welche sich leiden macht, aus Lust am Leiden-machen, dieses ganze *aktivische* »schlechte Gewissen« hat zuletzt – man errät es schon – als der eigentliche Mutterschoß idealer und imaginativer Ereignisse auch eine Fülle von neuer befremdlicher Schönheit und Bejahung ans Licht gebracht und vielleicht überhaupt erst *die* Schönheit... Was wäre denn »schön«, wenn nicht erst der Widerspruch sich selbst zum Bewußtsein gekommen wäre, wenn nicht erst das Häßliche zu sich selbst gesagt hätte: »ich bin häßlich«?... Zum mindesten wird nach diesem Winke das Rätsel weniger rätselhaft sein, inwiefern in widersprüchlichen Begriffen, wie *Selbstlosigkeit, Selbstverleugnung, Selbstopferung* ein Ideal, eine Schönheit angedeutet sein kann; und eins weiß man hinfort – ich zweifle nicht daran – welcher Art nämlich von Anfang an die *Lust* ist, die der Selbstlose, der Sich-selbst-Verleugnende, Sich-selber-Opfernde empfindet: diese Lust gehört zur Grausamkeit. – Soviel vorläufig zur Herkunft des »Unegoistischen« als eines *moralischen* Wertes und zur Absteckung des Bodens, aus dem dieser Wert gewachsen ist: erst das schlechte Gewissen, erst der Wille zur Selbstmißhandlung gibt die Voraussetzung ab für den *Wert* des Unegoistischen. –

19

Es ist eine Krankheit, das schlechte Gewissen, das unterliegt keinem Zweifel, aber eine Krankheit, wie die Schwangerschaft eine Krankheit ist. Suchen wir die Bedingungen auf, unter denen diese Krankheit auf ihren furchtbarsten und sublimsten Gipfel gekommen ist – wir werden sehn, was damit eigentlich erst seinen Eintritt in die Welt gemacht hat. Dazu aber bedarf es eines langen Atems – und zunächst müssen wir noch einmal zu einem früheren Gesichtspunkte zurück. Das privat-rechtliche Verhältnis des Schuldners zu seinem Gläubiger, von dem des längeren schon die Rede war, ist noch einmal, und zwar in einer historisch überaus merkwürdigen und bedenklichen Weise, in ein Verhältnis hineininterpretiert worden, worin es uns modernen Menschen vielleicht am unverständlichsten ist: nämlich in das Verhältnis der *Gegenwärtigen* zu ihren *Vorfahren*. Innerhalb der ursprünglichen Geschlechtsgenossenschaft – wir reden von Urzeiten – erkennt jedesmal die lebende Generation gegen die frühere und insonderheit gegen die früheste, Geschlecht-begründende eine juristische Verpflichtung an (und keineswegs eine bloße Gefühls-Verbindlichkeit: man dürfte diese letztere sogar nicht ohne Grund für die längste Dauer des menschlichen Geschlechts überhaupt in Abrede stellen). Hier herrscht die Überzeugung, daß das Geschlecht durchaus nur durch die Opfer und Leistungen der Vorfahren *besteht* – und daß man ihnen diese durch Opfer und Leistungen *zurückzuzahlen* hat: man erkennt somit eine *Schuld* an, die dadurch noch beständig anwächst, daß diese Ahnen in ihrer Fortexistenz als mächtige Geister nicht aufhören, dem Geschlechte neue Vorteile und Vorschüsse seitens ihrer Kraft zu gewähren. Umsonst etwa? Aber es gibt kein »Umsonst« für jene rohen und »seelenarmen« Zeitalter. Was kann man ihnen zurückgeben? Opfer (anfänglich zur Nahrung, im gröblichsten Verstande), Feste, Kapellen, Ehrenbezeigungen, vor allem Gehorsam – denn alle Bräuche sind, als Werke der Vorfahren, auch deren Satzungen und Befehle –: gibt man ihnen je genug? Dieser Verdacht bleibt übrig und wächst: von Zeit zu Zeit erzwingt er eine große Ablösung in Bausch und Bogen, irgend etwas Ungeheures von Gegenzahlung an den »Gläubiger« (das berüchtigte Erstlingsopfer zum Beispiel, Blut, Menschenblut in jedem Falle). Die *Furcht* vor dem Ahnherrn und seiner Macht, das Bewußtsein von Schulden gegen ihn nimmt nach dieser Art von Logik notwendig genau in dem Maße zu, in dem die Macht des Geschlechts selbst zunimmt, in dem das Geschlecht selbst immer siegreicher, unabhängiger, geehrter, gefürchteter dasteht. Nicht etwa umgekehrt! Jeder Schritt zur Verkümmerung des Geschlechts, alle elenden Zufälle, alle Anzeichen von Entartung, von heraufkommender Auflösung *vermindern* vielmehr immer auch die Furcht vor dem Geiste seines Begründers und geben eine immer geringere Vorstellung von seiner Klugheit, Vorsorglichkeit und Macht-Gegenwart. Denkt man sich diese rohe Art Logik bis an ihr Ende gelangt: so müssen schließlich die Ahnherrn der *mächtigsten* Geschlechter durch die Phantasie der wachsenden Furcht selbst ins Ungeheure gewachsen und in das Dunkel einer göttlichen Unheimlichkeit und Unvorstellbarkeit zurückgeschoben worden sein – der Ahnherr wird zuletzt notwendig in einen *Gott* transfiguriert. Vielleicht ist hier selbst der Ursprung der Götter, ein Ursprung also aus der *Furcht*! ... Und wem es nötig scheinen sollte hinzuzufügen: »aber auch aus der Pietät!« dürfte schwerlich damit für jene längste Zeit des Menschengeschlechts recht behalten, für seine Urzeit. Um so mehr freilich für die *mittlere* Zeit, in der die vornehmen Geschlechter sich herausbilden – als welche in der Tat ihren Urhebern, den Ahnherren (Heroen, Göttern) alle die Eigenschaften mit Zins zurückgegeben haben, die inzwischen in ihnen selbst offenbar geworden sind, die *vornehmen* Eigenschaften. Wir werden auf die Veradligung und Veredelung der Götter (die freilich durchaus nicht deren »Heiligung« ist) später noch einen Blick werfen: führen wir jetzt nur den Gang dieser ganzen Schuldbewußtseins-Entwicklung vorläufig zu Ende.

20

Das Bewußtsein, Schulden gegen die Gottheit zu haben, ist, wie die Geschichte lehrt, auch nach dem Niedergang der blutverwandtschaftlichen Organisationsform der »Gemeinschaft« keineswegs zum Abschluß gekommen; die Menschheit hat, in gleicher Weise, wie sie die Begriffe »gut und schlecht« von dem Geschlechts-Adel (samt dessen psychologischem Grundhange, Rangordnungen anzusetzen) geerbt hat, mit der Erbschaft der Geschlechts- und Stammgottheiten auch die des Drucks von noch unbezahlten Schulden und des Verlangens nach Ablösung derselben hinzubekommen. (Den Übergang machen jene breiten Sklaven- und Hörigen-Bevölkerungen, welche sich an den Götter-Kultus ihrer Herren, sei es durch Zwang, sei es durch Unterwürfigkeit und *mimicry*, angepaßt haben: von ihnen aus fließt dann diese Erbschaft nach allen Seiten über.) Das Schuldgefühl gegen die Gottheit hat mehrere Jahrtausende nicht aufgehört zu wachsen, und zwar immerfort im gleichen Verhältnisse, wie der Gottesbegriff und das Gottesgefühl auf Erden gewachsen und in die Höhe getragen worden ist. (Die ganze Geschichte des ethnischen Kämpfens, Siegens, Sich-versöhnens, Sich-verschmelzens, alles was der endgültigen Rangordnung aller Volks-Elemente in jeder großen Rassen-Synthesis vorangeht, spiegelt sich in dem Genealogien-Wirrwarr ihrer Götter, in den Sagen von deren Kämpfen, Siegen und Versöhnungen ab; der Fortgang zu Universal-Reichen ist immer auch der Fortgang zu Universal-Gottheiten, der Despotismus mit seiner Überwältigung des unabhängigen Adels bahnt immer auch irgendwelchem Monotheismus den Weg.) Die Heraufkunft des christlichen Gottes, als des Maximal-Gottes, der bisher erreicht worden ist, hat deshalb auch das Maximum des Schuldgefühls auf Erden zur Erscheinung gebracht. Angenommen, daß wir nachgerade in die *umgekehrte* Bewegung eingetreten sind, so dürfte man mit keiner kleinen Wahrscheinlichkeit aus dem unaufhaltsamen Niedergang des Glaubens an den christlichen Gott ableiten, daß es jetzt bereits auch schon einen erheblichen Niedergang des menschlichen Schuldbewußtseins gäbe; ja die Aussicht ist nicht abzuweisen, daß der vollkommne und endgültige Sieg des Atheismus die Menschheit von diesem ganzen Gefühl, Schulden gegen ihren Anfang, ihre *causa prima* zu haben, lösen dürfte. Atheismus und eine Art *zweiter Unschuld* gehören zueinander. –

21

Dies vorläufig im kurzen und groben über den Zusammenhang der Begriffe »Schuld«, »Pflicht« mit religiösen Voraussetzungen: ich habe absichtlich die eigentliche Moralisierung dieser Begriffe (die Zurückschiebung derselben ins Gewissen, noch bestimmter, die Verwicklung des *schlechten* Gewissens mit dem Gottesbegriffe) bisher beiseite gelassen und am Schluß des vorigen Abschnittes sogar geredet, wie als ob es diese Moralisierung gar nicht gäbe, folglich, wie als ob es mit jenen Begriffen nunmehr notwendig zu Ende ginge, nachdem deren Voraussetzung gefallen ist, der Glaube an unsern »Gläubiger«, an Gott. Der Tatbestand weicht davon in einer furchtbaren Weise ab. Mit der Moralisierung der Begriffe Schuld und Pflicht, mit ihrer Zurückschiebung ins *schlechte* Gewissen ist ganz eigentlich der Versuch gegeben, die Richtung der eben beschriebenen Entwicklung *umzukehren*, mindestens ihre Bewegung stillzustellen: jetzt *soll* gerade die Aussicht auf eine endgültige Ablösung ein für allemal sich pessimistisch zuschließen, jetzt *soll* der Blick trostlos vor einer ehernen Unmöglichkeit abprallen, zurückprallen, jetzt *sollen* jene Begriffe »Schuld« und »Pflicht« sich rückwärts wenden – gegen *wen* denn? Man kann nicht zweifeln: zunächst gegen den »Schuldner«, in dem nunmehr das schlechte Gewissen sich dermaßen festsetzt, einfrißt, ausbreitet und polypenhaft in jede Breite und Tiefe wächst, bis endlich mit der Unlösbarkeit der Schuld auch die Unlösbarkeit der Buße, der Gedanke ihrer Unabzahlbarkeit (der »*ewigen* Strafe«) konzipiert ist –; endlich aber sogar gegen den »Gläubiger«, denke man dabei nun an die *causa prima* des Menschen, an den Anfang des menschlichen Geschlechts, an seinen Ahnherrn, der nunmehr mit einem Fluche behaftet wird (»Adam«, »Erbsünde«, »Unfreiheit des Willens«), oder an die Natur, aus deren Schoß der Mensch entsteht und in die nunmehr das böse Prinzip hineingelegt wird (»Verteufelung der Natur«), oder an das Dasein überhaupt, das als *unwert an sich* übrigbleibt (nihilistische Abkehr von ihm, Verlangen ins Nichts oder Verlangen in seinen »Gegensatz«, in ein Anders-sein, Buddhismus und Verwandtes) – bis wir mit einem Male vor dem paradoxen und entsetzlichen Auskunftsmittel stehn, an dem die gemarterte Menschheit eine zeitweilige Erleichterung gefunden hat, jenem Geniestreich des *Christentums*: Gott selbst sich für die Schuld des Menschen opfernd, Gott selbst sich an sich selbst bezahlt machend, Gott als der einzige, der vom Menschen ablösen kann, was für den Menschen selbst unablösbar geworden ist – der Gläubiger sich für seinen Schuldner opfernd, aus *Liebe* (sollte man's glauben? –), aus Liebe zu seinem Schuldner! ...

22

Man wird bereits erraten haben, *was* eigentlich mit dem allen und *unter* dem allen geschehen ist: jener Wille zur Selbstpeinigung, jene zurückgetretene Grausamkeit des innerlich gemachten, in sich selbst zurückgescheuchten Tiermenschen, des zum Zweck der Zähmung in den »Staat«

Eingesperrten, der das schlechte Gewissen erfunden hat, um sich wehzutun, nachdem der *natürlichere* Ausweg dieses Weh-tun-wollens verstopft war – dieser Mensch des schlechten Gewissens hat sich der religiösen Voraussetzung bemächtigt, um seine Selbstmarterung bis zu ihrer schauerlichsten Härte und Schärfe zu treiben. Eine Schuld gegen *Gott*: dieser Gedanke wird ihm zum Folterwerkzeug. Er ergreift in »Gott« die letzten Gegensätze, die er zu seinen eigentlichen und unablöslichen Tier-Instinkten zu finden vermag, er deutet diese Tier-Instinkte selbst um als Schuld gegen Gott (als Feindschaft, Auflehnung, Aufruhr gegen den »Herrn«, den »Vater«, den Urahn und Anfang der Welt), er spannt sich in den Widerspruch »Gott« und »Teufel«, er wirft alles Nein, das er zu sich selbst, zur Natur, Natürlichkeit, Tatsächlichkeit seines Wesens sagt, aus sich heraus als ein Ja, als seiend, leibhaft, wirklich, als Gott, als Heiligkeit Gottes, als Richtertum Gottes, als Henkertum Gottes, als Jenseits, als Ewigkeit, als Marter ohne Ende, als Hölle, als Unausmeßbarkeit von Strafe und von Schuld. Dies ist eine Art Willens-Wahnsinn in der seelischen Grausamkeit, der schlechterdings nicht seinesgleichen hat: der *Wille* des Menschen, sich schuldig und verwerflich zu finden bis zur Unsühnbarkeit, sein *Wille,* sich bestraft zu denken, ohne daß die Strafe je der Schuld äquivalent werden könne, sein *Wille,* den untersten Grund der Dinge mit dem Problem von Strafe und Schuld zu infizieren und giftig zu machen, um sich aus diesem Labyrinth von »fixen Ideen« ein für allemal den Ausweg abzuschneiden, sein *Wille,* ein Ideal aufzurichten – das des »heiligen Gottes« –, und angesichts desselben seiner absoluten Unwürdigkeit handgreiflich gewiß zu sein. O über diese wahnsinnige traurige Bestie Mensch! Welche Einfälle kommen ihr, welche Widernatur, welche Paroxysmen des Unsinns, welche *Bestialität der Idee* bricht sofort heraus, wenn sie nur ein wenig verhindert wird, *Bestie der Tat* zu sein! ... Dies alles ist interessant bis zum Übermaß, aber auch von einer schwarzen düsteren entnervenden Traurigkeit, daß man es sich gewaltsam verbieten muß, zu lange in diese Abgründe zu blicken. Hier ist *Krankheit,* es ist kein Zweifel, die furchtbarste Krankheit, die bis jetzt im Menschen gewütet hat – und wer es noch zu hören vermag (aber man hat heute nicht mehr die Ohren dafür! –), wie in dieser Nacht von Marter und Widersinn der Schrei *Liebe,* der Schrei des sehnsüchtigsten Entzückens, der Erlösung in der *Liebe* geklungen hat, der wendet sich ab, von einem unbesieglichen Grausen erfaßt ... Im Menschen ist so viel Entsetzliches! ... Die Erde war zu lange schon ein Irrenhaus! ...

23

Dies genüge ein für allemal über die Herkunft des »heiligen Gottes«. – Daß *an sich* die Konzeption von Göttern nicht notwendig zu dieser Verschlechterung der Phantasie führen muß, deren Vergegenwärtigung wir uns für einen Augenblick nicht erlassen durften, daß es *vornehmere* Arten gibt, sich der Erdichtung von Göttern zu bedienen, als zu dieser Selbstkreuzigung und Selbstschändung des Menschen, in der die letzten Jahrtausende Europas ihre Meisterschaft gehabt haben – das läßt sich zum Glück aus jedem Blick noch abnehmen, den man auf die *griechischen Götter* wirft, diese Wiederspiegelungen vornehmer und selbstherrlicher Menschen, in denen das *Tier* im Menschen sich vergöttlicht fühlte und *nicht* sich selbst zerriß, *nicht* gegen sich selber wütete! Diese Griechen haben sich die längste Zeit ihrer Götter bedient, gerade um sich das »schlechte Gewissen« vom Leibe zu halten, um ihrer Freiheit der Seele froh bleiben zu dürfen: also in einem umgekehrten Verstande, als das Christentum Gebrauch von seinem Gotte gemacht hat. Sie gingen darin *sehr weit*, diese prachtvollen und löwenmütigen Kindsköpfe; und keine geringere Autorität als die des homerischen Zeus selbst gibt es ihnen hier und da zu verstehn, daß sie es sich zu leicht machen. »Wunder!« sagt er einmal – es handelt sich um den Fall des Ägisthos, um einen *sehr* schlimmen Fall –

»Wunder, wie sehr doch klagen die Sterblichen wider die Götter!
Nur von uns sei Böses, vermeinen sie; aber sie selber
Schaffen durch Unverstand, auch gegen Geschick, sich das Elend.«

Doch hört und sieht man hier zugleich, auch dieser olympische Zuschauer und Richter ist ferne davon, ihnen deshalb gram zu sein und böse von ihnen zu denken: »was sie *töricht* sind!« so denkt er bei den Untaten der Sterblichen – und »Torheit«, »Unverstand«, ein wenig »Störung im Kopfe«, so viel haben auch die Griechen der stärksten, tapfersten Zeit selbst bei sich *zugelassen* als Grund von vielem Schlimmen und Verhängnisvollen – Torheit, *nicht* Sünde! versteht ihr das? ... Selbst aber diese Störung im Kopfe war ein Problem – »ja, wie ist sie auch nur möglich? woher mag sie eigentlich gekommen sein, bei Köpfen, wie *wir* sie haben, wir Menschen der edlen Abkunft, des Glücks, der Wohlgeratenheit, der besten Gesellschaft, der Vornehmheit, der Tugend?« – so fragte sich jahrhundertelang der vornehme Grieche angesichts jedes ihm unverständlichen Greuels und Frevels, mit dem sich einer von seinesgleichen befleckt hatte. »Es muß ihn wohl ein *Gott* betört haben«, sagte er sich endlich, den Kopf schüttelnd ... Dieser Ausweg ist *typisch* für Griechen ... Dergestalt dienten damals die Götter dazu, den Menschen bis zu einem gewissen Grade auch im Schlimmen zu rechtfertigen, sie dienten als Ursachen des Bösen – damals nahmen sie nicht die Strafe auf sich, sondern, wie es *vornehmer* ist, die Schuld ...

24

– Ich schließe mit drei Fragezeichen, man sieht es wohl. »Wird hier eigentlich ein Ideal aufgerichtet oder eins abgebrochen?« so fragt man mich vielleicht... Aber habt ihr euch selber je genug gefragt, wie teuer sich auf Erden die Aufrichtung *jedes* Ideals bezahlt gemacht hat? Wieviel Wirklichkeit immer dazu verleumdet und verkannt, wieviel Lüge geheiligt, wieviel Gewissen verstört, wieviel »Gott« jedesmal geopfert werden mußte? Damit ein Heiligtum aufgerichtet werden kann, *muß ein Heiligtum zerbrochen werden:* das ist das Gesetz – man zeige mir den Fall, wo es nicht erfüllt ist!... Wir modernen Menschen, wir sind die Erben der Gewissens-Vivisektion und Selbst-Tierquälerei von Jahrtausenden: darin haben wir unsre längste Übung, unsre Künstlerschaft vielleicht, in jedem Fall unser Raffinement, unsre Geschmacks-Verwöhnung. Der Mensch hat allzulange seine natürlichen Hänge mit »bösem Blick« betrachtet, so daß sie sich in ihm schließlich mit dem »schlechten Gewissen« verschwistert haben. Ein umgekehrter Versuch wäre *an sich* möglich – aber wer ist stark genug dazu? –, nämlich die *unnatürlichen* Hänge, alle jene Aspirationen zum Jenseitigen, Sinnenwidrigen, Instinktwidrigen, Naturwidrigen, Tierwidrigen, kurz die bisherigen Ideale, die allesamt lebensfeindliche Ideale, Weltverleumder-Ideale sind, mit dem schlechten Gewissen zu verschwistern. An wen sich heute mit *solchen* Hoffnungen und Ansprüchen wenden?... Gerade die *guten* Menschen hätte man damit gegen sich; dazu, wie billig, die bequemen, die versöhnten, die eitlen, die schwärmerischen, die müden... Was beleidigt tiefer, was trennt so gründlich ab, als etwas von der Strenge und Höhe merken zu lassen, mit der man sich selbst behandelt? Und wiederum – wie entgegenkommend, wie liebreich zeigt sich alle Welt gegen uns, sobald wir es machen wie alle Welt und uns »gehen lassen« wie alle Welt!... Es bedürfte zu jenem Ziele einer *andren* Art Geister, als gerade in diesem Zeitalter wahrscheinlich sind: Geister, durch Kriege und Siege gekräftigt, denen die Eroberung, das Abenteuer, die Gefahr, der Schmerz sogar zum Bedürfnis geworden ist; es bedürfte dazu der Gewöhnung an scharfe hohe Luft, an winterliche Wanderungen, an Eis und Gebirge in jedem Sinne, es bedürfte dazu einer Art sublimer Bosheit selbst, eines letzten selbstgewissesten Mutwillens der Erkenntnis, welcher zur großen Gesundheit gehört, es bedürfte, kurz und schlimm genug, eben dieser *großen Gesundheit!*... Ist diese gerade heute auch nur möglich?... Aber irgendwann, in einer stärkeren Zeit, als diese morsche, selbstzweiflerische Gegenwart ist, muß er uns doch kommen, der *erlösende* Mensch der großen Liebe und Verachtung, der schöpferische Geist, den seine drängende Kraft aus allem Abseits und Jenseits immer wieder wegtreibt, dessen Einsamkeit vom Volke mißverstanden wird, wie als ob sie eine Flucht *vor* der Wirklichkeit sei – während sie nur seine

Versenkung, Vergrabung, Vertiefung *in* die Wirklichkeit ist, damit er einst aus ihr, wenn er wieder ans Licht kommt, die *Erlösung* dieser Wirklichkeit heimbringe: ihre Erlösung von dem Fluche, den das bisherige Ideal auf sie gelegt hat. Dieser Mensch der Zukunft, der uns ebenso vom bisherigen Ideal erlösen wird als von dem, *was aus ihm wachsen mußte,* vom großen Ekel, vom Willen zum Nichts, vom Nihilismus, dieser Glokkenschlag des Mittags und der großen Entscheidung, der den Willen wieder frei macht, der der Erde ihr Ziel und dem Menschen seine Hoffnung zurückgibt, dieser Antichrist und Antinihilist, dieser Besieger Gottes und des Nichts – *er muß einst kommen* ...

25

– Aber was rede ich da? Genug! Genug! An dieser Stelle geziemt mir nur eins, zu schweigen: ich vergriffe mich sonst an dem, was einem Jüngeren allein freisteht, einem »Zukünftigeren«, einem Stärkeren, als ich bin – was allein *Zarathustra* freisteht, *Zarathustra dem Gottlosen* ...

DRITTE ABHANDLUNG

WAS BEDEUTEN ASKETISCHE IDEALE?

Unbekümmert, spöttisch, gewalttätig – so will *uns* die Weisheit: sie ist ein Weib, sie liebt immer nur einen Kriegsmann.

Also sprach Zarathustra

1

Was bedeuten asketische Ideale? – Bei Künstlern nichts oder zu vielerlei; bei Philosophen und Gelehrten etwas wie Witterung und Instinkt für die günstigsten Vorbedingungen hoher Geistigkeit; bei Frauen, bestenfalls, eine Liebenswürdigkeit der Verführung *mehr*, ein wenig *morbidezza* auf schönem Fleische, die Engelhaftigkeit eines hübschen fetten Tiers; bei physiologisch Verunglückten und Verstimmten (bei der *Mehrzahl* der Sterblichen) einen Versuch, sich »zu gut« für diese Welt vorzukommen, eine heilige Form der Ausschweifung, ihr Hauptmittel im Kampf mit dem langsamen Schmerz und der Langenweile; bei Priestern den eigentlichen Priesterglauben, ihr bestes Werkzeug der Macht, auch die »allerhöchste« Erlaubnis zur Macht; bei Heiligen endlich einen Vorwand zum Winterschlaf, ihre *novissima gloriae cupido*, ihre Ruhe im Nichts (»Gott«), ihre Form des Irrsinns. *Daß* aber überhaupt das asketische Ideal dem Menschen so viel bedeutet hat, darin drückt sich die Grundtatsache des menschlichen Willens aus, sein *horror vacui: er braucht ein Ziel* – und eher will er noch *das Nichts* wollen als *nicht* wollen. – Versteht man mich? ... Hat man mich verstanden? ... »*Schlechterdings nicht! mein Herr!*« – Fangen wir also von vorne an.

2

Was bedeuten asketische Ideale? – Oder, daß ich einen einzelnen Fall nehme, in betreff dessen ich oft genug um Rat gefragt worden bin, was bedeutet es zum Beispiel, wenn ein Künstler wie Richard Wagner in seinen alten Tagen der Keuschheit eine Huldigung darbringt? In einem gewissen Sinne freilich hat er dies immer getan; aber erst zuallerletzt in einem asketischen Sinne. Was bedeutet diese »Sinnes«-Änderung, dieser radikale Sinnes-Umschlag? – denn ein solcher war es, Wagner sprang damit geradewegs in seinen Gegensatz um. Was bedeutet es, wenn ein Künstler in seinen Gegensatz umspringt? ... Hier kommt uns, gesetzt daß wir bei dieser Frage ein wenig haltmachen wollen, alsbald die Erinnerung an die beste, stärkste, frohmütigste, *mutigste* Zeit, welche es vielleicht im Leben Wagners gegeben hat: das war damals, als ihn innerlich und tief der Gedanke der Hochzeit Luthers beschäftigte. Wer weiß, an welchen Zufällen es eigentlich gehangen hat, daß wir heute an Stelle dieser Hochzeits-Musik die Meistersinger besitzen? Und wieviel in diesen vielleicht noch von jener fortklingt? Aber keinem Zweifel unterliegt es, daß es sich auch bei dieser »Hochzeit Luthers« um ein Lob der Keuschheit gehandelt haben würde. Allerdings auch um ein Lob der Sinnlichkeit – und gerade so schiene es mir in Ordnung, gerade so wäre es auch »Wagnerisch« gewesen. Denn zwischen Keuschheit und Sinnlichkeit gibt es keinen notwendigen Gegensatz; jede gute Ehe, jede eigentliche Herzensliebschaft ist über diesen Gegensatz hinaus. Wagner hätte, wie mir scheint, wohlgetan, diese *angenehme* Tatsächlichkeit seinen Deutschen mit Hilfe einer holden und tapferen Luther-Komödie wieder einmal zu Gemüte zu führen, denn es gibt und gab unter den Deutschen immer viele Verleumder der Sinnlichkeit; und Luthers Verdienst ist vielleicht in nichts größer als gerade darin, den Mut zu seiner *Sinnlichkeit* gehabt zu haben (– man hieß sie damals, zart genug, die »evangelische Freiheit« ...) Selbst aber in jenem Falle, wo es wirklich jenen Gegensatz zwischen Keuschheit und Sinnlichkeit gibt, braucht es glücklicherweise noch lange kein tragischer Gegensatz zu sein. Dies dürfte wenigstens für alle wohlgerateneren, wohlgemuteren Sterblichen gelten, welche ferne davon sind, ihr labiles Gleichgewicht zwischen »Tier und Engel« ohne weiteres zu den Gegengründen des Daseins zu rechnen – die Feinsten und Hellsten, gleich Goethe, gleich Hafis, haben darin sogar einen Lebensreiz *mehr* gesehn. Solche »Widersprüche« gerade verführen zum Dasein ... Andrerseits versteht es sich nur zu gut, daß wenn einmal die verunglückten Schweine dazu gebracht werden, die Keuschheit anzubeten – und es gibt solche Schweine! –, sie in ihr nur ihren Gegensatz, den Gegensatz zum verunglückten Schweine sehn und anbeten werden – o mit was für einem tragischen Gegrunz und Eifer! man kann es sich denken – jenen peinlichen und überflüssigen Gegensatz, den Richard Wagner unbestreitbar am Ende seines Lebens noch hat in Musik setzen und auf die Bühne stellen wollen. *Wozu doch?* wie man billig fragen darf. Denn was gingen ihn, was gehen uns die Schweine an? –

3

Dabei ist freilich jene andre Frage nicht zu umgehn, was ihn eigentlich jene männliche (ach, so unmännliche) »Einfalt vom Lande« anging, jener arme Teufel und Naturbursch Parsifal, der von ihm mit so verfänglichen Mitteln schließlich katholisch gemacht wird – wie? war dieser Parsifal überhaupt *ernst* gemeint? Man könnte nämlich versucht sein, das

Umgekehrte zu mutmaßen, selbst zu wünschen – daß der Wagnersche Parsifal heiter gemeint sei, gleichsam als Schlußstück und Satyrdrama, mit dem der Tragiker Wagner auf eine gerade ihm gebührende und würdige Weise von uns, auch von sich, vor allem *von der Tragödie* habe Abschied nehmen wollen, nämlich mit einem Exzeß höchster und mutwilligster Parodie auf das Tragische selbst, auf den ganzen schauerlichen Erden-Ernst und Erden-Jammer von ehedem, auf die endlich überwundene *gröbste Form* in der Widernatur des asketischen Ideals. So wäre es, wie gesagt, eines großen Tragikers gerade würdig gewesen: als welcher, wie jeder Künstler, erst dann auf den letzten Gipfel seiner Größe kommt, wenn er sich und seine Kunst *unter* sich zu sehen weiß – wenn er über sich zu *lachen* weiß. Ist der »Parsifal« Wagners sein heimliches Überlegenheits-Lachen über sich selbst, der Triumph seiner errungenen letzten höchsten Künstler-Freiheit, Künstler-Jenseitigkeit? Man möchte es, wie gesagt, wünschen; denn was würde der *ernstgemeinte* Parsifal sein? Hat man wirklich nötig, in ihm (wie man sich gegen mich ausgedrückt hat) »die Ausgeburt eines tollgewordnen Hasses auf Erkenntnis, Geist und Sinnlichkeit« zu sehn? Einen Fluch auf Sinne und Geist in *einem* Haß und Atem? Eine Apostasie und Umkehr zu christlich-krankhaften und obskurantistischen Idealen? Und zuletzt gar ein Sich-selbst-Verneinen, Sich-selbst-Durchstreichen von seiten eines Künstlers, der bis dahin mit aller Macht seines Willens auf das Umgekehrte, nämlich auf *höchste Vergeistigung und Versinnlichung* seiner Kunst ausgewesen war? Und nicht nur seiner Kunst: auch seines Lebens. Man erinnere sich, wie begeistert seinerzeit Wagner in den Fußtapfen des Philosophen Feuerbach gegangen ist: Feuerbachs Wort von der »gesunden Sinnlichkeit« – das klang in den dreißiger und vierziger Jahren Wagner gleich vielen Deutschen (– sie nannten sich die »*jungen* Deutschen«) wie das Wort der Erlösung. Hat er schließlich darüber *umgelernt*? Da es zum mindesten scheint, daß er zuletzt den Willen hatte, darüber *umzulehren* ... Und nicht nur mit den Parsifal-Posaunen von der Bühne herab – in der trüben, ebenso unfreien als ratlosen Schriftstellerei seiner letzten Jahre gibt es hundert Stellen, in denen sich ein heimlicher Wunsch und Wille, ein verzagter, unsicherer, uneingeständlicher Wille verrät, ganz eigentlich Umkehr, Bekehrung, Verneinung, Christentum, Mittelalter zu predigen und seinen Jüngern zu sagen »es ist nichts! sucht das Heil woanders!« Sogar das »Blut des Erlösers« wird einmal angerufen ...

4

Daß ich in einem solchen Falle, der vieles Peinliche hat, meine Meinung sage – und es ist ein *typischer* Fall –: man tut gewiß am besten, einen

Künstler insoweit von seinem Werke zu trennen, daß man ihn selbst nicht gleich ernst nimmt wie sein Werk. Er ist zuletzt nur die Vorausbedingung seines Werks, der Mutterschoß, der Boden, unter Umständen der Dünger und Mist, auf dem, aus dem es wächst – und somit, in den meisten Fällen, etwas, das man vergessen muß, wenn man sich des Werks selbst erfreuen will. Die Einsicht in die *Herkunft* eines Werks geht die Physiologen und Vivisektoren des Geistes an: nie und nimmermehr die ästhetischen Menschen, die Artisten! Dem Dichter und Ausgestalter des Parsifal blieb ein tiefes, gründliches, selbst schreckliches Hineinleben und Hinabsteigen in mittelalterliche Seelen-Kontraste, ein feindseliges Abseits von aller Höhe, Strenge und Zucht des Geistes, eine Art intellektueller *Perversität* (wenn man mir das Wort nachsehn will) ebensowenig erspart als einem schwangeren Weibe die Widerlichkeiten und Wunderlichkeiten der Schwangerschaft: als welche man, wie gesagt, *vergessen* muß, um sich des Kindes zu erfreuen. Man soll sich vor der Verwechslung hüten, in welche ein Künstler nur zu leicht selbst gerät, aus psychologischer *contiguity*, mit den Engländern zu reden: wie als ob er selber das *wäre*, was er darstellen, ausdenken, ausdrücken kann. Tatsächlich steht es so, daß, *wenn* er eben das wäre, er es schlechterdings nicht darstellen, ausdenken, ausdrücken würde; ein Homer hätte keinen Achill, ein Goethe keinen Faust gedichtet, wenn Homer ein Achill und wenn Goethe ein Faust gewesen wäre. Ein vollkommner und ganzer Künstler ist in alle Ewigkeit von dem »Realen«, dem Wirklichen abgetrennt; andrerseits versteht man es, wie er an dieser ewigen »Unrealität« und Falschheit seines innersten Daseins mitunter bis zur Verzweiflung müde werden kann, – und daß er dann wohl den Versuch macht, einmal in das gerade ihm Verbotenste, ins Wirkliche überzugreifen, wirklich zu *sein*. Mit welchem Erfolge? Man wird es erraten ... Es ist das *die typische Velleität* des Künstlers: dieselbe Velleität, welcher auch der altgewordne Wagner verfiel und die er so teuer, so verhängnisvoll hat büßen müssen (– er verlor durch sie den wertvollen Teil seiner Freunde). Zuletzt aber, noch ganz abgesehn von dieser Velleität, wer möchte nicht überhaupt wünschen, um Wagners selber willen, daß er *anders* von uns und seiner Kunst Abschied genommen hätte, nicht mit einem Parsifal, sondern siegreicher, selbstgewisser, Wagnerischer – weniger irreführend, weniger zweideutig in bezug auf sein ganzes Wollen, weniger Schopenhauerisch, weniger nihilistisch? ...

5

– Was bedeuten also asketische Ideale? Im Falle eines Künstlers, wir begreifen es nachgerade: *gar nichts*! ... Oder so vielerlei, daß es so gut ist wie gar nichts! ... Eliminieren wir zunächst die Künstler: dieselben stehen lange nicht unabhängig genug in der Welt und *gegen* die Welt, als daß ihre Wertschätzungen und deren Wandel *an sich* Teilnahme verdiente! Sie waren zu allen Zeiten Kammerdiener einer Moral oder Philosophie oder Religion; ganz abgesehn noch davon, daß sie leider oft genug die allzu geschmeidigen Höflinge ihrer Anhänger- und Gönnerschaft und spürnasige Schmeichler vor alten oder eben neu heraufkommenden Gewalten gewesen sind. Zum mindesten brauchen sie immer eine Schutzwehr, einen Rückhalt, eine bereits begründete Autorität: die Künstler stehen nie für sich, das Alleinstehn geht wider ihre tiefsten Instinkte. So nahm zum Beispiel Richard Wagner den Philosophen Schopenhauer, als »die Zeit gekommen war«, zu seinem Vordermann, zu seiner Schutzwehr – wer möchte es auch nur für denkbar halten, daß er den *Mut* zu einem asketischen Ideal gehabt hätte, ohne den Rückhalt, den ihm die Philosophie Schopenhauers bot, ohne die in den siebziger Jahren in Europa *zum Übergewicht* gelangende Autorität Schopenhauers? (dabei noch nicht in Anschlag gebracht, ob im *neuen* Deutschland ein Künstler ohne die Milch frommer, reichsfrommer Denkungsart überhaupt möglich gewesen wäre). – Und damit sind wir bei der ernsthafteren Frage angelangt: was bedeutet es, wenn ein wirklicher *Philosoph* dem asketischen Ideale huldigt ein wirklich auf sich gestellter Geist wie Schopenhauer, ein Mann und Ritter mit erzenem Blick, der den Mut zu sich selber hat, der allein zu stehn weiß und nicht erst auf Vordermänner und höhere Winke wartet? – Erwägen wir hier sofort die merkwürdige und für manche Art Mensch selbst faszinierende Stellung Schopenhauers zur *Kunst*: denn sie ist es ersichtlich gewesen, um derentwillen *zunächst* Richard Wagner zu Schopenhauer übertrat (überredet dazu durch einen Dichter, wie man weiß, durch Herwegh), und dies bis zu dem Maße, daß sich damit ein vollkommner theoretischer Widerspruch zwischen seinem früheren und seinem späteren ästhetischen Glauben aufriß – ersterer zum Beispiel in »Oper und Drama« ausgedrückt, letzterer in den Schriften, die er von 1870 an herausgab. Insonderheit änderte Wagner, was vielleicht am meisten befremdet, von da an rücksichtslos sein Urteil über Wert und Stellung der *Musik* selbst: was lag ihm daran, daß er bisher aus ihr ein Mittel, ein Medium, ein »Weib« gemacht hatte, das schlechterdings eines Zweckes, eines Manns bedürfe, um zu gedeihn – nämlich des Dramas! Er begriff mit einem Male, daß mit der Schopenhauerschen Theorie und Neuerung *mehr* zu machen sei *in majorem musicae gloriam* – nämlich mit der *Souveränität* der Musik, so wie sie Schopenhauer begriff: die Musik abseits gestellt gegen alle übrigen Künste, die unabhängige Kunst an sich, *nicht*, wie diese, Abbilder der Phänomenalität bietend, vielmehr die Sprache *des* Willens selbst redend, unmittelbar aus dem »Abgrunde« heraus, als dessen eigenste, ursprünglichste, unabgeleitetste Offenbarung. Mit dieser außerordentlichen Wertsteigerung der Musik, wie sie aus der Schopenhauerschen Philosophie zu erwachsen schien, stieg mit einem Male auch *der Musiker* selbst unerhört im Preise: er wurde nunmehr ein Orakel, ein Priester, ja mehr als ein Priester, eine Art Mundstück des »An-sich« der Dinge, ein Telephon des Jenseits – er redete fürderhin nicht nur Musik, dieser Bauchredner Gottes – er redete Metaphysik: was Wunder, daß er endlich eines Tages *asketische Ideale* redete?...

6

Schopenhauer hat sich die Kantische Fassung des ästhetischen Problems zunutze gemacht – obwohl er es ganz gewiß nicht mit Kantischen Augen angeschaut hat. Kant gedachte der Kunst eine Ehre zu erweisen, als er unter den Prädikaten des Schönen diejenigen bevorzugte und in den Vordergrund stellte, welche die Ehre der Erkenntnis ausmachen: Unpersönlichkeit und Allgemeingültigkeit. Ob dies nicht in der Hauptsache ein Fehlgriff war, ist hier nicht am Orte zu verhandeln; was ich allein unterstreichen will, ist, daß Kant, gleich allen Philosophen, statt von den Erfahrungen des Künstlers (des Schaffenden) aus das ästhetische Problem zu visieren, allein vom »Zuschauer« aus über die Kunst und das Schöne nachgedacht und dabei unvermerkt den »Zuschauer« selber in den Begriff »schön« hineinbekommen hat. Wäre aber wenigstens nur dieser »Zuschauer« den Philosophen des Schönen ausreichend bekannt gewesen! – nämlich als eine große *persönliche* Tatsache und Erfahrung, als eine Fülle eigenster starker Erlebnisse, Begierden, Überraschungen, Entzückungen auf dem Gebiete des Schönen! Aber das Gegenteil war, wie ich fürchte, immer der Fall: und so bekommen wir denn von ihnen gleich von Anfang an Definitionen, in denen, wie in jener berühmten Definition, die Kant vom Schönen gibt, der Mangel an feinerer Selbst-Erfahrung in Gestalt eines dicken Wurms von Grundirrtum sitzt. »Schön ist«, hat Kant gesagt, »was *ohne Interesse* gefällt.« Ohne Interesse! Man vergleiche mit dieser Definition jene andre, die ein wirklicher »Zuschauer« und Artist gemacht hat – Stendhal, der das Schöne einmal *une promesse de bonheur* nennt. Hier ist jedenfalls gerade das *abgelehnt* und ausgestrichen, was Kant allein am ästhetischen Zustande hervorhebt: *le désintéressement*. Wer hat recht, Kant oder Stendhal? – Wenn freilich unsre Ästhetiker nicht müde werden, zugunsten Kants in die Waagschale zu werfen, daß man unter dem Zauber der Schönheit *sogar* gewandlose weibliche Statuen »ohne Interesse« anschauen könne, so darf man wohl ein wenig auf ihre Unkosten lachen – die Erfahrungen der *Künstler* sind in bezug auf diesen heiklen Punkt »interessanter«, und Pygmalion war jedenfalls *nicht* notwendig ein »unästhetischer Mensch«. Denken wir um so besser von der Unschuld unsrer Ästhetiker, welche sich in solchen Argumenten spiegelt, rechnen wir es zum Beispiel Kant zu Ehren an, was er über das Eigentümliche des Tastsinns mit landpfarrermäßiger Naivität zu lehren weiß! – Und hier kommen wir auf Schopenhauer zurück, der in ganz andrem Maße als Kant den Künsten nahestand und doch nicht aus dem Bann der Kantischen Definition herausgekommen ist: wie kam das? Der Umstand ist wunderlich genug: das Wort »ohne Interesse« interpretierte er sich in der allerpersönlichsten Weise, aus einer Erfahrung heraus, die bei ihm zu den regelmäßigsten gehört haben muß. Über wenig Dinge redet Schopenhauer so sicher wie über die Wirkung der ästhetischen Kontemplation: er sagt ihr nach, daß sie gerade der *geschlechtlichen* »Interessiertheit« entgegenwirke, ähnlich also wie Lupulin und Kampfer; er ist nie müde geworden, *dieses* Loskommen vom »Willen« als den großen Vorzug und Nutzen des ästhetischen Zustandes zu verherrlichen. Ja man möchte versucht sein zu fragen, ob nicht seine Grundkonzeption von »Willen und Vorstellung«, der Gedanke, daß es eine Erlösung vom »Willen« einzig durch die »Vorstellung« geben könne, aus einer Verallgemeinerung jener Sexual-Erfahrung ihren Ursprung genommen habe. (Bei allen Fragen in betreff der Schopenhauerschen Philosophie ist, anbei bemerkt, niemals außer acht zu lassen, daß sie die Konzeption eines sechsundzwanzigjährigen Jünglings ist; so daß sie nicht nur an dem Spezifischen Schopenhauers, sondern auch an dem Spezifischen jener Jahreszeit des Lebens Anteil hat.) Hören wir zum Beispiel eine der ausdrücklichsten Stellen unter den zahllosen, die er zu Ehren des ästhetischen Zustandes geschrieben hat (Welt als Wille und Vorstellung I 231), hören wir den Ton heraus, das Leiden, das Glück, die Dankbarkeit, mit der solche Worte gesprochen worden sind. »Das ist der schmerzenslose Zustand, den Epikuros als das höchste Gut und als den Zustand der Götter pries; wir sind, für jenen Augenblick, des schnöden Willensdrangs entledigt, wir feiern den Sabbat der Zuchthausarbeit des Wollens, das Rad des Ixion steht still« ... Welche Vehemenz der Worte! Welche Bilder der Qual und des langen Überdrusses! Welche fast pathologische Zeit-Gegenüberstellung »jenes Augenblicks« und des sonstigen »Rads des Ixion«, der »Zuchthausarbeit des Wollens«, des »schnöden Willensdrangs«! – Aber gesetzt, daß Schopenhauer hundertmal für seine Person recht hätte, was wäre damit für die Einsicht ins Wesen des Schönen getan? Schopenhauer hat *eine* Wirkung des Schönen beschrieben, die Willenkalmierende – ist sie auch nur eine regelmäßige? Stendhal, wie gesagt, eine nicht weniger sinnliche, aber glücklicher geratene Natur als Schopenhauer, hebt eine andre Wirkung des Schönen hervor: »das Schöne *verspricht* Glück«, ihm scheint gerade die *Erregung des Willens* (»des Interesses«) durch das Schöne der Tatbestand. Und könnte man nicht zuletzt Schopenhauer selber einwenden, daß er sehr mit Unrecht sich hierin Kantianer dünke, daß er ganz und gar nicht die Kantsche Definition des Schönen Kantisch verstanden habe – daß auch ihm das Schöne aus einem »Interesse« gefalle, sogar aus dem allerstärksten, allerpersönlichsten Interesse: dem des Torturierten, der von seiner Tortur loskommt?... Und, um auf unsre erste Frage zurückzukommen, »was *bedeutet* es, wenn ein Philosoph dem asketischen Ideale huldigt?« – so bekommen wir hier wenigstens einen ersten Wink: er will *von einer Tortur loskommen.* –

7

Hüten wir uns, bei dem Wort »Tortur« gleich düstere Gesichter zu machen: es bleibt gerade in diesem Falle genug dagegenzurechnen, genug abzuziehn – es bleibt selbst etwas zu lachen. Unterschätzen wir es namentlich nicht, daß Schopenhauer, der die Geschlechtlichkeit in der Tat als persönlichen Feind behandelt hat (einbegriffen deren Werkzeug, das Weib, dieses *»instrumentum diaboli«*), Feinde *nötig* hatte, um guter Dinge zu bleiben; daß er die grimmigen galligen schwarzgrünen Worte liebte; daß er zürnte, um zu zürnen, aus Passion; daß er krank geworden wäre, *Pessimist* geworden wäre (– denn er war es nicht, so sehr er es auch wünschte) ohne seine Feinde, ohne Hegel, das Weib, die Sinnlichkeit und den ganzen Willen zum Dasein, Dableiben. Schopenhauer wäre sonst *nicht* dageblieben, darauf darf man wetten, er wäre davongelaufen: seine Feinde aber hielten ihn fest, seine Feinde verführten ihn immer wieder zum Dasein, sein Zorn war, ganz wie bei den antiken Zynikern, sein Labsal, seine Erholung, sein Entgelt, sein Remedium gegen den Ekel, sein *Glück*. So viel in Hinsicht auf das Persönlichste am Fall Schopenhauers; andrerseits ist an ihm noch etwas Typisches – und hier erst kommen wir wieder auf unser Problem. Es besteht unbestreitbar, solange es Philosophen auf Erden gibt und überall, wo es Philosophen gegeben hat (von Indien bis England, um die entgegengesetzten Pole der Begabung für Philosophie zu nehmen), eine eigentliche Philosophen-Gereiztheit und -Rankune gegen die Sinnlichkeit – Schopenhauer ist nur deren beredtester und, wenn man das Ohr dafür hat, auch hinreißendster und entzückendster Ausbruch –; es besteht insgleichen eine eigentliche Philosophen-Voreingenommenheit und -Herzlichkeit in bezug auf das ganze asketische Ideal, darüber und dagegen soll man sich nichts vormachen. Beides gehört, wie gesagt, zum Typus; fehlt beides an einem Philosophen, so ist er – dessen sei man sicher – immer nur ein »sogenannter« Was *bedeutet* das? Denn man muß diesen Tatbestand erst interpretieren: *an sich* steht er da, dumm in alle Ewigkeit, wie jedes »Ding an sich«. Jedes Tier, somit auch *la bête philosophe,* strebt instinktiv nach einem Optimum von günstigen Bedingungen, unter denen es seine Kraft ganz herauslassen kann und sein Maximum im Machtgefühl erreicht; jedes Tier perhorresziert ebenso instinktiv und mit einer Feinheit der Witterung, die »höher ist als alle Vernunft«, alle Art Störenfriede und Hindernisse, die sich ihm über diesen Weg zum Optimum legen oder legen könnten (– es ist *nicht* sein Weg zum »Glück«, von dem ich rede, sondern sein Weg zur Macht, zur Tat, zum mächtigsten Tun, und in den meisten Fällen tatsächlich sein Weg zum Unglück). Dergestalt perhorresziert der Philosoph die *Ehe* samt dem, was zu ihr überreden möchte – die Ehe als Hindernis und Verhängnis auf seinem Wege zum Optimum. Welcher große Philosoph war bisher verheiratet? Heraklit, Plato, Descartes, Spinoza, Leibniz, Kant, Schopenhauer – sie waren es nicht; mehr noch, man kann sie sich nicht einmal *denken* als verheiratet. Ein verheirateter Philosoph gehört *in die Komödie,* das ist mein Satz: und jene Ausnahme Sokrates – der boshafte Sokrates hat sich, scheint es, *ironice* verheiratet, eigens um gerade *diesen* Satz zu demonstrieren. Jeder Philosoph würde sprechen, wie einst Buddha sprach, als ihm die Geburt eines Sohns gemeldet wurde: »Râhula ist mir geboren, eine Fessel ist mir geschmiedet« (Râhula bedeutet hier »ein kleiner Dämon«); jedem »freien Geiste« müßte eine nachdenkliche Stunde kommen, gesetzt, daß er vorher eine gedankenlose gehabt hat, wie sie einst demselben Buddha kam – »eng bedrängt«, dachte er bei sich, »ist das Leben im Hause, eine Stätte der Unreinheit; Freiheit ist im Verlassen des Hauses«: »dieweil er also dachte, verließ er das Haus«. Es sind im asketischen Ideale so viele Brücken zur *Unabhängigkeit* angezeigt, daß ein Philosoph nicht ohne ein innerliches Frohlocken und Händeklatschen die Geschichte aller jener Entschlossnen zu hören vermag, welche eines Tages Nein sagten zu aller Unfreiheit und in irgendeine *Wüste* gingen: gesetzt selbst, daß es bloß starke Esel waren und ganz und gar das Gegenstück eines starken Geistes. Was bedeutet demnach das asketische Ideal bei einem Philosophen? Meine Antwort ist – man wird es längst erraten haben: der Philosoph lächelt bei seinem Anblick einem Optimum der Bedingungen höchster und kühnster Geistigkeit zu – er verneint *nicht* damit »das Dasein«, er bejaht darin vielmehr *sein* Dasein und *nur* sein Dasein, und dies vielleicht bis zu dem Grade, daß ihm der frevelhafte Wunsch nicht fern bleibt: *pereat mundus, fiat philosophia, fiat philosophus, f i a m!* ...

8

Man sieht, das sind keine unbestochnen Zeugen und Richter über den *Wert* des asketischen Ideals, diese Philosophen! Sie denken an *sich* – was geht sie »der Heilige« an! Sie denken an das dabei, was *ihnen* gerade das Unentbehrlichste ist: Freiheit von Zwang, Störung, Lärm, von Geschäften, Pflichten, Sorgen; Helligkeit im Kopf; Tanz, Sprung und Flug der Gedanken; eine gute Luft, dünn, klar, frei, trocken, wie die Luft auf Höhen ist, bei der alles animalische Sein geistiger wird und Flügel bekommt; Ruhe in allen Souterrains; alle Hunde hübsch an die Kette gelegt; kein Gebell von Feindschaft und zotteliger Rankünе; keine Nagewürmer verletzten Ehrgeizes; bescheidne und untertänige Eingeweide, fleißig wie Mühlwerke, aber fern; das Herz fremd, jenseits, zukünftig, posthum, – sie denken, alles in allem, bei dem asketischen Ideal an den heitern Asketismus eines vergöttlichten und flügge gewordnen Tiers, das über dem Leben mehr schweift als ruht. Man weiß, was die drei großen Prunkworte des asketischen Ideals sind: Armut, Demut, Keuschheit: und nun sehe man sich einmal das Leben aller großen fruchtbaren erfinderischen Geister aus der Nähe an – man wird darin alle drei bis zu einem gewissen Grade immer wiederfinden. Durchaus *nicht*, wie sich von selbst versteht, als ob es etwa deren »Tugenden« wären – was hat diese Art Mensch mit Tugenden zu schaffen! –, sondern als die eigentlichsten und natürlichsten Bedingungen ihres *besten* Daseins, ihrer *schönsten* Fruchtbarkeit. Dabei ist es ganz wohl möglich, daß ihre dominierende Geistigkeit vorerst einem unbändigen und reizbaren Stolze oder einer mutwilligen Sinnlichkeit Zügel anzulegen hatte oder daß sie ihren Willen zur »Wüste« vielleicht gegen einen Hang zum Luxus und zum Ausgesuchtesten, insgleichen gegen eine verschwenderische Liberalität mit Herz und Hand schwer genug aufrechterhielt. Aber sie tat es, eben als der *dominierende* Instinkt, der seine Forderungen bei allen andren Instinkten durchsetzte – sie tut es noch, täte sie's nicht, so dominierte sie eben nicht. Daran ist also nichts von »Tugend«. Die *Wüste* übrigens, von welcher ich eben sprach, in die sich die starken, unabhängig gearteten Geister zurückziehn und vereinsamen – o wie anders sieht sie aus, als die Gebildeten sich eine Wüste träumen! – unter Umständen sind sie es nämlich selbst, diese Gebildeten. Und gewiß ist es, daß alle Schauspieler des Geistes es schlechterdings nicht in ihr aushielten – für sie ist sie lange nicht romantisch und syrisch genug, lange nicht Theater-Wüste genug! Es fehlt allerdings auch in ihr nicht an Kamelen: darauf aber beschränkt sich die ganze Ähnlichkeit. Eine willkürliche Obskurität vielleicht; ein Aus-dem-Wege-Gehn vor sich selber; eine Scheu vor Lärm, Verehrung, Zeitung, Einfluß; ein kleines Amt, ein Alltag, etwas, das mehr verbirgt als ans Licht stellt; ein Umgang gelegentlich mit harmlosem heitrem Getier und Geflügel, dessen Anblick erholt; ein Gebirge zur Gesellschaft, aber kein totes, eins mit *Augen* (das heißt mit Seen); unter Umständen selbst ein Zimmer in einem vollen Allerwelts-Gasthof, wo man sicher ist, verwechselt zu werden, und ungestraft mit jedermann reden kann – das ist hier »Wüste«: o sie ist einsam genug, glaubt es mir! Wenn Heraklit sich in die Freihöfe und Säulengänge des ungeheuren Artemistempels zurückzog, so war diese »Wüste« würdiger, ich gebe es zu: weshalb *fehlen* uns solche Tempel? (– sie fehlen uns vielleicht *nicht*: eben gedenke ich meines schönsten Studierzimmers, der *piazza di San Marco,* Frühling vorausgesetzt, insgleichen Vormittag, die Zeit zwischen zehn und zwölf). Das aber, dem Heraklit auswich, ist das gleiche noch, dem *wir* jetzt aus dem Wege gehn: der Lärm und das Demokraten-Geschwätz der Ephesier, ihre Politik, ihre Neuigkeiten vom »Reich« (Persien, man versteht mich), ihr Markt-Kram von »heute« – denn wir Philosophen brauchen zuallererst vor *einem* Ruhe: vor allem »Heute«. Wir verehren das Stille, das Kalte, das Vornehme, das Ferne, das Vergangne, jegliches überhaupt, bei dessen Aspekt die Seele sich nicht zu verteidigen und zuzuschnüren hat – etwas, mit dem man reden kann, ohne *laut* zu reden. Man höre doch nur auf den Klang, den ein Geist hat, wenn er redet: jeder Geist hat seinen Klang, liebt seinen Klang. Das dort zum Beispiel muß wohl ein Agitator sein, will sagen ein Hohlkopf, Hohltopf: was auch nur in ihn hineingeht, jeglich Ding kommt dumpf und dick aus ihm zurück, beschwert mit dem Echo der großen Leere. Jener dort spricht selten anders als heiser: hat er sich vielleicht heiser *gedacht*? Das wäre möglich – man frage die Physiologen –, aber wer in *Worten* denkt, denkt als Redner und nicht als Denker (es verrät, daß er im Grunde nicht Sachen, nicht sachlich denkt, sondern nur in Hinsicht auf Sachen, daß er eigentlich *sich* und seine Zuhörer denkt). Dieser Dritte da redet aufdringlich, er tritt zu nahe uns an den Leib, sein Atem haucht uns an – unwillkürlich schließen wir den Mund, obwohl es ein Buch ist, durch das er zu uns spricht: der Klang seines Stils sagt den Grund davon – daß er keine Zeit hat, daß er schlecht an sich selber glaubt, daß er heute oder niemals mehr zu Worte kommt. Ein Geist aber, der seiner selbst gewiß ist, redet leise; er sucht die Verborgenheit, er läßt auf sich warten. Man erkennt einen Philosophen daran, daß er drei glänzenden und lauten Dingen aus dem Wege geht, dem Ruhme, den Fürsten und den Frauen: womit nicht gesagt ist, daß sie nicht zu ihm kämen. Er scheut allzu helles Licht: deshalb scheut er seine Zeit und deren »Tag«. Darin ist er wie ein Schatten: je mehr ihm die Sonne sinkt, um so größer wird er. Was seine »Demut« angeht, so verträgt er, wie er das Dunkel verträgt, auch eine gewisse Abhängigkeit und Verdunkelung: mehr noch, er fürchtet sich vor der Störung durch Blitze, er schreckt vor der Ungeschütztheit eines allzu isolierten und preisgegebnen Baums zurück, an dem jedes schlechte Wetter seine Laune, jede Laune ihr schlechtes Wetter ausläßt. Sein »mütterlicher« Instinkt, die geheime Liebe zu dem, was in ihm wächst, weist ihn auf Lagen hin, wo man es ihm abnimmt, *an sich* zu denken; in gleichem Sinne, wie der Instinkt der *Mutter* im Weibe die abhängige Lage des Weibes überhaupt bisher festgehalten hat. Sie verlangen zuletzt wenig genug, diese Philosophen, ihr Wahlspruch ist »wer besitzt, wird besessen« –: *nicht,* wie ich wieder und wieder sagen muß, aus einer Tugend, aus einem verdienstlichen Willen zur Genügsamkeit und Einfalt, sondern weil es ihr oberster Herr *so* von ihnen verlangt, klug und unerbittlich verlangt: als welcher nur für eins Sinn hat und alles, Zeit, Kraft, Liebe, Interesse nur dafür sammelt, nur dafür aufspart. Diese Art Mensch liebt es nicht, durch Feindschaften gestört zu werden, auch durch Freundschaften nicht; sie vergißt oder verachtet leicht. Es dünkt ihr ein schlechter Geschmack, den Märtyrer zu machen; »für die Wahrheit zu *leiden*« – das überläßt sie den Ehrgeizigen und Bühnenhelden des Geistes und wer sonst Zeit genug dazu hat (– sie selbst, die Philosophen, haben etwas für die Wahrheit zu *tun*). Sie machen einen sparsamen Verbrauch von großen Worten; man sagt, daß ihnen selbst das Wort »Wahrheit« widerstehe: es klinge großtuerisch... Was endlich die »Keuschheit« der Philosophen anbelangt, so hat diese Art Geist ihre Fruchtbarkeit ersichtlich woanders als in Kindern; vielleicht woanders auch das Fortleben ihres Namens, ihre kleine Unsterblichkeit (noch unbescheidner drückte man sich im alten Indien unter Philosophen aus: »wozu Nachkommenschaft dem, dessen Seele die Welt ist?«). Darin ist nichts von Keuschheit aus irgendeinem asketischen Skrupel und Sinnenhaß, so wenig es Keuschheit ist, wenn ein Athlet oder Jockei sich der Weiber enthält: so will es vielmehr, zum mindesten für die Zeiten der großen Schwangerschaft, ihr dominierender Instinkt. Jeder Artist weiß, wie schädlich in Zuständen großer geistiger Spannung und Vorbereitung der Beischlaf wirkt; für die mächtigsten und instinktsichersten unter ihnen gehört dazu nicht erst die Erfahrung, die schlimme Erfahrung – sondern eben ihr »mütterlicher« Instinkt ist es, der hier zum Vorteil des werdenden Werkes rücksichtslos über alle sonstigen Vorräte und Zuschüsse von Kraft, von *vigor* des animalen Lebens verfügt: die größere Kraft *verbraucht* dann die kleinere. – Man lege sich übrigens den oben besprochnen Fall Schopenhauers nach dieser Interpretation zurecht: der Anblick des Schönen wirkte offenbar bei ihm als auslösender Reiz auf die *Hauptkraft* seiner Natur (die Kraft der Besinnung und des vertieften Blicks); so daß diese dann explodierte und mit einem Male Herr des Bewußtseins wurde. Damit soll durchaus die Möglichkeit nicht ausgeschlossen sein, daß jene eigentümliche Süßigkeit und Fülle, die dem ästhetischen Zustande eigen ist, gerade von der Ingredienz »Sinnlichkeit« ihre Herkunft nehmen könnte (wie aus derselben Quelle jener »Idealismus« stammt, der mannbaren Mädchen eignet) – daß somit die Sinnlichkeit beim Eintritt des ästhetischen Zustandes nicht aufgehoben ist, wie Schopenhauer glaubt, sondern sich nur transfiguriert und nicht als Geschlechtsreiz mehr ins Bewußtsein tritt. (Auf diesen Gesichtspunkt werde ich ein andres Mal zurückkommen, im Zusammenhang mit noch delikateren Problemen der bisher so unberührten, so unaufgeschlossnen *Physiologie der Ästhetik*.)

9

Ein gewisser Asketismus, wir sahen es, eine harte und heitre Entsagsamkeit besten Willens gehört zu den günstigen Bedingungen höchster Geistigkeit, insgleichen auch zu deren natürlichsten Folgen: so wird es von vornherein nicht wundernehmen, wenn das asketische Ideal gerade von den Philosophen nie ohne einige Voreingenommenheit behandelt worden ist. Bei einer ernsthaften historischen Nachrechnung erweist sich sogar das Band zwischen asketischem Ideal und Philosophie als noch viel enger und strenger. Man könnte sagen, daß erst am *Gängelbande* dieses Ideals die Philosophie überhaupt gelernt habe, ihre ersten Schritte und Schrittchen auf Erden zu machen – ach, noch so ungeschickt, ach, mit noch so verdrossnen Mienen, ach, so bereit, umzufallen und auf dem Bauch zu liegen, dieser kleine schüchterne Tapps und Zärtling mit krummen Beinen! Es ist der Philosophie anfangs ergangen wie allen guten Dingen – sie hatten lange keinen Mut zu sich selber, sie sahen sich immer um, ob ihnen niemand zu Hilfe kommen wolle, mehr noch, sie fürchteten sich vor allen, die ihnen zusahn. Man rechne sich die einzelnen Triebe und Tugenden des Philosophen der Reihe nach vor – seinen anzweifelnden Trieb, seinen verneinenden Trieb, seinen abwartenden (»ephektischen«) Trieb, seinen analytischen Trieb, seinen forschenden, suchenden, wagenden Trieb, seinen vergleichenden, ausgleichenden Trieb, seinen Willen zu Neutralität und Objektivität, seinen Willen zu jedem *»sine ira et studio«* –: hat man wohl schon begriffen, daß sie allesamt die längste Zeit den ersten Forderungen der Moral und des Gewissens entgegengingen? (gar nicht zu reden von der *Vernunft* überhaupt, welche noch Luther »Fraw Klüglin die kluge Hur« zu nennen liebte). Daß ein Philosoph, falls er sich zum Bewußtsein gekommen *wäre,* sich geradezu als das leibhafte *»nitimur in vetitum«* hätte fühlen müssen – und sich folglich *hütete,* »sich zu fühlen«, sich zum Bewußtsein zu kommen? ... Es steht, wie gesagt, nicht anders mit allen guten Dingen, auf die wir heute stolz sind; selbst noch mit dem Maße der alten Griechen gemessen, nimmt sich unser ganzes modernes Sein, soweit es nicht Schwäche, sondern Macht und Machtbewußtsein ist, wie lauter Hybris und Gottlosigkeit aus: denn gerade die umgekehrten Dinge, als die sind, welche wir heute verehren, haben die längste Zeit das Gewissen auf ihrer Seite und Gott zu ihrem Wächter gehabt. Hybris ist heute unsre ganze Stellung zur Natur, unsre Natur-Vergewaltigung mit Hilfe der Maschinen und der so unbedenklichen Techniker- und Ingenieur-Erfindsamkeit; Hybris ist unsre Stellung zu Gott, will sagen zu irgendeiner angeblichen Zweck- und Sittlichkeits-Spinne hinter dem großen Fangnetz-Gewebe der Ursächlichkeit – wir dürften, wie Karl der Kühne im Kampfe mit Ludwig dem Elften, sagen *»je combats l'universelle araignée«* –; Hybris ist unsre Stellung zu *uns,* denn wir experimentieren mit uns, wie wir es uns mit keinem Tiere erlauben würden, und schlitzen uns vergnügt und neugierig die Seele bei lebendigem Leibe auf: was liegt uns noch am »Heil« der Seele! Hinterdrein heilen wir uns selber: Kranksein ist lehrreich, wir zweifeln nicht daran, lehrreicher noch als Gesundsein – die *Krankmacher* scheinen uns heute nötiger selbst als irgendwelche Medizinmänner und »Heilande«. Wir vergewaltigen uns jetzt selbst, es ist kein Zweifel, wir Nußknacker der Seele, wir Fragenden und Fragwürdigen, wie als ob Leben nichts andres sei, als Nüsseknacken; ebendamit müssen wir notwendig täglich immer noch fragwürdiger, *würdiger* zu fragen werden, ebendamit vielleicht auch würdiger – zu leben? ... Alle guten Dinge waren ehemals schlimme Dinge; aus jeder Erbsünde ist eine Erbtugend geworden. Die Ehe zum Beispiel schien lange eine Versündigung am Rechte der Gemeinde; man hat einst Buße dafür gezahlt, so unbescheiden zu sein und sich ein Weib für sich anzumaßen (dahin gehört zum Beispiel das *jus primae noctis*, heute noch in Kambodscha das Vorrecht der Priester, dieser Bewahrer »alter guter Sitten«). Die sanften, wohlwollenden, nachgiebigen, mitleidigen Gefühle – nachgerade so hoch im Werte, daß sie fast »die Werte an sich« sind – hatten die längste Zeit gerade die Selbstverachtung gegen sich: man schämte sich der Milde, wie man sich heute der Härte schämt (vgl. »Jenseits von Gut und Böse«: II, S. 148 ff.). Die Unterwerfung unter das *Recht*: – o mit was für Gewissens-Widerstande haben die vornehmen Geschlechter überall auf Erden ihrerseits Verzicht auf *vendetta* geleistet und dem Recht über sich Gewalt eingeräumt! Das »Recht« war lange ein *vetitum*, ein Frevel, eine Neuerung, es trat mit Gewalt auf, *als* Gewalt, der man sich nur mit Scham vor sich selber fügte. Jeder kleinste Schritt auf der Erde ist ehedem mit geistigen und körperlichen Martern erstritten worden: dieser ganze Gesichtspunkt, »daß nicht nur das Vorwärtsschreiten, nein! das Schreiten, die Bewegung, die Veränderung ihre unzähligen Märtyrer nötig gehabt hat«, klingt gerade heute uns so fremd – ich habe ihn in der »Morgenröte« ans Licht gestellt. »Nichts ist teurer erkauft«, heißt es daselbst, »als das wenige von menschlicher Vernunft und vom Gefühle der Freiheit, was jetzt unsern Stolz ausmacht. Dieser Stolz aber ist es, dessentwegen es uns jetzt fast unmöglich wird, mit jenen ungeheuren Zeitstrecken der ›Sittlichkeit der Sitte‹ zu empfinden, welche der ›Weltgeschichte‹ vorausliegen, als die wirkliche und entscheidende Hauptgeschichte, welche den Charakter der Menschheit festgestellt hat: wo das Leiden als Tugend, die Grausamkeit als Tugend, die Verstellung als Tugend, die Rache als Tugend, die Verleugnung der Vernunft als Tugend, dagegen das Wohlbefinden als Gefahr, die Wißbegierde als Gefahr, der Friede als Gefahr, das Mitleiden als Gefahr, das Bemitleidetwerden als Schimpf, die Arbeit als Schimpf, der Wahnsinn als Göttlichkeit, die *Veränderung* als das Unsittliche und Verderbenschwangere an sich überall in Geltung war!« –

10

In demselben Buche ist auseinandergesetzt, in welcher Schätzung, unter welchem *Druck* von Schätzung das älteste Geschlecht kontemplativer Menschen zu leben hatte – genau so weit verachtet, als es nicht gefürchtet wurde! Die Kontemplation ist in vermummter Gestalt, in einem zweideutigen Ansehn, mit einem bösen Herzen und oft mit einem geängstigten Kopfe zuerst auf der Erde erschienen: daran ist kein Zweifel. Das Inaktive, Brütende, Unkriegerische in den Instinkten kontemplativer Menschen legte lange ein tiefes Mißtrauen um sie herum: dagegen gab es kein andres Mittel als entschieden *Furcht* vor sich erwecken. Und darauf haben sich zum Beispiel die alten Brahmanen verstanden! Die ältesten Philosophen wußten ihrem Dasein und Erscheinen einen Sinn, einen Halt und Hintergrund zu geben, auf den hin man sie *fürchten* lernte: genauer erwogen, aus einem noch fundamentaleren Bedürfnisse heraus, nämlich um vor sich selbst Furcht und Ehrfurcht zu gewinnen. Denn sie fanden in sich alle Werturteile *gegen* sich gekehrt, sie hatten gegen »den Philosophen in sich« jede Art Verdacht und Widerstand niederzukämpfen. Dies taten sie, als Menschen furchtbarer Zeitalter, mit furchtbaren Mitteln: die Grausamkeit gegen sich, die erfinderische Selbstkasteiung – das war das Hauptmittel dieser machtdurstigen Einsiedler und Gedanken-Neuerer, welche es nötig hatten, in sich selbst erst die Götter und das Herkömmliche zu vergewaltigen, um selbst an ihre Neuerung *glauben* zu können. Ich erinnere an die berühmte Geschichte des Königs Viçvamitra, der aus tausendjährigen Selbstmarterungen ein solches Machtgefühl und Zutrauen zu sich gewann, daß er es unternahm, einen *neuen Himmel* zu bauen: das unheimliche Symbol der ältesten und jüngsten Philosophen-Geschichte auf Erden – jeder, der irgendwann einmal einen »neuen Himmel« gebaut hat, fand die Macht dazu erst in der *eignen Hölle*... Drücken wir den ganzen Tatbestand in kurze Formeln zusammen: der philosophische Geist hat sich zunächst immer in die *früher festgestellten* Typen des kontemplativen Menschen verkleiden und verpuppen müssen, als Priester, Zauberer, Wahrsager, überhaupt als religiöser Mensch, um in irgendeinem Maße auch nur *möglich zu sein: das asketische Ideal* hat lange Zeit dem Philosophen als Erscheinungsform, als Existenz-Voraussetzung gedient – er mußte es *darstellen,* um Philosoph sein zu können, er mußte an dasselbe *glauben,* um es darstellen zu können. Die eigentümlich weltverneinende, lebensfeindliche, sinnenungläubige, entsinnlichte Abseits-Haltung der Philosophen, welche bis auf die neuste Zeit festgehalten worden ist und damit beinahe als *Philosophen-Attitüde an sich* Geltung gewonnen hat – sie ist vor allem eine Folge des Notstandes von Bedingungen, unter denen Philosophie überhaupt entstand und bestand: insofern nämlich die längste Zeit Philosophie auf Erden *gar nicht möglich* gewesen wäre ohne eine asketische Hülle und Einkleidung, ohne ein asketisches Selbst-Mißverständnis. Anschaulich und augenscheinlich ausgedrückt: der *asketische Priester* hat bis auf die neuste Zeit die widrige und düstere Raupenform abgegeben, unter der allein die Philosophie leben durfte und herumschlich ... Hat sich das wirklich *verändert*? Ist das bunte und gefährliche Flügeltier, jener »Geist«, den diese Raupe in sich barg, wirklich, dank einer sonnigeren, wärmeren, aufgehellteren Welt, zuletzt doch noch entkuttet und ins Licht hinausgelassen worden? Ist heute schon genug Stolz, Wagnis, Tapferkeit, Selbstgewißheit, Wille des Geistes, Wille zur Verantwortlichkeit, *Freiheit des Willens* vorhanden, daß wirklich nunmehr auf Erden »der Philosoph« – *möglich* ist? ...

11

Jetzt erst, nachdem wir den *asketischen Priester* in Sicht bekommen haben, rücken wir unsrem Probleme: was bedeutet das asketische Ideal? ernsthaft auf den Leib – jetzt erst wird es »Ernst«: wir haben nunmehr den eigentlichen *Repräsentanten des Ernstes* überhaupt uns gegenüber. »Was bedeutet aller Ernst?« – diese noch grundsätzlichere Frage legt sich vielleicht hier schon auf unsre Lippen: eine Frage für Physiologen, wie billig, an der wir aber einstweilen noch vorüberschlüpfen. Der asketische Priester hat in jenem Ideale nicht nur seinen Glauben, sondern auch seinen Willen, seine Macht, sein Interesse. Sein *Recht* zum Dasein steht und fällt mit jenem Ideale: was wunder, daß wir hier auf einen furchtbaren Gegner stoßen, gesetzt nämlich, daß wir die Gegner jenes Ideales wären? einen solchen, der um seine Existenz gegen die Leugner jenes Ideales kämpft? ... Andrerseits ist es von vornherein nicht wahrscheinlich, daß eine dergestalt interessierte Stellung zu unsrem Probleme diesem sonderlich zunutze kommen wird; der asketische Priester wird schwerlich selbst nur den glücklichsten Verteidiger seines Ideals abgeben, aus dem gleichen Grunde, aus dem es einem Weibe zu mißlingen pflegt, wenn es »das Weib an sich« verteidigen will – geschweige denn den objektivsten Beurteiler und Richter der hier aufgeregten Kontroverse. Eher also werden wir ihm noch zu helfen haben – so viel liegt jetzt schon auf der Hand –, sich gut gegen uns zu verteidigen, als daß wir zu fürchten hätten, zu gut von ihm widerlegt zu werden ... Der Gedanke, um den hier gekämpft wird, ist die *Wertung* unsres Lebens seitens der asketischen Priester: dasselbe wird (samt dem, wozu es gehört, »Natur«, »Welt«, die gesamte Sphäre des Werdens und der Vergänglichkeit) von ihnen in Beziehung gesetzt zu einem ganz andersartigen Dasein, zu dem es sich gegensätzlich und ausschließend verhält, *es sei denn*, daß es sich etwa gegen sich selber wende, *sich selbst verneine*: in diesem Falle, dem Falle eines asketischen Lebens.

gilt das Leben als eine Brücke für jenes andre Dasein. Der Asket behandelt das Leben wie einen Irrweg, den man endlich rückwärts gehn müsse, bis dorthin, wo er anfängt; oder wie einen Irrtum, den man durch die Tat widerlege – widerlegen *solle*: denn er *fordert*, daß man mit ihm gehe, er erzwingt, wo er kann, *seine* Wertung des Daseins. Was bedeutet das? Eine solche ungeheuerliche Wertungsweise steht nicht als Ausnahmefall und Kuriosum in die Geschichte des Menschen eingeschrieben: sie ist eine der breitesten und längsten Tatsachen, die es gibt. Von einem fernen Gestirn aus gelesen, würde vielleicht die Majuskel-Schrift unsres Erden-Daseins zu dem Schluß verführen, die Erde sei der eigentlich *asketische Stern*, ein Winkel mißvergnügter, hochmütiger und widriger Geschöpfe, die einen tiefen Verdruß an sich, an der Erde, an allem Leben gar nicht loswürden und sich selber so viel wehtäten als möglich, aus Vergnügen am Weh-tun – wahrscheinlich ihrem einzigen Vergnügen. Erwägen wir doch, wie regelmäßig, wie allgemein, wie fast zu allen Zeiten der asketische Priester in die Erscheinung tritt; er gehört keiner einzelnen Rasse an; er gedeiht überall; er wächst aus allen Ständen heraus. Nicht daß er etwa seine Wertungsweise durch Vererbung züchtete und weiterpflanzte: das Gegenteil ist der Fall – ein tiefer Instinkt verbietet ihm vielmehr, ins große gerechnet, die Fortpflanzung. Es muß eine Nezessität ersten Ranges sein, welche diese *lebensfeindliche* Spezies immer wieder wachsen und gedeihen macht – es muß wohl ein *Interesse des Lebens selbst* sein, daß ein solcher Typus des Selbstwiderspruchs nicht ausstirbt. Denn ein asketisches Leben ist ein Selbstwiderspruch: hier herrscht ein Ressentiment sondergleichen, das eines ungesättigten Instinktes und Machtwillens, der Herr werden möchte, nicht über etwas am Leben, sondern über das Leben selbst, über dessen tiefste, stärkste, unterste Bedingungen; hier wird ein Versuch gemacht, die Kraft zu gebrauchen, um die Quellen der Kraft zu verstopfen; hier richtet sich der Blick grün und hämisch gegen das physiologische Gedeihen selbst, insonderheit gegen dessen Ausdruck, die Schönheit, die Freude; während am Mißraten, Verkümmern, am Schmerz, am Unfall, am Häßlichen, an der willkürlichen Einbuße, an der Entselbstung, Selbstgeißelung, Selbstopferung ein Wohlgefallen empfunden und *gesucht* wird. Dies ist alles im höchsten Grade paradox: wir stehen hier vor einer Zwiespältigkeit, die sich selbst zwiespältig *will*, welche sich selbst in diesem Leiden *genießt* und in dem Maße sogar immer selbstgewisser und triumphierender wird, als ihre eigne Voraussetzung, die physiologische Lebensfähigkeit, *abnimmt*. »Der Triumph gerade in der letzten Agonie«: unter diesem superlativischen Zeichen kämpfte von jeher das asketische Ideal; in diesem Rätsel von Verführung, in diesem Bilde von Entzücken und Qual erkannte es sein hellstes Licht, sein Heil, seinen endlichen Sieg. *Crux, nux, lux* – das gehört bei ihm in eins. –

12

Gesetzt, daß ein solcher leibhafter Wille zur Kontradiktion und Widernatur dazu gebracht wird, zu *philosophieren*: woran wird er seine innerlichste Willkür auslassen? An dem, was am allersichersten als wahr, als real empfunden wird: er wird den *Irrtum* gerade dort suchen, wo der eigentliche Lebens-Instinkt die Wahrheit am unbedingtesten ansetzt. Er wird zum Beispiel, wie es die Asketen der Vedânta-Philosophie taten, die Leiblichkeit zur Illusion herabsetzen, den Schmerz insgleichen, die Vielheit, den ganzen Begriffs-Gegensatz »Subjekt« und »Objekt« – Irrtümer, nichts als Irrtümer! Seinem Ich den Glauben versagen, sich selber seine »Realität« verneinen – welcher Triumph! – schon nicht mehr bloß über die Sinne, über den Augenschein, eine viel höhere Art Triumph, eine Vergewaltigung und Grausamkeit an der *Vernunft*: als welche Wollust damit auf den Gipfel kommt, daß die asketische Selbstverachtung, Selbstverhöhnung der Vernunft dekretiert: »*es gibt* ein Reich der Wahrheit und des Seins, aber gerade die Vernunft ist davon *ausgeschlossen*!« ... (Anbei gesagt: selbst noch in dem Kantischen Begriff »intelligibler Charakter der Dinge« ist etwas von dieser lüsternen Asketen-Zwiespältigkeit rückständig, welche Vernunft gegen Vernunft zu kehren liebt: »intelligibler Charakter« bedeutet nämlich bei Kant eine Art Beschaffenheit der Dinge, von der der Intellekt gerade soviel begreift, daß sie für den Intellekt – *ganz und gar unbegreiflich* ist.) – Seien wir zuletzt, gerade als Erkennende, nicht undankbar gegen solche resolute Umkehrungen der gewohnten Perspektiven und Wertungen, mit denen der Geist allzulange scheinbar freventlich und nutzlos gegen sich selbst gewütet hat: dergestalt einmal anders sehn, anders sehn-*wollen* ist keine kleine Zucht und Vorbereitung des Intellekts zu seiner einstmaligen »Objektivität« – letztere nicht als »interesselose Anschauung« verstanden (als welche ein Unbegriff und Widersinn ist), sondern als das Vermögen, sein Für und Wider *in der Gewalt zu haben* und aus- und einzuhängen: so daß man sich gerade die *Verschiedenheit* der Perspektiven und der Affekt-Interpretationen für die Erkenntnis nutzbar zu machen weiß. Hüten wir uns nämlich, meine Herren Philosophen, von nun an besser vor der gefährlichen alten Begriffs-Fabelei, welche ein »reines, willenloses, schmerzloses, zeitloses Subjekt der Erkenntnis« angesetzt hat, hüten wir uns vor den Fangarmen solcher kontradiktorischer Begriffe wie »reine Vernunft«, »absolute Geistigkeit«, »Erkenntnis an sich«; – hier wird immer ein Auge zu denken verlangt, das gar nicht gedacht werden kann, ein Auge, das durchaus keine Richtung haben soll, bei dem die aktiven und interpretierenden Kräfte unterbunden sein sollen, fehlen sollen, durch die doch Sehen erst ein Etwas-Sehen wird, hier wird also immer ein Widersinn und Unbegriff vom Auge verlangt. Es gibt *nur* ein perspektivisches Sehen, *nur* ein perspektivisches »Erkennen«; und *je mehr* Affekte wir über eine Sache zu Worte kommen lassen, *je mehr* Augen, verschiedne Augen wir uns für dieselbe Sache einzusetzen wissen, um so vollständiger wird unser »Begriff« dieser Sache, unsre »Objektivität« sein. Den Willen aber überhaupt eliminieren, die Affekte samt und sonders aushängen, gesetzt, daß wir dies vermöchten: wie? hieße das nicht den Intellekt *kastrieren*? ...

13

Aber kehren wir zurück. Ein solcher Selbstwiderspruch, wie er sich im Asketen darzustellen scheint, »Leben *gegen* Leben« ist – so viel liegt zunächst auf der Hand –, physiologisch und nicht mehr psychologisch nachgerechnet, einfach Unsinn. Er kann nur *scheinbar* sein; er muß eine Art vorläufigen Ausdrucks, eine Auslegung, Formel, Zurechtmachung, ein psychologisches Mißverständnis von etwas sein, dessen eigentliche Natur lange nicht verstanden, lange nicht *an sich* bezeichnet werden konnte – ein bloßes Wort, eingeklemmt in eine alte *Lücke* der menschlichen Erkenntnis. Und daß ich kurz den Tatbestand dagegen stelle: *das asketische Ideal entspringt dem Schutz- und Heil-Instinkte eines degenerierenden Lebens,* welches sich mit allen Mitteln zu halten sucht und um sein Dasein kämpft; es deutet auf eine partielle physiologische Hemmung und Ermüdung hin, gegen welche die tiefsten, intakt gebliebenen Instinkte des Lebens unausgesetzt mit neuen Mitteln und Erfindungen ankämpfen. Das asketische Ideal ist ein solches Mittel: es steht also gerade umgekehrt, als es die Verehrer dieses Ideals meinen – das Leben ringt in ihm und durch dasselbe mit dem Tode und *gegen* den Tod, das asketische Ideal ist ein Kunstgriff in der *Erhaltung* des Lebens. Daß dasselbe in dem Maße, wie die Geschichte es lehrt, über den Menschen walten und mächtig werden konnte, insonderheit überall dort, wo die Zivilisation und Zähmung des Menschen durchgesetzt wurde, darin drückt sich eine große Tatsache aus: die *Krankhaftigkeit* im bisherigen Typus des Menschen, zum mindesten des zahm gemachten Menschen, das physiologische Ringen des Menschen mit dem Tode (genauer: mit dem Überdrusse am Leben, mit der Ermüdung, mit dem Wunsche nach dem »Ende«). Der asketische Priester ist der fleischgewordne Wunsch nach einem Anders-sein, Anderswo-sein, und zwar der höchste Grad dieses Wunsches, dessen eigentliche Inbrunst und Leidenschaft: aber eben die *Macht* seines Wünschens ist die Fessel, die ihn hier anbindet; eben damit wird er zum Werkzeug, das daran arbeiten muß, günstigere Bedingungen für das Hier-sein und Mensch-sein zu schaffen – eben mit dieser *Macht* hält er die ganze Herde der Mißratnen, Verstimmten, Schlechtweggekommnen, Verunglückten, An-sich-Leidenden jeder Art am Dasein fest, indem er ihnen instinktiv als Hirt vorangeht.

Man versteht mich bereits: dieser asketische Priester, dieser anscheinende Feind des Lebens, dieser *Verneinende* – er gerade gehört zu den ganz großen *konservierenden* und *Ja-schaffenden* Gewalten des Lebens... Woran sie hängt, jene Krankhaftigkeit? Denn der Mensch ist kränker, unsicherer, wechselnder, unfestgestellter als irgendein Tier sonst, daran ist kein Zweifel – er ist *das* kranke Tier: woher kommt das? Sicherlich hat er auch mehr gewagt, geneuert, getrotzt, das Schicksal herausgefordert als alle übrigen Tiere zusammengenommen: er, der große Experimentator mit sich, der Unbefriedigte, Ungesättigte, der um die letzte Herrschaft mit Tier, Natur und Göttern ringt – er, der immer noch Unbezwungne, der ewig-Zukünftige, der vor seiner eignen drängenden Kraft keine Ruhe mehr findet, so daß ihm seine Zukunft unerbittlich wie ein Sporn im Fleische jeder Gegenwart wühlt – wie sollte ein solches mutiges und reiches Tier nicht auch das am meisten gefährdete, das am längsten und tiefsten kranke unter allen kranken Tieren sein?... Der Mensch hat es satt, oft genug, es gibt ganze Epidemien dieses Satthabens (– so um 1348 herum, zur Zeit des Totentanzes): aber selbst noch dieser Ekel, diese Müdigkeit, dieser Verdruß an sich selbst – alles tritt an ihm so mächtig heraus, daß es sofort wieder zu einer neuen Fessel wird. Sein Nein, das er zum Leben spricht, bringt wie durch einen Zauber eine Fülle zarterer Jas ans Licht; ja, wenn er sich *verwundet*, dieser Meister der Zerstörung, Selbstzerstörung – hinterdrein ist es die Wunde selbst, die ihn zwingt, *zu leben*...

14

Je normaler die Krankhaftigkeit am Menschen ist – und wir können diese Normalität nicht in Abrede stellen –, um so höher sollte man die seltnen Fälle der seelisch-leiblichen Mächtigkeit, die *Glücksfälle* des Menschen in Ehren halten, um so strenger die Wohlgeratenen vor der schlechtesten Luft, der Kranken-Luft behüten. Tut man das?... Die Kranken sind die größte Gefahr für die Gesunden; *nicht* von den Stärksten kommt das Unheil für die Starken, sondern von den Schwächsten. Weiß man das?... Ins große gerechnet, ist es durchaus nicht die Furcht vor dem Menschen, deren Verminderung man wünschen dürfte: denn diese Furcht zwingt die Starken dazu, stark, unter Umständen furchtbar zu sein – sie hält den wohlgeratenen Typus Mensch *aufrecht*. Was zu fürchten ist, was verhängnisvoll wirkt wie kein andres Verhängnis, das wäre nicht die große Furcht, sondern der große *Ekel* vor dem Menschen; insgleichen das große *Mitleid* mit dem Menschen. Gesetzt, daß diese beiden eines Tags sich begatteten, so würde unvermeidlich sofort etwas vom Unheimlichsten zur Welt kommen, der »letzte Wille« des Menschen, sein Wille zum Nichts, der Nihilismus. Und in der Tat: hierzu ist viel vorbereitet.

Wer nicht nur seine Nase zum Riechen hat, sondern auch seine Augen und Ohren, der spürt fast überall, wohin er heute auch nur tritt, etwas wie Irrenhaus-, wie Krankenhaus-Luft – ich rede, wie billig, von den Kulturgebieten des Menschen, von jeder Art »Europa«, das es nachgerade auf Erden gibt. Die *Krankhaften* sind des Menschen große Gefahr: *nicht* die Bösen, *nicht* die »Raubtiere«. Die von vornherein Verunglückten, Niedergeworfnen, Zerbrochenen – sie sind es, die *Schwächsten* sind es, welche am meisten das Leben unter Menschen unterminieren, welche unser Vertrauen zum Leben, zum Menschen, zu uns am gefährlichsten vergiften und in Frage stellen. Wo entginge man ihm, jenem verhängten Blick, von dem man eine tiefe Traurigkeit mit fortträgt, jenem zurückgewendeten Blick des Mißgebornen von Anbeginn, der es verrät, wie ein solcher Mensch zu sich selber spricht – jenem Blick, der ein Seufzer ist! »Möchte ich irgend jemand anderes sein!« so seufzt dieser Blick: »aber da ist keine Hoffnung. Ich bin, der ich bin: wie käme ich von mir selber los? Und doch – *habe ich mich satt!*« ... Auf solchem Boden der Selbstverachtung, einem eigentlichen Sumpfboden, wächst jedes Unkraut, jedes Giftgewächs, und alles so klein, so versteckt, so unehrlich, so süßlich. Hier wimmeltn die Würmer der Rach- und Nachgefühle; hier stinkt die Luft nach Heimlichkeiten und Uneingeständlichkeiten; hier spinnt sich beständig das Netz der bösartigsten Verschwörung – der Verschwörung der Leidenden gegen die Wohlgeratenen und Siegreichen, hier wird der Aspekt des Siegreichen *gehaßt*. Und welche Verlogenheit, um diesen Haß nicht als Haß einzugestehn! Welcher Aufwand an großen Worten und Attitüden, welche Kunst der »rechtschaffnen« Verleumdung! Diese Mißratenen: welche edle Beredsamkeit entströmt ihren Lippen! Wieviel zuckrige, schleimige, demütige Ergebung schwimmt in ihren Augen! Was wollen sie eigentlich? Die Gerechtigkeit, die Liebe, die Weisheit, die Überlegenheit wenigstens *darstellen* – das ist der Ehrgeiz dieser »Untersten«, dieser Kranken! Und wie geschickt macht ein solcher Ehrgeiz! Man bewundere namentlich die Falschmünzer-Geschicklichkeit, mit der hier das Gepräge der Tugend, selbst der Klingklang, der Goldklang der Tugend nachgemacht wird. Sie haben die Tugend jetzt ganz und gar für sich in Pacht genommen, diese Schwachen und Heillos-Krankhaften, daran ist kein Zweifel: »wir allein sind die Guten, die Gerechten, so sprechen sie, wir allein sind die *homines bonae voluntatis*.« Sie wandeln unter uns herum als leibhafte Vorwürfe, als Warnungen an uns – wie als ob Gesundheit, Wohlgeratenheit, Stärke, Stolz, Machtgefühl an sich schon lasterhafte Dinge seien, für die man einst büßen, bitter büßen müsse: o wie sie im Grunde dazu selbst bereit sind, büßen zu *machen*, wie sie darnach dürsten, *Henker* zu sein. Unter ihnen gibt es in Fülle die zu Richtern verkleideten Rachsüchtigen, welche beständig das Wort »Gerechtigkeit« wie einen giftigen Speichel im Munde tragen, immer gespitzten Mundes, immer bereit, alles anzuspeien, was nicht unzufrieden blickt und guten Muts seine Straße zieht. Unter ihnen fehlt auch jene ekelhafteste Spezies der Eitlen nicht, die verlognen Mißgeburten, die darauf aus sind, »schöne Seelen« darzustellen, und etwa ihre verhunzte Sinnlichkeit, in Verse und andere Windeln gewickelt, als »Reinheit des Herzens« auf den Markt bringen: die Spezies der moralischen Onanisten und »Selbstbefriediger«. Der Wille der Kranken, *irgend*eine Form der Überlegenheit darzustellen, ihr Instinkt für Schleichwege, die zu einer Tyrannei über die Gesunden führen – wo fände er sich nicht, dieser Wille gerade der Schwächsten zur Macht! Das kranke Weib insonderheit: niemand übertrifft es in Raffinements, zu herrschen, zu drücken, zu tyrannisieren. Das kranke Weib schont dazu nichts Lebendiges, nichts Totes, es gräbt die begrabensten Dinge wieder auf (die Bogos sagen: »das Weib ist eine Hyäne«). Man blicke in die Hintergründe jeder Familie, jeder Körperschaft, jedes Gemeinwesens: überall der Kampf der Kranken gegen die Gesunden – ein stiller Kampf zumeist mit kleinen Giftpulvern, mit Nadelstichen, mit tückischem Dulder-Mienenspiele, mitunter aber auch mit jenem Kranken-Pharisäismus der *lauten* Gebärde, der am liebsten »die edle Entrüstung« spielt. Bis in die geweihten Räume der Wissenschaft hinein möchte es sich hörbar machen, das heisere Entrüstungs-Gebell der krankhaften Hunde, die bissige Verlogenheit und Wut solcher »edlen« Pharisäer (– ich erinnere Leser, die Ohren haben, nochmals an jenen Berliner Rache-Apostel Eugen Dühring, der im heutigen Deutschland den unanständigsten und widerlichsten Gebrauch vom moralischen Bumbum macht: Dühring, das erste Moral-Großmaul, das es jetzt gibt, selbst noch unter seinesgleichen, den Antisemiten). Das sind alles Menschen des Ressentiment, diese physiologisch Verunglückten und Wurmstichigen, ein ganzes zitterndes Erdreich unterirdischer Rache, unerschöpflich, unersättlich in Ausbrüchen gegen die Glücklichen und ebenso in Maskeraden der Rache, in Vorwänden zur Rache: wann würden sie eigentlich zu ihrem letzten, feinsten, sublimsten Triumph der Rache kommen? Dann unzweifelhaft, wenn es ihnen gelänge, ihr eignes Elend, alles Elend überhaupt den Glücklichen *ins Gewissen zu schieben*: so daß diese sich eines Tags ihres Glücks zu schämen begännen und vielleicht untereinander sich sagten »es ist eine Schande, glücklich zu sein! *es gibt zu viel Elend!*« ... Aber es könnte gar kein größeres und verhängnisvolleres Mißverständnis geben, als wenn dergestalt die Glücklichen, die Wohlgeratenen, die Mächtigen an Leib und Seele anfingen, an ihrem *Recht auf Glück* zu zweifeln. Fort mit dieser »verkehrten Welt«! Fort mit dieser schändlichen Verweichlichung des Gefühls! Daß die Kranken *nicht* die Gesunden krank machen – und dies wäre eine solche Verweichlichung –, das sollte doch der oberste Gesichtspunkt auf Erden sein – dazu aber gehört vor allen Dingen, daß die Gesunden von den Kranken *abgetrennt* bleiben, behütet selbst vor dem Anblick der Kranken, daß sie sich nicht mit den Kranken verwechseln. Oder wäre es etwa ihre Aufgabe, Krankenwärter oder Ärzte zu sein? ... Aber sie könnten *ihre* Aufgabe gar nicht schlimmer verkennen und verleugnen – das Höhere *soll* sich nicht zum Werkzeug des Niedrigeren herabwürdigen, das Pathos der Distanz *soll* in alle Ewigkeit auch die Aufgaben auseinanderhalten! Ihr Recht, dazusein, das Vorrecht der Glocke mit vollem Klange vor der mißtönigen, zersprungenen, ist ja ein tausendfach größeres: sie allein sind die *Bürgen* der Zukunft, sie allein sind *verpflichtet* für die Menschen-Zukunft. Was *sie* können, was *sie* sollen, das dürften niemals Kranke können und sollen: aber *damit* sie können, was nur *sie* sollen, wie stünde es ihnen noch frei, den Arzt, den Trostbringer, den »Heiland« der Kranken zu machen? ... Und darum gute Luft! gute Luft! und weg jedenfalls aus der Nähe von allen Irren- und Krankenhäusern der Kultur! Und darum gute Gesellschaft, *unsre* Gesellschaft! Oder Einsamkeit, wenn es sein muß! Aber weg jedenfalls von den üblen Dünsten der inwendigen Verderbnis und des heimlichen Kranken-Wurmfraßes! ... Damit wir uns selbst nämlich, meine Freunde, wenigstens eine Weile noch gegen die zwei schlimmsten Seuchen verteidigen, die gerade für uns aufgespart sein mögen – gegen den *großen Ekel am Menschen!* gegen das *große Mitleid mit dem Menschen!* ...

15

Hat man in aller Tiefe begriffen – und ich verlange, daß man hier gerade *tief greift*, tief begreift –, inwiefern es schlechterdings *nicht* die Aufgabe der Gesunden sein kann, Kranke zu warten, Kranke gesund zu machen, so ist damit auch eine Notwendigkeit mehr begriffen – die Notwendigkeit von Ärzten und Krankenwärtern, *die selber krank sind:* und nunmehr haben und halten wir den Sinn des asketischen Priesters mit beiden Händen. Der asketische Priester muß uns als der vorherbestimmte Heiland, Hirt und Anwalt der kranken Herde gelten: damit erst verstehen wir seine ungeheure historische Mission. Die *Herrschaft über Leidende* ist sein Reich, auf sie weist ihn sein Instinkt an, in ihr hat er seine eigenste Kunst, seine Meisterschaft, seine Art von Glück. Er muß selber krank sein, er muß den Kranken und Schlechtweggekommnen von Grund aus verwandt sein, um sie zu verstehen – um sich mit ihnen zu verstehen; aber er muß auch stark sein, mehr Herr noch über sich als über andere, unversehrt namentlich in seinem Willen zur Macht, damit er das Vertrauen und die Furcht der Kranken hat, damit er ihnen Halt, Widerstand, Stütze, Zwang, Zuchtmeister, Tyrann, Gott sein kann. Er hat sie zu verteidigen, seine Herde – gegen wen? Gegen die Gesunden, es ist kein Zweifel, auch gegen den Neid auf die Gesunden; er muß der natürliche Widersacher *und Verächter* aller rohen, stürmischen, zügellosen, harten, gewalttätig-raubtierhaften Gesundheit und Mächtigkeit sein. Der Priester ist die erste Form des *delikateren* Tiers, das leichter noch verachtet als haßt. Es wird ihm nicht erspart bleiben, Krieg zu führen mit den Raubtieren, einen Krieg der List (des »Geistes«) mehr als der Gewalt, wie sich von selbst versteht – er wird es dazu unter Umständen nötig haben, beinahe einen neuen Raubtier-Typus an sich herauszubilden, mindestens zu *bedeuten* – eine neue Tier-Furchtbarkeit, in welcher der Eisbär, die geschmeidige kalte abwartende Tigerkatze und nicht am wenigsten der Fuchs zu einer ebenso anziehenden als furchteinflößenden Einheit gebunden scheinen. Gesetzt, daß die Not ihn zwingt, so tritt er dann wohl bärenhaft-ernst, ehrwürdig, klug, kalt, trügerisch-überlegen, als Herold und Mundstück geheimnisvollerer Gewalten, mitten unter die andere Art Raubtiere selbst, entschlossen, auf diesem Boden Leid, Zwiespalt, Selbstwiderspruch, wo er kann, auszusäen und, seiner Kunst nur zu gewiß, über *Leidende* jederzeit Herr zu werden. Er bringt Salben und Balsam mit, es ist kein Zweifel; aber erst hat er nötig, zu verwunden, um Arzt zu sein; indem er dann den Schmerz stillt, den die Wunde macht, *vergiftet er zugleich die Wunde* – darauf vor allem nämlich versteht er sich, dieser Zauberer und Raubtier-Bändiger, in dessen Umkreis alles Gesunde notwendig krank und alles Kranke notwendig zahm wird. Er verteidigt in der Tat gut genug seine kranke Herde, dieser seltsame Hirt – er verteidigt sie auch gegen sich, gegen die in der Herde selbst glimmende Schlechtigkeit, Tücke, Böswilligkeit und was sonst allen Süchtigen und Kranken untereinander zu eigen ist, er kämpft klug, hart und heimlich mit der Anarchie und der jederzeit beginnenden Selbstauflösung innerhalb der Herde, in welcher jener gefährlichste Spreng- und Explosivstoff, das *Ressentiment*, sich beständig häuft und häuft. Diesen Sprengstoff so zu entladen, daß er nicht die Herde und nicht den Hirten zersprengt, das ist ein eigentliches Kunststück, auch seine oberste Nützlichkeit; wollte man den Wert der priesterlichen Existenz in die kürzeste Formel fassen, so wäre geradewegs zu sagen: der Priester ist der *Richtungs-Veränderer* des Ressentiment. Jeder Leidende nämlich sucht instinktiv zu seinem Leid eine Ursache; genauer noch, einen Täter, noch bestimmter, einen für Leid empfänglichen *schuldigen* Täter – kurz irgend etwas Lebendiges, an dem er seine Affekte tätlich oder *in effigie* auf irgendeinen Vorwand hin entladen kann: denn die Affekt-Entladung ist der größte Erleichterungs-, nämlich *Betäubungs*-Versuch des Leidenden, sein unwillkürlich begehrtes Narkotikum gegen Qual irgendwelcher Art. Hierin allein ist, meiner Vermutung nach, die wirkliche physiologische Ursächlichkeit des Ressentiment, der Rache und ihrer Verwandten, zu finden, in einem Verlangen also nach *Betäubung von Schmerz durch Affekt* – man sucht dieselbe gemeinhin, sehr irrtümlich, wie mich dünkt, in dem Defensiv-Gegenschlag, einer bloßen Schutzmaßregel der Reaktion, einer »Reflexbewegung« im Falle irgendeiner plötzlichen Schädigung und Gefährdung von der Art, wie sie ein Frosch ohne Kopf noch vollzieht, um eine ätzende Säure loszuwerden. Aber die Verschiedenheit ist fundamental: im einen Falle will man weiteres Beschädigtwerden hindern, im anderen Falle will man einen quälenden, heimlichen, unerträglich werdenden Schmerz durch eine heftigere Emotion irgendwelcher Art *betäuben* und für den Augenblick wenigstens aus dem Bewußtsein schaffen – dazu braucht man einen Affekt, einen möglichst wilden Affekt und, zu dessen Erregung, den ersten besten Vorwand. »Irgend jemand muß schuld daran sein, daß ich mich schlecht befinde« – diese Art zu schließen ist allen Krankhaften eigen, und zwar je mehr ihnen die wahre Ursache ihres Sich-schlecht-Befindens, die physiologische, verborgen bleibt (– sie kann etwa in einer Erkrankung des *nervus sympathicus* liegen oder an einer übermäßigen Gallen-Absonderung oder in einer Armut des Blutes an schwefel- und phosphorsaurem Kali oder in Druckzuständen des Unterleibs, welche den Blutumlauf stauen, oder in Entartung der Eierstöcke und dergleichen). Die Leidenden sind allesamt von einer entsetzlichen Bereitwilligkeit und Erfindsamkeit in Vorwänden zu schmerzhaften Affekten; sie genießen ihren Argwohn schon, das Grübeln über Schlechtigkeiten und scheinbare Beeinträchtigungen, sie durchwühlen die Eingeweide ihrer Vergangenheit und Gegenwart nach dunklen fragwürdigen Geschichten, wo es ihnen freisteht, in einem quälerischen Verdachte zu schwelgen und am eignen Gifte der Bosheit sich zu berauschen – sie reißen die ältesten Wunden auf, sie verbluten sich an längst ausgeheilten Narben, sie machen Übeltäter aus Freund, Weib, Kind und was sonst ihnen am nächsten steht. »Ich leide: daran muß irgend jemand schuld sein« – also denkt jedes krankhafte Schaf. Aber sein Hirt, der asketische Priester, sagt zu ihm: »Recht so, mein Schaf! irgendwer muß daran schuld sein: aber du selbst bist dieser Irgend-Wer, du selbst bist daran allein schuld – *du selbst bist an dir allein schuld!«* ... Das ist kühn genug, falsch genug: aber eins ist damit wenigstens erreicht, damit ist, wie gesagt, die Richtung des Ressentiment – *verändert.*

16

Man errät nunmehr, was nach meiner Vorstellung der Heilkünstler-Instinkt des Lebens durch den asketischen Priester zum mindesten *versucht* hat und wozu ihm eine zeitweilige Tyrannei solcher paradoxer und paralogischer Begriffe wie »Schuld«, »Sünde«, »Sündhaftigkeit«, »Verderbnis«, »Verdammnis« hat dienen müssen: die Kranken bis zu einem gewissen Grade *unschädlich* zu machen, die Unheilbaren durch sich selbst zu zerstören, den Milder-Erkrankten streng die Richtung auf sich selbst, eine Rückwärts-Richtung ihres Ressentiment zu geben (»Eins ist not« –) und die schlechten Instinkte aller Leidenden dergestalt zum Zweck der Selbstdisziplinierung, Selbstüberwachung, Selbstüberwindung *auszunützen.* Es kann sich, wie sich von selbst versteht, mit einer »Medikation« dieser Art, einer bloßen Affekt-Medikation, schlechterdings nicht um eine wirkliche Kranken-*Heilung* im physiologischen Verstande handeln; man dürfte selbst nicht einmal behaupten, daß der Instinkt des Lebens hierbei irgendwie die Heilung in Aussicht und Absicht genommen habe. Eine Art Zusammendrängung und Organisation der Kranken auf der einen Seite (– das Wort »Kirche« ist dafür der populärste Name), eine Art vorläufiger Sicherstellung der Gesünder-Geratenen, der Voller-Ausgegossenen auf der andern, die Aufreißung einer *Kluft* somit zwischen Gesund und Krank – das war für lange alles! Und es war viel! es war *sehr viel*! ... (Ich gehe in dieser Abhandlung, wie man sieht, von einer Voraussetzung aus, die ich in Hinsicht auf Leser, wie ich sie brauche, nicht erst zu begründen habe: daß »Sündhaftigkeit« am Menschen kein Tatbestand ist, vielmehr nur die Interpretation eines Tatbestandes, nämlich einer physiologischen Verstimmung – letztere unter einer moralisch-religiösen Perspektive gesehn, welche für uns nichts Verbindliches mehr hat. – Damit, daß jemand sich »schuldig«, »sündig« *fühlt,* ist schlechterdings noch nicht bewiesen, daß er sich mit Recht so fühlt; so wenig jemand gesund ist bloß deshalb, weil er sich gesund fühlt. Man erinnere sich doch der berühmten Hexen-Prozesse: damals zweifelten die scharfsichtigsten und menschenfreundlichsten Richter nicht daran, daß hier eine Schuld vorliege; die »Hexen« *selbst zweifelten nicht daran* – und dennoch fehlte die Schuld. – Um jene Voraussetzung in erweiterter Form auszudrücken: der »seelische Schmerz« selbst gilt mir überhaupt nicht als Tatbestand, sondern nur als eine Auslegung (Kausal-Auslegung) von bisher nicht exakt zu formulierenden Tatbeständen: somit als etwas, das vollkommen noch in der Luft schwebt und wissenschaftlich unverbindlich ist – ein fettes Wort eigentlich nur an Stelle eines sogar spindeldürren Fragezeichens. Wenn jemand mit einem »seelischen Schmerz« nicht fertig wird, so liegt das, grob geredet, *nicht* an seiner »Seele«; wahrscheinlicher noch an seinem Bauche (grob geredet, wie gesagt: womit noch keineswegs der Wunsch ausgedrückt ist, auch grob gehört, grob verstanden zu werden ...). Ein starker und wohlgeratner Mensch verdaut seine Erlebnisse (Taten, Untaten eingerechnet), wie er seine Mahlzeiten verdaut, selbst wenn er harte Bissen zu verschlucken hat. Wird er mit einem Erlebnisse »nicht fertig«, so ist diese Art Indigestion so gut physiologisch wie jene andere – und vielfach in der Tat nur eine der Folgen jener anderen. – Mit einer solchen Auffassung kann man, unter uns gesagt, immer noch der strengste Gegner alles Materialismus sein ...)

17

Ist er aber eigentlich ein *Arzt*, dieser asketische Priester? – Wir begriffen schon, inwiefern es kaum erlaubt ist, ihn einen Arzt zu nennen, so gern er auch selbst sich als »Heiland« fühlt, als »Heiland« verehren läßt. Nur das Leiden selbst, die Unlust des Leidenden wird von ihm bekämpft, *nicht* deren Ursache, *nicht* das eigentliche Kranksein – das muß unsren grundsätzlichsten Einwand gegen die priesterliche Medikation abgeben. Stellt man sich aber erst einmal in die Perspektive, wie der Priester sie allein kennt und hat, so kommt man nicht leicht zu Ende in der Bewunderung, was er unter ihr alles gesehn, gesucht und gefunden hat. Die *Milderung* des Leidens, das »Trösten« jeder Art – das erweist sich als sein Genie selbst; wie erfinderisch hat er seine Tröster-Aufgabe verstanden, wie unbedenklich und kühn hat er zu ihr die Mittel gewählt! Das Christentum insonderheit dürfte man eine große Schatzkammer geistreichster Trostmittel nennen, so viel Erquickliches, Milderndes, Narkotisierendes ist in ihm gehäuft, so viel Gefährlichstes und Verwegenstes zu diesem Zweck gewagt, so fein, so raffiniert, so südländisch-raffiniert ist von ihm insbesondere erraten worden, mit was für Stimulanz-Affekten die tiefe Depression, die bleierne Ermüdung, die schwarze Traurigkeit der Physiologisch-Gehemmten wenigstens für Zeiten besiegt werden kann. Denn, allgemein gesprochen: bei allen großen Religionen handelte es sich in der Hauptsache um die Bekämpfung einer gewissen zur Epidemie gewordnen Müdigkeit und Schwere. Man kann es von vornherein als wahrscheinlich ansetzen, daß von Zeit zu Zeit an bestimmten Stellen der Erde fast notwendig ein *physiologisches Hemmungsgefühl* über breite Massen Herr werden muß, welches aber, aus Mangel an physiologischem Wissen, nicht als solches ins Bewußtsein tritt, so daß dessen »Ursache«, dessen Remedur auch nur psychologisch-moralisch gesucht und versucht werden kann (– dies nämlich ist meine allgemeinste Formel für das, was gemeinhin eine *»Religion«* genannt wird). Ein solches Hemmungsgefühl kann verschiedenster Abkunft sein: etwa als Folge der Kreuzung von zu fremdartigen Rassen (oder von Ständen – Stände drücken immer auch Abkunfts- und Rassen-Differenzen aus: der europäische »Weltschmerz«, der »Pessimismus« des neunzehnten Jahrhunderts, ist wesentlich die Folge einer unsinnig plötzlichen Stände-Mischung); oder bedingt durch eine fehlerhafte Emigration – eine Rasse in ein Klima geraten, für das ihre Anpassungskraft nicht ausreicht (der Fall der Inder in Indien); oder die Nachwirkung von Alter und Ermüdung der Rasse (Pariser Pessimismus von 1850 an); oder einer falschen Diät (Alkoholismus des Mittelalters; der Unsinn der *vegetarians*, welche freilich die Autorität des Junker Christoph bei Shakespeare für sich haben); oder von Blutverderbnis, Malaria, Syphilis und dergleichen (deutsche Depression nach dem Dreißigjährigen Kriege, welcher halb Deutschland mit schlechten Krankheiten durchseuchte und damit den Boden für deutsche Servilität, deutschen Kleinmut vorbereitete). In einem solchen Falle wird jedesmal im größten Stil ein *Kampf mit dem Unlustgefühl* versucht; unterrichten wir uns kurz über dessen wichtigste Praktiken und Formen. (Ich lasse hier, wie billig, den eigentlichen *Philosophen*-Kampf gegen das Unlustgefühl, der immer gleichzeitig zu sein pflegt, ganz beiseite – er ist interessant genug, aber zu absurd, zu praktisch-gleichgültig, zu spinneweberisch und eckensteherhaft, etwa wenn der Schmerz als ein Irrtum bewiesen werden soll, unter der naiven Voraussetzung, daß der Schmerz schwinden *müsse*, wenn erst der Irrtum in ihm erkannt ist – aber siehe da! er hütete sich, zu schwinden ...) Man bekämpft *erstens* jene dominierende Unlust durch Mittel, welche das Lebensgefühl überhaupt auf den niedrigsten Punkt herabsetzen. Womöglich überhaupt kein Wollen, kein Wunsch mehr; allem, was Affekt macht, was »Blut« macht, ausweichen (kein Salz essen: Hygiene des Fakirs); nicht lieben; nicht hassen; Gleichmut; nicht sich rächen; nicht sich bereichern; nicht arbeiten; betteln; womöglich kein Weib, oder so wenig Weib als möglich; in geistiger Hinsicht das Prinzip Pascals *»il faut s'abêtir«*. Resultat, psychologisch-moralisch ausgedrückt, »Entselbstung«, »Heiligung«; physiologisch ausgedrückt: Hypnotisierung – der Versuch, etwas für den Menschen annähernd zu erreichen, was der *Winterschlaf* für einige Tierarten, der *Sommerschlaf* für viele Pflanzen der heißen Klimate ist, ein Minimum von Stoffverbrauch und Stoffwechsel, bei dem das Leben gerade noch besteht, ohne eigentlich noch ins Bewußtsein zu treten. Auf dieses Ziel ist eine erstaunliche Menge menschlicher Energie verwandt worden – umsonst etwa? ... Daß solche *sportsmen* der »Heiligkeit«, an denen alle Zeiten, fast alle Völker reich sind, in der Tat eine wirkliche Erlösung von dem gefunden haben, was sie mit einem so rigorosen *training* bekämpften, daran darf man durchaus nicht zweifeln – sie kamen von jener tiefen physiologischen Depression mit Hilfe ihres Systems von Hypnotisierungs-Mitteln in unzähligen Fällen wirklich *los*: weshalb ihre Methodik zu den allgemeinsten ethnologischen Tatsachen zählt. Insgleichen fehlt jede Erlaubnis dazu, um schon an sich eine solche Absicht auf Aushungerung der Leiblichkeit und der Begierde unter die Irrsinns-Symptome zu rechnen (wie es eine täppische Art von Roastbeef-fressenden »Freigeistern« und Junker Christophen zu tun beliebt). Um so sicherer ist es, daß sie den Weg zu allerhand geistigen Störungen abgibt, abgeben kann, zu »inneren Lichtern« zum Beispiel, wie bei den Hesychasten vom Berge Athos, zu Klang- und Gestalt-Halluzinationen, zu wollüstigen Überströmungen und Ekstasen der Sinnlichkeit (Geschichte der heiligen Therese). Die Auslegung, welche derartigen Zuständen von den mit ihnen Behafteten gegeben wird, ist immer so schwärmerisch-falsch wie möglich gewesen, dies versteht sich von selbst: nur überhöre man den Ton überzeugtester Dankbarkeit nicht, der eben schon im *Willen* zu einer solchen Interpretations-Art zum Erklingen kommt. Der höchste Zustand, die *Erlösung* selbst, jene endlich erreichte Gesamt-Hypnotisierung und Stille, gilt ihnen immer als das Geheimnis an sich, zu dessen Ausdruck auch die höchsten Symbole nicht ausreichen, als Ein- und Heimkehr in den Grund der Dinge, als Freiwerden von allem Wahne, als »Wissen«, als »Wahrheit«, als »Sein«, als Loskommen von jedem Ziele, jedem Wunsche, jedem Tun, als ein Jenseits auch von Gut und Böse. »Gutes und Böses«, sagt der Buddhist – »beides sind Fesseln: über beides wurde der Vollendete Herr«; »Getanes und Ungetanes«, sagt der Gläubige des Vedânta, »schafft ihm keinen Schmerz; das Gute und das Böse schüttelt er als ein Weiser von sich; sein Reich leidet durch keine Tat mehr; über Gutes und Böses, über beides ging er hinaus«: – eine gesamt-indische Auffassung also, ebenso brahmanistisch als buddhistisch. (Weder in der indischen, noch in der christlichen Denkweise gilt jene »Erlösung« als *erreichbar* durch Tugend, durch moralische Besserung, so hoch der Hypnotisierungs-Wert der Tugend auch von ihnen angesetzt wird: dies halte man fest – es entspricht dies übrigens einfach dem Tatbestande. Hierin *wahr* geblieben zu sein, darf vielleicht als das beste Stück Realismus in den drei größten, sonst so gründlich vermoralisierten Religionen betrachtet werden. »Für den Wissenden gibt es keine Pflicht«... »Durch *Zulegung* von Tugenden kommt Erlösung nicht zustande: denn sie besteht im Einssein mit dem keiner Zulegung von Vollkommenheit fähigen Brahman; und ebensowenig in der *Ablegung* von Fehlern: denn das Brahman, mit dem eins zu sein das ist, was Erlösung ausmacht, ist ewig rein« – diese Stellen aus dem Kommentare des Çankara, zitiert von dem ersten wirklichen *Kenner* der indischen Philosophie in Europa, meinem Freunde Paul Deussen.) Die »Erlösung« in den großen Religionen wollen wir also in Ehren halten; dagegen wird es uns ein wenig schwer, bei der Schätzung, welche schon der *tiefe Schlaf* durch diese selbst für das Träumen zu müd gewordnen Lebensmüden erfährt, ernsthaft zu bleiben – der tiefe Schlaf nämlich bereits als Eingehen in das Brahman, als *erreichte unio mystica* mit Gott. »Wenn er dann eingeschlafen ist ganz und gar« – heißt es darüber in der ältesten und ehrwürdigsten »Schrift« – »und völlig zur Ruhe gekommen, daß er kein Traumbild mehr schaut, alsdann ist er, o Teurer, vereinigt mit dem Seienden, in sich selbst ist er eingegangen – von dem erkenntnisartigen Selbst umschlungen, hat er kein Bewußtsein mehr von dem, was außen oder innen ist. Diese Brücke überschreiten nicht Tag und Nacht, nicht das Alter, nicht der Tod, nicht das Leiden, nicht gutes Werk, noch böses Werk.« »Im tiefen Schlafe«, sagen insgleichen die Gläubigen dieser tiefsten der drei großen Religionen, »hebt sich die Seele heraus aus diesem Leibe, geht ein in das höchste Licht und tritt dadurch hervor in eigener Gestalt: da ist sie der höchste Geist selbst, der herumwandelt, indem er scherzt und spielt und sich ergötzt, sei es mit Weibern oder mit Wagen oder mit Freunden, da denkt sie nicht mehr zurück an dieses Anhängsel von Leib, an welches der *prâna* (der Lebensodem) angespannt ist wie ein Zugtier an den Karren.« Trotzdem wollen wir auch hier wie im Falle der »Erlösung« uns gegenwärtig halten, daß damit im Grunde, wie sehr auch immer in der Pracht orientalischer Übertreibung, nur die gleiche Schätzung ausgedrückt ist, welche die des klaren, kühlen, griechisch-kühlen, aber leidenden Epikur war: das hypnotische Nichts-Gefühl, die Ruhe des tiefsten Schlafes, *Leidlosigkeit* kurzum – das darf Leidenden und Gründlich-Verstimmten schon als höchstes Gut, als Wert der Werte gelten, das *muß* von ihnen als positiv abgeschätzt, als *das* Positive selbst empfunden werden. (Nach derselben Logik des Gefühls heißt in allen pessimistischen Religionen das Nichts *Gott.*)

18

Viel häufiger als eine solche hypnotistische Gesamtdämpfung der Sensibilität, der Schmerzfähigkeit, welche schon seltnere Kräfte, vor allem Mut, Verachtung der Meinung, »intellektuellen Stoizismus« voraussetzt, wird gegen Depressions-Zustände ein anderes *training* versucht, welches jedenfalls leichter ist: *die machinale Tätigkeit.* Daß mit ihr ein leidendes Dasein in einem nicht unbeträchtlichen Grade erleichtert wird, steht außer allem Zweifel: man nennt heute diese Tatsache, etwas unehrlich, »den Segen der Arbeit«. Die Erleichterung besteht darin, daß das Interesse des Leidenden grundsätzlich vom Leiden abgelenkt wird –, daß beständig ein Tun und wieder nur ein Tun ins Bewußtsein tritt und folglich wenig Platz darin für Leiden bleibt: denn sie ist *eng,* diese Kammer des menschlichen Bewußtseins! Die machinale Tätigkeit und was zu ihr gehört – wie die absolute Regularität, der pünktliche besinnungslose Gehorsam, das Ein-für-allemal der Lebensweise, die Ausfüllung der Zeit, eine gewisse Erlaubnis, ja eine Zucht zur »Unpersönlichkeit«, zum Sich-selbst-Vergessen, zur *»incuria sui«* –: wie gründlich, wie fein hat der asketische Priester sie im Kampf mit dem Schmerz zu benutzen gewußt! Gerade wenn er mit Leidenden der niederen Stände, mit Arbeitssklaven oder Gefangenen zu tun hatte (oder mit Frauen: die ja meistens beides zugleich sind, Arbeitssklaven und Gefangene), so bedurfte es wenig mehr als einer kleinen Kunst des Namenwechselns und der Umtaufung, um sie in verhaßten Dingen fürderhin eine Wohltat, ein relatives Glück sehn zu machen – die Unzufriedenheit des Sklaven mit seinem Los ist jedenfalls *nicht* von den Priestern erfunden worden. – Ein noch geschätzteres Mittel im Kampf mit der Depression ist die Ordinierung einer *kleinen Freude,* die leicht zugänglich ist und zur Regel gemacht werden kann; man bedient sich dieser Medikation häufig in Verbindung mit der eben besprochnen. Die häufigste Form, in der die Freude dergestalt als Kurmittel ordiniert wird, ist die Freude des Freude-*Machens* (als Wohltun, Beschenken, Erleichtern, Helfen, Zureden, Trösten, Loben, Auszeichnen); der asketische Priester verordnet damit, daß er »Nächstenliebe« verordnet, im Grunde eine Erregung des stärksten, lebensbejahendsten Triebes, wenn auch in der vorsichtigsten Dosierung – des *Willens zur Macht*. Das Glück der »kleinsten Überlegenheit«, wie es alles Wohltun, Nützen, Helfen, Auszeichnen mit sich bringt, ist das reichlichste Trostmittel, dessen sich die Physiologisch-Gehemmten zu bedienen pflegen, gesetzt, daß sie gut beraten sind: im andern Falle tun sie einander weh, natürlich im Gehorsam gegen den gleichen Grundinstinkt. Wenn man nach den Anfängen des Christentums in der römischen Welt sucht, so findet man Vereine zu gegenseitiger Unterstützung, Armen-, Kranken-, Begräbnis-Vereine, aufgewachsen auf dem untersten Boden der damaligen Gesellschaft, in denen mit Bewußtsein jenes Hauptmittel gegen die Depression, die kleine Freude, die des gegenseitigen Wohltuns gepflegt wurde – vielleicht war dies damals etwas Neues, eine eigentliche Entdeckung? In einem dergestalt hervorgerufnen »Willen zur Gegenseitigkeit«, zur Herdenbildung, zur »Gemeinde«, zum »Zönakel« muß nun wiederum jener damit, wenn auch im kleinsten, erregte Wille zur Macht, zu einem neuen und viel volleren Ausbruch kommen: die *Herdenbildung* ist im Kampf mit der Depression ein wesentlicher Schritt und Sieg. Im Wachsen der Gemeinde erstarkt auch für den einzelnen ein neues Interesse, das ihn oft genug über das Persönlichste seines Mißmuts, seine Abneigung gegen *sich* (die *»despectio sui«* des Geulincx) hinweghebt. Alle Kranken, Krankhaften streben instinktiv, aus einem Verlangen nach Abschüttelung der dumpfen Unlust und des Schwächegefühls, nach einer Herden-Organisation: der asketische Priester errät diesen Instinkt und fördert ihn; wo es Herden gibt, ist es der Schwäche-Instinkt, der die Herde gewollt hat, und die Priester-Klugheit, die sie organisiert hat. Denn man übersehe dies nicht: die Starken streben ebenso naturnotwendig *aus*einander, als die Schwachen *zu*einander; wenn erstere sich verbinden, so geschieht es nur in der Aussicht auf eine aggressive Gesamt-Aktion und Gesamt-Befriedigung ihres Willens zur Macht, mit vielem Widerstande des Einzel-Gewissens; letztere dagegen ordnen sich zusammen, mit *Lust* gerade an dieser Zusammenordnung – ihr Instinkt ist dabei ebenso befriedigt, wie der Instinkt der geborenen »Herren« (das heißt der solitären Raubtier-Spezies Mensch) im Grunde durch Organisation gereizt und beunruhigt wird. Unter jeder Oligarchie liegt – die ganze Geschichte lehrt es – immer das *tyrannische* Gelüst versteckt; jede Oligarchie zittert beständig von der Spannung her, welche jeder einzelne in ihr nötig hat, Herr über dies Gelüst zu bleiben. (So war es zum Beispiel *griechisch:* Plato bezeugt es an hundert Stellen, Plato, der seinesgleichen kannte – *und* sich selbst ...)

19

Die Mittel des asketischen Priesters, welche wir bisher kennenlernten – die Gesamt-Dämpfung des Lebensgefühls, die machinale Tätigkeit, die kleine Freude, vor allem die der »Nächstenliebe«, die Herden-Organisation, die Erweckung des Gemeinde-Machtgefühls, demzufolge der Verdruß des einzelnen an sich durch seine Lust am Gedeihen der Gemeinde übertäubt wird – das sind, nach modernem Maße gemessen, seine *unschuldigen* Mittel im Kampfe mit der Unlust: wenden wir uns jetzt zu den interessanteren, den »schuldigen«. Bei ihnen allen handelt es sich um eins: um irgendeine *Ausschweifung des Gefühls* – diese gegen die dumpfe lähmende lange Schmerzhaftigkeit als wirksamstes Mittel der Betäubung benutzt; weshalb die priesterliche Erfindsamkeit im Ausdenken dieser einen Frage geradezu unerschöpflich gewesen ist: »*wodurch* erzielt man eine Ausschweifung des Gefühls?« ... Das klingt hart: es liegt auf der Hand, daß es lieblicher klänge und besser vielleicht zu Ohren ginge, wenn ich etwa sagte »der asketische Priester hat sich jederzeit die *Begeisterung* zunutze gemacht, die in allen starken Affekten liegt«. Aber wozu die verweichlichten Ohren unsrer modernen Zärtlinge noch streicheln? Wozu *unsrerseits* ihrer Tartüfferie der Worte auch nur einen Schritt breit nachgeben? Für uns Psychologen läge darin bereits eine Tartüfferie *der Tat*, abgesehn davon, daß es uns Ekel machen würde. Ein Psychologe nämlich hat heute darin, wenn irgendworin, seinen *guten Geschmack* (– andre mögen sagen: seine Rechtschaffenheit), daß er der schändlich *vermoralisierten* Sprechweise widerstrebt, mit der nachgerade alles moderne Urteilen über Mensch und Ding angeschleimt ist. Denn man täusche sich hierüber nicht: was das eigentlichste Merkmal moderner Seelen, moderner Bücher ausmacht, das ist nicht die Lüge, sondern die eingefleischte *Unschuld* in der moralistischen Verlogenheit. Diese »Unschuld« überall wieder entdecken müssen – das macht vielleicht unser widerlichstes Stück Arbeit aus, an all der an sich nicht unbedenklichen Arbeit, deren sich heute ein Psychologe zu unterziehn hat; es ist ein Stück *unsrer* großen Gefahr – es ist ein Weg, der vielleicht gerade *uns* zum großen Ekel führt ... Ich zweifle nicht daran, *wozu* allein moderne Bücher (gesetzt, daß sie Dauer haben, was freilich nicht zu fürchten ist, und ebenfalls gesetzt, daß es einmal eine Nachwelt mit strengerem härterem *gesünderem* Geschmack gibt) – wozu *alles* Moderne überhaupt dieser Nachwelt dienen würde, dienen könnte: zu Brechmitteln – und das vermöge seiner moralischen Versüßlichung und Falschheit, seines innerlichsten Femininismus, der sich gern »Idealismus« nennt und jedenfalls Idealismus glaubt. Unsre Gebildeten von heute, unsre »Guten« lügen nicht – das ist wahr; aber es gereicht ihnen *nicht* zur Ehre! Die eigentliche Lüge, die echte resolute »ehrliche« Lüge (über deren Wert man Plato hören möge) wäre für sie etwas bei weitem zu Strenges, zu

Starkes; es würde verlangen, was man von ihnen nicht verlangen *darf*, daß sie die Augen gegen sich selbst aufmachten, daß sie zwischen »wahr« und »falsch« bei sich selber zu unterscheiden wüßten Ihnen geziemt allein die *unehrliche Lüge*; alles, was sich heute als »guter Mensch« fühlt, ist vollkommen unfähig, zu irgendeiner Sache anders zu stehn als *unehrlich-verlogen*, abgründlich-verlogen, aber unschuldig-verlogen, treuherzig-verlogen, blauäugig-verlogen, tugendhaft-verlogen. Diese »guten Menschen« – sie sind allesamt jetzt in Grund und Boden vermoralisiert und in Hinsicht auf Ehrlichkeit zuschanden gemacht und verhunzt für alle Ewigkeit: wer von ihnen hielte noch eine *Wahrheit* »über den Menschen« aus! ... Oder, greiflicher gefragt: wer von ihnen ertrüge eine *wahre* Biographie! ... Ein paar Anzeichen: Lord Byron hat einiges Persönlichste über sich aufgezeichnet, aber Thomas Moore war »zu gut« dafür: er verbrannte die Papiere seines Freundes. Dasselbe soll Dr. Gwinner getan haben, der Testaments-Vollstrecker Schopenhauers: denn auch Schopenhauer hatte einiges über sich und vielleicht auch gegen sich (»εἰς ἑαυτόν«) aufgezeichnet. Der tüchtige Amerikaner Thayer, der Biograph Beethovens, hat mit einem Male in seiner Arbeit haltgemacht: an irgendeinem Punkte dieses ehrwürdigen und naiven Lebens angelangt, hielt er dasselbe nicht mehr aus ... Moral: welcher kluge Mann schriebe heute noch ein ehrliches Wort über sich? – er müßte denn schon zum Orden der heiligen Tollkühnheit gehören. Man verspricht uns eine Selbstbiographie Richard Wagners: wer zweifelt daran, daß es eine *kluge* Selbstbiographie sein wird? ... Gedenken wir noch des komischen Entsetzens, welches der katholische Priester Janssen mit seinem über alle Begriffe viereckig und harmlos geratenen Bilde der deutschen Reformations-Bewegung in Deutschland erregt hat; was würde man erst beginnen, wenn uns jemand diese Bewegung einmal *anders* erzählte, wenn uns einmal ein wirklicher Psycholog einen wirklichen Luther erzählte, nicht mehr mit der moralistischen Einfalt eines Landgeistlichen, nicht mehr mit der süßlichen und rücksichtsvollen Schamhaftigkeit protestantischer Historiker, sondern etwa mit einer Taineschen Unerschrockenheit, aus einer *Stärke der Seele* heraus und nicht aus einer klugen Indulgenz gegen die Stärke? ... (Die Deutschen, anbei gesagt, haben den klassischen Typus der letzteren zuletzt noch schön genug herausgebracht – sie dürfen ihn sich schon zurechnen, zugute rechnen: nämlich in ihrem Leopold Ranke, diesem gebornen klassischen *advocatus* jeder *causa fortior*, diesem klügsten aller klugen »Tatsächlichen«.)

20

Aber man wird mich schon verstanden haben – Grund genug, nicht wahr, alles in allem, daß wir Psychologen heutzutage einiges Mißtrauen *gegen uns selbst* nicht loswerden? ... Wahrscheinlich sind auch wir noch »zu gut« für unser Handwerk, wahrscheinlich sind auch wir noch die Opfer, die Beute, die Kranken dieses vermoralisierten Zeitgeschmacks, so sehr wir uns auch als dessen Verächter fühlen – wahrscheinlich infiziert er auch noch *uns*. Wovor warnte doch jener Diplomat, als er zu seinesgleichen redete? »Mißtrauen wir vor allem, meine Herren, unsren ersten Regungen!« sagte er, »*sie sind fast immer gut*« ... So sollte auch jeder Psycholog heute zu seinesgleichen reden ... Und damit kommen wir zu unserm Problem zurück, das in der Tat von uns einige Strenge verlangt, einiges Mißtrauen insonderheit gegen die »ersten Regungen«. *Das asketische Ideal im Dienste einer Absicht auf Gefühls-Ausschweifung* – wer sich der vorigen Abhandlung erinnert, wird den in diese neun Worte gedrängten Inhalt des nunmehr Darzustellenden im wesentlichen schon vorwegnehmen. Die menschliche Seele einmal aus allen ihren Fugen zu lösen, sie in Schrecken, Fröste, Gluten und Entzückungen derartig unterzutauchen, daß sie von allem Kleinen und Kleinlichen der Unlust, der Dumpfheit, der Verstimmung wie durch einen Blitzschlag loskommt: welche Wege führen zu *diesem* Ziele? Und welche von ihnen am sichersten? ... Im Grunde haben alle großen Affekte ein Vermögen dazu, vorausgesetzt, daß sie sich plötzlich entladen, Zorn, Furcht, Wollust, Rache, Hoffnung, Triumph, Verzweiflung, Grausamkeit; und wirklich hat der asketische Priester unbedenklich die *ganze* Meute wilder Hunde im Menschen in seinen Dienst genommen und bald diesen, bald jenen losgelassen, immer zu dem gleichen Zwecke, den Menschen aus der langsamen Traurigkeit aufzuwecken, seinen dumpfen Schmerz, sein zögerndes Elend für Zeiten wenigstens in die Flucht zu jagen, immer auch unter einer religiösen Interpretation und »Rechtfertigung«. Jede derartige Ausschweifung des Gefühls macht sich hinterdrein *bezahlt*, das versteht sich von selbst – sie macht den Kranken kränker –: und deshalb ist diese Art von Remeduren des Schmerzes, nach modernem Maße gemessen, eine »schuldige« Art. Man muß jedoch, weil es die Billigkeit verlangt, um so mehr darauf bestehn, daß sie *mit gutem Gewissen* angewendet worden ist, daß der asketische Priester sie im tiefsten Glauben an ihre Nützlichkeit, ja Unentbehrlichkeit verordnet hat – und oft genug selbst vor dem Jammer, den er schuf, fast zerbrechend; insgleichen, daß die vehementen physiologischen Revanchen solcher Exzesse, vielleicht sogar geistige Störungen, im Grunde dem ganzen Sinne dieser Art Medikation nicht eigentlich widersprechen: als welche, wie vorher gezeigt worden ist, *nicht* auf Heilung von Krankheiten, sondern auf Bekämpfung der Depressions-Unlust, auf deren Linderung, deren Betäubung aus war. Dies Ziel wurde auch *so* erreicht. Der Hauptgriff, den sich der asketische Priester erlaubte, um auf der menschlichen Seele jede Art von zerreißender und verzückter Musik zum Erklingen zu bringen, war damit getan – jedermann weiß das –, daß er sich das *Schuldgefühl* zunutze machte. Dessen Herkunft hat die vorige Abhandlung kurz angedeutet – als ein Stück Tierpsychologie, als nicht mehr: das Schuldgefühl trat uns dort gleichsam in seinem Rohzustande entgegen. Erst unter den Händen des Priesters, dieses eigentlichen Künstlers in Schuldgefühlen, hat es Gestalt gewonnen – o was für eine Gestalt! Die »Sünde« – denn so lautet die priesterliche Umdeutung des tierischen »schlechten Gewissens« (der rückwärts gewendeten Grausamkeit) – ist bisher das größte Ereignis in der Geschichte der kranken Seele gewesen: in ihr haben wir das gefährlichste und verhängnisvollste Kunststück der religiösen Interpretation. Der Mensch, an sich selbst leidend, irgendwie, jedenfalls physiologisch etwa wie ein Tier, das in den Käfig gesperrt ist, unklar, warum, wozu?, begehrlich nach Gründen – Gründe erleichtern –, begehrlich auch nach Mitteln und Narkosen, berät sich endlich mit einem, der auch das Verborgne weiß – und siehe da! er bekommt einen Wink, er bekommt von seinem Zauberer, dem asketischen Priester, den *ersten* Wink über die »Ursache« seines Leidens: er soll sie in *sich* suchen, in einer *Schuld*, in einem Stück Vergangenheit, er soll sein Leiden selbst als einen *Strafzustand* verstehn ... Er hat gehört, er hat verstanden, der Unglückliche: jetzt geht es ihm wie der Henne, um die ein Strich gezogen ist. Er kommt aus diesem Kreis von Strichen nicht wieder heraus: aus dem Kranken ist »der Sünder« gemacht ... Und nun wird man den Aspekt dieses neuen Kranken, »des Sünders«, für ein paar Jahrtausende nicht los – wird man ihn je wieder los? –, wohin man nur sieht, überall der hypnotische Blick des Sünders, der sich immer in der einen Richtung bewegt (in der Richtung auf »Schuld«, als der *einzigen* Leidens-Kausalität); überall das böse Gewissen, dies »*grewliche thier*«, mit Luther zu reden; überall die Vergangenheit zurückgekäut, die Tat verdreht, das »grüne Auge« für alles Tun; überall das zum Lebensinhalt gemachte Mißverstehen-*Wollen* des Leidens, dessen Umdeutung in Schuld-, Furcht- und Strafgefühle; überall die Geißel, das härene Hemd, der verhungernde Leib, die Zerknirschung; überall das Sich-selbst-Rädern des Sünders in dem grausamen Räderwerk eines unruhigen, krankhaft-lüsternen Gewissens; überall die stumme Qual, die äußerste Furcht, die Agonie des gemarterten Herzens, die Krämpfe eines unbekannten Glücks, der Schrei nach »Erlösung«. In der Tat, mit diesem System von Prozeduren war die alte Depression, Schwere und Müdigkeit gründlich *überwunden*, das Leben wurde wieder *sehr* interessant: wach, ewig wach, übernächtig, glühend, verkohlt, erschöpft und doch nicht müde – so nahm sich der Mensch aus, »der Sünder«, der in *diese* Mysterien eingeweiht war. Dieser alte große Zauberer im Kampf mit der Unlust, der asketische Priester – er hatte ersichtlich gesiegt, *sein* Reich war gekommen: schon klagte man nicht mehr *gegen* den Schmerz, man *lechzte* nach dem Schmerz; »*mehr* Schmerz! *mehr* Schmerz!« so schrie das Verlangen seiner Jünger und

Eingeweihten jahrhundertelang. Jede Ausschweifung des Gefühls, die wehtat, alles was zerbrach, umwarf, zermalmte, entrückte, verzückte, das Geheimnis der Folterstätten, die Erfindsamkeit der Hölle selbst – alles war nunmehr entdeckt, erraten, ausgenützt, alles stand dem Zauberer zu Diensten, alles diente fürderhin dem Siege seines Ideals, des asketischen Ideals ... »Mein Reich ist nicht von *dieser* Welt« – redete er nach wie vor: hatte er wirklich das Recht noch, so zu reden? ... Goethe hat behauptet, es gäbe nur sechsunddreißig tragische Situationen: man errät daraus, wenn man's sonst nicht wüßte, daß Goethe kein asketischer Priester war. Der – kennt mehr ...

21

In Hinsicht auf *diese* ganze Art der priesterlichen Medikation, die »schuldige« Art, ist jedes Wort Kritik zu viel. Daß eine solche Ausschweifung des Gefühls, wie sie in diesem Falle der asketische Priester seinen Kranken zu verordnen pflegt (unter den heiligsten Namen, wie sich von selbst versteht, insgleichen durchdrungen von der Heiligkeit seines Zwecks), irgendeinem Kranken wirklich *genützt* habe, wer hätte wohl Lust, eine Behauptung der Art aufrechtzuhalten? Zum mindesten sollte man sich über das Wort »nützen« verstehn. Will man damit ausdrücken, ein solches System von Behandlung habe den Menschen *verbessert*, so widerspreche ich nicht: nur daß ich hinzufüge, was bei mir »verbessert« heißt – ebenso viel wie »gezähmt«, »geschwächt«, »entmutigt«, »raffiniert«, »verzärtlicht«, »entmannt« (also beinahe so viel als *geschädigt* ...). Wenn es sich aber in der Hauptsache um Kranke, Verstimmte, Deprimierte handelt, so macht ein solches System den Kranken, gesetzt selbst, daß es ihn »besser« machte, unter allen Umständen *kränker;* man frage nur die Irrenärzte, was eine methodische Anwendung von Buß-Quälereien, Zerknirschungen und Erlösungskrämpfen immer mit sich führt. Insgleichen befrage man die Geschichte: überall, wo der asketische Priester diese Krankenbehandlung durchgesetzt hat, ist jedesmal die Krankhaftigkeit unheimlich schnell in die Tiefe und Breite gewachsen. Was war immer der »Erfolg«? Ein zerrüttetes Nervensystem, hinzu zu dem, was sonst schon krank war; und das im größten wie im kleinsten, bei einzelnen wie bei Massen. Wir finden im Gefolge des Buß- und Erlösungs-*training* ungeheure epileptische Epidemien, die größten, von denen die Geschichte weiß, wie die der St.-Veit- und St.-Johann-Tänzer des Mittelalters; wir finden als andre Form seines Nachspiels furchtbare Lähmungen und Dauer-Depressionen, mit denen unter Umständen das Temperament eines Volks oder einer Stadt (Genf, Basel) ein für allemal in sein Gegenteil umschlägt; – hierher gehört auch die Hexen-Hysterie, etwas dem Somnambulismus Verwandtes (acht große epidemische Ausbrüche derselben allein zwischen 1564 und 1605) –; wir finden in seinem Gefolge insgleichen jene todsüchtigen Massen-Delirien, deren entsetzlicher Schrei »*evviva la morte*!« über ganz Europa weg gehört wurde, unterbrochen bald von wollüstigen, bald von zerstörungswütigen Idiosynkrasien: wie der gleiche Affektwechsel, mit den gleichen Intermittenzen und Umsprüngen, auch heute noch überall beobachtet wird, in jedem Falle, wo die asketische Sündenlehre es wieder einmal zu einem großen Erfolge bringt. (Die religiöse Neurose *erscheint* als eine Form des »bösen Wesens«: daran ist kein Zweifel. Was sie ist? *Quaeritur.*) Ins große gerechnet, so hat sich das asketische Ideal und sein sublim-moralischer Kultus, diese geistreichste, unbedenklichste und gefährlichste Systematisierung aller Mittel der Gefühls-Ausschweifung unter dem Schutz heiliger Absichten, auf eine furchtbare und unvergeßliche Weise in die ganze Geschichte des Menschen eingeschrieben; und leider *nicht nur* in seine Geschichte ... Ich wüßte kaum noch etwas anderes geltendzumachen, was dermaßen zerstörerisch der *Gesundheit* und Rassen-Kräftigkeit, namentlich der Europäer, zugesetzt hat als dies Ideal; man darf es ohne alle Übertreibung *das eigentliche Verhängnis* in der Gesundheitsgeschichte des europäischen Menschen nennen. Höchstens, daß seinem Einflusse noch der spezifisch-germanische Einfluß gleichzusetzen wäre: ich meine die Alkohol-Vergiftung Europas, welche streng mit dem politischen und Rassen-Übergewicht der Germanen bisher Schritt gehalten hat (– wo sie ihr Blut einimpften, impften sie auch ihr Laster ein). – Zu dritt in der Reihe wäre die Syphilis zu nennen – *magno sed proxima intervallo.*

22

Der asketische Priester hat die seelische Gesundheit verdorben, wo er auch nur zur Herrschaft gekommen ist, er hat folglich auch den *Geschmack* verdorben *in artibus et litteris* – er verdirbt ihn immer noch. »Folglich?« – Ich hoffe, man gibt mir dies Folglich einfach zu; zum mindesten will ich es nicht erst beweisen. Ein einziger Fingerzeig: er gilt dem Grundbuche der christlichen Literatur, ihrem eigentlichen Modell, ihrem »Buche an sich«. Noch inmitten der griechisch-römischen Herrlichkeit, welche auch eine Bücher-Herrlichkeit war, angesichts einer noch nicht verkümmerten und zertrümmerten antiken Schriften-Welt, zu einer Zeit, da man noch einige Bücher lesen konnte, um deren Besitz man jetzt halbe Literaturen eintauschen würde, wagte es bereits die Einfalt und Eitelkeit christlicher Agitatoren – man heißt sie Kirchenväter –, zu dekretieren: »auch *wir* haben unsre klassische Literatur, *wir brauchen die der Griechen nicht*« – und dabei wies man stolz auf Legendenbücher, Apostelbriefe und apologetische Traktätlein hin, ungefähr so, wie heute die englische »Heilsarmee«

mit einer verwandten Literatur ihren Kampf gegen Shakespeare und andre »Heiden« kämpft. Ich liebe das »Neue Testament« nicht, man errät es bereits; es beunruhigt mich beinahe, mit meinem Geschmack in betreff dieses geschätztesten, überschätztesten Schriftwerks dermaßen alleinzustehn (der Geschmack zweier Jahrtausende ist *gegen* mich): aber, was hilft es! »Hier stehe ich, ich kann nicht anders«, – ich habe den Mut zu meinem schlechten Geschmack. Das *Alte* Testament – ja, das ist ganz etwas anderes: alle Achtung vor dem Alten Testament! In ihm finde ich große Menschen, eine heroische Landschaft und etwas vom Allerseltensten auf Erden, die unvergleichliche Naivität des *starken Herzens*; mehr noch, ich finde ein Volk. Im Neuen dagegen lauter kleine Sekten-Wirtschaft, lauter Rokoko der Seele, lauter Verschnörkeltes, Winkliges, Wunderliches, lauter Konventikel-Luft, nicht zu vergessen einen gelegentlichen Hauch bukolischer Süßlichkeit, welcher der Epoche (*und* der römischen Provinz) angehört und nicht sowohl jüdisch als hellenistisch ist. Demut und Wichtigtuerei dicht nebeneinander; eine Geschwätzigkeit des Gefühls, die fast betäubt; Leidenschaftlichkeit, keine Leidenschaft, peinliches Gebärdenspiel; hier hat ersichtlich jede gute Erziehung gefehlt. Wie darf man von seinen kleinen Untugenden so viel Wesens machen, wie es diese frommen Männlein tun! Kein Hahn kräht danach; geschweige denn Gott. Zuletzt wollen sie gar noch »die Krone des ewigen Lebens« haben, alle diese kleinen Leute der Provinz; wozu doch? wofür doch? – man kann die Unbescheidenheit nicht weiter treiben. Ein »unsterblicher« Petrus: wer hielte *den* aus! Sie haben einen Ehrgeiz, der lachen macht: *das* käut sein Persönlichstes, seine Dummheiten, Traurigkeiten und Eckensteher-Sorgen vor, als ob das An-sich der Dinge verpflichtet sei, sich darum zu kümmern; *das* wird nicht müde, Gott selber in den kleinsten Jammer hineinzuwickeln, in dem sie drinstecken. Und dieses beständige Auf-du-und-du mit Gott des schlechtesten Geschmacks! Diese jüdische, nicht bloß jüdische Zudringlichkeit gegen Gott mit Maul und Tatze! ... Es gibt kleine verachtete »Heidenvölker« im Osten Asiens, von denen diese ersten Christen etwas Wesentliches hätten lernen können, etwas *Takt* der Ehrfurcht; jene erlauben sich nicht, wie christliche Missionare bezeugen, den Namen ihres Gottes überhaupt in den Mund zu nehmen. Dies dünkt mich delikat genug; gewiß ist, daß es nicht nur für »erste« Christen zu delikat ist: man erinnere sich doch etwa, um den Gegensatz zu spüren, an Luther, diesen »beredtesten« und unbescheidensten Bauer, den Deutschland gehabt hat, und an die Lutherische Tonart, die gerade ihm in seinen Zwiegesprächen mit Gott am besten gefiel. Luthers Widerstand gegen die Mittler-Heiligen der Kirche (insbesondere gegen *»des Teuffels Saw den Bapst«*) war, daran ist kein Zweifel, im letzten Grunde der Widerstand eines Rüpels, den die *gute Etikette* der Kirche verdroß, jene Ehrfurchts-Etikette des hieratischen Geschmacks, welche nur die Geweihteren und Schweigsameren in das

Allerheiligste einläßt und es gegen die Rüpel zuschließt. Diese sollen ein für allemal gerade hier nicht das Wort haben – aber Luther, der Bauer, wollte es schlechterdings anders, so war es ihm nicht *deutsch* genug: er wollte vor allem direkt reden, selber reden, »ungeniert« mit seinem Gotte reden ... Nun, er hat's getan. – Das asketische Ideal, man errät es wohl, war niemals und nirgendswo eine Schule des guten Geschmacks, noch weniger der guten Manieren – es war im besten Fall eine Schule der hieratischen Manieren –: das macht, es hat selber etwas im Leibe, das allen guten Manieren todfeind ist – Mangel an Maß, Widerwillen gegen Maß, es ist selbst ein *»non plus ultra«*.

23

Das asketische Ideal hat nicht nur die Gesundheit und den Geschmack verdorben, es hat noch etwas Drittes, Viertes, Fünftes, Sechstes verdorben – ich werde mich hüten, zu sagen *was* alles (wann käme ich zu Ende!). Nicht was dies Ideal *gewirkt* hat, soll hier von mir ans Licht gestellt werden; vielmehr ganz allein nur, was es *bedeutet,* worauf es raten läßt, was hinter ihm, unter ihm, in ihm versteckt liegt, wofür es der vorläufige, undeutliche, mit Fragezeichen und Mißverständnissen überladne Ausdruck ist. Und nur in Hinsicht auf *diesen* Zweck durfte ich meinen Lesern einen Blick auf das Ungeheure seiner Wirkungen, auch seiner verhängnisvollen Wirkungen nicht ersparen: um sie nämlich zum letzten und furchtbarsten Aspekt vorzubereiten, den die Frage nach der Bedeutung jenes Ideals für mich hat. Was bedeutet eben die *Macht* jenes Ideals, das *Ungeheure* seiner Macht? Weshalb ist ihm in diesem Maße Raum gegeben worden? weshalb nicht besser Widerstand geleistet worden? Das asketische Ideal drückt einen Willen aus: *wo* ist der gegnerische Wille, in dem sich ein *gegnerisches Ideal* ausdrückte? Das asketische Ideal hat ein *Ziel* – dasselbe ist allgemein genug, daß alle Interessen des menschlichen Daseins sonst, an ihm gemessen, kleinlich und eng erscheinen; es legt sich Zeiten, Völker, Menschen unerbittlich auf dieses eine Ziel hin aus, es läßt keine andre Auslegung, kein andres Ziel gelten, es verwirft, verneint, bejaht, bestätigt allein im Sinne *seiner* Interpretation (– und gab es je ein zu Ende gedachteres System von Interpretation?); es unterwirft sich keiner Macht, es glaubt vielmehr an sein Vorrecht vor jeder Macht, an seine unbedingte *Rang-Distanz* in Hinsicht auf jede Macht – es glaubt daran, daß nichts auf Erden von Macht da ist, das nicht von ihm aus erst einen Sinn, ein Daseins-Recht, einen Wert zu empfangen habe, als Werkzeug zu *seinem* Werke, als Weg und Mittel zu *seinem* Ziele, zu *einem* Ziele ... Wo ist das *Gegenstück* zu diesem geschlossenen System von Wille, Ziel und Interpretation? Warum *fehlt* das Gegenstück? ... Wo ist das *andre*

»*eine* Ziel«? ... Aber man sagt mir, es fehle *nicht*, es habe nicht nur einen langen glücklichen Kampf mit jenem Ideale gekämpft, es sei vielmehr in allen Hauptsachen bereits über jenes Ideal Herr geworden: unsre ganze moderne *Wissenschaft* sei das Zeugnis dafür – diese moderne Wissenschaft, welche, als eine eigentliche Wirklichkeits-Philosophie, ersichtlich allein an sich selber glaube, ersichtlich den Mut zu sich, den Willen zu sich besitze und gut genug bisher ohne Gott, Jenseits und verneinende Tugenden ausgekommen sei. Indessen mit solchem Lärm und Agitatoren-Geschwätz richtet man nichts bei mir aus: diese Wirklichkeits-Trompeter sind schlechte Musikanten, ihre Stimmen kommen hörbar genug *nicht* aus der Tiefe, aus ihnen redet *nicht* der Abgrund des wissenschaftlichen Gewissens – denn heute ist das wissenschaftliche Gewissen ein Abgrund –, das Wort »Wissenschaft« ist in solchen Trompeter-Mäulern einfach eine Unzucht, ein Mißbrauch, eine Schamlosigkeit. Gerade das Gegenteil von dem, was hier behauptet wird, ist die Wahrheit: die Wissenschaft hat heute schlechterdings *keinen* Glauben an sich, geschweige ein Ideal *über* sich – und wo sie überhaupt noch Leidenschaft, Liebe, Glut, *Leiden* ist, da ist sie nicht der Gegensatz jenes asketischen Ideals, vielmehr *dessen jüngste und vornehmste Form* selber. Klingt euch das fremd? ... Es gibt ja genug braves und bescheidnes Arbeiter-Volk auch unter den Gelehrten von heute, dem sein kleiner Winkel gefällt, und das darum, weil es ihm darin gefällt, bisweilen ein wenig unbescheiden mit der Forderung laut wird, man *solle* überhaupt heute zufrieden sein, zumal in der Wissenschaft – es gäbe da gerade so viel Nützliches zu tun. Ich widerspreche nicht; am wenigsten möchte ich diesen ehrlichen Arbeitern ihre Lust am Handwerk verderben: denn ich freue mich ihrer Arbeit. Aber damit, daß jetzt in der Wissenschaft streng gearbeitet wird und daß es zufriedne Arbeiter gibt, ist schlechterdings *nicht* bewiesen, daß die Wissenschaft als ganzes heute ein Ziel, einen Willen, ein Ideal, eine Leidenschaft des großen Glaubens habe. Das Gegenteil, wie gesagt, ist der Fall: wo sie nicht die jüngste Erscheinungsform des asketischen Ideals ist – es handelt sich da um zu seltne, vornehme, ausgesuchte Fälle, als daß damit das Gesamturteil umgebogen werden könnte –, ist die Wissenschaft heute ein *Versteck* für alle Art Mißmut, Unglauben, Nagewurm, *despectio sui*, schlechtes Gewissen – sie ist die *Unruhe* der Ideallosigkeit selbst, das Leiden am *Mangel* der großen Liebe, das Ungenügen an einer *unfreiwilligen* Genügsamkeit. O was verbirgt heute nicht alles Wissenschaft! wieviel *soll* sie mindestens verbergen! Die Tüchtigkeit unsrer besten Gelehrten, ihr besinnungsloser Fleiß, ihr Tag und Nacht rauchender Kopf, ihre Handwerks-Meisterschaft selbst – wie oft hat das alles seinen eigentlichen Sinn darin, sich selbst irgend etwas nicht mehr sichtbar werden zu lassen! Die Wissenschaft als Mittel der Selbst-Betäubung: *kennt ihr das*? ... Man verwundet sie – jeder erfährt es, der mit Gelehrten umgeht – mitunter durch ein harmloses Wort bis auf den Knochen, man erbittert seine gelehrten Freunde gegen sich, im Augenblick, wo man sie zu ehren meint, man bringt sie außer Rand und Band, bloß weil man zu grob war, um zu erraten, mit wem man es eigentlich zu tun hat, mit *Leidenden,* die es sich selbst nicht eingestehn wollen, was sie sind, mit Betäubten und Besinnungslosen, die nur eins fürchten: *zum Bewußtsein zu kommen* . . .

24

– Und nun sehe man sich dagegen jene seltneren Fälle an, von denen ich sprach, die letzten Idealisten, die es heute unter Philosophen und Gelehrten gibt: hat man in ihnen vielleicht die gesuchten *Gegner* des asketischen Ideals, dessen *Gegen-Idealisten?* In der Tat, sie *glauben* sich als solche, diese »Ungläubigen« (denn das sind sie allesamt); es scheint gerade das ihr letztes Stück Glaube, Gegner dieses Ideals zu sein, so ernsthaft sind sie an dieser Stelle, so leidenschaftlich wird da gerade ihr Wort, ihre Gebärde – brauchte es deshalb schon *wahr* zu sein, was sie glauben? . . . Wir »Erkennenden« sind nachgerade mißtrauisch gegen alle Art Gläubige, unser Mißtrauen hat uns allmählich darauf eingeübt, umgekehrt zu schließen, als man ehedem schloß: nämlich überall, wo die Stärke eines Glaubens sehr in den Vordergrund tritt, auf eine gewisse Schwäche der Beweisbarkeit, auf *Unwahrscheinlichkeit* selbst des Geglaubten zu schließen. Auch wir leugnen nicht, daß der Glaube »selig macht«: *eben deshalb* leugnen wir, daß der Glaube etwas *beweist* – ein starker Glaube, der selig macht, ist ein Verdacht gegen das, woran er glaubt, er begründet nicht »Wahrheit«, er begründet eine gewisse Wahrscheinlichkeit – der *Täuschung.* Wie steht es nun in diesem Falle? – Diese Verneinenden und Abseitigen von heute, diese Unbedingten in einem, im Anspruch auf intellektuelle Sauberkeit, diese harten, strengen, enthaltsamen, heroischen Geister, welche die Ehre unsrer Zeit ausmachen, alle diese blassen Atheisten, Antichristen, Immoralisten, Nihilisten, diese Skeptiker, Ephektiker, *Hektiker* des Geistes (letzteres sind sie samt und sonders in irgendeinem Sinne), diese letzten Idealisten der Erkenntnis, in denen allein heute das intellektuelle Gewissen wohnt und leibhaft ward – sie glauben sich in der Tat so losgelöst als möglich vom asketischen Ideale, diese »freien, *sehr* freien Geister«: und doch, daß ich ihnen verrate, was sie selbst nicht sehen können – denn sie stehen sich zu nahe –: dies Ideal ist gerade auch *ihr* Ideal, sie selbst stellen es heute dar und niemand sonst vielleicht, sie selbst sind seine vergeistigtste Ausgeburt, seine vorgeschobenste Krieger- und Kundschafter-Schar, eine verfänglichste, zarteste, unfaßlichste Verführungsform – wenn ich irgendworin Rätselrater bin, so will ich es mit *diesem* Satze sein! . . . Das sind noch lange keine *freien* Geister: *denn sie glauben noch an die Wahrheit* ... Als die christlichen Kreuzfahrer im Orient auf jenen unbesiegbaren Assassinen-Orden stießen, jenen Freigeister-Orden *par excellence*, dessen unterste Grade in einem Gehorsame lebten, wie einen gleichen kein Mönchsorden erreicht hat, da bekamen sie auf irgendwelchem Wege auch einen Wink über jenes Symbol und Kerbholz-Wort, das nur den obersten Graden, als deren *secretum*, vorbehalten war: »Nichts ist wahr, alles ist erlaubt« ... Wohlan, *das* war *Freiheit* des Geistes, *damit* war der Wahrheit selbst der Glaube *gekündigt* ... Hat wohl je schon ein europäischer, ein christlicher Freigeist sich in diesen Satz und seine labyrinthischen *Folgerungen* verirrt? kennt er den Minotauros dieser Höhle *aus Erfahrung*? ... Ich zweifle daran, mehr noch, ich weiß es anders – nichts ist diesen Unbedingten in *einem*, diesen *sogenannten* »freien Geistern« gerade fremder als Freiheit und Entfesselung in jenem Sinne, in keiner Hinsicht sind sie gerade fester gebunden, im Glauben gerade an die Wahrheit sind sie, wie niemand anderes sonst, fest und unbedingt. Ich kenne dies alles vielleicht zu sehr aus der Nähe: jene verehrenswürdige Philosophen-Enthaltsamkeit, zu der ein solcher Glaube verpflichtet, jener Stoizismus des Intellekts, der sich das Nein zuletzt ebenso streng verbietet wie das Ja, jenes Stehen-bleiben-*Wollen* vor dem Tatsächlichen, dem *factum brutum*, jener Fatalismus der *»petits faits«* (*ce petit faitalisme*, wie ich ihn nenne), worin die französische Wissenschaft jetzt eine Art moralischen Vorrangs vor der deutschen sucht, jenes Verzichtleisten auf Interpretation überhaupt (auf das Vergewaltigen, Zurechtschieben, Abkürzen, Weglassen, Ausstopfen, Ausdichten, Umfälschen und was sonst zum *Wesen* alles Interpretierens gehört) – das drückt, ins große gerechnet, ebensogut Asketismus der Tugend aus, wie irgendeine Verneinung der Sinnlichkeit (es ist im Grunde nur ein Modus dieser Verneinung). Was aber zu ihm *zwingt*, jener unbedingte Wille zur Wahrheit, das ist der *Glaube an das asketische Ideal selbst*, wenn auch als sein unbewußter Imperativ, man täusche sich hierüber nicht – das ist der Glaube an einen *metaphysischen* Wert, einen Wert *an sich der Wahrheit*, wie er allein in jenem Ideal verbürgt und verbrieft ist (er steht und fällt mit jenem Ideal). Es gibt, streng geurteilt, gar keine »voraussetzungslose« Wissenschaft, der Gedanke einer solchen ist unausdenkbar, paralogisch: eine Philosophie, ein »Glaube« muß immer erst da sein, damit aus ihm die Wissenschaft eine Richtung, einen Sinn, eine Grenze, eine Methode, ein *Recht* auf Dasein gewinnt. (Wer es umgekehrt versteht, wer zum Beispiel sich anschickt, die Philosophie »auf streng wissenschaftliche Grundlage« zu stellen, der hat dazu erst nötig, nicht nur die Philosophie, sondern auch die Wahrheit selber *auf den Kopf zu stellen*: die ärgste Anstands-Verletzung, die es in Hinsicht auf zwei so ehrwürdige Frauenzimmer geben kann!) Ja, es ist kein Zweifel – und hiermit lasse ich meine »fröhliche Wissenschaft« zu Worte kommen, vgl. deren fünftes Buch: (I, S.

491) – »der Wahrhaftige, in jenem verwegenen und letzten Sinne, wie ihn der Glaube an die Wissenschaft voraussetzt, *bejaht damit eine andre Welt* als die des Lebens, der Natur und der Geschichte; und insofern er diese ›andre Welt‹ bejaht, wie? muß er nicht eben damit ihr Gegenstück, diese Welt, *unsre* Welt – verneinen? ... Es ist immer noch ein *metaphysischer Glaube*, auf dem unser Glaube an die Wissenschaft ruht – auch wir Erkennenden von heute, wir Gottlosen und Antimetaphysiker, auch wir nehmen *unser* Feuer noch von jenem Brande, den ein jahrtausendealter Glaube entzündet hat, jener Christen-Glaube, der auch der Glaube Platos war, daß Gott die Wahrheit ist, daß die Wahrheit *göttlich* ist ... Aber wie, wenn dies gerade immer mehr unglaubwürdig wird, wenn nichts sich mehr als göttlich erweist, es sei denn der Irrtum, die Blindheit, die Lüge – wenn Gott selbst sich als unsre *längste Lüge* erweist?« – – An dieser Stelle tut es not, haltzumachen und sich lange zu besinnen. Die Wissenschaft selber *bedarf* nunmehr einer Rechtfertigung (womit noch nicht einmal gesagt sein soll, daß es eine solche für sie gibt). Man sehe sich auf diese Frage die ältesten und die jüngsten Philosophien an: in ihnen allen fehlt ein Bewußtsein darüber, inwiefern der Wille zur Wahrheit selbst erst einer Rechtfertigung bedarf, hier ist eine Lücke in jeder Philosophie – woher kommt das? Weil das asketische Ideal über alle Philosophie bisher *Herr* war, weil Wahrheit als Sein, als Gott, als oberste Instanz selbst gesetzt wurde, weil Wahrheit gar nicht Problem sein *durfte*. Versteht man dies »durfte«? – Von dem Augenblick an, wo der Glaube an den Gott des asketischen Ideals verneint ist, *gibt es auch ein neues Problem*: das vom *Werte* der Wahrheit. – Der Wille zur Wahrheit bedarf einer Kritik – bestimmen wir hiermit unsre eigene Aufgabe –, der Wert der Wahrheit ist versuchsweise einmal *in Frage zu stellen* ... (Wem dies zu kurz gesagt scheint, dem sei empfohlen, jenen Abschnitt der »fröhlichen Wissenschaft« nachzulesen, welcher den Titel trägt: »Inwiefern auch wir noch fromm sind«: (I, S. 490 f.), am besten das ganze fünfte Buch des genannten Werks, insgleichen die Vorrede zur »Morgenröte«.)

25

Nein! Man komme mir nicht mit der Wissenschaft, wenn ich nach dem natürlichen Antagonisten des asketischen Ideals suche, wenn ich frage: »wo ist der gegnerische Wille, in dem sich sein *gegnerisches Ideal* ausdrückt?« Dazu steht die Wissenschaft lange nicht genug auf sich selber, sie bedarf in jedem Betrachte erst eines Wert-Ideals, einer werteschaffenden Macht, in deren *Dienste* sie an sich selber *glauben darf* – sie selbst ist niemals werteschaffend. Ihr Verhältnis zum asketischen Ideal ist an sich durchaus noch nicht antagonistisch; sie stellt in der Hauptsache sogar eher noch die vorwärtstreibende Kraft in dessen innerer Ausgestaltung dar. Ihr Widerspruch und Kampf bezieht sich, feiner geprüft, gar nicht auf das Ideal selbst, sondern nur auf dessen Außenwerke, Einkleidung, Maskenspiel, auf dessen zeitweilige Verhärtung, Verholzung, Verdogmatisierung – sie macht das Leben in ihm wieder frei, indem sie das Exoterische an ihm verneint. Diese beiden, Wissenschaft und asketisches Ideal, sie stehen ja auf einem Boden – ich gab dies schon zu verstehen –: nämlich auf der gleichen Überschätzung der Wahrheit (richtiger: auf dem gleichen Glauben an die *Un*abschätzbarkeit, *Un*kritisierbarkeit der Wahrheit), eben damit sind sie sich *notwendig* Bundesgenossen – so daß sie, gesetzt, daß sie bekämpft werden, auch immer nur gemeinsam bekämpft und in Frage gestellt werden können. Eine Wertabschätzung des asketischen Ideals zieht unvermeidlich auch eine Wertabschätzung der Wissenschaft nach sich: dafür mache man sich bei Zeiten die Augen hell, die Ohren spitz! (Die *Kunst*, vorweg gesagt, denn ich komme irgendwann des längeren darauf zurück – die Kunst, in der gerade die *Lüge* sich heiligt, der *Wille zur Täuschung* das gute Gewissen zur Seite hat, ist dem asketischen Ideale viel grundsätzlicher entgegengestellt als die Wissenschaft: so empfand es der Instinkt Platos, dieses größten Kunstfeindes, den Europa bisher hervorgebracht hat. Plato *gegen* Homer: das ist der ganze, der echte Antagonismus – dort der »Jenseitige« besten Willens, der große Verleumder des Lebens, hier dessen unfreiwilliger Vergöttlicher, die *goldene* Natur. Eine Künstler-Dienstbarkeit im Dienste des asketischen Ideals ist deshalb die eigentlichste Künstler-*Korruption*, die es geben kann, leider eine der allergewöhnlichsten: denn nichts ist korruptibler als ein Künstler.) Auch physiologisch nachgerechnet, ruht die Wissenschaft auf dem gleichen Boden wie das asketische Ideal: eine gewisse *Verarmung des Lebens* ist hier wie dort die Voraussetzung, – die Affekte kühl geworden, das Tempo verlangsamt, die Dialektik an Stelle des Instinktes, der *Ernst* den Gesichtern und Gebärden aufgedrückt (der Ernst, dieses unmißverständlichste Abzeichen des mühsameren Stoffwechsels, des ringenden, schwerer arbeitenden Lebens). Man sehe sich die Zeiten eines Volkes an, in denen der Gelehrte in den Vordergrund tritt: es sind Zeiten der Ermüdung, oft des Abends, des Niederganges – die überströmende Kraft, die Lebens-Gewißheit, die *Zukunfts*-Gewißheit sind dahin. Das Übergewicht des Mandarinen bedeutet niemals etwas Gutes: so wenig als die Heraufkunft der Demokratie, der Friedens-Schiedsgerichte an Stelle der Kriege, der Frauen-Gleichberechtigung, der Religion des Mitleids und was es sonst alles für Symptome des absinkenden Lebens gibt. (Wissenschaft als Problem gefaßt; was bedeutet Wissenschaft? – vgl. darüber die Vorrede zur »Geburt der Tragödie«.) – Nein! diese »moderne Wissenschaft« – macht euch nur dafür die Augen auf! – ist einstweilen die *beste* Bundesgenossin des asketischen Ideals, und gerade deshalb, weil sie die unbewußteste, die unfreiwilligste, die heimlichste und unterirdischste ist!

Sie haben bis jetzt *ein* Spiel gespielt, die »Armen des Geistes« und die wissenschaftlichen Widersacher jenes Ideals (man hüte sich, anbei gesagt, zu denken, daß sie deren Gegensatz seien, etwa als die *Reichen* des Geistes – das sind sie *nicht*, ich nannte sie Hektiker des Geistes). Diese berühmten *Siege* der letzteren: unzweifelhaft, es sind Siege – aber worüber? Das asketische Ideal wurde ganz und gar nicht in ihnen besiegt, es wurde eher damit stärker, nämlich unfaßlicher, geistiger, verfänglicher gemacht, daß immer wieder eine Mauer, ein Außenwerk, das sich an dasselbe angebaut hatte und seinen Aspekt *vergröberte*, seitens der Wissenschaft schonungslos abgelöst, abgebrochen worden ist. Meint man in der Tat, daß etwa die Niederlage der theologischen Astronomie eine Niederlage jenes Ideals bedeute? ... Ist damit vielleicht der Mensch *weniger bedürftig* nach einer Jenseitigkeits-Lösung seines Rätsels von Dasein geworden, daß dieses Dasein sich seitdem noch beliebiger, eckensteherischer, entbehrlicher in der *sichtbaren* Ordnung der Dinge ausnimmt? Ist nicht gerade die Selbstverkleinerung des Menschen, sein *Wille* zur Selbstverkleinerung seit Kopernikus in einem unaufhaltsamen Fortschritte? Ach, der Glaube an seine Würde, Einzigkeit, Unersetzlichkeit in der Rangabfolge der Wesen ist dahin – er ist *Tier* geworden, Tier, ohne Gleichnis, Abzug und Vorbehalt, er, der in seinem früheren Glauben beinahe Gott (»Kind Gottes«, »Gottmensch«) war ... Seit Kopernikus scheint der Mensch auf eine schiefe Ebene geraten – er rollt immer schneller nunmehr aus dem Mittelpunkte weg – wohin? ins Nichts? ins »*durchbohrende* Gefühl seines Nichts«? ... Wohlan! dies eben wäre der gerade Weg – ins *alte* Ideal? ... *Alle* Wissenschaft (und keineswegs nur die Astronomie, über deren demütigende und herunterbringende Wirkung Kant ein bemerkenswertes Geständnis gemacht hat, »sie vernichtet meine Wichtigkeit« ...), alle Wissenschaft, die natürliche sowohl, wie die *unnatürliche* – so heiße ich die Erkenntnis-Selbstkritik –, ist heute darauf aus, dem Menschen seine bisherige Achtung vor sich auszureden, wie als ob dieselbe nichts als ein bizarrer Eigendünkel gewesen sei; man könnte sogar sagen, sie haben ihren eigenen Stolz, ihre eigene herbe Form von stoischer Ataraxie darin, diese mühsam errungene *Selbstverachtung* des Menschen als dessen letzten, ernstesten Anspruch auf Achtung bei sich selbst aufrechtzuerhalten (mit Recht, in der Tat: denn der Verachtende ist immer noch einer, der »das Achten nicht verlernt hat« ...). Wird damit dem asketischen Ideale eigentlich *entgegengearbeitet*? Meint man wirklich allen Ernstes noch (wie es die Theologen eine Zeitlang sich einbildeten), daß etwa Kants *Sieg* über die theologische Begriffs-Dogmatik (»Gott«, »Seele«, »Freiheit«, »Unsterblichkeit«) jenem Ideale Abbruch getan habe? – wobei es uns einstweilen nichts angehn soll, ob Kant selber etwas Derartiges überhaupt auch nur in Absicht gehabt hat. Gewiß ist, daß alle Art Transzendentalisten seit Kant wieder gewonnenes Spiel haben – sie sind von den Theologen emanzipiert: welches Glück! – er hat ihnen jenen Schleichweg verraten, auf dem sie nunmehr auf eigne Faust und mit dem besten wissenschaftlichen Anstande den »Wünschen ihres Herzens« nachgehn dürfen. Insgleichen: wer dürfte es nunmehr den Agnostikern verargen, wenn sie, als die Verehrer des Unbekannten und Geheimnisvollen an sich, *das Fragezeichen selbst* jetzt als Gott anbeten? (Xaver Doudan spricht einmal von den *ravages*, welche *»l'habitude d'admirer l'inintelligible au lieu de rester tout simplement dans l'inconnu«* angerichtet habe; er meint, die Alten hätten dessen entraten.) Gesetzt, daß alles, was der Mensch »erkennt«, seinen Wünschen nicht genugtut, ihnen vielmehr widerspricht und Schauder macht, welche göttliche Ausflucht, die Schuld davon nicht im »Wünschen«, sondern im »Erkennen« suchen zu dürfen! ... »Es gibt kein Erkennen: *folglich* – gibt es einen Gott«: welche neue *elegantia syllogismi!* welcher *Triumph* des asketischen Ideals! –

26

– Oder zeigte vielleicht die gesamte moderne Geschichtsschreibung eine lebensgewissere, idealgewissere Haltung? Ihr vornehmster Anspruch geht jetzt dahin, *Spiegel* zu sein; sie lehnt alle Teleologie ab; sie will nichts mehr »beweisen«; sie verschmäht es, den Richter zu spielen, und hat darin ihren guten Geschmack – sie bejaht so wenig, als sie verneint, sie stellt fest, sie »beschreibt« ... Dies alles ist in einem hohen Grade asketisch; es ist aber zugleich in einem noch höheren Grade *nihilistisch*, darüber täusche man sich nicht! Man sieht einen traurigen, harten, aber entschlossenen Blick – ein Auge, das *hinausschaut*, wie ein vereinsamter Nordpolfahrer hinausschaut (vielleicht um nicht hineinzuschauen? um nicht zurückzuschauen? ...). Hier ist Schnee, hier ist das Leben verstummt; die letzten Krähen, die hier laut werden, heißen »Wozu?«, »Umsonst!«, »*Nada*!« – hier gedeiht und wächst nichts mehr, höchstens Petersburger Metapolitik und Tolstoisches »Mitleid«. Was aber jene andre Art von Historikern betrifft, eine vielleicht noch »modernere« Art, eine genüßliche, wollüstige, mit dem Leben ebensosehr als mit dem asketischen Ideal liebäugelnde Art, welche das Wort »Artist« als Handschuh gebraucht und heute das Lob der Kontemplation ganz und gar für sich in Pacht genommen hat: o welchen Durst erregen diese süßen Geistreichen selbst noch nach Asketen und Winterlandschaften! Nein! dies »beschauliche« Volk mag sich der Teufel holen! Um wieviel lieber will ich noch mit jenen historischen Nihilisten durch die düstersten grauen kalten Nebel wandern! – ja es soll mir nicht darauf ankommen, gesetzt daß ich wählen muß, selbst einem ganz eigentlich Unhistorischen, Widerhistorischen Gehör zu schenken (wie jenem Dühring, an dessen Tönen sich im heutigen Deutschland eine bisher noch schüchterne, noch uneingeständliche Spezies »schöner Seelen« berauscht, die *species anarchistica* innerhalb des gebildeten Proletariats). Hundertmal schlimmer sind die »Beschaulichen« –: ich wüßte nichts, was so sehr Ekel machte, als solch ein »objektiver« Lehnstuhl, solch ein duftender Genüßling vor der Historie, halb Pfaff, halb Satyr, Parfum Renan, der schon mit dem hohen Falsett seines Beifalls verrät, was ihm abgeht, *wo* es ihm abgeht, *wo* in diesem Falle die Parze ihre grausame Schere ach! allzu chirurgisch gehandhabt hat! Das geht mir wider den Geschmack, auch wider die Geduld: behalte bei solchen Aspekten seine Geduld, wer nichts an ihr zu verlieren hat – mich ergrimmt solch ein Aspekt, solche »Zuschauer« erbittern mich gegen das »Schauspiel«, mehr noch als das Schauspiel (die Historie selbst, man versteht mich), unversehens kommen mir dabei anakreontische Launen. Diese Natur, die dem Stier das Horn, dem Löwen das χάσμ' ὀδόνιων gab, wozu gab mir die Natur den Fuß? ... Zum Treten, beim heiligen Anakreon! und nicht nur zum Davonlaufen; zum Zusammentreten der morschen Lehnstühle, der feigen Beschaulichkeit, des lüsternen Eunuchentums vor der Historie, der Liebäugelei mit asketischen Idealen, der Gerechtigkeits-Tartüfferie der Impotenz! Alle meine Ehrfurcht dem asketischen Ideale, *sofern es ehrlich ist!* solange es an sich selber glaubt und uns keine Possen vormacht! Aber ich mag alle diese koketten Wanzen nicht, deren Ehrgeiz unersättlich darin ist, nach dem Unendlichen zu riechen, bis zuletzt das Unendliche nach Wanzen riecht; ich mag die übertünchten Gräber nicht, die das Leben schauspielern; ich mag die Müden und Vernutzten nicht, welche sich in Weisheit einwickeln und »objektiv« blicken; ich mag die zu Helden aufgeputzten Agitatoren nicht, die eine Tarnkappe von Ideal um ihren Strohwisch von Kopf tragen; ich mag die ehrgeizigen Künstler nicht, die den Asketen und Priester bedeuten möchten und im Grunde nur tragische Hanswürste sind; ich mag auch sie nicht, diese neuesten Spekulanten in Idealismus, die Antisemiten, welche heute ihre Augen christlich-arisch-biedermännisch verdrehn und durch einen jede Geduld erschöpfenden Mißbrauch des wohlfeilsten Agitationsmittels, der moralischen Attitüde, alle Hornvieh-Elemente des Volkes aufzuregen suchen (– daß *jede* Art Schwindel-Geisterei im heutigen Deutschland nicht ohne Erfolg bleibt, hängt mit der nachgerade unableugbaren und bereits handgreiflichen *Verödung* des deutschen Geistes zusammen, deren Ursache ich in einer allzu ausschließlichen Ernährung mit Zeitungen, Politik, Bier und Wagnerscher Musik suche, hinzugerechnet, was die Voraussetzung für diese Diät abgibt: einmal die nationale Einklemmung und Eitelkeit, das starke, aber enge Prinzip »Deutschland, Deutschland über alles«, sodann aber die *paralysis agitans* der »modernen Ideen«). Europa ist heute reich und erfinderisch vor allem in Erregungsmitteln, es scheint nichts nötiger zu haben als Stimulantia und gebrannte Wasser: daher auch die ungeheure Fälscherei in Idealen, diesen gebranntesten Wassern des Geistes, daher auch die widrige, übelriechende, verlogne, pseudo-alkoholische Luft überall. Ich möchte wissen, wieviel Schiffsladungen von nachgemachtem Idealismus, von Helden-Kostümen und Klapperblech großer Worte, wieviel Tonnen verzuckerten spirituosen Mitgefühls (Firma: *la religion de la souffrance*), wieviel Stelzbeine »edler Entrüstung« zur Nachhilfe geistig Plattfüßiger, wieviel *Komödianten* des christlich-moralischen Ideals heute aus Europa exportiert werden müßten, damit seine Luft wieder reinlicher röche ... Ersichtlich steht in Hinsicht auf diese Überproduktion eine neue *Handels*-Möglichkeit offen, ersichtlich ist mit kleinen Ideal-Götzen und zugehörigen »Idealisten« ein neues »Geschäft« zu machen – man überhöre diesen Zaunpfahl nicht! Wer hat Mut genug dazu? – wir haben es in der *Hand*, die ganze Erde zu »idealisieren«! ... Aber was rede ich von Mut: hier tut eins nur not, eben die Hand, eine unbefangne, eine sehr unbefangne Hand ...

27

– Genug! Genug! Lassen wir diese Kuriositäten und Komplexitäten des modernsten Geistes, an denen ebensoviel zum Lachen als zum Verdrießen ist: gerade *unser* Problem kann deren entraten, das Problem von der *Bedeutung* des asketischen Ideals – was hat dasselbe mit gestern und heute zu tun! Jene Dinge sollen von mir in einem andren Zusammenhange gründlicher und härter angefaßt werden (unter dem Titel »Zur Geschichte des europäischen Nihilismus«; ich verweise dafür auf ein Werk, das ich vorbereite: *Der Wille zur Macht. Versuch einer Umwertung aller Werte*). Worauf es mir allein ankommt, hier hingewiesen zu haben, ist dies: das asketische Ideal hat auch in der geistigsten Sphäre einstweilen immer nur noch *eine* Art von wirklichen Feinden und *Schädigern*: das sind die Komödianten dieses Ideals – denn sie wecken Mißtrauen. Überall sonst, wo der Geist heute streng, mächtig und ohne Falschmünzerei am Werke ist, entbehrt er jetzt überhaupt des Ideals – der populäre Ausdruck für diese Abstinenz ist »Atheismus« –: *abgerechnet seines Willens zur Wahrheit.* Dieser Wille aber, dieser *Rest* von Ideal, ist, wenn man mir glauben will, jenes Ideal selbst in seiner strengsten, geistigsten Formulierung, esoterisch ganz und gar, alles Außenwerks entkleidet, somit nicht sowohl sein Rest, als sein *Kern.* Der unbedingte redliche Atheismus (– und *seine* Luft allein atmen wir, wir geistigeren Menschen dieses Zeitalters!) steht demgemäß *nicht* im Gegensatz zu jenem Ideale, wie es den Anschein hat; er ist vielmehr nur eine seiner letzten Entwicklungsphasen, eine seiner Schlußformen und inneren Folgerichtigkeiten – er ist die Ehrfurcht gebietende *Katastrophe* einer zweitausendjährigen Zucht zur Wahrheit, welche am Schlusse sich die *Lüge im Glauben an Gott* verbietet. (Derselbe Entwicklungsgang in Indien, in vollkommner Unabhängigkeit und deshalb etwas beweisend; dasselbe Ideal zum gleichen Schlusse zwingend; der entscheidende Punkt fünf Jahrhunderte vor der europäischen Zeitrechnung erreicht, mit Buddha, genauer: schon mit der Sankhyam-Philosophie, diese dann durch Buddha popularisiert und zur Religion gemacht.) *Was*, in aller Strenge gefragt, hat eigentlich über den christlichen Gott *gesiegt*? Die Antwort steht in meiner »fröhlichen Wissenschaft« (I, S. 507): »Die christliche Moralität selbst, der immer strenger genommene Begriff der Wahrhaftigkeit, die Beichtväter-Feinheit des christlichen Gewissens, übersetzt und sublimiert zum wissenschaftlichen Gewissen, zur intellektuellen Sauberkeit um jeden Preis. Die Natur ansehn, als ob sie ein Beweis für die Güte und Obhut eines Gottes sei; die Geschichte interpretieren zu Ehren einer göttlichen Vernunft, als beständiges Zeugnis einer sittlichen Weltordnung und sittlicher Schlußabsichten; die eignen Erlebnisse auslegen, wie sie fromme Menschen lange genug ausgelegt haben, wie als ob alles Fügung, alles Wink, alles dem Heil der Seele zu Liebe ausgedacht und geschickt sei: das ist nunmehr *vorbei*, das hat das Gewissen *gegen* sich, das gilt allen feineren Gewissen als unanständig, unehrlich, als Lügnerei, Feminismus, Schwachheit, Feigheit – mit dieser Strenge, wenn irgendwomit, sind wir eben *gute Europäer* und Erben von Europas längster und tapferster Selbstüberwindung.« ... Alle großen Dinge gehen durch sich selbst zugrunde, durch einen Akt der Selbstaufhebung: so will es das Gesetz des Lebens, das Gesetz der *notwendigen* »Selbstüberwindung« im Wesen des Lebens – immer ergeht zuletzt an den Gesetzgeber selbst der Ruf: *»patere legem, quam ipse tulisti.«* Dergestalt ging das Christentum *als Dogma* zugrunde, an seiner eignen Moral; dergestalt muß nun auch das Christentum *als Moral* noch zugrunde gehn – wir stehen an der Schwelle *dieses* Ereignisses. Nachdem die christliche Wahrhaftigkeit einen Schluß nach dem andern gezogen hat, zieht sie am Ende ihren *stärksten Schluß*, ihren Schluß *gegen* sich selbst; dies aber geschieht, wenn sie die Frage stellt *»was bedeutet aller Wille zur Wahrheit?«* ... Und hier rühre ich wieder an mein Problem, an unser Problem, meine *unbekannten* Freunde (– denn noch *weiß* ich von keinem Freunde): welchen Sinn hätte *unser* ganzes Sein, wenn nicht den, daß in uns jener Wille zur Wahrheit sich selbst *als Problem* zum Bewußtsein gekommen wäre? ... An diesem Sich-bewußtwerden des Willens zur Wahrheit geht von nun an – daran ist kein Zweifel – die Moral *zugrunde*: jenes große Schauspiel in hundert Akten, das den nächsten zwei Jahrhunderten Europas aufgespart bleibt, das furchtbarste, fragwürdigste und vielleicht auch hoffnungsreichste aller Schauspiele ...

28

Sieht man vom asketischen Ideale ab: so hatte der Mensch, das *Tier* Mensch bisher keinen Sinn. Sein Dasein auf Erden enthielt kein Ziel; »wozu Mensch überhaupt?« – war eine Frage ohne Antwort; der *Wille* für Mensch und Erde fehlte; hinter jedem großen Menschen-Schicksale klang als Refrain ein noch größeres »Umsonst!« *Das* eben bedeutet das asketische Ideal: daß etwas *fehlte,* daß eine ungeheure *Lücke* den Menschen umstand – er wußte sich selbst nicht zu rechtfertigen, zu erklären, zu bejahen, er *litt* am Probleme seines Sinns. Er litt auch sonst, er war in der Hauptsache ein *krankhaftes* Tier: aber *nicht* das Leiden selbst war sein Problem, sondern daß die Antwort fehlte für den Schrei der Frage »*wozu* leiden?« Der Mensch, das tapferste und leidgewohnteste Tier, verneint an sich *nicht* das Leiden; er *will* es, er sucht es selbst auf, vorausgesetzt, daß man ihm einen *Sinn* dafür aufzeigt, ein *Dazu* des Leidens. Die Sinnlosigkeit des Leidens, *nicht* das Leiden, war der Fluch, der bisher über der Menschheit ausgebreitet lag – *und das asketische Ideal bot ihr einen Sinn*! Es war bisher der einzige Sinn; irgendein Sinn ist besser als gar kein Sinn; das asketische Ideal war in jedem Betracht das »*faute de mieux« par excellence,* das es bisher gab. In ihm war das Leiden *ausgelegt;* die ungeheure Leere schien ausgefüllt; die Tür schloß sich vor allem selbstmörderischen Nihilismus zu. Die Auslegung – es ist kein Zweifel – brachte neues Leiden mit sich, tieferes, innerlicheres, giftigeres, am Leben nagenderes: sie brachte alles Leiden unter die Perspektive der *Schuld* ... Aber trotz alledem – der Mensch war damit *gerettet,* er hatte einen *Sinn,* er war fürderhin nicht mehr wie ein Blatt im Winde, ein Spielball des Unsinns, des »Ohne-Sinns«, er konnte nunmehr etwas *wollen* – gleichgültig zunächst, wohin, wozu, womit er wollte: *der Wille selbst war gerettet.* Man kann sich schlechterdings nicht verbergen, *was* eigentlich jenes ganze Wollen ausdrückt, das vom asketischen Ideale her seine Richtung bekommen hat: dieser Haß gegen das Menschliche, mehr noch gegen das Tierische, mehr noch gegen das Stoffliche, dieser Abscheu vor den Sinnen, vor der Vernunft selbst, die Furcht vor dem Glück und der Schönheit, dieses Verlangen hinweg aus allem Schein, Wechsel, Werden, Tod, Wunsch, Verlangen selbst – das alles bedeutet, wagen wir es, dies zu begreifen, einen *Willen zum Nichts,* einen Widerwillen gegen das Leben, eine Auflehnung gegen die grundsätzlichsten Voraussetzungen des Lebens, aber es ist und bleibt ein *Wille!* ... Und, um es noch zum Schluß zu sagen, was ich anfangs sagte: lieber will noch der Mensch *das Nichts* wollen, als *nicht* wollen ...

DER FALL WAGNER

Ein Musikanten-Problem

VORWORT

Ich mache mir eine kleine Erleichterung. Es ist nicht nur die reine Bosheit, wenn ich in dieser Schrift Bizet auf Kosten Wagners lobe. Ich bringe unter vielen Späßen eine Sache vor, mit der nicht zu spaßen ist. Wagner den Rücken zu kehren, war für mich ein Schicksal; irgend etwas nachher wieder gernzuhaben, ein Sieg. Niemand war vielleicht gefährlicher mit der Wagnerei verwachsen, niemand hat sich härter gegen sie gewehrt, niemand sich mehr gefreut, von ihr los zu sein. Eine lange Geschichte! – Will man ein Wort dafür? – Wenn ich Moralist wäre, wer weiß, wie ich's nennen würde! Vielleicht *Selbstüberwindung.* – Aber der Philosoph liebt die Moralisten nicht ... er liebt auch die schönen Worte nicht ...

Was verlangt ein Philosoph am ersten und letzten von sich? Seine Zeit in sich zu überwinden, »zeitlos« zu werden. Womit also hat er seinen härtesten Strauß zu bestehn? Mit dem, worin gerade er das Kind seiner Zeit ist. Wohlan! Ich bin so gut wie Wagner das Kind dieser Zeit, will sagen ein *décadent*: nur daß ich das begriff, nur daß ich mich dagegen wehrte. Der Philosoph in mir wehrte sich dagegen.

Was mich am tiefsten beschäftigt hat, das ist in der Tat das Problem der *décadence* – ich habe Gründe dazu gehabt. »Gut und Böse« ist nur eine Spielart jenes Problems. Hat man sich für die Abzeichen des Niedergangs ein Auge gemacht, so versteht man auch die Moral – man versteht, was sich unter ihren heiligsten Namen und Wertformeln versteckt: das *verarmte* Leben, der Wille zum Ende, die große Müdigkeit. Moral *verneint* das Leben ... Zu einer solchen Aufgabe war mir eine Selbstdisziplin vonnöten – Partei zu nehmen *gegen* alles Kranke an mir, eingerechnet Wagner, eingerechnet Schopenhauer, eingerechnet die ganze moderne »Menschlichkeit«. – Eine tiefe Entfremdung, Erkältung, Ernüchterung gegen alles Zeitliche, Zeitgemäße: und als höchsten Wunsch das Auge *Zarathustras,* ein Auge, das die ganze Tatsache Mensch aus ungeheurer Ferne übersieht – *unter* sich sieht .. Einem solchen Ziele – welches Opfer wäre ihm nicht gemäß? welche »Selbst-Überwindung«! welche »Selbst-Verleugnung«!

Mein größtes Erlebnis war eine *Genesung.* Wagner gehört bloß zu meinen Krankheiten.

Nicht daß ich gegen diese Krankheit undankbar sein möchte. Wenn ich mit dieser Schrift den Satz aufrechterhalte, daß Wagner *schädlich* ist, so will ich nicht weniger aufrechthalten, *wem* er trotzdem unentbehrlich ist – dem Philosophen. Sonst kann man vielleicht ohne Wagner auskommen: dem Philosophen aber steht es nicht frei, Wagners zu entraten. Er hat das schlechte Gewissen seiner Zeit zu sein – dazu muß er deren bestes Wissen haben. Aber wo fände er für das Labyrinth der modernen Seele einen eingeweihteren Führer, einen beredteren Seelenkündiger als Wagner? Durch Wagner redet die Modernität ihre *intimste* Sprache: sie verbirgt weder ihr Gutes, noch ihr Böses, sie hat alle Scham vor sich verlernt. Und umgekehrt: man hat beinahe eine Abrechnung über den *Wert* des Modernen gemacht, wenn man über Gut und Böse bei Wagner mit sich im klaren ist. – Ich verstehe es vollkommen, wenn heut ein Musiker sagt: »ich hasse Wagner, aber ich halte keine andere Musik mehr aus«. Ich würde aber auch einen Philosophen verstehn, der erklärte: »Wagner *resümiert* die Modernität. Es hilft nichts, man muß erst Wagnerianer sein . . .«

DER FALL WAGNER

Turiner Brief vom Mai 1888

ridendo dicere *severum* . . .

I

Ich hörte gestern – werden Sie es glauben? – zum zwanzigsten Male *Bizets* Meisterstück. Ich harrte wieder mit einer sanften Andacht aus, ich lief wieder nicht davon. Dieser Sieg über meine Ungeduld überrascht mich. Wie ein solches Werk vervollkommnet! Man wird selbst dabei zum »Meisterstück«. – Und wirklich schien ich mir jedesmal, daß ich *Carmen* hörte, mehr Philosoph, ein besserer Philosoph, als ich sonst mir scheine: so langmütig geworden, so glücklich, so indisch, so *seßhaft* . . . Fünf Stunden Sitzen: erste Etappe der Heiligkeit! – Darf ich sagen, daß Bizets Orchesterklang fast der einzige ist, den ich noch aushalte? Jener *andere* Orchesterklang, der jetzt obenauf ist, der Wagnersche, brutal, künstlich und »unschuldig« zugleich und damit zu den drei Sinnen der modernen Seele auf einmal redend – wie nachteilig ist mir dieser Wagnersche Orchesterklang! Ich heiße ihn Schirokko. Ein verdrießlicher Schweiß bricht an mir aus. Mit *meinem* guten Wetter ist es vorbei.

Diese Musik scheint mir vollkommen. Sie kommt leicht, biegsam, mit Höflichkeit daher. Sie ist liebenswürdig, sie *schwitzt* nicht. »Das Gute ist leicht, alles Göttliche läuft auf zarten Füßen«: erster Satz meiner Ästhetik. Diese Musik ist böse, raffiniert, fatalistisch: sie bleibt dabei populär – sie hat das Raffinement einer Rasse, nicht eines einzelnen. Sie ist reich. Sie ist präzis. Sie baut, organisiert, wird fertig: damit macht sie den Gegensatz zum Polypen in der Musik, zur »unendlichen Melodie«. Hat man je schmerzhaftere tragische Akzente auf der Bühne gehört? Und wie werden dieselben erreicht! Ohne Grimasse! Ohne Falschmünzerei! Ohne die *Lüge* des großen Stils! – Endlich: diese Musik nimmt den Zuhörer als intelligent, selbst als Musiker – sie ist auch *da*mit das Gegenstück zu Wagner, der, was immer sonst, jedenfalls das *unhöflichste* Genie der Welt war (Wagner nimmt uns gleichsam als ob – –, er sagt ein Ding so oft, bis man verzweifelt – bis man's glaubt).

Und nochmals: ich werde ein besserer Mensch, wenn mir dieser Bizet zuredet. Auch ein besserer Musikant, ein besserer *Zuhörer*. Kann man überhaupt noch besser zuhören? – Ich vergrabe meine Ohren noch *unter* diese Musik, ich höre deren Ursache. Es scheint mir, daß ich ihre Entstehung erlebe – ich zittere vor Gefahren, die irgendein Wagnis begleiten, ich bin entzückt über Glücksfälle, an denen Bizet unschuldig ist. – Und seltsam! im Grunde denke ich nicht daran, oder *weiß* es nicht, wie sehr ich daran denke. Denn ganz andere Gedanken laufen mir währenddem durch den Kopf ... Hat man bemerkt, daß die Musik den Geist *frei macht*? dem Gedanken Flügel gibt? daß man um so mehr Philosoph wird, je mehr man Musiker wird? – Der graue Himmel der Abstraktion wie von Blitzen durchzuckt; das Licht stark genug für alles Filigran der Dinge; die großen Probleme nahe zum Greifen; die Welt wie von einem Berge aus überblickt. – Ich definierte eben das philosophische Pathos. – Und unversehens fallen mir *Antworten* in den Schoß, ein kleiner Hagel von Eis und Weisheit, von *gelösten* Problemen ... Wo bin ich? – Bizet macht mich fruchtbar. Alles Gute macht mich fruchtbar. Ich habe keine andre Dankbarkeit, ich habe auch keinen andern *Beweis* dafür, was gut ist.

2

Auch dies Werk erlöst; nicht Wagner allein ist ein »Erlöser«. Mit ihm nimmt man Abschied vom *feuchten* Norden, von allem Wasserdampf des Wagnerschen Ideals. Schon die Handlung erlöst davon. Sie hat von Mérimée noch die Logik in der Passion, die kürzeste Linie, die *harte* Notwendigkeit; sie hat vor allem, was zur heißen Zone gehört, die Trockenheit der Luft, die *limpidezza* in der Luft. Hier ist in jedem Betracht das Klima verändert. Hier redet eine andere Sinnlichkeit, eine andere Sensibilität, eine andre Heiterkeit. Diese Musik ist heiter; aber nicht von einer französischen oder deutschen Heiterkeit. Ihre Heiterkeit ist afrikanisch; sie hat das Verhängnis über sich, ihr Glück ist kurz, plötzlich, ohne Pardon. Ich beneide Bizet darum, daß er den Mut zu dieser Sensibilität gehabt hat, die in der gebildeten Musik Europas bisher noch keine Sprache hatte – zu dieser südlicheren, bräuneren, verbrannteren Sensibilität ... Wie die gelben Nachmittage ihres Glücks uns wohltun! Wir blicken dabei hinaus: sahen wir je das Meer *glätter*? – Und wie uns der maurische Tanz beruhigend zuredet! Wie in seiner lasziven Schwermut selbst unsre Unersättlichkeit einmal Sattheit lernt! – Endlich die Liebe, die in die *Natur* zurückübersetzte Liebe! *Nicht* die Liebe einer »höheren Jungfrau«! Keine Senta-Sentimentalität! Sondern die Liebe als Fatum, als *Fatalität*, zynisch, unschuldig, grausam – und eben darin *Natur*! Die Liebe, die in ihren Mitteln der Krieg, in ihrem Grunde der *Todhaß* der Geschlechter ist! – Ich weiß keinen Fall, wo der tragische Witz, der das Wesen der Liebe macht, so streng sich ausdrückte, so schrecklich zur Formel würde, wie im letzten Schrei Don Josés, mit dem das Werk schließt:

»Ja! *Ich* habe sie getötet,
ich – meine angebetete Carmen!«

– Eine solche Auffassung der Liebe (die einzige, die des Philosophen würdig ist –) ist selten: sie hebt ein Kunstwerk unter tausenden heraus. Denn im Durchschnitt machen es die Künstler wie alle Welt, sogar schlimmer – sie *mißverstehen* die Liebe. Auch Wagner hat sie mißverstanden. Sie glauben in ihr selbstlos zu sein, weil sie den Vorteil eines andren Wesens wollen, oft wider ihren eigenen Vorteil. Aber dafür wollen sie jenes andre Wesen *besitzen* ... Sogar Gott macht hier keine Ausnahme. Er ist ferne davon zu denken »was geht dich's an, wenn ich dich liebe?« – er wird schrecklich, wenn man ihn nicht wiederliebt. *L'amour* – mit diesem Spruch behält man unter Göttern und Menschen recht – *est de tous les sentiments le plus égoïste, et par conséquent, lorsqu'il est blessé, le moins généreux.* (B. Constant.)

3

Sie sehen bereits, wie sehr mich diese Musik *verbessert*? – *Il faut méditerraniser la musique*: ich habe Gründe zu dieser Formel (Jenseits von Gut und Böse: II, S. 142 f.). Die Rückkehr zur Natur, Gesundheit, Heiterkeit, Jugend, *Tugend*! – Und doch war ich einer der korruptesten Wagnerianer ... Ich war imstande, Wagner ernst zu nehmen ... Ah dieser alte Zauberer! was hat er uns alles vorgemacht! Das erste, was seine Kunst uns anbietet, ist ein Vergrößerungsglas: man sieht hinein, man traut seinen Augen nicht – alles wird groß, *selbst Wagner wird groß* ... Was für eine kluge Klapperschlange! Das ganze Leben hat sie uns von »Hingebung«, von »Treue«, von »Reinheit« vorgeklappert, mit einem Lobe auf die Keuschheit zog sie sich aus der *verderbten* Welt zurück! – Und wir haben's ihr geglaubt ...

– Aber Sie hören mich nicht? Sie ziehen selbst das *Problem* Wagners dem Bizets vor? Auch ich unterschätze es nicht, es hat seinen Zauber. Das Problem der Erlösung ist selbst ein ehrwürdiges Problem. Wagner hat über nichts so tief wie über die Erlösung nachgedacht: seine Oper ist die Oper der Erlösung. Irgendwer will bei ihm immer erlöst sein: bald ein Männlein, bald ein Fräulein – dies ist *sein* Problem. – Und wie reich er sein Leitmotiv variiert! Welche seltenen, welche tiefsinnigen Ausweichungen! Wer lehrte es uns, wenn nicht Wagner, daß die Unschuld mit Vorliebe interessante Sünder erlöst? (der Fall im Tannhäuser). Oder daß selbst der ewige Jude erlöst wird, *seßhaft* wird, wenn er sich verheiratet? (der Fall im Fliegenden Holländer). Oder daß alte verdorbene Frauenzimmer es vorziehn, von keuschen Jünglingen erlöst zu werden? (der Fall Kundry). Oder daß schöne Mädchen am liebsten durch einen Ritter erlöst werden, der Wagnerianer ist? (der Fall in den Meistersingern). Oder daß auch verheiratete Frauen gerne durch einen Ritter erlöst werden? (der Fall Isoldens). Oder daß »der alte Gott«, nachdem er sich moralisch in jedem

Betracht kompromittiert hat, endlich durch einen Freigeist und Immoralisten erlöst wird? (der Fall im »Ring«). Bewundern Sie insonderheit diesen letzten Tiefsinn! Verstehn Sie ihn? Ich – hüte mich, ihn zu verstehn ... Daß man noch andere Lehren aus den genannten Werken ziehn kann, möchte ich eher beweisen als bestreiten. Daß man durch ein Wagnersches Ballett zur Verzweiflung gebracht werden kann – *und* zur Tugend! (nochmals der Fall Tannhäusers). Daß es von den schlimmsten Folgen sein kann, wenn man nicht zur rechten Zeit zu Bett geht (nochmals der Fall Lohengrins). Daß man nie zu genau wissen soll, mit wem man sich eigentlich verheiratet (zum drittenmal der Fall Lohengrins). – Tristan und Isolde verherrlichen den vollkommnen Ehegatten, der, in einem gewissen Falle, nur eine Frage hat: »aber warum habt ihr mir das nicht eher gesagt? Nichts einfacher als das!« Antwort:

»Das kann ich dir nicht sagen;
und was du frägst,
das kannst du nie erfahren.«

Der Lohengrin enthält eine feierliche In-Acht-Erklärung des Forschens und Fragens. Wagner vertritt damit den christlichen Begriff »du sollst und mußt *glauben*«. Es ist ein Verbrechen am Höchsten, am Heiligsten, wissenschaftlich zu sein ... Der fliegende Holländer predigt die erhabne Lehre, daß das Weib auch den Unstetesten festmacht, wagnerisch geredet, »erlöst«. Hier gestatten wir uns eine Frage. Gesetzt nämlich, dies wäre wahr, wäre es damit auch schon wünschenswert? – Was wird aus dem »ewigen Juden«, den ein Weib anbetet und *festmacht*? Er hört bloß auf, ewig zu sein; er verheiratet sich, er geht uns nichts mehr an. – Ins Wirkliche übersetzt: die Gefahr der Künstler, der Genies – und das sind ja die »ewigen Juden« – liegt im Weibe: die *anbetenden* Weiber sind ihr Verderb. Fast keiner hat Charakter genug, um nicht verdorben – »erlöst« zu werden, wenn er sich als Gott behandelt fühlt – er *kondeszendiert* alsbald zum Weibe. – Der Mann ist feige vor allem Ewig-Weiblichen: das wissen die Weiblein. – In vielen Fällen der weiblichen Liebe, und vielleicht gerade in den berühmtesten, ist Liebe nur ein feinerer *Parasitismus*, ein Sich-Einnisten in eine fremde Seele, mitunter selbst in ein fremdes Fleisch – ach! wie sehr immer auf »des Wirtes« Unkosten! – –

Man kennt das Schicksal Goethes im moralinsauren altjungfernhaften Deutschland. Er war den Deutschen immer anstößig, er hat ehrliche Bewunderer nur unter Jüdinnen gehabt Schiller, der »edle« Schiller der ihnen mit großen Worten um die Ohren schlug – *der* war nach ihrem Herzen. Was warfen sie Goethe vor? Den »Berg der Venus«; und daß er venetianische Epigramme gedichtet habe. Schon Klopstock hielt ihm eine Sittenpredigt; es gab eine Zeit, wo Herder, wenn er von Goethe sprach, mit Vorliebe das Wort »Priap« gebrauchte. Selbst der »Wilhelm Meister« galt nur als Symptom des Niedergangs, als moralisches »Auf-den-Hund-Kommen«. Die »Menagerie von zahmem Vieh«, die »Nichtswürdigkeit« des Helden darin erzürnte zum Beispiel Niebuhr: der endlich in eine Klage ausbricht, welche *Biterolf* hätte absingen können: »Nichts macht leicht einen schmerzlicheren Eindruck, als wenn ein großer Geist sich seiner Flügel beraubt und seine Virtuosität in etwas weit Geringerem sucht, *indem er dem Höheren entsagt«* ... Vor allem aber war die höhere Jungfrau empört: alle kleinen Höfe, alle Art »Wartburg« in Deutschland bekreuzte sich vor Goethe, vor dem »unsauberen Geist« in Goethe. – *Diese* Geschichte hat Wagner in Musik gesetzt. Er *erlöst* Goethe, das versteht sich von selbst; aber so, daß er, mit Klugheit, zugleich die Partei der höheren Jungfrau nimmt. Goethe wird gerettet: ein Gebet rettet ihn, eine höhere Jungfrau *zieht ihn hinan* ...

– Was Goethe über Wagner gedacht haben würde? – Goethe hat sich einmal die Frage vorgelegt, was die Gefahr sei, die über allen Romantikern schwebe: das Romantiker-Verhängnis. Seine Antwort ist: »am Wiederkäuen sittlicher und religiöser Absurditäten zu ersticken«. Kürzer: *Parsifal* – – Der Philosoph macht dazu noch einen Epilog. *Heiligkeit* – das letzte vielleicht, was Volk und Weib von höheren Werten noch zu Gesicht bekommt, der Horizont des Ideals für alles, was von Natur *myops* ist. Unter Philosophen aber, wie jeder Horizont, ein bloßes Nichtverständnis, eine Art Torschluß vor dem, wo *ihre* Welt erst *beginnt* – *ihre* Gefahr, *ihr* Ideal, *ihre* Wünschbarkeit ... Höflicher gesagt: *la philosophie ne suffit pas au grand nombre. Il lui faut la sainteté.* –

4

– Ich erzähle noch die Geschichte des »Rings«. Sie gehört hierher. Auch sie ist eine Erlösungsgeschichte: nur daß diesmal Wagner es ist, der erlöst wird. – Wagner hat, sein halbes Leben lang, an die *Revolution* geglaubt, wie nur irgendein Franzose an sie geglaubt hat. Er suchte nach ihr in der Runenschrift des Mythus, er glaubte in *Siegfried* den typischen Revolutionär zu finden. – »Woher stammt alles Unheil in der Welt?« fragte sich Wagner. Von »alten Verträgen«: antwortete er, gleich allen Revolutions-Ideologen. Auf deutsch: von Sitten, Gesetzen, Moralen, Institutionen, von alledem, worauf die alte Welt, die alte Gesellschaft ruht. »Wie schafft man das Unheil aus der Welt? Wie schafft man die alte Gesellschaft ab?« Nur dadurch, daß man den »Verträgen« (dem Herkommen, der Moral) den Krieg erklärt. *Das tut Siegfried.* Er beginnt früh damit, sehr früh: seine Entstehung ist bereits eine Kriegserklärung an die Moral – er kommt aus Ehebruch, aus Blutschande zur Welt ... *Nicht* die Sage, sondern Wagner ist der Erfinder dieses radikalen Zugs; an diesem Punkte hat er die Sage *korrigiert* ... Siegfried fährt fort, wie er begonnen hat: er folgt nur dem ersten Impulse, er wirft alles Überlieferte, alle Ehrfurcht, alle *Furcht* über den Haufen. Was ihm mißfällt, sticht er nieder. Er rennt alten Gottheiten unehrerbietig wider den Leib. Seine Hauptunternehmung aber geht dahin, *das Weib zu emanzipieren* – »Brünnhilde zu erlösen« ... Siegfried *und* Brünnhilde; das Sakrament der freien Liebe; der Aufgang des goldnen Zeitalters; die Götterdämmerung der alten Moral – *das Übel ist abgeschafft* ... Wagners Schiff lief lange Zeit lustig auf *dieser* Bahn. Kein Zweifel, Wagner suchte auf ihr *sein* höchstes Ziel. – Was geschah? Ein Unglück. Das Schiff fuhr auf ein Riff; Wagner saß fest. Das Riff war die Schopenhauersche Philosophie; Wagner saß auf einer *konträren* Weltansicht fest. Was hatte er in Musik gesetzt? Den Optimismus. Wagner schämte sich. Noch dazu einen Optimismus, für den Schopenhauer ein böses Beiwort geschaffen hatte – den *ruchlosen* Optimismus. Er schämte sich noch einmal. Er besann sich lange, seine Lage schien verzweifelt ... Endlich dämmerte ihm ein Ausweg: das Riff, an dem er scheiterte, wie? wenn er es als *Ziel*, als Hinterabsicht, als eigentlichen Sinn seiner Reise interpretierte? *Hier* zu scheitern – das war auch ein Ziel. *Bene navigavi, cum naufragium feci* ... Und er übersetzte den »Ring« ins Schopenhauersche. Alles läuft schief, alles geht zugrunde, die neue Welt ist so schlimm wie die alte – das *Nichts*, die indische Circe winkt ... Brünnhilde, die nach der ältern Absicht sich mit einem Liede zu Ehren der freien Liebe zu verabschieden hatte, die Welt auf eine sozialistische Utopie vertröstend, mit der »alles gut wird«, bekommt jetzt etwas anderes zu tun. Sie muß erst Schopenhauer studieren; sie muß das vierte Buch der »Welt als Wille und Vorstellung« in Verse bringen. *Wagner war erlöst* ... Allen Ernstes, dies *war* eine Erlösung. Die Wohltat, die Wagner Schopenhauer verdankt, ist unermeßlich. Erst der *Philosoph der décadence* gab dem Künstler der *décadence* *sich selbst* – –

5

Dem *Künstler der décadence* – da steht das Wort. Und damit beginnt mein Ernst. Ich bin ferne davon, harmlos zuzuschauen, wenn dieser *décadent* uns die Gesundheit verdirbt – und die Musik dazu! Ist Wagner überhaupt ein Mensch? Ist er nicht eher eine Krankheit? Er macht alles krank, woran er rührt – *er hat die Musik krank gemacht* –

Ein typischer *décadent*, der sich notwendig in seinem verderbten Geschmack fühlt, der mit ihm einen höheren Geschmack in Anspruch nimmt, der seine Verderbnis als Gesetz, als Fortschritt, als Erfüllung in Geltung zu bringen weiß.

Und man wehrt sich nicht. Seine Verführungskraft steigt ins Ungeheure, es qualmt um ihn von Weihrauch, das Mißverständnis über ihn heißt sich »Evangelium« – er hat durchaus nicht bloß die *Armen des Geistes* zu sich überredet!

Ich habe Lust, ein wenig die Fenster aufzumachen. Luft! Mehr Luft! – –

Daß man sich in Deutschland über Wagner betrügt, befremdet mich nicht. Das Gegenteil würde mich befremden. Die Deutschen haben sich einen Wagner zurechtgemacht, den sie verehren können: sie waren noch nie Psychologen, sie sind damit dankbar, daß sie mißverstehn. Aber daß man sich auch in Paris über Wagner betrügt! wo man beinahe nichts andres mehr ist als Psycholog. Und in Sankt-Petersburg! wo man Dinge noch errät, die selbst in Paris nicht erraten werden. Wie verwandt muß Wagner der gesamten europäischen *décadence* sein, daß er von ihr nicht als *décadent* empfunden wird! Er gehört zu ihr: er ist ihr Protagonist, ihr größter Name ... Man ehrt sich, wenn man *ihn* in die Wolken hebt. – Denn daß man nicht gegen ihn sich wehrt, das ist selbst schon ein Zeichen von *décadence*. Der Instinkt ist geschwächt. Was man zu scheuen hätte, das zieht an. Man setzt an die Lippen, was noch schneller in den Abgrund treibt. – Will man ein Beispiel? Aber man hat nur das *régime* zu beobachten, das sich Anämische oder Gichtische oder Diabetiker selbst verordnen. Definition des Vegetariers: ein Wesen, das eine korroborierende Diät nötig hat. Das Schädliche als schädlich empfinden, sich etwas Schädliches verbieten *können* ist ein Zeichen noch von Jugend, von Lebenskraft. Den Erschöpften *lockt* das Schädliche: den Vegetarier das Gemüse. Die Krankheit selbst kann ein Stimulans des Lebens sein: nur muß man gesund genug für dies Stimulans sein! – Wagner vermehrt die Erschöpfung: *deshalb* zieht er die Schwachen und Erschöpften an. Oh über das Klapperschlangen-Glück des alten Meisters, da er gerade immer »die Kindlein« zu sich kommen sah! –

Ich stelle diesen Gesichtspunkt voran: Wagners Kunst ist krank. Die Probleme, die er auf die Bühne bringt – lauter Hysteriker-Probleme –, das Konvulsivische seines Affekts, seine überreizte Sensibilität, sein Geschmack, der nach immer schärferen Würzen verlangte, seine Instabilität, die er zu Prinzipien verkleidete, nicht am wenigsten die Wahl seiner Helden und Heldinnen, diese als physiologische Typen betrachtet – eine Kranken-Galerie! –): alles zusammen stellt ein Krankheitsbild dar, das keinen Zweifel läßt. *Wagner est une névrose.* Nichts ist vielleicht heute besser bekannt, nichts jedenfalls besser studiert als der Proteus-Charakter der Degenereszenz, der hier sich als Kunst und Künstler verpuppt. Unsre Ärzte und Physiologen haben in Wagner ihren interessantesten Fall, zum mindesten einen sehr vollständigen. Gerade, weil nichts moderner ist als diese Gesamterkrankung, diese Spätheit und Überreiztheit der nervösen Maschinerie, ist Wagner der *moderne Künstler par excellence*, der Cagliostro der Modernität. In seiner Kunst ist auf die verführerischste Art gemischt, was heute alle Welt am nötigsten hat – die drei großen Stimulantia der Erschöpften, das *Brutale*, das *Künstliche* und das *Unschuldige* (Idiotische).

Wagner ist ein großer Verderb für die Musik. Er hat in ihr das Mittel erraten, müde Nerven zu reizen – er hat die Musik damit krank gemacht. Seine Erfindungsgabe ist keine kleine in der Kunst, die Erschöpftesten wieder aufzustacheln, die Halbtoten ins Leben zu rufen. Er ist der Meister hypnotischer Griffe, er wirft die Stärksten noch wie Stiere um. Der *Erfolg* Wagners – sein Erfolg bei den Nerven und folglich bei den Frauen – hat die ganze ehrgeizige Musiker-Welt zu Jüngern seiner Geheimkunst gemacht. Und nicht nur die ehrgeizige, auch die *kluge* ... Man macht heute nur Geld mit kranker Musik; unsre großen Theater leben von Wagner.

6

– Ich gestatte mir wieder eine Erheiterung. Ich setze den Fall, daß der *Erfolg* Wagners leibhaft würde, Gestalt annähme, daß er, verkleidet zum menschenfreundlichen Musikgelehrten, sich unter junge Künstler mischte. Wie meinen Sie wohl, daß er sich da verlautbarte? –

Meine Freunde, würde er sagen, reden wir fünf Worte unter uns. Es ist leichter, schlechte Musik zu machen als gute. Wie? wenn es außerdem auch noch vorteilhafter wäre? wirkungsvoller, überredender, begeisternder, zuverlässiger? *wagnerischer*? ... *Pulchrum est paucorum hominum.* Schlimm genug! Wir verstehn Latein, wir verstehn vielleicht auch unsern Vorteil. Das Schöne hat seinen Haken: wir wissen das. Wozu also Schönheit? Warum nicht lieber das Große, das Erhabne, das Gigantische, das, was die *Massen* bewegt? – Und nochmals: es ist leichter, gigantisch zu sein als schön; wir wissen das ...

Wir kennen die Massen, wir kennen das Theater. Das Beste, was darin sitzt, deutsche Jünglinge, gehörnte Siegfriede und andre Wagnerianer, bedarf des Erhabenen, des Tiefen, des Überwältigenden. So viel vermögen wir noch. Und das andre, das auch noch darin sitzt, die Bildungs-Kretins, die kleinen Blasierten, die Ewig-Weiblichen, die Glücklich-Verdauenden, kurz das *Volk* – bedarf ebenfalls des Erhabenen, des Tiefen, des Überwältigenden. Das hat alles einerlei Logik. »Wer uns umwirft, der ist stark; wer uns erhebt, der ist göttlich; wer uns ahnen macht, der ist tief.« – Entschließen wir uns, meine Herrn Musiker: wir wollen sie umwerfen, wir wollen sie erheben, wir wollen sie ahnen machen. So viel vermögen wir noch.

Was das Ahnen-machen betrifft: so nimmt hier unser Begriff »Stil« seinen Ausgangspunkt. Vor allem kein Gedanke! Nichts ist kompromittierender als ein Gedanke! Sondern der Zustand *vor* dem Gedanken, das Gedräng der noch nicht geborenen Gedanken, das Versprechen zukünftiger Gedanken, die Welt, wie sie war, bevor Gott sie schuf – eine Rekrudeszenz des Chaos ... Das Chaos macht ahnen ...

In der Sprache des Meisters geredet: Unendlichkeit, aber ohne Melodie.

Was, zu zweit, das Umwerfen angeht, so gehört dies zum Teil schon in die Physiologie. Studieren wir vor allem die Instrumente. Einige von ihnen überreden selbst noch die Eingeweide (– sie *öffnen* die Tore, mit Händel zu reden), andre bezaubern das Rückenmark. Die Farbe des Klangs entscheidet hier; *was* erklingt, ist beinahe gleichgültig. Raffinieren wir in *diesem* Punkte! Wozu uns sonst verschwenden? Seien wir im Klang charakteristisch bis zur Narrheit! Man rechnet es unserm Geiste zu, wenn wir mit Klängen viel zu raten geben! Agazieren wir die Nerven, schlagen wir sie tot, handhaben wir Blitz und Donner – das wirft um ...

Vor allem aber wirft die *Leidenschaft* um. – Verstehen wir uns über die Leidenschaft. Nichts ist wohlfeiler als die Leidenschaft! Man kann aller Tugenden des Kontrapunktes entraten, man braucht nichts gelernt zu haben – die Leidenschaft kann man immer! Die Schönheit ist schwierig: hüten wir uns vor der Schönheit! ... Und gar die *Melodie*! Verleumden wir, meine Freunde, verleumden wir, wenn anders es uns ernst ist mit dem Ideale, verleumden wir die Melodie! Nichts ist gefährlicher als eine schöne Melodie! Nichts verdirbt sicherer den Geschmack! Wir sind verloren, meine Freunde, wenn man wieder schöne Melodien liebt! ...

Grundsatz: die Melodie ist unmoralisch. *Beweis*: Palestrina. *Nutzanwendung*: Parsifal. Der Mangel an Melodie heiligt selbst ...

Und dies ist die Definition der Leidenschaft. Leidenschaft – oder die Gymnastik des Häßlichen auf dem Seile der Enharmonik. – Wagen wir es, meine Freunde, häßlich zu sein! Wagner hat es gewagt! Wälzen wir unverzagt den Schlamm der widrigsten Harmonien vor uns her! Schonen wir unsre Hände nicht! Erst damit werden wir *natürlich* ...

Einen letzten Rat! Vielleicht faßt er alles in eins. – *Seien wir Idealisten!* – Dies ist, wenn nicht das Klügste, so doch das Weiseste, was wir tun können. Um die Menschen zu erheben, muß man selbst erhaben sein. Wandeln wir über Wolken, harangieren wir das Unendliche, stellen wir die großen Symbole um uns herum! *Sursum! Bumbum!* – es gibt keinen besseren Rat. Der »gehobene Busen« sei unser Argument, das »schöne Gefühl« unser Fürsprecher. Die Tugend behält recht noch gegen den Kontrapunkt. »Wer uns verbessert, wie sollte der nicht selbst gut sein?« so hat die Menschheit immer geschlossen. Verbessern wir also die Menschheit! – damit wird man gut (damit wird man selbst »Klassiker« – Schiller wurde »Klassiker«). Das Haschen nach niederem Sinnesreiz, nach der sogenannten Schönheit hat den Italiener entnervt: bleiben wir deutsch! Selbst Mozarts Verhältnis zur Musik – Wagner hat es *uns* zum Trost gesagt! – war im Grunde frivol ... Lassen wir niemals zu, daß die Musik »zur Erholung diene«; daß sie »erheitere«; daß sie »Vergnügen mache«. *Machen wir nie Vergnügen!* – wir sind verloren, wenn man von der Kunst wieder hedonistisch denkt ... Das ist schlechtes achtzehntes Jahrhundert ... Nichts dagegen dürfte rätlicher sein, beiseite gesagt, als eine Dosis – *Mukkertum, sit venia verbo.* Das gibt Würde. – Und wählen wir die Stunde, wo es sich schickt, schwarz zu blicken, öffentlich zu seufzen, christlich zu seufzen, das große christliche Mitleiden zur Schau zu stellen. »Der Mensch ist verderbt: wer erlöst ihn? *was erlöst ihn?*« – Antworten wir nicht. Seien wir vorsichtig. Bekämpfen wir unsern Ehrgeiz, welcher Religionen stiften möchte. Aber niemand darf zweifeln, daß *wir* ihn erlösen, daß *unsre* Musik allein erlöst ... (Wagners Aufsatz »Religion und Kunst«.)

7

Genug! Genug! Man wird, fürchte ich, zu deutlich nur unter meinen heitern Strichen die sinistre Wirklichkeit wiedererkannt haben – das Bild eines Verfalls der Kunst, eines Verfalls auch der Künstler. Das letztere, ein Charakter-Verfall, käme vielleicht mit dieser Formel zu einem vorläufigen Ausdruck: der Musiker wird jetzt zum Schauspieler, seine Kunst entwickelt sich immer mehr als ein Talent zu *lügen.* Ich werde eine Gelegenheit haben (in einem Kapitel meines Hauptwerks, das den Titel führt »Zur Physiologie der Kunst«), des näheren zu zeigen, wie diese Gesamtverwandlung der Kunst ins Schauspielerische ebenso bestimmt ein Ausdruck physiologischer Degenereszenz (genauer, eine Form des Hysterismus) ist, wie jede einzelne Verderbnis und Gebrechlichkeit der durch Wagner inaugurierten Kunst: zum Beispiel die Unruhe ihrer Optik, die dazu nötigt, in jedem Augenblick die Stellung vor ihr zu wechseln. Man versteht nichts von Wagner, solange man in ihm nur ein Naturspiel, eine Willkür und Laune, eine Zufälligkeit sieht. Er war kein »lückenhaftes«, kein »verunglücktes«, kein »kontradiktorisches« Genie, wie man wohl gesagt hat. Wagner war etwas *Vollkommnes,* ein typischer *décadent,* bei dem jeder »freie Wille« fehlt, jeder Zug Notwendigkeit hat. Wenn irgend etwas interessant ist an Wagner, so ist es die Logik, mit der ein physiologischer Mißstand als Praktik und Prozedur, als Neuerung in den Prinzipien, als Krisis des Geschmacks Schluß für Schluß, Schritt für Schritt macht.

Ich halte mich diesmal nur bei der Frage des *Stils* auf. – Womit kennzeichnet sich jede *literarische décadence*? Damit, daß das Leben nicht mehr im Ganzen wohnt. Das Wort wird souverän und springt aus dem Satz hinaus, der Satz greift über und verdunkelt den Sinn der Seite, die Seite gewinnt Leben auf Unkosten des Ganzen – das Ganze ist kein Ganzes mehr. Aber das ist das Gleichnis für jeden Stil der *décadence*: jedesmal Anarchie der Atome, Disgregation des Willens, »Freiheit des Individuums«, moralisch geredet – zu einer politischen Theorie erweitert »*gleiche* Rechte für alle« Das Leben, die *gleiche* Lebendigkeit, die Vibration und Exuberanz des Lebens in die kleinsten Gebilde zurückgedrängt, der Rest *arm* an Leben. Überall Lähmung, Mühsal, Erstarrung *oder* Feindschaft und Chaos: beides immer mehr in die Augen springend, in je höhere Formen der Organisation man aufsteigt. Das Ganze lebt überhaupt nicht mehr: es ist zusammengesetzt, gerechnet, künstlich, ein Artefakt. –

Bei Wagner steht im Anfang die Halluzination: nicht von Tönen, sondern von Gebärden. Zu ihnen sucht er erst die Ton-Semiotik. Will man ihn bewundern, so sehe man ihn hier an der Arbeit: wie er hier trennt, wie er kleine Einheiten gewinnt, wie er diese belebt, heraustreibt, sichtbar macht. Aber daran erschöpft sich seine Kraft: der Rest taugt nichts. Wie armselig, wie verlegen, wie laienhaft ist seine Art zu »entwickeln«, sein Versuch, das, was nicht auseinander gewachsen ist, wenigstens durcheinander zu stecken! Seine Manieren dabei erinnern an die auch sonst für Wagners Stil heranziehbaren *frères* de Goncourt: man hat eine Art Erbarmen mit soviel Notstand. Daß Wagner seine Unfähigkeit zum organischen Gestalten in ein Prinzip verkleidet hat, daß er einen »dramatischen Stil« statuiert, wo wir bloß sein Unvermögen zum Stil überhaupt statuieren, entspricht einer kühnen Gewohnheit, die Wagner durchs ganze Leben begleitet hat: er setzt ein Prinzip an, wo ihm ein Vermögen fehlt (– sehr verschieden hierin, anbei gesagt, vom alten Kant, der eine *andre* Kühnheit liebte: nämlich überall, wo ihm ein Prinzip fehlte, ein »Vermögen« dafür im Menschen anzusetzen ...). Nochmals gesagt: bewunderungswürdig, liebenswürdig ist Wagner nur in der Erfindung des Kleinsten, in der Ausdichtung des Details – man hat alles Recht auf seiner Seite, ihn hier als einen Meister ersten Ranges zu proklamieren, als unsern größten *Miniaturisten* der Musik, der in den kleinsten Raum eine Unendlichkeit von Sinn und Süße drängt. Sein Reichtum an Farben, an Halbschatten, an Heimlichkeiten absterbenden Lichts verwöhnt dergestalt, daß einem hinterdrein fast alle andern Musiker zu robust vorkommen. – Will man mir glauben, so hat man den höchsten Begriff Wagner nicht aus dem zu entnehmen, was heute von ihm gefällt. Das ist zur Überredung von Massen erfunden, davor springt unsereins wie vor einem allzufrechen Affresko zurück. Was geht *uns* die agaçante Brutalität der Tannhäuser-Ouvertüre an? Oder der Zirkus Walküre? Alles, was von Wagners Musik auch abseits vom Theater populär geworden ist, ist zweifelhaften Geschmacks und verdirbt den Geschmack Der Tannhäuser-Marsch scheint mir der Biedermännerei verdächtig; die Ouvertüre zum Fliegenden Holländer ist ein Lärm um nichts; das Lohengrin-Vorspiel gab das erste, nur zu verfängliche, nur zu gut geratene Beispiel dafür, wie man auch mit Musik hypnotisiert (– ich mag alle Musik nicht, deren Ehrgeiz nicht weiter geht, als die Nerven zu überreden). Aber vom Magnetiseur und Affresko-Maler Wagner abgesehn gibt es noch einen Wagner, der kleine Kostbarkeiten beiseite legt: unsern größten Melancholiker der Musik, voll von Blicken, Zärtlichkeiten und Trostworten, die ihm keiner vorweggenommen hat, den Meister in Tönen eines schwermütigen und schläfrigen Glücks ... Ein Lexikon der intimsten Worte Wagners, lauter kurze Sachen von fünf bis fünfzehn Takten, lauter Musik, die *niemand kennt* ... Wagner hatte die Tugend der *décadents*, das Mitleiden – – –

8

– »Sehr gut! Aber wie *kann* man seinen Geschmack an diesem *décadent* verlieren, wenn man nicht zufällig ein Musiker, wenn man nicht zufällig selbst ein *décadent* ist?« – Umgekehrt! Wie kann man's *nicht*! Versuchen Sie's doch! – Sie wissen nicht, wer Wagner ist: ein ganz großer Schauspieler? Gibt es überhaupt eine tiefere, eine *schwerere* Wirkung im Theater? Sehen Sie doch diese Jünglinge – erstarrt, blaß, atemlos! Das sind Wagnerianer: das versteht nichts von Musik – und trotzdem wird Wagner über sie Herr Wagners Kunst drückt mit hundert Atmosphären: bücken Sie sich nur, man kann nicht anders ... Der Schauspieler Wagner ist ein Tyrann, sein Pathos wirft jeden Geschmack, jeden Widerstand über den Haufen – Wer hat diese Überzeugungskraft der Gebärde, wer sieht so bestimmt, so zuallererst die Gebärde! Dies Atem-Anhalten des Wagnerschen Pathos, dies Nicht-mehr-loslassen-Wollen eines extremen Gefühls, diese Schrecken einflößende *Länge* in Zuständen, wo der Augenblick schon erwürgen will! – –

War Wagner überhaupt ein Musiker? Jedenfalls war er etwas anderes *mehr*: nämlich ein unvergleichlicher *histrio*, der größte Mime, das erstaunlichste Theater-Genie, das die Deutschen gehabt haben, unser *Szeniker par excellence* Er gehört woandershin als in die Geschichte der Musik. mit deren großen Echten soll man ihn nicht verwechseln. Wagner *und* Beethoven – das ist eine Blasphemie – und zuletzt ein Unrecht selbst gegen Wagner ... Er war auch als Musiker nur das, was er überhaupt war: er *wurde* Musiker, er *wurde* Dichter, weil der Tyrann in ihm, sein Schauspieler-Genie ihn dazu zwang. Man errät nichts von Wagner, solange man nicht seinen dominierenden Instinkt erriet.

Wagner war *nicht* Musiker von Instinkt. Dies bewies er damit, daß er alle Gesetzlichkeit und, bestimmter geredet, allen Stil in der Musik preisgab. um aus ihr zu machen, was er nötig hatte, eine Theater-Rhetorik, ein Mittel des Ausdrucks, der Gebärden-Verstärkung, der Suggestion, des Psychologisch-Pittoresken. Wagner dürfte uns hier als Erfinder und Neuerer ersten Ranges gelten – *er hat das Sprachvermögen der Musik ins Unermeßliche vermehrt* –: er ist der Victor Hugo der Musik als Sprache Immer vorausgesetzt, daß man zuerst gelten läßt, Musik *dürfe* unter Umständen nicht Musik, sondern Sprache, sondern Werkzeug, sondern *ancilla dramaturgica* sein Wagners Musik, *nicht* vom Theater-Geschmacke, einem sehr toleranten Geschmacke, in Schutz genommen, ist einfach schlechte Musik, die schlechteste überhaupt, die vielleicht gemacht worden ist. Wenn ein Musiker nicht mehr bis drei zählen kann, wird er »dramatisch«, wird er »Wagnerisch« ...

Wagner hat beinahe entdeckt, welche Magie selbst noch mit einer aufgelösten und gleichsam *elementarisch* gemachten Musik ausgeübt werden kann. Sein Bewußtsein davon geht bis ins Unheimliche, wie sein Instinkt, die höhere Gesetzlichkeit, den *Stil* gar nicht nötig zu haben. Das Elementarische *genügt* – Klang, Bewegung, Farbe, kurz die Sinnlichkeit der Musik. Wagner rechnet nie als Musiker, von irgendeinem Musiker-Gewissen aus: er will die Wirkung, er will nichts als die Wirkung. Und er kennt das, worauf er zu wirken hat! – Er hat darin die Unbedenklichkeit, die Schiller hatte, die jeder Theatermensch hat, er hat auch dessen Verachtung der Welt, die er sich zu Füßen legt! ... Man ist Schauspieler damit, daß man *eine* Einsicht vor dem Rest der Menschen voraus hat: was als wahr wirken soll, darf nicht wahr sein. Der Satz ist von Talma formuliert: er enthält die ganze Psychologie des Schauspielers, er enthält – zweifeln wir nicht daran! – auch dessen Moral. Wagners Musik ist niemals wahr.

– Aber *man hält sie dafür*: und so ist es in Ordnung. –

Solang man noch kindlich ist und Wagnerianer dazu, hält man Wagner selbst für reich, selbst für einen Ausbund von Verschwender, selbst für einen Großgrundbesitzer im Reich des Klangs. Man bewundert an ihm, was junge Franzosen an Victor Hugo bewundern, die »königliche Freigebigkeit«. Später bewundert man den einen wie den andern aus umgekehrten Gründen: als Meister und Muster der Ökonomie, als *kluge* Gastgeber. Niemand kommt ihnen darin gleich, mit bescheidenem Aufwand eine fürstliche Tafel zu repräsentieren. – Der Wagnerianer, mit seinem gläubigen Magen, wird sogar satt bei der Kost, die ihm sein Meister vorzaubert. Wir anderen, die wir in Büchern wie in Musik vor allem *Substanz* verlangen, und denen mit bloß »repräsentierten« Tafeln kaum gedient ist, sind viel schlimmer dran. Auf deutsch: Wagner gibt uns nicht genug zu beißen. Sein *recitativo* – wenig Fleisch, schon mehr Knochen und sehr viel Brühe – ist von mir *»alla genovese«* getauft: womit ich durchaus den Genuesen nicht geschmeichelt haben will, wohl aber dem *älteren recitativo*, dem *recitativo secco*. Was gar das Wagnersche »Leitmotiv« betrifft, so fehlt mir dafür alles kulinarische Verständnis. Ich würde es, wenn man mich drängt, vielleicht als idealen Zahnstocher gelten lassen, als Gelegenheit, *Reste* von Speisen loszuwerden. Bleiben die »Arien« Wagners. – Und nun sage ich kein Wort mehr.

9

Auch im Entwerfen der Handlung ist Wagner vor allem Schauspieler. Was zuerst ihm aufgeht, ist eine Szene von unbedingt sichrer Wirkung, eine wirkliche *actio**) mit einem *hautrelief* der Gebärde, eine Szene, die *umwirft* – diese denkt er in die Tiefe, aus ihr zieht er erst die Charaktere. Der ganze Rest folgt daraus, einer technischen Ökonomik gemäß, die keine Gründe hat, subtil zu sein. Es ist *nicht* das Publikum Corneilles, das Wagner zu schonen hat: bloßes neunzehntes Jahrhundert. Wagner würde über »das eine, was not tut« ungefähr urteilen, wie jeder andre Schauspieler heute urteilt: eine Reihe starker Szenen, eine stärker als die andre – und, dazwischen, viel *kluge* Stupidität. Er sucht sich selbst zuerst die Wirkung seines Werkes zu garantieren, er beginnt mit dem dritten Akte, er *beweist* sich sein Werk mit dessen letzter Wirkung. Mit einem solchen Theaterverstande als Führer ist man nicht in Gefahr, unversehens ein Drama zu schaffen. Das Drama verlangt die *harte* Logik: aber was lag Wagner überhaupt an der Logik! Nochmals gesagt: es ist *nicht* das Publikum Corneilles, das er zu schonen hatte: bloße Deutsche! Man weiß, bei welchem technischen Problem der Dramatiker alle seine Kraft ansetzt und oft Blut schwitzt: dem Knoten *Notwendigkeit* zu geben und ebenso der Lösung, so daß beide nur auf eine einzige Art möglich sind, beide den Eindruck der Freiheit machen (Prinzip des kleinsten Aufwandes von Kraft). Nun, dabei schwitzt Wagner am wenigsten Blut; gewiß ist, daß er für Knoten und Lösung den kleinsten Aufwand von Kraft macht. Man nehme irgendeinen »Knoten« Wagners unter das Mikroskop – man wird dabei zu lachen haben, das verspreche ich. Nichts erheiternder als der Knoten des Tristan, es müßte denn der Knoten der Meistersinger sein. Wagner ist *kein* Dramatiker, man lasse sich nichts vormachen. Er liebte das Wort »Drama«: das ist alles – er hat immer die schönen Worte geliebt. Das Wort »Drama« in seinen Schriften ist trotzdem bloß ein Mißverständnis (– *und* eine Klugheit: Wagner tat immer vornehm gegen das Wort »Oper« –); ungefähr wie das Wort »Geist« im Neuen Testament bloß ein Mißverständnis ist. – Er war schon nicht Psychologe genug zum Drama; er wich instinktiv der psychologischen Motivierung aus – womit? damit, daß er immer die Idiosynkrasie an deren

*) *Anmerkung.* Es ist ein wahres Unglück für die Ästhetik gewesen, daß man das Wort Drama immer mit »Handlung« übersetzt hat. Nicht Wagner allein irrt hierin; alle Welt ist noch im Irrtum, die Philologen sogar, die es besser wissen sollten. Das antike Drama hatte große *Pathosszenen* im Auge – es schloß gerade die Handlung aus (verlegte sie *vor* den Anfang oder *hint*er die Szene). Das Wort Drama ist dorischer Herkunft: und nach dorischem Sprachgebrauch bedeutet es »Ereignis«, »Geschichte«, beide Worte in hieratischem Sinne. Das älteste Drama stellte die Ortslegende dar, die »heilige Geschichte«, auf der die Gründung des Kultus ruhte (– also kein Tun, sondern ein Geschehen: δρᾶν heißt im Dorischen gar nicht **»tun«**).

Stelle rückte ... Sehr modern, nicht wahr? sehr pariserisch! sehr *décadent*! ... Die *Knoten*, anbei gesagt, die tatsächlich Wagner mit Hilfe dramatischer Erfindungen zu lösen weiß, sind ganz andrer Art. Ich gebe ein Beispiel. Nehmen wir den Fall, daß Wagner eine Weiberstimme nötig hat. Ein ganzer Akt *ohne* Weiberstimme – das geht nicht! Aber die »Heldinnen« sind im Augenblick alle nicht frei. Was tut Wagner? Er emanzipiert das älteste Weib der Welt, die Erda: »Herauf, alte Großmutter! Sie müssen singen!« Erda singt. Wagners Absicht ist erreicht. Sofort schafft er die alte Dame wieder ab. »Wozu kamen Sie eigentlich? Ziehn Sie ab! Schlafen Sie gefälligst weiter!« – *In summa*: eine Szene voller mythologischer Schauder, bei der der Wagnerianer *ahnt* ...

– »Aber der *Gehalt* der Wagnerschen Texte! ihr mythischer Gehalt! ihr ewiger Gehalt!« – Frage: wie prüft man diesen Gehalt, diesen ewigen Gehalt? – Der Chemiker antwortet: man übersetzt Wagner ins Reale, ins Moderne – seien wir noch grausamer! ins Bürgerliche! Was wird dabei aus Wagner? – Unter uns, ich habe es versucht. Nichts unterhaltender, nichts für Spaziergänge mehr zu empfehlen, als sich Wagner in *verjüngten* Proportionen zu erzählen: zum Beispiel Parsifal als Kandidaten der Theologie, mit Gymnasialbildung (– letztere als unentbehrlich zur *reinen Torheit*). Welche Überraschungen man dabei erlebt! Würden Sie es glauben, daß die Wagnerschen Heroinen samt und sonders, sobald man nur erst den heroischen Balg abgestreift hat, zum Verwechseln Madame Bovary ähnlich sehn! – wie man umgekehrt auch begreift, daß es Flaubert *freistand*, seine Heldin ins Skandinavische oder Karthagische zu übersetzen und sie dann, mythologisiert, Wagner als Textbuch anzubieten. Ja, ins Große gerechnet, scheint Wagner sich für keine andern Probleme interessiert zu haben, als die, welche heute die kleinen Pariser *décadents* interessieren. Immer fünf Schritte weit vom Hospital! Lauter ganz moderne, lauter ganz *großstädtische* Probleme! zweifeln Sie nicht daran! ... Haben Sie bemerkt (es gehört in diese Ideen-Assoziation), daß die Wagnerschen Heldinnen keine Kinder bekommen? – Sie *können's* nicht ... Die Verzweiflung, mit der Wagner das Problem angegriffen hat, Siegfried überhaupt geboren werden zu lassen, verrät, *wie* modern er in diesem Punkte fühlte. – Siegfried »emanzipiert das Weib« – doch ohne Hoffnung auf Nachkommenschaft. – Eine Tatsache endlich, die uns fassungslos läßt: Parsifal ist der Vater Lohengrins! Wie hat er das gemacht? – Muß man sich hier daran erinnern, daß »die Keuschheit *Wunder* tut«? ...

Wagnerus dixit princeps in castitate auctoritas.

10

Anbei noch ein Wort über die Schriften Wagners: sie sind, unter anderem, eine Schule der *Klugheit*. Das System von Prozeduren, das Wagner handhabt, ist auf hundert andre Fälle anzuwenden – wer Ohren hat, der höre. Vielleicht habe ich einen Anspruch auf öffentliche Erkenntlichkeit, wenn ich den drei wertvollsten Prozeduren einen präzisen Ausdruck gebe.

Alles, was Wagner *nicht* kann, ist verwerflich.

Wagner könnte noch vieles: aber er will es nicht, aus Rigorosität im Prinzip.

Alles, was Wagner *kann*, wird ihm niemand nachmachen, hat ihm keiner vorgemacht, *soll* ihm keiner nachmachen ... Wagner ist göttlich ...

Diese drei Sätze sind die Quintessenz von Wagners Literatur; der Rest ist – »Literatur«.

– Nicht jede Musik hat bisher Literatur nötig gehabt: man tut gut, hier nach dem zureichenden Grund zu suchen. Ist es, daß Wagners Musik zu schwer verständlich ist? Oder fürchtete er das Umgekehrte, daß man sie zu leicht versteht – daß man sie *nicht schwer genug* versteht? – Tatsächlich hat er sein ganzes Leben *einen* Satz wiederholt: daß seine Musik nicht nur Musik bedeute! Sondern mehr! Sondern unendlich viel mehr! ... »*Nicht nur* Musik« – so redet kein Musiker. Nochmals gesagt, Wagner konnte nicht aus dem Ganzen schaffen, er hatte gar keine Wahl, er mußte Stückwerk machen, »Motive«, Gebärden, Formeln, Verdopplungen und Verhundertfachungen, er blieb Rhetor als Musiker – er *mußte* grundsätzlich deshalb das »es bedeutet« in den Vordergrund bringen. »Die Musik ist immer nur ein Mittel«: das war seine Theorie, das war vor allem die einzige ihm überhaupt mögliche *Praxis*. Aber so denkt kein Musiker. – Wagner hatte Literatur nötig, um alle Welt zu überreden, seine Musik ernst zu nehmen, tief zu nehmen, »weil sie Unendliches *bedeute*«; er war zeitlebens der Kommentator der »Idee«. – Was bedeutet Elsa? Aber kein Zweifel: Elsa ist »der unbewußte *Geist des Volks*« (– »mit dieser Erkenntnis wurde ich notwendig zum vollkommnen Revolutionär« –).

Erinnern wir uns, daß Wagner in der Zeit, wo Hegel und Schelling die Geister verführten, jung war; daß er erriet, daß er mit Händen griff, was allein der Deutsche ernst nimmt – »die Idee«, will sagen etwas, das dunkel, ungewiß, ahnungsvoll ist; daß Klarheit unter Deutschen ein Einwand, Logik eine Widerlegung ist. Schopenhauer hat, mit Härte, die Epoche Hegels und Schellings der Unredlichkeit geziehn – mit Härte, auch mit Unrecht: er selbst, der alte pessimistische Falschmünzer, hat es in nichts »redlicher« getrieben als seine berühmteren Zeitgenossen. Lassen wir die Moral aus dem Spiele: Hegel ist ein *Geschmack* ... Und nicht nur ein deutscher, sondern ein europäischer Geschmack! – Ein Geschmack, den Wagner begriff! – dem er sich gewachsen fühlte! den er verewigt hat! – Er machte bloß die Nutzanwendung auf die Musik – er erfand sich einen Stil, der »Unendliches bedeutet«, – er wurde der *Erbe Hegels* ... Die Musik als »Idee« – –

Und wie man Wagner verstand! – Dieselbe Art Mensch, die für Hegel geschwärmt, schwärmt heute für Wagner; in seiner Schule *schreibt* man sogar Hegelisch! – Vor allen verstand ihn der deutsche Jüngling. Die zwei Worte »unendlich« und »Bedeutung« genügten bereits: ihm wurde dabei auf eine unvergleichliche Weise wohl. Es ist *nicht* die Musik, mit der Wagner sich die Jünglinge erobert hat, es ist die »Idee« – es ist das Rätselreiche seiner Kunst, ihr Versteckspielen unter hundert Symbolen, ihre Polychromie des Ideals, was diese Jünglinge zu Wagner führt und lockt; es ist Wagners Genie der Wolkenbildung, sein Greifen, Schweifen und Streifen durch die Lüfte, sein Überall und Nirgendswo, genau dasselbe, womit sie seinerzeit Hegel verführt und verlockt hat! – Inmitten von Wagners Vielheit, Fülle und Willkür sind sie wie bei sich selbst gerechtfertigt – »erlöst« –. Sie hören mit Zittern, wie in seiner Kunst die *großen Symbole* aus vernebelter Ferne mit sanftem Donner laut werden; sie sind nicht ungehalten, wenn es zeitweilig grau, gräßlich und kalt in ihr zugeht. Sind sie doch samt und sonders, gleich Wagner selbst, *verwandt* mit dem schlechten Wetter, dem deutschen Wetter! Wotan ist ihr Gott: aber Wotan ist der Gott des schlechten Wetters ... Sie haben recht, diese deutschen Jünglinge, so wie sie nun einmal sind: wie *könnten* sie vermissen, was wir andern, was *wir Halkyonier* bei Wagner vermissen – *la gaya scienza*; die leichten Füße; Witz, Feuer, Anmut; die große Logik; den Tanz der Sterne; die übermütige Geistigkeit; die Lichtschauder des Südens; das *glatte* Meer – Vollkommenheit ...

II

– Ich habe erklärt, wohin Wagner gehört – *nicht* in die Geschichte der Musik. Was bedeutet er trotzdem in deren Geschichte? *Die Heraufkunft des Schauspielers in der Musik:* ein kapitales Ereignis, das zu denken, das vielleicht auch zu fürchten gibt. In Formel: »Wagner und Liszt«. – Noch nie wurde die Rechtschaffenheit der Musiker, ihre »Echtheit« gleich gefährlich auf die Probe gestellt. Man greift es mit Händen: der große Erfolg, der Massen-Erfolg ist nicht mehr auf Seite der Echten – man muß Schauspieler sein, ihn zu haben! – Victor Hugo und Richard Wagner – sie bedeuten ein und dasselbe: daß in Niedergangs-Kulturen, daß überall, wo den Massen die Entscheidung in die Hände fällt, die Echtheit überflüssig, nachteilig, zurücksetzend wird. Nur der Schauspieler weckt noch die *große* Begeisterung. – Damit kommt für den Schauspieler das *goldene Zeitalter* herauf – für ihn und für alles, was seiner Art verwandt ist. Wagner marschiert mit Trommeln und Pfeifen an der Spitze aller Künstler des

Vortrags, der Darstellung, des Virtuosentums; er hat zuerst die Kapellmeister, die Maschinisten und Theatersänger überzeugt. Nicht zu vergessen die Orchestermusiker – er »erlöste« diese von der Langeweile ... Die Bewegung, die Wagner schuf, greift selbst in das Gebiet der Erkenntnis über: ganze zugehörige Wissenschaften tauchen langsam aus jahrhundertealter Scholastik empor. Ich hebe, um ein Beispiel zu geben, mit Auszeichnung die Verdienste *Riemanns* um die Rhythmik hervor, des ersten, der den Hauptbegriff der Interpunktion auch für die Musik geltend gemacht hat (leider vermittelst eines häßlichen Wortes: er nennt's »Phrasierung«). – Dies alles sind, ich sage es mit Dankbarkeit, die Besten unter den Verehrern Wagners, die Achtungswürdigsten – sie haben einfach recht, Wagner zu verehren. Der gleiche Instinkt verbindet sie miteinander, sie sehen in ihm ihren höchsten Typus, sie fühlen sich zur Macht, zur Großmacht selbst umgewandelt, seit er sie mit seiner eignen Glut entzündet hat. Hier nämlich, wenn irgendwo, ist der Einfluß Wagners wirklich *wohltätig* gewesen. Noch nie ist in dieser Sphäre so viel gedacht, gewollt, gearbeitet worden. Wagner hat allen diesen Künstlern ein neues Gewissen eingegeben: was sie jetzt von sich fordern, von sich *erlangen*, das haben sie nie vor Wagner von sich gefordert – sie waren früher zu bescheiden dazu. Es herrscht ein andrer Geist am Theater, seit Wagners Geist daselbst herrscht: man verlangt das Schwerste, man tadelt hart, man lobt selten – das Gute, das Ausgezeichnete gilt als Regel. Geschmack tut nicht mehr not; nicht einmal Stimme. Man singt Wagner nur mit ruinierter Stimme: das wirkt »dramatisch«. Selbst Begabung ist ausgeschlossen. Das *espressivo* um jeden Preis, wie es das Wagnersche Ideal, das *décadence*-Ideal verlangt, verträgt sich schlecht mit Begabung. Dazu gehört bloß *Tugend* – will sagen Dressur, Automatismus, »Selbstverleugnung«. Weder Geschmack, noch Stimme, noch Begabung: die Bühne Wagners hat nur eins nötig – *Germanen*! ... Definition des Germanen: Gehorsam und lange Beine ... Es ist voll tiefer Bedeutung, daß die Heraufkunft Wagners zeitlich mit der Heraufkunft des »Reichs« zusammenfällt: beide Tatsachen beweisen ein und dasselbe – Gehorsam und lange Beine. – Nie ist besser gehorcht, nie besser befohlen worden. Die Wagnerschen Kapellmeister insonderheit sind eines Zeitalters würdig, das die Nachwelt einmal mit scheuer Ehrfurcht *das klassische Zeitalter des Kriegs* nennen wird. Wagner verstand zu kommandieren; er war auch damit der große Lehrer. Er kommandierte als der unerbittliche Wille zu sich, als die lebenslängliche Zucht an sich: Wagner, der vielleicht das größte Beispiel der Selbstvergewaltigung abgibt, das die Geschichte der Künste hat (– selbst Alfieri, sonst sein Nächstverwandter, ist noch überboten. Anmerkung eines Turiners).

12

Mit dieser Einsicht, daß unsre Schauspieler verehrungswürdiger als je sind, ist ihre Gefährlichkeit nicht als geringer begriffen... Aber wer zweifelt noch daran, *was* ich will – was die *drei Forderungen* sind, zu denen mir diesmal mein Ingrimm, meine Sorge, meine Liebe zur Kunst den Mund geöffnet hat?

Daß das Theater nicht Herr über die Künste wird.
Daß der Schauspieler nicht zum Verführer der Echten wird.
Daß die Musik nicht zu einer Kunst zu lügen wird.

Friedrich Nietzsche

NACHSCHRIFT

– Der Ernst der letzten Worte erlaubt mir, an dieser Stelle noch einige Sätze aus einer ungedruckten Abhandlung mitzuteilen, welche zum mindesten über meinen Ernst in dieser Sache keinen Zweifel lassen. Jene Abhandlung ist betitelt: *Was Wagner uns kostet.*

Die Anhängerschaft an Wagner zahlt sich teuer. Ein dunkles Gefühl hierüber ist auch heute noch vorhanden. Auch der Erfolg Wagners, sein *Sieg,* riß dies Gefühl nicht in der Wurzel aus. Aber ehemals war es stark, war es furchtbar, war es wie ein düsterer Haß – fast drei Vierteile von Wagners Leben hindurch. Jener Widerstand, den er bei uns Deutschen fand, kann nicht hoch genug geschätzt und zu Ehren gebracht werden. Man wehrte sich gegen ihn wie gegen eine Krankheit, *nicht* mit Gründen – man widerlegt keine Krankheit –, sondern mit Hemmung, Mißtrauen, Verdrossenheit, Ekel, mit einem finsteren Ernste, als ob in ihm eine große Gefahr herumschliche. Die Herren Ästhetiker haben sich bloßgestellt, als sie, aus drei Schulen der deutschen Philosophie heraus, Wagners Prinzipien mit »wenn« und »denn« einen absurden Krieg machten – was lag ihm an Prinzipien, selbst den eigenen! – Die Deutschen selbst haben genug Vernunft im Instinkt gehabt, um hier sich jedes »wenn« und »denn« zu verbieten. Ein Instinkt ist geschwächt, wenn er sich rationalisiert: denn damit, *daß* er sich rationalisiert, schwächt er sich. Wenn es Anzeichen dafür gibt, daß, trotz dem Gesamt-Charakter der europäischen *décadence,* noch ein Grad Gesundheit, noch eine Instinkt-Witterung für Schädliches und Gefahrdrohendes im deutschen Wesen wohnt, so möchte ich unter ihnen am wenigsten diesen *dumpfen* Widerstand gegen Wagner unterschätzt wissen. Er macht uns Ehre, er erlaubt selbst zu hoffen: so viel Gesundheit hätte Frankreich nicht mehr aufzuwenden. Die Deutschen, die *Verzögerer par excellence* in der Geschichte, sind heute das zurückgebliebenste Kulturvolk Europas: dies hat seinen Vorteil – eben damit sind sie relativ das *jüngste.*

Die Anhängerschaft an Wagner zahlt sich teuer. Die Deutschen haben eine Art Furcht vor ihm vor ganz kurzem erst verlernt – die Lust, *ihn loszusein,* kam ihnen bei jeder Gelegenheit.*) – Erinnert man sich eines

*) *Anmerkung.* War Wagner überhaupt ein Deutscher? Man hat einige Gründe, so zu fragen. Es ist schwer, in ihm irgendeinen deutschen Zug ausfindig zu machen. Er hat, als der große Lerner, der er war, viel Deutsches nachmachen gelernt – das ist alles. Sein Wesen selbst *widerspricht* dem, was bisher als deutsch empfunden

kuriosen Umstandes noch, bei dem, ganz zuletzt, ganz unerwartet, jenes alte Gefühl wieder zum Vorschein kam? Es geschah beim Begräbnisse Wagners, daß der erste deutsche Wagner-Verein, der Münchener, an seinem Grabe einen Kranz niederlegte, dessen *Inschrift* sofort berühmt wurde. »Erlösung dem Erlöser!« – lautete sie. Jedermann bewunderte die hohe Inspiration, die diese Inschrift diktiert hatte, jedermann einen Geschmack, auf den die Anhänger Wagners ein Vorrecht haben; viele aber auch (es war seltsam genug!) machten an ihr dieselbe kleine Korrektur: »Erlösung *vom* Erlöser!« – Man atmete auf. –

Die Anhängerschaft an Wagner zahlt sich teuer. Messen wir sie an ihrer Wirkung auf die Kultur. Wen hat eigentlich seine Bewegung in den Vordergrund gebracht? Was hat sie immer mehr ins Große gezüchtet? – Vor allem die Anmaßung des Laien, des Kunst-Idioten. Das organisiert jetzt Vereine, das will seinen »Geschmack« durchsetzen, das möchte selbst in *rebus musicis et musicantibus* den Richter machen. Zu zweit: eine immer größere Gleichgültigkeit gegen jede strenge, vornehme, gewissenhafte Schulung im Dienste der Kunst; an ihre Stelle gerückt den Glauben an das Genie, auf deutsch: den frechen Dilettantismus (– die Formel dafür steht in den Meistersingern). Zu dritt und zu schlimmst: die *Theatrokratie* –, den Aberwitz eines Glaubens an den *Vorrang* des Theaters, an ein Recht auf *Herrschaft* des Theaters über die Künste, über die Kunst ... Aber man soll es den Wagnerianern hundertmal ins Gesicht sagen, *was* das Theater ist: immer nur ein *Unterhalb* der Kunst, immer nur etwas Zweites, etwas Vergröbertes, etwas für die Massen Zurechtgebogenes, Zurechtgelogenes! Daran hat auch Wagner nichts verändert: Bayreuth ist große Oper – und nicht einmal *gute* Oper ... Das Theater ist eine Form der Demolatrie in Sachen des Geschmacks, das Theater ist ein Massen-Aufstand, ein Plebiszit *gegen* den guten Geschmack ... *Dies eben beweist der Fall Wagner*: er gewann die Menge – er verdarb den Geschmack, er verdarb selbst für die Oper unsren Geschmack! –

Die Anhängerschaft an Wagner zahlt sich teuer. Was macht sie aus dem Geist? *befreit Wagner den Geist*? – Ihm eignet jede Zweideutigkeit, jeder Doppelsinn, alles überhaupt, was die Ungewissen überredet, ohne ihnen zum Bewußtsein zu bringen, *wofür* sie überredet sind. Damit ist Wagner ein Verführer großen Stils. Es gibt nichts Müdes, nichts Abgelebtes, nichts Lebensgefährliches und Weltverleumderisches in Dingen des Geistes, das

wurde: nicht zu reden vom deutschen Musiker! – Sein Vater war ein Schauspieler namens Geyer. Ein Geyer ist beinahe schon ein Adler ... Das, was bisher als »Leben Wagners« in Umlauf gebracht ist, ist *fable convenue*, wenn nicht Schlimmeres. Ich bekenne mein Mißtrauen gegen jeden Punkt, der bloß durch Wagner selbst bezeugt ist. Er hatte nicht Stolz genug zu irgendeiner Wahrheit über sich, niemand war weniger stolz; er blieb, ganz wie Victor Hugo, auch im Biographischen sich treu – er blieb Schauspieler.

von seiner Kunst nicht heimlich in Schutz genommen würde – es ist der schwärzeste Obskurantismus, den er in die Lichthüllen des Ideals verbirgt. Er schmeichelt jedem nihilistischen (– buddhistischen) Instinkte und verkleidet ihn in Musik, er schmeichelt jeder Christlichkeit, jeder religiösen Ausdrucksform der *décadence*. Man mache seine Ohren auf: alles, was je auf dem Boden des *verarmten* Lebens aufgewachsen ist, die ganze Falschmünzerei der Transzendenz und des Jenseits, hat in Wagners Kunst ihren sublimsten Fürsprecher – *nicht* in Formeln: Wagner ist zu klug für Formeln – sondern in einer Überredung der Sinnlichkeit, die ihrerseits wieder den Geist mürbe und müde macht. Die Musik als Circe ... Sein letztes Werk ist hierin sein größtes Meisterstück. Der Parsifal wird in der Kunst der Verführung ewig seinen Rang behalten, als *der Geniestreich* der Verführung ... Ich bewundere dies Werk, ich möchte es selbst gemacht haben; in Ermangelung davon *verstehe ich es* ... Wagner war nie besser inspiriert als am Ende. Das Raffinement im Bündnis von Schönheit und Krankheit geht hier so weit, daß es über Wagners frühere Kunst gleichsam Schatten legt – sie erscheint zu hell, zu gesund. Versteht ihr das? Die Gesundheit, die Helligkeit als Schatten wirkend? als *Einwand* beinahe? ... So weit sind wir schon *reine Toren* ... Niemals gab es einen größeren Meister in dumpfen hieratischen Wohlgerüchen – nie lebte ein gleicher Kenner alles *kleinen* Unendlichen, alles Zitternden und Überschwänglichen, aller Feminismen aus dem Idiotikon des Glücks! – Trinkt nur, meine Freunde, die Philtren dieser Kunst! Ihr findet nirgends eine angenehmere Art, euren Geist zu entnerven, eure Männlichkeit unter einem Rosengebüsche zu vergessen ... Ah dieser alte Zauberer! Dieser Klingsor aller Klingsore! Wie er *uns* damit den Krieg macht! uns, den freien Geistern! Wie er jeder Feigheit der modernen Seele mit Zaubermädchen-Tönen zu willen redet! – Es gab nie einen solchen *Todhaß* auf die Erkenntnis! – Man muß Zyniker sein, um hier nicht verführt zu werden, man muß beißen können, um hier nicht anzubeten. Wohlan, alter Verführer! Der Zyniker warnt dich – *cave canem* ...

Die Anhängerschaft an Wagner zahlt sich teuer. Ich beobachte die Jünglinge, die lange seiner Infektion ausgesetzt waren. Die nächste, relativ unschuldige Wirkung ist die Verderbnis des Geschmacks. Wagner wirkt wie ein fortgesetzter Gebrauch von Alkohol. Er stumpft ab, er verschleimt den Magen. Spezifische Wirkung: Entartung des rhythmischen Gefühls. Der Wagnerianer nennt zuletzt rhythmisch, was ich selbst, mit einem griechischen Sprichwort, »den Sumpf bewegen« nenne. Schon viel gefährlicher ist die Verderbnis der Begriffe. Der Jüngling wird zum Mondkalb – zum »Idealisten«. Er ist über die Wissenschaft hinaus; darin steht er auf der Höhe des Meisters. Dagegen macht er den Philosophen; er schreibt Bayreuther Blätter; er löst alle Probleme im Namen des Vaters, des Sohnes und des heiligen Meisters. Am unheimlichsten freilich bleibt die Verderbnis der Nerven. Man gehe nachts durch eine größere Stadt: überall hört man, daß mit feierlicher Wut Instrumente genotzüchtigt werden – ein wildes Geheul mischt sich dazwischen. Was geht da vor? – Die Jünglinge beten Wagner an ... Bayreuth reimt sich auf Kaltwasserheilanstalt. – Typisches Telegramm aus Bayreuth: *bereits bereut.* – Wagner ist schlimm für die Jünglinge; er ist verhängnisvoll für das Weib. Was ist, ärztlich gefragt, eine Wagnerianerin? – Es scheint mir, daß ein Arzt jungen Frauen nicht ernst genug diese Gewissens-Alternative stellen könnte: eins *oder* das andere. – Aber sie haben bereits gewählt. Man kann nicht zween Herren dienen, wenn der eine Wagner heißt. Wagner hat das Weib erlöst; das Weib hat ihm dafür Bayreuth gebaut. Ganz Opfer, ganz Hingebung: man hat nichts, was man ihm nicht geben würde. Das Weib verarmt sich zugunsten des Meisters, es wird rührend, es steht nackt vor ihm. – Die Wagnerianerin – die anmutigste Zweideutigkeit, die es heute gibt; sie *verkörpert* die Sache Wagners – in ihrem Zeichen *siegt* seine Sache ... Ah, dieser alte Räuber! Er raubt uns die Jünglinge, er raubt selbst noch unsre Frauen und schleppt sie in seine Höhle ... Ah, dieser alte Minotaurus! Was er uns schon gekostet hat! Alljährlich führt man ihm Züge der schönsten Mädchen und Jünglinge in sein Labyrinth, damit er sie verschlinge – alljährlich intoniert ganz Europa »auf nach Kreta! auf nach Kreta! ...«

ZWEITE NACHSCHRIFT

– Mein Brief, scheint es, ist einem Mißverständnisse ausgesetzt. Auf gewissen Gesichtern zeigen sich die Falten der Dankbarkeit; ich höre selbst ein bescheidenes Frohlocken. Ich zöge vor, hier wie in vielen Dingen, verstanden zu werden. – Seitdem aber in den Weinbergen des deutschen Geistes ein neues Tier haust, der Reichswurm, die berühmte *Rhinoxera,* wird kein Wort von mir mehr verstanden. Die Kreuzzeitung selbst bezeugt es mir, nicht zu reden vom literarischen Zentralblatt. – Ich habe den Deutschen die tiefsten Bücher gegeben, die sie überhaupt besitzen – Grund genug, daß die Deutschen kein Wort davon verstehn ... Wenn ich in *dieser* Schrift Wagner den Krieg mache – und, nebenbei, einem deutschen »Geschmack« –, wenn ich für den Bayreuther Kretinismus harte Worte habe, so möchte ich am allerwenigsten irgendwelchen *andern* Musikern damit ein Fest machen. *Andre* Musiker kommen gegen Wagner nicht in Betracht. Es steht schlimm überhaupt. Der Verfall ist allgemein. Die Krankheit liegt in der Tiefe. Wenn Wagner der Name bleibt für den *Ruin der Musik,* wie Bernini für den Ruin der Skulptur, so ist er doch nicht dessen Ursache. Er hat nur dessen *tempo* beschleunigt – freilich in einer Weise, daß man mit Entsetzen vor diesem fast plötzlichen Abwärts, Abgrundwärts steht. Er hatte die Naivität der *décadence*: dies war seine Überlegenheit. Er glaubte an sie, er blieb vor keiner Logik der *décadence* stehn. Die andern *zögern* – das unterscheidet sie. Sonst nichts! ... Das Gemeinsame zwischen Wagner und »den andern« – ich zähle es auf: der Niedergang der organisierenden Kraft; der Mißbrauch überlieferter Mittel, ohne das *rechtfertigende* Vermögen, das zum-Zweck; die Falschmünzerei in der Nachbildung großer Formen, für die heute niemand stark, stolz, selbstgewiß, *gesund* genug ist; die Überlebendigkeit im kleinsten; der Affekt um jeden Preis; das Raffinement als Ausdruck des *verarmten* Lebens; immer mehr Nerven an Stelle des Fleisches. – Ich kenne nur einen Musiker, der heute noch imstande ist, eine Ouvertüre aus *ganzem Holze* zu schnitzen: und niemand kennt ihn ... Was heute berühmt ist, macht, im Vergleich mit Wagner, nicht »bessere« Musik, sondern nur unentschiednere, sondern nur gleichgültigere – gleichgültigere, weil das Halbe damit abgetan ist, *daß das Ganze da ist.* Aber Wagner war ganz; aber Wagner war die ganze Verderbnis; aber Wagner war der Mut, der Wille, die *Überzeugung* in das Verderbnis – was liegt noch an Johannes Brahms! ... Sein Glück war ein deutsches Mißverständnis: man nahm ihn als Antagonisten Wagners – man *brauchte* einen Antagonisten! – Das macht keine *notwendige* Musik, das macht vor allem zu viel Musik! – Wenn man nicht reich ist, soll man stolz genug sein zur Armut! ... Die Sympathie, die Brahms unleugbar hier und da einflößt, ganz abgesehen von jenem Partei-Interesse, Partei-Mißverständnisse, war mir lange ein Rätsel: bis ich endlich, durch einen Zufall beinahe, dahinterkam, daß er auf einen bestimmten Typus von Menschen wirkt. Er hat die Melancholie des Unvermögens; er schafft *nicht* aus der Fülle, er *durstet* nach der Fülle. Rechnet man ab, was er nachmacht, was er großen alten oder exotisch-modernen Stilformen entlehnt – er ist Meister in der Kopie –, so bleibt als sein Eigenstes die *Sehnsucht*... Das erraten die Sehnsüchtigen, die Unbefriedigten aller Art. Er ist zu wenig Person, zu wenig Mittelpunkt... Das verstehen die »Unpersönlichen«, die Peripherischen, – sie lieben ihn dafür. Insonderheit ist er der Musiker einer Art unbefriedigter Frauen. Fünfzig Schritt weiter: und man hat die Wagnerianerin – ganz wie man fünfzig Schritt über Brahms hinaus Wagner findet –, die Wagnerianerin, einen ausgeprägteren, interessanteren, vor allem *anmutigeren* Typus. Brahms ist rührend, solange er heimlich schwärmt oder über sich trauert – darin ist er »modern« –; er wird kalt, er geht uns nichts mehr an, sobald er die Klassiker *beerbt*... Man nennt Brahms gern den *Erben* Beethovens: ich kenne keinen vorsichtigeren Euphemismus. – Alles, was heute in der Musik auf »großen Stil« Anspruch macht, ist damit *entweder* falsch gegen uns *oder* falsch gegen sich. Diese Alternative ist nachdenklich genug: sie schließt nämlich eine Kasuistik über den Wert der zwei Fälle in sich ein. »Falsch gegen *uns*«: dagegen protestiert der Instinkt der Meisten – sie wollen nicht betrogen werden –; ich selbst freilich würde diesen Typus immer noch dem anderen (»falsch gegen *sich*«) vorziehn. Dies ist *mein* Geschmack. – Faßlicher, für die »Armen im Geiste« ausgedrückt: Brahms – *oder* Wagner... Brahms ist *kein* Schauspieler. – Man kann einen guten Teil der *andren* Musiker in den Begriff Brahms subsumieren. – Ich sage kein Wort von den klugen Affen Wagners, zum Beispiel von Goldmark: mit der »Königin von Saba« gehört man in die Menagerie – man kann sich sehen lassen. – Was heute gut gemacht, meisterhaft gemacht werden kann, ist nur das Kleine. Hier allein ist noch Rechtschaffenheit möglich. – Nichts kann aber die Musik *in* der Hauptsache *von* der Hauptsache kurieren, von der Fatalität, Ausdruck des physiologischen Widerspruchs zu sein – *modern* zu sein. Der beste Unterricht, die gewissenhafteste Schulung, die grundsätzliche Intimität, ja selbst Isolation in der Gesellschaft der alten Meister – das bleibt alles nur palliativisch, strenger geredet, *illusorisch*, weil man die Voraussetzung dazu nicht mehr im Leibe hat: sei dies nun die starke Rasse eines Händel, sei es die überströmende Animalität eines Rossini. – Nicht jeder hat das *Recht* zu jedem Lehrer: das gilt von ganzen Zeitaltern. – An sich ist die Möglichkeit nicht ausgeschlossen, daß es noch *Reste* stärkerer Geschlechter, typisch unzeitgemäßer Menschen irgendwo in Europa gibt: von da aus wäre eine *verspätete* Schönheit und Vollkommenheit auch für die Musik noch zu erhoffen. Was wir, bestenfalls, noch erleben können, sind Ausnahmen. Von der *Regel*, daß die Verderbnis obenauf, daß die Verderbnis fatalistisch ist, rettet die Musik kein Gott. –

EPILOG

– Entziehen wir uns zuletzt, um aufzuatmen, für einen Augenblick der engen Welt, zu der jede Frage nach dem Wert von *Personen* den Geist verurteilt. Ein Philosoph hat das Bedürfnis, sich die Hände zu waschen, nachdem er sich so lange mit dem »Fall Wagner« befaßt hat. – Ich gebe meinen Begriff des *Modernen.* – Jede Zeit hat in ihrem Maß von Kraft ein Maß auch dafür, welche Tugenden ihr erlaubt, welche ihr verboten sind. Entweder hat sie die Tugenden des *aufsteigenden* Lebens: dann widerstrebt sie aus unterstem Grunde den Tugenden des niedergehenden Lebens. Oder sie ist selbst ein niedergehendes Leben – dann bedarf sie auch der Niedergangs-Tugenden, dann haßt sie alles, was aus der Fülle, was aus dem Überreichtum an Kräften allein sich rechtfertigt. Die Ästhetik ist unablöslich an diese biologischen Voraussetzungen gebunden: es gibt eine *décadence*-Ästhetik, es gibt eine *klassische* Ästhetik – ein »Schönes an sich« ist ein Hirngespinst, wie der ganze Idealismus. – In der engeren Sphäre der sogenannten moralischen Werte ist kein größerer Gegensatz aufzufinden als der einer *Herren-Moral* und der Moral der *christlichen* Wertbegriffe: letztere, auf einem durch und durch morbiden Boden gewachsen (– die Evangelien führen uns genau dieselben physiologischen Typen vor, welche die Romane Dostojewskis schildern), die Herren-Moral (»römisch«, »heidnisch«, »klassisch«, »Renaissance«) umgekehrt als die Zeichensprache der Wohlgeratenheit, des *aufsteigenden* Lebens, des Willens zur Macht als Prinzips des Lebens. Die Herren-Moral *bejaht* ebenso instinktiv, wie die christliche *verneint* (»Gott«, »Jenseits«, »Entselbstung« lauter Negationen). Die erstere gibt aus ihrer Fülle an die Dinge ab – sie verklärt, sie verschönt, sie *vernünftigt* die Welt –, die letztere verarmt, verblaßt, verhäßlicht den Wert der Dinge, sie *verneint* die Welt. »Welt« ein christliches Schimpfwort. – Diese Gegensatzformen in der Optik der Werte sind *beide* notwendig: es sind Arten zu sehen, denen man mit Gründen und Widerlegungen nicht beikommt. Man widerlegt das Christentum nicht, man widerlegt eine Krankheit des Auges nicht. Daß man den Pessimismus wie eine Philosophie bekämpft hat, war der Gipfelpunkt des gelehrten Idiotentums. Die Begriffe »wahr« und »unwahr« haben, wie mir scheint, in der Optik keinen Sinn. – Wogegen man sich allein zu wehren hat, das ist die Falschheit, die Instinkt-Doppelzüngigkeit, welche diese Gegensätze nicht als Gegensätze empfinden *will*: wie es zum Beispiel Wagners Wille war, der in solchen Falschheiten keine kleine Meisterschaft hatte. Nach der Herren-Moral, der *vornehmen* Moral hinschielen (– die isländische Sage ist beinahe deren wichtigste Urkunde –) und dabei die Gegenlehre, die vom »Evangelium der Niedrigen«, vom *Bedürfnis* der Erlösung, im Munde führen! ... Ich bewundere, anbei gesagt, die Bescheidenheit der Christen, die nach Bayreuth gehn. Ich selbst würde gewisse Worte nicht aus dem Munde eines Wagner aushalten. Es gibt Begriffe, die *nicht* nach Bayreuth gehören... Wie? ein Christentum, zurechtgemacht für Wagnerianerinnen, vielleicht *von* Wagnerianerinnen – denn Wagner war in alten Tagen durchaus *feminini generis* –? Nochmals gesagt, die Christen von heute sind mir zu bescheiden... Wenn Wagner ein Christ war, nun dann war vielleicht Liszt ein Kirchenvater! – Das Bedürfnis nach *Erlösung*, der Inbegriff aller christlichen Bedürfnisse hat mit solchen Hanswursten nichts zu tun: es ist die ehrlichste Ausdrucksform der *décadence*, es ist das überzeugteste, schmerzhafteste Ja-sagen zu ihr in sublimen Symbolen und Praktiken. Der Christ will von sich *loskommen*. *Le moi est toujours haïssable.* – Die vornehme Moral, die Herren-Moral, hat umgekehrt ihre Wurzel in einem triumphierenden Ja-sagen zu *sich* – sie ist Selbstbejahung, Selbstverherrlichung des Lebens, sie braucht gleichfalls sublime Symbole und Praktiken, aber nur »weil ihr das Herz zu voll« ist. Die ganze *schöne* die ganze *große* Kunst gehört hierher: beider Wesen ist Dankbarkeit. Andrerseits kann man von ihr nicht einen Instinkt-Widerwillen *gegen* die *décadents*, einen Hohn, ein Grauen selbst vor deren Symbolik abrechnen: dergleichen ist beinahe ihr Beweis. Der vornehme Römer empfand das Christentum als *foeda superstitio*: ich erinnere daran, wie der letzte Deutsche vornehmen Geschmacks, wie Goethe das Kreuz empfand. Man sucht umsonst nach wertvolleren, nach *notwendigeren* Gegensätzen. ..*)

– Aber eine solche Falschheit, wie die der Bayreuther, ist heute keine Ausnahme. Wir kennen alle den unästhetischen Begriff des christlichen Junkers. Diese *Unschuld* zwischen Gegensätzen, dies »gute Gewissen« in der Lüge ist vielmehr *modern par excellence*, man definiert beinahe damit die Modernität. Der moderne Mensch stellt, biologisch, einen *Widerspruch der Werte* dar, er sitzt zwischen zwei Stühlen, er sagt in einem Atem Ja und Nein. Was Wunder, daß gerade in unsern Zeiten die Falschheit selber Fleisch und sogar Genie wurde? daß *Wagner* »unter uns wohnte«? Nicht ohne Grund nannte ich Wagner den Cagliostro der Modernität ... Aber

*) *Anmerkung*. Über den Gegensatz »*vornehme* Moral« und »christliche Moral« unterrichtete zuerst meine »*Genealogie der Moral*«: es gibt vielleicht keine entscheidendere Wendung in der Geschichte der religiösen und moralischen Erkenntnis. Dies Buch, mein Prüfstein für das, was zu mir gehört, hat das Glück, nur den höchstgesinnten und strengsten Geistern zugänglich zu sein: dem *Reste* fehlen die Ohren dafür. Man muß seine Leidenschaft in Dingen haben, wo sie heute niemand hat...

wir alle haben wider Wissen, wider Willen, Werte, Worte, Formeln, Moralen *entgegengesetzter* Abkunft im Leibe – wir sind, physiologisch betrachtet, *falsch*... Eine *Diagnostik der modernen Seele* – womit begänne sie? Mit einem resoluten Einschnitt in diese Instinkt-Widersprüchlichkeit, mit der Herauslösung ihrer Gegensatz-Werte, mit der Vivisektion vollzogen an ihrem *lehrreichsten* Fall. – Der Fall Wagner ist für den Philosophen ein *Glücksfall,* – diese Schrift ist, man hört es, von der Dankbarkeit inspiriert ...

GÖTZEN-DÄMMERUNG

oder

Wie man mit dem Hammer philosophiert

VORWORT

Inmitten einer düstern und über die Maßen verantwortlichen Sache seine Heiterkeit aufrechterhalten ist nichts Kleines von Kunststück: und doch, was wäre nötiger als Heiterkeit? Kein Ding gerät, an dem nicht der Übermut seinen Teil hat. Das Zuviel von Kraft erst ist der Beweis der Kraft. – Eine *Umwertung aller Werte,* dies Fragezeichen so schwarz, so ungeheuer, daß es Schatten auf den wirft, der es setzt – ein solches Schicksal von Aufgabe zwingt jeden Augenblick, in die Sonne zu laufen, einen schweren, allzuschwer gewordnen Ernst von sich zu schütteln. Jedes Mittel ist dazu recht, jeder »Fall« ein Glücksfall. Vor allem der *Krieg.* Der Krieg war immer die große Klugheit aller zu innerlich, zu tief gewordnen Geister; selbst in der Verwundung liegt noch Heilkraft. Ein Spruch, dessen Herkunft ich der gelehrten Neugierde vorenthalte, war seit langem mein Wahlspruch:

increscunt animi, virescit volnere virtus.

Eine andre Genesung, unter Umständen mir noch erwünschter, ist *Götzen aushorchen* ... Es gibt mehr Götzen als Realitäten in der Welt: das ist *mein* »böser Blick« für diese Welt, das ist auch mein »böses *Ohr*« ... Hier einmal mit dem *Hammer* Fragen stellen und, vielleicht, als Antwort jenen berühmten hohlen Ton hören, der von geblähten Eingeweiden redet – welches Entzücken für einen, der Ohren noch hinter den Ohren hat – für mich alten Psychologen und Rattenfänger, vor dem gerade das, was still bleiben möchte, *laut werden muß* ...

Auch diese Schrift – der Titel verrät es – ist vor allem eine Erholung, ein Sonnenfleck, ein Seitensprung in den Müßiggang eines Psychologen. Vielleicht auch ein neuer Krieg? Und werden neue Götzen ausgehorcht? ... Diese kleine Schrift ist eine *große Kriegserklärung;* und was das Aushorchen von Götzen anbetrifft, so sind es diesmal keine Zeitgötzen, sondern *ewige Götzen* an die hier mit dem Hammer wie mit einer Stimmgabel gerührt wird – es gibt überhaupt keine älteren, keine überzeugteren, keine aufgeblaseneren Götzen ... Auch keine hohleren ... Das hindert nicht, daß sie die *geglaubtesten* sind; auch sagt man, zumal im vornehmsten Falle, durchaus nicht Götze ...

Turin, am 30. September 1888,
am Tage, da das erste Buch der *Umwertung aller Werte* zu Ende kam.

Friedrich Nietzsche

SPRÜCHE UND PFEILE

1

Müßiggang ist aller Psychologie Anfang. Wie? wäre Psychologie – ein Laster?

2

Auch der Mutigste von uns hat nur selten den Mut zu dem, was er eigentlich *weiß* ...

3

Um allein zu leben, muß man ein Tier oder ein Gott sein – sagt Aristoteles. Fehlt der dritte Fall: man muß beides sein – *Philosoph.*

4

»Alle Wahrheit ist einfach.« – Ist das nicht zwiefach eine Lüge? –

5

Ich will, ein für allemal, vieles *nicht* wissen. – Die Weisheit zieht auch der Erkenntnis Grenzen.

6

Man erholt sich in seiner wilden Natur am besten von seiner Unnatur, von seiner Geistigkeit ...

7

Wie? ist der Mensch nur ein Fehlgriff Gottes? Oder Gott nur ein Fehlgriff des Menschen? –

8

Aus der Kriegsschule des Lebens. – Was mich nicht umbringt, macht mich stärker.

9

Hilf dir selber: dann hilft dir noch jedermann. Prinzip der Nächstenliebe.

10

Daß man gegen seine Handlungen keine Feigheit begeht! daß man sie nicht hinterdrein im Stiche läßt! – Der Gewissensbiß ist unanständig.

11

Kann ein *Esel* tragisch sein? – Daß man unter einer Last zugrunde geht, die man weder tragen, noch abwerfen kann? ... Der Fall des Philosophen.

12

Hat man sein *warum?* des Lebens, so verträgt man sich fast mit jedem *wie?* – Der Mensch strebt *nicht* nach Glück; nur der Engländer tut das.

13

Der Mann hat das Weib geschaffen – woraus doch? Aus einer Rippe seines Gottes – seines »Ideals« ...

14

Was? du suchst? du möchtest dich verzehnfachen, verhundertfachen? du suchst Anhänger? – Suche *Nullen*! –

15

Posthume Menschen – ich zum Beispiel – werden schlechter verstanden als zeitgemäße, aber besser *gehört*. Strenger: wir werden nie verstanden – und *daher* unsre Autorität ...

16

Unter Frauen. – »Die Wahrheit? O Sie kennen die Wahrheit nicht! Ist sie nicht ein Attentat auf alle unsre *pudeurs*?« –

17

Das ist ein Künstler, wie ich Künstler liebe, bescheiden in seinen Bedürfnissen: er will eigentlich nur zweierlei, sein Brot und seine Kunst – *panem et Circen* ...

18

Wer seinen Willen nicht in die Dinge zu legen weiß, der legt wenigstens einen *Sinn* noch hinein: das heißt, er glaubt, daß ein Wille bereits darin sei (Prinzip des »Glaubens«).

19

Wie? ihr wähltet die Tugend und den gehobenen Busen und seht zugleich scheel nach den Vorteilen der Unbedenklichen? – Aber mit der Tugend *verzichtet* man auf »Vorteile« ... (einem Antisemiten an die Haustür).

20

Das vollkommene Weib begeht Literatur, wie es eine kleine Sünde begeht: zum Versuch, im Vorübergehn, sich umblickend, ob es jemand bemerkt und *daß* es jemand bemerkt ...

21

Sich in lauter Lagen begeben, wo man keine Scheintugenden haben darf, wo man vielmehr, wie der Seiltänzer auf seinem Seile, entweder stürzt oder steht – oder davon kommt ...

22

»Böse Menschen haben keine Lieder.« – Wie kommt es, daß die Russen Lieder haben?

23

»Deutscher Geist«: seit achtzehn Jahren eine *contradictio in adjecto.*

24

Damit, daß man nach den Anfängen sucht, wird man Krebs. Der Historiker sieht rückwärts; endlich *glaubt* er auch rückwärts.

25

Zufriedenheit schützt selbst vor Erkältung. Hat je sich ein Weib, das sich gut bekleidet wußte, erkältet? – Ich setze den Fall, daß es kaum bekleidet war.

26

Ich mißtraue allen Systematikern und gehe ihnen aus dem Weg. Der Wille zum System ist ein Mangel an Rechtschaffenheit.

27

Man hält das Weib für tief – warum? weil man nie bei ihm auf den Grund kommt. Das Weib ist noch nicht einmal flach.

28

Wenn das Weib männliche Tugenden hat, so ist es zum Davonlaufen; und wenn es keine männlichen Tugenden hat, so läuft es selbst davon.

29

»Wie viel hatte ehemals das Gewissen zu beißen! welche guten Zähne hatte es! – Und heute? woran fehlt es?« – Frage eines Zahnarztes.

30

Man begeht selten eine Übereilung allein. In der ersten Übereilung tut man immer zu viel. Eben darum begeht man gewöhnlich noch eine zweite – und nunmehr tut man zu wenig . . .

31

Der getretene Wurm krümmt sich. So ist es klug. Er verringert damit die Wahrscheinlichkeit, von neuem getreten zu werden. In der Sprache der Moral: *Demut.* –

32

Es gibt einen Haß auf Lüge und Verstellung aus einem reizbaren Ehrbegriff; es gibt einen ebensolchen Haß aus Feigheit, insofern die Lüge, durch ein göttliches Gebot, *verboten* ist. Zu feige, um zu lügen . . .

33

Wie wenig gehört zum Glücke! Der Ton eines Dudelsacks. – Ohne Musik wäre das Leben ein Irrtum. Der Deutsche denkt sich selbst Gott liedersingend.

34

On ne peut penser et écrire qu'assis (G. Flaubert). – Damit habe ich dich, Nihilist! Das Sitzfleisch ist gerade die *Sünde* wider den heiligen Geist. Nur die *ergangenen* Gedanken haben Wert.

35

Es gibt Fälle, wo wir wie Pferde sind, wir Psychologen, und in Unruhe geraten: wir sehen unsern eignen Schatten vor uns auf- und niederschwanken. Der Psychologe muß von *sich* absehn, um überhaupt zu sehn.

36

Ob wir Immoralisten der Tugend *Schaden* tun? – Ebensowenig, als die Anarchisten den Fürsten. Erst seitdem diese angeschossen werden, sitzen sie wieder fest auf ihrem Throne. Moral: *man muß die Moral anschießen.*

37

Du läufst *voran*? – Tust du das als Hirt? oder als Ausnahme? Ein dritter Fall wäre der Entlaufene ... *Erste* Gewissensfrage.

38

Bist du echt? oder nur ein Schauspieler? Ein Vertreter? oder das Vertretene selbst? – Zuletzt bist du gar bloß ein nachgemachter Schauspieler ... *Zweite* Gewissensfrage.

39

Der Enttäuschte spricht. – Ich suchte nach großen Menschen, ich fand immer nur die *Affen* ihres Ideals.

40

Bist du einer, der zusieht? oder der Hand anlegt? – oder der wegsieht, beiseite geht ... *Dritte* Gewissensfrage.

41

Willst du mitgehn? oder vorangehn? oder für dich gehn? ... Man muß wissen, *was* man will und *daß* man will. – *Vierte* Gewissensfrage.

42

Das waren Stufen für mich, ich bin über sie hinaufgestiegen – dazu mußte ich über sie hinweg. Aber sie meinten, ich wollte mich auf ihnen zur Ruhe setzen ...

43

Was liegt daran, daß *ich* recht behalte! Ich *habe* zu viel recht. – Und wer heute am besten lacht, lacht auch zuletzt.

44

Formel meines Glücks: ein Ja, ein Nein, eine gerade Linie, ein *Ziel* ...

DAS PROBLEM DES SOKRATES

1

Über das Leben haben zu allen Zeiten die Weisesten gleich geurteilt: *es taugt nichts* ... Immer und überall hat man aus ihrem Munde denselben Klang gehört – einen Klang voll Zweifel, voll Schwermut, voll Müdigkeit am Leben, voll Widerstand gegen das Leben. Selbst Sokrates sagte, als er starb: »leben – das heißt lange krank sein: ich bin dem Heilande Asklepios einen Hahn schuldig«. Selbst Sokrates hatte es satt. – Was *beweist* das? Worauf *weist* das? – Ehemals hätte man gesagt (– oh, man hat es gesagt und laut genug und unsre Pessimisten voran!): »Hier muß jedenfalls etwas wahr sein! Der *consensus sapientium* beweist die Wahrheit.« – Werden wir heute noch so reden? *dürfen* wir das? »Hier muß jedenfalls etwas *krank* sein« – geben *wir* zur Antwort: diese Weisesten aller Zeiten, man sollte sie sich erst aus der Nähe ansehn! Waren sie vielleicht allesamt auf den Beinen nicht mehr fest? spät? wackelig? *décadents*? Erschiene die Weisheit vielleicht auf Erden als Rabe, den ein kleiner Geruch von Aas begeistert? ...

2

Mir selbst ist diese Unehrerbietigkeit, daß die großen Weisen *Niedergangs-Typen* sind, zuerst gerade in einem Falle aufgegangen, wo ihr am stärksten das gelehrte und ungelehrte Vorurteil entgegensteht: ich erkannte Sokrates und Plato als Verfalls-Symptome, als Werkzeuge der griechischen Auflösung, als pseudogriechisch, als antigriechisch (»Geburt der Tragödie« 1872). Jener *consensus sapientium* – das begriff ich immer besser – beweist am wenigsten, daß sie recht mit dem hatten, worüber sie übereinstimmten: er beweist vielmehr, daß sie selbst, diese Weisesten, irgendworin *physiologisch* übereinstimmten, um auf gleiche Weise negativ zum Leben zu stehn – stehn zu *müssen*. Urteile, Werturteile über das Leben, für oder wider, können zuletzt niemals wahr sein: sie haben nur Wert als Symptome, sie kommen nur als Symptome in Betracht – an sich sind solche Urteile Dummheiten. Man muß durchaus seine Finger danach ausstrecken und den Versuch machen, diese erstaunliche *finesse* zu fassen, *daß der Wert des Lebens nicht abgeschätzt werden kann*. Von einem Lebenden nicht, weil ein solcher Partei, ja sogar Streitobjekt ist und nicht Richter; von einem Toten nicht, aus einem andren Grunde. – Von seiten eines

Philosophen im *Wert* des Lebens ein Problem sehn, bleibt dergestalt sogar ein Einwurf gegen ihn, ein Fragezeichen an seiner Weisheit, eine Unweisheit. – Wie? und alle diese großen Weisen – sie wären nicht nur *décadents*, sie wären nicht einmal weise gewesen? – Aber ich komme auf das Problem des Sokrates zurück.

3

Sokrates gehörte, seiner Herkunft nach, zum niedersten Volk: Sokrates war Pöbel. Man weiß, man sieht es selbst noch, wie häßlich er war. Aber Häßlichkeit, an sich ein Einwand, ist unter Griechen beinahe eine Widerlegung. War Sokrates überhaupt ein Grieche? Die Häßlichkeit ist häufig genug der Ausdruck einer gekreuzten, durch Kreuzung *gehemmten* Entwicklung. Im andern Falle erscheint sie als *niedergehende* Entwicklung. Die Anthropologen unter den Kriminalisten sagen uns, daß der typische Verbrecher häßlich ist: *monstrum in fronte, monstrum in animo*. Aber der Verbrecher ist ein *décadent*. War Sokrates ein typischer Verbrecher? – Zum mindesten widerspräche dem jenes berühmte Physiognomen-Urteil nicht, das den Freunden des Sokrates so anstößig klang. Ein Ausländer, der sich auf Gesichter verstand, sagte, als er durch Athen kam, dem Sokrates ins Gesicht, er *sei* ein *monstrum* – er berge alle schlimmen Laster und Begierden in sich. Und Sokrates antwortete bloß: »Sie kennen mich, mein Herr!« –

4

Auf *décadence* bei Sokrates deutet nicht nur die zugestandne Wüstheit und Anarchie in den Instinkten: eben dahin deutet auch die Superfötation des Logischen und jene *Rhachitiker-Bosheit*, die ihn auszeichnet. Vergessen wir auch jene Gehörs-Halluzinationen nicht, die als »Dämonion des Sokrates«, ins Religiöse interpretiert worden sind. Alles ist übertrieben, *buffo*, Karikatur an ihm, alles ist zugleich versteckt, hintergedanklich, unterirdisch. – Ich suche zu begreifen, aus welcher Idiosynkrasie jene sokratische Gleichsetzung von Vernunft = Tugend = Glück stammt: jene bizarrste Gleichsetzung, die es gibt und die insonderheit alle Instinkte des älteren Hellenen gegen sich hat.

5

Mit Sokrates schlägt der griechische Geschmack zugunsten der Dialektik um: was geschieht da eigentlich? Vor allem wird damit ein *vornehmer* Geschmack besiegt; der Pöbel kommt mit der Dialektik obenauf. Vor Sokrates lehnte man in der guten Gesellschaft die dialektischen Manieren ab:

sie galten als schlechte Manieren, sie stellten bloß. Man warnte die Jugend vor ihnen. Auch mißtraute man allem solchen Präsentieren seiner Gründe. Honette Dinge tragen, wie honette Menschen, ihre Gründe nicht so in der Hand Es ist unanständig, alle fünf Finger zeigen. Was sich erst beweisen lassen muß, ist wenig wert. Überall, wo noch die Autorität zur guten Sitte gehört, wo man nicht »begründet«, sondern befiehlt, ist der Dialektiker eine Art Hanswurst: man lacht über ihn, man nimmt ihn nicht ernst. – Sokrates war der Hanswurst, der sich *ernstnehmen machte*: was geschah da eigentlich? –

6

Man wählt die Dialektik nur, wenn man kein andres Mittel hat. Man weiß, daß man Mißtrauen mit ihr erregt, daß sie wenig überredet. Nichts ist leichter wegzuwischen als ein Dialektiker-Effekt: die Erfahrung jeder Versammlung, wo geredet wird, beweist das. Sie kann nur *Notwehr* sein, in den Händen solcher, die keine andern Waffen mehr haben. Man muß sein Recht zu *erzwingen* haben: eher macht man keinen Gebrauch von ihr. Die Juden waren deshalb Dialektiker; Reineke Fuchs war es: wie? und Sokrates war es auch? –

7

– Ist die Ironie des Sokrates ein Ausdruck von Revolte? von Pöbel-Ressentiment? genießt er als Unterdrückter seine eigne Ferozität in den Messerstichen des Syllogismus? *rächt* er sich an den Vornehmen, die er fasziniert? – Man hat, als Dialektiker, ein schonungsloses Werkzeug in der Hand; man kann mit ihm den Tyrannen machen; man stellt bloß, indem man siegt. Der Dialektiker überläßt seinem Gegner den Nachweis, kein Idiot zu sein: er macht wütend, er macht zugleich hilflos. Der Dialektiker *depotenziert* den Intellekt seines Gegners. – Wie? ist Dialektik nur eine Form der *Rache* bei Sokrates?

8

Ich habe zu verstehn gegeben, womit Sokrates abstoßen konnte: es bleibt um so mehr zu erklären, *daß* er faszinierte. – Daß er eine neue Art *Agon* entdeckte, daß er der erste Fechtmeister davon für die vornehmen Kreise Athens war, ist das eine. Er faszinierte, indem er an den agonalen Trieb der Hellenen rührte – er brachte eine Variante in den Ringkampf zwischen jungen Männern und Jünglingen. Sokrates war auch ein großer *Erotiker*.

9

Aber Sokrates erriet noch mehr. Er sah *hinter* seine vornehmen Athener; er begriff, daß *sein* Fall, seine Idiosynkrasie von Fall bereits kein Ausnahmefall war. Die gleiche Art von Degenereszenz bereitete sich überall im Stillen vor: das alte Athen ging zu Ende. – Und Sokrates verstand, daß alle Welt ihn *nötig* hatte – sein Mittel, seine Kur, seinen Personal-Kunstgriff der Selbst-Erhaltung ... Überall waren die Instinkte in Anarchie; überall war man fünf Schritt weit vom Exzeß: das *monstrum in animo* war die allgemeine Gefahr. »Die Triebe wollen den Tyrannen machen; man muß einen *Gegentyrannen* erfinden, der stärker ist« ... Als jener Physiognomiker dem Sokrates enthüllt hatte, wer er war, eine Höhle aller schlimmen Begierden, ließ der große Ironiker noch ein Wort verlauten, das den Schlüssel zu ihm gibt. »Dies ist wahr«, sagte er, »aber ich wurde über alle Herr.« *Wie* wurde Sokrates über *sich* Herr? – Sein Fall war im Grunde nur der extreme Fall, nur der in die Augen springendste von dem, was damals die allgemeine Not zu werden anfing: daß niemand mehr über sich Herr war, daß die Instinkte sich *gegen*einander wendeten. Er faszinierte als dieser extreme Fall – seine furchteinflößende Häßlichkeit sprach ihn für jedes Auge aus: er faszinierte, wie sich von selbst versteht, noch stärker als Antwort, als Lösung, als Anschein der *Kur* dieses Falls. –

10

Wenn man nötig hat, aus der *Vernunft* einen Tyrannen zu machen, wie Sokrates es tat, so muß die Gefahr nicht klein sein, daß etwas andres den Tyrannen macht. Die Vernünftigkeit wurde damals erraten als *Retterin*; es stand weder Sokrates noch seinen »Kranken« frei, vernünftig zu sein – es war *de rigueur*, es war ihr *letztes* Mittel. Der Fanatismus, mit dem sich das ganze griechische Nachdenken auf die Vernünftigkeit wirft, verrät eine Notlage: man war in Gefahr, man hatte nur *eine* Wahl: entweder zugrunde zu gehn oder – *absurd-vernünftig* zu sein ... Der Moralismus der griechischen Philosophen von Plato ab ist pathologisch bedingt: ebenso ihre Schätzung der Dialektik. Vernunft = Tugend = Glück heißt bloß: man muß es dem Sokrates nachmachen und gegen die dunklen Begehrungen ein *Tageslicht* in Permanenz herstellen – das Tageslicht der Vernunft. Man muß klug, klar, hell um jeden Preis sein: jedes Nachgeben an die Instinkte, ans Unbewußte führt *hinab* ...

11

Ich habe zu verstehn gegeben, womit Sokrates faszinierte: er schien ein Arzt, ein Heiland zu sein. Ist es nötig, noch den Irrtum aufzuzeigen, der in seinem Glauben an die »Vernünftigkeit um jeden Preis« lag? – Es ist ein Selbstbetrug seitens der Philosophen und Moralisten, damit schon aus der *décadence* herauszutreten, daß sie gegen dieselbe Krieg machen. Das Heraustreten steht außerhalb ihrer Kraft: was sie als Mittel, als Rettung wählen, ist selbst nur wieder ein Ausdruck der *décadence* – sie *verändern* deren Ausdruck, sie schaffen sie selbst nicht weg. Sokrates war ein Mißverständnis; *die ganze Besserungs-Moral, auch die christliche, war ein Mißverständnis* ... Das grellste Tageslicht, die Vernünftigkeit um jeden Preis, das Leben hell, kalt, vorsichtig, bewußt, ohne Instinkt, im Widerstand gegen Instinkte war selbst nur eine Krankheit, eine andre Krankheit – und durchaus kein Rückweg zur »Tugend«, zur »Gesundheit«, zum Glück ... Die Instinkte bekämpfen *müssen* – das ist die Formel für *décadence*: so lange das Leben *aufsteigt*, ist Glück gleich Instinkt. –

12

– Hat er das selbst noch begriffen, dieser Klügste aller Selbst-Überlister? Sagte er sich das zuletzt, in der *Weisheit* seines Mutes zum Tode? ... Sokrates *wollte* sterben – nicht Athen, *er* gab sich den Giftbecher, er zwang Athen zum Giftbecher ... »Sokrates ist kein Arzt«, sprach er leise zu sich: »der Tod allein ist hier Arzt ... Sokrates selbst war nur lange krank ...«

DIE »VERNUNFT« IN DER PHILOSOPHIE

I

Sie fragen mich, was alles Idiosynkrasie bei den Philosophen ist? ... Zum Beispiel ihr Mangel an historischem Sinn, ihr Haß gegen die Vorstellung selbst des Werdens, ihr Ägyptizismus. Sie glauben einer Sache eine *Ehre* anzutun, wenn sie dieselbe enthistorisieren, *sub specie aeterni* – wenn sie aus ihr eine Mumie machen. Alles, was Philosophen seit Jahrtausenden gehandhabt haben, waren Begriffs-Mumien; es kam nichts Wirkliches lebendig aus ihren Händen. Sie töten, sie stopfen aus, diese Herren Begriffs-Götzendiener, wenn sie anbeten – sie werden allem lebensgefährlich, wenn sie anbeten. Der Tod, der Wandel, das Alter ebensogut als Zeugung und Wachstum sind für sie Einwände – Widerlegungen sogar. Was ist, *wird* nicht; was wird, *ist* nicht ... Nun glauben sie alle, mit Verzweiflung sogar, ans Seiende. Da sie aber dessen nicht habhaft werden, suchen sie nach Gründen, weshalb man's ihnen vorenthält. »Es muß ein Schein, eine Betrügerei dabei sein, daß wir das Seiende nicht wahrnehmen: wo steckt der Betrüger?« – »Wir haben ihn«, schreien sie glückselig, »die Sinnlichkeit ist's! Diese Sinne, *die auch sonst so unmoralisch sind*, sie betrügen uns über die *wahre* Welt. Moral: loskommen von dem Sinnentrug, vom Werden, von der Historie, von der Lüge – Historie ist nichts als Glaube an die Sinne, Glaube an die Lüge. Moral: Neinsagen zu allem, was den Sinnen Glauben schenkt, zum ganzen Rest der Menschheit: das ist alles ›Volk‹. Philosoph sein, Mumie sein, den Monotono-Theismus durch eine Totengräber-Mimik darstellen! – Und weg vor allem mit dem *Leibe*, dieser erbarmungswürdigen *idée fixe* der Sinne! behaftet mit allen Fehlern der Logik, die es gibt, widerlegt, unmöglich sogar, ob er schon frech genug ist, sich als wirklich zu gebärden!« ...

2

Ich nehme, mit hoher Ehrerbietung, den Namen *Heraklits* beiseite. Wenn das andre Philosophen-Volk das Zeugnis der Sinne verwarf, weil dieselben Vielheit und Veränderung zeigten, verwarf er deren Zeugnis, weil sie die Dinge zeigten, als ob sie Dauer und Einheit hätten. Auch Heraklit tat den Sinnen unrecht. Dieselben lügen weder in der Art, wie die Eleaten es glauben, noch wie er es glaubte – sie lügen überhaupt nicht. Was wir aus ihrem

Zeugnis *machen*, das legt erst die Lüge hinein, zum Beispiel die Lüge der Einheit, die Lüge der Dinglichkeit, der Substanz, der Dauer ... Die »Vernunft« ist die Ursache, daß wir das Zeugnis der Sinne fälschen. Sofern die Sinne das Werden, das Vergehn, den Wechsel zeigen, lügen sie nicht ... Aber damit wird Heraklit ewig recht behalten, daß das Sein eine leere Fiktion ist. Die »scheinbare« Welt ist die einzige: die »wahre Welt« ist nur *hinzugelogen* ...

3

– Und was für feine Werkzeuge der Beobachtung haben wir an unsern Sinnen! Diese Nase zum Beispiel, von der noch kein Philosoph mit Verehrung und Dankbarkeit gesprochen hat, ist sogar einstweilen das delikateste Instrument, das uns zu Gebote steht: es vermag noch Minimaldifferenzen der Bewegung zu konstatieren, die selbst das Spektroskop nicht konstatiert Wir besitzen heute genau so weit Wissenschaft, als wir uns entschlossen haben, das Zeugnis der Sinne *anzunehmen* – als wir sie noch schärfen, bewaffnen, zu Ende denken lernten. Der Rest ist Mißgeburt und Noch-nicht-Wissenschaft: will sagen Metaphysik, Theologie, Psychologie, Erkenntnistheorie. *Oder* Formal-Wissenschaft, Zeichen-Lehre: wie die Logik und jene angewandte Logik, die Mathematik. In ihnen kommt die Wirklichkeit gar nicht vor, nicht einmal als Problem; ebensowenig als die Frage, welchen Wert überhaupt eine solche Zeichen-Konvention, wie die Logik ist, hat. –

4

Die *andre* Idiosynkrasie der Philosophen ist nicht weniger gefährlich: sie besteht darin, das Letzte und das Erste zu verwechseln. Sie setzen das, was am Ende kommt – leider! denn es sollte gar nicht kommen! – die »höchsten Begriffe«, das heißt die allgemeinsten, die leersten Begriffe, den letzten Rauch der verdunstenden Realität an den Anfang *als* Anfang. Es ist dies wieder nur der Ausdruck ihrer Art zu verehren: das Höhere *darf* nicht aus dem Niederen wachsen, *darf* überhaupt nicht gewachsen sein ... Moral: alles, was ersten Ranges ist, muß *causa sui* sein. Die Herkunft aus etwas anderem gilt als Einwand, als Wert-Anzweiflung. Alle obersten Werte sind ersten Ranges, alle höchsten Begriffe, das Seiende, das Unbedingte, das Gute, das Wahre, das Vollkommne – das alles kann nicht geworden sein, *muß* folglich *causa sui* sein. Das alles aber kann auch nicht einander ungleich, kann nicht mit sich im Widerspruch sein ... Damit haben sie ihren stupenden Begriff »Gott« ... Das Letzte, Dünnste, Leerste wird als Erstes gesetzt, als Ursache an sich, als *ens realissimum* ... Daß die Menschheit die Gehirnleiden kranker Spinneweber hat ernst nehmen müssen! – Und sie hat teuer dafür gezahlt! ...

5

– Stellen wir endlich dagegen, auf welche verschiedne Art *wir* (– ich sage höflicherweise wir ...) das Problem des Irrtums und der Scheinbarkeit ins Auge fassen. Ehemals nahm man die Veränderung, den Wechsel, das Werden überhaupt als Beweis für Scheinbarkeit, als Zeichen dafür, daß etwas da sein müsse, das uns irre führe. Heute umgekehrt sehen wir, genau so weit als das Vernunft-Vorurteil uns zwingt, Einheit, Identität, Dauer, Substanz, Ursache, Dinglichkeit, Sein anzusetzen, uns gewissermaßen verstrickt in den Irrtum, *nezessitiert* zum Irrtum; so sicher wir auf Grund einer strengen Nachrechnung bei uns darüber sind, *daß* hier der Irrtum ist. Es steht damit nicht anders als mit den Bewegungen des großen Gestirns: bei ihnen hat der Irrtum unser Auge, hier hat er unsre *Sprache* zum beständigen Anwalt. Die Sprache gehört ihrer Entstehung nach in die Zeit der rudimentärsten Form von Psychologie: wir kommen in ein grobes Fetischwesen hinein, wenn wir uns die Grundvoraussetzungen der Sprach-Metaphysik, auf deutsch: der *Vernunft,* zum Bewußtsein bringen. *Das* sieht überall Täter und Tun: das glaubt an Willen als Ursache überhaupt; das glaubt ans »Ich«, ans Ich als Sein, ans Ich als Substanz und *projiziert* den Glauben an die Ich-Substanz auf alle Dinge – es *schafft* erst damit den Begriff »Ding« ... Das Sein wird überall als Ursache hineingedacht, *untergeschoben*; aus der Konzeption »Ich« folgt erst, als abgeleitet, der Begriff »Sein« ... Am Anfang steht das große Verhängnis von Irrtum, daß der Wille etwas ist, das *wirkt* – daß Wille ein *Vermögen* ist ... Heute wissen wir, daß er bloß ein Wort ist ... Sehr viel später, in einer tausendfach aufgeklärteren Welt kam die *Sicherheit,* die subjektive *Gewißheit* in der Handhabung der Vernunft-Kategorien den Philosophen mit Überraschung zum Bewußtsein: sie schlossen, daß dieselben nicht aus der Empirie stammen könnten – die ganze Empirie stehe ja zu ihnen in Widerspruch. *Woher also stammen sie?* – Und in Indien wie in Griechenland hat man den gleichen Fehlgriff gemacht: »wir müssen schon einmal in einer höheren Welt heimisch gewesen sein (– statt *in einer sehr viel niederen*: was die Wahrheit gewesen wäre!), wir müssen göttlich gewesen sein, *denn* wir haben die Vernunft!« ... In der Tat, nichts hat bisher eine naivere Überredungskraft gehabt als der Irrtum vom Sein, wie er zum Beispiel von den Eleaten formuliert wurde: er hat ja jedes Wort für sich, jeden Satz für sich, den wir sprechen! – Auch die Gegner der Eleaten unterlagen noch der Verführung ihres Seins-Begriffs: Demokrit unter anderen, als er sein *Atom* erfand ... Die »Vernunft« in der Sprache: o was für eine alte betrügerische Weibsperson! Ich fürchte, wir werden Gott nicht los, weil wir noch an die Grammatik glauben ...

6

Man wird mir dankbar sein, wenn ich eine so wesentliche, so neue Einsicht in vier Thesen zusammendränge: ich erleichtere damit das Verstehen, ich fordere damit den Widerspruch heraus.

Erster Satz. Die Gründe, daraufhin »diese« Welt als scheinbar bezeichnet worden ist, begründen vielmehr deren Realität – eine *andre* Art Realität ist absolut unnachweisbar.

Zweiter Satz. Die Kennzeichen, welche man dem »wahren Sein« der Dinge gegeben hat, sind die Kennzeichen des Nicht-Seins, des *Nichts* – man hat die »wahre Welt« aus dem Widerspruch zur wirklichen Welt aufgebaut: eine scheinbare Welt in der Tat, insofern sie bloß eine *moralisch-optische* Täuschung ist.

Dritter Satz. Von einer »andren« Welt als dieser zu fabeln hat gar keinen Sinn, vorausgesetzt, daß nicht ein Instinkt der Verleumdung, Verkleinerung, Verdächtigung des Lebens in uns mächtig ist: im letzteren Falle *rächen* wir uns am Leben mit der Phantasmagorie eines »anderen«, eines »besseren« Lebens.

Vierter Satz. Die Welt scheiden in eine »wahre« und eine »scheinbare«, sei es in der Art des Christentums, sei es in der Art Kants (eines *hinterlistigen* Christen zu guter Letzt –) ist nur eine Suggestion der *décadence* – ein Symptom *niedergehenden* Lebens ... Daß der Künstler den Schein höher schätzt als die Realität, ist kein Einwand gegen diesen Satz. Denn »der Schein« bedeutet hier die Realität *noch einmal*, nur in einer Auswahl, Verstärkung, Korrektur ... Der tragische Künstler ist *kein* Pessimist – er sagt gerade *Ja* zu allem Fragwürdigen und Furchtbaren selbst, er ist *dionysisch* ...

WIE DIE »WAHRE WELT« ENDLICH ZUR FABEL WURDE

Geschichte eines Irrtums

1. Die wahre Welt, erreichbar für den Weisen, den Frommen, den Tugendhaften, – er lebt in ihr, *er ist sie.*
   (Älteste Form der Idee, relativ klug, simpel, überzeugend. Umschreibung des Satzes »Ich, Plato, *bin* die Wahrheit«.)
2. Die wahre Welt, unerreichbar für jetzt, aber versprochen für den Weisen, den Frommen, den Tugendhaften (»für den Sünder, der Buße tut«).
   (Fortschritt der Idee: sie wird feiner, verfänglicher, unfaßlicher – *sie wird Weib*, sie wird christlich . . .)
3. Die wahre Welt, unerreichbar, unbeweisbar, unversprechbar, aber schon als gedacht ein Trost, eine Verpflichtung, ein Imperativ.
   (Die alte Sonne im Grunde, aber durch Nebel und Skepsis hindurch; die Idee sublim geworden, bleich, nordisch, königsbergisch.)
4. Die wahre Welt – unerreichbar? Jedenfalls unerreicht. Und als unerreicht auch *unbekannt*. Folglich auch nicht tröstend, erlösend, verpflichtend: wozu könnte uns etwas Unbekanntes verpflichten? . . .
   (Grauer Morgen. Erstes Gähnen der Vernunft. Hahnenschrei des Positivismus.)
5. Die »wahre Welt« – eine Idee, die zu nichts mehr nütz ist, nicht einmal mehr verpflichtend – eine unnütz, eine überflüssig gewordene Idee, *folglich* eine widerlegte Idee: schaffen wir sie ab!
   (Heller Tag; Frühstück; Rückkehr des *bon sens* und der Heiterkeit; Schamröte Platos; Teufelslärm aller freien Geister.)
6. Die wahre Welt haben wir abgeschafft: welche Welt blieb übrig? die scheinbare vielleicht? . . . Aber nein! *mit der wahren Welt haben wir auch die scheinbare abgeschafft!*
   (Mittag; Augenblick des kürzesten Schattens; Ende des längsten Irrtums; Höhepunkt der Menschheit; INCIPIT ZARATHUSTRA.)

MORAL ALS WIDERNATUR

I

Alle Passionen haben eine Zeit, wo sie bloß verhängnisvoll sind, wo sie mit der Schwere der Dummheit ihr Opfer hinunterziehn – und eine spätere, sehr viel spätere, wo sie sich mit dem Geist verheiraten, sich »vergeistigen«. Ehemals machte man, wegen der Dummheit in der Passion, der Passion selbst den Krieg: man verschwor sich zu deren Vernichtung – alle alten Moral-Untiere sind einmütig darüber *»il faut tuer les passions«*. Die berühmteste Formel dafür steht im Neuen Testament, in jener Bergpredigt, wo, anbei gesagt, die Dinge durchaus nicht *aus der Höhe* betrachtet werden. Es wird daselbst zum Beispiel mit Nutzanwendung auf die Geschlechtlichkeit gesagt »wenn dich dein Auge ärgert, so reiße es aus«: zum Glück handelt kein Christ nach dieser Vorschrift. Die Leidenschaften und Begierden *vernichten,* bloß um ihrer Dummheit und den unangenehmen Folgen ihrer Dummheit vorzubeugen, erscheint uns heute selbst bloß als eine akute Form der Dummheit. Wir bewundern die Zahnärzte nicht mehr, welche die Zähne *ausreißen,* damit sie nicht mehr weh tun ... Mit einiger Billigkeit werde andrerseits zugestanden, daß auf dem Boden, aus dem das Christentum gewachsen ist, der Begriff »*Vergeistigung* der Passion« gar nicht konzipiert werden konnte. Die erste Kirche kämpfte ja, wie bekannt, *gegen* die »Intelligenten« zugunsten der »Armen des Geistes«: wie dürfte man von ihr einen intelligenten Krieg gegen die Passion erwarten? – Die Kirche bekämpft die Leidenschaft mit Ausschneidung in jedem Sinne: ihre Praktik, ihre »Kur« ist der *Kastratismus.* Sie fragt nie: »wie vergeistigt, verschönt, vergöttlicht man eine Begierde?« – sie hat zu allen Zeiten den Nachdruck der Disziplin auf die Ausrottung (der Sinnlichkeit, des Stolzes, der Herrschsucht, der Habsucht, der Rachsucht) gelegt. – Aber die Leidenschaften an der Wurzel angreifen heißt das Leben an der Wurzel angreifen: die Praxis der Kirche ist *lebensfeindlich* ...

2

Dasselbe Mittel, Verschneidung, Ausrottung, wird instinktiv im Kampfe mit einer Begierde von denen gewählt, welche zu willensschwach, zu degeneriert sind, um sich ein Maß in ihr auflegen zu können: von jenen Naturen, die la Trappe nötig haben, im Gleichnis gesprochen (und ohne Gleichnis –), irgendeine endgültige Feindschafts-Erklärung, eine *Kluft* zwischen sich und einer Passion. Die radikalen Mittel sind nur den Degenerierten unentbehrlich; die Schwäche des Willens, bestimmter geredet die Unfähigkeit, auf einen Reiz *nicht* zu reagieren, ist selbst bloß eine andre Form der Degenereszenz. Die radikale Feindschaft, die Todfeindschaft gegen die Sinnlichkeit bleibt ein nachdenkliches Symptom: man ist damit zu Vermutungen über den Gesamt-Zustand eines dergestalt Exzessiven berechtigt. – Jene Feindschaft, jener Haß kommt übrigens erst auf seine Spitze, wenn solche Naturen selbst zur Radikal-Kur, zur Absage von ihrem »Teufel« nicht mehr Festigkeit genug haben. Man überschaue die ganze Geschichte der Priester und Philosophen, der Künstler hinzugenommen: das Giftigste gegen die Sinne ist *nicht* von den Impotenten gesagt, auch *nicht* von den Asketen, sondern von den unmöglichen Asketen, von solchen, die es nötig gehabt hätten, Asketen zu sein ...

3

Die Vergeistigung der Sinnlichkeit heißt *Liebe*: sie ist ein großer Triumph über das Christentum. Ein andrer Triumph ist unsre Vergeistigung der *Feindschaft.* Sie besteht darin, daß man tief den Wert begreift, den es hat, Feinde zu haben: kurz, daß man umgekehrt tut und schließt, als man ehedem tat und schloß. Die Kirche wollte zu allen Zeiten die Vernichtung ihrer Feinde: wir, wir Immoralisten und Antichristen, sehen unsern Vorteil darin, daß die Kirche besteht ... Auch im Politischen ist die Feindschaft jetzt geistiger geworden – viel klüger, viel nachdenklicher, viel *schonender.* Fast jede Partei begreift ihr Selbsterhaltungs-Interesse darin, daß die Gegenpartei nicht von Kräften kommt; dasselbe gilt von der großen Politik. Eine neue Schöpfung zumal, etwa das neue Reich, hat Feinde nötiger als Freunde: im Gegensatz erst fühlt es sich notwendig, im Gegensatz *wird* es erst notwendig ... Nicht anders verhalten wir uns gegen den »inneren Feind«: auch da haben wir die Feindschaft vergeistigt, auch da haben wir ihren *Wert* begriffen. Man ist nur *fruchtbar* um den Preis, an Gegensätzen reich zu sein; man bleibt nur *jung* unter der Voraussetzung, daß die Seele nicht sich streckt, nicht nach Frieden begehrt ... Nichts ist uns fremder geworden als jene Wünschbarkeit von ehedem, die vom »Frieden der Seele«, die *christliche* Wünschbarkeit; nichts macht uns weniger Neid als die Moral-Kuh und das fette Glück des guten Gewissens. Man hat auf das *große* Leben verzichtet, wenn man auf den Krieg verzichtet ... In vielen Fällen freilich ist der »Frieden der Seele« bloß ein Mißverständnis – etwas *anderes,* das sich nur nicht ehrlicher zu benennen weiß Ohne Umschweif und Vorurteil ein paar Fälle. »Frieden der Seele« kann zum Beispiel die sanfte Ausstrahlung einer reichen Animalität ins Moralische (oder Religiöse) sein. Oder der Anfang der Müdigkeit, der erste Schatten, den der Abend, jede Art Abend wirft. Oder ein Zeichen davon, daß die Luft feucht ist, daß Südwinde herankommen. Oder die Dankbarkeit wider Wissen für eine glückliche Verdauung (»Menschenliebe« mitunter genannt). Oder das Stille-werden des Genesenden, dem alle Dinge neu schmecken und der wartet ... Oder der Zustand, der einer starken Befriedigung unsrer herrschenden Leidenschaft folgt, das Wohlgefühl einer seltnen Sattheit. Oder die Altersschwäche unseres Willens, unsrer Begehrungen, unsrer Laster. Oder die Faulheit, von der Eitelkeit überredet, sich moralisch aufzuputzen. Oder der Eintritt einer Gewißheit, selbst furchtbaren Gewißheit, nach einer langen Spannung und Marterung durch die Ungewißheit. Oder der Ausdruck der Reife und Meisterschaft mitten im Tun, Schaffen, Wirken, Wollen, das ruhige Atmen, die *erreichte* »Freiheit des Willens« ... *Götzen-Dämmerung*: wer weiß? vielleicht auch nur eine Art »Frieden der Seele« ...

4

– Ich bringe ein Prinzip in Formel. Jeder Naturalismus in der Moral, das heißt jede *gesunde* Moral, ist von einem Instinkte des Lebens beherrscht – irgendein Gebot des Lebens wird mit einem bestimmten Kanon von »Soll« und »Soll nicht« erfüllt, irgendeine Hemmung und Feindseligkeit auf dem Wege des Lebens wird damit beiseite geschafft. Die *widernatürliche* Moral, das heißt fast jede Moral, die bisher gelehrt, verehrt und gepredigt worden ist, wendet sich umgekehrt gerade *gegen* die Instinkte des Lebens – sie ist eine bald heimliche, bald laute und freche *Verurteilung* dieser Instinkte. Indem sie sagt »Gott sieht das Herz an«, sagt sie nein zu den untersten und obersten Begehrungen des Lebens und nimmt Gott als *Feind des Lebens* ... Der Heilige, an dem Gott sein Wohlgefallen hat, ist der ideale Kastrat ... Das Leben ist zu Ende, wo das »Reich Gottes« *anfängt* ...

5

Gesetzt, daß man das Frevelhafte einer solchen Auflehnung gegen das Leben begriffen hat, wie sie in der christlichen Moral beinahe sakrosankt geworden ist, so hat man damit, zum Glück, auch etwas andres begriffen: das Nutzlose, Scheinbare, Absurde, *Lügnerische* einer solchen Auflehnung. Eine Verurteilung des Lebens von seiten des Lebenden bleibt zuletzt doch nur das Symptom einer bestimmten Art von Leben: die Frage, ob mit Recht, ob mit Unrecht, ist gar nicht damit aufgeworfen. Man müßte eine Stellung *außerhalb* des Lebens haben, und andrerseits es so gut kennen, wie einer, wie viele, wie alle, die es gelebt haben, um das Problem vom *Wert* des Lebens überhaupt anrühren zu dürfen: Gründe genug, um zu begreifen, daß dies Problem ein für uns unzugängliches Problem ist. Wenn wir von Werten reden, reden wir unter der Inspiration, unter der Optik des Lebens: das Leben selbst zwingt uns, Werte anzusetzen, das Leben selbst wertet durch uns, *wenn* wir Werte ansetzen ... Daraus folgt, daß auch jene *Widernatur von Moral,* welche Gott als Gegenbegriff und Verurteilung des Lebens faßt, nur ein Werturteil des Lebens ist – *welches* Lebens? *welcher* Art von Leben? – Aber ich gab schon die Antwort: des niedergehenden, des geschwächten, des müden, des verurteilten Lebens. Moral, wie sie bisher verstanden worden ist – wie sie zuletzt noch von Schopenhauer formuliert wurde als »Verneinung des Willens zum Leben« – ist der *décadence-Instinkt* selbst, der aus sich einen Imperativ macht: sie sagt: »*geh zugrunde!*« – sie ist das Urteil Verurteilter ...

6

Erwägen wir endlich noch, welche Naivität es überhaupt ist, zu sagen »so und so *sollte* der Mensch sein!« Die Wirklichkeit zeigt uns einen entzückenden Reichtum der Typen, die Üppigkeit eines verschwenderischen Formenspiels und -Wechsels: und irgendein armseliger Eckensteher von Moralist sagt dazu: »nein! der Mensch sollte *anders* sein«? ... Er weiß es sogar, *wie* er sein sollte, dieser Schlucker und Mucker; er malt sich an die Wand und sagt dazu »*ecce homo!*« ... Aber selbst wenn der Moralist sich bloß an den einzelnen wendet und zu ihm sagt: »so und so solltest *du* sein!« hört er nicht auf, sich lächerlich zu machen. Der einzelne ist ein Stück Fatum von vorne und von hinten, ein Gesetz mehr, eine Notwendigkeit mehr für alles, was kommt und sein wird. Zu ihm sagen »ändere dich« heißt verlangen, daß alles sich ändert, sogar rückwärts noch ... Und wirklich, es gab konsequente Moralisten, sie wollten den Menschen anders, nämlich tugendhaft, sie wollten ihn nach ihrem Bilde, nämlich als Mucker: dazu *verneinten* sie die Welt! Keine kleine Tollheit! Keine bescheidne Art der Unbescheidenheit! ... Die Moral, insofern sie *verurteilt,* an sich, *nicht* aus Hinsichten, Rücksichten, Absichten des Lebens, ist ein spezifischer Irrtum, mit dem man kein Mitleiden haben soll, eine *Degenerierten-Idiosynkrasie,* die unsäglich viel Schaden gestiftet hat! ... Wir anderen, wir Immoralisten, haben umgekehrt unser Herz weit gemacht für alle Art Verstehn, Begreifen, *Gutheißen.* Wir verneinen nicht leicht, wir suchen unsre Ehre darin, *Bejahende* zu sein. Immer mehr ist uns das Auge für jene Ökonomie aufgegangen, welche alles das noch braucht und auszunützen weiß, was der heilige Aberwitz des Priesters, der *kranken* Vernunft im Priester verwirft, für jene Ökonomie im Gesetz des Lebens, die selbst aus der widerlichen Spezies des Muckers, des Priesters, des Tugendhaften ihren Vorteil zieht – *welchen Vorteil?* – Aber wir selbst, wir Immoralisten sind hier die Antwort ...

DIE VIER GROSSEN IRRTÜMER

1

Irrtum der Verwechslung von Ursache und Folge. – Es gibt keinen gefährlicheren Irrtum, als die *Folge mit der Ursache zu verwechseln*: ich heiße ihn die eigentliche Verderbnis der Vernunft. Trotzdem gehört dieser Irrtum zu den ältesten und jüngsten Gewohnheiten der Menschheit: er ist selbst unter uns geheiligt, er trägt den Namen »Religion«-»Moral«. *Jeder* Satz, den die Religion und die Moral formuliert, enthält ihn; Priester und Moral-Gesetzgeber sind die Urheber jener Verderbnis der Vernunft. – Ich nehme ein Beispiel. Jedermann kennt das Buch des berühmten Cornaro, in dem er seine schmale Diät als Rezept zu einem langen und glücklichen Leben – auch tugendhaften – anrät. Wenige Bücher sind so viel gelesen worden, noch jetzt wird es in England jährlich in vielen Tausenden von Exemplaren gedruckt. Ich zweifle nicht daran, daß kaum ein Buch (die Bibel, wie billig, ausgenommen) so viel Unheil gestiftet, so viele Leben *verkürzt* hat wie dies so wohlgemeinte Kuriosum. Grund dafür: die Verwechslung der Folge mit der Ursache. Der biedere Italiener sah in seiner Diät die *Ursache* seines langen Lebens: während die Vorbedingung zum langen Leben, die außerordentliche Langsamkeit des Stoffwechsels, der geringe Verbrauch, die Ursache seiner schmalen Diät war. Es stand ihm nicht frei, wenig *oder* viel zu essen, seine Frugalität war *nicht* ein »freier Wille«: er wurde krank, wenn er mehr aß. Wer aber kein Karpfen ist, tut nicht nur gut, sondern hat es nötig, *ordentlich* zu essen. Ein Gelehrter *unsrer* Tage, mit seinem rapiden Verbrauch an Nervenkraft, würde sich mit dem *régime* Cornaros zugrunde richten. *Crede experto.* –

2

Die allgemeinste Formel, die jeder Religion und Moral zugrunde liegt, heißt: »Tue das und das, laß das und das – so wirst du glücklich! Im andern Falle ...« Jede Moral, jede Religion *ist* dieser Imperativ – ich nenne ihn die große Erbsünde der Vernunft, die *unsterbliche Unvernunft*. In meinem Munde verwandelt sich jene Formel in ihre Umkehrung – *erstes* Beispiel meiner »Umwertung aller Werte«: ein wohlgeratner Mensch, ein »Glücklicher«, *muß* gewisse Handlungen tun und scheut sich instinktiv vor andren Handlungen, er trägt die Ordnung, die er physiologisch darstellt, in seine Beziehungen zu Menschen und Dingen hinein. In Formel: seine Tugend ist die *Folge* seines Glücks ... Langes Leben, eine reiche Nachkommenschaft ist *nicht* der Lohn der Tugend, die Tugend selbst ist vielmehr selbst jene Verlangsamung des Stoffwechsels, die, unter anderem, auch ein langes Leben, eine reiche Nachkommenschaft, kurz den *Cornarismus* im Gefolge hat. – Die Kirche und die Moral sagen: »ein Geschlecht, ein Volk wird durch Laster und Luxus zugrunde gerichtet«. Meine *wiederhergestellte* Vernunft sagt: wenn ein Volk zugrunde geht, physiologisch degeneriert, so *folgen* daraus Laster und Luxus (das heißt das Bedürfnis nach immer stärkeren und häufigeren Reizen, wie sie jede erschöpfte Natur kennt). Dieser junge Mann wird frühzeitig blaß und welk. Seine Freunde sagen: daran ist die und die Krankheit schuld. Ich sage: *daß* er krank wurde, *daß* er der Krankheit nicht widerstand, war bereits die Folge eines verarmten Lebens, einer hereditären Erschöpfung Der Zeitungsleser sagt: diese Partei richtet sich mit einem solchen Fehler zugrunde. Meine *höhere* Politik sagt: eine Partei, die solche Fehler macht, ist am Ende – sie hat ihre Instinkt-Sicherheit nicht mehr. Jeder Fehler in jedem Sinne ist die Folge von Instinkt-Entartung, von Disgregation des Willens: man definiert beinahe damit das *Schlechte*. Alles *Gute* ist Instinkt – und folglich leicht, notwendig, frei. Die Mühsal ist ein Einwand, der *Gott* ist typisch vom Helden unterschieden (in meiner Sprache: die *leichten* Füße das erste Attribut der Göttlichkeit).

3

Irrtum einer falschen Ursächlichkeit. – Man hat zu allen Zeiten geglaubt, zu wissen, was eine Ursache ist: aber woher nahmen wir unser Wissen, genauer, unsern Glauben, hier zu wissen? Aus dem Bereich der berühmten »inneren Tatsachen«, von denen bisher keine sich als tatsächlich erwiesen hat. Wir glaubten uns selbst im Akt des Willens ursächlich; wir meinten da wenigstens die Ursächlichkeit *auf der Tat zu ertappen*. Man zweifelte insgleichen nicht daran, daß alle *antecedentia* einer Handlung, ihre Ursachen, im Bewußtsein zu suchen seien und darin sich wiederfänden, wenn man sie suche – als »Motive«: man wäre ja sonst *zu* ihr nicht frei, *für* sie nicht verantwortlich gewesen. Endlich, wer hätte bestritten, daß ein Gedanke verursacht wird? daß das Ich den Gedanken verursacht? ... Von diesen drei »inneren Tatsachen«, mit denen sich die Ursächlichkeit zu verbürgen schien, ist die erste und überzeugendste die vom *Willen als Ursache*; die Konzeption eines Bewußtseins (»Geistes«) als Ursache und später noch die des Ich (des »Subjekts«) als Ursache sind bloß nachgeboren, nachdem vom Willen die Ursächlichkeit als gegeben feststand, als *Empirie* ... Inzwischen haben wir uns besser besonnen. Wir glauben heute kein Wort mehr von dem allen. Die »innere Welt« ist voller Trugbilder und

Irrlichter: der Wille ist eins von ihnen. Der Wille bewegt nichts mehr, erklärt folglich auch nichts mehr – er begleitet bloß Vorgänge, er kann auch fehlen. Das sogenannte »Motiv«: ein andrer Irrtum. Bloß ein Oberflächenphänomen des Bewußtseins, ein Nebenher der Tat, das eher noch die *antecedentia* einer Tat verdeckt, als daß es sie darstellt. Und gar das Ich! Das ist zur Fabel geworden, zur Fiktion, zum Wortspiel: das hat ganz und gar aufgehört, zu denken, zu fühlen und zu wollen! ... Was folgt daraus? Es gibt gar keine geistigen Ursachen! Die ganze angebliche Empirie dafür ging zum Teufel! *Das* folgt daraus! – Und wir hatten einen artigen Mißbrauch mit jener »Empirie« getrieben, wir hatten die Welt daraufhin *geschaffen* als eine Ursachen-Welt, als eine Willens-Welt, als eine Geister-Welt. Die älteste und längste Psychologie war hier am Werk, sie hat gar nichts andres getan: alles Geschehen war ihr ein Tun, alles Tun Folge eines Willens, die Welt wurde ihr eine Vielheit von Tätern, ein Täter (ein »Subjekt«) schob sich allem Geschehen unter. Der Mensch hat seine drei »inneren Tatsachen«, das, woran er am festesten glaubte, den Willen, den Geist, das Ich, aus sich herausprojiziert – er nahm erst den Begriff Sein aus dem Begriff Ich heraus, er hat die »Dinge« als seiend gesetzt nach seinem Bilde, nach seinem Begriff des Ichs als Ursache. Was Wunder, daß er später in den Dingen immer nur wiederfand, *was er in sie gesteckt hatte*? – Das Ding selbst, nochmals gesagt, der Begriff Ding ein Reflex bloß vom Glauben ans Ich als Ursache ... Und selbst noch ihr Atom, meine Herren Mechanisten und Physiker, wie viel Irrtum, wie viel rudimentäre Psychologie ist noch in Ihrem Atom rückständig! – Gar nicht zu reden vom »Ding an sich«, vom *horrendum pudendum* der Metaphysiker! Der Irrtum vom Geist als Ursache mit der Realität verwechselt! Und zum Maß der Realität gemacht! Und *Gott* genannt! –

4

Irrtum der imaginären Ursachen. – Vom Traume auszugehn: einer bestimmten Empfindung, zum Beispiel infolge eines fernen Kanonenschusses, wird nachträglich eine Ursache untergeschoben (oft ein ganzer kleiner Roman, in dem gerade der Träumende die Hauptperson ist). Die Empfindung dauert inzwischen fort, in einer Art von Resonanz: sie wartet gleichsam, bis der Ursachentrieb ihr erlaubt, in den Vordergrund zu treten – nunmehr nicht mehr als Zufall, sondern als »Sinn«. Der Kanonenschuß tritt in einer *kausalen* Weise auf, in einer anscheinenden Umkehrung der Zeit. Das Spätere, die Motivierung, wird zuerst erlebt, oft mit hundert Einzelheiten, die wie im Blitz vorübergehn, der Schuß *folgt* ... Was ist geschehen? Die Vorstellungen, welche ein gewisses Befinden *erzeugte*, wurden als Ursache desselben mißverstanden. – Tatsächlich machen wir es im

Wachen ebenso. Unsre meisten Allgemeingefühle – jede Art Hemmung, Druck, Spannung, Explosion im Spiel und Gegenspiel der Organe, wie insonderheit der Zustand des *nervus sympathicus* – erregen unsern Ursachentrieb: wir wollen einen *Grund* haben, uns *so und so* zu befinden – uns schlecht zu befinden oder gut zu befinden. Es genügt uns niemals, einfach bloß die Tatsache, *daß* wir uns so und so befinden, festzustellen: wir lassen diese Tatsache erst zu – werden ihrer *bewußt* –, *wenn* wir ihr eine Art Motivierung gegeben haben. – Die Erinnerung, die in solchem Falle, ohne unser Wissen, in Tätigkeit tritt, führt frühere Zustände gleicher Art und die damit verwachsenen Kausal-Interpretationen herauf – *nicht* deren Ursächlichkeit. Der Glaube freilich, daß die Vorstellungen, die begleitenden Bewußtseins-Vorgänge die Ursachen gewesen seien, wird durch die Erinnerung auch mit heraufgebracht. So entsteht eine *Gewöhnung* an eine bestimmte Ursachen-Interpretation, die in Wahrheit eine *Erforschung* der Ursache hemmt und selbst ausschließt.

5

Psychologische Erklärung dazu. – Etwas Unbekanntes auf etwas Bekanntes zurückführen, erleichtert, beruhigt, befriedigt, gibt außerdem ein Gefühl von Macht. Mit dem Unbekannten ist die Gefahr, die Unruhe, die Sorge gegeben, – der erste Instinkt geht dahin, diese peinlichen Zustände *wegzuschaffen* Erster Grundsatz: irgendeine Erklärung ist besser als keine. Weil es sich im Grunde nur um ein Loswerdenwollen drückender Vorstellungen handelt, nimmt man es nicht gerade streng mit den Mitteln, sie loszuwerden: die erste Vorstellung, mit der sich das Unbekannte als bekannt erklärt, tut so wohl, daß man sie »für wahr hält«. Beweis der *Lust* (»der Kraft«) als Kriterium der Wahrheit. – Der Ursachen-Trieb ist also bedingt und erregt durch das Furchtgefühl. Das »Warum?« soll, wenn irgend möglich, nicht sowohl die Ursache um ihrer selber willen geben, als vielmehr eine *Art von Ursache* – eine beruhigende, befreiende, erleichternde Ursache. Daß etwas schon *Bekanntes*, Erlebtes, in die Erinnerung Eingeschriebenes als Ursache angesetzt wird, ist die erste Folge dieses Bedürfnisses. Das Neue, das Unerlebte, das Fremde wird als Ursache ausgeschlossen. – Es wird also nicht nur eine Art von Erklärungen als Ursache gesucht, sondern eine *ausgesuchte* und *bevorzugte* Art von Erklärungen, die, bei denen am schnellsten, am häufigsten das Gefühl des Fremden, Neuen, Unerlebten weggeschafft worden ist – die *gewöhnlichsten* Erklärungen. – Folge: eine Art von Ursachen-Setzung überwiegt immer mehr, konzentriert sich zum System und tritt endlich *dominierend* hervor, das heißt *andre* Ursachen und Erklärungen einfach ausschließend. – Der Bankier denkt sofort ans »Geschäft«, der Christ an die »Sünde«, das Mädchen an seine Liebe.

6

Der ganze Bereich der Moral und Religion gehört unter diesen Begriff der imaginären Ursachen. – »Erklärung« der *unangenehmen* Allgemeingefühle. Dieselben sind bedingt durch Wesen, die uns feind sind (böse Geister: berühmtester Fall – Mißverständnis der Hysterischen als Hexen). Dieselben sind bedingt durch Handlungen, die nicht zu billigen sind (das Gefühl der »Sünde«, der »Sündhaftigkeit« einem physiologischen Mißbehagen untergeschoben – man findet immer Gründe, mit sich unzufrieden zu sein). Dieselben sind bedingt als Strafen, als eine Abzahlung für etwas, das wir nicht hätten tun, das wir nicht hätten *sein* sollen (in impudenter Form von Schopenhauer zu einem Satze verallgemeinert, in dem die Moral als das erscheint, was sie ist, als eigentliche Giftmischerin und Verleumderin des Lebens: »jeder große Schmerz, sei er leiblich, sei er geistig, sagt aus, was wir verdienen; denn er könnte nicht an uns kommen, wenn wir ihn nicht verdienten«. Welt als Wille und Vorstellung II, 666). Dieselben sind bedingt als Folgen unbedachter, schlimm auslaufender Handlungen (– die Affekte, die Sinne als Ursache, als »schuld« angesetzt; physiologische Notstände mit Hilfe *andrer* Notstände als »verdient« ausgelegt). – »Erklärung« der *angenehmen* Allgemeingefühle. Dieselben sind bedingt durch Gottvertrauen. Dieselben sind bedingt durch das Bewußtsein guter Handlungen (das sogenannte »gute Gewissen«, ein physiologischer Zustand, der mitunter einer glücklichen Verdauung zum Verwechseln ähnlich sieht). Dieselben sind bedingt durch den glücklichen Ausgang von Unternehmungen (– naiver Fehlschluß: der glückliche Ausgang einer Unternehmung schafft einem Hypochonder oder einem Pascal durchaus keine angenehmen Allgemeingefühle). Dieselben sind bedingt durch Glaube, Liebe, Hoffnung – die christlichen Tugenden. – In Wahrheit sind alle diese vermeintlichen Erklärungen *Folge*zustände und gleichsam Übersetzungen von Lust- oder Unlust-Gefühlen in einen falschen Dialekt: man ist im Zustande zu hoffen, *weil* das physiologische Grundgefühl wieder stark und reich ist; man vertraut Gott, *weil* das Gefühl der Fülle und Stärke einem Ruhe gibt. – Die Moral und Religion gehört ganz und gar unter die *Psychologie des Irrtums*: in jedem einzelnen Falle wird Ursache und Wirkung verwechselt; oder die Wahrheit mit der Wirkung des als wahr *Geglaubten* verwechselt; oder ein Zustand des Bewußtseins mit der Ursächlichkeit dieses Zustands verwechselt.

7

Irrtum vom freien Willen. – Wir haben heute kein Mitleid mehr mit dem Begriff »freier Wille«: wir wissen nur zu gut, was er ist – das anrüchigste Theologen-Kunststück, das es gibt, zum Zweck, die Menschheit in ihrem Sinne »verantwortlich« zu machen, das heißt *sie von sich abhängig zu machen* ... Ich gebe hier nur die Psychologie alles Verantwortlichmachens. – Überall, wo Verantwortlichkeiten gesucht werden, pflegt es der Instinkt des *Strafen- und Richten-Wollens* zu sein, der da sucht. Man hat das Werden seiner Unschuld entkleidet, wenn irgendein So-und-so-Sein auf Wille, auf Absichten, auf Akte der Verantwortlichkeit zurückgeführt wird: die Lehre vom Willen ist wesentlich erfunden zum Zweck der Strafe, das heißt des *Schuldig-finden-wollens.* Die ganze alte Psychologie, die Willens-Psychologie hat ihre Voraussetzung darin, daß deren Urheber, die Priester an der Spitze alter Gemeinwesen, sich ein *Recht* schaffen wollten, Strafen zu verhängen – oder Gott dazu ein Recht schaffen wollten ... Die Menschen wurden »frei« gedacht, um gerichtet, um gestraft werden zu können – um *schuldig* werden zu können: folglich *mußte* jede Handlung als gewollt, der Ursprung jeder Handlung im Bewußtsein liegend gedacht werden (– womit die *grundsätzlichste* Falschmünzerei *in psychologicis* zum Prinzip der Psychologie selbst gemacht war ...). Heute, wo wir in die *umgekehrte* Bewegung eingetreten sind, wo wir Immoralisten zumal mit aller Kraft den Schuldbegriff und den Strafbegriff aus der Welt wieder herauszunehmen und Psychologie, Geschichte, Natur, die gesellschaftlichen Institutionen und Sanktionen von ihnen zu reinigen suchen, gibt es in unsern Augen keine radikalere Gegnerschaft als die der Theologen, welche fortfahren, mit dem Begriff der »sittlichen Weltordnung« die Unschuld des Werdens durch »Strafe« und »Schuld« zu durchseuchen. Das Christentum ist eine Metaphysik des Henkers ...

8

Was kann allein *unsre* Lehre sein? – Daß niemand dem Menschen seine Eigenschaften *gibt,* weder Gott, noch die Gesellschaft, noch seine Eltern und Vorfahren, noch *er selbst* (– der Unsinn der hier zuletzt abgelehnten Vorstellung ist als »intelligible Freiheit« von Kant, vielleicht auch schon von Plato gelehrt worden). *Niemand* ist dafür verantwortlich, daß er überhaupt da ist, daß er so und so beschaffen ist, daß er unter diesen Umständen, in dieser Umgebung ist. Die Fatalität seines Wesens ist nicht herauszulösen aus der Fatalität alles dessen, was war und was sein wird. Er ist *nicht* die Folge einer eignen Absicht, eines Willens, eines Zwecks, mit ihm wird *nicht* der Versuch gemacht, ein »Ideal von Mensch« oder ein »Ideal von Glück« oder ein »Ideal von Moralität« zu erreichen – es ist absurd, sein Wesen in irgendeinen Zweck hin *abwälzen* zu wollen. *Wir* haben den Begriff »Zweck« erfunden: in der Realität *fehlt* der Zweck ... Man ist notwendig, man ist ein Stück Verhängnis, man gehört zum Ganzen, man *ist* im Ganzen, – es gibt nichts, was unser Sein richten, messen, vergleichen, verurteilen könnte, denn das hieße das Ganze richten, messen, vergleichen, verurteilen ... *Aber es gibt nichts außer dem Ganzen!* – Daß niemand mehr verantwortlich gemacht wird, daß die Art des Seins nicht auf eine *causa prima* zurückgeführt werden darf, daß die Welt weder als Sensorium, noch als »Geist« eine Einheit ist, *dies erst ist die große Befreiung* – damit erst ist die *Unschuld* des Werdens wieder hergestellt ... Der Begriff »Gott« war bisher der größte *Einwand* gegen das Dasein ... Wir leugnen Gott, wir leugnen die Verantwortlichkeit in Gott: *damit* erst erlösen wir die Welt. –

DIE »VERBESSERER« DER MENSCHHEIT

1

Man kennt meine Forderung an den Philosophen, sich *jenseits* von Gut und Böse zu stellen – die Illusion des moralischen Urteils *unter* sich zu haben. Diese Forderung folgt aus einer Einsicht, die von mir zum ersten Male formuliert worden ist: *daß es gar keine moralischen Tatsachen gibt*. Das moralische Urteil hat das mit dem religiösen gemein, daß es an Realitäten glaubt, die keine sind. Moral ist nur eine Ausdeutung gewisser Phänomene, bestimmter geredet, eine *Miß*deutung. Das moralische Urteil gehört, wie das religiöse, einer Stufe der Unwissenheit zu, auf der selbst der Begriff des Realen, die Unterscheidung des Realen und Imaginären noch fehlt: so daß »Wahrheit« auf solcher Stufe lauter Dinge bezeichnet, die wir heute »Einbildungen« nennen. Das moralische Urteil ist insofern nie wörtlich zu nehmen: als solches enthält es immer nur Widersinn. Aber es bleibt als *Semiotik* unschätzbar: es offenbart, für den Wissenden wenigstens, die wertvollsten Realitäten von Kulturen und Innerlichkeiten, die nicht genug *wußten*, um sich selbst zu »verstehn«. Moral ist bloß Zeichenrede, bloß Symptomatologie: man muß bereits wissen, *worum* es sich handelt, um von ihr Nutzen zu ziehn.

2

Ein erstes Beispiel und ganz vorläufig. Zu allen Zeiten hat man die Menschen »verbessern« wollen: dies vor allem hieß Moral. Aber unter dem gleichen Wort ist das Allerverschiedenste von Tendenz versteckt. Sowohl die *Zähmung* der Bestie Mensch, als die *Züchtung* einer bestimmten Gattung Mensch ist »Besserung« genannt worden: erst diese zoologischen *termini* drücken Realitäten aus – Realitäten freilich, von denen der typische »Verbesserer«, der Priester, nichts weiß – nichts wissen *will* . . . Die Zähmung eines Tieres seine »Besserung« nennen ist in unsern Ohren beinahe ein Scherz. Wer weiß, was in Menagerien geschieht, zweifelt daran, daß die Bestie daselbst »verbessert« wird. Sie wird geschwächt, sie wird weniger schädlich gemacht, sie wird durch den depressiven Affekt der Furcht, durch Schmerz, durch Wunden, durch Hunger zur *krankhaften* Bestie. – Nicht anders steht es mit dem gezähmten Menschen, den der Priester »verbessert« hat. Im frühen Mittelalter, wo in der Tat die Kirche vor allem eine Menagerie war, machte man allerwärts auf die schönsten

Exemplare der »blonden Bestie« Jagd – man »verbesserte« zum Beispiel die vornehmen Germanen. Aber wie sah hinterdrein ein solcher »verbesserter«, ins Kloster verführter Germane aus? Wie eine Karikatur des Menschen, wie eine Mißgeburt: er war zum »Sünder« geworden, er stak im Käfig, man hatte ihn zwischen lauter schreckliche Begriffe eingesperrt ... Da lag er nun, krank, kümmerlich, gegen sich selbst böswillig; voller Haß gegen die Antriebe zum Leben, voller Verdacht gegen alles, was noch stark und glücklich war. Kurz, ein »Christ« ... Physiologisch geredet: im Kampf mit der Bestie *kann* Krankmachen das einzige Mittel sein, sie schwach zu machen. Das verstand die Kirche: sie *verdarb* den Menschen, sie schwächte ihn – aber sie nahm in Anspruch, ihn »verbessert« zu haben ...

3

Nehmen wir den andern Fall der sogenannten Moral, den Fall der *Züchtung* einer bestimmten Rasse und Art. Das großartigste Beispiel dafür gibt die indische Moral, als »Gesetz des Manu« zur Religion sanktioniert. Hier ist die Aufgabe gestellt, nicht weniger als vier Rassen auf einmal zu züchten: eine priesterliche, eine kriegerische, eine händler- und ackerbauerische, endlich eine Dienstboten-Rasse, die Sudras. Ersichtlich sind wir hier nicht mehr unter Tierbändigern: eine hundertmal mildere und vernünftigere Art Mensch ist die Voraussetzung, um auch nur den Plan einer solchen Züchtung zu konzipieren. Man atmet auf, aus der christlichen Kranken- und Kerkerluft in diese gesündere, höhere, *weitere* Welt einzutreten. Wie armselig ist das »Neue Testament« gegen Manu, wie schlecht riecht es! – Aber auch diese Organisation hatte nötig, *furchtbar* zu sein – nicht diesmal im Kampf mit der Bestie, sondern mit *ihrem* Gegensatz-Begriff, dem Nicht-Zucht-Menschen, dem Mischmasch-Menschen, dem Tschandala. Und wieder hatte sie kein andres Mittel, ihn ungefährlich, ihn schwach zu machen, als ihn *krank* zu machen – es war der Kampf mit der »großen Zahl«. Vielleicht gibt es nichts unserm Gefühle Widersprechenderes als *diese* Schutzmaßregeln der indischen Moral. Das dritte Edikt zum Beispiel (Avadana-Sastra I), das »von den unreinen Gemüsen«, ordnet an, daß die einzige Nahrung, die den Tschandala erlaubt ist, Knoblauch und Zwiebeln sein sollen, in Anbetracht, daß die heilige Schrift verbietet, ihnen Korn oder Früchte, die Körner tragen, oder *Wasser* oder Feuer zu geben. Dasselbe Edikt setzt fest, daß das Wasser, welches sie nötig haben, weder aus den Flüssen, noch aus den Quellen, noch aus den Teichen genommen werden dürfe, sondern nur aus den Zugängen zu Sümpfen und aus Löchern, welche durch die Fußtapfen der Tiere entstanden sind. Insgleichen wird ihnen verboten, ihre Wäsche zu waschen und *sich selbst zu waschen,* da das Wasser, das ihnen aus Gnade zugestanden wird, nur benutzt werden darf, den Durst zu löschen. Endlich ein Verbot an die Sudra-Frauen, den Tschandala-Frauen bei der Geburt beizustehn, insgleichen noch eins für die letzteren, *einander dabei beizustehn* ... – Der Erfolg einer solchen Sanitäts-Polizei blieb nicht aus: mörderische Seuchen, scheußliche Geschlechtskrankheiten und daraufhin wieder »das Gesetz des Messers«, die Beschneidung für die männlichen, die Abtragung der kleinen Schamlippen für die weiblichen Kinder anordnend. – Manu selbst sagt: »die Tschandala sind die Frucht von Ehebruch, Inzest und Verbrechen (– dies die *notwendige* Konsequenz des Begriffs Züchtung). Sie sollen zu Kleidern nur die Lumpen von Leichnamen haben, zum Geschirr zerbrochne Töpfe, zum Schmuck altes Eisen, zum Gottesdienst nur die bösen Geister; sie sollen ohne Ruhe von einem Ort zum andern schweifen. Es ist ihnen verboten, von links nach rechts zu schreiben und sich der rechten Hand zum Schreiben zu bedienen: der Gebrauch der rechten Hand und des Von-links-nach-rechts ist bloß den *Tugendhaften* vorbehalten, den Leuten von *Rasse*.« –

4

Diese Verfügungen sind lehrreich genug: in ihnen haben wir einmal die *arische* Humanität, ganz rein, ganz ursprünglich – wir lernen, daß der Begriff »reines Blut« der Gegensatz eines harmlosen Begriffs ist. Andrerseits wird klar, in *welchem* Volk sich der Haß, der Tschandala-Haß gegen diese »Humanität« verewigt hat, wo er Religion, wo er *Genie* geworden ist ... Unter diesem Gesichtspunkte sind die Evangelien eine Urkunde ersten Ranges; noch mehr das Buch Henoch. – Das Christentum, aus jüdischer Wurzel und nur verständlich als Gewächs dieses Bodens, stellt die *Gegenbewegung* gegen jede Moral der Züchtung, der Rasse, des Privilegiums dar – es ist die *antiarische* Religion *par excellence*: das Christentum die Umwertung aller arischen Werte, der Sieg der Tschandala-Werte, das Evangelium den Armen, den Niedrigen gepredigt, der Gesamt-Aufstand alles Niedergetretenen, Elenden, Mißratenen, Schlechtweggekommenen gegen die »Rasse« – die unsterbliche Tschandala-Rache als *Religion der Liebe* ...

5

Die Moral der *Züchtung* und die Moral der *Zähmung* sind in den Mitteln, sich durchzusetzen, vollkommen einander würdig: wir dürfen als obersten Satz hinstellen, daß, um Moral zu *machen*, man den unbedingten Willen zum Gegenteil haben muß. Dies ist das große, das *unheimliche* Problem, dem ich am längsten nachgegangen bin: die Psychologie der »Verbesserer« der Menschheit. Eine kleine und im Grunde bescheidne Tatsache, die der sogenannten *pia fraus*, gab mir den ersten Zugang zu diesem Problem: die *pia fraus*, das Erbgut aller Philosophen und Priester, die die Menschheit »verbesserten«. Weder Manu, noch Plato, noch Konfuzius, noch die jüdischen und christlichen Lehrer haben je an ihrem *Recht* zur Lüge gezweifelt. Sie haben *an ganz andren Rechten* nicht gezweifelt ... In Formel ausgedrückt dürfte man sagen: *alle* Mittel, wodurch bisher die Menschheit moralisch gemacht werden sollte, waren von Grund aus *unmoralisch*. –

WAS DEN DEUTSCHEN ABGEHT

1

Unter Deutschen ist es heute nicht genug, Geist zu haben: man muß ihn noch sich nehmen, sich Geist *herausnehmen* ...

Vielleicht kenne ich die Deutschen, vielleicht darf ich selbst ihnen ein paar Wahrheiten sagen. Das neue Deutschland stellt ein großes Quantum vererbter und angeschulter Tüchtigkeit dar, so daß es den aufgehäuften Schatz von Kraft eine Zeitlang selbst verschwenderisch ausgeben darf. Es ist *nicht* eine hohe Kultur, die mit ihm Herr geworden, noch weniger ein delikater Geschmack, eine vornehme »Schönheit« der Instinkte; aber *männlichere* Tugenden, als sonst ein Land Europas aufweisen kann. Viel guter Mut und Achtung vor sich selber, viel Sicherheit im Verkehr, in der Gegenseitigkeit der Pflichten, viel Arbeitsamkeit, viel Ausdauer – und eine angeerbte Mäßigung, welche eher des Stachels als des Hemmschuhs bedarf. Ich füge hinzu, daß hier noch gehorcht wird, ohne daß das Gehorchen demütigt ... Und niemand verachtet seinen Gegner ...

Man sieht, es ist mein Wunsch, den Deutschen gerecht zu sein: ich möchte mir darin nicht untreu werden – ich muß ihnen also auch meinen Einwand machen. Es zahlt sich teuer, zur Macht zu kommen: die Macht *verdummt* ... Die Deutschen – man hieß sie einst das Volk der Denker: denken sie heute überhaupt noch? Die Deutschen langweilen sich jetzt am Geiste, die Deutschen mißtrauen jetzt dem Geiste, die Politik verschlingt allen Ernst für wirklich geistige Dinge – »Deutschland, Deutschland über alles«, ich fürchte, das war das Ende der deutschen Philosophie ... »Gibt es deutsche Philosophen? gibt es deutsche Dichter? gibt es *gute* deutsche Bücher?« – fragt man mich im Ausland. Ich erröte; aber mit der Tapferkeit, die mir auch in verzweifelten Fällen zu eigen ist, antworte ich: »Ja, *Bismarck*!« – Dürfte ich auch nur eingestehn, welche Bücher man heute liest? ... Vermaledeiter Instinkt der Mittelmäßigkeit! –

2

– Was der deutsche Geist sein *könnte*, wer hätte nicht schon darüber seine schwermütigen Gedanken gehabt! Aber dies Volk hat sich willkürlich verdummt, seit einem Jahrtausend beinahe: nirgendswo sind die zwei großen europäischen Narkotika, Alkohol und Christentum, lasterhafter gemißbraucht worden. Neuerdings kam sogar noch ein drittes hinzu, mit dem allein schon aller feinen und kühnen Beweglichkeit des Geistes der Garaus gemacht werden kann, die Musik, unsre verstopfte verstopfende deutsche Musik. – Wie viel verdrießliche Schwere, Lahmheit, Feuchtigkeit, Schlafrock, wie viel *Bier* ist in der deutschen Intelligenz! Wie ist es eigentlich möglich, daß junge Männer, die den geistigsten Zielen ihr Dasein weihn, nicht den ersten Instinkt der Geistigkeit, *den Selbsterhaltungs-Instinkt des Geistes* in sich fühlen – und Bier trinken? ... Der Alkoholismus der gelehrten Jugend ist vielleicht noch kein Fragezeichen in Absicht ihrer Gelehrsamkeit – man kann ohne Geist sogar ein großer Gelehrter sein –, aber in jedem andern Betracht bleibt er ein Problem. – Wo fände man sie nicht, die sanfte Entartung, die das Bier im Geiste hervorbringt! Ich habe einmal in einem beinahe berühmt gewordnen Fall den Finger auf eine solche Entartung gelegt – die Entartung unsres ersten deutschen Freigeistes, des *klugen* David Strauß, zum Verfasser eines Bierbank-Evangeliums und »neuen Glaubens« ... Nicht umsonst hatte er der »holden Braunen« sein Gelöbnis in Versen gemacht – Treue bis zum Tod ...

3

– Ich sprach vom deutschen Geiste: daß er gröber wird, daß er sich verflacht. Ist das genug? – Im Grunde ist es etwas ganz anderes, das mich erschreckt: wie es immer mehr mit dem deutschen Ernste, der deutschen Tiefe, der deutschen *Leidenschaft* in geistigen Dingen abwärts geht. Das Pathos hat sich verändert, nicht bloß die Intellektualität. – Ich berühre hier und da deutsche Universitäten: was für eine Luft herrscht unter deren Gelehrten, welche öde, welche genügsam und lau gewordne Geistigkeit! Es wäre ein tiefes Mißverständnis, wenn man mir hier die deutsche Wissenschaft einwenden wollte – und außerdem ein Beweis dafür, daß man nicht ein Wort von mir gelesen hat. Ich bin seit siebzehn Jahren nicht müde geworden, den *entgeistigenden* Einfluß unsres jetzigen Wissenschafts-Betriebs ans Licht zu stellen. Das harte Helotentum, zu dem der ungeheure Umfang der Wissenschaften heute jeden einzelnen verurteilt, ist ein Hauptgrund dafür, daß voller, reicher, *tiefer* angelegte Naturen keine ihnen gemäße Erziehung *und Erzieher* mehr vorfinden. Unsre Kultur leidet an nichts *mehr,* als an dem Überfluß anmaßlicher Eckensteher und Bruchstück-Humanitäten; unsre Universitäten sind, *wider* Willen, die eigentlichen Treibhäuser für diese Art Instinkt-Verkümmerung des Geistes. Und ganz Europa hat bereits einen Begriff davon – die große Politik täuscht niemanden ... Deutschland gilt immer mehr als Europas *Flachland.* – Ich *suche* noch nach einem Deutschen, mit dem *ich* auf meine Weise ernst sein könnte – um wieviel mehr nach einem, mit dem ich heiter sein dürfte! –

Götzen-Dämmerung: ah wer begriffe es heute, *von was für einem Ernste* sich hier ein Einsiedler erholt! – Die Heiterkeit ist an uns das Unverständlichste ...

4

Man mache einen Überschlag: es liegt nicht nur auf der Hand, daß die deutsche Kultur niedergeht, es fehlt auch nicht am zureichenden Grund dafür. Niemand kann zuletzt mehr ausgeben, als er hat – das gilt von einzelnen, das gilt von Völkern. Gibt man sich für Macht, für große Politik, für Wirtschaft, Weltverkehr, Parlamentarismus, Militär-Interessen aus – gibt man das Quantum Verstand, Ernst, Wille, Selbstüberwindung, das man ist, nach *dieser* Seite weg, so fehlt es auf der andern Seite. Die Kultur und der Staat – man betrüge sich hierüber nicht – sind Antagonisten: »Kultur-Staat« ist bloß eine moderne Idee. Das eine lebt vom andern, das eine gedeiht auf Unkosten des andern. Alle großen Zeiten der Kultur sind politische Niedergangs-Zeiten: was groß ist im Sinn der Kultur, war unpolitisch, selbst *antipolitisch* ... Goethe ging das Herz auf bei dem Phänomen Napoleon – es ging ihm *zu* bei den »Freiheits-Kriegen« ... In demselben Augenblick, wo Deutschland als Großmacht heraufkommt, gewinnt Frankreich als *Kulturmacht* eine veränderte Wichtigkeit. Schon heute ist viel neuer Ernst, viel neue *Leidenschaft* des Geistes nach Paris übergesiedelt; die Frage des Pessimismus zum Beispiel, die Frage Wagner, fast alle psychologischen und artistischen Fragen werden dort unvergleichlich feiner und gründlicher erwogen als in Deutschland – die Deutschen sind selbst *unfähig* zu dieser Art Ernst. – In der Geschichte der europäischen Kultur bedeutet die Heraufkunft des »Reichs« vor allem eins: eine *Verlegung des Schwergewichts*. Man weiß es überall bereits: in der Hauptsache – und das bleibt die Kultur – kommen die Deutschen nicht mehr in Betracht. Man fragt: habt ihr auch nur einen für Europa *mitzählenden* Geist aufzuweisen? wie euer Goethe, euer Hegel, euer Heinrich Heine, euer Schopenhauer mitzählte? – Daß es nicht einen einzigen deutschen Philosophen mehr gibt, darüber ist des Erstaunens kein Ende. –

5

Dem ganzen höheren Erziehungswesen in Deutschland ist die Hauptsache abhanden gekommen: *Zweck* sowohl als *Mittel* zum Zweck. Daß Erziehung, *Bildung* selbst Zweck ist – und *nicht* »das Reich« –, daß es zu diesem Zweck der *Erzieher* bedarf – und *nicht* der Gymnasiallehrer und Universitäts-Gelehrten – man vergaß das ... Erzieher tun not, *die selbst erzogen* sind, überlegne, vornehme Geister, in jedem Augenblick bewiesen, durch Wort und Schweigen bewiesen, reife, *süß* gewordene Kulturen – *nicht* die gelehrten Rüpel, welche Gymnasium und Universität der Jugend heute als »höhere Ammen« entgegenbringt. Die Erzieher *fehlen*, die Ausnahmen der Ausnahmen abgerechnet, die *erste* Vorbedingung der Erziehung: *daher* der Niedergang der deutschen Kultur. – Eine jener allerseltensten Ausnahmen ist mein verehrungswürdiger Freund Jacob Burckhardt in Basel: ihm zuerst verdankt Basel seinen Vorrang von Humanität. – Was die »höheren Schulen« Deutschlands tatsächlich erreichen, das ist eine brutale Abrichtung, um, mit möglichst geringem Zeitverlust, eine Unzahl junger Männer für den Staatsdienst nutzbar, *ausnutzbar* zu machen. »Höhere Erziehung« und *Unzahl* – das widerspricht sich von vornherein. Jede höhere Erziehung gehört nur der Ausnahme: man muß privilegiert sein, um ein Recht auf ein so hohes Privilegium zu haben. Alle großen, alle schönen Dinge können nie Gemeingut sein: *pulchrum est paucorum hominum*. – Was *bedingt* den Niedergang der deutschen Kultur? Daß »höhere Erziehung« kein *Vorrecht* mehr ist – der Demokratismus der »allgemeinen«, der *gemein* gewordnen »Bildung« ... Nicht zu vergessen, daß militärische Privilegien den *Zu-viel-Besuch* der höheren Schulen, das heißt ihren Untergang, förmlich erzwingen. – Es steht niemandem mehr frei, im jetzigen Deutschland seinen Kindern eine vornehme Erziehung zu geben: unsre »höheren« Schulen sind allesamt auf die zweideutigste Mittelmäßigkeit eingerichtet, mit Lehrern, mit Lehrplänen, mit Lehrzielen. Und überall herrscht eine unanständige Hast, wie als ob etwas versäumt wäre, wenn der junge Mann mit 23 Jahren noch nicht »fertig« ist, noch nicht Antwort weiß auf die »Hauptfrage«: *welchen* Beruf? – Eine höhere Art Mensch, mit Verlaub gesagt, liebt nicht »Berufe«, genau deshalb, weil sie sich berufen weiß ... Sie hat Zeit, sie nimmt sich Zeit, sie denkt gar nicht daran, »fertig« zu werden – mit dreißig Jahren ist man, im Sinne hoher Kultur, ein Anfänger, ein Kind. – Unsre überfüllten Gymnasien, unsre überhäuften, stupid gemachten Gymnasiallehrer sind ein Skandal: um diese Zustände in Schutz zu nehmen, wie es jüngst die Professoren von Heidelberg getan haben, dazu hat man vielleicht *Ursachen* – Gründe dafür gibt es nicht.

6

– Ich stelle, um nicht aus meiner Art zu fallen, die *jasagend* ist und mit Widerspruch und Kritik nur mittelbar, nur unfreiwillig zu tun hat, sofort die drei Aufgaben hin, derentwegen man Erzieher braucht. Man hat *sehen* zu lernen, man hat *denken* zu lernen, man hat *sprechen* und *schreiben* zu lernen: das Ziel in allen dreien ist eine vornehme Kultur. – *Sehen* lernen – dem Auge die Ruhe, die Geduld, das An-sich-herankommen-lassen angewöhnen; das Urteil hinausschieben, den Einzelfall von allen Seiten umgehn und umfassen lernen. Das ist die *erste* Vorschulung zur Geistigkeit: auf einen Reiz *nicht* sofort reagieren, sondern die hemmenden, die abschließenden Instinkte in die Hand bekommen. *Sehen* lernen, so wie ich es verstehe, ist beinahe das, was die unphilosophische Sprechweise den starken Willen nennt: das Wesentliche daran ist gerade, *nicht* »wollen«, die Entscheidung aussetzen *können*. Alle Ungeistigkeit, alle Gemeinheit beruht auf dem Unvermögen, einem Reize Widerstand zu leisten – man *muß* reagieren, man folgt jedem Impulse. In vielen Fällen ist ein solches Müssen bereits Krankhaftigkeit, Niedergang, Symptom der Erschöpfung, – fast alles, was die unphilosophische Roheit mit dem Namen »Laster« bezeichnet, ist bloß jenes physiologische Unvermögen, *nicht* zu reagieren. – Eine Nutzanwendung vom Sehen-gelernt-haben: man wird als *Lernender* überhaupt langsam, mißtrauisch, widerstrebend geworden sein. Man wird Fremdes, *Neues* jeder Art zunächst mit feindseliger Ruhe herankommen lassen – man wird seine Hand davor zurückziehn. Das Offenstehn mit allen Türen, das untertänige Auf-dem-Bauch-Liegen vor jeder kleinen Tatsache, das allzeit sprungbereite Sich-hinein-Setzen, Sich-hinein-*Stürzen* in andere und anderes, kurz die berühmte moderne »Objektivität« ist schlechter Geschmack, ist *unvornehm par excellence*. –

7

Denken lernen: man hat auf unsern Schulen keinen Begriff mehr davon. Selbst auf den Universitäten, sogar unter den eigentlichen Gelehrten der Philosophie beginnt Logik als Theorie, als Praktik, als *Handwerk*, auszusterben. Man lese deutsche Bücher: nicht mehr die entfernteste Erinnerung daran, daß es zum Denken, einer Technik, eines Lehrplans, eines Willens zur Meisterschaft bedarf – daß Denken gelernt sein will, wie Tanzen gelernt sein will, *als* eine Art Tanzen ... Wer kennt unter Deutschen jenen feinen Schauder aus Erfahrung noch, den die *leichten Füße* im Geistigen in alle Muskeln überströmen! – Die steife Tölpelei der geistigen Gebärde, die *plumpe* Hand beim Fassen – das ist in dem Grade deutsch, daß man es im Auslande mit dem deutschen Wesen überhaupt verwechselt. Der Deutsche hat keine *Finger* für *nuances* ... Daß die Deutschen ihre Philosophen auch nur ausgehalten haben, vor allem jenen verwachsensten Begriffs-Krüppel, den es je gegeben hat, den *großen* Kant, gibt keinen kleinen Begriff von der deutschen Anmut. – Man kann nämlich das *Tanzen* in jeder Form nicht von der *vornehmen Erziehung* abrechnen, Tanzen-können mit den Füßen, mit den Begriffen, mit den Worten: habe ich noch zu sagen, daß man es auch mit der *Feder* können muß – daß man *schreiben* lernen muß? – Aber an dieser Stelle würde ich deutschen Lesern vollkommen zum Rätsel werden ...

STREIFZÜGE EINES UNZEITGEMÄSSEN

1

Meine *Unmöglichen.* – *Seneca*: oder der Toreador der Tugend. – *Rousseau*: oder die Rückkehr zur Natur *in impuris naturalibus.* – *Schiller*: oder der Moral-Trompeter von Säckingen. – *Dante*: oder die Hyäne, die in Gräbern *dichtet.* – *Kant*: oder *cant* als intelligibler Charakter. – *Victor Hugo*: oder der Pharus am Meere des Unsinns. – *Liszt*: oder die Schule der Geläufigkeit – nach Weibern. – *George Sand*: oder *lactea ubertas*, auf deutsch: die Milchkuh mit »schönem Stil«. – *Michelet*: oder die Begeisterung, die den Rock auszieht. – *Carlyle*: oder Pessimismus als zurückgetretenes Mittagessen. – *John Stuart Mill*: oder die beleidigende Klarheit. – *Les frères de Goncourt*: oder die beiden Ajaxe im Kampf mit Homer. Musik von Offenbach. – *Zola*: oder »die Freude zu stinken«. –

2

Renan. – Theologie, oder die Verderbnis der Vernunft durch die »Erbsünde« (das Christentum). Zeugnis Renan, der, sobald er einmal ein Ja oder Nein allgemeinerer Art riskiert, mit peinlicher Regelmäßigkeit danebengreift. Er möchte zum Beispiel *la science* und *la noblesse* in eins verknüpfen; aber *la science* gehört zur Demokratie, das greift sich doch mit Händen. Er wünscht, mit keinem kleinen Ehrgeize, einen Aristokratismus des Geistes darzustellen: aber zugleich liegt er vor dessen Gegenlehre, dem *évangile des humbles* auf den Knien und nicht nur auf den Knien ... was hilft alle Freigeisterei, Modernität, Spötterei und Wendehals-Geschmeidigkeit, wenn man mit seinen Eingeweiden Christ, Katholik und sogar Priester geblieben ist! Renan hat seine Erfindsamkeit, ganz wie ein Jesuit und Beichtvater, in der Verführung; seiner Geistigkeit fehlt das breite Pfaffen-Geschmunzel nicht – er wird, wie alle Priester, gefährlich erst, wenn er liebt. Niemand kommt ihm darin gleich, auf eine lebensgefährliche Weise anzubeten ... Dieser Geist Renans, ein Geist, der *entnervt*, ist ein Verhängnis mehr für das arme, kranke, willenskranke Frankreich. –

3

Sainte-Beuve. – Nichts von Mann; voll eines kleinen Ingrimms gegen alle Mannsgeister. Schweift umher, fein, neugierig, gelangweilt, aushorcherisch – eine Weibsperson im Grunde, mit einer Weibs-Rachsucht und Weibs-Sinnlichkeit. Als Psycholog ein Genie der *médisance;* unerschöpflich reich an Mitteln dazu; niemand versteht besser, mit einem Lob Gift zu mischen. Plebejisch in den untersten Instinkten und mit dem Ressentiment Rousseaus verwandt: *folglich* Romantiker, – denn unter allem *romantisme* grunzt und giert der Instinkt Rousseaus nach Rache. Revolutionär, aber durch die Furcht leidlich noch im Zaum gehalten. Ohne Freiheit vor allem, was Stärke hat (öffentliche Meinung, Akademie, Hof, selbst Port-Royal). Erbittert gegen alles Große an Mensch und Ding, gegen alles, was an sich glaubt. Dichter und Halbweib genug, um das Große noch als Macht zu fühlen; gekrümmt beständig, wie jener berühmte Wurm, weil er sich beständig getreten fühlt. Als Kritiker ohne Maßstab, Halt und Rückgrat, mit der Zunge des kosmopolitischen *libertin* für vielerlei, aber ohne den Mut selbst zum Eingeständnis der *libertinage.* Als Historiker ohne Philosophie, ohne die *Macht* des philosophischen Blicks – deshalb die Aufgabe des Richtens in allen Hauptsachen ablehnend, die »Objektivität« als Maske vorhaltend. Anders verhält er sich zu allen Dingen, wo ein feiner, vernutzter Geschmack die höchste Instanz ist: da hat er wirklich den Mut zu sich, die Lust an sich – da ist er *Meister.* – Nach einigen Seiten eine Vorform Baudelaires. –

4

Die *imitatio Christi* gehört zu den Büchern, die ich nicht ohne einen physiologischen Widerstand in den Händen halte: sie haucht einen *parfum* des Ewig-Weiblichen aus, zu dem man bereits Franzose sein muß – oder Wagnerianer ... Dieser Heilige hat eine Art, von der Liebe zu reden, daß sogar die Pariserinnen neugierig werden. – Man sagt mir, daß jener *klügste* Jesuit, A. Comte, der seine Franzosen auf dem *Umweg* der Wissenschaft nach Rom führen wollte, sich an diesem Buche inspiriert habe. Ich glaube es: »die Religion des Herzens« ...

5

G. Eliot. – Sie sind den christlichen Gott los und glauben nun um so mehr die christliche Moral festhalten zu müssen: das ist eine *englische* Folgerichtigkeit, wir wollen sie den Moral-Weiblein *à la* Eliot nicht verübeln. In England muß man sich für jede kleine Emanzipation von der

Theologie in furchteinflößender Weise als Moral-Fanatiker wieder zu Ehren bringen. Das ist dort die *Buße* die man zahlt. – Für uns andre steht es anders. Wenn man den christlichen Glauben aufgibt, zieht man sich damit das *Recht* zur christlichen Moral unter den Füßen weg. Diese versteht sich schlechterdings *nicht* von selbst: man muß diesen Punkt, den englischen Flachköpfen zum Trotz, immer wieder ans Licht stellen. Das Christentum ist ein System, eine zusammengedachte und *ganze* Ansicht der Dinge. Bricht man aus ihm einen Hauptbegriff, den Glauben an Gott, heraus, so zerbricht man damit auch das Ganze: man hat nichts Notwendiges mehr zwischen den Fingern. Das Christentum setzt voraus, daß der Mensch nicht wisse, nicht wissen *könne*, was für ihn gut, was böse ist: er glaubt an Gott, der allein es weiß. Die christliche Moral ist ein Befehl; ihr Ursprung ist transzendent; sie ist jenseits aller Kritik, alles Rechts auf Kritik; sie hat nur Wahrheit, falls Gott die Wahrheit ist – sie steht und fällt mit dem Glauben an Gott. – Wenn tatsächlich die Engländer glauben, sie wüßten von sich aus, »intuitiv«, was gut und böse ist, wenn sie folglich vermeinen, das Christentum als Garantie der Moral nicht mehr nötig zu haben, so ist dies selbst bloß die *Folge* der Herrschaft des christlichen Werturteils und ein Ausdruck von der *Stärke* und *Tiefe* dieser Herrschaft: so daß der Ursprung der englischen Moral vergessen worden ist, so daß das Sehr-Bedingte ihres Rechts auf Dasein nicht mehr empfunden wird. Für den Engländer ist die Moral noch kein Problem ...

6

George Sand. – Ich las die ersten *lettres d'un voyageur*: wie alles, was von Rousseau stammt, falsch, gemacht, Blasebalg, übertrieben. Ich halte diesen bunten Tapeten-Stil nicht aus; ebensowenig als die Pöbel-Ambition nach generösen Gefühlen. Das Schlimmste freilich bleibt die Weibskoketterie mit Männlichkeiten, mit Manieren ungezogner Jungen. – Wie kalt muß sie bei alledem gewesen sein, diese unausstehliche Künstlerin! Sie zog sich auf wie eine Uhr – und schrieb ... Kalt, wie Hugo, wie Balzac, wie alle Romantiker, sobald sie dichteten! Und wie selbstgefällig sie dabei dagelegen haben mag, diese fruchtbare Schreibe-Kuh, die etwas Deutsches im schlimmen Sinne an sich hatte, gleich Rousseau selbst, ihrem Meister, und jedenfalls erst beim Niedergang des französischen Geschmacks möglich war! – Aber Renan verehrt sie ...

7

Moral für Psychologen. – Keine Kolportage-Psychologie treiben! Nie beobachten, *um* zu beobachten! Das gibt eine falsche Optik, ein Schielen, etwas Erzwungenes und Übertreibendes. Erleben als Erleben-*Wollen* – das gerät nicht. Man *darf* nicht im Erlebnis nach sich hinblicken, jeder Blick wird da zum »bösen Blick«. Ein geborner Psycholog hütet sich aus Instinkt, zu sehn, um zu sehn; dasselbe gilt vom gebornen Maler. Er arbeitet nie »nach der Natur« – er überläßt seinem Instinkte, seiner *camera obscura* das Durchsieben und Ausdrücken des »Falls«, der »Natur«, des »Erlebten« ... Das *Allgemeine* erst kommt ihm zum Bewußtsein, der Schluß, das Ergebnis: er kennt jenes willkürliche Abstrahieren vom einzelnen Falle nicht. – Was wird daraus, wenn man es anders macht? Zum Beispiel nach Art der Pariser *romanciers* groß und klein Kolportage-Psychologie treibt? *Das* lauert gleichsam der Wirklichkeit auf, *das* bringt jeden Abend eine Handvoll Kuriositäten mit nach Hause ... Aber man sehe nur, was zuletzt herauskommt – ein Haufen von Klecksen, ein Mosaik bestenfalls, in jedem Falle etwas Zusammen-Addiertes, Unruhiges, Farbenschreiendes. Das Schlimmste darin erreichen die Goncourts: sie setzen nicht drei Sätze zusammen, die nicht dem Auge, dem *Psychologen*-Auge einfach weh tun. – Die Natur, künstlerisch abgeschätzt, ist kein Modell. Sie übertreibt, sie verzerrt, sie läßt Lücken. Die Natur ist der *Zufall*. Das Studium »nach der Natur« scheint mir ein schlechtes Zeichen: es verrät Unterwerfung, Schwäche, Fatalismus, – dies Im-Staubeliegen vor *petits faits* ist eines *ganzen* Künstlers unwürdig. Sehen, *was ist* – das gehört einer andern Gattung von Geistern zu, den *antiartistischen*, den Tatsächlichen. Man muß wissen, *wer* man ist ...

8

Zur Psychologie des Künstlers. – Damit es Kunst gibt, damit es irgendein ästhetisches Tun und Schauen gibt, dazu ist eine physiologische Vorbedingung unumgänglich: der *Rausch*. Der Rausch muß erst die Erregbarkeit der ganzen Maschine gesteigert haben: eher kommt es zu keiner Kunst. Alle noch so verschieden bedingten Arten des Rausches haben dazu die Kraft: vor allem der Rausch der Geschlechtserregung, diese älteste und ursprünglichste Form des Rausches. Insgleichen der Rausch, der im Gefolge aller großen Begierden, aller starken Affekte kommt; der Rausch des Festes, des Wettkampfs, des Bravourstücks, des Siegs, aller extremen Bewegung; der Rausch der Grausamkeit; der Rausch in der Zerstörung; der Rausch unter gewissen meteorologischen Einflüssen, zum Beispiel der Frühlingsrausch; oder unter dem Einfluß der Narkotika; endlich der Rausch des Willens, der Rausch eines überhäuften und geschwellten

Willens. – Das Wesentliche am Rausch ist das Gefühl der Kraftsteigerung und Fülle. Aus diesem Gefühle gibt man an die Dinge ab, man *zwingt* sie von uns zu nehmen, man vergewaltigt sie – man heißt diesen Vorgang *idealisieren.* Machen wir uns hier von einem Vorurteil los: das Idealisieren besteht *nicht,* wie gemeinhin geglaubt wird, in einem Abziehn oder Abrechnen des Kleinen, des Nebensächlichen. Ein ungeheures *Heraustreiben* der Hauptzüge ist vielmehr das Entscheidende, so daß die andern darüber verschwinden.

9

Man bereichert in diesem Zustande alles aus seiner eigenen Fülle: was man sieht, was man will, man sieht es geschwellt, gedrängt, stark, überladen mit Kraft. Der Mensch dieses Zustandes verwandelt die Dinge, bis sie seine Macht widerspiegeln – bis sie Reflexe seiner Vollkommenheit sind. Dies Verwandeln-*müssen* ins Vollkommne ist – Kunst. Alles selbst, was er nicht ist, wird trotzdem ihm zur Lust an sich; in der Kunst genießt sich der Mensch als Vollkommenheit. – Es wäre erlaubt, sich einen gegensätzlichen Zustand auszudenken, ein spezifisches Antikünstlertum des Instinkts – eine Art zu sein, welche alle Dinge verarmte, verdünnte, schwindsüchtig machte. Und in der Tat, die Geschichte ist reich an solchen Anti-Artisten, an solchen Ausgehungerten des Lebens: welche mit Notwendigkeit die Dinge noch an sich nehmen, sie auszehren, sie *magerer* machen müssen. Dies ist zum Beispiel der Fall des echten Christen, Pascals zum Beispiel: ein Christ, der zugleich Künstler wäre, *kommt nicht vor* . . . Man sei nicht kindlich und wende mir Raffael ein oder irgendwelche homöopathische Christen des neunzehnten Jahrhunderts: Raffael sagte ja, Raffael *machte* ja, folglich war Raffael kein Christ . . .

10

Was bedeutet der von mir in die Ästhetik eingeführte Gegensatz-Begriff *apollinisch* und *dionysisch,* beide als Arten des Rausches begriffen? – Der apollinische Rausch hält vor allem das Auge erregt, so daß es die Kraft der Vision bekommt. Der Maler, der Plastiker, der Epiker sind Visionäre *par excellence.* Im dionysischen Zustande ist dagegen das gesamte Affekt-System erregt und gesteigert: so daß es alle seine Mittel des Ausdrucks mit einem Male entladet und die Kraft des Darstellens, Nachbildens, Transfigurierens, Verwandelns, alle Art Mimik und Schauspielerei zugleich heraustreibt. Das Wesentliche bleibt die Leichtigkeit der Metamorphose, die Unfähigkeit, *nicht* zu reagieren (– ähnlich wie bei gewissen Hysterischen, die auch auf jeden Wink hin in *jede* Rolle eintreten). Es ist dem dionysischen Menschen unmöglich, irgendeine Suggestion nicht zu verstehn, er übersieht kein Zeichen des Affekts, er hat den höchsten Grad des verstehenden und erratenden Instinkts, wie er den höchsten Grad von Mitteilungs-Kunst besitzt. Er geht in jede Haut, in jeden Affekt ein: er verwandelt sich beständig. – Musik, wie wir sie heute verstehn, ist gleichfalls eine Gesamt-Erregung und -Entladung der Affekte, aber dennoch nur das Überbleibsel von einer viel volleren Ausdrucks-Welt des Affekts, ein bloßes *Residuum* des dionysischen Histrionismus. Man hat, zur Ermöglichung der Musik als Sonderkunst, eine Anzahl Sinne, vor allem den Muskelsinn stillgestellt (relativ wenigstens: denn in einem gewissen Grade redet noch aller Rhythmus zu unsern Muskeln): so daß der Mensch nicht mehr alles, was er fühlt, sofort leibhaft nachahmt und darstellt. Trotzdem ist *das* der eigentlich dionysische Normalzustand, jedenfalls der Urzustand; die Musik ist die langsam erreichte Spezifikation desselben auf Unkosten der nächstverwandten Vermögen.

11

Der Schauspieler, der Mime, der Tänzer, der Musiker, der Lyriker sind in ihren Instinkten grundverwandt und an sich eins, aber allmählich spezialisiert und voneinander abgetrennt – bis selbst zum Widerspruch. Der Lyriker blieb am längsten mit dem Musiker geeint; der Schauspieler mit dem Tänzer. – Der *Architekt* stellt weder einen dionysischen, noch einen apollinischen Zustand dar: hier ist es der große Willensakt, der Wille, der Berge versetzt, der Rausch des großen Willens, der zur Kunst verlangt. Die mächtigsten Menschen haben immer die Architekten inspiriert; der Architekt, war stets unter der Suggestion der Macht. Im Bauwerk soll sich der Stolz, der Sieg über die Schwere, der Wille zur Macht versichtbaren; Architektur ist eine Art Macht-Beredsamkeit in Formen, bald überredend, selbst schmeichelnd, bald bloß befehlend. Das höchste Gefühl von Macht und Sicherheit kommt in dem zum Ausdruck, was *großen Stil* hat. Die Macht, die keinen Beweis mehr nötig hat; die es verschmäht, zu gefallen; die schwer antwortet; die keinen Zeugen um sich fühlt; die ohne Bewußtsein davon lebt, daß es Widerspruch gegen sie gibt; die in *sich* ruht, fatalistisch, ein Gesetz unter Gesetzen: *Das* redet als großer Stil von sich. –

12

Ich las das Leben *Thomas Carlyles*, diese Farce wider Wissen und Willen, diese heroisch-moralische Interpretation dyspeptischer Zustände. – Carlyle, ein Mann der starken Worte und Attitüden, ein Rhetor aus *Not*, den beständig das Verlangen nach einem starken Glauben agaziert *und* das Gefühl der Unfähigkeit dazu (– darin ein typischer Romantiker!). Das

Verlangen nach einem starken Glauben ist *nicht* der Beweis eines starken Glaubens, vielmehr das Gegenteil. *Hat man ihn,* so darf man sich den schönen Luxus der Skepsis gestatten: man ist sicher genug, fest genug, gebunden genug dazu. Carlyle betäubt etwas in sich durch das *fortissimo* seiner Verehrung für Menschen starken Glaubens und durch seine Wut gegen die weniger Einfältigen: er *bedarf* des Lärms. Eine beständige leidenschaftliche *Unredlichkeit* gegen sich – das ist sein *proprium,* damit ist und bleibt er interessant. – Freilich, in England wird er gerade wegen seiner Redlichkeit bewundert ... Nun, das ist englisch; und in Anbetracht, daß die Engländer das Volk des vollkommren *cant* sind, sogar billig und nicht nur begreiflich. Im Grunde ist Carlyle ein englischer Atheist, der seine Ehre darin sucht, es *nicht* zu sein.

13

Emerson. – Viel aufgeklärter, schweifender, vielfacher, raffinierter als Carlyle, vor allem glücklicher ... Ein solcher, der sich instinktiv bloß von Ambrosia nährt, der das Unverdauliche in den Dingen zurückläßt. Gegen Carlyle gehalten ein Mann des Geschmacks. – Carlyle, der ihn sehr liebte, sagte trotzdem von ihm: »er gibt *uns* nicht genug zu beißen«: was mit Recht gesagt sein mag, aber nicht zu Ungunsten Emersons. – Emerson hat jene gütige und geistreiche Heiterkeit, welche allen Ernst entmutigt; er weiß es schlechterdings nicht, wie alt er schon ist und wie jung er noch sein wird – er könnte von sich mit einem Wort Lope de Vegas sagen: *»yo me sucedo a mi mismo«.* Sein Geist findet immer Gründe, zufrieden und selbst dankbar zu sein; und bisweilen streift er die heitere Transzendenz jenes Biedermanns, der von einem verliebten Stelldichein *tamquam re bene gesta* zurückkam. *»Ut desint vires«,* sprach er dankbar, *»tamen est laudanda voluptas.«* –

14

Anti-Darwin. – Was den berühmten »Kampf ums *Leben*« betrifft, so scheint er mir einstweilen mehr behauptet als bewiesen. Er kommt vor, aber als Ausnahme; der Gesamt-Aspekt des Lebens ist *nicht* die Notlage, die Hungerlage, vielmehr der Reichtum, die Üppigkeit, selbst die absurde Verschwendung – wo gekämpft wird, kämpft man um *Macht* ... Man soll nicht Malthus mit der Natur verwechseln. – Gesetzt aber, es gibt diesen Kampf – und in der Tat, er kommt vor –, so läuft er leider umgekehrt aus, als die Schule Darwins wünscht, als man vielleicht mit ihr wünschen *dürfte:* nämlich zu Ungunsten der Starken, der Bevorrechtigten, der glücklichen Ausnahmen. Die Gattungen wachsen *nicht* in die Vollkommenheit: die Schwachen werden immer wieder über die Starken Herr – das macht, sie sind die große Zahl, sie sind auch *klüger* ... Darwin hat den Geist vergessen (– das ist englisch!), *die Schwachen haben mehr Geist* ... Man muß Geist nötig haben, um Geist zu bekommen – man verliert ihn, wenn man ihn nicht mehr nötig hat. Wer die Stärke hat, entschlägt sich des Geistes (– »laß fahren dahin!« denkt man heute in Deutschland »– das *Reich* muß uns doch bleiben« ...). Ich verstehe unter Geist, wie man sieht, die Vorsicht, die Geduld, die List, die Verstellung, die große Selbstbeherrschung und alles, was *mimicry* ist (zu letzterem gehört ein großer Teil der sogenannten Tugend).

15

Psychologen-Kasuistik. – Das ist ein Menschenkenner: wozu studiert er eigentlich die Menschen? Er will kleine Vorteile über sie erschnappen, oder auch große – er ist ein Politikus! ... Jener da ist auch ein Menschenkenner: und ihr sagt, der wolle nichts damit für sich, das sei ein großer »Unpersönlicher«. Seht schärfer zu! Vielleicht will er sogar noch einen *schlimmeren* Vorteil: sich den Menschen überlegen fühlen, auf sie herabsehn dürfen, sich nicht mehr mit ihnen verwechseln. Dieser »Unpersönliche« ist ein Menschen-*Verächter*: und jener erstere ist die humanere Spezies, was auch der Augenschein sagen mag. Er stellt sich wenigstens gleich, er stellt sich *hinein* ...

16

Der *psychologische Takt* der Deutschen scheint mir durch eine ganze Reihe von Fällen in Frage gestellt, deren Verzeichnis vorzulegen mich meine Bescheidenheit hindert. In einem Falle wird es mir nicht an einem großen Anlasse fehlen, meine These zu begründen: ich trage es den Deutschen nach, sich über *Kant* und seine »Philosophie der Hintertüren«, wie ich sie nenne, vergriffen zu haben – das war *nicht* der Typus der intellektuellen Rechtschaffenheit. – Das andre, was ich nicht hören mag, ist ein berüchtigtes »und«: die Deutschen sagen »Goethe *und* Schiller«, – ich fürchte, sie sagen »Schiller und Goethe« ... *Kennt* man noch nicht diesen Schiller? – Es gibt noch schlimmere »und«; ich habe mit meinen eigenen Ohren, allerdings nur Universitäts-Professoren, gehört »Schopenhauer *und* Hartmann« ...

17

Die geistigsten Menschen, vorausgesetzt, daß sie die mutigsten sind, erleben auch bei weitem die schmerzhaftesten Tragödien: aber eben deshalb ehren sie das Leben, weil es ihnen seine größte Gegnerschaft entgegenstellt.

18

Zum »intellektuellen Gewissen«. – Nichts scheint mir heute seltner als die echte Heuchelei. Mein Verdacht ist groß, daß diesem Gewächs die sanfte Luft unsrer Kultur nicht zuträglich ist. Die Heuchelei gehört in die Zeitalter des starken Glaubens: wo man selbst nicht bei der *Nötigung*, einen andern Glauben zur Schau zu tragen, von dem Glauben losließ, den man hatte. Heute läßt man ihn los; oder, was noch gewöhnlicher, man legt sich noch einen zweiten Glauben zu – *ehrlich* bleibt man in jedem Falle. Ohne Zweifel ist heute eine sehr viel größere Anzahl von Überzeugungen möglich als ehemals: möglich, das heißt erlaubt, das heißt *unschädlich*. Daraus entsteht die Toleranz gegen sich selbst. – Die Toleranz gegen sich selbst gestattet mehrere Überzeugungen: diese selbst leben verträglich beisammen – sie hüten sich, wie alle Welt heute, sich zu kompromittieren. Womit kompromittiert man sich heute? Wenn man Konsequenz hat. Wenn man in gerader Linie geht. Wenn man weniger als fünfdeutig ist. Wenn man echt ist ... Meine Furcht ist groß, daß der moderne Mensch für einige Laster einfach zu bequem ist: so daß diese geradezu aussterben. Alles Böse, das vom starken Willen bedingt ist – und vielleicht gibt es nichts Böses ohne Willensstärke – entartet, in unsrer lauen Luft, zur Tugend ... Die wenigen Heuchler, die ich kennenlernte, machten die Heuchelei nach: sie waren, wie heutzutage fast jeder zehnte Mensch, Schauspieler. –

19

Schön und häßlich. – Nichts ist bedingter, sagen wir *beschränkter*, als unser Gefühl des Schönen. Wer es losgelöst von der Lust des Menschen am Menschen denken wollte, verlöre sofort Grund und Boden unter den Füßen. Das »Schöne an sich« ist bloß ein Wort, nicht einmal ein Begriff. Im Schönen setzt sich der Mensch als Maß der Vollkommenheit; in ausgesuchten Fällen betet er sich darin an. Eine Gattung *kann* gar nicht anders als dergestalt zu sich allein ja sagen. Ihr *unterster* Instinkt, der der Selbsterhaltung und Selbsterweiterung, strahlt noch in solchen Sublimitäten aus. Der Mensch glaubt die Welt selbst mit Schönheit überhäuft – er *vergißt* sich als deren Ursache. Er allein hat sie mit Schönheit beschenkt, ach! nur mit einer sehr menschlich-allzumenschlichen Schönheit ... Im Grunde spiegelt sich der Mensch in den Dingen, er hält alles für schön, was ihm sein Bild zurückwirft: das Urteil »schön« ist seine *Gattungs-Eitelkeit* ... Dem Skeptiker nämlich darf ein kleiner Argwohn die Frage ins Ohr flüstern: ist wirklich damit die Welt verschönt, daß gerade der Mensch sie für schön nimmt? Er hat sie *vermenschlicht*: das ist alles. Aber nichts, gar nichts verbürgt uns, daß gerade der Mensch das Modell des Schönen abgäbe. Wer weiß, wie er sich in den Augen eines höheren Geschmacksrichters ausnimmt? Vielleicht gewagt? vielleicht selbst erheiternd? vielleicht ein wenig arbiträr? ... »O Dionysos, Göttlicher, warum ziehst du mich an den Ohren?« fragte Ariadne einmal bei einem jener berühmten Zwiegespräche auf Naxos ihren philosophischen Liebhaber. »Ich finde eine Art Humor in deinen Ohren, Ariadne: warum sind sie nicht noch länger?«

20

Nichts ist schön, nur der Mensch ist schön: auf dieser Naivität ruht alle Ästhetik, sie ist deren *erste* Wahrheit. Fügen wir sofort noch deren zweite hinzu: nichts ist häßlich als der *entartende* Mensch – damit ist das Reich des ästhetischen Urteils umgrenzt. – Physiologisch nachgerechnet, schwächt und betrübt alles Häßliche den Menschen. Es erinnert ihn an Verfall, Gefahr, Ohnmacht; er büßt tatsächlich dabei Kraft ein. Man kann die Wirkung des Häßlichen mit dem Dynamometer messen. Wo der Mensch überhaupt niedergedrückt wird, da wittert er die Nähe von etwas »Häßlichem«. Sein Gefühl der Macht, sein Wille zur Macht, sein Mut, sein Stolz – das fällt mit dem Häßlichen, das steigt mit dem Schönen ... Im einen wie im andern Falle *machen wir einen Schluß*: die Prämissen dazu sind in ungeheurer Fülle im Instinkte aufgehäuft. Das Häßliche wird verstanden als ein Wink und Symptom der Degenereszenz: was im Entferntesten an Degenereszenz erinnert, das wirkt in uns das Urteil »häßlich«. Jedes Anzeichen von Erschöpfung, von Schwere, von Alter, von Müdigkeit, jede Art Unfreiheit, als Krampf, als Lähmung, vor allem der Geruch, die Farbe, die Form der Auflösung, der Verwesung, und sei es auch in der letzten Verdünnung zum Symbol – das alles ruft die gleiche Reaktion hervor, das Werturteil »häßlich«. Ein *Haß* springt da hervor: wen haßt da der Mensch? Aber es ist kein Zweifel: den *Niedergang seines Typus*. Er haßt da aus dem tiefsten Instinkte der Gattung heraus; in diesem Haß ist Schauder, Vorsicht, Tiefe, Fernblick – es ist der tiefste Haß, den es gibt. Um seinetwillen ist die Kunst *tief* ...

21

Schopenhauer. – Schopenhauer, der letzte Deutsche, der in Betracht kommt (– der ein *europäisches* Ereignis gleich Goethe, gleich Hegel, gleich Heinrich Heine ist, und *nicht bloß* ein lokales, ein »nationales«), ist für einen Psychologen ein Fall ersten Ranges: nämlich als bösartig genialer Versuch, zugunsten einer nihilistischen Gesamt-Abwertung des Lebens gerade die Gegen-Instanzen, die großen Selbstbejahungen des »Willens zum Leben«, die Exuberanz-Formen des Lebens ins Feld zu führen. Er hat, der

Reihe nach, die *Kunst*, den Heroismus, das Genie, die Schönheit, das große Mitgefühl, die Erkenntnis, den Willen zur Wahrheit, die Tragödie als Folgeerscheinungen der »Verneinung« oder der Verneinungs-Bedürftigkeit des »Willens« interpretiert – die größte psychologische Falschmünzerei, die es, das Christentum abgerechnet, in der Geschichte gibt. Genauer zugesehen ist er darin bloß der Erbe der christlichen Interpretation: nur daß er auch das vom Christentum *Abgelehnte*, die großen Kultur-Tatsachen der Menschheit noch in einem christlichen, das heißt nihilistischen Sinne *gutzuheißen* wußte (– nämlich als Wege zur »Erlösung«, als Vorformen der »Erlösung«, als Stimulantia des Bedürfnisses nach »Erlösung« ...)

22

Ich nehme einen einzelnen Fall. Schopenhauer spricht von der *Schönheit* mit einer schwermütigen Glut – warum letzten Grundes? Weil er in ihr eine *Brücke* sieht, auf der man weitergelangt, oder Durst bekommt weiterzugelangen ... Sie ist ihm die Erlösung vom »Willen« auf Augenblicke – sie lockt zur Erlösung für immer ... Insbesondere preist er sie als Erlöserin vom »Brennpunkte des Willens«, von der Geschlechtlichkeit – in der Schönheit sieht er den Zeugetrieb *verneint* ... Wunderlicher Heiliger! Irgend jemand widerspricht dir, ich fürchte, es ist die Natur. *Wozu* gibt es überhaupt Schönheit in Ton, Farbe, Duft, rhythmischer Bewegung in der Natur? was *treibt* die Schönheit *heraus*? – Glücklicherweise widerspricht ihm auch ein Philosoph. Keine geringere Autorität als die des göttlichen Plato (– so nennt ihn Schopenhauer selbst) hält einen andern Satz aufrecht: daß alle Schönheit zur Zeugung reize – daß dies gerade das *proprium* ihrer Wirkung sei, vom Sinnlichsten bis hinauf ins Geistigste ...

23

Plato geht weiter. Er sagt mit einer Unschuld, zu der man Grieche sein muß und nicht »Christ«, daß es gar keine platonische Philosophie geben würde, wenn es nicht so schöne Jünglinge in Athen gäbe: deren Anblick sei es erst, was die Seele des Philosophen in einen erotischen Taumel versetze und ihr keine Ruhe lasse, bis sie den Samen aller hohen Dinge in ein so schönes Erdreich hinabgesenkt habe. Auch ein wunderlicher Heiliger! – man traut seinen Ohren nicht, gesetzt selbst, daß man Plato traut. Zum mindesten errät man, daß in Athen *anders* philosophiert wurde, vor allem öffentlich. Nichts ist weniger griechisch als die Begriffs-Spinneweberei eines Einsiedlers, *amor intellectualis dei* nach Art des Spinoza. Philosophie nach Art des Plato wäre eher als ein erotischer Wettbewerb zu definieren, als eine Fortbildung und Verinnerlichung der alten agonalen Gymnastik und deren *Voraussetzungen*... Was wuchs zuletzt aus dieser philosophischen Erotik Platos heraus? Eine neue Kunstform des griechischen Agon, die Dialektik. – Ich erinnere noch, *gegen* Schopenhauer und zu Ehren Platos, daran, daß auch die ganze höhere Kultur und Literatur des *klassischen* Frankreichs auf dem Boden des geschlechtlichen Interesses aufgewachsen ist. Man darf überall bei ihr die Galanterie, die Sinne, den Geschlechts-Wettbewerb, »das Weib« suchen – man wird nie umsonst suchen...

24

L'art pour l'art. – Der Kampf gegen den Zweck in der Kunst ist immer der Kampf gegen die *moralisierende* Tendenz in der Kunst, gegen ihre Unterordnung unter die Moral. *L'art pour l'art* heißt: »der Teufel hole die Moral!« – Aber selbst noch diese Feindschaft verrät die Übergewalt des Vorurteils. Wenn man den Zweck des Moralpredigens und Menschen-Verbesserns von der Kunst ausgeschlossen hat, so folgt daraus noch lange nicht, daß die Kunst überhaupt zwecklos, ziellos, sinnlos, kurz *l'art pour l'art* – ein Wurm, der sich in den Schwanz beißt – ist. »Lieber gar keinen Zweck als einen moralischen Zweck!« – so redet die bloße Leidenschaft. Ein Psycholog fragt dagegen: was tut alle Kunst? lobt sie nicht? verherrlicht sie nicht? wählt sie nicht aus? zieht sie nicht hervor? Mit dem allem *stärkt* oder *schwächt* sie gewisse Wertschätzungen... Ist dies nur ein Nebenbei? ein Zufall? Etwas, bei dem der Instinkt des Künstlers gar nicht beteiligt wäre? Oder aber: ist es nicht die Voraussetzung dazu, daß der Künstler *kann*...? Geht dessen unterster Instinkt auf die Kunst oder nicht vielmehr auf den Sinn der Kunst, das *Leben*? auf eine *Wünschbarkeit von Leben*? – Die Kunst ist das große Stimulans zum Leben: wie könnte man sie als zwecklos, als ziellos, als *l'art pour l'art* verstehn? – Eine Frage bleibt zurück: die Kunst bringt auch vieles Häßliche, Harte, Fragwürdige des Lebens zur Erscheinung, – scheint sie nicht damit vom Leben zu entleiden? – Und in der Tat, es gab Philosophen, die ihr diesen Sinn liehn: »loskommen vom Willen« lehrte Schopenhauer als Gesamt-Absicht der Kunst, »zur Resignation stimmen« verehrte er als die große Nützlichkeit der Tragödie. – Aber dies – ich gab es schon zu verstehn – ist Pessimisten-Optik und »böser Blick« –: man muß an die Künstler selbst appellieren. *Was teilt der tragische Künstler von sich mit?* Ist es nicht gerade der Zustand *ohne* Furcht vor dem Furchtbaren und Fragwürdigen, das er zeigt? – Dieser Zustand selbst ist eine hohe Wünschbarkeit; wer ihn kennt, ehrt ihn mit den höchsten Ehren. Er teilt ihn mit, er *muß* ihn mitteilen, vorausgesetzt, daß er ein Künstler ist, ein Genie der Mitteilung. Die Tapferkeit und Freiheit des Gefühls vor einem mächtigen Feinde, vor einem erhabnen Ungemach, vor einem Problem, das Grauen erweckt – dieser *siegreiche* Zustand ist es, den der tragische Künstler auswählt, den er verherrlicht. Vor der Tragödie feiert das Kriegerische in unsrer Seele seine Saturnalien; wer Leid gewohnt ist, wer Leid aufsucht, der *heroische* Mensch preist mit der Tragödie sein Dasein – ihm allein kredenzt der Tragiker den Trunk dieser süßesten Grausamkeit. –

25

Mit Menschen fürlieb nehmen, mit seinem Herzen offen haushalten, das ist liberal, das ist aber bloß liberal. Man erkennt die Herzen, die der *vornehmen* Gastfreundschaft fähig sind, an den vielen verhängten Fenstern und geschlossenen Läden: ihre besten Räume halten sie leer. Warum doch? – Weil sie Gäste erwarten, mit denen man *nicht* »fürlieb nimmt« …

26

Wir schätzen uns nicht genug mehr, wenn wir uns mitteilen. Unsre eigentlichen Erlebnisse sind ganz und gar nicht geschwätzig. Sie könnten sich selbst nicht mitteilen, wenn sie wollten. Das macht, es fehlt ihnen das Wort. Wofür wir Worte haben, darüber sind wir auch schon hinaus. In allem Reden liegt ein Gran Verachtung. Die Sprache, scheint es, ist nur für Durchschnittliches, Mittleres, Mitteilsames erfunden. Mit der Sprache *vulgarisiert* sich bereits der Sprechende. – Aus einer Moral für Taubstumme und andre Philosophen.

27

»Dies Bildnis ist bezaubernd schön!« … Das Literatur-Weib, unbefriedigt, aufgeregt, öde in Herz und Eingeweide, mit schmerzhafter Neugierde jederzeit auf den Imperativ hinhorchend, der aus den Tiefen seiner Organisation *»aut liberi aut libri«* flüstert: das Literatur-Weib, gebildet genug, die Stimme der Natur zu verstehn, selbst wenn sie Latein redet, und andrerseits eitel und Gans genug, um im geheimen auch noch französisch mit sich zu sprechen *»je me verrai, je me lirai, je m'extasierai et je dirai: Possible, que j'aie eu tant d'esprit?«* …

28

Die »Unpersönlichen« kommen zu Wort. – »Nichts fällt uns leichter, als weise, geduldig, überlegen zu sein. Wir triefen vom Öl der Nachsicht und des Mitgefühls, wir sind auf eine absurde Weise gerecht, wir verzeihen alles. Eben darum sollten wir uns etwas strenger halten; eben darum sollten wir uns, von Zeit zu Zeit, einen kleinen Affekt, ein kleines Laster von Affekt *züchten.* Es mag uns sauer angehn; und unter uns lachen wir vielleicht über den Aspekt, den wir damit geben. Aber was hilft es! Wir haben keine andre Art mehr übrig von Selbstüberwindung: dies ist *unsre* Asketik, *unser* Büßertum« ... *Persönlich werden* – die Tugend des »Unpersönlichen« ...

29

Aus einer Doktor-Promotion. – »Was ist die Aufgabe alles höheren Schulwesens?« – Aus dem Menschen eine Maschine zu machen. – »Was ist das Mittel dazu?« – Er muß lernen, sich langweilen. – »Wie erreicht man das?« – Durch den Begriff der Pflicht. – »Wer ist sein Vorbild dafür?« – Der Philolog: der lehrt *ochsen.* – »Wer ist der vollkommene Mensch?« – Der Staats-Beamte. – »Welche Philosophie gibt die höchste Formel für den Staats-Beamten?« – Die Kants: der Staats-Beamte als Ding an sich zum Richter gesetzt über den Staats-Beamten als Erscheinung. –

30

Das Recht auf Dummheit. – Der ermüdete und langsam atmende Arbeiter, der gutmütig blickt, der die Dinge gehen läßt, wie sie gehn: diese typische Figur, der man jetzt, im Zeitalter der Arbeit (*und* des »Reichs«! –) in allen Klassen der Gesellschaft begegnet, nimmt heute gerade die *Kunst* für sich in Anspruch, eingerechnet das Buch, vor allem das Journal – um wie viel mehr die schöne Natur, Italien ... Der Mensch des Abends, mit den »entschlafnen wilden Trieben«, von denen Faust redet, bedarf der Sommerfrische, des Seebads, der Gletscher, Bayreuths ... In solchen Zeitaltern hat die Kunst ein Recht auf *reine Torheit* – als eine Art Ferien für Geist, Witz und Gemüt. Das verstand Wagner. Die *reine Torheit* stellt wieder her ...

31

Noch ein Problem der Diät. – Die Mittel, mit denen Julius Cäsar sich gegen Kränklichkeit und Kopfschmerz verteidigte: ungeheure Märsche, einfachste Lebensweise, ununterbrochner Aufenthalt im Freien, beständige Strapazen, das sind, ins Große gerechnet, die Erhaltungs- und Schutz-Maßregeln überhaupt gegen die extreme Verletzlichkeit jener subtilen und unter höchstem Druck arbeitenden Maschine, welche Genie heißt. –

32

Der Immoralist redet. – Einem Philosophen geht nichts *mehr* wider den Geschmack als der Mensch, *sofern er wünscht* ... Sieht er den Menschen nur in seinem Tun, sieht er dieses tapferste, listigste, ausdauerndste Tier verirrt selbst in labyrinthische Notlagen, wie bewunderungswürdig erscheint ihm der Mensch! Er spricht ihm noch zu ... Aber der Philosoph verachtet den wünschenden Menschen, auch den »wünschbaren« Menschen – und überhaupt alle Wünschbarkeiten, alle *Ideale* des Menschen. Wenn ein Philosoph Nihilist sein könnte, so würde er es sein, weil er das Nichts hinter allen Idealen des Menschen findet. Oder noch nicht einmal das Nichts – sondern nur das Nichtswürdige, das Absurde, das Kranke, das Feige, das Müde, alle Art Hefen aus dem *ausgetrunkenen* Becher seines Lebens ... Der Mensch, der als Realität so verehrungswürdig ist, wie kommt es, daß er keine Achtung verdient, sofern er wünscht? Muß er es büßen, so tüchtig als Realität zu sein? Muß er sein Tun, die Kopf- und Willensanspannung in allem Tun, mit einem Gliederstrecken im Imaginären und Absurden ausgleichen? – Die Geschichte seiner Wünschbarkeiten war bisher die *partie honteuse* des Menschen: man soll sich hüten, zu lange in ihr zu lesen. Was den Menschen rechtfertigt, ist seine Realität – sie wird ihn ewig rechtfertigen. Um wie viel mehr wert ist der wirkliche Mensch, verglichen mit irgendeinem bloß gewünschten, erträumten, erstunkenen und erlogenen Menschen? mit irgendeinem *idealen* Menschen? ... Und nur der ideale Mensch geht dem Philosophen wider den Geschmack.

33

Naturwert des Egoismus. – Die Selbstsucht ist so viel wert, als *der* physiologisch wert ist, der sie hat: sie kann sehr viel wert sein, sie kann nichtswürdig und verächtlich sein. Jeder einzelne darf daraufhin angesehn werden, ob er die aufsteigende oder die absteigende Linie des Lebens darstellt. Mit einer Entscheidung darüber hat man auch einen Kanon dafür, was seine Selbstsucht wert ist. Stellt er das Aufsteigen der Linie dar, so ist in der Tat sein Wert außerordentlich – und um des Gesamt-Lebens willen, das mit ihm einen Schritt *weiter*tut, darf die Sorge um Erhaltung, um Schaffung seines *optimum* von Bedingungen selbst extrem sein. Der einzelne, das »Individuum«, wie Volk und Philosoph das bisher verstand, ist ja ein Irrtum: er ist nichts für sich, kein Atom, kein »Ring der Kette«, nichts bloß Vererbtes von ehedem – er ist die ganze *eine* Linie Mensch bis zu ihm hin selber noch ... Stellt er die absteigende Entwicklung, den Verfall, die chronische Entartung, Erkrankung dar (– Krankheiten sind, ins Große gerechnet, bereits Folgeerscheinungen des Verfalls, *nicht* dessen Ursachen), so kommt ihm wenig Wert zu, und die erste Billigkeit will, daß er den Wohlgeratnen so wenig als möglich *wegnimmt*. Er ist bloß noch deren Parasit ...

34

Christ und Anarchist. – Wenn der Anarchist, als Mundstück *niedergehender* Schichten der Gesellschaft, mit einer schönen Entrüstung »Recht«, »Gerechtigkeit«, »gleiche Rechte« verlangt, so steht er damit nur unter dem Drucke seiner Unkultur, welche nicht zu begreifen weiß, *warum* er eigentlich leidet – *woran* er arm ist, an Leben ... Ein Ursachen-Trieb ist in ihm mächtig: jemand muß schuld daran sein, daß er sich schlecht befindet ... Auch tut ihm die »schöne Entrüstung« selber schon wohl, es ist ein Vergnügen für alle armen Teufel, zu schimpfen – es gibt einen kleinen Rausch von Macht. Schon die Klage, das Sich-Beklagen kann dem Leben einen Reiz geben, um dessentwillen man es aushält: eine feinere Dosis *Rache* ist in jeder Klage, man wirft sein Schlechtbefinden, unter Umständen selbst seine Schlechtigkeit denen, die anders sind, wie ein Unrecht, wie ein *unerlaubtes* Vorrecht vor. »Bin ich eine Kanaille, so solltest du es auch sein«: auf diese Logik hin macht man Revolution. – Das Sich-Beklagen taugt in keinem Falle etwas: es stammt aus der Schwäche. Ob man sein Schlecht-Befinden andern oder *sich selber* zumißt – ersteres tut der Sozialist, letzteres zum Beispiel der Christ –, macht keinen eigentlichen Unterschied. Das Gemeinsame, sagen wir auch das *Unwürdige* daran ist, daß jemand *schuld* daran sein soll, daß man leidet – kurz, daß der Leidende sich gegen sein Leiden den Honig der Rache verordnet. Die Objekte dieses Rach-Bedürfnisses als eines *Lust*-Bedürfnisses sind Gelegenheits-Ursachen: der Leidende findet überall Ursachen, seine kleine Rache zu kühlen, – ist er Christ, nochmals gesagt, so findet er sie in *sich* ... Der Christ und der Anarchist – Beide sind *décadents*. – Aber auch wenn der Christ die »*Welt*« verurteilt, verleumdet, beschmutzt, so tut er es aus dem gleichen Instinkte, aus dem der sozialistische Arbeiter die *Gesellschaft* verurteilt, verleumdet, beschmutzt: das »Jüngste Gericht« selbst ist noch der süße Trost der Rache – die Revolution, wie sie auch der sozialistische Arbeiter erwartet, nur etwas ferner gedacht ... Das »Jenseits« selbst – wozu ein Jenseits, wenn es nicht ein Mittel wäre, das Diesseits zu beschmutzen? ...

35

Kritik der décadence-Moral. – Eine »altruistische« Moral, eine Moral, bei der die Selbstsucht *verkümmert* –, bleibt unter allen Umständen ein schlechtes Anzeichen. Dies gilt vom einzelnen, dies gilt namentlich von Völkern. Es fehlt am Besten, wenn es an der Selbstsucht zu fehlen beginnt. Instinktiv das *Sich*-Schädliche wählen, *Gelockt-wer*den durch »uninteressierte« Motive gibt beinahe die Formel ab für *décadence.* »Nicht *seinen* Nutzen suchen« – das ist bloß das moralische Feigenblatt für eine ganz andere, nämlich physiologische Tatsächlichkeit: »ich weiß meinen Nutzen nicht mehr zu *finden*« ... Disgregation der Instinkte! – Es ist zu Ende mit ihm, wenn der Mensch altruistisch wird. – Statt naiv zu sagen »*ich* bin nichts mehr wert«, sagt die Moral-Lüge im Munde des *décadent*: »Nichts ist etwas wert, – das *Leben* ist nichts wert« ... Ein solches Urteil bleibt zuletzt eine große Gefahr, es wirkt ansteckend – auf dem ganzen morbiden Boden der Gesellschaft wuchert es bald zu tropischer Begriffs-Vegetation empor, bald als Religion (Christentum), bald als Philosophie (Schopenhauerei). Unter Umständen vergiftet eine solche aus Fäulnis gewachsene Giftbaum-Vegetation mit ihrem Dunste weithin, auf Jahrtausende hin *das Leben* ...

36

Moral für Ärzte. – Der Kranke ist ein Parasit der Gesellschaft. In einem gewissen Zustande ist es unanständig, noch länger zu leben. Das Fortvegetieren in feiger Abhängigkeit von Ärzten und Praktiken, nachdem der Sinn vom Leben, das *Recht* zum Leben verloren gegangen ist, sollte bei der Gesellschaft eine tiefe Verachtung nach sich ziehn. Die Ärzte wiederum hätten die Vermittler dieser Verachtung zu sein – nicht Rezepte, sondern jeden Tag eine neue Dosis *Ekel* vor ihrem Patienten ... Eine neue Verantwortlichkeit schaffen, die des Arztes, für alle Fälle, wo das höchste Interesse des Lebens, des *aufsteigenden* Lebens, das rücksichtsloseste Nieder- und Beiseite-Drängen des *entartenden* Lebens verlangt – zum Beispiel für das Recht auf Zeugung, für das Recht, geboren zu werden, für das Recht, zu leben ... Auf eine stolze Art sterben, wenn es nicht mehr möglich ist, auf eine stolze Art zu leben. Der Tod, aus freien Stücken gewählt, der Tod zur rechten Zeit, mit Helle und Freudigkeit, inmitten von Kindern und Zeugen vollzogen: so daß ein wirkliches Abschiednehmen noch möglich ist, wo der *noch da ist,* der sich verabschiedet, insgleichen ein wirkliches Abschätzen des Erreichten und Gewollten, eine *Summierung* des Lebens – alles im Gegensatz zu der erbärmlichen und schauderhaften Komödie, die das Christentum mit der Sterbestunde getrieben hat. Man soll es dem Christentume nie vergessen, daß es die Schwäche des Sterbenden zu Gewissens-Notzucht, daß es die Art des Todes selbst zu Wert-Urteilen über Mensch und Vergangenheit gemißbraucht hat! – Hier gilt es, allen Feigheiten des Vorurteils zum Trotz, vor allem die richtige, das heißt physiologische Würdigung des sogenannten *natürlichen* Todes herzustellen: der zuletzt auch nur ein »unnatürlicher«, ein Selbstmord ist. Man geht nie durch jemand anderes zugrunde, als durch sich selbst. Nur ist es der Tod unter den verächtlichsten Bedingungen, ein unfreier Tod, ein Tod zur *unrechten* Zeit, ein Feiglings-Tod. Man sollte, aus Liebe zum *Leben* –, den Tod anders wollen, frei, bewußt, ohne Zufall, ohne Überfall ... Endlich ein Rat für die Herrn Pessimisten und andre *décadents.* Wir haben es nicht in der Hand zu verhindern, geboren zu werden: aber wir können diesen Fehler – denn bisweilen ist es ein Fehler – wieder gutmachen. Wenn man sich *abschafft,* tut man die achtungswürdigste Sache, die es gibt: man verdient beinahe damit, zu leben ... Die Gesellschaft, was sage ich! das *Leben* selber hat mehr Vorteil davon als durch irgendwelches »Leben« in Entsagung, Bleichsucht und andrer Tugend – man hat die andern von seinem Anblick befreit, man hat das Leben von einem *Einwand* befreit ... Der Pessimismus, *pur, vert, beweist sich erst* durch die Selbst-Widerlegung der Herrn Pessimisten: man muß einen Schritt weiter gehn in seiner Logik, nicht bloß mit »Wille und Vorstellung«, wie Schopenhauer es tat, das Leben verneinen –, man muß *Schopenhauer zuerst verneinen* ... Der Pessimismus, anbei gesagt, so ansteckend er ist, vermehrt trotzdem nicht die Krankhaftigkeit einer Zeit, eines Geschlechts im ganzen: er ist deren Ausdruck. Man verfällt ihm, wie man der Cholera verfällt: man muß morbid genug dazu schon angelegt sein. Der Pessimismus selbst macht keinen einzigen *décadent* mehr; ich erinnere an das Ergebnis der Statistik, daß die Jahre, in denen die Cholera wütet, sich in der Gesamt-Ziffer der Sterbefälle nicht von andern Jahrgängen unterscheiden.

37

Ob wir moralischer geworden sind. – Gegen meinen Begriff »jenseits von Gut und Böse« hat sich, wie zu erwarten stand, die ganze *Ferozität* der moralischen Verdummung, die bekanntlich in Deutschland als die Moral selber gilt – ins Zeug geworfen: ich hätte artige Geschichten davon zu erzählen. Vor allem gab man mir die »unleugbare Überlegenheit«

unsrer Zeit im sittlichen Urteil zu überdenken, unsern wirklich hier gemachten *Fortschritt*: ein Cesare Borgia sei, im Vergleich mit *uns*, durchaus nicht als ein »höherer Mensch«, als eine Art *Übermensch*, wie ich es tue, aufzustellen ... Ein Schweizer Redakteur, vom »Bund«, ging so weit, nicht ohne seine Achtung vor dem Mut zu solchem Wagnis auszudrücken, den Sinn meines Werks dahin zu »verstehn«, daß ich mit demselben die Abschaffung aller anständigen Gefühle beantragte. Sehr verbunden! – ich erlaube mir, als Antwort, die Frage aufzuwerfen, *ob wir wirklich moralischer geworden sind*. Daß alle Welt das glaubt, ist bereits ein Einwand dagegen ... Wir modernen Menschen, sehr zart, sehr verletzlich und hundert Rücksichten gebend und nehmend, bilden uns in der Tat ein, diese zärtliche Menschlichkeit, die wir darstellen, diese *erreichte* Einmütigkeit in der Schonung, in der Hilfsbereitschaft, im gegenseitigen Vertrauen, sei ein positiver Fortschritt, damit seien wir weit über die Menschen der Renaissance hinaus. Aber so denkt jede Zeit, so *muß* sie denken. Gewiß ist, daß wir uns nicht in Renaissance-Zustände hineinstellen dürften, nicht einmal hineindenken: unsre Nerven hielten jene Wirklichkeit nicht aus, nicht zu reden von unsern Muskeln. Mit diesem Unvermögen ist aber kein Fortschritt bewiesen, sondern nur eine andre, eine spätere Beschaffenheit, eine schwächere, zärtlichere, verletzlichere, aus der sich notwendig eine *rücksichtenreiche* Moral erzeugt. Denken wir unsre Zartheit und Spätheit, unsre physiologische Alterung weg, so verlöre auch unsre Moral der »Vermenschlichung« sofort ihren Wert – an sich hat keine Moral Wert –: sie würde uns selbst Geringschätzung machen. Zweifeln wir andrerseits nicht daran, daß wir Modernen mit unsrer dick wattierten Humanität, die durchaus an keinen Stein sich stoßen will, den Zeitgenossen Cesare Borgias eine Komödie zum Totlachen abgeben würden. In der Tat, wir sind über die Maßen unfreiwillig spaßhaft, mit unsren modernen »Tugenden« ... Die Abnahme der feindseligen und mißtrauen-weckenden Instinkte – und das wäre ja unser »Fortschritt« – stellt nur eine der Folgen in der allgemeinen Abnahme der *Vitalität* dar: es kostet hundertmal mehr Mühe, mehr Vorsicht, ein so bedingtes, so spätes Dasein durchzusetzen. Da hilft man sich gegenseitig, da ist jeder bis zu einem gewissen Grade Kranker und jeder Krankenwärter. Das heißt dann »Tugend« –: unter Menschen, die das Leben noch anders kannten, voller, verschwenderischer, überströmender, hätte man's anders genannt, »Feigheit« vielleicht, »Erbärmlichkeit«, »Altweiber-Moral« ... Unsre Milderung der Sitten – das ist mein Satz, das ist, wenn man will, meine *Neuerung* – ist eine Folge des Niedergangs; die Härte und Schrecklichkeit der Sitte kann umgekehrt eine Folge des Überschusses von Leben sein. Dann nämlich darf auch viel gewagt, viel herausgefordert, viel auch *vergeudet* werden. Was Würze ehedem des Lebens war, für uns wäre es *Gift* ... Indifferent zu sein – auch das ist eine Form der Stärke – dazu sind wir gleichfalls zu alt, zu spät: unsre Mitgefühls-Moral, vor der ich als der erste gewarnt habe, das, was man *l'impressionisme morale* nennen könnte, ist ein Ausdruck mehr der physiologischen Überreizbarkeit, die allem, was *décadent* ist, eignet. Jene Bewegung, die mit der *Mitleids-Moral* Schopenhauers versucht hat, sich wissenschaftlich vorzuführen – ein sehr unglücklicher Versuch! – ist die eigentliche *décadence*-Bewegung in der Moral, sie ist als solche tief verwandt mit der christlichen Moral. Die starken Zeiten, die *vornehmen* Kulturen sehen im Mitleiden, in der »Nächstenliebe«, im Mangel an Selbst und Selbstgefühl etwas Verächtliches. – Die Zeiten sind zu messen nach ihren *positiven Kräften* – und dabei ergibt sich jene so verschwenderische und verhängnisreiche Zeit der Renaissance als die letzte *große* Zeit, und wir, wir Modernen mit unsrer ängstlichen Selbst-Fürsorge und Nächstenliebe, mit unsern Tugenden der Arbeit, der Anspruchslosigkeit, der Rechtlichkeit, der Wissenschaftlichkeit – sammelnd, ökonomisch, machinal – als eine *schwache* Zeit... Unsre Tugenden sind bedingt, sind *herausgefordert* durch unsre Schwäche... Die »Gleichheit«, eine gewisse tatsächliche Anähnlichung, die sich in der Theorie von »gleichen Rechten« nur zum Ausdruck bringt, gehört wesentlich zum Niedergang: die Kluft zwischen Mensch und Mensch, Stand und Stand, die Vielheit der Typen, der Wille, selbst zu sein, sich abzuheben –, das, was ich *Pathos der Distanz* nenne, ist jeder *starken* Zeit zu eigen. Die Spannkraft, die Spannweite zwischen den Extremen wird heute immer kleiner – die Extreme selbst verwischen sich endlich bis zur Ähnlichkeit... Alle unsre politischen Theorien *und* Staats-Verfassungen, das »Deutsche Reich« durchaus nicht ausgenommen, sind Folgerungen, Folge-Notwendigkeiten des Niedergangs; die unbewußte Wirkung der *décadence* ist bis in die Ideale einzelner Wissenschaften hinein Herr geworden. Mein Einwand gegen die ganze Soziologie in England und Frankreich bleibt, daß sie nur die *Verfalls-Gebilde* der Sozietät aus Erfahrung kennt und vollkommen unschuldig die eignen Verfalls-Instinkte als *Norm* des soziologischen Werturteils nimmt. Das *niedergehende* Leben, die Abnahme aller organisierenden, das heißt trennenden, Klüfte aufreißenden, unter- und überordnenden Kraft formuliert sich in der Soziologie von heute zum *Ideal*... Unsre Sozialisten sind *décadents*, aber auch Herr Herbert Spencer ist ein *décadent* – er sieht im Sieg des Altruismus etwas Wünschenswertes!...

38

Mein Begriff von Freiheit. – Der Wert einer Sache liegt mitunter nicht in dem, was man mit ihr erreicht, sondern in dem, was man für sie bezahlt – was sie uns *kostet*. Ich gebe ein Beispiel. Die liberalen Institutionen hören alsbald auf, liberal zu sein, sobald sie erreicht sind: es gibt später keine ärgeren und gründlicheren Schädiger der Freiheit, als liberale Institutionen. Man weiß ja, *was* sie zuwege bringen: sie unterminieren den Willen zur Macht, sie sind die zur Moral erhobene Nivellierung von Berg und Tal, sie machen klein, feige und genüßlich – mit ihnen triumphiert jedesmal das Herdentier. Liberalismus: auf deutsch *Herden-Vertierung* ... Dieselben Institutionen bringen, so lange sie noch erkämpft werden, ganz andre Wirkungen hervor; sie fördern dann in der Tat die Freiheit auf eine mächtige Weise. Genauer zugesehn, ist es der Krieg, der diese Wirkungen hervorbringt, der Krieg *um* liberale Institutionen, der als Krieg die *illiberalen* Instinkte dauern läßt. Und der Krieg erzieht zur Freiheit. Denn was ist Freiheit? Daß man den Willen zur Selbstverantwortlichkeit hat. Daß man die Distanz, die uns abtrennt, festhält. Daß man gegen Mühsal, Härte, Entbehrung, selbst gegen das Leben gleichgültiger wird. Daß man bereit ist, seiner Sache Menschen zu opfern, sich selber nicht abgerechnet. Freiheit bedeutet, daß die männlichen, die kriegs- und siegsfrohen Instinkte die Herrschaft haben über andre Instinkte, zum Beispiel über die des »Glücks«. Der *freigewordne* Mensch, um wie viel mehr der freigewordne *Geist*, tritt mit Füßen auf die verächtliche Art von Wohlbefinden, von dem Krämer, Christen, Kühe, Weiber, Engländer und andre Demokraten träumen. Der freie Mensch ist *Krieger*. – Wonach mißt sich die Freiheit, bei einzelnen wie bei Völkern? Nach dem Widerstand, der überwunden werden muß, nach der Mühe, die es kostet, *oben* zu bleiben. Den höchsten Typus freier Menschen hätte man dort zu suchen, wo beständig der höchste Widerstand überwunden wird: fünf Schritte weit von der Tyrannei, dicht an der Schwelle der Gefahr der Knechtschaft. Dies ist psychologisch wahr, wenn man hier unter den »Tyrannen« unerbittliche und furchtbare Instinkte begreift, die das Maximum von Autorität und Zucht gegen sich herausfordern – schönster Typus Julius Cäsar –; dies ist auch politisch wahr, man mache nur seinen Gang durch die Geschichte. Die Völker, die etwas wert waren, wert *wurden*, wurden dies nie unter liberalen Institutionen: die *große Gefahr* machte etwas aus ihnen, das Ehrfurcht verdient, die Gefahr, die uns unsre Hilfsmittel, unsre Tugenden, unsre Wehr und Waffen, unsern *Geist* erst kennen lehrt – die uns *zwingt*, stark zu sein ... *Erster* Grundsatz: man muß es nötig haben, stark zu sein: sonst wird man's nie. – Jene großen Treibhäuser für starke, für die stärkste Art Mensch, die es bisher gegeben hat, die aristokratischen Gemeinwesen in der Art von Rom und Venedig verstanden Freiheit genau in dem Sinne, wie ich das Wort Freiheit verstehe: als etwas, das man hat und *nicht* hat, das man *will*, das man *erobert* ...

39

Kritik der Modernität. – Unsre Institutionen taugen nichts mehr: darüber ist man einmütig. Aber das liegt nicht an ihnen, sondern an *uns.* Nachdem uns alle Instinkte abhanden gekommen sind, aus denen Institutionen wachsen, kommen uns Institutionen überhaupt abhanden, weil *wir* nicht mehr zu ihnen taugen. Demokratismus war jederzeit die Niedergangs-Form der organisierenden Kraft: ich habe schon in »Menschliches, Allzumenschliches« (I, S. 435) die moderne Demokratie samt ihren Halbheiten, wie »Deutsches Reich«, als *Verfallsform des Staats* gekennzeichnet. Damit es Institutionen gibt, muß es eine Art Wille, Instinkt, Imperativ geben, antiliberal bis zur Bosheit: den Willen zur Tradition, zur Autorität, zur Verantwortlichkeit auf Jahrhunderte hinaus, zur *Solidarität* von Geschlechter-Ketten vorwärts und rückwärts *in infinitum.* Ist dieser Wille da, so gründet sich etwas wie das *imperium Romanum*: oder wie Rußland, die *einzige* Macht, die heute Dauer im Leibe hat, die warten kann, die etwas noch versprechen kann – Rußland, der Gegensatz-Begriff zu der erbärmlichen europäischen Kleinstaaterei und Nervosität, die mit der Gründung des deutschen Reichs in einen kritischen Zustand eingetreten ist... Der ganze Westen hat jene Instinkte nicht mehr, aus denen Institutionen wachsen, aus denen *Zukunft* wächst: seinem »modernen Geiste« geht vielleicht nichts so sehr wider den Strich. Man lebt für heute, man lebt sehr geschwind – man lebt sehr unverantwortlich: dies gerade nennt man »Freiheit«. Was aus Institutionen Institutionen *macht,* wird verachtet, gehaßt, abgelehnt: man glaubt sich in der Gefahr einer neuen Sklaverei, wo das Wort »Autorität« auch nur laut wird. Soweit geht die *décadence* im Wert-Instinkte unsrer Politiker, unsrer politischen Parteien: *sie ziehn instinktiv vor,* was auflöst, was das Ende beschleunigt .. Zeugnis die *moderne Ehe.* Aus der modernen Ehe ist ersichtlich alle Vernunft abhanden gekommen: das gibt aber keinen Einwand gegen die Ehe ab, sondern gegen die Modernität. Die Vernunft der Ehe – sie lag in der juristischen Alleinverantwortlichkeit des Mannes: damit hatte die Ehe Schwergewicht, während sie heute auf beiden Beinen hinkt. Die Vernunft der Ehe – sie lag in ihrer prinzipiellen Unlösbarkeit: damit bekam sie einen Akzent, der, dem Zufall von Gefühl, Leidenschaft und Augenblick gegenüber, *sich Gehör zu schaffen* wußte. Sie lag insgleichen in der Verantwortlichkeit der Familien für die Auswahl der Gatten. Man hat mit der wachsenden Indulgenz zugunsten der *Liebes*-Heirat geradezu die Grundlage der Ehe, das, was erst aus ihr eine Institution *macht,* eliminiert. Man gründet eine Institution nie und nimmermehr auf eine Idiosynkrasie, man gründet die Ehe *nicht,* wie gesagt, auf die »Liebe« – man gründet sie auf den Geschlechtstrieb, auf den Eigentumstrieb (Weib und Kind als Eigentum), auf den *Herrschafts-Trieb,* der sich beständig das kleinste Gebilde der Herrschaft, die Familie, organisiert, der Kinder und Erben *braucht,* um ein erreichtes Maß von Macht, Einfluß, Reichtum auch physiologisch festzuhalten, um lange Aufgaben, um Instinkt-Solidarität zwischen Jahrhunderten vorzubereiten. Die Ehe als Institution begreift bereits die Bejahung der größten, der dauerhaftesten Organisationsform in sich: wennn die Gesellschaft selbst nicht als Ganzes für sich *gutsagen* kann bis in die fernsten Geschlechter hinaus, so hat die Ehe überhaupt keinen Sinn. – Die moderne Ehe *verlor* ihren Sinn – folglich schafft man sie ab. –

40

Die Arbeiter-Frage. – Die Dummheit, im Grunde die Instinkt-Entartung, welche heute die Ursache *aller* Dummheiten ist, liegt darin, daß es eine Arbeiter-Frage gibt. Über gewisse Dinge *fragt man nicht*: erster Imperativ des Instinkts. – Ich sehe durchaus nicht ab, was man mit dem europäischen Arbeiter machen will, nachdem man erst eine Frage aus ihm gemacht hat. Er befindet sich viel zu gut, um nicht Schritt für Schritt mehr zu fragen, unbescheidner zu fragen. Er hat zuletzt die große Zahl für sich. Die Hoffnung ist vollkommen vorüber, daß hier sich eine bescheidene und selbstgenügsame Art Mensch, ein Typus Chinese zum Stande herausbilde: und dies hätte Vernunft gehabt, dies wäre geradezu eine Notwendigkeit gewesen. Was hat man getan? – Alles, um auch die Voraussetzung dazu im Keime zu vernichten – man hat die Instinkte, vermöge deren ein Arbeiter als Stand möglich, *sich selber* möglich wird, durch die unverantwortlichste Gedankenlosigkeit in Grund und Boden zerstört. Man hat den Arbeiter militärtüchtig gemacht, man hat ihm das Koalitions-Recht, das politische Stimmrecht gegeben: was Wunder, wenn der Arbeiter seine Existenz heute bereits als Notstand (moralisch ausgedrückt als *Unrecht* –) empfindet? Aber was *will* man? nochmals gefragt. Will man einen Zweck, muß man auch die Mittel wollen: will man Sklaven, so ist man ein Narr, wenn man sie zu Herrn erzieht. –

41

»Freiheit, die ich *nicht* meine ...« – In solchen Zeiten, wie heute, seinen Instinkten überlassen sein, ist ein Verhängnis mehr. Diese Instinkte widersprechen, stören sich, zerstören sich untereinander; ich definierte das *Moderne* bereits als den physiologischen Selbst-Widerspruch. Die Vernunft der Erziehung würde wollen, daß unter einem eisernen Drucke wenigstens eins dieser Instinkt-Systeme *paralysiert* würde, um einem andern zu erlauben, zu Kräften zu kommen, stark zu werden, Herr zu werden. Heute müßte man das Individuum erst möglich machen, indem man dasselbe *beschneidet*: möglich, das heißt *ganz*... Das Umgekehrte geschieht: der Anspruch auf Unabhängigkeit, auf freie Entwicklung, auf *laisser aller* wird gerade von denen am hitzigsten gemacht, für die kein Zügel *zu streng wäre* – dies gilt *in politicis*, dies gilt in der Kunst. Aber das ist ein Symptom der *décadence*: unser moderner Begriff »Freiheit« ist ein Beweis von Instinkt-Entartung mehr. –

42

Wo Glaube not tut. – Nichts ist seltner unter Moralisten und Heiligen als Rechtschaffenheit; vielleicht sagen sie das Gegenteil, vielleicht *glauben* sie es selbst. Wenn nämlich ein Glaube nützlicher, wirkungsvoller, überzeugender ist, als die *bewußte* Heuchelei, so wird, aus Instinkt, die Heuchelei alsbald zur *Unschuld*: erster Satz zum Verständnis großer Heiliger. Auch bei den Philosophen, einer andern Art von Heiligen, bringt es das ganze Handwerk mit sich, daß sie nur gewisse Wahrheiten zulassen: nämlich solche, auf die hin ihr Handwerk die *öffentliche* Sanktion hat – Kantisch geredet, Wahrheiten der *praktischen* Vernunft. Sie wissen, was sie beweisen *müssen*, darin sind sie praktisch – sie erkennen sich untereinander daran, daß sie über die »Wahrheiten« übereinstimmen. – »Du sollst nicht lügen« – auf deutsch: *hüten Sie sich*, mein Herr Philosoph, die Wahrheit zu sagen...

43

Den Konservativen ins Ohr gesagt. – Was man früher nicht wußte, was man heute weiß, wissen könnte –, eine *Rückbildung*, eine Umkehr in irgendwelchem Sinn und Grade ist gar nicht möglich. Wir Physiologen wenigstens wissen das. Aber alle Priester und Moralisten haben daran geglaubt – sie *wollten* die Menschheit auf ein *früheres* Maß von Tugend zurückbringen, zurück*schrauben*. Moral war immer ein Prokrustes-Bett. Selbst die Politiker haben es darin den Tugendpredigern nachgemacht: es gibt auch heute noch Parteien, die als Ziel den *Krebsgang* aller Dinge träumen. Aber es steht niemandem frei, Krebs zu sein. Es hilft nichts: man *muß* vorwärts, will sagen *Schritt für Schritt weiter in der decadence* (– dies *meine* Definition des modernen »Fortschritts« ...) Man kann diese Entwicklung *hemmen* und, durch Hemmung, die Entartung selber stauen, aufsammeln, vehementer und *plötzlicher* machen: mehr kann man nicht. –

44

Mein Begriff vom Genie. – Große Männer sind wie große Zeiten Explosiv-Stoffe, in denen eine ungeheure Kraft aufgehäuft ist; ihre Voraussetzung ist immer, historisch und physiologisch, daß lange auf sie hin gesammelt, gehäuft, gespart und bewahrt worden ist – daß lange keine Explosion stattfand. Ist die Spannung in der Masse zu groß geworden, so genügt der zufälligste Reiz, das »Genie«, die »Tat«, das große Schicksal in die Welt zu rufen. Was liegt dann an Umgebung, an Zeitalter, an »Zeitgeist«, an »öffentlicher Meinung«! – Man nehme den Fall Napoleons. Das Frankreich der Revolution, und noch mehr das der Vor-Revolution, würde aus sich den entgegengesetzten Typus, als der Napoleons ist, hervorgebracht haben: es *hat* ihn auch hervorgebracht. Und weil Napoleon *anders* war, Erbe einer stärkeren, längeren, älteren Zivilisation als die, welche in Frankreich in Dampf und Stücke ging, wurde er hier Herr, *war* er allein hier Herr. Die großen Menschen sind notwendig, die Zeit, in der sie erscheinen, ist zufällig; daß sie fast immer über dieselbe Herr werden, liegt nur darin, daß sie stärker, daß sie älter sind, daß länger auf sie hin gesammelt worden ist. Zwischen einem Genie und seiner Zeit besteht ein Verhältnis, wie zwischen stark und schwach, auch wie zwischen alt und jung: die Zeit ist relativ immer viel jünger, dünner, unmündiger, unsicherer, kindischer. – Daß man hierüber in Frankreich heute *sehr anders* denkt (in Deutschland auch: aber daran liegt nichts), daß dort die Theorie vom Milieu, eine wahre Neurotiker-Theorie, sakrosankt und beinahe wissenschaftlich geworden ist und bis unter die Physiologen Glauben findet, das »riecht nicht gut«, das macht einem traurige Gedanken. – Man versteht es auch in England nicht anders, doch darüber wird sich kein Mensch betrüben. Dem Engländer stehen nur zwei Wege offen, sich mit dem Genie und »großen Manne« abzufinden: entweder *demokratisch* in der Art Buckles oder *religiös* in der Art Carlyles. – Die *Gefahr*, die in großen Menschen und Zeiten liegt, ist außerordentlich; die Erschöpfung jeder Art, die Sterilität folgt ihnen auf dem Fuße. Der große Mensch ist ein Ende; die große Zeit, die Renaissance zum Beispiel, ist ein Ende. Das Genie – in Werk, in Tat – ist notwendig ein Verschwender: *daß es sich ausgibt*, ist seine Größe … Der Instinkt der Selbsterhaltung ist gleichsam ausgehängt; der übergewaltige Druck der ausströmenden Kräfte verbietet ihm jede solche Obhut und Vorsicht. Man nennt das »Aufopferung«; man rühmt seinen »Heroismus« darin, seine Gleichgültigkeit gegen das eigne Wohl, seine Hingebung für eine Idee, eine große Sache, ein Vaterland: Alles Mißverständnisse … Er strömt aus, er strömt über, er verbraucht sich, er schont sich nicht – mit Fatalität, verhängnisvoll, unfreiwillig, wie das Ausbrechen eines Flusses über seine Ufer unfreiwillig ist. Aber weil man solchen Explosiven viel verdankt, hat man ihnen auch viel dagegen geschenkt, zum Beispiel eine Art *höherer Moral* ... Das ist ja die Art der menschlichen Dankbarkeit: sie *mißversteht* ihre Wohltäter. –

45

Der Verbrecher und was ihm verwandt ist. – Der Verbrecher-Typus, das ist der Typus des starken Menschen unter ungünstigen Bedingungen, ein krankgemachter starker Mensch. Ihm fehlt die Wildnis, eine gewisse freiere und gefährlichere Natur und Daseinsform, in der alles, was Waffe und Wehr im Instinkt des starken Menschen ist, *zu Recht besteht.* Seine *Tugenden* sind von der Gesellschaft in Bann getan; seine lebhaftesten Triebe, die er mitgebracht hat, verwachsen alsbald mit den niederdrükkenden Affekten, mit dem Verdacht, der Furcht, der Unehre. Aber dies ist beinahe das *Rezept* zur physiologischen Entartung. Wer das, was er am besten kann, am liebsten täte, heimlich tun muß, mit langer Spannung, Vorsicht, Schlauheit, wird anämisch; und weil er immer nur Gefahr, Verfolgung, Verhängnis von seinen Instinkten her erntet, verkehrt sich auch sein Gefühl gegen diese Instinkte – er fühlt sie fatalistisch. Die Gesellschaft ist es, unsre zahme, mittelmäßige, verschnittene Gesellschaft, in der ein natürwüchsiger Mensch, der vom Gebirge her oder aus den Abenteuern des Meeres kommt, notwendig zum Verbrecher entartet. Oder beinahe notwendig: denn es gibt Fälle, wo ein solcher Mensch sich stärker erweist als die Gesellschaft: der Korse Napoleon ist der berühmteste Fall. Für das Problem, das hier vorliegt, ist das Zeugnis Dostojewskis von Belang – Dostojewskis, des einzigen Psychologen, anbei gesagt, von dem ich etwas zu lernen hatte: er gehört zu den schönsten Glücksfällen meines Lebens, mehr selbst noch als die Entdeckung Stendhals. Dieser *tiefe* Mensch, der zehnmal recht hatte, die oberflächlichen Deutschen gering zu schätzen, hat die sibirischen Zuchthäusler, in deren Mitte er lange lebte, lauter schwere Verbrecher, für die es keinen Rückweg zur Gesellschaft mehr gab, sehr anders empfunden, als er selbst erwartete – ungefähr als aus dem besten, härtesten und wertvollsten Holze geschnitzt, das auf russischer Erde überhaupt wächst Verallgemeinern wir den Fall des Verbrechers: denken wir uns Naturen, denen, aus irgendeinem Grunde, die öffentliche Zustimmung fehlt, die wissen, daß sie nicht als wohltätig, als nützlich empfunden werden, jenes Tschandala-Gefühl, daß man nicht als gleich gilt, sondern als ausgestoßen, unwürdig, verunreinigend. Alle solche Naturen haben die Farbe des Unterirdischen auf Gedanken und Handlungen; an ihnen wird jegliches bleicher als an solchen, auf deren Dasein das Tageslicht ruht. Aber fast alle Existenzformen, die wir heute auszeichnen, haben ehemals unter dieser halben Grabesluft gelebt: der wissenschaftliche Charakter, der Artist, das Genie, der freie Geist, der Schauspieler, der Kaufmann, der große

Entdecker ... So lange der *Priester* als oberster Typus galt, war *jede* wertvolle Art Mensch entwertet ... Die Zeit kommt – ich verspreche das – wo er als der *niedrigste* gelten wird, als *unser* Tschandala, als die verlogenste, als die unanständigste Art Mensch ... Ich richte die Aufmerksamkeit darauf, wie noch jetzt, unter dem mildesten Regiment der Sitte, das je auf Erden, zum mindesten in Europa, geherrscht hat, jede Abseitigkeit, jedes lange, allzulange *Unterhalb*, jede ungewöhnliche, undurchsichtige Daseinsform jenem Typus nahe bringt, den der Verbrecher vollendet. Alle Neuerer des Geistes haben eine Zeit das fahle und fatalistische Zeichen des Tschandala auf der Stirn: *nicht*, weil sie so empfunden würden, sondern weil sie selbst die furchtbare Kluft fühlen, die sie von allem Herkömmlichen und in Ehren Stehenden trennt. Fast jedes Genie kennt als eine seiner Entwicklungen die »catilinarische Existenz«, ein Haß-, Rache- und Aufstands-Gefühl gegen alles, was schon *ist*, was nicht mehr *wird* ... Catilina – die Präexistenz-Form *jedes* Cäsar. –

46

Hier ist die Aussicht frei. – Es kann Höhe der Seele sein, wenn ein Philosoph schweigt; es kann Liebe sein, wenn er sich widerspricht; es ist eine Höflichkeit des Erkennenden möglich, welche lügt. Man hat nicht ohne Feinheit gesagt: *il est indigne des grands cœurs de répandre le trouble qu'ils ressentent*: nur muß man hinzufügen, daß *vor dem Unwürdigsten* sich nicht zu fürchten ebenfalls Größe der Seele sein kann. Ein Weib, das liebt, opfert seine Ehre; ein Erkennender, welcher »liebt«, opfert vielleicht seine Menschlichkeit; ein Gott, welcher liebte, ward Jude ...

47

Die Schönheit kein Zufall. – Auch die Schönheit einer Rasse oder Familie, ihre Anmut und Güte in allen Gebärden wird erarbeitet: sie ist, gleich dem Genie, das Schlußergebnis der akkumulierten Arbeit von Geschlechtern. Man muß dem guten Geschmacke große Opfer gebracht haben, man muß um seinetwillen vieles getan, vieles gelassen haben – das siebzehnte Jahrhundert Frankreichs ist bewunderungswürdig in beidem –, man muß in ihm ein Prinzip der Wahl für Gesellschaft, Ort, Kleidung, Geschlechtsbefriedigung gehabt haben, man muß Schönheit dem Vorteil, der Gewohnheit, der Meinung, der Trägheit vorgezogen haben. Oberste Richtschnur: man muß sich auch vor sich selber nicht »gehen lassen«. – Die guten Dinge sind über die Maßen kostspielig: und immer gilt das Gesetz, daß wer sie *hat*, ein andrer ist, als wer sie *erwirbt*. Alles Gute ist

Erbschaft: was nicht ererbt ist, ist unvollkommen, ist Anfang ... In Athen waren zur Zeit Ciceros, der darüber seine Überraschung ausdrückt, die Männer und Jünglinge bei weitem den Frauen an Schönheit überlegen: aber welche Arbeit und Anstrengung im Dienste der Schönheit hatte daselbst das männliche Geschlecht seit Jahrhunderten von sich verlangt! – Man soll sich nämlich über die Methodik hier nicht vergreifen: eine bloße Zucht von Gefühlen und Gedanken ist beinahe Null (– hier liegt das große Mißverständnis der deutschen Bildung, die ganz illusorisch ist): man muß den *Leib* zuerst überreden. Die strenge Aufrechterhaltung bedeutender und gewählter Gebärden, eine Verbindlichkeit, nur mit Menschen zu leben, die sich nicht »gehen lassen«, genügt vollkommen, um bedeutend und gewählt zu werden: in zwei, drei Geschlechtern ist bereits alles *verinnerlicht*. Es ist entscheidend über das Los von Volk und Menschheit, daß man die Kultur an der *rechten Stelle* beginnt – *nicht* an der »Seele« (wie es der verhängnisvolle Aberglaube der Priester und Halb-Priester war): die rechte Stelle ist der Leib, die Gebärde, die Diät, die Physiologie, der *Rest* folgt daraus ... Die Griechen bleiben deshalb das *erste Kultur-Ereignis* der Geschichte – sie wußten, sie *taten*, was not tat; das Christentum, das den Leib verachtete, war bisher das größte Unglück der Menschheit. –

48

Fortschritt in meinem Sinne. – Auch ich rede von »Rückkehr zur Natur«, obwohl es eigentlich nicht ein Zurückgehn, sondern ein *Hinaufkommen* ist – hinauf in die hohe, freie, selbst furchtbare Natur und Natürlichkeit, eine solche, die mit großen Aufgaben spielt, spielen *darf* ... Um es im *Gleichnis* zu sagen: Napoleon war ein Stück »Rückkehr zur Natur«, so wie ich sie verstehe (zum Beispiel *in rebus tacticis*, noch mehr, wie die Militärs wissen, im Strategischen). – Aber Rousseau – wohin wollte *der* eigentlich zurück? Rousseau, dieser erste moderne Mensch, Idealist und Kanaille in *einer* Person; der die moralische »Würde« nötig hatte, um seinen eignen Aspekt auszuhalten; krank vor zügelloser Eitelkeit und zügelloser Selbstverachtung. Auch diese Mißgeburt, welche sich an die Schwelle der neuen Zeit gelagert hat, wollte »Rückkehr zur Natur« – wohin, nochmals gefragt, wollte Rousseau zurück? – Ich hasse Rousseau noch *in* der Revolution: sie ist der welthistorische Ausdruck für diese Doppelheit von Idealist und Kanaille. Die blutige Farce, mit der sich diese Revolution abspielte, ihre »Immoralität«, geht mich wenig an: was ich hasse, ist ihre Rousseausche *Moralität* – die sogenannten »Wahrheiten« der Revolution, mit denen sie immer noch wirkt und alles Flache und Mittelmäßige zu sich überredet. Die Lehre von der Gleichheit! ... Aber es gibt gar kein giftigeres Gift: denn sie *scheint* von der Gerechtigkeit selbst gepredigt, während sie das *Ende* der Gerechtigkeit ist ... »Den Gleichen Gleiches, den Ungleichen Ungleiches« – *das* wäre die wahre Rede der Gerechtigkeit: und, was daraus folgt, »Ungleiches niemals gleich machen«. – Daß es um jene Lehre von der Gleichheit herum so schauerlich und blutig zuging, hat dieser »modernen Idee« *par excellence* eine Art Glorie und Feuerschein gegeben, so daß die Revolution als *Schauspiel* auch die edelsten Geister verführt hat. Das ist zuletzt kein Grund, sie mehr zu achten. – Ich sehe nur einen, der sie empfand, wie sie empfunden werden muß, mit *Ekel* – Goethe ...

49

Goethe – kein deutsches Ereignis, sondern ein europäisches: ein großartiger Versuch, das achtzehnte Jahrhundert zu überwinden durch eine Rückkehr zur Natur, durch ein *Hinauf*kommen zur Natürlichkeit der Renaissance, eine Art Selbstüberwindung von seiten dieses Jahrhunderts. – Er trug dessen stärkste Instinkte in sich: die Gefühlsamkeit, die Natur-Idolatrie, das Antihistorische, das Idealistische, das Unreale und Revolutionäre (– letzteres ist nur eine Form des Unrealen). Er nahm die Historie, die Naturwissenschaft, die Antike, insgleichen Spinoza zu Hilfe, vor allem die praktische Tätigkeit; er umstellte sich mit lauter geschlossenen Horizonten; er löste sich nicht vom Leben ab, er stellte sich hinein; er war nicht verzagt und nahm so viel als möglich auf sich, über sich, in sich. Was er wollte, das war *Totalität;* er bekämpfte das Auseinander von Vernunft, Sinnlichkeit, Gefühl, Wille (– in abschreckendster Scholastik durch *Kant* gepredigt, den Antipoden Goethes); er disziplinierte sich zur Ganzheit, er *schuf* sich ... Goethe war, inmitten eines unreal gesinnten Zeitalters, ein überzeugter Realist: er sagte Ja zu allem, was ihm hierin verwandt war – er hatte kein größeres Erlebnis als jenes *ens realissimum,* genannt Napoleon. Goethe konzipierte einen starken, hochgebildeten, in allen Leiblichkeiten geschickten, sich selbst im Zaume habenden, vor sich selber ehrfürchtigen Menschen, der sich den ganzen Umfang und Reichtum der Natürlichkeit zu gönnen wagen darf, der stark genug zu dieser Freiheit ist; den Menschen der Toleranz, nicht aus Schwäche, sondern aus Stärke, weil er das, woran die durchschnittliche Natur zugrunde gehn würde, noch zu seinem Vorteil zu brauchen weiß; den Menschen, für den es nichts Verbotenes mehr gibt, es sei denn die *Schwäche,* heiße sie nun Laster oder Tugend ... Ein solcher *freigewordner* Geist steht mit einem freudigen und vertrauenden Fatalismus mitten im All, im *Glauben,* daß nur das Einzelne verwerflich ist, daß im Ganzen sich alles erlöst und bejaht – *er verneint nicht mehr* ... Aber ein solcher Glaube ist der höchste aller möglichen Glauben: ich habe ihn auf den Namen des *Dionysos* getauft. –

50

Man könnte sagen, daß in gewissem Sinne das neunzehnte Jahrhundert das alles *auch* erstrebt hat, was Goethe als Person erstrebte: eine Universalität im Verstehn, im Gutheißen, ein An-sich-heran-kommen-lassen von jedwedem, einen verwegnen Realismus, eine Ehrfurcht vor allem Tatsächlichen. Wie kommt es, daß das Gesamt-Ergebnis kein Goethe, sondern ein Chaos ist, ein nihilistisches Seufzen, ein Nicht-wissen-wo-aus-noch-ein, ein Instinkt von Ermüdung, der *in praxi* fortwährend dazu treibt, *zum achtzehnten Jahrhundert zurückzugreifen*? (– zum Beispiel als Gefühls-Romantik, als Altruismus und Hyper-Sentimentalität, als Feminismus im Geschmack, als Sozialismus in der Politik). Ist nicht das neunzehnte Jahrhundert, zumal in seinem Ausgange, bloß ein verstärktes *verrohtes* achtzehntes Jahrhundert, das heißt ein *décadence*-Jahrhundert? So daß Goethe nicht bloß für Deutschland, sondern für ganz Europa bloß ein Zwischenfall, ein schönes Umsonst gewesen wäre? – Aber man mißversteht große Menschen, wenn man sie aus der armseligen Perspektive eines öffentlichen Nutzens ansieht. Daß man keinen Nutzen aus ihnen zu ziehen weiß, *das gehört selbst vielleicht zur Größe* …

51

Goethe ist der letzte Deutsche, vor dem ich Ehrfurcht habe: er hätte drei Dinge empfunden, die ich empfinde, – auch verstehen wir uns über das »Kreuz« … Man fragt mich öfter, wozu ich eigentlich *deutsch* schriebe: nirgendswo würde ich schlechter gelesen, als im Vaterlande. Aber wer weiß zuletzt, ob ich auch nur *wünsche*, heute gelesen zu werden? – Dinge schaffen, an denen umsonst die Zeit ihre Zähne versucht; der Form nach, *der Substanz nach* um eine kleine Unsterblichkeit bemüht sein – ich war noch nie bescheiden genug, weniger von mir zu verlangen. Der Aphorismus, die Sentenz, in denen ich als der erste unter Deutschen Meister bin, sind die Formen der »Ewigkeit«; mein Ehrgeiz ist, in zehn Sätzen zu sagen, was jeder andre in einem Buche sagt – was jeder andre in einem Buche *nicht* sagt …

Ich habe der Menschheit das tiefste Buch gegeben, das sie besitzt, meinen *Zarathustra*: ich gebe ihr über kurzem das unabhängigste. –

WAS ICH DEN ALTEN VERDANKE

I

Zum Schluß ein Wort über jene Welt, zu der ich Zugänge gesucht, zu der ich vielleicht einen neuen Zugang gefunden habe – die alte Welt. Mein Geschmack, der der Gegensatz eines duldsamen Geschmacks sein mag, ist auch hier fern davon, in Bausch und Bogen Ja zu sagen: er sagt überhaupt nicht gern Ja, lieber noch Nein, am allerliebsten gar nichts... Das gilt von ganzen Kulturen, das gilt von Büchern – es gilt auch von Orten und Landschaften. Im Grunde ist es eine ganz kleine Anzahl antiker Bücher, die in meinem Leben mitzählen; die berühmtesten sind nicht darunter. Mein Sinn für Stil, für das Epigramm als Stil erwachte fast augenblicklich bei der Berührung mit Sallust. Ich habe das Erstaunen meines verehrten Lehrers Corssen nicht vergessen, als er seinem schlechtesten Lateiner die allererste Zensur geben mußte – ich war mit einem Schlage fertig. Gedrängt, streng, mit so viel Substanz als möglich auf dem Grunde, eine kalte Bosheit gegen das »schöne Wort«, auch das »schöne Gefühl« – daran erriet ich mich. Man wird, bis in meinen Zarathustra hinein, eine sehr ernsthafte Ambition nach *römischem* Stil, nach dem *»aere perennius«* im Stil bei mir wiedererkennen. – Nicht anders erging es mir bei der ersten Berührung mit Horaz. Bis heute habe ich an keinem Dichter dasselbe artistische Entzücken gehabt, das mir von Anfang an eine Horazische Ode gab. In gewissen Sprachen ist das, was hier erreicht ist, nicht einmal zu *wollen.* Dies Mosaik von Worten, wo jedes Wort als Klang, als Ort, als Begriff, nach rechts und links und über das Ganze hin seine Kraft ausströmt, dies Minimum in Umfang und Zahl der Zeichen, dies damit erzielte Maximum in der Energie der Zeichen – das alles ist römisch und, wenn man mir glauben will, *vornehm par excellence.* Der ganze Rest von Poesie wird dagegen etwas zu Populäres – eine bloße Gefühls-Geschwätzigkeit...

2

Den Griechen verdanke ich durchaus keine verwandt starken Eindrücke; und, um es geradezu herauszusagen, sie *können* uns nicht sein, was die Römer sind. Man *lernt* nicht von den Griechen – ihre Art ist zu fremd, sie ist auch zu flüssig, um imperativisch, um »klassisch« zu wirken. Wer hätte je an einem Griechen schreiben gelernt! Wer hätte es je *ohne* die

Römer gelernt! ... Man wende mir ja nicht Plato ein. Im Verhältnis zu Plato bin ich ein gründlicher Skeptiker und war stets außerstande, in die Bewunderung des *Artisten* Plato, die unter Gelehrten herkömmlich ist, einzustimmen. Zuletzt habe ich hier die raffiniertesten Geschmacksrichter unter den Alten selbst auf meiner Seite. Plato wirft, wie mir scheint, alle Formen des Stils durcheinander, er ist damit ein *erster décadent* des Stils: er hat etwas Ähnliches auf dem Gewissen, wie die Zyniker, die die *satura Menippea* erfanden. Daß der Platonische Dialog, diese entsetzlich selbstgefällige und kindliche Art Dialektik, als Reiz wirken könne, dazu muß man nie gute Franzosen gelesen haben – Fontenelle zum Beispiel. Plato ist langweilig. – Zuletzt geht mein Mißtrauen bei Plato in die Tiefe: ich finde ihn so abgeirrt von allen Grundinstinkten der Hellenen, so vermoralisiert, so präexistent-christlich – er hat bereits den Begriff »gut« als obersten Begriff –, daß ich von dem ganzen Phänomen Plato eher das harte Wort »höherer Schwindel« oder, wenn man's lieber hört, Idealismus – als irgendein andres gebrauchen möchte. Man hat teuer dafür bezahlt, daß dieser Athener bei den Ägyptern in die Schule ging (– oder bei den Juden in Ägypten? ...). Im großen Verhängnis des Christentums ist Plato jene »Ideal« genannte Zweideutigkeit und Faszination, die den edleren Naturen des Altertums es möglich machte, sich selbst mißzuverstehn und die *Brücke* zu betreten, die zum »Kreuz« führte ... Und wie viel Plato ist noch im Begriff »Kirche«, in Bau, System, Praxis der Kirche! – Meine Erholung, meine Vorliebe, meine *Kur* von allem Platonismus war zu jeder Zeit *Thukydides*. Thukydides und, vielleicht, der Principe Macchiavells sind mir selber am meisten verwandt durch den unbedingten Willen, sich nichts vorzumachen und die Vernunft in der *Realität* zu sehn – *nicht* in der »Vernunft«, noch weniger in der »Moral« ... Von der jämmerlichen Schönfärberei der Griechen ins Ideal, die der »klassisch gebildete« Jüngling als Lohn für seine Gymnasial-Dressur ins Leben davonträgt, kuriert nichts so gründlich als Thukydides. Man muß ihn Zeile für Zeile anwenden und seine Hintergedanken so deutlich ablesen wie seine Worte: es gibt wenige so hintergedankenreiche Denker. In ihm kommt die *Sophisten-Kultur*, will sagen die *Realisten-Kultur*, zu ihrem vollendeten Ausdruck: diese unschätzbare Bewegung inmitten des eben allerwärts losbrechenden Moral- und Ideal-Schwindels der sokratischen Schulen. Die griechische Philosophie als die *décadence* des griechischen Instinkts; Thukydides als die große Summe, die letzte Offenbarung jener starken, strengen, harten Tatsächlichkeit, die dem älteren Hellenen im Instinkte lag. Der *Mut* vor der Realität unterscheidet zuletzt solche Naturen wie Thukydides und Plato: Plato ist ein Feigling vor der Realität – *folglich* flüchtet er ins Ideal; Thukydides hat *sich* in der Gewalt – folglich behält er auch die Dinge in der Gewalt ...

3

In den Griechen »schöne Seelen«, »goldene Mitten« und andre Vollkommenheiten auszuwittern, etwa an ihnen die Ruhe in der Größe, die ideale Gesinnung, die hohe Einfalt bewundern – vor dieser »hohen Einfalt«, einer *niaiserie allemande* zu guter Letzt, war ich durch den Psychologen behütet, den ich in mir trug. Ich sah ihren stärksten Instinkt, den Willen zur Macht, ich sah sie zittern vor der unbändigen Gewalt dieses Triebs – ich sah alle ihre Institutionen wachsen aus Schutzmaßregeln, um sich voreinander gegen ihren inwendigen *Explosivstoff* sicher zu stellen. Die ungeheure Spannung im Innern entlud sich dann in furchtbarer und rücksichtsloser Feindschaft nach außen: die Stadtgemeinden zerfleischten sich untereinander, damit die Stadtbürger jeder einzelnen vor sich selber Ruhe fänden. Man hatte es nötig, stark zu sein: die Gefahr war in der Nähe –, sie lauerte überall. Die prachtvoll geschmeidige Leiblichkeit, der verwegene Realismus und Immoralismus, der dem Hellenen eignet, ist eine *Not*, nicht eine »Natur« gewesen. Er folgte erst, er war nicht von Anfang an da. Und mit Festen und Künsten wollte man auch nichts andres als sich *obenauf* fühlen, sich obenauf *zeigen*: es sind Mittel, sich selber zu verherrlichen, unter Umständen vor sich Furcht zu machen ... Die Griechen auf deutsche Manier nach ihren Philosophen beurteilen, etwa die Biedermännerei der sokratischen Schulen zu Aufschlüssen darüber benutzen, *was* im Grunde hellenisch sei! ... Die Philosophen sind ja die *décadents* des Griechentums, die Gegenbewegung gegen den alten, den vornehmen Geschmack (– gegen den agonalen Instinkt, gegen die Polis, gegen den Wert der Rasse, gegen die Autorität des Herkommens). Die sokratischen Tugenden wurden gepredigt, *weil* sie den Griechen abhanden gekommen waren: reizbar, furchtsam, unbeständig, Komödianten allesamt, hatten sie ein paar Gründe zu viel, sich Moral predigen zu lassen. Nicht, daß es etwas geholfen hätte: aber große Worte und Attitüden stehen *décadents* so gut ...

4

Ich war der erste, der, zum Verständnis des älteren, des noch reichen und selbst überströmenden hellenischen Instinkts, jenes wundervolle Phänomen ernst nahm, das den Namen des Dionysos trägt: es ist einzig erklärbar aus einem *Zuviel* von Kraft. Wer den Griechen nachgeht, wie jener tiefste Kenner ihrer Kultur, der heute lebt, wie Jacob Burckhardt in Basel, der wußte sofort, daß damit etwas getan sei: Burckhardt fügte seiner »Kultur der Griechen« einen eignen Abschnitt über das genannte Phänomen ein. Will man den Gegensatz, so sehe man die beinahe erheiternde Instinkt-Armut der deutschen Philologen, wenn sie in die Nähe des

Dionysischen kommen. Der berühmte Lobeck zumal, der mit der ehrwürdigen Sicherheit eines zwischen Büchern ausgetrockneten Wurms in diese Welt geheimnisvoller Zustände hineinkroch und sich überredete, damit wissenschaftlich zu sein, daß er bis zum Ekel leichtfertig und kindisch war, – Lobeck hat mit allem Aufwande von Gelehrsamkeit zu verstehn gegeben, eigentlich habe es mit allen diesen Kuriositäten nichts auf sich. In der Tat möchten die Priester den Teilhabern an solchen Orgien einiges nicht Wertlose mitgeteilt haben, zum Beispiel, daß der Wein zur Lust anrege, daß der Mensch unter Umständen von Früchten lebe, daß die Pflanzen im Frühjahr aufblühn, im Herbst verwelken. Was jenen so befremdlichen Reichtum an Riten, Symbolen und Mythen orgiastischen Ursprungs angeht, von dem die antike Welt ganz wörtlich überwuchert ist, so findet Lobeck an ihm einen Anlaß, noch um einen Grad geistreicher zu werden. »Die Griechen«, sagt er Aglaophamus I, 672, »hatten sie nichts anderes zu tun, so lachten, sprangen, rasten sie umher, oder, da der Mensch mitunter auch dazu Lust hat, so saßen sie nieder, weinten und jammerten. *Andere* kamen dann später hinzu und suchten doch irgendeinen Grund für dies auffallende Wesen; und so entstanden zur Erklärung jener Gebräuche jene zahllosen Festsagen und Mythen. Auf der andern Seite glaubte man, jenes *possierliche Treiben*, welches nun einmal an den Festtagen stattfand, gehöre auch notwendig zur Festfeier, und hielt es als einen unentbehrlichen Teil des Gottesdienstes fest«. – Das ist verächtliches Geschwätz, man wird einen Lobeck nicht einen Augenblick ernst nehmen. Ganz anders berührt es uns, wenn wir den Begriff »griechisch« prüfen, den Winckelmann und Goethe sich gebildet haben, und ihn unverträglich mit jenem Elemente finden, aus dem die dionysische Kunst wächst – mit dem Orgiasmus. Ich zweifle in der Tat nicht daran, daß Goethe etwas Derartiges grundsätzlich aus den Möglichkeiten der griechischen Seele ausgeschlossen hätte. *Folglich verstand Goethe die Griechen nicht.* Denn erst in den dionysischen Mysterien, in der Psychologie des dionysischen Zustands spricht sich die *Grundtatsache* des hellenischen Instinkts aus – sein »Wille zum Leben«. *Was* verbürgte sich der Hellene mit diesen Mysterien? Das *ewige* Leben, die ewige Wiederkehr des Lebens; die Zukunft in der Vergangenheit verheißen und geweiht; das triumphierende Ja zum Leben über Tod und Wandel hinaus; das *wahre* Leben als das Gesamt-Fortleben durch die Zeugung, durch die Mysterien der Geschlechtlichkeit. Den Griechen war deshalb das *geschlechtliche* Symbol das ehrwürdige Symbol an sich, der eigentliche Tiefsinn innerhalb der ganzen antiken Frömmigkeit. Alles einzelne im Akte der Zeugung, der Schwangerschaft, der Geburt erweckte die höchsten und feierlichsten Gefühle. In der Mysterienlehre ist der *Schmerz* heilig gesprochen: die »Wehen der Gebärerin« heiligen den Schmerz überhaupt, – alles Werden und Wachsen, alles Zukunft-Verbürgende *bedingt* den Schmerz... Damit es die ewige Lust des Schaffens gibt, damit der Wille zum Leben sich ewig selbst bejaht, *muß* es auch ewig die »Qual der Gebärerin« geben... Dies alles bedeutet das Wort Dionysos: ich kenne keine höhere Symbolik als diese *griechische* Symbolik, die der Dionysien. In ihnen ist der tiefste Instinkt des Lebens, der zur Zukunft des Lebens, zur Ewigkeit des Lebens, religiös empfunden, – der Weg selbst zum Leben, die Zeugung, als der *heilige Weg*... Erst das Christentum, mit seinem Ressentiment *gegen* das Leben auf dem Grunde, hat aus der Geschlechtlichkeit etwas Unreines gemacht: es warf *Kot* auf den Anfang, auf die Voraussetzung unsres Lebens...

5

Die Psychologie des Orgiasmus als eines überströmenden Lebens- und Kraftgefühls, innerhalb dessen selbst der Schmerz noch als Stimulans wirkt, gab mir den Schlüssel zum Begriff des *tragischen* Gefühls, das sowohl von Aristoteles als in Sonderheit von unsern Pessimisten mißverstanden worden ist. Die Tragödie ist so fern davon, etwas für den Pessimismus der Hellenen im Sinne Schopenhauers zu beweisen, daß sie vielmehr als dessen entscheidende Ablehnung und *Gegen-Instanz* zu gelten hat. Das Jasagen zum Leben selbst noch in seinen fremdesten und härtesten Problemen, der Wille zum Leben, im *Opfer* seiner höchsten Typen der eignen Unerschöpflichkeit frohwerdend – *das* nannte ich dionysisch, *das* erriet ich als die Brücke zur Psychologie des *tragischen* Dichters. *Nicht* um von Schrecken und Mitleiden loszukommen, nicht um sich von einem gefährlichen Affekt durch dessen vehemente Entladung zu reinigen – so verstand es Aristoteles –: sondern um, über Schrecken und Mitleid hinaus, die ewige Lust des Werdens *selbst zu sein* – jene Lust, die auch noch die *Lust am Vernichten* in sich schließt... Und damit berühre ich wieder die Stelle, von der ich einstmals ausging – die »Geburt der Tragödie« war meine erste Umwertung aller Werte: damit stelle ich mich wieder auf den Boden zurück, aus dem mein Wollen, mein *Können* wächst – ich, der letzte Jünger des Philosophen Dionysos – ich, der Lehrer der ewigen Wiederkunft...

DER HAMMER REDET

Also sprach Zarathustra (I, S. 695)

»Warum so hart! –« sprach zum Diamanten einst die Küchen-Kohle: »sind wir denn nicht Nah-Verwandte?«

Warum so weich? O meine Brüder, also frage ich euch: seid ihr denn nicht – meine Brüder?

Warum so weich, so weichend und nachgebend? Warum ist so viel Leugnung, Verleugnung in eurem Herzen? so wenig Schicksal in eurem Blicke?

Und wollt ihr nicht Schicksale sein und Unerbittliche: wie könntet ihr einst mit mir – siegen?

Und wenn eure Härte nicht blitzen und schneiden und zerschneiden will: wie könntet ihr einst mit mir – schaffen?

Alle Schaffenden nämlich sind hart. Und Seligkeit muß es euch dünken, eure Hand auf Jahrtausende zu drücken wie auf Wachs, –

– Seligkeit, auf dem Willen von Jahrtausenden zu schreiben wie auf Erz, – härter als Erz, edler als Erz. Ganz hart allein ist das Edelste.

Diese neue Tafel, o meine Brüder, stelle ich über euch: Werdet hart! – –

ECCE HOMO

Wie man wird, was man ist

VORWORT

1

In Voraussicht, daß ich über kurzem mit der schwersten Forderung an die Menschheit herantreten muß, die je an sie gestellt wurde, scheint es mir unerläßlich, zu sagen, *wer ich bin.* Im Grunde dürfte man's wissen: denn ich habe mich nicht »unbezeugt gelassen«. Das Mißverhältnis aber zwischen der Größe meiner Aufgabe und der *Kleinheit* meiner Zeitgenossen ist darin zum Ausdruck gekommen, daß man mich weder gehört, noch auch nur gesehn hat. Ich lebe auf meinen eignen Kredit hin, es ist vielleicht bloß ein Vorurteil, daß ich lebe?... Ich brauche nur irgendeinen »Gebildeten« zu sprechen, der im Sommer ins Ober-Engadin kommt, um mich zu überzeugen, daß ich *nicht* lebe... Unter diesen Umständen gibt es eine Pflicht, gegen die im Grunde meine Gewohnheit, noch mehr der Stolz meiner Instinkte revoltiert, nämlich zu sagen: *Hört mich! denn ich bin der und der. Verwechselt mich vor allem nicht!*

2

Ich bin zum Beispiel durchaus kein Popanz, kein Moral-Ungeheuer – ich bin sogar eine Gegensatz-Natur zu der Art Mensch, die man bisher als tugendhaft verehrt hat. Unter uns, es scheint mir, daß gerade das zu meinem Stolz gehört. Ich bin ein Jünger des Philosophen Dionysos, ich zöge vor, eher noch ein Satyr zu sein als ein Heiliger. Aber man lese nur diese Schrift. Vielleicht gelang es mir, vielleicht hatte diese Schrift gar keinen andren Sinn, als diesen Gegensatz zu einer heitren und menschenfreundlichen Weise zum Ausdruck zu bringen. Das letzte, was *ich* versprechen würde, wäre, die Menschheit zu »verbessern«. Von mir werden keine neuen Götzen aufgerichtet; die alten mögen lernen, was es mit tönernen Beinen auf sich hat. *Götzen* (mein Wort für »Ideale«) *umwerfen* – das gehört schon eher zu meinem Handwerk. Man hat die Realität in dem Grade um ihren Wert, ihren Sinn, ihre Wahrhaftigkeit gebracht, als man eine ideale Welt *erlog*... Die »wahre Welt« und die »scheinbare Welt« – auf deutsch: die *erlogne* Welt und die Realität... Die *Lüge* des Ideals war bisher der Fluch über die Realität, die Menschheit selbst ist durch sie bis in ihre untersten Instinkte hinein verlogen und falsch geworden – bis zur Anbetung der *umgekehrten* Werte, als die sind, mit denen ihr erst das Gedeihen, die Zukunft, das hohe *Recht* auf Zukunft verbürgt wäre.

3

– Wer die Luft meiner Schriften zu atmen weiß, weiß, daß es eine Luft der Höhe ist, eine *starke* Luft. Man muß für sie geschaffen sein, sonst ist die Gefahr keine kleine, sich in ihr zu erkälten. Das Eis ist nahe, die Einsamkeit ist ungeheuer – aber wie ruhig alle Dinge im Lichte liegen! wie frei man atmet! wieviel man *unter* sich fühlt! – Philosophie, wie ich sie bisher verstanden und gelebt habe, ist das freiwillige Leben in Eis und Hochgebirge – das Aufsuchen alles Fremden und Fragwürdigen im Dasein, alles dessen, was durch die Moral bisher in Bann getan war. Aus einer langen Erfahrung, welche eine solche Wanderung im *Verbotenen* gab, lernte ich die Ursachen, aus denen bisher moralisiert und idealisiert wurde, sehr anders ansehn, als es erwünscht sein mag: die *verborgene* Geschichte der Philosophen, die Psychologie ihrer großen Namen kam für mich ans Licht. – Wieviel Wahrheit *erträgt*, wieviel Wahrheit *wagt* ein Geist? das wurde für mich immer mehr der eigentliche Wertmesser. Irrtum (– der Glaube ans Ideal –) ist nicht Blindheit, Irrtum ist *Feigheit*... Jede Errungenschaft, jeder Schritt vorwärts in der Erkenntnis *folgt* aus dem Mut, aus der Härte gegen sich, aus der Sauberkeit gegen sich... Ich widerlege die Ideale nicht, ich ziehe bloß Handschuhe vor ihnen an... *Nitimur in vetitum:* in diesem Zeichen siegt einmal meine Philosophie, denn man verbot bisher grundsätzlich immer nur die Wahrheit. –

4

– Innerhalb meiner Schriften steht für sich mein *Zarathustra*. Ich habe mit ihm der Menschheit das größte Geschenk gemacht, das ihr bisher gemacht worden ist. Dies Buch, mit einer Stimme über Jahrtausende hinweg, ist nicht nur das höchste Buch, das es gibt, das eigentliche Höhenluft-Buch – die ganze Tatsache Mensch liegt in ungeheurer Ferne *unter* ihm –, es ist auch das *tiefste*, das aus dem innersten Reichtum der Wahrheit heraus geborene, ein unerschöpflicher Brunnen, in den kein Eimer hinabsteigt, ohne mit Gold und Güte gefüllt heraufzukommen. Hier redet kein »Prophet«, keiner jener schauerlichen Zwitter von Krankheit und Willen zur Macht, die man Religionsstifter nennt. Man muß vor allem den Ton, der aus diesem Munde kommt, diesen halkyonischen Ton richtig *hören*, um dem Sinn seiner Weisheit nicht erbarmungswürdig unrecht zu tun. »Die stillsten Worte sind es, welche den Sturm bringen, Gedanken, die mit Taubenfüßen kommen, lenken die Welt –«

> Die Feigen fallen von den Bäumen, sie sind gut und süß: und indem sie fallen, reißt ihnen die rote Haut. Ein Nordwind bin ich reifen Feigen.

Also, gleich Feigen, fallen euch diese Lehren zu, meine Freunde: nun trinkt ihren Saft und ihr süßes Fleisch! Herbst ist es umher und reiner Himmel und Nachmittag –

Hier redet kein Fanatiker, hier wird nicht »gepredigt«, hier wird nicht *Glauben* verlangt: aus einer unendlichen Lichtfülle und Glückstiefe fällt Tropfen für Tropfen, Wort für Wort – eine zärtliche Langsamkeit ist das Tempo dieser Reden. Dergleichen gelangt nur zu den Auserwähltesten; es ist ein Vorrecht ohnegleichen, hier Hörer zu sein; es steht niemandem frei, für Zarathustra Ohren zu haben ... Ist Zarathustra mit alledem nicht ein *Verführer*? ... Aber was sagt er doch selbst, als er zum ersten Male wieder in seine Einsamkeit zurückkehrt? Genau das Gegenteil von dem, was irgendein »Weiser«, »Heiliger«, »Welt-Erlöser« und andrer *décadent* in einem solchen Falle sagen würde ... Er redet nicht nur anders, er *ist* auch anders ...

Allein gehe ich nun, meine Jünger! Auch ihr geht nun davon und allein! So will ich es.

Geht fort von mir und wehrt euch gegen Zarathustra! Und besser noch: schämt euch seiner! Vielleicht betrog er euch.

Der Mensch der Erkenntnis muß nicht nur seine Feinde lieben, er muß auch seine Freunde hassen können.

Man vergilt einem Lehrer schlecht, wenn man immer nur der Schüler bleibt Und warum wollt ihr nicht an meinem Kranze rupfen?

Ihr verehrt mich: aber wie, wenn eure Verehrung eines Tages *umfällt?* Hütet euch, daß euch nicht eine Bildsäule erschlage!

Ihr sagt, ihr glaubt an Zarathustra? Aber was liegt an Zarathustra! Ihr seid meine Gläubigen, aber was liegt an allen Gläubigen!

Ihr hattet euch noch nicht gesucht: da fandet ihr mich. So tun alle Gläubigen; darum ist es so wenig mit allem Glauben.

Nun heiße ich euch, mich verlieren und euch finden; und erst, *wenn ihr mich alle verleugnet habt,* will ich euch wiederkehren ...

Friedrich Nietzsche

An diesem vollkommnen Tage, wo alles reift und nicht nur die Traube braun wird, fiel mir eben ein Sonnenblick auf mein Leben: ich sah rückwärts, ich sah hinaus, ich sah nie so viel und so gute Dinge auf einmal. Nicht umsonst begrub ich heute mein vierundvierzigstes Jahr, ich *durfte* es begraben – was in ihm Leben war, ist gerettet, ist unsterblich. Das erste Buch der *Umwertung aller Werte,* die *Lieder Zarathustras,* die Götzen-Dämmerung, mein Versuch, mit dem Hammer zu philosophieren – alles Geschenke dieses Jahrs, sogar seines letzten Vierteljahrs! *Wie sollte ich nicht meinem ganzen Leben dankbar sein?* – Und so erzähle ich mir mein Leben.

WARUM ICH SO WEISE BIN

1

Das Glück meines Daseins, seine Einzigkeit vielleicht, liegt in seinem Verhängnis: ich bin, um es in Rätselform auszudrücken, als mein Vater bereits gestorben, als meine Mutter lebe ich noch und werde alt. Diese doppelte Herkunft, gleichsam aus der obersten und der untersten Sprosse an der Leiter des Lebens, *décadent* zugleich und *Anfang* – dies, wenn irgend etwas, erklärt jene Neutralität, jene Freiheit von Partei im Verhältnis zum Gesamtproblem des Lebens, die mich vielleicht auszeichnet. Ich habe für die Zeichen von Aufgang und Niedergang eine feinere Witterung als je ein Mensch gehabt hat, ich bin der Lehrer *par excellence* hierfür – ich kenne beides, ich bin beides. – Mein Vater starb mit sechsunddreißig Jahren: er war zart, liebenswürdig und morbid, wie ein nur zum Vorübergehn bestimmtes Wesen – eher eine gütige Erinnerung an das Leben, als das Leben selbst. Im gleichen Jahre, wo sein Leben abwärts ging, ging auch das meine abwärts: im sechsunddreißigsten Lebensjahre kam ich auf den niedrigsten Punkt meiner Vitalität – ich lebte noch, doch ohne drei Schritt weit vor mich zu sehn. Damals – es war 1879 – legte ich meine Basler Professur nieder, lebte den Sommer über wie ein Schatten in St. Moritz und den nächsten Winter, den sonnenärmsten meines Lebens, *als* Schatten in Naumburg. Dies war mein Minimum: »Der Wanderer und sein Schatten« entstand währenddem. Unzweifelhaft, ich verstand mich damals auf Schatten... Im Winter darauf, meinem ersten Genueser Winter, brachte jene Versüßung und Vergeistigung, die mit einer extremen Armut an Blut und Muskel beinahe bedingt ist, die »Morgenröte« hervor. Die vollkommne Helle und Heiterkeit, selbst Exuberanz des Geistes, welche das genannte Werk widerspiegelt, verträgt sich bei mir nicht nur mit der tiefsten physiologischen Schwäche, sondern sogar mit einem Exzeß von Schmerzgefühl. Mitten in Martern, die ein ununterbrochner dreitägiger Gehirn-Schmerz samt mühseligem Schleim-Erbrechen mit sich bringt – besaß ich eine Dialektiker-Klarheit *par excellence* und dachte Dinge sehr kaltblütig durch, zu denen ich in gesünderen Verhältnissen nicht Kletterer, nicht raffiniert, nicht *kalt* genug bin. Meine Leser wissen vielleicht, inwiefern ich Dialektik als Décadence-Symptom betrachte, zum Beispiel im allerberühmtesten Fall: im Fall des Sokrates. – Alle krankhaften Störungen des Intellekts, selbst jene Halbbetäubung, die das Fieber im Gefolge hat, sind mir bis heute gänzlich fremde Dinge geblieben, über deren Natur und Häufigkeit ich mich erst auf gelehrtem Wege zu unterrichten hatte. Mein Blut läuft langsam. Niemand hat je an mir Fieber konstatieren können. Ein Arzt, der mich länger als Nervenkranken behandelte, sagte schließlich: »Nein! an Ihren Nerven liegt's nicht, ich selber bin nur nervös.« Schlechterdings unnachweisbar irgendeine lokale Entartung; kein organisch bedingtes Magenleiden, wie sehr auch immer, als Folge der Gesamterschöpfung, die tiefste Schwäche des gastrischen Systems. Auch das Augenleiden, dem Blindwerden zeitweilig sich gefährlich annähernd, nur Folge, nicht ursächlich: so daß mit jeder Zunahme an Lebenskraft auch die Sehkraft wieder zugenommen hat. – Eine lange, allzulange Reihe von Jahren bedeutet bei mir Genesung – sie bedeutet leider auch zugleich Rückfall, Verfall, Periodik einer Art *décadence*. Brauche ich, nach alledem, zu sagen, daß ich in Fragen der *décadence erfahren* bin? Ich habe sie vorwärts und rückwärts buchstabiert. Selbst jene Filigran-Kunst des Greifens und Begreifens überhaupt, jene Finger für *nuances*, jene Psychologie des »Um-die-Ecke-sehns« und was sonst mir eignet, ward damals erst erlernt, ist das eigentliche Geschenk jener Zeit, in der alles sich bei mir verfeinerte, die Beobachtung selbst wie alle Organe der Beobachtung. Von der Kranken-Optik aus nach *gesünderen* Begriffen und Werten, und wiederum umgekehrt aus der Fülle und Selbstgewißheit des *reichen* Lebens hinuntersehn in die heimliche Arbeit des Décadence-Instinkts – das war meine längste Übung, meine eigentliche Erfahrung, wenn irgendworin wurde ich darin Meister. Ich habe es jetzt in der Hand, ich habe die Hand dafür, *Perspektiven umzustellen*: erster Grund, weshalb für mich allein vielleicht eine »Umwertung der Werte« überhaupt möglich ist. –

2

Abgerechnet nämlich, daß ich ein *décadent* bin, bin ich auch dessen Gegensatz. Mein Beweis dafür ist, unter anderem, daß ich instinktiv gegen die schlimmen Zustände immer die *rechten* Mittel wählte: während der *décadent* an sich immer die ihm nachteiligen Mittel wählt. Als *summa summarum* war ich gesund, als Winkel, als Spezialität war ich *décadent*. Jene Energie zur absoluten Vereinsamung und Herauslösung aus gewohnten Verhältnissen, der Zwang gegen mich, mich nicht mehr besorgen, bedienen, *beärzteln* zu lassen – das verrät die unbedingte Instinkt-Gewißheit darüber, *was* damals, vor allem not tat. Ich nahm mich selbst in die Hand, ich machte mich selber wieder gesund: die Bedingung dazu – jeder Physiologe wird das zugeben – ist, *daß man im Grunde gesund ist*. Ein typisch morbides Wesen kann nicht gesund werden, noch weniger sich selbst gesund machen; für einen typisch Gesunden kann umgekehrt Kranksein sogar ein energisches *Stimulans* zum Leben, zum Mehrleben sein. So in der Tat erscheint mir *jetzt* jene lange Krankheits-Zeit: ich entdeckte das Leben gleichsam neu, mich selber eingerechnet, ich schmeckte alle guten und selbst kleinen Dinge, wie sie andre nicht leicht schmecken könnten – ich machte aus meinem Willen zur Gesundheit, zum *Leben*, meine Philosophie ... Denn man gebe acht darauf: die Jahre meiner niedrigsten Vitalität waren es, wo ich *aufhörte*, Pessimist zu sein: der Instinkt der Selbst-Wiederherstellung *verbot* mir eine Philosophie der Armut und Entmutigung ... Und woran erkennt man im Grunde die *Wohlgeratenheit*! Daß ein wohlgeratner Mensch unsern Sinnen wohltut: daß er aus einem Holze geschnitzt ist, das hart, zart und wohlriechend zugleich ist. Ihm schmeckt nur, was ihm zuträglich ist; sein Gefallen, seine Lust hört auf, wo das Maß des Zuträglichen überschritten wird. Er errät Heilmittel gegen Schädigungen, er nützt schlimme Zufälle zu seinem Vorteil aus; was ihn nicht umbringt, macht ihn stärker. Er sammelt instinktiv aus allem, was er sieht, hört, erlebt, *seine* Summe: er ist ein auswählendes Prinzip, er läßt viel durchfallen. Er ist immer in *seiner* Gesellschaft, ob er mit Büchern, Menschen oder Landschaften verkehrt: er ehrt, indem er *wählt*, indem er *zuläßt*, indem er *vertraut*. Er reagiert auf alle Art Reize langsam, mit jener Langsamkeit, die eine lange Vorsicht und ein gewollter Stolz ihm angezüchtet haben – er prüft den Reiz, der herankommt, er ist fern davon, ihm entgegenzugehn. Er glaubt weder an »Unglück«, noch an »Schuld«: er wird fertig, mit sich, mit anderen, er weiß zu *vergessen*, – er ist stark genug, daß ihm alles zum Besten gereichen *muß*. – Wohlan, ich bin das *Gegenstück* eines *décadent*: denn ich beschrieb eben *mich*.

3

Diese doppelte Reihe von Erfahrungen, diese Zugänglichkeit zu anscheinend getrennten Welten wiederholt sich in meiner Natur in jeder Hinsicht – ich bin ein Doppelgänger, ich habe auch das »zweite« Gesicht noch außer dem ersten. *Und* vielleicht auch noch das dritte ... Schon meiner Abkunft nach ist mir ein Blick erlaubt jenseits aller bloß lokal, bloß national bedingten Perspektiven, es kostet mich keine Mühe, ein »guter Europäer« zu sein. Andrerseits bin ich vielleicht mehr deutsch, als jetzige Deutsche, bloße Reichsdeutsche es noch zu sein vermöchten – ich, der letzte *antipolitische* Deutsche. Und doch waren meine Vorfahren polnische Edelleute: ich habe von daher viel Rassen-Instinkte im Leibe, wer weiß? zuletzt gar noch das *liberum veto*. Denke ich daran, wie oft ich unterwegs als Pole angeredet werde und von Polen selbst, wie selten man mich für einen Deutschen nimmt, so könnte es scheinen, daß ich nur zu den *angesprenkelten* Deutschen gehörte. Aber meine Mutter, Franziska

Oehler, ist jedenfalls etwas sehr Deutsches; insgleichen meine Großmutter väterlicherseits, Erdmuthe Krause. Letztere lebte ihre ganze Jugend mitten im guten alten Weimar, nicht ohne Zusammenhang mit dem Goetheschen Kreise. Ihr Bruder, der Professor der Theologie Krause in Königsberg, wurde nach Herders Tod als Generalsuperintendent nach Weimar berufen. Es ist nicht unmöglich, daß ihre Mutter, meine Urgroßmutter, unter dem Namen »Muthgen« im Tagebuch des jungen Goethe vorkommt. Sie verheiratete sich zum zweiten Mal mit dem Superintendent Nietzsche in Eilenburg; an dem Tage des großen Kriegsjahrs 1813, wo Napoleon mit seinem Generalstab in Eilenburg einzog, am 10. Oktober hatte sie ihre Niederkunft. Sie war, als Sächsin, eine große Verehrerin Napoleons; es könnte sein, daß ich's auch noch bin. Mein Vater, 1813 geboren, starb 1849. Er lebte, bevor er das Pfarramt der Gemeinde Röcken unweit Lützen übernahm, einige Jahre auf dem Altenburger Schlosse und unterrichtete die vier Prinzessinnen daselbst. Seine Schülerinnen sind die Königin von Hannover, die Großfürstin Constantin, die Großherzogin von Oldenburg und die Prinzeß Therese von Sachsen-Altenburg. Er war voll tiefer Pietät gegen den preußischen König Friedrich Wilhelm den Vierten, von dem er auch sein Pfarramt erhielt; die Ereignisse von 1848 betrübten ihn über die Maßen. Ich selber, am Geburtstage des genannten Königs geboren, am 15. Oktober, erhielt, wie billig, die Hohenzollern-Namen *Friedrich* Wilhelm. Einen Vorteil hatte jedenfalls die Wahl dieses Tages: mein Geburtstag war meine ganze Kindheit hindurch ein Festtag. – Ich betrachte es als ein großes Vorrecht, einen solchen Vater gehabt zu haben: es scheint mir sogar, daß sich damit alles erklärt, was ich sonst an Vorrechten habe – das Leben, das große Ja zum Leben *nicht* eingerechnet. Vor allem, daß es für mich keiner Absicht dazu bedarf, sondern eines bloßen Abwartens, um unfreiwillig in eine Welt hoher und zarter Dinge einzutreten: ich bin dort zu Hause, meine innerste Leidenschaft wird dort erst frei. Daß ich für dies Vorrecht beinahe mit dem Leben zahlte, ist gewiß kein unbilliger Handel. – Um nur etwas von meinem Zarathustra zu verstehn, muß man vielleicht ähnlich bedingt sein, wie ich es bin – mit einem Fuße *jenseits* des Lebens ...

4

Ich habe nie die Kunst verstanden, gegen mich einzunehmen – auch das verdanke ich meinem unvergleichlichen Vater –, und selbst noch, wenn es mir von großem Werte schien. Ich bin sogar, wie sehr immer das unchristlich scheinen mag, nicht einmal gegen mich eingenommen, man mag mein Leben hin- und herwenden, man wird darin nur selten, im Grunde nur einmal Spuren davon entdecken, daß jemand bösen Willen gegen mich gehabt hätte – vielleicht aber etwas zu viel Spuren von *gutem* Willen... Meine Erfahrungen selbst mit solchen, an denen jedermann schlechte Erfahrungen macht, sprechen ohne Ausnahme zu deren Gunsten; ich zähme jeden Bär, ich mache die Hanswürste noch sittsam. In den sieben Jahren wo ich an der obersten Klasse des Basler Pädagogiums Griechisch lehrte, habe ich keinen Anlaß gehabt, eine Strafe zu verhängen; die Faulsten waren bei mir fleißig. Dem Zufall bin ich immer gewachsen; ich muß unvorbereitet sein, um meiner Herr zu sein. Das Instrument, es sei, welches es wolle, es sei so verstimmt, wie nur das Instrument »Mensch« verstimmt werden kann – ich müßte krank sein, wenn es mir nicht gelingen sollte, ihm etwas Anhörbares abzugewinnen. Und wie oft habe ich das von den »Instrumenten« selber gehört, daß sie sich noch nie so gehört hätten... Am schönsten vielleicht von jenem unverzeihlich jung gestorbenen Heinrich von Stein, der einmal, nach sorgsam eingeholter Erlaubnis, auf drei Tage in Sils-Maria erschien, jedermann erklärend, daß er *nicht* wegen des Engadins komme. Dieser ausgezeichnete Mensch, der mit der ganzen ungestümen Einfalt eines preußischen Junkers in den Wagnerschen Sumpf hineingewatet war (– und außerdem noch in den Dühringschen!) war diese drei Tage wie umgewandelt durch einen Sturmwind der Freiheit, gleich einem, der plötzlich in *seine* Höhe gehoben wird und Flügel bekommt. Ich sagte ihm immer, das mache die gute Luft hier oben, so gehe es jedem, man sei nicht umsonst 6000 Fuß über Bayreuth – aber er wollte mirs nicht glauben... Wenn trotzdem an mir manche kleine und große Missetat verübt worden ist, so war nicht »der Wille«, am wenigsten der *böse* Wille Grund davon: eher schon hätte ich mich – ich deutete es eben an – über den guten Willen zu beklagen, der keinen kleinen Unfug in meinem Leben angerichtet hat. Meine Erfahrungen geben mir ein Anrecht auf Mißtrauen überhaupt hinsichtlich der sogenannten »selbstlosen« Triebe, der gesamten zu Rat und Tat bereiten »Nächstenliebe«. Sie gilt mir an sich als Schwäche, als Einzelfall der Widerstands-Unfähigkeit gegen Reize – das *Mitleiden* heißt nur bei *décadents* eine Tugend. Ich werfe den Mitleidigen vor, daß ihnen die Scham, die Ehrfurcht, das Zartgefühl vor Distanzen leicht abhanden kommt, daß Mitleiden im Handumdrehn nach Pöbel riecht und schlechten Manieren zum Verwechseln ähnlich sieht – daß mitleidige Hände unter Umständen geradezu zerstörerisch in ein großes Schicksal, in eine Vereinsamung unter Wunden, in ein *Vorrecht* auf schwere Schuld hineingreifen können. Die Überwindung des Mitleids rechne ich unter die *vornehmen* Tugenden: ich habe als »Versuchung Zarathustras« einen Fall gedichtet, wo ein großer Notschrei an ihn kommt, wo das Mitleiden wie eine letzte Sünde ihn überfallen, ihn von *sich* abspenstig machen will. Hier Herr bleiben, hier die *Höhe* seiner Aufgabe rein halten von den viel niedrigeren und kurzsichtigeren Antrieben, welche in den sogenannten selbstlosen Handlungen tätig sind, das ist die Probe, die letzte Probe vielleicht, die ein Zarathustra abzulegen hat – sein eigentlicher *Beweis* von Kraft ...

5

Auch noch in einem anderen Punkte bin ich bloß mein Vater noch einmal und gleichsam sein Fortleben nach einem allzufrühen Tode. Gleich jedem, der nie unter seinesgleichen lebte und dem der Begriff »Vergeltung« so unzugänglich ist wie etwa der Begriff »gleiche Rechte«, verbiete ich mir in Fällen, wo eine kleine oder *sehr große* Torheit an mir begangen wird, jede Gegenmaßregel, jede Schutzmaßregel – wie billig, auch jede Verteidigung, jede »Rechtfertigung«. Meine Art Vergeltung besteht darin, der Dummheit so schnell wie möglich eine Klugheit nachzuschicken: so holt man sie vielleicht noch ein. Im Gleichnis geredet: ich schicke einen Topf mit Konfitüren, um eine *sauere* Geschichte loszuwerden ... Man hat nur etwas an mir schlimm zu machen, ich »vergelte« es, dessen sei man sicher: ich finde über kurzem eine Gelegenheit, dem »Missetäter« meinen Dank auszudrücken (mitunter sogar für die Missetat) – oder ihn um etwas zu *bitten*, was verbindlicher sein kann als etwas geben ... Auch scheint es mir, daß das gröbste Wort, der gröbste Brief noch gutartiger, noch honetter sind als Schweigen. Solchen, die schweigen, fehlt es fast immer an Feinheit und Höflichkeit des Herzens; Schweigen ist ein Einwand, Hinunterschlucken macht notwendig einen schlechten Charakter – es verdirbt selbst den Magen. Alle Schweiger sind dyspeptisch. – Man sieht, ich möchte die Grobheit nicht unterschätzt wissen, sie ist bei weitem die *humanste* Form des Widerspruchs und, inmitten der modernen Verzärtelung, eine unsrer ersten Tugenden. – Wenn man reich genug dazu ist, ist es selbst ein Glück, unrecht zu haben. Ein Gott, der auf die Erde käme, dürfte gar nichts andres *tun* als Unrecht – nicht die Strafe, sondern die *Schuld* auf sich zu nehmen wäre erst göttlich.

6

Die Freiheit vom Ressentiment, die Aufklärung über das Ressentiment – wer weiß, wie sehr ich zuletzt auch darin meiner langen Krankheit zu Dank verpflichtet bin! Das Problem ist nicht gerade einfach: man muß es aus der Kraft heraus und aus der Schwäche heraus erlebt haben. Wenn irgend etwas überhaupt gegen Kranksein, gegen Schwachsein geltend gemacht werden muß, so ist es, daß in ihm der eigentliche Heilinstinkt, das ist der *Wehr- und Waffen-Instinkt* im Menschen mürbe wird. Man weiß von nichts loszukommen, man weiß mit nichts fertig zu werden, man weiß nichts zurückzustoßen – alles verletzt. Mensch und Ding kommen zudringlich nahe, die Erlebnisse treffen zu tief, die Erinnerung ist eine eiternde Wunde. Kranksein *ist* eine Art Ressentiment selbst. – Hiergegen hat der Kranke nur ein großes Heilmittel – ich nenne es den *russischen Fatalismus,* jenen Fatalismus ohne Revolte, mit dem sich ein russischer Soldat, dem der Feldzug zu hart wird, zuletzt in den Schnee legt. Nichts überhaupt mehr annehmen, an sich nehmen, *in* sich hineinnehmen – überhaupt nicht mehr reagieren ... Die große Vernunft dieses Fatalismus, der nicht immer nur der Mut zum Tode ist, als lebenerhaltend unter den lebensgefährlichsten Umständen, ist die Herabsetzung des Stoffwechsels, dessen Verlangsamung, eine Art Wille zum Winterschlaf. Ein paar Schritte weiter in dieser Logik, und man hat den Fakir, der wochenlang in einem Grabe schläft ... Weil man zu schnell sich verbrauchen würde, *wenn* man überhaupt reagierte, reagiert man gar nicht mehr: dies ist die Logik. Und mit nichts brennt man rascher ab, als mit den Ressentiments-Affekten. Der Ärger, die krankhafte Verletzlichkeit, die Ohnmacht zur Rache, die Lust, der Durst nach der Rache, das Giftmischen in jedem Sinne – das ist für Erschöpfte sicherlich die nachteiligste Art zu reagieren: ein rapider Verbrauch von Nervenkraft, eine krankhafte Steigerung schädlicher Ausleerungen, zum Beispiel der Galle in den Magen, ist damit bedingt. Das Ressentiment ist das Verbotene *an sich* für den Kranken – *sein* Böses: leider auch sein natürlichster Hang. – Das begriff jener tiefe Physiolog Buddha. Seine »Religion«, die man besser als eine *Hygiene* bezeichnen dürfte, um sie nicht mit so erbarmungswürdigen Dingen wie das Christentum ist, zu vermischen, machte ihre Wirkung abhängig von dem Sieg über das Ressentiment: die Seele *davon* frei machen – erster Schritt zur Genesung. »Nicht durch Feindschaft kommt Feindschaft zu Ende, durch Freundschaft kommt Feindschaft zu Ende«: das steht am Anfang der Lehre Buddhas – so redet *nicht* die Moral, so redet die Physiologie. – Das Ressentiment, aus der Schwäche geboren, niemandem schädlicher als dem Schwachen selbst – im andern Falle, wo eine reiche Natur die Voraussetzung ist, ein *überflüssiges* Gefühl, ein Gefühl, über das Herr zu bleiben beinahe der Beweis des Reichtums ist. Wer den Ernst kennt, mit dem meine Philosophie den Kampf mit den Rach- und Nachgefühlen bis in die Lehre vom »freien Willen« hinein aufgenommen hat – der Kampf mit dem Christentum ist nur ein Einzelfall daraus –, wird verstehn, weshalb ich mein persönliches Verhalten, meine *Instinkt-Sicherheit* in der Praxis hier gerade ans Licht stelle. In den Zeiten der *décadence verbot* ich sie mir als schädlich; sobald das Leben wieder reich und stolz genug dazu war, verbot ich sie mir als *unter* mir. Jener »russische Fatalismus«, von dem ich sprach, trat darin bei mir hervor, daß ich beinahe unerträgliche Lagen, Orte, Wohnungen, Gesellschaften, nachdem sie einmal, durch Zufall, gegeben waren, jahrelang zäh festhielt – es war besser, als sie ändern, als sie veränderbar zu *fühlen* – als sich gegen sie aufzulehnen.. Mich in diesem Fatalismus stören, mich gewaltsam aufwecken nahm ich damals tödlich übel – in Wahrheit war es auch jedesmal tödlich gefährlich. – Sich selbst wie ein Fatum nehmen, nicht sich »anders« wollen – das ist in solchen Zuständen die *große Vernunft* selbst.

7

Ein ander Ding ist der Krieg. Ich bin meiner Art nach kriegerisch. Angreifen gehört zu meinen Instinkten. Feind sein *können*, Feind sein – das setzt vielleicht eine starke Natur voraus, jedenfalls ist es bedingt in jeder starken Natur. Sie braucht Widerstände, folglich *sucht* sie Widerstand: das *aggressive* Pathos gehört ebenso notwendig zur Stärke als das Rach- und Nachgefühl zur Schwäche. Das Weib zum Beispiel ist rachsüchtig: das ist in seiner Schwäche bestimmt, so gut wie seine Reizbarkeit für fremde Not. – Die Stärke des Angreifenden hat in der Gegnerschaft, die er nötig hat, eine Art *Maß*; jedes Wachstum verrät sich im Aufsuchen eines gewaltigen Gegners – oder Problems: denn ein Philosoph, der kriegerisch ist, fordert auch Probleme zum Zweikampf heraus. Die Aufgabe ist *nicht*, überhaupt über Widerstände Herr zu werden, sondern über solche, an denen man seine ganze Kraft, Geschmeidigkeit und Waffen-Meisterschaft einzusetzen hat – über *gleiche* Gegner... Gleichheit vor dem Feinde – erste Voraussetzung zu einem *rechtschaffnen* Duell. Wo man verachtet, *kann* man nicht Krieg führen; wo man befiehlt, wo man etwas unter sich sieht, *hat* man nicht Krieg zu führen. – Meine Kriegs-Praxis ist in vier Sätze zu fassen. Erstens: ich greife nur Sachen an, die siegreich sind – ich warte unter Umständen, bis sie siegreich sind. Zweitens: ich greife nur Sachen an, wo ich keine Bundesgenossen finden würde, wo ich allein stehe – wo ich mich allein kompromittiere... Ich habe nie einen Schritt öffentlich getan, der nicht kompromittierte: das ist *mein* Kriterium des rechten Handelns. Drittens: ich greife nie Personen an – ich bediene mich der Person nur wie eines starken Vergrößerungsglases, mit dem man einen allgemeinen, aber schleichenden, aber wenig greifbaren Notstand sichtbar machen kann. So griff ich David Strauß an, genauer den *Erfolg* eines altersschwachen Buchs bei der deutschen »Bildung«– ich ertappte diese Bildung dabei auf der Tat... So griff ich Wagner an, genauer die Falschheit, die Instinkt-Halbschlächtigkeit unsrer »Kultur«, welche die Raffinierten mit den Reichen, die Späten mit den Großen verwechselt. Viertens: ich greife nur Dinge an, wo jedwede Personen-Differenz ausgeschlossen ist, wo jeder Hintergrund schlimmer Erfahrungen fehlt. Im Gegenteil, angreifen ist bei mir ein Beweis des Wohlwollens, unter Umständen der Dankbarkeit. Ich ehre, ich zeichne aus damit, daß ich meinen Namen mit dem einer Sache, einer Person verbinde: für oder wider – das gilt mir darin gleich. Wenn ich dem Christentum den Krieg mache, so steht dies mir zu, weil ich von dieser Seite aus keine Fatalitäten und Hemmungen erlebt habe – die ernstesten Christen sind mir immer gewogen gewesen. Ich selber, ein Gegner des Christentums *de rigueur*, bin ferne davon, es dem einzelnen nachzutragen, was das Verhängnis von Jahrtausenden ist. –

8

Darf ich noch einen letzten Zug meiner Natur anzudeuten wagen, der mir im Umgang mit Menschen keine kleine Schwierigkeit macht? Mir eignet eine vollkommen unheimliche Reizbarkeit des Reinlichkeits-Instinkts, so daß ich die Nähe oder – was sage ich? – das Innerlichste, die »Eingeweide« jeder Seele physiologisch wahrnehme – *rieche*... Ich habe an dieser Reizbarkeit psychologische Fühlhörner, mit denen ich jedes Geheimnis betaste und in die Hand bekomme: der viele *verborgene* Schmutz auf dem Grunde mancher Natur, vielleicht in schlechtem Blut bedingt, aber durch Erziehung übertüncht, wird mir fast bei der ersten Berührung schon bewußt. Wenn ich recht beobachtet habe, empfinden solche meiner Reinlichkeit unzuträgliche Naturen die Vorsicht meines Ekels auch ihrerseits; sie werden damit nicht wohlriechender ... So wie ich mich immer gewöhnt habe – eine extreme Lauterkeit gegen mich ist meine Daseins-Voraussetzung, ich komme um unter unreinen Bedingungen –, schwimme und bade und plätschere ich gleichsam beständig im Wasser, in irgendeinem vollkommen durchsichtigen und glänzenden Elemente. Das macht mir aus dem Verkehr mit Menschen keine kleine Geduldsprobe; meine Humanität besteht *nicht* darin, mitzufühlen, wie der Mensch ist, sondern es *auszuhalten*, daß ich ihn mitfühle... Meine Humanität ist eine beständige Selbstüberwindung. – Aber ich habe *Einsamkeit* nötig, will sagen, Genesung, Rückkehr zu mir, den Atem einer freien leichten spielenden Luft ... Mein ganzer Zarathustra ist ein Dithyrambus auf die Einsamkeit, oder, wenn man mich verstanden hat, auf die *Reinheit*... Zum Glück nicht auf die *reine Torheit*. – Wer Augen für Farben hat, wird ihn diamanten nennen. – Der *Ekel* am Menschen, am »Gesindel« war immer meine größte Gefahr... Will man die Worte hören, in denen Zarathustra von der *Erlösung* vom Ekel redet?

> Was geschah mir doch? Wie erlöste ich mich vom Ekel? Wer verjüngte mein Auge? Wie erflog ich die Höhe, wo kein Gesindel mehr am Brunnen sitzt?
>
> Schuf mein Ekel selber mir Flügel und quellenahnende Kräfte? Wahrlich, ins Höchste mußte ich fliegen, daß ich den Born der Lust wiederfände! –

O ich fand ihn, meine Brüder! Hier im Höchsten quillt mir der Born der Lust! Und es gibt ein Leben, an dem kein Gesindel mittrinkt!

Fast zu heftig strömst du mir, Quelle der Lust! Und oft leerst du den Becher wieder, dadurch, daß du ihn füllen willst.

Und noch muß ich lernen, bescheidener dir zu nahen: allzuheftig strömt dir noch mein Herz entgegen:

– mein Herz, auf dem mein Sommer brennt, der kurze, heiße, schwermütige, überselige: wie verlangt mein Sommer-Herz nach deiner Kühle!

Vorbei die zögernde Trübsal meines Frühlings! Vorüber die Schneeflocken meiner Bosheit im Juni! Sommer wurde ich ganz und Sommer-Mittag, –

– ein Sommer im Höchsten mit kalten Quellen und seliger Stille: o kommt, meine Freunde, daß die Stille noch seliger werde!

Denn dies ist *unsre* Höhe und unsre Heimat: zu hoch und steil wohnen wir hier allen Unreinen und ihrem Durste.

Werft nur eure reinen Augen in den Born meiner Lust, ihr Freunde! Wie sollte er darob trübe werden? Entgegenlachen soll er euch mit *seiner* Reinheit.

Auf dem Baume Zukunft bauen wir unser Nest; Adler sollen uns Einsamen Speise bringen in ihren Schnäbeln!

Wahrlich, keine Speise, an der Unsaubere mitessen dürften! Feuer würden sie zu fressen wähnen und sich die Mäuler verbrennen.

Wahrlich, keine Heimstätten halten wir hier bereit für Unsaubere! Eishöhle würde ihren Leibern unser Glück heißen und ihren Geistern!

Und wie starke Winde wollen wir über ihnen leben, Nachbarn den Adlern, Nachbarn dem Schnee, Nachbarn der Sonne: also leben starke Winde.

Und einem Winde gleich will ich einst noch zwischen sie blasen und mit meinem Geiste ihrem Geiste den Atem nehmen: so will es meine Zukunft.

Wahrlich, ein starker Wind ist Zarathustra allen Niederungen: und solchen Rat rät er seinen Feinden und allem, was spuckt und speit: hütet euch, *gegen* den Wind zu speien! . . .

WARUM ICH SO KLUG BIN

I

– Warum ich einiges *mehr* weiß? Warum ich überhaupt so klug bin? Ich habe nie über Fragen nachgedacht, die keine sind – ich habe mich nicht verschwendet. – Eigentliche *religiöse* Schwierigkeiten zum Beispiel kenne ich nicht aus Erfahrung. Es ist mir gänzlich entgangen, inwiefern ich »sündhaft« sein sollte. Insgleichen fehlt mir ein zuverlässiges Kriterium dafür, was ein Gewissensbiß ist: nach dem, was man darüber *hört*, scheint mir ein Gewissensbiß nichts Achtbares ... Ich möchte nicht eine Handlung *hinterdrein* in Stich lassen, ich würde vorziehn, den schlimmen Ausgang, die *Folgen* grundsätzlich aus der Wertfrage wegzulassen. Man verliert beim schlimmen Ausgang gar zu leicht den *richtigen* Blick für das, was man tat: ein Gewissensbiß scheint mir eine Art *»böser Blick«*. Etwas, das fehlschlägt, um so mehr bei sich in Ehren halten, *weil* es fehlschlug – das gehört eher schon zu meiner Moral. – »Gott«, »Unsterblichkeit der Seele«, »Erlösung«, »Jenseits«, lauter Begriffe, denen ich keine Aufmerksamkeit, auch keine Zeit geschenkt habe, selbst als Kind nicht – ich war vielleicht nie kindlich genug dazu? – Ich kenne den Atheismus durchaus nicht als Ergebnis, noch weniger als Ereignis: er versteht sich bei mir aus Instinkt. Ich bin zu neugierig, zu *fragwürdig*, zu übermütig, um mir eine faustgrobe Antwort gefallen zu lassen. Gott ist eine faustgrobe Antwort, eine Undelikatesse gegen uns Denker –, im Grunde sogar bloß ein faustgrobes *Verbot* an uns: ihr sollt nicht denken! ... Ganz anders interessiert mich eine Frage, an der mehr das »Heil der Menschheit« hängt, als an irgendeiner Theologen-Kuriosität: die Frage der *Ernährung*. Man kann sie sich, zum Handgebrauch, so formulieren: »wie hast gerade *du* dich zu ernähren, um zu deinem Maximum von Kraft, von *virtù* im Renaissance-Stile, von moralinfreier Tugend zu kommen?« – Meine Erfahrungen sind hier so schlimm als möglich; ich bin erstaunt, diese Frage so spät gehört, aus diesen Erfahrungen so spät »Vernunft« gelernt zu haben. Nur die vollkommne Nichtswürdigkeit unsrer deutschen Bildung – ihr »Idealismus« – erklärt mir einigermaßen, weshalb ich gerade hier rückständig bis zur Heiligkeit war. Diese »Bildung«, welche von vornherein die *Realitäten* aus den Augen verlieren lehrt, um durchaus problematischen, sogenannten »idealen« Zielen nachzujagen, zum Beispiel der »klassischen Bildung« – als ob sie nicht von vornherein verurteilt wäre, »klassisch« und »deutsch« in *einen* Begriff zu einigen! Mehr noch, es wirkt erheiternd – man denke sich einmal einen »klassisch gebildeten« Leipziger! – In der Tat, ich habe bis zu meinen reifsten Jahren immer nur *schlecht* gegessen – moralisch ausgedrückt »unpersönlich«, »selbstlos«, »altruistisch«, zum Heil der Köche und andrer Mitchristen. Ich verneinte zum Beispiel durch Leipziger Küche, gleichzeitig mit meinem ersten Studium Schopenhauers (1865), sehr ernsthaft meinen »Willen zum Leben«. Sich zum Zweck unzureichender Ernährung auch noch den Magen verderben – dies Problem schien mir die genannte Küche zum Verwundern glücklich zu lösen. (Man sagt, 1866 habe darin eine Wendung hervorgebracht –.) Aber die deutsche Küche überhaupt – was hat sie nicht alles auf dem Gewissen! Die Suppe *vor* der Mahlzeit (noch in venetianischen Kochbüchern des 16. Jahrhunderts *alla tedesca* genannt); die ausgekochten Fleische, die fett und mehlig gemachten Gemüse; die Entartung der Mehlspeise zum Briefbeschwerer! Rechnet man gar noch die geradezu viehischen Nachguß-Bedürfnisse der alten, durchaus nicht bloß *alten* Deutschen dazu, so versteht man auch die Herkunft des *deutschen Geistes* – aus betrübten Eingeweiden... Der deutsche Geist ist eine Indigestion, er wird mit nichts fertig. – Aber auch die *englische* Diät, die, im Vergleich mit der deutschen, selbst der französischen, eine Art »Rückkehr zur Natur«, nämlich zum Kannibalismus ist, geht meinem eignen Instinkt tief zuwider; es scheint mir, daß sie dem Geist *schwere* Füße gibt – Engländerinnen-Füße... Die beste Küche ist die *Piemonts*. – Alkoholika sind mir nachteilig; ein Glas Wein oder Bier des Tags reicht vollkommen aus, mir aus dem Leben ein »Jammertal« zu machen – in München leben meine Antipoden. Gesetzt, daß ich dies ein wenig spät begriff, *erlebt* habe ich's eigentlich von Kindesbeinen an. Als Knabe glaubte ich, Weintrinken sei wie Tabakrauchen anfangs nur eine Vanitas junger Männer, später eine schlechte Gewöhnung. Vielleicht, daß an diesem *herben* Urteil auch der Naumburger Wein mit schuld ist. Zu glauben, daß der Wein er*heitert*, dazu müßte ich Christ sein, will sagen glauben, was gerade für mich eine Absurdität ist. Seltsam genug, bei dieser extremen Verstimmbarkeit durch *kleine*, stark verdünnte Dosen Alkohol, werde ich beinahe zum Seemann, wenn es sich um *starke* Dosen handelt. Schon als Knabe hatte ich hierin meine Tapferkeit. Eine lange lateinische Abhandlung in *einer* Nachtwache niederzuschreiben und auch noch abzuschreiben, mit dem Ehrgeiz in der Feder, es meinem Vorbilde Sallust in Strenge und Gedrängtheit nachzutun und einigen Grog von schwerstem Kaliber über mein Latein zu gießen, dies stand schon, als ich Schüler der ehrwürdigen Schulpforta war, durchaus nicht im Widerspruch zu meiner Physiologie, noch vielleicht auch zu der des Sallust – wie sehr auch immer zur ehrwürdigen Schulpforta... Später, gegen die Mitte des Lebens hin, entschied ich mich freilich immer strenger *gegen* jedwedes »geistige« Getränk: ich, ein Gegner des Vegetariertums aus Erfahrung, ganz wie Richard Wagner, der mich bekehrt hat, weiß nicht ernsthaft genug die unbedingte Enthaltung von Alcoholicis allen *geistigeren* Naturen anzuraten. *Wasser* tut's ... Ich ziehe Orte vor, wo man überall Gelegenheit hat, aus fließenden Brunnen zu schöpfen (Nizza, Turin, Sils); ein kleines Glas läuft mir nach wie ein Hund. *In vino veritas*: es scheint, daß ich auch hier wieder über den Begriff »Wahrheit« mit aller Welt uneins bin – bei mir schwebt der Geist über dem Wasser ... Ein paar Fingerzeige noch aus meiner Moral. Eine starke Mahlzeit ist leichter zu verdauen als eine zu kleine. Daß der Magen als Ganzes in Tätigkeit tritt, erste Voraussetzung einer guten Verdauung. Man muß die Größe seines Magens *kennen*. Aus gleichem Grunde sind jene langwierigen Mahlzeiten zu widerraten, die ich unterbrochne Opferfeste nenne, die an der *table d'hôte*. – Keine Zwischenmahlzeiten, keinen Kaffee: Kaffee verdüstert. *Tee* nur morgens zuträglich. Wenig, aber energisch: Tee sehr nachteilig und den ganzen Tag ankränkelnd, wenn er nur um einen Grad zu schwach ist. Jeder hat hier sein Maß, oft zwischen den engsten und delikatesten Grenzen. In einem sehr agaçanten Klima ist Tee als Anfang unrätlich: man soll eine Stunde vorher eine Tasse dicken entölten Kakaos den Anfang machen lassen. – So wenig als möglich *sitzen*; keinem Gedanken Glauben schenken, der nicht im Freien geboren ist und bei freier Bewegung – in dem nicht auch die Muskeln ein Fest feiern. Alle Vorurteile kommen aus den Eingeweiden. – Das Sitzfleisch – ich sagte es schon einmal – die eigentliche *Sünde* wider den heiligen Geist. –

2

Mit der Frage der Ernährung ist nächstverwandt die Frage nach *Ort* und *Klima*. Es steht niemandem frei, überall zu leben; und wer große Aufgaben zu lösen hat, die seine ganze Kraft herausfordern, hat hier sogar eine sehr enge Wahl. Der klimatische Einfluß auf den *Stoffwechsel*, seine Hemmung, seine Beschleunigung, geht so weit, daß ein Fehlgriff in Ort und Klima jemanden nicht nur seiner Aufgabe entfremden, sondern ihm dieselbe überhaupt vorenthalten kann: er bekommt sie nie zu Gesicht. Der animalische *vigor* ist nie groß genug bei ihm geworden, daß jene ins Geistigste überströmende Freiheit erreicht wird, wo jemand erkennt: *das* kann ich allein ... Eine zur schlechten Gewohnheit gewordne noch so kleine Eingeweide-Trägheit genügt vollständig, um aus einem Genie etwas Mittelmäßiges, etwas »Deutsches« zu machen; das deutsche Klima allein ist ausreichend, um starke und selbst heroisch angelegte Eingeweide zu entmutigen. Das *tempo* des Stoffwechsels steht in einem genauen Verhältnis zur Beweglichkeit oder Lahmheit der *Füße* des Geistes; der »Geist« selbst ist ja nur eine Art dieses Stoffwechsels. Man stelle sich die Orte zusammen, wo es geistreiche Menschen gibt und gab, wo Witz, Raffinement, Bosheit zum Glück gehörten, wo das Genie fast notwendig sich heimisch machte: sie haben alle eine ausgezeichnet trockne Luft. Paris, die Provence, Florenz, Jerusalem, Athen – diese Namen beweisen etwas: das Genie ist *bedingt* durch trockne Luft, durch reinen Himmel – das heißt durch rapiden Stoffwechsel, durch die Möglichkeit, große, selbst ungeheure Mengen Kraft sich immer wieder zuzuführen. Ich habe einen Fall vor Augen, wo ein bedeutend und frei angelegter Geist bloß durch Mangel an Instinkt-Feinheit im Klimatischen eng, verkrochen, Spezialist und Sauertopf wurde. Und ich selber hätte zuletzt dieser Fall werden können, gesetzt, daß mich nicht die Krankheit zur Vernunft, zum Nachdenken über die Vernunft in der Realität gezwungen hätte. Jetzt, wo ich die Wirkungen klimatischen und meteorologischen Ursprungs aus langer Übung an mir als an einem sehr feinen und zuverlässigen Instrumente ablese und bei einer kurzen Reise schon, etwa von Turin nach Mailand, den Wechsel in den Graden der Luftfeuchtigkeit physiologisch bei mir nachrechne, denke ich mit Schrecken an die *unheimliche* Tatsache, daß mein Leben bis auf die letzten zehn Jahre, die lebensgefährlichen Jahre, immer sich nur in falschen und mir geradezu *verbotenen* Orten abgespielt hat. Naumburg, Schulpforta, Thüringen überhaupt, Leipzig, Basel, Venedig – ebensoviele Unglücks-Orte für meine Physiologie. Wenn ich überhaupt von meiner ganzen Kindheit und Jugend keine willkommne Erinnerung habe, so wäre es eine Torheit, hier sogenannte »moralische« Ursachen geltend zu machen – etwa den unbestreitbaren Mangel an *zureichender* Gesellschaft: denn dieser Mangel besteht heute wie er immer bestand, ohne daß er mich hinderte, heiter und tapfer zu sein. Sondern die Unwissenheit *in physiologicis* – der verfluchte »Idealismus« – ist das eigentliche Verhängnis in meinem Leben, das Überflüssige und Dumme darin, etwas, aus dem nichts Gutes gewachsen, für das es keine Ausgleichung, keine Gegenrechnung gibt. Aus den Folgen dieses »Idealismus« erkläre ich mir alle Fehlgriffe, alle großen Instinkt-Abirrungen und »Bescheidenheiten« abseits der *Aufgabe* meines Lebens, zum Beispiel, daß ich Philologe wurde – warum zum mindesten nicht Arzt oder sonst irgend etwas Augen-Aufschließendes? In meiner Basler Zeit war meine ganze geistige Diät, die Tages-Einteilung eingerechnet, ein vollkommen sinnloser Mißbrauch außerordentlicher Kräfte, ohne eine irgendwie den Verbrauch deckende Zufuhr von Kräften, ohne ein Nachdenken selbst über Verbrauch und Ersatz. Es fehlte jede feinere Selbstigkeit, jede *Obhut* eines gebieterischen Instinkts, es war ein Sich-gleich-Setzen mit irgendwem, eine »Selbstlosigkeit«, ein Vergessen seiner Distanz – etwas, das ich mir nie verzeihe. Als ich fast am Ende war, dadurch, *daß* ich fast am Ende war, wurde ich nachdenklich über diese Grund-Unvernunft meines Lebens – den »Idealismus«. Die *Krankheit* brachte mich erst zur Vernunft. –

3

Die Wahl in der Ernährung; die Wahl von Klima und Ort; – das dritte, worin man um keinen Preis einen Fehlgriff tun darf, ist die Wahl *seiner Art Erholung*. Auch hier sind je nach dem Grade, in dem ein Geist *sui generis* ist, die Grenzen des ihm Erlaubten, das heißt *Nützlichen*, eng und enger. In meinem Fall gehört alles Lesen zu meinen Erholungen: folglich zu dem, was mich von mir losmacht, was mich in fremden Wissenschaften und Seelen spazierengehen läßt – was ich nicht mehr ernst nehme. Lesen erholt mich eben von *meinem* Ernste. In tief arbeitsamen Zeiten sieht man keine Bücher bei mir: ich würde mich hüten, jemanden in meiner Nähe reden oder gar denken zu lassen. Und das hieße ja lesen ... Hat man eigentlich beobachtet, daß in jener tiefen Spannung, zu der die Schwangerschaft den Geist und im Grunde den ganzen Organismus verurteilt, der Zufall, jede Art Reiz von außen her zu vehement wirkt, zu tief »einschlägt«? Man muß dem Zufall, dem Reiz von außen her so viel als möglich aus dem Wege gehn; eine Art Selbst-Vermauerung gehört zu den ersten Instinkt-Klugheiten der geistigen Schwangerschaft. Werde ich es erlauben, daß ein *fremder* Gedanke heimlich über die Mauer steigt? – Und das hieße ja lesen ... Auf die Zeiten der Arbeit und Fruchtbarkeit folgt die Zeit der Erholung: heran mit euch, ihr angenehmen, ihr geistreichen, ihr gescheuten Bücher! – Werden es deutsche Bücher sein? ... Ich muß ein Halbjahr zurückrechnen, daß ich mich mit einem Buch in der Hand ertappe. Was war es doch? – Eine ausgezeichnete Studie von Victor Brochard, *les Sceptiques Grecs*, in der auch meine Laertiana gut benutzt sind. Die Skeptiker, der einzige *ehrenwerte* Typus unter dem so zwei- bis fünfdeutigen Volk der Philosophen! ... Sonst nehme ich meine Zuflucht fast immer zu denselben Büchern, einer kleinen Zahl im Grunde, den gerade für mich *bewiesenen* Büchern. Es liegt vielleicht nicht in meiner Art, viel und vielerlei zu lesen: ein Lesezimmer macht mich krank. Es liegt auch nicht in meiner Art, viel und vielerlei zu lieben. Vorsicht, selbst Feindseligkeit gegen neue Bücher gehört eher schon zu meinem Instinkte als »Toleranz«, »*largeur du cœur*« und andre »Nächstenliebe« ... Im Grunde ist es eine kleine Anzahl älterer Franzosen, zu denen ich immer wieder zurückkehre: ich glaube nur an französische Bildung und halte alles, was sich sonst in Europa »Bildung« nennt, für Mißverständnis, nicht zu reden von der deutschen Bildung Die wenigen Fälle hoher Bildung, die ich in Deutschland vorfand, waren alle französischer Herkunft, vor allem Frau Cosima Wagner, bei weitem die erste Stimme in Fragen des Geschmacks, die ich gehört habe. – Daß ich Pascal nicht lese, sondern *liebe*, als das lehrreichste Opfer des Christentums, langsam hingemordet, erst leiblich, dann psychologisch, die ganze Logik dieser schauderhaftesten Form unmenschlicher Grausamkeit; daß ich etwas von Montaignes Mutwillen im Geiste, wer weiß? vielleicht auch im Leibe habe; daß mein Artisten-Geschmack die Namen Molière, Corneille und Racine nicht ohne Ingrimm gegen ein wüstes Genie wie Shakespeare in Schutz nimmt: das schließt zuletzt nicht aus, daß mir nicht auch die allerletzten Franzosen eine charmante Gesellschaft wären. Ich sehe durchaus nicht ab, in welchem Jahrhundert der Geschichte man so neugierige und zugleich so delikate Psychologen zusammenfischen könnte, wie im jetzigen Paris: ich nenne versuchsweise – denn ihre Zahl ist gar nicht klein – die Herren Paul Bourget, Pierre Loti, Gyp, Meilhac, Anatole France, Jules Lemaître, oder um einen von der starken Rasse hervorzuheben, einen echten Lateiner, dem ich besonders zugetan bin, Guy de Maupassant. Ich ziehe *diese* Generation, unter uns gesagt, sogar ihren großen Lehrern vor, die allesamt durch deutsche Philosophie verdorben sind (Herr Taine zum Beispiel durch Hegel, dem er das Mißverständnis großer Menschen und Zeiten verdankt). Soweit Deutschland reicht, *verdirbt* es die Kultur. Der Krieg erst hat den Geist in Frankreich »erlöst« ... Stendhal, einer der schönsten Zufälle meines Lebens – denn alles, was in ihm Epoche macht, hat der Zufall, niemals eine Empfehlung mir zugetrieben – ist ganz unschätzbar mit seinem vorwegnehmenden Psychologen-Auge, mit seinem Tatsachen-Griff, der an die Nähe des größten Tatsächlichen erinnert (*ex ungue Napoleonem* –); endlich nicht am wenigsten als *ehrlicher* Atheist, eine in Frankreich spärliche und fast kaum auffindbare *species* – *Prosper Mérimée* in Ehren ... Vielleicht bin ich selbst auf Stendhal neidisch? Er hat mir den besten Atheisten-Witz weggenommen, den gerade ich hätte machen können: »Die einzige Entschuldigung Gottes ist, daß er nicht existiert« ... Ich selbst habe irgendwo gesagt: was war der größte Einwand gegen das Dasein bisher? *Gott* ...

4

Den höchsten Begriff vom Lyriker hat mir *Heinrich Heine* gegeben. Ich suche umsonst in allen Reichen der Jahrtausende nach einer gleich süßen und leidenschaftlichen Musik. Er besaß jene göttliche Bosheit, ohne die ich mir das Vollkommne nicht zu denken vermag – ich schätze den Wert von Menschen, von Rassen danach ab, wie notwendig sie den Gott nicht abgetrennt vom Satyr zu verstehen wissen. – Und wie er das Deutsche handhabt! Man wird einmal sagen, daß Heine und ich bei weitem die ersten Artisten der deutschen Sprache gewesen sind – in einer unausrechenbaren Entfernung von allem, was bloße Deutsche mit ihr gemacht haben. – Mit *Byrons* Manfred muß ich tief verwandt sein: ich fand alle diese Abgründe in mir – mit dreizehn Jahren war ich für dies Werk reif. Ich habe kein Wort, bloß einen Blick für die, welche in Gegenwart des Manfred das Wort Faust auszusprechen wagen. Die Deutschen sind *unfähig* jedes Begriffs von Größe: Beweis Schumann. Ich habe eigens, aus Ingrimm gegen diesen süßlichen Sachsen, eine Gegenouvertüre zum Manfred komponiert, von der Hans von Bülow sagte, dergleichen habe er nie auf Notenpapier gesehn: das sei Notzucht an der Euterpe. – Wenn ich meine höchste Formel für *Shakespeare* suche, so finde ich immer nur die, daß er den Typus Cäsar konzipiert hat. Dergleichen errät man nicht – man ist es oder man ist es nicht. Der große Dichter schöpft *nur* aus seiner Realität – bis zu dem Grade, daß er hinterdrein sein Werk nicht mehr aushält... Wenn ich einen Blick in meinen Zarathustra geworfen habe, gehe ich eine halbe Stunde im Zimmer auf und ab, unfähig, über einen unerträglichen Krampf von Schluchzen Herr zu werden. – Ich kenne keine herzzerreißendere Lektüre als Shakespeare: was muß ein Mensch gelitten haben, um dergestalt es nötig zu haben, Hanswurst zu sein! – *Versteht* man den Hamlet? Nicht der Zweifel, die *Gewißheit* ist das, was wahnsinnig macht... Aber dazu muß man tief, Abgrund, Philosoph sein, um so zu fühlen... Wir *fürchten* uns alle vor der Wahrheit... Und, daß ich es bekenne: ich bin dessen instinktiv sicher und gewiß, daß Lord Bacon der Urheber, der Selbsttierquäler dieser unheimlichsten Art Literatur ist: was geht *mich* das erbarmungswürdige Geschwätz amerikanischer Wirr- und Flachköpfe an? Aber die Kraft zur mächtigsten Realität der Vision ist nicht nur verträglich mit der mächtigsten Kraft zur Tat, zum Ungeheuren der Tat, zum Verbrechen – *sie setzt sie selbst voraus*... Wir wissen lange nicht genug von Lord Bacon, dem ersten Realisten in jedem großen Sinn des Wortes, um zu wissen, *was* er alles getan, *was* er gewollt, *was* er mit sich erlebt hat... Und zum Teufel, meine Herrn Kritiker! Gesetzt, ich hätte meinen Zarathustra auf einen fremden Namen getauft, zum Beispiel auf den von Richard Wagner, der Scharfsinn von zwei Jahrtausenden hätte nicht ausgereicht, zu erraten, daß der Verfasser von »Menschliches, Allzumenschliches« der Visionär des Zarathustra ist...

5

Hier, wo ich von den Erholungen meines Lebens rede, habe ich ein Wort nötig, um meine Dankbarkeit für das auszudrücken, was mich in ihm bei weitem am tiefsten und herzlichsten erholt hat. Dies ist ohne allen Zweifel der intimere Verkehr mit Richard Wagner gewesen. Ich lasse den Rest meiner menschlichen Beziehungen billig; ich möchte um keinen Preis die Tage von Tribschen aus meinem Leben weggeben, Tage des Vertrauens, der Heiterkeit, der sublimen Zufälle – der *tiefen* Augenblicke... Ich weiß nicht, was andre mit Wagner erlebt haben: über *unsern* Himmel ist nie eine Wolke hinweggegangen. – Und hiermit komme ich nochmals auf Frankreich zurück – ich habe keine Gründe, ich habe bloß einen verachtenden Mundwinkel gegen Wagnerianer *et hoc genus omne* übrig, welche Wagner damit zu ehren glauben, daß sie ihn *sich* ähnlich finden ... So wie ich bin, in meinen tiefsten Instinkten allem, was deutsch ist, fremd, so daß schon die Nähe eines Deutschen meine Verdauung verzögert, war die erste Berührung mit Wagner auch das erste Aufatmen in meinem Leben: ich empfand, ich verehrte ihn als *Ausland*, als Gegensatz, als leibhaften Protest gegen alle »deutschen Tugenden«. – Wir, die wir in der Sumpfluft der Fünfziger Jahre Kinder gewesen sind, sind mit Notwendigkeit Pessimisten für den Begriff »deutsch«; wir können gar nichts andres sein als Revolutionäre – wir werden keinen Zustand der Dinge zugeben, wo der *Mucker* obenauf ist. Es ist mir vollkommen gleichgültig, ob er heute in andren Farben spielt, ob er sich in Scharlach kleidet und Husaren-Uniformen anzieht ... Wohlan! Wagner war ein Revolutionär – er lief von den Deutschen davon ... Als *Artist* hat man keine Heimat in Europa außer in Paris: die *délicatesse* in allen fünf Kunstsinnen, die Wagners Kunst voraussetzt, die Finger für *nuances*, die psychologische Morbidität, findet sich nur in Paris. Man hat nirgendswo sonst die Leidenschaft in Fragen der Form, diesen Ernst in der *mise en scène* – es ist der Pariser Ernst *par excellence*. Man hat in Deutschland gar keinen Begriff von der ungeheuren Ambition, die in der Seele eines Pariser Künstlers lebt. Der Deutsche ist gutmütig – Wagner war durchaus nicht gutmütig ... Aber ich habe schon zur Genüge ausgesprochen (in »Jenseits von Gut und Böse«: II, S. 143 f.), wohin Wagner gehört, in wem er seine Nächstverwandten hat: es ist die französische Spät-Romantik, jene hochfliegende und doch emporreißende Art von Künstlern wie Delacroix, wie Berlioz, mit einem *fond* von Krankheit, von Unheilbarkeit im Wesen, lauter Fanatiker des *Ausdrucks*, Virtuosen durch und durch ... Wer war der erste *intelligente* Anhänger Wagners überhaupt? Charles Baudelaire, derselbe, der zuerst Delacroix verstand, jener typische *décadent*, in dem sich ein ganzes Geschlecht von Artisten wiedererkannt hat – er war vielleicht auch der letzte ... Was ich Wagner nie vergeben habe? Daß er zu den Deutschen *kondeszendierte* – daß er reichsdeutsch wurde ... So weit Deutschland reicht, *verdirbt* es die Kultur. –

6

Alles erwogen, hätte ich meine Jugend nicht ausgehalten ohne Wagnersche Musik. Denn ich war *verurteilt* zu Deutschen. Wenn man von einem unerträglichen Druck loskommen will, so hat man Haschisch nötig. Wohlan, ich hatte Wagner nötig. Wagner ist das Gegengift gegen alles Deutsche *par excellence* – Gift, ich bestreite es nicht ... Von dem Augenblick an, wo es einen Klavierauszug des Tristan gab – mein Kompliment, Herr von Bülow! –, war ich Wagnerianer. Die älteren Werke Wagners sah ich unter mir – noch zu gemein, zu »deutsch«... Aber ich suche heute noch nach einem Werke von gleich gefährlicher Faszination, von einer gleich schauerlichen und süßen Unendlichkeit, wie der Tristan ist – ich suche in allen Künsten vergebens. Alle Fremdheiten Leonardo da Vincis entzaubern sich beim ersten Tone des Tristan. Dies Werk ist durchaus das *non plus ultra* Wagners; er erholte sich von ihm mit den Meistersingern und dem Ring. Gesünder werden – das ist ein *Rückschritt* bei einer Natur wie Wagner... Ich nehme es als Glück ersten Rangs, zur rechten Zeit gelebt und gerade unter Deutschen gelebt zu haben, um *reif* für dies Werk zu sein: so weit geht bei mir die Neugierde des Psychologen. Die Welt ist arm für den, der niemals krank genug für diese »Wollust der Hölle« gewesen ist: es ist erlaubt, es ist fast geboten, hier eine Mystiker-Formel anzuwenden. – Ich denke, ich kenne besser als irgend jemand das Ungeheure, das Wagner vermag, die fünfzig Welten fremder Entzückungen, zu denen niemand außer ihm Flügel hatte; und so wie ich bin, stark genug, um mir auch das Fragwürdigste und Gefährlichste noch zum Vorteil zu wenden und damit stärker zu werden, nenne ich Wagner den großen Wohltäter meines Lebens. Das, worin wir verwandt sind, daß wir tiefer gelitten haben, auch aneinander, als Menschen dieses Jahrhunderts zu leiden vermöchten, wird unsre Namen ewig wieder zusammenbringen; und so gewiß Wagner unter Deutschen bloß ein Mißverständnis ist, so gewiß bin ich's und werde es immer sein. – Zwei Jahrhunderte psychologische und artistische Disziplin *zuerst*, meine Herrn Germanen! ... Aber das holt man nicht nach. –

7

– Ich sage noch ein Wort für die ausgesuchtesten Ohren: was ich eigentlich von der Musik will. Daß sie heiter und tief ist, wie ein Nachmittag im Oktober. Daß sie eigen, ausgelassen, zärtlich, ein kleines süßes Weib von Niedertracht und Anmut ist... Ich werde nie zulassen, daß ein Deutscher wissen *könne*, was Musik ist. Was man deutsche Musiker nennt, die größten voran, sind *Ausländer*, Slaven, Kroaten, Italiener, Niederländer – oder Juden: im andern Falle Deutsche der starken Rasse, *ausgestorbene* Deutsche, wie Heinrich Schütz, Bach und Händel. Ich selbst bin immer noch Pole genug, um gegen Chopin den Rest der Musik hinzugeben; ich nehme, aus drei Gründen, Wagners Siegfried-Idyll aus, vielleicht auch einiges von Liszt, der die vornehmen Orchester-Akzente vor allen Musikern voraushat; zuletzt noch alles, was jenseits der Alpen gewachsen ist – *diesseits*... Ich würde Rossini nicht zu missen wissen, noch weniger *meinen* Süden in der Musik, die Musik meines Venediger *maëstro Pietro Gasti.* Und wenn ich jenseits der Alpen sage, sage ich eigentlich nur Venedig. Wenn ich ein andres Wort für Musik suche, so finde ich immer nur das Wort Venedig. Ich weiß keinen Unterschied zwischen Tränen und Musik zu machen – ich weiß das Glück, den *Süden* nicht ohne Schauder von Furchtsamkeit zu denken.

An der Brücke stand
jüngst ich in brauner Nacht.
Fernher kam Gesang;
goldener Tropfen quolls
über die zitternde Fläche weg.
Gondeln, Lichter, Musik –
trunken schwamms in die Dämmrung hinaus . . .

Meine Seele, ein Saitenspiel,
sang sich, unsichtbar berührt,
heimlich ein Gondellied dazu,
zitternd vor bunter Seligkeit.
– Hörte jemand ihr zu?

8

In alledem – in der Wahl der Nahrung, von Ort und Klima, von Erholung – gebietet ein Instinkt der Selbsterhaltung, der sich als Instinkt der *Selbstverteidigung* am unzweideutigsten ausspricht. Vieles nicht sehn, nicht hören, nicht an sich herankommen lassen – erste Klugheit, erster Beweis dafür, daß man kein Zufall, sondern eine Nezessität ist. Das gangbare Wort für diesen Selbstverteidigungs-Instinkt ist *Geschmack.* Sein Imperativ befiehlt nicht nur Nein zu sagen, wo das Ja eine »Selbstlosigkeit« sein würde, sondern auch *so wenig als möglich Nein* zu sagen. Sich trennen, sich abscheiden von dem, wo immer und immer wieder das Nein nötig werden würde. Die Vernunft darin ist, daß Defensiv-Ausgaben, selbst noch so kleine, zur Regel, zur Gewohnheit werdend, eine außerordentliche und vollkommen überflüssige Verarmung bedingen. Unsre *großen* Ausgaben sind die häufigsten kleinen. Das Abwehren, das Nicht-heran-kommen-lassen ist eine Ausgabe – man täusche sich hierüber nicht –, eine zu negativen Zwecken *verschwendete* Kraft. Man kann, bloß in der beständigen Not der Abwehr, schwach genug werden, um sich nicht mehr wehren zu können. – Gesetzt, ich trete aus meinem Haus heraus und fände, statt des stillen und aristokratischen Turin, die deutsche Kleinstadt: mein Instinkt würde sich zu sperren haben, um alles das zurückzudrängen, was aus dieser plattgedrückten und feigen Welt auf ihn eindringt. Oder ich fände die deutsche Großstadt, dies gebaute Laster, wo nichts wächst, wo jedwedes Ding, Gutes und Schlimmes, eingeschleppt ist. Müßte ich nicht darüber zum *Igel* werden? – Aber Stacheln zu haben ist eine Vergeudung, ein doppelter Luxus sogar, wenn es freisteht, keine Stacheln zu haben, sondern *offne* Hände ...

Eine andre Klugheit und Selbstverteidigung besteht darin, daß man *so selten als möglich reagiert* und daß man sich Lagen und Beziehungen entzieht, wo man verurteilt wäre, seine »Freiheit«, seine Initiative gleichsam auszuhängen und ein bloßes Reagens zu werden. Ich nehme als Gleichnis den Verkehr mit Büchern. Der Gelehrte, der im Grunde nur noch Bücher »wälzt« – der Philologe mit mäßigem Ansatz des Tags ungefähr 200 – verliert zuletzt ganz und gar das Vermögen, von sich aus zu denken. Wälzt er nicht, so denkt er nicht. Er *antwortet* auf einen Reiz (– einen gelesenen Gedanken), wenn er denkt – er reagiert zuletzt bloß noch. Der Gelehrte gibt seine ganze Kraft im Ja- und Neinsagen, in der Kritik von bereits Gedachtem ab – er selber denkt nicht mehr ... Der Instinkt der Selbstverteidigung ist bei ihm mürbe geworden; im anderen Falle würde er sich gegen Bücher wehren. Der Gelehrte – ein *décadent*. – Das habe ich mit Augen gesehn: begabte, reich und frei angelegte Naturen schon in den dreißiger Jahren »zuschanden gelesen«, bloß noch Streichhölzer, die man reiben muß, damit sie Funken – »Gedanken« geben. – Frühmorgens beim Anbruch des Tags, in aller Frische, in der Morgenröte seiner Kraft, ein *Buch* lesen – das nenne ich lasterhaft! – –

9

An dieser Stelle ist nicht mehr zu umgehn, die eigentliche Antwort auf die Frage, *wie man wird, was man ist*, zu geben. Und damit berühre ich das Meisterstück in der Kunst der Selbsterhaltung – der *Selbstsucht* ... Angenommen nämlich, daß die Aufgabe, die Bestimmung, das *Schicksal* der Aufgabe über ein durchschnittliches Maß bedeutend hinausliegt, so würde keine Gefahr größer sein, als sich selbst *mit* dieser Aufgabe zu Gesicht zu bekommen. Daß man wird, was man ist, setzt voraus, daß man nicht im entferntesten ahnt, *was* man ist. Aus diesem Gesichtspunkte haben selbst die *Fehlgriffe* des Lebens ihren eignen Sinn und Wert, die zeitweiligen Nebenwege und Abwege, die Verzögerungen, die »Bescheidenheiten«, der Ernst, auf Aufgaben verschwendet, die jenseits *der* Aufgabe liegen. Darin kommt eine große Klugheit, sogar die oberste Klugheit zum Ausdruck: wo *nosce te ipsum* das Rezept zum Untergang wäre, wird Sich-Vergessen, Sich-*Mißverstehn*, Sich-Verkleinern, -Verengern, -Vermittelmäßigen zur Vernunft selber. Moralisch ausgedrückt: Nächstenliebe,

Leben für andere und anderes *kann* die Schutzmaßregel zur Erhaltung der härtesten Selbstigkeit sein. Dies ist der Ausnahmefall, in welchem ich, gegen meine Regel und Überzeugung, die Partei der »selbstlosen« Triebe nehme: sie arbeiten hier im Dienste der *Selbstsucht, Selbstzucht.* – Man muß die ganze Oberfläche des Bewußtseins – Bewußtsein *ist* eine Oberfläche – rein erhalten von irgendeinem der großen Imperative. Vorsicht selbst vor jedem großen Worte, jeder großen Attitüde! Lauter Gefahren, daß der Instinkt zu früh »sich versteht« – –. Inzwischen wächst und wächst die organisierende, die zur Herrschaft berufne »Idee« in der Tiefe – sie beginnt zu befehlen, sie leitet langsam aus Nebenwegen und Abwegen *zurück,* sie bereitet *einzelne* Qualitäten und Tüchtigkeiten vor, die einmal als Mittel zum Ganzen sich unentbehrlich erweisen werden – sie bildet der Reihe nach alle *dienenden* Vermögen aus, bevor sie irgend etwas von der dominierenden Aufgabe, von »Ziel«, »Zweck«, »Sinn« verlauten läßt. – Nach dieser Seite hin betrachtet ist mein Leben einfach wundervoll. Zur Aufgabe einer *Umwertung der Werte* waren vielleicht mehr Vermögen nötig, als in einem einzelnen beieinander gewohnt haben. vor allem auch Gegensätze von Vermögen, ohne daß diese sich stören, zerstören durften. Rangordnung der Vermögen; Distanz; die Kunst zu trennen, ohne zu verfeinden; nichts vermischen, nichts »versöhnen«; eine ungeheure Vielheit, die trotzdem das Gegenstück des Chaos ist – dies war die Vorbedingung, die lange geheime Arbeit und Künstlerschaft meines Instinkts. Seine *höhere Obhut* zeigte sich in dem Maße stark, daß ich in keinem Falle auch nur geahnt habe, was in mir wächst – daß alle meine Fähigkeiten plötzlich reif, in ihrer letzten Vollkommenheit eines Tags *hervorsprangen.* Es fehlt in meiner Erinnerung, daß ich mich je bemüht hätte – es ist kein Zug von *Ringen* in meinem Leben nachweisbar, ich bin der Gegensatz einer heroischen Natur. Etwas »wollen«, nach etwas »streben«, einen »Zweck«, einen »Wunsch« im Auge haben – das kenne ich alles nicht aus Erfahrung. Noch in diesem Augenblick sehe ich auf meine Zukunft – eine *weite* Zukunft! – wie auf ein glattes Meer hinaus: kein Verlangen kräuselt sich auf ihm. Ich will nicht im geringsten, daß etwas anders wird als es ist; ich selber will nicht anders werden ... Aber so habe ich immer gelebt. Ich habe keinen Wunsch gehabt. Jemand, der nach seinem vierundvierzigsten Jahre sagen kann, daß er sich nie um *Ehren,* um *Weiber,* um *Geld* bemüht hat! – Nicht daß sie mir gefehlt hätten ... So war ich zum Beispiel eines Tages Universitätsprofessor – ich hatte nie im entferntesten an dergleichen gedacht, denn ich war kaum 24 Jahre alt. So war ich zwei Jahr früher eines Tags Philolog: in dem Sinne, daß meine *erste* philologische Arbeit, mein Anfang in jedem Sinne, von meinem Lehrer Ritschl für sein »Rheinisches Museum« zum Druck verlangt wurde (*Ritschl* – ich sage es mit Verehrung – der einzige geniale Gelehrte, den ich bis heute zu Gesicht bekommen habe. Er besaß jene angenehme

Verdorbenheit, die uns Thüringer auszeichnet und mit der sogar ein Deutscher sympathisch wird – wir ziehn selbst, um zur Wahrheit zu gelangen, noch die Schleichwege vor. Ich möchte mit diesen Worten meinen näheren Landsmann, den *klugen* Leopold von Ranke, durchaus nicht unterschätzt haben ...).

10

– Man wird mich fragen, warum ich eigentlich alle diese kleinen und nach herkömmlichem Urteil gleichgültigen Dinge erzählt habe: ich schade mir selbst damit, um so mehr, wenn ich große Aufgaben zu vertreten bestimmt sei. Antwort: diese kleinen Dinge – Ernährung, Ort, Klima, Erholung, die ganze Kasuistik der Selbstsucht – sind über alle Begriffe hinaus wichtiger als alles, was man bisher wichtig nahm. Hier gerade muß man anfangen, *umzulernen*. Das, was die Menschheit bisher ernsthaft erwogen hat, sind nicht einmal Realitäten, bloße Einbildungen, strenger geredet, *Lügen* aus den schlechten Instinkten kranker, im tiefsten Sinne schädlicher Naturen heraus – alle die Begriffe »Gott«, »Seele«, »Tugend«, »Sünde«, »Jenseits«, »Wahrheit«, »ewiges Leben« ... Aber man hat die Größe der menschlichen Natur, ihre »Göttlichkeit« in ihnen gesucht ... Alle Fragen der Politik, der Gesellschafts-Ordnung, der Erziehung sind dadurch bis in Grund und Boden gefälscht, daß man die schädlichsten Menschen für große Menschen nahm – daß man die »kleinen« Dinge, will sagen die Grundangelegenheiten des Lebens selber, verachten lehrte ... Vergleiche ich mich nun mit den Menschen, die man bisher als *erste* Menschen ehrte, so ist der Unterschied handgreiflich. Ich rechne diese angeblich »Ersten« nicht einmal zu den Menschen überhaupt – sie sind für mich Ausschuß der Menschheit, Ausgeburten von Krankheit und rachsüchtigen Instinkten: sie sind lauter unheilvolle, im Grunde unheilbare Unmenschen, die am Leben Rache nehmen ... Ich will dazu der Gegensatz sein: mein Vorrecht ist, die höchste Feinheit für alle Zeichen gesunder Instinkte zu haben. Es fehlt jeder krankhafte Zug an mir; ich bin selbst in Zeiten schwerer Krankheit nicht krankhaft geworden; umsonst, daß man in meinem Wesen einen Zug von Fanatismus sucht. Man wird mir aus keinem Augenblick meines Lebens irgendeine anmaßliche und pathetische Haltung nachweisen können. Das Pathos der Attitüde gehört *nicht* zur Größe; wer Attitüden überhaupt nötig hat, ist *falsch* ... Vorsicht vor allen pittoresken Menschen! – Das Leben ist mir leicht geworden, am leichtesten, wenn es das Schwerste von mir verlangte. Wer mich in den siebzig Tagen dieses Herbstes gesehn hat, wo ich, ohne Unterbrechung, lauter Sachen ersten Ranges gemacht habe, die kein Mensch mir nachmacht – oder vormacht, mit einer Verantwortlichkeit für alle Jahrtausende nach mir, wird keinen Zug von Spannung an mir wahrgenommen haben, um so mehr eine überströmende Frische und Heiterkeit. Ich aß nie mit angenehmeren Gefühlen, ich schlief nie besser. – Ich kenne keine andre Art, mit großen Aufgaben zu verkehren als das *Spiel*: dies ist, als Anzeichen der Größe, eine wesentliche Voraussetzung. Der geringste Zwang, die düstre Miene, irgendein harter Ton im Halse sind alles Einwände gegen einen Menschen, um wieviel mehr gegen sein Werk!... Man darf keine Nerven haben... Auch an der Einsamkeit *leiden* ist ein Einwand – ich habe immer nur an der »Vielsamkeit« gelitten... In einer absurd frühen Zeit, mit sieben Jahren, wußte ich bereits, daß mich nie ein menschliches Wort erreichen würde: hat man mich je darüber betrübt gesehn? – Ich habe heute noch die gleiche Leutseligkeit gegen jedermann, ich bin selbst voller Auszeichnung für die Niedrigsten: in dem allen ist nicht ein Gran von Hochmut, von geheimer Verachtung. Wen ich verachte, der *errät*, daß er von mir verachtet wird: ich empöre durch mein bloßes Dasein alles, was schlechtes Blut im Leibe hat... Meine Formel für die Größe am Menschen ist *amor fati*: daß man nichts anders haben will, vorwärts nicht, rückwärts nicht, in alle Ewigkeit nicht. Das Notwendige nicht bloß ertragen, noch weniger verhehlen – aller Idealismus ist Verlogenheit vor dem Notwendigen –, sondern es *lieben*...

WARUM ICH SO GUTE BÜCHER SCHREIBE

1

Das eine bin ich, das andre sind meine Schriften. – Hier werde, bevor ich von ihnen selber rede, die Frage nach dem Verstanden- oder *Nicht*-verstanden-werden dieser Schriften berührt. Ich tue es so nachlässig, als es sich irgendwie schickt: denn diese Frage ist durchaus noch nicht an der Zeit. Ich selber bin noch nicht an der Zeit, einige werden posthum geboren. – Irgendwann wird man Institutionen nötig haben, in denen man lebt und lehrt, wie ich leben und lehren verstehe: vielleicht selbst, daß man dann auch eigene Lehrstühle zur Interpretation des Zarathustra errichtet. Aber es wäre ein vollkommner Widerspruch zu mir, wenn ich heute bereits Ohren *und Hände* für *meine* Wahrheiten erwartete: daß man heute nicht hört, daß man heute nicht von mir zu nehmen weiß, ist nicht nur begreiflich, es scheint mir selbst das Rechte. Ich will nicht verwechselt werden – dazu gehört, daß ich mich selber nicht verwechsle. – Nochmals gesagt, es ist wenig in meinem Leben nachweisbar von »bösem Willen«; auch von literarischem »bösen Willen« wüßte ich kaum einen Fall zu erzählen. Dagegen zuviel von *reiner Torheit*!... Es scheint mir eine der seltensten Auszeichnungen, die jemand sich erweisen kann, wenn er ein Buch von mir in die Hand nimmt – ich nehme selbst an, er zieht dazu die Schuhe aus – nicht von Stiefeln zu reden... Als sich einmal der Doktor Heinrich von Stein ehrlich darüber beklagte, kein Wort aus meinem Zarathustra zu verstehn, sagte ich ihm, das sei in Ordnung: sechs Sätze daraus verstanden, das heißt: *erlebt* haben, hebe auf eine höhere Stufe der Sterblichen hinauf, als »moderne« Menschen erreichen könnten. Wie *könnte* ich, mit *diesem* Gefühle der Distanz, auch nur wünschen, von den »Modernen«, die ich kenne –, gelesen zu werden! – Mein Triumph ist gerade der umgekehrte, als der Schopenhauers war – ich sage *»non legor, non legar«*. – Nicht, daß ich das Vergnügen unterschätzen möchte, das mir mehrmals die *Unschuld* im Neinsagen zu meinen Schriften gemacht hat. Noch in diesem Sommer, zu einer Zeit, wo ich vielleicht mit meiner schwerwiegenden, zu schwer wiegenden Literatur den ganzen Rest von Literatur aus dem Gleichgewicht zu bringen vermöchte, gab mir ein Professor der Berliner Universität wohlwollend zu verstehn, ich sollte mich doch einer andren Form bedienen: so etwas lese niemand. – Zuletzt war es nicht Deutschland, sondern die Schweiz, die die zwei extremen Fälle geliefert hat. Ein Aufsatz des Dr. V. Widmann im »Bund«, über

»Jenseits von Gut und Böse«, unter dem Titel »Nietzsches gefährliches Buch«, und ein Gesamt-Bericht über meine Bücher überhaupt seitens des Herrn Karl Spitteler, gleichfalls im »Bund«, sind ein Maximum in meinem Leben – ich hüte mich zu sagen wovon... Letzterer behandelte zum Beispiel meinen Zarathustra als *höhere Stilübung*, mit dem Wunsche, ich möchte später doch auch für Inhalt sorgen; Dr. Widmann drückte mir seine Achtung vor dem Mut aus, mit dem ich mich um Abschaffung aller anständigen Gefühle bemühe. – Durch eine kleine Tücke von Zufall war hier jeder Satz, mit einer Folgerichtigkeit, die ich bewundert habe, eine auf den Kopf gestellte Wahrheit: man hatte im Grunde nichts zu tun, als alle »Werte umzuwerten«, um, auf eine sogar bemerkenswerte Weise, über mich den Nagel auf den Kopf zu treffen – statt meinen Kopf mit einem Nagel zu treffen... Umsomehr versuche ich eine Erklärung. – Zuletzt kann niemand aus den Dingen, die Bücher eingerechnet, mehr heraushören, als er bereits weiß. Wofür man vom Erlebnisse her keinen Zugang hat, dafür hat man kein Ohr. Denken wir uns nun einen äußersten Fall: daß ein Buch von lauter Erlebnissen redet, die gänzlich außerhalb der Möglichkeit einer häufigen oder auch nur seltenen Erfahrung liegen – daß es die *erste* Sprache für eine neue Reihe von Erfahrungen ist. In diesem Falle wird einfach nichts gehört, mit der akustischen Täuschung, daß, wo nichts gehört wird, *auch nichts da ist*... Dies ist zuletzt meine durchschnittliche Erfahrung und, wenn man will, die *Originalität* meiner Erfahrung. Wer etwas von mir verstanden zu haben glaubte, hatte sich etwas aus mir zurechtgemacht, nach seinem Bilde – nicht selten einen Gegensatz von mir, zum Beispiel einen »Idealisten«; wer nichts von mir verstanden hatte, leugnete, daß ich überhaupt in Betracht käme. – Das Wort »*Übermensch*« zur Bezeichnung eines Typus höchster Wohlgeratenheit, im Gegensatz zu »modernen« Menschen, zu »guten« Menschen, zu Christen und andren Nihilisten – ein Wort, das im Munde eines Zarathustra, des *Vernichters* der Moral, ein sehr nachdenkliches Wort wird – ist fast überall mit voller Unschuld im Sinn derjenigen Werte verstanden worden, deren Gegensatz in der Figur Zarathustras zur Erscheinung gebracht worden ist: will sagen als »idealistischer« Typus einer höheren Art Mensch, halb »Heiliger«, halb »Genie« ... Andres gelehrtes Hornvieh hat mich seinethalben des Darwinismus verdächtigt; selbst der von mir so boshaft abgelehnte »Heroen-Kultus« jenes großen Falschmünzers wider Wissen und Willen, Carlyles, ist darin wiedererkannt worden. Wem ich ins Ohr flüsterte, er solle sich eher nach einem Cesare Borgia als nach einem Parsifal umsehn, der traute seinen Ohren nicht. – Daß ich gegen Besprechungen meiner Bücher, insonderheit durch Zeitungen, ohne jedwede Neugierde bin, wird man mir verzeihen müssen. Meine Freunde, meine Verleger wissen das und sprechen mir nicht von dergleichen. In einem besondren Falle bekam ich einmal alles zu Gesicht, was über ein einzelnes Buch – es war »Jenseits von Gut und Böse« – gesündigt worden ist; ich hätte einen artigen Bericht darüber abzustatten. Sollte man es glauben, daß die »Nationalzeitung« – eine preußische Zeitung, für meine ausländischen Leser bemerkt – ich selbst lese, mit Verlaub, nur das Journal des Débats – allen Ernstes das Buch als ein »Zeichen der Zeit« zu verstehn wußte, als die echte rechte *Junker-Philosophie,* zu der es der »Kreuzzeitung« nur an Mut gebreche? ...

2

Dies war für Deutsche gesagt: denn überall sonst habe ich Leser – lauter *ausgesuchte* Intelligenzen, bewährte, in hohen Stellungen und Pflichten erzogene Charaktere; ich habe sogar wirkliche Genies unter meinen Lesern. In Wien, in St. Petersburg, in Stockholm, in Kopenhagen, in Paris und New York – überall bin ich entdeckt: ich bin es *nicht* in Europas Flachland Deutschland ... Und, daß ich es bekenne, ich freue mich noch mehr über meine Nicht-Leser, solche, die weder meinen Namen, noch das Wort Philosophie je gehört haben; aber wohin ich komme, hier in Turin zum Beispiel, erheitert und vergütigt sich bei meinem Anblick jedes Gesicht. Was mir bisher am meisten geschmeichelt hat, das ist, daß alte Hökerinnen nicht Ruhe haben, bevor sie mir nicht das Süßeste aus ihren Trauben zusammengesucht haben. *So weit* muß man Philosoph sein ... Man nennt nicht umsonst die Polen die Franzosen unter den Slaven. Eine charmante Russin wird sich nicht einen Augenblick darüber vergreifen, wohin ich gehöre. Es gelingt mir nicht, feierlich zu werden, ich bringe es höchstens bis zur Verlegenheit ... Deutsch denken, deutsch fühlen – ich kann alles, aber *das* geht über meine Kräfte ... Mein alter Lehrer Ritschl behauptete sogar, ich konzipierte selbst noch meine philologischen Abhandlungen wie ein Pariser *romancier* – absurd spannend. In Paris selbst ist man erstaunt über »*toutes mes audaces et finesses*« – der Ausdruck ist von Monsieur Taine –; ich fürchte, bis in die höchsten Formen des Dithyrambus findet man bei mir von jenem Salze beigemischt, das niemals dumm – »deutsch« – wird, *esprit* ... Ich kann nicht anders. Gott helfe mir! Amen. – Wir wissen alle, einige wissen es sogar aus Erfahrung, was ein Langohr ist. Wohlan, ich wage zu behaupten, daß ich die kleinsten Ohren habe. Dies interessiert gar nicht wenig die Weiblein – es scheint mir, sie fühlen sich besser von mir verstanden? ... Ich bin der *Antiesel par excellence* und damit ein welthistorisches Untier – ich bin, auf griechisch und nicht nur auf griechisch, der *Antichrist* ...

3

Ich kenne einigermaßen meine Vorrechte als Schriftsteller; in einzelnen Fällen ist es mir auch bezeugt, wie sehr die Gewöhnung an meine Schriften den Geschmack »verdirbt«. Man hält einfach andre Bücher nicht mehr aus, am wenigsten philosophische. Es ist eine Auszeichnung ohnegleichen, in diese vornehme und delikate Welt einzutreten – man darf dazu durchaus kein Deutscher sein; es ist zuletzt eine Auszeichnung, die man sich verdient haben muß. Wer mir aber durch *Höhe* des Wollens verwandt ist, erlebt dabei wahre Ekstasen des Lernens: denn ich komme aus Höhen, die kein Vogel je erflog, ich kenne Abgründe, in die noch kein Fuß sich verirrt hat. Man hat mir gesagt, es sei nicht möglich, ein Buch von mir aus der Hand zu legen – ich störte selbst die Nachtruhe ... Es gibt durchaus keine stolzere und zugleich raffiniertere Art von Büchern – sie erreichen hier und da das Höchste, was auf Erden erreicht werden kann, den Zynismus; man muß sie sich ebenso mit den zartesten Fingern wie mit den tapfersten Fäusten erobern. Jede Gebrechlichkeit der Seele schließt aus davon, ein für allemal, selbst jede Dyspepsie: man muß keine Nerven haben, man muß einen fröhlichen Unterleib haben. Nicht nur die Armut, die Winkel-Luft einer Seele schließt davon aus, noch viel mehr das Feige, das Unsaubere, das Heimlich-Rachsüchtige in den Eingeweiden: ein Wort von mir treibt alle schlechten Instinkte ins Gesicht. Ich habe an meinen Bekannten mehrere Versuchstiere, an denen ich mir die verschiedene, sehr lehrreich verschiedene Reaktion auf meine Schriften zu Gemüte führe. Wer nichts mit ihrem Inhalte zu tun haben will, meine sogenannten, Freunde zum Beispiel, wird dabei »unpersönlich«: man wünscht mir Glück, wieder »so weit« zu sein – auch ergäbe sich ein Fortschritt in einer größeren Heiterkeit des Tons ... Die vollkommen lasterhaften »Geister«, die »schönen Seelen«, die in Grund und Boden Verlognen wissen schlechterdings nicht, was sie mit diesen Büchern anfangen sollen – folglich sehen sie dieselben *unter* sich, die schöne Folgerichtigkeit aller »schönen Seelen«. Das Hornvieh unter meinen Bekannten, bloße Deutsche, mit Verlaub, gibt zu verstehn, man sei nicht immer meiner Meinung, aber doch mitunter ... Ich habe dies selbst über den Zarathustra gehört ... Insgleichen ist jeder »Feminismus« im Menschen, auch im Manne, ein Torschluß für mich: man wird niemals in dies Labyrinth verwegener Erkenntnisse eintreten. Man muß sich selbst nie geschont haben, man muß die Härte in seinen Gewohnheiten haben, um unter lauter harten Wahrheiten wohlgemut und heiter zu sein. Wenn ich mir das Bild eines vollkommnen Lesers ausdenke, so wird immer ein Untier von Mut und Neugierde daraus, außerdem noch etwas Biegsames, Listiges, Vorsichtiges, ein geborner Abenteurer und Entdecker. Zuletzt: ich wüßte es nicht besser zu sagen, zu wem ich im Grunde allein rede, als es Zarathustra gesagt hat: *wem* allein will er sein Rätsel erzählen?

Euch, den kühnen Suchern, Versuchern, und wer je sich mit listigen Segeln auf furchtbare Meere einschiffte, –

euch, den Rätsel-Trunkenen, den Zwielicht-Frohen, deren Seele mit Flöten zu jedem Irrschlunde gelockt wird:

– denn nicht wollt ihr mit feiger Hand einem Faden nachtasten; und wo ihr *erraten* könnt, da haßt ihr es, zu *erschließen* ...

4

Ich sage zugleich noch ein allgemeines Wort über meine *Kunst des Stils.* Einen Zustand, eine innere Spannung von Pathos durch Zeichen, eingerechnet das Tempo dieser Zeichen, *mitzuteilen* – das ist der Sinn jedes Stils; und in Anbetracht, daß die Vielheit innerer Zustände bei mir außerordentlich ist, gibt es bei mir viel Möglichkeiten des Stils – die vielfachste Kunst des Stils überhaupt, über die je ein Mensch verfügt hat. *Gut* ist jeder Stil, der einen inneren Zustand wirklich mitteilt, der sich über die Zeichen, über das Tempo der Zeichen, über die *Gebärden* – alle Gesetze der Periode sind Kunst der Gebärde – nicht vergreift. Mein Instinkt ist hier unfehlbar. – Guter Stil *an sich* – eine reine Torheit, bloßer »Idealismus«, etwa, wie das »Schöne *an sich*«, wie das »Gute *an sich*«, wie das »Ding *an sich*« ... Immer noch vorausgesetzt, daß es Ohren gibt – daß es solche gibt, die eines gleichen Pathos fähig und würdig sind, daß die nicht fehlen, denen man sich mitteilen *darf.* – Mein Zarathustra zum Beispiel sucht einstweilen noch nach solchen – ach! er wird noch lange zu suchen haben! – Man muß dessen *wert* sein, ihn zu prüfen ... Und bis dahin wird es niemanden geben, der die *Kunst,* die hier verschwendet worden ist, begreift: es hat nie jemand mehr von neuen, von unerhörten, von wirklich erst dazu geschaffnen Kunstmitteln zu verschwenden gehabt. Daß dergleichen gerade in deutscher Sprache möglich war, blieb zu beweisen: ich selbst hätte es vorher am härtesten abgelehnt. Man weiß vor mir nicht, was man mit der deutschen Sprache kann – was man überhaupt mit der Sprache kann. Die Kunst des *großen* Rhythmus, der *große Stil* der Periodik, zum Ausdruck eines ungeheuren Auf und Nieder von sublimer, von übermenschlicher Leidenschaft, ist erst von mir entdeckt; mit einem Dithyrambus wie dem letzten des *dritten* Zarathustra, »Die sieben Siegel« überschrieben, flog ich tausend Meilen über das hinaus, was bisher Poesie hieß.

5

– Daß aus meinen Schriften ein *Psychologe* redet, der nicht seinesgleichen hat, das ist vielleicht die erste Einsicht, zu der ein guter Leser gelangt – ein Leser, wie ich ihn verdiene, der mich liest, wie gute alte Philologen ihren Horaz lasen. Die Sätze, über die im Grunde alle Welt einig ist – gar nicht zu reden von den Allerwelts-Philosophen, den Moralisten und andren Hohltöpfen, Kohlköpfen – erscheinen bei mir als Naivitäten des Fehlgriffs: zum Beispiel jener Glaube, daß »unegoistisch« und »egoistisch« Gegensätze sind, während das *ego* selbst bloß ein »höherer Schwindel«, ein »Ideal« ist... Es gibt *weder* egoistische *noch* unegoistische Handlungen: beide Begriffe sind psychologischer Widersinn. Oder der Satz »der Mensch strebt nach Glück« ... Oder der Satz »das Glück ist der Lohn der Tugend«... Oder der Satz »Lust und Unlust sind Gegensätze«... Die Circe der Menschheit, die Moral, hat alle *psychologica* in Grund und Boden gefälscht – *vermoralisiert* – bis zu jenem schauderhaften Unsinn, daß die Liebe etwas »Unegoistisches« sein soll... Man muß fest auf *sich* sitzen, man muß tapfer auf seinen beiden Beinen stehn, sonst *kann* man gar nicht lieben. Das wissen zuletzt die Weiblein nur zu gut: sie machen sich den Teufel was aus selbstlosen, aus bloß objektiven Männern... Darf ich anbei die Vermutung wagen, daß ich die Weiblein *kenne*? Das gehört zu meiner dionysischen Mitgift. Wer weiß? vielleicht bin ich der erste Psycholog des Ewig-Weiblichen. Sie lieben mich alle – eine alte Geschichte: die *verunglückten* Weiblein abgerechnet, die »Emanzipierten«, denen das Zeug zu Kindern abgeht. – Zum Glück bin ich nicht willens, mich zerreißen zu lassen: das vollkommne Weib zerreißt, wenn es liebt... Ich kenne diese liebenswürdigen Mänaden... Ach, was für ein gefährliches, schleichendes, unterirdisches kleines Raubtier! Und so angenehm dabei!... Ein kleines Weib, das seiner Rache nachrennt, würde das Schicksal selbst über den Haufen rennen. – Das Weib ist unsäglich viel böser als der Mann, auch klüger; Güte am Weibe ist schon eine Form der *Entartung*... Bei allen sogenannten »schönen Seelen« gibt es einen physiologischen Übelstand auf dem Grunde – ich sage nicht alles, ich würde sonst medi-zynisch werden. Der Kampf um *gleiche* Rechte ist sogar ein Symptom von Krankheit: jeder Arzt weiß das. – Das Weib, je mehr Weib es ist, wehrt sich ja mit Händen und Füßen gegen Rechte überhaupt: der Naturzustand, der ewige *Krieg* zwischen den Geschlechtern gibt ihm ja bei weitem den ersten Rang. – Hat man Ohren für meine Definition der Liebe gehabt? es ist die einzige, die eines Philosophen würdig ist. Liebe – in ihren Mitteln der Krieg, in ihrem Grunde der Todhaß der Geschlechter. – Hat man meine Antwort auf die Frage gehört, wie man ein Weib *kuriert* – »erlöst«? Man macht ihm ein Kind. Das Weib hat Kinder nötig, der Mann ist immer nur

Mittel: also sprach Zarathustra. – »Emanzipation des Weibes« – das ist der Instinkthaß des *mißratenen,* das heißt gebäruntüchtigen Weibes gegen das wohlgeratene – der Kampf gegen den »Mann« ist immer nur Mittel, Vorwand, Taktik. Sie wollen, indem sie *sich* hinaufheben, als »Weib an sich«, als »höheres Weib«, als »Idealistin« von Weib, das allgemeine Rang-Niveau des Weibes *herunter*bringen; kein sichereres Mittel dazu als Gymnasial-Bildung, Hosen und politische Stimmvieh-Rechte. Im Grunde sind die Emanzipierten die *Anarchisten* in der Welt des »Ewig-Weiblichen«, die Schlechtweggekommenen, deren unterster Instinkt Rache ist ... Eine ganze Gattung des bösartigsten »Idealismus« – der übrigens auch bei Männern vorkommt, zum Beispiel bei Henrik Ibsen, dieser typischen alten Jungfrau – hat das Ziel, das gute Gewissen, die Natur in der Geschlechtsliebe zu *vergiften* ... Und damit ich über meine in diesem Betracht ebenso honnette als strenge Gesinnung keinen Zweifel lasse, will ich noch einen Satz aus meinem Moral-Kodex gegen das *Laster* mitteilen: mit dem Wort Laster bekämpfe ich jede Art Widernatur oder, wenn man schöne Worte liebt, Idealismus. Der Satz heißt: »Die Predigt der Keuschheit ist eine öffentliche Aufreizung zur Widernatur. Jede Verachtung des geschlechtlichen Lebens, jede Verunreinigung desselben durch den Begriff ›unrein‹ ist das Verbrechen selbst am Leben – ist die eigentliche Sünde wider den heiligen Geist des Lebens.« –

6

Um einen Begriff von mir als Psychologen zu geben, nehme ich ein kurioses Stück Psychologie, das in »Jenseits von Gut und Böse« vorkommt, – ich verbiete übrigens jede Mutmaßung darüber, wen ich an dieser Stelle beschreibe. »Das Genie des Herzens, wie es jener große Verborgene hat, der Versucher-Gott und geborene Rattenfänger der Gewissen, dessen Stimme bis in die Unterwelt jeder Seele hinabzusteigen weiß, welcher nicht ein Wort sagt, nicht einen Blick blickt, in dem nicht eine Rücksicht und Falte der Lockung läge, zu dessen Meisterschaft es gehört, daß er zu scheinen versteht – und nicht das, was er ist, sondern was denen, die ihm folgen ein Zwang *mehr* ist, um sich immer näher an ihn zu drängen, um ihm immer innerlicher und gründlicher zu folgen ... Das Genie des Herzens, das alles Laute und Selbstgefällige verstummen macht und horchen lehrt, das die rauhen Seelen glättet und ihnen ein neues Verlangen zu kosten gibt – still zu liegen, wie ein Spiegel, daß sich der tiefe Himmel auf ihnen spiegele ... Das Genie des Herzens, das die tölpische und überrasche Hand zögern und zierlicher greifen lehrt; das den verborgenen und vergessenen Schatz, den Tropfen Güte und süßer Geistigkeit unter trübem dickem Eise errät und eine Wünschelrute für jedes Korn Goldes ist, welches lange im Kerker vielen Schlammes und Sandes begraben lag ...

Das Genie des Herzens, von dessen Berührung jeder reicher fortgeht, nicht begnadet und überrascht, nicht wie von fremdem Gute beglückt und bedrückt, sondern reicher an sich selber, sich neuer als zuvor, aufgebrochen, von einem Tauwinde angeweht und ausgehorcht, unsicherer vielleicht, zärtlicher zerbrechlicher zerbrochener, aber voll Hoffnungen, die noch keinen Namen haben, voll neuen Willens und Strömens, voll neuen Unwillens und Zurückströmens ...«

DIE GEBURT DER TRAGÖDIE

1

Um gegen die »Geburt der Tragödie« (1872) gerecht zu sein, wird man einiges vergessen müssen. Sie hat mit dem *gewirkt* und selbst fasziniert, was an ihr verfehlt war – mit ihrer Nutzanwendung auf die *Wagnerei*, als ob dieselbe ein *Aufgangs*-Symptom sei. Diese Schrift war ebendamit im Leben Wagners ein Ereignis: von da an gab es erst große Hoffnungen bei dem Namen Wagner. Noch heute erinnert man mich daran, unter Umständen mitten aus dem Parsifal heraus: wie *ich* es eigentlich auf dem Gewissen habe, daß eine so hohe Meinung über den *Kultur-Wert* dieser Bewegung obenauf gekommen sei. – Ich fand die Schrift mehrmals zitiert als »die *Wieder*geburt der Tragödie aus dem Geiste der Musik«: man hat nur Ohren für eine neue Formel der Kunst, der Absicht, der Aufgabe *Wagners* gehabt – darüber wurde überhört, was die Schrift im Grunde Wertvolles barg. »Griechentum und Pessimismus«: das wäre ein unzweideutigerer Titel gewesen: nämlich als erste Belehrung darüber, wie die Griechen fertig wurden mit dem Pessimismus – womit sie ihn *überwanden* ... Die Tragödie gerade ist der Beweis dafür, daß die Griechen *keine* Pessimisten waren: Schopenhauer vergriff sich hier, wie er sich in allem vergriffen hat. – Mit einiger Neutralität in die Hand genommen, sieht die »Geburt der Tragödie« sehr unzeitgemäß aus: man würde sich nicht träumen lassen, daß sie unter den Donnern der Schlacht bei Wörth *begonnen* wurde. Ich habe diese Probleme vor den Mauern von Metz, in kalten September-Nächten, mitten im Dienste der Krankenpflege, durchgedacht; man könnte eher schon glauben, daß die Schrift fünfzig Jahre älter sei. Sie ist politisch indifferent – »undeutsch«, wird man heute sagen –, sie riecht anstößig Hegelisch, sie ist nur in einigen Formeln mit dem Leichenbitter-Parfüm Schopenhauers behaftet. Eine »Idee« – der Gegensatz dionysisch und apollinisch – ins Metaphysische übersetzt; die Geschichte selbst als die Entwicklung dieser »Idee«; in der Tragödie der Gegensatz zur Einheit aufgehoben; unter dieser Optik Dinge, die noch nie einander ins Gesicht gesehen hatten, plötzlich gegenübergestellt, aus einander beleuchtet und *begriffen* ... die Oper zum Beispiel und die Revolution ... Die zwei entscheidenden *Neuerungen* des Buchs sind einmal das Verständnis des *dionysischen* Phänomens bei den Griechen – es gibt dessen erste Psychologie, es sieht in ihm die eine Wurzel der ganzen griechischen Kunst –. Das andre ist das Verständnis des Sokratismus: Sokrates als

Werkzeug der griechischen Auflösung, als typischer *décadent* zum ersten Male erkannt. »Vernünftigkeit« *gegen* Instinkt. Die »Vernünftigkeit« um jeden Preis als gefährliche, als leben-untergrabende Gewalt! – Tiefes feindseliges Schweigen über das Christentum im ganzen Buche. Es ist weder apollinisch, noch dionysisch; es *negiert* alle *ästhetischen* Werte – die einzigen Werte, die die »Geburt der Tragödie« anerkennt: es ist im tiefsten Sinne nihilistisch, während im dionysischen Symbol die äußerste Grenze der *Bejahung* erreicht ist. Einmal wird auf die christlichen Priester wie auf eine »tückische Art von Zwergen«, von »Unterirdischen« angespielt ...

2

Dieser Anfang ist über alle Maßen merkwürdig. Ich hatte zu meiner innersten Erfahrung das einzige Gleichnis und Seitenstück, das die Geschichte hat, *entdeckt* – ich hatte ebendamit das wundervolle Phänomen des Dionysischen als der erste begriffen. Insgleichen war damit, daß ich Sokrates als *décadent* erkannte, ein völlig unzweideutiger Beweis dafür gegeben, wie wenig die Sicherheit meines psychologischen Griffs von seiten irgendeiner Moral-Idiosynkrasie Gefahr laufen werde – die Moral selbst als Décadence-Symptom ist eine Neuerung, eine Einzigkeit ersten Ranges in der Geschichte der Erkenntnis. Wie hoch war ich mit beidem über das erbärmliche Flachkopf-Geschwätz von Optimismus *contra* Pessimismus hinweggesprungen! – Ich sah zuerst den eigentlichen Gegensatz – den *entartenden* Instinkt, der sich gegen das Leben mit unterirdischer Rachsucht wendet (– Christentum, die Philosophie Schopenhauers, in gewissem Sinne schon die Philosophie Platos, der ganze Idealismus als typische Formen) und eine aus der Fülle, der Überfülle geborne Formel der *höchsten Bejahung*, ein Jasagen ohne Vorbehalt, zum Leiden selbst, zur Schuld selbst, zu allem Fragwürdigen und Fremden des Daseins selbst ... Dieses letzte, freudigste, überschwänglich-übermütigste Ja zum Leben ist nicht nur die höchste Einsicht, es ist auch die *tiefste*, die von Wahrheit und Wissenschaft am strengsten bestätigte und aufrechterhaltene. Es ist nichts, was ist, abzurechnen, es ist nichts entbehrlich – die von den Christen und andren Nihilisten abgelehnten Seiten des Daseins sind sogar von unendlich höherer Ordnung in der Rangordnung der Werte als das, was der *décadence*-Instinkt gutheißen, *gut heißen* durfte. Dies zu begreifen, dazu gehört *Mut* und, als dessen Bedingung, ein Überschuß von *Kraft:* denn genau so weit als der Mut sich vorwärtswagen *darf*, genau nach dem Maß von Kraft nähert man sich der Wahrheit. Die Erkenntnis, das Jasagen zur Realität, ist für den Starken eine ebensolche Notwendigkeit, als für den Schwachen, unter der Inspiration der Schwäche, die Feigheit und *Flucht* vor der Realität – das »Ideal« ... Es steht ihnen nicht frei, zu erkennen: die *décadents* haben die Lüge *nötig* – sie ist eine ihrer Erhaltungs-Bedingungen. – Wer das Wort »dionysisch« nicht nur begreift, sondern *sich* in dem Wort »dionysisch« begreift, hat keine Widerlegung Platos oder des Christentums oder Schopenhauers nötig – er *riecht die Verwesung* . . .

3

Inwiefern ich ebendamit den Begriff »tragisch«, die endliche Erkenntnis darüber, was die Psychologie der Tragödie ist, gefunden habe, habe ich zuletzt noch in der *Götzen-Dämmerung* (II, S. 396) zum Ausdruck gebracht. »Das Jasagen zum Leben selbst noch in seinen fremdesten und härtesten Problemen; der Wille zum Leben, im *Opfer* seiner höchsten Typen der eignen Unerschöpflichkeit frohwerdend – *das* nannte ich dionysisch, das verstand ich als Brücke zur Psychologie des *tragischen* Dichters. *Nicht* um von Schrecken und Mitleiden loszukommen, nicht um sich von einem gefährlichen Affekt durch eine vehemente Entladung zu reinigen – so mißverstand es Aristoteles –: sondern um, über Schrecken und Mitleiden hinaus, die ewige Lust des Werdens *selbst zu sein* – jene Lust, die auch noch die *Lust am Vernichten* in sich schließt . . .« In diesem Sinne habe ich das Recht, mich selber als den ersten *tragischen Philosophen* zu verstehn – daß heißt den äußersten Gegensatz und Antipoden eines pessimistischen Philosophen. Vor mir gibt es diese Umsetzung des dionysischen in ein philosophisches Pathos nicht: es fehlt die *tragische Weisheit* – ich habe vergebens nach Anzeichen davon selbst bei den *großen* Griechen der Philosophie, denen der zwei Jahrhunderte *vor* Sokrates, gesucht. Ein Zweifel blieb mir zurück bei *Heraklit,* in dessen Nähe überhaupt mir wärmer, mir wohler zumute wird als irgendwo sonst. Die Bejahung des Vergehens *und Vernichtens,* das Entscheidende in einer dionysischen Philosophie, das Jasagen zu Gegensatz und Krieg, das *Werden,* mit radikaler Ablehnung auch selbst des Begriffs »*Sein*« – darin muß ich unter allen Umständen das mir Verwandteste anerkennen, was bisher gedacht worden ist. Die Lehre von der »ewigen Wiederkunft«, das heißt vom unbedingten und unendlich wiederholten Kreislauf aller Dinge – diese Lehre Zarathustras *könnte* zuletzt auch schon von Heraklit gelehrt worden sein. Zum mindesten hat die Stoa, die fast alle ihre grundsätzlichen Vorstellungen von Heraklit geerbt hat, Spuren davon. –

4

Aus dieser Schrift redet eine ungeheure Hoffnung. Zuletzt fehlt mir jeder Grund, die Hoffnung auf eine dionysische Zukunft der Musik zurückzunehmen. Werfen wir einen Blick ein Jahrhundert voraus, setzen wir den Fall, daß mein Attentat auf zwei Jahrtausende Widernatur und Menschenschändung gelingt. Jene neue Partei des Lebens, welche die größte aller Aufgaben, die Höherzüchtung der Menschheit in die Hände nimmt, eingerechnet die schonungslose Vernichtung aller Entartenden und Parasitischen, wird jenes *Zuviel von Leben* auf Erden wieder möglich machen, aus dem auch der dionysische Zustand wieder erwachsen muß. Ich verspreche ein *tragisches* Zeitalter: die höchste Kunst im Jasagen zum Leben, die Tragödie, wird wiedergeboren werden, wenn die Menschheit das Bewußtsein der härtesten, aber notwendigsten Kriege hinter sich hat, *ohne daran zu leiden*... Ein Psychologe dürfte noch hinzufügen, daß was ich in jungen Jahren bei Wagnerscher Musik gehört habe, nichts überhaupt mit Wagner zu tun hat; daß wenn ich die dionysische Musik beschrieb, ich *das* beschrieb, was *ich* gehört hatte – daß ich instinktiv alles in den neuen Geist übersetzen und transfigurieren mußte, den ich in mir trug. Der Beweis dafür, *so stark als nur ein Beweis sein kann,* ist meine Schrift »Wagner in Bayreuth«: an allen psychologisch entscheidenden Stellen ist nur von mir die Rede – man darf rücksichtslos meinen Namen oder das Wort »Zarathustra« hinstellen, wo der Text das Wort Wagner gibt. Das ganze Bild des *dithyrambischen* Künstlers ist das Bild des *präexistenten* Dichters des Zarathustra, mit abgründlicher Tiefe hingezeichnet und ohne einen Augenblick die Wagnersche Realität auch nur zu berühren. Wagner selbst hatte einen Begriff davon; er erkannte sich in der Schrift nicht wieder. – Insgleichen hatte sich »der Gedanke von Bayreuth« in etwas verwandelt, das den Kennern meines Zarathustra kein Rätsel-Begriff sein wird: in jenen *großen Mittag,* wo sich die Auserwähltesten zur größten aller Aufgaben weihen – wer weiß? Die Vision eines Festes, das ich noch erleben werde... Das Pathos der ersten Seiten ist welthistorisch; der *Blick,* von dem auf der siebenten Seite [I, S. 177, Zl. 13 ff.] die Rede ist, ist der eigentliche Zarathustra-Blick; Wagner, Bayreuth, die ganze kleine deutsche Erbärmlichkeit ist eine Wolke, in der eine unendliche Fata Morgana der Zukunft sich spiegelt. Selbst psychologisch sind alle entscheidenden Züge meiner eignen Natur in die Wagners eingetragen – das Nebeneinander der lichtesten und verhängnisvollsten Kräfte, der Wille zur Macht, wie ihn nie ein Mensch besessen hat, die rücksichtslose Tapferkeit im Geistigen, die unbegrenzte Kraft zu lernen, ohne daß der Wille zur Tat damit erdrückt würde. Es ist alles an dieser Schrift vorherverkündend: die Nähe der Wiederkunft des griechischen Geistes, die Notwendigkeit von *Gegen-Alexandern,* welche den gordischen Knoten der griechischen Kultur wieder *binden,* nachdem er gelöst war... Man höre den welthistorischen Akzent, mit dem (I, S. 29 f.) der Begriff »tragische Gesinnung« eingeführt wird: es sind lauter welthistorische Akzente in dieser Schrift. Dies ist die fremdartigste »Objektivität«, die es geben kann: die absolute Gewißheit darüber, was ich *bin*, projizierte sich auf irgendeine zufällige Realität – die Wahrheit über mich redete aus einer schauervollen Tiefe. Auf Seite 46 wird der *Stil* des Zarathustra mit einschneidender Sicherheit beschrieben und vorweggenommen; und niemals wird man einen großartigeren Ausdruck für das *Ereignis* Zarathustra, den Akt einer ungeheuren Reinigung und Weihung der Menschheit, finden, als er in den Seiten 35 bis 37 gefunden ist. –

DIE UNZEITGEMÄSSEN

1

Die vier *Unzeitgemäßen* sind durchaus kriegerisch. Sie beweisen, daß ich kein »Hans der Träumer« war, daß es mir Vergnügen macht, den Degen zu ziehn – vielleicht auch, daß ich das Handgelenk gefährlich frei habe. Der *erste* Angriff (1873) galt der deutschen Bildung, auf die ich damals schon mit schonungsloser Verachtung hinabblickte. Ohne Sinn, ohne Substanz, ohne Ziel: eine bloße »öffentliche Meinung«. Kein bösartigeres Mißverständnis als zu glauben, der große Waffen-Erfolg der Deutschen beweise irgend etwas zugunsten dieser Bildung – oder gar *ihren* Sieg über Frankreich ... Die *zweite* Unzeitgemäße (1874) bringt das Gefährliche, das Leben-Annagende und -Vergiftende in unsrer Art des Wissenschafts-Betriebs ans Licht –: das Leben *krank* an diesem entmenschten Räderwerk und Mechanismus, an der »*Un*persönlichkeit« des Arbeiters, an der falschen Ökonomie der »Teilung der Arbeit«. Der *Zweck* geht verloren, die Kultur – das Mittel, der moderne Wissenschafts-Betrieb, *barbarisiert* ... In dieser Abhandlung wurde der »historische Sinn«, auf den dies Jahrhundert stolz ist, zum erstenmal als Krankheit erkannt, als typisches Zeichen des Verfalls. – In der *dritten* und *vierten* Unzeitgemäßen werden, als Fingerzeige zu einem *höheren* Begriff der Kultur, zur Wiederherstellung des Begriffs »Kultur«, zwei Bilder der härtesten *Selbstsucht, Selbstzucht* dagegen aufgestellt, unzeitgemäße Typen *par excellence,* voll souveräner Verachtung gegen alles, was um sie herum »Reich«, »Bildung«, »Christentum«, »Bismarck«, »Erfolg« hieß – Schopenhauer und Wagner *oder,* mit *einem* Wort, Nietzsche ...

2

Von diesen vier Attentaten hatte das erste einen außerordentlichen Erfolg. Der Lärm, den es hervorrief, war in jedem Sinne prachtvoll. Ich hatte einer siegreichen Nation an ihre wunde Stelle gerührt – daß ihr Sieg *nicht* ein Kultur-Ereignis sei, sondern vielleicht, vielleicht etwas ganz anderes ... Die Antwort kam von allen Seiten und durchaus nicht bloß von den alten Freunden David Straußens, den ich als Typus eines deutschen Bildungsphilisters und *satisfait,* kurz als Verfasser seines Bierbank-Evangeliums vom »alten und neuen Glauben« lächerlich gemacht hatte

(– das Wort Bildungsphilister ist von meiner Schrift her in der Sprache übriggeblieben). Diese alten Freunde, denen ich als Württembergern und Schwaben einen tiefen Stich versetzt hatte, als ich ihr Wundertier, ihren Strauß komisch fand, antworteten so bieder und grob, als ich's irgendwie wünschen konnte; die preußischen Entgegnungen waren klüger – sie hatten mehr »Berliner Blau« in sich. Das Unanständigste leistete ein Leipziger Blatt, die berüchtigten »Grenzboten«; ich hatte Mühe, die entrüsteten Basler von Schritten abzuhalten. Unbedingt für mich entschieden sich nur einige alte Herrn, aus gemischten und zum Teil unausfindlichen Gründen. Darunter Ewald in Göttingen, der zu verstehn gab, mein Attentat sei für Strauß tödlich abgelaufen. Insgleichen der alte Hegelianer Bruno Bauer, an dem ich von da an einen meiner aufmerksamsten Leser gehabt habe. Er liebte es, in seinen letzten Jahren, auf mich zu verweisen, zum Beispiel Herrn von Treitschke, dem preußischen Historiographen, einen Wink zu geben, bei wem er sich Auskunft über den ihm verlorengegangenen Begriff »Kultur« holen könne. Das Nachdenklichste, auch das Längste über die Schrift und ihren Autor wurde von einem alten Schüler des Philosophen von Baader gesagt, einem Professor Hoffmann in Würzburg. Er sah aus der Schrift eine große Bestimmung für mich voraus – eine Art Krisis und höchste Entscheidung im Problem des Atheismus herbeizuführen, als dessen instinktivsten und rücksichtslosesten Typus er mich erriet. Der Atheismus war das, was mich zu Schopenhauer führte. – Bei weitem am besten gehört, am bittersten empfunden wurde eine außerordentlich starke und tapfere Fürsprache des sonst so milden Karl Hillebrand, dieses letzten *humanen* Deutschen, der die Feder zu führen wußte. Man las seinen Aufsatz in der »Augsburger Zeitung«; man kann ihn heute, in einer etwas vorsichtigeren Form, in seinen gesammelten Schriften lesen. Hier war die Schrift als Ereignis, Wendepunkt, erste Selbstbesinnung, allerbestes Zeichen dargestellt, als eine wirkliche *Wiederkehr* des deutschen Ernstes und der deutschen Leidenschaft in geistigen Dingen. Hillebrand war voll hoher Auszeichnung für die Form der Schrift, für ihren reifen Geschmack, für ihren vollkommnen Takt in der Unterscheidung von Person und Sache: er zeichnete sie als die beste polemische Schrift aus, die deutsch geschrieben sei – in der gerade für Deutsche so gefährlichen, so widerratbaren Kunst der Polemik. Unbedingt jasagend, mich sogar in dem verschärfend, was ich über die Sprach-Verlumpung in Deutschland zu sagen gewagt hatte (– heute spielen sie die Puristen und können keinen Satz mehr bauen –), in gleicher Verachtung gegen die »ersten Schriftsteller« dieser Nation, endete er damit, seine Bewunderung für meinen *Mut* auszudrücken – jenen »höchsten Mut, der gerade die Lieblinge eines Volkes auf die Anklagebank bringt«... Die Nachwirkung dieser Schrift ist geradezu unschätzbar in meinem Leben. Niemand hat bisher mit mir Händel gesucht. Man schweigt, man behandelt mich in Deutschland mit einer düstern Vorsicht: ich habe seit Jahren von einer unbedingten Redefreiheit Gebrauch gemacht, zu der niemand heute, am wenigsten im »Reich«, die *Hand* frei genug hat. Mein Paradies ist »unter dem Schatten meines Schwertes« ... Im Grunde hatte ich eine Maxime Stendhals praktiziert: er rät an, seinen Eintritt in die Gesellschaft mit einem *Duell* zu machen. Und wie ich mir meinen Gegner gewählt hatte! den ersten deutschen Freigeist! ... In der Tat, eine ganz *neue* Art Freigeisterei kam damit zum ersten Ausdruck: bis heute ist mir nichts fremder und unverwandter als die ganze europäische und amerikanische Spezies von *»libres penseurs«*. Mit ihnen als mit unverbesserlichen Flachköpfen und Hanswürsten der »modernen Ideen« befinde ich mich sogar in einem tieferen Zwiespalt als mit irgendwem von ihren Gegnern. Sie wollen auch, auf ihre Art, die Menschheit »verbessern«, nach ihrem Bilde, sie würden gegen das, was ich bin, was ich *will*, einen unversöhnlichen Krieg machen, gesetzt daß sie es verstünden – sie glauben allesamt noch ans »Ideal« ... Ich bin der erste *Immoralist* –

3

Daß die mit dem Namen Schopenhauer und Wagner abgezeichneten Unzeitgemäßen sonderlich zum Verständnis oder auch nur zur psychologischen Fragestellung beider Fälle dienen könnten, möchte ich nicht behaupten – einzelnes, wie billig, ausgenommen. So wird zum Beispiel mit tiefer Instinkt-Sicherheit bereits hier das Elementarische in der Natur Wagners als eine Schauspieler-Begabung bezeichnet, die in seinen Mitteln und Absichten nur ihre Folgerungen zieht. Im Grunde wollte ich mit diesen Schriften etwas ganz andres als Psychologie treiben – ein Problem der Erziehung ohnegleichen, ein neuer Begriff der *Selbst-Zucht, Selbst-Verteidigung* bis zur Härte, ein Weg zur Größe und zu welthistorischen Aufgaben verlangte nach seinem ersten Ausdruck. Ins große gerechnet nahm ich zwei berühmte und ganz und gar noch unfestgestellte Typen beim Schopf, wie man eine Gelegenheit beim Schopf nimmt, um etwas auszusprechen, um ein paar Formeln, Zeichen, Sprachmittel mehr in der Hand zu haben. Dies ist zuletzt, mit vollkommen unheimlicher Sagazität, [in] der dritten Unzeitgemäßen auch angedeutet. Dergestalt hat sich Plato des Sokrates bedient, als einer Semiotik für Plato. – Jetzt, wo ich aus einiger Ferne auf jene Zustände zurückblicke, deren Zeugnis diese Schriften sind, möchte ich nicht verleugnen, daß sie im Grunde bloß von mir reden. Die Schrift »Wagner in Bayreuth« ist eine Vision meiner Zukunft; dagegen ist in »Schopenhauer als Erzieher« meine innerste Geschichte, mein *Werden* eingeschrieben. Vor allem mein *Gelöbnis*! ... Was ich heute bin, *wo* ich heute bin – in einer Höhe, wo ich nicht mehr mit

Worten, sondern mit Blitzen rede –, o wie fern davon war ich damals noch! – Aber ich *sah* das Land – ich betrog mich nicht einen Augenblick über Weg, Meer, Gefahr – *und* Erfolg! Die große Ruhe im Versprechen, dies glückliche Hinausschaun in eine Zukunft, welche nicht nur eine Verheißung bleiben soll! – Hier ist jedes Wort erlebt, tief, innerlich; es fehlt nicht am Schmerzlichsten, es sind Worte darin, die geradezu blutrünstig sind. Aber ein Wind der *großen* Freiheit bläst über alles weg; die Wunde selbst wirkt *nicht* als Einwand. – Wie ich den Philosophen verstehe, als einen furchtbaren Explosionsstoff, vor dem alles in Gefahr ist, wie ich meinen Begriff »Philosoph« meilenweit abtrenne von einem Begriff, der sogar noch einen Kant in sich schließt, nicht zu reden von den akademischen »Wiederkäuern« und andren Professoren der Philosophie: darüber gibt diese Schrift eine unschätzbare Belehrung, zugegeben selbst daß hier im Grunde nicht »Schopenhauer als Erzieher«, sondern sein *Gegensatz*, »Nietzsche als Erzieher«, zu Worte kommt. – In Anbetracht, daß damals mein Handwerk das eines Gelehrten war, und, vielleicht auch, daß ich mein Handwerk *verstand*, ist ein herbes Stück Psychologie des Gelehrten nicht ohne Bedeutung, das in dieser Schrift plötzlich zum Vorschein kommt: es drückt das *Distanz-Gefühl* aus, die tiefe Sicherheit darüber, was bei mir *Aufgabe*, was bloß Mittel, Zwischenakt und Nebenwerk sein kann. Es ist meine Klugheit, vieles und vielerorts gewesen zu sein, um *eins* werden zu können – um zu *einem* kommen zu können. Ich *mußte* eine Zeitlang auch Gelehrter sein. –

MENSCHLICHES, ALLZUMENSCHLICHES

Mit zwei Fortsetzungen

1

»Menschliches, Allzumenschliches« ist das Denkmal einer Krisis. Es heißt sich ein Buch für *freie* Geister: fast jeder Satz darin drückt einen Sieg aus – ich habe mich mit demselben vom *Unzugehörigen* in meiner Natur freigemacht. Unzugehörig ist mir der Idealismus: der Titel sagt »wo *ihr* ideale Dinge seht, sehe *ich* – Menschliches, ach nur Allzumenschliches!« ... Ich kenne den Menschen *besser*... In keinem andren Sinne will das Wort »freier Geist« hier verstanden werden: ein *freigewordner* Geist, der von sich selber wieder Besitz ergriffen hat. Der Ton, der Stimmklang hat sich völlig verändert: man wird das Buch klug, kühl, unter Umständen hart und spöttisch finden. Eine gewisse Geistigkeit *vornehmen* Geschmacks scheint sich beständig gegen eine leidenschaftlichere Strömung auf dem Grunde obenauf zu halten. In diesem Zusammenhang hat es Sinn, daß es eigentlich die hundertjährige Todesfeier *Voltaires* ist, womit sich die Herausgabe des Buchs schon für das Jahr 1878 gleichsam entschuldigt. Denn Voltaire ist, im Gegensatz zu allem, was nach ihm schrieb, vor allem ein *grandseigneur* des Geistes: genau das, was ich auch bin. – Der Name Voltaire auf einer Schrift von mir – das war wirklich ein Fortschritt – *zu mir* ... Sieht man genauer zu, so entdeckt man einen unbarmherzigen Geist, der alle Schlupfwinkel kennt, wo das Ideal heimisch ist – wo es seine Burgverliese und gleichsam seine letzte Sicherheit hat. Eine Fackel in den Händen, die durchaus kein »fackelndes« Licht gibt, mit einer schneidenden Helle wird in diese *Unterwelt* des Ideals hineingeleuchtet. Es ist der Krieg, aber der Krieg ohne Pulver und Dampf, ohne kriegerische Attitüden, ohne Pathos und verrenkte Gliedmaßen – dies alles selbst wäre noch »Idealismus«. Ein Irrtum nach dem andern wird gelassen aufs Eis gelegt, das Ideal wird nicht widerlegt – *es erfriert* ... Hier zum Beispiel erfriert »das Genie«; eine Ecke weiter erfriert »der Heilige«: unter einem dicken Eiszapfen erfriert »der Held«; am Schluß erfriert »der Glaube«, die sogenannte »Überzeugung«, auch das »Mitleiden« kühlt sich bedeutend ab – fast überall erfriert »das Ding an sich« ...

2

Die Anfänge dieses Buchs gehören mitten in die Wochen der ersten Bayreuther Festspiele hinein; eine tiefe Fremdheit gegen alles, was mich dort umgab, ist eine seiner Voraussetzungen. Wer einen Begriff davon hat, was für Visionen mir schon damals über den Weg gelaufen waren, kann erraten, wie mir zumute war, als ich eines Tags in Bayreuth aufwachte. Ganz als ob ich träumte ... Wo war ich doch? Ich erkannte nichts wieder, ich erkannte kaum Wagner wieder. Umsonst blätterte ich in meinen Erinnerungen. Tribschen – eine ferne Insel der Glückseligen: kein Schatten von Ähnlichkeit. Die unvergleichlichen Tage der Grundsteinlegung, die kleine *zugehörige* Gesellschaft, die sie feierte und der man nicht erst Finger für zarte Dinge zu wünschen hatte: kein Schatten von Ähnlichkeit. *Was war geschehn*? – Man hatte Wagner ins Deutsche übersetzt! Der Wagnerianer war Herr über Wagner geworden! – Die *deutsche* Kunst! Der *deutsche* Meister! Das *deutsche* Bier! ... Wir andern, die wir nur zu gut wissen, zu was für raffinierten Artisten, zu welchem Kosmopolitismus des Geschmacks Wagners Kunst allein redet, waren außer uns, Wagner mit deutschen »Tugenden« behängt wiederzufinden. – Ich denke, ich kenne den Wagnerianer, ich habe drei Generationen »erlebt«, vom seligen Brendel an, der Wagner mit Hegel verwechselte, bis zu den »Idealisten« der Bayreuther Blätter, die Wagner mit sich selbst verwechseln – ich habe alle Art Bekenntnisse »schöner Seelen« über Wagner gehört. Ein Königreich für *ein* gescheites Wort! – In Wahrheit, eine haarsträubende Gesellschaft! Nohl, Pohl, *Kohl* mit Grazie *in infinitum*! Keine Mißgeburt fehlt darunter, nicht einmal der Antisemit. – Der arme Wagner! Wohin war er geraten! – Wäre er doch wenigstens unter die Säue gefahren! Aber unter Deutsche! ... Zuletzt sollte man, zur Belehrung der Nachwelt, einen echten Bayreuther ausstopfen, besser noch in Spiritus setzen, denn an Spiritus fehlt es –, mit der Unterschrift: so sah der »Geist« aus, auf den hin man das »Reich« gründete ... Genug, ich reiste mitten drin für ein paar Wochen ab, sehr plötzlich, trotzdem daß eine charmante Pariserin mich zu trösten suchte; ich entschuldigte mich bei Wagner bloß mit einem fatalistischen Telegramm. In einem tief in Wäldern verborgnen Ort des Böhmerwalds, Klingenbrunn, trug ich meine Melancholie und Deutschen-Verachtung wie eine Krankheit mit mir herum – *und* schrieb von Zeit zu Zeit, unter dem Gesamttitel »Die Pflugschar«, einen Satz in mein Taschenbuch, lauter *harte* Psychologika, die sich vielleicht in »Menschliches, Allzumenschliches« noch wiederfinden lassen.

3

Was sich damals bei mir entschied, war nicht etwa ein Bruch mit Wagner – ich empfand eine Gesamt-Abirrung meines Instinkts, von der der einzelne Fehlgriff, heiße er nun Wagner oder Basler Professur, bloß ein Zeichen war. Eine *Ungeduld* mit mir überfiel mich; ich sah ein, daß es die höchste Zeit war, mich auf *mich* zurückzubesinnen. Mit einem Male war mir auf eine schreckliche Weise klar, wieviel Zeit bereits verschwendet sei – wie nutzlos, wie willkürlich sich meine ganze Philologen-Existenz an meiner Aufgabe ausnehme. Ich schämte mich dieser *falschen* Bescheidenheit ... Zehn Jahre hinter mir, wo ganz eigentlich die *Ernährung* des Geistes bei mir stillgestanden hatte, wo ich nichts Brauchbares hinzugelernt hatte, wo ich unsinnig viel über einen Krimskrams verstaubter Gelehrsamkeit vergessen hatte. Antike Metriker mit Akribie und schlechten Augen durchkriechen – dahin war es mit mir gekommen! – Ich sah mit Erbarmen mich ganz mager, ganz abgehungert: die *Realitäten* fehlten geradezu innerhalb meines Wissens, und die »Idealitäten« taugten den Teufel was! – Ein geradezu brennender Durst ergriff mich: von da an habe ich in der Tat nichts mehr getrieben als Physiologie, Medizin und Naturwissenschaften – selbst zu eigentlichen historischen Studien bin ich erst wieder zurückgekehrt, als die *Aufgabe* mich gebieterisch dazu zwang. Damals erriet ich auch zuerst den Zusammenhang zwischen einer instinktwidrig gewählten Tätigkeit, einem sogenannten »Beruf«, zu dem man *am letzten* berufen ist – und jenem Bedürfnis nach einer *Betäubung* des Öde- und Hungergefühls durch eine narkotische Kunst – zum Beispiel durch die Wagnersche Kunst. Bei einem vorsichtigeren Umblick habe ich entdeckt, daß für eine große Anzahl junger Männer der gleiche Notstand besteht: eine Widernatur *erzwingt* förmlich eine zweite. In Deutschland, im »Reich«, um unzweideutig zu reden, sind nur zu viele verurteilt, sich unzeitig zu entscheiden und dann, unter einer unabwerfbar gewordnen Last, *hinzusiechen* ... Diese verlangen nach Wagner als nach einem *Opiat* – sie vergessen sich, sie werden sich einen Augenblick los ... Was sage ich! *fünf bis sechs Stunden!* –

4

Damals entschied sich mein Instinkt unerbittlich gegen ein noch längeres Nachgeben, Mitgehn, Mich-selbst-Verwechseln. Jede Art Leben, die ungünstigsten Bedingungen, Krankheit, Armut – alles schien mir jener unwürdigen »Selbstlosigkeit« vorziehenswert, in die ich zuerst aus Unwissenheit, aus *Jugend* geraten war, in der ich später aus Trägheit, aus sogenanntem »Pflichtgefühl« hängengeblieben war. – Hier kam mir auf eine Weise, die ich nicht genug bewundern kann, und gerade zur rechten Zeit jene *schlimme* Erbschaft von seiten meines Vaters her zu Hilfe – im Grunde eine Vorbestimmung zu einem frühen Tode. Die Krankheit *löste mich langsam heraus*: sie ersparte mir jeden Bruch, jeden gewalttätigen und anstößigen Schritt. Ich habe kein Wohlwollen damals eingebüßt und viel noch hinzugewonnen. Die Krankheit gab mir insgleichen ein Recht zu einer vollkommnen Umkehr aller meiner Gewohnheiten; sie erlaubte, *sie gebot* mir Vergessen; sie beschenkte mich mit der *Nötigung* zum Stillliegen, zum Müßiggang, zum Warten und Geduldigsein . . . Aber das heißt ja denken! . . . Meine Augen allein machten ein Ende mit aller Bücherwürmerei, auf deutsch Philologie: ich war vom »Buch« erlöst, ich las jahrelang nichts mehr – die *größte* Wohltat, die ich mir je erwiesen habe! – Jenes unterste Selbst, gleichsam verschüttet, gleichsam still geworden unter einem beständigen *Hören-Müssen* auf andre Selbste (– und das heißt ja lesen!) erwachte langsam, schüchtern, zweifelhaft – aber endlich *redete es wieder.* Nie habe ich so viel Glück an mir gehabt als in den kränksten und schmerzhaftesten Zeiten meines Lebens: man hat nur die »Morgenröte« oder etwa den »Wanderer und seinen Schatten« sich anzusehn, um zu begreifen, was diese »Rückkehr zu *mir*« war: eine höchste Art von *Genesung* selbst! . . . Die andre folgte bloß daraus. –

5

Menschliches, Allzumenschliches, dies Denkmal einer rigorosen Selbstzucht, mit der ich bei mir allem eingeschleppten »höheren Schwindel«, »Idealismus«, »schönen Gefühl« und andren Weiblichkeiten ein jähes Ende bereitete, wurde in allen Hauptsachen in Sorrent niedergeschrieben; es bekam seinen Schluß, seine endgültige Form in einem Basler Winter, unter ungleich ungünstigeren Verhältnissen als denen in Sorrent. Im Grunde hat Herr *Peter Gast,* damals an der Basler Universität studierend und mir sehr zugetan, das Buch auf dem Gewissen. Ich diktierte, den Kopf verbunden und schmerzhaft, er schrieb ab, er korrigierte auch – er war im Grunde der eigentliche Schriftsteller, während ich bloß der Autor war. Als das Buch endlich fertig mir zu Händen kam – zur tiefen Verwunderung eines Schwerkranken –, sandte ich, unter anderem, auch nach Bayreuth zwei Exemplare. Durch ein Wunder von Sinn im Zufall kam gleichzeitig bei mir ein schönes Exemplar des Parsifal-Textes an, mit Wagners Widmung an mich »seinem theuren Freunde Friedrich Nietzsche, Richard Wagner, Kirchenrath«. – Diese Kreuzung der zwei Bücher – mir war's, als ob ich einen ominösen Ton dabei hörte. Klang es nicht, als ob sich *Degen* kreuzten? . . . Jedenfalls empfanden wir es beide so: denn wir schwiegen beide. – Um diese Zeit erschienen die ersten Bayreuther Blätter: ich begriff, *wozu* es höchste Zeit gewesen war. – Unglaublich! Wagner war fromm geworden . . .

6

Wie ich damals (1876) über mich dachte, mit welcher ungeheuren Sicherheit ich meine Aufgabe und das Welthistorische an ihr in der Hand hielt, davon legt das ganze Buch, vor allem aber eine sehr ausdrückliche Stelle Zeugnis ab: nur daß ich, mit der bei mir instinktiven Arglist, auch hier wieder das Wörtchen »ich« umging und diesmal nicht Schopenhauer oder Wagner sondern einen meiner Freunde, den ausgezeichneten Dr. Paul Rée, mit einer welthistorischen Glorie überstrahlte – zum Glück ein viel zu feines Tier, als daß ... *Andre* waren weniger fein: ich habe die Hoffnungslosen unter meinen Lesern, zum Beispiel den typischen deutschen Professor, immer daran erkannt, daß sie, auf diese Stelle hin, das ganze Buch als höheren Realismus verstehn zu müssen glaubten ... In Wahrheit enthielt es den Widerspruch gegen fünf, sechs Sätze meines Freundes: man möge darüber die Vorrede zur »Genealogie der Moral« nachlesen. – Die Stelle lautet: Welches ist doch der Hauptsatz, zu dem einer der kühnsten und kältesten Denker, der Verfasser des Buchs »Über den Ursprung der moralischen Empfindungen« (*lisez*: Nietzsche, der erste *Immoralist*) vermöge seiner ein- und durchschneidenden Analysen des menschlichen Handelns gelangt ist? »Der moralische Mensch steht der intelligiblen Welt nicht näher als der physische – *denn* es gibt keine intelligible Welt ...« Dieser Satz, hart und schneidig geworden unter dem Hammerschlag der historischen Erkenntnis (*lisez: Umwertung aller Werte*) kann vielleicht einmal, in irgendwelcher Zukunft – 1890! – als die Axt dienen, welche dem »metaphysischen Bedürfnis« der Menschheit an die Wurzel gelegt wird – ob mehr zum Segen oder zum Fluche der Menschheit, wer wüßte das zu sagen? Aber jedenfalls als ein Satz der erheblichsten Folgen, fruchtbar und furchtbar zugleich und mit jenem *Doppelblick* in die Welt sehend, welchen alle großen Erkenntnisse haben ...

MORGENRÖTE

Gedanken über die Moral als Vorurteil

1

Mit diesem Buche beginnt mein Feldzug gegen die *Moral*. Nicht daß es den geringsten Pulvergeruch an sich hätte – man wird ganz andre und viel lieblichere Gerüche an ihm wahrnehmen, gesetzt, daß man einige Feinheit in den Nüstern hat. Weder großes, noch auch kleines Geschütz: ist die Wirkung des Buches negativ, so sind es seine Mittel um so weniger, diese Mittel, aus denen die Wirkung wie ein Schluß, *nicht* wie ein Kanonenschuß folgt. Daß man von dem Buche Abschied nimmt mit einer scheuen Vorsicht vor allem, was bisher unter dem Namen Moral zu Ehren und selbst zur Anbetung gekommen ist, steht nicht im Widerspruch damit, daß im ganzen Buch kein negatives Wort vorkommt, kein Angriff, keine Bosheit – daß es vielmehr in der Sonne liegt, rund, glücklich, einem Seegetier gleich, das zwischen Felsen sich sonnt. Zuletzt war ich's selbst, dieses Seegetier: fast jeder Satz des Buches ist erdacht, *erschlüpft* in jenem Felsen-Wirrwarr nahe bei Genua, wo ich allein war und noch mit dem Meere Heimlichkeiten hatte. Noch jetzt wird mir, bei einer zufälligen Berührung dieses Buchs, fast jeder Satz zum Zipfel, an dem ich irgend etwas Unvergleichliches wieder aus der Tiefe ziehe: seine ganze Haut zittert von zarten Schaudern der Erinnerung. Die Kunst, die es voraus hat, ist keine kleine darin, Dinge, die leicht und ohne Geräusch vorbeihuschen, Augenblicke, die ich göttliche Eidechsen nenne, ein wenig fest zu machen – nicht etwa mit der Grausamkeit jenes jungen Griechengottes, der das arme Eidechslein einfach anspießte, aber immerhin doch mit etwas Spitzem, mit der Feder ... »Es gibt so viele Morgenröten, die noch nicht geleuchtet haben« – diese *indische* Inschrift steht auf der Tür zu diesem Buche. Wo *sucht* sein Urheber jenen neuen Morgen, jenes bisher noch unentdeckte zarte Rot, mit dem wieder ein Tag – ah, eine ganze Reihe, eine ganze Welt neuer Tage! – anhebt? In einer *Umwertung aller Werte*, in einem Loskommen von allen Moralwerten, in einem Jasagen und Vertrauen-haben zu alledem, was bisher verboten, verachtet, verflucht worden ist. Das *jasagende* Buch strömt sein Licht, seine Liebe, seine Zärtlichkeit auf lauter schlimme Dinge aus, es gibt ihnen »die Seele«, das gute Gewissen, das hohe Recht und *Vorrecht* auf Dasein wieder zurück. Die Moral wird nicht angegriffen, sie kommt nur nicht mehr in Betracht ... Dies Buch schließt mit einem »Oder?« – es ist das einzige Buch, das mit einem »Oder?« schließt ...

2

Meine Aufgabe, einen Augenblick höchster Selbstbesinnung der Menschheit vorzubereiten, einen *großen Mittag,* wo sie zurückschaut und hinausschaut, wo sie aus der Herrschaft des Zufalls und der Priester heraustritt und die Frage des warum?, des wozu? zum ersten Male als *Ganzes* stellt –, diese Aufgabe folgt mit Notwendigkeit aus der Einsicht, daß die Menschheit *nicht* von selber auf dem rechten Wege ist, daß sie durchaus *nicht* göttlich regiert wird, daß vielmehr gerade unter ihren heiligsten Wertbegriffen der Instinkt der Verneinung, der Verderbnis, der *décadence*-Instinkt verführerisch gewaltet hat. Die Frage nach der Herkunft der moralischen Werte ist deshalb für mich eine Frage *ersten Ranges,* weil sie die Zukunft der Menschheit bedingt. Die Forderung, man solle *glauben,* daß alles im Grunde in den besten Händen ist, daß ein Buch, die Bibel, eine endgültige Beruhigung über die göttliche Lenkung und Weisheit im Geschick der Menschheit gibt, ist, zurückübersetzt in die Realität, der Wille, die Wahrheit über das erbarmungswürdige Gegenteil davon nicht aufkommen zu lassen, nämlich, daß die Menschheit bisher in den *schlechtesten* Händen war, daß sie von den Schlechtweggekommenen, den Arglistig-Rachsüchtigen, den sogenannten »Heiligen«, diesen Weltverleumdern und Menschenschändern regiert worden ist. Das entscheidende Zeichen, an dem sich ergibt, daß der Priester (– eingerechnet die *versteckten* Priester, die Philosophen) nicht nur innerhalb einer bestimmten religiösen Gemeinschaft, sondern überhaupt Herr geworden ist, daß die *décadence*-Moral, der Wille zum Ende, als Moral *an sich* gilt, ist der unbedingte Wert, der dem Unegoistischen, und die Feindschaft, die dem Egoistischen überall zuteil wird. Wer über diesen Punkt mit mir uneins ist, den halte ich für *infiziert* ... Aber alle Welt ist mit mir uneins ... Für einen Physiologen läßt ein solcher Wert-Gegensatz gar keinen Zweifel. Wenn innerhalb des Organismus das geringste Organ in noch so kleinem Maße nachläßt, seine Selbsterhaltung, seinen Kraftersatz, seinen »Egoismus« mit vollkommner Sicherheit durchzusetzen, so entartet das Ganze. Der Physiologe verlangt *Ausschneidung* des entarteten Teils, er verneint jede Solidarität mit dem Entarteten, er ist am fernsten vom Mitleiden mit ihm. Aber der Priester *will* gerade die Entartung des Ganzen, der Menschheit: darum *konserviert* er das Entartende – um diesen Preis beherrscht er sie ... Welchen Sinn haben jene Lügenbegriffe, die *Hilfs*begriffe der Moral, »Seele«, »Geist«, »freier Wille«, »Gott«, wenn nicht den, die Menschheit physiologisch zu ruinieren? ... Wenn man den Ernst von der Selbsterhaltung, Kraftsteigerung des Leibes, *das heißt des Lebens* ablenkt, wenn man aus der Bleichsucht ein Ideal, aus der Verachtung des Leibes »das Heil der Seele« konstruiert, was ist das anderes, als ein *Rezept* zur *décadence*? – Der Verlust an Schwergewicht, der Widerstand gegen die natürlichen Instinkte, die »Selbstlosigkeit« mit einem Worte – das hieß bisher *Moral* ... Mit der »Morgenröte« nahm ich zuerst den Kampf gegen die Entselbstungs-Moral auf. –

DIE FRÖHLICHE WISSENSCHAFT

(*»la gaya scienza«*)

Die »Morgenröte« ist ein jasagendes Buch, tief, aber hell und gütig. Dasselbe gilt noch einmal und im höchsten Grade von der *gaya scienza*: fast in jedem Satz derselben halten sich Tiefsinn und Mutwillen zärtlich an der Hand. Ein Vers, welcher die Dankbarkeit für den wunderbarsten Monat Januar ausdrückt, den ich erlebt habe – das ganze Buch ist ein Geschenk – verrät zur Genüge, aus welcher Tiefe heraus hier die »Wissenschaft« *fröhlich* geworden ist:

Der du mit dem Flammenspeere
Meiner Seele Eis zerteilt,
Daß sie brausend nun zum Meere
Ihrer höchsten Hoffnung eilt:
Heller stets und stets gesunder,
Frei im liebevollsten Muß –
Also preist sie deine Wunder,
Schönster Januarius!

Was hier »höchste Hoffnung« heißt, wer kann darüber im Zweifel sein, der als Schluß des vierten Buchs die diamantene Schönheit der ersten Worte des Zarathustra aufglänzen sieht? – Oder der die granitnen Sätze am Ende des dritten Buchs liest, mit denen sich ein Schicksal für *alle Zeiten* zum ersten Male in Formeln faßt? – Die *Lieder des Prinzen Vogelfrei*, zum besten Teil in Sizilien gedichtet, erinnern ganz ausdrücklich an den provençalischen Begriff der »*gaya scienza*«, an jene Einheit von *Sänger*, *Ritter* und *Freigeist*, mit der sich jene wunderbare Frühkultur der Provençalen gegen alle zweideutigen Kulturen abhebt; das allerletzte Gedicht zumal »*an den Mistral*«, ein ausgelassenes Tanzlied, in dem, mit Verlaub! über die Moral hinweggetanzt wird, ist ein vollkommner Provençalismus. –

ALSO SPRACH ZARATHUSTRA

Ein Buch für Alle und Keinen

1

Ich erzähle nunmehr die Geschichte des Zarathustra. Die Grundkonzeption des Werks, der *Ewige-Wiederkunfts-Gedanke,* die höchste Formel der Bejahung, die überhaupt erreicht werden kann –, gehört in den August des Jahres 1881: er ist auf ein Blatt hingeworfen, mit der Unterschrift: »6000 Fuß jenseits von Mensch und Zeit«. Ich ging an jenem Tage am See von Silvaplana durch die Wälder; bei einem mächtigen pyramidal aufgetürmten Block unweit Surlei machte ich halt. Da kam mir dieser Gedanke. – Rechne ich von diesem Tage ein paar Monate zurück, so finde ich, als Vorzeichen, eine plötzliche und im Tiefsten entscheidende Veränderung meines Geschmacks, vor allem in der Musik. Man darf vielleicht den ganzen Zarathustra unter die Musik rechnen; – sicherlich war eine Wiedergeburt in der Kunst zu *hören,* eine Vorausbedingung dazu. In einem kleinen Gebirgsbade unweit Vicenza, Recoaro, wo ich den Frühling des Jahrs 1881 verbrachte, entdeckte ich, zusammen mit meinem *maëstro* und Freunde Peter Gast, einem gleichfalls »Wiedergebornen«, daß der Phönix Musik mit leichterem und leuchtenderem Gefieder, als er je gezeigt, an uns vorüberflog. Rechne ich dagegen von jenem Tage an vorwärts, bis zur plötzlichen und unter den unwahrscheinlichsten Verhältnissen eintretenden Niederkunft im Februar 1883 – die Schlußpartie, dieselbe, aus der ich im *Vorwort* ein paar Sätze zitiert habe, wurde genau in der heiligen Stunde fertig gemacht, in der Richard Wagner in Venedig starb – so ergeben sich achtzehn Monate für die Schwangerschaft. Diese Zahl gerade von achtzehn Monaten dürfte den Gedanken nahelegen, unter Buddhisten wenigstens, daß ich im Grunde ein Elefanten-Weibchen bin. – In die Zwischenzeit gehört die *»gaya scienza,* die hundert Anzeichen der Nähe von etwas Unvergleichlichem hat; zuletzt gibt sie den Anfang des Zarathustra selbst noch, sie gibt im vorletzten Stück des vierten Buchs den Grundgedanken des Zarathustra. – Insgleichen gehört in diese Zwischenzeit jener *Hymnus auf das Leben* (für gemischten Chor und Orchester), dessen Partitur vor zwei Jahren bei E. W. Fritzsch in Leipzig erschienen ist: ein vielleicht nicht unbedeutendes Symptom für den Zustand dieses Jahres, wo das *jasagende* Pathos *par excellence,* von mir das tragische Pathos genannt, im höchsten Grade mir innewohnte. Man wird ihn später einmal zu meinem Gedächtnis singen. – Der Text, ausdrücklich bemerkt, weil ein Mißverständnis darüber im Umlauf ist, ist nicht von mir: er ist die erstaunliche Inspiration einer jungen Russin, mit der ich damals befreundet war, des Fräulein Lou von Salomé. Wer den letzten Worten des Gedichts überhaupt einen Sinn zu entnehmen weiß, wird erraten, warum ich es vorzog und bewunderte: sie haben Größe. Der Schmerz gilt *nicht* als Einwand gegen das Leben: »Hast du kein Glück mehr übrig mir zu geben, wohlan! *noch hast du deine Pein* ...« Vielleicht hat auch meine Musik an dieser Stelle Größe. (Letzte Note der A-Klarinette *cis* nicht *c*. Druckfehler.) – Den darauffolgenden Winter lebte ich in jener anmutig stillen Bucht von Rapallo unweit Genua, die sich zwischen Chiavari und dem Vorgebirge Porto fino einschneidet. Meine Gesundheit war nicht die beste; der Winter kalt und über die Maßen regnerisch; ein kleines Albergo, unmittelbar am Meer gelegen, so daß die hohe See nachts den Schlaf unmöglich machte, bot ungefähr in allem das Gegenteil vom Wünschenswerten. Trotzdem und beinahe zum Beweis meines Satzes, daß alles Entscheidende »trotzdem« entsteht, war es dieser Winter und diese Ungunst der Verhältnisse, unter denen mein Zarathustra entstand. – Den Vormittag stieg ich in südlicher Richtung auf der herrlichen Straße nach Zoagli hin in die Höhe, an Pinien vorbei und weitaus das Meer überschauend; des Nachmittags, so oft es nur die Gesundheit erlaubte, umging ich die ganze Bucht von Santa Margherita bis hinter nach Porto fino. Dieser Ort und diese Landschaft ist durch die große Liebe, welche Kaiser Friedrich der Dritte für sie fühlte, meinem Herzen noch näher gerückt; ich war zufällig im Herbst 1886 wieder an dieser Küste, als er zum letztenmal diese kleine vergessene Welt von Glück besuchte. – Auf diesen beiden Wegen fiel mir der ganze erste Zarathustra ein, vor allem Zarathustra selber, als Typus: richtiger, *er überfiel mich* ...

2

Um diesen Typus zu verstehn, muß man sich zuerst seine physiologische Voraussetzung klarmachen: sie ist das, was ich die *große Gesundheit* nenne. Ich weiß diesen Begriff nicht besser, nicht *persönlicher* zu erläutern, als ich es schon getan habe, in einem der Schlußabschnitte des fünften Buchs der *»gaya scienza«*. »Wir Neuen, Namenlosen, Schlechtverständlichen« – heißt es daselbst –, »wir Frühgeburten einer noch unbewiesenen Zukunft, wir bedürfen zu einem neuen Zwecke auch eines neuen Mittels, nämlich einer neuen Gesundheit, einer stärkeren gewitzteren zäheren verwegneren lustigeren, als alle Gesundheiten bisher waren. Wessen Seele danach dürstet, den ganzen Umfang der bisherigen Werte und Wünschbarkeiten erlebt und alle Küsten dieses idealischen »Mittelmeers« umschifft zu haben, wer aus den Abenteuern der eigensten Erfahrung wissen will, wie es einem Eroberer und Entdecker des Ideals zumute ist, insgleichen einem Künstler, einem Heiligen, einem Gesetzgeber, einem Weisen, einem Gelehrten, einem Frommen, einem Göttlich-Abseitigen alten Stils: der hat dazu zu allererst eins nötig, die *große Gesundheit* – eine solche, welche man nicht nur hat, sondern auch beständig noch erwirbt und erwerben muß, weil man sie immer wieder preisgibt, preisgeben muß ... Und nun, nachdem wir lange dergestalt unterwegs waren, wir Argonauten des Ideals, mutiger vielleicht als klug ist, und oft genug schiffbrüchig und zu Schaden gekommen, aber, wie gesagt, gesünder als man es uns erlauben möchte, gefährlich gesund, immer wieder gesund, – will es uns scheinen, als ob wir, zum Lohn dafür, ein noch unentdecktes Land vor uns haben, dessen Grenzen noch niemand abgesehn hat, ein Jenseits aller bisherigen Länder und Winkel des Ideals, eine Welt so überreich an Schönem, Fremdem, Fragwürdigem, Furchtbarem und Göttlichem, daß unsre Neugierde sowohl als unser Besitzdurst außer sich geraten sind – ach, daß wir nunmehr durch nichts mehr zu ersättigen sind! ... Wie könnten wir uns, nach solchen Ausblicken und mit einem solchen Heißhunger in Wissen und Gewissen, noch am *gegenwärtigen Menschen* genügen lassen? Schlimm genug, aber es ist unvermeidlich, daß wir seinen würdigsten Zielen und Hoffnungen nur mit einem übel aufrechterhaltenen Ernste zusehn und vielleicht nicht einmal mehr zusehn ... Ein andres Ideal läuft vor uns her, ein wunderliches, versucherisches, gefahrenreiches Ideal, zu dem wir niemanden überreden möchten, weil wir niemandem so leicht *das Recht darauf* zugestehn: das Ideal eines Geistes, der naiv, das heißt ungewollt und aus überströmender Fülle und Mächtigkeit mit allem spielt, was bisher heilig gut, unberührbar, göttlich hieß; für den das Höchste, woran das Volk billligerweise sein Wertmaß hat, bereits so viel wie Gefahr, Verfall, Erniedrigung oder, mindestens, wie Erholung, Blindheit, zeitweiliges Selbstvergessen bedeuten würde; das Ideal eines menschlich-übermenschlichen Wohlseins und Wohlwollens, welches oft genug *unmenschlich* erscheinen wird, zum Beispiel, wenn es sich neben den ganzen bisherigen Erdenernst, neben alle bisherige Feierlichkeit in Gebärde, Wort, Klang, Blick, Moral und Aufgabe wie deren leibhafteste unfreiwillige Parodie hinstellt – und mit dem, trotzalledem, vielleicht *der große Ernst* erst anhebt, das eigentliche Fragezeichen erst gesetzt wird, das Schicksal der Seele sich wendet, der Zeiger rückt, die Tragödie *beginnt* ...«

3

– Hat jemand, Ende des neunzehnten Jahrhunderts, einen deutlichen Begriff davon, was Dichter starker Zeitalter *Inspiration* nannten? Im andren Falle will ich's beschreiben. – Mit dem geringsten Rest von Aberglauben in sich würde man in der Tat die Vorstellung, bloß Inkarnation, bloß Mundstück, bloß Medium übermächtiger Gewalten zu sein, kaum abzuweisen wissen. Der Begriff Offenbarung, in dem Sinn, daß plötzlich, mit unsäglicher Sicherheit und Feinheit, etwas *sichtbar*, hörbar wird, etwas, das einen im Tiefsten erschüttert und umwirft, beschreibt einfach den Tatbestand. Man hört, man sucht nicht; man nimmt, man fragt nicht, wer da gibt; wie ein Blitz leuchtet ein Gedanke auf, mit Notwendigkeit, in der Form ohne Zögern – ich habe nie eine Wahl gehabt. Eine Entzückung, deren ungeheure Spannung sich mitunter in einen Tränenstrom auslöst, bei der der Schritt unwillkürlich bald stürmt, bald langsam wird; ein unvollkommnes Außer-sich-sein mit dem distinktesten Bewußtsein einer Unzahl feiner Schauder und Überrieselungen bis in die Fußzehen; eine Glückstiefe, in der das Schmerzlichste und Düsterste nicht als Gegensatz wirkt, sondern als bedingt, als herausgefordert, als eine *notwendige* Farbe innerhalb eines solchen Lichtüberflusses; ein Instinkt rhythmischer Verhältnisse, der weite Räume von Formen überspannt – die Länge, das Bedürfnis nach einem *weitgespannten* Rhythmus ist beinahe das Maß für die Gewalt der Inspiration, eine Art Ausgleich gegen deren Druck und Spannung ... Alles geschieht im höchsten Grade unfreiwillig, aber wie in einem Sturme von Freiheits-Gefühl, von Unbedingtsein, von Macht, von Göttlichkeit ... Die Unfreiwilligkeit des Bildes, des Gleichnisses ist das Merkwürdigste; man hat keinen Begriff mehr, was Bild, was Gleichnis ist, alles bietet sich als der nächste, der richtigste, der einfachste Ausdruck. Es scheint wirklich, um an ein Wort Zarathustras zu erinnern, als ob die Dinge selber herankämen und sich zum Gleichnis anböten (– »hier kommen alle Dinge liebkosend zu deiner Rede und schmeicheln dir: denn sie wollen auf deinem Rücken reiten. Auf jedem Gleichnis reitest du hier zu jeder Wahrheit. Hier springen dir alles Seins Worte und Wort-Schreine auf; alles Sein will hier Wort werden, alles Werden will von dir reden lernen –«). Dies ist *meine* Erfahrung von Inspiration; ich zweifle nicht, daß man Jahrtausende zurückgehn muß, um jemanden zu finden, der mir sagen darf »es ist auch die meine«. –

4

Ich lag ein paar Wochen hinterdrein in Genua krank. Dann folgte ein schwermütiger Frühling in Rom, wo ich das Leben hinnahm – es war nicht leicht. Im Grunde verdroß mich dieser für den Dichter des Zarathustra unanständigste Ort der Erde, den ich nicht freiwillig gewählt hatte, über die Maßen; ich versuchte loszukommen – ich wollte nach *Aquila*, dem Gegenbegriff von Rom, aus Feindschaft gegen Rom gegründet, wie ich einen Ort dereinst gründen werde, die Erinnerung an einen Atheisten und Kirchenfeind *comme il faut*, an einen meiner Nächstverwandten, den großen Hohenstaufen-Kaiser Friedrich den Zweiten. Aber es war ein Verhängnis bei dem allen: ich mußte wieder zurück. Zuletzt gab ich mich mit der *piazza Barberini* zufrieden, nachdem mich meine Mühe um eine *antichristliche* Gegend müde gemacht hatte. Ich fürchte, ich habe einmal, um schlechten Gerüchen möglichst aus dem Wege zu gehn, im *palazzo del Quirinale* selbst nachgefragt, ob man nicht ein stilles Zimmer für einen Philosophen habe. – Auf einer *loggia* hoch über der genannten *piazza*, von der aus man Rom übersieht und tief unten die *fontana* rauschen hört, wurde jenes einsamste Lied gedichtet, das je gedichtet worden ist, das *Nachtlied*; um diese Zeit ging immer eine Melodie von unsäglicher Schwermut um mich herum, deren Refrain ich in den Worten wiederfand »tot vor Unsterblichkeit...« Im Sommer, heimgekehrt zur heiligen Stelle, wo der erste Blitz des Zarathustra-Gedankens mir geleuchtet hatte, fand ich den zweiten Zarathustra. Zehn Tage genügten; ich habe in keinem Falle, weder beim ersten, noch beim dritten und letzten mehr gebraucht. Im Winter darauf, unter dem halkyonischen Himmel Nizzas, der damals zum ersten Male in mein Leben hineinglänzte, fand ich den dritten Zarathustra – und war fertig. Kaum ein Jahr, fürs Ganze gerechnet. Viele verborgne Flecke und Höhen aus der Landschaft Nizzas sind mir durch unvergeßliche Augenblicke geweiht; jene entscheidende Partie, welche den Titel »Von alten und neuen Tafeln« trägt, wurde im beschwerlichsten Aufsteigen von der Station zu dem wunderbaren maurischen Felsenneste Eza gedichtet, – die Muskel-Behendheit war bei mir immer am größten, wenn die schöpferische Kraft am reichsten floß. Der *Leib* ist begeistert: lassen wir die »Seele« aus dem Spiele ... Man hat mich oft tanzen sehn können; ich konnte damals ohne einen Begriff von Ermüdung, sieben, acht Stunden auf Bergen unterwegs sein. Ich schlief gut, ich lachte viel –, ich war von einer vollkommnen Rüstigkeit und Geduld.

5

Abgesehen von diesen Zehn-Tage-Werken waren die Jahre während und vor allem *nach* dem Zarathustra ein Notstand ohnegleichen. Man büßt es teuer, unsterblich zu sein: man stirbt dafür mehrere Male bei Lebzeiten. – Es gibt etwas, das ich die *rancune* des Großen nenne: alles Große, ein Werk, eine Tat, wendet sich, einmal vollbracht, unverzüglich *gegen* den, der sie tat. Ebendamit, daß er sie tat, ist er nunmehr *schwach* – er hält seine Tat nicht mehr aus, er sieht ihr nicht mehr ins Gesicht. Etwas *hinter* sich zu haben, das man nie wollen durfte, etwas worin der Knoten im Schicksal der Menschheit eingeknüpft ist – und es nunmehr *auf* sich haben! ... Es zerdrückt beinahe ... Die *rancune* des Großen! – Ein andres ist die schauerliche Stille, die man um sich hört. Die Einsamkeit hat sieben Häute; es geht nichts mehr hindurch. Man kommt zu Menschen, man begrüßt Freunde: neue Öde, kein Blick grüßt mehr. Im besten Falle eine Art Revolte. Eine solche Revolte erfuhr ich, in sehr verschiedenem Grade, aber fast von jedermann, der mir nahestand; es scheint, daß nichts tiefer beleidigt als plötzlich eine Distanz merken zu lassen, – die *vornehmen* Naturen, die nicht zu leben wissen, ohne zu verehren, sind selten. – Ein Drittes ist die absurde Reizbarkeit der Haut gegen kleine Stiche, eine Art Hilflosigkeit vor allem Kleinen. Diese scheint mir in der ungeheuren Verschwendung aller Defensiv-Kräfte bedingt, die jede *schöpferische* Tat, jede Tat aus dem Eigensten, Innersten, Untersten heraus zur Voraussetzung hat. Die *kleinen* Defensiv-Vermögen sind damit gleichsam ausgehängt; es fließt ihnen keine Kraft mehr zu. – Ich wage noch anzudeuten, daß man schlechter verdaut, ungern sich bewegt, den Frostgefühlen, auch dem Mißtrauen allzu offensteht – dem Mißtrauen, das in vielen Fällen bloß ein ätiologischer Fehlgriff ist. In einem solchen Zustande empfand ich einmal die Nähe einer Kuhherde durch Wiederkehr milderer, menschenfreundlicherer Gedanken, noch bevor ich sie sah: *Das* hat Wärme in sich ...

6

Dieses Werk steht durchaus für sich. Lassen wir die Dichter beiseite: es ist vielleicht überhaupt nie etwas aus einem gleichen Überfluß von Kraft heraus getan worden. Mein Begriff »dionysisch« wurde hier *höchste Tat*; an ihr gemessen erscheint der ganze Rest von menschlichem Tun als arm und bedingt. Daß ein Goethe, ein Shakespeare nicht einen Augenblick in dieser ungeheuren Leidenschaft und Höhe zu atmen wissen würde, daß Dante, gegen Zarathustra gehalten, bloß ein Gläubiger ist und nicht einer, der die Wahrheit erst *schafft*, ein *weltregierender* Geist, ein Schicksal –, daß die Dichter des Veda Priester sind und nicht einmal würdig, die Schuhsohlen eines Zarathustra zu lösen, das ist alles das wenigste und gibt keinen Begriff von der Distanz, von der *azurnen* Einsamkeit, in der dies Werk lebt. Zarathustra hat ein ewiges Recht zu sagen: »ich schließe Kreise um mich und heilige Grenzen; immer wenigere steigen mit mir auf immer höhere Berge – ich baue ein Gebirge aus immer heiligeren Bergen«. Man rechne den Geist und die Güte aller großen Seelen in eins: alle zusammen wären nicht imstande, eine Rede Zarathustras hervorzubringen. Die Leiter ist ungeheuer, auf der er auf und nieder steigt; er hat weiter gesehn, weiter gewollt, weiter *gekonnt*, als irgendein Mensch. Er widerspricht mit jedem Wort, dieser jasagendste aller Geister; in ihm sind alle Gegensätze zu einer neuen Einheit gebunden. Die höchsten und die untersten Kräfte der menschlichen Natur, das Süßeste, Leichtfertigste und Fürchtbarste strömt aus *einem* Born mit unsterblicher Sicherheit hervor. Man weiß bis dahin nicht, was Höhe, was Tiefe ist; man weiß noch weniger, was Wahrheit ist. Es ist kein Augenblick in dieser Offenbarung der Wahrheit, der schon vorweggenommen, von *einem* der Größten erraten worden wäre.

Es gibt keine Weisheit, keine Seelen-Erforschung, keine Kunst zu reden vor Zarathustra: das Nächste, das Alltäglichste redet hier von unerhörten Dingen. Die Sentenz von Leidenschaft zitternd; die Beredsamkeit Musik geworden; Blitze vorausgeschleudert nach bisher unerratenen Zukünften. Die mächtigste Kraft zum Gleichnis, die bisher da war, ist arm und Spielerei gegen die Rückkehr der Sprache zur Natur der Bildlichkeit. – Und wie Zarathustra herabsteigt und zu jedem das Gütigste sagt! Wie er selbst seine Widersacher, die Priester, mit zarten Händen anfaßt und mit ihnen an ihnen leidet! – Hier ist in jedem Augenblick der Mensch überwunden, der Begriff »Übermensch« ward hier die größte Realität, – in einer unendlichen Ferne liegt alles das, was bisher groß am Menschen hieß, *unter* ihm. Das Halkyonische, die leichten Füße, die Allgegenwart von Bosheit und Übermut und was sonst alles typisch ist für den Typus Zarathustra ist nie geträumt worden als wesentlich zur Größe. Zarathustra fühlt sich gerade in diesem Umfang an Raum, in dieser Zugänglichkeit zum Entgegengesetzten als die *höchste Art alles Seienden;* und wenn man hört, wie er diese definiert, so wird man darauf verzichten, nach seinem Gleichnis zu suchen.

– die Seele, welche die längste Leiter hat und am tiefsten hinunter kann,

die umfänglichste Seele, welche am weitesten in sich laufen und irren und schweifen kann,

die notwendigste, welche sich mit Lust in den Zufall stürzt,

die seiende Seele, welche ins Werden, die habende, welche ins Wollen und Verlangen *will* –,

die sich selber fliehende, welche sich selber in weitesten Kreisen einholt,

die weiseste Seele, welcher die Narrheit am süßesten zuredet,

die sich selber liebendste, in der alle Dinge ihr Strömen und Widerströmen und Ebbe und Flut haben – –

Aber das ist der Begriff des Dionysos selbst. – Eben dahin führt eine andre Erwägung. Das psychologische Problem im Typus des Zarathustra ist, wie der, welcher in einem unerhörten Grade Nein sagt, Nein *tut,* zu allem, wozu man bisher Ja sagte, trotzdem der Gegensatz eines neinsagenden Geistes sein kann; wie der das Schwerste von Schicksal, ein Verhängnis von Aufgabe tragende Geist trotzdem der leichteste und jenseitigste sein kann – Zarathustra ist ein Tänzer –: wie der, welcher die härteste, die furchtbarste Einsicht in die Realität hat, welcher den »abgründlichsten Gedanken« gedacht hat, trotzdem darin keinen Einwand gegen das Dasein, selbst nicht gegen dessen ewige Wiederkunft findet – vielmehr einen Grund noch hinzu, das ewige Ja zu allen Dingen *selbst zu sein,* »das ungeheure unbegrenzte Ja- und Amen-sagen« ... »In alle Abgründe trage ich noch mein segnendes Jasagen« ... *Aber das ist der Begriff des Dionysos noch einmal.*

7

– Welche Sprache wird ein solcher Geist reden, wenn er mit sich allein redet? Die Sprache des *Dithyrambus*. Ich bin der Erfinder des Dithyrambus. Man höre, wie Zarathustra *vor Sonnenaufgang* (I, S. 657 ff.) mit sich redet: ein solches smaragdenes Glück, eine solche göttliche Zärtlichkeit hatte noch keine Zunge vor mir. Auch die tiefste Schwermut eines solchen Dionysos wird noch Dithyrambus; ich nehme, zum Zeichen, das *Nachtlied* – die unsterbliche Klage, durch die Überfülle von Licht und Macht, durch seine *Sonnen*-Natur, verurteilt zu sein, nicht zu lieben.

Nacht ist es: nun reden lauter alle springenden Brunnen. Und auch meine Seele ist ein springender Brunnen.

Nacht ist es: nun erst erwachen alle Lieder der Liebenden. Und auch meine Seele ist das Lied eines Liebenden.

Ein Ungestilltes, Unstillbares ist in mir, das will laut werden. Eine Begierde nach Liebe ist in mir, die redet selber die Sprache der Liebe.

Licht bin ich: ach daß ich Nacht wäre! Aber dies ist meine Einsamkeit, daß ich von Licht umgürtet bin.

Ach, daß ich dunkel wäre und nächtig! Wie wollte ich an den Brüsten des Lichts saugen!

Und euch selber wollte ich noch segnen, ihr kleinen Funkelsterne und Leuchtwürmer droben! – und selig sein ob eurer Licht-Geschenke.

Aber ich lebe in meinem eignen Lichte, ich trinke die Flammen in mich zurück, die aus mir brechen.

Ich kenne das Glück des Nehmenden nicht; und oft träumte mir davon, daß Stehlen noch seliger sein müsse als Nehmen.

Das ist meine Armut, daß meine Hand niemals ausruht vom Schenken; das ist mein Neid, daß ich wartende Augen sehe und die erhellten Nächte der Sehnsucht.

O Unseligkeit aller Schenkenden! O Verfinsterung meiner Sonne! O Begierde nach Begehren! O Heißhunger in der Sättigung!

Sie nehmen von mir: aber rühre ich noch an ihre Seele? Eine Kluft ist zwischen Nehmen und Geben; und die kleinste Kluft ist am letzten zu überbrücken.

Ein Hunger wächst aus meiner Schönheit: wehetun möchte ich denen, welchen ich leuchte, berauben möchte ich meine Beschenkten – also hungere ich nach Bosheit.

Die Hand zurückziehend, wenn sich schon ihr die Hand entgegenstreckt: dem Wasserfall gleich, der noch im Sturze zögert – also hungere ich nach Bosheit.

Solche Rache sinnt meine Fülle, solche Tücke quillt aus meiner Einsamkeit.

Mein Glück im Schenken erstarb im Schenken, meine Tugend wurde ihrer selber müde an ihrem Überflusse!

Wer immer schenkt, dessen Gefahr ist, daß er die Scham verliere; wer immer austeilt, dessen Hand und Herz hat Schwielen vor lauter Austeilen.

Mein Auge quillt nicht mehr über vor der Scham der Bittenden; meine Hand wurde zu hart für das Zittern gefüllter Hände.

Wohin kam die Träne meinem Auge und der Flaum meinem Herzen? O Einsamkeit aller Schenkenden! O Schweigsamkeit aller Leuchtenden!

Viel Sonnen kreisen im öden Raume: zu allem, was dunkel ist, reden sie mit ihrem Lichte – mir schweigen sie.

O dies ist die Feindschaft des Lichts gegen Leuchtendes: erbarmungslos wandelt es seine Bahnen.

Unbillig gegen Leuchtendes im tiefsten Herzen, kalt gegen Sonnen – also wandelt jede Sonne.

Einem Sturme gleich wandeln die Sonnen ihre Bahnen. Ihrem unerbittlichen Willen folgen sie, das ist ihre Kälte.

O ihr erst seid es, ihr Dunklen, ihr Nächtigen, die ihr Wärme schafft aus Leuchtendem! O ihr erst trinkt euch Milch und Labsal aus des Lichtes Eutern!

Ach, Eis ist um mich, meine Hand verbrennt sich an Eisigem! Ach, Durst ist in mir, der schmachtet nach eurem Durste.

Nacht ist es: ach, daß ich Licht sein muß! Und Durst nach Nächtigem! Und Einsamkeit!

Nacht ist es: nun bricht wie ein Born aus mir mein Verlangen – nach Rede verlangt mich.

Nacht ist es: nun reden lauter alle springenden Brunnen. Und auch meine Seele ist ein springender Brunnen.

Nacht ist es: nun erwachen alle Lieder der Liebenden. Und auch meine Seele ist das Lied eines Liebenden. –

8

Dergleichen ist nie gedichtet, nie gefühlt, nie *gelitten* worden: so leidet ein Gott, ein Dionysos. Die Antwort auf einen solchen Dithyrambus der Sonnen-Vereinsamung im Lichte wäre *Ariadne* ... Wer weiß außer mir, was *Ariadne* ist! ... Von allen solchen Rätseln hatte niemand bisher die Lösung, ich zweifle, daß je jemand hier auch nur Rätsel sah – Zarathustra bestimmt einmal, mit Strenge, seine Aufgabe – es ist auch die meine –, daß man sich über den *Sinn* nicht vergreifen kann: er ist *jasagend* bis zur Rechtfertigung, bis zur Erlösung auch alles Vergangenen.

Ich wandle unter Menschen als unter Bruchstücken der Zukunft: jener Zukunft, die ich schaue.

Und das ist all mein Dichten und Trachten, daß ich in eins dichte und zusammentrage, was Bruchstück ist und Rätsel und grauser Zufall.

Und wie ertrüge ich es, Mensch zu sein, wenn der Mensch nicht auch Dichter und Rätselrater und Erlöser des Zufalls wäre?

Die Vergangnen zu erlösen und alles »Es war« umzuschaffen in ein »So wollte ich es!« – das hieße mir erst Erlösung.

An einer andren Stelle bestimmt er so streng als möglich, was für ihn allein »der Mensch« sein kann – *kein* Gegenstand der Liebe oder gar des Mitleidens – auch über den *großen Ekel* am Menschen ist Zarathustra Herr geworden: der Mensch ist ihm eine Unform, ein Stoff, ein häßlicher Stein, der des Bildners bedarf.

Nicht-mehr-*wollen* und Nicht-mehr-*schätzen* und Nicht-mehr-*schaffen:* o daß diese große Müdigkeit mir stets ferne bleibe!

Auch im Erkennen fühle ich nur meines Willens Zeuge- und Werdelust; und wenn Unschuld in meiner Erkenntnis ist, so geschieht dies, weil *Wille zur Zeugung* in ihr ist.

Hinweg von Gott und Göttern lockte mich dieser Wille: was wäre denn zu schaffen, wenn Götter – da wären?

Aber zum Menschen treibt er mich stets von neuem, mein inbrünstiger Schaffens-Wille; so treibts den Hammer hin zum Steine.

Ach, ihr Menschen, im Steine schläft mir ein Bild, das Bild der Bilder! Ach, daß es im härtesten, häßlichsten Steine schlafen muß!

Nun wütet mein Hammer grausam gegen sein Gefängnis. Vom Steine stäuben Stücke: was schiert mich das!

Vollenden will ich's, denn ein Schatten kam zu mir – aller Dinge Stillstes und Leichtestes kam einst zu mir!

Des Übermenschen Schönheit kam zu mir als Schatten: was gehen mich noch – die Götter an! ...

Ich hebe einen letzten Gesichtspunkt hervor: der unterstrichene Vers gibt den Anlaß hierzu. Für eine *dionysische* Aufgabe gehört die Härte des Hammers, die *Lust selbst am Vernichten* in entscheidender Weise zu den Vorbedingungen. Der Imperativ: »werdet hart!«, die unterste Gewißheit darüber, *daß alle Schaffenden hart sind,* ist das eigentliche Abzeichen einer dionysischen Natur. –

JENSEITS VON GUT UND BÖSE

Vorspiel einer Philosophie der Zukunft

1

Die Aufgabe für die nunmehr folgenden Jahre war so streng als möglich vorgezeichnet. Nachdem der jasagende Teil meiner Aufgabe gelöst war, kam die neinsagende, *neintuende* Hälfte derselben an die Reihe: die Umwertung der bisherigen Werte selbst, der große Krieg – die Heraufbeschwörung eines Tags der Entscheidung. Hier ist eingerechnet der langsame Umblick nach Verwandten, nach solchen, die aus der Stärke heraus *zum Vernichten* mir die Hand bieten würden. – Von da an sind alle meine Schriften Angelhaken: vielleicht verstehe ich mich so gut als jemand auf Angeln? ... Wenn nichts sich *fing*, so liegt die Schuld nicht an mir. *Die Fische fehlten ...*

2

Dies Buch (1886) ist in allem Wesentlichen eine *Kritik der Modernität*, die modernen Wissenschaften, die modernen Künste, selbst die moderne Politik nicht ausgeschlossen, nebst Fingerzeigen zu einem Gegensatz-Typus, der so wenig modern als möglich ist, einem vornehmen, einem jasagenden Typus. Im letzteren Sinne ist das Buch eine *Schule des gentilhomme*, der Begriff geistiger *und radikaler* genommen als er je genommen worden ist. Man muß Mut im Leibe haben, ihn auch nur auszuhalten, man muß das Fürchten nicht gelernt haben ... Alle die Dinge, worauf das Zeitalter stolz ist, werden als Widerspruch zu diesem Typus empfunden, als schlechte Manieren beinahe, die berühmte »Objektivität« zum Beispiel, das »Mitgefühl mit allem Leidenden«, der »historische Sinn« mit seiner Unterwürfigkeit vor fremdem Geschmack, mit seinem Auf-dem-Bauch-Liegen vor *petits faits*, die »Wissenschaftlichkeit«. – Erwägt man, daß das Buch *nach* dem Zarathustra folgt, so errät man vielleicht auch das diätetische *régime*, dem es seine Entstehung verdankt. Das Auge, verwöhnt durch eine ungeheure Nötigung, *fernzu*sehn – Zarathustra ist weitsichtiger noch als der Zar –, wird hier gezwungen, das Nächste, die Zeit, das *Um-uns* scharf zu fassen. Man wird in allen Stücken, vor allem auch in der Form, eine gleiche *willkürliche* Abkehr von den Instinkten finden, aus denen ein Zarathustra möglich wurde. Das Raffinement in Form, in Absicht, in der Kunst des *Schweigens*, ist im Vordergrunde, die Psychologie wird mit eingeständlicher Härte und Grausamkeit gehandhabt – das Buch entbehrt jedes gutmütigen Worts ... Alles das erholt: wer errät zuletzt, *welche* Art Erholung eine solche Verschwendung von Güte, wie der Zarathustra ist, nötig macht? ... Theologisch geredet – man höre zu, denn ich rede selten als Theologe – war es Gott selber, der sich als Schlange am Ende seines Tagewerks unter den Baum der Erkenntnis legte: er erholte sich so davon, Gott zu sein ... Er hatte alles zu schön gemacht ... Der Teufel ist bloß der Müßiggang Gottes an jedem siebenten Tage ...

GENEALOGIE DER MORAL

Eine Streitschrift

Die drei Abhandlungen, aus denen diese Genealogie besteht, sind vielleicht in Hinsicht auf Ausdruck, Absicht und Kunst der Überraschung das Unheimlichste, was bisher geschrieben worden ist. Dionysos ist, man weiß es, auch der Gott der Finsternis. – Jedesmal ein Anfang, der irreführen *soll*, kühl, wissenschaftlich, ironisch selbst, absichtlich Vordergrund, absichtlich hinhaltend. Allmählich mehr Unruhe; vereinzeltes Wetterleuchten; sehr unangenehme Wahrheiten aus der Ferne her mit dumpfem Gebrumm laut werdend – bis endlich ein *tempo feroce* erreicht ist, wo alles mit ungeheurer Spannung vorwärts treibt. Am Schluß jedesmal, unter vollkommen schauerlichen Detonationen, eine *neue* Wahrheit zwischen dicken Wolken sichtbar. – Die Wahrheit der *ersten* Abhandlung ist die Psychologie des Christentums: die Geburt des Christentums aus dem Geiste des Ressentiment, *nicht*, wie wohl geglaubt wird, aus dem »Geiste« – eine Gegenbewegung ihrem Wesen nach, der große Aufstand gegen die Herrschaft *vornehmer* Werte. Die *zweite* Abhandlung gibt die Psychologie des *Gewissens:* dasselbe ist *nicht*, wie wohl geglaubt wird, »die Stimme Gottes im Menschen« – es ist der Instinkt der Grausamkeit, der sich rückwärts wendet, nachdem er nicht mehr nach außen hin sich entladen kann. Die Grausamkeit als einer der ältesten und unwegdenkbarsten Kultur-Untergründe hier zum ersten Male ans Licht gebracht. Die *dritte* Abhandlung gibt die Antwort auf die Frage, woher die ungeheure *Macht* des asketischen Ideals, des Priester-Ideals, stammt, obwohl dasselbe das *schädliche* Ideal *par excellence*, ein Wille zum Ende, ein *décadence*-Ideal ist. Antwort: *nicht*, weil Gott hinter den Priestern tätig ist, was wohl geglaubt wird, sondern *faute de mieux* – weil es das einzige Ideal bisher war, weil es keinen Konkurrenten hatte. »Denn der Mensch will lieber noch das Nichts wollen als *nicht* wollen« ... Vor allem fehlte ein *Gegen-Ideal – bis auf Zarathustra.* – Man hat mich verstanden. Drei entscheidende Vorarbeiten eines Psychologen für eine Umwertung aller Werte. – Dies Buch enthält die erste Psychologie des Priesters.

GÖTZEN-DÄMMERUNG

Wie man mit dem Hammer philosophiert

1

Diese Schrift von noch nicht 150 Seiten, heiter und verhängnisvoll im Ton, ein Dämon, welcher lacht –, das Werk von so wenig Tagen, daß ich Anstand nehme, ihre Zahl zu nennen, ist unter Büchern überhaupt die Ausnahme: es gibt nichts Substanzreicheres, Unabhängigeres, Umwerfenderes – Böseres. Will man sich kurz einen Begriff davon geben, wie vor mir alles auf dem Kopfe stand, so mache man den Anfang mit dieser Schrift. Das, was *Götze* auf dem Titelblatt heißt, ist ganz einfach das, was bisher Wahrheit genannt wurde. *Götzen-Dämmerung* – auf deutsch: es geht zu Ende mit der alten Wahrheit ...

2

Es gibt keine Realität, keine »Idealität«, die in dieser Schrift nicht berührt würde (– berührt: was für ein vorsichtiger Euphemismus! ...). Nicht bloß die *ewigen* Götzen, auch die allerjüngsten, folglich altersschwächsten. Die »modernen Ideen« zum Beispiel. Ein großer Wind bläst zwischen den Bäumen, und überall fallen Früchte nieder – Wahrheiten. Es ist die Verschwendung eines allzureichen Herbstes darin: man stolpert über Wahrheiten, man tritt selbst einige tot – es sind ihrer zu viele ... Was man aber in die Hände bekommt, das ist nichts Fragwürdiges mehr, das sind Entscheidungen. Ich erst habe den Maßstab für »Wahrheiten« in der Hand, ich *kann* erst entscheiden. Wie als ob in mir ein *zweites Bewußtsein* gewachsen wäre, wie als ob sich in mir »der Wille« ein Licht angezündet hätte über die *schiefe* Bahn, auf der er bisher abwärts lief ... Die *schiefe* Bahn – man nannte sie den »Weg zur Wahrheit« ... Es ist zu Ende mit allem »dunklen Drang«, der *gute* Mensch gerade war sich am wenigsten des rechten Wegs bewußt ... Und allen Ernstes, niemand wußte vor mir den rechten Weg, den Weg *aufwärts*: erst von mir an gibt es wieder Hoffnungen, Aufgaben, vorzuschreibende Wege der Kultur – *ich bin deren froher Botschafter* ... Eben damit bin ich auch ein Schicksal. – –

3

Unmittelbar nach Beendigung des eben genannten Werks und ohne auch nur einen Tag zu verlieren, griff ich die ungeheure Aufgabe der *Umwertung* an, in einem souveränen Gefühl von Stolz, dem nichts gleichkommt, jeden Augenblick meiner Unsterblichkeit gewiß und Zeichen für Zeichen mit der Sicherheit eines Schicksals in eherne Tafeln grabend. Das Vorwort entstand am 3. September 1888: als ich morgens, nach dieser Niederschrift, ins Freie trat, fand ich den schönsten Tag vor mir, den das Ober-Engadin mir je gezeigt hat – durchsichtig, glühend in den Farben, alle Gegensätze, alle Mitten zwischen Eis und Süden in sich schließend. – Erst am 20. September verließ ich Sils-Maria, durch Überschwemmungen zurückgehalten, zuletzt bei weitem der einzige Gast dieses wunderbaren Orts, dem meine Dankbarkeit das Geschenk eines unsterblichen Namens machen will. Nach einer Reise mit Zwischenfällen, sogar mit einer Lebensgefahr im überschwemmten Como, das ich erst tief in der Nacht erreichte, kam ich am Nachmittag des 21. in Turin an, meinem *bewiesenen* Ort, meiner Residenz von nun an. Ich nahm die gleiche Wohnung wieder, die ich im Frühjahr innegehabt hatte, *via Carlo Alberto* 6, III, gegenüber dem mächtigen *palazzo Carignano*, im dem *Vittorio Emanuele* geboren ist, mit dem Blick auf die *piazza Carlo Alberto* und drüber hinaus aufs Hügelland. Ohne Zögern und ohne mich einen Augenblick abziehn zu lassen, ging ich wieder an die Arbeit: es war nur das letzte Viertel des Werks noch abzutun. Am 30. September großer Sieg; siebenter Tag; Müßiggang eines Gottes am Po entlang. Am gleichen Tage schrieb ich noch das *Vorwort* zur »Götzen-Dämmerung«, deren Druckbogen zu korrigieren meine Erholung im September gewesen war. – Ich habe nie einen solchen Herbst erlebt, auch nie etwas der Art auf Erden für möglich gehalten – ein Claude Lorrain ins Unendliche gedacht, jeder Tag von gleicher unbändiger Vollkommenheit. –

DER FALL WAGNER

Ein Musikanten-Problem

1

Um dieser Schrift gerecht zu werden, muß man am Schicksal der Musik wie an einer offenen Wunde leiden. – *Woran* ich leide, wenn ich am Schicksal der Musik leide? Daran, daß die Musik um ihren weltverklärenden, jasagenden Charakter gebracht worden ist, daß sie *décadence*-Musik und nicht mehr die Flöte des Dionysos ist ... Gesetzt aber, daß man dergestalt die Sache der Musik wie seine *eigene* Sache, wie seine *eigene* Leidensgeschichte fühlt, so wird man diese Schrift voller Rücksichten und über die Maßen mild finden. In solchen Fällen heiter sein und sich gutmütig mit verspotten – *ridendo dicere s e v e r u m,* wo das *verum dicere* jede Härte rechtfertigen würde – ist die Humanität selbst. Wer zweifelt eigentlich daran, daß ich, als der alte Artillerist, der ich bin, es in der Hand habe, gegen Wagner mein *schweres* Geschütz aufzufahren? – Ich hielt alles Entscheidende in dieser Sache bei mir zurück – ich habe Wagner geliebt. – Zuletzt liegt ein Angriff auf einen feineren »Unbekannten«, den nicht leicht ein anderer errät, im Sinn und Wege meiner Aufgabe – o ich habe noch ganz andere »Unbekannte« aufzudecken, als einen Cagliostro der Musik – noch mehr freilich ein Angriff auf die in geistigen Dingen immer träger und instinktärmer, immer *ehrlicher* werdende deutsche Nation, die mit einem beneidenswerten Appetit fortfährt, sich von Gegensätzen zu nähren und »den Glauben« so gut wie die Wissenschaftlichkeit, die »christliche Liebe« so gut wie den Antisemitismus, den Willen zur Macht (zum »Reich«) so gut wie das *évangile des humbles* ohne Verdauungsbeschwerden hinunterschluckt ... Dieser Mangel an Partei zwischen Gegensätzen! Diese stomachische Neutralität und »Selbstlosigkeit«! Dieser gerechte Sinn des deutschen *Gaumens,* der allem gleiche Rechte gibt – der alles schmackhaft findet ... Ohne allen Zweifel, die Deutschen sind Idealisten ... Als ich das letzte Mal Deutschland besuchte, fand ich den deutschen Geschmack bemüht, Wagner und dem Trompeter von Säckingen gleiche Rechte zuzugestehn; ich selber war Zeuge, wie man in Leipzig, zu Ehren eines der echtesten und deutschesten Musiker, im alten Sinne des Wortes deutsch, keines bloßen Reichsdeutschen, des Meister *Heinrich Schütz* einen Liszt-Verein gründete, mit dem Zweck der Pflege und Verbreitung *listiger* Kirchenmusik ... Ohne allen Zweifel, die Deutschen sind Idealisten ...

2

Aber hier soll mich nichts hindern, grob zu werden und den Deutschen ein paar harte Wahrheiten zu sagen: *wer tut es sonst?* – Ich rede von ihrer Unzucht *in historicis*. Nicht nur, daß den deutschen Historikern der *große Blick* für den Gang, für die Werte der Kultur gänzlich abhanden gekommen ist, daß sie allesamt Hanswürste der Politik (oder der Kirche –) sind: dieser große Blick ist selbst von ihnen *in Acht getan*. Man muß vorerst »deutsch« sein, »Rasse« sein, dann kann man über alle Werte und Unwerte *in historicis* entscheiden – man setzt sie fest ... »Deutsch« ist ein Argument, »Deutschland, Deutschland über alles« ein Prinzip, die Germanen sind die »sittliche Weltordnung« in der Geschichte; im Verhältnis zum *imperium romanum* die Träger der Freiheit, im Verhältnis zum achtzehnten Jahrhundert die Wiederhersteller der Moral, des »kategorischen Imperativs« ... Es gibt eine reichsdeutsche Geschichtsschreibung, es gibt, fürchte ich, selbst eine antisemitische, – es gibt eine *Hof*-Geschichtsschreibung und Herr von Treitschke schämt sich nicht... Jüngst machte ein Idioten-Urteil *in historicis*, ein Satz des zum Glück verblichenen ästhetischen Schwaben Vischer, die Runde durch die deutschen Zeitungen als eine »Wahrheit«, zu der jeder Deutsche *ja sagen müsse*: »Die Renaissance *und* die Reformation, beide zusammen machen erst ein Ganzes – die ästhetische Wiedergeburt *und* die sittliche Wiedergeburt.« – Bei solchen Sätzen geht es mit meiner Geduld zu Ende, und ich spüre Lust, ich fühle es selbst als Pflicht, den Deutschen einmal zu sagen, *was* sie alles schon auf dem Gewissen haben. *Alle großen Kultur-Verbrechen von vier Jahrhunderten haben sie auf dem Gewissen!* ... Und immer aus dem gleichen Grunde, aus ihrer innerlichsten *Feigheit* vor der Realität, die auch die Feigheit vor der Wahrheit ist, aus ihrer bei ihnen Instinkt gewordenen Unwahrhaftigkeit, aus »Idealismus« ... Die Deutschen haben Europa um die Ernte, um den Sinn der letzten *großen* Zeit, der Renaissance-Zeit, gebracht, in einem Augenblicke, wo eine höhere Ordnung der Werte, wo die vornehmen, die zum Leben jasagenden, die Zukunftverbürgenden Werte am Sitz der entgegengesetzten, der *Niedergangs-Werte*, zum Sieg gelangt waren – *und bis in die Instinkte der dort Sitzenden hinein!* Luther, dies Verhängnis von Mönch, hat die Kirche, und, was tausendmal schlimmer ist, das Christentum wiederhergestellt, im Augenblick, *wo es unterlag* .. Das Christentum, diese Religion gewordene *Verneinung des Willens zum Leben*! ... Luther, ein unmöglicher Mönch, der, aus Gründen seiner »Unmöglichkeit«, die Kirche angriff und sie – folglich! – wiederherstellte ... Die Katholiken hätten Gründe, Lutherfeste zu feiern, Lutherspiele zu dichten ... Luther – und die »sittliche Wiedergeburt«! Zum Teufel mit aller Psychologie! – Ohne Zweifel, die Deutschen sind Idealisten. – Die Deutschen haben zweimal, als eben mit ungeheurer Tapferkeit und Selbstüberwindung eine rechtschaffne, eine unzweideutige, eine vollkommen wissenschaftliche Denkweise erreicht war, Schleichwege zum alten »Ideal«, Versöhnungen zwischen Wahrheit und »Ideal«, im Grunde Formeln für ein Recht auf Ablehnung der Wissenschaft, für ein Recht auf *Lüge* zu finden gewußt. Leibniz und Kant – diese zwei größten Hemmschuhe der intellektuellen Rechtschaffenheit Europas! – Die Deutschen haben endlich, als auf der Brücke zwischen zwei *décadence*-Jahrhunderten eine *force majeure* von Genie und Wille sichtbar wurde, stark genug, aus Europa eine Einheit, eine politische und *wirtschaftliche* Einheit, zum Zweck der Erdregierung zu schaffen, mit ihren »Freiheits-Kriegen« Europa um den Sinn, um das Wunder von Sinn in der Existenz Napoleons gebracht – sie haben damit alles, was kam, was heute da ist, auf dem Gewissen, diese *kulturwidrigste* Krankheit und Unvernunft, die es gibt, den Nationalismus, diese *névrose nationale*, an der Europa krank ist, diese Verewigung der Kleinstaaterei Europas, der *kleinen* Politik: sie haben Europa selbst um seinen Sinn, um seine *Vernunft* – sie haben es in eine Sackgasse gebracht. – Weiß jemand außer mir einen Weg aus dieser Sackgasse? ... Eine Aufgabe, groß genug, die Völker wieder zu *binden*? ...

3

– Und zuletzt, warum sollte ich meinem Verdacht nicht Worte geben? Die Deutschen werden auch in meinem Falle wieder alles versuchen, um aus einem ungeheuren Schicksal eine Maus zu gebären. Sie haben sich bis jetzt an mir kompromittiert, ich zweifle, daß sie es in der Zukunft besser machen. – Ah was es mich verlangt, hier ein *schlechter* Prophet zu sein! ... Meine natürlichen Leser und Hörer sind jetzt schon Russen, Skandinavier und Franzosen – werden sie es immer mehr sein? – Die Deutschen sind in die Geschichte der Erkenntnis mit lauter zweideutigen Namen eingeschrieben, sie haben immer nur »unbewußte« Falschmünzer hervorgebracht (– Fichte, Schelling, Schopenhauer, Hegel, Schleiermacher gebührt dies Wort so gut wie Kant und Leibniz; es sind alles bloße Schleiermacher –): sie sollen nie die Ehre haben, daß der erste *rechtschaffne* Geist in der Geschichte des Geistes, der Geist, in dem die Wahrheit zu Gericht kommt über die Falschmünzerei von vier Jahrtausenden, mit dem deutschen Geiste in eins gerechnet wird. Der »deutsche Geist« ist *meine* schlechte Luft: ich atme schwer in der Nähe dieser Instinkt gewordnen Unsauberkeit *in psychologicis*, die jedes Wort, jede Miene eines Deutschen verrät. Sie haben nie ein siebzehntes Jahrhundert harter Selbstprüfung durchgemacht wie die Franzosen – ein Larochefoucauld, ein Descartes sind hundertmal in Rechtschaffenheit den ersten Deutschen überlegen –, sie haben bis heute keinen Psychologen gehabt. Aber Psychologie ist beinahe der Maßstab der *Reinlichkeit* oder *Unreinlichkeit* einer Rasse ... Und wenn man nicht einmal reinlich ist, wie sollte man *Tiefe* haben? Man kommt beim Deutschen, beinahe wie beim Weibe, niemals auf den Grund, *er hat keinen*: das ist alles. Aber damit ist man noch nicht einmal flach. – Das, was in Deutschland »tief« heißt, ist genau diese Instinkt-Unsauberkeit gegen sich, von der ich eben rede: man *will* über sich nicht im klaren sein. Dürfte ich das Wort »deutsch« nicht als internationale Münze für *diese* psychologische Verkommenheit in Vorschlag bringen? – In diesem Augenblick zum Beispiel nennt es der deutsche Kaiser seine »christliche Pflicht«, die Sklaven in Afrika zu befreien: unter uns *andern* Europäern hieße das dann einfach »deutsch« ... Haben die Deutschen auch nur ein Buch hervorgebracht, das Tiefe hätte? Selbst der Begriff dafür, was tief an einem Buch ist, geht ihnen ab. Ich habe Gelehrte kennen gelernt, die Kant für tief hielten; am preußischen Hofe, fürchte ich, hält man Herrn von Treitschke für tief. Und wenn ich Stendhal gelegentlich als tiefen Psychologen rühme, ist es mir mit deutschen Universitätsprofessoren begegnet, daß sie mich den Namen buchstabieren ließen ...

4

– Und warum sollte ich nicht bis ans Ende gehn? Ich liebe es, reinen Tisch zu machen. Es gehört selbst zu meinem Ehrgeiz, als Verächter der Deutschen *par excellence* zu gelten. Mein *Mißtrauen* gegen den deutschen Charakter habe ich schon mit sechsundzwanzig Jahren ausgedrückt (dritte Unzeitgemäße) – die Deutschen sind für mich unmöglich. Wenn ich mir eine Art Mensch ausdenke, die allen meinen Instinkten zuwiderläuft, so wird immer ein Deutscher daraus. Das erste, woraufhin ich mir einen Menschen »nierenprüfe«, ist, ob er ein Gefühl für Distanz im Leibe hat, ob er überall Rang, Grad, Ordnung zwischen Mensch und Mensch sieht, ob er *distinguiert*: damit ist man *gentilhomme*; in jedem andren Fall gehört man rettungslos unter den weitherzigen, ach! so gutmütigen Begriff der *canaille*. Aber die Deutschen sind *canaille* – ach! sie sind so gutmütig ... Man erniedrigt sich durch den Verkehr mit Deutschen: der Deutsche *stellt gleich* ... Rechne ich meinen Verkehr mit einigen Künstlern, vor allem mit Richard Wagner ab, so habe ich keine gute Stunde mit Deutschen verlebt ... Gesetzt, daß der tiefste Geist aller Jahrtausende unter Deutschen erschiene, irgendeine Retterin des Capitols würde wähnen, ihre sehr unschöne Seele käme zum mindesten ebenso in Betracht ... Ich halte diese Rasse nicht aus, mit der man immer in schlechter Gesellschaft ist, die keine Finger für *nuances* hat – wehe mir! ich bin eine *nuance* –, die keinen *esprit* in den Füßen hat und nicht einmal gehen kann ... Die Deutschen haben zuletzt gar keine Füße, sie haben bloß Beine ... Den Deutschen geht jeder Begriff davon ab, wie gemein sie sind, aber das ist der Superlativ der Gemeinheit – sie *schämen* sich nicht einmal, bloß Deutsche zu sein ... Sie reden über alles mit, sie halten sich selbst für entscheidend, ich fürchte, sie haben selbst über mich entschieden ... Mein ganzes Leben ist der Beweis *de rigueur* für diese Sätze. Umsonst, daß ich in ihm nach einem Zeichen von Takt, von *délicatesse* gegen mich suche. Von Juden ja, noch nie von Deutschen. Meine Art will es, daß ich gegen jedermann mild und wohlwollend bin – ich habe ein *Recht* dazu, keine Unterschiede zu machen –: dies hindert nicht, daß ich die Augen offen habe. Ich nehme niemanden aus, am wenigsten meine Freunde, – ich hoffe zuletzt, daß dies meiner Humanität gegen sie keinen Abbruch getan hat! Es gibt fünf, sechs Dinge, aus denen ich mir immer eine Ehrensache gemacht habe. – Trotzdem bleibt wahr, daß ich fast jeden Brief, der mich seit Jahren erreicht, als einen Zynismus empfinde: es liegt mehr Zynismus im Wohlwollen gegen mich als in irgendwelchem Haß ... Ich sage es jedem meiner Freunde ins Gesicht, daß er es nie der Mühe für wert hielt, irgendeine meiner Schriften zu *studieren*: ich errate aus den kleinsten Zeichen, daß sie nicht einmal wissen, was drin steht. Was gar meinen Zarathustra anbetrifft, wer von meinen Freunden hätte mehr darin gesehn als eine unerlaubte, zum Glück vollkommen gleichgültige Anmaßung? ... Zehn Jahre: und niemand in Deutschland hat sich eine Gewissensschuld daraus gemacht, meinen Namen gegen das absurde Stillschweigen zu verteidigen, unter dem er vergraben lag: ein Ausländer, ein Däne war es, der zuerst dazu genug Feinheit des Instinkts *und Mut* hatte, der sich über meine angeblichen Freunde empörte ... An welcher deutschen Universität wären heute Vorlesungen über meine Philosophie möglich, wie sie letztes Frühjahr der damit noch einmal mehr bewiesene Psycholog Dr. Georg Brandes in Kopenhagen gehalten hat? – Ich selber habe nie an alledem gelitten; das *Notwendige* verletzt mich nicht; *amor fati* ist meine innerste Natur. Dies schließt aber nicht aus, daß ich die Ironie liebe, sogar die welthistorische Ironie. Und so habe ich, zwei Jahre ungefähr vor dem zerschmetternden Blitzschlag der *Umwertung*, der die Erde in Konvulsionen versetzen wird, den »Fall Wagner« in die Welt geschickt: die Deutschen sollten sich noch einmal unsterblich an mir vergreifen und *verewigen*! es ist gerade noch Zeit dazu! – Ist das erreicht? – Zum Entzücken, meine Herren Germanen! Ich mache Ihnen mein Kompliment ...

WARUM ICH EIN SCHICKSAL BIN

1

Ich kenne mein Los. Es wird sich einmal an meinen Namen die Erinnerung an etwas Ungeheures anknüpfen – an eine Krisis, wie es keine auf Erden gab, an die tiefste Gewissens-Kollision, an eine Entscheidung, heraufbeschworen *gegen* alles, was bis dahin geglaubt, gefordert, geheiligt worden war. Ich bin kein Mensch, ich bin Dynamit. – Und mit alledem ist nichts in mir von einem Religionsstifter – Religionen sind Pöbel-Affären, ich habe nötig, mir die Hände nach der Berührung mit religiösen Menschen zu waschen ... Ich *will* keine »Gläubigen«, ich denke, ich bin zu boshaft dazu, um an mich selbst zu glauben, ich rede niemals zu Massen .. Ich habe eine erschreckliche Angst davor, daß man mich eines Tags *heilig* spricht: man wird erraten, weshalb ich dies Buch *vorher* herausgebe, es soll verhüten, daß man Unfug mit mir treibt ... Ich will kein Heiliger sein, lieber noch ein Hanswurst ... Vielleicht bin ich ein Hanswurst ... Und trotzdem oder vielmehr *nicht* trotzdem – denn es gab nichts Verlogneres bisher als Heilige – redet aus mir die Wahrheit. – Aber meine Wahrheit ist *furchtbar*: denn man hieß bisher die *Lüge* Wahrheit. – *Umwertung aller Werte*: das ist meine Formel für einen Akt höchster Selbstbesinnung der Menschheit, der in mir Fleisch und Genie geworden ist. Mein Los will, daß ich der erste *anständige* Mensch sein muß, daß ich mich gegen die Verlogenheit von Jahrtausenden im Gegensatz weiß ... Ich erst habe die Wahrheit *entdeckt*, dadurch daß ich zuerst die Lüge als Lüge empfand – *roch* ... Mein Genie ist in meinen Nüstern ... Ich widerspreche, wie nie widersprochen worden ist, und bin trotzdem der Gegensatz eines neinsagenden Geistes. Ich bin ein *froher Botschafter*, wie es keinen gab, ich kenne Aufgaben von einer Höhe, daß der Begriff dafür bisher gefehlt hat; erst von mir an gibt es wieder Hoffnungen. Mit alledem bin ich notwendig auch der Mensch des Verhängnisses. Denn wenn die Wahrheit mit der Lüge von Jahrtausenden in Kampf tritt, werden wir Erschütterungen haben, einen Krampf von Erdbeben, eine Versetzung von Berg und Tal, wie dergleichen nie geträumt worden ist. Der Begriff Politik ist dann gänzlich in einen Geisterkrieg aufgegangen, alle Machtgebilde der alten Gesellschaft sind in die Luft gesprengt – sie ruhen allesamt auf der Lüge: es wird Kriege geben, wie es noch keine auf Erden gegeben hat. Erst von mir an gibt es auf Erden *große Politik*. –

2

Will man eine Formel für ein solches Schicksal, *das Mensch wird?* – Sie steht in meinem Zarathustra.

> *– und wer ein Schöpfer sein will im Guten und Bösen, der muß ein Vernichter erst sein und Werte zerbrechen.*
> *Also gehört das höchste Böse zur höchsten Güte: diese aber ist die schöpferische.*

Ich bin bei weitem der furchtbarste Mensch, den es bisher gegeben hat; dies schließt nicht aus, daß ich der wohltätigste sein werde. Ich kenne die Lust am *Vernichten* in einem Grade, die meiner *Kraft* zum Vernichten gemäß ist, – in beidem gehorche ich meiner dionysischen Natur, welche das Neintun nicht vom Jasagen zu trennen weiß. Ich bin der erste *Immoralist*: damit bin ich der *Vernichter par excellence.* –

3

Man hat mich nicht gefragt, man hätte mich fragen sollen, was gerade in meinem Munde, im Munde des ersten Immoralisten der Name *Zarathustra* bedeutet: denn was die ungeheure Einzigkeit jenes Persers in der Geschichte ausmacht, ist gerade dazu das Gegenteil. Zarathustra hat zuerst im Kampf des Guten und des Bösen das eigentliche Rad im Getriebe der Dinge gesehn – die Übersetzung der Moral ins Metaphysische, als Kraft, Ursache, Zweck an sich, ist *sein* Werk. Aber diese Frage wäre im Grunde bereits die Antwort. Zarathustra *schuf* diesen verhängnisvollsten Irrtum, die Moral: folglich muß er auch der erste sein, der ihn *erkennt.* Nicht nur, daß er hier länger und mehr Erfahrung hat als sonst ein Denker – die ganze Geschichte ist ja die Experimental-Widerlegung vom Satz der sogenannten »sittlichen Weltordnung« –: das Wichtigere ist, Zarathustra ist wahrhaftiger als sonst ein Denker. Seine Lehre, und sie allein, hat die Wahrhaftigkeit als oberste Tugend – das heißt den Gegensatz zur *Feigheit* des »Idealisten«, der vor der Realität die Flucht ergreift; Zarathustra hat mehr Tapferkeit im Leibe als alle Denker zusammengenommen. Wahrheit reden und *gut mit Pfeilen schießen,* das ist die persische Tugend. – Versteht man mich? ... Die Selbstüberwindung der Moral aus Wahrhaftigkeit, die Selbstüberwindung des Moralisten in seinen Gegensatz – *in mich* – das bedeutet in meinem Munde der Name Zarathustra.

4

Im Grunde sind es zwei Verneinungen, die mein Wort *Immoralist* in sich schließt. Ich verneine einmal einen Typus Mensch, der bisher als der höchste galt, die *Guten*, die *Wohlwollenden, Wohltätigen*; ich verneine andrerseits eine Art Moral, welche als Moral an sich in Geltung und Herrschaft gekommen ist – die *décadence*-Moral, handgreiflicher geredet, die *christliche* Moral. Es wäre erlaubt, den zweiten Widerspruch als den entscheidenderen anzusehn, da die Überschätzung der Güte und des Wohlwollens, ins große gerechnet, mir bereits als Folge der *décadence* gilt, als Schwäche-Symptom, als unverträglich mit einem aufsteigenden und jasagenden Leben: im Jasagen ist Verneinen *und Vernichten* Bedingung. – Ich bleibe zunächst bei der Psychologie des guten Menschen stehn. Um abzuschätzen, was ein Typus Mensch wert ist, muß man den Preis nachrechnen, den seine Erhaltung kostet – muß man seine Existenzbedingungen kennen. Die Existenz-Bedingung der Guten ist die *Lüge* –: anders ausgedrückt, das Nicht-sehn-*Wollen* um jeden Preis, wie im Grunde die Realität beschaffen ist, nämlich *nicht* derart, um jederzeit wohlwollende Instinkte herauszufordern, noch weniger derart, um sich ein Eingreifen von kurzsichtigen gutmütigen Händen jederzeit gefallen zu lassen. Die *Notstände* aller Art überhaupt als Einwand, als etwas, das man *abschaffen* muß, betrachten, ist die *niaiserie par excellence*, ins große gerechnet, ein wahres Unheil in seinen Folgen, ein Schicksal von Dummheit –, beinahe so dumm, als es der Wille wäre, das schlechte Wetter abzuschaffen – aus Mitleiden etwa mit den armen Leuten ... In der großen Ökonomie des Ganzen sind die Furchtbarkeiten der Realität (in den Affekten, in den Begierden, im Willen zur Macht) in einem unausrechenbaren Maße notwendiger als jene Form des kleinen Glücks, die sogenannte »Güte«; man muß sogar nachsichtig sein, um der letzteren, da sie in der Instinkt-Verlogenheit bedingt ist, überhaupt einen Platz zu gönnen. Ich werde einen großen Anlaß haben, die über die Maßen unheimlichen Folgen des *Optimismus*, dieser Ausgeburt der *homines optimi*, für die ganze Geschichte zu beweisen. Zarathustra, der erste, der begriff, daß der Optimist ebenso *décadent* ist wie der Pessimist und vielleicht schädlicher, sagt: *gute Menschen reden nie die Wahrheit. Falsche Küsten und Sicherheiten lehrten euch die Guten; in Lügen der Guten wart ihr geboren und geborgen. Alles ist in den Grund hinein verlogen und verbogen durch die Guten.* Die Welt ist zum Glück nicht auf Instinkte hin gebaut, daß gerade bloß gutmütiges Herdengetier darin sein enges Glück fände; zu fordern, daß alles »guter Mensch«, Herdentier, blauäugig, wohlwollend, »schöne Seele« – oder, wie Herr Herbert Spencer es wünscht, altruistisch werden solle, hieße dem Dasein seinen *großen* Charakter nehmen, hieße die Menschheit kastrieren und auf eine armselige Chineserei herunterbringen. – *Und dies hat man versucht!* ... *Dies eben hieß man Moral* ... In diesem Sinne nennt Zarathustra die Guten bald »die letzten Menschen«, bald den »Anfang vom Ende«; vor allem empfindet er sie als die *schädlichste Art Mensch*, weil sie ebenso auf Kosten der *Wahrheit* als auf Kosten der *Zukunft* ihre Existenz durchsetzen.

Die Guten – die können nicht *schaffen*, die sind immer der Anfang vom Ende –

– sie kreuzigen den, der *neue* Werte auf neue Tafeln schreibt, sie opfern *sich* die Zukunft, sie kreuzigen alle Menschen-Zukunft!

Die Guten – die waren immer der Anfang vom Ende ...

Und was auch für Schaden die Welt-Verleumder tun mögen, *der Schaden der Guten ist der schädlichste Schaden.*

5

Zarathustra, der erste Psycholog der Guten, ist – folglich – ein Freund der Bösen. Wenn eine *décadence*-Art Mensch zum Rang der höchsten Art aufgestiegen ist, so konnte dies nur auf Kosten ihrer Gegensatz-Art geschehn, der starken und lebensgewissen Art Mensch. Wenn das Herdentier im Glanze der reinsten Tugend strahlt, so muß der Ausnahme-Mensch zum Bösen heruntergewertet sein. Wenn die Verlogenheit um jeden Preis das Wort »Wahrheit« für ihre Optik in Anspruch nimmt, so muß der eigentlich Wahrhaftige unter den schlimmsten Namen wiederzufinden sein. Zarathustra läßt hier keinen Zweifel: er sagt, die Erkenntnis der Guten, der »Besten« gerade sei es gewesen, was ihm Grausen vor dem Menschen überhaupt gemacht habe; aus *diesem* Widerwillen seien ihm die Flügel gewachsen, »fortzuschweben in ferne Zukünfte« – er verbirgt es nicht, daß *sein* Typus Mensch, ein relativ übermenschlicher Typus, gerade im Verhältnis zu den *Guten* übermenschlich ist, daß die Guten und Gerechten seinen Übermenschen *Teufel* nennen würden ...

Ihr höchsten Menschen, denen mein Auge begegnete, das ist mein Zweifel an euch und mein heimliches Lachen: ich rate, ihr würdet meinen Übermenschen – Teufel heißen!

So fremd seid ihr dem Großen mit eurer Seele, daß euch der Übermensch *furchtbar* sein würde in seiner Güte ...

An dieser Stelle und nirgendswo anders muß man den Ansatz machen, um zu begreifen, was Zarathustra will: diese Art Mensch, die er konzipiert, konzipiert die Realität, *wie sie ist*: sie ist stark genug dazu –, sie ist ihr nicht entfremdet, entrückt, sie ist *sie selbst*, sie hat all deren Furchtbares und Fragwürdiges auch noch in sich, *damit erst kann der Mensch Größe haben* ...

6

– Aber ich habe auch noch in einem andren Sinne das Wort *Immoralist* zum Abzeichen, zum Ehrenzeichen für mich gewählt; ich bin stolz darauf, dies Wort zu haben, das mich gegen die ganze Menschheit abhebt. Niemand noch hat die *christliche* Moral als *unter* sich gefühlt: dazu gehörte eine Höhe, ein Fernblick, eine bisher ganz unerhörte psychologische Tiefe und Abgründlichkeit. Die christliche Moral war bisher die Circe aller Denker – sie standen in ihrem Dienst. – Wer ist vor mir eingestiegen in die Höhlen, aus denen der Gifthauch dieser Art von Ideal – *der Weltverleumdung!* – emporquillt? Wer hat auch nur zu ahnen gewagt, *daß* es Höhlen sind? Wer war überhaupt vor mir unter den Philosophen *Psycholog* und nicht vielmehr dessen Gegensatz »höherer Schwindler«, »Idealist«? Es gab vor mir noch gar keine Psychologie. – Hier der Erste zu sein kann ein Fluch sein, es ist jedenfalls ein Schicksal: *denn man verachtet auch als der Erste* ... Der *Ekel* am Menschen ist meine Gefahr ...

7

Hat man mich verstanden? – Was mich abgrenzt, was mich beiseite stellt gegen den ganzen Rest der Menschheit, das ist, die christliche Moral *entdeckt* zu haben. Deshalb war ich eines Worts bedürftig, das den Sinn einer Herausforderung an jedermann enthält. Hier nicht eher die Augen aufgemacht zu haben, gilt mir als die größte Unsauberkeit, die die Menschheit auf dem Gewissen hat, als Instinkt gewordner Selbstbetrug, als grundsätzlicher Wille, jedes Geschehen, jede Ursächlichkeit, jede Wirklichkeit *nicht* zu sehen, als Falschmünzerei *in psychologicis* bis zum Verbrechen Die Blindheit vor dem Christentum ist das *Verbrechen par excellence* – das Verbrechen *am Leben* ... Die Jahrtausende, die Völker, die Ersten und die Letzten, die Philosophen und die alten Weiber – fünf, sechs Augenblicke der Geschichte abgerechnet, mich als siebenten – in diesem Punkte sind sie alle einander würdig. Der Christ war bisher *das* »moralische Wesen«, ein Kuriosum ohnegleichen – und, *als* »moralisches Wesen«, absurder, verlogner, eitler, leichtfertiger, *sich selber nachteiliger* als auch der größte Verächter der Menschheit es sich träumen lassen könnte. Die christliche Moral – die bösartigste Form des Willens zur Lüge, die eigentliche Circe der Menschheit: das, was sie *verdorben* hat. Es ist *nicht* der Irrtum als Irrtum, was mich bei diesem Anblick entsetzt, *nicht* der jahrtausendelange Mangel an »gutem Willen«, an Zucht, an Anstand, an Tapferkeit im Geistigen, der sich in seinem Sieg verrät – es ist der Mangel an Natur, es ist der vollkommen schauerliche Tatbestand, daß die *Widernatur* selbst als Moral die höchsten Ehren empfing und als Gesetz, als kategorischer

Imperativ, über der Menschheit hängen blieb! ... In diesem Maße sich vergreifen, *nicht* als einzelner, *nicht* als Volk, sondern als Menschheit! ... Daß man die allerersten Instinkte des Lebens verachten lehrte; daß man eine »Seele«, einen »Geist« *erlog*, um den Leib zuschanden zu machen; daß man in der Voraussetzung des Lebens, in der Geschlechtlichkeit, etwas Unreines empfinden lehrt; daß man in der tiefsten Notwendigkeit zum Gedeihen, in der *strengen* Selbstsucht (– das Wort schon ist verleumderisch! –) das böse Prinzip sucht; daß man umgekehrt in den typischen Abzeichen des Niedergangs und der Instinkt-Widersprüchlichkeit, im »Selbstlosen«, im Verlust an Schwergewicht, in der »Entpersönlichung« und »Nächstenliebe« (– Nächsten*sucht*!) den *höheren* Wert, was sage ich! den *Wert an sich* sieht! ... Wie! wäre die Menschheit selber in *décadence*? war sie es immer? – Was feststeht, ist, daß ihr nur Décadence-Werte als oberste Werte *gelehrt* worden sind. Die Entselbstungs-Moral ist die Niedergangs-Moral *par excellence*, die Tatsache, »ich gehe zugrunde« in den Imperativ übersetzt: »ihr *sollt* alle zugrunde gehn« – und *nicht nur* in den Imperativ! ... Diese einzige Moral, die bisher gelehrt worden ist, die Entselbstungs-Moral, verrät einen Willen zum Ende, sie *verneint* im untersten Grunde das Leben. – Hier bliebe die Möglichkeit offen, daß nicht die Menschheit in Entartung sei, sondern nur jene parasitische Art Mensch, die des *Priesters*, die mit der Moral sich zu ihren Wert-Bestimmern emporgelogen hat – die in der christlichen Moral ihr Mittel zur *Macht* erriet ... Und in der Tat, das ist *meine* Einsicht: die Lehrer, die Führer der Menschheit, Theologen insgesamt, waren insgesamt auch *décadents*: *daher* die Umwertung aller Werte ins Lebensfeindliche, *daher* die Moral ... *Definition der Moral*: Moral – die Idiosynkrasie von *décadents*, mit der Hinterabsicht, *sich am Leben zu rächen* – *und* mit Erfolg. Ich lege Wert auf *diese* Definition. –

8

– Hat man mich verstanden? – Ich habe eben kein Wort gesagt, das ich nicht schon vor fünf Jahren durch den Mund Zarathustras gesagt hätte. – Die *Entdeckung* der christlichen Moral ist ein Ereignis, das nicht seinesgleichen hat, eine wirkliche Katastrophe. Wer über sie aufklärt, ist eine *force majeure*, ein Schicksal – er bricht die Geschichte der Menschheit in zwei Stücke. Man lebt *vor* ihm, man lebt *nach* ihm ... Der Blitz der Wahrheit traf gerade das, was bisher am höchsten stand: wer begreift, *was* da vernichtet wurde, mag zusehn, ob er überhaupt noch etwas in den Händen hat. Alles, was bisher »Wahrheit« hieß, ist als die schädlichste, tückischste, unterirdischste Form der Lüge erkannt; der heilige Vorwand, die Menschheit zu »verbessern«, als die List, das Leben selbst *auszusaugen*, blutarm zu machen. Moral als *Vampyrismus* ... Wer die Moral entdeckt, hat den

Unwert aller Werte mit entdeckt, an die man glaubt oder geglaubt hat; er sieht in den verehrtesten, in den selbst *heilig* gesprochnen Typen des Menschen nichts Ehrwürdiges mehr, er sieht die verhängnisvollste Art von Mißgeburten darin, verhängnisvoll, *weil sie faszinierten* ... Der Begriff »Gott« erfunden als Gegensatz-Begriff zum Leben – in ihm alles Schädliche, Vergiftende, Verleumderische, die ganze Todfeindschaft gegen das Leben in eine entsetzliche Einheit gebracht! Der Begriff »Jenseits«, »wahre Welt« erfunden, um die *einzige* Welt zu entwerten, die es gibt – um kein Ziel, keine Vernunft, keine Aufgabe für unsre Erden-Realität übrigzubehalten? Der Begriff »Seele«, »Geist«, zuletzt gar noch »unsterbliche Seele«, erfunden, um den Leib zu verachten, um ihn krank – »heilig« – zu machen, um allen Dingen, die Ernst im Leben verdienen, den Fragen von Nahrung, Wohnung, geistiger Diät, Krankenbehandlung, Reinlichkeit, Wetter, einen schauerlichen Leichtsinn entgegenzubringen! Statt der Gesundheit das »Heil der Seele« – will sagen eine *folie circulaire* zwischen Bußkrampf und Erlösungs-Hysterie! Der Begriff »Sünde« erfunden samt dem zugehörigen Folter-Instrument, dem Begriff »freier Wille«, um die Instinkte zu verwirren, um das Mißtrauen gegen die Instinkte zur zweiten Natur zu machen! Im Begriff des »Selbstlosen«, des »Sich-selbst-Verleugnenden« das eigentliche *décadence*-Abzeichen, das *Gelockt*werden vom Schädlichen, das Seinen-Nutzen-nicht-mehr-finden-*Können*, die Selbst-Zerstörung zum Wertzeichen überhaupt gemacht, zur »Pflicht«, zur »Heiligkeit«, zum »Göttlichen« im Menschen! Endlich – es ist das Furchtbarste – im Begriff des *guten* Menschen die Partei alles Schwachen, Kranken, Mißratnen, An-sich-selber-Leidenden genommen, alles dessen, *was zugrunde gehn soll* –, das Gesetz der *Selektion* gekreuzt, ein Ideal aus dem Widerspruch gegen den stolzen und wohlgeratenen, gegen den jasagenden, gegen den zukunftsgewissen, zukunftverbürgenden Menschen gemacht – dieser heißt nunmehr der *Böse* ... Und das alles wurde geglaubt *als Moral*! – *Ecrasez l'infâme!* – –

9

– Hat man mich verstanden? – *Dionysos gegen den Gekreuzigten* ...

DER ANTICHRIST

Fluch auf das Christentum

VORWORT

Dies Buch gehört den wenigsten. Vielleicht lebt selbst noch keiner von ihnen. Es mögen die sein, welche meinen Zarathustra verstehn: wie *dürfte* ich mich mit denen verwechseln, für welche heute schon Ohren wachsen? – Erst das Übermorgen gehört mir. Einige werden posthum geboren.

Die Bedingungen, unter denen man mich versteht und dann *mit Notwendigkeit* versteht – ich kenne sie nur zu genau. Man muß rechtschaffen sein in geistigen Dingen bis zur Härte, um auch nur meinen Ernst, meine Leidenschaft auszuhalten. Man muß geübt sein, auf Bergen zu leben – das erbärmliche Zeitgeschwätz von Politik und Völker-Selbstsucht *unter* sich zu sehn. Man muß gleichgültig geworden sein, man muß nie fragen, ob die Wahrheit nützt, ob sie einem Verhängnis wird ... Eine Vorliebe der Stärke für Fragen, zu denen niemand heute den Mut hat; der Mut zum *Verbotenen*; die Vorherbestimmung zum Labyrinth. Eine Erfahrung aus sieben Einsamkeiten. Neue Ohren für neue Musik. Neue Augen für das Fernste. Ein neues Gewissen für bisher stumm gebliebene Wahrheiten. *Und* der Wille zur Ökonomie großen Stils: seine Kraft, seine *Begeisterung* beisammenbehalten ... Die Ehrfurcht vor sich; die Liebe zu sich; die unbedingte Freiheit gegen sich ...

Wohlan! Das allein sind meine Leser, meine rechten Leser, meine vorherbestimmten Leser: was liegt am *Rest*? – Der Rest ist bloß die Menschheit. – Man muß der Menschheit überlegen sein durch Kraft, durch *Höhe* der Seele – durch Verachtung ...

Friedrich Nietzsche

1

– Sehen wir uns ins Gesicht. Wir sind Hyperboreer – wir wissen gut genug, wie abseits wir leben. »Weder zu Lande noch zu Wasser wirst du den Weg zu den Hyperboreern finden«: das hat schon Pindar von uns gewußt Jenseits des Nordens, des Eises, des Todes – *unser* Leben, *unser* Glück ... Wir haben das Glück entdeckt, wir wissen den Weg, wir fanden den Ausgang aus ganzen Jahrtausenden des Labyrinths. Wer fand ihn *sonst*? – Der moderne Mensch etwa? – »Ich weiß nicht aus noch ein; ich bin alles, was nicht aus noch ein weiß« – seufzt der moderne Mensch ... An *dieser* Modernität waren wir krank – am faulen Frieden, am feigen Kompromiß, an der ganzen tugendhaften Unsauberkeit des modernen Ja und Nein. Diese Toleranz und *largeur* des Herzens, die alles »verzeiht«, weil sie alles »begreift«, ist Schirokko für uns. Lieber im Eise leben, als unter modernen Tugenden und andern Südwinden! ... Wir waren tapfer genug, wir schonten weder uns noch andere: aber wir wußten lange nicht, *wohin* mit unsrer Tapferkeit. Wir wurden düster, man hieß uns Fatalisten. *Unser* Fatum – das war die Fülle, die Spannung, die Stauung der Kräfte. Wir dürsteten nach Blitz und Taten, wir blieben am fernsten vom Glück der Schwächlinge, von der »Ergebung« ... Ein Gewitter war in unsrer Luft, die Natur, die wir sind, verfinsterte sich – *denn wir hatten keinen Weg*. Formel unsres Glücks: ein Ja, ein Nein, eine gerade Linie, ein *Ziel* ...

2

Was ist gut? – Alles, was das Gefühl der Macht, den Willen zur Macht, die Macht selbst im Menschen erhöht.

Was ist schlecht? – Alles, was aus der Schwäche stammt.

Was ist Glück? – Das Gefühl davon, daß die Macht *wächst* – daß ein Widerstand überwunden wird.

Nicht Zufriedenheit, sondern mehr Macht; *nicht* Friede überhaupt, sondern Krieg; *nicht* Tugend, sondern Tüchtigkeit (Tugend im Renaissance-Stile, *virtù*, moralinfreie Tugend).

Die Schwachen und Mißratenen sollen zugrunde gehn: erster Satz *unsrer* Menschenliebe. Und man soll ihnen noch dazu helfen.

Was ist schädlicher als irgendein Laster? – Das Mitleiden der Tat mit allen Mißratnen und Schwachen – das Christentum ...

3

Nicht was die Menschheit ablösen soll in der Reihenfolge der Wesen, ist das Problem, das ich hiermit stelle (– der Mensch ist ein *Ende* –): sondern welchen Typus Mensch man *züchten* soll, *wollen* soll, als den höherwertigeren, lebenswürdigeren, zukunftsgewisseren.

Dieser höherwertigere Typus ist oft genug schon dagewesen: aber als ein Glücksfall, als eine Ausnahme, niemals als *gewollt*. Vielmehr ist *er* gerade am besten gefürchtet worden, er war bisher beinahe *das* Furchtbare – und aus der Furcht heraus wurde der umgekehrte Typus gewollt, gezüchtet, *erreicht*: das Haustier, das Herdentier, das kranke Tier Mensch – der Christ ...

4

Die Menschheit stellt *nicht* eine Entwicklung zum Besseren oder Stärkeren oder Höheren dar, in der Weise, wie dies heute geglaubt wird. Der »Fortschritt« ist bloß eine moderne Idee, das heißt eine falsche Idee. Der Europäer von heute bleibt in seinem Werte tief unter dem Europäer der Renaissance; Fortentwicklung ist schlechterdings *nicht* mit irgendwelcher Notwendigkeit Erhöhung, Steigerung, Verstärkung.

In einem andern Sinne gibt es ein fortwährendes Gelingen einzelner Fälle an den verschiedensten Stellen der Erde und aus den verschiedensten Kulturen heraus, mit denen in der Tat sich ein *höherer Typus* darstellt: etwas, das im Verhältnis zur Gesamt-Menschheit eine Art Übermensch ist. Solche Glücksfälle des großen Gelingens waren immer möglich und werden vielleicht immer möglich sein. Und selbst ganze Geschlechter, Stämme, Völker können unter Umständen einen solchen *Treffer* darstellen.

5

Man soll das Christentum nicht schmücken und herausputzen: es hat einen *Todkrieg* gegen diesen *höheren* Typus Mensch gemacht, es hat alle Grundinstinkte dieses Typus in Bann getan, es hat aus diesen Instinkten das Böse, *den* Bösen herausdestilliert – der starke Mensch als der typisch Verwerfliche, der »verworfene Mensch«. Das Christentum hat die Partei alles Schwachen, Niedrigen, Mißratnen genommen, es hat ein Ideal aus dem *Widerspruch* gegen die Erhaltungs-Instinkte des starken Lebens gemacht; es hat die Vernunft selbst der geistig stärksten Naturen verdorben, indem es die obersten Werte der Geistigkeit als sündhaft, als irreführend, als *Versuchungen* empfinden lehrte. Das jammervollste Beispiel: die Verderbnis Pascals, der an die Verderbnis seiner Vernunft durch die Erbsünde glaubte, während sie nur durch sein Christentum verdorben war! –

6

Es ist ein schmerzliches, ein schauerliches Schauspiel, das mir aufgegangen ist: ich zog den Vorhang weg von der *Verdorbenheit* des Menschen. Dies Wort, in meinem Munde, ist wenigstens gegen einen Verdacht geschützt: daß es eine moralische Anklage des Menschen enthält. Es ist – ich möchte es nochmals unterstreichen – *moralinfrei* gemeint: und dies bis zu dem Grade, daß jene Verdorbenheit gerade dort von mir am stärksten empfunden wird, wo man bisher am bewußtesten zur »Tugend«, zur »Göttlichkeit« aspirierte. Ich verstehe Verdorbenheit, man errät es bereits, im Sinne von *décadence*: meine Behauptung ist, daß alle Werte, in denen jetzt die Menschheit ihre oberste Wünschbarkeit zusammenfaßt, *décadence-Werte* sind.

Ich nenne ein Tier, eine Gattung, ein Individuum verdorben, wenn es seine Instinkte verliert, wenn es wählt, wenn es *vorzieht*, was ihm nachteilig ist. Eine Geschichte der »höheren Gefühle«, der »Ideale der Menschheit« – und es ist möglich, daß ich sie erzählen muß – wäre beinahe auch die Erklärung dafür, *weshalb* der Mensch so verdorben ist. Das Leben selbst gilt mir als Instinkt für Wachstum, für Dauer, für Häufung von Kräften, für *Macht*: wo der Wille zur Macht fehlt, gibt es Niedergang. Meine Behauptung ist, daß allen obersten Werten der Menschheit dieser Wille *fehlt* – daß Niedergangs-Werte, *nihilistische* Werte unter den heiligsten Namen die Herrschaft führen.

7

Man nennt das Christentum die Religion des *Mitleidens*. – Das Mitleiden steht im Gegensatz zu den tonischen Affekten, welche die Energie des Lebensgefühls erhöhn: es wirkt depressiv. Man verliert Kraft, wenn man mitleidet. Durch das Mitleiden vermehrt und vervielfältigt sich die Einbuße an Kraft noch, die an sich schon das Leiden dem Leben bringt. Das Leiden selbst wird durch das Mitleiden ansteckend; unter Umständen kann mit ihm eine Gesamt-Einbuße an Leben und Lebens-Energie erreicht werden, die in einem absurden Verhältnis zum Quantum der Ursache steht (– der Fall vom Tode des Nazareners). Das ist der erste Gesichtspunkt; es gibt aber noch einen wichtigeren. Gesetzt, man mißt das Mitleiden nach dem Werte der Reaktionen, die es hervorzubringen pflegt, so erscheint sein lebensgefährlicher Charakter in einem noch viel helleren Lichte. Das Mitleiden kreuzt im ganzen großen das Gesetz der Entwicklung, welches das Gesetz der *Selektion* ist. Es erhält, was zum Untergange reif ist, es wehrt sich zugunsten der Enterbten und Verurteilten des Lebens, es gibt durch die Fülle des Mißratenen aller Art, das es im Leben *festhält*, dem Leben selbst einen düsteren und fragwürdigen Aspekt. Man hat gewagt, das Mitleiden eine Tugend zu nennen (– in jeder *vornehmen* Moral gilt es als Schwäche –); man ist weitergegangen, man hat aus ihm *die* Tugend, den Boden und Ursprung aller Tugenden gemacht – nur freilich, was man stets im Auge behalten muß, vom Gesichtspunkt einer Philosophie aus, welche nihilistisch war, welche die *Verneinung des Lebens* auf ihr Schild schrieb. Schopenhauer war in seinem Recht damit: durch das Mitleid wird das Leben verneint, *verneinungswürdiger* gemacht – Mitleiden ist die *Praxis* des Nihilismus. Nochmals gesagt: dieser depressive und kontagiöse Instinkt kreuzt jene Instinkte, welche auf Erhaltung und Wert-Erhöhung des Lebens aus sind: er ist ebenso als *Multiplikator* des Elends wie als *Konservator* alles Elenden ein Hauptwerkzeug zur Steigerung der *décadence* – Mitleiden überredet zum *Nichts*! ... Man sagt nicht »Nichts«: man sagt dafür »Jenseits«: oder »Gott«; oder »das *wahre* Leben«; oder Nirvana, Erlösung, Seligkeit... Diese unschuldige Rhetorik aus dem Reich der religiös-moralischen Idiosynkrasie erscheint sofort *viel weniger unschuldig*, wenn man begreift, *welche* Tendenz hier den Mantel sublimer Worte um sich schlägt: die *lebensfeindliche* Tendenz. Schopenhauer war lebensfeindlich: *deshalb* wurde ihm das Mitleid zur Tugend ... Aristoteles sah, wie man weiß, im Mitleiden einen krankhaften und gefährlichen Zustand, dem man gut täte, hier und da durch ein Purgativ beizukommen: er verstand die Tragödie als Purgativ. Vom Instinkte des Lebens aus müßte man in der Tat nach einem Mittel suchen, einer solchen krankhaften und gefährlichen Häufung des Mitleids, wie sie der Fall Schopenhauers (und leider auch unsre gesamte literarische und artistische *décadence* von St. Petersburg bis Paris, von Tolstoi bis Wagner) darstellt, einen Stich zu versetzen: damit sie *platzt* ... Nichts ist ungesunder, inmitten unsrer ungesunden Modernität, als das christliche Mitleid. *Hier* Arzt sein, *hier* unerbittlich sein, *hier* das Messer führen – das gehört zu *uns*, das ist *unsre* Art Menschenliebe, damit sind *wir* Philosophen, wir Hyperboreer! – –

8

Es ist notwendig zu sagen, *wen* wir als unsern Gegensatz fühlen – die Theologen und alles, was Theologen-Blut im Leibe hat – unsre ganze Philosophie ... Man muß das Verhängnis aus der Nähe gesehn haben, noch besser, man muß es an sich erlebt, man muß an ihm fast zugrunde gegangen sein, um hier keinen Spaß mehr zu verstehn – (die Freigeisterei unsrer Herren Naturforscher und Physiologen ist in meinen Augen ein *Spaß* – ihnen fehlt die Leidenschaft in diesen Dingen, das *Leiden* an ihnen –). Jene Vergiftung reicht viel weiter, als man denkt: ich fand den Theologen-Instinkt des Hochmuts überall wieder, wo man sich heute als »Idealist« fühlt – wo man, vermöge einer höheren Abkunft, ein Recht in

Anspruch nimmt, zur Wirklichkeit überlegen und fremd zu blicken ... Der Idealist hat, ganz wie der Priester, alle großen Begriffe in der Hand (– und nicht nur in der Hand!), er spielt sie mit einer wohlwollenden Verachtung gegen den »Verstand«, die »Sinne«, die »Ehren«, das Wohlleben«, die »Wissenschaft« aus, er sieht dergleichen *unter* sich, wie schädigende und verführerische Kräfte, über denen »der Geist« in reiner Für-sich-heit schwebt – als ob nicht Demut, Keuschheit, Armut, *Heiligkeit* mit einem Wort, dem Leben bisher unsäglich mehr Schaden getan hätten, als irgendwelche Furchtbarkeiten und Laster ... Der reine Geist ist die reine Lüge ... Solange der Priester noch als eine *höhere* Art Mensch gilt, dieser Verneiner, Verleumder, Vergifter des Lebens von *Beruf*, gibt es keine Antwort auf die Frage: was *ist* Wahrheit? Man *hat* bereits die Wahrheit auf den Kopf gestellt, wenn der bewußte Advokat des Nichts und der Verneinung als Vertreter der »Wahrheit« gilt ...

9

Diesem Theologen-Instinkte mache ich den Krieg: ich fand seine Spur überall. Wer Theologen-Blut im Leibe hat, steht von vornherein zu allen Dingen schief und unehrlich. Das Pathos, das sich daraus entwickelt, heißt sich *Glaube*: das Auge ein für alle Mal vor sich schließen, um nicht am Aspekt unheilbarer Falschheit zu leiden. Man macht bei sich eine Moral, eine Tugend, eine Heiligkeit aus dieser fehlerhaften Optik zu allen Dingen, man knüpft das gute Gewissen an das *Falsch*sehen – man fordert, daß keine *andre* Art Optik mehr Wert haben dürfe, nachdem man die eigne mit den Namen »Gott«, »Erlösung«, »Ewigkeit« sakrosankt gemacht hat. Ich grub den Theologen-Instinkt noch überall aus: er ist die verbreitetste, die eigentlich *unterirdische* Form der Falschheit, die es auf Erden gibt. Was ein Theologe als wahr empfindet, das *muß* falsch sein: man hat daran beinahe ein Kriterium der Wahrheit. Es ist sein unterster Selbsterhaltungs-Instinkt, der verbietet, daß die Realität in irgendeinem Punkte zu Ehren oder auch nur zu Worte käme. So weit der Theologen-Einfluß reicht, ist das *Wert-Urteil* auf den Kopf gestellt, sind die Begriffe »wahr« und »falsch« notwendig umgekehrt: was dem Leben am schädlichsten ist, das heißt hier »wahr«, was es hebt, steigert, bejaht, rechtfertigt und triumphieren macht, das heißt »falsch« ... Kommt es vor, daß Theologen durch das »Gewissen« der Fürsten (*oder* der Völker –) hindurch nach der *Macht* die Hand ausstrecken, zweifeln wir nicht, *was* jedesmal im Grunde sich begibt: der Wille zum Ende, der *nihilistische* Wille will zur Macht ...

10

Unter Deutschen versteht man sofort, wenn ich sage, daß die Philosophie durch Theologen-Blut verderbt ist. Der protestantische Pfarrer ist Großvater der deutschen Philosophie, der Protestantismus selbst ihr *peccatum originale.* Definition des Protestantismus: die halbseitige Lähmung des Christentums – *und* der Vernunft ... Man hat nur das Wort »Tübinger Stift« auszusprechen, um zu begreifen, *was* die deutsche Philosophie im Grunde ist – eine *hinterlistige* Theologie ... Die Schwaben sind die besten Lügner in Deutschland, sie lügen unschuldig ... Woher das Frohlocken, das beim Auftreten *Kants* durch die deutsche Gelehrtenwelt ging, die zu drei Vierteln aus Pfarrer- und Lehrer-Söhnen besteht – woher die deutsche Überzeugung, die auch heute noch ihr Echo findet, daß mit Kant eine Wendung zum *Besseren* beginne? Der Theologen-Instinkt im deutschen Gelehrten erriet, *was* nunmehr wieder möglich war ... Ein Schleichweg zum alten Ideal stand offen, der Begriff »*wahre* Welt«, der Begriff der Moral als *Essenz* der Welt (– diese zwei bösartigsten Irrtümer, die es gibt!) waren jetzt wieder, dank einer verschmitzt-klugen Skepsis, wenn nicht beweisbar, so doch nicht mehr *widerlegbar* ... Die Vernunft, das *Recht* der Vernunft reicht nicht so weit ... Man hatte aus der Realität eine »Scheinbarkeit« gemacht; man hatte eine vollkommen *erlogne* Welt, die des Seienden, zur Realität gemacht ... Der Erfolg Kants ist bloß ein Theologen-Erfolg: Kant war, gleich Luther, gleich Leibniz, ein Hemmschuh mehr in der an sich nicht taktfesten deutschen Rechtschaffenheit – –

11

Ein Wort noch gegen Kant als *Moralist.* Eine Tugend muß *unsre* Erfindung sein, *unsre* persönlichste Notwehr und Notdurft: in jedem andern Sinne ist sie bloß eine Gefahr. Was nicht unser Leben bedingt, *schadet* ihm: eine Tugend bloß aus einem Respekts-Gefühle vor dem Begriff »Tugend«, wie Kant es wollte, ist schädlich. Die »Tugend«, die »Pflicht«, das »Gute an sich«, das Gute mit dem Charakter der Unpersönlichkeit und Allgemeingültigkeit – Hirngespinste, in denen sich der Niedergang, die letzte Entkräftigung des Lebens, das Königsberger Chinesentum ausdrückt. Das Umgekehrte wird von den tiefsten Erhaltungs- und Wachstumsgesetzen geboten: daß jeder sich *seine* Tugend, *seinen* kategorischen Imperativ erfinde. Ein Volk geht zugrunde, wenn es *seine* Pflicht mit dem Pflichtbegriff überhaupt verwechselt. Nichts ruiniert tiefer, innerlicher als jede »unpersönliche« Pflicht, jede Opferung vor dem Moloch der Abstraktion. – Daß man den kategorischen Imperativ Kants nicht als *lebensgefährlich* empfunden hat! ... Der Theologen-Instinkt allein nahm ihn in Schutz! – Eine

Handlung, zu der der Instinkt des Lebens zwingt, hat in der Lust ihren Beweis, eine *rechte* Handlung zu sein: und jener Nihilist mit christlich-dogmatischen Eingeweiden verstand die Lust als *Einwand* ... Was zerstört schneller, als ohne innere Notwendigkeit, ohne eine tief persönliche Wahl, ohne *Lust* arbeiten, denken, fühlen? als Automat der »Pflicht«? Es ist geradezu das *Rezept* zur *décadence*, selbst zum Idiotismus ... Kant wurde Idiot. – Und das war der Zeitgenosse *Goethes*! Dies Verhängnis von Spinne galt als der *deutsche* Philosoph – gilt es noch! ... Ich hüte mich zu sagen, was ich von den Deutschen denke ... Hat Kant nicht in der französischen Revolution den Übergang aus der unorganischen Form des Staats in die *organische* gesehn? Hat er sich nicht gefragt, ob es eine Begebenheit gibt, die gar nicht anders erklärt werden könne als durch eine moralische Anlage der Menschheit, so daß mit ihr, ein für allemal, die »Tendenz der Menschheit zum Guten« *bewiesen* sei? Antwort Kants: »das ist die Revolution«. Der fehlgreifende Instinkt in allem und jedem, die *Widernatur* als Instinkt, die deutsche *décadence* als Philosophie – *das ist Kant*! –

12

Ich nehme ein paar Skeptiker beiseite, den anständigen Typus in der Geschichte der Philosophie: aber der Rest kennt die ersten Forderungen der intellektuellen Rechtschaffenheit nicht. Sie machen es allesamt wie die Weiblein, alle diese großen Schwärmer und Wundertiere – sie halten die »schönen Gefühle« bereits für Argumente, den »gehobenen Busen« für einen Blasebalg der Gottheit, die Überzeugung für ein *Kriterium* der Wahrheit. Zuletzt hat noch Kant, in »deutscher« Unschuld, diese Form der Korruption, diesen Mangel an intellektuellem Gewissen unter dem Begriff »praktische Vernunft« zu verwissenschaftlichen versucht: er erfand eigens eine Vernunft dafür, in welchem Falle man sich nicht um die Vernunft zu kümmern habe, nämlich wenn die Moral, wenn die erhabne Forderung »du sollst« laut wird. Erwägt man, daß bei fast allen Völkern der Philosoph nur die Weiterentwicklung des priesterlichen Typus ist, so überrascht dieses Erbstück des Priesters, die *Falschmünzerei vor sich selbst*, nicht mehr. Wenn man heilige Aufgaben hat, zum Beispiel die Menschen zu bessern, zu retten, zu erlösen – wenn man die Gottheit im Busen trägt, Mundstück jenseitiger Imperative ist, so steht man mit einer solchen Mission bereits außerhalb aller bloß verstandesmäßigen Wertungen – *selbst* schon geheiligt durch eine solche Aufgabe, selbst schon der Typus einer höheren Ordnung! ... Was geht einen Priester die *Wissenschaft* an! Er steht zu hoch dafür! – Und der Priester hat bisher *geherrscht*! – *Er bestimmte* den Begriff »wahr« und »unwahr«! ...

13

Unterschätzen wir dies nicht: *wir selbst*, wir freien Geister, sind bereits eine »Umwertung aller Werte«, eine *leibhafte* Kriegs- und Siegs-Erklärung an alle alten Begriffe von »wahr« und »unwahr«. Die wertvollsten Einsichten werden am spätesten gefunden; aber die wertvollsten Einsichten sind die *Methoden*. *Alle* Methoden, *alle* Voraussetzungen unsrer jetzigen Wissenschaftlichkeit haben jahrtausendelang die tiefste Verachtung gegen sich gehabt: auf sie hin war man aus dem Verkehre mit »honetten« Menschen ausgeschlossen – man galt als »Feind Gottes«, als Verächter der Wahrheit, als »Besessener«. Als wissenschaftlicher Charakter war man Tschandala ... Wir haben das ganze Pathos der Menschheit gegen uns gehabt – ihren Begriff von dem, was Wahrheit sein *soll*, was der Dienst der Wahrheit sein *soll*: jedes »du sollst« war bisher *gegen* uns gerichtet ... Unsre Objekte, unsre Praktiken, unsre stille, vorsichtige, mißtrauische Art – alles das schien ihr vollkommen unwürdig und verächtlich. – Zuletzt dürfte man, mit einiger Billigkeit, sich fragen, ob es nicht eigentlich ein *ästhetischer* Geschmack war, was die Menschheit in so langer Blindheit gehalten hat: sie verlangte von der Wahrheit einen *pittoresken* Effekt, sie verlangte insgleichen vom Erkennenden, daß er stark auf die Sinne wirke. Unsre *Bescheidenheit* ging ihr am längsten wider den Geschmack ... Oh, wie sie das errieten, diese Truthähne Gottes – –

14

Wir haben umgelernt. Wir sind in allen Stücken bescheidner geworden. Wir leiten den Menschen nicht mehr vom »Geist«, von der »Gottheit« ab, wir haben ihn unter die Tiere zurückgestellt. Er gilt uns als das stärkste Tier, weil er das listigste ist: eine Folge davon ist seine Geistigkeit. Wir wehren uns andrerseits gegen eine Eitelkeit, die auch hier wieder laut werden möchte: wie als ob der Mensch die große Hinterabsicht der tierischen Entwicklung gewesen sei. Er ist durchaus keine Krone der Schöpfung: jedes Wesen ist, neben ihm, auf einer gleichen Stufe der Vollkommenheit ... Und indem wir das behaupten, behaupten wir noch zuviel: der Mensch ist, relativ genommen, das mißratenste Tier, das krankhafteste, das von seinen Instinkten am gefährlichsten abgeirrte – freilich, mit alledem, auch das *interessanteste*! – Was die Tiere betrifft, so hat zuerst Descartes, mit verehrungswürdiger Kühnheit, den Gedanken gewagt, das Tier als *machina* zu verstehn: unsre ganze Physiologie bemüht sich um den Beweis dieses Satzes. Auch stellen wir logischerweise den Menschen nicht beiseite, wie noch Descartes tat: was überhaupt heute vom Menschen begriffen ist, geht genau so weit, als er machinal begriffen ist. Ehedem gab man dem Menschen, als seine Mitgift aus einer höheren Ordnung, den »freien Willen«: heute haben wir ihm selbst den Willen genommen, in dem Sinne, daß darunter kein Vermögen mehr verstanden werden darf. Das alte Wort »Wille« dient nur dazu, eine Resultante zu bezeichnen, eine Art individueller Reaktion, die notwendig auf eine Menge teils widersprechender, teils zusammenstimmender Reize folgt – der Wille »wirkt« nicht mehr, »bewegt« nicht mehr ... Ehemals sah man im Bewußtsein des Menschen, im »Geist«, den Beweis seiner höheren Abkunft, seiner Göttlichkeit; um den Menschen zu *vollenden,* riet man ihm an, nach der Art der Schildkröte die Sinne in sich hineinzuziehn, den Verkehr mit dem Irdischen einzustellen, die sterbliche Hülle abzutun: dann blieb die Hauptsache von ihm zurück, der »reine Geist«. Wir haben uns auch hierüber besser besonnen: das Bewußtwerden, der »Geist«, gilt uns gerade als Symptom einer relativen Unvollkommenheit des Organismus, als ein Versuchen, Tasten, Fehlgreifen, als eine Mühsal, bei der unnötig viel Nervenkraft verbraucht wird, – wir leugnen, daß irgend etwas vollkommen gemacht werden kann, solange es noch bewußt gemacht wird. Der »reine Geist« ist eine reine Dummheit: rechnen wir das Nervensystem und die Sinne ab, die »sterbliche Hülle«, *so verrechnen wir uns* – weiter nichts! ...

15

Weder die Moral noch die Religion berührt sich im Christentume mit irgendeinem Punkte der Wirklichkeit. Lauter imaginäre *Ursachen* (»Gott«, »Seele«, »Ich«, »Geist«, »der freie Wille« – oder auch »der unfreie«): lauter imaginäre *Wirkungen* (»Sünde«, »Erlösung«, »Gnade«, »Strafe«, »Vergebung der Sünde«). Ein Verkehr zwischen imaginären *Wesen* (»Gott«, »Geister«, »Seelen«); eine imaginäre *Natur*wissenschaft (anthropozentrisch; völliger Mangel des Begriffs der natürlichen Ursachen); eine imaginäre *Psychologie* (lauter Selbst-Mißverständnisse, Interpretationen angenehmer oder unangenehmer Allgemeingefühle, zum Beispiel der Zustände des *nervus sympathicus,* mit Hilfe der Zeichensprache religiös-moralischer Idiosynkrasie – »Reue«, »Gewissensbiß«, »Versuchung des Teufels«, »die Nähe Gottes«); eine imaginäre *Teleologie* (»das Reich Gottes«, »das Jüngste Gericht«, »das ewige Leben«). – Diese reine *Fiktions-Welt* unterscheidet sich dadurch sehr zu ihren Ungunsten von der Traumwelt, daß letztere die Wirklichkeit *widerspiegelt,* während *sie* die Wirklichkeit fälscht, entwertet, verneint. Nachdem erst der Begriff »Natur« als Gegenbegriff zu »Gott« erfunden war, mußte »natürlich« das Wort sein für »verwerflich« – jene ganze Fiktions-Welt hat ihre Wurzel im *Haß* gegen das Natürliche (– die Wirklichkeit! –), sie ist der Ausdruck eines tiefen Mißbehagens am Wirklichen ... *Aber damit ist alles erklärt.*

Wer allein hat Gründe, sich *wegzulügen* aus der Wirklichkeit? Wer an ihr *leidet.* Aber an der Wirklichkeit leiden heißt eine *verunglückte* Wirklichkeit sein ... Das Übergewicht der Unlustgefühle über die Lustgefühle ist die *Ursache* einer fiktiven Moral und Religion: ein solches Übergewicht gibt aber die *Formel* ab für *décadence* ...

16

Zu dem gleichen Schlusse nötigt eine Kritik des *christlichen Gottesbegriffs.* – Ein Volk, das noch an sich selbst glaubt, hat auch noch seinen eignen Gott. In ihm verehrt es die Bedingungen, durch die es obenauf ist, seine Tugenden, – es projiziert seine Lust an sich, sein Machtgefühl in ein Wesen, dem man dafür danken kann. Wer reich ist, will abgeben; ein stolzes Volk braucht einen Gott, um zu *opfern* ... Religion, innerhalb solcher Voraussetzungen, ist eine Form der Dankbarkeit. Man ist für sich selber dankbar: dazu braucht man einen Gott. – Ein solcher Gott muß nützen und schaden können, muß Freund und Feind sein können – man bewundert ihn im Guten wie im Schlimmen. Die *widernatürliche* Kastration eines Gottes zu einem Gotte bloß des Guten läge hier außerhalb aller Wünschbarkeit. Man hat den bösen Gott so nötig als den guten: man verdankt ja die eigne Existenz nicht gerade der Toleranz, der Menschenfreundlichkeit ... Was läge an einem Gotte, der nicht Zorn, Rache, Neid, Hohn, List, Gewalttat kennte? dem vielleicht nicht einmal die entzückenden *ardeurs* des Siegs und der Vernichtung bekannt wären? Man würde einen solchen Gott nicht verstehn: wozu sollte man ihn haben? – Freilich: wenn ein Volk zugrunde geht; wenn es den Glauben an Zukunft, seine Hoffnung auf Freiheit endgültig schwinden fühlt; wenn ihm die Unterwerfung als erste Nützlichkeit, die Tugenden der Unterworfenen als Erhaltungsbedingungen ins Bewußtsein treten, dann *muß* sich auch sein Gott verändern. Er wird jetzt Duckmäuser, furchtsam, bescheiden, rät zum »Frieden der Seele«, zum Nicht-mehr-hassen, zur Nachsicht, zur »Liebe« selbst gegen Freund und Feind. Er moralisiert beständig, er kriecht in die Höhle jeder Privattugend, wird Gott für jedermann, wird Privatmann, wird Kosmopolit ... Ehemals stellte er ein Volk, die Stärke eines Volkes, alles Aggressive und Machtdurstige aus der Seele eines Volkes dar: jetzt ist er bloß noch der gute Gott ... In der Tat, es gibt keine andre Alternative für Götter: *entweder* sind sie der Wille zur Macht – und so lange werden sie Volksgötter sein –, *oder* aber die Ohnmacht zur Macht – und dann werden sie notwendig *gut* ...

17

Wo in irgendwelcher Form der Wille zur Macht niedergeht, gibt es jedesmal auch einen physiologischen Rückgang, eine *décadence*. Die Gottheit der *décadence*, beschnitten an ihren männlichsten Tugenden und Trieben, wird nunmehr notwendig zum Gott der Physiologisch-Zurückgezogenen, der Schwachen. Sie heißen sich selbst *nicht* die Schwachen, sie heißen sich »die Guten« ... Man versteht, ohne daß ein Wink noch not täte, in welchen Augenblicken der Geschichte erst die dualistische Fiktion eines guten und eines bösen Gottes möglich wird. Mit demselben Instinkte, mit dem die Unterworfnen ihren Gott zum »Guten an sich« herunterbringen, streichen sie aus dem Gotte ihrer Überwinder die guten Eigenschaften aus; sie nehmen Rache an ihren Herren, dadurch daß sie deren Gott *verteufeln*. – *Der gute* Gott, ebenso wie der Teufel: beide Ausgeburten der *décadence*. – Wie kann man heute noch der Einfalt christlicher Theologen so viel nachgeben, um mit ihnen zu dekretieren, die Fortentwicklung des Gottesbegriffs vom »Gotte Israels«, vom Volksgotte zum christlichen Gotte, zum Inbegriff alles Guten, sei ein *Fortschritt*? – Aber selbst Renan tut es. Als ob Renan ein Recht auf Einfalt hätte! Das Gegenteil springt doch in die Augen. Wenn die Voraussetzungen des *aufsteigenden* Lebens, wenn alles Starke, Tapfere, Herrische, Stolze aus dem Gottesbegriffe eliminiert werden, wenn er Schritt für Schritt zum Symbol eines Stabs für Müde, eines Rettungsankers für alle Ertrinkenden heruntersinkt, wenn er Arme-Leute-Gott, Sünder-Gott, Kranken-Gott *par excellence* wird, und das Prädikat »Heiland«, »Erlöser« gleichsam *übrig*bleibt als göttliches Prädikat überhaupt: *wovon* redet eine solche Verwandlung? eine solche *Reduktion* des Göttlichen? – Freilich: »das Reich Gottes« ist damit größer geworden. Ehemals hatte er nur sein Volk, sein »auserwähltes« Volk. Inzwischen ging er, ganz wie sein Volk selber, in die Fremde, auf Wanderschaft, er saß seitdem nirgendswo mehr still: bis er endlich überall heimisch wurde, der große Kosmopolit – bis er »die große Zahl« und die halbe Erde auf seine Seite bekam. Aber der Gott der »großen Zahl«, der Demokrat unter den Göttern, wurde trotzdem kein stolzer Heidengott: er blieb Jude, er blieb der Gott der Winkel, der Gott aller dunklen Ecken und Stellen, aller ungesunden Quartiere der ganzen Welt! ... Sein Weltreich ist nach wie vor ein Unterwelts- Reich, ein Hospital, ein *souterrain*-Reich, ein Ghetto-Reich ... Und er selbst, so blaß, so schwach, so *décadent* ... Selbst die blassesten der Blassen wurden noch über ihn Herr, die Herrn Metaphysiker, die Begriffs-Albinos. Diese spannen so lange um ihn herum, bis er, hypnotisiert durch ihre Bewegungen, selbst Spinne, selbst Metaphysicus wurde. Nunmehr spann er wieder die Welt aus sich heraus – *sub specie Spinozae* –, nunmehr transfigurierte er sich ins immer Dünnere und Blässere, ward »Ideal«, ward »reiner Geist«, war »*absolutum*«, ward »Ding an sich« ... Verfall eines Gottes: Gott ward »Ding an sich« ...

18

Der christliche Gottesbegriff – Gott als Krankengott, Gott als Spinne, Gott als Geist – ist einer der korruptesten Gottesbegriffe, die auf Erden erreicht worden sind; er stellt vielleicht selbst den Pegel des Tiefstands in der absteigenden Entwicklung des Götter-Typus dar. Gott zum *Widerspruch des Lebens* abgeartet, statt dessen Verklärung und ewiges *Ja* zu sein! In Gott dem Leben, der Natur, dem Willen zum Leben die Feindschaft angesagt! Gott die Formel für jede Verleumdung des »Diesseits«, für jede Lüge vom »Jenseits«! In Gott das Nichts vergöttlicht, der Wille zum Nichts heilig gesprochen! ...

19

Daß die starken Rassen des nördlichen Europa den christlichen Gott nicht von sich gestoßen haben, macht ihrer religiösen Begabung wahrlich keine Ehre – um nicht vom Geschmacke zu reden. Mit einer solchen krankhaften und altersschwachen Ausgeburt der *décadence* hätten sie fertig werden *müssen*. Aber es liegt ein Fluch dafür auf ihnen, daß sie nicht mit ihm fertig geworden sind: sie haben die Krankheit, das Alter, den Widerspruch in alle ihre Instinkte aufgenommen – sie haben seitdem keinen Gott mehr *geschaffen*! Zwei Jahrtausende beinahe und nicht ein einziger neuer Gott! Sondern immer noch und wie zu Recht bestehend, wie ein *ultimatum* und *maximum* der gottbildenden Kraft, des *creator spiritus* im Menschen, dieser erbarmungswürdige Gott des christlichen Monotono-Theismus! Dies hybride Verfalls-Gebilde aus Null, Begriff und Widerspruch, in dem alle *décadence*-Instinkte, alle Feigheiten und Müdigkeiten der Seele ihre Sanktion haben! – –

20

Mit meiner Verurteilung des Christentums möchte ich kein Unrecht gegen eine verwandte Religion begangen haben, die der Zahl der Bekenner nach sogar überwiegt: gegen den *Buddhismus*. Beide gehören als nihilistische Religionen zusammen – sie sind *décadence*-Religionen –, beide sind voneinander in der merkwürdigsten Weise getrennt. Daß man sie jetzt *vergleichen* kann, dafür ist der Kritiker des Christentums den indischen Gelehrten tief dankbar. – Der Buddhismus ist hundertmal realistischer als das Christentum – er hat die Erbschaft des objektiven und kühlen Probleme-Stellens im Leibe, er kommt *nach* einer Hunderte von Jahren dauernden philosophischen Bewegung; der Begriff »Gott« ist bereits abgetan, als er kommt. Der Buddhismus ist die einzige eigentlich *positivistische* Religion, die uns die Geschichte zeigt, auch noch in seiner Erkenntnistheorie (einem strengen Phänomenalismus –), er sagt nicht mehr »Kampf gegen die *Sünde*«, sondern, ganz der Wirklichkeit das Recht gebend, »Kampf gegen das *Leiden*«. Er hat – dies unterscheidet ihn tief vom Christentum – die Selbst-Betrügerei der Moral-Begriffe bereits hinter sich, – er steht, in meiner Sprache geredet, *jenseits* von Gut und Böse. – Die *zwei* physiologischen Tatsachen, auf denen er ruht und die er ins Auge faßt, sind: *einmal* eine übergroße Reizbarkeit der Sensibilität, welche sich als raffinierte Schmerzfähigkeit ausdrückt, *sodann* eine Übergeistigung, ein allzulanges Leben in Begriffen und logischen Prozeduren, unter dem der Person-Instinkt zum Vorteil des »Unpersönlichen« Schaden genommen hat (– beides Zustände, die wenigstens einige meiner Leser, die »Objektiven«, gleich mir selbst, aus Erfahrung kennen werden). Auf Grund dieser physiologischen Bedingungen ist eine *Depression* entstanden: gegen diese geht Buddha hygienisch vor. Er wendet dagegen das Leben im Freien an, das Wanderleben; die Mäßigung und die Wahl in der Kost; die Vorsicht gegen alle Spirituosa; die Vorsicht insgleichen gegen alle Affekte, die Galle machen, die das Blut erhitzen; keine *Sorge*, weder für sich, noch für andre. Er fordert Vorstellungen, die entweder Ruhe geben oder erheitern – er erfindet Mittel, die anderen sich abzugewöhnen. Er versteht die Güte, das Gütig-sein als gesundheit-fördernd. *Gebet* ist ausgeschlossen, ebenso wie die *Askese*; kein kategorischer Imperativ, kein *Zwang* überhaupt, selbst nicht innerhalb der Klostergemeinschaft (– man kann wieder hinaus –). Das alles wären Mittel, um jene übergroße Reizbarkeit zu verstärken. Eben darum fordert er auch keinen Kampf gegen Andersdenkende; seine Lehre wehrt sich gegen nichts *mehr* als gegen das Gefühl der Rache, der Abneigung, des *ressentiment* (– »nicht durch Feindschaft kommt Feindschaft zu Ende«: der rührende Refrain des ganzen Buddhismus ...). Und das mit Recht: gerade diese Affekte wären vollkommen *ungesund* in Hinsicht auf die diätetische Hauptabsicht. Die geistige Ermüdung, die er vorfindet und die sich in einer allzugroßen »Objektivität« (das heißt Schwächung des Individual-Interesses, Verlust an Schwergewicht, an »Egoismus«) ausdrückt, bekämpft er mit einer strengen Zurückführung auch der geistigsten Interessen auf die *Person*. In der Lehre Buddhas wird der Egoismus Pflicht: das »eins ist not«, das »wie kommst *du* vom Leiden los« reguliert und begrenzt die ganze geistige Diät (– man darf sich vielleicht an jenen Athener erinnern, der der reinen »Wissenschaftlichkeit« gleichfalls den Krieg machte, an Sokrates, der den Personal-Egoismus auch im Reich der Probleme zur Moral erhob).

21

Die Voraussetzung für den Buddhismus ist ein sehr mildes Klima, eine große Sanftmut und Liberalität in den Sitten, *kein* Militarismus; und daß es die höheren und selbst gelehrten Stände sind, in denen die Bewegung ihren Herd hat. Man will die Heiterkeit, die Stille, die Wunschlosigkeit als höchstes Ziel, und man *erreicht* sein Ziel. Der Buddhismus ist keine Religion, in der man bloß auf Vollkommenheit aspiriert: das Vollkommne ist der normale Fall.–

Im Christentume kommen die Instinkte Unterworfner und Unterdrückter in den Vordergrund: es sind die niedersten Stände, die in ihm ihr Heil suchen. Hier wird als *Beschäftigung*, als Mittel gegen die Langeweile die Kasuistik der Sünde, die Selbstkritik, die Gewissens-Inquisition geübt; hier wird der Affekt gegen einen *Mächtigen*, »Gott« genannt, beständig aufrecht erhalten (durch das Gebet); hier gilt das Höchste als unerreichbar, als Geschenk, als »Gnade«. Hier fehlt auch die Öffentlichkeit; der Versteck, der dunkle Raum ist christlich. Hier wird der Leib verachtet, die Hygiene als Sinnlichkeit abgelehnt; die Kirche wehrt sich selbst gegen die Reinlichkeit (– die erste christliche Maßregel nach Vertreibung der Mauren war die Schließung der öffentlichen Bäder, von denen Cordova allein 270 besaß). Christlich ist ein gewisser Sinn der Grausamkeit gegen sich und andre; der Haß gegen die Andersdenkenden; der Wille, zu verfolgen. Düstere und aufregende Vorstellungen sind im Vordergrunde; die höchstbegehrten, mit den höchsten Namen bezeichneten Zustände sind Epilepsoïden; die Diät wird so gewählt, daß sie morbide Erscheinungen begünstigt und die Nerven überreizt. Christlich ist die Todfeindschaft gegen die Herren der Erde, gegen die »Vornehmen« – und zugleich ein versteckter heimlicher Wettbewerb (– man läßt ihnen den »Leib«, man will *nur* die »Seele« . . .). Christlich ist der Haß gegen den *Geist*, gegen Stolz, Mut, Freiheit, *libertinage* des Geistes; christlich ist der Haß gegen die *Sinne*, gegen die Freuden der Sinne, gegen die Freude überhaupt . . .

22

Das Christentum, als es seinen ersten Boden verließ, die niedrigsten Stände, die *Unterwelt* der antiken Welt, als es unter Barbaren-Völkern nach Macht ausging, hatte hier nicht mehr *müde* Menschen zur Voraussetzung, sondern innerlich verwilderte und sich zerreißende – den starken Menschen, aber den mißratnen. Die Unzufriedenheit mit sich, das Leiden an sich ist hier *nicht* wie bei dem Buddhisten eine übermäßige Reizbarkeit und Schmerzfähigkeit, vielmehr umgekehrt ein übermächtiges Verlangen nach Wehe-tun, nach Auslassung der inneren Spannung in feindseligen Handlungen und Vorstellungen. Das Christentum hatte *barbarische* Begriffe und Werte nötig, um über Barbaren Herr zu werden: solche sind das Erstlingsopfer, das Bluttrinken im Abendmahl, die Verachtung des Geistes und der Kultur; die Folterung in allen Formen, sinnlich und unsinnlich; der große Pomp des Kultus. Der Buddhismus ist eine Religion für *späte*

Menschen, für gütige, sanfte, übergeistig gewordne Rassen, die zu leicht Schmerz empfinden (– Europa ist noch lange nicht reif für ihn –): er ist eine Rückführung derselben zu Frieden und Heiterkeit, zur Diät im Geistigen, zu einer gewissen Abhärtung im Leiblichen. Das Christentum will über *Raubtiere* Herr werden; sein Mittel ist, sie *krank* zu machen – die Schwächung ist das christliche Rezept zur *Zähmung*, zur »Zivilisation«. Der Buddhismus ist eine Religion für den Schluß und die Müdigkeit der Zivilisation, das Christentum findet sie noch nicht einmal vor – es begründet sie unter Umständen.

23

Der Buddhismus, nochmals gesagt, ist hundertmal kälter, wahrhafter, objektiver. Er hat nicht mehr nötig, sich sein Leiden, seine Schmerzfähigkeit *anständig* zu machen durch die Interpretation der Sünde – er sagt bloß, was er denkt, »ich leide«. Dem Barbaren dagegen ist Leiden an sich nichts Anständiges: er braucht erst eine Auslegung, um es sich einzugestehn, *daß* er leidet (sein Instinkt weist ihn eher auf Verleugnung des Leidens, auf stilles Ertragen hin). Hier war das Wort »Teufel« eine Wohltat: man hatte einen übermächtigen und furchtbaren Feind – man brauchte sich nicht zu schämen, an einem solchen Feind zu leiden. –

Das Christentum hat einige Feinheiten auf dem Grunde, die zum Orient gehören. Vor allem weiß es, daß es an sich ganz gleichgültig ist, ob etwas wahr ist, aber von höchster Wichtigkeit, *sofern* es als wahr geglaubt wird. Die Wahrheit und der *Glaube*, daß etwas wahr sei: zwei ganz auseinanderliegende Interessen-Welten, fast *Gegensatz*-Welten – man kommt zum einen und zum andern auf grundverschiednen Wegen. Hierüber wissend zu sein – das *macht* im Orient beinahe den Weisen: so verstehen es die Brahmanen, so versteht es Plato, so jeder Schüler esoterischer Weisheit. Wenn zum Beispiel ein *Glück* darin liegt, sich von der Sünde erlöst zu glauben, so tut als Voraussetzung dazu *nicht* not, daß der Mensch sündig sei, sondern daß er sich sündig *fühlt*. Wenn aber überhaupt vor allem *Glaube* not tut, so muß man die Vernunft, die Erkenntnis, die Forschung in Mißkredit bringen: der Weg zur Wahrheit wird zum *verbotnen* Weg. – Die starke *Hoffnung* ist ein viel größeres *Stimulans* des Lebens, als irgendein einzelnes wirklich eintretendes Glück. Man muß Leidende durch eine Hoffnung aufrecht erhalten, welcher durch keine Wirklichkeit widersprochen werden kann – welche nicht durch eine Erfüllung *abgetan* wird: eine Jenseits-Hoffnung. (Gerade wegen dieser Fähigkeit, den Unglücklichen hinzuhalten, galt die Hoffnung bei den Griechen als Übel der Übel, als das eigentlich *tückische* Übel: es blieb im Faß des Übels zurück.) – Damit *Liebe* möglich ist, muß Gott Person sein; damit die untersten Instinkte mitreden können, muß Gott jung sein. Man hat für die Inbrunst der Weiber einen schönen Heiligen, für die der Männer eine Maria in den Vordergrund zu rücken. Dies unter der Voraussetzung, daß das Christentum auf einem Boden Herr werden will, wo aphrodisische oder Adonis-Kulte den *Begriff* des Kultus bereits bestimmt haben. Die Forderung der *Keuschheit* verstärkt die Vehemenz und Innerlichkeit des religiösen Instinkts – sie macht den Kultus wärmer, schwärmerischer, seelenvoller. – Die Liebe ist der Zustand, wo der Mensch die Dinge am meisten so sieht, wie sie *nicht* sind. Die illusorische Kraft ist da auf ihrer Höhe, ebenso die versüßende, die *verklärende* Kraft. Man erträgt in der Liebe mehr als sonst, man duldet alles. Es galt eine Religion zu erfinden, in der geliebt werden kann: damit ist man über das Schlimmste am Leben hinaus – man sieht es gar nicht mehr. – Soviel über die drei christlichen Tugenden Glaube, Liebe, Hoffnung: ich nenne sie die drei christlichen *Klugheiten.* – Der Buddhismus ist zu spät, zu positivistisch dazu, um noch auf diese Weise klug zu sein. –

24

Ich berühre hier nur das Problem der *Entstehung* des Christentums. Der *erste* Satz zu dessen Lösung heißt: das Christentum ist einzig aus dem Boden zu verstehn, aus dem es gewachsen ist – es ist *nicht* eine Gegenbewegung gegen den jüdischen Instinkt, es ist dessen Folgerichtigkeit selbst, ein Schluß weiter in dessen furchteinflößender Logik. In der Formel des Erlösers: »Das Heil kommt von den Juden«. – Der *zweite* Satz heißt: der psychologische Typus des Galiläers ist noch erkennbar, aber erst in seiner vollständigen Entartung (die zugleich Verstümmlung und Überladung mit fremden Zügen ist –) hat er dazu dienen können, wozu er gebraucht worden ist, zum Typus eines *Erlösers* der Menschheit. –

Die Juden sind das merkwürdigste Volk der Weltgeschichte, weil sie, vor die Frage von Sein und Nichtsein gestellt, mit einer vollkommen unheimlichen Bewußtheit das Sein *um jeden Preis* vorgezogen haben: dieser Preis war die radikale *Fälschung* aller Natur, aller Natürlichkeit, aller Realität, der ganzen inneren Welt so gut als der äußeren. Sie grenzten sich ab *gegen* alle Bedingungen, unter denen bisher ein Volk leben konnte, leben *durfte;* sie schufen aus sich einen Gegensatz-Begriff zu *natürlichen* Bedingungen – sie haben, der Reihe nach, die Religion, den Kultus, die Moral, die Geschichte, die Psychologie auf eine unheilbare Weise in den *Widerspruch zu deren Natur-Werten* umgedreht. Wir begegnen demselben Phänomene noch einmal und in unsäglich vergrößerten Proportionen, trotzdem nur als Kopie – die christliche Kirche entbehrt, im Vergleich zum »Volk der Heiligen«, jedes Anspruchs auf Originalität. Die Juden sind, ebendamit, das *verhängnisvollste* Volk der Weltgeschichte: in ihrer Nachwirkung haben sie die Menschheit dermaßen falsch gemacht, daß heute noch der Christ antijüdisch fühlen kann, ohne sich als die *letzte jüdische Konsequenz* zu verstehn.

Ich habe in meiner »Genealogie der Moral« zum ersten Male den Gegensatz-Begriff einer *vornehmen* Moral und einer *ressentiment*-Moral psychologisch vorgeführt, letztere *aus dem Nein* gegen die erstere entsprungen: aber dies ist die jüdisch-christliche Moral ganz und gar. Um Nein sagen zu können zu allem, was die *aufsteigende* Bewegung des Lebens, die Wohlgeratenheit, die Macht, die Schönheit, die Selbstbejahung auf Erden darstellt, mußte hier sich der Genie gewordne Instinkt des *ressentiment* eine *andre* Welt erfinden, von wo aus jene *Lebens-Bejahung* als das Böse, als das Verwerfliche an sich erschien. Psychologisch nachgerechnet, ist das jüdische Volk ein Volk der zähesten Lebenskraft, welches, unter unmögliche Bedingungen versetzt, freiwillig, aus der tiefsten Klugheit der Selbsterhaltung, die Partei aller *décadence*-Instinkte nimmt – *nicht* als von ihnen beherrscht, sondern weil es in ihnen eine Macht erriet, mit der man sich *gegen* »die Welt« durchsetzen kann. Die Juden sind das Gegenstück aller *décadents*: sie haben sie *darstellen* müssen bis zur Illusion, sie haben sich mit einem *non plus ultra* des schauspielerischen Genies, an die Spitze aller *décadence*-Bewegungen zu stellen gewußt (– als Christentum des *Paulus* –), um aus ihnen etwas zu schaffen, das stärker ist als jede *Ja-sagende* Partei des Lebens. Die *décadence* ist, für die im Juden- und Christentum zur Macht verlangende Art von Mensch, eine *priesterliche* Art, nur *Mittel*: diese Art von Mensch hat ein Lebens-Interesse daran, die Menschheit *krank* zu machen und die Begriffe »gut« und »böse«, »wahr« und »falsch« in einen lebensgefährlichen und weltverleumderischen Sinn umzudrehn. –

25

Die Geschichte Israels ist unschätzbar als typische Geschichte aller *Entnatürlichung* der Natur-Werte: ich deute fünf Tatsachen derselben an. Ursprünglich, vor allem in der Zeit des Königtums, stand auch Israel zu allen Dingen in der *richtigen*, das heißt der natürlichen Beziehung. Sein Javeh war der Ausdruck des Macht-Bewußtseins, der Freude an sich, der Hoffnung auf sich: in ihm erwartete man Sieg und Heil, mit ihm vertraute man der Natur, daß sie gibt, was das Volk nötig hat – vor allem Regen. Javeh ist der Gott Israels und *folglich* Gott der Gerechtigkeit: die Logik jedes Volks, das in Macht ist und ein gutes Gewissen davon hat. Im Fest-Kultus drücken sich diese beiden Seiten der Selbstbejahung eines Volkes aus: es ist dankbar für die großen Schicksale, durch die es obenauf kam, es ist dankbar im Verhältnis zum Jahreskreislauf und allem Glück in Viehzucht und Ackerbau. – Dieser Zustand der Dinge blieb noch lange das Ideal, auch als er auf eine traurige Weise abgetan war: die Anarchie im Innern, der Assyrer von außen. Aber das Volk hielt als höchste Wünschbarkeit jene Vision eines Königs fest, der ein guter Soldat und ein strenger Richter ist: vor allem jener typische Prophet (das heißt Kritiker und Satiriker des Augenblicks) Jesaja. – Aber jede Hoffnung blieb unerfüllt. Der alte Gott *konnte* nichts mehr von dem, was er ehemals konnte. Man hätte ihn fahren lassen sollen. Was geschah? Man *veränderte* seinen Begriff – man *entnatürlichte* seinen Begriff: um diesen Preis hielt man ihn fest. – Javeh der Gott der »Gerechtigkeit« – *nicht mehr* eine Einheit mit Israel, ein Ausdruck des Volks-Selbstgefühls: nur noch ein Gott unter Bedingungen ... Sein Begriff wird ein Werkzeug in den Händen priesterlicher Agitatoren, welche alles Glück nunmehr als Lohn, alles Unglück als Strafe für Ungehorsam gegen Gott, für »Sünde« interpretieren: jene verlogenste Interpretations-Manier einer angeblich »sittlichen Weltordnung«, mit der, ein für allemal, der Naturbegriff »Ursache« und »Wirkung« auf den Kopf gestellt ist. Wenn man erst, mit Lohn und Strafe, die natürliche Kausalität aus der Welt geschafft hat, bedarf man einer *widernatürlichen* Kausalität: der ganze Rest von Unnatur folgt nunmehr. Ein Gott, der *fordert* – an Stelle eines Gottes, der hilft, der Rat schafft, der im Grunde das Wort ist für jede glückliche Inspiration des Muts und des Selbstvertrauens ... Die *Moral* nicht mehr der Ausdruck der Lebens- und Wachstums-Bedingungen eines Volks, nicht mehr sein unterster Instinkt des Lebens, sondern abstrakt geworden, Gegensatz zum Leben geworden – Moral als grundsätzliche Verschlechterung der Phantasie, als »böser Blick« für alle Dinge. *Was* ist jüdische, *was* ist christliche Moral? Der Zufall um seine Unschuld gebracht; das Unglück mit dem Begriff »Sünde« beschmutzt; das Wohlbefinden als Gefahr, als »Versuchung«; das physiologische Übelbefinden mit dem Gewissens-Wurm vergiftet ...

26

Der Gottesbegriff gefälscht; der Moralbegriff gefälscht – die jüdische Priesterschaft blieb dabei nicht stehn. Man konnte die ganze *Geschichte* Israels nicht brauchen: fort mit ihr! – Diese Priester haben jenes Wunderwerk von Fälschung zustande gebracht, als deren Dokumente uns ein guter Teil der Bibel vorliegt: sie haben ihre eigne Volks-Vergangenheit mit einem Hohn ohnegleichen gegen jede Überlieferung, gegen jede historische Realität, *ins Religiöse übersetzt,* das heißt, aus ihr einen stupiden Heils-Mechanismus von Schuld gegen Javeh und Strafe, von Frömmigkeit gegen Javeh und Lohn gemacht. Wir würden diesen schmachvollsten Akt der Geschichts-Fälschung viel schmerzhafter empfinden, wenn uns nicht die *kirchliche* Geschichts-Interpretation von Jahrtausenden fast stumpf für die Forderungen der Rechtschaffenheit *in historicis* gemacht hätte. Und der Kirche sekundierten die Philosophen: die *Lüge* der »sittlichen Weltordnung«

geht durch die ganze Entwicklung selbst der neueren Philosophie. Was bedeutet »sittliche Weltordnung«? Daß es, ein für allemal, einen Willen Gottes gibt, was der Mensch zu tun, was er zu lassen habe; daß der Wert eines Volkes, eines einzelnen sich danach bemesse, wie sehr oder wie wenig dem Willen Gottes gehorcht wird; daß in den Schicksalen eines Volkes, eines einzelnen sich der Wille Gottes als *herrschend*, das heißt als strafend und belohnend, je nach dem Grade des Gehorsams, beweist. – Die *Realität* an Stelle dieser erbarmungswürdigen Lüge heißt: eine parasitische Art Mensch, die nur auf Kosten aller gesunden Bildungen des Lebens gedeiht, der *Priester*, mißbraucht den Namen Gottes: er nennt einen Zustand der Gesellschaft, in dem der Priester den Wert der Dinge bestimmt, »das Reich Gottes«; er nennt die Mittel, vermöge deren ein solcher Zustand erreicht oder aufrechterhalten wird, »den Willen Gottes«; er mißt, mit einem kaltblütigen Zynismus, die Völker, die Zeiten, die einzelnen danach ab, ob sie der Priester-Übermacht nützten oder widerstrebten. Man sehe sie am Werk: unter den Händen der jüdischen Priester wurde die *große* Zeit in der Geschichte Israels eine Verfalls-Zeit, das Exil, das lange Unglück verwandelte sich in eine ewige *Strafe* für die große Zeit – eine Zeit, in der der Priester noch nichts war. Sie haben aus den mächtigen, *sehr frei* geratenen Gestalten der Geschichte Israels, je nach Bedürfnis, armselige Ducker und Mucker oder »Gottlose« gemacht, sie haben die Psychologie jedes großen Ereignisses auf die Idioten-Formel »Gehorsam *oder* Ungehorsam gegen Gott« vereinfacht. – Ein Schritt weiter: der »Wille Gottes« (das heißt die Erhaltungs-Bedingungen für die Macht des Priesters) muß *bekannt* sein – zu diesem Zwecke bedarf es einer »Offenbarung«. Auf deutsch: eine große literarische Fälschung wird nötig, eine »heilige Schrift« wird entdeckt – unter allem hieratischen Pomp, mit Bußtagen und Jammergeschrei über die lange »Sünde« wird sie öffentlich gemacht. Der »Wille Gottes« stand längst fest: das ganze Unheil liegt darin, daß man sich der »heiligen Schrift« entfremdet hat ... Moses schon war der »Wille Gottes« offenbart ... Was war geschehn? Der Priester hatte, mit Strenge, mit Pedanterie, bis auf die großen und kleinen Steuern, die man ihm zu zahlen hatte (– die schmackhaftesten Stücke vom Fleisch nicht zu vergessen: denn der Priester ist ein Beefsteak-Fresser), ein für allemal formuliert, *was er haben will*, »was der Wille Gottes ist« ... Von nun an sind alle Dinge des Lebens so geordnet, daß der Priester *überall unentbehrlich* ist; in allen natürlichen Vorkommnissen des Lebens, bei der Geburt, der Ehe, der Krankheit, dem Tode, gar nicht vom »Opfer« (der Mahlzeit) zu reden, erscheint der heilige Parasit, um sie zu *entnatürlichen* – in seiner Sprache: zu »heiligen« ... Denn dies muß man begreifen: jede natürliche Sitte, jede natürliche Institution (Staat, Gerichtsordnung, Ehe, Kranken- und Armenpflege), jede vom Instinkt des Lebens eingegebne Forderung, kurz alles, was seinen Wert *in sich* hat, wird durch den Parasitismus des

Priesters (oder der »sittlichen Weltordnung«) grundsätzlich wertlos, wert*widrig* gemacht: es bedarf nachträglich einer Sanktion – eine *wertverleihende* Macht tut not, welche die Natur darin verneint, welche eben damit erst einen Wert *schafft* ... Der Priester entwertet, *entheiligt* die Natur: um diesen Preis besteht er überhaupt. – Der Ungehorsam gegen Gott, das heißt gegen den Priester, gegen »das Gesetz«, bekommt nun den Namen »Sünde«; die Mittel, sich wieder »mit Gott zu versöhnen«, sind, wie billig, Mittel, mit denen die Unterwerfung unter den Priester nur noch gründlicher gewährleistet ist: der Priester allein »erlöst« ... Psychologisch nachgerechnet, werden in jeder priesterlich organisierten Gesellschaft die »Sünden« unentbehrlich: sie sind die eigentlichen Handhaben der Macht, der Priester *lebt* von den Sünden, er hat nötig, daß »gesündigt« wird ... Oberster Satz: »Gott vergibt dem, der Buße tut« – auf deutsch: *der sich dem Priester unterwirft.* –

27

Auf einem dergestalt *falschen* Boden, wo jede Natur, jeder Naturwert, jede *Realität* die tiefsten Instinkte der herrschenden Klasse wider sich hatte, wuchs das *Christentum* auf, eine Todfeindschafts-Form gegen die Realität, die bisher nicht übertroffen worden ist. Das »heilige Volk«, das für alle Dinge nur Priester-Werte, nur Priester-Worte übrig behalten hatte und mit einer Schluß-Folgerichtigkeit, die Furcht einflößen kann, alles, was sonst noch an Macht auf Erden bestand, als »unheilig«, als »Welt«, als »Sünde« von sich abgetrennt hatte – dies Volk brachte für seinen Instinkt eine letzte Formel hervor, die logisch war bis zur Selbstverneinung: es verneinte, als *Christentum*, noch die letzte Form der Realität, das »heilige Volk«, das »Volk der Ausgewählten«, die *jüdische* Realität selbst. Der Fall ist ersten Rangs: die kleine aufständische Bewegung, die auf den Namen des Jesus von Nazareth getauft wird, ist der jüdische Instinkt *noch einmal* – anders gesagt, der Priester-Instinkt, der den Priester als Realität nicht mehr verträgt, die Erfindung einer noch *abgezogneren* Daseinsform, einer noch *unrealeren* Vision der Welt, als sie die Organisation einer Kirche bedingt. Das Christentum *verneint* die Kirche ..

Ich sehe nicht ab, wogegen der Aufstand gerichtet war, als dessen Urheber Jesus verstanden oder *mißverstanden* worden ist, wenn es nicht der Aufstand gegen die jüdische Kirche war – »Kirche« genau in dem Sinn genommen, in dem wir heute das Wort nehmen. Es war ein Aufstand gegen »die Guten und Gerechten«, gegen »die Heiligen Israels«, gegen die Hierarchie der Gesellschaft – *nicht* gegen deren Verderbnis, sondern gegen die Kaste, das Privilegium, die Ordnung, die Formel; es war der *Unglaube* an die »höheren Menschen«, das *Nein* gesprochen gegen alles, was Priester und Theologe war. Aber die Hierarchie, die damit, wenn auch nur für einen Augenblick, in Frage gestellt wurde, war der Pfahlbau, auf dem das jüdische Volk, mitten im »Wasser«, überhaupt noch fortbestand – die mühsam errungene *letzte* Möglichkeit, übrigzubleiben, das Residuum seiner politischen Sonder-Existenz: ein Angriff auf sie war ein Angriff auf den tiefsten Volks-Instinkt, auf den zähesten Volks-Lebenswillen, der je auf Erden dagewesen ist. Dieser heilige Anarchist, der das niedere Volk, die Ausgestoßnen und »Sünder«, die *Tschandala* innerhalb des Judentums zum Widerspruch gegen die herrschende Ordnung aufrief – mit einer Sprache, falls den Evangelien zu trauen wäre, die auch heute noch nach Sibirien führen würde, war ein politischer Verbrecher, so weit eben politische Verbrecher in einer *absurd-unpolitischen* Gemeinschaft möglich waren. Dies brachte ihn ans Kreuz: der Beweis dafür ist die Aufschrift des Kreuzes. Er starb für *seine* Schuld – es fehlt jeder Grund dafür, so oft es auch behauptet worden ist, daß er für die Schuld andrer starb. –

28

Eine vollkommen andre Frage ist es, ob er einen solchen Gegensatz überhaupt im Bewußtsein hatte – ob er nicht bloß als dieser Gegensatz *empfunden* wurde. Und hier erst berühre ich das Problem der *Psychologie des Erlösers*. – Ich bekenne, daß ich wenige Bücher mit solchen Schwierigkeiten lese wie die Evangelien. Diese Schwierigkeiten sind andre als die, an deren Nachweis die gelehrte Neugierde des deutschen Geistes einen ihrer unvergeßlichsten Triumphe gefeiert hat. Die Zeit ist fern, wo auch ich, gleich jedem jungen Gelehrten, mit der klugen Langsamkeit eines raffinierten Philologen das Werk des unvergleichlichen Strauß auskostete. Damals war ich zwanzig Jahre alt: jetzt bin ich zu ernst dafür. Was gehen mich die Widersprüche der »Überlieferung« an? Wie kann man Heiligen-Legenden überhaupt »Überlieferung« nennen! Die Geschichten von Heiligen sind die zweideutigste Literatur, die es überhaupt gibt: auf sie die wissenschaftliche Methode anwenden, *wenn sonst keine Urkunden vorliegen,* scheint mir von vornherein verurteilt – bloß gelehrter Müßiggang ...

29

Was *mich* angeht, ist der psychologische Typus des Erlösers. Derselbe *könnte* ja in den Evangelien enthalten sein trotz den Evangelien, wie sehr auch immer verstümmelt oder mit fremden Zügen überladen: wie der des Franziskus von Assisi in seinen Legenden erhalten ist trotz seinen Legenden. *Nicht* die Wahrheit darüber, was er getan, was er gesagt, wie er eigentlich gestorben ist: sondern die Frage, *ob* sein Typus überhaupt noch vorstellbar, ob er »überliefert« ist? – Die Versuche, die ich kenne, aus den Evangelien sogar die *Geschichte* einer »Seele« herauszulesen, scheinen mir Beweise einer verabscheuungswürdigen psychologischen Leichtfertigkeit. Herr Renan, dieser Hanswurst *in psychologicis,* hat die zwei *ungehörigsten* Begriffe zu seiner Erklärung des Typus Jesus hinzugebracht, die es hierfür geben kann: den Begriff *Genie* und den Begriff *Held* (*»héros«*). Aber wenn irgend etwas unevangelisch ist, so ist es der Begriff Held. Gerade der Gegensatz zu allem Ringen, zu allem Sich-in-Kampf-fühlen ist hier Instinkt geworden: die Unfähigkeit zum Widerstand wird hier Moral (»widerstehe nicht dem Bösen!« das tiefste Wort der Evangelien, ihr Schlüssel in gewissem Sinne), die Seligkeit im Frieden, in der Sanftmut, im Nicht-feind-sein-*können.* Was heißt »frohe Botschaft«? Das wahre Leben, das ewige Leben ist gefunden, – es wird nicht verheißen, es ist da, es ist *in euch*: als Leben in der Liebe, in der Liebe ohne Abzug und Ausschluß, ohne Distanz. Jeder ist das Kind Gottes – Jesus nimmt durchaus nichts für sich allein in Anspruch –, als Kind Gottes ist jeder mit jedem gleich ... Aus Jesus einen *Helden* machen! – Und was für ein Mißverständnis ist gar das Wort »Genie«! Unser ganzer Begriff, unser Kultur-Begriff »Geist« hat in der Welt, in der Jesus lebt, gar keinen Sinn. Mit der Strenge des Physiologen gesprochen, wäre hier ein ganz andres Wort eher noch am Platz: das Wort Idiot. Wir kennen einen Zustand krankhafter Reizbarkeit des *Tastsinns,* der dann vor jeder Berührung, vor jedem Anfassen eines festen Gegenstandes zurückschaudert. Man übersetze sich einen solchen physiologischen *habitus* in seine letzte Logik – als Instinkt-Haß gegen *jede* Realität, als Flucht ins »Unfaßliche«, ins »Unbegreifliche«, als Widerwille gegen jede Formel, jeden Zeit- und Raumbegriff, gegen alles, was fest, Sitte, Institution, Kirche ist, als Zu-Hause-sein in einer Welt, an die keine Art Realität mehr rührt, einer bloß noch »inneren« Welt, einer »wahren« Welt, einer »ewigen« Welt ... »Das Reich Gottes *ist in euch*« ...

30

Der Instinkt-Haß gegen die Realität: Folge einer extremen Leid- und Reizfähigkeit, welche überhaupt nicht mehr »berührt« werden will, weil sie jede Berührung zu tief empfindet.

Die Instinkt-Ausschließung aller Abneigung, aller Feindschaft, aller Grenzen und Distanzen im Gefühl: Folge einer extremen Leid- und Reizfähigkeit, welche jedes Widerstreben, Widerstreben-müssen bereits als unerträgliche *Unlust* (das heißt als *schädlich,* als vom Selbsterhaltungs-Instinkte *widerraten*) empfindet und die Seligkeit (die Lust) allein darin kennt, nicht mehr, niemandem mehr, weder dem Übel noch dem Bösen,

Widerstand zu leisten – die Liebe als einzige, als *letzte* Lebens-Möglichkeit...

Dies sind die zwei *physiologischen Realitäten,* auf denen, aus denen die Erlösungs-Lehre gewachsen ist. Ich nenne sie eine sublime Weiter-Entwicklung des Hedonismus auf durchaus morbider Grundlage. Nächstverwandt, wenn auch mit einem großen Zuschuß von griechischer Vitalität und Nervenkraft, bleibt ihr der Epikureismus, die Erlösungs-Lehre des Heidentums. Epikur ein *typischer décadent*: zuerst von mir als solcher erkannt. – Die Furcht vor Schmerz, selbst vor dem Unendlich-Kleinen im Schmerz – sie *kann* gar nicht anders enden als in einer *Religion der Liebe* ...

31

Ich habe meine Antwort auf das Problem vorweg gegeben. Die Voraussetzung für sie ist, daß der Typus des Erlösers uns nur in einer starken Entstellung erhalten ist. Diese Entstellung hat an sich viel Wahrscheinlichkeit: ein solcher Typus konnte aus mehreren Gründen nicht rein, nicht ganz, nicht frei von Zutaten bleiben. Es muß sowohl das Milieu, in dem sich diese fremde Gestalt bewegte, Spuren an ihm hinterlassen haben, als noch mehr die Geschichte, das *Schicksal* der ersten christlichen Gemeinde: aus ihm wurde, rückwirkend, der Typus mit Zügen bereichert, die erst aus dem Kriege und zu Zwecken der Propaganda verständlich werden. Jene seltsame und kranke Welt, in die uns die Evangelien einführen – eine Welt, wie aus einem russischen Romane, in der sich Auswurf der Gesellschaft, Nervenleiden und »kindliches« Idiotentum ein Stelldichein zu geben scheinen – muß unter allen Umständen den Typus *vergröbert* haben: die ersten Jünger insonderheit übersetzten ein ganz in Symbolen und Unfaßlichkeiten schwimmendes Sein erst in die eigne Krudität, um überhaupt etwas davon zu verstehn, – für sie war der Typus erst nach einer Einformung in bekanntere Formen *vorhanden* ... Der Prophet, der Messias, der zukünftige Richter, der Morallehrer, der Wundermann, Johannes der Täufer – ebensoviele Gelegenheiten, den Typus zu verkennen ... Unterschätzen wir endlich das *proprium* aller großen, namentlich sektiererischen Verehrung nicht: sie löscht die originalen, oft peinlich-fremden Züge und Idiosynkrasien an dem verehrten Wesen aus – *sie sieht sie selbst nicht.* Man hätte zu bedauern, daß nicht ein Dostojewskij in der Nähe dieses interessantesten *décadent* gelebt hat, ich meine, jemand, der gerade den ergreifenden Reiz einer solchen Mischung von Sublimem, Krankem und Kindlichem zu empfinden wußte. Ein letzter Gesichtspunkt: der Typus *könnte* als *décadence*-Typus, tatsächlich von einer eigentümlichen Vielheit und Widersprüchlichkeit gewesen sein: eine solche Möglichkeit ist nicht völlig auszuschließen. Trotzdem rät alles ab von ihr:

gerade die Überlieferung würde für diesen Fall eine merkwürdig treue und objektive sein müssen: wovon wir Gründe haben das Gegenteil anzunehmen. Einstweilen klafft ein Widerspruch zwischen dem Berg-, See- und Wiesenprediger, dessen Erscheinung wie ein Buddha auf einem sehr wenig indischen Boden anmutet, und jenem Fanatiker des Angriffs, dem Theologen- und Priester-Todfeind, den Renans Bosheit als *»le grand maître en ironie«* verherrlicht hat. Ich selber zweifle nicht daran, daß das reichliche Maß Galle (und selbst von *esprit*) erst aus dem erregten Zustand der christlichen Propaganda auf den Typus des Meisters übergeflossen ist: man kennt ja reichlich die Unbedenklichkeit aller Sektierer, aus ihrem Meister sich ihre *Apologie* zurecht zu machen. Als die erste Gemeinde einen richtenden, hadernden, zürnenden, bösartig spitzfindigen Theologen nötig hatte, *gegen* Theologen, *schuf* sie sich ihren »Gott« nach ihrem Bedürfnisse: wie sie ihm auch jene völlig unevangelischen Begriffe, die sie jetzt nicht entbehren konnte, »Wiederkunft«, »Jüngstes Gericht«, jede Art zeitlicher Erwartung und Verheißung, ohne Zögern in den Mund gab. –

32

Ich wehre mich, nochmals gesagt, dagegen, daß man den Fanatiker in den Typus des Erlösers einträgt: das Wort *impérieux*, das Renan gebraucht, *annulliert* allein schon den Typus. Die »gute Botschaft« ist eben, daß es keine Gegensätze mehr gibt; das Himmelreich gehört den *Kindern;* der Glaube, der hier laut wird, ist kein erkämpfter Glaube – er ist da, er ist von Anfang, er ist gleichsam eine ins Geistige zurücktretende Kindlichkeit. Der Fall der verzögerten und im Organismus unausgebildeten Pubertät, als Folgeerscheinung der Degenereszenz, ist wenigstens den Physiologen vertraut. – Ein solcher Glaube zürnt nicht, tadelt nicht, wehrt sich nicht: er bringt nicht »das Schwert« – er ahnt gar nicht, inwiefern er einmal trennen könnte. Er beweist sich nicht, weder durch Wunder, noch durch Lohn und Verheißung, noch gar »durch die Schrift«: er selbst ist jeden Augenblick sein Wunder, sein Lohn, sein Beweis, sein »Reich Gottes«. Dieser Glaube formuliert sich auch nicht – er *lebt*, er wehrt sich gegen Formeln. Freilich bestimmt der Zufall der Umgebung, der Sprache, der Vorbildung einen gewissen Kreis von Begriffen: das erste Christentum handhabt *nur* jüdisch-semitische Begriffe (– das Essen und Trinken beim Abendmahl gehört dahin, jener von der Kirche, wie alles Jüdische, so schlimm mißbrauchte Begriff). Aber man hüte sich, darin mehr als eine Zeichenrede, eine Semiotik, eine Gelegenheit zu Gleichnissen zu sehn. Gerade, daß kein Wort wörtlich genommen wird, ist diesem Anti-Realisten die Vorbedingung, um überhaupt reden zu können. Unter Indern würde er sich der Sânkhyam-Begriffe, unter Chinesen der des Laotse bedient haben – und keinen Unterschied dabei fühlen. – Man könnte, mit einiger Toleranz im Ausdruck, Jesus einen »freien Geist« nennen – er macht sich aus allem Festen nichts: das Wort *tötet*, alles, was fest ist, *tötet*. Der Begriff, die *Erfahrung* »Leben«, wie er sie allein kennt, widerstrebt bei ihm jeder Art Wort, Formel, Gesetz, Glaube, Dogma. Er redet bloß vom Innersten: »Leben« oder »Wahrheit« oder »Licht« ist sein Wort für das Innerste – alles Übrige, die ganze Realität, die ganze Natur, die Sprache selbst, hat für ihn bloß den Wert eines Zeichens, eines Gleichnisses. – Man darf sich an dieser Stelle durchaus nicht vergreifen, so groß auch die Verführung ist, welche im christlichen, will sagen *kirchlichen* Vorurteil liegt: ein solcher Symbolist *par excellence* steht außerhalb aller Religion, aller Kult-Begriffe, aller Historie, aller Naturwissenschaft, aller Welt-Erfahrung, aller Kenntnisse, aller Politik, aller Psychologie, aller Bücher, aller Kunst – sein »Wissen« ist eben die *reine Torheit* darüber, *daß* es etwas dergleichen gibt. Die *Kultur* ist ihm nicht einmal vom Hörensagen bekannt, er hat keinen Kampf gegen sie nötig – er verneint sie nicht... Dasselbe gilt vom *Staat*, von der ganzen bürgerlichen Ordnung und Gesellschaft, von der *Arbeit*, vom Kriege – er hat nie einen Grund gehabt, »die Welt« zu verneinen, er hat den kirchlichen Begriff »Welt« nie geahnt... Das *Verneinen* ist eben das ihm ganz Unmögliche –. Insgleichen fehlt die Dialektik, es fehlt die Vorstellung davon, daß ein Glaube, eine »Wahrheit« durch Gründe bewiesen werden könnte (– *seine* Beweise sind innere »Lichter«, innere Lustgefühle und Selbstbejahungen, lauter »Beweise der Kraft« –). Eine solche Lehre *kann* auch nicht widersprechen: sie begreift gar nicht, daß es andre Lehren gibt, geben *kann*, sie weiß sich ein gegenteiliges Urteilen gar nicht vorzustellen... Wo sie es antrifft, wird sie aus innerstem Mitgefühle über »Blindheit« trauern – denn sie sieht das »Licht« –, aber keinen Einwand machen...

33

In der ganzen Psychologie des »Evangeliums« fehlt der Begriff Schuld und Strafe; insgleichen der Begriff Lohn. Die »Sünde«, jedwedes Distanz-Verhältnis zwischen Gott und Mensch ist abgeschafft – *eben das ist die »frohe Botschaft«*. Die Seligkeit wird nicht verheißen, sie wird nicht an Bedingungen geknüpft: sie ist die *einzige* Realität – der Rest ist Zeichen, um von ihr zu reden...

Die *Folge* eines solchen Zustandes projiziert sich in eine neue *Praktik*, die eigentlich evangelische Praktik. Nicht ein »Glaube« unterscheidet den Christen: der Christ handelt, er unterscheidet sich durch ein *andres* Handeln. Daß er dem, der böse gegen ihn ist, weder durch Wort, noch im Herzen Widerstand leistet. Daß er keinen Unterschied zwischen Fremden und Einheimischen, zwischen Juden und Nicht-Juden macht (»der Nächste« eigentlich der Glaubensgenosse, der Jude). Daß er sich gegen niemanden erzürnt, niemanden geringschätzt. Daß er sich bei Gerichtshöfen weder sehn läßt, noch in Anspruch nehmen läßt (»nicht schwören«). Daß er sich unter keinen Umständen, auch nicht im Falle bewiesener Untreue des Weibes, von seinem Weibe scheidet. – Alles im Grunde *ein* Satz, alles Folgen *eines* Instinkts. –

Das Leben des Erlösers war nichts andres als *diese* Praktik – sein Tod war auch nichts andres ... Er hatte keine Formeln, keinen Ritus für den Verkehr mit Gott mehr nötig – nicht einmal das Gebet. Er hat mit der ganzen jüdischen Buß- und Versöhnungslehre abgerechnet; er weiß, wie es allein die *Praktik* des Lebens ist, mit der man sich »göttlich«, »selig«, »evangelisch«, jederzeit ein »Kind Gottes« fühlt. *Nicht* »Buße«, *nicht* »Gebet um Vergebung« sind Wege zu Gott: die *evangelische Praktik allein* führt zu Gott, sie eben *ist* »Gott«! – Was mit dem Evangelium *abgetan* war, das war das Judentum der Begriffe »Sünde«, »Vergebung der Sünde«, »Glaube«, »Erlösung durch den Glauben« – die ganze jüdische *Kirchen*-Lehre war in der »frohen Botschaft« verneint.

Der tiefe Instinkt dafür, wie man *leben* müsse, um sich »im Himmel« zu fühlen, um sich »ewig« zu fühlen, während man sich bei jedem andern Verhalten durchaus *nicht* »im Himmel« fühlt: dies allein ist die psychologische Realität der »Erlösung«. – Ein neuer Wandel, *nicht* ein neuer Glaube ...

34

Wenn ich irgend etwas von diesem großen Symbolisten verstehe, so ist es das, daß er nur *innere* Realitäten als Realitäten, als »Wahrheiten« nahm – daß er den Rest, alles Natürliche, Zeitliche, Räumliche, Historische nur als Zeichen, als Gelegenheit zu Gleichnissen verstand. Der Begriff »des Menschen Sohn« ist nicht eine konkrete Person, die in die Geschichte gehört, irgend etwas einzelnes, einmaliges, sondern eine »ewige« Tatsächlichkeit, ein von dem Zeitbegriff erlöstes psychologisches Symbol. Dasselbe gilt noch einmal, und im höchsten Sinne, von dem *Gott* dieses typischen Symbolisten, vom »Reich Gottes«, vom »Himmelreich«, von der »Kindschaft Gottes«. Nichts ist unchristlicher als die *kirchlichen Kruditäten* von einem Gott als *Person*, von einem »Reich Gottes«, welches *kommt*, von einem »Himmelreich« *jenseits*, von einem »Sohne Gottes«, der *zweiten Person* der Trinität. Dies alles ist – man vergebe mir den Ausdruck – die *Faust* auf dem Auge – oh auf was für einem Auge! – des Evangeliums: ein *welthistorischer Zynismus* in der Verhöhnung des Symbols ... Aber es liegt ja auf der Hand, was mit dem Zeichen »Vater«

und »Sohn« angerührt wird – nicht auf jeder Hand, ich gebe es zu: mit dem Wort »Sohn« ist der *Eintritt* in das Gesamt-Verklärungs-Gefühl aller Dinge (die Seligkeit) ausgedrückt, mit dem Wort »Vater« *dieses Gefühl selbst,* das Ewigkeits-, das Vollendungs-Gefühl. – Ich schäme mich daran zu erinnern, was die Kirche aus diesem Symbolismus gemacht hat: hat sie nicht eine Amphitryon-Geschichte an die Schwelle des christlichen »Glaubens« gesetzt? Und ein Dogma von der »unbefleckten Empfängnis« noch obendrein? ... *Aber damit hat sie die Empfängnis befleckt* – –

Das »Himmelreich« ist ein Zustand des Herzens – nicht etwas, das »über der Erde« oder »nach dem Tode« kommt. Der ganze Begriff des natürlichen Todes *fehlt* im Evangelium: der Tod ist keine Brücke, kein Übergang, er fehlt, weil einer ganz andern, bloß scheinbaren, bloß zu Zeichen nützlichen Welt zugehörig. Die »Todesstunde« ist *kein* christlicher Begriff – die »Stunde«, die Zeit, das physische Leben und seine Krisen sind gar nicht vorhanden für den Lehrer der »frohen Botschaft« ... Das »Reich Gottes« ist nichts, das man erwartet; es hat kein Gestern und kein Übermorgen, es kommt nicht in »tausend Jahren« – es ist eine Erfahrung an einem Herzen; es ist überall da, es ist nirgends da ...

35

Dieser »frohe Botschafter« starb wie er lebte, wie er *lehrte* – *nicht* um »die Menschen zu erlösen«, sondern um zu zeigen, wie man zu leben hat. Die *Praktik* ist es, welche er der Menschheit hinterließ: sein Verhalten vor den Richtern, vor den Häschern, vor den Anklägern und aller Art Verleumdung und Hohn – sein Verhalten am *Kreuz.* Er widersteht nicht, er verteidigt nicht sein Recht, er tut keinen Schritt, der das Äußerste von ihm abwehrt, mehr noch, *er fordert es heraus* ... Und er bittet, er leidet, er liebt *mit* denen, *in* denen, die ihm Böses tun. Die Worte zum *Schächer* am Kreuz enthalten das ganze Evangelium. »Das ist wahrlich ein *göttlicher* Mensch gewesen, ein Kind Gottes!« – sagt der Schächer. »Wenn du dies fühlst« – antwortet der Erlöser – »*so bist du im Paradiese,* so bist du ein Kind Gottes.« *Nicht* sich wehren, *nicht* zürnen, *nicht* verantwortlich-machen ... Sondern auch nicht dem Bösen widerstehen – ihn *lieben* ...

36

– Erst wir, wir *freigewordenen* Geister, haben die Voraussetzung dafür, etwas zu verstehn, das neunzehn Jahrhunderte mißverstanden haben – jene Instinkt und Leidenschaft gewordene Rechtschaffenheit, welche der »heiligen Lüge« noch mehr als jeder andern Lüge den Krieg macht ...

Man war unsäglich entfernt von unsrer liebevollen und vorsichtigen Neutralität, von jener Zucht des Geistes, mit der allein das Erraten so fremder, so zarter Dinge ermöglicht wird: man wollte jederzeit, mit einer unverschämten Selbstsucht, nur *seinen* Vorteil darin, man hat aus dem Gegensatz zum Evangelium die *Kirche* aufgebaut ...

Wer nach Zeichen dafür suchte, daß hinter dem großen Welten-Spiel eine ironische Göttlichkeit die Finger handhabe, er fände keinen kleinen Anhalt in dem *ungeheuren Fragezeichen*, das Christentum heißt. Daß die Menschheit vor dem Gegensatz dessen auf den Knien liegt, was der Ursprung, der Sinn, das *Recht* des Evangeliums war, daß sie in dem Begriff »Kirche« gerade das heilig gesprochen hat, was der »frohe Botschafter« als *unter* sich, als *hinter* sich empfand – man sucht vergebens nach einer größeren Form *welthistorischer Ironie* – –

37

– Unser Zeitalter ist stolz auf seinen historischen Sinn: wie hat es sich den Unsinn glaublich machen können, daß an dem Anfange des Christentums die *grobe Wundertäter- und Erlöser-Fabel* steht – und daß alles Spirituale und Symbolische erst eine spätere Entwicklung ist? Umgekehrt: die Geschichte des Christentums – und zwar vom Tode am Kreuze an – ist die Geschichte des schrittweise immer gröberen Mißverstehns eines *ursprünglichen* Symbolismus. Mit jeder Ausbreitung des Christentums über noch breitere, noch rohere Massen, denen die Voraussetzungen immer mehr abgingen, aus denen es geboren ist, wurde es nötiger, das Christentum zu *vulgarisieren*, zu *barbarisieren* – es hat Lehren und Riten aller *unterirdischen* Kulte des *imperium Romanum*, es hat den Unsinn aller Arten kranker Vernunft in sich eingeschluckt. Das Schicksal des Christentums liegt in der Notwendigkeit, daß sein Glaube selbst so krank, so niedrig und vulgär werden mußte, als die Bedürfnisse krank, niedrig und vulgär waren, die mit ihm befriedigt werden sollten. Als Kirche summiert sich endlich die *kranke Barbarei* selbst zur Macht – die Kirche, diese Todfeindschaftsform zu jeder Rechtschaffenheit, zu jeder *Höhe* der Seele, zu jeder Zucht des Geistes, zu jeder freimütigen und gütigen Menschlichkeit. – Die *christlichen* – die *vornehmen* Werte: erst wir, wir *freigewordnen* Geister, haben diesen größten Wert-Gegensatz, den es gibt, wiederhergestellt! –

38

– Ich unterdrücke an dieser Stelle einen Seufzer nicht. Es gibt Tage, wo mich ein Gefühl heimsucht, schwärzer als die schwärzeste Melancholie – die *Menschen-Verachtung*. Und damit ich keinen Zweifel darüber lasse, *was* ich verachte, *wen* ich verachte: der Mensch von Heute ist es, der Mensch, mit dem ich verhängnisvoll gleichzeitig bin. Der Mensch von Heute – ich ersticke an seinem unreinen Atem... Gegen das Vergangne bin ich, gleich allen Erkennenden, von einer großen Toleranz, das heißt *großmütigen* Selbstbezwingung: ich gehe durch die Irrenhaus-Welt ganzer Jahrtausende, heiße sie nun »Christentum«, »christlicher Glaube«, »christliche Kirche«, mit einer düsteren Vorsicht hindurch – ich hüte mich, die Menschheit für ihre Geisteskrankheiten verantwortlich zu machen. Aber mein Gefühl schlägt um, bricht heraus, sobald ich in die neuere Zeit, in *unsre* Zeit eintrete. Unsre Zeit ist *wissend*... Was ehemals bloß krank war, heute ward es unanständig – es ist unanständig, heute Christ zu sein. *Und hier beginnt mein Ekel.* – Ich sehe mich um: es ist kein Wort von dem mehr übriggeblieben, was ehemals »Wahrheit« hieß, wir halten es nicht mehr aus, wenn ein Priester das Wort »Wahrheit« auch nur in den Mund nimmt. Selbst bei dem bescheidensten Anspruch auf Rechtschaffenheit *muß* man heute wissen, daß ein Theologe, ein Priester, ein Papst mit jedem Satz, den er spricht, nicht nur irrt, sondern *lügt* – daß es ihm nicht mehr freisteht, aus »Unschuld«, aus »Unwissenheit« zu lügen. Auch der Priester weiß, so gut es jedermann weiß, daß es keinen »Gott« mehr gibt, keinen »Sünder«, keinen »Erlöser« – daß »freier Wille«, »sittliche Weltordnung« *Lügen* sind – der Ernst, die tiefe Selbstüberwindung des Geistes *erlaubt* niemandem mehr, hierüber *nicht* zu wissen.. *Alle* Begriffe der Kirche sind erkannt als das, was sie sind, als die bösartigste Falschmünzerei, die es gibt, zum Zweck, die Natur, die Natur-Werte zu *entwerten*; der Priester selbst ist erkannt als das, was er ist, als die gefährlichste Art Parasit, als die eigentliche Giftspinne des Lebens... Wir wissen, unser *Gewissen* weiß es heute –, *was* überhaupt jene unheimlichen Erfindungen der Priester und der Kirche wert sind, *wozu sie dienten*, mit denen jener Zustand von Selbstschändung der Menschheit erreicht worden ist, der Ekel vor ihrem Anblick machen kann – die Begriffe »Jenseits«, »Jüngstes Gericht«, »Unsterblichkeit der Seele«, die »Seele« selbst: es sind Folter-Instrumente, es sind Systeme von Grausamkeiten, vermöge deren der Priester Herr wurde, Herr blieb... Jedermann weiß das: *und trotzdem bleibt alles beim alten.* Wohin kam das letzte Gefühl von Anstand, von Achtung vor sich selbst, wenn unsre Staatsmänner sogar, eine sonst sehr unbefangne Art Mensch und Antichristen der Tat durch und durch, sich heute noch Christen nennen und zum Abendmahl gehn?... Ein junger Fürst an der Spitze seiner

Regimenter, prachtvoll als Ausdruck der Selbstsucht und Selbstüberhebung seines Volks – aber, *ohne* jede Scham, sich als Christen bekennend!... *Wen* verneint denn *das* Christentum? *was* heißt es »Welt?« Daß man Soldat, daß man Richter, daß man Patriot ist; daß man sich wehrt; daß man auf seine Ehre hält; daß man seinen Vorteil will; daß man *stolz* ist... Jede Praktik jedes Augenblicks, jeder Instinkt, jede zur *Tat* werdende Wertschätzung ist heute antichristlich: was für eine *Mißgeburt von Falschheit* muß der moderne Mensch sein, daß er sich trotzdem *nicht schämt*, Christ noch zu heißen!

39

– Ich kehre zurück, ich erzähle die *echte* Geschichte des Christentums. – Das Wort schon »Christentum« ist ein Mißverständnis –, im Grunde gab es nur einen Christen, und der starb am Kreuz. Das »Evangelium« *starb* am Kreuz. Was von diesem Augenblick an »Evangelium« heißt, war bereits der Gegensatz dessen, was *er* gelebt: eine »*schlimme* Botschaft«, ein *Dysangelium.* Es ist falsch bis zum Unsinn, wenn man in einem »Glauben«, etwa im Glauben an die Erlösung durch Christus das Abzeichen des Christen sieht: bloß die christliche *Praktik*, ein Leben so wie der, der am Kreuze starb, es *lebte*, ist christlich... Heute noch ist ein *solches* Leben möglich, für *gewisse* Menschen sogar notwendig: das echte, das ursprüngliche Christentum wird zu allen Zeiten möglich sein... *Nicht* ein Glauben, sondern ein Tun, ein Vieles-*nicht*-tun vor allem, ein andres *Sein*... Bewußtseins-Zustände, irgendein Glauben, ein Für-wahr-halten zum Beispiel – jeder Psycholog weiß das – sind ja vollkommen gleichgültig und fünften Ranges gegen den Wert der Instinkte: strenger geredet, der ganze Begriff geistiger Ursächlichkeit ist falsch. Das Christsein, die Christlichkeit auf ein Für-wahr-halten, auf eine bloße Bewußtseins-Phänomenalität reduzieren, heißt die Christlichkeit negieren. *In der Tat gab es gar keine Christen.* Der »Christ«, das, was seit zwei Jahrtausenden Christ heißt, ist bloß ein psychologisches Selbst-Mißverständnis. Genauer zugesehn, herrschten in ihm, *trotz* allem »Glauben«, *bloß* die Instinkte – und *was für Instinkte*! – Der »Glaube« war zu allen Zeiten, beispielsweise bei Luther, nur ein Mantel, ein Vorwand, ein *Vorhang*, hinter dem die Instinkte ihr Spiel spielten –, eine kluge *Blindheit* über die Herrschaft *gewisser* Instinkte... Der »Glaube« – ich nannte ihn schon die eigentliche christliche *Klugheit*, – man *sprach* immer vom »Glauben«, man *tat* immer nur vom Instinkte... In der Vorstellungswelt des Christen kommt nichts vor, was die Wirklichkeit auch nur anrührte: dagegen erkannten wir im Instinkt-Haß *gegen* jede Wirklichkeit das treibende, das einzig treibende Element in der Wurzel des Christentums. Was folgt daraus? Daß auch *in psychologicis* hier der Irrtum radikal, das heißt wesen-bestimmend, das heißt *Substanz* ist. *Ein* Begriff hier weg, eine einzige Realität an dessen Stelle – und das ganze Christentum rollt ins Nichts! – Aus der Höhe gesehn, bleibt diese fremdartigste aller Tatsachen, eine durch Irrtümer nicht nur bedingte, sondern *nur* in schädlichen, *nur* in leben- und herzvergiftenden Irrtümern erfinderische und selbst geniale Religion ein *Schauspiel für Götter* – für jene Gottheiten, welche zugleich Philosophen sind, und denen ich zum Beispiel bei jenen berühmten Zwiegesprächen auf Naxos begegnet bin. Im Augenblick, wo der *Ekel* von ihnen weicht (– *und* von uns!), werden sie dankbar für das Schauspiel des Christen: das erbärmliche kleine Gestirn, das Erde heißt, verdient vielleicht allein um *dieses* kuriosen Falls willen einen göttlichen Blick, eine göttliche Anteilnahme ... Unterschätzen wir nämlich den Christen nicht: der Christ, falsch *bis zur Unschuld*, ist weit über dem Affen – in Hinsicht auf Christen wird eine bekannte Herkunfts-Theorie zur bloßen Artigkeit ...

40

– Das Verhängnis des Evangeliums entschied sich mit dem Tode – es hing am »Kreuz« ... Erst der Tod, dieser unerwartete schmähliche Tod, erst das Kreuz, das im allgemeinen bloß für die Kanaille aufgespart blieb – erst diese schauerlichste Paradoxie brachte die Jünger vor das eigentliche Rätsel: »*wer war das? was war das?*« – Das erschütterte und im Tiefsten beleidigte Gefühl, der Argwohn, es möchte ein solcher Tod die *Widerlegung* ihrer Sache sein, das schreckliche Fragezeichen »warum gerade so?« – dieser Zustand begreift sich nur zu gut. Hier *mußte* alles notwendig sein, Sinn, Vernunft, höchste Vernunft haben; die Liebe eines Jüngers kennt keinen Zufall. Erst jetzt trat die Kluft auseinander: »*wer* hat ihn getötet? *wer* war sein natürlicher Feind?« – diese Frage sprang wie ein Blitz hervor. Antwort: das *herrschende* Judentum, sein oberster Stand. Man empfand sich von diesem Augenblick im Aufruhr *gegen* die Ordnung, man verstand hinterdrein Jesus als *im Aufruhr gegen die Ordnung*. Bis dahin *fehlte* dieser kriegerische, dieser Nein-sagende, Nein-tuende Zug in seinem Bilde; mehr noch, er war dessen Widerspruch. Offenbar hat die kleine Gemeinde gerade die Hauptsache *nicht* verstanden, das Vorbildliche in dieser Art zu sterben, die Freiheit, die Überlegenheit *über* jedes Gefühl von *ressentiment*: – ein Zeichen dafür, wie wenig überhaupt sie von ihm verstand! An sich konnte Jesus mit seinem Tode nichts wollen, als öffentlich die stärkste Probe, den *Beweis* seiner Lehre zu geben ... Aber seine Jünger waren ferne davon, diesen Tod zu *verzeihen* – was evangelisch im höchsten Sinne gewesen wäre; oder gar sich zu einem gleichen Tode in sanfter und lieblicher Ruhe des Herzens *anzubieten* ... Gerade das am meisten unevangelische Gefühl, die *Rache,* kam wieder obenauf. Unmöglich konnte die Sache mit diesem Tode zu Ende sein: man brauchte »Vergeltung«, »Gericht« (– und doch, was kann noch unevangelischer sein, als »Vergeltung«, »Strafe«, »Gericht-halten«!). Noch einmal kam die populäre Erwartung eines Messias in den Vordergrund; ein historischer Augenblick wurde ins Auge gefaßt: das »Reich Gottes« kommt zum Gericht über seine Feinde ... Aber damit ist alles mißverstanden: das »Reich Gottes« als Schlußakt, als Verheißung! Das Evangelium war doch gerade das Dasein, das Erfülltsein, die *Wirklichkeit* dieses »Reichs« gewesen. Gerade ein solcher Tod *war* eben dieses »Reich Gottes«. Jetzt erst trug man die ganze Verachtung und Bitterkeit gegen Pharisäer und Theologen in den Typus des Meisters ein – man *machte* damit aus ihm einen Pharisäer und Theologen! Andrerseits hielt die wildgewordne Verehrung dieser ganz aus den Fugen geratenen Seelen jene evangelische Gleichberechtigung von jedermann zum Kind Gottes, die Jesus gelehrt hatte, nicht mehr aus, ihre Rache war, auf eine ausschweifende Weise Jesus *emporzuheben,* von sich abzulösen: ganz so, wie ehedem die Juden aus Rache an ihren Feinden ihren Gott von sich losgetrennt und in die Höhe gehoben haben. Der *eine* Gott und der *eine* Sohn Gottes: beides Erzeugnisse des *ressentiment* ...

41

– Und von nun an tauchte ein absurdes Problem auf: »wie *konnte* Gott das zulassen!« Darauf fand die gestörte Vernunft der kleinen Gemeinschaft eine geradezu schrecklich absurde Antwort: Gott gab seinen Sohn zur Vergebung der Sünden, als *Opfer.* Wie war es mit einem Male zu Ende mit dem Evangelium! Das *Schuldopfer,* und zwar in seiner widerlichsten, barbarischsten Form, das Opfer des *Unschuldigen* für die Sünden der Schuldigen! Welches schauderhafte Heidentum! – Jesus hatte ja den Begriff »Schuld« selbst abgeschafft – er hat jede Kluft zwischen Gott und Mensch geleugnet, er *lebte* diese Einheit von Gott und Mensch als *seine* »frohe Botschaft« ... Und *nicht* als Vorrecht! – Von nun an tritt schrittweise in den Typus des Erlösers hinein: die Lehre vom Gericht und von der Wiederkunft, die Lehre vom Tod als einem Opfertode, die Lehre von der *Auferstehung,* mit der der ganze Begriff »Seligkeit«, die ganze und einzige Realität des Evangeliums, eskamotiert ist – zugunsten eines Zustandes *nach* dem Tode! ... Paulus hat diese Auffassung, diese *Unzucht* von Auffassung mit jener rabbinerhaften Frechheit, die ihn in allen Stücken auszeichnet, dahin logisiert: »*wenn* Christus nicht auferstanden ist von den Toten, so ist unser Glaube eitel«. – Und mit einem Male wurde aus dem Evangelium die verächtlichste aller unerfüllbaren

Versprechungen, die *unverschämte* Lehre von der Personal-Unsterblichkeit ... Paulus selbst lehrte sie noch als *Lohn*! ...

42

Man sieht, *was* mit dem Tode am Kreuz zu Ende war: ein neuer, ein durchaus ursprünglicher Ansatz zu einer buddhistischen Friedensbewegung, zu einem tatsächlichen, *nicht* bloß verheißenen *Glück auf Erden.* Denn dies bleibt – ich hob es schon hervor – der Grundunterschied zwischen den beiden *décadence*-Religionen: der Buddhismus verspricht nicht, sondern hält, das Christentum verspricht alles, aber *hält nichts.* – Der »frohen Botschaft« folgte auf dem Fuß die *allerschlimmste*: die des Paulus. In Paulus verkörpert sich der Gegensatz-Typus zum »frohen Botschafter«, das Genie im Haß, in der Vision des Hasses, in der unerbittlichen Logik des Hasses. *Was* hat dieser Dysangelist alles dem Hasse zum Opfer gebracht! Vor allem den Erlöser: er schlug ihn an *sein* Kreuz. Das Leben, das Beispiel, die Lehre, der Tod, der Sinn und das Recht des ganzen Evangeliums – nichts war mehr vorhanden, als dieser Falschmünzer aus Haß begriff, was allein er brauchen konnte. *Nicht* die Realität, *nicht* die historische Wahrheit! ... Und noch einmal verübte der Priester-Instinkt des Juden das gleiche große Verbrechen an der Historie – er strich das Gestern, das Vorgestern des Christentums einfach durch, er *erfand sich eine Geschichte des ersten Christentums.* Mehr noch: er fälschte die Geschichte Israels nochmals um, um als Vorgeschichte für *seine* Tat zu erscheinen: alle Propheten haben von *seinem* »Erlöser« geredet ... Die Kirche fälschte später sogar die Geschichte der Menschheit zur Vorgeschichte des Christentums ... Der Typus des Erlösers, die Lehre, die Praktik, der Tod, der Sinn des Todes, selbst das Nachher des Todes – nichts blieb unangetastet, nichts blieb auch nur ähnlich der Wirklichkeit. Paulus verlegte einfach das Schwergewicht jenes ganzen Daseins *hinter* dies Dasein – in die *Lüge* vom »wiederauferstandenen« Jesus. Er konnte im Grunde das Leben des Erlösers überhaupt nicht brauchen – er hatte den Tod am Kreuz nötig *und* etwas mehr noch ... Einen Paulus, der seine Heimat an dem Hauptsitz der stoischen Aufklärung hatte, für ehrlich halten, wenn er sich aus einer Halluzination den *Beweis* vom *Noch*-Leben des Erlösers zurechtmacht, oder auch nur seiner Erzählung, *daß* er diese Halluzination gehabt hat, Glauben schenken, wäre eine wahre *niaiserie* seitens eines Psychologen: Paulus wollte den Zweck, *folglich* wollte er auch die Mittel ... Was er selbst nicht glaubte, die Idioten, unter die er *seine* Lehre warf, glaubten es. – *Sein* Bedürfnis war die *Macht*; mit Paulus wollte nochmals der Priester zur Macht – er konnte nur Begriffe, Lehren, Symbole brauchen, mit denen man Massen tyrannisiert,

Herden bildet. *Was* allein entlehnte später Mohammed dem Christentum? Die Erfindung des Paulus, sein Mittel zur Priester-Tyrannei, zur Herden-Bildung: den Unsterblichkeits-Glauben – *das heißt die Lehre vom »Gericht«* ...

43

Wenn man das Schwergewicht des Lebens *nicht* ins Leben, sondern ins »Jenseits« verlegt – ins *Nichts* –, so hat man dem Leben überhaupt das Schwergewicht genommen. Die große Lüge von der Personal-Unsterblichkeit zerstört jede Vernunft, jede Natur im Instinkte – alles, was wohltätig, was lebenfördernd, was zukunftverbürgend in den Instinkten ist, erregt nunmehr Mißtrauen. *So* zu leben, daß es keinen *Sinn* mehr hat zu leben, *das* wird jetzt zum »Sinn« des Lebens ... Wozu Gemeinsinn, wozu Dankbarkeit noch für Herkunft und Vorfahren, wozu mitarbeiten, zutrauen, irgendein Gesamtwohl fördern und im Auge haben? ... Ebenso viele »Versuchungen«, ebenso viele Ablenkungen vom »rechten Weg« – »*eins* ist not« ... Daß jeder als »unsterbliche Seele« mit jedem gleichen Rang hat, daß in der Gesamtheit aller Wesen das »Heil« *jedes* einzelnen eine ewige Wichtigkeit in Anspruch nehmen darf, daß kleine Mucker und Dreiviertels-Verrückte sich einbilden dürfen, daß um ihretwillen die Gesetze der Natur beständig *durchbrochen* werden – eine solche Steigerung jeder Art Selbstsucht ins Unendliche, ins *Unverschämte* kann man nicht mit genug Verachtung brandmarken. Und doch verdankt das Christentum *dieser* erbarmungswürdigen Schmeichelei vor der Personal-Eitelkeit seinen *Sieg* – gerade alles Mißratene, Aufständisch-Gesinnte, Schlechtweggekommne, den ganzen Auswurf und Abhub der Menschheit hat es damit zu sich überredet. Das »Heil der Seele« – auf deutsch: »die Welt dreht sich um *mich*« ... Das Gift der Lehre »*gleiche* Rechte für alle« – das Christentum hat es am grundsätzlichsten ausgesät; das Christentum hat jedem Ehrfurchts- und Distanz-Gefühl zwischen Mensch und Mensch, das heißt der *Voraussetzung* zu jeder Erhöhung, zu jedem Wachstum der Kultur einen Todkrieg aus den heimlichsten Winkeln schlechter Instinkte gemacht – es hat aus dem *ressentiment* der Massen sich seine *Hauptwaffe* geschmiedet gegen *uns*, gegen alles Vornehme, Frohe, Hochherzige auf Erden, gegen unser Glück auf Erden .. Die »Unsterblichkeit« jedem Petrus und Paulus zugestanden, war bisher das größte, das bösartigste Attentat auf die *vornehme* Menschlichkeit. – *Und* unterschätzen wir das Verhängnis nicht, das vom Christentum aus sich bis in die Politik eingeschlichen hat! Niemand hat heute mehr den Mut zu Sonderrechten, zu Herrschaftsrechten, zu einem Ehrfurchtsgefühl vor sich und seinesgleichen – zu einem *Pathos der Distanz* ... Unsre Politik ist *krank* an diesem Mangel an Mut! – Der Aristokratismus der Gesinnung wurde durch die

Seelen-Gleichheits-Lüge am unterirdischsten untergraben; und wenn der Glaube an das »Vorrecht der Meisten« Revolutionen macht und *machen wird* – das Christentum ist es, man zweifle nicht daran, *christliche* Werturteile sind es, welche jede Revolution bloß in Blut und Verbrechen übersetzt! Das Christentum ist ein Aufstand alles Am-Boden-Kriechenden gegen das, was *Höhe* hat: das Evangelium der »Niedrigen« *macht* niedrig ...

44

– Die Evangelien sind unschätzbar als Zeugnis für die bereits unaufhaltsame Korruption *innerhalb* der ersten Gemeinde. Was Paulus später mit dem Logiker-Zynismus eines Rabbiners zu Ende führte, war trotzdem bloß der Verfalls-Prozeß, der mit dem Tode des Erlösers begann. – Diese Evangelien kann man nicht behutsam genug lesen; sie haben ihre Schwierigkeiten hinter jedem Wort. Ich bekenne, man wird es mir zugute halten, daß sie ebendamit für einen Psychologen ein Vergnügen ersten Ranges sind – als *Gegensatz* aller naiven Verderbnis, als das Raffinement *par excellence,* als Künstlerschaft in der psychologischen Verderbnis. Die Evangelien stehn für sich. Die Bibel überhaupt verträgt keinen Vergleich. Man ist unter Juden: *erster* Gesichtspunkt, um hier nicht völlig den Faden zu verlieren. Die hier geradezu Genie werdende Selbstverstellung ins »Heilige«, unter Büchern und Menschen nie annähernd sonst erreicht, diese Wort- und Gebärden-Falschmünzerei als *Kunst* ist nicht der Zufall irgendwelcher Einzel-Begabung, irgendwelcher Ausnahme-Natur. Hierzu gehört *Rasse.* Im Christentum, als der Kunst, heilig zu lügen, kommt das ganze Judentum, eine mehrhundertjährige jüdische allerernsthafteste Vorübung und Technik zur letzten Meisterschaft. Der Christ, diese *ultima ratio* der Lüge, ist der Jude noch einmal – *dreimal* selbst ... Der grundsätzliche Wille, nur Begriffe, Symbole, Attitüden anzuwenden, welche aus der Praxis des Priesters bewiesen sind, die Instinkt-Ablehnung jeder *andren* Praxis, jeder *andren* Art Wert- und Nützlichkeits-Perspektive – das ist nicht nur Tradition, das ist *Erbschaft*: nur als Erbschaft wirkt es wie Natur. Die ganze Menschheit, die besten Köpfe der besten Zeiten sogar (einen ausgenommen, der vielleicht bloß ein Unmensch ist –) haben sich täuschen lassen. Man hat das Evangelium als *Buch der Unschuld* gelesen ... kein kleiner Fingerzeig dafür, mit welcher Meisterschaft hier geschauspielert worden ist. – Freilich bekämen wir sie zu *sehen,* auch nur im Vorübergehn, alle diese wunderlichen Mucker und Kunst-Heiligen, so wäre es am Ende – und genau deshalb, weil *ich* keine Worte lese, ohne Gebärden zu sehn, *mache ich mit ihnen ein Ende* ... Ich halte eine gewisse Art, die Augen aufzuschlagen, an ihnen nicht aus. – Zum Glück sind Bücher für die allermeisten bloß *Literatur* – – Man muß sich nicht irreführen lassen: »Richtet nicht!« sagen sie, aber sie schicken alles in die Hölle, was ihnen im Wege steht. Indem sie Gott richten lassen, richten sie selber; indem sie Gott verherrlichen, verherrlichen sie sich selber; indem sie die Tugenden *fordern*, deren sie gerade fähig sind – mehr noch, die sie nötig haben, um überhaupt oben zu bleiben –, geben sie sich den großen Anschein eines Ringens um die Tugend, eines Kampfes um die Herrschaft der Tugend. »Wir leben, wir sterben, wir opfern uns *für das Gute*« (– »die Wahrheit«, »das Licht«, das »Reich Gottes«): in Wahrheit tun sie, was sie nicht lassen können. Indem sie nach Art von Duckmäusern sich durchdrücken, im Winkel sitzen, im Schatten schattenhaft dahinleben, machen sie sich eine *Pflicht* daraus: als Pflicht erscheint ihr Leben der Demut, als Demut ist es ein Beweis mehr für Frömmigkeit ... Ah diese demütige, keusche, barmherzige Art von Verlogenheit! »Für uns soll die Tugend selbst Zeugnis ablegen« ... Man lese die Evangelien als Bücher der Verführung mit *Moral*: die Moral wird von diesen kleinen Leuten mit Beschlag belegt – sie wissen, was es auf sich hat mit der Moral! Die Menschheit wird am besten *genasführt* mit der Moral! – Die Realität ist, daß hier der bewußteste *Auserwählten-Dünkel* die Bescheidenheit spielt: man hat *sich*, die »Gemeinde«, die »Guten und Gerechten« ein für allemal auf die eine Seite gestellt, auf die »der Wahrheit« – und den Rest, »die Welt«, auf die andre ... *Das* war die verhängnisvollste Art Größenwahn, die bisher auf Erden dagewesen ist: kleine Mißgeburten von Muckern und Lügnern fingen an, die Begriffe »Gott«, »Wahrheit«, »Licht«, »Geist«, »Liebe«, »Weisheit«, »Leben« für sich in Anspruch zu nehmen, gleichsam als Synonyma von sich, um damit die »Welt« gegen sich abzugrenzen, kleine Superlativ-Juden, reif für jede Art Irrenhaus, drehten die Werte überhaupt nach *sich* um, wie als ob erst der »Christ« der Sinn, das Salz, das Maß, auch das *letzte Gericht* vom ganzen Rest wäre ... Das ganze Verhängnis wurde dadurch allein ermöglicht, daß schon eine verwandte, rassenverwandte Art von Größenwahn in der Welt war, der *jüdische*: sobald einmal die Kluft zwischen Juden und Judenchristen sich aufriß, blieb letzteren gar keine Wahl, als dieselben Prozeduren der Selbsterhaltung, die der jüdische Instinkt anriet, *gegen* die Juden selber anzuwenden, während die Juden sie bisher bloß gegen alles *Nicht*-Jüdische angewendet hatten. Der Christ ist nur ein Jude »*freieren*« Bekenntnisses. –

45

– Ich gebe ein paar Proben von dem, was sich diese kleinen Leute in den Kopf gesetzt, was sie ihrem Meister *in den Mund gelegt haben*: lauter Bekenntnisse »schöner Seelen«. –

»Und welche euch nicht aufnehmen noch hören, da gehet von dannen hinaus und schüttelt den Staub ab von euren Füßen, zu einem Zeugnis über sie. Ich sage euch: Wahrlich, es wird Sodom und Gomorrha am Jüngsten Gericht erträglicher ergehn, denn solcher Stadt« (*Markus* 6, 11). – Wie *evangelisch*! ...

»Und wer der Kleinen einen ärgert, die an mich glauben, dem wäre es besser, daß ihm ein Mühlstein an seinen Hals gehängt würde und er in das Meer geworfen würde« (Markus 9, 42). – Wie *evangelisch*! ...

»Ärgert dich dein Auge, so wirf es von dir. Es ist dir besser, daß du einäugig in das Reich Gottes gehest, denn daß du zwei Augen habest und werdest in das höllische Feuer geworfen; da ihr Wurm nicht stirbt und ihr Feuer nicht erlischt« (Markus 9, 47). – Es ist nicht gerade das Auge gemeint ...

»Wahrlich, ich sage euch, es stehen etliche hier, die werden den Tod nicht schmecken, bis daß sie sehen das Reich Gottes mit Kraft kommen« (Markus 9, 1). – Gut *gelogen*, Löwe ...

»Wer mir will nachfolgen, der verleugne sich selbst und nehme sein Kreuz auf sich und folge mir nach. *Denn* ...« (*Anmerkung eines Psychologen.* Die christliche Moral wird durch ihre *Denns* widerlegt: ihre »Gründe« widerlegen – so ist es christlich.) Markus 8, 34. –

»Richtet nicht, *auf daß* ihr nicht gerichtet werdet. Mit welcherlei Maß ihr messet, wird *euch* gemessen werden« (Matthäus 7, 1). – Welcher Begriff von Gerechtigkeit, von einem »gerechten« Richter! ...

»Denn so ihr liebet, die euch lieben, *was werdet ihr für Lohn haben*? Tun nicht dasselbe auch die Zöllner? Und so ihr nur zu euren Brüdern freundlich tut, *was tut ihr Sonderliches*? Tun nicht die Zöllner auch also?« (Matthäus 5, 46.) – Prinzip der »christlichen Liebe«: sie will zuletzt gut *bezahlt* sein ...

»Wo *ihr* aber den Menschen ihre Fehler nicht vergebet, so wird euch euer Vater eure Fehler auch nicht vergeben« (Matthäus 6, 15). – Sehr kompromittierend für den genannten »Vater« ...

»Trachtet am ersten nach dem Reiche Gottes und nach seiner Gerechtigkeit, so wird euch solches alles zufallen« (Matthäus 6, 33). – Solches alles: nämlich Nahrung, Kleidung, die ganze Notdurft des Lebens. Ein *Irrtum*, bescheiden ausgedrückt ... Kurz vorher erscheint Gott als Schneider, wenigstens in gewissen Fällen ...

»Freuet euch alsdann und hüpfet: *denn* siehe, euer Lohn ist groß im Himmel. Desgleichen taten ihre Väter den Propheten auch« (Lukas 6, 23). – *Unverschämtes* Gesindel! Es vergleicht sich bereits mit den Propheten ...

»Wisset ihr nicht, daß ihr Gottes Tempel seid und der Geist Gottes in euch wohnet? So jemand den Tempel Gottes verderbet, *den wird Gott verderben*: denn der Tempel Gottes ist heilig, *der seid ihr*« (Paulus 1. Korinther 3, 16). – Dergleichen kann man nicht genug verachten ...

»Wisset ihr nicht, daß die Heiligen die Welt richten werden? So denn nun die Welt soll von *euch* gerichtet werden: seid ihr denn nicht gut genug, geringere Sachen zu richten?« (Paulus 1. Korinther 6, 2.) – Leider nicht bloß die Rede eines Irrenhäuslers ... Dieser *fürchterliche Betrüger* fährt wörtlich fort: »Wisset ihr nicht, daß *wir* über die Engel richten werden? Wie viel mehr über die zeitlichen Güter!« ...

»Hat nicht Gott die Weisheit dieser Welt zur Torheit gemacht? Denn dieweil die Welt durch ihre Weisheit Gott in seiner Weisheit nicht erkannte, gefiel es Gott wohl, durch törichte Predigt selig zu machen die, so daran glauben ...; nicht viel Weise nach dem Fleisch, nicht viel Gewaltige, nicht viel Edle sind berufen. Sondern was töricht ist vor der Welt, *das hat Gott erwählet,* daß er die Weisen zuschanden mache; und was schwach ist vor der Welt, das hat Gott erwählet, daß er zuschanden mache, was stark ist; und das Unedle vor der Welt und das Verachtete hat Gott erwählet, und das da nichts ist, daß er zunichte mache, was etwas ist. Auf daß sich vor ihm kein Fleisch rühme« (Paulus 1. Korinther 1, 20 ff.). – Um diese Stelle, ein Zeugnis allerersten Ranges für die Psychologie jeder Tschandala-Moral, zu *verstehn,* lese man die erste Abhandlung meiner *Genealogie der Moral*: in ihr wurde zum erstenmal der Gegensatz einer *vornehmen* und einer aus *ressentiment* und ohnmächtiger Rache gebornen Tschandala-Moral ans Licht gestellt. Paulus war der größte aller Apostel der Rache ...

46

– *Was folgt daraus?* Daß man gut tut, Handschuhe anzuziehn, wenn man das Neue Testament liest. Die Nähe von so viel Unreinlichkeit zwingt beinahe dazu. Wir würden uns »erste Christen« so wenig wie polnische Juden zum Umgang wählen: nicht daß man gegen sie auch nur einen Einwand nötig hätte ... Sie riechen beide nicht gut. – Ich habe vergebens im Neuen Testamente auch nur nach einem sympathischen Zuge ausgespäht; nichts ist darin, was frei, gütig, offenherzig, rechtschaffen wäre. Die Menschlichkeit hat hier noch nicht ihren ersten Anfang gemacht – die Instinkte der *Reinlichkeit* fehlen ... Es gibt nur *schlechte* Instinkte im Neuen Testament, es gibt keinen Mut selbst zu diesen schlechten Instinkten. Alles ist Feigheit, alles ist Augenschließen und Selbstbetrug darin. Jedes Buch wird reinlich, wenn man eben das Neue Testament gelesen hat: ich las, um ein Beispiel zu geben, mit Entzücken unmittelbar nach Paulus jenen anmutigsten, übermütigsten Spötter Petronius, von dem man sagen könnte, was Domenico Boccaccio über Cesare Borgia an den Herzog von Parma schrieb: *»è tutto festo«* – unsterblich gesund, unsterblich heiter und wohlgeraten ... Diese kleinen Mucker verrechnen sich nämlich in der Hauptsache. Sie greifen an, aber alles, was von ihnen angegriffen wird, ist damit *ausgezeichnet.* Wen ein »erster Christ« angreift, den besudelt er *nicht*... Umgekehrt: es ist eine Ehre, »erste Christen« gegen sich zu haben. Man liest das Neue Testament nicht ohne eine Vorliebe für das, was darin mißhandelt wird, – nicht zu reden von der »Weisheit dieser Welt«, welche ein frecher Windmacher »durch törichte Predigt« umsonst zuschanden zu machen sucht... Aber selbst die Pharisäer und Schriftgelehrten haben ihren Vorteil von einer solchen Gegnerschaft: sie müssen schon etwas wert gewesen sein, um auf eine so unanständige Weise gehaßt zu werden. Heuchelei – das wäre ein Vorwurf, den »erste Christen« machen *dürften!* – Zuletzt waren es die *Privilegierten*: dies genügt, der Tschandala-Haß braucht keine Gründe mehr. Der »erste Christ« – ich fürchte, auch der »letzte Christ«, *den ich vielleicht noch erleben werde* – ist Rebell gegen alles Privilegierte aus unterstem Instinkte – er lebt, er kämpft immer für *»gleiche Rechte«*... Genauer zugesehn, hat er keine Wahl. Will man, für seine Person, ein »Auserwählter Gottes« sein – oder ein »Tempel Gottes«, oder ein »Richter der Engel« –, so ist jedes *andre* Prinzip der Auswahl, zum Beispiel nach Rechtschaffenheit, nach Geist, nach Männlichkeit und Stolz, nach Schönheit und Freiheit des Herzens, einfach »Welt« – *das Böse an sich*... Moral: jedes Wort im Munde eines »ersten Christen« ist eine Lüge, jede Handlung, die er tut, eine Instinkt-Falschheit – alle seine Werte, alle seine Ziele sind schädlich, aber *wen* er haßt, *was* er haßt, *das hat Wert*... Der Christ, der Priester-Christ insonderheit, ist ein *Kriterium für Werte* – – Habe ich noch zu sagen, daß im ganzen Neuen Testament bloß eine *einzige* Figur vorkommt, die man ehren muß? Pilatus, der römische Statthalter. Einen Judenhandel *ernst* zu nehmen – dazu überredet er sich nicht. Ein Jude mehr oder weniger – was liegt daran?... Der vornehme Hohn eines Römers, vor dem ein unverschämter Mißbrauch mit dem Wort »Wahrheit« getrieben wird, hat das Neue Testament mit dem einzigen Wort bereichert, *das Wert hat* – das seine Kritik, seine *Vernichtung* selbst ist: »was ist Wahrheit!«...

47

– Das ist es nicht, was *uns* abscheidet, daß wir keinen Gott wiederfinden, weder in der Geschichte, noch in der Natur, noch hinter der Natur – sondern daß wir, was als Gott verehrt wurde, nicht als »göttlich«, sondern als erbarmungswürdig, als absurd, als schädlich empfinden, nicht nur als Irrtum, sondern als *Verbrechen am Leben*... Wir leugnen Gott als Gott... Wenn man uns diesen Gott der Christen *bewiese*, wir würden ihn noch weniger zu glauben wissen. – In Formel: *deus, qualem Paulus creavit, dei negatio.* – Eine Religion, wie das Christentum, die sich an keinem Punkte mit der Wirklichkeit berührt, die sofort dahinfällt, sobald die Wirklichkeit auch nur an einem Punkte zu Rechte kommt, muß billigerweise der »Weisheit der Welt«, will sagen *der Wissenschaft*, todfeind sein – sie wird alle Mittel gut heißen, mit denen die Zucht des Geistes, die Lauterkeit und Strenge in Gewissenssachen des Geistes, die vornehme Kühle und Freiheit des Geistes vergiftet, verleumdet, *verrufen* gemacht werden kann. Der »Glaube« als Imperativ ist das *Veto* gegen die Wissenschaft – *in praxi* die Lüge um jeden Preis... Paulus *begriff*, daß die Lüge – daß »der Glaube« nottat; die Kirche begriff später wieder Paulus. – Jener »Gott«, den Paulus sich erfand, ein Gott, der »die Weisheit der Welt« (im engern Sinn die beiden großen Gegnerinnen alles Aberglaubens, Philologie und Medizin) »zuschanden macht«, ist in Wahrheit nur der resolute *Entschluß* des Paulus selbst dazu: »Gott« seinen eignen Willen zu nennen, *thora*, das ist urjüdisch. Paulus *will* »die Weisheit der Welt« zuschanden machen: seine Feinde sind die *guten* Philologen und Ärzte alexandrinischer Schulung –, ihnen macht er den Krieg. In der Tat, man ist nicht Philolog und Arzt, ohne nicht zugleich auch *Antichrist* zu sein. Als Philolog schaut man nämlich *hinter* die »heiligen Bücher«, als Arzt *hinter* die physiologische Verkommenheit des typischen Christen. Der Arzt sagt »unheilbar«, der Philolog »Schwindel« ...

48

– Hat man eigentlich die berühmte Geschichte verstanden, die am Anfang der Bibel steht – von der Höllenangst Gottes vor der *Wissenschaft*?... Man hat sie nicht verstanden. Dies Priesterbuch *par excellence* beginnt, wie billig, mit der großen inneren Schwierigkeit des Priesters: *er* hat nur *eine* große Gefahr, *folglich* hat »Gott« nur *eine* große Gefahr. –

Der alte Gott, ganz »Geist«, ganz Hoherpriester, ganz Vollkommenheit, lustwandelt in seinen Gärten: nur daß er sich langweilt. Gegen die Langeweile kämpfen Götter selbst vergebens. Was tut er? Er erfindet den Menschen – der Mensch ist unterhaltend ... Aber siehe da, auch der Mensch langweilt sich. Das Erbarmen Gottes mit der einzigen Not, die alle Paradiese an sich haben, kennt keine Grenzen: er schuf alsbald noch andre Tiere. *Erster* Fehlgriff Gottes: der Mensch fand die Tiere nicht unterhaltend – er herrschte über sie, er wollte nicht einmal »Tier« sein. – Folglich schuf Gott das Weib. Und in der Tat, mit der Langeweile hatte es nun ein Ende – aber auch mit anderem noch! Das Weib war der *zweite* Fehlgriff Gottes. – »Das Weib ist seinem Wesen nach Schlange, Heva« – das weiß jeder Priester; »vom Weib kommt *jedes* Unheil in der Welt« – das weiß ebenfalls jeder Priester. »*Folglich* kommt von ihm auch die *Wissenschaft*« ... Erst durch das Weib lernte der Mensch vom

Baume der Erkenntnis kosten. – Was war geschehn? Den alten Gott ergriff eine Höllenangst. Der Mensch selbst war sein *größter* Fehlgriff geworden, er hatte sich einen Rivalen geschaffen, die Wissenschaft macht *gottgleich*, – es ist mit Priestern und Göttern zu Ende, wenn der Mensch wissenschaftlich wird! – *Moral*: die Wissenschaft ist das Verbotene an sich – sie allein ist verboten. Die Wissenschaft ist die *erste* Sünde, der Keim aller Sünde, die *Erb*sünde. *Dies allein ist Moral*. – »Du sollst *nicht* erkennen« – der Rest folgt daraus. – Die Höllenangst Gottes verhinderte ihn nicht, klug zu sein. Wie *wehrt* man sich gegen die Wissenschaft? das wurde für lange sein Hauptproblem. Antwort: fort mit dem Menschen aus dem Paradiese! Das Glück, der Müßiggang bringt auf Gedanken – alle Gedanken sind schlechte Gedanken ... Der Mensch *soll* nicht denken. – Und der »Priester an sich« erfindet die Not, den Tod, die Lebensgefahr der Schwangerschaft, jede Art von Elend, Alter, Mühsal, die *Krankheit* vor allem – lauter Mittel im Kampfe mit der Wissenschaft! Die Not *erlaubt* dem Menschen nicht, zu denken ... Und trotzdem! entsetzlich! Das Werk der Erkenntnis türmt sich auf, himmelstürmend, götterandämmernd – was tun! – Der alte Gott erfindet den *Krieg*, er trennt die Völker, er macht, daß die Menschen sich gegenseitig vernichten (– die Priester haben immer den Krieg nötig gehabt ...). Der Krieg – unter anderem ein großer Störenfried der Wissenschaft! – Unglaublich! Die Erkenntnis, die *Emanzipation vom Priester*, nimmt selbst trotz Kriegen zu – Und ein letzter Entschluß kommt dem alten Gotte: »der Mensch ward wissenschaftlich – *es hilft nichts, man muß ihn ersäufen!*« ...

49

– Man hat mich verstanden. Der Anfang der Bibel enthält die *ganze* Psychologie des Priesters. – Der Priester kennt nur *eine* große Gefahr: das ist die Wissenschaft – der gesunde Begriff von Ursache und Wirkung. Aber die Wissenschaft gedeiht im ganzen nur unter glücklichen Verhältnissen – man muß Zeit, man muß Geist *überflüssig* haben, um zu »erkennen« ... »*Folglich* muß man den Menschen unglücklich machen« – dies war zu jeder Zeit die Logik des Priesters. – Man errät bereits, *was*, dieser Logik gemäß, damit erst in die Welt gekommen ist – die »*Sünde*« ... Der Schuld- und Strafbegriff, die ganze »sittliche Weltordnung« ist erfunden *gegen* die Wissenschaft – *gegen* die Ablösung des Menschen vom Priester ... Der Mensch soll *nicht* hinaus-, er soll in sich hineinsehn; er soll *nicht* klug und vorsichtig, als Lernender, in die Dinge sehn, er soll überhaupt gar nicht sehn: er soll *leiden* ... Und er soll so leiden, daß er jederzeit den Priester nötig hat. – Weg mit den Ärzten! *Man hat einen Heiland nötig*. – Der Schuld- und Straf-Begriff, eingerechnet die Lehre von der »Gnade«, von der »Erlösung«, von der »Vergebung« – *Lügen* durch und durch und ohne jede psychologische Realität – sind erfunden, um den *Ursachen-Sinn* des Menschen zu zerstören: sie sind das Attentat gegen den Begriff Ursache und Wirkung! – Und *nicht* ein Attentat mit der Faust, mit dem Messer, mit der Ehrlichkeit in Haß und Liebe! Sondern aus den feigsten, listigsten, niedrigsten Instinkten heraus! Ein *Priester*-Attentat! Ein *Parasiten*-Attentat! Ein Vampyrismus bleicher unterirdischer Blutsauger!... Wenn die natürlichen Folgen einer Tat nicht mehr »natürlich« sind, sondern durch Begriffs-Gespenster des Aberglaubens, durch »Gott«, durch »Geister«, durch »Seelen« bewirkt gedacht werden, als bloß »moralische« Konsequenzen, als Lohn, Strafe, Wink, Erziehungsmittel, so ist die Voraussetzung zur Erkenntnis zerstört – *so hat man das größte Verbrechen an der Menschheit begangen.* – Die Sünde, nochmals gesagt, diese Selbstschändungs-Form des Menschen *par excellence,* ist erfunden, um Wissenschaft, um Kultur, um jede Erhöhung und Vornehmheit des Menschen unmöglich zu machen; der Priester *herrscht* durch die Erfindung der Sünde. –

50

– Ich erlasse mir an dieser Stelle eine Psychologie des »Glaubens«, der »Gläubigen« nicht, zum Nutzen, wie billig, gerade der »Gläubigen«. Wenn es heute noch an solchen nicht fehlt, die es nicht wissen, inwiefern es *unanständig* ist, »gläubig« zu sein – *oder* ein Abzeichen von *décadence,* von gebrochnem Willen zum Leben –, morgen schon werden sie es wissen. Meine Stımme erreicht auch die Harthörigen. – Es scheint, wenn anders ich mich nicht verhört habe, daß es unter Christen eine Art Kriterium der Wahrheit gibt, das man den »Beweis der Kraft« nennt. »Der Glaube macht selig: *also* ist er wahr.« – Man dürfte hier zunächst einwenden, daß gerade das Seligmachen nicht bewiesen, sondern nur *versprochen* ist: die Seligkeit an die Bedingung des »Glaubens« geknüpft – man *soll* selig werden, *weil* man glaubt... Aber *daß* tatsächlich eintritt, was der Priester dem Gläubigen für das jeder Kontrolle unzugängliche »Jenseits« verspricht, womit bewiese sich *das*? – Der angebliche »Beweis der Kraft« ist also im Grunde wieder nur ein Glaube daran, daß die Wirkung nicht ausbleibt, welche man sich vom Glauben verspricht. In Formel: »Ich glaube, daß der Glaube selig macht – *folglich* ist er wahr.« – Aber damit sind wir schon am Ende. Dies »folglich« wäre das *absurdum* selbst als Kriterium der Wahrheit. – Setzen wir aber, mit einiger Nachgiebigkeit, daß das Seligmachen durch den Glauben bewiesen sei (– *nicht* nur gewünscht, *nicht* nur durch den etwas verdächtigen Mund eines Priesters versprochen): wäre Seligkeit – technischer geredet, *Lust* – jemals ein Beweis der Wahrheit? So wenig, daß es beinahe den Gegenbeweis, jedenfalls den höchsten Argwohn gegen »Wahrheit« abgibt, wenn Lustempfindungen über die Frage »was ist wahr?« mitreden. Der Beweis der »Lust« ist ein Beweis *für* »Lust« – nichts mehr; woher um alles in der Welt stünde es fest, daß gerade *wahre* Urteile mehr Vergnügen machten als falsche und, gemäß einer prästabilierten Harmonie, angenehme Gefühle mit Notwendigkeit hinter sich dreinzögen? – Die Erfahrung aller strengen, aller tief gearteten Geister lehrt *das Umgekehrte.* Man hat jeden Schrittbreit Wahrheit sich abringen müssen, man hat fast alles dagegen preisgeben müssen, woran sonst das Herz, woran unsre Liebe, unser Vertrauen zum Leben hängt. Es bedarf Größe der Seele dazu: der Dienst der Wahrheit ist der härteste Dienst. – Was heißt denn *rechtschaffen* sein in geistigen Dingen? Daß man streng gegen sein Herz ist, daß man die »schönen Gefühle« verachtet, daß man sich aus jedem Ja und Nein ein Gewissen macht! – – – Der Glaube macht selig: *folglich* lügt er...

51

Daß der Glaube unter Umständen selig macht, daß Seligkeit aus einer fixen Idee noch nicht eine *wahre* Idee macht, daß der Glaube keine Berge versetzt, wohl aber Berge *hinsetzt,* wo es keine gibt: ein flüchtiger Gang durch ein *Irrenhaus* klärt zur Genüge darüber auf. *Nicht* freilich einen Priester: denn der leugnet aus Instinkt, daß Krankheit Krankheit, daß Irrenhaus Irrenhaus ist. Das Christentum hat die Krankheit *nötig,* ungefähr wie das Griechentum einen Überschuß von Gesundheit nötig hat – krank-*machen* ist die eigentliche Hinterabsicht des ganzen Heilsprozeduren-Systems der Kirche. Und die Kirche selbst – ist sie nicht das katholische Irrenhaus als letztes Ideal? – Die Erde überhaupt als Irrenhaus? – Der religiöse Mensch, wie ihn die Kirche *will,* ist ein typischer *décadent;* der Zeitpunkt, wo eine religiöse Krisis über ein Volk Herr wird, ist jedesmal durch Nerven-Epidemien gekennzeichnet; die »innere Welt« des religiösen Menschen sieht der »inneren Welt« der Überreizten und Erschöpften zum Verwechseln ähnlich; die »höchsten« Zustände, welche das Christentum als Wert aller Werte über der Menschheit aufgehängt hat, sind epileptoide Formen – die Kirche hat nur Verrückte *oder* große Betrüger in *majorem dei honorem* heilig gesprochen... Ich habe mir einmal erlaubt, den ganzen christlichen Buß- und Erlösungs*training* (den man heute am besten in England studiert) als eine methodisch erzeugte *folie circulaire* zu bezeichnen, wie billig, auf einem bereits dazu vorbereiteten, das heißt gründlich morbiden Boden. Es steht niemandem frei, Christ zu werden: man wird zum Christentum nicht »bekehrt« – man muß krank genug dazu sein... Wir anderen, die wir den *Mut* zur Gesundheit *und* auch zur Verachtung haben, wie dürfen *wir* eine Religion verachten, die den Leib mißverstehn lehrte! die den Seelen-Aberglauben nicht loswerden will! die aus der unzureichenden Ernährung ein »Verdienst« macht! die in der Gesundheit eine Art Feind, Teufel, Versuchung bekämpft! die sich einredete, man könne eine »vollkommne Seele« in einem Kadaver von Leib herumtragen, und dazu nötig hatte, einen neuen Begriff der »Vollkommenheit« sich zurechtzumachen, ein bleiches, krankhaftes, idiotisch-schwärmerisches Wesen, die sogenannte »Heiligkeit« – Heiligkeit, selbst bloß eine Symptomen-Reihe des verarmten, entnervten, unheilbar verdorbenen Leibes!... Die christliche Bewegung, als eine europäische Bewegung, ist von vornherein eine Gesamt-Bewegung der Ausschuß- und Abfalls-Elemente aller Art (– diese wollen mit dem Christentum zur Macht). Sie drückt *nicht* den Niedergang einer Rasse aus, sie ist eine Aggregat-Bildung sich zusammendrängender und sich suchender *décadence*-Formen von überall. Es ist *nicht*, wie man glaubt, die Korruption des Altertums selbst, des *vornehmen* Altertums, was das Christentum ermöglichte: man kann dem gelehrten Idiotismus, der auch heute noch so etwas aufrechterhält, nicht hart genug widersprechen. In der Zeit, wo die kranken, verdorbenen Tschandala-Schichten im ganzen *imperium* sich christianisierten, war gerade der *Gegentypus*, die Vornehmheit, in ihrer schönsten und reifsten Gestalt vorhanden. Die große Zahl wurde Herr; der Demokratismus der christlichen Instinkte *siegte*... Das Christentum war nicht »national«, nicht rassebedingt – es wendete sich an jede Art von Enterbten des Lebens, es hatte seine Verbündeten überall. Das Christentum hat die Rankūne der Kranken auf dem Grunde, den Instinkt *gegen* die Gesunden, *gegen* die Gesundheit gerichtet. Alles Wohlgeratene, Stolze, Übermütige, die Schönheit vor allem tut ihm in Ohren und Augen weh. Nochmals erinnre ich an das unschätzbare Wort des Paulus: »Was *schwach* ist vor der Welt, was *töricht* ist vor der Welt, das *Unedle* und *Verachtete* vor der Welt hat Gott erwählet«: *das* war die Formel, *in hoc signo* siegte die *décadence*. – *Gott am Kreuze* – versteht man immer noch die furchtbare Hintergedanklichkeit dieses Symbols nicht? – Alles was leidet, alles was am Kreuze hängt, ist *göttlich* ... Wir alle hängen am Kreuze, folglich sind *wir* göttlich ... Wir allein sind göttlich... Das Christentum war ein Sieg, eine *vornehmere* Gesinnung ging an ihm zugrunde – das Christentum war bisher das größte Unglück der Menschheit. – –

52

Das Christentum steht auch im Gegensatz zu aller *geistigen* Wohlgeratenheit – es *kann* nur die kranke Vernunft als christliche Vernunft brauchen, es nimmt die Partei alles Idiotischen, es spricht den Fluch aus gegen den »Geist«, gegen die *superbia* des gesunden Geistes. Weil die Krankheit zum Wesen des Christentums gehört, *muß* auch der typisch-christliche

Zustand, »der Glaube«, eine Krankheitsform sein, *müssen* alle geraden, rechtschaffnen, wissenschaftlichen Wege zur Erkenntnis von der Kirche als *verbotene* Wege abgelehnt werden. Der Zweifel bereits ist eine Sünde... Der vollkommne Mangel an psychologischer Reinlichkeit beim Priester – im Blick sich verratend – ist eine *Folge*erscheinung der *décadence* – man hat die hysterischen Frauenzimmer, andrerseits rachitisch angelegte Kinder daraufhin zu beobachten, wie regelmäßig Falschheit aus Instinkt, Lust zu lügen, um zu lügen, Unfähigkeit zu geraden Blicken und Schritten der Ausdruck von *décadence* ist. »Glaube« heißt Nicht-wissen-*wollen*, was wahr ist. Der Pietist, der Priester beiderlei Geschlechts, ist falsch, *weil* er krank ist: sein Instinkt *verlangt*, daß die Wahrheit an keinem Punkt zu Rechte kommt. »Was krank macht, ist *gut*; was aus der Fülle, aus dem Überfluß, aus der Macht kommt, ist *böse*«: so empfindet der Gläubige. Die *Unfreiheit zur Lüge* – daran errate ich jeden vorherbestimmten Theologen. – Ein andres Abzeichen des Theologen ist sein *Unvermögen zur Philologie*. Unter Philologie soll hier, in einem sehr allgemeinen Sinne, die Kunst, gut zu lesen, verstanden werden – Tatsachen ablesen können, *ohne* sie durch Interpretation zu fälschen, *ohne* im Verlangen nach Verständnis die Vorsicht, die Geduld, die Feinheit zu verlieren. Philologie als *Ephexis* in der Interpretation: handle es sich nun um Bücher, um Zeitungs-Neuigkeiten, um Schicksale oder Wetter-Tatsachen – nicht zu reden vom »Heil der Seele«... Die Art, wie ein Theolog, gleichgültig ob in Berlin oder in Rom, ein »Schriftwort« auslegt oder ein Erlebnis, einen Sieg des vaterländischen Heers zum Beispiel unter der höheren Beleuchtung der Psalmen Davids, ist immer dergestalt *kühn*, daß ein Philolog dabei an allen Wände emporläuft. Und was soll er gar anfangen, wenn Pietisten und andre Kühe aus dem Schwabenlande den armseligen Alltag und Stubenrauch ihres Daseins mit dem »Finger Gottes« zu einem Wunder von »Gnade«, von »Vorsehung«, von »Heilserfahrungen« zurecht machen! Der bescheidenste Aufwand von Geist, um nicht zu sagen von *Anstand*, müßte diese Interpreten doch dazu bringen, sich des vollkommen Kindischen und Unwürdigen eines solchen Mißbrauchs der göttlichen Fingerfertigkeit zu überführen. Mit einem noch so kleinen Maße von Frömmigkeit im Leibe sollte uns ein Gott, der zur rechten Zeit vom Schnupfen kuriert, oder der uns in einem Augenblick in die Kutsche steigen heißt, wo gerade ein großer Regen losbricht, ein so absurder Gott sein, daß man ihn abschaffen müßte, selbst wenn er existierte. Ein Gott als Dienstbote, als Briefträger, als Kalendermann – im Grunde ein Wort für die dümmste Art aller Zufälle... Die »göttliche Vorsehung«, wie sie heute noch ungefähr jeder dritte Mensch im »gebildeten Deutschland« glaubt, wäre ein Einwand gegen Gott, wie er stärker gar nicht gedacht werden könnte. Und in jedem Fall ist er ein Einwand gegen Deutsche!...

53

– Daß *Märtyrer* etwas für die Wahrheit einer Sache beweisen, ist so wenig wahr, daß ich leugnen möchte, es habe je ein Märtyrer überhaupt etwas mit der Wahrheit zu tun gehabt. In dem Tone, mit dem ein Märtyrer sein Für-wahr-halten der Welt an den Kopf wirft, drückt sich bereits ein so niedriger Grad intellektueller Rechtschaffenheit, eine solche *Stumpfheit* für die Frage »Wahrheit« aus, daß man einen Märtyrer nie zu widerlegen braucht. Die Wahrheit ist nichts, was einer hätte und ein andrer nicht hätte: so können höchstens Bauern oder Bauern-Apostel nach Art Luthers über die Wahrheit denken. Man darf sicher sein, daß je nach dem Grade der Gewissenhaftigkeit in Dingen des Geistes die Bescheidenheit, die *Bescheidung* in diesem Punkte immer größer wird. In fünf Sachen *wissen*, und mit zarter Hand es ablehnen, *sonst* zu wissen ... »Wahrheit«, wie das Wort jeder Prophet, jeder Sektierer, jeder Freigeist, jeder Sozialist, jeder Kirchenmann versteht, ist ein vollkommner Beweis dafür, daß auch noch nicht einmal der Anfang mit jener Zucht des Geistes und Selbstüberwindung gemacht ist, die zum Finden irgendeiner kleinen, noch so kleinen Wahrheit not tut. – Die Märtyrer-Tode, anbei gesagt, sind ein großes Unglück in der Geschichte gewesen: sie *verführten* ... Der Schluß aller Idioten, Weib und Volk eingerechnet, daß es mit einer Sache, für die jemand in den Tod geht (oder die gar, wie das erste Christentum, todsüchtige Epidemien erzeugt), etwas auf sich habe – dieser Schluß ist der Prüfung, dem Geist der Prüfung und Vorsicht unsäglich zum Hemmschuh geworden. Die Märtyrer *schadeten* der Wahrheit ... Auch heute noch bedarf es nur einer Krudität der Verfolgung, um einer an sich noch so gleichgültigen Sektiererei einen *ehrenhaften* Namen zu schaffen. – Wie? ändert es am Werte einer Sache etwas, daß jemand für sie sein Leben läßt? – Ein Irrtum, der ehrenhaft wird, ist ein Irrtum, der einen Verführungsreiz mehr besitzt: glaubt ihr, daß wir euch Anlaß geben würden, ihr Herrn Theologen, für eure Lüge die Märtyrer zu machen? – Man widerlegt eine Sache, indem man sie achtungsvoll aufs Eis legt – ebenso widerlegt man auch Theologen ... Gerade das war die welthistorische Dummheit aller Verfolger, daß sie der gegnerischen Sache den Anschein des Ehrenhaften gaben – daß sie ihr die Faszination des Martyriums zum Geschenk machten ... Das Weib liegt heute noch auf den Knien vor einem Irrtum, weil man ihm gesagt hat, daß jemand dafür am Kreuze starb. *Ist denn das Kreuz ein Argument?* – – Aber über alle diese Dinge hat einer allein das Wort gesagt, das man seit Jahrtausenden nötig gehabt hätte – *Zarathustra.*

Blutzeichen schrieben sie auf den Weg, den sie gingen, und ihre Torheit lehrte, daß man mit Blut Wahrheit beweise.

Aber Blut ist der schlechteste Zeuge der Wahrheit; Blut vergiftet die reinste Lehre noch zu Wahn und Haß der Herzen.

Und wenn einer durchs Feuer ginge für seine Lehre – was beweist dies! Mehr ist's wahrlich, daß aus eignem Brande die eigne Lehre kommt. (I, S. 606)

54

Man lasse sich nicht irreführen: große Geister sind Skeptiker. Zarathustra ist ein Skeptiker. Die Stärke, die *Freiheit* aus der Kraft und Überkraft des Geistes *beweist* sich durch Skepsis. Menschen der Überzeugung kommen für alles Grundsätzliche von Wert und Unwert gar nicht in Betracht. Überzeugungen sind Gefängnisse. Das sieht nicht weit genug, das sieht nicht *unter* sich: aber um über Wert und Unwert mitreden zu dürfen, muß man fünfhundert Überzeugungen *unter* sich sehn – *hinter* sich sehn ... Ein Geist, der Großes will, der auch die Mittel dazu will, ist mit Notwendigkeit Skeptiker. Die Freiheit von jeder Art Überzeugungen *gehört* zur Stärke, das Frei-Blicken-*können* ... Die große Leidenschaft, der Grund und die Macht seines Seins, noch aufgeklärter, noch despotischer, als er selbst es ist, nimmt seinen ganzen Intellekt in Dienst; sie macht unbedenklich; sie gibt ihm Mut sogar zu unheiligen Mitteln; sie *gönnt* ihm unter Umständen Überzeugungen. Die Überzeugung als *Mittel*: vieles erreicht man nur mittelst einer Überzeugung. Die große Leidenschaft braucht, verbraucht Überzeugungen, sie unterwirft sich ihnen nicht – sie weiß sich souverän. – Umgekehrt: das Bedürfnis nach Glauben, nach irgend etwas Unbedingtem von Ja und Nein, der Carlylismus, wenn man mir dies Wort nachsehn will, ist ein Bedürfnis der *Schwäche*. Der Mensch des Glaubens, der »Gläubige« jeder Art ist notwendig ein abhängiger Mensch – ein solcher, der *sich* nicht als Zweck, der von sich aus überhaupt nicht Zwecke ansetzen kann. Der »Gläubige« gehört *sich* nicht, er kann nur Mittel sein, er muß *verbraucht* werden, er hat jemand nötig, der ihn verbraucht. Sein Instinkt gibt einer Moral der Entselbstung die höchste Ehre: zu ihr überredet ihn alles, seine Klugheit, seine Erfahrung, seine Eitelkeit. Jede Art Glaube ist selbst ein Ausdruck von Entselbstung, von Selbst-Entfremdung ... Erwägt man, wie notwendig den allermeisten ein Regulativ ist, das sie von außen her bindet und fest macht, wie der Zwang, in einem höheren Sinn die *Sklaverei*, die einzige und letzte Bedingung ist, unter der der willensschwächere Mensch, zumal das Weib, gedeiht: so versteht man auch die Überzeugung, den »Glauben«. Der Mensch der Überzeugung hat in ihr sein Rückgrat. Viele Dinge *nicht* sehn, in keinem Punkte unbefangen sein, Partei sein durch und durch, eine strenge und notwendige Optik in allen Werten haben – das allein bedingt es, daß eine solche Art Mensch überhaupt besteht. Aber damit ist sie der Gegensatz, der *Antagonist* des Wahrhaftigen – der Wahrheit ... Dem Gläubigen steht es nicht frei, für die Frage »wahr« und »unwahr«

überhaupt ein Gewissen zu haben: rechtschaffen sein an *dieser* Stelle wäre sofort sein Untergang. Die pathologische Bedingtheit seiner Optik macht aus dem Überzeugten den Fanatiker – Savonarola, Luther, Rousseau, Robespierre, Saint-Simon –, den Gegensatz-Typus des starken, des *frei*gewordnen Geistes. Aber die große Attitüde dieser *kranken* Geister, dieser Epileptiker des Begriffs, wirkt auf die große Masse – die Fanatiker sind pittoresk, die Menschheit sieht Gebärden lieber, als daß sie *Gründe* hört...

55

– Einen Schritt weiter in der Psychologie der Überzeugung, des »Glaubens«. Es ist schon lange von mir zur Erwägung anheimgegeben worden, ob nicht die Überzeugungen gefährlichere Feinde der Wahrheit sind als die Lügen (Menschliches, Allzumenschliches I, Aphorismus 54 und 483). Diesmal möchte ich die entscheidende Frage tun: besteht zwischen Lüge und Überzeugung überhaupt ein Gegensatz? – Alle Welt glaubt es; aber was glaubt nicht alle Welt! – Eine jede Überzeugung hat ihre Geschichte, ihre Vorformen, ihre Tentativen und Fehlgriffe: sie *wird* Überzeugung, nachdem sie es lange *nicht* ist, nachdem sie es noch länger *kaum* ist. Wie? könnte unter diesen Embryonal-Formen der Überzeugung nicht auch die Lüge sein? – Mitunter bedarf es bloß eines Personen-Wechsels: im Sohn wird Überzeugung, was im Vater noch Lüge war. – Ich nenne Lüge: etwas *nicht* sehn wollen, das man sieht, etwas nicht *so* sehn wollen, wie man es sieht: ob die Lüge vor Zeugen oder ohne Zeugen statthat, kommt nicht in Betracht. Die gewöhnlichste Lüge ist die, mit der man sich selbst belügt; das Belügen andrer ist relativ der Ausnahmefall. – Nun ist dies *Nicht*-sehn-wollen, was man sieht, dies Nicht-so-sehn-wollen, wie man es sieht, beinahe die erste Bedingung für alle, die *Partei* sind, in irgendwelchem Sinne: der Parteimensch wird mit Notwendigkeit Lügner. Die deutsche Geschichtsschreibung zum Beispiel ist überzeugt, daß Rom der Despotismus war, daß die Germanen den Geist der Freiheit in die Welt gebracht haben: welcher Unterschied ist zwischen dieser Überzeugung und einer Lüge? Darf man sich noch darüber wundern, wenn, aus Instinkt, alle Parteien, auch die deutschen Historiker, die großen Worte der Moral im Munde haben – daß die Moral beinahe dadurch *fortbesteht*, daß der Parteimensch jeder Art jeden Augenblick sie nötig hat? – »Dies ist *unsre* Überzeugung: wir bekennen sie vor aller Welt, wir leben und sterben für sie – Respekt vor allem, was Überzeugungen hat!« – dergleichen habe ich sogar aus dem Mund von Antisemiten gehört. Im Gegenteil, meine Herrn! Ein Antisemit wird dadurch durchaus nicht anständiger, daß er aus Grundsatz lügt... Die Priester, die in solchen Dingen feiner sind und den Einwand sehr gut verstehn, der im Begriff einer Überzeugung, das heißt einer grundsätzlichen, *weil* zweckdienlichen Verlogenheit liegt, haben von den Juden her die Klugheit überkommen, an dieser Stelle den Begriff »Gott«, »Wille Gottes«, »Offenbarung Gottes« einzuschieben. Auch Kant, mit seinem kategorischen Imperativ, war auf dem gleichen Wege: seine Vernunft wurde hierin *praktisch*. – Es gibt Fragen, wo über Wahrheit und Unwahrheit dem Menschen die Entscheidung *nicht* zusteht; alle obersten Fragen, alle obersten Wert-Probleme sind jenseits der menschlichen Vernunft... Die Grenzen der Vernunft begreifen – *das* erst ist wahrhaft Philosophie... Wozu gab Gott dem Menschen die Offenbarung? Würde Gott etwas Überflüssiges getan haben? Der Mensch *kann* von sich nicht selber wissen, was gut und böse ist, darum lehrte ihn Gott seinen Willen... Moral: der Priester lügt *nicht* – die Frage »wahr« oder »unwahr« *gibt* es nicht in solchen Dingen, von denen Priester reden; diese Dinge erlauben gar nicht zu lügen. Denn um zu lügen, müßte man entscheiden können, *was* hier wahr ist. Aber das *kann* eben der Mensch nicht; der Priester ist damit nur das Mundstück Gottes. – Ein solcher Priester-Syllogismus ist durchaus nicht boß jüdisch und christlich; das Recht zur Lüge und die *Klugheit* der »Offenbarung« gehört dem Typus Priester an, den *décadence*-Priestern so gut als den Heidentum-Priestern (– Heiden sind alle, die zum Leben ja sagen, denen »Gott« das Wort für das große Ja zu allen Dingen ist). – Das »Gesetz«, der »Wille Gottes«, das »heilige Buch«, die »Inspiration« – alles nur Worte für die Bedingungen, *unter* denen der Priester zur Macht kommt, *mit* denen er seine Macht aufrecht erhält – diese Begriffe finden sich auf dem Grunde aller Priester-Organisationen, aller priesterlichen oder philosophisch-priesterlichen Herrschaftsgebilde. Die »heilige Lüge« – dem Konfuzius, dem Gesetzbuch des Manu, dem Mohammed, der christlichen Kirche gemeinsam –: sie fehlt nicht bei Plato. »Die Wahrheit ist da«: dies bedeutet, wo nur es laut wird, *der Priester lügt*...

56

– Zuletzt kommt es darauf an, zu welchem *Zweck* gelogen wird. Daß im Christentum die »heiligen« Zwecke fehlen, ist *mein* Einwand gegen seine Mittel. Nur *schlechte* Zwecke: Vergiftung, Verleumdung, Verneinung des Lebens, die Verachtung des Leibes, die Herabwürdigung und Selbstschändung des Menschen durch den Begriff Sünde – *folglich* sind auch seine Mittel schlecht. – Ich lese mit einem entgegengesetzten Gefühle das Gesetzbuch des *Manu*, ein unvergleichlich geistiges und überlegenes Werk, das mit der Bibel auch nur in einem Atem *nennen* eine Sünde wider den *Geist* wäre Man errät sofort: es hat eine wirkliche Philosophie hinter sich, *in* sich, nicht bloß ein übelriechendes Judain von Rabbinismus und Aberglauben – es gibt selbst dem verwöhntesten Psychologen etwas zu beißen.

Nicht die Hauptsache zu vergessen, *der* Grundunterschied von jeder Art von Bibel: die *vornehmen* Stände, die Philosophen und die Krieger, halten mit ihm ihre Hand über der Menge; vornehme Werte überall, ein Vollkommenheits-Gefühl, ein Jasagen zum Leben, ein triumphierendes Wohlgefühl an sich und am Leben – die *Sonne* liegt auf dem ganzen Buch. – Alle die Dinge, an denen das Christentum seine unergründliche Gemeinheit ausläßt, die Zeugung zum Beispiel, das Weib, die Ehe, werden hier ernst, mit Ehrfurcht, mit Liebe und Zutrauen behandelt. Wie kann man eigentlich ein Buch in die Hände von Kindern und Frauen legen, das jenes niederträchtige Wort enthält: »Um der Hurerei willen habe ein jeglicher sein eignes Weib und eine jegliche ihren eignen Mann ... es ist besser freien denn Brunst leiden«? Und *darf* man Christ sein, solange mit dem Begriff der *immaculata conceptio* die Entstehung des Menschen verchristlicht, das heißt *beschmutzt* ist? ... Ich kenne kein Buch, wo dem Weibe so viele zarte und gütige Dinge gesagt würden, wie im Gesetzbuch des Manu; diese alten Graubärte und Heiligen haben eine Art, gegen Frauen artig zu sein, die vielleicht nicht übertroffen ist. »Der Mund einer Frau« – heißt es einmal –, »der Busen eines Mädchens, das Gebet eines Kindes, der Rauch des Opfers sind immer rein.« Eine andre Stelle: »es gibt gar nichts Reineres als das Licht der Sonne, den Schatten einer Kuh, die Luft, das Wasser, das Feuer und den Atem eines Mädchens.« Eine letzte Stelle – vielleicht auch eine heilige Lüge –: »alle Öffnungen des Leibes oberhalb des Nabels sind rein, alle unterhalb sind unrein. Nur beim Mädchen ist der ganze Körper rein.«

57

Man ertappt die *Unheiligkeit* der christlichen Mittel *in flagranti*, wenn man den *christlichen* Zweck einmal an dem Zweck des Manu-Gesetzbuches mißt – wenn man diesen größten Zweck-Gegensatz unter starkes Licht bringt. Es bleibt dem Kritiker des Christentums nicht erspart, das Christentum *verächtlich* zu machen. – Ein solches Gesetzbuch, wie das des Manu, entsteht wie jedes gute Gesetzbuch: es resümiert die Erfahrung, Klugheit und Experimental-Moral von langen Jahrhunderten, es schließt ab, es schafft nichts mehr. Die Voraussetzung zu einer Kodifikation seiner Art ist die Einsicht, daß die Mittel einer langsam und kostspielig erworbenen *Wahrheit* Autorität zu schaffen, grundverschieden von denen sind, mit denen man sie beweisen würde. Ein Gesetzbuch erzählt niemals den Nutzen, die Gründe, die Kasuistik in der Vorgeschichte eines Gesetzes: eben damit würde es den imperativischen Ton einbüßen, das »du sollst«, die Voraussetzung dafür, daß gehorcht wird. Das Problem liegt genau hierin. – An einem gewissen Punkte der Entwicklung eines Volks erklärt die einsichtigste, das heißt rück- und hinausblickendste Schicht desselben, die Erfahrung, nach der gelebt werden soll – das heißt *kann* –, für abgeschlossen. Ihr Ziel geht dahin, die Ernte möglichst reich und vollständig von den Zeiten des Experiments und der *schlimmen* Erfahrung heimzubringen. Was folglich vor allem jetzt zu verhüten ist, das ist das Noch-Fort-Experimentieren, die Fortdauer des flüssigen Zustands der Werte, das Prüfen, Wählen, Kritik-Üben der Werte *in infinitum*. Dem stellt man eine doppelte Mauer entgegen: einmal die *Offenbarung*, das ist die Behauptung, die Vernunft jener Gesetze sei *nicht* menschlicher Herkunft, *nicht* langsam und unter Fehlgriffen gesucht und gefunden, sondern, als göttlichen Ursprungs, ganz, vollkommen, ohne Geschichte, ein Geschenk, ein Wunder, bloß mitgeteilt... Sodann die *Tradition*, das ist die Behauptung, daß das Gesetz bereits seit uralten Zeiten bestanden habe, daß es pietätlos, ein Verbrechen an den Vorfahren sei, es in Zweifel zu ziehn. Die Autorität des Gesetzes begründet sich mit den Thesen: Gott *gab* es, die Vorfahren *lebten* es. – Die höhere Vernunft einer solchen Prozedur liegt in der Absicht, das Bewußtsein Schritt für Schritt von dem als richtig erkannten (das heißt durch eine ungeheure und scharf durchgesiebte Erfahrung *bewiesenen*) Leben zurückzudrängen: so daß der vollkommne Automatismus des Instinkts erreicht wird – diese Voraussetzung zu jeder Art Meisterschaft, zu jeder Art Vollkommenheit in der Kunst des Lebens. Ein Gesetzbuch nach Art des Manu aufstellen, heißt einem Volke fürderhin zugestehn, Meister zu werden, vollkommen zu werden – die höchste Kunst des Lebens zu ambitionieren. *Dazu muß es unbewußt gemacht werden*: dies der Zweck jeder heiligen Lüge. – Die *Ordnung der Kasten*, das oberste, das dominierende Gesetz, ist nur die Sanktion einer *Natur-Ordnung*, Natur-Gesetzlichkeit ersten Ranges, über die keine Willkür, keine »moderne Idee« Gewalt hat. Es treten in jeder gesunden Gesellschaft, sich gegenseitig bedingend, drei physiologisch verschieden-gravitierende Typen auseinander, von denen jeder seine eigne Hygiene, sein eignes Reich von Arbeit, seine eigne Art Vollkommenheits-Gefühl und Meisterschaft hat. Die Natur, *nicht* Manu, trennt die vorwiegend Geistigen, die vorwiegend Muskel- und Temperaments-Starken und die weder im einen, noch im andern ausgezeichneten dritten, die Mittelmäßigen, voneinander ab – die letzteren als die große Zahl, die ersteren als die Auswahl. Die oberste Kaste – ich nenne sie *die Wenigsten* – hat als die vollkommne auch die Vorrechte der wenigsten: dazu gehört es, das Glück, die Schönheit, die Güte auf Erden darzustellen. Nur die geistigsten Menschen haben die Erlaubnis zur Schönheit, *zum* Schönen: nur bei ihnen ist Güte nicht Schwäche. *Pulchrum est paucorum hominum*: das Gute ist ein Vorrecht. Nichts kann ihnen dagegen weniger zugestanden werden als häßliche Manieren oder ein pessimistischer Blick, ein Auge, das *verhäßlicht* –, oder gar eine Entrüstung über den Gesamt-Aspekt der Dinge. Die

Entrüstung ist das Vorrecht der Tschandala; der Pessimismus desgleichen. *»Die Welt ist vollkommen«* – so redet der Instinkt der Geistigsten, der jasagende Instinkt –: »die Unvollkommenheit, das *Unter*-uns jeder Art, die Distanz, das Pathos der Distanz, der Tschandala selbst gehört noch zu dieser Vollkommenheit.« Die geistigsten Menschen, als die *Stärksten*, finden ihr Glück, worin andre ihren Untergang finden würden: im Labyrinth, in der Härte gegen sich und andre, im Versuch; ihre Lust ist die Selbstbezwingung: der Asketismus wird bei ihnen Natur, Bedürfnis, Instinkt. Die schwere Aufgabe gilt ihnen als Vorrecht; mit Lasten zu spielen, die andre erdrücken, eine *Erholung* ... Erkenntnis – eine Form des Asketismus. – Sie sind die ehrwürdigste Art Mensch: das schließt nicht aus, daß sie die heiterste, die liebenswürdigste sind. Sie herrschen, nicht weil sie wollen, sondern weil sie *sind*; es steht ihnen nicht frei, die zweiten zu sein. – Die *zweiten*: das sind die Wächter des Rechts, die Pfleger der Ordnung und der Sicherheit, das sind die vornehmen Krieger, das ist der *König* vor allem als die höchste Formel von Krieger, Richter und Aufrechterhalter des Gesetzes. Die zweiten sind die Exekutive der Geistigsten, das Nächste, was zu ihnen gehört, das was ihnen alles *Grobe* in der Arbeit des Herrschens abnimmt – ihr Gefolge, ihre rechte Hand, ihre beste Schülerschaft. – In dem allem, nochmals gesagt, ist nichts von Willkür, nichts »gemacht«; was *anders* ist, ist gemacht – die Natur ist dann zuschanden gemacht ... Die Ordnung der Kasten, die *Rangordnung*, formuliert nur das oberste Gesetz des Lebens selbst; die Abscheidung der drei Typen ist nötig zur Erhaltung der Gesellschaft, zur Ermöglichung höherer und höchster Typen – die *Ungleichheit* der Rechte ist erst die Bedingung dafür, daß es überhaupt Rechte gibt. – Ein Recht ist ein Vorrecht. In seiner Art Sein hat jeder auch sein Vorrecht. Unterschätzen wir die Vorrechte der *Mittelmäßigen* nicht. Das Leben nach der *Höhe* zu wird immer härter – die Kälte nimmt zu, die Verantwortlichkeit nimmt zu. Eine hohe Kultur ist eine Pyramide: sie kann nur auf einem breiten Boden stehn, sie hat zu allererst eine stark und gesund konsolidierte Mittelmäßigkeit zur Voraussetzung. Das Handwerk, der Handel, der Ackerbau, die *Wissenschaft*, der größte Teil der Kunst, der ganze Inbegriff der *Berufs*tätigkeit mit einem Wort, verträgt sich durchaus nur mit einem Mittelmaß im Können und Begehren; dergleichen wäre deplaziert unter Ausnahmen, der dazugehörige Instinkt widerspräche sowohl dem Aristokratismus als dem Anarchismus. Daß man ein öffentlicher Nutzen ist, ein Rad, eine Funktion, dazu gibt es eine Naturbestimmung: *nicht* die Gesellschaft, die Art *Glück*, deren die allermeisten bloß fähig sind, macht aus ihnen intelligente Maschinen. Für den Mittelmäßigen ist mittelmäßig sein ein Glück; die Meisterschaft in einem, die Spezialität ein natürlicher Instinkt. Es würde eines tieferen Geistes vollkommen unwürdig sein, in der Mittelmäßigkeit an sich schon einen Einwand zu sehn. Sie ist selbst die *erste* Notwendigkeit dafür, daß es Ausnahmen geben darf: eine hohe Kultur ist durch sie bedingt. Wenn der Ausnahme-Mensch gerade die Mittelmäßigen mit zarteren Fingern handhabt, als sich und seinesgleichen, so ist dies nicht bloß Höflichkeit des Herzens – es ist einfach seine *Pflicht*... Wen hasse ich unter dem Gesindel von Heute am besten? Das Sozialisten-Gesindel, die Tschandala-Apostel, die den Instinkt, die Lust, das Genügsamkeits-Gefühl des Arbeiters mit seinem kleinen Sein untergraben – die ihn neidisch machen, die ihn Rache lehren... Das Unrecht liegt niemals in ungleichen Rechten, es liegt im Anspruch auf *»gleiche«* Rechte... Was ist *schlecht*? Aber ich sagte es schon: alles, was aus Schwäche, aus Neid, aus *Rache* stammt. – Der Anarchist und der Christ sind einer Herkunft...

58

In der Tat, es macht einen Unterschied, zu welchem Zweck man lügt: ob man damit erhält oder *zerstört*. Man darf zwischen *Christ* und *Anarchist* eine vollkommne Gleichung aufstellen: ihr Zweck, ihr Instinkt geht nur auf Zerstörung. Den Beweis für diesen Satz hat man aus der Geschichte nur abzulesen: sie enthält ihn in entsetzlicher Deutlichkeit. Lernten wir eben eine religiöse Gesetzgebung kennen, deren Zweck war, die oberste Bedingung dafür, daß das Leben *gedeiht*, eine große Organisation der Gesellschaft zu »verewigen« – das Christentum hat seine Mission darin gefunden, mit eben einer solchen Organisation, *weil in ihr das Leben gedieh*, ein Ende zu machen. Dort sollte der Vernunft-Ertrag von langen Zeiten des Experiments und der Unsicherheit zum fernsten Nutzen angelegt und die Ernte so groß, so reichlich, so vollständig wie möglich heimgebracht werden: hier wurde, umgekehrt, über Nacht die Ernte *vergiftet* ... Das, was *aere perennius* dastand, das *imperium Romanum*, die großartigste Organisations-Form unter schwierigen Bedingungen, die bisher erreicht worden ist, im Vergleich zu der alles Vorher, alles Nachher Stückwerk, Stümperei, Dilettantismus ist – jene heiligen Anarchisten haben sich eine »Frömmigkeit« daraus gemacht, »die Welt«, *das heißt* das *imperium Romanum* zu zerstören, bis kein Stein auf dem andern blieb – bis selbst Germanen und andre Rüpel darüber Herr werden konnten... Der Christ und der Anarchist: beide *décadents*, beide unfähig, anders als auflösend, vergiftend, verkümmernd, *blutaussaugend* zu wirken, beide der Instinkt des *Todhasses* gegen alles, was steht, was groß dasteht, was Dauer hat, was dem Leben Zukunft verspricht... Das Christentum war der Vampyr des *imperium Romanum* – es hat die ungeheure Tat der Römer, den Boden für eine große Kultur zu gewinnen, *die Zeit hat*, über Nacht ungetan gemacht. – Versteht man es immer noch nicht?

Das *imperium Romanum,* das wir kennen, das uns die Geschichte der römischen Provinz immer besser kennen lehrt, dies bewunderungswürdigste Kunstwerk des großen Stils, war ein Anfang, sein Bau war berechnet, sich mit Jahrtausenden zu *beweisen* – es ist bis heute nie so gebaut, nie auch nur geträumt worden, in gleichem Maße *sub specie aeterni* zu bauen! – Diese Organisation war fest genug, schlechte Kaiser auszuhalten: der Zufall von Personen darf nichts in solchen Dingen zu tun haben – *erstes* Prinzip aller großen Architektur. Aber sie war nicht fest genug gegen die *korrupteste* Art Korruption, gegen den *Christen* ... Dies heimliche Gewürm, das sich in Nacht, Nebel und Zweideutigkeit an alle einzelnen heranschlich und jedem einzelnen den Ernst für *wahre* Dinge, den Instinkt überhaupt für *Realitäten* aussog, diese feige, femininische und zuckersüße Bande hat Schritt für Schritt die »Seelen« diesem ungeheuren Bau entfremdet – jene wertvollen, jene männlich-vornehmen Naturen, die in der Sache Roms ihre eigne Sache, ihren eignen Ernst, ihren eignen Stolz empfanden. Diese Mucker-Schleicherei, die Konventikel-Heimlichkeit, düstere Begriffe wie Hölle, wie Opfer des Unschuldigen, wie *unio mystica* im Bluttrinken, vor allem das langsam aufgeschürte Feuer der Rache, der Tschandala-Rache – *das* wurde Herr über Rom, dieselbe Art von Religion, der in ihrer Präexistenz-Form schon Epikur den Krieg gemacht hatte. Man lese Lukrez, um zu begreifen, *was* Epikur bekämpft hat, *nicht* das Heidentum, sondern »das Christentum«, will sagen die Verderbnis der Seelen durch den Schuld-, durch den Straf- und Unsterblichkeits-Begriff. – Er bekämpfte die *unterirdischen* Kulte, das ganze latente Christentum – die Unsterblichkeit zu leugnen war damals schon eine wirkliche *Erlösung.* – Und Epikur hätte gesiegt, jeder achtbare Geist im römischen Reich war Epikureer: *da erschien Paulus* ... Paulus, der Fleisch-, der Genie-gewordne Tschandala-Haß gegen Rom, gegen »die Welt«, der Jude, der *ewige* Jude *par excellence* ... Was er erriet, das war, wie man mit Hilfe der kleinen sektiererischen Christen-Bewegung abseits des Judentums einen »Weltbrand« entzünden könne, wie man mit dem Symbol »Gott am Kreuze« alles Unten-Liegende, alles Heimlich-Aufrührerische, die ganze Erbschaft anarchistischer Umtriebe im Reich, zu einer ungeheuren Macht aufsummieren könne. »Das Heil kommt von den Juden.« – Das Christentum als Formel, um die unterirdischen Kulte aller Art, die des Osiris, der großen Mutter, des Mithras zum Beispiel, zu überbieten – *und* zu summieren: in dieser Einsicht besteht das Genie des Paulus. Sein Instinkt war darin so sicher, daß er die Vorstellungen, mit denen jene Tschandala-Religionen faszinierten, mit schonungsloser Gewalttätigkeit an der Wahrheit dem »Heilande« seiner Erfindung in den Mund legte, und nicht nur in den Mund – daß er aus ihm etwas *machte,* das auch ein Mithras-Priester verstehn konnte ... Dies war sein Augenblick von Damaskus: er begriff, daß er den Unsterblichkeits-Glauben *nötig* hatte, um »die Welt« zu entwerten, daß der Begriff »Hölle« über Rom noch Herr wird – daß man mit dem »Jenseits« *das Leben tötet* ... Nihilist und Christ: das reimt sich, das reimt sich nicht bloß ...

59

Die ganze Arbeit der antiken Welt *umsonst*: ich habe kein Wort dafür, das mein Gefühl über etwas so Ungeheures ausdrückt. – Und in Anbetracht, daß ihre Arbeit eine Vorarbeit war, daß eben erst der Unterbau zu einer Arbeit von Jahrtausenden mit granitnem Selbstbewußtsein gelegt war, der ganze *Sinn* der antiken Welt umsonst! ... Wozu Griechen? wozu Römer? – Alle Voraussetzungen zu einer gelehrten Kultur, alle wissenschaftlichen *Methoden* waren bereits da, man hatte die große, die unvergleichliche Kunst, gut zu lesen, bereits festgestellt – diese Voraussetzung zur Tradition der Kultur, zur Einheit der Wissenschaft; die Naturwissenschaft, im Bunde mit Mathematik und Mechanik, war auf dem allerbesten Wege – der *Tatsachen-Sinn*, der letzte und wertvollste aller Sinne, hatte seine Schulen, seine bereits Jahrhunderte alte Tradition! Versteht man das? Alles *Wesentliche* war gefunden, um an die Arbeit gehn zu können – die Methoden, man muß es zehnmal sagen, *sind* das Wesentliche, auch das Schwierigste, auch das, was am längsten die Gewohnheiten und Faulheiten gegen sich hat. Was wir heute, mit unsäglicher Selbstbezwingung – denn wir haben alle die schlechten Instinkte, die christlichen, irgendwie noch im Leibe – uns zurückerobert haben, den freien Blick vor der Realität, die vorsichtige Hand, die Geduld und den Ernst im Kleinsten, die ganze *Rechtschaffenheit* der Erkenntnis – sie war bereits da! vor mehr als zwei Jahrtausenden bereits! *Und*, dazu gerechnet, der gute, der feine Takt und Geschmack! *Nicht* als Gehirn-Dressur! *Nicht* als »deutsche« Bildung mit Rüpel-Manieren! Sondern als Leib, als Gebärde, als Instinkt – als Realität mit einem Wort ... *Alles umsonst!* Über Nacht bloß noch eine Erinnerung! – Griechen! Römer! die Vornehmheit des Instinkts, der Geschmack, die methodische Forschung, das Genie der Organisation und Verwaltung, der Glaube, der *Wille* zur Menschen-Zukunft, das große Ja zu allen Dingen als *imperium Romanum* sichtbar, für alle Sinne sichtbar, der große Stil nicht mehr bloß Kunst, sondern Realität, Wahrheit, *Leben* geworden ... – Und nicht durch ein Natur-Ereignis über Nacht verschüttet! Nicht durch Germanen und andre Schwerfüßler niedergetreten! Sondern von listigen, heimlichen, unsichtbaren, blutarmen Vampyren zuschanden gemacht! Nicht besiegt – nur ausgesogen! ... Die versteckte Rachsucht, der kleine Neid *Herr* geworden! Alles Erbärmliche, An-sich-Leidende, Von-schlechten-Gefühlen-Heimgesuchte, die ganze *Ghetto-Welt* der Seele mit einem Male *obenauf*!

– – Man lese nur irgendeinen christlichen Agitator, den heiligen Augustin zum Beispiel, um zu begreifen, um zu *riechen,* was für unsaubere Gesellen damit obenauf gekommen sind. Man würde sich ganz und gar betrügen, wenn man irgendwelchen Mangel an Verstand bei den Führern der christlichen Bewegung voraussetzte – o sie sind klug, klug, bis zur Heiligkeit, diese Herren Kirchenväter! Was ihnen abgeht, ist etwas ganz anderes. Die Natur hat sie vernachlässigt – sie vergaß, ihnen eine bescheidene Mitgift von achtbaren, von anständigen, von *reinlichen* Instinkten mitzugeben... Unter uns, es sind nicht einmal Männer... Wenn der Islam das Christentum verachtet, so hat er tausendmal recht dazu: der Islam hat *Männer* zur Voraussetzung...

60

Das Christentum hat uns um die Ernte der antiken Kultur gebracht, es hat uns später wieder um die Ernte der *Islam*-Kultur gebracht. Die wunderbare maurische Kultur-Welt Spaniens, *uns* im Grunde verwandter, zu Sinn und Geschmack redender als Rom und Griechenland, wurde *niedergetreten* (– ich sage nicht von was für Füßen –), warum? weil sie vornehmen, weil sie Männer-Instinkten ihre Entstehung verdankte, weil sie zum Leben ja sagte auch noch mit den seltnen und raffinierten Kostbarkeiten des maurischen Lebens!... Die Kreuzritter bekämpften später etwas, vor dem sich in den Staub zu legen ihnen besser angestanden hätte – eine Kultur, gegen die sich selbst unser neunzehntes Jahrhundert sehr arm, sehr »spät« vorkommen dürfte. – Freilich, sie wollten Beute machen: der Orient war reich... Man sei doch unbefangen! Kreuzzüge – die höhere Seeräuberei, weiter nichts! Der deutsche Adel, Wikinger-Adel im Grunde, war damit in seinem Elemente: die Kirche wußte nur zu gut, womit man deutschen Adel *hat*... Der deutsche Adel, immer die »Schweizer« der Kirche, immer im Dienste aller schlechten Instinkte der Kirche – aber *gut bezahlt*... Daß die Kirche gerade mit Hilfe deutscher Schwerter, deutschen Blutes und Mutes ihren Todfeindschafts-Krieg gegen alles Vornehme auf Erden durchgeführt hat! Es gibt an dieser Stelle eine Menge schmerzlicher Fragen. Der deutsche Adel *fehlt* beinahe in der Geschichte der höheren Kultur: man errät den Grund... Christentum, Alkohol – die beiden *großen* Mittel der Korruption... An sich sollte es ja keine Wahl geben, angesichts von Islam und Christentum, so wenig als angesichts eines Arabers und eines Juden. Die Entscheidung ist gegeben; es steht niemandem frei, hier noch zu wählen. Entweder *ist* man ein Tschandala, oder man ist es *nicht*... »Krieg mit Rom aufs Messer! Friede, Freundschaft mit dem Islam«: so empfand, so *tat* jener große Freigeist, das Genie unter den deutschen Kaisern, Friedrich der Zweite?

Wie? muß ein Deutscher erst Genie, erst Freigeist sein, um *anständig* zu empfinden? Ich begreife nicht, wie ein Deutscher je *christlich* empfinden konnte ...

61

Hier tut es not, eine für Deutsche noch hundertmal peinlichere Erinnerung zu berühren. Die Deutschen haben Europa um die letzte große Kultur-Ernte gebracht, die es für Europa heimzubringen gab – um die der *Renaissance.* Versteht man endlich, *will* man verstehn, *was* die Renaissance war? Die *Umwertung der christlichen Werte,* der Versuch, mit allen Mitteln, mit allen Instinkten, mit allem Genie unternommen, die *Gegen*-Werte, die *vornehmen* Werte zum Sieg zu bringen... Es gab bisher nur *diesen* großen Krieg, es gab bisher keine entscheidendere Fragestellung als die der Renaissance – *meine* Frage ist ihre Frage –: es gab auch nie eine grundsätzlichere, eine geradere, eine strenger in ganzer Front und auf das Zentrum losgeführte Form des *Angriffs*! An der entscheidenden Stelle, im Sitz des Christentums selbst angreifen, hier die *vornehmen* Werte auf den Thron bringen, will sagen in die Instinkte, in die untersten Bedürfnisse und Begierden der daselbst Sitzenden *hinein*bringen... Ich sehe eine *Möglichkeit* vor mir von einem vollkommen überirdischen Zauber und Farbenreiz – es scheint mir, daß sie in allen Schaudern raffinierter Schönheit erglänzt, daß eine Kunst in ihr am Werke ist, so göttlich, so teufelsmäßig-göttlich, daß man Jahrtausende umsonst nach einer zweiten solchen Möglichkeit durchsucht; ich sehe ein Schauspiel, so sinnreich, so wunderbar paradox zugleich, daß alle Gottheiten des Olymps einen Anlaß zu einem unsterblichen Gelächter gehabt hätten – *Cesare Borgia als Papst*... Versteht man mich?... Wohlan, *das* wäre der Sieg gewesen, nach dem *ich* heute allein verlange –: damit war das Christentum *abgeschafft*! – Was geschah? Ein deutscher Mönch, Luther, kam nach Rom. Dieser Mönch, mit allen rachsüchtigen Instinkten eines verunglückten Priesters im Leibe, empörte sich in Rom *gegen* die Renaissance... Statt mit tiefster Dankbarkeit das Ungeheure zu verstehn, das geschehen war, die Überwindung des Christentums an seinem *Sitz* –, verstand sein Haß aus diesem Schauspiel nur seine Nahrung zu ziehn. Ein religiöser Mensch denkt nur an sich. – Luther sah die *Verderbnis* des Papsttums, während gerade das Gegenteil mit Händen zu greifen war: die alte Verderbnis, das *peccatum originale,* das Christentum saß *nicht* mehr auf dem Stuhl des Papstes! Sondern das Leben! Sondern der Triumph des Lebens! Sondern das große Ja zu allen hohen, schönen, verwegenen Dingen! ... Und Luther *stellte die Kirche wieder her*: er griff sie an... Die Renaissance – ein Ereignis ohne Sinn, ein großes *Umsonst*! – Ah diese Deutschen, was sie uns schon gekostet haben!

Umsonst – das war immer das *Werk* der Deutschen. – Die Reformation; Leibniz; Kant und die sogenannte deutsche Philosophie; die »Freiheits«-Kriege; das Reich – jedesmal ein Umsonst für etwas, das bereits da war, für etwas *Unwiederbringliches* ... Es sind *meine* Feinde, ich bekenne es, diese Deutschen: ich verachte in ihnen jede Art von Begriffs- und Wert-Unsauberkeit, von *Feigheit* vor jedem rechtschaffnen Ja und Nein. Sie haben, seit einem Jahrtausend beinahe, alles verfilzt und verwirrt, woran sie mit ihren Fingern rührten, sie haben alle Halbheiten – Drei-Achtelsheiten! – auf dem Gewissen, an denen Europa krank ist – sie haben auch die unsauberste Art Christentum, die es gibt, die unheilbarste, die unwiderlegbarste, den Protestantismus auf dem Gewissen ... Wenn man nicht fertig wird mit dem Christentum, die *Deutschen* werden daran schuld sein ...

62

– Hiermit bin ich am Schluß und spreche mein Urteil. Ich *verurteile* das Christentum, ich erhebe gegen die christliche Kirche die furchtbarste aller Anklagen, die je ein Ankläger in den Mund genommen hat. Sie ist mir die höchste aller denkbaren Korruptionen, sie hat den Willen zur letzten auch nur möglichen Korruption gehabt. Die christliche Kirche ließ nichts mit ihrer Verderbnis unberührt, sie hat aus jedem Wert einen Unwert, aus jeder Wahrheit eine Lüge, aus jeder Rechtschaffenheit eine Seelen-Niedertracht gemacht. Man wage es noch, mir von ihren »humanitären« Segnungen zu reden! Irgendeinen Notstand *abschaffen* ging wider ihre tiefste Nützlichkeit: sie lebte von Notständen, sie *schuf* Notstände, um *sich* zu verewigen ... Der Wurm der Sünde zum Beispiel: mit diesem Notstande hat erst die Kirche die Menschheit bereichert! – Die »Gleichheit der Seelen vor Gott«, diese Falschheit, dieser *Vorwand* für die *rancunes* aller Niedriggesinnten, dieser Sprengstoff von Begriff, der endlich Revolution, moderne Idee und Niedergangs-Prinzip der ganzen Gesellschafts-Ordnung geworden ist – ist *christlicher* Dynamit ... »Humanitäre« Segnungen des Christentums! Aus der *humanitas* einen Selbst-Widerspruch, eine Kunst der Selbstschändung, einen Willen zur Lüge um jeden Preis, einen Widerwillen, eine Verachtung aller guten und rechtschaffnen Instinkte herauszuzüchten! Das wären mir Segnungen des Christentums! – Der Parasitismus als *einzige* Praxis der Kirche; mit ihrem Bleichsuchts-, ihrem »Heiligkeits«-Ideale jedes Blut, jede Liebe, jede Hoffnung zum Leben austrinkend; das Jenseits als Wille zur Verneinung jeder Realität; das Kreuz als Erkennungszeichen für die unterirdischste Verschwörung, die es je gegeben hat – gegen Gesundheit, Schönheit, Wohlgeratenheit, Tapferkeit, Geist, *Güte* der Seele, *gegen das Leben selbst* ...

Diese ewige Anklage des Christentums will ich an alle Wände schreiben, wo es nur Wände gibt – ich habe Buchstaben, um auch Blinde sehend zu machen … Ich heiße das Christentum den *einen* großen Fluch, die *eine* große innerlichste Verdorbenheit, den *einen* großen Instinkt der Rache, dem kein Mittel giftig, heimlich, unterirdisch, *klein* genug ist – ich heiße es den *einen* unsterblichen Schandfleck der Menschheit …

Und man rechnet die *Zeit* nach dem *dies nefastus*, mit dem dies Verhängnis anhob – nach dem *ersten* Tag des Christentums! – *Warum nicht lieber nach seinem letzten? – Nach heute?* – Umwertung aller Werte!

DIONYSOS-DITHYRAMBEN

Indem ich der Menschheit eine unbegrenzte Wohltat erweisen will, gebe ich ihr meine Dithyramben.
Ich lege sie in die Hände des Dichters der Isoline, des größten und ersten Satyr, der heute lebt – und nicht nur heute. . .

Dionysos

Nur Narr! Nur Dichter!

Bei abgehellter Luft,
wenn schon des Taus Tröstung
zur Erde niederquillt,
unsichtbar, auch ungehört
– denn zartes Schuhwerk trägt
der Tröster Tau gleich allen Trostmilden –
gedenkst du da, gedenkst du, heißes Herz,
wie einst du durstetest,
nach himmlischen Tränen und Taugeträufel
versengt und müde durstetest,
dieweil auf gelben Graspfaden
boshaft abendliche Sonnenblicke
durch schwarze Bäume um dich liefen,
blendende Sonnen-Glutblicke, schadenfrohe.

»Der *Wahrheit* Freier – du?« so höhnten sie –
»Nein! nur ein Dichter!
ein Tier, ein listiges, raubendes, schleichendes,
das lügen muß,
das wissentlich, willentlich lügen muß,
nach Beute lüstern,
bunt verlarvt,
sich selbst zur Larve,
sich selbst zur Beute,
das – der Wahrheit Freier? ...

Nur Narr! nur Dichter!
Nur Buntes redend,
aus Narrenlarven bunt herausredend,
herumsteigend auf lügnerischen Wortbrücken,
auf Lügen-Regenbogen
zwischen falschen Himmeln
herumschweifend, herumschleichend –
nur Narr! *nur* Dichter! ...

Das – der Wahrheit Freier? . . .
Nicht still, starr, glatt, kalt,
zum Bilde worden,
zur Gottes-Säule,
nicht aufgestellt vor Tempeln,
eines Gottes Türwart:
nein! feindselig solchen Tugend-Standbildern,
in jeder Wildnis heimischer als in Tempeln,
voll Katzen-Mutwillens
durch jedes Fenster springend
husch! in jeden Zufall,
jedem Urwalde zuschnüffelnd,
daß du in Urwäldern
unter buntzottigen Raubtieren
sündlich gesund und schön und bunt liefest,
mit lüsternen Lefzen,
selig-höhnisch, selig-höllisch, selig-blutgierig,
raubend, schleichend, *lügend* liefest . . .

Oder dem Adler gleich, der lange,
lange starr in Abgründe blickt,
in *seine* Abgründe . . .
– o wie sie sich hier hinab,
hinunter, hinein,
in immer tiefere Tiefen ringeln! –

Dann,
plötzlich,
geraden Flugs,
gezückten Zugs
auf *Lämmer* stoßen,
jach hinab, heißhungrig,
nach Lämmern lüstern,
gram allen Lamms-Seelen,
grimmig gram allem, was blickt
tugendhaft, schafmäßig, krauswollig,
dumm, mit Lammsmilch-Wohlwollen . . .

Also
adlerhaft, pantherhaft
sind des Dichters Sehnsüchte,
sind *deine* Sehnsüchte unter tausend Larven,
du Narr! du Dichter! . . .

Der du den Menschen schautest
so *Gott* als *Schaf* –,
den Gott *zerreißen* im Menschen
wie das Schaf im Menschen
und zerreißend *lachen* –

das, das ist deine Seligkeit,
eines Panthers und Adlers Seligkeit,
eines Dichters und Narren Seligkeit!« ...

Bei abgehellter Luft,
wenn schon des Monds Sichel
grün zwischen Purpurröten
und neidisch hinschleicht,
– dem Tage feind,
mit jedem Schritte heimlich
an Rosen-Hängematten
hinsichelnd, bis sie sinken,
nachtabwärts blaß hinabsinken:

so sank ich selber einstmals
aus meinem Wahrheits-Wahnsinne,
aus meinen Tages-Sehnsüchten,
des Tages müde, krank vom Lichte,
– sank abwärts, abendwärts, schattenwärts,
von einer Wahrheit
verbrannt und durstig
– gedenkst du noch, gedenkst du, heißes Herz,
wie da du durstetest? –
daß ich verbannt sei
von aller Wahrheit!
Nur Narr! *Nur* Dichter! ...

Die Wüste wächst: weh dem, der Wüsten birgt ...

Ha!
Feierlich!
ein würdiger Anfang!
afrikanisch feierlich!
eines Löwen würdig
oder eines moralischen Brüllaffen ...
– aber nichts für euch,
ihr allerliebsten Freundinnen,
zu deren Füßen mir,
einem Europäer unter Palmen,
zu sitzen vergönnt ist. Sela.

Wunderbar wahrlich!
Da sitze ich nun,
der Wüste nahe und bereits
so ferne wieder der Wüste,
auch in nichts noch verwüstet:
nämlich hinabgeschluckt
von dieser kleinen Oasis
– sie sperrte gerade gähnend
ihr liebliches Maul auf,
das wohlriechendste aller Mäulchen:
da fiel ich hinein,
hinab, hindurch – unter euch,
ihr allerliebsten Freundinnen! Sela.

Heil, Heil jenem Walfische,
wenn er also es seinem Gaste
wohlsein ließ! – ihr versteht
meine gelehrte Anspielung? ...

Heil seinem Bauche,
wenn es also
ein so lieblicher Oasis-Bauch war,
gleich diesem: was ich aber in Zweifel ziehe.
Dafür komme ich aus Europa,
das zweifelsüchtiger ist als alle Eheweibchen.
Möge Gott es bessern!
Amen.

Da sitze ich nun,
in dieser kleinsten Oasis,
einer Dattel gleich,
braun, durchsüßt, goldschwürig,
lüstern nach einem runden Mädchen-Maule,
mehr aber noch nach mädchenhaften
eiskalten schneeweißen schneidigen
Beißzähnen: nach denen nämlich
lechzt das Herz allen heißen Datteln. Sela.

Den genannten Südfrüchten
ähnlich, allzuähnlich
liege ich hier, von kleinen
Flügelkäfern
umtänzelt und umspielt,
insgleichen von noch kleineren
törichteren boshafteren
Wünschen und Einfällen, –
umlagert von euch,
ihr stummen, ihr ahnungsvollen
Mädchen-Katzen
Dudu und Suleika
– *umsphinxt*, daß ich in ein Wort
viel Gefühle stopfe
(– vergebe mir Gott
diese Sprachsünde! . . .)
– sitze hier, die beste Luft schnüffelnd,
Paradieses-Luft wahrlich,
lichte leichte Luft, goldgestreifte,
so gute Luft nur je
vom Monde herabfiel,
sei es aus Zufall
oder geschah es aus Übermute?
wie die alten Dichter erzählen.
Ich Zweifler aber ziehe es in Zweifel,
dafür komme ich
aus Europa,
das zweifelsüchtiger ist als alle Eheweibchen.
Möge Gott es bessern!
Amen.

Diese schönste Luft atmend,
mit Nüstern geschwellt gleich Bechern,

ohne Zukunft, ohne Erinnerungen,
so sitze ich hier, ihr
allerliebsten Freundinnen,
und sehe der Palme zu,
wie sie, einer Tänzerin gleich,
sich biegt, und schmiegt und in der Hüfte wiegt
– man tut es mit, sieht man lange zu ...
einer Tänzerin gleich, die, wie mir scheinen will,
zu lange schon, gefährlich lange
immer, immer nur auf *einem* Beinchen stand?
– da vergaß sie darob, wie mir scheinen will,
das *andre* Beinchen?
Vergebens wenigstens
suchte ich das vermißte
Zwillings-Kleinod
– nämlich das andre Beinchen –
in der heiligen Nähe
ihres allerliebsten, allerzierlichsten
Fächer- und Flatter- und Flitter-Röckchens.
Ja, wenn ihr mir, ihr schönen Freundinnen,
ganz glauben wollt:
sie hat es *verloren* ...
Hu! Hu! Hu! Hu! Huh! ...
Es ist dahin,
auf ewig dahin,
das andre Beinchen!
O schade um dies liebliche andre Beinchen!
Wo – mag es wohl weilen und verlassen trauern,
dieses einsame Beinchen?
In Furcht vielleicht vor einem
grimmen gelben blondgelockten
Löwen-Untiere? oder gar schon
abgenagt, abgeknappert –
erbärmlich! wehe! wehe! abgeknabbert! Sela.

O weint mir nicht,
weiche Herzen!
Weint mir nicht, ihr
Dattel-Herzen! Milch-Busen!
Ihr Süßholz-Herz-
Beutelchen!
Sei ein Mann, Suleika! Mut! Mut!

Weine nicht mehr,
bleiche Dudu!
– Oder sollte vielleicht
etwas Stärkeres, Herz-Stärkendes
hier am Platze sein?
ein gesalbter Spruch?
ein feierlicher Zuspruch? ...

Ha!
Herauf, Würde!
Blase, blase wieder,
Blasebalg der Tugend!
Ha!
Noch einmal brüllen,
moralisch brüllen,
als moralischer Löwe vor den Töchtern der Wüste brüllen!
– Denn Tugend-Geheul,
ihr allerliebsten Mädchen,
ist mehr als alles
Europäer-Inbrunst, Europäer-Heißhunger!
Und da stehe ich schon,
als Europäer,
ich kann nicht anders, Gott helfe mir!
Amen!

Die Wüste wächst: weh dem, der Wüsten birgt!
Stein knirscht an Stein, die Wüste schlingt und würgt.
Der ungeheure Tod blickt glühend braun
und *kaut* –, sein Leben ist sein Kaun ...

Vergiß nicht, Mensch, den Wollust ausgeloht:
du – bist der Stein, die Wüste, bist der Tod ...

Letzter Wille

So sterben,
wie ich ihn einst sterben sah –,
den Freund, der Blitze und Blicke
göttlich in meine dunkle Jugend warf:
– mutwillig und tief,
in der Schlacht ein Tänzer –,

unter Kriegern der Heiterste,
unter Siegern der Schwerste,
auf seinem Schicksal ein Schicksal stehend,
hart, nachdenklich, vordenklich –:

erzitternd darob, *daß* er siegte,
jauchzend darüber, daß er *sterbend* siegte –:

befehlend, indem er starb,
– und er befahl, daß man *vernichte* . . .

So sterben,
wie ich ihn einst sterben sah:
siegend, *vernichtend* . . .

Zwischen Raubvögeln

Wer hier hinab will,
wie schnell
schluckt den die Tiefe!
– Aber du, Zarathustra,
liebst den Abgrund noch,
tust der *Tanne* es gleich? –

Die schlägt Wurzeln, wo
der Fels selbst schaudernd
zur Tiefe blickt –,
die zögert an Abgründen,
wo alles rings
hinunter will:
zwischen der Ungeduld
wilden Gerölls, stürzenden Bachs
geduldig duldend, hart, schweigsam,
einsam . . .

Einsam!
Wer wagte es auch,
hier zu Gast zu sein,
dir Gast zu sein? . . .
Ein Raubvogel vielleicht,
der hängt sich wohl
dem standhaften Dulder
schadenfroh ins Haar,
mit irrem Gelächter,
einem Raubvogel-Gelächter . . .

Wozu so standhaft?
– höhnt er grausam:
man muß Flügel haben, wenn man den Abgrund liebt . . .
man muß nicht hängen bleiben,
wie du, Gehängter! –

O Zarathustra,
grausamster Nimrod!
Jüngst Jäger noch Gottes,
das Fangnetz aller Tugend,
der Pfeil des Bösen! –

Jetzt –
von dir selber erjagt,
deine eigene Beute,
in dich selber eingebohrt...

Jetzt –
einsam mit dir,
zwiesam im eignen Wissen,
zwischen hundert Spiegeln
vor dir selber falsch,
zwischen hundert Erinnerungen
ungewiß,
an jeder Wunde müd,
an jedem Froste kalt,
in eignen Stricken gewürgt,
Selbstkenner!
Selbsthenker!

Was bandest du dich
mit dem Strick deiner Weisheit?
Was locktest du dich
ins Paradies der alten Schlange?
Was schlichst du dich ein
in *dich* – in *dich?* ...

Ein Kranker nun,
der an Schlangengift krank ist;
ein Gefangner nun,
der das härteste Los zog:
im eignen Schachte
gebückt arbeitend,
in dich selber eingehöhlt,
dich selber angrabend,
unbehilflich,
steif,
ein Leichnam –,
von hundert Lasten übertürmt,
von dir überlastet,
ein *Wissender!*
ein *Selbsterkenner!*
der *weise* Zarathustra! ...

Du suchtest die schwerste Last:
da fandest du *dich* –,
du wirfst dich nicht ab von dir ...

Lauernd,
kauernd,
einer, der schon nicht mehr aufrecht steht!
Du verwächst mir noch mit deinem Grabe,
verwachsener Geist! ...

Und jüngst noch so stolz,
auf allen Stelzen deines Stolzes!
Jüngst noch der Einsiedler ohne Gott,
der Zweisiedler mit dem Teufel,
der scharlachne Prinz jedes Übermuts! ...

Jetzt –
zwischen zwei Nichtse
eingekrümmt,
ein Fragezeichen,
ein müdes Rätsel –
ein Rätsel für *Raubvögel* ...

– sie werden dich schon »lösen«,
sie hungern schon nach deiner »Lösung«,
sie flattern schon um dich, ihr Rätsel,
um dich, Gehenkter! ...
O Zarathustra! ...
Selbstkenner! ...
Selbsthenker! ...

Das Feuerzeichen

Hier, wo zwischen Meeren die Insel wuchs,
ein Opferstein jäh hinaufgetürmt,
hier zündet sich unter schwarzem Himmel
Zarathustra seine Höhenfeuer an, –
Feuerzeichen für verschlagne Schiffer,
Fragezeichen für solche, die Antwort haben ...

Diese Flamme mit weißgrauem Bauche
– in kalte Fernen züngelt ihre Gier,
nach immer reineren Höhen biegt sie den Hals –
eine Schlange gerad aufgerichtet vor Ungeduld:
dieses Zeichen stellte ich vor mich hin.

Meine Seele selber ist diese Flamme:
unersättlich nach neuen Fernen
lodert aufwärts, aufwärts ihre stille Glut.
Was floh Zarathustra vor Tier und Menschen?
Was entlief er jäh allem festen Lande?
Sechs Einsamkeiten kennt er schon –,
aber das Meer selbst war nicht genug ihm einsam,
die Insel ließ ihn steigen, auf dem Berg wurde er zur Flamme,
nach einer *siebenten* Einsamkeit
wirft er suchend jetzt die Angel über sein Haupt.

Verschlagne Schiffer! Trümmer alter Sterne!
Ihr Meere der Zukunft! Unausgeforschte Himmel!
nach allem Einsamen werfe ich jetzt die Angel:
gebt Antwort auf die Ungeduld der Flamme,
fangt mir, dem Fischer auf hohen Bergen,
meine siebente, *letzte* Einsamkeit! – –

Die Sonne sinkt

1

Nicht lange durstest du noch,
verbranntes Herz!
Verheißung ist in der Luft,
aus unbekannten Mündern bläst mich's an,
– die große Kühle kommt ...

Meine Sonne stand heiß über mir im Mittage:
seid mir gegrüßt, daß ihr kommt,
ihr plötzlichen Winde,
ihr kühlen Geister des Nachmittags!

Die Luft geht fremd und rein.
Schielt nicht mit schiefem
Verführerblick
die Nacht mich an? ...
Bleib stark, mein tapfres Herz!
Frag nicht: warum? –

2

Tag meines Lebens!
die Sonne sinkt.
Schon steht die glatte
Flut vergüldet.
Warm atmet der Fels:
schlief wohl zu Mittag
das Glück auf ihm seinen Mittagsschlaf? –
In grünen Lichtern
spielt Glück noch der braune Abgrund herauf.

Tag meines Lebens!
gen Abend gehts!
Schon glüht dein Auge
halbgebrochen,
schon quillt deines Taus
Tränengeträufel,
schon läuft still über weiße Meere
deiner Liebe Purpur,
deine letzte zögernde Seligkeit.

3

Heiterkeit, güldene, komm!
du des Todes
heimlichster, süßester Vorgenuß!
– Lief ich zu rasch meines Wegs?
Jetzt erst, wo der Fuß müde ward,
holt dein Blick mich noch ein,
holt dein *Glück* mich noch ein.

Rings nur Welle und Spiel.
Was je schwer war,
sank in blaue Vergessenheit –
müßig steht nun mein Kahn.
Sturm und Fahrt – wie verlernt er das!
Wunsch und Hoffen ertrank,
glatt liegt Seele und Meer.

Siebente Einsamkeit!
Nie empfand ich
näher mir süße Sicherheit,
wärmer der Sonne Blick.
– Glüht nicht das Eis meiner Gipfel noch?
Silbern, leicht, ein Fisch
schwimmt nun mein Nachen hinaus ...

Klage der Ariadne

Wer wärmt mich, wer liebt mich noch?
Gebt heiße Hände!
gebt Herzens-Kohlenbecken!
Hingestreckt, schaudernd,
Halbtotem gleich, dem man die Füße wärmt,
geschüttelt ach! von unbekannten Fiebern,
zitternd vor spitzen eisigen Frostpfeilen,
von dir gejagt, Gedanke!
Unnennbarer! Verhüllter, Ensetzlicher!
Du Jäger hinter Wolken!
Darniedergeblitzt von dir,
du höhnisch Auge, das mich aus Dunklem anblickt!
So liege ich,
biege mich, winde mich, gequält
von allen ewigen Martern,
getroffen
von dir, grausamster Jäger,
du unbekannter – *Gott* ...

Triff tiefer!
Triff einmal noch!
Zerstich, zerstich dies Herz!
Was soll dies Martern
mit zähnestumpfen Pfeilen?
Was blickst du wieder,
der Menschen-Qual nicht müde,
mit schadenfrohen Götter-Blitz-Augen?
Nicht töten willst du,
nur martern, martern?
Wozu – *mich* martern,
du schadenfroher unbekannter Gott?
Haha!
du schleichst heran
bei solcher Mitternacht? ...
Was willst du?
Sprich!
Du drängst mich, drückst mich,
Ha! schon viel zu nahe!
Du hörst mich atmen,
du behorchst mein Herz,

du Eifersüchtiger!
– worauf doch eifersüchtig?
Weg! Weg!
wozu die Leiter?
willst du *hinein*,
ins Herz, einsteigen,
in meine heimlichsten
Gedanken einsteigen?
Schamloser! Unbekannter! Dieb!
Was willst du dir erstehlen?
Was willst du dir erhorchen?
Was willst du dir erfoltern,
du Folterer
du – Henker-Gott!
Oder soll ich, dem Hunde gleich,
vor dir mich wälzen?
Hingebend, begeistert außer mir
dir Liebe – zuwedeln?

Umsonst!
Stich weiter!
Grausamster Stachel!
Kein Hund – dein Wild nur bin ich,
grausamster Jäger!
deine stolzeste Gefangne,
du Räuber hinter Wolken ...
Sprich endlich!
Du Blitz-Verhüllter! Unbekannter! sprich!
Was willst du, Wegelagerer, von – *mir*? ...

Wie?
Lösegeld?
Was willst du Lösegelds?
Verlange viel – das rät mein Stolz!
und rede kurz – das rät mein andrer Stolz!
Haha!
Mich – willst du? mich?
mich – ganz? ...

Haha!
Und marterst mich, Narr, der du bist,
zermarterst meinen Stolz?
Gib *Liebe* mir – wer wärmt mich noch?

wer liebt mich noch?
gib heiße Hände,
gib Herzens-Kohlenbecken,
gib mir, der Einsamsten,
die Eis, ach! siebenfaches Eis
nach Feinden selber,
nach Feinden schmachten lehrt,
gib, ja ergib,
grausamster Feind,
mir – *dich*! ...
Davon!
Da floh er selber,
mein einziger Genoß,
mein großer Feind,
mein Unbekannter,
mein Henker-Gott! ...

Nein!
komm zurück!
Mit allen deinen Martern!
All meine Tränen laufen
zu dir den Lauf
und meine letzte Herzensflamme
dir glüht sie auf,
O komm zurück,
mein unbekannter Gott! mein *Schmerz*!
mein letztes Glück! ...

Ein Blitz. Dionysos wird in smaragdener Schönheit sichtbar.

Dionysos:

Sei klug, Ariadne! ...
Du hast kleine Ohren, du hast meine Ohren:
steck ein kluges Wort hinein! –
Muß man sich nicht erst hassen, wenn man
sich lieben soll? ...
Ich bin dein Labyrinth ...

Ruhm und Ewigkeit

1

Wie lange sitzest du schon
auf deinem Mißgeschick?
Gib acht! du brütest mir noch
ein Ei,
ein Basilisken-Ei
aus deinem langen Jammer aus.

Was schleicht Zarathustra entlang dem Berge? –

Mißtrauisch, geschwürig, düster,
ein langer Lauerer –,
aber plötzlich, ein Blitz,
hell, furchtbar, ein Schlag
gen Himmel aus dem Abgrund:
– dem Berge selber schüttelt sich
das Eingeweide ...

Wo Haß und Blitzstrahl
Eins ward, ein *Fluch* –,
auf den Bergen haust jetzt Zarathustras Zorn,
eine Wetterwolke schleicht er seines Wegs.

Verkrieche sich, wer eine letzte Decke hat!
Ins Bett mit euch, ihr Zärtlinge!
Nun rollen Donner über die Gewölbe,
nun zittert, was Gebälk und Mauer ist,
nun zucken Blitze und schwefelgelbe Wahrheiten –
Zarathustra *flucht* ...

2

Diese Münze, mit der
alle Welt bezahlt,
Ruhm –,
mit Handschuhen fasse ich diese Münze an,
mit Ekel trete ich sie *unter* mich.

Wer will bezahlt sein?
Die Käuflichen ...
Wer *feil* steht, greift
mit fetten Händen
nach diesem Allerwelts-Blechklingklang Ruhm!

– *Willst* du sie kaufen?
Sie sind alle käuflich.
Aber biete viel!
klingle mit vollem Beutel!
– du *stärkst* sie sonst,
du stärkst sonst ihre *Tugend* ...

Sie sind alle tugendhaft.
Ruhm und Tugend – das reimt sich.
So lange die Welt lebt,
zahlt sie Tugend-Geplapper
mit Ruhm-Geklapper –,
Die Welt *lebt* von diesem Lärm ...

Vor allen Tugendhaften
    will ich schuldig sein,
schuldig heißen mit jeder großen Schuld!
Vor allen Ruhms-Schalltrichtern
wird mein Ehrgeiz zum Wurm –,
unter solchen gelüstets mich,
der *Niedrigste* zu sein ...

Diese Münze, mit der
alle Welt bezahlt,
Ruhm –,
mit Handschuhen fasse ich diese Münze an,
mit Ekel trete ich sie *unter* mich.

3

Still! –
Von großen Dingen – ich *sehe* Großes! –
soll man schweigen
oder groß reden:
rede groß, meine entzückte Weisheit!

Ich sehe hinauf –
dort rollen Lichtmeere:
o Nacht, o Schweigen, o totenstiller Lärm! ...
Ich sehe ein Zeichen –,
aus fernsten Fernen
sinkt langsam funkelnd ein Sternbild gegen mich ...

4

Höchstes Gestirn des Seins!
Ewiger Bildwerke Tafel!
Du kommst zu mir? –
Was keiner erschaut hat,
deine stumme Schönheit –
wie? sie flieht vor meinen Blicken nicht? –

Schild der Notwendigkeit!
Ewiger Bildwerke Tafel!
– aber du weißt es ja:
was alle hassen,
was allein *ich* liebe:
– daß *du ewig* bist!
daß du *notwendig* bist! –
meine Liebe entzündet
sich ewig nur an der Notwendigkeit.

Schild der Notwendigkeit!
Höchstes Gestirn des Seins!
– das kein Wunsch erreicht,
– das kein Nein befleckt,
ewiges Ja des Seins,
ewig bin ich dein Ja:
denn ich liebe dich, o Ewigkeit! – –

Von der Armut des Reichsten

Zehn Jahre dahin –,
kein Tropfen erreichte mich,
kein feuchter Wind, kein Tau der Liebe
– ein *regenloses* Land ...
Nun bitte ich meine Weisheit,
nicht geizig zu werden in dieser Dürre:
ströme selber über, träufle selber Tau,
sei selber Regen der vergilbten Wildnis!

Einst hieß ich die Wolken
fortgehn von meinen Bergen, –
einst sprach ich »mehr Licht, ihr Dunklen!«
Heut locke ich sie, daß sie kommen:
macht Dunkel um mich mit euren Eutern!
– ich will euch melken,
ihr Kühe der Höhe!
Milchwarme Weisheit, süßen Tau der Liebe
ströme ich über das Land.

Fort, fort, ihr Wahrheiten,
die ihr düster blickt!
Nicht will ich auf meinen Bergen
herbe ungeduldige Wahrheiten sehn.
Vom Lächeln vergüldet
nahe mir heut die Wahrheit,
von der Sonne gesüßt, von der Liebe gebräunt, –
eine *reife* Wahrheit breche ich allein vom Baum.

Heut strecke ich die Hand aus
nach den Locken des Zufalls,
klug genug, den Zufall
einem Kinde gleich zu führen, zu überlisten.
Heut will ich gastfreundlich sein
gegen Unwillkommnes,
gegen das Schicksal selbst will ich nicht stachlicht sein,
– Zarathustra ist kein Igel.

Meine Seele,
unersättlich mit ihrer Zunge,
an alle guten und schlimmen Dinge hat sie schon geleckt,

in jede Tiefe tauchte sie hinab.
Aber immer gleich dem Korke,
immer schwimmt sie wieder obenauf,
sie gaukelt wie Öl über braune Meere:
dieser Seele halber heißt man mich den Glücklichen.

Wer sind mir Vater und Mutter?
Ist nicht mir Vater Prinz Überfluß
und Mutter das stille Lachen?
Erzeugte nicht dieser beiden Ehebund
mich Rätseltier,
mich Lichtunhold,
mich Verschwender aller Weisheit, Zarathustra?

Krank heute vor Zärtlichkeit,
ein Tauwind,
sitzt Zarathustra wartend, wartend auf seinen Bergen, –
im eignen Safte
süß geworden und gekocht,
unterhalb seines Gipfels,
unterhalb seines Eises,
müde und selig,
ein Schaffender an seinem siebenten Tag.

– Still!
Eine Wahrheit wandelt über mir
einer Wolke gleich, –
mit unsichtbaren Blitzen trifft sie mich.
Auf breiten langsamen Treppen
steigt ihr Glück zu mir:
komm, komm, geliebte Wahrheit!

– Still!
Meine Wahrheit ists! –
Aus zögernden Augen,
aus samtenen Schaudern
trifft mich ihr Blick,
lieblich, bös, ein Mädchenblick ...
Sie erriet meines Glückes *Grund*,
sie erriet *mich* – ha! was sinnt sie aus? –
Purpurn lauert ein Drache
im Abgrunde ihres Mädchenblicks.

– Still! Meine Wahrheit *redet*! –

Wehe dir, Zarathustra!

Du siehst aus, wie einer,
der Gold verschluckt hat:
man wird dir noch den Bauch aufschlitzen! ...

Zu reich bist du,
du Verderber vieler!
Zu viele machst *du* neidisch,
zu viele machst du arm ...
Mir selber wirft dein Licht Schatten –,
es fröstelt mich: geh weg, du Reicher,
geh, Zarathustra, weg aus deiner Sonne! ...

Du möchtest schenken, wegschenken deinen Überfluß,
aber du selber bist der Überflüssigste!
Sei klug, du Reicher!
Verschenke dich selber erst, o Zarathustra!

Zehn Jahre dahin –,
und kein Tropfen erreichte dich?
kein feuchter Wind? kein Tau der Liebe?
Aber wer *sollte* dich auch lieben,
du Überreicher?
Dein Glück macht rings trocken,
macht arm an Liebe
– ein *regenloses* Land ...

Niemand dankt dir mehr.
Du aber dankst jedem,
der von dir nimmt:
daran erkenne ich dich,
du Überreicher,
du *Ärmster* aller Reichen!

Du opferst dich, dich *quält* dein Reichtum –,
du gibst dich ab,
du schonst dich nicht, du liebst dich nicht:
die große Qual zwingt dich allezeit,
die Qual *übervoller* Scheuern, *übervollen* Herzens –
aber niemand dankt dir mehr ...

Du mußt *ärmer* werden,
weiser Unweiser!
willst du geliebt sein.
Man liebt nur die Leidenden,
man gibt Liebe nur dem Hungernden:
verschenke dich selbst erst, o Zarathustra!

– Ich bin deine Wahrheit ...

AUTOBIOGRAPHISCHES
AUS DEN JAHREN 1856–1869

[*Aus dem Jahre 1856*]

Naumburg, den 26. 12. 1856

Endlich ist mein Entschluß gefaßt, ein Tagebuch zu schreiben, in welchem man alles, was freudig oder auch traurig das Herz bewegt, dem Gedächtnis überliefert, um sich nach Jahren noch an Leben und Treiben dieser Zeit und besonders *meiner* zu erinnern. Möge dieser Entschluß nicht wankend gemacht werden, obgleich bedeutende Hindernisse in den Weg treten. Doch jetzt will ich anfangen:

Wir leben jetzt inmitten von Weihnachtsfreuden. Wir warteten auf sie, sahen sie erfüllt, genossen jene und jetzt drohen sie uns nun schon wieder zu verlassen. Denn es ist schon der zweite Feiertag. Jedoch ein beglückendes Gefühl strahlt hell fast von dem einen Weihnachtsabend, bis der andre schon mit mächtigen Schritten seiner Bestimmung entgegeneilt. Doch ich will mit dem Anfange meiner Ferien auch den Anfang der Weihnachtsfreuden schildern. Wir gingen aus der Schule; die ganze Zeit der Ferien lag vor uns und mit diesen das schönste aller Feste. Schon seit einiger Zeit war uns der Zutritt an einige Orte nicht gestattet. Ein Nebelflor hüllte alles geheimnisvoll ein, damit dann desto mächtiger die Freudenstrahlen der Christfestsonne hindurchbrächen. Weihnachtsgänge wurden besorgt; das Gespräch wurde fast allein auf dieses geleitet; ich zitterte fast vor Freude, wenn das Herz jubelnd daran gedachte und ich eilte fort, um meinen Freund Gustav Krug zu besuchen. Wir machten unsern Empfindungen Raum, indem wir bedachten, was der morgende Tag für schöne Geschenke mit sich bringen werde. So verging der Tag in Erwartung der Dinge.

Der Tag erschien!

Schon leuchtete das Tageslicht in mein Schlafgemach, als ich erwachte. Was alles durchströmte meine Brust! Es war ja der Tag, an dessen Ende einst zu Bethlehem der Welt das größte Heil widerfuhr; es ist ja der Tag an welchem meine Mama mich jährlich mit reichen Gaben überschüttet. Der Tag verfloß mit Schneckenlangsamkeit; Pakete mußten von der Post geholt werden, geheimnisvoll wurden wir aus der Stube in den Garten vertrieben. Was mag während dieser Zeit dort vorgegangen sein? Dann ging ich in die Klavierstunden, in welche ich wöchentlich am Mittwoch einmal gehe. Ich hatte erst eine *Sonata facile* von Beethoven gespielt, und mußte jetzt Variationen spielen. Nun fing es schon an zu dämmern. Die Mama sagte zu mir und meiner Schwester Elisabeth: Die Vorbereitungen sind fast zu Ende. Wie freuten wir uns da. Nun kam die Tante; wir begrüßten sie mit einem Gejauchze oder vielmehr Gebrüll, daß das Haus davon bebte.

Das Mädchen meiner Tante folgte ihr, und war noch zu Vorbereitungen dienlich. Zuletzt vor der Bescherung kamen die Frau Pastor Haarseim mit ihrem Sohn. Da, wer beschreibt unsern Jubel, öffnet die Mama die Tür! Hell strahlt uns der Christbaum entgegen und unter ihm die Fülle der Gaben! Ich sprang nicht, nein ich stürzte hinein und gelangte merkwürdigerweise grade an meinen Platz. Da erblickte ich ein sehr schönes Buch (obgleich zwei dalagen, denn ich sollte mir auswählen), nämlich die Sagenwelt der Alten mit vielen prächtigen Bildern ausgestattet. Auch einen Schlittschuh fand ich, aber nur einen? Wie würde ich ausgelacht werden, wenn ich versuchen wollte *einen* Schlittschuh an zwei Beine zu schnallen. Das wäre doch merkwürdig. Doch sieh einmal, was liegt denn da noch daneben so ganz ungesehen? Bin ich denn so klein, so gering, daß du mich kaum ansiehst? sprach da plötzlich ein dicker Folioband, welcher zwölf vierhändige Sinfonien von Haydn enthielt. Ein freudiger Schrecken durchzuckte mich wie der Blitz die Wolken; also wirklich der ungeheure Wunsch war erfüllt; der größte! Nebenan erblickte ich auch den zweiten Schlittschuh, und wie ich mir diesen näher besehe, da sah ich plötzlich noch ein paar Hosen. Nun betrachtete ich meinen Weihnachtstisch im ganzen und fragte nach denen, welche es mir geschenkt hatten. Doch wer mag der sein, welcher mir die vielen Noten geschenkt hat? Ich erhielt aber keine andre Auskunft als daß es ein Unbekannter sei, welcher mich bloß dem Namen nach kenne. Dann wurde Tee und Stolle getrunken und gegessen, und nachdem uns die Gäste verlassen hatten und uns Müdigkeit ankam, legten wir uns zur Ruhe.

Der Leusch und das Wethautal

Ich hatte mit Wilhelm Pinder verabredet, eine Partie nach dem Leusch zu machen und wir bestimmten dazu den nächsten Sonntag. (Das war der 19. Juli) – Den Morgen um 7 Uhr gingen wir vom Jakobstor aus fort. Das Wetter war für uns sehr günstig, denn es war bei weitem kühler als die vorigen Tage. Auch wählten wir statt der staubigen Chaussee lieber den Feldweg, welcher an den sogenannten Hussitenschanzen vorüberführt. Sodann kamen wir an den Gipsbrüchen vorbei, wo wir etwas ausruhten. Hier sahen wir den Leusch vor uns auf einer Erhöhung liegen, und unser erstes Ziel war erreicht. Wir traten in den Wald ein; alles war hier noch so frisch und der Tau schimmerte auf allen Zweigen, die Vögel sangen und das Geläute der Glocken, welche in die Kirchen riefen, tönte wunderbar um das Ohr, bald schwach, bald stark. Auch die Aussicht von dort ist nicht minder schön, denn der Leusch ist über Naumburg schon ziemlich erhaben. Ein vollständiger Kreis von Bergen zog sich am Horizonte um uns, in seiner Mitte Naumburg umfassend, dessen Turmspitzen in Strahlen erglühten. Von hier gingen wir weiter, um in das Wethautal zu gelangen, um dann den Weg über den Bürgergarten nach Hause zu nehmen. Bald erblickten wir einen dunklen Streifen von Bergen, der sich immer mehr vergrößerte, und endlich hatten wir das Wethautal vor uns. Die es umgebenden Berge sind mit Wald bedeckt, und hinter ihnen erhebt sich noch eine blaue Bergkette. Wir gingen in das Tal hinab, an einen Teich.

Die Schönburg

Diese Burg, welche Ludwig der Springer erbaut hat, liegt an dem Strande der Saale und unweit Gosecks. Kommt man durch das Dorf gleichen Namens, so zeigt sie sich in ihrer ganzen Größe und Stärke. Der sich hoch erhebende Turm mit seiner gerundeten Spitze, die Basteien, welche schroff an den Felsen abfallen, erinnern sehr an die Zeit des Mittelalters, und wirklich bot wohl keine Gegend einen bessern Ort zu einer Raubburg dar, als diese; denn die eine Seite umfließt die Saale, die andre ist durch steile Abhänge geschützt. Wir gingen den Weg zur Burg hinauf, der noch an den Seiten von Mauerresten begrenzt ist, und traten in den Burghof ein, dessen Hälfte jetzt zu einem Garten umgewandelt ist. Noch ein sehr tiefer Brunnen befindet sich darin, über welchen ein Häuschen gebaut ist. Dieser Garten ist von dem Burghof durch eine Mauer getrennt und steht durch eine Pforte mit ihm in Verbindung. Sieht man durch die Fensternischen, so hat man eine wunderschöne Gegend vor sich: Eine weite Wiese dehnt sich vor uns aus und die Saale durchzieht sie gleich einem Silberreif, durch Berge, die von Weinbergen begrenzt sind. Im Hintergrunde liegt Naumburg, in einen grauen Schleier gehüllt, seitwärts Goseck, ein bei der Entstehung der Burg sehr wichtiger Ort. – Noch ein altes Burgverlies befindet sich da, auf dessen Rücken die Bewohner der Burg kleine Gartenanlagen angelegt haben. – Darauf wollten wir noch den Schloßturm besteigen. Durch den sehr engen Eingang, an welchem man die Dicke der Mauern erkennen kann, gelangt man in das finstere Innre. Vier sehr breitsprossige Leitern führen auf ebensoviel Böden und auf dem ersten von ihnen ist noch ein alter Kamin. Oben angelangt gerät man durch ein Panorama, welches sich bis nach Weißenfels erstreckt, in Erstaunen. Wir hatten hier das erhabne Vergnügen, die Sonne untergehen zu sehen. Langsam tauchte die Sonne unter; ihre letzten Strahlen vergoldeten die Türme von Naumburg und Goseck. Jetzt wurde es stiller in der Natur. Graue Nebel stiegen von dem Flusse auf, der Vögel Klang verstummte, der Landmann kehrte heim in seine väterliche Hütte und sucht nach des Tages Mühen Ruh, denn die Sonne hat Abschied genommen und der Nacht ihre Stelle eingeräumt. Aber auch wir verließen die schöne Burg, nahmen Abschied von ihren Zinnen und räumten dem Mond unsre Stelle, dessen Glanz auf das Gebäude schimmerte.

Aus meinem Leben

I

Die Jugendjahre

1844 bis 1858

Wenn man erwachsen ist, pflegt man sich gewöhnlich nur noch der hervorragendsten Punkte aus der frühesten Kindheit zu erinnern. Zwar bin ich noch nicht erwachsen, habe kaum die Jahre der Kindheit und Knabenzeit hinter mir, und doch ist mir schon so vieles aus meinem Gedächtnis entschwunden und das wenige, was ich davon weiß, hat sich wahrscheinlich nur durch Tradition erhalten. Die Reihen der Jahre fliegen an meinem Blicke gleich einem verworrenen Traume vorüber. Deshalb ist es mir unmöglich, mich in den ersten zehn Jahren meines Lebens an Daten zu binden. Dennoch steht einiges hell und lebhaft vor meiner Seele und dieses will ich, vereint mit Dunkel und Düster, zu einem Gemälde verbinden. Ist es doch immer lehrreich, die allmählige Bildung des Verstandes und Herzens und hierbei die allmächtige Leitung Gottes zu betrachten! –

Ich wurde in Röcken bei Lützen den 15. Oktober 1844 geboren und empfing in der heiligen Taufe den Namen: *Friedrich* Wilhelm. Mein Vater war für diesen Ort und zugleich für die Nachbardörfer Michlitz und Bothfeld Prediger. Das vollendete Bild eines Landgeistlichen! Mit Geist und Gemüt begabt, mit allen Tugenden eines Christen geschmückt, lebte er ein stilles, einfaches aber glückliches Leben und wurde von allen, die ihn kannten, geachtet und geliebt. Sein feines Benehmen und heiterer Sinn verschönerte manche Gesellschaften, zu denen er geladen war und machten ihn gleich bei seinem ersten Erscheinen überall beliebt. Seine Mußestunden füllte er mit schönen Wissenschaften und mit Musik aus. Im Klavierspielen hatte er eine bedeutende Fertigkeit, besonders im freien Variieren erlangt ...

Das Dorf Röcken liegt eine halbe Stunde von Lützen, dicht an der Landstraße. Wohl jeder Wanderer, der an ihm vorbei seine Straße zieht, wirft ihm einen freundlichen Blick zu. Denn es liegt gar lieblich da, mit seinem umgebenden Gebüsch und seinen Teichen. Vor allem fällt der bemooste Kirchturm in die Augen. Wohl kann ich mich noch erinnern, wie ich einstmals mit dem lieben Vater von Lützen nach Röcken ging und wie in der Mitte des Weges die Glocken mit erhebenden Tönen das Osterfest einläuteten. Dieser Klang tönt so oft in mir wieder und Wehmut trägt mich sodann nach dem fernen, teuren Vaterhause hin. Wie lebendig steht noch der Gottesacker vor mir! Wie oft fragte ich, wenn ich das alte, alte Leichenhaus sah, nach den Bahren und schwarzen Flören, nach alten Grabschriften und Denkmälern! Aber wenn kein Bild meiner Seele entweicht, am wenigsten werde ich wohl das traute Pfarrgebäude vergessen. Denn mit mächtigem Griffel ist es in meine Seele eingegraben. Das Wohnhaus war erst 1820 gebaut und deshalb in sehr nettem Zustande. Mehrere Stufen führten hinauf zum Parterre. Noch kann ich mich des Studierzimmers in der obersten Etage erinnern. Die Reihen Bücher, darunter manche Bilderwerke, diese Schriftrollen machten diesen Ort zu einem meiner Lieblingsplätze. Hinter dem Haus breitete sich der Obst- und Grasgarten aus. Ein Teil desselben pflegte im Frühjahr unter Wasser zu stehen und gewöhnlich war dann auch der Keller angefüllt. Vor der Wohnung erstreckte sich der Hof mit Scheune und Stallgebäude und geleitete zu dem Blumengarten. In den Lauben und Sitzen verweilte ich fast immer. Hinter dem grünen Zaun lagen die vier Teiche, mit Weidengebüsch umgeben. Zwischen diesen Gewässern zu gehen, die Sonnenstrahlen auf der Spiegelfläche und die munteren Fischlein spielen zu sehen, das war meine größte Lust. Noch muß ich etwas erwähnen, was mich immer mit geheimem Schauer erfüllte. Nämlich in der düstern Sakristei der Kirche stand an der einen Seite das übermenschliche Bild des heiligen Georg, von geschickter Hand in Stein gegraben. Die hehre Gestalt, die furchtbaren Waffen und das geheimnisvolle Halbdunkel ließen mich ihn immer nur mit Scheu betrachten. Einst, so geht die Sage, sollen seine Augen erschrecklich gefunkelt haben, so daß alle, die ihn angesehen hätten, mit Grausen erfüllt worden wären. – Rings um den Gottesacker herum liegen die Bauernhöfe und -gärten in trauter Stille. Eintracht und Friede waltete über jeder Hütte und wilde Erregungen blieben von ihnen fern. Überhaupt entfernten sich die Bewohner selten von dem Dorfe, höchsten an Jahrmärkten, wo muntere Scharen von Burschen und Frauen sich nach dem belebten Lützen begaben und das Gewühl der Menschen und die glänzenden Waren bewunderten. Sonst ist Lützen ein kleines und einfaches Städtchen, dem man nicht ansieht, welche welthistorische Bedeutung es hat. Zweimal wurden hier ungeheure Schlachten geschlagen und mit dem Blute fast aller europäischen Nationen ist dort der Boden getränkt. Ehrende Denkmäler erheben sich hier und verkünden mit beredter Zunge den Ruhm der gefallenen Helden. – Eine Stunde von Röcken liegt Poserna, berühmt als Geburtsort von Seume, jenem wahrhaft patriotisch gesinnten Mann und Dichter. Leider steht sein Haus nicht mehr. Seit 1813 lag es in Trümmern und jetzt erst hat ein neuer Besitzer ein großes schönes Haus auf derselben Stelle gebaut. – Das dreiviertel Stunden weit entfernte Dorf Sössen ist noch durch ein Hünengrab merkwürdig, das kürzlich ausgegraben wurde. – Während wir in Röcken ruhig und still lebten, bewegten heftige Erregungen fast alle Nationen Europas. Schon lange Jahre vorher war der Zündstoff überall vorbereitet; es bedurfte nur eines Funkens, um alles in Brand zu setzen. – Da erscholl fern von Frankreich herüber der erste Waffenklang und Sturmessang. Die ungeheure

Februarrevolution in Paris wälzte sich mit verheerender Schnelle umher. »Freiheit, Gleichheit, Brudersinn« ertönte es in allen Landen, der niedrige wie angesehene Mann ergriff das Schwert teils für, teils gegen den König. Der Revolutionskampf in Paris findet in den meisten Städten Preußens Nachahmung. Und selbst bei schneller Unterdrückung blieb doch noch lange der Wunsch des Volkes »eine deutsche Republik«. Nach Röcken drangen diese Erhebungen nicht; wohl aber kann ich mich noch erinnern, wie Wagen mit jubelnden Scharen und wehenden Fahnen auf der Landstraße hinfuhren. Während dieser verhängnisvollen Zeit bekam ich noch ein Brüderchen, in der heiligen Taufe Karl Ludwig *Joseph* genannt, ein allerliebstes Kind. Bis hierher hatte uns immer Glück und Freude geleuchtet, ungetrübt war unser Leben dahingeflossen, wie ein heller Sommertag; aber da türmten sich schwarze Wolken auf, Blitze zuckten und verderbend fallen die Schläge des Himmels nieder. Im September 1848 wurde plötzlich mein geliebter Vater gemütskrank. Jedoch trösteten wir uns und er sich mit baldiger Genesung. Immer wenn wieder ein besserer Tag war, bat er, doch ihn wieder predigen und Konfirmandenstunden geben zu lassen. Denn sein tätiger Geist konnte nicht müßig bleiben. Mehrere Ärzte bemühten sich, das Wesen der Krankheit zu erkennen, aber vergebens. Da holten wir den berühmten Arzt Opolcer, der sich damals in Leipzig befand, nach Röcken. Dieser vortreffliche Mann erkannte sogleich, wo der Sitz der Krankheit zu suchen wäre. Zu unser aller Erschrecken hielt er es für eine Gehirnerweichung, die zwar noch nicht hoffnungslos, aber dennoch sehr gefahrvoll sei. Ungeheure Schmerzen mußte mein geliebter Vater ertragen, aber die Krankheit wollte sich nicht vermindern, sondern sie wuchs von Tag zu Tag. Endlich erlosch sogar sein Augenlicht und im ewigen Dunkel mußte er noch den Rest seiner Leiden erdulden. Bis zum Juli 1849 dauerte noch sein Krankenlager; da nahte der Tag der Erlösung. Den 26. Juli versank er in tiefen Schlummer und nur zuweilen erwachte er. Seine letzten Worte waren: Fränzchen – Fränzchen – komm – Mutter – höre – höre – Ach Gott! – Dann entschlief er sanft und selig. †††† den 27. Juli 1849. Als ich den Morgen erwachte, hörte ich rings um mich lautes Weinen und Schluchzen. Meine liebe Mutter kam mit Tränen herein und rief wehklagend: »Ach Gott! Mein guter Ludwig ist tot!« Obgleich ich noch sehr jung und unerfahren war, so hatte ich doch eine Idee vom Tode; der Gedanke, mich immer von dem geliebten Vater getrennt zu sehn, ergriff mich und ich weinte bitterlich.

Die Tage darauf vergingen unter Tränen und Vorbereitung zum Begräbnis. Ach Gott! Ich war zum vaterlosen Waisenkind, meine liebe Mutter zur Witwe geworden! – – – – Den 2. August wurde die irdische Hülle meines teuren Vaters dem Schoß der Erde anvertraut. Die Gemeinde hatte das Grab ausmauern lassen. Um ein Uhr mittag begann die Feierlichkeit unter vollem Glockengeläute. Oh, nie wird sich der dumpfe Klang derselben aus meinem Ohr verlieren, nie werde ich die düster rauschende Melodie des Liedes »Jesu meine Zuversicht« vergessen! Durch die Hallen der Kirche brauste Orgelton. Eine große Schar von Verwandten und Bekannten hatte sich eingefunden, fast sämtliche Pastoren und Lehrer der Umgegend. Herr Pastor Wimmer sprach die Altarrede, Herr Superintendent Wilke am Grabe und Herr Pastor Oßwalt den Segen. Dann wurde der Sarg hinabgelassen, die dumpfen Worte des Geistlichen erschallten und entrückt war er, der teure Vater, allen uns Leidtragenden. Eine gläubige Seele verlor die Erde, eine schauende empfing der Himmel. –

Wenn man einen Baum seiner Krone beraubt, so wird er welk und kahl und die Vöglein verlassen die Zweige. Unsere Familie war ihres Oberhauptes beraubt, alle Freude schwand aus unsern Herzen und tiefe Trauer herrschte in uns. Aber kaum waren die Wunden ein wenig geheilt, so wurden sie von neuem schmerzlich aufgerissen. – In der damaligen Zeit träumte mir einst, ich hörte in der Kirche Orgelton wie beim Begräbnis. Da ich sah, was die Ursache wäre, erhob sich plötzlich ein Grab und mein Vater im Sterbekleid entsteigt demselben. Er eilt in die Kirche und kommt in kurzem mit einem kleinen Kinde im Arm wieder. Der Grabhügel öffnet sich, er steigt hinein und die Decke sinkt wieder auf die Öffnung. Sogleich schweigt der rauschende Orgelschall und ich erwache. – Den Tag nach dieser Nacht wird plötzlich Josephchen unwohl, bekommt die Krämpfe und stirbt in wenig Stunden. Unser Schmerz war ungeheuer. Mein Traum war vollständig in Erfüllung gegangen. Die kleine Leiche wurde auch noch in die Arme des Vaters gelegt. – Bei diesem doppelten Unglück war Gott im Himmel unser einziger Trost und Schutz. Dies geschah Ende Januar 1850. – – –

Die Zeit, wo wir von unserm geliebten Röcken scheiden sollten, nahte heran. Noch kann ich mich des letzten Tags und der letzten Nacht erinnern, wo wir dort verweilten. Am Abend spielte ich noch mit mehreren Kindern, gedenkend, daß es das letztemal sei. Die Abendglocke hallte mit wehmütigem Ton durch die Fluren, mattes Dunkel verbreitete sich über die Erde, am Himmel strahlten der Mond und die funkelnden Sterne. Ich konnte nicht lange schlafen; schon nachts halb eins ging ich wieder in den Hof. Hier standen mehrere Wagen, die beladen wurden, der matte Schein der Laterne beleuchtete düster die Hofräume. Ich hielt es geradezu für unmöglich, an einem anderen Orte heimisch zu werden. Von einem Dorf zu scheiden, wo man Freude und Leid genossen hat, wo die teuren Gräber des Vaters und des kleinen Bruders sind, wo die Bewohner des Ortes immer nur mit Liebe und Freundlichkeit zuvorkamen, wie schmerzlich war es! Kaum erhellte der Tag die Fluren, da rollte der Wagen hin auf der Landstraße und führte uns Naumburg zu, wo uns eine neue Heimat erwartete. – Ade, ade, teures Vaterhaus!!

– Die Großmama mit Tante Rosalie und dem Dienstmädchen waren vorangefahren und wir folgten traurig, ja sehr traurig nach. In Naumburg erwarteten uns Onkel Dächsel, Tante Riekchen und Lina. Das Logis, welches man für uns bestimmt hatte, lag in der Neugasse und gehörte dem Eisenbahn-Spediteur Otto. Es war für uns schrecklich, nachdem wir so lange auf dem Lande gewohnt hatten, in der Stadt zu leben. Deshalb vermieden wir die düstern Straßen und suchten das Freie, wie ein Vogel, der seinem Käfig entflieht. Denn nicht viel anders erschienen uns damals die Stadtbewohner. Als ich zum erstenmal den Bürgergarten sah, soll ich gesagt haben in kindlicher Freude: O sieh! Lauter Christbäume! Überhaupt erschien mir in der ersten Zeit alles neu und unbekannt. Die großen Kirchen und Gebäude, der Marktplatz mit Rathaus und Brunnen, die ungewohnte Menge des Volks erregte meine große Bewunderung. Dann erstaunte ich, wie ich bemerkte, daß die Leute oft miteinander unbekannt waren; denn auf dem stillen Dorfe kannte sich jedermann. Was mir aber mit am unangenehmsten war, das waren die langen gepflasterten Straßen. Der Weg zu den Tanten schien mir mindestens eine Stunde zu sein. – Sonst aber fügte ich mich sehr schnell in das Stadtleben, in den ersten fünf Minuten war ich mit allen im Hause bekannt. Oben im Dachstübchen wohnte ein Stellmacher mit seiner Frau, rechtschaffne alte Leute. Zu diesen hinauf war mein erster Gang und die altertümlichen Geräte, Bilder und Zimmer setzten mich sehr in Verwunderung. Später wurde ich auch als Schüler dem Direktor der Bürgerschule gemeldet. Ich mag wohl zuerst etwas verwirrt unter so vielen Kindern gewesen sein, aber da ich schon vom Papa und Herrn Schulmeister in Röcken etwas unterrichtet war, machte ich schnelle Fortschritte. Aber schon damals fing mein Charakter an sich zu zeigen. Ich hatte in meinem jungen Leben schon sehr viel Trauer und Betrübnis gesehn und war deshalb nicht ganz so lustig und wild wie Kinder zu sein pflegen. Meine Mitschüler waren gewohnt, mich wegen dieses Ernstes zu necken. Aber dieses geschah nicht allein in der Bürgerschule, nein, auch später im Institut und sogar im Gymnasio. Von Kindheit an suchte ich die Einsamkeit und fand mich da am wohlsten, wo ich mich ungestört mir selbst überlassen konnte. Und dies war gewöhnlich im freien Tempel der Natur, und die wahrsten Freuden fand ich hierbei. So hat auf mich stets ein Gewitter den schönsten Eindruck gemacht; der weithin krachende Donner und die hell aufzuckenden Blitze vermehrten nur meine Ehrfurcht gegen Gott. – Bald lernte ich auch meine späteren Freunde kennen, nämlich Wilhelm Pinder und Gustav Krug. Aber erst, als ich in das Institut vom Cand. Weber kam, erwachte erst unsre wahre Freundschaft. Überhaupt wird die wahre Freundschaft nur durch gleiche Freuden und Leiden geknüpft; denn wo sich die Lebensereignisse mit denen eines andern berühren, da verbinden sich auch die Seelen und je näher die äußere Verbindung tritt, desto fester wird die innere. –

Herr Cand. Weber, ein christlicher, tüchtiger Lehrer, kannte unsere

Freundschaft und suchte sie nie zu trennen. Hier wurde der Grundstein für unsere zukünftige Bildung gelegt. Denn neben ausgezeichneten Religionsstunden empfingen wir auch den ersten Unterricht im Griechischen und Lateinischen. Wir waren nicht mit Arbeiten überladen und hatten deshalb Zeit, für unseren Körper zu sorgen. Im Sommer wurden oft kleine Partien in die Umgegend unternommen. So besuchten wir die lieblich gelegene Schönburg, Schloß Goseck, Freiburg, dann auch die Rudelsburg und Saaleck und gewöhnlich in Begleitung des ganzen Instituts. So ein gemeinsamer Spaziergang ist immer etwas sehr Erheiterndes; vaterländische Lieder erschollen, lustige Spiele wurden gespielt und wenn der Weg durch einen Wald führte, so schmückte man sich mit Laub und Zweigen. Die Burgen erklangen von dem wilden Getöse der Zechenden – mir fielen die Zechgelage der alten Ritter ein. In den Höfen und auf den Wällen unternahm man Ritterkämpfe und die großartige Zeit des Mittelalters wurde im kleinen nachgeahmt. Dann erstieg man die hohen Türme und Warten, überschaute das im Abendschimmer vergoldete Tal und zog, wenn die Nebel sich auf die Wiesen senkten, unter lautem Gejubel der Heimat zu. Alle Frühjahr hatten wir ein Fest, das für uns die Stelle des Kirschfestes vertrat. Wir begaben uns nämlich nach Roßbach, einem kleinen Dorf in der Nähe von Naumburg, wo zwei Vögel unsrer Armbrüste warteten. Es wurde mit großem Eifer geschossen, Herr Cand. Weber verteilte die Gewinne und alles war in Freude und Jubel. Im nächsten Walde spielten wir sodann Räuber und Gendarm, wobei es sehr wild herging und Prügel nach Noten verteilt wurden, bis uns endlich der Herr Cand. zur Rückkehr ermahnte. – Während dieser Zeit waren die Blicke aller mit banger Besorgnis auf die Verwicklungen gerichtet, welche sich zwischen der Türkei und Rußland entspannen. Die Russen hatten sofort die türkischen Donaufürstentümer, die Moldau und Walachei besetzt und standen drohend der Pforte gegenüber. Zur Erhaltung des europäischen Gleichgewichts schienen die Türken durchaus notwendig; deshalb traten Österreich, Preußen und die Westmächte für dieselben ein. Aber alle diese Vermittlungsversuche dieser vier Großmächte erregten bei dem Kaiser Nikolaus nicht die gewünschte Wirkung. Der Krieg der Russen mit den Türken währte fort und endlich bewaffnete Frankreich und England Heer und Flotte und sandte sie der Pforte zu Hilfe. Der Kriegsschauplatz wurde auf die Krim verlegt, und die ungeheuren Heere umgaben Sebastopol, wo die große russische Armee unter Menschikow stand. – Das war für uns etwas Angenehmes, sogleich wurde für die Russen Partei genommen und wütend forderten wir jeden Türkenfreund zum Kampf auf. Da wir bleierne Soldaten besaßen, ebenso Baukästen, so hörten wir nicht auf, uns die Belagerung und die Schlachten zu vergegenwärtigen. Von Erde wurden Wälle aufgeworfen, jeder fand neue Arten sie recht fest zu machen. Wir schrieben jeder für sich kleine Bücher, die wir »Kriegslisten« nannten, ließen uns

Bleikugeln gießen und vermehrten unsere Heere durch neue Ankaufungen. So hatten wir uns öfter ein Bassin gegraben nach einem Plane vom Hafen Sebastopols, die Festungswerke genau aufgeführt, und den gegrabenen Hafen mit Wasser gefüllt. Eine Menge Kugeln von Pech, Schwefel und Salpeter waren vorher geformt worden und diese wurden, nachdem sie angebrannt waren, auf die papiernen Schiffe geworfen. Bald loderten helle Flammen, die unsern Eifer vermehrten und wahrhaft schön war es, wenn, da unser Spiel sich oft bis spät abends hinzog, die feurigen Kugeln durch das Dunkel sausten. Zum Schluß wurde gewöhnlich die ganze Flotte, ebenso alle Bomben verbrannt, wobei oft die Flamme zwei Fuß emporschlug. So verlebte ich glückliche Zeiten, nicht aber nur bei meinen Freunden, auch zu Hause mit meiner Schwester. Auch wir bauten untereinander Festungen mit unsern Baukästen und durch große Übung lernte ich alle die Feinheiten bei dem Aufbauen. Es ist wahr, alles was wir nur über Kriegswissenschaft fanden wurde vollkommen geplündert, so daß ich mir eine ziemliche Kenntnis darin erwarb. Sowohl Lexika, als ganz neue militärische Bücher bereicherten unsere Sammlungen und schon wollten wir ein großes militärisches Wörterbuch gemeinschaftlich schreiben und hatten schon ungeheure Pläne gemacht, da – doch ich will nicht vorgreifen; ich habe noch mehreres aus der damaligen Zeit zu erwähnen. Als ich einst in Pobles bei den Großeltern war, kam die Aufforderung vom Direktor des hallischen Waisenhauses, mich unter die Zahl der Waisen aufnehmen zu lassen. Der Großpapa in Pobles und die Großmama in Naumburg stimmten allerdings bei, aber meine Mama konnte sich dennoch nicht entschließen und schrieb es dem Herrn Direktor. Etwas gewann ich dabei, nämlich das Siegel des hallischen Waisenhauses für meine Siegelsammlung. In meinen Jahren besaß fast jeder Schüler eine und vermehrte sie so gut er konnte. Auch fallen in diese Zeit meine ersten Gedichte. Das was man in diesen ersten zu schildern pflegt, sind gewöhnlich Naturszenen. Wird doch jedes jugendliche Herz von großartigen Bildern angeregt, wünscht doch jedes diese Worte am liebsten in Verse zu bringen! Grauenhafte Seeabenteuer, Gewitter mit Feuer waren der erste Stoff zu diesen. Ich hatte keine Vorbilder, konnte kaum mir denken, wie man einem Dichter nachahme, und formte sie, wie die Seele sie mir eingab. Freilich entstanden da auch sehr mißgelungene Verse und fast jedes Gedicht hatte sprachliche Härten, aber diese erste Periode war mir dennoch bei weitem lieber als die zweite, die ich später erwähnen will. Überhaupt war es stets mein Vorhaben, ein kleines Buch zu schreiben und es dann selbst zu lesen. Diese kleine Eitelkeit habe ich jetzt immer noch; aber damals blieben es immer nur Pläne, selten wurde ein Anfang gemacht. Da ich Reim und Versmaß nicht sehr in meiner Gewalt hatte und es mir auch zu langsam vonstatten ging, machte ich reimlose Verse und ich besitze noch mehrere solche Gedichte. In dem einen wollte ich die Vergänglichkeit des Glücks schildern und ließ deshalb einen Wandrer unter

Karthagos Trümmern schlummern. Der Traumgott mußte an seiner Seele jener Stadt einstiges Glück vorführen. Dann kamen die Schicksalsfälle und endlich – erwachte er. Noch manches Gedicht habe ich aus dieser Zeit, die aber alle durchgehend auch keinen Funken von Poesie in sich tragen. Durch die jährlichen Gemäldeausstellungen wurden wir auch auf die Malerei geleitet. So pflegt man in seiner Jugend gern alles was gefällt nachzuahmen. Dieser Nachahmungsgeist ist bei Kindern besonders groß; sie stellen sich alles leichter vor; aber nur das, wozu sie besondere Lust haben. Wohl schwerlich ahmt ein Jüngling, der einen Dichter oder Schriftsteller verachtet, dessen Art und Weise nach. Sollte das bei Kindern nicht noch größer sein, da ihr Urteil noch nicht geschärft und ihr Verstand noch nicht reif ist? – Noch habe ich aber meine Freunde mit nichts weiter als ihren Namen erwähnt. Will nun auch ihrer etwas näher gedenken, da ihre Freuden und Leiden fortan mit den meinigen eng verbunden sind –: Der eine von ihnen hieß Gustav Krug oder mit dem ganzen Namen Clemens Felix Gustav Krug, geboren den 16. November. Er war der Sohn des Herrn Appellationsrats Krug in Naumburg, eines großen Musikkenners und Virtuosen. Sogar mehrere an sich treffliche Kompositionen hatte er geschrieben, unter andern einige Preissonaten und Quartette. Seine hohe, imponierende Gestalt, sein ernstes, geistreiches Gesicht, seine anerkannte Tüchtigkeit, alles dies machte auf mich großen Eindruck. Er besaß einen wundervollen Flügel, der mich so anzog, daß ich oft vor seinem Hause stehen blieb und den erhabenen Melodien Beethovens lauschte. Mendelssohn-Bartholdy war mit ihm sehr befreundet, ebenso die Gebrüder Müller, jene berühmten Violinvirtuosen, welche zu hören ich auch einmal das Glück hatte. In diesem Hause war oft ein ausgewählter Kreis von Musikfreunden versammelt und fast jeder Virtuos, der in Naumburg aufzutreten wünschte, suchte durch Herrn Rat Krug empfohlen zu werden. In einer solchen Familie wurde Gustav erzogen. Natürlich wurde er von Kindheit auf zu den Genüssen der Musik hingeleitet. So lernte er sehr schnell Violine spielen, da er keiner Mühe schonte, hierin Fertigkeit zu gewinnen. Später wurde ihm Musik so zur Notwendigkeit, daß ich glaube, daß wenn man sie ihm entrisse, man ihn seiner halben Seele beraube. – Wie oft sahen wir uns miteinander Musikalien an, sprachen unsre Meinungen gegeneinander aus, probierten dies und das, und spielten uns gegenseitig vor! Aber auch außerdem z. B. bei den Festungsspielen waren wir die besten Freunde; er war der glühendste Verteidiger der Russen und nahm äußerst lebhaft an dem Fortgange der Belagerung Sebastopols Anteil. Hierzu schafften wir uns Bücher und Karten an, und bereicherten gegenseitig unser Wissen. Bei unsern Festungsspielen war er ein heftiger Verteidiger und selten konnte man etwas gegen ihn gewinnen. Er besaß in allem eine bedeutende Beharrlichkeit; wenn er einmal etwas, das ihm angenehm war, anfing, so ruhte er nicht, bis es vollendet war. Dies zeigte er vorzüglich im Notenabschreiben und Arrangieren,

Indessen ging diese Beharrlichkeit mitunter etwas zu weit; es entstand daraus, daß er von der einmal gefaßten Meinung nicht abließ, so daß man vergebens sich bemühte, ihn des Unrechts zu überzeugen. Auch erschien er fast etwas stolz, da er sich nie mit gewöhnlichen Dingen abgab. Aber dennoch habe ich ihn sehr lieb, und er hat mir immer mit gleicher Freundschaft vergolten. Wir sind fast immer Schulnachbarn gewesen, ein beredtes Zeugnis unserer gleichen Kenntnisse ... – Mein andrer Freund heißt Eduard *Wilhelm* Pinder und ist am 6. Juli 1844 geboren. Sein Vater war königlicher Appellationsgerichtsrat in Naumburg und besaß ein geistvolles Gemüt. Sein feines, gewandtes Benehmen machte ihn überall beliebt, aber auch sein frommer christlicher Sinn stand in hohen Ehren. Die Theologen, welche in Naumburg zu irgendeinem Feste zusammengekommen waren, pflegten sich bei ihm zu versammeln und zu unterreden. Auch war er Vorstand von Missions- und Armenvereinen und wirkte mit seiner tätigen Liebe mehr als mancher Prediger. Ebenso war er rastlos um die Verschönerung Naumburgs bemüht und war darum auch allgemein bekannt und geachtet. In seiner Familie war er stets ein treuer Hausvater aber auch den Pflichten seines Amtes lag er mit musterhafter Sorgfalt ob. Dann aber in seinen Mußestunden suchte er sich und seine Familie auch mit den bedeutendsten Erscheinungen im Gebiete der Literatur und Kunst bekannt zu machen und sein richtiger Blick ließ die Schönheiten derselben durch manche geistvolle Bemerkung im wahren Lichte erscheinen. – Da nun Wilhelm von Natur immer recht kränklich war, waren stets seine Eltern für ihn ängstlich besorgt und allerdings mußte man große Vorsicht anwenden. Aber trotz allen Krankheiten des Körpers schritt der Geist desto rüstiger weiter. Wir arbeiteten fast immer zusammen und unsre Gedanken und Ideen stimmten deshalb sehr überein. Spaziergänge und Partien machten wir immer gemeinsam und konnten nicht ohne einander leben. Da Wilhelm bei weitem milder als Gustav war, ja sogar das Gegenteil von ihm, so war mir der Umgang mit beiden sehr vorteilhaft. Er faßte immer mit Vorsicht Entschlüsse; aber dann ging er ruhig seinen begonnenen Weg und ruhte nicht, bis er am Ziele war. Sein Fleiß war als Schüler stets musterhaft und stand bei allen Lehrern stets im guten Renommee. Schien es mitunter, als ob er an einzelnen Unternehmen nicht besondern Anteil nehme, so täuschte hierbei nur, daß er nicht äußerlich so heftig und stürmisch sein Interesse bezeugte. Innerlich geschah es vielleicht noch gründlicher als bei Gustav. Sein liebevolles Benehmen gegen mich und gegen alle, mit denen er in Berührung kam, befreundete ihn jedermann und im Grund haßte ihn keiner. Später, als unser Interesse für Poesie wuchs, da wurden wir uns ganz unentbehrlich und unsrer Unterhaltung mangelte dann niemals der Stoff. Wir tauschten wechselweise unsre Ideen über Dichter und Schriftsteller, gelesene Werke, über neue Erscheinungen im Gebiete der Literatur, faßten gemeiniglich Pläne, gaben uns gegenseitig Gedichte auf und wurden nicht ruhig, bevor wir ganz unser Herz geöffnet hatten. – Dies waren meine Freunde und stets wuchs mit dem Alter auch die Freundschaft. Ja, es ist etwas Hohes, Edles, wahre Freunde zu haben und unser Leben ist von Gott bedeutend verschönert worden, daß er uns Mitgefährten gab, die mit uns dem Ziele zustreben. Und besonders ich muß Gott im Himmel dafür loben, da mir ohne diese in Naumburg vielleicht nie heimisch geworden wäre. Aber so, indem ich hier lebende Freunde gewann, wurde mir der Aufenthalt auch hier teuer und sehr schmerzlich würde mir es sein, von hier scheiden zu müssen. Denn wir drei waren eigentlich nie getrennt, außer in den Ferien, wo ich gewöhnlich mit Mama und Schwester verreist war. Gewöhnlich waren wir dann in Pobles; einmal jedoch erfüllten wir den Wunsch der lieben Tanten in Plauen und blieben dort einige Wochen. Da die reichen Fabriksherren daselbst unsre Verwandten sind, so war das stets ein recht angenehmer Aufenthalt. Außerdem ist Plauen eine sehr nette Stadt und besteht aus fast lauter neuen Gebäuden, die sämtlich mit Schiefer gedeckt, sich stattlich präsentieren. Denn da der große Brand dreiviertel der Stadt in Asche legte, so wurde alsbald überall gebaut und schöner als zuvor erhob sich Plauen aus den Flammen. Auch noch des Aufenthaltes in Nirmsdorf erinnere ich mich, wo der liebe selige Onkel Pastor war. Wohl weiß ich noch, wie der Mond des abends auf mein Bett strahlte und wie ich die goldene Aue im Silberglanze vor mir sah; wie dann die Tante Auguste sprach:

»Der Mond ist aufgegangen
Die goldnen Sternlein prangen« usw.

Ach, nie werde ich diese Zeit vergessen.

Ich werde nun noch die zweite Periode meiner Gedichte erwähnen, dann wollen wir uns etwas in Naumburg umsehen. Waren meine ersten Poesien an Form und Inhalt unbeholfen und schwer, so versuchte ich in der zweiten in geschmückter und strahlender Sprache zu reden. Aber aus der Zierlichkeit wurde Ziererei und die schillernde Sprache zu phrasenartiger Verblümung. Und bei diesem allem fehlte noch die Hauptsache, die Gedanken. Jedenfalls steht deshalb die erste Periode noch weit über der zweiten, aber man sieht hieraus, wie man, hat man noch nicht festen Fuß gefaßt, von Extrem zu Extrem wankt und erst in der goldnen Mittelstraße seine Ruhe findet. –

Nun habe ich genug geschrieben, kommt, laßt uns ein wenig die Stadt beschauen. – Wollen einmal zum netten Jakobstor hineingehen. Wenn wir nun die schöne, breite Straße mit ihren altertümlichen Häusern herabgehen, so kommen wir auf den Marktplatz. Sieh da, gleich vor dir steht das Rathaus. Wie groß es doch ist! Welche Ausdehnung! Seine vier Fronten bilden fast vier Straßen und mit seinem Türmchen ragt es düster in die Luft hinein. Dies dunkelfarbene Grau, diese altertümlichen Erker, lassen es mich immer nur mit Ehrfurcht betrachten. Wende nun deine Blicke rechts, da in der Mitte, das grüne Haus! Das ist die Pindersche Wohnung! Hier wohnen Rat Krugs, hier wohnt die Frau Großmama Pinder, die ehrwürdige Besitzerin des Hauses. In ihm soll einst Friedrich der Große logiert haben, ebenso Napoleon und ein großer Adler ist noch aus seiner Zeit da. (Nämlich ein Transparent! Bitte nicht an einen Vogel zu denken! Denn Napoleon glich auch so einem papiernen Adler. Wenn man die Lichter hinter ihm wegnahm, war er auch nur elend Papier und wurde in einen Winkel gesteckt! –) Links vom Rathaus siehst du die hohe, ehrwürdige Stadtkirche hervorragen. Vor derselben, sieh, welches erbärmliche Gebäude da steht! Ei, wenn es doch weggerissen würde, hemmt es nicht die ganze Aussicht auf das Gotteshaus?! – Hinter der Kirche steht das königliche Kreisgericht, das mit zwei hohen Giebeln auf den Markt ragt. Wollen an der Kirche vorübergehen; ein andermal haben wir mehr Zeit sie uns genau zu besehen. Laßt uns durch die Priestergasse spazieren! Gleich am Anfang steht die Knabenbürgerschule. Sie befindet sich jetzt in recht blühendem Zustande, den sie wohl am meisten ihrem Direktor, dem trefflichen Doktor Neumüller zu danken hat. Dicht daran stößt die Superintendentur. Da aber der liebe Herr Superintendent Jahr von hier nach Eisleben berufen ist, und dem Rufe Folge leistete, so steht die Stelle leer und wir erwarten mit Sehnsucht den neuen Geistlichen, Herrn Sup. Hammer. An diese Gebäude schließen sich die übrigen Priesterwohnungen an, bis zu der Lücke, mit der das Besitztum unsres Wirtes beginnt. Durch einen großen Torweg gelangen wir in den Hof mit seinen vielen Nebengebäuden bis wir das Wohnhaus, das mit seiner vorderen Front die Ecke der Neugasse bildet, erreichen. Gehen wir diese Straße weiter herunter, so erblicken wir alsbald das hohe, schöne Gebäude des Bürgermeister Rasch. Das Ende der Gasse bildet die stattliche Präsidentenwohnung, die jetzt Herr Pr. Koch innehat. Rechts von diesen steht ein nettes Haus, in das ich so oft gegangen und aus dem ich immer meine Kenntnisse um ein wenig bereichert nach Hause brachte. Es ist nämlich des Herrn Weber Institut. In der nahen Kirche zu St. Othmar ist der liebe Mann nun als Pastor angestellt, behält aber trotzdem seine Schule bei, die aber nun in sein Amtsgebäude verlegt ist. – Also weiter! Vor diesen Häusern dehnen sich Rasenplätze und Baumgruppen aus, bis zum Salztore hin. Die Wachen an beiden Seiten sind mit einfachen dorischen Säulen geschmückt und gewähren einen stattlichen Anblick. Etwas weiter hinauf zeigen sich wieder ein paar sehr nette Häuser. Beide sind erst ganz kürzlich gebaut. Sie bilden den Anfang der Salzstraße. Lassen wir diese beiseite liegen und gehen unsern frühern Weg fort, so kommen wir zur Lindenstraße, die in ihrer Mitte eine mit Linden bepflanzte Allee bildet. Mitten in der Hälfte erhebt sie sich allmählich und bildet oben die Verbindung von Steinweg und Herrengasse. Letztere mit ihren düstern, altertümlichen Gebäuden, will ich noch erwähnen, da in ihr die Wohnung von Rat Pinders ist. Auch liegt die Domrichsche Buchhandlung in derselben. Den Teil des Rathauses, der in dieser Straße liegt, will ich noch erwähnen, weil in demselben häufig Konzerte und Bälle gegeben wurden. – So, nun haben wir uns genug angesehen, ein andermal mehr. –

Ich war an dem Himmelfahrtstag in die Stadtkirche gegangen und hörte den erhabenen Chor aus dem Messias: das Halleluja! Mir war, als sollte ich mit einstimmen, deuchte mir doch, es sei der Jubelgesang der Engel unter dessen Brausen Jesus Christus gen Himmel führe. Alsbald faßte ich den ernstlichen Entschluß, etwas Ähnliches zu komponieren. Sogleich nach der Kirche ging ich auch ans Werk und freute mich kindlich über jeden neuen Akkord, den ich erklingen ließ. Indem ich aber davon jahrelang nicht abließ, gewann ich doch sehr dabei, indem ich durch die Erlernung des Tongefüges etwas besser vom Blatte spielen lernte. Dies ist auch, was mich die vielen verschriebenen Bogen Notenpapier nicht dauern läßt. Ich empfing dadurch auch einen unauslöschbaren Haß gegen alle moderne Musik und alles, was nicht klassisch war. Mozart und Haydn, Schubert und Mendelssohn, Beethoven und Bach, das sind die Säulen, auf die sich nur deutsche Musik und ich gründete. Auch mehrere Oratorien hörte ich damals. Das tief ergreifende Requiem war das erste; wie mir die Worte *»Dies irae, dies illa«* durch Mark und Bein gingen. Aber das wahrhaft himmlische Benediktus!! – Die Proben besuchte ich sehr oft. Da die Seelenmesse gewöhnlich zum Totenfeste aufgeführt wurde, so fielen diese in die neblichen Herbstabende. In dem heiligen Halbdunkel der Domkirche saß ich sodann und lauschte den hehren Melodien. Hier muß ich den trefflichen Musikdirektor Wettig erwähnen, einen durch und durch tüchtigen Musiker, sowohl im Dirigieren als Komponieren. Seine kleine Kapelle hielt er immer in musterhafter Ordnung, die Chöre des Gesangvereins wurden von ihm ausgezeichnet eingeübt, aber er galt außerdem auch für den besten Lehrer in Naumburg. Seine Gemahlin, eine frühere Opernsängerin, trug auch viel dazu bei, die Musikaufführungen zu verschönern. Außer diesen haben wir noch zwei Direktoren in Naumburg, Otto Claudius, Dirigent der früheren Liedertafel, einen tüchtigen Komponisten, aber dabei einen höchst eitlen und eingebildeten Menschen; und Fuckel, der das Stadtmusikchor leitete. – Außerdem hörte ich noch Judas Makkabäus von Händel, und vor allem die Schöpfung von Haydn. Dann war ich auch bei der Aufführung des zarten, sinnigen Sommernachtstraum von Mendelssohn. Diese wundervolle Ouvertüre! Mir ist's, als ob Elfen in mondbeglänzter Silbernacht den luftigen Reihen tanzten! Nun will ich aber weiter erzählen, denn es trat jetzt eine wichtige Epoche für mich ein. – Ich wurde Gymnasiast. –!! Wir wurden bei dem Herrn Dir. Förtsch, einem liebevollen, guten Manne angemeldet, etwas examiniert und nach Quinta versetzt. Weiß ich doch, mit welchem Zagen ich zum ersten Male die kleine Pforte durchschritt, die mich in das Schulgebäude führt. Indes hatten wir uns alles viel schrecklicher vorgemalt, und diese Enttäuschung hatte den gewünschten Erfolg. Der Ordinarius von Quinta war der Herr Doktor Opitz, von seinen Eigenheiten auch wohl Doktor Oe!, der Augenverrenker oder der Dichter genannt. Daher folgender Vers:

Opitz terribili sonitu œ̆, œ̆! will er wohl! *dixit*!

Außerdem aber strebte er immer danach, unsre Kenntnisse zu bereichern, hatte auch wohl ausgezeichnete Kenntnisse, besaß aber gar nicht die Gabe, einem Schüler etwas klarzumachen. Was mir aber besonders wehtat, war der wahrhaft erbärmliche Religionsunterricht, der allerdings bis Tertia fortdauerte. Aber das muß ich noch nachtragen: sobald ich Quintaner war, stellte sich auch schon etwas Quintanerstolz ein. Es ist eigentümlich, daß, sind wir etwas vorgeschritten und haben eine höhere Stufe betreten, sogleich ein etwas Gesetztes in unserm Wesen bemerken wollen. Am deutlichsten tritt dies bei einem Tertianer ein. Man denkt sich in die Zahl der höhern Klassen aufgenommen und viele finden darin ein Privilegium, sich mit Zigarre und Stock sichtbar zu machen, und sich vor seinesgleichen auszuzeichnen. Bis jetzt kann ich mir nicht denken, daß man an dergleichen als Knabe wahrhaften Genuß empfinden kann; ich sehe beides nur für Eitelkeit an. – Bis jetzt war unser Leben in Naumburg ungetrübt dahingeflossen, wie ein klarer Bach. Doch plötzlich wurden die Fluten wieder schwärzlich, ein Gewitter tobte durch die Natur, ein Wolkenbruch ließ die dunkeln Gewässer anschwellen und brausend dahineilen. – Meine liebe Tante Auguste war schon in Röcken immer sehr krank gewesen, aber ihr Unwohlsein steigerte sich in Naumburg fürchterlich. Den Grund der Krankheit konnten mehrere Ärzte nicht bestimmen, aber darin waren sie sicher, daß an der Lunge eine Veränderung vorgehe. Die vielen Arzeneien wollten alle nicht helfen und die liebe Tante zehrte immer mehr ab. Nun waren die Hundstage herangekommen, und der Onkel Edmund aus Pobles wollte mich zu den Großeltern mitnehmen. Ich nahm von allen Abschied, auch von der lieben Tante. Wohl kann ich mich erinnern, wie sie weinte und ich mit ihr. Es war das letztemal, daß ich sie sah. † Eines Tages kam der Briefbote nach Pobles und brachte einen Brief. Mit einiger Angst harrte ich der Nachrichten. Als ich aber den Anfang gehört hatte, ging ich hinaus und weinte bitterlich. – Als ich nach ein paar Tagen nach Naumburg reiste, war sie schon begraben. † Nach dem Urteil der Ärzte, welche sie seziert hatten, war es die schwarze Krankheit, welche ihrem Leben ein Ende machte. Der ganze eine Lungenflügel soll verzehrt gewesen sein. – Es ist eigentümlich, daß gerade die Tante starb, als ich nicht da war, und wiederum meine Schwester abwesend war, als acht Monate darauf die Großmama starb. Diese liebe, ehrwürdige Matrone, die nun schon mehrere ihrer Kinder verloren hatte, wurde von dem letzten Todesfall sehr schmerzlich bewegt. In tiefer Trauer rief sie oftmals klagend: »Meine Auguste! Meine Auguste!« – Nach nicht langer Zeit folgte sie auch derselben nach.

– Als der zweiundachtzigjährige Herr Rat Hunger begraben wurde, sprach sie mit Wehmut: Bald, bald werden wir uns wiedersehn! Acht Monate nach dem Tode der Tante Auguste, wurde sie auch eines Morgens plötzlich unwohl. Allmählich sank sie in einen sanften Schlummer, aber wir alle hatten nicht viel Hoffnung für ihr teures Leben. Die Mama sandte sogleich nach Lisbeth, die sich in Pobles aufhielt. Als diese abends ankam, fand sie die liebe Großmama nicht mehr lebend. Mittag um zwei Uhr war sie sanft eingeschlafen. Der himmlische Vater weiß, was ich damals geweint habe. – Da sie in Naumburg allgemein geehrt und geliebt war, war ihr Sarg mit Kränzen und Kreuzen ungemein geschmückt. – Es ist ein merkwürdiger Zug des menschlichen Herzen, daß, haben wir einen großen Verlust empfangen, uns nicht bemühen, denselben zu vergessen, sondern gerade uns denselben so oft als möglich vor die Seele führen. Es ist uns, als ob wir in dem öfteren Erzählen ordentlich Trost schöpften für unsern Schmerz. – Noch habe ich nicht erwähnt, daß ich während dieser Zeit nach Quarta versetzt wurde. Hier hatten wir als Ordinarius den Herrn Doktor Silber, einen Mann, den ich als Lehrer besonders sehr lieb gewonnen hatte. Sein geistreicher, fließender Vortrag, seine überall durchschimmernde Kenntnis, die er sich über alle Fächer des menschlichen Wissens durch und durch gründlich angeeignet hatte, zeichneten ihn sehr angenehm vor Opitz aus. Auch besaß er gerade das Talent, was diesem ganz fehlte, nämlich der Schüler Aufmerksamkeit zu fesseln. Bei ihm hatten wir die ersten griechischen Stunden, die uns allerdings sehr schwer fielen. Ebenso bereiteten mir Verse große Mühe und Schwierigkeit, obgleich ich sie sehr gern machte. Überhaupt hatten wir zuerst sehr viel zu arbeiten und ich kann mich erinnern, daß ich oft bis elf, zwölf (es war Winter) gearbeitet habe und doch noch um fünf Uhr aufstehen mußte. Diese erste Zeit verlebte ich schon in der neuen Wohnung. Nach der Großmama Tode hielten wir es für geratener uns zu trennen, so daß die Tante Rosalie ein andres Logis als wir bewohnte. Wir fanden eins in dem Hause der Frau Pastor Haarseim, einer emsigen, sehr pflichttreuen Lehrerin an der Bürgermädchenschule. Dicht an das nette Gebäude stößt ein geräumiger Garten mit vielen Lauben und Obstbäumen. Es war in den Hundstagferien, als wir einzogen. Auch das neue Pianoforte wurde zum erstenmal in der neuen Wohnung gespielt, da es erst zwei Tage vorher gekauft und das alte die Tante Rosalie bekommen hatte. Dicht vor der Gartentür steht die Marien-Magdalenen-Kirche, an der Herr Pastor Richter Geistlicher ist. Sie ist vor nicht langer Zeit wieder ausgebaut und recht nett mit Wandgemälden geschmückt. Von unsern Fenstern aus hatten wir eine sehr hübsche Aussicht. Die dichte, belaubte Allee, weiter hinaus die Weinberge des Spechzart und rechts das altertümliche Marientor und der -turm. Besonders im Herbst, wenn die rauhen Winde die Bäume der Blätter entlaubt hatten, konnten wir ganz deutlich die Feuer und die mannigfachen Feuerwerke sehen und das Jubeln, Knallen und Schießen der Winzer hören. Auch die recht nette Militärmusik genossen wir im Sommer jeden Morgen. Doch da fällt mir noch etwas ein, was ich im früheren Logis erlebt habe. Auch unser lieber König beehrte Naumburg mit seinem Besuch. Große Vorbereitungen waren hierzu getroffen. Die ganze Schuljugend war mit schwarzen und weißen Schleifen geschmückt und harrte sehnlich des kommendes Landesvaters. Auch wir waren auf dem Marktplatz um elf Uhr aufgestellt. Allmählich ergoß sich ein Regen über uns alle, der Himmel trübte sich und der König wollte nicht kommen. Es schlug zwölf, der König kam nicht; bei vielen Kindern stellte sich Hunger ein. Es regnete von neuem und alle Straßen wurden in Kot verwandelt. Es schlug eins, die Ungeduld stieg aufs höchste. Endlich, um zwei Uhr, begannen plötzlich die Glocken zu läuten, der Himmel lächelte mit Tränen im Blick nieder auf die freudig wogende Menge. Da hörten wir die Wagen rasseln, ein tobendes »Hurra« durchbrauste die Stadt. Jauchzend schwangen wir die Mützen und brüllten nach Vermögen unsrer Kehle mit. (Die ganzen Gewerbe Naumburgs waren mit Fahnen und Feierkleidern vom Jakobstor bis zur Herrenstraße aufgestellt.) Ein lustiger Wind setzte die unzähligen Fahnen, die von den Dächern herabwinkten, in Bewegung, die gesamten Glocken brummten, die mächtige Menschenmasse schrie und tobte und schob förmlich die Wagen nach dem Dom zu. Dort waren in den Kirchennischen eine große Anzahl Mädchen mit weißen Kleidern und Blumenkränzen im Haar aufgestellt. Der König stieg hier aus, belobte die Vorbereitungen und begab sich in die für ihn bereitete Wohnstätte. Den Abend war die ganze Stadt illuminiert. Ungemein viel Menschen durchwogten die Straßen. Die Kranzpyramiden am Rathaus und am Dom waren von unten bis oben mit Lämpchen bedeckt. Eine Menge Transparente zierten die Häuser. Auf dem Domplatze wurde Feuerwerk angezündet, so daß oft der düstere Dom in geisterhafter Beleuchtung vor uns stand. Am andern Morgen war Manöver bei Wethau. Ich versäumte auch nicht, mich dahin zu begeben. Da es das erstemal war, daß ich so etwas sah und mich damals für dergleichen sehr interessierte, so gefielen mir die schnellen Schwenkungen, Attacken und Rückzüge sehr. Noch muß ich erwähnen, daß der König sich unsern schönen Dom ansah und später für denselben zwei neue gemalte Glasfenster sandte, die indessen den alten weit nachstehen. – Noch etwas: Eines Tages kam Gustav zu mir und teilte mit erregter Miene mir mit, daß Sebastopol genommen sei. Nachdem alle Zweifel beseitigt waren, löste sich unsre Wut in augenblicklichen Zorn gegen die Russen, »daß sie den Malakoffturm nicht besser verteidigt hätten«. Kurzum, wir ärgerten uns im höchsten Grad. – In dem neuen Logis wurden wir sehr bald eingewöhnt. Indessen versäumten wir nie, alle Ferien zu verreisen. Gewöhnlich nach Pobles: Der liebe, ernste aber auch heitere Großpapa, die so freundliche Großmama, Onkel und Tante, überhaupt die echt deutsche Gemütlichkeit, die in diesem Hause herrschte, zogen uns immer wieder hin und ließen uns diesen Ort sehr liebgewinnen. Am liebsten hielt ich mich in des Großpapas Studierstube auf, und in den alten Büchern und Heften herumzustören, war meine größte Lust. In mancher Hinsicht war mir auch die Reise nach Schönefeld bei Leipzig sehr angenehm. Besonders, daß ich alle Tage nach Leipzig ging und hier Buch- und Notenhandlungen aufsuchte, auch mir Merkwürdigkeiten ansah, wie Auerbachs Keller, das tat ich doch sehr gern. Überhaupt war es so nett, so ohne Ziel und ohne Straßenkenntnis hinzulaufen, wohin das Glück mich führte. Dann der schöne Park, der freundliche Garten, die Badestube – ist das nicht alles sehr angenehm? Auch waren wir einmal in Deutschental, einem Dorf bei Halle. Fast alle Tage fuhren wir nach dem salzigen See bei Eisleben, wo wir badeten. O es ist wonnig, sich dem lauen Wasser des Sommers hinzugeben. Besonders empfand ich dies, als ich später schwimmen lernte. Sich der Strömung zu überlassen, und ohne Mühe auf den weichen Fluten hinzugleiten, kann man sich etwas Lieblicheres denken? Dazu erachte ich das Schwimmen nicht nur für angenehm, sondern auch in Gefahren sehr nützlich und für den Körper sehr stärkend und erfrischend. Es ist Jünglingen nicht genug zu empfehlen. Seine Stelle vertrat im Winter das Schlittschuhlaufen. Es ist geradezu etwas Überirdisches, mit geflügeltem Fuß über die kristallne Fläche hinzugleiten. Wenn dazu der Mond seine silbernen Strahlen sendet, so gleichen solche Abende auf dem Eis Zaubernächten. Ringsum die lautlose Stille, die nur durch das Krachen des Eises und den tönenden Klang der Fahrenden unterbrochen wird, hat etwas Majestätisches in sich, das wir vergebens in Sommernächten suchen. Aber doch bleibt das Weihnachtsfest der seligste Abend des Jahres. Mit wahrhaft überseliger Freude harrte ich schon lange darauf, aber die letzten Tage konnte ich kaum mehr warten. Minute für Minute verging und so lang kamen mir die Tage im ganzen Jahre nicht vor. Eigentümlich war, daß, wenn ich einmal rechte Sehnsucht hatte, mir alsbald einen Weihnachtszettel schrieb und mich dadurch förmlich in den Augenblick hineinversetzte, an dem sich die Tür öffnete und der leuchtende Christbaum uns entgegenstrahlte. In einer kleinen Festschrift schrieb ich hierüber: »Wie herrlich steht der Tannenbaum, dessen Spitze ein Engel ziert, vor uns, hindeutend auf den Stammbaum Christi, dessen Krone der Herr selbst war. Wie hell strahlt der Lichter Menge, sinnbildlich das durch die Geburt Jesu erzeugte Hellwerden unter den Menschen vorstellend. Wie verlockend lachen uns die rotwangigen Äpfel an, an die Vertreibung aus dem Paradies erinnernd! Und siehe! An der Wurzel des Baumes das Christkindlein in der Krippe; umgeben von Joseph und Maria und den anbetenden Hirten! Wie doch jene den Blick voll inniger Zuversicht auf das Kindlein werfen! Möchten doch auch wir uns so ganz dem Herrn hingeben!« – – – Wenn nicht ganz so herrlich, aber doch ähnlich, ist das Geburtstagsfest. Aber was ist die Ursache, daß wir nicht so wie am Christfest von Freude durchdrungen sind? Erstens fehlt ganz jene hohe Bedeutung, die dies erstgenannte über alle andern Feste erhebt. Dann aber betrifft es nicht nur uns allein, sondern überhaupt die gesamte Menschheit, Arme und Reiche, Kleine und Große, Niedrige und Hohe. Und gerade diese allgemeine Freude vermehrt unsre eigne Stimmung. Kann man sich doch mit jedem darüber besprechen, sind ja doch alle Menschen gleichsam Mitharrende. Dann beachte man auch die Lage, so daß es, sozusagen, den Kulminationspunkt des Jahres bildet, bedenke man jene nächtliche Stunde, wie überhaupt die Seele am Abend viel erregter ist, und endlich jene ganz außergewöhnliche Feierlichkeit, mit der dieses Fest geehrt wird. Das Geburtstagsfest ist mehr Familienfest, Weihnachten ist aber das Fest der gesamten Christenheit. Aber dennoch habe ich meinen Ehrentag sehr lieb. Da er mit dem Geburtstag unsers lieben Königs zusammenfällt, so werde ich des Morgens schon mit Militärmusik geweckt. Nach beendigter Bescherungszeremonie wenden wir uns zur Kirche hin. Ist die Predigt auch nicht für mich geschrieben, so ziehe ich mir doch das Beste heraus und wende es auf mich an. Dann versammeln wir uns zur großen Schulfeierlichkeit. Nach einer gewöhnlich langweiligen Rede eines Lehrers tragen noch mehrere Schüler ihre eigenen Aufsätze vor und empfangen dann zur Belohnung einige Bücher. Zum Schluß wurde noch ein herzliches, vaterländisches Lied gesungen und der Direktor *concilium dimissit.* Nun aber begann für mich die frohe Zeit. Meine Freunde kamen und wir verlebten zusammen einen heitren Nachmittag. – Bevor ich nun die dritte Periode meiner Gedichte behandle, will ich erst noch meine Gedanken über Musik anfügen (in Sentenzen).

Über Musik

Gott hat uns die Musik gegeben, damit wir *erstens,* durch sie nach oben geleitet werden. Die Musik vereint alle Eigenschaften in sich, sie kann erheben, sie kann tändeln, sie kann uns aufheitern, ja sie vermag mit ihren sanften, wehmütigen Tönen das roheste Gemüt zu brechen. Aber ihre Hauptbestimmung ist, daß sie unsre Gedanken auf Höheres leitet, daß sie uns erhebt, sogar erschüttert. Vorzüglich ist dies der Zweck der Kirchenmusik. Indes muß man bedauern, wie sich diese Gattung der Musik immer mehr von ihrer Hauptbestimmung entfernt. Hierzu gehören auch die Choräle. Aber es existiert jetzt so mancher Choral, der mit seiner schleppenden Melodie so ungemein von der Stärke und Kraft der älteren abweicht. Dann aber erheitert sich auch das Gemüt und vertreibt die trüben Gedanken. Über wen kommt nicht ein stiller, klarer Frieden, wenn er die einfachen Melodien Haydns hört! Die Tonkunst redet oft in Tönen eindringlicher als die Poesie in Worten zu uns und ergreift die geheimsten Falten des Herzens. Aber alles was uns Gott schenkt, kann uns nur dadurch zum Segen gereichen, wenn wir es richtig und weise anwenden. So erhebt der Gesang unser Wesen und führet es zum Guten und Wahren. Wird aber die Musik nur zur Belustigung gebraucht oder um sich sehen zu lassen vor den Menschen, so ist sie sündlich und schädlich. Und doch findet man gerade dieses so häufig, ja fast die ganze moderne Musik trägt die Spuren davon. Eine andre recht traurige Erscheinung ist, daß viele neuere Komponisten sich bemühen, dunkel zu schreiben. Aber gerade solche künstliche Perioden, die vielleicht den Kenner entzücken, lassen das gesunde Menschenohr kalt. Vorzüglich diese sogenannte Zukunftsmusik eines Liszt, Berlioz, sucht etwas darin, so eigentümliche Stellen wie nur möglich zu zeigen. – Auch gewährt die Musik eine angenehme Unterhaltung und bewahrt jeden, der sich dafür interessiert, vor Langeweile. Man muß alle Menschen, die sie verachten, als geistlose, den Tieren ähnliche Geschöpfe betrachten. Immer sei diese herrlichste Gabe Gottes meine Begleiterin auf meinem Lebenswege und ich kann mich glücklich preisen, sie liebgewonnen zu haben. Ewig Dank sei Gott von uns gesungen, der diesen schönen Genuß uns darbietet! – –

In der dritten Periode meiner Gedichte versuchte ich die erste und die zweite zu verbinden, d. h. Lieblichkeit mit Kraft zu vereinen. Inwieweit mir dies gelungen ist, weiß ich selbst noch nicht zu bestimmen. Diese Periode begann mit dem 2. Februar 1858. An diesem Tage nämlich ist meiner lieben Mutter Geburtstag. Gewöhnlich pflegte ich ihr eine kleine Sammlung Gedichte zu überreichen. Von da an nahm ich mir vor, mich etwas mehr in der Poesie zu üben, und wenn es geht, womöglich jeden Abend ein Gedicht zu machen. Dieses führte ich ein paar Wochen hindurch aus und jedesmal gewährte es mir große Freude, wenn ich wieder ein neues Geistesprodukt vor mir liegen sah. Auch versuchte ich einmal, so einfach wie möglich zu schreiben, aber bald ließ ich es sein. Denn ein Gedicht, das vollendet sein soll, muß allerdings so einfach wie möglich sein, aber dennoch muß die wahre Poesie auf jedem Worte liegen. Ein gedankenleeres Gedicht, das mit Phrasen und Bildern überdeckt ist, gleicht einem rotwangigen Apfel, der im Innern den Wurm hat. Redensarten müssen in einer Dichtung vollständig fehlen; denn der häufige Gebrauch von Phrasen zeugt von einem Kopf, der nicht fähig ist, selbst etwas zu schaffen. Man muß überhaupt bei dem Schreiben eines Werks vorzüglich die Gedanken berücksichtigen; eine Nachlässigkeit im Stil verzeiht man eher, als eine verwirrte Idee. Ein Muster hiervon sind die goethischen Gedichte in ihren goldklaren, tiefen Gedanken. – Die Jugend, der noch *eigne* Gedanken fehlen, sucht ihre Ideenleere hinter einem schillernden, glänzenden Stil zu verbergen. Gleicht hierin die Poesie nicht der *modernen* Musik? Ebenso wird hieraus alsbald eine Zukunftspoesie werden. Man wird in den eigentümlichsten Bildern reden; man wird wirre Gedanken mit dunkeln, aber erhaben klingenden Beweisen belegen, man wird kurzum Werke im Stil des Faust (zweiten Teil) schreiben, nur daß eben die Gedanken dieses Stücks fehlen. *Dixi!!*

Ich will nun ein Verzeichnis meiner Gedichte folgen lassen:

1855–56

1. I. Geburtstagslied. »Ich bringe Dir«
2. Meeressturm. »Eine drückende«
3. Elegie. »Schweigend in der Abenddämmerung«
4. Überfall. »Nachts um zehn Uhr«
5. Rettung. »Still neigte sich die«
6. Cyri Jugendjahre. »Astyages der«
7. Schiffbruch. »Ein Schifflein fährt«
8. Gewitter. »Eine Schauerregenflut«
9. II. Vergänglichkeit des Glücks
10. Messenische Kriege. »Schwarze Wolken«
11. Andromeda. »Wer hat noch nicht von«
12. Cekrops. »Auf dem weiten großen«
13. Abendlied
14. Argonautenzug

1857

15. III. Geburtstagslied. »Laßt uns Gott«
16. Alfonso in 5 Gesängen. »Auf des Schlosses«
17. Dryope. »O sieh diesen bläulichen See«
18. Choral. »Jesu, deine bittren Leiden«

Nachtrag zu I und II

19. Leonidas und Telakeus. »Melden will«
20. Ringgraf. »Ringgraf, ein Herr von«
21. In der Nacht. »Auf dem Meere ist«
22. Die Götter vom Olymp. »Seht Götter«
23. Sebastopol. »Auf der Südseite der«

1858

24. Geburtstags-Gedicht. »Mit hoher Freude«
25. Der Winter in 5 Gesängen. »Es kommt«
26. Ein Gewitter. »Es herrscht eine Schwüle«
27. Nach Pforta. »Bei Naumburg im«
28. Wohin? »Ihr Vöglein in den Lüften«
29. Seesturm. »Ein Wetter nahet dumpf«
30. Die Lerche. »Wenn die Bergesspitzen«
31. An den Nebel. »Wunderbar Gebilde«
32. Dort möcht ich sein. »Dort wo von«
33. Osterfeier. »Ich lag auf weichem«
34. Der Nachtigall Klage. »Durch die Dunkelheit«
35. Am Morgen. »Ein goldner Purpursaum«
36. Die Jagd. »Es sprengt aus der Veste«
37. Fata morgana. »Wenn ich allein bin«
38. Schönburg. »Es steht auf steilen«
39. Auf dem Eise. »Elfen im Mondenschein«
40. Hektors Abschied. »O Hektor, hörest du«
41. Zwei Lerchen. »Ich hörte zwei Lerchen«
42. Ahnfrau. »Sieh, meinen Gang hemmt«
43. Medea. »Iason hatte schon das Meer«
44. Conradin. »Vor dem Tore von Neapel«
45. Barbarossa. »Der alte Barbarossa ruht«
46. Im Sommer. »Als der Sommer kommen«

– Dies sind nicht die einzigen. Ich habe sie bloß in der Auswahl hingeschrieben, aber auch von den älteren mehrere, deren ich mich wohl noch erinnere, sie jedoch nicht mehr besitze. Auch habe ich zwei kleine Schauspiele im Verein mit Wilhelm geschrieben. Das eine von diesen heißt: Die Götter vom Olymp. Wir haben es einstmals aufgeführt, aber obgleich es nicht recht gelang, hat es uns doch großen Spaß bereitet. Die silbern und goldnen Panzer, Schilder und Helme, ebenso die prächtigen, von überall her geholten Anzüge der Göttinnen spielten eine große Rolle. Das andere Stück hieß: Orkadal, ein Trauerspiel oder vielmehr, eine Ritter- und Geistergeschichte, so ganz aus Banketten, Gefechten, Morden, Gespenstern und Wunderzeichen zusammengefügt. Wir hatten schon Vorbereitungen dazu gemacht, ich hatte eine rasende, vierhändige Ouvertüre komponiert, da verfiel allmählich der ganze Plan. Ebenso ging es dem spätern Stück: Die Eroberung Trojas, welches bis zum zweiten Akt vollendet war und aus Götterzänkereien bestand. Manche solche Entschlüsse, so einen sogar zu einer Novelle: Tod und Verderben, faßte ich, als ich im letzten Semester von Quarta wegen Kopfschmerzen nicht die Schule besuchen durfte. Ich ging da alle Vormittage über den Spechzart und ersann dabei mancherlei, das aber selten zur Ausführung kam. Auch mein Freund Wilhelm Pinder war nicht lange vorher bedeutend krank gewesen und hielt sich deshalb im Seebad Heringsdorf auf. So war ich während dieser Zeit sehr allein, da Gustav der Schule halber nicht viel Zeit hatte, mich zu besuchen. Ich besuchte dann mit Wilhelm, welcher auch wieder zurückgekehrt war, von neuem die Schule und wurde dann nach einem ziemlich günstigen Examen nach Tertia versetzt. So stehe ich denn am Ende meines zweiten Lebensabschnittes und ich erlaube mir noch einige Blicke zurückzuwerfen auf die dreizehn verflossenen Jahre. Mit dem neuen Buche wird dann auch mein Tertianerleben beginnen. – –

Rückblick

Ich habe nun schon so manches erfahren, Freudiges und Trauriges, Erheiterndes und Betrübendes, aber in allem hat mich Gott sicher geleitet wie ein Vater sein schwaches Kindlein. Viel Schmerzliches hat er mir schon auferlegt, aber in allem erkenne ich mit Ehrfurcht seine hehre Macht, die alles herrlich hinausführt. Ich habe es fest in mir beschlossen, mich seinem Dienste auf immer zu widmen. Gebe der liebe Herr mir Kraft und Stärke zu meinem Vorhaben und behüte mich auf meinem Lebenswege. Kindlich vertraue ich auf seine Gnade: Er wird uns ingesamt bewahren, auf daß kein Unfall uns betrübe. Aber sein heiliger Wille geschehe! Alles was er gibt, will ich freudig hinnehmen, Glück und Unglück, Armut und Reichtum und kühn selbst dem Tod ins Auge schauen, der uns alle einstmals vereinen wird zu ewiger Freude und Seligkeit. Ja, lieber Herr, laß dein Antlitz über uns leuchten ewiglich! Amen!!

So habe ich denn mein erstes Heft beschlossen und ich blicke mit Freude auf es zurück. Ich habe es mit großer Freudigkeit geschrieben und bin dabei nicht müde geworden. Es ist etwas gar zu Schönes, sich späterhin seine ersten Lebensjahre vor die Seele zu führen und die Ausbildung der Seele daran zu erkennen. Ich habe hier ganz der Wahrheit getreu erzählt, ohne Dichtung und poetische Ausschmückung. Daß ich mitunter etwas nachgetragen habe, ja noch nachtragen werde, wird man mir bei der Größe des Werks verzeihen. Könnte ich doch noch recht viel solche Bändchen schreiben!

Ein Spiegel ist das Leben,
In ihm *sich* zu erkennen,
Möcht ich das erste nennen,
Wonach wir nur auch streben!!

Geschrieben vom 18. August bis 1. September 1858

Mein Leben

Meine frühste Jugendzeit floß still und ungetrübt dahin und umsäuselte mich sanft gleich einem süßen Traum. Der Friede und die Ruhe, die über einem Pfarrhause schwebt, drückte ihre tiefen, unauslöschbaren Spuren in mein Gemüt ein, wie man denn überhaupt findet, daß die ersten Eindrücke, welche die Seele empfängt, unvergänglich sind. Da aber verdüsterte sich plötzlich der Himmel; mein geliebter Vater erkrankte schwer und anhaltend. So trat auf einmal Angst und Spannung an die Stelle des heitern, goldenen Friedens, des ruhigen Familienglücks. Endlich nach langer Zeit geschah das Schreckliche: Mein Vater starb! Noch jetzt berührt mich der Gedanke daran innigtief und schmerzlich; damals erkannte ich die ungeheure Wichtigkeit dieses Ereignisses noch nicht so, wie jetzt. – Wenn ein Baum seiner Krone beraubt wird, so sieht er öd und traurig aus. Schlaff hängen die Zweige zur Erde nieder; die Vöglein verlassen die dürren Äste und alles rege Leben ist verschwunden. Und stand es nicht ebenso mit unsrer Familie? Alle Freude war vorüber; Schmerz und Trauer waren an ihrer Stelle. – Nach einem halben Jahr verließen wir das friedliche Dorf; ich war nun ohne Vater, ohne Heimat. Naumburg bot uns zwar eine neue Wohnstätte dar; viel Liebe und Segen bescherte uns Gott auch hier; aber immer wird mein Sinnen nach dem teuren Vaterhaus hingezogen und auf Flügeln der Wehmut eile ich oft dahin, wo mein erstes Glück einst still erblühte. –

In Naumburg begann ich nun einen neuen Lebensabschnitt. Hier gewann ich meine lieben Freunde P. und K., die mir Naumburg für immer lieb und teuer machten. Obschon auch an diesem Ort manche Unglücksfälle unsre Familie trafen, so war doch in allem Gottes segnende Hand zu erkennen. Nachdem ich einige Zeit auf einem Institut vorbereitet worden war, wurde ich in das Domgymnasium aufgenommen. Treue Lehrer waren hier beständig bemüht, unser Wissen zu mehren und zu fördern. Aber auch das Verhältnis der Schüler gegen- und die rege Teilnahme füreinander, machten mir diese Anstalt sehr wert und teuer. Ich befand mich hier recht wohl und wäre sicher bis zur Universität hier geblieben, wenn es nicht Gottes weiser Rat anders beschlossen hätte. Denn plötzlich wurde uns eine Freistelle von Pforta angetragen. Nun, der Vater im Himmel wird mich auch hier an seiner Hand führen und leiten. –

[Aus dem Jahre 1859]

Porta coeli locus appelatus est, quem nunc habito. In regione, jucunda et montibus circumdata sita et variis rebus insignis, amata est primis annis a me. Sed tempora mutantur; quae cupiebam, vera facta sunt et in hac regione, quam aspectu tantum cognovi, per sexennium moror.

Pforta, d. 6. 2. 59

In Jena

Ich hatte meine Ferien unglücklicherweise mit zwei Übeln begonnen, die mich am Ausgehen verhinderten. Als ich nun einigermaßen wiederhergestellt war, dachte ich ernstlich darüber nach auf welche Weise ich meine Ferien am besten benutzen könnte. Verreisen wollte ich auf jeden Fall, aber wohin, war die bedenkliche Frage; denn ich wünschte Verwandte, die mir womöglich noch unbekannt waren, zu besuchen. Endlich fiel mir ein, daß ich meinen Onkel, den Herrn Oberbürgermeister kaum einmal vor vielen Jahren gesehen und noch gar nicht näher kennengelernt habe. Schnell war der Plan gefaßt und schon am andern Tag saß ich auf der Eisenbahn und wurde bei meiner Ankunft in Apolda sogleich durch einen Omnibus nach Jena transportiert. Die Sonne brannte auf den lederbeschlagenen Sitzen, als ob wir auf einem Rost säßen. Endlich wand sich der Weg zwischen zwei Bergreihen, von denen die eine in reichlichem Getreide prangte, die andere aber kahl und öde ein trauriges Bild der Verödung darbot. Endlich sahen wir in der Ferne die Türme der Stadt und über ihnen zwei Berggipfel hervorragen. Endlich hielt der Wagen vor der Wohnung des Onkels, und die Tante bewillkommnete mich sehr herzlich, da der Onkel gerade Geschäfte hatte. Noch denselben Abend machte ich einige Bekanntschaft mit der Umgebung der Stadt, den Promenaden und Anlagen. Den folgenden Tag besuchten wir zusammen das Dörfchen Lichtenhain, berühmt durch sein gutes Bier. Da dieser Ort ein sehr besuchter Aufenthalt der Jenenser Studenten ist, so sind alle Bewohner auf Gäste vorbereitet. Ähnlich ist es auch bei Ziegenhain, einem Dörfchen, welches besonders des Fuchsturms wegen so bekannt ist. Über diesen Überrest einer alten Burg gehen verschiedene Volkssagen; die bekannteste ist folgende: . . .

Einer der schönsten Punkte Jenas ist die Kunitzburg, welche wir nicht unterließen zu besuchen. Wir gingen erst eine lange Zeit an dem Ufer der Saale hin und kamen endlich nach dem Dorf Kunitz. Hier ließen wir uns den Weg sagen, und man wies uns auf den etwas näheren aber bei weitem beschwerlicheren. Es kostete eine ungeheure Mühe, besonders da wir plötzlich den Fußsteig verloren und ohne Weg und Steg hinaufklettern mußten. Oben angelangt konnten wir das schöne Schauspiel des Sonnenuntergangs genießen. – – –

Jena selbst hat mehrere Reize. Ich will hier nur eine vorzügliche Badeanstalt erwähnen, die ich auch häufig benutzte. Dann sind an allen Häusern, wo berühmte Männer (und deren sind viele) gewohnt haben, Täfelchen mit den Namen der Betreffenden angeschlagen. Es machte mir besonderes Vergnügen die größten Häupter unserer Nation, wie Luther Goethe, Schiller, Klopstock, Winkelmann und viele andere aufzusuchen.

Pforta

Den 6. August 1859

Wider das Heimweh. (nach Prof. Buddensieg)

1. Wenn wir etwas Tüchtiges lernen wollen, können wir nicht immer zu Hause bleiben.

2. Das wollen die lieben Eltern nicht; wir fügen uns deshalb in den Willen der Eltern.

3. Unsre Lieben sind in Gottes Hand; wir sind immer von ihren Gedanken begleitet.

4. Wenn wir tüchtig arbeiten, so vergehen traurige Gedanken.

5. Hilft das alles nicht, so bete zu Gott dem Herrn.

– Als heute abend Prof. Steinhardt unserer Abiturienten gedachte, erwähnte er auch die drohende Kriegsgefahr, die bald alle aus unserm Kreise vor der gesetzlichen Zeit und aus ihrer Karriere gerissen hätte. Sie hatten sich aber bloß in Naumburg stellen müssen und deshalb sechs Tage ihrer Ferien eingebüßt. –

– Als ich in Jena war, erfuhr ich die telegraphische Depesche vom Schluß des Friedens zuerst. Es war dennoch keine rechte Friedensfreude; man fürchtet, der Löwe zieht sich zurück, um Kraft zu neuem Anlaufe zu fassen. –

– Wir haben heute wieder frei gebadet. Das Wasser war ungewöhnlich flach; man konnte weit und breit über die Saale gehen. Es war auch ungemein warm. –

– Die Schwimmprobe habe ich noch nicht gemacht; ich fürchte mich immer vor Blamage. –

– Mein Onkel Edmund ist nach Corensen versetzt, einem Dorf im Unterharz bei Vipra und Mansfeld. Ich freue mich sehr darauf, ihn einmal besuchen zu können. Aber leider wird meine Mama in sechs Wochen auch dahin gehen und dem Onkel die Wirtschaft einrichten und erst Weihnachten zurückkommen. Ich werde dann nicht mehr Almrich zum Sonntagsbesuch wählen dürfen. – Allerdings wird Mad. Laubscher öfters nach Almrich kommen. Es ist dies eine geborne Schweizerin, gibt in Naumburg Privatstunden und hat Pensionärinnen. Ihr Mann ist ein Franzose, von ganz vorzüglichem Charakter, aber in sich geschlossen, so daß man ihn fast für unaufmerksam in Gesellschaften halten könnte, wenn er nicht mitunter durch treffende, sogar geistreiche Fragen das Gegenteil lehrte. –

Den 7. August

– Heute ist der erste Sonntag, den ich wiederum in Pforta verlebe. Aber merkwürdig; die wahre Sonntagsweihe fehlt mir. –

– Ich gehe heute nach Almrich, wo die Mama mit Lisbeth sein wird. Es ist dies eigentlich nur Aufenthalt der Primaner; aber wenn Eltern dahin kommen, können sie es den Söhnen nicht verwehren. Die andern pflegen nach Kösen zu gehn: gewöhnlich zu Haemerling in die Konditorei. Indessen gibt es doch auch viele, die in dem Walde ihre Sonntagserquikkung finden. –

– Mein Obergesell Krämer kommt gewöhnlich mit nach Almrich und besucht die Mama. Es ist ein sehr liebenswürdiger Charakter, der mich von allen Primanern am meisten anspricht. Ich habe mich vor dem Weggang in die Hundstage in sein Stammbuch geschrieben und von ihm auf immer Abschied genommen, aber nun ist er doch wieder da. –

– Mein Geburtstag ist nun in wenigen Monaten; ich bin noch nicht einig, was ich mir wünschen werde. Entweder Gaudys, Kleists Werke oder Tristram Shandi von Sterne. –

Krämer konnte nicht mit nach Almrich kommen; ich ging deshalb allein hin. Ich fand dort die liebe Mama mit Lisbeth, Onkel Oskar, Herrn v. Busch und später kamen noch mehrere Naumburger Primaner hinzu. Als ich ein falsches Gerücht über die Zahl der Abiturienten von Naumburg, mit denen es unsicher stehe, angab, äußerte einer: Die Pförtner haben auch nichts anderes, worüber sie sprechen können; und in ähnlicher Weise stichelten sie fortwährend auf Pforta. Ich habe zu allem geschwiegen; auch Schweigen ist eine Antwort und sie sollen doch sehen, daß ich in Pforta schweigen gelernt habe. –

– Ich weiß gar nicht, wie es in den paar Tagen der Michaelisferien mit mir werden wird. Mama ist nicht zu Hause und ich werde wahrscheinlich zu Hause schlafen und bei den Tanten essen. –

– Die Hitze war heute nicht so bedeutend wie gewöhnlich. –

Den 8. August

– Heute gibt es mehrere Repetitionen; deshalb ist es ein schlimmer Tag. Erstens eine Geschichtsrepetition vom peloponnesischen Krieg bis Alexander. Zweitens eine griechische Grammatikrepetition und drittens eine Geographierepetition über alle Teile der Erde außer Europa und Australien. Glück zu!

– Die Geschichtsrepetition ging glücklich vorüber oder kam vielmehr gar nicht her; denn es wurde über Alexanders Zug diktiert. – Wenn es doch auch so mit den übrigen ginge! –

– Um zwei Uhr. Es ist uns auch so ergangen. Welche Freude! Es ist nämlich eine sehr lobenswerte Einrichtung in Pforta, daß, wenn die Hitze über 24 Grad steigt, die Nachmittagslektionen ausfallen und der ganze Coetus baden geht, was man in der Alumnensprache Kommunschwemme nennt. Solch ein Fall ist heute. Es ist drückend heiß; man kann es im Schulgarten nicht aushalten. Wir haben von zwei bis vier Repetierstunde und um fünf gehen wir baden. Welche Wonne, sich heute in den Fluten abzukühlen! –

– Es ist wohl im Augenblick angenehmer, wenn man Ostern rezipiert wird, aber bei weitem erfolgreicher ist es doch zu Michael. Wenn uns auch nicht die Frühlingsnatur entgegenlacht, wenn man sogar lange nicht soviel Freiheiten wie im Sommer besitzt, so kann man doch wieder im Winter mehr arbeiten und späterhin, wenn jene Zeit in Pforta wiederkommt, wo alles prangt und blüht, erschließen sich uns viel Annehmlichkeiten. Wenn ich allein der vielen Vorrechte der Alten vor den Novizen im Sommer gedenke beim Kegelschieben und in der Klasse, wünschte ich schon zu Michael aufgenommen zu werden. –

– Ich habe beschlossen, mir Tristram Shandys Leben und Meinungen selbst zu kaufen und Don Quixote mir zum Geburtstag zu wünschen. Ich hoffe in sechs Wochen das nötige Geld, die zwanzig Silbergroschen zu besitzen. –

Den 9. August

Ich will jetzt versuchen, ein Bild von dem ganz gewöhnlichen Leben in Pforta zu geben, da ich sonst wenig oder gar nichts zu erzählen habe. – Also – früh um vier Uhr wird der Schlafsaal aufgeschlossen und von da an steht es einem jeden frei aufzustehen. Aber um fünf Uhr müssen alle andern, mit der gewöhnlichen Schulglocke wird geläutet, die Schlafsaalinspektoren rufen dröhnend: »Steht auf, steht auf, macht daß ihr herauskommt!« und bestrafen auch wohl die, welche sich nicht so leicht aus den Federn herausfinden können. Dann ziehen sich alle so schnell und so leicht wie möglich an und eilen dann in die Waschstube, um noch einen Platz zu bekommen, bevor es zu voll wird. Zehn Minuten nach der kurzen Zeit des Aufstehens und Anziehens geht es wieder heraus in die Stuben, wo sich jeder ordentlich ankleidet. Fünf Minuten vor halb wird zum ersten Male zum Gebet geläutet und zum zweiten Male muß man in den Betsaal. Hier halten, bevor der Lehrer kommt, die Inspektoren auf Ruhe, verbieten das Sprechen und animieren die Primaner, die gewöhnlich viel später kommen, sich zu setzen. Dann erscheint der Lehrer mit dem ihn begleitenden Famulus, und die Inspektoren geben an, ob ihre Bänke vollzählig sind. Dann ertönt die Orgel, und nach kurzem Vorspiel erklingt ein Morgenlied. Dann liest der Lehrer einen Abschnitt aus dem Neuen Testament, mitunter auch noch ein geistliches Lied, spricht das Vaterunser und der Schlußvers beschließt die Versammlung. Dann gehen alle auf ihre Stuben, wo Kannen mit warmer Milch und Semmeln harren. Punkt sechs ertönt die Glocke zur Klasse. Jeder nimmt seine Bücher und geht dahin und bleibt bis sieben Uhr. Dann folgt eine Arbeitsstunde oder Repetierstunde, wie man sie nennt. Dann sind Lektionen bis zehn, darauf wieder eine Repetierstunde und endlich Klasse bis zwölf. Beim Schlusse jeder Lektion und Arbeitsstunde wird geläutet. Punkt zwölf trägt man schnell seine Bücher auf die Stube und eilt dann mit Serviette in den Kreuzgang.

Den 10. August

– Ich muß noch einiges über den gestrigen Tag nachtragen und deshalb kann ich in meiner Beschreibung nicht fortfahren. –

Es wurde wieder ungeheuer warm und dennoch keine Kommunschwemme. Auch nicht einmal baden wurde gegangen. In den Nachmittagslektionen war es ungemein schwül. Endlich um halb sechs hatte sich der ganze Himmel mit Wolken überzogen. Bald rollte dumpfer Donner dahin, bald leuchteten grelle Blitze, bald strömte eine Regenflut zur matten Erde nieder. Dies Gewitter zog sich, obwohl ziemlich schwach, noch lange Zeit hin. Auch nach Tische, in der Schulgartenfreizeit, regnete es, so daß alle im Schulhause bleiben mußten. Aber so ungemütlich wie den Abend war es mir nach den Hundstagen noch nicht. Ich sehnte mich nach Naumburg, nach meinen Freunden, mit denen ich mich in solchen Stunden angenehm unterhalten konnte, und hier hatte ich niemand! Das ganze Schulhaus kam mir so öde, so traurig vor, und das Düster, das sich überall verbreitete, ließ mir nur glückliche Bilder aus den Ferien vor den Augen erscheinen! O Weihnachten, o Weihnachten, wie weit, wie weit!!

Es ist heute morgen bedeutend kühler als alle Tage vorher. Der Himmel sieht regnerisch aus; mir ist wieder nicht sehr gemütlich; ich freue mich auf den Sonntag, aber die Woche vergeht so ungemein langsam. Es ist wahr; trübes Wetter weckt trübe Gedanken; düsterer Himmel macht die Seele düster, und weint der Himmel, so vergießt auch mein Auge Tränen. Ach, in meiner Seele erwacht das bittere Gefühl des Herbstes. Ich kann mich noch eines Tages aus vorigem Jahre erinnern, wie ich noch in Naumburg war. Ich ging da allein vor dem Marientor spazieren; der Wind strich über die kahlen Stoppelfelder, die Blätter fielen gelb zu Boden und mich durchdrang es so schmerzlich: der blühende Lenz, der glühende Sommer, sie sind dahin! Auf immer dahin! Bald wird der weiße Schnee die sterbende Natur begraben!

Das Laub fällt von den Bäumen,
Der wilden Winde Raub;
Das Leben mit seinen Träumen
Vergeht zu Asch und Staub!

Den 11. August

– Auch heute hat die Sonne noch nicht die Nebel- und Wolkenhüllen durchbrochen; es ist heute Studientag oder nach dem alten Gebrauche, eine Stunde länger schlafen zu können, Ausschlafetag. Da sind nun von morgens um sieben Uhr Repetierstunden bis zwölf, von zwei bis fünf wiederum und von fünf bis sieben schulgartenfrei. Solche Tage eignen sich vorzüglich zu längeren Privatarbeiten. Die Lesestunden fallen übrigens immer aus. –

– Es ist eigentümlich, wie rege die Phantasie im Traume ist; ich, der ich immer des Nachts Bänder von Gummi um die Füße trage, träumte, daß zwei Schlangen sich um meine Beine schlängelten, sofort greife ich der einen an den Kopf, wache auf und fühle, daß ich ein Strumpfband in der Hand habe. –

– Ich habe gestern ein kleines Gedicht gemacht, indem ich durch Gedanken an die Heimat daran dachte, wie es wohl einem sein möge, der keine Heimat habe. – Es folgt hier:

Ohne Heimat! – –

Flüchtge Rosse tragen
Mich ohn Furcht und Zagen
Durch die weite Fern.
Und wer mich sieht, der kennt mich
Und wer mich kennt, der nennt mich:
Den heimatslosen Herrn.
Heidideldi!
Verlaß mich nie!
Mein Glück, du heller Stern!

Niemand darf es wagen,
Mich danach zu fragen,
Wo mein Heimat sei:
Ich bin wohl nie gebunden
An Raum und flüchtge Stunden,
Bin wie der Aar so frei!
Heidideldi!
Verlaß mich nie!
Mein Glück, du holder Mai!

Daß ich einst soll sterben,
Küssen muß den herben
Tod, das glaub ich kaum:
Zum Grabe soll ich sinken
Und nimmermehr dann trinken
Des Lebens duftgen Schaum?
Heidideldi!
Verlaß mich nie!
Mein Glück, du bunter Traum!

Den 12. August

– Endlich habe ich nun die Schwimmprobe gemacht; da Sonnabend Schwimmfahrt ist, so wünschte ich gar zu sehr, sie noch zu machen. Auf dem Rückweg mußte ich noch bedeutend kämpfen, aber es ging doch noch. –

– Ich will übrigens heute die Fortsetzung von dem Leben in Pforta liefern. – In dem Kreuzgang stellt man sich tischweise auf, so daß zwölf je zu zweien hintereinander stehen und die Inspektoren gebieten Ruhe. Sobald der Lehrer im Zönakel ist, marschiert der 15. Tisch zuerst hinein und dann die übrigen. Alle Fehlenden werden angegeben. Dann spricht einer der Inspektoren folgendes Gebet:

Herr Gott, himmlischer Vater, segne uns und diese deine Gaben, die wir jetzt von deiner milden Güte zu uns nehmen durch Jesum Christum, unsern Herrn. Amen.

Hier fällt der ganze Coetus mit dem alten lateinischen Gesange ein:

Gloria tibi trinitas,
Aequalis una deitas
Et ante omne saeculum
Et nunc et in perpetuum!

Dann setzen sich alle und die Mahlzeit beginnt. Der Speisezettel für die Woche ist folgendermaßen:

Montag. Suppe, Rindfleisch und Gemüse, Obst
Dienstag. Suppe, Rindfleisch und Gemüse, Butter
Mittwoch. Suppe, Rindfleisch und Gemüse, Obst
Donnerstag. Suppe, Rindfleisch und Gemüse, Nierenbraten und Salat
Freitag, Suppe, Schweinebraten, Gemüse und Butter oder Klöße, Schweinebraten und Obst oder Linsen und Bratwurst und Butter
Sonnabend. Suppe, Rindfleisch, Gemüse, Obst

Jeder bekommt bei jeder Mahlzeit ein Zwölftel Brot. Die Mahlzeit wird mit folgendem Gebet geschlossen:

Danket dem Herrn, denn er ist freundlich und seine Güte währet ewiglich; der allem Fleische Speise gibt und dem Vieh sein Futter gibt und den jungen Raben, die ihn darum anrufen. Er hat nicht Lust an der Stärke des Rosses, noch Gefallen an jemandes Beinen; der Herr hat Gefallen an denen, die ihn fürchten und auf seine Güte warten. Wir danken dir Herr Gott, himmlischer Vater durch Jesum Christum unsern Herrn für alle deine Wohltat, der du lebest und regierest in Ewigkeit. Amen. – Ein Liedervers folgt dann.

Den 13. August

– Nun ist der zweite Sonnabend da; schon mehr als eine ganze Woche habe ich wieder hier verlebt – aber die Zeit kommt mir wie eine Ewigkeit vor. Die Woche des Prof. Steinhardt ist vorüber; es ist eine der angenehmsten Zeiten vorübergegangen, besonders für die Primaner. –

– Unsre Abiturienten arbeiten sehr viel, da sie in nächster Woche zu schreiben anfangen. Ich wünsche ihnen recht viel Glück zu diesem wichtigen Unternehmen. –

– Ich habe auch in dieser Woche die Schwimmprobe gemacht und bin kleiner Schwimmer geworden. Gott behüte mich, daß mir bei der heutigen Schwimmfahrt nichts zustößt. –

– Heute Mittag erhob sich ein heftiges Gewitter mit gewaltigen Regengüssen, wodurch die Schwimmfahrt vereitelt ist. –

In der vorletzten Stunde, wo wir bei Herrn Doktor Becker Lektion hatten, wurde zum Schluß derselben heftig gelärmt und getrampelt. Der Herr Doktor war wütend darüber und forderte die Übeltäter auf, sich bis zehn Uhr zu melden. Da aber niemand kam, hat er einzelne aus der Klasse zu sich bestellt und sie darüber ausgefragt. Er hat aber fast gar nichts erfahren. Wir haben aber auf heute Nachmittag um sechs Uhr eine Versammlung sämtlicher Alten angesetzt. Ich will hier auseinandersetzen, daß hierbei drei Fälle möglich sind, daß nämlich, erstens, die ganze Klasse die Strafe auf sich nimmt, wenn alles über die Urheber des Lärmes verborgen geblieben ist Da letzteres aber a) nicht ist, zweitens durch jenen Streich die ganze Klasse in schlechten Ruf kommt, so geht dies nicht. Zweitens würden die Übeltäter von den andern angezeigt, so wäre dies a) für jeden Schüler sehr unangenehm und entehrend, b) großen Irrungen und Streitigkeiten unterworfen. So bliebe also nur der dritte Fall möglich, daß sich nämlich die Unruhestifter selbst anzeigen, wodurch a) die Allgemeinehre der Klasse gerettet wird, b) die Strafe der Lehrer milder und die Verzeihung leichter sein wird, da die Sache dann als kindisch und unbedachtsam ausgelegt wird und nur einigen zur Schuld geschoben, sonst aber, wenn die ganze Klasse die Strafe auf sich nimmt, als ein Zeichen von heftigem Oppositionsgeist in der Klasse!! –

Den 14. August

– Die Verhandlung wurde bei der Kegelbahn geführt. Es hatten sich ziemlich viele versammelt und das Resultat war, daß neune sich entweder freiwillig meldeten oder durch Zeugen überstimmt wurden. Nach dem Abendessen wurde die Synode fortgesetzt, so daß am Ende fünfzehn sich bei dem Doktor Becker gemeldet haben. Ich fürchte, daß aber alles dies zu spät geschah, da von jenem schon der Rektor und Professor Buchbinder über die Sache befragt sind. Daß alle Beteiligten vor die Synode kommen, ist natürlich.

– Es ist nun heute schon der zweite Sonntag, daß ich wieder in Pforta bin. Ich werde heute nachmittag mit Braunens nach Almrich gehn. –

– Der Sonntag im Sommer wird folgendermaßen verlebt: Früh um sechs Uhr wird aufgestanden und dreiviertel sieben ist Gebet. Darauf schulgartenfrei bis acht. Dann aber ist Repetierstunde, welche das Läuten zur Kirche endigt. Dann stellt man sich in den Kreuzgang und zieht in die Kirche, wo der Hebdomodar die Inspektion hat. Darauf ist bis zwölf wieder schulgartenfrei und ebenso nach der Mahlzeit, die aus Suppe, Frikassee, Braten und Salat besteht, bis zur Betstunde, die halb zwei ihren Anfang nimmt. Bis drei muß man wieder arbeiten, bis vier kann man in den Schulgarten gehen, aber gleich nach der Vesper beginnt der ersehnte Spaziergang bis sechs Uhr. Die Zeit bis sieben Uhr füllt eine Arbeitsstunde aus. Dann schließt der Tag wie gewöhnlich mit Essen, Schulgartenfreizeit und Gebet. –

– Ich habe in der letzten Zeit mehrerlei gelesen; so hat mich zweierlei von Ludwig Rellstab ganz hingerissen durch die furchtbare Spannung und prachtvolle Schilderung. Das letztere »Am Orinoco«, das die Gefahren in den Urwäldern Amerikas schilderte, war geradezu abspannend. Auch die Werke von Gaudy ziehen mich sehr an, besonders der wahrhaft südliche Glut atmende Römerzug. Diese farbigen Gemälde, geistvollen Bemerkungen schlingen sich wie Efeu um die Säulen und morschen Hallen der Melancholie. Von seinen Gedichten ziehen mich die Kaiserlieder besonders an, die, obwohl sie einen Gegenstand des Hasses verewigen und zu den Sternen erheben, ich dennoch zu einen der besten Verherrlichungsgedichte verstorbener Helden rechne. Man bewundert besonders den Schwung und die Glut in den Gesängen der Trauerweiden. –

Den 15. August

– Ich traf die Mama, den Onkel und Lisbeth in Almrich. Es war recht hübsch. Die Mama wird leider schon in vier Wochen fortgehn. Ich habe deshalb schon meine Geburtstagswünsche nach Naumburg geschickt. Sie sind folgendermaßen: Don Quixote, Poesiebuch, Platens Biographie, Kuchen, Nüsse, Weintrauben. Der Milde und Wohltätigkeit werden natürlich keine Schranken gesetzt. –

– In betreff unserer Klassenangelegenheit hielt heute morgen Doktor Becker Ansprachen und Aufforderungen, sich zu melden. Er schien sehr betrübt zu sein. Der, welcher vor der Klasse die andern dazu angetrieben hat, ist nun offenbar: er hat sich freiwillig gemeldet. Die ganze Sache kommt Sonnabend vor die Synode und kann ernstliche Folgen haben. –

Wenn man das Schulleben näher betrachtet, so ist es eine beständige fortlaufende Handlung, die, trotz daß alle Ereignisse immer wiederkehren, immer viel Interesse hat. Besonders sind die mannigfachen Episoden wichtig. Man sagt gewöhnlich: Schuljahre sind schwere Jahre, ja es sind auch Jahre, die sehr folgenschwer für das ganze Leben sind, es sind auch Jahre, die der Jugend schwer fallen, weil sich der frische Geist in enge Schranken schließen muß, aber es sind auch gerade für solche, denen die Jahre so schwer fallen, oft rechte leere Jahre. Deshalb kommt es nun sehr auf eine gute Benutzung derselben an; die Hauptregel ist, daß man sich in allen Wissenschaften, Künsten, Fähigkeiten gleichmäßig ausbildet und zwar so, daß Körper und Geist Hand in Hand gehen. Man muß sich sehr vor Einseitigkeit des Studiums hüten. Man muß alle Schriftsteller aus mehreren Ursachen lesen; nicht nur der Grammatik und Syntax, des Stils halber, nein, auch des geschichtlichen Inhalts, der geistigen Anschauung wegen; ja man sollte auch die Lektüre griechischer und lateinischer Dichter mit deutschen Klassikern zugleich studieren und ihre Anschauungsweise miteinander vergleichen. So soll auch Geschichte nur mit Geographie vereint getrieben werden, Mathematik mit Physik und Musik; dann steigen herrliche Früchte aus dem Baume der Wahrheit, von einem Geiste beseelt, von einer Sonne beleuchtet, hervor. –

Den 16. August

– Unsre Abiturienten fangen heute zu schreiben an; sie sind sehr in Spannung. Ich denke gern und nicht gern an diese Augenblicke, indem man sich durch diese letzte Mühe und Gefahr gleichsam von den Banden der Schule loskauft. –

– Wir waren gestern wieder baden gegangen; zum erstenmal hatte ich die Bademütze auf, die Auszeichnung der Schwimmer. Ob ich die Schwimmfahrt aushalten werde, glaub ich kaum. Nun, Glück zu!

– Wenn ich abends auf den Schlafsaal komme, scheint gewöhnlich der Mond auf mein Bett. Es ist dies ein ganz eigentümliches Gefühl und mir wird merkwürdig zumute. Es ist ausgemacht, daß der Mond mit dem Geist des Menschen korrespondiert; die Nerven werden durch eine Mondnacht mehr aufgeregt als durch die wärmsten Strahlen der Sonne. Wer kennt nicht jenes liebliche Gedicht von Heine: Die Lotosblume? –

Es war heute dreiviertel fünf ehe wir aufstanden. Morgenröte küßte die fernen Berge und spielte in den Blättern der Eichen. Mir ist, wenn ich in die purpurerglühende Morgensonne blicke, stets so unermeßlich wohl; denn die flammende Tageskönigin übergibt dem jungen Tag die Herrschaft. Aber wenn es Abend wird, trauert meine Seele. Schau ich in das Rosengewölk, schau ich auf die leis bewegten Rosen, höre ich die Nachtigallen, die aus Liliengirlanden bange Seufzer schallen lassen, so rufe ich schmerzlich *sic transit gloria mundi*! –

– Ich betrachte immer im Geiste das unermeßliche All; wie wunderschön und erhaben ist die Erde und wie groß ist sie, da sie doch kein Mensch in allen ihren Teilen kennenlernen kann, aber wie wird mir, wenn ich erst die unzählbaren Sterne, wenn ich die Sonne sehe, und wer bürgt mir dafür, daß dieses ungeheure Himmelsgewölbe mit allen den Gestirnen nur ein kleiner Teil des Weltalls ist und wo endigt dieses? Und wir erbärmlichen Menschen, wir wollen den Schöpfer desselben verstehen, da wir seine Werke kaum ahnen können! –

– Ich bekomme mein Tristram Shandy wahrscheinlich erst in der nächsten Woche. Ich habe es Lisbeth aufgetragen, mir es so bald als möglich zu besorgen: Ich bin außerordentlich begierig es kennenzulernen. –

Den 17. August

– Vorbei, vorbei! Herz, willst du zerspringen? – O Gott, was hast du mir ein solches Herz gegeben, daß ich mit der Natur zugleich jubele und mich freue. Ich kann es nicht ertragen; schon sendet die Sonne nicht mehr warme Strahlen; die Felder sind öde und leer und hungrige Vögel sammeln für den Winter. Für den Winter! – So nah begrenzt sich Freude und Leid, aber der Übergang ist zermalmend. Vorbei, vorbei! – Vögel ziehen am blauen Himmel weiter in ein fernes Land und ich folge ihnen traurig mit dem schmerzergriffnen Herz. Welt, bist du nicht endlich müde, kannst nicht Bleibendes ersinnen; was nur keimet, blüht und pranget, muß vergehen, muß von hinnen. Aus dem holden Maienweben brichst du Rosen rot umflossen; nimm nun auch mein junges Leben, das sich eben erst erschlossen. Ach; mit was für festen Banden hast du mich an dich gebunden. O Natur; mit bittrem Leide hast du mir mein Herz umwunden. Letzte Rose! Weinend seh ich dich erblühen und vergehn, mit dir leb ich und vergeh ich, mit dir werd' ich einst erstehn! Denn nicht ewig kann versinken dieses Lebens holder Traum; einstmals werd ich wieder trinken Lenzes Atem, Lenzes Schaum! –

– Heute ist endlich die lang erwartete Schwimmfahrt. Ich bin sehr auf den Ausgang gespannt. –

– Wir haben jetzt in der Geschichte den Zug Alexanders des Großen. Dieser Heros zieht mich außerordentlich an; man könnte Teile aus seinem Leben zu vortrefflichen Tragödien benutzen. Ich will nur die Verschwörung des Philotas erwähnen. Dieser junge Mann ist einer der wenigen, die Alexander ihre Herzensmeinung sagen, offen und wahr mit Festigkeit des Charakters. Die Soldaten fürchten ihn, weil er streng ist und nicht leidet, daß jene asiatische Üppigkeit, die der König selbst angebahnt hat, überhand nimmt. Sein Stolz erträgt nicht, daß Perser gleichen Rang mit den Makedoniern haben, er gerät mit Alexander, dem Sohn des Jupiter, dem Herrscher von Asien, dem täglich Altäre lodern, kriechende Schmeichler unverdienten Weihrauch zollen, in Wortwechsel. Alexander wird ihm feindlich; jener aber, durch die Ermordung des Klitus angereizt, gerät in heftigen Zorn, läßt unvorsichtige Worte fallen und sein Leben ist verwirkt. Um den beunruhigenden Gedanken zu entgehen, sendet Alexander Meuchelmörder nach Ekbatana, um Parmenio zu ermorden. Babylon, Babylon, du bringst Rache! Er muß auch sterben! –

Den 18. August

– Die Schwimmfahrt fand gestern wirklich statt. Es war ganz famos, wie wir in Reihen abgeteilt unter lustiger Musik aus dem Tore marschierten. Wir hatten alle rote Schwimmützen auf, was einen sehr hübschen Anblick gewährte. Wir kleinen Schwimmer waren aber sehr überrascht, als die Schwimmfahrt eine weite Strecke noch die Saale hinunter ihren Anfang hatte, worüber wir alle etwas kleinmütig wurden; als wir aber die großen Schwimmer aus der Ferne kommen sahen, und die Musik hörten, vergaßen wir unsre Angst und sprangen in den Fluß; es wurde nun in derselben Ordnung geschwommen, wie wir ausmarschiert waren. Überhaupt ging alles recht gut; ich half mir, so gut ich konnte; obgleich ich nirgends Grund hatte. Auch das Auf-dem-Rücken-Schwimmen benutzte ich öfters. Als wir endlich anlangten, empfingen wir unsre Kleidungsstücke, die in einem Kahne hinterdrein gefahren waren, kleideten uns schnell und marschierten in gleicher Ordnung nach Pforta. Es war wirklich wunderhübsch. –

– Es ist heute ungemein düster, hat auch schon viel geregnet. Als wir dreiviertel auf fünf aufstanden, konnte man noch nicht sehen. Unsre Abiturienten schreiben heute Deutsch, ich wünsche ihnen viel Glück dazu. – Fortsetzung des Tageslaufs in Pforta. Gleich nach Tische trägt man Brot und Serviette des Tischoberen in die Stube desselben und eilt in den Schulgarten. Vor halb zwei darf keiner in der Stube erscheinen, was die Wocheninspektoren streng bestrafen. Zuerst sieht man nun nach, ob wohl eine Kiste oder ein Brief da ist, die der Pfortenbote täglich bringt oder man holt sich Obst für sein Taschengeld bei einer Obstfrau. Dann schiebt man im Schulgarten Kegel oder geht spazieren. Im Sommer wird auch viel Ball geschlagen. Dreiviertel zwei läutet es zur Klasse und in fünf Minuten muß man darin sein. Die Lektionen dauern nun bis zehn Minuten vor vier. Dann ist gleich Vesper, wo man Butter und Semmel oder Pflaumenmus, Fett, Obst und dgl. erhält. Darauf hält der Obere eine Lesestunde, wo griechische, lateinische oder mathematische Docimastica geschrieben werden. Um fünf ist eine kleine Pause, worauf dann Repetierstunden bis sieben folgen. Dann ist Abendessen, das im ganzen dem Mittag gleicht.

Montag. Freitag. Suppe, Butterbrot, Käse.

Dienstag. Sonnabend. Suppe, Kartoffeln, Butter.

Mittwoch, Suppe, Wurst, Kartoffelmus oder saure Gurken.

Donnerstag. Suppe, Eierkuchen, Pflaumensauce, Butterbrot.

Sonntag. Suppe, Reismus, Butterbrot – Heringe, Salat, Butterbrot – Eier, Salat, Butterbrot oder anderes.

Den 19. August

– Dann können wir wieder in den Schulgarten bis halb neun gehen. Darauf ist Abendgebet und um neun wird zu Bett gegangen. Alle Obergesellen, denen doch durch die Lesestunde eine Stunde verloren geht, bleiben noch bis zehn Uhr auf. So ist der gewöhnliche Tageslauf in Pforta. –

– Gestern kam der Herr Rektor Peter in die Klasse und hielt uns eine große Strafrede der Trampelei wegen. Er sagte unter anderm: »Habt ihr denn ganz vergessen, wer ihr seid und wie großen Dank ihr der Anstalt und ihren Lehrern schuldig seid? Ihr solltet uns durch Gehorsam und Folgsamkeit erfreuen und ihr kränkt uns durch ein solches Betragen? Das ist aber ein sehr schlechtes Zeichen für die Klasse; die Schuld fällt nicht allein auf die unmittelbar Beteiligten, sondern überhaupt auf den bösen Geist der Klasse.« Dann ließ er noch sehr bedenkliche Worte über sehr strenge Strafen und dergleichen fallen. –

– Ich war gestern abend bei Prof. Corssen mit sechs anderen. Es war wieder wie gewöhnlich sehr lustig und interessant. Es ist mir stets ein großes Vergnügen dahin zu gehen. –

– Ich warte nun seit Dienstag täglich auf meine Kiste nebst Brief, aber immer vergebens! Was mag nur die Mama davon abhalten? – –

– Heute ist wieder Ausschlafetag oder Studientag und es ist immer sehr angenehm, daß ich etwas Ordentliches zu tun habe. Wir müssen nämlich eine deutsche Arbeit heute abend abgeben. Ich bin hier in Pforta etwas im Deutschen zurückgekommen. In Naumburg hatten wir schon Abhandlungen und Charakterschilderungen und hier müssen wir Geschichten zu Sprichwörtern ersinnen u. a. –

– Unsre Abiturienten haben morgen noch das mathematische Docimasticon zu schaffen; dann sind sie ganz fertig und erwarten das mündliche Examen. Ich hoffe, daß alle durchkommen werden.

– Obwohl mir das holde Bild der Ferien fast aus den Augen entschwunden ist, so ist mir doch diese Woche recht schnell vergangen. Nächsten Montag ist wahrscheinlich Bergtag; die Mama habe ich schon dazu eingeladen. –

Was lebet muß vergehen:
Die Rose muß verwehen,
Willst du sie einstmals sehen
In Wonne auferstehen! –

Den 20. August

– Endlich ist der für unsre Klasse so verhängnisvolle Sonnabend herangekommen; ich bin auf den Erfolg sehr gespannt. –

– Ich hatte gestern abend plötzlich eine so ungewöhnliche Reiselust und zwar in eigentümlicher Weise, ohne Geld. Mir kommt es nämlich so vor, als wenn man bei Befriedigung aller Bedürfnisse lange nicht so interessant lebe, als wenn man nur seinem guten Glück vertraut und nicht für den andern Tag sorgt. Daß man natürlich für unvorhergesehene Fälle etwas bei sich versteckt hat, ist natürlich. Ich möchte eigentlich sehr gern die Michaelistage zu so einer Partie benutzen. Ich dächte, es müßte sehr viel Amüsement gewähren. So in den Tag hinein zu wandern, Unterkommen bei den ersten, besten finden, ein paar Abenteuer erleben, ist doch ganz famos. –

– Heute morgen habe ich schon einen Brief an die Mama geschrieben und sie zum Bergtag eingeladen. Sie will Madame Laubscher und Pensionärinnen mitbringen. Ich habe noch gar nicht an Wilhelm geschrieben und er nicht an mich; er wird doch nicht auf mich böse sein. –

– Wir sind gestern wieder baden gewesen, die Saale war kühl und etwas gestiegen. Ich habe den Schwertsprung mehrere Male versucht; auch so ziemlich gelernt. –

– In Gaudys wandernden Schneidergesellen ist doch ein köstlicher Humor. Wie fein ist Italien in allen seinen Schwächen, wie vorzüglich das materielle Berliner Kind charakterisiert! –

– Herr Prof. Buddensieg sagte uns heute einiges über die hebräische Poesie. Sie besteht in dem Parallelismus der Gedankenglieder und bedient sich mitunter sogar des Reimes. Er führte uns als Muster desselben den achten Psalm auf. –

Ich schreibe jetzt fast gar keine Gedichte mehr und die wenigen sind gewöhnlich etwas gewöhnlich. So habe ich in Pforta erstens das Mailied gemacht, dann die Maisonne, im Wald, den Schwan, Heimkehr I, II, In der Ferne, und endlich Ohne Heimat. Allerdings für die lange Zeit sehr wenig. Ich will aber vielleicht wieder einmal einführen, täglich eins zu schreiben, die dann auch in diesem Buche ihren Platz finden werden. – Wann wird aber die poetische Ader so ergiebig sein? Das ist ein sehr unangenehmer Gedanke. –

Den 21. August

– Ich habe gestern einen Brief bekommen, daß ich sonntags nicht nach Almrich kommen sollte; ich werde deshalb Herrn Rat Teichmann in Kösen besuchen. Es sind alte liebe Leute, die ich schon von Naumburg aus kannte. –

– Unsere Klassenmissetäter sind im ganzen mild bestraft, der Rädelsführer ist heruntergesetzt und mit Karena bestraft, seine dritte Strafe teilt er mit allen; sie haben nämlich eine Stunde von ihrem Spaziergang verloren. –

– Gestern abend sind zwei Quartaner auf ihrer Bank von einem Inspektor beim Rauchen gefaßt und auf der Inspektionsstube angezeigt. Es ist einer darunter, der schon neulich beteiligt war. Ein andrer hat ein Zeichen gegeben und auch dieser ist gefaßt. Es ist der Anführer jener Trampelei! –

– Ich bin seit gestern nun wirklich im Chor, worüber ich mich sehr freue. Ich singe nun mit in der Kirche, kann die Sängerfahrt mitmachen und genieße nun alle Vor- und Nachteile eines Choristen. –

– Unsere Abiturienten sind mit dem schriftlichen Examen zu Ende. Ich hoffe, sie werden alle gut durchkommen. –

– Ich habe heute im Don Quixote gelesen und er zieht mich sehr an; dennoch trage ich Bedenken ihn mir zu wünschen. –

– Es ist sehr zweifelhaftes Wetter, was mir besonders des Bergtags halber sehr unangenehm ist. Nun, Hoffnung läßt nicht zuschanden werden! –

– Ich bin nicht nach Kösen gegangen, sondern etwas in den Wald. Wir holten uns erst etwas Obst und erzählten uns dann gegenseitig ganz angenehm; ich bin übrigens auf die Idee gekommen, die Michaelistage zu einer Partie zu verwenden. Zwar folgendermaßen: Ich bestelle Wilhelm den ersten Tag früh nach Pforta und gehe mit ihm dann auf die Katze, genießen hier einen Kunitzburger Eierkuchen, und machen uns dann wieder auf den Weg über die Rudelsburg und Saaleck und kehren dann den Nachmittag wieder zurück. Es ist wirklich ein sehr hübscher Gedanke; ich werde ihn Wilhelm mitteilen. Ich habe so nach den Ferien noch gar nicht an ihn geschrieben. – –

Den 22. August

Nun, Hoffnung ließ auch nicht zuschanden werden. Wir haben einen sehr hübschen Bergtag verlebt, den ich auch näher beschreiben will. Als ich den Morgen aufstand, schaute ich sogleich nach dem Himmel. Das sah nun allerdings ziemlich gefährlich aus. Denn viele dicke Wolken umhüllten den Horizont. Darauf war gewöhnlicher Studientag bis zwölf Uhr. Als aber da der Himmel heller wurde, kleidete sich ein jeder an und man versammelte sich um zwei Uhr auf dem Fürstenplatz und zwar stubenweise. Nach abgehaltener Visitation ging dann der Zug, Musici und Sänger voran, vor die rechte Front des Schulhauses. Hier wird unter Begleitung der Instrumente das Berglied gesungen und dann marschiert alles mit der Schulfahne voran den Berg hinauf. Auf dem weiten Plateau angekommen, wird Halt gemacht. Hier hat nun Konditor Furcht seinen Platz aufgeschlagen und findet einen ungeheuren Absatz. Besonders der Schaumkuchen verschwindet im Nu. Wir lagerten uns dicht an den Wald und unterhielten uns ziemlich über das Amüsement der Untern am Bergtag. Da meldete mir endlich einer, daß die Mama mit Lisbeth da sei. Das war nun wunderhübsch. Erst tranken wir zusammen Kaffee mit Kuchen und unterhielten uns dann. Später kamen auch noch Madame Laubscher mit Pensionärinnen. Da unterdessen der Tanz begonnen hatte, tanzten letztere ziemlich viel mit. Es waren überhaupt ziemlich viel Damen da, während sie fast sämtliche Bergtage ein tüchtiger Regen abgehalten hatte. Dann trat der Chor zusammen und sang sehr hübsche Lieder wie das Abendlied, dann »Hoch Deutschland hoch« und »Ade du liebes Waldesgrün«. Darauf wurde wieder bis halb sieben getanzt. Da war endlich das Ende der Lust da und wir marschierten, nachdem ich herzlich Abschied genommen und gedankt hatte, klassenweise wieder hinunter in das Schulgebäude. Bis in den Primanergarten dauerte der Festmarsch und dann ging alles auseinander. Die Mittleren hatten den Abend noch auf dem Tanzsaal Ball. So endete der schönste Bergtag seit mehreren Jahren. –

Den 23. August

– Heute ist man von dem gestrigen Tage noch etwas abgemattet; denn solche Freude und Lust nimmt immer etwas mit. Aber die schöne Erinnerung bleibt doch. –

– Ich muß noch einen Zug des Bergtags erwähnen. Wenn nämlich auf dem Rückweg Pforta gerade unter uns liegt, stellen sich die Klassen untereinander auf und der Präfekt bringt erst dem König ein Lebehoch, dann dem Prinz von Preußen, dann den zukünftigen Abiturienten, darauf der Alma mater mit Lehrern und endlich dem gesamten Coetus. Vier, fünf, sechs Lebehochs ertönten letzterem – da rief endlich Prof. Buchbinder lachend: Nun wie lange wollt ihr denn leben? –

– Madame Laubscher war so freundlich, mir anzubieten, während der Abwesenheit der Mama öfters nach Almrich zu kommen. Ich werde das gewiß mehrere Male benutzen. –

Ich bin jetzt in einer merkwürdigen Verlegenheit. Ich habe nämlich hier in Pforta zwei Brüder, die mit mir etwas verwandt sind. – Der ältere ist bei dem ganzen Coetus gewissermaßen in Verachtung, wird von allen geneckt und verlacht. Er dringt aber darauf, mich zu ihm bringen zu lassen, da ich nächstes Semester noch keinen Obergesellen habe. Sein Bruder hingegen ist ein ganz angenehmer Mensch, lustig und guter Dinge, äußerte aber, da ich ihm das von seinem Bruder erzählte: ich könne mich auch zu ihm bringen lassen; ich hätte da freilich zu entscheiden, wer mir von ihnen am besten gefalle. Nun bin ich in neuer Verlegenheit; denn ich beleidige auf jeden Fall einen von beiden. Dann ist nun auf jeden Fall das beste, ich lasse mich zu keinem von beiden bringen. –

– Der Herbst erinnert mich immer an meine zukünftige Stellung in der Welt; denn die Jugend soll dann noch Früchte tragen. Aber es ist mir ein schrecklicher Gedanke, dann nur zu genießen, was einstige Mühe heimgebracht. Meine Seele muß im ewigen Frühling stehen, denn wenn erst die rosige Blütenzeit vorüber ist, dann ist auch mein Leben vorüber. Wie schwer wird es mir, den irdischen Frühling zu missen, aber um wieviel bittrer ist jenes!

Den 24. August

– Ich habe gestern wieder einmal die Räuber gelesen; es wird mir dabei jedesmal ganz eigentümlich zumute. Die Charaktere sind mir fast übermenschlich, man glaubt einen Titanenkampf gegen Religion und Tugend zu sehen, bei dem aber doch die himmlische Allgewalt einen endlos tragischen Sieg erringt. Furchtbar ist zuletzt die Verzweiflung des unendlichen Sünders, die durch die Worte des Paters grausenerregend vermehrt wird. Mir ist nichts Neues aufgefallen, als daß Schiller an einer Stelle auf ein Jugendgedicht von sich selbst hinweist. –

– Dritter Akt, zweite Szene –

Schwarz: »Wie herrlich die Sonne dort untergeht!«
Moor: »So stirbt ein Held: Anbetungswürdig!«

– – – –

»Da ich noch Bube war, war's mein Lieblingsgedanke, wie sie zu leben, zu sterben wie sie!«

Man vergleiche hiermit das Gedicht:
»Die Sonne hat vollendet gleich dem Helden« usw.

Man sieht auch hierin, daß in dem Karl Moor Schiller viele seiner Ideen, seiner Entwürfe verwebt hat. –

– Wir konnten gleich nach Tische vorgehen und versammelten uns an der Saline in der Davisonshalle. So ungefähr um drei kamen wir in die Buchenhalle. Es ist dies ein wunderschöner Platz im Walde, nach Art eines

Amphitheaters mit Bänken versehen. Der Chor und die andre Musik nahmen den höchsten Platz ein. Unten war ein Altar und eine Kanzel errichtet und mit Blumen sehr feierlich verziert. Zuerst wurde »Ach bleib mit deiner Gnade« gesungen, dann las Prof. Buddensieg die Liturgie; wir aber sangen noch einige Motetten; darauf bestieg Diakonus Link aus Ekartberga die Kanzel und hielt eine sehr schöne geistvolle Predigt. Dann schloß die Feierlichkeit mit mehreren Gesangstücken. –

Es war ungemein belebt, fast alle Badegäste waren da. Um halb fünf Uhr waren wir wieder in Pforta und gingen dann gleich baden. Die Saale war wunderschön erwärmt und wir blieben auch ziemlich lange darin. Ich habe wieder öfters den Schwertsprung versucht. Wenn ich doch übrigens bald wieder einen Brief von der Mama bekäme! Ich weiß gar nicht, wie es ihnen bekommen ist! Nun morgen, Donnerstag!

Den 25. August

– Bis jetzt habe ich noch sehr wenig erlebt; die Sonne scheint noch nicht sehr warm; herbstliche Kühle breitet sich über das Land. – Wir haben in der Klasse ein Docimasticon geschrieben; ich bin auf den Erfolg begierig. –

– Die Mama sagte, ich würde wahrscheinlich nach Korensen zu Weihnachten reisen, da sie vielleicht noch nicht zurückgekehrt sei. Das wäre nun allerdings sehr hübsch. Besonders auf die Reise freue ich mich sehr. Wenn es nicht so kalt ist, so fahre ich bis Halle und mache mich dann auf den Weg nach Deutschental. Dort besuche ich den Herrn Pastor, den ich früher einmal kennengelernt habe, von da nach Langenbogen, begrüße dort meinen alten Bekannten, den Salzigen See. Dann geht es nach Eisleben, wo Luthers Denkwürdigkeiten betrachtet werden. Von dort nach Mansfeld, wo mich Mama und Onkel erwarten. Ich freue mich sehr darauf. –

– Heute nachmittag beginnen die großen Geographierepetitionen zuerst mit Asien. Das ist nun eine üble Sache; ich wünsche, es wäre schon vorüber. Vor der Geographie habe ich überhaupt immer etwas Furcht.
und durchgekommen. Wilhelm hat mir übrigens geschrieben; er geht auf

– Alles ist recht gut vorübergegangen. Ich bin in der Geographie dran- und durchgekommen. Wilhelm hat mir übrigens geschrieben; er geht auf meinen Plan ein und will sogar lieber eine kleine Fußreise machen. –

In dem Tertianergedicht »Heimkehr« habe ich IIa bekommen. Die zweite Abteilung folge:

II

I. Das milde Abendläuten
Hallet über das Feld.
Das will mir recht bedeuten,
Daß doch auf dieser Welt
Heimat und Heimatglück

Wohl keiner je gefunden:
Der Erde kaum entwunden,
Kehrn wir zur Erde zurück. –

II. Wenn so die Glocken hallen,
Geht es mir durch den Sinn,
Daß wir noch alle wallen
Zur ewgen Heimat hin.
Selig wer allezeit
Der Erde sich entringet
Und Heimatlieder singet
Von jener Seligkeit!

– In meinem lateinischen Docimasticon habe ich IIa. Wir haben heute ein mathematisches geschrieben und bin auf den Erfolg sehr gespannt; ich habe alles heraus, ob aber alles richtig, ist eine andere Frage. –

Heute nachmittag stieg die Hitze wieder auf 24 Grad. Die Lektionen fielen aus und wir gingen alle baden. Das Wasser war wunderschön. –

Ich habe heute nichts weiter zu erzählen. Deshalb will ich mein Gedicht: Heimkehr anfügen.

Heimkehr

Das war ein Tag der Schmerzen,
Als ich einst Abschied nahm;
Noch bänger war's dem Herzen,
Als ich nun wiederkam.
Der ganzen Wandrung Hoffen
Vernichtet mit einem Schlag!
O unglückselge Stunde!
O unheilvoller Tag!

Ich habe viel geweinet
Auf meines Vaters Grab
Und manche bittre Träne
Fiel auf die Gruft herab.
Mir ward so öd und traurig
Im teuren Vaterhaus,
So daß ich oft bin gangen
Zum düstern Wald hinaus. –

In seinen Schattenräumen
Vergaß ich allen Schmerz

Es kam in stillen Träumen
Der Friede in mein Herz.
Der Jugend Blütenwonne
Rosen und Lerchenschlag
Erschien mir wenn ich schlummernd
Im Schatten der Eichen lag.

Den 27. August

– Siehe da, gestern nachmittag war wieder Kommunschwemme. Die Kähne waren jedesmal überladen.

Ich habe jetzt die Literaturgeschichte von Kletke und vorzüglich hat mich das Leben Jean Pauls angezogen. Die Bruchstücke seiner Werke, die ich gelesen habe, ziehen mich ungemein durch die blühende, überschwengliche Schilderung, die zarten Gedanken und den satirischen Witz an. Ich glaube, Jean Paul wird einmal bei reiferen Jahren mein Lieblingsschriftsteller. –

– Ich werde jetzt einige Episoden aus meinem Leben etwas phantastisch ausschmücken. Die erste soll sein:

I. Aus den Hundstagsferien

Hundstage! Das ist ein Zauberwort für jeden nach Freiheit schmachtenden Alumnus portensis, ein Eldorado, das uns getrost den großen Ozean des Schulsemesters durchsegeln läßt. Welche Wonne, wenn endlich der Ruf: Land, Land, erschallt: jubelnd bekränzen alle das Schiff ihres Daseins und die alten trauten Stuben umschlingen Girlanden, die auf jedem Blatt den Namen: Hoffnung tragen. Wer vermöchte es nur zu schildern, das überwallende Gefühl, das stolze Bewußtsein, das uns zu den Sternen erhebt. Nicht mit Seufzen und Klagen entreißen wir uns den Armen der Alma mater; nein, uns ist im Gegenteil so frei und lustig zumute, wie einer Lerche, die zu dem Flammenmeer aufsteigt und in die wogende Purpurglut ihre Flügel taucht. Aber ist das eine Freiheit? Nur fünf Wochen können wir unsre Schwingen über Berg und Tal, in ewige Weiten erheben, aber dann ruft uns ein Machtwort in die alten, düsteren Mauern zurück. –

Wenn der lächelnde Frühling sein überreiches Füllhorn über die Fluren ausschüttet, wenn die Sonne die Erde feuriger umarmt, da keimen und sprießen die Lenzeskinder empor, schütteln das goldene diamantenbesäte Haupt in der Morgenglut und erschließen sich, wonneschauernd, freudig verklärt. Und siehe! Schwarze Nacht steigt empor und umhüllt die seufzende Erde mit düsterem Gewölbe. Gewaltige Stürme, hindröhnende Donner gleiten an den finsteren Wänden nieder und mühen sich die Pfosten zu sprengen. Feurige Blitze schlängeln sich um die Säulen des Gewölbes und züngeln empor – da tritt Helios auf den purpurnen Thron und – die finstern Mächte weichen – die Lichtgöttin schreitet mit farbigem Erglühen über die diamantenbetaute Brücke und über ihr schließt sich das mit Blitzen behangene Triumphtor, – aber die holden Frühlingskinder sind hingesunken in den gewaltigen Anblick und auf den zerstreuten Blüten wandelt der siegende Gott. –

Darum, o Jüngling, benutze die Zeit deiner Ferien, nicht mit Arbeiten, sondern in jauchzender Erholung, so daß, wenn das Ungewitter herannaht und die dröhnende Donnerstimme das Ende der Rosenzeit verkündet, du willig scheidest – doch stille! – Ich bin nicht einer, der ohne Klagen den Frühling fliehen sieht und ich kann mir nicht vorstellen, wie jemand gern wieder sich in Fesseln schließt. Ich bin aber zu dem Satz gekommen: Genieße das Leben, wie es sich dir darbietet, und denke nicht an die kommenden Mühen. Das ist jedenfalls der größte menschliche Grundsatz, den ich in Pforta gelernt habe. Wenn mich bittre Gedanken quälten und die Seele von schmerzlichem Heimweh umwunden wurde, wenn ich traurig den Frühling scheiden sah, und mein Herz im tiefsten Weh schmachtete, da schlang sich jener Gedanke wie eine Rosengirlande durch die Trümmer der Vergangenheit, und – *ich* – *schob Kegel*! – Darum weg ihr Ferienabschiedsgedanken! Lustig, voll von Lebenslust, stürz dich in das matte Leben und erkämpfe dir die Krone der besten Ferienbenutzung!

II.

Es war schon die Sonne untergegangen, da schritten wir aus dem düsteren Halle heraus. Bald lag diese Stadt, die trotz ihrer Belebtheit auf mich keinen angenehmen Eindruck macht, hinter uns, der goldig umflossene Himmel, wo noch die Gluten in rosiger Verklärung loderten, über uns und Saatgefilde, auf denen der milde Hauch des Abends ruhte, neben uns. O Wilhelm, rief ich, gibt es eine größere Lust als so zusammen die Welt zu durchwandern? Freundesliebe, Freundestreue! Atem der herrlichen Sommernacht, Blumenduft und Abendröte! Steigen deine Gedanken nicht auf wie die jubelnde Lerche, und thronen auf den goldumkränzten Wolken. Wie eine wunderliebliche Abendlandschaft liegt mein Leben vor mir. Wie gruppieren sich die Tage vor mir bald in düsterer Beleuchtung, bald in jubelvoller Auflösung! –

– Da drang ein greller Schrei uns zu Ohren: es kam aus dem nahen Irrenhause. Inniger schlossen sich unsre Hände zusammen: uns war, als berühre uns ein böser Geist mit beängstigenden Fittichen. Nein, uns soll nichts voneinander scheiden, nichts als der Todesjüngling. Weichet, ihr bösen Mächte! – Auch in dieser schönen Welt gibt es Unglückliche. Aber was ist Unglück? –

Es wurde nun schon dunkler, die Wolken zogen sich zusammen und bildeten eine graue, mitternächtliche Masse. Wir beeilten unsre Schritte etwas, auch sprachen wir nicht zusammen. Die Fluren wurden immer düsterer und als wir endlich in einen Wald kamen, wurde uns etwas unheimlich. Deshalb war es uns sehr angenehm und zugleich etwas ängstlich, aus der Ferne ein Licht auf uns zukommen zu sehen. Wir faßten indessen Mut und gingen auf dasselbe los. Bald erblickten wir eine schwarze Gestalt: wie es schien, war es ein Jäger. Denn eine Büchse hing über seinen Rücken und ein laut bellender Hund folgte ihm. Als wir aber näher kamen, und die wilden, unheimlichen Gesichtszüge sahen, verschwand unser Mut wieder und wir riefen mit schwacher Stimme: Guten Abend. Gleiches erscholl in einem tiefen Basse, der Fremde leuchtete uns in das Gesicht und rief, seinen auf uns losstürzenden Hund beschwichtigend: Was macht ihr hier noch so spät in dem Wald, ihr Burschen? Wir wußten nicht recht, was wir entgegnen sollten und entgegneten: Nach Eisleben führt unser Weg, und wir hofften noch in dieser Nacht unser Ziel zu erreichen. Die Nacht ist aber keines Menschen Freund, und so allein zu gehen ist für solche junge Burschen – hier hielt er inne und wir sahen ihm ängstlich fragend ins Gesicht.

Er aber rief lachend: Nun fürchtet euch nur nicht; ich werde euch begleiten. Obwohl wir anfangs seine Einladung scheu annahmen, so wurde uns sein rauhes Antlitz etwas freundlicher und wir faßten Zutrauen zu ihm. Es war jetzt pechschwarze Nacht, sogar der Mond wurde von den tiefen Wolken bedeckt und die Laterne warf auf die alten Baumriesen ihr zitterndes Licht. Mir kam fast der Gedanke an, nach Deutschental zu wandern und dort Halt zu machen. Dort hatte ich einen Onkel, von dem ich aber wußte, daß er mich nicht sobald von sich lassen werde. Endlich erkundigte ich mich wie zufällig nach ihm und jener sah mich an und sagte: So, kennt den der Herr? Ich antwortete: Ja etwas, aber wiederum gefragt, warum ich ihn nicht besuchen wollte, meinte ich: Auf der Rückkehr ist auch noch Zeit dazu. Aber der Alte erwiderte verwundert: Sie haben hier in der Umgegend Bekannte und ziehen es vor, auf gefährlichen Wegen der Nacht zu gehen? – Gefährlich; fragte ich und meine Augen blickten wieder bang umher; aber es war ringsum Nacht, tiefe schwarze Nacht. Habt ihr noch gar nicht von den Gespenstergeschichten in diesem Walde gehört? Auch sollen gewöhnlich sich hier Zigeunerbanden aufhalten. – Ich bat ihn hiervon zu schweigen, und wir setzten nun in Todesstille unsern Weg fort. Wir gelangten endlich in ein Tal, rings von wildem Gestrüpp umgeben, Plötzlich setzte unser Begleiter eine Pfeife an den Mund und ließ einen schrillen Ton hören. Wir sahen uns verdutzt an; aber auf einmal wurde es im Wald lebendig, hier und da leuchteten Fackeln auf, wild vermummte Menschen umschlossen uns beide im Kreis, die Besinnung verging mir und ich wußte nicht, was mit mir vorging. –

III.

Als ich erwachte, schwebten noch jene Schreckensbilder um mich, aber bald nahm ein belebendes, erheiterndes Gefühl die Oberhand – ich war noch in Pforta, es war der letzte Morgen, in zwei Stunden war ich schon in Naumburg. Der Morgensonne Strahl blitzte durch das Fenster und ich begrüßte freudig das himmlische Licht, das die trüben Gebilde der Nacht vertrieb – Bald wanderte ich zu dem kleinen Pförtchen hinaus und warf noch einmal einen Blick des Abschieds auf die alten grauen Gebäude. – Dann trat ich in den grünen Wald ein. Wenn ich in das Heiligtum der Natur trete, da überrascht mich immer das Gefühl: Für uns ist all diese Herrlichkeit geschaffen, für uns erheben sich die hehren Schattengewölbe, für uns erglüht die Sonne, leuchtet der Mond und durch dieses Verhältnis erscheint mir die ganze Welt wie ein lieber Gefährte, mit dem ich meine Gedanken austauschen kann und den ich bitter beweine, wenn er von mir scheidet; aber ohne Scheiden ist kein fröhliches Wiedersehen; die Sonne muß in das Meer versinken, wenn sie am andern Tage wieder neues Leben ausgießen soll; unser Leben muß verblühen, wenn eine höhere geistige Auferstehung uns beleben soll. –

Als ich in Naumburg ankam, war viel Freude und Jubel; da nun der erste Freudenrausch vorüber war, unterhielten wir uns viel und besonders, wohin ich in den Ferien reisen würde. Endlich fiel ein Blitz mir durch die Seele; ich dachte, einen Onkel mußt du besuchen, den du noch nicht gesehen hast, wie der Traum mir angab. Nach Jena also, wo ein Verwandter Oberbürgermeister ist. In wenigen Tagen war der Entschluß zur Reife gediehen, die freundliche Einladung des Onkels da und fort ging's in Sturmessaus nach der Eisenbahn. Das dampfausspeiende Ungeheuer war schon da und ich hatte noch Zeit, in ein Waggon zu springen. –

IV.

Fort ging's nun im fliegenden Saus und die schöne Umgebung glitt wie ein Zauberbild vorüber. Ich liebe gewissermaßen das Eisenbahnfahren; obwohl man alle Bilder eben nur augenblicksweise kennenlernt, so ist ja unser Leben überhaupt nur eine flüchtige Durchfahrt ohne bleibenden Halt, und glücklich sind wir, wenn es sich so darbietet, in seiner schönsten Blüte. Im Wagen zu fahren ist mir zu unpoetisch; wenn man in den tiefsten Gedanken sich befindet, entsteht plötzlich ein Rüttern und Schüttern, daß der Kopf ganz verwirrt wird. Geht man zu Fuß, so wird oft ein erhabener Eindruck durch Gegenstände gestört, die man eben beim Spazierengehen findet. – Auch meine alte Pforta sah ich liegen, wünschte aber nicht dorthin zu fahren und vertröstete sie auf vier Wochen. Die Rudelsburg lag bald vor uns und der alte Samiel winkte mit einem Tuche und forderte uns zum Besuche auf. Die Gegend ist dort wirklich wunderschön, das Tal wie ein Blumenteppich, auf dem sich eine silberne Schlange hinschlängelt. Die grauen Wächter der Vergangenheit blicken öde auf das neue Leben, das sich vor ihnen ausbreitet. In Apolda verließ ich den Wagen und bestieg den Omnibus. Unglücklicherweise war alles schon so besetzt, daß ich auf dem Bock allein noch Platz fand. Hier brannte nun mitunter (denn die Sonne wurde gewöhnlich mit Wolken verhüllt und durchbrach diese bisweilen), brannte sie so heftig, als wollte sie uns braten. So ist es auch in einem Herzen, das von allem Möglichen verhindert wird sich zu ergießen und dann stellenweise überwallt und die Ufer überschwemmt. Von der heißen Chaussee wand sich der Weg zwischen zwei Bergrücken hin, die merkwürdig miteinander kontrastierten. Der eine ist ganz mit Wald und Flur überdeckt, während der andere sich kahl und öde hinzieht. Die Höhe erhebt sich schon bis tausend Fuß, während hinter Jena sich der Fuchsturm bis zu zweitausend erhebt. Bald sahen wir Jena vor uns liegen mit seinen Türmen und Bergen. Mir wird jedesmal ganz gemütlich, wenn ich die kleine, schöngelegene Universitätsstadt betrachte. Ich ließ mich zurechtweisen und fand die Wohnung meines Onkels. Die liebe Tante empfing mich sehr freundlich und ich fühlte mich ganz heimisch. Der Onkel, den ich noch gar nicht kannte, hat einen sehr liebenswerten Charakter und hat mich in allem, worüber ich fragte, belehrt. Überhaupt erging es mir dort so wohl, und so interessant, so daß ich nicht wüßte, wo ich angenehmere Ferien verlebt hätte. Am ersten Morgen ging ich mit dem Onkel auf den Hausberg, auf dem Ziegenhain mit dem Fuchsturm liegt. Ich lernte da Jena von einer sehr schönen Seite kennen; unter mir zog sich die Saale hin und umschloß teilweise die Stadt, die mit ihren engen Straßen und hohen Häusern ein zwar altertümliches, aber gemütliches Aussehen hat. Darauf mußte der Onkel das Rathaus besuchen, ich aber schlenderte noch in der Stadt herum, indem ich die Wohnungen berühmter Männer aufsuchte, was mir großes Vergnügen machte. Mittag gingen wir zur Badeanstalt und schwammen da in Begleitung eines Kahnes die Saale hinauf, was sehr anstrengt. Dann mundete auch das treffliche Mittagbrot vorzüglich. Den Nachmittag las ich gewöhnlich in des Onkels Bibliothek; ich fand da Novalis (dessen philosophische Gedanken mich interessierten), Geibel, Redwitz, mehrere Mustersammlungen, Schillers Gedichte, erläutert von Viehoff usw. Den Abend kam der Onkel wieder und dann machten wir zusammen Partien in die Umgebung. Da will ich zuerst die Kunitzburgpartie erzählen. Nachdem wir in der Wiese am Jensig vorübergegangen waren, erschienen bald die alten Trümmer jener Burg auf der Stirn des Berges. Da wir über den Weg übel berichtet waren, verloren wir bald den Weg und klommen mit unsäglicher Mühe aufwärts, indem wir uns an Sträuchern und Büschen festhielten. Endlich – endlich! Mir troff der Schweiß in Strömen hernieder und ich muß sagen, eine so große Anstrengung hatte ich wohl noch nicht ausgehalten. Man hat übrigens einen reichen Lohn für all die Mühe. Über uns ging gerade die Sonne unter und im Tale wallten die Nebel auf und nieder. Es ist wunderschön, so in den Trümmern der Vergangenheit zu weilen. Von diesen morschen Fenstern blickten einst kühne Ritter in die Weiten und von hier aus überfielen sie die Kaufleute, die sorglos der Saale entlangzogen. Aber es ist schwer, sich auf den Standpunkt des Mittelalters zu versetzen, wir stellen uns das Leben immer übertrieben vor, entweder ideal romantisch oder als einen Abschaum von Faustrecht, Mord, Straßenraub. Wenn ich daran denke, erscheinen mir mutige Ritter, die für Gott und Ehre alle ihre Gegner in den Staub warfen, die bald mit der Gitarre süße Lieder durch die finstre Nacht erschallen lassen, bald im wilden Ungestüm die Welt durchstreifen und kühne Abenteuer aufsuchen. – Aus dem Mittelalter wurden wir aber durch einen berühmten Kunitzburger Eierkuchen recht vollständig der Gegenwart zugewendet, die dann auch wieder in ihre vollen Rechte trat, als wir den Abend uns recht müde und matt zur Ruhe legten. –

V.

Den Glanzpunkt meines Lebens in Jena bildete jedenfalls der Verkehr mit den Studenten. Hierzu kam ich auf folgende Weise. Mein Onkel ist als ehemaliger Stifter der Teutonia Ehrenmitglied derselben. Da nun einst ein Herr Ökonomierat ein altes Versprechen durch vier Tonnen löste, wurde der Onkel mit zu diesem Fest eingeladen. –

– Die weitere Beschreibung muß ich jetzt unterlassen und etwas von meinem Leben in Pforta nachholen. Den Sonntag, den 3. September, hatte ich mich mit Krämer von nach Tische bis acht Uhr losgemacht. Es war sehr hübsch und gemütlich in Naumburg, besonders für Krämer, der sein Examen glücklich bestanden hat. Es sind alle außer dem Extraneer Neumann durchgekommen; vorigen Sonnabend war die Entscheidung. Krämer erzählte uns, wie es allen durch Mark und Bein gegangen wäre und alle sonstige Freude vertrieben hätte. Um halb zwölf Uhr gingen dann alle Abiturienten in den Speisesaal, indem jeder zwei oder mehrere andre mit sich nahm. Ich kam auch zu dieser Ehre. Hier wurden unter andern die berühmten Abiturientenklöße gegessen. –

– Neulich war auch die Tante Ehrenberg mit der Mama bei Rektors. Ich führte sie überall herum. Wie sie fortfuhren, drückte mir die Tante noch einen Taler in die Hand, was auch ganz angenehm war. –

– Montag war Extraneersatz. Es gab da zur Vesper zwei Gläser Wein und ein tüchtig Stück Kuchen. Auch alle Extraneer waren im Coenakel, eine Ehre, die ihnen nur eben hierbei, bei Carenen und bei den Abiturientenklößen zuteil wird. –

– Mittwoch reisen unsre Abiturienten ab; bis dahin sind sie exlex, d. h. von allen Fesseln der Schulordnung entbunden. Sie führen da ein ganz gemütliches Leben. – Wenn sie abgefahren sind, machen wir Sänger eine Partie nach der Rudelsburg, worauf ich mich sehr freue. Wir hatten Mittwoch der Abiturienten wegen Ausschlafetag. Um neun Uhr war Aktus im Betsaal, in dem alle in kurzen Worten von der Schule Abschied nahmen. Ich glaube, nie ist die Stimmung im Coetus ernster als an diesem Tag. Da sieht man keine lachenden Mienen, denn ein jeder hat unter den allen wenigstens einen, dem er wahr zugetan ist. Um ein Uhr erschienen zwei vierspännige Extraposten mit zwei Vorreitern. Die Postillione waren alle mit großen Stiefeln und ihrer bunten Uniform bekleidet, sie ergötzten alle durch ihr gutes Blasen und schlechte Witze; endlich erschienen die Abiturienten, die bei ihren Tutoren gespeist und Abschied genommen hatten. Sie waren alle sehr erregt; alles drängte sich um sie herum, die meisten sagten Adieu, Freunden und Näherstehenden durch Küsse und Umarmungen, den andern durch Händedruck. Es war ein sehr ergreifender Augenblick; vielen standen Tränen in den Augen, wie die Abgehenden noch den Coetus leben ließen und dann fortfuhren. Auch Prof. Buddensieg war durch den Fortgang seines Famulus sehr tief bewegt; er hatte viel geweint. – –

Um drei Uhr ging es dann auf die Rudelsburg. Der Weg und der Himmel war wunderschön und der Blick von der Rudelsburg in das Tal ganz bezaubernd. Mir konnte in dieser Umgebung gar keine Langeweile ankommen, so sehr auch einige darüber klagten. Wir sangen ziemlich viel vor der Menge von Fremden. Um halb sieben begaben wir uns wieder zurück. Da eine große Anzahl von Damen mit zurückgingen, wurde noch wunderhübsch gesungen. Herr Prof. Korssen war ungemein lustig und ergötzte alle durch seine furchtbar schreiende Stimme und seine Witze. Wir kamen erst dreiviertel acht zurück, zum Ärger aller anderen, die unterdessen im Kreuzgang von sieben an gewartet hatten.

Den Sonntag war ich in Almrich, obwohl ein heftig strömender Regen uns beinahe verhindert hätte. Um so angenehmer war es mir, daß ich auch die Tante Ida aus Pobles fand, die die Mama auf einige Tage besuchte. Sie begleitete mich auch, als meine Zeit um war, bis nach Pforta, und ich konnte ihr noch meine Stube und den Primanergarten zeigen. –

– Meinen Tristram Shandy habe ich bekommen. Ich lese jetzt den ersten Band und lese ihn immer wieder von neuem. Zuerst verstand ich das meiste nicht, ja sogar es gereute mich, ihn gekauft zu haben. Jetzt aber zieht er mich ungemein an; ich notiere mir alle frappanten Gedanken. Mir ist eine so allseitige Kenntnis der Wissenschaften, eine solche Zergliederung des Herzens noch gar nicht vorgekommen. –

Hinsichtlich meiner Geldangelegenheiten stehe ich mich jetzt folgendermaßen: fünfzehn Sgr. von dem Taler kommen für jenes Buch nach Naumburg; von den anderen hebe ich mir zehn Sgr. auf zu jener Michaelispartie, zu der ich mir übrigens noch zehn Sgr. von Prof. Buddensieg geben lasse. Ich will jetzt übrigens auch einige unnötige Bücher verkaufen. –

– Ich will nun in der Beschreibung meiner Ferien fortfahren. Ich befand mich im letzten Kapitel noch in Jena und war eben im Begriff, mein Zusammentreffen mit Teutonen zu schildern. – Mit Studenten? Ja, ja, und sogar mit einer durch Trinken und Duellieren berüchtigten Verbindung. *Etsi Plato meus amicus est,* d. h. obgleich ich sonst der kleinen Universitätsstadt zugetan bin, *tamen veritatem ducem sequor,* so geht es doch in Jena noch ziemlich wild her, obgleich es in früheren Zeiten noch schlimmer gewesen sein mag.

– Wer von Jena kommt ungeschlagen,
Der hat von großem Glück zu sagen! –

Da hatte ich einmal wieder rechten Unsinn geschrieben (an dem dieses Buch überhaupt reich ist). Ich habe die Blätter bei späterem Lesen herausgerissen. –

– Ich befinde mich jetzt in ganz anderer Lage als damals, wo ich das vorige geschrieben habe. Damals grünte und blühte noch der Spätsommer, jetzt – o weh – ist Spätherbst. Damals war ich Untertertianer, jetzt bin ich eine Stufe vorgerückt. Damals war noch Mama und Lisbeth in Naumburg, jetzt sind sie schon seit den Michaelisexkursionstagen in Gorenzen usw.

– Ich habe meinen Geburtstag erlebt und bin älter geworden. – Die Zeit vergeht wie die Rose des Frühlings und die Lust wie der Schaum des Baches. –

Mich hat jetzt ein ungemeiner Drang nach Erkenntnis, nach universeller Bildung ergriffen; Humboldt hat diese Richtung in mir angeregt. Wenn sie doch so beständig wie meine Zuneigung zur Poesie wäre! –

Ich habe von der frühesten Kindheit an Steckenpferde gehabt. Das erste waren die Blumen und Pflanzen, die Hülle der Erde. Das habe ich indes nur durch Traditionen gehört. – Dann kam die Liebe zur Baukunst (natürlich hauptsächlich auf Baukasten gegründet), die ich in allen Formen ausgebildet habe. Noch sehr klein, erinnere ich mich während der Kirchzeit in Röcken eine kleine Kapelle gebaut zu haben. Später wurden dies prachtvolle Tempel mit mehreren Säulenreihen, hohe Türme mit gewundenen Treppen, Bergwerke mit unterirdischen Seen und innerer Beleuchtung und endlich Burgen, die zugleich mit meiner dritten Liebe zum Kriegswesen, angeregt vorzüglich durch den großen russischen Krieg. Zuerst wurden Belagerungsmaschinen erdacht (ich habe ein Büchlein über Kriegslisten geschrieben), Bücher über Militär- und Seewesen angeschafft, große Pläne zur Ausrüstung eines Schiffes gemacht, zahlreiche Schlachten und Belagerungen vollzogen, bei denen mit brennenden Pechkugeln geschleudert wurde, und dies alles waren eigentlich nur Mittel zu einem großen Zweck, zu einer großen Völkerschlacht, die aber in den Rüstungen dazu endete. Die Liebe zum Soldatenwesen zeigte sich auch schon im Anfertigen eines großen militärischen Generallexikons; aber das Ende war Sebastopols Untergang. Aber ein sogenanntes *Theater des arts* führte mich auf Bühnenwesen; wir versuchten selbst etwas zu dichten und aufzuführen, zuerst die Götter im Olymp. Zugleich begann bei mir die Neigung zur Poesie, schon im neunten Jahre, kleine Versuche wiederholten sich jährlich. Im elften Jahre trat die Neigung zuerst zur Kirchenmusik und endlich zu eigener Komposition; die Ursache habe ich anderswo angegeben; auch die Liebe zur Malerei stammt aus dieser Zeit, hervorgerufen durch die jährlichen Gemäldeausstellungen. – Diese Neigungen folgen nicht unmittelbar aufeinander, sondern sind ineinander verwoben, daß es unmöglich ist, Anfang und Ende zu bestimmen. Nun kommen noch spätere Neigungen zur Literatur, zur Geologie, zur Himmelskunde, Mythologie, deutschen Sprache (althochdeutsch) usw. hinzu, so daß folgende Gruppen entstehen:

1. Naturgenuß
   a) Geologie
   b) Botanik
   c) Himmelskunde

2. Kunstgenuß
   a) Musik
   b) Poesie
   c) Malerei
   d) Theater

3. Nachahmungen des Handelns und Treibens
   a) Kriegswesen
   b) Baukunst
   c) Seewesen

4. Lieblingsneigung in den Wissenschaften
   a) guter lateinischer Stil
   b) Mythologie
   c) Literatur
   d) deutsche Sprache

5. Innerer Trieb zu universeller Bildung
umfaßt alles andere und fügt vieles Neue hinzu

Sprachen
1. Hebräisch
2. Griechisch
3. Lateinisch
4. Deutsch
5. Englisch
6. Französisch
usw.

Künste
1. Mathematik
2. Musik
3. Poesie
4. Malerei
5. Plastik
6. Chemie
7. Architektur
usw.

Nachahmungen
1. Militärische Wissenschaft
2. Seewissenschaft
3. Kenntnis der verschiedenen Gewerbe
usw.

Wissen
1. Geographie
2. Geschichte
3. Literatur
4. Geologie
5. Naturgeschichte
6. Altertum
usw.

und über alles *Religion*, die Grundveste alles Wissens!

Groß ist das Gebiet des Wissens, *unendlich* das Forschen nach Wahrheit!

Die Schillerfeier in Pforta

Den 8. 12. 1859

Der hundertjährige Geburtstag Schillers hatte bei allen Verehrern des großen Deutschen den Wunsch einer allgemeinen Gedächtnisfeier angeregt. Und nicht nur die Gebildeten, nein, auch die untern Stände des Volkes nahmen lebhaft an diesem Nationalfeste Anteil. Über die Grenzen Deutschlands hinaus war das Gerücht hiervon gedrungen; fremde Länder, ja ferne Erdteile trafen großartige Vorbereitungen zu diesem Tage, so daß man wohl behaupten kann, daß noch kein Schriftsteller ein allgemeineres Interesse hervorgerufen hat, als Schiller. Aber wodurch konnte man den Dichter würdiger feiern, als durch die Aufführung seiner hohen Werke? Was vermöchte uns mehr an ihn zu erinnern, als seine eignen Geistesprodukte, der Spiegel seines großen Geistes? Und so wurden auch an diesem Tage in allen Schauspielhäusern nur schillersche Stücke gegeben, in geschlossenen Gesellschaften vorzügliche Szenen aus seinen Dramen aufgeführt, ja fast in jedem Hause wurde er auf irgendeine Weise gefeiert; ein Band aber schlang sich um alle Herzen, das Band der Liebe und Verehrung für den großen Toten. Auch Pforta wollte nicht hinter den allgemeinen Bestrebungen zurückbleiben: schon lange Zeit vorher waren Vorbereitungen zu diesem Tag getroffen. Am Mittwoch fand eine Vorfeier im Turnsaal statt, der hierzu festlich ausgeschmückt war. Eine große Menschenmenge hatte sich in ihm versammelt; der Name »Schiller« schwebte auf aller Munde, und aller Augen auf seiner lorbeerbekränzten Büste. Zuerst wurden die Piccolomini von den Primanern gelesen; die Rolle des Wallenstein hatte Herr Prof. Koberstein übernommen. – Eine hehre Heldengestalt trat vor unsre Augen, die sich kühn über die beengenden Verhältnisse des Lebens hinwegsetzt, einem Ziele nur nachstrebend, das in des Herzens tiefsten Grunde verborgen liegt und alle Handlungen lenkt und leitet. Um sie eine Schar von Feldherrn; die einen in feiger Selbstsucht die Heldengröße ihres Herrn verkleinernd, die andern treu ihm allein ergeben und für sein Wohl wie um das ihrige besorgt. Diesen gegenüber erscheint ein kaiserlicher Hofmann, in allen Schlichen und Redekünsten gewandt, aber doch an der gewaltigen Majestät Wallensteins scheiternd. Und nur ein Schiller konnte uns in so klaren Umrissen den großartigen Charakter dieses Helden vorführen, der über seine Zeit erhaben stolz auf alles Niedrige niederblickt. –

Den zweiten Teil der Vorfeier bildete die Aufführung der Glocke, komponiert von Romberg. Dieses edle Werk versetzte uns durch die Gewalt der Töne in all die Situationen und Lebensbilder, die die Glocke vor uns aufrollt. Wir gerieten in Angst bei der Verwirrung der Feuersbrunst, wir trauerten mit bei den ernsten Klagegesängen, wir wurden erschreckt über die wilden Melodien der Revolution, bis sich unsre Gemüter wieder in der Milde der Friedenschöre beruhigten. Kaum waren die letzten Töne verklungen, da betrat Herr Prof. Koberstein die Bühne und beschloß mit dem edlen Epilog Goethes die Vorfeier. –

Am folgenden Tage fielen die Lektionen der Feier wegen aus. Um zehn Uhr war wiederum Aktus im Turnsaal, der mit zwei schillerschen Chören »Frisch auf, Kameraden« und »Freude, schöner Götterfunken« begann. Gedichte einiger Primaner zu Ehren Schillers wechselten nun mit Arien und Balladen ab, bis endlich Herr Prof. Koberstein die Bühne betrat und die Festrede hielt. Er vergegenwärtigte uns in derselben die Zeit vor Schillers Auftreten und entwickelte dann seine literarische Wichtigkeit für die deutsche Nation und schloß endlich mit dem Gedanken »dieses Nationalfest sei ein bedeutsames Vorzeichen für das wiedererwachte deutsche Nationalgefühl, und man könne an diese Feier schöne Hoffnungen für die Zukunft knüpfen.« –

Nach dem Festessen war dann allgemeiner Spaziergang bis drei Uhr. Die folgenden Stunden verbrachte jeder mit Lesen von Schillers Werken usw. bis endlich Tanz bis zehn Uhr die Feierlichkeiten beschloß. Die Primaner indessen vergnügten sich bei einem Ball noch bis spät in die Nacht hinein. Der folgende Morgen führte uns wieder in das Gleis des gewöhnlichen Lebens: ein hoher und edler Gedanke war aber allen geblieben, nämlich den Manen Schillers ein würdiges Totenopfer gebracht zu haben. –

[Aus dem Jahre 1860]

Sage mir, teurer Freund, warum du so lang nicht geschrieben?
Immer hab ich geharrt, Tage und Stunden gezählt.
Denn ein gar süßer Trost ist ein Brief vom Freunde entsendet,
So wie ein sprudelnder Quell durstige Wandrer erquickt.
Viel auch ist mir wert die Kunde von deinem Befinden:
Habe auch ich doch einst ähnliche Wege gewallt,
Habe so Freud' wie Leid mit dir zusammen genossen,
Und in Freundesverein wurde das Schwerste uns leicht.
Freilich weiß ich recht wohl: Schuljahre sind schwierige Jahre,
Nie wird jegliche Last, Mühe und Arbeit gescheut.
Oft auch möchte die Seele sich los von den hemmenden Fesseln
Reißen, in Einsamkeit flüchten das fühlende Herz;
Aber auch diesen Druck erleichtert die treuliche Freundschaft,
Die sich stets voll Trost, voll von Erhebung uns naht.
Unter Freunden ist nichts, was der eine dem andern verbürge;
Alles teilen sie sich mit im vertrauten Gespräch.
Ist auch der eine entfernt, die Liebe durchsegelt die Lüfte,
Und in Gestalt eines Briefs naht sie dem einsamen Freund.
Teurer! Bald nahet der Tag wo auch wir uns wieder erblicken,
Und des trauten Gesprächs lang schon entbehrten uns freun.
Aber nur kurz ist die Freud'! Denn bald enteil' ich von neuem,
Nicht nach Pforta zurück, wo nur die Strenge regiert,
Nicht nach dem Fichtelgebirg dem düsteren, nein, in die Heimat!
Ach wohl zum letztenmal grüß ich den teuersten Ort!
Doch – die Entfernung hemmt nicht der Seelen stete Verbindung,
Et manet ad finem longa tenaxque fides!

Pforta, den 6. 3. 1860

Meine Ferienreise

Pforta 1860. Hundstage

Früh um drei Uhr standen wir auf; der Morgen war kühl, düster, man konnte einen Regen vermuten. Schweigend gingen wir durch die Felder, manchen Blick noch auf das liebe Haus zurückwerfend, das hinter uns lag. Der Himmel wurde immer trüber, immer umwölkter; als wir über die Saale fuhren, fielen die ersten schweren Tropfen. Schon lag der Eisenbahndamm vor uns, noch zehn Minuten und wir sind da. Es regnet heftig; mit hastigen Schritten geht es vorwärts.

Ein dröhnendes Geräusch; donnernd rasselt der Zug an uns vorüber.

Atemlos kommen wir an; der Bahnwärter winkt uns zu eilen; wir nehmen Platz; der Zug setzt sich in Bewegung. Wunderbar, wir waren ganz durchnäßt und ganz mit Schweiß überdeckt; aber ohne Schaden ging alles vorüber. Merseburg lassen wir seitwärts liegen; in Halle machen wir Halt. Ich war über die Veränderung erstaunt, die in dieser Stadt innerhalb weniger Jahre stattgefunden hat; nette, moderne Häuser und Läden überall, wo früher jene schwarzen, langgegiebelten Gebäude mit den hohen Eingangstreppen waren. Ein kleines Geschäft, das den Onkel noch verhinderte, wurde bald abgemacht; dann begaben wir uns auf die Post und ließen uns einschreiben. Nach kurzer Zeit fuhr der Postwagen vor, wir stiegen ein und fort ging's nach Eisleben. Der Himmel hatte sich aufgeheitert. Lange glänzende Strahlen lagen auf den weiten Feldern, dazwischen schwebten die flüchtigen Schatten eilender Wolken. Lange Zeit verweilte unser Auge auf der Irrenanstalt, an die sich so leicht eine traurige Gedankenkette knüpft. Das lange, weiße Gebäude tritt seltsam aus dem hellen, frischen Grün hervor, das sich rings hinzieht. Dann wurde die Straße eintöniger; hier und da ein Blick auf die öde Heide, sonst alle Felder grün, weiß, gelb in ewiger Abwechslung. Ich begann meine Reisegesellschaft zu mustern. Neben mir saß ein Mann, der, zufrieden mit allem, wie es schien, gutmütig zu allem lächelnd nickte, was sein Nachbar sagte. Dieser hingegen war in fortwährender Aufregung; der Fluß seiner Rede konnte durch nichts gedämmt werden. Er verbreitete sich hauptsächlich über seine eignen Güterangelegenheiten; ein Mann von Geld, aber ohne Bildung. Charakteristisch war, daß er fortwährend von Minister B... H... sprach, hie und da heftig auf ihn losfuhr, dann aber allemal hinzufügte: »Trotzdem ist es doch ein ganz vorzüglicher Mann, der B. H., was der Mann nicht für ein leutseliges Gemüt hat!« Und dann pflegte er seine Zusammenkünfte mit ihm aufs ausführlichste mitzuteilen. Mir schien es fast nur eine Art von Stolz zu sein, denn die Ehre, mit einem Minister in nähere Berührung zu kommen, widerfährt nicht einem jeden. – Sobald wir über Langenbogen hinaus waren, wurde die Gegend interessanter. Die Straße hob sich allmählich in Windungen, endlich lag, als wir um eine Ecke herumbogen, plötzlich der weite Spiegel des Salzigen Sees vor uns. Ringsum grüne Hügelkette, Weinberge, in den golden schimmernden Fluten eine dichtbewaldete Landzunge, vom Mund des Volks die Teufelsbrücke genannt, anknüpfend an eine Sage, die durch ganz Deutschland verbreitet in den mannigfachsten Variationen so manche Brücke, so manche Mühle umrankt. Bald wiederholte sich der liebliche

Anblick; zu unsrer Rechten tauchte der Süße See auf. Die wunderschönen ruhigen Fluten, das kleine, nett gebaute Seeburg, die grünen Bergzüge fließen so sanft ineinander und vereinigen sich zu einem reizenden Gemälde. Hier ist es auch, wo der Postillion durch einzelne Melodien ein sehr klares, reines Echo weckt, das ganze Zeilen treulich wiedergibt. –

Jetzt nahm uns eine grüne Hügellandschaft auf; vergeblich fragte ich nach Holzzelle, dem Wohnort von Immermanns Onkel; niemand wußte mir diesen Schauplatz jener Studentenstreiche, an die ich nie ohne Gelächter denke, anzugeben.

Endlich erreichten wir Eisleben. Wir stiegen in der Post ab, begaben uns in einen Gasthof und erquickten uns hier durch Speise und Trank. Neben uns nahm ein Mann Platz, der mir, wie es schien, ein beständiger Besuch zu sein schien; vermöge alberner Bemerkungen und einer höchst dreisten, unverschämten Redeweise leitete er bald die Unterhaltung, die sich freilich um höchst gleichgültige Gegenstände drehte. Wir verhielten uns sehr ruhig. Dann begann er, die geistliche Nähe witternd, plötzlich sich auf die niedrigste Weise an den Pfaffen, den Landaussaugern usw. auszulassen.

Um vier Uhr bestiegen wir wieder die Post. Der Weg führte nach Mansfeld zwar in ewigen Umwegen, so daß wir uns fast im Kreise bewegten, aber doch endlich zum Ziele. Die Burg selbst wird von dem neuen Besitzer, dem Herrn v. d. Recke aufs glänzendste restauriert. Wir hatten das Vergnügen, mit dem »hohen, edlen« Herrn zu reisen; er unterhielt sich auf das liebenswürdigste mit uns. Der Onkel, dessen Patron er ist, ist auch voll seines Lobes auch in bezug auf seine ganz christlichen Grundsätze. – Auch in Mansfeld hielten wir uns nicht auf. Je näher ich kam, desto reger wurde meine Erwartung. Wir gingen dann zu Fuß; die Gegend wurde immer schöner. Je höher wir stiegen – und der ganze Weg ist beinahe ein beständiges Aufsteigen – um so dichter kamen wir in den Wald. Dazwischen wieder lichte Stellen – zur Seite ein lang sich dahinstreckender Berg mit dem wundervollsten Grün, in den Tälern fruchtbare Felder, dahinter blaue Bergketten. Endlich ragte der Turm aus der Ferne hervor. Wir trafen einzelne Männer aufs eifrigste mit Holzhacken beschäftigt. Sonst alles dichter, grüner Wald.

Ein Schritt – und wir standen plötzlich im Dorf und nach wenig Augenblicken im Haus des lieben Onkels. Freudig, jubelnd empfing uns die alte Haushälterin, eine Naumburgerin. Wir waren beide etwas ermattet, ein kräftiges Abendbrot stärkte uns wieder. Von Anfang an war mir hier gleich so heimisch, wie noch nirgends. Nach dem Abendbrot begann der Onkel auch auf seinem Aeolodicon zu spielen. Goldenklar begann ein zarter Ton, im reinsten Wohlklang folgten andere und plötzlich schwoll die Harmonie in wundervoller Weise an. So ernst, so erhaben, so ganz dem innersten Gefühl entquollen, strömte eine mächtige Tonfülle in den reinsten, kirchlichen Typen.

Am Abend sangen wir noch ein geistlich Lied zusammen, wozu die Haushälterin des Onkels herbeikam. Dann hielt der Onkel die Abendandacht. Diese schöne Sitte wurde nie hier vernachlässigt. –

Den andern Tag verbrachte ich immer noch ausruhend; der Onkel führte mich in seiner ganzen Besitzung herum. Das Haus selbst ist einfach, aber geräumig, mehrere große Stuben, Kammern, Küche, Keller, Boden. Ein Hof mit mehreren Gebäuden, Scheune und kleinem Gemüsegarten, den sich der Onkel selbst angelegt hat. Ein Bronnen mit sehr schönem frischem Trinkwasser. Einige Schritte entfernt liegt der große Baumgarten, ein gleichseitiges Rechteck von ungeheurer Dimension. Die mannigfachsten Baumarten, Fruchtbäume, dazwischen Gemüseanpflanzungen. Den vierten Teil nimmt der Blumengarten ein; die kleine von Gebüsch umgebene Laube habe ich sehr oft aufgesucht. – Das ganze Leben hier war höchst gemütlich und einfach. Ich hielt mich oben oft in der großen Stube auf, während der Onkel unten arbeitete. Treffliche Bücher fand ich hier, später bekam ich auch eigne Bücher nachgeschickt. Beständig habe ich mich auf das angenehmste beschäftigt. Mancherlei geschrieben und komponiert. – Viel auch spielt ich auf dem reizenden Aeolodicon, ein Vergnügen, das ich nicht sattbekommen konnte.

Den folgenden Tag bekam ich vor Mittag einen Brief von meinem Freund W. Pinder. Durch Umstände verhindert mit mir in Korbetha zusammenzutreffen, wollte er doch noch nachkommen, eine Nachricht, die mich sehr erfreute. In der Hoffnung, ihn den Nachmittag auf der Post in Mansfeld zu finden, ging ich hin, ihn abzuholen. Aber ich hatte mich getäuscht; er kam nicht. Und so kehrte ich allein durch die schönen Wälder zurück. –

Sonntag war's. Der Onkel war den ganzen Morgen noch sehr fleißig. Ich sah ihn erst unmittelbar vor dem Kirchgang. Die Kirche ist klein, aber sehr nett ausgeschmückt; der Besuch war immer recht zahlreich. Aber was für eine wunderschöne Rede hielt der Onkel! Welche Kraft in dieser Predigt! Wie nachdrücklich war jedes Wort! Ich erinnere mich fast noch jedes Gedankens, den der Onkel aussprach. Er sprach über die Versöhnung, anknüpfend an das Wort: Wenn du deine Gabe zum Altare bringst, so versöhne dich zuvor mit deinem Bruder. Es war den Tag gerade Kommunion; gleich nach der Predigt traten die zwei Amtleute des Dorfes vor, gebildete Männer, aber von jeher einander feind, und versöhnten sich, indem sie sich gegenseitig die Hand reichten. Das heißt doch ein Erfolg! Ich blieb nach der Predigt mit dem Onkel noch zurück; denn es war noch eine Taufe. Der Herr Kantor kam herunter und begrüßte uns. Welch ein lieber Mann! Eine lange gerade Gestalt, schmal, etwas eingefallen, aber noch sehr rüstig, mit dem freundlichsten Gesicht, der ruhigsten, zufriedensten Miene. Dabei so bescheiden, so still, daß man von Tag zu Tag ihn lieber gewinnt. Der Onkel lud ihn mit zu Mittag ein. Nach Tische beratschlagten wir, wohin wir unsre Blicke wenden sollten. Um drei gingen wir fort, fortwährend im dichten grünen Hochwald. Welchen erhabnen Eindruck macht nicht so ein Waldspaziergang! Plötzlich traten wir in das Freie heraus und sogleich weitet sich die Aussicht. Ein liebliches Gemälde bietet sich uns dar. Wir standen auf einem Bergrücken, von Heidekräutern bewachsen; vor uns breiteten sich goldene Gefilde, die Güldne Auen, vor allen trat Sangerhausen mit seinen Türmen deutlich hervor. Weiter dahinter der Kyffhäuser und ganz am Horizont die blaue Kette des Thüringer Waldes. Berg und Tal, Wald und Feld bildeten eine lebendige, farbenreiche Landschaft. –

Längere Zeit verweilten wir hier. Dann ging es auf einem andern Wege wieder nach Hause zurück. –

Den folgenden Tag erhielt ich wieder einen Brief von W., der mich sehr froh machte. Der Regen, der ihn gehindert hatte, am bestimmten Tage einzutreffen, hatte ihm doch nicht die Lust genommen und so wollte er den Nachmittag kommen. Wir sandten einen Knaben nach Mansfeld, wir aber beschlossen, am Abend ihm entgegenzugehn. – Auf der Hälfte des Weges trafen wir ihn und freuten uns sehr, uns wiederzusehn. Der ganze Tag verging unter fröhlichen Gesprächen. –

Auch der Dienstag verfloß wieder höchst angenehm; den Nachmittag machten wir einen wunderhübschen Spaziergang zusammen. Erst brannte die Sonne sehr; endlich kamen wir aus dem freien Felde in frische lebende Wiesen und dann in den kühlen Wald. An einer Köhlerhütte machten wir halt. Der ganze Bau interessierte mich, da ich einen ähnlichen noch nie gesehen hatte. Auf einem größern Kreise waren Baumstämme eingerammt, so, daß die Spitzen zusammenkamen und das Ganze die Gestalt eines Giebels hatte. Darüber war dann Erde und Rasen geworfen, so daß sie gegen Regen und Wind fest genug war. In der Hütte selbst waren einige Bänke, sonst schien sie längere Zeit unbewohnt zu sein. In der Nähe fanden wir auch mehrere Meilerstätten. Den Brand anzusehn war mir nicht vergönnt; es war wohl nicht die passende Jahreszeit. –

Endlich traten wir aus dem Wald und befanden uns auf einem ziemlich steilen Abhang, vor uns die blauen Berge des Harzes. Mit dem Fernrohr besichtigten wir die Höhen; ich konnte das Kreuz auf der Josephshöhe erkennen, dann zeigte sich auch Viktorshöhe und der Brocken alles sehr schön und deutlich. Wie gern versetzt man sich über die wenig Meilen hinweg, die uns noch von einem Lieblingsort trennen! Das Auge sieht erst die Stätte von weitem, der Geist aber weilt längst auf ihr und genießt, obschon ihm der träge Körper nicht folgen kann. –

Den folgenden Tag sahen wir endlich den schönsten Punkt, den die nächste Gegend hat, die Rammelsburg. Da der liebe Onkel zurückblieb aus Sorge für die Haushälterin, die krank geworden war, so war der Herr Kantor mit seiner gewohnten Freundlichkeit sogleich bereit uns zu führen. Beinah schien das Wetter uns ungünstig zu werden. Ein brodelndes, dumpfes Gewitter schwebte über unsern Häuptern hin. Wir ließen uns aber nicht abschrecken, sondern suchten die geradesten Wege auf, um so bald als möglich hinzukommen. Zur Rechten zogen sich dicht bewaldete Höhen hin, die in dem schönsten Blau sich verloren, vor uns ein durchrieseltes Wiesental, angrenzend an einen düsteren Forst. Wir gingen hindurch; der Weg führte aufwärts, endlich sahen wir ein niedliches Haus, das Schweizerhäuschen genannt, vor uns stehen. Wir eilten auf dasselbe zu, hielten uns aber die Augen zu bis wir auf der Galerie desselben waren und die ganze Gegend vor uns hatten. Welch reizend Schauspiel! Vor uns die Rammelsburg auf einem bewaldeten Berge liegend, niedriger als wir, rechts und links überall Höhenzüge voll dichter Forsten, die sich übereinander erhoben und deren Grün den angenehmsten Eindruck auf mich machte. Dahinter die blauen Harzberge. Man kann sich eine Waldlandschaft nicht reizender denken. Der liebliche Gegensatz von Berg und Tal, das alte Schloß, der Duft, der auf den Wäldern schwebte, endlich der blaue Himmel, der darüber so still, so friedlich ruhte. Im Tale tönte das Geplätscher der Bode, sonst alles still, ohne Geräusch. Wir waren ganz in den Anblick vertieft; im stummen Entzücken standen wir da, wie traulich ist doch die Waldeinsamkeit! – Oben fand ich an den Wänden des Hauses einen Vers aus Amaranth angeschrieben, der ganz diesem Gefühl entquollen zu sein schien. Auch die Namen der Mama und Liesbeth fand ich wieder, die sich vor einem Jahre hier angeschrieben hatten. Ich schrieb den meinigen hinzu. Wohl eine Stunde weilten wir hier. Dann führte uns der Herr Kantor auf unsern Wunsch hin nach der Rammelsburg. Um keine Umwege machen zu müssen, stiegen wir gerade den Weg hinunter, überschritten den lebendigen, forellenreichen Waldbach und stiegen auf der andern Seite wieder hinauf. Noch mehrere romantische Partien sahen wir; so standen wir plötzlich an einem Abhang, der, ähnlich der Roßtrappe uns mit Staunen und Schrecken erfüllte. Das Lieblichste auf dem ganzen Wege aber sahen wir oben. Das ganze Bodetal mit seinem grünen Teppich, die grünen duftigen Bergketten zu den Seiten, am Fuß des Berges einzelne Häuser, die zu Rammelsburg gehörten, der Bach, der silbern das Grün durchschlängelte und weit in der Entfernung mit Wald und Wiese verschwamm, das alles deuchte mir der lieblichste Anblick, den ich je gesehn hatte. Wir ruhten hier oben noch etwas aus, dann begannen wir den Rückweg. Der Herr Kantor erzählte uns aus seinem Leben, besonders aus den Jahren 1813–15, die angenehmsten Geschichten. Wie leid tut es mir, daß ich eine wunderhübsche Geschichte von einem Schillschen Jäger beinah wieder vergessen habe! Am Abend aßen wir wieder zusammen, der Onkel war sehr heiter und er erzählte uns allerlei lustige Sachen.

Es regnete die Nacht etwas; den Morgen kam der Herr Superintendent von Boneckau, um die Schule zu revidieren. Wir begaben uns in den Garten, wo wir uns über die Kirschbäume hermachten, ein Geschäft, das wir überhaupt sehr eifrig betrieben haben. Der Herr Superintendent war mit bei Tische, lud uns auch ein, mit ihm nach Mansfeld zu fahren, aber der Onkel schlug es aus. Den Nachmittag gingen wir nach dem Knochenbrunnen, der mitten im Walde aus einem Abhange quellend, kleine Knöchlein mit sich führt. Wir sammelten mehrere, und ich versuchte, dies auf das sonderbarste zu erklären; es wird aber wohl so sein, wie ein Förster gesagt hat, daß es Knochen von Fröschen sind, die sich im Winter hier verkrochen haben und umgekommen sind, die dann von den strömenden Fluten mit herausgespült werden. Der Weg war etwas feucht. –

Der folgende Tag führte uns nach einem neuen Punkt der Waldfeste Grillenburg. An der Luke vorbei führte der Weg durch einen wunderschönen Tannenwald, verlor sich dann etwas im dichten Gebüsch, tauchte dann aber wieder an einer sonnigen, erdbeerreichen Stelle auf. Dann ging es etwas abwärts, dann wieder empor und plötzlich standen wir vor einer wunderschön gelegenen Burg. Wir stiegen sogleich auf den höchsten Teil der Mauer und ergötzten uns an den schönen Wäldern, die sich in den schönsten Farben vor uns ausbreiteten. Nach rechts war der Blick freier. Ein nettes Dorf lag zu unsern Füßen. Dahinter lag die Goldne Aue. Den Horizont begrenzten die Höhen des Thüringer Waldes. Der Onkel erzählte uns folgende Geschichte, die darauf bezüglich ist. Die Herren der Grillenburg hatten einst die Braut eines Grafen von Mansfeld entführt. Letzterer, untröstlich über den Verlust, verkleidete sich als Troubadour und besuchte alle Burgen der Umgegend, indem er immer ein Lied wiederholte, das, wie er wußte, seine Geliebte recht wohl kannte. Endlich kam er auch zur Grillenburg; vor der Mauer begann er traurig seinen innigen Gesang. Da antwortete ihm plötzlich eine bekannte Stimme und fiel leise in dieselbe Melodie ein. Der freudig überraschte Sänger eilte nach Mansfeld zurück, überfiel bei Nacht die Grillenburg mit seinen Mannen, und als schönste Beute brachte er seine Geliebte mit. –

Der folgende Tag; es war Sonnabend; ist berühmt, weil an ihm der Beschluß zu unsern monatlichen Sendungen und zu der gemeinschaftlichen Kasse gefaßt wurde. W. und ich waren in den Wald gegangen; hier setzten wir uns etwas hin und beratschlagten darüber. Der Plan erstreckte sich zuerst nur auf Poesie und Wissenschaft. Musik war noch ausgeschlossen. Über einzelne Forderungen und Bedingungen entstand ein Streit. Endlich schwiegen wir mißmutig und gingen schweigend zurück in den Garten des Onkels. Hier endlich löste sich unsre Zunge; beide Teile waren nachgiebiger geworden. – An diesem Tag soll nun jährlich ein Fest gefeiert werden, und zwar auf der Rudelsburg, wozu jeder irgendeinen Beitrag schriftlich einliefern muß, dies wird dann oben auf dem Turm vorgelesen. –

Das Ende unsres Aufenthaltes nahte heran. Es war wiederum Sonntag, und Dienstag wollte der W. so durchaus wieder fort. – Den Vormittag hörten wir wieder eine herrliche Predigt. Mittag war wieder der Herr Kantor zu Tisch eingeladen. Nachdem wir in der Betstunde gewesen waren, wo der Onkel die Kinder katechisierte, gingen wir alle vier zusammen etwas spazieren. Wir suchten heute die Überreste eines verwüsteten Dorfes auf. Dichter Wald und Gebüsch bedeckte die Stätte, so daß man kaum durchdringen konnte. Man erkannte noch die Lage des Kirchhofs; sonst waren alle Trümmer dicht bewachsen und unerkennbar. Dann suchten wir Erdbeeren und fanden auch eine ziemliche Menge. Zu Hause zurückgekehrt, beschlossen wir den Tag unter heiteren Gesprächen. Ich möchte gern noch mehreres von den hübschen Erzählungen, die uns der Onkel mitteilte, anführen; aber wie leer kommt mir alles Geschriebene vor, im Gegensatz zu dem lebendigen, mündlichen Wort! Wenn uns jemand eine Geschichte erzählt, so knüpft sich sogleich ein persönliches Interesse daran; wenn dieses aber fehlt, so erscheint uns manches sehr unbedeutend und nichtig. –

Der folgende Tag war ein Packtag. Der Onkel war von vormittags zehn bis vier nachmittags abwesend, und zwar bei einem benachbarten Geistlichen, dessen Geburtstag war. Wir verbrachten diese Zeit, da wir der Einladung des Onkels, mitzukommen, nicht Folge leisteten, unter Abschreiben von schönen Gedichten und Volksliedern, die wir noch nie gesehn hatten, oder mit Aeolodiconspielen und Lesen. Den Nachmittag besuchten wir noch den Herrn Kantor, um von ihm Abschied zu nehmen. Er war wieder so außerordentlich freundlich. Dann wollten wir noch dem Onkel entgegengehn, aber kaum waren wir fort, so trafen wir ihn. Den ganzen Abend verbrachten wir noch sehr angenehm, indem uns der Onkel Abenteuer aus seinem Leben erzählte, die er meistenteils auf Reisen erlebt hatte; wir waren immer sehr gespannt. –

Endlich war der traurige Dienstag herangekommen, wo wir Gorenzen verlassen wollten; ich war sehr betrübt und wäre gar zu gern noch ein paar Tage dageblieben. Aber es mußte nun einmal geschieden sein! –

Wir standen etwas zeitig auf, tranken Kaffee und frühstückten und machten uns dann nach vielem Abschiednehmen auf den Weg. Der Onkel begleitete uns noch ein ziemliches Stück. Dann schied er von uns; mir wurde sehr traurig zumute. Die wenigen Worte des Dankes, die ich ihm sagen konnte, waren für all die Freude, für all diese herrlichen Stunden so unzureichend. Und gerade jetzt, wo mir das großväterliche Haus auf immer geschlossen ist, war mir ein so lieber Ort so wohltuend, so beglückend. –

Der erste Teil des Weges war wunderschön. Bald in den prachtvollsten Wiesen, auf denen noch der Morgentau blitzte, bald durch die dunkelsten Tannenwälder, in ewigem Wechsel. Wie oft schauten wir wehmütig auf die herrliche Gegend zurück! –

Wir eilten jetzt den Ebenen unsres Vaterlandes immer mehr zu; das merkten wir an dem beständigen Herabsteigen. Ein weißer Nebelfleck leuchtete lange am Horizonte; es war der Süße See. Bald winkten uns von fern die Türme von Eisleben. Die Sonne brannte etwas, ich wünschte sehr bald dort zu sein. Auf der Post besorgten wir sogleich unser Gepäck, begaben uns dann in einen Gasthof und nahmen hier etwas zu uns. Dann gingen wir zum Lutherhaus, geführt von einem ehrbaren Handwerker. Ein Seminarist empfing und führte uns zuerst in einen Saal, wo sehr viele Andenken an Luther waren. Handschriften, Bilder von Lucas Cranach, sämtliche Kurfürsten von Sachsen, der Schwan Luthers und andres unzählige. Ein Zimmer daneben enthielt sehr wertvolle alte Gemälde, den Untergang der Welt, den Kreuzestod Jesu, die Auferstehung, mehrere darunter von Lucas Cranach, sonst auch von andern berühmten Meistern. Dann gingen wir die Treppe herunter und traten in die Stube, wo Luther geboren war, wiederum mit vielen Bildern ausgeschmückt. Wir hatten nicht lange Zeit, drum trennten wir uns bald wieder und besuchten noch den Herrn Oberpfarrer Jahr, den ehemaligen Superintendenten von Naumburg. Er nahm uns auf das freundlichste auf und war überrascht, als wir nach einem Halbstündchen schon wieder aufbrachen, lud uns auch zu einem längern Aufenthalt sehr liebenswürdig ein. Sein Sohn, der Primaner, begleitete uns zur Post. In kurzem fuhren wir ab. Mir war es den ganzen Tag sehr unwohl. Auf der langweiligen, staubigen Chaussee wurde es immer schlimmer; ich versuchte zu schlafen, wachte aber immer zu bald wieder von dem lauten Geschwätz meiner Umgebung auf. Besonders zeichnete sich hierin ein junger Reisediener aus, ein gutmütiger Leichtfuß, der trotz seiner beständigen Reisen noch nicht erkannt zu haben schien, daß das Leben auch nur eine Reise sei, aber nach einem ewigen Ziel. – In Halle stiegen wir ab. Mein Freund besuchte noch Verwandte, ich aber ließ mich von einem Jungen, der mein Gepäck trug, auf den Bahnhof führen. Nach unseligen Umwegen kam ich dorthin, ging dort in das Hotel zur Eisenbahn und suchte dort durch Lesen und Essen meine Mißstimmung zu vertreiben. Um sechs begab ich mich auf den Bahnhof selbst, wurde hier noch recht in Schrecken gesetzt, indem mir jemand versicherte, der Zug nach Naumburg wäre schon da. Endlich kam mein Freund, nach längerm Warten auch der Zug, und fort ging's nach Naumburg. Als wir dort um halb neun Uhr ausstiegen, begann es tüchtig zu regnen. Wir waren sehr froh, als wir zu Hause glücklich anlangten und ein jeder seine matten Glieder und den verstimmten Geist durch einen ruhigen Schlaf erquicken konnte. Somit war diese Reise geendet, in vieler Beziehung die angenehmste, die ich seit längerer Zeit gemacht habe. Schade nur, daß mir der letzte Tag der Zurückreise so unangenehm verging! Den andern Tag schrieb ich sogleich noch mit meinem Freund an den Onkel, indem ich mich noch viele Mal bedankte und meine Zurückreise erzählte. – Was soll ich noch anfügen? Meine Aufgabe ist gelöst, mein Ziel erreicht.

Mein Lebenslauf [I]
[Aus dem Jahre 1861]

Die verflossene Zeit des Lebens zu überschauen, und Gedanken an die wichtigsten Ereignisse desselben anzuknüpfen, kann und darf niemandem uninteressant sein, dem seine eigne Sitten- und Geistesentwicklung am Herzen liegt. Denn wenn auch die Keime zu den geistigen und sittlichen Anlagen schon in uns verborgen liegen und der Grundcharakter jedem Menschen gleichsam angeboren ist, so pflegen doch erst die äußern einwirkenden Verhältnisse, die in bunter Mannigfaltigkeit den Menschen bald tiefer, bald flüchtiger berühren, ihn so zu gestalten, wie er als Mann sowohl in sittlicher als geistiger Beziehung auftritt. Günstige Lebensverhältnisse können deshalb, ebenso wie unglückliche, sich sowohl nützlich als schädlich zeigen, je nachdem die verschiedenen Keime zu bösen und guten Neigungen dadurch geweckt werden. Wie oft doch preisen die Menschen die Reichen, Berühmten, überhaupt vom Glück Begünstigten glücklich und wie oft verwünschen nicht gerade jene ihre Lebensstellung, die sie in Laster und Gemütsunruhe gestürzt habe und Neigungen, die ihre Lebensfreude aufzehren, in ihnen erweckt habe. Wofern diese Anschuldigung des Schicksals gerecht ist, wofern überhaupt alle die ihm gemachten Vorwürfe billig sind, so muß diese austeilende Macht entweder blind oder das Prinzip der Ungerechtigkeit sein. Es ist aber ebenso undenkbar, die höchsten Interessen des Menschengeschlechts in die Hände eines gedanken- und unterscheidungslosen Wesens zu legen, als einem urbösen Etwas anzuvertrauen. Denn ein abstraktes, ungeistiges Schöpferisches kann ebensowenig wie ein urböses Wesen unsre Geschicke leiten, da im ersten Fall das Geistlose nicht existieren kann – denn alles, was ist, lebt – im zweiten Fall der dem Menschen angestammte Trieb zum Guten unerklärbar wäre. Es gibt in allem Geschaffnen Stufenleitern, die sich auch auf unsichtbare Wesen erstrecken müssen, wenn nicht die Welt selbst die Urseele sein soll. So bemerken wir einen Fortschritt des Lebens, ausgehend vom Stein, überhaupt dem scheinbar Festen, Starren, fortschreitend zu Pflanzen, Tieren, Menschen und auslaufend in Erde, Luft, Himmelskörper, Welt oder Raum, Stoff und Zeit. Soll hier die Grenze und das Ende sein? Sollen abstrakte Begriffe die Schöpfer alles Seins sein? Nein, über das Stoffliche, Räumliche, Zeitliche hinaus ragen die Urquellen des Lebens, sie müssen höher und geistiger sein, die Lebensfähigkeit unendlich, die Schöpferkraft unbegrenzt sein.

Eine andre Stufenleiter bildet die anwachsende Verteilung der Geisteskräfte, und hier steht von allen sichtbaren der Mensch an der Spitze, da er die größte Geistesausdehnbarkeit hat. Aber die Unvollkommenheit und Beschränktheit des menschlichen Geistes, der die Welt klar durchdringen müßte, wenn er der Urgeist sein sollte, leitet unsre Blicke auf eine höhere, erhabenere Geisteskraft, von der alle andern Geisteskräfte wie von einer Urquelle her fließen. So lassen sich noch viele solche Stufenleitern finden, wie der anwachsende Fortschritt des Stofflichen, Räumlichen, Zeitlichen, der Moral usw. Alle aber – und das ist das Wichtige – bestimmen uns erstens die Existenz des ewigen Wesens, dann auch die Eigenschaften desselben. Nur auf einem guten Wesen und zwar auf einem Prinzip des Guten kann die Austeilung der Geschicke ruhen und wir müssen nicht verwegen den Schleier zu heben wagen, der über der Leitung unsrer Verhältnisse gebreitet ist. Wie vermöchte auch der Mensch mit seinen so gering ausgebreiteten Anlagen des Geistes die erhabenen Pläne zu durchdringen, die der Urgeist aussann und ausführt! Es gibt keinen Zufall; alles was geschieht, hat Bedeutung, und je mehr die Wissenschaft forscht und sucht, desto einleuchtender wird der Gedanke, daß alles, was ist oder geschieht, ein Glied einer verborgenen Kette sei. Wirf deinen Blick auf die Geschichte; glaubst du, daß bedeutungslos die Zahlen sich aneinanderreihen? Schaue den Himmel an; meinst du, daß ordnungs- und gesetzlos die Himmelskörper ihre Bahnen wandeln? Nein, nein! Was geschieht, das geschieht nicht von ungefähr, ein höheres Wesen leitet berechnend und bedeutungsvoll alles Erschaffne.

Mein Lebenslauf [II]

[Aus dem Jahre 1861]

Es macht auf mich immer einen eigentümlichen Eindruck, wenn ich auf die verflossnen Jahre zurückschaue und mir längst geschwundene Zeiten vergegenwärtige. Jetzt erst erkenne ich, wie manche Ereignisse auf meine Entwicklung eingewirkt haben, wie sich Geist und Herz durch den Einfluß der umgebenden Verhältnisse gestaltet haben. Denn wenn auch die Grundzüge des Charakters jedem Menschen gleichsam angeboren sind, so bilden doch erst die Zeit und die Umstände diese rohen Keime aus und prägen ihnen bestimmte Formen auf, die dann durch die Dauer fest und unverlöschlich werden. Wenn ich nun mein Leben ansehe, so finden sich mehrere

Ereignisse, deren Einflüsse auf meine Entwicklung unverkennbar sind. Diese Vorfälle sind aber eben nur für mich bedeutsam und mögen für andre wenig Anziehendes haben.

Mein Vater war Geistlicher zu Röcken, einem Dorf, das in der Nähe von Lützen liegt und sich an der Landstraße hinstreckt. Rings wird es durch mehrere größere Teiche, teils durch frische Waldungen umgeben, ist aber sonst weder schön, noch anziehend gelegen. Hier bin ich am 15. 10. 1844 geboren und erhielt meinem Geburtstag zufolge den Namen Friedrich Wilhelm. Was ich über die ersten Jahre meines Lebens weiß, ist zu unbedeutend, es zu erzählen. Verschiedene Eigenschaften entwickelten sich schon sehr frühe, eine gewisse betrachtende Ruhe und Schweigsamkeit, durch die ich mich von andern Kindern leicht fernhielt, dabei eine bisweilen ausbrechende Leidenschaftlichkeit.

Bedeutungsvoll war für mich das Jahr 1848. Neue Eindrücke nahm ich hier in mich auf; ich lernte das Kriegswesen durch die Einquartierung von Husaren kennen. Von der ausgebreiteten Revolution blieb unser Ort verschont, doch erinnere ich mich noch wohl, auf der Landstraße häufig Wagen mit großen bunten Fahnen und Leuten, die Lieder sangen, gesehen zu haben. Wichtiger wurde für mich noch das Jahr durch die Krankheit meines Vaters, die sich noch bis ins folgende Jahr hinzog und dann schnell das Ende herbeibrachte. Es war eine Gehirnentzündung, in ihren Symptomen der Krankheit des höchst seligen Königs ungemein gleich. Trotz der ausgezeichneten Beihilfe des Hofrat Opolcer nachher Kaiserl. österreich. Leibarzt, nahm die Krankheit einen reißenden Fortgang. Unruhe und Besorgnis breitete sich um unser Haus, das früher der Aufenthalt der schönsten Glückseligkeit gewesen war. Und wenn ich auch die Größe der bevorstehenden Gefahr nicht völlig begriff, so mußte doch die traurige, angstvolle Stimmung auf mich einen beunruhigenden Eindruck machen. Die Leiden meines Vaters, die Tränen meiner Mutter, die sorgenvollen Mienen des Arztes, endlich die unvorsichtigen Äußerungen der Landleute mußten mich ein drohendes Unglück ahnen lassen. Und dieses Unglück brach endlich ein.

Das war jene erste verhängnisvolle Zeit, von der aus sich mein ganzes Leben anders gestaltete.

Mein Lebenslauf [III]

[Aus dem Jahre 1861]

Ich bin zu Röcken geboren, einem Dorf, das in der Nähe von Lützen liegt und sich an der Landstraße entlang hinzieht. Rings wird es von Weidengebüsch und vereinzelten Pappeln und Ulmen umschlossen, so daß aus der Ferne nur die ragenden Schornsteine und der altertümliche Kirchturm durch die grünen Wipfel hindurchschauen. Innerhalb des Dorfes breiten sich größere Teiche aus, nur durch schmale Landstrecken voneinander getrennt: ringsum frisches Grün und knorrige Weiden. Etwas höher liegt das Pfarrhaus und die Kirche, ersteres von Gärten und Baumpflanzungen umgeben. Dicht grenzt der Friedhof an, voll von eingesunknen Grabsteinen und Kreuzen. Die Pfarrwohnung selbst wird von drei schön gewachsenen weitästigen Ulmen beschattet und macht durch ihren stattlichen Bau und ihre innere Einrichtung auf jeden Besucher einen angenehmen Eindruck.

Hier bin ich am fünfzehnten Oktober 1844 geboren und erhielt meinem Geburtstag angemessen den Namen: »Friedrich Wilhelm«. Was ich über die ersten Jahre meines Lebens weiß, ist zu unbedeutend, um es zu erzählen. Verschiedne Eigenschaften entwickelten sich schon sehr frühe. So eine gewisse Ruhe und Schweigsamkeit, durch die ich mich von andern Kindern leicht fern hielt, dabei eine bisweilen ausbrechende Leidenschaftlichkeit. Von der Außenwelt unberührt lebte ich in einem glücklichen Familienkreis; das Dorf und die nächste Umgebung war meine Welt, alles Fernerliegende ein mir unbekanntes Zauberreich. – Der heitre Himmel, der mich bis jetzt umlacht hatte, wurde plötzlich von schwarzen, unheilschwangeren Wolken getrübt. Mein Vater erkrankte gefährlich, ohne daß wir die Ursache der Krankheit durchschauten. Der scharfe Blick des Hofrats Opolzer erkannte sofort die Symptome einer Gehirnerweichung. Der Zustand wurde immer schlimmer, immer bedenklicher. Die zunehmenden Leiden meines Vaters, sein Erblinden, seine abgezehrte Gestalt, die Tränen meiner Mutter, die sorgenvollen Mienen des Arztes, endlich die unvorsichtigen Äußerungen der Landleute mußten mich ein drohendes Unglück ahnen lassen. Und dieses Unglück brach auch ein – mein Vater starb. –

Ich übergehe meinen Schmerz, meine Tränen, die Leiden meiner Mutter, die tiefe Betrübnis des Dorfes. Wie hat mich das Begräbnis ergriffen! Wie drangen mir die dumpfen Sterbeglocken durch Mark und Bein! Zuerst fühlte ich, daß ich verwaist und vaterlos sei, daß ich einen liebevollen Vater verloren habe. Sein Bild steht noch lebendig vor meiner Seele: eine hohe, schmächtige Gestalt mit feinen Gesichtszügen und wohlwollender Freundlichkeit. Überall beliebt und gern gesehn, sowohl wegen seines geistreichen Gesprächs, als seiner teilnehmenden Herzlichkeit, von den Bauern geehrt und geliebt, als Geistlicher durch Wort und Tat segensreich wirkend, in der Familie der zärtlichste Gatte, der liebevollste Vater, war er das vollendete Musterbild eines Landgeistlichen.

»Ach sie haben
Einen guten Mann begraben,
Und mir war er mehr!«

Einige Monate darauf betraf mich ein zweites Unglück, das ich durch einen sonderbaren Traum vorausahnte. Mir war es, als hörte ich aus der nahen Kirche dumpfen Orgelton. Überrascht öffne ich das Fenster, das der Kirche und dem Friedhof zugewandt war. Das Grab meines Vaters tut sich auf, eine weiße Gestalt steigt herauf und verschwindet in der Kirche. Die düsteren, unheimlichen Klänge rauschen fort; die weiße Gestalt erscheint wieder, etwas unter dem Arm tragend, das ich nicht deutlich erkannte. Der Hügel hebt sich, die Gestalt versinkt, die Orgel verstummt – ich erwache. Am folgenden Morgen wird mein jüngerer Bruder, ein lebhaftes und begabtes Kind, von Krämpfen überfallen und ist in einer halben Stunde tot. Er wurde ganz unmittelbar an dem Grabe meines Vaters beerdigt. –

Die Zeit, wo wir von unsrer geliebten Heimat scheiden sollten, rückte heran. Der letzte Tag und die letzte Nacht stehen mir noch besonders lebendig vor der Seele. Am Abend spielte ich noch mit mehreren Kindern, eingedenk, daß es das letzte Mal sei, und nahm dann von ihnen, wie auch von allen Orten, die mir lieb und teuer geworden waren, Abschied. Die Abendglocke hallte mit wehmütigem Klange durch die Fluren; mattes Dunkel breitete sich über unser Dorf, der Mond stieg auf und schaute bleich auf uns herab. Ich konnte nicht schlafen; unruhig und aufgeregt warf ich mich auf meinem Lager umher und stand endlich auf. Im Hof standen mehrere beladne Wagen, der matte Schein einer Laterne beleuchtete die Hofräume. Nie erschien mir meine Zukunft so dunkel und ungewiß, als damals. Sobald der Morgen graute, wurden die Pferde angeschirrt; wir fuhren durch den Morgennebel fort und riefen unsrer lieben Heimat wehmütig ein Lebewohl zu.

Naumburg, das Ziel unserer Reise machte auf mich einen höchst sonderbaren Eindruck. Das viele Neue, Kirchen und Häuser, öffentliche Plätze und Straßen, alles erregte mein Erstaunen und verwirrte zuerst meine Sinne. Auch die Umgegend zog mich sehr an, die durch ihre schönen Berge und Flußtäler, Schlösser und Burgen die ländliche Einfachheit meiner Heimat sehr in Schatten stellte. Bald auch begann ich meine Schullaufbahn und wurde nach genügenden Vorkenntnissen einem Institut zum Unterricht übergeben. Diese Zeit wurde für mich auch besonders dadurch wichtig, daß ich damals zuerst die beiden Knaben kennenlernte, mit denen verbunden ich bis jetzt in treuer Freundschaft stehe. Überhaupt wurde meine Bekanntschaft erweitert; ich wurde von mehreren Familien freundlich aufgenommen und begann mich wieder heimisch und wohl zu fühlen. Im Kreis meiner Freunde verlebte ich frohe und glückliche Stunden; gleiche Bestrebungen, gleiche Wünsche banden unsere Seelen immer fester aneinander, so daß wir Freude und Leid gemeinsam genossen und ertrugen. Wie unbedeutend erscheinen doch die Trübsale der Knabenjahre! Leichte, fliehende Wolken verdunkeln die aufgegangene Sonne; wenn aber die Sonne hoch steht und die Erde dennoch düster erscheint, dann müssen wahrlich schwere, drohende Wolken sie verschleiern. – Bald auch wurde ich als reif für das Gymnasium erklärt und betrat jene Räume, die ich schon früher immer mit einem geheimen Schauer betrachtet hatte. Die düsteren Lehrzimmer, die strengen und gelehrten Mienen meiner Lehrer, die vielen, so erwachsenen Mitschüler, die mit Geringschätzung auf mich herabsahen und im Gefühl eigner Würde die Neulinge kaum beachteten, alles dies machte mich ängstlich und scheu, und erst allmählich gewöhnte ich mich, meine Stellung mit mehr Zuversicht und Ruhe zu behaupten. Zu gleicher Zeit entwickelten sich auch verschiedne Lieblingsneigungen, von denen einige sich bis jetzt erhalten haben. Insbesondere war es die Neigung zur Musik, die im Laufe der Zeit nur zunahm und jetzt unerschütterlich fest in meiner Seele wurzelt.

Ich war regelmäßig bis Tertia vorgerückt und hatte hier schon ein Semester zugebracht, da traf mich eine Veränderung, die körperlich und geistig bedeutungsvoll auf mich eingewirkt hat. Es wurde uns eine Pförtner Alumnatsstelle angetragen; mir wurde ganz anheimgestellt, ob ich sie annehmen oder ausschlagen wollte. Schon früher hatte ich immer eine Zuneigung für Pforte gehegt, teils weil mich der gute Ruf der Anstalt und die berühmten Namen dort gewesener und dort seiender Männer anzogen, teils weil ich ihre schöne Lage und Umgebung bewunderte. Ich entschied mich schnell für die Annahme der Stelle und habe es nie bereut. Wenn auch die Trennung von Mutter, Schwester und lieben Freunden mir zuerst schwer fiel, so schwand dieses Gefühl doch sehr bald und ich fühlte mich bald hier wieder zufrieden und wohl. Ich verkenne nicht, wie wohltätig Pforte auf mich einwirkt, und ich kann nur wünschen, daß ich mich schon hier und noch mehr in spätren Zeiten immer als ein würdiger Sohn der Pforte erweise. –

Brief an meinen Freund, in dem ich ihm meinen Lieblingsdichter zum Lesen empfehle

19. 10. 61

Lieber Freund!

Einige Äußerungen aus deinem letzten Brief über Hölderlin haben mich sehr überrascht, und ich fühle mich bewogen, für diesen meinen Lieblingsdichter gegen dich in die Schranken zu treten. Ich will dir deine harten, ja ungerechten Worte noch einmal vor Augen führen; vielleicht, daß du schon jetzt eine andre Meinung hegst: »Wie Hölderlin dein Lieblingsdichter sein kann, ist mir völlig unerklärlich. Auf mich wenigstens haben diese verschwommenen, halbwahnsinnigen Laute eines zerrissenen, gebrochnen Gemütes nur einen traurigen, mitunter abstoßenden Eindruck gemacht. Unklares Gerede, mitunter Tollhäuslergedanken, heftige Ausbrüche gegen Deutschland, Vergötterung der Heidenwelt, bald Naturalismus, bald Pantheismus, bald Polytheismus, wirr durcheinander – dies alles ist seinen Gedichten aufgeprägt, allerdings in wohlgelungenen, griechischen Metren.« In wohlgelungenen, griechischen Metren! Mein Gott! Das ist dein ganzes Lob? Diese Verse (um nur von der äußeren Form zu reden) entquollen dem reinsten, weichsten Gemüt, diese Verse, in ihrer Natürlichkeit und Ursprünglichkeit die Kunst und Formgewandtheit Platens verdunkelnd, diese Verse, bald im erhabensten Odenschwung einherwogend, bald in die zartesten Klänge der Wehmut sich verlierend, diese Verse kannst du mit keinem andern Wort beloben, als mit dem schalen, alltäglichen »Wohlgelungen«? Und das ist wahrlich nicht die größte Ungerechtigkeit. Unklares Gerede und mitunter Tollhäuslergedanken! Aus diesen schnöden Worten leuchtet mir soviel ein, daß du erstens von einem abgeschmackten Vorurteil gegen Hölderlin befangen bist, und zweitens vor allem, daß dir die Werke desselben nichts als unklare Einbildungen sind, indem du weder seine Gedichte, noch seine übrigen Erzeugnisse gelesen hast. Überhaupt scheinst du in dem Glauben zu stehen, als ob er nur Gedichte geschrieben hätte. So kennst du denn also nicht den Empedokles, dieses so bedeutungsvolle dramatische Fragment, in dessen schwermütigen Tönen die Zukunft des unglücklichen Dichters, das Grab eines jahrelangen Irrsinns, hindurchklingt, aber nicht, wie du meinst, in unklarem Gerede, sondern in der reinsten, sophokleischen Sprache und in einer unendlichen Fülle von tiefsinnigen Gedanken. Auch den Hyperion kennst du nicht, der in der wohlklingenden Bewegung seiner Prosa, in der Erhabenheit und Schönheit der darin auftauchenden Gestalten auf mich einen ähnlichen Eindruck macht, wie der Wellenschlag des erregten Meeres. In der Tat, diese Prosa ist Musik, weiche schmelzende Klänge, von schmerzlichen Dissonanzen unterbrochen, endlich verhauchend in düstren, unheimlichen Grabliedern. – Aber das Gesagte betraf vornehmlich nur die äußere Form; erlaube mir nun noch, einige Worte über die Gedankenfülle Hölderlins anzufügen, die du als Verwirrtheit und Unklarheit zu betrachten scheinst. Wenn dein Tadel auch wirklich einige Gedichte aus der Zeit seines Irrsinns trifft, und selbst in den frühern mitunter der Tiefsinn mit der einbrechenden Nacht des Wahnsinns ringt, so sind doch die bei weitem zahlreichsten derselben reine, köstliche Perlen unsrer Dichtkunst überhaupt. Ich verweise dich nur auf Gedichte, wie »Rückkehr in die Heimat«, »der gefesselte Strom«, »Sonnenuntergang«, »der blinde Sänger«, und führe dir selbst die letzten Strophen aus der »Abendphantasie« an, in dem sich die tiefste Melancholie und Sehnsucht nach Ruhe ausspricht.

Am Abendhimmel blühet ein Frühling auf;
Unzählig blühn die Rosen, und ruhig scheint
Die goldne Welt; o dorthin nehmt mich,
Purpurne Wolken! und mögen droben

In Licht und Luft zerrinnen mir Lieb und Leid! –
Doch, wie verscheucht von törichter Bitte, flieht
Der Zauber. Dunkel wird's, und einsam
Unter dem Himmel, wie immer, bin ich.

Komm du nun, sanfter Schlummer! Zu viel begehrt
Das Herz, doch endlich, Jugend, verglühst du ja!
Du ruhelose, träumerische!
Friedlich und heiter ist dann mein Alter.

In anderen Gedichten, wie besonders in dem »Andenken« und der »Wanderung«, erhebt uns der Dichter zur höchsten Idealität, und wir fühlen mit ihm, daß diese sein heimatliches Element war. Endlich ist noch eine ganze Reihe von Gedichten bemerkenswert, in denen er den Deutschen bittre Wahrheiten sagt, die leider nur oft allzu begründet sind. Auch im Hyperion schleudert er scharfe und schneidende Worte gegen das deutsche »Barbarentum«. Dennoch ist dieser Abscheu vor der Wirklichkeit mit der größten Vaterlandsliebe vereinbar, die Hölderlin auch wirklich in hohem Grade besaß. Aber er haßte in dem Deutschen den bloßen Fachmenschen, den Philister. –

In dem nicht vollendeten Trauerspiel »Empedokles« entfaltet uns der Dichter seine eigne Natur. Empedokles' Tod ist ein Tod aus Götterstolz, aus Menschenverachtung, aus Erdensattheit und Pantheismus. Das ganze Werk hat mich immer beim Lesen ganz besonders erschüttert; es lebt eine göttliche Hoheit in diesem Empedokles. Im Hyperion hingegen, ob er gleich von verklärendem Schimmer umflossen scheint, ist alles unbefriedigt und unerfüllt; die Gestalten, die der Dichter hervorzaubert, sind »Luftbilder, die in Tönen, Heimweh weckend, uns umklingen, uns entzücken, aber auch unbefriedigte Sehnsucht erwecken«. Nirgends aber auch offenbart sich die Sehnsucht nach Griechenland in reineren Klängen, als hier; nirgends auch tritt die Seelenverwandtschaft Hölderlins mit Schiller und Hegel, seinem vertrauten Freund, deutlicher hervor.

Nur zu wenig habe ich bis jetzt berühren können, aber ich muß es dir, lieber Freund, überlassen, aus den angedeuteten Zügen ein Bild des unglücklichen Dichters dir zusammenzustellen. Daß ich dir die Vorwürfe, die du ihm wegen seiner widersprechenden Religionsansichten machst, nicht widerlege, mußt du meiner allzu geringen Kenntnis der Philosophie zuschreiben, die ein näheres Betrachten jener Erscheinung im hohen Maße erfordert. Vielleicht unterziehst du dich einmal der Mühe, näher auf diesen Punkt einzugehn und durch die Beleuchtung desselben etwas Licht auf die Ursachen seiner Geisteszerrüttung zu werfen, die allerdings schwerlich hierin ihre einzigen Wurzeln haben.

Du verzeihst mir gewiß, wenn ich mich in meiner Begeisterung mitunter zu harter Worte gegen dich bedient habe; ich wünsche nur – und das betrachte als den Zweck meines Briefes – daß du durch denselben zu einer Kenntnisnahme und vorurteilsfreien Würdigung jenes Dichters bewogen würdest, den die Mehrzahl seines Volkes kaum dem Namen nach kennt.

Dein Freund

FW Nietzsche

Chronik der Germania

Am 22. September 1862

Wenn das vorige Quartal eine große Regsamkeit der Germaniamitglieder zeigte, die sich schließlich zu einem höchst interessanten Konvente gipfelte, wenn wir deshalb am 14. April dieses Jahres mit Berechtigung die Hoffnung aussprachen, daß die eifrige Tätigkeit oder vielmehr der tätige Eifer, mit dem wir unsere Germania auszubilden und zu erweitern suchten, allmählich die Exklusivität der bisherigen Leistungen verschwinden lassen werde, so geschah dies mit spezieller Bezugnahme auf die Politik und neuere Geschichte, und sodann namentlich auf die bisher nicht berücksichtigten Künste.

Seit dem April sind nun fünf Monate verflossen, deren Resultate für die Germania durchaus ungünstig sind. Sei es, daß die Verhältnisse dagegen wirkten – denn man weiß, wie Schularbeiten, Tanzstunden, Herzenssachen, politische Aufregungen usw. die leichten Verhaue unsrer Germaniastatuten niederwerfen – sei es auch, daß wir nur einem Gesetz der historischen Notwendigkeit unterliegen, dem der Reaktion nach einer starken Regsamkeit (unsern Freund Pinder nehme ich aus, der dies als unchristlich verdammt und prinzipiell Schulzwang vorwälzt), sei dem nun, wie ihm wolle, die Tatsache steht fest, daß ein Verfassungsbruch geschehn ist, daß die Heiligkeit der Statuten verletzt, daß die Germania in innerer Zerstreuung, Zerrissenheit und Apathie fast zugrunde gegangen wäre. Finanzielle Indifferenzen und Ungesetzlichkeiten charakterisieren den Anfang dieser Periode – wie alle großen Brüche mit der Vergangenheit, Reformation und Revolution mit einem Finanzschwindel sich ankündigten –. Ein Zeichen aber für die immer noch gesunde Natürlichkeit unsrer Germania scheint mir in dem jetzt allseitig erwachenden Bewußtsein zu liegen, daß wir sämtlich gesündigt und in der Gegenwart für eine doppelt gesteigerte Tätigkeit und Regsamkeit Sorge zu tragen haben. Dies Bewußtsein möge uns bei der heutigen Regenerierung unsrer Germania leiten und uns zu einer inneren Kräftigung derselben die passenden Mittel in die Hand geben.

Unsre heutige Tätigkeit wird sich deshalb vorzüglich auf folgende Punkte konzentrieren müssen:

1. Wie kann und bis wann muß ein jeder seine noch fehlenden Einsendungen nachliefern?
2. Wie beseitigen wir unsre finanzielle Not und wie regulieren wir unsre Einkaufsstatuten?
3. Wie ordnen wir überhaupt unsre Statuten, um Überschreitungen, wie die vorliegenden unmöglich zu machen?
4. Durch welches Mittel werden wir am meisten zu eifriger Tätigkeit angeregt?

Ich erlaube mir, eine kurze Beantwortung dieser Fragen Ihnen vorzulegen.

Zuerst nun muß ein jeder seine bisherigen Einsendungen zählen und nachsehn, wie viele noch von 25 gesetzlichen Einsendungen fehlen. Dazu wird es nötig sein, daß einer mit möglichster Sorgfalt eine Liste sämtlicher Lieferungen veranstaltet und den betreffenden Monat zu jeder Einsendung bemerkt. Von der Zahl der fehlenden Lieferungen und den Erklärungen des betreffenden Mitglieds wird es abhängen, bis zu welcher Zeit er alles nachliefern und ergänzen wolle. Sind diese Erklärungen gegeben, und schriftlich konstatiert, so beantrage ich ein allgemeines Amnestiegesetz für die einzelnen Mitglieder. Schließlich versichert Verfasser, nachweisen zu können, daß von ihm sämtliche 25 Aufsätze, Gedichte und Kompositionen geliefert oder vielmehr wenigstens zur Abschreibung oder Ablieferung vorrätig liegen. Seine Vergehungen beziehen sich mehr auf das pekuniäre Gebiet. Von Gustav Krug liegen mir etwa elf musikalische Einsendungen und etwa sieben Gedichte und Aufsätze vor; ich verbürge mich indes nicht für die Richtigkeit dieser Zahlen, ebensowenig bei Wilhelm Pinder, wo ich mich etwa nur an 16 Aufsätze und Gedichte erinnern kann.

Unsre finanziellen Nöte schreiben sich insbesondere von der Anschaffung Tristans und Isoldens von R. Wagner her, die auf Antrag G. Krugs erfolgt ist. Wie er sich selbst erboten hat, verzichtet er auf die nächsten Anrechte des Neuankaufs, und ich bitte ihn, sich darüber genau und schriftlich zu erklären. Sodann fehlen noch die Geldbeiträge einiger Mitglieder seit einiger Zeit, zu denen sich Verfasser selbst bekennt; zu loben für im allgemeinen pünktliche Bezahlung ist Mitglied G. Krug. Ich veranlasse die einzelnen, die Termine zu bestimmen, bis zu denen alles Fehlende nachgeliefert ist. Schließlich fordere ich den Kassenrendanten auf, die Verwaltung des Germaniavermögens in dieser Chronik zu fixieren und Ausgaben und Einnahmen bis aufs genauste zu berechnen.

Über den dritten Punkt, die Ordnung der Statuten, erwarte ich einen Antrag eines Mitgliedes, an den wir die Diskussion anschließen wollen.

Es bleibt noch übrig, meinen schon gemachten Vorschlag zu einem Preisthema als besonderes Anregungsmittel der einzelnen Mitglieder allseitig zu genehmigen und die bestimmten Termine schriftlich niederzulegen.

Zum Schluß erlaube ich mir noch die Bitte, das Amt eines Chronisten auch noch bis Weihnachten fortzuführen, indem ich bis jetzt keine Tätigkeit in dieser Beziehung entwickeln konnte. Ich werde Weihnachten in meiner Überschau über die Leistungen des vergangenen Jahres wieder an unsre Ostersynode anknüpfen und die bis dahin nachgelieferten Einsendungen den Monaten nach besprechen.

Ich endige mit dem Wunsch, daß unsre heutige improvisierte Synode nicht nur eine Luftblase sein möge, die aus der Verdumpfung und Versumpfung unsrer Germania aufsteigt, sondern ein entschiedener Reinigungsprozeß, eine Scheidung alles Faulen und Verderblichen, eine Läuterung der reinen und edlen Bestandteile, auf denen sie gegründet ist.

FW Nietzsche, Chronist

Meine literarische Tätigkeit, sodann meine musikalische. 1862

Vor den Osterferien entstand das Gedicht »Ermanarich«. In den Ferien der Aufsatz »Fatum und Geschichte«. Las sonst Emerson, Büchner in den Anregungen für Kunst usw., fing in Pforte Schillers Ästhetische Erziehung usw. an. Stöckerts Tagebücher am 29. April gelesen. Petöfi kennengelernt. Von Longfellow ausgezeichnetes Gedicht »die alte Uhr« übersetzt von Pertz. Materialismus.

Hundstage 1861 beendigt »Schmerz ist der Grundton der Natur«, vierhändig. Michaelis viel an der Serbia gearbeitet, zuletzt aufgegeben etwa um Weihnachten. Ungarische Skizzen »die Heideschenke, Siegesmarsch, Wilde Träume« bis 2. Februar 1862 vollendet, dann bis Ostern »Heldenklage«. In Ostern den Plan zum »Merlin« gefaßt. 29. April Einleitung komponiert »Satan steigt aus der Hölle auf«. 30. April. Gefällt mir nicht mehr; es ist so schwer das Satanische zu treffen und die Kandida richtig zu zeichnen.

[Aus dem Jahre 1862]

Michaelis 1861 war es, wo ich in wenigen Tagen das vorliegende Bruchstück der Ermanarichsinfonie anfing und vollendete; für zwei Klaviere berechnet nach dem Vorbild der Dantesinfonie, die ich kurz vorher hatte kennenlernen. Es war eine Zeit, in der der Ermanarichstoff mich heftiger als je bewegte, zur Dichtung war ich noch zu sehr erschüttert und noch nicht fern genug, um ein objektives Drama zu schaffen; in der Musik aber erfolgte der Niederschlag meiner Stimmung, in der sich die Ermanarichsage völlig inkarniert hatte. Trotzdem schwankte ich noch, wie ich das Produkt taufen sollte, ob »Ermanarichsinfonie« oder »Serbia«, da ich den Plan hatte, ähnlich wie in der »Hungaria« Liszts geschehen, die Gefühlswelt eines slawischen Volkes in einer Komposition zu umfassen, da ich ferner den Gefühlsgang, der die Schöpfung durchwogte, noch nicht unparteiisch sezieren konnte und nur ahnte, was ich darin ausgesprochen. Es ist jetzt gerade ein Jahr danach, wo ich genau die Stimmungen, die Wechsel der Gefühle sich in ihr drängen und stoßen finde, oft unvermittelt und herbe, die die Hauptpersonen des Ermanarichstoffes durchwühlen und damals meine Seele erfüllten.

Jetzt bei der Revision des Bruchstückes habe ich das in der ersten Fassung oft nur Angedeutete in schärferer Fassung wiederzugeben gesucht. Einzelne fehlende Momente habe ich eingefügt, insbesondere ist das Ende ziemlich ganz neu und seiner Wildheit nach bei weitem alles überbietend, was mir in der ersten Fassung vorlag.

Allerdings, es sind keine Goten, keine Deutschen, die ich gezeichnet, es sind – ich wage es zu behaupten – Ungargestalten; der Stoff ist aus der germanischen Welt in die ungarischen Pußten, in die ungarischen Glutseelen getragen. Und das ist der Hauptfehler des Ganzen. Sodann fehlen auch den Personen jene urgermanischen, mächtigen Züge und Eigenschaften, die Gefühle sind mehr wühlend, modernisiert, zu viel Reflexion und zu wenig Naturkraft. Nach diesen allgemeinen Bemerkungen werde ich möglichst deutlich das aussprechen, was mir jetzt, als ich das Bruchstück genauer durchforschte, als die Fäden des Verständnisses in die Hände fielen.

Die ersten Takte – heroisch düster – führen uns den greisen Ermanarich vor, eine ernste, wilde Heldenpersönlichkeit, der Milde und Zartheit fern, die auf ihre verrauschten Lebenswogen kalt herabschaut. Die nächsten sechs Takte zeigen mehr Lebhaftigkeit und Unruhe, eine leise Freude schimmert durch – erwartet doch der alte Held den Brautzug mit der lieblichen Swanhild, angeführt von seinem Sohn Randwe! Von ferne klingen die Töne eines nationalen Marsches, der Zug kommt näher, die Gefühle Ermanarichs steigern sich zu leidenschaft-

A Heroisch-düster

B Lebhafter. Dreivierteltaktrhythmus

C Immer feuriger

D Mit Hast

licher Hast. Ist es Ungeduld, oder denkt er seines Sohnes, sei-
nes heißblütigen Randwe? Ahnt er, fürchtet er? Seine stürmi-
schen Gefühle verschlingt der machtvoll eintretende Hoch- E Großartig
zeitsmarsch, voll ungarischer Glut und Kraft. Währenddem
wogt der Zug bis an seinen Palast heran; Swanhild, von
Jungfrauen umringt, geht auf den König zu, von Harfen- F Lind und innig
klängen eingeführt, »lind, wie der Sonnenstrahl, der in den
Sälen glänzt« (Edda), aber doch durchhaucht von Besorgnis,
wenn sie den greisen, blitzaugigen Ermanarich anschaut. Das
folgende Motiv, basierend auf den Tönen, die das Swanhil- G Mit starkem Ausdruck. Taktfrei zu spielen
denthema durchklingen – andeutend die Gleichstimmung der
Seelen – tritt grell und heftig auf, schmerzdurchwühlt, gram-
umnachtet. Randwe empfindet den Zwiespalt der Verhältnisse
stark und leidenschaftlich, den Zwiespalt seiner Liebe und der
Liebe seines Vaters; weltschmerzliche Verbitterung, daß seine
Liebe zerstört, unheimliche Gedanken durchzucken ihn und
ziehen nieder in die Tiefe, stumm fragend. Da dringen von
fern die Klänge des Hochzeitsmarsches an ihn heran, heiter H Im Takt. Lebhaft
und traurig, herbe und süß: Randwe bricht in Wut aus, er
flucht und tobt, leidenschaftliche Triolen, *impetuoso* vorgetra- I Leidenschaftlich drängend
gen, zeichnen seine Verzweiflung. Seine Liebe zu Swanhild
dringt durch, er wird weicher gestimmt, aber doch noch ist er K Ruhiger. Allmählich schneller
furchtbar aufgeregt, die Gedanken und Gefühle stürmen und
wechseln in ihm. Die für ihn fürchterlichen Klänge des Hoch-
zeitsmarsches umziehn seine Seele, reißen sie fort, immer
schneller, immer stürmischer. Hier liegt in dem Ermanarich-
Drama der Punkt, wo Randwe in den Hochzeitssaal herein-
stürzt, wütend Swanhild an sich reißt, wo Ermanarich seinen L Sehr stürmisch
Dolch nach ihm wirft. Die Musik drückt bloß die wachsende
Leidenschaft aus, jähe Aufschreie der Verzweiflung, dann
plötzliches Entsetzen über seine Tat, die Wut Ermanarichs,
dessen Augen rollen, dessen Seele aufflutet, der den Sohn ver-
flucht, dem Henker übergibt; dann wie in Betäubung dasteht, M pp. Immer schwächer
von den Wellen der Wut verschlungen, stumm und finster.
Leise setzen die Musikanten das Hochzeitsmarschmotiv ein:
das packt Ermanarichs Seele, das rüttelt ihn aus seiner Be- N Fragend. Sehr schnell
täubung; das Fürchterliche übermannt ihn plötzlich, ozean-
artig tost er auf; der Rhythmus der Hochzeitsklänge klingt O ffff. Impetuoso Tremolo
verzerrt, wie aus wildem Traum auftauchend, in seiner Seele
Tiefe. Ein Geiger nimmt das Thema wehmütig, doch slawisch Langsam wie träumend
trotzig auf. Ein letzter Aufschrei Ermanarichs – voll ungari- Recitativisch –
scher Wildheit – und der erste Teil eines Dramas ist ausge- Sehr schnell –
spielt, alles ist stumm, tot, harrend auf Erlösung. –

Ich füge nun noch einige Anmerkungen über das Formelle hinzu.

Der ganze Wechsel der Stimmungen ist sonderbarerweise in ganzen Taktteilen ausgedrückt, indessen sind für den Vortrag eine Menge wechselnde Rhythmen hervorzuheben. Dreivierteltaktrhythmus ist an mehreren Stellen. An andern wieder weder Rhythmus, noch Takt, es ist ausdrücklich bemerkt, daß sie taktfrei zu spielen sind. Einigemal ist das richtige Tempo in seinem raschen Wechsel sehr schwer zu treffen. So zum Schluß, wo ein Hineinleben in den fürchterlichen Vorgang allein das richtige Spiel lehren kann. Schwer hervorzuheben ist insbesondere die Ironie des Hochzeitsmarschmotivs.

Unmittelbar vor dem Nationalmarsch im Anfang sind mehrere sehr kühne Übergänge. Von Ges-dur plötzlich nach g cis e a, dann von Gesdur in d-moll. Der Weltschmerz wird durch seltsame Harmonien eingeführt, die sehr herbe und schmerzlich sind und mir anfangs durchaus mißfielen. Jetzt erscheinen sie mir durch den Gang des Ganzen etwas wenigstens gemildert und entschuldigt. Das Drängen und Jagen der Leidenschaft zuletzt mit ihren plötzlichen Übergängen und stürmischen Ausbrüchen strotzt von harmonischen Ungeheuerlichkeiten, über die ich nicht zu entscheiden wage. Das Entsetzlichste ist der Sprung aus Des-dur in ffff f as ces d mit a im Baßtremolo. Das folgende d-moll ist mysteriös, besonders stört das tiefe es darin.

So liegt das ganze Bruchstück denn vor mir, abschreckend durch seine Wildheit und Herbe und wartend auf die Lösung, auf Befreiung von der drückenden Schwüle, die auf dem Schlusse lastet.

Die Beendigung des Ganzen ist meine nächste größere Aufgabe; ihre Beurteilung wird dem Chronisten des nächsten Quartals zukommen, ebenso wie eine Würdigung des Ganzen, unparteiischer als die meinige sein kann. –

[Aus dem Jahre 1862]

Ich bitte im voraus, die Behandlung meiner eignen Gedichte mir nicht als eitles Selbstinteressantsein aufzufassen. Ich stehe den Zeiten, die ich mit ihren Wirkungen auf mich darzustellen versuche, zu fern, um selbstgefällige Kritiken zu schreiben. Im Gegenteil denke ich zu zeigen, nicht wie man Dichter ist, geboren wird, sondern wie man Dichter wird, d. h. wie aus dem fleißigen Reimschmied bei wachsender geistiger Fähigkeit auch schließlich ein wenig Dichter werden kann. Dies zur Vorbemerkung.

Es ist nicht nur interessant, sondern sogar notwendig, sich die Vergangenheit, die Jahre der Kindheit insbesondere, so treu wie möglich vor Augen zu stellen, da wir nie zu einem klaren Urteil über uns selbst kommen können, wenn wir nicht die Verhältnisse, in denen wir erzogen sind, genau betrachten und ihre Einflüsse auf uns abmessen. Wie sehr auf mich das Leben meiner ersten Jahre in einem stillen Pfarrhaus, der Wechsel großen Glückes mit großem Unglück, das Verlassen des heimatlichen Dorfes und die mannigfaltigen Ereignisse des Stadtlebens einwirkten, glaube ich noch täglich an mir wahrzunehmen. Ernst, leicht Extremen zuneigend, ich möchte sagen, leidenschaftlich ernst, in der Vielseitigkeit der Verhältnisse, in Trauer und Freude, selbst im Spiel, –

Für die Ferien

Nibelungenlied. Die heidnischen und christlichen Anschauungen scharf hervorzuheben, ebenso die ethischen Ideen. Die Charaktere sind im Gegensatz zu den homerischen zu betrachten. Der ästhetische Standpunkt des Liedes bei der Darstellung des Schrecklichen und des Schönen.

Zu lesen mit der Lachmannschen Ausgabe; zu beobachten das ältere und das neuere. Am besten frühmorgens zu lesen im Freien. Aber mit genauen Auszügen.

Persius und Juvenal. Wesentlich vom ästhetischen Standpunkt aus. Rückschlüsse auf den Charakter der Männer und auf ihre Zeit. Gedanken über die Satire. Das Poetische in der Satire nachzuweisen, gerade an Persius und Juvenal.

Zu lesen mit den Übersetzungen und den Texten. Vielleicht am besten von neun bis zwölf zu lesen, um nach der Nibelungenlektüre eine scharfe Abwechslung zu haben.

Novum Testamentum. Jesus als Volksredner zu betrachten, dazu die Evangelien durchzulesen. Er errät die Gedanken. Die Gleichnisrede und ihr Zweck. Seine Familienreden vor seinen Jüngern. Das Poetische in seinen Reden.

Zu lesen in Gorenzen vornehmlich mit Gerlachs Übersetzung und der Tischendorfschen Ausgabe. Früh wohl am besten. Dann dem Onkel vorzulegen.

Emerson. Eine Skizze des Buches für meine Freunde. Seine Betrachtungsweise amerikanisch. »Das Gute bleibt, das Böse vergeht.« Über Reichtum. Schönheit. Kurze Auszüge aus allen Essays. Über Philosophie im Leben.

Vielleicht in Sangerhausen zu schreiben, morgens. Mit Muße und Sorgsamkeit.

Gedichte. 1. Windsbraut. Das schweifende Geschick sucht sich mit den unheimlichen Tiefen des Menschen zu vereinigen und vernichtet alles, wenn die Vereinigung geschehn.

2. *Irrstern.* Wandelung durch den Weltkreis, suchend die verlorne Bahn. O daß seine Augen geöffnet würden, denn er geht den vorgeschriebnen gleichen Weg durch die Ewigkeit. Und so jede Seele, die ein ewiges

Ziel im Auge hat, sie wandelt eine sichere Bahn, ob sie gleich in Nacht und Irrtum zu wallen scheint.

3. *Gesang des Sommers.* Grundidee: »Das Gute bleibt, das Böse verschwindet.« Noch nichts Näheres. Jedenfalls Schlußgedicht von den »Sturmliedern«.

Einige Nächte sind zum *Komponieren* zu verwenden. Zuerst Fortsetzung des Allegro der Sonate. Vorläufig zweihändig. »So lach doch mal« gut abzuschreiben. Ebenso »Aus der Jugendzeit« für Stöckert. Dann vor allem »O Glockenklang in Winternacht«. Aus Leipzig muß ich mir wieder Notenpapier verschaffen.

Mein Leben
[Aus dem Jahre 1863]

Wie entwirft man ein Bild von dem Leben und dem Charakter eines Menschen, den wir kennengelernt haben? Im allgemeinen ähnlich, wie man ein Bild von einer Gegend entwirft, die wir einst gesehn. Man muß sich das physiognomisch Eigentümliche vergegenwärtigen: Gebirgsart und -form, Pflanzen- und Tierwelt, Bläue des Himmels, alles dies in seiner Gesamtheit bestimmt den Eindruck. Gerade aber das, was zuerst in das Auge fällt, die Gebirgsmassen, die Felsformen und Steinarten geben für sich einer Gegend nicht den physiognomischen Charakter: in verschiedenen Erdstrichen, wie gruppenweise sich anziehend und abstoßend, treten nach gleichen Gesetzen gleiche Gebirgsarten, dieselben Gebilde der unorganischen Natur hervor. Anders die der organischen. Insbesondere liegen in der Pflanzenwelt die feinsten Merkmale für vergleichende Naturbeobachtungen.

Ähnliches ergibt sich, wenn wir ein Menschenleben überschauen und richtig würdigen wollen. Nicht die zufälligen Ereignisse, die Gaben des Glückes, die wechselvollen äußeren Geschicke, die aus den sich kreuzenden äußeren Umständen entspringen, dürfen uns hierbei leiten, wenn sie gleich wie Berggipfel zuerst in die Augen springen. Gerade jene kleinen Erlebnisse und inneren Vorgänge, über die man hinwegsehn zu müssen glaubt, zeigen in ihrer Gesamtheit den individuellen Charakter am deutlichsten, sie wachsen organisch aus der Natur des Menschen hervor, während jene nur unorganisch mit ihm verbunden erscheinen.

Nach dieser Einleitung sieht es aus, als ob ich über mein Leben ein Buch schreiben wollte. Nimmer. Aber andeuten will ich, wie ich die folgenden Lebensumrisse verstanden wissen will. Nämlich wie ein geistvoller Naturforscher in seinen nach Erdstrichen geordneten Pflanzen- und Steinsammlungen die Geschichte und den Charakter eines jeden wiedererkennt, während das unwissende Kind darin nur Steine und Pflanzen zum Spielen und Tändeln findet, der Nützlichkeitsmensch stolz auf sie wie als etwas Zweckloses und für Nahrung und Kleidung Undienliches herabschaut.

Ich bin als Pflanze nahe dem Gottesacker, als Mensch in einem Pfarrhause geboren.

Und darum dieser dozierende Ton? Möglich, aber damit will ich ihn nicht entschuldigen. Aber was kann eine Einleitung zu einem Leben Beßres tun als lehren, wenn das Leben nicht selbst lehrt? Und diese folgenden kurzen Lebensnotizen können weder lehren noch unterhalten; sie sind glatte Steine; in Wirklichkeit sind diese Steine hübsch mit Moos und Erde umkleidet. –

An der Landstraße, die von Weißenfels über Lützen nach Leipzig führt, zieht sich das Dorf Röcken hin. Rings wird es von Weidengebüsch und vereinzelten Pappeln und Ulmen umschlossen, so daß aus der Ferne nur die ragenden Schornsteine und der altertümliche Kirchturm durch die grünen Wipfel hindurchschaut. Innerhalb des Dorfes breiten sich größere Teiche aus, nur durch schmale Erdstrecken voneinander getrennt; ringsum frisches Grün und knorrige Weiden. Etwas höher liegt das Pfarrhaus und die Kirche, ersteres von Gärten und Baumpflanzungen umgeben. Dichtan grenzt der Friedhof, voll von eingesunkenen Grabsteinen und Kreuzen. Die Pfarrwohnung selbst wird von drei schöngewachsenen, weitästigen Akazien beschattet.

Hier bin ich am 15. Oktober 1844 geboren und erhielt, meinem Geburtstag angemessen, den Namen »Friedrich Wilhelm«. Das erste Ereignis, was bei wachsendem Bewußtsein mich traf, war die Krankheit meines Vaters. Es war eine Gehirnerweichung. Seine zunehmenden Leiden, sein Erblinden, seine abgezehrte Gestalt, die Tränen meiner Mutter, die sorgenvollen Mienen des Arztes, endlich die unvorsichtigen Äußerungen der Landleute mußten mich ein drohendes Unglück ahnen lassen. Und dieses Unglück brach auch ein. Mein Vater starb. Ich war noch nicht vier Jahre alt.

Einige Monate darauf verlor ich meinen einzigen Bruder, ein lebhaftes und begabtes Kind, das von Krämpfen plötzlich überfallen in kürzester Zeit tot war.

Wir mußten also unsre Heimat verlassen; am Abend des letzten Tages spielte ich noch mit mehreren Kindern und nahm dann von ihnen, wie von allen lieben Orten Abschied. Ich konnte nicht schlafen; unruhig warf ich mich auf meinem Lager umher und stand endlich gegen Mitternacht auf. Im Hof standen mehrere beladene Wagen, der matte Schein einer Laterne beleuchtete die Hofräume. Sobald der Morgen graute, wurden die Pferde angeschirrt; wir fuhren durch den Morgennebel fort, Naumburg, dem Ziel unsrer Reise zu. Hier, zuerst verschüchtert, nachher etwas lebhafter, aber immer mit der Würde eines kleinen Stockphilisters, begann ich das Leben und die Bücher kennenzulernen. Hier gewann ich auch die Natur in ihren schönen Bergen und ihren Flußtälern, Schlössern und Burgen, und die Menschen in meinen Verwandten und Freunden lieb.

Es begann die Gymnasialzeit und mit ihr neue Interessen und Bestrebungen. Insbesondere keimte damals die Neigung zur Musik, trotzdem daß die Anfänge des Unterrichts ganz danach angetan waren, sie in der Wurzel zu vernichten. Mein erster Lehrer war nämlich ein Kantor, behaftet mit allen liebenswürdigen Fehlern eines Kantors, und dazu eines emeritierten ohne besondere Verdienste.

Ich rückte mit geziemender Langsamkeit und Ordnung endlich nach Tertia auf. Es war wohl Zeit, etwas aus den mütterlichen Kreisen herauszukommen und sich endlich abzugewöhnen, so unendlich unpraktisch seine gewohnten Bahnen zu gehen. Die Weisheit etlicher Lexika war wohl in mir, alle möglichen Neigungen erwacht, ich schrieb Gedichte und Trauerspiele, schauervoll und zum Entsetzen langweilig, quälte mich damit ab, vollständige Orchestermusiken zu komponieren und hatte mich so in die Idee, mir ein Universalwissen und -können anzueignen, hineingelebt, daß ich in Gefahr war, ein rechter Wirrkopf und Phantast zu werden.

Es war darum vielfach wohltätig, als Alumnus der Landesschule Pforta sich durch sechs Jahre einer größeren Sammlung und Richtung der Kräfte auf feste Ziele zu befleißigen.

Noch habe ich diese sechs Jahre nicht hinter mir; aber doch kann ich schon die Ergebnisse dieser Zeit als abgeschlossen betrachten, denn ihre Wirkungen fühle ich bei jedem, was ich jetzt unternehme.

So kann ich auf fast alles, was mich getroffen, sei es Freude, sei es Leid, dankbar zurückschauen, und die Ereignisse haben mich bis jetzt wie ein Kind geleitet.

Vielleicht wird es Zeit, selbst die Zügel der Ereignisse zu ergreifen und in das Leben hinauszutreten.

Und so entwächst der Mensch allem, was ihn einst umschlang; er braucht nicht die Fesseln zu sprengen, sondern unvermutet, wenn ein Gott es gebeut, fallen sie ab; und wo ist der Ring, der ihn endlich noch umfaßt? Ist es die Welt? Ist es Gott? –

F. W. Nietzsche
geschrieben am 18. September 1863

Meine musikalische Tätigkeit im Jahre 1863

Gespielt habe ich im ersten Teil des Jahres
viel Beethovensche Sonaten,
zwölf Haydnsche Sinfonien,
späterhin Schuberts Phantasie,

Divertissement à l'hongroise,
Lebensstürme,
die Pastoralsinfonie,
vor allem die Neunte Sinfonie.

Komponiert habe ich im Januar:
»In einem kühlen Grunde«, melodramatisch.
In den Hundstagen aufgeschrieben:
»So lach doch mal.«
Im Kopf ersonnen:
das Allegro einer Sonate vierhändig, vergessen,
das Adagio dazu, nicht vergessen.
In den Weihnachtsferien:
»Eine Silvesternacht« für Violine und Klavier aufgeschrieben.

Gedichtet habe ich

vor Hundstagen:	*nachher:*
Untreue Liebe	Heimkehr, fünf Lieder
Vor dem Kruzifix	Vorspiel
Am Meeresstrand	An ein Rosenblatt
Klang aus der Ferne	Der alte Ungar
Über den Gräbern	Vor fünfzig Jahren
Jetzt und einstmals	Beethovens Tod.
Jetzt und ehedem	
Rhapsodie.	

Geschrieben habe ich in den Ostertagen:
Über das Dämonische in der Musik I, II.
In den Hundstagen:
Anmerkungen zum Nibelungenlied.
In den Michaelistagen:
Anmerkungen zum Hildebrandslied und Sprüchen.
Später:
Abhandlung über Ermanarich.

Gelesen am meisten:

Emerson
Bernhardy, Literaturgeschichte
Gervinus, Shakespeare
Edda
Symposion
Technik des Dramas

Nibelungen Lachmann
Tacitus (Tiberius:)
Wolken
Plutus
Äschylos, und über ihn.

Gedichte des Jahres 1863:

1. Untreue Liebe
2. Vor dem Kruzifix
3. Jetzt und ehedem
4. Jetzt und einstmals
5. Rhapsodie
6. Über den Gräbern
7. Ein Blatt der Erinnrung
8. Am Meeresstrand. Fragment
9. Heimkehr. Fünf Lieder
10. Der alte Magyar
11. Vorspiel
12. Am 10. Oktober
13. Über fünfzig Jahre

1864: An Beethoven 1. 2. 3.
Lebensquellen
Kleine Lieder
Abschied

9. 2. 64

Über Stimmungen

Man vergegenwärtige sich, wie ich am Abende des ersten Ostertages in einen Schlafrock eingehüllt zu Hause sitze; draußen regnet es fein; niemand ist sonst im Zimmer. Ich starre lang auf das vor mir liegende weiße Papier, die Feder in der Hand, ärgerlich über die wirre Menge von Stoffen, Ereignissen und Gedanken, die alle niedergeschrieben zu werden verlangen; und manche verlangen es sehr stürmisch, da sie noch jung und gärend wie Most sind; dagegen sträubt sich aber mancher alte, ausgereifte, geklärte Gedanke, wie ein alter Herr, der mit zweideutigem Blick die Bestrebungen der jungen Welt mißt. Sagen wir es offen, unsre Gemütsverfassung ist durch den Streit jener alten und jungen Welt bestimmt, und wir nennen die jedesmalige Lage des Streites Stimmung oder auch, etwas verächtlich, Laune.

Als guter Diplomat erhebe ich mich etwas über die zwistigen Parteien und schildere den Zustand des Staates mit der Unbefangenheit eines Mannes, der Tag für Tag aus Versehn allen Parteisitzungen beiwohnt und denselben Grundsatz praktisch anwendet, den er auf der Tribüne verspottet und auszischt.

Gestehn wir es, ich schreibe über Stimmungen, indem ich eben jetzt gestimmt bin; und es ist ein Glück, daß ich gerade zum Beschreiben der Stimmungen gestimmt bin.

Ich habe an diesem Tage viel die Consolations von Liszt gespielt, und ich fühle, wie die Töne in mich eingedrungen sind und in mir vergeistigt widerklingen. Und ich habe kürzlich eine schmerzliche Erfahrung gemacht und einen Abschied oder einen Nichtabschied erlebt, und nun merke ich, wie dies Gefühl und jene Töne sich miteinander verschmolzen haben und glaube, daß die Musik mir nicht gefallen haben würde, wenn ich nicht diese Erfahrung gemacht. Das Gleichartige also sucht die Seele an sich zu ziehen, und die vorhandne Masse von Empfindungen drückt die neuen Ereignisse, die das Herz treffen, aus wie eine Zitrone, doch immer so, daß nur ein Teil des Neuen sich mit dem Alten vereinigt, daß aber doch ein Rest bleibt, der noch nichts Verwandtes in der Seelenwohnung findet und deshalb allein sich hier einlogiert, recht oft zur Unlust der alten Bewohner, mit denen er darum oft in Streit gerät. Aber siehe! da kommt ein Freund, da öffnet sich ein Buch, dort geht ein Mädchen, horch! da klingt Musik! – Schon strömen wieder von allen Seiten neue Gäste in das allen offenstehende Haus und der eben Alleinstehende findet viele und edle Verwandte.

Aber es ist wundersam; nicht die Gäste kommen, weil sie wollen, oder nicht die Gäste kommen, wie sie sind; sondern es kommen die, welche müssen und nur eben die, welche müssen. Alles, was die Seele nicht reflektieren *kann*, trifft sie nicht; da es aber in der Macht des Willens steht, die Seele reflektieren zu lassen oder nicht, trifft die Seele nur das, was sie will. Und das scheint vielen widersinnig; denn sie erinnern sich, wie sie sich gegen gewisse Empfindungen sträuben. Aber was bestimmt schließlich den Willen? Oder wie oft schläft der Wille und nur die Triebe und Neigungen wachen! Eine der stärksten Neigungen der Seele aber ist eine gewisse Neubegierde, ein Hang nach dem Ungewohnten, und aus diesem erklärt sich, warum wir oft uns in unangenehme Stimmungen versetzen lassen.

Aber nicht nur durch den Willen nimmt die Seele an; die Seele ist aus demselben Stoff aus dem die Ereignisse gemacht sind oder aus ähnlichem und so kommt es, daß ein Ereignis, das keine verwandte Saite trifft, doch mit der Last der Stimmung schwer auf der Seele liegt und allmählich ein solches Übergewicht erlangen kann, daß es den andern Inhalt der Seele zusammendrückt und einengt.

Stimmungen kommen also entweder aus innern Kämpfen oder aus einem äußern Druck auf die innere Welt. Hier ein Bürgerkrieg zweier Heerlager, dort eine Bedrückung des Volkes von seiten eines Standes, einer kleinen Minorität.

Ist mir's doch oft, wenn ich meine eignen Gedanken und Gefühle belausche und stumm auf mich achte, als ob ich das Summen und Brausen der wilden Parteien hörte, als ob ein Rauschen durch die Luft ginge, wie wenn ein Gedanke oder ein Adler zur Sonne fliegt.

Kampf ist der Seele fortwährende Nahrung, und sie weiß sich aus ihm noch genug Süßes und Schönes herauszunehmen. Sie vernichtet und gebiert dabei Neues, sie kämpft heftig und zieht den Gegner doch sanft auf ihre Seite zu inniger Vereinigung. Und das Wunderbarste ist, daß sie nie auf das Äußre achtet, Name, Personen, Gegenden, schöne Worte, Schriftzüge, alles ist ihr von untergeordnetem Werte, aber sie schätzt das, was in der Hülle ruht.

Das, was jetzt vielleicht dein ganzes Glück oder dein ganzes Herzeleid ist, wird vielleicht in kurzem nur noch das Gewand eines noch tiefern Gefühls sein und wird darum in sich verschwinden, wenn das Höhere kommt. Und so vertiefen sich immer mehr unsre Stimmungen, keine einzige gleicht einer andern genau, sondern jede ist unergründlich jung und die Geburt des Augenblicks.

Ich denke jetzt an manches, was ich liebte; Namen und Personen wechselten und ich will nicht behaupten, daß wirklich ihre Naturen immer tiefer und schöner geworden wären; wohl aber ist es wahr, daß jede dieser ähnlichen Stimmungen für mich einen Fortschritt bedeutet, und daß es dem Geist unerträglich ist, dieselben Stufen, die er durchschritt, noch einmal zu durchschreiten; immer mehr in Tiefe und Höhe will er sich breiten.

Seid mir gegrüßt, liebe Stimmungen, wundersame Wechsel einer stürmischen Seele, mannigfach wie die Natur ist, aber großartiger als die Natur ist, da ihr ewig euch steigert, ewig aufstrebt; die Pflanze aber duftet noch jetzt wie sie am Tage der Schöpfung duftete. Ich liebe nicht mehr, wie ich vor Wochen liebte; ich bin in diesem Augenblick nicht mehr so gestimmt, wie ich es beim Beginn des Schreibens war. –

Ich versucht es erst in Tönen: siehe, es ging nicht; weiter stürmte das Herz; und der Ton blieb tot. Ich versucht es dann in Versen; nein, nicht Reime fassen's, nicht ruhige, gemessne Rhythmen. Fort Papier: ein neues her, und nun kritzle schnell Feder, nun rasch, Tinte!

Weicher Sommerabend; dämmernd und blaßstreifig. Kinderstimmen auf den Gassen; in der Ferne Lärm und Musik; es ist Messe; die Leute tanzen, bunte Laternen brennen, die wilden Tiere brummen, hier knallt ein Schuß, dort Paukengerassel, gleichmäßig, durchdringend.

Es ist etwas dunkel in der Stube; ich zünd ein Licht an; doch blickt des Tages Auge neugierig durch die halbverhangenen Fenster. O es möchte weiter sehn, mitten hinein in dies Herz, das heißer als das Licht, dämmernder als der Abend, bewegter als die Stimmen aus der Ferne, tief innerlich zittert und schwingt, wie eine große Glocke, die bei einem Gewitter geläutet wird.

Und ich erflehe ein Gewitter; zieht nicht das Glockenläuten die Blitze an? Nun, so nahe Gewitter, läutere, reinige, blase Regendüfte in meine matte Natur, sei willkommen, endlich willkommen!

Sieh! Da zuckst du, erster Blitz, mitten hinein in das Herz, und daraus steigt's wie ein langer, fahler Nebel aufwärts. Kennst du ihn, den düstern, tückischen? Schon blickt mein Auge heller, und meine Hand strecke ich nach ihm aus, um ihm zu fluchen. Und der Donner murrt; und eine Stimme erscholl: »Sei gereinigt.«

Dumpfe Schwüle; mein Herz schwillt. Nichts regt sich. Da, ein leiser Hauch, am Boden zittert das Gras – sei mir willkommen, Regen, lindernder, erlösender! Hier ist's öde, leer, tot; pflanze du von neuem.

Sieh: Ein zweiter Schlag! Grell und zweischneidig mitten ins Herz! Und eine Stimme scholl: »Hoffe.«

Und ein weicher Duft zieht aus dem Boden, ein Wind flattert heran, und ihm folgt der Sturm, heulend und seine Beute haschend. Abgeknickte Blüten jagt er vor sich her. Der Regen schwimmt lustig dem Sturm nach.

Mitten durchs Herz. Sturm und Regen! Blitz und Donner! Mitten hindurch! Und eine Stimme scholl: »Werde neu!«

Mein Leben
[Aus dem Jahre 1864]

Die Zwecke einer Lebensbeschreibung sind sehr mannigfaltig und bedingen daher auch durchaus verschiedne Arten der Ausführung. Im vorliegenden Falle muß es mir darauf ankommen, einer Schule, deren Einfluß ich das Meiste und Eigentümlichste meiner geistigen Ausbildung verdanke, ein Bild eben dieser geistigen Ausbildung als Vermächtnis zu hinterlassen, entworfen in dem Punkte, wo ich im Begriff stehe, durch das Aufgeben einer alten, gewohnten Ordnung und durch das Hineinleben in weitere und höhere Bildungskreise meinem Geiste neue Bahnen vorzuzeichnen und hiermit eine neue Entwicklung zu beginnen.

Von Wendepunkten, die bis jetzt mein Leben in Teile zerlegen, nenne ich vornehmlich zwei: den Tod meines Vaters, des Landgeistlichen zu Röcken bei Lützen, und den dadurch veranlaßten Umzug unsrer Familie nach Naumburg; ein Ereignis, das meine ersten fünf Lebensjahre abschließt. Sodann meinen Übergang vom Naumburger Gymnasium nach Pforte, der in mein vierzehntes Jahr fällt. Von der frühsten Periode meiner Kindheit weiß ich wenig; was mir davon erzählt worden ist, erzähle ich nicht gern wieder. Sicherlich hatte ich vortreffliche Eltern; und ich bin überzeugt, daß gerade der Tod eines so ausgezeichneten Vaters, wie er mir einerseits väterliche Hilfe und Leitung für ein späteres Leben entzog, andrerseits die Keime des Ernsten, Betrachtenden in meine Seele legte.

Vielleicht war es nun ein Übelstand, daß meine ganze Entwicklung von da an von keinem männlichen Auge beaufsichtigt wurde, sondern daß Neubegier, vielleicht auch Wissensdrang mir die mannigfachsten Bildungsstoffe in größter Unordnung zuführte, wie sie wohl geeignet waren, einen jungen, kaum dem heimatlichen Nest entschloffenen Geist zu verwirren und vor allem die Grundlagen für ein gründliches Wissen zu gefährden. So kennzeichnet diese ganze Zeit vom neunten bis zum fünfzehnten Jahre eine wahre Sucht nach einem »Universalwissen«, wie ich es zu nennen pflegte; auf der andern Seite wurde das kindliche Spiel nicht vernachlässigt, aber doch auch mit fast doktrinärem Eifer betrieben, so daß ich z. B. über fast alle Spiele kleine Büchlein geschrieben habe und sie meinen Freunden zur Kenntnisnahme vorlegte. Durch einen besonderen Zufall aufgeweckt, begann ich im neunten Jahre leidenschaftlich die Musik, und zwar sogleich komponierend, wenn anders man die Bemühungen des erregten Kindes, zusammenklingende und folgende Töne zu Papier zu bringen und biblische Texte mit einer phantastischen Begleitung des Pianoforte abzusingen, komponieren nennen kann. Desgleichen machte ich entsetzliche Gedichte, aber doch mit größter Beflissenheit. Ja, ich zeichnete sogar und malte.

Wie ich nach Pforte kam, hatte ich so ziemlich in die meisten Wissenschaften und Künste hineingeguckt und fühlte eigentlich für alles Interesse, wenn ich von der allzu verstandesmäßigen Wissenschaft der mir allzu langweiligen Mathematik absehe. Gegen dieses planlose Irren in allen Gebieten des Wissens empfand ich aber mit der Zeit einen Widerwillen; ich wollte mich zu einer Beschränkung zwingen, um einzelnes gründlich und innerlich zu durchdringen. Dies Bestreben konnte sich behaglich zur Geltung bringen in einem kleinen wissenschaftlichen Verein, den ich mit zwei gleichgesinnten Freunden zur Förderung unsrer Ausbildung gründete. Die monatliche Einlieferung von Abhandlungen und Kompositionen und deren Kritik, sowie vierteljährliche Zusammenkünfte zwangen den Geist, kleine aber anregende Gebiete genauer zu betrachten und auf der andern Seite durch ein gründliches Erlernen der Kompositionslehre der verflachenden Einwirkung des »Phantasierens« entgegenzuarbeiten.

Zugleich erwuchs zunehmend meine Neigung für klassische Studien; ich gedenke mit der angenehmsten Erinnerung der ersten Eindrücke des

Sophokles, des Äschylos, des Plato, vornehmlich in meiner Lieblingsdichtung, dem Symposion, dann der griechischen Lyriker.

In diesem Streben nach zunehmender Vertiefung des Wissens stehe ich noch jetzt; und es ist natürlich, daß ich über meine eignen Leistungen meistens ebenso geringschätzend denke, wie oft auch über die anderer, weil ich fast in jedem zu behandelnden Stoff eine Unergründlichkeit oder wenigstens eine schwere Ergründlichkeit finde. Es sei darum auch meine einzige Arbeit erwähnt, mit der ich in meiner Schullaufbahn fast zufrieden war: meine Abhandlung über die Ermanarichsage.

Jetzt, wo ich im Begriff bin, auf die Universität zu gehn, halte ich mir als unverbrüchliche Gesetze für mein ferneres wissenschaftliches Leben vor: die Neigung zu einem verflachenden Vielwissen zu bekämpfen, sodann meinen Hang, das einzelne auf seine tiefsten und weitesten Gründe zurückzuführen, noch zu fördern. Scheinen diese Neigungen sich aufzuheben, so ist dies gewiß in einzelnen Fällen nicht unrichtig, und ich bemerke mitunter in mir etwas Ähnliches.

Im Kampf mit der einen, in der Förderung der andern hoffe ich zu siegen.

Ein Silvestertraum

Es ist still in meiner Stube, dann und wann knistern die Kohlen im Ofen, ich habe die Lampe niedergeschraubt, und es ist keine Helle im Zimmer, nur daß einige feurige breite Streifen zitternd vom Ofen aus am Boden und an dem Mahagoni meines Pianinos hingleiten.

Es sind die letzten Stunden vor Mitternacht; ich habe bis jetzt in meinen Manuskripten und Briefen gewühlt, heißen Punsch getrunken und dann das Requiem aus dem Manfred Schumanns gespielt. Jetzt verlangt es mich, alles Fremde zu lassen und nur an mich zu denken.

Drum schür ich noch einmal das Feuer, stütze dann meinen Kopf auf die linke Hand und die Sofaecke, schließe die Augen und denke nach. Der Geist durchfliegt schnell die ihm lieben Stätten und weilt in Naumburg, dann in Pforte und Plauen – und kehrt endlich zurück in mein Zimmer. In mein Zimmer? Doch was seh ich auf meinem Bett? Dort liegt jemand – er stöhnt leise, röchelt – ein Sterbender!

Und nicht allein! Herum wie Schatten steht und schwebt es. Ja die Schatten sprechen. »Du böses Jahr, was hast du mir verheißen und was gehalten? Ich bin elender als je, und du sagtest mir, daß ich Glück haben sollte. Sei verflucht!«

»Du liebes Jahr, du schautest mich zuerst so finster an, aber dein Mai tröstete mich, und dein Herbst war des Maies wehmütiger Nachklang. Sei gesegnet!«

»Du altes Jahr, viel Mühe hast du mir gemacht, aber hast mich auch entschädigt. Wir sind uns nichts schuldig, lebe wohl!«

»Ich habe gewartet und sehnlich ausgeschaut, wann du meine Wünsche erfüllen wirst. Tue es jetzt, in deiner letzten Stunde, hilf mir.«

Alles blieb stumm. Das alte Jahr röchelte leise, in genauen Zwischenräumen. Es klang wie ein Seufzer.

Plötzlich wurde alles hell. Die Wände des Zimmers flogen zurück, die Decke schwebte empor. Ich sah nach dem Bett. Das Bett war leer. Ich hörte eine Stimme:

»Ihr Toren und Narren der Zeit, die nicht und nirgends ist außer in euren Köpfen! Ich frage euch, was habt ihr getan? Wollt ihr sein und haben, was ihr hofft, worauf ihr harrt, so tut das, was euch die Götter als Probe vor den Kampfpreis gestellt haben. Wenn ihr reif seid, wird die Frucht fallen, eher nicht!«

Da hob über mir der Zeiger aus, alles verschwand, es schlug zwölf, auf den Straßen rief man laut: »Hoch das neue Jahr!« –

Konzert und Theater
im Winter 1864/65 zu Bonn

Pietra von Mosenthal. Frau Niemann Seebach
Zauberflöte
Undine
Freischütz
Wallenstein. Karl Devrient
Hugenotten. Frau Bürde-Ney
Fidelio. Frau Bürde-Ney
Deserteur
Oberon
Nibelungen. Frau Niemann Seebach
Joseph in Ägypten von Méhul
Widerspenstigen Zähmung. Friederike Goßmann
Feuer in der Mädchenschule. Sie hat ihr Herz entdeckt. Friederike Goßmann
Grille. Friederike Goßmann

Judas Makkabäus
Mendelssohn Hymne und andres
Wallenstein im G-moll-Konzert von Mendelssohn und Chorphantasie von Beethoven. Faustwalzer, Schlummerlied. Ossian von Gade
Auer im Beethovenschen Violinkonzert dem agnus dei von Cherubini Mozartsinfonie

Große Sinfonie von Schubert
Sinfonie von Emanuel Bach
G-moll Mozart
Dionysouvertüre von N. Bretymüller
Lustspielouvertüre von Brambach und Rietz
Hebriden
Ruiblas
Rosamunde
Fierrabras
Alfonso und Estrella } Ouvertüre
Große Sonate für zwei Flügel von Mozart (Frau Clara Schumann)
Notturno in g-moll von Chopin
Scherzo capriccioso von Mendelssohn
Sinfonie d-moll 2 von Schumann
O weint um sie von Hiller
Frühlingslied von Gade
»Freudvoll und leidvoll«
Mädchens Klage } Fr. Wiesemann

Pattikonzert

Arie aus Purit
Schattenarie Din } gesungen von Carlotta Patti
Karneval von Venedig
Tarantella
Barbier von Sevilla } Ferranti
Titusarie
Wandrer } Fr. Edelsberg
Brassin und Vieutemps Kreutzersonate
Niemann-Seebach Glocke

[Aus dem Jahre 1866]

1860

4. Juli, Miserere fünfstimmig

1861

25. März, Einleitung zu Mariä Verkündigung
Juni, Einleitung zur dritten Szene
Juli, »Der Weg an«

1861

Hundstage Plauen Untersekunda
Schmerz ist Grundton
Michael
Serbia

1860

Hundstage Gorenzen Obertertia

1859

Hundstage Jena Untertertia

[Aus dem Jahre 1866]

1862

In Schulpforte
Hundstage in Gorenzen
Nachher bis Michaeli am Kopf krank
Dann neues Primanertum
Vor den Osterferien: Gedicht »Ermanarich«
In den Ostertagen: Aufsatz: Fatum und Geschichte
Januar bis 2. Februar: Ungarische Skizzen:
»Die Heideschenke«
»Siegesmarsch«
»Wilde Träume«
22. Juni, »Zigeunertanz«
»Ungar. Marsch«
Bis Ostern: »Heldenklage«
In den Hundstagen: »Es geht ein Bach«
»Aus der Jugendzeit«
Am 5. Nov.: Zwei Mazurkas
Michaeli: Ermanarich, sinfonische Dichtung

Gedichte von März bis Oktober
Nachts
Vier Lieder
Junge Fischerin
»Schweifen, o Schweifen«
Aus der großen Zeit. Vier Gedichte
»O könnt ich stürmen«
Ungar. Skizzen. Drei Gedichte

Aus dem Herbst: Sieben Herbstlieder
Am 10 Nov. auf dem Karzer. Drei Gedichte
Vor dem Totenfest: Epilog

1863

In Schulpforte
Ostern in Naumburg

Hundstage in Plauen und im Fichtelgebirge
Weihnachten in Gorenzen
In den Ostertagen: Über das Dämonische in der Musik I, II (hat P. Deussen)
In den Michaelistagen: Anmerkungen zum Nibelungenlied
Später in Schulpforte:
Abhandlung über Ermanarich
Primum Oedipodis regis carmen choricum
Erstere in den Händen von stud.
Im Januar: »In einem kühlen Grunde«, melodramatisch
In den Hundstagen:
»So lach doch mal« von Klaus Groth
Eine Sonate, nicht aufgeschrieben
In den Weihnachtsferien: 29. Dezember bis 2. Januar 1864:
»Eine Silvesternacht«, für Klavier und Violine

Gedichte:

Untreue Liebe
Vor dem Kruzifix
Am Meeresstrand
Klang aus der Ferne
Über den Gräbern
Jetzt und einstmals
} hat zumeist G. Meyer
Jetzt und ehedem
Rhapsodie
Heimkehr, fünf Lieder (hat P. Deussen)
Vorspiel
An ein Rosenblatt
Der alte Ungar
Vor fünfzig Jahren
Beethovens Tod

1864

4. Januar in Gorenzen. Hochzeit Onkel Edmund
4. Januar bis 7. September in Pforte
Hundstage in Naumburg
7. September bis 1. Oktober in Naumburg. Mulustage
1. Oktober bis 16. Oktober in Oberdreiß bei P. Deussen
16. Oktober bis Ende in Bonn. Bonngasse 518 bei Oldag
Hundstage: »de Theognide poeta Megarensi«
November bis 13. Dezember:

1. Beschwörung von Puschkin
2. Winternacht von Puschkin
3. Die Kette von Petöfi
4. Ich möchte lassen
5. Ständchen
6. Unendlich
7. Verwelkt
8. Wo bist du
9. Ungewitter von Chamisso
10. Gern und gerner
11. Das Lied an die Kerze
12. »Es wiegt und neigt«, von mir

Davon 1, 4, 6, 10 an Marie Deussen,
4, 5, 6, 7, 9, 10, 11, 12 an Mutter und Schwester zu Weihnachten

Vor den Hundstagen: Widmung an Anna Redtel
»Rhapsodische Dichtungen«
Vor Weihnachten: Gedicht an einen Freund

1865

Bis 9. August in Bonn
Ostern in Naumburg
Vom 9. August bis 1. Oktober in Naumburg
Kleine Reise nach Gorenzen, Goldne Aue usw.
Vom 1. bis 17. Oktober in Berlin bei Oberl. Mushacke
Vom 17. Oktober bis zum 22. Dezember in Leipzig, Blumengasse 4
Vom 22. Dezember bis 6. Januar 1866 in Naumburg
Ostern: »Simonidis lamentatio Danaae«
Große Ferien: Theognisstudien
11. Juni: »Junge Fischerin«, Lied
Im Dezember: »O weint um sie« von Byron. Chor

1866

3. Januar beendet »die letzte Redaktion der Theognidea«
23. Januar »Kyrie« für Chor und Orchester in Klavierauszug

[Aus dem Jahre 1867]

Meine Herren, es geziemt sich heute, wo wir den ersten Schritt in das vierte Semester unseres Vereines tun, unsre Blicke vorwärts und rückwärts zu werfen, rückwärts, um aus der Vergangenheit zu lernen, vorwärts, um uns der Ziele bewußt zu werden, die wir in dem neuen Zeitraume anstreben wollen. Unser Verein hat sich bisher als lebensfähig bewiesen: das ist schon viel, aber nicht genug. Er hat auch die Kinderschuhe schon ausgezogen, seine ersten tappenden Versuche sind geglückt, so daß er jetzt schon sicherer einherschreiten kann. Eine Anzahl strebsamer Philologen, die seit den Anfängen des Vereins immer zugenommen hat, kommt wöchentlich zusammen, um sich untereinander anzuregen und auszubilden, in dem Bewußtsein, daß die Kontrolle, die jugendliche Geister gegeneinander üben, ein höchst wirksames Mittel der Bildung ist. Die Wirksamkeit des Vereins in sich selbst ist nicht zu bestreiten: wir erleben vor unsern Augen lebhafte Debatten und werden in sie hineingezogen, wir hören Vorträge über die mannigfaltigsten Gebiete und Fragen der Philologie, ja wir dürfen nicht verkennen, daß der Verein im ganzen eine vortreffliche Universalität der Interessen vertritt und nach keiner Seite hin eine ausschließliche Neigung verrät: so nützlich Steckenpferde für das Individuum sind, so wenig für einen Verein. Soweit können wir den Verein loben: in zwei Punkten aber ist nötig, sich die Mängel klarzumachen, an denen er bis jetzt noch leidet. Wir haben mitunter noch Vorträge anzuhören, für die im Kreise des Vereins die Voraussetzungen fehlen und die deshalb ohne die wünschenswerte Debatte zu erzeugen *ad acta* gelegt werden. Gewiß dürfen wir den Vortragenden selbst einen Vorwurf nicht ersparen: sie haben öfters das Thema unglücklich gewählt, entweder zu weite Gebiete zu umfassen gesucht, ohne es im engen Zeitraum einer Stunde zustande zu bringen oder sie haben zu viel Kenntnisse als vorhanden vorausgesetzt und mit diesen gerechnet. Im ganzen aber glaube ich, daß die Vortragenden selbst weniger gefehlt haben als die Zuhörer. Es geziemt mir nicht eine Kritik über die Vorbereitungen anderer Mitglieder, aber von mir selbst darf ich sagen, daß ich mich nicht immer mit dem Stoffe des Vortrags im voraus vertraut gemacht hatte. Es ist aber unmöglich, einen Vortrag, die Sicherheit der Voraussetzungen, den verschlungenen Gang der logischen Deduktion, etwaige absichtliche und unabsichtliche Auslassungen und Mängel richtig zu durchschauen, wenn wir dem Stoffe des Vortrags gegenüber eine *tabula rasa* sind. Während ich also als Wunsch auszusprechen wage, daß jeder von uns durch eine genügende Vorbereitung für den einzelnen Abend sich dem Verein so nutzbar wie möglich mache, stelle ich den dritten Antrag, daß jeder der beabsichtigt einen Vortrag zu halten, zwei, drei, vier Wochen vorher sein Thema beim Namen nennt und auch die einschlägige Literatur andeutet.

Die Wirksamkeit des Vereins nach innen kann sich also noch vermehren, wie sie sich bis jetzt immer vermehrt hat. Schlimm steht es mit der Wirksamkeit nach außen, mit dem Einfluß des Vereins auf die philologische Studentenschaft. Noch vor wenigen Semestern galt es als ausgemacht, daß im ganzen die Leipziger Philologenschaft von sehr utilitarischen Interessen bewegt werde, daß die magere Pfründe eines Schullehrers für die meisten das zu erstrebende Ziel ihrer Studien sei. Ich denke, daß dem nicht mehr so lange sein wird. Wir wollen einmal die Intentionen unsers Vereins als die antipodischen auffassen. Denn zufällig haben wir alle, die wir hier zusammengekommen sind, einen ziemlich ausgeprägten wissenschaftlichen Trieb. Es sei fern von mir, in diesem Triebe einen ethischen Vorzug vor jenen Utilitariern zu sehn: denn Trieb ist Bedürfnis und Bedürfnis ist Zwang. Zu tun aber wie man gezwungen ist, ist jedenfalls kein ethischer Vorzug, ebensowenig wie zu speisen, wenn man hungrig ist. Aber es gibt oder gab hier in Leipzig viele, die nicht hungrig sind nach der Wissenschaft. Das sind die Utilitarier. Was würde es nützen, ihnen Speise zu geben? Mit diesen also haben wir grundsätzlich nichts zu tun, wohl aber mit jener großen Schar von noch unentschiedenen Naturen, die sich gern anlehnen wollen, weil sie sich selbst noch nicht Stütze sind, die gern sich einer Strömung hingeben und die daher leicht durch den auf einer Universität herrschenden Geist bestimmt werden. Hier beginnt unsre Aufgabe: die bezeichneten Naturen sind die notwendigen Bestandteile unsers Vereins, weil in ihnen sich immer der Nachwuchs der Mitglieder erzeugen muß. Diesen müssen wir es bequem machen, unsern Sitzungen beizuwohnen, diese müssen wir in das philologische Fahrwasser hineinzuleiten suchen. Kurz, wir wollen in unserm Verein noch mehr Zuhörer haben und diese gerade aus den jüngsten und jüngeren Semestern des Triennium.

Ich habe die Punkte bezeichnet, auf denen die Erweiterung der innern und äußern Wirksamkeit des Vereins beruht. Damit wissen wir unsre nächsten Ziele, damit erkläre ich das vierte Semester unsers Vereins für eröffnet.

Rückblick auf meine zwei Leipziger Jahre
17. Oktober 1865 bis 10. August 1867

Meine Zukunft liegt mir sehr im Dunkel, ohne mich deshalb besorgt zu machen. Gleichermaßen verhalte ich mich zu meiner Vergangenheit; im ganzen vergesse ich sie sehr schnell, und nur die Änderungen und Befestigungen des Charakters zeigen mir von Zeit zu Zeit, daß ich sie verlebt habe. Bei einer solchen Lebensweise wird man von seinem eignen Bildungsgange überrascht, ohne ihn zu verstehen; und ich verkenne nicht, daß dies Vorzüge hat, da das fortwährende Betrachten und Abwägen die naiven Äußerungen des Charakters zu stören pflegt und seinem Wachstum leicht hinderlich erscheint. Mitunter freilich will mir's vorkommen, als ob ein solches bewußtes Fortleben eben nur scheinbar und auch nur auf eine Zeit störend wirkt. Man denke an den Fußsoldaten, der zuerst fürchtet das Gehen überhaupt zu verlernen, wenn er angeleitet wird mit Bewußtsein den Fuß zu heben und dabei seine Fehler im Auge zu behalten. Es kommt nur darauf an, ihm eine zweite Natur anzubilden; dann geht er ebenso frei als vorher. Es ist sehr leicht die Moral zu dieser Fabel zu finden und die nachfolgenden Blätter sollen zeigen, daß ich sie gefunden habe. Betrachten will ich mich, und um nicht gleich mit einem unvermittelten »heute« anfangen zu müssen, schicke ich etwas über den Gang der beiden letzten Jahre voraus. Zwei Jahre! In diesem Alter! Was saugt da nicht alles an dem jungen Wesen, was drückt da nicht seine Tatzen in den weichen Ton!

Ich ging von Bonn weg wie ein Flüchtling. Als mich um Mitternacht Freund Mushacke an das Ufer des Rheins begleitete, wo wir auf das von Köln kommende Dampfschiff warteten, da war nichts von wehmütigen Empfindungen in mir, einen so schönen Ort und ein so blühendes Land verlassen zu müssen, abzuscheiden von einer Schar jugendlicher Genossen. Vielmehr waren es gerade die letzteren, die mich fortscheuchten. Ich will nachträglich den guten Leuten nicht noch ungerecht sein, wie ich es früher öfter war. Aber meine Natur fand unter ihnen kein Genüge; ich selbst war noch viel zu scheu in mich versteckt und hatte nicht die Kraft, unter dem dortigen Treiben eine Rolle zu spielen. Alles war mir aufgenötigt, und ich verstand nicht Herr zu sein über das, was mich umgab. In der ersten Zeit war mein Bemühen gewesen, mich in die Formen zu finden und das zu werden, was man einen flotten Studenten nennt. Da mir dies aber immer mehr mißlang, da der Hauch von Poesie, der auf allem diesen Treiben zu ruhen scheint, für mich verflogen war und die rohe philiströse Gesinnung mitten aus jenem Übermaß von Trinken, Lärmen und Schuldenmachen hervorsprang, da begann es leise in mir zu rumoren; immer lieber entzog ich mich jenen hohlen Vergnügungen, um stille Naturgenüsse oder gemeinsame Kunststudien aufzusuchen, immer fremder fühlte ich mich in diesen Kreisen, denen zu entgehen doch nicht möglich war. Dazu meldeten sich andauernde rheumatische Schmerzen, nicht minder drückte das Gefühl, nichts für die Wissenschaft und wenig fürs Leben, doch reichliche Schulden gewonnen zu haben. Das alles gab mir die Empfindung eines Flüchtlings, als ich in der feuchten regnerischen Nacht an Bord des Dampfschiffes stand und die wenigen Lichter langsam verschwinden sah, die Bonn am Ufer bezeichneten.

Unter den Nachwirkungen dieser Stimmung verbrachte ich die Ferien. Die letzten vierzehn Tage war mir vergönnt, bei meinem Freunde Mushacke in dessen elterlichem Hause zuzubringen. In Berlin spielte ich damals das Spiel des Unzufriedenen; noch zu deutlich lag die Vergangenheit in meinen Blicken, ihre Lasten drückten noch zu schwer auf meine Schultern, so daß ich meinem Freunde in meinen ewigen Lamentationen gewiß lästig fiel. Natürlich verfehlte ich nicht, jenes Unbehagen über Bonner studentische Verhältnisse zu verallgemeinern und insbesondere die deutsche Burschenschaft schwer mitzunehmen. Daß ich nun gerade mit Leuten dieser Rasse in einem Liebigschen Konzert zusammentreffen mußte, war mir hochpeinlich; und ich war unartig genug nach der nötigen Begrüßung einen ganzen Abend lautlos an ihrer Seite zu sitzen. Als trotzdem einer von ihnen seiner Pflicht nach mich in ihre Kneipe einlud, ging ich meinem Freunde Mushacke zulieb auch dorthin, blieb aber ebenso stumm und unzugänglich als bei der ersten Begegnung, und mag also schwerlich vorteilhafte Begriffe über meine Begabung und Lebensart erweckt haben, zumal da ich wenig Bier trank und gar nicht rauchte. – Berlin selbst unbefangen anzusehn und zu würdigen, war ich damals gewiß nicht angetan, dagegen stimmt es zu dem damaligen unruhig unbefriedigten Zustand, daß Sanssouci und die Umgebung Potsdams in dem malerischen Kostüm des Frühherbstes mächtig auf mich wirkte. Insgleichen ist mir noch der Garten am Viktoriatheater in der schärfsten Erinnerung, ohne alles Grün, die Bäume wie Rattenschwänze, die Bänke und Stühle unordentlich übereinandergestellt: über die Giebel der umgebenden Häuser die matten Strahlen der Herbstsonne und die bleiche blaue Luft in die die Dächer so schroff hineinragen. Auch unsre Unterhaltungen nährten meine verbitterte Laune; da waren es die Sarkasmen des vortrefflichen Mushacke, seine Einblicke in die höhere Schulverwaltung, sein Zorn über das jüdische Berlin, seine Erinnerungen aus der Zeit der Junghegelianer, kurz die ganze pessimistische Atmosphäre eines Mannes, der viel hinter die Kulissen geschaut hat, die meiner Stimmung neue Zufuhr gaben. Ich lernte damals mit Behagen schwarz sehen, nachdem es mir selber, wider meine Schuld wie mir schien, schwarz gegangen war.

Es war am 17. Oktober 1865, als ich mit Freund Mushacke in Leipzig auf dem Berliner Bahnhofe anlangte. Wir zogen zunächst planlos in die innre Stadt und erfreuten uns der hochgetürmten Häuser, der belebten Gassen und des regen Treibens. Dann ruhten wir uns in der Mittagszeit in der Reisseschen Restauration (Klostergasse) aus und fanden es hier leidlich, obwohl auch dieser Dunstkreis nicht frei von schwarzrotgoldnen Jünglingen war. Hier begann mein Studium des Tageblattes, das ich später regelmäßig in der Mittagsstunde zu treiben pflegte. An jenem Tage notierten wir uns die angebotenen Wohnungen, jene »anständigen« oder gar »eleganten« Zimmer mit »Schlafkabinett« usw. Darauf schickten wir uns an straßauf, straßab, treppauf, treppab uns die bezeichneten Herrlichkeiten anzuschaun und fanden sie durchschnittlich über alle Maßen scheußlich. Welche Gerüche empfingen uns da, welche Ansprüche von Reinlichkeit setzte man bei uns voraus! Genug, wir waren bald ärgerlich und mißtrauisch und folgten daher nur zaudernd einem Antiquar, der eine Wohnung zu vermieten hatte, wie sie uns passend erscheinen würde. Schon dauerte uns der Weg zu lang und wir wurden müde, als er in einer kleinen Seitengasse, die den Namen »Blumengasse« trägt, haltmachte, uns durch ein Haus durch in einen Garten führte und in dem dort sich anschließenden Gebäude eine kleine Stube nebst Kammer aufwies, die einen freundlich zurückgezogenen Eindruck machte und sich für die Behausung eines Gelehrten wohl eignen mochte. Genug, wir wurden handelseinig; ich wohnte von jetzt ab bei dem Antiquar Rohn in der Blumengasse Nr. 4. Freund Mushacke fand im Hause nebenan ein Unterkommen. Und zwar hatte ich, wie wir später häufig bemerkten, bei dieser Wohnungswahl den bessern Teil erwählt. An jenem Tage aber gingen wir nach Beendigung unsrer Geschäfte in das benachbarte Café und tranken da in herbstlich schauriger Luft, aber doch noch im Freien unsere Nachmittagsschokolade, mit wartendem Herzen über alles das, was sich an der neuen Stätte unsres Daseins zutragen würde.

Am andern Tage meldete ich mich auf dem Universitätsgericht; es war gerade ein Tag, den die Universität durch eine Festschrift und durch Doktorernennungen feierte, der Tag, an dem vor hundert Jahren Goethe sich in das Album eingezeichnet hatte. Ich kann nicht sagen, wie erfrischend dieses zufällige Ereignis auf mich wirkte; sicherlich war es ein gutes Omen für meine Leipziger Jahre, und die Zukunft hat dafür gesorgt, daß es mit Recht ein gutes Omen heißen konnte. Der damalige Rektor Kahnis suchte uns Gemeinsamaufzunehmenden, die wir einen großen Kreis bildeten, deutlich zu machen, daß ein Genie seine absonderlichen Bahnen gehe und daß Goethes Studienzeit somit durchaus für uns nicht mustergültig sein solle. Wir erwiderten die Anrede des kugelrunden beweglichen Männchens mit einem verstohlenen Lächeln und reichten ihm darauf den üblichen Handschlag, indem sich der ganze Kreis an dem schwarzen Punkte vorbeischob. Später empfingen wir unsre Papiere.

Das erste fröhliche Ereignis war für mich das erste Auftreten Ritschls, der glücklich an seiner neuen Küste gelandet war. Nach akademischer Sitte war er jetzt genötigt, seine Antrittsvorlesung öffentlich in der Aula zu halten. Man war allgemein hochgespannt auf die Erscheinung des berühmten Mannes, dessen Benehmen in den Bonner Affären seinen Namen in die Zeitungen und in aller Mund gebracht hatte. In reichster Fülle war darum die akademische Bürgerschaft versammelt, aber auch zahlreiche Nichtstudenten standen im Hintergrunde. Da kam er denn hineingerutscht in den Saal, auf seinen großen Filzschuhen, im übrigen in tadellosem festlichem Anzug mit weißer Binde. Heiter und aufgeräumt blickte er sich in dieser neuen Welt um und bald entdeckte er auch Gesichter, die ihm nicht fremd waren. Indem er sich hinten im Saale herumtrieb, rief er plötzlich »Ei, da ist ja auch Herr Nietzsche« und winkte mir lebhaft mit der Hand. Bald hatte er einen ganzen Kreis von Bonner Schülern um sich gesammelt, mit denen er auf das gefälligste plauderte, während der Saal sich mehr und mehr füllte und die akademischen Würdenträger erschienen waren. Da er dies merkte, stieg er mit Heiterkeit und Unbefangenheit auf das Katheder und sprach seine schöne lateinische Rede über den Wert und Nutzen der Philologie. Sein freier Blick, die energische Jugend seines Worts, das behende Feuer in seinem Mienenspiel rief offenbar Staunen hervor. Ich hörte, wie ein alter gemütlicher Sachse nachher sich aussprach: »Nee, was der alte Mann fir ein Feier hat.« Auch in der ersten Vorlesung im Auditorium N. 1 war die Menschenmenge erdrückend. Er begann seinen Vortrag über des Äschylus Tragödie »Die Sieben vor Theben«, dessen wichtigsten Teil ich mit angehört und nachgeschrieben habe.

Hier will ich gleich eine Bemerkung über meinen Kollegienbesuch machen. Da spricht denn vor allem die Tatsache, daß ich kein einziges vollständiges Kollegienheft besitze, sondern nur traurige Bruchstücke. Für diese meine Unregelmäßigkeit empfand ich zeitweise Besorgnis und Unruhe, endlich aber ging mir auch hier die erlösende Formel auf. Im Grunde nämlich zog mich bei den meisten Kollegien der Stoff durchaus nicht an, sondern nur die Form, in der der akademische Lehrer seine Weisheit an den Mann brachte. Die Methode war's, für die ich lebhafte Teilnahme hatte; sah ich doch, wie wenig auf Universitäten Stoffliches gelernt wird und wie trotzdem der Wert derartiger Studien allseitig aufs höchste geschätzt wird. Da wurde mir deutlich, daß das Vorbildliche der Methode, der Behandlungsart eines Textes usw., jener Punkt sei, von dem die umschaffende Wirkung ausgehe. Also beschränkte ich mich darauf zu beachten, wie man lehrt, wie man die Methode einer Wissenschaft in junge Seelen überträgt. Immer versetzte ich mich in die Stellung eines akademischen Lehrers und gab von diesem Standpunkte aus meine Zustimmung oder mein Verdikt zu den Bemühungen bekannter Dozenten. So habe ich mich denn mehr beflissen, zu lernen, wie man Lehrer ist als zu lernen, was man sonst auf Universitäten lernt. Dabei hielt mich immer das Bewußtsein aufrecht, daß es mir einmal nicht an den Kenntnissen fehlen werde, die man bei einem Akademiker beansprucht, und vertraute dabei der Eigenheit meiner Natur, daß sie sich durch eignen Trieb und nach eignem System das Wissenswürdige zusammenholen werde. Und meine Erfahrung hat dies Vertrauen bis jetzt gutgeheißen. Als Ziel schwebt mir vor, ein wahrhaft praktischer Lehrer zu werden und vor allem die nötige Besonnenheit und Selbstüberlegung bei jungen Leuten zu wecken, die sie befähigt, das Warum? Was? und Wie? ihrer Wissenschaft im Auge zu behalten.

Man wird nicht verkennen, daß in dieser Betrachtungsweise ein philosophisches Element liege. Der junge Mann soll erst in jenen Zustand des

Erstaunens geraten, den man das φιλόσοφον πάθος κατ' ἐξοχὴν genannt hat. Nachdem das Leben sich vor ihm in lauter Rätsel zerlegt hat, soll er bewußt, aber mit strenger Resignation sich an das Wissensmögliche halten und in diesem großen Gebiete seinen Fähigkeiten gemäß wählen. Wie ich zu diesem Standpunkte gekommen bin, will ich zunächst erzählen. Hier erscheint denn zum ersten Male der Name Schopenhauer auf diesen Blättern.

Verstimmungen und Verdrießlichkeiten persönlicher Art pflegen bei jungen Leuten leicht einen allgemeineren Charakter anzunehmen, wenn sie sonst nur zur δυσκολία geneigt sind. Ich hing damals gerade mit einigen schmerzlichen Erfahrungen und Enttäuschungen ohne Beihilfe einsam in der Luft, ohne Grundsätze, ohne Hoffnungen und ohne eine freundliche Erinnerung. Mir ein eignes anpassendes Leben zu zimmern war mein Bestreben von früh bis abend; dazu brach ich die letzte der Stützen ab, die mich an meine Bonner Vergangenheit fesselte; ich zerriß das Band zwischen mir und jener Verbindung. In der glücklichen Abgeschiedenheit meiner Wohnung gelang es mir mich selbst zu sammeln; und wenn ich mit Freunden zusammentraf, so war es eben mit Mushacke und v. Gersdorff, die für ihren Teil mit gleichen Absichten umgingen. – Nun vergegenwärtige man sich, wie in solchem Zustande die Lektüre von Schopenhauers Hauptwerk wirken mußte. Eines Tages fand ich nämlich im Antiquariat des alten Rohn dies Buch, nahm es als mir völlig fremd in die Hand und blätterte. Ich weiß nicht welcher Dämon mir zuflüsterte: »Nimm dir dies Buch mit nach Hause.« Es geschah jedenfalls wider meine sonstige Gewohnheit, Büchereinkäufe nicht zu überschleunigen. Zu Hause warf ich mich mit dem erworbenen Schatze in die Sofaecke und begann jenen energischen düsteren Genius auf mich wirken zu lassen. Hier war jede Zeile, die Entsagung, Verneinung, Resignation schrie, hier sah ich einen Spiegel, in dem ich Welt Leben und eigen Gemüt in entsetzlicher Großartigkeit erblickte. Hier sah mich das volle interesselose Sonnenauge der Kunst an, hier sah ich Krankheit und Heilung, Verbannung und Zufluchtsort, Hölle und Himmel. Das Bedürfnis nach Selbsterkenntnis, ja Selbstzernagung packte mich gewaltsam; Zeugen jenes Umschwunges sind mir noch jetzt die unruhigen, schwermütigen Tagebuchblätter jener Zeit mit ihren nutzlosen Selbstanklagen und ihrem verzweifelten Aufschauen zur Heiligung und Umgestaltung des ganzen Menschenkerns. Indem ich alle meine Eigenschaften und Bestrebungen vor das Forum einer düsteren Selbstverachtung zog, war ich bitter, ungerecht und zügellos in dem gegen mich selbst gerichteten Haß. Auch leibliche Peinigungen fehlten nicht. So zwang ich mich vierzehn Tage hintereinander immer erst um zwei Uhr nachts zu Bett zu gehen und es genau um sechs Uhr wieder zu verlassen. Eine nervöse Aufgeregtheit bemächtigte sich meiner und wer weiß bis zu welchem Grade von Torheit ich vorgeschritten wäre, wenn nicht die Lockungen des Lebens, der Eitelkeit und der Zwang zu regelmäßigen Studien dagegen gewirkt hätten.

In jene Zeit fällt die Gründung des philologischen Vereins. Eines Abends waren mehrere ehemalige Bonner Studenten zu Ritschl eingeladen, darunter ich selbst. Nach Tische regte uns unser Gastgeber lebhaft zu der Idee an, welche dem philologischen Vereine zugrunde lag. Die Frauen waren gerade im Nebenzimmer, und so störte nichts den Erguß des lebhaften Mannes, der aus der Erfahrung von der Wirksamkeit und dem Einfluß solcher Vereine zu erzählen hatte. Der Gedanke faßte in uns vieren Wurzel, das heißt in Wisser, Roscher, Arnold und mir. Wir sahen uns im Kreise unsrer Bekannten um und luden dann für einen Abend die Auserwählten in die »Deutsche Bierstube« zur Konstituierung eines Vereines zusammen. Acht Tage später hielten wir unsre erste regelmäßige Versammlung. Wir verlebten das erste halbe Jahr ohne Präsidenten und machten immer am Beginn eines Vereinsabends einen von uns zum Vorsitzenden. Was gab es da für aufgeregte zügellose Debatten! Wie schwer war es da, aus dem allgemeinen Lärm nur etwas als Meinung des gesamten Vereines zu retten! Es war am 18. Januar 1866, als ich meinen ersten Vortrag hielt und damit gewissermaßen mein Debüt in der philologischen Welt. Ich hatte angekündigt, daß ich in der Restauration von Löwe, Nikolaistraße, über die letzte Redaktion der Theognidea sprechen werde. Hier im gewölbten Raume konnte ich, nachdem ich die erste Schüchternheit überwunden hatte, kräftig und mit Nachdruck mich ausgeben und hatte auch den Erfolg, daß meine Freunde den größten Respekt vor dem Gehörten äußerten. Erstaunlich erquickt kam ich tief in der Nacht nach Hause und setzte mich an mein Pult, um in das Buch der Betrachtungen bittre Worte zu schreiben und auf der Tafel meines Bewußtseins die genossene Eitelkeit möglichst zu vertuschen.

Dieser günstige Erfolg machte mir Mut, meine Arbeit, wie sie war, in Folio, durch und durch mit Randglossen versehen, eines Mittags zu Ritschl zu bringen, dem ich sie in Gegenwart Wilhelm Dindorfs schüchtern einhändigte. Später erfuhr ich, wie unangenehm und lästig Ritschl derartige Zumutungen sind. Genug, er nahm die Arbeit an, vielleicht beeinflußt durch die Anwesenheit Dindorfs. Einige Tage darauf wurde ich zu ihm gerufen. Er sah mich bedenklich an und hieß mich Platz nehmen. »Zu welchem Zwecke«, fragte er, »haben Sie diese Arbeit bestimmt.« Ich sagte das Zunächstliegende, daß sie, einem Vortrage unsres Vereins zugrunde gelegt, schon ihren Zweck erfüllt habe. Jetzt fragte er nach meinem Alter, meiner Studienzeit usw., und als ich ihm Bescheid gegeben, erklärte er, noch nie von einem Studierenden des dritten Semesters etwas Ähnliches der strengen Methode nach, der Sicherheit der

Kombination nach gesehen zu haben. Darauf forderte er mich lebhaft auf, den Vortrag zu einem kleinen Buche umzuarbeiten und verhieß mir seine Hilfe, um einige Kollationen mir zu beschaffen. Nach dieser Szene ging mein Selbstgefühl mit mir in die Lüfte. Mittags machten wir Freunde zusammen einen Spaziergang nach Gohlis, es war schönes, sonniges Wetter, und mir schwebte mein Glück auf den Lippen. Endlich im Gasthofe, als wir Kaffee und Pfannkuchen vor uns hatten, hielt ich nicht mehr zurück und erzählte den neidlos staunenden Freunden, was mir widerfahren sei. Einige Zeit ging ich wie im Taumel umher; es ist die Zeit, wo ich zum Philologen geboren wurde, ich empfand den Stachel des Lobes, das für mich auf dieser Laufbahn zu pflücken sei.

Besonders einem meiner Umgebung mochte ich durch das Erlebte imponiert haben. Das war der junge Gottfried Kinkel, mit dem ich von Stund an in nähere Berührung kam. Von diesem seltsamen Kauze muß ich einiges sagen: Ein kleines schwächliches Männchen mit altem, bartlosem Gesicht. Dabei eine Geschmeidigkeit der Bewegung, die an vielen Umgang mit Frauen erinnerte. Eine englische Gleichgültigkeit und Apathie gegen etwas, was er nicht bemerken wollte. Merkwürdig aber war vor allem, daß, obgleich er sich selbst in kleinen Verhältnissen bewegte, auch als Philolog kaum andre als halb mechanische Arbeiten trieb, er doch alles gleichsam mit Vergrößerungsgläsern um sich erblickte, vor allem seine Freunde. Wenn er einen von uns zu beschreiben anfing, so sahen wir uns mit Gelächter in hyperbolische Wesen verwandelt. Genug, dies war seine Art, und er sonnte sich wahrscheinlich selbst gemächlich im Glanze seiner selbstgeschaffenen Sonnen. Wir luden uns öfter gegenseitig ein, musizierten miteinander und ergingen uns in Gesprächen über Ziele der Philologie. Er, dem immer die politischen Prinzipien seines Vaters vorschwebten, er, der mitunter Vorträge in Arbeitervereinen hielt, wollte durchaus, daß politische Zwecke im Hintergrunde stehen müßten, während ich nach meiner Art die selbstlose Würde der Wissenschaft vertrat. Plötzlich war er umgestimmt, erhob sich, erfaßte meine Rechte und schwur von jetzt ab nach meinen Grundsätzen zu leben. Unser Umgang mit ihm war ein Komplex von Respekt, Mitleid und Erstaunen. Seine kleinen wissenschaftlichen Arbeiten von entschiedenem Unwerte pflegte er doch jedesmal druckfertig zu machen, weil er sie als kleine Meisterstücke ansah. Daß er dabei auch dichtete, weiß ich, und er mochte oft den Wunsch hegen, seine Geburten mir vorzulegen, wenn ich nicht mit größter Entschiedenheit mich gegen alle diese Jugenddichtereien erklärt hätte; ich pflegte die Zeit der Selbsterkenntnis von da an bei einem Jüngling zu datieren, wo er seine Dichtungen in den Ofen steckt, und habe es selbst dieser meiner Anschauung gemäß in Leipzig gemacht. Friede auch dieser Asche!

Damals speiste ich mit meinen Freunden zusammen bei Mahn am großen Blumenberg in nächster Nähe des Theaters. Von dort gingen wir regelmäßig in das Café Kintschy, das für mich besondre Vorzüge hatte. Es verkehrte dort nur ein auserwählter Kreis von Stammgästen, darunter Prof. Wenzel, den wir den »Kater« nannten, ein kleiner Mann mit lebhafter Verbissenheit und flatternden weißen Haaren, dann der Redakteur der Leipziger Signale, die wir unschuldigerweise, bevor wir den Herrn erkannten, zum Objekte unsrer schalkischen Bemerkungen gemacht hatten. Viel Neigung brachten wir dem liebenswürdigen Schweizer Kintschy zu, einem wohlwollenden, aufgeklärten Manne, der sich gern seiner früheren Gäste Stallbaum, Herloßsohn und Stolle erinnerte; deren Bilder an den altertümlichen braunen Wänden hingen. In diesen überwölbten Räumen durfte nicht geraucht werden; mir geschah damit etwas sehr Angenehmes. – Abends und besonders sonnabends waren wir in der neugegründeten Weinstube von Simmer zu finden. Hierhin kam mein Freund Mushacke, hierhin v. Gersdorff, mit dem ich viel auszutauschen hatte, nachdem er in Göttingen ähnliche Dinge erlebt und ausgestanden hatte, wie ich in Bonn. Jetzt waren diese beiden Freunde die ersten, auf die ich den vollen Strom einer Schopenhauerschen Batterie lenkte, weil ich beurteilen konnte, daß sie für solche Anschauungen empfänglich seien. Wir drei fühlten uns fortan lebhaft im Zauber des einen Namens verbunden. Auch schauten wir lebhaft nach anderen Naturen aus, die wir in dasselbe Netz ziehen wollten. Von diesen ist einer bemerkenswert, namens Romundt aus Stade in Hannover. Mit einem schreienden peinlichen Organ schreckte er zuerst die Menschen von sich ab. Und so ging es auch mir, bis ich mich gewöhnte, über diesen äußeren Eindruck hinwegzuhören. Er befand sich in unglücklichen Verhältnissen. Seine begabte Natur wies ihm nach keiner Seite hin ein bestimmtes zu erstrebendes Ziel an. Die Elemente eines Forschers, Dichters, Philosophen waren trostlos gemischt, so daß er sich in ewigem Ungenügen verzehrte. Daß auch seine Augen auf den Namen Schopenhauer gebannt wurden, versteht sich von selbst, nachdem ich einiges über seine Natur gesagt habe. Bei andern mißlangen mir meine Bekehrungsversuche völlig. Z. B. bei Wisser, bei dem zunächst ein verwandter Fond zu bemerken war. Es fehlte ihm aber überhaupt an Neigung zu philosophischer Vertiefung und an der dazu nötigen Vorbildung. An ihm fiel mir vor allem ein rastlos wühlender Ehrgeiz auf, der, weil er keine Befriedigung fand, seine ganze Natur, vornehmlich sein Nervensystem, in Aufregung versetzte. Er sehnte sich danach, in seiner Wissenschaft etwas zu entdecken und war mitunter glücklich über einen angeblich bedeutenden Fund, in dem wir anderen bei genauer Besichtigung nichts als Schlacken zu entdecken vermochten. Dabei besaß er eine liebenswürdige Neigung, mit Kindern und alten Bürgersleuten umzugehen und fühlte sich in einfachen, ländlichen Verhältnissen, wo er etwas gelten konnte, am wohlsten. Uns quälte er bald mit einer neuen

Zerteilung des Johannesprologs, bald mit Ausscheidungen des Tibull aus Tibull und konnte recht böse werden, daß wir an seinen Bestrebungen keinen Nutzen und Mangel an Methode herausfühlten. Hoffentlich geht es diesem gutherzigen schwärmerischen Gemüte besser.

Ich benutze die Gelegenheit, hier etwas von anderen Personen einzuschieben, die mit mir in Berührung kamen. Da fällt mir zunächst Hüffer ein, der unsre beiden Bekannten Romundt und Wisser fortdauernd auf das wunderlichste quälte und neckte und sich dadurch Wissers Feindschaft und Romundts Freundschaft auf den Hals schaffte. Ein talentvoller Mensch, dem die Natur den Begriff der Taille versagt hatte, trieb er die schönen Künste, vornehmlich Musik, mit Eifer, übersetzte gewandt aus dem Französischen und sah sich, da er sehr vermögend war, mit Ruhe dem Strome des Literatentums entgegenschwimmen. Wir lagen uns immer in den Haaren in musikalischen Punkten; vornehmlich über die Bedeutung Wagners ging uns nie die Stimme und die Galle aus. Ich gebe ihm jetzt nachträglich zu, daß sein musikalisches Urteilen und Empfinden feiner, vor allem gesunder entwickelt war als das meinige. Aber damals vermochte ich dies nicht einzusehn und empfand manchen Schmerz über seinen rücksichtslosen Widerspruch. Überhaupt stieß er leicht einmal mit seinem ungenierten Wesen an. So waren wir einmal zusammen in die Familie Ritschls eingeladen. Hüffer wälzte seine breite Gestalt auf einen Sessel und rief, als dieser von der ungewohnten Last knackte, lustig aus: »Oho, der ist nicht koscher«, ein Wort, das Frau Ritschl, eine getaufte Jüdin, offenbar stark verletzen mußte. Nicht anders erging es ihm, als wir einmal im ersten Range des Leipziger Theaters uns freimütig über eine am Tage zuvor aufgetretene Sängerin unterhielten. Wir lobten ihren Gesang, um so mehr aber mißfiel ihr wunderlich häßliches Gesicht, dessen Seltsamkeit Hüffer in verschiedenen Bildern laut und heftig beschrieb. Welche Empfindung aber, als eine Dame, drei Schritt schräg vor uns, sich ruhig umdrehte und den öffentlichen Tadlern ihr Gesicht, eben jenes wunderlich häßliche Gesicht zuwandte. Ärgerlich, jemand umsonst verletzt zu haben, machten wir unsre Sache nicht besser, als wir ihr nach dem Theater ein Bukett mit der Inschrift »der Nachtigall die Rose« zuschickten. Ein gewandter Dienstmann war bald angeworben und ergötzte uns nachher, als wir im Italienischen Garten zu Abend aßen, mit der Schilderung, wie er den augenblicklichen Aufenthalt der betreffenden Dame erfahren habe.

Seit jenem Tage, wo Ritschl meine Theognispapiere so günstig abgeschätzt hatte, war ich zu ihm in ein näheres Verhältnis gekommen. Fast wöchentlich ein paarmal ging ich in der Mittagsstunde zu ihm und fand ihn da jederzeit bereit, ein ernstes oder lustiges Gespräch anzuknüpfen. Gewöhnlich saß er in seinem Lehnstuhl und hatte die Kölnische Zeitung vor sich, die er samt der Bonner Zeitung aus alter Anhänglichkeit noch las. Auf dem Tisch stand gewöhnlich unter einer wüsten Menge von Papieren ein Glas Rotwein. Wenn er arbeitete, so bediente er sich eines Sessels, den er selbst gepolstert hatte, indem er die Stickerei eines ihm geschenkten Ruhekissens abtrennte und auf einen dürftigen Holzschemel, der ohne Lehne war, nagelte. In seinen Gesprächen war er frei von jeder Zurückhaltung; sein Zorn gegen seine Feinde, Unzufriedenheit über bestehende Zustände, Schäden der Universität, Marotten der Professoren, alles sprudelte aus ihm heraus, so daß er hierin wohl das Gegenstück eines diplomatischen Naturells aufwies. Ebenso scherzte er über sich selbst, über seine geringe Wirtschaftlichkeit, z. B. mit der er früher die eingenommenen Gelder in 10, 20, 50, 100 Taler-Scheinen in Bücher versteckt habe, um sich über ihr Wiederfinden zu freuen. Daß dabei mitunter durch das Verborgen von Büchern seltsame Zustände hervortraten, daß mancher arme Student sich durch eine Gabe überrascht fühlte, für die es kaum anständig war, Dank und Empfang auszusprechen, das pflegte uns seine Frau zu erzählen, und Vater Ritschl mußte mit verschämten Mienen seine Zustimmung geben. In der Tat war sein Eifer andern Leuten zu nützen wahrhaftig großartig; und daher kommt es, daß so viele junge Philologen außer der Förderung, die sie ihm in wissenschaftlichen Dingen schuldeten, sich ihm auch noch persönlich zur nächsten Anhänglichkeit verpflichtet fühlten. Er besaß unbedingt eine Überschätzung seines Fachs und hatte demgemäß eine Abneigung dagegen, daß Philologen sich näher mit der Philosophie einließen. Seine Schüler hinwiederum suchte er möglichst schnell der Wissenschaft nutzbar zu machen; daher pflegte er die produktive Ader eines jeden leicht etwas zu überreizen. Dabei war er frei von jedem Credo in der Wissenschaft; und besonders verdroß ihn ein unbedingtes urteilsloses Hingeben an seine Resultate.

Eine völlig verschiedne Natur lernte ich an Wilhelm Dindorf kennen. Eines Tages wurde ich von Ritschl befragt, ob ich wohl einmal eine Arbeit für ein reichliches Honorar unternehmen wolle, die der Wissenschaft von entschiedenem Nutzen sei. Ich entgegnete, daß ich nicht abgeneigt sei, falls ich selbst dabei meine Rechnung fände und etwas Hinreichendes lernen könne. Da vertraute mir denn Ritschl, daß es Prof. Dindorf viel an Fertigung eines neuen Index zum Äschylus liege, und er mit mir darob zu sprechen wünsche. Da stand ich zum ersten Male in meinem Leben in einer großen Gefahr von einer Seite aus, wo man mir wohlwollte. Ich ging also eines Abends zu Dindorf und wurde, nachdem man mir erst vormachen wollte, daß der Professor nicht zu Hause sei, nach Nennung meines Namens vorgelassen. Ein starker Mann mit pergamentnen Zügen und formeller Höflichkeit, eine Persönlichkeit, die einen altmodischen Eindruck machte, die aber in dem forschenden, unbeweglich scheinen wollenden Auge einen Zug hatte, welcher aufforderte, daß man auf seiner Hut sei: ein solcher Mann öffnete mir die Tür und geleitete mich in ein altfränkisches

Zimmer. Wir suchten uns über die verlangte Aufgabe zu verständigen. Er verlangte von meiner Seite eine Probe, die ich ihm versprach. Bei späteren Besuchen, nachdem er mein opusculum über Theognis kennengelernt hatte, wurde er mir bedenklich durch die freie, ja freche Art, mit der er mich lobte, insgleichen mit seinen hingeworfnen Ansichten, die einen starken, aber unethischen Pessimismus verrieten: anderseits leuchtete ein widerwärtiger merkantiler Egoismus hervor. Sein Markten mit Konjekturen, sein Hin- und Herverkaufen seiner Ausgaben an deutsche und englische Buchhändler, noch mehr sein Zusammenhang mit dem berüchtigten Simonides, haben mich allmählich scheu gemacht, so daß ich endlich mich von ihm zurückzog und alle gemachten Propositionen aus den Händen fallen ließ. Schließlich war dies sogar der Rat Ritschls, der selbst mancherlei von Dindorfs angeblichen Dienstfertigkeiten zu leiden hatte.

Später wurde ich auch mit dem entschiedensten Gegner Dindorfs bekannt, mit dem weit und breit berühmten Tischendorf. Es waren meinen Händen einige Pergamentblätter verschiedener Jahrhunderte, darunter ein Palimpsest aus dem Nachlasse des Prof. Keil anvertraut worden, über deren etwaigen Wert ich im Interesse der Witwe Erkundigungen einziehen sollte. Diese Gelegenheit benutzte ich, um mir Zutritt zu einem Manne zu verschaffen, der im Ausland als Vertreter der spezifisch deutschen Wissenschaft zu einem unerhörten Ansehn gekommen war und darüber in dem engeren Kreis deutscher Gelehrter selbst seinen Ruf vollkommen eingebüßt hatte Ich wußte, mit wem ich zu tun hatte als ich eines Abends in einer entfernten, schönen, ruhigen Straße nach seinem Namen fragte. Der »Hofrat« war gerade abwesend, und ich würde abgewiesen sein, wenn ich nicht dem Diener sowie nachher der Gattin plausibel gemacht hätte, daß er in jedem Moment kommen müsse. So gewann ich denn das Terrain seiner Studierstube, in der ich nichts Gelehrtes entdecken konnte; Briefkuverte und griechische Bibeltexte lagen in Menge herum. Dagegen erzählt man sich von einem Fache, in dem die *opera omnia* des großen Mannes zu finden seien und von einem Schranke, der zum Hüter der zahllosen Orden und Auszeichnungen bestimmt sei, mit denen Fürsten und Akademien den glücklichen Finder geehrt haben. Als er darauf erschien, der kleine, etwas bucklige Mann mit frischem rotem Gesichte und schwarzem gekräuseltem Haupthaar, legte ich ihm mein Anliegen vor, das er denn auch mit Recht als Bagatelle behandelte, aber doch dabei an zwei Zügen seinen Charakter hervorblicken ließ. Sobald er das eine Blatt mit einer musterhaft schönen griechischen Kursivschrift des 11. Jahrhunderts erblickte, behauptete er kühnlich, er besitze das andere dazugehörige Stück dieses Blattes, ohne übrigens den Beweis dafür anzutreten. Wie ich ihn darauf auf jene total verwischte Schrift eines andren Blattes hinwies, auf dem nur einzelne zerstreute Buchstaben dem angestrengten Auge deutlich wurden, las er eben so rasch als verwegen an einer Stelle, wo ich fast nichts erblickte, ein Wort heraus, das sich nur einmal im Markusevangelium finden soll und das demnach beweisen dürfte, daß wir es mit einem Stück jenes Evangeliums zu tun hätten. Ich freute mich innerlich über diesen Taschenspielerstreich, wie er sich auch seinerseits freuen mochte, ein scheinbar so glänzendes *specimen ingenii* gegeben zu haben. Dadurch vertraulicher gemacht, begann er mir eine Menge ausgezeichneter Blätter vorzulegen und zugleich meinen Appetit nach seinem angekündigten Kolleg über Paläographie auf das äußerste zu reizen. Dies ist auch wirklich das Kolleg, was ich mit stetem Eifer gehört habe, obgleich hier für Methode und systematischen Vortrag gar nichts zu lernen war. Ob man dieses Kolleg eine Paläographie oder »Tischendorfsche Erlebnisse und Erinnerungen« betiteln solle, konnte man zweifelhaft sein. Jedenfalls war es von einem Hautgout umflossen, der gerade an einem Verfechter gläubiger Theologie doppelt pikant war. Einen Hauptpunkt bildete die bis in die unsauberen Details ausgemalte Darstellung des Simonidesbetrugs und der Enthüllung durch Tischendorf. Dabei waren trotz der Prinziplosigkeit des Vortrags die eingestreuten Bemerkungen und Beobachtungen von äußerstem Werte für Freunde der Paläographie, weil jedenfalls der Mann noch nicht gelebt hat, noch lebt, der wie Tischendorf zweihundert griechische Handschriften, die vor das neunte Jahrhundert zu datieren sind, mit geübtem Auge betrachtet und zu paläographischen Zwecken studiert hat. Zugleich war er im Besitz der kostbarsten Proben und Belege für alle Arbeiten von Schriftcharakteren, wie er andererseits unsre Neugierde durch den Hinweis auf verborgne, irgendwo noch unberührt schlummernde Schätze zu wecken verstand. So lockte er uns mit einem kostbaren Papyrus voll großer Homerstücke, der in den Händen eines Engländers in Alexandrien befindlich sei, aber nur dem Bräutigam seiner Tochter, einer braunen, nicht mehr jungen Dame, ausgehändigt werden solle. Ebenso erzählte er mir von einem noch unbenutzten Palimpsest in Neapel. Durch seine Vermittlung wurden mir auf der Universität die noch nicht gelesenen Palimpseste eingehändigt, die unter einer derben syrischen Schrift die Charaktere des siebenten Jahrhunderts enthalten. In diesen ca. dreißig Blättern schlummern die Reste eines griechischen Grammatikers, der wie es scheint περὶ ὀρθογραφίας handelt. Noch will ich bemerken, daß ich hierin ein Hesiodfragment von drei Worten vorfand.

I] ΜΕΡΟΕΝΤΑ ΜΕΤΕΙΧΕ · · ·
ΜΗΔΕΑ ΩΣ ΗΣΙΟΔΟΣ

Im Privatverkehr war Tischendorf unerschöpflich in Ausbrüchen der naivsten und ungetrübtesten Eitelkeit. Stolz war er vor allem, daß der große Deutschenfresser Cobet an ihm sein Behagen gefunden habe. »Die deutschen Philologen verstehen alle nichts«, soll er gesagt haben, »du allein bist der wahre Kerl.« Als Hermann einmal etwas von ihm wünschte, so antwortete ihm Cobet nicht einmal. Mir aber schrieb er »glühende Liebesbriefe«. In dieser Art plauderte er von seinen Freunden, über deren Unwissenheit in paläographischen Dingen er in andern Stunden hinwiederum Witze riß. Tischendorfs Eitelkeit ist verletzend und ekelerregend: aber man sagt sich nach zwei Minuten seiner Bekanntschaft, daß man hier vor einem psychologischen Problem steht. In dem Bilde dieses Mannes stehen mehrere disparate Züge: äußerst klug und gewandt, ja diplomatisch schlau, schwärmerisch, frivol, äußerst scharfblickend in seinem Fach, peinlich genau bei seinen Publikationen, naiv eitel ohne jede Grenze, geizig, *defensor fidei,* Höfling, buchhändlerischer Spekulant: voilà eine Karte seiner Charaktereigenschaften, die bunt genug aussieht. Jedenfalls eine ψυχὴ ποικίλη.

In dem zweiten Winter, den ich in Leipzig verlebte, habe ich mich angelegentlich mit paläographischen Studien befaßt. Ich hatte durch Ritschl einen fast unbeschränkten Zutritt zu den handschriftlichen Schätzen der Leipziger Ratsbibliothek erlangt und befand mich hier bei der Zuvorkommenheit der Bibliothekare äußerst wohl. In dem düsteren Zimmer des Gewandhauses saß ich in den Nachmittagsstunden wohlgemut am langen grünen Tisch, vor mir eine lateinische Handschrift, sei es eine des Terenz oder des Statius oder des Orosius. Nicht wenig zogen mich auch die Rätsel des Aldhelmus an, für die ich wertvolle und zahlreiche Varianten entdeckte. An einem Orosiuscodex des elften Jahrhunderts fand ich eine Art Wortregister angeheftet, demselben Jahrhundert zugehörig, mit zerstreuten deutschen Worten darin, z. B. *steofvater, frosco snebal, rocchen* (*colo*) usw. Aus der reichen Masse älterer Drucke ist mir ein Walter Burley aufgefallen, den die bibliographischen Handbücher nicht kennen: Walter Burley *de vita philosophorum* auf der Leipziger Ratsbibliothek HL φ^{aa} ohne Namen des Verfassers und ohne Datum, sieben Blätter Register, zwei Kolumnen, fünfzig Blätter Text, auf fünfzig rechts, eine Kolumne explicit gotische Schrift. Das Wasserzeichen:

Hier ist auch der Ort, der ausgezeichneten Zuvorkommenheit zu gedenken, mit der mich die Beamten der Universitätsbibliothek jederzeit behandelt haben. Ihr Benehmen erinnerte an die vielgerühmte sächsische Höflichkeit und Gefälligkeit, ohne deren Schattenseiten zu haben. Meine

Bücherwünsche sind oft mit Aufopferung von Zeit und Mühe durch die vortrefflichen Herren besorgt worden; niemals haben sie mir ihren Mißmut gezeigt, wenn ich allzu häufig und mit allzuviel Ansprüchen erschien. Ich nenne mit besonderer Anerkennung den Namen des Prof. Pückert.

In unserm philologischen Verein habe ich vier größere Vorträge gehalten, und zwar diese:

1. die letzte Redaktion der Theognidea,
2. die biographischen Quellen des Suidas,
3. die πὶνακες der aristotelischen Schriften,
4. Der Sängerkrieg auf Euböa.

Diese Themata kennzeichnen ungefähr die Hauptrichtungen meiner Studien. Dabei muß ich bemerken, daß zu dem dritten Punkte ich als Hintergrund die Laertianische Quellenkritik aufbaute. Zu dieser Studie fühlte ich von Anfang an Neigung; schon in meinem ersten Leipziger Semester ist manches hierauf Bezügliche zusammengestellt worden. Auch erzählte ich Ritschl manches hierüber. So geschah es denn, daß er eines Tages geheimnisvoll andeutend mich fragte, ob ich eine Untersuchung über die Quellen des Laertius auch unternehmen würde, wenn ich von einer andern Seite aus eine bestimmte Anregung erhielte. Ich quälte mich lange mit dem Sinne dieser Worte, bis ich in einem Momente der Erleuchtung die Sicherheit gewann, daß das nächste von der Universität zu stellende Preisthema jene Frage zum Objekt haben werde. Am Morgen, wo die Themata publiziert werden, eile ich zu Kintschy und ergreife aufgeregt die Leipziger Nachrichten; richtig, da fällt mein Auge auf die ersehnten Worte *de fontibus Diogenis Laertii.* Die folgende Zeit beschäftigten mich die einschlägigen Probleme fast Tag und Nacht; Kombination reihte sich an Kombination, bis endlich in den Weihnachtsferien, die ich zu einer Sichtung der bisherigen Resultate benutzte, plötzlich jene Erkenntnis heraussprang, daß zwischen den Suidas- und den Laertiusfragen ein bestimmtes Band zu bemerken sei. Ich bewunderte an jenem Abend, wo ich die Erkenntnis fand, den glücklichen Umstand, daß ich erst über die Quellen des Suidas, dann über die des Laertius, wie durch einen sichern Instinkt getrieben, geforscht hatte und nun plötzlich die Zügel für beide Fragen in der Hand hielt. – So schnell und behend ich mit meiner Kombination von Tag zu Tag vorrückte, um so schwerer konnte ich mich nachher zur Ausarbeitung meiner Resultate entschließen. Aber die Zeit drängte immer furchtbarer; und trotzdem verstrich mir die schöne Zeit des Sommers im fröhlichen Genusse und im Umgang mit Freund Rohde, ja neue wissenschaftliche Interessen fingen an mich zu quälen und zum anhaltenden Nachdenken zu zwingen. Vornehmlich die Homerfrage, auf die mein letzter Vortrag im Verein mit vollen Segeln lossteuerte. Endlich als keine Stunde mehr zu verlieren war, setzte ich mich nieder zur Laertiusarbeit und schrieb so einfach und schlicht wie möglich meine Ergebnisse zusammen. Der erschreckliche letzte Tag des Juli begann; ich drückte die Sporen mit aller Energie ein und erreichte es, daß ich abends um zehn Uhr mit dem fertigen Manuskript zu Rohde laufen konnte, in dunkler, regnerischer Nacht. Dort wartete mein Freund bereits auf mich und hatte zu meiner Erquickung Wein und Gläser bereitgesetzt.

Rohde hat in einem Briefe an mich selbst einmal das Bild gebraucht, daß wir beiden im letzten Semester gewissermaßen auf einem Isolierschemel gesessen haben. Dies ist völlig richtig, ergab sich mir aber erst, als das Semester vorüber war. Ganz ohne unsre Absicht, aber durch einen sichern Instinkt geleitet, verbrachten wir weitaus den größten Teil des Tages miteinander. Viel gearbeitet in jenem banausischen Sinne haben wir nicht und trotzdem rechneten wir uns die einzelnen verlebten Tage zum Gewinn. Ich habe es bis jetzt nur dies eine Mal erlebt, daß eine sich bildende Freundschaft einen ethisch-philosophischen Hintergrund hatte. Gewöhnlich sind es die gleichen Studienwege, die die Menschen zusammenführen. Wir beide haben aber unsre Gebiete in der Wissenschaft in ziemlicher Entfernung voneinander und waren nur einig in der Ironie und im Spott gegen philologische Manieren und Eitelkeiten. Für gewöhnlich lagen wir uns in den Haaren, ja es gab eine ungewöhnliche Menge von Dingen, über die wir nicht zusammenklangen. Sobald aber das Gespräch sich in die Tiefe wandte, verstummte die Dissonanz der Meinungen, und es ertönte ein ruhiger und voller Einklang. Ist es aber nicht bei den meisten Freundschaften und Bekanntschaften umgekehrt? Und hat nicht hier gerade der junge Mensch manche arge Enttäuschung zu erleiden? Darum denke ich jetzt mit großem Vergnügen an jene ganze Zeit und rufe mir oft das Bild jener heitern Schützenhausnächte oder jener stillen Ruhestunden an einem lieblichen Winkel der Pleiße zurück, die wir als Künstler beide zusammen genossen haben, momentan losgelöst von dem Drängen des unruhigen Lebenswillens und reiner Betrachtung hingegeben.

Ich bemerke soeben, daß ich bei der Schilderung meiner Leipziger Vergangenheit etwas planlos hin- und herspringe und Personen und Halbjahre durcheinanderwerfe. Zur Orientierung für mich selbst notiere ich hier in Form eines Registers die bemerkenswerten Punkte für ein jedes Semester.

Semester I. Oktober 1865 bis Ostern 1866

Winter. Wohnung bei Rohn, Blumengasse 4, im Garten
Schopenhauer wird mir bekannt
»Kyrie« komponiert
Das »Buch der Betrachtungen«

Gründung des Vereins
Vortrag der Theognidea
Bekanntschaft mit Ritschl
Umgang mit Mushacke, v. Gersdorff
Vetter Schenkel
Riedelscher Verein: Johannespassion, Hohe Messe
Th. v. Arnold, Zukunftsmatineen
Der sächsische König in Leipzig
Kneipgelage der Leipziger Philologen
Arbeitsame Osterferien

Semester II. Ostern 1866 bis Oktober 1866

Sommer. Wohnung bei Riedigs, Elisenstraße 7, Parterre
Politische Aufregung
Abschätzung Bismarcks in Leipzig
Der deutsche Krieg
Einzug der Preußen in Leipzig
Umschwung der politischen Bekenntnisse
Vortrag über Quellen des Suidas
Ausarbeitung der Theognidea für das Rheinische Museum, in der Sadowawoche
Hedwig Raabe in Leipzig
Umgang mit Romundt, Windisch, Roscher, Hüffer, Kleinpaul
Kahnpartien
Dindorfs Antrag
Ferien in Kösen auf der Flucht vor der Cholera
Lexikalische Studien
Versucht wird eine Systematik der Interpolationen in griechischen Tragikern

Semester III.

De fontibus Laertii wird angegriffen
Weihnachten werden die Resultate gefunden
Abhandlung über die aristotelischen πίνακες geschrieben
Auf der Ratsbibliothek codd. verglichen
Bekanntschaft mit Tischendorf
Präsident im philologischen Verein
Mitglied der philologischen Sozietät
Onomatologische Studien

Semester IV. Ostern 1867 bis Herbst 1867

Sommer. Wohnung Weststraße 59
Schützenhausnächte
Umgang mit Rohde und Kleinpaul
Beendigung der Laertiusarbeit
Vortrag über den Sängerkrieg auf Euböa
Konjekturenabend bei Simmer
Reitstunden mit Rohde bei Bieler
Letzte Vereinskneiperei
Offenbachs schöne Helena
Letzten Tage wohne ich im Italienischen Garten, eine Treppe höher als Rohde
Die Freunde zum letzten Male bei uns eingeladen
Abschied vom Studententum
Naturfreuden. »Nirwana«
Abschied von Ritschl
Reise in den Bayrischen Wald mit Rohde

Semester V. 5. Oktober 1867 bis Ostern 1868

Philol. Fest in Halle
Reise nach Berlin
Soldatentum
Demokritstudien
Meine Laertiusarbeit prämiiert
Pläne und Absichten. Geschichte der Literarischen Studien. *De Homero Hesiodoque aequalibus.* Vortragsausarbeitung. Über Schopenhauer als Schriftsteller.

[Aus den Jahren 1868/69]

Was ich fürchte, ist nicht die schreckliche Gestalt hinter meinem Stuhle, sondern ihre Stimme: auch nicht die Worte, sondern der schauderhaft unartikulierte und unmenschliche Ton jener Gestalt. Ja, wenn sie noch redete, wie Menschen reden!

Eine Kette von Ereignissen, von Bestrebungen, in denen man Zufälligkeiten des äußern Schicksals oder barocke Launenhaftigkeit sucht, offenbart sich später als ein von der sicher tastenden Hand des Instinktes aufgespürter Weg.

Pforte. Der uniformierende Zwang in der Zeiteinteilung.

Reaktion in offenbarer Vernachlässigung bestimmter Gebiete in künstlerischen Studien.

Vielleicht würde mich die philologische Nüchternheit und Steifheit angewidert haben: aber als Bild einer universell belebten und sein philologisches Fach belebenden Persönlichkeit war mir Steinhart von Wert. *Corssen* als natürlicher Feind aller Spießbürgerei und doch in strammster wissenschaftlicher Tätigkeit.

Das Bild, das von einem Berufe in uns aufsteigt, ist gewöhnlich aus der Person der nächsten Lehrer abstrahiert.

Vor einiger vagen Zerflossenheit in den vielen Richtungen meiner Talente bewahrte mich ein gewisser philosophischer Ernst, der nie zufrieden war, als im Angesichte der nackten Wahrheit und nur Unerschrockenheit, ja Zuneigung zu harten und bösen Konsequenzen. Das Gefühl, in der Universalität nicht zum Grunde zu kommen, trieb mich in die Arme der strengen Wissenschaft.

Sodann die Sehnsucht, aus den raschen Gefühlswechseln künstlerischer Neigungen sich in den Hafen der Objektivität zu retten.

Man ist über sich selbst entweder mit Scham oder mit Eitelkeit ehrlich.

Es hat mir immer der Beachtung wert geschienen, auf welchen individuellen Wegen jemand heutzutage gerade zur klassischen Philologie kommt: denn damit glaube ich etwas Anerkanntes zu sagen, daß einige andre Wissenschaften in ihrer blühenden Jugendlichkeit und erstaunlichen Zeugungskraft ein größeres Recht auf die frische Kraft anstrebender Talente haben, als gerade unsre zwar noch rüstig einherschreitende aber doch hier und da die welken Züge des Alters verratende Philologie. Ich sehe ab von den Naturen, die ein gewöhnliches Brotinteresse auf diese Bahn wirft: und auch jene andern haben wenig Anziehendes an sich, die an der Hand philologischer Erzieher zu demselben Berufe widerstandslos abgerichtet werden. Viele treibt ein eingebornes Lehrtalent: aber auch für diese ist die Wissenschaft nur ein wirksames Werkzeug, nicht das ernste und mit sehnsüchtigen Augen angeschaute Ziel ihrer Lebenswanderung. Eine kleine Gemeinde lebt, die mit künstlerischem Behagen an der griechischen Formenwelt sich ergötzt, eine noch kleinere, für die die Denker des Altertums noch nicht zu Ende gedacht sind und gedacht haben. Ich habe kein Recht mich zu einer dieser Klassen ausschließlich rechnen zu dürfen: denn der Weg, auf dem ich zur Philologie gekommen bin, liegt gleich weit ab von dem der praktischen Klugheit und des niedrigen Egoismus als von dem, auf welchem die begeisterte Liebe zum Altertum die Fackel voranträgt. Dies letzte auszusprechen ist nicht leicht, aber es ist ehrlich.

Vielleicht gehöre ich überhaupt nicht zu den spezifischen Philologen, denen die Natur mit ehernem Griffel auf die Stirn zeichnet: das ist ein Philolog, und die in vollster Ungebrochenheit, mit der Naivität eines Kindes den ihnen vorgezeichneten Weg gehn. An solchen philologischen Halbgöttern kommt man hier und da einmal vorüber und merkt dann, wie grundverschieden alles, was der Instinkt und die Gewalt der Natur schafft, von dem ist, das durch Bildung, Reflexion, vielleicht gar durch Resignation hervorgebracht wird.

Ich will nicht gerade sagen, daß ich zu diesen Resignationsphilologen ganz und völlig gehöre: aber wenn ich so zurücksehe, wie ich von der Kunst zur Philosophie, von der Philosophie zur Wissenschaft und hier wieder in ein immer engeres Bereich geraten bin: so sieht dies fast aus, wie eine bewußte Entsagung.

Ich sollte denken, daß ein Mensch mit vierundzwanzig Jahren das Wichtigste seines Lebens bereits hinter sich hat: mag er auch später erst zutage bringen, was sein Leben lebenswert macht. Ungefähr nämlich bis in diesen Zeitraum faßt die junge Seele aus allen Ereignissen und Erfahrungen, die sie im Leben als im Denken macht, noch das Typische heraus: und aus der Welt dieser Typen wird sie nie und nimmermehr herauskommen. Wenn später dieser idealisierende Blick des Auges erloschen ist: stehen wir im Banne jener Welt von Typen, die wir als das Vermächtnis unserer Jugend überkommen.

Eine andre Frage ist es, ob wir an der angegebnen Altersgrenze schon imstande sein werden,

Mir nun, der ich jene angegebne Altersgrenze kaum überschritten habe, sei es erlaubt

Meine Erziehung ist in ihren Hauptteilen mir selbst überlassen worden. Mein Vater, ein protestantischer Landgeistlicher in Thüringen, starb allzufrüh: mir fehlte die strenge und überlegne Leitung eines männlichen Intellekts. Als ich im Knabenalter nach Schulpforta kam, lernte ich nur ein Surrogat der väterlichen Erziehung kennen, die uniformierende Disziplin einer geordneten Schule. Gerade aber dieser fast militärische Zwang, der, weil er auf die Masse wirken soll, das Individuelle kühl und oberflächlich behandelt, führte mich wieder auf mich selbst zurück. Ich rettete vor dem einförmigen Gesetz meine privaten Neigungen und Bestrebungen, ich lebte einen verborgnen Kultus bestimmter Künste, ich bemühte mich in einer überreizten Sucht nach universellem Wissen und Genießen die Starrheit einer gesetzlich bestimmten Zeitordnung und Zeitbenutzung zu brechen. Es fehlte an einigen äußern Zufälligkeiten; sonst hätte ich es damals gewagt, Musiker zu werden. Zur Musik nämlich fühlte ich schon seit meinem neunten Jahre den allerstärksten Zug; in jenem glücklichen Zustande, in dem man noch nicht die Grenzen seiner Begabung kennt und alles, was man liebt, auch für erreichbar hält, hatte ich unzählige Kompositionen niedergeschrieben und mir eine mehr als dilettantische Kenntnis der musikalischen Theorie erworben. Erst in der letzten Zeit meines Pförtner Lebens gab ich, in richtiger Selbsterkenntnis, alle künstlerischen Lebenspläne auf; in die so entstandene Lücke trat von jetzt ab die Philologie.

Ich verlangte nämlich nach einem Gegengewicht gegen die wechselvollen und unruhigen bisherigen Neigungen, nach einer Wissenschaft, die mit kühler Besonnenheit, mit logischer Kälte, mit gleichförmiger Arbeit gefördert werden könnte, ohne mit ihren Resultaten gleich ans Herz zu greifen. Dies alles aber glaubte ich damals in der Philologie zu finden. Die Vorbedingungen zu deren Studium werden einem Pförtner Schüler geradezu an die Hand gegeben. Es werden in dieser Anstalt mitunter spezifisch philologische Aufgaben gestellt, z. B. kritische Kommentare über bestimmte sophokleische oder äschyleische Chorgesänge. Sodann ist es ein besonderer Vorzug der Schulpforte, der einem zukünftigen Philologen sehr zustatten kommt, daß unter den Schülern selbst eine angestrengte und mannigfache Lektüre griechischer und römischer Schriftsteller zum guten Ton gehört. Das Glücklichste aber war, daß ich auf ausgezeichnete philologische Lehrer traf, an deren Persönlichkeiten ich mein Urteil über ihre Wissenschaft bildete. Wenn ich damals gerade Lehrer gehabt hätte, von der Art, wie sie auf Gymnasien mitunter gefunden werden, engherzige froschblütige Mikrologen, die von der Wissenschaft nichts als den gelehrten Staub kennen: ich hätte den Gedanken weit weggeworfen, jemals einer Wissenschaft anzugehören, der solche Schächer dienen. So aber lebten vor meinen Augen Philologen, wie Steinhart, Keil, Corssen, Peter, Männer mit freiem Blick und frischem Zuge, die mir zum Teil auch ihre nähere Neigung schenkten. So kam es, daß ich schon in den letzten Jahren meines Pförtner Lebens mich selbständig mit zwei philologischen Arbeiten beschäftigte. In der einen wollte ich die Sagen vom Ostgotenkönig Ermanarich in ihren Verzweigungen nach den Quellen (Jordanes, Edda usw.) darstellen, in der andern eine spezielle Form der griechischen Tyrannis, die megarische zeichnen. Man pflegt in der Schulpforte bei dem Abgange irgendein schriftliches Denkmal zu hinterlassen: zu diesem Zwecke war jene zweite Arbeit bestimmt, die mir unter den Händen zu einem Charakterbilde des Megarensers Theognis wurde.

Als ich nach sechsjährigem Aufenthalte der Schulpforte als einer strengen, aber nützlichen Lehrmeisterin Lebewohl gesagt hatte, ging ich nach Bonn. Hier wurde ich mit Erstaunen gewahr, wie gut unterrichtet und doch wie schlecht erzogen so ein Fürstenschüler auf die Universität kommt. Er hat eine Menge für sich gedacht, und jetzt fehlt ihm die Geschicklichkeit, diese Gedanken zu äußern. Er hat noch nichts von dem bildenden Einflusse der Frauen erfahren; aus Büchern und Überlieferungen glaubt er das Leben zu kennen, und doch kommt ihm jetzt alles so fremdartig und unangenehm vor. So erging es mir in Bonn: nicht alle die Mittel, nach denen ich griff, um jene Übelstände zu beseitigen, mochten gut gewählt sein, und Verdrießlichkeiten, unbequemer Umgang, übernommene Verpflichtungen usw. machten

Ich, der Sohn eines protestantischen Landgeistlichen, wurde am 15. Oktober 1844 in dem Dorfe Röcken, unweit Merseburg, geboren und verlebte hier die ersten vier Jahre meines Lebens. Als aber der unzeitige Tod meines Vaters eine neue Heimat zu suchen nötigte, war es Naumburg, auf das die Wahl meiner Mutter fiel. Hier bin ich in einem Privatinstitute für das Domgymnasium desselben Ortes vorgebildet worden, doch ohne diesem später dauernd anzugehören. Es bot sich nämlich bald eine Gelegenheit, in der benachbarten Schulpforte Aufnahme zu finden. Die Vorbedingungen zu einem Studium der Philologie werden einem Pförtner Schüler geradezu an die Hand gegeben. Es werden in dieser Anstalt mitunter spezifisch philologische Aufgaben gestellt, z. B. kritische Kommentare über bestimmte sophokleische oder äschyleische Chorgesänge. Dann ist es ein besonderer Vorzug der Schulpforte, daß unter den Schülern selbst eine angestrengte und mannigfache Lektüre griechischer und römischer Schriftsteller zum guten Ton gehört. Das Glücklichste aber war, daß ich gerade auf ausgezeichnete philologische Lehrer traf, auf Männer wie Steinhart, Corssen, Koberstein, Keil, Peter, die mir zum Teil auch ihre nähere Neigung schenkten.

Als ich nach einem sechsjährigen Aufenthalte der Schulpforte als einer strengen aber nützlichen Lehrmeisterin dankbar Lebewohl gesagt hatte, ging ich nach Bonn. Hier richteten sich meine Studien eine Zeitlang auf die philologische Seite der Evangelienkritik und der neutestamentlichen Quellenforschung. Außer diesen theologischen Streifzügen war ich Zuhörer in den philologischen und archäologischen Seminarien. Aus der Ferne verehrte ich die Persönlichkeit Friedrich Ritschls. So fand ich es ganz natürlich, zu gleicher Zeit mit ihm Bonn zu verlassen und mir Leipzig als neue akademische Heimat zu wählen.

Hier fühlte ich mich sehr wohl; vor allem fand ich eine Anzahl gleichstrebender Kameraden, mit denen ich mich bald zu einem philologischen Vereine verband. In ihm habe ich fünf größere Vorträge gehalten, deren Titel aufzuzählen hier am Ort sein wird. »Die letzte Redaktion der Theognidea«, »Die Quellen des Suidas«, »Die aristotelischen Schriftenverzeichnisse«, »Die Gleichzeitigkeit Homers und Hesiods«, »Der Zyniker Menipp und die Varronischen Satiren«. Auf die Veranlassung Ritschls sind sodann im Rheinischen Museum folgende Aufsätze gedruckt worden: »Zur Geschichte der Theognideischen Spruchsammlung«, »Das Danaelied des Simonides«, »de Laertii Diogenis fontibus«. Im Jahre 1866 machte ich mich daran, eine von der philosophischen Fakultät gestellte Preisaufgabe zu lösen. Die Nachricht, daß ich dies mit Glück getan habe, bekam ich in

Naumburg. Ich hatte mich nämlich im Sommer 1867 exmatrikulieren lassen, weil ich inzwischen als brauchbar zum soldatischen Dienste befunden worden war. Als reitender Artillerist hatte ich vollauf zu arbeiten und zu lernen; doch geriet ich infolge eines unglücklichen Sturzes in eine gefährliche Krankheit, die in ihrem Verlaufe wiederum das Angenehme mit sich brachte, daß ich zeitiger zu meinem Studium zurückkehren konnte, als es die militärische Regel erlaubt haben würde. Im Oktober 1868 verließ ich Naumburg als völlig Genesener, um in Leipzig meine Promotion und Habilitation vorzubereiten. Es war nämlich meine Absicht, beide Akte gleichzeitig zu bewerkstelligen; nach den bestehenden akademischen Gesetzen war mir aber die Habilitation nicht vor Ostern 1869 erlaubt. –

Friedrich Wilhelm Nietzsche

ANHANG

ANMERKUNGEN

JENSEITS VON GUT UND BÖSE (S. 5)

Zur Werkgeschichte: Auf den »Zarathustra«, das prophetische, lebensbejahende Werk, welches Ausblicke in große Fernen eröffnete, folgen Schriften, die an Stelle eines immer wieder aufgeschobenen und schließlich nie ausgeführten ›Hauptwerkes‹ Themen aufgreifen, mit denen sich Nietzsche schon in »Menschliches, Allzumenschliches« beschäftigt hatte: Kritik der Wissenschaft, Philosophie, Moral, Religion und der vorherrschenden ästhetischen Auffassungen. Die Destruktion nimmt jetzt aber an Vehemenz zu. Auch wird die Argumentation streckenweise ganz psychologisch und biologistisch. Der Autor des »Zarathustra« war ein heroischer Ja-Sager. Der späte Nietzsche wird zum großen Verneiner traditioneller Wertvorstellungen. »Jenseits von Gut und Böse« ist das erste Werk dieses Prozesses eines totalen Zerstörungswillens.

Die ersten Aufzeichnungen stammen aus der Zeit, als Nietzsche am vierten Teil des »Zarathustra« arbeitete. Im Juni 1885 war die Niederschrift abgeschlossen, die Veröffentlichung erfolgte im Oktober 1886.

Druckvorlage: Jenseits von Gut und Böse, Vorspiel einer Philosophie der Zukunft; C. G. Naumann, Leipzig 1886.

S. 7 *Vorspiel einer Philosophie der Zukunft*: Der Untertitel deutet darauf hin, daß Nietzsche dieses Werk als weitere vorläufige Schrift, als Wegbereiter seiner für später geplanten ›Philosophie‹ verstanden wissen wollte.

S. 9 *Philosophie der Dogmatiker*: die metaphysischen, in sich geschlossenen Systeme der Philosophie. – *Vedanta-Lehre*: um 800 n. Chr. von dem indischen Bettelmönch Sankara formulierte Lehre der nachvedischen Philosophie. Nietzsches Freund Deussen hatte sich lange mit der Erforschung des Veda und Vedanta (= Ende des Veda) beschäftigt. Für Sankara ist die Vielfalt der Welt trügerischer Schein, Erlösung folgt aus der Erkenntnis dieser Täuschung.

S. 11 *Ödipus*: Sohn des thebanischen Königs Laios und der Iokaste, dem das Orakel prophezeite, er werde seinen Vater töten und seine Mutter heiraten. Der tragische Konflikt, in den Ödipus sich verstrickte, wurde zu einem der großen Leitmotive der abendländischen Literatur. Im Verlauf seines Lebensweges gelang es Ödipus, das Rätsel der *Sphinx* zu lösen, die in Theben hauste und jeden tötete, der das Rätsel: Was ist am Morgen vierfüßig, am Mittag zweifüßig, am Abend dreifüßig? nicht zu lösen vermochte. Die von Ödipus gefundene Lösung lautet: Der Mensch ist gemeint, der als Kind auf allen Vieren kriecht und als Greis den Stock zur Hilfe nimmt. – *›Ding an sich‹*: ein Ding (Gegenstand, Sache, Etwas), wie es unabhängig von einem erkennenden Subjekt für sich selbst besteht. Das »wahre« Sein einer Sache, das ihrer »Erscheinung«, die wir mit unseren Sinnen wahrzunehmen vermögen, zugrunde liegt.

S. 12 *»de omnibus dubitandum«*: An allem ist zu zweifeln. – Der Aphorismus 3 bringt eine wesentliche These des späten Nietzsche: *man muß noch den größten Teil des bewußten Denkens unter die Instinkt-Tätigkeiten rechnen*, ... Das Leben ist von unbewußter Produktivität gelenkt. Entsprechend sind auch die Wertsetzungen der Philosophie, die Nietzsche in diesem ganzen Abschnitt untersucht, Leistungen des Unbewußten.

S. 13 *die synthetischen Urteile a priori*: Kants Hauptfrage in der »Kritik der reinen Vernunft« lautete: ›Wie sind synthetische Urteile a priori möglich?‹ Er meinte apriorische Urteile, deren Prädikat nicht schon, wie beim analytischen Urteil, im Subjekt liegt. Alle Sätze der reinen Mathematik und Geometrie sowie die »Grundsätze des reinen Verstandes« (etwa das Gesetz der Kausalität) wollte Kant als synthetische Urteile a priori, d. h. als von aller Erfahrung unabhängige, notwendige Wahrheiten verstanden wissen. Nietzsche hält alle »Wahrheiten a priori« selbst noch für (durch die Artentwicklung des Menschen) bedingt. – *niaiserie*: Albernheit.

S. 15 *adventavit* ...: Es nahte sich der schöne und sehr mächtige Esel.

S. 16 *Stoiker*: Anhänger des Stoizismus, einer um 300 v. Chr. von Zenon begründeten Richtung der griechischen Philosophie. Die Stoiker lehrten vor allem auf dem Gebiet der Moralphilosophie und forderten ein vernunftgemäßes Handeln in Übereinstimmung mit der Natur. (Berühmte Stoiker: Seneca, Epiktet, Kaiser Marc Aurel.)

S. 17 *Kant*, Immanuel (1724–1804), Königsberger Philosoph, der in seinem (erkenntnistheoretischen) Hauptwerk »Kritik der reinen Vernunft« (1781; 2. Aufl. 1787) eine philosophiegeschichtlich berühmte *Kategorientafel* aufstellte. Kategorien sind in der Philosophie die allgemeinsten Grundbegriffe, denen sich alle Gegenstände zuordnen lassen und von denen alle anderen Begriffe abzuleiten sind. Kants Tafel lautete:

1. Kategorien der Quantität:
   Einheit – Vielheit – Allheit.
2. Kategorien der Qualität:
   Realität – Negation – Limitation (Wirklichkeit – Verneinung – Begrenzung).
3. Kategorien der Relation (Beziehung):
   Inhärenz und Subsistenz (Substanz und Akzidenz),

Kausalität und Dependenz (Ursache und Wirkung),
Gemeinschaft (Wechselwirkung).

4. Kategorien der Modalität:
Möglichkeit – Unmöglichkeit,
Dasein – Nichtsein,
Notwendigkeit – Zufälligkeit.

S. 18 *Honigmond der deutschen Philosophie*: Gemeint ist die Philosophie des deutschen Idealismus, wie sie hauptsächlich von Kant, Fichte, Schelling und Hegel vertreten wurde. – *quia est* ...: Weil in jenem die Kraft zum Schlaf steckt, dessen Natur es ist, das Empfindungsvermögen einzuschläfern.

S. 19 *Sensualismus*: Philosophie, welche alle Erkenntnis aus der Sinneswahrnehmung ableitet. – *Atomistik*: Atomlehre. – *Boscovich*: Rudjer Josip Boskovic (1711–1787), kein Pole, wie Nietzsche meint, sondern ein Jesuit südslawischer Herkunft; Mathematiker, Astronom und Naturphilosoph, der einen auf die moderne Physik weisenden Atomismus vertrat. – *Kopernikus*, Nikolaus (1473–1543), Astronom und Begründer des nach ihm benannten heliozentrischen Weltbildes, demzufolge die Sonne im Mittelpunkt des Planetensystems steht.

S. 21 *reductio ad absurdum*: Zurückführung auf das Sinnlose. Logisches Verfahren zur Widerlegung eines Satzes: man erweist die aus ihm sich ergebenden Folgerungen als sinnlos. – *contradictio in adiecto*: Widerspruch in sich selbst.

S. 22 *»ich denke«* und *»unmittelbare Gewißheit«*: Kritik am »cogito ergo sum« (»Ich denke, also bin ich«) des Descartes, dem Grundsatz des erkenntnistheoretischen Rationalismus.

S. 24 Am Ende des 19. Aphorismus charakterisiert Nietzsche Moral als Ausdruck von Herrschaftsverhältnissen. Man sieht, daß in der nachhegelischen Philosophie Einsichten dieser Art nicht nur bei Marx eine Rolle spielten.

S. 25 John *Locke* (1632–1704), Hauptvertreter des englischen Empirismus. Nach ihm gibt es weder spekulative noch moralische Grundbegriffe, die angeboren sind. Dergleichen Ideen entspringen entweder aus der Sinneswahrnehmung oder aus Selbstbeobachtung, in jedem Fall also aus der Erfahrung. – *causa sui*: Ursache seiner selbst. Für die Scholastiker war Gott eine causa sui. Spinoza verstand darunter etwas, dessen Natur nur als existierend begriffen werden kann.

S. 26 *Der »unfreie Wille« ist Mythologie: im wirklichen Leben handelt es sich nur um starken und schwachen Willen*: Typische Formulierung, in der die von Nietzsche angestrebte Umwertung aller Werte ausgedrückt ist. Ein Zentralproblem der gesamten christlichen Philosophie, die Frage nach der Freiheit oder Unfreiheit des Willens, wird mit einem solchen Satz suspendiert.

S. 27 In den Aphorismen 22, 23 und 36 (vgl. S. 39) wird der Ausdruck »*Wille zur Macht*« als positive Formel benutzt. Dieser Begriff wird immer mehr ein alles Leben bewegendes Grundprinzip bezeichnen, das dem Autor zur Rechtfertigung seiner Verneinung der traditionellen Moral dient. – »*Ni dieu, ni maître*«: weder Gott noch Meister. – *sacrifizio dell' intelletto*: Opfer des Geistes, (Opfer der erkennenden Vernunft auf dem Altare des Glaubens).

S. 29 *Der Freie Geist*: Die Überschrift des zweiten Hauptstückes knüpft an Gedanken aus dem Zarathustra an, – der freie Geist ist der Ausnahmemensch, der Erkennende, der einer Elite und nicht der Masse angehört. – *sancta simplicitas*: heilige Einfalt.

S. 33 *in moribus et artibus*: den Sitten und der Kunst nach. – *Macchiavells principe*: Die Hauptschrift des florentinischen Staatsmannes und Geschichtsschreibers Nicolo Macchiavelli (1469–1527) hieß »Del Principe« (Vom Fürsten), 1514 verfaßt, 1532 erschienen. – *Ein Vorrecht der Starken*: Das Recht des Stärkeren wird Nietzsche von seinem amoralischen Standpunkt aus künftig uneingeschränkt verteidigen.

S. 38 Der 35. Aphorismus wiederholt in drei Zeilen Nietzsches seit der »Geburt der Tragödie« bekannte Attacke gegen die Aufklärungsphilosophie. Der Satz »*il ne cherche le vrai que pour faire le bien*«, daß der Mensch nur die Wahrheit sucht, um das Gute zu bewerkstelligen, wird als Vorurteil hingestellt.

S. 40 *Stendhal*: eigentlich Henri Beyle (1783–1842), französischer Schriftsteller, beschrieb mit großer Genauigkeit die verborgenen Motive menschlichen Handelns und hatte besonderes Interesse am großen, leidenschaftlich handelnden Menschen. – »*Pour être bon philosophe* ...«: »Um ein guter Philosoph zu sein, muß man herb, deutlich, ohne Illusion sein. Ein Bankier, der ein Vermögen gemacht hat, besitzt etwas von dem Charakter, der erforderlich ist, um Entdeckungen in der Philosophie zu machen, das heißt, um klar zu sehen in dem, was ist.«

S. 41 *Alles, was tief ist, liebt die Maske*: Dieser Gedanke und der Aphorismus, der sich an ihn knüpft, ist auch eine Selbstaussage Nietzsches. Das Thema kehrt häufig wieder, so unter anderem im Aphorismus 289 (vgl. S. 166). Darin liegt ein Ausdruck der Selbstbehauptung vor einer verständnislosen und gefühllosen Welt, von der Nietzsche oft genug mißverstanden und kritisiert wurde.

S. 46 Blaise *Pascal* (1623–1662), Religionsphilosoph, Schriftsteller und Mathematiker. Die religiöse Wahrheit liegt für Pascal in einer Logik des Herzens, im subjektiven Erleben mystischer Gotterfahrung. – *absurdissimum*: das Allersinnloseste.

S. 48 *Sainte-Beuve*: französischer Kritiker (1804–1869); er schrieb u. a. eine mehrbändige »Histoire de Port Royal«. Port Royal, ein Kloster bei Versailles, wurde um 1656 Mittelpunkt des sogenannten Jansenismus, der zu Beginn der Aufklärung eine Wiederbelebung Augustinischer Gedanken im Katholizismus durchsetzen wollte. – *Ernest Renan*: (1832–1892), französischer Religionswissenschaftler und Orientalist. – *»disons donc hardiment ...«*: »Sagen wir doch kühn, daß die Religion ein Produkt des normalen Menschen ist, daß der Mensch am meisten der Wahrheit teilhaftig ist, wenn er am religiösesten und am meisten eines unendlichen Schicksals versichert ist ... Dann nämlich ist er gut, wenn er wünscht, daß die Tugend einer ewigen Ordnung entspricht, und wenn er die Dinge auf interesselose Art betrachtet, daß er den Tod empörend und sinnlos findet. Wieso nicht annehmen, daß der Mensch in diesen Augenblicken das Bessere sieht? ...« Nietzsche bezeichnet diese seinem Denken entgegengesetzten Sätze als *»niaiserie religieuse par excellence«*, als eine »recht eigentlich religiöse Albernheit«.

S. 49 *Madame de Guyon*: (1648–1717), französische Mystikerin.

S. 50 Aphorismus 54: Vgl. Anmerkung zu. S. 22.

S. 52 *circulus vitiosus deus*: Gott als ein Beweis mit Voraussetzungen, in denen das zu Beweisende schon enthalten ist.

S. 64 f. *pia fraus ... impia fraus*: frommer und unfrommer Betrug.

S. 70 *buona femmina e mala femmina vuol bastone*: »Die gute und die schlechte Frau wollen den Stock.« (Vgl. Anm. zu Band I, S. 589). – *»Dans le véritable amour ...«*: »In der wahren Liebe ist es die Seele, die den Körper umhüllt.«

S. 74 *Utilitarier*: Anhänger des Nützlichkeitsprinzips.

S. 76 *Zur Naturgeschichte der Moral*: Nietzsche stellt in diesem Abschnitt die Moral als eine Zeichensprache der Affekte dar; die moralischen Systeme drücken nichts weiter als geschickt versteckte Rangordnungen aus, in Wahrheit regiert stets zweierlei Moral, die der Stärkeren und die der Schwachen. Das ist zugleich der Gegensatz zwischen der Moral der Einzelnen, der großen Menschen, und der Moral der Masse, der Herden, – es ist auch der Gegensatz zwischen Selbstdisziplin und Furchtsamkeit.

S. 77 *neminem laede ...*: »Schädige niemanden, im Gegenteil, hilf so viel du kannst!«

S. 78 *laisser aller*: gehen lassen.

S. 80 πρόσθε Πλάτων ...: »Vorn Plato, hinten Plato, in der Mitte (eine) Ziege.«

S. 82 *Quidquid luce fuit, tenebris agit*: »Was im Licht gewesen ist, treibt durch die Dunkelheit.«

S. 89 *Moral ist heute in Europa Herdentier-Moral*: Die These entspricht Nietzsches tiefster Überzeugung. Seine Elite-Gedanken und seine oft geäußerte Verachtung für die Demokratie und auch für die sozialistischen Menschheitsideale kommen in den Aphorismen 202 und 203 besonders klar zum Ausdruck.

S. 97 *caput mortuum*: hier = das Ende.

S. 98 *tour de force*: Gewalttour. – *»Je ne méprise presque rien«*: »Ich verachte beinahe nichts.«

S. 109 *bêtise bourgeoise*: bürgerliche Dummheit.

S. 114 *Hedonismus* = ethische Lehre, welche die Sinnenlust und den Genuß als Motiv und Ziel des Handelns sieht. – *Utilitarismus* = ethische Lehre, welche den Nützlichkeitsstandpunkt in den Vordergrund stellt. – *Eudämonismus* = eine Ethik, bei der Glückseligkeit Motiv und Ziel des Handelns bildet.

S. 117 *Helvétius*, Claude Arien (1715–1771), französischer Philosoph. – *Galiani*, Ferdinando (1728–1787), italienischer Nationalökonom.

S. 123 *Madame de Staël*, Germaine (1766–1817), französische Schriftstellerin. – *George Sand* (1804–1876), französische Schriftstellerin. – *»mon ami, ...«*: »Mein Freund, erlauben Sie sich nur Torheiten, die Ihnen viel Vergnügen bereiten.«

S. 125 Zu Nietzsches grundsätzlicher Einstellung zum Verhältnis zwischen Mann und Frau vgl. die Anmerkung zu. S. 589 in Band I dieser Ausgabe.

S. 128 Der Aphorismus 240 zählt zu den vielen scharfsichtigen, meist außerordentlich geglückten Bemerkungen Nietzsches über die Deutschen und den europäischen Nationalismus. Vgl. auch die anderen Aphorismen dieses Abschnitts!

S. 129 *Wir »guten Europäer«*: Nietzsche war bis zum Kriege 1870/71 überzeugter Anhänger der preußischen Sache gewesen. Bald jedoch wandte er sich in Sorge und Verachtung von einem Deutschland ab, in dem der Nationalismus üppig zu wuchern begann (vgl. dazu die Anmerkung zur Werkgeschichte der »Unzeitgemäßen Betrachtungen« in Band I, S. 787 dieser Ausgabe und den dort zitierten Passus »Die öffentliche Meinung in Deutschland ...«). Der Begriff des guten Europäers steht hier wie an manchen anderen Stellen in Nietzsches Werk als Postulat für eine kosmopolitische Gesinnung.

S. 130 Der Schluß des Aphorismus 241 bringt den Ansatz zu einer Kulturmorphologie, wie sie später Oswald Spengler im »Untergang des Abendlandes« ausführen sollte.

S. 134 *noli me tangere*: Berühre mich ja nicht!

S. 138 *mehr eine res facta als nata ...*: mehr eine willkürlich erzeugte Tatsache als eine Naturgegebenheit ... – *res ficta et picta*: eine erdichtete und gemalte Sache (also ein künstliches Wunschbild).

S. 139 *»je méprise ...«*: Ich verachte ... – *Thomas Carlyle* (1795-1881), englischer Schriftsteller, der für das Bekanntwerden des deutschen Geistes in England wirkte.

S. 142 *in voluptate*: im sinnlichen Genuß. – *Henri Beyle*: Vgl. Anm. zu S. 40.

S. 143 Nietzsche, der nicht die Chancen, sondern nur die Gefahren der

Demokratie sah, wurde stets hellsichtig, wenn es um *Europa* ging, welches er als Raum einer einheitlichen Kultur und einer gemeinsamen Tradition begriff.

S. 148 *Herren-Moral* und *Sklaven-Moral*: Diese Unterscheidung steht im Zentrum der gesamten Schrift »Jenseits von Gut und Böse«. Beide Begriffe sind krassester Ausdruck von Nietzsches Amoralismus, sie bergen in sich alle Bedenklichkeiten von Nietzsches Philosophie und sind deshalb oft kritisiert worden. »Jenseits von Gut und Böse« ist insgesamt eine Studie zum Problem der Rangordnung in der menschlichen Gesellschaft. Die Sklaven-Moral orientiert sich an Gut und Böse, die Herren-Moral jedoch an dem, was gut und schlecht für den betreffenden Einzelnen ist. – Das Thema der beiden Moralen wird im ganzen letzten Hauptstück ausgeführt. Immer wieder wird die Herren-Moral als vornehme Moral, die wertschaffend und aktiv ist, gekennzeichnet, während die Sklaven-Moral passiven Charakter hat, sie wird von der Herde, die sich nach ihr richtet, bereits vorgefunden.

S. 155 *naturam expellere*: die Natur vertreiben. – *»Pöbel« usque recurret*: der Pöbel kehrt in einem fort wieder.

S. 163 *contradictio in adjecto*: s. Anm. zu S. 21.

S. 169 *Dionysos*: Vgl. Anm. zu Band I, S. 19.

S. 171 Das Gedicht *»Aus hohen Bergen«*, welches Nietzsche als Nachgesang angefügt hat, hat die Sehnsucht nach einem Freunde zum Thema. Es ist bis auf die beiden letzten Strophen, die später gedichtet wurden, dem jungen Heinrich von Stein gewidmet, der Nietzsche im August 1884 in Sils-Maria aufgesucht hatte.

ZUR GENEALOGIE DER MORAL (S. 175)

Zur Werkgeschichte: Das Manuskript wurde in äußerster Eile verfertigt, zwanzig Tage im Juli 1887 reichten aus, im November lag bereits das fertige Buch vor. Es ist, wie Nietzsches Vermerk zeigt, als Ergänzung und Verdeutlichung zu »Jenseits von Gut und Böse« gedacht. Ein Pamphlet, welches, wie Nietzsche an Jacob Burckhardt schreibt, die »Hauptvoraussetzungen« seiner Moralkritik verständlicher machen sollte. »Jenseits von Gut und Böse« war selbst bei Nietzsches Freunden auf Verlegenheit gestoßen. Wenn auch Peter Gast begeistert war und Burckhardt maßvolles Lob spendete, so mochte Nietzsche doch den Eindruck haben, mit seiner neuen Theorie der Moral kaum Echo gefunden zu haben. Die Schrift, die diesen relativen Mißerfolg nun ausgleichen soll, ist jedoch alles andere als einfach. Sie eröffnet bedenklich einseitige historische Perspektiven und führt zur Klärung der Begriffe Herren-Moral und Sklaven-Moral einen neuen Begriff ein, den des Ressentiments.

Druckvorlage: Zur Genealogie der Moral, Eine Streitschrift; C. G. Naumann, Leipzig 1887.

S. 179 3. Zeile von unten: Nietzsche weist an dieser Stelle auch auf einen Aphorismus im zweiten Bande von »Menschliches, Allzumenschliches« hin, der in unserer Ausgabe nicht enthalten ist. Der Abschnitt lautet:

»*Die Sitte und ihr Opfer.* – Der Ursprung der Sitte geht auf zwei Gedanken zurück: ›die Gemeinde ist mehr wert als der einzelne‹ und ›der dauernde Vorteil ist dem flüchtigen vorzuziehen‹; woraus sich der Schluß ergibt, daß der dauernde Vorteil der Gemeinde unbedingt dem Vorteile des einzelnen, namentlich seinem momentanen Wohlbefinden, aber auch seinem dauernden Vorteile und selbst seinem Weiterleben voranzustellen sei. Ob nun der einzelne von einer Einrichtung leide, die dem Ganzen frommt, ob er an ihr verkümmre, ihretwegen zugrunde gehe – die Sitte muß erhalten, das Opfer gebracht werden. Eine solche Gesinnung *entsteht* aber nur in denen, welche *nicht* das Opfer sind – denn dieses macht in seinem Falle geltend, daß der einzelne mehr wert sein könne als viele, ebenso daß der gegenwärtige Genuß, der Augenblick im Paradiese vielleicht höher anzuschlagen sei als eine matte Fortdauer von leidlosen oder wohlhäbigen Zuständen. Die Philosophie des Opfertiers wird aber immer zu spät laut: und so bleibt es bei der Sitte und der *Sittlichkeit*: als welche eben nur die Empfindung für den ganzen Inbegriff von Sitten ist, unter denen man lebt und erzogen wurde – und zwar erzogen nicht als einzelner, sondern als Glied eines Ganzen, als Ziffer einer Majorität. – So kommt es fortwährend vor, daß der einzelne sich selbst, vermittelst seiner Sittlichkeit, *majorisiert.*« (Werke, hg. v. Schlechta, I, S. 770.)

S. 180, Zeile 2 von oben: »*Wanderer*«: Bezug auf »Menschliches, Allzumenschliches«, zweiter Band, ›Der Wanderer und sein Schatten‹:

»*Der Mensch als der Messende.* – Vielleicht hat alle Moralität der Menschheit in der ungeheuren inneren Aufregung ihren Ursprung, welche die Urmenschen ergriff, als sie das Maß und das Messen, die Wage und das Wägen entdeckten (das Wort ›Mensch‹ bedeutet ja den Messenden, er hat sich nach seiner größten Entdeckung *benennen* wollen!). Mit diesen Vorstellungen stiegen sie in Bereiche hinauf, die ganz unmeßbar und unwägbar sind, aber es ursprünglich nicht zu sein schienen.

Prinzip des Gleichgewichts. – Der Räuber und der Mächtige, welcher einer Gemeinde verspricht, sie gegen den Räuber zu schützen, sind wahrscheinlich im Grunde ganz ähnliche Wesen, nur daß der zweite seinen Vorteil anders als der erste erreicht: nämlich durch regelmäßige Abgaben, welche die Gemeinde an ihn entrichtet, und nicht mehr durch Brandschatzungen. (Es ist das nämliche Verhältnis wie zwischen Handelsmann und Seeräuber, welche lange Zeit ein und dieselbe Person sind: wo ihr die eine Funktion nicht rätlich scheint, da übt sie die andere aus. Eigentlich ist ja selbst jetzt noch alle Kaufmanns-Moral nur die *Verklügerung* der Seeräuber-Moral: so wohlfeil wie möglich kaufen – womöglich für nichts als die Unternehmungskosten –, so teuer wie möglich verkaufen.) Das Wesentliche ist: jener Mächtige verspricht, gegen den Räuber *Gleichgewicht* zu halten; darin sehen die Schwachen eine Möglichkeit zu leben. Denn entweder müssen sie sich selber zu einer *gleichwiegenden* Macht zusammentun oder sich einem Gleichwiegenden unterwerfen (ihm für seine Leistungen Dienste leisten). Dem letzteren Verfahren wird gern der Vorzug gegeben, weil es im Grunde *zwei* gefährliche Wesen in Schach hält: das erste durch das zweite und das zweite durch den Gesichtspunkt des Vorteils; letzteres hat nämlich seinen Gewinn davon, die Unterworfenen gnädig oder leidlich zu behandeln, damit sie nicht nur sich, sondern auch ihren Beherrscher ernähren können. Tatsächlich kann es dabei immer noch hart und grausam genug zugehen, aber verglichen mit der früher immer möglichen völligen *Vernichtung* atmen die Menschen schon in diesem Zustande auf. – Die Gemeinde ist im Anfang die Organisation der Schwachen zum *Gleichgewicht* mit gefahrdrohenden Mächten. Eine Organisation zum Übergewicht wäre rätlicher, wenn man dabei so stark würde, um die Gegenmacht auf einmal zu *vernichten*: und handelt es sich um einen einzelnen mächtigen Schadentuer, so wird dies gewiß *versucht.* Ist aber der eine ein Stammhaupt oder hat er großen Anhang, so ist die schnelle entscheidende Vernichtung unwahrscheinlich und die dauernde lange *Fehde* zu gewärtigen: diese aber bringt der Gemeinde den am wenigsten wünschbaren Zustand mit sich, weil sie durch ihn die Zeit verliert, für ihren Lebensunterhalt mit der nötigen Regelmäßigkeit zu sorgen, und den Ertrag aller Arbeit jeden Augenblick bedroht sieht. Deshalb zieht die Gemeinde vor, ihre Macht zu Verteidigung und Angriff genau auf die Höhe zu bringen, auf der die Macht des gefährlichen Nachbars ist, und ihm zu verstehen zu geben, daß in ihrer Wagschale jetzt gleichviel Erz liege: warum wolle man nicht gut Freund miteinander sein? – *Gleichgewicht* ist also ein sehr wichtiger Begriff für die älteste Rechts- und Morallehre; Gleichgewicht ist die Basis der Gerechtigkeit. Wenn diese in roheren Zeiten sagt: ›Auge um Auge, Zahn um Zahn‹, so setzt sie das erreichte Gleichgewicht voraus und will es vermöge dieser Vergeltung *erhalten*: so daß, wenn jetzt der eine sich gegen den andern vergeht, der andere keine Rache der blinden Erbitterung mehr nimmt. Sondern vermöge des *jus talionis* wird das Gleichgewicht der gestörten Machtverhältnisse *wiederhergestellt*: denn ein Auge, ein Arm *mehr* ist in solchen Urzuständen ein Stück Macht, ein Gewicht mehr. – Innerhalb einer Gemeinde, in der alle sich als gleichgewichtig betrachten, ist gegen Vergehungen, das heißt gegen Durchbrechungen des Prinzips des Gleichgewichts, *Schande* und *Strafe* da: Schande, ein Gewicht, eingesetzt gegen den übergreifenden einzelnen, der durch den Übergriff sich Vorteile verschafft hat, durch die Schande nun wieder Nachteile erfährt, die den früheren Vorteil aufheben und *überwiegen.* Ebenso steht es mit der Strafe: sie stellt gegen das Übergewicht, das sich jeder Verbrecher zuspricht, ein viel größeres Gegengewicht auf, gegen Gewalttat den Kerkerzwang, gegen Diebstahl den Wiederersatz und die Strafsumme. So wird der Frevler *erinnert*, daß er mit seiner Handlung *aus* der Gemeinde und deren Moral-*Vorteilen* ausschied: sie behandelt ihn wie einen Ungleichen, Schwachen, außer ihr Stehenden; deshalb ist Strafe nicht nur Wiedervergeltung, sondern hat ein *Mehr*, ein Etwas von der *Härte des Naturzustandes*; an *diesen* will sie eben *erinnern*.« (Werke, hg. v. Schlechta, I, S. 885 ff.)

S. 180, Zeile 3 von oben: »*Morgenröte*«: Bezug auf das 1880/81 entstandene, nicht in dieser Ausgabe enthaltene Werk »Morgenröte, Gedanken über die moralischen Vorurteile«. Die Stelle lautet:

»*Zur Naturgeschichte von Pflicht und Recht.* – Unsere Pflichten – das sind die Rechte anderer auf uns. Wodurch haben sie diese erworben? Dadurch, daß sie uns für vertrags- und vergeltungsfähig nahmen, für gleich und ähnlich mit sich ansetzten, daß sie uns daraufhin etwas anvertrauten, uns erzogen, zurechtwiesen, unterstützten. Wir erfüllen unsre Pflicht – das heißt: wir rechtfertigen jene Vorstellung von unserer Macht, auf welche hin uns alles erwiesen wurde, wir geben zurück, in dem Maße, als man uns gab. So ist es unser Stolz, der die Pflicht zu tun gebeut, – wir wollen unsre Selbstherrlichkeit wiederherstellen, wenn wir dem, was andre für uns taten, etwas entgegenstellen, das wir für sie tun, – denn jene haben damit in die Sphäre unserer Macht eingegriffen und würden dauernd ihre Hand in ihr haben, wenn wir nicht mit der ›Pflicht‹ eine Wiedervergeltung übten, das heißt in ihre Macht eingriffen. Nur auf das, was in unserer Macht steht, können sich die Rechte anderer beziehn; es wäre unvernünftig, wenn sie etwas von uns wollten, das uns selber nicht gehört. Genauer muß man sagen: nur auf das, was sie meinen, daß es in unserer Macht steht, vorausgesetzend, daß es dasselbe ist, von dem wir meinen, es stehe in unserer Macht. Es könnte leicht auf beiden Seiten der gleiche Irrtum sein: das Gefühl der Pflicht hängt daran, daß wir in bezug auf den Umkreis unserer Macht denselben *Glauben* haben, wie die andern: nämlich daß wir bestimmte Dinge versprechen, uns zu ihnen verpflichten *können* (›Freiheit des Willens‹). – Meine Rechte: das ist jener Teil meiner Macht, den mir die anderen nicht nur zugestanden haben, sondern in welchem sie mich erhalten wollen. Wie kommen diese anderen dazu? Einmal: durch ihre Klugheit und Furcht und Vorsicht: sei es, daß sie etwas Ähnliches von uns zurückerwarten (Schutz ihrer Rechte), daß sie einen Kampf mit uns für gefährlich oder unzweckmäßig halten, daß sie in jeder Verringerung unserer Kraft einen Nachteil für sich erblicken, weil wir dann zum Bündnis mit ihnen im Gegensatz zu einer feindseligen dritten Macht ungeeignet werden. Sodann: durch Schenkung und Abtretung. In diesem Fall haben die anderen Macht genug und übergenug, um davon abgeben zu können und das abgegebene Stück dem, welchem sie es schenkten, zu verbürgen: wobei ein geringes Machtgefühl bei dem, der sich beschenken läßt, vorausgesetzt wird. So entstehen Rechte: anerkannte und gewährleistete Machtgrade. Verschieben sich die Machtverhältnisse wesentlich, so vergehen Rechte und es bilden sich neue – dies zeigt das Völkerrecht in seinem fortwährenden Vergehen und Entstehen. Nimmt unsere Macht wesentlich ab, so verändert sich das Gefühl derer, welche bisher unser Recht gewährleisteten: sie ermessen, ob sie uns wieder in den alten Vollbesitz bringen können, – fühlen sie sich hierzu außerstande, so leugnen sie von da an unsere ›Rechte‹. Ebenso, wenn unsere Macht erheblich zunimmt, verändert sich das Gefühl derer, welche sie bisher anerkannten und deren Anerkennung wir nun nicht mehr brauchen: sie versuchen wohl, dieselbe auf das frühere Maß herabzudrükken, sie werden eingreifen wollen und sich auf ihre ›Pflicht‹ dabei berufen – aber dies ist nur ein unnützes Wortemachen. Wo Recht *herrscht,* da wird ein Zustand und Grad von Macht aufrecht erhalten, eine Verminderung und Vermehrung abgewehrt. Das Recht anderer ist die Konzession unseres Gefühls von Macht an das Gefühl von Macht bei diesen anderen. Wenn sich unsere Macht tief erschüttert und gebrochen zeigt, so hören unsere Rechte auf: dagegen hören, wenn wir sehr viel mächtiger geworden sind, die Rechte anderer für uns auf, wie wir sie bis jetzt ihnen zugestanden. – Der ›billige Mensch‹ bedarf fortwährend des feinen Taktes einer Waage: für die Macht- und Rechtsgrade, welche, bei der vergänglichen Art der menschlichen Dinge, immer nur eine kurze Zeit im Gleichgewichte schweben werden, zumeist aber sinken oder steigen: – billig sein ist folglich schwer und erfordert viel Übung, guten Willen und sehr viel sehr guten *Geist.* –« (Werke, hg. von Schlechta, I, S. 1084 ff.)

S. 180, Zeile 6 von oben: Die Bezugsstellen (»Wanderer«) lauten:

»*Worin Gleichgültigkeit not tut.* – Nichts wäre verkehrter, als abwarten wollen, was die Wissenschaft über die ersten und letzten Dinge einmal endgültig feststellen wird, und bis dahin auf die *herkömmliche* Weise denken (und namentlich glauben!) – wie dies so oft angeraten wird. Der Trieb, auf diesem Gebiete durchaus *nur Sicherheiten* haben zu wollen, ist ein *religiöser Nachtrieb,* nichts Besseres, – eine versteckte und nur scheinbar skeptische Art des ›metaphysischen Bedürfnisses‹, mit dem Hintergedanken verkuppelt, daß noch lange Zeit keine Aussicht auf diese letzten Sicherheiten vorhanden und bis dahin der ›Gläubige‹ im Recht ist, sich um das ganze Gebiet nicht zu kümmern. Wir haben diese Sicherheiten um die alleräußersten Horizonte gar nicht *nötig,* um ein volles und tüchtiges Menschentum zu leben: ebensowenig als die Ameise sie nötig hat, um eine gute Ameise zu sein. Vielmehr müssen wir uns darüber ins klare bringen, woher eigentlich jene fatale Wichtigkeit kommt, die wir jenen Dingen so lange beigelegt haben, und dazu brauchen wir die *Historie* der ethischen und religiösen Empfindungen. Denn nur unter dem Einfluß dieser Empfindungen sind uns jene allerspitzesten Fragen der Erkenntnis so erheblich und furchtbar geworden: man hat in die äußersten Bereiche, *wohin* noch das geistige Auge dringt, ohne *in sie* einzudringen, solche Begriffe wie Schuld und Strafe (und zwar ewige Strafe!) hineinverschleppt: und dies um so unvorsichtiger, je dunkler diese Bereiche waren ...« (Werke, hg. von Schlechta, I, S. 881.)

»*Das Willkürliche im Zumessen der Strafen.* – Die meisten Verbrecher kommen zu ihren Strafen wie die Weiber zu ihren Kindern. Sie haben zehn- und hundertmal dasselbe getan, ohne üble Folgen zu spüren: plötzlich kommt eine Entdeckung und hinter ihr die Strafe. Die Gewohnheit sollte doch die Schuld der Tat, derentwegen der Verbrecher gestraft wird, entschuldbarer erscheinen lassen: es ist ja ein Hang entstanden, dem schwerer zu widerstehen ist. Anstatt dessen wird er, wenn der Verdacht des gewohnheitsmäßigen Verbrechens vorliegt, härter gestraft; die Gewohnheit wird als Grund gegen alle Milderung geltend gemacht. Eine vorherige musterhafte Lebensweise, gegen welche das Verbrechen um so fürchterlicher absticht, sollte die Schuldbarkeit verschärft erscheinen lassen! Aber sie pflegt die Strafe zu mildern. So wird alles nicht nach dem Verbrecher bemessen, sondern nach der Gesellschaft und deren Schaden und Gefahr: frühere Nützlichkeit eines Menschen wird gegen seine einmalige Schädlichkeit eingerechnet, frühere Schädlichkeit zur gegenwärtig entdeckten addiert, und demnach die Strafe am höchsten zugemessen. Wenn man aber dergestalt die Vergangenheit eines Menschen mit straft oder mit belohnt (dies im ersten Fall, wo das Weniger-Strafen ein Belohnen ist), so sollte man noch weiter zurückgehn und die Ursache einer solchen oder solchen Vergangenheit strafen und belohnen, ich meine Eltern, Erzieher, die Gesellschaft usw.: in vielen Fällen wird man dann die *Richter* irgendwie bei der Schuld beteiligt finden. Es ist willkürlich, beim Verbrecher stehenzubleiben, wenn man die Vergangenheit straft: man sollte, falls man die absolute Entschuldbarkeit jeder Schuld nicht zugeben will, bei jedem einzelnen Fall stehnbleiben und nicht weiter zurückblicken: also die Schuld *isolieren* und sie gar nicht mit der Vergangenheit in Verknüpfung bringen, – sonst wird man zum Sünder gegen die Logik. Zieht vielmehr, ihr Willens-Freien, den notwendigen Schluß aus eurer Lehre von der ›Freiheit des Willens‹ und dekretiert kühnlich: *›keine Tat hat eine Vergangenheit.‹* (Werke, hg. von Schlechta, I, S. 890 f.)

S. 188 κακός = schlecht; ἀγαθός = gut; *malum* = schlecht; μέλας = schwarz. – Der ganze Abschnitt zeigt, wohin philologische Spielereien, wie sie bei einem Teil der deutschen Philosophie auch heute noch äußerst beliebt sind, führen können. Aus klassischem Bildungsgut wird mit Hilfe von Etymologie und Assoziationen in wenigen Sätzen eine Theorie der Arier als der blonden Rasse mehr behauptet als entwickelt; gegenüber dieser Herrenrasse ist die angebliche Urbevölkerung vorarisch, sie besteht aus den Minderwertigen und Unterdrückten, aus den Herdenmenschen, die lediglich durch ihre Vielzahl gefährlich werden können. Wenn auch dieser Rassismus keine dominierende Komponente im Spätwerk Nietzsches bildet, so kristallisiert sich doch hier ein Stück deutscher Ideologie und ein Vorläufer nationalsozialistischer Weltanschauung. – Die Anspielung auf *Theognis* ist nicht zufällig und biographisch aufschlußreich. Bereits in seinem letzten Schuljahr zu Pforta verfaßte Nietzsche eine größere lateinische Arbeit über Theognis von Megara. Das als Schulaufsatz begonnene Thema fesselte ihn so sehr, daß er es auch in seiner Studentenzeit noch weiter verfolgte. Schon damals verstand Nietzsche diesen noch der archaischen Zeit angehörenden griechischen Dichter als Aristokraten. Der Satz: »Von Adligen wirst du Adliges lernen, wenn du dich aber unter die geringeren mischest, wirst du gar den Sinn, den du besitzest, verlieren«, wurde im sechsten vorchristlichen Jahrhundert von Theognis formuliert und hatte den späteren Theoretiker der Herren-Moral schon während seiner Gymnasialzeit stark beeindruckt. Auffallend bleibt Nietzsches Vorliebe für Elite-Gedanken; vielleicht die unbewußte Kompensation eines Menschen, dessen persönliche Lebenserfahrung in körperlicher Schwäche und Krankheit, im Scheitern seiner beruflichen Existenz als Wissenschaftler und im Scheitern vieler Freundschaften bestand.

S. 189 *Weis Mitchellsche Isolierung*: amerikanische Diätkur.

S. 190 Die bedenklichen geschichtsphilosophischen Ansichten der nächsten Abschnitte dienen einer Kritik am Christentum als dem eigentlichen Sachwalter der Sklaven-Moral. Die Rolle des jüdischen Volkes wird als die des Wegbereiters gesehen. Der Passus ist jedoch frei von jedem antisemitischen Affekt; in einer Wendung wie »furchteinflößende Folgerichtigkeit« liegt indirekte Bewunderung. Nietzsche war zweifellos kein Antisemit, seine Äußerungen über das Judentum sind stets differenziert und bisweilen von großer Noblesse. Antisemitismus, wie ihn sein Schwager, der Berliner Oberlehrer, Wagnerianer und deutsche Kolonisator in Paraguay, Dr. Bernhard Förster, und unter seinem Einfluß Nietzsches Schwester Elisabeth vertraten, war ihm zeitlebens verhaßt.

S. 193 *in effigie*: im Bilde, symbolisch. – *Ressentiment*: Damit gelang Nietzsche eine psychologische Entdeckung: Ressentiment als aufgestauter Groll des Unterlegenen, der sich in höchster Agressivität entlädt.

S. 194 Z. 14: griechische Ausdrücke für jammervoll, unglücklich, mühevoll, kläglich.

S. 202 Die Kritik an der christlichen Überlieferung erreicht eine ätzende Schärfe. Die Lehre von Erlösung und Verdammung ist in Nietzsches Augen reines Ressentiment der Schwachen und Bedrückten, die darauf hoffen, daß sie die Starken und Mächtigen im Jenseits leiden sehen werden und sich daran schadlos halten können. Mit unverhohlenem Hohn werden Textstellen aus Dante (1265–1321), Thomas von Aquin (1225 bis

1274) und Tertullian (um 160–222) angeführt – »*Beati in regno* . . .«: »Die Seligen im Himmel schauen den Strafen der Verdammten zu, damit ihnen die Glückseligkeit desto mehr gefalle.« – »*At enim supersunt* . . .«: »Aber es kommen noch ganz andere Schauspiele: Der Tag des letzten und endgültigen Gerichts, den die Heiden nicht erwarten, über den sie spotten, der Tag, wo die alt gewordene Welt und alle ihre Hervorbringungen im gemeinsamem Brande verzehrt werden. Was für ein umfassendes Schauspiel wird es da geben? Was wird da der Gegenstand meines Staunens, meines Lachens sein? Wo der Ort meiner Freude, meines Frohlockens? Wenn ich so viele und so mächtige Könige, von welchen es hieß, sie seien in den Himmel aufgenommen, in Gesellschaft des Jupiter und ihrer Zeugen selbst in der äußersten Finsternis seufzen sehe; wenn so viele Statthalter, die Verfolger des Namens des Herrn, in schrecklicheren Flammen, als die, womit sie höhnend gegen die Christen wüteten, zergehen; wenn außerdem jene weisen Philosophen mit ihren Schülern, welchen sie einredeten, Gott bekümmere sich um nichts, welchen sie lehrten, man habe keine Seele, oder sie werde gar nicht oder doch nicht in die früheren Körper zurückkehren – wenn sie mitsamt ihren Schülern und von ihnen beschämt im Feuer brennen, und die Poeten nicht vor dem Richterstuhl des Rhadamantus oder Minos, sondern wider Erwarten vor dem Richterstuhl Christi stehen und zittern! Dann verdienen die Tragödien aufmerksameres Gehör, da sie nämlich ärger schreien werden in ihrem eigenen Mißgeschick; dann muß man sich die Schauspieler anschauen, wie sie noch weichlicher und lockerer durch das Feuer geworden sind; dann muß man sich den Wagenlenker ansehen, wie er auf flammendem Rade erglüht; dann die Athleten betrachten, wie sie nicht wie in der Ringschule (mit Sand), sondern mit Feuer beworfen werden. Nur möchte ich dann weniger die Genannten sehen als vorziehen, meinen unersättlichen Blick auf jene zu richten, die gegen die Person des Herrn selbst gefrevelt haben. Hier ist, würde ich ihnen dann sagen, der Sohn des Zimmermanns und der Dirne, der Sabbatschänder, der Samariter, der Mensch, der den Teufel haben soll. Das ist er, den ihr dem Judas abgekauft habt, das ist er, den ihr mit dem Rohre und Ohrfeigen mißhandelt, durch Anspeien besudelt, mit Galle und Essig getränkt habt. Das ist der, den die Schüler heimlich entwendet haben, um nachher sagen zu können, er sei auferstanden, den der Gärtner beiseite geschafft hat, damit nicht durch die Menge der Besucher sein Salat beschädigt würde. Solches zu schauen und darüber zu frohlocken, das kann dir kein Prätor, kein Konsul, kein Quästor oder Götzenpriester mit all seiner Freigebigkeit gewähren. Und doch haben wir diese Dinge durch den Glauben im Geiste und in der Vorstellung bereits gewissermaßen gegenwärtig. Wie aber mag vollends das beschaffen sein, was kein Auge gesehen, kein Ohr gehört hat, und was in keines Menschen Herz gekommen ist! Ich denke denn doch, lieblicher als der Zirkus, beide Arten des Theaters und die Rennbahn.«

(Zitat aus Tertullian, De spectaculis, c. 29/30; Übersetzung nach K. A. H. Kellner, Bibliothek der Kirchenväter, Band 7, Kempten-München 1912.) – *Per fidem*: durch den Glauben.

S. 207–237 War der erste Teil der »Genealogie« eine Psychologie des Christentums, so ist die zweite Abhandlung dieser Schrift mehr anthropologischer Natur, wenn auch wiederum mit einem antichristlichen Affekt: Nietzsche gibt eine Psychologie des Gewissens. Gegen den Menschen als »Tier, das versprechen darf«, stellt Nietzsche die Fähigkeit des Vergessenkönnens. Der Mensch bindet sich durch Versprechen und wird durch das schlechte Gewissen, durch Schuldbewußtsein in seinem Versprechen gehalten. Dieser psychologische Mechanismus steht hinter den Vertragsverhältnissen, denen das Leben in der Gesellschaft unterworfen ist. Zugleich wird eine Theorie der Grausamkeit entwickelt: sie ist ein Grundtrieb des Menschen. Der Kern dieser Lehre findet sich auf S. 214 am Schluß des sechsten und zu Beginn des siebten Abschnitts: »Leiden-sehn tut wohl, Leiden-machen noch wohler ... Ohne Grausamkeit kein Fest ... Strafe ist so viel Festliches! ...« Das soll aber kein neuer Pessimismus sein, »im Gegenteil soll ausdrücklich bezeugt sein, daß damals, als die Menschheit sich ihrer Grausamkeit noch nicht schämte, das Leben auf Erden heiterer war als jetzt ...« Dementsprechend wird im weiteren Verlauf das Gewissen als ein an der äußeren Entladung gehemmter, nunmehr nach innen gerichteter Instinkt der Grausamkeit erklärt.

S. 208 Die Bezugsstelle (»Morgenröte«) lautet:

»*Begriff der Sittlichkeit der Sitte.* – Im Verhältnis zu der Lebensweise ganzer Jahrtausende der Menschheit leben wir jetzigen Menschen in einer sehr unsittlichen Zeit: die Macht der Sitte ist erstaunlich abgeschwächt und das Gefühl der Sittlichkeit so verfeinert und so in die Höhe getragen, daß es ebensogut als verflüchtigt bezeichnet werden kann. Deshalb werden uns, den Spätgeborenen, die Grundeinsichten in die Entstehung der Moral schwer, sie bleiben uns, wenn wir sie trotzdem gefunden haben, an der Zunge kleben und wollen nicht heraus: weil sie grob klingen! Oder weil sie die Sittlichkeit zu verleumden scheinen! So zum Beispiel gleich der *Hauptsatz*: Sittlichkeit ist nichts anderes (also namentlich *nicht mehr*!), als Gehorsam gegen Sitten, welcher Art diese auch sein mögen; Sitten aber sind die *herkömmliche* Art zu handeln und abzuschätzen. In Dingen, wo kein Herkommen befiehlt, gibt es keine Sittlichkeit; und je weniger das Leben durch Herkommen bestimmt ist, um so kleiner wird der Kreis der Sittlichkeit. Der freie Mensch ist unsittlich, weil er in allem von sich und nicht von einem Herkommen abhängen *will*: in allen ursprünglichen Zuständen der Menschheit bedeutet ›böse‹ so viel wie ›individuell‹, ›frei‹, ›willkürlich‹, ›ungewohnt‹, ›unvorhergesehen‹, ›unberechenbar‹. Immer nach dem Maßstab solcher Zustände gemessen: wird eine Handlung getan *nicht* weil das Herkommen sie befiehlt, sondern aus anderen Motiven (zum Beispiel des individuellen Nutzens wegen), ja selbst aus eben den Motiven, welche das Herkommen ehemals begründet haben, so heißt sie unsittlich und wird so selbst von ihrem Täter empfunden: denn sie ist nicht aus Gehorsam gegen das Herkommen getan worden. Was ist das Herkommen? Eine höhere Autorität, welcher man gehorcht, nicht weil sie das uns *Nützliche* befiehlt, sondern weil sie *befiehlt.* – Wodurch unterscheidet sich dies Gefühl vor dem Herkommen von dem Gefühl der Furcht überhaupt? Es ist die Furcht vor einem höheren Intellekt, der da befiehlt, vor einer unbegreiflichen, unbestimmten Macht, vor etwas mehr als Persönlichem, – es ist *Aberglaube* in dieser Furcht. – Ursprünglich gehörte die ganze Erziehung und Pflege der Gesundheit, die Ehe, die Heilkunst, der Feldbau, der Krieg, das Reden und Schweigen, der Verkehr untereinander und mit den Göttern in den Bereich der Sittlichkeit: sie verlangte, daß man Vorschriften beobachtete, *ohne an sich* als Individuum zu denken. Ursprünglich also war alles Sitte, und wer sich über sie erheben wollte, mußte Gesetzgeber und Medizinmann und eine Art Halbgott werden: das heißt, er mußte *Sitten machen,* – ein furchtbares, lebensgefährliches Ding! – Wer ist der Sittlichste? *Einmal* der, welcher das Gesetz am häufigsten erfüllt: also, gleich dem Brahmanen, das Bewußtsein desselben überallhin und in jeden kleinen Zeitteil trägt, so daß er fortwährend erfinderisch ist in Gelegenheiten, das Gesetz zu erfüllen. *Sodann* der, der es auch in den schwersten Fällen erfüllt. Der Sittlichste ist der, welcher am meisten der Sitte *opfert*: welches aber sind die größten Opfer? Nach der Beantwortung dieser Frage entfalten sich mehrere unterschiedliche Moralen; aber der wichtigste Unterschied bleibt doch jener, welcher die Moralität der *häufigsten Erfüllung* von der der *schwersten* Erfüllung trennt. Man täusche sich über das Motiv jener Moral nicht, welche die schwerste Erfüllung der Sitte als Zeichen der Sittlichkeit fordert! Die Selbstüberwindung wird *nicht* ihrer nützlichen Folgen halber, die sie für das Individuum hat, gefordert, sondern damit die Sitte, das Herkommen herrschend erscheine, trotz allem individuellen Gegengelüst und Vorteil: der einzelne soll sich opfern, – so heischt es die Sittlichkeit der Sitte. – Jene Moralisten dagegen, welche wie die Nachfolger der *sokratischen* Fußtapfen die Moral der Selbstbeherrschung und Enthaltsamkeit dem *Individuum* als seinen eigensten *Vorteil,* als seinen persönlichsten Schlüssel zum Glück ans Herz legen, *machen die Ausnahme* – und wenn es uns anders erscheint, so ist es, weil wir unter ihrer Nachwirkung erzogen sind: sie alle gehen eine neue Straße unter höchlichster Mißbilligung aller Vertreter der Sittlichkeit der Sitte, – sie lösen sich aus der Gemeinde aus, als Unsittliche, und sind, im tiefsten Verstande, böse. Ebenso erschien einem tugendhaften Römer alten Schrotes jeder *Christ,* welcher ›am ersten nach seiner *eigenen* Seligkeit trachtete‹, – als böse. – Überall, wo es eine Gemeinde und folglich eine Sittlichkeit der Sitte gibt, herrscht auch der Gedanke, daß die Strafe für die Verletzung der Sitte vor allem auf die Gemeinde fällt: jene übernatürliche Strafe, deren Äußerung und Grenze so schwer zu begreifen ist und mit so abergläubischer Angst ergründet wird. Die Gemeinde kann den einzelnen anhalten, daß er den nächsten Schaden, den seine Tat im Gefolge hatte, am einzelnen oder an der Gemeinde wieder gut mache, sie kann auch eine Art Rache am einzelnen dafür nehmen, daß durch ihn, als angebliche Nachwirkung seiner Tat, sich die göttlichen Wolken und Zorneswetter über der Gemeinde gesammelt haben, – aber sie empfindet die Schuld des einzelnen doch vor allem als *ihre* Schuld und trägt dessen Strafe als *ihre* Strafe –: ›die Sitten sind locker geworden, so klagt es in der Seele eines jeden, wenn solche Taten möglich sind.‹ Jede individuelle Handlung, jede individuelle Denkweise erregt Schauder; es ist gar nicht auszurechnen, was gerade die seltneren, ausgesuchteren, ursprünglicheren Geister im ganzen Verlauf der Geschichte dadurch gelitten haben müssen, daß sie immer als die bösen und gefährlichen empfunden wurden, ja daß *sie sich selber so empfanden.* Unter der Herrschaft der Sittlichkeit der Sitte hat die Originalität jeder Art ein böses Gewissen bekommen; bis diesen Augenblick ist der Himmel der Besten noch dadurch verdüsterter, als er sein müßte.« (Werke, hg. von Schlechta, I, S. 1019 ff.)

S. 213 »*de faire le mal* ...«: Das Böse um des Vergnügens willen tun.

S. 214 Die Anfänge der Bezugsstellen aus der »Morgenröte« lauten:

»*Die Moral des freiwilligen Leidens.* – Welcher Genuß ist für Menschen im Kriegszustande jener kleinen, stets gefährdeten Gemeinde, wo die strengste Sittlichkeit waltet, der höchste? Also für kraftvolle, rachsüchtige, feindselige, tückische, argwöhnische, zum Furchtbarsten bereite und durch Entbehrung und Sittlichkeit gehärtete Seelen? Der Genuß der *Grausamkeit*: so wie es auch zur *Tugend* einer solchen Seele in diesen Zuständen gerechnet wird, in der Grausamkeit erfinderisch und unersättlich zu sein. An dem Tun des Grausamen erquickt sich die Gemeinde und wirft einmal die Düsterkeit der beständigen Angst und Vorsicht von sich. Die Grausamkeit gehört zur ältesten Festfreude der Menschheit ...« (Werke, hg. von Schlechta, I, S. 1026.)

»*Von den Seelen-Martern.* – Bei irgendwelchen Martern, die einer einem fremden Leibe zufügt, schreit jetzt jedermann laut auf; die Empörung gegen einen Menschen, der dessen fähig ist, bricht sofort los; ja, wir zittern schon bei der Vorstellung einer Marter, welche einem Menschen oder Tiere zugefügt werden könnte, und leiden ganz unerträglich, von einer fest bewiesenen Tatsache dieser Art zu vernehmen. Aber man ist noch weit entfernt, in betreff der Seelen-Martern und der Entsetzlichkeit ihrer Zufügung ebenso allgemein und bestimmt zu empfinden. Das Christentum hat sie in einem unerhörten Maße zur Anwendung gebracht und predigt diese Art Folter noch fortwährend, ja, es klagt ganz unschuldig über Abfall und Lauwerden, wenn es einen Zustand ohne solche Martern antrifft, – alles mit dem Ergebnis, daß die Menschheit sich gegen den geistigen Feuertod, die geistigen Foltern und Folterwerkzeuge heute noch mit der gleichen ängstlichen Geduld und Unentschlossenheit benimmt, wie ehemals gegen die Grausamkeit am Leibe von Mensch und Tier. Die Hölle ist wahrlich kein bloßes Wort geblieben: und den neu geschaffenen wirklichen Höllenängsten hat auch eine neue Gattung des Mitleidens entsprochen, ein gräßliches zentnerschweres, früheren Zeiten unbekanntes Erbarmen mit solchen ›unwiderruflich zur Hölle Verdammten‹, wie es zum Beispiel der steinerne Gast gegen Don Juan zu erkennen gibt und welches in den christlichen Jahrhunderten wohl zum öfteren schon Steine zum Wehklagen gebracht hat . . .« (Werke, hg. von Schlechta, I, S. 1063.)

S. 215 *»les nostalgies de la croix«*: »Die Sehnsüchte (eig.: Heimweh) nach dem Kreuz.«

S. 227 *morsus conscientiae*: Gewissensbiß. – *Spinoza*, Baruch (Benedictus) de, holländischer Philosoph (1632–1677), Sohn einer aus Portugal eingewanderten jüdischen Familie, der wegen seiner scholastischen Studien und seiner religiösen Irrlehren mit dem Bannfluch der jüdischen Gemeinde belegt wurde. In der Nachfolge des Descartes schrieb Spinoza eine »Ethik, nach geometrischer Art dargestellt« (1677), in der er nicht nur den jenseitigen Gott preisgab, sondern auch zu einem konsequenten Pantheismus überging. ›Deus sive nattura‹ = Gott und die Natur (die ganze Welt) sind identisch.

S. 233 *causa prima*: erste Ursache.

S. 239 *novissima gloriae cupido*: äußerste Ruhmsucht.

S. 242 *contiguity*: Nähe. – *Velleität*: Anwandlung.

S. 244 *une promesse de bonheur*: ein Glücksversprechen.

S. 246 *la bête philosophe*: die Bestie Philosoph.

S. 247 *pereat mundus . . .*: »Möge die Welt untergehen, es werde die Philosophie, es werde der Philosoph, Ich!«

S. 251 *»je combats . . .«*: »Ich bekämpfe die allumfassende Spinne.«

S. 266 *»il faut s'abêtir«*: »Man muß sich dumm machen.«

S. 267 *Paul Deussen* (1845–1919), Philosoph, der sich hauptsächlich mit indischer Philosophie befaßte. Nietzsche kannte ihn seit seiner Schulzeit. Die beiden Freunde waren Ostern 1861 zusammen konfirmiert worden. Deussens »Erinnerungen an Friedrich Nietzsche« (1901) sind nicht nur Zeugnis dieser Freundschaft, sondern auch ein wichtiges biographisches Werk für jedes Nietzsche-Studium. – *unio mystica*: mystische Vereinigung (mit Gott).

S. 269 *Geulincx*, Arnold (1625–1669), cartesianischer Philosoph in Löwen und Leiden.

S. 271 *Leopold (von) Ranke* (1795–1886), ging davon aus, daß der Geschichtsschreiber nicht richten, sondern nur zeigen solle, ›wie es eigentlich gewesen‹.

S. 275 *in artibus et litteris*: in Kunst und Dichtung.

S. 284 *ravages ... »l'habitude ...«*: von den Verwüstungen, welche »die Gewohnheit, das Unverständliche zu bewundern, statt sich ganz einfach mit der Unkenntnis dieser Dinge abzufinden, angerichtet habe ...« – *elegantia syllogismi*: Eleganz des Schließens (Urteilens).

S. 285 *das* χάσμ' ὀδόντων: den Rachen.

S. 286 *la religion de la souffrance*: Religion des Leidens.

S. 288 *»faute de mieux«*: in Ermangelung eines Besseren.

DER FALL WAGNER (S. 289)

Zur Werkgeschichte: 1888, im letzten Jahr seines Schaffens, schrieb Nietzsche zwei Schriften gegen Wagner, – außer der hier wiedergegebenen Abhandlung noch den Traktat »Nietzsche contra Wagner«, der freilich in der Hauptsache nach Nietzsches eigenen Worten nur eine Zusammenstellung seiner früheren Äußerungen über Wagner bildet. Über den von ihm selbst herbeigeführten Bruch mit Wagner im Jahre 1876 ist Nietzsche nie hinweggekommen. Es ist der Haß des enttäuschten Liebhabers, der sich noch nach zwölf Jahren in diesen Schriften Luft verschaffen möchte. Nietzsches in der Sache oft sehr fundierte Kritik an der Ästhetik und der politischen Konzeption Richard Wagners bleibt spürbar stets auch von persönlichen Motiven getragen.

Über den Hergang des Zerwürfnisses im Jahre 1876 vgl. die Anmerkung zu Band I, S. 315. – Nach dem Tode Richard Wagners (13. Februar 1883) schrieb Nietzsche an Peter Gast: »Es geht nun wieder, und ich glaube sogar, daß der Tod Wagners die wesentlichste Erleichterung war, die mir jetzt geschafft werden konnte. Es war hart, sechs Jahre lang Gegner dessen sein zu müssen, den man am meisten verehrt hat.« Die Gegnerschaft dauerte an und kulminierte im Jahr von Nietzsches Zusammenbruch. Wie unbewältigt für Nietzsche der »Fall Wagner« blieb, ist nicht nur an der Schärfe der Kritik, sondern immer wieder auch an unvermuteten Ausdrücken der Bewunderung und Zuneigung ablesbar. So schrieb Nietzsche am 21. Januar 1887, nachdem er zum erstenmal in Monte Carlo das Vorspiel zum »Parsifal« gehört hatte, an Peter Gast: »Rein ästhetisch gefragt: hat Wagner je etwas besser gemacht? ... eine Deutlichkeit der Musik als deskriptiver Kunst, bei der man an einen Schild mit erhabener Arbeit denkt; und, zuletzt, ein sublimes und außerordentliches Gefühl, Erlebnis, Ereignis der Seele im Grunde der Musik, das Wagnern die höchste Ehre macht ...« – Und im »Ecce Homo« findet sich das erstaunliche Bekenntnis: »Ich weiß nicht, was andre mit Wagner erlebt haben: über unsern Himmel ist nie eine Wolke hinweggegangen.« – Zweifellos wollte Nietzsche aber mit seiner Schrift auch das ganze verhaßte

Bayreuther Unternehmen treffen. Im Herbst 1888 schreibt er an Jacob Burckhardt: »Vielleicht habe ich ein Recht, von diesem ›Fall Wagner‹ einmal *deutlich* zu reden, – vielleicht selbst eine Pflicht. Die Bewegung ist jetzt in höchster Glorie. Drei Viertel aller Musiker ist ganz oder halb überzeugt, von St. Petersburg bis Paris, Bologna und Montevideo leben die Theater von dieser Kunst, jüngst hat noch der junge deutsche Kaiser die ganze Angelegenheit als nationale Sache *ersten Ranges* bezeichnet und sich an deren Spitze gestellt: Gründe genug, daß es *erlaubt* ist, auf den Kampfplatz zu treten.« – Und an Malwida von Meysenbug: »Diese Schrift, eine Kriegserklärung *in aestheticis,* wie sie radikaler gar nicht gedacht werden kann ...«

Druckvorlage: Der Fall Wagner, Ein Musikanten-Problem; C. G. Naumann, Leipzig 1888.

S. 291 *décadence*: Verfall. Der Décadence-Begriff spielt im gesamten Spätwerk eine bedeutende Rolle. Zur Erläuterung seien zwei Zitate aus dem Nachlaß der achtziger Jahre angeführt:

»*Zu begreifen:* – Daß alle Art Verfall und Erkrankung fortwährend an den Gesamt-Werturteilen mitgearbeitet hat: daß in den herrschend gewordnen Werturteilen die *décadence* sogar zum Übergewicht gekommen ist: daß wir nicht nur gegen die Folgezustände alles gegenwärtigen Elends von Entartung zu kämpfen haben, sondern *alle bisherige décadence* rückständig, das heißt *lebendig* geblieben ist. Eine solche Gesamt-Abirrung der Menschheit von ihren Grundinstinkten, eine solche Gesamt-*décadence* des Werturteils ist das Fragezeichen *par excellence,* das eigentliche Rätsel, das das Tier ›Mensch‹ dem Philosophen aufgibt.«

»Grundeinsicht über das Wesen der *décadence*: *was man bisher als deren Ursachen angesehen hat, sind deren Folgen.*

Damit verändert sich die ganze Perspektive *der moralischen Probleme.*

Der ganze Moral-Kampf gegen Laster, Luxus, Verbrechen, selbst Krankheit erscheint als Naivität, als überflüssig: – es gibt keine *›Besserung‹* (gegen die *Reue*).

Die *décadence* selbst ist nichts, *was zu bekämpfen wäre*: sie ist absolut notwendig und jeder Zeit und jedem Volk eigen. *Was* mit aller Kraft zu bekämpfen ist, das ist die Einschleppung des Kontagiums in die gesunden Teile des Organismus.

Tut man das? Man tut das *Gegenteil.* Genau darum bemüht man sich seitens der *Humanität.*

– Wie verhalten sich zu dieser *biologischen* Grundfrage die bisherigen *obersten Werte?* Die Philosophie, die Religion, die Moral, die Kunst usw.

(Die Kur: z. B. *Militarismus,* von Napoleon an, der in der Zivilisation seine natürliche Feindin sah.)«

S. 293 *ridendo dicere severum* ...: Abwandlung des Horazischen »ridentem dicere verum« (lächelnd die Wahrheit sagen) in »mit Lachen unliebsame Wahrheiten sagen«. – *Bizet*, Georges (1838–1875), französischer Komponist, dessen Hauptwerk, die Oper »Carmen«, 1875 uraufgeführt wurde

S. 295 *Il faut méditerraniser la musique*: Man muß die Musik mediterranisieren, d. h. man muß ihr einen südländischen Geist einhauchen, den Nietzsche bei Wagner vermißt.

S. 297 *myops*: griechisch μύωψ = kurzsichtig. – *la philosophie ne suffit* ...: »Die Philosophie (allein) stellt den großen Haufen nicht zufrieden, er bedarf (auch noch) der Heiligkeit.«

S. 298 *Bene navigavi, cum naufragium feci*: »Habe ich mein Schiff nicht gut gelenkt, indem ich Schiffbruch erlitten habe?«

S. 299 *Wagner est une névrose*: Wagner ist eine Nervenkrankheit. – *Cagliostro*, Alexander, Graf von, – richtiger Name Giuseppe Balsamo – (1743–1795), berühmter italienischer Abenteurer und Betrüger.

S. 300 *Pulchrum est paucorum hominum*: Wenige Menschen haben Sinn für das Schöne.

S. 301 *Sursum!*: In die Höhe!

S. 307 *Wagnerus dixit* ...: »Wagner hat es gesagt, er, der ja in Fragen der Keuschheit die höchste Autorität besitzt.« Ironische Anspielung auf Wagners Liebesleben.

S. 313 *in rebus musicis et musicantibus*: in Sachen der Musik und der Musiker.

S. 314 *cave canem*: Hüte dich vor dem Hunde (Vorsicht, bissiger Hund)!

S. 320 *Le moi est toujours* ...: Das Ich ist stets hassenswert. – *foeda superstitio*: häßlicher Aberglaube.

GÖTZEN-DÄMMERUNG (S. 323)

Zur Werkgeschichte: In den letzten Monaten seines bewußten Lebens hat Nietzsche noch eine Reihe von Werken konzipiert und abgeschlossen. Dazu gehört auch die »Götzen-Dämmerung«. Nietzsche gibt darin eine weitere Übersicht über seine Philosophie, er erläutert erneut seine Kritik am Christentum und an der Moral. Der Angriff auf die Ontologie und den Idealismus wird fortgesetzt und erreicht eine besondere Prägnanz: der alte Gegensatz zwischen Schein und wahrem Sein wird aufgehoben. Der Mensch und die Welt sind das, als was sie erscheinen; es ist nichts ›hinter‹ den Dingen. Die anthropologische Argumentation ist streckenweise darwinistisch. Neu ist die immer unverhüllter zutage tretende, bis ins Überhebliche gehende Selbsteinschätzung, die allen Schriften des Jahres 1888 ihr Siegel aufdrückt: Zeichen des sich ändernden Krankheitsbildes und des sich unaufhaltsam nähernden Zusammenbruchs. An Reinhard von Seydlitz im Herbst 1888: »Ich deute in aller Bescheidenheit an, daß der ›Geist‹, der sogenannte ›deutsche Geist‹ spazierengegangen und irgendwo in der Sommerfrische wohnt – jedenfalls *nicht* im Reich – eher schon in Sils-Maria ...« Nietzsche zeigt, »wie man mit dem Hammer philosophiert«, – mit einem Hammer, der die hohlen Götzen unserer Tradition abklopft und zerstört: »Umwertung aller Werte.«

Druckvorlage: Götzen-Dämmerung, oder: Wie man mit dem Hammer philosophiert; C. G. Naumann, Leipzig 1889.

S. 325 *increscunt animi ...*: Es wachsen die Geister, es entfalten sich die männlichen Tugenden durch die Verwundung.

S. 328 *pudeur*: Schamhaftigkeit, Zartgefühl.

S. 330 *On ne peut penser ...*: Man kann nur im Sitzen denken und schreiben.

S. 332 *consensus sapientium*: Übereinstimmung (einheitlicher Beschluß) der Weisen.

S. 333 *monstrum in fronte, monstrum in animo*: ein Ungeheuer vom Gesicht und vom Gemüt her.

S. 335 *de rigueur*: unerläßlich.

S. 338 *Idiosynkrasie*: Eigenart.

S. 341 *Incipit Zarathustra*: Hier beginnt Zarathustra.

S. 342 *»il faut tuer les passions«*: »Man muß die (sinnlichen) Leidenschaften töten.«

S. 346 *Credo experto*: »Glaub' es einem, der es am eigenen Leibe erfahren hat!«

S. 347 *antecedentia*: vorhergehende (wirkende) Ursachen.

S. 350–352 Nietzsches Betrachtung des Schuldstrafrechts in Abschnitt 7 ist im Ansatz nicht überholt und heute besonders aktuell. – Der Schluß des achten Abschnitts bildet eine zentrale These der ganzen Schrift.

S. 362 *Rückkehr zur Natur – in impuris naturalibus*: schwer übersetzbares Wortspiel. Der Gegensatz, »in puris naturalibus« heißt »nackt«, »impuris naturalibus« hier sinngemäß etwa: »verhüllt, verschämt«. – *cant*: englischer Begriff für die Gewohnheit, die Dinge zu seinem Vorteil erscheinen zu lassen. Hier im Wortspiel mit Kant und mit Kritik an Kants Annahme eines intelligiblen (an sich freien) Charakters gebraucht. Die verschrobene Ausdrucksweise, die den Stil des cant ausmacht, hat schon Zeitgenossen Kants zu diesem Wortspiel veranlaßt. – *Pharus*: hier Ausdruck für Leuchtturm (nach dem Leuchtturm auf der nahe bei Alexandria gelegenen Insel, der in der Antike zu den Weltwundern gezählt wurde.) – *Renan*: Vgl. Anmerkung zu S. 48. – *la science und la noblesse*: die Wissenschaft und die Vornehmheit. – *evangile des humbles*: Evangelium der Demütigen.

S. 363 *Sainte-Beuve*: Vgl. Anmerkung zu S. 48. – G. *Eliot*: (George) Pseudonym von Mary Ann Evans (1819–1880), englische Schriftstellerin.

S. 364 *lettres d'un voyageur*: Briefe eines Reisenden.

S. 366 *apollinisch und dionysisch*: Vgl. Anmerkung zu Band I, S. 19.

S. 367 *Thomas Carlyle:* s. Anm. zu S. 139.

S. 368 *Emerson,* Ralph Waldo (1803–1882), amerikanischer Dichter und Philosoph, der mit Carlyle befreundet war und von diesem auf die deutsche Transzendentalphilosophie aufmerksam gemacht wurde.

S. 372 *amor intellectualis dei*: geistige Liebe zu Gott.

S. 373 *l'art pour l'art*: die Kunst um ihrer selbst willen (und nicht aus einem anderen Zweck) betreiben.

S. 374 *»aut liberi aut libri«*: »Entweder (rechtmäßige) Kinder oder Bücher«, anzügliches Wortspiel mit Beziehung auf George Sand, die die freie Liebe nicht nur als Autorin vertrat, sondern auch im Leben praktizierte. – »je me verrai ...«: »Ich werde mich sehen, ich werde mich lesen, ich werde mich erregen und ich werde sagen: Ist es möglich, daß ich so viel Geist gehabt hätte?«

S. 388 *Catilina,* Lucius Sergius (etwa 108–62 v. Chr.), Rädelsführer einer berühmten, nach ihm benannten Verschwörung im Herbst 63 v. Chr., die jedoch durch den Konsul Cicero vereitelt wurde.

S. 393 *Thukydides* (etwa 460–400 v. Chr.), griechischer, von der kritischen Geschichtsschreibung als Ahnherr verehrter Historiker. – *Principe Macchiavells*: Vgl. Anmerkung zu S. 33.

S. 394 *niaiserie allemande*: deutsche Albernheit.

S. 396 Der letzte Abschnitt zeigt das für Nietzsches Spätzeit charakteristische Bemühen, sein gesamtes Schaffen nicht nur als einheitliche Entwicklung, sondern als ein- und dasselbe zu sehen, besonders deutlich.

ECCE HOMO (S. 399)

Zur Werkgeschichte: Am 13. November 1888 schrieb Nietzsche an Franz Overbeck: »Das Manuskript des ›*Ecce Homo. Wie man wird, was man ist*‹ ist bereits in der Druckerei. – Letzteres, von absoluter Wichtigkeit, gibt einiges Psychologische und Biographische über mich und meine Literatur: man wird mich mit einem Male *zu sehn bekommen*. Der Ton der Schrift, heiter und verhängnisvoll, wie alles, was ich schreibe.« – Die Niederschrift erfolgte zwischen dem 15. Oktober und 4. November 1888. Nietzsche konnte bis Anfang 1889 noch zwei Korrekturbogen des Werkes für druckfertig erklären, das erst 1908 als limitierter Sonderdruck veröffentlicht werden und erst 1911 allgemein zugänglich sein sollte. –

»Ecce Homo« ist eine Autobiographie, die an Selbstverherrlichung ihresgleichen in der Weltliteratur sucht. Es wäre jedoch verfehlt, darin nur den Größenwahn eines Menschen zu sehen, der der geistigen Umnachtung schon bedrohlich nahegekommen ist. Nietzsches Biographen und Interpreten haben dieses Werk mit Recht wegen seiner formalen Geschlossenheit, wegen der gedanklichen Kontinuität und der Brillanz des Stils gerühmt.

Der Titel ist auch als Herausforderung an das Christentum zu verstehen. Das »Ecce Homo!« (Sehet welch ein Mensch!) ist dem Johannesevangelium 19, 5 direkt entlehnt.

Druckvorlage: Gesamtausgabe in Großaktav, 19 Bände, Leipzig, C. G. Naumann, 1894 ff. Band XV (1911), S. 1–127.

S. 409 *Heinrich von Stein* (1857–1887) war ein junger Philosoph, dessen Arbeiten Nietzsche außerordentlich schätzte und von dem er sich Freundschaft und vielleicht auch eine gewisse Nachfolge erhoffte. Nietzsche war jedoch enttäuscht, daß Stein, der Erzieher Siegfried Wagners, dem Bayreuther Kreise um Cosima Wagner treu blieb.

S. 412 *David Strauß*: Vgl. die Anmerkung zu Band I, S. 111.

S. 413 *de rigueur*: unerläßlich, unerbittlich. – *Indigestion*: Verdauungsstörung.

S. 417 *vigor*: Lebenskraft.

S. 419 *largeur du cœur*: Großmut.

S. 425 *nosce te ipsum*: Erkenne dich selbst!

S. 429 *non legor* ...: Ich werde nicht gelesen und nicht gelesen werden.

S. 431 *toutes mes audaces et finesses*: Alle meine Kühnheiten und Feinheiten.

S. 440 *der Blick*: Die Stelle bezieht sich auf die Abhandlung »Richard Wagner in Bayreuth«, Band I, S. 177, Zeile 17 ff. dieser Ausgabe.

S. 443 *Karl Hillebrand* (1829–1884), Historiker und bedeutender Essayist, lebte nach der Teilnahme am Badischen Aufstand von 1849 in Paris, später in Florenz.

S. 449 *Peter Gast*: Künstlername von Heinrich Köselitz (1854–1918), Komponist, studierte 1875–78 in Basel und wurde während dieser Zeit ein Freund und Schüler Nietzsches. Gast gehörte nicht nur zu den treuesten Bewunderern Nietzsches, ihm, der eine besonders schöne Handschrift hatte, wurde auch die Reinschrift vieler Manuskripte übertragen. Wie kaum ein anderer konnte er die schwer entzifferbare Handschrift Nietzsches lesen. Nach Nietzsches Tode hat er sich, soweit dies die Schwester Nietzsches erlaubte, um die Herausgabe der Werke und um einzelne Nachlaßeditionen verdient gemacht.

S. 463 *Ariadne ... Wer weiß außer mir, was Ariadne ist! ...*: In der ersten Januarwoche 1889, als Nietzsches geistiger Zusammenbruch erfolgte, adressierte er einen Zettel an Cosima Wagner: »Ariadne, ich liebe Dich. Dionysos.«

S. 474 *Georg Brandes* (1842–1927) hielt über Nietzsche an der Universität Kopenhagen Vorlesungen, was Nietzsche im April 1888 erfuhr. Brandes war aber nicht so sehr Psychologe, wie Nietzsche hier behauptet, sondern eher Zeitkritiker und Literaturhistoriker.

S. 481 *folie circulaire*: eine sich im Kreise drehende Torheit. – *Ecrasez l'infâme!*: Zermalmt das Schandweib! (gemeint ist die Moral). – *Dionysos gegen den Gekreuzigten*: Dieser Schluß ist die kürzeste, prägnanteste aber auch maßloseste Formel für das Selbstverständnis Nietzsches am Ende seines bewußten Lebens.

DER ANTICHRIST (S. 483)

Zur Werkgeschichte: Das Manuskript wurde im September 1888 geschrieben, jedoch von Nietzsche nicht mehr zum Druck gegeben. Erste Veröffentlichung 1894. Ursprünglich als »Erstes Buch der Umwertung aller Werte« gedacht, eines Werkes, für das es Dispositionen gibt, das aber nie ausgeführt wurde, änderte Nietzsche den Untertitel zuletzt in »Fluch auf das Christentum«. Zusätzlich zu dem hier mitgeteilten Text existiert in der Kassette des Manuskripts ein letztes Blatt, auf das Erich Podach in »Nietzsches Werke des Zusammenbruchs«, Heidelberg 1961, S. 157, hingewiesen hat. Dessen Inhalt überbietet alle Aussagen Nietzsches über das Christentum. Z. B.: »Gegen den Priester hat man nicht Gründe, man hat das Zuchthaus.« Oder: »Jede Teilnahme an einem Gottesdienste ist ein Attentat auf die öffentliche Sittlichkeit.« Das Blatt ist mit dem 30. September 1888 datiert und zeigt, daß schon im Herbst 1888 Nietzsches geistiger Zustand bedenklich war. Um so bemerkenswerter bleibt die Klarheit und stilistische Geschlossenheit des Textes im ganzen.

Druckvorlage: Gesamtausgabe in Großaktav, 19 Bände, Leipzig, C. G. Naumann, 1894 ff., Band VIII (1919), S. 213 f. u. 217–314.

S. 490 *Hyperboreer*: im Altertum ein sagenhaftes Volk des Nordens.

S. 508 *Renan*: Vgl. Anmerkung zu S. 48.

S. 510 *impérieux*: gebieterisch.

S. 519 *niaiserie*: Albernheit.

S. 529 *in majorem dei honorem*: zur höheren Ehre Gottes.

S. 535 *Manu*: für die Inder Stammvater der Menschheit und ihr Gesetzgeber.

S. 545 *dies nefastus*: der unheilvolle Tag.

DIONYSOS-DITHYRAMBEN (S. 547)

Zur Werkgeschichte: Die meisten dieser Gedichte stammen aus der Zeit, als Nietzsche am »Zarathustra« arbeitete. Einige sind späteren Datums. Reinschriften des Manuskripts fertigte Nietzsche im Sommer und im Dezember 1888 an. Das komplette Manuskript fand Overbeck bei Nietzsche in Turin Anfang 1889. Nietzsche hatte noch selbst einen Index angefertigt, der für die hier veröffentlichte Fassung zugrunde gelegt wurde.

Druckvorlage: Gesamtausgabe in Großoktav, a. a. O., Band VIII (1919), S. 409–412 und 414 unten bis 441. (Einzelheiten über die Vorlage bei Schlechta: Friedrich Nietzsche, Werke in drei Bänden, Carl Hanser, München, 3. Auflage 1966, Bd. III, S. 1389 f.)

Zum Titel: Über *Dionysos* (Dionysus) und den Begriff *Dithyrambos* vgl. die Anmerkungen in Band I zu den Seiten 19 und 25.

AUTOBIOGRAPHISCHES AUS DEN JAHREN 1856–1869 (S. 573)

Die hier veröffentlichten Tagebuchaufzeichnungen und Lebensläufe des Schülers und Studenten geben Aufschluß über Nietzsches Herkunft, sein Elternhaus, den Kreis der Jugendfreunde, seine Ausbildung und Erziehung, besonders aber auch über seine musischen Interessen. Die Anordnung des Materials ist identisch mit der von Karl Schlechta gewählten Form in seiner dreibändigen Ausgabe der Werke Nietzsches (a. a. O., Band III, S. 7–154). Über die Druckvorlagen im einzelnen finden sich die Nachweise bei Schlechta a. a. O., Band III, S. 1390 f.

S. 599 f. *Porta coeli locus appelatus* ...: »Himmelspforte heißt der Ort, an dem ich derzeit wohne. Das in einer lieblichen, bergigen Landschaft gelegene, auch sonst reizvolle Pforta habe ich anfangs geliebt. Aber die Zeiten ändern sich: ich sehnte mich nach handgreiflichen Erlebnissen, aber sechs Jahre soll ich in dieser Gegend, die ich nur vom Sehen kenne, verbringen.«

S. 606 *Gloria tibi* ...:

Gepriesen seist du, Dreifaltigkeit,
Gleich *einer* Gottheit
Vor aller Zeit
Jetzt und in Ewigkeit!

S. 609 *sic transit gloria mundi*: So vergeht weltlicher Ruhm!

S. 625 *Etsi Plato* ...: Obgleich Plato mein Freund ist, folge ich doch der Wirklichkeit.

S. 680 *specimen ingenii*: Beispiel des Scharfsinns.

S. 673 φιλόσοφον ...: die philosophische Leidenschaft schlechthin.

S. 681 περὶ ὀρθογραφίας: über die Rechtschreibung. – *Palimpsest*: ein Pergament, dessen ursprüngliche Beschriftung abgerieben wurde, um es erneut zu beschreiben. (Oft ist der Urtext jedoch noch entzifferbar.) – *Das Hesiod-Fragment* gibt in dieser Kürze keinen Sinn.
– *defensor fidei*: Verteidiger des Glaubens.

S. 682 ψυχὴ ποικίλη: eine bunt gefleckte (vieldeutige, aber auch gerissene) Person.

S. 683 πιναχες: Verzeichnisse: bei Aristoteles Siegerlisten der Pythischen Spiele und dramatischer Aufführungen. – *de fontibus Diogenis Laertii*: Über die Quellen des Diogenes Laertios: griechischer Schriftsteller, der um 220 v. Chr. eine Darstellung der griechischen Philosophie gab, die, obwohl oft nicht zuverlässig, ein Standardwerk für die Geschichte der antiken Philosophie wurde.

LEBENS- UND WERKCHRONIK

1844 15. Oktober: Friedrich Wilhelm Nietzsche zu Röcken bei Lützen, Provinz Sachsen, als erstes Kind des Pfarrers Karl Ludwig Nietzsche und dessen Ehefrau Franziska, geb. Oehler geboren.

1849 Nietzsches Vater stirbt.

1850 Übersiedlung der Familie nach Naumburg.

1858 Ab Oktober Schüler des Gymnasiums Schulpforta bei Naumburg, dem Nietzsche bis zum September 1864 angehört.

1859 Beginn der Freundschaft mit Paul Deussen.

1861 Nietzsche lernt durch seinen Freund Gustav Krug den Klavierauszug des »Tristan« von Richard Wagner kennen. Er beginnt mit eigenen Kompositionen. Erste Begegnung mit Carl von Gersdorff.

1864 Oktober: Studium der Theologie und klassischen Philologie an der Universität Bonn.

1865 Oktober: Fortsetzung des Studiums in Leipzig, wohin Nietzsche seinem Lehrer Ritschl gefolgt ist. Erste Lektüre Schopenhauers.

1866 Beginn der Freundschaft mit Erwin Rohde.

1867 *Zur Geschichte der Theognideischen Spruchsammlung.*
Oktober: Beginn des Militärdienstes bei einer reitenden Abteilung eines Feld-Artillerie-Regimentes in Naumburg.

1868 *De Laertii Diogenis fontibus I., II.*
Im Frühjahr Unfall beim Reiten. Nietzsche wird vom Militärdienst beurlaubt, im Oktober ganz entlassen. Fortsetzung der Studien in Leipzig.
8. November: Erste persönliche Bekanntschaft mit Richard Wagner im Hause des Leipziger Professors Hermann Brockhaus, der mit Wagners Schwester verheiratet war.

1869 *De Laertii Diogenis fontibus III., IV.*
Plan, die Philologie aufzugeben und Chemie zu studieren. Im Februar jedoch durch Ritschls Fürsprache Berufung an die Universität Basel als außerordentlicher Professor der klassischen Philologie.
17. Mai: Erster Besuch bei Wagner in Tribschen bei Luzern.
28. Mai: Antrittsvorlesung in Basel über *Homer und die klassische Philologie.* Beginn der freundschaftlichen Beziehung zu Jacob Burckhardt.

1870 *Der Florentinische Traktat über Homer und Hesiod, ihr Geschlecht und ihren Wettkampf I., II.*

April: Ernennung zum ordentlichen Professor.

August: Nach erfolgter Beurlaubung durch die Universität Teilnahme als Krankenpfleger am deutsch-französischen Krieg. Am 7. September an Ruhr und Rachendiphteritis erkrankt. Rekonvaleszenz in Naumburg. Ab Oktober wieder in Basel. Beginn der Freundschaft mit dem Theologen Franz Overbeck.

1871 *Sokrates und die griechische Tragödie.*

1872 *Die Geburt der Tragödie aus dem Geiste der Musik.*

Februar-März: Basler Vorträge *Über die Zukunft unserer Bildungsanstalten.* Scharfe Kritik der philologischen Kollegen an der »Geburt der Tragödie«. Nietzsches Ruf als Altphilologe ist schwer angeschlagen.

April: Abschied Wagners von Tribschen.

22. Mai: Grundsteinlegung des Bayreuther Festspielhauses, Nietzsche bei Wagner in Bayreuth.

1873 *Der Florentinische Traktat über Homer ... III., IV.*

Unzeitgemäße Betrachtungen, Erstes Stück: David Strauß, der Bekenner und der Schriftsteller.

Nietzes Gesundheitszustand verschlechtert sich.

1874 *Unzeitgemäße Betrachtungen, Zweites Stück: Vom Nutzen und Nachteil der Historie für das Leben, Drittes Stück: Schopenhauer als Erzieher.*

1875 Oktober: Bekanntschaft mit dem Musiker Peter Gast (Heinrich Köselitz), der als Bewunderer Nietzsches nach Basel gekommen war.

1876 *Unzeitgemäße Betrachtungen, Viertes Stück: Richard Wagner in Bayreuth.*

Zu Beginn des Jahres von den Stunden am Baseler Pädagogium, die Nietzsche zu geben verpflichtet war, aus Gesundheitsgründen befreit.

August: Erste Bayreuther Festspiele. Nietzsche in Bayreuth (seit dem 24. Juli). Am 13. August Teilnahme an der ersten öffentlichen Aufführung des »Rheingold«. Enttäuschung über die langen »Kunstabende«.

Ab 15. Oktober für ein Jahr aus Gesundheitsgründen von allen Lehrverpflichtungen in Basel befreit. Winter in Sorrent mit Paul Rée im Hause Malwida von Meysenbugs.

Oktober bis Anfang November: Richard und Cosima Wagner ebenfalls in Sorrent. Während dieser Zeit letzte Begegnung mit Wagner.

1878 *Menschliches, Allzumenschliches; Ein Buch für freie Geister* (erster Teil).

3. Januar: Letzte Sendung Wagners an Nietzsche: Die Partitur des »Parsifal«. – Mai: Letzter Brief Nietzsches an Wagner mit der Über-

sendung von *Menschliches, Allzumenschliches*. Damit ist der Bruch vollendet.

1879 *Menschliches, Allzumenschliches; Ein Buch für freie Geister; Anhang: Vermischte Meinungen und Sprüche.*

Schwere Erkrankung. Aufgabe des Lehramtes an der Universität Basel.

1880 *Der Wanderer und sein Schatten.*

März bis Juni: Erster Aufenthalt in Venedig.

Lektüre von Stifters »Nachsommer«.

Ab November: Erster Winter in Genua.

1881 *Morgenröte, Gedanken über die moralischen Vorurteile.*

Erster Sommer in Sils-Maria im Engadin: »... weiß ich mir nichts meiner Natur Angemesseneres als dieses Stück Ober-Erde.« Beschäftigung mit Spinoza.

27. November: Nietzsche hört in Genua zum erstenmal Bizets »Carmen«.

1882 *Idyllen aus Messina.*

Die fröhliche Wissenschaft.

März: Sizilianische Reise.

April–November: Freundschaftsepisode mit Lou v. Salomé.

Ab November: Winteraufenthalt in Rapallo. Schlechtes gesundheitliches Gesamtbefinden.

1883 *Also sprach Zarathustra, Ein Buch für Alle und Keinen, I. und II.*

13. Februar: Tod Richard Wagners.

Ab Dezember in Nizza.

1884 *Also sprach Zarathustra, Ein Buch für Alle und Keinen, III.*

August: Heinrich von Steins Besuch in Sils-Maria.

November–Februar 1885: in Mentone und Nizza entsteht der vierte Teil des »Zarathustra«.

1885 *Also sprach Zarathustra, Ein Buch für Alle und Keinen, Vierter und letzter Teil* (als Privatdruck erschienen).

22. Mai: Nietzsches Schwester Elisabeth heiratet Bernhard Förster, einen Berliner Oberlehrer und Antisemiten, mit dem sie 1886 nach Paraguay auswandert.

1886 *Jenseits von Gut und Böse, Vorspiel einer Philosophie der Zukunft.*

Neuauflagen: Geburt der Tragödie (Oder: Griechentum und Pessimismus, Neue Ausgabe mit dem Versuch einer Selbstkritik). – Menschliches, Allzumenschliches, erster und zweiter Band, jeweils mit einführender Vorrede.

Mai–Juni: Letztes Zusammensein mit Erwin Rohde in Leipzig.

Danach in Sils-Maria (sechster Aufenthalt) und im Winter in Nizza (fünfter Aufenthalt).

1887 *Zur Genealogie der Moral, Eine Streitschrift.*

Neuauflagen: Die fröhliche Wissenschaft, Neue Ausgabe mit einem Anhange: *»Lieder des Prinzen Vogelfrei«*. – Also sprach Zarathustra. Teil I–III.
Hymnus an das Leben, für gemischten Chor und Orchester componirt von Fr. N.
11. November: letzter Brief an Erwin Rohde.

1888 *Der Fall Wagner, Ein Musikanten-Problem.*
Der Antichrist, Fluch auf das Christentum (nicht erschienen).
Dionysos-Dithyramben (nicht erschienen).
Im Frühjahr in Nizza, Genua und Turin, Juni bis September letzter (siebenter) Aufenthalt in Sils-Maria, danach in Turin. – Georg Brandes hält an der Universität Kopenhagen Vorlesungen »über den deutschen Philosophen Friedrich Nietzsche«. Arbeiten an der Schrift *»Der Fall Wagner«*, der *»Götzen-Dämmerung«*, den *»Dionysos-Dithyramben«*. September: Niederschrift des *»Antichrist«*. Danach Ausarbeitung von *»Ecce Homo«*. Dezember: *»Nietzsche contra Wagner, Aktenstücke eines Psychologen.«* (Erst in den »Werken« veröffentlicht).

1889 *Götzen-Dämmerung, oder: Wie man mit dem Hammer philosophiert.*
Nietzsche contra Wagner, Aktenstücke eines Psychologen (nicht ausgegeben).
Ecce Homo, Wie man wird, was man ist (2 Korrekturbogen gelesen, erst 1908 als Sonderpublikation veröffentlicht).
In den ersten Januartagen geistiger Zusammenbruch in Turin. Overbeck holt den Kranken ab und begleitet ihn nach Basel. Diagnose des Baseler Psychiaters Wille: »Paralysis progressiva«. Am 17. Januar geleitet Nietzsches Mutter den kranken Sohn nach Jena. Aufnahme in die psychiatrische Klinik.

1890 Nietzsches Mutter nimmt den Kranken zu sich nach Naumburg.

1892 Peter Gast beginnt eine Ausgabe der Werke Nietzsches und des Nachlasses vorzubereiten.

1893 Nietzsches Schwester kehrt aus Paraguay zurück – Gast muß Elisabeth Förster-Nietzsche den Nachlaß aushändigen.

1894 Nietzsches geistige Umnachtung nimmt zu. Er kann kaum noch das Haus verlassen.

1895 *Der Antichrist* und *Nietzsche contra Wagner* veröffentlicht. Nietzsche nimmt seinen wachsenden Ruhm nicht mehr wahr. Erste Lähmungserscheinungen.

1896 Nietzsches Schwester übersiedelt mit dem Archiv nach Weimar.

1897 Tod der Mutter. Nietzsches Schwester nimmt den Kranken zu sich nach Weimar.

1900 25. August: Nietzsche stirbt in Weimar.

NACHWORT

Von den Monumenten der deutschen Geistesgeschichte ist Nietzsche eines der unheimlichsten. Alles an ihm entzieht sich der Formel, der Definition, durch die man über ihn verfügen und bei der man sich beruhigen möchte. Wer war Nietzsche, und was kann er uns bedeuten? Ein Schriftsteller, der unsere Sprache mit einer sonst nie erreichten Eleganz zu handhaben wußte ... Wie ungewöhnlich! Ein boshafter Ironiker, ein deutscher Gelehrter in der Nachfolge der französischen Moralisten ... Wie verdächtig! Der Prophet teutonischen Herrenmenschentums ... Wie bedenklich! Der Zerstörer traditioneller Moralbegriffe ... Wie abscheulich! Ein Kritiker der Deutschen ... Wie unverzeihlich! Der Herausforderer des Christentums, ein steinerner Gast in der bürgerlichen guten Stube, der jeden, der sich auf ihn einläßt, zu einer Höllenfahrt hinabzieht ... Wie gefährlich!

Feststellungen dieser Art sind weder falsch noch richtig, – sie greifen ins Leere. Bald ist es ein Jahrhundert her, daß ein junger Baseler Altphilologe zum Entsetzen seiner Kollegen mit der Verkündung seiner dionysischen Lehre begann. In den knapp zwei Jahrzehnten, in denen sein Werk entstand, wurde er von kaum jemandem beachtet, geschweige denn verstanden. In der ersten Hälfte dieses Jahrhunderts diente ihm eine ganze Generation erlauchtester Geister ihre überschwengliche Bewunderung an. Heute begegnet man ihm mit jenem scheuen Respekt, der Ratlosigkeit nur schlecht verbirgt.

Manche Prophetie Nietzsches haben wir inzwischen als Wirklichkeit erfahren. Der europäische Nihilismus, den er als zwangsläufiges Geschick begriff, hat das Gesicht der Welt verändert, und der Prozeß der Auflösung herkömmlicher Wertvorstellungen dauert an. Aber hat Nietzsche nicht übertrieben, und hat er sich nicht auch zu grotesken Irrtümern hinreißen lassen? Hat ihn nicht sein Haß auf die Demokratie und die moderne Massengesellschaft politisch blind gemacht? Hat es deshalb überhaupt Zweck, sich heute noch anders als historisch mit Nietzsche zu befassen? Widersprüchlich in sich selbt scheint das Gesamtwerk, und man ist geneigt, ein Fragezeichen dahinter zu setzen. Für Gottfried Benn und seine Generation war Nietzsche »das Erdbeben einer Epoche«. Bleibt er auch für uns ein epochales Ereignis, oder blicken wir bereits auf ihn zurück als auf einen monströsen Einzelgänger, dessen Aussagen höchst subjektiv und zeitbedingt waren?

Anders gefragt: Ist Nietzsche bereits ein Klassiker in dem Sinne, daß wir ihn in gesicherten Besitz nehmen dürfen, oder wird er weiterhin als öffentliches Ärgernis wirken? Solche Fragen scheinen berechtigt und bezeichnen eine Schwierigkeit, die Martin Heidegger einmal sehr klar formuliert hat: »Die Auseinandersetzung mit Nietzsche hat weder schon begonnen, noch sind dafür die Voraussetzungen geschaffen. Bislang wird Nietzsche entweder belobigt oder beschimpft und ausgebeutet. Nietzsches Denken und Sagen ist uns noch so gegenwärtig. Er und wir sind geschichtlich noch nicht hinreichend weit auseinandergesetzt, damit sich der Abstand bilden kann, aus dem eine Würdigung dessen zum Reifen kommt, was die Stärke dieses Denkers ist.« Der Sachverhalt mag zutreffen. Aber sollen wir es dabei bewenden lassen, die Frage »Was bedeutet uns Nietzsche?« vertagen und einer kommenden Generation zur Beantwortung überlassen? Wir würden den Prozeß des Vergessens fördern und jener Gleichgültigkeit Vorschub leisten, die für ihren Teil daran mitverantwortlich ist, daß unser Verhältnis zur eigenen Geschichte eigentümlich gebrochen und ungeklärt bleibt. Heidegger, dessen eigene philosophiegeschichtlichen Destruktionen sehr wohl als Adaption von Gedanken Nietzsches aufgefaßt werden dürfen, mag darin recht haben, daß die entscheidende Klärung dessen, was Nietzsche uns zu sagen hat, der Zukunft vorbehalten sein wird. Dessen ungeachtet bleibt Nietzsche das größte philosophische Ereignis an der Schwelle zu unserem Jahrhundert. Sein Werk ist gleichsam die Ouvertüre zu einem Drama, in dem wir alle Akteure sind und dessen letzter Akt vermutlich noch nicht begonnen hat. Nietzsche zu lesen bedeutet die Leitmotive kennen zu lernen, die uns heute vorgegeben sind.

I

Mittelmäßiges und höchst Außergewöhnliches kennzeichnen die Person und das Leben. Das Elternhaus des protestantischen Pfarrerssohnes war bescheiden, doch nicht unkultiviert. Der Vater starb früh an einer Gehirnerkrankung, fortan wuchs Nietzsche mit seiner um zwei Jahre jüngeren Schwester Elisabeth in einer häuslichen Atmosphäre auf, in der weiblicher Einfluß der einzig bestimmende war. Die Großmutter, zwei Tanten und die stille, stets opferbereite Mutter bildeten einen biedermeierlichen Familienkreis mit hohen religiösen und moralischen Ansprüchen, in dem es wohl kaum jemals frei und natürlich zuging. Aber die Erziehung war erstklassig. Der Zwölfjährige konnte vom Naumburger Gymnasium auf die Schule zu Pforta überwechseln, jene Zuchtanstalt für Genies, die lange Zeit als beste Pflegestätte humanistischer Bildung gelten konnte. War Nietzsche zu Hause ein folgsamer Sohn gewesen, so war er hier im ganzen ein guter Schüler.

Der so aufwuchs, war ein etwas altkluges, oft kränkelndes, aber vielseitig begabtes Kind. Literarische Interessen und eine ungewöhnliche musikalische Begabung meldeten sich früh. Zeitig auch hatte er das Bewußtsein eigener Auserwähltheit. Der Dreizehnjährige fragte seine Schwester, »ob es nicht merkwürdig sei, daß wir beide so gut lernten und manches wüßten, was andere Kinder nicht wüßten«. Die vermutete, aber durch nichts erwiesene Herkunft der Familie aus dem Geschlecht eines polnischen Adeligen, der um seines Glaubens willen das Land verlassen mußte, ist eine Legende, die schon das Kind beeindruckte und mit der Nietzsche noch im letzten Jahre seines bewußten Lebens kokettierte. Vornehmheit, *noblesse*, war die einzige wirklich erstrebenswerte Eigenschaft. Wohl nicht zufällig fiel die Abschlußarbeit in Pforta über Theognis von Megara so glänzend aus: der Elitegedanke, den der antike Dichter vertrat, hat Nietzsche sein Leben lang fasziniert.

Die zahlreichen Selbstdarstellungen des Schülers in Tagebüchern und Lebensläufen sind Ausdruck solchen Auserwähltheitsgefühls. Der Siebzehnjährige hatte in Richard Wagner sein musikalisches Idol und in Hölderlin seinen Lieblingsdichter gefunden. Gedichte und eigene Kompositionen füllten ihn mehr aus als alle andere Beschäftigungen. Von Pedanterie wußte er sich frei, die Ausarbeitung mühseliger Einzelheiten gehörte nicht zu seinen Stärken. Der Drang, sich an vielem zu versuchen, brachte ihn oft bis an den Rand der Zersplitterung seiner Interessen. Dieser Umstand dürfte ein Grund dafür gewesen sein, daß Nietzsches akademische Karriere, die so verheißungsvoll begann, relativ schnell und glanzlos endete. Ein Bonner Studienjahr (Theologie und Altphilologie), in dem Nietzsche als Korpsstudent zu leben versuchte wie andere junge Leute, verlief wenig glücklich. Erst die Leipziger Semester brachten die wissenschaftliche Qualifikation. Dank der Fürsprache seines Lehrers Friedrich Wilhelm Ritschl wurde der noch nicht Fünfundzwanzigjährige ohne jede weitere Prüfung auf Grund seiner bisher veröffentlichten Aufsätze promoviert und als Professor für Altphilologie nach Basel berufen. Seine erste größere Publikation über »Die Geburt der Tragödie« kostete ihn zwei Jahre später seinen Ruf als klassischer Philologe. Seine vom spätromantischen Geiste Schopenhauers und Wagners inspirierte Interpretation des Griechentums brachte jedoch nicht nur eine wissenschaftliche Niederlage, sondern zugleich die entscheidende geistige Wende. Nietzsche wurde Philosoph in jenem außergewöhnlichen und untraditionellen Sinne, der den wirklichen Denker auszeichnete: die Grenzen eines akademischen Faches vermochten ihn nicht zu halten. Die Fragestellungen waren von Anfang an universal, richteten sich auf die Tradition, die Moral, die Kunst, die gegenwärtigen nationalen und gesellschaftlichen Verhältnisse. Nietzsche wurde zum »unzeitgemäßen« Kritiker seiner Epoche. Diese Rolle fiel seinem Sendungsbewußtsein zu, und er sollte ihr bis zum Ende treu bleiben.

2

Krankheit war die große äußere Belastung, die dieses Leben durch alle Jahre hindurch treffen sollte. Schon den Schüler plagten häufige Kopfschmerzen, – eine Eintragung im Krankenbuch zu Schulpforta läßt den Einfluß väterlichen Erbteils vermuten. Der Militärdienst endete vorzeitig durch einen Reitunfall, der eine Brustverletzung zur Folge hatte. Der Sanitätsfreiwillige im deutsch-französischen Krieg wurde von Ruhr und Rachendiphteritis heimgesucht. Frühzeitig trat ein Augenleiden auf, eine syphilitische Infektion während der Studentenzeit muß angenommen werden. Schwere Migräne-Anfälle machten schon dem jungen Gelehrten das Leben zur Hölle. Seit seinem dreißigsten Lebensjahr war er fast ununterbrochen irgendwie krank. Und mit fünfunddreißig Jahren fühlte er sich »in der Mitte des Lebens so ›vom Tod umgeben‹, daß er mich stündlich fassen kann ...«

Immer mehr bestimmte die Krankheit den Rhythmus dieses Lebens. Ihretwegen mußte die Baseler Professur nach zehn Jahren aufgegeben werden, wurde Nietzsche zu einem unsteten Wanderer, der von Kurort zu Kurort fuhr und der schließlich im Sommer in Sils-Maria im Engadin und im Winter im Süden, in Genua, Venedig, Rapallo, Nizza, an unzähligen anderen Orten und zuletzt in Turin Linderung seiner Leiden suchte. Während sich das Gesamtbefinden unaufhaltsam verschlechterte, stellten sich seit der Zeit, da er am »Zarathustra« arbeitete, unvermutet euphorische Zustände ein, Tage eines ins Unendliche gesteigerten Lebensgefühls, das sich in einem außerordentlichen Schaffensrausch und schließlich in seinem zum Größenwahn werdenden Selbstbewußtsein ausdrückte. Dem folgte der jähe Zusammenbruch und ein zwölfjähriges Dahindämmern in geistiger Umnachtung. Ein trauriges, glückloses Leben, das nicht von äußeren Ehren begleitet war.

3

Glücklos waren auch, von wenigen Ausnahmen abgesehen, die Freundschaften, die dieser Mann schloß und deren er so sehr bedurfte. Die Männerfreundschaften des jungen Nietzsche hatten oft etwas von Geheimbündelei: stets waren es nur zwei oder drei Auserwählte, denen er sich näherte und die sich ihm anschließen durften. Der Schüler gründete in Naumburg die »Germania«, einen Verein, dem außer ihm nur noch die Schulkameraden Krug und Pinder angehörten, der Student fand in Leipzig im »Philologischen Verein« die gleiche Möglichkeit, auf einen kleinen, ihm wohlgesonnenen Kreis einzuwirken. Manche dieser Freundschaften hielten sich über viele Jahre und oft über große Entfernung, ihnen verdanken wir einen Teil der besten und schönsten Briefe Nietzsches, so an Carl von Gersdorff, Erwin Rohde, Franz Overbeck, Paul Deussen. Sie alle waren Männer von hohem geistigen Rang. Die Wahl dieser Freunde spricht für Nietzsche, für sein im Grunde untrügliches Qualitätsgefühl Menschen gegenüber. Andere Freundschaften waren vorübergehender Natur, so die mit Paul Rée und Heinrich von Stein. Keine dieser Verbindungen aber blieb von Spannungen verschont, die bisweilen zum völligen Bruch führten, und fast immer war es Nietzsche, der das Zerwürfnis, oft aus reinem Ungeschick, heraufbeschwor. Peter Gast, der junge Musiker und aufopfernde Bewunderer, der 1875 nach Basel kam und sich bei der Drucklegung mancher Werke durch Reinschriften und Korrekturlesen als außerordentlich hilfreich erwies, blieb eine Ausnahme.

Frauen gegenüber zeigte Nietzsche sich wenig engagiert. Er scheint ein auf liebenswürdige Weise gehemmter, angenehmer Gesellschafter gewesen zu sein. Heiratspläne wurden mehrfach erwogen, aber stets sehr bald wieder verworfen. In Rom begegnete er 1882 einer reizvollen, äußerst intelligenten jungen Russin: Lou Salomé. Nietzsche verliebte sich leidenschaftlich. Der Zeitpunkt war für ihn glücklich, denn Nietzsche hatte die »Fröhliche Wissenschaft« abgeschlossen und mochte die ersten Pläne zum »Zarathustra« mit sich herumtragen. Aber er fand nicht den Weg zu einer direkten, persönlichen Werbung. Eifersüchteleien Paul Rées und der Schwester Nietzsches machten die Situation noch komplizierter, und schließlich brachte Nietzsches Ungeschick die Geschichte nach wenigen, qualvollen Monaten, die zum vorübergehenden Bruch auch mit der Schwester führten, zu einem würdelosen Ende.

Auch die Freundschaft, die Nietzsches Leben am meisten bestimmen sollte, endete für ihn in der Katastrophe. Die Beziehung zu Richard und Cosima Wagner war für den jungen Nietzsche das vielleicht glücklichste Ereignis seines Lebens. Er bewunderte Wagner nicht nur als Künstler, sondern verehrte ihn auch als großen Menschen. Und Wagner, von dem man weiß, wie oft er seine Freunde enttäuscht und betrogen hatte, verhielt sich Nietzsche gegenüber mit Wohlwollen, Noblesse und allen Zeichen echter Freundschaft. Mochte es auch für den Bruch mit Wagner im Jahr nach den ersten Bayreuther Festspielen manchen sachlichen Grund geben, – der reifer gewordene Nietzsche sah die Wagnersche Ästhetik und Weltanschauung plötzlich in einem kritischen Licht –, die Art und Weise der Entzweiung war ein Produkt jener irrationalen Haßliebe, die Nietzsche seit 1876 stets für Wagner empfand. Nietzsche zerstörte sich selbst das, was ihm am meisten am Herzen gelegen hatte.

4

Diese Umstände, die Nietzsches Leben mitbestimmt haben, verraten, für sich genommen, wenig. Sie zeigen einen gescheiterten Gelehrten, möglicherweise einen verhinderten Musiker, einen enttäuschten Freund und zurückgewiesenen Liebhaber, – den Leidensweg eines kapriziösen, von Krankheit heimgesuchten Einzelgängers.

Sie zeigen außerdem eine ganz ungewöhnliche Bildung, eine über alle Maßen sensible und differenzierte Persönlichkeit. Dieses Bild Nietzsches vermag zu fesseln in seiner Eigenartigkeit, wir erblicken den Menschen Nietzsche, die Person, die hinter dem Werk stand. Die Wirkung dieses Denkers aber wird durch die Verdeutlichung der Biographie nicht erklärt. Die Fähigkeit, auf vollkommene Weise in der Sprache zu Hause zu sein, kann nur attestiert, nicht begründet werden. Die Form des wissenschaftlichen Exkurses, des polemischen Traktats, des Aphorismus, der makellosen dichterischen Prosa und die lyrische Aussage standen diesem Autor in gleicher Weise zu Gebote. Auch die Motive dieses Denkens können durch die Lebensumstände dieses Mannes kaum erklärt werden. Dem Verlust des Glaubens, als dem wohl entscheidendsten Ereignis in Nietzsches Entwicklung, korrespondiert kein bedeutender, erkennbarer Umstand in seinem Leben. Dem Theologensohn und Theologiestudenten mögen unvermerkt Zweifel am Glauben der Väter gekommen sein, die durch die kritische, philologische Schulung zu Pforta bedingt waren. Aber der Wandel vollzog sich ohne Krise und ohne pathetischen Bruch. Nietzsche selbst hat diesen Prozeß, an dessen Ende die völlige Ablehnung der Kirche und des Evangeliums standen, lediglich als eine ruhige und schmerzlose Befreiung hingestellt.

5

Um so erstaunlicher bleibt die Gewalt dieses Werkes. Es kennt drei Formen der Aussage: Diagnose, Zerstörung und Prophetie. Wir behaupten hier, daß der diagnostische Teil in der Philosophie Friedrich Nietzsches die eigentliche Rechtfertigung aller heutigen und künftigen Beschäftigung mit diesem Denker bilden muß. Die Diagnose, daß Gott tot ist, die in der »Fröhlichen Wissenschaft« und im »Zarathustra« mit furchtloser Schärfe gestellt ist, liefert den Hauptschlüssel zum Verständnis des gesamten Werkes. Das Gewicht dieser These schien Nietzsche selbst so ungeheuerlich, daß er sie im dritten Buch der »Fröhlichen Wissenschaft« zunächst nur der Figur des »tollen Menschen« in den Mund legte:

»Habt ihr nicht von jenem tollen Menschen gehört, der am hellen Vormittage eine Laterne anzündete, auf den Markt lief und unaufhörlich schrie: ›Ich suche Gott! Ich suche Gott!‹ – Da dort gerade viele von denen zusammenstanden, welche nicht an Gott glaubten, so erregte er ein großes Gelächter. Ist er denn verlorengegangen? sagte der eine. Hat er sich verlaufen wie ein Kind? sagte der andere. Oder hält er sich versteckt? Fürchtet er sich vor uns? Ist er zu Schiff gegangen? ausgewandert? – so schrien und lachten sie durcheinander. Der tolle Mensch sprang mitten unter sie und durchbohrte sie mit seinen Blicken. ›Wohin ist Gott?‹ rief er, ›ich will es euch sagen! *Wir haben ihn getötet* – ihr und ich! Wir alle sind seine Mörder! Aber wie haben wir dies gemacht? Wie vermochten wir das Meer auszutrinken? Wer gab uns den Schwamm, um den ganzen Horizont wegzuwischen? Was taten wir, als wir diese Erde von ihrer Sonne losketteten? Wohin bewegt sie sich nun? Wohin bewegen wir uns? Fort von allen Sonnen? Stürzen wir nicht fortwährend? Und rückwärts, seitwärts, vorwärts, nach allen Seiten? Gibt es noch ein Oben und ein Unten? Irren wir nicht wie durch ein unendliches Nichts? Haucht uns nicht der leere Raum an? Ist es nicht kälter geworden? Kommt nicht immerfort die Nacht und mehr Nacht? Müssen nicht Laternen am Vormittage angezündet werden? Hören wir noch nichts von dem Lärm der Totengräber, welche Gott begraben? Riechen wir noch nichts von der göttlichen Verwesung? – auch Götter verwesen! Gott ist tot! Gott bleibt tot! Und wir haben ihn getötet! ...‹« Was hier noch in das Gewand der Parabel gekleidet ist, wird wenig später im »Zarathustra« zur bloßen Feststellung: »Einst war der Frevel an Gott der größte Frevel, aber Gott starb, und damit starben auch die Frevelhaften.« Erst danach, im fünften Buch der »Fröhlichen Wissenschaft« wird ganz enthüllt, daß die These wörtlich und konkret zu verstehen ist: »Das größte neuere Ereignis – daß ›Gott tot ist‹, daß der Glaube an den christlichen Gott unglaubwürdig geworden ist – beginnt bereits seine ersten Schatten über Europa zu werfen.« Nietzsche räumt ein: »Das Ereignis selbst ist viel zu groß, zu fern, zu abseits vom Fassungsvermögen vieler, als daß auch nur seine Kunde schon *angelangt* heißen dürfte: geschweige denn, daß viele bereits wüßten, was eigentlich sich damit begeben hat – und was alles, nachdem dieser Glaube untergraben ist, nunmehr einfallen muß, weil es auf ihm gebaut, an ihn gelehnt, in ihn hineingewachsen war: zum Beispiel unsere ganze europäische Moral.«

In dieser Passage (man lese dazu den ganzen Anfang des fünften Buches; Band I, S. 489 f.) tritt die Gesamtintention von Nietzsches Werk klar zutage. Alle Ansätze im Frühwerk werden von dorther verständlich, – sie laufen auf diese Erkenntnis zu. Und alle Schriften der Spätzeit werden sie immer unverhüllter herausarbeiten.

Hier beginnt das Unheimliche, der große Schrecken, von dem zwangsläufig jeder ergriffen wird, der ernsthaft auf Nietzsche sich einläßt. Denn was zunächst in der »Geburt der Tragödie« im Gewande des dionysischen Mythos daherkommt, ist keine Rückkehr zum antiken Heidentum und seinen Göttern. Es ist auch keine Hinwendung zum Pantheismus eines

Spinoza oder Goethe, kein Versuch, den jenseitigen Gott im diesseitigen Leben anzusiedeln. Auch mündet die These vom Tode Gottes nicht in jenem selbstgenügsamen Atheismus der Linkshegelianer, der die Frage des Glaubens als unfruchtbar beiseite schiebt. Hier wird Ernst gemacht mit der Einsicht, daß in einer entgöttlichten Welt, in der es kein Jenseits gibt, keine unserer überkommenen Anschauungen mehr stimmen kann, daß Wahrheit und Lüge, Wissenschaft und Kunst, Völker und Vaterländer ihren bisherigen Sinn verloren haben und die Rolle des Menschen in der Welt neu durchdacht werden muß.

Dieser Nietzsche redet zu uns Heutigen. Was seinen Zeitgenossen und vor allem seinen Bewunderern in den ersten Jahrzehnten seines Ruhms als pikante, anstößige Freigeisterei erschienen sein mag, ist eine Prophetie, deren Wahrheit wir im Rückblick auf das geschichtliche Verhängnis des letzten Jahrhunderts allmählich zu begreifen beginnen. Wohin bewegen wir uns ... Stürzen wir nicht fortwährend ... Haucht uns nicht der leere Raum an ... Kommt nicht immerfort die Nacht und mehr Nacht? Das sind die Fragen. Und die Geschichte hat uns inzwischen gelehrt, daß sie richtig gestellt waren.

Haben frühere Generationen an dem, was wir Nietzsches Gesamtintention genannt haben, vorbeigesehen? Zumindest haben sie den therapeutischen Möglichkeiten, die Nietzsche zu entwickeln versuchte, bei der Beschäftigung mit seinem Werk vielfach den Vorzug gegeben. Die Lehre vom Übermenschen, vom Willen zur Macht als Grundprinzip allen Lebens und von der ewigen Wiederkunft des Gleichen hat bislang in der philosophischen Diskussion die entscheidende Rolle gespielt. Die Nachlaßverwalter Nietzsches haben dieser Situation durch ihre editorische Praxis nach Kräften Vorschub geleistet. Das Arrangement und die Kompilation von Nachlaßfragmenten zu einem angeblichen Hauptwerk »Der Wille zur Macht« hat die Blickrichtung der Interpreten weitgehend bestimmt und, gewissermaßen als Nebenprodukt, zu der falschen und verhängnisvollen ideologischen Inanspruchnahme Nietzsches in der Ära des Faschismus geführt. Freilich hat Nietzsche selbst den Willen zur Macht als das »letzte Faktum« bezeichnet. Und mit diesem Faktum ist ein Prinzip höchster Lebensbejahung und Konkretheit gemeint. Aber wie weit trägt diese Aussage? »Wollt ihr einen Namen für diese Welt? Eine Lösung für alle Rätsel? Diese Welt ist der Wille zur Macht – und nichts außerdem!« Dergleichen liest sich heute, für sich genommen, wie eine Zauberformel aus einem alchimistischen Buch. Formeln dieser Art werden, wie jeder Religionsersatz, gern akzeptiert. So haben erlauchte Bewunderer wie Ernst Bertram und Rudolf Pannwitz und mit ihnen zwei Generationen von Nietzsche-Verehrern den Autor des »Zarathustra« zum Mystiker und Propheten einer neuen Weltanschauung gemacht. Nietzsche hätte sich eine solche Anhängerschaft strikt verbeten. Sein Denken ist durch diese Jünger in Verruf geraten, und vor allem daran dürfte es liegen, wenn eine nachfolgende Generation seinem Werk mit mißtrauischer Skepsis begegnet, sofern sie es überhaupt zur Kenntnis nimmt.

Noch immer gilt, was Nietzsche sagte, daß die Feststellung, »Gott ist tot«, viel zu weittragend ist, als daß für uns schon abzusehen wäre, was sich damit begeben hat. Nietzsche bietet eben primär *keine* Ersatzreligion. Der Versuch ein großer Ja-Sager zu werden wird nach dem »Zarathustra« abgebrochen. Der späte Nietzsche wird statt dessen zum großen Zerstörer und Nein-Sager. Er beschwört die zwangsläufigen Folgen, die der Tod Gottes nach sich zieht: die Heraufkunft des europäischen Nihilismus. Er lehrt uns das Fürchten.

Mit dem Verlust des Glaubens an platonische Ideen, an transzendente Vernunft und göttliche Vorsehung schwindet die Möglichkeit des geschlossenen Systems universaler Welterklärung. Die Kartenhäuser der Metaphysik fallen zusammen, die kunstvollen Gebäude lückenloser Auslegung werden als ›Niaiserien‹, als Albernheiten entlarvt. Das gilt nicht nur für die Tradition systematischer Philosophie von Aristoteles bis Hegel, sondern auch für die Systemversuche seit der Mitte des 19. Jahrhunderts. Die mechanistische Denkweise der Marxisten zum Beispiel führte zu einem neuen geschlossenen System, dessen Einseitigkeit und Unstimmigkeit, was den universalen Anspruch betrifft, heute jedermann einsehbar ist. Nach Nietzsche kann es keine Beruhigung in geschlossenen Systemen mehr geben. Jeder Versuch würde den Keim der Lüge bereits in sich tragen.

Nietzsche ist eine Folge der europäischen Aufklärung. Aber er ist zugleich auch ihre ausdrückliche Überwindung. Mitten im 19. Jahrhundert hat er die Absurdität des Fortschrittsglaubens gebrandmarkt. Auf die Einsicht, daß Gott tot ist, folgt jene andere: »Die Wüste wächst.« Die moderne Gesellschaft und ihre Kultur erstarren im Betrieb, Bildung und Moral dienen als Götzen der Restauration. Nationalismus und Antisemitismus sind Zeichen einer Barbarei, Ausdruck jenes Nihilismus, den Nietzsche als Schicksal dieser Epoche begriff. Noch *vor* jeder philosophischen Betrachtung erweist sich etwa bei der Lektüre des achten Hauptstücks von »Jenseits von Gut und Böse«, das den Titel »Völker und Vaterländer« trägt, die Aktualität Nietzsches. Seine Gedanken sind Teil unserer Gegenwart, – oder sie könnten es sein, wenn man sich nur darauf verstehen würde, diesen Autor neu zu lesen!

Das Pathos des Metaphysikers Nietzsche, mit dem er die Lehre von der ewigen Wiederkunft vorträgt, können wir kaum mehr nachvollziehen. Aber was heute zu uns spricht, ist das Pathos des Kritikers europäischer Tradition. Die Philosophie »mit dem Hammer« leistet ganze Arbeit: »Umwertung aller Werte«. Was bleibt, ist die Hoffnung auf einen kommenden Menschen. Deren Konkretion jedoch wird im Spätwerk zunehmend problematisch. An dem biologistischen Gedanken der Züchtung und den Vorstellungen von einer künftigen Elite zeigen sich die Grenzen und gefährlichen Unzulänglichkeiten des Therapeuten Nietzsche (man vergleiche etwa die »Genealogie der Moral«).

Nietzsches Wort, »Gott ist tot«, bleibt auch eine Chiffre für die nicht beendete Auseinandersetzung zwischen der Welt der Christen und des Antichrist. Das verbindet den Denker von Sils-Maria mit Kierkegaard wie mit Dostojewskij. Nietzsche sagt: »Im Grunde gab es nur einen Christen, und der starb am Kreuz«. Und weiter: »Daß die Menschheit vor dem Gegensatz dessen auf den Knien liegt, was der Ursprung, der Sinn, das Recht des Evangeliums war, ... man sucht vergebens nach einer größeren Form weltgeschichtlicher Ironie.« Nichts anderes spricht Dostojewskij im »Großinquisitor« aus.

Die Nähe Nietzsches zu Kierkegaard ist oft gesehen worden. Aber während Kierkegaard nur als kleiner »Bedienter« die Philosophen und dogmatischen Pfarrer von seinem Gott fernhalten wollte, geht Nietzsche einen entscheidenden Schritt weiter: Gott selbst wird entfernt. Nicht der Glaube, nur das Denken vermag eine Antwort zu geben.

Wie schwierig es ist, die Erkenntnis vom Tode Gottes auszuhalten, mit ihr und ihren Konsequenzen zu leben, hat Nietzsche selbst am besten gewußt. In einem Nachlaßfragment findet sich der Satz: »Es ist alles glatt und gefährlich auf unserer Bahn, und dabei ist das Eis, das uns trägt, so dünn geworden: Wir fühlen alle den warmen unheimlichen Atem des Tauwinds – wo wir noch gehen, da wird bald niemand mehr gehen können.« Nietzsche begreift sich so selbst als Menschen einer Übergangsepoche. Mitten im wilhelminischen Frieden sah er um Jahrzehnte voraus, woran wir alle nun teilhaben. Seine Botschaft macht nicht froh, aber sie hat eine notwendige Funktion: sie signalisiert die Heraufkunft einer völligen Veränderung der Welt, und sie lehrt uns, dafür gewappnet zu sein. Nietzsche selbst war vermessen genug zu glauben, daß sich dereinst an ihn »die Erinnerung an etwas Ungeheures knüpfen wird«. Dieses Ungeheure bleibt seine Apokalypse, sein Wissen um das Zuendegehen einer Welt, in der wir noch befangen sind. Dieser apokalyptische Zug seines Denkens wird das Zeitbedingte seines Werkes überdauern.

Ivo Frenzel

ZUR VORLIEGENDEN AUSGABE

Diese zweibändige Auswahl will dem Leser die hauptsächlichen Schriften Friedrich Nietzsches in einer zuverlässigen Ausgabe an die Hand geben. Eine Edition, die jedermann eine Auseinandersetzung mit einem der bedeutendsten und noch ganz zeitnahen Denker der Deutschen ermöglicht, fehlt seit langem. Die Anordnung ist weitgehend chronologisch. Der erste Band bringt Werke aus den Jahren 1872 bis 1885. Er beginnt mit dem ersten größeren Werk des jungen Nietzsche, der »Geburt der Tragödie« und endet mit dem »Zarathustra«, mit jenem Buch, das nicht nur einen Höhepunkt in Nietzsches Schaffen darstellt, sondern auch den Übergang zur Spätphase seines Denkens bildet. Der zweite Band vermittelt dem Leser zunächst das autorisierte Spätwerk Nietzsches. Die darin vereinigten Schriften sind alle nach dem »Zarathustra« entstanden und zum Teil von Nietzsche selbst nicht mehr veröffentlicht worden. Aufgenommen wurden die Werke, deren Drucklegung Nietzsche noch veranlaßt hat oder für die bis Ende 1888 ein druckfertiges Manuskript vorlag. Aus dem Nachlaß werden autobiographische Aufzeichnungen der Jahre 1856–1869 mitgeteilt, die ein Bild des jungen Nietzsche vor der Baseler Professur zu geben vermögen und in jene Welt einführen, die für Nietzsches Erziehung, Bildung und Ausbildung maßgebend war. Diese Lebensläufe und Tagebuchaufzeichnungen ergeben zusammen mit der Schrift »Ecce Homo« eine umfangreiche Autobiographie.

Von den größeren Werken konnte auf den zweiten Band von *Menschliches, Allzumenschliches* sowie auf *Morgenröte, Gedanken über die moralischen Vorurteile* von 1881 verzichtet werden, weil Nietzsche in späteren Werken, die in unserer Ausgabe enthalten sind, die Gedanken dieser Schriften in schärferer, pointierter Form weitergeführt hat. Es werden aber alle wichtigen Passagen aus der »Morgenröte«, auf die Nietzsche in späteren Werken Bezug nimmt, in den Anmerkungen an den betreffenden Stellen zitiert, so daß der Leser alle diese Hinweise verfolgen kann.

Von den *Unzeitgemäßen Betrachtungen*, die Nietzsche später selbst nicht wieder aufgelegt hat, sind *Vom Nutzen und Nachteil der Historie für das Leben* und *Richard Wagner in Bayreuth* in dieser Ausgabe enthalten, während auf den Abdruck des Ersten Stückes, *David Strauß, der Bekenner und der Schriftsteller*, und auf den des Dritten Stückes *Schopenhauer als Erzieher*, verzichtet wurde. Dieses Verfahren ist auch dadurch gerechtfertigt, daß Nietzsche die einzelnen Stücke der »Unzeitgemäßen Betrachtungen«

jeweils gesondert, im Laufe von vier Jahren, veröffentlicht hat. Es wird also durch unsere Auswahl nichts Zusammengehörendes zerrissen. Das gleiche gilt für *Die fröhliche Wissenschaft.* Hier hat Nietzsche bei der zweiten Auflage (1887) außer einer gesonderten Vorrede das fünfte Buch mit dem bezeichnenden Titel »Wir Furchtlosen« sowie die Gedichte »Lieder des Prinzen Vogelfrei« angefügt. Dieses an sich wesentliche fünfte Buch, das als nachträgliche Propädeutik zum »Zarathustra« verstanden werden muß, wurde (samt den Gedichten und der Vorrede) in unsere Ausgabe aufgenommen. Die ersten vier Bücher schienen dagegen im Hinblick auf eine Konzentration des Wesentlichen entbehrlich.

Von den bekannteren Werken der Spätzeit fehlt lediglich die kleine Schrift *Nietzsche contra Wagner,* da sie nur eine zusammenfassende Wiederholung der an früheren Stellen gebrachten Argumente gegen Wagner (»... sämtlich aus meinen älteren Schriften ...«, Vorwort) ist. Unberücksichtigt blieb der Nachlaß der achtziger Jahre. Der Benutzer dieser Ausgabe darf jedoch sicher sein, daß ihm mit dem hier erfolgten Abdruck des autorisierten Spätwerks kein wichtiges Thema aus der Gedankenwelt Nietzsches vorenthalten wird.

Dem Leser, der hier ein Werk mit dem Titel »Wille zur Macht« vermißt, das in manchen älteren Ausgaben als »Hauptwerk« Nietzsches aus dem Nachlaß der achtziger Jahre bezeichnet wird, muß gesagt werden, daß es ein derartiges Werk aus der Feder Nietzsches nicht gibt. Es ist zwar richtig, daß Nietzsche wiederholt geplant hat, nach dem »Zarathustra« ein philosophisches Hauptwerk zu verfassen. Die Ausführung ist jedoch unterblieben. Für den sogenannten »Willen zur Macht« gibt es lediglich eine Anzahl von Gliederungen, wobei unklar ist, welcher von ihnen Nietzsche selbst den Vorzug gegeben hätte. Vollends ist kaum auszumachen, welche Werkstücke Nietzsche definitiv unter einer dieser Gliederungen vereinigt hätte. Der sogenannte »Wille zur Macht« existiert zudem in zwei Ausgaben: 1901 gaben Peter Gast und Ernst und August Horneffer 483 Aphorismen aus dem Nachlaß unter diesem Titel heraus; in einer weiteren, von Gast und Elisabeth Förster-Nietzsche 1906 veranstalteten Ausgabe wurden insgesamt 1067 Aphorismen aufgenommen. Der »Wille zur Macht« ist mithin kein von Nietzsche selbst publiziertes oder auch nur in dieser Anlage verfaßtes Werk, sondern stellt durch die Art der Auswahl und Anordnung eine höchst persönliche Deutung Nietzsches durch eben diese Herausgeber dar. Hingegen hat der »Wille zur Macht« durch die Art der Zusammenstellung ganz wesentlich zu jenem einseitigen, prophetisch getönten Bild Nietzsches beigetragen, das die Nietzsche-Diskussion bis vor kurzem beherrscht hat. Jede neue Auswahl unsererseits aus dem Nachlaß hätte aber wiederum nur eine Systematik vorgetäuscht, die von der Sache her kaum zu rechtfertigen gewesen wäre.

Demgegenüber bringt diese Ausgabe die gesicherten Schriften Nietzsches und vermittelt dem Leser so in erster Linie dasjenige Werk, zu dem Nietzsche sich ausdrücklich selbst bekannt hat.

Die hier vorgelegten Werke und Werkstücke sind in sich ungekürzt. Als Textgrundlage diente die von Karl Schlechta besorgte Ausgabe »Friedrich Nietzsche, Werke in drei Bänden«, dritte durchgesehene Auflage, Carl Hanser Verlag, München 1966, der, wo immer möglich, von Nietzsche autorisierte Textfassungen zugrunde liegen. Näheres über die textkritischen Probleme wie auch über die Situation des Nachlasses der achtziger Jahre findet man bei Schlechta im philologischen Nachbericht, Band III, S. 1383 f. der o. a. Ausgabe.

Um auch dem philosophischen Laien das Werk Nietzsches zu erschließen, geben die Anmerkungen gelegentlich Interpretationshilfen, die aber an keiner Stelle die eigenständige Beschäftigung mit den Texten ersetzen wollen. Die wichtigsten Fachausdrücke wurden kurz erläutert, fremdsprachige Zitate grundsätzlich nur als Prosaversionen in der Absicht, nicht mehr als eine bloße Verständnishilfe zu geben, übersetzt.

Der Herausgeber ist insbesondere Herrn Prof. Karl Schlechta zu Dank verpflichtet, ohne dessen bahnbrechende Nietzsche-Ausgabe diese Auswahl kaum hätte bewerkstelligt werden können; er hat auch dem Verlag und seinen Mitarbeitern für manche Anregung zu danken.

I. F.

VERZEICHNIS DER GEDICHTÜBERSCHRIFTEN UND -ANFÄNGE

(Gedichtüberschriften sind *kursiv* gesetzt)

Ach! Was ich schrieb auf Tisch und Wand .... I, 540
Als ich jüngst, mich zu erquicken .... I, 534
An den Mistral .... I, 542
An der Brücke stand ...... II, 424
An Goethe .... I, 534
Aus deinem Munde ...... I, 540
Aus hohen Bergen .... II, 171

Bei abgehellter Luft I, 755 u. II, 549

Da lieg ich, krank im Gedärm .... I, 538
Das Feuerzeichen .... II, 560
Das milde Abendläuten ... II, 616
Das Unvergängliche ...... I, 534
Das war ein Tag der Schmerzen .... II, 617
Der du mit dem Flammenspeere .... II, 454
Der geheimnisvolle Nachen I, 537
Dichters Berufung .... I, 534
Die fromme Beppa .... I, 536
Die Sonne sinkt .... II, 561
Die Tauben von San Marco sah ich wieder .... I, 541
Die Wüste wächst: weh dem, der Wüsten birgt I, 761 u. II, 552
Diesen ungewissen Seelen . I, 539
Dionysos-Dithyramben ... II, 547
Dorthin – will ich; und ich traue .... I, 542

Einstmals – ich glaub, im Jahre des Heiles Eins .... I, 716

Flüchtge Rosse tragen .... II, 605

Gestern nachts, als alles schlief .... I, 537

Ha! Feierlich ..... I, 761 u. II, 552
Heil euch, brave Karrenschieber .... II, 118
Heimkehr .... II, 617
Hier saß ich, wartend, wartend, – doch auf nichts .. I, 542
Hier, wo zwischen Meeren die Insel wuchs .... II, 560

Ich wohne in meinem eignen Haus .... I, 481
Im Süden .... I, 535
Ist das noch deutsch ..... II, 145

Kein Entschuldgen! Kein Verzeihen .... I, 479
Klage der Ariadne .... II, 563

Letzter Wille .... II, 556
Liebeserklärung .... II, 538
Lied eines theokritischen Ziegenhirten .... I, 538
Lieder des Prinzen Vogelfrei I, 534

Mein Glück .... I, 541
Mistral-Wind, du Wolkenjäger .... I, 542

Nach neuen Meeren ...... I, 542
Narr in Verzweiflung .... I, 540
Nicht lange durstest du noch II, 561

Nur Narr! Nur Dichter! ... II, 549

O Lebens Mittag! Feierliche Zeit .... II, 171
O Mensch! Gib acht ...... I, 775
Oh Wunder! Fliegt er noch I, 538
Ohne Heimat .... II, 605

Rimus remedium .... I, 540
Ruhm und Ewigkeit ...... II, 566

Sage mir, teurer Freund, warum du so lang nicht geschrieben .... II, 629

Schön ists, miteinander schweigen .... I, 479
Sils-Maria .... I, 542
So häng ich denn auf krummem Aste .... I, 535
Solang noch hübsch mein Leibchen .... I, 536
So sterben, wie ich ihn einst sterben sah .... II, 556

Über meiner Haustür ...... I, 481
Unter Freunden .... I, 479

Von der Armut des Reichsten II, 569

Wer hier hinab will ...... II, 557
Wer wärmt mich, wer liebt mich noch ... I, 720 u. II, 563
Wie lange sitzest du schon . II, 566

Zehn Jahre dahin .... II, 569
Zwischen Raubvögeln .... II, 557

INHALT

Jenseits von Gut und Böse. Vorspiel einer Philosophie der Zukunft

Vorrede 9
Erstes Hauptstück: Von den Vorurteilen der Philosophen 11
Zweites Hauptstück: Der freie Geist 29
Drittes Hauptstück: Das religiöse Wesen 45
Viertes Hauptstück: Sprüche und Zwischenspiele 59
Fünftes Hauptstück: Zur Naturgeschichte der Moral 76
Sechstes Hauptstück: Wir Gelehrten 93
Siebentes Hauptstück: Unsere Tugenden 108
Achtes Hauptstück: Völker und Vaterländer 128
Neuntes Hauptstück: Was ist vornehm? 146
Aus hohen Bergen 171

Zur Genealogie der Moral. Eine Streitschrift

Vorrede 177
Erste Abhandlung: »Gut und Böse«, »Gut und Schlecht« 184
Zweite Abhandlung: »Schuld«, »Schlechtes Gewissen« und Verwandtes 207
Dritte Abhandlung: Was bedeuten asketische Ideale? 239

Der Fall Wagner. Ein Musikanten-Problem

Vorwort 291
Der Fall Wagner 293
Nachschrift 312
Zweite Nachschrift 316
Epilog 319

Götzen-Dämmerung, oder: Wie man mit dem Hammer philosophiert

Vorwort 325
Sprüche und Pfeile 326
Das Problem des Sokrates 332
Die »Vernunft« in der Philosophie 337
Wie die »Wahre Welt« endlich zur Fabel wurde 341
Moral als Widernatur 342
Die vier großen Irrtümer 346
Die »Verbesserer« der Menschheit 353
Was den Deutschen abgeht 357
Streifzüge eines Unzeitgemäßen 362
Was ich den Alten verdanke 392
Der Hammer redet 397

Ecce homo. Wie man wird, was man ist

Vorwort 401
Warum ich so weise bin 405
Warum ich so gute Bücher schreibe 429
Die Geburt der Tragödie 437
Die Unzeitgemäßen 442
Menschliches, Allzumenschliches 446
Morgenröte 451
Die fröhliche Wissenschaft 454
Also sprach Zarathustra 455
Jenseits von Gut und Böse 465
Genealogie der Moral 467
Götzen-Dämmerung 468
Der Fall Wagner 470
Warum ich ein Schicksal bin 475

Der Antichrist. Fluch auf das Christentum

Vorwort 485
(Der Antichrist) 487

Dionysos-Dithyramben

Nur Narr! Nur Dichter! 549
Die Wüste wächst: weh dem, der Wüsten birgt 552
Letzter Wille 556
Zwischen Raubvögeln 557
Das Feuerzeichen 560
Die Sonne sinkt 561
Klage der Ariadne 563
Ruhm und Ewigkeit 566
Von der Armut des Reichsten 569

Autobiographisches aus den Jahren 1856–1869 573

Anhang 693

Anmerkungen:
Jenseits von Gut und Böse 695
Zur Genealogie der Moral 701
Der Fall Wagner 713
Götzen-Dämmerung 715
Ecce homo 717
Der Antichrist 719
Dionysos-Dithyramben 719
Autobiographisches 720
Lebens- und Werkchronik 722
Nachwort 726
Zur vorliegenden Ausgabe 736
Verzeichnis der Gedichtüberschriften und -anfänge 740